ELABOR
HR CONTENT CREATOR

근로기준법

하 갑 래

중앙경제

근로기준법

- 가사근로자의고용개선등에관한법률
- 건설근로자의고용개선등에관한법률
- 건설산업기본법
- 고용상연령차별금지및고령자고용촉진에관한법률
- 고용보험법
- 고용보험및산재보험료징수등에관한법률
- 고용정책기본법
- 기간제및단시간근로자보호등에관한법률
- 근로복지기본법
- 국민평생직업능력개발법
- 근로자퇴직급여보장법
- 남녀고용평등과일 · 가정양립지원에관한법률
- 산업안전보건법
- 산업재해보상보험법
- 외국인근로자의고용등에관한법률
- 산업현장일학습병행지원에관한법률
- 임금채권보장법
- 장애인고용촉진및직업재활법
- 장애인차별금지및권리구제등에관한법률
- 중대재해처벌등에관한법률
- 직업안정법
- 채용절차의공정화에관한법률
- 최저임금법
- 파견근로자보호등에관한법률

개정 第37版을 내면서

이 책이 37번째 옷을 갈아 입는다. 긴 세월이다. 학술지의 글을 뒤적이고, 판례와 해석의 흐름을 놓치지 않으려고 노심초사해온 그런 시간이기도 하다. 채우고 다듬으면 제법 모습을 갖추리라고 여겼다. 그러나 노동의 바다는 깊고 넓기만 하다. 왜 그리 많은 해석이 필요한가? 법원은 왜 그리 바쁜가? 대법원까지 끌고 가는 분쟁이 너무도 많다. 그리고 이런저런 입법이 이루어지기도 하고 논의되고 있다. 노동법과 그 주변은 늘 미완성의 장이다.

제37판은 최근의 법개정을 반영하였다. 「근로기준법」의 임금미지급금지조항이 강화되었다. 재직근로자에게도 지연이자가 적용되고, 명단공개사유가 되는 임금미지급범위가 확대되고, 명단공개체불에 대해서는 반의사불벌이 적용되지 않으며, 상습체불자를 지정하여 불이익조치를 하고, 일정요건이상의 임금미지급에 대해 징벌적손해배상이 적용되며, 임금미지급뿐아니라 다른 근로조건의 보호를 위하여 중앙행정기관·지자체·근로복지공단 등 관련기관·단체의 장을 상대방으로 하는 고용장관의 일반적인 자료제공요청권이 신설되었다.

「근로기준법」과 「남녀고용평등과 일·가정 양립 지원에 관한 법률」이 개정되어 모성보호와 일·가정양립지원이 강화되었다. 출근율을 산정함에 있어 임신기근로시간단축기간과 육아기근로시간단축기간이 출근한 것으로 간주되고, 임신기근로시간단축이 적용되는 임신기간의 범위가 확대되었다. 난임치료휴가에 대해 총기간과 유급기간이 확대되고 보호조치가 강화되었다. 미숙아를 출산한 근로자의 출산전후휴가는 일반출산전휴휴가보다 길게 부여되고, 고용보험에서 급여가 지급될 수 있다. 배우자출산휴가의 사용요건이 청구에서 고지로 바뀌고 기간과 분할사용횟수가 증대되었다. 육아기근로시간단축의 보호대상이 되는 양육대상자녀의 범위가 초등학교 2학년에서 6학년으로 확대되었으며, 분할하여 사용할 수 있는 단위기간이 짧아졌다. 사용하지 못한 육아휴직기간의 2배의 기간이내에서 육아기근로시간단축기간이 추가될 수 있다. 육아휴직기간이 소정의 근로자에 대해 6개월 추가될 수 있으며, 분할사용횟수가 3회로 늘었다.

제37판은 새로운 대법원판결과 행정해석을 충실히 반영하였다. 통상임금구성요소에서 재직기준과 근로여부를 내용으로 하는 고정성요건을 삭제하는 대법원전원합의체판결은 노동시장에 큰 파문을 던지고 있다. 판결이 해석을 배척하고 다른 판결이 옛 판결을 뒤집는 엎치락뒤치락의 모습이다. 파견·도급판단기준이 판례법리로 정립된 이후, 수많은 대법원판결이 파견관계를 매우 넓게 인정하고 있다. 연장근로가 1일에 12시간을 넘더라도 1주에 12시간을 넘지 않으면 위법이 아니라고 본 대법원판결도 주목받을만 하다. 제37판은 이 밖에도 새로운 판결, 결정 그리고 해석을 거의 빠짐없이 수록하였다.

첫째, 「근로기준법」의 적용·이행과 관련하여 '상시근로자산정에 있어 휴일 등을 가동일수에 포함시키면서 그 날에 근로하지 않은 사람을 연인원수에서 제외하는 법리 재확인', '국제근로관계에 대해 국내근로자수를 기준으로 상시근로자수 판단', '동일외국기업을 지배기업으로 하는 한국법인과 외국법인한국영업소를 하나의 사업(장)으로 인정', '차량호출서비스운전기사를 플랫폼서비스이용사업자의 근로자로 인정', '노동법에 적용되는 실효원칙법리 재확인' 등이 그렇다.

둘째, 근로관계의 기초와 관련하여 '직장내괴롭힘조사참여자의 비밀누설금지의무에 사용자의 감독의무 미포함', '특수고용형태근로종사자를 대상으로 한 직장내괴롭힘에 대해 손해배상책임 인정', '직장내성폭력가해자를 징계없이 사직처리한 사용자에 대해 손해배상책임 인정' 등이 그렇다.

셋째, 근로관계의 근거·존속과 관련하여 '근로조건서면명시·교부의무규정이 4인이하사업(장)과 기간제근로계약에도 적용됨을 확인', '업무상배임과 관련하여 지입회사가 지입차주의 타인업무처리자의 지위에 있지 않음을 확인', '근로자의 불법행위가 외형상 객관적으로 업무와 관련되면 사용자가 책임을 진다는 외형이론법리와 예외로서의 사용자면책범위 재확인', '과반수동의를 받지 못한 교직원보수규정의 성과급연봉제를 거부한다는 이유로 재임용을 거절한 것은 무효', '기간계산은 금융기관영업시간과 관계없이 기간말일의 24시에 종료' 등이 그렇다.

넷째, 근로시간·휴일·휴가와 관련하여 '단시간근로자의 초과근로한도는 휴일근로시간을 포함하여 1주12시간이며 1일제한이 없음을 재확인', '전형적일·숙직근로와 유사일·숙직근로로 나누어 효과를 달리하는 법리를 콜대기 등에도 적용', '선택적근로시간제에서 특정일에 8시간을 초과하는 근로는 임신근로자에게 금지되는 시간외근로에 해당', '발전소의 청원경찰은 감시적근로자', '새마을금고의 상무·부장·과장에 대해 관리·감독근로자 부정', '주급·월급통상임금에 유급휴일수당이 포함되어 있으므로 통상임금증액을 이유로 한 주휴수당차액지급 불필요', '월단위연차휴가의 부여와 미사용수당산정에 있어 월단위출근판단기준에 대한 해당년도기준설과 전년도기준설', '연단위연차휴가와 월단위연차휴가의 관계', '연차유급휴가가 반차·반반차 등 시간단위연차휴가부여의 적법성과 시기지정권 등 일반법리 적용관계', '출산휴가는 역일로 부여되므로 그 일수에 주휴일 등이 포함' 등이 그렇다.

다섯째, 임금과 관련하여 '세후임금을 보장하는 네트제계약을 체결해도 사용자가 납부한 제세공과금근로자부담분은 평균임금산정에 있어 임금총액에 포함', '휴직기간은 재직기간에 포함', '주휴수당이 최저임금포함임금임을 재확인', '소정근로시간에 포함되는 시간중에서 근로를 제공하지 않아도 법정수당이 지급되는 시간은 최저임금지급대상시간에 포함', '최저임금미달을 회피할 의도로 소정근로시간만을 단축하는 노사합의는 탈법행위로서 무효를 주장하는 사람에게 입증책임이 있음을 반복적으로 재확인하면서 무효여부판단과 유효소정근로시간확정의 방법 제시', '택시업과 관련하여 월만근일중에서 법정기준근로시간을 초과하도록 정한 부분은 최저임금지급대상시간에 미포함', '성과관리규정에 명시된 평가단위에 포함되어 있음에도 성과평가를 하지 않으면 최소등급의 성과급지급 필요', '정년유지형임금피크제는 노사합의가 있더라도 강행법규인 연령법에 위반되는 연령차별임을 거듭 재확인', '일반도급사업임금지급연대책임에 있어 상위수급인에 최초도급인 미포함', '건설도급사업임금지급연대책임에 있어 직상수급인책임은 귀책사유나 하수급인대금지급여부와 무관' 등이 그렇다.

여섯째, 안전·보건 및 산업재해와 관련하여, '사망사건에 대해 발주자지위를 부정하면서 산업법위반책임 부과', '중대재해법위반죄, 산안법위반죄 및 업무상과실치사죄는 상상적경합관계', '자동차책임보험약관에 기명피보험자의 승낙을 얻어 자동차를 사용·관리중인 승낙피보험자에 대해 대위 부정', '근로복자공단이 사고원인이 된 크레인의 보험자를 상대로 구상금지급을 청구함에 있어 도시일용근로자의 월가동일수상한을 20일로 판단', '장해급여를 청구하지 않다가 변경된 장해등급에 따라 장해보상일시금을 청구한 경우에 변경된 장해등급에 따라 전체일수에 해당하는 금액 지급 재확인', '장해보상일시금이 지급된 후에 완치시점을 기준으로 한 장해등급이 변경되어 장해보상연금을 수령하게 된 경우에 구상금산정은 완치시점의 평균임금 적용', '장애일시금은 지급사유가 발생하면 바로 지급신청이 이루어지므로 진단일부터 지급결정일까지의 평균임금조정이 필요하지 않으나 정당한 이유없이 지급이 지연되면 조정대상' 등이 그렇다.

일곱째, 취약근로자보호와 관련하여 '면접시험에서 직무와 무관한 장애에 관해 질문한 행위는 차별에 해당', '강의를 하는 근로자에 대해 평균15시간이상인지를 판단함에 있어 강의수반업무시간 고려', '초등학교방과후돌봄교사의 불법파견직접고용에 따른 근로조건결정에 있어 무기계약직이 아닌 단시간교육공무직을 비교대상이 되는 동종·유사업무수행근로자로 인정', '하도급이 묵시적근로관계로 인정되어도 자동승진 부정', '불법파견직접고용에 따른 근로조건결정하한은 해당파견근로자의 기존근로조건임을 재확인', '불법파견직접고용청구권에 대해 10년의 민사시효를 적용하고 실효원칙 부정', '직접고용의무에 따른 사용사업주의 임금지급의무와 파견사업주가 부담하는 임금지급의무는 부진정연대채무관계', '직접고용의무미이행 손해배상금을 산정함에 있어 파견사업주로부터 지급받은 임금이 손익상계대상임을 재확인하면서 퇴직금에 대한 별도처리원칙 제시', '불법파견직접고용의무미이행에 따른 손해배상은 임금상당액뿐아니라 복지포인트·상품권도 포함', '맞춤형복지포인트·선택적복지도 비정규직차별금지영역에 포함됨을 확인' 등이 그렇다.

여덟째, '근로관계의 이전·종료 및 징계와 관련하여 '아파트관리를 자치에서 위탁으로 변경하는 과정에서 수탁업체로의 고용승계를 거부한 근로자에 대한 해고의 정당성', '무효인 승진발령에 따른 계속근무에 대한 부당이득반환법리 재확인', '별도지시가 있을 때까지를 기간으로 한 대기발령은 합리성이 부정되는 시점부터 무효', '근로자를 위해 징계해고 대신 통상해고의 형식을 취해도 징계절차 필요', '통상해고의 일반법리를 재확인하고 정당성 인정', '대기발령이 육아휴직으로 실효되었으나 승진소요기간에 산입되지 않는다는 이유로 구제이익 인정', '정년에 따른 근로관계당연종료법리의 확인과 종료시점', '원직복직으로 인정되는 조치의 내용과 대기발령의 적법성·효과', '법인등기사항전부증명서상의 대표이사이외의 사람도 부당해고구제명령수규자 지위 가능', '건설근로자퇴직공제에 있어 유급휴일은 약정이 있는 경우에 피공제자근로일수에 산입' 등이 그렇다.

제37판에도 그 어느 판 못지않게 땀과 노력이 배어 있다. 거의 1년 내내 판례, 해석 그리고 입법동향에 촉각을 세워 왔다. 법원입법이라고 불릴 만한 판례의 출현은 이 책의 여러 페이지를 통째로 날리는 등 체제를 흔들기도 하였다. 저자가 고용부에서 국제협력국장으로 일할 때에 외국인회사의 국내사업경영담당자들과 가졌던 간담회가 기억난다. 높은 노동비용은, 미리 염두에 두고 투자를 결정하기 때문에, 문제가 아니라고 한다. 갑자기 변하는 정책이나 판결이 예기치 않은 비용을 부담하게 할 때마다 본국의 경영진에 설명하느라고 진땀을 흘린다고 한다. 20여년 전의 상황은 지금도 여전하다. 우리의 노동문제가 엄청나게 요동치고 있기 때문이다. 크고 많은 변화를 변치 않는 하나의 마음으로 지켜보면서 독자 여러분들의 격려와 조언을 밑거름으로 삼아 한걸음 더 내디디겠다고 다짐한다.

第37판도 많은 분들의 손길을 거쳤다. 단국대학교 행정법무대학원 노동법학과의 주임교수인 최미나박사가 넓고 깊게 교정을 보아 주었고, 위드유HR컨설팅의 대표 노무사인 류순건박사도 좋은 의견을 보내주었다. 법무법인 수안의 하헌웅변호사와 김의인변호사 그리고 단국대학교 행정법무대학원 노동법학과의 학생들이 준 도움도 크다. 그리고 ㈜중앙경제의 김희성회장님, 김남진대표님과 임직원들이 이 책에 쏟아주신 관심과 정성에 감사드린다.

2025년 1월

용인 考槃齋에서

하갑래 드림

개정 第36版을 내면서

저자가 노동부에서 근로기준법의 개정과 해석을 담당하는 사무관으로 근무하던 약 35년전의 기억이 새삼스럽다. 온갖 자료가 넘치는 지금으로서는 상상이 되지 않지만, 근로감독관들이 근로기준법에 관한 자료와 정보에 목말라 하던 때이다. 최초로 질의회시집을 내고 그것으로 부족하여, 근로자개념에서 해고에 이르기까지 주제별로 정리된 이른바 통신교재를 보름에 한 번씩 거의 1년에 걸쳐 모든 근로감독관들에게 제공하던 일이 주마등이 되어 뇌리를 스친다. 통신교재는 이 책으로 발전되었고, 이 책은 저자를 대학으로 인도하여 공부하고 연구하는 길을 걷게 해 주었다. 새내기이면서 막내였던 근로감독관으로서 통신교재작업을 도와주었던 김영미 성남지방고용노동청장이 정년을 맞았다. 이 책 위에 쌓인 세월의 무게를 실감하면서, 여기에 축하의 말을 남긴다. 법령·판례·해석의 변화와 학설의 흐름을 엮어 법리를 형성하여 이 책에 담는 작업이 해마다 반복되고 이제는 저자의 일상이 되고 있다.

제36판은 몸을 가볍게 하였다. '제12장 노동시장관련법'의 능력개발이 근로조건과 관련된 부분을 중심으로 정리되면서 '제7장 건강과 복지'로 자리를 옮기고, 직업소개와 근로자공급 그리고 외국인근로자고용이 체중을 줄이면서 '제8장 취약근로자보호'로 지리를 옮기고, 나머지 부분은 삭제되었다. '제13장 노동관련사회보험'도 고용보험중에서 실업급여를 중심으로 재정리되어 '제11장 근로관계종료후의 관계'로 자리를 옮기고, 나머지 부분은 삭제되었다. 거의 120페이지에 이르는 감량은 살의 일부를 베이는 아픔이면서 비만을 치유받는 보람이다. 제36판은 해외사업에 대해 국내노동법을 적용하는 기준을 재정리하는 등 여느 때처럼 논리와 체계를 보강하였다.

제36판은 법령의 변화중에서 중요한 부분을 반영하였다. 산재법은 노무제공자와 플랫폼종사자에 대한 규정을 신설하여 특수형태근로종사자를 그리로 흡수하면서 그 적용범위를 넓혔다. 근퇴법에 중소기업퇴직연금기금제도가 신설되었다. '매월 1회 이상 정기적으로 지급하는 임금'을 최저임금산입임금으로 하면서 상여금과 복리후생비의 일부에 대해 연차적으로 그 비율을 줄여가면서 산입임금에서 제외해주던 최임법의 경과조치가 종료되었다.

제36판은 새로 나온 대법원판결, 헌법재판소결정과 행정해석중에서 중요한 내용을 수록하고 있다.

첫째, 근로관계의 기초와 관련하여 '하나의 채권중에서 일부를 소로 청구해도 전부에 대해 소멸시효중단 인정', '상시근로자수를 계산함에 있어 휴일을 가동일수에 포함시키면서 근로하지 않은 근로자수를 연인원수에서 제외', '근로자에게 유리하도록 근로조건의 기준을 정한 조례는 사용자의 근로조건결정에 관한 자유를 제약하더라도 유효', '보험회사의 위임직지점장의 근로자성', '자동차판매대리점주와 판매용역계약을 체결한 카마스터의 근로자성', '손해사정회사와 사고출동서비스대행계약을 체결하고 교통사고현장에 출동하여 사고조사업무를 수행한 에이전트의 근로자성', '위탁계약형식의 채권추심원의 근로자성', '의료소비사생활협동조합에 소속된 봉직의사의 근로자성', '아이돌보미의 근로자성' 등이 그렇다.

둘째, 균등처우 및 차별금지와 관련하여 '무기계약직인 공무직근로자에 대해 사회적신분 부정', '공무원에게 지급된 수당이 공무직근로자에게 지급되지 않은데 대해 차별 부정', '숙박업의 객실정리업무에 있어 정근수당에 대해 남녀사이의 동일가치노동동일임금 적용', '고평법이 차별을 금지하는 복리후생에 육아휴직 미포함', '직장내성희롱 피해근로자에 대한 교육훈련기회미제공은 불이익취급으로서 불법행위에 해당', '직장내성희롱에 있어 민사책임을 면할 수 있는 사유로서의 상당한 주의에 대한 판단' 등이 그렇다.

셋째, 근로관계의 근거 및 존속과 관련하여 '시용근로가 제공되면 임금 등을 정하지 않았더라도 시용계약 성립', '손해배상채권과의 상계처리로 임금을 지급하지 않은 데 대해 위약예정금지규정을 적용하면서 형벌적용의 요건인 고의성 인정', '정년을 연장하면서 정년퇴직일을 반기말에서 정년도달일로 변경한 조치의 취업규칙불이익변경 해당 여부', '호봉제를 성과연봉제로 변경한 조치의 취업규칙불이익변경 해당 여부', '취업규칙불이익변경의 판단시점을 공포·시행일로 보면서 감독관청이나 정기이사회의 승인시점으로 보는 주장 배척', '불이익하게 변경된 취업규칙에 대해 효력을 인정하는 사회통념상합리성법리를 폐기하고 동의권남용법리를 판단기준으로 제시', '불이익하게 변경된 취업규칙을 신규입사자에게 적용함에 있어 시행일전으로의 소급적용 부정', '재채용조항에 대해 퇴직근로자의 특별대우조건으로 보고 취업규칙의 내용으로 인정', '별정직원재채용과 관련하여 취업규칙문언에 대한 객관적해석원칙을 재확인', '변호사의 실무수습기간을 계속근로기간에 합산' 등이 그렇다.

넷째, 근로시간·휴일·휴가와 관련하여 '지문인식시스템에 기록된 체류시간중에서 일정부분만을 연장근로수당의 지급대상시간으로 인정', '휴식공간과 사무실을 오가면서 근로를 제공한 고시원근무자에 대해 사무실개방시간의 전체를 근로시간으로 볼 수 없다면서 월급액을 시간당최저임금으로 나눈 시간을 근로시간으로 본 접근 배척', '여객자동차법에 따라 의무화된 운수종사자의 법정보수교육시간을 근로시간으로 인정', '은행에서 근무하는 청원경찰의 일·숙직근무를 통상근로로 인정', '2주이내단위 탄력적근로시간제의 도입요건인 취업규칙 또는 이에 준하는 것에 근로계약이나 개별동의 미포함', '보장적법정휴일은 소정근로시간대에 대해 유급으로 근로를 면제하는 내용으로 부여되며 겹치는 휴무일이 유급처리되어야 하는 것이 아님을 재확인', '유급휴일로 규정되어 있지 않은 토요일의 근로가 휴일근로로 인정될 수 있음을 재확인', '연단위연차휴가사용권은 전년도 1년간의 근로를 마친 다음날에 발생하므로 1년의 기간제근로계약을 체결한 근로자에게는 미사용수당청구권 미발생', '감시·단속적근로의 연차유급휴가미사용수당에 대해서도 비례적용을 인정하면서 비례기준 제시' 등이 그렇다.

다섯째, 임금과 관련된 사항으로서 '택시회사운전자의 초과운송수입금에 대한 임금성 부정', '택시운송수입금에 대해 전액관리제와 정액급여제를 시행하면서 실제운송수입금납부액이 기준운송수입금액에 미치지 못하는 금액을 월정액급여에서 공제하는 단체협약의 효력 인정', '기준운송수입금미달분에 대해 취업규칙·근로계약으로 행해진 월정액급여공제의 위법성 재확인', '진폐유족급여의 평균임금산정사유발생일은 최초진폐진단일', '정기상여금의 통상임금인정과 신의칙에 대한 소극적 판단', '상여금에 대해 해외발령근로자에 대한 일할계산 등이 있으면 통상임금판단의 재직기준 인정', '최저임금에 미달하는 것을 회피할 의도로 근무형태나 운행시간의 변경없이 소정근로시간만을 단축하기로 한 노사합의는 탈법행위임을 재확인', '포괄임금에서 최저임금제외임금을 뺀 임금액과 최저임금을 비교하여 위법 판단', '포괄임금약정에 있어 기지급수당이 추가근로를 반영한 법정수당보다 많으면 추가근로에 대한 별도의 임금지급의무 미발생', '기준운송수입금미달액을 공제한 월정급여를 토대로 최저임금미달 판단', '우선변제청구권이 있는 임금채권자가 배당요구종기까지 소명자료를 제출하지 않더라도 배당 가능', '상위수급인의 처벌을 원치 않는 의사표시가 하수급인 또는 직상수급인의 처벌에 미치는 영향', '임신근로자에게 고정연장근로수당의 지급을 중지하는 처분에 대한 적법성 인정' 등이 그렇다.

여섯째, 안전·보건, 산업재해, 일·가정양립지원과 관련하여 '안전보건조치위반죄에 대해 재해발생과 관계없이 안전보건규칙에 따른 안전조치실행여부가 요건임을 확인', '출장을 마치고 근무지로 복귀하다가 중앙선침범으로 발생한 사망의 업무상재해 판단', '회생절차개시전의 산재사고에 대한 위자료청구권을 회생채권으로 인정', '산재사고에 따른 위자료청구권의 실권에 대한 판단', '산재보험급여와 관련하여 구상권행사의 대상인 제3자에 동료근로자 불포함 재확인', '육아휴직 등과 관련된 직무복귀에서 동일업무와 사업주의무이행의 판단기준', '임금수준과 업무유형이 육아휴직전과 비슷해도 권한이 줄고 직무내용이 달라진 복직은 부당전직에 해당' 등이 그렇다.

일곱째, 취약근로자의 보호와 관련하여 '자산관리를 위탁받은 협력업체의 근로자에 대한 파견근로 부정', '자동차의 대리점주와 판매용역계약을 체결하고 업무를 수행한 카마스터에 대한 파견근로 부정', '제조업에 있어 컨베이어벨트가 아닌 통합생산관리체제를 지휘감독수단으로 보고 파견 인정', '사내협력업체근로자가 크레인이나 지게차를 이용해 코일·롤 등을 운반하는 업무에 대해 파견 인정', '컨베이어벨트를 사용하지 않는 공정을 포함하여 전체공정에 대해 파견 인정', '외주사업체에 고용되어 민자고속도로의 영업소에서 통행료수납업무 등을 수행한 근무자에 대해 파견 인정', '협력업체가 수행하는 완성차출고전의 사전점검업무에 대해 파견 부정', '사내협력업체에 고용된 후에 도급인의 작업현장에서 일하는 근로자에 대해 파견 인정', '부품생산업체와 도급계약을 체결한 2차협력업체 소속의 생산관리업무 담당자에 대한 근로자 파견 부정', '근로자파견을 업으로 하는 사람의 판단기준', '비사업적파견인 전출과 사업적파견의 관계', '비정규직근로자의 속성을 원인으로 한 불리한 처우는 차별적처우에 해당', '위법파견의 결과로 근로자는 직접고용의무 이행요구외에 사용사업주의 불법행위인 차별행위에 대한 손해배상청구 가능', '유사도급의 실체를 파견으로 보면서 직접고용신청의 시효를 10년으로 보고 실효원칙 부정', '근로자지위확인소송을 진행하는 중에 수급인근로자의 연령이 도급인사업장의 정년을 초과하면 직접고용에 대한 확인의 이익 소멸', '파견사업주에 대한 근로제공중단에 책임이 있는 사용사업주는 파견근로자에게 임금상당액 지급', '회생절차가 종결되어야 불법파견에 따른 직접고용청구권 행사 가능', '파견근로임금에 대한 파견사업주와 사용사업주의 공동책임의무는 위법파견에도 적용' 등이 그렇다.

여덟째, 근로관계의 이전·종료 및 징계와 관련하여 '집행유예를 포함하여 유죄판결을 받은 사람은 그 범죄행위와 밀접한 관련이 있는 기업에 취업 불가', '사무실서 상사와 방문객의 대화를 녹음한 행위에 대한 징역형은 정당', '주정차단속 공무직근로자에 대한 다른 부서로의 전보명령에 대해 업무상필요성 인정', '근무성적부진에 따른 대기발령이 자동면직으로 이어지려면 통상해고요건 충족 필요', '인사이동에 있어 업무상필요성 판단 기준', '은행의 후선배치에 따른 직무수당감소에 대해 생활상불이익 부정', '종전의 질병휴직기간과 다른 질병을 사유로 하는 질병휴직기간에 대한 휴직기간산정 방법', '용역업체변경에 대해 고용승계기대권을 인정하면서 판단기준 제시', '무효인 승진발령에 따른 근무에 대한 부당이득반환 판단기준', '정년유지형임금피크제를 연령차별로 보고 예외로서의 합리성 판단기준 제시', '특정연령에 대해 불리한 경과규정을 둔 임금피크제의 합리성 판단', '근로계약기간만료 등으로 원상회복이 불가능해도 금품지급의 구제이익을 인정한 개정법률의 적용', '근로계약기간만료를 이유로 들어 정직기간중의 임금상당액지급에 관한 구제이익 부정', '임금지급의 대상기간이 다른 때에 얻은 이익에 대해 중간수입공제대상성 부정', '부당해고기간동안의 미지급임금에 대한 원천징수 부정', '명예퇴직수당지급지연에 대해 지연이자 미적용', '묵시적인 의사표시로 행해진 해고의 존재여부 판단', '해고무효가 불법행위에 해당하기 위한 요건 재확인', '사용자가 주의의무미흡과 징계권남용이 해고효력의 부정적인 요소임을 재확인', '해고무효에 따른 위자료지급의무 판단기준', '해고통지의 수용을 촉구하는 메시지송부에 대해 공포심·불안감의 유발행위에 해당되지 않음을 확인', '정년후재고용기대권과 기간제근로갱신기대권과의 차이', '정년후에 체결된 기간제근로도 갱신기대권의 대상에 해당', '갱신거절의 합리성 판단 기준', '퇴직금청산기일연장과 연장기일위반의 효력', '가구내고용활동에 대해 근로자퇴직급여법 적용배제에 대해 합헌 결정' 등이 그렇다.

이 책의 개정작업은 늘 많은 땀을 요구해 왔다. 제36판도 그랬다. 힘들었던 작업을 머리에 떠올리면서 반사적으로 튀어나오는 투덜거림도 잠시이고, 바로 부족함과 아쉬움이 밀려온다. 그리고 독자 여러분들의 격려와 조언을 밑거름으로 삼아 계속 노력하겠다고 다시 다짐한다.

제36판도 많은 분들의 도움을 받았다. 단국대학교에서 초빙교수로서 후진을 양성하고 있는 최미나 박사가 전체에 대해 교정을 보아 주었고, 위드유HR컨설팅의 대표노무사인 류순건 박사는 산업재해를 비롯해 여러 부문에 대해 좋은 의견을 보내주었다. 법무법인 수안의 하헌웅 변호사와 김의인 변호사 그리고 단국대학교 행정법무대학원 노동법학과 학생들의 조언도 큰 힘이 되었다. 특히 ㈜중앙경제의 김희성 회장님, 김남진 대표님과 임직원들에게 감사의 말씀을 드린다.

2024년 1월

용인 考槃齋에서

하갑래 드림

머 리 말

근로기준법에 대한 행정해석 업무를 맡게 된지 5년째에 접어들고 있다. 그동안 근로기준법에 보장된 법정근로조건을 어떻게 해석하여야 할 것인지에 대하여 수천 건에 달하는 질의서를 접하였으며, 전화 또는 방문을 통해 받은 질의도 일일이 기억할 수 없을 정도로 많다.

이러한 질의를 처리하면서 갖는 느낌은 "근로조건의 결정 또는 해석과 관련하여 이렇게도 많은 사례가 있을 수 있구나" 하는 점과 "이러한 사례에 대하여 근로자와 사용자의 견해 차이가 엄청나구나" 하는 점이었다.

구체적인 사안에 대하여 행정해석을 하기 위해서는 먼저 기존 행정해석과 판례를 분석하게 된다. 이 때 기존 행정해석과 판례가 일관되게 견해를 같이하면 그러한 내용에 따라 해석을 하게 되고 견해가 대립되면 학계에 계신 분들의 각종 이론서, 전문잡지나 논문집에 게재된 관련 논문과 외국 특히 일본의 행정해석과 판례 등을 분석하는 과정을 거친다.

이러한 과정에서 늘 아쉬움을 느낀 점은 판례와 행정해석을 체계적으로 정리하여 "정립되어 있는 것"과 "견해가 나뉘는 것"을 각종 사안별로 분류하여 하나로 정리된 책이 있었으면 하는 것이었다.

그러던 중 노동부가 근로감독관의 전문성을 높이고자 근로기준법의 내용을 체계적으로 정리한 "근로감독관 통신교육교재"를 근로감독관에게 매월 한 권씩 나눠 주어서 업무에 참고하도록 하는 사업을 추진하게 되었고 필자도 원고를 작성하는데 참여하게 되었다.

"근로감독관 통신교육교재"가 거의 마무리되는 단계에서, 이러한 자료가 근로자와 사용자에게도 제공된다면 서로가 근로조건의 결정 및 해석에 관한 기본적인 인식을 같이 함으로써 다툼의 여지를 줄일 수 있는 것이라는데 생각이 미치게 되었으며, 그러한 욕심에서 필요한 자료를 더 모아 "근로감독관 통신교육교재"의 내용을 보완하고 그 체제를 정비하여 책으로 발간하게 되었다.

이 책의 내용은 판례와 행정해석을 중심으로 엮어져 있으므로 관련된 부분을 찾아보면 노동부와 법원의 입장을 알 수 있도록 구성되어 있다.

따라서 이 책은 노동조합, 근로자, 노무관리자들이 근로조건과 관련하여 의문을 풀고자 할 때는 물론 노동법을 전공하는 대학원생들의 근로기준법 실무사례 연습 등에 유용하게 활용될 수 있을 것으로 믿으며, 이러한 목적에 부응할 수 있도록 다음과 같이 몇 가지 특성을 부여하였다.

첫째, 문장의 구성과 논리에 있어 행정해석과 판례를 가장 기초적인 자료로 활용하였다.

둘째, 중요한 행정해석과 판례는 원문의 표현을 거의 그대로 인용하였다.

셋째, 우리나라의 행정해석과 판례가 없는 부분은 학설과 일본의 행정해석 및 판례를 활용하였다.

넷째, 행정해석과 판례가 서로 다른 견해를 보이고 있거나 활용할 자료가 없는 부분에 대해서는 개인적인 생각을 밝혔다.

다섯째, 예비군훈련시간의 처리, 해고의 여러 가지 유형별 분석, 교대제 근로 운영, 일·숙직근로의 처리, 시간제근로, 포괄산정임금제, 수습·시용근로, 남녀고용평등사항 등과 같이 실무에 필요한 사항에 많은 지면을 할애하였다.

여섯째, 플렉스타임제, 브레이크타임제 등 새로운 근로형태나 사업장에서 부분적으로 도입을 시도하는 근로형태와 관련되는 부분을 최대한 반영하려고 노력하였다.

필자로서는 누구든지 근로조건과 관련된 구체적인 사례에 대하여 의문이 있을 때 이 책을 펴보면 직접 또는 유추하여 그 답을 구할 수 있도록 원고를 작성하려고 노력하였다. 그러나 정리가 끝난 이후 다시 한 번 읽어보니 부족한 점이 너무 많다는 점을 시인하지 않을 수 없다.

이러한 점에 대해서는 앞으로 시간을 가지고 계속 보완해 나갈 것을 다짐하면서 이를 위안으로 삼고자 한다.

이 조그만 책이 태어날 수 있도록 지도해 주셨던 노동부의 문형남 근로기준과장, 산업현장의 산지식을 가지고 조언을 아끼지 않았던 노동부 근로기준과의 이우현 감독관, 원고정리에 동분서주했던 중앙경제사의 권영길 기자와 편집부 직원 여러분께 감사를 드린다.

아울러 아빠의 "작업"을 돕는다고 옆에서 쪼그리고 앉아 연필이며 지우개 등을 챙겨 주느라 분주했던 연지와 헌웅이 그리고 전공이 달라 전혀 생소하기만 한 원고를 교정하느라고 진땀을 흘렸던 연지 엄마에게도 고마운 마음을 전한다.

1992. 11.

著 者 識

목 차

제1장 총 론

제2장 근로관계의 기초

제3장 근로관계의 근거와 존속

제4장 근로시간과 휴식

제5장 임 금

제6장 모성보호와 일 · 가정 양립지원

제7장 건강·복지·능력개발

제8장 취약근로의 보호

제9장 근로관계의 이전

제10장 근로관계종료와 징벌

제11장 근로관계종료후의 관계

주요 약어(略語)

◉ 주요저서

- 고용노동부, 『유연한 근로시간제 도입 매뉴얼』
  …… 고용노동부, 『유연한 근로시간제 도입 매뉴얼』, 2012
- 권 혁, 『노동유연화와 해고보호법』
  …… 권 혁, 『노동유연화와 해고보호법』, 집문당, 2010
- 김수복, 『채용에서 퇴직까지의 노사문제』
  …… 김수복, 『채용에서 퇴직까지의 노사문제』, (주)중앙경제, 2006
- 김수복, 『근로시간 · 휴일 · 휴가의 법률문제』
  …… 김수복, 『근로시간 · 휴일 · 휴가의 법률문제』, 중앙경제사, 1990
- 김수복, 『임금 · 퇴직금을 둘러싼 법률문제』
  …… 김수복, 『임금 · 퇴직금을 둘러싼 법률문제』, 중앙경제사, 1990
- 김영문, 『통상임금과 그 산정기준에 관한 연구』
  …… 김영문, 『통상임금과 그 산정기준에 관한 연구』, 법문사, 2013
- 김유성, 『노동법Ⅰ』 ……………… 김유성, 『노동법Ⅰ』, 법문사, 2005
- 김유성, 『노동법Ⅱ』 ……………… 김유성, 『노동법Ⅱ』, 법문사, 2001
- 김지형, 『노동법해설』 ………… 김지형, 『노동법해설』, 청림출판, 1993
- 김치선, 『노동법강의』 ………… 김치선, 『노동법강의』, 박영사, 1992
- 김형배, 『근로기준법』, 제8판
  …… 김형배, 『근로기준법』, 제8판 증보신판, 박영사, 2002
- 김형배, 『노동법』, 제20판 · 제21판 · 제22판』
  …… 김형배, 『노동법』, 제20판 · 제21판 · 제22판, 박영사, 2011
- 노동법실무연구회, 『근로기준법주해Ⅰ · Ⅱ · Ⅲ』
  …… 노동법실무연구회, 『근로기준법주해Ⅰ · Ⅱ · Ⅲ』, 박영사, 2010
- 박상필, 『근로기준법강의』 ….. 박상필, 『근로기준법강의』, 대왕사, 1991
- 박홍규, 『고용법 · 근로조건법』
  …… 박홍규, 『고용법 · 근로조건법』, 제2판, 삼영사, 2005

- 심태식, 『노동법개론』…… 심태식, 『노동법개론』, 법문사, 1981
- 이병태, 『최신노동법』, 제9판
  …… 이병태, 『최신노동법』, 제9전정판, (주)중앙경제, 2008
- 이상윤, 『노동법』, 제6판 …… 이상윤, 『노동법』, 제6판, 법문사, 2011
- 이영희, 『노동법』 ……………… 이영희, 『노동법』, 법문사, 2001
- 이철수 · 김인재 · 강성태 · 김홍영 · 조용만, 『로스쿨 노동법』
  …… 이철수 · 김인재 · 강성태 · 김홍영 · 조용만, 『로스쿨 노동법』, 도서출판 오래, 2011,
- 일본 노동성, 『노동기준법』
  …… 日本 綜合勞働硏究所, 『勞働基準法』, 日本勞働省 勞働基準局編, 1980
- 임종률, 『노동법』, 제9판 · 제11판
  …… 임종률, 『노동법』, 제9판 · 제11판, 박영사, 2011
- 정병석 · 김헌수, 『최저임금법』
  …… 정병석 · 김헌수, 『최저임금법』, 법원사, 1976
- 정진우, 『산업안전보건법』…… 정진우, 『산업안전보건법』, ㈜중앙경제, 2016
- 하갑래, 『노동법총서』………… 하갑래, 『노동법총서』, ㈜중앙경제, 2016
- 하갑래, 『집단적노동관계법』, 제4판
  …… 하갑래, 『집단적노동관계법』, 제4판, ㈜중앙경제, 2016
- 하갑래 · 최태호, 『외국인 고용과 근로관계』
  …… 하갑래 · 최태호, 『외국인 고용과 근로관계』, (주)중앙경제, 2004
- 한국노동법학회, 『노동판례백선』
  …… 한국노동법학회, 『노동판례백선』, 박영사, 2015
- 한국노동법학회, 『노동판례백선』 제2판
  …… 한국노동법학회, 『노동판례백선』 제2판, 박영사, 2021
- 菅野和夫, 『勞動法』 第七版補正二版 · 第10版
  ……『勞動法』 第七版補正二版 · 第10版, 弘文堂, 2007
- 柳屋孝安, 『休憩 · 休日 · 變形勞働時間制』
  …… 柳屋孝安, 『休憩 · 休日 · 變形勞働時間制』, 信山社
- 土田道夫, 『勞働法解說 I－雇用關係法』
  …… 土田道夫, 『勞働法解說 I－雇用關係法』, 弘文堂, 2004
- 下井隆史, 『勞働基準法』 第4版
  …… 下井隆史, 『勞働基準法』 第4版, 有斐閣, 2007
- 青木, 『勞働基準法 講義』…… 青木秋田, 『勞働基準法 講義』, 1980

◉ 주요 법 · 시행령 · 시행규칙

- 가사근로법 ······················ 「가사근로자의고용개선등에관한법률」
- 건고법/령/칙 ················· 「건설근로자의고용개선등에관한법률/시행령/시행규칙」
- 고보법/령/칙 ················· 「고용보험법/시행령/시행규칙」
- 건산법/령 ······················ 「건설산업기본법/시행령」
- 고정법/령/칙 ················· 「고용정책기본법/시행령/시행규칙」
- 고평법/령/칙 ················· 「남녀고용평등과일 · 가정양립지원에관한법률/시행령/시행규칙」
- 공노법 ·························· 「공무원의노동조합설립및운영등에관한법률」
- 공직협법 ······················ 「공무원직장협의회의설립 · 운영에관한법률」
- 교노법/령 ······················ 「교원의노동조합설립및운영등에관한법률/시행령」
- 근기법/령/칙 ················· 「근로기준법/시행령/시행규칙」
- 근참법/령 ······················ 「근로자참여및협력증진에관한법률/시행령」
- 근퇴법/령/칙 ················· 「근로자퇴직급여보장법/시행령/시행규칙」
- 기단법/령/칙 ················· 「기간제및단시간근로자보호등에관한법률/시행령/시행규칙」
- 노조법/령/칙 ················· 「노동조합및노동관계조정법/시행령/시행규칙」
- 노위법/령 ······················ 「노동위원회법/시행령」
- 노원칙 ·························· 「노동위원회규칙」
- 모자법/령/칙 ················· 「모자보건법/시행령/시행규칙」
- 민소법 ·························· 「민사소송법」
- 민집법 ·························· 「민사집행법」
- 복지법/령 ······················ 「근로복지기본법/시행령」
- 산안기칙 ······················ 「산업보건기준에관한규칙」
- 산안법/령/칙 ················· 「산업안전보건법/시행령/시행규칙」
- 산재법/령/칙 ················· 「산업재해보상보험법/시행령/시행규칙」
- 소심법 ·························· 「소액사건심판법」
- 연금법/령 ······················ 「국민연금법/시행령」
- 연령법/령 ······················ 「고용상연령차별금지및고령자고용촉진에관한법률/시행령」
- 외고법/령/칙 ················· 「외국인근로자의고용등에관한법률/시행령/시행규칙」
- 임채법/령 ······················ 「임금채권보장법/시행령」
- 인권위법 ······················ 「국가인권위원회법」
- 장고법/령/칙 ················· 「장애인고용촉진및직업재활법/시행령/시행규칙」
- 장차법/령 ······················ 「장애인차별금지및권리구제등에관한법률/시행령」

(30) 주요약어

- 직능법/령 ······················ 「국민평생직업능력개발법/시행령」
- 직안법/령/칙 ················ 「직업안정법/시행령/시행규칙」
- 징수법/령 ······················ 「고용보험및산업재해보상보험의보험료징수등에관한법률/시행령」
- 채용절차법 ···················· 「채용절차의공정화에관한법률」
- 최임법/령/칙 ················ 「최저임금법/시행령/시행규칙」
- 출관법/령/칙 ················ 「출입국관리법/시행령/시행규칙」
- 파견법/령/칙 ················ 「파견근로자보호등에관한법률/시행령/시행규칙」
- 행소법 ··························· 「행정소송법」
- 형소법 ··························· 「형사소송법」
- 회생법 ··························· 「채무자회생및파산에관한법률」

◉ 법령의 조문표시

- §1, §2 ······ ···················· 제1조, 제2조 ······
- ①, ② ······ ···················· 제1항, 제2항 ······
- i, ii ······ ······················ 제1호, 제2호 ······
- 근기법 §2①ii ·············· 「근로기준법」 제2조 제1항 제2호
- 근참령 §3② ················· 「근로자참여및협력증진에관한법률시행령」 제3조 제2항

◉ 국내판례

- 헌재 ······························ 헌법재판소
- 대판 ······························ 대법원 판결
- 서울행판 ······················· 서울행정법원 판결
- 서울고판 ······················· 서울고등법원 판결
- 부산고판 ······················· 부산고등법원 판결
- 대구고판 ······················· 대구고등법원 판결
- 광주고판 ······················· 광주고등법원 판결
- 서울민지판 ···················· 서울민사지방법원 판결
- 서울형지판 ···················· 서울형사지방법원 판결
- 서울남부지판 ················· 서울지방법원 남부지원 판결
- 서울동부지판 ················· 서울지방법원 동부지원 판결
- 서울북부지판 ················· 서울지방법원 북부지원 판결
- 마산지판 ······················· 마산지방법원 판결

- 인천지판 ························ 인천지방법원 판결
- 춘천지판 ························ 춘천지방법원 판결
- ○○(전) ························ ○○전원합의체

◉ 국내행정해석

- 사 로 ···························· 사회부 노동국
- 노정근 ···························· 사회부 노정국 근로기준과
- 법무법 ···························· 법무부 법무심의관실
- 법 심 ···························· 법무부 법무심의관실
- 법 무 ···························· 노동부 법무담당관실
- 근지, 기준 ···················· 노동청 근로기준국 근로기준과
- 근기, 감독 ···················· 노동부 근로기준국 근로기준과
- 근로조건지도과 ············· 노동부 근로기준국 근로조건지도과
- 임 금 ···························· 노동부 근로기준국 임금복지과
- 임 금 ···························· 노동부 근로기준국 임금정책과
- 임금근로시간정책팀 ······ 노동부 근로기준국 임금근로시간정책팀
- 부 소 ···························· 노동부 근로기준국 부녀소년과
- 여 정 ···························· 노동부 근로여성정책국 여성정책과
- 여 원 ···························· 노동부 근로여성정책국 여성고용지원과
- 평 정 ···························· 노동부 고용평등국 평등정책과
- 산 재 ···························· 노동부 근로기준국 산재보험과
- 관 리 ···························· 노동부 노동보험국 보험관리과
- 보 상 ···························· 노동부 노동보험국 재해보상과
- 재 보 ···························· 노동부 노동보험국 재해보상과
- 징 수 ···························· 노동부 노동보험국 보험징수과
- 안 정 ···························· 노동부 산업안전국 안전정책과
- 안 기 ···························· 노동부 산업안전국 안전기획과
- 사 훈 ···························· 노동부 직업훈련국 사업내훈련과
- 해 지 ···························· 노동부 직업안전국 해외지도과
- 노 조 ···························· 노동부 노정국 노동조합과
- 중앙, 중노위 ················ 중앙노동위원회
- 부 노 ···························· 부산광역시 지방노동위원회
- 경남지노위 ···················· 경상남도 지방노동위원회

(32) 주요약어

- 충북지노위 ······················ 충청북도 지방노동위원회
- 연 정 ······························ 보사부 연금정책과
- 국예비 ···························· 국방부 예비군과
- 대 검 ······························ 대검찰청

◉ 일본행정해석

- 노동성 기발 ···················· 일본 노동성 노동기준국장 통달
- 노동성 기수 ···················· 일본 노동성 노동기준국장의 조회·질의에 대해 발하는 회답
- 노동성 부발 ···················· 일본 노동성 부인소년국장 통달
- 노동성 기감발 ················ 일본 노동성 노동기준국 감독과장 통달
- 노동성 기재수 ················ 일본 노동성 노동기준국 노재보상부장의 조회·질의에 대하여 발하는 회답

◉ 기타 표현

- ○○년 징역 ···················· ○○년 이하 징역
- ○○원 벌금 ···················· ○○원 이하 벌금
- ○○원 과태료 ················· ○○원 이하 과태료
- 경총 ································ 한국경영자총협회
- 고용부 ···························· 고용노동부
- 고용장관 ························· 고용노동부장관
- 기업별노조 ······················ 기업별 노동조합
- 고용부령 ························· 고용노동부령
- 노조 ································ 노동조합
- 민주노총 ························· 전국민주노동조합총연맹
- 산업별노조 ······················ 산업별노동조합
- 중노위 ···························· 중앙노동위원회
- 지노위 ···························· 지방노동위원회
- 지방노동관서 ·················· 지방고용노동관서
- 특별노위 ························· 특별노동위원회
- 한국노총 ························· 한국노동조합총연맹

제1장

총 론

제1절 근로의 권리와 의무

제2절 근로기준법의 변천

제3절 노동법의 법원

제4절 근로기준법의 적용

제5절 근로기준법의 이행

제1절 근로의 권리와 의무

1. 헌법규정

헌법 제32조 제1항은 근로의 권리를 규정하면서 국가에 대해 고용증진과 적정임금보장을 위해 노력하고 최저임금제를 법률로 시행토록 규정하고 있다. 제2항은 근로의무를 규정하고 있다. 제3항은 근로권의 실현방법으로 근로조건법정원칙을 선언하고 있다. 제4항, 제5항, 제6항은 각각 여자, 연소자, '국가유공자·상이군경 및 전몰군경의 유가족'에 대한 특별보호를 규정하고 있다.

2. 근로의 권리

2·가. 주 체

헌법(§32①)은 근로권의 주체를 모든 국민으로 규정하고 있다. 이 조항에 규정되어 있는 "국민"과 "근로자"는 실업자를 포함해 일할 능력이 있는 모든 국민을 의미한다.[1] 근로권은 국내적이고 사회정책적인 권리이다. 외국인은 헌법상 근로권의 주체는 아니며, 국가를 상대로 취업을 요구할 권리를 갖지 못한다.[2] 외국인은 국제법과 조약의 내용에 따라 그 지위가 보장되며(헌법 §6②), 개별법의 균등처우규정에 따라 권리를 향유할 수는 있다.[3]

근로권은 일신전속적인 권리이므로, 법인은 근로권의 주체가 아니다.[4]

2·나. 성 격

(1) 의 의

근로권은 국가에 대해 일할 기회를 요구할 권리를 의미한다. 요구의 내용과

---

1) 김유성, 『노동법Ⅰ』, 20쪽 ; 주체가 근로자라는 설(박홍규, 『노동법론』, 209쪽)과 보유주체는 국민이고 행사주체는 실업자를 포함한 근로자라는 설(이상윤, 『노동법』, 제6판, 57~58쪽)이 있다.

2) 김철수, 『헌법학개론』, 776쪽 ; 헌재 2016.3.31, 2014헌마367. 근로권은 '일할 자리에 관한 권리'뿐만 아니라 '일할 환경에 관한 권리'도 포함하는데, '일할 환경에 관한 권리'는 인간의 존엄성에 대한 침해를 방어하기 위한 권리로서 외국인에게도 인정될 수 있다. ; 대판 2010.4.8, 2009두21055.

3) 근기법(§6)은 국적, 노조법(§9)은 인종, 외고법(§22)은 외국인을 각각 명시하면서 차별을 금지하고 있다. 고정법(§7)도 균등처우원칙을 밝히고 있으나 국적·외국인·인종을 대상으로 열거하고 있지 않다.

4) 김철수, 『헌법학개론』, 776쪽.

정도에 대해서는 견해가 나뉜다. 이를 그림으로 정리하면 다음과 같다.

- 자유권설
- 생존권설
  - 입법방침규정설
  - 법적권리설
    - 구체적권리설
    - 추상적권리설

(2) 자유권설과 생존권설

근로권은 자유권적 성격을 갖는다. 자유권설에 따르면, 국가는 소극적으로 개인의 취업을 방해하거나 강요할 수 없으며, 근로권을 침해하는 입법·행정행위는 위헌 또는 무효이다. 근로권은 현대의 복지국가를 배경으로 탄생했다. 근로권을 자유권만으로 보는 견해를 발견하기는 어렵다.

근로권은 생존권 또는 사회권의 성격을 아울러 갖는다. 생존권설에 따르면 국가는 적극적으로 근로권의 실현을 위해 노력할 의무를 진다.

(3) 생존권설의 나뉨

생존권설은 입법방침(*program*)규정설과 법적권리설로 나뉜다.

① 입법방침규정설 비판

입법방침규정설은 "근로권은 직접적으로 행정이나 사법을 구속하지 않고 입법자에게 방침을 제시하는 정도"로 국가에 의무를 부과한다는 견해이다.[1] 근로권은 헌법에 명확히 규정되어 있다. 따라서 근로권은 법적권리라는 법적권리설이 일반적으로 받아들여지고 있다.[2]

② 법적권리설의 나뉨

법적권리설은, 국가가 국민에게 근로의 기회를 제공하지 않으면 국민이 국가에게 무엇을 요구할 수 있는지에 따라, 구체적권리설과 추상적권리설로 나뉜다.

㈎ 구체적권리설

구체적권리설은 국민이 개별적으로 국가에 대해 근로의 기회를 청구할 수 있는 구체적인 청구권이라는 설이다. 이 설에 따르면 국민은 국가에게 일자리를 요구하거나 이에 갈음해 생활비의 지급을 요구할 수 있다.[3]

---

1) 과거에 제기되던 견해(김치선, 『노동법강의』, 141쪽 ; 김기범, 『한국헌법』, 234쪽)로서 현재에는 발견되지 않는다(김유성, 『노동법Ⅰ』, 18쪽).

2) 헌재 1991.7.22, 89헌가106. 등 많은 견해.

3) 김철수, 『헌법학개론』, 776쪽 ; 박홍규, 『노동법Ⅱ』, 72쪽.

㈏ 추상적권리설

추상적권리설은 구체적인 청구권을 인정하지 않는다. 헌법(§32① 2문)은 국가에게 사회적·경제적인 방법으로 고용증진을 위해 노력할 의무[1]를 부과하고 있다. 근로의 기회를 제공할 국가의 의무는 간접적이고 보충적이며, 법률상의 채무불이행이 아니다.[2] 자본주의사회에서는 국가가 기업에게 고용을 강제할 수는 없다.[3]

(4) 소 결

"헌법은 국민 개인이 국가에 대해 직장존속보장청구권[4]처럼 일자리나 생활비의 지급을 직접 요구할 수 있는 구체적권리를 인정했다고 보기 어렵다"[5]는데 많은 노동법학자들이 견해를 같이 하고 있다. 국민은 추상적인 근로권에 기초하여 국가에 대해 입법이나 정책을 강구하도록 요구할 수 있고,[6] 헌법소원 등을 통해 재판상으로 다툴 수 있다.[7]

2·다. 내 용

헌법은 근로권을 실현하기 위해 국가에게 입법적·정책적 의무를 부과하고 있다.

첫째, 국가는 사회적·경제적방법으로 고용증진을 위해 노력해야 한다(헌법§32 ①2문). 사회적·경제적방법이라 함은 일자리를 늘리고, 직업능력을 키우고, 고용정보를 제공하며, 구직자와 구인자를 연결해 주는 노동시장정책을 포함한다.[8]

둘째, 국가는 실업자에게 생계비를 지급하는 제도를 마련할 의무를 진다.[9]

셋째, 국가는 '적정임금의 보장'을 위해 노력하고, 최저임금제를 시행하며(헌법§32 ①2문), 인간의 존엄성을 보장하도록 근로조건의 기준을 법률[10]로 정해야 한다(헌법 §32③).

넷째, 국가는 여성에 대해 보호와 차별금지를, 연소자(헌법 §32④)를 위해 특별보호(헌법 §32⑤)

---

1) 이상윤, 『노동법』, 제6판, 55쪽 ; 최초로 근로권을 규정한 독일의 바이마르헌법의 태도이다. 이 헌법은 '근로의 기회를 주는 것' 외에 '근로의 기회를 갖지 못한 경우에 생계비를 지급하는 것'을 그 내용으로 하고 있다.

2) 김형배, 『노동법』, 제20판, 124쪽 : 헌재 2007.8.30, 2004헌마670. 근로권은 직장을 구할 수 있도록 그리고 직장을 구한 후에 적정한 삶이 보장되도록 국가에 요구할 수 있는 권리를 포함하고 일할 자리뿐아니라 일할 환경에 관한 권리도 내포한다.

3) 임종률, 『노동법』, 제9판, 12~13쪽.

4) 헌재 2002.11.28, 2001헌바50. 이를 부정하고 있다.

5) 헌재 2011.7.28, 2009헌마408.

6) 임종률, 『노동법』, 제9판, 13쪽. 추상적권리라고 결론을 내고 있다.

7) 김유성, 『노동법Ⅰ』, 19쪽. 구체적권리라고 결론을 내고 있다.

8) 고정법, 직능법, 직안법, 고보법 등 노동시장관계법이 마련되어 있다.

9) 고보법의 구직급여제도(구직활동자에게만 급여가 지급되어 실업부조제도와 다름).

10) 최임법, 근기법, 근퇴법, 임채법, 산안법, 산재법, 선원법 등.

를, 국가유공자 등에 대해 우선적으로 고용기회(헌법 §32⑥)를 제공하기 위한 정책을 마련해야 한다.[1]

2·라. 사인에 대한 효력

근로권은 국가에 대해 효력을 갖는다. 근로권이 사인(私人)에게도 효력을 갖는지에 대해서는 설이 나뉜다. 부정설은 헌법이 개별적인 국민과의 관계를 직접 규정하지 않은 데서 그 근거를 찾는다. 긍정설은 생존권으로의 의의와 연혁을 근거로 하여 사인 사이에도 효력을 갖는다고 본다.[2] 사용자의 해고제한은 근로자의 생존권보호차원에서 이루어지는 것으로 볼 수 있다.[3] 여성과 연소자에 대한 헌법규정이 사인에게 직접적효력이 미치는지 아니면 간접적효력에 그치는지에 대해 의견이 나뉘는데 전자의 견해를 지지한다.[4]

2·마. 근로권의 제한

근로권의 자유권적인 성격은 헌법 제37조제2항에 따라 국가안전보장, 질서유지 또는 공공복리를 위해 필요한 경우에 한해 법률로 제한될 수 있고, 생존권적인 성격은 국가안전보장 또는 질서유지를 위해 제한될 수 있다.[5]

3. 근로의 의무

헌법 제32조제2항은 모든 국민에게 근로의무를 부과하고 있다.

자본주의사회에서는 일하지 않는 것도 자유라는 이유로 헌법에 규정된 근로의무를 도덕적의무라고 보는 견해[6]가 있다. 이에 대해 직업선택자유, 강제노역금지 등 헌법의 원칙에 위배되지 않는 범위에서 법률에 따라 근로의무를 부과할 수 있는 법적의무라고 보는 견해[7]가 있다. 도덕적의무설도 근로의무가 법률에 규정되면 법적의무로 봄[8]으로써 두 견해의 차이는 크지 않다. 근로의무는 근로

---

1) 여자와 연소자를 위해 근기법 제5장과 고평법이 마련되어 있고, 「국가유공자등예우및지원에관한법률」을 통해 의무고용제도를 시행하고 있다. ; 특수계층에 대한 보호 규정은 예시사항으로 볼 수 있다. 국가는 장애인, 고령자, 비정규직 등도 헌법상 보호대상으로서 입법적인 보호를 받는다(장고법, 연령법, 기단법, 파견법 등).
2) 김철수, 『헌법학개론』, 778쪽 ; 권영성, 『헌법학원론』, 665쪽.
3) 이상윤, 『노동법』, 제6판, 59쪽 ; 반대설(박상필, 『한국노동법』, 86쪽)도 소개하고 있다.
4) 이상윤, 『노동법』, 제6판, 59쪽 ; 〈직접효과설〉 권영성, 『헌법학원론』, 665쪽 ; 〈간접효과설〉 허영, 『한국헌법론』, 475~476쪽.
5) 권영성, 『헌법학원론』, 666쪽.
6) 권영성, 『헌법학원론』, 707쪽.
7) 김철수, 『헌법학개론』, 927쪽.
8) 권영성, 『헌법학원론』, 707쪽.

권의 전제조건 또는 반사적대응으로 나타난다. 국가가 부여한 의무를 이행하지 않는 국민은 근로권을 실현시키기 위해 주어지는 혜택을 누릴 수 없다. 고보법은 구직급여를 지급함에 있어 실업자에게 구직활동의무를 부과하고 있다.

제2절 근로기준법의 변천

1. 제정과 개정

근기법은 1953년에 근대적인 의미를 갖는 노동보호법으로 제정되었다.

일제통치 아래에서는 노동보호법이 따로 없었으며 미군정시대에 「최고노동시간법(군정법령 제121호)」, 「미성년자노동보호법(군정법령과도 정부법령 제4호)」 등 단행법률이 있었으나, 1953년5월 10일에 이르러 개별적근로관계에 대한 통합법전(統合法典)으로서의 「근로기준법」(근기법)이 탄생되었다.[1] 제정근기법은 산업화의 정도가 낮은 상황에서 맥아더군정의 노동정책으로부터 영향을 받은 일본의 「노동기준법」을 참고하여 제정되었다.

제정근기법은 제조업의 공장에서 일하는 생산직근로자의 보호에 초점이 맞추어져 있고, 근로조건이 경제수준에 비추어 다소 이상적으로 규정되어, 현실과 격차가 컸다. 제정근기법은 이러한 구조적인 문제에 대해 고려하지 않은 채로 근로조건의 수준을 양적으로 올리면서 벌칙을 강화하는 방법으로 수 많은 개정을 거쳐 왔다. 이러한 입법경향은 당시의 정치적상황이 집단적노사관계를 제한함에 따라 보상적조치가 필요했기 때문인 것으로 평가될 수 있다.

2. 분화와 개정

근기법은 분화의 과정을 거치면서 새로운 법을 탄생시킴으로써 근로조건의 향상에 기여해 왔다. 「산업재해보상보험법」(1963), 「산업안전보건법」(1981), 「최저임금법」(1986), 「남녀고용평등법」(1987), 「고용보험법」(1993) 등이 제정된 후 이름이나 내용을 바꾸는 개정을 거치면서 시행되고 있다.

1) 김형배, 『노동법』, 제20판, 61쪽 ; 노동부, 『근로기준법 연혁집』, 2008.12, 20쪽.

3. 재제정과 개정 그리고 지속적인 분화

근기법이 제정된지 30~40년이 지나는 동안 경제규모는 커졌고 산업구조와 고용형태가 획기적으로 변하였다. 그럼에도 불구하고 근기법은 12번에 걸쳐 개정되면서도 제정당시의 구조를 바꾸지 않고 근로조건을 양적으로만 조정해옴에 따라 노동시장의 현실을 반영하지 못한다는 비판이 있어 왔다. 그 결과 1996년 12월31일에 재제정근기법이 마련되었다. 그러나 이 법은 의결방법때문에 노동계 및 야당의 반발을 불러일으키고 대규모의 파업 등 우여곡절을 겪은 후에 시행되지 못하고 폐지되었다. 그 후 1997년3월13일에 재제정 근기법이 공포되어 많은 개정을 거치면서 시행되고 있다. 재제정근기법도 제정근기법에 이어 지속적인 분화과정을 거쳐 독립적인 여러 개별적근로관계법을 탄생시키고 있다. 「임금채권보장법」(1998), 「파견근로자보호 등에 관한 법률」(1998), 「근로자퇴직급여보장법」(2005), 「기간제 및 단시간근로자 보호 등에 관한 법률」(2007), 「근로복지기본법」(2010), 「채용절차의 공정화에 관한 법률」(2014), 「중대재해 처벌 등에 관한 법률」(2021), 「가사근로자의 고용개선 등에 관한 법률」(2022) 등 많은 개별법이 제정된 후에 이름이나 내용을 바꾸는 개정을 거치면서 시행되고 있다.

4. 패러다임의 변화

4·가. 고전적 패러다임

근로관계는 노동을 제공하는 사람이 주체적인 경제인으로서 노동력의 처분권을 가짐으로써 성립된다. 따라서 고대의 노예노동시절이나 중세의 반노예노동시절에는 노동을 제공하는 사람에 대한 보호규정이 있더라도, 이는 노동법으로 인정되지 않는다. 현대의 근로관계는, 시민사회성립과 산업혁명전개를 통해 형성되고 발전되어 온 자본주의시대에 들어 와서, 법적규율을 받게 되었다. 자본주의초기의 근로관계는 계약자유원칙, 과실책임원칙 그리고 소유권절대원칙을 내용으로 하는 시민법원리의 적용을 받았다. 시민법원리는 시민계급의 시각에서 국가로부터의 자유와 노동계급과의 관계에서의 평등을 기반으로 한다. 여기서 평등이라 함은 사용자로 대변될 수 있는 시민계급과 근로자로 대변될 수 있는 노동계급의 사이에 존재하는 절대적인 평등을 의미한다. 절대적인 평등에 기반을 둔 자본주의는 아동노동이나 여성노동에서 출발하여 전체 노동계급에게 가혹노동·고한노동의 고통을 가져다주었다. 이에 대한 노동계급의 반발과 사회주의

움직임은 수정자본주의를 탄생시키고 시민법원리의 수정을 가져온다. 계약자유원칙의 수정은 국가가 근로조건의 최저기준을 정하여 사용자에게 강제하는 근로자 보호의 법리를 탄생시켰다. 과실책임원칙의 수정은 재해보상에 대해 무과실책임을 적용하게 하고, 소유권절대원칙의 수정은 복지나 성과제도를 도입할 수 있게 하였다. 시민법원리의 수정 결과는 노동법의 탄생으로 나타났다. 노동법의 목적이나 패러다임은 근로자들을 총체적이고 단일한 하나의 계급 즉 노동계급으로 보고, 법과 제도적장치를 통해 가혹노동 또는 고한노동을 극복함으로써, 자본주의의체제를 유지하는데 있다고 정리된다.

4·나. 관점의 변화

근기법은 재제정된 이후에도 개정과 분화의 과정을 거쳐 근로자전체를 대상으로 하여 근로조건안전망의 큰 그림을 완성해가고 있다. 근로조건안전망의 완성은 노동법의 목적에 대한 고전적인 패러다임에 대해 변화를 요구한다. 노동법의 숫자만 보더라도, 4개에서 출발하여 20개를 넘기고 있다. 그렇다면 노동법의 목적을 가혹노동 또는 고한노동의 극복에만 두기는 어렵다. 보호대상에 대해 노동자 전체를 대상으로 하나의 노동계급을 상정하는 것도 현실적이지 않다. 노동계급도 다양하게 분화되어 서로 이해관계를 달리하기 때문이다. 이러한 변화는 근로조건의 향상이 전체적이고 일반적인 차원에서 접근되기도 해야 하지만, 부분적으로 접근하고 특화되어야 함을 말해준다. 자본주의체제유지도 노동법이 목적으로 삼기에는 적절해 보이지 않는다. 이데올로기적인 접근은 노동법에 대한 이론과 실천의 양면에서 공감대를 잃고 있기 때문이다.

4·다. 새로운 패러다임

근기법은 노동법의 고전적패러다임에서 벗어나서, 노동시장변화에 따라 새로운 패러다임을 형성해나가고 있다. 이는 모성보호, 일·생활양립, 평등이념구현 및 근로권강화, 비정규·취약자보호, 생애복지실현 등의 모습으로 나타나고 있다. 보호내용도 근로시간·임금과 같은 양적측면과 함께, 성희롱·괴롭힘 등을 금지하여 근로환경을 조성하고 근로권을 확보하는 질적측면으로 변화되고 있다.

근기법은 판례나 해석에 의존하는 부분이 많아 혼란을 겪고 있어, 규정체계와 규정내용 그리고 규정형식이 꾸준히 보강되어야 하는 숙제를 안고 있다. 아울러 이해관계에 대해 공정한 룰(rule)의 정립도 근기법의 몫이다.[1)]

---

1) 근로계약법제의 도입논란으로 나타난다. 중국은 2007.6.29.에 제정된「中華人民共和國勞動合同法」이 2008.1.1

제3절 노동법의 법원

1. 법원의 개념

근기법을 비롯한 노동법과 관련된 분쟁에 대해 재판에서 법관의 판단기준으로 작용하는 규범의 존재형식을 '노동법의 법원(法源)'이라 한다.

2. 법원의 내용

2·가. 법원 인정

(1) 법 령

① 국내법

노동법의 법원으로 기본이 되는 규범은 법령 즉, 법률·시행령·시행규칙이다. 법령에는 노동관계법령뿐아니라 헌법, 사법(私法), 형사법, 행정법 등의 관련법령도 포함된다. 헌법의 근로권(§32)은 개별적근로관계법의 근거이다. 민법은 제3편 제2장제8절(민법 §655~§663)에서 고용계약에 관해 규정하고 있다. 민법은 사용자의 입장에서 노무자에 대한 노무제공청구권을 중심으로, 고용관계를 규율한다. 근기법은 근로자의 권리를 규율의 대상으로 한다. 근기법은 민법의 관련조항에 대해 특별법의 지위에 있다. 근기법에 규정되지 않은 사항을 해석함에 있어 민법의 법리를 따르는 접근[1]과 헌법을 기초로 추론하는 접근이 있다. 양자는 서로 배타적이 아니고 보완적이다. 민법의 고용관계조항은 근기법의 특별규정에도 불구하고 기초적 또는 보충적인 역할을 수행한다.[2]

② 국제법

헌법에 따라 체결하여 공포된 조약은 국내법과 동일한 효력을 가진다(헌법 §6①). ILO협약,[3] UN규약[4] 등이 그렇다. 우리나라는 ILO의 8개의 핵심협약중에서

부터 시행되고 있다. 일본은「労働契約法」이 2007.12.5에 공포되어 2008.3.1부터 시행되고 있다. 독일은 30여개의 개별적근로관계법을 근로계약법제로 통일하려는 시도를 1896년부터 100년 이상 지속하고 있으나 성공하지 못하고 있다.

1) 김형배,『노동법』, 제20판, 98쪽.

2) 임종률,『노동법』, 제9판, 9쪽.

'차별금지 관련 협약'(제100호, 제111호), '아동노동 관련 협약'(제138호, 제182호), '결사의 자유 관련 협약'(제87호, 제98호)을 비준했고 '강제근로(제2장 제3절,1) 관련 협약'에 대해서는 제29호를 비준하고 제105호를 형벌체계때문에 비준하지 못하고 있다.

(2) 자치규범

당사자의 권리와 의무를 규율하는 단체협약,[1] 취업규칙 및 근로계약은 대표적인 노동법의 법원이다. 단체협약은 처분문서의 성격을 갖는다. 처분문서는 성립이 되면 특별한 사정이 없는 한 문언내용에 따라 당사자의 의사표시가 있었던 것으로 해석된다. 처분문서는 문언내용, 약정의 동기·경위·달성목적, 당사자의 진정한 의사 등을 종합적으로 고찰하여 논리와 경험칙에 따라 합리적으로 해석되어야 한다.[2] 처분문서는 근로자에게 불리하게 변형하여 해석될 수 없다.[3]

2·나. 부분 인정

노동관행은 그 자체로 법적효력을 갖지 않으나, 당사자사이에 이의없이 오랫동안 적용되면, 신의성실원칙에 따라, 묵시적합의가 성립된 '사실인 관습(민법 §106)'으로서 근로계약 등의 내용을 이루어 그 효력이 인정될 수 있다. 노동관행이 그러한 효력을 인정받으려면 기업에서 규범적인 것으로서 명확히 승인되고 있어 사실상제도로 확립되어 있다고 평가될 만큼 규범의식으로 지지되어야 한다.[4]

---

3) 2024.7 현재, 190개 협약중에서 32개 비준(실제로 30개 비준, 해사노동협약에 따라 제53호 관리자의 자격증명서협약과 제73호 건강검진(선원)협약 자동철회). 구체적으로는 제81호 근로감독협약, 제122호 고용정책협약, 제142호 인력자원개발협약, 제100호 동등보수협약, 제150호 노동행정협약, 제160호 노동통계협약, 제111호 차별(고용과 직업)협약, 제138호 최저연령협약, 제144호 삼자협의(국제노동기준)협약, 제159호 직업재활과고용(장애인)협약, 제19호 균등대우(재해보상)협약, 제156호 가족부양의무근로자협약, 제182호 가혹한 형태의 아동노동협약, 제26호 최저임금결정제도협약, 제131호 최저임금결정협약, 제88호 고용서비스협약, 제135호 근로자대표협약, 제170호 화학물질협약, 제162호 석면협약, 제185호 선원신분증명협약, 제155호 산업안전보건협약, 제187호 산업안전증진체계협약, 제2호 실업협약, 제47호 주40시간협약, 제115호 방사선보호협약, 제139호 직업성암협약, 선박노동협약(특별협약), 제29호 강제노동에 관한 협약, 제87호 결사의 자유 및 단결권 보호 협약, 제98호 단결권 및 단체교섭 협약이다.

4) 자유권규약(1990.4.10. 결사의자유 유보), 여성차별철폐협약(2006.10.18), 인종차별철폐협약(1978.12.5), 아동권리협약(1990.9.25) 등 비준. ↘ 10쪽

1) 단협이 실효되더라도 규범적부분은 개별근로자의 근로계약으로 전환되어 효력을 유지하므로, 이를 변경하려면 새단협을 체결하거나, 취업규칙변경 또는 근로자동의를 얻어야 한다(노사관계법제팀-293, 2007.1.25 ; 대판 2000.6.9, 98다13747 ; 대판 2007.12.27, 2007다51758).

2) 대판 2020.11.26, 2019다262193 등 다수.

3) 대판 2011.10.13, 2009다102452. 평균임금관련 ; 대판 2014.2.13, 2011다86287. 하기휴가비와 재직기준 ; 대판 2020.1.22, 2009다102452·2015다73067. 월급의 시간급환산을 위한 단위시간수 등 다수.

4) 대판 2002.4.23, 2000다50701. 노동관행의 법원성에 대해 기준을 명확하게 제시한 판결(**한국노동법학회, 『노동판례백선』 제2판,** 5쪽) ; 근로조건지도과-2117, 2008.6.18. 특정대상자에게 상당기간 일정금품이 정기적으로 지급되면 착오지급 등의 사정이 없는 한 근로조건화한 금품.

노동관행이 법원으로 인정될 정도에 이르면 해당근로조건의 저하를 위해서는 근로조건변동에 요구되는 절차를 거쳐야 한다.[1]

2·다. 법원 부정

(1) 판 례

판례는 법원으로 인정되지 않는다. 상급법원의 판결은 해당사건에 관하여 하급심을 기속한다(법원조직법 §8). 그러나 서로 다른 사건이라면, 하급심이 상급심에 기속되지 않고, 법관은 선례에 구속받지 않는다. 다만, 현실적으로는 축적된 상급심판례가 하급심판결에 간접적으로 영향을 미친다.

(2) 행정해석

예규·고시[2]·질의회시·행정지침·행정해석 등은 행정기관내부의 사무처리준칙에 불과할뿐이고 대외적으로 법관이나 국민을 기속하지 않으므로 법원으로 인정되지 않는다.[3] 행정해석 등은 노동사건에 관하여 수사와 감독을 하는 근로감독관에게 통일적인 판단근거를 제공하고, 주무부서인 고용부의 전문성을 반영한다. 이러한 이유로 현실적으로는 법관이 판단에 참고할 수 있으며, '법원이 존중하는 것이 바람직하다'[4]고 해석된다. 행정해석 등이 판례에 의해 번복되어 손해를 본 사람이 국가를 상대로 한 손해배상은 국가의 고의 또는 과실이 전제되어야 그 인정을 받을 수 있다.

3. 법원의 적용

3·가. 법률행위 해석

법률행위해석은 당사자가 그 표시행위에 부여한 객관적인 의미를 명백하게 확정하는 것이다. 법률행위는 사용된 문언에만 구애받는 것은 아니지만, 내심의 의사와 관계없이 당사자가 표시행위에 부여한 객관적의미를 중심으로 합리적으로 해석되어야 한다. 다만, 당사자가 표시한 문언의 객관적의미가 명확하게 드러나지 않으면 문언의 형식과 내용, 법률행위가 이루어진 동기 및 경위, 그 법률행위로 달성하려는 목적과 진정한 의사, 거래관행 등을 종합적으로 고려하여

---

1) 근로조건지도과-2117, 2008.6.18.

2) 대판 2020.12.24, 2020두39297. 「뇌혈관 질병 또는 심장 질병 및 근골격계 질병의 업무상 질병 인정 여부 결정에 필요한 사항」(2013.6.28, 고용노동부 고시 제2013-32호) 관련.

3) 대판 1990.9.25, 90누2727 등.

4) 대판 2019.10.31, 2013두20011.

사회정의와 형평의 이념에 맞도록 논리와 경험의 법칙, 그리고 사회일반의 상식과 거래의 통념에 따라 합리적으로 해석한다.[1)]

3·나. 소급효의 부정과 긍정

법률을 비롯한 법원이 되는 규범은 원칙적으로 소급효가 인정되지 않는다.

'고용형태·임금지급형태와 계약기간을 기준으로 각각 다르게 해고예고예외를 인정하던 법률조항이 위헌결정을 받아 개정'(제10장, 제3절 1·마,(1))된 데 대해 그 조항이 시행된 이후에 근로계약을 체결한 근로자에 한정하여 적용된다는 판결[2)]이 있다.

헌법불합치결정에 명시된 구법조항적용시기가 최소한의 법적근거를 계속 유지할 필요가 있어서이지 기본권침해상태를 유지하기 위한 것이 아니라는 이유로 위헌제청신청을 하지 않고 진행되고 있는 사건에 대해 결정의 소급효를 인정하여 위헌부분에 해당하는 내용의 효력을 부정한 판결[3)]도 발견된다.

4. 법원간의 관계

4·가. 질서의 원칙

다른 순위의 규범들의 효력관계를 질서의 원칙이라 한다. 질서의 원칙으로는 규범적효력과 유리조건우선원칙이 있다.

(1) 규범적효력

근기법의 법원은 헌법을 정점으로 하여 법령, 단체협약, 취업규칙, 근로계약의 순으로 계층적인 구조를 가진다. 상위규범은 하위규범에 대해 규범적효력을 갖는다. 규범적효력은 강행적효력과 보충적효력으로 나뉜다(근기법 §15, §96, §97 노조법 §33).

① 강행적효력

상위규범의 기준에 미달한 하위규범의 근로조건은 그 부분에 한해 무효이다. 단체협약과 취업규칙에 규정된 근로조건은 법령보다 유리한 경우에만 효력이 있고 불리한 경우에는 효력이 없다.[4)]

---

1) 대판 2001.3.23, 2000다40858 ; 대판 2009.5.14, 2008다90095, 90101 ; 대판 2010.10.14, 2010두9594 ; 대판 2018.7.12, 2018다21821·2018다25502.

2) 대판 2022.2.11, 2020도68.

3) 대판 2021.6.10, 2016두54114. 출근재해 관련.

4) 〈무효〉 '임금을 받지 않기로 한 합의(대판 1976.9.28, 75다801)', '연장근로수당을 받지 않기로 한 계약(근기 01254-14031, 1987.3.31)', '위법한 근로시간계약(대판 1974.3.12, 73다1140)' 등 ; 취업규칙의 문언이 명확치 않은 부분에 대해 축소해석한 개별적합의(대판 2022.9.29, 2018다301527).

② **보충적효력**

상위규범의 기준에 미달한 하위규범의 근로조건이 무효로 되거나 상위규범에 정하여진 근로조건이 하위규범에 정해져 있지 않은 경우, 해당근로조건은 상위규범에 따른다.

(2) 유리조건우선원칙

여러 규범중에서 가장 유리한 근로조건이 근로자에게 적용되는 것이 유리조건우선원칙이다. 단체협약에 적용되는지에 대해서는 의견이 나뉠 수 있다.

① **법령 · 취업규칙과 근로계약**

㈎ **적용원칙**

근기법과 취업규칙에 정하는 기준에 미달하는 근로조건을 정한 근로계약에 대해 그 부분에 관하여 무효이다(근기법 §15, §97). 이를 반대로 해석하면, 그러한 기준에 미달하지 않는 근로조건을 정한 근로계약은 취업규칙이나 법령의 기준에도 불구하고 근로조건자율결정원칙(근기법§4 제2장, 제1절, 2·가)에 따라 효력을 가진다. 따라서 근로계약과 취업규칙이 서로 다르게 정하고 있는 근로조건이 있다면, 취업규칙이 근로자에게 보다 유리하다는 등의 특별한 사정이 없는 이상, 근로계약이 우선 적용된다.[1]

세 규범 사이에는 유리조건우선원칙이 성립된다.

㈏ **적용범위**

취업규칙과 근로계약 사이의 유리조건우선원칙은 취업규칙에 정해진 기준을 상회하는 근로조건을 개별근로계약에서 따로 정한 경우에 한하여 적용될 수 있고, 근로계약에서 근로조건에 관하여 구체적으로 정하지 않고 있는 경우에는 적용되지 않는다.[2] 다시 말해서 이 원칙은 '취업규칙과 다르게 근로조건을 정한 근로계약'과 '적법하게 변경된 취업규칙'의 사이에서 적용된다.[3] 근로계약이 근로조건을 취업규칙에 일임하고 있으면, 취업규칙이 변경되어도 유리한 근로계약의 적용문제가 발생하지 않는다. 근로계약의 근로조건이 '집단적이고 통일적으로 정해지는 표준근로계약서' 형식이어서 취업규칙으로 해석되는 경우에도 그렇다.

---

1) 대판 2017.12.13, 2017다261387. 심리불속행원심확정. 취업규칙은 근로계약과의 관계에서 최저기준을 설정하는 효력 보유 ; 대판 2019.11.14, 2018다200709. 임금피크제를 도입하여 연봉액을 삭감토록 적법하게 변경된 취업규칙에도 불구하고 개별적인 동의를 받지 못하면 근로계약이 우선 적용되어 연봉액 삭감 불가(**한국노동법학회, 『노동판례백선』 제2판**, 8~9쪽) ; 대판 2020.4.9, 2019다297083.

2) 대판 2022.1.13, 2020다232136, 급여규정에 따라 급여를 지급받기로 계약한 대학교원의 급여체계가 호봉제에서 연봉제로 변경된 사건.

3) 대판 1999.1.26, 97다53496.

② 단체협약과 다른 규범

㈎ 적용원칙

근기법은 단체협약에 대해 취업규칙이나 근로계약과 달리 규정하고 있다. 유리조건우선원칙이 단체협약에 적용되는지에 대해 긍정설[1]과 부정설[2]로 견해가 나뉜다. 각설의 근거는 다음과 같다.

구분	근거
긍정	ⓐ 단체협약은 근로자를 보호하기 위해 근로조건의 최저기준을 정함. ⓑ 계약자유원칙과 사적자치원칙에 따라 개별근로자의 근로조건을 보호하여야 함. ⓒ 단체협약의 기준을 최고기준이라고 합의해도 이는 무효.
부정	ⓐ 단체협약의 강행적효력을 규정한 법문이 '…기준에 미달'이 아닌 '…기준에 위반(노조법§33)' 또는 '… 어긋나서는 아니된다(근기법§96)'고 표현된 점. ⓑ 기업별노조에서는 단체협약이 표준적·정형적 기준인 점. ⓒ 노동조합에의 가입이 근로자 스스로 계약자유를 제한한 것인 점. ⓓ 조합원의 개별교섭을 인정하면 노동조합의 세력이 약화될 수 있는 점. ⓔ 단체협약보다 유리한 근로계약을 맺는 행위가 부당노동행위에 해당할 수 있는 점.

이와 관련하여, 절충설로서 '산업별노조에만 적용하고 기업별노조에 적용할 수 없다는 설'[3] 등도 발견된다. 유리조건우선원칙이 제한적으로 적용되어야 한다는 점은 설득력을 가지나, 제한정도에 대한 의견이 다양하고 판단기준을 정하기 어렵다. 개인적으로는 부정설을 지지한다. 단체협약이 개정되어 근로조건이 취업규칙의 규정보다 낮아지더라도 협약자치원칙상 변경된 단체협약이 적용된다.[4]

㈏ 적용범위

과반수노조가 체결한 단체협약은 집단참여주체의 동의나 서면합의를 변경하는 효력을 갖는다(제2장, 제1절 2·다,(5),②). 단체협약에 규정되어 있지 않은 사항을 취업규칙에 규정하는 것은 가능하다(제10장, 제2절 2·라, (2), ④). 노사협의회에서의 합의는 단체협약의 요건을 갖추지 못했다면 취업규칙이나 근로계약에 우선할 수 없다.[5]

---

1) 김형배, 『노동법』, 제20판, 101~102쪽.

2) 임종률, 『노동법』, 제9판, 148쪽 ; 김유성, 『노동법Ⅱ』, 169쪽 ; 대판 2002.12.27, 2002두9063(**한국노동법학회, 『노동판례백선』** 제2판, 12쪽. 유리조건우선원칙 부정 법리를 이끈 대표 판결) ; 대판 1993.3.23, 92다51341 ; 대판 2001.1.19, 2000다30516 ; 대판 2006.4.27, 2004다4683 ; 근기 1455-8215, 1982.3.23 ; 근로기준팀-5542, 2006.10.10.

3) 이상윤, 『노동법』, 제6판, 666쪽.

4) 취업규칙이 그대로 적용되면 단협개정목적을 달성할 수 없으므로 개정단협에는 유리조건적용배제합의 포함(대판 2002.12.27, 2002두9063 및 대판 2002.11.26, 2001다36504).

5) 근기 68207-1625, 1994.10.14.

4·나. 해소의 원칙

같은 순위를 갖는 규범 사이의 효력관계를 해소의 원칙이라 한다.

법률을 대상으로 보면 일반법과 특별법이 충돌할 경우에는 특별법우선원칙이 적용되고, 구법과 신법이 충돌할 경우에는 신법우선원칙[1]이 적용된다.

제4절 근로기준법의 적용

1. 근로기준법 적용사업

1·가. 의 의

근기법은 "상시 5명이상의 근로자를 사용하는 '모든 사업 또는 사업장'(이하'사업(장)'이라함)에 적용된다(근기법 §11①)." "상시 4명이하의 근로자를 사용하는 사업(장)에 대하여는 대통령령(근기령 §7 [별표1])에 따라 일부규정을 적용할 수 있다(근기법 §11②)." 근기법은 사업(장)[2]인지 여부에 따라 적용여부가 결정되며, 근로자수에 따라 적용조항이 달라질 수 있다. 근기법은 국가·지방자치단체 그리고 동거친족·가사사용인에 대해 특칙을 두고 있고, 특별법적용대상자에 대해서는 근기법이 적용되지 않는다.

1·나. 사업·사업장

(1) 해당 요건

근기법의 적용을 받기 위해서는 사회통념상 유기적관계를 가지고 업으로서 계속적으로 행해질 것이 요청된다.[3] 개인이 자기 집을 고치기 위해 목수를 고용하거나 정원사로 하여금 정원을 손질하게 하는 1회적·일시적사업은 적용대상이 아니다.[4] 다만, 1회적·일시적사업도 업으로서 계속하려는 의도가 있다면 적용

---

1) 대판 1994.5.10, 93다30181 〈해외연수비용상당의 의무복무〉, 소급배제규정이 없는 한, 개정인사규정적용.

2) 노동법실무연구회, 『근로기준법주해 I』, 554쪽. 사업과 사업장을 대체로 구별하지 않고 동일한 개념으로 파악하는 것이 일반적이지만, 사업은 방문판매나 중개업과 같이 노무제공이 일정장소에서 이루어질 것을 요구하지 않는다는 점에서 장소개념을 포함하고 있는 사업장과 구별된다.

3) 일본 노동성, 『노동기준법』, 93쪽 ; 김형배, 『노동법』, 제20판, 329쪽 ; 이상윤, 『노동법』, 제6판, 88쪽.

4) 대판 1987.4.14, 87도153 ; 법무 811-22540, 1980.9.4 ; 근기 68207-3601, 2000.11.6.

대상이다.[1] 사업수행자가 사업을 수행하는데 도움이 되기 위하여 일정기간 개인을 고용하여 일을 시키는 일시작업도 사업일부로 볼 수 있다.[2]

(2) 유형별 판단

① 비영리사업

기업, 자격인단체[3] 등이 영리를 목적으로 하면 사업에 해당한다. 정부투자출연기관・공기업체・공공단체,[4] 학교・교육단체,[5] 정치단체,[6] 사회단체,[7] 아파트자치회[8]와 같은 비영리단체가 업으로 시행하는 일은 사업에 해당된다.

② 종교사업

종교단체의 순수한 종교의식이나 포교에 대해서는 근기법이 적용되지 않는다. 목사, 전도사, 신부, 승려 등이 행하는 종교업무는 근로관계에서 행해진 업무가 아니다.[9] 종교인의 행위이더라도 종교활동이나 신앙생활을 벗어나서 근로자판단요소를 충족하는 부분은 종교단체가 행하는 사업으로 근로관계가 인정된다.[10]

근기법은 '사업 또는 사업장(근기법 §11)', '직업(근기법 §2① i)' 등의 표현을 사용함에 있어 그 종류와 내용을 제한하지 않으므로 교회가 운전기사나 유치원교사를 채용하면 종교단체가 행하는 사업에 해당된다.[11] 사업으로 행해지는 경우, 일반신도・집사・장로, 전도사[12] 등에게 근기법이 적용될 수도 있다.[13]

---

1) 김유성, 『노동법 I』, 49쪽 ; 임종률, 『노동법』, 제9판, 317쪽 ; 대판 1994.10.25, 94다21979.

2) 근로조건지도과-2401, 2008.7.4. 직업훈련학교가 강의실인테리어작업을 시킨 사례.

3) 법무 811-5122, 1979.3.2. 사법서사 합동사무소 관련 사례.

4) 〈예〉 대한주택공사(대판 1990.3.13, 89다카24780), 대한석탄공사(대판 1990.11.27, 90다카23868), 국민건강보험공단(근기 01254-14183, 1990.10.12), 어업협동조합(법무 810-12338, 1969.11.21), 중소기업협동조합중앙회(법무 811-5694, 1976.4.2) 등(관련법이 근기법의 특별법인지는 '같은장, 같은절, 1·바' 참조) ; 법률구조공단 변호사는 국가공무원법 적용대상이 아님(대판 2023.4.13. 2021다254799).

5) 국・공립학교교직원은 공무원신분을 가지므로 근기법이 적용되지 않는다. 사립학교에 대해 근기법이 부분적으로 적용된다(같은장, 같은절, 1·바). 기타 사회교육단체도 근기법적용대상이다.

6) 노정근 1455-5004, 1964.12.28. 정당과 고용관계에 있는 자는 다른 사유가 없으면 근기법의 보호대상이다. ; 부산지판 2009.12.3, 2009노3338. 국회의원입후보자의 선거운동원 25명을 자원봉사자가 아닌 근로자로 봄.

7) 대판 1978.7.11, 78다591. 갱생보호회 관련.

8) 법무 811-7401, 1980.3.27 ; 근기 1451-29211, 1983.11.26.

9) 서울행판 2005.12.27, 2005구합13605. 부목사에 대해 근로자성 부인.

10) 서울행판 2006.3.29, 2006구합7249. 전도사산재관련. 〈업무상재해인정〉 목사지시로 신도들을 차량으로 수송하다가 당한 사고 ; 춘천지판 2013.4.26, 2012구합2090. 전도사산재관련 ; 근기68207-459, 2003.4.17 ; 근로복지과-3976, 2013.11.25).

11) 대판 1992.2.14, 91누8098.

12) 대판 2022.6.30, 2022도742.

13) 근기 68207-2876, 2002.9.5 ; 서울고판 2008.8.14, 2006누18364. 교회・주차관리담당집사가 교회내에 '전국기독교회 노동조합' 분회를 설치하려는 시도에 대해 목사가 방송에서 행한 비난을 부당노동행위로 판정한 하급심(서울행판 2006.6.23, 2005구합21194)을 배척하였다. 그러나 노조의 존재를 부정하지 않고 있다.

③ 위법사업

무허가사업, 법적금지사업 등과 같이 정책적·행정적 목적으로 규제를 받는 위법사업도 관련법에 의해 제재를 받는 문제는 별론으로 하고 근기법적용대상이다. 근기법적용대상인지는 해당근로자를 보호할 필요성이 있는지로 판단한다. 마약제조·판매, 매춘 등과 같이 형사범죄를 구성하는 범죄사업의 근로자가 범죄행위를 알거나 '알 수 있는'[1] 상황에서 협력하면 공동정범(共同正犯) 또는 종범(從犯)으로서의 책임을 지며 근기법적용대상이 아니다. 그러나 사회통념상 근로자가 정당한 사업으로 오인할 수 있는 객관적인 이유가 인정되거나,[2] 사용자가 사업목적과 관계없는 범죄행위를 강요하면 원래의 사업목적에 해당하는 부문[3]에 대해 근기법이 적용될 수 있다.

④ 설립·청산 사업

설립회사와 청산회사도 근기법이 적용되는 사업에 포함된다. 회사는 해산된 후에도 청산의 목적범위 안에서 존속하는 것으로 본다(상법 §245).

⑤ 외국관련사업

㈎ 국제사법의 내용과 적용

㉮ 재판 관할

「국제사법」은 '외국적 요소'[4]가 있는 법률관계에 관해 국제재판관할의 원칙과 준거법을 정함을 목적으로 한다(§1). 법원은 당사자 또는 분쟁사안이 대한민국과 실질적관련이 있는 경우에 국제재판관할권을 가진다(국제사법 §2①).[5]

당사자는 서면에 의하여 일정한 예외를 제외하고 원칙적으로 국제재판관할에 관한 합의를 할 수 있다(국제사법 §8). 이러한 합의는 분쟁이 발생한 경우에 가능하다. 분쟁이 발생하기 전에 대한민국법원의 국제재판관할권을 배제하는 내용으로 이루어진 당사자합의는 효력이 없다.[6]

---

1) 「의료법」에 의한 의료법인이 아니어서 의료행위가 금지된 사업에서 근로를 제공한 의사라면 청소나 급식을 제공하는 다른 근로자와 달리 그 사업장이 의료법상 불법인 것을 알 수 있을 가능성이 높다.

2) 〈예〉 도굴사업에 참여하면서 허가를 받은 사업으로 알았고, 이용당한 것이 명백한 경우.

3) 일본 도쿄고등재판소 1950.11.28. [긍정] 접객업소 사용자가 종사자로 하여금 매춘행위 등을 하게 한 사례.

4) '외국적 요소'의 판단에 대해 '법률관계를 구성하는 요소에 외국적요소가 있는 사법상의 모든 법률관계는 제한 없이 「국제사법」의 적용대상이 된다'는 형식설과 '당해 법률관계의 국제적 성격이 상당한 정도에 이르러야 적용대상이 될 수 있다'는 실질설(대판 1979.11.13, 78다1343)로 견해가 나뉘는데 후자가 타당해 보인다.

5) 법원은 실질적관련의 유무를 판단함에 있어 국제재판관할배분의 이념에 부합하는 합리적인 원칙에 따라야 한다(「국제사법」 §2①단서). 법원은 국내법의 관할규정을 참작하여 국제재판관할권유무를 판단하되, 국제재판관할의 특수성을 충분히 고려해야 한다(「국제사법」 §2②).

6) 대판 2006.12.7, 2006다53627(**한국노동법학회, 『노동판례백선』** 제1판, 17쪽. 국제근로계약관계가 증가하고

㈏ 준거법 결정

계약은 당사자가 명시적 또는 묵시적으로[1] 선택한 준거법에 따른다(국제사법 §45). 근로계약은 당사자가 준거법을 선택하더라도, 근로자가 일상적으로 노무를 제공하는 국가의 강행규정에 따른 근로자보호를 박탈하지 못한다(국제사법 §48①).

외국적요소가 있는 근로계약관계에서 근로계약당사자가 어느 나라의 법을 적용받는지는 '「국제사법」에 따라 명시적·묵시적으로 선택한 준거법이 있는지'와 '근로자가 일상적으로 노무를 제공하는 국가'에 대한 판단이 필요하다.

'준거법의 명시적·묵시적 선택 여부' 및 '일상적인 노무제공 국가'를 판단함에 있어서는 '전제 근로계약기간중 해외근무기간 비중', '근무장소 및 국내복귀예정 여부',[2] 근로계약체결장소, '노무지휘 및 임금지급의 주체', '노무제공의 실질수령자', '법적용에 관한 근로자의 기대·인식' 등이 종합적으로 고려되어야 한다.[3]

준거법선택에 있어 명시적인 합의가 없으면 근로계약에 포함된 의사표시의 내용이나 소송행위를 통하여 나타난 당사자의 태도 등을 기초로 당사자의 묵시적 의사를 추정하여 준거법을 결정할 수 있다.[4]

묵시적의사도 추정할 수 없으면 당사자의 국적, 주소 등 생활본거지, 법인을 설립하게 된 준거법, 근로제공장소, 근로내용 등을 볼 때 근로계약을 체결할 당시에 당사자가 준거법을 지정한다면 선택할 것으로 판단되는 가정적의사를 추정하여 밀접한 관련이 있는 국가의 법을 준거법으로 볼 수 있다.

㈐ 구체적인 판단

㈀ 국외사업의 현지인 채용

해외현지법인은 소재국에서 법인격을 부여받은 권리의 주체이기 때문에 그 나

있는 상황에서 개정된 「국제사법」에 따라 국제근로계약의 재판 관할과 준거법을 결정한 최초 사례).

1) 묵시적선택은 계약내용이나 그 밖의 모든 사정으로부터 합리적으로 인정할 수 있는 경우로 한정된다

2) 한시적으로 해외에 파견한 경우인지 등.

3) 근로기준정책과-4248, 2022.12.29 ; 근로개선정책과-4720, 2012.9.20(근기법은 대한민국국민간의 고용계약에 의한 근로인 이상 그 취업장소가 국내이거나 국외이거나를 가리지 않고 적용됨)와 고용차별개선과-1390, 2014.7.1(우리나라 법인이 해외지사에서 한국인을 현지 채용하면서 준거법을 해외법으로 선택하였더라도 국제사법 제7조에 따라 근기법과 기간제법의 강행규정은 준거법에 우선하여 적용되어야 함) 폐지 ; 서울고판 2010.1.28, 2009누19764. 근로계약서에 '본 계약에 명시되지 않은 사항은 근기법 및 취업규칙을 준용한다'고 명시되어 있고, 근로계약에서 근기법을 배제된다고 볼 만한 사정이 없으므로 한국법을 준거법으로 선택한 것으로 보았다. 일상적인 노무급부지가 한국이라고 볼 수 없기는 하나, 근로계약의 실질적당사자인 한국법인과 한국국적자가 소송참가인이며, 국내에서 근로계약이 체결되었으며, 근로자의 직무내용이 국내법인의 지사장 업무로서 노무제공의 실질적인 수령자가 한국법인인 점을 감안할 때 근기법이 적용된다.

4) 고용차별개선과-1641, 2011.10.5. 재외공관영사관행정원의 무기계약전환대상여부 관련, 준거법에 대한 명시적 또는 묵시적 합의의 유무, 근로계약의 동기 및 경위, 근로계약 체결 장소, 근로계약의 내용, 생활본거지, 직무내용 등 근로계약에 관한 여러 가지 객관적인 사정을 토대로 판단한다.

라의 법을 적용받는 것이 원칙[1]이나, 구체적으로는 국제사법의 준거법결정법리에 따라 근로계약을 비롯한 여러 사정을 객관적이고 종합적으로 검토하여 판단한다. 우리나라 기업이 해외현지법인에서 현지인을 근로자로 채용한 경우에는 근기법을 준거법으로 선택하지 않았다면 '일상적인 노무제공국가'인 현지국가의 법이 적용된다.

(ㄴ) 국외사업에의 파견 및 한국인 채용

국내의 본사가 그 관할 아래에 있는 해외지점·해외공장 등 해외현지법인에 대해 근로조건 등을 관장하면, 파견된 근로자와[2] 현지에서 채용된 한국인근로자도 근기법을 적용받을 수 있다.[3] 다만, 그러한 사업도 속지주의원칙에 따라 현지법을 적용받게 되는 부분만큼 근기법의 적용이 면제된다. 국내에서 근무하는 직원들과 동일한 방법으로 임금을 지급하고 근로소득세원천징수 등을 한 경우, 해당근로자는 해외파견근무자가 아니라 해외출장근무자에 해당된다.[4] 국내법인이 해외사무소직원으로 채용한 현지외국인근로자는 특별한 사정이 없으면 장애인의무고용 및 부담금을 정하는 기준이 되는 근로자총수에 포함되지 않는다.[5]

(나) 국제법적용의 특례

㉮ 대사관·국제기구·주한미군

주한외국대사관에 고용된 한국인도 속지주의원칙에 따라 국내법이 적용되나 비엔나조약 등 국제법상의 면제로 인해 형사소추나 강제집행 등은 어렵다.[6] 주한미군이 고용하고 있는 한국인에게도 근기법이 적용되고 재판관할권이 인정[7]되나 형사소추나 강제집행에는 한계가 있다.[8]

---

1) 해지 125-22291, 1984.11.27.
2) 대판 2021.10.14. 2017다204087. 본사의 사용자책임 인정. 〈근거〉 인사명령무렵의 중간정산퇴직금이 전적이나 근로계약종료를 전제로 한 것이고, 통상적인 인사명령에 따라 중국 현지법인에서 근무하였고, 퇴직의사를 표시하지 않았고, 당초의 근로계약을 실현하지 않을 의사를 표시했다고 보기 어렵고, 현지법인에서 제공하는 근로에 관하여 본국회사에 대해 임금채권포기의사를 표시했다고 보기 어려움 ; 근기 68207-1996, 1993.9.14 ; 근기 68207-1002, 1999.12.23 ; 근로기준팀-622, 2006.2.6. 국내법인대표가 근로자를 해외현지법인에 소개하여 근로계약을 체결케 하고 근로조건결정에 관여하였으며 권고사직을 하게 하는 등 인사노무관리를 하면 근기법 적용 ; 근로개선정책과-3002, 2011.9.9. 건설업체 관련.
3) 법무 810-14152, 1968.9.4 ; 근로개선정책과-4720, 2012.9.20 ; 근기 68207-1996, 1993.9.14.
4) 서울행판 2009.11.13, 2009구단6417.
5) 대판 2010.4.8, 2009두21055. 〈근거〉 외국인은 헌법의 사회적기본권을 누릴 수 없거나 제한되고, 의무고용률을 정하는 요소인 전체인구·장애인근로자수·장애인실업자수 등은 대한민국국민을 기준으로 산정.
6) 대판 1989.11.14, 89누4765 ; 근기 68207-3085, 2001.9.11.
7) 대판 1998.12.17, 97다39216.
8) 근기 68201-691, 2000.3.9. 「외국인근로자민원처리지침」; 「한·미주둔군지위협정(SOFA) 노무조항 해설」, 노동부, 2001.4 ; SOFA협정(「한·미주둔군지위협정」, 2001.4.2 발효) 제17조는 '근로조건, 보상, 노사관계에 있어 대한민국의 노동관계법령을 준수하여야 한다.'고 규정하면서 '군사상 필요가 있으면 그렇지 않다.'는 예외

㈏ 북한진출기업

남측기업이 투자하여 북측법률인 「개성공업지구법」에 근거하여 개성공업지구에 설립된 현지법인에서 남쪽근로자에게 근기법이 적용되지 않는 것으로 해석된다.[1] 헌법 제3조는 '대한민국의 영토는 한반도와 그 부속도서로 한다.'로 규정하고 있으나 국내법의 효력이 북측에 미치지 못하기 때문이다. 다만, 남측모기업을 남측근로자의 사용자로 볼 특별한 사정이 있으면 그렇지 않다.[2]

㈐ **국제근로관계와 사업**(장)

외국기업이 국내에서 사업을 하며 근로자를 사용하는 국제근로관계에서는 원칙적으로 '국내에서 사용하는 근로자 수'를 기준으로 '상시 5명 이상' 등의 사업(장) 해당여부가 판단된다.[3] 동일한 외국기업을 지배기업으로 하는 한국법인과 외국법인한국영업소는 하나의 사업(장)에 해당한다.[4]

(3) 본사와 지사

본사와 지사 또는 같은 법인에 속하는[5] 여러 개의 사업이 '각각 근기법의 적용단위인지' 아니면 '일부 또는 전부를 묶어 하나의 사업으로 보아 근기법이 적용되는지'는 독립성여부에 따라 판단된다. 구체적 판단기준은 다음과 같다.

① **장 소**

본사·지점·출장소·공장·지사 등이 같은 장소에 있으면 이를 1개의 사업으로 보는 것이 원칙이다. 같은 장소에 있어도 근로형태가 현저히 다른 부문이 있고 그 부문을 주(主)된 부문과 분리하여 취급하는 것이 적절히 법을 적용할 수 있으면 이를 독립된 사업으로 본다.

본사·지점·지사 등이 다른 장소에 있으면 이를 별개사업으로 보는 것이 원칙이다. 장소가 분산되어 있어도 지점 등이 업무처리능력을 볼 때에 독립성이 없

를 두고 있다. 구체적으로는 「주한미군한국인직원인사규정(USFK 690-1)」이 한국노동법과 일치여부로 위법성을 판단한다. 그러나 협정의 부속서인 합의의사록(시행령·시행규칙의 성격이 아니고 협정서본문과 동일한 법적효력 보유)에서 "미국정부는 국제법상의 면제(immunities)를 포기하지 않는다."고 명시하고 있다.

1) 근로기준팀-5304, 2006.9.28.

2) 근로기준팀-5304, 2006.9.28, 남측 모기업이 '남측근로자를 채용하여 북측법인에 파견하였거나 남측근로자를 모집하여 북측법인에 소개하여 근로계약을 체결'하는 등 적극 관여한 경우로서 '해당근로자에 대한 노무·인사관리를 관장'하며 '보수 등 주요근로조건을 결정'한 경우를 예로 들고 있다.

3) 대판 2024.10.25. 2023두46074. 국내에서 사용하는 근로자수가 1명인데 외국에서 사용하는 근로자수까지 합산하여 5명이상인 사업(장)으로 본 원심 파기·환송.

4) 대판 2024.10.25. 2023두57876.

5) 법인이나 대표자가 다르면 별개사업이다. 직영업체가 여러 개의 외주업체와 용역계약을 체결하고 같은 장소에서 공동작업을 수행해도 서로 별개 사업이다(근기-390, 2004.1.19).

으면 직근상위조직(直近上位組織)과 같은 하나의 사업으로 본다.[1]

② 독립성

법인이 다르다면 다른 사업으로 보고, 법인이 같고 법인 내에 있는 여러 개의 사업이 유기적관계를 가지고 업으로서 계속 행해지면 하나의 사업으로 본다.[2]

본사와 지사 등이 하나의 사업장인지에 대해 통일된 기준을 제시하기는 어려우며 해당기업의 복합적인 요소를 고려하여 독립성이 있는지를 따진다.

구체적으로는 '한국표준산업분류(통계청고시)상 산업(대분류)이 다른지', '서로 다른 단체협약이나 취업규칙을 적용받는지' 그리고 '인사·노무관리,[3] 재무·회계[4] 등이 명확하게 독립적으로 사업경영이 이루어지는지'가 기준으로 제시될 수 있다.[5]

1·다. 근로자수

(1) 적용기준

근기법은 '상시근로자 5명이상 사업(장)'에 적용되고 4명이하[6]인 사업(장)에는 일부[7] 조항이 적용된다. '상시근로자 4명이하 사업(장)'에 적용되지 않는 조항은

1) 임종률, 『노동법』, 제9판, 318쪽.
2) **고용노동부, 『유연근로시간제 가이드』**, 2018.6, 11쪽.
3) 근기 01254-1504, 1993.7.9. 하수급인이 시공한 2개의 공사현장이 장소적으로 분리되어 있어도 노무관리측면에서 독립적으로 볼 수 없다는 이유로 하나의 사업장으로 보고 있다.
4) 인사·노무 기준이 애매할 때 보조적인 기준이 될 수 있을 것이다.
5) 근로기준팀-8048, 2007.11.29 ; 하나의 사업으로 본 예로는 주택관리회사가 아파트관리사무소의 직원을 채용한 경우(근기-3902, 2004.7.29 외 다수), 사회복지재단산하 8개병원이 인사교류가 이루어지는 경우(근기-3574, 2004.7.14) 등을 들 수 있다. 반면에 학교법인과 부속병원에 대해 인사노무, 재무회계, 취업규칙이 모두 독립적이라 하여 별개사업으로 본 예가 있다(근기-3911, 2004.7.30). ; 주40시간근로제와 관련하여 인사·노무, 재무·회계외에 '근기-933, 2004.2.23' 이전 행정해석은 '조직'을 예시하고 있으나, '근기-2755, 2004.6.2' 이후의 행정해석은 판단기준설정이 어렵다는 이유로 제외 ; 행정해석은 5명이상사업을 판단함에 있어서는 장소적으로 같이 있으면 원칙적으로 하나로 보고 세부기준을 따지나, 주40시간근로제와 관련해서는 장소적으로 분리되어 있어도 원칙적으로 하나로 본 다음에 세부기준을 따진다(근기-165, 2004.1.7 ; 근기-2924, 2004.6.15 등) ; 근로기준정책과-6224, 2016.10.6. 법인이 직접 시설운영을 위한 사업권한을 정부로부터 위탁받고 시설장의 채용을 법인이 담당하며 시설운영비 일부를 지원한다면 시설에 정부예산이 직접 지급되어 운영되더라도 이는 위탁사업의 특성일 뿐 각 시설을 독립된 사업(장)으로 보기 어렵고 법인과 시설을 통틀어서 하나의 사업(장)으로 판단한다.
6) 5명미만이라는 표현이 더 정확하다. 일정기간 동안 평균으로 계산한 근로자 수가 4명은 넘지만 5명 이상은 아닌 경우가 있을 수 있다. 고평법·산안법·산재법은 "5명 미만"이라는 표현을 쓰고 있다.
7) 4명 이하의 사업 또는 사업장에 적용하는 법규정은 다음과 같다.

구 분	적용법 규정
제1장 총 칙	§1~§13
제2장 근로계약	§15, §17, §18, §19①, §20~§22, §23②, §26, §35~§42
제3장 임 금	§43~§45, §47~§49
제4장 근로시간과 휴식	§54, §55①, §63
제5장 여성과 소년	§64, §65①③(임산부와 18세 미만자로 한정함), §66~§69, §70②③, §71, §72, §74
제6장 안전과 보건	§76

'부당해고금지 및 경영해고제한', 휴업수당, 근로시간, 연차유급휴가, 생리휴가, 취업규칙, 기숙사, 근로계약기간 등을 들 수 있다. 반면에 주휴일, 휴게, 출산휴가, 재해보상, 임금, 퇴직급여(근퇴법 §3), 해고예고조항은 적용된다. 취업규칙의 작성·신고의무는 '상시근로자 10명이상 사업(장)'에 적용된다(근기법 §93).

(2) 타당성

근로자수를 기준으로 근기법적용여부를 판단하는데 대해 비판이 있다. 근기법이 '근로자의 기본적생활보장(근기법 §1)'을 위해 '근로조건의 최저기준(근기법 §3)'을 정하는 법이며 헌법에 보장된 평등권의 보장에도 어긋난다는 이유에서이다. 헌법재판소는 근로감독한계, 영세사업장현실 및 '지속적 확대적용노력'을 이유로 합헌[1]으로 판단했다. 국제적으로 보면 고용확대를 위해 해고금지조항에 대하여 근로자수를 기준으로 적용범위를 제한하는 경우를 발견할 수는 있다.[2] 그러나 근로자수를 기준으로 하여 적용범위를 포괄적으로 제한하는 경우는 드물다.

(3) 상시근로자수 판단

① 개 념

'상시 5명이상의 근로자를 사용하는 사업(장)'이라 함은 '상시 근무하는 근로자'가 아닌 '상시 사용하는 근로자수'를 기준으로 하고, 상시란 상태(常態)를 의미하므로 근로자수가 때때로 5인미만이 되는 경우가 있어도 사회통념에 의하여 객관적으로 판단하여 상태적으로 5인이상이면 이에 해당한다.[3]

② 대상근로자

상시근로자수는 "하나의 사업(장)에서 통상근로자, 기간제근로자, 단시간근로자 등 고용형태를 불문하고 상태적으로 근로하는 모든 근로자(근기법 §2① i)[4]를 포함하여

구 분	적용법 규정
제8장 재해보상	§78~§92
제11장 근로감독관 등	§101~§106
제12장 벌 칙	§107~§116(제1장~제6장, 제8장, 제11장의 규정 중 상시 4명 이하 근로자를 사용하는 사업 또는 사업장 적용규정을 위반한 경우로 한정함)

1) 헌재 1999.9.16, 98헌마310. '영세사업장의 현실'은 법 준수능력을 말하며 퇴직금, 휴업수당 등을 예로 들 수 있다. 생리휴가처럼 제도적 타당성을 문제 삼는 의견도 있다.

2) 〈독일의 「해고제한법」〉 1951년에 제정될 때 적용범위를 5인초과 기업으로 한 후, 고용사정에 따라 10인초과와 5인초과를 반복적으로 적용해오다가 2003년에 "아젠다 2010"을 발표하여 10인 초과를 기준으로 명시 ; 〈프랑스 신채용계약제(CNE)〉 20인 미만 고용기업의 26세 이하에 대해 해고관련조항 미적용.

3) 대판 1995.3.14, 93다42238 ; 대판 1997.11.28, 97다28971 ; 대판 2000.3.14, 99도1243 ; 대판 2008.3.27. 2008도364.

4) 일용근로자(대판 1987.4.14, 87도153 ; 대판 1987.7.21, 87다카831 ; 대판 2008.3.27, 2008도364), 외국인근로

산정한다(근기령 §7의2④ i)."[1] 하나의 사업(장)에 동거친족이 아닌 근로자가 1명이라도 있으면 동거친족을 상시근로자수에 포함하여 5명이상여부를 판단한다(근기령 §7의2④ii).[2] 사용자가 직접 고용하고 있는 근로자만 상시근로자수에 포함된다.[3] 수급업체의 근로자가 도급업체의 사업장에서 근로하더라도 근로자수를 따로 계산하는 것이 원칙이다.[4] 파견근로자(파견법 §2 v)는 상시근로자수에서 제외된다(근기령 §7의2④본문).[5]

③ **계 산**

㈎ **근 거**

근기령은 상시근로자수를 산정함에 있어 계량적방법을 규정하고 있다(근기령 §7의2①).[6] 상시근로자수가 5명이상이면 근기법이 전면적으로 적용되고, 일부조항을 위반하면 벌칙을 받는다는 점을 감안하여 법률관계를 명확히 하기 위한 입법이다. 상시근로자수를 산정하는 공식은 다음과 같다.

$$\frac{\text{일정사업기간내에 사용한 근로자의 연인원수}}{\text{일정사업기간내의 사업장 가동일수}} = \text{상시고용근로자수}$$

휴일이나 휴무일에 대해서는 가동일수에 들어가나 그 날에 실제 근로하지 않은 근로자는 연인원수에 포함되지 않음으로써 '근로하는 근로자의 수'를 기준으로 활용한 판결[7] 이 발견된다.

㈏ **산정기간**

상시근로자수를 계산하는데 있어 일정사업기간은 산정사유발생일[8]전 1개월[9]

자(근기 68207-1090, 1994.7.7 ; 근기 68208-948, 1994.6.13. 불법취업자도 포함) ; 임시직근로자, 도급제근로자(근기법§47), 사립학교직원(근로기준팀-5649, 2007.7.27 ; 대판 1997.7.22, 96다38995) 등도 포함.

1) 사용자에게 독자적이고 구체적인 노무지휘·감독권이 없어 사업장소속 근로자로 보기 어려운 항운노조의 조합원(근기 68207-1465, 1996.11.1, 제3장, 제1절, 2·나, (1), ③)은 상시근로자수에서 제외 가능 ; 〈유사개념〉 대판 2020.6.4, 2020두32012. 공무원보수규정이 초임호봉 획정에 반영되는 임용전경력으로 규정한 '상근으로 근무한 민간직업상담원 경력'에서 상근의 의미는 소위 풀타임(Full-time)만을 의미하는 것은 아니다.

2) '근기 1455-15721, 1975.10.30'의 입장이 시행령에 반영.

3) 대학내 '교원(교수·부교수 등)' 또는 '비전임교원(겸임교원·명예교수·시간강사 등)' 중 직접 고용하고 있는 근로자는 상시근로자수에 모두 포함된다(비정규직대책팀-3086, 2007.7.31).

4) 근기 68219-1633, 2003.12.18. 독자적으로 사업을 영위하는 하청업체 근로자 제외.

5) 〈사견〉 근로시간처럼 사용자책임이 사용사업주에게 있는 근로조건에 대해서는 상시근로자수 포함이 타당.

6) 상시근로자수를 계산함에 있어 일정기간동안 1일평균근로자수를 계산하는 계량적방법에 대해 행정해석(노정근 1455-8398, 1965.8.30)과 일부학설(이상윤, 『노동법』, 제6판, 89쪽)은 긍정적입장을 취한데 반해, 판례(대판 1987.4.14, 87도153 ; 대판 1987.7.21, 87다카831 ; 대판 1995.3.14, 93다42238 ; 대판 2000.3.14, 99도1243 ; 대판 2000.3.23, 99다58433)는 상시라 함은 상태를 의미하며 때때로 5명미만이더라도 사회통념에 따라 객관적으로 판단해야 한다면서 부정적입장을 취해왔으나 2008년에 입법화되었다.

7) 대판 2023.6.15, 2020도16228 ; 대판 2024.1.25, 2023다275998.

8) 휴업수당지급, 근로시간적용 등 근기법령의 적용여부를 판단하여야 하는 사유를 말한다. 부당징계구제명령이

이며, 사업성립후부터 1개월미만인 경우에는 그 기간으로 한다. 이와같이 계산한 결과, 적용대상에 해당되지 않더라도 산정기간에 속하는 일(日)별로 근로자수를 판단할 때 법적용기준미달일수가 1/2 미만인 경우에는 적용대상으로 보고, 적용대상에 해당되더라도 법적용기준미달일수가 1/2 이상인 경우에는 적용대상으로 보지 않는다(근기령 §7의2②). 근기령(§7의2③)은 연차유급휴가(근기법 §60~§62 다만, §60② 제외)에 대해 월단위로 산정한 상시근로자수가 1년간 계속 5명이상일 것을 요구하고 있다.

근기령은 일정사업기간이라는 개념을 사용하면서 이를 '사유발생일전 1개월'이라고 설명하고 있는데 이러한 표현은 일정사업기간이라는 개념에 부합되지 않을 수 있다. 따라서 '일정사업기간'을 '사유발생일전 1개월' 대신에 '개별근로조건별로 근기법위반여부를 따질 실익이 있는 기간'으로 보는 것이 합리적으로 보인다.[1)]

㈐ **효 력**

근기법은 적용되는 동안에 실제로 근로하는 상시근로자수가 적용기준을 밑돌게 되더라도, 계속 적용된다는 해석[2)]이 발견된다. 그러나 근기령이 계량적방법을 명시하고 있고 법이 적용되면 사용자에게 형벌이 부과될 수 있으므로, 그 의무를 엄격히 해석하여, 적용인원유지기간에만 적용되어야 할 것이다.[3)]

1·라. 국가 · 지방자치단체

근기법은 국가, 특별시 · 광역시 · 도, 시 · 군 · 구, 읍 · 면 · 동 그 밖에 이에 준하는 것에 대하여도 적용된다(근기법 §12). 국가 및 지방자치단체에 대하여는 상시근로자수가 몇 명인지를 따지지 않고 근기법이 적용된다. 국가 · 지방자치단체가 일용직[4)] · 잡급직[5)] · 민간계약직 등 공무원관계법의 적용을 받지 않는 근로자를 1명이라도 고용하면 근기법의 적용대상이다.[6)] 공무원은 「국가공무원법」, 「지방공무원법」, 「교육공무원법」, 「공무원복무규정」, 「공무원연금법」,[7)] 「공무원보수규정」

나 이행강제금과 관련하여서는 구제신청일이 아니고 부당징계일이다.

9) 주40시간근로제 시행을 위해 상시근로자수를 판단함에 있어 노무관리상 편의와 통상적 임금지급주기를 감안하여 일률적으로 1개월로 본 행정지침(노동부, 『개정 근로기준법 시행지침』, 2003.12)의 입장을 반영한 것이다. ↘ 24쪽

1) 같은취지, 대판 2013.12.26, 2012도5875. 근퇴법적용에 관한 상시근로자수 산정에는 '사유발생일전 1개월' 기준이 적용되지 않으며, 전체 근무기간을 기준으로 산정해야 한다(적용대상이 전사업장으로 확대되기 전 사건).

2) 노동부, 『개정 근로기준법 시행지침』, 2003.12. 주40시간근로제가 시행된 이후에 근로자가 감소하여 시행대상에 해당되지 않아도 주40시간근로제 계속 적용.

3) 같은의견, 근기 1455-15721, 1975.10.30. 시행령 개정 전의 해석으로 그 효력은 없음.

4) 근기 68207-915, 1995.6.5.

5) 근기 68207-1023, 1995.6.23.

6) 대판 1987.6.9, 85다카2473 ; 근기 68207-2157, 1993.9.27.

7) 대판 1987.2.24, 86다카1355. 이 법을 이유로 공무원에게는 퇴직금규정이 적용되지 않는다고 해석하고 있다.

등의 적용을 받으며 그러한 법령에 근로조건이 포괄적으로 정해져 있으므로 근기법 전체를 적용받지 않는다.[1] 공무원의 신분으로 민간기관에 파견된 공무원도「공무원연금법」,「공무원수당등에관한규정」,「공무원보수규정」등을 적용받으면 근기법이 적용되지 않는다.[2]

공무원이 아닌 계약직근로자는「공무원연금법」의 적용을 승인받더라도 퇴직급여를 제외한 사항에 대해 근기법의 적용을 받는다.[3]

1·마. 동거친족

동거친족만을 고용하는 사업(장)은 적용대상에서 제외된다(근기법 §11① 단서). 동거친족만을 사용하면 사용종속관계를 쉽게 파악할 수 없고, 근로자와 사용자에 대한 형식적구별이 어려우며, 국가가 가족관계에 개입하는 것은 바람직하지 않기 때문이다. 친족이라 함은 8촌이내혈족(血族), 4촌이내인척(姻戚)과 배우자를 말한다(민법 §777).

동거라 함은 세대를 같이 하면서 생활을 공동으로 하는 것을 의미한다.[4] 친족이라도 동거하지 않으면 '동거의 친족'이 아니다. 동거친족이외의 근로자가 1명이라도 있으면 근기법의 일부 또는 전부가 적용된다.[5]

1·바. 가사사용인 · 가사근로자

(1) 가사사용인

가사사용인이라 함은 가정부, 간병인 등과 같이 개인의 집안일에 사용되는 사람으로서 작업의 종류, 성질 등을 감안하여 해당근로자의 근로실태에 따라 이에 해당하는지가 결정되며, 근로계약당사자가 누구인지는 관련이 없다.

회사에 고용되어 사장의 집에서 집안일을 돌보는 사람은 회사와 근로계약을 체결해도 가사사용인이다.[6] 병원 · 여관에 숙박하면서 간호업무 또는 여관관리업무와 가사를 같이 하면 어느 것이 본래의 업무인가에 따라 판단한다.[7]

근기법은 가사사용인을 근기법의 적용대상에서 제외하고 있다(근기법 §11① 단서).

---

1) 대판 1987.2.24, 86다카1355. 공무원이 근로자라는 사실은 인정하고 있으나 관련법이 특별법임을 이유로 근기법적용배제대상으로 본다. ; 헌재 2017.8.31, 2016헌마404.「공무원수당 등에 관한 규정」에 의한 공무원의 초과근무수당이 근기법에 따라 산정된 일반근로자의 초과근무수당과 비해 적어도 불합리한 차별이 아니다.
2) 근기 68207-1053, 1997.8.5. 민간병원에 배치된 공중보건의에 대해 근로자에는 해당되나 복무에 관해「농어촌등보건의료를위한특별조치법」과「국가공무원법」의 적용을 받는다는 이유로 근기법적용을 부정한다.
3) 근로개선정책과-6191, 2013.10.18. 천안시립예술단사건, 근로자의날 부여 긍정.
4) 법무 811-19400, 1978.9.7.
5) 법무 811-19400, 1978.9.7.
6) 일본 노동성, 기발 제150호, 1988.3.14.
7) 일본 노동성기수 제886호, 1949.4.13.

(2) 가사근로자

① 법적근거

가사근로자는 「가사근로자의 고용개선 등에 관한 법률」(2021.6.15 제정 2022.6.16 시행)(가사 근로법)[1]에 의해 기본적인 근로조건과 고용안정을 보호받으며 '국가 등의 지원'[2]을 받는다.

② 개 념

가사근로자란 가사서비스제공기관[3]의 사용자와 근로계약을 체결하고, 가사서비스이용자[4]에게 가사서비스[5]를 제공하는 사람을 말한다(가사근로법§2).

③ 법적지위

가사근로법의 적용을 받는 가사근로자와 가사근로는 근로관계법령(근기,고평 최임,근퇴등)의 적용이 제외되는 가사사용인과 가구내고용활동으로 보지 않는다(가사근로법§6①).

④ 계약체결

가사근로관계는 가사근로자와 가사서비스제공기관의 근로관계, 가사서비스제공기관과 가사서비스이용자의 이용관계, 가사근로자와 가사서비스이용자의 지휘·명령관계로 구성되는 3자관계로 형성된다.

㈎ 근로계약

가사서비스제공기관의 사용자는 근로계약을 체결하거나 변경할 때에 근로조건을 명시하고 '서면으로 교부'(<변경의경우> 근로자 요구가있으면교부)하여야 한다(가사근로법§14,§26③ 5백만원벌금,가사근로령§4,5). 명시대상은 임금(구성항목,계산 방법,지급방법), 최소근로시간, '유급휴일 및 연차유급휴가', '가사서비

1) 〈적용대상〉 가사서비스제공기관과 가사근로자의 근로관계 및 가사근로자가 이용자에게 제공하는 가사서비스 이용에 관하여 적용(가사근로법 §5).

2) 국가와 지방자치단체는 가사서비스제공기관과 이용자에 대해 조세관계법률에 따라 국세 또는 지방세를 감면할 수 있고, 국가는 가사서비스제공기관과 가사근로자에 대해 고용보험료, 산재보험료, 건강보험료 및 연금보험료의 일부를 지원할 수 있다(가사근로법 §18) ; 가사근로자에 대한 중요정책의 수립 및 제도개선은 고용정책심의회의 심의를 거친다(가사근로법 §20) ; 고용장관은 가사서비스제공기관실태조사를 실시할 수 있으며, 가사서비스제공기관에 대한 지도·감독과 시정명령·인증취소 등의 권한을 가진다(가사근로법 §21~23).

3) 고용장관의 인증(가사근로법 §7. 인증요건, 신청, 통지, 공시, 변경인증, 변경시고, 사칭금지 등 규정)을 받고 가사서비스를 제공하는 기관(§8. 대표와 임원결격 / §9. 준수사항, 요금산정기준 등 공개 / §10, 휴폐업신고) ; 가사서비스제공기관은 인증사실과 제공하는 가사서비스의 종류 및 내용 등을 공개하여야 하며, 가사서비스이용자와 이용계약을 체결할 때 근기법 및 가사근로법에 정해 근로조건 등에 반하는 내용이 포함되지 않아야 한다(가사근로법 §9①,②). ; 가사서비스 제공기관 및 가사근로자는 업무상 알게 된 이용자의 비밀을 다른 사람에게 누설하거나 업무목적외의 용도로 사용하면 안된다(가사근로법 §9③, §26, 1년징역 1천만원벌금) ; 가사서비스제공기관은 성폭력범죄, 아동·청소년대상 성범죄, 아동학대관련범죄 등의 죄로 그 형의 집행종료후 일정기간이 경과하지 않은 사람 등에 해당하는 가사근로자에게 만12세이하 아동의 보호·양육서비스를 제공하게 하면 안된다(가사근로법 §12, §28. 5백만원 과태료).

4) 가사서비스제공기관과의 이용계약에 따라 가사서비스를 제공받는 사람.

5) 가정내의 청소, 세탁, 주방일과 가구구성원의 보호·양육 등 가정생활의 유지 및 관리업무수행.

스의 종류와 내용', '가사서비스제공의 요일 또는 날짜', '가사서비스제공의 가능 시간대와 가능지역'이다.

㈏ **이용계약**

가사서비스제공기관은 가사서비스이용자와 서비스의 종류, 제공일 및 시간, 휴게시간 등이 포함된 이용계약[1]을 서면(전자문서 포함)으로 체결해야 한다(가사근로법§11 §28,5백만원과태료).

⑤ **근로조건**

㈎ **법정근로조건 적용**

가사근로자의 근로관계에 대해 근기법이 적용되나 근로조건명시(§17), 휴게(§54, 입주가사근로자제외), 휴일(§55)과 연차유급휴가(§60)가 적용되지 않거나 별도로 규정되어 있으며, 입주가사근로자[2]에게 법정기준근로시간(§50)과 연장근로제한(§53)도 적용되지 않는다(가사근로법§6②).[3]

㈏ **근로조건 특례**

가사근로자의 최소근로시간은 1주일에 15시간이상이어야 하나, 가사근로자의 명시적인 의사가 있거나 '경영상 불가피'(가사근로령§6)하면 15시간미만(< 적용제외 > 가사근로법§16.휴일휴가)도 가능하다(가사근로법§15).

가사서비스제공기관의 사용자는 가사근로자에게 근기법규정에 준하는 수준의 유급휴일 및 연차유급휴가(근로자시기지정 사용자시기변경가능)를 실제근로시간을 기준으로 하여 대통령령(가사근로령§7)에 정해져 있는 방법(산정기준 유급임금)으로 주어야 한다(가사근로법§16, §26, 미부여시2년징역·2천만원벌금)(1주최소근로시간 15시간미만자미적용). 입주가사근로자의 실제근로시간을 산정하기 어려우면, 이용계약에서 명시한 가사서비스제공시간을 근로한 것으로 본다(가사근로법§17).

---

1) 〈포함사항〉 가사서비스 종류, 제공일·제공시간, 휴게시간, 안전사항, 이용요금·이용료지급방법, 안전사고등손해배상사, 고용노동부령규정사항 / 〈입주가사근로자 추가반영사항〉 기숙공간, 식사제공, 연속휴게시간보장 / 〈가사서비스제공기관〉 가사근로자에게 해당 이용계약의 내용 미리 고지 / 〈이용자〉 이용계약준수, 이용계약서 외의 업무 요구 금지 / 〈고용장관〉 표준이용계약서 권장.

2) 가사근로자중에서 이용자의 가구에 입주하여 가사서비스를 제공하는 사람.

3) 고용노동부, 「가사근로자법매뉴얼」, 2022.6, 3쪽. 가사근로자에게 적용되는 근기법과 가사근로법의 주요조항.

<table>
<tr><th rowspan="2">검토대상 근기법 규정</th><th colspan="3">가사근로자에 대한 적용</th></tr>
<tr><th colspan="2">근기법</th><th>가사근로법</th></tr>
<tr><td>근로조건명시(§17)</td><td colspan="2">미적용</td><td>근로조건명시 (§14)</td></tr>
<tr><td rowspan="2">휴게(§54)</td><td>입주</td><td>적용</td><td rowspan="2">–</td></tr>
<tr><td>비입주</td><td>미적용</td></tr>
<tr><td>법정휴일(§55)</td><td colspan="2" rowspan="2">미적용</td><td rowspan="2">유급휴일 및 유급휴가(§16)</td></tr>
<tr><td>연차휴가(§60①②④⑤)</td></tr>
<tr><td rowspan="2">근로시간·연장근로제한
(§50, §53)</td><td>입주</td><td>미적용</td><td rowspan="2">–</td></tr>
<tr><td>비입주</td><td>적용</td></tr>
</table>

1·사. 특별법 적용사업

특별법에서 근로조건관련사항을 명시하고 있으면 그 부분에 한해 근기법의 적용이 배제된다. 특별법우선원칙은 동일형식의 성문법규인 법률이 모순·저촉되는 경우에 적용된다.

근기법의 특별법으로 인정되기 위해서는 입법목적, 규제사항 등이 근로조건결정에 관한 것이어야 한다. 선원법적용대상[1] 중 선박승무자,[2] 「사립학교법」 적용교원[3]의 일부근로조건,[4] 「청원경찰법」[5]이나 「청원산림보호직원 배치에 관한 법률」[6]에 규정된 근로조건 등은 이러한 기준을 충족한다.[7]

2. 근로기준법 적용 인적대상

2·가. 근로기준법상 근로자

(1) 의 의

① 법적근거

근로자라 함은 '직업의 종류와 관계없이 임금을 목적으로 사업(장)에 근로를 제공하는 자'이다(근기법 §2① i).

---

1) 선원의 직무, 근로조건, 직업안정, 직업훈련 등에 대해서는 선원법이 적용된다. 「선원법」의 적용대상은 대한민국선박, 대한민국국적을 취득할 것을 조건으로 용선한 외국선박과 국내항 사이만을 항해하는 외국선박에 승무하는 선원과 그 선박의 소유자이다. 다만, '총톤수 5톤미만의 선박으로서 항해선이 아닌 선박', '호수·강 또는 항내만을 항행하는 선박(「선박의입항및출항등에관한법률」 제24조에 따른 예선 제외)', '총톤수 20톤 미만인 어선으로서 해양수산부령으로 정하는 선박', '「선박법」 제1조의2제1항제3호에 따른 부선(다만, 「해운법」에 따라 해상화물운송사업을 하기 위해 등록한 부선 제외)' 등 일부 소규모선박은 선원법적용대상서 제외되며 근기법이 적용된다(선원법 §3). ; 〈사례〉 근로복지공단 보험가입부-1256, 2015.4.2. 시운전선박은 선원법적용대상. 선박범위요건을 충족하지 못하며 승선한 재해자는 산재법의 적용을 받는다.

2) 육상근로자는 선원법미적용(근기 68207-1742, 1995.10.23) 근기법적용(근기 55112-504, 1993.3.30).

3) 사립학교 사무직원은 감급의 제한 등 근기법이 모두 적용된다(근기 68207-397, 1996.3.18).

4) 「사립학교법」은 교원의 자격, 임면, 복무, 신분보장, 징계 등에 대해 규정하고 있다. 따라서 이러한 규정의 한도 내에서 근기법의 적용이 배제된다(근기 01254-9246, 1991.6.27 ; 근기 01254-8422, 1990.6.4. 해고관련 조항적용부정). 다른 근로조건에 관하여는 근기법이 적용된다(대판 1979.9.25, 78다2312 ; 대판 1997.7.22, 96다38995 ; 노정근 1455-165, 1965.1.18 ; '같은장, 같은절, 2·가, (3), ⑤ 사립학교교직원' 참조.

5) 청원경찰은 공법상 특별권력관계에서 공무를 담당하나 공무원은 아니고 회사시설경비를 담당하는 근로자. 임금·연장근로 등 근로조건에 관하여는 청원경찰법령이 우선 적용되고 '근로시간, 휴게, 휴일, 연차유급휴가' 등 규정되지 않은 사항에 대해 근기법 적용(법무 811-2981, 1979.2.6 ; 법무 810-18141, 1968.12.13 ; 임금근로시간정책팀-2689, 2006.9.11 ; 대판 1996.6.28, 95다24074) ; 대판 2023.6.23. 2023다223508. 은행에서 근무하는 청원경찰의 일·숙직근무는 통상근로이므로 초과근무수당 지급.

6) 근로기준정책과-3153, 2015.7.16. 청원산림보호직원에 대해 임용·보수·복무 등에 대해 특별히 규정. 공휴일 등 복무에 관해 「국가공무원복무규정」을 준용토록 규정(근로자의날 적용여부도 이 규정에 따름).

7) 〈부정〉 국민건강보험법 (대판 1996.5.10, 95다2227. '제3장, 제2절, 2·가, (1)') ; 〈부정〉 정부투자기관관리법 (대판 1991.3.12, 90다15457 ; 정부투자기관관리기본법의 시행에 따라 폐지) 및 정부투자기관예산회계법.

② **개념의 중요성**

근기법상 근로자로 인정되면 근기법의 적용대상이나, 인정되지 않으면 근로관계가 없으므로 근기법이 적용되지 않는다.

③ **노동관계법의 규정**

노동관계법은 추구하는 목적에 따라 근로자개념을 다르게 규정하고 있다.

근기법은 종속성을 상대적으로 많이 강조한다. 여러 노동관계법[1]이 이를 인용하는 규정을 두고 있다. 산재법처럼 사회보험의 성격을 갖는 노동관계법은 그 목적에 맞게 개념을 달리 규정하는 것이 입법론적으로 바람직하다. 노조법은 종속성을 덜 강조한다. 고평법·직능법 등은 구직자까지 포함하기도 한다. 일부노동관계법은 근로자라는 용어를 쓰면서 정의규정을 두고 있지 않다.[2]

(2) 판단기준

① **직업종류**

㈎ **직업·근로형태 불문**

근로자여부를 판단함에 있어 '직업종류', 정신노동·육체노동·사무노동, '상용·일용·임시직·촉탁직·아르바이트[3] 등 근로형태', 직종·직급, 정부사업[4]·민간사업 등은 기준이 되지 않는다.

㈏ **계약형식·호칭 불문**

근로자인지는 근로계약, 고용계약, 도급계약, 위임계약 등 계약형식이나 근로자호칭[5] 아닌 노동력을 제공하는 사실관계를 근거로 판단된다.

② **사용종속관계**

㈎ **사용종속관계의 의의**

㉮ 개 념

근기법(§2① i)이 근로자개념을 정의하면서 사용하고 있는 '근로를 제공하는 자'라는 표현은 '사용종속관계 아래서 근로를 제공하는 사람'으로 이해된다. 근로관계는 고용관계와 달리 종속노동을 전제로 하고 있기 때문이다.

---

1) 산재법, 산안법, 근퇴법, 임채법, 건고법, 장고법[1개월동안 소정근로시간이 60시간미만인 자(중증장애인 제외)는 제외(장고법 §2ⅴ, 장고령 §5)], 최임법, 근참법 및 근로복지법.
2) 고보법, 파견법, 직안법 및 근로자의날제정에관한법률.
3) 근기 1451-19712, 1984.9.22.
4) 〈근로자성 부정〉 자활사업조건부수급자·차상위계층(노동부, "자활근로사업 참여자 중 차상위계층의 근로자성 여부에 관한 변경 지침", 근로기준팀-3664, 2007.5.8 ; 법제처, 법령해석지원팀-868, 2006.5.26).
5) 대판 2020.6.4, 2019다297496. 〈근로자 인정〉 부사장으로 호칭되고 일정기간 유한회사사원지위에 있던 사람.

㉯ 경제적종속성과 인적종속성

사용종속관계는 경제적종속성뿐아니라 인적종속성까지 포함하는 개념이다. 경제적종속성이란 당사자의 한 쪽이 전체 노동력을 다른 한 쪽의 처분에 맡김으로써 그 소득을 그러한 취업관계에 의존하는 것을 말한다. 인적종속성이라 함은 당사자의 한 쪽이 다른 한 쪽의 경영조직속에서 그 지배를 받으며 노동력을 제공하는 것을 말한다.[1] 많은 특수고용형태근로자가 경제적종속성을 가지고 있으나 인적종속성이 없다는 이유로 근로자성을 인정받지 못하고 있다.

㈏ **사용종속관계 판단요소**

㉮ 판례법리

사용종속관계의 판단요소에 대해서는 판례법리[2]가 형성되어 있다.

<판례의 사용종속성 판단 요소>

◘ 업무수행 내용과 방법
① 업무내용이 사용자에 의해 정하여지는지
② 사용자에 의해 근무의 시간[3] · 장소[4]가 지정되고 구속받는지
③ 취업규칙 또는 인사규정 등의 적용을 받는지[5]
④ 업무수행과정에서 사용자로부터 상당한[6] 지휘 · 감독을 받는지

1) 김형배, 『노동법』 제20판, 42~46쪽 등 참조.

2) ⓐ 〈종전판례〉 대판 1994.12.9, 94다22859.(같은취지. 대판 1996.4.26, 95다20348 ; 대판 1996.7.30, 96도732 ; 대판 1997.2.14, 96누1795 ; 대판 1997.11.28, 97다7998 ; 대판 2001.1.28, 98두9219 ; 대판 2001.8.21, 2001도2778 ; 대판 2005.5.27, 2005두524 등) ; ⓑ 〈보완판례〉 대판 2006.12.7, 2004다29736. 학원강사관련(같은취지. 대판 2007.9.7, 2006도777 ; 대판 2010.4.15, 2009다99396 ; 대판 2011.3.24, 2010두10754 ; 대판 2011.7.14, 2009다37923 ; 대판 2013.6.27, 2011다44276).

3) 시간적구속이라 함 ; 출 · 퇴근시간 등 소정근로시간을 정하거나 소정근로일을 정하면 사용종속관계가 인정될 수 있음. 사무기기가 발달하고 탄력적근로시간제, 재택근로제(근기 68207-1940, 2000.6.27. 장비 · 물품 등을 지원받고 일정한 근무시간대가 정하여진 재택근로 114안내업무자를 근로자로 봄) 등 탈산업사회적인 근로형태나 도급제, 성과급제 등의 근로형태 때문에 사용종속관계를 판단함에 있어 시간적구속은 한계를 가짐.

4) 장소적구속이라 함 ; 사용자가 지정한 장소에서 근로를 제공하면 사용종속관계가 인정됨. 도급제 또는 성과급제에 있어 작업자의 편의를 위해 장소를 제공하거나 자료제공의 차원에서 일정한 장소를 소개하는 경우에는 장소적구속이 있다고 볼 수 없으나 구체적으로는 그러한 장소를 이탈했다는 이유로 회사로부터 불이익을 받는가에 따라 판단함. 장소적구속도 탈산업사회적인 근로형태에 있어 한계를 가짐.

5) 취업규칙이 적용되면 근로자성 판단의 긍정적요인이나, 중요기준이 아니며(서울행판 2010.6.11, 2009구합33355. 골프장경기보조원사건. 사용자가 경제적 · 사회적으로 우월한 지위를 이용하여 그 적용 · 방식을 결정할 수 있는 사항), 오히려 근로자로 판단되면 취업규칙을 적용할 사용자의 의무 발생.

6) '대판 2006.12.7, 2004다29736' 이후 '구체적 · 개별적지휘 · 감독'에서 '상당한 지휘 · 감독'으로 변경되었으며 사용종속관계판단에 있어 기본적인 요소이다. 통상적으로 상품주문자가 행할 정도의 지시라면 사용자의 지휘 · 감독성은 부인된다. 업무성격이 단순하거나 업무지시자와 업무수행자가 관행적으로 그 내용을 알고 있어 일일지시를 할 필요가 없는 경우에는 묵시적지휘 · 감독관계가 성립할 수 있다. 업무와 관련이 없어도 사업장 질서유지를 위해 조퇴 · 외출에 대해 허락을 받게 하는 등 사용자가 지시 · 명령을 하고 근로자가 이를 거부할 수 없으면 사용종속관계가 인정된다. 사용자가 통상적으로 예정되어 있지 않은 업무를 수행하도록 명령 또는 의뢰할 수 있으며 근로자가 이를 거부하지 못한다면 지시 · 감독을 받고 있다는 판단을 보강할 수 있다.

◘ 독자적인 사업자성

⑤ 근로제공관계의 계속성[1)]

⑥ 사용자에 대한 전속성[2)]의 유무와 그 정도

⑦ 노무제공자가 스스로 비품·원자재나 작업도구 등을 소유하거나[3)] 제3자를 고용하여 업무를 대행케[4)] 하는 등 독립하여 자신계산으로 사업을 영위할 수 있는지[5)]

⑧ 노무제공을 통한 이윤창출과 손실초래 등 위험을 스스로 안는지[6)]

◘ 보수의 성격과 내용

⑨ 보수의 성격이 근로자체의 대상적 성격인지

⑩ 기본급·고정급이 정하여져 있는지

⑪ 근로소득세를 원천징수 등 보수에 관한 사항

◘ 다른 사정

⑫ '사회보장제도에 관한 법령' 등 다른 법령에 의해 근로자 지위를 인정받는지

⑬ 당사자의 경제·사회적조건 등

2006년이후의 대법원판례[7)]는 이러한 판단기준중에서 기본급·고정급지급, 근로소득세원천징수, '사회보장제도에서 근로자성 인정' 등의 사정은 사용자가 경제적으로 우월한 지위를 이용하여 임의로 정할 여지가 크다는 점에서, 인정되지 않은 것만으로 근로자성을 쉽게 부정하면 안된다고 부기하고 있다.

㈏ 그 밖의 판단요소

사용종속관계의 판단요소는 이밖에도 채용,[8)] 근로자관리,[9)] 교육,[10)] 징계,[11)] 근로

---

1) 사용종속관계 판단의 중요한 기준.

2) 제도적 또는 현실적으로 근로자가 2개 이상의 사업장에 동시에 근로를 제공할 수 없거나 다른 작업을 할 수 없으면 전속성이 있는 것으로 사용종속관계가 보강된다. 자영업자와 근로자 구분의 중요한 기준이다.

3) 업무수행자가 비싼 기계·기구·작업도구·원자재를 부담하는 것은 스스로의 계산과 위험부담으로 사업경영을 행하는 사업자의 성격이 강하고 근로자성을 약하게 하는 요소이다. 반면에 작업도구나 원자재뿐 아니라 제복, 기숙사, 출·퇴근버스 등이 사용자부담으로 제공되면 사용종속성이 보강된다.

4) 비대체성이라고 함.

5) '대판 2006.12.7, 2004다29736' 이후 표현 보강. 자영업자와 근로자 구분의 중요한 기준.

6) '대판 2006.12.7, 2004다29736' 이후 업무수행상 손해부담(업무수행상 발생할 수 있는 손해에 대하여 책임을 지거나 독자적인 상호를 사용하는 것은 사업자로의 성격을 보강하는 요소)부분을 직접 거론하였다. 이 밖에도 ⓐ 높은 보수(해당기업에서 같거나 비슷한 업무를 하는 동료근로자에 비하여 보수수준이 현저하게 높다면 스스로의 계산과 위험으로 사업경영을 행하는 사업자에 대하여 지불하는 대가로 인정될 수 있어 근로자성이 약해진다), ⓑ 사업자등록(독자적으로 사업자등록증을 갖고 있는 상태에서 도급을 받아 공정에 따라 노임을 지급받으면 근로자성이 부인될 수 있다. 그러나 사업자등록증이 있다고 해서 근로자로 판단하는 것처럼 절대적 기준으로 작용하지 않으며, 근로자성을 부인하는 보완요소이다)을 사업자성판단기준으로 삼을 수 있다.

7) 대판 2006.12.7, 2004다29736. 학원강사의 근로자성 인정. 근기법상 근로자성판단에 대해 기존입장을 유지하면서 단서추가를 통해 취약성을 보정하였다. **한국노동법학회, 『노동판례백선』 제2판**, 37쪽(같은 내용 ; 대판 2007.9.7, 2006도777. 〈근로자성 인정〉 미용학원강사 ; 대판 2010.4.15, 2009다99396 ; 대판 2011.3.24, 2010두10754. 〈근로자성 인정〉 영상취재요원(VJ) ; 대판 2011.7.14, 2009다37923. 〈근로자성 부인〉 전자제품제조·판매회사와 팀장약정체결자 ; 대판 2013.4.26, 2012도5385. 〈근로자성 인정〉 종속관계에서 자신들의 소유인 차량을 이용하여 근로를 제공하고 실비변상금원을 포함한 포괄형태임금을 받아온 경우(다만, 월임대료중 근로대가로 볼 수 없고 차량사용대가 해당부분은 평균임금산정기초에서 제외).

계약체결,[1] 법정근로조건적용[2] 등이 있을 수 있으며, 판례법리도 '당사자의 경제·사회적조건 등'이라는 사항을 열거하여 이를 뒷받침하고 있다.

겸직근로의 경우, 그 소득이 적은 회사라는 이유만으로 해당직원의 근로자성이 부정되지 않는다.[3]

㈐ **판단요소 적용방법**

사용종속관계를 판단하는 기준은 배타적이거나 절대적이 아니어서 종합적으로 고려되어야 할 대상이며, 어느 기준을 중점적으로 사용할 것인가는 근로형태와 사실관계에 따라 달라진다.[4]

③ 임금목적

노무제공자가 받는 보수가 근로의 대가인지는, 근로자성 판단기준이 되나, 금품수령자가 근로자인지를 다시 판단해야 하는 순환논리에 빠지게 한다. 임금은 '근로자에게 근로의 대가로 지급되는 모든 금품'이라고 정의되기 때문이다. '임금을 목적으로 한다'[5]는 것은 받은 금품이 임금인지보다는 제공된 근로가 봉사활동이 아니고 소득을 얻기 위한 행동인지를 판단하는 문제이다. 보수가 시간급을 기초로 계산되거나, 결근·지각에 대해 보수를 공제하거나, 연장근로에 대해 별

---

8) 채용에 있어 선발요건을 정하고, 가족관계증명서·사진·이력서 등을 제출하도록 하며, 서류심사·면접을 주관하여 채용여부를 결정하면 사용종속관계를 인정할 수 있는 전제요건이나 보조적기준이 될 수 있다.

9) 근로자명부를 만들어 필요한 사항을 기록하거나 노무관리부서를 두는 등 지휘·관리에 필요한 조치를 취하고 있으면 사용종속관계를 전제하고 있다는 증거나 보조적기준이 될 수 있다.

10) 회사가 주관하여 직무교육을 시키면 사용종속관계를 판단하는 보조적기준이 될 수 있다.

11) 지시·명령에 상응하는 징계가 행해지면 사용종속관계가 명확해진다. 복무규율을 적용하면 징계제도가 인정되며, 복무규율이 없더라도 관행에 의해 사용자가 기준을 세워 징계를 하면 사용종속관계가 인정된다. 도급·위임계약불이행을 이유로 행한 계약수임자에 대한 불리한 처분과 징계의 구분은 어렵다. 불리한 정도가 전직·전보·감봉·휴직처럼 여러 단계로 되어 있으면 징계성격이 강해진다. 도급계약 등의 불이행에 대한 불이익은 일반적으로 개개계약에 규정되며, 불이익내용도 불이행정도에 따라 이행대가감액이나 손해배상차원에서 이루어진다. 산출물에 흠이 있거나 납품기간을 맞추지 못하는 등 업무수행결과에 따라 앞으로의 업무를 맡기지 않으면 도급·위임의 성격이 강하고, 업무수행과정에서 일반적지휘·감독을 이행하지 않은 이유로 업무를 맡기지 않으면 징계의 성격이 강하다. ↘ 32쪽

1) 근로계약을 체결하였으면 사용종속관계가 인정될 수 있다. 그러나 근로계약을 체결하지 않거나 다른 형태로 계약을 체결했어도 사실관계가 근로관계이고 노동력제공자가 근로자로서의 다른 판단요소를 충족한다면 묵시적근로계약을 체결한 것이다.

2) 퇴직금·휴일·휴가 등과 같이 사용종속관계 하에서 보장되는 근로조건을 적용하고 있으면 사용종속관계가 인정될 수 있으나 이러한 근로조건이 적용되지 않는다 해서 근로자성을 바로 부정할 수는 없다.

3) 대판 2020.6.25, 2018다292418.

4) 행정해석은 건설현장의 조·반장(근기 68207-1980, 2002.5.21) 및 임시통계조사요원(근기 68207-2028, 2002. 5.24)의 근로자성을 판단함에 있어 실태에 따라 판단해야 한다고 유보하고 있다. 다만, 2007.7 건산법이 개정되어 시공참여자제도가 폐지됨으로써 건설현장 조·반장(십장)에게 도급을 주지 못하므로 사용자로 보기 어렵다. 실제로 도급을 주고 있다면 임금미지급에 있어 근기법의 관련규정(제44조의2)이 적용된다.

5) 〈예〉 근로개선정책과-522, 2011.3.28. 징역형으로 작업장에 출역중인 수용자. 임금이 아닌 작업장려금임.

도수당을 지급하거나, 기본급·고정급이 정해져 있거나,[1] 근로소득세가 납부되면 사용자의 지휘·감독 아래에서 보수가 지급되는 것으로 근로자성이 강화된다.

(3) 근로형태에 따른 판단

① 임 원

업무집행권이나 업무대표권을 가진 이사, 감사 등의 임원은 회사로부터 일정한 사무의 처리를 위임받은 것이므로 특별한 사정이 없으면 근로자로 인정되지 않는다.[2] 업무집행권 또는 업무대표권이 있는지는 명칭 등 형식만으로 판단될 수 없으며,[3] 업무형태나 근로실태가 구체적으로 검토되어야 한다. 이사·감사[4] 등[5] 임원의 지위 또는 명칭이 형식적·명목적인 것이거나, 위임업무외에 사업주나 업무집행권을 갖는 대표이사의 지휘·감독을 받으면서 근로를 제공하고 그 대가로 보수를 지급받으면 근로자로 인정된다.[6]

---

1) 대판 1994.12.9, 94다22859.

2) 대판 1992.12.22, 92다28228 ; 대판 1973.9.25, 78다468. 대표이사 관련 ; 대판 2003.9.26, 2002다64681 ; 대판 1992.5.12, 91누11490 ; 서울고판 1998.2.10, 97구25967. 대주주에 의해 사업경영에서 배제된 대표이사 관련.

3) 대판 2005.5.27, 2005두524 ; 공사의 의료원장, 아파트입주자대표회의 회장(근기 68207-2946, 2000.9.26), 사내부설연구소 전무이사(근기 68207-2461, 2002.7.15) 등은 명칭이 대표이사, 감사 등이 아니라도 업무대표권이나 업무집행권이 있다는 이유로 근로자성 부인.

4) 감사는 상법에 위임관계로 명시되어 있지 않고 민법상 등기의무도 없으므로 이사와 달리 취급된다. 주식회사의 감사와 관련하여 상법 제409조는 "감사는 주주총회에서 선임한다"고 규정하고 있고, 제410조는 감사의 임기에 대해 3년을 기준으로 제시하고 있다. 따라서 감사가 본래의 업무만 하면 사용종속관계인정이 어렵다. 「상법」 제411조에 "사용인의 직무를 겸하지 못한다"고 규정되어 있어 근로자라는 의견이 있을 수 있다(노정근-3595, 1965.1.15. 감사는 법령상 원칙적으로 사업주를 겸할 수 없으므로 임금을 목적으로 근로를 제공하면 근로자임). 그러나 회사와의 관계는 위임관계로 보는 것이 타당하다. 민법 제66조는"정관 또는 총회의 결의로 감사를 둘 수 있다"고만 규정되어 있다. 감사는 사용종속관계없이 법인의 회계상태 등을 점검하는 업무를 하므로, 법인과 위임관계에 있는 것이 일반적이다. 구체적으로는 임기를 부여하는지, 감사업무외에 다른 업무를 겸하는지 등을 따져 근로자여부를 판단할 수 있다. 조합 기타 단체의 감사도 같다.

5) ⓐ **기획관리실장·본부장·공장장**(대판 1973.3.13, 73다80 ; 대판 1973.3.13, 73다89. 공장장 겸 상무이사, 기획관리실장 등에 대해 근로자로 인정 ; 대판 1973.9.25, 78다468 ; 대판 1988.11.22, 88도1162 ; 대판 2005.5.27, 2005두524)', ⓑ **이사보·이사대우**[대판 2000.9.8, 2000다2259 ; 상법이나 민법에 규정된 이사와 지위가 다르므로 위임관계 부정. 권한·책임·의무·업무·출퇴근·근로형태·보수·처우 등에 있어 이사에 상당하는 대우를 받지 않는다면 근로자(근기 01254-394, 1992.3.20). 이사보로 승진하는 조건으로 사표를 제출하는 경우 계속근로년수 계산은 퇴직금계산(제3장, 제3절, 1·다, (3), ② ; 제11장, 제4절, 2·마, (1), ①, ㈐)의 법리에 따름] ; **영업소장·지점장**[이사보와 같은 기준에 따라 판단하여 업무집행권 등이 없다면 근로자의 성격을 가짐(대판 1976.10.26, 76다1090)] ⓒ **협회 사무국장**(광주고판 2009.11.13, 2009나1749. 일부 세부업무에 대하여 전결권을 갖더라도 이러한 권한과 직무는 협의회가 정한 소관업무에 한정되고 회장 등 임원들의 지휘·감독을 받으므로 근로자임), ⓓ **품질경영고문**(서울행판 2011.5.26, 2011구합198. 법인등기부에 이사로 등재되어 있지 않고, 이사회 구성원도 아니며 입사후에 관리지원담당, 품질경영본부장, 특수사업팀팀원 등 사용자의 뜻에 따라 보직이 수시로 변경되었고, 품질경영부문의 문제점 도출, 개선방안제시 등의 업무를 부여받는 등 구체적 업무지시를 받았고, 출·퇴근 관리를 하였으며, 부사장과 사장의 결재를 받아 부품구매여부를 결정하거나 출장비를 지급받은 사실이 있음을 이유로 들었다).

6) 대판 1992.5.12, 91누11490. 이사관련 ; 대판 1993.8.24, 92다923. 이사·감사관련. 임금시효적용 ; 대판 1997.

등기임원은, 원칙적으로는 근로자로 인정되지 않으나, 등기여부가 절대적인 기준은 아니며,[1] 실질관계를 판단하여 전체사무가 사용자의 지휘·감독 아래 일정한 근로를 제공하는 것에 그치는 것이라면, 근로자로 인정[2]될 수도 있다.[3] 등기임원의 근로자성을 판단함에 있어 대표이사로부터 지휘·감독을 받는지가 중요한 기준이나, 지휘·감독을 받지 않고 일반업무를 담당하더라도 그 자격으로 회사의 주요 의사결정에 참여하고 일반사원과 확연하게 차별화된 처우를 받는지가[4] 기준으로 작용한다. 등기임원이 아니어도 업무집행권·대표권을 가지고 있으면 근로자성이 부정될 수 있다.[5] 산재법과 관련해서 업무대표권은 없고 업무집행권만 가진 사람 즉, 대표·회장 등을 제외한 임원에게 재해보상 등의 규정이 적용된다는 해석[6]이나, 노동시장관련법과 관련해서 대표이사에 대해 '고용되는 직업에 취직한 경우(고보령 §84① i)'로 인정하는 판결[7]도 발견된다. 사업자등록을 한 소사장도 사업주의 지휘·감독을 받는 등 일반사원으로 일할 때와 근로조건이 달

12.23, 97다44393. 상무이사관련 ; 대판 2003.9.26, 2002다64681 임원관련 ; 근기 01254-1626, 1992.9.29. **축산업협동조합 전무이사**관련. 〈근로자성 인정〉 대표를 보좌하여 조합업무를 총괄하며 일상업무에 관하여 조합을 대표하는 것으로 보아 사용자로서의 지위도 가지나, 상업등기부에 이사로 등재되어 있지 않고 일반직원처럼 복무규정을 적용받으며 근로제공의 대가로 보수규정에 따라 금품이 제공됨.

1) 대판 2012.12.13, 2012다77006. **법무법인의 변호사**는 변호사업무를 수행하면서 법무법인의 설립 존속 해산의 주체로서 자율적이고 독자적인 권한을 가진다. 근로자여부는 변호사법에 규정된 변호사의 추상적지위나 구성원등기여부 등의 형식만을 따지지 않는다. 법무법인운영전반에 관여할 수 없으면서 업무처리에 있어 선임변호사로부터 할당받은 업무만 수행하면 등기여부와 관계없이 근로자성이 인정된다.

2) 대판 1992.5.12, 91누11490. 위임사무처리외에 일정한 노무를 담당하고 그 대가로 일정한 보수를 지급받으면 근로자이다. ; 대판 2003.9.26, 2002다64681. 비등기이사로 있다가 등기이사가 전환된 사건. 위임사무 외에 종래 업무를 계속 수행하면 근로자성 인정 ; 대판 2009.8.20, 2009두1440. 대표이사가 등기 여부에 관계없이 그 지위가 형식적·명목적인 것에 불과하고 근로 자체의 대상적 성격으로 보수를 지급받으면 산재법상 근로자에 해당한다. ; 근로조건지도과-88, 2009.1.6. 이사 등의 임원이 사용자 성격을 가져도 경영담당외의 일을 하면 근기법규정이 적용된다. ; 근기 01254-411, 1993.3.18. 법인등기부등본상 이사라도 업무집행권이나 대표권을 갖지 않은 채 공장장 등의 직책을 가지고 임금을 목적으로 근로를 제공하면 그 한도 내에서 근로자이다. ; 대판 2017.9.7, 2017두46899. 영농조합법인 대표이사의 아들로 조합원이자 이사로 등기되어 있는 상태에서 실제로 근로를 제공하고 정기급여를 받은 사람은 근기법상 근로자에 해당한다.

3) 상법(§382② 회사와 이사의 관계는 위임에 관한 규정을 준용한다) 또는 민법(제40조는 '이사의 임면에 관한 규정'을 정관 기재사항으로, 제49조는 '이사의 성명, 주소'를 법인의 등기사항으로 명시하고 있다. 이는 업무대표권과 업무집행권을 공적으로 증명하고 제3자에게 이를 알리는데 그 목적이 있는 것으로 근로자로 볼 수 없는 증거가 된다)상 규정에 의해 등기된 임원은 그 업무를 사무처리의 위임으로 보기 때문에 원칙적으로 근로자로 보기 어렵다(대판 2003.9.26, 2002다64681 ; 대판 2001.2.23, 2000다61312 ; 대판 2005.4.23, 2013다215225. 임금이 아닌 보수로 지급, 퇴직금도 직무집행에 대한 대가로 지급되는 보수).

4) 대판 2013.9.26, 2012다28813. 팀장으로서의 업무를 함께 담당한 사건.

5) 근로기준팀-861, 2006.2.22. 법인의 비등기이사인 집행임원이 정관에 따라 분장된 업무를 자기의 권한으로 집행하고, 경영계획수립·제규정개폐·업무집행 등 사업경영에 대하여 등기이사와 동등한 수준의 업무집행권과 의결권을 보유·행사하였다면 사업경영담당자로서 사용자이며, 특별한 사정이 없는 한 근로자가 아님.

6) 법무 811-19788, 1980.8.7.

7) 대판 2011.12.8, 2009두19892. 조기재취업수당 관련.

라진 것이 없다면 근로자이다.[1)]

② 훈 련

'순수하게 훈련·교육만을 목적으로 하는 훈련생',[2)] '취업을 목적으로 하는 실습생 및 학생',[3)] 채용응모자,[4)] '행정기관이 공공직업훈련을 위해 모집한 수강생',[5)] 정부위탁교육생 등은 근로자가 아니다. 다만, 훈련생·교육생이더라도 계약내용, 작업의 성질과 내용, 보수 등을 살펴볼 때 명칭과는 달리 실질적으로 근로제공의 성격이 강하고 사용종속관계가 인정되면 근로자에 해당된다.[6)] 현장실습학생,[7)] 수련의,[8)] 공인회계사시보,[9)] 외국인산업연수생(제12장, 제3절 3·다, (1),③), 연수생신분인 연구원[10)] 등이 그 예이다. 시험에 합격하고 회사의 연수를 받고 있는 사람은 근로자이다.[11)] 양성공(養成工), 도급공이더라도 출·퇴근시간이 제약되는 등 사용자의 지휘·감독을 받으면서 근로를 제공하면 근기법의 보호대상이다.[12)]

③ 고문·상담역

촉탁(囑託)사원으로 신규채용된 정년퇴직자[13)]나, 기타 촉탁발령자[14)]도 사용종속관계

---

1) 대판 2016.5.26, 2014도12141. 사장 A씨가 소사장인 G씨와 H씨에게 퇴직금·연차유급휴가미사용수당 미지급, 징역 8월·집행유예 2년과 벌금 700만원, 근로자서 소사장 전환, 도구와 자재 무상제공 사업주가 세금부담.

2) 법무 78-10, 1980.2.8. 〈근로자성 부정〉 취업의사를 가진 훈련생인 사업내직업훈련생.

3) 보상 1455.6-10624, 1973.10.8 ; 법무 811-30876, 1980.11.26 ; 관리 13258, 1971.12.20. 학교 졸업예정인 위탁실습생에 대한 사업장내 기술실습은 학습의 연장으로서 수업시간과 동일한 학습과정의 일부이므로 비록 실습비를 지급받더라도 이들을 근로자로 볼 수 없다. 「산업교육진흥및산학협력촉진에관한법률」에 의한 현장실습생을 예로 들 수 있다(근기 68207-1833, 2002.5.4 ; 2+1 체제의 공업고등학교 교육에서 3학년째 과정).

4) 근기 68207-1364, 1994.8.26. 교육생과 감독자만 태우고 고속도로를 운행하는 교육과정 관련.

5) 대판 1977.10.11, 77도2507. 지급되는 수당은 임금이 아니라 장려금이며 이들을 근로자로 볼 수 없다.

6) 서울행판 2011.10.19, 2011구합15374. 장애인직업재활시설의 작업장의 노무제공자는 근로자이다. 특히 구 사회적기업육성법에 따른 사회적기업으로 인증을 받고 재활시설에서 수익사업인 출판사업을 영위하면서 장애인을 채용하여 출판사업관련보조업무를 수행하게 하면 직업훈련대상 장애인들이라도 근로자성이 인정된다.

7) 대판 1987.6.9, 86다카2920 ; 관리-10404, 1971.9.28.

8) 대판 1989.7.11, 88다카21296. 수련기간을 3년 내지 4년으로 정하더라도 이를 당연히 무효로 볼 수 없음 ; 대판 1991.11.8, 91다27730 ; 대판 1998.4.24, 97다57672. 〈근거〉 인턴은 통상 24시간 대기하면서, 레지던트는 07:00~19:00 근무하고 주간에는 전문의의 지시·감독에 따라 그리고 야간에는 평균 주 2회 정도 당직근무를 하면서, 독자적인 판단에 따라 의료행위 수행 등.

9) 근기 01254-6627, 1987.4.23. 〈부정〉 실무수습기관이 정부 위탁교육기관의 성격을 가짐 ; 근로기준과-804, 2010.2.16. 관련법 개정으로 실무수습 형태가 실시 기관별로 다양함에 따라 구체적·개별적인 사실관계에 근거하여 사안별로 판단. 〈해당사건 긍정〉 〈근거〉 정규직과 동일하게 취업규칙의 적용을 받고 동일한 근무시간이 정해져 있는 점 등.

10) 근로개선정책과-1553, 2014.3.13.

11) 근기 01254-751, 1993.4.27.

12) 근기 1455-6821, 1968.7.18.

13) 법무 811-3871, 1978.2.24.

14) 근기 01254-1002, 1987.6.22.

가 인정되면 근로자이다. 상근고문(常勤顧問)은 사업주 또는 사업경영담당자 등의 경영자문요청에 응하는 사람으로서 일정액의 보수를 받더라도 사용종속관계가 없으므로 근로자로 인정되지 않는다.[1] 다만, 그 명칭과 달리 사용종속관계가 인정되면 근로자이다.[2] 사용종속관계가 인정되지 않는 위원, 고문, 상담역, 촉탁의사[3] 등 비상근(非常勤) 위촉계약자는 일반적으로 사무처리의 위임관계에 있으며 사용종속관계 판단 요소에 비추어 볼 때 근로자성이 부인된다.[4]

④ **교 육**

㈎ **사립학교교직원**

사립학교교원은 원칙적으로 근기법상 근로자에 해당되며 「사립학교법」에 특칙이 있는 사항외에는 근기법이 적용된다.[5] 「사립학교법」에는 교원의 자격, 임면, 복무, 신분보장, 징계에 관한 사항이 규정되어 있고 「사립학교교직원연금법」에 교원연금제도가 규정되어 있으므로 교원에게는 근기법 제23조에서 제34조까지 적용되지 않는다(같은장 같은절,1·바). 「사립학교법」 및 「사립학교교직원연금법」의 적용을 받지 않는 직원에 대해서는 근기법이 전면적으로 적용된다.[6] 이 때 상시근로자수는 교원수와 해당직원수를 합하여 계산한다. 고용원 등이 육성회비에서 임금을 지급받더라도 마찬가지이다.[7] 「교육공무원법」, 「사립학교법」 등 관련법의 적용을 받지 않는 임시교원에게도 근기법이 모두 적용된다.[8] 시간강사[9]와 조교[10]에 대하여는 근로자로 보는 것이 일반적견해이다.

㈏ **학원강사**

학원강사에 대한 사용종속관계의 판단기준은 출근시간 또는 강의시간 그리고

---

1) 근기 1455-5065, 1982.2.15.

2) 〈사례〉 근로복지과-3681, 2013.10.31. 〈근로자인정〉업무수행과정에 구체적·직접적 지휘·감독을 받고, 구체적인 근무시간과 장소도 지정받고, 기본급이나 고정급이 정해져 있으며 근로소득세 원천징수.

3) 근기 68207-49, 1995.1.10. 진료행위에 대해 장소적·시간적으로 일부 제한을 받고 있을 뿐, 업무의 내용·진료방법 및 절차 등이 재량에 맡겨져 있고 복무규율도 일반근로자와 다르다는 점을 들어 근로자성 부정.

4) 근기 01254-6463, 1988.4.8.

5) 근기 1455-12167, 1970.12.23 ; 근기 01254-1117, 1990.8.9.

6) 근기 68207-397, 1996.3.18.

7) 법무 811-21410, 1979.9.8 ; 서울지판 1996.9.10, 96가단90373.

8) 근기 68207-93, 1993.12.29.

9) 대판 2003.11.28, 2003두9336. 학교와 시간강사노조 사이에 취업규칙이 작성되어 퇴직금 지급. 강의내용을 강의계획에 따라 작성하여 평가. 근무시간·장소는 학교가 정한 시간표로 결정. 중징계 및 해고 적용 ; 대판 2007.3.29, 2005두13018·13025 ; 근기 01254-6843, 1988.5.7. '다른 특별법에 정함이 없는 한 근기법상 근로자. 휴일·휴가·퇴직금 등에 관한 근기법적용여부는 개근·근속여부를 판단하여 결정.

10) 근기 68207-452, 1997.4.8. 학과장의 업무지시·감독을 받고, 지시된 업무내용을 거부할 수 없고, 근무시간이 교직원과 동일하고, 일정액의 보수는 업무처리의 수수료라기보다는 근로의 대가성이 강함.

강의장소지정,[1] 다른 사업장에 대한 노무제공가능성,[2] 부수업무수행여부, 보수를 수강생수와 비례하지 않고[3] 정해진 강의시간수에 일정액을 곱한 금액을 지급받는지 등이 판단기준이다.[4] 이 때 계약형식, 취업규칙적용배제, 사업자등록·사업소득세납부, 4대보험적용배제 및 지역건강보험가입은 근로자성을 뒤집는 사정으로 보기 어렵다. 근로자로 인정된 강사가 보조강사를 채용하더라도 그 채용, 강의시간, 기타 복무 등에 있어 직접 또는 간접적으로 학원장의 지휘·감독이 이루어지면 강사뿐아니라 보조강사도 근로자이다.[5]

⑤ 그 밖의 근로형태

노조전임자도 사용자와의 사이에 기본적근로관계는 유지되므로 근로자의 신분을 가지나(제10장, 제2절 2·마, (1), ②, ㈑), 휴직에 준하여 처리된다(제4장, 제6절 1·나, (2), ②, ㈏, ㉯). 항운노조원(제3장, 제1절 2·나, (1), ③), 선원·선박회사종사자(같은장 같은절, 1·바), 공기업근로자(같은장, 같은절 1·나, (2), ①), 소사장(제9장, 제3절 4·라, (1)), 해고의 효력을 다투는 사람(제10장, 제5절 3·가, (3)), 불법취업외국인(제8장, 제4절 4·가, (2), ②), 임시·일용(제8장, 제3절 1·나, (2) 및 (3))·아르바이트(제8장, 제3절 1·나, (4)) 및 단시간근로자(제8장 제3절, 2)에 대해 관련부분에서 설명한다.

(4) 계약형태에 따른 판단

① 의 의

근로자인지는 계약형식이 아닌 사실관계를 기초로 판단된다.

업무성격이 자영업과 종속근로의 구분이 명확치 않은 자영업형태의 노동자가 도급·위임계약을 체결했더라도 계약상대자와 근로관계가 인정되면 근로자이고, 근로관계를 인정받지 못하면 특수고용형태근로종사자(제8장 제3절, 6·가) 또는 도급계약자가 되어 근기법의 보호를 받지 못한다.

이러한 노동은 쌍무계약 또는 다면계약의 모습으로 나타난다.

---

1) '대판 1996.7.30, 96도732', '근기 68207-2617, 1993.12.24', '근기 68207-2172, 2000.7.21'. 근로자성부인 사례들. 강의시간 외에 구체적인 업무지시 및 지휘·감독이 없고 시업·종업시각이 없어 출·퇴근을 따로 보고하지 않는 점을 지적하고 있다. '대판 1996.7.30, 96도732'는 강의를 게을리 하면 학원과의 거래관계가 종료되는 외에 다른 징계처분이 없다는 이유도 들고 있다.

2) 근기 68207-3194, 2000.10.16. 근로자성부인.

3) 근기 68207-2617, 1993.12.24. 근로자성부인 ; 대판 1996.7.30, 96도732. 근로자성부인. 강사별로 강사료가 다르고 수강생이 없으면 보수가 지급되지 않음.

4) 대판 2006.12.7, 2004다29736. 수강생이 일정기준에 미달하면 강사가 강의를 거부할 수 있거나, 다른 학원에 강의를 나가도 학원이 이의를 제기하지 못하거나, 고정급이 없는 사정은 근로자성을 뒤집기에 부족 ; 대판 2007.1.25, 2005두8436 ; 대판 2007.9.7, 2006도777. 미용학원강사 관련. 강의시간외에 구체적인 업무지시 및 지휘·감독이 없더라도 마찬가지 ; 근기 01254-12276, 1990.9.3.

5) 근기 01254-1025, 1993.5.22.

② 쌍무관계의 판단

㈎ 근로자성 인정

도급·위임의 성격을 갖더라도 경제적종속성과 인적종속성이 모두 인정되면 근로자성을 갖는다.

맹인안마시술사[1]	대판 1992.6.26, 92도674.
출·퇴근 및 작업시간에 구애받지 않는 석공(石工)[2]	근기 01254-2731, 1988.2.19.
우체국과 도급계약을 체결한 전보배달자로서 청소·잡무 병행	근기 01254-17988, 1986.11.7.
조건부 도급 중장비임차기능공[3]	근기 1455-8545, 1970.9.7.
기차역대합실매점의 성과급 홍익회영업원[4]	대판 2000.11.24, 99두10209.
시청료위탁징수원[5]	서울남부지판 1990.6.26, 89가합3473.
신문사의 광고외근사원 및 판매확장요원[6]	대판 1988.11.8, 87다카683.
재단법인 서울예술단소속예술단원	근기 68207-713, 1994.4.28.
지자체의 직장 운동경기부 위촉 선수	임금 68220-119, 1993.3.8.
한국야구위원회 심판원	근기 68207-856, 1997.7.1.
LPG가스배달원	근기 68207-3330, 2000.10.27.
병원과 위·수탁계약 아래에서 근로하는 간병인[7]	근로개선정책과-2981, 2011.9.9.
연출자가 업무내용을 결정하는 KBS 외부 제작요원[8]	대판 2002.7.26, 2000다27671.
방송국의 영상취재요원(VJ)[9]	대판 2011.3.24, 2010두10754.
지방자치단체 여성회관강사	근기 68207-973, 2002.8.4.

1) 고객수에 따라 수입의 일정비율이 수당으로 지급, 출퇴근시간 일정, 대기장소와 안마행위제공에 대해 시술소 대표의 포괄적 지휘·감독, 대표가 제정한 취업규칙 적용, 이득금의 수취형식, 경영상태, 사업목적 등 고려.

2) 실적에 따라 단가를 결정하고 도급을 받아 작업하며, 조장이 근로자 1~2명을 다시 고용하고 이들에게 가공대금을 배분하고, 가공업소는 수급인에게 장소와 원석만을 제공하며, 작업도구는 수급인이 직접 구입.

3) 능률급적용, 회사중장비를 해당기능공에게 임대차계약후에 임대료 징수, 시공하던 공사가 준공되면 해산.

4) 대판 2000.11.24, 99두10209.

5) 회사명의 모집공고·채용심사, 계약기간미제한, 회사가 정한 수수료를 업무수행대가로 지급, 품위손상금지·업무지시 이행의무 부과, 수탁업무재위탁금지, 부정행위금지, 인수인계준수, 능률급만 지급해도 기본급과 능률급을 지급하는 계약직 징수원과 지급액수 비슷, 출근부날인, 출장소장의 업무지시를 받아 보고후 퇴근, 일숙직근무, 지각·조퇴·무단결근시 제재, 겸직불가능, 원천징수, 표창제도운용, 징수원인사기록카드 작성·비치.

6) 명령위반처벌감수서약서제출, 신분증명서소지, 출근부와 직원인사기록카드 비치, 사원명부에 직원 등재, 직장민방위대원 편성, 직장건강보험 가입, 수금에 대해 회사에 보고, 소액이나마 기본급과 상여금 지급 등.

7) 병원·간병인단체 위수탁계약형태에서 소속 변경. 부정요소가 많으나 상당한 지휘·감독을 받고, 신분만 변동되고 동일한 장소·근로조건·업무 종사.

8) 연출자의 지휘·감독, 노무제공 장소·시간도 프로그램제작일정에 전적으로 구속, KBS 간부가 외부제작요원들이 작성한 업무일지를 결재하고 상황에 따라 외부제작요원을 배치하는 등 노무 관리, 보수가 업무실적이나 업무결과에 따른 것이 아니라 기본일당에 시간외수당이 가산되는 방법으로 산정되어 근로 자체에 대한 대상적 성격을 가지므로 KBS 근로자로 인정.

9) 고정급미지급, 근로소득세미징수, 취업규칙미적용, 공적보험미가입은 비정규직의 일반적 현상으로 간주. 카메라를 직접 소유하고 출·퇴근 등 근태관리를 받지 않음.

위성방송수신기 설치기사	근로기준팀-1114, 2005.11.11.
병원소속전문의(지휘·명령없이 독립적으로 업무처리)	근로조건지도과-4449, 2008.10.13.
「노인장기요양보험법」에 따른 요양기관의 요양보호사	근로기준과-5761, 2009.12.30.
검침 · 송달업무위탁원(사규미적용.고정급없음.공적보험미가입)	대판 2014.11.13, 2013다77805.
원어민강사[1]	대판 2015.6.11, 2014다88161.
문화재수리기능자[2]	근로개선정책과-7213, 2013.11.26.
온라인 모니터링 요원[3]	근로개선정책과-429, 2014.1.28.
협회의 지시를 받는 국가대표코치	근로개선정책과-1552, 2014.3.13.
법인과 실질적으로 사용종속관계 아래에 있는 어린이집대표	근로개선정책과-7138, 2014.12.10.
미용실 메이크업디자이너	근로개선정책과-4844, 2014.8.29.
학원명의로 등록한 자기차량운전자[4]	대판 2015.5.28, 2014다62749.
신용카드전화상담원(사규미적용.고정급없음.공적보험미가입)	대판 2016.10.27, 2016다29890.
백화점입점업체의 계약판메원(매출실적에 따라 수수료수령)	대판 2017.1.25, 2015다59146.
우체국 위탁 보험관리사	대판 2013.6.27, 2011다44276.
우체국과 위탁계약을 체결, 우편배달업무 수행 재택위탁집배원	대판 2019.4.23, 2016다277538.
지자체위탁법인 소속 장애인 도우미	대판 2019.4.25, 2015다228652.
지자체의 주민자치센터시설관리운영 자원봉사자	대판 2019.5.30, 2017두62235.
영화제작사의 영화제작스태프	대판 2019.10.17, 2019도9688.
케이티스카이라이프의 서비스 기사	대판 2019.11.28, 2019두50168.
화물운송기사(화물운송사업자와도급계약체결.자차기사)	대판 2021.4.29, 2019두39314.
정수기 설치 · AS · 판매 엔지니어(회사와 위탁계약체결)	대판 2021.8.12, 2021다222914. 대판 2021.11.11, 2020다273939.
생활가전제품 설치 · 수리 기사(회사와 위임계약체결)	대판 2022.3.17, 2021다302155.
헬스트레이너(헬스장과위탁계약체결)	대판 2023.2.2, 2022다271814.
아이돌보미지원법에 따른 아이돌보미(돌봄서비스기관의사용자성인정.)	대판 2023.8.18, 2019다252004 및 2019다252011.
의료소비자생활협동조합의 계약의사(페이닥터)[5]	대판 2023.9.21, 2021도11675.
프리랜서아나운서(전속성,방송스케쥴에따른출퇴근)	대판 2023.12.21, 2022다222225.

1) 기본급·고정급 미지급, 근로사업소득세 원천징수, 사회보장제도상 근로자미신고는 부차적요소. 계약명칭을 'Agreement for Teaching Services'로, 강사명칭을 'Instructor'로 작성한 것은 근로자부정 의도에서 비롯된 것으로 근로관계의 실질을 판단하는 중심적요소가 아님. 스스로를 프리랜서로 생각해도 실질이 달라지지 않음.
2) 소속사와 근로관계를 맺으면서 타사중복취업에 불구하고 우선적용되는 피보험자격 취득.
3) 사용자가 업무내용결정, 업무실적을 매일 보고, 업무지시 및 평가를 통해 근로자 교육·징계.
4) ① 유니폼착용, 에어컨가동, 안전지도, 차량퍼레이드 등 구체적업무지시, ② 대차·대리운행 금지·보고·승인, ③ 등·하원시간외 자유시간은 근무형태에 기인하며 주차장·휴게공간미비, ④ 고정급여수령, ⑤ 벌점을 부과하며 경고·시말서징구 등 제재, ⑥ 자기소유차량을 학원의 통학운행외의 용도로 운행하는 것이 금지되고 상당한 제약 존재, ⑦ 근로소득세 원천징수, 4대보험보험납부.
5) 근기법관련. 판단기준충족, 진료에 대해 지시가 없는 것은 업무특성.

(나) 근로자성 부인

경제적종속성마저 인정되지 않거나 인정되더라도 인적종속성이 부정되면 근로자성이 부인된다.

<table>
<tr><td colspan="2">독립적 배달원[1)]</td><td>법무법 810-7883, 1969.7.18.</td></tr>
<tr><td colspan="2">한국전력주식회사 위탁수금원[2)]</td><td>대판 1970.7.21, 69누152.</td></tr>
<tr><td colspan="2">프로선수[3)]</td><td>징수 1458-27309, 1983.11.1.</td></tr>
<tr><td colspan="2">물리치료사[4)]</td><td>근기 01254-397, 1987.1.12.</td></tr>
<tr><td colspan="2">주물제작하청업자(쇳물외상매입·주물제작·가격결정·경비제외금액수령)</td><td>서울고판 1989.7.12, 88나47613.</td></tr>
<tr><td rowspan="3">유흥업</td><td>코너주(임대차계약, 관리·회계 자기책임운영)</td><td>근기 01254-6162, 1991.5.1.</td></tr>
<tr><td>연예인(공연시간 보수지시, 공연내용 방법자율)</td><td>대판 1994.4.29, 93누16680.</td></tr>
<tr><td>접객원(봉사료만수령)[5)]</td><td>대판 1996.9.6, 95다35289.</td></tr>
<tr><td colspan="2">피라미드판매회사 종사자[6)]</td><td>근기 01254-1953, 1992.12.4.</td></tr>
<tr><td colspan="2">서울경마장조기협회(친목단체성격) 소속 조교사와 기수</td><td>근기 68207-677, 1994.4.21.</td></tr>
<tr><td colspan="2">신문사자율기자(월1회이상송고, 원고료수령, 업무재량처리)</td><td>근기 68207-1328, 1994.8.24.</td></tr>
<tr><td colspan="2">학습지교사[7)](노조법상 근로자는 인정하기도 함)[8)]</td><td>대판 1996.4.26, 95다20348.</td></tr>
</table>

1) 경영자에게 고용되어 있지 않고, 독립된 계산 아래 물건을 구입하여 배달하며, 공장도가격과 판매가격의 차액을 취득하고, 경영자로부터 구체적 또는 개별적 지휘·명령이나 감독을 받지 아니하며, 그 수익도 근로의 대상으로 받는 것이 아니라 스스로의 배달처 개척에 따름.

2) 임명에 자격요건미요구, 70%이상을 수금할 때 일정비율만 보수 지급, 부업허용, 근무일수·근무시간미제한, 수금방법·과정에서 직접·구체적지휘·감독 없음 ; 〈같은 의견〉 대판 1978.7.25, 78다510 ; 법무 810-8162, 1968.5.9.

3) ⓐ 경기내용이 야구기술의 첨단으로서 개성적능력을 발휘하는 것이며, 구단측이 기대하는 경기의 가치도 가동시간, 가동량 등 정형적요소로 측정하기 어렵고, ⓑ 보결정도 인기 등 특수요인에 의존되며, ⓒ 팀 경기성격상 시합에 임하여 감독의 지휘를 받지만 노동관계에 있어 작업방법의 지휘·감독과는 성격이 다르고 사업자로서의 각 선수 개개의 흥행가치를 결합하기 위한 기술적지휘에 불과 ;회사의 아마추어팀에서 사용종속관계 아래 보수를 받는 운동선수는 근로자이나, 흥행단체에서 흥행사업과 일체가 되는 운동선수는 근로자성 부인.

4) 물리치료사가 장비 설치·운영, 치료실내 인사 관장, 수익금을 장소만 제공한 병원과 균등하게 분배.

5) 최소계약기간을 정하지 않았고, 언제든지 업소를 그만둘 수 있으며, 숙식은 선택사항이고, 근무시간이 정해져 있으나 쉽게 조퇴할 수 있고, 팁 외에는 고정수입이 없으며, 마담이 팁을 보관하고 있다가 월말에 정산을 하지만 낭비를 막기 위한 조치 ; 〈보충 의견〉 근기 32100- 6182, 1991.5.2. 고정적인 급여가 없이 사용자가 봉사료를 일정액으로 정하거나 일정액을 받도록 직·간접적으로 규제하는 경우와 봉사료를 사용자가 관리·분배하는 경우에는 근로자로 인정.

6) 개인사업등록, 부업으로 1주일에 한두 번 출근하여 전화판매를 하며 고정급없이 배분금(실적금)만 수령.

7) 위탁업무내용·수행방법·시간 등에 관해 구체적·직접적인 지휘·감독을 받지 않고, 지급받는 수수료는 근로의 내용·시간과 관계없이 신규회원증가나 월회비수금실적처럼 위탁업무이행실적에 따라서만 지급 ; 대판 2005.11.24, 2005다39136. 노조법 관련도 부인 ; 근기 68207-3902, 2001.11.14. 근기법 관련 부인, 윤선생영어교실사건 ; 대판 2018.6.15, 2014두12598·2014두12604. 근기법 관련 부인.

8) 〈노조법관련 인정〉 대판 2018.6.15, 2014두12598·2014두12604 ; 노조 01254-282, 1999.12.17, 회원모집·회비수금사항보고 등을 위해 출근, 업무일지작성·결재, 관리능력부족을 이유로 일부과목 회수, 규정이나 지시사항을 위반하면 위탁계약해지, 회비수금·회원모집실적에 따른 수수료는 노무대가성이 있는 수입이 아님(2000.11.20. 서울지방고용청, 구몬학습지교사로 구성된 전국학습지산업노조에게 설립신고증 교부) / 〈노조법관련 부인〉 대판 2005.11.24, 2005다39136.

가수매니저		서울고판 1996.6.19, 95나26881.
보험모집인[1] (노조법상 근로자성까지 부인하기도 함)[2]		대판 2000.1.28, 98두9219.
생활정보지배포요원[3]		대구지판 2001.5.3, 2000가단63070.
국가대표펜싱코치		근기 68207-2788, 2002.8.24.
신용협동조합 고금리대출관리자		근기 68207-196, 2003.2.17.
애니메이션 채화작업자		대판 2004.1.15, 2002도3075.
약품판매영업사원		근로기준팀-167, 2005.9.16.
장례예식업접객실보조원		서울고판 2006.11.3, 2005누15023.
간병인		서울행판 2010.6.10, 2010구합4209.
신문배달원(위탁계약, 임의시간출근, 본인오토바이 이용)		근로개선정책과-2813, 2014.5.14.
프로젝트개발자(일의 완성에 따른 대가수령, 자유직업소득자)		근로복지공단 보험가입부-620, 2014.3.4.
아동복지법관련 시설의 독립적인 대표자겸 시설장 (퇴직금관련)	사회복지법인	근로복지과-1671, 2014.5.7.
	아동복지시설	법제처 14-0489, 2014.8.14.
	개인위탁 국공립 어린이집	근로복지과-1332, 2013.4.17.
미술모델		근로복지공단, 보험가입부-193, 2015.1.15.
전자제품 제조・판매회사의 도급계약직 팀장[4]		대판 2011.7.14, 2009다37923.
도급제사원[5]		대판 2016.3.14, 2011다1880.
야쿠르트 위탁판매원[6]		대판 2016.8.24, 2015나41982.
동업약정체결미용사		대판 2021.8.26, 2020도18346.
교통사고에이전트[7]		대판 2022.4.14, 2020다237117.
카마스터[8]		대판 2022.7.14, 2021두60687.

1) 수탁업무만을 수행하고, 근로내용이나 시간과는 관계없이 계약고, 수금액 등 실적에 따라 수당을 받으며, 기본급이 없는 것을 원칙이고, 업무수행방식에 제한이 없으며, 임의 일탈이 가능함 / 〈같은 견해〉 대판 1997.11.28, 97다7998 ; 대판 1996.4.26, 95다20348 ; 대판 1990.5.22, 88다카28112 ; 법무 811-2351, 1981.1.23).

2) 서울고판 1991.5.16, 89구13327 ; 노조 68107-997 및 998, 2000.10.30. 영등포구청 및 강남구청의 '민주노총 산하 전국보험모집인 노조'와 '한국노총산하 전국보험산업노조' 노조설립신고서 처리 관련 회신.

3) 주식회사교차로사건. 근로소득세를 원천징수하거나 재직증명서를 발급한 사실만으로는 사용종속관계 부정. 〈근거〉 첫째, 정식직원들과 다른 계약(출퇴근관리없음)에 의해 자기소유의 승합차량을 이용하여 신문을 우송하고,관리업무를 수행하며 복무규정미적용. 둘째, 지정구역에서 배부할 신문부수, 배부순서 등을 스스로 결정. 셋째, 배포원이 자체로 정한 사람이 업무 대행. 넷째, 보수에 배포원소유차량사용료 포함. 다섯째, 업무외에 다른 일을 가지고 있어 전속성 없음. 여섯째로, 국민건강보험, 국민연금 등에 가입되어 있지 않음 ; 〈같은 의견〉 근기 68207-2462, 2002.7.15.

4) 약정체결후 디지털판매사를 모집하여 교육・관리하고 그 회사들의 판매실적에 따라 수수료 수령

5) 납품기한준수독촉과 품질검사외에 구체적지시나 개별적감독이 없고, 물량이 없으면 사용자와 합의하여 다른 작업을 한 것은 업무지시로 보기 어렵고, 사용자가 정한 공간에서 일한 것은 효율성차원에서 불가피하고, 출퇴근 및 근로시간은 월급제사원과 달리 유동적이며 제제가 없고, 점심이나 소모품을 제공한 것은 계약조건 또는 복지혜택이고, 다른 근자를 고용해 작업할 수 있고, 보수는 시간이 아닌 물량에 따라 산정되고, 수당 상여금 휴가비 등을 받지 않고, 하자에 대해서는 보수에서 공제.

6) 업무수행과정에서 구체적지휘・감독을 받았다고 볼 수 없고, 위탁판매원들에게 근무복을 제공하거나 적립형 보험의 보험료 및 상조회비중 일부를 지원받았더라도 이는 판매활동을 장려하기 위한 배려 차원임.

7) 손해사정회사와 사고출동서비스 대행계약을 체결하고 현장에 출동하여 사고조사 등의 업무를 수행 ; 사고조사원들의 업무수행방식 등을 담은 가이드북을 지휘・감독 수단으로 인정하지 않음.

㈐ 의견대립

근로자성에 대해 의견이 나뉘는 업무가 있다.

간병사연합회등록간병인의 근로자성에 대해 판례[1]는 부인하고 행정해석[2]은 인정한다.

일용보조운전기사에 대해 행정해석[3]은 긍정적이고 판례[4]는 부정적이다. 수습기간을 정하여 정식근로자로 임명되기 전에 일당제 대무(代務)운전업무를 하는 사람에 대해 일용근로자가 아닌 수습·시용근로자로 본 예가 발견된다.[5]

지입제는 합법성을 인정받기 어려우나 화물자동차운수사업[6]인지, 여객자동차

---

8) 자동차판매대리점을 운영하는 대리점주와 판매용역계약을 체결하고 업무 수행 ; 노조법상 근로자성 인정(대판 2019.6.13, 2019두33712). ↘ 42쪽

1) 대판 2009.3.12, 2009도311.

2) 근로기준팀-5557, 2006.10.10 ; 간병인이 간병사연합회와의 관계에서 근로자성이 인정되는 요소로는 ① 간병인은 간병사연합회와 3개월 단위로 2회에 걸쳐 일용직근로계약을 체결하여 근무하였고, 이후부터는 근로계약서를 작성치 않았으나 동일업무를 수행했으며, ② 간병사연합회가 개괄적인 작업지시, 작업장소 지정, 출근부 관리, 매월 2~3회 소양교육 및 업무교육 등을 행하였고, ③ 임금은 간병사연합회가 간병료를 일괄 청구하여 정산(회비 및 보험료 공제)하고 진정인에게 지급하며, ④ 간병인이 근무중 사고로 인해 환자 등에 피해를 입힌 경우에는 간병사연합회에서 배상하고 있는 점 등이 있다. 반면에 근로자성이 부인되는 요소로는 ① 간병사가 유료직업소개사업을 행하는 간병사연합회의 유료회원으로 등록되어 매월 일정액의 회비를 납부하며, ② 4대보험이 적용되지 않고, ③ 대체근로가 불가능하지는 않은 점, ④ 취업규칙 등이 없는 점, ⑤ 직접 업무수행을 지휘·감독한다고 보기 어려운 점, ⑥ 기본급·고정급이 없는 점 등이 있다. 종합적으로 볼 때, 일용근로계약체결, 작업지시, 근무장소제한, 출근부작성 등 근로관계를 부인하기 어려운 요소가 많다.

3) 근기 01254-883, 1990.1.18. 출퇴근시간의 제약을 받는 등 사실상 사용자의 지시·감독하에 있다면 사용종속관계가 인정되어 근로자에 해당 ; 해당보조운전기사는 사납금제도를 적용하는 택시운전기사.

4) 대판 1991.1.15, 90다11431. 통상근로자의 휴가 등 유고시에 사용하는 전세버스회사의 월급제예비운전사와 일용예비운전사중에서 일용예비운전기사에 대해 회사와 일정기간동안 일용근로계약관계가 반복적으로 발생하였다가 종료된 것에 불과하고, 근기법상의 근로자와 사용자관계가 적용 또는 준용될 만한 계속근로관계가 없다. ; ⓐ 일용예비운전기사에 대한 회사의 승무요구방법이 권리적인 지시가 아니고 의뢰적이라는 점, ⓑ 업무에 대한 승낙여부의 재량이 일용예비운전기사에게 있는 점, ⓒ 일당이 반드시 근로자체만의 대상적성격이 있다고 단정할 수 없는 점을 이유로 들고 있다.

5) 대판 1994.1.11, 92다44695.

6) '등록차주'의 경우에는, 지입회사에 지입료와 제세공과금을 납부하더라도 지입회사의 근로자로 볼 수 없다. "개별화물자동차운송사업의 등록(구 「화물자동차운수사업법시행규칙」 제13조 「별표 1」에 화물자동차운송사업의 등록기준이 열거되어 있다)을 한 운송사업자"는 운수회사에 화물자동차를 지입한 후 자동차의 운행에 관하여 전적으로 자신의 책임 아래 운전자를 고용하고 자신도 차주 겸 운전자로 그 자동차를 운전하면서 화물운송업에 종사하기 때문이다. '등록차주가 고용한 자'의 경우에는 실질적인 사용자의 지위에 있는 지입차주가 근기법상의 사용자이다. '지입차주 겸 운전사'의 경우에는 지입차주가 근기법상의 근로자인지와 관련하여 먼저 자동차를 특정회사 명의로 구입하여 지입한 자가 차주 겸 운전사로서, 고정된 업무를 처리하는 것이 아니라 주문에 따라 화물을 나르면서 급여를 받지 않고 운송수입금 전액을 자신의 수입으로 하되, 회사에 지입료 및 제세공과금만을 납부하고 회사가 보험업무 등 행정업무를 대신 처리하여 왔다면 그를 근로자로 볼 수 없다는 판례(대판 1989.10.24, 89누4888 ; 대판 1972.3.28, 72다334 ; 대판 2013.7.11, 2012다57040)가 있다. 반면에 과거의 행정해석[징수 3252-79431, 1985.4.27 ; 법무 811-1149, 1978.1.20 ; 법무 811-19640, 1978.9.2 ; 법무 811-20728, 1979.8.31 ; 근기 01254-0120, 1992.7.6 ; 고용(고운 68430-76, 1995.7.10), 산업안전보건(산보 68307-268, 1998.5.14)에서는 근로자로 보지 않았다]과 일부 법조인(이홍철, "근기법상 사용자 및 근로자의 범위", 「근로관계 소송상의 제문제(상)」, 18쪽. 원칙적으로 도급제 근로자라고 보고 있다)은 "지입차주 겸 운전사"가 사실상 자기소유의 자동차를 자기 계산 아래 운영하고 있더라도 그러한 경영실태는 관행 또는 묵계에

운수사업[1]인지, 건설기계(중기)[2]인지, 레미콘운전자겸차주[3]인지에 따라 해석이 조

의해 변형된 근로형태라는 점, 회사가 사업주체라는 점, 회사명의의 차량을 운전함으로써 그 회사에 종사하고 있는 점, 수입금의 성격이 고용운전사를 사용하여 그에게 지급될 임금이 대체된 것으로 볼 수 있다는 점을 들어 "지입차주 겸 운전사"를 소속회사의 근로자로 보았다. 다만, 비교적 최근의 행정해석(근기 68207-1062, 2002.3.15 ; 근기 68201-695, 2000.3.10)은 지입차주를 일괄적으로 근로자로 보는 태도를 지양하고 있다. 즉, 근로실태를 먼저 살핀 후에 회사로부터 시간구속이 있고, 위반사항에 대한 통제가 있으며, 업무수행에 대해 지시가 있고, 위반시 제재가 주어지면 근로자로 본다. 그러나 차주가 스스로 개척한 수요처와 직접 거래하는 등 회사로부터 구체적 지시·감독을 받지 않으면 근기법상 근로자로 보지 않는 입장에는 변화가 없다(근기 01254-0120, 1992.7.6 ; 근기 68207-1062, 2002.3.15 ; 근기 68201-695, 2000.3.10). '지입차주 겸 운전사가 고용한 자'의 경우에는, 회사와 지입차주의 관계가 내부적관행에 불과한 것으로서 대외적관계에 있어서는 회사가 차량을 소유하고 이를 운행하는 경영주체이므로 운전사가 고용한 근로자도 회사가 직접적인 근로계약상의 책임을 진다(대판 1972.5.23, 72누1773 ; 대판 1992.4.28, 90도2415 ; 대판 1987.2.24, 86도2475 ; 대판 1990.9.25, 90도1214 ; 근기 32100-4824, 1991.4.8 ; 법무 811-16974, 1975.11.24 ; 대검 0260-8550, 1988.9.13). 회사는 사업주로서의 책임을 진다 ; 서울고판 2009.5.15, 2008누24233. 근기법상 근로자성 인정. 〈사유〉 일요일을 제외한 날을 근무일로 하여 가구배송·설치업무를 담당하면서 배송실적에 따른 금액이 아니라 매월 고정적인 금액을 받았음, 근무시간이 09:00부터 18:00까지로 고정, 구체적인 배송시간 및 배송내용도 회사지시에 따름, 회사의 근로자를 대동하여 가구배송·설치작업을 하고 회사가 유류비·도로통행료뿐아니라 운송차주와 동승자의 식대까지 부담, 회사가 운송차주를 대신하여 사고피해자에게 손해배상, 운송차주는 회사 등으로부터 'O과장'으로 불리었고 근무중에 회사의 작업복 착용 ; 서울고판 2009.5.15, 2008누24233. 근기법상 근로자성 인정. 〈사유〉 일요일을 제외한 날을 근무일로 하여 가구배송·설치업무를 담당하면서 배송실적에 따른 금액이 아니라 매월 고정적인 금액을 받았음, 근무시간이 09:00부터 18:00까지로 고정, 구체적인 배송시간 및 배송내용도 회사지시에 따름, 회사의 근로자를 대동하여 가구배송·설치작업을 하고 회사가 유류비·도로통행료 뿐아니라 운송차주와 동승자의 식대까지 부담, 회사가 운송차주를 대신하여 사고피해자에게 손해배상, 운송차주는 회사 등으로부터 'O과장'으로 불리었고 근무중에 회사의 작업복 착용 ; 대판 2010.5.27, 2007두9471. 산재관련. 인정. ;대판 2021.4.29, 2019두39314. 근기법관련 인정 ; 대판 2024.1.25, 2020두54869. 산재관련 인정.

1) 택시·마을버스 등의 지입제는 관련법에서 금지되고 있는 제도임에도 불구하고 운수회사가 근기법의 적용을 피하기 위해 근로관계를 변형시켜 운용하는 근로형태로서 지입차주겸 운전사의 근로자여부는 사용종속관계판단기준에 따른다.

2) ⓐ 등록차주가 개별대여업을 하면 차주개인이 사업주이다. 공동대여업인 경우에도 회사대표자와 구성원차주가 모두 차주로서 동등한 권리·의무가 부여되면서 회사는 행정업무를 수행하므로 등록차주를 근로자로 볼 수 없다(근기 68207-1182, 1994.7.25). ⓑ '등록차주가 고용한 자'에 대해서 살펴보면, 차주개인이 직접 고용한 근로자에 대해서는 차주가 사업주가 된다. 회사는 차주에 대해 행정적인 업무만을 담당하고 있어 차주가 직접 고용한 자와 근로관계가 있다고 보기 어려우나, 고용차주가 실질적인 사업주가 아닌 경우에는, 구체적인 노무지휘권의 행사주체, 보수의 지급주체 등을 살펴 회사의 사업주성을 인정할 수 있다(근기 68207-1182, 1994.7.25).

3) 행정해석은 도급계약의 형식을 빌어 회사로부터 레미콘을 공급받아 운반하면서 회사의 구체적 지시·감독을 받는 등 사용종속관계가 인정되고 도급인 사업장에서 지정된 수요처에 레미콘 운반이라는 고정된 업무만을 담당하면서 능률급 또는 성과급을 지급받는다면 근기법 및 노조법상 근로자로 본다(근기 68207-1606, 1996.12.6 ; 근기 68207-514, 1994.3.25 ; 노조 01254-130, 1999.10.27). 따라서 지입형태가 아닌 직영형태인 경우에는 근로자성이 매우 강하다. 그러나 회사로부터 레미콘 차량을 공급받았을 뿐 스스로 개척한 수요처에 운반하는 등 회사의 구체적 지시·감독이 이루어지지 않고 스스로 사업을 행하는 경우에는 근기법상 근로자로 볼 수 없다(근기 68207-514, 1994.3.25 ; 노조 01254-130, 1999.10.27). ; 대법원판례(대판 1997.11.28, 97다7998 ; 대판 2003.1.10, 2002다57959. 근기법과 노조법관련, 수원CK인프라시스사건 ; 대판 1997.2.14, 96누1795. 근기법관련, 아주레미콘사건 ; 대판 1997.11.28, 97다7998. 근기법관련 ; 대판 2006.5.11, 2005다20910. 노조법관련 ; 대판 2006.9.8, 2003두3871. 노조법관련)는 '지정장소에 레미콘을 운반한다'는 업무내용이 레미콘회사에 의해 정해지고, 근로시간·장소가 제한되며, 복장·차량관리를 통제하며, 지시위반에 대해 징계가 가해지고, 근무태도교육을 시키는 등 지휘·감독관계가 있어 고용관계와 유사하나 이러한 점은 레미콘운송도급계약의 성질상 당연함. 반면에 운송차주의 복귀시간이 정해져 있지 않고, 제3자를 통한 업무대체가 가능하며, 차량소유권이 운송차주에게 있고, 운송차주가 사업자등록을 하여 사업소득세를 납부하며, 취업규칙 등을 적용받지 않고, 기본급·고정급이 정해져 있지 않은 점 등을 들어 근로자성을 부인. 반면에 회사차량운전기사에 대해 구

금씩 다르다.

위탁계약형식으로 근무하는 채권추심원',[1] 택배원,[2] 백화점 위탁판매원,[3] 보험회사위임직지점장[4] 등에 대해서도 견해가 나뉘고 있다.

체적 업무내용을 지정하고, 운행일보 등의 제출을 요구하는 방식으로 운송기사의 업무 내용을 결정하고, 업무수행과정에서 상당한 지휘·감독이 이루어지고, 운송업무에 사용되는 화물차량이 회사소유이고, 운행비용을 회사가 부담하고, 제3자에 의한 업무대행 및 운송기사의 다른 사업장에 대한 노무제공가능성이 제한되고, 매월 지급받는 보수는 기본급이나 고정급이 아니라 운반물량에 의해 정산한 금액이기는 하나 이러한 성과급의 형태의 금원은 노동의 양과 질을 평가하는 것이어서 근로대가인 임금성격이 부정된다고 볼 수 없는 점 등을 종합하여 근로자로 본 최근판례(대판 2010.5.27, 2007두9471, 산재법관련)가 발견된다.

1) 대판 2009.5.14, 2009다6998. [부정] 계약서가 "위임에 의해 업무를 대행한다"고 규정하고 있고, 정시 내지 매일 출근할 의무가 없고, 지점장의 채권배당을 위한 소집에도 응할 의무가 없으며, 취업규칙적용을 받지 않고, 일시적으로 소액을 받은 외에 상당한기간 성과수수료가 없음 ; 대판 2015.7.9, 2012다79149. [긍정] ; 대판 2015.8.13, 2012다74168. [긍정] 변경된 계약서양식에 따라 채권추심업무계약을 체결한 사정만으로 근로자성 부인 곤란 ; 대판 2016.4.15, 2015다252891. [긍정] 출근의무가 없고 적은 액수의 성과수수료를 받으나, 6개월단위로 반복하여 재계약을 체결함으로써 3년내지 5년동안 종사하여 업무계속성이 있음. 다른 팀으로 이동, 배정된 채권환수, 배정될 채권의 감소 등과 같은 불이익을 받지 않기 위해 캠페인, 조기출근, 야근, 토요일근무 등 업무실적향상에 동참 불가피. 성과급형태로만 지급되는 것은 업무특성에 의한 것일 뿐, 지급되는 금품이 근로의 양과 질에 대한 대가로서의 임금성격을 지님. 목표설정에서부터 채권추심업무의 처리에 이르기까지 모든 업무의 과정을 채권관리시스템에 입력하게 함으로써 업무를 구체적으로 지휘하고 관리·감독함 ; 대판 2018.6.28, 2018다211655. [긍정] 최초계약기간은 3개월로 정하여 채용되었지만 반복적인 재계약 또는 기간연장 합의를 통하여 약 7년, 12년 동안 채권추심원 또는 임대차조사원으로 종사하여 업무의 계속성이 있고, 채권추심업무 및 임대차조사업무를 수행하는 과정에서 구체적인 업무처리 매뉴얼을 따르게 하고 일일업무보고서 작성 및 전산시스템입력을 의무화함으로써 목표설정에서부터 업무처리에 이르기까지 업무를 구체적으로 지휘하고 관리·감독하며, 업무수행과정에서 수수료 차감이나 위임계약해지와 같은 불이익을 받지 않기 위해 지시사항을 따르거나 업무실적달성을 위해 요구하는 주말근무 등 각종 조치에 따를 수밖에 없고, 보수는 기본급이나 고정급 없이 성과급형태로 지급되는 보수는 채권추심업무와 임대차조사업무의 특성에 의한 것일 뿐임 ; 대판 2020.4.29, 2018다229120. [긍정] 위임직 채권추심원 관련 ; 대판 2022.8.19, 2020다296819. [근기법 부정] 신용정보회사와 위임계약을 체결하고 신용정보회사의 지사(지점) 등 소속으로 업무를 수행한 채권추심원 ; 대판 2022.9.29, 2020다256385. [근기법 부분부정] 위임계약전환 부분 ; 대판 2022.12.1, 2021다210829. [근기법 부분부정] .같은 그룹계열사에서 소속만 옮겨가며 업무를 수행한 채권추심원.

2) 대구고판 2012.11.28, 2012나3457(항소기각으로 확정). 근기법관련. 부정(수급인으로 인정). 〈사유〉 업무가 용역계약에서 정한 배송업무에 국한, 출퇴근시간이 고정되어 있지 않고 당일 정해진 운송을 마치면 대부분 현지에서 퇴근, 복무규칙·인사규정미적용, 입사와 퇴사에 관해 제한이 없어 제3자사이의 개별계약에 따른 지위승계가능, 사정으로 업무를 수행하지 못할 경우 자기부담으로 대체인력투입, 직접 대리기사를 고용하여 자신의 업무를 대행, 배송지는 회사가 정하였으나 배송순서는 스스로 결정, 회사가 거래업체에서 제기된 불만사항에 대해 이를 지적하고 개선을 요구하는 것외에는 별도의 교육 등 미실, 구인광고 등을 통해 배송보조원을 직접 스스로 채용하고 배송보조원의 급여액도 스스로 결정하여 지급, 운송용역에 투입되는 차량의 모든 관리비용과 운행경비(유류비, 통행료 등 제외) 및 회사가 요구하는 형태의 차량도색비용 등도 스스로 부담, 업무수행의 대가와 관련하여 기본급이 정하여져 있으나 기본급외에 유류비·통행료·상해보험지원비 등을 더한 기본급의 2배에 달하는 금원을 지급받으므로 지급받은 금원이 근로자체에 대한 대상적성격결여 등 ; 대판 2018.4.26, 2016두49372. 스마트폰 애플리케이션 배달대행업체 관련, 산재법상 특수형태근로 종사자로 인정.

3) 〈긍정〉 대판 2017.1.25, 2015다59146. 근기법관련. 수수료상하 규정, 매출부진불구 일정수준 보수, 주기적인 근무상황점검, 전산망공지(출근시간등록, 근무현황표제출, 재고실사 등, 택배관련, 상품수량조사사장지시), 병가·출산휴가현황표를 작성·보관, 취업규칙미적용, 사업소득세납부, 4대보험 미신고 ; 〈부정〉 대판 2020.6.25, 2020다207864. 근기법 관련 ; 대판 2020.7.9, 2020다207833. 근기법 관련.

4) 4개 보험사 지점장들의 근로자성 판결이 엇갈렸다. 판결이 엇갈린 배경으로는 일반직 지점장(정규직 지점장)이 지목된다.근로자성이 인정된 사건에서는 일반직 지점장과 위탁형 지점장(사업가형 지점장)이 사실상 동일하다는 점이 판단 근거로 제시됐다. 반면 근로자성이 인정되지 않은 보험사에는 일반직 지점장이 없고 위탁형 지점장만 있었다. ; 대판 2022.4.14, 2020다238691. 〈긍정〉 근기법관련 ; 대판 2022.4.14, 2021두33715. 〈긍정〉

③ **다면관계의 판단**

㈎ **사업장이용과 고객의 관계 혼합**

캐디 즉 골프장경기보조원에 대해서는 판례와 행정해석이 혼란된 모습을 보여주다가,[1] 근기법상의 근로자에는 해당되지 않으나 노조법상의 근로자에는 해당되는 것으로 정리되어 있다.[2]

㈏ **플랫폼운영과 고객의 관계 혼합**

플랫폼운영자의 서비스앱을 활용하여 고객과 관계를 맺고 노동을 제공하는 플랫폼종사자가 근로자인지에 대해 논란이 된다.

플랫폼종사자의 근기법상 근로자성에 대해서는 소극적인 판단이 주를 이루었다. 스마트폰애플리케이션을 이용해서 음식을 배달하는 기사에 대해 당시의 산재법상 특수형태근로종사자인 택배원으로 봄으로써 간접적으로 근기법상 근로자성을 부정한 판결[3]이 있다. 플랫폼종사자인 퀵서비스배송원 즉 택배원에 대해서는 근기법상의 근로자가 아니라고 해석되는 가운데,[4] 하급심을 중심으로 플랫폼운영자를 상대방으로 하여 노조법상 근로자성이 인정되는 판결[5]이 나타나고 있다. 이와 관련하여 대리운전기사의 노조법상 근로자성을 인정하는 판결[6]도 발견된다.

소극적인 흐름은 변하고 있다. 근로자성은 계약형식이 아니라 근로제공관계의 실질로 판단된다. 온라인플랫폼을 매개로 노동을 하는 플랫폼종사자가 근로자인지를 판단함에 있어 노무제공자와 노무이용자가 플랫폼을 통해 연결됨에 따라 직접적으로 근로계약을 맺을 필요성이 적은 사업구조, 일의 배분과 수행방식의 결정에 온라인 플랫폼의 알고리즘이나 복수의 사업참여자가 관여하는 노무관리의 특성이 고려되어야 한다. 이러한 전제 아래에서 업무내용이 플랫폼서비스운

근기법관련 ; 대판 2022.4.14, 2021다218205. 〈부정〉 근기법관련 ; 대판 2022.4.14, 2020다254372. 〈부정〉 근기법관련 ; 대판 2022.4.14, 2020다287310. 〈부정〉 근기법관련.

1) 판례는 노조법과 관련하여 인정(대판 1993.5.25, 90누1731. 유성관광개발사건)하고, 근기법과 관련하여 부정(대판 1996.7.30, 95누13432. 양주CC사건). 이후 하급심이 노조법상 근로자성까지 부인(서울행판 2001.9.4, 2001구6783 ; 서울행판 2001.8.21, 2000구30598 ; 서울행판 2001.11.2, 2001구20079 ; 서울행판 2002.2.7, 2001구33013). 행정해석도 근로자성 인정(근기 1455-4192, 1973.4.30)하다가, 노조법(노조 01254-10992, 1989.7.26) 및 근기법(근기 01254-11493, 1989.8.4)상 근로자성을 부인하고, 이후 근기법상 근로자성을 인정(근기 68207-906, 1994.6.2 ; 여정 68240-404, 1999.8.27 ; 근기 68207-2077, 1999.8.24) 하던 중, 사안에 따라 해석을 달리해야 한다면서(근기 68207-1448, 2000.5.13.) 근로자성을 부정하는 판례입장수용(근기 68207-418, 2003.4.18 ; 근기 68207-703, 2003.6.13).

2) 대판 2014.2.13, 2011다78804. 근기법상 부정, 노조법상 인정 ; 대판 2014.2.27, 2010두29284. 근기법상 부정 ; 대판 2013.27, 2011두28322. 근기법상 부정 ; 대판 2014.3.27, 2011두23139. 노조법상 긍정.

3) 대판 2018.4.26, 2016두49372.

4) 근기 68207-3284, 2000.10.24 ; 근로복지과-1952, 2013.6.11.

5) 서울행판 2019.6.13, 2018구합 50888.

6) 대판 2024.9.27, 2020다267491.

영자가 앱을 통해 만들어 놓은 틀안에서 정해지고, 해당근로자가 그 틀을 벗어나 업무내용을 정할 부분이 없음을 이유로 '차량호출서비스운전기사'를 플랫폼서비스이용사업자의 근로자로 인정한 판결[1]이 나왔다. 이 판결은 디지털알고리즘을 통한 업무의 배정과 평가를 사용자의 지휘·명령으로 보고 노동력제공자가 노동시간을 결정해도 시간적구속을 인정하고 있다.

(5) 근로자의 의무(제3장, 제1절 5·가,(1))

2·나. 근로기준법상 사용자

(1) 의 의

사용자라 함은 '사업주 또는 사업경영담당자, 그 밖에 근로자에 관한 사항에 대하여 사업주를 위하여 행위하는 자(근기법 §2①ii)'이다. 근기법상 사용자개념은 몇 가지 특징을 가지고 있다. 첫째, 사장·이사·부장·과장 등 상대적으로 지위가 높은 자로부터 작업현장감독자·실무자 등 지위가 낮은 사람에 이르기까지 업무성격에 따라 근기법상 사용자가 될 수 있다. 둘째, 근기법에 규정된 사용자개념에는 근로계약당사자는 물론이고 근기법이행의무자도 포함된다.[2] 셋째, 근기법이행의무자로서의 사용자개념은 그 범위가 넓고 권한의 범위에서 그 책임이 중복될 수 있다. 넷째, 사업주로부터 위임을 받은 근기법이행의무자는 권한의 범위에서 사용자가 되며, 근기법보호대상으로서의 근로자가 되는 이중지위를 가진다.[3]

(2) 유 형

① 사업주

사업주라 함은 그 사업을 책임지고 경영하는 주체로서 근로계약 당사자이다. 개인기업에서는 사업주개인, 법인에서는 법인 그 자체가 사업주이다.

② 사업경영담당자

'사업경영담당자'라 함은 사업경영 일반에 대하여 권한을 가지고 책임을 지는 자로서, 사업주로부터 사업경영의 전부 또는 일부에 대하여 포괄적인 위임을 받

---

1) 대판 2024.7.25, 2024두32973. 타다 서비스 관련, 자동차대여사업자(쏘카)가 자회사(VCNC)가 개발·운영하는 타다앱을 기반으로 하여 그 앱의 이용자(고객)에게 타다차량을 대여함과 동시에 '대리운전업 또는 인력파견·고용알선의 용역업체 운영자인 협력업체'와 운전용역제공계약을 체결하여 프리랜서(노동자)인 차량운전기사를 공급받아 제공하는 서비스이다. 자회사인 앱운영자나 용역제공계약상대인 협력업체는 자동차대여사업자의 한 부서에 지나지 않고, 자동차대여사업자가 프리랜서운전기사를 지휘·명령한 것으로 보았다; 중노위 인정, 행정법원 부인, 고등법원 인정, 대법원 인정.

2) 근기 68207-1921, 1993.9.1. 이러한 이유로 항운노조조합장의 사용자성 부인; 근기 68207-1743, 1994.10.19. 마찬가지 이유로 근로자공급사업 대표자의 사용자성 부정.

3) 근기 01254-1626, 1992.9.29. 축산업협동조합전무 관련.

고 대외적으로 사업을 대표하거나 대리하는 사람을 말한다. 주식회사의 대표이사 또는 업무대표권·업무집행권이 있는 임원(같은장,같은절 2·가,(3),②), 합명회사 및 합자회사의 업무집행사원, 유한회사의 이사와 정리회사의 관리인,[1] 지배인(상법 §10) 등이 이에 해당한다. 개인사업주가 미성년자 또는 피성년후견인이면 그 법정대리인은 사업경영담당자에 해당된다. 근기법이 준수의무자로서의 사용자를 사업주에 한정하지 않고 사업경영담당자 등으로 확대한 이유는 노동현장에 있어서 근기법의 각 조항에 대한 실효성을 확보하기 위한 정책적인 배려에서 비롯되었다.[2]

사업경영담당자가 업무대표권·업무집행권을 행사하여 행한 행위는 사업주 즉 법인의 행위로 귀결된다.[3]

③ 근로자에 관한 사항에 대하여 사업주를 위하여 행위하는 자

'사업주를 위하여 행위하는 자'라 함은 근로자의 인사·급여·후생·노무관리와 같은 사업주로부터 일정한 권한과 책임을 부여받은 사람을 말한다.[4] 권한과 책임은 업무성격과 근무실태로 판단한다.[5] 부장·과장·직장(職長)[6] 등의 지위에 있으면 권한과 책임을 가질 가능성이 더 크나, 명칭에 구애되지 않는다. '사업주를 위하여'라 함은 '사업주의 이익을 위하여'로 해석되지 않는다. 행위자가 권한을 남용하여 자신의 이익을 위해 행위를 하면 근기법위반책임을 질 수 있다.

(3) 구체적 판단

① 임 원

업무대표권을 가진 대표이사는 근기법상 근로자가 아니다(같은장,같은절 2·가,(3),①). 일반적인 임원도 근로자에 관한 사항에 대해 독자적인 업무집행권이 있으면, 사업경영담당자이다.[7] 정리회사의 관리인이나 비상근감사[8] 등도 마찬가지이다. 전무이사,[9]

---

1) 대판 1984.4.10, 83도1850 ; 대판 1986.6.24, 86도830. 종전대표이사는 금품청산의무를 부담하는 사용자가 아님. ; 대판 2001.1.19, 99다72422. 회사정리개시결정이 있으면, 경영과 재산관리가 관리인에게 전속되므로 관리인이 사용자지위를 가짐. 정리절차가 진행중인 경우 정리절차개시전의 보전관리인은 체불 등에 대해 사용자책임을 지며, 정리절차개시가 결정된 이후의 법정관리인도 법정관리결정이후에 퇴직한 근로자에 대해 사용자지위를 가짐. ; 근기 68207-3209, 2000.10.17. 법정관리개시전퇴직자는 이전의 대표이사가 사용자임.

2) 대판 2008.4.10, 2007도1199(**한국노동법학회, 『노동판례백선』 제2판**, 39쪽. 근기법규범수규자로서의 사용자 개념은 근로계약당사자로만 볼 수 없고 책임주체를 명확하게 하기 위해 그 범위를 확장한 것임).

3) 대판 2018.4.24, 2017다205127.

4) 근기 68207-4269, 2001.12.8.

5) 대판 1983.11.8, 83도2505. 사업경영담당자도 같음.

6) 근기 01254-16528, 1986.10.14. 제조작업실의 책임자로서 종업원의 근무성적관리·시설·인원·자재의 운영·교육·재해방지 등의 업무를 수행하는 소위 지도직의 사용자성 긍정.

7) 대판 1978.2.14, 77다3673 ; 근로복지과-3005, 2012.8.31. 〈근로자성 부정〉 법무법인의 대표변호사.

8) 근기 1455-2405, 1983.1.31.

이사,[1] 감사, 부사장[2] 등도 실질적인 업무집행권이 없어 사업경영담당자에 해당되지 않고 '그 밖에 근로자에 관한 사항에 대하여 사업주를 위하여 행위하는 자'로 볼 수 없다면 사용자가 아니다.

② **학 교**

공립학교에서 학교회계직원[3] 또는 원어민영어보조교사[4]에 대해 근로계약상의 책임을 지는 사용자는 지방자치단체 즉 교육감이며 학교교장은 '사업주를 위하여 행위하는 자'로서의 사용자책임이 부과될 수 있다. '교원임용권은 없지만 업무지휘권이 있는 사립학교교장'[5]은 사용자이다.

③ **실질적 권한**

국영기업체장,[6] 지방공사의료원장[7] 등 '포괄적으로 위임을 받아 경영을 책임지고 대외적으로 조직을 대표하는 사람'은 권한범위에서 사용자가 된다. '대표이사 등의 직책이 없지만 회사의 실제경영자',[8] '소유자가 아닌 실질적인 경영주체',[9] '사업주와 친분관계에 있는 실권자',[10] '아파트자치회장(제9장,제2절,5·바 관리변경과근로관계승계)[11]과 같은 실질적인 지휘·명령주체', '법인이 운영하는 병원의 장[12]이나 육성회를 대표하는

9) 대판 1983.10.11, 83도2272. [부정] 등기부등본 상 전무이사. 독자적으로 업무를 집행하지 않음. ↘ 48쪽

1) 대판 1983.6.28, 83도1090. 이사겸 건설공사소장을 맡고 있으나 실질적 공사감독·관리는 대표이사의 친척이 수행 ; 대판 1988.11.22, 88도1162. 가구제조회사의 생산관리이사에 대해 관리업무라는 일정업무를 수행한데 지나지 않아 사업경영담당자로 볼 수 없어 임금미지급책임부정 ; 대판 1997.11.11, 97도813.

2) 대판 1978.1.31, 77도3528. 경영에 참여치 않고 무보수로 대표이사의 보좌역을 한 부사장의 사용자성 부정.

3) 서울행판 2013.1.15, 2012구합28346 ; 근로개선정책과-6334, 2013.10.24. 학교 배움터지킴이 관련 ; 근로기준정책과-3430. 2016.5.30. 초단시간근로자인 스포츠강사가 여러 공립학교에서 근로를 제공한 사건.

4) 근로개선정책과-2212, 2011.7.14. 선발 및 채용을 시·도교육감이 행해 고용계약 체결.

5) 근기 1455-12167, 1970.12.23 ; 대판 1986.7.8, 86도7222. 학교예산편성·집행권이 학교장에게 있음.

6) 법무법 801-1376, 1964.1.30.

7) 근기 68207-665, 1997.5.21. 일반직원과 동일한 보수기준을 적용받고 환자치료에도 일부 참여해도 지자체로부터 의료원경영전부에 대해 포괄적으로 위임을 받아 경영을 책임지고 대외적으로도 의료원을 대표함.

8) 대판 1989.4.25, 87도2129.

9) 기업이 임대차된 경우 그 임차인이 사업주가 된다.

10) 장남이 사업주를 대신하여 사업계획과 인원배치 등 일체를 행한 경우에 그 장남이 근로자를 직접 지휘·감독하는 지위가 있었다 하여 '사업주를 위하여 행위하는 자'로 인정한 사례(일본 도쿄고등재판소 1960.2.22).

11) ⓐ **의무관리**(입주예정자과반수가 입주할 때까지 관리)는 공동주택건설사업주체 ; ⓑ **자치관리**는 입주자대표회의(근기 68207-1383, 2000.5.6) ; ⓒ **위탁관리**는 견해가 나뉨. 판례(대판 2001.1.5, 2000두2686)는 대표회의가 위수탁지위에서 감독권을 행사하여 관리사무소운영과 인사에 관여하고 일부사항에 대해 감독권범위를 넘더라도, 관리소장의 인사권과 업무지휘명령권이 형해화된 것이 아니다는 이유로 관리사무소를 사용자로 봄. 행정해석(법무 811-7401, 1980.3.27)은 대표회의가 근로조건·인사에 대해 관여치 않는 순수위탁관리이면 주택관리업자가 사용자이나 자치관리기구가 근로관계를 직접·구체적으로 규율하면 자치관리기구를 사용자로 봄. 〈판단근거〉 ⓐ 관리직원채용·징계 등을 최종결재 또는 동의 ⓑ 특정인채용·해임 등 인사조치 지시·요구, ⓒ 근로조건에 대해 대표회의가 결재권행사, ⓓ 대표회의가 관리업무전반에 대해 사실상 집행권행사.

12) 대판 1980.11.11, 80도1070. '법인이 경영하는 병원의 원장이 직접 직원을 채용한 경우.

학교교장[1]처럼 실제로 근로계약을 체결한 사람' 등은 사용자가 될 수도 있다. '사업주의 친척이거나 친구라도 실질권한이 없는 경우'[2]나 '항운노조로부터 독점적으로 근로자를 공급받는 하역업체'는 사용자가 될 수 없다. 사무장병원의 사무장처럼 위법한 계약에 기초하더라도 실질적인 사업주가 책임을 질 수도 있다.[3]

④ 현장소장 · 부장 · 과장

인사, 교육 등 근로자에 관한 사항에 대해 지휘·명령권이 있는 공장장, 현장소장,[4] 부장, 과장 등은 권한의 범위에서 사용자가 될 수 있다.[5]

⑤ 간접고용과 파견근로(제8장 제3절,4·다)

(4) 사용자의 의무(제3장,제1절 5·가,(2))

제5절 근로기준법의 이행

1. 법정근로조건의 효력

법정근로조건은 강행적효력을 가진다. 사용자는 근로조건을 근기법에 규정된 수준이상으로 보장해야 하며 근로자도 근기법상 권리를 포기할 수 없다. 근기법에 규정된 기준에 미달하는 근로조건을 정한 근로계약, 취업규칙, 단체협약 등은 그 부분에 한해 무효로 되고, 무효로 된 부분은 근기법에 규정된 기준에 따른다(같은장 제3절,4·가). 근로자가 자유롭고 대등한 입장에서 사용자와 체결한 근로계약의 내용이 근기법의 규정보다 불리하지 않으면 효력이 있다.[6]

---

1) 근기 68207-1503, 1997.11.6 ; 대판 1984.5.22, 84다115. 학교육성회 당연직이사인 학교장이 육성회예산으로 수위 임명, 지자체의 사용자책임 부정(위임없음). 사업주는 육성회, 학교장은 사업경영담당자.

2) 일본 마쓰에지방재판소 1950.7.17. 시간외근로를 시킨 내연의 처, 사용자성 부정 ; 대판 1989.9.26, 89도1191. 사업주로부터 잠시 경영을 부탁받고 일을 도와주던 조건부사무관리자의 사용자성 부인.

3) 대판 2020.4.29, 2018다263519.

4) 대판 1983.11.8, 83도2505.

5) 법무 811-10811, 1976.6.22.

6) 대판 1987.8.18, 87도202.

2. 법적 실효성

2·가. 민사적 실효성

(1) 민사법의 적용

근기법은 일정한 근로조건을 정하여 그 기준에 달하지 못하는 근로조건을 정한 근로계약 등을 무효로 함으로써(근기법 §15) 민사적실효성을 확보하고 있다. 민사적 효력의 결과로 발생하는 채권의 이행확보는 「민사소송법」 및 「민사집행법」에 의해 보장된다.

(2) 권리행사의 원칙

① 권리남용

권리남용은 민사효력에 대해 부정적인 요소로 작용한다. 권리남용은 주관적으로 권리행사의 목적이 상대방에게 고통을 주고 손해를 입히려는 데 있을 뿐이어서 행사하는 사람에게 아무런 이익이 없어야 하고, 객관적으로는 권리행사가 사회질서에 위반된다고 볼 수 있어야 성립한다.

권리행사자가 얻는 이익보다 상대방이 입을 손해가 현저히 크다는 사정만으로는 권리남용이 성립하지 않는다.[1)]

② 신의성실원칙

신의성실원칙 또는 신의칙에 위배되려면, 상대방에게 신의를 공여하였거나 객관적으로 보아 상대방이 신의를 가지는 것이 정당하고, 그 신의에 반하여 권리를 행사하는 것이 정의관념에 비추어 용인될 수 없는 정도이어야 한다.[2)]

③ 실효원칙

실효원칙은 신의성실원칙에서 파생한 법원칙으로서, 권리행사의 기회가 있는데도 권리자가 장기간에 걸쳐 권리를 행사하지 않았기 때문에 의무자인 상대방이 그가 권리를 행사하지 않을 것으로 믿을 만한 정당한 사유가 있어 권리를 행사하는 것이 신의성실원칙에 위반되는 결과가 되므로 권리행사를 허용하지 않는 법리이다.[3)]

실효원칙의 적용요건인 '실효기간 즉 권리를 행사하지 않은 기간의 길이'와 '의무자인 상대방이 권리가 행사되지 않으리라고 신뢰할 만한 정당한 사유'는

---

1) 대판 2010.2.25, 2009다58173 등.
2) 대판 2017.2.15, 2016다32193.
3) 대판 1988.4.27, 87누915 ; 대판 2021.12.30, 2018다241458 ; 대판 2024.11.20, 2024다269143.

'기간의 장단'과 함께 권리자와 상대방의 사정 및 객관적사정을 고려하여 사회통념에 따라 합리적으로 판단되어야 한다.[1)]

(3) 의사표시 해석

① 해석의 원칙

의사표시의 해석은 당사자가 표시행위에 부여한 객관적인 의미를 명백하게 확정하는 것이다. 계약당사자가 계약내용을 서면으로 작성한 처분문서에 대해, 사용된 문구에 구애를 받는 것은 아니지만, 내심의 의사에 관계없이 기재내용에 의하여 객관적인 의미가 논리와 경험의 법칙에 따라 합리적으로 해석되어야 된다. 문언의 객관적의미가 명확하다면, 기재내용을 부인할 만큼 분명하고 수긍할 수 있는 반증이 없으면, 문언대로 의사표시의 존재와 내용이 인정된다.[2)]

② 당사자의사 해석

계약의 기초사항에 관하여 구체적인 약정이 없는 경우, 보충되는 당사자의사의 해석은 실제의사나 주관이 아니고 계약목적, 거래관행, 적용법규, 신의칙 등에 비추어 객관적으로 추인되는 정당한 이익조정의사에 따른다.[3)]

2·나. 형사적 실효성

(1) 형사법적 성격

근기법은 벌칙을 통해 사용자로 하여금 법정근로조건을 준수하도록 강제함으로써 형사적실효성을 확보하고 있다. 국가는 임금을 지급하지 않은 사용자를 형사적으로 처벌할 수는 있어도 강제집행수단으로 임금을 대신 받아줄 수는 없다. 벌칙조항은 예방효과를 가지나 권리의 구제에는 한계를 갖는다.

(2) 양벌규정

근기법은 사업주의 대리인, 사용인, 그 밖의 종업원이 해당사업의 근로자에 관한 사항에 대해 벌칙(근기법 §107, §109 ~§111, §113, §114)에 해당하는 위반행위를 하면 행위자를 벌하는 외에 사업주에게도 해당조문의 벌금형이 과해지는 양벌규정을 두고 있다. 사업주가 그 위반행위를 방지하기 위해 해당업무에 관해 상당한 주의와 감독을 게

---

1) 대판 1992.1.21. 91다30118 ; 대판 2023.4.13, 2021다310484 〈파견인정〉 외주사업체에 고용되어 민자고속도로 영업소에서 통행료수납업무 등을 수행한 근무자 관련. 유사도급과계를 파견으로 인정하면서 불법파견에 따른 직접고용신청의 시효를 10년으로 보고 그 동안 실효원칙의 적용을 인정할 만한 사정도 부정하였다.

2) 대판 2005.5.27, 2004다60065 ; 대판 2016.12.1, 2015다228799.

3) 대판 2006.11.23, 2005다13288 등.

을리하지 않은 경우에는 예외가 인정된다(근기법 §115). 사업주가 법위반자의 위반행위를 알고도 시정에 필요한 조치를 취하지 않거나, 교사(教唆)한 경우에는 사업주도 행위자로서 징역 등의 처벌을 받을 수 있다.

(3) 적용방법

형사처벌을 위한 위법사실확정에는 고의성이 요구된다(제4장, 제5절 4·다, (1)).[1] 법정요건미이행, '명백한 사실관계 위반' 등은 고의성을 인정하는 요소가 될 수 있다.[2]

법령행위, 업무행위 기타 사회상규에 위배되지 않는 행위는 벌하지 않는다(형법 §20). 사회상규에 위배되지 않는 행위라 함은 법질서전체의 정신 · 사회윤리 · 사회통념에 비추어 용인될 수 있는 행위를 말한다.[3]

특정행위의 구성요건해당성에 더하여 행위의 동기나 목적의 정당성, 수단이나 방법의 상당성, 보호이익과 침해이익과의 법익균형성 등을 종합적으로 고려할 때 특정행위가 사회통념에 비추어 충분히 용인될 수 있다면 정당행위로서 위법성 또는 책임이 조각된다.

형사처벌에 있어 고의에 관한 법리는 임금미지급에도 적용된다(제5장, 제5절 4·다, (1))

2·다. 법적 실효성의 보장과 제약

(1) 형사책임과 민사책임의 관계

형사책임을 면해도 민사책임이 면제되는 것은 아니다. 임금미지급에 고의가 인정되지 않아 형사책임을 부담하지 않더라도 사용자의 임금지급의무에 영향을 미치지 않는다.[4]

(2) 소멸시효

① 내 용

근로계약상 보호의무위반에 따른 근로자의 손해배상청구권은 특별한 사정이 없는 한 10년의 민사소멸시효기간이 적용된다.[5] 근기법의 벌칙조항은 고소 · 고발에 있어 따로 정함이 없으면 형법의 소멸시효에 관한 일반원칙이 적용된다.

---

1) 대판 2018.1.25, 2015도1681.

2) 대판 2023.4.27, 2020도16431. 2주단위탄력적근로시간제 도입에 있어 취업규칙이 있음에도 그를 변경하지 않고 근로계약 등의 방법을 활용함에 따라 지급되지 않은 연장근로수당 관련.

3) 대판 2001.2.23, 2000도4415.

4) 대판 2021.7.8, 2020다296321. 근기법 제44조의2, 제109조 관련.

5) 대판 2021.8.19, 2018다270876 [명시된 근로조건과 다를 경우의 손해배상청구권을 3년으로 본 판결(대판 1997.10.10, 97누573)을 부정(제3장, 제1절, 2·라, (2), ⑤, ㈏, ㉮) / 상사소멸시효를 적용한 원심 파기].

② 중 단

재판에서 권리를 주장하면 소멸시효중단사유가 된다. 시효중단사유인 재판상 청구를 기판력이 미치는 범위와 일치하여 고찰할 필요는 없다. 하나의 채권중에서 일부만을 소로써 청구한 경우에도 채권전부에 관하여 판결을 구하는 취지로 해석된다면 채권동일성의 범위에서 그 전부에 대해 소멸시효가 중단된다.[1]

③ 임금채권 소멸시효(제5장, 제6절 3·라,(1))

3. 행정적 실효성

3·가. 행정지도

(1) 개 념

행정지도는 행정기관이 그 소관사무의 범위에서 일정한 행정목적을 실현하기 위해 특정인에게 일정한 행위를 하거나 하지 않도록 지도, 권고, 조언 등을 하는 행정작용이다(행정절차법 §2iii).

(2) 내 용

사용자에 대한 형사제재만으로는 근로자의 권리가 회복되지 않는다. 민사절차에 따른 구제는 복잡하고 시간이 많이 걸려 그 실효성이 반감될 수 있다. 따라서 벌칙을 배경으로 한 행정감독을 통해 근기법을 위반하지 않도록 예방하는 것이 필요하다. 행정지도나 행정지시는 그 자체로 법률효과를 가져오지 않으므로 행정처분으로 볼 수 없으며 행정소송대상이 되지 않는다.[2] 그러나 근로감독관의 시정지시는 유권해석을 통해 위법혐의가 있는 행위에 대해 이루어지므로 특별사법경찰관의 지위를 근거로 해서 수사로 이어질 수 있다.

(3) 고용장관의 자료제공요청권

고용장관은 근기법에서 정하는 근로조건을 보호하기 위하여 중앙행정기관장 · 지자체장 · 근로복지공단 등 관련기관 · 단체장에게 종합소득(소득세법 §4① i), 피보험자격신고(고보법 §13및§15)과 '그 밖의 근로조건보호를 위하여 필요한 사항(대통령령)'의 정보 · 자료제

---

1) 대판 2022.11.17, 두2022두19. 시간외수당관련, 소송진행경과에 따라 해당항목과 내역 구체화. 청구대상으로 삼은 채권중에서 일부만을 청구하면서 소송진행경과에 따라 청구금액을 확장할 뜻을 표시하고 실제로 청구금액을 확장한 때에는 소제기당시부터 채권전부에 관하여 판결을 구한 것으로 해석되므로, 소제기당시부터 채권의 동일성의 범위내에서 그 전부에 관하여 재판상청구로 인한 시효중단의 효력이 발생한다.

2) 대판 1996.3.22, 96누433 ; 대판 1995.11.21, 95누9099 ; 반대취지, 대판 2005.7.8, 2005두487. 여성부의 차별개선위원회(2005.3.24 관련법 폐지)의 시정권고를 행정소송대상으로 보았다.

공 및 관계전산망의 이용을 요청할 수 있고, 요청받은 사람은 정당한 사유가 없으면 그 요청에 따라야 하며, 수수료나 사용료 등을 면제한다(근기법§102의2 2025.10.23시행).

(4) 고용장관의 권한 위임

고용장관의 일부권한은 지방고용노동관서장에게 위임[1]되어 있다(근기법§106 근기령§59).

3·나. 근로감독관

(1) 자 격

법정근로조건의 기준을 확보하기 위해 고용노동부 및 그 소속기관에 근로감독관을 둔다(근기법 §101). 근로감독관의 자격·임면은 「근로감독관규정」(대통령령)에 따른다. 근로감독관의 업무수행을 보좌하기 위해 근로감독리를 둘 수 있다.[2]

(2) 역 할

근로감독관과 근로감독리는 근기법이나 그 밖의 노동관계법령위반죄에 관하여 「사법경찰관리의직무를행할자와그직무범위에관한법률(사법경찰관리법 §6의2)」에 따라 사법경찰관의 직무를 수행한다(근기법 §102⑤). 사법경찰관직무의 대상인 노동관계법령은 근기법, 산안법 등 개별적근로관계법뿐아니라 집단적노사관계법도 포함한다.[3]

(3) 권 한

① 현장조사·자료제출요구·심문·검진

근로감독관은 사업장, 기숙사 그 밖의 부속건물을 현장조사하고 장부와 서류의 제출을 요구할 수 있으며 사용자와 근로자에 대하여 심문할 수 있고, 의사의 자격을 갖는 근로감독관 또는 '근로감독관의 위촉을 받은 의사'는 근로자를 대상으로 검진할 수 있다. '근로감독관이나 위촉의사'는 신분증명서와 일시·장소·범위가 명기된 고용장관의 현장조사·검진지령서를 제시해야 한다(근기법§102,§116②iii 5백만원과태료).

---

1) 보고·출석요구(근기법 §13), 해고계획신고수리(§24④), 탄력적근로시간제임금보전신고(§51의2⑤), 근로시간연장인가·승인(§53④), 휴게·휴일명령(§53⑤), 감시·단속근로승인(§63iii), 취직인허증발급·취소(§64), 미성년자근로계약해지(§67②), 임산부·연소자야간·휴일근로인가(§70②), 재해인정이의심사·중재·진단·검안(§88), 취업규칙신고수리(§93)·변경명령(§96②), 현장조사·검진지령서발급(§102③), 위법사실통보수리(§104①), 과태료부과·징수(§116), 특례신고수리(부칙 §2), 임금보전방안제출명령·확인(근기령 §28②·§28의2③), 취직인허신청접수(근기령 §35②).

2) 지방고용노동청·지청·출장소에 근무하며 근로감독·노사협력·산업안전, 근로여성보호 등의 업무에 종사하는 8급·9급의 국가공무원 중 소속관서장 추천에 의해 관할지방검찰청검사장이 지명한 자는 사법경찰리직무 수행가능(사법경찰관리법 §6의2②).

3) 사법경찰관리법(§6의2①)은 16개 노동법 열거 ; 선원근로감독관은 선박소유자와 선원의 「선원법」 또는 근기법 범죄에 관해 사법경찰관직무 수행(사법경찰관리법 §6의2③).

② **보고 · 출석요구**

사용자[1] 또는 근로자는 근기법의 시행과 관련하여 근로감독관의 요구가 있으면 지체없이 필요한 사항에 대하여 보고하거나 출석하여야 한다(근기법§13, §116② i 5백만원 과태료).

③ **사법(司法)권한**

근기법이나 그 밖의 노동관계법령에 따른 현장조사, 서류제출, 심문 등의 수사는 검사와 근로감독관이 전담한다(근기법 §105). 사용자가 근기법을 위반하면 근로감독관이 수사한 후에 검사에게 입건·송치하여 검사가 기소하고 법관이 판결한다. 근로감독관직무수행에 관한 범죄수사는 근로감독관의 권한이 아니다(근기법 §105).

(4) 의 무

근로감독관은 업무를 성실히 수행할 의무를 지며, 근기법위반사실을 고의로 묵과하면 3년이하의 징역 또는 5년이하의 자격정지에 처해진다(근기법 §108). 근로감독관은 직무기간중이나 그 후에 직무로 알게 된 비밀을 엄수해야 한다(근기법§103, §114 i 5백만원 벌금).

4. 서류의 작성 · 비치 · 보관

4·가. 비 치

(1) 근로기준법령 및 취업규칙

사용자는 근기법령의 주요 내용과 취업규칙을 근로자가 자유롭게 열람할 수 있는 장소에 항상 게시하거나 갖추어 두어 근로자에게 널리 알려야 한다(근기법§14①, §116② ii 5백만원 과태료). 사용자는 기숙사규정과 기숙사규칙을 기숙사에 게시하거나 갖추어 두어 기숙하는 근로자에게 널리 알려야 한다(근기법§14②, §116② ii 5백만원 과태료). '근로자가 자유롭게 열람할 수 있는 장소'로는 휴게실, 노동조합사무실 등을 생각할 수 있다. 근로자가 자유롭게 열람할 수 있으면 노무관리부서의 사무실이나 다른 장소에 게시·비치해도 위법으로 볼 수 없다. 전자메일을 통해 전체 근로자에게 통보하거나, 홈페이지에 게시하거나, 회사의 인트라넷에 게시한 후에 근로자에게 사용권한을 주면 주지의무를 이행한 것으로 볼 수 있다. 단체협약에 대해서는 노·사 쌍방이 서명(노조법 §31①) 후에 보관하므로 비치·게시의무가 적용되지 않는다.

전자문서를 이용한 비치도 가능하다(제3장, 제1절, 2·라, (2), ④ 근로조건서면명시방법).

---

1) 사임등기까지 완료한 이사는 출석요구 당시에 사용자지위에 있지 않으므로, 재직중에 발생한 사항이라도 근로감독관요구에 응해 회사장부를 휴대·출석할 의무가 없다는 판결(대판 1983.10.11, 83도2272)이 있다. 그러나 이 판결이 '재직중인 때 범한 근기법위반에 대해 사임후에는 책임을 면한다'는 취지로 받아들일 수는 없다.

(2) 연소근로자

사용자는 18세미만인 연소근로자에 대해 '가족관계기록사항에 관한 증명서'와 '친권자 또는 후견인의 동의서'를 사업장에 갖추어 두어야 한다(근기법§66, §116② ii 5백만원과태료).

4·나. 작성 · 보관

(1) 작 성

근기법은 사용자로 하여금 근로자명부와 임금대장을 작성토록 하고 있으며, 전자문서(제3장, 제1절 2·라, (2), ④, ㈏)를 인정한다.

① 근로자명부

사용자는 각 사업장별로 근로자명부를 작성하고 근로자의 성명, 생년월일, 이력, 그 밖에 대통령령으로 정하는 사항[1]을 적어야 한다(근기법§41본문 §116②, 5백만원과태료). 다만, 대통령령으로 정하는 일용근로자에 대해서는 근로자명부를 작성하지 않을 수 있다(근기법 §41①단서).[2] 일용근로자의 근로계약은 1일단위로 체결되므로, "30일"은 실제근로일수로 판단된다.

② 임금대장

사용자는 사업장별로 임금대장을 작성하고 임금·가족수당의 계산기초, 임금액, 대통령령으로 정한 사항[3]을 임금지급때마다 적어야 한다(근기법§48①, §116② 5백만원과태료).

사용자는 임금대장외에 임금명세서(제3장, 제1절 2·라, (3))도 근로자에게 교부해야 한다.

(2) 보 관

사용자는 근로자명부와 대통령령으로 정하는 근로계약에 관한 중요한 서류(근기령 §22)[4]를 보존기간계산기산점(근기령 §22②)[5]으로부터 3년간 보존해야 한다(근기법§42, §116② 5백만원과태료).[6]

---

1) 〈근기령 §20〉 성명, 성별, 생년월일, 주소, 이력, 종사업무종류, 고용갱신연월일·계약기간·기타고용관련사항, 해고·퇴직·사망 연월일·사유, 기타사항.

2) 모든 상용근로자(단시간·수습 등 불문)가 대상이다.

3) 〈근기령 §27〉 근로자 개인별로 성명, 주민등록번호, 고용연월일, 종사업무, 임금·가족수당계산기초, 근로일수, 근로시간수, 연장근로·야간근로·휴일근로시간수, 기본급·수당·기타임금내역별금액(현물지급품명·수량·평가총액), 임금공제금액 등[사용기간 30일미만 일용근로자에 대해 주민등록번호와 임금·가족수당계산기초를, 상시4명이하사업(장)과 '근로시간·휴게·휴일미적용근로자(근기법 §63)에 대해 근로시간수와 연장근로·야간근로·휴일근로시간수 기재 예외].

4) 〈근기령 §22①〉 근로계약서, 임금대장, 임금결정·지급방법·계산기초, 고용·해고·퇴직, 승급·감급, 휴가, 서면합의(근기법 §51②·§51의2①②단서⑤단서·§52①② i 단서·§53③·§55②·§57·§58②③·§59①·§62), 연소자증명(근기법 §66).

5) 〈근로자명부〉 해고·퇴직·사망일, 〈근로계약서〉 근로관계종료일, 〈임금대장〉 최종기록일, 〈고용·해고·퇴직서류〉 해고·퇴직일, 〈서면합의서류〉 서면합의일, 〈연소자증명서류〉 18세도달일(또는 해고·퇴직·사망일), 〈기

사용자는 퇴직금중간정산서류를 퇴직후 5년이 되는 날까지 보존해야 한다(근퇴령 §3②). 사용자는 석면해체·제거작업에 관한 서류중에서 '석면해체·제거작업장의 명칭 및 소재지', '석면해체·제거작업 근로자의 인적사항', '작업의 내용 및 작업기간'에 관해서는 30년동안 보존해야 한다(산안법 §164⑥ 산안령 §241⑥).

사용자는 재해보상중요서류를 '재해보상이 끝나지 않거나, 재해보상청구권이 3년의 시효기간이 소멸되기 전'에 폐기할 수 없다(근기법 §91, §116① 5백만원 과태료).

전자문서를 이용한 서류보전도 인정된다(전자문서및전자 거래기본법§5).

5. 권리실현 보장

근로자는 사용자가 근기법령을 위반한 사실에 대해 고용장관이나 근로감독관에게 통보할 수 있으며, 사용자는 통보를 이유로 근로자에게 해고나 그 밖에 불리한 처우를 하지 못한다(근기법 §104, §110 i 2년징역·2천만원벌금). 민원신청을 받은 행정기관의 장은 다른 법령에 특별한 규정이 있는 경우를 제외하고는 그 접수를 보류하거나 거부할 수 없으며, 접수된 민원서류를 부당하게 되돌려 보내서는 안된다(민원처리에 관한법률 §9).[1]

타서류〉 완결일.

6) 법령에 규정이 없어 반드시 3년이라는 보존기간이 적용되지는 않지만, '15세미만자에 대한 고용장관의 취직인허증사본'처럼 사용자의 노무관리에 필수적인 서류를 보존할 필요가 있다. ↘ 57쪽

1) 〈사례〉 근로복지공단, 보험가입부-1851, 2014.6.11. 업무착오로 접수를 거부하면, 민원인이 서류제출을 위해 최초로 방문한 날을 해당민원서류의 접수일로 소급처리가능.

제 2 장

근로관계의 기초

제1절 근로조건 보장과 준수

제2절 균등처우와 차별금지

제3절 노동인권 보호

제4절 근로권과 근로환경 보호

제1절 근로조건 보장과 준수

1. 최저근로조건 보장

근기법은 근로조건의 기준을 정함으로써 근로자의 기본적인 생활을 보장, 향상시키는데 목적이 있다(근기법 §1). '근로조건의 기준'은 최저기준을 의미하므로, 근로관계당사자[1]는 이 기준을 이유로 해서 기존의 근로조건을 낮추는 것은 금지된다(근기법 §3). 근로조건이라 함은 "사용자와 근로자 사이의 근로관계에서 임금·근로시간·후생·해고 기타 근로자대우에 관하여 정한 조건"을 말하며, 채용기준은 근로조건이 아니다.[2] 근로조건을 낮춘 이유가 법정근로조건을 이유로 한 것이라면 근기법(§3) 위반되나,[3] 사회적·경제적인 사정의 변화처럼 객관적인 타당성이 있어 근로자의 동의를 받은 것이라면 그렇지 않다. 근기법 제3조에 위반하여 근로조건을 낮춘 경우, 벌칙이 규정되어 있지 않으며, 그 부분에 한해 무효로 되어 낮추기 전의 근로조건이 적용된다.

2. 근로조건 대등결정

2·가. 근로조건대등결정 원칙

(1) 법적근거

근기법은 근로자와 사용자의 근로조건대등결정원칙과 근로조건자율결정원칙을 선언하고 있다. 근로조건은 근로자와 사용자가 동등한 지위에서 자유의사에 따라 결정되어야 한다(근기법 §4). 근기법 제4조를 위반하여 사용자가 일방적으로 근로조건을 낮춘 경우, 벌칙이 규정되어 있지 않으며, 그 부분에 한해 무효가 되고, 낮추기 전의 근로조건이 해당근로자의 근로조건이 된다.

---

1) 노동법실무연구회, 『근로기준법주해』, 282쪽. 근기법 제4조의 '근로자와 사용자'보다 넓은 개념으로서, 근로조건의 결정규범을 정하는 모든 주체, 즉 노동조합과 사용자단체 등 포함.

2) 대판 1992.8.14, 92다1995.

3) 〈사례〉 임금 68207-2801, 2000.9.14. 법정기준근로시간이 주당 48시간에서 44시간으로 단축. 상당기간 48시간분 임금을 지급해오다 근로자의 동의 없이 44시간분 임금으로 하향조정.

(2) 근로조건대등결정의 적용

근로조건대등결정원칙의 핵심은 근로자가 자율적으로 사용자와 동등한 지위에서 의사를 결정하는데 있다. 근로조건대등결정원칙은 개별계약과 집단규범에 모두 적용된다.

① 개별계약

사용자가 근로자의 개인적인 동의가 없이 근로조건을 낮추거나, 낮출 우려가 있는 근로형태로 변경시키는 것은 근기법 제4조 위반으로 효력이 인정되지 않는다.[1] 근로조건이 불리해지더라도 근로자가 동의하면 법령이나 집단규범에 위반되지 않는 한 효력이 인정된다.[2]

② 집단규범

근로조건은 근로조건대등결정원칙에 따라 단체협약이나 취업규칙을 통해 불리하게 변경될 수 있다. 이 과정에서 노동조합이 집단적인 합의를 함에 있어 근로자들로부터 개별적인 동의나 수권을 받을 필요가 없다.[3]

근로조건을 불리하게 변경하는 내용의 단체협약이나 이에 기초한 취업규칙이 현저히 합리성을 갖추지 못해 노동조합의 목적을 벗어난 것으로 볼 수 있는 특별한 사정이 있으면 그러한 합의는 무효이며, 현저히 합리성을 결하였는지는 단체협약의 내용과 체결경위, 협약체결 당시의 사용자측 경영상태 등 여러 사정을 고려하여 판단한다는 판례[4]가 발견된다.

(3) 제3자간섭과 근로조건대등결정

지방자치단체 등이 근로자에게 유리한 내용의 근로조건의 기준을 조례 등으로 규정하고 그 내용이 사용자의 근로조건결정에 관한 자유를 일부 제약하더라도 그 효력이 인정된다.[5]

---

1) 〈사례. 동의없는 근로조건 저하〉 식대삭감(법무 811-9042, 1978.5.2), 임금총액을 낮추는 임금체계변경(근기 68207-2842, 2000.9.18), 상용직근로자의 일용직전환(근로기준팀-2939, 2006.6.28), 운전직의 잡부전환(서울민지판 1979.7.12, 79가합373), 근로계약으로 정하지 않은 업무지시(근로기준팀-697, 2005.10.21. 경비업무용역회사가 경비원에게 청소업무지시. 자기사무실을 청결하게 하라는 지시는 사회통념상 정당), 학교급식신청인원감소를 이유로 근무일수와 연봉액 변경(근로기준과-476, 2011.1.27).

2) 〈사례〉 경영난을 인식하고, 회람형식의 상여금반납결의문에 서명(대판 2003.4.11, 2002다71832).

3) 대판 2003.9.5, 2001다14665. 개별적인 동의나 수권이 없이 사업장이 정상화될 때까지 무급휴가를 실시키로 단협 체결 가능 ; 근로개선정책과-2728, 2011.8.26. 단협 등으로 통상임금산정기준시간수를 184시간에서 209시간으로 늘려도 법령위반이 아니므로 무효로 볼 수 없다.

4) 대판 2002.11.26, 2001다36504 ; 대판 2011.7.28, 2009두7790. 병원의 경영위기극복을 위해 특별협약으로 일정 연령 이상의 근로자들에 대해 정년단축의 방법으로 일시에 조기 퇴직시킨 것은 모든 근로자에 대한 객관적·일반적기준의 설정이 아니고 특정근로자에 대해서만 한시적으로 적용한 것이어서 합리성결여.

(4) 근로조건대등결정의 실현

근기법을 비롯한 개별적근로관계법은 근로조건대등결정원칙의 실현을 위해 근로조건을 결정 또는 변경하거나, 근로조건을 실행하는데 있어 근로자가 개별참여 또는 집단참여를 보장하는 제도적 장치를 마련하고 있다.

2·나. 근로자의 근로조건 개별참여

(1) 개별참여 유형

근기법은 연장·휴일·야간근로, 법정휴가 등 개별적인 근로조건을 향유하는데 있어 근로자 개인이 동의, 합의, 청구, 명시적청구, 요구 등의 다양한 방법으로 근로자참여를 규정하고 있다.

참여방법	해당 근로조건
동 의	여성(§70①),[1] 연소자 · 산후1년미만자 야간 · 휴일근로(§70② i , ii) 등
합 의	연장근로(§53), 연소자연장근로(§69) 등
청 구	사용증명서발급(§39), 연차휴가(§60⑤), 생리휴가(§73), 출산전후휴가분할사용(§74②), 유사산휴가(§74③) 등
명시적 청구	임신중인자의 야간 · 휴일근로(§70②iii) 등
요 구	임신중인자의 쉬운 업무 전환(§74⑤)

(2) 개별참여 방법

근기법은 근로자의 개별참여방법인 동의, 합의, 청구, 명시적청구, 요구 등에 대해 정의 규정을 두고 있지 않다.

① 동의 · 합의

동의는 일방의 의사표시에 대해 상대방이 행한 긍정의 의사표시이다. 합의는 쌍방이 의사표시를 그 자체로 또는 조율을 거쳐 같은 내용으로 합치시키는 과정이다. 동의나 합의는 청약을 전제로 성립하는데, 이메일안내문은 청약으로 인정받기 어렵다는 판결[2]이 발견된다.

---

5) 대판 2023.7.13, 2022추5156. 부산광역시 생활임금조례 관련. 지자체장 재량권이나 예산안편성권을 본질적으로 침해하지 않으며, 특정임금을 지급하도록 강제한다거나 임금조건에 대하여 동의를 받도록 하는 등으로 임금결정고유권한에 대하여 적극적으로 관여하는 것이 아님. ↘ 62쪽

1) 남성근로자에 대해서는 그러한 규정이 없다. 남성에 대하여 여성과 달리 취급할 합리적 이유를 찾기 어려우며 근로조건자율결정원칙에 따라 동의를 받아야 할 것이다(제5장, 제4절, 2·다 ; 제5장, 제6절, 2·라, (2), ①).

2) 대판 2016.12.15, 2014다66048. 자회사를 설립하여 이직을 권장하면서 설명회와 이메일을 통해 제시된 근로조건들이 전직신청서나 근로계약서로 문서화되지 않은 사건.

② **요구 · 청구 · 명시적청구**

청구와 요구의 의미는 크게 차이가 없는 것으로 보인다.

명시적청구는 적극적으로 명확하게 제시된 청구를 말한다. 근기법은 이들 용어를 원칙 없이 사용하고 있으며, 각각의 법적효과를 해석에 맡기고 있다. 휴일·야간근로와 관련하여 근기법은 연소자와 출산근로자에게는 동의를, 임신근로자에게는 명시적청구를 요건으로 하고 있다. 동의는 '사용자의 의사표시에 대해 찬성의 의사표시'를 하는 것으로서 수동적의미를 가진다. 명시적청구는 사용자가 먼저 의사표시를 하지 못하고, 근로자가 의사표시를 하면 사용자가 그에 대해 찬성의 의사표시를 하는 것으로서 능동적의미를 가진다. 그러나 현실에 있어 명시적청구가 그러한 효과를 가지는지 의문스럽다. 근로자의 거부권을 확실하게 보장하면서 용어를 동의로 통일하는 접근이 요청된다.

(3) 개별참여 주체

① **당사자**

㈎ **당사자합의 적용**

'당사자가 합의하면 1주간에 12시간을 한도로 법정기준근로시간(근기법 §50)을 연장할 수 있다'(근기법 §53①). 연소자연장근로에 대해서도 "당사자 사이의 합의"가 요건이다(근기법 §69). 당사자합의는 강행규정이다.[1] 근로조건의 개별적결정에 있어 합의는 이러한 요건이 원용될 수 있다.

㈏ **당사자합의 방법**

당사자합의가 개별합의인지 아니면 집단합의인지와 구체적인 합의방법에 대해 논란이 있다.

㉮ 개별적합의

연장근로를 위한 당사자합의에서 근로자측당사자는 노동조합 또는 근로자대표'로 보는 견해[2]도 있으나, 명시적인 규정이 없으므로[3] 개별근로자이다.[4]

㉯ 집단적합의

연장근로에 대해 집단적합의[5]를 부정할 법적근거는 없다. 다만, 집단적합의는

1) 〈사례〉 근로기준정책과-1911, 2015.5.6. 공익적목적으로 통상적으로 수행해 온 업무라도 동의 필요.
2) 김형배, 『노동법』, 제20판, 423쪽.
3) 〈일본 「노동기준법」 제36조와 비교〉 근로자과반수를 대표하는 노조가 있는 경우에는 그 노조의, 그러한 노조가 없으면 근로자과반수를 대표하는 사람의 동의를 받아 연장근로를 시킬 수 있다."고 규정(이른바 36협정)되어 있어 집단적동의가 원칙. 집단적동의에도 불구하고 연장근로를 하지 않으면 채무불이행에 해당.
4) 김유성, 『노동법Ⅰ』, 161쪽 ; 임종률, 『노동법』, 제9판, 410쪽 ; 이상윤, 『노동법』, 제6판, 234쪽.

개별근로자의 합의권을 제한치 않는 범위 안에서 인정되므로, 사용자의 연장근로지시에 대해 반대한 근로자에게 연장근로를 시킬 수 없다.[1)]

㉰ **포괄적합의**

사용자는 당사자합의를 연장근로를 할 때마다 하지 않고, 근로계약이나 취업규칙에 그 근거를 포괄적으로 정하여, 이에 따라 연장근로명령을 할 수 있다.[2)]

포괄적인 연장근로합의에는 근로자의 거부권이 유보되어 있다.[3)] 연장근로는 예외적으로 인정되는 것이고, 예측이 가능하여야 하며,[4)] 근로자의 부득이한 사유를 존중해야 하고, 사용자의 권리남용이 없어야 하기 때문이다.

연장근로가 관행화되어 있어도 당사자합의가 성립된 것으로는 볼 수 없으므로[5)] 연장근로를 거부한 근로자에 대하여 불이익을 줄 수 없다.

㈐ **당사자합의 형식**

근기법은 연장근로 등과 관련하여 합의의 형식·내용·시기에 대해 정하지 않고 있다. 따라서 구두합의도 그 효력이 부정되지 않는다.[6)] 사용자의 명시적 또는 묵시적인 지시나 동의가 없는데도 성과나 실적을 올리기 위해 행한 연장근로는 인정되지 않을 수 있다.[7)]

㈑ **당사자합의 효력**

당사자합의는 당사자로 하여금 합의내용을 이행할 의무를 포함한다.

연장근로가 개별적합의인 당사자합의로 이루어져도, 통상적으로 해오던 연장근로를 집단적으로 거부하는 행위를 쟁의행위로 보는 판결[8)]이 있다. 근기법이 연장근로에 대해 당사자합의를 요건으로 하고 있으므로 이에 찬성하지 않는다.

② **특정근로자**

동의·합의·요구·청구·명시적청구 등의 개별참여방식에 대해서는 연소자, 임산부, 여성 등 참여주체를 특정하는 것이 일반적이다.

---

5) '조합원과 사전 협(합)의한다'는 단협규정은 집단합의가 아님(근로기준정책과-1911, 2015.5.6). ↘ 64쪽

1) 대판 1993.12.21, 93누5796.

2) 대판 1995.2.10, 94다19228. 당사자합의라 함은 개별합의를 의미하고, 개별합의는 연장근로때마다 할 필요는 없고 근로계약 등으로 미리 이를 약정하는 것도 가능하다. 기간을 정하지 않은 연장근로계약도 유효하며 매년 갱신하여야 하는 것도 아님 ; 노정근 1455-4830, 1979.7.11 ; 근기 01254-450, 1990.1.12.

3) 같은의견, 김유성, 『노동법Ⅰ』, 162쪽 ; 대판, 1993.12.21, 93누5796.

4) 서울지판 2009.1.21, 2008가합7066.

5) 대판 1979.3.13, 76도3657.

6) 김유성, 『노동법Ⅰ』, 162쪽 ; 임종률, 『노동법』, 제9판, 410쪽.

7) 근기-4380, 2005.8.22. 성과수당을 더 받기 위해 스스로 연장근로를 한 경우 시간외수당 지급 의무 없음.

8) 대판 1991.10.22, 91도600.

'연소자 · 임산부의 휴일 · 야간근로'는 근로자개인의 동의외에 집단참여로서 근로자대표와의 협의가 동시에 요구된다(근기법 §70③).

2·다. 근로자의 근로조건 집단참여

(1) 집단참여 유형

개별적근로관계법은 집단적노동관계법과 달리 근로자의 집단참여에 대해 총괄적인 법체계를 갖추지 못하고, 개별법으로 참여주체와 참여방법을 달리하면서 다양하게 근로자의견수렴제도를 설계하고 있다.

<개별적근로관계에서의 근로자의견수렴제도>

법 령	근로조건	참여주체	참여방법
근기법	취업규칙제도(§94)	근로자집단 (과반수노조 · 근로자과반수)	의견청취 동의
	유연근로시간제도,[1] 법정공휴일대체(§55②.단서)	근로자대표 (과반수노조 · 근로자과반수대표)	서면합의
	경영해고(§24), 연소자 · 임산부의 휴일 · 야간근로(§70③)		협 의
	기숙사규칙제도(§99)	기숙근로자과반수대표	동의
산안법	안전보건관리규정 작성 · 변경(§26)	근로자대표 (과반수노조 · 근로자과반수대표)	동 의
	공정안전보고서작성 · 제출(§44②), 안전보건개선계획수립(§49②)		의견청취
	작업환경측정(§125④), 건강진단(§132①), 안전보건진단(§47③)		참 석
연령법	임금피크제 지원요건(§14②)		동 의
파견법	파견근로자사용(§5④)		협 의
	파견사용금지기간 단축(령 §4)		동 의
근퇴법	퇴직급여제도 종류 선택 · 변경(§4③)	근로자대표 (과반수노조 · 근로자과반수)	동 의
	퇴직연금제도 도입(§13 · §19) 선택 · 변경된 퇴직급여제도내용변경(§4④)		의견청취 동의
고평법	동일가치노동기준(§8)	노사협의회근로자위원	의견청취

(2) 집단참여 구조

① 복수주체 참여

㈎ **의 의**

'복수의 주체로 구성되는 참여제도'로는 근로자집단제도와 근로자대표제도를

---

1) 사업장밖간주근로시간합의제(§58②), 재량간주근로시간제(§58③), 3월이내단위탄력적근로시간제(§51②), 3월초과단위탄력적근로시간제(§51의2), 선택적근로시간제(§52), 근로시간 · 휴게시간 특례(§59), 연차유급휴가대체(§62), 보상휴가제(§57), 법정유급공휴일대체제도(§55)를 들 수 있다.

들 수 있다. '1953년 제정 근기법'은 취업규칙제도의 근로자쪽 의견결정주체를 근로자대표로 규정하는 근로자대표제도를 도입하였다. '1989년 개정 근기법'은 취업규칙제도에 대해 근로자대표제도를 폐지하고 지금과 같은 근로자집단제도로 변경하였다. '1998년 재제정 근기법'은 경영해고를 규정하면서 취업규칙제도에서 폐기된 근로자대표제를 부활시켰다. 두 제도는 근기법 및 다른 개별적근로관계법의 다른 근로조건에 확대하여 적용되고 있다.

(나) 근로자집단

취업규칙(근기법 §94)과 관련하여 '해당사업(장)에 근로자의 과반수로 조직된 노동조합이 있는 경우에는 그 노동조합(과반수 노조), 과반수노조가 없는 경우에는 근로자과반수'(근로자대표제도와대비하여 근로자집단제도라고부르고자함)라는 표현이 사용된다. 근로자집단제도는 우선적이고 배타적인 지위를 갖는 과반수노조와 과반수노조가 없을 때만 보완적인 지위를 갖는 근로자과반수로 참여주체가 2원화되어 있다.

'근퇴법의 퇴직연금도입·변경제도'는 근로자대표라는 명칭을 쓰면서 실질에 있어서는 근로자집단제도의 형태를 취하고 있다(근퇴법 §4③).[1)]

(다) 근로자대표

근로자참여와 관련하여 경영해고제한규정(근기법 §24)은 '사업장에 과반수노조가 있는 경우에는 그 노동조합(과반수노조가 없는 경우에는 근로자과반수 대표자를 말한다. 이하 "근로자대표"라 한다)'이라는 표현(근로자집단제도와대비하여 근로자대표제도라고부르고자함)이 사용된다. 근로자대표제도도 우선적이고 배타적인 지위를 갖는 과반수노조와 과반수노조가 없을 때만 보완적인 지위를 갖는 근로자과반수대표로 참여주체가 2원화되어 있다. 근로자대표제는 근기법·산안법·연령법·파견법 등의 여러 제도에 적용되고 있다(같은장, 같은절 2·다,(1)). 관련제도들은 규정형태가 다양하지만 경영해고제한제도에서의 법리와 해석이 적용될 수 있다.[2)]

② 단일주체 참여

(가) 기숙근로자과반수대표

근기법(§99)은 기숙사규칙을 작성·변경할 때에도 근로자의견수렴제도를 도입하

---

1) 근로자대표라는 용어가 근기법 등 다른 법의 개념과 달리 사용되어 혼란을 야기한다. 취업규칙에서의 법리와 해석이 퇴직연금도입·변경제도에도 적용될 것이다.

2) 근기법에 경영해고에 대해서만 개념을 규정하고 다른 근로조건과 관련해서는 근로자대표라는 용어만 사용되고 있는 점과 산안법과 연령법이 같은 내용으로 총칙적 정의규정 또는 개별적 개념규정을 두고 있다는 점을 감안할 때 확대적용이 불가피해 보인다(같은 의견, 도재형, "근로기준법상 근로자대표 및 서면합의제도", 「노동법학」 제37호, 한국노동법학회, 2011.3, 90~91쪽. 적용긍정설을 통설로 봄).

고 있다. “기숙사규칙의 작성 또는 변경에 관하여 기숙사에 기숙하는 근로자의 과반수를 대표하는 자의 동의를 받아야 한다”는 ‘1953년 제정 근기법’의 표현은 지금까지 유지되고 있다. 이 규정은 기숙사규칙제도의 근로자 의견결정주체를 기숙근로자과반수대표라고 규정하고 있을 뿐, 선출방법 등을 명시하지 않고 있다. 따라서 근로자과반수대표법리를 제도의 특성에 맞게 준용할 수밖에 없다.

㈏ 노사협의회 근로자위원

고평법(§8④)은 사업주로 하여금 동일가치노동기준을 정할 때에 노사협의회의 근로자의원의 의견을 청취하도록 규정하고 있다.

노사협의회 또는 그 근로자위원이 집단참여의 주체가 될 수 있는지는 근로자과반수 또는 근로자과반수대표를 대신할 수 있는지와 관련이 있다.

(3) 집단참여 주체

① 참여주체 지위

참여주체의 지위는, 대표권행사의 대상으로 고지된 근로조건에 대해서만 인정되므로, 일시적이다. 과반수노조도 대표선정이 요구되는 시점에서 과반수지지의 확인이 필요하다. 근로자과반수는 해당시점에서 과반수여부를 판단한다. 근로자대표의 임기가 정해져 있더라도, 해당근로조건에 대한 대표권행사목적을 인정하는 선발과정이 다시 있어야 한다. 이처럼 일시적지위를 부여하는 제도설계는 여러 문제를 야기하므로[1] 제도개선이 요청된다.[2]

② 참여주체의 자격

㈎ 과반수 확보

‘복수의 주체로 구성되는 참여제도’인 근로자집단제도와 근로자대표제도에서 배타적이고 우선적인 지위를 갖는 과반수노조뿐아니라 근로자과반수와 근로자과반수대표 모두 과반수의 확보를 전제로 한다.

㈏ 모집단 산정단위

과반수판단을 위한 모집단은 사업(장) 단위로 선정되어야 한다. 이러한 논의는 근로자대표제도에서 활발히 논의되었다. 이에 따르면 동일사업(장)의 일부부서에

1) 첫째, 평상시에 근로자의 요구나 고충을 집약하는 기능을 갖지 못하고, 근로자에 대한 통제도 약하다. 둘째, 사안이 있을 때마다 근로자 의견결정주체를 결정해야 하는 번거로움이 있다. 셋째, 선출방법, 임기, 대우 등에 대한 법적정비를 소홀히 하는 요인이 되어 법적지위를 불분명하게 한다.

2) 도재형, 앞의 논문(2011.3), 93쪽 ; 김인재, “근로기준법상 근로자대표의 법적 지위”, 「노동법연구」 제8호, 서울대학교 노동법연구회, 1999.6, 240~247쪽 ; 이달휴, “근로기준법에서의 근로자대표제”, 「노동법학」 제8호, 한국노동법학회, 1998.12, 383~384쪽. 노조와 비교해서 언급하고 있다.

만 해당제도를 적용하려는 경우에도 사업(장)단위로 판단되어야 한다.[1)]

지사, 공장, 사업소 등에 대해서는 독립성을 기준으로 별개의 사업(장)여부를 판단한다(제1장, 제4절 1·나,(3)).

㈐ 모집단 산정범위

㉮ 근로자대표선출에서의 산정방법

과반수여부판단에 있어, 모집단이 되는 근로자범위는 다음과 같이 산정된다.[2)]

근로자 대표를 선출하는 근로자의 범위	=	근기법 제2조 제1항 제1호 근로자	−	근기법 제2조 제1항 제2호 사용자

㉯ 이중적지위

모집단에 포함되는 근로자의 범위에서 '근로자 및 사용자의 이중적지위를 갖는 자'도 '순수한 사용자'처럼 제외대상이 되는지에 대해, 법적근거가 없다는 반대의견[3)]이 있으나 공정성의 관점에서[4)] 긍정의견[5)]이 타당하다. 해당자는 합의내용의 적용을 받을지라도 합의과정에서 '사용자를 위하여 행위하는 자'가 될 수 있기 때문이다. 노동조합가입범위에서 '사용자의 이익을 대변하는 자'를 제외시키는 점도 긍정의견의 근거가 된다.[6)] 모집단의 범위는 노동조합의 조직범위나 노사협의회의 구성단위와 일치할 필요는 없다.

㉰ 취업규칙에 확대적용

근로자대표제도에서의 모집단범위판단법리가 취업규칙제도를 포함한 근로자집단제도에도 적용될지에 대해서는 논의가 활발히 이루어지고 있지 않다. 근로자대표제도는 협상기능을 갖는데 근로자집단제도는 찬성과 반대의 의견을 제시하는 기능만 갖는다. 따라서 사용자를 모집단에서 제외할 당위성은 근로자대표제도에게 더 크다. 그렇더라도 순수하게 근로자이익을 대변하도록 집단적참여가 이루어지기 위해 근로자집단제도에도 같은 법리가 적용될 수 있을 것이다.

---

1) 근로기준팀-8048, 2007.11.29 ; **고용노동부, 『유연근로시간제 가이드』**, 2018.6, 10쪽.

2) 근기 68207-735, 1997.6.5 ; 근로기준팀-8048, 2007.11.29 ; 고용노동부, 『유연근로시간제 가이드』, 2018.6, 6쪽·9쪽.

3) 도재형, "근로기준법상 근로자대표 및 서면합의제도", 「노동법학」 제37호, 한국노동법학회, 2011.3, 99쪽.

4) 김인재, "근로기준법상 근로자대표의 법적지위", 「노동법연구」 제8호, 서울대학교 노동법연구회, 1999.6, 252쪽.

5) 이달휴, "근로기준법에서의 근로자대표제", 「노동법학」 제8호, 한국노동법학회, 1998.12, 398쪽.

6) '관리·감독자 또는 기밀취급자'를 제외하는 예(厚生労働省労働基準局, 「労働基準法解釋總攬」 第13版, 358頁. 労働基準法施行規則 第6條の2)도 발견되는데 그러한 계층이 주요한 적용대상인 제도를 도입하는 경우가 있으므로 '근로자 및 사용자의 이중지위를 갖는 자'로 충분해 보인다. ; 해고근로자를 제외한다는 견해(東京大學校 労働硏究會編, 「註釋労働基準法」, 有斐閣, 2003, 42頁)는 사업장을 기준으로 하는 성격을 고려할 때 타당하다.

㈑ 근로조건부분적용과 모집단

㉮ 의 의

집단참여의 목적이 되는 근로조건이 일부근로자에게만 적용될 때, 과반수여부를 판단하기 위한 모집단이 전체근로자인지 아니면 해당근로자인지에 대해 견해가 나뉜다.

㉯ 근로자집단제도

모집단이 전체근로자인지 해당근로자인지에 대한 논의는 근로자집단제도 특히 취업규칙제도에서 활발하게 이루어졌다. 취업규칙의 적용대상이 두 개 이상의 집단으로 나뉘어 있더라도 같은 조항으로 구성된 하나의 취업규칙을 적용받으면 전체근로자가 과반수를 판단하는 모집단이 되는 것은 당연하다.[1] 그러나 '이원화되어 있는 취업규칙'[2]이나 '일부 근로자에게만 적용되는 취업규칙'에 대해서는 모집단의 범위가 '전체근로자라는 견해(전체근로자 집단동의설)'와 '해당취업규칙의 적용을 받는 근로자라는 견해(해당근로자 집단동의설)'가 실무적으로 대립되어 오다가 해당근로자집단동의설로 정리되었다. 판례[3]는 복수의 근로자집단이 하나의 근로조건체계를 적용받고 있는 상황에서 다른 근로자집단에게도 장래에 변경된 취업규칙의 적용이 예상되는 경우에는 전체근로자집단이 동의의 주체가 되며, 직접 불이익을 받는 근로자집단외에 장래에 적용이 예상되는 집단이 없다면[4] 해당근로자집단만이 동의의 주체가 된다고 본다. 행정해석도 당초의 해석[5]을 변경하여 판례와 견해를 같이 하고[6]

---

1) 대판 2008.2.29, 2007다85997. 근로자과반수를 대표하는 노조의 동의로 정년을 58세에서 53세로 줄인데 대해 노조가입대상이 아닌 차장급이상인 근로자에 대해 동의를 구하지 않았다는 이유로 효력 부인 ; '대판 1991.9.24, 91다17542', '대판 1992.4.10, 91다37522' 등 전체근로자의 동의를 요구하는 판례는 하나의 취업규칙이 적용되는 경우를 대상으로 하고 있음 ; 근기 68207-890, 2003.7.16. 조합원과 비조합원에게 공통으로 적용되는 보수규정을 개정해 일정연령에 도달하면 임금이 삭감되도록 하려면 전체근로자의 동의 필요.

2) 근로기준과-1118, 2009.4.24. 정규직·비정규직, 생산직·관리직 등으로 나누어 노무관리를 별도로 하고 있는데, 이 중 비정규직 혹은 관리직만을 대상으로 하는 취업규칙변경을 예로 들고 있다.

3) 판결문의 표현은 마치 전체근로자집단동의설을 취하고 있는 것처럼 보이나 전체 구조를 볼 때 해당근로자집단동의설을 취하면서 그 한계를 인정한 것으로 해석할 수 있음. 대판 2009.5.28, 2009두2238. 3급 이상과 3급 미만의 정년이 다른 상황에서 전자를 하향조정한 사례(**한국노동법학회, 『노동판례백선』 제2판**, 117쪽. 대상판결은 근로자집단이 하나의 근로조건체계 안에 있는 경우와 근로자집단의 근로조건이 이원화되어 있는 경우로 나누어 불이익변경에서 동의주체인 집단의 범위를 판단하는 기준을 제시) ; 대판 2009.11.12, 2009다49377. 조합원자격이 인정되지 않는 연구직 책임급만의 정년단축에 대해, 다른 근로자집단이 연구직 책임급의 근로자집단과 동일한 근로조건체계내에 있고, 앞으로 정년단축규정적용이 예상되므로 전체근로자집단이 동의주체라고 지적 ; 대판 2015.8.13, 2012다43522. 노동조합 가입자격이 없는 1·2급 간부사원들이 종전에 3~5급담당업무를 맡을 수도 있게 되어 강등과 유사한 결과를 초래하는 보직부여기준안 관련.

4) 승진이나 전보처럼 하나의 집단 안에서 지위가 달라지는 경우를 말하며, 정규직과 비정규직처럼 집단간 이동이 일반적이지 않으면 이에 해당되지 않을 것이다.

5) 근로기준과-1118, 2009.4.24 등.

6) 근로기준정책과-7164, 2015.12.23 등.

있다.[1] 아울러 이와 관련된 학설[2]도 그러한 견해를 일관되게 유지하고 있다.

㉰ 근로자대표제도

유연근로시간제도나 경영해고를 일부 직종이나 직급에 적용시키고자 하는 경우, 과반수판단을 위한 모집단에 대해 해석이 갈린다. 행정해석[3]은 '해당근로자가 포함되어 있는 사업장의 전체근로자'를 대상으로 본다. 판례[4]와 일부학설[5]은 이해관계를 대변할 수 있어야 한다는 관점에서 '일부 직종이나 직급 즉 해당근로자'를 대상으로 본다. 근기법이 제도를 부분적으로 도입하거나 적용하는 것을 금하고 있지 않는 점과, '근로조건 자율결정원칙'을 감안하여 판례의 입장을 지지한다.[6] '변경되는 근로조건이나 제도가 장래에 적용이 예상되는 집단'도 해당근로자로 본다는 법리를 다룬 견해들이 발견되지 않으나 취업규칙과 달리 볼 이유가 없다.

㉱ 평 가

취업규칙제도를 중심으로 하는 모집단범위법리는 많이 정리되었음에도 논란의 여지를 안고 있다. 첫째, 과반수노조와 근로자과반수를 같이 취급할지에 대해 견해가 나뉜다. 노동조합가입대상이 아닌 근로자의 근로조건을 변경함에 있어 과반수노조에게 의견제시권이 없다는 행정해석[7]이 발견된다. 반면에 법문의 표현과 단체협약효력확장제도의 취지를 원용하여, 과반수노조는 전체근로자를 모집단으로 하여 과반수를 판단하고, 배타적인 동의권을 갖는다고 보는 판결[8]이 발견된다. 둘째, 의견청취의 경우에는 전체근로자뿐아니라 해당근로자도 그 대상[9]이라거나 해당근로자집단동의필요설을 취하면서도 전체근로자집단의 의견청취를 요

1) 특정직급 이상을 대상으로 정년을 달리하거나 연봉제를 도입할 경우 '그 이하의 직급에 해당하는 자'도 승진을 통해 앞으로 변경된 제도를 적용받을 수 있으므로 해당근로자집단에 포함될 수 있다.

2) 임종률, 『노동법』 제9판, 341쪽 ; 김지형, 『노동법해설』, 462쪽.

3) 근기 68207-735, 1997.6.5. 일부부서에만 유연근로시간제를 도입하고자 하는 경우에도 사업(장)단위에서 근로자대표가 선정되어야 한다. 이 견해를 따르면 여러 개의 사업장으로 구성된 하나의 사업이 유연근로시간제도를 사업단위로 도입하고자 하면 근로자대표를 사업단위로 선정하고, 일부사업장에만 도입하고자 하면 그 사업장단위로 선정해야 한다.

4) 대판 2005.9.29, 2005두4403. 병원에서 4급이상직원을 감원함에 있어 5급이하직원들로 구성된 노조를 상대로 협의한 사례. 경영해고와 관련하여 "대상이 특정한 직종 또는 직급으로 한정되는 경우 그 대상자를 대표하는 자와의 협의가 필요하다. 따라서 그 특정 부문이 당초 노조에 가입할 수 없다면 감원에 관한 노조와의 협의는 무의미하다"는 입장이다. 취업규칙을 변경함에 있어 해당근로자집단동의필요설과 같은 입장이다.

5) 도재형, "근로기준법상 근로자대표 및 서면합의제도", 「노동법학」 제37호, 한국노동법학회, 2011.3, 99쪽.

6) 도재형, 앞의 연구(2011.3), 99쪽.

7) 근기 68207-108, 1999.9.22 ; 근기 68207-4087, 2001.11.27. 노조가입대상이 아닌 과장급이상이 적용대상인 취업규칙 ; 근기 68207-2775, 2002.8.20 ; 근로기준팀-2022, 2006.5.3 ; 근로기준과-1118, 2009.4.24 등.

8) 대판 2015.8.13, 2012다43522. 노동조합 가입자격이 없는 간부사원들에 대해 과반수노조를 동의 주체로 인정.

9) 근기 32003-2, 1992.1.4 ; 근기 68207-2775, 2002.8.20 ; 근기 68207-108, 1999.9.22 등.

구하는 행정해석[1]도 있다. 취업규칙제도가 하나의 사안에 대해 중복된 의견수렴절차를 거치도록 설계되어 있지 않아 받아들이기 어려운 해석이다.[2] 셋째, 근로자대표제도에 대해 해석이 통일되지 않고 있으며 판례의 근로자집단제도 즉 취업규칙제도의 '변경되는 근로조건이나 제도가 장래에 적용이 예상되는 집단'이라는 전제의 적용 문제가 해결되지 않은 상태이다.

㈎ **모집단 산정시점**

과반수판단과 그 모집단판단의 시점에 대해서는 근로자대표제도를 중심으로 다루어지고 있다. 이에 따르면 근로자대표선정을 위한 근로자범위는 해당제도의 도입시점을 기준으로 판단되어야 한다. 과반수노조와 같은 근로자대표가 있더라도 해당제도를 도입할 당시에 과반수요건을 충족하지 못하면 근로자대표지위가 유지되기 어렵다.[3] 근로자대표제도의 해당법리는 근로자집단제도 즉 취업규칙제도에도 마찬가지로 적용될 것이다.

③ 참여주체 유형

㈎ **과반수노동조합**

㉮ 지위 및 자격

(a) 과반수노조 자체

근로자집단제도와 근로자대표제도에서 "'근로자의 과반수'[4]로 조직된 노동조합(과반수노조)"은 배타적이고 우선적인 참여주체의 지위를 인정받는다.[5] 과반수노조에 관한 판단법리는 근로자집단제도 즉 취업규칙제도를 중심으로 발전되어 왔는데 근로자대표제도에도 적용된다.

(b) 과반수미달노조

과반수기준을 충족치 못하는 노동조합은 참여주체로 인정받지 못하므로, 근로자과반수 또는 근로자과반수대표가 참여주체이다.[6]

(c) 교섭대표노조

노조법상 교섭대표노조라 하더라도 그러한 사실만으로 당연히 과반수노조로 인정되지 않는다.[7] 복수노조사업(장)에서 2개이상의 노동조합에 가입한 근로자가

---

1) 근기 68207-4087, 2001.11.27 ; 근로기준팀-2022, 2006.5.3.
2) 박상필, 『근로기준법강의』, 462쪽.
3) 근로기준정책과-2872, 2015.7.1.
4) 취업규칙 관련. 대판 2008.2.29, 2007다85997. 기존 취업규칙의 적용을 받는 근로자집단의 과반수.
5) 취업규칙 관련. 대판 1997.5.16, 96다2507 ; 대판 2008.2.29, 2007다85997 등.
6) 근로개선정책과-2729, 2013.5.7.
7) 법제처 14-0346, 2014.8.21. 교섭대표노조는 연합이나 위임을 인정하기 때문이다.

있으면, 근기법이 노조법처럼 조합비납부를 기준으로 판단하도록 규정하고 있지 않으므로, 노동조합마다 가입한 근로자의 수를 각각 센다.[1] 과반수노조의 집단참여권은 교섭대표의무와 달리 공정대표의무를 수반하지 않는다.

(d) 노동조합 지부·분회

집단적노사관계에 있어 초기업노조의 지부·분회가 독립성과 자주성을 가지고 있으면 설립신고 또는 위임과 관계없이 단체협약체결권을 갖는다는 판례법리[2]가 형성되어 있다. 이에 대해서는 비판적인 견해[3]가 발견된다. 그럼에도 불구하고 행정해석[4]은 '취업규칙변경에 대한 과반수노조의 대표권'에 대해서도 이러한 판례법리를 적용한다.

과반수노조는 집단적노동관계의 지위가 아닌 개별적근로관계에서 근로자의견표현기구의 지위를 가지므로, 지부가 설립신고과 관계없이 권한을 갖는다는 견해[5]도 발견된다.

(e) 노동조합 기관

과반수노조대의원대회의 위임을 받은 조합운영위원회의 취업규칙변경의견서(동의서)는 유효한 것으로 해석된다.[6]

㈏ 권한행사

(a) 권한행사 방법

과반수노조의 권한은 노조대표나 그 권한을 위임받은 사람에 의해 실현된다. '취업규칙변경에 대한 의견서 또는 동의서' 즉 '근로자집단 동의서'나 '선택적근로 서면합의서' 등 '근로자대표의 동의서'는 과반수노조의 대표가 서명하면 효력이 발생한다.[7] 단체협약 또는 노동조합규약 등에 의하여 대표권이 제한되었다고 볼만한 특별한 사정이 있거나[8] 그러한 행위가 위임되어 있지 않았음을 사용

---

1) 취업규칙관련, 근로기준정책과-4436, 2016.7.15.

2) 대판 2001.2.23, 2000도4299. 신고는 효력요건 아님 ; 대판 2008.1.18, 2007도1557 등 다수 판례 ; 노동부, 「노사가 지켜야 할 정당한 쟁의행위의 범위와 한계」, 2009, 4쪽.

3) 조용만·김홍영, 『로스쿨 노동법해설』, 오래, 2011, 421쪽. 산업별교섭을 무력화할 우려가 있으며, 그러한 지부가 법외조합인지 아니면 제3유형의 단결체인지가 명확하지 않다.

4) 노사관계법제과-1201, 2008.11.25 ; 근로기준과-1118, 2009.4.24. 설립신고가 되지 않았거나 위임을 받지 못하더라도 독자적인 규약과 집행기관을 가지고 독립된 조직체로서 활동하고 있다면 의견청취·동의 주체로 인정. 이에 반하는 기존의 행정해석 폐지.

5) 최영호, "1개월 단위 탄력적근로시간제의 해석", 「노동법연구」 제15호, 서울대학교 노동법연구회, 2003.12, 249쪽.

6) 대판 1984.11.3, 84다카414.

7) 취업규칙관련, 대판 1997.5.16, 96다2507. 노사협의회 근로자위원 전원과 노조분회장의 동의로 대체될 수 없음.

8) 취업규칙관련, 대판 1997.5.16, 96다2507 ; 취업규칙관련, 대판 2000.9.29, 99두10902.

자가 알고 있다는 사실이 입증되면 그렇지 않다. 입증책임은 의견서가 무효라고 주장하는 사람에게 있다. 대표권제한 등으로 볼만한 사정이 없는 한 별도로 근로자나 조합원 과반수의 동의를 받을 필요가 없다.[1]

(b) 집단적노사관계법리 적용

과반수노조에 대해, 바로 앞에서 언급한 것처럼 집단적노사관계의 대표권제한 법리가 적용된다는 취지의 판결이 있지만, 그 밖의 잡단적노사관계의 법리가 당연히 적용되지는 않는다. 취업규칙 등에 대해 갖는 동의 등의 권한은 교섭이나 협상이 아니고 찬반의사의 표시로 나타나기 때문이다.

㈏ **근로자과반수**

㉮ 지위 및 자격

근로자과반수는 근로자집단제도에 있어 과반수노조가 없을 때에 참여주체가 되는 보완적인 지위를 갖는다. 근기법이 직접 규정하고 있지는 않지만, 근로자과반수는 '취업규칙의 작성이나 변경' 등과 같은 해당근로조건에 대한 찬반의견을 제시한 근로자수로 판단한다.

㉯ 권한행사

(a) 동 의

취업규칙의 불이익변경이어서 동의를 받아야 할 때에는 근로자들의 집단의사결정방식 또는 회의방식[2]으로 과반수동의를 받는 것이 원칙이다.[3] 이와 관련하여 "근로자들이 주지할 수 있도록 적당한 방법에 의한 공고 및 설명절차가 존재해야 한다."는 추가요건을 요구하는 판결[4]이 발견된다. 사업(장)의 기구별 또는 단위부서별로 '사용자의 개입이나 간섭'[5]이 배제된 상태에서 찬반의견을 집약하여 취합하는 방식도 허용된다.[6] 근로자수가 많다는 이유로 이사회의 심의나 의결로 대체할 수 없다.[7]

취업규칙변경내용을 공람케 하고 서명을 받는 방법에 대하여는 학설[8]과 대부

---

1) 대판 1997.5.16, 96다2507 ; 대판 2000.9.29, 99다45376 ; 대판 2000.9.29, 99두10902 ; 대판 2003.6.13, 2002다65097 ; 근로개선정책과-4819, 2013.8.16.

2) 반드시 무기명방식을 요구하는 것은 아니다(근로기준정책과-5332, 2015.10.29).

3) 대판 1977.9.28, 77다681 ; 대판 1989.5.9, 88다카4277 ; 대판 1977.7.26, 77다355 ; 대판 1991.9.24, 91다17542 ; 대판 1992.2.25, 91다25055 ; 대판 1992.11.10, 92다30566.

4) 대판 2017.5.31, 2017다209129.

5) 대판 2005.3.11, 2004다54909 외 다수.

6) 대판 1992.2.25, 91다25055 ; 대판 1993.8.24, 93다17898 ; 대판 2003.11.14, 2001다18322 ; 대판 2004.5.14, 2002다23185 ; 대판 2010.1.28, 2009다32522.

7) 대판 1995.7.11, 93다26168.

분의 판례[1]가 이를 부정하지만, 사용자의 개입이나 간섭이 배제된다는 것이 객관적으로 입증되면 가능하다는 행정해석[2]과 일부판결[3]이 발견된다. 개인적으로는 긍정적인 견해에 찬성한다. '사용자측의 간섭·개입'이라 함은 근로자들의 자율적이고 집단적인 의사결정을 저해할 만큼 명시 또는 묵시적인 방법으로 동의를 강요하는 경우를 의미한다. 변경되는 취업규칙의 내용을 설명하고 홍보하는 행위는 이에 해당하지 않는다.[4]

(b) 의견청취

의견청취에 대해서는 집단회의방법, 근로자에게 취업규칙(안)을 돌리고 서명을 받는 방법 등 과반수의견을 들었음을 객관적으로 증명할 수 있는 적절한 방법이 인정되며,[5] 사내회보 등에 취업규칙변경내용을 게재하고 의견을 제출하는 방법을 인정한 해석도 발견된다.[6]

㈐ 근로자과반수대표

㉮ 지 위

근로자과반수대표는 근로자대표제도에 있어 과반수노조가 없을 때에 참여주체가 되는 보완적인 지위를 갖는다.[7] 근로자과반수대표자는 대표권을 행사하게 될 근로조건에 한정하여 인정되는 일시적인 지위를 가진다. 따라서 해당근로조건과 관련하여 필요가 있을 때마다 선출되어야 한다.

근로자과반수대표자의 자격은 과반수대표성이 전제되어야 한다.

㉯ 권한행사

근로자과반수대표는 1명 또는 복수로 선정될 수 있으나, 복수인 경우라도 각자에 대해 과반수성이 확보되어야 한다.

1명의 근로자과반수대표가 선정된 경우, 선정된 대표가 대표권을 행사한다.

---

8) 임종률, 『노동법』 제9판, 342쪽 ; 이상윤, 『노동법』 제6판, 361쪽. ↘ 74쪽

1) 대판 1977.7.26, 77다355 ; 대판 1991.3.27, 91다3031 ; 대판 1992.11.10, 92다30566 ; 대판 1994.6.24, 92다28556.

2) 근기 01254-12348, 1991.8.28 ; 근로기준정책과-5332, 2015.10.29.

3) 대판 2003.11.14, 2001다18322. 변경에 이의 없이 동의한다는 내용의 문구가 기재된 '비상경영체제하의 우리의 자세'라는 서면을 보내 급여규정변경의 취지와 필요성을 설명한 다음 부서별로 위 서면의 아랫부분에 직원들의 서명을 받아 전체적으로 취합하는 방식을 취하였다.

4) 대판 2003.11.14, 2001다18322(**한국노동법학회, 『노동판례백선』 제2판**, 120쪽. 이 판결은 집단적의사결정방식에 의한 동의에서 사용자측의 개입·간섭의 의미를 최초로 적시) ; 대판 2004.5.14, 2002다23185·23192 ; 대판 2005.3.11, 2004다54909.

5) 임종률, 『노동법』 제9판, 340쪽 ; 근로기준팀-8936, 2007.12.26.

6) 근기 01254-12348, 1991.8.28. 이른바 근로조건변경예고제라고도 한다.

7) 도재형, "근로기준법상 근로자대표 및 서면합의제도", 「노동법학」 제37호, 한국노동법학회, 2011.3, 92~93쪽. 조합원통제, 선출 등 대표성, 조합원 의견수렴 등이 노동조합의 수준에 이르지 못한다.

복수의 근로자대표가 선정된 경우, 사용자가 일방적으로 일부근로자대표와 서면합의해도 법적효력이 발생하지 않으며, 근로자대표들이 정한 대표권행사방법에 따라 서면합의를 하여야 한다. 구체적으로는 1명의 근로자대표에게 근로자대표권을 위임하거나, 과반수찬성이나 2/3이상찬성처럼 별도의 의사결정방법을 정하거나, 근로자대표전원이 서면합의에 참여하는 방법 등으로 정할 수 있다.[1)]

㉰ 선발주체

근로자대표제는 근로자에게 불리한 경영해고제한제도나 유연근로시간제를 도입하는데 활용되며, 근로자과반수대표를 선정하기 위한 비용을 발생시킨다. 따라서 근로자들이 자발적으로 선정할 것을 기대하기 어렵다. 그러다 보니 사용자가 이를 주도하게 되어, 대표성에 의문이 제기될 수 있다.

㉱ 선발근거

근로자과반수대표는 선출·방법, 지위, 임기, 권한, 의무 등은 물론이고 정의규정마저 두지 않은 채로 여러 군데에서 활용되고 있다.

근기법이 선발방법에 대해 명시하고 있지 않다 보니 경영해고와 관련하여 과반수를 확보하지 못한 대표자의 대표권을 인정하는 판례법리[2)]가 형성되고 있다. 이러한 접근은 '경영해고에서의 참여방법'이 효력요건으로 명확하게 인정받지 못하고 있는 협의이기 때문인 것으로 보인다. 그러나 이는 해당조문에 명백하게 반하며, 특히 유연근로시간제 등의 서면합의와 관련해서 적용될 여지가 없다.

㉲ 선발방법

근로자과반수대표선발은 직접투표에 의하지 않아도 되나, 후보출마 등에 사용자의 간섭이 배제되어야 하고,[3)] 자유로운 의사표현이 보장되어야 하며, 유연근로시간제도서면합의 등 대표권의 행사목적을 주지시키고, 근로자과반수의 의사를 모으는 방법으로 선출될 것이 요청된다.[4)] 이러한 조건을 충족시킨다면 해당근로자가 모두 모인 가운데 투표를 하든지, 사업장에 회람을 돌려 개별서명을 받든지 선출방법에 제한이 없다. '투표가 의무적이지는 않지만, 사용자가 임명하면 안된다'는 견해[5)]가 발견된다.

1) 근기 68207-630, 1997.5.13.
2) 대판 2004.10.15, 2001두1154, 1161, 1178 ; 대판 2012.5.24, 2010두15964, 과반수미달노조 대표성인정. 〈근거〉 12회에 걸쳐 협의를 하였고 어느 누구도 그 협의권한에 대해 이의를 제기하지 않았고 근로자들도 협의사실을 잘 알고 있다가 해고자들이 소송을 제기한 후에야 그 자격을 다투었음.
3) 근기 68207-630, 1997.5.13. 사용자가 지명한 후보자에 대해 회람을 돌려 근로자 동의를 구한 사례.
4) 근로기준정책과-2872. 2015.7.1 ; **고용노동부, 『유연근로시간제 가이드』**, 2018.6, 8쪽.
5) 임종률, 『노동법』 제9판, 405쪽 등.

㈑ **노사협의회 및 유사기관의 역할 대체**

㉮ 민간부문

(a) 근로자집단 역할 대체

근로자집단제도를 적용하고 있는 취업규칙제도와 관련하여 해당규정이 강행규정이라는 이유로 과반수노조나 근로자과반수를 노사협의회, 노사협의회근로자위원,[1] 이사회[2] 등으로 대체할 수 없다는 해석이 정착되어 있다.

(b) 근로자대표 역할 대체

㉠ 노사협의회 의결

경영해고와 관련하여 노사협의회와 협의를 인정한 판결[3]이 발견된다. 이 판결은 협의에 대해 완화된 해석을 한 것으로 보이나, 개인적으로는 찬성하지 않는다. 유연근로시간제처럼 서면합의가 요청된다면, 노사협의회의 의결은 요건을 충족하지 못한다.[4]

㉡ 노사협의회 근로자위원

고평법은 동일노동기준에 대한 의견수렴에서 노사협의회근로자위원을 집단참여주체로 인정한다. 노사협의회근로자위원을 유연근로시간제의 근로자대표자격을 인정한 하급심판결[5]이 발견된다. 행정해석은 노사협의회근로자위원에 대해 근로자대표성을 부인하다가 이를 인정하고,[6] 대표권을 행사함에 있어 '과반수의사를 대표하는 자'[7]로 선정되어야 한다면서 다시 부정하고 있다.[8]

㉢ 검 토

근참법의 선출규정은 과반수성을 담보하지 못하므로, 노사협의회나 그 근로자위원이 집단참여주체로 인정받기 어렵다.

---

1) 대판 1994.6.24, 92다28556.

2) 대판 1991.2.26, 90다15662 ; 대판 1995.7.11, 93다26168 등.

3) 대판 2001.10.26, 2000두3016.

4) 근기 68207-735, 1997.6.5 ; 근로기준팀-8048, 2007.11.29 ; **고용노동부, 『유연근로시간제 가이드』**, 2018.6, 10쪽. 노사협의회가 '작업과 휴게시간의 운용'에 관한 사항을 협의하거나 의결할 수 있다(근참법 §20①vii)는 이유로 "노사협의회의 별도 의사결정방법"을 인정한 종전의 해석 변경.

5) 서울행판 2002.12.13, 2002구합12519. 취업규칙변경에 있어서는 부정.

6) 노동부, 『새 노동법 해설, 신문화를 열어 가는 길』, 1997.3, 66쪽 ; 근기 68207-630, 1997.5.13. 탄력적근로시간제관련. 근로자과반수의 지지를 얻은 최다득표자를 근로자대표로 인정 ; 근기 68207-735, 1997.6.5 ; 고용노동부, 『유연한 근로시간제 도입 매뉴얼』, 2010.12, 19쪽.

7) 노사협의회 근로자위원에 대한 근참법상 선출규정은 근로자과반수대표성을 담보하지 못한다.

8) 근로기준팀-8048, 2007.11.29 ; 임금복지과-2570, 2010.12.29. 퇴직급여제도 관련. 노사협의회 근로자위원 부정 · 근로자과반수가 위임하면 가능. 근로기준정책과-2872, 2015.7.1 ; **고용노동부, 『유연근로시간제가이드』**, 2018.6, 8쪽.

㈏ 공공부문

정부투자기관관련법에 '직원의 보수를 이사회가 정한다'라는 규정이 있더라도, 정당하게 변경된 취업규칙은 그러한 규정의 이행과 관계없이 유효하다는 판결[1]이 있었다. 이에 대해 공기업의 공적성격을 감안하여 이사회의결 등의 규정을 거쳐야 효력이 인정된다고 보는 후속판례[2]가 발견된다.

공공부문이라는 이유로 이사회의결을 근로자집단참여보다 효력에 있어 우위에 놓는 판결은 타당해보이지 않으며 일반화시키기 어렵다.

④ **참여주체 권한위임**

㈎ **긍 정**

집단참여에 있어 동의권, 의견청취권 등 권한위임에 대해서는 별도의 규정이 마련되어 있지 않아 해석에 의존한다. 노동조합의 총회나 대의원회 또는 근로자들로부터 취업규칙변경권한을 위임받은 사람들이 동의여부를 결정하는 방식도 허용되는 것으로 해석된다.[3] 취업규칙변경과 관련하여 과반수노조의 수임을 받은 노동조합간부의 의견제시권을 인정하는 판결[4]과 근로자과반수의 자유의사로 '취업규칙의 불리한 변경에 대한 동의권'을 위임받은 근로자위원은 동의권을 갖는다는 해석[5]도 발견된다.

㈏ **비 판**

법률이 참여주체를 구체적으로 명시하고 있고, 동의·협의·의견청취는 해당 근로조건을 근로자들에게 주지시키려는 목적도 있어 위임은 적절해보이지 않는다. 참여주체의 성격에 따라 구체적으로 검토하면 다음과 같다.

㉮ 과반수노조

단체협약에 대해 체결권을 위임하고 그 효과를 체결당사자에게 귀속시키는 법리가 인정된다. 권한행사주체가 같은 과반수노조에 대해서도 같은 법리가 적용될 수 있다.

㉯ 근로자과반수와 근로자과반수대표

노동조합은 법인의 성격을 가지고 있고, 법인의 의사결정기구와 집행기구가

---

1) 대판 1991.2.26, 90다15662.

2) 대판 2015.1.29, 2012다32690. 한국산업인력공단사건, 정년연장을 위하여 개정하려던 인사규정이 이사회의 의결을 거치지 못한 경우 비록 단협내용을 반영한 것이라 하더라도 효력이 없고, 기존 인사규정과 저촉되는 정년연장에 관한 단협내용 역시 공단이나 직원에게 효력을 미치지 않는다(대판 2011.4.28, 2010다86235).

3) 대판 1992.2.25, 91다25055 ; 대판 1993.1.15, 92다39778 ; 대판 1993.8.24, 93다17898.

4) 대판 1984.11.13, 84다카414. 조합운영위원회 위임 관련.

5) 근기 68207-2144, 1999.9.1.

따로 있어서, 자연인이 대표하거나 자연인에게 위임하는 것은 가능하다. 그러나 개개인이 찬반의견을 표시하는 근로자과반수가 다시 대표권을 위임하는 것은 타당해 보이지 않는다. 근로자과반수대표가 개별근로자들로부터 위임받은 대표권을 재위임하는 것도 그렇다.

(4) 집단참여 수단

① 집단참여수단의 형식

㈎ 유연근로시간제 서면합의

유연근로시간제 등에서 요구되는 서면합의방법에 대해 별도규정이 없으나, 반드시 서면으로 작성하여 권한있는 당사자가 서명 또는 날인을 하여야 한다.[1] 기재사항, 합의내용은 각 제도에 따라 다르다. 사용자는 유연근로시간제(근기법§51②,§52 §58②③,§59)와 관련된 서면합의서류를 합의한 날로부터 3년간 보존해야 한다(근기법§42,§116①ii 5백만원과태료). 서면합의를 행정관청 등에 신고할 의무는 없으며, 개별근로자의 동의는 필요치 않다. 서면합의에 있어 소급적용은 인정되지 않는다.[2]

㈏ 취업규칙제도 동의 · 의견청취

㉮ 동의 · 의견청취

취업규칙제도의 동의와 의견청취도 형식과 요건에 대한 규정을 갖추지 못하고 있다. 해석론적으로 과반수노조의 경우에는 동의서 또는 의견서를 작성하여 서명 또는 날인토록 하고,[3] 근로자과반수의 경우에는 작성 또는 변경되는 내용을 적은 취업규칙변경서에 찬반의사표시를 한 서면을 첨부토록 하고 있다. 이러한 접근은 다른 근로조건에 있어 동의나 의견청취에 원용될 수 있다.

㉯ 동의로 인정되는 다른 방법

취업규칙상의 근로조건보다 불리하게 단체협약을 체결하면 취업규칙의 유리한 근로조건을 배제하고 개정된 단체협약이 우선 적용된다는 합의가 포함된 것이라고 보는 판결과 해석이 있다.[4]

노동위원회의 조정서나 중재재정도 단체협약과 동일한 효력을 가지므로(노조법 §61,§70)

---

1) 근기 68207-630, 1997.5.13. 노사협의회 근로자위원을 근로자대표로 인정하고, 서면합의의 방식에 대해 노사협의회의 근로자위원들이 정한 대표권행사방법에 따르도록 하면서 1명의 대표자를 자체적으로 선출하거나, 당해 사안에 한하여 어떤 1명의 근로자위원에게 대표권을 위임하거나, 과반수 찬성이나 2/3 이상 찬성처럼 별도의 의결정족수를 정하거나, 근로자위원 전원이 참여하는 방법을 제시하고 있다.

2) 근로기준정책과-3842, 2015.8.20. 근로시간 및 휴게시간의 특례 적용 관련.

3) 대판 2003.6.13, 2002다65097 외 다수.

4) 대판 2002.12.27, 2002두9063, 면직기준이 되는 무단결근을 7일에서 5일로 변경 ; 근로개선정책과-64, 2014. 1.3. 취업규칙에 유급으로 규정된 병가가 단협에서 무급으로 변경된 경우, 단협의 기준 적용.

동의로 볼 수 있다.[1)]

㈐ **그 밖의 근로조건 참여형식**

그 밖의 근로조건에 대한 동의, 협의, 명시적청구, 입회는 서면여부 등 구체적 참여형식이 규정되어 있지 않다.

② **집단참여수단의 효력**

참여주체의 의견제시형태는 성격과 효력을 기준으로 분류하면 서면합의와 동의, 명시적청구 및 합의를 하나의 그룹으로 보고 협의와 의견청취를 다른 그룹으로 볼 수 있다.

㈎ **합의 · 동의 · 명시적청구**

법령에서 요구하는 서면합의, 동의, 명시적청구가 효력요건이라는데 대해서는 이론이 없다.

㈏ **의견청취 · 협의**

취업규칙이나 경영해고의 법리에서처럼 법령에서 요구하는 의견청취 · 협의 등에 대해서는 효력요건이 부정되는 것이 일반적이다.

㉮ 취업규칙과 의견청취

ⓐ 효력요건 여부

취업규칙에 있어서 의견청취가 효력요건인지에 대해 견해가 나뉜다.

첫째, 효력규정설[2)]은 의견청취의무를 효력요건으로 본다. 의견청취가 근로자를 보호하기 위한 강행절차라는 점과 같은 조문의 본문과 단서의 효력을 달리 보는 것은 모순이라는 점이 논리적인 근거이다.

둘째, 단속규정설[3)]은 의견청취의무를 위반하더라도 취업규칙은 유효하다는 견해이다. 사용자가 의견청취의 내용에 구속되지 않는다는 점이 논리적근거이다. 단속규정설이 통설이다. 다만, 취업규칙을 신고할 때 의견서를 제출하지 않으면 벌금(근기법§114 i 5백만원이하)에 처해질 수 있다.

ⓑ 반대가 더 많은 의견제시

의견청취는 동의나 합의를 의미하지는 않으며 의견에 구속을 받는 것도 아니다. 반대의 의사표시가 더 많아도 의견청취의 효력은 유지된다.[4)]

---

1) 이상윤, 『노동법』, 제6판, 359쪽. 조정 · 중재에까지 동의의 효력을 부여하는 것에 대해 비판의 여지는 있다.
2) 이병태, 『최신노동법』, 제9판, 928쪽.
3) 김유성, 『노동법 I』, 205쪽 ; 임종률, 『노동법』, 제9판, 341쪽 ; 이상윤, 『노동법』, 제6판, 357쪽 ; 김형배, 『노동법』, 제20판, 283쪽 ; 대판 1989.5.9, 88다카4277 ; 대판 1991.4.9, 90나22624 ; 대판 2004.2.12, 2001다63599 ; 근기 1455-2895, 1982.2.1.
4) 근기 01254-9222, 1991.6.27.

ⓒ 의견제시 거부

노동조합이나 근로자가 의견서에 서명을 하지 않은 경우, 그러한 취지와 사유를 첨부하여 신고하면, 의견을 청취한 사실이 객관적으로 증명될 수 있는 한, 그 신고는 수리된다.[1)]

㈏ 경영해고와 협의

경영해고제한제도에 있어 "… 근로자대표와 해고를 하고자 하는 날의 50일전까지 통보하고 성실하게 협의"하도록 한 규정에 대해 판례는 사전통보기간미준수, 과반수노조 및 협의자체를 효력요건으로 보지 않는다(제10장, 제2절 4·마,(4)).

㈐ **검 토**

동의·합의는 효력요건이고, 의견청취·협의는 효력요건이 아니라는 2분법적이고 경직적인 접근은 비판의 여지를 안고 있으며 해당조문의 목적 등을 고려하여 판단될 필요가 있다. 경영해고의 협의조항은 '법정요건의 성격', '징계해고절차 효력과 형평', '경영해고의 제한 필요성', '다른 기준과 연결된 유기적인 절차라는 점' 등을 감안하면 효력요건으로 보는 것이 타당하다(제10장, 제2절 4·마,(4)).

(5) 집단참여제도의 관계

① 서면합의와 취업규칙

㈎ 서면합의와 취업규칙변경의 효력관계

근로자대표의 서면합의로 설정된 제도는 취업규칙의 내용과 성격이 비슷[2)]하다. 그럼에도 불구하고 효력관계를 분명히 하지 않은 상태에서 두 제도를 동시에 두고 있음으로써 양자의 효력관계에 대해 논란의 여지가 있다.

근로자대표서면합의가 취업규칙을 변경하는 효력이 있는지는 어느 제도가 더 엄격한 절차인지에 따라 판단할 수 있다. 서면합의가 취업규칙변경보다 더 엄격한 절차라는 추론[3)]이 있으나 이에 찬성하기 어렵고,[4)] 제도설계측면에서 볼 때

---

1) 근기 68207-790, 1996.6.11.

2) 취업규칙과 서면합의는 다르다는 견해(김형배, 『노동법』 제20판, 416쪽. 서면합의를 제3의 노사협정으로 봄; 도재형, "근로기준법상 근로자대표 및 서면합의제도", 「노동법학」 제37호, 한국노동법학회, 2011.3, 112쪽)가 있으나, 이는 작성과정이나 절차의 차이에 주목한 것이고 근로조건결정(최영호, "1개월 단위 탄력적근로시간제의 해석", 「노동법연구」 제15호, 서울대학교 노동법연구회, 2003.12, 243쪽)인 점에서는 성격이 같다.

3) 도재형, 앞의 논문(2011.3), 97쪽. 단체협약제도와 취업규칙제도의 중간으로 본다.

4) 덜 불리한 근로조건인 2주이내단위에 대해서는 의견청취를 요구하고 더 불리한 3개월이내단위에 대해서는 합의를 요건으로 한 것이지 단순히 서면합의와 취업규칙의 문제로 볼 수 없다. 2주이내단위의 요건인 취업규칙변경에 대해 동의가 요건이라고 판단(김형배, 『노동법』 제20판, 414쪽; 김유성, 『노동법Ⅰ』, 150쪽)'하는 경우에 성립하나 '의견청취로 충분(임종률, 『노동법』 제9판, 403쪽)하다고 생각한다.

취업규칙변경법리가 서면합의절차보다 엄격하므로,[1] 일본에서의 해석처럼[2] 서면합의가 취업규칙을 변경하지 못한다고 보는 것[3]이 타당하다.

㈏ **서면합의의 취업규칙 대체**

간주근로시간제, 탄력적근로시간제, 선택적근로시간제, 경영해고 등에 있어 합의 또는 협의의 주체인 근로자대표는 취업규칙의 작성·변경에 있어 의견청취나 동의의 주체가 되지 못한다.[4]

㈐ **취업규칙의 서면합의 대체**

취업규칙이 근로자대표서면합의를 대체할 수 있는지에 대해서는 견해가 대립될 수 있다. 먼저, 대체부정설이 있을 수 있다. 행정해석은 근로자대표와의 서면합의없이 대상근로자과반수의 개별적인 서면동의를 받은 경우에 대해 법적요건을 충족하지 못한 것으로 본다.[5] 이 해석은 취업규칙을 직접 거론하지 않고 있으나 근로자과반수찬성이 개별동의의 취합이라는 점을 고려하면 취업규칙이 근로자대표서면합의를 대체하지 못한다는 해석으로 발전할 수 있다. 다음으로, 적법하게 작성 또는 변경된 취업규칙은 근로자대표서면합의를 대체할 수 있다는 대체긍정설이 있을 수 있다. 요건이 서로 다르므로 대체부정설이 타당하다.

② **집단참여와 단체협약**

㈎ **단체협약변경의 과반수노조동의 대체**

취업규칙변경동의권을 갖는 과반수노조의 단체협약체결행위는 취업규칙변경행위로서 단체협약내용이 취업규칙내용으로 전환되어 종전취업규칙을 변경하는 효과를 가져올 수 있다.[6] 과반수노조는 근로자의견수렴주체인 동시에 단체협약체결권자이기 때문이다. 이러한 효력관계는 단체협약의 적용을 받는 조합원에 한

---

1) 취업규칙제도에 있어 근로자과반수의 동의는 집단적의사결정방식 또는 회의방식을 원칙으로 함으로써 절차가 까다롭다. 근로자대표의 서면합의는 그 구조상 대표선발의 주도권이 사용자에게 의존하게 되어 있고 선발방법 또한 사용자의 재량이 개입될 수 있는 여지가 적지 않다.

2) 노사협정은 노동기준법(労働基準法)상 적법이 되는 효과를 가지는데 지나지 않고, 해당제도를 근로계약상의 것으로 삼기 위해서는 취업규칙이나 단협의 기재를 필요로 한다(管野和夫, 『労働法』 第八版, 292頁 ; 厚生労働省労働基準局編, 「労働基準法解釋總攬」 第13版, 322頁 ; 일본은 취업규칙이나 노사협정 모두 근로자대표가 의견제시주체이면서 취업규칙변경에 대한 동의조항이 없어 효력간 갈등문제는 상대적으로 적게 발생한다).

3) 이승욱, "근로기준법상 서면합의의 효력", 「노동법연구」 제7호, 서울대학교 노동법연구회, 1998.5, 105쪽. 취업규칙에 근거가 있어야 한다.

4) 1989.3.29. 개정근기법이 취업규칙변경 의견청취주체를 '근로자과반수대표자'에서 근로자과반수로 변경.

5) 근로조건지도과-1167, 2008.4.29 ; **고용노동부, 『유연근로시간제 가이드』**, 2018.6, 34쪽.

6) 이상윤, 『노동법』 제6판, 359쪽 ; 대판 1993.3.23, 92다51341. 정년에 대해 취업규칙과 단협에서 60세로 규정되어 있다가 단협은 60세에서 55세로 조정하고 취업규칙은 여전히 60세로 둔 사례 ; 〈부정적인 해석〉 근로개선정책과-4970, 2014.9.5.

정되나, 사업장단위단체협약효력확장에 따라 비조합원에게도 효력이 미친다.

㈏ **과반수노조동의의 단체협약 대체**

과반수노조가 행한 서면합의가 단체협약변경의 효력이 있는지에 대해 긍정설[1]과 부정설[2]이 대립된다.[3] 단체협약체결은 노동3권의 행사이다. 반면에 취업규칙동의는 사용자의견에 대한 수동적인 의사표시이며, 근로자대표의 서면합의는 단체협약으로 인정받지 못한다. 따라서 부정설이 타당하다.

근로자과반수와 근로자과반수대표는 물론이고 과반수노조가 행한 동의나 서면합의에 대해 소수노조의 단체협약을 변경하는 효력도 인정받기 어렵다.

3. 근로조건준수

근로자와 사용자는 각자가 단체협약, 취업규칙과 근로계약을 지키고 성실하게 이행할 의무가 있다(근기법 §5).[4] 단체협약에 대해 '서면으로 작성하여 당사자쌍방이 서명 또는 날인하여야 한다(노조법 §31)'. 단체협약중에에서 임금·복리후생비·퇴직급여 등 근로조건관련사항과 쟁의행위에 관한 사항을 위반한 사람에 대해 1천만원 이하의 벌금에 처해질 수 있다(노조법 §92 ii). 취업규칙·근로계약위반 자체로는 벌칙이 적용되지 않는다. 그러나 위반내용이 법정근로조건이면 해당조항에 대한 벌칙을 적용받는다. 단체협약·취업규칙·근로계약 내용중에서 어느 것이든 지키지 않는 사용자의 행위는 근기법위반이 되거나 채무불이행이 될 수 있다. 근로자가 이를 지키지 않으면 해고·징계 등 불이익을 받을 수 있다.

---

1) 박종희, "근로기준법상 근로자대표와 사용자가 체결한 서면합의의 효력", 「안암법학」 제8호, 안암법학회, 1998, 318쪽. 서면합의에 대해 단협과 같은 효력 인정.

2) 이달휴, "근로기준법에서의 근로자대표제", 「노동법학」 제8호, 한국노동법학회, 1998.12, 383~384쪽. 노동조합과 비교해서 언급하고 있다.; 이승욱, "근로기준법상 서면합의의 효력", 「노동법연구」 제7호, 서울대학교 노동법연구회, 1998.5, 105쪽. 서면합의에 대해 단협에 근거가 있어야 한다.

3) 도재형, 앞의 논문(2011.3), 114~121쪽.

4) 노동법실무연구회, 『근로기준법주해 I』, 293쪽. 근로조건대등결정원칙을 실질적으로 확보하기 위한 수단을 제시함으로써 근로조건결정이후 당사자가 취할 근로조건결정규범에 대한 태도를 이념적으로 규정한 것임.

제2절 균등처우와 차별금지

1. 차별금지제도 개관

1·가. 의 의

헌법(§11)은 '법 앞의 평등' 이념을 선언하면서 '성별·종교 또는 사회적 신분에 의하여 경제적·사회적·문화적 생활의 모든 영역에서 차별을 받지 않는다'고 규정하고 있다. 이러한 이념을 구현하고자 근기법[1]을 비롯한 노동관계법[2]은 고용 및 근로관계에 있어서 불합리한 차별을 여러 형태로 금지하고 있다. 차별금지제도는 차별금지영역, 차별금지사유, 차별개념, 실효성확보방법, 입증책임 등에 대해 각각 그 내용을 달리하고 있다.

1·나. 차별금지제도의 구조

(1) 차별금지영역

① 근로조건

근로계약이 체결된 후부터 근로계약이 종료되는 때까지를 대상으로 하여 근로조건, 복지, 징계 및 해고를 차별금지영역으로 삼고 있는 차별금지제도가 있다. 이러한 제도 아래에서는 채용이나 모집이 차별금지영역에 포함되지 않는다. 근기법, 기단법, 파견법, 외고법 등이 여기에 해당한다.

② 모집·채용

직안법은 근로관계의 성립, 즉 모집·채용에 있어 차별을 금지하고 있다.

③ 고용전반

채용, 근로조건 등을 포함해서 고용 전반에 걸친 사항을 차별금지영역으로 하는 차별금지제도가 있다. 고평법, 연령법 등의 제도가 그렇다. 일부제도는 고용뿐아니라 다른 분야에까지 영역을 확대하고 있다. 교육, 재화이용 등 고용외의 영역을 포함하고 있는 인권위법이나 장차법이 그렇다. 노조법은 '조합원지위취득

---

1) 노동법실무연구회, 『근로기준법주해Ⅰ』, 293쪽. 근기법제6조는 근로관계에서 균등대우원칙을 규정한 총칙.

2) 노조법, 고평법, 직안법, 고정법, 연령법, 장차법, 기단법, 파견법, 외고법, 인권위법, 「여성발전기본법」, 「국가유공자등예우및지원에관한법률」 등이 차별금지제도를 도입하고 있다.

후 자격유지'와 '조합운영참여'를 영역으로 정하고 있다.

(2) 차별금지사유

차별금지사유에 대해 성별, 신앙, 사회적신분, 연령 등 많은 분야를 개별법이 달리 규정하고 있다. 차별금지규정형식은 일반사유를 대상으로 하면서 이를 열거하는 종합기준과 어느 특정사유를 대상으로 하는 특정기준으로 나눌 수 있다.

① 일반사유

일반사유를 규정하는 법은 전체근로자를 대상으로 하여 차별금지사유를 다양하게 제시하고 있다.

헌법(§11)	성별, 종교, 사회적신분
근기법(§6)	'남녀의 성', 국적, 신앙, 사회적신분
노조법(§9)	인종, 종교, 성별, 연령, 신체적조건, 고용형태, 정당 또는 사회적신분
직안법(§2)	성별, 연령, 종교, 신체적조건, 사회적신분 또는 혼인여부
고정법(§7)	성별, 신앙, 연령, 신체조건, 사회적신분, 출신지역, 출신학교, 혼인 및 임신, 병력 그리고 학력(모집채용)
인권위법(§2)	성별, 종교, 장애, 나이, 사회적신분, 출신지역, 출신국가, 출신민족, 신체조건, 혼인여부, 임신, 출산, 가족형태와 상황, 인종, 피부색, 사상이나 정치적 의견, 형의 효력이 실효된 전과, 성적지향, 학력, 병력 등

② 특정사유

특정사유를 규정하는 법은 인적속성, 고용형태 등을 차별금지사유로 삼는다. 고평법(§2)은 성별·혼인 등을, 연령법(§4의4)은 연령을, 장차법(§4)은 장애를, 외고법(§22)은 외국인을, 파견법(§21)은 파견근로를 그리고 기단법(§8)은 기간제·단시간근로를 차별금지사유로 규정하고 있다.

(3) 차별금지범위

① 의 의

차별의 개념은 직접차별과 간접차별로 구분된다. 직접차별은 차별사유를 직접적인 원인으로 삼아 행해지는 차별이다. 간접차별은 차별사유를 직접적인 원인으로 삼지 않았으나 차별의 결과가 해당차별사유에서 비롯된 차별이다.

② 성 격

직접차별은 차별의 원인 또는 차별사유자체를 중시하는데, 간접차별은 차별의 결과를 중시한다.

③ **간접차별의 요건**

사업주가 채용 또는 근로조건에 대해 중립적기준[1]을 비교대상집단에게 동일하게 적용해도, 그 조건을 충족시킬 수 있는 특정집단이 다른 집단에 비하여 현저히 적고, 그로 인해 특정집단에 '불리한 결과(disparate impact)'를 초래하며,[2] 그 기준이 정당한 것임을 증명할 수 없으면(고평법 §2 i) 이를 간접차별 즉, 차별로 본다.

④ **간접차별금지의 목적**

직접차별을 금지하는 목적은 차별의 근본원인인 편견과 관습을 개선하여 실질적인 평등을 달성하려는데 있다. 외형상으로는 차별로 보기 어려우나 소수집단에게 불리한 기준이나 근로조건격차는 과거부터 누적된 차별적인 고용관행, 절차 또는 평가에서 비롯된 것으로서 그 자체만으로 차별이 될 수 있기 때문이다.

⑤ **적 용**

간접차별은 성차별과 관련하여 여성직종법리(같은장, 같은절 3·바, (2), ③)를 극복하면서 1999년에 고평법(같은장, 같은절 3·나, (1), ②)에 도입되기 시작하여 인권위법, 장차법(제8장, 제3절 6·마, (1), ②), 연령법(제8장, 제2절 3·다, (3), ③)에 규정되어 있다.[3] 기단법과 파견법, 이른바 비정규직관련법(제8장, 제4절 5·라, (4), ①)은 차별에 관한 정의규정만 두고 있고 간접차별에 대해서는 규정하고 있지 않다. 그밖에 다른 법들은 차별에 관한 정의규정을 두고 있지 않다.

(4) 차별금지효과

차별금지제도가 실효성을 확보하는 방법은 형벌과 구제로 나뉜다. 근기법은 형벌로 이행을 담보한다. 형벌은 차별을 예방하는 효과를 가지나, 원상회복 또는 권리실현을 가져다주지 못한다. 기단법과 파견법은 노동위원회를 통한 구제제도와 고용장관의 과태료부과를 규정하고 있다. 장차법은 국가인권위원회의 구제와

---

1) 〈예〉 교도관모집시 신장(158㎝ 이상), 체중(54.5㎏ 이상)의 자격요건제시. 교정심리학을 전공한 22세 여성이 체중미달로 응시 거부. 신체조건에 미달하는 여성이 41.3%인 반면에 남성은 1%만이 미달. 이 요건은 표면상으로는 중립적으로 보이더라도 여성이 현저히 불균등한 비율로 배제된 것이므로 직무수행상 필수적인 조건임을 합리적으로 입증하지 못하면 차별대우임 ; IQ에 대해서도 특정한 소수에게 불리한 결과를 가져올 수 있다[미국 대법원판례, Griggs V. Duke Power Co.(88 P.U.R. 3d90, 91s. Ct.849, 1971.3.8)].

2) 특정성이 어느정도 포함되어야 간접차별로 볼 것인지에 대해서는 학설이나 판례가 축적되어 있지 않다. 현재로서는 거의 모두가 특정성이고 다른 성이 상징적으로 극히 일부 포함되어 있는 정도가 이에 해당한다. : 해석론에 있어 통계적개념이 사용될 수 있다. 미국의 고용평등위원회(EEOC)는 차별로 인정하는 통계적불균형의 정도를 5분의4규칙으로 정하고 있다. 5분의4규칙은 소수집단비율이 다수집단비율의 5분의4미만일 경우 그 기준은 차별적이라고 판단한다. 예를 들어 여성은 승진대상자 12명중 3명이 승진하고, 남성은 25명중 15명이 승진했다면 여성승진비율 25%는 남성승진비율 60%의 5분의4인 48%에 그치고 있어 차별이다.

3) 성별이나 인종에 대표적으로 활용되는 기준이다. ; 고평법은 1995년에 차별의 정의규정을 신설할 때 직접차별과 간접차별을 구분하지 않았으나, 1999년에 간접차별개념을 추가하였다.

법무부장관의 과태료부과[1]를, 연령법은 국가인권위원회의 구제와 고용장관의 과태료부과를 각각 규정하고 있다. 고평법은 형벌을 유지한 채로 노동위원회의 구제 및 고용장관의 과태료부과를 규정하고 있다. 인권위법은 차별판단과 개선권고를 규정하고 있다. 그 밖의 법들은 실효성에 대해 규정하고 있지 않다.

(5) 차별입증책임

고평법 및 비정규직관련법은 사용자의 입증책임을 명시하고 있고, 장차법은 피해자와 가해자에게 입증책임을 배분하고 있다. 다른 법들은 입증책임에 대해 규정하지 않고 해석에 맡기고 있다.

2. 근로기준법의 균등처우

2·가. 의 의

(1) 법적근거

근기법은 헌법의 평등조항(§11)을 구체화한 균등처우규정을 두고 있다.

사용자는 근로자에 대해 남녀의 성을 이유로 차별적처우를 하지 못하고, 국적·신앙 또는 사회적신분을 이유로 근로조건에 대한 차별적처우를 하지 못한다(근기법§6, §114 5백만원벌금). 이 조항은 실효성 확보방법으로 벌칙을 부과하고 있다.

우리나라는 1997년에 ILO의 「차별대우금지협약」(제111호 1958)을 비준하였다.

(2) 차별적처우

차별적처우란 사용자가 근로자를 임금 및 그 밖의 근로조건 등에서 합리적인 이유없이 불리하게 처우하는 것을 의미한다.

(3) 합리적이유

① 개 념

'합리적이유가 없는 경우'라 함은 해당근로자가 제공하는 근로의 내용을 종합적으로 고려하여 달리 처우할 필요성이 인정되지 않거나 달리 처우하는 방법·정도 등이 적정하지 않은 경우를 의미한다.

② 판단기준

합리적이유가 있는지는 '불리한 처우의 내용'과 '불리한 처우의 사유로 삼은 사정'을 기준으로 고용형태, 업무의 내용·범위, 업무의 권한과 책임, 임금 그

---

1) 악의적인 차별에 대해서는 형벌을 부과하도록 하고 있다(제8장, 제3절, 6·바, (5)).

밖의 근로조건 등의 결정요소 등을 종합적으로 고려하여 판단되어야 된다.[1)]

③ **다른 개념의 원용**

근기법의 균등대우원칙이나 고평법의 동일가치노동동일임금원칙은 헌법의 평등원칙을 근로관계에서 실질적으로 실현하기 위한 것이다. 이러한 이유로 동일가치노동동일임금법리를 원용하여 근로계약상의 근로내용과 관련이 없는 다른 사정을 이유로 차별하면 합리성이 부정된다는 판결[2)]이 발견된다.

2·나. 차별판단방법

차별적처우가 성립하려면 차별주체가 같은 사용자여야 한다.[3)] 차별적처우란 같은 것을 다르게, 다른 것을 같게 취급하는 것을 말한다. 차별적처우에 해당하기 위해서는 차별을 받았다고 주장하는 사람과 비교대상자로 지목된 사람이 본질적으로 동일한 비교집단에 속해 있어야 한다.[4)] 근기법의 균등처우조항은 입증책임에 대해 규정하고 있지 않다.

2·다. 차별금지영역

근기법이 금지하고 있는 차별적처우의 금지영역은 근로조건이다. 채용의 기준이나 조건은 근로조건이 아니므로 차별적처우가 금지되는 영역이 아니다.

2·라. 차별금지사유

(1) 개 요

근기법이 금지하고 있는 차별적처우는 성별·국적·신앙 또는 사회적신분을 이유로 하는 것이다. 근로형태, 직급, 업무성적, 능력 등을 이유로 하는 차별은 위법으로 볼 수 없는 것이 원칙이다.[5)]

---

1) 대판 2020.11.26, 2019다26219 ; 대판 2021.2.4, 2019다230134.

2) 대판 2019.3.14, 2015두46321. 〈부당차별 인정〉 국립대학 시간강사처우개선 관련 사건. 헌법·근기법뿐아니라 고평법의 동일가치노동동일임금의 해석법리를 오해했다는 이유로 원심을 파기하여 합리성 부정(**한국노동법학회, 『노동판례백선』 제2판**, 57쪽, 균등대우의 일반조항인 '근기법 제6조의 차별'의 의미와 판단기준을 제시하고 성차별이 아닌 차별사건에도 동일가치노동동일임금원칙을 원용할 수 있다는 해석론을 제시했음) ; 근기 01254-7526, 1987.5.11. 〈부당차별 인정〉 징계자에 대해 임금인상혜택미부여, 〈근거〉 '임금조정결과가 공통으로 적용된다는 점과 동일가치노동동일임금 정신.

3) 근로기준정책과-4443, 2016.7.14. 〈부당차별 부정〉 지방자치단체들이 생활임금을 각각 다르게 적용.

4) 대판 2015.10.29, 2013다1051.〈부당차별 부정〉정부대책에 따라 '비정규직에서 일반직으로 전환되는 직원'과 '공개경쟁시험을 통해 일반직으로 임용되거나 정규직내직렬통합에 따라 일반직으로 자동전환된 직원' 사이에는 임용경로가 비정규직을 차별할 의도로 형식적으로 구분한 것이 아니며, 합리적인 임용경로차이에서 호봉차이가 발생한 것으로서 양자는 동일한 비교집단에 속한다고 볼 수 없다. 따라서 기간제근로자라는 고용형태가 사회적신분에 해당하는지까지 살필 필요없이 차별금지조항에 위배되지 않는다.

5) 대판 1992.8.14, 92다1995 ; 김형배, 『**노동법**』, 제20판, 646쪽.

(2) 성 별

근기법은 남녀의 성을 이유로 한 차별적처우를 금지하고 있다. 성별을 이유로 한 차별에 대해서는 고평법이 특별히 규정하고 있다.

(3) 국 적

국적은 국적법상 지위를 말하며 생물학적·인류학적 접근에서 사용되는 인종과 다른 개념이다. ILO가 1958년도에 「고용및직업상차별대우에관한권고(제111호)」를 채택한 이래, 국적을 이유로 근로조건에 있어 차별을 하지 못한다는 원칙은 일반화된 입법례이다. 국적차별은 한국국적을 가지고 있지 않은 외국국적자, 이중국적자 및 무국적자를 포함한다.[1] 아울러 「출입국관리법」을 위반한 불법취업외국인에게도 근기법 등 노동관계법이 적용된다(제12장, 제3절 3·다, (1), ②). 외국인근로자와 내국인근로자 사이의 근로조건을 종합적으로 비교한 후에 차별이 있다면, 이 차별이 국적만을 이유로 한 것인지가 검토되어야 한다.[2] 업무능력을 감안한 차별은 인정되지만 단체협약, 취업규칙, 근로계약 등에 근거를 두어야 합리성이 인정된다.

(4) 신 앙

'특정한 종교' 또는 '종교가 없는 것' 즉, 신앙·정치적신조[3] 등 신념을 이유로 근로조건에 대해 차별적처우를 하지 못한다. 근로자는 회사의 종교행사에 참가하는 것을 거부할 권리를 갖는다.[4] 차별금지사유는 신앙이나 신념이지 표현행위는 아니다. 따라서 유인물배포, 근로시간중의 종교의식 등에 대해 징계를 하더라도 이를 위법으로 보기 어렵다. 다만, 표현행위가 징계대상이 되려면 사회통념상 기업질서를 침해할 정도에 이른다고 인정되어야 한다. 종교단체나 정치단체가 행하는 사업에 대해서는 종교적·정치적신념과 일체관계가 있는 경향사업(*Tendenzbetrieb* 傾向事業)[5]이라면, 신앙이나 신념을 이유로 한 차별이 허용된다.[6] 시장개척이나 사업대상이 특정종교와 관련이 있어도 근로자에게 이를 강요할 수 없다.[7]

---

1) 박상필, 『근로기준법강의』, 86쪽.
2) 임금 68207-852, 1994.5.25. 〈합리성 인정〉 인력수급차질로 외국인조종사를 높은 임금수준으로 채용. 내국인조종사에게는 낮은 임금을 지급하나 복리후생·승진·직장보장·교육·훈련 등의 혜택 부여
3) 도쿄지방재판소 1967.4.24. 입사할 때 정치적신념 등을 이유로 하는 징계해고 관련.
4) 나고야지방재판소 1963.4.26.
5) 김형배, 『노동법』, 제20판, 646쪽. 〈독일〉 〈개념〉 정치, 신앙, 자선, 교육, 학술·예술적 결정 또는 기본법 제5조제1항제2문이 적용되는 보도·의견표명의 목적을 가진 기업 또는 사업(경영조직법 §118①). 〈효과〉 경향사업의 특징적 활동을 직접 수행해야 할 의무에 반하는 행위를 하면 해고제한법규정에 관계없이 해고 가능
6) 일본 최고재판소 1973.12.12. 신념이 불가결한 성립요건인 정당·종교단체에서 신념에 의한 차별은 균등처우원칙 위반이 아니다. ; 이상윤, 『노동법』, 제6판, 120쪽. 〈예〉 신학교직원의 교리에 반하는 행위.

(5) 사회적신분

① **개 념**

사회적신분이라 함은, "사회에서 차지하는 계속적이거나 상태적인 지위"로서, '일정한 사회적평가가 수반되고'[1] 자신의 의사나 능력으로 피할 수 없는 사회적 위치를 말한다.[2]

② **포함범위**

사회적신분에는 선천적지위뿐만 아니라 후천적지위도 포함된다. 사회적신분이 반드시 선천적으로 고정되어 있는 사회적지위에 국한된다거나 그 지위에 변동가능성이 없을 것까지 요구되지 않는다.[3]

③ **고용형태**

고용형태는 원칙적으로 사회적신분이 아니다. 이러한 이유로 비정규직(제8장 제4절, 5), 연령(제8장 제2절, 3), 장애인(제8장 제3절, 6) 등에 대해 차별금지법규가 따로 마련되어 있다. 일부고용형태에 대해, 타당성에 대해서는 별론으로 하더라도, 사회적신분을 인정하려는 시도[4]가 있다. 외형적으로는 고용형태의 모습을 띄고 있으나, 실질적으로는 근로능력과 직접 관계가 없는 출신은 사회적신분으로 인정될 수 있다.[5]

국가와 근로계약을 체결한 무기계약근로자는 공무원과의 관계에서 사회적신분으로 볼 수 없고 공무원은 비교대상집단이 될 수 없다고 본 판결[6]이 발견된다.

④ **근로형태**

㈎ **직 종**

사무직과 생산직, 통상근로자와 교대근로자[7]처럼 근로형태에 따라 근로조건

---

7) 임종률, 『노동법』, 제9판, 354쪽. 〈예〉 회교국가를 상대하는 무역회사나 여행사. ↘ 89쪽

1) 서울남부지판 2016.6.10, 2014가합3505.

2) 근기 01254-7861, 1987.5.15.; 管野和夫, 『勞働法』, 第七版補正二版, 131頁; 임종률, 『노동법』, 제9판, 354쪽; 자기의사로 피할 수 있는 공무원(헌재 1992.4.28, 90헌바27), 교원(헌재 1991.4.22, 89헌가106), 피합병회사근로자(이병태, 『최신노동법』, 제9판, 528쪽)를 사회적신분으로 보는 견해도 보인다.

3) 대판 (전) 2023.9.21, 2016다255941. 국토관리원(공무직근로자) 관련.

4) 서울남부지판 2016.6.10, 2014가합3505. 이른바 중규직관련; 서울중앙지판 2018.6.14, 2017가합507736. 입사자가 직제개편에 따라 일부는 기능직공무원으로 전환되고 일부는 일용직을 거쳐 무기계약근로자로 근무하면서 동일·동종의 업무를 수행한다면, 무기계약근로자는 사회적신분에 해당; 비슷한 취지의 하급심(대전고판 2015.11.26, 2014나11589)에 대해 상급심(대판 2019.12.24, 2015다254873)은 사회적신분에 대한 판단없이 무기계약간주근로자에 대해 동종유사근로자와 같은 취업규칙이 적용된다고 판단(**한국노동법학회, 『노동판례백선』 제2판**, 249쪽. 대상판결은 기단법 등의 문언에 명백히 반하고 종래의 법원판결과 배치되는 기준을 통하여 개별사안을 해결하려고 시도하고 있어 본질적인 해결책이 되기 어려움).

5) 하청회사에서 동종근로자임에도 불구하고 원청출신인 사람과 아닌 사람을 나누어 그러한 이유만으로 업무성적이나 근무태도와 관계없는 근로조건을 차등한 것은 사회적신분의 문제로 접근될 수 있을 것이다.

6) 대판 (전) 2023.9.21, 2016다255941. 국토관리원(공무직근로자) 관련.

이 다르더라도 합리적인 이유가 있다면 균등처우위반으로 보기 어렵다.

㈏ **지위 · 자격**

직위 · 직급 · 근속년수 · 종사상지위에 따라 정년 등 근로조건을 차별하는 것은 노동력의 가치평가, 직위 · 직급 등의 성격 · 기능이나 능률에 따른 것으로 균등처우위반으로 볼 수 없다.[1] 그러나 사회통념상 불합리하게 또는 아무런 이유가 없이 임금 · 근로시간 · 해고 · 퇴직 · 사면 · 복권[2] 등 근로조건을 차별하면 균등처우위반이다. 감봉 · 감급 · 정직 등과 같이 징계 · 처벌의 결과로 이루어진 차별은 원칙적으로 균등처우위반이 아니다. 그러나 차별이유에 사회통념상합리성이 없으면 균등처우위반이 될 수 있다. 근무부서가 달라 특정수당을 받지 못하는 것은 균등처우위반으로 볼 수 없다. 근무부서이동이 근로조건저하를 초래하면 전보 또는 징계의 일종이므로 정당한 사유가 있어야 한다.[3]

㈐ **기능 · 업무능력**

근로자의 기능, 업무능력, 능률, 업무난이도, 근속연한, 일정자격충족 등의 차이에 따라 상여금,[4] 근속수당, 학자금,[5] 연차유급휴가미사용수당[6] 등에 차등을 둘 수 있다.[7] 사용자가 성실한 근로자를 선정하여 시간외근로를 시키는 것처럼 업무능력, 업무태도에 따라 차별하는 것도 위법으로 볼 수 없다.[8]

2·마. 차별금지범위

근기법은 간접차별조항을 두고 있지 않으므로 직접차별만을 차별금지대상으로 삼는다.

---

7) 대판 2004.6.25, 2002두2857. 서울특별시지하철공사 사건, 교대제에만 휴무일전날 결근하면 휴무일도 결근처리한 것을 균등처우위반이라고 본 원심 파기. ↘ 90쪽

1) 근기 01254-3660, 1991.3.16 ; 근기 68207-1043, 1994.6.29. 〈균등처우위반 부정〉 직위별정년차별 ; 근기 01254-1963, 1992.12.4. 단체협약 등에 근거한 직급 또는 근속연수별 임금차등 관련 ; 근기 68207-237, 1994.2.1. 촉탁직관련 ; 대판 1991.7.12, 90다카17009. 〈균등처우위반 부정〉 기능직 · 고용직의 임금만 인상하고 일반직의 임금 동결 ; 대판 1997.7.8, 96다56269. 〈균등처우위반 부정〉 학력호봉가산조항을 특채직원에게만 적용하고 공채직원에게는 미적용.

2) 광주지판 1990.5.30, 89가합8820. 전교조에 가입하여 노동운동 및 집단행동을 한 교사 전원이 전교조탈퇴서를 제출하였는데도 33명에 대해서는 문교부의 지침(탈퇴자는 주동자, 단순가입자 모두를 구제한다)대로 탈퇴를 인정하여 경고에 그치고, 2명에 대하여만 면직처분을 한 것은 평등원칙에 위반된다.

3) 근기 01254-16193, 1986.10.17.

4) 근기 01254-18898, 1987.11.28 ; 근기 01254-7526, 1987.5.11.

5) 서울고판 2002.9.13, 2001누13593.

6) 근기 68207-842, 1996.6.25. 〈균등처우위반 부정〉 공장근로자와 본사의 사무직근로자간에 연차유급휴가근로수당지급률을 단협 등으로 달리 정하는 것.

7) 근기 01254-8593, 1989.6.12.

8) 근기 01254-7526, 1987.5.11.

2·바. 차별금지효과

근기법은 균등처우위반에 대해 벌칙으로 실효성을 확보한다. 균등처우에 위반하는 단체협약, 취업규칙 등은 사법상무효이다.[1)]

3. 성차별금지

3·가. 개 요

(1) 연 혁

성차별을 금지하기 위해 헌법의 평등조항에 기초하여 근기법 제6조에 균등처우규정[2)] 외에 헌법의 관련 규정[3)]을 구체화하여 1987년에 「남녀고용평등법」이 제정되었다. 「남녀고용평등법」은 개정과정을 거치다가 2007년에 「남녀고용평등과 일·가정양립지원에관한법률」(고평법)로 이름이 바뀌었다. '2021년 개정 고평법(2021.5.18개정 2022.5.19시행)'에는 성차별에 대한 노동위원회구제제도가 도입되었다.

우리나라는 1997년에 ILO의 「동일가치노동에 대한 남녀근로자의 동일보수협약」(제100호 1951)을 비준하였다.[4)]

(2) 목 적

고평법은 평등이념에 따라 고용에 있어 남녀고용평등을 실현함과 아울러 일과 가정의 양립을 지원함으로써 모든 국민의 삶의 질 향상에 이바지하는 것을 목적으로 한다(고평법 §1). 고평법은 배우자출산휴가, 육아기근로시간단축 등의 제도를 도입하면서 노동법의 이념을 근로조건보호에서 일·가정 양립으로 넓히고 있다.

(3) 적용범위

고평법은 근로자를 사용하는 모든 사업(장)에 적용된다(고평법 §3①본문). 다만, 동거친족사업(장)과 가사사용인에 대해 법의 전부를 적용하지 않는다(고평법§3①단서 고평법§2①). 한편, 직장보육시설설치(고평법 §21)는 「영유아보육법」으로 적용대상을 정하고, 분쟁의 자율적인 해결(고평법 §25)은 근참법상 노사협의회의 구성대상인 상시근로자가 30명이상인 사

1) 대판 1993.4.9, 92누15765.
2) 근기법은 이미 고용되어 있는 사람에 대해 근로조건을 적용함에 있어 차별적처우금지를 규정하고 있으며 그 내용이 포괄적이고 추상적이다. 이에 반해 고평법은 내용이 구체적이고 모집·채용 차별을 금지하고 있다.
3) 헌법 제32조[근로의 권리·의무 등] ④ 여자의 근로는 특별한 보호를 받으며, 고용·임금 및 근로조건에 있어서 부당한 차별을 받지 아니한다. ; 헌법 제34조[여성권익 향상 등] ③ 국가는 여자의 복지와 권익의 향상을 위하여 노력하여야 한다. ; 헌법 제36조[모성보호 등] ② 국가는 모성의 보호를 위하여 노력하여야 한다.
4) 그 밖에 ILO의 여성관련 협약과 권고로는 「가정책임을 가지는 여성근로자에 관한 권고」(제123호, 1965) 및 「가정책임을 가지는 남녀근로자의 기회균등 및 평등대우에 관한 협약」(제156호, 1981)이 있다.

업장에 적용된다.

근로자라 함은 '사업주에게 고용된 자'와 '취업할 의사를 가진 자'를 말한다(고평법 §2iv). 이는 모집·채용차별까지 금지하기 위해 마련된 규정이다. 고평법은 "남녀고용평등실현과 일·가정양립에 관하여 다른 법률에 특별한 규정이 있는 경우 외에는 이 법에 따른다(고평법 §3②)"고 규정하고 있다. 고평법은 남녀고용평등과 일·가정양립지원과 관련하여 기본법으로서의 성격을 갖는다. '다른 법률의 특별한 규정'으로는 공무원관련법과 선원법을 들 수 있다.

3·나. 차별판단기준

(1) 차별의 범위와 사유

① 직접차별

근로자에게 성별, 혼인 또는 가족상의 지위, 임신 또는 출산 등의 사유로 합리적인 이유가 없이 채용 또는 근로의 조건을 달리하거나 기타 불리한 조치를 취하는 사업주의 행위(고평법 §2 i 본문)는 직접차별에 해당된다.

② 간접차별

사업주가 채용 또는 근로조건을 동일하게 적용해도, 그 조건을 충족시킬 수 있는 한 성이 다른 성에 비하여 현저히 적고, 그에 따라 특정성에 불리한 결과를 초래하며, 정당성을 증명할 수 없으면(고평법 §2 i 본문) 간접차별이 성립한다(같은장,같은절 1·나,(3)).

(2) 차별금지요건으로서의 합리적이유

합리적이유가 없는 성차별은 금지된다.[1] 부당한 성차별로 인정되지 않으려면, 해당사업의 목적, 해당직무의 성질·양태·작업조건 등을 구체적·종합적으로 고려할 때에 남녀를 달리 대우하는 것이 기업경영상 합리적이어야 하고 그 방법·내용 등이 사회통념상 허용될 수 있는 범위여야 한다. 합리적이유의 존재여부를 판단함에 있어 해당사업주에게 의견진술기회를 주어야 한다(고용노동부예규 제117호 §2②).

(3) 차별로 인정되지 않는 행위

'직무의 성격에 비추어 특정성이 불가피하게 요구되는 진정직업능력',[2] '근로

1) 구체적 판단기준은 「남녀고용평등업무처리규정(고용노동부예규 제117호, 2016.9.5)」 참조.

2) 직무성격에 비추어 특정성이 불가피하게 요구되는 경우란 '특정성이 반드시 직무의 핵심적인 내용을 수행해야 하는 경우'로서 「남녀고용평등업무처리규정」(고용노동부예규 제117호) 제2조제3항에서 규정하고 있다. 첫째, 예술 그 밖의 예능분야에서 표현의 진실성을 이유로 특정성을 필요로 하는 경우(예 : 남성역할을 위한 남성배우, 모델), 둘째, 직무수행상 탈의나 신체접촉 등이 발생하여 프라이버시 유지를 위해 필요한 경우(예 : 여성목욕탕의 여성목욕관리사, 여성장애인·여성환자의 여성도우미), 셋째, 사업장의 성격 또는 장소로서 사용자가 제공하는

여성의 임신·출산·수유 등 모성보호를 위한 조치', '이 법 또는 다른 법률에 따라 적극적고용개선조치를 취하는 경우' 등은 차별로 보지 않는다(고평법 §2 i 단서).

(4) 입증책임

고평법과 관련한 분쟁해결(고평법§26 ~ §29 §29의2 ~ §29의7)에서 입증책임은 사업주가 부담한다(고평법 §30). 특정행위에 대해 근로자가 차별임을 입증하는 것이 아니고 사업주가 "합리적인 이유가 있는 등 차별이 아님"을 입증해야 한다.

3·다. 차별금지영역

(1) 모집 · 채용

① 법적근거

사업주는 근로자를 모집하거나 채용할 때에 남녀를 차별하면 안되며(고평법 §7①, §37④ i 5백만원 벌금), 근로자(2021.5.18전에는 여성근로자)를 모집·채용할 때에 직무수행에 필요하지 않은 용모·키·체중 등의 신체조건, 미혼조건 그 밖에 고용부령으로 정하는 조건을 제시하거나 요구하면 안된다(고평법 §7②, §37④ i 5백만원 벌금). 채용차별금지에 위반되는 행위 때문에 채용되지 못한 근로자는 사업주에 대하여 손해배상청구를 할 수 있다. 그러나 이미 채용한 행위가 무효로 되지는 않는다.

② 차별이 되는 행위

㈎ 직접차별

특정성응모기회배제,[1] 남녀분리모집 또는 성별채용인원·비율사전배정,[2] 특정성에게만 설정한 제한적인 조건,[3] 특정성을 채용조건으로 표시,[4] 남녀간 직급·직위차등,[5] 남녀간 근로형태차별,[6] 면접에서 특정성에게 다른 성보다 더 어려운 사항을 질문하는 행위, 특정성에게만 취업동의 또는 보증을 요구하는 것

시설 외에서 거주하는 것이 불가능하고 적절한 대체시설을 이용하기 어려운 경우(예 : 여성기숙사의 여성사감), 넷째, 그밖에 직무상 특정성으로 하는 것이 불가피한 것으로 인정되는 경우가 예시되어 있다.

1) 남자사원모집, 사무직남자○명 모집, 병역필남자에 한함 등.
2) '관리·사무직 남자 ○명, 판매직 여자 ○○명', '판매직 남자 ○○명, 여자 ○명' 등 ; 대판 2023.3.16, 2022도3393. KEB하나은행사건, 남녀채용비율을 4:1로 정한 상태에서, 여성비원비율이 높아 서류전형 커트라인이 높아진데 대해 차별 인정.
3) '남녀사원모집, 단 남자는 25~35세, 여자는 25세 이하', '여자는 미혼에 한함', '여자는 용모단정한 자 또는 부양가족이 없는 자에 한함' 등.
4) 남자환영, 남자적합직종 등 ; [부정] 웨이터·세일즈맨 등 여자를 배제하는 것이 아님이 분명한 경우.
5) '사무직5급은 고졸남자, 사무직6급은 고졸여자', '3급사원은 4년제 대졸남자, 4급사원은 2년제 대졸남자 또는 4년제 대졸여자' 등 학력·경력 등이 같음에도 여성을 남성보다 낮은 직급 또는 직위에 모집·채용하는 행위.
6) 학력 등에 있어 남녀를 똑같은 조건 또는 자격으로 모집한 후에 '남자는 정규직, 여자는 임시직'으로 발령하거나 여자의 수습기간을 남자보다 길게 하는 것 등.

등은 직접차별이다. 남성들에게만 병역의무가 부과되어 있는 상태에서 채용에 있어 군복무가산점을 부여하는 것은 여성에 대한 직접차별이 된다.[1]

㈏ **간접차별**

신체적인 요소를 채용조건으로 하는 것은, 고평법에 명시적으로 금지되어 있기도 하지만, 특정성에 불리한 결과를 초래하므로 간접차별에 해당된다.

③ **차별이 되지 않는 행위**

㈎ **업무성격**

특정성에 해당하는 근로자가 아니면 업무의 정상수행이 곤란하여 해당직종에 특정성만을 채용하는 것은 차별적처우가 아니다.[2]

㈏ **법령제한**

갱내근로나 여성취업이 금지된 직종(근기법 §65,§72)에 남성만을 채용하는 것은 차별적처우가 아니다.[3] 그러나 임산부에게 금지된 직종(근기법 §65 근기령 §40)에 여성임을 이유로 취업을 제한하거나, 야간·연장 또는 휴일근로가 불가피한 직종이더라도 '임산부에 대해 야간 및 시간외근로제한(근기법 §70,§71)'을 이유로 여성채용예정인원을 제한하여 모집·채용하는 것은 차별적처우이다.

㈐ **특정성만 모집·채용**

특정직종(직급 직위)에 특정성만을 채용함을 이유로 다른 직종(직급 직위)에 응시를 제한하거나 남성채용과 여성채용을 반복하면서 불리함을 주는 행위는 차별적처우이다.

(2) 임금·복지후생

① **의 의**

업무능력, 책임 등과는 관계없이 임금·기타 금품의 지급에 있어 남녀를 차별대우하는 것은 근기법(§6) 위반이다. 고평법은 이를 더 구체화하여 동일가치노동 동일임금지급(고평법 §8①, §37② i 3년징역·3천만원벌금)과 '복리후생에 있어 차별금지(고평법 §9, §37④ ii 5백만원벌금)'의 원칙을 명시하고 있다. 임금 및 금품에 대해 차별적취급(고평법 §8,§9)을 한 부분은 무효이고 근

1) 헌재 1999.12.23, 98헌마363. 가산점은 공직수행능력과는 관련성이 없는 기준이다. 가산점제도는 추구하는 공익이 입법정책법익에 불과한데, 남녀평등·장애인차별금지라는 헌법가치가 침해되므로, 법익균형성을 현저히 상실한 제도이다. ; 2001년에 「제대군인지원에관한법률」의 개정으로 폐지되었다.

2) 남성역할 배우·모델·가수 등과 같이 예술·예능분야에서 신체적특성 및 사고에 따른 표현의 진실성이 요청되어 남성을 고용하는 것이 당연한 업무, 남성목욕탕근무·남성기숙사사감 등과 같이 근로의 중요한 부분이 특정 성에 대한 배려를 필요로 하는 업무, 수위·경비원·남성팀운동선수 등과 같이 안전상이나 운동경기상의 필요에 의해 남성으로 하는 것이 불가피하다고 인정되는 업무.

3) 모집까지 포함되는 것으로 해석된다(여정 68247-443, 2000.7.27). ; 법령에 직접 규정하여 임산부가 아닌 성인여성에게 금지되어 있는 업종으로는 '2-브로모프로판을 취급하거나 노출될 수 있는 업무'가 있다.

로자는 사용자에게 차액지급을 청구할 수 있다(근기법 §15).

② **동일가치노동동일임금**

사업주는 근로자에게 동일한 사업내에서 행해진 동일가치노동에 대하여 동일임금을 지급하여야 한다(고평법 §8①). 동일가치노동이란 '직무수행에서 요구되는 기술, 노력, 책임 및 작업조건 등의 기준'(고평법 §8②)[1]에서 볼 때에 비교되는 남녀의 노동이 동일하거나 거의 같은 성질인 노동 또는 두 업무가 다소 다르더라도 직무평가 등의 방법에 의해 본질적으로 동일한 가치가 있다고 인정되는 노동을 말한다.[2]

사업주는 동일가치노동기준을 정할 때, 고평법 제25조에 규정된 노사협의회 근로자위원의 의견을 들어야 한다(고평법 §8②). '의견을 듣는다' 함은 동의를 의미하지 않는다. 노사협의회의 근로자대표가 복수이면 그들의 의견을 모두 들어야 한다. 회사가 정한 동일가치노동기준은 근로조건과 밀접한 관계를 갖는 것으로 취업규칙의 일부이므로 취업규칙의 제·개정법리를 따른다.

동일가치노동동일임금원칙은 비교되는 남녀의 노동이 모두 하나의 사업내에서 이루어지는 경우에 적용된다. 임금차별을 목적으로 사업주가 설립한 별개의 사업은 동일한 사업으로 본다(고평법 §8③). 동일가치노동에 대해 성별을 이유로 동일임금을 지급받지 못한 근로자는 사용자에게 그 임금상당액을 직접 청구할 권리가 있다.[3]

③ **복리후생차별금지**

사업주는 임금외에 근로자생활을 보조하기 위한 금품지급 또는 자금융자 등

---

1) 대판 2011.4.28, 2011다6832. 4가지 요건과 학력·경력·근속년수 등의 차이에 따른 것으로 보기 어렵다는 이유로 동일가치노동동일임금원칙 위반 인정. 「동일가치노동판단기준(고용노동부예규 제117호(2016.9.5)」 (§4 ②,③)은 다음과 같다.

<동일가치노동기준>

- 기 술 : 자격증, 습득된 경험 등 업무수행 능력 또는 솜씨의 객관적 수준
- 노 력 : 업무수행에 필요한 육체적 힘 및 정신적 부담
- 책 임 : 업무에 내재된 의무의 성격·범위, 사업주가 당해 직무에 의존하는 정도
- 작업조건 : 소음, 열, 기타 물리적·화학적 위험의 정도 등 당해 업무에 종사하는 근로자가 통상적으로 처하는 작업환경(해당 근로자의 학력·경력·근속연수 등을 종합적으로 고려)

2) 대판 2003.3.14, 2002도3883(**한국노동법학회, 『노동판례백선』 제2판**, 48쪽. 대상판결은 동일가치노동의 의미와 그 판단기준을 다룬 최초의 대법원판결이나, 동일가치노동동일임금원칙을 근거로 한 차액임금소송이 가능한지에 관해 해명을 하지 못하는 한계를 내포하고 있음). 남녀가 연속공정에 배치되어 협동체로서 같이 근무하고 있어 위험도·작업환경에 차이가 없고 작업조건이 다르지 않고, 모두 일용직이어서 책임에 차이가 없고, 기술·노력면에서 임금차별을 정당시할 차이가 없는 점을 들어 동일가치노동동일임금원칙 위반으로 판시하고 있다. 남녀업무가 기계작동유무면에서 차이가 있고 남자가 무거운 물건을 취급하는 등 여자보다 체력을 소모하는 노동에 종사하지만 기계작동에 특별한 기술이나 경험이 요구되지 않는다. ; 〈긍정사례〉 대판 2023.4.27, 2020도16431. 객실정리업무, 정근수당관련.

3) 대판 2011.4.28, 2011다6632.

복리후생에 있어서 남녀를 차별하여서는 안된다(고평법 §9).[1)]

④ **구체적 판단**

㈎ **임 금**

㉮ 직접차별

직종, 직급 등 합리적인 요건이 없이 특정성이라는 이유로 임금인상률을 다른 성보다 낮게 하는 것은 직접차별이다. 모성보호비용을 이유로 여성에게 일률적으로 같은 직군의 남성보다 적은 임금을 지급하는 것은 전형적인 직접차별이다. 직접차별은 남녀 사이에 다른 보수표를 적용하거나 경력·학력 등 객관적인 조건이 같음에도 여성에게 남성보다 낮은 호봉을 부여하는 것처럼 기본급·호봉산정[2)]·승급 등에 있어 성에 따라 기준을 달리하는 모습으로 나타난다. 남녀의 노동가치가 같음에도 불구하고 직급이 달라 임금이 다르다면 동일가치노동동일임금원칙에 위반된다.[3)] 남성이 더 무거운 물건을 취급해도 기계작동에 있어 남녀간에 차이가 있거나 특별한 기술·경험이 요구되는 것이 아니고, 그 작업이 특별히 높은 노동강도를 필요로 하지 않으면 임금에 차등을 둘 수 없다.[4)]

㉯ 간접차별

남성과 여성이 다른 업무를 수행하면 노사협의로 다른 임금인상률을 적용하더라도 위법이 아니라는 행정해석[5)]이 있다. 그러나 법령으로 제한하고 있지 않은 특정업무에 여성을 배치하지 않음으로써, 여성이 낮은 임금인상률을 적용받으면 간접차별이 될 수 있다.

㈏ **생활보조·복리후생 금품**

㉮ 직접차별

근로의 질·양 등과 관계없이 주택대여 또는 주택수당,[6)] 가족수당,[7)] 교육수당, 통근수당, 김장수당, 주택구입자금대출[8)] 등과 같은 생활보조·복리후생적인 금

---

1) 법제처 23-0592, 2023.9.22. 〈육아휴직 미해당〉 금품지급 또는 자금융자에 준하는 것이 아님. 형벌규정에 대해 확장해석 지양.

2) 부소 68247-93, 1993.3.26. 남녀간 다른 호봉표를 단일호봉으로 정리하면서 여성근로자의 경력을 일부만 인정하여 호봉차감 등 조정을 한 것이 위법인지는 남녀 업무가 동일가치노동인지의 판단이 있어야 한다.

3) 서울지판 1998.1.8, 96가합32886.

4) 대판 2003.3.14, 2002도3883.

5) 부소 01254-01419, 1991.7.20.

6) 부소 01254-116, 1992.3.25.

7) 부소 01254-116, 1992.3.25. 배우자 있는 남자, 배우자 있는 자(여자 제외), 배우자 있는 자(여자는 배우자가 불구·폐질인 경우, 배우자가 있는 자(여자는 배우자가 생활능력·부양능력이 없는 경우), 소득세법상 부양공제대상한도액을 넘는 경우는 남편인 자 등 성별을 지칭하는 용어를 사용하면 직접차별임.

8) 감독 68213-480, 1995.2.11. 단협에 기혼세대주를 주택구입자금대출대상으로 하고 있음에도 기혼여성근로자

품을 지급함에 있어 성을 이유로 차별하면 직접차별이다.

㉯ 간접차별

성별을 직접적인 기준으로 사용하지 않더라도 결과적으로 특정성에 불리한 결과를 가져오면 간접차별이 될 수 있다. '소득이 없는 배우자(또는소득이 일정 수준 이하인자)가 있는 사람', 부양의무자, '소득세법상 배우자공제대상', '가족관계증명서상 세대주' 등과 같은 중립적인 기준에 따라 가족수당을 지급하더라도 결과적으로 특정성에게 불리한 결과를 초래하면 간접차별이 될 수 있다.[1] 가족수당을 지급함에 있어 사내부부중에서 한 명을 제외하면 이는 반사회적행위(민법 §103)로 무효가 될 수 있으며, 제외대상을 특정성으로 명시하면 직접차별이고, 그렇지 않더라도 결과적으로 특정성이 차별을 받게 되면 간접차별이 될 수 있다. 부양대상인 배우자를 가족수당의 지급대상으로 하면서 소득이 있는 배우자를 제외한다면, 사내부부가 지급대상에서 제외되더라도 부당차별이 되지는 않는다.

⑤ **합리적 차별**

남녀의 노동이 외형상 비슷하더라도 학력, 경력, 근속년수, 직급 등에 차이가 있어 임금이 다르다면 이는 차별적처우가 아니다. 임금형태가 직무급, 능률급, 능력급 등으로 정해진 사업장에서 남녀 사이에 능력·업무성적의 차이가 구체적이고 객관적으로 존재함으로써 임금을 차등하여 지급하는 것은 차별이 아니다. 직위,[2] 직급, 직종, 직렬 등이 달라 업무성질·내용, 책임정도·작업조건 등이 다르면 이는 동일가치노동이 아니다. 군복무기간에 대해 호봉을 가산함에 있어 가산정도가 복무기간을 상회하거나, 면제자 또는 미필자인 남성에게도 적용하면 차별적처우이다.[3]

(3) 교육·배치·승진

① **의 의**

사업주는 근로자의 교육·배치 및 승진에 있어서 남녀를 차별하면 안된다(고평법 §10)(고평법 §37④iii 5백만원 벌금). '신입·경력 등' 대상, '직무·교양·직업 등' 내용,[4] '국내·국외 등'

에 대해 서류상으로만 세대주이고 남편의 소득원이 있다는 이유로 대출을 거부하는 것은 위법이다.

1) 간접차별이 법에 규정되기 전까지는 부당성부인(부소 68254-60, 1993.3.6 ; 부소 68240-200, 1994.6.21).

2) 서울서부지판 1991.6.27, 90가단7848. [부정] 임시·일용직인 여자청소원과 정식직원인 남자방호원의 노동.

3) 부소 68240-177, 1994.5.27 ; 「제대군인지원에관한법률」은 제16조의 채용우대조항에서 제대군인에 공익근무요원을 포함하고, 호봉이나 임금을 결정할 때 군복무기간을 근무경력에 포함할 수 있도록 규정하고 있다.

4) 〈예〉 남성에게는 직무능력개발·승진필요내용, 여성에게는 예절·교양을 교육하거나 관리능력 배양교육 대상에서 여성을 제외하는 것처럼 성별로 교육과정을 편성·운영하는 등 교육내용을 달리하는 것.

장소와 관계없이 남성과 여성에게 같은 교육훈련기회를 주어져야 한다.[1]

업무배치에 있어 차별적처우인지는 "차별"에 대한 일반적인 판단기준을 따라야 하나, 근로자의 동의여부가 중시되며 사업장관행[2]도 합리성이 있으면 인정된다. '특정직무에 특정성배치배제',[3] '혼인·임신·출산·연령을 이유로 한 불리한 배치',[4] '특정성에 대한 순환근무배제' 등은 차별대우가 된다.

승진에 있어 특정성에 대해 시험기회박탈,[5] '불리한 조건·절차 부과',[6] 승진한계차별적용,[7] '특정성에게 더 많은 단계의 직급 설정',[8] '승진예정인원의 성별할당',[9] '자동승진·승급에서 특정성만 제외'[10] 등의 행위는 위법이다.

② **직군별구분관리**[11]

업무를 2개이상의 직렬이나 직군으로 나누어 채용조건, 대우, 권한과 의무의 정도를 각기 달리하여 노무관리를 하는 직군별구분관리 이른바 코스별고용관리제도가 있다.[12] 이 제도는 근로자의 의욕과 능력, 적성 등에 따라 대우하는 제도여야 한다. 이를 위해 코스별로 직무내용, 직무능력과 채용조건, 의무·책임, 권한·대우 등을 명확히 할 것이 요청된다. 코스선택기회가 자유롭게 주어지고 권한, 의무, 대우 등 코스운영의 전체과정에서 성차별이 존재하지 않으면 기업의 인사·경영권의 행사로 보아 타당성이 인정된다.[13]

㈎ **직접차별적 요인제거**

코스의 분류기준은 성별이 아닌 의욕·능력 등이어야 한다. 동일코스에 채용

---

1) 〈예〉 해외연수 등에서 여성 제외 또는 남성보다 장기간의 근속기간을 요구하는 것처럼 불리한 조건 부과.

2) 도쿄고등재판소 1974.10.28. [인정] 구매업무 종사 여성을 출산휴가후 독신자숙소의 업무로 배치전환.

3) 〈예〉 영업직에 남성만을 배치하거나 여성임을 이유로 해외근무대상에서 제외시키는 행위 ; 〈예〉 동일한 학력이나 자격으로 채용한 후에 남성은 주로 기간업무에 배치하고 여성은 본인의사에 반하여 정형적단순보조업무에 배치하는 행위, 같은 학력의 사원임에도 남성은 기획관리분야에 여성은 보조업무에 배치하거나, 동일한 생산직으로 채용한 후에 남성은 생산관리, 여성은 제품조립업무에만 배치하는 것 등.

4) 〈예〉 기혼여성근로자에게만 통근하기 불편한 장소로 배치한 행위.

5) 근기 01254-134, 1992.4.4. 동일학력수준의 직원을 사원과 여사원으로 구분하여 사원의 개념에 여사원을 포함시키지 않고 '5급 사원'에게만 승진시험 기회를 주도록 하는 것은 차별적처우이다.

6) 〈예〉 남성보다 장기근속 요구, 근무성적·출근율을 엄격하게 적용, 여성에게만 별도의 시험 요구.

7) 〈예〉 여성에게 일정직급(위) 이상으로는 승진할 수 없도록 하는 행위.

8) 〈예〉 남성은 '사원 → 과장 → 차장'으로, 여성은 '사원 → 대리 → 과장 → 차장'으로 하는 행위.

9) 〈예〉 승진후보자가 남성 10명, 여성 20명임에도 남녀 각각 2명씩을 승진시키기로 한 행위.

10) 일본 아키타지방재판소 1975.5.10. 일정기간 후 자동승진 관행을 여성에게만 적용하지 않는 행위 관련.

11) 1991.10. 일본 노동성 부인국이 지방감독서에 보낸 지침인「コース別 雇用管理の望ましいあろえ方」참조.

12) 기획·조정 등 판단이 필요한 업무에 종사하면서 주거이전을 가져오는 전근이 있는 '종합직', 주로 정형적 업무를 하면서 주거이전을 가져오는 전근이 없는 '일반직', 종합직에 준하는 업무를 하지만 주거이전을 가져오는 전근은 없는 '중간직' 등의 코스를 만들어 고용관리를 하는 것을 예로 들 수 있다.

13) 부소 01710-83, 1993.3.18.

하면서 선발의 방법 · 기준은 물론이고 코스의 설명방법이나 내용도 성별에 따라 차이가 없어야 하며, 특정성에게만 극단적인 조건이 부여되는 것은 안된다. 채용후에도 각코스내에서 남녀간에 배치, 승진, 교육훈련, 그 밖의 근로조건을 합리적인 이유없이 차별할 수 없다.

㈏ **간접차별적 요인제거**

코스를 자유롭게 선택하게 하더라도 특정성이 어느 한 코스에 집중되면 간접차별이 될 수 있으므로 언제든지 다른 코스로 전환할 수 있는 제도설계가 필요하다.[1] 전환할 때에 자격요건이나 시험은 적절한 수준이어야 하며, 지나치게 힘든 요건을 부과하는 것은 부당차별이 될 수 있다. 코스를 전환한 사람에게는 새 코스에 익숙해질 수 있는 훈련을, 전환하고자 하는 사람에게는 시험자료제공, 교육 등의 지원을 해야 간접차별요인을 제거할 수 있다.

(4) 정년 · 퇴직 · 해고

① **의 의**

사업주는 근로자의 정년 · 퇴직 및 해고에 있어서 남녀를 차별하면 안되며, 여성근로자의 혼인 · 임신 또는 출산을 퇴직사유로 예정하는 근로계약을 체결하면 안된다(고평법 §11, §37① 5년징역·3천만원벌금). 이를 위반한 근로관계종료는 부당해고(근기법 §23)에도 해당된다.

② **정년차별**

㈎ **직접차별**

같은 직종이나 업무에 있어 남녀의 정년을 달리 정하는 것은 차별적처우이다. 특정성의 육체적 · 정신적인 능력이 다른 성보다 부족하다거나 특정성의 평균근속년수가 남성에 비해 짧다는 것은 정년차별의 기준이 될 수 없다. 성별정년차별은 노동과학적으로 합리성이 입증되어야 정당성을 인정받을 수 있다.

㈏ **간접차별**

정년차별여부의 판단은 단체협약의 규정뿐아니라 근로실태가 함께 고려되어야 한다. 겉으로는 직종을 기준으로 정년차이를 두고 있으나 낮은 정년의 직종에 종사하는 사람의 대부분이 여성인 전화교환직사건을 계기로[2] 여성전용직종의 개

---

1) 코스의 전환은 쉬운 코스에서 어려운 코스뿐아니라 어려운 코스로부터 쉬운 코스로도 가능하도록 하여야 하며, 전환시험기회를 여러 번 부여하는 등 전환기회를 폭넓게 인정할 필요가 있다.

2) 대판 1988.12.27, 85다카657. 일반직은 53세, 교환직은 43세가 정년인 사례. 여성전용직종여부와 정년차등에 대한 심리미진을 이유로 원심파기(**한국노동법학회, 『노동판례백선』 제1판**, 36쪽. 주요판례로 소개) ; 부소 68247-8, 1993.3.17. 앞의 사업장에서 교환직정년을 53세로 올린 후 일반직정년을 58세로 올린 사례.

념이 적용되었고[1] 최근에도 그러한 접근[2]이 있으나, 여성전용이라는 말 자체가 성인지적이므로 간접차별의 개념이 적용됨이 타당하다. 간접차별은 직급정년제에서도 찾아볼 수 있다. 직급정년제는 부당차별에 해당되지 않는다. 그러나 대다수가 여성인 직급에 대해 상대적으로 낮은 직급정년을 적용하면 간접차별이 성립될 수 있다.[3]

③ 결혼퇴직

결혼퇴직제나 독신조항은 '일과 가정의 양립을 통한 인간의 존엄성 확보'라는 차원에서 선량한 풍속(민법 §103)에 위배되어 무효이다.[4] 사내부부에 대해 어느 한 쪽을 퇴직케 하는 것도 그렇다. 결혼을 퇴직사유로 하는 것은 부당차별이고,[5] 결혼의 자유를 제한하는 것으로서 선량한 풍속에 위반되므로[6] 그러한 조건에 동의한 후에 입사하더라도 이를 이유로 해고할 수 없다.[7] 결혼을 이유로 제출한 사직서가 근로자의사에 반한 것이라면 그 효력이 없다.[8]

④ 차별적해고

여성이라는 이유로 해고하는 것은 고평법 제11조와 근기법 제23조 위반이다.

㈎ 혼인 · 임신 · 출산 해고

사업주는 여성근로자의 혼인, 임신 또는 출산을 퇴직사유로 예정하는 근로계약을 체결할 수 없다(고평법 §11②). 혼인을 이유로 자동퇴직토록 하는 계약은 무효이다. 미혼을 채용조건으로 정하여도 채용된 후에는 결혼을 이유로 해고하지 못한다. 출산휴가기간과 그 후 30일간(근기법 §23②), 육아휴직기간(고평법 §19③)동안은 정당한 이유가 있

---

1) 간호직, 타자직, 대학의 조무직(부소 01254-12651, 1991.9.2. 33명의 조무원중 32명이 여자이고 남녀조무원의 업무가 다름) · 사무보조원(감독 68200-788, 1995.3.27. 대다수가 여성인 사무보조원 정년을 다른 직종보다 현저히 낮은 30세로 정한 사례), 제조업체의 포장직, 기타 대다수가 여성인 직종의 정년이 다른 직종보다 낮게 책정되면 노동과학적인 증거를 제시치 못하면 성차별이 성립 ; 대판 1999.9.7, 97누9178. 교환직은 53세 다른 직렬은 58세로 정년을 정한데 대해 교환직렬잉여정도, 연령별인원구성, 교환직직원의 의견, 노사협의, 신규채용을 못한 기간에 비추어 합리성 인정.

2) 대판 2019.10.31, 2013두20011. 국가정보원여성정년사건. 헌법의 평등조항과 종합적판단을 근거로 이론 전개(**한국노동법학회, 『노동판례백선』 제2판**, 53쪽. 대상판결은 사실상 여성전용직렬에 대해 불리한 처우를 하는 것이 성별을 사유로 한 차등대우임을 소명하기에 충분함을 다시 한번 확인시켜 줌).

3) 대판 2006.7.28, 2006두3476. 직제개편으로 '행정직 6급' 여성근로자 모두를 '상용직 6급'으로 승진시킴에 따라 10년간 승진이 묶인 상황에서 낮은 직급 정년으로 퇴직한 사례.

4) 〈사례〉 대판 2001.12.27, 2000두7797. 계약서 내용, 증인 · 증거 부족 등 사실관계 판단으로 위법 부인.

5) 여정 68247-243, 2004.4.14. 사내커플이라는 이유로 여사원에게 사직을 강요한 사건.

6) 서울고판 1986.3.4, 85다1683. 단순사무직 여성에 대해 결혼을 이유로 해고한 사건.

7) 서울행판 2000.2.15, 99구18615.

8) 기준 811-16014, 1979.7.5.

어도 해고하지 못한다(제10장, 제3절 3·나, (1)).

㈏ **경영해고**

㉮ **직접차별**

경영해고(제10장 제2절, 4·라)에 있어서 해고대상자를 선정하는 과정에서 여성근로자가 선정된 사실만으로 부당차별이 되지는 않는다.[1] 징계사유·절차 등에 있어 특정 성을 다른 성에 비해 불리하게 대우하여 해고하는 것은 부당차별이다.

기혼여성, '25세이상 여성', '자녀가 있는 기혼여성', '사내맞벌이 여성', '생계책임이 적은 여성', '부양가족이 없는 미혼여성' 등과 같이 여성을 선정기준으로 하면 직접차별에 해당된다.

㉯ **간접차별**

경영해고대상을 '사내부부중 1인'으로 정한 규정은 반사회적행위(민법 §103)로서 무효이며, 해당해고는 부당하고,[2] 특정성이 많이 해고되면 간접차별이 될 수 있다.

3·라. 부당차별과 직장내성희롱의 구제와 처벌

(1) 부당차별구제

① 노동위원회 구제

㈎ **시정신청**

근로자는 사업주로부터 고평법에 따른 차별적처우등을 받은 날(차별적처우등이 계속되는경우그종료일)로부터 6개월이내에, 내용을 구체적으로 명시하여, 노동위원회에 시정을 신청(절차·방법등 중노위고시)할 수 있다(고평법 §26). 부당차별구제제도는 직장내성희롱과 '고객 등의 성희롱'에 있어 피해자인사조치미이행과 불이익조치를 대상으로 한다.

차별적 처우	모집·채용(§7), 임금(§8), 복지후생차별(§9), 교육·배치·승진(§10), 정년·퇴직·해고(§11)	
피해자 인사조치	직장내성희롱 확인(§14④)	피해근로자 요청에 따른 근무장소변경, 배치전환, 유급휴가명령 등
	고객등성희롱 발생(§14의2①)	
불이익 조치	직장내성희롱(§14⑥)	<불이익대상자> 성희롱 신고·피해근로자
	고객등성희롱(§14의2②)	<불이익사유> 고객등 성적요구 불응

㈏ **조사·심문**

시정신청을 받은 노동위원회는 지체없이 당사자에 대한 조사·심문(절차·방법등 중노위고시)

1) 일본 최고재판소 1977.12.15.

2) 대판 2002.7.26, 2002다19292, 알리안츠생명보험주식회사 사건, 권유·종용을 반복적으로 한 사건.

을 해야 하며, 당사자의 신청 또는 직권으로 증인을 출석하게 하여 질문할 수 있고, 당사자에게 증거제출과 증인에 대한 반대심문을 할 수 있는 충분한 기회를 주어야 하며, 업무수행을 위해 전문위원(고평령§18의2 수·자격·보수)을 둘 수 있다(고평법 §27).

㈐ **조정 · 중재**(고평법 §28)

노동위원회는 심문과정에서 당사자의 쌍방 또는 일방의 신청이나 직권으로 조정(調停)절차를 개시할 수 있고, 당사자가 결과를 수용하기로 합의하여 중재를 신청하면 중재를 해야 한다. 조정 · 중재의 신청은 '차별시정신청(고평법 §26)을 한 날'부터 14일이내(노동위가정당한사유를 인정하면그후도신청가능)에 하여야 한다. 노동위원회는 조정 · 중재를 함에 있어 관계당사자의 의견을 충분히 들어야 하고, 조정절차개시일 또는 중재신청일부터 60일이내에 조정안을 제시하거나 중재결정을 해야 한다. 당사자쌍방이 조정안을 받아들이기로 하면 조정조서를 작성하여 당사자 및 '관여 위원 전원'이, 중재결정을 한 경우에는 중재결정서를 작성하여 '관여 위원 전원'이 각각 서명 또는 날인을 해야 한다(조정·중재방법등 중노위고시). 적법하게 성립된 조정과 중재결정은 「민사소송법」에 따른 재판상화해와 동일한 효력을 갖는다.

㈑ **시정명령**

노동위원회는 조사 · 심문을 끝내고 차별적처우등에 해당된다고 판정하면 내용 · 이행기한 등을 구체적으로 적어서 시정명령을, 해당되지 않는다고 판정하면 시정신청을 기각하는 결정을 각각 서면으로 하고 그 이유를 구체적으로 명시하여 당사자에게 각각 통보해야 한다(고평법 §29).

㈒ **구제내용**(고평법 §29의2)

조정 · 중재 또는 시정명령의 내용에는 차별적처우등의 중지, 임금 등 근로조건개선(취업규칙·단체협약등 제도개선포함) 또는 적절한 배상 등의 시정조치를 포함할 수 있다.

배상을 하도록 한 경우, 그 배상액은 차별적처우등으로 근로자에게 발생한 손해액을 기준으로 하되, 차별적처우등에 대해 사업주의 명백한 고의가 인정되거나 반복된 것이면 그 손해액을 기준으로 3배를 넘지 않는 범위에서 징벌적배상을 명령할 수 있다

㈓ **불복과 확정**

지노위의 시정명령 또는 기각결정에 불복하는 당사자는 시정명령서 또는 기각결정서를 송달받은 날부터 10일이내에 중노위에 재심을 신청할 수 있고, 중노위의 재심결정에 불복하는 당사자는 재심결정서를 송달받은 날부터 15일이내에 행

정소송을 제기할 수 있으며, 해당기간내에 신청 또는 제기를 하지 않으면 해당 결정은 확정된다(고평법 §29의3). 고용장관은 확정된 시정명령에 대하여 사업주에게 이행상황을 제출하게 할 수 있고, 시정신청근로자는 사업주가 확정된 시정명령을 이행하지 않으면 이를 고용장관에게 신고할 수 있다(고평법 §29의4).

② **차별구제제도의 실효성 확보**

㈎ **고용장관의 시정요구**

고용장관은 사업주가 행한 차별적처우의 시정을 요구할 수 있으며, 시정요구에 따르지 않으면 차별적처우의 내용을 구체적으로 명시하여 노동위원회에 통보하고 해당사업주·근로자에게 그 사실을 알려야 한다. 통보를 받은 노동위원회는 지체없이 심리(필요사항 중노위고시)를 해야 하고(시정신청에따른구제조항 (§26~§29의4)준용), 해당사업주·근로자에게 의견진술기회를 주어야 한다(고평법 §29의5).

㈏ **확정시정명령의 효력 확대**

고용장관은 '확정된 시정명령(고평법§29의3 준용의경우포함)'을 이행할 의무가 있는 사업주의 사업(장)에서 해당시정명령의 효력이 미치는 근로자외의 다른 근로자에 대해서도 차별적처우가 있는지를 조사하여 차별적처우의 시정을 요구할 수 있고 이에 따르지 않으면 노동위원회에 통보해야 하며, 노동위원회는 지체없이 이를 심리해야 한다(고용장관시정요구조항 (§29조의5②~⑤)준용)(고평법 §29의6).

㈐ **불이익처분 금지**

사업주는 근로자가 '차별적처우등 시정신청(고평법 §26)', 노동위원회참석·진술(고평법 §27), 재심신청·행정소송제기(고평법 §29의3) 또는 시정명령불이행신고(고평법 §29의4②)의 행위를 한 것을 이유로 해고나 그 밖의 불리한 처우를 하지 못한다(고평법§29의7, §37② 3년징역·3천만원벌금).

㈑ **확정이행명령 위반 벌칙**

사업주가 '확정된 시정명령(고평법§29의3 준용의경우포함)'을 정당한 이유가 없이 이행하지 않으면 1억원이하의 과태료가 부과된다(고평법 §39①).

(2) 벌칙과 근로감독

사용자의 차별적처우 및 직장내성희롱에 대해서는 벌칙(관련부분에벌칙 내용이표시되어있음)이 규정되어 있다. 근로자는 근로감독관 또는 사법기관에 고소·고발 등을 통해 권리의 구제를 받을 수 있다. 노동위원회를 통한 차별구제의 대상이 되는 사항들도 모두 벌칙이 수반되는 사항들이다. 근로자는 이러한 사항들에 대해 두 가지 수단을 모두 선택할 수 있다. 이 경우 노동위원회의 구제와 고용부의 감독 사이에서 갈등과 모순을 초래할 수도 있다. 이 같은 이원적구조의 효력관계에서는 부당해고구제제도에서 자세히 설명(제10장 제5절,1·다)한다.

고용장관은 해당사업장의 근로자중에서 노·사가 추천하는 사람을 명예고용평등감독관으로 위촉하여 남녀고용평등실현업무[1]를 수행케 할 수 있다(고평법 §24).

(3) 분쟁의 자율해결

근로자로부터 고충(고평법§7~§13,§13의2,§14,§14의2,§18④ §18의2,§19,§19의2~§19의6,§21,§22의2)의 신고를 받은 사업주는 근참법에 의하여 설치된 노사협의회에 고충처리를 위임하는 등 자율적인 해결을 위해 노력해야 한다(고평법 §25).

(4) 적극적고용개선조치

적극적고용개선조치(*affirmative action*)라 함은 여성, 소수민족 등에 대해 구조화되고 관행화된 차별을 개선하기 위해 사업주에게 차별개선목표를 부여하고 이를 달성토록 하는 제도이다. 목표달성방법은 두 가지로 나뉜다. 첫째, 목표를 달성할 때까지 차별개선대상자들만 고용토록 하고 이를 위반하면 처벌하는 강행적방법이 있다.[2] 둘째, 시정계획을 제출토록 하고 이를 이행하면 행정적·재정적으로 지원하는 조장적방법이 있다. 고평법(§17의3~ §17의9)은 조장적방법을 택하고 있다.

4. 연령차별금지(제8장 제1절,3)·장애인차별금지(제8장 제2절,6)·비정규직차별금지(제8장 제3절,5)

1) ⓐ 해당사업장의 차별 및 직장내성희롱 발생시 피해 근로자에 대한 상담·조언 , ⓑ 해당 사업장의 고용평등 이행상태 자율점검 및 지도 시 참여, ⓒ 법령위반사항에 대하여 사업주에 대한 개선건의 및 감독기관에 대한 신고, ⓓ 남녀고용평등 제도에 대한 홍보·계몽, ⓔ 그 밖에 고용장관이 정하는 업무

2) 'affirmative action'은 여성, 소수민족 등 소외계층에 대해 실질적인 평등을 확보키 위한 우대조치이나 이를 강제적·강행적으로 추진하면 오히려 역차별이 되어 경제·사회의 비효율을 초래한다는 비판도 존재. 유럽연합(EU)의 유권해석기관인 유럽사법재판소(ELJ)는 1995.10.17 정부가 채용이나 승진에 있어 여성에게 일정한 할당을 하는 것은 절대적이고 무조건적인 여성우대로서 EU의 관련법규에 위반된다고 판시.

제3절 노동인권 보호

1. 강제근로금지

1·가. 취 지

전근대적인 노사관계에서는 사용자가 근로자를 강제적으로 기숙하게 하면서 노역에 종사시키는 폐습이 있었다. 봉건적인 노동관행을 타파하고 노동인격의 존엄성을 보장하기 위해 ILO는 「강제노동에 관한 협약(제29호 1930)」[1]과 「강제노동의 폐지에 관한 협약(제105호 1957)」[2]을 채택하고 있다.

1·나. 법적근거

근기법(§7)은 헌법(§12①)의 강제노역금지규정을 구체적으로 실현하고자 "사용자는 폭행, 협박, 감금, 그 밖에 정신상 또는 신체상의 자유를 부당하게 구속하는 수단으로써 근로자의 자유의사에 어긋나는 근로를 강요하지 못한다"고 규정하고 이를 위반하는 행위에 대해 벌칙(§107, 5년징역·5천만원 벌금)을 규정하고 있다.

1·다. 제도적용

강제근로금지의 이행주체는 사용자로 명시되어 있다. 따라서 이를 위반하는 죄는 일종의 신분범으로서 가해자와 피해자의 사이에 근로관계가 없으면 해당조항이 적용되지 않는다.[3]

---

1) 우리나라는 2021년에 비준하였다. ; 협약비준국은 가능한 최단기간내에 모든 형태의 강제노동이용을 금지하여야 한다. 강제노동이라 함은 제재의 위협하에서 강요되고, 자발적으로 요청되지 않은 모든 작업이나 역무이다. 다만 (a) 전적으로 군사적성격의 작업에 대하여 병역의무법에 의해서 강요되는 노무, (b) 완전자치국의 국민의 통상적인 공민으로서의 의무를 구성하는 노무, (c) 법원판결의 결과에 의해 강요되는 노무, (d) 긴급한 경우의 노무, (e) 공동체의 직접적인 이익을 위해서 주민에 의해 수행되고 따라서 해당주민이 부담할 통상적인 공민의 의무라고 인정할 수 있는 소규모공동체의 노무 등은 협약적용대상에서 제외된다.

2) 우리나라는 형벌체계를 이유로 비준을 못하고 있다 ; (a) 정치적강제나 교육수단으로서의 또는 정치적견해나 기존정치·사회 또는 경제체제에 반하는 이념을 고수하거나 표현한 것에 대한 처벌로서의 강제노동, (b) 경제발전목적으로 노동력을 동원하고 이용하는 방법으로서의 강제노동, (c) 노동규율수단으로서 강제노동, (d) 파업참가제재로서의 강제노동, (e) 인종적·사회적·국적적·종교적 차별수단으로서의 강제노동 등이 금지된다.

3) 노동법실무연구회, 『근로기준법주해Ⅰ』, 444쪽. 근기법 제7조는 강제근로의 주체를 사용자로 규정하고 있으므로 그 위반죄는 일종의 신분범죄이다.

1·라. 해당요건

강제근로(근기법 §7)의 죄가 성립하기 위해서는, 강제적인 근로가 실제로 행하여져야 하느냐에 대해 필요설과 불필요설이 있는데 후자가 지배적인 견해이다.[1]

1·마. 금지내용

(1) 폭 행

폭행은 원칙적으로 형법 제260조(2년징역·5백만원 벌금,구류·과료)에 규정된 폭행, 즉 '사람의 신체에 대하여 불법적인 힘을 행사하는 것'을 의미한다.[2] 폭행은 상해나 신체에 고통을 주는 것만을 의미하지는 않으며, 객관적으로 통상인의 자유를 상실케 할 정도면 성립한다.[3] 형법상 폭행에 해당하지 않아도 근로자의 자유의사를 사실상 부당하게 구속할 수 있는 수단에 의한 근로는 강제근로이다. 근로계약이나 동의에 근거한 사용자의 업무명령은 자유의사에 반한 것으로 볼 수 없다.[4]

(2) 협 박

협박은 형법 제283조에 규정된 협박을 의미하며, 근로자에게 공포심을 갖게 할 목적으로 본인 또는 친족의 생명·신체·자유·명예 또는 재산에 대해 협박자가 직접 또는 제3자를 통해 해악을 끼칠 것을 알리는 행위를 말한다.

(3) 감 금

감금은 형법 제276조에서 규정된 감금을 의미하며, 정해진 장소에서 탈출할 수 없는 상태에 둠으로써 신체의 자유를 구속하는 것을 말한다. 그 수단이 물리적이지 않더라도 후환이 두려워 도주할 수 없다면 감금죄에 해당한다.[5] 감금에 의한 강제근로인지는 업무성격 등을 감안하여 합리적으로 판단하여야 하며, '작업장의 문을 잠근 행위'나 생활용품보관행위[6]를 예로 들 수 있다. 반면에 '업무특성상 필요한 감금'[7]은 위법이 아니다.

(4) 정신·신체 자유 구속

강제근로를 금지하는 취지는 근로자의 의사에 어긋나는 근로를 금지하고자 하

---

1) 박상필, 『근로기준법강의』, 53쪽.
2) 박상필, 『근로기준법강의』, 91쪽.
3) 일본 노동성, 기발 제150호, 1985.3.14.
4) 이철수·김인재·강성태·김홍영·조용만, 『로스쿨 노동법』, 49쪽.
5) 일본 최고재판소 1959.7.3.
6) 도쿄고등재판소 1950.11.28.
7) 근기 1455-36726, 1981.12.12. 시험문제유출 등 기밀보장업무수행을 위해 출입을 통제한 사례.

는데 있으므로 폭행·협박·감금 등 형법에 규정된 수단외에 이에 준하는 정신적 또는 신체적인 구속에 따른 근로는 모두 금지된다. 금품청산지연위협, 사용증명서발급지연위협, 비리폭로위협 등이 그렇다.

위약예정, 전차금상계, 강제저축도 사회통념상 근로자가 그 의사에 어긋나는 근로를 해야 할 정도로 구속한다고 인정되면 강제근로가 된다.[1] 강제근로로 인정된 '정신·신체를 구속하는 수단'으로는 '군복무후 의무근로',[2] '근로계약과 다른 업무강요'[3]와 사표수리거부[4]를 들 수 있다. '불만스러운 근로조건 아래에서 하는 근로',[5] 영업비밀보호의무[6] 등은 강제근로로 인정되지 않는다.

2. 폭행금지

2·가. 법적근거

사용자는 사고발생이나 그 밖에 어떠한 이유로도 근로자에게 폭행을 하지 못한다(근기법 §8, §107 5년 징역·5천만원 벌금).

2·나. 취 지

폭행금지규정은 봉건적노사관계 아래서 근로자가 업무와 관련하여 보복적이거나 징계적인 가혹행위를 당하는 것을 방지하여 노동인격을 존중하고자 하는데 목적이 있다.[7]

---

1) 도쿄지방재판소 1975.7.28. 월급의 반인 근속장려금에 대한 중도퇴직 반납합의 관련.

2) 이행하지 않으면 임금을 반납한다는 약정은 강제근로금지원칙에 위배될 수 있다. 군복무기간동안 사용자의 임금지급의무는 없다. 그러나 지급키로 약정한 경우에는 "일정기간 근로치 않으면 이미 지급된 임금을 환수한다"는 특약은 근로자의 자유의사를 부당하게 구속하여 사용자에게 예속시키는 결과를 가져올 수 있다. 따라서 이러한 특약은 강제근로금지나 위약예정금지조항에 위반된다고 해석된다(법무 811-21256, 1980.8.22).

3) 근로계약에 의하여 덤프트럭운전사로 고용되었음에도 불구하고 정당한 이유없이 일방적으로 잡부노동에 종사케 하는 것은 근기법제7조에 위배된다는 판결(서울민지판 1979.7.12, 79가합373)이 있으나, 이는 근로계약위반의 문제로서 '정신·신체를 구속하는 수단'이 있었음이 인정되는 경우에 강제근로가 성립할 것이다.

4) 퇴직희망자를 계속 근로시키는 것은 자유의사에 반하므로 강제근로라는 행정해석(사노 320, 1953.10.14)이 있으나, 사직의 의사표시를 사용자가 수리하지 않음에 있어 폭행·협박·감금, 그 밖에 이에 준하는 정신적·신체적 구속이 있을 경우에 강제근로가 성립한다. 사용자가 사직의 의사표시를 수리하지 않으면 소정기간이 지나야 퇴직의 효력이 발생하나(민법 §660) 그 기간동안 민사문제는 별론으로 하고 강제로 근로를 시킬 수 없다. 면직된 자를 업무처리상 계속 근무케 할 사유가 있을 때는 일정기간 내에서 근무케 할 수 있다는 취지의 규정 또한 마찬가지이다(근기 01254-1952, 1992.12.3).

5) 근기 1455-8252, 1971.8.4.

6) 영업비밀을 전제로 다른 회사로 옮기는 것을 금하고 이를 어기면 손해배상을 하도록 하는 계약은 건전한 거래질서를 유지코자 하는 목적이 있고 사회통념이나 「부정경쟁방지 및 영업비밀보호에 관한 법률」의 취지에 부합하는 것으로서 그 자체만으로 강제근로금지에 위배된다고 획일적으로 말할 수는 없다(근기 01254-1732, 1992.10.17). 근로자의 비밀준수의무에 대해서는 '제3장, 제1절, 5·가, (1), ②' 참조 ; 위약예정, 손해배상예정금지와 관련하여서는 '제3장, 제1절, 6·가 참조 ; 해고에 관해서는 '제10장, 제2절, 2·마, (1), ⑨, ㈏' 참조.

7) 노동법실무연구회, 『근로기준법주해Ⅰ』, 452쪽. 강제근로금지는 근로자의 자유의사를 부당하게 구속하는 수단

2·다. 형법과의 관계

업무명령에 따르지 않는다는 이유로 폭행을 하는 것[1]처럼 근로관계에서 발생한 폭행은 근기법 제8조 위반이다. 근기법 제8조에서 말하는 폭행이란 형법상의 폭행과 동일하며 발생한 시간이나 장소와는 관계가 없다. 업무수행시간중이더라도 업무와 관련없이 사적관계에서 행하여진 폭행은 형법에 위반된다. 반면에 업무시간외에 사업장밖에서 발생해도 업무와 관련이 있으면 근기법 제8조 위반이다. 근기법상의 폭행죄는 형법과는 달리 반의사불벌죄가 적용되지 않는다.

2·라. 폭행금지 사유

폭행은 사고발생이나 그 밖에 어떠한 이유로도 금지된다. 사고발생이란 사업장에서 발생한 사고를 말하며 고의여부나 발생원인에 대해서는 묻지 않는다.[2] 근로자의 고의·과실로 사고나 손해가 발생하거나 정당한 업무명령을 이행하지 않더라도 그에 대한 민·형사책임이나 징계책임을 물을 수 있을 뿐이다.

2·마. 폭행금지 내용

폭행은 신체훼손을 가져오는 물리적행동에 한정되지 않는다. 긍정사례로는 몸수색(제10장, 제2절 2·마, (1), ③, (다))[3]이 있고, 부정사례로는 업무감시행위[4]가 있다.

2·바. 사용자책임 범위

근로자가 근로자를 폭행한 경우에도 그러한 폭행이 사용자의 사주를 받거나 업무와 관련하여 일어나면 사용자의 배상책임이 있다(민법 §756)(제3장, 제1절 5·가, (1), ③). 사업장밖 또는 근무시간외더라도, 사용자의 지휘명령아래서 이루어지는 업무 또는 행사에서 이루어진 폭행에 대해 사용자가 상당한 주의를 하지 않으면 배상책임을 진다.[5]

에 의한 근로의 강요를 금지하려는 것임에 반해, 폭행금지는 폭행이나 구타행위 그 자체를 금지.

1) 근기 68207-1329, 1994.8.24. 경비반장이 경비원에게 업무명령불복종을 이유로 시말서를 징구하겠다고 위협하면서 폭행.

2) 김형배, 『근로기준법』, 제8판, 90쪽 ; 박상필, 『근로기준법강의』, 95쪽.

3) 소지품검사나 몸수색은 기본적인권사항으로 근로자의사에 반할 때는 형법 제260조에 위반되는 것이 원칙이다. 그러나 검사의 방법, 정도에 있어서 합리적이유가 있는 범위에서 단협, 취업규칙 등에 규정하여 제도적으로 실시할 수 있다(일본 최고재판소 1968.8.2) ; 노정근 1455.9-3828, 1968.8.8. 〈버스안내양숙소에 회사간부가 들어와 행한 몸수색〉 이유여하를 불문하고 폭행금지조항에 저촉.

4) 운수회사에서 손님으로 가장하여 암행감시를 한 것은 보복적·징계적 가혹행위가 아니므로 폭행금지에 해당되지 않는다(근기 68207-2452, 1993.11.24).

5) 대판 1989.2.28, 88다카8682. 현장소장이 주관하고 노무담당대리가 진행을 맡은 배구대회중에 심판판정으로 시비가 있었으며 그로 인해 경기종료후에 인근에서 일어난 폭행 관련.

3. 중간착취배제

3·가. 법적근거

누구든지 법률에 따르지 않고는 영리로 다른 사람의 취업에 개입하거나 중간인으로서 이익을 취득하지 못한다(근기법 §9, §107 5년 징역·5천만원 벌금).

3·나. 개 념

중간착취란 취업과정이나 취업기간중에 노·사의 중간에 개입하여 이익을 얻는 것을 말한다. 구체적으로는 타인의 취업을 소개 또는 알선하여 주는 조건으로 소개료·수수료 등의 이익을 취하거나, 취업후에 중개인 등이 그 지위를 이용하여 임금의 일부를 착취하는 것이 그 예이다. 중간착취가 되기 위해서는 주체, 목적, 구체적행위의 존재 등의 요건이 충족되어야 한다.

3·다. 주 체

제3자, 개인, 단체, 공무원, 사용자, 외국인 등 누구든지[1] 중간착취를 하면 안 된다. 법인이 업으로서 타인의 취업에 개입하여 이익을 취하면 실제로 개입행위를 한 종업원이 처벌됨은 물론 법인에게도 양벌규정이 적용되어 방지를 위해 상당한 주의나 감독을 하지 않으면 벌금형이 처해진다(근기법 §115).

사업주를 포함한 사용자의 경우, 자신이 직접 당사자가 되는 근로계약관계에서 제3자로서 개입하는 중간착취가 성립하기 어렵다.[2]

3·라. 요 건

금지행위는 '영리로 타인의 취업에 개입'하는 행위와 '중간인으로서의 이익을 취득'하는 행위이다.[3]

(1) 영리로 타인의 취업에 개입

'영리로 타인의 취업에 개입'하는 행위는 제3자가 영리로 타인의 취업을 소개·알선하는 등 근로관계의 성립 또는 갱신에 영향을 주는 행위를 말한다.[4] 그러나 취업알선의 대가로 금품을 수령하는 정도의 행위가 있으면 중간착취가 성

1) 대판 2007.8.23, 2007도3192 ; 대판 2008.9.25, 2006도7660.
2) 근로개선정책과-7866, 2013.12.16.
3) 김유성, 『노동법Ⅰ』, 45쪽.
4) 대판 2007.8.23, 2007도3192.

립하고, 반드시 근로관계성립에 직접 영향을 미칠 정도의 구체적인 소개나 알선 행위가 있어야 하는 것은 아니라는 판결[1]이 발견된다. 단순히 돈을 건네받은 것만을 가지고 영리행위로 판단되지 않는다.[2]

타인의 취업에 개입하는 것은 민법상의 고용계약에 한하지 않고 넓은 의미로 근로관계에 제3자가 인과관계를 가지고 관여하는 것을 말한다.[3] 중간착취배제는 '업으로' 행할 것을 내용으로 하지 않으므로 계속·반복의사가 있어야 하는 것은 아니다. 우연 또는 1회적인 것이라도 이익을 목적으로 하면 위법이라는 것이 통설적인 견해이다.[4]

(2) 중간인으로서 이익 취득

'중간인으로서의 이익을 취득'하는 행위라 함은 근로계약관계가 존속하는 중에 근로제공과 관련하여 사용자 또는 근로자로부터 법률에 따르지 않은 이익을 취득하는 것을 말한다.[5] 이익이라 함은 보상금, 수수료, 소개료, 중개료 보수 기타 금품 등 명칭을 묻지 않으며 유·무형의 경제적가치 모두를 포함한다. 아울러 그러한 이익을 누구로부터 받은 것인지 묻지 않는다.

3·마. 양 태

중간착취 인정사례로는 '급료일괄수령후 일정이득 취득'[6]과 '덕대계약하청인의 중간이득'[7]을 들 수 있다.

3·바. 법적예외

중간착취는 법률에 따르지 않는 경우에 성립한다. 따라서 합법적인 국내·외 무료 및 유료직업소개사업(직안법 §18, §19)이나 근로자공급사업(직안법 §33①)은 중간착취로 볼 수

---

1) 대판 2008.9.25, 2006도7660.

2) 대판 2007.8.23, 2007도3192. 노조사무국장을 지낸 자에게 청탁하고 취업사례금을 받은 사건. 취업사례금을 받은 사람에 대해 '중간인으로서의 이익을 취득'하는 행위로 볼 수는 없다면서, 영리목적을 부정했다.

3) 일본 최고재판소 1956.3.29.

4) 임종률, 『노동법』, 제9판, 363쪽 ; 김유성, 『노동법Ⅰ』, 46쪽 ; 일본 노동성, 기발 제381호, 1948.3.2. 「노동기준법」은 '업으로서' 행하지 못하도록 규정하고 있기 때문에 1회에 그치는 것은 원칙적으로 위법이 아니고 반복, 계속의 의사가 있는 것으로 인정되면 법위반이 된다.

5) 대판 2007.8.23, 2007도3192 ; 대판 2007.7.26, 2007도3193 ; 근로계약존속중이 아닐 때 취업과 관련하여 이익을 취하는 것은 직안법 등 노동시장관계법에서 다룰 사항이다.

6) 사용자와의 사이에 도급관계가 없이 단순한 고용관계만을 맺고 있는 자가 급료를 일괄하여 수령하고 그로부터 일정한 이득을 취득한다면 중간착취에 해당된다(일본 오사카고등재판소, 1950.9.30).

7) 근기 1455.9-4661, 1972.6.6. 광업권자와 수급인의 덕대계약은 위법(「광업법」 §13)·무효. 근로계약관계는 처음부터 광업권자와 근로자간에 발생. 수급인이 광업권와 근로자 사이에 개입하여 중간이익을 취하면 위법.

없다(제8장, 제3절 4·나,(2)). 근로자파견의 경우, '파견사업주와의 근로계약관계'와 '사용사업주와의 지휘·명령관계'를 합한 것이 전체적으로 해당근로자의 근로관계가 된다. 파견사업주는 근로관계와 관련이 없는 제3자가 아니므로 중간착취의 주체가 아니다.[1] 도급, 업무위탁 등은 근기법(§9)위반의 문제가 발생치 않는다.

4. 근로자개인정보의 보호

4·가. 의 의

사용자는 생산성향상·근로자보호 등을 직접 명분으로 하여 근로자의 개인정보를 수집할 수 있다. 시설·재산을 보호할 목적으로 사업장에 감시장비를 설치하는 것은 경영권에 속하는 사항이나, 초상권·사생활을 침해할 위험이 있다. 감시·관찰행위는 인격권과 충돌하는 근로조건 또는 근로환경의 문제이다.

근로자개인정보에 대한 보호는, 근참법이 협의사항으로 규정하고 있는 것을 제외하면 노동법에 따로 규정되어 있지 않아 「개인정보보호법」, 「통신비밀보호법」, 「정보통신망 이용 촉진 및 정보보호 등에 관한 법률」(정보통신망법)과 「위치정보의 보호 및 이용 등에 관한 법률」(위치정보보호법)에 따라 판단된다.

4·나. 전자노동감시

CCTV 등의 설치는 「개인정보보호법」(§15 ① i)에 따른 정보주체의 동의를 받아야 하며, 예외인정은 엄격해야 한다. 「개인정보보호법」(§15 ① vi)은 개인정보처리자의 정당한 이익을 달성하기 위하여 필요한 경우로서 '명백하게 정보주체의 권리보다 우선하는 경우'를 기준으로 제시하고 있다. 이에 해당하는지는 개인정보처리자의 정당한 이익의 구체적인 내용과 성격, 권리가 제한되는 정보주체의 규모, 수집되는 정보의 종류와 범위, 정보주체의 동의를 받지 못한 이유, 개인정보처리자의 이익을 달성하기 위해 대체가능한 적절한 수단이 있는지 등을 종합적으로 고려하여 신중하게 판단되어야 한다.[2] 대상판결은 근참법(§20 ① x iv)에 따른 협의를 거쳐도 가능한 것으로 보고 있으나 정보주체의 동의를 대체하기 어렵다고 생각된다.

4·다. 통신수단의 사적사용

회사의 재산을 이용한 전화·이메일·인터넷의 개인사용은 금지될 수 있으나,

---

1) 법무 811-12329, 1976.9.26. 1998년에 파견법이 제정되어 법적으로 인정.
2) 대판 2023.6.29, 2018도1917. 〈업무방해죄 미성립〉 보안 및 화재감시목적으로 설치한 cctv에 대해 근로자감시효과가 있다는 이유로 비닐봉지를 씌운 근로자의 행위 관련.

사용자는 「통신비밀보호법」의 규정에 따라 보호를 받을 수 있다. 다만 이 법에 규정된 검열과 감청의 개념이 매우 좁아 실효성은 높지 않다. 근로자의 인터넷 통신을 감청하고, 그가 근무시간중에 인터넷통신을 했다는 이유로 징계위원회에 회부하여 징계위원의 앞에서 인터넷통신내용을 공개한 행위를 「통신비밀보호법」(§49)위반으로 본 판결[1]과 회사에 대한 음해성보도를 막는다는 이유로 근로자의 이메일을 열람토록 한 행위에 대해 사생활을 침해하여 「정보통신망법」(§49)위반이라고 본 판결[2]이 발견된다.

인터넷 등을 검열하지 않고 회사의 통신장비에 대해 사적사용을 방지하는 예방프로그램을 설치하는 것은 위법이 아니다.

4·라. 위치정보 보호

회사의 GPS단말기, 스마트폰 위치추적, 전자태그 등을 이용하여 외근사원이나 운전근로자의 정보를 수집하려면 정보주체의 동의가 요구된다(위치정보보호법§15①). 동의를 받지 못한 경우에는 「개인정보보호법」의 법리를 원용한다.

4·마. 제도개선

근로자개인정보보호에 대해 관련법에 노동부분에 관한 규정을 신설한다거나. 개인동의뿐아니라 근로자집단동의제도입 등 제도개선에 대한 제안[3]이 발견된다.

5. 공민권행사 보장(제4장 제3절, 5·나)

1) 인천지법부천지판 2004.4.14, 2003고단2107. 인터넷상으로 대화한 내용을 수집하여 화면으로 출력한 것을 비롯하여 교사 85명의 개인용컴퓨터를 이용한 인터넷 통신을 감청하고 대상자를 징계위에 회부하여 감청내용을 공개하였다.

2) 대판 2003.8.22, 2003도3344.

3) 양승엽 등 4인, 「근로자 개인정보보호법제 분석 및 비교연구」, 한국노동연구원. 2023.12, 158쪽.

제4절 근로권과 근로환경 보호

1. 직장내괴롭힘 금지

1·가. 의 의

(1) 배 경

근로관계에서 발생하는 직장내괴롭힘은 헌법이 보장하는 인격권·행복추구권(§10)[1]과 근로권(§32)을 보장하고, 산안법(§5)이 규정하는 재해예방차원에서 금지된다.[2]

(2) 법적근거

근기법은 직장내괴롭힘을 금지하고(§76의2~3 §109①, §116) 취업규칙기재사항으로 명시(§93)하고 있다. 직장내괴롭힘에 대해 산재법(§37)은 업무상재해로 명시하고, 산안법(§4)은 정부의 예방의무를 규정하고 있다.

1·나. 정 의

(1) 개 념

직장내괴롭힘이란 "직장에서의 지위 또는 관계 등의 우위를 이용하여 업무상 적정범위를 넘어 다른 근로자에게 신체적·정신적인 고통을 주거나 업무환경을 악화시키는 행위"를 말한다(근기법 §76의2).[3] 직장내란 직장내성희롱에서와 마찬가지로 장소의 개념이 아니며 사용자의 지휘·명령범위를 의미한다.

---

1) 대판 1996.4.23, 95다6823.

2) ILO는 2년간의 논의 끝에 2019.6 '제108회 ILO 창립 100주년 기념총회'에서 「일의 세계에 있어서의 폭력과 괴롭힘을 제거하기 위한 협약 제190호[Convention Concerning the Elimination of Violence and Harassment in the world of work(no. 190)]」를 채택하였다. 아울러 「일의 세계에 있어서의 폭력과 괴롭힘을 제거하기 위한 권고 제206호[Recommendation Concerning the Elimination of Violence and Harassment in the world of work(no. 206)]」도 협약을 보완해 구체적인 해석과 조치 등을 채택하였다. 회원국은 협약을 비준하지 않더라도 ILO로부터 정기보고를 요구받게 된다.

3) 〈프랑스 노동법전 L.1151-1〉 근로자의 권리와 존엄을 침해하거나, 신체적·정신적건강을 훼손하거나, 직업장래를 위태롭게 할 수 있는 근로조건의 훼손을 목적으로 하거나 그러한 결과를 초래하는 반복되는 정신적 행위; 〈독일 연방노동법원판례(2007)〉 위협·적대·멸시·품위손상 또는 모욕 등에 의해 인간의 존엄성을 침해하는 환경조성을 목적으로 하거나 그러한 환경을 야기하는 행동방식; 〈일본 후생노동성 제언.〉 같은 직장의 근로자에 대하여 직무상지위나 인간관계 등 직장내의 우위성을 배경으로 업무의 적정범위를 넘어 정신적·신체적 고통을 주거나 직장환경을 악화시키는 행위; 〈ILO 「직장 내 폭력에 관한 행동강령」〉근로자가 업무수행 과정에서 또는 업무의 직접적인 결과로서 폭행·협박·위해·부상을 당하는 행동과 사건.

(2) 성립요건

① 판단 요소

㈎ 지위 · 관계의 우위성

직장내괴롭힘이 성립하려면 우위성[1]이 인정되어야 한다. 우위성은 '지위의 우위'[2]와 '관계의 우위'[3]로 나뉘며 복합적으로 작용할 수 있다. '지위의 우위'는 상대적으로 직장내괴롭힘으로 인정될 개연성이 크다.[4]

㈏ 업무상 적정범위 초과

㉮ 업무관련성과 적정범위

직장내괴롭힘이 성립하려면 해당행위가 구체적 또는 포괄적으로[5] 업무관련성을 가져야 하고, 업무상 적정범위를 넘어서는 행위여야 한다. 적정범위는 '사회통념에 비추어 해당행위가 업무상필요성[6]을 갖는지, 필요성이 인정되어도 그 정도가 상당성을 갖는지'로 판단[7]된다.[8]

㉯ 개인적 용무

개인적인 일로 발생한 갈등은 직장구성원간에 벌어진 일이라도 업무수행에 편

---

1) 피해자가 저항 · 거절하기 어려울 개연성이 높은 상태가 인정되어야 하며, 행위자가 이러한 상태를 이용.

2) 지휘명령관계에서 상위에 있는 지위. 직접적지휘명령관계에 있지 않아도 '직급체계상 상위'를 이용하면 인정.

3) 사실적우위로 판단되는 모든 관계 ; 〈예시〉 '개인 대 집단'과 같은 수적 측면, 연령 · 학벌 · 성별 · 출신 · 지역 · 인종 등 인적속성, 근속연수 · 전문지식 등 업무역량, 노조 · 직장협의회 등 조직구성원여부, 감사 · 인사 등 업무영향력, 정규직여부 등의 요소 등 ; 우위성이 있는지는 특정요소에 대한 사업장내의 통상적인 사회적 평가를 토대로 판단 ; 관계의 우위성은 상대적일 수 있기 때문에 행위자와 피해자 간에 이를 달리 평가해야 할 특별한 사정이 있는지도 함께 확인 필요.

4) 〈직장내성희롱 관련 유추(같은장, 제4절, 2·다, (1), ② 참조)〉 대판 2008.7.10, 2007두22498. 방지할 지위에 있는 자의 성희롱은 고용상불이익을 두려워하여 감내하게 할 가능성이 크므로 엄격히 취급.

5) 업무수행중에 발생하지 않더라도 '업무수행 편승 · 빙자'에 의한 것도 포함되며, 개인용무과정에서 발생한 갈등은 '업무수행 편승 · 빙자'라는 특별사정이 없다면 인정받기 어려움 ; 〈직장내성희롱 관련 유추(같은장, 제4절, 2·다, (1), ② 참조)〉 대판 2008.7.10, 2007두22498. 성희롱'의 요건인 '지위를 이용하거나 업무 등과 관련하여'는 '포괄적인 업무관련성'을 나타낸 것으로서 업무수행의 기회나 업무수행에 편승한 경우뿐아니라 권한을 남용하거나 업무수행을 빙자하여 성적언동을 한 경우를 포함.

6) 근로계약, 단체협약, 취업규칙 및 관계법령에서 정한 내용에 비추어 판단.

7) 업무상 지시 · 명령에 대해 불만이 있는 경우에도 업무상필요성이 인정되어야 하나, 필요성이 인정되지 않더라도 그 행위가 '폭행이나 과도한 폭언을 수반하는 등 상당성이 결여'되거나, '동종유사업무수행 근로자와 비교할 때 합리적인 이유없이 행해지면' 업무상적정범위를 넘은 것으로 판단될 수 있음.

8) 〈예시 : 고용노동부, "직장내 괴롭힘 판단 및 예방 · 대응 매뉴얼", 2019.2. 13쪽.〉 ⓐ 신체에 유형력을 행사하는 폭행 또는 협박행위는 사실관계만 확인되면 인정. ⓑ 폭언 · 욕설 · 험담 등 언어적행위는 공개된 장소에서 이루어져 제3자에게 전파되어 피해자의 명예를 훼손할 정도이거나, 지속 · 반복적이어서 인격권을 해치고 정신적고통을 유발하면 인정. ⓒ '반복적 개인심부름'처럼 용인가능한 부탁수준을 넘는 사적용무지시는 업무상필요성 부인. ⓓ집단 따돌림, 업무수행과정에서의 의도적무시 · 배제 등은 인정. ⓔ '근로계약에 명시된 업무'와 무관한 일을 정당한 이유없이 근로자의사에 반해 상당기간 반복적으로 지시하면 인정. ⓕ '과도한 업무부과'가 불가피성이 없음에도 '물리적으로 필요한 최소한의 시간마저도 허락하지 않는 정도'라면 등 상당성 부인. ⓖ 업무용비품을 제공치 않거나 사내인트라넷 접속을 차단하는 등 업무수행방해행위는 모든 근로자에 대한 행위이거나 일시적경영악화에서 비롯된 행위가 아니라면 상당성 부인.

승하거나 업무를 빙자하여 이뤄졌다는 사정이 없는 한 직장내괴롭힘에 해당된다고 보기 어렵다.[1)]

㈐ **신체적 · 정신적 고통 또는 업무환경악화**

직장내괴롭힘이 성립하려면, 행위자의 의도와 관계없이, 피해자가 신체적 · 정신적인 고통을 받거나 근무환경이 악화되는 행위여야 한다.

근무환경악화라 함은 피해자가 능력을 발휘하는 데 '상당정도의 지장'[2)]을 가져 오는 것을 말한다.[3)]

② **적용방법**

직장내괴롭힘이 성립하려면 앞에서 말한 세 요건이 모두 충족되어야 한다.

성립요건은 '피해자와 같은 처지에 있는 일반적이고도 평균적인 사람의 입장'과 '당사자관계, 행위의 장소 · 상황 · 내용 · 정도 · 계속성(일시·일회적행위 부정적요소) 등 구체적 사정'이 종합적으로 고려되어야[4)] 한다. 가해자행위가 세 요건을 모두 충족하면, 장소적으로 반드시 사업장내일 것이 요구되지 않으며,[5)] 직장내괴롭힘으로 인정될 수 있다. 특히 취업규칙 등에 규정되어 있는 행위[6)]는, 성립요건에 부합할 경우, 인정될 가능성이 높을 것이다.

1·다. 금 지

사용자 또는 근로자[7)]는 다른 근로자에게 직장내괴롭힘을 하면 안된다(근기법 §76의2, 그 친척인 근로자 §116①, 사용자 또는 위반시 1천만원 과태료). 파견사업주와 사용사업주는 모두 사용자에 포함된다.[8)]

---

1) 고용노동부, 「직장내괴롭힘 예방 · 대응 매뉴얼」, 2023.4, 45쪽.
2) 〈예〉 근무공간을 통상적이지 않은 곳(면벽근무 등)으로 지정하는 등 인사권행사범위에 해당하더라도 사실적으로 업무수행에 적절하지 않은 환경조성.
3) 해고, 전보, 전환배치명령 등 인사조치가 직장내괴롭힘으로 문제되면 근기법(§23) 위반여부로 귀결.
4) 직장내성희롱 유추(같은장, 제4절, 2·다, (3), ② 및 ③ ; 대판 2018.4.12, 2017두74702 등).
5) 출장지 등 업무수행과정, 회식이나 기업행사 등이라도 사용자의 지휘명령범위에서 이루어진 것이라면 해당 가능. '사적 공간에서 발생한 경우', '사내메신저 SNS 등 온라인 상에서 발생한 경우'에 도 해당 가능.
6) 〈예시 : 고용노동부, "직장내괴롭힘 판단 및 예방 · 대응 매뉴얼", 2019.2. 16쪽〉 직장내괴롭힘으로 포섭될 수 있는 행위(연구진단 · 외국예 등 참고 작성). ⓐ 정당이유없이 업무능력 · 성과, 부인 · 조롱. ⓑ 정당이유없이 훈련 · 승진 · 보상 · 일상적대우 등 차별. ⓒ 특정근로자에 대하여만 근로계약서에 명시되어 있지 않는 모두가 꺼리는 힘든 업무를 반복적으로 부여. ⓓ 근로계약서 등에 명시되어 있지 않은 허드렛일만 시키거나 일을 거의 주지 않음. ⓔ 정당이유없이 업무와 관련된 중요한 정보제공 · 의사결정과정에서 배제. ⓕ 정당한 이유 없이 휴가 · 병가 · 복지 등을 쓰지 못하도록 압력. ⓖ 특정근로자의 일하거나 휴식하는 모습만 지나치게 감시. ⓗ 사적심부름 등을 지속 · 반복 지시. ⓘ 개인사에 대한 뒷담화나 소문 전파. ⓙ 신체적 위협 · 폭력. ⓚ 욕설 · 위협적언행. ⓛ 다른 사람들 앞이나 온라인상에서 모욕감을 주는 언행. ⓜ 의사와 상관없이 음주 · 흡연 · 회식참여 강요. ⓝ 집단따돌림. ⓞ 업무비품 · 인터넷·사내 네트워크 미제공.
7) 〈비판〉 권오성, "'직장내 괴롭힘' 관련 개정법(안)에 대한 평가와 향후의 과제", 「노동법 포럼」 제25호, 사단법인 노동법이론실무학회, 2018.11, 100~101쪽. '모든 사람'을 수규자로 규정(근기법 §9, §40)하는 경우가 있으나, 근로자와 근로자의 관계에 대한 규율을 근기법보다는 별도의 단행법형식이 법체계상 정합성 확보.

(1) 가해자

'사용자 또는 근로자'에 해당되지 않는 사람에 의한 직장내괴롭힘도 개념상 성립할 수 있으나, 근기법상 금지의무수규자는 '사용자 또는 근로자'로 제한된다. 고객, 도급회사근로자 등 제3자는 수규자가 되지 못한다.

(2) 피해자

직장내괴롭힘이 금지되는 피해자는 "다른 근로자"이다. 무급인턴, 자원봉사, 자활급여수급자, '하도급근로자 및 특수고용형태근로종사자'[1) 등 동일사업(장)에 근로하더라도 해당사업(장)근로자가 아니면 근기법상 보호대상이 아니다.[2)]

특수고용형태근로종사자[3)] 등이 근기법의 직장내괴롭힘금지규정의 적용대상이 아니더라도, 그 고용인은 산안법 제5조, 제77조 등에 따라 해당자를 보호할 의무와 이에 따른 손해배상책임을 진다.

1·라. 신 고

(1) 주 체

누구든지 직장내괴롭힘의 발생사실을 사용자에게 신고할 수 있다(근기법 §76의3①). 신고주체는 피해자가족, 노동조합, 거래처 등을 포함한 "누구든지"이다.

(2) 불이익금지

사용자는 직장내괴롭힘의 발생사실을 신고한 근로자 및 피해근로자등에게 해고나 그 밖의 불리한 처우를 하여서는 안된다(근기법§76의3⑥, §109① 3년징역·3천만원벌금).[4)]

1·마. 보호내용

사용자는 직장내괴롭힘에 대한 조사・조치의무를 진다. 이 경우, 파견사업주 및 사용사업주 모두가 사용자라고 해석[5)]된다.

---

8) 고용노동부, "직장내 괴롭힘 판단 및 예방・대응 매뉴얼", 2019.2, 8쪽. ↘ 116쪽

1) 〈같은 의견〉 고용노동부, "직장내 괴롭힘 판단 및 예방・대응 매뉴얼", 2019.2. 10쪽. 자율적규율 권장 ; 〈다른 의견〉 유성재, "특수형태근로종사자도 '직장 내 괴롭힘'의 보호 대상", 「월간 노동법률」, 2024년 8월호, 산안법 제5조, 제77조 등을 근거로 근기법 제6장의 2에서의 근로자에 특수형태근로종사자가 포함된다고 주장한다.

2) 〈같은 의견〉 권오성, 앞의 글, 100~101쪽. 개별법제정을 통해 보호대상을 확대해야 함을 주장 ; 고용노동부, "직장내 괴롭힘 판단 및 예방・대응 매뉴얼", 2019.2. 10쪽.

3) 대판 2024.5.17, 2024다207558.

4) 대판 2022.7.12, 2022도4925. 직장내괴롭힘을 신고한 근로자를 원거리전보한 행위를 형사처벌한 첫 판결.

5) 대판 2013.11.28, 2011다60247. 사용사업주도 보호의무와 안전배려의무를 부담한다는 묵시적의사합치 존재.

(1) 조 사

① 조사수행

사용자는 신고를 접수하거나 직장내괴롭힘의 발생사실을 인지하면, 지체없이 당사자 등을 대상으로 사실확인을 위하여 객관적으로 조사를 실시해야 한다(근기법§76의3②, §116② 5백만원 과태료). 사용자는 조사기간동안 '직장내괴롭힘과 관련하여 피해를 입은 근로자 또는 피해를 입었다고 주장하는 근로자(피해근로자등)'를 보호하기 위해 필요하면 피해근로자등에 대해 근무장소변경, 유급휴가명령 등 적절한 조치를 해야 하며, 이 경우 사용자는 피해근로자등의 의사에 반하는 조치를 하면 안된다(근기법 §76의3③).

② 비밀유지

직장내괴롭힘의 발생사실을 조사한 사람, 조사내용을 보고받은 사람 및 조사과정에 참여한 사람은 조사과정에서 알게 된 비밀을 피해근로자 등의 의사에 반하여 다른 사람에게 누설하면 안된다(근기법§76의3⑦, §116② 5백만원 과태료).[1] 조사관련내용을 사용자에게 보고하거나 관계기관요청으로 필요한 정보를 제공하는 경우는 그렇지 않다.

(2) 조 치

사용자는 직장내괴롭힘의 발생사실이 확인되면, 피해근로자에 대해 요청이 있는 경우에 근무장소변경·배치전환·유급휴가명령 등 적절한 조치를 해야 하고(근기법§76의3④, §116② 5백만원 과태료), 행위자에 대해 피해근로자의견을 듣고(근기법§76의3⑤, §116② 5백만원 과태료) 지체없이 징계·근무장소변경 등 필요한 조치를 하여야 한다.

(3) 효 력

① 직접규율

직장내괴롭힘의 가해자가 사용자이거나 '사용자의 배우자이거나 4촌이내혈족·인척으로서 해당사업(장) 근로자'(근기령 §59의3)인 경우에는 1천만원이하의 과태료가 부과될 수 있다(근기법 §116①). 근기법은 신고나 인지로 제기된 직장내괴롭힘행위에 대해 조사의무(§76의3 ②), 조치의무(§76의3 ④,⑤)와 비밀유지의무(근기법 §76의3⑦)를 규정하고 있으며, 이행하지 않은 사용자 등에 대해 5백만원이하의 과태료(§116 ②)를 부과하도록 규정하고 있다. 신고자 또는 피해자는 근기법의 해당조항을 근거로 하여 법적의무이행을 구하는 가처분신청 즉, 민사쟁송을 할 수 있다.

---

1) 법제처 23-0706, 2023.11.21. 비밀누설금지의무에는 조사참여자의 비밀누설금지의무준수에 대한 사용자의 감독의무가 포함되지 않는다.

② 간접규율

직장내괴롭힘에 대해서는 근기법의 직접규율과 별도로 가해자에 대해 민사법[1]·형사법[2]·근기법[3]·노조법[4]·고평법[5]·차별금지관련법[6]·산재법[7]에 의해 보호를 받을 수 있다. 다만, 이러한 보호는 일반법리에 기초를 두고 있어 은밀성·간접성 등 직장내괴롭힘의 특수성을 감안하면 그 효과가 크지 않다.

1·바. 노무관리

'직장내괴롭힘의 예방 및 발생 시 조치 등에 관한 사항'은 취업규칙의 기재사항이다(근기법 §93xi). 기재내용은 구체적으로 명시되어 있지 않다. 신고절차, 신고자보호, 징계처분, 인사명령 등에 관한 사항이 포함될 수 있을 것이다.[8]

직장내괴롭힘과 직장내성희롱은 해결·처리절차가 각각의 해당법률에서 유사하게 규정되어 있는 점을 고려할 때, 사업장상황에 따라 사건처리절차를 통합적으로 운영될 수 있다. 징계 등으로 규제할 것인지, 규제대상행위정도에 맞는 징계수위를 어떻게 할지 등은 사업장상황에 맞게 명확히 정해놓을 사항이다.

---

1) 〈불법행위책임〉 불법행위로 인한 손해배상청구소송(민법 §750·§751). 사용자가 방조한 경우에는 공동불법행위로 인한 손해배상청구소송(민법 §760), 사용자가 충분히 알았거나 알 수 있었음에도 즉각적이고 적절한 조치를 취하지 않은 경우, 사용자책임으로 인한 손해배상청구소송(민법 §756) ; 〈채무불이행책임〉 안전배려의무를 이행하지 않은 채무불이행에 따른 손해배상청구소송(민법 §390) ; 대판 1996.4.23, 95다6823. 사용자는 근로계약체결을 통해 업무지휘명령권의 행사와 조화를 이루면서 근로자가 근로제공을 통해 '인간의 존엄과 가치' 또는 인격권을 실현시키도록 배려할 신의칙상의 의무를 부담하며, 정당한 이유 없이 업무를 배제하는 등의 행위는 인격적법익침해가 되어 정신적고통에 대해 배상의무를 진다. ; 대판 2009.5.14, 2009다2545 (**한국노동법학회, 『노동판례백선』 제2판**, 63~64쪽. 대상판결은 직장내괴롭힘에 대한 불법행위책임을 처음 인정한 대법원판결로 의의가 있으나, 사용자의 공동불법행위의 방조책임은 부정됨).

2) 폭행죄(§260), 상해죄(§257), 중상해죄(§258), 특수폭행(§261), 협박죄(§283), 명예훼손죄(§307,§309), 모욕죄(§311), 강요죄(§324) 등 적용 가능.

3) ⓐ 폭행금지(§8), ⓑ 해고·전보명령 등 인사처분까지 당하면 부당해고·징계(§23)로 구제신청(§23, 민사상 무효확인소송 및 '불법행위로 인한 손해배상청구소송' 제기 가능), ⓒ 임신중·산후1년미만여성에 대한 괴롭힘 관련 조항은 사용금지(§65), 야간휴일근로제한(§70), 임산부보호(§74), 태아검진시간허용(§74의2) 적용, ⓓ 임금이나 근로시간관련 괴롭힘은 금품청산(§36), 임금지급(§43), 연장야간휴일근로(§56), 근로시간(§50), 연장근로제한(§73), 휴게(§54) 등 적용 ; 서울행판 2019.11.21. 2019구합57213. 대리점주에게 '갑질' 행위를 한 본사 직원에 대한 징계해고처분은 정당.

4) 부당노동행위 등

5) 직장내성희롱, 모성보호에 관련된 괴롭힘 등.

6) 차별적괴롭힘의 경우 국가인권위원회에 진정을 제기할 수 있고 관련법률(인권위법 §30, 장차법 §49, 고평법 §37 및 §19)에 따른 형사처벌 가능.

7) 직장내괴롭힘으로 인하여 발생한 질병, 부상, 자살 등에 대하여 산재보험급여신청.

8) 고용노동부, "직장내 괴롭힘 판단 및 예방·대응 매뉴얼", 2019.2. 7쪽. 금지되는 직장내괴롭힘 행위, 괴롭힘 예방교육, 사건처리절차, 피해자보호조치, 행위자제재, 재발방지조치 등을 매뉴얼의 취업규칙표준안을 참고하여 작성하되, 사업(장) 상황에 맞게 규정할 필요가 있다.

1·사. 근기법외의 노동법적 보호

산안법(§4)은 그 목적을 달성하기 위한 정부의 책무에 '직장내괴롭힘의 예방을 위한 조치기준 마련, 지도 및 지원'을 추가하고 있다. 산재법(§37)은 근기법에 따른 직장내괴롭힘, 고객폭언 등으로 인한 업무상의 정신적인 스트레스가 원인이 되어 발생한 질병을 업무상재해 즉 업무상질병으로 명시하고 있다.

2. 직장내성희롱 금지

2·가. 의 의

(1) 취 지

직장내성희롱은 직장내괴롭힘의 일종이다. 고평법은 근로권보장을 위해 직장내성희롱의 개념, 요건, 효과 등에 관한 규정을 담고 있다.

참고로 「성폭력범죄의 처벌 등에 관한 특례법(§10)」은 "'업무, 고용이나 그 밖의 관계로 자기의 보호·감독을 받는 사람'[1]을 대상으로 위계 또는 위력[2]으로 추행[3]한 사람에 대해 벌칙(3년이하징역 1500만원이하벌금)을 부과하고 있다.

(2) 개 념

직장내성희롱이라 함은 사업주, 상급자 또는 근로자가 직장내지위를 이용하거나 업무와 관련하여 다른 근로자에게 성적언동 등으로 성적인 굴욕감 또는 혐오감을 느끼게 하거나 성적언동 그 밖의 요구에 따르지 않는 이유로 근로조건 및 고용에서 불이익을 주는 것을 말한다(고평법 §2ii).

1) 2020.7.9, 대판 2020도5646. 직장안에서 보호 또는 감독을 받거나 사실상 그러한 상황에 있는 사람과 채용절차에서 영향력의 범위안에 있는 사람 포함.

2) 위력이라 함은 피해자의 자유의사를 제압하기에 충분한 세력을 말하고, 유형적이든 무형적이든 묻지 않으므로 폭행·협박뿐 아니라 사회적·경제적·정치적인 지위나 권세를 이용하는 것도 가능하며, 위력행위 자체가 추행행위라고 인정되는 경우도 포함되고, 이때의 위력은 현실적으로 피해자의 자유의사가 제압될 것임을 요하는 것은 아니라 할 것이고, 추행이라 함은 객관적으로 일반인에게 성적 수치심이나 혐오감을 일으키게 하고 선량한 성적 도덕관념에 반하는 것이다 [대판 1998.1.23, 97도2506 ; 대판 2013.12.12. 2013도12803 ; 대판 2020.5.14. 2020도5646(과장이 신입사원에게 컴퓨터로 음란물을 보여주거나 성적농담을 일삼은 것은 업무상 위력 등에 의한 추행에 해당한다고 본 사례) 등].

3) 추행이라 함은 객관적으로 일반인에게 성적인 수치심이나 혐오감을 일으키게 하고 선량한 성적도덕관념에 반하는 행위로서 피해자의 성적자유를 침해하는 것이고, 피해자의사, 성별, 연령, 행위자와 피해자의 이전부터의 관계, 행위에 이르게 된 경위, 구체적행위의 태양, 주위의 객관적 상황과 그 시대의 성적 도덕관념 등을 종합적으로 고려하여 신중히 판단되어야 한다. 그리고 강제추행죄의 성립에 필요한 주관적 구성요건요소는 고의만으로 충분하고, 그 외에 성욕을 자극·흥분·만족시키려는 주관적 동기나 목적까지 있어야 하는 것은 아니다(대판 2020.12.24, 2020도7981. 〈인정〉 회사대표가 회식장소에서 여성직원에게 헤드락을 한 행위).

2·나. 성희롱 당사자

사업주나 상급자·동료·하급자 등 직장내근무자는 물론이고, 거래처관계자·고객·협력업체근로자[1]·파견근로자·구직자 등 업무와 밀접한 관련이 있는 사람도 직장내성희롱의 가해자가 될 수 있다(고평법§12 및§14의2). 직장내성희롱의 피해자는 주로 여성이지만, 법적으로는 남녀 모두가 될 수 있다.[2]

2·다. 성희롱 성립요건

(1) 직장내 행위

직장내성희롱은 직장내지위를 이용하거나 업무와 관련하여 이루어지는 경우에 성립한다.

① 직장내

직장내란 장소적인 개념이 아니며 사용자의 지휘·명령의 범위에서 이루어지는 행위를 말한다. 출장, 회식 등 사업장밖에서도 직장내성희롱이 발생할 수 있다.

② 지위이용·업무관련

'지위를 이용하거나 업무 등과 관련하여'는 '포괄적인 업무관련성'을 나타낸 것으로서 업무수행의 기회이거나 업무수행에 편승한 경우뿐아니라 권한을 남용하거나 업무수행을 빙자하여 성적언동을 한 경우를 포함한다.[3] 지위를 이용하는 경우에는 상대적으로 성희롱성립요건이 쉽게 인정될 수 있다.[4]

(2) 성희롱행위의 존재

① 성적 행동

직장내성희롱은 성적행동에 의하거나 또는 이를 조건으로 하여 성립한다.

성희롱의 대상이 되는 성적행동은 육체적행위,[5] 언어적행위[6]와 시각적행위[7]로

---

1) 업무수행의 과정·내용이 불가분의 관계이면 직접 직장내성희롱이 성립할 수 있으며(여정 68241-207, 2002. 4.16), 그렇지 않더라도 '고객 등'에 의한 직장내성희롱이 성립.

2) 서울중앙지판 2015.7.1, 2014가단194767. 동성의 과도한 성적발언이 모욕감을 주면 인격권침해, 불법행위.

3) 대판 2008.7.10, 2007두22498.

4) 대판 2008.7.10, 2007두22498. 방지할 지위에 있는 사람이 성희롱을 하면 피해자가 불이익을 두려워하여 참을 위험이 크므로 엄격 취급.

5) 입맞춤·포옹·안기 등 신체적 접촉행위, 가슴·엉덩이·어깨 등 특정신체부위를 만지는 행위, 안마·애무 강요행위 등(대판 2004.4.16, 2004도52).

6) 음란한 농담·전화통화, 외모에 대한 성적 비유나 평가, 성적사실관계를 묻거나 '성적정보를 의도적으로 유포(대판 2021.9.16, 2021다219529. 여성버스기사관련)'(고평칙 §2 [별표1]). 성적관계강요·회유, '술을 따르도록 강요', '핫팩의 사용법을 물어 본 다음 여성 부하직원'의 가슴을 노골적으로 쳐다보며 '가슴에 꼭 품고 다녀라. 그래야 더 따뜻하다'고 한 발언(대판 2022.8.19, 2019다258545).

7) 음란한 사진·그림·낙서·출판물 등을 게시하거나 보여주는 행위(컴퓨터통신, FAX 등 포함), 성과 관련된

구분된다(고평칙§2 [별표1]).[1)]

② **행위의 빈도와 피해자수**

상대방이 원하지 않는 성적인 언어나 행동이 반복되거나, 한 번의 성적언동이라도 고용환경을 악화시킬 정도로 심한 경우에 성립한다고 하면서, 우발성을 판단기준으로 보는 판례[2)]가 발견된다. 반복적이거나 다수피해자의 경우, 우발성이 부정된다. 성희롱행위의 존재여부를 빈도로 판단하는 것은 타당해 보이지 않는다. 심하지 않은 한 번의 행위도 성희롱행위에 해당될 수 있다. 빈도나 피해자수는 가해자에게 취할 조치인 징계양정 등에 있어 고려요인이 될 수 있다.

(3) 성적행동의 판단기준

성희롱이 될 수 있는 성적행동에 해당하는지에 대해 판례를 종합하면[3)] 다음과 같이 정리될 수 있다.

① **성적 의도**

성적인 동기나 의도가 있는지는 성희롱의 성립요건이 아니다.

② **판단기준**

성희롱여부는 피해자의 주관적사정과 함께 사회통념상 합리적인 사람의 대응이라는 객관적사정을 고려하여 판단된다(고평칙§2 [별표1]).

㈎ **주관적 사정**

성희롱이 성립하기 위해서는 피해자가 성적행동으로 인하여 성적인 수치심·굴욕감·혐오감을 느꼈음이 인정되어야 한다.

㈏ **객관적 사정**

성희롱이 성립하기 위해서는 사회통념상 객관적으로 같은 처지에 있는 일반적·평균적인 사람으로 하여금 성적인 수치심·굴욕감·혐오감을 느낄 수 있게 하는 성적행동이 있어야 한다.[4)] 해당성적행동은 선량한 도덕관념에 반하는 행위

자신의 특정신체부위를 고의적으로 노출하거나 만지는 행위 등.

1) 대판 2008.7.10, 2007두22498.

2) 대판 2007.6.14, 2005두6461. [부정] 교감이 여교사에 대해 교장에게 술을 따라 줄 것을 두 차례 권한 언행; 대판 2008.7.10, 2007두22498. 성희롱 횟수가 1회에 그치면 우발적이라고 볼 여지가 있으나, 일정기간에 걸쳐 반복적으로 이루어지고 피해자도 다수라면 우발적이라고 볼 수 없다. 여직원을 껴안거나 볼에 입을 맞추거나 엉덩이를 치는 등 강제 또는 업무상위력에 의한 추행으로 인정될 정도이고, 성적언동도 포함된 성희롱 행위로서 우월한 지위를 이용하여 지휘·감독을 받는 여직원중에서 8명을 상대로 14회에 걸쳐 행한 사례.

3) 대판 2002.4.26, 2001도2417; 대판 2007.6.14, 2005두6461; 대판 2008.7.10, 2007두22498; 대판 2002.8.23, 2002도2680;「성폭력범죄의처벌및피해자보호에관한법률」 제11조제1항의 추행'에 대한 판결내용 원용; 대판 2018.4.12, 2017두74702.

4) 대판 2007.6.14, 2005두6461; 대판 2008.7.10, 2007두22498 등.

로서 피해자의 성적자유를 침해하는 행동이어야 한다. 성희롱은 왜곡된 사회적인 습이나 직장문화 등에 의해 형성된 생활태도에서 비롯된 것으로서 특별한 문제의식없이 이루어진 것이라는 이유로 그 행위의 정도를 가볍게 평가될 수 없다.

③ **판단방법**

㈎ **총괄적 판단**

성희롱에 해당되는지는 피해자의 의사·성별·연령, 행위자와 피해자의 관계, 행위의 장소·상황·경위·양태, 행위의 일회성·단기성·계속성, 행위에 대한 피해자의 명시적·추정적인 반응내용, 행위의 내용·정도, 주위의 객관적상황과 그 시대의 성적도덕관념 등을 구체적이고 종합적으로 고려하여 판단된다.[1]

이러한 판단은 성희롱행위의 성립뿐아니라 가해자에게 취할 조치인 징계양정 등에 있어 고려요인이 된다.

㈏ **개별적 판단**

행위에 대한 피해자의 반응과 관련해서, 소극적인 태도를 이유로 그 진술이 가볍게 배척되면 안된다고 해석[2]된다. 2차피해에 대한 피해자의 불안감이나 두려움이 고려되어야 하기 때문이다.

(4) 직장내성희롱의 성립

성희롱행위로 인해 '고용상의 불이익을 주는 것'은 물론이고 '성적인 굴욕감 또는 혐오감을 느끼게 경우'에도 직장내성희롱이 성립한다.

① **고용상불이익과 조건형성희롱**

'고용상의 불이익을 주는 것'이란 채용탈락, 감봉, 승진탈락, 전직, 정직, 휴직, 해고 등과 같이 채용 또는 근로조건을 일방적으로 불리하게 하는 것으로 조건형성희롱이라 한다.

② **고용환경악화와 환경형성희롱**

'성적인 굴욕이나 혐오감을 느끼게 하는 것'은 성적언동으로 위협적·적대적인

---

1) 대판 2008.7.10, 2007두22498 ; 대판 2018.4.12, 2017두74702.

2) 대판 2018.4.12, 2017두74702. 신체접촉사실을 인정하면서도, 익명으로 이루어진 강의평가에서 이에 대한 언급 없이 가해자의 교육방식을 긍정적으로 평가하였다든가 또는 계속하여 가해자의 수업을 수강한 점 등을 근거로 피해자진술의 증명력을 가볍게 배척한 원심 파기. 가해자중심의 문화와 인식, 구조 등으로 인하여 피해자는 성희롱사실을 알리고 문제를 삼는 과정에서의 부정적반응·여론·불이익처우 또는 정신적피해 등에 노출되는 '2차피해'를 입을 수 있다. 피해자는 2차피해에 대한 불안감·두려움으로 피해를 당한 후에도 가해자와 종전관계를 유지하는 경우도 있고, 피해사실을 즉시 신고하지 못하다가 제3자가 문제를 제기하거나 신고를 권유한 것을 계기로 신고를 하는 경우도 있으며, 피해사실을 신고한 후에도 수사기관이나 법원에서 진술에 소극적인 태도를 보이는 경우도 적지 않다.

고용환경을 형성하거나 업무능률을 저해하는 것으로 환경형성희롱이라 한다.

(5) 입증책임

성희롱은 불법행위의 한 유형이다. 따라서 불법행위의 성립여부를 가리면 족하고 업무능력저하, 고용상불이익 등을 피해자가 입증해야 하는 것은 아니다.[1]

2·라. 성희롱 예방과 조치

(1) 예방교육

사업주는 '매년' 직접 또는 위탁(고평법 §13의2)[2]의 방법[3]으로 성희롱예방교육을 실시하고, '성희롱예방교육내용을 근로자가 자유롭게 열람할 수 있는 장소에 항상 게시하거나 갖추어 두어 근로자에게 널리 알려야'한다(고평법§13①③ §39②,5백만원과태료). 성희롱예방교육의 내용·방법[4] 및 횟수 등에 대해서는 대통령령(고평령 §3①)으로 정한다(고평법 §13⑤).[5] 사업주[6] 및 근로자는 성희롱예방교육을 받아야 한다(고평법 §13②). 성희롱예방교육을 받을 의무를 이행하지 않은데 대한 벌칙은 규정되어 있지 않다. 사업주는 고용부령으로 정하는 기준에 따라 직장내성희롱의 예방 및 금지를 위한 조치를 하여야 한

---

1) 대판 1998.2.10, 95다39533(**한국노동법학회, 『노동판례백선』 제1판**, 248쪽. 대상판결은 성희롱의 불법행위를 인정한 최초의 대법원판결이며, 성희롱성립에 관한 판단기준과 종사자의 성희롱에 대한 사용자책임에 관한 법리를 최초로 제시).

2) ① 사업주는 성희롱예방교육을 고용장관이 지정하는 기관(이하 "성희롱예방교육기관")에 위탁하여 실시할 수 있다. ② 사업주가 성희롱예방교육기관에 위탁하여 성희롱예방교육을 하려는 경우에는 제13조제5항에 따라 대통령령으로 정하는 내용을 성희롱예방교육기관에 미리 알려 그 사항이 포함되도록 하여야 한다. ③ 성희롱예방교육기관은 고용노동부령으로 정하는 기관중에서 지정하되, 고용노동부령으로 정하는 강사를 1명이상 두어야 한다. ④ 성희롱예방교육기관은 고용부령에 따라 교육을 실시하고 교육이수증이나 이수자명단 등 교육 실시자료를 보관하며 사업주나 피교육자에게 내주어야 한다. ⑤ 성희롱예방교육기관이 거짓이나 그 밖의 부정한 방법으로 지정을 받은 경우이거나 정당한 사유없이 제3항에 따른 강사를 3개월이상 계속하여 두지 않은 경우이거나 2년동안 직장내성희롱예방교육 실적이 없는 경우이면 고용장관은 지정을 취소할 수 있다(고평법 §13의2④). ⑥ 고용장관은 성희롱예방교육기관의 지정을 취소하려면 청문을 하여야 한다.

3) 위탁교육기관은 사업주단체, 노무법인(공인노무사법 §7조의2), 비용지원을 받는 민간단체(고평법 §23조), 기업집단(독점규제및공정거래에관한법률 §2조ii)이 운영하는 연수·교육시설이다(고평칙 §6).

4) 대판 2022.8.19, 2019다258545. 영상물시청 등의 방법으로 직원들에게 성희롱 등 예방교육을 한 것만으로는 사용자로서 상당한 주의를 다하였다고 볼 수 없다.

5) 교육내용은 관련법령, '처리절차와 조치기준', '피해근로자의 고충상담 및 구제절차'와 '그 밖에 예방에 필요한 사항'이고(고평령 §3②), 교육방법은 사업의 규모나 특성 등을 고려하여 직원연수·조회·회의, 내부전산망 등을 이용한 사이버(통신) 교육 등을 통하여 실시할 수 있으며 단순히 교육자료 등을 배포·게시하거나 전자우편 또는 게시판에 공지하는 등 근로자에게 교육내용이 제대로 전달되었는지 확인하기 곤란한 경우에는 예방교육을 실시한 것으로 보지 않는다(고평령 §3③). 상시10명미만의 근로자를 고용하는 사업이거나 사업주 및 근로자 모두가 남성 또는 여성 중 어느 한 성으로 구성된 사업의 사업주는 근로자가 알 수 있도록 교육자료 또는 홍보물을 게시하거나 배포하는 방법으로 직장내성희롱 예방교육을 할 수 있다(고평령 §3④). 직능법 제24조에 따라 인정받은 훈련과정 중에 교육내용(고평령 §3②)이 포함되어 있는 경우 훈련과정을 수료하게 한 경우에는 그 훈련과정을 마친 근로자에게는 예방교육을 한 것으로 본다(고평령 §3⑤)

6) 법제처 22-0494, 2023.1.27. 〈긍정〉 법인의 대표이사.

다(고평법 §13④). 파견사업에 있어서는 사용사업주에게 예방교육의무가 있다(고평법 §34).

(2) 신고와 조사

① 신 고

누구든지 직장내성희롱의 발생사실을 알게 되면 그 사실을 해당사업주에게 신고할 수 있다(고평법 §14①).

② 조 사

사업주는, 신고를 받거나 직장내성희롱발생사실을 알게 된 경우, 지체없이 사실확인조사를 해야 한다. 사업주는 '직장내성희롱과 관련하여 피해를 입었거나 그러한 주장을 하는 근로자(피해 근로자 등)'의 조사과정에서 성적수치심 등을 느끼지 않도록 해야 한다(고평법 §14②, §39③ i 의4 5백만원 과태료). 사업주는 조사기간동안 피해근로자등을 보호하기 위해 필요하면 해당피해근로자등에 대해 근무장소변경, 유급휴가명령 등 적절한 조치를 해야 하며, 사업주는 피해근로자등의 의사에 반하는 조치를 하면 안된다(고평법 §14③).

(3) 조 치

① 일반 직장내성희롱

㈎ 피해자

사업주는 조사결과에 따라 직장내성희롱발생사실이 확인된 때에는 피해근로자가 요청하면 근무장소변경·배치전환·유급휴가명령 등 적절한 조치를 하여야 한다(고평법 §14④, §39② i 의5 5백만원 과태료).

㈏ 가해자

㉮ 법적근거

사용자는 지체없이 직장내성희롱행위를 한 사람에 대하여 징계[1]·근무장소변경 등 필요한 조치를 하여야 하고, 사업주는 조치를 하기 전에 그 조치에 대하여 피해근로자의 의견을 들어야 한다(고평법 §14⑤, §39② i 의6 5백만원 과태료).

㉯ 징 계

징계에 대해서는 일반법리가 적용되는데, '고의가 있다면 경중을 막론하고 파

---

1) 대판 2008.7.10, 2007두22498. 업무상위력에 의한 추행으로 인정될 정도의 성적언동이 포함된 성희롱행위는 우발성이나 단결유도의도를 의도를 벗어난 것으로서 징계해고사유로서 징계권남용이 아니다. ; 대판 2019.12.24, 2019두48684. 교육공무원관련. 성폭력범죄행위에 대해 징계를 감경할 수 없도록 한 규정이 비례원칙에 위반되었다거나 객관적합리성을 결여하였다고 볼 수 없다.

면까지 할 수 있다'는 취업규칙을 인정하면서 윤리성이 더욱 요구되는 총무·인사부문의 근로에 대해 더 엄격하게 본 판결[1]이 발견된다. 정도·빈도, 가해자반성, 재발가능성, 피해자의사 등 종합사정이 징계양정의 고려요인이다.

② 고객 등의 성희롱

고객 등 업무와 밀접한 관련이 있는 사람이 업무수행과정에서 성적언동 등을 통하여 근로자에게 성적인 굴욕감 또는 혐오감을 느끼게 하여 해당근로자가 고충의 해소를 요청할 경우, 사업주는 근무장소변경·배치전환, 유급휴가의 명령 등 적절한 조치를 하여야 한다(고평법§14의2①, §39③ i 의2 3백만원과태료).

2·마. 불이익금지 및 비밀유지

(1) 직장내성희롱 불이익금지

사업주는 피해근로자, '성희롱발생을 주장하는 근로자' 및 '성희롱발생사실을 신고한 근로자'에 대해 불리한 처우[2]를 하면 안된다(고평법§14⑥, §37② ii 3년 징역·3천만원 벌금)[3].

사업주는 고객 등으로부터의 성희롱피해를 주장하거나 성적요구 등에 불응한 것을 이유로 해고나 그 밖의 불이익한 조치를 취하면 안된다(고평법§14의2②, §39② ii 5백만원 과태료).

직장내성희롱 피해근로자에 대하여 교육훈련에 참여시키지 않은 행위와 수습만료후에 정식채용을 거부한 조치 등을 고평법을 위반한 불법행위로 인정한 판결[4]이 발견된다.

(2) 직장내성희롱 비밀유지

직장내성희롱의 발생사실을 조사한 사람, 조사내용을 보고 받은 사람 또는 그 밖에 조사과정에 참여한 사람은 그 과정에서 알게 된 비밀을 피해근로자등의 의사에 반해 다른 사람에게 누설하면 안된다(고평법§14⑦, §39② i 의7 5백만원과태료). 다만, 조사관련내용을 사업주에게 보고하거나 관계기관요청에 따라 필요한 정보를 제공하는 경우는 그렇지 않다. 직장내성희롱사건조사자가 비밀유지 등의 의무를 저버린 행위는

---

1) 대판 2023.3.30, 2021다226886. 학교법인 관련.

2) ⓐ 파면·해임·해고 등 신분상실, ⓑ 징계·정직·감봉·강등·승진제한 등 부당인사, ⓒ 직무미부여·직무재배치, 그 밖에 의사에 반하는 인사조치, ⓓ 성과평가·동료평가 등에서의 차별이나 그에 따른 임금·상여금 등의 차별, ⓔ 직업능력개발·향상을 위한 교육훈련기회 제한, ⓕ 집단따돌림·폭행·폭언 등 정신적·신체적 손상을 가져오는 행위를 하거나 방치, ⓖ 그 밖에 불리한 처우.

3) 대판 2017.12.22, 2016다202947. 피해근로자나 '피해근로자를 도와준 제3자'에 대한 불리한 조치는 불법행위(민법 §750) 성립, 피해근로자 등은 직접 상대방이 아니더라도 사업주에게 불법행위책임을 물을 수 있다(**한국노동법학회, 『노동판례백선』 제2판**, 제61쪽. 대상판결은 직장내성희롱 피해자와 조력자에 대한 불리한 조치를 한 사용자책임을 최초로 인정).

4) 대판 2023.2.2, 2022다273964.

인격권과 사생활의 비밀·자유를 보장하는 헌법과 성희롱예방 및 피해근로자보호를 목적으로 하는 고평법을 위반하는 행위이다.[1] 따라서 행위자는 물론이고 사업주도 피해자의 정신적인 손해를 배상할 책임이 있다.[2]

2·바. 처벌과 구제

(1) 처 벌

① 행위자

사업주가 행위자인 경우에는 1천만원이하의 과태료에 처해질 수 있다(고평법 §39①). 노동법은 사업주가 아닌 직장내성희롱행위자를 처벌하는 규정을 두고 있지 않다. 직장밖성희롱행위자에 대해서도 처벌규정은 없다.

성희롱피해자는 가해자에 대해 불법행위책임을 물을 수 있다. 성희롱정도가 심해 성폭력처럼 범죄구성요건을 갖추게 되면, 그 행위자는 형법에 의해 처벌을 받을 수 있다. 직장내성폭력가해자에 대하여 징계없이 사직처리한 사용자에 대해 손해배상책임을 인정한 판결[3]이 발견된다.

② 사업주

노동법은 소속근로자의 성희롱행위자체를 이유로 사업주를 처벌하지 않는다. 사업주는 공식적인 회식자리 등 사용자의 지휘·명령의 범위에서 이루어진 성희롱행위를 예방하지 못하면 손해배상책임을 질 수 있으나,[4] 그 범위를 벗어나서 이루어진 행위에 대해서는 그렇지 않다.[5]

(2) 소 송

① 법원의 태도

법원은 소송을 심리함에 있어서 사건이 발생한 맥락에서 성차별문제를 이해하고 양성평등을 실현할 수 있도록 성인지감수성을 잃지 않아야 한다.[6]

② 상호관계

민사책임과 형사책임은 그 지도이념과 증명책임·정도 등에서 서로 다른 원리

---

1) 대판 2017.12.22, 2016다202947. 조사참여자가 알게 된 비밀을 누설하거나 가해자와 피해자의 사회적가치·평가를 침해할 수 있는 공공연한 언동으로 말미암아 피해근로자 등에게 추가적인 2차 피해가 발생할 수 있고, 이는 결국 피해근로자 등으로 하여금 신고조차 단념하도록 할 수 있기 때문이다.

2) 서울고판 2015.12.28, 2015나2003264. ○○자동차 주식회사 사건.

3) 대판 2024.11.14, 2023다276823.

4) 서울지판 2002.10.26, 2000가합57462. 호텔롯데 성희롱 손해배상 사건.

5) 대판 1998.2.10, 95나39533. 여성조교성희롱 손해배상소송사건 관련 사례. 피용자 사이의 성희롱행위가 사무집행과 관련이 없고, 행위가 은밀히 이루어지기 때문에 사업주가 알거나 알 수 있었다고 보이지 않는다.

6) 대판 2018.4.12, 2017두74702. 피해자의 소극적반응을 이유로 진술의 증명능력을 배척한 원심 파기.

가 적용된다.

형사재판에서 성희롱행위가 있었다는 점에 대해, 합리적인 의심을 배제할 정도로 확신하기 어렵다는 이유로, 무죄가 선고된 사정만으로 민사소송이나 행정소송에서 징계사유의 존재가 부정되지 않는다.

③ **증명책임**

성희롱을 사유로 한 징계처분을 다투는 행정소송에서 징계사유에 대한 증명책임은 처분의 적법성을 주장하는 징계자에게 있다.

징계의 존재에 대한 증명책임은 이를 주장하는 근로자에게 있으나 민사소송이나 행정소송에서 사실의 증명은 추호의 의혹도 없어야 한다는 자연과학적인 증명이 아니고, 경험칙에 비추어 모든 증거를 종합적으로 검토하여 성희롱행위가 있었음을 시인할 수 있는 고도의 개연성을 증명하면 충분하다.

(3) 구 제

고평법은 성차별에 대한 노동위원회의 구제제도를 마련하고 이를 성희롱발생사실이 확인되었을 때와 고객등에 의한 성희롱이 발생했을 때에 사용자가 피해자에 취해야 할 인사조치를 이행하지 않은 경우와 피해자·신고자에 대해 해고 등 불이익조치를 취한 경우에도 적용토록 하고 있다(자세한내용은 같은장, 제2절, 3·라,(1) 참조),

(4) 벌칙과 근로감독

직장내성희롱금지제도는 성차별구제제도와 마찬가지로 처벌과 구제를 같이 규정하고 있으며 이에 따른 갈등이 있을 수 있다(자세한내용은 같은장, 제2절, 3·라,(2) 참조).

3. 고객응대근로 보호

3·가. 의 의

행복추구권(헌법 §10)과 근로권(헌법 §32)을 보장하는 차원에서, 산안법(§41)은 이른바 감정노동이라고 불리는 고객응대근로를 제공하는 근로자를 보호하기 위해 '고객의 폭언 등으로 인한 건강장해 예방조치'를 규정하고 있다.

3·나. 보호대상

예방조치의 대상은 고객응대근로자 즉, 주로 고객을 직접 대면하거나 「정보통신망 이용촉진 및 정보보호 등에 관한 법률」(§2① i)에 따른 정보통신망을 통하여 상대하면서 상품을 판매하거나 서비스를 제공하는 업무에 종사하는 근로자이다.

3·다. 금지행위

금지되는 행위는 고객 등 제3자의 폭언, 폭행, 그 밖에 적정범위를 벗어난 신체적·정신적고통을 유발하는 행위(폭언 등)로 인한 건강장해이다.

3·라. 조치사항

(1) 예방조치

사업주는 고객응대근로자에 대해 '폭언등'으로 인한 건강장해를 예방하기 위하여 '고용노동부령에 따라'[1] 필요한 조치를 취하여야 한다(산안법§41① 산안칙§41).

(2) 필요조치

사업주는 고객 등 제3자의 "폭언 등"으로 근로자에게 건강장해가 발생하거나 발생할 현저한 우려가 있으면 '업무의 일시적 중단 또는 전환' 등 대통령령(산안령 §41)으로 정하는 조치[2]를 하여야 하며(산안법§41②,§175④iii 1천만원 과태료), 근로자는 사업주에게 해당조치를 요구할 수 있고 사용자는 요구를 이유로 해고나 그 밖에 불리한 처우를 하면 안된다(산안법§41③,§170 i 1년 징역·1천만원 벌금).

---

1) 폭언 등을 하지 않도록 요청하는 문구 게시 또는 음성 안내', '고객과의 문제 발생 시 대처방법 등을 포함하는 고객응대업무매뉴얼 마련', '매뉴얼의 내용 및 건강장해예방교육', '그 밖의 건강장해 예방 조치 등.

2) '휴게시간 연장', '관련 치료 및 상담 지원' 그리고 '관할 수사기관 또는 법원에 증거물·증거서류를 제출하는 등 고소, 고발 또는 손해배상청구 등.

제 3 장

근로관계의 근거와 존속

제1절 근로계약

제2절 취업규칙

제3절 계속근로기간과 출근율

제1절 근 로 계 약

1. 의 의

근로관계는 근로계약을 기초로 형성된다. 근로계약은 규제방법과 이념에 있어서 고용계약과 대비된다. 민법에 근거를 둔 고용계약은 일방이 노무제공을 약정하고 상대방이 보수지급을 약정함으로써 효력이 생기는 대가적교환관계(민법 §655)인 채권적쌍무계약으로서 당사자의 자유의사에 의하여 체결되는 평등한 인격자간의 권리·의무관계이다.

근기법에 근거를 둔 근로계약은 근로자가 사용자에게 근로를 제공하고 사용자는 임금을 지급할 목적으로 체결된 계약이다(근기법 §2①iv). 근로계약도 근로제공과 임금지급이라는 쌍무계약에 기초를 두고 있다.

둘의 관계에 대해 견해가 나뉜다. 먼저, 대부분의 고용관계는 근로관계의 성질을 가지나 반드시 일치하지는 않는다는 준별설(峻別說)[1]이 있다. 다음으로, 둘 사이에는 당사자를 '당사자의 일방과 상대방' 및 '근로자와 사용자'로 정한 것외에는 목적이나 형식에 있어 차이가 없다는 동일설(同一說)[2]이 있다. 근로관계에 속하지 않는 고용관계가 존재한다는 점에서 준별설이 타당하다.

근로계약과 도급·위임계약의 가장 중요한 구분기준은 사용종속관계(제1장, 제4절 2·가,(2),②)이다.[3] 운동선수전속계약[4]과 같은 도급계약은 근로계약으로 볼 수 없다. 용역계약이나 노무도급계약도, 그 형식과 관계없이,[5] 사용종속관계가 있다고 인정되면 근로계약이 될 수 있다.

---

1) 김형배, 『노동법』, 제20판, 208쪽. '필요할 때 진료를 맡는 기업의사'를 종속성이 없는 자유노무자로 보면서 수행업무를 고용관계로 볼 것인지 근로관계로 볼 것인지는 상대적이라고 설명하고 있다. ; 임종률, 『노동법』, 제9판, 328쪽. 동거친족이나 가사사용인 사용은 '고용계약'이다. ; 김유성, 『노동법 I』, 55쪽. 규율대상측면에서는 구별의 실익이 없으나 규제방법과 이념에서 차이가 있는 것으로 본다.

2) 이병태, 『최신노동법』, 제9판, 573쪽. 우리 민법이 독일 민법과 달리 유상위임을 인정하고 있어 위임관계를 고용관계로 연계하여 해석할 필요가 없으므로 고용계약을 모두 근로관계로 본다.

3) 대판 1991.12.13, 91다24250 ; 대판 1991.7.26, 90다20251.

4) 서울민지판 1985.4.3, 84가합1402. 프로선수관련 ; 서울고판 1990.2.2, 89나23072. 〈근기법상 위약금금지규정 위반 부정〉 대학재학중인 운동선수 스카우트계약 불이행.

5) 대판 1991.12.13, 91다24250 ; 대판 1991.7.26, 90다20251.

2. 근로계약체결

2·가. 근로계약과 근로관계

근기법의 적용을 받기 위해서는 명시적 또는 묵시적인 근로계약의 체결이 필요하다.[1] 근로계약성립의 시기와 요건을 정하지 않은 경우, 근로관계성립과 근로계약체결의 관계에 대해 계약설과 편입설로 학설이 나뉜다.

계약설[2]	근로계약의 유효한 체결이 필요하고 그것으로 충분
편입설	근로계약외에 작업개시 또는 경영체계로의 편입이라는 사실적인 요소 필요

편입설은 경영체계로 편입전까지의 기간에 대한 법률관계를 설명하기 어렵다. 근로관계성립에 대해 정함이 없으면, 계약설에 따르는 것이 타당하다. 즉, 계약체결과 동시에 근기법적용을 받으므로 부관이나 조건이 없으면 근로계약체결시점이 계속근로년수산정의 기산점이 된다. 모집공고는 청약의 유인에 불과하므로 공고일을 계속근로년수산정의 기산점으로 보거나, 공고내용을 근로계약내용으로 볼 수 없다.[3] 단체협약이나 취업규칙이 있어도 근로계약은 체결되어야 한다.[4]

2·나. 근로계약체결 당사자

(1) 일반당사자

① 고용하려는 구인자

'고용하려는 사람'은 원칙적으로 사업주이다.[5] 채용행위는 노무관리자에게 위임될 수 있으나, 효과는 사업주에게 귀속된다. 사업주의 명시적·묵시적인 위임이 없고 사업주에게 근로계약책임을 물을 근거가 없으면[6] 실제로 근로계약을 체결한 사람이 책임을 질 수 있다.

근로관계는 사실상의 근로제공을 기초로 한다. '근로를 제공하려는 사람'은 본인이어야 하며 대리관계는 성립될 수 없다. 다른 사람의 이름으로 근로를 제공해도 실제로 근로한 사람과 근로계약을 맺은 것으로 본다.[7] 다른 회사의 직원

1) 대판 1972.11.14, 72다895 ; 대판 1980.4.22, 79다1566.
2) 김형배, 『노동법』, 제20판, 213쪽.
3) 서울행판 2011.11.10, 2011구합21324 ; 서울지판 1989.12.12, 89가합16022.
4) 노정근 1455-5065, 1965.12.30.
5) 해지 01254-19868, 1988.12.30.
6) 대판 1980.4.22, 79다1566 ; 대판 1979.10.30, 79다1477 ; 대판 1984.5.22, 84다115. 국·공립학교장이 임시고용인을 채용하면서 보수전액을 학부형으로 조직된 육성회의 비용에서 지급키로 하면 국가 등과 근로계약을 체결한 것으로 볼 수 없다.
7) 법무 811-8509, 1979.4.10.

에 대한 장려금지급계약은, 자기회사에 도움이 되어도, 근로계약이 아니다.[1]

② **당사자 특정**

근로계약의 상대방은 특정되어야 한다. 철도하역노동조합[2]이나 항운노동조합[3] 처럼 근로자들이 특정사업에 소속되지 않은 노동조합을 결성하여 여러 회사와 하역계약을 맺고 작업비만 받으면, 하역회사와 근로계약이 체결되었다고 볼 수 없다. 이러한 노동조합에 속해 있더라도 근로자가 특정회사의 지휘·명령을 받는 등 사용종속관계의 아래에서 근로를 제공하면서 그 회사와 근로조건을 결정하면 하역회사가 근로계약이행책임을 질 수 있다.[4] 철도하역노동조합이나 항운노동조합에 있어 근로자와 노동조합의 관계는 근로자공급사업(직안법 §33)(제8장, 제3절 4·나, (2), ②)관계이다. 근로자공급사업대표와 조합원의 근로계약관계도 부정된다.[5]

(2) 도급인

근로자가 수급기업과 계약을 체결하고 실질적으로 그 지휘를 받으면 수급기업과 근로계약을 체결한 것으로 본다. 그러나 수급기업이 전체적으로 도급기업의 노무지휘를 받고 근로자채용에 대해 도급기업이 결정권을 가지면, 근로자는 도급기업과 근로계약을 체결한 것으로 볼 수 있다(유사도급에 대해서는 제8장, 제3절, 4·다).

(3) 미성년자

친권자나 후견인이 미성년자(19세미만 민법§4)의 근로계약을 대리할 수 없다. 미성년자는 친권자나 후견인의 동의를 얻어 근로계약을 직접 체결할 수 있다.

미성년자의 근로계약해지권자도 본인이다. 근기법(§67)은 미성년자의 판단능력을 감안하여 친권자, 후견인, 고용장관에게 근로계약해지권을 인정하고 있다. 친권자 등은 근로계약이 미성년자에게 불리하면 장래에 대해 이를 해지할 수 있다. 무엇이 불리한가는, 근기법에 규정이 없으므로, 친권자 등의 판단에 따른다. 해지권자가 해지의 의사표시를 하면, 사용자는 이를 다툴 수 없다. 다만, 해지권남용은 허용되지 않으므로 해지권자가 이유를 제시하지 않거나 근거없이 해지하면,

---

1) 근기 01254-5662, 1987.4.7.

2) 대판 1987.2.10, 86다카1949 ; 대판 1980.12.9, 78다2147. 작업대상회사가 해당근로자를 위해 산재보험에 가입해도 근로관계 부정 ; 2005년부터 항운노조의 노무공급독점권이 없어지고 하역회사가 직접 고용 가능.

3) 대판 1987.2.10, 86다카1949. 작업형태 외에 근로자와 회사 사이에 근로조건 결정이나 지휘·감독관계가 없다는 것도 이유로 들고 있다. ; 서울고판 2009.8.21, 2009누5963. 항운노조의 조합원들은 하역업체가 아닌 항운노조와 사용종속관계에 있는 근로자이다.

4) 근기 68207-1743, 1994.10.19. 근로계약없이 근로자공급계약에 따라 불특정사용자에게 근로를 제공하고 있는 범위에서 하역회사와 조합원간의 사용종속관계가 인정되며, 폭행금지, 강제근로금지 등 일부규정이 제한적으로 적용될 수 있으나 상시근로자수에는 산입하지 않는다(제1장, 제4절, 1·다, (3), ② 참조).

5) 임금 68207-448, 1994.7.20 ; 근기 68207-1743, 1994.10.19 ; 근기 68207-1921, 1993.2.1.

사용자는 무효를 주장할 수 있다.[1] 고용장관의 해지권행사대상이 되는 근로계약은 「근로감독관집무규정」에 예시되어 있다.[2] 해지권행사는 미성년자의 의사를 요건으로 하지 않는다.[3]

2·다. 근로계약의 체결과 취소

(1) 근로계약체결과정

근로계약은 당사자의 의사표시[4]의 합치에 의해 체결되며, 채용을 거쳐 체결된다. 채용은 모집·응모·심사·채용의 순서로 이루어진다. 근로계약은 청약과 승낙으로 성립된다. 승낙의 효력은 문서이면 발송할 때에, 말[5]이면 즉시 발생한다. 당사자는 근로계약의 효력발생시기를 정할 수 있다.

(2) 채용원칙

채용은 법령을 위반하거나 '선량한 풍속 기타 사회질서'(민법 §103)[6]에 반할 수 없다. 단체협약의 '산재사망 근로자 직계가족을 대상으로 하는 산재유족특별채용조항'에 대해 협약자치원칙과 사회질서부응을 이유로 들어 효력을 인정한 판결[7]이 발견된다. 채용차별은 근기법규정대상이 아니다.

(3) 채용절차

① 법적제한

㈎ 법적근거

채용은 기업의 자유의사에 따라 이루어진다.[8] 상시30명이상사업(장)의 채용절

---

1) 박상필, 『근로기준법강의』, 12쪽.

2) 「근로감독관집무규정」(고용노동부훈령 제185호, 2016.3.8) 제70조 ; 근기령 [별표 4]에 규정된 도덕상 또는 보건상 유해·위험한 직종에 사용하는 근로계약, 근로계약의 내용이 법령 또는 사회통념에 반하는 것, 근로계약기간 중 업무를 감당할 수 없는 심신의 장해가 발생 또는 발생할 우려가 있는 경우, 친권자나 후견인의 동의 없이 체결된 근로계약을 열거하고 있다.

3) 김형배, 『노동법』, 제20판, 252~253쪽.

4) 대판 2017.12.22, 2013다25194·25200. 근로계약의사표시에 취소사유(경력사칭)가 있다면 취소가 허용되나, 그 효력은 장래를 향하여만 인정된다(**한국노동법학회, 『노동판례백선』 제2판**, 109쪽. 주요판례로 소개).

5) 서울민지판 1989.12.12, 89가합16022. 사원모집광고·면접은 청약의 유인 또는 준비단계에 불과하나 그 자체로는 근로관계의 내용으로 볼 수도 있다.

6) 대판 2020.8.27, 2016다248998. 사용자의 채용자유를 과도하게 제한하거나 채용기회의 공정성을 현저히 해하는 경우에 인정. 단협체결이유·경위, 달성목적과 수단의 적합성, 채용대상자가 갖추어야 할 요건, 사업장 내 동종 취업규칙 유무, 단협유지기간과 준수여부, 단협에 따른 채용형태와 채용되는 근로자수를 통해 파악되는 일반채용에 미치는 영향'과 '구직희망자들에 미치는 불이익 정도' 등 여러 사정을 종합하여 판단.

7) 대판 2020.8.27, 2016다248998. 노사협약자치의 결과물이고, 해당조항이 중요한 근로조건으로서 근로자희생에 대한 보상이나 유족보호를 목적으로 하며, 채용자유가 과도하게 제한되지 않고, 채용된 유족숫자가 많지 않아 구직희망자들의 채용기회에 미치는 영향이 적음. 〈소수의견〉 기업의 필요성이나 업무능력과 무관한 채용기준을 설정하여 일자리를 대물림함으로써 구직희망자들을 차별하는 합의로, 공정채용에 위반되어 무효.

8) 管野和夫, 『勞働法』, 第10版, 153~156頁. 채용자유의 내용으로 채용인원 결정의 자유, 모집방법의 자유, 선

차는 「채용절차의공정화에관한법률」(채용절차법 2014.1.21 제정·시행)의 적용을 받는다.[1)]

㈏ **채용강요금지**

누구든지 채용의 공정성을 침해하는 행위 즉, '법령을 위반하여 채용에 관한 부당한 청탁, 압력, 강요 등을 하는 행위'나 '채용과 관련하여 금전, 물품, 향응 또는 재산상 이익을 제공하거나 수수하는 행위'를 할 수 없다(채용절차법 §4의2, §17① 3천만원 과태료, 2019 신설).

② **채용공고**

㈎ **내 용**

구인자(구직자를 채용하려는사람)는 채용을 가장하여 아이디어를 수집하거나, 사업장을 홍보하기 위한 목적 등으로 거짓의 채용광고를 낼 수 없으며(채용절차법 §4①,§16 5년징역·2천만원벌금), 정당한 사유없이 채용광고의 내용을 구직자(직업을 구하기 위하여 구인자의 채용광고에 응시하는 사람)에게 불리하게 변경할 수 없고, 채용한 후에 정당한 사유가 없이 채용광고에서 제시한 근로조건을 구직자에게 불리하게 변경할 수 없으며, 구직자에게 채용서류 및 이와 관련된 저작권 등의 지식재산권을 자신에게 귀속하도록 강요할 수 없다(채용절차법 §4②③④, §17② i ii 5백만원과태료).

㈏ **성 격**

구인광고나 채용공고문은 구직자의 승낙만 있으면 근로계약이 성립하는 구체적·확정적인 의사표시라고 보기 어려워 청약이 아닌 '청약의 유인'에 불과하다. 따라서 근로계약체결로 인정되기 위해서는, 구인자의 승낙이 필요하다.[2)]

③ **채용서류**

㈎ **내 용**

구인자는 채용에 있어 필요한 응시원서, 이력서 및 자기소개서 즉 기초심사자료(채용절차법 §2iii)의 제출여부 및 그 내용을 자유의사로 정한다. 고용장관은 기초심사자료의 표준양식을 정하여 구인자에게 그 사용을 권장할 수 있다(채용절차법 §5). 구직자는 구인자에게 제출하는 채용서류를 거짓으로 작성할 수 없다(채용절차법 §6).

구인자는 채용시험을 서류심사와 필기·면접시험 등으로 구분하여 실시하는 경우, 서류심사에 합격한 구직자에 한정하여 입증자료 및 심층심사자료를 제출하게 하도록 노력해야 한다(채용절차법 §13).

구인자는 구직자에 대하여 해당직무수행에 필요하지 않은 '구직자의 용모·키

택의 자유, 계약체결의 자유, 조사의 자유가 있다.

1) 고용장관은 채용절차법의 시행을 위해 보고요구 및 조사권을 가지며, 그 권한의 일부를 지방고용노동관서장에게 위임할 수 있다(채용절차법 §14, §15).

2) 대판 2013.12.12, 2012두14323.

·체중 등의 신체적 조건', '구직자의 출신지역·혼인여부·재산'과 '구직자 본인의 직계 존비속 및 형제자매의 학력·직업·재산'을 기초심사자료에 기재하도록 요구하거나 입증자료로 수집하면 안된다(채용절차법§4의3,§17②iii 5백만원 과태료, 2019신설).

㈏ **처 리**

구인자는 구직자의 채용서류를 사업장 또는 구인자로부터 위탁받아 채용업무 종사자의 홈페이지 또는 전자우편으로 받도록 노력해야 한다(채용절차법 §7①).

구인자는 구직자에게 '전자우편 등으로 받은 채용서류가 접수된 사실', 채용일정, 채용심사지연사실, 채용여부 등을 지체없이 홈페이지게시·휴대전화문자전송·전자우편·팩스·전화 등으로 알려야 한다(채용절차법 §7②,§8,§10).

④ **채용비용**

구인자는 특별한 사유가 없는 한,[1] 채용심사를 목적으로 구직자에게 채용서류 제출에 드는 비용외의 금전적인 비용(채용 심사비용)을 부담시키지 못한다(채용절차법 §9). 고용장관은 채용심사비용과 관련하여 시정을 명할 수 있으며, 해당구인자는 이행결과를 지체없이 고용장관에게 보고해야 한다(채용절차법 §12, §17③iii 명령불이행,3백만원 과태료).

⑤ **후속조치**

구인자는 구직자의 채용여부가 확정된 후에 구직자(확정채용 대상자제외)가 채용서류의 반환을 청구(서면·전자 등 청구방법 노동부령으로 정함)하면, 특별한 사유가 없는 한,[2] 본인임을 확인한 다음에 반환[3]해야 한다(채용절차법 §11①). 구인자는 구직자의 반환청구에 대비하여 일정기간동안 채용서류를 보관해야 한다(천재지변·구인자 귀책없는 멸실의무 이행 간주)(채용절차법§11③, §17③ i 3백만원과태료).[4] 구인자는 후속조치규정내용을 채용여부확정전까지 구직자에게 알려야 한다(채용절차법§11⑥, §17③ii 3백만원과태료).

(4) 근로계약체결 의사표시의 무효와 취소

근로계약에 착오·고의적인 기망처럼 의사표시에 무효·취소의 사유가 있으면, 상대방은 이를 이유로 무효·취소를 주장하여 그에 따른 법률효과의 발생을 부정하거나 소멸시킬 수 있다. 그럼에도 불구하고 이미 제공된 근로를 기초로 형성된 취소이전의 법률관계까지 무효·취소의 효력이 미치지 않는다.[5]

---

1) 사업장·직종의 특수성으로 인해 불가피하면, 고용장관승인을 거쳐 구직자에게 채용심사비용부담 부과 가능.
2) 홈페이지·전자우편으로 제출된 경우나 구직자가 구인자의 요구 없이 자발적으로 제출한 경우.
3) 채용서류반환소요비용은 구인자가 부담하나, 대통령령의; 범위에서 구직자에게 부담하게 할 수 있다.
4) 반환청구기간(대통령령)이 지났거나 채용서류를 반환하지 않게 되면 「개인정보 보호법」에 따라 파기.
5) 대판 2017.12.22, 2013다25194·2520.

2·라. 근로계약형식과 근로조건명시

(1) 근로계약 형식

서면계약이 체결되어 있지 않아도, 구두계약이나 관행·관습에 따라 근로관계가 성립될 수 있다.[1] 근로계약은 특별한 형식을 요구하지 않으며 사용종속관계 아래에서의 근로제공과 이에 따른 임금지급약정이 있으면 족하다.[2] 다만, 일부 근로조건에 대해서는 서면명시·교부 또는 통지가 법적으로 의무화되어 있다.

<table>
<tr><th>구 분</th><th>근 거</th><th>대 상</th><th>내 용</th><th>벌 칙</th></tr>
<tr><td>임 금</td><td rowspan="2">근기법 §17</td><td>• 구성항목 • 계산방법
• 지급방법</td><td rowspan="2">체결의 경우
명시 · 교부
(변경 : 요구시 교부)</td><td rowspan="2">벌금 5백</td></tr>
<tr><td>근로시간 등</td><td>• 소정근로시간(§2①viii)
• 휴일(§55) • 연차휴가(§60)</td></tr>
<tr><td>연소근로자</td><td>근기법 §67③</td><td>• 근기법제17조의 일반명시사항</td><td>명시 · 교부</td><td>벌금 5백</td></tr>
<tr><td>해 고</td><td>근기법 §27</td><td>• 시기 · 사유</td><td>통 지</td><td>없음(효력규정)</td></tr>
<tr><td>기간제근로</td><td rowspan="2">기단법 §17</td><td>• 계약기간 • 근로시간 · 휴게
• 휴일 · 휴가 • 장소, 종사업무
• 임금구성항목 · 계산 · 지불방법[3]</td><td>명 시</td><td rowspan="2">과태료 5백</td></tr>
<tr><td>단시간근로</td><td>• 기간제여부
• 근로일, 근로일별 근로시간</td><td>명 시</td></tr>
<tr><td>파견근로</td><td>파견법 §26</td><td>• 근로자파견계약
• 파견대가</td><td>• 알려줌
• 명시(요구시)</td><td>• 과태료 1천
• 과태료 3백</td></tr>
<tr><td>건설근로자</td><td>건고법 §6</td><td>• 사업주(장)사항 • 시간 · 임금 · 고용
• 퇴직공제가입 • 장소, 종사업무</td><td>명시 ·
교부(요구시)</td><td></td></tr>
</table>

(2) 근로조건명시

① 법적근거

근기법 제17조는 근로계약을 체결하거나 변경함에 있어 임금, 근로시간, 휴일, 휴가 및 그 밖에 근로조건에 대한 명시의무, 서면명시, 의무교부 및 요구교부에 대해 규정하고 있다. 이 조항은 4인이하 사업(장)에도 적용되며, 별도의 근로조건 명시조항이 있는 기간제근로계약 등에도 적용된다.[4]

1) 대판 2006.12.7, 2006도300 ; 근기 1451-4133, 1984.5.9.
2) 법무 811-10228, 1979.5.1. 〈근로계약체결 인정〉 취업규칙준수서약서를 받고 호봉, 근무처 등을 기재한 사령장 교부한 후에 근로제공.
3) 근기법은 용어정리의 차원에서 지급방법으로 변경하였으나 기단법은 변경되지 않았다.
4) 대판 2024.6.27, 2020도16541.

② 취 지

근로조건명시제도의 취지는 사용자가 우월한 지위를 남용하여 구체적인 근로조건을 제시하지 않은 채 근로조건이 확정되지 않은 상태에서 근로를 수령하는 것을 방지하고, 분쟁을 명확히 해결하기 위함이다.

③ 일반명시

㈎ 명시사항

사용자는 근로계약을 체결할 때 근로자에 대해 임금, 소정근로시간(근기법 §2①viii), 휴일(근기법 §55), 연차유급휴가(근기법 §60)과 '그 밖의 근로조건'(근기령 §8)을 명시해야 한다(근기법 §17①본문).[1] 명시의무는 명시사항을 변경하는 경우에도 적용된다(근기법 §17①단서).

근기령제8조는 '취업장소와 종사업무', '기숙사규칙내용'과 '근기법제93조(취업규칙의 작성·신고)의 제1호부터 제13호의 내용(제3장 제2절,2·나)'을 명시사항으로 규정하고 있다. 취업규칙기재사항에는 '근로조건 및 복지'와 '해당사업(장)의 전체근로자에 적용될 사항'이 포함되어 있어 사실상 모든 근로조건이나 복지가 명시사항이다.

㈏ 명시방법

근로조건은 취업규칙, 단체협약 등에 집단적·통일적으로 정하는 것이 일반적이다. 따라서 근로계약에는 취업장소처럼 개인사항만 명시하고 근로시간, 해고사유 등 통일적인 근로조건에 대해서는 '취업규칙(단체협약)에 따른다'고 규정할 수 있다. 근로계약에 명시되어 있지 않은 사항이라도 취업규칙에 명시되어 있고 그 취업규칙을 주지시키면[2] 명시의무를 이행한 것으로 본다.

④ 서면명시·교부

㈎ 법적근거

근로조건의 일반적명시사항 가운데에서 '임금의 구성항목·계산방법·지급방법'(<임금대장작성> 제1장,제5절,4·나,(1),②)(<임금지급명세서교부> 제5장,제5절,1·가,(2)), 소정근로시간(근기법 §2①viii),[3] 주휴일(근기법 §55) 및 연차유급휴가(근기법 §60)에 대해서는 서면(「전자문서및전자거래기본법」 §2조 i 에따른전자문서포함)으로 명시하고 명시된 서면을

---

1) 휴일은 주휴일, 휴가는 연차유급휴가를 의미한다. 대통령령에 의해 '…근로자 전체에 적용될 사항'도 명시의무사항이므로 이처럼 한정할 의미가 없으나, 서면명시와 관련해서는 의미를 갖는다.

2) 근로기준팀-5809, 2007.8.7. 취업규칙을 주지시키면 명시의무이행 인정. 근로자요구가 있으면 교부필요.

3) 소정근로시간을 정하지 않으면, 근로계약을 체결한 것으로 보기 어려우나, 후속계약·규칙·관행으로 매주단위로 실제로 근로제공일 1주일전에 사용자가 근로를 제공받을 수 있는 시간대를 인터넷 Web-Site에 게시하고(청약) 이에 대하여 근로자가 근로제공시간을 신청(승낙)하면 근로계약이 체결되는 것으로 볼 수 있으며, 체결당시의 계약내용 등을 토대로 근로조건명시·교부위반여부를 판단하고, 약정된 시간에 사용자귀책으로 근로가 제공되지 않으면 휴업수당이 지급되어야 한다(근로기준정책과-5951, 2015,11,18).

근로자에게 교부하여야 한다(의무교부, 근기법 §17②본문). 해당사항이 법령·단체협약·취업규칙·근로자대표서면합의 등으로 변경되는 경우, 근로자의 요구가 있으면 그 근로자에게 교부하여야 한다(요구교부, 근기법 §17②단서, 근기령 §8의2). 요구교부는 구두로 하여도 유효하다.

㈏ **명시방법**

㉮ 종이서면

서면명시는 근로계약서를 작성하는 것이 원칙이며, 해당근로계약서에 당사자의 서명 또는 기명날인이 있을 것이 요청된다.[1)]

공통사항에 대해서는 근로계약에 근거를 밝히면서 회사의 규칙이나 서류에 명시하여 언제든지 자유롭게 열람할 수 있게 하거나 회사홈페이지에 등재하면 서면명시의무를 이행한 것으로 볼 수 있다.

㉯ 전자문서

서면에는 전자문서가 포함된다. 전자문서의 개념, 서면간주요건, 송수신간주시기, 송신철회 등에 대해 규정하고 있는 「전자문서 및 전자거래 기본법」은 다른 법률에 특별한 규정이 있는 경우를 제외하고 모든 전자문서 및 전자거래에 적용되며(§3), 전자문서에 대해 문서로서의 효력을 인정(§4①)한다.

"전자문서"란 정보처리시스템에 의하여 전자형태로 작성·변환되거나 송신·수신 또는 저장된 정보를 말한다(§2 i). 전자문서는 PC, 스마트폰 등 정보처리시스템의 전자문서생성을 위한 전용프로그램이나, 별도의 정보처리시스템 등을 활용하여 작성될 수 있다.

전자문서가 서면으로 인정받기 위해서는 '내용을 열람할 수 있어야' 하고, '작성·변환되거나 송신·수신·저장된 때의 형태 또는 그와 같이 재현될 수 있는 형태로 보존되어 있어야' 한다(§4의2).

㈐ **교부방법**

㉮ 종이서면

사용자는 근로계약서를 교부하거나, 회사가 증명하는 문서를 제공하거나, 명시방법에서 소개한 것처럼 전자문서수신요건에 해당하면 교부의무를 이행한 것으로 볼 수 있다. 회사홈페이지에 등재하거나, 문건을 열람할 수 있게 하거나, 근로자가 스스로 출력할 수 있는 상황이더라도 회사서버에만 저장되어 있는 것만으로는 교부요건을 충족시키기 어렵다.

---

1) 근로기준정책과-4823, 2014.8.28

㈏ 전자문서

전자문서는 작성자나 대리인이 전자문서를 송신할 수 있는 정보처리시스템에 입력하여 전송한 때에 송신된 것으로 본다(§6①).

전자문서는 수신자가 전자문서를 수신할 정보처리시스템을 지정하면 지정된 정보처리시스템에 입력된 때(다만, 지정되지않은정보처리시스템에입력된 경우에는수신자가이를검색또는출력한때)에, 지정하지 않으면 수신자가 관리하는 정보처리시스템에 입력된 때에 수신된 것으로 추정된다(§6②). 근로자가 정보처리시스템으로의 수신에 동의하지 않으면, 사용자는 직접 교부해야 한다.[1] 송신하면서 명시적으로 수신확인을 요구하였으나 상당기간(작성자지정기간또는 양자가약속한기간등) 내에 수신확인통지를 받지 못하면 작성자는 그 송신을 철회할 수 있다(§9). 근로계약의 내용이 입력된 전자장치를 마련하여 사원인증을 한 후에 스마트폰으로 전자서명을 하게 하면 유효한 근로계약체결로 볼 수 있다.[2] 이메일, 회사내부 사이트,[3] 전자근로계약[4] 등도 이 법에 근거하여 서면으로 인정될 수 있다.

⑤ **명시된 근로조건 보호**

㈎ **형사적 보호**

사용자는 근로계약을 체결할 때에 명시의무사항을 명시하지 않거나 서면명시·교부의무를 지키지 않으면 5백만원이하의 벌금에 처해질 수 있다(근기법 §114 i). 이 조항은 단속규정이므로 사용자가 이를 위반하면 처벌을 받는 것은 별론으로 하고 근로계약이 무효로 되는 것은 아니다.[5]

㈏ **민사적 보호**

사용자가 근로자를 모집할 때에 유리한 조건을 제시하고 실제로는 명시된 근로조건과 달리 불리한 조건으로 근로를 시키는 폐단을 없애기 위해 근기법 제19조는 근로자의 손해배상청구권과 계약즉시해제권, 그리고 귀향여비지급의무를 규정하고 있다.

㉮ 손해배상청구권

명시된 근로조건이 사실과 다르면, 근로자는 명시된 근로조건의 이행을 요구

---

1) 근로기준정책과-6384, 2016.10.12.

2) 근로기준정책과-6384, 2016.10.12.

3) 근로기준팀-812, 2005.10.28. 사용자가 개인별 연봉계약서의 비밀을 유지하기 위하여, 연봉액을 합의할 때 연봉과 관련된 근로조건은 별도의 연봉확인절차를 따르도록 근로계약서를 작성한 후, 근로자가 지정한 인터넷 사이트에서 개인별 연봉확인서를 서면으로 출력하여 보관하도록 하여도 서면명시로 인정된다.

4) 근로기준정책과-6384, 2016.10.12 ; 근로기준정책과-5455, 2016.9.1, 「전자근로계약서 활성화를 위한 가이드라인」).

5) 같은의견, 김유성, 『노동법 I』, 64쪽.

할 수 있고(민법 §390), 법원에 채무불이행으로 인한 손해배상을 청구할 수 있다. 법원에 제소하는 것은 비용과 시간이 많이 든다. 이러한 이유로 근기법은 근로자가 노동위원회를 통해 사용자에게 손해배상을 청구할 수 있는 구제절차[1]를 열어놓고 있다. 근로자는 양자를 선택적으로 행사할 수 있다.

노동위원회의 손해배상판정에 대해서는 강제집행이 보장되어 있지 않으며 사용자가 이행치 않을 때의 벌칙도 없어 실효성이 확보되어 있지 않다. 근로조건이 명시된 근로조건과 다른지에 대해 다툼이 있을 때에 근로자와 사용자가 공정하고 권위있는 제3자의 의견을 구하기로 한 경우에 활용될 수 있다.

부당해고(근기법 §23, §24)나 부당노동행위(노조법 §81) 또는 다른 근로조건위반 때문에 근로자가 손해를 입었다는 이유로 노동위원회에 손해배상청구신청을 하더라도, 명시된 근로조건이 취업후의 사실과 다른 경우가 아니면, 노동위원회가 근기법 제19조를 근거로 심리·결정할 권한은 없다.[2]

명시된 근로조건과 다를 경우의 손해배상청구권에 대한 소멸시효기간을 3년으로 보는 대법원판결이 있었으나 10년으로 볼 수 있는 후속대법원판결이 발견된다(제1장, 제5절 2·다, (2), ①).

㈏ 근로계약해지 · 귀향여비

명시된 근로조건이 사실과 다른 경우, 근로자는 근로관계를 즉시해제[3] 또는 해지할 수 있으며 그 근로자가 취업을 목적으로 거주를 변경할 때에는 귀향여비를 지급하여야 한다(근기법 §19). 즉시란 '지체없이'를 의미하므로 근로자가 명시된 근로조건이 사실과 다름을 알고 난 후에 상당기간이 지나면 즉시해제권은 행사될 수 없다.[4] 귀향여비를 지급하지 않으면 금품청산위반(근기법 §36)이 된다(제11장 제3절, 3).

(3) 임금지급명세서 교부와 임금대장 작성

① 임금지급명세서

㈎ 법적근거

사용자는 임금을 지급할 때에 근로자에게 임금의 구성항목·계산방법, 임금

---

1) 근로조건위반손해배상청구신청서에 근로계약서사본·근로조건위반사실증명자료 첨부, 관할지노위에 제출(근기칙 §2).

2) 대판 1983.4.12, 82누507 ; 대판 1984.9.11, 84누448 ; 대판 1985.11.12, 84누576 ; 대판 1986.1.21, 83누667 ; 대판 1989.2.28, 87누496. 부당해고·부당노동행위 관련 ; 1997.10.10, 97누5732. 일반근로조건 관련.

3) 계약해제는 장래에 대한 것으로 원상회복의무 등과는 관계가 없다. 따라서 법문의 표현인 해제보다는 '해지(민법 §550)'라는 용어가 더 적합하다.

4) 대판 1997.10.10, 97누5732.

공제(근기법 §43①단서)내역을 적은 임금명세서를 서면(전자문서및전자거래기본법 §2 i 에따른전자문서포함)으로 교부해야 한다(근기법§48②, §116② ii.5백만원 과태료,2021.5.18신설). 이 규정은 근로자수와 관련없이 전체사업장에 적용된다.

㈏ **기재사항**

기재사항은 ⓐ 근로자의 성명 · 생년월일 · 사원번호 등 근로자를 특정할 수 있는 정보,[1] ⓑ 임금지급일,[2] ⓒ 임금총액,[3] ⓓ 기본급 · 각종수당 · 상여금 · 성과금과 그 밖의 임금구성항목별 금액(통화이외의것으로지급된임금이 있으면그품명및수량과평가총액),[4] ⓔ 임금의 구성항목별 금액이 출근일수 · 시간 등에 따라 달라지면 임금구성항목별금액의 계산방법(연장·야간·휴일근로의 경우그시간수포함),[5] ⓕ 임금일부를 공제(근기법 §43①단서)한 경우에는 임금의 공제항목별 금액과 총액 등 공제내역[6]이다. 5인미만사업(장)은 가산수당관련규정처럼 적용되지 않는 내용을 기재하지 않아도 된다.

㈐ **작성과 교부**

사용자는 근로자에게 임금지급일에[7] 임금명세서를 근로자가 확인할 수 있는 방법으로 교부해야 한다. 서면 또는 전자문서로 임금명세서를 작성하여 교부하는 것은 가능하며, 구체적으로는 근로조건명시부분에 설명되어 있다(같은장,같은절 2·라,(2),④).

② **임금대장 작성**(제1장,제5절 4·나,(1),②)

3. 근로계약기간

3·가. 법적 근거

근기법은 근로계약기간에 대한 규정을 두지 않고, 당사자의 결정에 맡기고 있다. 기단법은 계속근로기간이 2년을 초과하면 그 계약을 '기간의 정함이 없는 근로계약'으로 본다(제8장 제4절,3). 과거에는 강제노동 · 신체구속을 예방하는 차원에서

---

1) 특정할 수 있다면 성명만을 기재할 수 있으나, 동명이인을 염두에 두고 생년월일, 사원번호, 부서 등을 기재하여 특정하는 것이 바람직하며, 근기령규정은 예시이므로 사업장이 자율적으로 기재사항을 정할 수 있음.

2) 임금정기지급원칙(근기법 §43②)에 따른 임금정기지급일을 말함 ; 1개월미만근로계약을 체결한 경우에는 근로계약서에서 정한 임금지급일을 말함.

3) 근로소득세, 사회보험료 근로자부담분 등을 공제하기 전의 임금총액을 말함.

4) 근로자별로 지급되는 임금항목이 다르면 근로자별로 해당임금항목만 기재 가능(예 : 자격수당 등) ; 통화외의 것으로 지급되는 임금이 있으면 품명 · 수량 · 평가총액(평가가 어렵거나 기재가 불필요하면 예외) 기재.

5) 임금의 구성항목별 금액이 어떻게 산출되었는지 산출식 또는 산출방법을 작성하며, 임금명세서에 별도로 작성란을 마련하거나 해당임금항목란에 기재 ; 출근일수 · 시간 등에 따라 금액이 달라지는 항목에 대해서만 실제해당시간수를 포함하여 수당계산방법작성(출근한 경우에만 지급되는 통근수당 · 식대에 있어 출근일수 / 월15일 이상 근무하면 지급하는 출근장려수당에 있어 근무일수 / 일숙직수당 일수 / 연장 · 야간 · 휴일근로시간수).

6) 임금공제항목 · 금액(근로소득세, 사회보험료근로자부담분, 노동조합비 등). 세율 · 보험요율 등은 불필요.

7) 정기지급일전에 퇴직한 근로자에 대해서는 금품을 청산(근기법 §36)할 때 교부.

'기간의 정함이 있는 근로계약'이 강조되었으나,[1] 현재에는 계속고용에 대한 필요성이 더 중시되면서 '기간의 정함이 없는 근로계약'이 보다 일반적이다.

3·나. 기간의 정함이 없는 근로계약

(1) 근로자의 계약해지권

고용기간약정이 없으면, 당사자는 언제든지 계약해지의 통고를 할 수 있으며(민법 §660①), 계약위반에 따른 손해배상의 문제는 발생치 않는다. 근로자가 사직원을 제출하면 민법원리에 따라 근로관계종료일을 판단한다.[2] 먼저 사용자가 사표를 수리하거나, 단체협약·취업규칙[3]·근로계약 등으로 계약종료시기에 관한 특약을 하면 각각 그 시기에 고용계약해지효력이 발생한다.[4] 특약내용은 법령에 저촉될 수 없다. 다음으로, 사용자가 근로자의 퇴직의사표시를 수리하지 않고 계약종료시기에 관한 특약이 없다면, 퇴직의 의사표시를 통고받은 날로부터 1개월이 지나야 계약해지효력이 발생한다(민법 §660②). 다만, 임금을 정기적으로 지급하고 있으면 퇴직의사를 통고받은 당기후의 1임금지급기를 지나는 때에 계약해지효력이 발생한다(민법 §660③).[5] 이 기간의 범위에서 사용자가 사표를 수리하지 않은 기간 동안 근로자는 출근의무를 지며 이를 이행하지 않으면 결근으로 처리될 수 있다.[6] 근로자가 휴직중에 사직해도 퇴직시점은 사직서수리일이 됨이 원칙이며,[7] 민법 제660조에 따라 해석한다.

(2) 사용자의 계약해지권

민법 제660조제1항 규정에도 불구하고 사용자는 정당한 이유없이 근로자를 해고하지 못하므로(근기법 §23), 일방적인 계약해지권을 가질 수 없다. 사용자가 파산선고를 받으면 근로자 또는 파산관재인은 근로계약을 해지할 수 있으며, 사용자는 계약해지로 인한 손해배상청구를 하지 못한다(민법 §663).

---

1) 근기법은 최초제정때부터 2007.6까지 제16조에 "근로계약을 정하지 않은 것과 일정사업완료에 필요한 기간을 정한 것 외에는 그 기간은 1년을 초과하지 못한다"고 규정하고 있었다. 그러나 '대판(전) 1996.8.29, 95다5783'은 1년초과근로계약체결을 인정하면서 반복갱신을 제한하는 기준을 제시하지 못함으로써 1년초과금지조항의 의미가 없어지게 되었다(**한국노동법학회, 『노동판례백선』 제1판**, 48쪽. 주요판례로 소개).

2) 노동부예규 제594호, 2009.9.25(제정 제37호, 1981.6.5).

3) 대판 1997.7.8, 96누5087. 사직서제출후 14일이 지나면 근로계약이 종료된다고 규정되어 있는 사례 인정.

4) 대판 1996.7.30, 95누7765.

5) 다른 합리적인 사유가 있어도 마찬가지이다(근로개선정책과-371, 2013.1.9).

6) 법무 811-11181, 1981.4.10. 평균임금이 낮아져 퇴직금이 줄어든다.

7) 임금 32240-1413, 1991.1.31.

(3) 정년과 재계약

정년으로 '기간의 정함이 없는 근로계약'이 종료된 후에 정년전과 다른 조건으로 '기간의 정함이 없는 근로계약' 또는 '기간의 정함이 있는 근로계약'을 다시 체결할 수 있다.

3·다. 기간의 정함이 있는 근로계약(제8장 제3절,3)

3·라. 특별한 경우에 있어 근로기간

「병역법」에 의해 병역의무를 대신하는 산업체근무는 근로계약기간이 예정된다. 이 경우 당사자의 특약이 있으면 그 기간이 근로계약기간이 되며 당사자가 근로계약기간을 정하지 않으면 병역기간만료만을 이유로 사용자가 일방적으로 근로계약을 해지할 수 없다.[1]

4. 과도적근로관계

4·가. 의 의

노동력의 질을 잘 알지 못하는 사람을 채용하는 부담을 피하기 위해 정식고용에 앞서 해당근로자에게 일시적으로 임시적인 지위를 부여하는 근로관계를 과도적근로관계라 한다.

과도적근로관계는 여러 이름으로 불리나,[2] 수습·시용·채용내정으로 정리될 수 있다. 근기법이나 최임법에서 말하는 수습은 좁은 의미에서의 수습과 시용을 모두 포함하는 의미이다. 과도적근로관계의 기간이나 시행방법은 단체협약, 취업규칙 등으로 정해진다.[3]

과도적근로관계가 포함된 근로관계는 과도적근로계약과 본근로계약을 모두 포괄하는 하나의 근로계약의 규율을 받는다. 과도적근로계약은 서면은 물론이고 구두로 체결되더라도 인정된다.[4] 과도기적근로계약은 취업규칙이나 단체협약에에 해당제도가 설정되어 있거나 그 근거가 규정되어 있어야 효력이 있고, 해당 근로자가 그러한 근로자임이 명시되어야 한다.[5]

---

1) 같은취지, 근기 68207-515, 1994.3.25.
2) 법적성격은 이름과 관계없이 계약내용에 따라 판단된다. 견습·가채용은 시용에 가까우며, 연수는 수습에 가깝고, 인턴은 그 내용에 따라 수습·시용·단순훈련이 될 수 있다.
3) 근기 01254-221, 1993.2.12.
4) 근로개선정책과-4202, 2012.8.20.
5) 대판 1991.11.26, 90다4914. 시용관련, 이러한 증거가 없으면 정식직원으로 채용된 것으로 인정.

4·나. 개념 및 요건

(1) 수 습

좁은 의미에서의 수습은 정식채용 즉, 확정적으로 근로계약을 체결한 후에 작업능력이나 적응능력을 키워주기 위한 근로형태이다.[1] 수습근로계약은 근로계약을 체결하면서 당사자합의로 필요에 따라 설정될 수 있다.

(2) 시 용

① 개 념

확정적인 근로계약을 체결하기 전에 적격성을 판단하기 위해 불확정적이고 시험적으로 사용하는 기간은 시용기간, 이 기간중의 근로관계는 시용근로관계이다.

시용근로계약은 시용에 해당하는 근로를 제공하면 성립하고 임금 등을 정하지 않았다는 이유로 부정되지 않는다.[2] 시용은 사용종속관계가 있는 고용형태이다.

② 성립요건

㈎ 시용목적

시용근로계약은 시용목적 즉, 실험적인 사용목적임이 명확해야 한다. 대상기간의 근로에 대해 평가를 하지 않으면 시용근로계약으로 인정받기 어렵다.

㈏ 실험내용

시용은 자질·성격·능력·성실성·근무태도 등 업무적격성과 인격적격성을 결정하는 단계이다. 시용은 특별한 능력이 요구되는 특수기능·숙련노동·관리업무 등에 활용하는 것이 원칙이다. 따라서 업무적격성은 당연히 실험내용이 된다. 채용에 있어 업무능력외에 융화, 진실성 등 전인격적인 요소를 고려하는 인격적격성도 정식고용을 판단함에 있어 고려대상이 된다.[3]

㈐ 판단기준

시용근로계약이 성립하려면 '사회통념상 객관적이고 합리적인'[4] 본채용판단기준이 있어야 한다. '회사사정에 따라 해고할 수 있다'거나 '사원으로서 적당하지 못하다고 인정되면 해고할 수 있다'는 자의적인 단서조항은 부관으로서의 효력을 갖지 못하며 본근로계약이 체결된 것으로 간주된다.

---

1) 김형배, 『노동법』, 제20판, 271쪽 ; 김수복, 『채용에서 퇴직까지의 노사문제』, 33쪽.
2) 대판 2022.4.24, 2019두55859.
3) 김수복, 『채용에서 퇴직까지의 노사문제』, 40~44쪽. 언행, 협조성, 경력사칭 등도 정식채용거부사유로 봄.
4) 서울민지판 1991.5.31, 90가합18673.

(3) 채용내정

① 개 념

노동력을 미리 확보하기 위해 일정요건이 충족되면[1] 채용할 것을 약정하는 불확정근로관계를 채용내정이라고 한다. 근로자로서는 채용내정계약을 믿고 다른 회사에 응모하지 않다가, 일방적으로 채용내정이 취소되면, 오랫동안 취업을 하지 못할 수 있다. 따라서 채용내정은 보호가 필요한 근로관계이다.

② 요 건

채용내정통지가 근로계약을 완성시키는 '사용자의 승낙의 의사표시'인가 아니면 '근로계약체결예정'인가는 통지의 문언과 의미, 단체협약·취업규칙의 채용절차규정, 관행 등 구체적인 사정을 종합적으로 고려하여 판단된다.[2] 채용내정계약은 당사자를 구속하는 약속이어야 하며, 호혜적인 의미를 가지면 법적관계가 부정된다.[3] 채용내정계약이라 할 수 있기 위해서는 졸업, 학위취득, 서류·서약서의 제출, 프로젝트완성 등 조건이 붙어야 한다.

4·다. 법적성격

(1) 수 습

수습계약은 따로 존재하는 것이 아니고 정식근로계약으로서 본 근로계약과 같이 하나의 근로계약을 형성한다.

(2) 시 용

시용과 채용내정은 수습과 달리 모두 확정근로계약을 체결하기 전의 고용관계이나, 시용은 사용종속관계 아래서 근로가 제공된다.[4] 시용근로계약은 사용종속관계를 전제함으로써 근로계약으로 인정되는데,[5] 그 법적성격에 관해서는 다음과 같이 견해가 나뉠 수 있는데 해지권유보설을 지지한다.

정지조건설	'근로자로서 적격하다'는 평가를 효력발생조건으로 정식 채용
해제조건설	'정규근로자로서 적절치 못하다'는 평가를 해제조건으로 정식 채용

1) 〈졸업예정자〉 졸업 ; 〈해외유학자 또는 중도입사자〉 논문제출이나 프로젝트완성.
2) 일본 최고재판소 1969.7.20.
3) 김윤수, "채용내정과 시용기간의 법률관계"(앞의 글), 148쪽.
4) 김윤수, "채용내정과 시용기간의 법률관계"(앞의 글), 168쪽.
5) 채용을 위한 교육기간이 순수하게 채용여부판단을 위한 시험이라는 이유로 근로자성을 부정한 사례(근기 68207-1364, 1994.8.26. 고속버스기사 채용 관련. 서류심사, 적성검사 등 시험과정을 거친 후에 승객을 태우지 않은 채 교육생과 감독관만 태우고 30~40일의 고속도로주행교육을 실시하여 교육수료후 근로계약체결)가 발견된다. 그러나 이와 비슷한 형태라도 승객을 태우는 등 근로를 제공하면 시용근로계약이 된다.

해지권유보설[1]	'정식근로자로서 적절치 못하다는 평가를 이유로 근로계약을 해지할 수 있는 사용자의 권리 유보

(3) 채용내정

① 근로계약 성립 여부

채용내정은 수습과 달리 확정근로계약을 체결하기 전의 고용관계인 점에서 시용과 같으나, 근로가 제공되지 않는 점에서 시용과 다르다.

채용내정계약에 대해 근로계약이 성립한 것인지를 둘러싸고 견해가 나뉜다.

근로계약 체결과정설	근로계약체결과정으로서 근로자와 사용자 어느 쪽도 구속하지 않으며, 정식채용전까지 민법 적용
예약설	일정한 조건이 충족되면 새로이 근로계약을 체결해야 한다는 내용의 예약으로서 정식채용전까지 민법의 적용을 받아 손해배상청구 문제 발생
근로계약 성립설	조건이나 기한 등의 부관이 붙어있는 근로계약

정식채용거부에 따라 근로자가 받게 될 불이익이 해고의 성격을 가지므로 통설적인 견해[2]인 근로계약성립설이 타당하다.

일정기간이 지나면 당연히 취업하도록 체결된 계약은 확정근로계약이다. 이 경우에 근로를 제공할 때까지의 기간은 휴업기간 또는 대기기간이다.

② 계약의 성격과 효력

채용내정을 근로계약이 성립한 것으로 보면 계약의 성격과 효력을 둘러싸고 다음과 같이 견해가 나뉘는데, 시기부해약권유보계약설이 타당해 보인다.[3]

정지조건부 계약설[4]	졸업하는 것 등을 정지조건으로 해 근로계약 성립	정식채용 때까지 효력이 발생치 않고 있는 점을 설명하기 어려움
해제조건부 계약설[5]	졸업하지 않는 것 등을 해제조건으로 하여 근로계약 성립	근로계약이 이미 성립되어 있으므로, 계약의 해제는 해고에 해당되어 근기법이 적용되는데, 당연히 해제된다는 귀결이 타당치 않음

1) 대판 1992.8.18, 92다15710 ; 대판 2001.2.23, 99두10889.

2) 김형배, 『노동법』, 제20판, 268쪽 ; 임종률, 『노동법』, 제9판, 371쪽 ; 김유성, 『노동법 I』, 74쪽.

3) 대판 2000.11.28, 2000다51476 ; 근로계약효력이 언제 발생하느냐에 대해 다시 견해가 나뉜다(毛塚勝利, "採用內定 試用期間", 「現代勞動法講座 10」 総合労働研究所, 1982, 89~91頁). 첫째, 〈**효력시기설**(效力始期說, 일본 최고재판소 1980.5.3)〉 효력발생에 대해 시기가 붙어 있다고 본다. 이 설은 내정기간중에 효력이 전혀 발생하지 않는 것으로 되어 근로계약이 성립된다는 점과 양립되기가 어렵다. 둘째, 〈**취업시기설**(就業始期說)〉 근로계약의 효력은 발생하나 근로제공에 관해서만 시기가 붙어 있다. 이 설은 일본학계의 지배적견해로서 근로를 제공하지 않는 기간에 대해 근로계약효력이 전면적으로 인정됨으로써 휴일·휴가 등 근로조건의 적용여부에 대한 설명이 곤란하다. 셋째, 〈**의무이행시기설**(義務履行始期說)〉 채용내정에 의해 근로계약효력은 발생하지만 법적의무 즉, 근로제공의무의 이행시기가 현실적으로 도래하지 않는다. 이 설을 지지한다.

4) 오사카지방재판소 1976.7.10.

시기부해약권 유보계약설	근로계약효력발생 또는 근로개시에 관해 시기(始期)가 붙어 있는 계약 성립	당사자의 의사에 따라 조건을 충족시킬 때부터 근로계약이 성립한다고 함으로써 법률관계를 명확히 함

4·라. 기 간

(1) 공 통

과도적근로관계의 기간은 당사자합의로 결정된다. 근기법은 시용기간을 규정하고 있지 않다. 과도적근로관계는 불완전하다. 채용목적, 업무성격 등을 감안할 때 사회통념을 넘어서는 긴 기간 동안 과도적근로관계로 신분을 불안하게 하고 부당하게 차별하면 반사회적인 계약(민법 §103)으로서 그 효력이 부정될 수 있다. 3개월을 초과한 수습이나 시용은 해고예고대상으로서 그 합리성을 의심받을 가능성이 크다. 기간이 없거나, 지나치게 길거나, 연장 또는 갱신이 처음부터 예정되어 있으면 과도적근로관계의 효력이 부정될 수 있다.

(2) 시 용

① 기간 명시 · 결정

시용기간은 근로자로서의 적격성을 판정하는 기간이다. 따라서 '회사가 사원으로 적합하다고 인정할 때 본채용을 한다'처럼 기간을 명시하지 않으면 시용으로 인정될 수 없다.[1] 시용기간은 사용자의 지휘 · 감독을 받는 때부터 계산된다.[2]

② 기간 연장 · 중단

시용기간연장은 원칙적으로 허용되지 않는다. 그러나 연장기간중에 근로자의 근무태도가 개선될 것을 기대하고 정식근로자로 고용할 것을 배려함으로써 시용근로자에게 불리하지 않은 상태에서,[3] 근로자가 수용하면 허용될 수 있다.[4] 근로자의 귀책사유가 있으면 시용근로계약이 중도에 해지될 수 있으며, 이는 해고에 해당된다. 시용기간중에 근로자를 위법 · 부당하게 해고하면 그 근로자의 지위를 '본채용이 이루어진 것으로 볼 것인지' 아니면 '잔여기간이 있는 시용기간

---

5) 김형배, 『노동법』, 제20판, 267쪽 ; 김유성, 『노동법Ⅰ』, 74쪽 ; 임종률, 『노동법』, 제9판, 371쪽 ; 대판 2000.11.28, 2000다51476. ↘ 149쪽

1) 대판 1991.11.26, 90다4914 ; 대판 1999.11.12, 90다30473.

2) 김수복, 『채용에서 퇴직까지의 노사문제』, 38쪽. 시용기간을 3개월로 하고 3월1일에 시용근로계약을 체결한 후 3개월간 자택대기를 명하면 출근을 개시한 6월1일부터 시용기간이 개시된다.

3) 〈예〉 김수복, 『채용에서 퇴직까지의 노사문제』, ⓐ 근로자 동의, ⓑ 시용근로계약체결 당시 예견할 수 없는 사정(장기질병, 사용자의 예기치 않은 휴업, 근무성적 평가에 중대한 의혹 등) ⓒ 근로자에게 재기회 부여, ⓓ 취업규칙 등에 구체적인 연장기준이 있는 경우 등.

4) 서울행판 2006.9.26, 2006구합20655.

으로 볼 것인지'에 관하여 의견이 나뉠 수 있다. 해고의 정당성을 따지는 과정에서 당초에 계획된 시용기간이 지나면, 해약권의 유보가 없는 통상의 근로관계로 전환되어, 본채용으로 처리되어야 한다.[1] 징계해고형식으로 시용근로관계를 종료한 경우, 징계사유외에 채용취소사유를 덧붙여 기재해도, 징계해고외에 '시용기간중의 본채용거부로서의 해고처분'이 따로 존재하는 것이 아니다.[2]

③ **기간 종료**

시용기간종료에도 불구하고 사용자가 부적격사유를 제시하지 않은 상태에서 근로자가 사실상 취업을 계속하면, 해약권이 소멸하고[3] 근로관계는 해약권유보가 없는 보통의 근로관계로 전환되어[4] 정식근로자로 채용된 것으로 본다.[5]

(3) 채용내정

채용내정기간은 채용내정계약을 체결한 때부터 근로의무가 발생할 때까지의 기간이다. 시기부해약권유보계약설을 받아들인다면, 근로계약기간은 근로계약의 효력이 발생하는 때부터 계산된다.

4·마. 근로조건

(1) 수습과 시용

① **법정 근로조건**

수습과 시용에 대해서는 근기법이 전면적으로 적용되며, 일반근로자와 마찬가지로 3개월이내인 사람에 대하여는 해고예고조항이 적용되지 않는다(근기법 §26① i). 근로계약기간이 1년이상인 근로자의 '3개월이내 수습근로기간'에 대해 낮은 최저임금이 적용된다(최임법§5② 제4장,제3절,3·다,(4)). 수습기간은 평균임금산정기간에 포함되지 않는다(근기령 §2① i). 여기서 수습근로자라 함은 수습 및 시용을 말한다. 수습기간과 시용기간은 근속기간에 포함된다.[6]

② **약정 근로조건**

수습근로자와 시용근로자의 임금 등 근로조건은 법정기준이상이어야 하며 근로계약 등을 통해 정식근로자보다 낮게 결정될 수 있다. 그렇더라도 채용목적·

1) 대판 1994.1.11, 92다44695 ; 임종률, 『노동법』, 제9판, 375쪽.
2) 대판 1993.2.9, 92다45636.
3) 임종률, 『노동법』, 제9판, 375쪽.
4) 김유성, 『노동법 I 』, 74쪽.
5) 김형배, 『노동법』, 제20판, 274쪽.
6) 같은취지 ; 김형배, 「근로기준법」, 제8판, 118쪽 ; 임종률, 『노동법』, 제9판, 375쪽.

근로형태 · 업무실적 등을 고려하여 차별의 정도가 크면 반사회적계약(민법 §103)으로서 효력이 부정될 수 있다.

(2) 채용내정

채용내정기간은 근로제공의무의 이행시기가 도래하지 않은 것으로 볼 수 있다. 근로제공과 관련된 근로조건은 적용되지 않으며 제6조(균등한 처우), 제17조(근로조건의 명시), 제20조(위약예정의 금지), 제23조(해고등의 제한), 제26조(해고의 예고) 등 근로제공을 전제로 하지 않는 규정은 적용 또는 준용된다.

4·바. 근로관계종료

(1) 해 고

수습기간과 시용기간에는 작업능력배양과 시험적사용을 위해 근무규칙을 보다 엄격히 정하여 해고기준으로 삼더라도, 사회통념상 합리성에 크게 벗어나지 않는 한 인정된다.[1)]

(2) 본채용거부

① 실체적 정당성

시용에 있어 본채용거부는 해고(근기법 §23)에 해당한다.[2)] 시용근로계약이 실험기간 중의 계약이라는 점, 해지권유보계약이라는 점, '자질 · 성격 · 능력 등의 관찰을 통해 본채용여부를 결정하려는 점' 등을 고려하여 '정당한 사유'의 범위가 일반해고에 비해 상대적으로 넓다. 다만, 그 사유는 객관적이고 합리적인 이유가 있어 사회통념상 상당하다고 인정되어야 한다.[3)]

본채용은 인격적격성과 업무적격성에 근거를 두고 판단되어야 한다. 업무적격성의 판단방법인 근무성적평정에 대해서는 통상해고(제10장, 제2절, 3·마 (2), (3), (4))와 기간제근로계

---

1) 서울고판 1986.6.2, 86나516.

2) 일본 최고재판소 1975.12.12.

3) 대판 1987.9.8, 87다카555. 버스운전사가 3월간 시용 중 교통사고로 75일간 운전면허정지를 받은 사건이다.; 대판 1991.11.26, 90다4914; 대판 1992.8.18, 92다15710; 대판 1994.1.11, 92다44695; 대판 1999.2.23, 98두5965; 대판 2001.2.23, 99두10889; 대판 2003.7.22, 2003다5955. 정당성 부인. 〈사유〉 지점별로 하위평정등급해당자수를 할당, 근무성적평정표가 제출된후에 일부지점장들에게 재작성을 요구하고 평정자 및 확인자를 달리하도록 한 근무성적평정요령에 어긋나게 일부 지점장이 혼자서 근무성적평정표를 재작성, 평정대상자마다 다른 평정자, 시용조건부근로계약 해지의 성격상 업무적격성 등을 절대적으로 평가해야 함에도 상당수의 평정자가 상대적으로 평가, 근무성적평정표 및 평정의견서만으로 업무수행능력이 어떻게 부족한지 또 업무수행에 어떠한 차질이 있는지 확인 곤란; 대판 2005.7.15, 2003다50580; 대판 2006.2.24, 2002다62432(**한국노동법학회, 『노동판례백선』 제2판**, 155쪽, 대상판결은 사용계약해지의 정당성 판단기준에 관한 기존법리를 적용한 사례); 대판 2008.12.11, 2006두13220; 임종률, 『노동법』, 제9판, 374쪽.

약갱신(제8장, 제4절, 3·라 (2), ④, ㈑, ㈏, ㈁)에 있어서의 법리가 준용될 수 있다.

본채용거부사유는 명확하고 객관적인 기준에 따라 정해져야 한다. 사용자는 취업규칙에 직접 명시하거나 근거규정을 둔 후에 따로 마련한 기준을 적용할 수 있다. 해당기준은 정식근로자의 기준을 기초로 하여 가감(加減)하는 방법으로 설정될 수 있다.[1] 기준을 적용함에 있어서도 다른 시용근로자와 형평이 유지되어야 하며 차별적기준을 적용하거나 '불합리하게 평가점수를 부여하면'[2] 정당성이 부인된다. 시용근로계약의 해지처분이 조합활동을 저지하기 위한 의도로 이루어지면 부당노동행위에 해당한다.[3]

② 절차적 정당성

시용근로자도 일반근로자처럼(근기법 §26 i), 3개월이상이면 해고예고제도의 적용을 받는다. 사용자는, 본근로계약의 체결을 거부하는 경우, 해당근로자로 하여금 그 거부사유를 파악하여 대처할 수 있도록 '구체적·실질적인 거부사유를 서면으로 통지'하여야 한다.[4] 본채용거부는 해고에 해당되므로 해고서면통지제도가 적용되기 때문이다. '시용기간만료로 해고한다'는 취지만의 본채용거부통지는 사유의 모호성 때문에 효력이 없다(제10장, 제3절 2·나, (1)).[5]

시용기간중에 있는 근로자를 해고하거나 시용기간이 만료하여 본근로계약의 체결을 거부하는 것은 사용자에게 유보된 해약권의 행사로서 일반적인 징계해고와는 성질을 달리하므로 취업규칙 등에 규정된 징계절차를 거치지 않더라도 효력이 부인되지 않는 것이 원칙이라는 판결[6]이 발견된다. 이와 관련하여 시용기간중의 비리에 대해서는 명시적인 근거가 있어야 징계절차를 거치지 않을 수 있다고 생각된다. 징계절차를 따르도록 규정하고 있다면, 이는 이행되어야 한다.

(3) 채용내정취소 및 정식채용거부

① 성 격

정식채용의 거부 및 취소는 해고(근기법 §23)로 해석된다.[7] 따라서 근로자는 부당한

---

1) 〈예〉 ⓐ 업무수행능력을 기준으로 하면서, '평균생산량이 통상근로자의 90%'로 하는 것, ⓑ 출근율을 기준으로 하면서, '통상근로자는 무단결근 3일, 시용은 2일'로 하는 것, ⓒ 채용서류 또는 이력서의 미제출 또는 허위제출을 기준으로 하는 것.

2) 대판 2008.12.11, 2006두13220.

3) 대판 2008.12.11, 2006두13220.

4) 대판 2015.11.27, 2015두48136.

5) 대판 2015.11.27, 2015두48136. 우림맨테크 사건.

6) 서울고판 2005.4.22, 2004누9007 ; 대판 2006.8.25, 2006두6956(서울고판 2006.2.14, 2004누23638. 심리불속행 기각).

거부 또는 취소에 대해 손해배상을 청구할 수 있으며[1] 무효임을 주장하여 근로자로서의 지위를 확인하는 소(訴)를 구할 수 있다.[2] 채용내정의 전제가 되는 입사예정일이 도래하면, 근로자는 그 지위를 획득하기 때문에 임금청구권을 갖는다.[3]

② **정당성 판단기준**

'정식채용거부에 대한 정당성의 범위'와 '정식근로자의 해고에 대한 정당성의 범위'가 다르지 않다는 견해[4]가 있으나, 시용과 같은 이유로, 정식근로자에 비해 정당성의 범위가 넓다고 해석된다.[5] 채용내정취소는 해약권유보의 취지와 목적에 비추어 합리적이고 사회통념상 상당하다고 인정되어야 한다.[6]

본채용의 조건이 졸업, 학위취득, '서류 · 서약서제출여부' 등과 같이 사용자가 따로 판단할 여지가 없는 사항에 대해서는 객관적조건의 충족여부가 본채용여부의 판단기준이다. 프로젝트완성, 경력 등 사용자의 확인이 필요한 사항에 대해서는 명백하고 합리적인 기준이 설정되어 있어야 한다.

사회통념상 근로자에게 불가피한 사정이 있다고 인정되면, 조건을 충족하지 못한 것이 본채용거부의 정당한 사유가 되지 못한다. 반면에 정식채용기한이 도달하기 전이더라도 고용관계를 유지하지 못할 사정변경이 발생하면 채용내정의 취소가 가능하다. 후자에 있어서는 근로자측의 사정으로 인한 것이면 정식근로자의 해고사유가 판단기준이 될 수 있다.

③ **거부 · 취소 절차**

본채용거부 및 채용내정취소에 있어 해고예고(근기법 §26)를 부정하는 견해[7]가 있다. 그러나 해고예고제도가 사실상의 근로제공을 전제로 하는 것이라는 근거가 없으므로, 채용내정기간이 3개월을 넘는다면 제도의 취지와 목적에 비추어 볼 때에 졸업불능의 확정처럼 특별한 경우외에는 예고를 하는 것이 타당하다.[8]

---

7) 김형배, 『노동법』, 제20판, 269쪽 ; 김수복, 『채용에서 퇴직까지의 노사문제』, 28쪽 ; 김유성, 『노동법 I』, 72쪽 ; 서울남부지판 1999.4.30, 98가합20043. ↘ 153쪽

1) 대판 1993.9.10, 92다42897. 수차례 본채용을 지연 · 거부한 사례.

2) 김윤수, "채용내정과 시용기간의 법률관계"(앞의 글), 1987, 158~159쪽.

3) 대판 2002.12.10, 2000다25910.

4) 김윤수, "채용내정과 시용기간의 법률관계"(앞의 글), 158~159쪽.

5) 서울고판 2000.4.28, 99나41468. 경영해고를 할 때 채용내정자를 우선 대상자로 선정 ; 대판 2000.11.28, 2000다51476. 경영해고의 사전협의 대상이 아닌 것으로 봄.

6) 일본 최고재판소 1979.7.20.

7) 김수복, 『채용에서 퇴직까지의 노사문제』, 30쪽 ; 서울고판 2000.8.25, 99나41055.

8) 김윤수, "채용내정과 시용기간의 법률관계"(앞의 글), 162쪽.

5. 근로계약 효력

5·가. 당사자 의무

(1) 근로자 의무

① 근로제공의무

㈎ 개 요

근로계약이 체결되면 근로자는 사용자에게 근로제공의무를 진다. 근로제공의무는 '근로의 실현'이 아닌 '노동력을 사용자가 처분할 수 있는 상태에 두는 것'을 의미한다.[1] 근로계약불이행은 누구의 책임에서 비롯된 것인지에 따라 효과가 달라진다.

㈏ 근로자의 의무불이행

근로자가 자기에게 책임이 있는 사유때문에 근로제공의무를 이행하지 못하면 사용자는 임금을 지급하지 않을 수 있으며, 해고 등의 징계를 할 수 있고, 고의나 과실을 전제로 채무불이행으로 인한 손해배상책임을 청구할 수 있다(민법 §390). 근로제공의무를 이행하지 못한 것이 정당화되기 위해서는 사용자의 승인이 요청되며, 근로자의 일방적인 통지만으로는 부족하다.[2]

㈐ 사용자의 의무불이행

채권자귀책사유 또는 '채권자의 수령지체중에 쌍방의 책임이 없는 사유'로 이행불능이 되면, 근로자는 계속 근로하였을 경우에 받을 수 있는 임금전액의 지급을 청구할 수 있다(민법 §538). 채권자귀책사유의 경우에는 근로제공의무는 면제되며, 근기법의 휴업수당(제4장 제3절,4)조항(§46)이 적용된다.

㈑ 당사자 모두의 의무불이행

일방의 채무가 양당사자에게 책임이 없는 사유로 이행할 수 없게 되면, 채무자는 채무자위험부담주의에 따라 상대방의 채무이행을 청구할 수 없다(민법 §537). 근로자가 회사밖에서 개인적으로 사고를 당한 것은 당사자 모두에게 책임없는 사유에 해당된다. 따라서 근로제공의무와 임금지급의무가 면제된다(쟁의행위와임금 제5장, 제5절,1·다,(5)).

② 부수적 의무

㈎ 개 요

근로자는 사용자에 대해 근로제공의무외에 작위의무와 부작위의무를 진다. 이

---

1) 김형배, 『노동법』, 제20판, 298쪽

2) 대판 2002.12.27, 2002두9063.

러한 의무는 근로계약 등에서 근거를 찾을 수 있다. 근로계약 등에 규정된 내용이 위법·부당한 사항이 아닌 한 근로자는 이를 지켜야 한다. 근로계약 등에 규정이 없어도 민법상 신의성실원칙에 기초하여 충실의무가 발생함으로써, 근로자는 작위의무 또는 부작위의무를 진다.

㈏ 영업비밀유지

㉮ 영업비밀의 개념

영업비밀이란 공공연히 알려져 있지 않고 독립된 경제가치를 가지는 것으로서, 합리적인 노력에 의해 비밀로 유지된 생산방법·판매방법 그 밖에 영업활동에 유용한 기술 또는 경영정보를 말한다(부정경쟁방지및영업비밀보호에관한법률§2ii)[1].

㉯ 영업비밀의 요건

영업비밀은 비공지성·비밀성, 경제성·독립적경제가치성·정보성, 비밀유지성 ·비밀관리성 등을 요건으로 한다.

첫째, 비공지성·비밀성[2]과 관련하여서는 특정 다수인이 알고 있거나 알 수 있는 상태에 있지 않은 것으로서, 공개된 간행물에 게재되지 않고 비밀상태에 있는 정보여야 한다. 입증책임은 보유자에게 있다. 일반경로로는 입수될 수 없고 침해자의 입수경로와 해당정보가 보유자와 동일하다면 비공지성이 추정되며 침해자가 반증해야 한다. 일반화된 사실, 법령위반행위 등은 비밀의 대상이 아니다. 보유자가 직원에게 비밀유지의무를 부과하는 등 기술정보를 엄격히 관리하는 이상, 역설계로 획득이 가능하더라도 영업비밀성이 부정되지 않는다.

둘째, 경제성·독립적경제가치성·정보성과 관련하여서는 독립된 경제가치를 갖는 것이어야 하고 보유자의 영업활동에 유용해야 한다. 유용성이라 함은 정보를 보유함으로써 그렇지 않은 경쟁업자에 대해 경쟁우위를 점할 수 있음을 의미한다. 영업비밀은 기술·경영정보를 말하며, 현실적으로 사용되지 않더라도 장래에 경제가치를 발휘할 수 있는 잠재정보와 실패한 연구정보를 포함한다.[3] 판로·신용·고객·기술 등 모든 경영사항이 비밀에 해당될 수 있다.

셋째, 비밀유지성·비밀관리성과 관련해서는 침해우려가 있는 사람이 인식할 수 있는 상태로 비밀관리가 유지되어야 한다. 단순히 추상적으로 비밀이라는 표

---

1) 대판 1999.3.12, 98도4704 ; 대판 2003.1.24, 2001도4331 ; 대판 2003.7.16, 2002마4380.

2) 서울중앙지판 2015.10.2, 2014가합48335. 소속 직원 누구나 공유할 수 있는 고객정보라도 로그인 절차를 거쳐야 열람이 가능하다면 영업비밀에 해당.

3) 대판 2008.2.15, 2005도62234.

시를 한 것만으로는 부족하며,[1] 비밀유지를 위한 합리적노력(부정경쟁방지및영업비밀보호에관한법률§2ii)[2]이 요구된다. 즉 보유자가 주체적으로 비밀을 유지하려고 한다는 인식이 표현되면서 누구라도 알 수 있는 방법으로 비밀임이 표시되어야 한다.

㉰ 영업비밀의 보호

(a) 법적보호

영업비밀을 보호하기 위해 「부정경쟁방지및영업비밀보호에관한법률」이 시행되고 있다. 이 법은 영업비밀원본증명(§9의2 ~ §9의7), 비밀유지의무(§9의7), 침해행위금지청구권(§10, §14),[3] 손해배상책임(§10 ~ §13, §14의2), 형사책임(§18) 등에 대해 규정하고 있다.

(b) 보호범위 판단

영업비밀범위와 관련하여, 보유자와 침해자의 관점에서 각각 고려되어야 할 요건이 있다.[4] 첫째, 보유자와 관련하여 정보내용, 정보취득소요기간・비용, 비밀유지노력・방법, 침해자・경쟁자가 개발・역설계와 같은 합법적인 방법으로 정보취득에 필요한 시간 등이 그렇다. 둘째, 침해자와 관련하여 근무기간, 담당업무, 직책, 비밀접근정도, 비밀보호내규・약정, 직업선택・영업활동자유, '특허권 등의 보호기간과의 비교' 등이 합리적으로 고려되어야 한다.

(c) 시간적 보호범위

영업비밀이 보호되는 시간범위는 침해행위자가 공정한 경쟁자보다 유리한 출발, 시간절약이라는 부당한 이익을 취하지 못하게 함으로써 공정하고 자유로운 경쟁을 보장하는데 필요한 시간이 된다.

(d) 비교 형량

신용이나 명예와 관련된 비밀은 '제3자에게 공표해야 할 정당한 이익'과 '사용자가 침해받을 이익'을 비교형량해서 보호여부를 판단한다.[5]

㉱ 근로관계와 비밀유지의무

근로자는 근로를 제공하면서 알게 된 영업비밀을 재직기간이나 퇴직후에 제3

---

1) 이달휴, "근로자의 비밀유지와 영업비밀", 「중앙법학」 제11집 제2호, 중앙법학회, 2009.8, 423쪽.

2) "상당한"에서 "합리적인"으로 완화(2015.7.29). 시스템을 갖추지 못한 중소기업의 사정을 감안.

3) 영업비밀보유자는 영업비밀침해자에 대해 법원에 '침해행위에 제공된 물건과 설비의 제거'와 '침해행위금지 또는 예방을 위하여 필요한 조치'를 청구할 수 있다. 이 권리는 영업이익이 침해되거나 침해될 우려가 있다는 사실 및 침해행위자를 안 날부터 3년간, 그 침해행위가 시작된 날부터 10년간 행사할 수 있다. ; 대판 2003.7.16, 2002마4380. 침해행위의 금지 또는 예방을 위한 조치로서 전직한 회사에서 영업비밀과 관련된 업무에 종사하는 것을 금지하도록 할 수 있다.

4) 대판 1998.2.13, 97다24528 ; 대판 2003.7.16, 2002마4380. [부정] 연구개발업무서 이탈후 1년 경과.

5) 대판 1986.9.23, 86도1205. 연구소근무자가 퇴직하면서 공개된 외국회사의 선전용자료사본을 반출해도, 이 자료가 회사의 기술분야에 관계되고 국내에서 쉽게 구할 수 없으며, 회사가 업무수행에만 사용토록 허용해 왔으므로 소유권의 대상이 되는 주관적가치뿐아니라 경제적가치도 있어 절도죄에 해당.

자에게 누설하지 않을 의무를 진다.

영업비밀유지의무가 근로계약·취업규칙 등에 명시되어 있어야 성립하는지에 대해서는 이를 긍정하는 계약관계설, 명시되어 있지 않더라도 신의성실관계에 의해 당연히 성립한다는 신뢰관계설, 원칙적으로 명시가 필요하나 명시되지 않더라도 묵시적합의로 인정될 정도의 신의성실관계가 있으면 성립된다는 절충설[1] 등으로 견해가 나뉜다. 근로자는 근로계약에 부수되는 부차적인 의무인 충실의무로서 사용자의 정당한 이익을 침해하지 않을 의무를 진다. 따라서 신의칙상 의무로서 영업비밀유지가 인정될 수 있다. 다만, 그 정도가 영업비밀유지에 대해 묵시적인 합의가 인정될 정도의 수준이어야 한다는 점에서 절충설이 타당하다.

㉲ 비밀유지의무 위반과 제재

(a) 법적책임

ⓐ 부정경쟁방지및영업비밀보호에관한법률

「부정경쟁방지및영업비밀보호에관한법률」은 영업비밀유지의무를 규정하고(§ 9의7) 이를 위반한데 대한 손해배상책임(§10~§13 §14의2)과 형사책임(§ 18)[2]을 부과하고 있다.

ⓑ 산업기술의유출방지및보호에관한법률

「산업기술의유출방지및보호에관한법률」(산업기술 보호법)은 '절취·기망·협박 그 밖의 부정한 방법으로 산업기술을 취득하는 행위 또는 취득산업기술의 사용·공개 행위'와 '산업기술 비밀유지의무자가 부정이익을 얻거나 손해를 가할 목적으로 유출하거나 유출산업기술을 사용·공개하거나 제3자가 사용케 하는 행위'를 금지하고(§ 14), 처벌조항(§36 ②)과 가중처벌조항(§36①. 산업기술을외국에서 사용하거나사용되게할목적인경우)을 두고 있다.[3]

(b) 업무상배임죄

근로자가 재직중에 영업비밀을 경쟁업체에 유출하거나 스스로의 이익에 이용할 목적으로 무단으로 반출하면 '타인의 사무를 처리하는 자'로서 업무상배임죄의 적용을 받으며,[4] 퇴사한 경우에도 마찬가지라고 해석하는 판결[5]이 있다. 반

---

1) 대판 1996.12.23, 96다16605.

2) 영업비밀을 외국에서 사용하거나 외국에서 사용될 것임을 알면서 누설·유출 등의 행위를 한 사람은 15년이하징역 또는 15억원이하벌금에 처한다. 다만, 벌금형에 처하는 경우 위반행위로 인한 재산상 이득액의 10배에 해당하는 금액이 15억원을 초과하면 그 재산상 이득액의 2배이상 10배이하의 벌금에 처한다.

3) 대판 2018.7.12, 2015도464. 산업기술보호법위반죄는 고의외에 '외국에서 사용하거나 사용되게 할 목적'이나 '부정이익을 얻거나 대상기관에게 손해를 가할 목적'을 추가적인 범죄성립요건으로 하는 목적범이며, 그 증명책임은 검사에게 있다. 행위자가 산업기술임을 인식하고 산업기술보호법 제14조 각호의 행위를 하거나, 외국에 산업기술을 보낸 사실만으로 이러한 목적이 있었다고 추정하면 안된다. 이러한 목적은 직업, 경력, 행위의 동기·경위·수단·방법, 산업기술보유기업과 산업기술을 취득한 제3자와의 관계, 외국에 보낸 경위 등 여러 사정을 종합해 사회통념에 비추어 합리적으로 판단된다.

면에 퇴사한 경우에는 해당자가 타인사무처리자[1]의 지위에 있지 않다는 이유로, 「부정경쟁방지및영업비밀보호에관한법률」에 위반되는지는 별론으로 하고, 업무상배임죄를 구성할 여지가 없다고 본 후속판결[2]이 발견된다.

(c) 영업비밀누설과 징계(제10장, 제2절 2·마, (1), ⑨, ㈏)

㈐ 경업 · 전업금지

㉮ 개 념

경업이나 경쟁업체로의 전업은 근로계약의 부수적인 의무로서 제한을 받을 수 있다. 근로계약당사자는 영업비밀준수약정의 일부인 경업금지약정을 체결할 수 있다. 이러한 약정은 근로자가 경쟁업체에 취업하거나 경쟁업체를 설립, 운영하는 등의 행위를 하지 않을 것을 내용으로 한다.[3] 영업비밀유지의무와 관련하여 전업금지약정이 없어도 사용자의 전업금지청구는 인정된다.[4]

㉯ 성립요건

경업금지약정의 유효성은 보호가치가 있는 사용자이익, 퇴직전의 지위, 경업제한의 기간·지역·대상직종, 대가의 제공유무,[5] 퇴직경위 또는 근로관계종료 책임유무, 공공이익 및 기타사정을 종합적으로 고려하여 판단된다.[6]

㉰ 판단방법

경업금지약정은 직업선택자유와 근로권을 제한할 우려가 있고, 퇴직후의 전업금지는 근로자의 생계와 직접 관련되므로 효력을 엄격하게 판단해야 하며,[7] 사

---

4) 대판 1999.3.12, 98도4704.

5) 대판 2008.4.24, 2006도9089. ↘ 158쪽

1) 〈판단기준을 제시한 판결〉 '대판(전합) 2020.2.20, 2019도9756' 및 '대판(전합) 2020.2.20.2019도9756'; 〈판단 예〉 대판 2024.11.14, 2024도13000. 차량에 대한 매매대금미지급 등을 이유로 지입회사가 지입차주의 타인업무처리자의 지위에 있지 않다고 판결.

2) 대판 2017.6.29, 2017도3808.

3) 〈예시〉 퇴직후 일정근속기간중에 취득비밀이 사용되는 다른 기업에 근무할 수 없으며 위반하면 손해배상.

4) 대판 2003.7.16, 2002마4380.

5) 서울중앙지판 2008.1.10, 2007가합86803. [부정] 학원운영자와 강사가 맺은 경업금지약정 관련, 반대급부로 대가조치가 없고, 약정이 학원운영자의 정당한 영업이익을 보호하기 위한 것으로 보기 어려운 점 등을 들어 민법 제103조의 선량한 사회질서에 반한다고 봄; 서울중지판 2008.3.19, 2007카합3903, [긍정] 퇴직 후 2~3년간 임원대우를 받은 것, 고용보장, 적정한 승진·승급을 대상조치로 봄; 서울동부지판 2010.11.3, 2010가합161. [부정] 퇴직위로금이 경업금지약정을 체결하지 않은 희망퇴직자에게도 지급되었고, 그 재원이 직원들이 고통분담차원에서 갹출하여 조성되어 경업금지약정의 대가로 보기 어려움(경업금지기간도 비교적 장기인 2년이고, 지역적범위도 제한이 없으며, 대상도 모든 동종업계를 포함하여 지나치게 포괄적인 점, 경업금지약정에 따른 공공이익이 직업자유를 침해하여 얻는 이익보다 월등히 크다고 보기 어려운 점 등도 지적).

6) 대판 2010.3.11, 2009다82244. (**한국노동법학회, 『노동판례백선』 제2판**, 71쪽. 대상판결은 경업금지약정의 유효성에 관해 하급심판결이 설시하여 왔던 판단기준을 정리하여 이를 명확히 제시하고 유효성판단요소중의 하나인 경업금지약정에 의한 사용자의 보호가치 있는 이익의 의미를 구체적으로 밝힌 최초의 대법원판결임).

7) 대판 2003.7.16, 2002마4380.

용자가 경업금지약정의 유효성을 인정받기 위한 여러 사정을 증명해야 한다.[1] 경업금지약정이 근로계약불이행에 따른 위약금 또는 손해배상액을 예정한 것이 아니라 퇴직후에 유사업종에 종사함에 따라 발생할 수 있는 영업비밀유출에 대한 위약금 또는 손해배상액을 예정한 것이라면 근기법(§20)위반으로 보기 어렵다.[2]

㉱ 효 과

근로관계종료후에 근로자가 의무를 이행치 않은데 대한 사용자의 제재는 민법에 따라 처리된다. 경쟁회사로 이직한 퇴사자에 대해 별도규정이 없더라도 그 취지를 고려하여 특별·명예퇴직금규정이 적용되지 않을 수도 있다.[3]

'퇴직후 3년내에 동종경쟁업체에 취업하면 명예퇴직금을 반납한다'는 약정에 대해 '재취업기업이 취득정보를 부당하게 영업에 이용함으로써 원래기업에 손해를 끼칠 염려가 있는 경우'에 적용된다면서 엄격하게 해석한 판결[4]도 있다.

㈃ 겸업금지(제10장, 제2절 2·마,(3),③)

근로자는 부업으로 제2의 직장을 가질 수 있다. 그러나 2중취업행위가 소속회사와의 근로계약을 이행하기 어렵게 하거나, 경쟁회사에 취업함으로써 소속회사에 불리함을 초래하는 것을 막기 위해 취업규칙·근로계약 등에 정해[5] 사회통념상 합리적인 범위에서 겸업에 대해 제한을 가할 수 있다.

㈄ 청렴의무

근로자는 소속회사의 업무와 관련하여 뇌물을 받거나 횡령을 하지 않을 의무를 진다(제10장, 제2절 2·마,(2),④).

㈅ 신의성실의무

근로자가 작업과정에서 기계설비의 흠을 발견하면 이를 사용자에게 알려준다거나 하는 등의 신의칙상 의무를 진다.

③ 근로자의 불법행위책임

㈎ 제3자 손해에 대한 책임

근로자가 작업을 수행하면서 자신의 귀책으로 사용자나 제3자에게 손해를 끼

---

1) 대판 2016.10.27, 2015다221903·2015다221910. 〈학원관련〉 보호가치, 적정댓가, 공익침해 등이 인정되지 않으면, 경업금지기간 등에 대한 합리적제한의 범위가 어느 정도인지는 판단할 필요가 없다.

2) 근로개선정책과-2396, 2013.4.18.

3) 대판 2016.9.28, 2013다204119. 정년전의 자발적퇴직에 대해 퇴직금과는 별도로 상당금액의 준정년특별퇴직금을 지급하는 제도는 인사적체해소와 재무구조개선을 도모하기 위한 것으로서 회사의 만류에도 불구하고 경쟁업체로 이직하는 경우에까지 적용된다고 볼 수 없다.

4) 대판 2021.9.9, 2021다234924.

5) 근로기준팀-5759, 2007.8.3.

치면, 불법행위책임을 질 수 있다.

근로자귀책으로 손해를 입은 제3자는 사용자에게 손해배상을 청구할 수 있다.[1] '근로자의 불법행위가 외형상 객관적으로 사용자의 업무와 관련된 것으로 보여지는 경우에는 사용자가 그에 대해 책임을 진다'는 외형이론은 외형에 대한 사회적신뢰의 보호와 형평의 관념에서 나온 것이다. 따라서 대상행위가 사무집행행위에 해당하지 않음을 피해자자신이 알았거나 중대한 과실로 인하여 알지 못한 경우에는 공평의 관점에서 사용자가 그 책임을 변할 수 있다. 사용자면책은 근로자의 행위가 법령위반인지에 대한 피해자의 인식・경험・지위, 종래의 거래관계, 해당행위의 성질・내용 등을 종합적으로 고려하여 판단된다.[2]

㈏ 사용자의 손해배상청구와 구상권

사용자는 근로자의 업무수행과 관련하여 행하여진 불법행위로 인해 직접 손해를 입거나 그 피해자인 제3자에게 사용자로서의 손해배상책임을 부담한 결과로 손해를 입을 수 있다. 사용자는 사업의 성격・규모・시설현황, 근로자의 업무내용・근로조건・근무태도, 가해행위의 발생원인・성격, 가해행위의 예방・손실분산에 관한 사용자의 배려정도, 기타 여러 사정에 비추어 손해의 공평분담이라는 견지에서 신의칙상 상당하다고 인정되는 한도안에서 근로자에 대해 제3자손해에 따른 손해배상을 청구하거나 구상권을 행사할 수 있다.[3]

(2) 사용자 의무

① 임금지급의무

근로관계는 근로와 임금의 쌍무적인 교환관계이다. 임금지급의무는 사용자의 주된 의무이다.

② 근로계약이행의무

사용자는 근로계약 등에 규정된 내용을 이행할 의무를 진다. 취업규칙 등에

---

1) 〈민법 제756조〉 타인을 사용하여 사무에 종사케 한 사람은 피용자가 사무집행에 관하여 제삼자에게 가한 손해를 배상할 책임이 있다. 그러나 사용자가 피용자의 선임 및 사무감독에 상당한 주의를 한 때 또는 상당한 주의를 하여도 손해가 있으면 그렇지 않다. 사용자에 갈음하여 사무를 감독하는 사맘도 같은 책임을 진다. 사용자 또는 감독자는 피용자에 대하여 구상권을 행사할 수 있다. ; "사무집행에 관하여"라 함은 행위자의 주관적인 사정을 고려함이 없이 외형상 객관적으로 사용자의 사업활동 내지 사무집행행위 또는 그와 관련된 것이라고 보일 때를 말한다(대판 2009.2.26, 2008다89712. 성희롱 등 관련).

2) 대판 2007.9.6, 2005다20422 ; 대판 2024.11.14, 2022다281378. 사용자면책 부정.

3) 대판 2017.4.27, 2016다271226. 사용자와 피용자의 공동불법행위로 인한 피해자의 손해를, 사용자의 보험자가 지급한 후에 피용자의 보험자에게 과실비율에 따른 분담부분을 구상함에 대하여 두 보험자 간의 구상권행사는 상법 제724조제2항에 의한 피해자의 직접청구권을 대위하는 성격을 가지므로 피용자의 보험자가 구상권제한법리를 주장할 수 없다. ; 대판 2009.11.26, 2009다59350. 감독소홀을 틈타 고의로 불법행위를 저지른 근로자가 사용자의 부주의를 이유로 자신의 책임의 감액을 주장하는 것은 신의칙상 허용될 수 없다.

직무발명보상금청구권에 관한 규정이 있으면, 사용자는 이를 이행해야 한다.[1]

③ 법령준수의무

㈎ 사용자유형과 의무

사업주, 사업경영담당자와 '사업주를 위하여 행위하는 자'중에서 사업주가 아닌 사용자의 행위는 사업주행위로 귀속되며 그 사용자도 권한·책임, 위임정도 등에 따라 근기법위반책임을 진다.[2] 권한과 책임의 한계가 명확치 않거나, 권한위임이 완전치 않다면 사업주[3]가 지휘·감독권에 기초하여 책임을 진다.

㈏ 사업주책임과 노무관리자책임(양벌주의)

사업주와 노무관리자의 내부관계와 상관없이, 근로조건준수에 대한 대외적인 책임은 사업주가 지는 것이 원칙이다. 사업주가 근로계약당사자이고 근기법의 내용은 근로계약의 내용이 되기 때문이다.

근기법은 벌칙을 적용함에 있어 대리인, 종업원 등 행위자와 함께 사업주도 처벌하는 것을 원칙으로 하는 양벌규정을 두고 있다(근기법 §115 제1장,제5절,2·나,(2)). 양벌규정적용의 예외가 되는 '사업주가 위반방지에 필요한 조치를 한 경우'라 함은 사업주의 묵시적·종합적인 지휘·감독권한까지 감안하여 엄격하게 해석되어야 한다.

㈐ 민사책임 한계

사업주는 개인재산까지 대상으로 하여 민사책임을 지나 사업경영담당자는 근기법의 벌칙을 받는 문제는 별론으로 하고 기업재산의 범위에서 책임을 진다.

㈑ 임금미지급책임 특수성(제5장 제5절,4)

④ 배려의무

사용자는 근로자에 대하여 신의칙에 따라 안전, 균등 등의 배려의무를 진다.[4]

---

1) 대판 2010.11.11, 2010다26769. 사용자가 직무발명을 양도하면 양도대금을 포함하여 양도시까지 사용자가 얻은 이익액만을 참작하여 직무발명보상금을 산정 ; 대판 2011.7.28, 2009다75178 ; 직무발명보상금청구권은 일반채권과 마찬가지로 10년간 행사하지 않으면 소멸시효가 완성하고 그 기산점은 사용자가 직무발명에 대한 특허를 받을 권리를 종업원으로부터 승계한 시점이나, 취업규칙 등에 정해진 직무발명보상금지급시기이다.

2) 대판 1983.10.11, 83도2272. 대표이사지시에 따라 근로자들을 임시로 고용한 전무이사에 대해 대내외관계에 있어 독자적으로 업무를 담당·집행한다고 볼 수 없으면 임금미지급책임을 물을 수 없다. ; 대판 1997.11.11, 97도813. 대표이사로 선임되면 제도적으로 근기법의 각 조항을 이행할 권한과 책임이 부여된 것이고, 임금지급업무가 배제되더라도 회사로부터 부여받은 임금지급의 권한이나 책임이 소멸되지 않으므로 금품청산의무위반 등에 대해 책임을 부담한다. ; 대판 1989.4.25, 87도2129. 형식상으로 대표이사직에서 사임해도 실질적으로는 회장으로서 회사를 직접 경영하고, 용역수주·자금관리·임금지급업무를 직접 결정하며, 채용·승급·급여계산을 결재하면 근기법이행책임이 있다.

3) 법인대표, 법정대리인 등도 포함.

4) 대판 2006.9.28, 2004다44506 등.

사용자가 급부의무 또는 부수의무를 위반한 결과로 발생한 산업재해는 손해배상의 대상이 된다. 손해배상은 근로자에 대한 사용자의 안전배려의무 또는 안전확보의무[1]에서 도출되는 채무불이행책임 또는 불법행위책임을 기초로 성립된다.[2]

5·나. 위반효과

사용자가 근로계약을 이행치 않으면 형·민사책임을 질 수 있다. 근로자가 근로계약을 위반하면 손해배상 등 민사책임을 질 수 있다.

6. 제한되는 근로계약

6·가. 위약금 또는 손해배상액 예정 금지

(1) 법적근거

사용자는 근로계약불이행에 대한 위약금(違約金) 또는 손해배상액을 예정하는 계약을 체결하지 못한다(근기법 §20, §114 i 5백만원벌금).[3] 일정한 손해배상액이나 위약금액을 미리 정하면, 근로자가 실제손해액에 비해 부당하게 배상을 강요받고, 자유의사에 반하는 강제근로위험에 처해질 수 있기 때문이다.[4]

(2) 개 념

위약금이란 채무불이행에 대해 채무자가 채권자에게 일정액을 지불할 것을 미리 약정하는 금액으로서, 계약내용에 따라 그 금액과 성질이 결정된다.[5] 위약금의 부담자는 근로자본인, 친권자, 신원보증인 또는 제3자이다.[6] 본인과 연대채무자중에서 누가 위약금을 부담하든간에 그 효과는 근로자에게 미치므로 근기법 제20조가 적용된다. 손해배상액예정이라 함은 채무불이행에 대해 배상할 손해액을 실제손해와 관계없이 미리 정하는 것을 말한다. 이러한 계약을 체결하는 목적은 손해의 정확한 입증과 손해액의 산정절차를 생략하려는데 있다.

---

1) 손해배상청구권외에 수인한도를 넘는 위험을 피하고자 인격권 내지 신의칙에 비추어 급부거절권이나, 위험제거를 요구하는 이행청구권이 성립할 수 있다.

2) 독일은 민법 제617조에서 제619조에 걸쳐 이러한 의무를 규정하고 있다 ; 〈참고논문〉 최창렬, "안전배려의무의 체계", 「성균관법학」 제16권 제2호, 성균관대학교 법학연구소, 2004 ; 〈참고논문〉 강선희·정진우, "사내하도급근로자에 대한 도급사업주의 안전배려의무와 산안법상 안전보호조치의무", 「고려법학」 제64호, 고려대학교 법학연구원, 2012 ; 〈참고논문〉 전형배, "파견근로에서의 사용사업주의 안전보호의무와 민사책임", 「노동법연구」 제35호, 서울대학교 노동법연구회, 2013.

3) 민법 제398조는 당사자의 채무불이행에 대한 손해배상액예정 또는 위약금약정을 허용하고 있다.

4) 대판 2004.4.28, 2001다53875.

5) 박상필, 『근로기준법강의』, 132쪽.

6) 김유성, 『노동법 I』, 67쪽.

(3) 금지범위

① 현실적 손해배상

위약예정금지는 실제손해액과 관계없이 일정액을 미리 정하여 배상케 하는 근로계약을 체결하거나, 배상액을 사용자가 일방적으로 임금·퇴직금과 상계하는 것을 금지한다.[1] 근로자의 불법행위 등으로 사용자에게 발생한 손해에 대해 민사절차에 따라 손해배상을 청구하거나,[2] 사용자가 제3자에게 부담한 손해배상에 대해 구상권을 행사하거나,[3] 이러한 취지를 근로계약에 정하는 것은 가능하다.[4]

② 결근과 임금삭감·징계

지각·조퇴·무단결근 등에 대한 임금을 삭감하거나 징계수단으로 '감급제재'(근기법 §95)의 범위에서 임금을 삭감하는 것은 근기법제20조에 위배되지 않는다.

③ 근로계약종료후 손해배상예정

손해배상예정금지는 근로계약유지기간에 한한다. 영업비밀보호계약처럼 퇴직후의 손해배상을 예정하는 것은, 강제근로금지위반과 민사배상은 별론으로 하고, 근기법제20조와는 관련이 없다는 의견[5]이 있다. 그러나 손해배상원인이 되는 채무불이행이 퇴직후에 발생하더라도, 손해배상예정에 관한 계약시기가 근로관계종료전이면 근기법제20조의 적용을 받는다.

(4) 위반의 모습

① 긍 정

'보증금예치[6] 및 미수금대납[7]', '부정수입적발과 임금미지급',[8] '퇴직예고미이행과 임금미지급', '약정한 근로기간전의 퇴직에 대한 손해배상금특정'[9] 등 금품을 미리 예치하거나, 금액을 미리 확정하거나, 임금·퇴직금을 지급하지 않는 계약

---

1) 대판 2022.5.26, 22도2188. 학원강사 관련. 손해배상채권과의 상계처리로 임금을 지급하지 않은 데에 상당한 이유가 있다고 보기 어려워 근기법위반의 고의 인정.
2) 근기 01254-7071, 1987.5.1.
3) 대판 1994.12.13, 94다17246.
4) 근기 01254-1160, 1993.6.4 ; 근기 01254-455, 1993.3.25.
5) 근기 01254-1732, 1992.10.17. 〈근거〉 영업비밀보호계약에 대해 손해배상을 예상한 주된 목적이 근로관계를 강제하는데 있지 않음 ; 〈재직중 영업비밀누설과 해고〉 '제10장, 제2절, 2·마, (1), ⑨, ㈏' 참조.
6) 노정근 1455.5-1275. 위탁수금원 관련.
7) 오사카지방재판소 1976.3.25. 식당종업원퇴직시 미수금을 손님대신 지불한다는 취지의 약정은 무효.
8) 근기 1455-20480, 1982.7.23. '부정수입행위를 하다 적발되면 임금 및 퇴직금을 지급하지 않는다'는 각서를 받은 경우, 부정행위가 징계요건이 되는 것은 별론으로 하고 임금미지급약정은 근기법제20조 위반.
9) 대판 2008.10.23, 2006다37274. 영업비밀보호계약을 체결하면서 10년간 일해야 하고 그 이전에 퇴사하면 10억원을 배상하기로 한 약정관련(**한국노동법학회, 『노동판례백선』 제2판**, 67쪽. 대상판결은 위약금이나 손해배상액 예정 약정금지의 의미를 명확하게 적시함).

에 대해 '위약금 또는 손해배상액의 예정'이 인정된 사례가 있다.

② **부 정**

㈎ **조건부 상여금지급**

상여금은 출근성적에 따라 지급액이 달라지도록 정할 수 있으므로, 결근에 대해 일정액을 공제하고 상여금을 지급하도록 하는 약정은 위법이 아니다.

출근성적 등이 상여금지급조건으로 정해지지 않은 상태에서 징계수단으로 결근에 대해 상여금을 삭감하려면, '감급제재'(근기법 §95 제10장,제2절,2·다,(5)) 범위여야 한다.

㈏ **군복무후 의무근로**

군복무기간동안 임금을 지급할 사용자의 법적의무는 없다.[1] 제대후에 일정기간을 근무하지 않으면 약정된 임금을 환수한다는 계약은 근기법제20조에 위반될 수 있으며, 강제근로금지(근기법 §7)의 정신에도 반한다.[2]

㈐ **연수 · 교육과 경비반환**

㉮ 순수한 연수

해외연수 및 국내위탁교육과 관련하여 의무복무기간전에 퇴직하면 임금·퇴직금을 환수한다는 약정은 근기법제20조에 위반된다. 임금의 환수·상계와 관계없이 실소요연수비용·장학금[3]을 배상한다는 약정은 위약금·손해배상액예정이 아니며, 연수·교육에 대한 선택의 자유가 주어져 있는 한 민법(§103 §104)에도 위반되지 않는다.[4] 의무근로기간은 근로계약기간이 아닌 경비반환채무면제기간이므로 경비반환문제는 민법에 따라 판단한다.[5]

㉯ 근로가 포함된 연수

연수가 근로제공이면 '퇴직시 경비반환약정'은 손해배상예정에 해당될 수 있으

---

1) 휴직하게 하고, 군복무후에 복직시켜야 하며, 휴직기간을 승진에 있어 실제근무기간으로 산정해야 하고, 채용 및 승진에 있어 징집 또는 소집될 것 또는 된 것을 이유로 불리한 처우를 할 수 없다(병역법 §74).

2) 법무 811-21256, 1980.8.22.

3) 대판 1978.2.28, 77다2479. 장학금반환을 "실소요비용의 반환" 개념이 아닌 "손해배상" 개념으로 규정하여 이행시킬 경우에는 근기법 제20조 위반의 문제가 제기될 수 있다.

4) 대판 1987.7.8, 80다590 ; 대판 1974.1.29, 72다2565 ; 대판 1982.6.22, 82다카90 ; 대판 1992.2.25, 91다37263 ; 법무 811-3120, 1981.1.29 ; 대판 1996.12.20, 95다52222·52239 ; 근기 68207-3229, 2000.10.18 ; 근기 1455-25078, 1982. 9.27 ; 근기 01254-8366, 1987.5.25. 장학금관련.

5) 대판 2008.10.23, 2006다37274. 약정의 필요성이 인정되고 사용자이익을 위해 지출한 것에 불과한 정도가 아니라 근로자의 자발적희망까지 고려하여 근로자가 전적으로 또는 공동으로 부담할 비용을 사용자가 대신 지출한 것으로 평가되며 약정근무기간 및 상환비용이 합리적이고 타당한 범위이며 근로자의사에 반하는 계속근로를 부당하게 강제하는 것이 아니면 위법이 아니다. ; 관련법령에 규정을 두어 정부예산으로 해외에 파견된 사람이 의무기간을 지키지 않으면 경비환급조치를 명할 수 있고 이러한 경비환급조치는 단순한 사법청구가 아니라 공법상의 법률행위로서 행정처분으로 해석된다(대판 1976.2.10, 74누26519).

며,[1] 근로자의 경비반환의무가 발생하지 않을 수 있다. 연수가 단기간이고 빈번하고, 연수기간중의 교육프로그램이나 훈련과정이 설정되지 않고, 연수기간의 대부분이 정보수집이나 견본확보 및 시장조사를 위하여 소요되고, 이러한 활동이 제품개발에 있어 필수불가결한 업무중의 하나인 점 등을 들어 단순출장업무라고 보고 위약예정금지를 적용한 사례[2]가 발견된다.

㈐ **반환경비 산정**

경비반환채무액은 단체협약, 취업규칙 등의 규정에 따라 산정된다. 다만 해외연수기간동안의 기본임금은 파견에 소요되는 경비에 포함되지 않는다.[3] 국내위탁교육의 경우도 마찬가지로 해석된다.[4]

㈑ **신원보증계약**

위약금 또는 손해배상액예정의 금지가 신원보증계약(신원보증법 §2)[5] 자체를 금지하는 것은 아니다.[6] 신원보증계약은 위약금예정이 아니고 현실적으로 발생한 손해를 대상으로 하는 등 적법하게 운영되어야 한다. 근로계약이 갱신되어도 신원보증계약이 자동으로 갱신되는 것은 아니며 새로운 합의가 필요하다.[7]

㈒ **전속근무 인센티브**

전문직을 확보하기 위해 인센티브명목으로 일회적으로 지급되는 이른바 샤이닝보너스가 이직보상·근로계약체결대가인지 아니면 이직금지·전속근무대가인지는 여러 요인을[8] 종합적으로 고려하여 판단된다.[9] 전자라면 근로계약이 체결된 이상 약정근무기간이 준수되지 않아도 근로자책임이 발생하지 않는다.

㈓ **의무기간설정과 금품지급**

사용자가 근로자에게 일정금품을 지급하면서 의무근로기간을 설정하고 이를 지키지 못하면 그 전부 또는 일부를 반환받기로 한 약정은 여러 요인을[10] 종합

1) 대판 1996.12.6, 95다24944·24951 ; 근기 68207-3229, 2000.10.18.
2) 대판 2003.10.23, 2003다7388.
3) 대판 1996.12.4, 95다13103 ; 대판 1996.12.6, 95다13111(반송) ; 대판 1996.12.6, 95다13104 ; 대판 1996.12.20, 95다52222·52239 ; 해외파견자의 평균임금산정에 대해서는 '제4장, 제2절, 2·다, (3), ①' 참조.
4) 대판 1996.12.6, 95다24944·24951.
5) 근로자가 근로중에 불법행위 또는 채무불이행으로 인하여 사용자에게 배상해야 할 경우에 대비하여, 사용자가 신원보증인과 단독으로 또는 신원보증인과 근로자를 연대채무자로 하여 체결하는 계약을 말한다.
6) 대판 1985.12.24, 84다카1221 ; 대판 1980.9.24, 80다1040.
7) 대판 1986.2.11, 85다카2195.
8) 계약체결 동기 및 경위, 계약으로 달성하려고 하는 목적과 진정한 의사, 계약서에 특정기간 동안의 전속근무를 조건으로 한다거나 중간에 퇴직할 경우 이를 반환한다는 등의 문언이 기재되어 있는지 및 거래관행 등.
9) 대판 2015.6.11, 2012다55518. 근로자를 채용하면서 연봉과 별도로 사이닝보너스 1억원을 지급하되, 근로자가 7년근무를 약정하였는데, 이 기간을 채우지 못하고 사직하자 사용자가 '근무기간약정위반을 원인으로 한 손해배상 내지 7년간의 근무조건불이행에 따른 반환'을 청구원인으로 하여 소를 제기한 사례.

적으로 고려하여 위법여부가 판단된다.[1]

(사) **무사고승무수당**

고정급으로 지급되어 온 무사고승무수당을 사고발생을 이유로 지급치 않는 것은 손해발생여부 및 손해액과 관계없이 임금을 공제하는 것으로서 '위약금 또는 손해배상금'의 예정에 해당된다(제5장, 제1절 2·다,(4),⑤,(다)).[2]

(5) 효 과

위약금 또는 손해배상을 예정하는 계약은 무효이며 사용자가 실제로 손해를 입으면, 그 한도안에서 손해배상청구가 가능하다. 사용자가 근로자에 대해 위약금 등을 예정하는 것은 금지되나 그 반대의 경우는 금지되지 않는다.

6·나. 전차금상계금지

(1) 법적근거

사용자는 전차금(前借金)이나 그 밖에 근로할 것을 조건으로 하는 전대(前貸)채권과 임금을 상계하지 못한다(근기법 §21, §114 i 5백만원 벌금).

(2) 상계금지 취지

전차금상상계금지제도는 근로자의 신분이 부당하게 구속되고, 근로자로 하여금 불리한 근로조건을 감수하게 하는 것을 방지하기 위해 마련되었다. 이 제도는 퇴직의 자유를 보호함으로써 전근대적인 인신구속성 근로계약의 폐단을 방지하고 근로계약을 담보로 하는 고리대금업을 금지하려는데 의의가 있다.[3]

(3) 상계금지 대상

전차금은 근로계약을 체결할 때에 또는 그 후에 근로자가 근로를 제공할 것을 조건으로 하여 사용자로부터 빌린 금품을 임금으로 갚을 것을 약속한 금전이다. '근로할 것을 조건으로 하는 전대채권'은 전차금에 추가해서 근로자 또는 그 친권자 등에게 지급되는 금전으로서 전차금과 같은 목적을 갖는다.[4]

(4) 상계금지 범위

근로자가 필요한 경비를 전차금 등으로 충당하는 것 자체가 금지되지 않으며

---

10) 기간설정양상, 반환대상인 금전의 법적성격·규모·액수, 반환약정체결의 목적·경위 등. ↘ 166쪽

1) 대판 2022.3.11, 2017다202272. 〈위법성 부정〉.

2) 대판 2019.6.13, 2018도17135.

3) 노동법실무연구회, 『근로기준법주해 Ⅱ』, 60쪽.

4) 박상필, 『근로기준법강의』, 136쪽.

임금상계가 금지된다.[1] 상계라 함은 채권자와 채무자가 같은 종류의 채권인 경우, 청구·집행·이행에 따르는 불편을 해소하기 위해 대등한 금액의 범위에서 서로 소멸케 하는 것으로서 근로자에게도 필요성이 인정된다. 모든 전차금상계가 근기법제21조에 위반되지는 않으며, 대여원인·금액·금리유무 등을 검토하여 신분을 구속하는 강제노동의 위험이 있는 경우에 위법하다.[2]

위법한 전차금상계로 보지 않은 사례로는 '주택자금융자지원',[3] '국외취업자의 항공료반납',[4] 사납금미달액공제,[5] 가불 등에 따른 임금상계를 들 수 있다.

(5) 상계금지 효과

근기법제21조를 위반한 계약 또는 의사표시는 사법상 무효이며, 임금전액(근기법 §43)이 지급되어야 한다.[6] 사용자는 전차금을 직접 청구하거나 압류처럼 임금상계 외의 방법으로 반환받을 수 있다.[7] 전차금계약이나 해당근로가 '반사회적질서의 법률행위(민법 §103)'이면 변제의무가 없다. 퇴직의사표시에도 불구하고 전차금을 반환하라고 하면서 근로를 강요하면 강제근로금지(근기법 §7) 위반이다.

6·다. 강제저축과 저축금관리

(1) 법적근거

사용자는 근로계약에 덧붙여 강제저축 또는 저축금관리를 규정하는 계약을 체결하지 못하며(근기법 §22①, §110 i 2년징역·2천만원벌금), 근로자의 위탁으로 관리하는 경우에도 일정한 의무를 이행하여야 한다(근기법 §22②, §114 i 5백만원벌금).

(2) 제도취지

사용자가 근로자로 하여금 임금의 일정액을 강제로 저축케 하고 그 반환을 어

1) 김유성, 『노동법Ⅰ』, 69쪽 ; 임종률, 『노동법』, 제9판, 390쪽.

2) 오사카고판 1968.2.28. 〈사용자가 기능검정시험비용을 지불하고 근로자가 약정기간내에 퇴직할 때는 위 금액을 변제하며, 그 기간이 지나면 면제하는 특약〉 비용계산이 합리적이고, 금액이 사용자의 대여금(입체금)이라고 해석되고 그 금액을 반환함으로써 언제라도 퇴직이 가능하고, 반환약정이 부당하게 고용관계의 계속을 강제하지 않으면 상계금지조항에 저촉되지 않음.

3) 단협으로 정하여 복지차원에서 회사자금으로 주택자금융자지원 등을 받고 임금에서 갚아나가는 것은 근로할 것을 조건으로 하는 등 신체구속의 위험이 없는 한 이를 금지되는 전차금상계로 보기 어렵다.

4) 〈사례〉 해지 01254-1790, 1987.2.5. 근로자의 귀책으로 항공료를 부담케 된 경우, 사용자가 항공료만큼 임금에서 공제하는 것은 원칙적으로는 위법이다. 그러나 해외근로의 특수성 때문에 근로자가 항공료를 조달할 방법이 없어 본인희망에 따라 합의했다면, 민법상 채권채무청산방법을 약정한 것으로 유효 ; 〈사례〉 근로개선정책과-169, 2011.3.10. 사용자가 재계약을 전제로 근로자의 항공료를 부담했는데 재계약이 성립되지 않아 반환을 요구하는 것은 근기법제20조 위반으로 보기 어렵다.

5) 근기 68207-2289, 1993.11.6. 〈전차금상계 부정〉 현재는 전액관리제와 관련하여 위법.

6) 근기 01254-9703, 1987.6.16 ; 임금에서 채무액을 공제하는 규정은 전액지급원칙 위반으로 무효.

7) 김유성, 『노동법Ⅰ』, 69쪽.

렵게 하면 근로자를 사업장에 구속시키는 결과를 가져온다. 또한 저축금이 기업의 경영자금으로 이용되면 반환이 어렵게 되어 금품미청산이 우려된다.

(3) 성립요건

'근로계약에 덧붙여'라 함은 근로계약의 체결 또는 유지의 조건을 말한다. 근로계약에 명시한 경우는 물론이고, 취업조건으로 하는 경우도 포함된다.

(4) 금지대상

① 강제저축계약

강제저축계약이라 함은 사용자가 근로자와 계약하는 것은 물론이고, 제3자인 은행·우체국·공제조합 등과 저축계약을 하도록 하는 것도 포함된다.

② 저축금관리계약

저축금관리계약은 사용자가 근로자의 예금을 받아 관리하는 사내예금은 물론 개개 근로자명의로 은행 기타 금융기관에 예금하여 그 통장과 인감을 보관하는 경우와 예금인출을 금지·제한하는 경우도 포함된다.

(5) 저축금위탁관리

근로계약에 덧붙이지 않고 근로자의 자유의사에 따라 저축금을 위탁받아 관리하는 계약은 금지되지 않는다. 다만, 이러한 경우라도 그대로 방치하면 강제저축으로 작용할 우려가 있기 때문에 사용자로 하여금 '저축의 종류, 기간 및 금융기관을 근로자가 결정하고 근로자의 이름으로 저축할 것'과 '근로자가 저축증서 등 관련자료의 열람 또는 반환을 요구하면 즉시 이에 따를 것'을 의무화하고 있다(근기법 §22②).

(6) 효 과

강제저축 또는 저축금관리에 관한 근기법 규정을 위반하면 벌칙이 적용된다.

근로자의 위탁없이 저축금을 관리하게 된 경우, 즉시 저축금액 및 이자를 근로자에게 반납해야 하며 위탁에 의해 관리하더라도 보관 및 반환방법이 정해져 있지 않다면 근로자요구에 따라 언제든지 저축금액 및 이자를 반환해야 한다.

제2절 취업규칙

1. 총 괄

1·가. 개 념

취업규칙은 '사용자가 사업(장)에 적용될 복무규율 또는 근로조건[1]에 관한 일반적인[2] 기준을 집단적·통일적·획일적·공통적으로 정한 경영규범 또는 사회규범'이다.[3]

취업규칙에서 정한 복무규율과 근로조건은 근로관계존속을 전제로 한다. 근로관계종료후의 권리·의무사항이더라도 존속하는 근로관계와 직접 관련되고 근로자대우에 관한 사항이면 취업규칙에서 정한 근로조건에 해당한다.[4] 채용은 근로조건의 기준이 아니다.[5]

1·나. 법적근거

근기법은 취업규칙의 작성·신고(근기법 §93), 작성·변경에 있어 근로자의 참여(근기법 §94), 취업규칙의 효력(근기법 §96, §97), 취업규칙의 게시·비치(근기법 §14)에 대하여 규정하고 있다.

1·다. 연 혁

'1953년 제정 근기법'은 '취업규칙의 작성·신고제도'와 '작성·변경시 근로자집단의 의견청취제도'를 규정했다. 1989년에는 '불이익변경에 대한 근로자집단의 동의제도'가 도입되고, 과반수노조가 없는 경우의 근로자집단이 '근로자과반수를 대표하는 자'에서 '근로자과반수'로 바뀌었다. 취업규칙제도는 기재사항을 변경해

1) 대판 1992.6.23, 91다19210. 직제규정상 정원표규정이 근로자배치기준으로 삼기 위해 부서별·직급별로 일단 정해 둔 것에 불과하면 근로조건에 해당되지 않으므로 취업규칙의 일부로 볼 수 없다.
2) 개별적·일시적사안에 대한 결정은 취업규칙이 아니다.; 대판 2005.7.29, 2003다9254. 보수규정이 명예퇴직금산정기준이 되는 보수총액'에 관하여 사장으로 하여금 세부기준을 산정하도록 위임한 상태에서, 사장이 제1차명예퇴직에 대해 보수총액에 산입될 상여금률을 850%로 계산하여 명예퇴직금을 지급한 것은, 기안문서에 결재하는 형식으로 산정한 것에 불과하므로, 지속적으로 적용되는 취업규칙에 해당되지 않는다.
3) 〈사례〉 근로기준과-208, 2010.7.20. '학칙'이 학사운영사항(수업 및 재학연한, 수업일수, 입학, 휴학 및 제적, 교과이수 및 졸업, 학생활동, 학생상벌, 교수회 등)만 규정하고, 복무규율이나, 근로조건에 관한 사항을 포함하고 있지 않다면 취업규칙으로 볼 수 없다.
4) 대판 2022.9.29, 2018다301527. 재채용부분은 특별퇴직하는 근로자대우에 관한 조건이므로 취업규칙.
5) 대판 1992.8.14, 92다1995. 신규채용 관련.

왔는데 2005년에 '출산전후휴가 · 모성보호 · 육아휴직'이, 2008년에 '일 · 가정양립지원사항'과 '근로자특성을 고려한 사업장환경개선'이, 2019년에 '직장내괴롭힘의 예방 · 발생시 조치 등'이 추가되었다.

1·라. 역 할

근로조건을 집단적으로 규율하는 다른 규범으로는 단체협약을 들 수 있다. 노동조합이 조직되지 않은 사업장에서는 취업규칙이 법령외에 근로관계를 규율하는 유일한 집단규범이 된다. 노동조합이 조직되어 있더라도 단체협약에 세부내용을 모두 규정할 수는 없으므로 취업규칙은 중요한 규범으로 작용한다.

1·마. 법적성격

(1) 법규범설

취업규칙은 일종의 법규범으로서 근로자와 사용자를 구속한다는 설이다. 해당 사업(장)의 모든 근로자가 취업규칙에 따르는 것은 그 규칙에 동의하여 근로계약을 체결하기 때문이 아니고 근로관계가 성립함에 따라 법규범인 취업규칙의 적용을 받는다는 것이다.[1] 법규범설은 법규범성의 근거를 어디에서 찾느냐에 따라 다시 학설이 나뉜다.

① 경영권설 또는 소유권설

취업규칙은 기업의 규율이고, 기업은 사용자가 소유권을 가지고 설립한 것인데 국가가 그러한 소유권을 법적으로 보장하기 때문에 취업규칙이 법규범이 된다는 설[2]이다. 공장시설의 관리 · 운영이 아닌 근로조건에 대한 사용자의 일방적인 결정권을 정당화하기는 어렵다.

② 관습법 또는 사회자주법설

취업규칙은 사업장이라고 하는 조직이 스스로 만든 자치법으로서 관습법(민법 §1)에 해당되어 법규범이 된다는 설이다. 처음 만들어진 취업규칙의 법규범성에 대한 설명이 어렵다.

③ 수권설 또는 효력부여설

취업규칙은 법규범성을 가지지 않는 사회규범이지만 근기법 제5조(근로조건의 준수), 제93

---

1) 대판 1977.12.27, 77다1378 ; 대판 2003.3.14, 2002다69631. 취업규칙은 집단적법률관계를 규정하는 법규범의 성격을 가지므로 문언의 객관적의미를 무시하는 해석 · 사실인정은 신중해야 한다.

2) 일본 최고재판소 결정 1952.7.4 ; 대판 1977.7.26, 77다355. 취업규칙은 … 실질적으로 불평등한 근로자의 입장을 보호 · 강화할 목적으로 작성을 강제하고 법규범성을 부여한 것이다.

조(취업규칙의 작성·신고), 제97조(위반의 효력) 등의 규정이 취업규칙에 근로자와 사용자를 구속할 힘을 주어 법규범으로 작용한다는 설[1]이다.

(2) 계약설

근로자와 사용자가 취업규칙을 법적으로 따르는 것은 근로계약을 체결할 때에 서로 동의하여 계약이 성립되기 때문이라는 설이다. 계약설은 결론에 도달하는데 있어 어떠한 이론적인 배경을 갖느냐에 따라 다시 학설이 나뉜다.

① 순수계약설

취업규칙내용은 당사자합의를 통해서 계약내용이 된다는 설이다. 이 설에 따르면 사용자가 취업규칙을 근로자에게 제시하기만 하면 근로자가 그 내용을 알 수 없어도 법적효력이 인정된다. 취업규칙변경에 대해 근로자가 동의하지 않는 경우에도 합의한 것으로 보는 문제점이 있다.

② 사실규범설

취업규칙은 그 자체로는 법규범이 아니고 근로계약에 특별히 약정함으로써 근로계약의 내용이 된다는 설이다. 취업규칙은 사실상의 규범이 되는데 근기법제96조·제97조가 법적효력을 인정하고 있는 것과 부합되지 않는다.

③ 사실적관습설

사용자와 근로자 사이에 '근로계약의 내용은 취업규칙에 의한다'고 하는 사실적관습이 존재하기 때문에 취업규칙내용이 근로계약내용이 된다는 설이다. 근로자가 반대해도 법적효력이 부여되는 점을 충분히 설명하지 못한다.[2]

(3) 검 토

취업규칙에 어떠한 효력을 부여할 것인지는 입법정책사항으로서 취업규칙의 법적성격이 무엇인지와 다른 문제이다.[3] 계약설을 지지하는 견해가 근기법규정과 배치되는 것은 아니다. 다만, 개인적으로는 근기법이 취업규칙에 법적효력을 인정하는 점, 불이익변경에 대해 엄격한 제한을 가하고 있는 점 등을 감안하면 법규범설중에서 효력부여설이 타당하다.

1·바. 내용해석

취업규칙은 법규범의 성격을 가지므로 문언의 객관적인 의미에 따라 해석하고

1) 심태식, 『노동법개론』, 392쪽.
2) 김형배, 『노동법』, 제20판, 279~280쪽.
3) 김유성, 『노동법Ⅰ』, 200쪽.

이를 벗어난 해석은 신중하고 엄격하여야 한다.[1)]

1·사. 존재형식

(1) 명 칭

취업규칙은 사규, 내규, 규정 등 여러 이름으로 존재하며 근로자집단에게 적용될 근로조건에 관한 준칙을 정한 것이라면 그 명칭을 상관하지 않는다.[2)] 집단적으로 작성하여 근로자들에게 일률적으로 적용시키는 표준근로계약서,[3)] 노사공동결의서 또는 기업자구계획서,[4)] 유휴인력활용지침,[5)] 회사내부규정매뉴얼,[6)] 지역의료보험조합운영규정[7)] 등도 취업규칙의 효력을 갖는다고 해석된다. 이러한 문건들이 취업규칙이 되려면 명칭과 관계없이, 그 내용이 단순한 결의에 그쳐서는 안되며, 법률효과를 발생코자 하는 의사표시로 인정되어야 한다.

(2) 복수의 취업규칙(같은장, 같은절 2·다,(2))

취업규칙은 근로조건을 정형화한 경영규범이므로 하나의 사업(장)에는 하나의 취업규칙이 존재하는 것이 바람직하다. 그러나 취업규칙은 사업(장)의 모든 근로자에게 적용되어야 하는 것은 아니고 임금규정, 외근직규정, 지사규정 등과 같이 근로조건, 근로형태, 작업장소 등에 따라 복수로 존재할 수 있다.[8)]

1·아. 법적지위

취업규칙은 근로계약과의 관계에서 규범적효력과 유리조건우선원칙이 모두 적용되나, 단체협약과의 관계에서는 규범적효력만 적용되고 유리조건우선적용원칙이 적용되지 않는다(제1장 제3절,4). 과반수노조에 의해 단체협약이 변경되면 취업규칙변경의 효과가 인정될 수 있으나, 과반수노조에 의해 취업규칙이 변경되는 경우에는 견해가 나뉘기는 하나 단체협약변경의 효과는 인정되지 않는다(제2장, 제1절 2·다,(5),②).

---

1) 대판 2003.3.14, 2002다69631 ; 대판 2020.11.26, 2017두70793 ; 대판 2022.9.29, 2018다301527. 임금피크 대신 특별퇴직을 택함에 있어 그 보상조건인 별정직원재채용에 대해 임금피크제개선안의 표현을 재채용신청기회부여로 해석하지 않고 재채용의무로 해석.

2) 대판 1994.5.10, 93다30181 ; 대판 2004.2.12, 2001다63599.

3) 대판 1998.3.24, 96다24699. 포괄임금약정 관련 ; 대판 1998.11.27, 97누14132.

4) 대판 2004.2.12, 2001다63599 ; 대판 2004.2.27, 2001다28596 ; 대판 2005.5.12, 2003다52456. 임직원들의 상여금, 휴가비 등을 반납하는 내용이 포함된 자구계획서.

5) 대판 2007.11.30, 2005두13247.

6) 근로기준팀-8438, 2007.12.12.

7) 대판 1994.8.23, 94다7553.

8) 같은 취지 ; 대판 1992.2.28, 91다30828 ; 대판 2007.9.6, 2006다83246 등.

2. 작성 · 신고 · 심사

2·가. 작성 · 신고 의무자

(1) 주 체

근기법이 적용되는 사업(장)에서 상시10명이상[1]의 근로자를 사용하는 사용자[2]는 취업규칙을 작성하고 신고할 의무를 진다(근기법 §93).[3] 10명미만사업(장)이 취업규칙을 작성하면, 신고의무는 없으나, 준수 · 이행의무를 지며, 취업규칙변경법리가 적용된다. 그러나 4명이하사업(장)에 대해서는 근기법 제9장(취업규칙)이 적용되지 않으므로 취업규칙을 작성하여 운용해도 규범적효력(근기법 §97)이 인정되지 않는다.[4]

(2) 작성 · 신고 단위

하나의 사업이 복수사업장으로 구성되어 있고, 각사업장단위로는 상시근로자수가 10명미만이나 사업전체로는 10명이상일 때, 사업전체의 자격으로 취업규칙을 작성 · 신고할 의무가 있는지는 사업장의 독립성에 따라 판단한다(제1장, 제4절 1·나,(3),②). 근로자가 10명이상인 지점 · 공장 등은 관할지방고용노동관서에 취업규칙을 신고해야 한다.[5]

본사 · 지점 · 영업소 · 공장이 같은 관할지방고용노동관서에 해당되고 취업규칙을 적용받으면 본사만 신고하면 되나(근로감독관 집무규정 §74③),[6] 복수의 관할지방고용노동관서에 해당되면 본사나 주된 사업장이 근로조건을 일괄적으로 결정하면서 적용되는 소속사업장의 명칭 · 소재지를 첨부하여 관할지방고용노동관서에 취업규칙을 신고하면 모든 사업(장)의 신고의무를 충족한 것이 된다(근로감독관 집무규정 §74④).

---

1) '1953년 제정 근기법'부터 규정 ; 근기법의 다른 근로조건과 형평이 맞지 않으나, 취업규칙이 많은 근로자의 근로조건을 정형적으로 정하는 규범이고 영세기업의 행정능력을 감안하여야 한다는 견해(근기 68207-2468, 2000.8.19. 일본의 「노동기준법」 제89조도 상시근로자 10명이상사업장을 대상으로 함)도 있음.

2) 직장규율 · 근로조건결정 · 실시 등 취업규칙에 대해 실질적권한 · 책임소유자(대판 1992.12.24, 92다2341).

3) 사립학교(근기 1451-18454, 1983.7.20)도 신고의무가 있다. ; 지역건강보험조합이나 농지개량조합도 신고의무가 있다(근기 01254-9222, 1991.6.27 ; 근기 68207-1550, 1993.7.15). 그러나 '취업규칙의 내용결정에 대한 실질적권한과 책임은 사용자에게 있다.'고 전제한 다음에 「지역건강보험조합운영규정」이 실질적으로 취업규칙에 해당하므로 지역건강보험조합대표자에게 취업규칙작성 · 신고의무위반의 형사책임을 물을 수 없다는 견해(대판 1992.12.24, 92도2341)가 있다. 이 견해의 취지는 취업규칙의 기재의무사항이 보건복지부예규인 「지역건강보험조합운영규정」으로 정해져 있어 지역의료보험대표자가 다른 내용의 취업규칙을 작성 · 신고하여야 할 실질적권한이 없어 법위반책임을 물을 수 없다는 것이지 이 대표자가 사용자가 아니라거나 「국민건강보험법」이 근기법의 특별법이라는 의미는 아니다.

4) 근로기준팀-2046, 2005.12.28.

5) 법무 811-6228, 1980.3.14.

6) 고용노동부훈령 제185호, 2016.3.8.

2·나. 취업규칙 기재사항

(1) 내 용

근기법(§93)은 취업규칙 기재사항을 다음과 같이 열거하고 있다.[1)]

① 업무시작과 종료시각, 휴게시간, 휴일, 휴가 및 교대근로[2)]
② 임금의 결정 · 계산 · 지급방법, 임금의 산정기간 · 지급시기 및 승급
③ 가족수당의 계산 · 지급방법
④ 퇴직
⑤ 근퇴법에 따른 퇴직급여, 상여 및 최저임금
⑥ 근로자의 식비, 작업용품 등의 부담
⑦ 교육시설
⑧ 출산전후휴가 · 육아휴직 등 근로자의 모성보호 및 일 · 가정 양립지원
⑨ 안전과 보건
⑨의2. 성별 · 연령 · 신체조건 등의 특성에 따른 사업장환경개선[3)]
⑩ 업무상과 업무외의 재해부조
⑪ 직장내괴롭힘의 예방 및 발생시 조치 등
⑫ 표창과 제재
⑬ 그 밖에 해당 사업(장)의 근로자전체에 적용될 사항

(2) 한 계

사업(장)은 기재의무사항중에서 법정근로조건이 아닌 근로조건을 채택하지 않을 수도 있다. 그럼에도 불구하고 법정근로조건과 약정근로조건을 구분하지 않고 열거하면서 취업규칙기재의무를 부여하고 있는 것은 잘못이다. 행정해석[4)]은 약정근로조건[5)]에 대해 해당사업(장)이 시행할 경우에만 기재의무가 있다고 본다.[6)]

(3) 기재의무 위반효과

기재의무사항중에서 일부가 기재되어 있지 않아도 작성 · 신고의무위반으로 벌칙을 받는 문제는 별론으로 하고 취업규칙으로서의 효력이 있다.[7)] 기재되지 않

---

1) 취업규칙의 기재의무사항은 근기법 제17조의 근로조건명시대상에 포함된다. '제3장, 제1절, 2·라, (2)' 참조.
2) 선택적근로시간제(근기법 §52) 등의 경우에는 업무의 시작과 종료시간의 기재가 불필요하다.
3) "안전과 보건(제9호)"을 넘어서서 근로자의 개인적특성을 고려한 사업장환경의 개선사항을 말한다. 고령자, 여성, 장애인 등 취약계층의 근로조건개선이 목적이다.
4) 근로기준과-1118, 2009.4.24.
5) 교대근로(1호), 승급(2호), 가족수당(3호), 상여금(5호), 식비 · 작업용품(6호), 교육시설(7호), 사업장환경개선(9의2호), 업무외재해부조(10호), 표창(11호).
6) 근기법 제93조의 문언(… 다음 각호의 사항에 관한 취업규칙을 작성하여 …)으로 보아 이를 절대적기재사항으로 보는 견해(박상필, 『근로기준법강의』, 501쪽)가 있으나, 적용되지도 않을 근로조건을 '가족수당은 지급하지 않는다'와 같이 명시하는 것은 불합리하다(근기 01254-8855, 1991.6.21).
7) 김유성, 『노동법Ⅰ』, 203쪽 ; 근로기준과-1118, 2009.4.24.

은 부분에 대해서는 법령, 단체협약, 근로계약 등에 정한 조건을 따른다.[1)]

2·다. 취업규칙 신고

(1) 신고방법

근기법(§93)은 취업규칙을 작성하여 고용장관에게 신고하도록 규정하고 있다. 근기법은 신고기간에 대한 규정을 두고 있지 않다.

사용자는 취업규칙을 작성 또는 변경하고 근로자집단의 의견수렴에 필요한 최소한의 시간이 지나면 지체없이 신고를 마쳐야 한다.[2)] 취업규칙을 신고할 때는 작성·변경된 취업규칙 전체와 의견서를 제출해야 한다.[3)]

(2) 복수의 취업규칙

'복수의 취업규칙'(같은장, 같은절 1·사, (2))은 이름과 관계없이 전체가 하나의 취업규칙이므로 모두 신고대상이다.[4)] 복수의 취업규칙은, 적용범위가 명확해야 하며,[5)] 차별금지규정(근기법 §6 등 제2장, 제2절)과 퇴직금차등제도금지규정을 위반할 수 없다.[6)]

2·라. 취업규칙 심사

근기법(§96②)은 고용장관에게 법령이나 단체협약에 어긋나는 취업규칙의 변경을 명할 수 있는 권한을 부여하고 있다. 심사대상은 법령에 저촉되는 사항이나 사회통념상 부당한 내용도 행정지도차원에서 포함된다.[7)] 해당업무는 지방고용노동관서장에게 위임되어 있다.

2·마. 효 과

(1) 작성·신고

취업규칙의 작성·신고의무를 이행하지 않으면 5백만원이하의 과태료가 부과

---

1) 근기 01254-8855, 1991.6.21.

2) 전주지판 2005.6.14, 2005노195. 13명을 고용한 영세사업장에서 근로자를 사용한 때부터 8개월 후에 신고한데 대해 최소한의 시간이 도과한 것으로 보았다.

3) 변경된 취업규칙의 전체조문을 제출할 필요는 없으며 변경전의 관련조문, 변경후의 관련조문, 근로자의견서(합리적이유없이 의견서작성 또는 서명을 거부하면 그에 대한 사유) 또는 동의서를 제출하면 된다.

4) 근기 01254-8855, 1991.6.21 ; 대판 1992.2.28, 91다30828 ; 대판 1994.3.11, 93다27413 ; 대판 1996.2.27, 95누15698.

5) 근기 01254-8855, 1991.6.2 ; 일반직취업규칙과 외근직취업규칙을 가지고 있다면 전자에 '외근직근로자에게는 적용하지 않는다' 또는 '일반직근로자에게만 적용한다'고 규정하거나, 후자에 '외근직근로자에게는 이 취업규칙만 적용한다'고 규정하는 것이 필요하다. 그렇지 않으면 2개의 취업규칙이 모두 적용될 수도 있다.

6) 대판 1997.11.28, 97다24511.

7) 「근로감독관집무규정(고용노동부훈령 제185호, 2016.3.8)」 제75조제1항 별지 제46호. 〈심사사항〉 미비사항, 관련법령과 단협 저촉, 행정지도·사회통념 위배, 필요적기재사항 미비, 불명확한 기준에 따른 노사간 다툼소지, 변경내용이 근로자에게 불리한지.

된다(근기법 §116②ii). 신고의무를 이행하지 않은 취업규칙의 효력에 대해 견해가 나뉜다. 무효설[1)]은 취업규칙의 작성·변경절차는 취업규칙을 규범화하는 조건이므로 신고의무를 효력요건으로 본다. 통설적인 견해인 유효설[2)]에 따르면 신고의무는 단속규정에 지나지 않는다. 따라서 과태료를 적용받는 것은 별론으로 하고 법령, 단체협약에 위배되지 않는 근로조건은 효력을 유지한다. 유효설을 지지한다.

(2) 심 사

근로감독관은 취업규칙신고접수일부터 20일이내에 심사를 완료해야 하며, 취업규칙이 법령·단체협약에 위배되면 심사종료일로부터 3일이내에 변경명령을 하게 된다. 심사결과에 대해 사용자가 일정기한내에 변경·보고하지 않으면 5백만원이하의 벌금에 처해질 수 있다(근기법 §114ii 근로감독관집무규정 §75). 변경하지 않은 조항은 효력이 없으므로 법령, 단체협약, 근로계약 등의 조건에 따른다.

3. 작성 · 변경과 근로자참여

3·가. 근로자 참여

(1) 근로자참여의 원칙

근기법(§94,§114 벌금5백)은 취업규칙을 작성·변경할 때에 사용자가 작성·변경권을 갖는 편무성과 일방성을 보완하여 노사대등결정원칙(§4)에 따라 근로자기득권을 보호하기 위해[3)] 근로자집단의 의견을 듣도록 하고 불리하게 변경되면 동의를 받도록 하고 있다. 집단적근로조건으로 작용하는 관행을 변경하는 경우에도 취업규칙변경에 준하는 조치가 있어야 한다.[4)]

(2) 근로자참여 주체

근기법은 취업규칙을 작성·변경함에 있어 과반수노조(제2장, 제1절 2·다,(2),①,㈏)에게 배타적인 지위를 인정받는 과반수노조와 보완적인 지위를 인정받는 근로자과반수가 참여주체인 근로자집단(제2장, 제1절 2·다,(2),①,㈏)의 의견청취 또는 동의를 요건으로 하고 있다

참여주체인 근로자집단 즉 과반수노조와 근로자과반수의 지위·자격, 유사단

---

1) 이병태, 『최신노동법』, 제9판, 929쪽.

2) 대판 2004.2.12, 2001다63599 ; 법무 811-12994, 1979.5.31 ; 근기 68207-790, 1996.6.11 ; 근기 01254-8855, 1991.6.21 ; 김유성, 『노동법Ⅰ』, 213쪽 ; 이상윤, 『노동법』, 제6판, 366쪽 ; 임종률, 『노동법』, 제9판, 347쪽 ; 김형배, 『노동법』, 제20판, 281쪽.

3) 같은 취지, 정인섭, "취업규칙의 불이익변경과 집단적 동의의 방법", 「노동법연구」, 제17호, 서울대노동법연구회, 2004년 하반기, 308쪽.

4) 근기 68207-1873, 2000.6.20.

체 또는 유사집단의 자격, 근로자집단의 권한행사방법 및 권한위임, 참여수단인 의견청취·동의의 방법과 효력, 취업규칙과 서면합의·단체협약 등 자세한 내용에 대해 "근로조건 대등결정"의 "근로자의 근로조건 집단참여" 부분에서 소개(제2장, 제1절 2·다,(2) ~ (5))하였다.

(3) 근로자참여의 내용

취업규칙변경에 있어 근로자의 집단적참여는 취업규칙신고서에 의견서 또는 동의서를 첨부하는 것으로 나타난다. 참여주체유형별로 본 '의견청취와 동의의 방법', '단체협약·조성서·중재재정과 동의의 관계', '동의와 의견청취의 효력', '반대가 많은 의견청취', '의견제시거부 등' 구체적인 내용에 대해 "근로조건 대등결정"의 "근로자의 근로조건 집단참여" 부분에서 소개(제2장, 제1절 2·다,(2) ~ (5))하였다.

3·나. 취업규칙의 작성·변경

취업규칙을 작성하거나 불이익하지 않게 변경하려면 근로자집단의 의견을 들어야 하고, 불이익하게 변경하려면 근로자집단의 동의를 받아야 한다.

(1) 작 성

취업규칙을 작성하려면 근로자집단의 의견청취가 필요하다. 이 때 작성이라 함은 최초의 작성을 말하는 것이 일반적이다. 다만, 기존의 취업규칙에 새 제도를 도입하는 경우 즉 당초에 정해져 있지 않은 제도를 새로이 추가하는 경우와 당초에 정해져 있는 제도를 보충하는 경우도 작성으로 간주되는지에 대해 논란이 있을 수 있다.[1]

(2) 변 경

변경이라 함은 기존의 복무규율이나 근로조건에 대해[2] 그 내용을 바꾸는 것뿐아니라 삭제 또는 적용배제를 포함한다. 작성의 경우에도 근로계약 또는 관행으로 이미 적용되고 있는 복무규율이나 근로조건을 바꾼다면 변경에 해당된다.[3]

(3) 제도의 신설과 보충

① 작성으로 보는 판결

퇴직금과 관련하여 일정한 근속기간까지만 지급률을 정한 종전제도를, 추가로

---

1) 노동법실무연구회, 『근로기준법주해 Ⅲ』, 464쪽. 불이익신설은 기득권·기득이익이 존재하는 상황에서 그보다 근로조건을 저하하거나 복무규율을 강화하는 내용의 취업규칙조항을 신설하는 것이고, 취업규칙제정은 기득권·기득이익이 존재하지 않는 상황서 취업규칙조항을 신설한다.

2) 〈사례〉 근로개선정책과-2109, 2014.4.7. '학자금 지급 및 대여 지침'의 변경.

3) 대판 1989.5.9, 88다카4277.

그 후의 근속기간까지의 지급률을 정하면서 기존의 근속기간과 추가된 근속기간에 대해 모두 지급률을 기존보다 낮게 조정한 데 대해 기존근속기간분은 무효이나 추가근속기간분은 유효하다고 본 판결[1]이 발견된다. 후자에 대해서는 기존의 지급률이 없었기 때문에 낮은 지급률을 정하더라도 이는 취업규칙의 작성에 해당된다고 보았기 때문이다. 이 판결은 작성의 개념을 최초작성뿐아니라 신규제도도입이나 기존제도보충까지 포함하고 있다. 이러한 견해는 매우 엄격하게 해석되어야 하며,[2] 타당성을 인정받으려면 최소한 기득권이 침해받지 않아야 한다.

② 변경으로 보는 접근

취업규칙이 이미 존재하는 상황에서 새 제도를 추가하거나 보충하는 것은 변경으로 보는 것이 타당하다. 신설규정이 사회통념상합리성을 갖는다면 불이익변경으로 보지 않는다.[3]

4. 불이익변경의 판단과 효력

4·가. 불이익변경의 개념

'취업규칙 불이익변경'이라 함은 종전의 취업규칙규정을 개정하거나 새 규정을 신설하여 '근로조건이나 복무규율에 관한 근로자의 권리나 이익'을 박탈하고 근로자에게 저하된 근로조건이나 강화된 복무규율을 일방적으로 부과하는 것을 말한다.[4] '근로조건이나 복무규율에 관한 근로자의 권리나 이익'은 종전취업규칙의 보호영역에 따라 보호되는 직접적이고 구체적인 이익이다.[5]

4·나. 불이익변경의 판단

(1) 불이익변경의 판단기준

① 판단기준의 유형과 효과

㈎ 주관적기준과 객관적기준

취업규칙불이익변경을 판단하는 기준에 대해 2가지로 의견이 나뉜다. 먼저, 주관적기준설[6]은 근로자가 불리하다고 생각하여 근로자과반수가 반대한 경우에는

---

1) 대판 1994.6.24, 92다28556. 15년까지의 지급률을 정하고 있는 사건.
2) 〈사례〉 근로개선정책과-5661, 2013.9.26. 해고무효판결로 근로자들을 원직에 복직시키기 위해 폐쇄한 지사 공장을 재개한 후에 원래의 취업규칙과 다른 취업규칙을 신고했다면 취업규칙변경신고에 해당된다.
3) 대판 1978.9.12, 78다1046 ; 대판 1989.5.9, 88다카4277.
4) 대판 1993.8.24, 93다17898 등.
5) 대판 2022.3.17, 2020다219928 ; 대판 2022.4.14, 2021다280781 ; 대판 2022.9.29, 2018다301527.
6) 이병태, 『최신노동법』, 제9판, 932~933쪽. 사회적합리성설과 근로자불이익설로 나눈 후 후자 지지.

불이익변경이라고 본다. 다음으로, 객관적기준설[1]은 사회통념상합리성이 있는지에 따라 판단한다. 현행제도는 객관적기준설이 적용되는 구조이다. 변경내용이 동종업계 등을 고려할 때, 합리적이고, 궁극적으로 근로조건을 저하시키거나 복무규율을 강화하지 않는다면 불이익변경으로 판단되지 않을 수 있다.

현행법체계 아래에서는 객관적기준설이 타당하다. 다만, 입법론적으로는 판단구조를, 불이익변경여부와 관계없이, 근로자집단의 동의 하나로 통일하는 것이 바람직하다.[2]

㈏ **객관적기준과 사회통념상합리성**

취업규칙변경이 객관적기준 즉 사회통념상합리성을 갖추면 불이익변경으로 보지 않는다. 사회통념상합리성은 변경취지·경위, 불이익정도, 변경필요정도, 교섭경위, 동종사업일반상황, 업무성질, 취업규칙전체체제 등을 종합하여 판단된다.[3]

② **사회통념상합리성의 적용**

불이익변경여부를 판단하는 기준인 사회통념상합리성은 복무규율과 근로조건으로 나누어 설명될 수 있다.

㈎ **복무규율 사항**

'복무규율을 강화하는 것'은 '근로조건을 낮추는 것'에 비해 불이익변경인지를 판단함에 있어 해석론적으로 완화된 기준이 적용될 수 있다. 복무규율은 사업장질서를 유지하기 위해 가해지는 제한이므로 근로자에게 불편해지더라도 그 자체를 불이익변경으로 보기는 어렵기 때문이다. 순수한 의미의 복무규율에 대해서는 불이익변경이 포괄적으로 부정될 수 있다.

㉮ 인사·조직

인사·노무·조직관리에 관한 사항에 대해서는 포괄적으로 불이익변경이 아닌 것으로 해석되는 경향이 있다. 연수, 교육, 승진, 평가, 시험, 인사고과 등 인사관리를 위한 제도를 강화하거나 신설하는 것은 사회통념상 합리성이 인정된다.[4]

---

1) 임종률, 『노동법』, 제9판, 343쪽 ; 이상윤, 『노동법』, 제6판, 358쪽 ; 대판 1988.5.10, 87다카2853 ; 대판 1989.5.9, 88다카4277 ; 대판 1993.1.15, 92다39778 ; 대판 1994.5.24, 93다14493 ; 대판 1997.5.16, 96다2507 ; 대판 2001.1.5, 99다70846 ; 대판 2002.6.11, 2001다16722 ; 대판 2010.1.28, 2009다32522·32539 ; 근기 01254-16545, 1991.11.5.

2) 하갑래, "취업규칙 불이익변경에 있어서 사회통념상 합리성", 「법학논총」, 제33권 제2호, 단국대법학연구소, 2009.12, 789쪽 ; 박종희, 「개별적 근로조건에 대한 집단적 결정시스템의 개선방안 연구」, 노동부용역보고서, 2005.12, 89쪽. 작성에서 변경까지 모두 동의를 얻도록 하는 변경이 필요.

3) 대판 1997.5.16, 96다2507 ; 대판 2001.1.5, 99다70846 ; 대판 2002.6.11, 2001다16722 ; 근기 01254-16545, 1991.11.5 ; 근기 01254-1434, 1993.7.1.

4) 근기 01254-11010, 1987.7.9.

승진·평가·시험 등 인사권이나 정원조정·직제개편 등 경영권에 속하는 사항은 취업규칙에 기재되어도 작성·신고대상이 되는 취업규칙내용이 아니고,[1] 신설·강화는 사용자권한에 속하며,[2] 불이익변경이 아니다.[3]

정원조정이나 직제개편은 노동강도가 높아지거나 노동의 양이 많아질 수 있으나, 개연성만으로 불이익변경이라고 보기 어렵다. 그러나 직제변경 등도 근로조건을 저하시키면 불이익변경이다.[4] '전체 또는 일부 근로자의 직급이 하향조정'[5] 되거나 '기존직급보다 낮게 신설된 직급에 이전직급의 사람을 배치'[6]함으로써 근로조건이 저하되는 것이 그렇다. 직급강등 등이 취업규칙에 규정된 것이 아닌 상태에서 정원조정이나 직제개편의 결과로 부수적으로 이루어진다면, 이는 취업규칙불이익변경이 아니라 부당인사조치이다. 정원조정이나 직제개편이 근로시간 연장이나 임금삭감을 초래하면 불이익변경이다.

직급조정이 전체적으로 이루어지더라도 임금 등의 근로조건이 저하되지 않는다면 불이익변경으로 보기 어렵다.

㈏ 기존제도 구체화

기존제도에 대해 본질을 바꾸지 않으면서 절차·방법을 구체화하고 합리화하는 것은 불이익변경이 아니다. 포괄적·추상적으로 규정되어 있던 징계의 사유·종류 등을 세목화하여 상세히 규정하는 것은 징계양정을 높이거나 징계요건을 완화하는 것이 아니면 불이익하지 않다.[7] 취업규칙에 변상책임이 규정되어 있는 상황에서 세부변상절차를 제정하는 것은 불이익변경이 아니라고 본 행정해석[8]이나 해고조항의 '정당한 이유'를 구체화하는 것이라는 점을 들어 통상해고의 저성과개선프로그램신설을 불이익변경이 아니라고 본 판결[9]이 있다.

---

1) 근로개선정책과-314, 2015.2.12 ; 근로개선정책과-1319, 2015.2.17.

2) 근기 68207-352, 2003.3.26.

3) 근로조건지도과-1153, 2008.4.29 ; 근로개선정책과-4818, 2013.8.16. 직제규정개정으로 현원의 감축없이 전체정원을 축소하면서 3급정원을 별도로 분리함으로써 승진가능성이 낮아진 사건.

4) 근로개선정책과-1319, 2015.2.17. 신직급체계시행으로 현재 재직하고 있는 근로자의 직급이 하향되지 않고 임금 및 수당 등이 감소되지 않는다면 근로조건 불이익변경으로 보기 어렵다.

5) 근로조건지도과-1153, 2008.4.29.

6) 근로기준팀-750, 2006.2.16. 일정한 직위를 담당할 수 있는 기존의 직무등급보다 연봉액이 낮은 직무등급을 추가하여 배치할 수 있도록 인사규정을 개정한 후, 회사가 정한 업적부진, 능력부족 등의 사유에 해당한다는 이유로 징계절차없이 신설된 직무등급으로 발령하여 임금이 삭감되었다면, 불이익변경이다.

7) 대판 1999.6.22, 98두6647 ; 대판 1988.5.10, 87다카2853. 농업협동조합중앙회사건. 인사규정 중 해직사유인 "금고 이상의 형의 집행을 받게 되었을 때"라는 요건에 대하여 "금고 이상의 형의 선고유예를 받고 그 선고유예기간 중에 있는 자"를 추가하여 변경한 것은 규정정비에 지나지 않는다.

8) 근기 01254-10917, 1991.7.27.

9) 대판 2012.5.29, 2011두4760.

㉰ 합리적인 제도 신설

신설제도는 기존제도변경에 비해 합리성인정여지가 상대적으로 넓다. 신설제도로 바로 불이익을 받는 사람이 현실적으로 없고, 특정근로자를 퇴직시키는 등 불이익을 주려는 목적이 아니라면 인정될 수 있다.

사회통념상합리성이 있는 제도신설은 불이익변경이 아니다.[1] 징계규정신설은 그 내용이 합리적이면 불이익변경이 아니나, 자의적이거나 불합리한 징계규정신설은 불이익변경이다.[2] 해임과 정직의 사이에 강등을 징계유형으로 신설하는 것은 징계의 효력차이를 완화하므로 불이익신설이 아니라는 견해[3]가 발견된다.

㈏ **근로조건 사항**

근로조건저하는 수입이나 노동의 양과 질에 영향을 미치기 때문에 불이익변경이나, 사회통념상합리성이 있다면 불이익변경이 아니라고 보는 판례와 행정해석들이 발견된다.

㉮ 기득권침해

근로자의 기득권을 해치지 않으면 불이익변경이 부정된다. 성과급제를 도입함에 있어 어느 한 근로자라도 임금이 저하된다면 불이익변경이 되나,[4] 그렇지 않다면 합리성을 인정받는다. '수당을 신설하면서 퇴직금산정기초에서 제외'[5]하는 것은 퇴직금액변동이 없이 임금을 올리므로 기득권을 침해하지 않는다.

"법정기준에 맞는 근로조건의 신설은 그 보다 유리한 종전규정이 없다면 불이익변경이 아니다"면서 근로조건신설을 취업규칙작성으로 본 판결(같은장, 같은절 3·다,(2),①,㈎)[6]도 기득권침해법리로 설명될 수 있다.

㉯ 제도본질

제도의 본질을 해치지 않으면 불이익변경으로 인정되지 않을 수 있다.

(a) 상여금

상여금제도가 고정적상여금을 결근일수비율로 삭감하도록 바뀌는 것처럼 명백

---

1) 〈사례〉 근로개선정책과-192, 2011.3.11. 병가조항 신설, 공가사유 확대'.

2) 대판 1989.5.9, 88다카4277. 징계규정에 "무계출 또는 부득이한 사유가 없는 결근이 7일을 초과한 경우 자동 퇴직한다."는 조항을 신설한데 대해 사용자의 일방적인 사실인정만으로 자동적으로 면직하는 것은 불이익신설이라고 보았다. 이 판결이 불이익신설로 본 것은 자동퇴직과 관련된 부분이다. 따라서 자동퇴직이 아닌 해고로 제도를 설계한다면 이를 불이익신설로 보기 어렵다.

3) 근로기준과-47, 2010.7.8. 양정간 형평성을 둔 점, 비위의 유형을 세분화·구체화하면서 양정을 비위의 경중에 따라 합리적으로 조정한 점 등을 볼 때, 근로자에게 불리하게 변경된 것으로 볼 수 없다.

4) 근기 68207-2775, 2002.8.20.

5) 대판 1991.4.9, 90다16245 ; 대판 1997.8.26, 96다1726.

6) 대판 1994.6.24, 92다28556.

히 불리하게 변경됨에도 불구하고 합리성을 들어 불이익변경으로 보지 않는 판결[1)]이 있다. 이처럼 명백히 금품수입상실을 초래하는 제도변경이 불이익변경이 아니라고 보는 것은 의문이다. 같은 결과를 도출하더라도 불이익변경부정법리보다는 동의면제법리로 접근이 되어야 할 것이다.

(b) **정 년**(제10장, 제4절 2·라,(2))

정년단축은 불이익변경이다.[2)]

정년신설은 고용기간을 단축함으로써 근로자에게 불리하게 작용한다. 그럼에도 불구하고 정년신설자체는 합리성이 인정되므로 기존근로자의 기득권을 침해하지 않는 한 불이익변경이 아니라는 판결[3)]이 있다. 그러나 연령차별금지정신[4)] 및 고령자고용촉진필요성을 감안하면 정년이 없는 상태에서 정년을 신설하는데 대해 합리성을 인정하면서 불이익변경이 아니라고 보는 것은 타당하지 않다.[5)]

신설정년이 법정정년이상이더라도 이에 도달한 근로자가 이미 존재하거나 동종업계와 비교할 때, 정년이 현격하게 낮으면 명백한 불이익변경이다.

정년연장은 인사적체를 초래한다는 이유에도 불구하고 근로권확대라는 관점에서 볼 때, 불이익변경이 아니다.[6)] 정년제도를 도입하면서 '신규입사자에게만 적용'[7)]하면 불이익변경으로 보지 않는다. '약정정년을 연장하면서 연장기간에 대해서만 임금을 저하'해도 퇴직급여에 영향을 미치므로 불이익변경이 될 수 있다는 해석[8)]이 있으나, 근로자가 기존정년에 도달한 후에 퇴직할 것인지 저하된 임금

1) 대판 1991.8.13, 91다3642. 성과와 관계없이 정기적·일률적으로 지급되는 상여금을 결근일수비율에 따라 삭감토록 하는 것은 불이익변경이라고 볼 수 없으나, 결근일수비율 이상을 삭감하는 것은 불이익변경이다.

2) 근기 01254-1434, 1993.7.1 ; 〈사례〉 근로기준과-4310, 2004.8.17. 관리사무소장의 근무가능 상한연령을 65세에서 63세로 저하.

3) 대판 1978.9.12, 78다1046. 정년규정이 없다 해서 근로자가 무한정 근무할 수 있음을 보장한 것으로 볼 수 없으므로 신설정년인 만 55세는 사회통념에서 벗어난 불합리한 제도라고 볼 수 없으며 기득권을 침해한 것도 아니다. ; 서울행판 2011.9.22, 2011구합6875. 상당수의 전문대학이 조교를 정년 없이 한시적으로 임용하고, 보장한 경우에도 만 57세를 넘지 않는 것으로 보이므로, 만 57세 정년신설은 동의가 없더라도 유효하다.

4) 현행 연령법은 정년을 연령차별금지대상으로 보지 않고 있어 이와 같은 표현을 사용하였다.

5) 대판 1997.5.16, 96다2507. 정년을 55세로 신설한 운수회사사례. 정년규정이 신설되기 이전에는 만55세를 넘어서 근무할 수 있으나, 정년규정신설로 회사의 심사에 의하여 일정한 경우에만 만55세를 넘어서 근무할 수 있도록 되었다면 기득의 권리나 이익을 박탈하는 불리한 근로조건이다. ; 종합적고려요인을 "변경으로 불이익을 받는 사람이 현실적으로 없는지"와 "특정근로자에게 불이익을 주려는 목적이 있는지"로 정리할 수 있다.

6) 근기 01254-16545, 1991.11.5 ; 근로개선정책과-192, 2011.3.11. 사업장에서 이러한 갈등이 발생하는 이유는 불이익변경에 대한 판단을 객관적기준설에 의존하고 있기 때문으로 보인다. 주관적기준설을 따르면 근로자의 의견수렴과정에서 불이익여부가 판명되므로 이러한 문제가 발생하기 어렵다.

7) 대판 1994.5.24, 93다46841·근로기준과-1296, 2004.3.16·근로기준팀-194, 2006.1.10. 신규입사자에 대해서만 적용하는 경과규정을 둔 경우에는 동의를 부정하고 있다. 다만 행정해석은 이후 그와 같은 경과규정을 삭제함으로써 기존 근로자의 전부 또는 일부의 정년이 단축되는 결과를 가져온다면 불이익변경으로 본다.

8) 근기 68207-2163, 2002.6.8. 연장기간의 임금이 종전의 70%로 저하된 사례.

으로 계속 근로할 것인지를 결정할 수 있다면 그렇지 않다. 경영위기극복 등을 위해 특별협약형식의 한시적정년단축을 통해 조기퇴직시키는 것은 노동조합의 목적이나 불이익변경법리의 한계를 벗어난 것으로서 무효가 되어(제2장,제1절 2·가,(2),②) 사실상 해고에 해당한다.[1]

㉰ 근로조건 합리화

근로조건을 합법화하거나 합리화하는 것은 불이익변경으로 보지 않는다.

(a) 교대근로(제4장 제5절,7)

교대근로는 취업규칙기재사항이므로 취업규칙변경절차의 적용을 받는다.[2] 교대근로를 도입하는 것은 생활리듬파괴 등을 통해 근로자건강을 해칠 수 있으므로 불이익변경에 해당한다.[3] 교대근로형태를 3조3교대제에서 4조3교대제로 변경하는 경우, 연장근로수당이 감소해도 불이익변경에 해당하지 않으며,[4] 교대근로형태를 바꾸는 것 자체를 불이익변경으로 보지 않은 판결[5]이 발견된다.

취업규칙에 정해진 전보규정에 따라 교대제근무자를 주간근무자로 배치전환함으로써 야간·휴일근로수당이 발생하지 않아도 불이익처분이 아니다.[6]

(b) 그 밖의 근로조건

연장근로를 축소·폐지함으로써[7] 연장근로수당을 줄이거나, 포괄임금약정을 폐지하고 실제 연장근로시간에 대해 수당을 지급하는 것[8]을 불이익변경이 아니다.

(2) 불이익변경의 판단방법

① 개별적판단과 종합적판단

㈎ **근로조건 기준**

근로조건의 저하와 개선이 섞여 있을 때, 이를 종합적으로 고려할 것인지에 대해 견해가 나뉜다.

첫째, 종합고려를 부정하고 어느 한 근로조건이라도 불리하면 불이익변경이 되므로 근로자집단의 동의가 필요하다는 개별적판단설[9]이 있다. 이 설은 전체적

---

1) 대판 2011.7.28, 2009두7790.한시적용이 예정된 정년단축은 일정연령이상을 정년단축방법으로 일시에 조기퇴직시킴으로써 경영해고의 효과를 거두는 것으로서 연령만으로 조합원을 차별하는 것임.
2) 근기 68207-1732, 1994.11.4.
3) 근기 68207-935, 2003.7.23.
4) 근기 68207-1732, 1994.11.4. 〈부정〉 연장근로가 감소하나 통상임금유지.
5) 대판 2022.3.11, 2018다255488. '4조3교대의 교대근무제'에서 '3조3시차와 4조3교대의 병합근무제'로 변경.
6) 근기 68207-691, 2003.6.11.
7) 근기 68207-286, 2003.3.13.
8) 〈사례〉 근로개선정책과-369, 2011.3.18. 고정 연장근로수당을 실제연장근로수당 지급으로 변경.
9) 김지형, 『노동법해설』, 청출어람, 1993년, 314쪽 ; 임종률, 『노동법』, 제13판, 357쪽.

으로 근로자에게 유리함에도 불구하고 일부 불리한 부분을 이유로 동의를 요구하게 되어 근로자의 이익에 반하는 결과를 초래한다.

둘째, 종합고려대상을 "퇴직금과 근로시간"처럼 비교가 가능하지 않은 부분을 포함해서 넓게 보는[1] 적극적 종합고려설이 있다. 이 설은 불이익여부를 판단할 수 없는 내용에 대해서까지 그러한 판단을 인정하면서 동의를 면제시켜줌으로써 취업규칙변경법리의 본질을 침해할 수 있다.

셋째, 종합고려대상을 대가관계나 연계성 그리고 비교가능성이 있는 근로조건으로 한정하는 소극적 종합고려설이 있다.[2] 이 설을 지지하다. 예를 들어 산술적인 계산 등을 통해 비교가 가능한 근로조건끼리는 종합해서 고려할 수 있을 것이다. '퇴직금계산의 기초임금과 퇴직금지급률',[3] '통상임금포함임금과 통상임금산정기준시간수,'[4] 호봉제와 성과연봉제[5] 등에 대해 인정된 사례가 발견된다.

(나) 적용대상근로자 기준

취업규칙변경이 일부의 근로자에게는 유리하고 다른 근로자에게는 불리하면 불이익변경에 준하여 해석한다.[6] 취업규칙이 근로자에게 불리하게 변경된 것인지를 판단함에 있어서는 "종다수(從多數)의 원칙"과 같은 종합적판단기준을 사용하는 것은 타당하지 못하며 개별적판단원칙을 적용하여 적용대상근로자중에서 한 사람에게라도 불리하다고 판단되면 집단적동의가 필요하다.

② 판단시점과 입증책임

취업규칙의 변경이 불리한지를 판단하는 기준시점은 규칙의 변경이 이루어진 시점이다.[7] 불이익변경에 대한 입증책임은 주장하는 사람에게 있다.[8]

---

1) 대판 1984.11.13, 84다카414. 퇴직금제도를 단수제로 변경하였으나 임금인상, 근로시간단축 등 유리한 부분도 있다는 이유로 불리한 변경이 아니라고 보았다.

2) 김유성, 『노동법Ⅰ』, 206쪽 ; 법무 811-19135, 1980.2.2 ; 대판 1987.2.24, 84다카1409 ; 대판 1992.2.28, 91다30828 ; 대판 1995.3.10, 94다18072 ; 대판 1997.8.26, 96다1726. 퇴직금계산기산점과 누진율 ; 대판 2001.4.24, 99다9370 ; 대판 2022.4.14, 2020도9257. 〈불이익변경 부정〉 정년을 연장하면서 정년퇴직일을 생일이 속한 반기말기준에서 정년도달일로 변경.

3) 대판 1995.3.10, 94다18072.

4) 근로개선정책과-7283, 2014.12.16. 대법원전원합의체판결에 따라 통상임금이 확대되어 월통상임금산정기준시간수를 200시간에서 법정시간수인 243시간으로 변경하는 경우, 단협 등에 따른 시간급통상임금이 법정통상임금항목 및 법정월통상임금산정기준시간수로 계산한 시간급통상임금보다 낮지 않으면서 변경후의 시간급통상임금이 저하되지 않는다면 불이익변경에 해당하지 않는 것으로 본다.

5) 2023.4.13, 2019다282371. 〈불이익인정〉 대학교교원 관련.

6) 대판 1993.12.28, 92다50416 ; 대판 1993.5.14, 93다1893. 대한지적공사사건(**한국노동법학회, 『노동판례백선』 제2판**, 113쪽. 불이익변경여부의 인적판단기준에 관한 일반적기준을 제시) ; 대판 1995.3.10, 94다18072 ; 대판 1995.3.10, 94다18072 ; 대판 1997.8.26, 96다1726 ; 대판 1997.8.26, 96다1726.

7) 대판 1993.9.14, 92다45490. 개정후로부터 8년여간 경과한 것을 묵시적동의로 볼 수 없으며 퇴직후에 노조의 인정을 받은 것은 해당근로자에 대한 퇴직금규정개정의 효력을 판단함에 있어 고려할 사정이 못됨. ; 대판

4·다. 불이익변경의 효력

(1) 불이익변경 효력요건으로서의 동의

① 동의의 효과

근로자에게 불리하게 취업규칙을 변경하는 경우, 근로자집단의 동의가 없더라도 전체취업규칙이 무효가 되는 것이 아니고 변경된 부분만 전체근로자에게 효력이 없게 되어 변경전의 취업규칙이 적용된다.[1]

취업규칙을 불리하게 변경함에 있어 근로자집단의 동의를 받지 못하면 개인적으로 동의한 근로자에게도 효력이 발생하지 않으며,[2] 근로자집단의 동의를 받으면 개인적으로 반대하더라도 변경의 효력이 발생한다.[3]

근로자집단의 동의를 받지 못하면 근로자에게 유리한 부분까지 포함한 변경규정 모두가 무효이다.[4]

근로자집단의 동의를 받지 못해 효력이 없는 취업규칙의 내용을 수용하지 않는다는 이유로 근로자에게 취해진 불리한 처분은 무효이다.[5]

② 동의없는 변경과 이의제기

근로자의 동의없이 취업규칙을 불리하게 변경한데 대해 근로자가 이의를 제기치 않다가 10여년이 경과한 후에 이의를 제기해도 금반언(禁反言)의 법리에 반하지 않는다는 판결[6]을 감안할 때, 이의제기의 시효는 없는 것으로 볼 수 있다. 시효가 없다는 것은 퇴직금규정과 같이 아직 채권으로 발생하지 않은 경우에 해당되며 이미 성립된 임금채권은 3년의 시효를 적용받는다.

오랫동안 이의를 제기하지 않았다 하여 묵시적인 동의로 인정되지 않는다.[7]

1994.11.18, 93다18938 ; 대판 1997.8.26. 96다1726 ; 대판 1997.8.26, 96다1726 ; 대판 2001.4.24, 99다9370 ; 대판 2022.10.14, 2022다245518, 보수규정의, 개정 · 시행시점은 공포일인 2000.1.11로 봄이 타당하고, 그 이전에 제주도 · 행정자치부 또는 정기이사회 등의 의결 · 승인 등의 절차가 있었어도 달리 볼 수 없다.

8) 서울고판 1978.4.6, 77나2947. ↘ 185쪽

1) 대판 1997.8.26, 96다1726.

2) 대판 1977.7.26, 77다355 ; 대판 1991.3.27, 91다3031 ; 대판 1991.9.24, 91다17542 ; 대판 1992.12.8, 91다38174.

3) 대판 2008.2.29, 2007다85997. 기존 퇴직금규정을 적용받던 과반수노조의 동의를 얻은 경우, 노조가입대상이 아닌 일정직급이상의 근로자라도 기존퇴직금규정을 적용받는 대상이면 변경이 유효하다. ; 〈사례〉 근로개선정책과-1585, 2011.6.7. 해고가 무효로 되어 사업장에 복직해도 사실로서의 해고가 소급적으로 소멸되는 것은 아니므로, 해고근로자가 없는 상태이더라도, 유효하게 개정된 취업규칙이 적용된다(근로개선정책과-4414, 2011.4.5 · 근로개선정책과-1585, 2011.6.7).

4) 대판 1995.3.10, 94다18072.

5) 대판 2024.6.17, 2021두49772. 재임용결정을 통보한 후 교직원과반수의 동의를 받지 못한 교직원보수규정의 성과급연봉제를 거부한다는 이유로 계약체결과정에서 재임용을 거절한 것은 무효.

6) 대판 1991.9.24, 91다17542.

7) 대판 1993.9.14, 92다45490. 개정후 8년여간 이의를 제기하지 않은 것을 묵시적인 동의로 볼 수 없음.

③ 부당해고자와 취업규칙변경(제11장 제1절,3)

(2) 불이익변경에 있어 동의의 면제

① 사정변경

취업규칙을 변경함에 있어서 집단적동의를 얻지 못하더라도 그 후의 사정변경에 의해 근로자들이 이미 획득한 이익을 침해하지 않게 되면, 기존근로자들에게 적용될 취업규칙은 개정된 취업규칙이 된다.[1)]

② 신규입사

㈎ 견해의 나뉨

동의를 받지 못한 불이익변경이 신규입사 및 재입사[2)] 근로자에 대해 효력이 있는지를 둘러싸고 의견이 나뉜다.

㉮ 상대적유효설

상대적유효설[3)]은 근로자집단의 동의가 없이 불리하게 변경된 취업규칙이 신규입사자에게는 효력이 있다는 견해[4)]이다. 이 견해에 따르면 개정된 보수규정이 종전의 근로자에 대한 관계에서는 무효이더라도 임용기간만료후에 재임용계약을 체결한 사람에 대해 적용될 수 있다.[5)] 상대적유효설은 행정해석과 판례의 사이에서 많은 번복을 거쳐 정립되었다.[6)]

신규입사자에 대해 적용여부를 판단하는 시점은 취업규칙시행일이다.[7)]

---

1) 대판 1997.8.26, 96다1726. '본봉+직책수당'이었던 퇴직금산정기준을 '본봉+직책수당+기타수당'으로 바꾸되 지급비율을 낮추었으나 기타 수당이 늘어나 퇴직금산정액이 개정전기준에 의한 산정액보다 많은 사례.

2) 대판 1993.1.15, 92다39778 ; 대판 1996.10.15, 95다53188.

3) 대판(전) 1992.12.22, 91다45165. "근로자집단의 동의없이 불리하게 변경된 취업규칙은 신규입사자에게도 효력이 없다"는 종전판례(대판 1990.4.24, 89다카7754 등)폐지 ; 대판 1993.1.15, 92다39778 ; 대판 1993.3.23, 92다52115 ; 대판 1996.10.15, 95다53188 ; 대판 1996.12.23, 95다32631 ; 임종률, 『노동법』, 제9판, 346쪽 ; 이상윤, 『노동법』, 제6판, 363쪽 ; 김형배, 『노동법』, 제20판, 290~291쪽.

4) 〈논리적 근거〉 ⓐ 취업규칙작성·변경권이 사용자에게 있는 점, ⓑ 기존근로자의 기득권침해가 없는 점, ⓒ 신규근로자가 변경된 취업규칙을 수용하고 입사하는 점 ⓓ 변경된 취업규칙이 법규범적효력을 갖고 종전의 취업규칙은 기존근로자의 기득권을 보장하는 범위에서만 효력이 있으므로 하나의 사업에 2개의 취업규칙을 둔 것이 아니고, 변경된 취업규칙의 퇴직금제도가 기존근로자의 기득이익을 침해하므로 그 부분에 한해 효력이 없어 그들에게는 종전제도를 적용하는 것이므로 '퇴직급여제도차등금지조항'에도 위반되지 않는 점.

5) 대판 2011.6.24, 2009다58364. ○○자동차대학 교원의 재임용 관련.

6) '정년제운영과 관련하여 근로자의 동의없이 사용자가 일방적으로 변경한 취업규칙은 기존근로자들에게는 효력이 없으나(법무 811-29736, 1980.10.11 ; 법무 811-6813, 1981.3.4) 신규입사자에 대해 효력이 있다'는 해석(법무 811-12113, 1979.5.22 ; 법무 811-19135, 1980.2.22)이 있었다. 이러한 견해는 '기존 근로자에게는 퇴직금누진제를 적용하고 신규입사자에게는 퇴직금단수제(법정퇴직금제)를 적용하면 하나의 사업 내에 차등제도를 두는 것으로 퇴직금차등제도금지조항 위반이다.'는 태도로 바뀌었다가(근기 01254-5946, 1987.4.11 ; 근기 01254-16532, 1987.10.17 ; 근기 01254-442, 1987.1.13) 대법원판례의 변경에 따라 '신규입사자에게는 효력이 있다.'고 그 해석을 다시 바꾸었다(근기 01254-1099, 1993.5.25 ; 근기 68207-1090, 1994.7.7 ; 근로기준팀-5727, 2007.8.1).

㈏ 절대적무효설

절대적무효설[1]은 근로자의 동의없이 불리하게 변경된 취업규칙이 신규입사자를 포함한 모든 근로자에게 효력이 없다는 견해[2]이다. 개인적으로는 이 견해를 지지하나 일반적으로는 상대적유효설이 널리 인정되고 있다.

⑷ **상위규범과의 관계**

상대적유효설을 취해도 노동조합이 있는 사업장에서는 한계가 있다. 즉, 단체협약의 내용이 종전취업규칙의 내용과 같다면 불리하게 변경된 취업규칙은 단체협약에 반하므로 노동조합에 가입한 신규입사자에게 무효일 수 있기 때문이다.[3]

⑸ **동의를 받은 신규입사**

신규입사자에게는 기존의 근로조건보다 낮아진 근로조건을 적용시킨다는 내용으로 근로자집단의 동의를 받아 취업규칙을 변경하는 것은 가능하며 절대적무효설도 이를 인정한다.

③ **소급추인**

⑺ **원 칙**

취업규칙을 소급하여 불리하게 변경하면 불이익변경으로 인정된다.[4]

⑷ **동의주체**

근로자집단의 동의없이 불리하게 변경된 취업규칙이 소급추인을 받으면 그 효력이 인정된다.[5] 추인당시의 과반수노조는, 취업규칙이 개정된 이후에 설립되거나 이해관계가 있는 개정당시의 근로자들이 없더라도, 동의주체가 된다.[6] 근로

---

7) 대판 2022.10.14, 2022다245518, 퇴직금 관련, 취업규칙이 2000.1.1. 이후 입사자에 대해 불리하게 변경하는 내용으로 개정되어 2000.1.11.부터 시행되었으나, 집단적동의를 받지 못하자 2000.1.1. 입사자가 종전취업규칙의 적용을 전제로 미지급된 퇴직금지급을 구한 사건. 신규근로자로 본 원심 파기 환송. 기존근로자로 봄. ↘ 187쪽

1) 상대적유효설을 펼친 대법원전원합의체 판결중 소수의견 ; 이병태, 『최신노동법』, 제9판, 942쪽 ; 사회적 · 경제적사정이나 상위법개정 등 정당사유가 없음에도 대법원전원합의체가 상대적유효설로 변경한 것은 판결에 의한 성문법개정으로 사법권한계를 벗어난다는 평가(**한국노동법학회, 『노동판례백선』 제2판**, 125쪽)도 있음.

2) 〈논리적 근거〉 ⓐ 집단적동의를 얻지 않은 취업규칙은 개인적으로 동의한 근로자에 대해 효력이 발생하지 않는다는 논리와 모순되는 점, ⓑ 근로자동의를 얻지 못하면 종전의 취업규칙이 계속 유효하고 변경된 취업규칙이 성립하지 않는 점 ⓒ 신규입사자에게만 예외를 두려면 경과규정을 두거나 그 취지를 규정하는 방식으로 개정되어야 한다는 점.

3) 비슷한 취지, 이상윤, 『노동법』, 제6판, 363쪽.

4) 대판 1994.5.24, 93다46841 ; 근로기준팀-194, 2006.1.10.

5) 대판 1993.1.15, 92다39778 ; 대판 1993.3.23, 92다52115. 단협부칙에서 협약체결시까지의 근로조건 등에 관하여 소급효력을 승인하면서 따로 규정을 두지 않았다면 퇴직금지급율변경에 관하여도 소급적으로 동의한 것이다. ; 대판 1993.5.11, 92다49294 ; 대판 1997.2.11, 95다55009. 과반수노조라면 개정당시의 근로자들이 노조에 1명도 가입하지 않아도 추인을 위한 동의자격이 있다. ; 근기 68207-543, 2000.2.22 ; 근로조건지도과-4137, 2008.9.26. 개인적동의는 요구되지 않는다.

6) 대판 1997.2.11, 95다55009.

자들이 이의를 제기함이 없이 불리하게 변경된 근로조건을 적용받아 왔거나, 그러한 규정이 유효하다고 여기었거나, 개인적으로 찬성한 사실만으로는 소급추인이 인정되지 않는다.[1)]

㈐ **소급방법**

추인주체는 근로자측이며 새 근로조건의 결정이라는 형식을 취한다. 따라서 새로운 취업규칙변경방법을 취하거나 단체협약체결방식(같은장 같은절,1·사)'[2)]에 의해 이루어진다.[3)] 단체협약에 소급추인을 규정하는 형식에는 특별한 제한이 없다.[4)] 취업규칙이 적법하지 않게 변경되어 무효로 된 후에 설립된 노동조합이 단체협약체결과정에서 '불리한 변경사항을 배제하자'고 요구하지 않으면 소급동의로 본다는 판례[5)]가 있으나 불리하게 변경된 내용은 무효로서 취업규칙이 이미 존재하지 않는다는 점을 감안할 때, 찬성하기 어렵다.

㈑ **평 가**

소급추인효력은 추인이후에 그 사업장에 종사하는 근로자에 대하여만 발생하고 퇴직근로자들이나,[6)] 단체협약에 의한 소급인 경우에는 효력확장제도가 적용되지 않는 비조합원에 대하여는 효력이 없다.[7)]

소급추인효력을 널리 인정하는 판례의 태도에 대해서는 비판의 여지가 있다. 퇴직급여에 대해 채권이 발생하지 않았다는 이유로 이미 근로한 기간에 대한 기준까지 낮추는 것처럼 근로자개인의 동의를 받지 않은 상태에서 기득의 권리를 침해하는 소급추인은 위법의 소지가 있을 뿐아니라 바람직하지도 않다.[8)]

---

1) 대판 1993.1.15, 92다39778 ; 대판 1993.1.26, 92다49324 ; 대판 1992.12.8, 91다38174 ; 대판 1992.9.14, 91다46922 ; 대판 1992.2.25, 91다25055 ; 대판 1995.7.11, 93다26168 ; 대판 1997.8.22, 96다6967.

2) 종전판례(대판 1992.9.14, 91다46922)는 무효인 사정을 모른 채 단협을 체결하였다는 이유로 취업규칙의 불이익변경에 대한 소급적추인을 부인하였으나, 그 후의 판례(대판 1997.8.22, 96다6967. 퇴직급지급률은 개발원의 규정을 따른다는 내용으로 단협 체결 ; 대판 2002.6.28, 2001다77970 ; 대판 2005.3.11, 2003다27429)는 기득이익을 침해하게 되는 기존의 근로자에 대하여 종전의 퇴직금지급률이 적용되어야 함을 알았는지와 관계없이 협약을 적용받는 모든 근로자에게 효력이 미친다고 본다.

3) 대판 2000.12.22, 99다10806. 동의가 없는 취업규칙이 무효인 상황에서, 과반수노조가 신취업규칙으로 그 내용을 흡수하고 소급적용하면 유효(대판 2002.6.28, 2001다77970. 기존이익을 침해받는 근로자에게도 적용) ; 대판 2005.3.11, 2003다27429. 노사협의회를 통한 추인 사건. 총회의결을 거치지 않아도 쌍방이 단협으로 할 의사로 대표자가 서명날인함으로써 단협의 실질적·형식적 요건을 갖추면 효력인정.

4) 동의받지 못한 내용을 단협에 직접 또는 부칙으로 규정 가능(대판 1992.7.24, 91다34073). "단협에 명시되지 않은 사항은 관계법령 및 관행에 따른다"는 부칙규정만으로는 추인 부정(대판 1995.7.11, 93다26168).

5) 대판 1992.7.24, 91다34073 ; 대판 1997.6.10, 95다34316 ; 대판 1993.3.23, 92다52115.

6) 대판 2004.7.22, 2002다57362.

7) 대판 1993.2.12, 92다50447 ; 대판 1993.3.23, 92다52115 ; 대판 1993.6.11, 92다19316.

8) 민법 제138조는 '무효행위의 추인'에 대해 무효라는 사정을 알고 추인하여야 효력을 갖도록 규정하고 있다. 관련 판례는 무효라는 사정을 알지 못하고 추인한 경우에도 그 효력을 인정하고 있어 위법의 소지를 안고 있다.

④ 합리성과 동의면제

㈎ 판례법리의 형성과 소멸

근로조건이 명백하게 불리해지더라도 사회통념상합리성이 있으면 동의를 받지 않아도 된다는 판례법리가 일본[1]뿐아니라 우리나라에서도 형성[2]되었으나, 비판[3]이 제기되면서 적용에 있어 엄격성이 요구된다는 판결[4]이 나오다가, 대법원전원합의체판결[5]에 따라 부정되고 이와 배치되는 판결[6]의 해당부분은 효력을 잃었다.[7]

㈏ 정부방침과 공익

근로조건의 하향조정이 '정부의 재정압박', '공무원급여수준과의 형평' 등을 이유로 한 정부방침에 따라 이루어지더라도, 동의면제가 적용되지 않는다.[8]

⑤ 동의불가능과 동의권남용

㈎ 동의불가능

사용자측이 취업규칙의 불이익변경에 대하여 근로자들의 동의를 받는 것조차 불가능하다고 볼 수밖에 없는 사회통념상 합리성이 인정되면 동의를 받지 않아

---

1) 最第二小判 1997.2.28, 「最高裁判所民事判例集」 51卷 2号, 705頁. 第四銀行事件 ; 日本 勞働契約法 第10條.

2) 해당판례법리는 원칙적판단과 부가적판단으로 구성되어 있다. 원칙적판단에 따르면 취업규칙변경이 당시의 상황을 근거로 판단할 때 그 필요성 및 내용이 근로자가 입게 될 불리함을 고려해도 변경된 조항의 법적규범성을 인정할 수 있을 정도로 사회통념상 합리성이 있다면, 집단적동의가 없다는 이유만으로 적용을 부정할 수 없다. 부가적판단에 따르면 사회통념상 합리성은 취업규칙변경이 불리한 정도, 변경필요성의 내용과 정도, 변경된 취업규칙내용의 상당성, 변경에 대신 행한 조치를 포함한 다른 근로조건 개선상황, 노동조합 등과의 교섭경위 및 노조나 다른 근로자의 반응, 같은 사례에 관한 일반정황 등을 종합적으로 고려하여 판단한다. 대판 2005.6.9, 2005도1089 등 많은 판결이 "… 동의를 얻지 못한 취업규칙의 불이익변경은 사회통념상 합리성이 있다고 인정될 만한 것이 아닌 한 효력이 없으며, …"와 같은 논리를 전개한다 ; 행정해석(근로기준과-1118, 2009.4.24)도 판례법리를 따랐다.

3) 〈예〉 정인섭, "취업규칙의 불이익변경과 집단적 동의의 방법", 「노동법연구」, 2004 하반기 제17호, 서울대노동법연구회, 2004년. 323쪽. 법적근거없이 합리성법리를 적용하여 동의를 면제시켜주는 것은 부당.

4) 대판 2010.1.28, 2009다32362 ; 대판 2015.8.13, 2012다43522.

5) 대판(전) 2023.5.11, 2017다35588 · 2017다35595(병합). 현대자동차주식회사사건.

6) 〈전원합의체판결이 효력을 부정한 판결〉 대판 1978.9.12, 78다1046 ; 대판 1988.5.10. 87다카2853 ; 대판 2001.1.5. 99다70846 (**한국노동법학회, 『노동판례백선』 제1판**, 99쪽, 주요판례로 소개) ; 대판 2002.6.11. 2001다16722 ; 대판 2005.6.23. 2004다68953 ; 대판 2007.11.30. 2005두13247 ; 대판 2009.6.11, 2007도3037 ; 대판 2015.8.13. 2012다43522 등.

7) 〈전원합의체판결에 열거되지 않은 판결, 사회적합리성법리를 인용하면서 해당사건에 대해 요건충족 부정〉 ; 대판 2000.9.29, 99다45376 ; 대판 2004.5.14, 2002다23185 · 23192 ; 대판 2004.7.22, 2002다57362 ; 대판 2005.11.10, 2005다2149 ; 대판 2010.1.28, 2009다32362 ; 대판 2016.8.17. 2016두38280.

8) 「정부투자관리기본법」은 근기법의 특별법이 아님 ; 대판 1990.3.13, 89다카24780 ; 대판 1992.6.23, 91다30835 ; 대판 1992.7.12, 91나43512 ; 대판 1992.11.27, 92다32357 ; 대판 1993.1.26, 92다48324. 1980년도에 '국보위'는 정부투자·출연기관의 퇴직금제도를 하향조정하는 조치를 취했는데 이후 대법원은 노조동의가 있었던 한국전력, 남해화학, 국정교과서(주) 및 4개 국책은행을 제외한 다른 기관들의 조정은 무효라고 판결했다 ; 대판 1993.5.14, 93다1893 ; 대판 1993.8.24, 93다17898 ; 대판 1993.9.14, 92다45490. 정부투자기관이 이사회결의나 주무관청인가를 거쳐 퇴직금규정을 개정한 것만으로 묵시적인 동의나 추인에 갈음할 수는 없다. ; 대판 1994.10.14, 94다25322.

도 효력을 갖는다.[1] 다만, 그 불가능에 대해서는 사용자에게 입증책임이 있다.

㈏ **동의권 남용 금지**

사회통념상합리성법리를 폐기한 대법원전원합의체판결[2]은 그 대신 이미 존재하고 있는 동의권남용금지법리를 대안으로 제시하고 있다.

취업규칙의 불이익변경과정에서 노동조합이나 근로자들이 집단적동의권을 행사할 때, 신의성실원칙과 권리남용금지원칙이 적용된다. 집단적동의권을 남용한 경우란 관계 법령이나 근로관계를 둘러싼 사회환경변화로 취업규칙을 변경할 필요성이 객관적으로 명백히 인정되고, 근로자집단의 동의를 구하고자 하는 사용자의 진지한 설득과 노력이 있었음에도 불구하고 노동조합이나 근로자들이 합리적인 근거나 이유가 없이 취업규칙변경에 반대하였다는 등의 사정이 있는 경우를 말한다. 다만, 동의권남용여부는 엄격하게 판단되어야 한다.

신의성실 또는 권리남용금지는 강행규정에 해당되므로, 당사자주장이 없더라도 법원이 이를 직권으로 판단할 수 있다.[3]

5. 주지의무 및 효력발생

5·가. 주지의무

(1) 법적근거

사용자는 취업규칙을 근로자에게 주지시키도록 하고 있다. 사용자는 근기법과 근기령의 요지와 취업규칙을 근로자가 자유롭게 열람할 수 있는 장소에 게시하거나 갖추어 두어 근로자에게 널리 알려야 한다(근기법§14①, §116①ii 5백만원 과태료)(제1장, 제5절 4·가, (1)).

(2) 주지방법

근기법이 요구하는 주지방법은 '근로자가 자유롭게 열람할 수 있는 장소에 게시하거나 갖추어 두는 것'이다. 다만, 효력과 관련하여 "법령의 공포에 준하는 절차로서 그것이 새 규범인 것을 널리 근로자일반으로 하여금 알게 하는 적당한 방법"을 인정하는 판결[4]이 발견된다. 일본의 「노동기준법」(§106①)은 게시・비치외에 서면교부, 컴퓨터사용을 주지방법으로 명시하고 있다.

---

1) 대판 1993.1.15, 92다39778. 취업규칙의 변경효력을 따지면서 다른 사유와 함께 '동의를 받는 것조차 불가능했다고 볼 수밖에 없는 사회통념상 합리성'이 존재하지 않는다는 점을 기준으로 제시하고 있다.

2) 대판(전) 2023.5.11, 2017다35588・2017다35595(병합). 현대자동차주식회사사건. 집단동의권을 남용하였다고 볼 만한 사정이 없는 한 사회통념상합리성이 있다는 이유만으로 유효성을 인정할 수는 없다.

3) 대판 1989.9.29, 88다카17181 ; 대판 1995.12.22, 94다42129.

4) 대판 2004.2.12, 2001다63599.

(3) 주지효력

주지의무를 위반한 취업규칙의 효력에 대해 의견이 나뉜다. 무효설[1]에 따르면 주지조항은 취업규칙의 법규범적효력을 부여하기 위한 전제로서 근로조건내용을 명확히 알도록 하기 위한 것이므로 이를 위반한 취업규칙은 효력이 없다. 이 설은 취업규칙의 실효성이 중시되어야 하고, 효력요건성을 부인하면 경영지침과 구분되지 않음을 강조한다. 유효설[2]에 따르면 주지조항은 단속규정으로서 위반하여 과태료를 부과받더라도 그 취업규칙은 효력이 있다. 유효설을 지지한다.[3]

5·나. 효력발생

취업규칙의 작성·변경은 의견청취 또는 동의, 행정관청에 신고, 게시 또는 비치의 순으로 이루어진다. 이 중에서 의견청취행위, 의견서제출, 신고, 게시 또는 비치는 효력발생요건으로 볼 수 없다. 취업규칙을 작성하거나 불리하지 않게 변경한 경우에는 그 시점이 효력발생시기가 되며 불리하게 변경한 경우에는 근로자집단의 동의를 받은 시점이 효력발생시점이다.

6. 기숙사규칙

6·가. 법적근거

근기법은 기숙사제도를 통해 근로자를 부당하게 구속하는 것을 예방하고, 기숙근로자의 건강·안전·풍기를 해치지 않도록 제10장에 4개의 조문(근기법 §98 ~ §100의2)을 두어 '기숙근로자의 사생활 자유', 기숙사생활의 자치, 기숙사생활의 질서 및 안전·위생에 관하여 규정하고 있다.

6·나. 사생활자유보장

사용자는 사업(장)의 부속기숙사에 기숙하는 근로자의 사생활의 자유를 침해하지 못하며,[4] 기숙사생활의 자치에 필요한 임원선거에 간섭하지 못한다(근기법 §98).

---

1) 김유성, 『노동법 I』, 213쪽 ; 임종률, 『노동법』, 제13판, 362쪽. 수정된 견해 ; 김형배, 『노동법』, 제24판, 304쪽. 수정된 견해 ; 무효설은 일본의 해석으로부터 영향을 받은 것으로 보인다. 일본의 취업규칙제도는 불이익변경에 대해 개별동의를 요구하고, 그 예외로 합리성법리를 채택하면서 주지를 취업규칙의 기본적인 효력요건으로 인정한다(菅野和夫, 『勞働法』, 第10版, 139頁 ; 日本 勞働契約法 第7條).

2) 이상윤, 『노동법』, 제6판, 367쪽 ; 대판 2004.2.12, 2001다63599.

3) 〈논리적 근거〉 불이익변경이 아닌 경우, '근로자에게 유리한 조건'도 주지되지 않았다고 무효가 되는 논리비약이 있을 수 있다. 불이익변경인 경우에도 집단동의를 받는 과정에서 부분적으로 주지가 이루어진다. 주지의무를 효력요건으로 보게 되면, 근기법이 주지를 의무화하고 있는 '근기법이나 근기령의 요지'도 같이 해석될 여지가 있다.

4) 〈예〉 ⓐ 외출·외박에 대해 사용자 승인, ⓑ 교육·오락 기타의 행사에의 참가 강제, ⓒ 면회자유제한(일본

6·다. 기숙사규칙 작성 · 변경

사업(장)의 부속기숙사에 근로자를 기숙시키는 사용자는 기상(起床), 취침, '외출·외박', '행사·식사', '안전과 보건', '건설물과 설비의 관리'과 '그 밖에 기숙근로자전체에게 적용될 사항'에 대하여 기숙사규칙을 작성해야 한다(근기법 §99①). 사용자는 기숙사규칙을 작성·변경함에 있어 기숙근로자과반수대표자의 동의를 받아야 하며(근기법§99②, 자세한내용은 제2장, 제1절, 2·다, (2), ②, ㈎), 이 경우에 기숙근로자의 과반수가 18세미만인 때에는 기숙사규칙안을 7일이상 기숙사의 보기 쉬운 장소에 게시·비치하여야 한다(근기령 §54).

6·라. 기숙사설비와 안전

사용자는 사업(장)의 부속기숙사에 대해 구조·설비, 설치장소, 주거환경조성, 면적, '그 밖에 안전하고 쾌적한 주거를 위해 필요한 사항'에 관하여 '대통령령으로 정하는 기준(근기령 §55~§58의2)'[1]을 충족해야 한다(근기법 §100). 사용자는 부속기숙사에 대해 근로자건강유지, 사생활보호 등을 위한 조치를 마련해야 한다(근기법 §100의2).

6·마. 위반효과

임원선거간섭금지, 기숙사규칙 작성·변경과 근로자동의, 기숙사규칙준수 등의 조치를 위반하면 과태료(근기법§116①ii 5백만원이하)가 부과될 수 있다.

6·바. 공공복지시설설치 · 서비스제공

국가 또는 지방자치단체는 여성근로자를 위한 교육·육아·주택 등 공공복지시설을 설치할 수 있으며(고평법 §22①), 이를 위해 기준과 운영에 필요한 사항은 고용장관이 정한다(고평법 §22②). 사업주는 심리상담서비스를 제공하도록 노력해야 하며(고평법 §22의2⑥), 고용장관은 고용효과 등을 고려하여 필요한 지원을 할 수 있다(고평법 §22의2⑦).

노동성, 기발 제104호, 1945.2.25), ⓓ 개인사물함 점검(근기 1455-37756, 1981.12.22), ⓔ 기타 사신(私信) 검열, 특정종교 종용 등.

1) 기숙사의 구조와 설비(근기령 §55), 기숙사의 설치장소(근기령 §56), 기숙사의 주거환경조성(근기령 §57), 기숙사면적(근기령 §58), 기숙사의 사생활보호 등(근기령 §58의2)을 자세한 내용으로 규정하고 있다.

제3절 계속근로기간과 출근율

1. 계속근로기간

1·가. 의 의

(1) 활 용

근퇴법(§8①)은 퇴직급여를 산정함에 있어 계속근로기간을 기준으로 삼고 있고, 근기법(§60)은 연차유급휴가제도와 관련하여 '계속하여 근로한 기간이 1년미만인 근로자'라는 표현을 사용하고 있다.

(2) 개 념

계속근로기간의 개념에 대해서는 동일한 사용자를 기준으로 해서[1] '계속하여 근로를 제공한 기간'이라는 견해와 '근로계약을 체결하여 해지될 때까지의 기간'이라는 견해로 나뉜다. 행정해석[2]과 판례[3]는 후자의 견해를 원칙으로 하면서 특정기간에 대해 예외를 인정하고 있다.

1·나. 계속근로기간 산정

(1) 기산일

계속근로년수의 기산일은 초일불산입(初日不算入)원칙(민법 §157)에도 불구하고 입사일 · 근로계약체결일 등 출근의무일이나 법령시행일[4] 된다.[5] 연차유급휴가부여를 위한 계속근로기간도 입사일기준으로 산정함이 원칙이며, 노무관리를 위해 전체근로자

---

1) 〈사례〉 고용차별개선과-82, 2011.3.9. 동일법인내 별도의 사업자등록 된 시설을 이동하며 근무하였더라도 사용자가 동일한 경우에는 계속근로기간으로 산정한다.

2) 임금 68207-735, 2001.10.26 ; 퇴직연금복지과-756, 2016.2.23. 마지막 근로기간에 구정연휴가 포함되어 근로제공이 없더라도 근로관계가 종료된 것이 아니므로 계속근로기간으로 본다.

3) 대판 1995.7.11, 93다26168. '계속하여 근로한 기간'이라 함은 근로계약을 체결하여 해지될 때까지의 기간을 말하는 것으로 유기계약의 경우에는 기간만료로 고용관계는 종료되는 것이 원칙이나, 근로계약기간을 갱신하는 경우에는 갱신기간을 합산하여 계속근로연수를 계산한다.

4) 퇴직금적용대상이 확대되어, 사업장이 별도의 소급규정없이 법정퇴직금제도의 적용대상이 되면, 계속근로년수기산일은 법령시행일이 되고(법무 811-9730, 1976.6.5 ; 대판 1969.2.4, 68다2104 ; 반대의견, 김지형, 『노동법해설』, 207쪽), 법령시행일이후 입사한 사람은 입사일 등이 된다.

5) 근기 01254-2433, 1991.2.21.

에게 일률적으로 적용되는 기준일을 설정할 수 있으나, 근로자에게 불리하지 않아야 한다.[1] 회생회사(제5장 제6절,3·다)도 퇴직금을 지급[2]해야 하나 계속근로년수기산일은 종전회사입사일과 관계없이 관리회사근무의무일이 된다. 정년후의 재고용의 경우, 계속근로기간은 특별한 규정이 없으면 재고용시점이 기산점이다.[3]

(2) 마감일

① 원 칙

계속근로기간마감일은 근로계약종료일이다.[4] 마감일은 근로가 제공되지 않으므로 계속근로일에 포함되지 않으나, 근로를 하도록 약정되어 있다면 그렇지 않다.[5]

② 근로관계자동소멸 및 정년

근로관계가 자동적으로 소멸되는 근로자사망일, 폐업일, 기업파산일 등(제10장 제4절,4)은 계속근로기간마감일이 된다. 정년퇴직에 있어서는 퇴직일에 대해 취업규칙 등에 따로 정함이 있다면 그 날이 마감일이 된다. 따로 정함이 없으면 관례·관행에 따른 퇴직일이 마감일이 되며 관례·관행이 없으면 정년에 도달되는 첫날이 퇴직일로서 계속근로기간마감일이 된다(제10장 제4절,2).

7월부터 12월까지가 생일인 사람에 대해 12월31일을 정년으로 한다는 규정에 대해, 정년일인 12월31일은 근로일로 볼 수 없으므로 그 날 실제로 근로를 하지 않으면, 1월1일부터 기산하는 연차유급휴가미사용수당이 마지막해에는 발생하지 않는다는 해석[6]이 발견된다.

③ 무기계약

'기간의 정함이 없는 계약'에서는 근로자는 언제든지 계약해지의 의사표시를 할 수 있으며, 사직서가 수리된 날이 계속근로기간의 마감일이다. 수리되지 않으면 취업규칙 등에 규정된 날이, 규정이 없으면 해지의 의사표시일로부터 1월이 경과하거나 1임금지급기가 지난 날이 마감일이다(제3장, 제1절 3·나,(1)).

④ 유기계약(제8장 제3절,3)

근로계약기간을 갱신한 경우, 갱신된 계약기간을 합산하여 계속근로기간이 산

---

1) 회계연도기준으로 산정한 결과가 입사일기준으로 산정한 결과에 못미치는데에 따른 휴가가 미리 부여되거나, 연차휴가미사용수당이 지급(근로개선정책과-5352, 2011.12.19.)'되어야 한다.
2) 근기 01254-7847, 1988.5.28.
3) 근로복지과-399, 2012.2.6.
4) 대판 1972.4.11, 71다1033. 평균임금산정기산점은 퇴직일전날(근기 1455-35037, 1987.12.31)임.
5) 근기 68201-3970, 2000.12.23. 사유발생일을 평균임금산정기간에 포함시키지 않는 것과 균형을 맞춘 해석.
6) 근로개선정책과-1115, 2013.2.12.

정된다.[1] 기간제근로부정법리, 자동갱신, 단절기간처리, 갱신기대권 등에 대해서는 계속근로기대법리(제8장 제3절,3·라)에 따른다.

'사업완료에 필요한 기간을 정한 근로계약(제8장, 제3절 3·나,(3),②)'의 경우, 그 기간이 완료된 날이 계속근로기간마감일이 된다. 일용근로자의 경우, 사표제출과 관계없이 출근하지 않으면 그 날에 근로계약이 종료되나 일용근로가 반복되어 계속근로기대가 형성되면 사표제출의 일반원칙에 따라 처리한다(제8장, 제3절 1·나,(2)).[2]

⑤ **해 고**

해고통지가 근로자에게 도달한 날이 계속근로기간마감일이 된다. 다만, 해고의 정당성에 대해 다툼이 있다가 부당해고로 판명되면 부당해고기간은 다시 계속근로기간이 되어 그 마감일이 바뀐다.

1·다. 특정기간 합산

(1) 해외근로 및 유학

해외근로를 선택하면서 사직서를 제출하고 퇴직금을 수령한 후에 해외근로를 마치고 다시 입사하면, 계속근로기간은 재입사일부터 기산한다.[3] 그러나 사직서 제출 및 퇴직금수령행위가 없으면 계속근로로 인정되며 해외근로·해외연수중에 또는 직후에 퇴직해도 이에 준한다.[4] 해외연수기간이 근로자로서의 본연의 직무에 관련되면 실질적으로 근로관계가 계속되고 있으므로, 계속근로기간에 통산된다.[5] 유학이 근로와는 무관한 개인적인 목적으로 이루어져서, 그 기간이 휴직이나 정직으로 처리되면 계속근로기간에 산입되지 않는 것이 원칙이다.[6]

(2) 비정규근로

일용직(제8장, 제3절 1·나,(2)), 임시직(제8장, 제3절 1·나,(3)), 촉탁직,[7] 시간제, 아르바이트(제8장, 제3절 1·나,(4)) 등 비정규직근로기간도 정규직근로 또는 비정규직근로와 합산된다. '비정규직의 반복갱신'[8] 또는 '비정규직과 정규직'[9]도 계속근로기간으로 합산된다.[10] 다만, 명예퇴

1) 대판 1995.7.11, 93다26168.
2) 법무 811-10607, 1979.5.4.
3) 대판 1996.9.10, 96다6141 ; 반대의견, 법무 811-18759, 1978.8.30 ; 대판 1976.3.9, 75다872. 1997.3.13.
4) 평균임금계산에 있어서 해외근로기간에 대해 동등지위에 있는 국내직원급여를 기준으로 한다(대판 1990.11.9, 90다카4683). ; 임금복지과-619, 2010.8.12. 국내회사의 직원신분이 유지되면서 해외주재원으로 파견되면 국내회사와 사용종속관계가 유지되므로 해외파견기간도 계속근로기간에 포함된다.
5) 김지형, 『노동법해설』, 220쪽.
6) 대판 1976.3.9, 75다872.
7) 〈사례〉 퇴직연금복지과-1971, 2015.6.19. 아파트경비관련, 일반직·촉탁직근무기간이 각각 10개월인 사건.
8) 〈사례〉 근로기준과-535, 2011.2.7. 연차휴가관련.

직,[1] '사업양도시 근로관계단절동의'[2] 등 자의에 의한 퇴직[3] 후에 재입사하면 근로관계는 단절된다.[4] 계약기간만료통보, 퇴직금정산 등을 거쳐 유효하게 근로관계가 단절된 후에 공개채용 등 신규입사절차를 거쳐도 근로관계가 단절된다.[5] 단절전후의 기간합산은 사회통념상 단절로 인정될 만한 합리성이 있는지에 따라 결정된다(제8장, 제4절 3·라, (2), ②). 비정규직기간이더라도 파견근로자에서 직접고용근로자로 전환된 것처럼 사업주가 다르면 근로계약기간은 단절된다(제8장, 제3절 3·나,(1),③).

(3) 법적근거가 다른 신분

① 공무원

국가기관, 지방자치단체 등의 민간계약직근로자가 공무원의 신분을 갖는 고용직·기능직으로 임명되어 「공무원연금법」의 적용을 받으면 이 두 기간은 단절되며,[6] 해당근로자에게 임시직퇴직당시의 평균임금을 기준으로 산정된 퇴직금이 지급되어야 한다.[7] 반대로 공무원신분에서 임시직·일용직[8] 등과 같이 근기법 적용대상으로 바뀐 경우에도 두 기간은 단절된다.[9]

② 사원과 임원

근기법적용을 받는 사원근무기간과 상법상 이사·감사근무기간은 단절로 인정된다.[10] 상근·비상근임원을 번갈아 가면서 근무한 기간도 같다.[11]

(4) 훈련·수습·시용

'고용근로자에 대한 직업훈련기간'은 근로제공시간으로서 계속근로기간에 합산

---

9) 대판 1980.5.27, 80다617 ; 임금 68207-581, 2000.11.14.

10) 대판 1995.7.11, 93다26168 ; 〈사례〉 고용차별개선과-530, 2012.3.15. 지자체의 노인일자리사업전담근로기간과 경로당순회프로그램관리근로기간은 계속근로기간으로 합산된다. ↘ 196쪽

1) 임금 68207-9, 1994.1.5.

2) 대판 1999.6.11, 98다18353.

3) 근기 01254-13727, 1988.8.30.

4) 대판 1996.9.6, 95다29932 ; 대판 2001.9.18, 2000다60630.

5) 고용차별개선정책과-682, 2009.7.14 ; 고용차별개선과-237, 2012.2.3. 신규채용이더라도 그 절차가 형식에 불과하여 관행상 이전에 근무한 대부분의 근로자가 동일업무에 다시 채용되어 재계약 또는 계속고용의 기대가 형성되어 있고, 신규채용절차가 기간제법 회피목적으로 이루어진 것에 불과하다면 반복적으로 체결한 근로계약의 전기간을 계속근로로 인정할 수 있다. 다만, 채용공고를 거쳤으나 지역적특수성으로 인해 지원자가 1명뿐이어서 종전근로자가 재채용되었다는 사정만으로 신규채용절차가 형식에 불과한 것으로 보기 어렵다.

6) 대판 1981.1.13, 80다2395 ; 대판 1978.6.2, 78다425 ; 법무 811-29455, 1979.12.14.

7) 임금 68207-366, 1996.7.30. 청구권은 임시직퇴직일을 기산일로 하여 임금채권소멸시효인 3년간 존속.

8) 근기 1455.9-6155, 1963.4.11 ; 임금 32240-21343, 1989.12.26.

9) 근기 68207-1870, 2000.6.20.

10) 근기 01254-2931, 1987.2.24 ; 법무 811-25183, 1980.9.25.

11) 국세심판소 1993.2.27, 92서4230.

된다.[1] 채용이 전제되어 있지 않은 양성훈련은 산정기간에서 제외된다.[2] 수습기간과 시용기간도 계속근로기간에 합산한다.[3]

(5) 휴업 · 휴직

① 사용자귀책

업무상재해휴업기간[4]과 사용자귀책휴업기간[5]은 근로관계가 정지·해지되었다 보기 어려우므로 계속근로기간에 포함된다. 근로의 특성상 근로를 제공하지 않는 방학기간 등도 마찬가지이다.[6]

② 근로자귀책

'개인사유로 휴업한 기간'에 대해서는 의견이 나뉜다. 긍정설[7]에 따르면 '개인질병, 범죄행위구금휴직,[8] 직위해제,[9] 운전근로자면허정지처분[10] 등이라도 근로계약이 유지되고 있는 기간은 계속근로기간에 합산된다. 계속근로기간은 근로를 제공한 기간이 아니라 근로계약유지기간이라는 점을 감안하여 이 설을 지지한다.

근로자에게 책임이 있는 휴직에 대해 실질적근로관계가 근로자귀책때문에 일시적으로 정지된다는 점과, 퇴직금이 임금후불성격을 갖는다는 점을 감안하여, 이를 계속근로기간에서 제외해야 한다는 부정설[11]이 있다.

아울러 원칙적으로는 계속근로기간으로 인정하면서 단체협약, 취업규칙 등의

---

1) 근기 01254-4856, 1990.4.4. 〈퇴직금 관련〉 무기능공훈련·전직훈련이더라도 임시직으로 입사한지 1개월이상이 경과한 후의 훈련이라면 "고용근로자 직업훈련"이고, 훈련약정서와 관계가 없이 「근로자직업훈련촉진법」(§21) 에 따라 근로제공이 되므로 계속근로가 인정된다.

2) 근기 01254-14029, 1987.8.31.

3) 대판(전) 1995.7.11, 93다26168 ; 대판 2022.2.17, 2021다218083. 수습기간과 임시직근로의 계속성 인정 ; 대판 2022.4.14, 2022도1168. 〈합산〉 변호사의 실무수습기간.

4) 근기 01254-5206, 1987.3.14 ; 근기 01254-4480, 1987.3.19 ; 근기 01254-4569, 1985.3.11 ; 근기 1455-19666, 1981.6.24 ; 근로기준과-528, 2011.1.31.

5) 근기 10254-7175, 1987.5.4 ; 근기 1455-8922, 1982.4.8 ; 근기 1455-2894, 1982.2.1 ; 근로기준팀-5819, 2007.8.7. 휴업기간 중에 다른 회사에 취업하여 4대보험에 가입하더라도 마찬가지이다.

6) 대판 2018.4.24, 2015두44165. 방과후학교 시간강사의 계약기간중에 방학기간이 포함되어 있고 그 기간 동안 보수가 지급되지 않더라도 그 기간을 전후로 고용관계의 계속성이 유지되었다면 '재취직한 사업주에게 6개월이상 계속 고용된 경우'에 해당하므로 조기재취업 수당을 지급해야 한다.

7) 노동청예규 제1호, 1963.12.5.

8) 근기 01254-7175, 1987.5.4 ; 근기 1451-9018, 1984.4.6 ; 근기 1455-9822, 1982.4.8.

9) 대판 1994.4.12, 92다20309.

10) 근기 1451-12318, 1984.5.28.

11) 김지형, 『노동법해설』, 218쪽 ; 대판 1991.6.28, 90다14560. "정상근무기간과 병가·휴직기간이 있는 경우 퇴직금을 각기간별로 계산하여 합산한 금액으로 산정할 수는 없다"고 함으로써 계속근로단절을 부정하는 듯한 입장을 밝히면서도 논리전개과정에서는 "계속년수에 산입할 수 없는 병가 또는 휴직기간"이라는 표현 사용 ; 인천지판 1991.11.4, 91나3475. 개인사유에 의한 휴직기간에 대해 계속근로를 단절시켜 복직후에 계속근로년수계산이 다시 시작된다는 견해를 배척했으나 휴직기간을 전체기간에서 빼야 한다는 입장을 표명.

규정으로 합산치 않을 수 있다는 절충설적인 성격의 행정해석[1]도 있다.

③ **군복무기간**

군복무중인 사람의 근로관계상의 대우에 대해서는 「병역법」[2]에 규정되어 있는데 사용자로 하여금 그 기간을 휴직처리하도록 하고 있다. 계속근로에 대해서는 특별규정을 두고 있지 않아 산입되지 않는 것으로 해석된다.[3]

(6) 노조전임 · 결근

노조전임기간은[4] 근로계약이 유지되므로 계속근로기간에 합산된다. 사용자승인을 받은 결근기간도 계속근로기간에 포함된다.[5] 무단결근기간은, 근로자가 근로계약을 부정한 것으로서, 계속근로기간에 합산되지 않는다고 해석[6]이 발견된다. 다만, 사용자가 사직의사표시를 수락하지 않은 상태에서 근로자가 출근하지 않으면 무단결근으로 처리하고 평균임금산정기간에 포함시키는 법리가 일반적으로 받아들여지고 있다. 이 법리는 무단결근을 계속근로기간에 포함하는 것을 전제로 성립한다. 계속근로기간에 포함되지 않는 기간을 대상으로 평균임금을 산정하는 것은 타당해 보이지 않기 때문이다. 따라서 무단결근도 계속근로기간에 근로를 제공하지 않은 것으로 보고 징계를 통해 정리될 수 있도록 하는 것이 옳다고 생각된다.

(7) 부당해고 · 징계

부당해고기간도 계속근로기간에 포함된다.[7] 대기발령,[8] 정직 등 징계기간도 근로계약이 살아 있으므로 계속근로기간에 합산된다. 형사소추나 유죄판결을 받더라도 근로관계가 존속되면 대상기간이 계속근로기간에 포함된다.

---

1) 근기 68207-497, 1999.3.4 ; 근로기준과-3937, 2005.7.26 ; 임금 68207-326, 1993.5.27 ; 임금복지과-1294, 2010.6.11 ; 임금복지과-1104, 2010.5.11 ; 퇴직연금복지과-2118, 2015.7.1 ; 퇴직연금복지과-2345, 2015.7.16 ; 근로복지과-234, 2015.1.15.

2) 실역에 복무하게 되어 휴직된 때에는 승진에 있어 복무기간을 실무의 종사기간으로 한다(§69).

3) 고용차별개선과-2037, 2011.11.21 ; 대판 1984.6.12, 84다카374 ; 대판 1993.1.15, 92다41896 ; 근기 01254-1099, 1993.5.25 ; 임금 68207-326, 1993.5.27 ; 한편, 특례보충역편입에 의한 군사교육기간에 대해서는 임금지급의무는 없으나 해당기간을 근속년수에 포함한다는 행정해석이 발견되는데(근기 01254-269, 1993.2.22). 「병역의무의특례규정에관한법률」이 채용, 승진 및 급여 등의 인사관리에 있어 불리한 처우를 금지하고 있어 「병역법」보다 널리 보호하고 있다.

4) 근기 1455-20260, 1981.7.11.

5) 근기 1451-25560, 1983.10.11.

6) 퇴직연금복지과-2345, 2015.7.16.

7) 임금복지과-250, 2010.3.22 ; 퇴직연금복지과-208, 2015.2.12.

8) 대판 2003.7.25, 2001다12669 ; 근기 1455-322, 1971.1.13. 사용자귀책으로 인한 휴업에 준해서 해석.

(8) 기업변동

'기업의 양수·양도·합병·분리독립 등에 있어 고용승계가 인정된 기간은' 계속근로기간에 합산된다(제9장 제3절). 사업폐지에 대처하기 위해 근로자가 사원대책위원회를 만들어 근로계약을 다시 체결하는 등 회사를 운영한 행위는 사업주가 인정한 행위로 간주되어야 계속근로기간에 합산될 수 있다. 따라서 회사운영 등에 있어 대표이사 등 권한 있는 사람의 사전위임이나 사후추인 등이 합산인정근거가 된다.[1] 사용자가 단순히 도주한 정도로 사업폐지로까지 볼 수 없는 경우에는 위임·추인여부와 관계없이 계속근로가 인정될 수 있다. 파산선고를 받은 경우, 관리인과 근로계약을 맺더라도 특약이 없다면 파산전후기간은 독립된 것으로 계속근로에 해당되지 않는다.[2] 용역·위탁업체의 변경전후기간은, 고용승계로 인정되거나 별도약정이 없으면 계속근로기간으로 합산되지 않는다(제9장, 제2절 4·라,(2)).[3] 고용승계노력규정만으로는 승계효과가 발생치 않는다.[4]

(9) 법적용 단절기간

① 단시간근로

단시간근로에 있어 4주단위를 평균하여 1주소정근로시간이 15시간이상과 미만이 반복되는 경우, 퇴직일기준으로 4주단위씩 역산하여 1주소정근로시간을 구하여[5] 15시간이상이 1년이상이면 퇴직급여가 발생한다.[6] 평균임금은 법적용기간만을 대상으로 산정된다.

② 기간제 및 일용직

기간제근로계약이나 일용직근로계약에 있어 단절기간 등에 대한 계속근로여부는 근로계약의 계속근로기대법리(제8장 제3절, 3·라)에 따른다.

③ 계절적업무 및 방학기간

임금이 지급되지 않는 학교회계직근로자의 방학기간도 계속근로기간으로 인정되며, 계속근로기간제외특약을 위법으로 보는 해석[7]이 발견된다.

---

1) 근기 68207-14946, 1994.9.23.

2) 근기 68207-1753, 2000.6.9.

3) 근로조건지도과-4378, 2008.10.9 ; 고용차별개선과-2545, 2011.12.30. 종전용역업체소속 기간제근로자를 새 용역업체가 신규채용하면 종전기간은 계속근로기간에 포함되지 않는다 ; 근로복지과-4408, 2013.12.24. 아파트관리방식 변경(직영→위탁)의 경우, 양기간이 합산되지 않는다.

4) 퇴직연금복지과-666, 2015.3.16. 지자체가 청소년수련관운영주체를 시설관리공단에서 다른 법인으로 변경.

5) 임금 68207-735, 2001.10.26 ; 근로기준정책과-4361, 2015.9.30.

6) 퇴직연금복지과-2655, 2015.8.10 ; 퇴직연금복지과-4192, 2015.11.30.

7) 근기 68207-608, 1998.3.31 ; 근기 68207-350, 2003.3.26 ; 근로복지과-3599, 2014.9.9. 매월 연봉의 1/12

2. 출근율

2·가. 의 의

근기법(§60)과 근기령(§30)은 각각 출근율을 연차유급휴가와 주휴일의 부여요건으로 명시하고 있다.

출근율은 근로의무가 있는 날에 대해 실제로 근로를 제공하기 위해 출근한 날의 비율을 말한다. 사용자의 지휘·명령을 받는 교육기간[1]은 출근한 날이다.

2·나. 출근율 산정기초

(1) 소정근로일 기준

출근율은 소정근로일을 기준으로 계산한다. 소정근로일이라 함은 법령의 범위 안에서 당사자가 근로하기로 정한 날[2]을 말한다.

(2) 소정근로일 변형

① **일용근로**(제8장, 제3절, 1·나 (2), ②, (다), ㉱, (ㄴ))

② **도급근로**

순수한 도급근로는 근기법의 적용대상이 아니다. 그러나 도급계약의 형식을 빌더라도 사용종속관계가 인정되면 도급제적근로로서 근기법의 적용을 받을 수 있다. 이 경우 소정근로일이 정해져 있다면, 소정근로일의 출근여부로 출근율이 결정된다.

출·퇴근이 자유롭고 소정근로일이 정해져 있지 않은 도급제근로자에 대하여는 일용근로자와 같은 기준으로 출근율을 산정한다.

③ **격일제근로**

격일제근로 등에 있어서는 소정근로일만을 대상으로 출근율을 계산한다.[3]

④ **유연근로시간제**

선택적근로시간제, 재량간주근로시간제 또는 사업장밖간주근로시간제(근기법 §58)를 도입하면서 소정근로일을 정하지 않고 출·퇴근을 근로자재량에 맡기면 실제로 근로를 제공했는지와 관계없이 개근한 것으로 보고 출근율을 산정한다.

을 지급하다가, 월급제 시행, 방학기간에 임금미지급.

1) 근로개선정책과-1766, 2012.3.14. 직위해제자의 직무수행능력향상을 위해 사용자가 지시한 교육훈련기간.

2) 공휴일 등 휴일은 미포함(법제처 24-0586, 2024.10.8).

3) 대판 1989.5.9, 88다카4277.

2·다. 출근율과 근로미제공일[1)]

(1) 소정근로일수에서 제외

① 대상사유

㈎ 법령 또는 약정에 의한 휴무 또는 휴직

법정휴무인 주휴일·근로자의날, 약정휴일, '약정육아휴직과 업무외부상질병휴직',[2)] '기타 이에 준하여 해석할 수 있는 날 또는 기간'은 출근율을 산정함에 있어 소정근로일에서 제외된다.

법정휴무에 대해서는 이견이 없다. 약정휴무에 대해 소정근로일수에 산입하여 그 기간에 근로를 제공하지 않은 것으로 보고 연차휴가일수를 산정한 것이 위법이 아니라고 본 하급심판결[3)]이 발견된다.

㈏ 특별한 사유로 근로제공의무가 정지되는 날 또는 기간

근로하기로 정하여져 있으나 특별한 사유가 발생하여 근로제공의무가 정지되는 기간은 소정근로일서 제외된다. 사용자귀책휴업기간,[4)] 적법쟁의행위기간,[5)] 노조전임기간,[6)] 가족돌봄휴직기간과 이에 준하여 해석할 수 있는 날 또는 기간[7)]이 그렇다. 이 밖에도 '비징계성대기발령기간',[8)] '부당징계로 인한 정직기간',[9)] 병역의무이행휴직,[10)] 국내외교육파견,[11)] 약정육아휴직[12)] 등이 소정근로일제외대상이다. 직장폐쇄기간에 대해서는 직장폐쇄적법성과 쟁의행위적법성에 따라 달리 판단[13)]

---

1) 행정해석간에 의견이 달라 혼선을 빚던 중에, 노동부지침「연차휴가 등의 부여시 소정근로일 및 출근여부 판단기준 ; 제정 근기 68207-709, 1997.5.30 ; 개정 임금근로시간정책팀-3228, 2007.10.25」으로 정리.

2) 임금근로시간과-1736, 2021.8.4. 해석변경 ; 임금근로시간과-1818, 2021.8.12.

3) 대구지판 2023.7.4, 2023가소216013. 유급휴일휴가가 평상적근로관계를 전제로 한다는 논리 원용.

4) 임금 32240-673, 1990.1.16 ; 근로개선정책과-2672, 2011.8.23. 발주물량 부족으로 자택에 대기한 근로자.

5) 대판 2013.12.26, 2011다4629. 정당한 권리행사로서 근로관계가 정지되어 근로의무가 없으며, 근로자를 부당하거나 불리하게 처우하는 것이 법률상 금지되어 있으므로, 결근한 것으로 볼 수는 없으며, 관련 법령에서 출근한 것으로 본다는 규정도 두고 있지 않으므로, 근로자가 출근한 것으로 의제할 수도 없다.

6) 근기 68207-83, 1996.1.19. 소정근로일대상서 제외 ; 대판 2019.2.14, 2015다66052. 노조전임자는 휴직상태에 있는 근로자와 유사하나(대판 2003.9.2, 2003다4815·4822·4839 등), 단결권보장 등을 고려하면 결근한 것으로 볼 수 없고, 노조법 등에 출근간주규정이 없으므로 출근한 것으로 의제할 수도 없다. 따라서 노조전임기간은 연간소정근로일수에서 제외함이 타당하다.

7) 근로개선정책과-3370, 2014.6.13.

8) 근기 1455-322, 1971.1.13 ; 근로개선정책과-2672, 2011.8.23. 자택대기자. 사용자귀책휴업으로 봄.

9) 근로기준과-3296, 2009.9.1.

10) 법제처 20-0289, 2020.7.24.

11) 근로기준과-529, 2011.1.31.

12) 법제처-0674, 2024.11.4.

13) 위법한 직장폐쇄가 없었더라도 쟁의행위에 참가하여 근로를 제공하지 않았을 것임이 명백한지는 쟁의행위에 이른 경위·원인, 직장폐쇄사유와의 관계, 쟁의행위에서 해당근로자의 지위·역할, 실제 이루어진 쟁의행

된다.[1)]

② **비례계산**

종전행정지침[2)]의 법리를 발전시킨 대법원판결[3)]과 후속행정지침[4)]은 연차유급휴가일수를 부여함에 있어 후자 즉 "“특별한 사유로 근로제공의무가 정지되는 날 또는 기간"에 대해 비례계산을 인정한다.

구체적으로 보면, 연차유급휴가일수는 『'소정근로일수제외기간을 뺀 나머지 소정근로일수' 즉, '실질소정근로일수'에 대한 출근율에 따라 산출된 휴가일수』[5)]에 『'해당사업장에 종사하는 일반근로자의 연간소정근로일수'에 대한 '해당근로자의 실질소정근로일수' 비율』을 곱하여 산정된다.

비례원칙은 해당근로자의 출근일수가 연간소정근로일수의 8할을 밑도는 경우에 한하여 적용된다.[6)] 비례원칙은 '법정기준이상으로 부여되는 연차휴가'에 대해서도, 단체협약 등에 특별히 정함이 없다면, 적용된다.

비례원칙에 대해 연차유급휴가가 보상휴가라는 점을 들어 합리적이라는 견해[7)]와 근로의무가 없었다고 다음해의 연차유급에 불이익을 주는 것은 불합리하다는 견해[8)]가 있다.

헌법상 기본권행사의 결과인 적법쟁의행위기간이나 사용자귀책사유 인한 휴업 등이 대상임을 감안하면 다음해의 연차유급휴가를 법적근거없이 축소하는 것은 타당해 보이지 않는다. 이는 연차유급휴가를 보장휴가로 전환해야 한다는 비판의 근거로 작용할 수 있다.

위에 참가한 근로자수 등 제반사정을 참작하여 신중하게 판단하고, 그 증명책임은 사용자에게 있다(대판 2014.3.13, 2011다95519 ; 대판 2012.9.27, 2010다99279 ; 대판 2013.12.26, 2011다4629 등 참조).

1) 대판 2019.2.14, 2015다66052. 다음과 같이 표로 나타낼 수 있다.

<table>
<tr><th>직장폐쇄</th><th colspan="2">노동조합의 쟁의행위</th><th>출근율 산정</th></tr>
<tr><td rowspan="2">적 법</td><td colspan="2">적법 (대판 2017.7.11, 2013도7896)</td><td>소정근로일제외</td></tr>
<tr><td colspan="2">위 법</td><td>소정근로일포함(결근처리)</td></tr>
<tr><td rowspan="3">위 법</td><td colspan="2">직장폐쇄가 없더라면 명백히 쟁의행위를 하지 않음</td><td>소정근로일포함(출근인정)</td></tr>
<tr><td rowspan="2">직장폐쇄가 없었어도 명백히 쟁의행위를 함</td><td>적 법</td><td>소정근로일제외</td></tr>
<tr><td>위 법</td><td>소정근로일포함(결근처리)</td></tr>
</table>

2) 근기 68207-709, 1997.5.3, 제정「연차휴가 등의 부여시 소정근로일 및 출근여부 판단기준」.

3) 대판 2013.12.26, 2011다4629 ; 대판 2019.2.14, 2015다66052.

4) 임금근로시간정책팀-3228, 2007.10.25. 개정「연차휴가 등의 부여시 소정근로일 및 출근여부 판단기준」; 임금근로시간과-1818, 2021.8.12.「연차유급휴가 부여시 휴직·휴가등에 대한 출근율 산정방법」.

5) 주40시간근로제에 있어서 1년이상3년미만 근로자의 경우 8할이상 출근시 15일이다.

6) 대판 2019.2.14, 2015다66052 ; 임금근로시간과-636, 2021.3.9.

7) 박종희, "연차휴가일수 비례사정의 타당성",「월간노동법률」제274호, ㈜중앙경제, 2014, 63쪽.

8) 임종률,『노동법』제14판, 457쪽.

(2) 출근간주

소정근로일에 출근하지 않았으나 법령에 의해 그 날 또는 그 기간을 출근한 것으로 보든지 또는 휴무일로 보지 않도록 한 규정이 있거나 성질상 결근한 것으로 처리할 수 없는 날 또는 기간에 대해서는 소정근로일수에 포함하여 계산하되 출근한 것으로 본다. 업무상재해휴업기간(근기법 §60⑥ i)[1], 출산전후휴가 및 유사산휴가(근기법 §60⑥ ii), 육아휴직기간(근기법§ 60⑥iii)[2], 육아기근로시간단축기간(근기법§60⑥iv 2024.10.22시행), 임신기근로시간단축기간(근기법§60⑥ v 2024.10.22시행), 예비군훈련기간(예비군법 §10), 민방위훈련·동원기간(민방위 기본법§27), 공민권행사를 위한 휴무일(공직선거법 §6③), 연차유급휴가,[3] 생리휴가, 부당해고기간,[4] 그리고 '기타 이에 준하여 해석할 수 있는 날'[5]로서 배우자출산휴가(고평법§18의2 출근간주규저없음)가 출근간주에 해당될 수 있다.

(3) 특수기간 처리

① 결근·지각·조퇴·외출

휴일근로명령을 이행하지 않아도 이를 결근으로 처리하여 연차유급휴가나 주휴일의 부여에 영향을 미칠 수 없다.[6] 휴일대체(제4장 제5절,2·마)의 경우, 당초의 주휴일에 근로를 제공하지 않으면 결근으로 처리된다.[7] 취업규칙 등에 '일정횟수이상의 지각 등을 1회의 결근'이라고 규정해도 이를 결근으로 처리하면 안된다.[8]

② 징계성 정직

구속수감 등 근로자귀책사유로 정직한 날에 대해서는 특약이 없는 한[9] 결근일과 같이 취급하여 출근율을 산정한다거나,[10] 징계성정직·강제휴직·직위해제기간도 결근일과 같이 취급하여 출근율을 산정해도 위법이 아니라고 해석된다.[11]

---

1) 대판 2017.5.17, 2014다232296·2014다232302(**한국노동법학회, 『노동판례백선』 제2판**, 109쪽).
2) 근기법에 직접 명시되어 있어서 소정근로일제외로 보는 해석(근로개선정책과-3370, 2014.6.13 등)은 타당하지 않다.
3) 근기 68207-2410, 2000.8.11. 격일제근로의 월차유급휴가(2003년 개정전) 사용일을 출근한 것으로 봄.
4) 대판 2014.3.13. 2011다95519 ; 〈반대해석〉 임금근로시간정책팀-1108, 2006.5.15. 소정근로일수계산서 제외 ; 〈개인의견〉 부당해고기간이 장래의 근로조건에까지 영향을 미치는 것은 타당하지 않으므로 사용자귀책으로 볼 수 있으므로 대상판결 지지.
5) 임금근로시간정책팀-3228, 2007.10.25. 개정 「연차휴가 등의 부여시 소정근로일 및 출근여부 판단기준」.
6) 근기 1455-15761, 1981.5.21.
7) 근기 01254-450, 1990.1.11.
8) 근기 1451-21279, 1984.10.27.
9) 관련 행정해석들은 이러한 표현을 생략하고 있다.
10) 근기 01254-1774, 1987.2.5 ; 임금금로시간정책팀-3228, 2007.10.25 ; 정직기간이 길면 2개년의 연차유급휴가에 영향을 미칠 수 있다. 근로조건지도과 -1755, 2008.5.29.

이 경우, 근로자로서는 징계를 받은 상태에서 다시 휴일·휴가에 있어 불이익을 받는다. 따라서 정직은 근로자의사와 관계없이 근로제공이 거부된 것이므로 사용자귀책으로 보고 소정근로일에서 제외하는 것이 타당하다.

2·라. 출근율 계산방법

(1) 휴직·복직과 기산점

출근율산정대상기간의 기산일은 채용일, 입사일, 근로계약체결일[1] 등이다.[2] 전근로자에 대해 적용되는 일률적인 기산일[3]도, 근로자에게 불리하지 않으면,[4] 인정된다. 중도입사자에 대해서는 출근율산정마감일까지 월단위연차유급휴가를 부여하고 이후부터 일률적산정기간을 기준으로 산정된 연차유급휴가가 부여된다. 이 경우, 기산점을 집단적으로 정하여 부여받는 연차유급휴가일수가 개인별로 정하여 부여받는 것보다 같거나 많아야 한다.[5] 구체적으로는 퇴직시점에서 그동안 발생한 연차유급휴가일수가 입사일을 기준으로 산정한 일수에 미달하면 그 부분에 대하여 연차유급휴가미사용수당으로 정산해야 한다.[6]

(2) 월만근일수

"월만근일수를 정하여 이를 휴일·휴가부여를 위한 출근율산정기준으로 삼는 합의는, 근로자에게 불리하지 않으면, 유효하다. 그러나 근로자가 동의하지 않으면 소정근로일을 정하지 않았으므로 달력상의 1주·1년을 대상으로 실근로여부를 따져서 판단해야 한다"는 것이 행정해석[7]의 입장이다. 이 경우, 휴일의 사전대체 등이 없이 1주일에 1회이상 주휴일을 부여하지 않으면 위법이다.

연차유급휴가를 부여하기 위해 출근율을 산정함에 있어 별도의 합의가 없다면 '만근일수를 초과하여 근로한 달'과 '만근일수를 채우지 못한 달'을 상계하지 않는 것이 원칙이므로 '만근일수 초과근로일수'는 출근으로 보지 않으며 만근일수

---

11) 대판 2008.10.9, 2008다41666 ; 근로기준과-3296, 2009.9.1.「연차유급휴가부여기준 '소정근로일 수 및 출근여부' 판단시 정직기간 등 관련행정해석변경」. 이에 반하는 해석(<근기 68207-402, 2002.1.29 ; 근기 68207-722, 2005.2.7 ; 근로기준팀-4, 2005.9.9) 변경. ↘ 204쪽

1) 박홍우, "연차유급휴가권",「근로관계 소송상의 제문제(상)」, 재판자료 제39집, 법원행정처, 1987, 550쪽.

2) 근기 01254-121, 1993.1.27.

3) 근기 01254-121, 1993.1.27.

4) 기준 1455.9-9771, 1989.9.17.

5) 근기 68207-62, 1994.1.8 ; 근기 01254-105, 1993.1.21 ; 근기 68207-620, 2003.5.23.

6) 근기 68207-620, 2003.5.23. 1년미만기간을 기준으로 출근율을 계산하여 법에 보장된 연차유급휴가일수를 모두 보장할 수도 있다(근지 1455.9-6515, 1963.4.17). 이 경우에도 퇴직시점에 계산하여 미달분이 발생하면 연차유급휴가수당으로 정산한다.

7) 근기 01254-5396, 1987.4.2 ; 근기 01254-265, 1989.1.7.

미달일은 결근일로 처리할 수 있다.[1]

(3) 주·월·년 전체 제외

소정근로일수제외기간이 출근율산정기간전체이면 주휴일, 연차유급휴가 등의 부여를 부정하는 법리가 노조전임기간·직장폐쇄와 연차휴가의 관계[2] 그리고 쟁의행위기간과 주휴일의 관계[3]를 중심으로 형성되어 있는데 소정근로일수제외에 해당하는 사유 전체에 대해서도 마찬가지로 해석될 수 있다.

출근간주기간이 출근율산정기간전체이면 해당기간을 모두 출근한 것으로 주휴일, 연차유급휴가 등을 부여한다는 법리가 업무상재해기간과 부당해고기간을 중심으로 형성되어 있는데[4] 출근간주에 해당하는 사유 전체에 대해서도 마찬가지로 해석될 수 있다.

1) 근기 68207-1053, 2000.4.6.
2) 대판 2019.2.14, 2015다66052.
3) 근로개선정책과-603, 2010.8.23. 쟁의행위기간과 주휴일 관련.
4) 대판 2017.5.17, 2014다232296·2014다232302. 업무상재해기간 ; 대판 2014.3.13, 2011다95519. 부당해고기간 ; 임금근로시간과-30, 2019.4.25.

제 4 장

근로시간과 휴식

제1절 법정기준근로시간

I. 의 의

1·가. 근로시간제도 변천

농경사회의 근로시간은 '해가 뜰 때부터 해가 질 때까지'였다. 산업화가 진전되면서 장시간근로로 근로자의 건강이 위협받고 강제근로가 이루어짐으로써 사회문제화되자 근로시간을 제한하려는 움직임이 일었다. 근로시간단축의 역사는 1일근로시간단축으로부터 시작되었다. 1866년에 제1인터내셔널에서 1일8시간근로제가 국제노동운동강령으로 채택되고 이를 전후하여 호주, 뉴질랜드 등이 부분적으로 1일8시간근로제를 도입하였다. 1868년에 미국이 연방정부공무원에 대하여, 1917년에 소련이 일반근로자에 대해 각각 1일8시간근로제를 도입한 이래 1918년에서 1919년에 걸쳐 독일·스웨덴·노르웨이·체코 등이 1일8시간근로제를 도입하고, 1919년의 ILO 제1호협약(공업적 사업에 있어 근로시간을 1일8시간 및 1주48시간으로 제한하는 협약)이 세계적인 표준이 되었다. 이후에는 근로시간단축은 주당근로시간단축에 초점이 맞추어진다. 1930년대에 공황을 겪으면서 대규모실업이 발생하자, ILO는 1935년에 제47호협약(근로시간을1주40시간으로 단축할 것에 관한 협약)을 통해 1주40시간근로제를 채택하였다. 이 협약은 체결당시에 가맹국의 비준을 거의 받지 못하였다. 이에 따라 ILO는 1962년에 다시 제116호권고(근로시간 단축에 관한권고)를 통해 1주40시간근로제를 '달성해야 할 사회적기준'이라고 선언하면서 생활수준이 저하되지 않는 근로시간단축을 유도하게 된다. 1주40시간근로제는 스웨덴·노르웨이·덴마크 등에 의해 도입되기 시작하고, 제47호협약의 비준국도 늘어나면서 국제기준으로 자리를 잡게 되었다(2011.11 한국비준).

1·나. 법정근로시간 단축

'1953년 제정 근기법'은 1일8시간근로제와 1주48시간근로제를 규정했다. 1989년에는 1주44시간근로제가 도입되었다. 1998년에 경제위기를 맞아 일자리나누기 차원에서 근로시간단축논의가 시작되어 '일과 생활 조화'를 목적으로 2004년에 1주40시간근로제[1)]가 단계적적용과 임금보전의 보완조치와 함께 도입되었다.

---

1) 〈대상조치〉 월차유급휴가폐지, 생리휴가무급화, 연차유급휴가를 2년당1일 가산하여 15~25일로 조정, 1년

2. 법정기준근로시간의 내용

2·가. 의 미

근기법은 1일과 1주를 단위로 하여 근로시간을 제한하고 있는데 이를 법정기준근로시간이라고 한다. 법정기준근로시간을 규정하는 이유는 장시간근로로 발생하는 피로를 회복시켜 노동력을 보전하고 인간다운 생활을 영위토록 하기 위함이다. 유해위험작업외의 법정기준근로시간은 초과근로를 절대적으로 금지하는 조항으로 보기 어려우며, 초과근로가산수당지급기준으로 작용한다.

2·나. 제 한[1)]

성인남성과 성인여성의 법정기준근로시간은 휴게시간을 제외하고 1일8시간, 1주40시간을 초과할 수 없으며(근기법 §50), 연장근로는 제한된다.[2)] 연소자의 법정기준근로시간은 1일7시간, 1주35시간을 초과할 수 없으며(근기법 §69), 연장근로 등도 따로 제한된다. 유해·위험작업(잠수잠함작업 산안령§99)의 근로시간은 1일6시간, 1주34시간을 초과하지 못하고 연장근로가 금지된다(산안법 §139).[3)] 출산근로자와 임신근로자는 일반성인의 법정기준근로시간의 적용을 받으나, 연장근로는 제한되고 금지된다. 법정기준근로시간규정은 강행규정으로서 근로자동의로 적용이 배제되지 않는다.[4)]

미만근속자월단위휴가 신설, 휴가사용촉진제도 도입, 선택적보상휴가제도 도입, 탄력적근로시간제단위기간을 3개월로 확대, 3년간 한시적으로 연장근로한도를 16시간으로 확대(최초 4시간분 할증률을 25%로 조정).

1) 근기법 및 산안법의 근로시간에 관한 규정을 정리하면 다음과 같다(세부내용은 해당부분서 설명).

구 분	기준근로시간		연장근로	야간근로	휴일근로
	1일	1주			
남성 근로자	8시간	40시간	당사자합의 1주12시간	-	-
여성 근로자	8시간	40시간	당사자합의 1주12시간	본인동의	본인동의
산후 1년 미만 출산근로자	8시간	40시간	당사자합의 1일2시간, 1주6시간, 1년150시간	본인동의 고용장관 인가	본인동의 고용장관 인가
임신근로자	8시간	40시간	불 가	명시적청구 고용장관 인가	명시적청구 고용장관 인가
18세 미만 연소자	7시간	35시간	당사자합의 1일1시간, 1주5시간	본인동의 고용장관 인가	본인동의 고용장관 인가
유해위험작업 (고기압) 근로자	6시간	34시간	불 가	-	-

2) 일본의 입법례와 같다. 독일은 1일 8시간, 프랑스는 1주35시간, 미국은 1주40시간을 한도로 규정하고 있다. 영국은 연장근로와 휴일근로를 포함하여 1주48시간(17주평균)을 한도로 규정하면서 노사합의가 있으면 연장될 수 있다.

3) 산안법개정(1990.1.13) 전에는, 지하작업 등 유해·위험작업의 근로시간은 1일6시간 1주34시간이었고 당사자합의로 1일2시간, 1주12시간 한도내에서 연장근로할 수 있도록 근기법에 규정.

4) 근로개선정책과-3569, 2012.7.6.

2·다. 운 용

(1) 1일 및 1주의 의미

① 1일

1일이라 함은 통상적으로 0시부터 24시까지를 의미하는 것이 원칙이나, 취업규칙 등에 정해진 업무시작시각으로부터 24시간으로 볼 수도 있다.[1] 24시를 지나 역일(歷日)상 이틀에 걸쳐 계속되는 근로는 업무시작시각이 속하는 날의 근로로서 하나의 근로로 본다.[2]

② 1주

1주일은 취업규칙 등에서 정한 날을 기산일로 하고, 정함이 없으면 근로계약 체결일이 기산일이다.[3] 1주라 함은 휴일을 포함한 7일을 의미한다(근기법 §2①vii).

(2) 소정근로시간과의 관계

소정근로시간이라 함은 법정기준근로시간안에서 근로자와 사용자가 근로하기로 정한 시간을 말한다(근기법 §2①viii). 소정근로시간은 노사합의로 변경될 수 있다.[4] 기숙학원강사의 특강시간을 소정근로시간으로 본 판결[5]이 발견된다.

(3) 1주5일근로제와의 관계

근기법은 주휴일을 1일로 규정하고 있다. 1주40시간근로와 1일8시간근로를 동시에 규정하고 있는 것이 바로 1주5일근로제를 의미하지는 않는다. 1일의 소정근로시간을 8시간미만으로 운용할 수 있으므로 5일은 7시간, 1일은 5시간을 근로해도 법위반이 아니다. 1주5일근로제는 취업규칙 등에 1일의 법정기준근로시간을 8시간으로, 1주의 소정근로일을 5일로 정함으로써 실현될 수 있다.

---

1) 김유성, 『노동법Ⅰ』, 146쪽 ; 임종률, 『노동법』, 제9판, 399쪽.

2) 김형배, 『노동법』, 제20판, 409쪽 ; 이상윤, 『노동법』, 제6판, 233쪽 ; 근기 01254-20752, 1989.12.14 ; 근기 01254-1433, 1991.10.5. 다음날 업무시작시각이후의 근로에 대해서는 다음날 근로로 보는 것이 행정해석(근기 68207- 402, 2003.3.31)의 태도이나 전날의 계속근로에도 해당되므로 근로자가 유리한 쪽 선택 가능.

3) 김유성, 『노동법Ⅰ』, 146쪽 ; 〈다른 견해〉 노동부, 『개정 근로기준법 설명자료』, 2018.5. 28쪽. 사업장에서 노무관리·근로시간·급여산정 등을 위해 사실상 산정단위로 적용하고 있는 기간이 됨.

4) 근로개선정책과-1290, 2013.2.20. 아르바이트근로자와 근로계약으로는 5일간 매일 7시간으로 소정근로시간을 정한 상태에서, 당사자서명을 받아 매주 적용될 주당계획근무시간을 따로 정하면서 일별로 다른 소정근로시간을 따로 정했다면 후자를 적용하되 1주평균치를 적용한다.

5) 대판 2019.1.17, 2018다260602. 〈근거〉 특강의 개설·폐지여부를 학원이 결정했고, 강사들은 학원이 지정한 시간과 장소에서 강의, 학원은 정규반강의와 질의응답시간외에 특강시간까지 포함하여 수강생들의 일정 관리, 학원과 강사들은 특강의 개설과 배정·보수 등에 관하여 미리 결정, 학원이 특강업무를 구체적으로 관리·감독, 강사가 특강에 대한 대가로 수강생이 지급한 수업료의 50%를 지급받더라도 임금에 해당하므로 특강시간도 주휴수당·연차휴가근로수당·퇴직금청구에 반영.

제2절 휴 게 시 간

1. 의 의

휴게제도의 목적은 피로회복, 능률증진, 재해예방, '사회적·문화적욕구 실현' 등으로 정리될 수 있다.

사용자는 근로시간이 4시간인 경우에는 30분이상, 8시간인 경우에는 1시간이상의 휴게시간을 근로시간도중에 주어야 한다(근기법 §54①, §110 i 2년징역·2천만원벌금).

2. 휴게시간 길이

2·가. 법정 휴게시간

근기법은 근로시간이 4시간인 경우와 8시간인 경우의 휴게시간만을 규정하고 있다. 4시간을 초과하고 8시간에 미달하는 근로시간에 대해 비례계산을 적용하여 부여되어야 한다는 의문이 제기될 수 있다. 휴게시간규정은, 벌칙을 수반하는 강행규정이라는 점을 감안하여, 명확성의 원칙에 충실하게 해석되어야 한다. 따라서 법정휴게시간은 '근로시간이 4시간이상 8시간미만이면 30분이상, 8시간이상이면 1시간이상의 휴게시간'으로 해석되어야 한다.[1)]

2·나. 연장근로와 휴게시간

근기법은 연장근로가 4시간이상 행해짐으로써 1일 근로시간이 12시간이상인 경우에 부여되어야 할 휴게시간에 대하여도 규정하고 있지 않다. '근로시간이 8시간이상이면 1시간이상의 휴게시간'을 부여하면 된다고 해석하면, 연장근로시간이 길어지더라도 휴게시간이 추가로 부여되지 않을 수 있다. 근로자의 건강보호를 고려한다는 휴게제도의 취지를 생각하면, 이 경우에도 8시간을 초과하는 근로시간이 4시간인 경우에는 30분이상, 8시간인 경우에는 1시간이상의 휴게시간이 부여되어야 한다. 다만, 이에 대해 직접적인 규정이 없어 위반하면 벌칙이 적용되는지에 대해 의문이 든다.

---

1) 같은 견해, 노동법실무연구회, 『근로기준법주해 II』, 박영사, 2010, 115쪽 ; 입법론적으로도 타당해보이지 않는다. 비례를 적용할 근로시간단위를 어떻게 나눌지, 무급휴게시간을 늘여 사업장체류시간을 늘리는 것이 근로자에게 유리한지 등이 검토되어야 하기 때문이다.

2·다. 긴 휴게시간

근기법은 휴게시간의 하한만을 정하고 있으므로 취업규칙 등에 정하여 휴게시간을 법정기준이상으로 길게 해도 이를 위법으로 볼 수 없다.[1] 긴 휴게제도가 인정되기 위해서는 기후·작업조건[2]·업무성격[3] 등[4]을 고려하여 사회통념상 필요성과 타당성이 있어야 하며, 취업규칙 등에 정해져 있어야 하고, 근로자가 근로제공으로부터 완전히 이탈하여 휴게시간을 자유로이 이용할 수 있어야 하며, 휴식이 실제로 가능하도록 필요한 조치가 마련되어야 한다.[5] 제도의 타당성이 인정되더라도 2중출근에 따른 출퇴근비용을 사용자가 부담한다든가 휴게시간을 적절히 이용할 수 있는 제도 등을 마련하는 것이 바람직하다.

고용장관승인을 받은 감시·단속적근로자에게는 휴게시간을 부여하지 않을 수 있으나, 무급휴게시간을 부여하더라도 이를 법위반으로 보기 어렵다.[6] 감시·단속적근로자에 대해서는 임금수준과 관련하여 '긴 휴게시간'이 부여되는 경우가 흔하다. 이 때 '긴 휴게시간'은 대기시간이 아니어야 한다(같은장 제3절, 4·라).

3. 휴게시간 배치

3·가. 근로시간 도중 부여

(1) 근로시간 도중의 의미

휴게시간은 '근로시간도중'에 주어져야 한다(근기법 §54①). 근로가 시작되기 전 또는 근로가 끝난 후에 부여하는 것은 위법이다. '근로시간 4시간', '근로시간 8시간'의 의미는 휴게시간을 제외한 실구속시간이다. 따라서 3교대제에 있어 24시간을 근로하면서 각 근무조별로 휴게시간을 포함하여 1일8시간으로 가동하면 법정휴게시간은 30분이상이 된다.

(2) 도중부여시간대의 범위

근기법은 근로시간의 일정단위를 기준으로 휴게시간을 부여토록 규정하고 있지 않다. 법정휴게시간은 총근로시간이 4시간인 경우에는 30분이상, 8시간인 경우에는 1시간이상이다. 근기법은 4시간마다 30분이상의 휴게시간을 부여하는 것

---

1) 법제처 15-0847, 2015.12.24.
2) 소위 break time제, close time 등.
3) 감독 01254-6504, 1990.11.28. 〈적법〉 14~17시까지 3시간의 휴게시간을 부여한 호텔업 관련 사례.
4) 아파트경비원에 대해 최저임금 적용과정에서 급격한 인상을 완화하기 위해 활용되기도 한다.
5) 법무 811-5124, 1979.3.2 ; 근기 01254-1344, 1992.8.11.
6) 법제처 14-0060, 2014.4.2

을 요구하지 않는다. 총근로시간이 8시간인 경우에 퇴근무렵에 휴게시간을 부여하더라도 이를 위법으로 보기는 어렵다. 연장근로가 예정되어 있는 경우에는 휴게시간을 소정근로시간과 연장근로시간의 중간이나 연장근로시간에 부여하더라도 도중부여원칙에 반하지 않는다.[1)]

(3) 단시간근로에 대한 적용

근로시간도중에 휴게시간을 부여해야 한다는데 대해 예외를 인정하는 규정, 판결, 해석[2)] 등은 발견되지 않는다. 4시간근로에 대해 30분의 휴게시간이 근로시간도중에 부여되어야 한다면, 근로자가 원치 않는 사업장구속시간이 발생한다. 점심시간 등 사회문화적인 환경을 고려하면 이러한 근로는 흔히 발생될 수 있다. 4시간근로에 있어 당사자합의로 휴게시간을 근로시간종료후에 부여한 행위에 대해 벌칙을 적용하는 것이 타당한지 의문이 든다. 이와 관련하여 "처분할 수 있는 자의 승낙에 의하여 법익을 훼손한 행위는 벌하지 아니한다"는 형법 제24조의 규정이 적용될 수 있다. 그러나 '근로시간도중부여'라는 표현을 강행규정이라고 해석하게 되면, 형법의 해당조항은 효력을 갖지 못한다. 휴게제도의 목적을 고려할 때, 벌칙을 적용함에 있어 근로시간도중부여의 강행규정성을 4시간근로에까지 적용하는 것은 지나치다고 생각된다. 입법론적으로 볼 때, 일본의 예[3)]를 참고하여 부여기준을 변경하거나, 일정근로시간이하인 경우에 대해 근로자동의를 전제로 예외를 인정하는 것이 바람직해 보인다.

3·나. 휴게시간의 지정과 변경

사용자는 휴게시간을 사전에 미리 정하여 운용하여야 하며, 업무편의에 따라 임의적으로 부여하면 안된다. 휴게시간은 취업규칙기재사항이다(근기법 §93). 휴게시간 변경은 취업규칙변경법리(제3장 제2절,3·다)의 적용을 받는다. 휴게시간의 단축은 물론이고, 연장의 경우에도 연장되는 휴게시간을 유급으로 인정하거나 연장을 이유로 임금을 인상하는 등 특별한 사정이 없다면 불이익변경이 될 수 있다.

사용자는 휴게시간에 관한 취업규칙규정을 준수해야 한다. 취업규칙에 별도의 규정이 없는 상태에서, 불가피한 사정이 있어 휴게시간을 일시적으로 변경하여 적용하려면 해당근로자의 동의가 필요하다. 운송사업 등에 대한 '근로시간 및 휴

---

1) 강성태, "휴게시간의 의의", 「노동법연구」 제5호, 서울대학교 노동법연구회, 1996.6, 38쪽.
2) 근로개선정책과-1773, 2013.3.19. 휴게시간을 업무종료후에 부여하는 것에 대해 위법소지가 있다고 함으로써 부정을 하고 있다. 다만, 그 표현은 단정적이지 않고 여운을 남기고 있다.
3) 6시간초과시 적어도 45분, 8시간초과시 적어도 1시간(「노동기준법」 §34).

게시간 특례'(근기법 §59)에 해당하여 그 요건을 충족하면 근로자동의를 받지 않더라도 휴게시간이 변경될 수 있다. 특정근로자에 대한 휴게시간을 기존취업규칙에 규정된 휴게시간과 다르게 설정하는 것은 휴게시간분산부여에 해당하므로, 취업규칙변경법리의 적용을 받는다.

4. 휴게시간 분배

휴게시간을 일시에 부여하는 것이 원칙이더라도 분할부여를 위법시할 수는 없으며 작업성질, 근로여건 등에 비추어 사회통념상 합리성이 있고 휴게제도의 취지를 벗어나지 않으면 인정된다.[1]

10분 또는 20분처럼 지나치게 세분화하여 분할된 휴게시간은 점심시간이 부여되지 않는 등 충분한 휴식이 보장되지 않으므로 휴게의 목적에 반하여 합리성이 부인될 수 있으나,[2] 분할휴게를 금지한 규정이 없어 위법으로 보기 어렵다.

공동작업을 하는 생산직근로에게 긴 휴게시간이 주어지는 상태에서 작업시간과 작업시간 사이에 주어지는 10~15분의 휴식에 대해 '자유이용에 한계'가 있다는 이유로 휴게시간으로 인정하지 않은 판결[3]이 발견된다.

유해·위험작업에 대해서는 안전·보건조치외에 작업·휴식의 적정배분과 근로시간개선을 통해 근로자건강보호조치[4]를 취해야 한다(산안령 §139②).[5]

5. 휴게시간 부여

5·가. 자유이용

근로자는 휴게시간을 자유롭게 이용할 수 있다(근기법 §54②). 휴게시간은 사용자의 실

---

1) 근기 01254-884, 1992.6.25 ; 1일실근로시간이 8시간인 경우 점심시간을 40분 부여하고 나머지 휴게시간 20분을 각각 10분씩 나누어 부여해도 법 위반으로 보기 어렵다(근기 68207-2676, 2002.8.9. 학원강사의 50분 강의 후 10분 휴식에 대해 자유로운 이용이 가능하다면 휴게시간임). ; 서울남부지판 2013.8.30, 2011가합17312. 휴게시간 1시간이 연속적으로 주어지지 않더라도 휴게시간이 보장되지 않았다고 볼 수는 없다.

2) 김형배, 『노동법』, 제20판, 442쪽 ; 박상필, 『근로기준법강의』, 306쪽.

3) 대판 2020.8.20, 2019다14110·14127·14134·14141, 기아자동차사건. 〈근거〉 생산공장규모, 작업특성, 한꺼번에 휴게를 부여받는 생산직근로자수 등을 고려할 때, 자유이용에 근본적으로 한계가 있음. 다음 근로를 위한 대기시간 또는 준비시간으로 보는 것이 타당함.

4) 〈예〉 무거운 물건을 1시간 드는 작업을 하고 10분을 쉬게 하는 등의 조치. 이 때 10분은 휴게시간(근기법 §54)과는 별개로 취급하여 근로시간으로 간주.

5) 〈해당작업〉 ⓐ 갱내작업, ⓑ 다량의 고열물체를 취급하는 작업과 현저히 덥고 뜨거운 장소에서 하는 작업, ⓒ 다량의 저온물체를 취급하는 작업과 현저히 춥고 차가운 장소에서 하는 작업, ⓓ 라듐방사선·엑스선·그 밖의 유해방사선을 취급하는 작업, ⓔ 유리·흙·돌·먼지가 심하게 날리는 장소에서 하는 작업, ⓕ 강렬한 소음을 발생하는 장소에서 하는 작업, ⓖ 착암기 등에 의하여 신체에 강렬한 진동을 주는 작업, ⓗ 인력으로 중량물을 취급하는 작업, ⓘ 납·수은·크롬·망간·카드뮴 등의 중금속 또는 이황화탄소·유기용제 그밖에 고용노동부령이 정하는 특정화학물질의 먼지·증기 또는 가스가 많이 발생하는 장소에서 행하는 작업.

질적인 지휘·감독없이 근로자에게 자유이용이 보장된 시간이다.[1)]

근로자의 자유이용권한은 절대적이 아니며 다음 작업의 계속을 위하여 필요한 최소한의 범위에서 제약을 받을 수 있다. 사용자는 휴게시간에 대해 최소한의 질서유지를 위해 장소와 방법[2)]을 제한할 수 있다고 해석된다.[3)] 그러나 근로자의 행동이 사용자의 지휘·감독을 받는 정도로 제한되면 그 휴게시간은 근로시간이다.[4)]

5·나. 일률부여와 분산부여

휴게시간을 전체근로자에게 일제히 부여하느냐 아니면 근로자집단별로 나누어 부여할 수 있느냐에 대해서는 근기법에 규정이 없다.[5)] 일률부여여야 한다는 견해[6)]도 발견되나, 취업규칙·근로계약·관행 등에 따라 작업부서 또는 담당업무별로 시간대에 차등을 두어도 위법이 아니다.

5·다. 규칙부여와 불규칙부여

근기법은 사용자가 근로자에게 미리 정하여진 시각에 휴게를 주도록 의무화하지는 않고 있다. 휴게시간은 취업규칙기재사항(근기법 §93)으로 명시되어 있으나 이를 휴게시각지정까지 의무화하는 것이라고 해석하는 데는 무리가 있다.

휴게의 목적이 근로자의 피로회복을 통한 노동력재생산에 있다는 점을 감안할 때, 동일한 시간에 또는 규칙적으로 부여하지 못하더라도,[7)] 근로자가 미리 휴게시각을 알 수 있도록 하는 것이 바람직하다.

단속적작업에 있어 근로자가 근무교대 등을 통하여 휴식이 가능하면 휴게시간을 따로 정하지 않고 휴식가능시간을 휴게시간이라고 정할 수 있다는 판결[8)]이 있다.

6. 근로시간 포함여부(같은장 제3절, 4·라)

---

1) 대판 2006.11.23. 2006다41990.
2) 휴게시간중의 외출을 허가사항으로 해도 사업장안에서 자유롭게 휴식을 취할 수 있는 경우에는 위법이 아니다(일본 노동성, 기발 제1575호, 1945.10.30). 제한사유나 허가기준이 사회통념상 타당해야 한다.
3) 법무 811-28862, 1980.5.1 ; 법제처 16-0239, 2016.8.19.
4) 대판 1993.5.27, 92다24509.
5) 일본 「노동기준법」(§34②) : 행정관청허가를 받은 경우를 제외하고는 휴게시간을 일제히 부여토록 규정.
6) 강성태, "휴게시간의 의의", 「노동법연구」 제5호, 서울대학교 노동법연구회, 1996.6, 52쪽.
7) 서울남부지판 2013.8.30, 2011가합17312, 〈인정〉 매일 동일시간에 주어지지 않은 휴게시간.
8) 대판 1992.7.28, 92다14007. 준설작업갑판원의 철야작업중 4시간을 휴게시간으로 보기로 단협에 정한 사례.

제3절 근로시간계산

1. 근로시간 개념

근로시간이라 함은 '사용자의 지휘・감독 아래에서 근로계약상의 근로를 제공하는 시간'[1] 즉, 경제적인 목적에 사용하느냐와 관계없이 노동력을 사용자의 처분 아래에 둔 실구속시간[2]'을 의미한다.[3] 사용자의 지휘・감독은 명시적인 것뿐아니라 묵시적인 것을 포함한다.[4]

근로시간계산에 있어 업무성을 보완적기준으로 제시하는 견해[5]도 있다.

2. 근로시간 판단

근로시간해당여부는 특정업종이나 업무종류에 따라 일률적으로 판단할 것이 아니며 사용자지시, 업무의 수행・참여의무, 수행・참여거부에 대한 불이익, 시간・장소제한정도 등 구체적사실관계를 종합적으로 따져 판단한다.[6]

3. 근로시간 산정

3·가. 기산점과 마감점

특별사유가 없다면 근로시간의 기산점과 마감점은 취업규칙 등에 정하여진 업무시작・종료시각이 되는 것이 원칙이다. 업무시작・종료시각은 취업규칙기재사항이다(근기법 §93).[7] 근로시간계산의 기산점과 마감점은 근로자가 실제로 구속되는 시간을 기준으로 판단하게 된다. 지각을 하면 기산점이 늦어지고, 연장근로를 하면 마감점이 늦어진다. 출근시각전의 조기출근시간은 이행치 않은데 대한 제재나 불이익 등 의무사항인지에 따라 근로시간해당여부가 결정된다.[8]

---

1) 대판 2006.11.23, 2006다41990 ; 근로개선정책과-2570, 2012.5.9.

2) 대판 2019.7.25, 2018도16228. 실근로시간이라는 표현을 씀으로써 실구속시간이 아닌 걸로 오해될 소지를 남기고 있는데 "합의시간"이 아니라 실근로시간 또는 실제근로시간이라는 표현을 사용한 걸로 추정됨.

3) 김형배, 『노동법』, 제20판, 405쪽 ; 김유성, 『노동법Ⅰ』, 140쪽 ; 이상윤, 『노동법』, 제6판, 228쪽.

4) 정해남, "8시간 근로제", 「근로관계 소송상의 제문제(상)」, 재판자료 제39집, 법원행정처, 1987, 86쪽.

5) 임종률, 『노동법』, 제9판, 419~420쪽.

6) 〈비슷한 취지〉 대판 2017.12.5, 2014다74254. 버스기사 ; 대판 2018.7.12, 2013다60807. 버스기사 관련.

7) 선택적근로시간제(근기법 §52) 등에 대해서는 취업규칙에 기재된 업무시작・종료시각 미적용.

3·나. 계산방법

근로시간은 출근부, 근무상황부, 근무실태부, 근로시간계산기(Time recorder) 등에 의해 관리된다.[1] 근무상황부에 기재된 시각이 업무시작시각전 또는 업무마감시각후인 경우, 그 시간이 실구속시간인지에 따라 근로시간에 포함여부가 결정된다. 근무상황부를 작성하지 않아도 사용자의 지휘・명령에 따른 근로는 근로시간이다.[2]

지문인식시스템도 인정되며 당직근무, 을지훈련 등을 제외한 시간의 일정부분을 근로시간으로 인정한 판결[3]이 발견된다.

결근, 근로의무가 없는 휴일・휴무일, 근로의무가 면제된 휴가때문에 근로하지 않은 시간은 실구속시간의 계산에서 제외된다.[4]

4. 주변업무의 근로시간 여부

4·가. 부속시간

작업장으로 이동하는 입・출갱시간[5]처럼 중심업무와 일체를 이루는 작업에 소요되는 시간은 근로시간이다. 작업준비시간[6]처럼 본래의 업무에 부수된 부속시간도 단체협약, 취업규칙, 근로계약이나 관습에 의해 사용자의 지휘・명령아래서 이루어지면 실구속시간이므로 근로시간에 포함된다.[7] '사용자의 지휘・명령 아래서 이루어지는지'는 '따르지 않으면 징계나 다른 불이익이 주어지는지'에 따라 판단된다.[8] 근로시간으로 인정되는 부수적업무로서 단체협약 등에 소요시

8) 근기 01254-13305, 1988.8.29. ↘ 217쪽

1) 대판 1993.8.24, 93다6225. 본인 및 유사근로자의 근무실태부 등을 살펴 시간외근로여부 판단.

2) 대판 1992.1.8, 90다카21633. Time recorder나 출근부, 연장근로기록부 등에 근로시간을 기록하고 당사자가 그때그때 확인할 수 있도록 하여야 하며, 연장근로 지시 등에 대해 구체적인 근거를 남겨두는 것이 필요.

3) 대판 2023.6.1, 2023다19. 원심판결(서울고판 2022.12.7, 2018나10700. 지문인식시스템의 출입기록 중 특정된 시간의 60%에 해당하는 시간만큼이 시간외근무수당의 지급대상이 됨) 인정.

4) 근기 01254-16100, 1991.11.6.

5) 김유성, 『노동법Ⅰ』, 142쪽 ; 임종률, 『노동법』, 제9판, 421쪽 ; 대판 1992.2.25, 91다18125 ; 대판 1993.5.11, 93다4816 ; 대판 1994.12.23, 93다53276 ; 근기-3564, 2004.7.14 ; ILO, 일본(노동기준법 §38②. 휴게시간을 포함하여 갱구에 들어간 시각부터 나온 시각까지의 시간이 근로시간)등 많은 나라가 입・출갱시간을 근로시간에 포함.

6) 〈사례〉 근로개선정책과-4355, 2012.8.28. 〈강의준비시간〉 당사자약정을 따르고, 약정이 없으면 준비시간이 다음 강의를 위한 준비시간으로 정해져 있거나 소홀히 할 경우 제재가 가해지는 등 사용자의 지휘・감독 하에 이루어지는지 여부 등을 종합적으로 검토하여 판단.

7) 업무준비행위(대판 1993.9.28, 93다3363), 업무정리행위(대판 1993.3.9, 92다22770), 작업도구 준비・점검・정비(대판 1993.9.28, 93다3363 ; 대판 1993.5.27, 92다24509), 보안교육・작업지시・작업조 편성 등을 위한 작업전 회의(대판 1993.3.9, 92다22770) ; 운전기사의 버스요금통 반납과 재설치(긍정, 근기68207-875, 1996.7.1) ; 교대시간, 작업종료후 정돈시간(대판 1993.3.9, 92다22770).

8) 〈사례〉 근로개선정책과-994, 2011.4.26. [부정] 근로자에게 자율성이 부여된 아침체조시간.

간이 명시되어 있으면 그 시간은 근로시간이다.[1] 소요시간이 명확하지 않다면 사회통념상 필요한 시간이 근로시간이다.[2]

근로시간의 개념을 판단함에 있어 업무성을 요건으로 보는 견해[3]에 따르면, 부수적업무중에서 '옷을 갈아입는 시간', '작업 후 목욕시간' 등에 대해서는 업무성을 인정하기 어려우므로 근로시간이 아니다. 부수적업무도 사용자의 지시·명령 아래에서 이루어지는 점을 감안하면, 업무성을 판단하기 어려우므로,[4] 개인적으로는 그러한 견해에 찬성하지 않는다. 이러한 업무도 사용자의 지시·명령 아래에서 이루어지면 근로시간으로 보는 것이 타당하다.

시간강사에 대해 강의시수외에 강의수반업무시간을 포함해서 소정근로시간으로 보고 초단시간근로인지를 판단해야 한다는 판결이 있다(제8장, 제3절 2·다,(5),③).

4·나. 교육시간

(1) 일반교육

사용자의 지시에 따라 이루어지는 교육[5]시간은, '교육수당지급여부'[6]나 '소정근로시간대이후여부'[7] 등과 관계없이 참석하지 않은 이유로 근로자에게 불이익이 주어지는 등 근로자가 거부할 수 없어 의무적으로[8] 시행된다면, 근로시간[9]이다.[10] 직무교육은 이러한 요건을 충족할 개연성이 높으며, 업무종료후 또는 휴일에 시행되더라도 마찬가지이다.[11] 업무수행에 불가피한 법정교육[12]은 근로자과

---

1) 출근시간이 8시인 상태에서 '7시40분까지 갱의실에 도착하여 작업복을 갈아입어야 한다.'고 규정되어 있다면 근로시간은 7시40분부터 시작.

2) 출근시간이 8시인 상태에서 '작업복을 갈아입고 출근시간까지 근로를 시작하여야 한다'는 취지로 규정되어 있다면 사회통념상 작업복을 갈아입는데 필요한 시간만큼 근로시간 인정.

3) 임종률, 『노동법』, 제9판, 419~420쪽.

4) 작업복을 의무화하면 '갈아입는 행위' 자체가 업무의 일환이 될 수 있기 때문.

5) 작업안전, 작업능률, 생산성향상 등 직무교육과 교양·취미 등 업무와 직접 관계가 없는 교육 포함.

6) 근로개선정책과-798, 2013.1.25.

7) 근로개선정책과-4354, 2012.8.28.

8) 근로개선정책과-2570, 2012.5.9. 방문건강관리사업 전문인력 관련. 필수이수의무교육인 점, 교육참석이 사용자의 지시·명령에 의해 이루어진 점 등을 고려하여 근로시간 인정.

9) 사업장밖교육은 사업장밖간주근로에 준해 해석(근기 01254-554, 1999.1.10 ; 같은장, 제5절, 2·나).

10) 법무 811-11278, 1978.5.31 ; 근기 1455-12429, 1970.12.29 ; 근로개선정책과-4723, 2012.9.20. 의무적교육 관련 ; 근로개선정책과-798, 2013.1.25. 〈근로시간부정〉 이수의무가 없고, 교육불참이유로 불이익 없음.

11) 근기 01254-14835, 1988.9.29 ; 근로기준과-14835, 1988.9.29. 사용자가 근로시간중에 작업안전, 작업능률 등 생산성향상 즉, 직무교육과 근로시간종료후 또는 휴일에 의무적으로 실시하는 교육은 근로시간.

12) 대판 2022.5.12, 2022다203798. [긍정] 여객자동차법 등 관련 법령에 따라 운수종사자의 의무교육으로 규정된 '보수교육시간' ; 근로개선정책과-2570, 2012.5.9. [긍정] 보건소에서 시행하고 있는 방문건강관리사업에 종사하는 기간제근로자(전문인력) 관련. 보건복지부에서 기간제근로자 교육비가 교부되는 사업으로 업무수행상 필요한 다양한 교육을 의무적으로 이수.

실에서 비롯된 것이 아니면[1] 근로시간이다. 이러한 교육의 이수도 사용자승인은 요청되며, 승인기준은 소정근로시간중에 교육을 받을 수밖에 없는 불가피성이다. 법정교육시간이라도, 업무수행에 불가피하지 않거나 이수가 권고되는 수준이라면, 근로시간으로 보기 어렵다.[2] 순수하게 개인적인 목적의 교육시간,[3] 근무평정에서 가산점을 주는 등 유인을 제공하는 교육시간, 참석을 독려하는 차원에서 수당이 지급되는 교육시간'은 의무성이 결여되어 근로시간에 포함되지 않는다.

(2) 직능법의 능력개발교육(제12장 제4절,3·사)

(3) 워크숍 · 세미나

워크숍 · 세미나 등은 그 목적에 따라 근로시간해당여부가 결정된다. 사용자의 지휘 · 감독아래서 효과적인 업무수행방법을 논의할 목적의 워크숍 · 세미나시간은 근로시간이며, 소정근로시간범위를 넘어서는 토의시간 등은 연장근로로 인정될 수 있다. 프로그램에 반영된 친목도모시간은 근로시간으로 인정되기 어려우며, 단합차원에서 이루어지는 일부시간은 근로시간으로 보기 어렵다.[4]

(4) 자택연수

연수내용 · 과정 · 결과에 대해 사용자에게 구속됨이 없는 자택연수시간 등은 임금지급여부에 관계없이 근로시간으로 보기 어렵다.[5]

(5) 사업장밖간주근로시간제와의 관계

교육 · 훈련 등에 대해 사업장밖간주근로시간제(같은장 제5절,2·나)의 법리가 적용될 수 있는지가 쟁점이 될 수 있다. 장소와 프로그램이 사용자에 의해 관리된다면 근로시간계산이 가능하기 때문에 그 적용을 받는다고 보기 어렵다.

4·다. 행사시간

(1) 야유회

야유회처럼 본래의 업무외의 행사가 소정근로시간중에 행해지면 근로시간으로 볼 수 있으며 불참자에 대해 결근으로 처리될 수 있다. 이러한 행사가 소정근로시간밖에 또는 휴일에 실시되면 참석이 의무화되어 있는가에 따라 근로시간해당

1) 교통법규위반으로 면허정지된 자에 대해 「도로교통법」에 의한 교육을 보내도 임금을 지급해야 한다는 견해(근기 01254-10005, 1987.6.22)가 있으나 본인 귀책 교육시간까지 근로시간으로 볼 사용자의 의무는 없음.
2) 고용노동부, 『근로시간 판단기준』, 2018.7, 3쪽.
3) 근기 01254-1137, 1998.1.25. 운전면허증소지자 소양교육 관련.
4) 고용노동부, 『근로시간 판단기준』, 2018.7, 6쪽.
5) 근기 10831-2104, 1993.10.5. 사립학교교직원의 방학기간중 자택연수 관련.

여부가 결정된다.[1]

(2) 접 대

업무수행과 관련이 있는 제3자를 소정근로시간외에 접대하는 경우, 사용자의 지시 또는 최소한 승인이 있으면 근로시간으로 인정된다.[2]

(3) 회 식

회식은 기본적노무제공과는 관련이 없이 사업장구성원의 사기진작, 조직결속·친목 등을 강화하기 위한 차원임을 고려할 때, 근로시간으로 인정되기 어렵다. 사용자가 참석을 강제하는 언행을 했다는 요소만으로는 근로계약상의 노무제공의 일환으로 보기 어렵다고 해석[3]된다. 이러한 해석은 근로시간판단에 있어 구속성보다는 업무성을 고려한 것이다.

구속성의 관점에서 본다면, 회식이 소정근로시간에 이루어지거나, 소정외근로시간에 이루어지더라도 근로자에 불이익을 주는 등 참석이 강제되어 있다면 근로시간으로 보아야 한다. 다만, 실질적인 불이익이 없이 행해진 단순한 언행만으로 구속성을 인정하기는 어렵다.

4·라. 휴게 · 대기시간

(1) 판단기준

휴게시간은 근로시간에 포함되지 않으며, 작업을 위해 근로자가 사용자의 지휘·감독아래에 있는 대기시간 등[4]은 근로시간이다(근기법 §50).[5] 휴게시간은 점심시간, 수면·휴식시간 등 이름과 관계없이 사용자의 지휘·감독으로부터 벗어나 자유로이 사용할 수 있는 시간이다(같은장 제2절). 이러한 요건을 충족하지 못한 대기시

---

1) 근기 1455-7105, 1973.7.12. 사업장밖행사가 근로시간으로 인정되는 경우, 사업장밖간주근로(근기법 §58①, 같은장, 제5절, 2·나)에 준해 해석.

2) 서울중앙지판, 2018.4.4, 2017가단5217727. 〈휴일골프라운딩 관련〉 참가자·장소·시간 등을 해당근로자가 선정한 점, 출장복무서와 같은 형식으로 보고하지 않은 점, 해당근로자지위가 부서장으로서 직무를 원활히 수행하고 좋은 평가를 위해 자발적으로 참여할 동기가 있는 점 등에 비추어 보면, 회사가 업무관련성을 인정하여 비용을 계산하였고, 상사의 명시적·묵시적 지시에 의하여 참여한 사정만으로는 근로시간에 미해당.

3) 고용노동부, 『근로시간 판단기준』, 2018.7, 7쪽.

4) 대판 1993.5.27, 92다 24509. 작업시간의 중도에 현실로 작업에 종사하지 않은 대기시간이나 휴식, 수면시간 등이라 하더라도 그것이 휴게시간으로서 근로자에게 자유로운 이용이 보장된 것이 아니고 실질적으로 사용자의 지휘, 감독하에 놓여 있는 시간이라면 근로시간에 포함.

5) 휴게시간을 근로시간에 포함하지 않는 것은 일반적 입법례이다. ILO의 제30호 협약(상업 및 사무소에서의 근로시간에 관한 협약, 1930)도 '본 협약에서 근로시간이라 함은 사용자의 지휘에 종속되어 있는 시간을 말한다. 근로자가 사용자의 지휘에 종속되어 있지 않은 휴게시간은 포함되지 않는다(§2).'고 규정하고, 제51호협약(공공사업에 있어 근로시간 단축에 관한 협약, 1936)도 같은 취지로 규정.

간은 근로시간이 된다.[1] 요건을 충족하는지는 특정업종이나 업무종류에 따라 일률적으로 판단할 것이 아니며, 근로계약・관행・취업규칙・단체협약[2] 규정, 업무내용・방식, 휴게근로자에 대한 간섭・감독, 자유이용이 가능한 휴게장소구비, 실질적휴식방해 또는 지휘・감독인정요인과 그 정도 등 여러 사정을 종합하여 구체적으로 판단한다.[3] 따로 제공된 휴식공간과 사무실을 오가면서 특별히 정해진 근로시간이 없이 특정된 일이 있을 때에 근로를 제공한 경우에 사무실개방시간의 전체를 근로시간으로 보지 않고 위 기준과 함께 업무성격・방식, 매일・매월평균・투입시간 등을 고려하여야 한다면서 '월급액을 시간당최저임금으로 나누어 산정된 근로시간'을 부정한 판결[4]이 발견된다.

'취업규칙 등에 "휴게시간은 근로시간에 포함된다"고 규정한 경우'[5] 또는 '휴게시간을 근로시간에 넣어 근무태도를 관리한 경우'[6]에는 휴게시간을 근로시간

1) 대판 1992.4.14, 91다20548. 장시간근로배차지시 관련(**한국노동법학회, 『노동판례백선』 제1판**, 76쪽. 대상판결은 대기시간이 근로시간인지 아닌지를 판단한 시금석) ; 대판 1993.5.27, 92다24509. 우편물운송차량. 운전중에 수시로 취한 수면・식사 등은 휴식이 보장되는 휴게시간이 아님 ; 대판 2006.11.23, 2006다41990. 〈24시간격일근무 **아파트경비원 사건**〉 최저임금산정을 위한 1일근로시간을 인정함에 있어 점심 및 저녁식사를 위한 휴게시간 2시간과 심야의 4시간정도의 수면시간은 근로시간. 작업시간도중에 현실로 작업에 종사하지 않은 대기・휴식・수면시간이더라도 사용자의 지휘명령으로부터 완전히 해방되어 자유로운 이용이 보장된 것이 아님 ; 대판 2017.12.13, 2016다243078. **아파트경비원**. 야간휴게시간은 자유이용이 보장되는 휴식・수면시간으로 보기 어렵고, 긴급상황에 대비하는 대기시간. 〈근거〉 입주자대표회의가 관리소장을 통해 취침시간과 취침장소가 없다는 전제 아래, 야간휴게시간에 경비실내의 의자에 앉아 가면상태를 취하면서 급한 일이 발생하면 즉각 반응하도록 지시, 야간휴게시간에 경비실내의 조명 점등, 야간휴게시간중의 순찰업무는 경비원마다 매번 정해진 시간에 이루어지지 않아 나머지 휴게시간 휴식 곤란.

2) 대판 2018.7.12, 2013다60807. 휴게시간과 대기시간 관련. 단협이 실효돼도 개별적근로조건은 근로계약의 내용이 되어 새 단협, 취업규칙이 체결・작성되거나 근로자개인의 동의가 없는 한 유효.

3) 대판 2017.12.5, 2014다74254. 〈**버스기사**〉 ; 대판 2018.6.28, 1013다28926. 〈**버스기사**〉(**한국노동법학회, 『노동판례백선』 제2판**, 100쪽. 개별사안에 따라 구체적으로 판단하여야 한다는 점을 제시) ; 대판 2018.7.12, 2013다60807. 〈**버스기사**〉. 대기시간전부가 근로시간은 아님. 〈근거〉 ① 1일근로시간을 기본근로8시간에 연장근로 6시간30분을 더한 14시간30분으로 임금협정 체결 ② 차량점검・청소・연료주입 등의 업무수행근거자료 없음 ③ 업무지시 등 구체적으로 지휘・감독했다고 볼 만한 자료나 규정 없음 ④ 도로사정으로 버스운행이 지체되어 배차시각을 변경해야 하는 예외적경우가 아닌 한 대기시간활용에 간섭・감독할 업무상필요성도 크지 않음. ⑤ 대기시간이 다소 불규칙하기는 하나 통상적으로 짧지 않고, 운행버스 출발시각이 배차표에 미리 정해져 있어 휴식시간으로 활용 가능 ; 대판 2019.7.25, 2018도16228. 〈**버스기사**〉 대기시간은 휴게시간 ; 대판 2020.8.20, 2019다14110・14127・14134・14141 ; 대판 2021.7.21, 2021다225845. 〈**아파트경비원**. 긍정〉 근로계약에 명시되었던 휴게시간(1일 6시간), 산업안전보전교육시간(매달 2시간)에 실질적으로 사용자의 지휘・감독을 받음 ; 대판 2021.8.12, 2019다266485. 〈**버스기사**〉 운행을 마친 후 다음 운행 전까지 대기하는 시간 전부가 근로시간에 해당한다고 볼 수 없음. 1일 근로시간을 8시간에 연장근로 1시간을 더한 9시간으로 합의한 것은 대기시간 중 일부가 근로시간에 해당할 수 있다는 점을 고려한 것임.

4) 대판 2023.4.27, 2020다205837. 〈고시원 총무〉, 고시원에 상주하면서 방을 제공받고 사무실개방시간뿐아니라 그 외에도 사용자의 문자메세지나 입주자의 요구가 있을 때 근로제공.

5) 실제로 휴게를 주지 않았다면 임금지급여부와 관계없이 위법 ; "연장근로시간산정을 위한 기준근로시간에 포함된다"는 취지로 규정하지 않으면 휴게시간을 빼고 연장근로시간 계산(근기 01254-4347, 1991.3.28).

6) 대판 2020.8.20, 2019다14110・14127・14134・14141. 자동차생산라인과 관련하여 2시간마다 쉬는 10분 또는 15분은 근로시간임. 〈근거〉 1일소정근로시간을 8시간(중식시간 제외)으로 규정하고 있어 '휴게시간'으로 책

으로 본다. "휴게시간에 대해 임금을 지급한다"고 규정되어 있다면 경제적지원을 의미하므로 특별한 사정이 없으면 휴게시간을 실근로시간으로 볼 수 없다.

(2) 판단사례

① 대기시간

㈎ 긍 정

'작업지시를 기다리면서 대기하는 시간'[1]은 소정근로시간내인 경우는 물론이고 소정근로시간외라 하더라도 사용자지시에 의해 근로태세를 갖추고 있는 경우에는 근로시간이다. '손님이나 일감을 기다리는 것이 포함된 업무',[2] '전화를 받거나 물품 또는 작업진행의 감시의무가 부여된 대기', '고객의 부름에 응해야 하는 휴게'[3] 등 그 자체가 본래의 업무이거나 '업무를 준비하는 시간'[4]인 대기시간은 사용자의 지휘·감독으로부터 벗어나 그 시간을 자유롭게 이용할 수 있도록 제도적으로 보장되어 있지 않다면[5] 근로시간이다.

㈏ 부 정

'교대근로시간 사이의 대기시간',[6] '규칙적으로 일감이 주어지는 업무 사이의 대기시간'[7] 등은, 근로자가 자유롭게 이용할 수 있는 한, 휴게시간이다.

② 숙박·합숙·출장

'시간측정이 명확한 원격지근로의 휴식시간 및 숙박시간'[8]은 근로자가 자유롭게 이용할 수 있는 한 근로시간이 아닌 휴게시간이다. 시험문제편집과 같이 장소가 제한되는 합숙근로의 경우, 근로시간과 휴게시간이 명백히 구분되고 근로

정되어 있는 해당시간 역시 근로시간인 것을 전제로 함. 자유이용한계, 대기시간성격.

1) 대판 1965.2.4, 64누162 ; 법무 811-28862, 1980.5.15 ; 근기 01254-12495, 1987.8.5.

2) 식당업무마감원, 의사, '버스운전기사 승차시간 사이의 배차시간(대판 1992.4.14, 91다20548)' 등.

3) 대판 2016.9.8, 2014도8873. 요양보호사에 대해 야간근로중 4시간을 휴게시간으로 정한데 대해 1시간만 인정한 사건, 〈부정근거〉 야간근로시간에 요양대상자들의 기저귀를 갈아주고, 요양대상자가 비상벨을 누르면 가서 돌보았으며, 요양대상자의 얼굴을 물수건으로 닦아주고 식사를 도와주는 업무를 수행했고, 요양보호대상자들이 수시로 벨을 눌러 실질적으로 휴게를 취할 수 없었으며, 야간수면실사용이 실제로 제약됨.

4) 근기 68207-2676, 2020.8.9. 매 50분 강의마다 10분씩 단속적으로 부여되는 휴식이 다음 강의를 위한 준비시간으로 정해져 있고, 이를 소홀히 할 경우에 제재가 가해지면 근로시간.

5) 기준 1455.9-33714, 1969.3.26.

6) 대판 1992.7.28, 92다14007. 준설작업에서 교대작업을 하면서 1일4시간씩 휴식 또는 취침시간을 부여.

7) 법무 811-28862, 1980.5.15. 근무 전일 혹은 당일에 배차시간이 명확히 정해져서, 대기시간을 알고 있으며, 그 시간 중에 사용자의 지휘·감독을 벗어날 수 있으면 휴게시간으로 인정 ; 반대해석, 서울고판 2014.11.26, 2013나1551. 배차시간 사이의 대기시간. 세차 등 사용자의 지휘 감독을 받는 사례.

8) 법무 811-28862, 1980.5.15. 시외버스처럼 통상적으로 장기 운행함으로써 바로 돌아올 수 없어 목적지에서 숙박할 경우, 목적지에 차량을 주차시킨 후 차량정비 등 차량운행과 관련된 업무가 종료되고 다음 출발시각까지 자유로이 이용할 수 있는 시간은 휴게시간이 아니며 당일업무의 종료.

자가 독립적으로 휴게 또는 수면을 위한 공간이 확보되어 제한된 장소에서 자유롭게 이용할 수 있는 시간인 경우에 휴게시간으로 인정된다.[1]

숙박·합숙·출장 등이 사업장을 떠나 근로한 것이라면 사업장밖간주근로시간제(같은장 제5절,2·나)의 법리가 적용될 수 있다.[2] 출장지로의 이동시간은 근로시간에 해당되는 것이 원칙[3]이다. 이 경우 이동시간이 계량화될 수 있으므로 모두 근로시간이 되고 사업장밖근로시간으로 간주되더라도 소정근로시간이상이 될 수 있다는 해석이 가능하다. 그러나 이 같은 해석은 이동시간만으로 1주12시간의 연장근로한도를 초과하게 하는 결과를 가져올 수도 있다. 따라서 이동시간이 업무시간이기도 하지만 사적시간이기도 한 점을 고려하여 해당시간을 소정근로시간근로로 간주할 수 있다. 출퇴근에 가름하여 출장지로 출근 또는 출장지에서 퇴근하는 경우에는 근로시간으로 보지 않을 수 있다(같은장,제5절 2·나,(3),②,(나)).[4] 출장 중에 야간 또는 휴일처럼 근로시간 외의 이동시간이 사용자지시에 의해 시간계획상 불가피하면 야간·휴일근로에 해당된다.[5]

5. 근로시간으로 간주되는 특수업무

5·가. 일·숙직근로

(1) 개 념

일·숙직근로라 함은, 본래업무와 별개로 일과 후에, 순찰·시설감시·긴급문서접수·전화수수·비상사태대비 등 단속적이고 가벼운 내용의 근로를 사업장내 또는 '전화연결을 의무화한 자택 등의 다른 장소'에서 수행하는 업무를 말한다.

(2) 유형에 따라 다른 취급

일·숙직근로를 전형적 일·숙직근로와 유사일·숙직근로로 나눈 후에 근로시간 계산 및 임금지급을 달리하는 것이 판례[6] 및 행정해석[7]의 태도이다. 이러한

---

1) 〈사례〉 근로기준정책과-3713, 2015.8.12. [부정] 국가시험 편집 및 인쇄를 담당하는 근로 관련 ; 근로개선정책과-5278, 2012.10.26. 국가시험관리 관련.
2) 근기 68207-1963, 2000.6.28. 수학여행 지도 교사 관련 등.
3) 근기 68207-2675, 2002.8.9. 이동시간만 20시간이 넘는 남미 출장을 위한 이동시간은 근로시간에 해당.
4) 근기 68207-1909, 2001.6.14. A/S 업무.
5) 근기 68207-2650, 2002.8.5 등.
6) 대판 1990.12.26, 90다카13465 ; 대판 1995.1.20, 93다46254 ; 대판 1996.6.28, 94다14742 ; 대판 2024.11.14, 2021다220062.
7) 임금근로시간정책팀-2974, 2006.10.10 ; 노동부, 「일·숙직근로에 대한 노무관리지도지침」(제정, 근기 01254-3286, 1988.3.4 ; 개정, 임금근로시간정책팀-3230, 2007.10.25).

법리는 일・숙직 즉 당직뿐아니라 이와 유사한 콜대기 등에도 적용된다.[1]

① **전형적일・숙직근로**

취업규칙(일·숙직규정 복무규정등내규)이나 사용자의 일반적인 지휘・감독권에 근거한 지시(명령) 또는 관행으로 이루어지고 있는 전형적일・숙직근로는 본래의 업무와 별도의 부수적근로계약이 체결된 것으로 본다. 전형적일・숙직근로는 유사일・숙직근로와는 달리 휴일・연장・야간근로로 취급되지 않으며, 부수적근로계약의 대가로 일・숙직수당이 지급된다고 해석된다.

② **유사일・숙직근로**

일・숙직근로의 노동강도가 본래의 업무에 비해 상당히 약하면 전형적일・숙직근로에 준하여 취급하고, 노동강도가 본래업무와 유사하거나 상당히 높은 유사일・숙직근로에 대하여는 통상근로에 준하여 처리한다.[2] 구체적으로는 통상의 근로시간과 근로양태에서 완전히 벗어나는지, 근로내용이 계속 유지되는지, 수면이나 휴식이 얼마나 보장되는지, 본래의 업무비중이 어느 정도인지를 살펴서 판단한다. 일・숙직근로중에서 본래의 업무를 한 시간과 전형적일・숙직근로를 한 시간대가 명확하게 구분된다면 본래의 업무를 한 시간만 뽑아내서 유사일・숙직근로시간을 계산해 낼 수 있다.[3]

은행에서 근무하는 청원경찰의 일・숙직근무를 통상근로로 평가하여 초과근무수당을 지급하여야 한다고 본 판결[4]이 발견된다.

(3) 별도취급에 대한 비판

일・숙직수당은, 실비변상이라고 할 만한 특별한 사정이 없는 한 일・숙직이라는 근로의 대가로 지급된 임금이다. 근기법은 근로의 대가에 대해 부수적근로계약을 통해 별도로 임금수준을 정할 수 있는 법적근거를 두고 있지 않다.

일・숙직근로에 대해 근로시간계산과 임금지급에 대해 근기법상 특례를 인정하는 판례와 행정지침은 타당성이 의심된다. 일・숙직근로는 감시・단속적근로에 해당되어, '근로시간・휴게・휴일 적용제외'의 법리가 적용될 수도 있다(근기법§63 같은장,제5절,6)・또한 본래의 업무에 대한 임금액에 일・숙직임금이 포함되어 있다고 보는 포괄

1) 대판 2024.11.14, 2021다220062. 해당법리의 검토없이 근로시간으로 인정환 원심을 파기・환송.

2) 대판 2019.10.17, 2015다213568. 〈근거〉 업무의 내용・질・강도가 다르지 않고, 당직근로시간에 수면이나 휴식이 보장되었다고 보기 어렵고, 당직근무가 미리 정한 4교대제 근무의 일부를 이루고 당직근무시 당직보고도 2차례씩 이루어지는 등 지휘・감독으로부터 완전히 벗어난 것으로 보기 어려움.

3) 대판 1990.12.26, 90다카13465.

4) 대판 2023.6.23, 2023다223508.

임금약정(제4장 제3절,6)의 법리가 적용될 수 있다. 일·숙직근로가 사업장밖에서 이루어진다면 사업장밖간주근로시간제(같은장 제5절,2·나)의 법리가 적용될 수 있다. 야간에 이루어진 숙직근로는 야간근로에 해당될 수 있다(같은장 제4절,2·가).

(4) 출산·임신·연소근로 일숙직·근로(제6장, 제2절 3·나,(2))

5·나. 공민권행사·공의직무집행

(1) 취 지

근로자도 국민으로서의 권리와 의무를 가지므로 공민권행사 또는 '공의직무집행'을 위해 직장을 떠날 수 있도록 제도적으로 보장하는 것이 필요하다. 사용자는 근로자가 근로시간중에 선거권, 그 밖에 공민권행사 또는 공의직무집행을 위하여 필요한 시간을 청구하면 거부하지 못한다. 다만, 그 권리행사나 공의직무를 수행하는 데에 지장이 없으면 청구시간을 변경할 수 있다(근기법 §10, §110 i 2년징역·2천만원벌금). 이 규정은 일용직[1]을 포함한 모든 근로자에게 적용된다.

(2) 해당업무

공민권이라 함은 법령에 근거한 공직의 선거권, 피선거권, 국민투표권 등과 같이 국민으로서 국가 또는 지방자치의 공무에 참가하는 권리를 말하며, 본인의 선거운동은 포함되나[2] 다른 후보자를 위한 선거운동은 포함되지 않는다.[3]

'공의직무'라 함은 법령에 근거를 두고 직무자체가 공적성격을 갖는 업무를 말한다. '노동위원회위원의 업무처럼 법령에 의해 설치된 심의회 또는 위원회의 업무', '민소법·형소법·노위법과 같이 법령에 의해 수행하는 업무로서 당사자[4]가 아닌 증인업무처럼 공적질서를 확립하기 위한 업무',[5] '「공직선거법」에 의한 입회인[6]의 업무처럼 국가·지방자치단체의 공무가 적정하게 집행되도록 감시하는 업무', '국회 또는 지방의회의 정기회의·임시회의 출석이나 상임위원회활동',[7]

---

1) 근기 68207-2159, 2002.6.8. 건설일용근로자 관련 ; 순수한 일용근로자라면 사용자가 공의직무집행일에 근로계약을 맺지 않을 경우 근로자책임으로 공무를 수행해야 한다. 사용자가 일용계약을 체결한 상태에서 공의직무수행을 위한 시간이 관련법리가 적용된다.

2) 근로기준과-1296, 2010.10.14. 공직선거에 있어 예비후보자의 선거운동.

3) 김형배, 『근로기준법』, 제8판, 94쪽 ; 근기 01254-9404, 1991.6.28. 지방의회의원 입후보 사례.

4) 근기 01254-10093, 1991.7.12 ; 근기 68207-3016, 2002.10.7 ; 근로기준팀-5828, 2007.8.8.

5) 일본 노동성, 기발 제150호, 1988.3.14. 법원소송은 일반적으로는 공민권행사가 아니나 공직선거법에 의한 선거 또는 당선에 관한 소송, 선거인명부 소송 등은 참정권적인 성격을 갖는 것으로 공민권행사임.

6) 「공직선거법」 관련 참관인의 업무도 공의직무에 포함된다(근기 01254-104, 1993.1.21).

7) 근기 01254-9404, 1991.6.28.

주민등록일제갱신,[1] '「예비군법」·「민방위기본법」, 전시비상훈련관련법 등에 근거를 둔 소집훈련·을지훈련·민방공훈련' 등을 예로 들 수 있다.[2]

노동조합업무는 조합자체 즉, 사적이익을 위한 행위로서 공의직무가 아니다.[3] 정당활동은 공민으로서 국가 또는 공공단체의 공무에 참가하는 것이 아니고 직무자체가 공적성질을 갖는다고 볼 수 없으므로 '공의직무'가 아니다.[4]

(3) 시간부여

① 시간보장

근로자가 근로시간중이라도 공민권행사 등을 위해 '필요한 시간'을 청구하는 경우에 사용자는 이를 거부할 수 없다. 필요한 시간은 공민권 또는 공의직무의 성질에 따라 판단해야 하나 최소한의 수행시간뿐만이 아니라 '왕복시간 등 부수적시간', 사전준비시간, 사후정리시간 등을 포함한 충분한 시간을 의미한다.[5]

'공의직무'에 필요한 시간은 법령에 근거가 있거나 사회통념상 공무집행에 필수불가결하다고 인정되는 시간이 된다. 사적성격이 강하거나, 사업장의 소정근로시간외에 수행이 가능하거나, 부여치 않아도 공무집행에 지장을 가져오지 않으면 그 시간을 부여치 않을 수 있다.[6]

② 시간변경

공민권을 행사하거나 '공의직무'를 집행하는데 지장이 없는 한 근로자가 청구한 시각을 변경하는 것은 허용된다(근기법 §10). 공민권행사 또는 '공의직무집행'에 지장을 주지 않는다면 일(日)의 변경도 가능하다.[7]

③ 휴일과의 관계

'공의직무수행' 등을 위하여 필요한 시간을 부여하면 되고 휴일로 할 법적의무는 없다. 선거 등 '공의직무수행'을 위해 정부는 임시공휴일을 법정공휴일로 선포할 수 있다. '공의직무수행시간'이 속해 있는 날을 취업규칙 등에 전체근로자의 휴일로 정할 수 있다.[8] 사용자는 근로자의 집단적동의를 받아 취업규칙 등

1) 근기 1451-30552, 1983.12.12. 국가가 국민에게 일괄적으로 부여하는 의무로서 공의직무로 봄.
2) 사노 제37호, 1953.10.2.
3) 사노 1455-323, 1953.10.2.
4) 근기 1455-323, 1971.1.13.
5) 서울민지판 1993.1.19, 91가합19495.
6) 근기 01254-9404, 1991.6.28. 주민등록일제갱신기간 관련. 소정근로시간외에 공의직무수행이 가능함에도 근무시간중을 고집하면 권리남용 ; 근로개선정책과-2571, 2012.5.9. 파트타임근로자의 국회의원선거 관련. 소정근로일이 아닌 날이 공민권행사일이라면 따로 시간을 부여하거나 금전보상문제는 발생하지 않는다.
7) 박상필, 『근로기준법강의』, 103쪽 ; 일본 노동성, 「노동기준법」, 90쪽.
8) 법무 811-10696, 1981.4.17.

을 개정하여 사전에 무급휴일로 정할 수 있다.[1] 근로자의 집단적동의가 없이 무급휴일로 처리하면 전근로자에게 휴업수당(근기법 §46)을 지급하여야 한다.[2] '공의직무수행시간'이 관련법령에 따라 유급처리되는 경우라면 그 날을 휴일로 하더라도 유급으로 처리되어야 한다.[3] 유급으로 처리할 법적근거가 없는 공의직무수행시간에 대해 해당근로자의 동의를 받아 그날 전체를 무급휴일로 정할 수 있으며, 1일소정근로시간전체가 '공의직무수행시간'이라면 동의를 받지 않고 무급휴일로 할 수 있다.

(4) 임금지급

① 원 칙

근기법(§10)은 공민권행사 등을 위해 필요한 시간을 부여하도록 명시하고 있으나 임금지급에 대하여는 규정하지 않고 있다. 임금지급여부는 노·사가 협의하여 단체협약·취업규칙 등으로 결정한다.[4] 법령·단체협약·취업규칙 등에 임금지급근거규정이 없으면 사용자의 임금지급의무는 없으며,[5] 필요한 시간만 부여하면 된다.

② 지급근거

「공직선거법」(§6)은 '… 선거인명부를 열람하거나 투표하기 위해 필요한 시간은 보장되어야 하며 이를 휴무 또는 휴업으로 보지 않는다'고 규정하고 있다. 「예비군법」(§10)과 「민방위기본법」(§27)도 동원·교육·훈련기간을 휴무로 하거나 불이익하게 처분하지 못하도록 규정하고 있다,

'휴무 또는 휴업으로 보지 않는다'는 '유급으로 해야 한다'는 뜻으로 해석된다.[6] 이 때 지급되는 임금은 통상임금이 된다. 을지연습 등 비상대비훈련참가자에 대해서는 「비상대비자원관리법시행령」(§39)에 의해 임금상당액, 여비 등이 지급되어야 한다.[7] 도급제근로자의 경우에도 계속근로관계라면 임금이 지급되는 것으로 해석된다.[8]

---

1) 근기 01254-1426, 1993.6.29 ; 근기 01254-422, 1992.4.28.
2) 근기 01254-15894, 1987.9.30.
3) 근기 01254-126, 1993.6.29.
4) 법무 811-33086, 1980.12.6.
5) 법무 811-10696, 1981.4.7 ; 근기 01254-1413, 1992.8.24. 지방의회의원의 회의출석시간 관련.
6) 근기 01254-407, 1992.3.21 ; 임금근로시간정책팀-1198, 2006.5.29 ; 근기 1455-8213, 1982.3.24.
7) 근기 68207-304, 1994.8.18.
8) 대판 1989.5.9, 89도1801. 일당도급제, 일당적치제 등의 근로형태에 대해 최소한의 임금 즉, '일당으로 간주되는 금액중 기본급으로 책정된 금액'을 지급해야 한다.

③ 지급의 범위 및 한계

㈎ 소정근로시간 범위

공민권과 공의직무는 국민 개개인이 국가에 대해 갖는 권리 또는 의무이다. 따라서 그 이행을 위한 부담도 권리·의무자가 지는 것이 원칙이다. 그럼에도 불구하고 관련법이 유급을 의무화한 것은 근로자생활보장과 공민권행사·공의직무수행의 조화를 위해서이다. 유급처리대상은 공민권행사 또는 '공의직무집행'을 위한 시간대와 소정근로시간대가 맞물리는 부분이다. 사용자는 소정근로시간대에 포함되지 않는 예비군훈련시간에 대해 임금지급의무가 없으며,[1] 근로자는 훈련이 끝난 후의 근로시간대에 근로를 제공해야 한다.[2] 휴일에 소집된 훈련은 휴일근로가 아니므로 해당임금·가산수당이 발생치 않는다.[3]

㈏ 실근로시간 미간주

공민권행사·공의직무집행시간은 실제근로시간이 아니다. 이러한 시간은 소정근로시간중이든 소정근로시간밖이든 간에 연장근로시간계산에 있어 근로시간으로 간주되지 않는다. 소정근로시간중에 예비군훈련 등을 받고 소정근로시간외에 근로를 하면 훈련기간동안에 대해 임금이 지급되어야 한다. 근로제공시간에 대해서도 임금은 지급되어야 하나 실근로시간이 8시간을 초과하지 않으면 근기법(§56)에 의한 연장근로가산수당은 발생치 않는다.[4] 야간에 근로하면 야간근로가산수당(근기법 §56)이 지급된다. 소정근로시간에 근로를 하고 연이어 예비군훈련을 받더라도 훈련시간에 대해 임금 또는 가산임금을 지급할 사용자의 법적의무는 없다.[5]

㈐ 특별취급

'공의직무'의 성격상 또는 그 목적을 달성키 위해 유급처리에 준하여 해석되는 사항이 있다. 예비군훈련에 응소하여 훈련이탈로 귀환조치되거나[6] 예비군훈련에 불참하여 받게 된 보충훈련에 상당하는 시간에 대해서는 훈련수당을 지급할 법적의무가 없다.[7] 그러나 보충교육이 사용자귀책에서 비롯된 것이라면 임금이

---

1) 법무 811-29497, 1980.11.12.

2) 근기 01254-1077, 1992.7.28. 훈련(15:00~20:30) 종료후의 소정근로시간대(야간근무, 19:00~익일 07:00)에 직장에 복귀치 않은 경우, 그 시간을 출근으로 안 봄 ; 근기 01254-126, 1993.6.29. 민방위훈련후 휴식을 취하지 못한 상태라도 마찬가지이다(04:00~16:00 훈련, 이후 근무).

3) 법무 811-6158, 1976.4.10.

4) 근기 01254-16091, 1987.10.6.

5) 근기 1451-5497, 1983.3.3.

6) 기준 1455.9-2065, 1968.3.14.

7) 법무 811-6158, 1976.4.10.

지급되어야 한다. 이 경우 불참에 대해서는 징계, 무단결근처리 등이 가능하다.

당초에 부과된 훈련일수가 사격시험합격 등에 따른 훈련면제로 단축된 경우에는 단축된 일수를 근무치 않더라도 소집기간전체가 훈련기간이 되므로 사용자는 근로자에게 그 기간동안의 임금을 지급해야 한다.[1] 예비군동원에 통상적으로 이용하던 회사의 차가 전복하여 발생한 재해는 업무상재해로 인정될 수 있다.[2] 방위산업체근로자가 병역특례혜택을 위해 받는 동원훈련은 병역법에 의한 훈련으로 임금지급대상이 아니다. 쟁의행위기간 중의 훈련기간은 사용자의 관리범위 밖에 있으므로 임금지급대상이 아니다.[3]

(5) 청구방법

근기법은 공민권행사의 방법 및 청구시기에 관련하여 규정하고 있지 않으므로, 당사자가 자유롭게 정할 수 있다. 구체적으로는 구두·서면 등 의사표시가 사용자에게 도달할 수 있는 방법이면 충분하고, 그 청구시점도 특별한 사정이 없는 한 사회통념상 허용되는 합리적인 범위에서 자유롭게 선택할 수 있다.[4]

(6) 보장효과

① 불리한 처우금지

공민권행사 등을 위해 필요한 시간이 부여된 직장이탈은, 채무불이행 또는 징계대상이 되지 않으며, 출근율계산에서 불리하게 처우될 수 없다.[5] 「예비군법」이나 「민방위기본법」에 규정된 "불리한 처우금지"도 같은 의미이다.

의무이행을 위해 휴직하거나 근로하지 못한 기간중에 임금을 지급받지 못한 기간이 있을 경우, 그 기간은 평균임금산정기간에서 제외된다(근기령 §2①vii).

② 공민권행사와 휴직·해고

근로자가 공직당선후에 공의직무집행이 긴 기간에 걸치게 됨으로써 근로계약상의 의무이행이 곤란하면 당사자합의로 휴직으로 처리하는 것이 바람직하나, 근로자가 거절하여 근로제공이 오래 불가능하면 통상해고대상이 될 수 있다.[6]

---

1) 근기 01254-16057, 1987.10.6.
2) 법무 811-10507, 1979.5.4.
3) 근기 68207-3197, 2002.11.4.
4) 근로개선정책과-6817, 2012.12.13.
5) 근기 01254-9404, 1991.6.28. ; 근기 1451-30552, 1983.12.12.
6) 근기 68207-2612, 2002.7.29. 지방의회의원관련. 징계해고로 처리되면 퇴직금이 불리해질 수도 있음.

제4절 연장근로와 야간근로

1. 연장근로

연장근로제도는 통상연장근로(§53①), 특별연장근로(근기법 §53④)와 유연근로시간제연장근로(§53②)로 구성된다. 법정기준근로시간을 변형하여 활용하는 '탄력적근로시간제 및 선택적근로시간제'의 연장근로도 통상연장근로로 볼 수 있으나 여기서는, 법리가 다르다는 점을 감안하여, 유연근로시간제연장근로로 따로 분류한다.

1·가. 통상연장근로

(1) 연장근로의 개념

연장근로는 법정기준근로시간을 초과하여 근로한 시간이다. 근기법은 법정기준근로외의 근로에 대해 연장근로, 시간외근로와 초과근로라는 용어를 사용하고 있다. 여기서는 연장근로(근기법 §56)와 시간외근로(근기법 §71, 일본 노동기준법도 같은 용어)에 대해, 내용상 차이가 없다고 보고, 주로 연장근로라는 용어를 사용한다. 그리고 연장근로와 휴일근로를 포괄하는 개념으로, 초과근로라는 용어를 사용한다.

(2) 연장근로시간 계산

① 계산의 기초와 실구속시간

연장근로시간은 1일 및 1주단위로 계산된다.

연장근로시간은 실구속시간을 대상으로 계산한다. 업무시작전·종료후의 근로도 사용자의 지휘·명령 아래서 이루어지면 연장근로시간계산의 대상이다.[1] 주중에 결근이 있으면 그 시간을 빼고 1주단위의 연장근로시간을 계산한다. 이 경우, 특정일의 근로가 1일8시간을 넘으면 초과시간은 연장근로이다. 지각한 근로자가 업무종료시각후에 추가로 근로해도 실구속시간이 8시간을 초과한 부분만 연장근로시간이다.[2] 휴일·휴가,[3] 파업시간,[4] 그 밖에 '실근로로 인정되지 않는

1) 근기 01254-13305, 1988.8.30. 업무시작시각전 또는 업무종료시각후의 근로는 근로자의 동의 필요.
2) 근기 68207-2776, 2002.8.21. 지각을 하더라도 소정근로시간외 근로에 대해서는 근로자의 동의 필요.
3) 근기 01254-12214, 1989.8.19 ; 근기 01254-16100, 1991.11.6 ; 대판 1992.10.9, 91다14406. 사용자가 일방적으로 근로시간을 월요일에서 금요일까지는 1일 8시간, 토요일은 6시간(당시 근기법부칙의 법정기준근로시

업무'와 관련된 시간[1]은 실구속시간이 아니므로 그 시간을 제외하고 연장근로시간을 계산한다. 휴게시간을 근로시간으로 인정한다고 규정한 것만으로는 실구속기간이 아니므로 법정연장근로가산수당이 당연히 발생하지는 않는다.[2]

② 계산방법 합의

㈎ 계산단위 합의

1시간미만연장근로시간에 대해 취업규칙 등에 규정하여 30분미만은 0시간으로, 30분이상은 1시간으로 간주해도 위법으로 보지 않는 해석[3]이 발견된다.

㈏ 보장시간과 상계

월단위로 이른바 보장근로시간을 정해 놓고 이를 기초로 연장근로수당을 지급하는데 대해, 실제근로시간과 비교할 때에 소정근로시간미만을 근로한 시간과 연장근로와의 상쇄 등으로 실연장근로시간보다 적게 계산된 부분이 있다면, 그 한도내에서 해당약정은 무효라는 판결[4]이 발견된다.

③ 근로시간계산 중복

㈎ 하나의 소정근로일에 2개의 근로

교대근로에서 일정시각을 기산점으로 24시간안에 단속적으로 행해진 '2회의 근로'에 대해 각각 별개의 근로로 보는 해석[5]이 발견된다. 그러나 이 경우에 '2회의 근로' 사이의 간격이 짧다면 휴게시간이 되어 하나의 근로가 될 수 있다.

㈏ 철야근로와 근로시간

역일을 달리하여 다음 날까지 계속되는 철야근로는 전일의 근로로서 8시간초과분은 연장근로가 된다.[6] 다음날의 업무시작시각후까지 이어진 전일의 근로는 새로운 근로로서 연장근로가 아니라는 행정해석[7]이 있으나, 법적근거가 없으며

간)으로 정하되 "주중에 휴일이 있으면 토요일에 8시간을 근로하여야 한다"고 정한 방침은 주중에 휴일이 있는 주의 근로시간이 40시간이므로 정당함 ; 근기 68207-2990, 2000.9.28.

4) 근기 68207-2776, 2002.8.21. 오전에 파업하여 1일8시간근로를 초과하지 못한 경우. ↘ 231쪽

1) 근기 68207-1045, 2003.8.22. 버스기사가 교통사고로 사용자의 허락을 받고 조사를 받은 시간.

2) 근로개선정책과-2215, 2013.4.9.

3) 일본 노동성, 기발 제90호, 1958.2.13.

4) 대판 2020.11.26, 2017다239984, 임금산정대상이 되는 근로시간이 소정근로시간인지 또는 연장근로시간인지를 구분하지 않은 채 전체 근로시간만을 단순 비교하여 연장근로시간을 계산한 결과 실제 연장근로시간 중 소정근로시간과 중첩되어 상쇄되는 부분이 발생. 야간근로 등이 유리하게 변경되었어도 무효.

5) 법무 811-19544, 1980.8.6. 14:00~22:00까지 근로한 근로자가 다음날 작업교대로 06:00~14:00까지 근로함으로써 작업교대 전인 다음날 작업완료시간까지 24시간 이내에 16시간을 근로하더라도 다음날의 8시간 작업은 연장근로가 아님.

6) 근기 01254-20752, 1989.12.14.

7) 근기 68207-402, 2003.3.31.

근로자의 건강을 보호해야 한다는 점을 고려할 때 받아들이기 어렵다.

④ 휴무일근로와 연장근로

1주일중에서 1일만 주휴일로 정한 주5일40시간근로제에 있어 근로를 제공하지 않는 휴무일의 근로는 연장근로시간계산에 포함된다.[1)]

(3) 연장근로의 제한

① 제한 내용

근기법은 1주단위로 연장근로시간을 제한한다. 1주단위의 제한내용은 1일단위에도 적용되어 일반근로자를 기준으로 할 때에 1주뿐아니라 1일에도 12시간을 초과할 수 없다는 것이 행정해석의 태도였다. 그러나 근기법이 연장근로에 대해 1주제한만 두고 있지 1일제한에 대해서는 규정하고 있지 않음[2)]을 지적하면서 1주12시간제한규정은 1일제한에 적용되지 않는다는 판결[3)]에 따라 행정해석이 변경[4)]되었다. 연장근로제한은 휴일을 포함한 7일을 기준으로 해서 연장근로시간과 휴일근로시간을 합한 시간이다.[5)]

② 일반 제한

당사자가 합의하면 1주간에 12시간을 한도로 법정기준근로시간(근기법 §50)을 초과하여 근로할 수 있다(근기법 §53①). 따라서 연장근로까지 포함한 총근로시간한도는 1주 52시간이 원칙이다.[6)]

---

1) 근로기준과-2325, 2004.5.10 ; 근로개선정책과-7212, 2013.11.26. 해당일을 유급휴무일로 정한 사례. 이 경우 유급수당과 연장근로수당이 중복되어 지급된다.

2) 〈관련 해석〉 근기 01254-13641, 1990.9.27 ; 대판 1997.7.25, 96다29892. 1일 제한이 없음을 적시하고 있다. 유류수종업무에서 토요일연장근로와 일요일근로를 거부한 데 대해 징계해고 인정.

3) 대판 2023.12.7, 2020도15393. 이 판결에 따르면 특히 단시간근로처럼 소정근로일이 적은 근로의 경우에 1일의 연장근로가 지나치게 길어질 수 있는데 EU 국가들은 예방수단으로 최저연속휴식시간제도를 두고 있다.

4) 임금근로시간정책과-165, 2024.1.19.

5) 연장근로한도를 판단함에 있어 휴일근로와 연장근로를 분리해서 판단(근기 68207-2855, 2000.9.19 등)하거나, 그렇게 이해될 수 있는(대판 1991.3.22, 90다6545) 법리가 형성되어 왔다. 이러한 법리는 휴일근로를 연장근로로 보지 않으므로 8시간의 휴일근로를 주당연장근로한도인 12시간의 계산에 포함시키지 않는다. 이에 대해 휴일근로와 연장근로를 통합해서 판단하는 견해가 대두되었다(대구지판 2012.1.20, 2011가합3576 등). 이 견해는 휴일근로가 연장근로에도 해당된다고 보고 휴일근로시간을 주당연장근로한도인 12시간에 포함시킨다. 연장근로시간한도계산과 휴일근로시간의 관계에 대한 논란은, 노동시장에 혼란을 초래하다가, 입법적으로 해결되었다. '2018년 개정 근기법'은 '용어의 정의(§2①vii)'를 통해 "1주"란 "휴일을 포함한 7일"임을 명시하였다. 따라서 1주연장근로한도시간은 휴일근로를 포함하여 계산된다. 해당규정은 기업규모별로 단계적으로 시행되고, '영세사업(장)에 대한 한시적특례(근기법 §53③⑥)'가 인정되며, 휴일근로와 연장근로가 중복될 때 가산수당지급기준(같은장, 같은절, 1·가, (5))이 마련되었다. 실근로시간축소는 총임금을 줄여 퇴직급여를 감축시킬 수 있다. 이에 대해 근퇴령(§30, §31)은 사용자로 하여금 근로자에게 퇴직급여수령액이 감소됨을 알리고 근로자대표와 확정기여형퇴직연금제도도입, 별도의 급여산정기준 마련 등 필요한 방법을 협의토록 하면서 퇴직금제도에 한해 이를 중간정산사유로 인정하게 되었다. ; 헌재 2024.2.28, 2019헌마500. 휴일포함 1주52시간상한제 합헌.

6) 영세사업(장)에 대해 근로자대표와의 서면합의로 8시간을 추가로 인정한 한시적특례는 2022년으로 종료.

③ 특별 제한

근기법은 건강, 교육, 모성보호 등을 위해 연장근로가 일반제한보다 더 엄격하게 제한되거나 금지되는 특별제한을 규정하고 있다. 특별제한은 강행성을 가지므로 그에 따른 1일근로시간한도는 선택적근로시간제에 있어 특정일의 근로시간에도 적용된다는 행정해석이 발견되며(같은장, 제5절 4·가,(3),③), 이는 탄력적근로시간제에도 준용된다.

㈎ 연소근로자

'18세미만 연소근로자'(연소근로자)의 연장근로는 1일에 1시간과 1주에 '5시간'을 초과할 수 없다(근기법 §69). 총근로시간은 휴일근로시간을 포함하여 '1일8시간과 1주40시간'이 한도이다.

㈏ 임신근로자

'임신중인 여성근로자'(임신근로자)에게 시간외근로를 시키지 못한다(근기법 §74⑤). 이에 따라 총근로시간은 1일8시간과 1주40시간을 초과하지 못한다. 연장근로는 허용되지 않으며 결근·휴일·휴무일이 있어서 총근로시간이 1일8시간과 1주40시간을 초과하지 않으면, 그 범위 안에서 휴일근로(근기법 §70)가 발생될 수 있다.

매월 고정적으로 지급하기로 정한 연장근로수당이 임신근로자에게 지급되지 않더라도 위법으로 보기 어렵다.[1]

㈐ 출산근로자

'출산후 1년미만인 여성근로자'(출산근로자)에 대한 연장근로시간은 '단체협약규정에도 불구하고'[2] 1일에 2시간, 1주에 6시간, 1년에 150시간을 초과할 수 없다(근기법 §71).[3] 출산근로자의 연장근로(휴무일 근로포함)와 휴일근로를 포함한 전체초과근로가 '1일2시간·1주6시간·1년에 150시간'을 넘을 수 없다.

㈑ 유해위험작업

유해위험작업 즉, 잠수·잠함작업에 대해서는 1일6시간 또는 1주34시간을 초과하는 근로가 인정되지 않는다(산안법 §139). 연장근로는 발생하지 않으며, 결근·휴일·휴무일이 있어서 총근로시간이 1일6시간과 1주34시간을 초과하지 않으면, 그 범위에서 휴일근로가 발생할 수 있다.

---

1) 여성고용정책과-3721, 2022.12.19.
2) 근로조건에 대해 집단적노사관계법의 법리를 불필요하게 개입시켜 해석에 혼란을 가져올 수 있는 규정.
3) 여성근로자 전체에 대한 제한이었으나 제한범위가 축소됨(2001.8.14. 개정 근기법).

(4) 연장근로의 요건

근기법은 연장근로에 대해 당사자합의를 요건으로 하고 있다.

당사자합의에 대한 적용・방법・형식・효력 등 자세한 내용은 "근로조건 대등결정"의 "근로자의 근로조건 개별참여" 부분에서 소개(제2장, 제1절 2·나, (1)~(3))하였다.

(5) 연장근로에 대한 보상

① 금전적보상

(가) 연장근로임금과 가산수당

연장근로시간에 대해 근로의 대가로 지급하는 임금을 연장근로임금이라고 한다. 근기법에는 가산수당지급규정만 있고 연장근로임금수준에 대한 규정이 없다.

연장근로임금은 통상적인 대가가 지급되어야 한다는 점과 기본급 등은 법적개념이 아니라는 점을 감안할 때, 통상임금의 100%가 지급되어야 한다.

법정연장근로(근기법§53, §59, §69단서)[1]에 대해서는 통상임금의 50%이상이 연장근로가산수당으로 지급되어야 한다(근기법§56①, §109 3년징역·3천만원벌금).[2]

(나) 1일・1주 경합

1일법정기준근로시간을 초과하는 연장근로와 1주법정기준근로시간을 초과하는 연장근로에 대해 중복해서 연장근로임금과 가산수당이 지급되지 않으며 많은 쪽을 기준으로 해서 지급된다.[3]

(다) 법내초과근로・단축근로

연장근로는 법정기준근로시간을 초과한 근로시간이다. 단체협약, 취업규칙 등에 법정기준미만으로 정해 놓은 소정근로시간을 초과하나 법정기준근로시간이하인 시간은 법내초과근로로서 가산수당지급대상이 되는 법정연장근로(근기법 §53①)가 아니다.[4] 임금삭감없는 겨울철단축근로는 소정근로시간을 계산할 때에 고려되지 않는 것으로 해석된다(제5장, 제2절 3·라,(1)). 단축된 시간을 초과하여 근로한 시간에 대해 임

---

1) 연소자의 법정기준근로시간을 초과하는 연장근로가산수당에 대해 근기법에 명시하지 않은 상태에서 지급하는 것으로 해석(근기 01254-3951, 1989.3.14 ; 근기 01254-10854, 1988.7.19)해 왔으나 '1997.3.13. 제정 근기법'이 이를 입법으로 해결 ; 대판 2019.11.15, 2015두3492. 현업공무원(국가공무원복무규정 §12조), 월지급시간을 '예산의 범위 내'로 정하도록 하는 규정에도 불구하고, 근무명령에 따라 실제로 초과근무한 시간에 해당하는 초과근무수당의 지급을 구할 수 있다.

2) 근기 01254-3878, 1987.3.10. 강행규정이므로 근로자가 포기할 수 없다.

3) 근기 01254-3558, 1988.3.9.

4) 김유성, 『노동법Ⅰ』, 160쪽 ; 김형배, 『노동법』, 제20판, 429쪽 ; 근기 01254-3951, 1989.3.14 ; 대판 1998.6.26, 97다14200. 특별히 정하지 않으면 가산수당을 지급하지 않거나 50% 미만으로 지급 가능.

금이 지급되어야 하나 법정기준근로시간이내인 경우에는 가산수당이 지급되지는 않는다. 사용자는 단시간근로자가 소정근로시간을 초과하여 근로한 경우에 통상임금의 50%이상을 가산하여 지급해야 한다(기단법 §6③ 2014.9.19 시행).

단시간근로에 대해 소정근로시간을 기준으로 초과근로가산수당을 지급하게 하는 것은 상시적인 초과근로를 예방하기 위한 조치이다. 이러한 접근은 임신기근로시간단축(제6장, 제2절 5·나,(2))·육아기근로시간단축(제6장, 제3절 2·마,(2),③,(다))·가족돌봄근로시간단축(제6장, 제3절 3·나,(4))제도로 확대되었다. 이에 대해 초과근로가산수당법리의 혼란을 초래하며, 전체소정근로시간을 법정기준미만으로 운용하는 사업장의 근로자와 형평이 맞지 않는다는 지적이 있을 수 있다.

(라) 위법연장근로와 자의적 연장근로

위법한 연장근로에 대하여도 처벌은 별론으로 하고 연장근로가산수당이 지급되어야 한다. 연장근로는 당사자합의를 요건으로 한다. 따라서 근로자가 일방적으로 한 연장근로에 대해서는 연장근로임금 및 가산수당이 발생하지 않는다. 객관적으로 연장근로가 불가피한 사정이 인정되면 묵시적합의로 인정될 수 있다.[1)]

(마) 도급근로

도급근로자라도 근로시간에 응하여 일정액의 임금이 보장되어야 하며(근기법 §47), 근로시간에 대해 사용자의 지휘·명령을 받는 경우에는 법정기준근로시간을 초과한 연장근로에 대해 가산수당을 지급해야 한다.[2)]

(바) 세제지원

생산 및 관련직에 종사하는 근로자에 대하여는 급여수준 및 직종 등을 감안하여 소득세관련법령으로 정한 기준에 따라 연장근로, 야간근로 및 휴일근로로 받게 되는 가산급여에 대해 소득세를 부과하지 않는다(소득세법 §12iii더).

(사) 연장·휴일·야간근로 중복(같은장, 제6절 2·라, (3), ③)

② 적 치

연장근로시간에 대하여는 당사자합의로 적치하여 추후에 휴가로 사용하는 보상휴가제(근기법 §57 같은장, 제6절, 4)를 운영할 수 있다.

---

1) 서울중앙지판 2014.1.7, 2013가소5258885. 연장근로가 필요해도 사용자승인을 받도록 하여 지휘·감독하에 연장근로가 이루어지도록 통제할 필요도 있다. 연장근로가 필요함에도 불구하고 사용자측이 싫어하기 때문에 사실상 연장근로신청을 포기하는 분위기에 있는 직장이라면 연장근로에 대한 사용자의 승인을 얻지 않았거나 연장근로신청을 하지 않았더라도 실제로 연장근로한 시간에 대해 상당한 임금을 지급해야 한다.

2) 근기 01254-9700, 1987.6.16.

1·나. 특별연장근로

(1) 의 의

사용자는 특별한 사정이 있으면 고용장관인가와 근로자동의를 받아 '당사자합의로 근로할 수 있는 연장근로한도시간(근기법 §53①②)'을 초과할 수 있다(근기법 §53④본문). 이 제도를 특별연장근로제도(특별연장근로인가제도, 인가연장근로제도, 응급연장근로제도)라고 한다.

사용자는 특별연장근로를 하는 근로자의 건강보호를 위하여 건강검진실시, 휴식시간부여 등 고용장관이 정하는 적절한 조치를 하여야 한다(근기법§53⑦, §110 i 2년징역·2천만원벌금).

(2) 실체적 요건

'특별한 사정'은 '천재·사변 기타 이에 준하는 재해'로 한정하여 협소하게 해석[1]되어 오다가, 근기칙(§9①, 2020.1.31시행 내용은아래표의본문)에 구체적으로 규정되었다.

재 난	재난및안전관리기본법에 따른 '재난 또는 이에 준하는 사고'의 발생에 대한 수습과 예방을 위한 '긴급조치'
인명보호	인명보호 및 안전확보 등을 위한 '긴급조치
돌발사항	시설·설비의 갑작스런 장애·고장 등 돌발적상황발생 수습을 위한 긴급조치
업무증가	통상적인 경우에 비해 업무량이 대폭 증가하고, 이를 단기간내에 처리하지 않으면 사업에 중대한 지장이나 손해 초래
연구개발	소재·부품전문기업등의육성에관한특별조치법(§2. i . i 의2)에 따른 소재·부품과 소재·부품생산설비의 연구개발 및 그 밖에 연구개발을 하는 경우로서 고용장관이 국가경쟁력강화 및 국민경제발전에 필요하다고 인정하는 경우

고용부지침(특별연장근로인가제도 운영지침, 2020.1.31.시행)은, 근기칙의 관련규정에 대한 해석으로, 자세하고 치밀한 세부기준을 제시하고 있다.

(3) 절차적 요건

① 고용장관 인가·승인

㈎ 법적근거

'특별한 사정으로 인한 연장근로'는 사전에 고용장관인가를 받아야 한다. 다만, 사태가 급박하여 고용장관인가를 받을 시간이 없는 경우에는 사후에 지체없이 고용장관승인을 얻어야 한다(근기법§53④, §110 5백만원벌금). 고용장관은 근로시간연장이 부당하다고 인정되면 그 후에 연장근로시간에 상당하는 휴게시간이나 휴일을 줄 것을 명할 수 있다(근기법§53⑤, §110.명령불이행 2년징역·2천만원벌금).

---

1) 김형배, 『노동법』, 제20판, 427쪽 ; 박상필, 『근로기준법강의』, 277쪽.

㈏ 인가 · 승인 내용

관할지방고용노동관서장은 특별연장근로시간의 인가 또는 승인을 함에 있어, 근로시간을 연장할 수 있는 기간을 특별한 사정에 대처하기 위하여 필요한 최소한으로 하고, 사용자가 근로자의 건강을 보호하기 위한 적절한 조치를 하도록 지도할 수 있다(근기칙 §9④). 고용부지침은 그 내용을 자세히 규정하고 있으며 건강보호조치에 대해서는 별도로 고용장관고시가 공포되어 있다.

㉮ 연장근로 기간한도

특별연장근로는 '특별한 사정' 해소에 필요한 최소범위에서 인가 또는 승인되어야 한다. 고용부지침은 사유별로 연장근로기간한도를 1회와 1년으로 나누어 정하고 있다.

사 유	1회의 기간	1년의 기간
재난 · 인명보호	4주이내	사유해소필요기간
돌발상황 · 업무량급증		90일(2개 사유 합산)
연구개발	3개월이내	3개월초과시 심사[1] 후 연장

사유가 해소되지 않은 경우에는 동일사유로 재신청이 가능하다.

㉯ 연장근로 시간한도

특별연장근로시간은 원칙적으로 1주12시간(1주 총64시간)이내이며, 불가피한 경우[2]에는 1주12시간을 초과할 수 있으나 그 기간이 연속하여 2주를 넘지 않아야 한다.

㉰ 근로자 건강보호조치

고용장관은 근기법(§53⑦,§110 2년징역,2천만원벌금)의 위임을 받아 특별연장근로에 있어서의 건강보호조치를 고시(고용노동부고시 제2021-29호,2021.4.1)하고 있다.

(ㄱ) 건강검진

사용자는 특별연장근로를 하는 근로자의 요청이 있는 경우[3]에 해당근로자가 「국민건강보험법」에 따른 건강검진기관에서 건강검진을 받을 수 있도록 하여야 하며, 특별연장근로기간이 시작되기 전에 해당근로자에게 건강검진을 받을 수 있다는 사실을 서면으로 통보해야 한다. 사용자는 담당의사의 진료소견이 있

---

1) 추가연장근로현황, 근로자건강보호조치시행여부확인 등.

2) 〈**재난 · 인명보호**〉 사유해소에 필요한 시간이 명백하게 1주12시간 초과 하는 경우 / 〈**기타사유**〉 사태가 급박하거나 공익을 현저히 침해할 우려가 있는 경우.

3) 요청이 없더라도 근로자의 건강이상징후발견시 즉시 병원진료를 받도록 조치하고, 전문의의 '정상근무가능' 소견이 있을 경우에는 근무복귀조치.

으면 휴가부여, 근로시간단축, 야간근로제한, 연속휴식시간부여, 특별연장근로중단, 작업장소변경, 작업전환 등 해당근로자의 건강을 보호할 수 있는 적절한 조치를 하여야 한다.

(ㄴ) 휴식부여

사용자는 다음중에서 하나이상의 조치를 해야 한다.

ⓐ 특별연장근로시간(추가연장 근로시간)을 1주8시간이내로 운영 ⓑ 근로일종료(연장근로 종료시각)부터 다음 근로일 개시전까지 연속하여 11시간이상의 휴식시간 부여 (자세한 법리는 3개월초과단위탄력적근로시간제(같은장,같은절,3·라,(1),②) 에서의 설명 참조) ⓒ 특별연장근로기간의 도중 또는 종료후에 다음과 같이 연속휴식부여(특별연장근로시행기간을 기준으로 구분하여 제시) • <1주미만> 특별연장근로 종료 직후 특별연장근로시간 만큼의 연속휴식 부여 • <1주이상> 1주 단위로 1일(24시간) 이상의 연속휴식 보장

㈐ **인가 · 승인 절차**

사용자가 '근로시간연장인가 또는 승인신청서'에 '대상근로자의 동의서사본' 및 '연장의 특별한 사정이 있음을 증명하는 서류의 사본'을 첨부해 관할지방고용노동관서장에게 제출하면, 지방고용노동관서장은 이를 심사하여 신청일부터 3일 이내에 반려하거나 '근로시간연장 인가서 또는 승인서'를 교부하여야 한다(근기칙 §9②③). 사후승인은 신청기간 등에 대해 보다 엄격한 제한을 받는다.

② **근로자 동의**

특별연장근로의 경우에도 해당근로자의 동의가 필요하다. 동의방법은 개별적 동의가 원칙이고, 집단적동의의 방법을 취해도 개인적으로 동의하지 않은 근로자에 대해 연장근로를 시킬 수 없으며, 특별연장근로를 원하지 않는 근로자는 이에 응하지 않을 수 있고, 사용자는 이를 이유로 불이익을 줄 수 없다.

(4) 특별연장근로의 효과

특별연장근로가 인가되면 법정기준근로시간의 경우에도 1주52시간을 초과하여 근로하는 것이 가능하다. 특별연장근로규정은 탄력적근로시간제와 선택적근로시간제에도 적용된다.

법정기준근로시간을 넘는 모든 시간에 대해 연장근로임금과 연장근로가산수당이 지급되어야 하고 야간근로시간대에 대해서는 야간근로가산수당이 지급되어야 한다(근기법 §56). 휴게 · 휴일부여, 휴일근로 등에 대해서는 일반법리가 적용된다.

(5) 적용 제외

연장근로가 금지되어 있는 임신근로자와 잠수·잠함작업은 특별연장근로의 적용대상이 아니다. 연소근로자와 출산근로자에게는 동의를 받더라도 특별연장근로가 적용되지 않는 것으로 해석된다.[1]

1·다. 유연근로시간제 연장근로

근기법(§53 ②)은 탄력적근로시간제(같은장 제5절,3)와 선택적근로시간제(같은장 제5절,4)에 있어서의 연장근로에 관한 근거를 마련하고 있는데, 자세한 내용은 해당부문에 소개되어 있다. 이러한 연장근로에 대해서도 당사자합의, 가산수당 등 통상연장근로법리뿐아니라 특별연장근로법리가 적용된다. 이 두 제도외의 유연근로시간제에 대해서는 연장근로에 관한 규정이 없으므로, 연장근로를 전제로 하는 제도설정은 인정되지 않는 것이 원칙이다. 그러나 '사업장밖간주근로시간제'(근기법 §58)의 경우에는 법리적으로 연장근로가 발생할 수 있다(같은장 제5절, 2·나).

2. 야간근로

2·가. 야간근로 판단

근기법은 오후10시부터 오전6시까지(근기법 §56, §70). 나라마다 표준시간대가 달라 야간에 해당되는 시간도 조금씩 다르다. 근로의 전부는 물론이고 일부라도 이러한 시간대에 이루어지면 야간근로가 된다.

3교대 등으로 인한 야간근로뿐만 아니라 통상근로를 연장하여 야간시간에 제공하는 근로와 업무성격때문에 야간에만 제공하는 근로도 야간근로에 포함된다.

2·나. 야간근로 보상

사용자는 야간근로에 대해 통상임금의 50/100이상을 가산하여 임금을 근로자에게 지급하여야 한다(근기법§56③,§109 3년징역·3천만원벌금). 연장·휴일근로와 야간근로가 중복될 경우에는 야간근로가산수당이 별도로 지급되어야 한다. 근로시간·휴게·휴일적용제외근로자(근기법 §63)에 대해서도 야간근로가산수당은 지급되어야 한다.

2·다. 야간근로 제한

성인남성에 대하여는 야간근로를 제한하는 법규정이 따로 없다. 연소자근로자

---

1) 박상필, 『근로기준법강의』, 295쪽 ; 특별연장근로가 재난뿐아니라 업무증가에까지 적용됨을 감안하여 이러한 해석에 동의함.

및 성인여성의 야간근로는 제한을 받는다(근기법 §70).

(1) 18세 이상 여성

18세이상여성근로자는 본인동의가 있어야 야간근로를 시킬 수 있다. 이 때 동의방법은 개별적동의(제2장, 제1절 2·나, (1) ~ (3))이다. 집단적방법으로 노·사가 합의해도, 반대하는 근로자에 대해 야간근로를 시킬 수 없다.

(2) 연소·출산·임신

사용자는 연소근로자 또는 출산근로자의 동의가 있는 경우와 임신근로자가 명시적으로 청구하는 경우에는 고용장관인가를 얻어 각각 야간근로를 시킬 수 있다. 동의는 근로자개인의 개별적동의를 의미한다. 서면동의나 서면청구가 의무화되어 있지는 않다. 동의에 대해서는 당사자합의법리(제2장, 제1절 2·나, (1) ~ (3))에 따른다.

임신근로자에 대해서는 연소근로자나 출산근로자와는 달리 명시적청구를 요구하고 있어 묵시적동의는 인정되지 않는다. 인가권은 지방고용노동관서에 위임되어 있다.[1] 사용자는 고용장관인가를 받기 전에 연소·출산·임신근로자의 시행여부·방법 등에 대해 그 사업(장)의 근로자대표(제2장, 제1절 2·다, (2), ①, ㈏)와 성실하게 협의(제2장, 제1절 2·다, (4), ②)하여야 한다(근기법§70③ §114, 5백만원벌금).

2·라. 다른 제도와의 관계

야간근로제한대상자의 경우 요건을 충족시키지 않으면 야간근로시간대와 중복되는 숙직근로는 허용되지 않는다.

근로시간·휴게·휴일적용제외근로자(근기법 §63)에게도 야간근로가산수당은 지급되나, 포괄임금약정이 인정될 수도 있다(제5장, 제3절 6·마, (1)).

---

1) 사용자가 인가를 신청할 때는 근기칙 제12조 별지 제11호서식인 '임산부·18세 미만인 자의 야간 또는 휴일근로인가신청서'에 근로자의 동의서사본을 첨부하여 관할 지방고용노동관서의 장에게 제출하고 지방고용노동관서의 장은 별지 제12호서식인 '임산부·18세 미만인 자의 야간 또는 휴일근로인가서'를 교부한다.

제5절 유연근로시간제도

1. 의 의

1·가. 유연근로시간제도의 도입

'1953년 제정 근기법'은 최저근로조건을 국가가 보장함으로써 근로자를 보호하는 것을 기본이념으로 삼았다. 이에 따라 법정근로조건은 엄격한 규제의 모습으로 설계되어, 업무성격이나 근로형태에 관계없이 일률적으로 적용되었다.

경제가 발전하면서 우리의 산업과 직종의 구조는 점점 더 복잡해지고 지식·정보화가 빠르게 진행되면서 근로시간과 근로장소의 구속을 상대적으로 적게 받는 근로형태가 널리 활용되기에 이르렀다. 그럼에도 불구하고 근기법은 많은 개정을 거치면서도 근로조건의 수준을 양적으로 높이기만 하고, 산업사회의 변화와 수요에 부응하지 못하였다. 이러한 이유로 근로시간, 해고 등의 조항을 유연하게 운용할 수 있도록 근기법을 개정해야 한다는 의견이 꾸준히 제기되었으나 제도남용과 근로조건악화를 우려하는 노동계의 반대로 구체화되지 못하였다.

그러나 1990년대 후반에 들어와 자본의 국제이동이 자유로워짐에 따라 이윤극대화를 실현하기 위한 기업의 구조조정이 선진국 및 경쟁국에서 널리 전개되자, 우리도 노동시장유연성을 높일 수 있는 방향으로 법개정을 추진하게 되었다.

'1997년 재제정 근기법'은 간주근로시간제도, 탄력적근로시간제도, 선택적근로시간제도 및 보상휴가제를 도입하고 업종별 변형근로시간제도를 '공익성 사업에 대한 근로시간 특례'로 변경하였다. 변화된 내용은 1953년부터 규정되어 있던 '근로시간, 휴일 및 휴게적용제외제도' 및 '교대근로'와 함께 유연근로시간제도의 내용을 구성한다.

1·나. 유연근로시간제도와 서면합의

근기법은 유연근로시간제도에 대해 '사용자(제1장 제4절, 2·나)와 근로자대표(제2장, 제1절 2·다, (2), ①, ㈐)의 서면합의(제2장, 제1절 2·다, (4), ①, ㈎)'를 요건으로 하고 있다.

2. 간주근로시간제

간주근로시간제는 근로시간운용형태를 변경하지 않고 실제근로시간과 관계없이 근로시간계산방법을 따로 정하므로, 소정근로시간운용형태를 변경하면서 근로시간계산을 실제근로시간으로 산정하는 탄력적·선택적근로시간제와 다르다. 간주근로시간제로는 재량간주근로시간제와 사업장밖간주근로시간제가 있다.

2·가. 재량간주근로시간제

(1) 의 의

① 개 념

재량간주근로시간제는 근로시간배분과 업무수행방법을 근로자재량에 맡기고, 실제근로시간과 관계없이 노·사가 서면합의한 시간을 근로시간으로 간주하는 제도이다. 이 제도는 재량근로제, 재량근로시간제 등으로도 불린다.[1]

② 유사개념

탄력적근로시간제와 선택적근로시간제는 업종제한을 두지 않으며, 업무수행방법에 대해 사용자지시를 받는다. 탄력적근로제는 물론이고, 근로기간배분이 근로시간에 맡겨질 수 있는 선택적근로시간제도 근로시간을 정확히 계산한다. 재택근로(Tele-commuting)[2]는 업무수행방법, 근로시간배분 등에 대해 사용자지시를 받는다.

③ 제도취지

전문업무나 창의적업무는, 수행수단에 있어 재량의 여지가 크고, 보수결정에 있어 근로의 양 즉 시간의 길이보다는 근로의 질 즉 성과를 중시한다. 재량근로시간제는 이러한 업무에 대해 근로시간산정과 보수결정의 적정성을 도모하기 위한 제도이다.

④ 법적근거

근기법(§58③)에는 업무의 성질상 업무수행방법, 근로시간배분 등에 대해 구체적인 지시를 하기가 곤란한 업무로서 대통령령으로 정한 업무에 대해, 사용자가 수행방법 등을 근로자의 재량에 맡기고 근로시간은 근로자대표와 서면합의로 정한 시간을 근로한 것으로 간주하는 재량간주근로시간제도가 규정되어 있다.

---

1) 근기법(§58③)은 "근로시간 계산의 특례"라고 표현하고 있고, 근기령은 재량근로제라고 하고, 고용노동부는 재량간주근로시간제와 재량근로제를 혼용하여 사용한다.

2) 인터넷, PC통신 등 신정보기술을 매개로 하는 점에서 하청수공업 심의 가내근로 (Home Working)와 구분된다. 신정보기술을 통한 재택근로, 원거리근무(Remotely-based Working) 등을 Teleworking으로 묶기도 한다.

⑤ **적용대상**

재량간주근로시간제는 근기법령 및 서면합의에 따른 대상업무에 적용된다. 근로자가 배치전환에 의해 그러한 업무에 편입되면 적용대상이고 제외되면 적용대상이 아니다. 배치전환에 관해서는 인사이동의 정당성법리가 적용된다.

⑥ **소정근로일 출근**

재량간주근로시간제는 완전재량간주근로시간제와 부분재량간주근로시간제로 구분될 수 있다. 그러한 구분은 소정근로일지정과 근로시간배분제한의 관점에서 접근될 수 있다. 완전재량간주근로시간제는 근로시간뿐아니라 근로일의 배분을 근로자에게 맡긴다. 이 경우 소정근로일에 근로자가 출근하지 않아도 결근으로 처리할 수 없다. 재량근로시간제에 있어 자율성이 의무화되어 있는 부분은 근로시간배분이지 근로일의 배분이 아니다. 부분근로시간제는 출근의무를 부여하거나 근로시간대를 설정할 수 있다.[1]

(2) 서면합의

① **법적 근거**

재량간주근로시간제를 도입하려면 '사용자(제1장 제4절,2·나)와 근로자대표(제2장,제1절 2·다,(2),①,㈐)의 서면합의(제2장,제1절 2·다,(4),①,㈎)'를 하여야 한다. 서면합의서류는 3년간 보존되어야 한다.

② **명시내용**

합의서에는 대상업무, '사용자가 업무의 수행수단 및 시간배분 등에 관하여 근로자에게 구체적인 지시를 하지 않는다는 내용', '근로시간산정은 그 서면합의로 정하는 바에 따른다는 내용'이 명시되어야 한다(근기법 §58③).

③ **명시범위**

서면합의의 내용에 대한 당사자의 재량은 넓게 인정될 수 있다.

서면합의에는 법정기재사항은 아니지만 '근로시간으로 간주되는 시간', 서면합의유효기간,[2] '제도의 적용과 중지'[3] 등에 대해서도 명시하는 것이 필요하다.

근기법은 서면합의에 "… 구체적인 지시를 하지 않는다"는 내용을 명시토록 하고 있다. 당사자는 "구체적인 지시"에 해당하는 내용을 그야말로 구체화해서 명

---

1) **고용노동부, 『재량간주근로시간제 운영가이드』**, 2019.7.31, 4쪽·7쪽.
2) 유효기간의 길이에 대해서는 법령에 정해져 있지 않으므로 노·사가 결정.
3) **고용노동부, 『재량간주근로시간제 운영가이드』**, 2019.7.31, 15쪽. 재량간주근로시간제는 근로자대표와의 서면합의를 요건으로 하므로, 사용자가 일방적으로 대상근로자의 제도적용을 배제하지 못하며, 서면합의로 대상업무범위를 조정함. 서면합의로 적용중지기준·절차 (예 : 근로자신청 및 사용자승인)등을 정하는 것은 가능.

시할 수 있다. 따라서 근로시간대를 설정하고 나머지 시간에 대해 재량근로를 인정하는 일부시간대재량근로시간제를 합의하더라도 노사합의의 존중이라는 측면에서 볼 때 이를 위법으로 볼 근거가 없다. 나아가서 업무수행방법에 대해 목표부여지시 · 평가 · 업무협의에 대해 용인되는 범위와 그에 대한 근로시간을 당사자가 서면합의로 정하는 것도 제도의 본질을 해치지 않는 한 인정된다.[1]

④ 명시방법

모든 합의내용과 근로자과반수대표선정방법 등을 합의서에 기재되는 것이 바람직하다. 아울러 단체협약 · 취업규칙 및 근로계약의 내용이 서면합의서내용으로 정리될 필요가 있으며, 특히 취업규칙에 재량근로시간제도입에 관한 구체적인 내용들이 기재되는 것이 바람직하다.[2] 근로시간산정방법 등 서면합의내용을 변경하려는 경우에도 새 절차가 진행되어야 한다.

(3) 대상업무

대상업무는 "신상품 · 신기술의 연구개발,[3] 인문사회과학 · 자연과학분야의 연구업무",[4] "정보처리시스템[5]의 설계 또는 분석업무",[6),7] "신문 · 출판[8] 또는 방송[9]

---

1) **고용노동부, 『유연근로시간제 가이드』**, 2018.6, 81쪽. 취업규칙에 구체적내용을 기재하는 것이 바람직.
2) **고용노동부, 『유연근로시간제 가이드』**, 2018.6, 81쪽.
3) **고용노동부, 『재량간주근로시간제 운영가이드』**, 2019.7.31, 4쪽 · 7쪽. **〈포함〉** 재료 · 제품 · 생산제조공정 등의 개발 또는 기술적개선 등을 말하며, 제조업에서의 실물제품 뿐만 아니라 SW · 게임 · 금융상품 등 무형제품의 연구개발. **〈미포함 ; 단순 행정 · 보조업무〉** 단순 데이터 · 통계 분석 · 정리, 타인의 설계 및 지시 등에 따라 단순히 SW를 작성하는 프로그래머, 기자의 취재에 동행하는 기술 스태프 등, 출판사업에서의 단순교정, 고안된 디자인에 따른 단순한 도면작성 및 제품제작 등
4) **고용노동부, 『재량간주근로시간제 운영가이드』**, 4쪽. 대학 또는 공공 · 민간 연구소 등에서 연구를 주된 업무로서 수행하는 것을 말함. 대학의 (조)교수 · 강사, 연구원이 연구 업무와 함께 강의, 입시 사무 등을 함께 수행할 경우 업무의 절반 이상을 연구업무에 종사하여야 함(주된 업무가 연구업무일 것).
5) **고용노동부, 『재량간주근로시간제 운영가이드』**, 4쪽. 정보의 정리 · 가공 · 축적 · 검색 등의 처리를 목적으로 하는 컴퓨터 하드웨어 · 소프트웨어 · 통신망 · 데이터를 처리하는 프로그램 등이 구성요소로 조합된 체계.
6) **고용노동부, 『재량간주근로시간제 운영가이드』**, 4쪽. ① 수요파악, 최적업무처리방법의 결정 및 그 방법에 적합한 기종 선정(ex. 시스템설계 및 분석, 시스템 · 응용SW 분석, 콘텐츠 분석 등). ② 입출력설계 · 처리순서설계 등 애플리케이션 · 시스템의 설계와 기계구성의 세부결정 및 소프트웨어의 결정 등(ex. UI/UX 개발, 응용SW개발, 시스템 SW개발, 임베디드 SW개발 등). ③ 시스템가동후 평가와 문제점해결을 위한 개선 등.
7) 정보처리시스템의 분석 · 설계 · 구현 · 시험 · 기능개선 등 수행하는 프로그래머는 포함되나, 타인의 구체적인 지시 · 설계에 따라 재량권이 없는 상태에서 단순히 프로그램작성만을 수행하는 프로그래머는 미포함.
8) **고용노동부, 『재량간주근로시간제 운영가이드』**, 4~5쪽. 〈신문 · 출판사업〉 신문 · 정기간행물에 뉴스를 제공하는 뉴스공급업도 포함되나, 신문 · 출판 사업이 아닌 사업의 '기사취재 · 편집업무종사자'(〈예〉 사보편집자) 등은 포함되지 않음. 〈취재, 편성 · 편집업무〉 기사내용에 관한 기획 · 입안, 기사취재, 원고작성, 할당 · 레이아웃 · 내용체크 등의 업무(신문 · 출판사업에서의 단순한 교정업무는 미포함).
9) **고용노동부, 『재량간주근로시간제 운영가이드』**, 5쪽. 〈방송사업 취재업무〉 보도프로그램 · 다큐멘터리 등 제작을 위해 행해지는 취재 · 인터뷰 등을 말하며, 기술인력(스태프)는 포함되지 않음. 〈편성 · 편집업무〉 취재대상 선정 등의 기획 및 취재로 얻은 것을 프로그램으로 구성하기 위한 편성 또는 편집을 말함.

사업에서 기사의 취재·편성 또는 편집업무", "의복·실내장식[1]·공업제품·광고[2] 등의 '디자인 또는 고안업무'[3]", "'방송프로그램·영화 등의 제작'[4] 사업에서의 프로듀서[5]나 감독[6] 업무"와 "고용장관이 정하는 업무"[7]이다(근기령 §31). 서면합의 등으로 재량근로시간제 적용제외신청절차를 마련하여 통상의 근무형태나 다른 형태로 전환하는 조치를 할 수 있다.[8] 대상업무수행여부는, 근로자개인을 기준으로, 직함·직책이 아닌 실제수행업무로 판단된다.

(4) 필수요건으로서 재량성

① 총 괄

㈎ 법적근거

재량간주근로시간제는 "사용자가 업무의 수행수단 및 시간배분 등에 관하여 근로자에게 구체적인 지시를 하지 않는다(근기법 §58③ii)"는 전제 아래 성립하므로, 이와 관련된 근로자의 재량성은 제도성립을 위한 필수요건이다.

㈏ 판단방법

제도의 취지를 훼손할 정도의 구체적지시가 있으면, 재량성이 부정된다. 구체적으로는 지시의 업무수행수단·근로시간배분 관련성, 지시의 주기·반복성·구체성, 재량제한의 정도 및 합리성, 재량권의 실질적 행사가능성, 근로자대표와의 합의내용 등을 종합적으로 고려하여 판단된다. 따라서 특정상황만을 기준으로 일률적으로 판단하거나 일부위반사례에 해당한다 하여 바로 무효가 되는 것은 아니며, 대상업무성질에 비추어 재량을 제한하는 정도, 구체적이고 상시적인 지

---

1) **고용노동부, 『재량간주근로시간제 운영가이드』**, 5쪽. 무대·세트 및 디스플레이 디자이너 등도 포함.
2) **고용노동부, 『재량간주근로시간제 운영가이드』**, 5쪽. 상품의 디스플레이 등 선전을 목적으로 한 것도 포함.
3) **고용노동부, 『재량간주근로시간제 운영가이드』**, 5쪽. 전문성·창의성이 필요한 디자인·고안업무로서, 고안된 디자인을 토대로 단순히 도면작성·제품제작 등의 업무는 미포함.
4) **고용노동부, 『재량간주근로시간제 운영가이드』**, 5쪽. 비디오·음반·음악테이프 등 제작 및 연극·콘서트·쇼 등 흥행 포함.
5) **고용노동부, 『재량간주근로시간제 운영가이드』**, 5쪽. 제작전반에 대해 책임을 지고 기획결정, 대외절충, 스태프선정, 예산관리 등 총괄.
6) **고용노동부, 『재량간주근로시간제 운영가이드』**, 5쪽. 77쪽. 스태프를 통솔·지휘하고 현장에서 제작작업총괄.
7) 고용노동부고시 제2019-36호(2019.7.31). 회계·법률사건·납세·법무·노무관리·특허·감정평가·금융투자분석·투자자산운용 등의 사무에 있어 타인의 위임·위촉을 받아 상담·조언·감정 또는 대행을 하는 업무. 소관 법령에 따라 공인회계사·변호사·세무사·법무사·공인노무사·변리사·부동산감정평가사·금융투자분석사·투자자산운용사 등 면허·자격(증)을 소지하고, 타인의 위임·위촉을 받아 상담·조언·감정·대행을 하는 업무(전문적 업무수행을 위한 보조업무를 하거나, 소관법령 등에 따른 자격·면허·자격증 등이 없으면 미포함) ; 일본 후생노동성고시 제23호, 2002. 카피라이터, 시스템컨설턴트, 인테리어 코디네이터, 게임용 소프트웨어 개발, 증권애널리스트, 대학교수, 공인회계사, 변호사, 건축사, 감정평가사, 변리사, 세무사 등.
8) **고용노동부, 『유연근로시간제 가이드』**, 2018.6, 89쪽.

시인지 등이 종합적으로 고려되어야 한다.[1)]

㈐ **판단기준**

재량성여부는 근로자개인을 기준으로 판단된다.[2)]

㈑ **판단기초**

업무지시는 업무의 내용·방법·시간·장소에 대한 지시로 구체화된다. 재량근로제는 이중에서 업무수행수단과 근로시간배분에 관해 구체적지시를 금지한다. 따라서 업무내용·근로장소 등에 대한 지시는 인정된다. 아울러 업무의 내용·목표·기한 등 기본사항에 관한 지시, 일정정도의 진행경과확인, 업무중간결과물·결과물 평가, 사업장의 질서·보안유지 등을 위한 지시도 인정된다.[3)] 업무수행수단과 근로시간배분을 일률적으로 구분하기는 어렵다. 업무수행방법은 조사·분석·보고 등 업무진행에 있어 행해지는 방식·수단의 결정·변경을 말한다. 구체적으로는 출장·회의횟수, 투입자원의 양·질 등이 이에 해당한다. 근로시간배분은 매일의 근로시간, 과제수행에 있어서의 시간의 배분·관리,[4)] 업무부여주기 등이 포함된다.

② **업무수행수단**

㈎ **기본원칙**

근로자는 업무수행의 방식·수단 등을 재량으로 결정해야 하며, 이에 대한 사용자의 구체적지시는 배제되어야 한다. 따라서 필수적인 절차나 방식이 아님에도 매단계마다 이를 지정하고 수행여부를 확인하는 등 사실상 재량을 제한하는 경우에는 적법한 제도운영으로 보기 어렵다.

업무수행수단에 대한 구체적·상시적업무지시는 서면합의에 내용·범위를 명시하거나 개별동의를 얻더라도 제도취지에 반하는 것으로 허용되지 않는다.[5)]

㈏ **수행수단허용 범위**

㉮ 업무보고

재량근로제하에서도 업무의 기본내용에 대한 지시·진행상황점검 등을 위한

---

1) **고용노동부, 『재량간주근로시간제 운영가이드』**, 6쪽.

2) **고용노동부, 『재량간주근로시간제 운영가이드』**, 7쪽. 〈사례 2. 팀단위로 재량이 부여되면 팀장이 팀원에게 구체적지시를 할 수 있는지〉. 팀장은 업무의 협의·조정 및 진행상황 등을 관리하고, 실질적인 업무수행수단 및 시간 배분 등은 해당 팀원이 스스로의 재량에 따라 결정한다면 적법한 제도운영임. 팀단위로 재량성이 확보되어 있더라도, 팀장이 구체적지시를 한다면 해당 팀원에게는 재량간주근로시간제 적용 불가.

3) **고용노동부, 『재량간주근로시간제 운영가이드』**, 6쪽. 〈사례 1. 제품개발방향수정, 기능변경·추가 등〉 업무의 목표·방향 등 기본적 업무내용에 관한 지시로서 인정됨.

4) 세부추진일정의 결정·변경, 노동밀도 등.

5) **고용노동부, 『재량간주근로시간제 운영가이드』**, 7쪽.

중간보고 등은 가능하다. 따라서 일정단계에서의 진행상황·경과확인, 정보공유 등을 위한 업무보고나 지시는 근로자의 재량을 근본적으로 제한하는 것이 아니라면 허용된다. 다시 말해서 프로젝트진행상황을 점검하기 위해 일정주기 또는 단위과제종료시마다 진행경과 등을 보고하도록 하거나, 필요할 때에 내용·목표·기한변경 등 업무의 기본내용에 대한 지시를 하는 것은 가능하다. 제품출시·신기술개발, 연구보고서완성 등 업무완성이 임박한 단계에서 완성도확보 등을 위해 별도의 보고일정을 사전에 정하여 운영하는 것도 제도의 본질을 침해하지 않는 한 가능하다고 해석[1]된다.

㉯ 회의 · 출장

업무진행상황을 확인·정보공유·조정·협의하기 위해 서면합의로 회의의 주기·횟수·일정 등을 정할 수 있고,[2] 서면합의에 정함이 없더라도 기본적으로 근로자 스스로 일정조정을 할 수 있도록 한 상태에서 업무의 목표달성을 위해 필요한 회의에 참석토록 할 수 있다[3]. 업무완성을 위해 필요한 출장·외부회의·행사참석 등이나,[4] 업무수행에 있어서의 중대결함발생 등 긴급업무가 발생한 경우에 회의참석·출장 등의 지시가 그렇다.[5]

㉰ 복무관리

'소정근로일의 출근의무부여·확인', '장시간근로차단 등 건강보호나 연차휴가계산 등을 위한 출·퇴근시각의 등록·기록의무 부여(시각선택은 자율)', '업무일지작성(단위과제완성후 보고전제) 등 업무수행수단과 직접 관련되지 않는 질서유지와 시설·보안관리에 관한 지시·감독은 인정된다.[6]

1) **고용노동부, 『재량간주근로시간제 운영가이드』**, 8쪽·12쪽. 〈사례 4. 프로젝트단위과제 완료시마다 진행상황 보고〉.

2) **고용노동부, 『재량간주근로시간제 운영가이드』**, 8~9쪽. 〈사례 5〉 서면합의로 매주 1~2회 일정시각을 지정하여 회의참석 의무 부과 가능.

3) **고용노동부, 『재량간주근로시간제 운영가이드』**, 8~9쪽.〈사례 6. 제품의 중대한 결함 발생 등 긴급업무발생 시 근로자 동의 하에 당일 회의참석·출장 등의 업무 지시·요청을 할 수 있는지〉 회의참석·출장 등의 지시는 근로자의 시간배분을 침해하지 않는 범위 내에서 사전에 충분한 시간을 두고 이루어지는 것이 바람직할 것이나, 제품의 중대결함, 대규모리콜 등으로 신속한 기술적 분석·개선 등이 신속히 이루어지지 않아 정상적인 업무수행 등을 심각하게 저해하는 등 긴급성과 불가피성이 인정되는 경우에는 지시 가능(이 경우에도 해당 근로자동의 등 적절한 조치를 병행하는 것이 바람직).

4) **고용노동부, 『재량간주근로시간제 운영가이드』**, 8쪽·12쪽. 〈사례 8〉.

5) **고용노동부, 『재량간주근로시간제 운영가이드』**, 12쪽.

6) **고용노동부, 『재량간주근로시간제 운영가이드』**, 9쪽. 〈사례 9〉 출근시각을 정하지 않은 채 출근의무를 부여하거나, 출·퇴근시각 등에 대한 구체적인 지시·간섭이 없이 장시간근로예방·건강권보호·연차휴가산정 등 위한 복무관리목적으로 출·퇴근시각기록의무를 부여하는 것은 가능하며, 업무수행과정의 기록·보존 등을 목적으로 업무완성 시점에 그 간의 업무일지 및 과정관리현황 등을 제출하게 하는 것은 업무수행수단이나 시간배분에 있어 재량성을 침해했다고 보기 어려움.

㈐ **수행수단허용 한계**

㉮ 자발적 참여

보고·회의·출장 등 업무수행수단의 재량성이 침해받았다고 하려면 사용자의 지시·명령이 전제되어야 한다. 예컨대 보고의무불이행에 대해 징계 등의 불이익조치가 예정되어 있는 경우도 재량을 침해한 것으로 본다는 해석[1]이 그렇다. 근로자 스스로의 신청·결정으로 업무진행상황·경과·계획 등을 보고하거나, 회의에 참석하거나 출장을 가는 것은 재량에 따른 것으로 인정된다.[2]

㉯ 최소허용원칙

업무수행수단에 대한 사용자의 통제가 인정되더라도, 그 범위는 최소한에 그쳐야 한다. 업무성격에 비추어 지나치게 보고주기를 짧게 하거나, 자주 회의에 참석케 하거나, 출장·행사참석을 빈번하게 하는 것은 재량권을 실질적으로 제한하는 것이 된다.

㈑ **수행수단허용 판단**

업무수행수단에 대한 사용자통제가 합리적인지는 업무의 목표달성을 위해 반드시 필요한지, 근로자의 선택권이 있는지 등이 고려되어야 한다. 업무보고·회의참석·출장·복무관리지시에 합리적이유가 없다고 판단되면, 근로자는 해당수행수단에 응하지 않을 수 있고, 이를 이유로 사용자는 근로자에게 불이익을 줄 수 없다.[3] 출·퇴근기록 등을 토대로 하여 임금산정·평가반영 등의 불이익조치도 허용되지 않는다.[4]

③ **근로시간 배분**

근로자가 시간배분에 관하여 구체적인 지시를 받지 않아야 재량근로에 해당된다. 시간배분의 모습은 다양하게 나타날 수 있다.

㈎ **소요시간관리**

단위과제에 대한 시간배분에 대해 소요예상시간을 입력받아 관리하는 것은 인정될 수 있으나, 업무의 단위과제가 어느 정도 구체적·세부적인지를 고려하여, 진행상황체크·일정변경 등 근로자의 재량성을 침해할 정도로 간섭·지시하는 것은 인정되지 않는다.[5]

---

1) **고용노동부, 『재량간주근로시간제 운영가이드』**, 8쪽.
2) **고용노동부, 『재량간주근로시간제 운영가이드』**, 9쪽. 〈사례 7〉.
3) **고용노동부, 『재량간주근로시간제 운영가이드』**, 8쪽·12쪽.
4) **고용노동부, 『재량간주근로시간제 운영가이드』**, 12쪽.
5) **고용노동부, 『재량간주근로시간제 운영가이드』**, 10쪽. 〈사례 10. 근로자가 업무수행 예상시간을 사전에 Time

(나) **업무주기 · 업무기한**

업무부여주기에 대해서는 개별업무특성에 따라 다르므로 획일적기준으로 판단하기 어려우므로, 업무종류 · 성격, 해당업무수행방법 등에 관해 보장되는 재량수준 등을 종합적으로 고려한다. 통상적으로 1주단위이상주기는 인정되고, 1일 · 시간단위주기는 재량성침해의 여지가 있으나 언론의 취재 · 편집처럼 특수성이 있으면 업무성격상 1일단위가 인정된다.[1]

재량간주근로시간제는 연장근로를 규정하는 제도가 아니고 업무수행에 필요한 소정근로시간의 안에서 근로시간의 세부적배분을 정하는 제도이다. 업무수행에 통상 소요되는 기간에 미치지 못하는 업무기한을 정하여 과도하게 업무를 부여하면, 시간배분에 있어 재량을 발휘할 여지가 없으므로 실질적인 재량성이 보장된다고 보기 어렵다.[2]

(다) **출근의무 · 출퇴근시각 · 근무시간대**

근로장소를 지정하여 출근의무를 부여하는 것과 출근일을 서면합의로 정하는 것은 인정된다. 출 · 퇴근시각의 엄격한 적용 · 관리는 시간배분재량을 침해하는 것이나, 질서유지 · 안전확보 등을 위해 불가피하면 한시적으로 출 · 퇴근시각을 정할 수 있다. 업무완성을 위해 필요하면 사용자는 근로자대표와의 서면합의로 특정근로시간대를 지정하여 운영할 수 있으며, 회의 · 보고 등은 그 시간대에 이루어지는 것이 바람직하다. 다만, 사실상 출 · 퇴근시각을 정하는 것이 될 정도로 근로시간대를 넓게 배치하면 시간배분재량침해가 성립한다.[3]

(라) **근로총량제한**

근로자의 출 · 퇴근기록을 토대로 사용자와 근로자대표간 서면합의로 시간총량을 제한하고, 관리하는 것은 가능하다.[4] 시간배분재량권을 제한하지 않는 범위

Sheet에 입력하고, 관리자는 이를 기준으로 업무 진행상황 관리〉. 세부단위과제 완성에 소요되는 '예상시간'만을 입력하도록 하고 근로자의 재량에 따라 시간배분을 조정할 수 있도록 한다면 인정. Time Sheet에 입력된 시간을 기반으로 업무진행상황을 체크하고 일정변경 등의 지시를 하거나, 다음 과제의 시간배분을 조정하도록 간섭 · 지시하면 재량성 침해.

1) **고용노동부, 『재량간주근로시간제 운영가이드』**, 10쪽. 〈사례 11〉 1개월이 소요되는 프로젝트에서 매주단위로 업무구분 인정. 〈사례 12〉 재량성을 침해하지 않을 정도의 주기로 업무를 부여하면서 매일 업무결과를 보고 토록한 일단위 업무완성 부인. 〈사례 13〉 기사취재하고 편집하는 업무에 대해 매일 취재의 내용 기한 등을 정하여 지시하는 것 인정.

2) **고용노동부, 『재량간주근로시간제 운영가이드』**, 11쪽. 〈사례 14〉.

3) **고용노동부, 『재량간주근로시간제 운영가이드』**, 11쪽. 〈사례 15. 설비 · 시스템 도입 · 교체 · 수리 등으로 전체 사업장 또는 특정부서에서의 근로가 일시적으로 불가능할 경우, 출퇴근시각을 정할 수 있는지〉 재량근로제하에서도 기본적인 지휘 · 명령권과 시설관리권 등에 따른 일시적이고 불가피한 지시는 가능하므로, 시설관리 · 보안유지 · 안전확보 등 불가피한 사유로 한시적으로 출 · 퇴근시각을 정하여 엄격히 적용 · 관리 가능.

4) **고용노동부, 『재량간주근로시간제 운영가이드』**, 15쪽. 〈예시〉 서면합의에 '출입시각을 토대로 1주 ○○시간 이

에서 건강보호·사업장보안 등의 목적으로 근로자대표와의 서면합의로 야간 및 휴일의 일정시간대에 근로를 제한할 수 있다.

(5) 효과 및 한계

① 효 과

㈎ 근로시간·연장근로

재량간주근로시간제가 적법하게 도입되면, 대상근로자에 대해 서면합의로 정한 근로시간을 근로한 것으로 간주한다. 간주근로시간은 1주 또는 1일 단위로 정해진다. 서면합의로 정한 간주근로시간은 법정근로시간이내여야 하며, 이 경우 근로자가 근로시간배분을 길게 하더라도 연장근로는 발생하지 않는다.

서면합의로 정한 간주근로시간이 법정연장근로시간의 한도내에서 정해질 수 있으며, 법정기준근로시간을 초과한 부분은 연장근로로서 가산수당이 지급되어야 한다는 해석[1]이 발견된다. 간주근로시간을 법정기준근로시간보다 길게 정하는 것은 연장근로를 상태화시킴을 의미하고 장시간근로를 강요함으로써 위법의 소지가 있으며, 근로시간계산의 편의를 도모하고자 하는 제도의 목적에도 어긋난다.[2] 근기법은 재량간주근로시간제에 대해 연장근로에 관한 규정을 두고 있지 않다. 간주근로시간을 법정기준근로시간보다 길게 책정하는 것은 위법한 운용이므로 통상적인 근로시간제로서 연장근로가 발생한다.

㈏ 휴게·휴일·휴가

근로자재량에 의해 시간을 변경할 수 있다는 전제 아래, 휴게시간이 별도로 부여되어야 한다는 견해[3]가 있다. 업무수행방법과 근로시간배분이 근로자에게 맡겨져 있는 상태에서 휴게시간을 별도로 부여한다는 개념이 성립하는지 의문이다. 부여의무를 이행하지 않은 사용자에 대해 벌칙이 부과될 수 있는 휴게시간 조항위반의 죄를 물을 수 없다.

재량간주근로시간제를 도입하더라도 유급주휴일, 유급연차휴가 등 법정휴일·휴가는 물론이고[4] 약정휴일·휴가도 부여되어야 한다. 부분재량간주근로시간제에 대해서는 출근의무가 부여된 소정근로일을 대상으로 출근율이 계산되고, 출

상 사업장내에 체류하는 경우, 추가근로를 제한하는 방법(PC-OFF·시스템접속차단 등) 및 절차 등' 설정.

1) 김유성, 『노동법 I』, 145쪽 ; 官野和夫, 『勞働法』 第10版, 2013, 379頁 ; **고용노동부, 『재량간주근로시간제 운영가이드』**, 3쪽·14쪽.

2) 소득증대를 위한 것이라면 기본급을 올리면 같은 효과를 거둘 수 있다.

3) 官野和夫, 『勞働法』 第10版, 2013, 379頁 ; **고용노동부, 『재량간주근로시간제 운영가이드』**, 3쪽.

4) 官野和夫, 『勞働法』 第10版, 2013, 379頁 참조.

근의무를 지정하지 않은 완전재량간주근로시간에 대해서는 사업장의 소정근로일 전체가 출근일이 된다.

㈐ 휴일근로 · 야간근로

재량간주근로시간제를 도입하더라도 휴일·야간근로에 대한 법적규제가 적용된다.[1] 노사합의로 정한 근로시간대에 휴일·야간이 포함되기만 해도 휴일·야간근로가 성립된다는 해석[2]이 발견된다. 그러나 휴일을 근로시간대로 설정한다면 그 날은 휴일이라고 볼 수 없다. 야간시간이 근로시간대에 설정되어 있더라도 근로시간배분이 근로자의 자율에 맡겨져 있으므로 당연히 야간근로가 될 수는 없으며, 그 시간대에 근로를 제공한 경우에 야간근로가 성립한다. 근로시간대에 휴일·야간근로가 포함되지 않았다면, 사용자의 요청·지시·허가·승인·동의가 있는 경우에 휴일·야간근로가 성립하며 이와 관련된 법리가 적용된다.

② 한 계

㈎ 취약근로자

재량간주근로시간제를 도입하더라도 임신근로자, 연소근로자 및 출산근로자에 대해 시간외근로제한 등의 근기법규정은 적용된다.

㈏ 근로조건저하 · 불이익취급

서면합의로 정한 간주근로시간이 해당 사업장의 1일 또는 1주의 소정근로시간보다 적게 하여 기존임금을 삭감하거나, 유급휴일의 적용을 하지 않으면 재량간주근로시간제를 이유로 한 근로조건저하로 근기법제3조에 위반될 수 있다.

㈐ 위법한 제도 설계 및 운영

재량간주근로시간제가 대상업무, 서면합의 및 법적기재사항을 내용으로 하는 법적요건을 갖추지 못하면 무효이다. 서면합의에 명시된 사항이 지켜지지 않거나,[3] 구체적지시가 상시적이고 반복적으로 이루어지는 등 제도의 본질을 침해하여 법적요건을 갖추지 못한 제도도 무효이다. 재량간주근로시간제가 효력을 잃으면, 법정기준근로시간제도(근기법 §50)가 적용되어 실근로시간여부에 따라 근로시간위반이 될 수 있고, 실근로시간을 토대로 임금 등 근로조건이 적용된다. 재량간주근로시간제가 도입되면, 사용자는 근로시간계산을 하지 않는다. 따라서 실근로시간의 주장과 입증을 근로자가 하게 된다. 다만, 근로자의 입증에 대해 사용

---

1) 菅野和夫, 『労働法』 第10版, 2013, 379頁 ; 임종률, 『노동법』, 제9판, 437쪽 ; 김형배, 『노동법』, 제23판, 467쪽.
2) 고용노동부, 『재량간주근로시간제 운영가이드』, 3쪽.
3) 근로개선정책과-6390, 2012.11.28.

자가 반론을 제기하지 못하면 실근로가 인정될 것이다.

(6) 제도의 평가

재량간주근로시간제에 대해 장시간근로를 우려하여, 서면합의를 할 때에 '근로자의 건강 및 복지를 확보하고 고충을 처리할 수 있는 방안'을 강구토록 사용자에게 의무를 부여하는 일본의 운용예가 발견된다.[1] 일본은 전문업무형재량근로시간제외에 사무직을 대상으로 하는 기획업무형재량근로시간제 그리고 연차휴가를 제외한 다른 근로시간제도를 적용하지 않는 고도전문직제도를 두고 있다.

2·나. 사업장밖간주근로시간제

(1) 의 의

① 개 념

출장 등 기타 사유로 사업장밖에서 근로를 함으로써 근로시간측정이 곤란한 경우가 있다. 근기법은 이러한 근로에 대해 소정근로시간, '업무수행에 통상적으로 필요한 시간', '노・사가 서면으로 합의한 시간' 중 어느 하나를 근로시간으로 간주하는 사업장밖간주근로시간제를 규정하고 있다.

② 연 혁

'1997년 재제정 근기법' 전에는 법의 위임이 없이 근기령으로 이러한 근로에 대해 근로시간계산특례를 인정하여 위법성에 대한 논란이 있었으나 관련조항(근기법 §58)을 법에 직접 규정함으로써 입법적으로 해결되었다.

③ 활 용

사업장밖간주근로시간제는 근로시간산정이 어려운 업무로 영업직, A/S업무, 택시운송업, 재택근무 등에 유용한 제도이다.[2] 숙박・합숙・출장 등이 사업장을 떠나 근로한 것이라면 사업장밖간주근로시간제의 법리가 적용될 수 있다.[3]

(2) 대상근로

'당초에 사업장밖에서 근로하도록 되어 있는 상태적인 사업장밖근로', '상태적인 사업장밖근로와 사업장내근로가 혼합된 근로', '출장 등 사업장내근로가 원칙이나 일시적인 필요가 있어 사업장밖에서 수행하는 근로' 등이 적용대상이다.

---

1) 노사협정에 건강・복지 확보와 고충처리조치가 포함되어야 하고, '근로자의 신고 등에 의한 건강상태파악', '근로상황에 따른 휴일・휴가 부여 및 배치전환', '연차유급휴가 취득 촉진 및 상담창구 설치' 등을 권장.

2) **고용노동부, 『유연근로시간제 가이드』**, 2018.6, 62쪽.

3) 근기 68207-1963, 2000.6.8). 수학여행 지도교사 업무 ; 근기 68207-1909, 2001.6.14. A/S 업무.

(3) 요 건

사업장밖간주근로시간제는 '사업장밖에서 근로하여 근로시간을 산정하기 어려운 경우'에 적용된다

① 사업장밖 근로

사업장밖근로는 '근로의 장소적인 측면'과 '근로수행의 형태적인 측면'을 종합적으로 고려하여 판단된다.[1] '근로의 장소적인 측면'이라 함은 소속사업장에서 장소적으로 이탈하여 소속사업장의 근로시간관리로부터 벗어나 있는 상황을 말한다. 근로시간의 전부 또는 일부를 사업장밖에서 근로하는 경우가 이에 해당된다. '근로수행의 형태적인 측면'이라 함은 사용자의 근로시간관리조직으로부터 구체적인 지휘·감독을 받지 않고 근로를 수행하는 것을 말한다.

② 근로시간 산정 곤란

사업장밖간주근로시간제는 실근로시간계산이 어려운데서 발생하는 노·사간 마찰을 예방하는데 목적이 있다. 사업장밖간주근로시간제는 사업장밖근로의 시업·종업시각이 해당근로자의 자유에 맡겨져 있고, 근로자여건이나 업무상태에 따라 근로시간장단이 결정되는 경우에 적용된다. 사업장밖간주근로시간제는 근로시간의 부당한 산정에 악용되어서는 안되고 근로시간을 산정하기 어려운 경우에 한정하여 인정된다. 근로시간을 산정할 수 있는 경우[2]에는 산정된 근로시간을 근로한 것으로 본다. 사업장밖근로라 하더라도 사용자의 구체적인 지휘·감독이 미치면 근로시간산정이 가능하므로 이 제도가 적용되지 않는다.

③ 취업규칙과의 관계

근기법은 사업장밖간주근로시간제에 대해 취업규칙에 규정하는 것을 인정요건으로 명시하고 있지 않다. 이러한 이유로 통상근로자와 비교하여 근무장소외에 다른 근로조건에 변경이 없는 경우, 취업규칙변경이 필요치 않다고 해석[3]된다.

---

1) 고용노동부, 『유연근로시간제 가이드』, 2018.6, 63쪽.

2) 김형배, 『노동법』, 제20판, 435~436쪽 ; 김유성, 『노동법 I』, 144쪽 ; 법령은 어떠한 경우가 "근로시간을 산정하기 어려운 때"인지 명시하고 있지 않다. 그러나 ⓐ 사용자지시에 따라 명백히 소정근로시간의 기산점이전 또는 마감점이후에 근로한 경우 또는 회의·면담 등 명확한 시간측정이 가능한 상태, ⓑ 팀을 만들어 사업장밖근로에 종사하는 경우로서 그 구성원중에 근로시간관리자가 있는 경우, ⓒ 사업장밖업무종사자가 정보통신기기를 통해 근로시간에 대해 수시로 사용자의 지시를 받으면서 근로하는 경우, ⓓ 사업장에서 방문처·귀사시각 등 업무에 대해 구체적지시를 받고 사업장밖에서 지시대로 업무를 마친 후에 사업장에 돌아오는 경우, ⓔ 출·퇴근시 집합하여 책임자에게 보고하고 책임자인솔 등을 통해 이동하는 경우, ⓕ 업무시작시각과 업무마감시각이 기재된 작업보고서가 제출되는 경우, ⓖ 기타 시간측정이 가능한 상태인 경우를 들 수 있다(ⓑ, ⓒ, ⓓ는 '일본 노동성, 기발 제181호, 「개정 노동기준법의 시행에 대하여」, 1994.3.31.' 참조 ; ⓕ는 '김형배, 『노동법』, 제20판, 436쪽' 참조).

근로시간은 취업규칙기재사항이다. 따라서 취업규칙을 작성·신고(근기법 §93)할 때 소정근로시간제의 대상근로 등을 기재되어야 한다. 기재의무조항은, 벌칙적용을 별론으로 하고, 효력조항은 아니다.

(4) 간주내용

① 소정근로시간간주제

출장 등 사업장밖근로는 성격상 근로시간에 대해 사용자의 직접적이고 구체적인 통제가 이루어지기 어렵고 해당시간의 업무수행성판단이 쉽지 않다. '출장, 그 밖의 사유로 근로시간의 전부 또는 일부를 사업장밖에서 근로하여 근로시간을 산정하기 어려운 경우'에는 소정근로시간을 근로한 것으로 본다(근기법 §58①본문).

소정근로시간간주제에 대해 노사합의 등의 절차는 필요치 않다.

소정근로시간간주제 아래에서는 연장근로가 발생하지 않는다.

② 통상필요근로시간간주제

㈎ 법적 근거

통상적으로 소정근로시간을 초과하는 것이 명백한데도 소정근로시간을 근로한 것으로 간주하는 것은 불합리하다. 그 업무를 수행하기 위해 통상적으로 소정근로시간을 초과하여 근로할 필요가 있으면 그 업무수행에 통상적으로 필요한 시간을 근로한 것으로 본다(근기법 §58①단서 통상필요근로시간간주제).

㈏ 간주방법

"그 업무를 수행하기 위해 통상적으로 필요로 하는 시간"이라 함은 통상의 상태에서 그러한 업무를 수행하기 위하여 객관적으로 필요한 시간을 말한다. 업무수행에 통상적으로 필요한 시간을 산정하기 어렵고 개인별로 필요한 시간이 다르다면 평균적인 근로자가 통상적으로 필요한 근로시간으로 간주할 수 있다. 취업규칙을 통해 해당시간산정방법을 구체적으로는 규정하는 것이 바람직하다. 통상필요근로시간간주제는 상태적으로 행해지는 사업장밖근로를 대상으로 하는 것이 원칙이므로, 한번 정해지면 그 업무에 대해 일률적으로 적용된다.

출장(같은장, 제3절 4·라,(2),②)[1] 등과 같이 돌발적·임시적인 사업장밖근로에 대해서는 일률적으로 간주근로시간을 정하기가 곤란하므로 필요할 때마다 따로 정하여야 한다.

---

3) 고용노동부, 『유연근로시간제 가이드』, 2018.6, 67쪽. ↘ 254쪽

1) 사업장·출장지간 이동에 통상적으로 소요되는 시간을 포함하여 출장근무수행에 통상적으로 필요한 시간이 소정근로시간을 초과하면 그 필요한 시간을 근로한 것으로 봄. 사용자지시에 의한 경우에는 휴일근로가 성립하나 휴일이동시간은 제외(근기 68207-1909, 2001.6.14. A/S 업무. 근기-68207-2675, 2002.8.9).

오랜기간 동안 반복된 예가 있다면 그 업무를 정형화하여 간주근로시간을 정할 수 있다. 통상필요근로시간간주제는 객관성과 통상성을 기준으로 하고 사용자가 일방적으로 시행할 수 있어 노·사간에 다툼의 소지가 많으므로 사업장밖간주근로시간합의제를 활용하는 것이 바람직하다.

㈐ **연장근로**

'통상 필요한 시간'중에서 법정근로시간을 초과하는 시간은 연장근로가 된다.[1)]

③ **사업장밖간주근로시간합의제**

㈎ **법적 근거**

사용자(제1장 제4절,2·나)와 근로자대표(제2장,제1절 2·다,(2),①,㈐)가 서면합의(제2장,제1절 2·다,(4),①,㈎)를 한 경우에는 합의로 정한 시간을 업무수행에 '통상 필요한 시간'으로 볼 수 있다(근기법 §58②).

㈏ **합의방법**

서면합의에 대해서는 권한있는 당사자가 서명·날인해야 한다.[2)] 서면합의서류는 3년간 보관되어야 한다. 합의의무내용(근기법 §58②)은 "근로시간으로 간주하는 시간"뿐이다. 의무사항은 아니지만 노·사의 마찰을 줄이기 위해 대상업무, 유효기간 등 자세한 내용을 명시해 놓는 것이 필요하다.

㈐ **연장근로**

합의시간은 소정근로시간을 초과할 수 있으며 법정기준근로시간을 초과한 시간은 연장근로가 된다.

(5) 사업장밖·안 근로 혼합

① **원칙**

사업장안근로와 사업장밖근로가 혼합되어 있는 경우, 원칙적으로 사업장밖근로에 대해 간주근로시간을 산정하고 사업장안근로를 실근로시간으로 산정하여 합산한 시간이 근로시간이다.[3)]

② **혼합형태별과 근로시간대별 검토**

혼합형태와 근로시간대에 따라 제도의 적용방법이 달라질 수 있다.

---

1) **고용노동부, 『유연근로시간제 가이드』**, 2018.6, 63쪽.
2) 〈서면합의당사자, 근로자대표선정방법, 합의방법, 서면합의서효력 등〉 '제2장, 제1절, 2·다, (4), ①, ㈎' 참조.
3) 일본 노동성, 기발 제150호, 1988.3.1 ; 오전에는 사업장안에서 근무하고, 오후에는 사업장밖에서 근무하는 경우, 그 시간을 합산한다. 즉, 사업장안에서 4시간을 근무하고 나머지는 사업장밖에서 근로한 경우, 사업장밖근로시간이 5시간으로 간주되면 그 날의 근로시간은 이 둘을 합한 9시간이 된다.

사업장안근로와 사업장밖근로가 소정근로시간대에서 혼합	사업장밖근로시간산정이 어려우면 소정근로시간근로로 간주 (모두 소정근로)
사업장안근로는 소정근로시간대 사업장밖근로는 소정근로시간대밖	사업장밖근로시간 별도 계산, 산정이 어려우면 통상필요근로시간간주제 또는 사업장밖간주근로시간합의제 활용
사업장안근로는 소정근로시간대밖, 사업장밖근로는 소정근로시간대	<참고 견해> 사업장안근로는 근로시간 인정 사업장밖근로 시간산정이 어려우면 소정근로시간간주[1] <사견> 필요근로시간간주제나 사업장밖간주근로시간합의제 활용[2]
사업장안근로와 사업장밖근로가 소정근로시간대뿐 아니라 소정근로시간대외의 시간에도 각각 혼합	<참고 견해> 소정근로시간대근로 모두를 소정근로시간근로로 간주, 소정근로시간대밖근로중에서 사업장안근로를 실근로시간 계산, 사업장밖근로시간을 별도 검토[3] <사견> 사업장안근로에 대해 실근로시간 계산, 사업장밖근로에 대해 통상필요근로시간간주제나 사업장밖간주근로시간합의제 활용

③ **연장근로**

혼합근로에 있어 법정근로시간을 초과한 시간은 연장근로가 된다.

(6) 근로조건의 적용

① **휴게 · 휴일 · 휴가**

사업장밖근로에는 휴게시간이 포함된 것으로 간주된다. 유급주휴일, 유급연차휴가 등 휴일 · 휴가는 출근율에 따라 부여되어야 한다. 출 · 퇴근에 대해 통제가 없고 소정근로일이 정해져 있지 않아 결근의 개념이 없다면 소정근로일 모두를 출근할 것으로 보아 유급주휴일 등이 부여되어야 한다.[4] 야간근로의 발생여부는 소정근로시간대와 간주근로시간이 어떻게 정해지느냐에 따라 결정된다.[5]

② **휴일 · 야간근로**

간주근로시간에 휴일근로나 야간근로가 포함된 경우 해당가산수당이 지급되어야 한다. 간주근로시간에 야간 · 휴일근로가 포함되어 있지 않더라도 사용자의

---

1) 김형배, 『노동법』, 제20판, 437쪽.

2) 소정근로시간간주제는 사업장밖근로시간이 소정근로시간보다 길거나 짧을 수 있는 경우를 상정한 것인데 소정근로시간대에 이루어졌다고 해서 이를 모두 근로시간으로 보는 것은 제도의 취지에 맞지 않기 때문임

3) 일본 노동성, 기발 제181호, 1994.3.31.

4) 근기 68207-287, 2003.3.13. 외근업무의 특성상 소정근로일, 시업종업시각, 소정근로시간 등에 관해 노 · 사가 특정하지 않은 경우에 특별한 사정이 없는 한 연차유급휴가산정을 위한 출근율 계산시 개근으로 간주.

5) 소정근로시간이 09:00~18:00(1시간 휴게)로 정해진 경우, 1일의 간주근로시간이 10시간이라면 근로시간이 09:00~20:00이 되어 야간근로가 발생치 않는다. 그러나 사업장의 소정근로시간이 14:00부터 시작하는 업무인 경우, 소정근로시간대가 끝난 후에 사업장밖근로가 있는 상태에서 간주근로시간을 10시간으로 정하면 휴게시간 1시간을 제외하더라도 1시간의 야간근로와 연장근로가 발생하게 되어 각각 가산수당을 지급해야 한다.

특별지시 · 승인으로 실제로 연장 · 야간 · 휴일근로가 발생하면 이러한 시간에 대해서는 가산수당이 지급되어야 한다.[1] 휴일근로발생자체를 부정하는 '휴일근로임금 및 가산수당 미지급합의'가 가능하지만, 사용자지시에 의한 출장업무 등 사업장밖수행업무는 휴일근로로 본다. 단순이동은 휴일근로로 보기 어렵다.[2]

③ 취약근로자 보호 조항

사업장밖간주근로시간제를 도입해도 임신근로자와 연소근로자의 야간 · 휴일근로제한규정(근기법 §70)과 출산근로자의 시간외근로제한규정(근기법 §70)'이 적용된다.

④ 산업재해

사업장밖근로의 경우에도 근로자가 수행하는 업무가 원인이 되어 발생한 재해는 근기법 및 산재법상 업무상재해가 될 수 있다.

(7) 제도의 효력

법적요건을 갖추지 못한 사업장밖간주근로시간제에 대해서는 법정기준근로시간제도가 적용되어 실근로시간을 토대로 근로시간위반여부가 판단된다.

3. 탄력적근로시간제

3·가. 의 의

(1) 개 념

탄력적근로시간제[3]란 2주간, 3개월간, 6개월간 등 일정기간을 평균하여 1일간 또는 1주일간 근로시간이 법정기준근로시간을 초과하지 않으면 특정일 또는 특정주에 기준근로시간을 초과해도 근기법위반이 아님은 물론 초과한 시간에 대해 연장근로에 대한 가산수당을 지급하지 않아도 되는 제도[4]이다. 이 제도 아래에서는 일이 많으면 근로시간을 길게 하고 일이 적으면 짧게 운용할 수 있다.

(2) 연 혁

탄력적근로시간제는 1980년에 도입[5]되었으나 1987년에 폐지되었다. 이후 주44시간근로제가 도입되자 경영계를 중심으로 토요격주휴무제의 도입이 제기되었고, 법정기준근로시간을 넘는 주의 초과근로시간에 대해 연장근로가산수당을 지급

---

1) 고용노동부, 『유연근로시간제 가이드』, 2018.6, 70쪽.
2) 근기 68207-2675, 2002.8.9 ; 고용노동부, 『유연근로시간제 가이드』, 2018.6, 71쪽.
3) 변형근로시간제로 불렸으나 '1997년 재제정 근기법'이 탄력적근로시간제로 명명하였다.
4) 대판 1991.6.28, 90다카14758.
5) 당시 개정근기법은 당사자합의로 4주간을 평균하여 1주간의 근로시간이 48시간을 초과하지 않는 범위 내에서 특정일에 대해 8시간, 특정주에 48시간을 초과하여 근로시킬 수 있다는 취지를 규정하고 있다.

하는 문제로 마찰을 빚어 왔다.[1] 그러던 중에 '1997년 제정 근기법'이 이 제도를 다시 도입하였다. '2003년 개정 근기법'은 주40시간근로제를 도입하면서 1개월이내단위를 3개월이내단위로 확대하였고, '2021년 개정 근기법'은 3개월초과6개월이내단위를 신설하였다.

근기법(§51)은 2주이내단위, 3개월이내단위 그리고 3개월초과6개월이내단위의 탄력적근로시간제를 채택하면서 그 요건, 제한, 적용제외, 임금보전 등에 대해 규정하고 있다.

(3) 적 용

① 적용대상

(가) 원 칙

탄력적근로시간제는 사업(장)의 전체근로자에게 대해 적용되거나 직종·부서·업무·근로형태 등에 따라 일부근로자에게 적용될 수 있다.

(나) 배치전환

배치전환이나 근무명령을 통해 직종 또는 근로형태가 바뀌게 되면, 해당근로자는 탄력적근로시간제의 적용대상이 될 수 있다.[2]

② 적용제외

연소근로자와 임신근로자에 대하여는 탄력적근로시간제가 적용되지 않는다(근기법§51③ §51의2⑥). 취직인허증을 보유한 15세미만근로자에 대해서도 마찬가지이다.

(4) 활 용

탄력적근로시간제는 근로자와 사용자에게 각각 유용한 제도이다. 근로자입장에서 보면 실근로시간단축, 출·퇴근일수감소 및 휴일증가로 여가활용기회가 늘어난다. 사용자입장에서 보면 업무량편차, 계절업무 등 업무량변동주기나 경영여건에 따라[3] 근로시간을 탄력적으로 운용할 수 있으며 연장근로수당지급이 감소하여 인건비절감을 도모할 수 있다.

---

1) 법적근거가 없어 연장근로가산수당을 지급해야 하는 것으로 해석(근기 01254-4291, 1991.3.29 ; 근기 68207-1679, 1994.10.25)되어 왔다.

2) 〈사례〉 근로기준팀-1418, 2006.3.29.

3) **고용노동부, 『유연근로시간제 가이드』**, 2018.6, 16쪽 및 26~32쪽. "근로시간을 연속하여 근로하는 것이 효율적이거나 고객의 편리를 도모할 수 있는 업종(예 : 운수, 통신, 의료서비스업, 철강, 석유화학 등)", "업무량이 주기적으로 많은 업종(음식서비스, 접객업 등", "계절적 업종(예 : 빙과류·냉난방장비 등 계절적 업종, 여행상품 등 판매 업종 등)", "기계를 쉬지 않고 가동시키기 위해 근로가 연속하여 필요한 업종(예 : 철강, 석유화학 등)", "업무특성상 단기간 집중근로가 필요한 업종(예 : 게임/소프트웨어 개발, 방송 프로그램 제작 등)", "인력운영특성상 일정기간 집중근로가 필요한 업종(예 : 국내근로자의 장기해외파견 업종) 등.

3·나. 탄력적근로시간제의 유형

(1) 2주이내단위 탄력적근로시간제

2주이내단위탄력적근로시간제(2주이내 단위)는 2주이내단위기간을 정한 후에 그 기간 동안의 1주평균근로시간이 법정기준근로시간을 초과하지 않는 상태에서 연장근로가산수당이 없이 특정일과 특정주에 법정기준근로시간을 초과하여 근로시킬 수 있는 제도이다(근기법 §51①). '한 주는 6일근무 다른 한 주는 4일근무'의 형태로 활용될 수 있다.[1]

(2) 3개월이내 단위 탄력적근로시간제

3개월이내탄력적근로시간제(3개월이내 단위)는 3개월이내단위기간을 정한 후에 그 기간 동안의 1주평균근로시간이 법정기준근로시간을 초과하지 않는 상태에서 연장근로가산수당이 없이 특정일과 특정주에 법정기준근로시간을 초과하여 근로시킬 수 있는 제도(근기법 §51②본문)이다. 분기말에 업무량이 많으면 3개월째에 근로시간을 집중시키고, 월말에 일이 많으면 월의 마지막 주에 근로시간을 집중시키는 방식으로 근로시간표를 작성할 수 있다.

(3) 3개월초과6개월이내 단위 탄력적근로시간제

3개월초과6개월이내탄력적근로시간제(3개월 초과단위)는 3개월초과6개월이내의 단위기간을 정한 후, 그 기간 동안의 1주평균근로시간이 법정기준근로시간을 초과하지 않는 상태에서 연장근로가산수당이 없이 특정일과 특정주에 법정기준근로시간을 초과하여 근로시킬 수 있는 제도(근기법 §51의2)이다. 반기단위별로 일의 양이 다르거나 불규칙할 경우, 그에 따라 필요한 때에 근로시간을 집중시키는 방식으로 근로시간표를 작성할 수 있다.

3·다. 탄력적근로시간제의 요건

근기법은 탄력적근로시간제 유형에 따라 그 요건을 다르게 규정하고 있다. 탄력적근로시간제가 법적요건을 갖추지 못하면 근기법제50조(근로 시간)가 적용되어 1일8시간 또는 1주40시간을 초과한 근로시간은 연장근로가 되고,[2] 실근로시간을 토대로 임금 등 근로조건이 적용되며, 한도시간을 초과하면 근기법위반이 된다.

---

1) 과거의 주44시간근로제사업장에서 격주 2일휴무일제를 염두에 둔 제도.

2) 근기 68207-2997, 2000.9.29.

(1) 2주이내 단위

① 근거규정과 근로자참여

(가) 취업규칙 등에 규정

2주이내단위는 취업규칙 또는 이에 준하는 것에 정하여 그에 따라 도입되어야 한다. 근로계약이나 개별동의는 인정되지 않는다.[1] 단체협약에 '1일8시간, 1주40시간의 근로시간을 예외없이 적용한다'는 등의 규정이 있다면, 단체협약의 적용을 받는 근로자에게는 취업규칙변경만으로 2주이내단위를 도입할 수 없다.

(나) 10명 미만 사업장

취업규칙의 작성의무가 없는 상시10명미만의 근로자를 사용하는 사용자는 '취업규칙에 준하는 것'으로 규정하여야 한다. '취업규칙에 준하는 것'이라 함은 탄력적근로시간제운영규정 등의 별도규정을 생각할 수 있는데 작성·변경·효력 등은 취업규칙과 같다. '취업규칙에 준하는 것'은 특별한 형식을 요하지 않으나, 서면으로 작성하여 해당근로자에 주지시켜야 한다.[2]

(다) 근로자 의견수렴

이 제도를 도입하기 위해 취업규칙을 변경할 때, 근로자집단의 동의를 받아야 한다는 견해[3]가 있다. 그러나 다른 단위는 서면합의를 요건으로 하면서 2주이내단위에 대해 언급이 없으며, 근로시간배열을 통해 휴일이 증대될 수 있어 불이익변경으로 보기 어려우므로 의견청취로 가능한 것이 원칙[4]이나, 도입과정에서 근로자에게 불이익한 부분이 있다면 동의가 필요하다는 견해[5]도 있다.

② 대상근로자

2주이내단위는 취업규칙으로 정하여 대상근로자를 특정하거나 전체근로자를

---

1) 대판 2023.4.27, 2020도16431. 탄력근로 일부내용을 공통적으로 담고 있는 근로계약을 실질적인 취업규칙으로 본 원심에 대해 별도의 취업규칙이 존재한다는 등의 이유로 파기.

2) 노동부, 「알기쉬운 새노동법 해설」, 1997.6 ; **고용노동부, 『유연근로시간제 가이드』**, 2018.6, 6쪽.

3) 김형배, **『노동법』**, 제20판, 414쪽 ; 비슷한 취지, 김유성, 『노동법Ⅰ』, 150쪽 ; 노동부는 "취업규칙 변경을 위한 노사협의"(노동뉴스, 제157호, 노동부, 1996.12.5, 9쪽)라는 표현, "근로자의 동의를 전제로 한 취업규칙의 변경을 통해서만 이 제도를 도입할 수 있다"(「월간노동」, 한국산업훈련협회, 1997.4, 22쪽)는 표현, "근로자과반수를 대표하는 노조 또는 근로자과반수의 의견을 들어야 하며, 근로자에게 불리하게 변경되면 그 동의를 받아야 한다"(노동부, 「알기쉬운 새노동법 해설」, 1997.6)라는 표현을 쓰고 있다.

4) 임종률, **『노동법』**, 제9판, 403쪽. 참조

5) **고용노동부, 『유연근로시간제 가이드』**, 2018.6, 5쪽·33쪽. 의견청취를 거론하면서 불리하면 동의가 필요하다는 식으로 설명하다가 Q&A에서는 취업규칙불이익변경의 일반법리를 소개하는 것으로 그치고 있다 ; 대판 2023.4.27, 2020도16431. 근로계약이나 개별동의로 탄력적근로시간제를 도입할 수 있다면 집단적동의를 요구하는 근기법제94조제1항단서의 취지가 무색해진다는 논리를 전개하고 있는데 이는 2주이내단위제도가 불이익변경에 해당된다는 취지로 볼 수도 있으나, 불이익임을 부정하더라도 집단적동의가 아닌 집단적의견청취는 요청됨을 감안하면, 그러한 추론이 타당하다고 할 수 없다.

대상으로 제한없이 도입할 수 있다.

연장근로가 금지 또는 제한되는 근로자에 대해 특정일근로시간도 제한됨으로써 선택적근로시간제의 적용에 한계가 있다는 해석(같은장,같은절 4·가,(3),③)은 탄력적근로시간제에도 적용된다. 연소근로자에게도, 허용되는 연장근로시간을 감안하면, 특정일근로가 1일8시간을 초과할 수 없다.

③ 유효기간

2주이내단위는 다른 단위와 달리 유효기간이 의무화되어 있지 않다.

④ 근로일별근로시간

2주이내단위는 다른 단위와는 달리 근로일별근로시간을 사전에 명시토록 의무화되어 있지 않다. 사용자는 취업규칙에 업무시작·종료시각을 명시하여야 한다(근기법§93,§17 근기령§8). 따라서 탄력적근로시간제를 도입해도 특정일·특정주의 소정근로시간이 1일8시간, 1주40시간을 넘을 수 있다는 것이지 업무시작·종료시각을 정하는 것 즉, 1일 및 1주의 소정근로시간을 미리 정하는 것을 부인하는 것은 아니다. 2주이내단위에 있어서도 근로일별근로시간을 사전에 명시해야 하며, 업무사정에 따라 임의로 근로시간을 변경할 수 없다.

(2) 3개월이내 단위

① 근로자대표와 서면합의

3개월이내단위는 그 대상기간이 길어 2주이내단위에 비해 엄격하게 제한을 받는다. 이 제도를 도입하려면 '사용자(제1장 제4절,2·나)와 근로자대표(제2장,제1절 2·다,(2),①,(다))의 서면합의(제2장,제1절 2·다,(4),①,(가))'를 하여야 한다. 서면합의가 없는 상태에서 기존의 다른 제도를 탄력적근로시간제로 의제하는 것은 인정되지 않는다.[1] 노사합의는 사용자와 근로자대표가 서면으로 작성하여 서명·날인하여야 한다.[2] 합의내용은 3개월이내단위 탄력적근로시간제의 내용이 된다. 적법한 서면합의에 의해 이 제도를 도입·운용하는 한 개별근로자동의는 필요치 않다.[3]

② 서면합의 포함 내용

(가) 대상근로자 범위

합의내용에 대상근로자범위를 지정하여 그들에게만 적용해야 한다. 구체적으

---

1) 〈사례〉 근로기준과-1662, 2004.4.6. 복격일제근무합의에 대해 탄력적근로시간제 부정.
2) 근로기준팀-1418, 2006.3.29.
3) 고용노동부, 『유연한 근로시간제 도입 매뉴얼』, 2010.12, 14쪽.

로 대상업무, 대상직종 등을 정한 후에 이에 속하는 근로자를 대상으로 할 수 있다. 사용자가 근로자를 정당하게 탄력적근로시간제를 실시하는 부서로 배치명령을 하면, 비록 그 기간이 일시적이라도, 해당근로자는 적용대상이 된다.[1)]

㈏ **단위기간**

1일근로시간과 1주근로시간의 평균을 내는 단위기간을 3개월이내로 정하여 명시해야 한다. 단위기간은 반드시 2주를 초과할 필요가 없으므로 2주이내의 기간을 단위로 제도를 도입할 수 있다.[2)] 이 경우 2주이내단위의 법리를 적용을 받는 것이 아니고 3개월이내단위의 법리가 적용되므로 근로자대표와 서면합의를 하면 되고 따로 취업규칙의 규정이 필요하지 않다.[3)]

㈐ **근로일별근로시간**

근로자가 자신의 근로를 미리 예상할 수 있도록 합의내용에 근로일 및 근로일별근로시간을 명확히 정해야 한다. 이는 그날그날의 작업량에 따라 근로시간이 변경됨으로써 미리 예상하지 못하는 근로를 방지하는데 목적이 있다. 구체적으로는 근무표를 공표·게시하는 것이 필요하다.[4)]

탄력적근로시간제를 운영하는 과정에서 업무량변동 등으로 잔여기간의 근로일과 그 근로일별근로시간 등을 변경할 필요가 발생한 경우에는 근로자대표와 서면합의를 하여야 한다. 잔여기간의 근로일 및 근로일별근로시간의 변경은 최초 서면합의한 단위기간내에서만 가능하며, 단위기간을 통틀어 평균1주근로시간은 최초에 서면합의한 시간이어야 한다.[5)]

㈑ **유효기간**

당사자는 서면합의에 합의의 유효기간을 정해야 한다(근기령 §28①). 탄력적근로시간제가 남용되는 것을 방지하기 위해서이다. 유효기간의 길이는 당사자가 정할 사항이며, 유효기간내에서는 횟수제한없이 제도를 실시할 수 있다.

(3) 3개월초과 단위

① 근로자대표와 서면합의

3개월초과단위를 도입하려면 '사용자(제1장 제4절,2·나)와 근로자대표(제2장,제1절 2·다,(2),①,㈐)가 그 내용

---

1) 근기 68207-1584, 2003.12.9.
2) 반드시 2주 이상 3개월 이내일 필요는 없다고 해석 ; 근기 68207-1542, 2001.5.12.
3) 근기 68207-1584, 2003.12.9.
4) 근기 68207-199, 2010.7.20. 근로일과 근로시간이 변경되면서 근로자가 예상하지 못하는 근로를 제공하면 서면합의 위반임. 근로자가 자신의 근로일과 근로시간을 미리 예상할 수 있도록 조치하면 그렇지 않음.
5) **고용노동부, 『유연근로시간제 가이드』**, 2018.6, 36쪽.

에 작성하여 서명·날인하는 방법으로 서면합의(제2장, 제1절 2·다, (4), ①, ㈎)'를 하여야 한다. 이 제도는 대상기간이 가장 길어 그 제한도 가장 엄격하다. 노사합의는 사용자와 근로자대표가 서면으로 작성하여야 한다. 합의내용은 3개월초과단위의 내용이 된다.

② **서면합의 포함 내용**

㈎ **대상근로자 범위**

합의내용에 대상근로자범위를 지정하여 그들에게만 적용된다. 구체적인 운용방법은 3개월이내단위와 같다.

㈏ **단위기간**

1일근로시간과 1주근로시간의 평균을 내는 단위기간을 3개월초과6개월이내의 일정기간으로 정해야 한다.

㈐ **단위기간의 주별 근로시간**

서면합의에는 단위기간의 주별근로시간이 포함되어야 한다.

사용자는 각 주의 근로일이 시작되기 2주전까지 근로자에게 해당주의 근로일별 근로시간을 통보하여야 한다(근기법 §51의2③). 사용자는 서면합의를 할 당시에 예측하지 못한 천재지변·기계고장·업무량급증 등 불가피한 사유가 발생하면, 단위기간내에서 평균하여 1주간의 근로시간이 유지되는 범위에서 근로자대표와의 협의를 거쳐 "단위기간의 주별근로시간"을 변경할 수 있으며, 이 경우 해당근로자에게 변경된 근로일이 개시되기 전에 변경된 근로일별근로시간을 통보해야 한다(근기법 §51의2④).

㈑ **유효기간**

서면합의에 합의의 유효기간을 정해야 한다(근기령 §28의2①). 유효기간에 대한 구체적인 운용방법은 3개월이내단위와 같다.

3·라. 근로시간의 제한과 한도

(1) 근로시간 제한

① **제한의 내용과 효과**

㈎ **제한내용**

3개월이내단위와 3개월초과단위를 도입하더라도 특정주의 근로시간은 52시간을, 특정일의 근로시간은 12시간을 초과할 수 없다(근기법§51②단서 §51의2단서). 2주이내단위를 도입하더라도 특정주의 근로시간은 48시간을 초과할 수 없으나(근기법 §51①단서), 3개월이내단위및 3개월초과단위와는 달리, 특정일에 대한 근로시간제한이 없다.

㈏ 절대적금지 여부

특정일, 특정주의 한도시간이 더 이상의 연장근로를 할 수 없는 절대적근로금지를 의미한다는 견해[1]가 있다. 그러나 탄력적근로시간제에 대해서도 근기법 제53조에 따라 당사자합의가 있는 경우, 1주간에 12시간을 한도로 제51조의 근로시간을 연장할 수 있다. 여기서 "제51조의 근로시간"이라 함은 단위기간을 평균한 법정근로시간을 의미한다.

㈐ 근로시간 제한 위반

특정주나 특정일에 법정한도를 초과하는 소정근로시간이 정해진 경우에는 위법한 탄력근로시간제가 된다. 근기법은 '특정주·특정일의 소정근로시간한도 조항(근기법 §51)' 위반에 대해 벌칙을 적용하지 않고 있으며 그 효력에 대해 명시하지 않고 있다. '특정주·특정일의 소정근로시간한도'는 탄력적근로시간제의 효력요건이다. 한도를 초과하는 소정근로시간을 정하게 되면 요건을 충족하지 못하므로 위법한 탄력적근로시간제로서 제도전체가 효력을 잃는다.

② 3개월초과단위의 연속휴식제도

㈎ 내용

사용자는 3개월초과단위에 따라 근로시킬 경우에는 근로일 종료후 다음 근로일개시전까지 연속하여 11시간이상의 휴식시간을 주어야 한다(근기법 §51의2②본문). '천재지변 등 대통령령(근기령 §28의2②)으로 정하는 불가피한 경우'[2]에는 연속휴식시간에 대해 근로자대표와의 서면합의가 있으면 이에 따른다(근기법 §51의2②단서). 서면합의는 연속휴식시간을 조정하거나 그 적용을 배제할 수 있으나 연장근로한도 등을 적용치 않을 수는 없다. 연속휴식시간부여의무를 위반한 근로에 대해서는 벌칙(근기법§110 2년징역·2천만원벌금)이 적용되는 외에, 연장근로에 해당되면 가산수당이 지급되어야 한다.

㈏ 근로일에 대한 견해의 나뉨

연속휴식제도는 근로일의 의미에 따라 다른 결과를 가져올 수 있다.

첫째, 연장근로가 포함된 1일의 근로가 끝나는 날을 근로일로 볼 수 있다. 연

---

1) 김형배, 『노동법』, 제21판, 435~436쪽. 근기법 제51조와 제53조는 취지를 달리하므로 총근로시간한도는 52시간이며, 탄력적근로시간에 다시 연장근로를 12시간한도로 할 수 있는 것은 특정주의 근로시간이 52시간 미만인 경우에 적용된다고 목적론적으로 해석.

2) ⓐ 「재난 및 안전관리 기본법」에 따른 재난 또는 이에 준하는 사고가 발생하여 이를 수습하거나 "재난등"의 발생이 예상되어 이를 예방하기 위해 긴급한 조치가 필요한 경우, ⓑ 사람의 생명을 보호하거나 안전을 확보하기 위하여 긴급한 조치가 필요한 경우, ⓒ 그 밖에 이들에 준하는 사유로 법적 연속휴식기간을 주는 것이 어렵다고 인정되는 경우.

속되는 근로는 전일의 근로로 본다는 해석이 논리적인 근거이다.[1] 이 견해에 따르면 1일의 장시간근로로 발생되는 건강상의 위험을 막기 어렵다.

둘째, 근로를 제공하기로 한 날 즉 소정근로일을 근로일로 볼 수 있다. 이에 따르면 특정 소정근로일의 근로가 종료된 후부터 다음 소정근로일의 근로가 시작될 때까지 11시간의 휴식시간이 보장되어야 한다.

개인적으로는 둘째 견해를 지지하나 해석론적으로만 본다면 첫째 견해에 따르더라도 이를 법위반으로 보아 처벌의 대상이 된다고 보기는 어렵다. 둘째 견해를 따르면, 1일의 근로를 지나치게 길게 한 후에 연속휴식을 부여하면 다음날의 소정근로시간대와 겹치게 되어, 겹치는 부분에 대해 임금지급여부 등 여러 가지 법리상의 문제가 발생하게 된다.

(2) 특정일 · 특정주 총근로시간 한도

① 특정일의 총근로시간 한도

3개월이내단위와 3개월초과단위는, 특정일의 근로시간인 1일12시간에 더하여 '1주기준 12시간한도'[2]의 연장근로가 포함되면, 1일의 근로시간이 다음날을 넘어서서 지나치게 길어질 수 있다. 2주이내단위는 특정일의 근로시간한도를 정하고 있지 않으므로 더욱 그렇다.

② 특정주 총근로시간 한도

탄력적근로시간제 아래에서도 '당사자가 합의로 1주에 12시간'(출산근로자 별도제한)까지 연장근로가 가능하다. 1주간 총근로시간한도는 휴일근로를 포함하여[3] '특정주의 소정근로시간한도+12시간'이다. 따라서 2주이내단위의 경우에는 60시간(48시간 +12시간)이며, 3개월이내 및 3개월초과 단위의 경우에는 64시간(52시간 +12시간)이다.[4]

3개월초과단위에 있어 연속휴식제도의 근로일을 소정근로일로 이해하면 특정주의 총근로시간이 상대적으로 더 적을 수 있다.[5]

---

1) 3개월초과단위에 있어 근로일을 소정근로일로 이해하면(반대 : 행정해석은 근로일로 인해) 연장근로를 하더라도 연속휴식시간이 부여되어야 하므로, 1일의 근로시간과 휴식시간의 합계가 13시간을 초과할 수 없다. 따라서 근로일별근로시간과 이를 초과한 연장근로를 모두 합한 1일근로시간은 이 범위여야 한다. 이러한 점은 2주이내단위 및 3개월이내단위뿐아니라 탄력적근로시간제를 도입하지 않은 통상적인 근로시간제와 비교하여도 1일근로시간이 더 제한을 받는 효과를 가져온다.

2) 연장근로한도인 1주12시간은 1일12시간도 포함된다고 본 과거의 행정해석에 다르면 1일의 최장실근로시간 24시간에 이르고 휴게시간을 포함하면 24시간을 넘게 사업(장)에 구속되는 결과가 초래된다. 그러데 이러한 행정해석이 대법원판결에 따라 무효화됨으로써(같은장, 제4절, 1·가, (3), ①), 주중에 결근이나 휴일이 있으면 1일의 연장근로가 12시간을 훨씬 넘울 수 있게 된다.

3) **고용노동부, 『유연근로시간제 가이드』**, 2018.6, 18쪽.

4) 근로일별근로시간 주당한도와 연장근로한도를 모두 사용하는 것을 전제로 한 계산이다.

3·마. 탄력적근로시간제의 초과근로

(1) 연장근로

① 연장근로의 요건과 적용법리

탄력적근로시간제를 도입하더라도 당사자의 동의가 있으면 연장근로를 할 수 있다. 이때 취업규칙에 연장근로를 시킬 수 있다는 내용이 사전에 구체적으로 정해져 있어야 한다.[1)]

탄력적근로시간제에 대해서도 연장근로시간한도 · 휴일근로처리(같은장,제4절 1·가,(3)), 연장근로시간계산, 연장근로가산수당, 출산 · 연소근로자연장근로제한 등 통상연장근로법리(같은장 제4절,1·가)와 특별연장근로법리(같은장 제4절,1·나)'가 적용된다.

② 연장근로의 발생

탄력적근로시간제에 있어 연장근로를 실무적으로 계산함에 있어, 행정해석[2)]은 '단위기간을 평균하여 1주40시간을 초과한 시간', '근로일별근로시간을 초과한 시간' 그리고 '특정일 · 특정주의 근로시간한도를 초과한 시간'으로 제시하고 있다. 임금은 매월 1회이상 정기적으로 지급되어야 한다. 탄력적근로시간제는 단위기간이 1월을 넘을 수 있으므로, 연장근로계산이 이원적으로 이루어지게 된다.

'특정일 · 특정주의 근로시간한도'는, '특정일 · 특정주의 소정근로시간한도'를 말하며, '근로일 · 근로주별로 근로하기로 정한 시간'과 같은 개념이다.[3)] 따라서 연장근로는 단위기간정산연장근로와 특정일 · 특정주근로시간한도초과연장근로가 상정될 수 있다. 평균주당근로시간이 법정기준근로시간이내면 단위기간정산연장근로가 발생치 않으나, 특정일 · 특정주연장근로가 발생할 수 있다.[4)]

이 두 연장근로계산방법은 동일한 근로를 대상으로 하므로, 정산이 요청된다.

---

5) 근로일별근로시간을 하루는 매우 길게 하루는 매우 짧게 함으로써 불균형하게 배치할 경우, 길게 설정한 날의 근로시간이 연속휴식제도의 적용을 받는 범위에서 한도가 있을뿐아니라 그 날에 연장근로를 거의 시킬 수 없게 된다. 따라서 근로일별근로시간을 균일하게 설정해야 유용하다. ↘ 266쪽

1) 근기 68207-681, 1997.5.23.

2) **고용노동부, 『유연근로시간제 가이드』**, 2018.6, 23~24쪽. 연장근로를 다음과 같이 계산한다.

2주이내단위	3개월이내단위
ⓐ 단위기간을 평균하여 1주40시간 초과시간 ⓑ 특정주에 48시간 초과시간	〈예시 : 단위기간 평균 1주근로시간을 40시간으로 정한 경우〉 ⓐ 단위기간을 평균하여 1주40시간 초과시간 ⓑ 근로일별로 근로하기로 정한 시간 초과시간 ⓒ 특정일 · 특정주에 각각 12시간 · 52시간 초과시간

3) 해당 행정해석이 '특정일 · 특정주의 근로시간한도'를 별도로 제시한 이유가 불명확하다. 특정일이나 특정주에 법정한도를 초과한 소정근로시간을 정한 경우, 그 초과시간에 대해 연장근로가 발생하는지에 대해 논란이 있을 수 있으나, 앞에서 설명한 것처럼 이는 위법한 탄력적근로시간제로서 제도 전체가 무효라고 생각한다.

4) 〈같은 의견〉 임종률, 『노동법』, 제9판, 405쪽 ; 김유성, 『노동법』, 163쪽. 입법적개선 필요.

③ 연장근로시간 계산

㈎ 단위기간 정산 연장근로

휴일근로가 포함된 단위기간내총근로시간에서 단위기간내소정근로시간을 빼서 단위기간내총연장근로시간을 산정한 후에 여기에서 총법내연장근로시간을 뺀 시간이 순연장근로시간이 된다. 총법내연장근로시간은 단위기간내법정기준근로시간에서 단위기간내소정근로시간을 뺀 시간이다.

$$\left(\begin{matrix}\text{단위기간내}\\\text{총근로시간}\end{matrix} - \begin{matrix}\text{단위기간내}\\\text{소정근로시간}\end{matrix}\right) - \left(\begin{matrix}\text{단위기간내}\\\text{법정기준근로시간}\end{matrix} - \begin{matrix}\text{단위기간내}\\\text{소정근로시간}\end{matrix}\right)$$

이 식을 다시 정리하면 단위기간내 총근로시간이 단위기간내 법정기준근로시간을 초과한 시간이 연장근로시간이 된다.

$$\text{단위기간내총근로시간} - \text{단위기간내법정기준근로시간}$$

㈏ 특정일·특정주 연장근로

특정일의 연장근로는 소정근로시간을 초과한 부분에서 법내초과근로를 뺀 시간이 된다. 법내초과근로는 탄력적근로시간제의 특성상 '단위기간평균 1일법정기준근로시간'에서 '단위기간평균 1일소정근로시간'을 뺀 시간이다. 도식으로 설명하면 다음과 같다.

$$\left(\begin{matrix}\text{특정일}\\\text{총근로시간}\end{matrix} - \begin{matrix}\text{특정일}\\\text{소정근로시간}\end{matrix}\right) - \left(\begin{matrix}\text{단위기간평균1일}\\\text{법정기준근로시간}\end{matrix} - \begin{matrix}\text{단위기간평균1일}\\\text{소정근로시간}\end{matrix}\right)$$

특정주의 연장근로는 다음과 같이 도식으로 설명할 수 있다.

$$\left(\begin{matrix}\text{특정주}\\\text{총근로시간}\end{matrix} - \begin{matrix}\text{특정주}\\\text{소정근로시간}\end{matrix}\right) - \left(\begin{matrix}\text{단위기간평균1주}\\\text{법정기준근로시간}\end{matrix} - \begin{matrix}\text{단위기간평균1주}\\\text{소정근로시간}\end{matrix}\right)$$

특정일과 특정주의 연장근로시간 및 수당계산은 중복될 수 있으므로, 산정을 한 후에 비교해서 많은 쪽의 연장근로시간·수당이 해당근로자에게 적용된다.

㈐ 연장근로 시간·수당 정산

특정일·특정주연장근로와 단위기간정산연장근로는 중복될 수 있다. 이 경우 더 많은 쪽이 근로자에게 적용될 근로조건이다. 단위기간과 관계없이 특정일·특정주연장근로에 대한 임금 및 가산수당은 임금정기지급일에 지급되어야 한다.[1)]

---

1) **고용노동부, 『유연근로시간제 가이드』**, 2018.6, 36쪽. 소정근로에 대해 매월 일정한 임금을 지급해 오던 사업

'특정일·특정주연장근로 대한 임금 및 가산임금'이 '단위기간정산연장근로에 대한 임금 및 가산임금'보다 많으면 정산이 필요치 않지만, 적으면 차액이 추가로 지급되어야 한다.

(2) 휴일·야간근로

탄력적근로시간제를 도입해도 소정근로일과 휴일[1] 및 연차유급휴가[2]에 관한 법리가 적용되며, 야간근로·휴일근로의 경우에는 가산수당이 지급되어야 한다.

3·바. 임금보전과 임금정산

(1) 탄력적근로시간제 도입과 임금보전

탄력적근로시간제를 도입하면 도입이전과 비교하면 기회비용이 상실될 수 있다. 근기법은 기존의 임금수준이 저하되지 않도록 사용자에게 임금보전방안을 강구할 의무를 부과하면서, 유형에 따라 조치내용을 달리 규정하고 있다.

① 2주이내단위 및 3개월이내단위

사용자는 2주이내단위 및 3개월이내단위의 탄력적근로시간제를 적용하려면 기존의 임금수준이 낮아지지 않도록 임금보전방안을 강구하여야 한다(근기법 §51④).

임금보전의 방법·시기·절차에 대해서는 특별한 제한이 없고 임금항목조정, 복지혜택확충, 소정근로시간단축 등 근로자가 수용할 수 있는 방법이면 된다. 탄력적근로시간제에 따른 특정일의 근로시간에 대해 초과근로수당 관련조항을 적용하여 산정한 임금수준은, 이 제도를 도입하지 않았다면 실시하지 않았을 근로시간에 대한 가정적임금이므로, '기존의 임금수준'으로 보기 어렵다. 오히려 탄력적근로시간제 단위기간중의 총근로시간 즉 총소정근로시간에 상당하는 임금을 '기존의 임금수준'으로 볼 수 있다.

임금보전의무는 위반에 대해 벌칙규정이 없고, '강구하여야 한다'고 표현되어 있어 훈시성격을 갖는다. 고용장관은 임금보전방안을 강구하게 하기 위하여 필요한 경우에는 사용자에게 보전방안의 내용을 제출하도록 명하거나 직접 확인할

장에서 탄력적근로시간제를 도입하려는 경우 서면합의시 임금의 계산 및 지급방법을 정하는 것이 바람직하다. 서면합의로 정함이 없다면 취업규칙·단협 등에 따라 임금 지급.

1) **고용노동부, 『유연근로시간제 가이드』**, 2018.6, 38쪽. 1주의 소정근로일을 개근하면 유급주휴일부여, 소정근로일에 결근하면 무급부여. 주휴일유급임금은 일급통상임금으로 지급. 탄력적근로시간제적용근로자가 특정일에 결근하면 일급통상임금만큼 무급처리.

2) **고용노동부, 『유연근로시간제 가이드』**, 2018.6, 37쪽. 연차휴가는 시간이 아닌 일 단위로 부여되므로 근로일별로근로시간이 다양하게 설정되는 탄력적근로시간제에 있어 갈등이 있을 수 있으므로 서면합의 또는 취업규칙에 1일 연차유급휴가 사용시간에 관한 기준을 정하는 것이 바람직.

수 있다(근기령 §28②). 제출명령이나 확인에 불응해도 이를 제재할 수단은 없다.

② **3개월초과단위**

사용자는 3개월초과단위에 따라 근로자를 근로시키려면 기존의 임금수준이 낮아지지 않도록 임금항목조정·신설, 가산임금지급 등의 임금보전방안을 마련하여 고용장관에게 신고(근기법§51의2⑤ §116①,5백만원과태료)하여야 하나, 근로자대표와의 서면합의로 임금보전방안을 마련한 경우에는 그렇지 않다.

임금보전은 임금항목조정·신설과 가산임금지급이 예시되어 있는데, "등"이라는 표현이 있어 다른 방법도 가능하나 예시된 방법과 비슷한 방법이 요구된다. 3개월초과단위는 다른 유형과 달리 사용자에게 신고의무를 부과하고 있다. 신고된 임금보전방안은 예시된 방법에 준하여야 하나 이를 강행규정으로 보기 어려워, 어떠한 형태로든 보전방안을 신고하였다면 벌칙이 적용되지 않을 것이다. 즉 임금보전방안신고에 대해 그 수준이나 내용은 사용자의 결정에 맡겨져 있다고 보아야 하며, 고용장관에 시정명령권이 있다고 볼 수는 없다.

(2) 근로기간이 단위기간보다 짧은 임금정산

근로기간이 단위기간(근기법 §51 §51의2)보다 짧으면, 단위기간중에 해당근로자가 근로한 기간을 평균하여 1주40시간을 초과한 근로시간전체에 대하여는 법정가산임금(근기법 §56①)이 지급되어야 한다(근기법§51의3, §109① 3년징역·3천만원벌금). 임금정산의무위반의 벌칙에 대하여는 반의사불벌죄가 적용되며 이에 해당하면 공소를 제기할 수 없다(근기법 §109②).

4. 선택적근로시간제

4·가. 의 의

(1) 개 념

① **정 의**

선택적근로시간제(*Flexible Working Hours*)는 일정기간단위로 정해진 총근로시간범위에서 업무시작·종료시각과 1일근로시간을 근로자가 자율적으로 결정할 수 있는 제도이다. 선택적근로시간제 아래서는 근로일별근로시간이나 근로주별근로시간을 미리 설정하면 안되고, 업무시작·종료시각은 근로자의 자유의사에 맡겨야 한다.

② **자유출퇴근제 및 시차출근제**

자유출퇴근제는 업무시작시각이 설정되면 1일근로시간에 따라 업무종료시각이 자동적으로 결정되므로 업무시작시각만 근로자의 재량에 맡기는 제도이다.

시차출근제는 출·퇴근시각을 복수로 설정하여 그 날의 소정근로시간을 고정적으로 운용하면서 근로자에게 달리 적용하는 제도이다.

(2) 제도 도입

① 연 혁

선택적근로시간제는 근로시간에 대한 관심이 단축뿐아니라 효율적배분과 활용에 초점이 맞추어지면서, 1997년에 신설되었고, 2021년에 신상품·신기술연구개발업무에 대해 그 단위기간을 3개월이내로 확대하였다.

② 법적근거

사용자는 취업규칙(취업규칙에 준하는 것을 포함)에 정하여 업무의 시작 및 종료시각을 근로자의 결정에 맡기기로 한 근로자에 대하여, 노사합의를 통해 근로시간을 선택적근로시간대와 의무적근로시간대로 나누어 선택적근로시간대의 근로는 근로자의 자율에 맡기고, 1개월(신상품·신기술연구개발업무는3개월,2021.1.5시행) 이내의 정산기간을 정한 후에 그 기간 동안의 1주평균근로시간이 40시간을 초과하지 않는 범위에서 특정일 또는 특정주에 법정기준근로시간을 초과하여 근로시킬 수 있다(근기법 §52).

(3) 적 용

① 적용범위

선택적근로시간제는 유형별도입요건이 요구하는 절차·방법에 따라 전체에 대해 적용하거나 직종·부서·업무·근로형태 등으로 적용대상을 특정할 수 있다.

특정 직종이나 근로형태에 속하는 근로자를 대상으로 정하였다면 배치전환이나 근무명령으로 해당직종 또는 근로형태에 속하게 된 근로자에게도 적용된다.

② 적용제외

선택적근로시간제는 연소근로자에게 적용되지 않는다. 취직인허증을 보유한 15세미만근로자에게도 마찬가지이다.

③ 적용제한

선택적근로시간제를 택하더라도 특정일에 8시간을 초과하는 근로는 '임신근로자에게 금지되는 시간외근로'에 포함된다는 행정해석[1]이 있다. 이에 따르면 임신근로자에게 있어 선택적근로시간제는 임신기근근로시간단축제도를 활용하는 경우에 극히 제한적으로 유용할 뿐이다.

---

1) 법제처 24-0033, 2024.4.30.

이 해석을 확대하면 선택적근로시간제를 택하더라도 특정근로일의 근로가 잠수잠함작업근로자에게는 연장근로가 허용되지 않으므로 6시간을 초과할 수 없고 출산근로자에게는 1일2시간의 연장근로가 허용되므로 10시간을 초과할 수 없다. 아울러 탄력적근로시간제에 대해서도 같은 논리가 적용될 수 있다.

(4) 활 용

선택적근로시간제는 근로자에게 출·퇴근편의를 제공하는 등 일과 생활을 양립시킬 기회를 제공하고, 사용자에게는 작업시간의 효율적인 활용을 가능하게 하여 전체적으로 생산성을 높여 준다. 대상업무는 한정되어 있지 않다. 업종별로 보면 근로일 및 근로시간대에 따라 업무량편차가 발생하여 업무조율이 가능한 소프트웨어개발·사무관리(금융거래 행정처리등)·연구·디자인·설계 등에게, 업무성격별로 보면 출·퇴근 등에 엄격한 제한을 받지 않는 관리·감독업무에게 적합하다. 직종별로 보면 근로의 양보다 질이 중시되는 전문직에게 적합하다.[1] 그 밖에 사무직, 주부근로자 외에 외판·수금 등 외근직, 연구·조사직, 도급제가 가미된 근로 등에도 적합하다.

4·나. 유 형

(1) 완전선택적근로시간제

정산기간중에 업무의 시작시각과 종료시각이 근로자의 결정에 맡겨지고 근로시간배열에 사용자가 관여치 않는 선택적근로시간제 즉, 의무적근로시간대는 없고 선택적근로시간대만 있는 경우를 완전선택적근로시간제로 정의할 수 있다.[2]

(2) 부분선택적근로시간제

정산기간중에 업무의 시작시각과 종료시각을 근로자결정에 맡긴 상태에서 일정한 시간대를 정하여 그 시간에는 근로자가 사용자로부터 시간적구속과 구체적 업무지시를 받고 나머지 시간에 대해서는 출·퇴근 및 근로시간배열이 근로자의 결정에 맡겨지는 선택적근로시간제를 여기서는 부분선택적근로시간제라고 할 수 있다. 근로자가 의무적으로 근로해야 하는 시간대를 의무적근로시간대(*Core Time*), 재량에 맡겨진 시간대를 선택적근로시간대(*Periods of Optional Attendance*)라고 부른다.

부분선택적근로시간제를 도식화하면 다음과 같다.

---

1) 고용노동부, 『유연근로시간제 가이드』, 2018.6, 44~46쪽.
2) 고용노동부, 『유연근로시간제 가이드』, 2018.6, 44쪽.

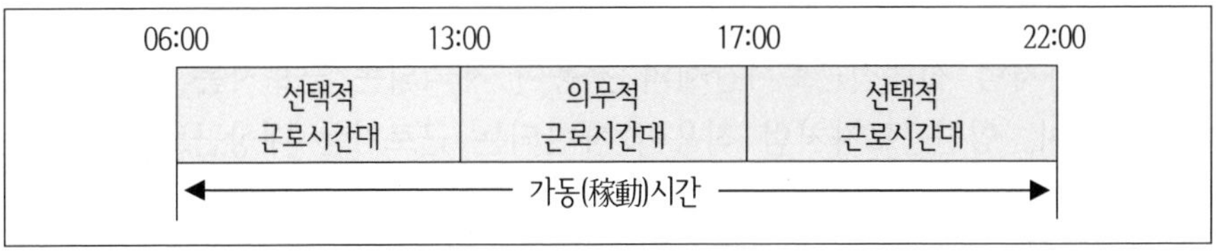

4·다. 요 건

(1) 취업규칙

근로자가 시업과 종업시각을 스스로의 의사로 결정하는 것이 선택적근로시간제의 핵심조건이다. 이러한 이유로 선택적근로시간제를 도입하기 위해서는 일정 범위의 근로자에 대해 시업과 종업시각을 근로자의 결정에 위임하는 것을 취업규칙(10명 미만의 사업에서는 이에 준하는 것)[1]에 정하도록 의무화되어 있다.

(2) 노사합의

선택적근로시간제를 도입하려면 '사용자(제1장 제4절,2·나)와 근로자대표(제2장,제1절 2·다,(2),①,(다))의 서면합의(제2장,제1절 2·다,(4),①,(가))'를 하여야 한다(근기법 §52). 서면합의는 권한이 있는 당사자가 서명 또는 날인한 것이어야 한다.[2]

사용자는 서면합의서류를 3년간 보관하여야 한다. 서면합의에 포함되어야 할 내용은 다음과 같다.

① 대상근로자 범위

(가) 업무로 본 대상

선택적근로시간제는 업무시작·종료시각이 근로자결정에 맡겨진 근로자를 대상으로 한다. 업무시작·종료시각중에서 한 쪽만을 근로자결정에 맡기는 것으로는 불충분하다. '선택적근로시간대가 극단적으로 짧은 경우', '의무적근로시간대의 시작에서 종료까지의 시간과 표준근로시간이 거의 일치하는 경우' 등은 업무시작·종료시각을 근로자결정에 맡긴 것으로 되지 않으며, 선택적근로시간제의 취지에 합치되지 않는다.[3]

서면합의로 선택적근로시간제에 적합한 대상업무를 사업장필요에 따라 적절히 정할 수 있다.

---

1) **고용노동부, 『유연근로시간제 가이드』**, 2018.6, 44~45쪽.

2) **고용노동부, 『유연근로시간제 가이드』**, 2018.6, 45쪽. 〈취업규칙에 준하는 것〉 특별한 형식을 요하지는 않으나, 최소한 서면으로 작성하여 동 제도도입을 해당근로자에게 주지시켜야 함.

3) 일본 노동성, 기발 제181호, 1994.3.31.

㈏ 근로자특성으로 본 대상

연소근로자처럼 선택적근로시간제의 적용이 제외되는 근로자는 대상근로자가 될 수 없으며, 임신근로자처럼 적용이 제한되는 근로자는 대상근로자의 범위에서 제외될 수 있다.

㈐ 적용제외신청절차

서면합의나 취업규칙에 선택적근로시간제적용제외신청절차를 마련하여 통상근무로 전환하는 조치를 할 수 있다.[1)]

② 정산기간과 총근로시간

㈎ 정산기간

선택적근로시간제를 도입코자 하면, 선택적근로시간대의 근로시간을 정산할 정산기간이 설정되어야 한다. 일반업무의 정산기간은 2주, 4주 등으로 정할 수 있으며 1개월을 초과할 수 없다. 정산기간이 월단위가 아닌 기간에 대해서는 그 기간을 대상으로 정산한다. 다만, 신상품·신기술연구개발업무의 정산기간은 3개월이내로 정할 수 있다.

㈏ 총근로시간과 총법정기준근로시간

정산기간이 설정되면 그 기간동안에 근로해야 할 총근로시간[2)]이 정해져야 한다. 총근로시간은 근로자의 총근로의무시간으로서 '정산기간 동안의 총법정기준근로시간'을 초과할 수 없다.

정산기간의 총법정기준근로시간 = 40시간×(정산기간의 총일수/7일)

총근로시간은 제도도입전의 기준으로 볼 때, '정산기간에 상당하는 소정근로시간수의 합계'로 정해지는데, 이보다 적게 정한 후에 임금을 삭감하는 행위는 이 제도를 이유로 기존근로조건을 낮추는 것으로서 근기법 제3조에 위반될 수 있다. 사용자는 각 근로일별근로시간이나 각 주별근로시간을 미리 정할 수는 없으며 정산기간전체를 대상으로 한 총근로시간만을 정해야 한다.

㈐ 총근로시간근로와 근로조건

정산기간중의 총근로시간범위에서 일·주단위로 법정근로시간을 초과하더라도 연장근로가 되지 않는다. 총근로시간 등 근로조건은 근로자가 미리 예상할 수 있도록 사전에 고지되어 예측이 가능해야 하다.[3)]

---

1) 고용노동부, 『유연근로시간제 가이드』, 2018.6, 58쪽.
2) 규정(規定)근로시간이라고도 한다. 실근로시간과 비교하는 기준이 된다.

③ 의무적근로시간대 및 선택적근로시간대

㈎ 의 의

선택적근로시간제를 도입함에 있어 노·사는 서면합의를 통해 자율적으로 의무적근로시간대 및 선택적근로시간대를 설정할 수 있다. 두 시간대의 설정은, 의무사항이 아니며, 설정여부에 따라 선택적근로시간대의 형태가 달라진다.

㈏ 부분선택적근로시간제

부분선택적근로시간제를 도입하는 경우에는 의무적근로시간대 및 선택적근로시간대를 모두 설정하게 된다.

의무적근로시간대는 회의, 지시사항 등 필요한 지휘명령을 위하여 설정된다. 부분선택적근로시간제를 채택하여 의무적근로시간대를 정하면 그 시간대외의 시간대 즉 선택적근로시간대에는 업무의 시작 및 종료시각이 전적으로 근로자의 자유의사에 맡겨진다.

선택적근로시간대는 사업장 가동시간대의 범위에서 정해진다. 선택적근로시간대는 시작 및 종료시각을 정한다는 점에서 재량간주근로시간제와 다르다. 시작 및 종료시각이라 함은 근로자가 근로제공의무가 있는 시간이 아니며 '근로제공여부를 스스로 결정하여 근로할 수 있는 시간'으로 보아야 한다.

의무적근로시간대를 2이상 정하면 그 사이에 낀 선택적근로시간대도 그 업무의 시작과 종료가 제한됨으로써 사용자의 구속시간으로 해석될 수 있으므로 지양되어야 한다. 다만, 2개의 의무적근로시간대를 설정한 후, 이 중에서 하나만 선택하는 것은 제도의 취지에 어긋나지 않는다.

㈐ 완전선택적근로시간제

의무적근로시간대를 설정하지 않으면 선택적근로시간대만으로 구성된 완전선택적근로시간제가 된다.

④ 표준근로시간

선택적근로시간제를 도입코자 하는 경우, 유급휴가·주휴일 등의 유급임금을 산정하기 위해 사용자와 근로자대표가 합의하여 정한 1일의 근로시간 즉, 표준근로시간을 서면으로 정하여야 한다(근기법 §52①vi 근기령 §29①). 표준근로시간을 정하도록 규정한 취지는 선택적근로시간제를 실시하면 근로일별근로시간이나 근로주별근로시간이 근로자별로 달라질 수 있으므로 표준이 되는 1일의 근로시간을 정하여 유급휴일수당이나 연차유급휴가수당계산의 기준을 삼기 위함이다. 표준근로시간은 대상근

---

3) 임금근로시간과 -2302, 2021.10.18. ↘ 274쪽

로자 전체에게 일률적으로 적용된다.[1] 표준근로시간은 정산기간중의 총근로의무시간을 정산기간중의 근로일수로 나눈 1일 평균근로의무시간으로 정하는 것이 합리적이다. 선택적근로시간제도 아래서 근로자가 유급연차휴가를 취득하는 경우에는 해당일에 표준근로시간을 근로한 것으로 본다. 연장·야간근로가산수당은 총근로의무시간 즉, 규정근로시간을 기준으로 한 시간급통상임금으로 산정한다.

4·라. 잉여근로시간과 부족근로시간

(1) 원 칙

선택적근로시간제를 도입하면 근로시간운영이 정산기간을 중심으로 운용된다. 근기법 52조는 정산기간중의 평균근로시간 즉, 평균 총근로의무시간이 법정기준근로시간을 초과하지 않을 것을 전제로 하고 있다.

(2) 내 용

실근로시간이 노사합의로 정한 '정산기간중의 총근로의무시간수' 즉, 규정근로시간초과부분은 잉여근로시간(*Credit Hour*)이 되고 규정근로시간미달부분은 부족근로시간(*Debit Hour*)이 된다.

(3) 효 과

부족근로시간이 발생하면 그에 따른 임금삭감,[2] 결근이나 지각처리, 근무평정반영 등이 가능하다. 잉여근로시간이 연장근로에 해당하는지는 선택적근로시간제의 연장근로요건이 충족되는지로 판단한다. 잉여근로시간을 다음 정산기간의 부족근로시간과 상계하는 합의는 인정되지 않으나,[3] 부족근로시간을 다음 정산기간의 잉여근로시간과 상계토록 하는 합의는 가능하다.[4]

4·마. 연장·휴일 및 야간근로와의 관계

(1) 연장근로

① 연장근로 확인

선택적근로시간제 아래에서는 정산기간에 있어 총근로시간만 정해지므로 일·주단위로 연장근로는 계산할 수 없으며, 실제로 연장근로를 하였는지는 정산기간 이후에 알 수 있다

1) 근로개선정책과-703, 2011.4.8. 근로자별로 표준근로시간을 정하거나, 사전에 근로자가 근로하기로 신청한 시간을 표준근로시간으로 정하는 것은 법 취지에 부합되지 않는다.
2) **고용노동부, 『유연근로시간제 가이드』**, 2018.6, 57쪽.
3) **고용노동부, 『유연근로시간제 가이드』**, 2018.6, 57쪽.
4) 일본 노동성, 기발 제1호, 1988.1.1.

② 연장근로 근거

근기법(§53 ②)은 당사자간에 합의하면 제52조제1항제2호(선택적근로시간 정산기간설정의무)의 정산기간을 평균하여 1주간에 12시간을 초과하지 않는 범위에서 제52조제1항의 근로시간을 연장할 수 있다고 규정하고 있다. '제52조제1항의 근로시간'이라 함은 '정산기간중의 총근로의무시간수' 즉 규정근로시간을 말하며 이를 초과한 시간은 잉여근로시간을 말한다. 선택적근로시간제에 대해서도 연장근로시간한도・휴일근로처리(같은장,제4절 1·가,(3)), 연장근로시간계산, 연장근로가산수당 등 통상연장근로법리(같은장 제4절,1·가)와 특별연장근로법리(같은장 제4절,1·나)'가 적용된다.

③ 연장근로 요건

㈎ 합 의

㉮ 필수요건

잉여근로시간이 연장근로로 인정되기 위한 요건은 당사자합의이다. 사용자의 지시・요청・승인・동의가 있는 경우에, 잉여근로시간중에서 법정근로시간초과부분은 연장근로에 해당한다.[1]

㉯ 합의방법

⒜ 사유와 한도를 정한 합의

연장근로가 필요하면 정산기간전 또는 정산기간도중에 해당근로자와 별도로 합의하여야 한다. 서면합의로 연장근로의 사유나 한도를 정할 수 있다. 당사자가 잉여근로시간에 대해 임금・가산수당을 지급하도록 합의한 경우, 이를 위법으로 보기 어렵다. 이러한 합의는 법정근로시간초과부분에 대해서만 인정된다.

⒝ 고정적 연장근로

ⓐ 일정시간의 연장근로 인정 합의

서면합의 등을 통해, 연장근로에 대해 일정한 한도를 설정하고 그 범위에서 실제로 발생한 잉여근로시간을 연장근로로 인정할 수 있다. 그러나 실제발생여부와 관계없이 일률적으로 일정시간에 해당하는 연장근로수당을 지급하는 것은 포괄임금약정법리에 따라 정당성이 판단되어야 한다. 다만, '일정시간에 해당하는 연장근로를 지급하는 것'이 실질적으로 또는 묵시적으로 해당시간의 근로를 강제하는 것이라면 그 정당성이 상실될 수 있다. 지급되는 연장근로수당에 미달되게 연장근로를 하면 징계나 불이익을 주는 경우가 그렇다.

---

1) **고용노동부, 『유연근로시간제 가이드』**, 2018.6, 47쪽.

ⓑ 법정기준을 초과하는 총근로의무시간

총근로의무시간 즉, 규정근로시간이 법정기준근로시간을 초과하게 설계되어 있으면, 초과부분의 성격에 대해 견해가 나뉠 수 있다. 첫째, 선택적근로의 요건을 위반하지 않은 것으로서 초과부분을 연장근로에 대한 합의로 보는 견해가 있을 수 있다. 이 견해는 일상적이고 상태적인 연장근로를 용인한다. 둘째, 선택적근로의 요건을 위반했다고 보고, 특정일·특정주에 법정기준근로시간을 초과한 부분을 모두 연장근로로 인정하는 견해가 있을 수 있다. 후자의 견해를 지지한다. 관련법조문이 단위기간중의 평균근로시간이 법정기준근로시간을 초과하지 못할 것을 전제로 하도록 명시하고 있기 때문이다.

㈏ 자의적근로

㉮ 원 칙

근로자의 자발적으로 근로한 잉여근로시간은 근로시간으로 인정되지 않는 것이 원칙이다. 그럼에도 불구하고 선택적근로시간제에서 근로자가 근로시간을 자주적으로 선택한 결과에 따라 발생한 잉여근로시간에 대해 시간외근로가 성립한다는 취지로 이해될 수 있는 설명이 발견된다.[1] 이러한 설명은 근기법이 선택적근로시간제의 연장근로에 대해 요구하고 있는 전제조건인 당사자합의를 고려하지 않은 것이다. 당사자합의는 사용자의 요청·지시·승인·동의가 있었는지로 판단된다.

㉯ 묵시적합의

사용자의 요청·지시·승인·동의가 실질적이고 묵시적으로 이루어진 경우에도 잉여근로시간은 연장근로로 인정될 수 있다. '실질적·묵시적행위'는 사실관계 즉 근로시간제도의 규정내용과 운용실태를 종합적으로 고려하여 판단된다. 잉여근로를 제공을 하지 않은데 대해 징계, 불이익제공, 근무평정저하, 따돌림 등은 판단기준이 될 수 있다. 근로시간제도를 설계함에 있어 실질적·묵시적인 행위를 방지하기 위한 방안이나 장치가 구체적이고 합리적으로 설계되어 있는지와 그러한 설계가 실제로 이행되고 있는 정도도 판단기준이 된다.

④ 3개월이내정산단위의 연장근로 중간정산 특례

㈎ 법적근거

선택적근로시간제의 연장근로는 정산기간동안의 근로시간을 기초로 산정된다.

---

1) 김형배, 앞의 책, 448쪽.

3개월이내정산단위를 시행하고 있는 사용자는, 선택적근로시간제의 연장근로가산수당산정근거규정(근기법 §56①)에도 불구하고, "매 1개월마다" 평균하여 40시간을 초과한 시간에 대해 통상임금의 50/100이상을 가산한 임금이 지급되어야 한다.

㈏ **1개월단위 정산 및 그 방법**

'매 1개월마다'라 함은 정산기간의 최초시작일을 기준으로 역월상 계속 1개월이 되는 매 시점까지 1개월마다 구분한 기간을 의미한다. 정산기간이 월단위가 아니어서 마지막에 1개월에 미치지 못하는 기간이 발생하면 그 기간에 대하여 임금을 정산한다.[1]

㈐ **연장근로의 계산**

'평균 1주40시간 초과하는 연장근로시간'은 1개월간에 제공된 실제근로시간에서 '1개월단위 총법정기준근로시간'[2]을 뺀 시간이다. 연장근로는 '사용자의 지휘·명령 존재' 등의 요건을 충족해야 한다.

㈑ **정산의 효과**

정산된 연장근로에 대해 해당가산수당이 지급되면, 선택적근로시간제의 연장근로에 대한 일반적인 지급규정(근기법 §56①)이 적용되지 않는다(근기법§109 §52② ii 후단). 휴일근로 및 야간근로에 대한 지급규정(근기법 §56②③)은 적용제외대상이 아니다.

중간정산의무를 위반하면 벌칙(근기법§52② ii 본문, §109 3년징역·3천만원벌금/반의사불벌)이 적용된다.

(2) 야간근로

의무적근로시간대는 물론이고 선택적근로시간대가 야간근로시간대에 걸쳐 있는 경우에 제공된 야간근로는 사용자가 용인한 근로이므로 가산수당이 지급되어야 한다. 의무적근로시간대나 선택적근로시간대에 걸치지 않은 야간근로에 대해서는 사용자의 요청·지시·승인·동의가 있어야 가산수당이 지급된다.[3]

(3) 휴일·휴가부여와 휴일근로

① 휴일·휴가부여와 출근율

선택적근로시간제를 도입해도 출근율에 따라 주휴일과 연차휴가가 부여되어야 한다. 휴일·휴가유급수당은 표준근로시간에 해당하는 임금을 기초로 계산된다.

---

1) 〈예시〉 5.1.을 기산일로 하는 12주간의 정산기간을 정한 경우라면 매 1개월마다 구분한 기간은 5.1~5.31, 6.1~6.30, 7.1~7.23의 기간으로 나뉜다.

2) 〈40시간×(정산기간총일수/7일)〉 31일은 177.1시간 / 30일은 171.4시간 / 29일은 165.7시간 / 28일은 160시간.

3) **고용노동부, 『유연근로시간제 가이드』**, 2018.6, 48쪽.

선택적근로시간제는, 업무시작·종료시각이 근로자결정에 달려 있으므로, 근로시간산정·정산을 위해 출·퇴근기록이나 근로여부확인방법을 명확히 하여야 한다. 사용자는 부분선택적근로시간제의 의무적근로시간대 또는 선택적근로시간대에 출근한 근로자를 결근처리할 수 없다. 의무적근로시간대에 근로를 제공치 않더라도 불이익처분[1]은 별론으로 하고, 선택적근로시간대에 출근을 하였는지로 결근여부가 판단되어야 한다.

완전선택적근로시간제에서 출근여부까지 근로자자율에 맡긴 경우, 근로자가 출근치 않더라도 소정근로일을 결근으로 처리할 수 없다는 해석이 있다.[2] 이러한 상황은 사업장개방시간 자체를 선택적근로시간대로 설정한 것으로 보여지는데, 전체를 출근으로 인정한다는 특약이 없는 한, 선택적근로시간대에 근로를 제공했는지 여부로 출근여부를 판단해야 할 것이다.

② 휴일근로

휴일에는 선택적근로시간대 또는 의무적근로시간대가 설정될 수 없다. 근로시간대가 설정되어 있으면 휴일을 부여하지 않은 것이 되기 때문이다. 휴일근로는 사용자의 요청·지시·승인·동의가 있어야 성립한다.[3]

4·바. 3개월이내정산단위와 연속휴식제도

㈎ 합 의

신상품·신기술연구개발업무를 대상으로 하여 정산기간이 3개월이내인 선택적근로시간제에 대해, 연속휴식제도가 적용된다. 사용자는 근로일종료후의 다음 근로일 시작전까지 근로자에게 연속하여 11시간이상의 휴식시간을 주어야 한다(근기법 §52② i 본문).

㈏ 선택근로와 연속휴식

연속휴식시간이 되는 '근로일의 시작과 종료'가 선택적근로시간대와 의무적근로시간대중에서 어느 것을 기준으로 계산될지에 대해 의견이 나뉠 수 있다. 선택적근로시간대의 근로여부가 근로자에 의해 결정되더라도 그러한 결정까지 포함된 장시간근로를 예방하는 것이 연속휴식제도의 취지라고 보는 것이 타당하므로 두 근로시간대의 근로를 모두 고려하여 판단되어야 한다. 따라서 사용자는 연속휴식시간한도를 고려하여 선택적근로시간대를 배치하여야 한다.

---

1) 고용노동부, 『유연한 근로시간제 도입 매뉴얼』, 65쪽. 징계대상인 것으로 해석.
2) **고용노동부, 『유연근로시간제 가이드』**, 2018.6, 56쪽.
3) **고용노동부, 『유연근로시간제 가이드』**, 2018.6, 48쪽.

㈐ **효 과**

연속휴식시간부여의무를 위반한 근로에 대해서는 벌칙(근기법§110 2년징역·2천만원벌금)이 적용되는 외에, 연장근로에 해당되면 가산수당이 지급되어야 한다.

㈑ **예외 및 그 밖의 법리**

'천재지변 등 대통령령(근기령 §29②)으로 정하는 불가피한 경우'에는 연속휴식시간에 대해 근로자대표와의 서면합의가 있으면 이에 따르며(근기법 §52② i 단서), 서면합의에 따른다 함은 연속휴식제도를 적용하지 않을 수 있음을 의미한다.

예외사유가 되는 불가피한 경우와 근로일의 의미를 비롯한 그 밖의 다른 법리는 3개월초과단위탄력적근로시간제에서의 설명(같은장, 같은절 3·라,(1),②)이 적용된다.

5. 공익성사업에 대한 근로시간특례

5·가. 의 의

근기법(§59 ①)은 운송업과 보건업을 대상으로, 사용자가 근로자대표와 서면합의를 한 경우, 연장근로제한시간인 주당12시간(근기법 §53①)을 초과하여 연장근로하게 하거나 휴게시간(근기법 §54)을 변경할 수 있도록 하는 '공익적사업 근로시간특례제도(근로시간 특례제도)'를 마련하고 있다. 특례를 인정하는 이유는 근로시간의 법적제한을 그대로 적용하면 공중생활에 불편과 지장을 가져오거나 사업목적의 달성이 어려워지기 때문이다. 이 조항은 1961년에 업종별변형근로시간제[1]의 성격으로 출발한 후, 법정기준근로시간단축에 따른 자구수정을 거쳐 존치되어 왔다. 1997년에는 지금의 근로시간특례제도로 그 성격이 바뀌었으며,[2] 2018년에는 대상사업이 축소되고 연속휴식시간제도가 도입되었다.

5·나. 대상사업

특례대상사업은 '통계청장이 고시하는 산업에 관한 표준의 중분류 또는 소분류'(통계법 §22①)중에서 '육상운송업 및 파이프라인운송업(노선여객자동차운송사업 (여객자동차운수사업법§3① i)제외)', 수상운송업, 항공운송업, 기타 운송관련서비스업, 보건업이다(근기법 §59).

---

1) 주당 법정기준근로시간 범위 내에서 1일 법정근로시간을 초과할 수 있으며 휴게시간을 변경할 수 있다는 취지로 규정하였으나, 1일법정근로시간을 초과하는 부분에 대해 가산수당이 지급되어야 하는 것으로 해석(같은장, 같은절, 3·가, (2)에서 설명하는 과거의 탄력적근로시간제에 관한 해석 참조).

2) '행정관청승인'에서 '사용자와 근로자대표의 서면합의'로 바뀌고, '공익 또는 국방상 필요한 때'라는 사유가 삭제되었으며, 성격도 '탄력적근로시간제 또는 변형근로시간제'에서 '연장근로시간제한 적용 배제'로 특례의 범위가 확대됨으로써 대상사업의 근로시간운용에 있어 유연성의 폭을 넓힘.

대상사업해당여부는 사업목적과 주된[1] 생산활동에 따라 판단하되, 사업자등록상 사업종류나 실질적수행업무를 파악하고,[2] '주요생산품 · 매출액 그리고 근로자의 직종별분포 등'[3]을 종합적으로 고려한다.[4] 대상사업에 해당되면 직종이나 수행업무에 관계없이 전체근로자에게 적용된다. 다만 여러 사업장의 조직 · 인사 · 회계 · 노무관리 등이 분리되어 독자적으로 사업경영이 이루어지면 사업장별로 적용될 수 있다.[5]

5·다. 특례의 요건

근기법은 특례인정사유 즉 실체적요건[6]에 대해 제한을 두고 있지 않고, '사용자(제1장 제4절,2·나)와 근로자대표(제2장,제1절 2·다,(2),①,㈐)의 서면합의(제2장,제1절 2·다,(4),①,㈎)라는 절차적요건만을 규정하고 있다. 서면합의는 권한있는 당사자의 서명 · 날인을 요건으로 한다.[7] 근기법은 서면합의내용에 대해 규정하지 않고 있어, "근로시간 및 휴게시간의 특례를 인정한다"라고 포괄적으로 합의해도 법위반으로 보기 어렵다.

특례가 남용되면 근로자의 건강과 생활이 위협받으므로 서면합의에 유효기간, 특정일연장근로제한, 특례적용사유, 합의해지사유 등을 포함하는 것이 바람직하다. 서면합의의 내용 · 절차가 위법 · 부당하거나 권리남용에 해당되면 특례가 인정되지 않는다.

5·라. 특례의 내용

(1) 연장근로의 적용

① 한도적용 배제

근로시간특례적용근로자에 대하여 연장근로제한시간인 주당12시간을 초과하여 연장근로시킬 수 있다.

② 실제 연장근로

'연장근로한도를 초과할 수 있는 것'과 '실제로 연장근로를 시킬 수 있는 것'은

---

1) 근로개선정책과-2714, 2012.5.21. 〈사업의 종류가 혼재〉 사업의 목적, 영역, 분야별 매출액 등 주된 사업영역을 고려하여 판단.

2) 근로개선정책과-6658, 2013.11.11.

3) 「근로기준법 시행지침」(2003.12. 노동부) ; 〈하나의 사업장에 여러 개의 업종이 혼재〉 이 기준을 활용하여 주된 업종을 판단(근로개선정책과-6658, 2013.11.11).

4) 근로조건지도과-3641, 2008.9.8.

5) 근로조건지도과-3325, 2008.8.21.

6) 〈1997.3.13. 근기법 재제정전의 업종별변형근로시간제〉 '일반공중의 생활에 불편과 지장을 초래하는 경우와 군의 작전에 지장을 주는 경우'에만 특례가 인정된다고 규정되어 있어 기업의 경영상 필요, 작업량증가 등을 이유로 하는 경우에는 특례가 인정되지 않는다고 해석되었다.

7) 서면합의당사자, 근로자대표 선정방법, 합의방법, 서면합의서의 효력 등은 '같은장, 같은절, 1·나' 참조.

별개의 문제이다. 전자에 대해서는, 서면합의가 있으면, 개별근로자동의는 요구되지 않는다.[1] 그러나 후자에 대해서는 서면합의와 별개로 연장근로의 일반요건인 당사자합의(제2장, 제1절 2·나, (1)~(3))가 필요하다.[2]

(2) 연속휴식제도

사용자는 근로일 종료 후 다음 근로일 개시 전까지 근로자에게 연속하여 11시간이상의 연속휴식시간"을 주어야 한다(근기법§59②,§110 2년징역·2천만원벌금). 근로일의 의미 등 해당법리는 3개월초과단위탄력적근로시간제에서의 설명(같은장,같은절 3·라,(1),②)이 적용된다.

(3) 휴게시간 변경

근로시간특례를 적용받게 되면 휴게시간부여방법 즉, '4시간근로에 30분이상, 8시간근로에 1시간이상의 휴게시간을 부여하는 제한(근기법 §54)'을 변경하여 운용할 수 있다. 특례가 적용되어도 휴게시간을 변경할 수는 있으나 전체적으로 주지 않거나 단축시킬 수는 없다.[3] 특례가 적용되면 휴게시간변경을 위해 별도로 근로자동의를 받을 필요는 없다.

(4) 적용되는 근로조건

근로시간특례를 적용해도 연장근로임금 및 가산수당(근기법 §56), 야간근로, 휴일·휴가 등 근기법의 다른 규정들은 적용된다.

특례를 적용하여 철야근무를 한 후에 다음날을 쉬어도 연차유급휴가 등을 위한 출근율계산에 있어 쉰 날을 소정근로일수에서 제외하지 않는 등 근로자에게 불리하지 않아야 한다. '근로시간특례제도'에 대해서도 특별연장근로제도가 함께 적용된다.

5·마. 적용의 한계

근로시간특례제도는 연장한도가 배제되는 대상근로시간을 '근기법 제53조제1항에 규정된 연장근로시간'으로 한정하고 있어서 연소근로자(근기법 §69), 출산근로자(근기법 §71), 임신근로자(근기법 §71, §74) 및 잠수·잠함작업(산안법 §46)에 대해 적용되지 않으며 '탄력적근로시간제 및 선택적근로시간제(근기법 §53②)'에 대해서도 적용되지 않는다.

---

1) 〈같은 의견〉 임종률, 『노동법』, 제9판, 414쪽 ; 근기법 개정(법률 제5885호, 1999.2.8)으로 서면합의내용을 행정관청에 신고해야 한다는 규정이 삭제되어 별도의 신고의무는 없다.

2) 〈같은 의견〉 김형배, 『노동법』, 제20판, 440~441쪽.

3) 법제처 15-0068, 2015.3.27.

6. 근로시간 · 휴일 · 휴게 적용제외

6·가. 취 지

근기법은 근로시간 · 휴일 · 휴게의 적용이 적절치 않은 업종 · 직종 · 근로형태에 대해서는 관련조항의 적용을 배제하고 있다(근기법 §63). '근로시간 · 휴일 · 휴게 적용제외 규정'에도 불구하고, 근로계약 등에 연장근로가산수당을 지급하기로 정하면 이는 준수되어야 한다.[1]

6·나. 내 용

(1) 적용제외규정

'근로시간 · 휴게 · 휴일에 관한 규정'(근기법 제4장, 제5장)은 적용되지 않는다. 기준근로시간(근기법 §50), 탄력적근로시간제(근기법 §51), 선택적근로시간제(근기법 §52), 연장근로제한(근기법 §53), 휴게(근기법 §54), 주휴일과 법정휴일(근기법 §55), '근로시간 등의 특례'(근기법 §59), 연소근로자근로시간(근기법 §74⑦), 출산근로자연장근로(근기법 §71), 임신기근로시간단축(근기법 §71⑦),[2] 연장 · 휴일근로가산임금(근기법 §56) 등을 예로 들 수 있다.

주휴일적용을 제외하는 것은, 일 · 가정양립지원의 관점에서 비판의 여지가 있다. 미국의 'white-collar exemption제도'[3]도 사무직에 대해 근로시간제도의 적용제외를 인정하면서, 적용이 제외되는 근로조건을 근로시간과 가산수당으로 한정하고 휴일을 포함하지 않는다.

(2) 적용규정

'근로자의날',[4] 약정휴일 등 근기법 제4장 및 제5장에 규정된 '근로시간 · 휴일

---

1) 대판 2009.12.10, 2009다51158.

2) 여성고용정책과-1735, 2021.5.13.

3) 1938년에 제정된 「공정노동기준법」(FLSA, Fair Labor Standards Act)은 1주40시간근로제 및 1.5배의 초과근로수당 규정을 마련하면서, 일부 근로자에게 예외를 인정하는 White-Collar Exemption제도를 두고 있다. Exemption제도는 업무기준(duty test)과 소득기준(salary test)으로 구성된다. 업무기준은 관리직(executive), 행정직(administrative), 전문직(professional), 외근영업고용직(outside sales employee)으로 나누어 각각의 대상별로 여러가지 판단기준이 제시되어 있다. 소득기준은 임금수준(salary-level test)과 임금근거(salary-basis test) 기준을 모두 충족해야 한다. 다만, '외근영업직과 의사, 변호사, 교사 등'은 소득기준을 충족하지 못해도 Exemption제도가 적용될 수 있다. 임금수준기준은 다음과 같이 제시된다. 첫째, 주당임금(salary)이 455달러이상인 근로자는 원칙적으로 업무기준을 모두 충족하는 경우에 Exemption제도가 적용된다. 둘째, 연간소득(compensation)이 10만달러이상이고, 그중 임금(salary) 또는 보수(fee)가 455달러이상인 근로자 중 사무직 또는 비육체적업무에 종사하면서 관리 · 행정 · 전문직인 경우에 각각 설정하고 있는 여러 업무기준들 중에서 하나 이상의 조건을 충족하면 Exemption제도를 적용할 수 있다. 임금근거기준이라 함은 미리 정해진 일정금액의 임금(보수형태로 지급되는 것이 허용되는 경우는 그 보수)을 '정기적'으로 주단위 이상의 기간별로 지급해야 함을 말하며 여러 예외가 인정되기도 한다.

·휴게 관련조항'이 아닌 조항은 적용된다. 근기법의 제4장과 제5장중에서 근로시간·휴일·휴게와 관련이 없는 조항은 적용된다. 야간근로가산임금(근기법 §56),[1] 연소자·임산부야간근로제한(근기법 §70),[2] 연차유급휴가(근기법 §60),[3] 생리휴가(근기법 §73)와 출산전후휴가(근기법 §74)는 적용된다.

6·다. 대상근로자

(1) 농림·축산·수산업종사자(근기법 §63 i 및 ii)

농림사업과 축산[4]·양잠 및 수산사업 등은 기후·기상 등 자연조건에 크게 영향을 받으므로 근로시간·휴게·휴일에 관한 조항을 획일적으로 적용하는 것은 타당치 않다. '토지의 경작·개간, 식물의 식재(植栽)·재배·채취 사업, 그 밖의 농림사업(근기법 §63 i)' 및 '동물의 사육, 동식물의 채취·포획·양식사업, 그 밖의 축산·양잠·수산사업(근기법 §63 ii)'이 이에 해당된다.[5]

농림·축산·수산업종사자라도 배송업무나 경리업무처럼 기후·기상 등 자연조건에 크게 영향을 받지 않으면 적용제외대상이 아니다. 수협위판장부두근로자,[6] 엽연초생산지도사,[7] 축산분뇨처리업,[8] '수산물을 사들여 선별·분류·포장하는 작업'[9] 등도 마찬가지이다.

(2) 감시·단속적 근로자

① **취 지**

감시(監視)·단속(斷續)적근로(근기법 §63iii)는 일반근로자와 비교하여 노동강도가 낮고 신체적피로나 정신적긴장이 적다.

② **개 념**

감시적근로종사자는 감시적업무를 주업무로 하면서 상태적으로 정신적·육체

---

4) 근기 68207-930, 1994.6.9. ↘ 284쪽

1) 법제처 15-0344, 2015.7.9.

2) 기준 1455.3-10674, 1968.11.15.

3) 근기 68207-238, 1994.2.1.

4) 헌재 2021.8.31, 2018헌마563. 〈합헌〉.

5) 천일염제조업(대판 1966.7.26, 66다695), 수산사업(대판 1966.6.7, 66다592), 양송이재배채취업(기준 1455.9-5824, 1968.6.13), 축산업(근기 1455-19610, 1981.6.24), 동물사육사업(근기 01254-7174, 1987.5.4) 등.

6) 법무 811-20710, 1978.9.21. 수협위판장의 "양육, 입상, 상차, 검근, 세척운반작업"은 이미 생산된 수산물의 유통과정에서 행해지는 작업이므로 "간접적수산물생산"으로도 보기 어려움.

7) 법무 811-15657, 1980.6.30. 관할구역내 경작자를 대상으로 단독으로 출·퇴근시간에 구애받지 않고 잎담배 재배방법을 지도. 시범적으로 경작농민과 실습 및 공동작업을 해도 해당되지 않음.

8) 근로개선정책과-797, 2013.1.25.

9) 근로개선정책과-234, 2013.1.8. 꽃게 관련.

적피로가 적은 업무의 종사자이며[1] 단속적근로종사자는 근로가 간헐적·단속적으로 이루어져 휴게시간·대기시간이 많은 업무의 종사자[2]이다(근기칙 §10②③).[3]

③ 승 인

㈎ **필수요건**

감시·단속근로를 일반근로와 구분하는 것은 쉽지 않으므로 고용장관승인을 받도록 하고 있다. 승인을 받지 않으면 근로시간·휴일·휴게 관련조항의 적용이 배제되지 않는다. 승인업무는 지방고용노동관서장에게 위임되어 있다.[4]

㈏ **근로자참여**

고용장관승인외에 근로자동의, 당사자합의 등이 있어야 하는 것은 아니다.[5]

㈐ **승인대상**

감시·단속근로종사자에 대한 근로시간적용제외승인은 근로자수를 대상으로 한다.[6] 따라서 종전에 승인받은 해당업무의 적용제외근로자수보다 증가된 근로자에 대해 승인을 받으며,[7] 근로자수·업무성격·근로형태의 변경없이 담당자만 바뀌면 승인을 받을 필요가 없다.[8] 다만, 아파트위탁관리업체변경처럼 사업주가 바뀌면 대상근로자수가 같아도 승인을 받아야 한다.[9]

㈑ **승인기준**

「근로감독관집무규정」은 감시적근로(§68①)[10]와 단속적근로(§68②)[11]에 대해 각 내용 모

1) [긍정] '계수기감수원·보일러공·수위(근기 01254-10378, 1987.6.27), '경비원(사노 320, 1953.10.14) 및 경비원을 관리·감독하는 것이 주업무인 경비계장(대판 1993.7.27, 1992다46462)', 청원경찰(근기 1455-35312, 1981.11.27) 등 ; [부정] 근로개선정책과-4335, 2012.8.27. 공영주차장 주차관리원 ; [부정] 출입국관리사무소 외국인보호실 경비원(근로기준정책과-1199, 2015.3.30) ; 발전소 청원경찰(대판 2024.2.8, 2018다206899·206905·206912).

2) 官野和夫, 『勞働法』 第10版, 2013, 〈일본〉 기다리는 시간이 실제작업시간을 초과하거나 그것과 동등할 것.

3) [긍정] '건물시설관리를 위해 휴일 및 야간에 대기하는 자(근기 01254-14337, 1987.9.5), '생산업체의 고압보일러실에 근무하는 자(법무 811-14769, 1980.6.20)', '주한미군부대의 소방원 및 경비원(법무 811-10511, 1979.5.4 ; 근기 68207-3297, 2000.10.25)', '해외사업장에서 요리·이발·경비·운전종사자(법무 811-13801, 1979.6.11)' ; [부정] 승강기안내양(법무 811-6502, 1976.4.15.) ; 〈사례〉 근로개선정책과-1603, 2011.6.9. [부정] 대기시간과 정상근로가 혼재된 생활지도원은 돌발 사고에 대비해 대기하는 시간이 많은 단속적 근로종사자로 보기 어렵다.

4) '감시적 또는 단속적 근로종사자에 대한 적용제외 승인신청서(근기칙 §10 별지 제7호)'를 접수하고, '감시적 또는 단속적 근로종사자에 대한 적용제외 승인서(근기칙 §10 별지 제8호)' 교부.

5) 근기 01254-2425, 1990.2.17 ; 근기 68207-3297, 2000.10.25.

6) 근기 01254-213, 1993.2.11 ; 근로개선정책과-2448, 2014.4.22.〈해당자수감소〉인가불필요 ; 〈인가기간제한〉없음.

7) 근기 01254-12324, 1991.8.27 ; 근기 68207-3297, 2000.10.25.

8) 근로개선정책과-3369, 2014.6.13.

9) 근로개선정책과-7375, 2014.12.18.

10) ⓐ 수위·경비원·물품감시원·계수기감시원 등 심신피로가 적은 노무(감시를 소홀히 할 수 없는 고도의 정신적 긴장이 요구되면 제외). ⓑ 감시업무가 본래업무이나 불규칙적으로 단시간동안 타업무수행(반복수행·겸직 제

두가 충족될 것을 요건으로 승인기준을 제시하고 있다.

④ **효 력**

승인은 효력요건이다. 사용자[1]가 승인을 받지 못한 상태에서 법정기준근로시간을 초과하여 근로를 시키면 법정근로시간위반책임과 초과근로가산수당지급의무를 진다. 적용제외효력은 승인일부터 발생한다. 근로자동의가 있더라도 적용제외효력이 승인일이전으로 소급되지 않는다.[2]

(3) 관리 · 감독, 기밀취급자(근기법63iv 근기령§34)

① **취 지**

'관리 · 감독자나 기밀사무취급자'는 경영자와 일체적활동을 하고 있으므로 근로시간 · 휴게 · 휴일 등의 규정을 적용치 않을 필요성이 인정된다. 관리 · 감독자와[3] 기밀사무취급자는 명칭과 관계없이 근무실태로 판단한다.

② **관리 · 감독적 지위**

㈎ **판단기준**

법령은 관리 · 감독자의 판단기준을 제시하지 않고 있다. 행정해석[4] 및 판례[5]는 '근로조건 또는 노무관리방침의 결정에 참여하거나 노무관리상의 지휘권한을 가지는지', '자기근로에 대해 자유재량권을 가지고 출 · 퇴근 등에 엄격한 제한을 받지 않는지' 및 '지위에 따른 특별수당을 받고 있는지'[6]를 기준으로 제시하면서 사실관계를 고려하여 경영자와 일체성이 있는지를 종합적으로 판단한다.[7] 이와

외), ⓒ 사업주지배하에 있는 1일근로시간이 12시간이내(격일제는 휴게시간 8시간 확보, 다음날 24시간 휴무).

11) ⓐ 평소에 한가하나 돌발사고발생에 대비하여 대기가 많은 업무. 실근로시간이 대기시간의 반이하이며 8시간이내(격일제는 다음날 24시간 휴무) ⓑ 대기기간에 자유로이 이용할 휴면 · 휴게시설확보). ↘ 286쪽

1) 〈사례〉 근로기준과 1557, 2010.6.30. 파견사업의 경우, 사용사업주.

2) 근로개선정책과-4886, 2014.9.2.

3) 일본 노동후생성, 기발 제150호, 1988.3.14.

4) 근기 01254-6472, 1987.4.21 ; 근기 01254-5562, 1987.4.6 ; 근로기준과-4983, 2004.9.17. 공사현장소장 관련 ; 임금근로시간정책팀-2698, 2006.9.12.

5) 대판 1989.2.28, 88다카2974. 지점장, 본부장, 지점부장, 본점과장 등의 직책(1, 2급) 인정, 직책에 따라 목표관리를 위한 계획 및 지도, 소속직원의 출장 · 휴가 재가, 3급이하직원의 인사일상감시 · 출근부관리 등 전결권행사, 기업경영상의 필요에 의하여 출 · 퇴근에 관하여도 엄격한 제한을 받지 않고 자기근무시간에 관한 융통성 보유.

6) 일본 노동성, 기발 제150호, 1988.3.14. 시간외수당이 지급되지 않고 특별수당 등으로 지위에 맞는 대우.

7) 일본의 판례 · 행정해석의 태도를 보면 이 밖에도 임금, 보너스지급률, 수당 등에 있어 일반근로자와 비교할 때 우대조치가 있는지의 여부 등이 판단기준이 되기도 한다 ; 〈일본의 해석예규(일본 노동성, 기발 제104호, 1977.2.28.)〉 금융기관 관련 구체적 기준. ⓐ 이사처럼 임원의 업무를 겸하는 자, ⓑ 지점장 · 사무소장 등 사업소의 장, ⓒ 본부의 과장 등 경영자에 직속된 조직의 장, ⓓ 본부의 과 또는 이에 준하는 조직의 장, ⓔ 대규모지점 또는 사무소의 부장 · 과장 또는 ⓐ~ⓓ와 동격의 지위에 있는 자, ⓕ 은행 내에서 ⓐ~ⓓ와 동격의 지위에 있는 자로서 ⓐ~ⓒ의 자와 동격이상 위치에 있는 자를 보좌하여 직무의 상당 부분을 대결(代決)할

관련하여 특별수당을 보조적판단기준이라고 설명하는 해석[1]이 있다. 아울러 책임자수당을 받고 책임자로 인정되더라도 '경영자와 일체' 및 '근무시간자유재량'을 전제조건으로 제시하면서 업무에 실무가 포함되어 있고 12명중에서 8명이 해당되며 시간외근로에 대해 구체적인 내용을 기재하여 사전에 결재를 받는다는 이유로 관리·감독자성이 미흡하다고 본 판결[2]도 발견된다.

㈏ 판단사례

'대규모건설회사의 관리과장과 현장소장',[3] '아파트관리업무를 총괄적으로 관리·감독하는 아파트관리소장'[4] 등을 관리·감독자로 본 사례가 발견된다. 근로조건의 결정 기타 노무관리에 있어서 경영자와 일체적지위에 있는 사람에 대해 출·퇴근에 대해 엄격한 제한을 받지 않는 본부장·센타장[5]과 지방도시공사실장[6] 등을 관리·감독자로 인정한 사례도 발견된다.

은행지점장대리,[7] 패밀리레스토랑 점장,[8] 가라오케 점장,[9] 판매주임[10] 등에 대해 관리감독자성을 부인한 일본판례도 발견된다. 기업의 기획·조사 등의 부문에서 지휘·명령계통에 있지 않은 참모직이라도 관리직에 상당하는 사람으로 규정되어 있다면 이는 경영상 중요사항에 관한 업무를 하는 사람으로서 관리감독자에 해당될 수 있다.[11]

권한이 있는 차장·부부장 등, ⓖ ⓐ~ⓓ와 은행 내에서 동격의 지위에 있는 자로서 경영상 중요사항에 관하여 기획, 입안 등의 업무를 담당하는 자를 들 수 있는데 대규모 사업장에서의 판단에 있어 준거로 사용할 수 있다. ; 근로자가 40명인 공장의 과장에 대하여 업무 또는 근로조건의 결정권을 갖는 공장장을 보좌하는가, 스스로 중요사항을 결정하는가, 급여면에서도 직책수당을 받는가, 연장근로에 공장장승인을 요하는가에 따라 판단해야 한다는 판례(오사카지방재판소, 1983.7.12)를 볼 때 소규모라도 근로형태에 따라 관리·감독자 인정.

1) 〈사례〉 근로기준정책과-41, 2011.3.3. 지위에 따른 특별수당을 지급 받지 않는다 하더라도 일반 직원과 달리 출·퇴근 등에 있어서 엄격한 제한을 받지 않는 경우라면 관리·감독업무에 종사하는 자로 볼 수 있다.

2) 대판 2024.4.12, 2019다223389. 새마을금고의 상무·부장·과장 등이 그 대상이다. 임금협약에 대해 관련법이 이사회의 의결이 없더라도 그 효력을 인정하였다.

3) 대판 1988.4.25, 86다카1124. 해외근무기간 동안의 보직임. 출근과 퇴근에 있어서 엄격한 통제를 받지 않고 현장소장을 보필하여 소속 근로자들을 감독하고 작업전반을 관리하거나 자재조달 및 자재관리책임.

4) 근로개선정책과-5224, 2013.9.5.

5) 〈사례〉 근로기준정책과-41, 2011.3.3. 세부사업계획수립 및 연간경영목표수립 등에 대한 결정권과 본부·센터직원에 대한 지휘·감독권한 보유, 지위에 따른 특별수당을 지급받지 않더라도, 출·퇴근 등에 있어서 엄격한 제한을 받지 않아 경영자와 일체적지위에 있는 자임.

6) 〈사례〉 근로기준정책과-42, 2011.3.3. 화성도시공사사건.

7) 静岡地判, 1978.3.28, 「勞働關係民事裁決例集」 29卷 3号, 273頁. 통상의 취업시간에 구속되어 출퇴근자유가 없고, 인사고과와 기밀사항에 관여함이 없고 경영자와 일체가 되어 경영을 좌우하는 일에 종사하는 것도 아님.

8) 大板地判, 1986.7.30, 「勞動判例」 481号, 産勞總合研究所, 51頁. 시간관리를 받음.

9) 大板地判, 2001.3.26, 「勞動判例」 8101号, 産勞總合研究所, 41頁. 시간관리를 받음.

10) 東京地判, 1997.8.1, 「勞働關係民事裁決例集」 48卷 4号, 312頁. 시간관리를 받음.

11) 일본 노동성, 기발 제150호, 1988.3.14.

③ **기밀사무취급자**

기밀사무취급자라 함은 반드시 기업의 비밀서류 등을 취급하는 사람을 가리키는 것이 아니라,[1] 비서 기타 그 직무가 경영자 또는 감독·관리자의 활동과 일체불가분의 관계에 있으며 출·퇴근 등에 엄격한 제한을 받지 않는 사람[2]을 말한다. 기밀취급자에 대해서는 직무수당이 지급되는 것이 일반적이다.

7. 교대근로

7·가. 개념 및 의의

교대근로란 근로자를 2개이상의 조로 나누어 근로시키는 제도를 말한다. 교대근로가 활용되는 이유로는 '사업의 공공서비스성', '생산기술 또는 업무의 성격' 및 '경영효율 등 경제적이유'를 들 수 있다. 교대근로 특히, 야간근로를 포함한 교대근로는 근로자의 생활리듬을 깨므로 건강·안전·가정생활·사회생활에 나쁜 영향을 준다. 연장·휴일근로는 임시적인 것으로 필요최소한에 그쳐야 하며, 야간근로를 포함한 불규칙한 교대근로, 계속적연장근로를 예정하는 교대근로[3] 등은 교대제의 취지에 반한다. 연장근로를 할 때 근로자동의를 받아야 함은 물론이며, 동의를 받더라도 이러한 형태의 교대근로는 법위반의 소지가 있다. 격일제근로, 교대근로도 휴일·휴가 등 근기법이 적용되며 "교대근로에 관한 사항"은 취업규칙의 작성·신고에 있어 필수적기재사항이다(근기법 §93 i).

7·나. 고용형태와 고려요인

(1) 제도화

교대제는 근로조건명시대상이다. 교대제를 도입하려면 근로자의 동의가 필요하다. 교대제는 취업규칙기재사항이며, 취업규칙변경법리가 적용된다. 근무조교대는 규칙적이어야 하며, 그때그때 정해지면 안된다.[4]

(2) 법정근로조건 준수

① **주휴일**

주휴일은 전근로자에게 일률적으로 특정일을 지정하여 부여하는 것이 원칙이

---

1) 근기 01254-5592, 1987.4.6 ; 〈사례〉 근로기준정책과-3713, 2015.8.12. [부정] 국가시험편집·인쇄업무 관련.
2) 일본 노동성, 기발 제17호, 1947.9.13.
3) 제1조는 8시부터 17시, 제2조는 20시부터 다음 날 5시까지를 소정근로시간으로 정한 다음에 연장근로를 통해 연속하여 작업을 시키는 것을 예로 들 수 있다.
4) 일본 후생노동성, 기발 제150호, 1988.3.14.

나 교대조별로 각기 예측가능한 다른 날짜를 부여할 수 있다. 주휴일은 0시부터 24시까지 역일을 단위로 하여 주어지는 것이 원칙이나, 1주일에 1회이상 계속하여 24시간의 휴식이 보장되도록 부여할 수 있다. 주휴일을 특정일로 정한 상태에서 휴일의 사전대체도 인정된다.[1] 약정휴일도 비교대근로자와 동일하게 부여되어야 한다. 휴일근로는 불가피한 경우로 제한되어야 한다. 휴일근로를 예정하여 교대조를 편성하는 것은 주휴일을 부여치 않는 것으로 간주될 수도 있다.

② 근로시간

교대근로에서도 법정기준근로시간은 적용된다. 1일은 역일상 1일로 0시~24시까지를 의미하나, 계속근무가 2역일에 걸치면 업무시작시각이 속하는 날의 1일 근로로 본다. 연장근로는 당사자합의가 있어야 하며 1주에 12시간을 초과할 수 없다. 주당총근로시간이 주당법정기준근로시간을 넘는 연장근로시간이 12시간이내여야 함과 동시에, 1일연장근로시간을 1주간 합한 시간도 12시간이내여야 한다. 공익사업근로시간특례가 적용되는 사업은 연장근로한도를 초과할 수 있다. 연장근로는 임신여성에게 금지되고, 출산근로자와 연소근로자에게 제한된다.

③ 휴게 및 휴가

교대근로라도 8시간에 대해 1시간이상, 4시간에 대해 30분이상의 휴게시간을 주어야 한다. 법정휴가와 약정휴가 또한 비교대제와 같게 부여되어야 한다.

④ 야간근로

교대근로라 해도 야간근로에 대하여 가산임금이 지급되어야 한다. 연소근로자와 임산부의 야간근로에 대하여는 본인동의와 명시적청구가 각각 필요하며 아울러 고용장관인가가 있어야 한다.

7·다. 교대형태별 적법성

(1) 2조격일제

① 개념 및 교대형태

2개의 근무조가 번갈아 가면서 오전 8시부터 다음날 오전 8시까지의 24시간 연속근무 등과 같이 2역일에 걸치는 장시간근로를 반복하는 교대제이다. 운수업·경비업 등에서 이러한 근로형태가 발견된다.

2조격일제에 있어 1주일계속근로를 위한 근무편성표는 다음과 같다.

---

1) 근기 68207-761, 1994.5.9.

교대조 \ 일수	제1일	제2일	제3일	제4일	제5일	제6일	제7일
제1조	근무		근무		근무		근무
제2조		근무		근무		근무	

② **1주7일 계속가동을 위한 1일의 근로시간**

1주7일계속가동을 위해서는 1교대조는 4일, 2교대조는 3일을 근로하게 된다.

첫째, 4일근로조는 합의가 있는 경우 1주12시간까지 연장근로를 할 수 있어 1일평균 3시간의 연장근로가 가능하게 되고, 1일가동시간은 휴게시간 1시간을 포함해도 1일평균 12시간을 초과할 수 없다.

다음으로, 3일근로조는 같은 논리로 1일4시간의 연장근로가 가능하므로 1일가동시간은 휴게시간 1.5시간을 포함해도 13.5시간을 초과할 수 없다.

③ **1주7일, 1일24시간 가동이 가능한 경우**

24시간연속근무격일제는 연장근로한도를 초과하므로, '공익성사업에 대한 근로시간특례(근기법§59 같은장, 제5절, 5)'와 '근로시간·휴일·휴게 적용제외(근기법§63 같은장, 제5절, 6)'의 경우에 가능하나,[1] 근로자의 건강과 생활을 크게 해치므로 지양되어야 한다.

(2) 2조2교대제

① **개념 및 교대형태**

2개의 근무조가 1일을 전반기·후반기로 나누어 근무순번을 1주 또는 2~4주 단위로 계속 바꿔가면서 근로하는 제도이다. 자동차, 비철금속 등의 제조부문에서 그 예를 발견할 수 있다.

주40시간근로제의 근무편성표는 다음과 같다.[2]

교대조 \ 일수	제1주		제2주	
	제1일~제5일	제6일~제7일	제8일~제12일	제13일~제14일
1조	1근무조	휴무	2근무조	휴무
2조	2근무조	휴무	1근무조	휴무

② **1주 가동일수**

'근로시간·휴일·휴게 적용제외대상근로(근기법§63 같은장, 제5절, 6)'외에는 1주에 7일을 계속가동하는 것은 위법이다.

③ **주5일근무와 1일가동시간**

주5일을 근무하는 경우, 휴게시간을 포함하여 근무조당 9시간근로가 가능하므

1) 근로개선정책과-5140, 2012.10.21.
2) 주40시간근로제 사업에서는 1주 5일 가동형태를 취하게 된다.

로 1일에 18시간동안 가동할 수 있다.

연장근로한도시간인 주당 12시간을 5일동안 매일 2시간24분씩으로 나누어 더 근로하면, 1개근무조가 휴게시간을 포함하여 1일 11시간24분씩 근무함으로써 1일에 22시간48분까지 가동할 수 있고, 휴게시간을 더 부여하면 1일24시간가동도 가능하다. 다만, 연장근로에 대해 근로자동의가 필요하며, 동의가 있어도 상태적연장근로는 입법취지에 어긋난다.

④ 1일24시간가동이 가능한 경우

'공익사업근로시간특례(근기법 §59)' 및 '근로시간·휴일·휴게 적용제외(근기법 §63)' 대상근로는 1일24시간가동이 가능하다.

3개월이내탄력적근로시간제의 적용근로자가 당사자합의로 1주12시간의 연장근로를 하는 경우에는 해당주에 64시간까지 근로할 수 있으므로 근무일에 대해 부분적으로 24시간가동이 가능할 수도 있다.

⑤ 연소자 및 임산부 보호

연소자 및 임산부에 대해 야간근로를 시키려면 본인동의 또는 명시적청구가 필요하며 아울러 고용장관인가를 받아야 한다(같은장, 제4절 2·나,(2)).

(3) 3조2교대제

① 개념 및 교대형태

1일24시간, 1주7일 계속가동을 위해 3교대제를 두고, 근무형태를 3조로 나누고, 1일근로를 2근무로 나누어(1근무조는 08시~20시 2근무조는 20시~08시) 각 교대조를 근무조와 근로형태별로 적절히 배합하여 운용하는 교대제 형태이다. 공익성사업이나 공정이 자동화된 제조업[1]에서 많이 활용된다. 근무상황표는 다음과 같다.

<근로형태 및 교대형태>[2]

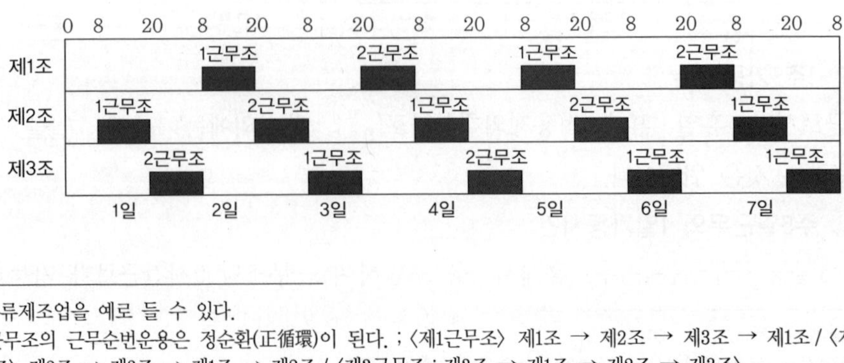

1) 주류제조업을 예로 들 수 있다.
2) 근무조의 근무순번운용은 정순환(正循環)이 된다. ; 〈제1근무조〉 제1조 → 제2조 → 제3조 → 제1조 / 〈제2근무조〉 제2조 → 제3조 → 제1조 → 제2조 / 〈제3근무조 : 제3조 → 제1조 → 제2조 → 제3조〉.

② **연중무휴가동의 적법성**

법정휴게시간을 부여하는 경우 각 조별 근로시간은 다음과 같다.

구분	근로일	구속시간		휴게시간		실구속시간		연장근로시간		
		1일	1주	1일	1주	1일	1주	1일 기준 시간 초과	1주간 1일 기준시간 초과분의 합계	1주 기준 시간 초과
제1조	4일	12	48	1	4	11	44	3	12	4
제2조	5일	12	60	1	5	11	55	3	15	15
제3조	5일	12	60	1	5	11	55	3	15	15

1일24시간・1주7일 연속가동의 경우 1주40시간을 기준으로 한 초과시간은 근무조별로 4~15시간이 되고, 1일기준근로시간을 초과한 연장근로시간의 1주간 합계도 근무조별로 12~15시간으로 법위반이다. 제2조와 제3조를 기준으로 할 때 논리적으로는 1일의 연장근로시간이 2.4시간[12시간(1주당연장근로 시간 한도시간)÷5일(가동 일수)]이 되도록 하여 실구속시간을 10.4시간[8시간(1일기준 근로시간)+2.4시간(1일연장 근로시간)]으로 하고 1일가동시간인 12시간에서 10.4시간을 뺀 1.6시간(1시간 36분)이상을 휴게시간으로 부여한다면 3조2교대를 통한 연중무휴가동이 가능하기는 하다.

'공익성사업근로시간특례(근기법 §59)', '근로시간・휴일・휴게 적용제외(근기법 §63)', '탄력적근로시간제(근기법 §51)' 의 경우에 상대적으로 적합하다.

③ **제약요인**

3교대조를 둘 경우 1주 4~5일근로의 설계가 가능하므로 주휴일부여위반은 피할 수 있다. 연차유급휴가는 노사의 집단적합의로 대체부여가 가능하다(근기법 §62). 임신여성에 대해 연장근로를 시킬 수 없고, 연소근로자에게는 1일1시간, 출산1년미만여성근로자에게는 1일2시간으로 연장근로가 각각 제한되어 있어 이들을 대상으로 할 수 없다.

일반근로자도 연장근로의 상태화로 위법소지가 있다. 나아가서 1회의 근로시간이 지나치게 길고 교대조의 주・야간 근무로 배치가 1주일의 범위에서 너무 심하게 변동되어 근로자 건강보호상 바람직하지 않다.

(4) 3조3교대제

① **개 요**

3개의 교대조를 두고, 1일근로를 3근무조로 나누어 각 교대조별로 근무조를 적절히 배합하여 운용하는 교대제로서 1주 5일~6일 가동형태와 1주7일 가동형태로 나눌 수 있다.

② **1주5일 가동**

㈎ **개념 및 교대형태**

매주 일정한 날에 전근로자에게 주휴일을 부여함으로써 1주에 5일을 근로하게 된다. 1일24시간연속가동이 가능한 근무편성표는 다음과 같다.[1)]

구 분	제 1 주		제 2 주		제 3 주	
	제1일~제5일	제6일~제7일	제8일~제12일	제13일~제14일	제15일~제19일	제20일~제21일
1교대조	1근무조	휴	2근무조	휴	3근무조	휴
2교대조	2근무조	휴	3근무조	휴	1근무조	휴
3교대조	3근무조	휴	1근무조	휴	2근무조	휴

각근무조의 근로시간은 휴게시간을 포함하여 8시간이나, 출·퇴근 편의를 위해 각근무조의 근로시간을 휴게시간을 포함하여 각각 7시간, 8시간, 9시간으로 운용할 수 있다. 교대조순환은 정순환(1근무조 → 2근무조 → 3근무조)이 된다.

3근무조에서 1근무조로 교대할 때 주휴일 아침에 퇴근후 다음날 아침에 출근하게 되어도, 24시간 연속하여 휴식이 주어지면 주휴일이 부여된 것이다.[2)]

㈏ **휴게시간 부여와 연장근로**

각 근무조별로 9시간미만을 가동하면 30분이상, 9시간이상을 가동하면 1시간이상의 휴게시간이 주어져야 한다.

취업규칙·단체협약 등에 휴게시간에 대해 유급 또는 근로시간으로 인정하는 규정이 있는 경우, 9시간가동근무조의 마지막 1시간이 연장근로가 되는지에 대해, "연장근로수당 등의 산정기초가 되는 기준근로시간에 포함된다"는 식으로 명백하게 정하지 않으면 연장근로로 볼 수 없다는 것이 행정해석[3)]의 입장이다.

③ **1주7일 가동**

㈎ **의 의**

사업장은 1주7일 가동하되, 근로자는 1주 6일근로와 5일근로로 순환근무한다. 교대조별로 주휴일과 휴무일을 다르게 하고 1개조가 쉬는 날에 다른 1개조가 1일8시간을 연장근로하거나, 다른 2개조가 2일4시간씩 연장근로를 해야 한다.

---

1) 김수복, 「근로시간·휴일·휴가의 법률문제」, 169쪽; 휴무일 중 1일은 무급으로 부여할 수 있다.
2) 기준 1455.9-6327, 1967.6.7.
3) 근기 01254-4347, 1991.3.28.

㈏ 주6일근로

㉮ 근무편성표

3개 교대조가 똑같은 시간을 근로하는 것으로 가정하여 작성한 개인별 주6일근로 근무편성표는 다음과 같다.[1)]

구분		1일	2일	3일	4일	5일	6일	7일
1주	제1조	0~8(7.5)	0~12(11)	0~8(7.5)	0~12(11)	0~8(7.5)	휴 일(0)	0~8(7.5)
	제2조	8~16	12~24	8~16	휴 일	8~16	0~12	8~16
	제3조	16~24	휴 일	16~24	12~24	16~24	12~24	16~24
2주	제1조	16~24	12~24	16~24	12~24	16~24	휴 일	16~24
	제2조	0~8	0~12	0~8	휴 일	0~8	0~12	0~8
	제3조	8~16	휴 일	8~16	0~12	8~16	12~24	8~16
3주	제1조	8~16	0~12	8~16	12~24	8~16	휴 일	8~16
	제2조	16~24	12~24	16~24	휴 일	16~24	0~12	16~24
	제3조	0~8	휴 일	0~8	0~12	0~8	12~24	0~8

㉯ 연중무휴가동의 적법성

1일실근로시간을 보면, 쉬는 조가 없는 날에는 각 조가 8시간을 가동하게 되는데 이 때 30분의 휴게시간을 감안하면 근로시간은 7.5시간이다. 쉬는 조가 있는 날에는 2개조가 12시간을 가동하는데, 1시간의 휴게시간은 감안하면 근로시간은 11시간이어서, 1주총근로시간은 52시간으로, 연장근로는 12시간이다. 따라서 1일기준근로시간을 초과한 연장근로는 그 경우 모두 1일 3시간씩 이틀이 있어 모두 6시간이 되므로, 이론상으로는 근무편성표 작성이 가능하다.

㈐ 주5일근로

㉮ 근무편성표

3개의 교대조가 똑같은 시간을 근로하고 각 2일의 휴일을 부여받은 것으로 가정하고 개인별 주5일근로 근무편성표를 작성하면 다음과 같다.[2)]

---

1) 편의상 1근무조는 0~8시, 2근무조는 8~16시, 3근무조는 16~24시로 가정하여 설명하였으나 출퇴근의 편의를 고려하여 1근무조는 22~06시, 2근무조는 06~14시, 3근무조는 14~22시로 운영하는 등 변형할 수 있다. ; 교대조별 근무조 순환은 3조 → 2조 → 1조로 역순환(逆循環)이 된다. ; ( )는 법정휴게시간 부여시 실근로시간으로 각 조가 모두 1주에 52시간을 근무하게 된다.

2) 편의상 1근무조는 0~8시, 2근무조는 8~16시, 3근무조는 16~24시로 가정하여 설명하였으나 출퇴근의 편의를 고려하여 1근무조는 22~06시, 2근무조는 06~14시, 3근무조는 14~22시로 운영하는 등 변형할 수 있다. ; 교대조별 근무조 순환은 3조 → 2조 → 1조로 역순환이 된다. ; ( )는 법정휴게시간 부여시 실근로시간으로 각 조가 모두 1주에 51.5시간을 근무한다. ; 휴일중 1일은 무급으로 부여할 수 있다.

구분		1일	2일	3일	4일	5일	6일	7일
1주	제1조	0~8(7.5)	0~12(11)	0~12(11)	휴 일(0)	0~12(11)	0~12(11)	휴 일(0)
	제2조	8~16	12~24	휴 일	0~12	12~24	휴 일	0~12
	제3조	16~24	휴 일	12~24	12~24	휴 일	12~24	12~24
2주	제1조	16~24	12~24	12~24	휴 일	12~24	12~24	휴 일
	제2조	0~8	0~12	휴 일	0~12	0~12	휴 일	0~12
	제3조	8~16	휴 일	0~12	12~24	휴 일	0~12	12~24
3주	제1조	8~16	0~12	12~24	휴 일	0~12	12~24	휴 일
	제2조	16~24	12~24	휴 일	12~24	12~24	휴 일	12~24
	제3조	0~8	휴 일	0~12	0~12	휴 일	0~12	0~12

㉯ 적법성 판단

1일의 실근로시간계산은 주6일근로 근무편성표와 같다. 이 경우 주당총근로시간은 51.5시간으로, 주당40시간을 초과한 연장근로는 11.5시간이다. 1일기준근로시간을 초과한 연장근로는 1일3시간씩 4일이 있어 12시간이다. 따라서 이론상으로는 근무편성표가 가능하다.

㈑ **연소자 및 임산부 보호**

임신여성은 연장근로를 시킬 수 없고, 연소근로자에게는 1일1시간, 출산1년미만여성근로자에게는 1일2시간의 연장근로제한이 있어 이들에게 적용할 수 없다.

㈒ **제약요인**

'1주7일가동·3조3교대제'는 임신여성과 연소근로자에 대한 제한이 있고, 상태적연장근로에 대해 근로자동의를 받아야 하며 동의를 받아도 위법소지가 있다. 연차휴가 등으로 빠지는 근로자의 업무를 다른 근로자가 연장근로로 수행하면 법정연장근로한도에 위반된다. 아울러 연중무휴가동시 근무시간대간에 간격이 너무 짧고 휴일이 불규칙하여 근로자건강에 해롭다. 교대조간의 근로시간을 7시간, 8시간, 9시간 등과 같이 다르게 운용하면 연장근로제한을 초과할 수도 있다. '공익사업근로시간 특례(근기법 §59)', '근로시간·휴일·휴게 적용제외(근기법 §63)' 및 '탄력적근로시간제(근기법 §51)' 대상근로에 상대적으로 적합한 교대제이다.

(5) 4조3교대제

① 개 요

근기법에 위반되지 않고 근로시간대간의 간격을 정상적으로 유지할 수 있으며 야간근로로 인한 피로를 풀 수 있도록 휴식시간을 많이 주면서 운용할 수 있는 제도이다.[1] 1일8시간근로로 연장근로가 없으므로 연소근로자 등에 대해서도 운

1) 병원에서 많이 활용되고 있다.

용이 가능한 제도로서 1일24시간1주7일가동에 적합하다. 휴일이 1주일에 2번이상 주어질 수 있는데 이중 1일은 반드시 유급휴일이어야 하나 나머지 1일은 무급휴일도 가능하다. 연차유급휴가는 노・사 합의로 대체부여가 가능하다(근기법 §62).

② 3일근무1일휴일

각 교대조가 3일근로 1일휴식을 반복하는 방식으로 휴일 다음날은 근무조가 전환된다. 휴일은 12일을 주기로 규칙적으로 부여되며 12일중에서 3일이 휴일이 되는데 휴일 중 1일은 야간근로후의 휴무이다. 근무편성표는 다음과 같다.[1]

<근무편성표 ①>

구분	1일	2일	3일	4일	5일	6일	7일	8일	9일	10일	11일	12일
제1조	1근	1근	1근	휴	2근	2근	2근	휴	3근	3근	3근	야휴
제2조	휴	2근	2근	2근	휴	3근	3근	3근	야휴	1근	1근	1근
제3조	2근	휴	3근	3근	3근	야휴	1근	1근	1근	휴	2근	2근
제4조	3근	3근	야휴	1근	1근	1근	휴	2근	2근	2근	휴	3근

<근무편성표 ②>

구분	1일	2일	3일	4일	5일	6일	7일	8일	9일	10일	11일	12일
제1조	1근	2근	3근	야휴	1근	2근	3근	야휴	1근	2근	3근	야휴
제2조	2근	3근	야휴	1근	2근	3근	야휴	1근	2근	3근	야휴	1근
제3조	3근	야휴	1근	2근	3근	야휴	1근	2근	3근	야휴	1근	2근
제4조	야휴	1근	2근	3근	야휴	1근	2근	3근	야휴	1근	2근	3근

③ 기타의 근무편성표[2]

㈎ 4일근로1일휴일 → 4일근로2일휴일 → 4일근로1일휴일

각 교대조가 4일을 일하고 1일은 쉬고 근무조를 바꾸어 4일을 일하고 2일을 쉰 다음 다시 근무조를 바꾸어 4일을 일하고 1일을 쉬는 것을 반복하는 근로형태이다. 16일 주기로 12일을 일하고 4일을 쉬게 되는데 그 중 1일은 야간근로후의 휴일이다. 휴일 후에는 근무조가 바뀐다. 근무편성표는 다음과 같다.

구분	1일	2일	3일	4일	5일	6일	7일	8일	9일	10일	11일	12일	13일	14일	15일	16일
1조	2근	2근	2근	2근	휴	3근	3근	3근	3근	야휴	휴	1근	1근	1근	1근	휴
2조	휴	3근	3근	3근	3근	야휴	휴	1근	1근	1근	1근	휴	2근	2근	2근	2근
3조	3근	야휴	휴	1근	1근	1근	1근	휴	2근	2근	2근	2근	휴	3근	3근	3근
4조	1근	1근	1근	휴	2근	2근	2근	2근	휴	3근	3근	3근	3근	야휴	휴	1근

1) 야휴는 야간근로 후의 휴무, 근은 근무, 휴는 휴일, 1일 8시간 근무를 전제로 한다. ; 1근은 1근무조, 2근은 2근무조, 3근은 3근무조 ; 각 근무조의 근로시간은 출퇴근시간을 고려하여 적절히 조정(1주 6일근로 또는 1주 5일근로 3조3교대제 참조)한다. ; 1일의 휴일은 유급으로 부여하여야 한다. ; 앞의 설명은 뒤에서 설명하는 기타 근무편성표에서도 같다.

2) 김수복, 「근로시간・휴일・휴가의 법률문제」, 171쪽.

㈏ 5일근로2일휴일 → 5일근로1일휴일 → 5일근로2일휴일

각 교대조가 5일을 일하고 2일을 쉬고 근무조를 바꾸어 5일을 일하고 1일은 쉰 다음 다시 근무조를 바꾸어 2일을 쉬는 것을 반복하는 근로형태이다. 20일을 주기로 15일을 일하고 5일은 쉬게 되는데 그 중 1일은 야간근로후의 휴일이다. 휴일 후에는 근무조가 바뀐다. 근무편성표는 다음과 같다.

구분	1일	2일	3일	4일	5일	6일	7일	8일	9일	10일	11일	12일	13일	14일	15일	16일	17일	18일	19일	20일
1조	3근	3근	3근	3근	3근	야휴	휴	1근	1근	1근	1근	1근	휴	2근	2근	2근	2근	2근	휴	휴
2조	야휴	휴	1근	1근	1근	1근	1근	휴	2근	2근	2근	2근	2근	휴	휴	3근	3근	3근	3근	3근
3조	1근	1근	휴	2근	2근	2근	2근	2근	휴	휴	3근	3근	3근	3근	3근	야휴	휴	1근	1근	1근
4조	2근	2근	2근	휴	휴	3근	3근	3근	3근	3근	야휴	휴	1근	1근	1근	1근	1근	휴	2근	2근

㈐ 6일근로2일휴일

각 교대조가 2일마다 근무조를 바꾸면서 연속6일을 일한 후 2일을 쉬는 제도이다. 이 제도는 1근무조에서 일한 후애 휴일도 없이 2일만에 다른 근무조로 바꾸어 일하는 것을 6일간 반복함으로써 근로자의 생활리듬을 깨게 되므로 건강보호나 생산성의 측면에서 볼 때 바람직하지 않다. 근무편성표는 다음과 같다.

구분	1일	2일	3일	4일	5일	6일	7일	8일
1조	1근	1근	2근	2근	3근	3근	야휴	휴
2조	2근	2근	3근	3근	야휴	휴	1근	1근
3조	3근	3근	야휴	휴	1근	1근	2근	2근
4조	야휴	휴	1근	1근	2근	2근	3근	3근

7·라. 교대근로와 노무관리

교대제를 도입할 때에는 필요한 사항[1]을 점검하고 근로자의견을 최대한 반영해야 한다. 교대근로는 정상근로보다 더 큰 보호[2]가 필요하다.[3]

---

1) ⓐ 교대조수, ⓑ 근무조수(근무시간대수), ⓒ 야간근로유무, ⓓ 조업의 연속성(조업을 24시간 연속할 것인가, 중단이 있는가, 전혀 조업하지 않는 날이 있는가 등), ⓔ 일제휴일의 유무(전 근로자를 일제히 휴무토록 할 것인가), ⓕ 한 조의 연속근무일수, ⓖ 교대조의 순환이 1순회하는 일수, ⓗ 근무조의 순환방법(정순(1근무조→2근무조→3근무조→1근무조)인가, 역순(3근무조→2근무조→1근무조→3근무조)인가), ⓘ 출·퇴근편의.

2) ⓐ 예비근무조가 있는 근무편성(4조3교대·5조3교대 등)을 하고, 근무조교대가 규칙적이어야 한다. ⓑ 야간근로횟수는 가능한 한 적게 한다. ⓒ 1회근무와 다음 근무와의 간격은 원칙적으로 16시간이상, 부득이해도 12시간이상으로 한다. 야간근로를 포함하는 근무조에서 다음 근무조로 이행할 때에는 야간근무일의 다음날 휴일로 하도록 노력하고, 긴 수면이 취해지도록 한다. ⓓ 1주근로시간은 40시간미만으로 하고, 야간근로를 포함한 1회근로시간은 가능한 한 8시간을 넘지 않도록 하고, 연장근로는 임시적으로 부득이한 경우로 제한한다. 적절한 휴게시간을 확보하고, 야간근로를 포함하는 근무에 있어서는 근무시간도중에 수면시간을 주어야 한다. ⓔ 휴일은 많이 확보되도록 하고 휴가도 일반근로자보다 많이 주도록 하는 한편 실제로 사용할 수 있도록 해야 한다. ⓕ교대근로로 인한 조기출근, 야간퇴근에 대비하여 출·퇴근버스운행 등 편의를 제공한다. ⓖ 정기건강진단을 거쳐 비교대근로나 주간근로로 전환, 야간근로제한 등 적절한 조치를 취한다. ⓗ 생체리듬혼란·수면불완전 등 부담이 큰 교대제근무의 수면·식사·생활 등에 관해 충분한 보건위생교육이나 건강상담을 한다.

제6절 휴 식

1. 일반법리

1·가. 의 의

산업혁명을 겪으면서 일반화된 장시간근로는, 근로자들의 육체를 피폐하게 하며 가정생활을 파괴하여 개인적으로는 인간다운 생활을 크게 침해하고, 사회적으로는 생산성을 떨어트려 자본주의체제를 위협하는 요인이 되었다. 이에 따라 서유럽국가들을 중심으로 19세기후반부터 활성화된 국제적인 노동운동과 노동입법은 1일근로시간 및 1주근로시간을 꾸준히 단축함과 동시에 주휴일, 연차유급휴가, 모성보호휴가 및 건강보호휴가를 제도화하였다.

근기법은 주휴일·연차유급휴가·생리휴가·출산휴가·태아검진시간의 부여를 규정하고 있고, 고평법은 육아휴직·배우자출산휴가·가족돌봄휴식을 규정하고 있다.[1]

그 밖에도 기업은 근로자가 건강 및 건전한 가정생활을 유지할 수 있도록 병가, 경조휴가, 하계휴가 등 각종 휴가제도를 운영하고 있다.

휴일과 휴가는 근로자가 쉰다는 점에서 그 효과가 비슷하다. 휴일은 처음부터 근로의무가 없는 날로서, 소정근로일에서 제외된다. 휴가는 근로의무가 있는 날이나 근로자가 청구하거나 특별한 사유가 충족됨에 따라 근로의무가 정지된다.[2]

1·나. 법정과 약정

(1) 개 요

휴일·휴가는 법정휴일·휴가와 약정휴일·휴가로 나눌 수 있는데,[3] 각각 어떠한 휴일·휴가가 이에 해당하는지와 그 특성을 정리하면 다음과 같다.

---

3) 김수복, 「근로시간·휴일·휴가의 법률문제」, 181~183쪽. ↘ 298쪽

1) 생리·출산휴·배우자출산휴가에 대해 태아검진시간 및 육아기근로시간단축과 함께 제6장에서 설명한다.

2) 김수복, 『채용에서 퇴직까지의 노사문제』, 239쪽.

3) 법외 유급휴일·휴가를 주고 있더라도 법정유급휴가와 상계할 수 없다(대판 1995.6.29, 94다18553).

구 분		법 정	약 정
휴일	일반휴식	• 주휴일 및 법정유급공휴일(근기법 §55) • 근로자의날(근로자의날제정에관한법률)	• 회사창립일, 기타 휴무일
휴가	일반휴식	• 연차유급휴가(근기법 §60)	• 경조휴가 등
	모성 보호 등	• 생리휴가(근기법 §73) • 출산휴가(근기법 §74) • 태아검진시간(근기법 §74의2)[1] • 배우자출산휴가(고평법 §18의2) • 난임치료휴가(고평법 §18의3①)	
휴직	모성 보호 등	• 육아휴직(고평법 §19) • 가족돌봄휴직(고평법 §22의2)	
특 징		• 의무부여, 법정기준 이상은 노·사 자율 • 유급의 여부와 재원을 법으로 정함	• 부여여부, 부여조건, 부여일수, 유급여부를 노·사가 결정

(2) 법정휴일·휴가 부여

① 원 칙

근기법상 근로자라면 격일제근무,[2] 교대제근무,[3] 주5일제근로,[4] 수습근로,[5] 임시직·촉탁직근로, 파견근로,[6] 주당15시간이상 단시간근로, 도급제근로, 탄력적근로시간제, 간주근로시간제, 선택적근로시간제 등 근로유형이나 근로형태와 관계없이 법정휴일·휴가의 적용대상이다.

② 예외 및 제한

㈎ 법 령

㉮ 근기법 미적용

근기법이 적용되지 않는 사업(장)이거나 근기법상 근로자가 아니면 법정휴일·휴가가 적용되지 않는다. 4인이하사업(장)에 대해서는 법정유급공휴일·연차유급휴가·생리휴가가 적용되지 않으나 주휴일·근로자의날·출산휴가·육아휴직은 적용된다(근기법§11② 근기령§7).

---

1) 휴식제도라고 보기보다는 불가피한 경우에 근로제공의무가 면제될 수 있는 근로계약법리에 따른 근로의무면제라고 불 수 있다. 이를 유급으로 하는 것은 정책적인 배려이다. 휴가도 그 성격이 근로의무면제라는 점을 고려하여 편의상 휴가로 분류될 수 있다. 휴가는 일단위로 주어지는 것이 원칙이나, 공무원의 경우에는 시간단위도 인정되고 있다. 휴가는 일단위로 주어지는 것이 원칙이나, 공무원의 경우에는 시간단위도 인정된다.

2) 대판 1989.11.28, 89다카1145 ; 근기 1455-1032, 1971.2.2.

3) 대판 1992.1.8, 90다카21633 ; 대판 1991.7.26, 90다카11636.

4) 근기 1455-9823, 1982.4.9 ; 근기 68207-1090, 1944.7.7.

5) 부소 68247-7, 1994.1.7.

6) 여원 68240-126, 2000.4.26. 부여의무자는 사용사업주이나 임금지급자는 파견사업주가 된다.

㈏ 근로시간 미적용

농림·수산·축산업종사자, 고용장관의 승인을 받은 감시·단속근로자, 관리·감독자 및 기밀취급자에게는 주휴일과 법정유급공휴일을 부여치 않을 수 있다(근기법 §63). 다만, 다른 휴일·휴가는 부여되어야 한다.

㈐ 초단시간근로

4주동안(근로기간이 4주 미만이면 그 기간)을 평균하여 1주동안의 소정근로시간이 15시간미만인 초단시간근로자(근기법 §18③)에 대해 주휴일과 연차유급휴가를 부여하지 않을 수 있다. 단시간근로자가 규칙적으로 연장근로를 해도 연장근로를 제외한 소정근로시간을 기준으로 초단시간근로여부를 판단하여 주휴일을 부여한다.[1] 생리휴가[2] 등 다른 휴일·휴가는 초단시간근로에 대해서도 부여해야 한다.

(나) 근로형태

㈎ 노조전임자

노조전임기간은 노동조합으로부터 급여를 받는 일종의 휴직기간이다. 따라서 사용자가 부여하는 휴일·휴가의 문제는 발생하지 않는다.[3] 부분전임에 대한 출근율산정과 휴가부여일수산정방법에 대해서는 앞의 설명(제3장 제3절,2·다)을 참고한다.

㈏ 일용직(제8장 제4절,1·나)

(3) 약정휴일·휴가 부여

휴일·휴가는 사용자에게 법적으로 부여의무가 강제되느냐에 따라, 법정과 법정외로 나뉠 수 있다. 법정외휴일은 근로조건자율결정원칙에 따라 사용자와 근로자가 정한다는 의미에서 약정휴일·휴가라고 할 수 있다. 약정휴일·휴가의 부여여부, 부여대상일, 임금지급여부, 부여요건 등은 원칙적으로 근로자와 사용자가 자율적으로 결정할 사항이다.

약정휴일에 대해서도 원칙적으로 근기법의 휴일규정이 적용된다. 어떠한 휴무일이 약정휴일에 해당되는지는 '휴일관련규정의 문언·규정경위', '해당사업장과 동종업계의 근로시간규율 체계·관행', '근로제공에 대해 실제로 지급된 임금의 명목·금액', 지급액산정방식 등을 종합적으로 고려해 판단한다.[4]

---

1) 근로개선정책과-4640, 2011.11.21 ; 이러한 해석은 소정근로시간을 적게 한 상태에서 상태적으로 연장근로를 시키는 방법으로 주휴일부여의무를 회피할 소지를 남긴다. 초단시간근로의 상태적인 연장근로시간을 포함해서 '협의의 단시간근로'인지를 판단하도록 하는 제도개선도 고려해볼만하다.

2) 법무 811-31778, 1980.12.4 ; 근기 1455-10531, 1970.11.7.

3) 법무 811-21264, 1980.8.22 ; 근기 68207-83, 1996.1.19.

4) 대판 2019.8.14, 2016다9704·2016다9711 ; 대판 2020.1.16, 2014다41520 ; 대판 2020.8.20, 2019다14110·

1·다. 유급과 무급

(1) 개 요

휴일·휴가는 유급휴일·휴가와 무급휴일·휴가로 나뉜다. 법정휴일·휴가중에서 주휴일과 법정공휴일, 근로자의날, 연차휴가, 배우자출산휴가는 유급이고, 생리휴가와 가족돌봄휴직은 무급이다. 출산휴가는 유급으로 사용자와 고용보험이 부담하고, 육아휴직제는 간접유급으로 고용보험이 부담한다. 노·사는 약정휴일·휴가의 유·무급여부를 정한다. 휴일·휴가를 유급으로 처리하는 것은 근로자의 생활을 보장하면서 휴식을 부여코자 하는데 그 의의가 있다. ILO협약은 연차휴가를 유급으로 하며, 주휴일을 무급으로 하고, 모성보호 및 건강보호를 유급으로 하되 그 비용을 국가재정 또는 사회보험으로 처리하도록 하고 있다.[1]

(2) 유급산정방법

① 법정휴일·휴가

㈎ 의 의

근기법은 유급법정휴일·휴가에 대해 유급산정방법을 제시하지 않고 있어, '평균임금·통상임금 그 밖에 어떠한 임금을 지급할지'와 '1일에 대하여 8시간분임금을 지급할지' 아니면 '주당소정근로시간을 주당소정근로일수로 나눈 시간분을 지급할지'에 대해 해석에 맡기고 있다.

㈏ 유급산정 기초임금

유급휴일·휴가수당의 산정방법에 대해 취업규칙 등에 정하여 평균임금, 통상임금, 기타임금으로 지급하면 된다는 견해[2]가 있다. 이러한 견해에 따르면 기본급이나 일정수당을 기준으로 할 수 있다. 그러나 기본급은 법에 정해진 임금개념이 아니고, 사업장에 따라 기본급비율이 크게 다르며, 법정휴일은 통상적으로 근로하는 날에 임금을 보장받으면서 휴식을 부여하는데 취지가 있다는 점 등을 감안할 때에 통상임금을 기준으로 해야 한다. 다만, 근기법에 통상임금외의 임금을 기준으로 해도 위법으로 볼만한 근거가 마련되어 있지 않다.

㈐ 임금산정형태와 유급

1일분의 유급휴일·휴가수당은 임금산정형태에 따라 달라진다.

시간급제에서는 시간급통상임금에 1일소정근로시간수를 곱한 금액이 지급되어

14127·14134·14141. 단협개정의 과정과 내용을 살펴볼 때 토요일을 약정휴일로 판단할 수 있음.

1) ILO협약 제103호(제35차 총회, 1952), 「모성보호에 관한 협약」, 제4조 참조.

2) 근기 01254-4503, 1985.3.11.

야 할 해당유급임금이다.[1] 1일소정근로시간은 법정기준근로시간인 8시간으로 보는 것이 보편적이다.[2] 그러나 1주소정근로시간수를 1주소정근로일수로 나눈 시간에 해당하는 금액으로 산정하더라도[3] 이를 위법으로 보기는 어렵다.

일급제는 두 가지로 구분될 수 있다. 먼저, 1일법정기준근로시간이내의 약정근로시간을 대상으로 한 일급제에서는 그 일급통상임금이 지급되어야 할 해당유급임금이다. 다음으로 1일법정기준근로시간을 초과하는 약정근로시간에 대한 일급제에서는, 그 일급에 연장근로의 대가가 포함되어 있으므로, 시간급통상임금으로 환산하여 그 시간급통상임금에 1일법정근로시간수를 곱한 금액이 지급되어야 할 해당유급임금이다.

주급·월급[4]제에서는 주급·월급에 유급휴일·휴가에 대한 유급수당이 포함되어 있다.[5] 다시 말해서 유급휴일·휴가에 근로를 제공하지 않아도 해당주급·월급이 삭감없이 지급된다. 이러한 논리의 근거는 '법정유급휴일이 평상적근로관계에서 근로를 제공하여 왔고 계속근로예정상태가 전제된다'는 판례법리[6](같은장, 같은절 2·나, (1), ②, (나))에서 찾을 수 있다. '시간급통상임금환산', '주휴일근로의제시간'과 '법정기준근로시간을 초과하는 시간에 대해 지급하는 고정수당에 대한 약정근로시간 계산'은 뒤의 설명(제5장, 제2절 3·라, (2))"을 참조한다.

② **약정휴일·휴가**

약정휴일·휴가에 대하여는 무급이 인정된다는 점을 감안하여, 당사자가 정한 기준에 따르는 것이 당연하다. 다만, '유급으로 지급한다'고만 정해놓은 경우에는 법정휴일·휴가에 준하여 해석[7]된다.

---

1) 근기 68207-3562, 2001.10.17.

2) 근기 01254-11478, 1989.11.3 ; 근기 01254-14463, 1990.10.17 ; 근기 68207-862, 1994.5.27 ; 임금-2507, 2004.7.9 ; 대판 1991.1.15, 90다카25734 ; 대판 1990.12.26, 90다카13465) ; 〈논리적근거〉 1일 법정기준근로시간이 8시간인 점, 보편적으로 근로하는 날에 받는 임금이라는 점, 계산의 간편성 및 근로자보호가 논리적 근거.

3) 주40시간을 6일에 걸쳐 근로하면, 주당소정근로시간을 6일로 나눈 1주간 1일 평균소정근로시간 즉, 6시간40분(40시간÷6일)에 해당되는 임금을 지급해도 위법으로 보기 어렵다. 다만, 이 경우 월급을 시간급 통상임금으로 환산할 때 주·월의 통상임금산정기준시간수를 계산함에 있어 주휴일의제근로시간인 1일소정근로시간 역시 6시간40분으로 보아야 한다(일급통상임금의 시간급환산에 대하여는 '제5장, 제2절, 3·라, (2), ①' 참조).

4) 임금이 월단위로 결정되어 월의 근로일수나 근로시간의 많고 적음에 관계없이 일정임금이 지급되는 임금형태.

5) 대판 1990.12.26, 90다카12493 ; 대판 1994.5.24, 93다32514 ; 대판 1998.4.24, 97다28421. 다만, 통상임금을 산정함에 있어서는 기본급과 고정수당을 합산한 월급에서 유급휴일수당을 공제하여야 한다고 보았다. 이러한 입장은 후속판례에 의해 공제하지 않는 대신 주휴일의제시간을 반영할 수 있게 변경되었다. ; 기준 1455.9-6172, 1969.6.4.

6) 대판 2009.12.24, 2007다73277 등.

7) 〈사례〉 근로기준과-510, 2011.1.31. 단체협약이나 취업규칙 등에 '유급으로 한다'는 규정이 없는 한 유급으로 인정되는 것은 아니다.

1·라. 보상과 보장

휴일·휴가는 크게 보상적휴일·휴가와 보장적휴일·휴가로 나눌 수 있다.

(1) 보상적 휴일·휴가

보상적휴일·휴가는 출근율에 따라 휴가부여여부·수준이 결정되므로 공로보상적이거나 성과임금후불적인 성격을 갖는다. 주휴일과 연차유급휴가가 그렇다. 근기령은 주휴일에 대해 '1주동안 소정근로일개근(§30)'을, 근기법(§60)은 '계속하여 근로한 기간', '1년이상 80%이상 출근한 자', '1년미만 계속근로자'라는 표현을 사용하고 있다.

출근율에 대해서는 앞(제3장 제3절,1)에서 소개되었다.

(2) 보장적 휴일·휴가

보장적휴일·휴가는 출근율과 관계없이 일정요건이 충족되면 부여된다. 근로자의날, 공휴일(같은장,같은절 2·나,(3),③,(나)), '모성보호 및 일·가정양립지원을 위한 휴가'가 여기에 해당한다. 후자로는 출산휴가, 태아검진시간, 배우자출산휴가, 육아휴직, 생리휴가와 가족돌봄휴직을 들 수 있다.

1·마. 휴직·근로의무정지

법정휴일은 평상근로관계 즉, 근로를 제공하였고 또한 계속근로제공이 예정되어 있는 상태를 전제하고 있다. 따라서 사용자는 휴직기간이나 파업기간에 포함된 유급휴일·휴가에 대한 임금을 지급할 의무를 지지 않는다.[1] 출근율산정과 그에 따른 부여일수산정방법에 대해서는 앞의 설명(제3장 제3절,2·다)을 참고한다.

2. 휴일제도

2·가. 의 의

(1) 휴일의 개념

① 일반개념

휴일의 개념에 대해서는 그 표현이 조금씩 다르기는 하지만[2] '취업규칙·근로

---

1) 대판 2010.7.15, 2008다33399.

2) 김형배, 『노동법』, 제20판, 442쪽. 사용자의 지휘·명령으로부터 완전히 벗어나는 날로서, 계약상 애초부터 근로의무가 없는 날 ; 임종률, 『노동법』, 제9판, 417쪽. 근로계약상의 근로제공의무를 부담하지 않기로 미리 정해진 날. ; 이상윤, 『노동법』, 제6판, 257쪽. 사용자의 지휘·명령으로부터 완전히 벗어나 근로를 제공하지 않는 날 ; 菅野和夫, 『労働法』, 第七版補正二版, 239頁. 근로계약에서 근로의무를 지지 않는 날 등.

계약 등에 따라 근로의무가 없는 것으로 정해진 날'이라고 정의할 수 있다. 다시 말하면 휴일은 소정근로일이 아닌 날을 의미한다.

② **유사개념**

㈎ **휴무일**

㉮ 휴일과 비교

'소정근로일이 아닌 날'을 어떻게 볼지에 대해 견해가 나뉜다. 첫째, 이 날을 모두 휴일로 보고 휴일과 '휴일이 아닌 날'로 구분하지 않는 견해[1]가 있다. 둘째, 이 날을 휴일과 '휴일이 아닌 날'로 구분하고 후자를 휴무일이라고 보는 견해가 있다. 이 견해는 휴무일을 근로면제일로 본다.[2] 근로면제일은 휴가처럼 소정근로일에 대해 근로를 면제시켜 준 날이다. 휴무일은 당사자가 처음부터 근로의무가 없는 날로 정한 날이므로 근로면제일이 될 수 없다. 따라서 휴일과 휴무일은 '근로의무가 없는 날' 즉 '소정근로일이 아닌 날'로서 그 성격이 같다. 그러므로 휴무일과 휴일을 구분하여 효력을 달리 하는 것은 합리적이지 못하다.[3]

㉯ 교대제와 휴무일

휴무일은 소정근로일에서 제외되기 때문에 근로를 제공하지 않더라도 결근처리되지 않는 것이 원칙이다. 교대제에 있어 전·후 근무일에 근로를 제공할 것을 조건으로 부여된 휴무일이라면 근로일에 결근할 경우 취업규칙 등에 정하여 휴무일까지 결근처리하는 것은 그 효력이 인정된다는 해석이 있다.[4] 그러나 휴무일이 소정근로일이 아닌 날임에도 불구하고 전날의 근로여부를 확대하여 결근일로 보는 것은 무리한 해석이다.

㈏ **휴업일·휴가**

소정근로일로 정해진 상태에서 근로를 제공하지 않는 날은 휴일이 아니다. 이러한 날로는 휴업일,[5] 결근일 등을 들 수 있다. 휴가는 근로자가 신청하거나 일정조건이 충족되면 소정근로일에 근로제공의무를 면제받는다는 점에서 휴일과 구분된다.[6] 근기법이 소정근로일에 근로제공의무를 면제받음에도 휴일이라는 개념을 사용하는 예를 발견할 수 있는데 통일적규정이 요청된다.[7]

---

1) 임종률, 『노동법』, 제9판, 579쪽.
2) 김형배, 『노동법』, 제20판, 444~445쪽.
3) 柳屋孝安, 『休憩・休日・變形勞働時間制』, 86頁. 주5일근로제에서 근로의무가 없는 날을 법정외휴일로 분류.
4) 대판 2004.6.29, 2002두2867. 서울특별시지하철공사사건. 교대근무자의 야간근무일 다음에 휴무일을 부여.
5) 임종률, 『노동법』, 제9판, 417쪽; 菅野和夫, 『勞働法』, 第七版補正二版, 239頁.
6) 근기 68207-883, 1999.12.15.
7) 근기법 제53조는 특별연장근로에 대한 사후승인과정에서 연장근로가 부적당하면 휴게시간이나 휴일을 주도

(2) 휴일제도의 법적체계

① 규정체계

근기법은 휴일에 관해, 개념과 범위를 명시하지 않은 상태에서, 많은 규정을 두고 있다. 근기법 제55조는 조문의 이름을 휴일이라고 명시한 후에 유급주휴일과 유급법정휴일을 규정하고 있다. 따라서 다른 조항에서 사용되는 휴일이라는 개념이 법정휴일을 의미하는지 아니면 약정휴일을 포함하는지가 명확하지 않다.

② 약정휴일의 법리(같은장, 같은절 1·나,(3))

약정휴일은 취업규칙 등에 따라 근로자가 '근로의 의무를 지지 않는 날'로 정한 날이다. 법정휴일조항(근기법 §55)과 근로조건서면명시조항(근기법 §17)의 "근기법 제55조의 휴일"이라는 표현을 쓰고 있는 부분은 약정휴일에 적용되지 않는다.[1] 그러나 단순히 "휴일"이라는 표현을 사용하고 있는 대부분의 휴일관련규정은 약정휴일에도 적용된다고 해석하는 것이 일반적이다. 이러한 일반적인 접근을 받아들이더라도 벌칙까지 적용되어야 할지에 대해서는 의문의 여지가 있다.[2]

(3) 법정휴일제도의 설계

① 연 혁

'1953년 제정 근기법'은 제45조제1항에 "사용자는 근로자에 대하여 1주일에 평균 1회이상의 휴일을 주어야 한다"고 규정하고, 제45조제2항에 "정휴일(定休日), 법정유급공휴일은 임금산출의 근로일로 인정한다"고 규정함으로써 법정휴일제도를 마련하였다. 이후 1961년에는 제45조제2항이 삭제되고, 제45조제1항에서 "평균 1회 이상의 휴일"이 "평균 1회 이상의 유급휴일"로 변경되었다. 2001년에는 여성의 휴일근로요건이었던 행정관청인가가 폐지되고 연소근로자·임신근로자·출산근로자에게 적용되었다. 2018년에는 주휴일외에 법정유급공휴일의 근거가 마련되고, "1주"의 개념이 "휴일을 포함한 7일"로 규정되고, 가산수당지급규정이 휴일·연장·야간근로에 대해 따로 기술되고, 8시간을 기준으로 휴일근로가산지급율이 달리 규정되었다. 이러한 변화에도 불구하고 법정휴일제도는 '1953년 제정

록 하고 있는데 여기서 휴일이라는 표현보다는 휴가라는 표현이 적절할 수 있다.

1) 근기법 제55조의 '1주일에 평균 1회 이상 유급휴일 부여'는 주휴일을 규정한 것으로 약정휴일에 적용될 여지가 없다. 또한 제17조는 서면명시의무 대상을 '제55조의 규정에 의한 휴일'로 하고 있다.

2) 〈일본〉 '휴일'이라는 모호한 표현 외에 '제35조의 휴일'이라는 표현을 광범위하게 사용함으로써 약정휴일에의 적용여부를 명확히 하고 있다. 약정휴일에는 주휴일, '재해 기타 부득이한 사유로 인한 임시적 휴일근로, 휴일근로요건, 휴일근로할증임금이 적용되지 않는다(柳屋孝安, 『休憩・休日・變形勞働時間制』, 86頁).

근기법'의 큰 틀을 그대로 유지하고 있어 구조적인 문제[1]를 안고 있다.

② **법정휴일제도의 구성**

법정유급휴일은 보상적법정휴일로 주휴일이 있고, 보장적법정휴일로 공휴일과 근로자의날이 있다. 세 법정휴일의 구조를 비교하면 다음과 같다.

	주휴일	공휴일	근로자의날
근 거	근기법 제55조제1항	근기법 제55조제2항 근기령 제30조제2항	근로자의날 제정에 관한 법률
적 용	상시근로자 1인이상	상시근로자 5인이상	상시근로자 1인이상
제 외	초단시간근로자 예외 일반예외(근기법 §63) 적용	초단시간근로자 예외 일반예외(근기법 §63) 적용	-
성 격	보상적휴일	보장적휴일	보장적휴일
부여방법	해당일 비특정 비소정근로일지정휴무	해당일 특정 소정근로일휴무	해당일 특정 소정근로일휴무

사후승인을 못받아 특별연장근로(근기법 §53③)의 대체휴일도 법정휴일이다.

2·나. 휴일의 부여

(1) 보상적 법정휴일

① **의 의**

㈎ **법적근거**

사용자는 1주동안의 소정근로일[2]을 개근한(근기령 §30) 근로자에게 1주일에 평균 1회 이상의 유급휴일을 보장하여야 한다(근기법 §55①, §110 i 2년징역·2천만원벌금).

주휴일은 근로자로 하여금 근로제공의무에서 벗어나 여가를 가짐으로써 축적된 피로를 풀고 건강을 확보하여 노동재생산을 꾀하고 생산성을 높이는 한편 사회적·문화적생활을 할 수 있게 하는데 목적이 있다.

㈏ **성 격**

주휴일은 유급휴일이다(같은장,같은절 1·다,(2),①,㈎). 주휴일은, 근기법에 "보장하여야 한다"고 표

---

1) 휴일제도의 문제점은 다음과 같이 정리될 수 있다.

휴일개념	휴일의 개념을 명확히 하지 않고 휴무일 등을 둘러싸고 논란
적용대상	휴일에 관한 규정이 약정휴일에 적용되는 범위 모호
유급설계	주휴일에 대해 출근율을 전제한 유급 설계는 실익이 적으면서 법집행에 혼란
휴일근로요건	남성에 대해 동의 조항을 두고 있지 않고, 임신중 근로자에 대한 요건인 명시적청구의 실효성에 의문
위반효과	관련규정위반에 대해 무거운 벌칙 부과, 위반에 대한 후속조치나 효과 불투명
휴일대체	법정유급공휴일 외의 휴일에 대한 휴일대체를 해석에 맡기고 있어 논란 여지

2) 공휴일 등 휴일은 미포함(법제처 24-0586, 2024.10.8).

현되어 있더라도, 출근율을 요건으로 하여 부여되는 보상적휴일이다.[1]

㈐ **적 용**

법정휴일인 주휴일의 관련규정은 강행규정이다. 주휴일은 초단시간근로자(근기법 §18③)에게 적용되지 않는다. 주휴일에 대해 근기법(근기법 §63)상 근로시간·휴일·휴게적용제외가 적용된다. 일용근로, 노조전임등 그 밖에 적용과 적용제외에 대해서는 '휴일과 휴가'의 '일반법리'중 '법정과 약정' 부분(같은장, 같은절 1·나,(2))에서 설명하였다.

② **부여요건**

㈎ **개 근**

근기령 제30조는, "1주 동안의 소정근로일을 개근한 사람에게 주어야 한다"고 명시하고 있다. 모법의 위임이 없는 상태에서 개근을 요건으로 하는데 대해 판례[2]나 학자[3]들은 대체로 자연스럽게 받아들이며 무효로 보지 않는다. 그럼에도 불구하고 출근율을 요건으로 하는 접근은 법리에 있어 흠으로 남는다.[4]

개근여부판단을 위한 출근율계산방법에 대해서는 앞(제3장 제3절, 2)에서 설명하였다.

㈏ **근로계약의 정지와 존속**

'법정유급휴일은 평상근로관계 또는 계속근로제공이 예정되어 있는 상태가 전제된다'는 판례법리(같은장, 같은절 2·라,(2),①)에 따라 근로관계정지나 근로관계종료의 경우에는 유급 즉 주휴수당의 지급문제는 별론으로 하고 휴일부여의 문제는 발생하지 않는다.

㈐ **주중결근 처리**

주휴일을 특정하면 그 날은 근로의 의무가 없는 날이 된다. 따라서 사용자는 소정근로일에 결근한 근로자에 대해 주휴일이 발생하지 않았다는 이유로 해당주

---

1) '2018년 개정 근기법'이 "주어야 한다"를 표현을 "보장하여야 한다"로 바꾸었다. 이러한 개정은 주휴일 외의 법정휴일 즉 법정유급공휴일을 설정하기 위한 표현의 변경으로 이해된다. 그러나 "보장하여야 한다"는 표현은, 주휴일을 보장적휴일로 이해할 수 있게 한다. 그럼에도 불구하고 주휴일은 모법의 위임을 받지 않은 상태에서 개근이라는 요건을 설정한 근기령에 따라 보상적휴일의 성격을 갖게 된다.

2) 대판 1979.10.16, 79다1489.

3) 임종률, 『노동법』, 제9판, 418쪽. 판례를 각주로 소개함으로써 소극적 수용의 입장을 보이고 있다. ; 김형배, 『노동법』, 제20판, 443쪽 ; 김유성, 『노동법Ⅰ』, 178쪽 ; 박홍규, 『고용법·근로조건법』, 제2판, 362쪽. "의문이 있다"는 정도로 가볍게 취급하고 있다.

4) 첫째, 근기령이 위임근거가 없이 모법보다 요건을 엄격히 하여 권리를 제한하고 있고 출근율을 요건으로 주휴일을 부여하는 국제적인 입법례를 발견하기 어렵다. 둘째, 개근여부를 판단하는 기초인 소정근로일에 대해 정의규정을 두고 있지 않다. 따라서 당초에 소정근로일이기는 하나 휴가처럼 근로의무가 면제된 날, 업무상재해로 인해 근로를 제공하지 못한 날, 적법한 쟁의행위를 한 날 등에 대해 소정근로일에서 제외한다거나 또는 출근한 날로 본다는 규정이 마련되어 있지 않아 해석에 의존하고 있다. 셋째, 주중결근자는 주휴일을 부여받지 못하는 것으로 해석될 수 있어 다른 근로자가 쉬는 주휴일에 출근해야 한다는 논리도 성립한다.

휴일을 결근으로 처리할 수 없다.[1)]

③ **부여방법**

주휴일에 대해서는 해당일이 특정되어 있지 않아 부여일을 비롯한 부여방법을 법령의 범위에서 당사자가 정한다.

㈎ **주휴일 부여시간**

사용자는 근로자에게 1주일에 평균 1회이상의 유급휴일을 보장하여야 한다(근기법 §55). 여기서 "1회의 유급휴일"이라 함은 '1회의 일(日)' 즉 0시부터 24시까지의 역일을 의미하는 것이 원칙이다.[2)] 행정해석[3)]은 교대제작업 등에 대해 계속 24시간의 휴식을 보장하면 휴일을 부여한 것으로 간주한다. 이는 "7일의 기간중에 최소한 계속하여 24시간의 휴식을 부여"하도록 규정하고 있는 ILO협약[4)]이나, 다른 나라의 입법례[5)]를 참고한 것으로 보인다.

㈏ **주휴일 부여시기**

㉮ 부여시기의 설정

주휴일은 반드시 일요일로 정할 필요는 없으나[6)] 단체협약이나 취업규칙 등에 특정일을 정해야 한다.[7)] 특정일은 매주 같은 요일로 하는 것이 바람직하나 교대제 등에 있어서는 근로자가 예측할 수 있도록 규칙적으로 주어진다면 무방하다.[8)] 주휴일에서 다음 주휴일까지의 간격은 7일이내가 바람직하다. 그러나 '1주일에 평균 1회' 이상의 유급휴일을 부여하면 되므로 그 간격이 7일을 초과해도 위법으로 보기 어렵다.[9)] 주휴일부여에 대한 해석을 종합하면 주휴일이 매주 다른 요일이거나 휴일간의 간격이 불규칙하게 부여되어도 위법하지는 않다. 그러나 이는 '일과 생활의 양립'을 저해하므로 바람직하지 않다.

㉯ **평균개념과 월만근일**

"평균 1회"라는 표현은 '일정한 기간을 평균하여'라는 의미로 오해되어 일본의

---

1) 대판 2004.6.25, 2002두2857.
2) 김형배, 『노동법』, 제20판, 443쪽; 임종률, 『노동법』, 제9판, 417쪽.
3) 기준 1455.9-6327, 1969.6.7.
4) ILO가 1921년에 채택한 「공업부문에 있어 주휴의 적용에 관한 협약(제14호)」 제2조 참조.
5) Richard Kinder ed, Blactstone's Statues on Employment Law 2007-2008, OXFORD UNIVERSITY PRESS, 2008, 319쪽. 영국도 매 7일마다 24시간 이상을 부여(The Working Time Regulation §11).
6) 근기 01254-7449, 1988.5.20; <예> 기독교국가는 일요일, 이슬람 국가는 금요일, 유대교 국가는 토요일.
7) 근기 1451-12305, 1984.5.28; 근기 01254-233, 1992.2.15.
8) 김유성, 『노동법 I』, 181쪽. 휴일배치는 취업규칙 등에 정하지 않으면 사용자의 재량이라고 보고 있다.
9) 근기 01254-223, 1992.2.15. 택시회사의 8부제운행에서 매 8일마다 1회의 휴일을 주는 것은 특정일을 기준으로 하여 첫번째 주부터 일곱번째 주까지는 1일의 휴일이 있으나 8번째 주는 휴일이 없으므로 위법이다.

변형휴일제[1]처럼 일정시기에 휴일을 몰아서 부여할 수 있다는 해석이 있을 수 있다. 이와 관련해서 월만근일(같은장, 같은절 2·마,(3),①,(나),㉮)을 따로 정해놓고 이를 초과하여 근로하면 주휴일을 부여한 것으로 인정하는 듯한 해석[2]이 그렇다. 그러나 이러한 방식은 주휴일을 '1주일에 평균 1회' 이상 부여하였다고 보기 어렵다.

㈐ **주휴일과 휴무일**

1주40시간근로제 아래에서 1일의 소정근로시간을 8시간으로 함으로써 1주5일근로제를 도입할 수 있다. 이 경우 '근로의 의무가 없는 2일' 중에서 1일을 주휴일로 지정하고 유급으로 처리하면 근기법 제55조에 규정되어 있는 주휴일부여의무를 다한 것으로 볼 수 있다. 나머지 1일을 무급으로 처리할 수 있다.[3]

격일제근로, 단시간근로, '소정근로일이 주5일이하인 근로' 등에 있어서도 2일 이상의 휴무일중에서 1일을 지정하여 유급휴일수당을 지급하면 유급주휴일을 부여한 것이다.[4] 소정근로일이 적은 근로에 있어서 휴일이 의미를 갖는 것은 주휴일이 유급으로 부여되기 때문이다.

㈑ **주휴일의 적치**

주휴일의 적치는 주휴일제도의 취지에 맞지 않으므로 인정되지 않는다.[5]

㈒ **휴일·휴가 중복**(같은장, 같은절 2·나,(2),①,㈑)(같은장, 같은절 3·아, (1))

(2) 보장적 법정휴일

① 보장적법정휴일의 내용

㈎ **공휴일제도**

㉮ 내 용

공휴일은 법정휴일이며 유급휴일이고 보장적휴일이다.

「공휴일에 관한 법률」(2021.7.7.제정 2022.1.1.시행)(공휴일법)은 국가의 공휴일을 정함으로써 사회 각분야의 공휴일운영에 통일성을 기하는 것을 목적(§1)으로, 공휴일(§2)[6]을 명시하고,

---

1) 柳屋孝安, 『休憩・休日・變形勞働時間制』, 66~67頁. 일본 勞働基準法(§35)은 '… 매주 적어도 1회의 휴일을 주어야 한다'고 규정하면서, '4주간을 통하여 4일이상의 휴일을 주는 사용자에게는 적용하지 않는다'고 규정함으로써 변형휴일제(예외적으로 인정, 1947.9.13. 勞基第17號)를 인정하고 있다. 다만, 1년단위변형노동시간제를 도입하는 경우에는 연속근로일수의 한도는 6일이며 최대한 6일을 근로하면 1일의 휴일을 부여받아야 한다(勞働基準法施行規則 §12의4⑤).

2) 근기 68207-1186, 1994.7.25. 월만근일을 18일로 정한 택시업체관련 사례 ; 대판 2019.8.14, 2016다9704·2016다9711. 위법여부는 거론치 않고 가산수당에 대해 논하고 있다.

3) 김형배, 『노동법』, 제20판, 444~445쪽.

4) 법무 811-14399, 1979.6.16. 격일제 관련 ; 근기 1455-24955, 1981.8.17. 격일제 관련. 1일 8시간을 초과하는 연장근로시간의 1주간 합계가 12시간을 초과할 수 없다(근기법 §53).

5) 근기 68207-806, 1994.5.16.

대체공휴일(§3)[1]을 대통령령[2]에 위임[3]하여 지정·운용할 수 있다고 규정하면서, 근기법·「국가공무원법」으로 정하여 이러한 사항들을 적용하게(§4) 하고 있다.

㉯ 연 혁

공휴일은 1949년에 대통령령으로 제정되어 개정을 거쳐 시행되어 온 「관공서의 공휴일에 관한 규정」(관공서공휴일규정)에 따라 '관공서가 쉬는 날' 즉 '공무원의 휴일'로 운영되어 왔고, 사업(장)에서는 약정휴일로 작용해왔다. 그러다 보니 공무원이나 공기업·대기업근로자와 달리 영세기업근로자는 그 혜택을 누리지 못하고 축일·기념일에 참여할 권리를 잃는다는 비판을 받아 왔다.

'2018년 개정 근기법'(§55②)은 '대통령령으로 정하는 휴일'을 유급으로 보장함으로써 공휴일을 사업(장)의 법정유급휴일로 의무화하는 근거를 마련했다.

㉰ 법정유급공휴일의 보장

근기법은 '사용자는 근로자에게 '대통령령으로 정하는 휴일'을 유급으로 보장해야 하며(§55②본문, §110 2년징역·2천만원벌금), 근로자대표와 서면으로 합의한 경우에는 특정한 근로일로 대체할 수 있다(§55② 단서)'고 규정하고 있다(기업규모등기준2020.1.1부터단계적용 202.1.1부터5인이상사업(장)적용).

근기령(§30②)은 "대통령령으로 정하는 휴일"에 대해 '관공서공휴일규정(§2)중에서 일요일을 제외한 날과 대체공휴일(§3)을 말한다'고 규정하고 있다. 이는 궁극적으로[4] '공휴일법에 따른 공휴일과 대체휴일'을 의미한다.

---

6) 공휴일의 구성과 변천 ↘ 310쪽

새해축일	1월1일	1998년부터 1월2일 제외 (IMF외환위기)
국경일 (국경일에 관한 법률)	3·1절 / 광복절 개천절 / 한글날	〈한글날·국군의날〉 1990.8에 관련기관휴무로 국무회의의결, 시기·방법문제로 유보, 1990.11 제외 〈한글날〉 2013년부터 부활
기념일	어린이날 / 현충일	〈식목일〉 2006년 제외 / 〈제헌절〉 2008년 제외
탄신일	석가탄신일 / 기독탄신일	〈비판, 사견〉 특정종교를 우대하는 결과, 위헌 소지
민속일	설날·전날·다음날 / 추석·전날·다음날	
임시공휴일	「공직선거법(§34)」의 임기만료 선거일 / 정부가 수시로 지정하는 날	

1) 공휴일이 토요일이나 일요일, 다른 공휴일과 겹칠 경우에는 대체공휴일을 지정하여 운영할 수 있다.

2) 2025년1월 현재, 공휴일법의 시행령이 따로 제정되어 있지 않고 종전부터 시행되고 있는 관공서공휴일규정이 적용되는 형태를 취하고 있는데, 입법적인 정비가 필요해 보인다.

3) 공휴일이 다음에 해당하는 경우에는 다음의 첫 번째 비공휴일을 대체공휴일로 한다. 대체공휴일이 같은 날(다른 공휴일)에 겹치면 그 대체공휴일 다음의 첫 번째 비공휴일까지 대체공휴일로 하고, 위 두 대체공휴일이 토요일인 경우에는 그 다음의 첫 번째 비공휴일을 공휴일로 한다 (「관공서의 공휴일에 관한 규정」§3).

국경일, 탄신일, 어린이날	토요일이나 일요일과 중복
민속일	일요일과 중복
국경일, 민속일, 탄신일, 어린이날	임시공휴일을 제외한 다른 공휴일과 중복

4) 2025년1월 현재, 근기령이 공휴일법이 아닌 관공서공휴일규정을 인용하고 있는데, 경과규정형식을 띈 공휴일

㈏ **근로자의날**

㉮ 법적근거

근로자의날은 법정휴일이며 유급휴일이고 보장적휴일이다.

「근로자의날제정에관한법률」은 매년 5월1일을 근로자의날로 명시하면서 '근기법에 의한 유급휴일'이라고 규정하고 있다.

㉯ 연 혁

근로자의날은 노동절 또는 '근로자 감사의 날'로 불리기도 한다.[1] 근로자의날은 1일8시간근로를 지향하는 노동운동과정에서 탄생했다.[2] 우리나라에서는 1922년에 조선노동연맹회가 결성되어 이듬해 5월1일에 'May Day' 행사를 시작했다. 이 행사는 일본의 단속으로 산발적으로 이어져 오다가, 1946년3월10일에 대한노총(大韓獨立促成勞動總聯盟)이 결성된 후부터 1957년까지 기념행사를 계속했다. 1959년부터는 기념행사를 중지하고 대한노총의 창립일인 3월10일을 노동절로 기념하게 되고 1963년4월17일에 「근로자의날제정에관한법률(근로자의날법)」이 제정되어 그 명칭만 근로자의날로 바뀌었으며, 1994년에 날짜를 5월1일로 바꾸었다.[3]

② **보장적 법정휴일의 부여내용**

보장적법정휴일은 사용자가 해당휴일과 겹치는 '소정근로시간대에 대해' 유급으로 근로를 면제하는 내용으로 부여되며, 근로가 제공되면 휴일근로가 된다.

법의 부칙으로 그 효력을 인정받을 수는 있겠지만 근기령과 공휴일법에 대한 입법적인 정비가 요청된다.

1) Europe Year Book, 1980. 「각국의 노동절 기념현황」

날 짜	명 칭	국 가
5월 1일	May Day	영국, 스웨덴, 핀란드
	Labour Day	프랑스, 이탈리아, 독일, 체코, 러시아, 중국, 브라질, 아르헨티나, 칠레, 멕시코, 말레이시아, 태국
5월 1일~2일	Labour Day	불가리아
9월 첫째 월요일	Labour Day	미국, 캐나다
10월 23일	Labour Day	뉴질랜드
11월 23일	근로자 감사의 날	일본, 벨기에, 오스트리아
규정 없음		호주, 대만

2) 제네바국제노동자대회(제1인터내셔날, 1866)는 1일8시간근로제를 국제노동운동강령으로 채택했다. 미국노동조합총연맹은 1886년초에 '8시간근로제 실시 결의안'을 통과시킨 후, 같은해 5월1일을 기해 35만여명이 참여하는 총파업에 돌입했다. 시카고의 맥코믹사도 이 파업에 참여했는데 5월3일에 경찰의 총격으로 6명이 사망했다. 이에 항의하여 시카고 헤이마켓광장에서 수천명이 시위를 벌이던 중에 원인모를 폭파사건이 발생하고 경찰이 무차별발포를 함에 따라 많은 시민이 사망했다. 프랑스혁명 100주년기념일에 1일8시간근로제 쟁취를 목적으로 열린 파리국제노동자대회(제2인터내셔날, 1889, 20개국, 391명 참석)는 헤이마켓사건을 기려 매년 5월1일을 May Day로 결정하여 오늘에 이르고 있다(신은종, 「쉘위댄스?」, 생능출판사, 2007, 75~77쪽).

3) 1987.6.29 이후 노동운동이 활발해지면서 노동계에서는 근로자의날(3월 10일)을 없애고 노동절(5월 1일)을 부활하라고 요구하게 되었는데 법 개정과정에서 명칭은 근로자의날로 하되 날짜는 5월 1일로 변경되었다.

③ 보장적법정휴일의 부여대상

㈎ 공휴일

법정유급공휴일은 고용형태 또는 근로형태와 관계없이 상시근로자가 5인이상인 사업(장)에서 근로를 제공하는 근기법상 근로자 모두에게 적용되나, 초단시간근로자(근기법 §18)에 대해서는 적용되지 않는다. 법정유급공휴일에 대해 근기법(근기법 §63)상 근로시간·휴일·휴게적용제외가 적용된다.

㈏ 근로자의날

"근로자의날법 적용대상"은 근기법과 같다.[1] 근로자의날은 고용형태 또는 근로형태와 관계없이 근기법상 근로자 모두에게 적용된다. 초단시간근로자에 대해서도 적용된다.[2] 근로자의날에 대해 근기법(근기법 §63)상 근로시간·휴일·휴게적용제외가 적용되지 않는다.

근로자날은 공무원에게 적용되지 않으며 공휴일에도 포함되지 않는다.[3] 이에 대해서는 헌법 제33조가 "공무원인 근로자"라는 표현을 쓰면서 법률이 정하는 자에게 노동3권을 부여하고 있음을 감안할 때, 비판의 여지가 있다.

④ 보장적법정휴일의 부여방법

㈎ 원 칙

유급임금의 산정과 지급, 휴일근로의 요건과 보상, 휴무일과 법정휴일 등 법정유급공휴일의 부여방법에 대해서는 뒤에서 설명하는 '법정휴일에 대한 일반법리'가 적용된다.

㈏ 근로계약의 정지와 존속

'법정유급휴일은 평상근로관계 또는 계속근로제공이 예정되어 있는 상태가 전제된다'는 판례법리(같은장, 같은절 2·라,(2),①)에 따라 근로자의날이나 공휴일이 근로관계정지기간이나 근로관계종료후인 경우에는 주휴일(같은장, 같은절 2·나,(1),②,㈏)처럼 유급휴일수당지급문제는 별론으로 하고 휴일부여문제는 발생하지 않는다. 평상근로관계나 계속근로예정관계는 소정근로일이 아닌 보장적법정휴일이 휴무일에도 부여되어야 한다는 논리로 활용되기 어렵다.

---

1) 공공산림가꾸기사업의 일급제형태 근로자에게도 적용된다(근로개선정책과-1113, 2011.5.4).

2) 근로기준정책과-4361, 2015.9.10.

3) 헌재 2015.5.28, 2013헌마343. 근로자의날을 관공서 공휴일로 규정하지 않은 데에는 합리적인 이유가 있다. 공무원과 일반근로자는 그 직무 성격의 차이로 인하여 근로조건을 정함에 있어서 그 방식이나 내용에 있어서 차이가 있을 뿐아니라 근로자의날을 법정유급휴일로 정할 필요성에 있어서도 차이가 있다.

㈐ 보장적법정휴일의 대체

㉮ 공휴일

사용자는 근로자대표와 서면으로 합의한 경우 소정근로일과 겹치는 법정유급공휴일을 다른 특정소정근로일로 대체할 수 있다(근기법 §55②단서). 법정유급공휴일을 대상으로 하는 휴일대체법정제도가 도입된 것이다. 휴일대체법정제도에 의한 공휴일대체와 공휴일법·관공서공휴일규정에 의한 대체공휴일은 다르다.[1] 공휴일에 대해서는 휴일대체법정제도뿐아니라 휴일대체약정제도까지 포함하는 휴일대체제도(같은장 같은절,2·마)의 법리가 적용된다.

㉯ 근로자의날

근로자의날은 휴일대체법정제도의 적용대상이 아니다. 근로자의날은 휴일대체약정제도의 적용대상도 아니라는 해석[2]이 있다. 근로자의날법은 '근기법에 의한 유급휴일'이라는 기준만 제시하고 있어, 이러한 해석은 타당해 보이지 않는다(같은장 같은절,2·마).

㈑ 휴일관련조항 적용

근로자의날은 근기법에 의한 유급휴일이므로 휴일에 관한 일반규정인 '부여의무 및 유급'(근기법 §55), '휴일근로 임금 및 가산수당'(근기법 §56),[3] 보상휴가제(근기법 §57) 등의 적용을 받는다.

㈒ 휴일·휴가 중복(같은장, 같은절 2·나,(2),①,㈏)(같은장, 같은절 3·아,(1))

(3) 기타 법정휴일

근기법 제53조는 제3항에서 '특별한 사정이 있는 경우에 연장근로제한에 대한 예외'를 인정하면서, 제4항에서 '고용장관은 특별한 사정으로 인한 연장근로가 적당하지 않다고 인정하면 그에 상당하는 휴일을 줄 것을 명할 수 있다'고 규정하고 있다. 상당하는 휴일[4]을 줌에 있어서 유급여부, 부여요건, 부여방법 등을 포괄적으로 고용장관의 판단에 맡기고 있다. 이처럼 포괄적인 권한의 위임은 법적안정성을 해칠 수 있다. 사업장에서 자율적판단기준으로 작용할 수 있도록 그 내용을 법에 명시할 것이 요청된다.

---

1) 법제처 21-0547, 2021.11.2. 특정공휴일이 휴무일이어서 노사합의로 휴일대체를 한 상태에서, 그 특정공휴일에 대한 대체공휴일이 법령으로 신설되었다면 휴일대체특정일과 대체공휴일 모두를 부여되어야 한다.

2) 임금근로시간정책팀-3356, 「근로자의날 관련 근로기준법 적용지침」, 2007.11.13.

3) 대판 1991.5.14, 90다14089.

4) 개념상으로는 소정근로일에 부여해야 한다는 점에서 휴가에 해당한다.

2·다. 휴일근로

(1) 휴일근로의 개념

휴일근로라 함은 휴일에 직접 근로를 제공한 것은 물론이고, 사용자의 지휘·명령 아래서 이루어진 야유회, 교육 등을 포함할 수 있다.[1)]

(2) 휴일근로의 요건

① 근로자 동의

근기법은 제55조에 "… 1주일에 평균 1회이상의 유급휴일을 보장하여야 한다"고 규정하고, 제110조는 이를 위반하면 "2년이하징역 또는 2천만원이하벌금"에 처하도록 규정하고 있다. 근기법 제56조는 휴일근로를 시킬 수 있는 근거를 규정하지 않은 상태에서 휴일근로가산수당을 지급하도록 규정하고 있다. 18세이상 성인여성의 휴일근로는 "그 근로자의 동의"를 요건으로 한다(근기법 §70①). 남성에 대해서는 그러한 규정이 없으나, 주휴일이 '소정근로일이 아닌 날'임을 감안하여, 동의가 요청된다(동의·합의법리는 제2장,제1절,2·나).[2)] 휴일을 보장하라면서 휴일근로의 요건이나 근거가 부실한 상태에서 가산임금의 지급을 의무화하는 규정체계는 휴일근로의 효력을 모호하게 만든다.[3)] 일반적으로는 근로자와 동의 또는 합의를 통해 휴일근로를 제공하고 가산수당이 지급되면[4)] 휴일을 부여치 않은데 대해 벌칙이 적용되지 않으며 대체휴일이 부여되지 않아도 된다.

약정휴일의 자율결정영역은 넓다. 따라서 '필요하면 근로를 명할 수 있다'와 같은 규정도 인정된다.[5)] 특정일이 경직적으로 지정되어 있는 약정휴일에 대해, 따로 정함이 없다면, 법정휴일에 준해서 해석될 수도 있다.

② 모성 및 연소자 보호

사용자는 임산부와 18세미만연소자를 휴일에 근로시키지 못한다(근기법 §70②). 다만, "연소근로자와 출산근로자는 동의가 있는 경우"에 그리고 "임신근로자는 명시적인 청구가 있는 경우"에 각각 고용장관인가[6)]와 '근로자대표와의 협의'를 요건으

---

1) 근기 1455-7105, 1973.7.12.
2) 김유성, 『노동법』, 181쪽.
3) 가산수당만 주면 휴일근로를 시킬 수 있는지(박홍규, 『고용법·근로조건법』, 제2판, 364쪽), 동의가 필요한지, 가산수당지급과 함께 대체휴일을 주어야 하는지, 앞의 경우에 있어 각각 벌칙이 적용되는지 명확치 않다.
4) 임종률, 『노동법』, 제9판, 419쪽.
5) 柳屋孝安, 『休憩·休日·變形勞働時間制』, 86頁.
6) 인가기준 등에 대하여는 '제6장, 제2절, 3·나, (3). 야간근로' 참조, 협의방법 등은 '제5장, 제4절, 2·나' 참조.

로 하여 휴일근로가 가능하다(동의,명시적청구의내용은 제2장,제1절,2·나,(2)).

(3) 연장근로와 휴일근로

휴일근로요건을 충족하더라도 근로시간은 휴일을 포함하여 법정한도시간을 초과할 수 없다. 첫째, 소정근로일에 법정기준근로시간과 연장근로한도를 소진하면, 휴일근로가 인정되지 않는다. 둘째, 소정근로일에 법정기준근로시간만 근로하였다면 연장근로한도 즉 일반근로자는 12시간, 연소근로자는 5시간 그리고 출산근로자는 6시간의 범위로 휴일근로가 제한된다. 셋째, 소정근로일에 법정기준근로시간만 근로해도 임신근로자과 잠수·잠함작업근로자에게는 휴일근로가 허용되지 않는다. 세 경우 모두 결근·휴무·휴일 등으로 실근로시간이 적으면 해당시간범위에서 만큼 휴일근로가 더 인정될 수 있다.

(4) 연속근로와 휴일근로

격일제근로자 등에 있어 휴일의 전날부터 다음날까지 근로하거나,[1] 휴일에 근로를 시작하여 다음날까지 근로가 계속되면[2] 초과된 시간이 연장근로인지 휴일근로인지 모호하나 모두를 합산하여 연장근로시간제한이 적용되고 두 근로에 대한 수당은 중복하여 계산되지 않으므로 논의의 실익이 없다.

2·라. 휴일과 임금

(1) 개 요

휴일과 관련된 임금은 크게 2가지로 나누어 설명할 수 있다. 먼저 유급휴일수당은, 주휴수당처럼, 유급휴일에 근로를 제공하지 않아도 지급되는 수당을 말한다. 다음으로 휴일근로보상은 휴일근로를 한 대가로 받는 금품을 말한다.

(2) 유급휴일수당

① 유급휴일수당의 발생

㈎ 제도의 의의

주휴일 등의 법정유급휴일뿐아니라 약정유급휴일에도[3] 근로를 제공하지 않더라도 통상임금으로 산정된 유급휴일수당이 지급되어야 한다.

주휴일의 유급부여가 매우 진보적이라는 견해[4]도 있으나, 다른 나라에서 입

---

1) 근로개선정책과-4304, 2012.8.25. 근로자의날 관련. 연장근로 발생. 휴일근로미발생.
2) 근로기준과-402, 2003.3.31. 근로자의날 관련. 초과시간은 휴일근로. 연장근로미발생.
3) 대판 2023.7.13, 2023다217183.
4) 김형배, 『노동법』, 제20판, 443쪽.

법례를 찾아보기 어렵고, 근로자보호라는 전제에 논리적한계가 있으면서 법적용에 혼란을 초래한다.[1] 경제자유구역의 외국인투자기업의 사용자는 근로자에게 무급주휴일(근기법 §55불구)을 줄 수 있다(경제자유구역의지정및 운영에관한특별법 §17④).

⑷ 근로계속예정상태

㉮ 근로관계정지와 유급휴일수당

쟁의행위기간이나 휴직처럼 근로관계가 정지되어 있는 기간 동안에는 유급휴일수당청구권이 발생하지 않는다. 이에 대한 논리적 근거는 다음과 같다. 먼저, 근로관계정지기간에는 임금청구권이 발생하지 않으므로[2] 유급휴일수당청구권 역시 발생하지 않는다. 다음으로, 유급휴일은 휴식을 취하더라도 통상적인 근로처럼 임금이 지급되는 날을 말하므로 평상적근로관계, 즉 계속근로를 제공해 왔고 근로제공이 계속 예정되어 있는 상태가 전제되어 있다.[3] 판례법리에서 말하는 평상적근로관계 또는 계속근로예정상태는 근로관계가 정지되어 있지 않고 살아있는 관계를 말하기도 하나, 논리적으로는 그 날 근로제공이 예정되어 있는 상태가 포함될 수 있다.

㉯ 근로관계종료와 유급휴일수당

1주간 근로관계가 존속되고 그 기간 동안의 소정근로일에 개근하였다면 1주를 초과한 날 즉 8일째의 근로가 예정되어 있지 않아도 주휴수당이 발생한다.[4]

이 해석은 출근율산정대상기간인 1년의 근로관계가 종료된 후에 그 다음 날의 근로가 예정되어 있어야 연차유급휴가미사용수당이 발생한다는 법리(같은장,같은절 3·바.(2),②,㈎)와 비교된다. 주휴일은 확정된 날에 당연히 발생하고 연차유급휴가는 근로자의 청

---

1) 유급입법례는 대만 등 일부국가를 제외하고는 발견되지 않는다. 유급은 근기법 최초제정당시에 근로자생활을 고려하여 경제적손실 없이 휴일을 향유토록 하기 위한 배려에서 마련되었다. 그러나 사용자가 임금수준을 결정할 때에 주휴일이 유급이라는 사실을 전제로 할 것이라는 점을 감안하면 임금인상효과는 의심스럽다. 오히려 주휴일을 유급으로 함으로써 유급휴일수당산정, 통상임금산정, 단시간근로처리, 결근자처리, 최저임금적용 등에 있어 혼란이 야기된다.

2) 대판(전) 1995.12.21, 94다26721 등.

3) 대판 2009.12.24, 2007다73277 ; 대판 2010.7.15, 2008다33399 ; 대판 2013.11.28, 2011다39946.

4) 임금근로시간과-1736, 2021.8.4.「주휴수당 및 연차휴가 산정방법 관련 행정해석 변경 등 지침」. 이에 반하여 1주를 초과하여(예 : 8일째) 근로가 예정되어 있어야 주휴수당이 발생한다는 해석(근로기준정책과-6551, 2015.12.7 등)은 판례법리의 계속근로예정이라는 조건은 근로관계정지에 대해 사용된 논리라는 이유로 폐기되었다. 새 지침은 다음과 같은 예시를 제시하고 있다.

〈소정근로일이 월~금까지이며, 개근했고, 주휴일은 일요일인 경우〉
• 월요일~금요일까지 근로관계 유지(토요일에 퇴직) → 주휴수당 미발생
• 월요일~일요일까지 근로관계 유지(그 다음 월요일에 퇴직) → 주휴수당 발생
• 월요일~그 다음 월요일까지 근로관계 유지(그 다음 화요일에 퇴직) → 주휴수당 발생

구에 의해 발생하는데서 오는 차이로 보인다.

㈐ 휴무일과 유급휴일의 중복과 유급휴일수당

㉮ 적용법리의 차별과 통일

행정해석은 사업(장)의 휴무일과 보장적휴일이 겹치면 유급으로 처리되는지에 대해, 근로자의날[1]에 대해서는 긍정하고 공휴일[2]에 대해서는 부정하고 있다.[3]

근로자의날법은 '5월 1일을 근로자의날로 하고, 이 날을 근기법에 따른 유급휴일로 한다'는 하나의 조문을 두고 있다. 근로자의날과 공휴일은 모두 근기법의 유급휴일이다. 행정해석이 휴무일과 겹치는 근로자의날에 대해 임금을 지급하라는 해석이 들고 있는 이유중의 하나인 '특정일을 기념하여 휴일로 정했다는 사실'은 법정공휴일에도 해당된다. 따라서 보장적휴일인 공휴일과 근로자의날을 달리 취급하는 법리는 타당해보이지 않으며, 근로자의날을 휴일로 부여치 않으면 벌칙이 적용되는데, 법문에 없는 내용을 확대하여 적용해서 위반에 대해 형벌을 적용함은 과잉처벌금지원칙에 어긋난다.

근기법은 개념규정이 없는 상태에서 휴일이라는 용어를 사용하면서, 휴일에 관한 여러 규정을 보장적법정휴일, 보상적법정휴일 그리고 약정휴일에 적용하고 있다(같은장, 같은절 2·가.(2)). 따라서 휴일이 휴무일에 해당될 때, 유급휴일수당지급의 문제도 같은 법리의 적용을 받는 것이 타당하다.

㉯ 유급휴일수당의 지급

휴일이 휴무일에 해당되었을 때, 유급휴일수당지급여부는 공휴일관 관련된 행정해석이 이를 잘 정리하고 있다. 유급휴일은 근로의무가 있음을 전제로 그에 따른 급여를 제공한다는 의미이다.[4] 휴무일은 '근로제공이 예정되어 있지 않은 상태'여서, 그 날에 유급휴일이 성립되지 않으므로, 유급으로 처리할 사용자의

---

1) 근로기준과-2156, 2004.4.30. 근로자의날이 휴무일과 겹치는 경우, 월급제의 경우에는 추가로 휴일수당을 지급하지 않아도 되나, 일급제·시급제인 경우 추가로 휴일수당을 지급해야 한다 ; 임금근로시간정책팀-3356, 2007.11.13. 〈근로자의날 관련 근로기준법 적용지침〉. 근로자의날은 「근로자의날제정에관한법률」에 의해 특정일을 기념하여 휴일로 정하고 있으므로 적용제외 근로자에게도 유급휴일로 보장되며, 근로자의날 근로제공에 관계없이(일하거나 또는 쉬거나) 통상 하루에 지급하는 소정임금을 추가로 지급되어야 한다 ; 근로개선정책과-1113, 2011.5.4. 근로자의날이 무급휴무일인 경우, 근로자의날은 법정휴일이고 해당일에 근로제공이 없더라도 임금을 지급해야 하므로, 해당사업장에서 통상의 1일근로를 제공하였을 때 지급되어야 할 임금이 지급되어야 하고 휴식이 보장되어야 한다.

2) 법제처 22-0145, 2022.6.2 ; 임금근로시간과-743, 2020.3.30 ; 임금근로시간과-653, 2021.3.22 ; 근로계약 등에 따라 관행적으로 지급해왔다면 법정기준보다 유리하게 한 것으로 일방적으로 불리하게 변경할 수는 없다(임금근로시간과-1129, 2021.5.25).

3) 임금근로시간정책과 국민신문고 답변, 2023.6.26.

4) 대판(전) 2009.12.24, 2007다73277.

의무가 없는 것이 원칙[1]이다. 회사창립일·근로자생일 등의 약정유급휴일에 대해서는 당사자가 해당일의 유급처리여부를 정할 수 있으나, 정함이 없다면 같은 논리가 적용된다.[2]

이러한 원칙에도 불구하고 유급휴일의 적용을 피하기 위한 탈법수단으로 지정된 휴무일에 대해서는 유급휴일수당이 지급되어야 할 것이다. 휴무일을 공휴일·근로자의날 또는 그 밖의 유급휴일과 겹치게 지정한 경우가 그렇다. 주5일근로에 있어 주휴일외의 휴무일지정, 단시간근로에서의 일정요일의 휴무지정 등은 유급휴일적용회피의 목적을 가진다고 보기 어렵다.

감시·단속적근로에 대해 근로자의날이 휴무일 또는 무급휴일과 겹치더라도 소정임금[3]을 지급해야 한다는 행정해석[4]이 발견되는데, 격일제근로를 염두에 둔 해석으로 보인다. 격일제근로의 경우, 하루의 임금은 근무일의 절반에 해당하는 근로시간의 소정임금으로 본다는 해석[5]에 따르면, 나머지 반의 휴무일은 전일의 근로에 해당하므로 근로예정상태로 볼 수 있을 것이다.

소정근로일이 정해져 있지 않은 일용직의 경우, 공휴일·근로자의날은 계속근로예정상태에 있는 날에 해당되는지에 따라 유급휴일수당지급여부가 결정된다(제8장, 제3절 1·나.(2),②,㈐,㈑,㈀).

㈑ 유급휴일간의 중복

주휴일이 공휴일 등 다른 유급휴일과 중복될 경우 취업규칙 등에 따로 정함이 없으면 근로자에게 유리한 하나의 휴일만 인정하는 것이 행정해석의 태도이다.[6] 주휴일과 근로자의날이 중복된다면, 1주간의 소정근로일을 개근하지 못한 근로자에 대해서는 근로자의날인 유급휴일이 부여되어야 할 것이다.[7]

---

1) 임금근로시간과-1129, 2021.5.25. 노사자율결정 또는 근로계약에 따라 관행적으로 지급해왔다면 법정기준보다 유리하게 한 것으로 일방적으로 불리하게 변경할 수는 없다.

2) 근로기준과-2677, 2016.4.21. 약정유급휴일이 무급휴무일과 겹치는 경우, 월급제라면 월급외에 추가로 휴일수당을 지급할 의무가 업다. 이를 반대로 해석하면 사간급·일급에는 지급하라는 의미를 가질 수 있기는 하나 어떤 경우든 사용자에게 유급휴일수당을 지급할 의무는 발생하지 않을 것이다.

3) 근로자의날에 근무를 한다면 지급받을 수 있는 임금이 아니라, 통상적인 하루의 소정임금 (1일소정근로시간)으로 산정한 임금이 지급되어야 한다.

4) 임금근로시간과-982, 2022.5.4.

5) 임금근로시간정책팀-3356, 2007.11.13. '근로자의날 관련「근로기준법」적용지침'; 근로개선정책과-1574, 2013.3.7. 격일제 근무(만근 14일)이고, 노사간 합의한 1일 소정근로시간이 7시간인 경우 3.5시간이다.

6) 근기 1455-23011, 1987.7.24; 법무 811-27540, 1978.12.14; 근기 68207-1423, 2003.11.1. 주휴일과 '근로자의날'이 겹치더라도 1일의 유급휴일만 부여하면 되고 휴일근로임금과 가산수당은 1일분만 지급하면 된다. ; 임금근로시간과-1129, 2021.5.25.

7) 근로기준과-4267, 2005.8.17; 임금근로시간과-637, 2021.3.19.

단체협약에 따라 법정유급휴일과 약정유급휴일이 겹치면 두 유급수당을 지급하는 경우에 모두가 통상임금이라고 한 판결[1]이 있는데, 이는 약정사항에 대한 판단으로서 1일의 휴식에 2일의 수당이 지급되어야 함을 의미하지는 않는다.

(마) **근로실태와 유급휴일수당**

㉮ 주중결근과 주휴수당

주휴일은 '1주일에 평균 1회 이상' 그리고 '유급'으로 부여되어야 한다. '1주동안 개근'이라는 요건이 어떠한 내용을 구속하는지 명확치 않다. 먼저, 결근자는 주휴일을 향유할 수 없으므로, 주휴일에 출근해야 하며 출근하지 않으면 결근이 된다는 견해가 있을 수 있다. 다음으로, 결근자에게도 주휴일을 부여하여야 하나 다른 근로자들이 쉬므로 이를 무급으로 처리하면 된다는 견해[2]가 있다. 두 번째 의견이 타당하다. 출근율을 기준으로 정한 유급약정휴일에 대해서는 법정휴일과 같이 해석한다.

㉯ 주휴일근로와 주휴수당

주중에 결근한 근로자가 주휴일에 근로해도 '휴일의 사전대체'가 없는 한 상계되지 않아 휴일이 발생하지 않은 것이므로 유급주휴수당이 발생되지 않는다.[3]

② **유급휴일수당의 지급**

(가) **임금지급형태와 유급휴일수당지급**

㉮ 시간급 · 일급

시간급제에서는 시간급통상임금에 1일소정근로시간수를 곱한 금액이 주휴수당 또는 유급휴일수당으로 지급되어야 한다.

'1일법정기준근로시간이내의 약정근로시간을 대상으로 한 일급제'에서는 그 일급통상임금, '1일법정기준근로시간을 초과하는 약정근로시간에 대한 일급제'에서는 연장근로해당부분을 감안하여 환산한 시간급통상임금에 1일법정근로시간수를 곱한 금액이 각각 주휴수당 또는 유급휴일수당으로 각각 지급되어야 한다.

시간급 · 일급에는 기본시간급 · 기본일급외에 매월 지급되는 고정수당에 주휴수당이 포함되어 있지 않다. 시간급제 · 일급제가 적용되는 근로자는 '이러한 고정수당을 포함하여 새로이 산정한 시간급통상임금'을 기준으로 계산한 주휴수당액과 이미 지급받은 주휴수당액의 차액을 청구할 수 있다. 다만 이러한 고정수

1) 주휴일과 약정유급휴일 중복 사례(대판 2021.9.30, 2019다288904 ; 대판 2021.9.30, 2019다288898).
2) 대판 2004.6.25, 2002두2857 ; 근지 1455.9-459, 1970.1.16 ; 김형배, 『노동법』, 제20판, 443쪽.
3) 근기 01254-9370, 1987.6.10 ; 근지 1455.9-459, 1970.1.16.

당에는 '주휴일에 대한 유급처리시간'에 대응하는 부분이 포함되어 있으므로, 고정수당액을 '월의 소정근로시간'과 '유급처리되는 시간'을 합한 총근로시간수로 나눈 금액을 기본시간급 또는 '기본일급의 시간급 환산금액'에 더하는 방식으로 해당근로자의 시간급통상임금을 산정해도 된다.[1)]

㉯ 주급 · 월급

주급・월급통상임금에는 유급휴일수당이 포함되어 있다.[2)] 이러한 이유로 해당근로자는 따로 정함이 없는 한 통상임금증액을 이유로 주휴수당의 차액을 청구할 수 없다.[3)] 이와 관련되는 내용으로 '유급산정 기초'와 '임금산정형태와 유급'이 "휴일・휴가"의 "일반법리" 부분에서 설명되어 있다(같은장, 같은절 1·다, (2), ①, ㈐).

㈏ 근로형태와 유급휴일수당지급

㉮ 단시간근로와 비례원칙

단시간근로자의 근로조건은 통상근로자의 근로시간을 기준으로 산정한 비율에 따라 결정되어야 한다(근기법 §18①). 따라서 주휴일에 대해서도 유급휴일수당이 이러한 기준에 의해 일급통상임금 즉, '시간급에 4주평균 1일소정근로시간을 곱한 금액'이 지급되면 된다. '유급휴일수당의 비례계산원칙'은 단시간근로외에 '소정근로시간이 적은 다른 근로'에도 적용된다.[4)] 약정휴일에 있어 비례원칙을 적용하여 유급휴일수당을 일부만 지급하는 것은 자율결정원칙에 부합한다.

㉯ 격일제근로와 유급휴일수당

격일제근로의 경우, 하루의 소정임금은 근무일의 절반에 해당하는 근로시간의 소정임금으로 본다.[5)]

(3) 휴일근로보상

① 휴일근로보상의 기초

㈎ 휴일근로보상의 구조

휴일근로보상은 휴일근로임금과 휴일근로가산수당으로 구분된다. 휴일근로임금은 휴일근로자체에 대한 대가를 말한다. 휴일근로가산수당은 휴일근로임금에

---

1) 대판 1998.4.24, 97다28421 ; 대판 2012.3.29, 2010다91046 ; 대판 2018.12.27, 2016다39538・2016다39545.
2) 대판 1990.12.26, 90다카12493 ; 임금근로시간과-653, 2021.3.22.
3) 대판 2024.2.8, 2018다206899・206905・206912.
4) 근기 68207-83, 1996.1.19. 부분전임 노조간부에 대해 해당자의 출근율에 따라 산정된 휴가일수에 '해당 사업장 일반근로자의 소정근로일수'에 대한 '해당 전임간부의 소정근로일수의 비율'을 곱하여 산정한다.
5) 임금근로시간정책팀-3356, 2007.11.13. '근로자의날 관련 「근로기준법」 적용지침' ; 근로개선정책과-1574, 2013.3.7. 격일제 근무(만근 14일)이고, 노사간 합의한 1일 소정근로시간이 7시간인 경우 3.5시간이다.

가산하여 지급하는 수당을 말한다.

결근자가 주휴일에 근로를 제공하면 유급휴일수당은 지급되지 않더라도 휴일근로보상 즉 '휴일근로임금과 휴일근로가산수당'은 지급되어야 한다.[1)]

㈏ 휴일근로보상의 변형

㉮ 월 만근일 근로(같은장,같은절 2·다,(3),②,㈏)

월만근일을 정한 경우, 주휴일을 적법하게 부여했는지는 별론으로 하고, 이를 초과한 날이 휴일에 상응하는 날이라면 휴일근로임금·가산수당이 지급되어야 한다.[2)] 다만, 월만근일초과근로가 모두 휴일근로가 되는 것은 아니다.[3)] 임금협정에 만근일을 정해 놓고, 임금산정표에 위임하여 만근일초과일중에서 일부에 해당하는 휴일상당일에 한정하여 휴일근로임금·가산수당을 지급한 것을 타당하다고 본 판결[4)]이 발견된다. 이 판결은 만근일초과일로서 휴일상당일로 인정되지 않은 날의 근로를, 휴무일법리에 따라, 연장근로로 보았다.

격일제근로에서 유급휴일이 소정근로일이라면 출근율계산에 있어 그 날은 출근한 것으로 본다.[5)]

㉯ 포괄임금약정

포괄임금약정에 있어 휴일근로보상을 포함하는 근로계약을 체결해도, 임금은 근로제공을 전제하므로, 실제로 근로가 이루어지지 않으면 휴일근로보상을 지급해야 하는 것은 아니라는 해석[6)]이 발견된다.

㈐ 휴일근로보상의 쟁점

근기법은 휴일에 대한 개념을 명확히 하지 않고 있으며 휴일근로보상에 적용될 휴일의 유형을 한정하지 않고 있다. 이러한 이유로 휴일근로보상규정은 논란의 여지를 남긴다. 먼저, 휴일근로보상규정이 적용되는 "휴일"에 법정휴일 즉 주휴일(§55 ①)·공휴일(§55 ②) 및 근로자의날, 약정휴일 그리고 휴무일중에서 어디까지 포함되는지에 대해 명확치 않다. 다음으로, 1일소정근로시간이 8시간이 아닌 근로에 대해서도 가산수당에 관한 규정이 그대로 적용될지 의문이다.

---

1) 근기 01254-9370, 1987.6.10 ; 근지 1455.9-459, 1970.1.16.
2) 대판 2019.8.14, 2016다9704·2016다9711. 월만근일 15일. 급여조견표의 휴일수당란에 15일초과근로 가산규정.
3) 대판 2020.2.13, 2015다73043.
4) 대판 2020.1.16, 2014다41520. 임금협정에 월만근을 22일로 정하고, 이를 초과하면 임금산정표에 의해 지급토록 규정. 임금산정표는 26일초과분에 대해 휴일수당을 지급한다고 규정. 1주일에 1일의 주휴일 운용.
5) 임금근로시간과-600, 2021.3.16.
6) 근로개선정책과-2713, 2012.5.21. 월급에 해당수당이 포함된다는 내용으로 계약을 체결한 사례.

② 휴일근로임금

근기법은 유급휴일에 있어 "유급"의 기준이 되는 임금이 무엇인지 명시하고 있지 않다. "유급"이라 함은 근로의 대가이므로 통상임금이상의 임금이 되어야 할 것이다.

휴일에 근로를 하면, 유급휴일수당인 통상임금의 100%외에, 휴일근로임금으로 휴일근로시간수에 대해 휴일근로임금인 통상임금의 100% 그리고 뒤에서 설명하는 휴일근로가산수당이 지급되어야 한다.

③ 휴일근로가산수당

㈎ 법적근거

근기법(§56②, §109, 3년징역·3천만원벌금)은 휴일근로가산수당에 대해 "8시간이내의 휴일근로인 경우에는 통상임금의 50/100이상"을, "8시간을 초과한 휴일근로인 경우에는 통상임금의 100/100이상"으로 규정하고 있다. 8시간을 초과한 휴일근로라도 연장근로와 중복되는 것으로 보지 않고, 휴일근로로만 본다.

㈏ 가산중복

휴일근로와 연장근로는 통합관리법리가 적용되어 겹치더라도 중복하여 가산되지 않는다. 야간근로가 휴일근로나 연장근로 또는 두 가지 모두와 겹치는 경우에는 야간근로가산수당도 지급되어야 한다.

㈐ 약정휴일과 휴무일 근로

㉮ 약정휴일근로 보상

유급이든 무급이든 약정휴일근로에 대하여도 법정휴일처럼 가산수당이 지급되어야 한다는 것이 일반적견해이다.[1] 근기법 제56조가 가산수당대상을 규정하면서 연장근로에 대하여는 "제53조·제59조 및 제69조단서에 따라 연장된 시간의 근로"로, 야간근로에 대하여는 "오후 10시부터 오전 6시까지 사이의 근로"로 제한하면서 휴일에 대하여는 제한을 두고 있지 않은 점을 감안할 때에 이러한 견해는 타당하다. 그럼에도 불구하고 개인적으로는 휴일법리의 일관성을 위해 약정휴일에 대해 일본[2]처럼 가산수당지급여부를 당사자에게 맡겨야 한다고 생각하며 유사한 판결[3]도 발견된다.[4]

---

1) 대판 1991.5.14, 90다14089 ; 대판 2018.9.28, 2016다212869·212876·212883·212890 ; 대판 2020.8.20, 2019다14110·14127·14134·14141 ; 근기 01254-9009, 1989.6.8 ; 근기 01254-2320, 1988.2.13 ; 김형배, 『노동법』, 제20판, 445쪽. 휴무일에 대해서는 가산의무 없음.

2) 柳屋孝安, 『休憩·休日·變形勞働時間制』, 86頁. 다만, 일본 「勞働基準法」은 휴일근로가산수당에 대해 '제33조의 규정에 의한 휴일'이라고 제한하고 있다. 이는 약정휴일의 특징을 감안한 입법이다.

㈏ 휴무일근로 보상

격일제중에서 휴무일근로는 휴일근로에 해당되지 않는 것으로 해석된다.[1] 월만근일 초과근로를 별도의 입증이 없으면 휴일근로라고 할 수 없다.[2]

주40시간근로제 아래에서 1일소정근로시간을 8시간으로 함으로써 주5일근로제로 운영하는 경우,[3] 근로의무가 없는 2일중에서 1일은 주휴일이 된다. 약정휴일과 휴무일을 구분하면서, 당사자가 '주휴일이 아닌 1일'을 약정휴일로 지정하면 휴일근로가산수당을 지급하고 지정하지 않으면 휴무일으로서 휴일근로가산수당을 지급하지 않아도 된다는 견해[4]가 있다. 이 견해는 휴무일의 근로가 소정근로시간을 초과하게 되면. 연장근로라고 본다.[5] 이 견해는 휴일에 해당하는지를 휴일규정의 문언과 경위, 동종업계의 근로시간규율체계·관행, 근로제공에 대해 실제로 지급된 임금의 명목과 지급금액, 지급액산정방식 등을 종합적으로 고려하여 판단한다.[6]

개인적으로는 제도개선차원에서 휴무일과 약정휴일의 법적효과를 같이 하고 약정휴일에 대해서는 가산수당의 지급도 약정에 맡겨야 된다고 생각한다.[7]

㈑ **소정근로시간별 휴일근로가산수당**

㉮ 1일소정근로시간이 8시간인 경우

근기법의 휴일근로가산수당규정은 1일소정근로시간이 8시간인 근로자를 전제

---

3) 대판 1990.11.27, 89다카15939. 염전의 현장 근로자 관련. 근기법 제63조 규정에 따라 휴일에 관한 규정이 적용되지 않는다. 그러나 회사가 1년 중 특정일들을 유급휴일로 정하면서 가산수당적용을 배제한데 대해 휴일근로임금은 지급하라고 판시하면서 가산수당적용은 부정하고 있다.

4) 〈논리적 근거〉 약정휴일의 운용에 대해 노·사에게 맡기는 점, 약정휴일에 가산수당 없이 휴일근로임금 즉, 통상임금의 100%만 받고 일하겠다는 근로자가 있을 수 있는 점, 약정휴일은 소정근로일을 쉬는 날로 정함으로써 법정휴일과 성격이 다른 점, 근기법의 휴일이라는 표현이 주휴일을 의미하는지 모든 휴일을 의미하는지 명확치 않은 점. ↘ 323쪽

1) 대판 2020.6.25, 2016다3386.

2) 대판 2020.2.13, 2015다73043.

3) 5일은 7시간, 1일은 5시간처럼 주6일 근로하는 경우, 6일째 소정근로시간은 휴일근로가 되지 않으며, 근로시간을 모두 합하여 1주40시간초과부분이나 1일8시간초과부분은 연장근로가 된다(근기-3564, 2004.7.14).

4) 김형배, 『노동법』, 제20판, 445쪽; 노동부, "개정 근로기준법 시행지침", 2003.12.1, 3쪽. 주당법정기준근로시간을 초과하는 경우 휴무일근로는 연장근로가 되어 가산수당이 지급될 수 있다(근기-2325, 2004.5.10).

5) 김형배, 『노동법』, 제20판, 445쪽.

6) 대판 2020.1.30, 2016다236407. 운전직의 근무를 1일2교대·주40시간근로를 기본으로 하며, 격주 5시간내외 연장근로(해당일을 연장근무일이라 하며 연장근로수당 지급), 격주1휴무일(무급), 주1휴일을 정하고 있다. 이 중 연장근무일을 휴일로 보지 않음(8시간 넘는 분에 대해 연장근로가산만 적용하고 휴일근로가산은 미적용).

7) 〈논리적 근거〉 일반적 견해의 논리 중 '주휴일이 아닌 1일'이 휴무일이기 때문에 휴일근로가산수당이 발생하지 않는다는 점은 타당해 보이지 않는다. '주휴일이 아닌 1일'에 대해 당사자가 약정휴일로 정하는지 아닌지는 중요하지 않기 때문이다(.김홍영, "주중 법정유급공휴일과 주간근로시간제한-한국피죤사건 판례평석", 「노동법연구」 제3호, 서울대학교 노동법연구회, 1993). '주휴일이 아닌 1일'은 '소정근로일이 아닌 날'이 아니고. '소정근로일이 아닌 날'은 휴일의 개념과 같기 때문이다.

로 한 것으로 보인다. 이들 근로자중에서 임신근로자와 출산근로자에게 휴일근로가산수당규정을 어떻게 적용할 것인지에 대해 검토가 필요하다.

(a) 임신근로자

임신근로자에 대해서는 시간외근로가 금지되나(근기법 §74⑤), 일정한 요건을 충족하면 휴일근로가 인정된다(근기법 §70). 이러한 표현은 시간외근로에 휴일근로가 포함되지 않음을 전제로 한 것처럼 보인다. 그러나 시간외근로를 판단할 때에 휴일근로를 포함해서 계산하게 되므로, 임신근로자가 1주40시간의 소정근로시간을 모두 소진하면 휴일근로를 할 수 없게 되고, 휴일근로가산수당이 적용될 여지가 없다. 다만, 불법으로 행해진 휴일근로에 대해서는, 벌칙의 적용을 받는 것을 별론으로 하고, 휴일근로가산수당규정이 적용된다. 임신근로자가 '주휴일외의 휴일·휴무일'이나 결근으로 1주40시간의 소정근로시간을 모두 소진하지 못했다면, 그 부족분에 대해 휴일근로가 발생할 수 있으며, 휴일근로가산수당규정이 적용된다.

(b) 출산근로자

출산근로자에 대해서는 시간외근로가 제한적으로 인정되며(근기법 §71), 일정요건을 충족하면 휴일근로가 인정된다(근기법 §70). 따라서 휴일근로에 대해서는 휴일근로가산수당규정이 적용될 여지가 상대적으로 넓다. 다만, 시간외근로시간은 휴일근로를 포함하여 계산되므로, 시간외근로한도에 휴일근로시간이 포함되게 되며 휴일근로가산수당규정도 그 범위에서 적용될 수 있다. 근로자가 1주40시간의 소정근로시간과 시간외근로제한시간인 1주6시간을 추가로 모두 근로했다면 휴일근로가 발생할 여지가 없다. 그러나 이러한 시간을 소진하지 않은 부분이 있다면 그 시간의 범위에서 휴일근로가 가능하다. 이 경우 휴일근로는 8시간미만이므로 가산수당은 누진되지 않고 통상임금의 50%를 적용받게 될 것이다. '주휴일외의 휴일·휴무일'이나 결근으로 실근로시간이 적으면 8시간을 초과하는 휴일근로도 발생할 수 있어 그에 상당하는 가산수당누진이 적용될 수 있다.

㈏ 1일소정근로시간이 8시간미만인 경우

연소근로자의 1주연장근로시간은 5시간으로 제한되므로 출산근로자에 관한 법리가 적용되고, 유해위험작업중에서 잠수·잠함작업의 연장근로는 금지되어 있으므로 임신근로자에 대한 법리가 적용될 수 있다.

연소근로자와 유해위험근로의 1일소정근로시간은 각각 7시간과 6시간이어서, 8시간을 기준으로 지급수준을 달리하고 있는 휴일근로가산수당규정을 적용함에 있어 논란의 여지가 있다.

(a) 연소근로자

연소근로자의 1일소정근로시간은 7시간이며(근기법 §69), 일정요건을 충족하면 휴일근로가 인정된다(근기법 §70). 연소근로자의 연장근로시간은 1주5시간으로 제한되므로 휴일근로도 그 한도를 넘지 못한다. 그러나 결근·휴무·휴일 등으로 실근로시간이 적은 경우에는 5시간을 초과하는 휴일근로가 발생할 수 있다. 이 경우 1일 7시간을 초과하면서 1일8시간을 초과하지 않는 '연소근로자의 휴일근로'에 대해 통상임금의 50%이상만 지급되면 되는데, 성인근로자에 비해 1일소정근로시간이 짧은 연소근로자에게 성인기준으로 휴일근로가산수당을 적용하는 결과를 가져와 합리적이지 못하다.

(b) 유해위험작업

잠수·잠함작업의 1일소정근로시간은 6시간이다. 연장근로가 금지되지만 예외적으로 발생하는 휴일근로에 대해 지급되는 휴일근로가산수당과 관련하여 연소근로자와 같은 모순이 지적될 수 있다.

2·마. 휴일대체제도

(1) 개 념

휴일대체제도란 '특정된 휴일을 근로일로 하고 대신 통상의 근로일을 휴일로 대체할 수 있는 제도'라고 정의할 수 있다.

휴일대체는 현재의 휴일을 장래로 미룬다는 점에서, 현재의 근로에 대한 보상으로 장래에 부여되는 대체휴일과 다르다. 대체휴일로는 부당한 특별연장근로에 대해 고용장관명령에 따라 부여되는 휴일을 예로 들 수 있다.

(2) 유 형

① 휴일대체법정제도

근기법(§55 ②)은 "사용자는 근로자에게 대통령령으로 정하는 휴일을 유급으로 보장하여야 한다. 다만, 근로자대표(제2장, 제1절 2·다, (2), ①, ㈐)와 서면합의(제2장, 제1절 2·다, (4), ①, ㈎)한 경우 특정한 근로일로 대체할 수 있다."고 규정함으로써 주휴일외의 '대통령령으로 정하는 법정유급공휴일'에 대해 휴일대체제도를 규정하고 있다.

② 휴일대체약정제도

주휴일이나 그 밖의 휴일의 대체에 대해서는 근기법에 규정이 없어, 제도운영에 대해 해석에 맡겨져 왔다. 법정유급공휴일에 대해 휴일대체법정제도를 명시했다는 사실만으로, 휴일대체약정제도가 효력을 잃는다고 보기 어렵다. 따라서 법정유급공휴일이 아닌 휴일에 대해서는 휴일대체약정제도가 적용된다. 나아가서, 법정유급공휴일의 경우, 휴일대체법정제도의 요건을 충족치 못하면, 휴일대체약정제도의 법리가 적용될 수 있다.

(3) 내 용

휴일대체법정제도는 집단적으로 법정유급공휴일을 대체할 수 있게 한다. 이 경우 공휴일은 근로일이고 변경휴일이 법정유급공휴일을 대신하는 휴일이다.

휴일대체약정제도의 경우, 취업규칙 등에 규정을 두거나 개별동의를 얻어 미리 근로자에게 교체할 휴일을 특정하여 고지하면 특별한 사정이 없는 한 이는 적법한 휴일대체가 되어, 원래의 휴일은 통상의 근로일이 되고 그 날의 근로는 휴일근로가 아닌 통상근로가 되므로 사용자는 근로자에게 휴일근로수당을 지급할 의무를 지지 않는다.[1] 연장근로한도시간한도는 통상의 근로일이 된 원래의 휴일에 근로한 시간을 포함하여 판단한다.

(4) 대체대상 휴일

휴일대체법정제도의 대상은 법정유급공휴일이다.

휴일대체약정제도의 대상은 주휴일, 약정휴일과 다른 법정휴일 모두를 포함한다. 근로자의날은 특정한 사실을 기념하기 위해 특정일로 정해져 있으므로 노・사가 합의해도 대체할 수 없다는 해석[2]이 있으나 주휴일과 구분할 이유가 없다.

주휴일은 1주일 평균 1회이상 부여되어야 하므로 1주에 1일단위로 실시되어야 하며,[3] 복수의 주휴일이 한 번에 대체될 수 없다. 주휴일외의 다른 휴일은 그렇지 않다.

(5) 요 건

① 원 칙

휴일대체법정제도의 요건은 근로자대표와의 서면합의이다. 휴일대체의 구체적인 내용은 서면합의를 통해 실현된다. 다만, 규정이 없는 내용에 대해서는 휴일대체약정제도의 법리가 적용될 수 있다.

휴일대체약정제도를 인정하더라도 자율결정에만 맡겨둘 수 없다. 사용자가 이

---

1) 대판 2000.9.22, 99다7367 ; 대판 2008.11.13, 2007다590 ; 대판 2020.6.25, 2015다61415 ; 김형배, 『노동법』, 제20판, 444쪽.

2) 근기 01254-6312, 1987.4.17 ; 근기 68207-806, 1994.5.16 ; 근기-2156, 2004.4.30 ; 임금근로시간정책팀-3356, 「근로자의날 관련 근로기준법 적용지침」, 2007.11.13.

3) 근로개선정책과-875-401, 2013.1.30.

를 남용하면 '1주일에 평균 1회이상의 휴일'을 부여한다는 주휴일제도의 취지를 해칠 수 있기 때문이다. 따라서 해석론적으로 일정한 요건이 요구된다.

② **근로자 의사**

휴일대체법정제도의 경우에는 집단적으로 공휴일을 대체하는 것이므로 근로자대표와의 서면합의가 있으면 근로자의 개별적 동의가 필요하지 않다.

휴일대체약정제도가 성립하기 위해서는 근로자의사가 반영되어야 하는데, 구체적 방법에 대해서는 견해가 나뉜다. 첫째, '단체협약 등의 규정'이나 근로자 동의중에서 선택적으로 한 가지만 충족하면 휴일대체약정제도가 가능하다는 판례·해석과 다수설적인 견해가 있다.[1] 둘째, '개별근로자의 동의권을 박탈하지 않는 범위에서 단체협약 등의 규정에 의해 가능'하나는 견해[2]가 있다.

취업규칙 등에 휴일대체의 사유를 별도로 명시하고 있다면 그러한 사유를 충족해야 효력이 인정된다. 사유가 명시되어 있지 않다면 그 밖의 명시사항이나 조건들을 충족하면 효력이 인정될 수 있다.

약정휴일에 대해서는 취업규칙 등에 미리 정하지 않더라도 사전대체가 가능하다는 견해[3]가 있으나, 약정휴일자체가 취업규칙 등으로 정해서 '소정근로일이 아닌 날'이 된다는 점을 감안하면, 특별한 규정이 없는 한, 법정휴일의 대체근로가 받는 제약이 적용된다.[4]

근로자동의는 '휴일대체에 동의한 사실'이면 충분하고, 실제로 휴일대체를 원하는지 즉, 내심의 진의 또는 진정성까지 필요치 않다.[5]

③ **사전고지**

휴일대체법정제도의 경우, 사전고지와 관련된 사항에 대해 서면합의에 따른다. 서면합의에 규정되어 있지 않다면 휴일대체약정제도의 법리가 적용된다.

휴일대체약정제도가 효력을 갖기 위해서는, 사용자가 그 사유를 밝히면서 사전에 근로자에게 통보해야 한다. 통보는 서면 또는 구두로 가능하다. 실제로 휴일대체를 하고자 할 때에는 "미리 근로자에게 교체할 휴일을 특정하여 고지"할 것이 요구된다. 미리 고지하지 않고 휴일근로를 시킨 후에 대체휴일을 주면 휴

---

1) 대판 2000.9.22, 99다7367; 대판 2008.11.13, 2007다590. 근로자의견을 들어 근로일정표를 만들거나 원하는 날에 대체된 휴일을 부여하는 것은 근로자동의를 받은 것이다.; 김형배, 『노동법』, 제20판, 443쪽; 이상윤, 『노동법』, 제6판, 243쪽; 管野和夫, 『勞働法』, 第七版補正二版, 256頁; 근로개선정책과-875-401, 2013.1.30.

2) 이병태, 『최신노동법』, 제9판, 805쪽.

3) 김수복, 『채용에서 퇴직까지의 노사문제』, 243쪽.

4) 柳屋孝安, 『休憩·休日·變形勞働時間制』, 90頁.

5) 대판 2008.11.13, 2007다590.

일근로가산수당의 지급문제가 발생한다.[1] 고지시기는 취업규칙 등의 명시내용을 따른다. 고지시기가 명시되어 있지 않은 경우나, 매우 급박하게 명시되는 경우에도 사전에 휴일대체여부를 '결정하면 휴일대체약정이 적용된다는 견해[2]가 있다.

행정해석[3]은 사생활자유나 일·가정양립을 이유로 '휴일대체를 하고자 할 때에는 적어도 24시간이전에 사전대체사유를 밝히면서 해당근로자에게 알려줄 것'을 요구한다. 이러한 견해는 타당하다. 그럼에도 불구하고 법적근거가 없어 이를 지키지 않았다고 해서 효력을 부정하기는 어렵다.

(6) 변경휴일

휴일대체법정제도의 경우에는 변경휴일에 대해 서면합의에 따른다. 서면합의에 규정되어 있지 않다면 휴일대체약정제도의 법리가 적용될 수 있다.

휴일대체약정제도와 관련하여, 일본에서는 휴일대체약정제도가 효력을 가지려면 대체된 휴일이 4주간이내에 근로자가 소화할 수 있도록 배려하여야 하는 것으로 본다.[4] 우리나라 근기법(§55)은 '1주일 평균 1회이상'의 휴일을 주도록 규정하고 있다. 조문의 표현에 '평균'이 포함되어 있어 달리 해석할 여지가 있기는 하나 1주일에 한 번이상의 주휴일을 주어야 한다는 것이 통설적인 견해이다.

변경된 휴일은 당초의 휴일로부터 6일이내 또는 다음 주휴일전에 부여되어야 한다. 대체할 휴일이 공휴일처럼 주휴일이 아니더라도 다른 휴일이 중복되기 전에 대체된 휴일을 부여하는 것이 합리적일 것이다.

전체근로자를 대상으로 하여 집단으로 휴일의 대체를 하는 경우에는 취업규칙 등에 구체적인 날짜를 정하거나, 근로일정표를 제시하거나, 적어도 24시간전에 대체휴일을 고지할 수 있다.[5] 다만, 이 과정에서 '미리 의견을 듣거나'[6] 근로자가 원하는 날을 대체휴일로 하는 것처럼, 근로자의견을 수렴하는 것이 필요하며,[7] 이러한 조치는 휴일대체의 정당성을 강화시켜 줄 것이다.

---

1) 김수복, 『채용에서 퇴직까지의 노사문제』, 428쪽.
2) 김형배, 『노동법』, 제20판, 444쪽.
3) 법무 811-18759, 1978.4.8 ; 근기 68207-806, 1994.5.16 ; 근로개선정책과-875-401, 2013.1.30.
4) 管野和夫, 『勞働法』, 第七版補正二版, 256頁 ; 柳屋孝安, 『休憩・休日・變形勞働時間制』, 85頁 ; 가고시마지방재판소, 1973.2.8 ; 1948.7.5 基發 제968호, 1988.3.14 基發 제150호 ; 일본의 「노동기준법」 제36조제2항이 "4주간을 통하여 4일의 휴일을 부여하면 주휴일을 부여치 않아도 된다"고 규정하고 있기 때문이다.
5) 법무 811-18759, 1978.4.8 ; 근기 68207-806, 1994.5.16.
6) 근기 68207-894, 2004.2.20.
7) 대판 2008.11.13, 2007다590. 이러한 형식을 취하면 근로자동의를 받은 것으로 간주.

(7) 효 과

휴일대체약정제도에 있어 휴일이 대체되면 당초의 휴일은 근로일이 되며, 그 날 근로를 하지 않은 경우에는 결근으로 처리될 수 있다.[1)]

대체된 휴일에 근로하면 휴일근로가 된다.[2)] 휴일대체약정제도를 시행함에 있어 요건이 충족되지 않으면 그 효력을 인정하기 어렵다. 이 경우 대체휴일을 부여해도 당초의 휴일에 근로하면 휴일근로가 된다.[3)]

3. 연차유급휴가

3·가. 의 의

(1) 개 념

연차유급휴가는 1년간 계속 근로한 근로자에게 유급으로 휴가를 부여하는 제도이다. 이 제도의 취지는 근로자에게 정신적·육체적 휴양을 제공하여, 노동의 재생산을 도모하고, 문화적 생활을 보장하며, '근로자가 일과 가정을 양립시킬 수 있도록'[4)] 여가를 부여하는데 있다.

(2) 성 격

연차유급휴가는 근기법에 부여의무, 부여조건, 부여일수 등이 정해져 있는 법정휴가이고, 임금손실없이 휴가를 사용할 수 있는 유급휴가이며, 출근율을 요건으로 하는 보상적휴가이다.[5)] 다만, 이러한 성격이 근로일수에 대한 비례삭감을 인정할 정도인지에 대해서는 논란의 여지가 있다(제3장, 제3절 2·다,(1),②).

(3) 연 혁

'1953년 제정 근기법'은 월차유급휴가제도[6)]와 함께 연차유급휴가제도를 도입했다. 1989년에 연차휴가일수가 늘었다. 2003년에 주40시간근로제가 도입되면서 월차유급휴가가 폐지되고, 휴가일수가 조정되며, 가산휴가부여와 미사용휴가 금전보상의 요건이 강화되고, 1년미만근로자에게도 부여되며, 부여조건인 출근율이 완화되고, 휴가사용촉진제도가 도입되었다. 2012년에 출근율이 80%미만인 근로자에게도 월단위연차유급휴가가 부여되고, 휴가사용촉진조치요건이 강화됐다.

---

1) 근기 1455-22853, 1982.8.18.
2) 근기 68207-806, 1994.5.16.
3) 여원 68204-342, 2001.8.22.
4) 이러한 취지는 출근율을 부여요건으로 하는 것에 의문을 품게 한다.
5) 대판 2013.12.26, 2011다4629.
6) '2003년 개정 전 근기법 §57①'. "사용자는 1월에 대하여 1일의 유급휴가를 주어야 한다".

2017년에 1년미만근로에 대한 월단위연차유급휴가의 정산제도가 폐지되고 육아휴직기간이 출근한 것으로 간주됐다. 2020년에 월단위연차유급휴가에 대해서도 휴가사용촉진조치를 적용되게 되었다.

(4) 법적근거

근기법 제60조는 전년도의 출근율을 기준으로 하여 현년도에 부여하는 유급휴가일수, 월단위연차유급휴가, 가산휴가, 시기지정권과 시기변경권, 출근으로 보는 휴업일, 휴가청구권의 소멸과 예외를 규정하고 있다. 헌법재판소는 전년도출근율을 기준으로 현년도에 유급으로 부여하는 휴가 및 가산휴가에 대해 합헌으로 본다.[1] 연차휴가는 정신적·육체적인 휴양을 기초로 계속근로가 이루어지는 것이고, 유급은 전년도에 제공받은 근로에 대한 대가를 현년도에 지급하는 것이라는 점이 그 근거이다. 근기법 제61조는 연차유급휴가사용촉진을, 근기법 제62조는 연차유급휴가대체를 규정하고 있다.

3·나. 적용대상

연차유급휴가는 법정휴가이다. 근기법적용대상근로자가 연차유급휴가부여대상자이다. 단시간근로, 일용근로, 교대근로, 촉탁직[2] 등 근로형태에 따른 적용여부와 적용제외에 대해 법정휴일·휴가 부여대상으로 묶어서 설명했다(같은장 같은절,1·나).

3·다. 휴가일수

(1) 기본휴가

① 연단위 연차휴가

㈎ 원 칙

'1년이상 계속 근로한 자로서 1년간 80%이상[3] 출근한 자'에 대해 년단위로 15일의 연차유급휴가가 부여된다(근기법 §60①). "1년 이상"이라 함은 근로관계존속기간을 말한다. 1년을 초과한 몇 개월에 대해서는, 특별히 정함이 없으면 연단위연차유급휴가 부여의무가 발생치 않는다.[4]

㈏ 출근율대상기간 1년의 충족후 근로관계종료

연차유급휴가부여를 위한 출근율산정대상기간이 되는 1년을 근로하고 근로관

---

1) 헌재 2020.9.24, 2017헌바433. 입법정책적 문제, 사용자의 직업수행자유 침해 부정. 업무상재해 출근간주, 청구권행사기간 제한, 미사용수당 3년시효 등을 고려 과잉금지원칙 위반 부정.

2) 근로개선정책과-2711, 2012.5.21.

3) 헌재 2015.5.28, 2013헌마619. 1년재직과 출근율80%이상을 요건으로 정한 것은 근로자의 정신적·육체적 휴양의 필요성이 기본적으로는 상당기간 계속되는 근로의무의 이행과 불가분의 관계에 있는 점을 고려.

4) 헌재 2015,5.28, 2013헌마619. 평등권침해 부정 ; 근로개선정책과-4641, 2011.11.21.

계종료로 다음 날부터 근로를 제공하지 않는 1년기간제근로계약체결자', '정년퇴직자' 또는 '그 밖의 근로관계종료자'에게는 연차휴가를 사용할 날이 없으므로 연단위연차유급휴가와 그에 따른 연차유급휴가미사용수당이 발생하지 않는다. 판례법리(같은장,같은절 3-바,(2),②,㈎)에 따르면[1] 연단위연차유급휴가는 달리 정함이 없는 한 그 전년도 1년간의 근로를 마친 다음 날에 발생하기 때문이다.

② **월단위 연차휴가**

㈎ **적용대상**

㉮ 1년미만 근로자

사용자는 '계속근로기간이 1년미만인 근로자'에게 1개월 개근시 1일의 유급휴가를 주어야 한다(근기법 §60②).

㉯ 80% 미만 출근자

사용자는 계속근로기간이 1년이상인 근로자에 대해 '1년간 80%미만 출근한 근로자에게' 1개월개근에 대해 1일에 해당하는 유급휴가를 부여해야 한다(근기법 §60②).

㈏ **휴가일수계산**

㉮ 계산방법의 나뉨

근기법은 1년미만근로자와 80%미만출근자 모두에 대해 '1개월 개근'을 휴가부여요건으로 정하고 있다. 휴가일수산정은 '1개월 개근'이 어느 해를 기준으로 판단되는지에 따라 계산방법이 달라질 수 있다. 첫째, 해당년도에 어느 1개월을 개근하면 그 때부터 휴가사용일이 발생한다고 보는 해당년도기준적용방법이 있다. 둘째, 전년도에 개근한 월의 수만큼 연차휴가가 발생하여 해당년도에 사용할 수 있는 전년도기준적용방법이 있다.

㉯ 검 토

1년미만근로자의 경우에는 전년도에 출근할 달이 없다. 따라서 해당년도기준적용방법을 적용하는 것이 불가피하다.[2]

80%미만출근자의 월단위휴가부여조건은 1년미만근로자와 같으므로, 모두에 대해 해당년도기준적용방법을 적용함이 문언상으로는 당연해 보인다.

그럼에도 불구하고 80%미만출근자에 대해 전년도기준적용방법을 적용하는 고용부해석[3]이 먼저 나오고, 뒤이어 나온 법제처해석[4]은 1년미만근로자에 대해

---

1) 대판 2021.10.14, 2021다227100.
2) 법제처 24-0345, 2024.7.9.
3) 근로개선정책과-1113, 2013.2.14.

해당년도기준적용방법을 적용하고 80%미만출근자에 대해 전년도기준적용방법을 적용하고 있다. 근기법은 뒤에서 설명하는 것처럼 1년미만근로자에 대해 휴가청구권행사기간과 사용촉진에 대해 별도로 규정하고 있다. 이러한 점을 감안할 때 행정해석의 접근은 얼른 보기에 타당성이 있어 보이나 큰 결함을 가지고 있다.

1년이상근로자중 80%미만출근자에 대해 직접적인 규정이 없고, 전년도기준적용방법에 대해 논리적인 측면에서 비판[1]의 여지가 있을뿐아니라, 휴가청구권 및 미사용수당청구권과 관련하여 모순을 보여준다. 1년미만근로자의 경우에는 해당년도기준적용방법에 따라 월단위휴가가 이미 발생하였으므로 미사용수당청구권 또한 발생된다. 그러나 1년근로자에게 전년도기준적용방법을 적용하면 연단위연차유급휴가부여법리가 적용되기 때문에 휴가청구권이나 미사용수당청구권이 발생하지 않는다. 이러한 법리에 대해서는 뒤에서 설명한다. 1년근로자가 1년미만근로자보다 불이익을 받는다는 것은 불합리하다.

이러한 모순은 연차유급휴가규정과 대법원판결이 충돌해서 발생한다. 따라서 80%미만출근자에 대해 '1개월 개근'의 판단은 두 방법중에서 근로자에게 불리하지 않은 방법을 적용한다면 위법으로 보기 어렵다. 개인적으로는 80%미만출근자에 대해서도 해당년도기준적용방법을 적용하는 것이 타당하며, 이 경우 사용촉진 등에 대해 1년미만근로자에 대한 법리가 준용될 것이다.

③ 연단위와 월단위의 관계

㈎ 1년 초과 근로자

1년을 초과하여 근로한 사람은 근로관계개시일기준으로 1년미만기간에 대해 '1년미만근로 월단위연차유급휴가'를 부여받고, 그 밖에 최초 1년의 근로를 마친 다음날에 주어지는 연단위연차유급휴가[2] 또는 '80%미만출근 월단위연차유급휴가'를 부여받을 수 있다.

㈏ 1년미만근로자와 1년근로자(같은장, 같은절 3·마, 3·바(2)②)

1년미만근로자에게는 연단위연차유급휴가가 발생하지 않고 최대 11일의 월단위연차유급휴가가 적용된다. 1년근로자에 대해서는 연단위연차휴가가 판례법리

---

4) 법제처 24-0114, 2024.6.3 ; 법제처 24-0674, 2024.11.4. ↘ 332쪽

1) 〈논리적 근거〉 1년미만근로자와 80%미만출근자 모두에 대해 1개월개근을 휴가부여요건으로 정하고 있는 점, 전년도 출근율에 대해서는 이미 80%가 제시되어 있는 점, 월단위개근이라면 그 개근이 끝나는 다음 날부터 휴가청구권이 발생하는게 논리에 맞는 점, 1년미만근로자와 같은 조문에 규정되어 있어 달리 이 둘을 달리 해석하기 보다는 같이 해석하는 것이 타당한 점 등 ; 〈같은의견〉 노동법실무연구회, 『근로기준법주해Ⅲ』 제2판, 박영사, 332쪽.

2) 법제처 24-0345, 2024.7.9. 월단위휴가 11일외에 따로 15일이 부여되며, 15일에서 11일을 뺀 4일이 아님.

에 의해 발생하지 않고, 월단위연차휴가는 '1개월 개근'에 대해 해당년도기준적용방법을 적용하면 발생하나 전년도기준적용방법을 적용하면 발생하지 않는다.

(2) 가산휴가

근기법은 공로보상차원에서 계속근로기간에 따라 연차유급휴가일수를 가산하도록 하고 있다. 사용자는 3년이상 계속해서 근로한 근로자에게는 제1항에 따른 휴가에 최초 1년을 초과하는 계속근로년수 2년에 대해 1일을 가산한 유급휴가를 주어야 한다. 가산휴가를 포함한 휴가일수는 25일을 한도로 한다(근기법 §60④).[1]

가산휴가는 기본휴가부여를 위한 최소한의 출근율이상을 출근해야 발생하며, 산정대상기간전년도이전의 출근율과 관계가 없다.[2] 따라서 출근율을 충족시키지 못하면 월단위연차유급휴가가 발생하더라도 가산의 전제가 되는 기본휴가가 발생하지 않으므로 가산휴가도 발생하지 않는다.[3] 가산휴가를 포함한 연차유급휴가의 총일수는 25일을 초과할 수 없으며, 초과하는 날짜에 대한 보상의무는 없다. 가산휴가를 산정하기 위한 계속근로년수계산에는 출근율을 감안하지 않는다.

(3) 계속근로기간과 출근율

① 계속근로기간

계속근로기간에 대해서는 개념, 기산일·마감일, 특정기간합산 등이 연차유급휴가, 퇴직급여 등과 공통사항이어서 앞에서 설명했으며, 이 부분에서 관련된 연차유급부여방법을 다루었다(제3장 제3절,1).

② 출근율

출근율에 대해서는 출근율계산방법, 근로를 제공하지 않은 날에 대해 '소정근로일에서 제외할 것인지' 아니면 '출근한 날로 처리할 것인지' 등 처리방법과 휴가일수의 비례계산부여, 소정근로일이 정해지지 않은 근로자의 처리, 출근율산정기산일과 회계년도기준의 적용, 출근율산정기간중의 입·퇴사처리 등은 보상적휴가·휴일의 공통사항으로서 앞에서 설명했으며 이 부분에서 관련된 '연차유급휴가 적용방법'을 다루었다(제3장 제3절,2).

연단위연차유급휴가는 과거의 일정기간에 해당하는 근속과 출근에 대한 근로

---

1) 80퍼센트 이상 출근자를 기준으로 하여 근속연수별 연차유급휴가일수를 표로 정리하면 다음과 같다.

1년	2년	3년	4년	5년	9년	15년	19년	21년 이상
15일	15일	16일	16일	17일	19일	22일	24일	25일

2) 법무 811-28675, 1979.12.6.

3) 근기 01254-1488, 1989.1.28.

보상적인 성격을 가지므로 연차휴가발생이나 그에 따른 휴가사용청구권 또는 미사용수당청구권과 관련하여 과거가 아닌 현재 또는 미래의 근속이나 출근율 요건으로 추가할 수 없다.[1)]

(4) 휴가일수 비례부여

① 원 칙

장기간 근로제공의무가 면제되는 근로자들의 연차유급휴가에 대해 연차유급휴가제도의 의의, 연차휴가권성립요건의 취지 등을 종합적으로 검토하여 합리적으로 해석해야 한다는 견해가 있다. 근로면제일이 많은 경우, 해당근로자의 소정근로일수를 법정소정근로일수나 통상근로자의 소정근로일수로 나누는 비례계산원칙에 따라, 연차휴가를 부여할 수 있다.[2)]

② 소정근로일제외와 휴가일수비례

출근율산정에 있어 특정휴무일의 소정근로일제외에 따른 휴가일수비례부여원칙에 대해서는 앞(제3장, 제3절 2·다,(1),②)에서 소개되었다.

(5) 휴가부여단위

① 일단위

근기법은 부여되어야 할 연차유급휴가를 일수로 규정하고 있으나 "일"에 대한 개념을 규정하고 있지 않다. "일"은 0~24시처럼 달력상 시간을 의미하지는 않으며 일정시점을 기준으로 하는 소정근로일을 말한다.

② 시간단위

연차유급휴가가 반차, 반반차 등 시간단위로 부여되더라도 이를 위법으로 볼 수 없고 시기지정권과 시기변경권 등을 비롯한 일반법리가 적용된다.[3)]

단시간근로자의 연차유급휴가는 시간단위로 부여된다(제8장, 제4절 2·다,(1),④,(나)).

출근율계산에 있어 특정기간을 소정근로일에서 제외하면 연차유급휴가일수에 대해 비례원칙이 적용되는데, 이 경우 '일단위휴가일수'와 '소수점이하의 일단위 또는 시간단위'의 휴가일수가 포함되어 산정될 수 있다.

월단위연차유급휴가에 대해 쟁의행위기간 등이 있었더라도 비례원칙이 적용되

---

1) 〈관련 판결〉 헌재 2015.5.28. 2013헌마619 ; 헌재 2020.9.24. 2017헌바433 ; 대판 1996.11.22, 95다36695 ; 대판 2000.12.22, 99다10806 ; 대판 2005.5.27, 2003다48549 · 48556.

2) 수원지판 2013.3.22, 2011가합26325. 방학기간동안 근로제공의무 면제. 연간15일보다 적은 10일부여 적법.

3) 서울고판 2010.9.16, 2010누6139 ; 서울중앙지판 2013.3.22, 2015.6.11. 2014나50820 ; 법제처 24-0775, 2024.11.20. 2시간단위 연차휴가에 대해서도 시기지정권과 시기변경권의 법리가 적용된다.

지 않고 1일이 부여되어야 한다는 행정해석[1]이 발견된다. 그러나 월단위연차유급휴가에 대해 소정근로일수에서 제외되는 날이 있음에도 불구하고 연단위연차유급휴가와는 달리 휴가일수에 대한 비례원칙을 적용하지 않을 근거가 불투명하다. 따라서 소정근로일수제외에 따른 휴가일수비례부여원칙(제3장, 제3절 2·다,(1),②)이 적용되어야 하며, 관련조항의 위반이 벌칙으로 이어진다는 점을 감안할 때, '소숫점이하의 일단위'가 부여되더라도 이를 위법으로 볼 근거는 없다.[2]

3·라. 휴가부여시기

(1) 법적근거

사용자는 연차유급휴가를 근로자가 청구한 시기에 주어야 하며, 근로자가 청구한 시기에 유급휴가를 주는 것이 사업운영에 막대한 지장을 주면 그 시기를 변경할 수 있다(근기법 §60⑤). 연차휴가휴가부여시기의 법리는 1년이상근로자와 1년미만 근로자에게 같이 적용된다.

(2) 시기지정권

연차유급휴가는 근로자가 지정한 시기에 주어져야 한다.[3] 시기지정권은 취업규칙 등이 정한 방법에 따라 행사된다. 취업규칙 등에 규정이 없으면 서면 또는 구두의 방법으로 적절하게 시기지정의사를 전달할 수 있다.[4] 시기지정은 언제부터 언제까지로 특정해야 한다. 그렇지 않으면 사용자의 시기변경권행사대상이 아니며, 휴가를 요구하고 결근하면 무단결근으로 처리될 수 있다.[5]

(3) 시기변경권

사용자는 근로자의 청구가 있는 시기에 연차유급휴가를 부여해야 하나 '사업운영에 막대한 지장'이 있는 경우에는 시기변경권을 행사할 수 있다. 막대한 지장은 기업규모, 업무성질, 불가피한 업무나 행사참가,[6] '작업의 바쁜 정도', '대행자배치난이도', '같은 시기의 휴가청구자수', '근로자사정'[7] 등을 고려하여 제도

---

1) 근로기준정책과-8676, 2018.12.28. 1개월간 소정근로일 20일중 적법쟁의행위기간이 10일인 경우 적법쟁의행위기간을 제외한 나머지 소정근로일(10일)을 개근하면 1일의 휴가 부여. 비례원칙 미적용.

2) 〈비슷한 견해〉 근로기준정책과-2431 2017.4.7. 연차유급휴가는 원칙적으로 "일" 단위로 부여해야 하나 당사자 합의로 "일"의 일부를 분할하여 부여할 수도 있음(근기 68207-934, 2003.7.23).

3) 대판 1997.3.25, 96다4930. 회사운영에 막대한 지장이 없다면 회사의 승인유무와 관계없이 근로자가 연차유급휴가시기 지정 가능.

4) 대판 1992.4.10, 92누404. 부상으로 출근 못한 근로자가 인사책임자에게 치료기간을 연차유급휴가로 처리해달라고 한 전화 부탁은 시기지정권행사이므로, 시기변경권을 행사하지 않은 결근처리는 무효.

5) 대판 1997.3.25, 96다4930.

6) 대판 2015.3.12, 2014다65533. 주주총회 참석을 이유로 연차휴가를 신청하였으나, 컨설팅 프로그램 또는 교육프로그램이 정기주주총회와 무관하게 미리 계획되고 이를 이유로 반려된 데 대해 시기변경권 남용 부정.

의 취지에 반하지 않게 합리적으로 판단하되, 개연성이 인정되면 족하다.

시기변경권은 근로자가 입게 되는 불리함이 최소한에 그치도록 합리적인 기간 내에서 행사되어야 한다.[1] 시기변경권행사방법에 대해서는 법령에 정함이 없다. 따라서 취업규칙 등 적절한 방법으로 운영하는 것이 바람직하다. "휴가희망자는 사전에 신청하여 승인을 얻어야 한다"처럼 근로자에게 청구 또는 신청의무를 부여한 후 승인을 받도록 하더라도 그 승인이 시기변경권행사요건에 있어 타당하면 시기변경권행사를 위한 필요한 조치로 볼 수 있다.[2] 취업규칙 등에 적절한 방법을 정하지 않아도 구두 또는 서면의 방법으로 시기변경의 의사표시가 전달되었음이 확인되고 그 요건이 타당하면 정당한 시기변경권행사로 볼 수 있다. 시기변경권행사에 반해 사용된 연차유급휴가는 결근으로 처리될 수 있으며,[3] 징계사유에 해당될 수 있다.[4] 다만, 회사운영에 막대한 지장이 없음에도 회사가 시기변경권을 행사하면 결근으로 처리될 수 없다. 회사운영에 막대한 지장이 있다는 입증책임은 사용자에게 있다.

(4) 사용시기변형

① 집단행사

연차휴가는 휴가제도의 취지상 업무의 정상운영을 저해하지 않는 범위에서 행사되어야 한다. 집단적으로 휴가를 신청하여 일방적으로 사용함으로써 업무의 정상운영을 저해토록 하는 것은 권리남용으로 간주된다. 권리남용에 대해서는 기업규모, 해당업무의 내용·성질과 바쁨·한가함, 대행자배치의 난이, 시기를 같이하여 청구한 근로자수, 휴가관행 등을 고려하여 판단한다.[5]

② 결근대체

근로자가 결근일을 연차휴가사용일로 대체해 줄 것을 청구한 경우, 이를 수용해야 할 사용자의 법적의무는 없다. 다만, 사용자가 대체사용을 인정하면 대체된 결근일 등을 연차유급휴가일로 보아야 하므로 그 날의 결근을 징계사유로 삼을 수 없다.[6] 근거규정없이 근로자의사에 반해서 일방적으로 결근일을 연차유

---

7) 서울고판 2013.5.31, 2012누28522. 쟁의행위참가목적의 시기지정권보다 시기변경권을 더 인정. ↘ 336쪽

1) 근기 01254-3454, 1990.3.8.

2) 대판 1992.6.23, 92다7542.

3) 기준 1455.9-7666, 1968.8.14.

4) 서울고판 2013.5.31, 2012누28522. 휴가청구반려 관련. 결근하고 불법파업참가, 감봉 및 견책처분 인정.

5) 근기 01254-3454, 1990.3.9 ; 대판 1991.12.24, 91도2323 ; 대판 1992.12.22, 92다43272 ; 대판 1992.3.13, 91누10473 ; 근기 68207-1377, 1994.9.1.

6) 대판 1992.4.10, 92누404.

급휴가로 대체시키는 것은 장래의 연차유급휴가청구권행사를 침해하므로 위법이다. 근로자가 결근을 예상하여 미리 연차유급휴가를 신청한 경우에는 시기변경권인정법리에 따른다. 사후신고로 결근과 연차휴가를 대체하는 것은 취업규칙 등에 의해 인정될 수 있으나, 관련규정이 없으면 그렇지 않다.

③ **격일제근로**

격일제근로의 경우, 근무일 다음의 휴무일은 전일의 근무를 전제로 주어지는 것이므로, 1일의 연차휴가를 신청한 근로자에게 비번일인 휴무일에 근무일의 근로시간의 절반에 해당하는 근로를 시킬 수 있다. 그러나 근무일 다음의 휴무일은 전일의 근무를 전제로 주어지고 휴무일에는 다른 근로자의 근무가 예정되어 있는 점 등을 고려할 때 사용자가 근로자요청을 수용할 의무는 없다.[1]

3·마. 휴가청구권행사

(1) 법적근거

연차유급휴가청구권은 1년간 행사하지 않으면 소멸되나, 사용자귀책사유로 사용하지 못한 경우에는 그렇지 않다(근기법 §60⑦).

'1년미만근로에 대한 월단위연차유급휴가'에 있어서 "1년간"은 '최초의 1년근로가 끝날 때까지'이며(근기법 §60⑦본문), 별도의 규정이 없는 한 발생순서에 따라 사용되는 것으로 본다.[2]

(2) 근로자귀책사유

근로자귀책사유는 근로자가 연차유급휴가를 청구했는지에 따라 판단된다. 휴가청구권소멸시효는 근로자가 휴가를 청구할 '지위를 얻게 된 때'부터 진행된다.[3] "지위를 얻게 된 때"는 다음과 같이 판단한다.

<table>
<tr><td colspan="2">연단위연차유급휴가</td><td colspan="3">연단위출근율을 산정하는 1년이 지난 날</td></tr>
<tr><td rowspan="3">월단위
연차
유급
휴가</td><td rowspan="2">1년이상근로
80%미만출근</td><td rowspan="2">월단위
출근
적용기준</td><td>전년도기
(행정해석)</td><td>연단위출근율을 산정하는 1년이 지난 날</td></tr>
<tr><td>해당년도</td><td>출근율산정단위가 되는 1개월을 개근한 다음 날</td></tr>
<tr><td>1년미만근로</td><td colspan="3">출근율산정단위가 되는 1개월을 개근한 다음 날
(연차휴가부여회계년도를 정하였다면 입사일기준과 비교할 때 근로자에게 불리하지 않아야 함)</td></tr>
</table>

1) 근로개선정책과-4504, 2012.9.7.

2) 고용노동부, 『개정 근로기준법 설명자료』, 2018.5, 4쪽. 누적된 휴가 중 일부를 어떤 시점에 사용한 경우 당사자 모두 특정 월에 발생한 휴가를 사용한 것으로 선택할 수 없다.

3) 대판 1972.11.28, 72다1758 ; 대판 1973.9.6, 73다305.

(3) 사용자귀책사유

사용자귀책사유라 함은 사용자가 시기변경권을 행사한 것을 말한다. 사용자의 귀책사유로 사용되지 않은 휴가청구권은 '휴가청구권발생일로부터 1년' 또는 '1년 미만근로자의 최초 1년의 근로가 끝날 때'가 지나도 소멸되지 않고 '근로자의 희망에 따라'[1] 이월되거나 휴가미사용수당청구권으로 대체[2]될 수 있다.[3]

이월휴가는 사용자귀책사유가 발생한 때를 기산점으로 하여 1년간 사용치 않으면 소멸되고, 사용촉진조치대상이 아니며, 휴가미사용수당으로 대체될 수 있다.

(4) 쟁의행위

쟁의행위로 인해 휴가청구권을 사용하지 않은 경우에는 사용자귀책사유에서와 마찬가지로 해석[4]된다.

3·바. 임금 · 보상

(1) 휴가사용과 임금

연차유급휴가는 유급으로 부여된다. 따라서 근로자가 휴가를 사용한 이유로 근로를 제공치 못해도 임금 즉 연차유급휴가수당이 지급되어야 한다. 근기법(§60⑤)은 연차유급휴가수당을 평균임금 또는 통상임금으로 지급'하도록 규정하고 있으나, 근기법이 근로조건의 최저기준을 정하는 법이라는 점을 감안할 때, 평균임금은 특별한 의미를 갖지 못한다.

연차유급휴가수당은 유급휴가를 주기 전이나 준 직후의 임금지급일에 지급해야 한다(근기령 §33). '주기 전'은 '주기 직전'으로 보는 것이 타당하며 임금액은 임금지급일을 기준으로 산정한다.

(2) 휴가미사용과 보상

① 사전매수 · 반납 · 정산

근로자의 휴가청구권이 소멸되지 않은 상태에서 대체수당을 지급하는 휴가매수계약은 휴가청구권을 사실상 행사치 못하게 하므로 무효이다.[5] 경영난을 이유로 한 휴가반납은 법정권리를 포기할 수 없다는 점에서 무효이며, 사용치 않은 휴가에 상응하는 연차유급휴가미사용수당청구권이 발생할 수 있다.[6] 사용기

---

1) 사용자가 어느 하나 강요 불가 (근로조건지도과-1046, 2009.2.20 ; 근로개선정책과-4449, 2013.7.30).
2) 근기 01254-15753, 1985.8.28 ; 근기 68207-62, 1994.1.8.
3) 근로기준정책과-3079. 2015.7.13.
4) 근로개선정책과-4449, 2013.7.30.
5) 근기 1455-4053, 1982.2.9 ; 근기 01254-435, 1993.3.23 ; 대판 1995.6.29, 94다18553. 정근수당으로 갈음 불가.

간이 남은 유급휴가에 대해 해당회계연도말일 등 특정시점에 미사용수당으로 정산하는 것은 휴가의 사전매수에 해당한다. 법정일수초과부분, 근로관계종료자휴가 등은 당사자가 합의하면 수당으로 대체할 수 있다.

② **연차유급휴가미사용수당**

㈎ **내 용**

㉮ **원 칙**

연차유급휴가를 휴가청구권행사기간동안 사용치 못하거나 그 기간전에 근로관계가 종료되어 '이미 발생한 휴가청구권'이 소멸해도, 보상으로 지급되는 연차유급휴가미사용수당에 대한 청구권은 소멸하지 않는다는 판례법리가 형성되어 있다.[1] 수당청구권은 소정기간의 근로로 휴가청구권이 발생한 경우에 적용되는 것으로서, 소정기간이 완성되지 않아 휴가청구권이 발생하지 않은 부분에 대해서는 수당청구권이 발생하지 않는다.[2]

㉯ **연단위연차휴가**

연단위연차유급휴가가 뒤에서 설명하는 수당청구요건을 충족하면 미사용수당청구권이 발생한다.

연단위연차유급휴가를 사용할 권리는 다른 특별한 정함이 없는 한 그 전년도 1년간의 근로를 마친 다음 날 발생한다고 보아야 한다는 판례법리[3]에 따르면, 1년기간제 근로계약을 체결한 근로자를 비롯하여 1년의 근로를 초과하지 않은 근로에 대해서는 근로관계가 이미 종료되어 연단위연차유급휴가사용권이 발생하지 않으므로 미사용수당청구권 역시 발생하지 않게 된다.

이 판례법리는 "소정기간이 완성되어 휴가청구권이 발생하였으나 근로관계종료 등으로 이를 행사할 수 없어 휴가를 사용할 날이 없더라도 미사용수당청구권은 소멸되지 않는다"는 이유로 1년근로자에게 수당청구권을 인정하는 종래의 법리[4]를 부정하고 있다. 이러한 해석은 근로관계종료후에 근로가 예정되지 않아

---

6) 근기 68207-1666, 2000.5.31. ↘ 339쪽

1) 대판 1971.12.28, 71다1713 ; 대판 2005.5.27, 2003다48556 ; 대판 2017.1.15, 2014다232296 · 232302.

2) 대판 2018.6.28, 2016다48297. 정년도달일전날이 특별휴가기간. 정년이 미뤄지지 않음. 1년미만으로 휴가 및 금전보상 청구권 미발생.

3) 대판 2021.10.14, 2021다227100 ; 대판 2022.9.9, 2022다245419.

4) 〈관련 판결〉 헌재 2015.5.28, 2013헌마619 ; 헌재 2020.9.24, 2017헌바433 ; 대판 1996.11.22, 95다36695 ; 대판 2000.12.22, 99다10806 ; 대판 2005.5.27, 2003다48549 · 48556 ; 임금근로시간정책팀-2820, 2006.9.21 ; 정년이 12월31일이라면 대상기간이 1년미만이므로 그 해에 해당하는 미사용수당은 발생하지 않음. 기간제의 경우 12월31일까지 1년의 기간이라면 미사용수당 발생(임금근로시간정책팀-343, 2008.2.5 / 근로개선정책과-1115, 2013.2.12 / 근로기준과-527, 2011.1.31) ; 고용노동부 행정지침, "만1년 근로자의 연차휴가에 대한 검토", 2021.4.14. 1년근로근로자에게는 기간제근로일지라도 연단위연차휴가를 포함하면 최대 26일의 휴가가 발생.

도 주휴수당이 발생한다는 해석(같은장, 같은절 2·라,(2),①,㈐)과 비교된다.[1)]

이 판례법리를 따르면 1년에서 1일만 더 근무해도 수당을 모두 지급받는데 1년만 근로하면 전혀 지급받지 못하여 평등원칙에 위배되고, 1년근로후에 휴가를 갈 수 있는 날에 해당하는 날만큼 수당청구권이 발생한다는 법리[2)]가 더 합리적이라는 지적이 있을 수 있다.

'1년을 초과하여 다음 날에 근로를 제공하는지'를 판단함에 있어, 정년퇴직자·기간제근로자 등에게 말일에 부여한 특별유급휴가·위로휴가일을 포함할 것인지는 근로계약의 내용에 따라 판단되어야 한다. 그 내용이 근로한 것으로 보거나 근무일수에 포함되거나, 임금을 지급한 것으로 볼 수 있다면 퇴직일에도 불구하고 계속근로기간이 늘어날 수 있다.[3)]

㈐ 월단위연차휴가

'1년미만근로에 대한 월단위연차유급휴가'를 '최초의 1년근로가 끝날 때까지' 사용하지 못하고 뒤에서 설명하는 수당청구요건을 충족하면 미사용수당청구권이 발생한다.

1년이상근로자로서 80%미만출근자의 경우에는 '1개월 개근'의 판단과 관련하여 행정해석처럼 전년도기준적용방법에 따르면 연단위연차유급휴가에 준하여 해석된다(같은장, 같은절 3·다,(1),②). 따라서 전년도기준적용방법을 적용하면 1년만 근로하고 퇴직하는 경우에는 휴가청구권과 미사용수당청구권이 발생하지 않게 된다.

해당년도기준적용방법에 따르면 해당년도에 월단위로 발생한 연차휴가에 대해, 1년미만근로와 같은 특별규정이 없으므로, 연단위연차휴가법리에 따라 미사용수당청구권이 발생할 것이다. 이 경우에는 1년만 근로하고 퇴직해도 마찬가지이다.

㈏ **근 거**

연차유급휴가미사용수당으로서의 금전보상을 취업규칙에 규정해도 연차유급휴

---

1) 주휴일은 확정된 날로 발생하고 연차유급휴가는 근로자의 시기지정에 의해 발생하는데서 오는 차이이다.

2) 〈폐기된 과거의 행정해석〉 연차휴가사용이 가능한 일수에 상관없이 수당을 지급해야 한다는 취지의 판결(대판 2005.5.27, 2003다48549·48556)에 따라 2006.9에 입장 변경.

3) 근로기준과-1388, 2009.5.14. 정년퇴직자위로휴가기간에 대해서는 규정내용에 따라 판단되어야 하나 '근무일수에 산입한다'라고만 되어 있다면 계속근로기간산정에는 포함되나 특별한사유에 따른 근로제공의무정지기간으로서 소정근로일수계산에서 제외되므로 이 기간을 제외한 기간을 대상으로 출근율을 계산하고 비례원칙이 적용됨(이 부분은 앞의 대법원판결과 견해를 달리 하는 것으로 보임) ; 〈반대사례〉 대판 2018.6.28, 2016다48297. 원심(정년과 관련하여 61세되는 해의 12월말일이 특별유급휴가기간이어서 실퇴직일은 다음해 1월1일인 사례에 대해 연차유급미사용수당발생으로 판단)파기. 특별유급휴가기간에도 불구하고 정년도달로 근로기간이 1년이 되지 않아 연차휴가미발생.

가사용권을 제한하지 않는 한 무효라고 단정할 수는 없으며,[1] 사전매수가 아니고 그 보상수준이 근기법의 취지를 고려할 때에 적정기준을 밑돌지 않으면 효력이 있다. ILO협약(제52호, 제132호로 개정)은 고용종료로 인해 연차유급휴가를 사용하지 못하는 경우에 유급휴가에 갈음하는 보상을 하도록 규정하고 있다.

㈐ **지 급**

㉮ **원 칙**

연차유급휴가미사용수당은 '사용하지 못한 휴가일수'[2]에 대하여, 통상임금을 기초로 산정되며,[3] 가산수당을 지급할 사용자의 법적의무는 없다.[4] 1년간의 출근률에 따라 발생하는 연차유급휴가가 근로관계가 종료될 때에 수당으로 지급될 경우, 취업규칙 등에 달리 정하고 있지 않다면 1년을 초과하는 잔여기간의 출근에 대한 연차유급휴가는 발생하지 않는다.[5]

㉯ **비례지급**

근로시간이 짧거나 근로일이 적은 근로에 대해서는 연차유급휴가미사용수당이 비례로 적용될 수 있다. 출근율계산에 있어 소정근로일에서 제외되는 날이 있으면 연차유급휴가미사용수당도 비례로 지급된다(제3장, 제3절 2·다,(1),②), 단시간근로에 대해서도 연차유급휴가미사용수당이 비례로 지급된다(제3장, 제3절 2·다,(1),②). 감시·단속적근로의 연차유급휴가미사용수당도 비례계산이 적용되나 비례기준은 하루의 소정임금 또는 1일소정근로시간을 1주40시간에 비례한 계산으로 산정하기보다는 근무주기를 기준으로 하여, 해당주기의 근로시간합계를 해당주기의 일수로 나누는 것'[6]이 제도의 취지에 부합한다고 설명하는 행정해석[7]이 발견된다.

㈑ **발생사유**

연차유급휴가미사용수당의 발생사유는 휴가를 사용치 않은 경우와 근로자에게

---

1) 대판 1991.1.15, 90다카25734.

2) 대판 2005.5.27, 2003다48549 ; 대판 2000.12.22, 99다10806 ; 대판 1996.11.12, 95다36695 ; 「연차연급휴가청구권·수당·미사용수당관련지침」, 임금근로시간정책팀-3295, 2007.11.5. 휴가사용가능일수로 본 행정해석 폐지.

3) 대판 2018.10.26, 2018다239110.

4) 대판 1990.12.26, 90다카12493 ; 대판 1991.6.28, 90다카14758. 〈논리〉 주휴일제도나 시간외근로제한제도와 다른 취지, 법조문도 휴일과 휴가를 명백히 구분, 가산임금규정에 휴가를 미거론.

5) 〈사례〉 근로개선정책과-3360, 2014.6.13 ; 근로개선정책과-1727, 2014.3.20.

6) 주단위근무는 1주근로시간합계÷7일, 격일제(24시간 격일제 포함)는 '근무일의 근로시간 합계÷2일', 「2일 근무, 1일 휴무」는 '2일근무일의 근로시간 합계÷3일' 등.

7) 임금근로시간정책팀-2820, 2022.5.4 ; 「연차연급휴가청구권·수당·미사용수당과 관련된 지침」, 임금근로시간정책팀-2820, 2006.9.21 제정, 임금근로시간정책팀-3295, 2007.11.5 개정. '근로시간 등의 적용제외승인'을 얻어 합법성이 인정되는 격일제근로에 있어, 연차유급휴가미사용수당 지급을 위한 하루의 소정임금은 근무일의 반에 해당하는 근로시간분의 임금이다.

유리하게 합의한 경우로 나뉠 수 있다.

휴가 미사용	ⓐ 적법한 사용촉진조치가 행사되지 않은 상태에서, 근로자가 1년간 청구권을 행사하지 않고 금전대체 희망 ⓑ 사용자귀책으로 청구권이 1년간 행사되지 못한 후, 근로자의 금전대체 희망 ⓒ 퇴직·해고 등 근로관계종료로 청구권 소멸[1] ⓓ 업무상재해로 1년이내에 연차휴가 사용곤란[2]
유리한 합의	ⓐ 법정일수를 초과하여 부여되는 연차휴가 ⓑ 회계년도 기준으로 산정한 휴가일수가 입사시점을 기준으로 산정한 휴가일수에 미달한 경우 그 차액분[3]

(마) **산정기준시점**

연차유급휴가미사용수당은 휴가청구권이 있는 마지막달의 임금지급일에 지급될 임금을 기준으로 산정한다.[4]

(바) **지급시기와 위반효과**

연차유급휴가미사용수당청구권은 휴가청구권이 소멸된 날의 다음날에 발생한다.[5] 해당수당은 그 날에 지급되어야 하며, 그 전에 지급되는 것은 부당하다는 해석[6]이 발견된다. 이월휴가의 경우에는 그 청구권이 소멸된 직후에 발생한다.[7] 연차유급휴가미사용수당의 전액을 지급기일에 지급하지 않으면 근기법상 임금미지급죄가 성립한다.[8] 임금지급일전에 퇴직한다면 '금품청산법리(제11장 제3절,2)'에 따른다.

(사) **소멸시효**

연차유급휴가미사용수당청구권의 소멸시효는 '휴가의 불실시가 확정된 다음

---

1) 대판 2005.5.27, 2003다48556 ; 대판 2017.5.17, 2014다232296, 2014다232302. 근로관계존속을 전제로 하는 휴가청구권은 소멸되나, 그렇지 않은 임금청구권은 존속 ; 근로개선정책과-2379, 2012.4.25. 연차유급휴가 사용촉진시기 도래와 상관없이 미사용연차휴가일수에 해당하는 수당 지급 ; 대판 2021.10.14, 2021다227100. 1년 경과후 다음 날 근로관계가 유지되면 발생.

2) 대판 2017.5.17, 2014다232296, 2014다232302. 해당수당 청구를 제한하는 내용의 단협이나 취업규칙은 근기법에 미달하는 근로조건을 정한 것으로서 무효 ; 〈반대해석〉 임금근로시간정책팀-3228, 2007.10.25.

3) 근로개선정책과-5352, 2011.12.19.

4) 근기 01254-3999, 1990.3.19.

5) 대판 1995.6.30, 94다47155 ; 근기 68207-988, 2003.8.7 ; 〈사례〉 근로기준과-834, 2010.9.13. 3년간 적치된 연차유급휴가미사용수당을 퇴직시 지급'하기로 한 노사합의는 무효.

6) 근로개선정책과-3360, 2014.6.13. 청구권발생시기에 미리 지급하는 것은 이후 임금인상 등으로 연차유급휴가 청구권이 소멸된 날의 다음날을 기준으로 산정한 수당과 차액이 발생하거나 휴가청구권이 제한될 우려 등이 있기에 근기법기준보다 상회하는 것으로 보기는 어렵다.

7) 근기 68207-687, 1999.11.22.

8) 대판 2017.7.11, 2013도7896. 입법취지 등에 비추어 보면, 연차휴가미사용수당이 매월 일정한 날짜에 정기적으로 지급되는 임금은 아니어서 근기법 제43조제2항이 곧 바로 적용될 수는 없더라도, 전액을 지급기일에 지급하지 않으면 근기법 제109조제1항, 제43조제1항 위반죄는 성립한다.

날' 즉 휴가사용권이 소멸한 다음날로부터 3년이다(근기법 §49).[1]

(아) **관련수당과 평균임금 계산**(제5장 제2절, 2·다)

3·사. 연차휴가사용촉진

(1) 의 의

사용자가 연차유급휴가사용을 촉진하기 위하여 소정의 조치를 하였음에도 불구하고 근로자가 휴가를 사용하지 않아 소멸된 경우, 사용자는 그 사용하지 않은 휴가에 대하여 보상할 의무가 없고 '사용자의 귀책사유(근기법 §60⑦단서)'에 해당되지 않는다(근기법 §61). 이 경우 근로자의 휴가청구권이 바로 소멸된다.

연차유급휴가사용촉진제도는, 연차유급휴가미사용수당이 휴가제도가 본래의 취지를 살리지 못하고 금전보상의 수단으로 이용되게 하는 문제점을 해결하기 위해 2003년에 신설되었다. 2012년에는 휴가사용촉진조치기간이 확대되었으며, 2020년에 월단위연차휴가까지로 적용범위가 넓어졌다.

휴가사용촉진조치는 사용자의 의무사항이 아니고 권한에 속하는 사항이다. 따라서 조치를 취하지 않으면 이 제도의 혜택이 사용자에게 주어지지 않는다.[2]

(2) 촉진조치 요건

휴가사용촉진조치는 사업장의 전체 또는 일부에 적용될 수 있으며, 근로자의 동의가 필요하지 않다.[3]

(3) 촉진조치 대상

휴가사용촉진조치의 대상은 가산휴가(근기법 §60④)를 포함한 근기법상 모든 연단위 및 월단위 연차유급휴가이다(근기법 §61). 다만 근로관계종료, 업무상재해, '법정일수를 초과한 경우' 등 연차유급휴가미사용수당자동발생요건에 해당되는 연차휴가(같은장, 같은절 3·바, (2), ②, (다))는 촉진조치대상이 아니다.

(4) 촉진조치 내용

① **1년이상근로**(근기법 §61①)

(가) **촉진조치 시행방법**

1년이상근로에 대한 '월단위 및 연단위의 연차유급휴가의 사용촉진조치는 두

---

1) 대판 2023.11.16, 2022다231403·231410. '휴가사용권이 소멸한 때'를 기산점으로 보는 견해(근기 01254-6801, 1987.4.28 ; 대판 1995.6.29, 94다18553 ; 대판 1995.6.30, 94다54559 등)들 배척했다.

2) 근기-161, 2004.1.7.

3) 근기-407, 2004.1.26.

단계로 나뉜다. 첫째, 휴가청구권이 발생한지 1년이 지나기 6개월전을 기준으로 하여 10일이내에 사용자가 근로자별로 사용하지 않은 휴가일수를 알려주고, 근로자가 사용시기를 정하여 사용자에게 통보하도록 서면으로 촉구해야 한다. 둘째, 근로자가 촉구를 받은 때부터 10일이내에 사용하지 않은 휴가의 전부 또는 일부[1]의 사용시기를 정해 사용자에게 통보하지 않으면 휴가청구권이 발생한지 1년이 지나기 2월전까지 사용자가 사용시기를 정해 근로자에게 서면으로 통보해야 한다. 적법한 전자문서(제3장,제1절 2·라,(2),④,(나))에 의한 통보도 인정된다. '회사내 E-mail 통보'나 '사내게시판게재'는 서면통보로 인정되지 않는다.[2]

(나) **촉진조치 시행시기**

1년이상근로에 대한 연차유급휴가는 발생한 때로부터 1년간 사용할 수 있으므로 "연차유급휴가사용기간만료일 6개월전을 기준으로 10일이내에"란 연차유급휴가청구권이 발생하여 1년이 되는 날을 기준으로 6개월전부터 10일간을 의미한다. 사용자는 휴가사용촉진조치시기전에라도 연차유급휴가에 대한 사용계획을 받아 휴가의 사용을 적극적으로 권고할 수 있으나, 이러한 조치가 휴가사용촉진조치(근기법 §61)는 아니므로 금전보상의무면제 등 그에 따른 법적효과는 없다.

촉진조치에 따라 근로자가 사용시기를 지정하거나 근로자가 지정하지 않아 사용자가 사용시기를 지정한 경우, 근로자는 지정된 시기에 휴가를 사용해야 하나 사용자승인이 있으면 변경할 수 있다. 사용자도 지정된 시기에 휴가를 사용할 수 있도록 해야 하나 사업운영에 막대한 지장이 있으면 시기변경권을 행사할 수 있다. 근로자가 시기변경에 동의하면 사용자가 변경한 날짜에 휴가를 가야 하고, 동의하지 않으면 시기변경권행사일로부터 1년간 휴가청구권이 이월된다.

② **1년미만근로**(근기법 §61②)

1년미만근로에 대한 월단위연차유급휴가의 사용촉진조치도 두 단계로 나뉜다. 첫째, 최초1년의 근로기간이 끝나기 3개월전을 기준으로 10일이내에 사용자는 근로자별로 사용하지 않은 휴가일수를 알려주고 그 사용시기를 통보토록 서면으로 촉구해야 한다. 다만, 사용자가 서면촉구한 후에 발생한 휴가에 대해서는 최초1년의 근로기간이 끝나기 1개월전을 기준으로 5일이내에 촉구해야 한다. 둘째,

---

1) 근로자가 사용하지 않은 휴가 중 일부에 대해 통보하면, 사용자는 나머지 일수에 대해 후속촉진조치를 취해야 하는 것으로 해석(근로조건지도과-2400, 2008.12.31)된다.

2) 근기-3836, 2004.7.27 ; 근로자가 메일을 확인하지 않을 수 있으므로 개인별로 서면통보에 비해 도달여부확인이 불명확하여 인정 곤란(근로개선정책과-6488, 2013,11,1 ; 근로개선정책과-4271, 2012.8.22).

근로자가 촉구를 받은 때부터 10일이내에 사용하지 않은 휴가의 전부 또는 일부의 사용시기를 정하여 사용자에게 통보하지 않으면 최초1년의 근로기간이 끝나기 1개월전까지 사용자가 해당휴가의 사용시기를 정하여 근로자에게 서면으로 통보해야 한다. 다만, 첫째 단계의 단서에 따라 촉구한 휴가에 대해서는 최초1년의 근로기간이 끝나기 10일전까지 서면으로 통보해야 한다.

(5) 촉진조치 효과

① 효 력

㈎ 수당지급의무 면제

휴가사용촉진조치에도 불구하고, 근로자가 자신의 귀책사유로 휴가를 사용하지 않으면 휴가청구권은 소멸하며, 사용자는 연차유급휴가미사용수당을 지급하지 않을 수 있다. 지정된 휴가일에 근로자가 출근한 경우, 사용자는 노무수령거부의사를 명확히 표시해야 한다.[1] 명확한 노무수령거부의사에도 불구하고 근로를 제공한 근로자에게는 연차유급휴가미사용수당을 지급할 의무가 없다.[2]

휴가사용촉진조치를 취하지 않는 상태에서 근로자가 연차유급휴가를 사용하지 않으면 연차유급휴가가 1년간 이월되거나 미사용수당청구권[3]이 발생할 수 있다.

㈏ 기간제근로

기간제근로자의 경우에도 적법한 절차에 따라 사용촉진조치가 취해지면 사용자의 미사용수당지급의무는 면제된다.[4] 휴가지정일이라 함은 휴가청구권이 발생한지 1년이 지나기 2월전까지 취할 조치에 따른 휴가지정일을 의미한다.

② 한 계

단체협약에 규정되지 못했다는 이유로 휴가사용촉진조치에도 불구하고 휴가미사용수당지급의무를 인정한 판결[5]이 발견된다. 단체협약으로 연차유급휴가의 사용강요금지와 미사용연차유급휴가에 대한 금전보상을 규정하고 있으면 휴가사용촉진조치를 하더라도 미사용휴가일수에 대해 단체협약에 규정된 수당을 지급해야 한다.[6]

---

1) 대판 2020.2.27, 2019다279283. 노무수령거부의 의사표시를 명확히 하지 않으면 수당지급.
2) 임금근로시간정책팀-285, 2005.10.21. 거부의 의사표시가 없으면 휴가일근로를 승낙한 것으로 간주.
3) 근기-161, 2004.1.7.
4) 근로개선정책과-4885, 2014.9.2.
5) 대판 2015.10.29, 2012다71138. 〈근거〉 휴가사용촉진조치가 근로자에게만 유리하지는 않다면서, 노조거부로 도입되지 못하였고, 이 제도가 반영되지 않은 단협이 근기법의 기준에 미달하는 것이 아님.
6) 근기 68207-1408, 2003.10.30.

3·아. 휴가사용조정

(1) 휴가 · 휴일과 중복 · 조정

① 휴일과 중복

근로자가 유급휴일을 중간에 끼고 휴일전과 휴일후로 나누어 연차유급휴가를 청구하였을 경우, 연차유급휴가가 근로자가 청구한 시기에 부여된다는 점과 일일이 나누어 휴가를 신청해야 하는 번거로움 등을 생각할 때, 휴일을 제외한 기간을 연차유급휴가로 보아야 한다.[1] 다만, 무급휴일을 끼고 연차유급휴가를 신청한 경우에는 그 휴일을 포함한 기간이 연차유급휴가이며, 이러한 해석은 유급경조휴가에 있어서도 마찬가지이다.[2] 병가기간중에 포함된 유급주휴일에 대해 별도규정이나 관행이 없다면 사용자가 임금을 지급할 의무는 없다.[3]

② 휴가와 조정

약정휴일 · 휴가와 연차휴가조정은 당사자약정에 따른다. 단체협약 · 취업규칙 등에 약정휴가를 유급으로 명시하더라도, 연차유급휴가에서 해당일수를 공제할 수 없다.[4] 병가에 앞서 연차휴가를 먼저 사용하게 하는 것은 위법으로 단정키 어려우나, 다음해 발생할 연차휴가를 먼저 사용토록 할 수는 없다.[5]

(2) 연차유급휴가 대체

① 법적근거

사용자는 근로자대표와의 서면합의에 따라 연차유급휴가일(근기법 §60)에 갈음하여 특정한 근로일에 근로자를 휴무시킬 수 있다(근기법 §62).

② 서면합의

연차유급휴가대체제도를 도입하려면 사용자(제1장 제4절, 2·나)와 근로자대표(제2장, 제1절 2·다, (2), ①, ㈐)가 서면합의서(제2장, 제1절 2·다, (4), ①, ㈎)를 작성하여 서명 또는 날인을 해야 한다.[6] 서면합의서류는 3년간 보존되어야 한다. 근로자대표가 없다는 사정만으로 서면합의없이 연차휴가대체제도를 도입할 수 없다.[7] 취업규칙을 정당하게 변경하여 유급휴가대체를

---

1) 근기 1455-8076, 1970.8.26 ; 근로조건지도과-2127, 2008.12.17.
2) 근기 01254-3483, 1988.3.8.
3) 근로개선정책과-2759, 2013.5.8.
4) 근로개선정책과-6707, 2012.12.6.
5) 근로개선정책과-4027, 2014.7.18.
6) 〈사례〉 근로기준정책과-2694, 2015.6.23. 연차휴가대체제도의 도입 없이 근로계약을 체결하면서 공휴일 중 약정휴일이 아닌 공휴일 등 특정일에 연차휴가를 사용하는 것으로 규정하는 것은 인정되지 않는다.
7) 대판 2011.7.14, 2011다23149. 연월차유급휴가를 토요일 휴무로 대체하려는 사건.

규정하면 별도의 서면합의없이 대체제도를 운영할 수 있다고 해석[1]된다. 이 제도를 도입함에 있어 행정관청에 신고할 필요는 없으나 노·사마찰이나 근로감독 근거제공 등을 위해 합의서와 함께 근로자대표선발방법 등의 서류를 보관·비치하여야 한다. 근로자대표와의 서면합의에 대신하여 근로자과반수의 개별서명을 받는 것은 인정되지 않는다는 해석[2]이 발견된다. 그러나 연차유급휴가대체를 취업규칙에 신설하거나 변경할 수 있으며, 이 경우 취업규칙변경법리에 위배되지 않으면 효력이 있다고 보아야 할 것이다. 따라서 관련해석에 찬성할 수 없다.

③ 대체방법

서면합의를 할 때에는 휴가에 대체할 날이 특정되어야 한다.[3] 대체일은 '특정한 근로일' 즉, 근로의무가 있는 소정근로일[4]이 된다. 대체휴가일을 근로일로 한정한 취지와 휴일의 의의를 고려하면, 휴일을 대체휴가일로 정할 수 없으며,[5] 무급휴일의 경우에도 휴가사전매수의 우려가 있으므로 마찬가지이다.[6] 사용자에게 대체일을 특정할 권한을 명시적으로 인정하면 별도의 서면합의를 다시 할 필요없이 사용자가 그 날을 정할 수 있으나, 그러한 권한을 준 것이 아니라면 다시 서면합의로 특정일을 정할 수 있다.[7] 너무 많은 일수를 유급휴가일로 대체토록 하는 것은 근로자가 필요한 날에 유급휴가를 사용할 수 없게 되는 결과를 초래할 우려가 상당하여 연차유급휴가제도의 취지에 반하므로 바람직하지 않다는 해석[8]이 있으나 서면합의가 있는 한 이를 위법으로 보기는 어렵다.

연차유급휴가대체는 사용자가 근로자대표와의 서면합의에 따라 특정한 근로일을 휴무로 대체하는 것이므로 반대하는 근로자에게도 적용된다.

④ 활용분야

명절전후나 '휴일과 휴일 사이의 근무일'을 휴일로 하거나, 동계휴가·하계휴가처럼 집단적휴가를 부여하거나, 특정일을 기념하기 위해 집단적으로 휴식할 때에 이 제도를 활용할 수 있다. 이 제도를 활용하여 근로일 또는 무급휴일[9]로

---

1) 근기 68207-1585, 2000.5.24.
2) 근로조건지도과-1167 ; 근로기준정책과-996, 2012.1.31. 2008.4.29.
3) 근로기준과-5454, 2004.10.12.
4) 임금근로시간정책팀-3295, 2007.11.5, 「연차유급휴가청구권·수당·미사용수당과 관련된 지침」.
5) 대판 2018.10.26, 2018다239110.
6) 임금근로시간정책팀-3295, 2007.11.5, 임금근로시간과-2861, 2021.12.15. 임금근로시간과-179, 2023.1.25. 반대취지의 핵석(법무 811-3919, 1980.2.18) 폐지.
7) 〈사례〉 근기-5454, 2004.10.12. '연차유급휴가일에 갈음하여 특정근로일을 휴일'로 하는 원칙만 규정 ; 근로개선정책과-3099, 2011.9.19. 대체휴일을 '사용자와 근로자대표 합의에 의해서 수시로 정하는 날'로 규정.
8) 임금근로시간정책팀-2425, 2006.8.25.

정해진 공휴일을 유급휴일로 하는 것도 가능하다.[1] 생일・결혼기념일 등 개인별로 특별히 휴식을 부여할 때에도 이 제도를 활용할 수도 있으나, 근로자가 자신의 연차유급휴가를 사용토록 하는 것이 자연스러워 보인다. 연차유급휴가 대체의 방법에 대해서는 따로 규정되어 있지 않으므로, 사업장 전부 또는 일부에게 적용할 수 있으며, 동일한 사업장내에서도 부서별로 적용할 수도 있다.

⑤ 잔여휴가 사용

연차유급휴가일수는 개별근로자의 소정근로일개근여부, 근속연수 등에 따라 다르다. 따라서 개별근로자는 자신의 전체 연차유급휴가일수에서 대체되어 사용한 휴가일수를 빼고 남은 휴가일수를 본인이 희망하는 시기에 신청할 수 있다.

⑥ 부족휴가 처리

1년미만근속자나 '1년간 80%미만 출근근로자'의 휴가일수가 대체휴무일보다 적은 경우가 발생할 수 있다. 이 경우 대체휴무일이 결혼기념일, 생일처럼 개별휴식이라면 이를 적용치 않거나 무급으로 부여할 수 있다. 대체휴무일이 집단휴식이어서 해당자가 근로를 할 수 없는 상황이라면 적용에서 제외하기 어렵다. 대체된 휴무일보다 적은 부분을 무급으로 처리하도록 제도를 설계할 수 있다.

3·자. 연차유급휴가제도 준수와 위반

(1) 불리처우금지

연차유급휴가의 사용을 이유로 상여금・정근수당・개근수당 등의 산정을 불리하게 하는 것은, 예컨대 출근할 때만 지급하는 통근수당처럼 실비변상적금품이 아닌 한, 법 정신에 반하고 불리함의 정도에 따라서는 민법상 공서양속에 위반되어 무효로 될 수 있다. 개인택시면허를 위한 경력인정[2] 등 근로자가 권리를 행사함에 있어 연차휴가사용을 이유로 불리한 처우를 하면 안된다.

(2) 위반 효과

연차유급휴가 관련조항(근기법 §60 ①②④⑤)을 위반하면 2년이하징역 또는 2천만원이하벌금에 처해질 수 있다(근기법 §110 i). 휴가를 가도 당연히 지급되어야 할 연차휴가수당을 지급치 않으면 연차유급휴가부여(근기법 §60)위반으로 해석[3]된다. 휴가를 사용치 않은

---

9) 법조문에 "특정한 근로일"이라고 표현되어 있어 무급휴일은 해당되지 않는다는 의견이 있을 수 있으나 임금이 지급되지 않는 무급휴일에 임금을 받고 연・월차휴가일을 사용한 것으로 본다는 합의는 인정. ↘ 348쪽

1) 법무 811-14175, 1979.6.20 ; 1997.3.13. 제정근기법전에 근로자의 개별동의를 전제로 허용.

2) 대판 1996.6.11, 95누6649. 연차유급휴가기간 등은「개인택시운송사업지침」소정의 운전경력에 포함.

3) 근기 01254-1869, 1992.11.27.

데 대한 보상인 연차휴가미사용수당을 지급치 않으면 임금미지급(근기법 §43)이다.

포괄임금약정을 통해 연차유급휴가미사용수당을 선지급하더라도, 그 적법성은 별론으로 하고, 통상임금이 상승하여 차액이 발생하면 연차유급휴가청구권이 소멸일의 다음날기준으로 산정한 연차유급휴가미사용수당과의 차액이 추가로 지급되어야 한다.[1] 연차유급휴가미사용수당이 미리 지급되었더라도 휴가청구권 자체가 없어지는 것은 아니므로 사용자는 근로자의 휴가청구를 거부할 수 없다.[2]

4. 보상휴가제

4·가. 의 의

사용자는 근로자대표와의 서면합의에 따라 '연장근로 · 야간근로 · 휴일근로에 대한 임금 및 가산임금'(근기법§56 §51의3,§52② ii)을 갈음하여 휴가를 줄 수 있다(근기법§57 보상휴가제). 보상휴가제의 취지는 당사자로 하여금 임금과 휴가에 대한 선택의 폭을 넓혀주고 실근로시간단축에 기여하기 위함이다. 국제적으로는 우리의 제도보다 구체적이고 복잡하게 설계된 근로시간저축휴가제를 단체협약으로 시행하는 예가 발견된다.[3]

4·나. 도입요건

보상휴가제를 도입하기 위해서는 근로자대표(제2장,제1절 2·다,(2),①,(다))와의 서면합의(제2장,제1절 2·다,(4),①,(가))가 있어야 한다. 근기법은 노 · 사가 서면합의로 보상휴가제를 도입할 수 있는 근거만 있으므로 세부사항은 노 · 사가 자율적으로 서면합의에 반영할 수 있다.

첫째, 부여방식과 관련하여 근로자의 청구에 의할 것인지 아니면 사용자가 일방적으로 지정할 것인지, 전근로자에게 일률적으로 적용할 것인지 아니면 희망하는 근로자에 한하여 적용할 것인지가 합의대상이다.

둘째, 휴가청구권과 임금청구권을 선택적으로 인정할 것인지, 임금청구권을 배제하고 휴가청구권만 인정할 것인지 등도 합의대상이다.

셋째, 어느 정도의 기간동안 연장 · 야간 · 휴일근로시간을 적치하여 언제까지 휴가로 사용할 수 있는지도 합의대상이다.

넷째, 보상휴가대상을 연장 · 야간 · 휴일근로에 대한 가산임금을 포함한 전체

---

1) 근로개선정책과-3077, 2012.6.13.

2) 임금근로시간정책팀-3444, 2007.11.22.

3) 〈독일의 예〉 단협으로 근로시간계정(Arbeitszeitkonto) 시행. 근로시간계정(선근로후휴가, 근로자의 시기지정권과 사용자의 시기변경권, 비사용시 금전보상 등 자세히 설계)에 초과근로 · 휴일 · 휴가 · 성과급 등을 적립하고(credit) 그 시간을 사용(debit)하여 휴가를 연간단위로 사용하거나 장기적으로 장기로는 장기휴가(안식년 · 능력개발), 유급조기퇴직, 고령근로시간단축 등에 활용.

임금으로 할지 가산임금만으로 할지 등도 합의대상이다.

개별근로자가 서면합의내용에 반하여 가산임금지급을 청구하더라도 사용자는 이에 응할 의무가 없으며, 위법(근기법 §56) 문제도 발생하지 않는다.

4·다. 보상휴가부여 대상 및 기준

보상휴가제의 대상(근기법§56 §51의3,§52②ii)은, 연장·휴일의 임금·가산임금, 야간근로가산임금, '근로기간이 단위기간보다 짧은 탄력적근로시간제의 정산에 따른 임금 및 가산임금', '3개월이하단위정산 선택적근로시간제에 있어서의 1개월단위정산에 따른 임금 및 가산임금'에 해당하는 근로시간중에서, 서면합의로 정한 범위이다.

대상임금에 갈음하여 부여하는 휴가는 같은 가치를 가져야 한다.

법정가산율미만으로 환산된 보상휴가를 부여하는 합의는 근기법(§56, §57)취지에 어긋나므로 위법·부당하다.

연장·휴일·야간근로가 중복된 경우에는 각각의 가산임금을 포함하여 산정된 임금에 해당하는 휴가가 발생한다.

4·라. 휴가부여방법

보상휴가는 소정근로시간중에 부여되어야 한다. 소정근로시간이 아닌 시간에 부여되면 가산부분에 대해 다시 가산이 붙어 복리계산방법에 따라 보상휴가가 발생할 수 있기 때문이다. 보상휴가를 시간단위로 부여할지 이를 적치하여 "일" 단위로 부여할지는 노·사가 서면합의로 정할 수 있다. 보상휴가는 유급으로 부여되어야 한다. 1년간의 연장·야간·휴일 근로시간을 계산하여 다음년도에 보상휴가를 부여하고 그 다음년도에 금전으로 보상하는 노사합의도 유효하다.[1]

4·마. 휴가미사용과 임금지급

보상휴가제는 임금지급에 갈음하여 휴가를 부여하는 제도이다. 따라서 근로자가 휴가를 사용하지 않으면 해당임금이 지급되어야 한다.[2]

이 금품은 휴가를 사용하지 않은데 대한 보상으로 보아야 하며, 평균임금산정을 위한 기준임금에 포함되는 경우[3]도 있다. 보상휴가에 대하여는 연차유급휴가와 달리 사용자가 휴가사용촉진조치를 통해 임금지급의무를 면제받을 수 없다.

---

1) 근로기준과-779, 2005.2.14.

2) 근로기준과-6641, 2004.12.10. 보상휴가사용기간 내에 사용자의 귀책사유 없이 근로자가 사용하지 않은 보상휴가에 대해 임금지급의무가 없다는 취지의 합의는 효력이 없다.

3) 〈사례〉 근로개선정책과-370, 2014.1.24. 6개월단위로 보상휴가제를 정산하는 경우, 평균임금산정사유발생일 이전에 발생한 보상휴가미사용수당액의 3/6을 평균임금산정기준임금에 포함하는 것이 타당하다.

임금청구권은 '휴가를 사용할 수 없도록 확정된 날'의 다음날부터 행사할 수 있다. 따라서 '휴가를 사용할 수 없도록 확정된 날' 다음날부터 최초로 도래하는 임금정기지급일에 해당임금을 지급하지 않으면 위법(근기법 §56)이다.

'휴가를 사용할 수 없도록 확정된 날'은 노·사가 서면합의로 정한다. 휴가를 전부 사용하지 못하고 퇴직한 경우에는[1] 14일이내에 잔여휴가분에 대한 임금을 청산해야 한다.

연장근로전체를 보상휴가대상으로 한 경우와 가산부문만 대상으로 한 경우로 나누어 보상휴가산정방법을 설명하면 다음 표와 같다.

구 분	보상휴가제 미실시		보상휴가제 1 (연장근로 선체)		보상휴가제 2 (가산부분만 대상)	
	근로시간	임 금	근로시간	임 금	근로시간	임 금
1일 (연장근로 없는 날)	8시간	8시간분	8시간	8시간분	8시간	8시간분
2일 (연장근로 있는 날)	10시간	11시간분 * 연장 2시간분 할증 1시간분	10시간	8시간분 * 연장임금 전체 3시간분 미지급	10시간	10시간분 * 할증 1시간분 미지급
3일 (보상휴가사용일)	8시간	8시간분	5시간	8시간분 * 3시간분 보상휴가 (유급)	7시간	8시간분 * 1시간분 보상휴가 (유급)
계	26시간	27시간분	23시간	24시간분	25시간	26시간분

5. 약정휴가

경조휴가 등 약정휴가는 부여조건, 부여방법 등에 대해 당사자간의 정함에 따른다. 따라서 특단의 규정이나 합의가 없다면 휴가의 대체, 단체협약에 따른 소급적용[2] 등이 인정되지 않는다. 약정휴가는 결혼, 상례 등 특별한 목적이 있을 때 부여되므로 사용자의 시기변경권이 인정되지 않는 것이 원칙이다.[3] 다만, 특정목적이 있을 때 부여되더라도 사용자의 허락을 받도록 되어 있는 휴가라면 연차휴가처럼 근로자에게 시기지정권이 있다고 보기 어려우며 사용자의 시기변경권이 인정된다.[4] 미사용보상에 대해서는 당사자결정에 따른다.

---

1) 근로개선정책과-7212, 2013.11.26. 초과시간에 갈음한 휴가를 재직중에 적치·분할해 사용키로 하고 미사용휴가에 대해 퇴직할 때 수당을 지급하기로 합의했다면, 미사용수당발생시기는 퇴직시이고 채권시효도 퇴직일로부터 기산한다.
2) 근기 68207-1452, 1994.9.14.
3) 근기 68207-1452, 1994.9.14.
4) 서울고판 2010.3.18, 2009누20849. 심신단련휴가 관련.

제 5 장

임 금

제1절 임금의 의의

1. 임금관련 법제

1·가. 국 내

근로관계가 성립되면 근로자는 근로를 제공하고 사용자는 임금을 지급할 의무가 발생한다. 임금은 근로계약에 있어 주된 근로조건으로, 근로자의 생존 또는 생활과 직결되는 핵심적인 근로조건이다. 따라서 근기법을 포함한 개별적근로관계법은 임금에 대해 다양한 규정을 두고 있다.

첫째, 근기법은 임금에 관하여 별도의 정의규정을 두고 있다. 임금은 소득세법 등에서 말하는 근로소득[1]과는 다른 개념이다.

둘째, 근기법은 초과근로나 퇴직금을 비롯한 여러 법정근로조건에 대한 보상의 기초가 되는 법정기준임금에 대해 규정하고 있다. 평균임금, 통상임금과 함께 최저임금포함임금이 이에 해당된다.

셋째, 개별적근로관계법은 임금결정을 근로관계당사자의 결정에 맡기면서 최저임금제도와 도급근로자임금보장에 관한 규정을 두고 있다. 노동시장에서는 임금결정과 관련하여 연봉제, 임금피크제, 포괄임금약정관행 등이 활용되고 있다.

넷째, 근기법은 임금지급원칙, 금품청산제도, 임금채권우선변제, 전차금상계금지, 도급근로자임금, 휴업수당 등의 규정을 두고 있다.

1·나. 국 제

ILO의 제95호협약인 「임금보호협약」(*Protection of Wages Convention*, 1949)[2]은 임금의 개념, 적용범위, 법정화폐지급과 현물급여예외지급, 직접지급, 임금처분자유, 사업장내매점 등의 사용강제 금지, 임금공제요건과 제한, 압류 및 양도 제한, 파산시 우선채권 인정, 정기지급, 임금지급의 시기 및 장소, 임금구성항목 통지, 관련법령에 포함될 사항, 연차보고 등에 대해 규정하고 있다.

---

1) 대판 2018.9.13, 2017두56575. 지급형태나 명칭을 불문하고 성질상 근로제공과 대가관계에 있는 일체의 경제이익뿐만 아니라, 근로를 전제로 그와 밀접히 관련되어 근로조건의 내용을 이루는 급여도 포함된다.

2) 2024년9월 현재, 우리나라가 비준하지 않은 상태이다.

2. 임금의 정의

2·가. 의 의

(1) 법적근거

근기법(§2 ① v)은 임금을 “사용자가 근로의 대가로 근로자에게 임금, 봉급, 그 밖에 어떠한 명칭으로든지 지급하는 일체의 금품”이라고 정의하고 있다. 근기법의 임금개념은 국제기구의 그것과 비슷하다.[1] 임금의 정의가 근기법에서 활용되는 목적은 크게 2가지로 구분할 수 있다.

첫째, 임금은 평균임금·통상임금 및 최저임금 즉, 법정기준임금에 포함되는 임금의 산정기초가 된다. 근기법은 평균임금을 산정함에 있어 대상이 되는 임금을 “임금의 총액”이라고 명시하고 있는데 이는 근기법상 임금과 같은 의미이다. 통상임금이나 최저임금포함임금은 다른 기준을 부가해서 판단된다.

둘째, 임금은 임금지급원칙, 임금채권우선변제 등과 같은 임금지급을 보장하는 규정의 대상이 된다.

(2) 임금개념의 구성요소

법령·판례·행정해석 등이 임금의 개념을 판단함에 있어 사용하고 있는 기준을 망라하여 임금개념의 구성요소를 종합하면 다음과 같이 체계화될 수 있다.

<table>
<tr><td rowspan="11">근로대가성</td><td rowspan="3">형식적 구성요소</td><td colspan="3">명칭불문성</td></tr>
<tr><td rowspan="2">당사자성</td><td colspan="2">근로자성</td></tr>
<tr><td colspan="2">사용자성</td></tr>
<tr><td rowspan="8">실체적 구성요소</td><td rowspan="4">지급방법으로 본 근로대가성</td><td rowspan="2">지급의무성</td><td>은혜 · 호의성</td></tr>
<tr><td>일시 · 임시성</td></tr>
<tr><td colspan="2">지배관리성</td></tr>
<tr><td colspan="2">환가가능성</td></tr>
<tr><td rowspan="4">지급목적으로 본 근로대가성</td><td colspan="2">실비변상성</td></tr>
<tr><td colspan="2">사회보험성</td></tr>
<tr><td colspan="2">복리후생성</td></tr>
<tr><td colspan="2">성과급성</td></tr>
</table>

1) ILO협약 제95호(임금보호에관한협약, 1949) 제1조는 “본 협약에서 임금이라 함은 명칭 또는 계산방법의 여하를 불문하고 … 근로 또는 서비스에 대해 사용자가 지급하는 보수 또는 소득을 말한다”고 규정하고 있다. ILO협약 제100호(동일가치 근로에 대한 남녀근로자의 동등보수에 관한 협약, 1951) 제1조는 “본 협약에서 보수라 함은 현금 또는 현물을 불문하고 … 사용자가 근로자에게 지급하여야 할 … 통상·기본 또는 최저의 임금 또는 급료 및 추가적 수당을 포함한다”고 규정하고 있다.

2·나. 임금개념의 형식적 구성요소

(1) 명칭불문성

어떠한 금품이 임금에 해당하는지는 그 명칭과 관계없이 실질적내용으로 판단된다. 따라서 정보비, 복지후생비, 특별상여금, 특별생산격려금 등의 금품에 대해서도 명칭과 관계없이 다른 구성요소를 판단하여 임금으로 인정될 수도 있다.[1]

(2) 당사자성

임금은 사용자가 근로자에게 지급하는 금품이다. 금품을 주고받는 사람이 사용자와 근로자가 아닌 금품은, 명칭이 어떠하든, 임금성을 인정받지 못한다.

① 지급대상으로서의 근로자

지급상대가 근로자여야 임금성이 인정된다. 업무집행권을 가진 이사 등 임원에게 지급되는 보수,[2] 근로자성을 인정받지 못한 특수고용형태근로종사자에 지급되는 보수(제8장, 제3절 6·나, (2), ③), 순수한 훈련생에게 지급되는 금품[3] 등은 임금이 아니다.

② 지급주체로서의 사용자

㈎ 사용자 지급 긍정

근로자에게 지급되는 금품이 근기법상 임금으로 인정되려면 지급주체가 근기법상 사용자여야 한다.

㈏ 사용자 지급 부정

㉮ 고 객

손님이 근로자에게 지급하는 봉사료는 사용자가 관여하지 않는 한 임금으로 보지 않는 것이 원칙이다.[4] 사용자가 관리하면서 분배하거나,[5], 일정액으로 정하거나 사실상 일정액을 받도록 직·간접적으로 규제하는 봉사료는 임금으로 인정될 수 있다.[6]

---

1) 대판 1990.12.7, 90다카19647 ; 대판(전) 1999.5.12, 97다1580 ; 대판 2001.10.23, 2001다53950 ; 대판 2002.5.31, 2000다18127 ; 대판 2002.12.10, 2002다54615 ; 대판 2005.9.9, 2004다41217(**한국노동법학회, 『노동판례백선』 제2판**, 75쪽. 임금범위에 관한 다양한 요점을 담은 판결임) ; 대판 2003.2.11, 2002다50828 ; 대판 2011.3.10, 2010다77514 ; 대판 2011.7.14, 2011다23149 등.

2) 대판 1988.6.14, 87다카2268.

3) 대판 1977.10.1, 77도2507.

4) 김형배, 『노동법』, 제21판, 352쪽 ; 박상필, 『근로기준법강의』, 194쪽.

5) 김형배, 『노동법』, 제21판, 352쪽 ; 임종률, 『노동법』, 제11판, 386쪽 ; 근기 01254-20594, 1985.11.14 ; 법무 811-10180, 1980.4.28 ; 대판 1992.4.28, 91누8104.

6) 감독 32100-6182, 1991.5.2 ; 골프장 캐디와 관련하여 사용자가 제공한 시설을 이용하여 근로의 대가로 받는 이익은 임금으로 보는 행정해석(근기 1455-10992, 1973.4.30)이 있었는데 판례에 의해 배척되었다.

㈏ 노동조합

근로자가 노동조합으로부터 받는 돈은 임금성을 인정받지 못한다. 노동조합이 단체협약에 따라 사용자로부터 매월 기금형식으로 지급받은 돈을 조합원들에게 운전자보험금이라는 명목으로 분배한 금품은 임금이 아니다.[1]

2·다. 임금개념의 실질적 구성요소

(1) 실체적요소로서의 근로대가성

① 법적근거

근기법의 임금에 관한 정의규정에서 형식적구성요소인 명칭불문성과 당사자성을 제외하면 '근로의 대가'가 실체적구성요소로 남는다.

근기법은 "근로란 정신노동과 육체노동을 말한다(근기법 §2①iii)"고 규정하면서 근로의 대가에 대해 따로 규정하지 않고 해석에 맡기고 있다.

② 근로관계대가설와 근로대가설

㈎ 근로관계대가설

근기법상의 임금은 근로계약에 의한 임금을 말하며,[2] 근로계약을 매개로 맺어지는 근로관계의 대가이다. 이러한 이유로 임금의 정의에서 핵심요소가 되는 '근로의 대가'를 '근로관계대가'로 보는 견해가 일본에서 자리를 잡았다.[3] 임금을 '근로관계대가'로 보면 근로계약이 성립하여 근로관계를 유지함에 따라 받게 되는 금품은 모두 임금에 해당된다.[4]

㈏ 근로대가설

근기법은 임금의 개념과 관련하여 '근로관계의 대가'라는 표현을 쓰지 않고 '근로의 대가'라는 표현을 쓰고 있다. 금품청산규정(근기법 §36)은 근로대가성이 요구되는 임금과 그렇지 않은 보상금 및 '그 밖의 일체의 금품'을 대상으로 한다. 판례[5]도 근로자에게 지급되는 금품을 임금에 해당하는 금품과 그렇지 않은 기타금품으로 구분하면서 임금에 대해 '근로의 대가'라는 표현을 쓰고 있다. '근로의 대가'라 함은 '근로의 질이나 양과 관련이 있음을 말한다.

---

1) 대판 2002.7.23, 2000다29370.
2) 管野和夫, 『勞働法』 第七版補正二版, 192頁.
3) 片岡昇, "賞与の法的性格と賞与請求権の保護", 「法学論叢」(京都大学) 116巻1-6号, 京都大学法學會, 1985.3, 11頁. 임금은 노동관계의 대상이라는 것이 학계의 일치된 견해라고 설명하고 있다.
4) 일본에서는 '임금의 정의'가 임금지급 등 법정기준임금이 아닌 영역에서 주로 활용되고, 초과근로수당산정기준임금은 법령으로 특정임금을 배제하고 있기 때문에 근로관계대가설이 별문제없이 정착될 수 있었다.
5) 대판 2002.7.23, 2000다29370 등 대부분.

③ 근로대가성의 판단요소

근로대가성에 대해서는 금품의 지급형태, 지급방법, 지급목적을 고려하여 판단요소가 제시될 수 있다. 여러 판단요소는 배타성을 갖지 않으며, 하나의 금품이 복수요건에 해당될 수 있고, 개별사건에 대해 사실관계를 기초로 적용된다.

(2) 지급방법에 따른 근로대가성 판단

근로대가성의 요건은, 금품지급방법을 기초로 하여, 지급확정성 · 지배관리가능성 · 환가가능성으로 정리된다.

① 지급의무성[1)]

㈎ 개 념

임금으로 인정되려면 단체협약 · 취업규칙 · 근로계약 · 관행 · 사용자방침 등에 따라 사용자에게 지급의무가 지워져 있는 금품이어야 한다.[2)]

본인이나 자녀가 재학할 때만 지급되는 학자보조금에 대해 '예산범위에서 지급할 수 있다'는 규정은 지급의무성을 충족하지 못한다.[3)]

㈏ 은혜성 · 호의적인 금품

결혼축의금 · 조위금 · 상병위로금,[4)] 위문금품,[5)] 판매촉진특별포상금,[6)] QC활동공로금 · 회사창립일포상금 등[7)] 은혜적 · 의례적 · 호의적인 금품은 계속적이지 않고 일시적이어서 지급의무성을 갖추지 못해 임금성이 부인된다.

은혜적금품이라도 지급기준과 지급비율을 정하여 지급하도록 취업규칙 등에 규정되거나 관행화되어 있으면 임금으로 인정될 수 있다.[8)] 이러한 금품은 형식적으로는 은혜적 · 의례적 · 호의적이지만 일정한 조건을 정하여 일률적으로 계속해서 지급된다면 지급의무성이 있어 실질적으로는 근로의 대가라고 보여지기 때문이다.

---

1) 관련 해석이나 판결들이 지급확정성이라는 용어를 사용하는데, 통상임금과 관련하여 사용되는 사전확정성과 혼동이 될 수 있어 여기서는 지급의무성이라는 용어를 사용한다.

2) 대판 1990.12.7, 90다카19647 ; 대판(전) 1999.5.12, 97다1580 ; 대판 2002.5.31, 2000다18127 ; 대판 2005.9.9, 2004다41217 ; 대판 2011.3.10, 2010다77514 ; 대판 2011.7.14, 2011다231491 ; 임금 68207-288, 1994.5.10. 취업규칙 등에 정해 요건을 충족하면 매월 지급하는 무사고 포상금 관련.

3) 대판 1991.2.26, 90다15662.

4) 임종률, 『노동법』, 제11판, 386쪽.

5) 대판 1976.1.27, 74다1588.

6) 임금 68207-272, 2000.7.25.

7) 대판 1976.1.27, 74다1588.

8) 대판 2003.2.11, 2002재다388. 개인포상금 ; 대판 2006.2.23, 2005다54029. 선물비 ; 대판 2014.5.29, 2012다116871. 지엠대우사건 ; 대판 2019.5.10, 2015다56383. 단협에 명시된 선물비 · 생일자지원금.

(다) **임시적인 금품**

지급사유의 발생이 불확정적이거나, 개별근로자의 특수하고 우연한 사정에 따라 지급이 좌우되거나, 일시적으로 지급되면 지급의무성이 부정된다. 자세한 내용은 평균임금부분(같은장,제2절 2·다,(3),②,(가))에 소개되어 있다.

② **지배 · 관리 가능성**

근로자가 사용자의 수입을 관리하면, 사용자가 관리 또는 지배가 가능한 부분 중에서 근로자에게 지급되는 금품이어야 임금으로 인정받을 수 있다. 택시기사의 초과운송수입금(<참고> 최저임금포함임금판단 같은장,제3절,3·라,(4),①)에 대해 임금성을 긍정한 과거의 판결[1]이나 해석[2]이 발견되나,[3] 지배 · 관리가능성을 근거로 하는 최근의 부정적인 판결[4]이나 해석[5]이 타당해 보인다.[6]

③ **환가가능성**

현물로 지급되는 금품은 원칙적으로 임금이 아니지만 환가가 가능하면 임금성이 인정될 수 있다. 자세한 내용은 평균임금부분(같은장,제2절 2·다,(3).②,(나))에 소개되어 있다.

(3) 지급목적에 따른 근로대가성 판단

① **의 의**

근로자에게 지급되는 금품이 어떠한 목적으로 지급되고 어떠한 성격을 갖는지에 따라 임금해당여부가 달라질 수 있다. 판례나 해석을 중심으로 보면 실비변상성, 손해 · 사회보장성, 복리후생성, 성과급성 등이 그렇다.

② **실비변상성**

(가) **사용자부담 업무수행비용의 보상적 성격**

사용자가 업무수행을 위해 부담하는 시설이나 비용을 보상하는 성격을 가진 실비변상금품은 경영활동을 함에 있어 사용자가 부담해야 할 경영비용으로서 근

---

1) 대판 1988.3.22, 87다카570 ; 대판 1993.12.24, 91다36192 ; 대판 2000.4.25, 98두15269. 산재평균임금 ; 대판 2002.3.26, 2000두9496. 산재평균임금 ; 대판 2019.7.25, 2016두42289. 고보법상 구직급여기준이 되는 평균임금에 포함.

2) 임금 68207-555, 1993.9.14.

3) 외형상 제3자가 지급해도 초과운송수입금을 통해 실질적으로는 사용자가 지급하는 효과를 갖는다면서, 지급주체해당성을 인정한다.

4) 대판 1992.4.14, 91다5587 ; 대판 1995.10.19, 95구10695 ; 대판 1998.3.13, 95다55733 ; 대판 1999.4.23, 98다18568 ; 대판 2002.8.23, 2002다4399 ; 대판 2007.7.12, 2005다25113 ; 대판 2023.5.18, 2020다255986. 정액사납금관련. 원심파기.

5) 근로개선정책과-639, 2011.4.4 ; 근로개선정책과-4401, 2011.11.10. 평균임금관련. 양 해석을 모두 인용하고 있는데 지배가능성이 없으면 임금에 해당되지 않는 것으로 읽힘.

6) 대판 2023.12.7, 2023도2318. 택시운송업에서 운송수입금기준액을 정하여 수수하는 행위는 무효.

로의 대가로 보지 않는 것이 원칙이다.

실비변상성격의 금품으로는 보안장비구입비, 작업복구입비, 작업용품대금, 출장비, 여비, 판공비, 기밀비, 정보비, 교제비, 교재비 등을 들 수 있다. 이러한 금품들은 근로자가 근로의 대가로 받는 금품이라기보다는 업무수행을 위해 실제로 소요되는 경비를 사용자가 보상해주는 금품이다. 해외수당에 대해서도 같이 취급하는 판결[1]이 발견되는데, 통상임금으로까지 보는 판결(같은장, 제2절 3·다.(2),②,㈐,㈏)[2]과 배치된다. 직급보조비에 대해서도 마찬가지로 그렇게 해석하는 판결[3]이 있으나 직급수당의 성격을 갖는다면 임금은 물론이고 통상임금도 될 수 있다. 실비변상인지는 금품의 실체적인 성격과 내용이 근로자가 아닌 사용자가 부담해야 할 비용[4]인지로 판단한다.[5]

㈏ 명목상 실비변상성과 실질적 근로대가성

명칭·명목이 실비변상적이어도 정기적·계속적으로 일정액이 지급되어 근로대가성의 요건을 갖춘 금품은 임금으로 인정될 수 있다.[6] 대학교수의 연구수당·학생지도비,[7] 의사의 의학연구비,[8] 일·숙직비(제4장 제3절,5·가)[9] 등이 그렇다.

③ 손해보상성 및 사회보험성

근로제공과 관련이 없는[10] 손해보상성 및 사회보험성은 '근로의 대가'를 판단하는데 부정적요소로 작용한다. 근기법의 금품청산규정(근기법 §36)은 보상금을 임금과 구분하여 명시하고 있다. 따라서 해고예고수당(근기법 §26),[11] 재해보상(근기법 §78~§84), 귀향여비(근기법 §19②), 휴업수당(근기법 §46)[12] 등은 손해보상의 성격을 갖거나 생활권보장을 위한 부조제도의 변형이므로 임금이 아니다.[13] 퇴직금은 후불임금의 성격을 들어 임금으

---

1) 대판 1990.11.9, 90다카4683. 추가로 소요되는 생활비, 주거비 등 비용보전. 사용자가 부담하는 것이 타당.
2) 대판 2020.6.11, 2018다249308. 〈통상임금인정〉 해외파견직원에게 매월 일정액으로 지급되는 해외수당.
3) 〈사례〉 근로기준과-517, 2011.1.31. [긍정] 임원 및 3급이상직원에게 지급되는 직급보조비가 업무수행비용을 충당하기 위해 사용되는 경비라면 실비변상으로 지급되는 금품으로써 임금으로 보기 어렵다.
4) 管野和夫, 『勞働法』 第七版補正二版, 193頁.
5) 임종률, 『노동법』, 제11판, 386쪽 ; 근기 1455-37763, 1981.12.22.
6) 근기 1455-37763, 1981.12.22 ; 대판 2020.4.29, 2016다7647. CCTV 수당. 해당명목으로 사용되는지 확인함이 없이 근무일마다 실비변상이라는 명목으로 일정금액 지급.
7) 대판 1977.9.28, 77다300.
8) 대판 1994.9.13, 94다21580.
9) 〈긍정〉 일·숙직이 근로의 일종인 한 그 대가는 임금(법무 310-14300, 1968.9.7, 노동부예규 제30호) ; 〈부정〉 본연의 업무에 대한 대가가 아니고, 실비변상(일본 노동성, 기발 제144호, 1953.3.16).
10) 대판 2013.12.26, 2011다4629 〈손해보상성 부정〉 유급휴일·휴가수당, 휴일근로임금·가산수당, 휴가미사용보상금은 근로대가.
11) 김형배, 『노동법』, 제21판, 352쪽.
12) 근기 01254-574, 1988.1.14.

로 보는 견해도 보이나[1] 통상적인 의미에서의 임금과 달라 최소한 법정기준임금을 판단하는데 있어서는 임금성이 인정되지 않는다.

운전자보험료나 산업재해보상보험료와 같은 손해보험성보험, 국민건강보험,[2] 고용보험, 국민연금 등의 사용자부담금은 근로대가성을 인정하기 어려워 임금이 아니라고 보는 것이 타당하다.[3] 사용자가 대신 지급해주는 근로자부담분은 임금으로 지급한 후에 거기서 보험료를 납부하는 것과 다르지 않으므로[4] 임금[5] 뿐아니라 통상임금으로까지 인정된다.[6]

④ 복리후생성

㈎ 의 의

근기법과 이에 기초한 판례는 임금을 근로의 대가로 본다. 이에 따르면 복리후생금품이라는 이유만으로 일괄적으로 임금성을 부인하는 견해는 성립하지 않는다. 복리후생금품도 근로의 대가인지를 따져 임금여부가 결정되는 것이 원칙이다. 그러나 명백한 복리후생금품이 근로대가성 판단의 소극적요건이 될 수 있는지에 대해 논란의 여지가 남는다.

㈏ 임금이분설 폐기

사용자가 근로자에게 지급하는 금품은 이론적으로 근로의 질과 양에 대응하여 교환적으로 지급되는 교환적금품과 그렇지 않은 보장적금품으로 구분될 수 있다. 이를 임금이분설이라 한다. 임금이분설은 1995년의 대법원전원합의체판결[7]에 의해 폐기되었다. 이 판결은 교환적부분과 보장적부분 모두를 근로대가성을 인정함으로써 '복리후생성을 이유로 일률적으로 임금성을 부인하는 태도'를 배척하는 근거로 활용된다. 정도에서 의미를 갖는다. '2013년의 대법원전원합의체판결'이 1개월초과기간을 대상으로 하는 복리후생금품에 대해 재직여부를 기준으로 통상임금성을 부인한 것을 임금이분설부활로 본 비판도 발견된다(같은장, 제2절, 3·다 (2), ②, ㈐, ㉯, (d), ⓓ).

---

13) 임종률, 『노동법』, 제11판, 386쪽. ↘ 361쪽

1) 대판 1969.12.30, 69다1377 ; 대판 1979.7.10, 79다919.

2) 김형배, 『노동법』, 제21판, 351쪽 ; 대판 1994.7.29, 92다30801. 〈부정〉 의료보험료 중 사용자부담분.

3) 법무 811-6368, 1980.3.12 ; 근기 01254-574, 1988.1.14.

4) 대판 2018.1.25, 2015다57645. 학교법인관련.

5) 근로기준정책과-3623, 2015.8.10. 건강보험료. 종전해석(임금 68207-442, 1994.7.20. 개인연금보험료 ; 근로조건지도과-598, 2008.4.1) 배척 ; 대판 2019.5.10, 2015다56383. 단협에 규정된 개인연금지원금·단체보험료.

6) 대판 2003.2.11, 2002다50828 ; 대판 2005.9.9, 2004다41217 ; 대판 2006.5.26, 2003다54322·54339 ; 대판 2006.6.23, 2005다54029 ; 일본 노동성 기수 제1833호, 1949.6.10.

7) 대판 1995.12.21, 94다26721. 생활보장적임금 즉 가족수당, 주택수당 등도 근로시간에 비례적으로 대응하지 않아 근로제공과의 밀접도가 약하나 사용자가 의도하는 근로를 제공한데 대하여 그 대가로서 지급되는 것이지 근로자로서지위를 보유해서 지급되는 것은 아님 ; 〈후속판결〉 대판 2002.7.23, 2000다29370 등 많음.

㈐ 복리후생금품의 임금성

㉮ 해석의 변화

판례는 임금이분설이 폐기되면서 은혜적이거나 근로의 양·질과 관련이 없다는 이유로 복리후생금품에 대해 임금성을 부정하는 초기판례[1]와 달리 체력단련비,[2] 효도휴가비,[3] 사택수당·월동연료수당·김장수당,[4] 선물비,[5] 효도제례비·연말특별소통장려금·출퇴근보조교통비,[6] 개인연금지원금,[7] 교육기관·체육시설이용비[8] 등에 대해 임금성을 인정하고 있다.[9]

㉯ 명백한 복리후생과 임금성

복리후생금품이라는 이유로 임금성을 획일적으로 부인할 수는 없으나, 복리후생금품이라 해서 모두 임금으로 볼 수도 없다. 복리후생금품으로 볼 수 있는 가족수당중에서 가족수에 따라 금액이 달라지는 진성가족수당에 대해서는 근로의 양이나 질과 관계가 없으며, 근로의 대가로 볼 근거가 없다. '2013년의 대법원 전원합의체판결'은 통상임금성을 판단하면서 가족수와 관련이 없이 지급되는 부분에 대해서는 근로대가성을 긍정하나, 진성가족수당에 대해서는 근로대가성을 부정하고 있다(같은장, 제2절 3·다, (2),②,㈐,㉯). 이 판결은 진성가족수당에 대해 임금이 아니라는 관점에서 통상임금성을 부인하였다.[10] 이 판결은 가족수당에 대해 임금성을 전면 부정하거나[11] 전면 긍정하거나[12] 애매한 태도를 취한[13] 다양한 견해들을 정리하였다.

---

1) 대판 1990.12.26, 90다카12493. 가족수당, 학비보조금 관련; 대판 1991.6.28, 90다카14758. 가족수당 관련.

2) 지급률, 지급시기 등이 정해진 경우에는 명칭과 관계없이 고정상여금에 준하여 해석해야 하므로 임금에 포함[대판 1991.1.15, 90다6170; 대판 1991.2.12, 90다15952·15969·15976(병합); 대판 1992.5.12, 92다6570; 대판 1992.12.8, 92다23636; 대판 1993.10.26, 92다31057; 임금 68207-283, 1993.5.13; 임금 68207-466, 2000.10.5].

3) 대판 1996.2.27, 95다3744. 공무원의 효도휴가비는 임금.

4) 대판 1990.11.9, 90다카6948. 강원탄광사건. 월급형태로 지급된 사택수당은 통상임금.

5) 대판 2006.2.23, 2005다54029.

6) 대판 1990.12.7, 90다카19647; 대판 1992.4.10, 91다37522; 대판 2007.6.15, 2006다13070.

7) 전근로자를 피보험자로 하여 보험료 전부를 대납하고 근로소득세까지 원천징수한 개인연금보조금을 통상임금으로 본다(대판 2002.10.17, 2002다8025; 대판 2005.9.9, 2004다41217); 대판 2006.5.26, 2003다54322·54339; 대판 2006.6.23, 2005다54029; 대판 2014.5.29, 2012다116871. 지엠대우사건.

8) 명칭과 관계없이 고정상여금에 준하여 해석되므로 평균임금에 포함(대판 1991.1.15, 90다6170; 대판 1991.2.12, 90다15952·15969·15976(병합); 대판 1992.12.8, 92다23636; 대판 1993.10.26, 92다31057; 임금 68207-283, 1993.5.13; 임금 68207-466, 2000.10.5)된다.

9) 대판 1992.5.12, 91다9335; 대판 1996.2.9, 94다19501. 매년 1회 일정시기에 전직원에게 지급하는 체력단련비 및 월동보조비 관련; 대판 1996.2.27, 95다37414. 공무원의 직무를 수행하면서 지급받고 있는 가족수당, 장기근속수당, 효도휴가비, 복리후생비, 자녀학비보조금, 시간외수당, 특수업무수당, 체력단련비 등은 모두 계속적, 정기적으로 지급되어 왔고, 그 지급의무가 법령 기타 관계규정에 의해 확정되어 노동의 대가로 지급되는 임금이고 근로와 무관하게 지급되는 임의적, 은혜적이거나 실비변상으로 볼 수 없다.

10) 해당판결후에도 평균임금으로 보는 행정해석(근로기준정책과-2806, 2015.6.29.)이 있는데 타당치 않다.

식당을 이용하지 않은 사람에 대한 보상이 없이 제공되는 식사·식권에 대해서도 일률성을 이유로 근로대가성이 부인된다(같은장, 같은절 2·다,(3),③). 결과는 같지만 이에 대해 복리후생적인 성격을 들어 임금성을 부인하는 판례[1]도 발견된다. 이러한 해석은 이용하지 않은 사람에 대한 보상이 없이 제공되는 주택자금대여, 사택·통근버스·목욕시설이용이익 등에 대해서도 마찬가지로 적용된다(같은장, 같은절 2·다,(3),③). 본인이나 자녀가 재학할 때만 지급되는 학비보조금이나 능력개발비도 지급확정성(같은장, 같은절 2·다,(3),②)이나 일률성(같은장, 같은절 2·다,(3),③)을 이유로 근로대가성이 부인되지만, 복리후생적성격을 이유로 든 행정해석[2]이 발견된다. 선택적복지제도를 시행하면서 직원전용온라인쇼핑사이트에서 물품을 구매하는 방식 등으로 사용할 수 있는 복지포인트는 임금에 해당되지 않는다.[3] 순수한 의미의 복리후생비[4] 또는 명백한 복리후생적 성격의 금품은 근로대가성의 소극적요건으로 인정된다.

⑤ **성과급성**

㈎ **전통적 해석**

정기적·고정적인 상여금은 임금이다.[5] 그러나 단체협약 등에 규정하여 개인의 근무성적이나 회사의 경영목표에 도달하면 일정액 또는 일정비율의 성과급을 일정한 시기에 주는 성과급적인 금품을 평균임금포함임금으로 보지 않는 것이 판례[6]와 행정해석[7]의 일반적인 태도이다. 성과급적인 금품이 명칭이나 외형상

---

11) 대판 2003.10.9, 2003다30777. 근로의 양과 질에 관계없음(통상임금성부정근거로 언급되나, 임금성부정요인임)

12) 〈통상임금인정〉 대판 1988.3.2, 87다478 / 〈평균임금인정〉 대판 1987.2.24, 84다카1409 ; 대판 1992.4.14, 91다5587 ; 대판 1991.2.12, 90다15692 ; 대판 1990.12.7, 90다카19467 ; 대판 1995.7.11, 93다26168 ; 대판 2002.5.31, 2000다18127. 자녀에게 월1만원, 배우자에게 월2만원 지급 ; 대판 2005.10.13, 2004다13762 등.

13) 통상임금성만 부정하고 임금성에 대해서는 거론하지 않은 경우(대판 1991.6.28, 90다카14758 ; 대판 1996.5.28, 95다36817 ; 대판 2003.4.22, 2003다10650 ; 대판 2003.10.9, 2003다30777 등 다수). ↘ 363쪽

1) 대판 2002.7.23, 2000다29370. 단협에 따라 오전근무자에게 1일 2장, 오후근무자에게 1일 1장의 식권을 제공하여 식당에서 식사를 하게 하더라도 순수복지후생임을 명시하고 있고, 식권은 2일간 유효하고 식사를 하지 않으면 다른 물품이나 현금으로 대체할 수 없다면 복지후생으로 지급된 것으로서 임금이 아님.

2) 법무 811-27107, 1980.8.30 ; 임금 68207-145, 1994.3.15.

3) 취업규칙 등에 근거하여 계속적·정기적으로 배정되더라도 사용용도·사용기간이 제한되고 이월·양도가 불가능하며 매년초에 일괄배정함으로써 근로제공대가로 볼 수 없으며, 근거법률인 「근로자복지기본법」도 근로복지개념에서 임금을 제외하면서 이 제도를 규정 [대판(전) 2019.8.22, 2016다48785(**한국노동법학회, 『노동판례백선』 제2판**, 81쪽)] ; 대판 2019.9.9, 2017다230079 ; 대판 2019.9.10, 2015다30886·30893 ; 대판 2019.11.28, 2019다261084 ; 대판 2020.4.29, 2017다247602 ; 대판 2021.8.26, 2017다269145.

4) 임종률, 『노동법』, 제11판, 387쪽.

5) 〈사례〉 근로복지과-1152, 2014.3.27. 산재기간중 지급된 상여금을 평균임금에 포함.

6) 대판 1992.4.14, 91다5587 ; 대판 1998.1.20, 97다18936 ; 대판 1999.9.3, 98다34393 ; 대판 2000.1.19, 97다18963 ; 대판 2002.5.31, 2000다18127 ; 대판 2002.6.11, 2001다16722 ; 대판 2002.12.10, 2002다54615 ; 대판 2004.5.14, 2001다76328 ; 대판 2005.5.14, 2001다76328. 지급조건·금액·지급시기가 단협·취업규칙 등에

고정상여금처럼 보이더라도 마찬가지이다.[1)]

(나) **해석의 변화**

판례는 성과급적금품에 대해 임금성을 인정하는 변화를 보여주고 있다. 첫째, 특별성과급이 임금에 해당하는지에 대해 그 지급이 일시적 또는 비정기적인지 아니면 계속적·정기적인지에 따라 판단해야 한다는 기준이 제시되고 있다.[2)] 둘째, 변동상여금·성과급·인센티브 등 성과급적인 금품이라도 매월 지급되면 이는 평균임금 즉, 임금에 포함된다는 판례법리가 형성되고 있다.[3)] 셋째, 년1회 지급되더라도 전년도실적을 기초로 한 금품이라면 임금성을 인정하는 판결[4)]이 발견된다. 아울러 이와 관련하여 경영평가성과금을 임금으로 보는 판례법리가 형성되고 있는 중이다.[5)] 넷째, 성과급적금품에 최저지급률[6)]이나 지급의 하한선이 설정되어 있어도 그 부분을 포함해서 임금이 아니라고 보는 판결[7)]이 있었으나, '2013년의 대법원전원합의체판결'[8)](2013년전원합의체판결) 이후 일반적으로 임금으로 인정된다. 다섯째, 매년 1~2회 지급이 관행화된 것외에는 다른 이유가 없음에도 불구하고 임금성을 인정하는 판결[9)]도 발견된다. 여섯째, 고정급으로 지급되는 무

정해져 있어도 개인실적에 따라 결정되는 경우나 단협·취업규칙 등에 지급조건·금액·시기 등에 관해 아무런 규정도 없이 사용자재량에 의해 매년 지급시기·금액을 달리하거나 지급되지 않는 경우는 지급의무가 확정되는 임금성 결여 ; 대판 2005.9.9, 2004.41217 ; 대판 2006.2.23, 2005다54029 ; 대판 2006.5.26, 2003다54322·54339. 업적연봉 관련 ; 대판 2013.4.11, 2012다48077. 개개인의 업무성과와 관계없이 회사차원에서 일정한 성과를 달성한 경우, 3년이상 근속한 임직원들중에서 지급대상자를 선발하여 지급한 장기성과급은 4년 계속 수령했더라도 임금이 아님. ; 대판 2015.2.26, 2014다227546. 경영성과에 따라 지급되는 격려금·성과금은 계속·정기적으로 지급되지 않아 일실수입산정기초가 되는 급여소득에 불포함.

7) 종전행정지침(「통상임금산정지침」, 2012.9.25) ; 근로개선정책과-4400, 2011.11.10. ↘ 364쪽

1) 대판 2007.4.12, 2006다81974.

2) 대판 2002.12.10, 2002다54615 ; 대판 2001.10.23, 2001다53950.

3) 대판 2011.7.14, 2011다231491. 규정으로 정한 기준·시기에 따라 지급된 성과급은 근로의 대가이고, 매월 정기적·계속적으로 지급되는 성과급은 특수하고 우연한 사정에 좌우되는 우발·일시급여라고 할 수 없으며, 요건에 맞는 실적을 달성하면 지급되므로 은혜적급부도 아님. 성과급을 일률적으로 임금으로 보지 않으면 성과급만을 지급받는 근로자는 근로를 제공하되 근로의 대상으로서의 임금과 퇴직금이 없는 불합리한 결과가 초래 ; 대판 2011.3.10, 2010다77514. 의사들에게 지급기준에 따라 계속적·정기적으로 지급되는 진료포상비에는 기본포상비와 특진포상비, 진료수익다과에 비례하는 성과포상비·협진료·전과포상비 등 포함. 실적판단기준인 진료·특진·협진업무는 매달 수행횟수에 차이가 있어도 의사의 고유업무로 제공된 근로의 대가.

4) 대판 2001.10.23, 2001다53950. 일정액이나 일정비율에 따라 정기적으로 지급되면 임금.

5) 대판 2018.12.13, 2018다231536. 최저지급액이 없어 경영평가성과금을 지급받지 못할 수 있어도 급여에서의 성과급비중, 지급실태, 평균임금제도취지 등에 비추어 임금 ; 대판 2018.10.12, 2015두36157. 계속·정기적으로 지급되고 지급대상, 지급조건 등이 확정되어 있어 사용자에게 지급의무가 있다면 임금임.

6) 대판 2024.3.12, 2021다252946. 〈참고판결〉 성과관리규정에 평가단위에 포함되어 있음에도 성과평가를 하지 않았다면 최소한도의 성과급은 지급되어야 한다.

7) 대판 2006.2.23, 2005다54029.

8) 대판(전) 2013.12.18, 2012다89399 및 2012다94643.

9) 대판 2002.5.31, 2000다18127. 포상금관련. 사용자가 일방적으로 정한 지급시기와 지급기준에 따라 지급되어도 실적을 달성하면 지급을 거절할 수 없어 은혜적이 아니므로 평균임금임.

사고승무수당에 대해 근무성적에 따라 그 지급여부와 지급액이 달라지는 것은 아니므로 임금이라고 하면서 교통사고가 발생한 이유로 지급되지 않으면 '위약금 또는 손해배상액이 예정(근기법 §20)'에 해당하고 임금전액지급원칙(근기법 §43)에 반한다는 판결[1]이 발견된다.

⑥ **임금성을 넓게 볼 수 있는 영역**

근기령(§6 ②vi)은 도급금액으로 정하여진 임금에 대해 그 임금산정기간에 있어서 도급제에 의하여 계산된 임금총액을 해당임금산정기간의 총근로시간수로 나누어 시간급통상임금을 산정토록 하고 있다. 이러한 규정은 도급성격의 근로에 있어 그 대가가 임금은 물론이고 통상임금이라는 의미로 이해될 요인을 안고 있다.

제2절 법정기준임금

1. 의 의

개별적근로관계법은 평균임금, 통상임금 그리고 최저임금포함임금으로 구성되는 법정기준임금체계를 갖추고 있다. 근기법은 임금을 통상임금과 평균임금 2가지로 나누고 법정수당과 보상금을 산정함에 있어, 아래에서 보는 것처럼, 이 중 하나를 적용토록 하고 있다.

통상임금	평균임금
• 해고예고수당(근기법 §26) • 연장 · 휴일 · 야간근로가산수당(근기법 §56) • 연장 · 휴일근로임금 • 법정 및 약정유급휴일수당[2] • 법에 유급으로 표시된 보상	• 퇴직급여(근기법 §34, 근퇴법 §8) • 각종 재해보상(근기법 §78~§85) • 감급제한(근기법 §95)
• 휴업수당(근기법 §46) • 연차유급휴가수당[3](근기법 §60)	

1) 대판 2019.6.13, 2018도17135(원심인용. 의정부지판 2018.10.15, 2018노676). 무사고수당 20만원을 3개월미지급.

2) 대판 2023.7.13, 2023다217183.

통상임금과 평균임금의 분류는 근퇴법, 산재법 등 다른 법에도 적용이 되고 있다. 아울러 최임법은 지급되는 임금이 최저임금에 위반되는지를 판단하기 위해 고시된 최저임금과 비교할 최저임금포함임금을 별도로 규정하고 있다.

근기법에 규정되지 않은 급여의 산정기준은 노사합의에 따르고 법정수당 등의 산정기준인 통상임금을 기준으로 하여야 하는 것은 아니다.[1]

2. 평균임금

2·가. 의 의

(1) 법적근거

근기법은 평균임금에 대해 개념(§2①vi)을 규정하고, 근기령에 '평균임금계산에서 제외되는 기간과 임금(§2)', '일용근로자의 평균임금(§3)', '특별한 경우의 평균임금(§4)', '평균임금조정(§5)'을 각각 규정하고 있다.

(2) 평균임금의 적용

평균임금만을 적용하는 근로조건은 퇴직급여, 재해보상과 감급제한이다. 그리고 평균임금과 통상임금을 복합적으로 적용하는 근로조건으로는 휴업수당과 연차유급휴가수당이 있다.

(3) 평균임금의 정의

평균임금은 해당 사업(장)[2]에 실제로 제공된 근로에 대해 실제로 지급받은 임금을 의미하며 일급개념으로 산출된다.[3] 평균임금이라 함은 이를 산정해야 할 사유가 발생한 날 이전 3개월동안에 그 근로자에게 지급된 임금의 총액을 그 기간의 총일수로 나눈 금액을 말한다(근기법 §2①vi).

<평균임금 계산식>

$$평균임금 = \frac{사유가\ 발생한\ 날이전\ 3개월동안의\ 임금총액}{사유가\ 발생한\ 날이전\ 3개월동안의\ 총일수}$$

3) 2가지중에서 어느 임금을 적용하더라도 법 위반이 아니므로 통상임금이 그 기준이 되는 것이 일반적이다. ↘ 366쪽

1) 대판 2017.5.17, 2014다232296·2014다232302. 통상임금에 포함되는 임금 항목 중 일부만을 추가로 지급하기로 한 급여의 산정기준으로 정하는 합의는 유효.

2) 〈사례〉 근로복지공단 보상부-3339, 2014.8.4. 대학 시간강사가 2개이상의 사업장에 동시에 고용되어 있는 경우, 산재보험은 각 사업장별로 적용하므로 재해발생 사업장의 임금을 기준으로 평균임금 산정.

3) 퇴직금산정의 기초가 되는 평균임금이 근기법상 평균임금인지, 어떤 급여가 거기에 포함되는지 등은 규정에 대한 객관적인 해석에 의해 가려지고, 해당사업장의 지급관행 및 규정들의 개정경위와 그 내용 등 여러 사정을 종합적으로 살펴 판단(대판 2011.8.18, 2011다27134).

2·나. 평균임금 산정사유

(1) 사유발생일 판단

① 판단 방법

사유발생일(근기법 §2①vi)은 퇴직금의 경우에는 근로관계종료일이고, 재해보상의 경우에는 사망 또는 부상의 원인이 되는 사고가 발생한 날 또는 진단에 따라 질병의 발생이 확정된 날이며(근기령 §52), 휴업수당의 경우에는 개별근로자별로 휴업이 실제로 발생한 날[1]이다.

휴업급여와 상병보상연금은 '요양중일 것'을 지급요건으로 하고, 재요양중에 지급되는 휴업급여와 상병보상연금의 평균임금산정사유발생일은 재요양상병진단일이 된다.[2] 진폐유족급여[3]의 평균임금산정사유발생일은 '진단에 따라 진폐가 발생되었다고 확정된 날', 즉 '최초진폐진단일'이며 최초진단에 대해 요양급여를 받지 않고 장해급여를 받았거나 재요양을 받은 경우에도 마찬가지이다.[4]

② 장기요양 또는 재요양

산재법(§5)은 근기법상 평균임금개념을 적용한다. 장기요양후 퇴직하는 경우, 퇴직금산정을 위한 평균임금은 조정된 평균임금으로 한다(근기령 §5④). 재요양의 경우에는 재요양당시의 임금을 기준으로 산정한 평균임금이 휴업급여의 지급기준이 되며(산재법 §56① 산재령 §52), 당초에 요양급여를 받지 못한 질병의 재발이나 악화에 따른 요양에 대해서도 이를 준용한다.[5]

(2) 사유발생일 당일 포함여부

근기법에는 사유가 발생한 날 "이전"으로 표시되어 있어 문리상으로 사유발생일이 포함되는 것으로 해석될 수 있다. 그러나 근로를 제공하지 않아 임금을 받지 못할 수 있으므로 사유발생일은 기산일에 포함되지 않는다.[6]

---

1) 근로개선정책과-3190, 2013.5.30.

2) 대판 1998.10.23, 97누19755 ; 대판 2011.12.8, 2010두10655 등.

3) 유족급여는 유족에게 지급되는 보험급여로서 '요양중일 것'을 지급요건으로 하지 않는다.

4) 대판 2023.7.13, 2021두35438, 〈근거〉 진폐근로자는 업무능력이나 신체기능이 저하되고 재요양 당시 이미 임금수준이 낮아졌거나 직장에 복귀하지 못한 상태인 경우가 적지 않으므로 재요양 상병의 진단일을 기준으로 평균임금을 산정하게 되면 근로자의 보호에 미흡한 결과가 발생할 수 있다. 다만 최초 진단이후의 사정이 사망의 직접적인 원인이 되었고 재요양상병진단일의 평균임금이 근로자의 통상의 생활임금을 사실대로 반영한다고 볼 수 있으면 재요양상병진단일을 평균임금산정사유 발생일로 보는 것이 타당하다.

5) 대판 2011.12.8, 2010두10655. 요양급여대상이 되는 업무상부상·질병이 재발·악화되었다고 확정된 날.

6) 대판 1989.4.11, 87다카2901 ; 대판 1996.7.9, 95누5469 ; 근기 1455-35037, 1987.12.31 ; 임금 68207-524, 1994.8.25.

군복무, 출산전후휴가 등 평균임금산정대상기간(같은장 같은절, 2·라)에서 제외되는 기간중에 산정사유가 발생하면 제외대상기간의 첫날이 사유발생일이다. 제외대상기간이 끝난 후 3개월이 되지 않은 상황에서 산정사유가 발생하면 산정사유발생일전일을 기산일로 하여 제외대상기간종료일익일까지의 기간만을 대상으로 평균임금을 산정한다. 근로기간이 모두 제외대상기간이면 제외대상기간의 최초일이 산정사유발생일이다.

2·다. 평균임금 포함금품

(1) 판단기준

① 임금총액

㈎ 원 칙

근기법(§2① vi)은 평균임금을 산정함에 있어 그 대상이 되는 임금을 "임금의 총액"이라고 명시하고 있다. 따라서 근기법상 임금(근기법 §2① v)이 평균임금에 포함대상이 되는 금품이다(같은장 제1절, 2).

㈏ 월중퇴직과 월급전액지급

월의 중도에 퇴직하고서도 퇴직시에는 월급전액을 지급한다는 취업규칙에 따라 지급된 해당금품은 퇴직일까지의 근무에 대한 임금이지 그달 말까지의 계속근무를 전제로 한 대가가 아니므로 임금총액에 포함된다.[1)]

② 지급금품

평균임금은 '지급된 임금총액'을 기초로 산정된다. 산정사유발생일기준으로 지급되었어야 하는 임금중에서 지급되지 않은 임금도 임금총액에 해당된다.[2)] 다만, 평균임금산정사유가 발생한 시점에서 지급사유가 확정되지 않은 임금은 그렇지 않다.[3)]

(2) 포함임금

① 처분가능금품

평균임금포함금품은 근로자의 총수입중에서 관리 또는 지배가 가능한 부분이어서 임금에 해당되고 지급된 금품에 대한 처분권이 근로자에게 있어야 한다.

---

1) 대판 1993.5.27, 92다 24509.
2) 대판 1978.12.13, 78다2007 ; 대판 1981.10.13, 81다697 ; 대판 2023.4.23, 2022두64518.
3) 대판 2024.1.25, 2022다215784. 퇴직금중간정산시 미사용연차휴가일수에 해당하는 미사용액을 포함시킨 원심판결을 미사용액의 발생여부가 확정되지 않았다는 이유로 파기.

전액지급원칙(같은장 제5절,1·다)의 예외로 인정되어 공제된 금품은 근로자가 수령한 후에 처분한 금품이므로 이를 포함하여 평균임금을 판단한다. 따라서 법령에 의해 원천징수를 하는 경우, 공제전금액을 대상으로 임금총액을 판단한다.[1] 노사합의로 세후임금을 보장한 소위 '네트제 계약'을 체결해도 사용자가 부담한 근로자측의 제세공과금은 임금총액에 포함된다.[2]

② **법정기준이상금품**

감시적근로자의 퇴직금을 산정할 때, 평균임금산정범위에 연장근로·휴일근로·연차유급휴가미사용수당은 포함되지 않는다는 판결[3]이 있다. 고용장관승인을 받은 경우에는 근로시간·휴일·휴게가 적용되지 않으나 관련조항들을 적용한다면 관련수당은 평균임금에 포함시키는 것이 타당하다.

③ **임금인상과 평균임금**

임금이 소급하여 인상되어 사유발생일이전 3개월의 기간이 임금인상기간에 포함되면 인상된 임금에 따라 평균임금이 조정된다. 재해보상에 있어 요양종료 후에 소급인상이 결정되더라도 인상된 임금에 의해 계산된 보험급여가 지급되어야 한다.[4] 그러나 퇴직자에게는 특약이 없는 한 소급인상효과가 미치지 않으므로 퇴직금지급에는 적용되지 않는다(제11장 제2절,2).

(3) 제외임금

① **의 의**

㈎ **법적근거**

임시로 지급된 임금, 수당과 통화 외의 것으로 지급된 임금으로서 고용장관이 정하는 것외의 것은 평균임금산정을 위한 임금총액에 산입하지 않는다(근기령 §2②).[5]

근기법에는 이 조항의 위임규정을 두고 있지 않다.

㈏ **취 지**

평균임금제외임금(근기령 §2②)은 임금으로 인정되어 임금미지급책임 등의 조항이 적용되나 평균임금을 산정하기 위한 임금총액에서는 제외되는 임금을 말한다.

---

1) 근로조건지도과-598, 2008.4.1 ; 대판 2021.6.24, 2016다200200. 실수령액으로 급여를 정한 의사의 평균임금에 사용자가 대납한 근로소득세 등 원천징수액을 포함시켜야 한다.
2) 〈지침〉 근로기준정책과 - , 2023.12.29. 이에 반하는 행정해석 폐기.
3) 대판 1996.11.22, 95다36695.
4) 대판 2006.9.22, 2004두2103. 휴업급여관련.
5) 모법에 위임근거가 없다.

② 내 용

㈎ 임시지급

㉮ 내 용

"임시로 지급된 임금 및 수당(근기령 §2②)"은 일시적·돌발적 사유로 인해 지급됨으로써 그 지급사유의 발생이 불확정적인 것을 말한다.[1]

임시지급임금으로는 '풍수해에 대한 재해수당', '돌발적인 물가상승에 대비한 인플레이션수당' 등을 예로 들 수 있다. 해외수당에 대해서는 부정적견해(같은장, 제2절, 3·다 1,(2),②,㈐,㉯)와 긍정적견해로 나뉜다.[2] 일·숙직비는 임시로 지급된 임금으로 보기 어렵다.

㉯ 판단근거

(a) 임시성·일시성과 계속성·정기성

판례[3]는 임금 특히 평균임금에 해당하기 위한 조건으로 지급확정성과 함께 계속성·정기성이라는 용어를 사용한다. 임금성을 판단함에 있어 판례에서 사용되는 계속성·정기성이라는 용어는 임시성에 대한 반사적인 의미로 이해된다.

계속성·정기성을 갖추지 못한 임시·일시적인[4] 금품은 평균임금포함임금으로 인정받기 어렵다.[5]

(b) 우연성·특수성과 일률성

지급의무의 발생이 개별근로자의 특수하고 우연한 사정에 의하여 좌우되는 경우에는 단체협약·취업규칙·근로계약·관행 등에 따름으로써 지급확정성이 있더라도 근로대가성이 약해 평균임금포함임금에 해당되지 않는다.[6]

---

1) 대판 1978.12.13, 78다2007 ; 대판 1981.10.13, 81다697.

2) 〈임시성 긍정〉 실비변상적. 해외근무라는 특수조건에 따라 임시지급(대판 1990.11.9, 90다카4683. 근로기준과-437, 2010.3.26) ; 서울지판 1996.11.12, 96가합2298. 주재수당·주택수당의 평균임금성 부인 ; 임금 68207-389, 1994.7.1 ; 임금 68207-468, 1993.7.31 ; 임금근로시간팀-1498, 2006.6.26 / 대판 2020.6.11, 2018다249308. 임시성부정 통상임금인정. 해외파견직원에게 직급별로 매월 일정액을 지급하는 해외수당.

3) 대판 1990.12.7, 90다카19647 ; 대판 1992.4.14, 91다5587 ; 대판 2002.5.31, 2000다18127 ; 대판 2002.6.11, 2001다16722 ; 대판 2005.9.9, 2004다41217 ; 대판 2002.6.11, 2001다16722 ; 대판 2002.12.10, 2002다54615 ; 대판 2003.2.11, 2002다50828 ; 대판 2006.2.23, 2005다54029 ; 대판 2011.3.10, 2010다77514 ; 대판 2011.7.14, 2011다23149 등.

4) 대판 1996.5.28, 95다36817. 승무원의 해외체류기간에만 지급되는 식비를 실비변상적이라는 이유뿐 아니라 특수기간에만 지급되는 일시적 성격 금원이라는 이유로 통상임금성 부인.

5) 대판 1990.11.9, 90다카6948. 〈임금 인정〉 현물지급원칙으로 변경하면서 전표·식권을 발행하여 그 가액상당의 식품·식사를 구판장·구내식당을 통하여 수령토록 한 **식대보조비**, 본사종업원들에게는 현금을 지급하고 광업소에서는 제조연탄을 지급하되 단협에 정해 매월 16일이상 출근자에 한하여 지급한 **연료보조비**, 배우자(월1만5천원)·부모(월7천원)·자녀(월7천원) 중 3인이내 범위에서 지급한 **가족수당**, 연2회로 나누어 1회에 기본급의 50%를 지급한 **체력단련비**는 복지후생면에서 은혜적·일시적으로 지급된 급부가 아님 ; 대판 1995.5.12, 94다55934 ; 대판 2011.3.10, 2010다77514 등.

6) 대판 1995.5.12, 94다55934 ; 대판 1996.5.14, 95다19256. 실시여부에 관계없이 일률적으로 지급되는 하기휴

특수성・우연성의 판단에 있어 판단요소로 일률성이라는 용어가 사용된다. 이때, 일률성은 직급・보직・직책 등의 조건을 충족하는 모든 근로자에게 같이 적용되는 조건을 말한다.

판례는 차량유지비 또는 자가운전보조비에 대해 "전직원에게 일률적으로 지급되는 교통비를 초과하는 부분"으로서 차량보유여부에 따라 지급된다는 이유로 임금성을 부인한다.[1] 차량보유, 비용발생 등은 개별근로자의 결정에 좌우되는 특수하고 우연한 사정으로서 일률성을 충족하지 못한다.[2] 본인이나 자녀가 재학할 때만 지급되는 학비보조금 또는 능력개발비는 지급확정성이나[3] 복리후생성을 이유로 하여[4] 근로대가성이 부인되기도 하나, 일률성 즉 특수성이라는 요건이 적용될 수 있다. 본인이나 자녀의 능력개발은 개별근로자에게 결정권이 있는 특수하고 우연한 사정에 해당되기 때문이다. 식당을 이용하지 않은 사람에 대한 보상이 없이 제공되는 식사・식권에 대해 임금성을 부인함에 있어, 복리후생성을 들기도 하지만,[5] 개별근로자의 특수하고 우연한 사정이나 일시적・특수적 사정이라는 이유를 많이 든다.[6] 일률적으로 식비를 보조하거나, 사용하지 않은 식권을 상당하는 금품으로 환급해주거나 상당하는 물품을 구입할 수 있는 권리를 준다면 이러한 금품은 임금성이 인정되면 평균임금포함임금 나아가서 통상임금포함임금(같은장, 제2절 3・다, (2), ②, ㈐, ㈏)이 될 수 있다.

이용하지 않은 사람에 대한 보상이 없이 제공되는 주택자금대여, 사택・통근버스[7]・목욕시설이용이익 등에도 같은 해석이 적용될 수 있다(같은장, 제2절 3・다, (2), ②, ㈐, ㈏). 일률성과 관련하여 '2013년의 대법원 전원합의체판결'을 포함한 많은 판례가 일정요건에 해당하는 근로자에게 지급되는 것으로 설명하면서 이 때 일정요건은 우연적이 아니고 고정적 조건을 의미한다고 보고 있다.[8]

가비는 근로대상이고, 하기휴가실시자에게만 지급되면 은혜적금품임 ; 대판 2011.3.10, 2010다77514 등.

1) 대판 2002.5.31, 2000다18127. 〈임금 인정〉 차량보유여부와 관계없이 일률적으로 해당금액지급.

2) 대판 1995.5.12, 94다55934. 직원들에게 교통비명목으로 3만원씩 지급, 임원과 부장중에서 차량보유운전자에 한해 각각 30만원 및 20만원을 비용지출 여부와 관계없이 매월 지급한 사건.

3) 대판 1991.2.26, 90다15662.

4) 법무 811-27107, 1980.8.30 ; 임금 68207-145, 1994.3.15.

5) 대판 2002.7.23, 2000다29370.

6) 대판 1995.5.12, 94다55934 ; 대판 1996.5.28, 95다36817.

7) 임금 68207-453, 1993.7.22. 통근버스를 이용치 못하는 사원에게 지급되는 승차권, 자취하는 사원에게 지급되는 보조금 관련.

8) 대판(전) 1999.5.12, 97다5015. 사용자가 근로의 대상으로 근로자에게 지급하는 일체의 금품으로서, 근로자에게 계속적, 정기적으로 지급되며 그 지급에 관하여 단체협약, 취업규칙, 급여규정, 근로계약, 노동관행 등에 의하여 사용자에게 그 지급의무가 지워져 있고, 또한 일정 요건에 해당하는 근로자에게 일률적으로 지급

㈏ 통화이외 것

㉮ 포함요건

"통화외의 것으로 지급된 임금(근기령 §2②)"은 평균임금산정을 위한 임금총액에서 제외되는 것이 원칙이다. 그러나 법령·단체협약 또는 취업규칙의 규정에 의하여 전체 근로자에게 일률적으로 지급되면서 명백히 통화로 환가될 수 있는 현물급여(급식 등)"는 근로의 대가로서 임금성이 인정되며 평균임금의 범위에 포함된다(같은장, 제1절 2·다, (3), ⑤).[1)]

㉯ 환가가능성

식사제공·통근차제공·명절선물 등 현물로 지급되는 금품은 원칙적으로 임금이 아니지만 식사를 하지 않으면 상품권을 주거나, 통근차를 이용하지 않으면 교통비를 주거나, 선물을 받지 못하면 일정금액을 주는 것처럼 환가가능성이 있으면[2)] 임금성이 인정될 수 있다.[3)]

(4) 평균임금과 합의

퇴직금지급과 관련하여 평균임금에 포함되는 임금을 제외하고 지급일수를 법정기준보다 많이 정하는 평균임금합의는, 결과적으로 법정퇴직금보다 많은 퇴직금이 지급되면, 효력이 인정된다.[4)]

2·라. 평균임금산정기간

(1) 총일수

평균임금산정기간이 되는 "3개월[5)]동안"은 90일을 말하는 것이 아니고 기산일로부터 소급하여 역월상 3개월동안에 포함된 일수를 말한다.[6)] 취업후 3개월미만

하는 것이라면 그 명칭 여하를 불문하고 평균임금의 산정대상이 되는 임금이라고 보아야 한다.; 대판 2002.12.10, 2002다54615; 대판 2003.2.11, 2002다50828.

1) 법무 811-26825, 1978.12.5; 노동부예규 제30호(1981.5.7).「평균임금산정에 포함되는 임금의 범위 예시와 확인요령」; 근기 01254-5082, 1987.3.2; 근기 01254-5082, 1987.3.27; 근기 01254-5077, 1987.3.30; 근로조건지도과-3100, 2008.8.8. 5개월에 걸쳐 매월 지급된 사건; 대판 2020.4.29, 2016다7647.

2) 대판 1994.2.22, 93다9620. 〈긍정〉 구판장구매권지급 사례; 대판 2005.9.9, 2004다41217. 〈부정 근거〉 상응하는 금품미제공; 대판 2006.2.23, 2005다54029. 〈부정〉 현물지급을 원칙으로 한 복지후생차원에서 도입된 점, 가액이나 금전적 가치가 정해진바 없어 구체적인 금액의 지급의무를 부담하는 것은 아닌 점, 환가해주는 식권대는 중식에 상당하거나 대체할 수 있는 금액이라고 볼 수 없는 소액으로, 근로자들이 식당을 이용하지 않을 때 개인적으로 지출해야 할 식사대의 일부만을 보조하고 있는 점 등.

3) 대판 1990.12.7, 90다카19647; 대판 1993.5.27, 92다52658; 대판 1994.2.22, 93다9620; 대판 2005.9.9, 2004다41217; 노동부예규 제30호「평균임금 산정에 포함되는 임금의 범위 예시와 확인요령」, 1981.5.7.

4) 대판 1991.12.13, 91다32657; 대판 1987.2.10, 85다카187; 임금 32240-6512, 1991.5.8.

5) 결근일 포함(임금복지과-2531, 2010.12.27).

6) 산정례(11월 5일에 산정사유발생): 92일=31일(11.4~10.5)+30일(10.4~9.5)+31일(9.4~8.5); 근로복지과-416, 2015.1.28. 강사들의 학기별주당강의시간수의 편차가 있어도 마찬가지이다.

인 경우에는 그 기간만을 대상으로 평균임금을 산정한다(근기법 §2①vi).

(2) 제외기간

① 법적근거

평균임금을 산정함에 있어 일부기간에 대해 그 기간과 그 기간중에 지급된 임금은 평균임금산정기준이 되는 기간과 임금의 총액에서 각각 뺀다. 평균임금은 3개월을 초과하는 해당기간이 끝난후에 산정사유가 발생하면 해당사유종료후의 기간으로 산정하고, 해당기간중에 산정사유가 발생하면 해당사유시작전의 기간으로 산정된다.

<근기령 §2①. 모법위임 없음>	
ⓐ 수습사용기간	ⓑ 사용자귀책사유 휴업기간
ⓒ 출산전후휴가기간	ⓓ 업무상부상 · 질병 요양기간
ⓔ 육아휴직기간	ⓕ 노조법에 따른[1] 쟁의행위기간[2]
ⓖ 병역법[3] · 예비군법 · 민방위기본법에 따른 의무이행을 위해 휴직하거나 근로하지 못한 기간(그 기간중에 임금을 지급받으면 그렇지 않다)	
ⓗ 업무외부상 · 질병, 그 밖의 사유로 사용자의 승인을 받아 휴업한[4] 기간[5]	
<고평법 §19의3④ ; §22의2⑥>	
ⓕ 육아기근로시간단축기간	ⓖ 가족돌봄휴직기간

이 규정은 평균임금이 부당하게 낮아지는 결과를 피하려는데 목적이 있으므로, 평균임금산정대상기간에 정상적으로 급여를 받은 기간과 제외되는 기간이 포함되어 있는 경우에 적용된다. 수습기간중에 평균임금산정사유가 발생하면, 해당수습기간을 대상으로 평균임금을 산정한다.[6]

② 기타 사유

㈎ 징 계

직위해제,[7] 대기발령,[8] 감봉[9]과 같은 징계기간도 평균임금산정대상기간에 포

1) 근기 01254-7310, 1988.5.17. '적법한'으로 명시하고 있다.
2) 대판 2009.5.28, 2006다17287.
3) 병역의무기간중에 소액의 임금을 주고 평균임금을 불리하게 하는 것을 막기 위해 그 기간을 산정대상기간에서 제외하고 복직 후 평균임금산정사유가 발생하면 그 날로부터 3개월을 따져 평균임금을 산정하며, 3개월이 되지 못하는 경우에는 복직일까지만 따져 평균임금을 산정(기준 1455.9-2697, 1970.30)하되, 군복무기간 중에 산정사유가 발생하면 군복무를 위한 휴직일을 기산점으로 하여 산정한다(법무 811-22544, 1980.9.4).
4) 법무 811-7963, 1980.2.8. 소정근로일을 완전히 근로하지 못한 날은 그 정도를 불문하고 휴업일로 간주.
5) 근기 1455.9-3029, 1968.4.17 ; 임금 68207-132, 2003.2.27. 휴직기간이 3개월을 초과하면 휴직한 첫날을 사유발생일로 보고 이전 3개월을 대상으로 평균임금을 산정한다.
6) 같은 의견, 대판 2014.9.4, 2013두1232.
7) 대판 1994.4.12, 92다20309. 개인범죄로 구속 기소되어 직위해제된 기간은 총일수에서 포함.

함된다는 해석이 있다. 그러나 부당한 징계기간은 산정기간에서 제외되어야 한다.[1] 정당한 징계기간도 그 효과가 과거의 근로에까지 소급되고, 남용우려가 있고, 징계원인인 비리가 근로자귀책일지라도 징계를 결정하는 것은 사업주귀책이고, 사업주가 근로자책임을 묻는 것과 평균임금산정은 별개사안으로 2중의 불이익을 받는다는 점을 감안하여 산정기간에서 제외되어야 한다.[2]

㈏ **노조전임기간**

노조전임자에 대해서는 동일직급 및 동일호봉의 근로자의 평균임금을 기준으로 한다는 판결[3]이 있다. 그러나 그러한 근로자들의 연장・휴일・야간근로가 각각 달라 어느 근로자를 기준으로 할지를 결정하기가 어렵다. 따라서 노조전임기간의 전・후를 기준으로 평균임금을 산정하는 것이 타당하다.

노조전임자가 원직에 복직하지 않고 퇴직하거나 중간정산을 할 경우, 노・사 합의로 사유발생일을 정해야 하나 합의가 없다면 전임업무개시일을 사유발생일로 한다.[4] 원직에 복직한 경우에는 복직후의 근무기간만이 대상기간이다.

㈐ **직장폐쇄기간**

적법한 직장폐쇄기간은 원칙적으로 '노조법에 의한 쟁의행위기간'에 해당하나, 근로자들의 위법쟁의행위참가기간과 겹치면 그렇지 않다.

위법직장폐쇄로 사용자가 임금지급의무를 부담하는 경우라면, 그 기간을 평균임금산정기간에서 제외할 필요성이 인정되지 않으므로 '노조법에 의한 쟁의행위기간'으로 볼 수 없다.[5]

㈑ **계절적업무 및 방학기간**

임금이 지급되지 않거나 적게 지급되는 학교회계직인 근로자의 방학기간은 평균임금산정범위에서 제외된다는 해석[6]이 발견된다(계속근로기간판단 제3장, 제3절,1·다,(9),③).

㈒ **퇴직후 진단확정일까지의 기간**

근로자의 퇴직일이후 평균임금산정사유 발생일, 즉 진단확정일까지의 기간은

---

8) 대판 2003.7.25, 2002다12669.
9) 기준 1455-696, 1971.1.22. ↘ 374쪽
1) 근기 68207-1005, 1994.6.20 ; 임금 68207-562, 2003.7.16. 대기발령관련, 정당하면 포함, 부당하면 제외.
2) 대판 1999.11.12, 98다49357. 직위해제・휴직을 산정기간에서 제외하고 그 전 3개월 임금으로 산정.
3) 대판 1998.4.24, 97다54727.
4) 법무 811-9967, 1978.5.13 ; 임금 68207-545, 1994.9.7 ; 노조 01254-746, 1997.8.29 ; 근로개선정책과-6704, 2013.11.12.
5) 대판 2019.6.13, 2015다65561.
6) 근로복지과-3599, 2014.9.9. 매월 연봉의 1/12을 지급하다가, 월급제 시행, 방학기간에 임금미지급.

평균임금산정기간에서 제외된다.[1]

2·마. 평균임금 계산특례

(1) 3개월초과기간 임금

① 상여금과 정근수당

미리 지급조건 등이 명시되어 있거나 관례로서 계속 지급되어온 상여금은 사유발생일전 3개월 동안에 지급되는지와 관계없이 사유발생일전 12개월중에 지급받은 전액을 12개월로 나누어 3개월분을 평균임금의 계산에 포함시킨다.[2] 근로월수가 1년미만인 경우에는 그 기간중에 지급받은 상여금전액을 해당근로월수로 분할계산하여 3개월분을 평균임금에 산입한다.[3] 1년에 1~2회 정기적으로 지급되는 것과 같이 1월을 초과하는 간격을 두고 지급되는 정근수당도 1년분을 분할계산하여 3개월분만 산입한다.[4]

② 연차유급휴가미사용수당

㈎ 해당수당

평균임금산정사유에 따라 연차유급휴가미사용수당이 달리 발생할 수 있다.

첫째, 퇴직일이 속한 연도 바로 직전년도(연차유급휴가계산을 위한 단위년도)의 출근율에 의해 1년간(퇴직일이 속한 년도) 연차유급휴가청구권이 발생하였음에도 퇴직으로 사용치 못하고 발생하는 연차유급휴가미사용수당이 있다.[5] '퇴직으로 인해 지급사유가 발생한 연차유급휴가미사용수당'은 '산정사유발생일이전에 지급된 임금'이 아닌 것으로 해석[6]된다.

둘째, 퇴직일을 기준으로 2년전에 해당하는 날이 속하는 연도(연차유급휴가계산을 위한 단위년도)의 출근율에 의해 발생한 연차유급휴가청구권을 1년간 사용치 못함으로써 휴가청구권이 소멸되어 발생하는 임금청구권의 대상인 연차유급휴가미사용수당이 있다(제4장, 제6절 3·바, (2),②).[7]

---

1) 대판 2023.6.1, 2018두60380.

2) 노동부예규 제96호, 2015.10.14. 「평균임금 산정상의 상여금 취급 요령」; 임금 68207-484, 1994.8.1; 근로조건지도과-4766, 2008.10.29; 대판 1978.2.14, 77다1321; 대판 1989.4.11, 87다카2901.

3) 노동부예규 제96호, 2015.10.14. 「평균임금 산정상의 상여금 취급 요령」; 근기 1451-12309, 1984.5.28; 대판 2002.10.25, 2000두9717.

4) 대판 1982.12.22, 81다472; 임금 32240-6922, 1989.5.10.

5) 임금근로시간정책팀-3295, 2007.11.5, 「연차유급휴가청구권·수당·미사용수당과 관련된 지침」.

6) 근로복지과-1715, 2012.5.21; 근로개선정책과-4298, 2013.7.3. 2011년도 출근율에 의하여 2012년도에 부여받은 연차유급휴가 15일중 10일을 미사용하고 2013.1.1에 퇴직한 경우에 지급되는 휴가미사용수당은 평균임금산정사유발생일인 2013.1.1 이전에 지급된 임금이 아니므로 평균임금산정기준임금에 포함되지 않음.

7) 근로개선정책과-4298, 2013.7.3. 퇴직 전전년도 출근율에 의하여 퇴직 전년도에 발생한 연차유급휴가 중 미사용하고 근로한 일수에 대한 연차유급휴가미사용수당으로 퇴직하기 전 이미 발생한 연차유급휴가미사용수당액의 3/12에 해당하는 금액임.

평균임금은 근로자가 받고 있는 최근의 임금을 대표하는 것이 옳다. 또 주40시간제근로가 도입되면서 사용자의 휴가사용촉진조치가 제도적으로 도입되어 있으므로 둘째의 경우처럼 휴가를 사용할 수 있는 기간이 길면 미사용수당이 발생하기 어렵다. 따라서 첫째의 경우를 평균임금산정대상으로 봄이 타당하다.[1)]

㈏ **평균임금계산방법**

연차유급휴가미사용수당에 대한 평균임금산입방법은 2가지로 나뉜다. 첫째, 상여금 · 정근수당과 마찬가지로 평균임금산정사유발생일전 12개월동안 지급받은 금액을 12개월로 나누어 3개월분을 포함시킨다는 견해가 있다.[2)] 둘째, 연차유급휴가를 받게 된 원인이 된 "퇴직하기전 1년간"의 일부가 평균임금산정기간인 퇴직일이전 3월간내에 포함되면 전체금액이 평균임금산정대상이 되고 그렇지 않으면 평균임금에 포함되지 않는다는 견해가 있다.[3)] 연차유급휴가는 과거 1년간의 출근성적에 따라 주어지므로 1년간의 근로에 대한 대가로 볼 수 있는 점, 연차유급휴가미사용수당은 이를 사용치 못한 데 대한 보상으로서 1년에 한 번 지급되는 점, 근로자의 퇴직시점에 따라 수당지급여부가 달라질 수 있는 점 등을 감안하면 첫째 의견이 타당하다.

③ **평 가**

3개월초과기간에 대해 지급되는 임금의 평균임금산정과 관련하여 상여금이나 정근수당은 12개월을 기준으로 하고 있으나 법적근거가 약하므로 입법적인 보완이 요청된다.[4)]

(2) 법령의 특례

근기령은 일용근로자와 그 밖에 특별한 경우에 있어 평균임금계산특례를 규정하고 있다.

---

1) '언제 퇴직해도 사용하지 못한 연차휴가일수전부에 상응하는 미사용수당을 청구할 수 있다'는 판례법리가 이의없이 받아들여지고 있다.

2) 대판 1969.3.4, 68다2152 ; 임금 32240-2059, 1991.2.12 ; 임금 68207-2422, 1993.11.22 ; 임금 68207-2056, 1993.9.23 ; 임금근로시간정책팀-3295, 2007.11.5, 「연차유급휴가청구권 · 수당 · 미사용수당과 관련된 지침」; 근로개선정책과-4298, 2013.7.3.

3) 근로자가 퇴직하기 전 해에 출근율을 충족하여 발생한 연차휴가를 사용하지 않은 채 퇴직하면 연차휴가미사용수당지급청구권이 발생한다. 이때의 연차유급휴가는 "퇴직하기 전 해 1년간"에 대한 근로의 대상이지 "퇴직하는 해의 근로에 대한 대가"로 볼 수는 없다는 것이 이론적근거임(대판 1990.12.21, 90다카24496 ; 대판 1992.4.14, 91다5587 ; 대판 1991.12.21, 90다카24496 ; 대판 1991.12.24, 91다20494 ; 대판 1991.11.12, 91다14826 ; 대판 1991.8.13, 91다14437 ; 대판 1991.4.3, 90나57217 ; 대판 1991.11.27, 91다14826 ; 대판 2011.10.13, 2009다86246).

4) 김홍영. "지난 20년간 임금법제의 해석과 입법의 동향", 「노동법연구」 제26호, 서울대학교 노동법연구회, 2009.3, 89쪽 ; 노사관계선진화위원회도 2003년 11월의 "노사관계법 · 제도선진화방안 최종보고서"에서 제안.

① **일용직**

㈎ **근로기준법**

일용근로자는 출퇴근이 불규칙하고 근로일이 적다. 따라서 정상적인 방식으로 평균임금을 산정하면 평균임금이 통상임금이상인 경우가 드물기 때문에 통상임금을 기준으로 퇴직금이 산정되는 경우가 많다. 통상임금을 평균임금으로 보아 산정한 퇴직금은 일용근로자가 실제로 근로를 제공하여 지급받는 임금수준보다 높은 것이 일반적이다. 이러한 이유로 일용근로자의 평균임금은 고용장관이 사업이나 직업에 따라 정하는 금액으로 한다(근기령 §3 고보법 §45②)는 특례가 마련되어 있다.

㈏ **산업재해보상보험법**(제7장, 제2절 4·가, (3))

② **특별한 경우**

㈎ **근로기준법**

㉮ 근 거

근기법(근기법 §2①vi 근기령 §2, §3)에 따라 평균임금을 산정할 수 없는 경우에는 고용장관이 정하는 바에 따른다(근기령 §4). 고용장관의 고시[1]에 따르면 "평균임금을 정할 수 없다"는 것은 기술적으로 불가능한 경우뿐아니라 근기법의 관계규정에 의하여 평균임금을 산정하는 것이 현저하게 부적당한 경우까지도 포함된다.[2]

㉯ 내 용

(a) 제외기간이 3개월 이상

평균임금계산에서 제외되는 기간이 3개월이상인 경우에는 제외기간의 최초일을 평균임금산정사유가 발생한 날로 보아 평균임금을 산정한다. 이 기간중에 소속사업(장)에서 같은 직종의 근로자에게 지급되는 통상임금액이 "평균임금계산에서 제외되는 기간의 최초일이 속한 달"에 지급된 평균액보다 5/100이상의 변동이 있으면 그 비율만큼 평균임금액이 조정된다(근기령 §5준용 제7장, 제2절, 4·가, (2)).

(b) 첫근로일에 산정사유발생

근로제공초일(수습기간 종료후 초일을 포함)에 평균임금산정사유가 발생한 경우에는 그 근로자에게 지급하기로 한 임금의 1일평균액으로 평균임금을 추산한다.

---

1) 행정입법부작위에 대해 위헌(헌재 2002.7.18, 2000헌마707. 근로복지공단사건)으로 결정됨으로써 2004.7.26에 「평균임금산정특례고시」가 「노동부고시 제2004-22호」로 공포된 후, 2012.9.25에 개정되었다.

2) 대판 1995.2.28, 94다8631. 평균임금은 근로자의 통상의 생활임금을 사실대로 산정하는 것으로서 '그 사유가 발생한 날 이전 3월간 임금총액'이 특수하고 우연한 사유로 통상의 경우보다 현저하게 적거나 많을 경우에는 이를 평균임금산정기초로 삼을 수 없다.

(c) 공동작업에 대한 일괄임금

근로자 2명이상을 1개조로 하여 일괄지급된 임금의 경우, 개별근로자에 대한 배분방법에 대하여 미리 정함이 없으면 근로자의 경력・생산실적・실근로일수・기술・기능・책임・배분관행 등을 감안하여 추정한 '근로자 1인당 임금액'으로 평균임금을 추산한다.

(d) 불명확한 일부 임금총액

평균임금산정기간 중에 지급된 임금의 일부를 확인할 수 없는 기간이 포함된 경우, 잔여기간에 지급된 임금총액을 잔여기간의 총일수로 나눈 금액을 평균임금으로 본다. 이 방법으로 평균임금을 산정할 수 없으면 지방고용노동관서장이 여러 사항[1]을 감안하여 결정한 금액을 해당근로자의 평균임금으로 본다.

(e) 특수하고 우연한 사정

ⓐ 산정원칙

퇴직에 즈음하여 일정기간 동안 특수하고 우연한 사정으로 임금변동이 있었고, 그 결과 평균임금이 근로기간, 임금변동기간, 임금변동정도 등을 종합적으로 평가해서 통상의 경우보다 현저히 적거나 많으면, 정상생활임금을 사실대로 반영할 수 있는 합리적이고 타당한 다른 방법으로 평균임금을 산정해야 한다.[2]

산정대상기간동안에 결근이 많아서 평균임금이 적은 경우를 여기에 적용시킨 판결[3]이 발견되나 평균임금이 통상임금보다 적은 경우에 통상임금이 평균임금이 된다는 규정을 적용함이 타당하다.

ⓑ 산정방법

평균임금이 '특별한 사유로 현저히 적거나 많아 예외적인 경우'[4]에 그대로 평균임금을 산정하는 것은 제도의 취지에 맞지 않고[5] 근기령의 '평균임금을 산정

---

1) ⓐ 사업장소재지역의 임금수준 및 물가, ⓑ 해당근로자에 대한 소득자별근로소득원천징수부, 국민연금법・국민건강보험법・고용보험법상 신고된 보수월액・소득월액・월평균임금 등, ⓒ 당해 사업장 소재 지역의 업종과 규모가 동일하거나 유사한 사업장에서 당해 근로자와 동일한 직종에 종사한 근로자의 임금, ⓓ 해당사업장의 근로제공기간중에 받은 금품에 대해 본인 또는 그 가족 등이 보유하고 있는 기록(사업주가 인정하는 경우에 한함) 등 증빙서류, ⓔ 고용장관이 조사・발간하는 "임금구조기본통계조사보고서", "매월노동통계조사보고서" 및 "소규모사업체근로실태조사보고서" 등 노동통계(대판 2009두10895, 2011.11.24. '임금구조기본통계조사보고서'를 적용해 평균임금을 산정할 때는 월급여액뿐아니라 연간특별급여액도 포함시켜야 한다).

2) 대판 2010.4.15, 2009다99396 ; 대판 2020.6.25, 2018다292418.

3) 대판 2015.6.11, 2014다87496.

4) 법령 개정으로 인한 경우는 이에 포함되지 않는다(대판 2014.10.27, 2012다70388. 최저임금법 개정관련).

5) 〈사납금과 관련된 과거 판결들이 이 문제를 많이 다룸〉 대판 1994.4.12, 92다20309 ; 대판 1995.2.28, 94다8631 ; 대판 1998.1.20, 97다18936 대판 1998.1.20, 97다18936 ; 대판 1998.4.24, 97다54727 ; 대판 1999.11.12, 98다49357; 대판 2002.8.23, 2002다4399 ; 대판 2009.10.15, 2007다72519.

할 수 없는 경우(근기령 §4)'에 해당함으로써, 고용장관이 따로 그 방법을 정할 수 있다. 그러나 고용장관은 이에 대해 따로 정하지 않고 있다.

(나) **산업재해보상보험법**(제7장 제2절, 4·가)

2·바. 평균임금 조정(제7장, 제2절 4·가, (3))

근기령과 산재법은 장기간의 임금변동 등을 감안해서 업무상질병·부상[1]에 있어 평균임금조정을 인정하고 있다. 업무상질병·부상으로 인하여 요양후에 퇴직하면 퇴직금산정을 위한 평균임금은 조정된 평균임금으로 하고, 조정요건에 해당되지 않으면 휴업급여를 수령할 때에 적용받은 평균임금이 적용된다.[2]

3. 통상임금

3·가. 연 혁

근기법은 제정될 때에 통상임금제도를 도입하면서 초과근로수당과 연차유급휴가수당을 통상임금으로 산정한다는 규정만 두었고, 개념이나 적용방법을 규정하지 않았다. 근기법은 1961년에 해고예고수당과 1996년에 휴업수당을 적용대상에 추가하였다. 근기령은 1969년에 시간급·일급·주급·월급 등의 시간급환산방법을 간략히 규정했다. 근기령은 1982년에 정기성·일률성을 중심으로 통상임금개념을 정립하였다. 노동부는 근기령을 기초로 1988년에 예규형식을 갖춘「통상임금산정지침」을 제정하여 시행하였다. 이 지침은 노동시장에서 정착되어 적용되어 오다가 이에 반하는 판결들이 나오면서 혼란이 초래되었는데, 이러한 혼란은 '2013년의 대법원전원합의체판결'[3](2013년전원합의체판결)로 해소되었으며, 행정지침도 이에 따라「통상임금노사지도지침」으로 변경되었다.

'2013 전원합의체판결'은 이후의 판결에서 기준으로 작용해오다가, 통상임금구성요소중의 하나로 제시한 고정성에 대해 재직기준·근무일수기준·신의칙을 중심으로 많은 논란이 제기되자, '2024년 대법원전원합의체판결'[4](2024년전원합의체판결)이 근기

---

1) 서울행판 2011.1.18, 2010구단12579. 퇴직한 때로부터 3개월이후에 직업병진단이 확정된 근로자에 대하여는 평균임금, 즉 퇴직일이전 3월간 받은 임금액을 기초로 산정한 평균임금에 평균임금증감을 거친 금액과 직업병진단일기준 노동통계조사보고서상 동종직종 근로자임금액(특례평균임금)에 평균임금증감을 거친 금액을 비교하여 큰 금액을 그 근로자의 평균임금으로 해야 한다.

2) 〈사례〉 근로기준과-517, 2011.1.31. [긍정] 임원 및 3급이상 직원에게 지급되는 직급보조비가 업무수행에 따른 비용을 충당하기 위해 사용되는 경비라면 실비변상으로 지급되는 금품으로써 임금으로 보기 어렵다.

3) 대판(전) 2013.12.18, 2012다89399(정기상여금관련) 및 2012다94643(복리후생비관련).

4) 대판(전) 2024.12.19, 2020다247190(재직조건관련) 및 2023다302838(근무일수조건관련). 이 판결 선고일이후의 통상임금산정부터 적용.

령에 명시되어 있지 않은 고정성을 통상임금구성요소에서 제외하는 새로운 법리를 정립하였다.

3·나. 통상임금 적용

근기법이 통상임금을 적용하도록 직접 명시하고 있는 근로조건은 평균임금정의(§2), 해고예고수당(§26), 연장·휴일·야간근로가산수당(§56), 휴업수당(§46), 연차유급휴가수당(§60)이다. 휴업수당과 연차유급휴가수당에 대해서는 평균임금과 선택적[1] 또는 순차적[2]으로 적용할 수 있다. 이 밖에도 다른 법들이 통상임금을 적용토록 하는 규정을 두고 있다.[3]

근로조건은 개별적근로관계법(근기법 등)에 명시되어 있거나,[4] 해석[5] 또는 다른 법의 규정에 따르거나,[6] 당사자가 정함으로써 유급으로 부여될 수 있다. 유급의 개념은 근기법에 규정되어 있지 않다. 연장·휴일근로임금처럼 실제로 근로를 제공한 경우에는 통상임금으로 산정하는 것이 자연스럽다.[7] 공민권행사에 대해서는 관련법에 규정이 있으면 임금이 지급된다.[8] 이 때 관련법[9]의 표현인 '휴무 또는 휴업으로 보지 않는다'는 유급 나아가서 통상임금을 의미하는 것으로 해석할 수밖에 없다. 당사자가 유급으로 정하면서 산정기초를 밝히지 않아도 같다.

일·숙직비는 부수적근로계약에 따른 별도 근로의 대가라는 이유로 통상임금으로 책정하지 않고 약정된 금액으로 지급될 수 있다.[10]

---

1) 연차유급휴가수당은 통상임금 또는 평균임금으로 지급토록 되어 있어 2가지중 어느 임금으로도 주더라도 법위반이 아니다. 따라서 통상임금이 그 기준이 되는 것이 일반적이다.

2) 평균임금의 70%에 해당하는 금액이 통상임금을 초과하면 통상임금을 휴업수당으로 지급할 수 있다.

3) 단시간근로자초과근로제한(기단법 §6), 출산전후휴가지원(고평법 §18·고보법 §76), 급여기초임금일액(고보법 §45), 승선통상임금정의(선원법 §2xi), 상계제한(선원법 §31), 선원근로계약해지예고(선원법 §33), 실업수당(선원법 §37), 승무선원부상·질병 중 임금(선원법 §54), 어선원임금특례(선원법 §57), 시간외근로수당등(선원법 §62), 예비원(선원법 §67), 유급휴가급(선원법 §73), 상병보상(선원법 §96), 행방불명보상(선원법 §101), 소지품유실보상(선원법 §102), 상병급여[「어선원및어선재해보상보험법」('어재법') §24], 행방불명급여(어재법 §29), 소지품유실급여(어재법 §30).

4) 임산부보호(근기법§74), 유급수유시간(근기법§75), 배우자출산휴가중 유급 3일분(고평법§18의2), 태아검진시간(근기법§74의2).

5) 연장·휴일근로임금(근기법 §56).

6) 일부 공민권행사(공직선거법 §6)와 공의 집무집행(예비군법 §10 및 민방위기본법 §27 등).

7) 근기법(§56)은 연장·휴일근로에 대해 "통상임금의 50/100 이상을 가산하여"라고만 규정하고 해당근로시간의 근로에 대한 임금을 거론하지 않고 있다. "통상임금의 50/100 이상을 가산하여"라는 표현은 연장·휴일근로에 대해 임금의 지급근거가 통상임금이고 이를 기초로 50%를 가산하라는 의미로 확대하여 해석할 수 있다.

8) 근기 1455-8213, 1982.3.24 ; 근기 01254-126, 1993.6.29 ; 임금근로시간정책팀-1198, 2006.5.29 등.

9) 「공직선거법」 제6조, 「예비군법」 제10조 및 「민방위기본법」 제27조 등.

10) 서울민지판 1992.9.24, 90가합90460.

3·다. 통상임금 포함임금

(1) 통상임금 개념

① 근로기준법시행령

통상임금이란 '근로자에게 정기적이고 일률적으로 소정근로 또는 총근로에 대해 지급하기로 정한 시간급금액, 일급금액, 주급금액, 월급금액 또는 도급금액'을 말한다(근기령 §6①). 이 규정에 대해 모법의 위임이 없어 강행적효력을 인정하기 어렵다는 견해가 많으나,[1] 합헌으로 인정된다.[2]

② 2024년 대법원전원합의체 판결

근로자가 소정근로를 온전하게 제공하면 그 대가로 정기적·일률적으로 지급토록 정해진 임금은 그에 부가된 조건의 존부나 성취가능성과 관계없이 통상임금에 해당한다. 통상임금의 개념은 법령부합성, 강행성, 소정근로가치반영성, 사전산정가능성, 정책부합성을 종합적으로 고려하여 정립될 수 있다.

(2) 통상임금 판단기준

① 판단기준의 설계

㈎ 통상임금 구성요소

통상임금구성요소는 임금해당성과 형식불문성을 전제적구성요소로, 소정근로성과 지급예정성을 기본적구성요소로, 정기성·일률성을 구체적구성요소로 구분될 수 있다.

㈏ 구성요소 적용방법

통상임금구성요소를 충족하는지는 단체협약·취업규칙·근로계약 등에 명시된 내용으로 판단하나, 지급요건이 명시적이지 않더라도 지급관행 등을 종합적으로 고려하여 판단할 수 있다.

② 구성요소별 판단

㈎ 전제적 구성요소

㉮ 임금해당성

근로자가 받는 금품이 통상임금산정의 대상이 되려면 임금(같은장 제1절, 2)의 범위에 포

1) 김영문, 「통상임금과 그 산정기준에 관한 연구」, 196쪽 ; 김희성, "통상임금에 관한 법적 문제점과 개선방안", 「노동법논총」 제28집, 한국비교노동법학회, 2013.8, 300쪽 ; 김기덕, "노동부예규 「통상임금산정지침」에 관한 검토", 「노동과 법」 제6호, 전국금속산업노동조합연맹법률원, 2006.4, 221쪽 ; 김소영, "판례법리에 의한 통상임금 판단기준의 경향과 변화", 「노동법논총」 제25집, 한국비교노동법학회, 2012.8, 302쪽.
2) 헌재 2014.8.28, 2013헌바172·2013헌바317(병합). 포괄위임금지원칙 위배여부를 판단할 문제가 아님.

함되어야 한다. 복리후생금품, 성과급 등도 임금에 해당되면 다른 통상임금구성요소를 충족하는지로 통상임금성이 판단된다.

㉯ 명칭불문성

통상임금해당여부는 명칭과 같은 형식이 아니라 실질로 판단되어야 한다. '명칭불문성'은 행정해석이나 판례에서도 일반적으로 인용되어 왔다. 명칭과 실질이 다른 경우에는 실질에 따라 판단된다.[1)]

(나) 기본적 구성요소

㉮ 소정근로성

(a) 소정근로에 대한 규정

근기령은 통상임금의 개념을 정의하면서 "소정근로 또는 총근로"라는 표현과 이를 확인하는 의미인 "시간급금액, 일급금액, 주급금액, 월급금액 또는 도급금액"이라는 표현을 쓰고 있다.

'2024년 전원합의체판결'은 통상임금을 "소정근로를 온전하게 제공하면 그 대가로서 지급된 임금"으로서 통상임금의 구체적구성요소인 정기성·일률성을 갖춘 임금으로 표현하고 있다.

(b) 소정근로성의 의미와 효과

ⓐ 소정근로대가의 의미

소정근로대가는 그 의미를 두 가지로 새길 수 있다. 먼저, '소정근로시간에 대응하여 지급되는 금품'은 당연히 통상임금에 포함된다. 다음으로, '소정근로외의 시간에 대한 대가가 아닌 것' 또는 '소정근로시간만 근로해도 지급되는 것'[2)]으로 이해될 수 있다. 1개월초과기간에 대해 지급되는 상여금·체력단련비·명절선물비 등을 포함한 많은 수당은 전자의 기준에서 보면 소정근로대가가 아닐 수 있으나, 후자의 기준으로 보면 소정근로대가로서 다른 기준을 충족하느냐에 따라 통상임금해당여부가 결정된다.[3)]

ⓑ 명확하게 소정근로대가가 아닌 금품

명확하게 소정근로대가가 아닌 금품은 다른 기준을 따지지 않고 통상임금에 포함되지 않는다.

---

1) 대판 2011.9.8, 2011다22061 ; 근로개선정책과-4079, 2011.11.2. 등 다수.
2) 대판 2020.8.20, 2019다14110·14127·14134·14141.
3) 일부판례(대판 1992.5.12, 91다9335 ; 대판 1996.2.9, 94다19501 ; 대판 2003.6.13, 2002다74282)는 '소정근로시간의 근로에 직접 또는 비례적으로 대응하여 지급되는 임금이 아니라도'라는 표현을 쓰면서 소정근로시간에 대응하여 지급되는 것이 아닌 금품에 대해 통상임금개념의 다른 구성요소를 충족하면 통상임금성 인정.

(ㄱ) 소정근시간외 근로와 가산수당

소정근로시간을 초과하여 근로를 제공하여 지급받는 임금은 소정근로대가가 아니다. 연장근로[1]나 휴일근로에 대한 임금이나 수당이 여기에 해당한다.

소정근로시간에 제공되더라도 해당근로에 대한 대가외에 가산하여 지급되는 금품은 소정근로대가가 아니다. 야간근로가산수당이 그렇다.

(ㄴ) 근로계약상외의 근로에 대한 대가

근로계약에서 제공하기로 정한 근로외의 근로를 특별히 제공함으로써 사용자로부터 추가로 지급받는 임금은 소정근로대가가 아니다.

(ㄷ) 소정근로기간과 관련이 없는 금품

소정근로시간의 근로와는 관련없이 지급받는 임금은 소정근로대가가 아니다. 일·숙직수당, 연차유급휴가미사용수당 등이 여기에 해당한다.

(ㄹ) 복리후생비

복리후생비라는 이유만으로는 소정근로성을 부인할 수 없는 것이 원칙이나, 순수한 복리후생비는 실비변상적이거나 은혜적인 금품으로 소정근로성이 부정될 수 있다.[2] 부양가족수에 따라 차등지급되는 가족수당 즉, 진성가족수당은 근로의 대가로 보기 어려워 임금에 해당되지 않을 뿐더러, 소정근로가치평가와 관련이 없다. 모든 근로자에게 가족과 관계없이 일정금액을 기본금액으로 지급하는 가족수당은 소정근로성을 가지므로 통상임금에 해당된다.[3]

(ㅁ) 성과급

'2024년 전원합의체판결'은 '2013년 전원합의체판결' 등이 고정성을 갖추지 못했다는 이유로 통상임금성을 부정했던 '근무실적에 따라 지급되는 성과급'에 대해 일정한 업무성과나 평가결과를 충족하여야 지급되므로 소정근로대가성을 갖추지 못했다는 이유로 통상임금성을 부인한다.

'2024년 전원합의체판결은 성과급중에서 근무실적과 관계없이 지급되는 최소지급분에 대해, '2013년 전원합의체판결' 등[4]이 고정성을 이유로 통상임금성을 인정한 것과는 달리, 소정근로의 대가에 해당한다는 이유로 통상임금성을 인정한다.

---

1) 대판 2021.11.11, 2020다224739. 〈통상임금부정〉 고정시간외수당(고정 OT).
2) 대판 2015.6.24, 2012다118655. 통상임금 부정, 운전자들에게 지급한 1일 1,500원의 식권 3장, 재직운전자 전원을 운전자공제회에 가입시키고 대납한 운전자공제회 공제료 관련.
3) 대판 2015.11.27, 2012다10980. 한국지엠사건(같은 내용 : 대판 2015.11.26, 2013다69705. 한국지엠사건).
4) 대판 2020.6.11, 2017다206670.

'전년도근무실적을 평가하여 해당년도지급액이 정해지는 업적연봉은 초과근로를 제공할 당시에 평가대상기간이 완료된 상태라면 사전확정성이 확보되어 있어 고정성이 인정된다'면서 통상임금성을 인정한 판결[1]이 '2024년 전원합의체판결'에도 불구하고 효력을 가질 것인지에 대해 논란이 있을 수 있다. 해당임금의 수준이 '일정한 업무성과나 평가결과'에 따라 결정되므로 '2024 전원합의체판결'이 제시한 소정근로성을 충족하기 어려워 통상임금성이 부인될 것이다.

'2024 전원합의체판결'은 운수회사에서 일정기간동안 교통사고가 발생하지 않을 것을 조건으로 지급하는 무사고수당에 대해, 무사고라는 조건의 성취여부가 불확실하기 때문이 아니라 소정근로제공외에 무사고라는 추가적인 자격요건달성에 대한 보상으로서 지급되는 것이어서 소정근로대가성이 결여된다는 이유로 통상임금성을 부정한다.

(c) 소정근로와 비교되는 개념

ⓐ 임금결정형태

근기령(§6 ①)은 통상임금을 시간급, 일급, 주급, 월급 및 도급금액이라고 표현함으로써 연봉급을 직접 언급하지 않고 있다. 소정근로임금은 연봉급으로 결정될 수 있다. 근기령(§6 ② v)은 '일・주・월외의 일정한 기간으로 정한 임금'의 시간급환산방법에 대해 규정하고 있다. 이러한 표현은 연봉의 시간급환산방법에 대해서도 적용될 수 있다.

ⓑ 총근로

근기령 및 일부판례[2]는 통상임금산정기초로 소정근로와 총근로를 같이 나열하고 있는데, 이어지는 표현인 '시간급・일급・주급・월급 또는 도급금액'과 대비시키면 총근로는 도급금액에 해당되는 사항임을 추정할 수 있다. 그럼에도 불구하고 고정수당을 총근로에 대한 대가라는 이유로 통상임금이라고 본 판결[3]이 발견된다. 초과근로까지 포함한 총근로에 대한 대가를 통상임금으로 하여 다시 초과근로수당을 산정하는 기초로 사용하는 것은 모순이다. 고정수당을 총근로의 대가로 보는 논리는 총근로속에 초과근로에 대한 대가가 포함되어 있으므로 따로 초과근로수당을 지급하지 않아도 된다는 부당한 논리를 가능하게 하며 실제로 이러한 취지의 판결[4]이 나오기도 했다.[5] 근기법(§ 47)은 도급이나 그 밖에 이

1) 대판 2016.1.14, 2012다96885 ; 대판 2017.9.26, 2016다238120 ; 대판 2020.6.11, 2017다206670 ; 대판 2021.6.10, 2017다52712 ; 대판 2021.6.10, 2017다49297.
2) 대판 1990.12.26, 90다카12493.
3) 대판 2005.9.9, 2004다41217. 전사원에게 정기・일률・고정적으로 지급된 산업안전보건비 관련.

에 준하는 제도로 사용하는 근로자에 대해 근로시간에 따라 일정액의 임금을 보장토록 규정하고 있다. 이러한 부분은 소정근로에 대한 댓가로 볼 수 있다.

㈏ 지급예정성

통상임금은 사전적인 성격을 가진다. 통상임금은 '지급하기로 정한' 임금만을 포함한다는 점에서 실제로 지급한 임금으로 산정되는 평균임금과 다르다.[1] 초과근로수당도 지급률이 미리 정해져 있으나 소정근로성을 충족하지 못해 통상임금에 포함되지 않는다.

소급인상이나 소급결정분도[2] 다른 요건을 충족하면 통상임금에 해당되며 임금결정시기는 통상임금판단에 영향을 미치지 못한다.

㈐ 구체적 구성요소

통상임금의 구체적구성요소는 정기성과 일률성이다. '2013 전원합의체판결'은 근기령에 명시되어 있지 않은 고정성을 요건으로 제시하면서, 재직조건과 근무일수조건이 설정되어 있으면 고정성이 없다는 이유로 통상임금성을 부정하였다. 그러나 '2014 전원합의체판결'은 고정성을 통상임금구성요소에서 제외하고 '2013 전원합의체판결' 등을 이 판결과 배치되는 범위에서 변경하였다. 따라서, 고정성을 판단하는 요소였던 근무일수[3]나 재직여부[4]는 통상임금성을 판단함에 있어 고려요인이 아님을 명확히 하고 있다.

㉮ 정기성

통상임금으로 인정되기 위해서는 정기성의 요건이 충족되어야 한다. 정기성이라 함은 미리 정해진 일정기간에 계속 지급되는 것을 말한다. '2013 전원합의체

---

4) 대구지판 2013.5.14, 2011가단12153.

5) 행정지침이 총근로에 관해서는 언급하지 않은 것은 이러한 문제점을 고려한 것으로 보인다. ↘ 385쪽

1) 대판 1996.3.22, 95다56767 등 다수.

2) 대판 2021.8.19, 2017다56226, 소급기준일이후 임금인상합의전까지 소정근로를 제공할 당시에는 임금인상여부나 폭이 정해지지 않았더라도, 소급분지급을 기대할 수 있었고, 소급적용합의의 효력에 의해 소급기준일이후 소정근로대가가 인상된 기본급을 기준으로 확정되었다고 볼 수 있다. 이러한 노사합의는 소정근로에 대한 추가적인 가치평가시점만을 근로제공이후로 미룬 것으로 추가조건충족이 요구되지 않으므로 소정근로제공에 대한 보상이며 고정성을 갖춘다. ; 대판 2021.8.26, 2017다269145 ; 대판 2021.9.9, 2021다219260.

3) 근무일수조건이 부가되어 있다는 사정만으로 통상임금성이 부정되지 않는다. 근로자의 실제근무일수가 소정근로일수에 미치지 못하여 근무일수조건부임금을 지급받지 못하더라도, 그 임금이 소정근로대가성, 정기성, 일률성을 갖추고 있는 한 통상임금에 산입되어야 한다. 통상임금은 실제근무일수나 실제수령임금에 관계없이 소정근로가치를 반영하여 정한 기준임금이기 때문이다. 반면 소정근로일수를 초과하는 근무일수조건부임금은 소정근로를 넘는 추가근로의 대가이므로 통상임금이 아니다.

4) 통상임금은 실근로와 구별되는 소정근로가치를 반영하는 도구개념이므로, 계속적인 소정근로제공이 전제된 근로관계를 기초로 산정하여야 한다. 재직은 근로계약에 따라 소정근로를 제공하기 위한 당연한 전제이다. '근로관계종료는 실근로제공을 방해하는 장애사유일 뿐, 소정근로시간에 제공하기로 정한 근로의 대가와는 개념과 관련이 없다. 따라서 재직조건이 부가되어 있다는 사정만으로 소정근로 대가성이 부정되지 않는다.

판결'이후의 판결은 1임금지급주기를 정기성요건으로 보지 않으며,[1] 지급주기가 1개월을 넘는다는 사정만으로 통상임금에서 제외하지 않는다.[2]

통상임금성격의 임금이 1개월을 넘는 기간마다 정기적으로 지급토록 정한 것은, 노사합의로 지급기간을 정한 것일뿐이지, 지급받는 금품의 성격을 결정하지는 않는다. 1개월을 넘어 2개월, 분기, 반기, 년의 단위로 지급되더라도 정기적으로 지급되는 상여금[3]·체력단련비·명절휴가 등은 정기성요건을 충족한다.[4]

㈏ 일률성

통상임금으로 인정되기 위해서는 해당임금이 일률성의 요건을 충족해야 한다. 일률성은 '모든 근로자에게 지급되는 것'뿐만 아니라 '일정한 조건 또는 기준에 달한 모든 근로자'에게 지급되는 것도 포함한다.[5]

'일정한 조건 또는 기준'은 작업내용·작업환경[6]·기술·자격[7]·직책 등과 같이 소정근로의 가치평가와 관련되어야 하며,[8] 시시때때로 변동되지 않는 조건·기준이어야 한다. 노사지도지침은 근속기간에 대해 '일정한 조건 또는 기준'이라고 하면서 일률성을 인정한다.[9] 해외근로수당에 대해서도 같이 취급하는 판결[10]이 발견되는데, 임금성을 부정한 판결(같은장, 제1절 2·다.(4),②,㈏,㉮)[11]과 배치된다.

휴·복직자 및 징계대상자에 대해 지급이 제한되는 임금은 해당근로자의 개인적 특수성을 고려한 것일뿐이므로, 정상적인 근로관계를 유지하고 있는 근로자에 대해서도 일률성이 인정된다.

---

1) 같은 취지의 판결(대판 1992.5.12, 91다9335 ; 대판 1996.2.9, 94다19501 ; 대판 2003.6.13, 2002다74282 ; 대판 2012.3.29, 2010다91046)을 인정. 이에 반하는 판결(대판 1990.2.27, 89다카2292 ; 대판 1990.11.9, 90다카6948 ; 대판 2002.6.11, 2001다16722 등)은 실효.

2) 학설도 과거판례의 입장 지지 ; 임종률, 『노동법』, 제11판, 392쪽 ; 김형배, 『노동법』, 제21판, 376쪽.

3) 대판 2018.12.27, 2016다10131 ; 근로기준정책과-4177, 2015.9.3. 단협 등에 의해 상여금에 대해 통상임금을 지급기준으로 하더라도, 법정통상임금과 개념을 달리하므로, 순환오류문제 미발생 (서울고판 2012.11.23, 2012나23773 ; 광주지판 2014.7.10, 2013가합54767 등 참조).

4) 대판 2020.8.20, 2019다14110·14127·14134·14141. 2개월 단위로 100%, 명절과 하기휴가 50% 지급.

5) 2013년의 대법원전원합의체판결 ; 대판 1994.5.24, 93다31979 ; 대판 2003.4.22, 2003다10650 ; 대판 2005.9.9, 2004다41217 ; 대판 2007.6.15, 2006다13070 ; 대판 2015.11.27, 2012다10980. ; 대판 2018.7.12, 2013다60807.

6) 야간교대수당은 심야교대조 근무에 따른 근로의 가치를 금전적으로 평가한 것으로서 소정근로의 대가이며 일률성과 고정성을 모두 가진다(대판 2021.9.30, 2019다288904 / 대판 2021.9.30, 2019다288898).

7) 대판 2020.6.25, 2015다61415. 〈통상임금인정〉 자격수당.

8) 대판 2018.9.28, 2016다212869·212876·212883·212890. 4/3교대조수당. 연장근로감소분 보전을 위해 도입되었다는 이유로 부정 곤란. 일시적, 유동적 조건이 아니라 고정적 조건에 해당.

9) 대판 2015.6.24, 2012다118655. 〈통상임금인정〉 시내버스 갑지의 승무운전자에게 지급한 1일 1,500원의 승무수당, 근무일수에 따라 일률적으로 1일 3,500원으로 계산하여 지급한 CCTV수당.

10) 대판 2020.6.11, 2018다249308. 〈통상임금인정〉 해외파견직원'에게 직급별로 매월 일정한 금액으로 지급되는 해외수당.

11) 대판 1990.11.9, 90다카4683. 해외근로생활비·주거비 등 비용보전으로서 사용자부담이 타당.

(3) 통상임금과 합의

① 효력부인

대부분의 판례는 당사자가 합의하여 통상임금에 포함되는 성격의 임금을 통상임금에서 제외하면 각종 법정수당 등을 산정함에 있어 가산율 또는 지급일수외에 별도의 최저기준이 없으므로, 법정근로조건에 미치지 못하는 계약(근기법 §15①)이 되어 무효라고 해석하고 있다.[1] 이에 대해 통상임금성격의 임금을 통상임금에서 제외하더라도 그 합의가 전부 무효가 되는 것은 아니라는 취지의 판결[2]이 발견되나, "2013 전원합의체판결"은 이러한 노사합의가 무효임을 명확히 하고 있다.

근로시간을 단축하면서 임금을 삭감하지 않는 데 대한 대상조치로서의 노사합의인 "통상임금 동결 약정"은 무효이고, 통상임금은 법정기준에 따라 산정되어야 한다는 해석[3]이 발견된다.

② 법정외 기준 적용

근기법상 기준이 적용되지 않는 수당에 대해, 근기법상의 개념이나 범위와 다른 통상임금을 적용하는 합의는 유효하다.[4]

3·라. 통상임금 환산

(1) 총 론

① 법령규정

통상임금은 시간급으로 산정함이 원칙이다. 통상임금을 계산기초로 사용하는 근로조건 즉, 연장·야간·휴일근로가 시간단위로 산정되기 때문이다. 근기령(§6)은 '일급·주급·월급·일주월외일정기간' 임금, 도급금액과 '2이상의 방법으로 구성된 임금'의 시간급환산방법을 규정하고 있다. 주급·월급은, 유급휴일·휴가수당상당액을 포함하고 있어 따로 그 지급액을 계산하지 않아도 되나, 결근·지각 등 근로를 제공하지 않은 시간에 대한 임금을 삭감하거나, 주중결근으로 인해 주휴수당을 삭감할 때에 삭감분을 계산하기 위해 시간급환산이 필요하다.

---

1) 대판 1993.5.11, 93다4816 ; 대판 1993.11.9, 93다8658 ; 대판 1994.5.24, 93다5697 ; 대판 1994.2.22, 93다9620. 식대보조비 관련 ; 대판 1993.5.27, 92다20316 ; 대판 1993.5.27, 92다24509 ; 대판 1997.6.27, 95누17380. 중재재정이나 단체협약을 통하더라도 마찬가지 ; 대판 2006.6.23, 2005다54029. 안전보건비와 개인연금보조비를 제외 ; 대판 2009.12.10, 2008다57852. 특정유급휴일근로수당, 연차휴가수당 및 휴일근로수당 관련 ; 대판 2016.8.29, 2011다37858. 명절휴가비와 교통보조비를 통상임금으로 보고 이를 제외한 합의 부인.

2) 대판 2007.11.29, 2006다81523. 통상임금산입수당을 통상임금에서 제외하는 합의는 전부가 무효로 되는 것이 아니라 법정기준과 전체적으로 비교하여 그에 미치지 못하는 근로조건이 포함된 부분에 한하여 무효.

3) 근로개선정책과-1773, 2013.3.19.

4) 대판 2018.9.28, 2016다212869·212876·212883·212890. 4조3교대 추가 휴무일 수당 관련.

② **소정근로시간**

통상임금환산은 소정근로시간을 기초로 이루어진다. 소정근로시간은 "법정기준근로시간(근기법 §50,§69 산안법 §139①)의 범위에서 근로자와 사용자가 정한 근로시간"으로 정의된다(근기법 §2①viii).[1] 1일소정근로시간을 정한 상태에서, 임시적·특수적인 사유로 1일소정근로시간보다 적은 시간을 근로하도록 정하더라도 이는 편의적·임시적인 운용이므로, 원래의 소정근로시간을 통상임금환산의 기초로 보는 판결[2]이 발견된다.

(2) 시간급통상임금 환산

① **일급·주급·월급**

㈎ **환산방법**

㉮ **일 급**

일급의 시간급통상임금환산은 일급금액을 1일소정근로시간수로 나누어 산정한다. 일급금액이란 1일을 단위로 지급하기로 정하여진 통상임금을 말하며, 실제로 지급된 1일의 임금인 일당의 개념과는 구분된다. 통상임금산정을 위한 일급금액은 통상임금포함금품이어야 함은 물론이다.

㉯ **주 급**

주급금액으로 정하여진 임금에 대하여는 그 금액을 1주의통상임금산정기준시간수로 나눈 금액이 시간급통상임금이다. 주급금액이란 1주를 단위로 하여 지급하기로 정해진 통상임금을 말한다. '1주의통상임금산정기준시간수'는 '1주의 소정근로시간'과 '소정근로시간외에 유급으로 처리되는 시간'을[3] 합산한 시간이다.[4]

㉰ **월 급**

월급금액으로 정해진 임금에 대하여는 그 금액을 월의통상임금산정기준시간수로 나눈 금액이 시간급통상임금이다. 월급금액이란 1월을 단위로 하여 지급하기로 정하여진 통상임금을 말한다. 월의통상임금산정기준시간수는 1주의통상임금산정기준시간수에 '1년동안의 평균 주의 수'를 곱한 시간을 12로 나눈 시간이다. '1년간의 평균주수'는 365일을 7일로 나누어 산정한다.

---

1) 일반근로자는 1일8시간, 18세미만연소근로자는 1일7시간, 고기압하의 유해·위험작업근로자는 1일6시간 범위 내에서 근로자와 사용자간에 정한 근로시간.

2) 취업규칙으로 겨울철근무시간을 단축하여 운용해도 계절적요인을 고려한 편의적·은혜적조치이며, 시간급통상임금을 인상하려는 취지는 아니므로 월의통상임금산정기준시간수를 산정함에 있어 고려되지 않는다(대판 1990.12.26, 90다카12493 ; 대판 1992.2.11, 91다12202 ; 대판 1996.10.25, 96다5436 / 〈반대판결〉 대판 1995.6.29, 94다18553.

3) 주40시간근로에 있어 휴무일을 약정휴일로 하면 각각 그에 해당하는 시간을 포함하므로 '주의 통상임금산정기준시간수'는 56시간(40+8+8)이 된다(근기 68207-2326, 2000.8.3).

4) 대판 1985.12.24, 84다카254 ; 대판 1991.6.28, 90다카14758.

㈏ 소정근로시간외 유급처리시간

'1주소정근로시간'은 물론이고 '소정근로시간외에 유급으로 처리되는 시간'도 '1주의통상임금산정기준시간수'에 포함되고 나아가서 '월의통상임금산정기준시간수'의 계산에 반영된다. 순수한 형태의 주급·월급에는 유급휴일수당이 포함되어 있다. 근로자에게 지급된 월급에 통상임금으로 볼 수 없는 유급휴일수당이 포함되어 있어 월급금액으로 정하여진 통상임금을 확정하기 곤란한 경우, 유급휴일근로의제시간을 소정근로시간과 합하여 총근로시간을 산정한 후, 유급휴일수당이 포함된 월급을 총근로시간수로 나누어 시간급통상임금을 산정할 수 있다.[1] 소정근로시간을 법정기준근로시간으로 운용할 경우, 휴일근로의제시간을 8시간으로 보는 것이 보편적이나,[2] 1주소정근로시간수를 1주소정근로일수로 나눈 시간에 해당하는 금액으로 산정하더라도[3] 이를 위법으로 보기 어렵다. 주휴수당에 대해 노사합의로 '가산율 150%'를 적용하여 지급하더라도 주휴수당의제시간을 판단하는데 있어 그러한 가산율을 고려하지 않는다.[4] 유급휴일근로의제는 약정유급휴일수당에도 적용되며 해당시간은 취업규칙 등으로 정한 시간이 된다.[5]

㈐ 임금지급형태별 환산시간

㉮ 일 급

일급의 시간급통상임금은 일급금액을 1일소정근로시간수를 법정기준으로 정하면 8시간이다.

㉯ 주 급

일반근로자로서 법정기준근로시간인 1주40시간을 소정근로시간으로 정하고, 유급휴일소정시간을 8시간으로 한 경우, 주의통상임금산정기준시간수는 법정주

---

1) 대판 1998.4.24, 91다12202 ; 대판 2018.12.27, 2016다39538·2016다39545 ; 대판 2012.3.29, 2010다91046 ; 대판 2012.7.26, 2011다6106 ; 대판 2014.8.28, 2013다74363.

2) 근기 01254-11478, 1989.11.3 ; 근기 01254-14463, 1990.10.17 ; 근기 68207-862, 1994.5.27 ; 임금-2507, 2004.7.9 ; 대판 1991.1.15, 90다카25734 ; 대판 1990.12.26, 90다카13465) ; 〈논리적근거〉 1일법정기준근로시간이 8시간임, 보편적으로 근로하는 날에 받는 임금임, 계산의 간편성 및 근로자보호.

3) 임종률, 『노동법』, 제11판, 393쪽. '1일의 소정근로시간'을 "흔히 8시간"이라고 표시함으로써 다른 계산방법에 대한 판단을 유보하고 있다. 주40시간을 6일에 걸쳐 근로하면, 주당소정근로시간을 6일로 나눈 1주간 1일평균소정근로시간 즉, 6시간40분(40시간÷6일)으로 보는 것이 그 예이다. 이 경우 유급휴일수당은 시간급통상임금에 6시간40분을 곱한 금액이 될 것이다.

4) 대판(전) 2020.1.22, 2015다73067(**한국노동법학회, 『노동판례백선』 제2판**, 89쪽. 대상판결은 근기법이 정한 기준근로시간을 초과하는 약정근로시간에 대한 임금으로서 월급형태로 지급되는 고정수당을 시간급통상임금으로 환산하는 방법에 관해 종전입장을 변경한 전합판결로 일급 도는 월급액 등의 방식으로 정해진 고정수당은 시간급통상임금으로 환산하는 계산식의 분모를 둘러싼 법적쟁점을 해설하고 있음).

5) 대판 2019.10.18, 2019다230899. 근로시간수에 포함되는 토요일의 유급으로 처리되는 시간은 취업규칙에서 정한 4시간이라고 보고, 이와 달리 토요일의 유급휴무일 근로시간이 8시간이라고 본 원심 파기.

당기준근로시간에 주휴일분 8시간을 합해서 48시간이 된다.[1)]

㉰ 월 급

일반근로자로서 법정기준근로시간인 1주40시간을 소정근로시간으로 정하고, 유급휴일소정시간을 8시간으로 한 경우의 계산례는 다음과 같다.[2)]

〈월의통상임금 산정기준시간수 계산례〉

(40시간 + 8시간) × 365일 / 7일 ÷ 12월 ≒ 209시간[3)]

이를 유추하여 계산하면 연소근로자는 183시간,[4)] 잠수・잠함작업은 174시간[5)]이 월의통상임금산정기준시간수가 된다.

㈑ **법정기준시간초과시간에 대해 지급되는 임금의 환산**

법정기준근로시간을 초과하는 약정근로시간에 대한 일급・주급・월급형태의 고정수당을 시간급통상임금으로 환산하기 위한 기준이 되는 총약정근로시간수는, 특별한 사정[6)]이 없다면, 초과부분에 가산률이 반영된 것을 고려해서 산정해야 한다는 '종전의 판례법리'[7)]를 변경하여 그러한 고려없이 실제근로약정시간만을 기초로 판단한다는 대법원전원합의체판결[8)]이 있다.[9)] 다만, 특별한 사정 즉 당

1) 연소근로자가 법정기준근로시간을 소정근로시간으로 정한 경우, 주당법정기준근로시간에 주휴일해당분 7시간을 더한다. 고기압하의 유해・위험작업근로자가 법정기준근로시간을 소정근로시간으로 정한 경우에는 주당 법정기준근로시간에 주휴일 해당분 6시간을 더하게 되므로 40시간이 된다.

2) 근기 68207-862, 1994.5.27 ; 대판 1991.1.15, 90다카25734 ; 대판 1990.12.26, 90다카13465 ; 1997.3.27 제정 근기령은 이들 두 판례의 입장을 받아들였다.

3) [{(40시간+8시간)×52주+8시간}÷12월]의 계산식을 쓰기도 한다(근기 68201-1568, 2003.12.3). 최저임금에 있어 월급의 시간급환산도 이 식을 쓰고 있다(같은장, 제3절, 3·라, (3), ② 참조).

4) (35시간+7시간)×365/7일÷12월≒183시간.

5) (34시간+6시간)×365일/7일÷12월≒174시간 : 법정기준근로시간이 1일6시간 1주34시간(산안법 §139).

6) 취업규칙 등에서 고정수당과 관련하여 기준근로시간내 소정근로의 시간급이 얼마인지, 연장근로와 야간근로의 시간급이 얼마인지 등을 명확하게 규정.

7) 〈종전판례법리〉 법정기준근로시간을 초과하는 약정근로시간에 대한 임금으로 매월고정수당을 지급받았다면, 고정수당에는 통상임금으로 볼 수 없는 유급휴일대응부분 외에도 연장・야간근로에 대응부분이 포함되어 있는데, 시간급환산을 위한 총근로시간에 유급휴일근로의제시간을 포함하고 연장・야간근로가산율을 고려하여야 한다(대판 2012.3.29, 2010다91046 ; 대판 2012.7.26, 2011다6106 ; 대판 2014.8.28, 2013다74363 등).

8) 대판(전) 2020.1.22, 2015다73067. 근기법 제56조는 연장・야간근로에 대해 가산지급한다는 규정일 뿐이지, 고정수당을 시간급으로 환산하기 위해 필요한 약정근로시간수를 확정할 때 가산율을 고려해야 할 법적근거는 존재하지 않는다.

9) 〈해당사건 ; 시간급계산〉 고정수당 : 기본근로시간 8시간+연장근로시간 5시간(그 중 30분은 야간근로)

	종전판례법리	전원합의체판결
일급	고정수당 / [기본근로 8시간 +(연장 4.5시간×150%)+(연장・야간 0.5시간×200%)]	고정수당 / (기본근로8시간 +연장 4.5시간+연장・야간0.5시간)
월급	고정수당 / {[1주기본근로 40시간 +주휴근로의제 8시간+(연장 22.5시간×150%) +(연장・야간근로 2.5시간 ×200%)]×365일÷12월÷7일}	고정수당 / [(1주기본근로 40시간+주휴근로의제 8시간 +연장 22.5시간+연장・야간 2.5시간)×365일÷12월÷7일]

사자가 종전의 판례법리에 따라 판단하기로 한 합의는 인정된다.

② 그 밖의 임금

㈎ 일 · 주 · 월외 일정기간

'일 · 주 · 월외의 일정기간으로 정해진 임금'을 시간급으로 환산하는 경우에는 일급 · 주급 · 월급의 경우에 준하여 산정한다(근기령 §6②vi). '1개월 초과기간'으로 정하여진 임금도, 통상임금성이 인정되므로, '준하여 산정하는 방법'이 적용된다. 구체적으로는 주급 · 월급의 시간급환산처럼 평균개념을 활용할 수 있는데, 1개월초과기간이 다양하므로 계산방법도 다양하게 나타날 수 있다. 연봉급도 소정근로시간에 대해 지급되는 임금이 될 수 있으므로(같은장, 제2절, 3·다 (2),②,㈏,㉮,(c),ⓐ) '준하여 산정하는 방법'으로 시간급통상임금을 환산한다. 평균임금의 예를 참고하여 12개월을 기준으로 하면서 '1주통상임금산정기준시간수'를 활용할 수 있을 것이다. 근기령규정을 준용하면 '년의 통상임금산정기준시간수'는 '1주의 통상임금산정기준시간수'에 '1년의 평균주수'를 곱하여 {(40시간+8시간)×365일/7일≒2,502시간}이 된다.

㈏ 도급임금

도급금액으로 정하여진 임금에 대하여는 그 임금산정기간에 있어서 도급제에 의하여 계산된 임금총액을 해당임금산정기간[1]의 총근로시간수로 나누어 시간급통상임금을 산정한다.

㈐ 혼합임금

근로자가 받는 임금이 시간급 · 일급 · 주급 · 월급 · 도급금액 등 2가지이상의 임금으로 구성되어 있는 경우에는 각각의 시간급환산액을 합산한 금액이 시간급통상임금이 된다(근기령 §6②vii).

(3) 일급통상임금 환산

통상임금을 일급금액으로 산정할 때에는 시간급금액(근기령 §6②)에 1일소정근로시간수를 곱하여 계산한다(근기령 §6③). 이 때 '1일소정근로시간수'도 유급휴일의 '1일소정근로시간수'처럼 8시간으로 하는 것이 일반적이나 40/6시간으로 하더라도 법위반으로 보기 어렵다. 평균임금이 통상임금보다 적으면 그 통상임금액을 평균임금으로 한다(근기법 §2②). 평균임금을 통상임금 이상으로 보호하는 이유는 평균임금을 산정하여야 하는 3개월사이에 결근 등으로 근로일수가 적은 경우에 평균임금이 지

---

1) 임금마감일이 있으면 임금마감기간을 말한다.

나치게 낮아지는 것을 막기 위해서이다.[1] 평균임금이 통상임금보다 낮은지를 판단하기 위해서는 일급통상임금이 계산되어야 한다.

4. 법정기준임금제도 개선

통상임금, 평균임금, 최저임금포함임금으로 구성되는 법정기준임금제도의 내용은 복잡하고 혼란스럽다. '평균임금이 적용되는 근로조건'에 평균임금이 적용되어야 할 당위성이 약하다.[2] 통상임금은 소정근로에 대한 임금이고 최저임금은 소정근로에 대해 보장되므로 성격이 비슷하다.

지급임금은 하나인데, 활용구조가 3가지로 존재하는 것은 투명성·예측가능성을 떨어트린다. 통상임금포함임금의 범위를 명확히 하면서 통상임금·평균임금·최저임금의 3분체계를 통상임금단일체계로 전환하는 것을 검토할 만하다.[3] 구체적으로는 일본[4]과 미국[5]의 예를 참고하여 제외금품을 열거하는 방식을 도입할 수도 있다.

---

1) 김형배, 『노동법』, 제20판, 364~365쪽.

2) 연차유급휴가수당에 대해 평균임금이 통상임금보다 낮을 때에는 통상임금이 평균임금이 되므로, 평균임금을 따로 규정할 필요가 적다. 휴업수당에 대해서는 '평균임금의 100분의70 이상'을 기준으로 하면서, 그 금액이 통상임금을 초과하면 통상임금을 기준으로 지급할 수 있다. 감급제재에 있어 감액은 '평균임금의 1일분의 2분의1'을 초과할 수 없으며, 그 총액이 '1임금지급기의 임금총액의 10분의1'을 초과하지 못한다. 산정기초를 평균임금으로 하면 징계시기에 따라 감액제한액이 다르고 초과근로를 많이 할수록 감급액이 많아지는 결과를 가져온다. 감급제한은 임금총액보다 통상임금을 기준으로 하는 것이 논리적이다. 퇴직급여는 평균임금을 기준으로 산정된다. 퇴직금산정기초를 평균임금으로 하면, 퇴직시점에 따라 퇴직금액이 달라진다. 따라서 사용자는 해고시점을 조절하는 방법으로, 근로자도 퇴직무렵에 초과근로를 많이 하는 방법으로 퇴직금액을 조절하려는 유혹을 받는다. 확정기여형퇴직연금급여의 경우에는 매년 사용자가 임금총액의 12분의1 이상의 금액을 근로자개인별구좌에 적립하도록 함으로써 그 책임을 면할 수 있으므로 평균임금개념과 다른 개념을 사용하고 있다. 확정급여형퇴직연금급여의 경우 평균임금개념은 사용자기여금에 대해 사용되지 않고, 급여에 대해서만 사용된다. 퇴직급여제도는 퇴직연금제도를 중심으로 하는 사회보험제도로 변하고 있다

3) 임종률 등 8인, 「근로기준법제의 중장기적 개선방안」, 노동부 용역보고서, 한국노동법학회, 2007.11, 49~50쪽. 가산임금을 제외하고 평균임금과 통상임금 항목을 가급적 일치시켜야 한다.

4) 「노동기준법」 제37조제5항은 할증임금의 기초를 '통상 근로시간이나 또는 근로일 임금'으로 제시하면서 가족수당, 통근수당 기타 후생노동성령에서 정하는 임금은 산입하지 않으며, 「노동기준법시행규칙」 제21조는 가족수당·통근수당외에 별거수당, 자녀교육수당, 주택수당, 임시로 지급된 임금, 1개월을 초과하는 기간마다 지급되는 임금을 산입에서 제외하고 있다.

5) FLSA(The Fair Labor Standard Act of 1938 : 공정근로기준법) 및 CFR(Code of Federal Regulations : 연방시행령)에 기준을 두고 있고 법원에 의해 포함여부가 결정된다. 근로자에게 지정된 모든 금품은 일반임금이나 '선물로 제공된 물품'·'크리스마스 등 특정일의 근로시간에 대해 제공된 금품'·'생산 또는 업무능률에 상관없이 서비스에 대한 대가로 선물의 성격으로서 지급된 금품'과 '근로제공과 무관한 금품'·'실비변상비용 등'·'보너스 등' 사용자가 임의로 지급한 금품은 제외된다.

제3절 임 금 결 정

1. 임금결정방법

1·가. 임금결정의 원칙과 기준

근로조건은 근로자와 사용자가 동등한 지위에서 자유의사에 따라 결정하여야 한다(근기법 §4). 임금수준, 임금체계, 임금계산단위 등은 단체협약 등을 통해 자율적으로 결정하는 것이 원칙이다. 임금수준은 근로자의 생계비, 생산성, 기업의 지급능력, 국민경제여건 등을 감안하여 합리적인 수준에서 결정되어야 하며, 임금체계는 각종수당이 방만하게 운영되거나 상여금이 본래의 취지를 잃고 고정급화하는 등의 문제가 발생치 않도록 하는 것이 바람직하다.

임금체계는 근기법의 테두리내에서 결정되어야 한다. 따라서 연봉제같은 제도를 도입하더라도 법령에 의해 예외가 인정되는 경우를 제외하고는 연장근로, 휴일근로 등에 대한 가산임금, 퇴직금 등 근기법이 그대로 적용된다(같은장 같은절,5).[1] 포괄임금약정의 요건에 해당되면 가산임금관련조항의 적용은 배제될 수 있다(같은장 같은절,6).

1·나. 상여금 및 성과급

(1) 원 칙

상여금에 대하여는 법령에 정함이 없으므로 지급액, 지급조건, 지급대상, 지급방법 등에 대해 단체협약·취업규칙 등의 규정을 따르는 것이 원칙이며 지급유형에 따라 평균임금포함여부가 결정된다(같은장,제2절 2·마,(1),①).

(2) 조건부여

상여금에 대해서는 단체협약·취업규칙 등으로 지급기간·지급대상 등이 한정될 수 있고,[2] 근속연수에 따라 지급률이 달라지거나,[3] 제재수단으로 차등지급될 수 있으며,[4] 대기발령자에게 지급되지 않거나, 지급기준일에 재직중인[5] 사람에

1) 임금 68207-44, 1993.1.28.
2) 법무 811-26824, 1978.12.5 ; 근기 68207-3152, 2000.10.12. 수습기간에 대한 지급여부도 당사자가 결정.
3) 근기 1455-34373, 1982.12.24.
4) 임금 32240-6549, 1989.5.2.

한해 지급할[1] 수 있다(같은장,제2절,3·다(2),②,㈐,㉰,(d),ⓓ).[2] 고정적상여금이더라도 성적불량에 대해 감액하여 지급되도록 정할 수 있으며, 경영실적이 악화될 경우 감액한다고 규정하면 변동적상여금으로 보아 지급률이 저하될 수 있다.[3] 이 경우 경영실적과 삭감정도의 관계는 합리적이어야 한다. 고정적상여금에 대해 결근일수비율로 삭감하도록 취업규칙을 바꾸더라도 불이익변경이 아니므로 근로자집단의 의견청취로 충분하다는 판결[4]이 있다. 개인의 업무성과나 기업의 경영실적 등에 따른 성과급에 있어 평가항목을 정하는 것은 근로조건자율결정의 영역이다.[5]

(3) 금액조정

상여금지급을 '기본급의 일정비율' 등과 같이 특정임금에 연동시켜 놓았을 경우에는 상여금지급일 1일전이라도 그 특정임금이 변동되면 특별한 규정이 없는 한 변동된 특정임금에 따라 상여금이 조정된다.[6]

(4) 산재환자와 상여금

요양중인 산업재해환자에 대해서 지급되는 휴업보상은 정기적·일률적 상여금 등을 포함한 평균임금을 기초로 하므로 휴업보상외에 따로 상여금을 지급할 사용자의 법적의무는 없다.[7]

(5) 다른 제도와의 관계

상여금과 평균임금(같은장,제2절 2·마,(1),①)·취업규칙(제3장,제2절,3·다(2),②,㈏,㉯,(a))·감급제재(제10장,제2절 2·다,(5),③,㈏)·근로관계종료(제11장 제2절,3)의 관계는 각각 관련 부분에서 설명한다.

1·다. 퇴직자와 임금인상소급(제11장 제2절,2)

2. 도급근로자 임금보장

2·가. 법적근거

사용자는 도급이나 그 밖에 이에 준하는 제도로 사용하는 근로자에게 근로시

---

5) 휴직포함(대판 2024.10.8, 2024다259443). ↘ 394쪽

1) 법제처 16-0271, 2016.7.21. 공무원수당 관련 ; 민간사업장의 경우에도 당연히 인정.

2) 근기 01254-7094, 1986.4.29.

3) 대판 2003.7.11, 2003다11387.

4) 대판 1991.8.13, 91다3642.

5) 대판 2018.11.29, 2018다207854. 성과급적연봉제를 시행하기 위해 정관이나 교원보수규정 등에서 마련한 교원실적평가항목에 신입생모집실적을 포함시켜 보수를 차등지급하도록 정한 교원연봉계약제규정은 유효하다.

6) 근기 01254-16056, 1987.10.6.

7) 임금 32240-13059, 1989.9.7 ; 임금 68207-499, 1994.8.6 ; 근기 68207-1921, 1995.11.29 ; 임금 68207-201, 2003.3.21 ; 근로기준과-723, 2010.4.14.

간에 따라 일정액의 임금을 보장하여야 한다(근기법 §47, §114 i 5백만원벌금).

임금의 전부 또는 일부가 도급 기타 이에 준하는 제도로 지급되는 경우에 사용자의 책임으로 인해 근로자의 대기시간이 길어진다거나 하는 이유로 임금이 감소되어 생활의 위협을 받는 것을 예방하기 위한 입법이다.

2·나. 해당근로

'그 밖에 이에 준하는 제도'라 함은 성과급제, 능률급제 등으로 볼 수 있다.[1] 근기법의 적용을 받지 않는 민법상의 도급은 근기법 제47조의 적용대상이 아니다.

2·다. 보호내용

고정급이 휴업수당이상이면 도급, 기타 이에 준하는 제도로 보지 않는 해석[2]이 발견된다. 일부도급의 경우에도 고정급외의 도급분에 대해 근로시간에 응하여 일정액의 임금이 지급되도록 하여야 한다거나, 그 보장액은 휴업수당이상이어야 한다는 견해[3]가 있으나, 이 기준을 밑돌아도 위법이 아니므로 최저임금을 넘으면 도급근로임금보장조항에 위반되지 않는다.

2·라. 법령적용

해당근로는 퇴직금,[4] 해고,[5] 금품청산,[6] 근로시간·휴일·휴가[7]를 포함한 모든 법정근로조건이 적용된다.

도급이나 위임의 형식을 빌린 근로라도 시간적구속이 명확하다면 일반근로자와 같이 모든 근로조건을 적용하는데 문제점이 없다. 그러나 출·퇴근시간을 엄격히 제한받지 않거나, 소정근로시간과 소정근로일이 없이 일이 있을 때에만 근무순번에 따라 근로를 제공하는 형식을 취하고 있는 경우에는 근로시간과 관련된 근로조건을 적용시키는 데는 어려움이 있다. 이러한 이유로 '근기법의 근로시간규정을 적용할 수 없으며 고용의 특수성을 감안하여 그 범위에서 법적보호를 받는다'라는 견해[8]도 있다. 그러나 근기법의 근로시간관련규정이 적용되지 않는

1) 박상필, 『근로기준법강의』, 214쪽.
2) 일본 노동성, 기발 제150호, 1978.3.14.
3) 박상필, 『근로기준법강의』, 192쪽 ; 휴업수당이 평균임금의 70% 이상으로 상향되기 전의 견해들이다.
4) 법무 811-21408, 1979.9.8 ; 근기 1455-12525, 1981.4.22 ; 근기 01254-2731, 1988.2.19 ; 대판 1987.5.26, 87도604.
5) 대판 1988.11.8, 87다카683.
6) 법무 811-27539, 1978.12.4.
7) 근기 1455-8545, 1970.9.7.
8) 도쿄고등재판소 1968.10.25.

다고 일률적으로 말하기 어렵다. 근로형태에 따라서 명백하게 그 요건이 성립하지 않는 규정은 적용이 배제되나 그렇지 않은 규정은 적용되는 것이 원칙이다.[1)]

3. 최저임금제도

3·가. 의 의

(1) 개 념

최저임금제도란 국가가 임금의 최저수준을 정하고 사용자에게 그 지급을 법적으로 강제하는 제도이다.[2)] 따라서 최저임금은 사용자가 지급해야 할 임금의 최저수준을 정한 것일 뿐이지 임금인상률이나 인상방법을 정하는 기준은 아니다.[3)]

(2) 법적근거

① 국 내

'국가는 법률이 정하는 바에 의하여 최저임금제를 실시하여야 한다'라고 규정한 헌법(§32 ①)을 기초로 제정된 「최저임금법」(1986.12.31.제정 최임법)이 많은 개정을 거쳐 시행되고 있다. 최임법은 근로자에 대해 임금의 최저수준을 보장하여 근로자의 생활안정과 노동력의 질적향상을 꾀함으로써 국민경제의 건전한 발전에 이바지하는 것을 목적으로 한다(최임법 §1). 근로자・사용자・임금은 근기법의 정의를 따른다(최임법 §2).

② 국 제

ILO의 제131호 협약인 「최저임금 결정 협약」(*Minimum Wages Fixing Convention*, 1970)은 모든 임금근로자에게 적용하는 최저임금제도 설치, 적용범위에 대해 노사단체협의, 최저임금에 대해 법적효력부여・인하금지・형벌제재부과 및 이를 전제로 한 단체교섭보장, 국내의 관행 및 사정에 적당한 최저임금의 결정을 위해 일반임금수준・생계비・사회보장급여・타사회집단생활주준을 포함한 생활상필요와 경제발전・고용유지증대를 포함한 경제적요소 고려, 국내여건에 맞는 최저임금 수시 조정, 제도운영에 대해 노사참여, 적절한 감독조치 등에 대해 규정하고 있다.

(3) 적 용

최임법은 근로자를 사용하는 모든 사업(장)에[4)] 적용된다.[5)] 다만, 동거친족만을 사

---

1) 소정근로일이 정해져 있지 않다면 1주일에 6일 출근, 1년 내내 8할 이상 출근 등과 같이 역일에 따라 출근율을 계산하여 휴일・휴가를 부여한다. 다만, 출산전후휴가는 사유발생에 따라 부여된다. 소정근로일이 정해져 있지 않은 채 일이 있을 때만 지정된 근무순번에 따라 근로하는 경우 등에는 휴업수당관련조항이 적용되지 않는다. 기타 근로시간, 퇴직금・임금지불・해고 등의 관련조항은 근기법에 규정된 대로 적용된다.

2) 정병석・김헌수, 『최저임금법』, 21쪽.

3) 임금 32240-21342, 1989.12.26.

용하는 사업과 가사사용인에게는 적용하지 않으며(최임법 §3①), 「선원법」의 적용을 받는 선원과 선원을 사용하는 선박소유자에게는 적용하지 않는다(최임법 §3②).

3·나. 최저임금 결정체계

(1) 결정주체

① 유 형

최저임금결정방법은 결정권이 어디에 있느냐에 따라 법정방식, 행정기관결정방식, 위원회권고방식, 위원회결정방식의 4가지로 나눌 수 있다.[1]

위원회방식을 하나로 묶고[2] 단체협약효력확장에 의한 결정방식을 추가하면,[3] '임금위원회 또는 임금심의회방식',[4] 중재재판소방식,[5] 법정방식[6] 및 단체협약효력확장방식[7]의 4가지로 정리할 수 있다.

② 최저임금위원회

우리나라는 최저임금위원회제도(최임법 §12)[8]를 택하고 있다. 최저임금위원회(위원회)가 최저임금안을 결정하여 정부에 제출하면 제출된 안에 따라 정부가 바로 최저임금을 결정하거나 노·사로부터 이의신청을 받아 재심의하여 결정하게 된다.

위원회는 법정기능(최임법 §13)[9]을 수행하며 근로자를 대표하는 근로자위원[10], 사용자를 대표하는 사용자위원[11] 및 공익을 대표하는 공익위원 각 9명의 위원(고용장관제청 대통령위촉)[12]으로

4) 적용대상의 확대 추이는 다음과 같다.

1988	1989	1990	1999	2000	2005
상시 10명 이상 제조업	상시 10명 이상 제조업, 광업, 건설업	상시 10명 이상 전산업	상시 5명 이상 전산업	전근로자 (4명 이하 제외)	전근로자

5) 대판 2010.1.9, 2019도12765. 〈적용부정〉 공직선거법에 따른 수당 또는 실비보상금. ↘ 397쪽

1) Gerald Starr, 「Minimum wage fixing」, ILO(Geneva, 1981), 61~72쪽.

2) 藤縄正勝, 「日本の 最低賃金」, 日刊勞働通信社, 1972, 642~649頁.

3) 정병석·김헌수, 『최저임금법』, 45~47쪽.

4) 여러나라에서 대표적유형으로 정착된 제도로서 ILO도 이 제도를 권장. 임금위원회는 최종결정권을 가지며 임금심의회는 자문, 권고기능 보유. 다양한 의견을 수렴하고 조정하면서 타당성이 높은 최저임금결정 가능.

5) 노·사의 분쟁을 조정하는 노동재판소, 중재재판소 등의 기관이 중재재정을 통해 결정하고 그 임금에 대하여 최저임금으로서의 법적 구속력을 부여하는 방법. 오스트레일리아가 채택.

6) 미국, 캐나다, 필리핀 등이 채택. 정치적 과정을 밟으면서 각계각층의 다양한 의견을 수렴할 수 있으나 제·개정에 많은 시간이 걸려 경제상황에 탄력적으로 대응 곤란.

7) 노조와 사용자간에 체결된 임금의 최저수준협약을 일정한 절차에 따라 최저임금으로 결정하여 협약체결당사자 이외의 노사에게도 적용하는 방식. 노·사의 자주적의사에 따라 결정.

8) 2000.10.23에 개정된 최임법(법률 제6278호) 전에는 최저임금심의위원회였다.

9) 최저임금에 관한 심의 및 재심의, 최저임금 적용 사업의 종류별 구분에 관한 심의, 최저임금제도의 발전을 위한 연구 및 건의, 그 밖에 최저임금에 관한 중요 사항으로서 고용장관이 회의에 부치는 사항 심의.

10) 총연합단체인 노동조합에서 추천한 사람중에서 제청.

11) 전국적 규모의 사용자단체 중 고용장관이 지정하는 단체에서 추천한 사람 중에서 제청한다.

구성된다(최임법 §14①). 위원장[1]과 부위원장[2]은 공익위원중에서 위원회가 선출하며(최임법 §15②), 2명의 공익위원인 상임위원(고용장관제청 대통령위촉)을 둔다(최임법 §14②). 위원은 고용장관제청에 의하여 대통령이 위촉한다(최임령 §12①). 위원회는 행정기관의 공무원중에서 3명이내의 특별위원[3]을 둘 수 있다(최임법 §16). 위원회는 사업의 종류별 또는 특정사항별로 노·사·공익 위원 각 5명이내에서 동수로 구성되는 전문위원회를 둘 수 있다(최임법 §19). 위원회에 사무를 처리하게 하기 위하여 사무국을 둔다(최임법 §20).[4] 위원회는 위원회 및 전문위원회의 운영규칙을 제정할 수 있다(최임법 §22).

(2) 결정절차

① 심의요청 및 심의

고용장관은 최저임금위원회에 매년 3월31일까지 최저임금심의를 요청해야 한다(최임령 §7). 최저임금위원회는 요청을 받은 날로부터 90일이내에 심의하여 의결한 최저임금안을 고용장관에게 제출해야 한다(최임법 §8②). 회의는 일정한 경우[5]에 위원장이 소집하며, 위원장을 의장으로 하여 회의를 진행하고, '재적위원과반수의 출석과 출석위원과반수의 찬성(근로자위원과 사용자위원 각 3분의1 이상의 출석, 2회이상 출석요구를 받고도 정당한 이유없이 출석하지 않는 경우 예외)으로 의결한다(최임법 §17). 위원회는 최저임금심의를 위해 관계근로자와 사용자 그 밖의 관계인의 의견을 청취할 수 있다(최임법 §18).

② 최저임금안 고시와 이의수렴

고용장관은 최저임금위원회로부터 최저임금안을 제출받아 이를 고시[6]하고 이 날로부터 10일간 노·사의 이의를 제기[7]받는다(최임법 §9).

---

12) 임기 3년, 연임가능 ; 궐위된 날부터 30일이내에 보궐위원(전임자잔여임기이행)을 위촉·임명(남은 임기가 1년미만인 경우 예외) ; 임기가 끝나도 후임자 임명·위촉때까지 계속 직무 수행 ; 〈해촉사유〉 심신장애로 직무를 수행할 수 없게 된 경우, 직무와 관련된 비위사실이 있는 경우, 직무태만·품위손상이나 그 밖의 사유로 위원으로 적합치 않다고 인정되는 경우, 위원 스스로 직무를 수행하는 것이 곤란하다고 의사를 밝히는 경우 ; 〈대우〉 상임위원을 제외한 위원에게는 예산의 범위에서 직무수행에 필요한 수당(출석일수에 따라 지급)과 여비(상임위원에 상응하는 금액)가 지급된다. ↘ 398쪽

1) 위원회의 사무를 총괄하며 위원회를 대표한다.

2) 위원장이 불가피한 사유로 직무를 수행할 수 없을 때 그 직무를 대행.한다.

3) 관계행정기관의 3급 또는 3급상당이상의 공무원이나 고위공무원단에 속하는 공무원중에서 고용장관이 위촉(최임령 §15) ; 회의에 출석하여 발언 가능.

4) 사무국에 최저임금의심의 등에 필요한 전문적사항을 조사·연구하게 하기 위하여 3명 이내의 연구위원을 둘 수 있으며, 연구위원의 자격·위촉 및 수당과 사무국의 조직·운영 등 필요사항은 대통령령으로 정한다.

5) 고용장관 소집요구, 재적위원 3분의1이상 소집요구, 위원장의 필요성 인정.

6) 사업(장)의 종류별 최저임금안 및 적용사업 범위(최임령 §8).

7) 〈이의제기서 포함 내용〉 이의 제기자의 성명·주소·소속 및 직위, 이의 제기 대상 업종의 최저임금안의 요지, 이의제기의 사유와 내용(최임령 §9).

이의제기주체는 총연합단체인 노동조합대표자 및 산업별연합단체인 노동조합대표자이고, 사용자대표는 전국적규모의 사용자단체로서 고용장관이 지정하는 단체의 대표자이다(최임령 §10).

③ **최저임금의 결정 · 재심의**

고용장관은 매년 8월5일까지 최저임금을 결정해야 한다. 최저임금위원회가 심의하여 제출한 최저임금안에 대해 노 · 사대표로부터 받은 이의가 이유있으면 고용장관은 최저임금안을 제출받은 날로부터 20일이내에 그 이유를 밝혀 최저임금위원회에 10일이상의 기간을 정하여 재심의를 요청할 수 있다. 위원회는 지정된 기간내에 재심의하여 그 결과를 고용장관에게 제출하여야 한다. 재심의를 함에 있어 재적위원과반수의 출석과 출석위원 2/3이상의 찬성으로 당초의 최저임금안을 재의결한 경우에는 그에 따라 최저임금을 결정해야 한다(최임법 §8,§9).

④ **최저임금의 결정 · 고시**

노 · 사의 이의에 대해 이유가 없어 바로 최저임금을 결정하거나 최저임금위원회의 재심의결과에 따라 최저임금을 다시 결정하면, 고용장관은 지체없이 그 내용을 고시[1]해야 한다(최임법 §10①).

3·다. 최저임금 결정방법

(1) 결정범위

최저임금제도는, 적용범위에 따라 분류하면, 모든 산업의 근로자에게 획일적으로 적용하는 일반최저임금제도와 특정한 산업근로자에게만 적용하는 산업별최저임금제도로 구분될 수 있다.[2] 고용장관은 위원회의 심의를 거쳐 최저임금을 사업의 종류별로 구분하여 정할 수 있다(최임법 §4).[3] '사업의 종류'는 산업분류에 따른 업종에 한정되지 않는다.

(2) 결정기준

최저임금은 근로자생계비, 유사근로자임금, 노동생산성 및 소득분배율 등[4]을

1) 헌재 2019.12.27, 2017헌마1366 · 2018헌마1072(병합). 최저임금고시 중 월환산액과 '월환산기준시간수인 209시간'은 시간급최저임금액에 법정근로시간과 유급으로 처리되는 주휴시간을 합한 근로시간수를 곱하여 산정한 것으로 행정해석 내지 행정지침에 불과할 뿐 국민이나 법원을 구속하는 법규적 효력을 가지지 않아 국민의 권리 · 의무에 직접 영향을 미치지 않으므로 헌법소원의 대상이 되는 공권력행사에 해당하지 않는다.

2) 정병석 · 김헌수, 『최저임금법』, 49~54쪽.

3) 사업의 종류별 구분은 최저임금위원회의 심의를 거쳐 고용장관이 정한다. ; 1988년 최초 최저임금은 제조업, 광업, 건설업으로 나누어 결정, 그 후 현재(2019년 최저임금)까지 전산업을 대상으로 하나의 최저임금결정.

4) 일반적 임금수준, 다른 사회집단의 생활수준, 기업 지급능력, 취업상황, 경제정세 등이 고려될 수 있다.

고려하여 정할 수 있다(최임법 §4). 고용장관과 최저임금위원회는 이러한 기준에 반드시 구속받는 것은 아니다.[1)]

고용장관은 근로자의 생계비와 임금실태 등을 매년 조사해야 하며(최임법 §23), 필요한 범위에서 근로자나 사용자에게 임금에 관한 사항을 보고(최임법§25,§31 보고미이행1백만원과태료)하게 할 수 있다. 정부는 근로자와 사용자에게 최저임금제도를 원활하게 실시하는 데에 필요한 자료의 제공과 필요한 지원을 하도록 최대한 노력해야 한다(최임법 §24).

(3) 결정단위

최저임금액은 시간·일·주 또는 월단위로 정하며 일·주 또는 월을 단위로 하여 최저임금액을 정할 때에는 시간급으로도 표시하여야 한다(최임법 §5①).[2)]

(4) 낮은 최저임금

고용을 확보하기 위해 고시된 최저임금보다 낮은 임금을 최저임금으로 정하는 낮은 최저임금제도로서, "1년이상의 기간을 정하여 근로계약을 체결하고 수습을 받고 있는 근로자"로서 "수습을 시작한 날부터 3개월이내인 사람"에게는 최저임금액의 90%가 최저임금으로 적용되나, 단순노무업무로 고용장관이 정하여 고시[3)]한 직종에 종사하는 근로자는 제외된다(최임법§5② 최임령§3).

(5) 도급제근로자 최저임금

임금이 통상적으로 도급제나 그 밖에 이와 비슷한 형태로 정해진 경우에 근로시간을 파악하기 어렵거나(최임법 §5③), 그 밖에 "시간·일·주 또는 월급으로 하고 시간급으로 표시(최임법 §5①)"하는 것이 적합하지 않다고 인정되면 해당근로자의 생산고 또는 업적의 일정단위에 의하여 최저임금액을 정할 수 있다(최임법§5③ 최임령§4). 임금이 도급제로 정하여져 있는 경우란 근로시간과는 관계없이 임금이 생산단위당 도급단가에 의하여 지급되는 것을 의미한다.[4)] '도급제 기타 이와 유사한 형태'를 대상으로 하는 도급근로최저임금은 정해져 있지 않다. 이에 대해 법원이 최저임금결정기준과 여러 사정을 감안하여 재판에서 적용할 최저임금을 정해야 한다고 본 대법원판결[5)]이 있다.[6)] 최임법은 '도급제 기타 이와 유사한 형태'에 대한 최저임

---

1) 정병석·김헌수, 『최저임금법』, 254쪽.

2) 그동안 결정·고시된 최저임금액을 보면 시간급, 일급, 월급으로 정하였으나 이 중 일급은 8시간기준, 월급은 209시간기준으로 명시하고 있어 실질적으로는 시간급만으로 정하였다고도 볼 수 있다.

3) 고용노동부고시 제2018-23호(2018.3.19 제정). 한국표준직업분류상 대분류 9(단순노무종사자).

4) 임금 32240-17712, 1990.12.22.

5) 대판 2007.6.29, 2004다48836. 최임법 제4조에 따라 근로자생계비, 유사근로자임금, 노동생산성 등을 고려

금을 결정하여 고시하여야 할 주체를 고용장관으로 규정하고 있다. 고용장관이 고시하지 않거나, 고시하는 것이 불가능하다는 이유를 들어 법원이 해당최저임금을 정하는 것은 권한을 벗어난 행위로 생각된다.[1] 고용장관이 시간급최저임금을 고시하면서 별도의 단서를 두지 않으면 '도급제 기타 이와 유사한 형태'에 대해서도, 부작위에 대한 고용장관책임문제는 별론으로 하고, 고시된 시간급최저임금이 적용되어야 할 것이다.

3·라. 최저임금 적용방법

(1) 개 요

사업장에서 지급하는 임금이 최저임금에 위반되는지를 판단하려면 지급받는 임금에서 최저임금에 포함되는 임금만을 가려서 비교대상임금을 정한 다음에 이를 시간급으로 환산하여, 고시된 최저임금과 비교한다.

최임법은 최저임금에 대한 포함임금과 제외임금을 규정하고 있다.

(2) 최저임금 포함임금 판단

① 포함임금

㈎ 매월 1회이상 지급임금

최임법(§6④)은 "매월 1회이상 정기적으로 지급하는 임금을 산입한다"고 명시하고 있다. '상여금, 그 밖에 이에 준하는 것'[2]과 '생활보조 또는 복리후생 임금'[3]도 마찬가지이다(최임법 §6④). 임금(제1장 제1절)에 해당되지 않는 금품은 최저임금포함임금이 아니다. 예컨대 봉사료(같은장, 제1절 2·나, (2), ③, ㈏), 성과상여금 (같은장, 제1절 2·다, (4), ⑤) 등도 임금에 해당되고 매월 1회이상 정기적으로 지급되면 최저임금포함임금이다.

하고 근로계약내용, 근로의 형태와 방식, 근로시간, 근로밀도, 임금산정방식, 성과급영업인들의 임금산정기준, 그 기간동안의 평균적생산고(판매량) 및 성과급 수준, 소득분배율, 고용장관이 고시한 최저임금액, 최임법이 예정하고 있는 감시·단속적 근로에 대한 최저임금감액비율 기타 제반사정을 참작하고, 임금지급방식이 월급 단위의 포괄임금약정라는 점을 감안하여 월 최저임금액을 정할 수밖에 없다.

6) '도급제 기타 이와 유사한 형태'가 다양하므로, 최저임금을 따로 결정하여 고시해야 할 고용장관이 그러한 근로자에게 적용될 최저임금액을 개별적으로 미리 정하는 것이 불가능하다는 점에서 이유를 찾는다. ↘ 401쪽

1) 위 판결도 그러한 점을 인정하고 있으면서 결론을 달리하고 있다.

2) 상여금 등의 임금이 매월 일정액으로 지급되면 최저임금에 산입된다는 노동부해석(임금 32240-21666, 1989. 12.29)이 법제처해석(법제처 15-0501, 2015.9.30)에 의해 배척(〈근거〉 상여금은 지급시기가 아닌 산정기간을 기준으로 함)되었는데 "2018 개정 최임법'이 노동부해석을 인정하여 매월 지급하는 상여금 등을 최저임금포함임금에 산입하되 그중에서 최저임금월환산액의 일정비율에 해당하는 금액을 산입에서 제외하면서 제외폭을 2019년의 25%에서 매년 5%p씩 줄여 2024년에는 제외금액이 없어지도록 하였다(해당조문 합헌, 헌재 2021. 12.23. 2018헌마629·630. 근로권이나 단체교섭권을 침해하지 않는다).

3) 매월 지급하는 것을 최저임금포함임금에 산입하되 최저임금월환산액의 일정비율에 해당하는 금액을 산입에서 제외하면서 제외폭을 2019년의 7%에서 매년 줄여 2024년에는 제외금액이 없어지도록 하였다.

(나) 임금지급주기 변경

최임법(최임법 §6의2)은 "1개월을 초과하는 주기로 지급하는 임금"에 대해 "1개월이내 주기"로 취업규칙을 변경함으로써 최저임금포함임금에 해당되도록 함에 있어 특례를 마련하고 있다. 사용자는 근로자집단의 의견청취를 통해 "1개월을 초과하는 주기로 지급하는 임금"을 총액의 변동없이 "매월 지급하는 것"으로 취업규칙을 변경할 수 있다. 의견청취의무를 이행하지 않고 변경하면 벌칙(최임법§28③ 5백만원벌금)이 적용되나, 변경의 효력이 부인되지는 않는다. 단체협약이 변경된 취업규칙과 배치될 경우, 임금지급주기변경이 유효할 것인지에 대해서는 논란이 있을 수 있다. 법원간의 관계에서 단체협약에 대해 유리조건우선원칙의 적용에 대해 부정적견해를 취하는 입장에서 본다면 취업규칙이 변경되더라도 단체협약을 따르게 된다(제1장, 제3절 4·가,(2)). 다시 말해서 임금지급주기변경이 효력을 인정받지 못한다는 견해가 성립될 수 있다. 그러나 개인적으로는 이러한 견해에 반대하며, 최임법이 직접 명시하여 법적효력을 부여하고 있다고 생각한다.[1]

② 제외임금

(가) 소정근로시간 · 일외 지급임금

'소정근로시간(근기법 §2①viii) 또는 소정근로일에 대해 지급하는 임금'외의 임금으로서 '고용노동부령이 정하는 임금'은 매월 1회이상 정기적으로 지급되더라도 최저임금에 산입되지 않는다(최임법 §6④ i). '고용노동부령(최임칙 §2①)이 정하는 최저임금제외임금'은 '연장근로 또는 휴일근로에 대한 임금 및 연장 · 야간 · 휴일근로에 대한 가산임금[2]', '유급휴가미사용수당(근기법 §60),'[3] '유급으로 처리되는 휴일(주휴일(근기법 §55①)제외)에 대한 임금'[4] 및 '명칭에 관계없이 이에 준하는 것으로 인정되는 임금'이다.

주휴수당은 소정의 근로에 대해 매월 1회이상 정기적으로 지급되는 임금이므로 비교대상임금에 포함된다.[5]

---

1) 〈근거〉 최저임금제도는 임금인상률이나 인상방법을 정하는 것이 아니고, 지급되는 임금이 고시된 최저임금에 미달되지 않도록 하는데 목적을 둔다. 최임법은 미달여부를 판단함에 있어 의견청취를 통한 취업규칙변경을 요건으로 하고 있다. 이미 청구권이 발생한 임금에 대해, 지급주기를 1개월초과에서 1개월이내로 변경하는 것은 근로자에게 유리한 권리의 실현으로서 이에 반하는 단협효력은 부정될 수 있다. 따라서 해당변경사항은 단협에 배치되더라도 최저임금미달여부를 판단하는 기준으로 유효하게 작용한다.

2) 대판 2017.12.22, 2014다82354.

3) 휴가를 가더라도 지급되는 연차유급휴가수당은 포함임금이다(임금 32240-19950, 1989.11.29).

4) 문장표현이 분명치는 않으나, 앞에서 휴일근로임금을 거론하고 있어 "유급휴일에 근로를 제공하지 않아도 지급되는 유급휴일수당"으로 이해할 수 있다. ; 〈같은 취지〉 대판 2018.10.12, 2018도6486, 하급심판결인정.

5) 대판 2007.1.11, 2006다64245(**한국노동법학회, 『노동판례백선』 제2판**, 91쪽, 최초로 비교대상임금범위에 주휴수당을 포함해야 한다고 판시) ; 대판 2024.7.25, 2021다246545, 사납급무효에 따른 임금지급관련.

㈏ **통화이외의 것으로 지급하는 임금**

식비, 숙박비, 교통비 등 생활보조 또는 복리후생을 위한 임금으로서 "통화이외의 것으로 지급하는 임금"은 최저임금에 산입되지 않는다(최임법 §6④iii가). "통화이외의 것"도 환가가능성이 있으면 임금으로서 평균임금산입임금에 해당되나 최저임금 포함임금에는 해당되지 않는다(같은장,제2절 2·다,(3),②,㈏).

(3) 최저임금 미달여부 판단

최저임금미달여부는 근로자가 받을 임금중에서 최저임금포함임금만을[1] 뽑아서 이를 비교대상임금으로 보고 결정·고시된 최저임금액과 비교한다. 임금결정단위기간이 최저임금단위기간과 다른 경우에 해당임금을 최저임금단위기간로 환산하는 방법은 대통령령(최임령 §5)으로 정한다(최임법 §5의2). 임금결정단위기간의 소정근로시간수가 최저임금액결정단위기간의 근로시간수와 다른 경우, 최임령(최임령 §5①)의 환산방법에 따라 시간급으로 환산한다(최임령 §5④).

① **시간급·일급**

비교대상임금이 시간급인 경우, 시간급최저임금과 직접 비교한다.

비교대상임금이 일급인 경우, 그 금액을 '1일소정근로시간수로 나눈 시간급금액'을 시간급최저임금과 비교한다(최임령 §5① i).

② **주급·월급**

㈎ **법적근거**

㉮ **주 급**

주단위로 정해진 임금인 경우, 그 주급을 '1주의 최저임금적용기준시간수'(1주 동안의 소정근로시간수와 근기법 제55조제1항에 따라 유급으로 처리되는 시간수를 합산한 시간수)[2]로 나눈 금액과 비교한다(최임령 §5① ii).

㉯ **월 급**

비교대상임금이 월급인 경우, 그 금액을 '1개월의 최저임금적용기준시간수'(주급환산을 위한 '1주의 최저임금 적용기준 시간수'에 1년 동안의 평균의 주의 수를 곱한 시간을 12로 나눈 시간수)로 나눈 금액과 비교한다(최임령 §5①iii).[3]

---

1) 〈사례〉 임금복지과-484, 2011.2.8. 세금, 보험료 등 공제 전의 금액을 말한다.

2) 헌재 2020.6.25, 2019헌마15. 합헌.

3) 〈예〉 2025년 최저임금기준

> 소정근로시간 1주40시간, 주휴일 1일만 유급휴일, 월급 210만원.
> • 월평균소정근로시간수
> (40시간 + 8시간) × 365일 / 7일 ÷ 12월 ≒ 209시간
> [{(주당 소정근로시간 40시간 + 주휴일 8시간) × (52주)} + (1일 8시간)] ÷ 12월 ≒ 209시간
> • 시간당임금 : 210만원 ÷ 209시간 ≒ 10,047원

㈏ 휴일의 처리

㉮ 주휴일

주급이나 월급을 시간급으로 환산함에 있어 주휴일해당시간을 계산에 포함할지에 대해, 판례[1]가 '과거의 행정해석'[2]을 부정하는 갈등이 있었으나, 최임령은 후자의 견해를 기초로 하여 주휴수당과 주휴일해당시간[3]을 모두 계산에 포함하도록 규정하고 있다.

㉯ 주휴일외 휴일

최임칙(§2)은 '유급으로 처리되는 휴일(근기법§55① 주휴일 제외)에 대한 임금'을 최저임금제외임금으로 규정하고 있다. 따라서 주급이나 월급을 시간급으로 환산함에 있어 분자에서 해당금액이, 분모에서 해당시간이 각각 제외한다. '주휴일외의 유급휴일'에는 약정휴일뿐아니라 근기법령에 따른 법정휴일 즉 공휴일도 포함된다. 최임령의 이러한 접근은 비판의 소지를 안고 있다.[4]

무급휴일인 경우에는 분자에 포함금액이 없으므로 분모에서 해당시간을 제외한다.

• 시간당 임금 〉 시간급최저임금(2025.1.1~2025.12.31 : 10,030원) • 최저임금위반 아님.

1) 환산에 있어 주휴수당은 포함되나 해당시간은 계산에서 제외(대판 2007.1.11, 2006다64245. 대판 2017.11.9, 2015다7879 ; 대판 2017.12.22, 2014다82354 ; 대판 2017.12.28, 2016도8729). 주휴수당외의 휴일수당에 대해서도 마찬가지 논리 전개 ; 대판 2018.6.19, 2014다44673 ; 대판 2018.10.12, 2018도6486) ; 〈논거〉 최임령규정(당시)에 따른 '1주 또는 1월의 평균소정근로시간수'에 대해 '1주 또는 월의 통상임금 산정기준시간수'와 다르다고 판단.

〈판례〉 '1개월의 최저임금 적용기준 시간 수' : (주당소정근로시간 40시간) × 52주 ÷ 12월 ≒ 173.3시간

2) 과거의 행정해석은 당시의 최임령규정['1주 또는 1월의 소정근로시간수(주에 따라 소정근로시간수가 다른 경우 4주간의 1주평균 소정근로시간수/월에 따라 소정근로시간수가 다른 경우 1년간의 1개월평균소정근로시간수)'로 나누어]에 따라 '1주 또는 1월의 평균소정근로시간수'를 통상임금산정기준시간수와 같은 개념으로 보고 주휴일 해당시간을 유급인정시간에 포함시켜, 주40시간소정근로인 경우, 통상임금과 마찬가지로 '1월의 평균소정근로시간수'를 209시간으로 보아 왔다.

3) 일반적으로 8시간이라고 해석되나 40시간을 6일로 나눈 시간으로 보더라도 위법으로 보기 어렵다.

4) 휴일의 해당시간을 산정해서 빼야 하는 문제가 발생한다. 휴일의 해당시간은, 소정근로일의 해당시간으로 보는 것이 원칙이나 법적근거는 없다. 따라서 첫째, 약정휴일에 있어서 당사자가 약정한 해당시간을 인정할 것인지, 둘째, 월 또는 년 단위를 기준으로 1일 평균 소정근로시간을 산정해야 하는 것인지, 셋째, 소정근로시간을 '주휴일 외의 휴일이 없는 주'를 대상으로 하여 1주소정근로시간을 '주휴일을 제외한 날 수'로 나누어 계산할 수 있는 것인지, 넷째, '주휴일 외의 휴일이 없는 주'를 대상으로 하여 '1주의 소정근로시간'을 '그 주의 소정근로일수'로 나누어 계산할 수 있는 것인지, 다섯째, 통상근로자의 경우 8시간으로 보아야 하는지 등에 대해 의견이 분분할 수 있다. 이와 관련하여 일반적으로 셋째, 넷째 및 다섯째 방법으로 계산하더라도 이를 위법으로 보기는 어렵다. 유급휴일의 해당임금에 대해서는 더 큰 혼란이 야기될 수 있다. 월급의 경우, 해당임금을 계산하기 위해서는, 일급으로 환산되어야 한다. 다시 말해서 최저임금 적용을 위해 시간급으로 환산함에 있어, 해당임금을 다시 일급으로 환산해야 하는 혼란이 제기된다. 이러한 혼란은 주휴수당과는 달리 유급휴일수당을 최저임금포함임금에서 제외하는 법체계에서 비롯된 것으로 보인다.

③ **기타급**

㈎ **기타 일정기간급**

비교대상임금이 '시간·일·주 또는 월'외의 일정기간을 단위로 정해진 임금은 일·주·월급의 환산에 준하여 산정된 시간급금액을 시간급최저임금과 비교한다.

㈏ **도 급**

비교대상임금이 생산고에 따른 임금지급제 기타 도급제로 정하여진 임금인 경우, 임금산정기간(임금마감일이 있는 경우 임금마감시간)의 임금총액을 총근로시간수로 나눈 금액을 시간급 최저임금과 비교한다.

㈐ **혼합급**

비교대상임금이 시간급·일급·월급·도급 등으로 혼합된 경우, 각각 시간당 임금을 계산하여 합한 금액을 시간급최저임금과 비교한다(최임령 §5③).[1]

㈑ **포괄임금약정**

포괄임금약정(같은장 같은절, 6)의 경우, 포괄의 대상인 연장·휴일·야간근로임금 및 수당 등 최저임금포함임금이 아닌 임금이 제외된 금액을 대상으로 하여 환산한 후에 최저임금미달여부를 판단한다.[2] 환산을 함에 있어, 연장·휴일·야간근로에 해당하는 근로시간을 고려하여 최저임금적용기준시간수를 계산한다.[3]

(4) 최저임금 결정과 적용 특례

① **택시운송사업**

㈎ **최저임금 포함임금**

㉮ **원 칙**

택시운송사업(여객자동차운수사업법 §3 동시행령 §3, ii, 다)에서 운전근로자의 최저임금포함임금은 생산고에 따른 임금을 제외한 대통령령으로 정하는 임금으로 한다(최임법 §6⑤ 최임령 §5의3). '대통령령으로 정하는 임금'은 "단체협약 등에 정해진 지급조건과 지급률에 따라 '매월 1회이상 지급하는 임금'[4] 중에서 '생산고에 따른 임금'을 제외한 임금"이다.[5]

---

1) 임금 32240-4770, 1990.4.3. 월간판매실적에 따라 산정되는 능률수당은 도급의 방법에 따라 환산한 시간급과 '기본급 등 월 단위로 정하여진 다른 임금을 소정근로시간으로 나누어 환산한 시간급을 합산한다.

2) 임금 32240-4788, 1990.4.9. 택시업관련 ; 임금 32240-1801, 1990.2.7. 격일제 및 복격일제 관련.

3) 대판 2018.6.19, 2014다44673.

4) 〈사례〉 근로개선정책과-1526, 2011.6.2. 급여명세서상 '기본급, 근속수당, 승무수당, 상여금'이 단체협약 등에 그 지급조건과 지급률을 정하여 매월 1회 이상 지급되고 있는 경우라면 최저임금산입범위에 포함.

5) 사납금초과수입은 생산고에 따른 임금으로서 최저임금포함임금이라는 과거의 행정해석(임금 68207-555, 1993.9.14)은 '2008 개정 최임법'이 생산고임금을 제외함으로써 입법적으로 배척되었다. ; 헌재 2011.8.30, 2008헌마477. 합헌 ; 대판 2014.10.27, 2012다70388. 이 기준을 지키지 않아 최저임금에 미달하는 임금을 지

㉯ 소정근로외의 임금

"소정근로시간 또는 소정근로일에 대해 지급하는 임금외의 임금"과 "근로자의 생활보조와 복리후생을 위해 지급하는 임금"[1]은 최저임금포함임금에서 제외된다(최임령 §5의3).

㉰ 전액관리제 준수

택시운송업에서 운송수입금기준액을 정하여 주고받는 행위는 무효이며,[2] 실제 운송수입금이 기준운송수입금을 초과하는 초과운송수입금은 최저임금포함임금에서 제외된다.

(나) **최저임금 지급**

㉮ 판단방법

택시운송사업도 최저임금포함임금을 비교대상임금으로 하여 고시된 최저임금과 비교하여 판단한다.

실제운송수입금이 기준운송수입금에 미달해서 월정액급여에서 그 미달액을 공제하는 경우(<적법성> 같은장 제5절,1·다,(2),④,(나)), 기준운송수입금미달액을 공제한 후의 급여를 토대로 비교대상임금을 계산하여 최임법에 위반하는지를 판단한다.[3]

㉯ 편법으로서의 소정근로시간단축

생산고에 따른 임금을 제외한 고정급이 최저임금에 미달하는 것을 회피할 의도로 시간당고정급의 외형액수를 증가시키기 위해 근무형태나 운행시간의 변경 없이 소정근로시간만을 단축하기로 한 노사합의는 강행법규(최임법 §6⑤)의 적용을 잠탈하기 위한 탈법행위로서 무효이며, 무효를 주장하는 사람에게 입증책임이 있다는 판례법리[4]가 형성되어 있다.

탈법행위로서 무효인지는, 합의의 주된 목적이 최임법적용을 회피하려는 것인지와 단축된 소정근로시간과 택시운전근로자의 실근로시간 사이에 상당한 불일치가 있는지를 중심으로 규범적인 관점에서 판단된다.

급한 경우, 최저임금액을 기준으로 퇴직금을 산정한다 ; 헌재 2023.2.23. 2020헌바11. 합헌.

1) 대판 2015.2.26, 2012두22003. 〈긍정〉 일반택시운수종사자에게 현금으로 지급되는 부가가치세 경감세액.

2) 대판 2023.12.7. 2023도2318.

3) 대판 2022.10.14, 2017다55933.

4) 대판(전) 2019.4.18, 2016다2451(**한국노동법학회, 『노동판례백선』 제2판**, 20쪽. 노동법상 기준의 강행성이 탈법행위에 대해서까지 확장되었음을 확인한 판결) ; 대판 2019.5.10, 2015도676. 다만, 변경된 취업규칙상 소정근로시간단축조항이 탈법행위로 무효라도, 사용자에게 최저임금법위반죄의 고의가 있었다고 단정할 수는 없다 ; 대판 2019.7.24, 2016다207638·207645 ; 대판 2022.5.23, 2018다224668·224675·224682 ; 대판 2024.1.4, 2023다237460. 정액사납금 관련 ; 대판 2024.5.30, 2023다279402.280563. 정액사납금 관련 ; 대판 2024.10.25, 2023다206138. 전액관리제도입후 신설회사 관련.; 대판 2024.11.28, 2023다211345.

법원은 그 무효인 사건의 최저임금달액판단 등을 위해 당사자의사를 보충하여 근로계약을 해석하는 방법으로 유효한 소정근로시간을 확정한다.

㉰ 소정근로시간외의 근로

소정근로외의 근로에 대한 임금은 최저임금포함임금에서 제외되므로, 최저임금이상의 임금지급원칙은 소정근로시간외의 시간에 적용되지 않으며, 월만근일을 초과한 시간이나 '월만근일중에서 법정기준근로시간을 초과하도록 정한 부분'에 대해서도 마찬가지도 마찬가지이다.[1]

② 도급제 근로자

생산고 또는 업적의 일정단위에 의해 최저임금액을 정하는 경우(최임법 §5①), 일정단위의 내용에 따라 최저임금포함임금의 범위가 결정될 수 있다. 따라서 비교대상임금이 최저임금액에 미달하는지를 판단할 때, 최임법이 비교대상에서 제외하고 있는 임금 또는 수당 등을 별도로 고려할 필요가 없이, 결정과정에서 정해진 포함임금을 대상으로 한다.[2]

3·마. 적용대상과 적용제외

(1) 적 용

최저임금의 적용을 받는 근로자의 범위에는 상용근로자뿐아니라 일용근로자, 단시간근로자 등 고용형태에 관계없이 모든 근로자가 포함된다. 최임법상 근로자는 근기법상 근로자이다(최임법 §2).

(2) 제 외

'정신 또는 신체장애로 근로능력이 현저히 낮은 사람'(최임법 §7) 즉 '정신 또는 신체의 장애가 업무수행에 직접적으로 현저한 지장을 주는 것이 명백하다고 인정되는 사람'(최임령 §6)에 대해서는 최저임금적용이 제외된다.[3]

적용제외대상을 인정하는 이유는 일반근로자와 비교하여 근로능력이 현저히 낮거나 특별한 사정으로 인해 일반근로자와 동등한 임금을 지급하는 것이 고용유지측면에서 적당하지 않기 때문이다. 적용제외대상이더라도 고용장관인가를

---

1) 대판 2024.10.8. 2021다304779·304786. 소정의 근로일에 해당하지 않는 날에 근로한 시간은 최저임금지급대상시간'에 포함되지 않는다(대판 2023.11.2, 2018도965 / 대판 2024.7.25, 2023다223744, 223751 등). 월만근일을 초과한 날의 근로시간까지 최저임금지급대상에 포함한 원심을 파기하고 소정근로일인 월만근일을 초과하는 근로시간은 최저임금지급대상시간에 포함되지 않고 있다.

2) 〈비슷한 취지〉 대판 2007.6.29, 2004다48836.

3) 2005.9.1 시행 최임법전의 적용제외대상중 '수습사용 중인 자'와 '감시·단속근로자'는 낮은 최저임금 적용대상으로 전환되었다. 또한 '사업내직업훈련중 양성훈련중인 자'는 적용제외대상에서 제외되었다.

받은 경우에 최저임금적용제외가 인정된다. 사업체가 임금을 낮추는 수단으로 이용하지 않도록 최소한의 인가만 인정[1]되고, 소급인가가 금지되며, 인가후에 요건을 충족치 못하면 인가가 취소된다.[2]

인가기준(최임칙 §3①)은 "그 정신 또는 신체의 장애로 같거나 유사한 직종에서 최저임금을 받는 다른 근로자중에서 가장 낮은 근로능력자의 평균작업능력에도 미치지 못하는 사람"이다. 작업능력은 한국장애인고용공단의 의견을 들어 판단되어야 한다.[3] 낮은 근로능력자의 인가기간은 1년을 초과할 수 없다.

3·바. 최저임금의 효력

(1) 최저임금 주지의무

최저임금의 적용을 받는 사용자는, 최저임금액・제외임금・제외근로자・효력발생일(최임령 §11)을 그 사업의 근로자가 쉽게 볼 수 있는 장소에 게시하거나 그 외의 적당한 방법으로 근로자에게 주지시켜야 한다(최임법§11, §31 1백만원과태료).

(2) 최저임금이상 임금지급

① 법적근거

사용자는 최저임금의 적용을 받는 근로자에게 최저임금액이상의 임금을 지급하여야 한다(최임법 §6①, §28① 3년징역·2천만원벌금). 근로계약중에서 최저임금액에 미치지 못하는 금액을 임금으로 정한 부분은 무효로 하며, 무효로 된 부분은 최임법으로 정한 최저임금액과 동일한 임금을 지급키로 한 것으로 본다(최임법 §6③).

② 지급방법

'최저임금액에 포함되지 않는 임금을 더 지급하여 미달부분을 보전한다'는 약정은 무효이다.[4] 포괄임금으로 지급된 임금이 최저임금에 미달하는지는 지급된 임금중에서 최저임금제외임금을 제외한 임금액[5]이나 비례산정된 임금액[6]을 최

1) 임금 68200-645, 2001.9.14.

2) 근로개선정책과-812, 2012.1.18. 인가를 받은 사업의 폐업 등으로 근로관계가 단절되고, 다른 사용자가 그 장애인을 새로 고용한 경우 장애인의 근로장소와 업무에 변동이 없더라도 새로이 인가를 다시 받아야 한다.

3) 근로감독관이 작업능력평가사의 의견을 들어 결정. 100%미만이거나, 100%라도 부정의견을 내면 제외대상.

4) 대판 2007.1.11, 2006다64245. 최저임금미달부분에 대해 연수수당을 지급하여 보전한다는 약정을 한 사례(**한국노동법학회, 『노동판례백선』**, 61쪽. 임금수준은 계약당사자가 자유롭게 정할 수 있으나, 최저임금수준보장의 취지와 목적에 반하므로 무효임을 명확히 한 판결) ; 대판 2007.1.11, 2006다64245. 비교대상임금에 산입될 수 없는 연수수당(월4만원초과부분)을 지급함으로써 최저임금에 미달하는 부분을 보전하기로 하는 약정.

5) 대판 2023.9.21, 2021다273264.

6) 대판 2023.11.2, 2018도965. 월급여액에 '소정근로시간, 유급주휴시간 및 가산율을 반영한 연장・야간・휴일 근로시간을 모두 더한 시간'에서 '소정근로시간 및 유급주휴시간'이 차지하는 비율을 곱하는 방식으로 산정.

저임금액과 비교하여 판단한다.

③ **지급시기**

사용자는 근로자가 실제로 근무한 매시간에 대해 최저임금액이상의 임금을 지급하여야 하는 것은 아니고 임금산정기준기간을 평균하여 최저임금액이상을 지급하면 된다. 최저임금제도의 목적, 임금정기지급원칙 등에 비추어 볼 때에 최저임금적용을 위한 임금산정기준기간은 1개월을 초과할 수 없다.[1)]

④ **지급대상시간**

최저임금이상지급의무는 '근로자가 자기사정으로 소정근로시간 또는 소정근로일의 근로를 하지 않은 경우'나[2)] '사용자가 정당한 이유로 근로자에게 소정근로시간 또는 소정근로일의 근로를 시키지 않은 경우'에까지 최저임금지급대상시간에 포함하여 임금지급을 강제하는 것은 아니다(최임법 §6⑥).

소정근로일이 아닌 휴일(주휴일 제외), 소정근로일이나 근로자가 실제로 근로하지 않아 임금지급의 필요가 없는 휴가일·결근일 등에 대해 취업규칙 등에 임금을 지급하기로 하였더라도, 그 유급처리시간은 최저임금지급대상시간이 아니다. 그러나 연차휴가처럼 소정근로시간에 포함되는 시간중에서 근로자가 실제로 근로를 제공하지 않았으나 법령에 의해 사용자가 임금을 지급할 의무를 부담하는 시간은 최저임금지급대상시간에 포함된다.[3)]

⑤ **통상임금과의 관계**

최저임금액이상의 임금을 지급해야 한다고 하여 통상임금자체가 최저임금액을 하한으로 한다고 볼 수는 없다. 따라서 통상임금이 최저임금보다 적을 경우에 최저임금을 기준으로 법정수당을 산정하는 것은 아니다.[4)]

(3) 임금수준 저하금지

사용자는 최저임금을 이유로 종전의 임금수준을 낮추면 안된다(최임법 §6②, §28① 3년징역·2천만원벌금). 이 조항은 임금수준을 저하시키는 사유가 '최저임금때문일 것'을 그 요건으로 하고 있다. 비교가 되는 임금은 최저임금포함임금뿐 아니라 포함되지 않는 임금까

---

1) 대판 2007.6.29, 2004다48836.

2) 〈사례〉 임금복지과-1457, 2010.10.22. 소정근로시간·근로일에 근로를 하였음에도 성과급 부지급으로 결과적으로 최저임금에 미달하면 최저임금 지급의무를 면하였다고 할 수 없다.

3) '대판 2024.7.25, 2021다229076·2021다229083 및 대판 2024.7.25, 2023다223744·2023다223751'. 택시 사납금제 무효에 따른 손해배상요구 사건.

4) 대판 2017.12.28, 2014다49074 ; 근로개선정책과-3589, 2011.10.14.

지 합한 임금총액을 기준으로 한다.[1] 휴게시간을 부여하지 않아도 되는 감시적 근로자에게 최저임금을 이유로 근로자의 동의없이 일방적으로 휴게시간을 부여하여 임금을 감액하는 경우를 예로 들 수 있다.[2]

(4) 도급근로자 최저임금 보호

수급인이 도급인의 책임있는 사유[3]로 근로자에게 최저임금액에 미치지 못하는 임금을 지급한 경우, 도급인은 해당수급인과 연대하여 책임을 진다(최임법 §6⑦⑧ 같은장, 제5절, 3).[4]

최저임금이상이 지급된다면, 최저임금인상에 따른 도급금액인상분을 수급인이 근로자에게 지급하지 않더라도, 도급계약불이행의 문제는 별론으로 하고, 위법으로 볼 수 없다.[5] 도급계약체결당시에 인건비단가를 최저임금이상으로 설정하여 계약을 체결했다면 도급인에게 연대책임을 묻기는 어렵다.[6] 근로감독관이 연대책임을 이행하도록 시정지시하였음에도 불구하고 도급인이 시정기한내에 이행하지 않으면 벌칙(최임법 §28② 2년징역·1천만원벌금)이 적용된다. 2차례이상의 도급으로 사업을 행하는 경우, 직상수급인과 하수급인의 관계는 도급인과 수급인의 관계로 본다(최임법 §6⑨ 같은장, 제5절, 3).

(5) 최저임금 효력발생시기

결정·고시된 최저임금은 다음년도 1월1일부터 12월31일까지 적용되며,[7] 고용장관은 사업의 종류별로 임금교섭시기 등을 고려하여 필요하다고 인정하면 효력발생시기를 따로 정할 수 있다(최임법 §10②).

(6) 최저임금 사무관장

고용장관은 근로감독관(자격, 역할, 권한, 의무 제1장, 제5절, 3)(요구검사방해기피및거짓진술 최임법 §31, 과태료1백만원)에게 소속지방고용노동관서장의 지휘·감독을 받아 시행에 관한 사무를 관장토록 하고(최임법 §26 최임령 §20), 권한의 일부를 지방고용노동관서장에게 위임할 수 있다(최임법 §26의2).

---

1) 임금 32240-365, 1989.3.13. 새로 조정된 임금총액이 고시된 최저임금액과 "최저임금적용을 위한 임금에 산입하지 않는 임금"을 합한 금액보다 적으면 "종전의 임금수준을 저하"시킨 것으로 해석된다.
2) 근로개선정책과-1511, 2012.2.28.
3) ⓐ 도급인이 도급계약 체결당시 인건비 단가를 최저임금액에 미치지 못하는 금액으로 결정하는 행위, ⓑ 도급인이 도급계약기간 중 인건비 단가를 최저임금액에 미치지 못하는 금액으로 낮춘 행위(최임법 §6⑧)
4) 근로감독관이 연대책임을 이행하도록 시정지시하였음에도 도급인이 시정기한내에 이행하지 않으면 2년이하 또는 1천만원이하의 벌금에 처한다(최임법 §28②).
5) 근로개선정책과-6818, 2012.12.13. 아파트경비원 관련, 연차수당충당금 명목으로 적립한 사례.
6) 근로개선정책과-1676, 2012.3.9.
7) 최저임금이 1.1부터 적용됨에 따라 미달자의 임금을 인상한 후에 임금교섭시기에 다시 임금을 인상하는 결과를 가져오게 되어 최저임금제 목적에 부합하지 않는다는 이유로 '1993 개정 최임법'이 9.1로 개정했는데, '2005년 개정 최임법'은 적용시기를 다시 1.1 기준으로 환원했다.

'최저임금이상 미지급'(최임법§28① 3년징역·2천만원벌금)의 경우와 '도급인연대책임미이행'(최임법 §28② 2년징역·1천만원벌금)에 관한 위반의 벌칙에 대해서는 양벌규정(제1장, 제5절 2·나,(2))이 적용된다(최임법 §30).

4. 휴업수당제도

4·가. 의 의

(1) 도입배경

근로자는 사용자책임으로 근로를 제공하지 못하면, 민사소송절차를 통해 임금을 청구(민법 §538①)할 수 있으나,[1] 사용자의 고의·과실이 인정되어야 하고, 시간과 비용이 많이 든다. 이러한 문제를 해결하기 위해 근기법은 '사용자의 귀책사유로 휴업하는 경우에 사용자는 휴업기간동안 그 근로자에게 평균임금의 70/100이상의 수당을 지급(근기법§46①본문, §109 3년징역·3천만원벌금)해야 하는 휴업수당제도를 두고 있다. 이 제도는 사용자가 고의·과실과 관계없이 휴업에 따른 위험을 부담하여, 임금의 일정비율에 해당하는 금액을 근로자에게 지급하게 하고, 벌칙으로 이행을 담보한다.[2]

(2) 연 혁

'1953년의 제정 근기법'은 '평균임금의 60/100이상 지급'을 내용으로 하는 휴업지불제도를 규정했다. 1961년에는 '노동위원회승인을 받은 예외' 규정이 신설되었다. 1989년에는 '평균임금의 70/100이상'으로 지급수준을 높이면서 '노동위원회승인을 받은 경우'에서 '예외'를 '감액지급'으로 수정했다. 1996년에는 휴업지불을 휴업수당으로 이름을 바꾸면서, 평균임금의 70%이상이 통상임금보다 많으면 통상임금으로 지급할 수 있도록 하는 규정이 도입되었다.

4·나. 휴업수당 지급요건

(1) 휴 업

휴업이란 근로자가 근로계약상의 근로를 제공하려고 함에도 불구하고 그 의사에 반하여 그 제공이 불가능하거나 사용자에 의해 수령이 거부된 경우를 말한다.[3] 사용자가 자신의 귀책사유에 해당하는 경영상필요에 따라 개별근로자들에 대하여 행한 대기발령은 휴업에 해당한다.[4] 휴업수당은 사업장의 전체 또는 일

---

1) 사용자가 근로제공을 받을 수 없거나 받지 않은 때에는 사용자가 채권자지체책임을 진다(민법 §400).

2) ILO는 제7차 총회(1925년)에서 「근로자 보상의 최저한도 규정에 관한 권고」(제22호)를 채택하여 근로자가 재해로 인해 "영구적인 전체 노동불능에 처한 경우, 해당근로자의 연간소득의 2/3와 동일한 액수를 지급"하도록 권하고 있으나 사용자귀책사유로 인한 휴업에 대한 보상을 따로 규정하고 있지 않다.

3) 대판 1991.12.13, 90다18999 ; 대판 1991.6.28, 90다카25277.

부가 휴업하는 경우와 특정근로자에 대해 사용자가 취업을 거부하는 경우에 적용된다.[1] 일단위뿐아니라 시간단위의 휴업도 인정된다.[2] 일이 있을 때만 근로하고 성과에 따라 임금이 지급되며 근로시간제한을 받지 않는 완전도급형태의 근로계약을 체결하면, 휴업수당적용을 받지 않는 것이 원칙이다. 도급계약이라도 근로시간에 있어 사용자의 지휘·감독을 받으면 휴업수당지급대상이다. 근로계약이 1일단위로 체결되는 일용근로자는 휴업수당적용을 받지 않는 것이 원칙이다. 다만, 그러한 근로자라도 일정기간 계속적으로 근로할 것이 객관적으로 인정되거나, 오랫동안 계속 근로해 오고 있다면 적용대상이다.[3]

(2) 사용자귀책사유

사용자귀책사유(근기법 §46①)는 민법 제538조와 달리 고의·과실 또는 이와 동등시되는 사유를 요건으로 하지 않으며,[4] 세력범위설(勢力範圍說) 또는 지배영역설(支配領域說)에 따라 사용자의 세력범위 안에서 생긴 경영장애이다. 정직·출근정지, 휴직 등은 사용자지시에 의한 것이더라도 근로자귀책사유로 인정된다.

사용자귀책사유로 인정되는 것은 판매부진·자금난,[5] 원자재부족,[6] 공장이전,[7] 시장불황·생산량감축,[8] 전력공급중단,[9] 갱안붕괴사고,[10] '일방적으로 무급휴일로 정한 예비군훈련일,'[11] '원도급공사중단으로 인한 하도급공사중단',[12] '하도급근로자

---

4) 대판 2013.10.11, 2012다12870. ↘ 412쪽

1) 박상필, 『근로기준법강의』, 244쪽 ; 김유성, 『노동법Ⅰ』, 103쪽.

2) 근기 68207-148, 2002.2.5.

3) 기준 1422.9-4513, 1968.6.5.

4) 김유성, 『노동법Ⅰ』, 103쪽 ; 임종률, 『노동법』, 제9판, 387쪽.

5) 대판 1963.2.21, 62다912 ; 기준 1455.9-11203, 1968.11.30. 사용자의 세력범위에서 생긴 경영장애 인정.

6) 임종률, 『노동법』, 제9판, 387쪽. 거래기업의 계약위반이건 유통과정상 차질이건 모두 사용자귀책 ; 근지 1455-11502, 1970.12.5. 사용자의 관리·경영책임범위로 인정 ; [반대의견] 기준 1455.9-4914, 1969.5.9. 전량을 수입하여 조달하는 상황에서 미국 부두노동자의 파업으로 수송이 불가능하게 된 경우 경영책임 부정 ; [중립의견] 보노537, 1957.7.4. 원료공급이 중단되는 실질원인에 따라 판정 ; 부정의견과 중립의견에도 불구하고 원자재부족은 원칙적으로 사용자의 세력범위에 있는 경영장애로 보는 것이 타당.

7) 기준 1455.9-2428, 1970.2. 사용자가 자기책임하에 결정하는 것으로 사용자의 귀책사유로 인정.

8) 기준 1455.9-12, 1968.1.5. 원칙적으로 사용자의 귀책사유 ; 법무 811-2001, 1977.2.2. 정부기관의 주문물량이 변동된 양곡가공사업 관련 ; 대판 1969.3.4, 68다1972. '하도급에 있어 수급물량 감소'로서 원칙적으로 사용자의 귀책사유 ; [반대의견] 보노 537, 1957.7.4. 군납회사가 군의 수송관계로 일감이 없어 휴업하게 된 경우 선량한 관리자로서 최선을 다했는지에 따라 달라지나 원칙적으로 사용자의 세력범위에 있는 경영장애.

9) 기준1455.9-8444, 1968.9.7 ; 법무 811-8509, 1979.4.6. 한국전력공사의 공사관계 등 외부적사유로 인한 정전은 사용자귀책사유가 아님 ; 시설관리가 소홀한 정전이나 전기공사(근기 01254-18029, 1987.11.13)는 사용자의 귀책사유임. 정전의 경우 자체적으로 발전기를 준비하거나 교대제를 지양하는 등 사용의 지배영역에서 관리할 수 있는 부분이 있으면 사용자귀책사유임.

10) 근기 1455-28040, 1982.10.18. 갱 안 붕괴는 안전시설의무대상이므로 사용자의 세력범위안의 귀책사유.

11) 근기 01254-15894, 1987.9.30. 예비군훈련에 대한 노무관리에 대해서는 '제5장, 제3절, 5·나 참조.

12) 대판 1970.5.26, 70다523·524 ; 대판 2019.9.10, 2019도9604. 크레인 충돌사고로 중대재해가 발생한 원청

산업재해사망으로 사업장전체에 내려진 작업중지명령'[1] 등을 예로 들 수 있다. 천재·지변은 사용자가 지배·관리하기 어려운 경우와 내부적요인으로서 사용자가 지배·관리할 수 있는 부분으로 나뉜다. 돌발적인 눈·비,[2] 천재지변·제3자방화 등은 원칙적으로 사용자귀책사유에 해당되지 않는다. '사회통념상 요구되는 대피·방제시설을 게을리 하여 발생한 사고', '시설관리소홀로 발생한 화재'[3] 등은 사용자귀책사유가 될 수 있다.[4] 규정에 따른 순수한 휴무일로 볼 수 있으면 사용자귀책사유나 휴업수당문제는 발생하지 않을 수 있다.[5]

4·다. 휴업수당 지급내용

(1) 수 준

① 원 칙

휴업수당은 평균임금의 70/100이상이어야 한다(근기법 §46①본문). 다만, 70/100에 해당하는 금액이 통상임금을 초과하면 통상임금을 휴업수당으로 지급할 수 있다(근기법 §46①단서).

② 임금 일부지급

근로자가 휴업기간중에 임금의 일부를 지급받은 경우, 휴업기간에 해당하는 평균임금에서 이미 지급된 임금을 뺀 나머지 금액에 70/100을 곱하여 휴업수당을 산정한다(근기령 §26). 이 경우 나머지 금액의 70/100상당액이 그 기간중의 통상임금보다 많으면 통상임금으로 휴업수당을 지급할 수 있다. 휴업수당을 통상임금으로 지급하는 경우에는 통상임금에서 휴업기간중에 이미 지급받은 임금을 뺀 차액을 지급한다.

③ 8시간미만 휴업

8시간미만의 휴업인 경우, 휴업수당액은 1일분의 평균임금에서 근로를 제공한 시간분에 대한 통상임금액을 뺀 금액에 70/100을 곱하여 산정하여야 한다(근기령 §26원용). 이 경우 나머지 금액의 70/100상당액이 그 기간중의 통상임금보다 많으면 그 통상임금으로 휴업수당을 지급한다.

업체에 내려진 작업중지명령에 따라 하청업체 휴업. 일부근로자에게 미지급.

1) 근로기준정책과-741, 2015.3.9.

2) 해지 125-6474, 1983.4.14 ; 해지 125-12623, 1984.6.1. 사용자의 귀책사유가 되지 않음이 원칙.

3) 법무 811-3396, 1980.2.13.

4) 사고로 출근을 못하게 되면 휴일의 대체를 통해 휴업수당을 피할 수 있다(근기 01254-4826, 1987.3.25).

5) 근로개선정책과-2619, 2012.5.14. 강우 등에 의해 산불발생 위험도가 낮은 날에는 근로제공의무를 면제하기로 근로계약서 등을 통해 합의한 경우라면 이는 휴무일로서 휴업수당지급문제는 발생하지 않으나, 단순히 강우를 이유로 사용자가 일방적으로 휴무를 지정한 경우라면 사용자의 귀책사유 있는 휴업에 해당.

④ **다른 임금지급**

휴업수당은 평균임금을 기초로 계산되므로 상여금 등 평균임금에 산입되는 임금을 별도로 지급할 의무는 없다.[1)]

(2) 휴업수당 감액지급

① **법적근거**

사용자귀책사유가 있더라도 부득이한 사유로 사업을 계속하는 것이 불가능하여 노동위원회의 승인을 받은 경우, 사용자는 평균임금의 70/100 또는 통상임금 이하의 휴업수당을 지급할 수 있다(근기법 §46②).

② **신청주체**

노동위원회의 휴업수당감액지급승인은 수당지급채권의 발생여부에 직접 영향을 미치는 것으로서 신청자는 해당사용자가 되고, 재심신청당사자는 해당근로자 또는 해당사용자이다.[2)] 노동조합은 사실상 이해관계가 있거나, 관계인(노위법 §23①)에 해당되어도 재심신청인으로서의 자격을 갖지 못한다.[3)]

③ **성립요건**

'부득이한 사유로 사업을 계속하는 것이 불가능'하더라도 노동위원회의 승인을 받지 못하면 휴업수당적용이 완화되지 않는다.[4)] 지노위처분에 불복할 경우, 처분이 있음을 알게 된 날부터 90일이내에, 처분이 있었던 날부터 180일이내에 중노위에 재심을 신청할 수 있다.[5)] 노동위원회의 승인 또는 재심처분은 수당지급의무를 직접 발생시키는 것이므로 행정처분이며 행정소송의 대상이 된다.[6)] 행정소송은 중노위의 재심을 거치지 않더라도 가능하다.

④ **'부득이한 사유'의 판단**

'부득이한 사유'는 사용자귀책사유로 휴업한 경우를 전제로 한다. '천재지변이나 불가항력적 사유'가 있으면 사용자귀책사유가 인정되지 않아 휴업수당이 성

1) 임금 32240-5247, 1990.2.29.
2) 대판 1995.6.30, 94누9955. 휴업지급예외 승인처분은 수당지급채권의 발생여부에 직접 영향을 미치므로 처분에 이해관계를 가진 사람으로서 재심을 신청할 수 있는 법률상 이익이 있는 사람이라고 본다.
3) 대판 1993.11.9, 93누1671. 중노위가 노조의 재심신청을 각하하지 않고 본안에 들어가 재심신청을 기각할지라도 노조에게 재심신청자격이나 재심판정취소의 소를 제기할 수 있는 원고자격이 인정되지 않는다.
4) 대판 1968.9.17, 68누151 ; 근기 1455-26530, 1982.9.24.
5) 「행정심판법」 제27조 ; 대판 1995.6.30, 94누9955. 노위법 제26조에 따라 지방노동위원회의 처분에 대한 소는 처분의 통지를 받은 날로부터 10일 이내에 하여야 하나, 근로자들은 휴업수당예외승인처분의 당사자가 아니고 처분을 통지받는 대상도 아니므로 적용대상이 아니다.
6) 대판 1963.12.12, 63다540 ; 대판 1968.9.17, 68누151.

립하지 않는다. 천재·지변은 관리가 가능하지 않다면 원칙적으로 사용자귀책사유가 아니며, 노동위원회승인과 관계없이[1] 휴업수당지급의무는 없다.

'부득이한 사유로 사업을 계속하는 것이 불가능한' 것인지는 선량한 관리자로서 최선을 다하였는지로 판단된다. '부득이한 사유'는 해당사업의 외부사정에 기인한 사유를 말한다.[2] 입증책임은 지급책임을 면하려는 사용자에게 있다.[3] 사업계속불가능으로 인정된 예로는 법규의 기준에 미달한데 대해 사용자가 치유노력을 다한 경우,[4] 불법쟁의행위로 작업이 중단된 경우[5] 등을 들 수 있다. 사업계속불가능이 부인된 예로는 예방조치가 불완전한 화재,[6] 폭설예방대책미흡,[7] 정밀검사소홀[8] 등이 있다.

⑤ **휴업수당 감액수준**

휴업수당감액조항(근기법 §46②)을 문리적으로 해석하면 노동위원회의 휴업수당액결정권은 인정될 수 없으며, 노동위원회승인을 받은 경우 사용자가 평균임금의 70/100 또는 통상임금이하에서 적정수준을 결정할 수 있다. '지급할 수 있다'고 표현되어 있어 노동위원회승인을 받으면, 사용자가 휴업수당을 지급하지 않더라도 위법이 아니다.[9]

노동위원회는 기준에 못미치는 휴업수당을 승인할 때, 사용자가 신청한 지급율을 변경할 수 없다(노원칙 §85).

---

1) 사용자귀책사유 자체에 대해 노동위승인을 받아야 하는 것으로 보는 해석(근기 1455-26510, 1982.9.24)이 있으나 찬성하기 어렵다. 사용자귀책사유로 인해 휴업하는 경우에 휴업수당을 지급하도록 규정(근기법 §46)하고, "부득이한 사유로 사업을 계속하는 것이 불가능"하여 기준에 미달하는 휴업수당을 지급코자하는 경우에 노동위승인을 받도록 규정하고 있어 문리상으로 볼 때 승인대상은 '부득이한 사유로 사업을 계속하는 것이 불가능한지 여부'가 되어야 하기 때문이다.

2) 임종률, 『노동법』, 제9판, 389쪽 ; 김형배, 『노동법』, 제20판, 373쪽.

3) 대판 1970.2.24, 69다1568.

4) 중노위 1990.2.28. 근로자 집단사퇴로 법정사업허가기준에 미달하자 신문에 기능자격자 모집공고 등 근로자 확보에 노력을 기울였으나 응모자가 없어 취하게 된 휴업조치는 부득이한 사유로 인하여 사업계속이 불가능.

5) 대판 2000.11.24, 99두4280. 분규사업장과 그로부터 부품을 공급받는 아산공장에 대해서도 인정.

6) 경남지노위 1984.6.15. 〈부인근거〉 전선이 합선되면서 합판에 인화되어 발화된 점과 콘센트, 형광등스위치, 환풍기 등에 연결된 전선이 원인 모를 피복의 손상으로 습기 등에 의해 누전되어 발화된 점이 인정되므로 전기시설물이 완벽하게 되어있다고 단정하기 어려움. 형사·행정책임이 부과되지 않았다고 해서 사용자귀책사유가 없는 부득이한 사유의 화재라고 볼 수 없음.

7) 충북지노위 1985.12.10. 〈부인근거〉 동절기계절변화는 사전에 예측할 수 있어, 작업에 지장이 없도록 준비하여야 함에도 간이도로 개설, 저탄장 시설 및 자동선별기 설치 등 가능한 예방조치 소홀.

8) 중노위 1983.6.9. 〈부인근거〉 권양기가 작업에 중추적인 역할을 하고 있고, 권양기의 샤프트가 중요한 부품이라면 드럼을 해체하여 샤프트의 이상유무를 면밀히 점검하여야 하는데도 설치이래 정밀검사를 하지 않아 샤프트균열을 사전에 발견하지 못하였으므로 사용자의 세력범위에서 발생한 경영장애임.

9) 김형배, 『노동법』, 제20판, 373쪽 ; 임종률, 『노동법』, 제9판, 389쪽 ; 대판 2000.11.24, 99두4280 ; 근기 68207-598, 2000.2.28.

(3) 쟁의행위와 휴업수당(제3장, 제3절 1·다, (6))

4·라. 휴업수당 지급방법

휴업수당은 근기법의 취지상 임금의 일종으로 보아 임금지급규정(근기법 §43)의 적용을 받으므로 특별한 약정이 없는 한 통화로 직접 근로자에게 전액을 매월 1회 이상 일정기일에 지급해야 한다. 사용자의 귀책사유로 휴업하더라도 정직·직권면직 등 근로자귀책사유가 있어 근로를 제공하지 않은 경우에는 휴업수당이 지급되지 않을 수 있다.[1] 수당청구권의 시효는 3년이다(근기법 §49).

4·마. 휴업수당의 효력

(1) 벌 칙

휴업수당(근기법 §46)을 지급하지 않은 사용자에게는 3년이하징역 또는 3천만원이하 벌금에 처해진다(근기법 §109①).

(2) 휴업수당과 손해배상

근로자가 휴업수당을 받더라도 사용자의 고의·과실이 인정되면 민사상 임금전액을 청구할 권리를 갖는다(민법 §538①). 휴업수당지급한도내에서는 민법상청구권이 성립하지 않는다.

(3) 중간수입공제

임금전액을 받은(민법 §538①) 채무자는 자기의 채무를 면함으로써 이익을 얻은 때에는 이를 채권자에게 상환하여야 한다(민법 §538②). 근기법상 휴업수당규정은 민법에 의한 청구권과는 다른 근거로 근로자의 생존을 보호하기 위한 규정이므로 중간수입공제가 적용될 여지는 없다.[2] 판례는 휴업[3] 또는 부당해고[4]에 있어 중간수입공제의 한도를 평균임금의 70%로 보고 있다.

(4) 휴업수당과 다른 근로조건

부당해고복직은 휴업수당지급사유가 아니다.[5] 사용자귀책사유로 휴업하여 실근로일이 없게 되어 청구권이 발생한 연차휴가를 사용하지 못하면, 정상조업실

---

1) 임금근로시간정책팀-3310, 2006.11.13.
2) 김유성, 『노동법Ⅰ』, 105쪽 ; 임종률, 『노동법』, 제9판, 388쪽.
3) 대판 1968.9.17, 68누151. 휴업기간 중에 중간수입이 있으면 휴업수당 초과 부분에 대해 공제 가능.
4) 대판 1991.12.13, 90다18999 ; 대판 1991.6.28, 90다카25277.
5) 대판 1986.10.14, 86도611.

시일부터 사용권이 발생한다.[1] 소정근로일의 일부를 휴업한 경우에는 휴업한 날을 제외한 소정근로일의 개근여부에 따라서 유급주휴일이 발생하고, 소정근로일을 전부 휴업한 경우에는 유급주휴일 해당일도 휴업기간에 포함하여 휴업수당을 지급한다.[2] 휴업기간중의 무급휴무일에 대해서는 휴업수당이 발생하지 않는다.[3]

5. 연봉제

5·가. 개 념

연봉제란 통상 1년을 단위로 하여 능력과 실적을 기준으로 임금을 결정하는 제도를 말한다. 연공서열형임금체계 아래서는 매년 정기승급 등을 통해 임금상승이 자동적으로 이루어지나, 연봉제를 도입하면 업무평가와 연봉협상을 통해 지난해 업적·성과·능력 등 공헌도에 따라 연간 임금총액이 매년 결정된다.[4]

5·나. 유 형

(1) 구성항목

연봉제는 법적개념이 아니다. 따라서 기업에 따라 제도의 내용이 다를 수 있다. 연봉에 어떠한 항목의 임금이 포함되느냐에 따라 모든 급여항목을 연봉에 포함하는 완전연봉제, 법정수당의 일부를 연봉에 포함하는 부분연봉제, 법정수당은 제외하고 법정외수당과 상여금을 포함시키는 성과급적연봉제로 나눌 수 있다.

(2) 연봉조정 정도

연봉제는 제도도입 후 매년 연봉을 조정하는 과정에서, 삭감없이 전년도 연봉액이상으로 조정하면서 개인별로 차등을 두는 증액형연봉제와 전년도보다 삭감될 수도 있는 삭감형연봉제로 구분될 수 있다.

(3) 연봉조정범위

연봉제는 연봉조정범위에 따라 전체임금항목을 연봉화하여 연봉을 조정하는 순수연봉제와 연공서열부분과 연봉조정부분이 섞여 있는 혼합형연봉제로 나눌 수 있다.

---

1) 근기 68207-687, 1999.11.22.
2) 근기 68207-1138, 1998.6.5 ; 근로개선정책과-5243, 2012.10.25.
3) 근로기준정책과-1448 2015.4.10.
4) 서울행판 2006.4.25, 2005구합36455. 연봉 3%를 삭감한 임금조정을 인정하고 있다.

5·다. 적용대상

연봉제는 '임원·과장·부장 등 관리·감독직', '연구·특수·영업직 등 재량근로에 해당하는 특정분야' 등을 대상으로 하는 것이 일반적이다.[1] 연봉제를 특정분야에 한정하여 도입하는 이유는 근기법상 법정수당지급, 근로시간제한 등 제약요인이 있어 모든 근로자를 대상으로 하는 것이 어렵기 때문이다. 연봉제를 일부 근로자에 대해서만 실시해도 국적, 신앙, 성별, 사회적신분에 의한 차별이 아니므로 근기법 제6조 위반으로 볼 수는 없다.

5·라. 연봉제와 근로기준법

연봉제는 법정기준근로시간을 기준으로 초과근로를 제한하고 가산임금을 지급토록하는 근기법상 근로조건보장제도와 갈등관계에 있게 된다. 연봉제의 유형별로 보면, 구성항목별로는 완전연봉제는 명백히 근기법에 위반되며, 부분연봉제도 도입방법에 따라 근기법에 위반될 수 있다(같은장,같은절 5·마, (3), ① 각주). 연봉조정정도별로는 삭감형연봉제가, 연봉조정범위별로는 순수연봉제는 물론 혼합형연봉제도 도입방법에 따라 근기법에 위반될 수 있다(같은장 같은절,5·나).

5·마. 법정근로조건 적용

(1) 근로계약

사용자는 임금의 구성항목, 계산방법 및 지급방법을 근로계약에 서면으로 명시하여야 한다(근기법§17② 근기령§8). 따라서 연봉제계약의 경우에도 인적사항, 연봉액, 결정·계산·지급방법, 산정기간·지급시기, 승급, 법정수당·각종수당, 퇴직금, 상여금, 최저연봉액, 이의제기절차 등을 서면으로 명시해야 한다.

연봉제를 적용해도 공동으로 적용되는 사항에 대해서는 취업규칙에 규정하고 근로계약에는 취업규칙을 따른다고 규정할 수 있다. 연봉계약단위기간이 1년이라 해서 근로계약이 당연히 1년이 되는 것은 아니다.[2]

(2) 취업규칙과 단체협약

연봉제를 도입하기 위해서는 해당근로자와 근로계약을 체결하는 외에 취업규칙과 단체협약에 근거를 설정해야 한다. 연봉제도입으로 불리함을 받는 근로자가 있으면 취업규칙변경에 있어 근로자집단의 동의를 받아야 한다.[3] 이 경우

---

1) 임원은 근기법이 적용되지 않아서, 관리·감독적근로자나 재량간주근로대상근로자는 근로시간을 관리할 필요가 없어 연봉제도입이 비교적 쉽다.

2) 서울행판 2002.6.4, 2001구37794.

동의를 받아야 할 대상은 원칙적으로 연봉제적용대상근로자들이나,[1] 장래에 적용이 예상되어 있는 근로자집단도 해당근로자집단에 포함된다(제2장, 제1절, 2·다(3), ②, ㈐, ㈏).

단체협약에는 연봉제적용대상근로자 등에 대해 포괄적사항을 규정하고 제도의 세부내용을 취업규칙과 근로계약에 위임하는 것이 일반적이다.

(3) 근로시간, 휴일·휴가 관련 법정수당

① 원 칙

연봉제를 도입하더라도 근기법상 근로시간, 휴일·휴가관련 조항은 적용된다.[2] 현행법상 제한적이나마 연봉제[3]를 도입할 수 있는 경우로는 재량간주근로시간제 적용자, 근로시간·휴일·휴게적용제외자, 포괄임금약정적용자를 들 수 있다.

② 재량간주근로시간

재량간주근로시간제(제4장 제5절, 2·가)에서는 연장근로임금·가산수당, '일을 하지 않아도 지급되는 유급휴일수당'을 연봉액에 포함시킬 수 있다.

③ 포괄임금약정

포괄임금약정에 대해서도 재량간주근로시간제처럼 연장근로임금·가산수당, 야간근로가산수당, 유급휴일에 근로를 제공치 않아도 당연히 지급되는 유급휴일수당을 연봉에 포함할 수 있다. 휴일근로임금·가산수당과 연차유급휴가미사용수당을 포괄임금에 포함하여 일괄처리할 수 있다는 행정해석과 판례가 있으나(같은장 같은절, 6) 개인적으로는 반대한다.

④ 근로시간, 휴일 및 휴게 적용제외

농림·수산사업, 고용장관의 승인을 받은 감시·단속적근로자, 관리·감독자 및 기밀취급자에 대해서는 근로시간, 휴일·휴게 관련조항이 적용되지 않는다(근기법 §63, 근기령 §34 제5장, 제5절, 6). 이들을 대상으로 연봉제를 도입할 경우, 연장근로임금 및 가산수당, 유급휴일에 근로를 제공하지 않아도 당연히 지급되는 유급휴일수당, 휴일근로임금·가산수당을 연봉에 포함할 수 있다.

(4) 퇴직급여

'연봉액에 퇴직금이 포함되어 있다'는 포괄적규정의 효력은 부정된다(제11장, 제3절, 2·마(1), ②, ㈏, ㈑, (d), ⓐ).

---

3) 근기 68207-928, 2002.3.6. 삭감형연봉제는 동의 필요. ↘ 419쪽

1) 근기 68207-3128, 2000.10.10 ; 근기 68207-2177, 1998.8.31.

2) 임금근로시간정책팀-3444, 2007.11.22. 연장·야간·휴일근로 임금 및 가산수당 지급 필요.

3) 법정수당의 일부를 포함하는 부분연봉제를 말함(모든 급여항목을 포함하는 완전연봉제는 근기법위반.

(5) 임금정기지급

근기법은 '임금은 매월 1회이상 일정한 날짜를 정하여 지급해야 한다'라고 규정하고 있다. 따라서 연봉제를 도입하더라도 이미 결정된 연봉을 분할하여 매월 1회이상 정기적으로 지급하여야 한다.[1]

(6) 통상임금, 평균임금 산정

연봉은 임금산정기간 즉 1년 동안에 지급하기로 정해진 고정급임금이므로 각종수당을 기본급에 포함하여 기본연봉으로 정한다면 평균임금은 물론이고 통상임금[2]에도 포함된다.[3] 다만, 신규근로자가 아닌 기존근로자의 임금체계를 연봉제로 바꾸면서 기존임금항목에서 연봉제로 전환된 부분을 감안하여 연봉액의 일부만을 통상임금, 또는 평균임금으로 한다고 당사자가 합의한 경우 연봉제에 포함되지 않는 제수당이나 퇴직금 등의 산정에 있어 근로자에게 불리하지 않다면 이를 위법으로 보기 어렵다.

(7) 결근 · 지각 · 징계와 임금공제

결근·지각·징계와 관련한 임금공제여부는 연봉제계약의 규정에 따른다.[4] 그런 규정이 없으면, 연봉제가 근로시간보다는 업적 중심으로 임금이 결정되는 제도임을 감안할 때, 결근 등에 따라 당연히 비례적으로 임금을 공제하는 것은 타당치 않다. 매년 연봉을 조정함에 있어 삭감형연봉제로 운영하는 경우, 조정에 따른 연봉삭감은 제재에 따른 감급이 아니고 제공되는 근로의 질과 양에 따른 임금결정이므로 해고·징계제한 및 감급제재를 적용받지 않는다.

5·바. 연봉제와 근로관계종료

취업규칙, 근로계약 등에 근거를 두어 적법·타당하게 연봉제를 도입하고, 당사자합의를 거쳐 작성된 연봉계약기간동안의 업무계획을 토대로 평가한 결과에 따라 다음 연봉계약기간동안의 연봉액을 결정한 후, 근로자가 이를 받아들이지 않으면 근로계약은 종료될 수 있다. 연봉제계약성립이 위법하거나, 타당치 못하

---

1) 연봉을 단순히 1/12로 나누어 매월 균등히 지급하거나, 상여금을 고려하여 1/16(상여금 400%), 1/18(상여금 600%) 등으로 나누어 매월급여일(상여금부분은 정기상여금 지급월)에 맞추어 지급하는 방법이 있다.
2) 시간급통상임금 산정을 위한 '년(年)의 통상임금산정기준시간수'는 "같은장, 제2절, 3.라, (2), ②, ㈎" 참조
3) 임금근로시간정책팀-3347, 2006.11.14. 기본급에 각종수당을 포함하여 기본연봉으로 하고 1/12을 매월 지급하면 통상임금에 해당된다. 기본연봉안에 명백하게 연장근로임금 등으로 명시하고 있다면 이는 통상임금에서 제외할 수 있다. 연봉제를 도입하면 통상임금수준이 높아질 수 있다. 연장근로, 야간근로수당 등의 수당은 연봉에 포함되므로 통상임금은 휴일근로임금 및 가산수당, 연차휴가미사용수당 등의 산정에 활용될 수 있다.
4) 임금을 공제한다고 명시하는 것은 연봉제의 취지와 맞지 않는다.

거나, 업무계획과 실적에 대한 평가가 없거나 불완전한 경우에 근로자가 이를 받아들이지 않는다는 이유로 퇴직을 시키는 것은 부당해고가 될 수 있다. 특히 기존시스템을 그대로 두고 명목적으로 연봉계약을 체결한 후에 기간경과와 업무능력미흡을 이유로 재계약하지 않으면 해고의 정당성문제가 제기될 수 있다.[1)]

기간제근로계약에 대해 연봉제를 적용하여 전체기간이 2년을 초과하면 '기간의 정함이 없는 근로계약' 아래에서의 연봉제로 의제될 수 있다.

6. 포괄임금약정

6·가. 의 의

(1) 취 지

사용자는 근로자에 대하여 기본임금을 결정하고 이를 기초로 연장, 휴일, 야간근로 등에 대한 임금 또는 가산수당을 산정하여 지급함이 원칙이다. 그러나 사업장에서는 근기법의 임금산정방법을 탄력적으로 운용하려는 관행이 형성되어 왔다. 이에 대해 판례들은 1970년대[2)]에 '기본임금을 기초로 가산수당을 산정하는 구조'에 대한 예외로서 사업장관행을 인정하기 시작하여 보다 정치한 개념으로 발전시켜 나가면서 1990년대 중반이후에는 포괄임금약정이라는 용어를 보편적으로 사용하고 있다.[3)]

(2) 개 념

포괄임금의 개념은 1997년의 판례[4)]에 잘 나타나 있다. '근로시간·근로형태와 업무성질 등을 참작하여',[5)] '계산의 편의와 직원의 근무의욕을 고취하는 뜻에서',[6)] '근로자의 승낙 하에',[7)] '기본임금을 미리 산정하지 않은 채 시간외근로 등에 대

---

1) 근기 68207-2328, 2000.8.3.

2) 대판 1974.5.28, 73다1258.

3) 포괄산정임금제(김형배, 『노동법』, 제20판, 399쪽 등), 포괄역산임금제(김수곤, "포괄역산 관행의 문제", 「월간 경영계」, Vol.222, 전국경영자총협회, 1996.8, 20쪽 ; 임종률, 『노동법』, 제9판, 428쪽 등), 포괄임금산정제(이상윤, 『노동법』, 제6판, 244쪽) 등의 이름으로 불리기도 한다.

4) 대판 1997.4.25, 95다4056. '대판 1997.7.22, 96다38995'에는 "단체협약이나 취업규칙에 비추어"라는 표현만 빠져 있다. ; 다른 판례들의 표현은 조금씩 다르다.

5) 1982년 이후의 거의 모든 판례에 공통적으로 사용되고 있으나 "근로형태의 특수성 때문에(대판 1983.9.13, 82다카49 ; 대판 1991.4.9, 90다16245 ; 대판 1992.7.14, 91다37256)", "노무의 특수성을 감안하여(대판 1984.1.24, 82다카49)" 등의 표현도 발견된다.

6) 1990년 이후의 판례(대판 1990.11.27, 89다카15939 ; 대판 1991.4.23, 89다카32118 ; 대판 1995.7.28, 94다54542 ; 대판 1997.4.25, 95다4056 ; 대판 1997.7.22, 96다38995 ; 대판 1998.3.24, 96다24699 ; 대판 1999.5.28, 99다2881 ; 대판 2005.6.9, 2005도1089 ; 대판 2006.4.28, 2004다66995, 67004)에서 주로 발견되며, 그 전에는 대부분 "근로시간, 근로형태와 업무성질 등을 참작하여"라는 표현만을 사용하였다.

7) 1992년 이전까지의 판례 대부분(대판 1982.3.9, 80다2384 ; 대판 1982.12.28, 80다3120 ; 대판 1983.9.13, 82

한 제수당을 합한 금액을 월급여액이나 일당임금으로 정하거나 매월 일정액을 제수당으로 지급하는 내용의',[1] '이른바 포괄임금약정에 의한 임금지급계약을 체결해도',[2] '단체협약이나 취업규칙에 비추어 근로자에게 불이익이 없고 제반사정에 비추어 정당하다고 인정될 때에는 그 계약은 유효하다.'[3]

(3) 약정 성립

포괄임금약정이 성립하였는지 여부는 근로시간, 근로형태·업무성질, 임금산정단위, 단체협약·취업규칙내용, 동종사업장실태 등 여러 사정을 전체적·종합적으로 고려하여 구체적으로 판단해야 한다. 단체협약 등에 일정근로시간을 초과한 연장근로시간에 대한 합의가 있다거나 기본급에 수당을 포함한 금액을 기준으로 임금인상률을 정하였다는 사정 등을 들어 포괄임금약정에 관한 합의가 있다고 단정할 수 없다.[4] 초과근로수당을 실제 연장·휴일근로시간과 관계없이 일정금액으로 지급하는 고정급초과근로수당제도 또는 이른바 보장시간제도도 포괄임금약정에 해당된다.[5]

6·나. 포괄임금약정의 성격

포괄임금약정의 성격은 "판례에 의해 예외적으로 인정된 제도"라는 엄격해석론[6]과 "당사자가 자유로이 약정할 수 있는 임금지급계약의 한 형태"라는 확대해

다카49 ; 대판 1984.1.24, 83도2068 ; 대판 1987.8.18, 87다카474 ; 대판 1992.2.28, 91다30828 ; 대판 1992.7.14, 91다37256)이 사용하였고, 그 후에는 "계산의 편의와 직원의 근무의욕을 고취하는 뜻에서"라는 표현이 사용되면서, 1997년의 두 판례(대판 1997.4.25, 95다4056 ; 대판 1997.7.22, 96다38995)를 제외하고는 잘 사용되지 않고 있다.

1) 1995년 이후의 거의('대판 2005.6.9, 2005도1089'는 '매월 일정액을 제수당으로 지급하는 내용'이라고 표현) 모든(대판 1995.7.28, 94다54542 ; 대판 1997.4.25, 95다4056 ; 대판 1997.7.22, 96다38995 ; 대판 1998.3.24, 96다24699 ; 대판 1999.5.28, 99다2881 ; 대판 2006.4.28, 2004다66995·67004) 판례에서 발견된다. 1995년 전에는 "기본임금을 미리 산정하지 않은 채 제수당을 합한 금액을 월급여액으로 정하는"이라는 표현(대판 1982.3.9, 80다2384 ; 대판 1984.1.24, 83도2068 ; 대판 1987.8.18, 87다카474), "기본임금을 미리 산정하지 않은 채 제수당을 합한 금액을 월급여액이나 일당임금으로 정하는"이라는 표현(대판 1992.7.14, 91다37256), 단지 "월급액(대판 1992.2.28, 91다30828 ; 대판 1993.5.27, 92다33398)"이나 "일당(대판 1990.11.27, 90다카6934)"이라는 표현, "매월 일정액을 제수당으로 지급하는 내용의"라는 표현(대판 1982.12.28, 80다3120 ; 대판 1983.9.13, 82다카49 ; 대판 1991.4.23, 89다카32118 ; 대판 2005.6.9, 2005도1089) 등이 사용되었다.

2) 1995년 이후 거의(대판 2005.6.9, 2005도1089는 이러한 표현 미사용) 모든 판례(대판 1995.7.28, 94다54542 ; 대판 1997.4.25, 95다4056 ; 대판 1997.7.22, 96다38995 ; 대판 1998.3.24, 96다24699 ; 대판 1999.5.28, 99다288 ; 대판 2006.4.28, 2004다66995·67004)가 이러한 취지의 표현 사용.

3) 일부 판례(대판 1987.8.18, 87다카474 ; 1992.2.28, 91다30828 ; 대판 1997.4.25, 95다4056 ; 대판 1998.3.24, 96다24699)에서 발견됨, 다른 판례들은 "단협이나 취업규칙에 비추어"라는 부분을 뺀 표현 사용.

4) 대판 2009.12.10, 2008다57852.

5) 대판 2019.8.14, 2008다57852. 연장·휴일근로시간이 합의시간에 미달해도 합의시간대로 수당지급 ; 근로기준과-285, 2011.1.14. 고정급금액을 명시하지 않거나 해당시간·상한이 명확히 표시되지 않으면 미성립.

6) 이국환, "감시단속적 근로와 포괄임금계약의 유효성", 「대법원판례해설」 제28호, 법원행정처, 1997년 상반기,

석론[1]으로 나뉜다.[2]

엄격해석론은 포괄임금약정에 대해 엄격한 요건을 설정한 다음에, 이 요건을 충족하면 정산과정을 거치지 않은 채로, 가산임금규정(근기법 §56)을 적용하지 않고 강행적효력을 인정한다.[3]

확대해석론은 포괄임금약정이 '계약자유원칙에 따라 당사자가 자유로이 약정한 근로계약으로서 법령·단체협약·취업규칙 등에 위반하지 않는 범위에서 효력을 갖는다'는 당연한 법리이므로, 그 자체로 강행적효력을 인정하지 않고 정산을 거쳐 가산임금규정을 적용한다.[4]

6·다. 인정범위와 대상업무

(1) 인정범위

① 엄격해석론

엄격해석론은 근로형태의 특수성이나 업무의 성질상 근로시간측정이 어려운 경우에만 포괄임금약정을 인정한다.[5] 판례법리는 포괄임금약정의 목적을 근로시간, 근로형태와 업무성질 등을 참작하여, "계산편의와 직원근무의욕을 고취하는 뜻에서"라고 표현하고 있다. "계산편의와 직원근무의욕을 고취하는 뜻에서"라는 표현은 독자적으로 존재하는 것이 아니고 "근로시간, 근로형태와 업무성질 등을 참작하여"라는 표현에 의해 구속을 받는다.[6] 계산편의 등도 근로형태나 업무

349쪽 ; 신수길, "포괄임금약정에 의한 임금지급계약이 유효하기 위한 요건", 「대법원판례해설」 통권 제32호, 법원도서관, 1999년 상반기, 192쪽 ; 문형배, "포괄임금계약과 근로기준법 제61조", 「판례연구」 제11집, 부산판례연구회, 2000, 716쪽 ; 박주현, "포괄산정근로계약(포괄역산임금계약)과 근로시간", 「노동법연구」 제2권 제1호, 서울대학교 노동법연구회, 1992.2, 305쪽.

1) 김지형, "노동쟁송과 판례연구(하)", 「인권과 정의」 제319호, 대한변호사협회, 2003.3, 164쪽 ; 이원재, "포괄임금약정에 의한 임금계약의 효력", 「노동판례비평」 1997, 민주사회를 위한 변호사모임, 1998.8, 154~158쪽.

2) 김지형, "노동쟁송과 판례연구(하)" (위의 글), 164쪽 ; 송명호, "포괄임금계약에 관한 고찰", 「인권과 정의」 통권 제347호, 대한변호사협회, 2005.7, 307쪽.

3) 강행적효력을 갖더라도 그 범위는 근기법 제56조의 가산임금외에 다른 조항에까지 당연히 미치지는 않음.

4) 김형배, 『노동법』, 제20판, 399쪽. 근기법 제56조는 '통상임금의 50%이상'이라는 '가산수당의 수준'을 규정하고 있다. 따라서 이러한 수준이상으로 임금이 지급된다면, 산정방법이나 지급방법은 제한을 받지 않으므로, 당사자는 자유로이 포괄임금계약을 체결할 수 있다.

5) 대판 2020.6.25, 2015다8803.

6) 대판 2010.5.13, 2008다6052(이 판례는 '대판 1997.4.25, 95다4056', '대판 1997.7.22, 96다38995', '대판 1999.5.28, 99다2881', '대판 2002.6.14, 2002다16958', '대판 2005.8.19, 2003다66523' 등을 같은 취지로 해석 / **한국노동법학회, 『노동판례백선』 제1판**, 69쪽. 대상판결은 포괄임금약정 인정범위를 명확히 하여 남용을 방지하고 있다고 평가) ; 대판 2016.9.8, 2014도8873. 노인센터에서 노인돌보미로 근무하는 요양보호사관련. 부정 ; 이국환, "감시단속적 근로와 포괄임금계약의 유효성"(앞의 글), 348~349쪽 ; 문형배, "포괄임금계약과 근로기준법 제61조"(앞의 글), 716쪽 ; 송명호, "포괄임금계약에 관한 고찰"(앞의 글), 64쪽. 포괄임금약정의 성격을 '판례에 의해 예외적으로 인정된 제도'라고 보면서 엄격해석론의 입장에 서는 것이 일반적인데 '당사자가 자유로이 약정할 수 있는 임금지급계약의 한 형태라는 견해'를 취하면서 엄격해석론의 입장을 보이고 있다. ;

성질 등을 이유로 근로시간측정이 어려운 경우에만 인정될 수 있다는 말이다. 이 견해에 따르면 근로시간산정이 가능함에도 불구하고 단순히 계산편의를 위하여 포괄임금약정을 허용하는 것은 허용되지 않는다.

② **확대해석론**

확대해석론은 근로시간산정이 어려운 경우에만 인정되는 것이 아니고, 계산편의 등을 위해서도 포괄임금약정을 인정한다.[1] 포괄임금약정은 사업(장)에서 형성된 관행으로서 그 존재 또는 실체를 부정하기가 쉽지 않다. 확대해석론은 이러한 이유로 계산편의만을 위해서도 포괄임금약정을 인정한다.

(2) 대상업무

① **엄격해석론**

엄격해석론은 '근로시간측정이 어려운 업무'를 대상으로 포괄임금약정을 인정한다. '근로시간측정이 어려운 업무'는 몇 가지로 유형화된다.

첫째, 기후나 기상 때문에 근로시간과 휴게시간이 불규칙한 근로를 들 수 있다. 이러한 예로는 염전회사현업원,[2] 해외건설현장관리직원[3] 등을 들 수 있다. 이러한 업무는 기상조건, 자재・장비수급 등 여건에 따라 근로시간이 달라지기 때문에 근로시간측정이 어렵다.

둘째, 감시・단속적근로를 들 수 있다. 이러한 예로는 '제지회사의 양수장 관리자',[4] '1일 24시간씩 격일로 근무하는 아파트의 경비원 및 보일러공',[5] '회사의 경비원',[6] 버스회사배차원,[7] '시설의 작동・고장관리인',[8] 청원경찰[9] 등 감시

유승관, "감시단속적 근로와 포괄임금 계약의 유효성", 「재판실무연구」 1998, 광주지방법원, 1999.1, 258쪽; 조임영, "포괄임금약정에 의한 임금지급계약의 성립요건", 「월간 노동법률」 제95호, ㈜중앙경제, 1999.4, 47쪽; 김홍영, "포괄임금약정의 성립판단", 「월간 노동리뷰」, 통권 제143호, 2017.2, 98쪽.

1) 신수길, "포괄임금약정에 의한 임금지급계약이 유효하기 위한 요건"(앞의 글), 193쪽; 김지형, "노동쟁송과 판례연구(하)"(앞의 글), 165쪽. 기본임금을 정하되 이를 제외한 법정 제수당에 대해 고정급을 지급하는 경우 인정; 대판 1998.3.24, 96다24699. 일용근로관련, 휴일근로수당이나 연차휴가미사용 보상금까지 대상으로 함; 대판 1990.11.27, 90다카6934. 시외버스운전기사 관련, 시간외수당을 계산편의 등의 취지에서 고정급화한 것으로 무효가 아님; 대판 1991.4.23, 89다카32118; 대판 2016.10.13, 2016도1060(**한국노동법학회, 『노동판례백선』 제2판**, 105쪽. 대상판결은 묵시적합의에 의한 포괄임금약정의 성립요건에 대해 엄격한 기준을 제시하여, 포괄임금약정의 성립단계부터 엄격한 제한을 했다는 점에서 의의가 있음). 합의를 중시했음.

2) 대판 1990.11.27, 89다카15939.

3) 대판 1991.4.23, 89다카32118. 사우디아라비아의 건설현장이 극심한 더위와 빈번한 모래바람 등으로 인해 매일 같은 시간을 근로하기 어렵고, 관리직원도 실제로 근로하였는지 정확하게 확인하는 것이 곤란.

4) 서울고판 1978.6.22, 77나1540.

5) 대판 1983.10.25, 83도1050; 대판 1984.1.24, 83도2068; 대판 1993.5.27, 92다33398; 대판 2002.6.14, 2002다16958.

6) 대판 1999.5.28, 99다2881; 대판 2002.6.14, 2002다16958. 1일 24시간 격일제 관련.

7) 대판 1982.3.9, 80다2384.

적업무에 종사하거나, 장소를 이탈할 수 없는 상태에서 근로시간조정이 가능한 단속적업무가 있다. 판례는 행정관청승인과 관계없이[1] 감시·단속적근로를 포괄임금약정대상으로 보고 있다.

셋째, 운수업이나 사업장밖근로처럼 근로시간을 측정하기 어려운 근로를 들 수 있다. 이러한 예로는 '장거리운행 화물운송운전자',[2] '근로와 휴식의 구분이 어려운 관광버스나 택시운전',[3] 시외버스운전,[4] '1일 24시간 격일근무운전',[5] '근로시간이 일정치 않은 운전'[6] 등이 있다.

② **확대해석론**

확대해석론은 '근로시간산정이 가능한 업무'에 대해서도 포괄임금약정을 인정한다. 월급제나,[7] 매월 고정급으로 지급받는 시간급제[8]의 월급에는 '주휴일에 근로를 하지 않아도 지급되는 주휴수당'이 포함되어 있는 것으로 해석[9]된다. 이 경우 주휴일로 간주되는 시간이 정해지므로 근로시간측정이 가능하다.

판례가 인정하는 사례로는 '연장·야간·휴일근로 등이 당연히 포함되는 근로형태', '일용직근로',[10] '감시·단속적근로 또는 운수근로에서의 격일제근로', 도급제·성과급제근로,[11] '초과근로에 대한 정액수당지급'[12]을 들 수 있다.

---

8) 서울민지판 1991.4.11, 89가합69194.

9) 대판 1997.4.25, 95다4056 ; 대판 1997.7.11, 96다45399. 1일 24시간 격일제 관련. ↘ 425쪽

1) 대판 1993.10.26, 93다36165.

2) 대판 1982.12.28, 80다3120 ; 대판 1983.9.13, 82다카49.

3) 대판 1985.3.26, 84도1861.

4) 대판 1990.11.27, 90다카6934 ; 대판 1992.7.14, 91다37256 ; 대판 2020.6.25, 2015다8803. 동일노선이라도 도로여건, 교통상황, 주행조건, 주행시간, 기상조건 등의 환경적요인과 근무태도, 운전습관 등 개별요인에 따라 실제운행시간이 달라져서 근로시간산정이 불가능하므로 포괄임금약정 인정. 실제근로시간과 관계없이 총주행거리에 비례하여 각종수당을 산정하는 그 효력이 있으며 추가로 연장 및 야간근로수당을 지급할 필요 없음.

5) 대판 1991.4.9, 90다16245.

6) 근기 68207-2452, 1993.11.24.

7) 대판 1994.5.24, 93다32514.

8) 대판 1998.4.24, 97다28421 ; 대판 2007.11.29, 2006다81523.

9) 근로조건지도과-2455, 2008.7.8.

10) 일당도급제계약택시운전자(대판 1985.3.26, 84도1861), 일당으로 임금이 지급되는 국가기관의 순수한 일용직 잡급(대판 1987.6.9, 85다카2473), 근로계약의 체결과 종료가 하루단위로 이루어지는 순수한 의미의 일용근로(임금 68207-586, 1993.9.16), 사전고지로 출근여부를 정할 수 있는 일용근로자(대판 1998.3.24, 96다24699) 등.

11) 대판 2006.4.28, 2004다66995·67004. 한국방송공사외부제작요원 ; 대판 1992.2.28, 91다30828. 근로시간이나 근로형태에 관계없이 '제분공장의 상하차반원'에 대해 상여금과 제수당이 포괄적으로 감안된 품목별노임단가표를 적용하여 작업비를 지급한 것은 정당하다(이러한 근로가 근로시간을 측정할 수 있는 근로형태라면 확대해석론에 근거한 포괄임금약정효력만 인정받을 수 있을 것이다).

12) 대판 2005.6.9, 2005도1089. '호봉에 따라 연장근로수당을 정액으로 받은 교사'에 대해 '정액지급약정의 존부와 효력' 특히 '근로자에게 불이익하거나 제반사정에 비추어 정당하다고 인정될 수 있는지'를 따져 포괄임금을 인정해야 한다고 봄.

6·라. 포괄임금약정 절차

(1) 근로자 승낙

① 내 용

판례법리는 포괄임금약정에 대해 근로계약과 근로자승낙을 요구하고 있다. 포괄임금약정 법리에 대해 1990년대 초반까지의 판례는 대부분이 "근로자승낙 하에"라는 표현을 사용하면서,[1] 수년간 이의없이 포괄임금약정에 따라 임금을 수령했다면 유효하다고 함으로써 묵시적동의를 인정하는 많은 판례[2]가 발견된다.

1990년대 초반이후의 판례는 "계산편의와 직원의욕을 고취하는 뜻에서"라는 표현을 추가하면서 "근로자의 승낙 하에"라는 표현이 빠지는 경향을 보여준다. 아울러 묵시적동의를 포괄임금약정의 요건으로 인정하는 견해가 제시되고 있다.[3] 연장·야간·휴일근로 등이 예정되어 있는 업무에 대해서는 근로자의 동의가 있는지를 살피지 않고 포괄임금약정을 인정한 판례[4]를 발견할 수 있다.

② 평 가

근기법은 법정기준근로시간과 초과근로를 엄격히 제한하면서 유연근로시간제를 통해 예외를 인정하고 있다. 이를 감안할 때에 포괄임금약정을 인정하더라도 서면합의에 의한 명시적동의가 필요하며 최소한 구두합의가 필요하다고 보아야 한다.[5] 구체적으로는 정액의 포괄임금외에 추가로 수당을 지급하지 않기로 하는 객관적합의가 있어야 한다.[6] 엄격해석론은 관행이나 묵시적동의까지 포함하는 완화된 절차를, 확대해석론은 상대적으로 엄격한 절차를 요구한다. 다만, 이론과 실무에 있어 이러한 연관관계가 일관되게 나타나지는 않는다.

---

1) 대판 1982.3.9, 80다2384 ; 대판 1982.12.28, 80다3120 ; 대판 1983.9.13, 82다카49 ; 대판 1984.1.24, 83도2068 ; 대판 1987.8.18, 87다카474 ; 1992.2.28, 91다30828 ; 대판 1992.7.14, 91다37256.

2) 대판 1982.3.9, 80다2384 ; 대판 1984.1.24, 83도2068 ; 대판 1987.8.18, 87다카474 ; 대판 1998.3.24, 96다24699 ; 대판 2005.6.9, 2005도1089.

3) 문형배, "포괄임금계약과 근로기준법 제61조(앞의 글), 718쪽 ; 신수길, "포괄임금약정에 의한 임금지급계약이 유효하기 위한 요건"(앞의 글), 193쪽 ; 이원재, "포괄임금약정에 의한 임금계약의 효력"(앞의 글), 155쪽. 다만, 수년간 이의없이 포괄임금을 수령한 것을 묵시적동의로 보기 어렵다고 비판.

4) 대판 1983.9.13, 82다카49(화물운전자 관련) ; 대판 1983.10.25, 83도1050(경비직 등 야간근로자 관련) ; 대판 1991.4.9, 90나22624(격일제 24시간 근로 관련) ; 전주지법 군산지판 2002.10.15, 2002가단316 등 다수.

5) 박주현, "포괄산정근로계약(포괄역산임금계약)과 근로시간"(앞의 글), 306쪽 ; 송명호, "포괄임금계약에 관한 고찰"(앞의 글), 75쪽 ; 이공희, "포괄산정임금제의 적용과 근로기준의 판단", 「노동교육」 제37호, 한국노동교육원, 2003, 152쪽 ; 이종수, "소위 포괄임금약정은 유효한가?", 「월간 노동법률」 통권 제142호, ㈜중앙경제, 2003.3, 83쪽. 단체협약, 취업규칙 또는 당사자 합의 필요.

6) 대판 2022.2.11, 2017다238004. 버스운송사업관련. 연장·야간·휴일근로수당을 포괄한 노선수당에 있어 실제 근로시간과의 차이에 이의를 제기치 않는다는 규정 있음, 연장·야간은 인정(대판 2022.2.10, 2018다298904). 휴일은 다른 내용 이유로 부정.

(2) 근거 규범

① 내 용

단체협약·취업규칙·근로계약의 근거[1]는 포괄임금약정의 요건으로 필수적이지는 않고 근로자동의와 선택적관계로 보는 의견이 있다.[2] 반면에 단체협약[3]·취업규칙[4]·근로계약[5]을 들어 포괄임금약정성립을 부정한 판례나 '취업규칙에 규정된 소정의 근로자에 해당되지 않는 점을 들어 포괄임금약정적용을 긍정한 판례[6]가 발견된다. 한편, 근로계약서나 별도합의서가 집단적으로 통일되는 등 정형화되면 이 자체를 취업규칙변경으로 보는 판례[7]가 있다. 그러나 이에 대해서는 비판적견해가 있을 뿐 아니라,[8] 근로계약서나 별도합의서를 취업규칙으로 보는 것이므로 근로자집단의 의견청취나 동의의 문제가 남는다.[9]

② 평 가

취업규칙·단체협약이나 임금협약자체[10]에 기본급을 정해 놓고 가산수당을 별도로 지급토록 규정하고 있거나 연장·야간·휴일근로수당 등을 세부항목으로 나누어 지급하도록 규정하고 있는 상태에서 임금협정서 등을 통해 포괄임금약정을 적용하면 취업규칙이나 단체협약의 위반이 된다.[11] 이 경우 벌칙 등이 적용되는 것으로 해석하기는 어려우나[12] 정산후에 근로자에게 차액을 지급해야 한다.[13] '근로시

---

1) 연장·야간·휴일근로수당 등을 세부항목으로 나누어 지급하도록 단협 등에 정하고 있으면 포괄임금약정에 해당하지 않으며, 일정시간초과연장근로에 대해 합의가 있다거나 기본급에 수당을 포함한 금액을 기준으로 임금인상률을 정해도 포괄임금약정합의가 있다고 단정할 수 없다(대판 2009.12.10, 2008다57852).

2) 근로조건지도과-3072, 2008.8.6.

3) 대판 2016.8.24, 2014다5098·2014다5104. 버스운송사업 관련. 명시적으로 합의한 증거가 없고 단협에 임금지급에 관해 세부항목을 나뉘어 규정된 상태라면, 근로형태나 업무의 성격상 연장·야간·휴일근로가 당연히 예상되고, 여러 해 동안 이의 없이 연장가산수당이 포함되지 않은 급여를 지급받아도 포괄임금약정 부인.

4) 대판 1997.7.22, 96다38995. 대학 수위 관련 ; 대판 2016.8.24, 2014다5098·2014다5104.

5) 대판 2016.10.13, 2016도106. '근기법에 따른다'고 규정(취업규칙과 관계에선 유리조건우선적용원칙 적용).

6) 대판 1992.2.28, 91다30828. 이른바 조작노역계약서 관련.

7) 대판 1974.5.28, 73다1258 ; 대판 1998.3.24, 96다24699.

8) 조임영, "포괄임금약정에 의한 임금지급계약의 성립요건"(앞의 글), 47쪽. '대판 1998.3.24, 96다24699'과 관련하여, 지급된 임금을 취업규칙 대신 일용직임금계약서와 비교하여 불이익을 따진 것은 부적절.

9) 박주현, "포괄산정근로계약(포괄역산임금계약)과 근로시간"(앞의 글), 307쪽. 필요하다고 봄.

10) 대판 1984.1.24, 83도2068 ; 대판 1987.6.9, 85다카2473 ; 대판 1987.8.18, 87다카474.

11) 대판 2009.12.10, 2008다57852 ; 대판 2016.8.24, 2014다5098(본소)·5104(반소). 여러 해 동안 이의 없이 연장근로수당이 가산되지 않은 급여를 받아온 사정만으로는 묵시적으로 포괄임금약정약정을 하였다고 볼 수 없다. ; 대판 2020.2.6, 2015다233579·233586. 임금협정서에 포괄임금 방식으로 지급한다는 취지의 기재가 있더라도 임금협정서, 임금조견표, 급여명세서 등에 기본급과는 별도로 연장·야간·휴일근로수당 등을 세부항목으로 나누어 지급하도록 정하고 있는 경우에는 포괄임금약정에 관한 약정이 성립하였다고 볼 수 없다.

12) 근기법 제56조의 가산임금지급, 제43조의 임금지급, 제93조의 취업규칙 작성·신고 규정을 위반한 것으로 보기는 어렵다. 따라서 사용자에게 주어지는 책임은 단체협약 등의 미준수에 대한 채무적책임에 그칠 수 있다.

13) 이원재, "포괄임금약정에 의한 임금계약의 효력"(앞의 글), 156~157쪽.

간측정이 어려운 경우'에는 근로시간을 계산할 수 없어 임금을 산정하기 어려우므로 가산수당이 적용되지 않는 강행적효력이 상대적으로 더 넓게 인정될 수 있다.

6·마. 포함되는 임금항목

(1) 내 용

포괄임금포함임금항목에 대해 대부분의 판례는 제수당이라는 포괄적표현을 사용하면서, 구체적으로 수당이름을 열거하지 않거나,[1] '연장·야간·휴일근로수당 등'이라고 열거[2]하고 있다. 이러한 표현들을 유추해볼 때 판례가 상정하는 포괄임금약정은 근기법제56조를 염두에 둔 것으로 보인다. 수당의 이름을 언급하지 않거나, '등'이라는 표현을 사용하는 것은 연차휴가미사용수당이 포함되는지에 대해 의문을 품게 한다. 연장근로임금과 가산수당, 그리고 야간근로가산수당은 포괄임금약정에 보편적으로 포함된다. 휴일이나 휴가를 사용하였음에도 지급되는 유급임금은 기본임금으로서 포괄임금에 포함될 수 있다.[3] 아울러 판례는 물론이고 학설[4]이나 행정해석[5]도 휴일근로수당을 포괄임금포함임금으로 본다.

연차휴가미사용수당과 관련하여, 과거에 월차휴가가 있었을 때에 월차휴가미사용수당을 포함시킨 판결,[6] 월차휴가미사용수당을 포함하면서 연차휴가미사용수당을 제외한 판결,[7] 모두 제외한 판결,[8] 양자를 모두 포함시킨 판결[9]이 있다. 연차휴가미사용수당만을 대상으로 이후의 상황을 보면, 일당임금이나 매월일정액에 포함하여 지급하는 것을 인정하면서 이를 연차휴가권박탈이 아니라고 본 판결[10]이 발견된다. 아울러 별다른 설명없이 포괄임금에 포함된다고 보는 행정

1) 대판 1984.1.24, 83도2068 ; 대판 1987.6.9, 85다카2473 ; 대판 1987.8.18, 87다카474.

2) 대판 1982.3.9, 80다2384 ; 대판 1982.12.28, 80다3120 ; 대판 1983.9.13, 82다카49 ; 대판 1983.10.25, 83도1050 ; 대판 1985.3.26, 84도1861 ; 대판 1990.11.27, 89다카15939 ; 대판 1990.11.27, 90다카6934 ; 대판 1991.4.9, 90다16245 ; 1992.2.28, 91다30828 ; 대판 1992.7.14, 91다37256 ; 대판 1993.10.26, 93다36165(격일제근로) ; 대판 1997.4.25, 95다4056 ; 대판 1997.7.22, 96다38995 ; 대판 2002.6.14, 2002다16958 ; 대판 2005.6.9, 2005도1089.

3) 〈사례〉 근로개선정책과-2617, 2012.5.14. 1일단위로 근로관계가 단절되어 계속고용이 보장되지 않는 순수일용근로자의 경우에는 주휴수당을 미리 임금에 포함할 수 없을 것이나, 일정기간 사용이 예정된 경우라면 근로기간 중 사용자가 소정근로일의 근무를 전제로 지급되는 주휴수당을 미리 임금에 포함하여 지급 가능.

4) 임종률, 『노동법』, 제9판, 428쪽 ; 김형배, 『노동법』, 제20판, 399쪽 ; 이상윤, 『노동법』, 제6판, 244쪽 ; 조성혜, "법정 제수당을 포괄하여 고정액을 지급하기로 한 근로계약(포괄임금계약)의 효력", 「월간 노동법률」 제73호, ㈜중앙경제, 1997.6, 18쪽.

5) 임금근로시간정책팀-3444, 2007.11.22. 「연봉제 관련 노동관계법의 적용기준」.

6) 대판 1988.3.22, 87다카570.

7) 대판 1993.5.27, 92다33398 ; 대판 1999.5.28, 99다2881.

8) 대판 1995.7.28, 94다54542.

9) 대판 1974.5.28, 73다1258 ; 대판 1998.3.24, 96다24699.

10) 대판 2023.11.30, 2019다29778,

해석[1]이 있으며, 휴가를 언제든지 사용하도록 보장하면서 고정급을 주면 포괄임금에 포함된다고 보는 일부 법조계,[2] 경영계[3] 및 행정해석[4]의 견해가 있다.

(2) 평 가

휴일이나 휴가는 '근로시간의 측정이 가능한지'와 관련이 없다. 휴일·휴가의 성격[5]이나 유연근로시간제[6]를 감안할 때, 휴일근로수당이나 휴가미사용수당을 포괄임금에 포함시키는 것은 법정휴일·휴가제도를 형해화시킬 우려가 있다.

퇴직금은 근로관계종료를 요건으로 하므로 적용대상이 아니며, 일당임금[7] 또는 매월 지급하는 임금[8]에 퇴직금명목의 금품이 들어 있는 약정은 무효이다.

6·바. 포괄임금약정의 효력과 정산

대부분의 판례는 포괄임금약정이 "근로자에게 불이익이 없고 제반사정에 비추어 정당하다고 인정"되면 유효하다고 본다. 근로자에게 불이익이 없는지는 '포괄임금이 근로시간에 기초하여 근기법에 따라 산정한 금액보다 적으면 차액청구 즉, 정산을 할 수 있는가'로 나타난다.

확대해석론에 기반을 둔 정산긍정설에 따르면 임금의 산정·지급방법에 대한 당사자약정은 존중되어야 하나, 근기법(§56)에 따라 산정된 임금보다 낮은 포괄임금은 강행규정을 위반하게 되어 무효(근기법 §15)이므로, 정산과정을 거쳐 근로자에게 차액이 지급되어야 한다.[9] 그러나 지급된 수당이 실제근로시간을 기준으로 계산

1) 임금 68207-586, 1993.9.16(일용직) ; 근기 68207-2452, 1993.11.24(격일제근로) ;

2) 송명호, "포괄임금계약에 관한 고찰"(앞의 글), 72쪽 ; 신수길, "포괄임금약정에 의한 임금지급계약이 유효하기 위한 요건"(앞의 글), 194쪽.

3) 한국경영자총협회, 「연봉제와 법률실무」, 1996.6, 96쪽.

4) 임금근로시간정책팀-3444, 2007.11.22, 「연봉제 관련 노동관계법의 적용기준」. 반대해석(근기 68207-1844, 2000.6.16 / 근기 68207-1696, 2000.6.2) 폐지 ; 휴가사용을 허용하는 경우에만 인정(근로기준과-7485, 2004.10.19 ; 근로개선정책과-2022, 2011.7.4).

5) ⓐ 휴일·휴가를 사용한 경우나 사용하지 않은 경우 모두 똑같은 임금을 받게 되는 것은 모순. ⓑ 미리 지급받은 보상 때문에 휴일근로거부권이나 휴가청구권이 실질적으로 제약. ⓒ 연차유급휴가에 대해 퇴직하는 경우가 아니면 국제적으로 수당지급이 인정되지 않으며, 쉬는 날이 특정되어 있지 않은 상태에서 수당을 지급하는 것은 사전매수. ⓓ 연차유급휴가 사용촉진제도와 모순. ⓔ 출산휴가 등 다른 휴가에까지 확대 적용 위험

6) 법정유연근로시간제도의 대상은 주로 근로시간이며 휴일에 대해 부분적으로 인정하고 휴가에 대해서는 대체제도만 인정되는데, 포괄임금약정에 대해 법적근거 없이 휴일과 휴가까지 포함시키는 것은 타당치 않다. 특히 감시·단속적근로의 경우 고용장관의 승인을 받아 휴일 적용이 제외되는데 포괄임금약정은 그러한 제한이 없다. ; 일용근로는 계속근로를 전제로 하지 않기 때문에 주휴일이나 연차유급휴가가 적용될 여지가 없음에도 미사용수당을 미리 상정하여 포괄임금에 포함시키는 것은 논리적이지 않다[조임영, "포괄임금약정에 의한 임금지급계약의 성립요건"(앞의 글), 47쪽].

7) 대판 1998.3.24, 96다24699.

8) 대판 2002.7.12, 2002도2211. 근로계약에 정한 이러한 약정이 퇴직금 중간정산에 관한 약정이라고 볼 수 있는 자료가 없음을 지적 ; 대판 2005.3.11, 2005도467 ; 대판 2006.9.22, 2006도3898.

한 법정수당보다 많다면, 임금을 지급할 추가로 지급할 사용자의 의무가 없다.[1]

엄격해석론에 기반을 둔 정산부정설은 유효하게 성립한 포괄임금약정에 대하여, 근기법에 따라 임금을 산정할 수 있더라도,[2] 정산을 하지 않고 효력을 인정한다.[3] 이 설에 따르면 정산인정은 포괄임금약정을 부정하는 것과 다름이 없으며, 근로실태나 당사자의사에 비추어 적절하지 못하다.[4] 이러한 이유로 근로자에게 불이익이 없는지를 판단하는 기준은 법령이 아니고 "단체협약이나 취업규칙"이 된다는 판례[5]도 발견되는데, 이를 부정하는 견해[6]도 있다.

6·사. 포괄임금약정의 한계

(1) 다른 법정근로조건 적용

포괄임금약정을 인정받아도 법정근로조건의 적용이 배제되지 않는다. 연장근로가 1주에 12시간을 초과하면 정액지급액이 1주를 단위로 하여 12시간분의 연장근로해당금액을 초과하거나,[7] 최저임금에 미달되도록 설계하면[8] 위법이다.

(2) 유연근로시간제와 중복

포괄임금약정은 근기법의 기본구조를 벗어난 제도이다. 근기법의 유연적근로시간제는 근로형태 · 업무성격 · 근로시간측정가능성 등에 따라 근로시간제도를 적용치 않거나 완화하여 적용한다는 점에서 포괄임금약정과 성격이 비슷하다. 유연근로시간제는 서면합의, 고용장관승인 등 엄격한 요건을 요구한다.

---

9) 대판 1991.4.23, 89다카32118. 해외건설현장 고정급 연장근로수당 관련 ; 대판 1992.7.14, 91다37256. 시외버스 운전자의 25일만근근로에 대해 포괄임금 인정. 실근로시간수가 1일 평균 10시간씩 월 25일만근 한도를 초과하였는지를 심리 필요 ; 근기 01254-13076, 1987.8.13 ; 임금 68207-836, 2002.11.13 ; 이원재, "포괄임금약정에 의한 임금계약의 효력"(앞의 글), 155~158쪽 ; 김지형, "노동쟁송과 판례연구(하)"(앞의 글), 167쪽 ; 김형배, 『노동법』, 제20판, 399쪽 ; 임종률, 『노동법』, 제9판, 428쪽 ; 이상윤, 『노동법』, 제6판, 245쪽. ↘ 430쪽

1) 대판 2023.7.27, 2023다221359.

2) '대판 1997.4.25, 95다4056'과 '대판 2002.6.14, 2002다16958'은 정산차액을 지급하라는 원심을 파기함으로써 근기법에 의해 임금의 산정이 가능하더라도 포괄임금의 효력을 인정하고 있다.

3) 포괄임금약정을 인정하고 있는 판례들은 대부분 정산의 문제를 언급하지 않으면서 포괄임금에 효력을 인정하고 있다. ; 박주현, "포괄산정근로계약(포괄역산임금계약)과 근로시간"(앞의 글), 299쪽 ; 이국환, "감시단속적 근로와 포괄임금계약의 유효성"(앞의 글), 351쪽 ; 유승관, "감시단속적 근로와 포괄임금 계약의 유효성"(앞의 글), 260쪽 ; 문형배, "포괄임금계약과 근로기준법 제61조"(앞의 글), 720쪽.

4) 송명호, "포괄임금계약에 관한 고찰", 「인권과 정의」 통권 제347호, 대한변호사협회, 2005.7, 80쪽 ; 이국환, "감시단속적 근로와 포괄임금계약의 유효성(앞의 글), 350~351쪽 ; 문형배, "포괄임금계약과 근로기준법 제61조"(앞의 글), 720쪽.

5) 대판 1987.8.18, 87다카474 ; 대판 1992.2.28, 91다30828 ; 대판 1997.4.25, 95다4056 ; 대판 1998.3.24, 96다24699.

6) 이원재, "포괄임금약정에 의한 임금계약의 효력"(앞의 글), 158쪽.

7) 격일제근로로 1일24시간을 매일 근로하면 연장근로시간이 12시간을 넘는다.

8) 대판 2016.9.8, 2014도8873. 노인센타 요양보호사 관련.

포괄임금약정의 대상업무는 대부분 유연근로시간제의 대상업무이기도 하다. '기후나 기상 때문에 근로시간과 휴게시간이 불규칙한 업무'는 야간근로가산수당을 지급해야 하는 등 제약이 큰 '근로시간·휴게 및 휴일의 적용 배제(근기법 §63)' 대상[1]이다. 감시·단속적근로도 고용장관승인을 요건으로 하는 '근로시간, 휴일 및 휴게의 적용이 배제(근기법 §63)' 대상이다. 운수근로 등 사업장밖업무는 일정한 요건이 요구되는 간주근로시간제(근기법 §58①)의 대상이다. 학설[2]이나 판례는 재량근로제(근기법 §58③) 근로를 포괄임금약정의 대상으로 본다. 이처럼 일정요건이 요구되거나 효력에 한계가 있는 법정유연근로시간제의 대상업무에 대해, 법적근거가 불투명하면서 재량의 여지가 큰 포괄임금약정적용을 인정하는 것은 법정제도를 무력화·형해화시키는 결과를 초래한다.

(3) 제도설정 취지 소멸

매월 고정급으로 연장근로수당을 지급하기로 한 포괄임금약정임금지급계약을 체결하더라도 근로자가 쟁의행위일환으로 연장근로를 거부하였다면 그 기간에 대해서는 연장근로수당을 지급할 의무는 없다는 해석[3]이 발견된다.

6·아. 포괄임금약정 평가

포괄임금약정은 판례법리로 근기법의 강행규정에 예외를 인정한다. 이러한 예외는 요건과 효력 그리고 한계를 명확히 하는 입법의 영역으로 흡수되어야 한다. 포괄임금약정을 인정하더라도 포함되는 임금항목에서 휴일·휴가를 사용하지 않은 데 대한 보상이나 퇴직금은 제외되어야 하고, 법정유연근로시간제의 적용대상에 해당하는 업무에 적용하는 것은 타당치 않다.

포괄임금약정은 근로시간측정이 곤란하여 근기법을 적용하기 어려운 경우에만 인정되어야 할 것이다. '근로시간측정이 어려운 업무'와 관련하여 학설과 판례는 "실근로시간"이라는 표현[4]을 많이 사용하고 있다. 실근로시간을 '실제로 근로를 제공하는 시간'으로 이해하면, 그 측정이 어려우며, 대상업무를 크게 넓히게 된다. 따라서 '근로시간측정이 어려운 업무'는 실구속시간"[5]으로 이해되어야 한다.

---

1) 대판 1966.7.26, 66다695. 염전의 현장근로자 관련.
2) 송명호, "포괄임금계약에 관한 고찰"(앞의 글), 66쪽.
3) 근로개선정책과-2761, 2013.5.8.
4) 운수근로자 및 감시·단속적 근로와 관련하여 실근로시간의 산출이 어렵다는 표현을 많이 쓰고 있다. ; 대판 1982.3.9, 80다2384 등 ; 송명호, "포괄임금계약에 관한 고찰"(앞의 글), 60쪽 등.
5) 김형배, 『노동법』, 제20판, 405쪽.

확대해석론에 의한 포괄임금약정은 법정유연근로시간제도를 형해화시킬 수 있는 요인을 상대적으로 많이 가지고 있고, 고정적연장근로를 미리 예정하는 결과를 가져 온다. 연장근로는 예외적인 근로이므로, 상시적인 연장근로는 위법의 여지를 남긴다. 따라서 이러한 포괄임금약정은 지양되어야 한다.

7. 임금피크제

7·가. 의 의

임금피크제라 함은 근속연수가 늘어남에도 불구하고 일정연령[1]에 도달하면 임금을 삭감하는 대신 고용을 늘려주는 제도이다. 임금피크제는 사용자입장에서는 연공주의적인사관리체제에서 비롯된 인건비부담과 인력활용의 경직성을 극복하는 데에서, 근로자입장에서는 경영해고의 위험이 크거나 성과주의의 폭이 클 경우에 고용과 임금을 안정시키려는 데에서 의미를 찾을 수 있다.

7·나. 고려요인

임금피크제를 설계함에 있어서는 적용범위, '임금피크제가 적용되는 연령(임금 굴절연령)', 임금의 감액률 · 임금커브[2] · 구성항목조정 등이 고려되어야 한다.

임금피크제를 도입해도 법정근로조건이 모두 적용된다. 그 결과 임금감액에 따른 근로조건저하가 나타난다. 근로조건저하의 하한선은 법정기준이다. 임금피크제는 통상임금에 영향을 미치며 통상임금이 적용되는 다른 근로조건의 유급임금에도 영향을 미친다. 임금피크제는 평균임금을 감액시킨다. 임금피크제는 퇴직금중간정산사유로 인정된다(제11장, 제4절, 2·마 (1), ②, (나), ㉯, (a)).

임금피크제를 도입하면 연금수급 전 3년간의 평균소득월액이 기준으로 국민연금의 수령액이 낮아진다. 다만, 국민연금은 표준보수월액도 기준으로 작용하므로 수령액 저하의 정도는 퇴직급여보다 낮을 수 있다.

임금피크제를 도입하더라도 연차휴가가산일수를 결정하는 계속근로기간계산방법은 마찬가지로 적용된다. 계속근로에 따른 가산휴가가 주어지더라도 법적의무가 있는 휴가일수는 25일이 상한이다. 임금피크제를 도입해도 근로관계종료법리

---

1) 대판 2022.3.11, 2021두31832. '정년은 만 60세로, 56세부터는 임금피크를 적용한다'고 만 규정되어 있다면 임금피크제는 '만55세'부터 적용된다.

2) 상승형, 둔화형, 수평형, 점감형, 하락후 상승형, 하락후 수평형이 있는데 근로자측에 불리한 정도를 고려하여 합의가 이루어진다(이희성, "임금피크제 도입과 문제점에 관한 법정책적 고찰", 「법과 정책연구」 제6집 제2호, 동광문화사, 2006.12, 605쪽).

가 적용된다. 고용안정을 달성하기 위해 임금피크제를 도입하는 것이라면 기존 제도보다 강력한 보장수단이 요청된다.

7·다. 도입방법

(1) 취업규칙

임금피크제는 취업규칙의 변경을 통해 도입될 수 있으며, 취업규칙변경법리가 적용된다.[1] 임금피크제의 도입은 원칙적으로 불이익변경에 해당하지만,[2] 그 목적과 형태에 따라 불이익변경으로 단정하기 어려운 경우도 있다.[3]

(2) 단체협약

임금피크제는 어느 유형이든지 단체협약으로 도입될 수 있다. 단체협약에 규정된 임금피크제는 '사업장단위의 단체협약효력확장제도의 법리(노조법 §35)'가 적용되어 비조합원까지 적용될 수 있다.

(3) 근로자대표 동의

사업주가 근로자대표(과반수노조가있으면그노조 없으면근로자과반수대표자)의 동의를 받아 임금피크제를 도입할 수 있다(연령법 §14② ii).

(4) 개별근로자 합의

단체협약이나 취업규칙에 희망자에 한해 도입할 수 있도록 규정한 상태라면, 사용자가 근로자와 개별적으로 합의하여 임금피크제를 적용할 수 있다.

7·라. 연령차별과의 관계

임금피크제는 연령을 이유로 한 근로조건의 저하에 해당된다. 연령법은 연령차별을 금지하고 있다(제8장 제1절,3).

(1) 유형별 판단

① 정년유지형 또는 정년보장형

정년유지형 또는 정년보장형의 임금피크제는, 근로자측의 동의가 없으면 무효이고, 동의가 있는 경우에도 연령차별에 해당될 수 있다. 노사합의에 따른 정년유지형임금피크제는 강행법규인 연령법에 위반되는 연령차별로서 합리적이유가

---

1) 서울중앙지판 2015.8.28, 2014가합557402.
2) 취업규칙과 근로계약내용이 다르면 유리조건우선적용원칙에 따라 근로계약의 내용이 우선될 수 있다는 판결(대판 2019.11.14, 2018다200709)이 있다.
3) 울산지법 2020.10.7, 2018가합21063.

없으면 위법이라는 판례법리[1]가 형성되어 있다.

합리적이유는 '연령에 따라 다르게 처우할 필요성'이 있어야 하고, 정도와 방법이 적정해야 인정된다. 합리적이유는 '도입목적의 타당성', '불이익의 정도', '임금삭감의 대상조치', '감액재원을 임금피크제도입목적에 사용했는지' 등 여러 사정을 고려하여 판단된다.

특정연령대에게 적용기간과 임금지급률을 불리하게 규정한 경과규정에 대해 합리성을 인정한 판결[2]이 발견된다.

② 정년단축형

법정정년범위에서 정년을 단축하면서 임금피크제를 도입하는 정년단축형임금피크제는 발생가능성이 매우 낮지만 근로자의 집단적동의를 필요로 하며 정년유지형처럼 연령차별금지법리를 적용받는다.

③ 정년연장형

근로조건을 낮추면서 정년을 연장해주는 정년연장형임금피크제는 근로자집단의 동의가 없이 의견청취만으로 유효하게 시행될 수 있다. 정년연장형임금피크제는 이미 근로관계가 종료되는 사람에게 정년퇴직을 인정하면서, 낮아진 근로조건을 수용하면서 정년연장을 택할 수 있도록 한다. 종전의 근로계약에는 정년후의 근로조건이 존재하지 않았으므로 비교대상이 없어 새 근로조건을 근로조건저하나 차별로 볼 수 없다.[3] 따라서 정년연장형임금피크제는 사회통념상 합리성이 없을 정도의 지나친 임금삭감 등 특별한 사정이 없다면, 연령차별금지의 적용을 받지 않는 것이 원칙이다. 다만, 확정되어 있거나 확정될 것으로 예상되는 법정정년을 이행하는 임금피크제는, 근로자의 기득권이나 기대권을 침해하는 것이므로, 정년보장형에 해당되어 불이익변경이 되어 집단적동의를 여건으로 한다.

④ 재고용

정년후재고용은 직무나 인재활용방법이 변하지 않더라도 근로조건을 달리 정할 수 있다. 일본에서는 이에 대해 균등대우가 적용되지 않고 균형대우라는 개

---

1) 대판 2022.5.26, 2017다292343. 한국전자기술연구원사건. 〈합리성 부정〉 실적제고를 목적으로 했으나 더 젊은 연령층의 실적이 낮았고, 하락폭이 크면서 대상조치가 강구되어 있지 않고 명예퇴직은 대상조치로 볼 수 없음 ; 대판 2023.12.21, 2023다260088 ; 대판 2024.7.11, 2023다213556. 〈합리성 부정〉 부여된 목표・업무에 차이가 업고 대상조치도 없음.

2) 대판 2023.6.29, 2019두53396. 인권위법상 연령차별이나 합리성 인정 ; 대판 2023.6.29, 2022다202894. 〈근거〉 제도도입필요성이 인정되고, 인력운용을 위해 경과규정을 두었으며, 감독관청협의와 노조합의가 있었고, 해당자들에 대해서는 다른 연령대와 달리 희망퇴직선택권이 부여됨.

3) 대판 2023.6.15, 2023다220875.

념이 사용된다.[1]

(2) 연령차별에 해당되지 않는 사항

① 특정연령대에게 불리한 규정

특정연령대에게 적용기간과 임금지급률을 불리하게 규정한 경과규정에 대해 합리성을 인정한 판결[2]이 발견된다.

② 연령과 무관한 사유

임금피크제는 그 자체가 연령차별에 해당되지 않는 사유(연령법 §4의5)인 진정직업능력. 근속기간, 정년, '고용유지·촉진을 위한 지원조치'는 아니다. 정년을 연장하거나 재고용하면서 임금피크제를 도입하는 것은 '고용유지·촉진을 위한 지원조치'로 인정된다. 그러나 정년을 그대로 둔 채 임금피크제만을 도입하는 것을 그러한 지원조치라고 볼 수 없다.

제4절 임 금 변 동

임금은 인상·동결·삭감하는 결정과 결정된 임금을 반납하는 임금지급·수령결정에 따라 변동한다.[3]

1. 임금의 인상·동결·삭감

임금의 인상·동결·삭감은 근로조건자율결정원칙에 따라 노사당사자가 자율적인 의사에 따라 결정할 수 있다. 임금의 인상·동결·삭감은 집단적의사결정방식에 의해 단체협약 등의 변경으로 가능하며, 반드시 근로자의 개별동의를 받아야 하는 것은 아니다.

---

1) 이정, '일본의 비정규직에 대한 균등·균형대우'의 판단법리 -최근 최고재판소 판례를 소재로 하여-, 「산업관계연구」 제29권제1호, 한국노동연구원, 2019.3, 87쪽.

2) 대판 2023.6.29, 2019두53396. 인권위법상 연령차별이나 합리성 인정; 대판 2023.6.29, 2022다202894. 〈근거〉 제도도입과 인력운용의 필요성 인정, 감독관청협의와 노조합의, 해당자들에 대해 특별히 희망퇴직선택권 부여.

3) 노동부 근로기준국, "임금 반납·삭감·동결 등에 관한 해석기준", 2009.3.

1·가. 임금인상

노동조합이 있는 경우, 임금인상은 집단적교섭을 통해 이루어지며, 결정과정에서 당사자의견이 일치되지 않으면 집단적노동관계법의 법리에 의해 처리된다.

노동조합이 없는 경우, 임금인상은 취업규칙변경이나 근로계약갱신을 통해 사용자의 의사결정방법으로 이루어진다.

1·나. 임금삭감

(1) 원 칙

임금삭감이라 함은 동일한 내용의 근로제공에 대해 장래의 일정한 시점이후부터 종전보다 임금을 낮추어 지급하는 것을 말한다. 임금을 삭감하려면 관련규정을 적법하게 변경해야 한다. 임금삭감은 최저임금, 법정수당 등 법정기준을 위반하는 방법으로 행할 수 없다. 퇴직금을 계산함에 있어 취업규칙 등에 별도규정이 있으면 삭감전의 임금으로 평균임금이 산정될 수 있다.

(2) 근로시간단축과 임금삭감

사용자귀책사유로 소정근로시간미만으로 근로를 시키면 임금은 적게 지급될 수 있으나 휴업수당지급문제가 발생한다. 소정근로시간을 단축하면서 임금을 삭감하는 것은 근로조건불이익변경에 해당된다.[1] 초과근로를 축소 또는 폐지하는 것은 근로조건의 불리한 변경에 해당하지 않는다. 사용자가 연장근로폐지의 의사표시를 분명히 하고 근로수령을 거부하는 등 실제로 연장근로를 시키지 않는다면 연장근로임금·가산수당은 발생하지 않는다.[2]

(3) 교대제와 임금삭감

근로형태를 교대제로 전환하는 것은 근로자생활을 불안정하게 할 수 있어 근로조건불이익변경에 해당되므로[3] 취업규칙 등을 적법하게 변경해야 한다.[4]

교대제를 변경함에 있어, 4조3교대를 3조3교대로 바꾸는 것처럼 근무조를 줄이는 것은 근로자에게 불리한 변경이다. 반대로 3조3교대에서 4조3교대처럼 근무조를 늘린다면, 소정근로시간이 단축되어 임금이 삭감되지 않는 한, 연장근로

---

1) 노동부 근로기준국, “임금 반납·삭감·동결 등에 관한 해석기준”, 2009.3.

2) 근기 68207-286, 2003.3.13 ; 근기 68207-3235, 2002.11.16 ; 근기 68207-3155, 2000.10.12 등.

3) 노동부 근로기준국, “임금 반납·삭감·동결 등에 관한 해석기준”, 2009.3. 취업규칙에서 통상근무자와 교대제근무자의 근무형태에 관하여만 규정하고 있는 상태에서 개별근로계약으로 근무형태를 결정하고 장기간 근무해왔다면 개별근로계약의 변경없이 사용자가 일방적으로 근무형태를 변경할 수는 없다.

4) 근기 68207-935, 2003.7.23.

가 줄어들어 임금이나 수당이 줄더라도 이를 불이익변경으로 보지 않는다.[1)]

1·다. 임금동결

임금동결이라 함은 동일한 내용의 근로제공에 대해 종전과 같은 임금을 지급하는 것을 말한다. 임금을 동결하더라도, 정기호봉승급에 관한 규정이나 관행[2)]이 있으면 준수되어야 한다. 호봉승급을 중지하기 위해서는 관련규정의 근거가 있어야 하며, 이러한 규정의 신설은 근로조건불이익변경에 해당된다. 정기호봉승급이 규정되어 있지 않다면, 호봉을 승급할 사용자의 의무는 없다.

2. 임금반납

2·가. 의 의

임금청구권을 포기하거나 민사소송을 제기하지 않겠다는 특약은 무효이다.[3)] 임금반납은, 경영상 어려움을 타개하기 위한 자구책 등으로 행해지는데, 지급청구권발생여부 · 반납결정형식 등에 따라 효력을 달리한다.[4)] 임금지급청구권은 취업규칙 등에서 정한 지급기일이 도래하면 발생한다.[5)]

2·나. 임금반납의 유효성

(1) 청구권발생전의 임금

청구권이 발생하지도 않은 임금을 반납하겠다는 특약은 효력을 인정받기 어렵다. 그러나 그러한 약속이 단체협약 등을 변경하여 청구권발생전의 근로조건을 적법하게 변경하는 형식으로 이루어지면 인정될 수 있다.

청구권이 발생하지 않은 장래의 임금은, 단체협약변경법리를 적용하면서,[6)] 단체협약에 규정하는 형식으로 반납될 수 있다.[7)]

이러한 판례법리는 적법하게 변경된 취업규칙 · 근로계약에 대해서도 응용될

1) 근기 68207-1732, 1994.11.4.
2) 임금 68200-649, 2000.12.5. 취업규칙에 규정된 호봉승급을 하지 않으면 임금 전액지급원칙에 위반된다.
3) 대판 1998.3.27, 97다49732. 퇴직금청구권포기, 민사소송부제소특약관련(**한국노동법학회, 『노동판례백선』 제1판**, 20쪽. 주요판례로 소개).
4) 서울지판 2003.4.16, 2002나20291. 정기상여금 반납 사례.
5) 대판 2022.3.31, 2020다294486 ; 대판 2022.3.31, 2021다229861. 1월을 초과하는 기간에 의하여 산정되는 수당 등에 대해서도 마찬가지이다.
6) 협약자치의 원칙상 근로조건을 불리하게 변경하는 내용의 단협도 현저히 합리성을 결하여 노조의 목적을 벗어난 것으로 볼 수 있는 특별한 사정이 없는 한, 무효라고 볼 수 없다. 노조로서는 그 합의를 위해 사전에 근로자들로부터 개별적인 동의나 수권을 받을 필요가 없으며, 단협이 현저히 합리성을 결하였는지는 단협의 내용과 그 체결경위, 당시 사용자의 경영상태 등 여러사정에 비추어 판단한다.
7) 대판 2000.9.29, 99다67536 ; 대판 2014.12.24, 2012다107334 등.

수 있는데, 이러한 반납은 엄밀하게 말한다면 일정기간동안의 근로조건변경 즉 임금삭감이다. 청구권발생전반납에 대해서는 법원간의 관계에서 발생하는 강행적효력과 유리조건우선적용원칙에 관한 법리가 적용된다.

(2) 청구권발생후의 임금

① 근로자의 처분권

지급청구권이 발생한 임금채권은 개인재산이 되어 그 처분이 근로자에게 맡겨지며,[1] 근로자는 스스로 처분포기의 의사표시를 할 수 있다.[2] 이러한 포기는 명시적[3]이고, 개별적[4]인 동의·수권을 요청한다. 이와 관련하여 묵시적동의를 인정하는 해석[5]이 발견되는데 받아들이기 어렵다.

② 단체협약상 포기 또는 지불유예

임금의 포기·지급유예·반환을 규정한 단체협약은 근로자들의 개별적인 동의나 수권이 없는 한, '사납금(같은장, 제5절 1·다, (3), ④, (나)) 인상분 회수' 등의 변형된 지급형식을 취하더라도,[6] 효력이 없다(같은장, 제5절 1·다. (2), ②).[7]

임금지급청구권이 발생한 상태에서 임금을 반납하는 행위가 적법하게 인정되기 위해서는 전제조건을 충족시켜야 한다.

첫째, 근기법상 임금전액지급원칙(§43)에 의해 임금전액처분권은 근로자개인에게 있다. 반납결정은 당사자의 명시적계약에 따라야 하며 취업규칙, 단체협약, 기타 집단적의사결정방식은 인정되지 않는다.[8] 명시적계약이라 해서 근로계약서형식을 취해야 하는 것은 아니므로, 회람형식으로 상여금반납결의문에 서명하는 방식도 인정될 수 있다.[9] 취업규칙에 따라 발생한 임금채권의 일부를 한시적으로

---

1) 대판 2017.12.22, 2014다82354.

2) 김유성, 『노동법Ⅰ』, 95쪽.

3) 대판 1999.6.11, 98다22185. 경영위기극복을 위해 상여금지급을 일방적으로 중지. 이의제기가 없는 것만으로는 임금청구권을 포기한 것으로 볼 수 없음.

4) 대판 2000.9.29, 99다67536. 개별적 수권·동의 없이 단체협약만으로 임금청구권포기나 임금지급유예 불가.

5) 근기 68207-871, 2000.3.23.

6) 대판 2019.10.18, 2015다60207. 사납금인상분이라는 명목으로 소급하여 반환하기로 하는 처분행위 무효.

7) 김유성, 『노동법Ⅰ』, 95쪽 : 대판 2002.4.12, 2001다41384 ; 대판 2000.9.29, 99다67536 ; 대판 2010.1.28, 2009다76317 ; 대판 2011.9.8, 2011다37797 ; 대판 2016.8.29, 2011다37858. 전국민주연합노동조합과 체결한 임금협약을 소급적용하여 이미 환경미화원들에게 지급한 시간외근무수당을 반환토록 한 행위 ; 대판 2017.12.22, 2014다82354. '본 임금협정 이전에 지급되었던 임금 및 각종 수당에 대해서는 이의제기를 하지 않는다'는 임금협정서의 부제소합의는 개별적인 동의나 수권 없이 이루어진 것이므로 근로자에 대하여 효력이 미치지 않는다. ; 근로기준과-630, 2011.2.9.

8) 근기 68207-843, 1999.12.13 ; 노동부 근로기준국, "임금 반납·삭감·동결 등에 관한 해석기준", 2009.3 ; 대판 2000.9.29, 99다67536. 개별근로자의 수권·동의 없이 단협만으로 임금청구권을 포기·유예 불가.

9) 대판 2003.4.11, 2002다71832 ; 서울지판 2003.4.16, 2002나20291. 결의서형식.

근로자가 개별적으로 결의서에 서명하여 반납하는 형식으로 포기하는 것'은 '기존의 취업규칙이 그대로 적용됨을 전제로 하고 취업규칙자체를 확정적으로 변경하려는 것으로는 볼 수 없으므로' 취업규칙변경의 문제가 아니다.[1)]

둘째, 반납결정은 사용자의 간섭을 받지 않고 자율적으로 이루어져야 한다.[2)] 반납에 동의하지 않았다 하여 경영해고의 우선대상자로 삼는다거나 다른 불이익이 주어진다면 그러한 불이익이나 반납결정은 무효이다. 반납결정이 자율적의사인지에 대한 입증책임은 사용자에게 있다.

셋째, 퇴직금반납처럼 계속근로가 전제되어 있지 않은 상태에서 이루어지는 반납은 근로자의 자발적의사결정으로 인정되기 어려우므로 법정근로조건의 포기에 해당하여 무효이다.[3)]

넷째, 반납의사표시는 명시적[4)]이고 구체적이어야 한다. 즉, 반납임금의 수준·대상기간 등이 명확하여야 한다. 포괄적으로 임금지급청구권을 반납하는 계약은 법정근로조건포기를 의미하므로 무효일 가능성이 높다.

다섯째, 임금지급청구권을 반납함으로써 최저임금에 미달하는 임금을 받게 되면 최임법의 취지에 배치된다. 다만, 이 경우에도 청구권이 발생한 임금에 대해 처분권을 행사하는 의사결정을 존중하여야 한다는 논리가 적용될 수 있다.

최임법의 목적(§1)은 '임금의 최저수준을 보장하여 근로자생활안정'을 기하는데 있고, 최임법의 규제대상(§6)은 '지급하는 행위자체'이다. 따라서 반납은 임금지급행위가 완료된 후에 이루어졌다고 할 정도로 근로자의사가 명확해야 하며, 그렇지 않으면 탈법행위로 간주될 수 있다.

2·다. 반납임금의 효과

채무면제 또는 채권포기의 의사표시에 의해 채권은 소멸되며, 의사표시에 흠이 없는 한 다시 채권을 청구할 수 없다(민법 §506). 임금지급청구권반납은 단독행위로서 채권포기에 해당하므로, 당사자의 특약이 없는 한, 취업규칙의 규범적효력(근기법 §97)에 위반되지 않으므로[5)] 사용자에게 반환책임은 발생하지 않는다.[6)]

---

1) 서울지판 2003.4.16, 2002나20291. 사무직근로자의 상여금 반납 사례.
2) 서울지판 2003.4.16, 2002나20291. 강박에 의한 의사표시라는 주장을 증거가 없다는 이유로 배척.
3) 대판 2002.7.26, 2000다27671. 퇴직금청구권을 사전에 포기하는 약정은 무효.
4) 대판 1999.6.11, 98다22185. 경영위기 상황극복을 위해 상여금지급을 일방적으로 중지하고 근로자가 이의를 제기하지 않은 것만으로 임금청구권을 포기한 것으로 볼 수 없음.
5) 서울지판 2003.4.16, 2002나20291.
6) 노동부 근로기준국, "임금 반납·삭감·동결 등에 관한 해석기준", 2009.3.

2·라. 임금반납과 다른 근로조건

(1) 임금반납과 평균임금

임금지급청구권포기에 의해 임금반납행위가 있더라도, 근로자소득으로 귀속된 임금이 근로자의 자발적의사에 따라 사용자에게 전달되었으므로, 지급된 임금이 삭감된 것이 아니다. 반납임금은 기왕의 근로에 대한 임금채권으로서 평균임금 산정에 포함된다.[1)]

(2) 무급휴가와 임금반납

'회사가 정상가동될 때까지 무급휴가를 시행한다'는 내용의 단체협약에 대해, 근로자들로부터 개별적인 동의나 수권을 받지 않아도, 유효하다고 본 판결[2)]이 발견된다.

해당판례법리는 취업규칙이나 근로계약을 통해 이루어진 무급휴가·휴직에 대해서도 적용된다.

적법한 무급휴가·무급휴직은, 임금이 지급되지 않거나 최저임금미만으로 지급되더라도, 제공된 근로에 대한 임금미지급은 아니므로 위법하지 않다.

단체협약이 적용되지 않는 근로자들에 대해서는 개별동의를 받아야 하며, 그렇지 못하면 휴업수당지급의 문제가 발생할 수 있다.

(3) 성과상여금의 재분배

성과상여금제도에 대한 집단반발의 일환으로 지급된 성과상여금을 재분배한 행위는 징계사유인 '성과상여금을 거짓이나 그 밖의 부정한 방법으로 지급받은 때'에 해당되지 않으며, 사적재산영역으로 옮겨져 근로자의 처분에 맡겨진 성과상여금을 재배분하는 행위를 금지하기 위해서는 명확한 근거규정이 있어야 한다.[3)]

---

1) 대판 2001.4.10, 99다39531. IMF 금융위기에 대처하기 위해, 고통분담차원에서 단체교섭으로 합의한 내용에 따라 급여일부를 회사에 반납. 임금반납분은 근로자의 일실수입·퇴직금산정기초가 되는 소득에 포함.

2) 대판 2003.9.5, 2001다14665.

3) 대판 2023.6.29, 2023두31782. 〈부당징계〉 성과금집단반발을 징계사유로 명시하기 전의 사건.

제5절 임 금 지 급

1. 임금지급원칙

1·가. 개 요

(1) 임금지급의무

사용자는 근로자에게 직접·전액을 통화로 매월 1회이상 일정한 날짜를 정하여 지급해야 한다(근기법§43, §109 3년징역·3천만원벌금). 단체협약·취업규칙·근로계약뿐아니라 노동관행도 임금지급의무의 근거가 될 수 있다.[1] 근로계약이 유지되더라도 결근기간, 개인적사유로 휴직한 기간, 공의직무수행기간, 쟁의기간, 군복무기간, 특례보충역군사교육기간[2] 등과 같이 근로를 제공치 않은 기간에 대해서는 법령, 취업규칙 등에 특별히 정함이 없다면 임금지급의무 또한 없다. 임금채권포기는 근로자의 자유의사라고 인정할 만한 합리적·객관적인 사정이 있는 경우에 제한적으로 유효하며, 그러한 사정의 존재에 대해서는 사용자에게 입증책임이 있다.[3]

(2) 임금지급명세서

근기법은 임금지급의무를 확보하기 위해 사용자로 하여금 임금대장(제1장, 제5절 4·나,(1))을 작성토록 하고 임금명세서(제3장, 제1절 2·라,(3))를 근로자에게 교부토록 규정하고 있다.

1·나. 직접지급원칙

(1) 본 인

① 본인에게 직접 지급

임금은 근로자 본인에게 지급되어야 한다(근기법 §43①). 근기법은 직접지급원칙에 대해 통화지급원칙이나 전액지급원칙과는 달리 법령 또는 단체협약에 의한 예외를 규정하지 않고 있다. 주거가 명확하지 않아 임금채권변제가 어려울 때에는 해당 임금을 지급할 준비를 갖추고 수령을 최고하면 된다.[4]

---

1) 근로기준과-1444, 2005.3.10. 사용한 연차휴가일에 대해 연차휴가근로수당이 지급된 관행 관련.
2) 근기 01254-269, 1993.2.22 ; 근기 01254-376, 1993.3.12.
3) 청주지판 2013.1.15, 2012나3204.
4) 기준 1455.9-6482, 1969.6.11 ; 외국인근로자가 임금을 지급받지 못한 상태에서 귀국하게 된 사례.

② **본인에게 지급한 효과**

근로자희망에 의하여 지정된 은행의 요구불예금구좌에 입금하는 것은 직접지급으로 인정된다.[1] 근로자가 병에 걸리거나 불가피한 사정이 있어 배우자가 인감을 가지고 임금을 수령하는 것처럼 사자(使者)에게 임금을 지급하는 것은 직접지급원칙에 위배되지 않는다.[2]

(2) 제3자

① **위임 · 대리**

근로자가 제3자에게 임금수령권한을 행사하게 하는 위임·대리 등의 법률행위는 직접지급원칙에 위반되어 무효이다.[3]

② **임금채권 양도 · 압류**

임금채권양도를 금지하는 법률은 없다. 임금에 대해 양도라는 실체적권리는 인정되나, 추심권은 여전히 근로자에게 있고 양수인이라도 사용자에 대하여 직접 지급을 청구할 수 없다.[4] 다시 말해서 임금채권이 양도되더라도 직접지급원칙이 적용된다.[5] 법원의 판결이나 이와 동일한 효력이 있는 공증 등에 따라 임금채권이 압류된 경우에 사용자가 채권자인 제3자에게 해당분을 지급하거나,[6] 임금을 압류(같은장 제6절,3·가)처분한 경우에 사용자가 이를 일괄공제하여 납부하는 것은 인정된다(국세징수법§33 국세징수령§37). 따라서 전액지급원칙의 예외로 인정되어 공제된 액수를 근로자에게 지급하지 않는 것은 직접지급원칙에 위반되지 않는다.[7]

③ **권한없는 사람에 대한 지급**

노동조합이라도 근로자의 임금을 수령할 권리가 없으며 임금은 임금채권자인 개개근로자에게 직접 지급되어야 한다.[8] 건설현장일용근로자의 임금을 제3자에게 위탁해 지급 대행하도록 하는 것은 위법이다.[9]

---

1) 근기 01254-18305, 1985.10.17.
2) 김형배, 『**노동법**』, 제20판, 354쪽 ; 김수복, 『채용에서 퇴직까지의 노사문제』, 133쪽.
3) 대판(전) 1988.12.13, 87다카2803 ; 대판 1996.3.22, 95다2630 ; 외국인근로자가 귀국하면서 위임한 예.
4) 대판(전) 1988.12.13, 87다카2803(**한국노동법학회, 『노동판례백선』 제2판**, 96쪽. 임금이 근로자에게 확보되고 생활보호수단이 되어야 한다는 근기법취지를 충실하게 해석한 판결. 임금채권양도금지를 부정한 판결인 "대판 1959.12.17, 4291민상814"와 맥을 같이함).
5) 김형배, 『**노동법**』, 제20판, 354쪽 ; 박상필, 『근로기준법강의』, 224쪽 ; 김유성, 『노동법 I 』, 92쪽.
6) 근기 01254-5205, 1987.3.31 ; 김유성, 『노동법 I 』, 93쪽.
7) 김유성, 『노동법 I 』, 93쪽.
8) 기준 1455.9-6482, 1969.6.11.
9) 근로개선정책과-4850, 2012.9.27. 임금지급을 아웃소싱회사에 위탁한 사례.

(3) 직접지급원칙의 적용 제외

선원법적용자에게는 근기법이 적용되지 않는다. 선박소유자는 선원이 청구하거나 법령 또는 단체협약에 특별한 규정이 있는 경우에, 임금의 전부 또는 일부를 그가 지정하는 가족이나 그 밖의 사람에게 통화로 지급하거나 금융회사에 예금하는 등의 방법으로 지급하여야 한다(선원법 §52③).

1·다. 전액지급원칙

(1) 원칙과 예외

임금은 전액이 근로자에게 지급되어야 하며 임금의 일부공제는 법령 또는 단체협약에 규정이 있어야 한다. 이는 근로자의 생활을 보호하고 퇴직의 자유를 구속치 않도록 하기 위한 입법이다.

① 법령 · 단체협약 규정

㈎ 일반 원칙

소득세 · 지방세 · 국민건강보험 · 국민연금 · 고용보험 등의 경우처럼 법령에 규정되어 있거나 소비조합구매대금 · 사택사료, 사내대출원리금[1] 등의 경우처럼 단체협약에 규정되어 있는 경우에는 임금의 일부가 공제될 수 있다. 법령 · 단체협약에 따라 공제해도 소급분은 공제대상에 포함될 수 없다.[2] 법령 등에 의한 경우에는, 임금의 성격을 갖지 않지 않음이 명백한 해고예고수당으로부터 공제할 수 없으나 임금후불성격을 갖는 퇴직금으로부터 공제하는 것은 가능하다.[3]

㈏ 노동조합비일괄공제

사용자는 단체협약에 노동조합비일괄공제제도(*check off system*)가 규정되어 있는 상태에서 노동조합규약에 근거가 있거나 총회 또는 대의원회 의결이 있거나 본인의 동의가 있는 경우에 임금에서 노동조합비를 공제할 수 있다.[4] 사용자는 노동조합을 탈퇴한 근로자에 대해 임금을 공제하여서는 안된다.[5]

② 취업규칙 · 근로계약 · 관행에 의한 공제

㈎ 전액지급의 강행규정성

근기법 제43조는 강행규정으로서 법령, 단체협약만을 공제수단으로 열거하고

1) 기준 1455.9-6482, 1969.6.11 ; 대판 2003.6.27, 2003다7623.
2) 임금정책과-3847, 2004.10.7. 고보령 제70조에 따라 사용자는 정기적으로 임금지급일에 그 근로자가 부담할 고용보험료에 상당하는 금액을 공제할 수 있으나 3년소급분일괄공제는 부인.
3) 임금정책과-87, 2005.1.13.
4) 임금정책과-1249, 2004.4.10. 당초의 부정적인 입장(임금 32240-7142, 1990.5.18) 변경.
5) 노조 01254-10877, 1986.7.3.

있다. 취업규칙이나 근로계약을 작성 또는 체결함에 있어, 근로자는 사용자에 비해 상대적으로 약한 입장에 놓이게 된다. 취업규칙·근로계약에 임금의 일부를 공제할 수 있도록 정하는 것은 원칙적으로 인정되지 않는다.

㈏ **전액지급의 열거규정성**

근기법 제43조의 법령, 단체협약을 열거규정으로 보면 예외가 인정될 수 있다. 사업장내 취미단체가 근로자동의를 얻어 급여공제를 요청한 경우, 취미활동에 소요되는 최소한의 금품에 한하여 공제가 가능하며, 추후에 개별근로자의 반대가 있으면 전액을 지급하여야 한다는 행정해석[1]이 발견된다. 이 밖에도 임금반납이나 임금상계와 관련하여 법령이나 단체협약규정이 없어도 전액지급원칙의 예외를 인정하는 견해가 발견된다.

㈐ **검 토**

전액지급원칙은 강행규정으로서 예외가 인정되지 않는 것이 원칙이며, 예외가 인정되더라도 입법목적, 취업규칙·근로계약의 규정내용, 임금공제경위, 임금공제액·사용처, 동의의 진정성, 노동관행 등을 종합적으로 고려하여 엄격한 기준 아래에서 허용된다. 따라서 임금상계나 임금반납에 있어서는 상대적으로 넓게 인정될 수도 있지만, 다른 사유에 대해서는 엄격하게 해석된다.

(2) 임금상계

① 일반원칙

전액지급원칙의 취지는 사용자가 일방적으로 임금을 공제하는 것을 금지하여 근로자의 경제생활을 위협하는 일이 없도록 하려는데 있다. 사용자가 근로자에 대하여 가지는 채권을 가지고 일방적으로 근로자의 임금채권과 상계하는 것은 금지된다.

② 일방적 상계

근로자의 동의없이 이루어지는 임금채권상계의 효력을 부정하는 판례나 행정해석은 흔히 발견된다. '불법행위를 원인으로 하는 채권',[2] 민·형사상배상금,[3] '근로자가 회사에 대해 지고 있는 대출금채권',[4] '은행직원 등에 대하여 불량대출금결손액,'[5] '유급을 무급으로 전환한 회사규정변경에 따른 소급 삭감분'[6] 등과

1) 임금 68207-405, 2003.5.26.
2) 대판 1976.9.28, 75다1768.
3) 근기 1455-8212, 1982.3.24.
4) 대판 1990.5.8, 88다카26143 ; 근기 1455-8212, 1982.3.24.
5) 서울고판 1993.9.28, 92나16333.

임금·퇴직금을 일방적으로 상계하는 것은 금지된다. 노동조합이 노동조합비일괄공제협정에 따라 사용자로부터 교부받을 채권 즉, 임금에서 공제한 조합비와 노동조합의 불법행위로 인한 손해배상청구권도 일방적으로 상계할 수 없다. 임금체계 또는 임금지급방식이 변경되어도 이와 다르게 지급된 임금이 법률상의 원인없이 지급되었다고 보기 어려우므로 법령 또는 단체협약에 특별한 규정이 없다면 사용자가 일방적으로 상계할 수 없다.[1]

③ 근로자 동의

근로자가 스스로 임금채권을 상계하는 것은 금지되지 않는다.[2] 법령이나 단체협약에 규정이 없더라도 해당근로자의 동의가 있으면 임금채권을 상계하는 것이 가능하나, 그 동의가 근로자의 자유의사에 따라 이루어진 것이라고 인정할 만한 합리적이유가 객관적으로 존재해야 하며, 그 판단은 엄격하고 신중해야 한다.[3]

④ 합리적 이유

합리적이유가 있으면 임금상계가 인정될 수 있다. 구체적인 예를 소개하면 다음과 같다.

㈎ 가불임금

가불(假拂)임금은 이미 제공한 근로에 대해 임금지급일이 되기 전에 지급된 임금이다. 임금지급일에 가불임금을 제외한 나머지 임금만을 지급하더라도 법위반이 되지 않는다. 가불형식을 취하더라도 실제로는 근로자의 과실에 따른 수리비 등을 공제한 것이라면 손해배상금과의 상계로 인정되어 허용되지 않는다.[4]

㈏ 기준운송수입금부족액 및 사납급부족액

택시회사가 운송수입금전액관리제와 정액급여제를 시행하면서 실제운송수입금납부액이 기준운송수입금액에 미치지 못하면 월정액급여에서 그 미달액을 공제하는 계약은 무효이며 이를 인정한 판결[5]이나 행정해석[6]은 개정여객자동차법이 시행되기 전의 사건들을 대상으로 한 것이므로 그 효력이 부정된다.[7]

---

6) 임금복지과-1018, 2010.5.20. ↘ 445쪽
1) 근로기준정책과-138, 2015.2.4.
2) 김유성, 『노동법Ⅰ』, 94쪽.
3) 대판 2001.10.23, 2001다25184. 온산농업협동조합 사건. 동의여부를 심리하지 않았다는 이유로 환송.
4) 임금 68207-104, 2000.5.23.
5) 대판 2006.1.26, 2005도8221 ; 대판 2022.9.29, 2017다242928 ; 대판 2022.12.1, 2022다219540·219557. 취업규칙이나 근로계약을 부정. 역으로 해석하면 단협은 인정.
6) 근기 68207-2289, 1993.11.16 ; 임금정책과-87, 2005.1.13.
7) 대판 2023.12.7, 2023도2318. 택시운송업에서 운송수입금기준액을 정하여 수수하는 행위는 무효.

㈐ **불가피한 비용**

해외근로자의 임금·퇴직금과 항공료의 상계도 원칙적으로 금지되나, 근로자가 개별적으로 필요하여 동의한 경우에는 민법상 채권·채무청산에 관한 방법이므로 인정된다는 해석[1]이 있다.

⑤ **금지된 계약과 임금상계**

'위약예정금(근기법 §20) 공제', '전차금 또는 전대채권(근기법 §21) 상계', 강제저축(근기법 §22) 등은 적법하게 행해지지 않으면 전액지급원칙에도 위배된다.

(3) 임금채권미발생

① **결근·징계**

결근, 출근정지, 징계로 임금이 삭감되면 임금채권자체가 발생하지 않으므로 이로 인해 임금액이 적어지는 것은 전액지급원칙에 위배되지 않는다.

월급이나 주급은 원칙적으로 결근여부와 관계없이 매월 또는 매주 일정한 임금을 지급함을 의미한다. 그러나 순수한 월급제 또는 주급제라고 볼 수 있는 규정이 없다면 시간급적인 월급제 또는 주급제로 보는 것이 일반적이다.[2]

② **과·오납**

임금착오지급에 대한 상계시기가 임금의 정산·조정으로 인정될 만큼의 합리성이 있고 금액과 방법이 예고되는 등 근로자의 생활안정을 해할 염려가 없으면 과·오납분에 대한 임금상계가 가능하다.[3] '퇴직후 미청산임금이나 퇴직금' 또는 '다음 임금지급기의 임금'에서 초과하여 지급된 임금의 부당이득반환청구권을 자동채권으로 하여 상계할 수 있다고 해석된다.[4] 착오로 일부수당이 적게 지급되고 다른 수당은 많이 지급되면 초과지급액은 과소지급액에 충당된 것으로 판단한다.[5] 퇴직금중간정산[6] 등도 마찬가지로 해석된다.

---

1) 해지 01254-1790, 1987.2.5.

2) 근기 01254-6028, 1987.4.14. 임금이 근로의 대가이므로, 취업규칙 등에 결근과 관계없이 일정액을 지급한다는 규정이 없으면 결근일에 대하여 상응하는 임금삭감 가능.

3) 〈사례〉 근로개선정책과-1869, 2012.3.20. 현행법에서 폐지된 월차휴가수당이라도 취업규칙 등이 개정되지 않은 상태라면 과·오납 등의 핑계로 공제될 수 없다.

4) 대판 1993.10.12, 93다28737 ; 대판 1993.12.28, 93다38529 ; 대판 1995.6.29, 94다18553 ; 대판(전) 1995.12.21, 94다26721 ; 대판 1996.5.10, 95다2227 ; 임금 32240-9945, 1990.7.15. 쟁의행위기간에 대해 지급된 임금을 다음 임금 지급기에 공제한 사건 ; 부산고판 2012.4.4, 2011나3404. 환경미화원과 관련하여 단협과 행자부지침을 잘못 해석하여 휴일근로수당을 초과하여 지급한 사건.

5) 대판 1983.12.14, 93다43859.

6) 임금복지과-443, 2010.4.2. 계산착오에 대해 이의가 없다면 상계 가능. 다툼이 있으면 불가.

③ **임금지급약정과 부관**

임금지급약정에 붙은 부관이 근기법 제43조에 반하여 허용될 수 없다면, 근기법에 미치지 못하는 근로조건을 정한 부분에 한하여 무효가 되므로, 그 부관만 무효이고 나머지 임금지급약정은 유효하다.[1]

(4) 쟁의행위와 임금

① **무노동무임금**

임금은 근로의 대가이다(근기법 §2① v). 따라서 사용자는 쟁의행위에 참가하여 근로를 제공하지 않은 근로자에 대하여는 그 기간중의 임금을 지급할 의무가 없다(노조법 §44①). 파업기간중에 임금청구권이 인정되지 않는 법리를 무노동무임금원칙 또는 파업참가무임금원칙[2]이라 부른다. 파업기간중이라도 임금지급일이 도래할 경우 이미 제공된 근로에 대한 대가인 임금은 지급되어야 한다.

사용자는 파업참가자에게 임금을 지급할 의무가 없을 뿐이므로, 자발적의사로 임금을 지급하는 것은 금지되지 않는다.[3] 이때 사용자의 지급행위는 부당노동행위가 되지 않으며 벌칙의 대상도 아니다. 노동조합은 쟁의행위기간에 대한 임금지급을 관철할 목적으로 쟁의행위를 하여서는 안된다(노조법 §44②, §90 2년 징역·2천만원 벌금)

② **임금삭감범위**

쟁의행위기간중의 임금을 그 본질이나 성격에 따라 구분한 후에 그에 따라 삭감을 할 수 있는지에 대해 의견이 나뉜다.

㈎ **임금이분설**

임금이분설[4]은 임금은 그 성질에 따라 근로자로서의 지위에 있다는 사실만으로 지급하는 생활보장적부분과 실제로 근로를 제공한 데 대하여 지급하는 교환적부분이 있는데 임금삭감은 교환적부분에 국한된다고 본다. 근로제공과 직접적이고 비례적으로 관계를 갖지 않는 임금이 있을 수 있으나, 이를 임금의 본질에서 비롯된 것으로 보기 어렵다.

㈏ **임금일체설**

임금일체설[5]은 근로제공의 대가가 아닌 임금이란 존재할 수 없으므로 파업참

---

1) 대판 2020.12.24, 2019다293098. 보조금을 수령하면 월 250만 원의 임금을 추가로 지급하겠다고 약정은 불확정기한을 정한 것으로 근기법 제43조 위반이므로 무효이고 250만원 임금지급약정은 유효.

2) 임종률, 『노동법』, 제9판, 240쪽. 휴일·휴가, 결근, 조퇴 등의 무임금과 구분하는 의미로 사용.

3) 김유성, 「노동법Ⅱ」, 304쪽 ; 대판 1996.12.6, 96다26671 ; 대판 1996.2.9, 94다19501 ; 대판(전) 1995.12.21, 94다26721.

4) 대판 1992.3.27, 91다36307 ; 대판 1992.6.23, 92다11466 ; 이 판례들은 전원합의체판결에 의해 부정됨.

가기간에 대해, 반대의 특약 또는 관행이 없는 이상, 어떤 명목의 임금이든 삭감할 수 있다고 본다. 이 설을 취하더라도 실적급을 파업기간에 상응하여 감액하기는 어려운 것처럼 임금의 본질에 따라 제한을 받을 수 있다.

㈐ **계약해석설**

계약해석설[1]은 임금삭감의 내용은 근로계약의 내용에 따라 판단한다. 즉 취업규칙, 근로계약 또는 관행이 결근에 대하여 처리하는 방법과 마찬가지로 처리한다. 행정해석과 판례는 반대입장[2]을 보이고 있으나, 다수설의 입장인 계약해석설을 지지한다. 파업과 결근이 모두 무노동무임금원칙의 적용대상인데, 파업에 대해 더 불리하게 처리하면 단체행동권의 취지에 맞지 않기 때문이다.

③ **임금삭감대상자**

㈎ **전임자**

노조전임자급여는 노동조합이 지급한다. 따라서 노조전임자의 임금삭감문제는 발생하지 않는다, 사용자로부터 급여를 받고 노동조합업무에 전념하면 근로시간면제법리가 적용된다.

㈏ **쟁의행위불참자**

쟁의행위불참가자라도 사용자와의 주된 권리·의무가 당연히 종료되는 것은 아니므로 근로를 제공하면 조합원여부에 상관없이 임금청구권을 갖는다. 쟁의행위를 할 수 없는 안전보호시설유지업무(노조법 §42②)가 그러한 예에 해당한다.

근로를 제공하지 않거나 못한 파업불참자에 대해서는 조업이 가능한 경우와 조업이 불가능한 경우로 나누어 임금삭감의 타당성을 판단한다.

㉮ 조업가능

조업이 가능함에도 사용자가 파업불참자들의 근로제공을 거부하면 수령지체책임을 부담하게 되고, 근로자들은 임금전액을 청구할 수 있다. 사용자는 직장폐쇄로 임금지급의무를 면할 수 있다.

㉯ 조업불가능

사용자가 근로를 수령하려 하나 쟁의행위로 인해 일을 시킬 수 없는 상황에서, 파업불참자에게 임금 또는 휴업수당을 지급할 것인지 문제가 된다. 단체교섭

---

5) 대판(전) 1995.12.21, 94다26721. ↘ 448쪽

1) 임종률, 『노동법』, 제9판, 244쪽 ; 김유성, 「노동법Ⅱ」, 304쪽.

2) 대판(전) 1995.12.21, 94다26721. 파업과 결근은 노무지휘권행사가능성, 업무장애해소용이성, 징계를 통한 예방가능성 등 그 성격이 다르다. ; 대판 1996.2.9, 94다19501 ; 근기 68207-2776, 2002.8.21. 근로일수와 상관없이 지급되는 월급제에 대해서도 공제 가능.

에서 노동조합에 양보하지 않아 파업이 일어나거나 연장되어도, 이를 사용자의 책임 있는 사유로 볼 수 없다. 따라서 파업불참자도 채무자위험부담주의(민법 §537)에 따라 임금·휴업수당청구권을 갖지 못하는 위험을 연대적으로 부담한다.[1)]

비조합원은 제3자이기 때문에 조업이 불가능해도 임금청구권을 가진다[2)]거나 부분파업에서 휴업수당청구권을 가진다[3)]는 의견이 있다. 이러한 의견은 타당해 보이지 않는다. 파업이 비조합원에게만 사용자에게 책임있는 사유로 작용하지 않고, 쟁의행위의 과실을 비조합원도 누릴 수 있으며, 비조합원과 파업참가자의 일체성 또는 연대성을 완전히 부정하기 어렵기 때문이다.

쟁의행위가 사용자의 부당노동행위나 불공정행위로 유발된 것이면 이는 사용자의 책임있는 사유로서 수령지체에 고의·과실이 인정되므로 파업에 불참한 근로희망자에게 임금전액청구권이 인정된다.[4)]

㈐ **직장폐쇄**

직장폐쇄가 정당성을 가지는 한, 사용자의 임금 또는 휴업수당지급의무는 없다. 직장폐쇄가 위법한 경우에는 사용자에게 휴업수당지급의무가 있으며,[5)] 나아가서 임금전액을 지급할 민사상책임이 발생한다(민법 §538①).[6)]

㈑ **출근후 근로미제공**

근로자가 근로조건향상이라는 목적을 관철하기 위하여 출근은 하되 사실상 노무에 종사하지 않으면, 쟁의행위에 해당되는지와 관계가 없이, 임금이나 휴업수당지급사유에 해당되지 않는다.[7)]

④ **태업과 임금삭감**

태업은 근로의 양과 질에 있어서 불완전한 채무이행의 한 형태로서 파업과 같은 방법으로 처리된다. 근로제공의무를 이행하지 않은 정도에 대하여는 태업의 모습에 따라 개별적으로 검토한다.

감속태업의 경우에는 근로를 제공한 시간을 비율로 하기는 어려우나 생산량으로 판단하는 것은 가능하다. 생산량의 감소정도는 개개인을 기준으로 산정된다.

---

1) 김형배, 『노동법』, 제20판, 986쪽.
2) 이병태, 『최신노동법』, 제9판, 370쪽.
3) 임종률, 『노동법』, 제9판, 247~248쪽.
4) 임종률, 『노동법』, 제9판, 248쪽 ; 김유성, 「노동법Ⅱ」, 308쪽.
5) 기준 1455.9-11349, 1969.10.30 ; 근기 68207-1770, 1994.11.9 ; 근기 68207-1962, 2000.6.28.
6) 김유성, 『노동법Ⅰ』, 104쪽 ; 임종률, 『노동법』, 제9판, 250쪽.
7) 근기 68207-3095, 2002.10.15 ; 근로조건지도과-5511, 2008.12.4.

근로자가 수행할 직무중에서 서류기재, 자금납입처럼 일부업무만 거부하고 다른 업무는 정상적으로 수행하는 직무태업의 경우에는 그 업무와 유기적인 연계를 맺고 있는 하나의 업무전체가 이루어지지 않은 것으로 보아 그 부분에 대해 모두 파업으로 볼 수 있다.

⑤ **쟁의행위기간과 노무관리**

쟁의행위기간을 근로의 연속으로 본다고 단체협약에 규정해도 이는 승급·승진, 퇴직금산정, 연차유급휴가 계산시 계속근로로 간주한다는 취지이며 그 기간중에 임금을 지급하겠다는 취지로 보기는 어렵다.[1]

(5) 근로형태변경과 휴업기간

근로형태가 변경되어 근로시간이 연장되면 그에 상응하는 임금이 지급되어야 한다.[2] 근로자가 개인질병 등으로 휴업한 기간동안에는 사용자의 임금지급의무가 없다. 업무상질병이더라도 평균임금을 기초로 산정된 휴업보상이 지급되므로 마찬가지이다(같은장, 제3절 1·나,(4)).

(6) 임금채권포기·임금반납(같은장 제4절,2·나)

1·라. 통화지급원칙

(1) 의 의

임금은 법령, 단체협약에 특별한 규정이 있는 경우를 제외하고는 국내법에 의해 강제통용력이 있는 통화로 지급되어야 한다. 이 규정은 현물급여(*Truck-system*)를 금지하여 근로자의 자유와 실질임금의 확보를 보장하는데 그 목적이 있다.

(2) 통화지급과 같은 효과

은행이 지급을 보증하는 자기앞수표에 대해 금지된다는 견해[3]와 근로자동의가 있으면 가능하다는 견해[4]가 있으나 거래상 현금과 같이 통용되므로 무방하다.[5]

(3) 통화지급과 다른 효과

지급이 보증되지 않는 당좌수표 등은 통화지급원칙에 위반된다. 임금을 주식

---

1) 대판 1991.10.25, 91다25536. 평균임금산정에 있어서는 근로자 보호차원에서 대상기간으로부터 제외된다.

2) 〈사례〉 대판 1991.2.12, 90다9513. 근로시간적용제외승인(근기법 §63iii)을 받은 경비원 관련. 1일8시간 3교대근무에서 1일12시간 2교대근무로 바뀌면 특별한 사정이 없는 한 기본일급이 1.5배로 되어야 한다.

3) 박상필, 『근로기준법강의』, 223쪽.

4) 임종률, 『노동법』, 제9판, 391쪽

5) 김형배, 『노동법』, 제20판, 357쪽 ; 김유성, 『노동법 I』, 92쪽.

이나 어음으로 지급하는 것은 통화지급원칙에 위배된다. 성과배분제도를 도입하면서 성과지급수단으로 지급된 주식은 임금이 아니므로 위법이 아니다.

통화는 국내법에 의해 강제통용력이 있는 화폐여야 하므로 외국통화는 포함되지 않는다.[1] 임금지급에 갈음하여 사용자가 제3자에 대해 가지는 채권을 근로자에게 양도키로 하는 약정은 무효이다.[2]

(4) 적용제외

법령 또는 단체협약에 별도규정이 있으면, 임금이 '통화이외의 것'으로 지급될 수 있다. 법령에 의한 별도규정은 드물다. 단체협약으로 정하면, 임금이 현물·주식·상품교환권 등으로 지급될 수 있다. 단체협약효력은 원칙적으로 조합원에게만 미친다.

1·마. 정기지급원칙

(1) 의 의

임금은 매월 1회이상 일정한 날짜를 정하여 지급되어야 한다(근기법 §43②). 또한 취업규칙에 반드시 임금지급시기가 명시되어야 한다(근기법 §93ii).

정기지급원칙은 사용자로 하여금 매월 일정하게 정해진 기일에 근로의 대가를 지급하게 강제함으로써 근로자생활을 안정시키는데 입법취지가 있다.[3]

(2) 내 용

매월이라 함은 매월 1일부터 말일까지 즉, 역일상의 1월을 의미한다. 일정한 기일이라 함은 주기적으로 도래하는 특정일을 의미한다. 임금지급기일에 임금을 지급하지 않은 이상, 그 후에 그 임금의 일부 또는 전부를 지급하여도 임금미지급책임을 면해지지 않는다.[4] 연봉제근로계약을 체결하더라도 해당년도연봉액을 월할하여 일정기일에 매월 1회이상 지급되어야 한다.[5]

(3) 예 외

임시로 지급하는 임금·수당 등은 정기지급원칙의 적용을 받지 않는다(근기법 §43② 근기령 §23).[6]

---

1) 김유성, 『노동법 I』, 91쪽.

2) 대판 2012.3.29, 2011다101308. 쌍방이 무효임을 알면서 임금지급을 위해 채권을 양도하는 것을 의욕하였으리라고 인정되면 무효행위전환법리(민법 §138)에 따라 그 채권양도약정은 유효.

3) 대판 1985.10.8, 85도1262 ; 대판 1993.3.25, 93도2903 ; 대판 2001.2.23, 2001도204.

4) 대판 1985.10.8, 85도1566 ; 대판 2003.4.11, 2002도4323.

5) 김유성, 『노동법 I』, 96쪽.

6) ⓐ 1개월초과기간의 출근성적에 따라 지급하는 정근수당, ⓑ 1개월초과일정기간을 계속하여 근무한 경우에 지급되는 근속수당, ⓒ 1개월초과기간에 걸친 사유에 따라 산정되는 장려금·능률수당·상여금(상여금지급기

(4) 임금지급기일 변경

임금지급기일의 변경은 근로자의 동의를 받아야 한다.[1] 지급기일을 변경하는 달에 임금이 늦게 지급되지 않도록 정산하는 등 근로자에게 불리하지 않다고 사회통념상 인정되면 동의가 없어도 위법으로 보기 어렵다.

2. 비상시 임금지급

사용자는 근로자가 출산, 질병, 재해, 그 밖에 대통령령으로 정하는 비상한 경우의 비용에 충당하기 위하여 임금지급을 청구하면 지급기일전이라도 이미 제공한 근로에 대한 임금을 지급해야 한다(근기법 §45, §113 1천만원 벌금).

'비상한 경우'는 출산·질병 또는 재해를 당한 경우,[2] 혼인 또는 사망한 경우, 부득이한 사유로 1주일이상 귀향하게 되는 경우를 말한다.

'비상한 경우'의 주체는 근로자 또는 그의 수입에 따라 생계를 유지하는 사람이다. 이 경우 친족뿐아니라 기타 동거인이라도 근로자가 부양의무를 지고 있다면 그러한 사람의 비상한 사유에 대해 비상시임금지급이 인정된다. 친족이라도 독립하여 생계를 유지하고 있는 사람은 비상시지급의 대상이 아니다.

근로자의 청구가 있으면 사용자는 지체없이 비상시지급임금을 지급해야 하며, 금품청산관련조항(근기법 §36)은 적용되지 않는다. 지급대상임금은, 취업규칙 등에 별도로 정하지 않는 한, 이미 제공된 근로에 대한 대가이고 장래의 근로에 대한 대가는 포함되지 않는다.

3. 도급근로자 임금지급보장

3·가. 도급사업 연대책임

(1) 법적근거

사업이 '한 차례 이상의 도급'(2020.3. 개정)에 따라 행하여지는 경우에 '하수급인 또는 수급인(도급이1차에결쳐 행해지는경우, 이하같음)'이 '직상수급인 또는 도급인(도급이1차에결쳐 행해지는경우, 이하같음)'의 귀책사유로 근로자에게 임금을 지급하지 못한 경우에는 그 '직상수급인 또는 도급인'이 그 '하수급인 또는 수급인'과 연대하여 임금지급책임을 지고, '직상수급인의 귀책사

간의 말일까지 지급하면 되나 상여금 지급기간이 있는 해당월의 일정기일에 지급하는 것이 관행화되어 있으면 이에 따른다. 대판 2002.4.12, 2001다41384), ⓓ 그 밖에 부정기적으로 지급되는 모든 수당 등.

1) 근기 1455.9-12287, 1971.11.

2) 질병은 업무상과 업무외 모두를 포함하며, 재해는 화재·홍수 기타 천재·지변·사변 등을 모두 포함.

유가 그 상위수급인[1]의 귀책사유에 의하여 발생한 경우에는 그 상위수급인도 연대(2012.2.1 신설)'하여 책임을 진다(근기법§44, §109 3년징역·3천만원벌금).

(2) 제도의 취지

'일반도급사업 임금지급연대책임제도'는 도급인 또는 상수급인에 대해 종속도가 높은 하수급인의 근로자를 보호하기 위해 마련되었다.

(3) 연대책임의 요건

도급계약에 있어 도급인이 수급인의 일의 진행 및 방법에 대하여 지휘·감독을 한다면 도급인과 수급인의 관계는 실질적으로 사용자와 근로자의 관계와 다르지 않으므로 도급인은 하수급인이 제3자에게 행한 불법행위 등에 대해 사용자책임을 질 수 있다(민법 §756, §757).

'일반도급사업의 임금지급연대책임제도'는 도급인과 수급인 사이의 구체적인 지휘·감독을 전제로 하지 않는다.

(4) 연대책임의 사유

'일반도급사업의 임금지급연대책임제도'는 '도급의 횟수'[2] 및 '근로자수'[3]와 관계없이 성립한다.

'일반도급사업의 임금지급연대책임'은 '직상수급인 또는 도급인'의 귀책사유와 '하수급인 또는 수급인 근로자'에 대한 임금지급 사이에 인과관계가 있을 것이 요청되는데 연대책임을 지는 귀책사유의 범위에 대해서는 대통령령(근기령 §24)에 정해져 있다(근기법 §44②).

ⓐ 정당한 사유없이 도급계약의 도급금액지급일에 도급금액을 지급하지 않은 경우
ⓑ 정당한 사유없이 도급계약에서 정한 원자재공급을 늦게 하거나 공급을 하지 않은 경우
ⓒ 정당한 사유없이 도급계약의 조건을 이행치 않아 하수급인이 도급사업을 정상적으로 수행하지 못한 경우

(5) 연대책임의 면제

'연대책임이 면제되는 정당한 사유'가 있는지는 직상수급인 또는 도급인에게 입증책임이 있으며, '고의·과실이 있는 경우를 말하는지' 아니면 '세력범위에 속

1) 대판 2024.7.25, 2022다233874. 도급이 두 차례이상 행하여진 경우, 처음 도급을 한 사람, 즉 최초도급인은 포함되지 않는다
2) 김형배, 『노동법』, 제20판, 377쪽.
3) 근기 68207-396, 1994.3.8. 상시 5명미만의 근로자를 사용해도 마찬가지.

하는 위험부담까지 포함하는 것인지'가 명확치 않으나 전자가 타당하다.[1]

(6) 연대책임의 대상

면책사유인 '정당한 사유'를 판단함에 있어 '직상수급인 또는 도급인의 계약의 무불이행'과 같은 내부적요인과 천재지변과 같은 외부적요인으로 나누어 볼 수 있다. '도급근로자임금지급보장' 조항을 둔 목적이 '하수급인 또는 수급인'의 '직상수급인 또는 도급인'에 대한 종속성에 기초를 두는 점' 즉, '직상수급인 또는 도급인이 하수급인 또는 수급인에 대한 의무불이행으로 인해 임금을 지급하지 못하는 것을 방지하기 위함이라는 점'에서 전자로 한정하는 것이 타당하다.

(7) 연대책임의 범위

'직상수급인 또는 도급인'과 '하수급인 또는 수급인'은 임금에 대하여 연대채무관계에 있으므로 근로자는 그 중 한 사람에게 또는 그 두 사람에 대하여 동시에 또는 순차적으로 임금채무의 전부나 일부의 이행을 청구할 수 있다.

(8) 연대책임의 법률관계

'직상수급인 또는 도급인'이 임금을 지급하게 되더라도 '하수급인 또는 수급인'에 대하여 임금상당액의 구상채권을 취득함에 그치고 '하수급인 또는 수급인'에게 지급할 대금채무가 그 범위에서 소멸되는 것이 아니다. 아울러 그 구상채권도 직상수급인이 근로자에게 그 임금상당액을 지급할 때 발생한다.[2]

3·나. 건설도급사업

(1) 연대책임 원칙

근기법(§44의2, §109 3년징역·3천만원벌금)은 건설업에 대해 직상수급인의 임금지급책임을 더 강력하게 요구하고 있다. 이는 건설도급임금지급방식을 개선하여 건설근로자의 권리를 보장하고, 「건설산업기본법(건산법)」[3]을 위반한 불법하도급때문에 발생하는 '건설일용근로자임금 미지급' 문제를 해결하기 위한 입법이다.

임금지급의무의 존재에 관하여 다툴만한 근거가 있어 임금미지급에 대해 직상수급인에게 고의가 없었다고 인정되어 형사책임을 면해도 임금지급의무에 영향을 미치지 않는다.[4]

---

1) 김형배, 『노동법』, 제20판, 379쪽.

2) 대판 1988.4.12, 87다카1886.

3) 2007.5.17, 법률 제8477호, 시행 2008.1.1 ; 십장(오야지)을 사용자로 볼 수 있었던 시공참여자제도를 폐지하고 무등록 등 부정한 방법으로 건설업을 영위하거나 무등록자에게 하도급하면 벌칙(§96 ; 3년이하징역, 3천만원이하 벌금), 영업정지 및 과징금(§82② ; 1년이내, 도급금액의 30%)을 부과.

강행규정인 이 규정을 배제하거나 잠탈하는 약정은 무효이므로, 하수급인에게 임금수령권한을 위임해도 이는 무효로서 직상수급인은 그 책임을 면할 수 없으며 위임사실이 임금미지급의 형사면책사유인 '고의없음'에 해당되지 않는다.[1]

(2) 연대책임 내용

건설업에서 공사도급(건산법 §2xi)이 2차례이상 이루어진 경우, '건산법에 따른 건설업자가 아닌 하수급인(예;건설 현장십장)'이 그가 사용한 근로자에게 '해당건설공사에서 발생한 임금[2]을 지급하지 못하면, 그 직상수급인(귀책사유는 따지지 않음)[3]은 하수급인과 연대하여 하수급인이 사용한 근로자의 임금을[4] 지급할 책임(근기법 §43, §36)을 진다(근기법 §44의2①).

직상수급인이 같은법(건산법 §2vii)에 따른 건설업자가 아니면, 상위수급인중에서 최하위의 같은 호에 따른 건설업자를 직상수급인으로 본다(근기법 §44의2②).

직상수급인은, 건설업등록이 되어 있지 않은 사람에게 건설공사를 하도급하는 위법행위를 함으로써 하수급인의 임금지급의무불이행이라는 추상적위험을 야기한 잘못에 대해, 하수급인이 임금지급의무를 이행하지 않아 그 위험이 현실화되었을 때에 책임을 진다.[5]

연대책임을 진 직상수급인은 하수급인에게 구상권을 행사할 수 있다.

(3) 건설업공사도급의 임금특례

① 직상수급인 지급

㈎ 내 용

공사도급이 이루어진 경우로서 일정요건에 해당하면, 직상수급인은 하도급대금채무의 부담범위에서 그 하수급인이 사용한 근로자가 청구하면 하수급인이 지급해야 하는 임금으로서 해당건설공사에서 발생한 임금에 해당하는 금액을 그 근로자에게 직접 지급해야 한다(근기법 §44의3①).

---

4) 대판 2021.7.8, 2020다296321. ↘ 455쪽

1) 대판 2021.6.10, 87다카1886 · 2021다217370.

2) 퇴직금미지급에 대해서는 근퇴법에 벌칙이 규정되어 있어 연대책임에 포함되지 않는다.

3) 귀책사유 또는 하수급인에게 대금을 지급하였는지 여부와 관계없다(대판 2024.6.27, 2024도4055 / 대판 2021.11.25, 2021도10938)

4) "해당건설공사에서 발생한 임금에 한정"되며, 이는 직상수급인과 하수급인간에 체결한 도급계약범위에 있는 건설공사시행과정에서 발생하는 임금을 말한다(임금근로시간정책팀-251, 2008.1.24. 「건설업에서의 임금지급 연대책임 및 건설업의 공사도급에 있어서 임금에 관한 특례규정 업무처리 지침」). ; 〈사례〉 근로개선정책과-4851, 2012.9.7. 근로자가 해당건설공사업무외에 하수급인의 개인업무까지 보조하기로 하고 월 150만원을 지급받기로 약정한 경우, 월 150만원 전부에 대해서 직상수급인에게 연대책임을 물을 수는 없고, 해당 건설공사에서 발생한 임금에 한정해 연대책임을 물을 수 있다.

5) 대판 2015.11.12, 2013도8417 ; 대판 2021.7.8, 2020다296321.

(나) **요 건**

직상수급인의 직접지급의무가 발생하기 위한 요건은 3가지로 나뉜다(근기법 §44의3①). 첫째, 직상수급인과 하수급인(재하도급 받은 하수급인 포함) 사이에 합의가 있는 경우이다. 둘째, 하수급인에 대한 '확정된 지급명령'(민집법 §56iii), 임금채권증명집행증서송달(민집법 §56iv), '확정된 이행권고결정'(소심법 §5의7) 등 소속근로자의 집행권원이 있는 경우이다. 셋째, 하수급인이 소속근로자에 대해 임금채무가 있음을 직상수급인에게 알려 주고, 하수급인이 파산 등으로 임금을 지급할 수 없음을 직상수급인이 인정하는 경우이다.

② **원수급인 지급**

(가) **내 용**(근기법 §44의3②)

발주자(건산법 §2x)의 수급인 즉 원수급인으로부터 공사도급이 2차례이상 이루어진 경우, 일정요건이 충족되면, 하수급인의 근로자는 하수급인(재하도급 받은 하수급인 포함)이 지급해야 할 임금에 해당하는 금액의 지급을 원수급인에게 직접 요구할 수 있다.

(나) **요 건**

원수급인의 직접지급의무가 발생하기 위한 요건은 하수급인에 대한 '확정된 지급명령'(민집법 §56iii), '임금채권증명 집행증서송달'(민집법 §56iv), '확정된 이행권고결정'(소심법 §5의7) 등 그 소속근로자의 집행권원이 있는 경우이다.

(다) **지급금액**

근로자는 하수급인이 지급해야 하는 임금으로 해당건설공사에서 발생한 임금해당액을 원수급인에게 직접 지급할 것을 요구할 수 있다(근기법 §44의3②전단).

(라) **원수급인의 의무**

원수급인은 근로자가 채권자대위권(민법 §404)을 행사할 수 있는 금액범위에서 이에 따른다(근기법 §44의3②후단).

③ **임금지급과 채무상계**

직상수급인 또는 원수급인이 하수급인근로자의 임금해당금액을 지급하면, 하수급인에 대한 하도급대금채무는 그 범위에서 소멸한 것으로 본다(근기법 §44의3③).

3·다. 위반의 효과

도급근로자임금지급보장조항(근기법 §44, §44의2)을 위반한 사람에 대해서는 3년이하징역 또는 3천만원이하벌금에 처한다(근기법 §109①). 직상수급인의 연대책임(근기법 §44)을 규정한 것

과는 따로 하수급인에게는 임금미지급책임(근기법 §43)이 적용된다.[1]

도급사업연대책임(근기법 §44)에 있어 상위수급인처벌을 희망하지 않는 경우, 하수급인·직상수급인에 대해서도 같은 의사표시가 포함되어 있는지를 살펴야 하고, 상위수급인에 대하여만 해당의사표시를 한 것으로 단정되지 않는다.[2]

건설업연대책임(근기법 §44의2)에 있어 하수급인처벌을 희망하지 않는 경우, 직상수급인에 대해서도 같은 의사표시가 포함되어 있는지를 살펴야 하고, 하수급인에 대하여만 해당의사표시를 한 것으로 단정할 수 없다.[3]

4. 임금미지급책임

4·가. 임금미지급에 대한 제재

(1) 벌칙 및 반의사불벌[4]

① 벌 칙

사용자가 '임금지급방법에 관한 규정'[5]을 위반하면 임금미지급의 죄를 짓게 된다. 임금을 미지급하거나 금품청산의무를 지키지 않으면 3년이하징역 또는 3천만원[6]이하벌금에 처해질 수 있다(근기법 §109①).

② 반의사불벌

임금지급의무위반죄에 대해 반의사불벌이 적용된다. 임금미지급죄를 범해도 피해자가 명시적인 의사표시를 하면 이에 반해 공소를 제기할 수 없다(근기법 §109②본문). 다만, 뒤에서 설명하는 것처럼 명단공개체불사업주가 소정의 임금체불조항을 위반하면 그렇지 않다(근기법 §109②단서).

(2) 지연이자

① 내 용

근기법(§37)은 '재직자의 임금미지급(2025.10.23.시행)'과 퇴직자의 임금·퇴직금미지급에 대

1) 박상필, 『근로기준법강의』, 236쪽.

2) 대판 2022.12.29, 2018도2720.

3) 대판 2015.11.12, 2013도8417.

4) 2005.7.1에 지연이자제도를 도입하는 대신 벌칙에 대해 반의사불벌주의를 도입하였다. 반의사불벌죄는 '피해자의 의사에 반하여 논할 수 없는 죄'로서 '피해자의 의사와 관계없이 공소를 제기할 수는 있으나 피해자가 처벌을 원치 않는다'는 의사를 명백히 한 때에는 처벌할 수 없다는 점에서 해제조건부범죄로 볼 수 있다.

5) 근기법 제36조(금품청산), 제43조(임금지급), 제44조(도급사업에 대한 임금지급), 제44조의2(건설업에서의 임금지급 연대책임), 제46조(휴업수당) 및 제56조(연장·야간 및 휴일 근로).

6) 임금미지급에 대한 제재의 목적은 개개근로자의 임금을 확보하기 위한 것이므로 근로자 1명에 대해 1죄가 성립하게 되어 10명에 대한 벌금한도는 2억원까지 될 수 있다.

해 지연이자제도를 도입하고 있다.

	대상 임금	지연이자 발생일
퇴직	금품청산규정(근기법§36)에 따라 지급해야 할 임금·퇴직급여(일시금만해당.근퇴법§2ⅴ)의 전부 또는 일부	지급사유발생일부터 14일이 되는 날 다음 날
재직	임금지급의무(근기법§43①)에 따라 지급할 임금 (이에 대한 지연이자지급의무가 발생한 후 근로자가 사망·퇴직한 경우 포함(근기법§37②))	매월1회이상(근기법§43②,임시지급예외)으로 정한 지급일 다음 날

지연이자는 지연일수에 해당하는 미지급임금에 지연이자율을 곱하여 계산한다. 지연이자율은 연 40/100이내에서 은행(은행법규정)이 적용하는 연체금리 등 경제여건을 고려하여 대통령령[1)]이 정한다.

② **성 격**

지연이자는 발생요인이 근로관계에서 비롯된 것으로 보기 어려우므로 임금이나 청산대상금품으로 보기 어렵다. 지연이자를 지급치 않을 경우, 다시 임금미지급책임이나 금품미청산책임을 묻기는 어렵다. 지연이자를 지급치 않은데 대해 벌칙은 없으나, 민사상청구는 인정된다.

③ **대상기간**

지연이자제도의 적용대상기간은 지연이자발생일부터 해당금품청산일까지의 기간이다.[2)]

④ **예 외**

사용자가 천재·사변[3)] 그 밖의 '대통령령이 정하는 사유'[4)]에 의하여 임금지급을 지연하는 경우, 사유존속기간에 대해 지연이자제도를 적용하지 않는다(근기법§37③). 적용제외사유에 대한 입증책임은 사용자에게 있다.

⑤ **한 계**

지연이자는 임금과 퇴직급여일시금에 적용되며, '보상금이나 그 밖의 금품'[5)]

---

1) 연 20/100 (근기령 §17) ; 〈유사 입법사례〉 도·수급인간 선급금·하도급 대금 등의 지연에 적용하는 이율은 연 25%(연 40% 범위 내에서 대통령령이 정함).

2) 금품청산의 경우, 당사자가 합의하여 14일보다 긴 기간을 청산기간으로 정하면 근기법 제36조 위반은 면할 수 있으나, 14일이 지난 다음 날부터 지연이자가 적용된다.

3) 「재난및안전관리기본법」 제3조의 재난.

4) 근기령 제18조 ; '파산·화의·도산(임채령 §4)', '「채무자회생및파산에관한법률」, 「국가재정법」, 「지방자치법」 등 법령상의 제약에 따라 임금 및 퇴직금을 지급할 자금을 확보하기 어려운 경우', '지급이 지연되고 있는 임금 및 퇴직금의 전부 또는 일부의 존부를 법원이나 노동위원회에서 다투는 것이 적절하다고 인정되는 경우', '그 밖에 제1호부터 제3호까지의 규정에 준하는 사유가 있는 경우' 등이다.

5) 상법상 상인 및 회사가 체결한 근로계약은 사업주의 영업을 위해 행한 보조적 상행위로 볼 수 있다. 따라서 근로계약위반의 결과로 나타나는 금품미청산은 '상행위인 계약의 채무불이행'으로서 그에 따른 임금채권에 대

에는 적용되지 않는다.

(3) 체불사업주에 대한 제재

① 제제의 내용

㈎ 체불사업주 명단공개

㉮ 요 건

고용장관은 근기법 제36조(금품청산), 제43조(임금지급), 제51조의3(탄력적근로시간제,근로기간이 단위기간보다짧은경우임금정산), 제52조제2항제2호(1개월초과단위선택적근로시간제 법정주당근로시간초과가산임금), 제56조(연장·야간 및휴일근로)에 따른 임금, 보상금, 수당, 퇴직급여등(근퇴법 §12①)(2025.10. 23.시행)과 그 밖의 모든 금품(임금 등)을 지급하지 않은 체불사업주(법인의경우 대표자포함)에 대해 '체불기간·금액이 일정기준'[1]에 이르면 인적사항 등 명단공개를 할 수 있다(근기법 §43의2①).

㉯ 상습체불사업주 제재

고용장관은 명단공개된 체불사업주가 근기법 제36조(금품청산), 제43조(임금지급), 제44조(도급사업 임금지급), 제44조의2(건설업임금 지급연대책임), 제51조의3(탄력적근로시간제,근로기간이 단위기간보다짧은경우임금정산), 제52조제2항제2호(1개월초과단위선택적근로시간제 법정주당근로시간초과가산임금), 제56조(연장·야간 및휴일근로)을 위반하면 반의사불벌이 적용되지 않는다(근기법 §109②단서).

㈏ 신용정보기관에 체불자료 제공

고용장관은 종합신용정보집중기관(신용정보의이용및보호 에관한법률§25② i)이 요구에 따라, 체불예방에 필요한 경우, '체불기간·금액이 일정기준'[2]에 이르거나 상습체불(근기법 §43의4)(2025.10. 23시행)에 해당되면, 사업주인적사항·체불액 등의 자료(임금등 체불자료)'를 제공할 수 있다(근기법 §43의3①).

㈐ 상습체불사업주 불이익조치

㉮ 상습체불사업주 지정

고용장관은 체불자료제공일이 속하는 연도의 직전년도 1년간 '3개월분이상의 임금등(근퇴법의 퇴직급여등제외)을 체불하거나 5회이상 체불하고 체불총액이 3천만원이상'인

해서는 당사자사이에 별도의 약속이 없는 한 상법 제54조에 따라 연6%의 법정이율이 적용된다(대판 1976. 6.22, 76다28 ; 대판 2006.4.27, 2006다1381). ; 상법상 상인이나 회사가 아닌 사업주가 체결한 근로계약에 대해서는 민법 제379조에 의해 채무불이행으로 보고 별도합의가 없는 한 연5%의 법적이율이 적용되며, 민사소송에서 승소하면 「소송촉진등에관한특례법」 제3조에 따라 소송제기시점 또는 확정판결시점부터 변제일까지 연15%)의 법정이율이 적용된다(통영지판 2016.2.16, 2012가합2237).

1) 명단공개기준일이전을 기준으로, 3년이내 임금 등을 체불하여 2회이상 유죄가 확정된 사람으로서, 1년이내의 체불총액이 3천만원이상

2) 체불자료제공일이전을 기준으로, 3년이내 임금 등을 체불하여 2회이상 유죄가 확정된 사람으로서, 1년이내의 체불총액이 2천만원이상.

사업주(법인의경우 대표자포함)를 상습체불사업주로 정할 수 있다(근기법 §43의4①)(해당조항및관련사항. 2025.10.23.시행).

㈏ 상습체불사업주 제재

고용장관은 중앙행정기관장·지자체장·공공기관장(대통령령으로정함)에게 상습체불사업주에 대해 관련법률에 따른 보조·지원사업의 참여배제·수급제한을 요청하거나, 입찰참가자격사전심사 또는 낙찰자심사·결정에 감점 등 불이익조치를 요청하고 관련체불자료를 직접 또는 요청을 받아 제공할 수 있다(근기법 §43의4③)(해당조항및관련사항. 2025.10.23.시행).

② **제재의 시행**

㈎ **절차와 내용**

명단공개 및 상습체불사업주에 관한 사항을 심의하기 위해 고용부에 임금체불정보심의위원회를 두며, 구체적인 내용은 고용부령으로 정한다(근기법 §43의2③).

명단공개·상습체불사업주지정의 경우, 해당사업주에게 3개월이상의 기간을 정하여 소명기회를 주어야 한다(근기법43의 2②,§43의4②).

체불사업주의 사망·폐업으로 실효성이 없는 등의 사유(대통령령)가 있는 경우, 명단공개와 체불자료제공의 예외가 인정된다(근기법§43의2①단서, §43의3①단서,§43의4⑤). 명단공개·체불자료제공·상습체불사업주지정의 구체적인 내용은 대통령령으로 정한다(근기법§43의2⑤, §43의3③,§43의4⑤⑥). 체불자료를 받은 사람은 이를 제공목적외로 이용하거나 누설하면 안된다(근기법43의 3②,§43의4④).

㈏ **정부의 조치**

고용장관은 체불사업주제재업무중 일부를 근로복지공단이나 연구기관·단체에 위탁할 수 있다(근기법 §43의6①). '위탁받은 기관의 임직원'(근기법 §43의6②)이나 '임금체불정보심의위원회의위원중 공무원이 아닌 사람'(근기법 §43의2④)은 「형법」 제127조 및 제129조~제132조를 적용할 때, 공무원으로 본다.

고용장관은 명단공개·체불자료제공·상습체불사업주불이익조치의 업무를 수행하기 위해 아래와 같이 자료제공 또는 전산망이용을 요청할 수 있다(근기법 §43의6①).

법원행정처장	법인등기사항
국세청장	종합소득(사업주·근로자), 사업자등록(사업주)
근로복지공단	월평균보수(징수법), 피보험자격취득(고보법), 대지급금(임채법)

고용장관은 해당근로자의 임금·근로시간 등 대통령령으로 정한 정보를 근로복지공단에 제공할 수 있고(근기법 §43의6②), 범무부장관에게 체불사업주에 대한 출국금지를 요청할 수 있다(근기법 §43의7).

(4) 징벌적손해배상

근기법(§43의8)은 임금등(퇴직금 여제외)의 체불이 '명백한 고의'이거나, '1년동안 3개월이상'이거나, '3개월이상의 통상임금'에 해당하는 경우에 근로자의 청구에 따라 법원이 '소정의 사항'[1]을 고려하여 사업주가 지급하여야 하는 임금등의 3배이내를 손해배상액으로 지급토록 결정할 수 있는 징벌적손해배상을 규정하고 있다.

4·나. 임금미지급책임의 주체

(1) 미지급책임자

① 사업주 또는 사업경영담당자

회사재산의 관리·운영권을 가진 사람 즉 사업주가 원칙적으로 임금미지급책임을 진다. 사업경영담당자도 사업주로부터 사업경영의 전부 또는 일부에 대해 포괄위임을 받고 대외적으로 사업을 대표하거나 대리하면 임금지급책임자이다.[2] 금품청산관련죄는 지급사유발생일로부터 14일이 경과하는 때에 성립하므로 그 이전에 퇴직 등의 사유로 지급권한을 상실한 임금지급책임자는 특별한 사정이 없는 한 그 책임을 지지 않는다.[3]

② 실질적 업무집행자

이사 등이 형식적으로는 업무집행권을 가지고 있지 않더라도 대표이사와 함께 실질적으로 회사를 경영해 왔다면 임금미지급책임을 진다.[4] 형식적으로는 사업주나 사업경영담당자가 아니더라도 회사의 실권자로서 실제경영자라면 임금미지급책임을 지며,[5] 실질적권한이 없으면 그러한 책임을 지지 않는다.[6]

③ 정리회사 관리인

회사정리절차개시가 결정되어 관리인이 선임되면 대표권·업무집행권과 재산관리 및 처분권 등이 관리인에게 넘어가고 근로관계도 이전된다.

정리절차개시전의 대표이사는 그 이후의 근로관계에 대한 사용자책임이 없으

---

1) ⓐ 임금등의 체불 기간·경위·횟수 및 체불된 임금등의 규모, ⓑ 사업주가 임금등을 지급하기 위하여 노력한 정도, 지연이자 지급액, ⓓ 사업주의 재산상태.

2) 대판 1983.10.11, 83도2272 ; 대판 1988.11.22, 88도1162.

3) 대판 1995.11.10, 94도1477 ; 대판 2002.11.26, 2002도5044.

4) 대판 1990.10.12, 90도1791. 정당한 사유 없이 도급금액을 지급기일에 지급치 못해 임가공업체근로자들 임금이 미지급된 사건.

5) 대판 2002.11.22, 2001도3889. 형식적으로는 대표이사직에서 사임하였으나 사주로서 회사를 경영해 왔다면 임금청산의무위반책임을 부담하여야 하는 사용자에 해당.

6) 대판 1989.9.26, 89도1191. 재직중인 회사에서 퇴근후, 다른 회사에 출근하여 경리전표를 정리해 주는 등 경영을 도와준 사람 관련, 사업주가 부도를 내고 행방을 감추자 한 달간 사무를 관리한 데 대해 사용자성 부정.

며 관리인이 회사정리절차개시 이후의 임금미지급책임을 진다.[1)]

④ 기업의 합병, 양수·양도와 임금미지급책임

'기업의 합병 또는 양수·양도(제9장 제3절)'로 인해 종전기업의 근로관계가 새 기업에 승계된 때에는 미지급임금청산의무도 승계된다. 임금미지급에 따른 형사책임은 새 사용자에게 승계되지 않는다.[2)]

(2) 대리인에게 지급한 임금

직접지급원칙을 위배하여 대리인에게 임금을 지급한 경우, 민사효력은 "변제받을 권한이 없는 사람에 대한 변제는 채권자가 이익을 받은 한도에서 효력이 있다"는 민법 제472조를 적용받는다.

4·다. 임금미지급책임 성립요건

(1) 사용자 고의

노동관계법도 형사처벌을 함에 있어 고의가 있을 것이 요구된다(제1장, 제5절 2·나,(3)). 임금을 지급하지 않는데 대해 고의가 없다면 임금지급의무위반죄(근기법 §109)가 성립하지 않는다. 임금·퇴직금의 지급의무·범위에 대해 다툴만한 근거가 있다면, 임금미지급에 대해 상당한 이유가 있으므로 고의가 부정된다.[3)] '다툴만한 근거가 있는지'는 지급거절이유·지급의무근거, 사업장조직·규모, 사업목적, 지급의무존부·범위 등 다툼이 있을 당시의 정황에 비추어 판단하고, 사후적으로 사용자의 민사상지급책임이 인정된다고 하여 바로 고의가 인정된다고 단정할 수 없다.[4)]

---

1) 대판 1989.8.8, 89도426.

2) 근기 01254-390, 1993.3.15.

3) 대판 1986.6.26, 98도1260. 〈고의성 부정〉 근로자가 임금을 청구함이 없이 잠적. 사용자에 대한 차용금상계취지 인정 ; 대판 2004.12.24, 2004도6969 ; 대판 2005.6.9, 2005도1089. 이의 없이 장기간 정액의 연장근로수당을 받아온 상태에서 실제 연장근로수당과의 차액을 지급치 않은데 대해 정액지급약정이 있는지와 그 효력'에 대해 다툼이 없이 행한 원심판결 파기 ; 대판 2007.3.29, 2007도97. 〈고의성 부정〉 임금 속에 퇴직금을 포함한 연봉제봉급약정을 체결하여 매월 임금을 지급하여 온 상태에서, 근로자에게 따로 금원을 대여하였는데, 근로자가 차용금을 반환하지 않고 우편으로 사직서를 제출하고 출근하지 않으면서 연락을 끊었으며 상당한 기간이 지날 때까지 퇴직금에 관하여 이의를 제기한 사실이 없는 경우 ; 대판 2007.6.28, 2007도1579 ; 대판 2007.8.23, 2007도4171. 〈고의성 인정〉 '퇴직금을 월급에 포함하여 지급받기로 한 약정'을 이유로 퇴직금미지급 ; 대판 2011.10.13, 2009도8248. 〈고의성 부정〉 '퇴직금을 월급에 포함하여 지급받기로 한 약정'을 이유로 퇴지금미지급. 근로자들의 이의제기사실이 없고, 사용자부담으로 해외여행까지 보내주거나 전별금이나 생활비 및 근로하지 않은 기간에 대한 임금 등의 명목으로 금품을 지급했고, 퇴직 이후에도 퇴직금의 합계액을 초과하는 금원을 지급한 점 등 감안 ; 대판 2011.10.27, 2010도14693. 법정퇴직금과 중간정산지급액의 차액에 해당하는 퇴직금지급의무가 있다면서 유효한 퇴직금중간정산약정이 없다는 사정만을 중시하여 유한회사의 대표자에 대해 범행의 고의가 있다고 본 원심 파기 ; 대판 2018.1.25, 2015도1681 ; 대판 2023.4.27, 2020도16431. 〈고의성 인정〉 2주단위탄력적근로시간제 도입에 있어 취업규칙이 있음에도 그를 변경하지 않고 근로계약 등의 방법을 활용함에 따라 지급되지 않은 연장근로수당 관련.

임금미지급에 고의가 인정되지 않아 형사책임을 면해도 민사책임은 남는다.[1] 고의가 없다는데 대한 입증책임은 사용자가 진다.

(2) 최선의 노력

기업이 불황이라는 이유만으로 임금을 지급치 않거나 늦게 지급하는 것은 법이 용인되지 않는다.[2] 다만, 사용자가 임금지급을 위해 '성의와 노력'[3]을 다해도 임금미지급을 방지할 수 없던 불가피성[4]이 사회통념상 인정되거나 더 이상의 적법행위를 기대할 수 없는 특수한 사정이 있으면 임금미지급(근기법 §43)의 범죄책임이 조각될 수 있다.[5] 따라서 특별한 사정없이 도피하거나 채무이행노력을 구체적으로 입증하지 못하면 형사면책을 받지 못한다.[6] 형사면책이 인정된다 하더라도 민사면책이 같이 인정되는 것은 아니다.

4·라. 임금미지급구제

임금을 지급받지 못한 근로자는 근로감독관이나 사법기관에 구제를 신청할 수 있다. 임금미지급은 근로자의 생존권과 직결된다. 이에 따라 임금미지급사건은 정부가 일체의 소송비용을 지원하는 무료법률구조사업[7]의 대상에 포함되어 있다(임채법 §19). 구조대상사건은 임금미지급과 관련된 민사소송, 소액심판사건, 보전처분, 강제집행사건 등이다.

4·마. 지급임금환수

근로계약을 해지하더라도 근로의 대가로 이미 지급된 임금에 대하여는 환수조

---

4) 대판 2007.6.28, 2007도1579 ; 대판 2011.10.13, 2009도8248 ; 대판 2011.10.27, 2010도14693 ; 대판 2022.5.26. 2022도2188. ↘ 463쪽

1) 대판 2021.7.8, 2020다296321. 근기법 제44조의2, 제109조 관련.

2) 대판 1987.5.26, 87도604 ; 대판 1988.2.9, 87도2509 ; 대판 1977.9.30, 97도1490.

3) 대판 1984.4.10, 83도1850. 금품청산의 경우, 지급기일연장을 위한 당사자의 합의노력 등이 이에 해당.

4) 불황이라는 사유만으로는 인정되지 않으나 '임금지급을 위해 최선의 노력을 다했음에도 자금사정 등으로 도저히 지급기일안에 임금을 지급할 수 없다'는 등의 사정은 인정됨.

5) 대판 1988.2.9, 87도2509 ; 대판 1988.5.10, 87도2098 ; 대판 1985.10.8, 85도1262. 조광권편입관계로 현장을 가동치 못한 사례 ; 대판 1994.3.25, 93도2903 ; 대판 1993.7.13, 92도2089 ; 대판 2002.9.24, 2002도3666 ; 대판 2001.2.23, 2001도204 ; 대판 2005.2.12, 2014도12753. 정리회사관리인 관련. 일종의 공적수탁자에 해당하고, 채권자·주주 등 이해관계인의 법률관계를 조정하여 회생을 도모하기 위한 업무수행과정에서 자금사정 악화나 법률상업무수행제한으로 불가피하게 임금·퇴직금을 지급기일 안에 지급못해도 책임을 물을 수 없다 ; 대판 1995.11.10, 94도1477. 정리회사관리인 관련. 법원에 제출한 자금계획서에 퇴직금소요금원을 계상했어도 도저히 자금을 마련할 수 없는 사정이 인정되면, 자금계획서작성이 형식적이던가, 지급기일연장 합의노력이 없더라도 미지급책임을 물을 수 없음.

6) 대판 2004.4.16, 2002도5721.

7) 고용노동부가 대한법률구조공단에 위탁하여 실시.

치 할 수 없고, 다른 규정 등에 의해 반환문제가 발생하면, 민사절차에 따라 해결되어야 한다.[1)]

제6절 임금·퇴직급여채권 보호

1. 임금채권우선변제제도

1·가. 의 의

근기법과 근퇴법은 국제적인 입법례[2)]에 따라 '임금, 재해보상금, 퇴직금' 등에 대해 우선변제제도 및 최우선변제제도를 규정하고 있다. 임금채권우선변제제도는 1974년에 「대통령긴급조치」 제3호로 처음 도입되었다. 같은해에 근기법은 이 규정을 이어받아 "임금채권 그밖에 근로관계로 인하여 사용자에게 채권이 있는 근로자는 그 사용자의 총재산에 대하여 우선변제를 받을 권리를 가진다"고 하면서 "질권·저당권·조세·공과금 그 밖의 이에 준하는 채권에는 우선하지 못한다"라는 한계를 설정하였다. 이 규정은 여러 차례에 걸쳐 개정되었다.[3)]

1·나. 우선변제 내용

(1) 우선변제와 최우선변제

'임금, 재해보상금 그 밖에 근로관계로 인한 채권'과 '퇴직금'은 사용자의 총재산에 대해 '질권·저당권 또는 「동산·채권등의담보에관한법률」에 따른 담보권에

1) 임금 68207-334, 1994.6.2. 유죄확정에 따라 소급하여 면직처리된 청원경찰의 보수 반환청구·환수 관련.

2) ILO의 「사용자 파산시 근로자 채권보호에 관한 협약, 제173호」는 파산전 3개월분임금, 유급휴일수당, 퇴직수당 및 최종 2년간 유급휴가수당을 우선변제대상으로 하고 있다. 프랑스의 임금지급보장법(1973), 독일의 고용촉진법(1974) 등이 임금채권우선변제제도를 두고 있다.

3) 개정내용을 요약하면 다음과 같다.

법 개정일	내 용
1980.12.31	질권·저당권, 조세·공과금, 기타 이에 준하는 채권, 임금과 기타 근로관계로 인한 채권 → 질권·저당권에 우선하는 조세·공과금, 질권·저당권, 임금·퇴직금·재해보상금·기타 근로관계로 인한 채권, 조세·공과금, 기타 채권.
1987.11.28	최종3월분 임금을 질권·저당권에 의해 담보된 채권보다 우선하여 변제(최우선변제 신설).
1989. 3.29	최우선변제 대상에 퇴직금·재해보상금을 포함
1997.12.24	최우선변제대상 퇴직금을 최종 3년분으로 한정
2005. 1.28	퇴직금부분을 근퇴법 제11조로 이전

우선하는 조세·공과금'과 '질권·저당권[1] 또는 「동산·채권등의담보에관한법률」에 따른 담보권에 따라 담보된 채권'외에는 '조세·공과금' 및 다른 채권에 우선하여 변제되어야 한다(근기법 §38① 근퇴법 §12①).

'최종 3개월분의 임금'과 재해보상금 및 '최종 3년간의 퇴직금'은 최우선적으로 변제된다(근기법 §38② 근퇴법 §12②).[2]

(2) 임금채권과 다른 채권의 우선순위

최우선변제 및 우선변제 조항과 관련법령을 종합적으로 고려하여 임금채권과 다른 채권의 우선순위를 정리하면 다음과 같다.

ⓐ 최종 3개월분의 임금, 최종 3년간의 퇴직금 및 재해보상금(최우선변제)
ⓑ 질권·저당권[3] 또는 「동산·채권등의담보에관한법률」에 따른 담보권에 우선하는 조세·공과금(「국세기본법」 §35 및 같은법시행령 §18)
ⓒ 질권·저당권 또는 「동산·채권등의담보에관한법률」에 따른 담보권에 의하여 담보된 채권
ⓓ 임금 기타 근로관계로 인한 채권(우선변제)
ⓔ 조세·공과금[4] ⓕ 기타 채권

임금채권우선변제제도에도 불구하고 이미 다른 채권자에 의해 행하여진 압류처분의 효력까지 배제하여 우선적으로 직접 지급을 구할 수는 없다.[5]

1·다. 우선변제 대상

(1) 임금·재해보상금 기타 근로관계로 인한 채권과 퇴직금채권

① 임 금

우선변제대상이 되는 임금은 지급받지 못한 임금(근기법 §2① v)을 말한다.

'최종3월분의 임금'의 의미는 판례나 학설에 따라 조금씩 다르다. 첫째, 사용자의 재산을 청산하기 위한 원인이 된 사실이 발생한 때를 기준으로 소급해서 사유발생일전 3개월 사이에 지급사유가 발생한 임금중에서 미지급분을 말한다는 견해가 있다.[6] 둘째, 최종3개월 사이에 지급사유가 발생한 임금채권을 의미하는

---

1) 대판 2011.12.8, 2011다68777. 사용자의 지위를 취득하기 전인지 후인지를 따지지 않는다.

2) '퇴직금전액의 최우선변제규정'이 질권자 또는 저당권자의 우선변제수령권의 본질을 침해할 소지가 커 과잉금지원칙에 된다는 이유로 헌법불합치결정(헌재 1997.8.21, 94헌바19·97헌가11·95헌바34)이 남에 따라, '최종 3년간의 퇴직금'에 대한 최우선변제규정으로 개정되었다.

3) 대판 2011.12.8, 2011다68777.

4) 국가, 공공단체에 의해 국민에게 부과되는 공적부담(도로사용료·하천사용료 등)을 총칭 ; 김형배, 『노동법』, 제20판, 382쪽.

5) 대판 1994.12.9, 93다61611.

6) 김형배, 『노동법』, 제20판, 386쪽 ; 근기 68220-140, 1993.3.15 ; 대판 2001.11.13, 2000다18608. 임금채권에 대한 근로자의 배당요구 당시 근로계약이 종료되었다면 그 종료시부터 소급하여 3개월 사이에 지급사유가 발

것이 아니라, 최종3개월간 근무한 부분의 임금채권을 말한다는 견해[1)]가 있다. 셋째, '사용자가 지급하지 않은 임금중에서 최종3개월에 대한 임금'과 '최종3개월의 기간동안에 지급되지 않은 임금'중에서 후자가 해당된다는 견해[2)]가 있다.

3가지 견해는 조금씩 다른 표현에도 불구하고 사유발생일전 3개월 사이에 지급사유가 발생한 즉 근로를 제공한 부분의 임금채권중에서 지급되지 않은 부분이라고 정리될 수 있다.

② 재해보상금

사용자재산을 청산해야 할 당시에 입은 업무상재해에 대한 각종 보상이 우선변제대상인 재해보상금이 된다. 현실적으로는 산재법의 적용을 받지 않는 재해보상이 재해보상금의 최우선변제대상이 된다. 근로자가 요양을 계속하고 있으면 앞으로 발생할 요양비, 휴업보상, 장해보상도 그 시점에서 통상적으로 예견될 수 있는 기간 또는 상태를 기준으로 하여 최우선변제대상이 된다.[3)] 근기법 제84조를 유추해석할 때 2년간의 요양보상과 일시보상액의 합계가 그 한도가 된다.

③ 기타 수당 및 근로관계로 인한 채권

'기타 근로관계로 인한 채권'이라 함은 근로자와 사용자 사이의 채권적인 성격을 갖는 금전적청구권을 포함하는 것으로 해석된다.[4)] 따라서 임금의 성격을 갖는다고 해석되는 휴업수당[5)]은 물론이고 보증금청구권, 적립금청구권, 저축금청구권, 예치 또는 보관한 금품의 반환청구권 등을 포함하는 개념이다.

④ 퇴직금

근로관계가 끝난 날을 기준으로 하여 산정된 퇴직금으로서 법정퇴직금(근퇴법 §12①) 뿐아니라 약정퇴직금도 포함된다. 최종3년간의 퇴직금은 최우선변제대상이다(근퇴법 §12②). 퇴직금누진제도를 취하고 있더라도 '계속근로기간 1년에 대하여 30일분의 평균

생한 임금중 미지급분을 말한다. ; 대판 2008.6.26, 2006다1930(**한국노동법학회, 『노동판례백선』 제1판**, 71쪽. 최종3월분임금의 해석을 둘러싸고 총액제한이냐 기간제한이냐 하는 입장이 대립하였는데, 법원은 이해관계인들의 재산권 및 거래안전의 보호라는 요구와 근로자의 생계보장을 위한 임금채권우선보호라는 상충되는 요구 사이에서 기한제한이라는 원칙을 지키는 입장을 취함).

1) 대판 2002.3.29, 2001다83838. 미지급 고정적상여금 중 우선변제권을 주장할 수 있는 부분은 퇴직전 최종3개월의 근로에 대한 대가에 한정. 1월초과기간을 정하여 구정·추석·연말에 기본급의 일정비율씩 상여금을 지급하여 왔음. 1997년 연말상여금과 1998년 구정상여금 전액이 퇴직전 최종3개월인 1997.12부터 1998.2까지의 근로의 대가는 아니므로 이중 퇴직전 최종3개월의 근로대가로 지급될 부분만 대상.

2) 이철수·김인재·강성태·김홍영·조용만, 『로스쿨 노동법』, 129쪽.

3) 김형배, 『노동법』, 제20판, 386~388쪽.

4) 박상필, 『근로기준법강의』, 255쪽.

5) 임금 68207-81, 1993.2.15. 「선원법」 제40조의 실업수당도 이에 포함되며 선원법 제5조는 "근기법 제37조와 이에 따른 벌칙조항을 선원의 근로관계에도 적용한다"고 규정하고 있다.

임금' 즉, 법정퇴직금해당분이 최우선변제대상이다(근퇴법 §12③).

(2) 어음 및 대지급(代支給) 임금채권

임금대신 약속어음을 받더라도 금품청산의 기일을 연장합의한 것에 불과한 것으로 임금채권우선변제대상이 된다.[1] 미지급임금을 금융기관이 대지급하면 대지급채권도 임금채권으로 우선변제대상이라는 견해[2]가 있으나 임금채권양도와 추심권을 분리하고 있는 판례가 있어 논란의 여지가 있다(같은장, 제5절 1·나,(2),②).

1·라. 우선변제 재원

'사용자의 총재산'이라 함은 근로계약당사자로서 임금채무를 1차적으로 부담하는 사업주의 총재산을 의미한다.[3] 개인일 경우에는 사업주, 법인인 경우에는 법인 그 자체, 합자회사인 경우에는 그 회사의 재산총액과 제3자에 대한 채권을 의미[4]하므로 예컨대 '사업경영담당자인 대표이사'나 '합자회사 무한책임사원'[5]의 개인재산은 포함되지 않는다. 개인회사의 경우에는 사업주 즉, 사장 개인의 재산 모두가 '사용자의 총재산'이다. 적법·타당하게 양도된 재산에 대해서는 임금채권우선변제권을 주장할 수 없다. 영업양도에 따라 근로관계가 승계된 경우에는 해당재산에 대한 우선변제권은 인정된다.

1·마. 우선변제 확보

(1) 행사범위

최우선변제는 법정담보물권에 해당하는 것으로서 사용자가 소유하고 있는 부동산에 설정된 근저당권의 실행으로 진행되는 임의경매절차에서도 그 권리를 주장할 수 있으며, '강제경매의 경우'나 '임의경매절차에 강제경매신청의 기록이 첨부된 경우'에 한하는 것은 아니다.[6]

(2) 변제확보

임금채권자인 근로자는 민사절차를 통해 사용자의 재산에 대해 강제집행을 신청한 후에 압류하여 환가처분하고 배당지급을 받는 순서를 밟게 된다. 다른 채

1) 근기 1455-75, 1982.12.10.
2) 근기 1455-27695, 1982.10.7.
3) 대판 1996.2.9, 95다719.
4) 근기 01254-627, 1988.1.15 ; 임금 68207-756, 1993.12.15.
5) 대판 1996.2.9, 95다719. 책임의 성질이 보충적인 점, 일반담보권자의 신뢰보호거래질서에 미치는 영향을 고려하여 그 개인재산까지 사용자의 총재산에 포함되지는 않는다.
6) 대판 1990.7.10, 89다카13155.

권자가 이러한 민사집행절차를 거치는 경우에는 소송참가를 통해 변제를 받을 수 있다. 그러나 근로자가 주도하여 이러한 절차를 거치는 것이 쉽지 않은 점을 감안하여, 민집법 제217조 및 제218조는[1] 민사절차가 진행되어 환가된 사용자재산에 대해 근로자가 사전절차에 참가함이 없이 바로 배당을 요구할 수 있는 근거를 마련해 놓고 있다.[2] 우선변제가 확보되더라도 근로자가 배당을 요구하지 않으면 상당금액이 후순위채권자에게 배당될 수도 있다.[3]

2. 임금 · 퇴직급여채권보장제도

2·가. 개념과 취지

임금채권보장제도는, 퇴직근로자 및 재직근로자가 기업도산 등으로 인해 임금·퇴직금 등을 지급받지 못한 경우, 기금에서 일정금액을 지급하고 사업주에 대해 임금·퇴직금청구권 등을 대위하여 행사하는 제도이다.

기업도산 등으로 사업주의 변제능력이 부족하면 임금채권보장제도는 실효성이 없게 되고, 근로자는 변제를 받기 위해 법원의 경매절차를 거쳐야 하므로 임금과 퇴직금의 청산이 지연된다. 이러한 이유로 임금채권보장제도가 도입되었다.

2·나. 임금채권보장법

(1) 의 의

임금채권보장제도는 「임금채권보장법(“임채법” 1998.2.20제정,7.1시행)」에 따라 시행된다. ‘2020년 개정 임채법’은 임금채권보장대상을 퇴직근로자뿐아니라 일부 재직근로자에게까지 확대하였다. 임채법은 경기변동, 산업구조변화 등으로 사업을 계속하는 것이 불가능하거나 기업경영이 불안정하여, 임금 등을 지급받지 못하고 퇴직한 근로자 등에게 지급을 보장하는 조치를 마련함으로써 근로자생활안정에 이바지하는 것을 목적으로 한다(임채법 §1).

(2) 적 용

임채법의 적용대상은 산재법의 당연적용대상사업장이 되며, 산재보험가입과 동시에 별도절차없이 임채법이 자동적으로 적용되나, 국가와 지방자치단체가 직

---

1) 민법·상법 그 밖의 법률에 따라 우선변제청구권이 있는 채권자는 매각대금의 배당을 요구할 수 있고(민집법 §217), 배당요구는 이유를 밝혀 집행관에게 해야 한다(민집법 §218).

2) 대판 2015.8.19, 2015다204762 ; 대판 2009.11.12, 2009다53017·53024 ; 대판 2022.4.28, 2020다299955. 우선변제청구권이 있는 임금 및 퇴직금 채권자가 배당요구종기까지 소명자료를 제출하지 않았다고 하더라도 배당표가 확정되기 전까지 이를 보완하였다면 우선배당을 받을 수 있다.

3) 대판 1997.2.25, 96다10263.

접 수행하는 사업에는 적용되지 않는다(임채법 §3).

하나의 법인 또는 사업주가 운영하는 여러 개의 사업(장)을 개별적으로 볼 것인지, 하나로 볼 것인지는 개개 사업(장)의 독립성(제1장, 제4절 1·나,(3))에 따라 판단한다.

임채법(§2)은 "근로자", "사업주", "임금 등" 그리고 "보수"에 대한 정의규정을 두고 있다.

2·다. 임금채권보장기금

임금채권보장제도는 사용자부담금 등으로 조성된 임금채권보장기금을 재원으로 여러 가지 임금채권보장사업을 수행한다.

(1) 기금조성

① 총 괄

고용장관은 임금채권보장사업에 충당하기 위하여 임금채권보장기금(기금)을 설치한다(임채법 §17). 기금은 사업주변제금(임채법 §8), 사업주부담금(임채법 §9), 차입금(임채법 §18②), 기금운용수익금, 그 밖의 수입금으로 구성된다(임채법 §18①). 임금채권보장기금의 관리·운용에 관한 중요사항을 심의하기 위해 고용부에 임금채권보장기금심의위원회(위원회)를 둔다.[1]

② 사업주부담금

사업주부담금은 징수법에 따라 근로복지공단이 산재보험료에 통합하여 징수하며, 통합징수된 부담금은 매월 정산하여 기금에 납입된다(임채법 §9① 임채령 §12).

고용장관은 대지급금지급에 소요되는 비용을 충당하기 위해 사업주로부터 그 사업에 종사하는 근로자의 보수총액에, 2/1000의 범위에서 위원회의 심의를 거쳐 고용장관이 정하는 부담금비율을 곱하여 산정된 금액을 부담금으로 징수한다(임채법 §9).[2] 위원회심의를 거쳐 부담금이 경감될 수 있다(임채법 §10 임채령 §14~§16).[3]

③ 국고부담

국가는 매 회계연도마다 예산의 범위에서 이 법에 따른 임금채권보장을 위한

---

1) 위원회는 같은 수의 근로자대표, 사업주대표 및 공익대표로 구성되며, 그 조직과 운영에 필요한 사항은 대통령령으로 정해진다(임채법 §6).

2) 임채법은 사업주부담금에 관하여 다른 법률에 우선하여 적용된다(임채법§9③)[산림조합, 중소기업은행, 협동조합 등에 대해 조세외의 부담금을 면제하는 법률규정을 근거로 임금채권부담금을 징수할 수 없다는 판결(대판 2016.10.13, 2015다233555)에 대응하여 2018년에 신설].

3) 〈대상〉 근기법·근퇴법에 따라 퇴직금을 정산하여 지급한 사업주', 퇴직보험(법률 제7379호 근퇴법부칙 §2①) 가입 사업주', 근퇴법의 확정급여형·확정기여형·개인형퇴직연금제도 설정 사업주, 외국인근로자 출국만기보험·신탁(외고법 §13)에 가입한 사업주.

사무집행에 드는 비용의 일부를 일반회계에서 부담해야 한다(임채법 §5).

(2) 임금채권보장기금 용도

기금의 용도는 대지급금지급과 잘못 납부된 금액 등의 반환, 공인노무사지원(임채법 §7⑥)비용지급, 체불임금등지급융자(임채법 §7의3), 업무수탁자출연(임채법 §27), 차입금・이자상환, 체불예방・청산지원 등 제도연구, 대한법률구조공단출연(임금 등이 체불된 근로자에 대한 법률구조사업 지원에 한정), 임금채권보장사업・기금의 관리・운용이다(임채법 §19).

2·라. 임금채권 보장사업

(1) 체불임금등 대지급금 지급

① 대지급금 지급근거

고용장관은 사업주가 소정의 사유에 해당하는 경우에, 퇴직근로자(임채법 §7①) 또는 재직근로자(임채법 §7의2①)가 지급받지 못한 '임금 등'의 지급을 청구하면 제3자의 변제에 관한 민법 제469조에도 불구하고 그 근로자의 미지급임금 등을 사업주를 대신하여 지급한다.

② 대지급금의 종류와 지급사유

대지급금의 종류는 도산대지급금과 간이대지급금으로 나뉜다(임채령 §6①). 도산대지급금은 퇴직근로자에게만 지급되고 간이대지급금은 퇴직근로자와 재직근로자 모두에게 지급된다.

<table>
<tr><th></th><th>약 칭</th><th></th><th>대상</th><th>요건</th><th>성격</th></tr>
<tr><td rowspan="3">도산</td><td>회생
대지급금</td><td>회생절차개시결정
(임채법 §7① i)[1]</td><td>퇴직자</td><td rowspan="2">회생법</td><td rowspan="2">사법
결정[2]</td></tr>
<tr><td>파산
대지급금</td><td>파산선고결정
(임채법 §7①ii)</td><td>퇴직자</td></tr>
<tr><td>사실인정
대지급금</td><td>도산등사실인정
(임채법 §7①iii)[3]</td><td>퇴직자</td><td>신청,[4]
고용장관인정</td><td>행정
결정</td></tr>
<tr><td rowspan="2">간이</td><td>판결등
대지급금</td><td>미지급임금지급 판결・명령
・조정・결정(임채법 §7①iv)[5]</td><td>퇴직자
재직자</td><td>민집법
소액심판법</td><td>사법
결정</td></tr>
<tr><td>확인
대지급금</td><td>확인대지급금
(임채법 §12, 임채법 §7①v)[6]</td><td>퇴직자
재직자</td><td>신청,
고용장관발급</td><td>행정
결정</td></tr>
</table>

1) 퇴직연금복지과-2015, 2017.5.1. 법원의 회생절차폐지결정이 확정되면 대지급금지급사유가 없어져 지급대상이 아닌 것으로 보나, 회생절차폐지결정이 확정되기전에 체당금신청을 한 경우, 법원의 확정이후에도 체당금지급이 가능하다. 회생절차폐지결정에 대해 항고를 하여 폐지결정이 확정되지 않은 상황에서 지방고용노동관서에 체당금지급청구서를 제출한 경우가 그렇다. 논리적근거는 체당금신청당시를 기준으로 지급사유를 판단하는

③ 대지급금 지급요건

대지급금지급대상이 되는 퇴직근로자와 사업주[1]의 기준은 대통령령으로 정한다(임채법 §7④).

㈎ 사업주요건(임채령 §8)

퇴직근로자대지급금이 지급되기 위해서는 해당사업주가 임채법의 적용대상(임채법 §3)이 되어 6개월이상[2] 해당사업을 한 후에[3] 지급사유를 충족하고, 각각 해당되는 지급사유가 발생한 사업주여야 한다. 재직근로자대지급급이 지급되기 위해서는

점, 체당금신청당시에 지급사유가 해당되어 지급을 기대하는 점, 체당금지급이후에 상소취하를 하면 지급 처분을 취소하고 환수해야 하는 점, 임채법 취지가 체불근로자의 생활을 지원을 목적으로 하는 점 등이다,

2) 회생계획인가결정후에도 회생절차종결이 확정되지 않는 한 대지급금지급사유는 존재한다. 회생절차폐지결정이 확정되면, 이미 개시된 회생절차는 종료되므로 체당금지급사유에는 해당하지 않으나, 회생절차폐지결정이 확정된 이후 법원이 직권으로 파산선고를 하는 경우에는 체당금지급대상이 된다. 파산선고의 결정에 따른 체당금 지급대상근로자는 "회생절차개시 신청 후 법원이 직권으로 파산선고를 한 경우"에 해당되어 임채령(§7②)에 따라 "회생절차개시결정의 신청일 또는 파산선고일"의 1년전이 되는 날 이후부터 3년이내에 퇴직한 근로자이다(퇴직연금복지과-2160, 2015.7.6 ; 퇴직연금복지과-1326, 2015.5.4). ; 퇴직연금복지과-1145, 2015.4.15. 개인업체로 공동경영자 2명중 1명만 개인회생절차개시신청을 한 경우, 체당금이 지급되지 않는다.

3) 고용장관이 대통령령으로 정한 요건과 절차에 따라 미지급임금 등을 지급할 능력이 없다고 인정하는 경우 ; 〈임채령 §5①〉 ⓐ 상시근로자수가 300명이하일 것, ⓑ 사업이 폐지되었거나 폐지되는 과정에 있을 것. 폐지과정이 인정되는 사유는 '생산·영업활동이 중단된 상태에서 주된 업무시설이 압류·가압류되거나 채무변제를 위하여 양도(경매진행 포함)'된 경우, '인·허가·등록 등이 취소되거나 말소'된 경우, '주된 생산 또는 영업활동이 1개월이상 중단'된 경우중 하나이다. ⓒ 임금 등을 지급할 능력이 없거나 지급이 현저히 곤란[도산 등 사실인정일 현재 1개월이상 사업주소재를 알 수 없는 경우, 사업주재산을 환가하거나 회수하는데 도산 등 사실인정신청일부터 3개월이상 걸릴 것으로 인정되는 경우, 사업주(10명미만사업으로 한정)가 도산 등 사실인정을 신청한 근로자에게 법정금품청산기일이 지난 날부터 3개월이내에 임금 등을 지급하지 못한 경우]할 것을 요건으로 한다.

4) 〈임채령 §5②〉 퇴직한 날의 다음 날부터 1년 이내에 신청 (대구지판 2011.5.13, 2011구단438. 퇴직일 다음 날부터 1년이 지난 신청을 반려한 것은 적법).

5) 사업주가 근로자에게 미지급임금 등을 지급하라는 내용과 관련하여 ㈎「민사집행법」 제24조에 따른 확정된 종국판결, ㈏「민사집행법」 제56조제3호에 따른 확정된 지급명령, ㈐「민사집행법」 제56조제5호에 따른 소송상 화해, 청구인낙(請求認諾) 등 확정판결과 같은 효력을 가지는 것, ㈑「민사조정법」 제28조에 따라 성립된 조정, ㈒「민사조정법」 제30조에 따른 확정된 조정을 갈음하는 결정, ㈓「소액사건심판법」 제5조의7제1항에 따른 확정된 이행권고결정 등이 있는 경우이다.

6) 〈임채법 §12〉 고용장관이 근로자에게 임채법 제12조(용도 ; 대지급금청구, 소송제기, 대한법률구조공단업무지원)에 따라 체불임금등과 체불사업주등을 증명하는 서류(체불임금등·사업주 확인서)를 발급하여 사업주의 미지급임금등이 확인된 경우. ↘ 471쪽

1) 근로자와 근로계약관계를 맺고 임금지급의무가 있는 사업주를 의미하므로, 지위확인소송결과 직접고용관계가 부정된 근로자는 지급받은 체당금을 반환해야 하며, 근로복지공단과 절차를 협의해야 한다(퇴직연금복지과-1719, 2015.6.3).

2) 퇴직연금복지과-2147, 2016.6.20. 사무소개소일·사업자등록일이 아닌 실제 근로자를 채용하여 사용하기 시작한 때부터 기산하되, 근로자가 상시 있으면 영속적인 사업활동을 한 것으로 간주하여 여러 사업현장 기간을 합산하여 사업가동기간을 판단한다, 중단기간이 1년을 경과하지 않으면 사업폐지로 보지 않고, 전체 사업기간 중 중단기간을 사업가동기간에서 제외하고 사업가동기간을 판단(여러 현장단위의 기간을 합산)한다.

3) 건설도급임금연대책임(근기법 §44의2①)에 해당하는 경우, 하수급인(예 ; 건설현장십장)이 이 기준을 충족하지 못하면 직상수급인이 그 조건을 충족한 경우.

해당사업주가 임채법적용대상(임채법 §3)이 되어 해당근로자가 '소송등·진정등제기일' 이전 맨 나중의 '임금등체불발생일'까지 6개월이상 해당사업을 했어야 하며 각각 해당되는 지급사유가 발생한 사업주여야 한다.

㈏ **근로자요건**

㉮ 도산대지급금

도산대지급금을 지급받기 위해서는 다음에 해당하는 날의 1년전이 되는 날 이후부터 3년이내에 해당사업(장)에서 퇴직한 근로자[1]이어야 한다(임채령 §7①).

ⓐ 회생절차개시결정(임채법 §7① i) 또는 파산선고결정(임채법 §7①ii) 신청일 ⓑ 회생법에 따른 회생절차개시신청후 법원이 직권으로 파산선고 신청일 또는 선고일 ⓒ 도산등사실인정(임채령 §5① i) 신청일(2이상의 신청이 있는 경우에는 최초의 신청일)

㉯ 간이대지급금

퇴직근로자에 대한 간이대지급금을 지급받기 위해서는 첫째, 판결등대지급금(임채법 §7①iv)의 경우에는 사업에서 퇴직한 날의 다음 날부터 2년이내에 관한 소송[2]등을 제기한 근로자여야 하고, 둘째, 확인대지급금(임채법 §7① v)의 경우에는 사업에서 퇴직한 날의 다음 날부터 1년이내에 임금등의 체불을 이유로 해당사업주에 대한 진정·청원·탄원·고소 또는 고발 등((진정 등)을 제기한 근로자여야 한다(임채령 §7②).

재직근로자에 대한 간이대지급금을 지급받기 위해서는 첫째, 공통사항으로 소송등 또는 진정등을 제기한 당시에 해당사업주와의 근로계약이 종료되지 않고(근로계약기간1개월 미만일용제외) 임금이 고용장관고시금액이하이고, 둘째, 판결등대지급금의 경우에는 소송등제기일 이전 맨 나중의 임금체불등발생일의 다음날부터 2년이내이고, 셋째, '확인대지급금(임채법 §7① v)'의 경우에는 진정등제기일이전 맨 나중의 임금등체불발생일의 다음날부터 1년이내인 근로자여야 한다(임채령 §7③).

④ **대지급금 지급금액**

㈎ **지급금품**

㉮ 퇴직근로자 대지급

퇴직근로자가 기금을 통하여 지급을 보장받을 수 있는 대지급금의 범위는 임금채권최우선변제분(근기법 §38② i)중에서 "최종 3개월분의 임금(근기법 §38② i)"과[3] "최종 3년간의

---

1) 부산지판 2009.10.9, 2009구합2932. 해고이후 복직시까지의 임금상당액지급을 명하는 판결이 확정된 경우, 복직조치가 없더라도 임채법상 체당금지급대상이 되는 근로자에 해당.

2) '소제기일'은 '체불임금이행청구취지 변경신청'을 법원에 제출한 날로 본다(퇴직연금복지과-2016, 2017.5.1).

3) 법원으로부터 3개월분의 임금상당액을 배당금으로 받더라도 특정월의 임금으로 한다는 명시적 의사표시가 없

퇴직급여[1](근퇴법 §12②)" 및 휴업수당(근기법 §46)(최종 3개월분에 한함) 그리고 출산전후휴가급여(근기법 §74④)(최종 3개월분에 한함)이다(임채법 §7②).[2]

㈏ 재직근로자 대지급

재직근로자대지급금의 지급대상이 되는 금품은 '판결등대지급금(임채법 §7①ⅳ)을 위한 소송등제기일' 또는 '확인대지급금(임채법 §7①ⅴ)을 위한 진정등제기일'을 기준으로 맨 나중의 임금체불발생일부터 소급하여 3개월동안에 지급되어야 할 '임금중에서 지급받지 못한 임금', '휴업수당중에서 지급받지 못한 휴업수당', '출산전후휴가급여중에서 지급받지 못한 급여'이다(임채법 §7의2②).

㈏ 지급한도

퇴직근로자대지급금의 상하한액은 대통령령에 따라 근로자의 퇴직당시연령 등을 고려하여 따로 정할 수 있으며, 대지급금이 적은 경우에는 지급되지 않을 수 있다(임채법 §7②). 재직근로자대지급금의 상한액은 해당근로자의 임금이나 소득수준 및 그 밖의 생활 여건 등을 고려하여 대통령령으로 정하며(임채법 §7의2③), 해당근로자가 하나의 사업에 근로하는 동안 1회만 지급된다(임채법 §7의2④).

고용장관은 기획재정부장관과 협의하여 임금, 물가상승률 및 기금의 재정상황 및 '퇴직당시의 근로자연령'(퇴직근로자 대지급금에한함)에 따라 대지급금의 상한액을 정하고, 그 내용을 관보와 인터넷홈페이지에 고시해야 한다(임채령 §6).

㈐ 중복지급금지

㉮ 퇴직근로자 대지급금 중복지급금지(임채법 §7③)

같은 근무기간, 같은 휴업기간 또는 같은 출산전후휴가기간에 대한 각각의 도산대지급금(임채법§7① ⅰ,ⅱ,ⅲ), 각각의 판결등대지급금(임채법§7 ①ⅳ) 그리고 각각의 판결등대지급

다면 민법 제477조(법정변제 충당)에 따라 시기적으로 먼저 발생한 임금채권을 변제받은 것이므로 남은 임금채권이 최종 3개월분의 임금의 범위에 들어간다면 체당금을 지급받을 수 있다(퇴직급여보장팀-579, 2007.2.8).

1) 〈사례〉 퇴직연금복지과-2901, 2015.8.27. 확정기여형퇴직연금에 가입 후 최초 1년은 사용자가 부담금을 납부했으나 이후 2년간 부담금을 납부하지 못한 상황에서 퇴직하고 임금 등을 받지 못하여 체당금을 신청한 사례. 사용자가 근로자대표의 동의를 받아 퇴직연금제도를 폐지·중단하지 않은 상황에서 확정기여형퇴직연금 부담금을 미납한 경우, 체당금은 "퇴직전 최종3년간에 대하여 사용자가 납부하여할 퇴직연금 부담금 중 미납한 부담금(지연이자 포함)"으로 산정한다. 지연이자는 부담금을 납입하기로 정해진 날짜(근퇴법 §20⑧, 근퇴령 §11)의 다음 날을 기산일로 하여 지급사유가 발생한 날부터 14일(당사자합의로 연장된 경우에는 연장된 날)까지는 연 10%, 그 이후부터는 연 20%로 계산된다. 다만, 임채법 상 체당금 지급사유(파산선고, 회생절차개시결정, 도산 등 사실인정)가 존속하는 기간에 대하여는 지연이자가 적용되지 않는다(근퇴령 §12).

2) 법원으로부터 3개월분의 임금상당액을 배당금으로 받더라도 특정월의 임금으로 한다는 명시적 의사표시가 없다면 민법 제477조(법정변제 충당)에 따라 시기적으로 먼저 발생한 임금채권을 변제받은 것이므로 남은 임금채권이 최종 3개월분의 임금의 범위에 들어간다면 체당금을 지급받을 수 있다(퇴직급여보장팀-579, 2007.2.8).

금(임채법 §7① v)은 중복하여 지급되지 않는다. 판결등대지급금 또는 확인대지급금은 도산대지급금으로 지급된 부분을 공제하고 지급되며, 도산대지급금은 판결등대지급금 또는 확인대지급금으로 지급된 부분을 공제하고 지급된다.

㉯ 재직근로자 대지급금 중복지급금지(임채법 §7의2⑤)

재직근로자대지급금을 받은 근로자가 같은 근무기간, 같은 휴업기간 또는 같은 출산전후휴가기간에 대해 퇴직근로자대지급금을 청구한 경우로서, 도산대지급금을 청구한 경우에는 재직근로자대지급금으로 받은 금액을 공제하고 지급하며, 판결등대지급금 또는 확인대지급금을 받은 경우에는 재직근로자대지급금이 지급되지 않는다.

㈑ 나머지 임금채권 청구

임금채권보장기금에서 지급보장을 받지 못한 나머지 임금채권은 근로자의 개별적인 청구권의 행사를 통해 확보될 수 있다.

⑤ 대지급금의 청구와 지급

㈎ 대지급금의 청구 절차

㉮ 퇴직근로자 대지급금

대지급금을 지급받으려는 퇴직근로자는 첫째, 도산대지급금의 경우에는 '파산선고등 또는 도산등사실인정'이 있는 날로부터 2년이내에 둘째, 판결등대지급금의 경우에는 '판결등이 있는 날'[1]로부터 1년이내에 셋째, 확인대지급금의 경우에는 체불임금등·사업주확인서가 최초로 발급된 날부터 6개월이내에 고용장관에게 지급을 청구한다(임채령 §9).

도산대지급금의 지급을 청구하려는 사람은 '파산선고등 또는 도산등사실인정이 있은 날 및 그 신청일', '퇴직일 및 퇴직당시의 연령', '임금등의 미지급액, 대지급대상인 임금등(임채법§7② i, ii, iii)의 미지급액, 받아야 할 도산대지급금의 금액, 해당 사업주가 대지급금적용대상 사업주(임채령 §8①)에 해당하는 사실에 관한 확인신청을 대지급금청구와 함께 하여야 한다(임채령 §10).

㉯ 재직근로자 대지급금

대지급금을 지급받으려는 재직근로자는 판결등이 있은 날부터 1년이내 또는

---

1) 지방고용노동관서의 확인사항은 ① 파산선고 등 또는 도산 등 사실인정이 있은 날 및 그 신청일, ② 퇴직일 및 퇴직당시의 연령, ③ 최종 3개월분의 임금 또는 휴업수당 및 최종 3년간의 퇴직금 중 미지급액, ④ 받아야 할 체당금, ⑤ 해당사업주가 시행령 제8조에 따른 사업주에 해당하는 사실 등이다.

체불임금등·사업주확인서가 최초로 발급된 날부터 6개월이내에 고용장관에게 지급을 청구한다(임채령 §9).

㈏ **대지급금의 지급절차**

㉮ 재산목록제출 명령

고용장관은 근로자에게 대지급금을 지급하려는 경우에는 해당사업주에게 재산관계를 구체적으로 밝힌 재산목록제출을 명할 수 있다(임채법 §13).[1]

㉯ 지급절차 진행

도산대지급금을 청구하려는 사람은 도산대지급금지급청구서를 관할지방고용노동관서의 장을 거쳐 근로복지공단에 제출하고, 간이대지급금의 지급을 청구하려는 사람은 소정의 서류를[2] 첨부하여 근로복지공단에 제출해야 한다(임채칙 §5).

㉰ 공인노무사 조력

사업장규모 등 고용부령에 정해진 기준에 해당하는 근로자가 대지급금을 청구하는 경우 공인노무사로부터 대지급금청구서작성, 사실확인 등에 관한 지원을 받을 수 있다(임채법 §7⑤).[3]

(2) 보완적인 임금채권보장제도

① **체불임금등의 확인**(임채법 §12)

임금등을 지급받지 못한 근로자가 '퇴직근로자대지급중에서 소액대지급과 확인대지급' 그리고 재직근로자대지급의 지급청구절차를 진행하거나, 법률구조절차(법률구조법 §22) 등에 따라 소송제기를 위하여 필요한 경우에는 고용장관에게 '체불임금등·사업주 확인서'의 발급을 신청할 수 있다. 신청을 받은 고용장관은 근로감독사무처리과정에서 확인된 '체불 임금등·사업주 확인서'를 해당근로자, 근로복지공단(산재법 §10) 또는 대한법률구조공단(법률구조법 §22)에 발급할 수 있다.

② **임금채권보장법상 융자**

고용장관은 사업주에게 체불임금지급 등의 비용을 융자해줄 수 있으며, 임금등을 지급받지 못한 근로자(퇴직근로자포함)에게 생계비용을 융자할 수 있다(임채법 §7의3).

---

1) 사업주는 특별한 사유가 없으면 7일이내에 재산관계를 구체적으로 밝힌 재산목록을 제출하여야 한다.
2) 간이대지급금 지급청구서에 판결등의 정본 또는 사본, 종국판결·소송상화해·조정갈음결정이 있는 경우에는 그 확정증명원 정본 또는 사본, 대지급금 청구를 위한 용도로 발급받은 체불 임금등·사업주 확인서의 원본 또는 사본.
3) 고용장관은 고용노동부령에 정해진 기준에 따라 노무사비용의 전부 또는 일부를 지원 가능(임채법 §7⑥).

2·마. 임금채권보장수급권 보호

(1) 대지급금 지급여부 통보

고용장관은 대지급금지급여부에 관하여 해당사업주(지급의경우로한정) 및 근로자에게 통지하여야 한다(임채법,§7⑦, §7의2⑥).

(2) 대지급금수급계좌(임채법 §11)

고용장관은 퇴직근로자의 신청에 따라, 해당금융기관이 대지급금만 입금되도록 관리하는 근로자명의의 대지급금수급계좌로 대지급금을 입금하되, 정보통신장애 등 대통령령에 정해진 사유로 대지급금을 대지급금수급계좌로 이체할 수 없으면 현금지급 등 대통령령에 정해진 방법으로 지급할 수 있다.

(3) 수급권행사(임채법 §11의2)

대지급금을 지급받을 권리는 양도 또는 압류하거나 담보로 제공될 수 없다. 미성년자인 근로자는 독자적으로 대지급금지급을 청구할 수 있다. 대지급금수급계좌의 예금채권은 압류될 수 없다.

2·바. 임금채권보장제도의 사무

(1) 대위권행사(임채법 §8 임채령 §11)

고용장관은 퇴직근로자 및 재직근로자에게 대지급금을 지급하였을 때에는 그 지급한 금액의 한도에서 해당사업주에 대해 미지급임금 등을 청구할 수 있는 근로자의 권리를 대위한다.[1] 임금채권우선변제권(근기법 §38②) 및 퇴직급여채권우선변제권(근퇴법 §12②)은 대위되는 권리에 존속한다.

(2) 부당이득환수 및 부정수급금지

고용장관은 거짓이나 부정한 방법으로 대지급금이나 융자금을 받으려 한 사람에게 전부 또는 일부를 지급 또는 융자하지 않을 수 있고, 지급 또는 융자받은 사람에 대해 환수해야 하고[2] 대지급금에 대해서는 거짓·부정으로[3] 지급받은 금액의 5배이하의 금액을 추가하여 징수할 수 있다(임채법 §14). 부정수급에 대해서는

---

1) 외국인근로자가 보증보험의 보험금액을 수령하지 않았으며, 소멸시효가 지나 보험금청구권을 행사할 수 없다면, 체당금에서 공제할 금액이 없으므로 부당이득에 해당되지 않는다(퇴직연금복지과-4138, 2015.11.25).

2) 그 밖에 잘못 지급된 체당금 또는 융자금이 있는 경우도 그렇다.

3) 대지급금의 지급 또는 융자가 거짓의 보고·진술·증명·서류제출 등 위계의 방법에 의한 것이면 행위자는 체당금·융자금수령자와 연대책임을 진다.

벌칙(임채법§28,3년징역3천만원 벌금/2년징역2천만원벌금)과[1] 양벌규정(임채법 §29)이 적용된다.[2]

(3) 행정감독 및 국가지원

사업주가 이 법 또는 이 법에 따른 명령을 위반하는 사실이 있으면 근로자는 근로감독관에게 신고하여 시정조치를 요구할 수 있다(임채법 §25).[3] 국가는 매회계연도의 예산범위에서 사무집행비용의 일부를 일반회계에서 부담해야 한다(임채법 §5).

3. 그 밖의 임금채권보호

3·가. 압류제한

급료, 연금, 봉급, 상여금, 퇴직금, 퇴직연금, 그 밖에 이와 비슷한 성질을 가지는 급여채권에 대하여 1/2을 초과하여 압류될 수 없다(민집법 §246①iv). 이 중 퇴직금이외의 금품에 대해서는 「국민기초생활보장법」에 의한 최저생계비나 표준가구생계비를 감안하여 대통령령으로 압류한도액이 정해진다. 퇴직급여수령권에 대한 압류명령은 실체법상 무효이고, 퇴직연금채권은 전액에 관하여 압류가 금지된다.[4]

3·나. 건설업 노임보호 · 압류금지

'수급인이 도급받은 건설공사도급금액' 중 '그 공사의 근로자에게 지급해야 할 임금상당 금액'[5]에 대하여는 이를 압류할 수 없다(건산법 §88①). 이 규정은 강행법규이며[6] 최소한의 근로자생존권을 보장코자 하는 사회보장적요구에서 비롯되었다. 법원의 압류가 있을 때에는 이의신청방법을 취해야 한다.[7]

수급인은 도급받은 건설공사에 대한 준공금을 받으면 하도급대금을, 기성금을 받으면 하수급인이 시공한 부분에 해당하는 금액을 각각 지급받은 날부터 15일

---

1) 대판 2016.8.24, 2013도841. 도산 등 사실인정 신청사건과 관련하여 근로감독관으로부터 조사를 받으면서 한 '진술'이 거짓인 경우까지 '거짓의 보고·증명'에 포함된다고 보는 것은 죄형법정주의에 위반.

2) 고용장관은 부정수급신고자에게 포상금을 지급할 수 있다(임채법§15).

3) 고용장관은 관계공무원으로 하여금 권한을 표시하는 증표를 지니고 사업장에 출입하여 서류검사와 질문을 하게 할 수 있다(임채법 §24).

4) 대판 2014.1.23, 2013다71180. 퇴직연금제도의 급여를 받을 권리에 대해 양도를 금지하고 있는 근퇴법(§7)은 강행법규에 해당한다. 따라서 퇴직연금채권에 대한 압류명령은 실체법상 무효이고, 제3채무자는 그 압류채권의 추심금 청구에 대해 위 무효를 들어 지급을 거절할 수 있다. 민사집행법의 압류제한규정에도 불구하고, 근퇴법상의 양도금지규정은 특별법관계에 있으므로, 퇴직연금채권은 전액에 관하여 압류가 금지된다.

5) 압류금지노임상당액은 도급금액중 산출내역서에 기재된 노임을 합산하여 산정(건산령 §84①).

6) 대판 1987.3.24, 86다카1588 ; 근기 1454-23619, 1983.9.15.

7) 근기 1451-18454, 1983.7.20. 건설공사기성고 중 임금상당액에 대한 압류효력은 무효이나 법원결정에 의한 가압류표시를 무효화할 경우 형법상범죄가 성립되므로 즉시 가압류결정에 대한 이의신청을 하고 바로 근로자대표로 하여금 임금채권에 대한 집행권원(어음에 의한 공증, 독촉절차, 민사소송 등에 의한 방법)을 획득케 한 후 강제집행절차를 취해야 하며, 가압류채권은 일반채권으로 되어 임금채권보다 후순위가 된다.

이내에 하수급인에게 현금으로 지급하여야 하며(건산법 §34①), 건설공사의 발주자(하도급은 수급인포함)는 노임을 도급계약서 또는 하도급계약서에 명시해야 한다(건산령 §84②).

3·다. 회생 · 파산과 임금채권보호

(1) 회생채권과 임금채권

회생법에 의한 회생절차란 절차개시전의 원인으로 채무자에게 발생한 채권을 회생채권으로 하여, 그 채권의 개별적행사를 금지하고 회생업무를 집행하여 수익을 올리도록 하면서, 회생채권에 대해 감면 · 기한유예를 해주고 사채 · 주식발행 혹은 자본감축을 행하는 등 권리변경을 내용으로 하는 회생계획을 수립하되,[1] 회생계획상 인정되지 않는 권리는 원칙적으로 상실토록 하여 부담이 가벼워진 상태에서 회생을 가능하게 하는 절차이다. '근로자의 임금 · 퇴직금 · 재해보상금[2]'은 공익채권이다(회생법 §179① x). '공익채권은 회생채권과 회생담보권에 우선하여 변제'되고, '회생절차에 의하지 않고 수시로 변제'받을 수 있다(회생법 §180①②).[3]

(2) 파산채권과 임금채권

근로자의 임금 · 퇴직금 · 재해보상금은 재단채권이다(회생법 §473 x). '재단채권은 파산채권보다 먼저 변제'되며 '파산절차에 의하지 않고 수시로 변제'된다(회생법 §475, §476).

3·라. 임금 · 퇴직급여채권 소멸시효

(1) 개 요

① **소멸시효 일반론**(제1장,제5절 2·다,(2))

② **임금채권 소멸시효**

임금채권(근기법 §49)과 퇴직급여채권(근퇴법 §10)의 소멸시효는 3년이다.[4] 임금채권의 "임금"은 모든 임금(근기법 §2① v)을 말한다. 임금에 해당되지 않는 근로관계채권은 민법상 일반채권소멸시효규정이 적용된다. 퇴직금은 법정퇴직금을 말한다(근퇴법 §8).

부담금이나 임채법에 따른 징수금을 징수하거나 대지급금 · 부담금을 반환받을 권리는 3년간 행사하지 않으면 소멸한다. 소멸시효에 관하여는 임채법에 규정된

---

1) 대판 2019.8.14, 2019다204463. 주식회사의 회생절차개시신청은 대표이사의 업무권한인 일상업무에 속하지 않은 중요업무에 해당하여 이사회결의가 필요하다.

2) 대판 2023.8.18, 2022다291009. 회사의 회생절차개시전에 발생한 산재사고로 장해를 입은 근로자가 회사에 대하여 갖는 민법상 위자료청구권은 회생채권에 해당.

3) 근기 1451-1184, 1983.6.11.

4) 1974.12.24 근기법이 개정되어 2년에서 3년으로 늘어나 급료채권의 소멸시효기간(민법 §163 i)과 같다.

것외에는 민법에 따르고, 소멸시효중단에 관해 징수법을 준용한다(임채법 §26).

(2) 시효기산일

소멸시효기간은 그 채권을 행사할 수 있는 때로부터 진행한다(민법 §166①). 임금은 임금정기지급일, 상여금은 '그 상여금에 관한 권리가 발생한 때',[1] 연차유급휴가 미사용수당은 '청구권이 발생한 때',[2] 퇴직금은 '퇴직한 날'이 기산일이다.

근로자가 퇴직금수령 등 일체의 퇴직절차를 행하지 않고 이사로 선임되어 근로기간의 단절 없이 계속 근무하면 이사로 선임된 사실을 퇴직으로 볼 수 없다. 이 경우 퇴직일은 이사로 근무하다 퇴직한 시점이 될 것이므로 선임된 지 3년이 지났음을 이유로 소멸시효가 완성되는 문제가 발생하지 않으며, 직원으로 최종 근무일을 기준으로 하여 산정한 퇴직금을 계산하여 지급한다.[3]

(3) 시효중단

소멸시효중단에 대해, 근기법에 규정이 없으므로, 민법(§168~§177)이 적용된다. 소멸시효중단사유는 재판상청구, 압류 또는 가압류·가처분, 승인을 들 수 있다(민법 §168).

단순한 문의로 시효가 중단되지 않는다.[4]

최고(민법 §174)도 시효중단효과가 있으나 6개월내에 재판상청구, 파산절차참가, 화해를 위한 소환, 임의출석, 압류 또는 가처분을 하지 않으면 소급하여 시효중단효력이 없어진다. 재판상청구, 파산절차참가, 지급명령, 화해를 위한 소환, 압류·가압류·가처분, 승인, 화해 등에 대해서는 각각 민법(§170~§173 §175, §177)규정을 따른다.

노동위원회구제명령에 대해 사용자가 제기한 행정소송에서 근로자가 보조참가를 하여 다툰 경우, 임금지급청구권의 소멸시효는 중단된다.[5]

근로감독관 등 사법당국에 형사적으로 고발이나 고소를 하는 것은 재판상청구로 인정되지 않아 시효중단효력은 없다.[6]

재판상청구에서 법령해석의 산정기준이 잘못되었음을 전제로 법정수당을 청구하면서 장차 청구금액을 확정할 뜻을 표시한 경우에는 시효중단효력이 인정된 판결[7]이 발견된다.

1) 대판 1980.5.13, 79다2332.
2) 대판 1980.5.13, 79다2332.
3) 근기 68207-3003, 2000.9.30.
4) 근기 1455-37097, 1981.12.24 ; 법무법 810-9476, 1964.7.7.
5) 대판 2012.2.9, 2011다20034.
6) 대판 1999.3.12, 98다18124. 금호건설사건.
7) 대판 2020.8.20, 2019다14110·14127·14134·14141. 기아자동차사건. 통상임금 관련.

3·마. 근로자 아닌 사람의 급여보호

(1) 민법 적용

법인의 임원처럼 근로자가 아닌 사람의 급여는 민법의 보호를 받는다. 임용계약에 편입된 이사의 보수를 일방적으로 감액하거나 박탈하는 유한회사사원총회 결의는, 해당이사의 명시적 또는 묵시적동의가 없는 한, 당초계약에 근거한 보수청구권에 영향을 미치지 못한다.[1)]

(2) 소멸시효

근로자가 아닌 이사 등 임원에 대한 퇴직금은 근퇴법의 퇴직금이 아니라 직무집행의 보수이다(상법 §388). 보수의 소멸시효기간은 5년이다(상법 §64).

(3) 압류금지

근기법상 근로자가 아닌 사람의 퇴직급여 등 보수청구권도 민집법상 압류금지채권에 해당된다.[2)]

---

1) 대판 2017.3.30, 2016다21643.

2) 대판 2018.5.30, 2015다51968. 퇴직연금사업자인 은행대표이사 관련.

제 6 장

모성보호와 일·가정 양립지원

노동법이 꾸준히 추구해 온 '가혹한 노동의 개선'은 임금보호, 근로시간단축, 차별금지 등 근로조건의 향상을 통해 어느 정도 달성되어 가고 있다. 이에 따라 새로운 영역으로 모성보호와 일·가정양립[1]에 관심이 모아지고 있다. 모성보호와 일·가정양립은 '균형있는 국민경제발전'을 위해 필수불가결하며, 행복추구권(헌법 §10), 근로권(헌법 §32)과 기본적생활보장(근기법 §1)의 달성을 위한 핵심과제이다.

제1절 모 성 보 호

1. 의 의

여성의 근로는 특별한 보호를 받는다(헌법 §32④). 근기법은 제정때부터 제5장[2]에 여성에 대해 '신체적으로 약하다'는 전제 아래에 취업제한업종을 유해·위험작업으로 열거하고, 연장·야간·휴일근로를 제한했다.

여성에 대한 특별보호는 「남녀고용평등법(1987 시행)」이 추구하는 가치인 평등에 어긋나고, 고용에 부정적인 영향을 미친다. 이러한 이유로 '2001년 개정 근기법'은 여성에 대한 특별보호규정들을 삭제하고 이러한 보호를 모성(母性)보호의 대상근로자에게 한정하면서 출산휴가기간을 늘리고 임신여성에게는 연장근로를 아예 금지하는 등 보호수준을 더욱 높이게 되었다.

2008년에는 모성보호를 더욱 발전시킨 입법이 있었다. 먼저, 근기법에 태아검진시간제도가 도입되고 모성보호를 취업규칙의 의무적기재사항으로 열거하였다. 다음으로, 고평법에 배우자출산휴가제도가 도입되었다. 2012년에는 유산·사산근로자의 보호범위를 넓히고, 산·전후휴가를 출산전후휴가로 명칭을 변경

---

1) 미국의 「가족 및 의료휴가법(Families and Medical Leave Act)」, 일본의 「육아휴업, 개호휴업 등 육아 또는 가족개호를 행하는 노동자 복지에 관한 법률」 등 많은 국가에서 이러한 법령을 마련하여 시행하고 있다. 최근에는 영국이 2006년부터 「일·가족 양립법(Work and Families Act)」이 시행하고 있다.

2) '여성과 소년' 장이다. 여성과 소년과 한 장으로 묶는 것은, 여성을 신체적으로 약한 보호 대상자라는 가치에서 비롯되었다. 일본의 노동기준법이 그랬던 것처럼 연소자(제6장)와 여성(제6장의2)의 장을 독립시키자는 견해(한국노동법학회장, 「근로기준법제의 중장기적 개선방안」, 노동부, 2007.11, 165쪽)가 있다. 2007.12.21 개정 고평법은 제3장을 모성보호로 제3장의2를 일·가정 양립지원으로 구분하였다. 근기법의 모성보호와 여성에 관한 조항을 고평법으로 옮기는 방법도 고려해 봄직하다.

하면서 분할사용이 가능하도록 하고, 배우자출산휴가의 기간을 연장하면서 부분적으로 유급화했다.

2014년에는 다태아에 대한 출산전후휴가가 길어지고, 2017년에는 난임치료휴가제도가 도입되고, 2019년에는 배우자출산휴가가 전면 유급화되면서 확대되었다.

2024년에는 임신기근로시간단축이 적용되는 임신기간의 범위가 확대되고, 그 기간이 출근율산정에 있어 출근한 것으로 간주되고, 난임치료휴가에 대해 총기간과 유급기간이 확대되고, 미숙아를 출산한 근로자의 출산전후휴가가 일반출산전휴휴가보다 길어지고, 배우자출산휴가의 사용요건이 청구에서 고지로 바뀌고 기간과 분할사용횟수가 증대되었다.

2. 취업제한

2·가. 유해 · 위험작업사용금지

사용자는 임신중(임신 근로자)[1]이거나, '출산후 1년이 지나지 않은 여성근로자(출산 근로자)'[2]를 도덕상 또는 보건상 유해 · 위험한 사업에 사용하지 못하며, '18세이상의 여성'(성인여성 근로자)[3]을 임신 또는 출산에 유해 · 위험한 사업에 사용하지 못한다(근기법 3년징역 §65, §109① ·3천만원 벌금).[4]

---

1) ⓐ 둥근톱(산안기칙 §59~60)으로서 지름 25센티미터 이상, 띠톱(산안기칙 §61~62)으로서 플리의 지름 75센티미터 이상의 기계를 사용하여 목재를 가공하는 업무, ⓑ 정전작업, 활선작업 및 활선 근접작업(「산업안전기준에관한규칙(이하 '산안기칙'이라한다)」 제5편제3장 · 제4장), ⓒ 통나무비계(산안기칙 제6편제2장제3절) 설치 · 해체업무와 건물해체작업(산안기칙 제6편제5장 ; 다만, 지상에서 작업을 보조하는 업무를 제외), ⓓ 터널작업(산안기칙 제6편제3장제3절), 추락위험장소에서의 작업(산안기칙 §439), 붕괴 · 낙하의 위험이 있는 장소에서의 작업(산안기칙 §452), ⓔ 진동작업(산안기칙 §58iv), ⓕ 고압작업과 잠수작업(산안기칙 §69ii, iii), ⓖ 고열 · 한냉작업(산안기칙 §108), ⓗ 방사선작업(「원자력법」 §97) 종사자 등의 피폭선량이 선량한도를 초과하는 원자력 · 방사선관련업무, ⓘ 납, 수은, 크롬, 비소, 황린, 불소(불화수소산), 염소(산), 시안화수소(시안산), 2-브로모프로판, 아닐린, 수산화칼륨, 페놀, 에틸렌글리콜모노메틸에테르, 에틸렌글리콜모노에틸에테르, 에틸렌글리콜모노에틸에테르 아세테이트, 염화비닐, 벤젠 등 유해물질을 취급하는 업무, ⓙ 사이토메갈로바이러스(Cytomegalovirus) · B형간염바이러스 등 병원체로 인하여 오염될 우려가 농후한 업무. 다만, 의사 · 간호사 · 방사선기사 등으로서 면허증을 소지한 자 또는 양성중에 있는 자를 제외한다. ⓚ 신체를 심하게 펴거나 굽힌다든지 또는 지속적으로 쭈그려야 하거나 앞으로 구부린 채 있어야 하는 업무, ⓛ 연속작업에 있어서는 5kg이상, 단속작업에 있어서는 10kg이상의 중량물을 취급하는 업무, ⓜ 그 밖에 고용장관이 산업재해보상보험및예방심의위원회(산재법 §8)의 심의를 거쳐 지정 · 고시하는 업무.

2) ⓐ 납, 비소를 취급하는 업무(모유수유를 하지 않는 여성으로서 본인이 취업의사를 사업주에게 서면으로 제출한 경우에는 그렇지 않음) ⓑ 2-브로모프로판을 취급하거나 노출될 수 있는 업무, ⓒ 고용장관이 산업재해보상보험및예방심의위원회의 심의를 거쳐 지정 · 고시하는 업무.

3) ⓐ 2-브로모프로판을 취급하거나 노출될 수 있는 업무(의학적으로 임신가능성이 없는 여성 예외) ⓑ 고용장관이 산업재해보상보험및예방심의위원회의 심의를 거쳐 지정 · 고시하는 업무.

4) 여성을 대상으로 하던 취업금지를 대폭 축소하고 모성보호를 위해 임산부를 주요대상으로 하여 필요한 금

2·나. 갱내근로금지

사용자는 여성(연소근로자도같음)을 갱내에서 근로시키지 못한다(근기법 §72, §109① 3년징역·3천만원벌금). 다만, 보건·의료·보도·취재 등 대통령령(근기령 §42)으로 정하는 업무에 대해서는 일시적으로 갱내에서 근로시킬 수 있다(제8장, 제1절, 1·다, (3) 연소근로자갱내금로금지참조).

3. 근로시간

3·가. 연장근로

임신근로자에 대해서는 동의, 신청여부와 관계없이 시간외근로를 시킬 수 없다(근기법§74⑤, §110 2년징역·2천만원벌금). 따라서 그들에게 시간외수당이 지급되면 위법의 반증이 되지만, 근로시간과 관련이 없는 고정급성격의 시간외수당은 지급될 수 있다.[1]

출산근로자의 연장근로시간은 1일2시간, 1주6시간, 1년150시간을 초과할 수 없다(근기법§71, §110 2년징역·2천만원벌금).[2]

3·나. 야간 · 휴일근로

(1) 개 요

성인여성근로자에 대해 야간·휴일근로를 시키려면 당사자동의를 얻어야 한다(근기법§70①, §110 2년징역·2천만원벌금).

사용자는 본인동의와 고용장관인가를 얻어야 '임신근로자 및 출산근로자'와 연소근로자에 대하여 야간근로와 휴일근로에 종사를 시킬 수 있다(근기법§70②, §110 2년징역·2천만원벌금). 임신근로자의 동의형식은 명시적청구이어야 한다.

(2) 금지범위

① 약정휴일

휴일근로(근기법 §70)라 함은 주휴일, 근로자의날, 법정유급공휴일(제5장 제6절, (3)) 등 법정휴일의 근로를 의미한다. 약정휴일근로는 근로자의 동의가 있으면 가능하고 인가대상이 아니다.[3]

지직종을 대통령령(근기령 §40 [별표 4])에 위임하여 제시하고 있다.

1) 근로조건지도과-4492, 2008.10.15.

2) '2001 개정 근기법' 전에는 여성전체에 대한 제한기준이었다. 독일에서는 여성에 대한 일반적인 연장근로금지규정을 위헌으로 판결하였고 유럽재판소는 여성의 야간근로제한을 남녀고용평등에 위반된다고 판결.

3) 근기 01254-795, 1993.5.1 ; 여원 68240-248, 2002.5.18.

② **일 · 숙직근로**

일 · 숙직근로(제5장 제3절,5·가)가 약정휴일이 아닌 휴일이나 야간에 이루어지면 고용장관의 인가대상이다. 본래의 업무와 별개로 수행되는 전형적일 · 숙직근로는 인가대상이 아니고, 노동강도가 본래의 업무와 유사한 유사일 · 숙직근로는 인가대상이라는 견해[1]가 있다. 그러나 그러한 구분은 일 · 숙직근로에 대해 임금을 지급할 것인지를 판단하기 위한 것으로서 인가여부를 결정하는 기준이 되기 어렵다. 전형적일 · 숙직근로라도 사용자의 지휘 · 명령을 받는 종속근로에 해당되기 때문에 달리 취급할 이유가 없다.

(3) 인가방법

연소근로자 · 출산근로자 및 임신근로자에 대한 야간근로 또는 휴일근로는 동의나 명시적청구와 함께 고용장관인가를 요건으로 한다. 고용장관인가는 개인을 기준으로 한다. 대상근로자를 많이 고용하는 사업장은 매월 다음달 근무조 편성전에 인가대상자를 파악하여 일괄하여 인가를 받을 수 있다.

(4) 노사협의

연소근로자 · 출산근로자 및 임신근로자에 대하여 휴일 · 야간근로를 시키려는 사용자는 고용장관인가전에 시행여부와 방법 등에 관하여 해당사업(장)의 근로자 대표(제2장,제1절 2·다,(2),①,(다))와 성실하게 협의(제2장,제1절 2·다,(4),①,(나))하여야 한다(근기법§70③, §114 i 5백만원벌금).

4. 생리휴가

4·가. 개 요

(1) 의 의

사용자는 여성근로자가 청구하면 월 1일의 생리휴가를 주어야 한다(근기법§73, §114 i 5백만원벌금). 법정생리휴가를 둔 나라는 흔치 않으며, 일본과 인도네시아가 청구하면 무급으로 부여하고 있다.[2]

(2) 연 혁

'1953 제정 근기법'은 모성보호차원에서 '여자가 요구하는 경우에 월1일의 유

---

1) 여성고용과-1308, 2004.6.22.

2) 생리휴가는 세계 경제공황기인 1927년도에 일본노동조합평의회가 유급3일의 생리휴가를 요구한데서 논의가 시작된다. 이후 1941년 제2차 세계대전중에 일본의 여자정신대규칙에 생리휴가제도가 반영되고 1947년도에 노동기준법제정을 통해 법제화되었다(김엘림, "우리나라 여성노동관계법의 현황과 개정방향", 1993.11.30, 54쪽. 한국여성단체연합 주최 공개토론회 발표자료).

급생리휴가를 주어야 한다'고 규정한 후 표현만 조금씩 바꾸면서 오랫동안 같은 구조를 유지해 왔다. '1989년 개정 근기법'은 청구요건을 삭제하고 '여자인 근로자에 대하여' 부여토록 규정했다.

청구를 요건으로 하는 것은 수치심을 불러 일으켜 제도활용을 저해한다는 이유에서이다. '2003년 개정 근기법'은 주40시간근로제를 도입하면서, 생리휴가제도를 '청구시 무급'으로 전환했다.

4·나. 부여대상

생리휴가의 부여대상은 근로형태, 출근성적 등과 관계없이 근기법적용대상인 여성근로자[1]이다. 생리휴가는 연령과 관계없이 생리사실유무에 따라 부여된다.[2] 다만, 생리사실유무의 입증책임은 휴가부여의무면제를 주장하는 사용자에게 있다.[3] 허위로 생리휴가를 사용하는 것은 징계사유가 될 수 있다.

4·다. 부여방법

생리휴가는 생리를 하는 여성근로자가 직접 청구하면 부여된다. 사용자는 정당한 청구를 거절하거나 시기변경권을 행사할 수 없다.

청구방법은 서면이나 구두 모두 인정되며, 취업규칙 등에 따른다.

생리휴가의 청구시기에 대해서는 법률에 별도의 규정이 없으므로 휴가일이전에[4] 신청하면 근로자가 지정한 날에 부여되어야 한다. 생리휴가청구권은 사회통념상 신의성실원칙에 적합하게 행사되어야 한다. 미리 통보하지 않고, 결근한 후에 나중에 출근해서 생리휴가를 사용하였다고 통보하는 것은 권리남용[5]으로 무단결근이다. 생리휴가에 대해 임금지급의무가 없으며, 미사용보상도 없다.

4·라. 생리휴가 대체 및 소멸

생리휴가를 다른 휴일이나 휴가로 대체시킬 수 없다.[6] 생리휴가는 그 달이

---

1) 순수한 의미에서의 일용직에게는 휴가부여의 개념이 있을 수 없다. 그러나 명칭만 일용직이고 매일 출근이 기대되면 휴가를 부여해야 한다.

2) 2003년 개정전 근기법이 청구와 관계없이 부여토록 규정'하고 있을 때에도, 생리현상이 없는 사람(임신중·폐경·자궁제거 등)에게는 부여하지 않아도 된다고 해석됨(부소 68247-7, 1994.1.7 ; 근기 01254-1553, 1989.11.1 ; 근기 01254-1245, 1993.6.15 ; 서울민지판 1993.5.7, 92나27668) ; 대판 2021.4.8. 2021도1500. 폐경, 자궁제거, 임신 등 생리현상이 없다는 점에 관하여 비교적 명백한 정황이 없는 이상 부여.

3) 근기 01254-1552, 1989.11.1.

4) 여성고용정책과-3716, 2015.12.6. 생리예정 한달전에 신청한 사건.

5) 근기 01254-5692, 1990.5.10.

6) 부소 68247-7, 1994.1.7 ; 근기 68207-1090, 1994.7.7 ; 여성고용정책과-3716, 2015.12.6. 근로의무가 없는 휴일에 신청할 경우 부여의무가 없음.

지나면 소멸한다.

4·마. 불리한 처우금지

사용자는 정당한 생리휴가사용을 이유로 근로자에게 불이익을 줄 수 없다. 생리휴가일은 출근한 것으로 간주되며 주휴일, 연차유급휴가 등을 부여하기 위한 출근율을 산정할 때에 소정근로일수에 포함된다. '결근일은 생리휴가사용으로 간주한다'는 규정은 위법이 아니나, 무단결근까지 생리휴가로 간주한다는 취지가 아닌 한, 사전통보는 필요하다.[1)]

5. 출산보호

5·가. 태아검진시간

(1) 배 경

근기법은 2008년에 태아검진시간제도를 도입하였다. 저출산문제와 임신여성에게 생리휴가가 주어지지 않는 데 대한 형평이 제도의 도입배경이다.

(2) 내 용

사용자는 임신여성근로자가 「모자보건법」(모자법)[2)]에 따라 정기건강진단을 받는데 필요한 시간을 청구하면, 이를 허용해야 하며, 태아건강진단시간을 이유로 그 근로자의 임금을 삭감해서는 안된다(근기법 §74의2). 임산부의 정기건강진단기준은 임신 28주까지는 4주마다 1회, 29주부터 36주까지는 2주마다 1회, 37주이후에는 1주마다 1회이다. 이때 임신근로자가 「장애인복지법」에 따른 장애인인 경우, 만 35세이상인 경우, 다태아를 임신한 경우 또는 의사가 고위험임신으로 판단한 경우에는 건강진단횟수를 넘어 건강진단을 실시할 수 있다(모자보건칙 §5① [별표1]).

5·나. 임신여성보호

(1) 쉬운 업무 전환

사용자는 임신여성근로자의 요구가 있는 경우에 쉬운 종류의 근로로 전환해야 한다(근기법 §74⑤, §110 i 2년징역·2천만원 벌금). '쉬운 종류의 업무'의 내용에 대해서는 근기법에 정함이 없으나 근로자가 사회통념상 합리성이 인정되는 범위에서 청구한 업무로 전환

---

1) 대판 1991.3.27, 90다15631.

2) 모자법 제10조(임산부 · 영유아 · 미숙아 등의 건강관리 등) ① 특별자치도지사 · 시장 · 군수 · 구청장은 임산부 · 영유아 · 미숙아 등에 대하여 대통령령에 따라 정기적으로 건강진단 · 예방접종을 실시하거나 모자보건요원에게 그 가정을 방문하여 보건진료를 하게 하는 등 보건관리에 필요한 조치를 하여야 한다.

시키는 것이 원칙이다.

(2) 근로시간 특례

① 임신기근로시간단축제

㈎ 내 용

사용자는 임신후 '12주이내와 32주(2025.2.23.시행)이후'(유·조산위험여성(고용부령)은 임신전체기간,2025.2.23시행)에 있는 여성근로자가 1일2시간의 근로시간단축을 신청하면 임금삭감없이 이를 허용해야 한다(근기법§74⑦⑧, §116② 과태료5백만원,2021.5.18신설).[1] 1일8시간미만인 소정근로시간에 대해 2시간미만단축을 적용하여 1일6시간으로 단축하더라도 위법이 아니다. 임신기근로시간단축신청자는 예정일의 3일전까지 임신기간, 근로시간단축개시·종료예정일, 근무개시·종료시각 등을 적은 문서(전자문서 포함)에 의사진단서(같은임신에 대해근로시간 단축을다시신청하는경우제외)를 첨부하여 사용자에게 제출해야 한다(근기령 §43의2). 국가 및 지방의 공무원에게도 임신기근로시간단축제가 시행되고 있다.

㈏ 근로조건

임신근로자에게는 시간외근로가 허용되지 않으나, 이 때 시간외근로는 법정근로시간인 1일8시간과 1주40시간을 초과하는 근로를 말한다. 임신기근로시간단축근로자에게는 연장근로를 시키지 않는 것이 바람직하나, 법적으로 금지하는 규정이 없다. 임신기근로신단축근로자에 대한 초과근로와 연차유급휴가에 대해서는 육아기근로시간단축제도에서의 법리(같은장,제2절 2·마,(2),③)가 적용된다.

② 업무 시작·종료시각 변경

사용자는 임신여성근로자가 1일소정근로시간을 유지하면서 '업무의 시작·종료시각'의 변경을 신청[2]하면 이를 허용해야 하며, '사업의 정상운영에 중대한 지장 초래' 등 대통령령으로 정하는 경우[3]에는 그렇지 않다(근기법§74⑨, §116 미허용시 과태료5백만원).

(3) 난임치료휴가

사업주는 근로자가 인공수정 또는 체외수정 등 난임치료를 받기 위하여 휴가(난임치료 휴가)를 청구하면 연간 6일이내의 휴가를 주어야 하며, 최초2일은 유급

---

1) 여성고용정책과-2500, 2023.7.18. 근기법에 해당기간에 대한 근로조건서면명시의무가 별도로 규정되어 있지 않으므로, 근로조건에 대한 사용자의 서면명시의무는 없으며 자율적으로 명시하는 것은 가능하다.

2) 변경예정일의 3일전까지 임신기간, 업무시작·종료시각 및 그 변경예정기간 등을 적은 문서(전자문서포함)에 임신사실을 증명하는 의사의 진단서(같은 임신에 대한 재신청은 제외)를 첨부하여 사용자에게 제출(근기령 §43의4①).

3) ⓐ 정상적인 사업 운영에 중대한 지장을 초래하는 경우, ⓑ 업무의 시작 및 종료 시각을 변경하게 되면 임신여성근로자의 안전과 건강에 관한 관계법령을 위반하게 되는 경우(근기령 §43의4②).

(우선대상(중소)기업에대해2일분통상 임금을고용보험으로지급, 고보법§76①)으로 한다(고평법 §18의3① §39②iii의2,5백만원과태료)(부여일수및유급 2025.2.23시행). 청구시기에 주는 것이 사업의 정상운영에 중대한 지장을 초래하면 근로자와 협의하여 시기를 변경할 수 있다. 난임치료휴가의 신청방법 · 절차는 대통령령으로 정한다(고평법 §18의3④).

사업주는 난임치료휴가를 이유로 해고, 징계 등 불리한 처우를 하면 안되며(고평법§18의3⑤,§37②, 3년이하징역·3천만원이하벌금), 업무처리과정에서 알게된 사실을 해당근로자의 의사에 반하여 다른 사람에게 누설할 수 없다(고평법§18의3③ 2024.10.22시행).

근로자는 휴가개시일 3일전까지 사업주에게 신청해야 하며, 사업주는 해당근로자에게 난임치료를 받은 사실을 증명할 수 있는 서류의 제출을 요구할 수 있다(고평령 §9의2).

5·다. 출산휴가제도

(1) 의 의

① 배 경

근기법은 산모, 태아와 출산아의 건강을 보호하고 임신 · 출산 등으로 소모된 여성근로자의 체력을 회복시켜주기 위한 목적으로 출산휴가제도를 설계하고 있다. 출산휴가제도는 출산전후휴가제도와 유 · 사산휴가제도로 구성되어 있다.

② 연 혁

'1953년 제정 근기법'에 출산전후를 통해 60일의 휴가를 부여하는 내용으로 산전 · 후휴가제도가 신설된 후에 모성보호차원에서 강화되고 있다.[1)]

③ 출산휴가제도 적용대상

출산휴가는 기업규모, 근로자의 종류, 근로형태 등과 관계없이 여성근로자에게 임신 및 출산이라는 사실에 기초하여 주어진다. 출산휴가는 임신 · 출산 등으로 소모된 여성근로자의 체력을 회복하는데 목적이 있다. 따라서 입양은 대상이 아니다. 출산휴가는 출근성적과 관계없는 보장적휴가이다.

---

1) 출산휴가제도 변천.

개정년도	내 용
1961	휴가일수 60일중에서 30일이상을 출산후에 부여
2001	휴가일수를 90일로, 산후보장일수를 45일로 확대, 최초 60일은 유급
2005	유 · 사산휴가제도 신설 / 유급부분을 고용보험에서 일부 부담
2008	직무복귀의무 명시
2012	명칭을 출산전후휴가로 변경 / 의무적출산전휴가제도 신설 / 유 · 사산휴가 확대
2014	다태아 휴가일수 특별규정
2024	미숙아 휴가일수 특별규정

④ **출산휴가제도 목적**

출산전후휴가제도는 산모뿐아니라 태아 및 출생아의 건강을 보호하는 것을 목적으로 한다. 따라서 그 적용범위는 출산후뿐아니라 출산전을 포함한다. 유·사산휴가제도는 산모의 건강을 보호하는 것을 목적으로 한다. 따라서 그 적용범위는 유산·사산이후로 한정된다.

⑤ **출산휴가제도 유형**

출산휴가제도는 출산전후휴가제도와 유·사산휴가제도로 구성된다. 출산전후휴가제도(근기법 §74①, §110 i 2년징역·2천만원 벌금)는 출산전휴가제도와 출산후휴가제도로 구성되어 있다. 출산전휴가는 '일반사유출산전휴가'와 '특정사유출산전휴가'(근기법 §74②, §110 i 2년징역·2천만원 벌금)로 구분된다. 유·사산휴가제도(근기법 §74③본문, §110 i 2년징역·2천만원 벌금)는 유·사산근로자를 대상으로 하여 청구를 요건으로 하도록 설계되어 있다. 출산의 개념에는 정상분만뿐아니라 유·사산도 포함되기 때문이다. 모자법(§14①)이 허용하는 인공임신중절수술[1]이 아닌 인공임신중절수술에 따른 유·사산은 이 제도의 적용대상이 아니다(근기법 §74③단서).

넓은 의미에서는 배우자출산휴가도 출산휴가로 분류할 수 있다.

(2) 출산휴가기간

① **출산전후휴가제도**

사용자는 임신여성에게 출산전후를 통하여 90일(미숙아(고용부령), 100일 2025.2.23 시행)(다태아, 120일 2014.7.1 시행)의 출산전후휴가를 주어야 한다(근기법 §74①, §110 i 2년징역·2천만원 벌금). ILO협약 제103호는 12주의 출산휴가 규정하고 있다.

② **유·사산휴가제도**

사용자는 유산·사산한 임신여성근로자가 청구하면 대통령령에 따라 유·사산휴가를 주어야 한다(근기법 §74③, §110 i 2년징역·2천만원 벌금). 유·사산근로자에게는 임신기간별로 유·사산일로부터 일정기간이 다음과 같이 휴가로 부여된다(근기령 §43③).

임신기간	11주이내	12~15주	16~21주	22~27주	28주 이상
유사산일기준	5일까지	10일까지	30일까지	60일까지	90일까지

이 기간은 최장기간이므로 유·사산직후에 신청하지 않으면 단축된다.

임신기간판단은 의료기관진단서에 따르며, 가정에서 유산해도 마찬가지이다.

---

1) 「모자보건법」(§14①). 〈허용사유〉 본인이나 배우자가 대통령령으로 정하는 유전학적정신장애나 전염성질환 보유, 강간 또는 준강간에 의한 임신, 법률상 혼일할 수 없는 혈족·인척간의 임신, 임신지속이 보건의학적 이유로 모체건강을 심각하게 해치거나 우려가 있는 경우.

(3) 출산휴가제도 구성

① 출산전휴가

(가) 출산전후휴가제도

㉮ 일반사유 출산전휴가

근기법(§74①)은 출산전후휴가를 90일(미숙아 100일)(다태아 120일)이상으로 하면서, 출산전휴가를 직접 명시하고 있지 않으나, 출산후휴가를 45일(다태아 60일)이상으로 보장하고 있어, 남은 기간에 대해 일반사유에 따른 출산전휴가를 간접적으로 인정하고 있다. '일반사유 출산전휴가'의 부여는 법적의무사항이 아니고 당사자합의에 의하여 자율적으로 부여될 수 있다.

㉯ 특정사유 출산전휴가

근기법(§74②)은 임신근로자가, '대통령령(근기령 §43①)으로 정하는 사유'로 청구하는 경우,[1] 출산전에 어느 때라도 휴가를 나누어 사용할 수 있도록 규정함으로써 특정사유에 대한 출산전휴가를 보장하고 있다.

(나) 유 · 사산휴가제도

근기법은 유 · 사산휴가를 유 · 사산일이후부터 일정일수까지 부여토록 규정하고 있다. 따라서 유 · 사산전휴가라는 개념은 성립하지 않으며, 유 · 사산전에 출산휴가를 사용한다면 출산전휴가가 된다.

② 출산후휴가

(가) 출산전후휴가제도

근기법의 출산후휴가관련규정(근기법§74①②후단, §110 i 2년징역·2천만원벌금)은 강행규정이다. ILO협약 제103호는 12주의 출산휴가중에서 6주이상을 출산후휴가로 보장하고 있다. 일반사유출산전휴가와 특정사유출산전휴가의 사용일수가 45일(다태아 60일)이상이더라도 45일(미숙아 55일)(다태아 60일)이상의 출산후휴가는 보장된다. 이 경우 합계가 90일(미숙아 100일)(다태아 120일)을 초과하는 날수는 무급휴가로 처리[2]될 수 있으며, 사용자의 임금지급이나 '고보법상 출산전후휴가급여(같은장, 같은절 5·다,(8))'의 대상이 아니다.

(나) 유 · 사산휴가제도

정상분만을 전제로 출산전휴가를 사용한 후에 발생한 유 · 사산에 대해, 근기법에 명시규정이 없으므로, 법정유 · 사산휴가일 모두가 부여되어야 한다. 근기

---

1) 유 · 사산경험, 출산전후휴가 청구당시 만 40세이상, 유 · 사산 위험이 있다는 의료기관진단서 제출.

2) 근기 10254-4937, 1991.4.9 ; 법무 811-6870, 1979.3.21.

법의 유급이나 '고보법의 급여대상(같은장, 같은절 5·다, (8))'은 법정유·사산휴가일이다. 따라서 출산전휴가로 인해 초과된 부분은 무급으로 처리될 수 있다.

(4) 출산휴가 부여요건

① 청구 여부

㈎ 출산전후휴가제도

근기법은 출산후휴가에 대해 청구를 요건으로 하고 있지 않다. 출산일은 사전에 정확하게 구체적으로 지정될 수 없다. 출산후휴가는 사후에 청구되더라도 출산일로 소급하여 부여되어야 한다.

특정사유출산전휴가는 해당근로자의 청구를 요건으로 한다.

일반사유출산전휴가도 당사자합의를 전제로 하므로, 근기법에 규정되어 있지는 않지만 당연히 청구를 요건으로 한다.

㈏ 유·사산휴가제도

유·사산휴가는 청구를 요건으로 한다.

② 신청방법

㈎ 출산전후휴가제도

출산후휴가에 대해서는 청구가 요건이 아니므로 사후통보도 인정된다. 통보기한은 사회통념상 출산일로부터 적정한 기간이어야 하며, 구체적으로는 취업규칙이나 단체협약을 정할 수 있다. 출산일의 입증책임은 근로자에게 있다.

일반사유출산전휴가의 신청형식은 취업규칙 등의 규정에 따른다. 규정이 없다면 의사표시가 전달될 수 있는 적절한 방법에 의한다.

㈏ 유·사산휴가제도

유·사산휴가를 청구하려는 근로자는 휴가청구사유, 유·사산발생일 및 임신기간 등을 적은 유·사산휴가신청서에 의료기관진단서를 첨부하여 사업주에게 제출하여야 한다(근기령 §43의2).

(5) 출산휴가 배치

① 출산전후휴가제도

㈎ 특정사유출산전휴가

근기법은 특정사유출산전휴가를 규정하면서 "출산전 어느 때라도 휴가를 나누어 사용할 수 있도록 하여야 한다"고 규정하고 있다. "어느 때라도"라는 표현은 '출산후휴가와의 단절'이 가능하고 '단절횟수제한이 없음'을 의미한다.

㈏ **일반사유출산전휴가**

일반사유출산전휴가의 경우, '특정사유출산전휴가'와 달리 근기법에 규정이 없으므로, '출산후휴가와의 단절'이나 '단절횟수제한'은 당사자합의에 맡겨져 있다.

② **유 · 사산휴가제도**

유 · 사산휴가는 1년에 2회이상이더라도 부여되어야 한다.

(6) 출산휴가 보장

① **출산전후휴가제도**

출산전후휴가는 사용자의 거부권이나 시기변경권이 인정되지 않고 위반에 대해 벌칙이 부과되는 강행규정으로 설계되어 있다.

출산후휴가와 특정사유출산전휴가는 강행적효력을 갖는다.

일반출산전휴가는 출산후휴가의 반사적작용으로 인정되고, 의무적으로 부여되어야 하는 것은 아니며, 당사자합의로 결정되므로 강행적효력을 갖지 않는다.

② **유 · 사산휴가제도**

유 · 사산휴가도 벌칙이 부과되는 강행규정으로 설계되어 있다. 사용자는 근로자의 청구를 합리적인 이유없이 거부하거나 시기변경권을 행사할 수 없다.

(7) 출산휴가 부여방법

① **휴가일수 계산**

출산전후휴가기간에 휴일이 포함되어도, 출산전후휴가일수는 역일상 90일(미숙아 100일)(다태아 120일)이 되며, 따로 휴일이 부여되지 않는다.[1] 연차유급휴가는 근로자의 청구가 있어야 하므로 출산전후휴가와 중복되는 문제가 발생치 않는다.[2] 유 · 사산휴가제도에 대해서도 출산전후휴가제도에 대한 해석이 준용될 수 있다,

② **휴직기간중 출산**

무급휴직기간중이더라도 출산을 전 · 후해서 60일(다태아 75일)은 유급으로 처리되어야 한다는 견해[3]가 있다. 휴직기간중에는 근로제공의무가 정지된다는 점에서 이러한 견해를 일반적으로 받아들이기 어려우며,[4] 출산휴가를 받기 위해서는

---

1) 근기 01254-12061, 1987.7.28 ; 근기 68207-2385, 2000.8.10 ; 여성고용정책과-2961, 2017.7.19. 휴일에 출산한 경우 출산일 다음 날부터 출산전후휴가부여, 출산일 다음 날이 휴일이어도 이는 출산전후휴가기간에 포함 ; 법제처 24-0050, 2024.4.12. 휴가일수는 역일상의 일수이므로 주휴일 등이 포함된 일수이다.

2) '연차휴가기간을 산정할 때 산전 · 후기간을 출근으로 본다'는 근기법조항을 준용하여 산전후기간 중이라도 해당수당이 지급되어야 한다는 판결(서울민지판 1993.5.7, 92나27668)이 있으나 타당해보이지 않는다. 해당 휴가를 적치하여 사용할 수 있다고 봄이 타당할 것이다.

3) 인천지판 1993.7.21, 93나326. 나머지 30일분에 대해 요건이 충족되면 고용보험에서 출산전후휴가급여 지급.

복직이 선행되어야 함이 원칙이다.[1] 다만, 언제든지 복직이 보장된 경우라면 복직과 재휴직을 반복하는 번잡을 피한다는 의미에서 유급으로 처리할 수 있다. 쟁의행위기간이라도 출산근로자가 신청하면 휴가가 부여되어야 한다.[2]

출산휴가를 병가에 포함하여 유급으로 처리하고 있는 경우, 출산휴가가 평소에 보장받던 임금을 상실하지 않으면서 휴식을 보장받도록 하는데 목적이 있으므로, 임금을 이중으로 지급하지 않아도 된다.

③ 다태아의 출산과 유・사산

다태아임신후에 유・사산이 발생한 경우, 유・사산과 출산의 조합에 따라 부여되는 휴가가 달라질 수 있다.[3]

④ 직무복귀

사업주는 출산전후휴가가 종료된 후에 해당근로자를 휴가전과 동일한 업무 또는 동등수준의 임금을 지급하는 직무에 복귀시켜야 한다(근기법§74⑥,§114 5백만원벌금).

유・사산휴가에 대해서도, 해당규정이 없으므로, 출산전후휴가의 해당규정이 준용된다. 동등수준의 임금을 지급하면서 다른 업무를 부여할 때에는 노동강도, 책임정도 등이 휴가전의 업무와 비교할 때 합리적인 수준이어야 한다. 복직에 대하여는 전보・전직의 법리가 적용된다.[4]

⑤ 해고제한

'출산전후기간과 그 후 30일'은 해고가 금지된다(근기법 §23②).

(8) 출산휴가급여와 유급임금

① 의 의

출산휴가에 대한 보상은 사용자와 고용보험이 부담한다.

---

4) 여원 68240-343, 2000.10.1. 학원강사의 무급방학기간을 유급처리할 의무는 없다. ↘ 496쪽

1) 대판 2014.6.12, 2012두4852. 교육공무원 관련. 출산휴가와 육아휴직은 그 목적과 근거를 달리하므로 육아휴직과 별도로 출산휴가를 신청할 수 있으나, 휴직중인 공무원은 직무에 종사하지 못하므로(국가공무원법 제73조제1항), 직무종사를 전제로 하여 일정사유가 발생한 경우 그 의무를 면제해 주는 휴가를 받을 수 없고, 출산휴가를 받기 위해서는 복직이 선행되어야 한다.

2) 여성고용정책과-1689, 2021.5.10.

3) 여성고용정책과-3216, 2015.10.15. 〈1명사산+1명출산〉 사산시점부터 새로이 유・사산휴가를 부여해야 하며, 따라서 분만시점을 기준으로 해당임신주차의 유・사산휴가와 남은 출산전후휴가중 긴 기간을 부여, 〈1명 유・사산+1명출산〉 해당 임신주차의 유・사산휴가를 부여하고 출산에 대해서는 단태아 기준 출산전후휴가 부여, 〈2명 유산 또는 사산〉 해당 임신주차의 유・사산 휴가 부여, 〈시기를 다르게 2명 유산〉 각각 임신주차에 해당하는 유・사산휴가부여(단, 유산일을 기준하여 부여하되 휴일부여기간이 중복될 경우 첫번째 유・사산휴가는 즉시 종료하고 두번째 유・사산휴가 부여).

4) 서울고판 2015.3.13, 2014누45538. 근로계약에 의하여 근무장소가 특정되어 있음에도 근로자의 동의나 협의없이 근무장소를 변경시킨 복직명령은 위법.

고용장관은 '출산전후휴가, 유산·사산휴가, 난임치료휴가 또는 배우자출산휴가'(출산휴가등)를 받은 경우로서 일정요건을 갖추면 통상임금상당액을 지급할 수 있다'고 규정한 고평법(§18①)에 따라 피보험자에게 '출산전후휴가급여 등'을 지급한다(고보법 §75). 해당급여는 지급된 급여의 한도에서 고평법 및 근기법에 따라 사업주가 지급한 것으로 본다(고평법 §18②).

② 신청주체

'출산전후휴가급여 등'의 신청대상자는 해당근로자이며,[1] 자격을 상실하면 지급금액이 환수될 수 있다.[2]

사업주가 같은 사유로 출산전후휴가급여등에 상당하는 금품을 근로자에게 대체해 미리 지급한 것으로 인정되면 그 사업주는 지급한 금액(상한액 초과불가)에 대해 그 근로자의 급여 등을 받을 권리를 대위한다(고보법 §76②).

③ 신청요건

'출산전후휴가급여 등'은 '출산전후휴가 등'의 종료일을 기준으로 피보험단위기간이 180일이상인 피보험자가, 휴가시작일[3]이후 1개월부터 휴가종료일이후 12개월이내에 신청해야 한다(고보법 §75).[4]

기간제근로자 및 파견근로자가 출산전후휴가기간중에 근로계약기간이 끝나는 경우 근로계약종료일부터 해당출산전후휴가종료일까지의 기간에 대한 출산전후휴가급여등에 상당하는 금액전부가 지급된다(고보법 §76의2).

④ 지급금액

㈎ 출산휴가 급여

'출산전후휴가급여 등'은 휴가기간에 대해 '상한과 하한의 범위(고보령 §101)' 내에서 휴가시작일을 기준으로 산정된 통상임금으로 일정기간[5]동안 지급된다(고보법 §76 배우자출산휴가와 난임치료휴가, 2025.10.23.시행). 해당기간중에 사업주로부터 받은 금품과 출산전후휴가급여 등

---

1) 출산전후휴가급여 등의 신청은 해당근로자가 출산전후휴가 개시일이후 1월이 되는 시점부터 직접 또는 우편이나 전송의 방법을 활용하여 사업장소재지 또는 근로자주소지관할고용지원센터에 할 수 있다.

2) 피보험자가 출산전후휴가기간중에 회사를 그만두거나, 1주소정근로시간이 15시간이상인 사업장에 취업하면 그때부터 출산전후휴가급여가 지급되지 않는다. 허위 기타 부정한 방법으로 출산전후휴가급여를 받았거나 받고자 한 사람에 대해서도 급여를 지급하지 않으며, 부정급여의 일부 또는 전부를 환수할 수 있다.

3) 우선지원대상기업이 아닌 경우는 휴가시작 후 60일(다태아 75일)이 지난 날.

4) 그 기간에 대통령령으로 정하는 사유로 신청할 수 없었던 자는 그 사유가 끝난 후 30일 이내에 신청.

5) 출산전후휴가 또는 유산·사산휴가기간[우선지원대상기업(중소기업)이 아닌 경우, 휴가기간중 60일(다태아 75일) 초과일수(30일한도, 미숙아 40일한도, 다태아 45일한도)로 한정 ; 배우자출산휴가기간(우선지원대상기업에 한정) ; 난임치료휴가기간중 최초 2일(우선지원대상기업에 한정).

을 합한 금액이 휴가시작일을 기준으로 한 통상임금을 초과한 경우 그 금액을 출산전후휴가급여 등에서 빼고 지급한다(고보령 §104).[1)]

㈏ **출산휴가 유급임금**

사용자는 출산전후휴가 90일(미숙아 100일)(다태아 120일)중에서 최초 60일(다태아 75일)분을 유급으로 부여해야 하며, '출산전후휴가급여 등'(출산휴가 급여)(고평법 §18)이 지급된 경우에는 그 금액의 한도에서 지급책임을 면한다(근기법 §74④, §110 i 2년징역·2천만원벌금). 유·사산휴가도 마찬가지이다.

⑤ **사무관리**

출산전후급여등에 있어 사실확인과 급여지급제한은 육아휴직급여관련규정(고보법 §71~§73)을, 부정수급반납은 구직급여관련규정(고보법 §62)을 준용한다(고보법 §77).

5·라. 배우자출산휴가

(1) 의 의

'출산에 대해 남녀가 공동으로 책임져야 한다'는 사회·문화적요구를 충족시키고, 일과 가정을 양립시키며, 저출산문제를 해소하고자 '2007년 개정 고평법'은 아버지출산휴가제도(*Paternity leave*)라고도 불리는 배우자출산휴가제도를 도입하였다. 2012년에는 휴가기간이 3일무급에서 '유급3일 포함 5일'로, 2019년에는 유급10일로 늘렸다. 2024년(2025.2.23 시행)에는 유급20일로 늘리면서 요건을 청구에서 고지로 바꾸고, 사용횟수와 사용기한을 늘렸다.

(2) 내 용

사업주는 '근로자가 배우자의 출산을 이유로 휴가를 고지하는 경우에는 20일의 유급(우선대상(중소)기업에대해해당통상임금 전액을고용보험으로지급, 고보법§76①)휴가를 주어야 하고(고평법§18의2①, §39②iii 5백만원과태료), 출산전후휴가급여등이 지급된 경우에는 그 금액의 한도에서 임금지급책임을 면한다(고평법 §18의2②). 지급요건이 청구에서 고지로 바뀜으로써, 근로자에게 시기지정권이 있으며 사용자의 시기변경권은 부정된다.

배우자출산휴가를 이유로 근로자를 해고하거나 그 밖의 불리한 처우를 하면 안된다(고평법§18의2⑤, §37② ii 의2 3년징역·3천만원벌금).

근로자는 배우자출산휴가를 3회에 한정하여 나누어 사용할 수 있으며, 배우자의 출산일부터 120일이 지나면 청구할 수 없다(고평법 §18의2③④).

---

1) 보호휴가기간중에 통상임금이 인상된 피보험자에게 사업주가 인상된 통상임금과 산전후휴가급여 등의 차액을 지급하였을 때에는 그렇지 않다.

제2절 일 · 가정 양립

일 · 가정 또는 일 · 생활의 양립을 위한 제도로는 수유시간제도, 육아휴직제도와 육아기근로시간단축제도로 구성되는 육아보호제도, 가족돌봄 · 근로시간단축청구제도 그 밖에 국가 및 사용자의 지원의무제도를 들 수 있다.

1. 수유시간

사용자는 생후1년미만의 유아를 가진 여성근로자가 청구하면 1일2회 각각 30분이상의 유급수유시간을 주어야 한다(근기법§75, §110 i 2년징역·2천만원 벌금).[1] 부여의무시간에는 유아를 만나러 가는 시간이 포함된다. 수유시간청구권자는 생후1년미만의 유아를 가진 여성근로자이다. 유아에 해당되는지와 관련하여, 자신이 출산했는지와 기혼 · 미혼은 고려요소가 아니다.[2] 수유시간은 근로자가 청구하는 시간에 주어져야 하며, 청구가 있으면 근로시간의 시작이나 종료시각에 주어도 무방하다.[3] 당사자합의가 있으면 1일1회 1시간의 육아시간을 부여할 수 있다.[4]

2. 육아보호휴식제도

2·가. 의 의

(1) 육아휴직제

근로자가 육아를 이유로 퇴직하거나 불이익을 당하는 것을 방지하고 경력단절을 예방하여 일과 가정을 양립시키고 후세대를 건강하게 양육함으로써 국민의 삶의 질 향상에 이바지(고평법 §1)하고자, 1987년의 제정된 「남녀고용평등법」에 육아휴직제가 도입되었다. 육아휴직제의 적용대상은 2021년에 임신근로자의 모성보호에까지 확대되었다.

---

1) ILO는 1919년도에 채택한 「출산 여성고용에 관한 협약(제3호)」; 1925년에 모성보호협약(제103호)으로 개정되고, 2000년에는 모성보호협약(제183호)으로 개정되었다. 제3조에 '유아에게 수유를 하기 위하여 근로시간중에 1일2회 30분을 부여하여야 한다'고 규정하고 있으며 이는 각국의 일반적인 입법례이다.

2) 김형배, 『노동법』, 제20판, 483쪽.

3) 일본 노동성, 기수 제4317호, 1985.6.25.

4) 여원 68240-249, 2000.8.5.

2024년에는 육아휴직기간이 소정의 근로자에 대해 6개월 추가될 수 있으며, 분할사용횟수가 3회로 늘었다.

(2) 육아기근로시간단축제

전일휴직형육아휴직제는 임금상실과 육아휴직급여지급한계, 복직불안감 그리고 '복직후의 적응'에 대한 부담감을 안겨준다. 2007년에 「남녀고용평등법」은 「남녀고용평등과일・가정양립지원에관한법률」(고평법)로 이름이 바뀌면서, 전일휴직형의 부정적인 요인을 보완하고 육아보호제도의 실효성을 확보할 수 있도록, 육아기근로시간단축제를 권장사항으로 규정하였다.

이 제도는 2012년부터 의무사항으로 전환되었다. 2019년에는 육아기근로시간단축기간을 확대하고, 분할사용횟수제한을 육아휴직에 한정하면서 양제도의 관계가 조화롭게 정립되었다.

2024년에는 출근율계산에 있어 육아기근로시간단축기간이 출근한 것으로 간주되고, 보호대상이 되는 양육대상자녀의 범위가 초등학교 2학년에서 6학년으로 확대되고, 분할하여 사용할 수 있는 단위기간이 짧아지고, 사용하지 못한 육아휴직기간의 2베가 육아기근로시간단축추가기간으로 활용될 수 있다.

2·나. 육아보호휴식의 내용

(1) 부여의무

① 육아휴직제

사업주는 '임신중인 여성근로자가 모성을 보호하거나(임신근로자 모성보호목적), 근로자가 '만8세이하 또는 초등학교2학년이하의 자녀'(입양자녀 포함)를 양육하기 위해(자녀양육목적) 휴직을 신청하는 경우에 이를 허용해야 한다(고평법§19①,§37④ iv 5백만원벌금, 양벌주의). 근로자의 육아휴직신청에 대해 사용자의 시기변경권은 인정되지 않는다.

② 육아기근로시간단축제

사업주는 근로자가 '만12세이하 또는 초등학교6학년이하의 자녀'(2024.10.23 개정 2025.2.23 시행)를 양육하기 위하여 근로시간단축을 신청하는 경우에, '주당 15시간이상 35시간이내(고평법 §19의2③)'[1]에서 이를 허용해야 한다(고평법§19의2①,§39② v 5백만원 과태료). 육아기근로시간단축제는 육아휴직제와는 달리 자녀양육목적에만 인정되고, 임신근로자모성보호에 대해서는 인정되지 않는다.

1) '1일 2~5시간(단축후근로시간 : 주15~30시간)'에서 '1일 1~5시간(단축후근로시간 : 주15~35시간)'으로 완화되어 육아기에 하루 1시간씩 근로시간을 단축하는 것도 가능, 단축분에 대해 임금감소 고용보험서 지원.

(2) 부여기간

육아휴직기간은 1년이내로 하되(고평법 §19②,본문), '같은 자녀를 대상으로 부모가 모두 육아휴직을 각각 3개월이상 사용한 경우'와 '한부모가족(한부모가족지원법§4 i)'과 '장애아동(고용·부령)'의 '부 또는 모'는 6개월이내의 추가기간을 사용할 수 있다(고평법§19② 2025.2.23시행)(단서부분 2025.2.23시행). 육아휴직기간한도에는 임신근로자모성보호목적의 육아휴직과 자녀양육목적의 육아휴직이 포함된다.

육아기근로시간단축기간은 1년이내로 하되, 일반육아휴직기간한도 즉 1년(고평법 §19② 본문) 중에 사용하지 않은 기간이 있으면 그 기간의 2배를 가산한 기간이내로 한다(고평법§19의2④개정내용 2025.2.23시행).

(3) 적용 예외

① 육아휴직제

'육아휴직개시예정일의 전날까지 해당사업에서의 계속근로기간이 6개월미만인 근로자'에게는 육아휴직이 부여되지 않는다(고평법§19① 단서 고평령§10).

② 육아기근로시간단축제

'단축개시예정일의 전날까지 해당사업에서의 계속근로기간이 6개월미만인 근로자인 경우', '직업안정기관에 구인신청을 하고 14일이상 대체인력을 채용하기 위해 노력했으나 채용하지 못한 경우(직업소개불구2회이상 채용거부제외)'와 '업무성격상 근로시간을 분할해 수행하기 곤란하거나 정상적사업운영에 중대한 지장을 초래함을 사업주가 증명하는 경우'에는 사용자가 육아기근로시간단축을 부여하지 않을 수 있다.(고평법§19의2① 단서 고평령§15의2 각호).

사업주가 육아기근로시간단축을 허용하지 않는 경우, 해당근로자에게 사유를 서면으로 통보하고 육아휴직을 사용하게 하거나 그 밖의 조치를 할 수 있는지를 해당근로자와 협의하여야 한다(고평법§19의2②, §39② iv 5백만원 과태료). 시기변경도 협의사항이다.

2·다. 육아보호휴식 신청

(1) 신청주체

자녀양육목적의 육아보호휴식신청권자는 육아휴직청구일 현재 '만8세이하 또는 초등학교2학년이하의 자녀'[1)]를 가지고 있는 여성근로자 및 남성근로자이며,[2)]

---

1) 2005.12.30에 1년에서 3년으로, 2010.2.4에 6년으로, 2014년에 8년으로 확대되었다.

2) 1995.8.4 고평법개정시 여성근로자를 대신한 배우자에게 육아휴직을 인정하였고, 2001.8.14에 여성근로자

출산부모뿐 아니라 입양(고평법 §19①) 및 대리부모까지를 포함하고 법률상혼인관계뿐아니라 사실상 혼인관계로 인한 자녀의 경우에도 인정된다.[1)]

임신근로자모성보호를 위한 육아휴직의 신청주체는 임신근로자이며 신청사유는 임신사실이다.

(2) 신청목적

자녀양육목적의 육아보호를 신청하기 위해서는 육아목적이 인정되어야 한다.[2)] 영유아사망, 입양취소, 부상 · 질병, 신체 · 정신적장해, 이혼 등의 사유로 어린애를 키울 수 없는 사람은 신청주체가 될 수 없다.

임신근로자모성보호를 위한 육아휴직을 신청하기 위해서는 임신사실이 인정되어야 한다.

(3) 보호대상

자녀양육목적의 육아보호대상은 '만8세이하 또는 초등학교2학년이하의 자녀'로서 친자외에 법률상 양자도 포함되며, 법률상혼인관계뿐아니라 사실상 혼인관계로 인한 어린애도 포함된다.

임신근로자모성보호를 위한 육아휴직의 보호대상은 태아와 임신근로자이다.

(4) 신청방법

① 신 청

(가) 육아휴직(고평령 §11)

육아휴직신청자는 휴직개시예정일의 30일전까지 신청인의 성명 · 생년월일 등 인적사항, 영유아의 성명 · 생년월일(임신근로자는 출산예정일만적음), 개시 · 종료예정일, 신청연월일 등을 신청서(전자문서 포함(해석))에 적어 제출하면, 사업주는 신청일부터 30일이내로 개시일을 지정해 허용해야 한다.

유산 · 사산위험, 출산예정일이전출생, '배우자의 사망 · 부상 · 질병 또는 신체적 · 정신적장애 또는 이혼 등으로 해당영유아를 양육하기 곤란'한 경우"(비상 상황)에는 개시예정일 7일전까지 신청할 수 있다. 기간이 지나서 신청하면 각각 그 때로부터 30일 및 7일이내에 육아휴직개시일을 지정하여 육아휴직을 허용해야 한다.

의 배우자여부와 상관없이 남 · 녀 모두에게 인정하였다.

1) 부소 01254-4565, 1991.4.1.

2) 대판 2017.8.23, 2015두51651. 육아휴직자가 육아휴직 대상자녀를 국내에 두고 해외에 체류한 경우, 육아휴직 대상자녀를 양육한 때에 해당하는지는 육아휴직자의 양육의사, 체류장소 및 기한, 체류목적 · 경위, 육아휴직 전후의 양육형태와 방법 및 정도 등 여러 사정을 종합하여 사회통념에 따라 판단한다.

사용자는 육아휴직신청근로자에게 임신사실이나 해당자녀출생을 증명할 수 있는 서류제출을 요구할 수 있다

㈏ **육아기근로시간단축**(고평령 §15)

육아기근로시간단축신청자는 단축개시예정일의 30일전까지 육아대상자녀의 성명, 생년월일, 단축개시예정일, 단축종료예정일, 근무개시시각·종료시각, 단축신청연월일, 신청인 등에 대한 사항을 적은 문서(전자문서 포함)를 사업주에게 제출하여야 하며, 사업주는 신청일로부터 30일이내에 단축개시일을 지정하여 허용하여야 한다. 사업주는 신청근로자에게 해당자녀출생 등을 증명할 수 있는 서류제출을 요구할 수 있다.

② **변 경**(고평령 §12)

근로자는, 유산·사산위험 등 비상상황의 경우, 그 사유를 명시하여 육아휴직개시예정일을 당초예정일전으로 변경하여 줄 것을 사업주에게 신청할 수 있다.

근로자는 육아휴직과 육아기근로시간단축의 종료예정일을, 당초예정일 30일전(비상상황 7일전)까지 사업주에게 신청하여 한 번 연기할 수 있다.

③ **철 회**(고평령 §13)

근로자는 개시예정일의 7일전까지 사유를 밝혀 육아휴직과 육아기근로시간단축의 신청을 철회할 수 있다. 임신여성의 유산·사산, 영유아사망, 파양·입양취소 및 '신청자의 부상·질병이나 신체·정신적장애 또는 이혼 등으로 양육할 수 없게 된 경우'가 발생하면 신청은 없었던 것으로 보며, 근로자는 지체없이 사업주에게 알려야 한다.

2·라. 육아보호휴식의 사용

(1) 보호기간

법정육아보호청구기간은 2년이내에서 근로자가 필요로 하는 기간이며 이 중에서 육아휴직은 1년이내이다. 사용자는 청구기간을 모두 허용해야 하며 일부만 허용할 수는 없다. 자녀양육목적의 휴직은 출산후휴가에 이어서 사용하지 않아도 된다. 임신근로자모성보호목적의 휴직은 임신사실이다.

(2) 분할사용

근로자는 2년범위에서 육아휴직과 육아기근로시간단축을 선택해서 사용할 수 있다. 육아휴직의 분할은 3회로 한정되며(2024.10.22 개정 2025.2.23 시행), 이 경우 임신근로자가 모성

보호목적으로 육아휴직을 사용한 횟수는 분할횟수에 포함되지 않는다(고평법 §19의4①).

육아기근로시간단축은 횟수가 제한되지 않으나 1회의 기간은 '1개월이상(계약기간만료로1개월이상사용할 수 없는 기간제근로는남은근로계약기간)(2024.10.22.개정 2025.2.23.시행)'이어야 한다(고평법 §19의4②).

법정기준을 넘는 약정육아보호는 기간, '육아휴직과 육아기근로시간단축의 배분' 등에 대해 당사자약정에 따르나, 1년범위에서 근로자가 신청한 기간의 육아기근로시간단축은 보장되어야 한다.

(3) 종 료

육아보호휴식은 근로자의 신청에 따라 사업주로부터 허용받은 기간이 지나면 종료하며, 출산전후휴가(육아기근로시간단축은 유사산휴가포함), 새육아휴직, 새육아기근로시간단축 등의 개시일 전날에 종료된다(고평령 §14④ §15의3④).

임신근로자유사산(육아휴직) · 영유아사망 · 동거중단의 경우, 육아보호수혜근로자는 사유발생일부터 7일이내에 사업주에게 이를 통지하고, 사업주는 통지받은 날부터 30일이내로 근무개시일(육아휴직) 또는 전직무복귀일(육아기근로시간단축)을 지정하여 근로자에게 알려야 하며, 그 육아보호종료일은 다음과 같다(고평령 §14①②③ §15의3①②③).

(노) 기한내통지 (사) 기한내 근무개시일 또는 전직무복귀일 미통지	근무개시일과 전직무복귀일 전날
(노) 기한내통지 (사) 기한내 근무개시일 또는 전직무복귀일 미수령	근로자통지일부터 30일이 되는 날
(노) 기한내미통지	사유발생일부터 37일이 되는 날

근로자는 육아보호휴식종료예정일을 그 30일전(비상상황 7일전)까지 사업주에게 신청하여 한 번에 한해 육아보호휴식종료예정일을 연기할 수 있다(고평령 §12②, §15의4).[1)]

2·마. 육아보호 보장

(1) 고용보장

① 해고 및 불리한 처우금지

사업주는 근로자에게 육아휴직 또는 육아기근로시간단축을 이유로 해고나 그 밖의 불리한 처우를 해서는 안된다(고평법§19③, §19의2⑤, §37②iii, iv 3년징역·3천만원벌금, 양벌주의). 다만, 육아휴직기간이라도 사업을 계속할 수 없는 경우에는 그 근로자를 해고할 수 있다. 육아기근

1) 법정한도를 초과할 수 없다. ; 1회에 한해 허용되는 분할사용도 그렇다(여성고용정책과-2105, 2011.8.30) ; 자녀양육은 대상자녀의 요건 즉 연령을 최초개시시점으로 판단한다(여성고용정책과-4495, 2020.11.24).

로시간단축에 대해서는 이러한 규정이 없으나 마찬가지로 해석될 수 있다.

② **직무복귀**

사업주는 육아휴직 또는 육아기근로시간단축을 사용한 근로자에 대해 휴직 또는 단축을 마친 후에 그 전과 같은 업무 또는 같은 수준의 임금을 지급하는 직무에 복귀[1]시켜야 한다(고평법§19④,§19의2⑥,§37④4 5백만원 벌금, 양벌주의).

사업주가 직무복귀의무를 다하였는지는 '근로환경변화 · 조직재편 등 다른 직무를 부여할 필요성', 근로조건, '업무의 성격 · 내용 · 범위 · 권한 · 책임', '대체 직무수행과 업무상 · 생활상 기존이익', '동등 · 유사직무부여를 위한 사전협의 · 노력' 등을 종합적으로 고려하여 판단되어야 한다.[2]

같은 업무에 해당되려면, 근로계약 등에 명시된 업무내용뿐아니라 실제수행업무도 아울러 고려하여, 휴직전업무와 복귀후업무를 비교할 때에 직책 · 직위의 성격 · 내용 · 범위 · 권한 · 책임 등에서 사회통념상 차이가 없어야 한다.

휴직기간중에 발생한 조직체계나 근로환경변화 등을 이유로 사업주가 '같은 업무'로 복귀시키는 대신 '같은 수준의 임금을 지급하는 다른 직무'로 복귀시키는 경우에도 실질적불이익이 있으면 안된다. 같은 수준의 임금을 지급해도 자격 · 경력 등을 감안할 때 적응하기 어려운 직무에 복귀시키면 불리한 배치전환이 될 수 있다.

육아휴직전과 비교했을 때 임금수준과 업무유형이 비슷해도 권한이 줄고 직무내용이 달라졌다면 부당전직에 해당한다는 판결[3]도 발견된다.

③ **근속기간**

㈎ **근속기간 포함**

육아휴직기간은 승진 · 승급 · 퇴직금 또는 연차유급휴가일수가산 등의 기초가 되는 근속기간에 포함된다(고평법 §19④). 육아기근로시간단축에 대해서는 이런 규정이 없지만 당연히 포함된다.

상여금산정에 있어 그 지급기준이 근로자의 총근속년수에 따라 차등지급하는 경우라면 육아보호기간은 그 근속연수에 포함된다.

---

1) 전보 · 전직의 법리가 적용된다. ; 서울고판 2015.3.13, 2014누45538. 근로자의 동의나 협의 없이 근로계약에 특정되어 있는 근무장소를 변경시킨 복직명령은 위법하다.

2) 대판 2022.6.30, 2019두38571 ; 대판 2022.9.16, 2017두76005. 이 기준에 따라 광고팀장으로 근무하다가 1년의 육아휴직만료후 복귀한 근로자를 광고팀원으로 발령한 인사발령을 정당하다고 봄.

3) 대판 2022.6.30, 2017두76005. 하급심 배척.

㈏ 출근인정

육아휴직기간을 출근으로 인정치 않는 것 자체를 불리한 처우로 볼 수는 없다(노동부예규 제300호).[1] 상여금이 일정기간동안 근로한 대가 즉, 출근성적에 따라 지급되도록 정하여진 상태에서 육아휴직기간이 출근여부판단대상기간과 중복되어 있다면 상여금의 일부 또는 전부가 지급되지 않을 수 있다.[2]

연차유급휴가발생요건인 출근율을 계산함에 있어 육아휴직기간은 출근한 것으로 본다(근기법 §60⑥iii 제3장, 제3절, 2).[3] 육아기근로시간단축에 대해서는 이러한 법리들이 적용되지 않는다.

㈐ 비정규직근로와의 관계

기간제근로 또는 파견근로자의 육아휴직기간은 당사자가 합의한 경우가 아니라면 기간제사용기간(기단법 §4) 또는 근로자파견기간(파견법 §6)에 산입되지 않는다(고평법 §19⑤).

육아기근로시간단축에 대해서는 '비정규직근로 관련 규정'이 없다.

(2) 근로조건

① 공통사항

㈎ 평균임금산정

육아기단축기간은 평균임금산정기간에서 제외된다(고평법 §19의3④). 육아휴직기간도 마찬가지이다(근기령 §2①). 육아보호기간중에 산정사유가 발생하면 이전3개월간의 임금총액을 그 기간의 총일수로 나누어 산정하며, 휴직 또는 단축을 마치고 그 전의 직무에 복귀한 후에 3개월이 되지 않는 상태에서 산정사유가 발생하면 발생일로부터 복귀한 날까지만 따져서 평균임금을 산정한다.[4]

㈏ 고용보험지원

국가는 육아휴직이나 육아기근로시간단축에 대해 근로자의 생계비용과 사업주의 고용유지비용의 일부를 지원할 수 있다(고평법 §20). 이러한 지원은 고보법에 의해 실현되며, 일정요건을 전제로 고용보험에서 육아휴직급여(고보법 §70) 및 육아기근로시간단축급여(고보법 §73의2)가 지급된다.[5] 자세한 내용은 뒤(같은장 같은절, 2·바)에 소개되어 있다.

---

1) 노동부 예규 제300호.

2) 부소 01254-355, 1992.9.2.

3) 부소 01254-7827, 1991.5.31 ; 근기 68207-2616, 1993.12.28.

4) 부소 68247-112, 1993.4.10.

5) 〈사례〉 법제처 20-0646, 2021.2.2. 육아기근로시간단축기간중 사용자귀책사유로 휴업한 경우 급여지급제한.

② **육아휴직**

육아휴직기간에 대해 임금을 지급할 사용자의 법적의무가 없다.[1)]

③ **육아기근로시간단축**

㈎ **원 칙**

육아기근로시간단축근로자의 근로조건은 사업주와 근로자가 서면으로 정하되(고평법§19의3② §39②5, 5백만원 과태료), 근로시간에 비례하여 적용하는 경우외에는 육아기근로시간단축을 이유로 근로조건을 불리하게 하면 안된다(고평법§19의3①,§37②ⅴ 3년징역·3천만원벌금, 양벌주의). 해당근로는 기단법에 따른 단시간근로로 해석된다.

㈏ **임 금**

지급기준이 되는 임금의 범위가 통상임금인지 평균임금인지를 불문하고 기본급·수당·각종급여가 해당근로자의 단축전의 그것과 비교하여 근로시간에 비례하여 적용하는 것외에 결과적으로 불리한 처우를 받으면 안된다.

㈐ **초과근로**

사업주는 단축된 근로시간외에 연장근로를 요구할 수 없으며(고평법§37③ 1천만원벌금), 근로자가 명시적으로 청구하면 주12시간이내에서 연장근로를 시킬 수 있다(고평법 §19의3③). 단시간근로법리에 따라 단축된 근로시간을 초과하는 연장근로에 대해 통상임금의 50/100이상이 가산된 연장근로수당이 지급되어야 한다.[2)]

㈑ **연차유급휴가**

㉮ 휴가부여일수

연차유급휴가를 위한 출근율계산에 있어, 육아기근로시간단축기간은 출근한 것으로 본다(근기법§60⑥ⅳ 2024.10.22시행).

㉯ 연차휴가 사용

육아기근로시간단축기간동안에 연차유급휴가를 사용함에 있어, 청구권이 발생한 연차유급휴가가 '1일'단위로 소정근로일에 부여되어야 하고, 그 단축기간동안의 소정근로시간만큼 사용한 것으로 계산된다. 이에 따라 연차유급휴가일수(시간)가 통상근로자의 법정일수를 초과하면, 초과일수(시간)에 대해서는 휴가가 부여되지 않을 수 있으나, 미사용한 휴가('1일'단위로 사용할 수 없게 된 잔여휴가시간 포함)에 대하여는 시간급임금을 기초로 미사용수당이 지급되어야 한다.

---

1) 여성고용정책과-1144, 2011.6.2.
2) 여성고용정책과-42, 2015.3.24.

2·바. 고용보험의 육아보호급여

(1) 지원대상

고용보험의 육아보호급여(육아휴직급여 육아기근로시간단축급여)는 피보험자가 출산전후휴가기간(근기법 §74)과 중복되지 않는 30일이상의 육아보호 즉, 육아휴직(고평법 §19) 또는 육아기근로시간단축(고평법 §19의2)을 부여받은 피보험자로서 육아휴직일이전에 피보험단위기간(고보법 §41)이 통산하여 180일이상인 사람에게 지급된다(고보법 §70① §73의2①).

(2) 지급신청

육아보호급여를 지급받으려는 사람은 육아휴직시작일이후 1개월부터 육아휴직이 끝난 날 이후 12개월이내에 신청해야 한다(고보법 §70② §73의2②). 육아휴직급여지급신청자는 육아휴직기간중의 이직 · 취업사실을 해당신청서에 기재해야 한다(고보법 §70③).

(3) 사실확인

사업주는, 피보험자가 육아보호급여를 받으려는 경우, 사실확인 등 모든 절차에 적극 협력해야 한다(고보법 §71).[1]

(4) 급여지급 수준

① 육아휴직급여

육아보호급여는 휴가개시일을 기준일로 하여 통상임금의 일정비율(80%)이 지급되나 상한액과 하한액이 설정되어 있고(고보령 §95①), 해당액의 75/100를 지급하되 나머지는 복직하여 6개월이상 근로하면 일시불로 지급되며(고보령 §95④), 지급대상기간이 1개월에 미달되면 일할계산(日割計算)[2]한 금액이 지급된다(고보령 §95③). 고보령은 이러한 원칙외에 '부모가 순차적으로 한 육아휴직(§95의2)', '출생후 12개월이내의 자녀에 대한 육아휴직(§95의3)'등에 대해 육아휴직급여의 특례를 인정하고 있다.

② 육아기근로시간단축급여

육아기근로시간단축급여는 '개시일기준으로 한 통상임금의 일정비율(80%)에 해당하는 금액을 대상으로 하여 상한액과 하한액을 적용해 정산한 금액'에, "단축전소정근로시간에서 단축후소정근로시간를 뺀 시간"을 '단축전소정근로시간'으

---

1) 피보험자는 이직 또는 취업 사실을 신고하는 경우, 이직이나 취업한 날 이후 최초로 제출하는 육아휴직급여신청서에 그 사실을 적어야 한다(고보령 §96, §104의3②).

2) 월별지급액을 그 달의 일수로 나누어 산출한 금액에 그 달에 육아기근로시간단축 사용일수를 곱하여 산정.

로 나눈 비율을 곱하여 월별지급액이 산정되며, 지급대상기간이 1개월을 채우지 못하면 일할계산(日割計算)된다(고보법§19의2, 고보령§104의2).

(5) 지급제한

육아보호급여기간중에서 '이직이후'와 '취업기간'에 대해 육아보호급여가 지급되지 않으며, 사업주로부터 육아보호를 이유로 금품을 지급받은 경우에는 급여가 감액될 수 있다(고보법§73, 고보령§98).

(6) 사무관리

육아기근로시간단축에 있어 사실확인과 급여지급제한에 대해서는 육아휴직급여관련규정(고보법 §71~§73)을, 부정수급반납에 대해서는 구직급여관련규정(고보법 §62)을 준용한다(고보법 §74).

3. 가족돌봄휴업 및 근로시간단축청구

3·가. 가족돌봄휴업

(1) 의 의

① 법적근거

사업주는 근로자가 조부모, 부모, 배우자, 자녀, 배우자의 부모, 손자녀(이하 가족)의 질병, 사고, 노령으로 인하여 그 가족을 돌보기 위한 '가족돌봄휴직 또는 가족돌봄휴가'(가족돌봄 휴업)를 신청하면 이를 허용하여야 한다(고평법§22의2①②, §39②vii, viii 5백만원과태료).

② 취 지

가족돌봄휴업은 근로자가 가족생활을 돌봄으로써 일과 가정 그리고 일과 생활을 양립시켜 헌법의 행복추구권을 실현하기 위해 마련된 제도이다. 가족돌봄휴가는 단기가족간병이나 자녀의 학교행사참석 등을 위해 사용될 수 있다.

③ 연 혁

가족돌봄휴업제도는 '2007년 개정 고평법'에 '가족간호휴직'이라는 권고조항으로 규정되고, 2012년에 가족범위를 한정하고 예외를 설정하면서 가족돌봄휴직이라는 이름의 강행조항으로 변경되고, 2019년에 조부모 및 손자녀에까지 적용범위를 확대하고 일단위로 부여되는 가족돌봄휴가를 신설하면서 긴급부여의무를 부과하는 변화를 거쳤다.

(2) 휴업기간

가족돌봄휴직기간은 연간 최장90일로 하며 이를 나누어 사용할 수 있으나 1회의 기간은 30일이상이어야 한다(고평법 §22의2④ i). 가족돌봄휴가기간은 연간 최장10일로 하되 일단위로 사용할 수 있어야 하며 사용기간은 가족돌봄휴직기간에 포함된다(고평법 §22의2④ ii). 고용장관은 감염병확산에 따른 위기경보발령 또는 재난발생상황에 대처할 수 있도록 가족돌봄휴가기간을 10일 연장하여(고평법 §22의2④iii) 유증상자, 자가격리대상 그리고 '학교등 휴교·휴원에 다른 자녀'의 돌봄에 사용(고평법 §22의2⑤)하게 할 수 있다.

(3) 부여방법

가족돌봄휴직의 신청방법 및 절차 등에 관하여 필요한 사항은 대통령령(고평령 §16의2)[1]으로 정한다(고평법 §22의2⑨).

(4) 근로조건 및 근로환경

가족돌봄휴업에 대해 임금을 지급할 사용자의 의무는 없다.

가족돌봄휴업기간은 근속기간에 포함되나, 법정 평균임금산정기간에서는 제외된다(고평법 §22의2⑤⑥). 사업주는 소속근로자가 건전하게 직장과 가정을 유지하는 데에 도움이 될 수 있도록 필요한 심리상담서비스를 제공하도록 노력하여야 하고, 고용장관은 고용효과 등을 고려하여 필요한 지원을 할 수 있다(고평법 §22의2⑦⑧).

(5) 적용특례

① 가족돌봄휴직

대체인력채용불가, '사업의 정상운영에 중대한 지장 초래' 등 대통령령(고평령 §16의3)으로 정하는 경우[2]에는 가족돌봄휴직이 허용되지 않을 수 있다(고평법 §22의2①단서). 가족돌봄휴직을 허용하지 않는 경우에는 해당근로자에게 서면으로 통보하고 업무를 시

---

1) ⓐ 휴직개시일 30일전까지 돌봄대상인 가족의 성명, 생년월일, 사유, 개시예정일, 종료일, 신청연월일, 신청인 등에 대한 사항을 적은 문서(전자문서 포함)를 사업주에게 제출. ⓑ 신청기한이 지나서 신청된 경우 그 신청일부터 30일이내로 휴직 개시일을 지정하여 허용. ③ 사업주는 신청자에게 돌봄이 필요한 가족의 건강상태, 신청인외의 가족 등의 돌봄가능여부 등 근로자의 휴직필요성을 확인할 수 있는 서류제출 요구 가능.

2) ⓐ 휴직개시예정일 전날 기준으로 해당사업에서의 계속근로기간이 6개월미만인 근로자의 신청, ⓑ 신청자 외의 가족이 돌봄대상가족 돌봄 가능, ⓒ 조부모 또는 손자녀를 돌보기 위하여 가족돌봄휴직을 신청한 근로자 외에도 조부모의 직계비속 또는 손자녀의 직계존속이 있는 경우(조부모의 직계비속 또는 손자녀의 직계존속에게 질병, 노령, 장애 또는 미성년 등의 사유가 있어 신청한 근로자가 돌봐야 하는 경우는 제외), ⓓ 사업주가 직업안정기관에 구인신청을 하고 14일이상 노력했으나 대체인력 미채용(직업안정기관장의 직업소개에도 불구하고 정당한 이유없이 2회이상 채용을 거부한 경우는 제외), ⓔ 휴직으로 인하여 정상적사업운영에 중대한 지장이 초래되는 경우로서 사업주가 이를 증명하는 경우.

작하고 마치는 시간을 조정하거나, 연장근로를 제한하거나, 근로시간을 단축하든지 탄력적으로 운영하여 근로시간을 조정하거나, 사업장사정에 맞는 그 밖의 지원조치를 하도록 노력해야 한다(고평법 §22의2③).

② 가족돌봄휴가

사업주는 근로자가 가족(조부모·손자녀의경우근로자외에도직계비·존속이있는등대통령령으로정하는경우는제외)의 질병, 사고, 노령 또는 자녀의 양육으로 인하여 긴급하게 그 가족을 돌보기 위한 가족돌봄휴가를 신청하면 이를 허용해야 한다. 다만, 근로자가 청구한 시기에 주는 것이 정상적인 사업운영에 중대한 지장을 초래하는 경우에는 근로자와 협의하여 그 시기를 변경할 수 있다(고평법 §22의2②).

(6) 보 장

사업주는 가족돌봄휴직 또는 가족돌봄휴가를 이유로 해당근로자를 해고하거나 근로조건을 악화시키는 등 불리한 처우를 하면 안된다(고평법§22의2⑤,§37② vi 3년징역·3천만원 벌금, 양벌주의).

3·나. 근로시간단축청구제도

(1) 의 의

① 법적근거

사업주는 '근로자가 가족의 질병 · 사고 · 노령으로 인하여 그 가족을 돌보기 위한 경우', '근로자 자신의 질병이나 사고로 인한 부상 등의 사유로 자신의 건강을 돌보기 위한 경우', '55세이상의 근로자가 은퇴를 준비하기 위한 경우', '근로자의 학업을 위한 경우' 중에서 어느 하나의 사유로 근로시간단축을 신청하면 이를 허용하여야 한다(고평법 §22의3①). 해당근로는 육아기근로시간단축(같은장,같은절 2·마.(2),③)처럼 기단법에 따른 단시간근로로 봄이 타당하다.

② 취 지

근로시간단축청구제도는 일과 생활을 양립시켜 헌법의 행복추구권을 실현하기 위해 마련된 제도로서, 가족돌봄외에 은퇴준비 · 학업에까지 적용됨으로써 능력개발기회를 보장하여 자기발전도모를 보장하는 제도이다.

(2) 부여내용

사업주가 근로시간단축을 허용하는 경우, 단축후의 근로시간은 주당 15시간 이상이어야 하고 30시간을 넘어서는 안된다(고평법 §22의3③). 근로시간단축기간은 1년이내로 한다. 다만, '가족돌봄, 건강돌봄, 은퇴준비로서 합리적이유가 있는 경우에 추가로 2년범위에서 연장될 수 있다(고평법 §22의3④).

(3) 부여방법

근로시간단축의 신청방법·절차 등은 대통령령(고평령 §16의7)[1]으로 정한다(고평법 §22의3⑦).

(4) 근로조건

단축되어 근로를 제공하지 않은 시간에 대해 임금을 지급할 사용자의 의무는 없다. 근로시간단축근로자의 근로조건(근로시간단축후 근로시간포함)은 사업주와 근로자가 서면으로 정하며(고평법 §22의4②), 근로시간에 비례하여 적용하는 경우외에는 '근로시간단축'을 이유로 그 근로조건을 불리하게 할 수 없다(고평법§22의4①,§37②viii 3년징역·3천만원벌금, 양벌주의). 사용자는 단축된 근로시간외의 연장근로를 요구할 수 없으며(고평법§37③ 1천만원벌금), 근로자가 명시적으로 청구하면 주12시간이내에서 연장근로를 시킬 수 있다(고평법 §22의4③). 근로시간단축기간은 법정평균임금산정기간에서 제외된다(고평법 §22의4④). 임금결정단위, 연장근로가산수당, 연차유급휴가는 육아기근로시간단축처럼 해석(같은장, 같은절 2·마, (2), ③)된다.

(5) 적용예외

대체인력채용불가, '정상적사업운영에 중대한 지장 초래' 등 대통령령(고평령 §16의8)[2]으로 정하는 경우에는 근로시간단축청구를 허용하지 않을 수 있다(고평법 §22의3①단서). 사업주가 근로시간단축을 허용하지 않으면 해당근로자에게 그 사유를 서면으로 통보하고 휴직을 사용하게 하거나 그 밖의 조치를 통하여 지원할 수 있는지를 해당근로자와 협의하여야 한다(고평법 §22의3②).

(6) 보 장

사업주는 근로시간단축을 이유로 해당근로자에게 해고나 그 밖의 불리한 처

---

1) ⓐ 근로시간단축을 신청하려는 근로자는 개시예정일의 30일전까지 신청사유, 개시예정일, 종료예정일, 근로시간단축 기간 중 근무개시시각·근무종료시각, 신청 연월일 및 신청인 등에 대한 사항을 적은 문서(전자문서를 포함한다)를 사업주에게 제출. ⓑ 사업주는 근로자가 근로시간단축을 신청한 경우 그 신청일부터 30일 이내로 개시일을 지정하여 근로시간단축을 허용. ⓒ 근로자가 근로시간단축을 신청했음에도 불구하고 그 신청일부터 30일 이내에 사업주로부터 허용 여부에 대하여 통지를 받지 못한 경우에는 근로자가 신청한 내용대로 사업주가 근로시간단축을 허용한 것으로 봄. ⓓ 사업주는 근로시간단축을 신청한 근로자에게 가족의 질병 등 해당 사유를 증명할 수 있는 서류의 제출을 요구할 수 있음.

2) ⓐ 가족돌봄등단축개시예정일의 전날까지 해당사업에서 계속근로한 기간이 6개월미만의 근로자가 신청한 경우, ⓑ 사업주가 직업안정기관에 구인신청을 하고 14일 이상 대체인력을 채용하기 위하여 노력했으나 대체인력을 채용하지 못한 경우(직업안정기관의 장의 직업소개에도 불구하고 정당한 이유 없이 2회 이상 채용을 거부한 경우 제외), ⓒ 가족돌봄등근로시간단축을 신청한 근로자의 업무성격상 근로시간을 분할하여 수행하기 곤란하거나 그 밖에 가족돌봄등근로시간단축이 정상적인 사업 운영에 중대한 지장을 초래하는 경우로서 사업주가 이를 증명하는 경우, ⓓ 가족돌봄등근로시간단축종료일부터 2년이 지나지 않은 근로자가 신청한 경우.

우를 하여서는 안된다(고평법§22의3⑤,§37②vii 3년징역·3천만원벌금, 양벌주의). 사업주는 근로자의 근로시간단축기간이 끝난 후에 그 근로자를 근로시간단축전과 같은 업무 또는 같은 수준의 임금을 지급하는 직무에 복귀시켜야 한다(고평법 §22의3⑥).

4. 사용자와 국가의 일 · 가정양립의무

4·가. 자녀양육지원

사업주는 초등학교취학전까지의 자녀를 양육하는 육아기근로자의 육아를 지원하기 위해 업무시작 · 마감시간조정, 연장근로제한, 근로시간단축 · 근로시간탄력조정, 그 밖에 필요한 육아지원조치를 취하도록 노력하여야 한다(고평법 §19의5①).

사업주의 배려의무는 헌법(§10,§36① §37①)에 보장된 기본권인 자녀양육권이 고평법에 의해 구체화된 것으로서,[1] 근로환경, 사업장규모, 인력운영여건, 사업운영상필요성 등의 사정을 종합하여 개별사건에서 구체적으로 판단되어야 한다.[2]

고용장관은 사업주조치에 대해 고용효과 등을 고려해 지원할 수 있다(고평법 §19의5②).

4·나. 직장복귀지원

사업주는 육아휴직중인 근로자에 대한 직업능력의 개발 및 향상을 위하여 노력하여야 하고 출산전후휴가, 육아휴직 또는 육아기근로시간단축을 마치고 복귀하는 근로자가 쉽게 직장생활에 적응할 수 있도록 지원해야 한다(고평법 §19의6).

4·다. 일 · 가정양립지원

국가는 육아휴직이나 육아기근로시간단축에 대해 근로자의 생계비용과 사업주의 고용유지비용을 지원할 수 있으며(고평법 §20①), '육아기재택근무(2024.10.22 시행)' 등의 일 · 가정양립을 위한 조치를 도입하는 사업주에게 세제 · 재정지원을 할 수 있다(고평법 §20②). 고용장관은 일 · 가정양립프로그램의 도입 · 확산, 모성보호조치의 원활한 운영 등을 지원하기 위해 조사 · 연구 및 홍보 등의 사업을 하고, 전문적인 상담서비스와 관련정보 등을 사업주와 근로자에게 제공해야 한다(고평법 §22의5①).

4·라. 직장보육지원

사업주는 「영유아보육법」에 따라 근로자의 취업을 지원하기 위하여 수유 · 탁

---

1) 헌재 2000.4.27, 98헌가16.

2) 대판 2023.11.16, 2019두59349. 고속도로영업소의 '1세와 6세 자녀를 양육하는 워킹맘'에 대한 고용승계 관련, 육아기근로자의 새벽 · 휴일근로거부를 사유로 한 시용기간만료후 본채용거부통보는 부당.

아 등 육아에 필요한 직장어린이집을 설치 · 운영해야 한다(고평법 §21①②).[1] 고용장관은 근로자의 고용을 촉진하기 위하여 직장어린이집의 설치 · 운영에 필요한 지원 및 지도를 하여야 하고(고평법 §21③), '직장어린이집을 설치하여야 하는 사업주'외의 사업주가 직장어린이집을 설치 · 운영하려는 경우에는 '필요한 정보제공', '상담 및 비용의 일부 지원' 등 필요한 지원을 할 수 있다(고평법 §21의2). 고용장관은 '모성보호와 일 · 가정양립 정보제공업무(고평법 §22의3①)'와 '직장어린이집의 설치 · 운영을 지원하는 업무(고평법 §21, §21의2)'를 대통령령에 따라 공공기관 또는 민간에 위탁하여 수행할 수 있으며(고평법 §22의5②), 이에 사용되는 경비를 지원할 수 있다(고평법 §22의5③). 사업주는 직장어린이집을 운영하는 경우에 고용형태에 따라 차별해서는 안된다(고평법 §21④).

4·마. 공공복지시설설치 · 서비스제공

국가 또는 지방자치단체는 여성근로자를 위한 교육 · 육아 · 주택 등 공공복지시설을 설치할 수 있으며(고평법 §22①), 이를 위해 기준과 운영에 필요한 사항은 고용장관이 정한다(고평법 §22②).

---

1) 상시로 여성근로자 300명이상 또는 상시로 근로자 500명이상을 고용하고 있는 사업주는 직장어린이집을 설치하여야 한다. 다만, 사업주가 직장어린이집을 단독으로 설치할 수 없을 때에는 사업주가 공동으로 직장어린이집을 설치 · 운영하거나, 지역의 어린이집과 위탁계약을 맺어 보육을 지원할 수 있다(「영유아보육법」 §14 및 같은법시행령 §20).

제 7 장

건강 · 복지 · 능력개발

제1절 산업안전보건

1. 총 설

1·가. 법적근거

(1) 연 혁

산업안전보건에 관한 기준을 확립하고 그 책임소재를 명확하게 하여 산업재해를 예방하고 쾌적한 작업환경을 조성함으로써 근로자의 안전과 보건을 유지·증진함을 목적으로 하여 1981년에 「산업안전보건법(산안법)」이 제정[1]된 후 많은 개정을 거쳐 시행되고 있다.

(2) 목 적

산안법은 산업안전·보건기준을 확립하고 책임소재를 명확하게 하여 산업재해를 예방하고 쾌적한 작업환경을 조성함으로써 근로자의 안전과 보건을 유지·증진함을 목적으로 한다(산안법 §1).

(3) 적용 범위

산안법은 모든 사업에 적용한다. 다만, 유해·위험정도, 사업종류, 상시근로자수(건설공사의경우 건설공사금액) 등을 고려하여 대통령령(산안령§2 [별표1])으로 정하는 종류의 사업(장)에는 전부 또는 일부를 적용하지 않을 수 있다(산안법 §3).

(4) 적용 주체

① 적용대상

근로자라 함은 근기법상 근로자를 말한다(산안법 §2iii). 현장실습(직업훈련촉진법,§2vii)산업체의 장과 현장실습계약을 체결한 직업교육훈련생(현장실습생)에게도 산안법의 일부조문과 해당벌칙이 적용된다. 근로자대표라 함은 "근로자과반수로 조직된 노동조합이 있는 경우에는 그 노동조합, 근로자과반수로 조직된 노동조합이 없는 경우에는

---

1) 근기법은 근로자의 안전과 보건에 관해 제6장에 '안전과 보건'장을 두어 위험방지, 안전장치, 유해물제조 등의 금지, 안전·보건관리자, 건강진단 등을 규정하고 있었으나, "근로자의 안전과 보건에 관하여는 산안법(1990.1.13 제정, 법률 제4220호)에서 정하는 바에 따른다"는 규정(§76)만 남기고 있다.

근로자과반수를 대표하는 자"를 말한다(산안법 §2ⅴ). 사업주라 함은 "근로자를 사용하여 사업을 하는 자"를 말한다(산안법§2ⅳ 제2장, 제1절, 2·다). 파견근로는 사용사업주가 사업주책임을 지며 일부조항에 대해 양자가 사업주책임을 진다(파견법 §35).

② **권리 · 의무**

㈎ **정부 및 지방자치단체**

정부는 산업안전보건정책수립 · 집행 등 '소정책무'를 이행해야 하고, 한국산업안전보건공단(공단)과 관련단체 · 연구기관에 행정 · 재정지원을 할 수 있다(산안법 §4). 지방자치단체는 정부의 산업안전보건정책에 적극 협조하고, 관할지역의 산업재해를 예방하기 위한 대책을 수립 · 시행해야 하고(산안법 §4의2), 지방자치단체장은 관할지역내에서의 산업재해예방을 위하여 자체계획의 수립, 교육, 홍보 및 안전한 작업환경조성을 위한 사업장지도 등 필요한 조치를 할 수 있다(산안법 §4의3①).

㈏ **사업주**

사업주[1]는 산업재해예방기준 등 일정사항을 이행함으로써 근로자의 안전과 건강을 유지 · 증진시키고 국가의 산업재해예방시책에 따라야 한다(산안법 §5①). '기계 · 기구 · 설비의 설계 · 제조 · 수입자', '원재료 등의 제조 · 수입자'와 '건설물 발주 · 설계 · 건설자'중의 하나에 해당하는 사람은 설계 · 제조 · 수입 또는 건설을 할 때 산안법령을 지켜야 하고, 물건사용에 따른 산업재해방지조치를 해야 한다(산안법 §5②).

㈐ **근로자**

근로자[2]는 법령상 산업재해예방사항을 지켜야 하며, 사업주 · 근로감독관 · 공단 등의 산업재해방지조치에 따라야 한다(산안법 §6). 근로자대표는 사업주에게 일정사항[3]의 통지를 요청할 수 있고, 사업주는 이에 따라야 한다(산안법 §35, §175⑥ 3백만원과태료).

1·나. 산업안전보건행정

(1) 계획수립

고용장관은 산업재해예방기본계획을 수립하여 '산업재해보상보험및예방심의위원회(산재법 §8①)의 심의(변경 포함)를 거쳐' 공표해야 한다(산안법 §7). 고용장관은 산업재해예방기

---

1) 특수형태근로종사자(산안법 §77)로부터 노무를 제공받는 자와 '물건수거 · 배달 등 중개자(산안법 §78) 포함.
2) 특수형태근로종사자(산안법 §77)와 제78조에 따른 '물건의 수거 · 배달 등 중개자(산안법 §78) 포함.
3) ㉠ 산업안전보건위원회 또는 노사협의체(산안법 §75) 의결사항, ㉡ 안전보건진단 결과(산안법 §47), ㉢ 안전보건개선계획 수립 · 시행(산안법 §49), ㉣ 도급인 이행사항(산안법 §64①), ㉤ 물질안전보건자료(산안법 §110①,), ㉥ 작업환경측정(산안법 §125①), ㉦ 고용노동부령으로 정하는 안전보건사항.

본계획을 시행하기 위해 관계행정기관장·공공기관장에게 협조를 요청하고 '소정의 자료제공과 관계전산망의 사용'을 요청할 수 있으며, 산업재해예방을 위하여 사업주·사업주단체·관계인에게 협조를 요청할 수 있다(산안법 §8).

(2) 행정조치

① 통합정보시스템 구축

고용장관은 산업재해를 체계적이고 효율적으로 예방하기 위하여 산업재해예방통합정보시스템을 구축·운영할 수 있고, 이 시스템으로 처리한 산업안전보건 등의 정보를 행정기관과 공단에 제공(고용노동부령)할 수 있다(산안법 §9).

② 산업재해발생건수 공표

고용장관은 '사망재해 연간 2명이상', 중대산업사고발생 등 소정(산안령 §10)사업장'의 산업재해발생건수·재해율·순위 등'과(산안법 §10①), '도급인사업장중 붕괴우려 등 소정(산안령 §11)사업장의 도급인산업재해발생건수(관계수급인의산업재해발생건수포함) 등'을(산안법 §10②) 공표하여야 하며, 도급인에게 관계수급인자료의 제출을 요청할 수 있다(산안법§10③, §175④ 1천만원과태료).

③ 산업재해예방시설설치 및 재정지원

고용장관은 '산업안전보건에 대한 지도·연구·교육', 안전보건진단·작업환경측정 등 소정의 시설을 설치·운영할 수 있다(산안법 §11). 산업재해예방시설설치·운영 등 소정용도를 위한 재원은 산업재해보상보험및예방기금에서 지원된다(산안법 §12).

④ 기술·작업환경표준

고용장관은 산업재해예방을 위해 소정기술 또는 작업환경표준을 정하여 사업주에게 지도·권고할 수 있으며(산안법 §13①), 해당분야별로 표준제정위원회를 구성·운영할 수 있다(산안법 §13②).

2. 산업재해예방 규범과 체계

2·가. 안전·보건 관리체계

(1) 개 요

산안법은 기업이 스스로 안전보건관리체계를 확립하도록 의무화하고 있다. 안전·보건관리체계는 사업주, 이사회, 안전보건관리책임자, 안전·보건관리자, 관리감독자·산업보건의가 지휘·명령·지도·조언을 통해 연계되는 형태로 이루어진다.

(2) 기획 · 결정

① 이사회

주식회사(상법 §170)중에서 500명이상사용 등 '소정(산안령 §13)의 회사'의 대표이사는 매년 회사의 '안전 및 보건에 관한 계획'을 수립하여 이사회에 보고하고 승인을 받아(산안법§14①, §175④. 미보고 승인미수령, 1천만원과태료), 성실하게 이행해야 한다(산안법 §14②).

② 산업안전보건위원회

'소정(산안령 §34)규모이상 사업'의 사업주는 산업재해예방계획수립 · 작업환경점검 등 중요한 안전보건사항을 심의 · 의결키 위해(산안법 §24②)' 동수의 근로자위원과 사용자위원으로 구성되는 산업안전보건위원회를 설치 · 운영해야 한다(산안법 §24①, §175⑤ 5백만원과태료). 사업주와 근로자는 산업안전보건위원회의 심의 · 의결사항을 성실하게 이행하여야 한다(산안법 §24④, §175⑤ 5백만원과태료).

(3) 관리 · 운영

① 안전보건관리책임자

'사업의 종류 · 규모' 등(산안령§14 별표2)에 따라 적용대상으로 정해져 있는 사업의 사업주는 사업을 실질적으로 총괄하는 사람을 안전보건관리책임자로 배치하여 산업재해예방계획수립 · 작업환경점검 등 '안전보건업무'를 총괄하여 관리토록 하고(산안법 §15①, §175⑤ 5백만원과태료), 안전관리자와 보건관리자를 지휘 · 감독케 해야 한다(산안법 §15②).

② 관리감독자

사업주는 사업장의 생산과 관련되는 업무와 그 소속직원을 직접 지휘 · 감독하는 직위에 있는 관리감독자에게 '기계 · 기구 · 설비의 안전 · 보건 점검 업무' 등(산안령 §15)의 산업안전보건업무를 수행하도록 하여야 한다(산안법 §16①, §175⑤ 5백만원과태료). 관리감독자가 있으면 「건설기술진흥법(§64)」에 따른 안전관리책임자 및 안전관리담당자를 각각 둔 것으로 본다(산안법 §16②).

(4) 지도 · 조언

① 수행주체

㈎ 직접수행

㉮ 안전관리자 및 보건관리자

사업주는 안전관리자(산안령§17 별표4)를 두어(산안령 §16①별표3)[1] '안전에 관한 사항'(산안령 §18)에 대해

1) 업종별 규모별 공사금액별로 1명~11명이상으로 다양하게 규정

그리고 보건관리자(산안령§21 별표6)를 두어(산안령§20 별표5)[1] '보건에 관한 사항'(산안령 §18)에 관해 사업주 또는 관리책임자를 보좌하고 관리감독자에 대해 지도・조언업무를 수행케 해야 한다(산안법§17~§18,§175⑤ 5백만원과태료).

㉯ 안전보건관리담당자

사업주는 사업장에 안전보건에 관하여 사업주를 보좌하고, 안전보건교육・위험성평가・작업환경측정개선・건강진단 등(산안령 §25)에 관해 관리감독자에게 지도・조언(다른업무 겸직가능)하는 안전보건관리담당자(산안령 §24)[2]를 두어야 하고(산안법§19①,§175⑤ 5백만원과태료), 안전관리자 또는 보건관리자가 있거나 이를 두어야 하는 경우에는 그렇지 않다.

㉰ 공통사항

고용장관은 산업재해예방을 위하여 필요한 경우로서 '소정(고용노동부령)의 사유'에 해당하면 사업주에게 안전관리자・보건관리자 또는 안전보건관리담당자를 늘리거나 교체할 것을 명할 수 있다(산안법§17③,§18③,§19③,§175⑤ 명령위반,5백만원과태료).

㈏ 위탁수행

㉮ 위탁 대상・내용

일정규모이상(산안령§19 산안령§23) 사업장의 사업주는 안전관리전문기관에게 안전관리자의 업무를, 보건관리전문기관에게 보건관리자의 업무를 각각 위탁할 수 있다(산안법 §17⑤,18⑤). 안전보건관리담당자설치 대상사업장의 해당업무도 그렇다(산안법 §19④).

㉯ 안전관리전문기관・보건관리전문기관

안전관리전문기관・보건관리전문기관이 되려는 자는 인력・시설・장비 등 '소정의 요건과 절차'를 갖추어, 고용장관지정을 받아야 한다(산안법 §21①③). 고용장관은 해당기관에 대해 평가하고 결과를 공개할 수 있다(산안법 §21②). 산안법(§21 ④⑤)은 해당기관의 지정취소・업무무정지・재지정제한에 대해 규정하고 있다.

② 지도조언 조치의무

사업주, 안전보건관리책임자 및 관리감독자는 안전관리자, 보건관리자, 안전보건관리담당자 그리고 '안전관리전문기관・보건관리전문기관(해당업무를 위탁받은경우에한함)'이 '안전보건관리책임자의 관리업무(산안법 §15)'중에서 안전보건사항에 관하여 지도・조언

---

1) 업종별 규모별 공사금액별로 1명 또는 2명 이상 지정(별표6). 전담보건관리자를 두어야 하나 300명미만사업(장)에서는 보건관리자가 보건관리업무에 지장이 없는 범위에서 다른 업무를 겸할 수 있다.

2) 〈산안령 §24〉 소속근로자로서 안전관리자 또는 보건관리자의 자격을 갖추었거나 교육이수자, 상시근로자 20명 이상 50명 미만인 사업장에 안전보건관리담당자를 1명 이상 선임(㉠ 제조업, ㉡ 임업, ㉢ 하수・폐수 및 분뇨 처리업, ㉣ 폐기물 수집・운반・처리 및 원료 재생업, ㉤ 환경정화 및 복원업).

하는 경우에는 이에 상응하는 적절한 조치를 하여야 한다(산안법 §20).

(5) 건강관리 · 산재예방

① 산업보건의

사업주는 근로자의 건강관리나 그 밖에 보건관리자의 업무를 지도하기 위하여 사업장에 산업보건의를 두어야 한다(의료법상의사를 보건관리자로둔경우예외)(산안법 §22①,§175⑤ 5백만원과태료).

산업보건의를 두어야 하는 '사업의 종류와 사업장의 상시근로자수'[1] 및 산업보건의의 자격[2] · 직무[3] · 권한 · 선임방법, 그 밖에 필요한 사항은 대통령령(산안령 §29 ~ §31)으로 정한다.

② 명예산업안전감독관

고용장관은 산업재해예방활동에 대한 참여와 지원을 촉진하기 위하여 근로자, 근로자단체, 사업주단체 및 산업재해예방관련전문단체에 소속된 사람중에서 명예산업안전감독관을 위촉(임기2년 연임가능)할 수 있다(산안법 §23①). 사업주는 명예산업안전감독관에 대하여 직무수행과 관련한 사유로 불리한 처우를 해서는 안된다(산안법 §23②). 명예산업안전감독관의 위촉방법, 업무 등은 대통령령으로 정한다(산안법 §23③).

2·나. 산업재해예방 규범

(1) 안전보건관리규정

'소정(산안칙 §25① 별표2)규모의 사업장'의 사업주는 사업장의 안전 · 보건을 유지하기 위해 법정사항[4]이 포함된 안전보건관리규정(기재기한등 산안칙§25①)을 작성하여야 한다(산안법 §25①,§175⑤ 5백만원과태료). 안전보건관리규정은 단체협약 및 취업규칙에 반할 수 없으며, 반하는 부분은 단체협약 및 취업규칙으로 정한 규정을 따른다(산안법 §25②).

안전보건관리규정을 작성 · 변경할 때에는 산업안전보건위원회의 심의 · 의결(위원회미설치사업장 근로자대표동의)을 거쳐야 한다(산안법 §26,§175⑤ 5백만원과태료). 사업주와 근로자는 안전보건관리규정을 지켜야 하며, 산안법규정외에는 근기법의 취업규칙규정을 준용한다(산안법 §27,§28).

(2) 법령요지 주지 · 통지

사업주는 산안법령요지와 안전보건관리규정을 각 사업장의 근로자가 쉽게 볼 수

---

1) 상시 50명 이상을 사용하는 사업주(보건관리전문기관에 보건관리자업무 위탁시 예외).
2) 「의료법」상 의사로서 직업환경의학과전문의, 예방의학전문의 또는 산업보건에 관한 학식 · 경험자.
3) ㉠ 건강진단결과검토 및 그 결과에 따른 작업배치, 작업전환 또는 근로시간단축 등 건강보호 조치, ㉡ 건강장해원인조사와 재발방지를 위한 의학적조치 등.
4) 안전 · 보건 관리조직과 그 직무, 안전 · 보건교육, 작업장안전관리, 작업장보건관리 등.

있는 장소에 게시하거나 갖추어 두어 근로자에게 널리 알려야 한다(산안법§34,§175⑤ 5백만원과태료).

2·다. 안전 · 보건교육

(1) 대상 및 내용

① 일반근로자

사업주는 해당사업장의 근로자(건설일용 제외)에 대해 정기적으로 안전보건교육(정기안전 보건교육)을 해야 하고, '채용하거나 작업내용을 변경할 때'에 해당작업에 필요한 안전보건교육(채용·업무변경 안전보건교육)을 하여야 한다(고용노 동부령)(산안법§29①②,§175⑤ 5백만원과태료.고용노동부령). 사업주는 '유해위험작업에 근로자를 채용하거나 그 작업으로 작업내용을 변경할 때'에 필요한 안전보건교육(유해위험작업 안전보건교육)을 추가로 실시해야 한다(고용노 동부령)(산안법§29③,§175② 3천만원과태료).[1]

사업주는 해당안전보건교육을 '고용장관에게 등록한 안전보건교육기관(산안법 §33)'에 위탁할 수 있다(산안법 §29④). 사업주는 '소정의 경우'[2]에 정기안전보건교육(산안법 §29①)을, 다른 '소정의 경우'[3]에 '채용 · 업무변경안전보건교육(산안법 §29②)'과 '유해위험작업 안전보건교육(산안법 §29③)'의 전부 또는 일부를 면제받을 수 있다(산안법 §30①).

② 건설근로자

건설업의 사업주는 건설일용근로자를 채용하면서, 채용되기 전에 안전보건교육을 이수한 경우를 제외하고는, 그 근로자로 하여금 안전보건교육기관(산안법 §33)이 실시하는 기초안전보건교육을 이수(고용노 동부령)토록 해야 한다(산안법§31,§175⑤ 5백만원과태료).

③ 안전보건관리인원

사업주는 안전보건관리책임자 · 안전관리자 · 보건관리자 · 안전보건관리담당자를 대상으로(산안법§32①,§175⑤ 5백만원과태료) 그리고 '소정의 안전보건관련기관'[4]의 장은 안전 · 보건업무종사자를 대상으로, 전부 · 일부면제대상(산안법 §30①)[5]이 아니면, 안전보건교육기관(산안법 §33)이 실시하는 직무관련안전보건교육을 이수토록 해야 한다(산안법§32①,§175⑥ 3백만원과태료.고용노동부령).

(2) 안전보건교육기관

안전보건교육(산안법,§29,31①본문 §32①각호이외의부분본문)을 하려는 사람은 '인력 등의 요건(대통 령령)'을 갖추어 고용장관에게 등록해야 하며, 중요사항(대통 령령)을 변경할 때에도 같다(산안법 §33①③). 고용장

1) 법제처 23-0872, 2023.11.21. 대상업무인 로봇작업은 산업용으로 한정되지 않음.
2) 산업재해발생정도가 고용노동부령으로 정하는 기준에 해당하는 경우 등.
3) 해당업무에 경험이 있는 근로자에 대해 교육을 실시하는 등 고용노동부령으로 정하는 경우(산안법 §31②).
4) 안전관리전문기관, 보건관리전문기관, 건설재해예방전문지도기관 등.
5) 다른 법령에 따라 안전 및 보건에 관한 교육을 받는 등 고용노동부령으로 정하는 경우.

관은 안전보건교육기관에 대하여 평가하고 그 결과를 공개할 수 있다(산안법§33② 고용노동부령). 안전보건교육기관 등록의 취소와 업무정지에 대해서는 '안전관리전문기관 또는 보건관리전문기관'에 관한 조항(산안법§21④⑤. 같은장 같은절,2·나,(3),②,(나),(다))을 준용한다(산안법 §33④).

3. 유해 · 위험 방지조치

3·가. 위험성평가와 표지부착

(1) 위험성평가

사업주는 '고용장관고시에 따라 해당작업장의 근로자를 참여시킨 가운데(산안법 §36②)' 건설물 · 기계 · 기구 · 설비 · 원재료 · 가스 · 증기 · 분진 · 근로자작업행동 또는 그 밖의 유해 · 위험요인을 찾아내어 찾아내어 위험성평가(고용장관 고시)를 하여야 하고, 그 결과에 따라 '산안법령에 따른 조치'와 '위험 · 건강장해를 방지하기 위하여 필요한 추가조치'를 하여야 하며, 평가결과와 조치사항을 기록 · 보존(고용노 동부령)하여야 한다(산안법 §36).

(2) 안전보건표지 설치 · 부착

사업주는 유해 · 위험한 장소 · 시설 · 물질에 대한 경고, 비상시에 대처하기 위한 지시 · 안내 또는 그 밖에 안전보건의식을 고취하기 위한 사항 등을 그림 · 기호 및 글자 등으로 나타낸 안전보건표지를 '종류 · 형태 · 색채 · 용도 · 장소 등을 정한 고용노동부령(산안칙 §38 ~ §40)에 따라' 근로자가 쉽게 알아 볼 수 있도록 설치하거나 부착해야 한다(산안법 §38). 외국인근로자(외고법 §2)를 사용하는 사업주는 안전보건표지를 그 모국어로 작성(고용장 관고시)하여야 한다(산안법§37,§175⑤ 5백만원과태료).

3·나. 안전보건조치

(1) 조치내용

① **안전조치**(산안법§38,§168 5년징역·5천만원벌금)(사망사고, 산안법§167. 7년징역·1억원벌금. 형확정후5년내 재범시 형의1/2가중, 200시간수강명령)

사업주[1)]는 기계 · 기구 그 밖의 설비에 의한 위험, 폭발성 · 인화성 · 발화성 물질 등에 의한 물적 위험, 전기 · 열 그 밖의 에너지에 의한 위험으로 인한 산업재해를 예방하기 위해 필요한 안전조치(고용노 동부령)를 하여야 한다. 사업주는 굴착

---

1) 대판 2010.9.9, 2008도7834. 현장소장이 현장작업, 안전보호구 지급 및 안전교육 등을 모두 독자적으로 알아서 처리하였고, 피재자를 직접 채용하였다면 회사의 대표이사를 산안법 제23조 위반으로 처벌할 수 없다. ; 산업법 제23조 위반의 주체가 되는 사업주에는 대표이사가 포함되지 않으며 법인 자체가 사업주로서 책임을 지고 공사를 전담한 현장소장이 행위 책임을 진다(의정부지판 2005.3.31, 2004노1726).

·채석·벌목·하역[1]·운송·조작·운반·해체·중량물취급 그 밖의 작업을 할 때에 불량한 작업방법 등에 의한 위험으로 인한 산업재해를 예방하기 위해 필요한 조치(고용노동부령)를 하여야 한다. 사업주는 '소정의 위험 또는 우려가 있는 장소'[2]에서 작업을 할 때에 발생할 수 있는 붕괴·낙하[3] 등 산업재해를 방지하기 위해 필요한 조치(고용노동부령)를 해야 한다.

② **보건조치**(산안법§39,§168 5년징역·5천만원벌금)(사망사고,산안법§167.7년징역·1억원벌금. 형확정후5년내재범시형의1/2가중,200시간수강명령)

사업주는 소정[4]의 건강장해예방을 위해 필요한 보건조치(고용노동부령)를 해야 한다.

(2) 조치시행

① 사업주[5]

㈎ 조치사항

사업주가 이행해야 할 세부조치는 전문·기술적이고, 공법변화 등에 따라 변동성이 있으며, 건설·화학·전기·기계 등 광범위한 분야에 걸쳐있기 때문에 법률에 일일이 규정하는 것은 사실상 불가능하다.[6] 따라서 하위규범에 위임하되, 형사적제재에 필요한 구체성과 명확성을 확보하여 죄형법정주의원칙이 실현되도록 작위의무에 대한 행위목록이 규정되어 있다(고용노동부령 제273호 산업안전보건기준에관한규칙 제2편 및 제3편).

---

1) 대판 2013.11.28, 2013도1602 차량계 하역운반기계 등을 사용하여 작업을 하는 경우, 별도로 작업지휘자를 지정하여 작업을 지휘하도록 하거나 집게차의 유도자를 배치하지 않은 이상 차량계 하역운반기계 등의 운전자 및 차량계 하역운반기계 등에 접촉될 위험이 있는 근로자는 작업지휘자 또는 유도자가 될 수 없다.

2) 추락위험, 토사·붕괴, 물체가 떨어지거나 날아올 위험, ㉣ 천재지변으로 인한 위험 등의 장소.

3) 2010.11.11, 2009도13252. 교량기초케이슨 및 교각제작공사의 하도급업체 근로자가 철근조립작업 중 철근지지대의 수량부족 등으로 인해 넘어진 수직철근에 머리를 부딪쳐 사망한 사건. 설치작업 진행단계에 따른 적절한 철근지지대의 설치 개수나 설치순서 등의 작업방법을 정하지 않은 시공방법상의 잘못은 해당기준에 명시된 사항이 아니어서 산안법위반은 아니나, 업무상과실치사죄는 적용된다. ; 대판 2009.5.28, 2008도7030. 산안법 위반 부정, 업무상고실치사 인정. 구 안전보건규칙에 추락방지망 등을 설치할 의무가 따로 규정되어 있지 않은 이상, 산안법의 안전조치의무를 위반한 경우에 해당되지 않는다. 이 판결 이후 안전보건규칙이 개정되어 추락우려가 있는 장소에 수직형 추락방망을 설치하도록 의무화되었다.

4) ㉠ 원재료·가스·증기·분진·흄(fume, 열이나 화학반응에 의하여 형성된 고체증기가 응축되어 생긴 미세입자)·미스트(mist, 공기 중에 떠다니는 작은 액체방울)·산소결핍·병원체 등. ㉡ 방사선·유해광선·고온·저온·초음파·소음·진동·이상기압 등. ㉢ 사업장에서 배출되는 기체·액체 또는 찌꺼기 등에 의한 건강장해, ㉣ 계측감시, 컴퓨터 단말기 조작, 정밀공작 등. ㉤ 단순반복작업 또는 인체에 과도한 부담을 주는 작업, ㉥ 환기·채광·조명·보온·방습·청결 등의 적정기준을 유지 미이행.

5) 사업주가 부담하여야 하는 재해방지의무는 사업주와 근로자 사이에 실질적인 고용관계가 성립하는 경우에 적용되는 것이고(대판 2020.4.9, 2016도14559), 민법상 고용계약이든 도급계약이든 근로계약의 형식에 관계없이 종속적관계에서 사용자에게 근로를 제공하는 자는 근로자로서 사업주의 안전조치의무의 보호대상이 된다(대판 2003.8.27, 2002도27 ; 대판 2004.6.25, 2004도1264 ; 대판 2006.4.28, 2008도7834. 산업재해는 근로자에 대하여만 인정되는 것으로서 일반인에 대하여는 업무상과실치사상죄로 처벌하면 족한 점, 감전위험이 발생할 우려가 있는 때의 보호객체는 근로자로 정하여져 있는 점" 등 감안) ; 대판 2020.4.9, 2016도14559. 사업주가 고용한 근로자가 타인의 사업장에서 근로를 제공하는 경우에도 재해발생 방지의무가 있다.

6) 정진우, 『산업안전보건법』, 136쪽.

㈏ 위반여부판단

안전·보건조치의무의 위반여부는 산업안전법규가 정한 의무의 내용과 해당 산업현장의 특성을 토대로 산안법입법목적, 안전·보건조치부과취지, 사업장규모, 작업성격상 합리적으로 예상되는 안전·보건위험의 내용, 산업재해발생빈도, 안전·보건조치에 필요한 기술수준 등을 살펴 객관적으로 판단되어야 한다.[1)]

안전보건조치위반죄는 재해발생여부와 관계없이 사업주가 자기사업장에서 위험작업을 안전보건규칙에 따른 안전조치를 취하지 않은 채 행하도록[2)] 지시하거나, 안전조치가 취해지지 않은 상태에서 작업이 이루어지는 사실을 알면서도 방치하는 등 위반행위가 사업주에 의하여 이루어졌다고 인정되는 경우에 성립한다.[3)] 사업주의 조치가 재해를 예방할 수 있을 정도로 실질적이지 못할 경우[4)] 에도 위반에 해당된다. 그리고 동종재해가 발생했던 경우에는 충분한 보완대책을 강구하여 예방조치를 성실히 이행했는지도 엄격하게 판단되어야 한다.[5)]

㈐ 민형사책임

안전보건조치는 산안법외에 민법이나 형법을 통해서도 실현될 수 있다.[6)] 사업주는 신의성실원칙에 따라 근로자에 대해 생명·신체·건강을 해치는 일이 없도록 인적·물적인 환경을 정비하는 등 보호 및 안전보건배려의무를 지며 이를 위반하면 손해배상책임을 질 수도 있다.[7)] 파견사업에 있어서 사용사업주[8)] 및

---

1) 대판 2021.9.30, 2020도3996.

2) 대판 2014.5.29, 2014도3542. 원청사업주의 설비 일부를 교체·설치하는 작업을 도급계약에 의해 하청업체가 수행하던 중 폭발사고로 인해 근로자 6명이 사망하고 10명이 상해를 입은 사건. 원청 사업주에 대해 산안법은 무죄이고 형법상 업무강과실치사죄를 적용한 원심에 대해 감시·감독 책임을 이유로 파기.

3) 대판 2022.10.27, 2020도15325.

4) 대판 2022.1.14, 2021도15004. 〈산안법위반, 업무상과실치상죄 인정〉 현장소장이 25톤급 이동식 크레인을 사용하는 작업계획서를 작성한 후 16톤급을 배치하고 철근인양작업을 지시하여 크레인이 넘어져 상해가 발생한 사건 ; 서울서부지판 2012.4.4, 2011고단1935. 사업주는 안전장비를 지급하는 것을 넘어서서 근로자가 제대로 착용·사용하도록 하는 관리·감독의무를 진다.

5) 대판 2021.9.30, 2020도3996. 대형조선소작업현장에서 크레인끼리 충돌하여 근로자들이 사망 및 부상당한 사건 ; 이러한 법리는 조치가 취해지지 않고 작업이 이루어진 사실만으로 성립하지 않고 이를 방치한 경우에 한해 성립한다는 종래의 판례(대판 2006.4.28, 2005도3700 ; 대판 2008.8.11, 2007도7987 ; 대판 2009.4.25, 2008도5707 ; 대판 2009.5.28, 2008도7030 ; 대판 2010.9.9, 2008도7834 ; 대판 2011.9.29, 2009도12515 ; 대판 2010.11.25, 2009도11906 ; 대판 2014.8.28, 2013도3242 등)를 부정한다.

6) 사업주의 부작위가 산안법령을 위반한 것은 아닐지라도 형법상 업무상 과실치사상죄 또는 근로계약상 안전배려의무 위반에 해당하는 경우가 있게 된다. 이 경우 산안법위반으로 인한 형사적제재는 가할 수 없지만 형법상 업무상과실치사상죄의 책임을 묻거나 근로계약 불이행에 따른 민사책임추궁은 가능하다(전형배, "안전배려의무의 내용과 과제", 「노동법학」 제55호(한국노동법학회, 2015.9), 43쪽).

7) 대판 2006.9.28, 2004다44506. 배달업무운전기사 음주운전사고. 보호의무위반을 이유로 한 손해배상책임을 인정되기 위해서는 사고가 해당근로자의 업무와 관련성을 가져야 하며 통상 발생할 수 있음이 예측되거나 예측될 수 있어야 하고, 그 예측가능성은 사고가 발생한 때·장소·발생경위 기타 여러 사정을 고려하여 판단한다(대판 2001.7.27, 99다56734. [부정] 기숙사입사자 구타행위 ; 대판 2000.5.16, 99다47129. [인정]

파견사업주[1]와 도급사업에 있어 도급인[2]·시공자[3]에 대해서도 그렇다.

② **근로자**

근로자는 사업주가 한 안전조치(산안법 §38③)와 보건조치(산안법 §39)에 관한 사항(고용노동부령)을 지켜야 한다(산안법 §40, §175⑥ 3백만원과태료).

3·다. 안전보건예방 보고

(1) 유해위험방지계획서

① **고용장관심사**

사업주는 기계·설비·건설물의 설치·변경 등 '소정의 경우'에 '산안법령에 따른 명령에서 정하는 유해위험방지사항'을 적은 유해위험방지계획서를 작성하여 고용장관에게 제출하고 심사를 받아야(고용노동부령) 한다(산안법 §42①). 고용장관은 제출된 유해위험방지계획서를 심사(고용노동부령)하여 그 결과를 사업주에게 서면으로 알려주어야 하며, 안전보건유지·증진을 위해 필요하다고 인정되면 해당작업·건설공사를 중지하거나 유해위험방지계획서변경을 명할 수 있다(산안법 §42④, §168후단 5년징역·5천만원벌금).

주·야간근로로 인한 과로와 수면부족상태에서 장거리운전까지 하여 발생한 교통사고; 대판 1999.2.23, 97다12082. 인화성 물질 등이 산재한 건물 내부에서 용접작업중 사망한 사고. 공사수급인은 건물의 점유자로서 그 보존상의 하자에 따른 불법행위로 인한 손해배상책임을, 사용자는 피용자의 안전에 대한 보호 의무를 다하지 않은 채무불이행의 손해배상책임을 부담하며, 그 채무는 부진정연대채무의 관계에 있다.

8) 대판 2013.11.28, 2011다60247. 사용사업주는 파견근로자에 대해 근로계약을 체결하지 않더라도 묵시적 약정에 근거하여 보호의무 및 안전배려의무에 따른 손해배상책임을 지며, 약정상 의무에 따른 손해배상청구권에 대하여는 불법행위책임에 관한 민법 제766조제1항의 소멸시효규정이 적용될 수는 없으므로 5년의 시효가 적용된다.; 사용사업주의 책임에 대해 묵시적 또는 명시적 합의 즉 약정에서 근거를 찾지 말고 사용지시권을 가진 노무수령자가 내재적으로 직접 부담하는 의무로 파악해야 한다는 비판(김기선, "사용사업주의 안전배려의무 및 산업안전보건법 제29조의 한계", 월간「노동리뷰」 2016년 4월호, 90쪽)이 있다.; 입법론적으로는 사용사업주의 안전보호의무위반에 대해 손해배상책임을 인정하는 규정을 산안법 또는 파견법에 신설해야 한다는 주장(전형배, "파견근로에서 사용사업주의 안전보호의무와 민사책임", 「노동법연구」 제35호(2013 하반기) 211~216쪽, 서울대학교 노동법연구회), ↘ 528쪽

1) 수원지판 2008.7.11, 2008나6950. 안전교육이나 실습 없이 파견근로자를 작업에 투입시켜 2일만에 산업재해가 발생한 사건. 파견근로자의 작업현장에서 직접적으로 근로자를 관리·감독할 지위에 있다고 볼 수는 없으나, 파견법 제34조, 제35조제2항에 따라 재해보상에 관한 근기법 제8장, 재해예방에 관한 산안법 제5조를 적용함에 있어 사용자 내지 사업주로 보도록 되어 있는 점과 사용자책임에 관한 민법 제756조의 취지 등을 종합할 때 자신에게 직접적인 과실이 있는 경우는 물론이고, 그렇지 않은 경우에도 사용사업주 등에게 과실이 있다면 연대하여 손해배상책임을 져야 한다.; 인천지판 2016.5.31, 2015가단213185. 파견근로자가 작업 중 상해를 입은 경우, 근로자가 파견된 회사 및 파견사업주 모두에게 손해배상책임이 있다.

2) 도급인에게 수급인업무와 관련하여 안전조치를 취할 주의의무가 없으나, 법령에 의하여 구체적 관리·감독의무 등이 부여되어 있거나 공사의 시공이나 개별작업에 관해 구체적으로 지시·감독하였다는 등의 특별한 사정이 있으면 도급인에게도 주의의무가 있다(대판 1996.1.26, 95도2263; 대판 2010.12.23, 2010도1448).

3) 대판 1996.7.26, 95다45156. 직접 주택신축공사를 시공하는 건축주로부터 목수공사 부분을 도급받은 자와 그에게 고용된 4명의 인부가 작업을 하고 있던 사업장의 사업주에 해당하는 건축주는 산안법의 안전조치의무를 부담하며, 추락방지조치를 위반하였으므로 손해배상책임을 부담해야 한다(건축주겸 시공자의 책임을 인정한 다른 사례, 대판 1992.10.27, 91다30866).

② **자체심사**

'소정(대통령령)의 크기 · 높이 등에 해당하는 건설공사를 착공하려는 경우'에 해당하는 사업주중에서 산업재해발생률 등을 고려하여 '소정(고용노동부령)의 기준에 해당하는' 사업주는 유해위험방지계획서를 스스로 심사하고, 심사결과서를 작성하여 고용장관에게 제출해야 한다(산안법§42①,§175④ 1천만원과태료). 유해위험방지계획서를 작성할 때에 건설안전분야자격(고용노동부령)을 갖춘 사람의 의견을 들어야 한다(산안법§42②,§175⑥ 3백만원과태료).

③ **보 관**

고용장관심사 및 자체심사의 대상사업주는 유해위험방지계획서와 그 심사결과서를 각각 사업장에 갖추어 두어야 한다(산안법§42⑤,§175④ 1천만원과태료). 자체심사의 경우, 건설공사공법변경 등으로 인하여 그 유해위험방지계획서를 변경할 필요가 있으면 이를 변경하여 갖추어 두어야 한다(산안법§42⑥,§175④ 1천만원과태료).

④ **간 주**

공정안전보고서(산안법§44①)를 고용장관에게 제출한 경우에는 해당유해 · 위험설비에 대해서는 유해위험방지계획서를 제출한 것으로 본다(산안법§42③).

⑤ **이 행**

유해위험방지계획서에 대해 고용장관심사를 받은 사업주는 유해위험방지계이행에 관해 고용장관의 확인(고용노동부령)을 받아야 한다(산안법§43①,§175⑥ 3백만원과태료).

유해위험방지계획서에 대해 자체심사를 한 사업주는 유해위험방지계획서이행에 관하여 스스로 확인(고용노동부령)해야 하며, 해당건설공사중에 근로자가 사망(교통사고등고용노동부령으로 정하는경우는제외)한 경우에는 유해위험방지계획서이행에 관하여 고용장관확인(고용노동부령)을 받아야 한다(산안법§43②). 고용장관은 유해위험방지계획서대로 유해 · 위험방지조치가 되지 않은 경우, 시설 등의 개선 · 사용중지 · 작업중지 등 필요한 조치(고용노동부령)를 명할 수 있다(산안법§43③④).

(2) 공정안전보고서

① **작성 · 제출**

사업주는 사업장에 있는 유해위험설비(대통령령)로부터의 위험물질의 누출 · 화재 · 폭발 등으로 사업장내의 근로자에게 즉시 피해를 주거나 사업장의 인근지역에 피해를 줄 수 있는 사고로서 중대산업사고(대통령령)를 예방하기 위해, '산업안전보건위원회(미설치사업장은 근로자대표의견청취) 심의를 거쳐(산안법§44②,§175⑤ 5백만원과태료)' 공정안전보고서를 작성하고 고용장관에게 제출하여 심사를 받아야 한다(대통령령)(산안법§44, §175④ ①전단위반,1천만원과태료).

② **심사 · 보관**

고용장관은 공정안전보고서를 심사(고용노동부령)하여 그 결과를 사업주에게 서면으로 알려 주어야 하고 안전보건의 유지 · 증진을 위하여 필요하면 공정안전보고서변경을 명할 수 있으며(산안법§45①,§169.명령위반 3년징역·3천만원벌금), 사업주는 심사를 받은 공정안전보고서를 사업장에 갖추어 두어야 한다(산안법§45②,§175④ 1천만원과태료).

③ **가동중지**

사업주는 공정안전보고서내용이 중대산업사고를 예방하기 위해 적합하다고 통보받기 전에는 관련된 유해위험설비를 가동할 수 없다(산안법§44①후단단서,§169 3년징역·3천만원벌금).

④ **이 행**

사업주는 심사를 받은 공정안전보고서내용을 변경할 사유가 발생한 경우에 지체없이 그 내용을 보완하여야 한다(산안법§46③). 사업주와 근로자는 심사를 받거나 보완된 공정안전보고서내용을 지켜야 한다(산안법§46①, §175④ 1천만원과태료).

사업주는 심사를 받은 공정안전보고서내용을 실제로 이행하고 있는지에 대하여 고용장관확인(고용노동부령)을 받아야 한다(산안법§46②, §175⑥ 3백만원과태료). 고용장관은 공정안전보고서 이행상태를 정기적으로 평가(고용노동부령)할 수 있고, 보완상태가 불량한 사업장의 사업주에게는 공정안전보고서변경을 명할 수 있으며(산안법§46④), 이에 따르지 않는 경우 공정안전보고서를 다시 제출하도록 명할 수 있다(산안법§46⑤,§169.명령위반 3년징역·3천만원벌금).

3·라. 안전보건진단과 안전보건개선계획

(1) 안전보건진단

① **개 념**

안전보건진단이란 산업재해를 예방하기 위하여 잠재적인 위험성을 발견하고 그 개선대책을 수립할 목적으로 조사 · 평가하는 것을 말한다(산안법§2xii).

② **진단의무**

고용장관은 추락 · 붕괴, 화재 · 폭발, 유해 · 위험물질누출 등 산업재해발생의 위험이 현저히 높은 사업장의 사업주에게 안전보건진단기관(산안법§48)이 실시하는 안전보건진단을 받을 것을 명할 수 있다(산안법§47①,§175④ 명령위반,1천만원과태료). 안전보건진단명령을 받은 사업주는 안전보건진단기관에 안전보건진단을 의뢰(고용노동부령)해야 하고(산안법§47②), 진단에 적극 협조해야 하며 정당한 사유가 없이 이를 거부 · 방해 · 기피해서는 안 되고 근로자대표가 요구할 때에는 해당안전보건진단에 근로자대표를 참여시켜야 한다(산안법§47③,§175③ 1천5백만원과태료).

안전보건진단기관은 안전보건진단결과보고서를 해당사업장의 사업주 및 고용장관에게 제출(고용노동부령)해야 한다(산안법 §47④). 안전보건진단종류 · 내용, 안전보건진단결과보고서포함사항 등은 대통령령(산안령46 별표14)으로 정한다(산안법 §47⑤).

③ **진단기관**

'안전보건진단기관이 되려는 사람'은 '인력 · 시설 · 장비 등의 요건'(대통령령)을 갖추어 고용장관지정을 받아야 한다(산안법 §48①). 고용장관은 안전보건진단기관에 대해 평가(고용노동부령)하고 결과를 공개할 수 있다(산안법 §48②). 지정의 취소 · 업무정지에 대해 '안전관리전문기관 · 보건관리전문기관조항(산안법§21④⑤, 같은장 같은절,2·나,(3),②,㈏,㈏)'이 준용된다(산안법 §48④).

(2) 안전보건개선계획

① **수립 · 시행 명령**

고용장관은 '높은 산업재해율', 중대재해발생 등의 '소정의 사업장'으로서 산업재해예방을 위해 종합적개선조치를 할 필요가 있는 사업장의 사업주에게 '산업안전보건위원회의(미설치사업장은 근로자대표의견청취) 심의를 거쳐(산안법§49②,§175⑤ 5백만원과태료)' 사업장 · 시설 등에 관한 안전보건개선계획을 수립 · 시행(고용노동부령)할 것을 명할 수 있으며(산안법§49①,§175④ 명령위반,1천만원과태료), 다른 '소정의 사업장'(대통령령)의 사업주에게는 안전보건진단(산안법 §47)을 받아 안전보건개선계획을 수립 · 시행할 것을 명할 수 있다.

② **계획서 제출 · 심사**

안전보건개선계획의 수립 · 시행명령을 받은 사업주는 안전보건개선계획서를 작성하여 고용장관에게 제출(고용노동부령)해야 한다(산안법 §50①).

고용장관은 제출받은 안전보건개선계획서를 심사(고용노동부령)하여 그 결과를 사업주에게 서면으로 알려 주어야 하며, 안전 및 보건의 유지 · 증진을 위하여 필요하다고 인정되면 안전보건개선계획서보완을 명할 수 있다(산안법 §50②).

③ **이 행**

사업주와 근로자는 '심사를 받거나 보완된 안전보건개선계획서'의 내용을 준수하여야 한다(산안법§50③,§175⑤ 5백만원과태료).

3·마. 작업중지

(1) 사업주 주관

사업주는 산업재해가 발생할 급박한 위험이 있을 때에는 즉시 작업을 중지시키고 근로자를 작업장소에서 대피시키는 등 안전보건에 관하여 필요한 조치를 하여야 한다(산안법§51, §168 5년징역·5천만원벌금).

(2) 근로자 주관

근로자는 산업재해가 발생할 급박한 위험이 있는 경우에 작업을 중지하고 대피할 수 있으며, 지체없이 그 사실을 '관리감독자 또는 그 밖에 부서의 장(관리감독자등)'에게 보고해야 하고, 관리감독자등은 보고를 받으면 필요한 안전보건조치를 하여야 한다. 사업주는 산업재해가 발생할 급박한 위험이 있다고 근로자가 믿을 만한 합리적이유가 있을 때에는 해당근로자에 대하여 해고나 그 밖의 불리한 처우를 해서는 안된다(산안법 §52).[1]

(3) 고용장관 주관

고용장관은 사업주가 사업장의 '건설물 또는 그 부속건설물 및 기계·기구·설비·원재료(기계·설비등)'에 대하여 안전보건조치(고용노동부령)를 하지 않아 현저한 유해·위험이 초래될 우려가 있다고 판단되면, 해당기계·설비등에 대하여 사용중지·대체·제거 또는 시설개선, 그 밖에 안전보건에 관하여 시정조치(고용노동부령)를 명할 수 있다(산안법§53①,§169, 명령위반 3년징역·3천만원벌금). 시정조치명령을 받은 사업주는 해당기계·설비등에 대해 시정조치를 완료할 때까지 시정조치명령사항을 근로자가 쉽게 볼 수 있는 장소에 게시해야 한다(산안법§53②,§175⑤ 5백만원과태료). 고용장관은 사업주가 해당기계·설비등에 대한 시정조치명령을 이행하지 않아, 유해·위험상태가 해소·개선되지 않거나 유해·위험이 현저히 높아질 우려가 있는 경우에는, 해당기계·설비등과 관련된 작업의 전부 또는 일부의 중지를 명할 수 있다(산안법§53③,§168, 명령위반 5년징역·5천만원벌금).

'사용중지명령 또는 작업중지명령'(산안법 §53①③)을 받은 사업주는 시정조치를 완료한 경우에 고용장관에게 해제를 요청할 수 있으며, 고용장관은 시정조치가 완료되었다고 판단되면 해제하여야 한다(산안법 §53④⑤).

---

1) 대판 2023.11.9, 2018다288662. 부당정직 인정. 화학물질누출을 우려해서 작업중지권 행사.

3·바. 중대재해

(1) 산안법

① 개 념

"중대재해"란 산업재해중에서 사망 등 재해정도가 심하거나 다수의 재해자가 발생한 경우로서 '고용노동부령으로 정하는' 재해를 말한다(산안법 §2ii).

② 조치 및 보고

사업주는, 중대재해가 발생하면, 즉시 해당작업을 중지시키고 근로자를 작업장소에서 대피시키는 등 필요한 안전보건조치를 해야 한다(산안법 §54①, §168 5년징역·5천만원벌금).

사업주는 '중대재해가 발생한 사실을 알게 된 경우'에는 지체없이 고용장관에게 보고(고용노동부령)해야 하고, '천재지변 등 부득이한 사유가 발생한 경우'에는 그 사유가 소멸되면 지체없이 보고해야 한다(산안법 §54②, §175② 중대재해미보고등, 3천만원과태료).

③ 작업중지명령

고용장관은 '중대재해가 발생한 해당 작업' 또는 '중대재해가 발생한 작업과 동일한 작업'으로 인하여 해당사업장에 산업재해가 다시 발생할 급박한 위험이 있다고 판단되는 경우에는 작업중지를 명할 수 있다(산안법 §55①, §168, 명령위반 5년징역·5천만원벌금).

고용장관은 토사 · 구축물붕괴, 화재 · 폭발, 유해위험물질누출 등으로 인해 중대재해가 발생하여 해당재해발생장소의 주변으로 산업재해가 확산될 수 있다고 판단되는 등 불가피한 경우에는 해당사업장의 작업을 중지할 수 있다(산안법 §55②).

사업주가 중대재해와 관련된 작업중지해제를 요청한 경우, 고용장관은 '작업중지해제에 관한 전문가' 등으로 구성된 심의위원회의 심의를 거쳐 작업중지를 해제(고용노동부령)하여야 한다(산안법 §55③④).

④ 고용장관조사 및 사업주의무

고용장관은 중대재해발생의 원인규명 또는 산업재해예방대책수립을 위해 발생원인을 조사(고용노동부령)할 수 있으며(산안법 §56①), 중대재해발생사업장의 사업주에게 안전보건개선계획의 수립 · 시행 및 필요조치를 명할 수 있고(산안법 §56②), 누구든지 중대재해발생현장을 훼손하거나 원인조사를 방해해서는 안된다(산안법 §56③, §170 1년징역·1천만원벌금). 사업주는 산업재해발생사실을 은폐해서는 안되며(산안법 §57①, §170 1년징역·1천만원벌금), 산업재해발생원인 등을 기록하여 보존(고용노동부령)해야 하고(산안법 §57②), 소정(고용노동부령)의 산업재해'에 대해 그 발생의 개요 · 원인 · 보고시기 · 재발방지계획 등을 고용장관에게 보고(고용노동부령)해야 한다(산안법 §57③, §175③. 미보고 거짓보고, 1천5백만원과태료).

(2) 중대재해법

① 의 의

(가) 규정 체계

「중대재해처벌등에관한법률」(중대재해법)(개인사업자, 50인미만사업 50억원미만공사, 2024.1.27시행)은 중대재해를 중대산업재해(제2장)와 중대시민재해(제3장)로 구분하고, 각각에 대해 사업주 및 경영책임자등의 의무를 부과하고, 의무를 위반하여 그러한 재해에 이르게 한 데 대한 벌칙 등을 규정하고 있다.

(나) 중대산업재해 개념

"중대산업재해"라 함은 산업재해(산안법 §2 i)중에서 "사망자가 1명이상" 또는 "동일사고로 6개월이상 치료가 필요한 부상자가 2명이상" 또는 "동일유해요인으로 급성중독 등 직업성질병자(대통령령 명시)가 1년이내에 3명이상" 발생한 재해를 말한다(중대재해법 §2 ii). 산안법상 산업재해에 해당하는 사망은 사고사망뿐아니라 직업성질병사망을 포함한다. 동일사고는 하나의 사고 또는 장소적 · 시간적으로 근접성을 갖는 일련의 과정에서 발생한 사고를 말한다.

유해요인은 산안령에 열거된 화학적유해인자, 유해작업 등을 말하며, 유해요인의 동일성은 노출된 유해인자와 유해물질의 성분, 작업의 양태 등의 측면에서 객관적으로 고려하여 판단한다.[1)]

(다) 중대산업재해 적용

중대재해법은 적용대상인 '종사자'(§2 iii),[2)] '사업주'(§2 iii)[3)]와 '경영책임자등'(§2 iii)[4)]의 개념을 따로 정의하고 있다. "중대산업재해"(제2장)는 '5명미만사업(장)의 사업주(개인사업주에 한함) 또는 경영책임자등'에게 적용되지 않는다.

② 사업주와 '경영책임자등'의 안전 · 보건 확보의무

(가) 의무 내용

사업주 또는 경영책임자등은 사업주나 법인 또는 기관이 "실질적으로 지배 ·

---

1) 고용노동부, 「중대재해처벌법해설」, 10~13쪽.

2) ⓐ 근기법 상의 근로자, ⓑ 도급, 용역, 위탁 등 계약의 형식에 관계없이 그 사업의 수행을 위하여 대가를 목적으로 노무를 제공하는 자, ⓒ 사업이 여러 차례의 도급에 따라 행하여지는 경우에는 각 단계의 수급인 및 수급인과 ⓐ 또는 ⓑ의 관계가 있는 자.

3) 자신의 사업을 영위하는 자, 타인의 노무를 제공받아 사업을 하는 자.

4) ⓐ 사업을 대표하고 사업을 총괄하는 권한과 책임이 있는 사람 또는 이에 준하여 안전보건업무를 담당하는 사람, ⓑ 중앙행정기관장, 지방자치단체장, 지방공기업장, 공공기관장.

운영 · 관리하는 사업(장)에서 종사자의 안전 · 보건상 유해 · 위험을 방지하기 위하여 사업(장)의 특성 및 규모 등을 고려하여 아래의 조치를 해야 하며"(중대재해법§4), 제3자에게 도급 · 용역 · 위탁 등을 행한 경우로서 그 시설 · 장비 · 장소 등에 대하여 '실질적으로 지배 · 운영 · 관리하는 책임이 있는 경우'[1]에 제3자의 종사자에게 중대산업재해가 발생하지 않도록 같은 조치를 해야 한다(중대재해법§5).

ⓐ 재해예방에 필요한 인력 및 예산 등 안전보건관리체계의 구축 및 그 이행(구체적인 내용은 대통령령으로 정함) ⓑ 재해발생시 재발방지대책의 수립 및 그 이행 ⓒ 중앙행정기관 · 지방자치단체가 관계법령에 따라 개선, 시정 등을 명한 사항의 이행, ⓓ 안전 · 보건법령에 따른 의무이행에 필요한 관리(구체적인 내용은 대통령령으로 정함)

㈏ 의무 위반

㉮ 처 벌

안전 · 보건확보의무(중대재해법§4, §5)를 위반하여 "사망자가 1명이상"[2]에 해당하는 중대산업재해에 이르게 한 사업주 또는 경영책임자 등은 1년이상징역 또는 10억원이하벌금에 처하며, 징역과 벌금을 병과할 수 있다(중대재해법§6①). 이 경우 행위자를 벌하는 외에 예방을 위해 상당한 주의와 감독을 게을리 한 법인 또는 기관에 '50억원이하의 벌금' 형을 과하는 양벌규정이 적용된다(중대재해법§7).

안전 · 보건확보의무(중대재해법§4, §5)를 위반하여 "동일사고로 6개월이상 치료가 필요한 부상자가 2명이상" 또는 "동일유해요인으로 급성중독 등 대통령령으로 정하는 직업성질병자가 1년이내에 3명이상"에 해당하는 중대산업재해에 이르게 한 사업주 또는 경영책임자 등은 7년이하징역 또는 1억원이하벌금에 처한다(중대재해법§6②). 이 경우 행위자를 벌하는 외에 예방을 위해 상당한 주의와 감독을 게을리 한 법인 또는 기관에 '10억원이하의 벌금' 형을 과하는 양벌주의가 적용된다(중대재해법§7).

중대산업재해죄로 형을 선고받고 형이 확정된 후에 5년이내에 다시 중대산업재해의 죄를 저지른 사람에게는 각각에서 정한 형의 1/2까지 가중한다(중대재해법§6③).

---

1) 중대산업재해발생원인을 살펴 시설이나 장비 그리고 장소에 관한 소유권, 임차권, 그 밖에 사실상의 지배력을 가지고 위험에 대한 제어능력이 있다고 볼 수 있는 경우를 말한다(고용노동부, 「중대재해처벌법해설」, 109쪽) ; 중대산업재해감독과-5077, 2022.12.29. 국가 또는 지방자치단체가 자신의 사무를 법률 또는 조례 등으로 지방공사·공단 및 지방출자·출연기관 등 별도조직에 위탁하는 것은 해당기관의 설치근거 등에 따라 해당기관의 업무로 정한 것으로 봄.

2) 중대재해법위반(산업재해치사)죄, 산업안전보건법위반죄 및 업무상과실치사죄는 상상적경합관계(형법 §40)에 해당되어 가장 무거운 죄에 해당하는 형으로 처벌된다(대판 2023.12.28, 2023도12316).

㈏ 교 육

중대산업재해가 발생한 법인 또는 기관의 경영책임자등은 대통령령으로 정하는 바에 따라 안전보건교육을 이수하여야 한다(중대재해법§8 미이행시5천만원과태료). 비용은 교육대상자가 부담한다. 개인사업주는 교육이수대상에 해당하지 않는다.

㈐ 손해배상

사업주 또는 경영책임자등이 고의 또는 중대한 과실로 의무를 위반하여 중대재해를 발생하게 한 경우, 해당업무에 관하여 상당한 주의와 감독을 게을리 한 사업주·법인 또는 기관은 손해를 입은 사람에 대하여 손해액의 5배를 넘지 않는 범위에서 배상책임을 진다(중대재해법§15).

4. 취약부분의 산업재해예방 특례

4·가. 도급사업 특례

(1) 개 념

도급은 명칭에 관계없이 물건의 제조·건설·수리 또는 서비스의 제공, 그 밖의 업무를 타인에게 맡기는 계약이다(산안법§2vi). 도급인은 물건의 제조·건설·수리 또는 서비스의 제공, 그 밖의 업무를 도급하는 사업주이며 건설공사발주자는 제외된다(산안법§2vii). 수급인은 도급인으로부터 물건의 제조·건설·수리 또는 서비스의 제공, 그 밖의 업무를 도급받은 사업주이다(산안법§2viii).

관계수급인이란 도급이 여러 단계에 걸쳐 체결된 경우에 각 단계별로 도급받은 사업주를 말한다(산안법§2ix).

(2) 도급제한

① 금지와 승인

㈎ 도급제한

사업주는 '안전·보건 유해·위험작업'인 도금작업, '수은·납·카드뮴의 제련·주입·가공·가열 작업' 및 '허가대상물질(산안법§118①)의 제조·사용작업'에 대해, 도급하여 자신의 사업장에서 수급인근로자가 작업을 하도록 하면 안된다(산안법§58①).

'일시·간헐작업도급'과 '수급인보유기술이 전문적이고 사업주(수급인에게도급을한 도급인으로서의사업주)의 사업운영에 필수불가결한 경우'로서 '고용장관이 실시하는 안전보건평가'(고용노동부령)를 받은 후 '유효기간이 3년범위인 고용장관승인(승인사항중고용부령사항 변경시다시승인필요)을 받은 경우'

와 '유효기간만료일후 3년범위에서 같은 방식으로 안전보건평가를 받아 고용장관 승인이 연장된 경우'에도 유해 · 위험작업도급제한의 예외가 인정된다(산안법 §58②③④⑤).

㈏ **도급승인**

사업주는, 자신의 사업장에서 '안전보건유해 · 위험작업'중에서 급성독성 · 피부부식성 등이 있는 물질의 취급 등 소정(대통령령)의 작업을 도급하려면, 안전보건평가(고용장관실시)를 받은 후에 고용장관의 도급승인을 받아야 한다(산안법 §59).

㈐ **안전보건평가 관리**

도급금지예외승인과 도급승인에 있어 안전보건평가(산안법§58③⑤, §59②에 의해 준용되는 경우 포함) 업무를 위탁(산안법 §165②)받은 사람으로서 그 업무를 거짓 · 부정한 방법으로 수행한 사람에 대해서는 벌칙(산안법§169 3년징역·3천만원벌금)이 적용된다.

② **하도급금지와 도급요건**

'수급인보유기술이 전문적이고 사업운영에 필수불가결한 경우'에 대한 도급금지예외승인(산안법 §58② ii), 도급승인(산안법 §59) 그리고 '도급금지예외승인(산안법 §58)과 도급승인(산안법 §59)에 따른 연장승인 또는 변경승인'을 받은 작업을 도급받은 수급인은 그 작업을 하도급할 수 없다(산안법 §60). 사업주는 산업재해예방조치를 할 수 있는 능력을 갖춘 사업주에게 도급하여야 한다(산안법 §61).

(3) 수급인근로자에 대한 조치

① **안전보건총괄책임자**

'소정(산안령 §52)의 대상사업'에 해당하는 도급인은, 수급인근로자가 도급인의 사업장에서 작업을 하는 경우, 그 사업장의 안전보건관리책임자를 '도급인근로자와 수급인근로자의 산업재해예방업무'(산안령 §53)[1]를 총괄하여 관리하는 안전보건총괄책임자로 지정하여야 하며, 안전보건관리책임자를 두지 않아도 되는 사업장에서는 '사업을 총괄하여 관리하는 사람'을 안전보건총괄책임자로 지정해야 한다(산안법§62①②, §175⑤ 5백만원과태료). 안전보건총괄책임자를 지정하면 「건설기술진흥법(§64 ①)」에 따른 안전총괄책임자를 둔 것으로 본다(산안법 §62②).

② **도급인의 안전보건조치**

도급인은, 수급인근로자가 도급인의 사업장에서 작업을 하는 경우, 자신의 근로자와 수급인근로자의 산업재해예방을 위해 안전보건시설설치 등 필요한 안

1) 위험성평가실시, 작업중지, 도급시 산업재해예방조치, 산업안전보건관리비의 관계수급인간 사용 감독 등.

전보건조치를 해야 하되(산안법§63본문,§168 3년징역·3천만원벌금)(사망사고,§167.7년징역·1억원벌금.형확정후 5년내 재범시 형의1/2가중,200시간수강명령), 보호구착용 지시 등 수급인근로자의 작업행동에 관한 직접적인 조치는 제외한다(산안법 §63단서).

③ **산재예방조치**

도급인은 수급인근로자가 도급인의 사업장에서 작업을 하는 경우 '도급인과 수급인을 구성원으로 하는 안전보건협의체의 구성·운영' 등을 포함한 '소정의 작업'[1)]을 이행(고용노동부령)해야 하며,[2)] 자신의 근로자 및 수급인근로자와 함께 정기 또는 수시로 작업장의 안전보건점검(고용노동부령)을 해야 한다(산안법§64,§172 5백만원이하벌금).

④ **안전보건 정보제공**

'소정의 작업'[3)]을 도급하는 사람은 그 작업을 수행하는 수급인근로자의 산업재해를 예방하기 위하여 해당작업시작전에 수급인에게 안전보건정보를 문서로 제공(고용노동부령)하여야 한다(산안법§65①, §170 1년징역·1천만원벌금).

도급인이 해당정보를 해당작업시작전까지 제공하지 않으면, 수급인이 정보제공을 요청할 수 있으며 그래도 제공되지 않으면 이행지체책임이 없이 해당도급작업을 하지 않을 수 있다(산안법 §65②④). 도급인은 수급인이 제공받은 안전보건정보에 따라 필요한 안전보건조치를 하였는지를 확인하여야 한다(산안법 §65③).

⑤ **수급인에 대한 도급인의 시정조치**

도급인은, '수급인근로자가 도급인의 사업장에서 작업을 하는 경우'와 '수급인에 대한 도급인의 정보제공의무대상작업을 도급하는 경우(산안법 §65①)'에 수급인 또는 수급인근로자가 도급받은 작업과 관련하여 산안법령에 따른 명령을 위반하면 관계수급인에게 시정조치를 요구할 수 있으며, 관계수급인은 정당한 사유가 없으면 이에 따라야 한다(산안법§66,§175⑤ 5백만원과태료).

수급인근로자가 일하던 도중에 사고를 당한 경우라도 도급인의 요구에 따라 작업을 수행하였다면 도급인의 보험사로부터 보험금을 지급받을 수 있다.[4)]

---

1) ⓐ 도급인과 수급인이 포함되는 안전보건협의체 구성·운영, ⓑ 작업장순회점검, ⓒ 관계수급인 근로자안전보건교육(산안법 §29①②③)을 위한 장소·자료제공 등 지원, ⓓ 관계수급인의 근로자 유해위험채용·작업변경교육(산안법 §29③) 실시 확인, ⓔ 작업장소에서의 '발파작업' 또는 '화재·폭발, 토사·구축물 등의 붕괴 또는 지진 등이 발생'에 대비한 경보체계 운영과 대피방법 등 훈련, ⓕ 위생시설 등 고용노동부령으로 정하는 시설의 설치 등을 위한 장소제공 또는 도급인이 설치한 위생시설이용 협조.

2) 안전보건협의체 구성 및 운영, 작업장순회점검, 안전보건교육지원 등은 고용노동부령으로 정한다.

3) 고용노동부령으로 정하는 화학물질 또는 혼합물을 제조·사용·운반 또는 저장하는 반응기·증류탑·배관 또는 저장탱크를 개조·분해·해체 또는 철거하는 작업, 질식 또는 붕괴의 위험이 있는 작업.

4) 대판 2023.8.18, 2019다219199.

4·나. 건설업 특례

(1) 개 념

건설공사발주자란 건설공사를 도급하는 사람으로서 건설공사시공을 주도하여 총괄 · 관리하지 않는 사람을 말하며 '도급받은 건설공사를 다시 도급하는 사람'은 제외된다(산안법 §2 x).

건설공사란 건설공사(건설산업기본법, §2), 전기공사(전기공사업법, §2), 정보통신공사(정보통신공사업법 §2), 소방시설공사(소방시설공사업법), 문화재수리공사(문화재수리등에 관한법률)중에서 어느 하나에 해당하는 공사를 말한다(산안법 §2xi). "건설공사시공을 주도하여 총괄 · 관리"를 "산재예방과 관련 유해·위험요소에 대해 실질적인 지배·관리 권한을 가지는지"로 판단하면서 그 기준[1]을 제시한 판결[2]이 발견된다.

(2) 발주자의 산업예방조치

① 조치사항

대통령령으로 정하는 건설공사의 건설공사발주자는 산업재해예방을 위하여 건설공사의 단계별로 건설공사발주자산업재해예방조치를 해야 한다(산안법§67①,§175④ 1천만원과태료). 첫째, 계획단계에서는 '해당건설공사에서 중점적으로 관리해야 할 유해 · 위험요인과 감소방안을 포함한 기본안전보건대장을 작성'해야 한다. 둘째, 설계단계에서는 기본안전보건대장을 설계자에게 제공하여 설계자로 하여금 '유해 · 위험요인 감소방안'을 포함한 설계안전보건대장을 작성하게 하고 이를 확인해야 한다. 셋째, 시공단계에서는 건설공사발주자로부터 건설공사를 최초로 도급받은 수급인에게 설계안전보건대장을 제공하고, 그 수급인에게 이를 반영하여 안전한 작업을 위한 공사안전보건대장을 작성하게 하여야 한다.'[3]

② 안전보건조정자

2개이상의 건설공사를 도급한 건설공사발주자는 그 2개이상의 건설공사가 같은 장소에서 행해지는 작업혼재로 인하여 발생할 수 있는 산업재해를 예방하기 위하여 건설공사현장에 '대상[4] · 자격[5] · 업무[6] 등을 정한 대통령령(산안령 §56 ~ §57)에 따

---

1) ① 실질적영향력의 정도, ② 해당공사에 대한 전문성 및 시공능력, ③ 수급업체의 규모와 시공능력, ④ 회사의 구체적인 작업 관련 조치·감독 내용.

2) 대판 2024.11.24, 2023도14674. 인천항만공사사건. 발주자로 보고, 사망사건에 대해 산안법상위반책임을 부정한 원심 배척.

3) 각단계에서 작성되는 대장에 포함되어야 할 구체적인 내용은 고용노동부령으로 정한다.

4) 각 건설공사의 금액의 합이 50억원 이상.

5) 산업안전지도사 등 5개유형 자격 선임, 공사감독자 등 2개유형 자격 지정.

라' 안전보건조정자를 두어야 한다(산안법§68,§175⑤ 5백만원과태료).

(3) 공사과정 변경조치

① 공사변경 금지

건설공사발주자 또는 건설공사도급인(건설공사발주자로부터해당건설공사를최초로도급받은 수급인또는건설공사의시공을주도하여총괄·관리하는자)은 설계도서 등에 따라 산정된 공사기간을 단축해서는 안되며, 공사비를 줄이기 위하여 위험성이 있는 공법을 사용하거나 정당한 사유없이 정해진 공법을 변경해서는 안된다(산안법§69, §171 1천만원벌금).

② 공사기간 연장

건설공사발주자는 '천재지변 등 불가항력' 또는 '건설공사발주자의 책임있는 공사중단'의 사유로 건설공사가 지연되어 건설공사도급인이 공사기간연장을 요청하면 공사기간을 연장해야 한다(산안법§70①, §175④ 1천만원과태료). 건설공사관계수급인은 '천재지변 등 불가항력(산안법 §69① i)' 또는 건설공사도급인귀책사유로 착공이 지연되거나 시공이 중단되어 해당건설공사가 지연된 경우에 건설공사도급인에게 공사기간연장을 요청할 수 있으며(산안법 §70②전단), 건설공사도급인은 특별한 사유가 없으면 공사기간을 연장하거나 건설공사발주자에게 기간연장을 요청해야 한다(산안법§70②후단, §175④ 1천만원과태료).

③ 설계변경 요청

건설공사도급인은 건설공사중에 '가설구조물(대통령령 지정)붕괴 등'으로 산업재해발생 위험이 있다고 판단되면, 건설공사발주자가 설계를 포함하여 발주한 경우를 제외하고는, '건축·토목분야전문가 등 전문가(대통 령령)'의 의견을 들어 건설공사발주자에게 해당건설공사의 설계변경을 요청할 수 있다(산안법 §71①).

건설공사수급인은 '건설공사도급인의 경우와 같은 사유에 대해 같은 의견을 방식(산안법 §71①)'으로 건설공사도급인에게 해당 건설공사의 설계변경을 요청할 수 있으며(산안법 §71③전단), 건설공사도급인은 요청내용이 기술적으로 적용이 불가능한 명백한 경우가 아니면 이를 반영하여 해당건설공사의 설계를 변경하거나 건설공사발주자에게 설계변경을 요청해야 한다(산안법§71③후단, §175④ 1천만원과태료).

'고용장관으로부터 유해위험방지계획서를 심사받은 후에 공사중지 또는 유해위험방지계획서변경 명령을 받은(산안법 §42④)' 건설공사도급인은 설계변경이 필요한 경우 건설공사발주자에게 설계변경을 요청할 수 있다(산안법 §71②). 설계변경요청을 받은

---

6) 혼재된 작업으로 인한 산업재해 발생의 위험성 파악 등 4가지 명시. ↘ 540쪽

건설공사발주자는 요청내용이 기술적으로 적용이 불가능한 명백한 경우가 아니면 이를 반영하여 설계를 변경해야 한다(산안법§71④,§175④ 1천만원과태료).

(4) 산재예방 관리체계

① 산업안전보건관리비

'건설공사발주의 도급계약체결'과 '건설공사도급인(건설공사발주자로부터건설공사를 최초로도급받은수급인은제외)의 건설공사사업계획수립'의 경우, 산업안전보건관리비(고용장관고시)[1]를 도급금액 또는 사업비에 계상해야 한다(산안법§72①,§175④ 1천만원과태료). 고용장관은 산업안전보건관리비의 효율적사용을 위해 '사업의 규모별 · 종류별 계상기준', '건설공사진척정도에 따른 사용비율 등 기준' 등 필요한 사항을 정할 수 있으며(산안법§72②), 건설공사도급인은 이에 따라 산업안전보건관리비를 사용하고 사용명세서를 작성하여 보존(고용노동부령)해야 한다(산안법§72③,§175④ 1천만원과태료). '선박건조 · 수리를 최초로 도급받은 수급인'은 사업계획을 수립할 때에는 산업안전보건관리비(고용장관고시)를 사업비에 계상해야 한다(산안법§72④). 건설공사도급인 또는 '선박의 건조 · 수리를 최초로 도급받은 수급인'은 산업안전보건관리비를 산업재해예방외의 목적으로 사용하면 안된다(산안법§72⑤,§175④ 1천만원과태료).

② 산업재해 예방 · 지도

㈎ 건설공사도급인의 의무

건설공사도급인(대통령령지정)은 해당건설공사를 하는 동안에, 지도업무내용 · 지도대상 · 지도수행방법 등을 정한 대통령령에 따라(산안법§73③), 건설재해예방전문지도기관에서 건설산업재해예방을 위한 지도를 받아야 한다(산안법§73①,§175⑥ 3백만원과태료).

㈏ 건설재해예방전문지도기관

'건설재해예방전문지도기관이 되려는 사람'은 자격 · 인력 · 시설 · 장비 등 '소정(산안령§61 별표19)의 요건'을 갖추어, '절차 등을 정한 대통령령(산안법§62)'에 따라, 고용장관 지정을 받아야 한다(산안법§74①②). 고용장관은 건설재해예방전문지도기관에 대해 평가하고 결과를 공개할 수 있다(고용노동부령)(산안법§74③). 지정취소 · 업무정지에 대해서는 '안전관리전문기관 · 보건관리전문기관조항(산안법§21④⑤, 같은장 같은절,2·나,(3),②,㈏,㈏)'을 준용한다(산안법§74④).

③ 안전보건노사협의체

소정규모(산안령§63)의 건설공사의 건설공사도급인은 해당건설공사현장에 근로자위

---

1) 대판 2015.10.29, 2015다214691 · 214707 ; 고용부고시는 대외적 구속력을 갖는다.

원과 사용자위원이 같은 수로 구성되는(산안령 §64) 안전보건노사협의체를 구성·운영할 수 있다(산안법 §75①). 건설공사도급인이 노사협의체를 구성·운영하면 산업안전보건위원회(산안법 §24)와 안전보건협의체(산안법§64① i 같은장, 같은절, (2), ③)를 각각 구성·운영하는 것으로 보며, '산업안전보건위원회의 심의사항(산안법 §24②)'에 대하여 심의를 거쳐야 하고, '의결되지 않은 사항'의 처리방법은 대통령령(산안령 §65)으로 정한다(산안법 §75②③). 노사협의체는 대통령령(산안령 §65)에 따라 회의를 개최하고 그 결과를 회의록으로 작성하여 보존해야 하며, '산업재해예방·대피방법 등(고용노동부령)'에 대해 협의하여야 한다(산안법 §75④⑤). 노사협의체를 구성·운영하는 건설공사도급인·도급인근로자·수급인근로자는 심의·의결사항을 성실하게 이행해야 한다(산안법 §75⑥, §175⑤ 5백만원과태료). 노사협의체는 산안법령, 단체협약, 취업규칙 및 안전보건관리규정에 반하는 내용으로 심의·의결해서는 안되며, 사업주는 노사협의회의 위원에게 직무수행과 관련한 사유로 불리한 처우를 해서는 안된다(산안법 §75⑦, §24⑤⑥ '산업안전보건위원회' 준용).

④ **기계기구안전조치**

건설공사도급인은 자신의 사업장에서, 타워크레인 등 소정(대통령령)의 기계·기구·설비 등이 '설치되어 있거나 작동되고 있는 경우' 또는 '설치·해체·조립하는 등의 작업이 이루어지고 있는 경우'에, 필요한 안전보건조치를 해야 한다(산안법 §76, §169 3년징역·3천만원벌금).

4·다. 고용형태별 특례

(1) 특수형태근로종사자

① **개 념**

특수형태근로종사자라 함은 "계약의 형식에 관계없이 근로자와 유사하게 노무를 제공하여 업무상재해로부터 보호할 필요가 있음에도 근기법 등이 적용되지 않는 자로서 첫째, 대통령령(산안령 §67)으로 정하는 직종에 종사하고, 둘째, 주로 하나의 사업에 노무를 상시적으로 제공하고 보수를 받아 생활하며, 셋째, 노무를 제공할 때 타인을 사용하지 않는 사람"을 말한다(산안법 §77①).

② **특 례**

특수형태근로종사자로부터 노무를 제공받는 사람은 특수형태근로종사자의 산업재해예방을 위하여 필요한 안전보건조치를 하여야 한다(산안법 §77①, §175④ 1천만원과태료). 대통령령(산안령 §68)으로 정하는 특수형태근로종사자로부터 노무를 제공받는 사람은 안전보건교육을 실시(고용노동부령)하여야 한다(산안법§77②, §175⑤ 5백만원과태료). 정부는 특수형태근로종사자의 '안전보건 유지·증진 비용'의 일부 또는 전부를 지원할 수 있다(산안법 §77③).

(2) 배달종사자와 가맹본부

이동통신단말장치(이동통신단말장치유통구조개선에관한법률§2iv)로 물건의 수거·배달 등을 중개하는 사람은 이륜자동차(자동차관리법 §3①v)로 물건을 수거·배달 등을 하는 배달종사자의 산업재해예방을 위해 필요한 안전보건조치를 해야 한다(산안법§78, §175④ 1천만원과태료).

'소정(대통령령)의 가맹본부'는 가맹점사업자에게 가맹점의 설비·기계·원자재·상품 등을 공급하는 경우에느 가맹점안전보건프로그램을 마련하여 시행하고, 해당 설비·기계·원자재·상품 등 대해 안전보건정보를 제공해야 한다(산안법§79, §175② 3천만원과태료).

5. 유해 · 위험한 기계 · 기구 제한

5·가. 방호조치와 유해 · 위험방지조치

(1) 기계기구 방호조치

누구든지 동력으로 작동하는 '소정(대통령령)의 기계·기구'에 대해 '유해·위험 방지를 위한 방호조치'(고용노동부령)를 하지 않고 양도·대여·설치·사용에 제공하거나 양도·대여의 목적으로 진열하면 안된다(산안법 §80①, §170 1년징역·1천만원벌금). 사업주와 근로자는 '방호조치(산안법 §80①②) 해체 등'(고용노동부령)의 경우에 필요한 안전보건조치를 해야 한다(산안법§80①②④, §170 1년징역·1천만원벌금). 사업주는 방호조치가 정상적기능을 발휘하도록 상시적으로 점검·정비해야 한다(산안법 §80③). 산안법은 명령규정형식을 취하며 위반자는 부작위범인데, 방호조치조항은 금지규정이고 위반자는 작위범이다.[1] 방호조치이행의무자는, 사업주로 한정되지 않는다.[2]

(2) 기계기구대여자 조치

'기계·기구 설비 및 건축물 등'(산안령§27② [별표8])을 타인에게 대여하거나 대여받는 사람은 필요한 안전보건조치를 취해야 한다(산안법§81, §169 3년징역·3천만원벌금).

(3) 타워크레인 설치 · 해체 등록

'타워크레인을 설치·해체하려는 자'는 '인력·시설·장비 등의 요건(대통령령)을 갖

1) 정진우, 『산업안전보건법』, 242쪽.
2) 대판 2006.1.12, 2004도8875.

추어' 고용장관에게 등록하여야 하며(산안법§82①, §175④ 1천만원과태료), 등록사항중에서 중요사항(대통령령)을 변경할 때에도 같다(산안법 §82①③). 사업주는 등록자로 하여금 '타워크레인 설치·해체작업'을 하도록 하여야 한다(산안법§82②, §169 3년징역·3천만원벌금). 등록의 취소·업무정지에 대해서는 '안전관리전문기관·보건관리전문기관조항'을 준용한다(산안법 §82④).

5·나. 안전인증

(1) 고 시

고용장관은 '유해·위험한 기계·기구·설비 및 방호장치·보호구(안정인증대상 기계·기구등)'의 안전성을 평가하기 위해 '그 안전에 관한 성능', '제조자의 기술 능력·생산체계' 등에 관해 '유해·위험기계등의 종류별규격 및 형식별로' 안전인증기준을 정해 고시하여야 한다(산안법 §83).

(2) 인 증

근로자의 안전보건에 위해를 미칠 수 있다고 인정되는 "안전인증대상기계등"(대통령령)을 제조·수입하는 자[1]는 안전인증대상기계등이 안전인증기준에 맞는지에 대하여 고용장관이 실시하는 안전인증을 받아(산안법§84①, §169 3년징역·3천만원벌금) '소정사항을 기록보존(고용노동부령)하여야 하며(산안법 §84⑤)', '소정의 경우'[2]에 안전인증의 전부 또는 일부가 면제(산안법 §84②)될 수 있다. '안전인증대상기계등이 아닌 유해·위험기계등을 제조·수입하는 자'가 유해·위험기계등의 안전에 관한 성능 등을 평가받으려면 고용장관에게 안전인증을 신청할 수 있으며, 고용장관은 안전인증기준에 따라 안전인증을 할 수 있다(산안법 §84③). 고용장관은 '안전인증(산안법 §84①③)을 받은 사람'이 안전인증기준을 지키고 있는지를 '3년이하범위의 소정(고용노동부령) 주기마다' 확인하여야 하고, 안전인증일부를 면제(산안법 §84②)받은 경우에는 확인의 전부 또는 일부를 생략(고용노동부령)할 수 있다(산안법 §84④). 고용장관은 근로자안전보건에 필요하다고 인정하면 안전인증대상기계등의 제조·수입·판매자에게 안전인증대상기계등의 제조·수입·판매자료를 공단에 제출(고용노동부령)하게 할 수 있다(산안법§84⑥, §175⑥ 제출명령미이행, 3백만원과태료). 안전인증(산안법 §84①③)업무를 위탁(산안법 §165②)받은 사람으로서 업무를 거짓·부정한 방법으로 수행한 사람은 처벌(산안법§169 3년징역·3천만원벌금)된다.

---

1) 고용노동부령으로 정하는 안전인증대상기계등을 설치·이전하거나 주요 구조 부분을 변경하는 자 포함. 이하 안전인증 관련 조항(§85~§87)에서 같다.

2) 연구·개발목적의 제조·수입이나 수출목적 제조, 외국의 안전인증기관 인증, 다른 법령 검사·인증.

(3) 표 시

'안전인증을 받은 사람'은 안전인증을 받은 '유해 · 위험한 기계 · 기구 · 설비 등'이나 이를 담은 용기 또는 포장에 안전인증표시를 해야 한다(산안법 §85①, §175④ 1천만원과태료). '안전인증을 받지 못한 유해 · 위험한 기계 · 기구 · 설비 등'에 대해서는 안전인증표시 또는 유사표시를 하거나 안전인증광고를 할 수 없으며(산안법 §85②), '안전인증을 받은 유해 · 위험한 기계 · 기구 · 설비 등'의 제조 · 수입 · 양도 · 대여자는 안전인증표시를 임의로 변경 · 제거하면(산안법 §85③) 안된다(산안법§170 1년징역·1천만원벌금). 고용장관은 '허위안전인증표시 · 광고(산안법 §85②)' 또는 '안전인증취소 · 안전인증표시사용금지명령을 받은 경우(산안법 §86①)'에 안전인증표시 · 유사표시의 제거를 명해야 한다(산안법 §85④, §170. 명령위반 1년징역·1천만원벌금).

(4) 취 소

고용장관은 '거짓 · 부정한 방법으로 안전인증을 받은 경우'에 안전인증을 취소해야 하며, '안전인증을 받은 유해 · 위험한 기계 · 기구 · 설비 등의 안전에 관한 성능 등이 안전인증기준에 맞지 않게 된 경우'나 '정당한 사유없이 안전인증의 확인을 거부 · 기피 · 방해하는 경우(산안법 §84④)'에는 안전인증을 취소하거나 6개월이내기간을 정해 안전인증표시의 사용을 금지하거나 안전인증기준에 맞게 개선하도록 명할 수 있다(산안법 §86①). 고용장관은 안전인증취소사실을 관보 등에 공고(고용노동부령)하고, 안전인증이 취소된 사람은 안전인증취소일부터 1년이내에는 취소된 유해 · 위험기계등에 대하여 안전인증을 신청할 수 없다(산안법 §86②③).

(5) 제조 · 수입 · 사용 등 금지

누구든지 '안전인증(산안법 §84①)을 받지 않은 경우(§84②에따라 면제된경우제외)', '안전인증기준에 맞지 않게 된 경우' 및 '안전인증이 취소되거나 안전인증표시의 사용금지명령을 받은 경우(산안법 §86①)'에는 제조 · 수입 · 양도 · 대여 · 사용하거나 양도 · 대여의 목적으로 진열할 수 없으며, 이를 어기면 고용장관이 수거 · 파기할 것(고용노동부령)을 명할 수 있다(산안법 §87, §169 3년징역·3천만원벌금).

(6) 안전인증기관

고용장관은 안전인증확인업무(산안법 §84)를 위탁받아 수행할 기관을 안전인증기관으로 지정할 수 있으며, 안전인증기관으로 지정받으려는 사람은 요건(대통령령)'을 갖추어 고용장관에게 신청해야 한다(산안법 §88①②). 고용장관은 안전인증기관에 대하여 평가하고 그 결과를 공개할 수 있다(고용노동부령)(산안법 §88③④). 기관의 취소・업무정지에 대해 '안전관리전문기관・보건관리전문기관조항(산안법§21④⑤, 같은장 같은절,2·나,(3),②,㈏,㈏)'이 준용된다(산안법 §88⑤).

5·다. 자율안전확인

(1) 신 고

안전인증대상기계등이 아닌 '유해・위험기계등'으로서 소정(대통령령)의 "자율안전확인대상기계등"을 제조・수입하는 사람은 자율안전확인대상기계등의 안전성능이 "자율안전기준(고용노동장관고시)"에 맞는지 "자율안전확인"을 하여, 고용장관에게 신고(고용노동부령)(신고사항 변경포함)(산안법§89② 내용검토적법하면수리)해야 한다(산안법 §89①, §171 1천만원벌금). 자율안전확인대상자는 자율안전기준에 맞는 것임을 증명하는 서류를 보존해야 하며(산안법 §89③), '소정의 경우'[1]에는 신고가 면제될 수 있다(산안법 §89①).

(2) 표 시

자율안전확인신고자는 "자율안전확인대상기계등"이나 이를 담은 용기・포장에 자율안전확인표시를 해야 한다(산안법 §90①, §175⑤ 5백만원과태료). 신고된 것이 아니면 자율안전확인표시 또는 유사표시를 하거나 자율안전확인광고를 할 수 없으며, 신고된 "자율안전확인대상기계등"을 제조・수입・양도・대여하는 사람은 자율안전확인표시를 임의로 변경・제거해서는 안된다(산안법 §90②③, §171 1천만원벌금).

(3) 사용금지・개선명령

고용장관은 신고된 "자율안전확인대상기계등"의 안전성능이 자율안전기준에 맞지 않게 된 경우, '6개월이내의 기간을 정해 자율안전확인표시의 사용을 금지하거나 자율안전기준에 맞게 개선하도록 명할 수 있으며(고용노동부령), 금지사실을 관보 등에 공고해야 한다(산안법 §91).

(4) 제거명령

고용장관은 '위법(산안법 §90②)한 자율안전확인표시나 유사표시를 한 경우', '거짓이나 그 밖의 부정한 방법으로 자율안전확인신고(산안법 §89①)를 한 경우', '자율안전확인표시 사용금지명령(산안법 §91①)을 받은 경우'에는 자율안전확인표시나 유사표시를 제거할 것을 명하여야 한다(산안법§90④, §171 명령위반, 1천만원벌금).

---

1) '연구・개발목적의 제조・수입 또는 수출목적 제조, 안전인증, '다른 법령에서의 안전성검사나 인증.

(5) 활용금지

"자율안전확인대상기계등"은 '소정의 사유'[1]에 해당되면 제조 · 수입 · 양도 · 대여 · 사용되거나 양도 · 대여의 목적으로 진열될 수 없으며, 이를 어기면 고용장관은 수거 · 파기를 명할 수 있다(산안법§92, §170 1년징역·1천만원벌금).

5·라. 안전검사

(1) 의무검사

① 검사의무

프레스 · 전단기 · 크레인 등(산안령 §78) 소정의 '유해 · 위험 기계 · 기구'를 사용하는 사업주(근로자미사용 사업주포함)(소유자와사용자가 다르면소유주)는 '안전검사대상기계등의 안전성능'이 검사기준(고용장 관고시)에 맞는지에 대해 고용장관이 실시(안전검사기관 지정가능)하는 안전검사를 받아야 하며(산안법§93①, §175④ 1천만원벌금)(산안법§169, 위탁받은자(§169②)가 거짓 부정으로 해당업무수행, 1년징역·1천만원벌금), 다른 법령에 따라 안전성검사 · 인증을 받은 경우로서 '고용노동부령으로 정하는 경우'에는 안전검사가 면제될 수 있다(산안법 §93②). 사업주는 고용장관이 발급(산안법 §94①)한 안전검사합격증명서를 "안전검사대상기계등"에 부착해야 하고(산안법§94②, §175⑤ 마부착, 5백만원과태료), 안전검사를 받지 않거나(면제된 경우제외) 불합격한 "안전검사대상기계등"을 사용할 수 없다(산안법§95, §175④ 1천만원과태료).

② 안전검사기관

고용장관은 안전검사업무를 위탁받아 수행하 "안전검사기관"을 지정할 수 있으며, 지정받으려는 자는 '소정(산안령 §79)의 요건'을 갖추어 고용장관에게 신청(고용노 동부령)해야 한다(산안법 §96①②④). 고용장관은 "안전검사기관"에 대하여 평가하고 결과를 공개(고용노 동부령)할 수 있다(산안법 §96③). 검사기관취소(산안령 §80)와 업무정지에 대해서는 '안전관리전문기관 또는 보건관리전문기관'에 관한 조항(산안법§21④⑤, 같은장 같은절, 2·나, (3), ②, ㈏, ㈓)을 준용한다(산안법 §96⑤). 안전검사기관은 사용금지대상인 "안전검사를 받지 않거나 불합격한 "안전검사대상기계등"을 발견하면, 고용장관에게 지체없이 보고해야 한다(산안법 §97).

(2) 자율검사

① 검사의무 및 인정취소

안점검사의무이행대상자는 근로자대표와 협의하여(근로자 미사용제외) '고용장관이 정하는 검사기준 · 검사주기 · 합격표시방법 등'을 충족하는 자율검사프로그램에 대해,

1) 자율안전확인미신고 · 부정신고, 고용장관고시자율안전기준 미부합, 자율안전확인표시사용금지명령수령.

고용장관인정(고용노동부령)을 받은 후, '자격자'[1]를 통해 해당 자율검사프로그램에 따라 '유효기간이 2년인' 안전검사를 받을 수 있으며(자율안전검사기관에위탁가능)(산안법§169, 거짓부정업무수행 1년징역·1천만원벌금), 감사결과를 기록·보존해야 한다(산안법§98①②③⑥⑦).

고용장관은 자율검사프로그램에 대해 '거짓·부정한 방법으로 인정받은 경우'에는 인정을 취소해야 하고, '인정후 검사미실시'·'인정내용과 다른 검사'·'유자격자(산안법§98①) 또는 지정검사기관이 아닌 검사'에 대해 인정을 취소하거나 다시 검사를 하도록 하는 등 개선을 명할 수 있으며(산안법§99①), 인정이 취소된 "안전검사대상기계등"은 사용될 수 없다(산안법§99②, §175④ 1천만원과태료).

② **자율안전검사기관**

자율안전검사기관이 되려는 사람은 '인력·시설 등의 요건'(대통령령)을 갖추어 고용장관지정을 받아야 하며(산안법§100①③), 고용장관은 자율안전검사기관에 대해 평가하고 결과를 공개할 수 있다(산안법§100②)(지정평가공개에 대해 절차등을 정한 고용노동부령에 따름). 기관의 취소·업무정지에 대해 안전관리·보건관리전문기관조항(산안법§21④⑤, 같은장 같은절, 2·나, (3), ②, ㈏, ㈐)'이 준용된다(산안법§100④).

5·마. 유해·위험기계등 조사·지원

(1) 성능시험

고용장관은 안전인증대상기계등 또는 자율안전확인대상기계등의 안전성능저하로 근로자에게 피해를 주거나 줄 우려가 크다고 인정하는 경우, '유해·위험기계등 제조사업장'에서 제조과정을 조사(산안령§83)할 수 있으며, 제조·수입·양도·대여하거나 양도·대여목적으로 진열된 '유해·위험기계등'을 수거하여 안전인증기준·자율안전기준성능시험을 할 수 있다(산안법§101, §170. 조사수거성능시험거부등. 1년징역·1천만원벌금).

(2) 제조사업 지원

고용장관은 '안전인증대상 기계·기구' 또는 '자율안전확인대상 기계·기구' 또는 '산업재해가 많이 발생하는 유해·위험기계등' 안전성향상을 위해 지원이 필요한 것을 제조하는 사람과 '작업환경개선시설 설계·시공자'로서 고용장관에게 등록(고용노동부령)한 사람(산안법§102②)'에 대해 예산의 범위에서 지원할 수 있다(산안법§102①).

고용장관은 '거짓·부정한 방법으로 등록한 경우'에는 등록을 취소하고, '등록요건에 적합하지 않게 된 경우'나 '안전인증이 취소된 경우'에는 등록취소 또는

1) 고용노동부령으로 정하는 안전성능검사의 자격보유자·경험자와 교육이수·실무경험자.

지원제한(1년 범위)을 할 수 있으며(산안법 §102③), 등록취소의 경우에는 등록을 제한(2년이내 기간동안)할 수 있다(산안법 §102⑤). 고용장관은 '소정의 경우'[1]에 지원금액 또는 지원상응금액을 환수(고용노동부령)할 수 있으며, 지원금액상당액수이하의 금액을 추가환수[2]할 수 있다(산안법 §102④). 지원내용, 등록·등록취소, 환수절차, 등록제한기준 등은 고용부령으로 정한다(산안법 §102⑥).

(3) 안전관련정보 종합관리

고용장관은 사업장의 '유해·위험기계등보유현황'·안전검사이력 등 안전에 관한 종합정보망을 구축·운영하여 종합관리하고, 안전인증기관·안전검사기관에 정보를 제공하며, 사용자에게 필요자료를 요청(사용자,특별이유 없으면 거부불가)할 수 있다(산안법 §103).

6. 유해 · 위험물질에 대한 조치

6·가. 유해인자 관리 · 허용

(1) 유해인자 분류기준

고용장관은 '고용노동부령에 따라' 건강장해를 일으키는 화학물질·물리적인자 등 유해인자의 유해성·위험성에 대한 분류기준을 마련하여야 한다(산안법 §104).

(2) 유해인자 평가 · 관리

고용장관은 유해인자가 근로자건강에 미치는 유해성·위험성을 평가(고용노동부령)하여 그 결과를 관보 등에 공표하고(산안법 §105①), 평가결과 등을 고려하여 유해성·위험성 수준별로 유해인자를 구분하여 관리(고용노동부령)해야 한다(산안법 §105②).

(3) 유해인자 노출기준

고용장관은 '유해성·위험성 평가결과(산안법 §105①)' 등 '고용노동부령으로 정하는 사항'을 고려하여 유해인자의 노출기준을 정하여 고시해야 한다(산안법 §106).

(4) 유해인자 허용기준

사업주는 발암성물질 등 중대한 건강장해를 유발할 우려가 있는 '소정(대통령령)의 유해인자'에 대해 작업장내노출농도를 허용기준(고용노동부령) 이하로 유지해야 한다(산안법 §107①,§175④ 1천만원과태료). '소정의 경우'[3]에는 예외가 인정되나, 이 경우에도 사용자는 유

1) 거짓·부정한 방법, 지원목적과 다른 용도로 지원금 사용, 등록취소.
2) 거짓·부정한 방법으로 지원받은 경우'만 해당
3) 〈산안령 §32.〉 ㉠ 유해인자를 취급하거나 정화·배출시설설치·개선이 현존하는 기술로 불가능, ㉡ 천재지

해인자의 노출동도를 허용기준이하로 유지되도록 노력해야 한다(산안법 §107②).

6·나. 화학물질 유해·위험성조사

(1) 신규화학물질

소정[1]의 화학물질외의 화학물질(신규 화학물질)을 제조·수입하고자 하는 "신규화학물질제조자등"은, '소정의 예외'[2]를 제외하고는, 신규화학물질유해·위험성을 조사하고 조사보고서를 고용장관에게 제출(고용노동부령)해야 한다(산안법 §108①, §175⑥ 3백만원과태료).

"신규화학물질제조자등"은 유해·위험성조사(산안법 §108①)의 결과에 따라 건강장해방지조치를 해야 한다(산안법 §108②, §171 1천만원벌금). 고용장관은 유해·위험성보고서가 제출되면 '고용노동부령에 따라' 신규화학물질의 명칭·유해·위험성과 조치사항 등을 공표하고 관계부처에 통보하여야 한다(산안법 §108③). 고용장관은 조사보고서를 검토한 후에. 건강장해예방에 필요하면 신규화학물질제조자 등에게 '시설·설비의 설치 또는 정비', 보호구비치 등을 명할 수 있다(산안법 §108④, §171 1천만원벌금).

신규화학물질제조자 등이 신규화학물질을 양도·제공하는 경우에는 '건강장해방지조치사항(산안법 §108④)'을 기록한 서류를 함께 제공해야 한다(산안법 §108⑤, §175⑥ 3백만원과태료).

(2) 기존화학물질

고용장관은 근로자건강장해를 예방하기 위해 필요하면 '암 또는 중대한 건강장해를 일으킬 우려가 있는 화학물질의 제조·수입자와 사용사업주'에게 '해당화학물질의 유해성·위험성조사와 그 결과의 제출' 또는 '유해인자의 유해성·위험성평가(산안법 §39③)에 필요한 자료의 제출'을 명할 수 있다(고용노동부령)(산안법 §108①, §175⑥ 미제출, 3백만원과태료).[3] '화학물질의 유해성·위험성 조사명령(산안법 §109①)'을 받은 사람은 조사결과에 따라 화학물질로 인한 근로자건강장해가 우려되는 경우, 시설·설비의 설치·개선 등 필요한 조치를 하여야 한다(산안법 §109②, §171 미조치, 1천만원벌금).

고용장관은 제출된 '화학물질의 유해성·위험성조사결과 및 자료(산안법 §109①)'를 검토하여 근로자건강장해를 예방하기 위하여 필요하면, 해당화학물질을 '구분관리(산안법 §105②)'하거나 해당화학물질을 제조·수입하거나 사용하는 사업주에게, 시설·설

변 등으로 시설과 설비에 중대한 결함 발생, ㉢ 고용노동부령으로 정하는 임시 작업과 단시간 작업.

1) ㉠ 원소, ㉡ 천연으로 산출된 화학물질, ㉢ 방사성 물질, ㉣ 고용장관이 명칭을 공표한 물질(산안법 §40조 ③), ㉤ 고용장관이 환경부장관과 협의하여 고시하는 화학물질목록에 기록되어 있는 물질.

2) 일반 소비자의 생활용으로 신규화학물질 수입, 신규화학물질수입량이 소량이거나 위해 약한 경우.

3) 시설·설비의 설치·개선 등의 조치 명령 가능.

비의 설치·개선 등 필요조치를 하도록 명할 수 있다(산안법§109③, §171 명령위반, 1천만원벌금).

6·다. 물질안전보건자료

(1) 자료 작성·제출

① 작성·제출 의무

㈎ 유해인자 분류기준 해당

㉮ 자료제출

화학물질 또는 이를 함유한 혼합물로서 '건강장해유해인자분류기준(산안법 §104)'에 해당하는 것으로서 '소정의 것(산안령§86 규정소정물질제외)'을 제외[1]한 물질안전보건자료대상물질의 제조·수입자는 소정기재사항'(환경장 관협의)[2]을 적은 물질안전보건자료(*MSDS*; *Material Safety Data Sheet*)를 작성(고용노 동부령)하여 고용장관에게 제출(고용노 동부령)해야 한다(산안법§110①, 175⑤ 미제출. 5백만원과태료). 물질안전보건자료대상물질의 제조·수입자는 물질안전보건자료에 적을 기재사항(산안법 §110①)중에서 '소정(고용노 동부령)의 사항'이 변경되면 변경사항을 반영한 물질안전보건자료를 고용장관에게 제출(고용노 동부령)하여야 한다(산안법§110③, 175⑤ 미제출. 5백만원이하과태료).

㉯ 비공개승인

영업비밀과 관련되어(산안법§112①⑤, 175⑤ 거짓작성. 5백만원과태료) '화학물질의 명칭 및 함유량(산안법 §110①ii)'을 물질안전보건자료에 적지 않으려는 사람은, 예외물질(고용장 관고시)인 경우를 제외하고, 고용장관에게 신청(고용노 동부령)하여 비공개승인을 받아 '해당화학물질의 명칭·함유량을 대체할 수 있는 명칭·함유량(대체 자료)'으로 적을 수 있다(산안법§112①, 175⑤. 미승인 대체자료기록, 5백만원과태료). 고용장관은 '화학물질의 명칭 및 함유량의 대체 필요성', '대체자료적합성 및 물질안전보건자료적정성' 등을 '고용장관이 산업재해보상보험및예방심의위원회(산재법 §8①) 심의를 거쳐 결정한 승인기준(산안법 §112③)'에 따라 검토하여 승인여부를 결정하여 신청인에게 통보해야 한다(고용노 동부령)(산안법 §112②). 비공개승인유효기간은 승인을 받은 날로부터 5년이다(산안법 §112④). 고용장관은 비공개승인의 연장신청을 받으면, 유효기간이 만료되는 다음 날부터 5년단위로 승인(고용노 동부령)할 수 있으며(산안법 §112⑤), 승인여부를 신청인에게 통보하여야 한다. 신청인은 승인·연장승인에 대해 이의신청을 할 수 있으

---

1) 건강기능식품, 농약, 마약 및 향정신성의약품, 사료, 비료, 원료물질, 식품 및 식품첨가물, 방사성물질, 의약품·의약외품, 화장품, 화약류, 폐기물, 의료기기, 그 밖에 일반 소비자의 생활용으로 제공되는 제제, 고용장관이 독성·폭발성 등으로 인한 위해의 정도가 적다고 인정하여 고시하는 제제 등 다수 열거.

2) 제품명, 화학물질명칭·함유량, 안전보건상 취급주의사항, 건강·환경 유해성, 물리·화학적 위험성·특성.

며(고용노동부령)(산안법 §112의2①), 고용장관은 결정후에 그 결과를 신청인에게 통보하여야 한다(산안법 §112의2②). 고용장관은 승인·연장승인을 '거짓·부정인 방법으로 받은 경우'와 '비공개승인의 예외대상인 화학물질(산안법 §112①단서)에 해당하는 경우'에는 취소해야 한다(산안법 §112⑧). 의사 등 '소정의 사람이나 기관'[1]은 근로자안전보건을 유지하거나 직업성질환발생원인을 규명하기 위해 근로자에게 중대건강장해가 발생하는 등의 경우(고용노동부령)에, '물질안전보건자료대상물질 제조·수입자'에게 '대체자료(산안법 §112①)'로 적힌 화학물질의 명칭·함유량정보를 제공할 것을 요구할 수 있으며, 해당자는 정보를 제공(고용장관고시)하여야 한다(산안법 §112⑩, 175⑤ 미제공, 5백만원과태료).

㈏ **유해인자 분류기준 미해당**

물질안전보건자료대상물질 제조·수입자는, '소정의 경우'[2]를 제외하고는, 물질안전보건자료대상물질을 구성하는 화학물질중에서 건강장해유해인자분류기준(산안법 §104)에 해당하지 않는 화학물질의 명칭·함유량을 고용장관에게 별도로 제출(고용노동부령)하여야 한다(산안법 §110②, 175⑤ 미제출, 5백만원과태료).

② **국외제조자 특례**

국외제조자는 '소정요건(고용노동부령)을 갖춘 사람'을 선임자로 하여[3] '물질안전보건자료대상물질수입자'를 갈음하여 '물질안전보건자료작성·제출(산안법 §110①③)'[4], '화학물질의 명칭·함유량·확인서류제출(산안법 §110②)', 및 '대체자료기재승인·유효기간연장·이의신청(산안법 §112 ①~⑨)'의 업무(고용노동부령)를 수행(산안법 175⑤. 거짓업무수행, 5백만원과태료)토록 할 수 있다(산안법 §113①, 175⑤ 미제출, 5백만원과태료).

(2) 자료제공

① **양도·제공자**

'물질안전보건자료대상물질 양도·제공자'는 대상물질을 '제공받는 사람'에게 물질안전보건자료를 제공(고용노동부령)하여야 한다(산안법 §111①, §117⑤ 5백만원과태료). '물질안전보건자료대상물질 제조·수입자'는 대상물질을 '양도·제공받은 자'에게 '변경(산안법 §110③)된 물질안전보건자료를 제공(고용노동부령)해야 한다(산안법 §111②, §117⑥ 3백만원과태료). '물질안전보건자료대상물질

1) '근로자를 진료하는 의사(의료법 §2)', 보건관리자 및 보건관리전문기관, 산업보건의, 근로자대표, 역학조사(산안법 §141①), 수탁기관(산안법 §165②38호), 업무상질병판정위원회(산재법 §38).

2) 제출(산안법 §110①)된 물질안전보건자료에 본문(산안법 §110②)에 따른 화학물질의 명칭 및 함유량이 전부 포함된 경우, 해당수입자가 "국외제조자"로부터 물질안전보건자료에 적힌 화학물질외에는 분류기준(산안법 §104)해당화학물질이 없다는 확인서류를 받아 제출한 경우(산안법 §175. 거짓제출. 500만원이하과태료).

3) 선임된 자는 선임되거나 해임된 사실을 고용장관에게 신고하여야 한다(산안법 §113③).

4) 해당수입에게 그 물질안전보건자료 제공의무(산안법 §113③, §175⑤, 미제공선임자, 5백만원이하과태료).

양도 · 제공자(제조·수입자 제외)'는, '변경(산안법 §110③)된 물질안전보건자료'를 제공받은 경우, 대상물질을 '양도 · 제공받은 사람'에게 제공(고용노동부령)하여야 한다(산안법 §111③, §117⑥ 3백만원과태료).

② **고용장관**

고용장관은 근로자의 안전보건유지를 위하여 필요하면 물질안전보건자료와 관련된 자료를 근로자 및 사업주에게 제공할 수 있다(산안법 §116).

(3) 게시 · 교육

물질안전보건자료대상물질을 취급하려는 사업주는 작성하였거나(산안법 §110①③) 제공받은(산안법 §112①②③) 물질안전보건자료를 대상물질취급작업장내에 취급근로자가 쉽게 볼 수 있는 장소에 게시하거나 갖추어 두어야 하고(고용노동부령)(산안법 §114①, §117⑤ 5백만원과태료), 작업공정별로 '물질안전보건자료대상물질관리 요령'을 게시하여야 하며(산안법 §114②), '취급근로자'의 안전보건교육 등 적절한 조치를 해야 한다(산안법 §114③, §175⑥ 3백만원과태료).

(4) 경고표시

'물질안전보건자료대상물질 양도 · 제공자'는 용기 및 포장에 경고표시(고용노동부령)를 하여야 하고(산안법 §115①, §175⑥ 3백만원과태료), '용기 및 포장외의 방법'으로 양도 · 제공하는 경우에는 경고표시기재항목을 적은 자료(고용장관고시)를 제공해야 한다(산안법 §115①). 사업주는 사업장에서 사용하는 물질안전보건자료대상물질을 담은 용기에 경고표시(고용노동부령)를 해야 하며(산안법 §115②, §175⑥ 3백만원과태료), 용기에 이미 경고표시가 되어 있는 등 소정(고용노동부령)의 경우에는 그렇지 않다(산안법 §114②).

6·라. 유해 · 위험물질 취급제한

(1) 금지물질

누구든지, '직업성 암을 유발하는 것으로 확인되어 건강에 특히 해롭다고 인정되는 물질' 또는 '유해 · 위험성이 평가된 유해인자(산안법 §105①)나 유해 · 위험성이 조사된 화학물질(산안법 §109) 중에 건강장해를 일으킬 우려가 있는 물질'로서, '소정(산안령 §87)의 유해물질'[1]을 제조 · 수입 · 양도 · 제공 · 사용할 수 없다(산안법 §117①, §168 5년징역·5천만원벌금). 시험 · 연구 · 검사를 목적으로 하는 '소정(고용노동부령)의 요건'을 갖추어 고용장관승인(요건미달시 취소)(산안법 §117③)

---

1) ㉠ 베타-나프틸아민과 그 염, ㉡ 4-니트로디페닐과 그 염, ㉢ 백연함유페인트(함유용량비율 2%이하 제외), ㉣ 벤젠을 함유하는 고무풀(함유용량비율 5% 이하 제외), ㉤ 석면, ㉥ 폴리클로리네이티드터페닐(PCT), ㉦ 황린성냥, ㉧ ㉠㉡㉤㉥ 중 어느 하나에 해당하는 물질을 함유한 제제(함유중량비율 1% 이하 제외), ㉨ 「화학물질관리법」 제2조제4호에 따른 제한물질 및 같은조제5호에 따른 금지물질,

을 받은 경우에는 예외가 인정된다. '금지물질판매허가를 받은 사람(화학물질 관리법§18①)'이 '그러한 사람'이나 '고용장관의 사용승인을 받은 사람'에게 제조등금지물질을 양도 또는 제공하는 경우에도 예외가 인정된다.

(2) 허가물질

'직업성 암을 유발하는 것으로 확인되어 건강에 특히 해롭다고 인정되는 물질' 또는 '유해·위험성이 평가된 유해인자(산안법 §105①)나 유해·위험성이 조사된 화학물질(산안법 §109)중에서 건강장해우려물질'로서, 대체물질이 개발되지 않은 물질 등 '소정(산안령 §88)의 허가대상유해물질'[1]의 제조·사용자는 고용장관허가를 받아야 한다(고용노동부령)(허가사항 변경도같음)(산안법 118①, §168 5년징역·5천만원벌금). "허가대상물질제조·사용자"는 제조·사용설비를 허가기준에 적합하도록 유지하여야 하며, 그 기준에 적합한 작업방법으로 허가대상물질을 제조·사용해야 한다(산안법§118③, §169 3년징역·3천만원벌금). 고용장관은 허가기준에 적합하지 않다고 인정될 때에는 개선을 명할 수 있다(산안법§118④, §169.명령위반 3년징역·3천만원벌금). 고용장관은 '거짓·부정한 방법으로 허가를 받은 경우'에는 허가를 취소하고 그 밖의 '소정의 사유'[2]에 해당하면 허가를 취소하거나 6개월이내기간을 정해 영업을 정지하게 명령할 수 있다(산안법§118⑤, §168.명령위반 5년징역·5천만원벌금).

(3) 석면조사 특례

① 조사·기록

㈎ 조사이행

건축물이나 설비를 철거·해체하는 경우, '해당건축물이나 설비의 소유주 또는 임차인 등(건축물·설비 소유주등)'은 석면함유여부와 '함유된 자재의 종류·위치·면적'에 관한 '일반석면조사'(고용노동부령) 결과를 기록·보존해야 한다(산안법§119①, §175⑥.미조사 철거해체.3백만원과태료). 소정규모(산안령 §89)이상의 "건축물·설비소유주등(산안법 §119①)"은 석면조사기관(산안법 §120)에 '석면함유여부', '함유자재의 종류·위치·면적' 그리고 '해당건축물이나 설비에 함유된 석면의 종류·함유량'에 관한 '기관석면조사'(고용노동부령)를 한 후(산안법§119②, §175①.미조치 철거해체, 5천만원과태료) 그 결과를 기록·보존하여야 한다(산안법 §119②). "건축물·설비소유주등"이 「석면안전관

---

1) ㉠ 알파-나프틸아민과 그 염, ㉡ 디아니시딘과 그 염, ㉢ 디클로로벤지딘과 그 염, ㉣ 베릴륨, ㉤ 벤조트리클로리드와 그 함유혼합물(함유중량비율 0.5%이하 제외), ㉥ 비소 및 그 무기화합물, ㉦ 염화비닐, ㉧ 콜타르피치 휘발물, ㉨ 크롬광(가열 소성처리만 해당), ㉩ 크롬산 아연, ㉪ 오-톨리딘과 그 염, ㉫ 황화니켈, ㉬ ㉠~㉣ 및 ㉥~㉫ 중 어느 하나에 해당하는 물질을 함유한 혼합물(함유중량비율 1%이하 제외).

2) 허가기준 미부합, 적합기준 유지실패, 고용장관개선명령 위반, 자체검사결과 발견된 문제 미조치.

리법」 등 다른 법률에 따라 건축물이나 설비에 대하여 석면조사를 실시한 경우에는 '일반석면조사' 또는 '기관석면조사'를 실시한 것으로 본다(산안법 §119③).

고용장관은 건축물 · 설비소유주등이 일반석면조사 또는 기관석면조사를 하지 않고 건축물 · 설비를 철거 · 해체하는 경우, '건축물 · 설비소유주등에 대해 일반석면조사 또는 기관석면조사 이행' 그리고 '건축물 · 설비철거 · 해체자에 대해 이행명령을 보고받을 때까지의 작업중지'를 명령할 수 있다(산안법 §118④, §169. 명령위반 3년징역·3천만원벌금).

㈏ **석면조사기관**

석면조사기관이 되려는 사람은 인력 · 시설 등 소정요건(산안령 §90)을 갖추어 고용장관지정(고용노동부령)을 받아야 한다(산안법 §120①). 고용장관은 석면조사기관의 석면조사능력을 확인하고(고용부 고시), 석면조사기관을 지도 · 교육할 수 있다(산안법 §120②). 고용장관은 석면조사기관평가결과(고용노동부령)를 공개(석면조사능력확인 결과(같은조제2항)포함)할 수 있다(산안법 §120③). 기관취소(산안령 §91) · 업무정지에 대해 안전관리 · 보건관리전문기관조항(산안법 §21④⑤, 같은장, 같은절, 2·나, (3), ②, ㈏, ㉯)이 준용된다.

② **석면 해체 · 제거**

㈎ **해체 · 제거업 등록**

석면해체 · 제거를 업으로 하려는 사람은 대통령령(산안령 §92 별표28)으로 정하는 인력 · 시설 및 장비를 갖추어 고용장관에게 "석면해체 · 제거업자"로 등록(고용노동부령)해야 하며(산안법 §121①), 기관취소(산안령 §93) · 업무정지에 대해서는 안전관리 · 보건관리전문기관조항(산안법 §21④⑤, 같은장 같은절, 2·나, (3), ②, ㈏, ㉯)이 준용된다(산안법 §121④). 고용장관은 석면해체 · 제거업자의 '석면해체 · 제거작업 안전성'을 '평가(고용노동부령)하고 결과를 공개할 수 있다(산안법 §121②).

㈏ **해체 · 제거 작업**

㉮ 작업주체

기관석면조사대상인 건축물 · 설비에 '대통령령(산안령 §94)으로 정하는 함유량과 면적' 이상의 석면이 함유되어 있는 경우, "건축물 · 설비소유주등"은 석면해체 · 제거업자로 하여금 그 석면을 해체 · 제거하도록 해야 한다(산안법 §122①, §168 5년징역·5천만원벌금). 다만, 건축물 · 설비소유주등이 인력 · 장비 등에서 석면해체 · 제거업자와 동등한 능력을 갖추고 있는 등 '소정(산안령 §94)의 사유'에 해당할 경우에는 스스로 석면을 해체 · 제거할 수 있다(산안법 §122①단서). 석면해체 · 제거는 해당건축물 · 설비에 대하여 기관석면조사를 실시한 기관이 해서는 안된다(산안법 §122②, §117⑤ 5백만원과태료). '석면해체 · 제거업자'와 '자격 있는 건축물 · 설비소유주등'은 해체 · 제거작업전에 고용장관에게 신고(고용노동부령)

하고(산안법§122③, §175⑥ 미신고.3백만원과태료), 석면해체・제거작업서류를 보존하여야 한다(산안법 §122③).

㉯ 작업기준과 석면농도기준

석면해체・제거업자는 소정(고용노동부령)의 석면해체・제거작업기준을 준수해야 하며(산안법§123①, §169 3년징역・3천만원벌금), 근로자는 석면해체・제거업자가 작업기준에 따라 근로자에게 행한 '고용노동부령상의 조치사항'을 준수(산안법§123②,§175⑥ 3백만원과태료)해야 한다. 석면해체・제거업자는 석면해체・제거작업(산안법 §122①)이 완료된 후에 해당작업장의 공기중에서 석면농도가 소정(고용노동부령)의 석면농도기준(대통령령) 이하가 되도록 하고(산안법§124①,§117⑤ 5백만원과태료), 그 증명자료를 고용장관에게 제출해야 한다(산안법§124①,§175⑥ 3백만원과태료). 건축물・설비소유주등은 석면해체・제거작업완료후에도 법정석면농도기준을 초과하면 해당건축물・설비를 철거・해체해서는 안된다(산안법§124③, §175① 5천만원과태료).

7. 근로자 보건관리

7·가. 작업환경측정

(1) 개 념

작업환경측정이란 근로자 또는 작업장에 대하여 사업주가 측정계획을 수립한 후에 시료를 채취하고 분석・평가하는 것을 말한다(산안법 §2 x iii).

(2) 측정의무

사업주는 인체에 해로운 작업을 하는 '소정(고용노동부령)의 작업장'에 대하여 '소정(고용노동부령)의 자격을 가진 사람'으로 하여금 작업환경측정(고용노동부령)을 하도록 하여야 한다(산안법§125①, §175④ 1천만원과태료). 도급인의 사업장에서 수급인 또는 수급인근로자가 작업을 하는 경우, 도급인이 '소정(고용노동부령)의 자격을 가진 사람'으로 하여금 작업환경측정(고용노동부령)을 하도록 해야 한다(산안법 §125②).

(3) 측정방법

① 위 탁

사업주(도급인(같은조제2항)포함 같은조, §127도같음)는 작업환경측정(산안법 §125①)을 작업환경측정기관에 위탁할 수 있으며, 필요하면 작업환경측정중에서 시료분석만을 위탁할 수 있다(산안법 §125③).

② 근로자참여

사업주는 근로자대표(관계수급인근로자대표포함 이하§125에서같음.)가 요구하면 작업환경측정을 할 때에 그를 참석시켜야 한다(산안법§125④,§175⑤ 5백만원과태료).

(4) 측정결과 보고

사업주는 작업환경측정결과를 기록 · 보존하고 고용장관에게 보고(고용노동부령)하여야 하며(산안법§125⑤,§175⑥ 3백만원과태료), 작업환경측정을 위탁받은 작업환경측정기관이 작업환경측정결과를 고용장관에게 제출(고용노동부령)한 경우에는 보고한 것으로 본다(산안법§125⑤).

(5) 측정결과 조치

사업주는 작업환경측정결과를 해당작업장의 근로자(관계수급인 및 관계수급인 근로자포함 §127 및 해당 벌칙조항 같음.)에게 알려야 하며(산안법§125⑥,§175⑤ 5백만원과태료), 그 결과에 따라 '시설 · 설비의 설치 · 개선' 또는 건강진단실시 등의 조치를 하여야 한다(산안법§125⑥, §171 미조치.1천만원벌금). 사업주는 산업안전보건위원회 또는 근로자대표가 요구하면 작업환경측정결과에 대한 설명회 등을 개최해야 하고(산안법§125⑦,§117⑤ 5백만원이하과태료), 위탁하여 측정한 경우에는 측정기관으로 하여금 측정결과에 대해 설명하도록 할 수 있다(산안법 §125⑦).

(6) 작업환경측정기관

작업환경측정기관이 되려는 사람은 자격[1] · 인력 · 시설 등 소정요건(산안령 §95)을 갖추어 고용장관지정(고용노동부령)을 받아야 한다(산안법 §126①). 고용장관은 측정 · 분석결과에 대한 정확성 · 정밀도를 확보하기 위하여 작업환경측정기관에 대해 관련능력을 확인(고용장관고시)하고 지도 · 교육하며(산안법 §126②), 평가(고용노동부령)하고 그 결과(같은조 제2항에 따른측정 ·분석능력 확인결과포함)를 공개할 수 있다(산안법 §126③). 작업환경특정기관취소(산안령 §95) · 업무정지에 대해 안전관리 · 보건관리전문기관조항(산안법§21④⑤. 같은장 같은절,2·나,(3),②,㈏,㈏)이 준용된다(산안법 §100④).

(7) 작업환경측정 지원

① 신뢰성 평가

고용장관은 작업환경측정결과(산안법 §125①②)에 대하여 그 신뢰성을 평가(고용노동부령)할 수 있으며, 사업주와 근로자는 이에 적극적으로 협조하여야 한다(산안법 §127).

② 작업환경전문연구기관 지정

고용장관은 유해인자별 · 업종별 작업환경전문연구기관을 지정(고용장관고시)하여 예산범위에서 지원할 수 있다(산안법 §128).

---

1) 국가 · 지방자치단체소속기관, 종합병원 · 병원, 대학 또는 그 부속기관, 작업환경측정업무를 하려는 법인, 작업환경측정대상사업장의 부속기관.

7·나. 건강진단

(1) 진단 종류

① 일반건강진단

사업주는 상시로 사용하는 근로자의 건강관리를 위하여, 일반건강진단을 정기적으로 실시(고용노동부령)하여야 하고(산안법 §129①, §175④ 1천만원과태료), 사업주가 소정(고용노동부령)[1]의 건강진단을 실시한 경우에는 그 건강진단을 받은 근로자에 대하여 일반건강진단을 실시한 것으로 본다(산안법 §129①).

② 특수건강진단 등

㈎ **진단의무**

㉮ 특수건강진단

사업주는 '소정(고용노동부령)의 근로자'[2]에 대한 건강관리를 위해 특수건강검진을 실시해야 하고(산안법 §130①, §175④ 1천만원과태료), 사업주가 실시하는 소정(고용노동부령)의[3] 건강진단을 받은 근로자에 대해 해당유해인자에 대한 특수건강진단을 실시한 것으로 본다(산안법 §130①).

㉯ 배치건강진단

사업주는 특수건강진단대상업무에 종사할 근로자의 배치예정업무에 대한 적합성평가를 위해 배치전건강진단을 실시[4]해야 하고(산안법 §130②, §175④ 1천만원과태료), '소정(고용노동부령)의 근로자'에 대해서는 배치전건강진단을 실시하지 않을 수 있다(산안법 §130②).

㉰ 수시건강진단

사업주는 특수건강진단대상업무에 따른 유해인자로 인한 것이라고 의심되는 건강장해증상을 보이거나 의학적소견이 있는 근로자중에서 보건관리자 등이 사업주에게 건강진단실시를 건의하는 근로자 등 '소정(고용노동부령)의 근로자'에 대해 수시건강진단을 실시[5]해야 한다(산안법 §130③, §175④ 1천만원과태료).

---

1) 사무직은 2년에 1회이상, 기타 근로자는 1년에 1회이상 ; 〈검사항목〉 '과거의 병력'·혈압 등 5가지 명시.

2) ⓐ 고용노동부령으로 정하는 유해인자에 노출되는 "특수건강진단대상업무" 종사 근로자, ⓑ '특수건강진단대상업무종사근로자 건강진단', 수시건강진단 및 임시건강진 결과 직업병소견이 있는 근로자로 판정받아 작업전환을 하거나 작업장소를 변경하여 해당판정원인이 된 특수건강진단대상업무에 종사하지 않는 사람으로서 해당유해인자에 대한 건강진단이 필요하다는 의사소견이 있는 근로자.

3) '특수건강진단의 시기 및 주기(산안칙 §99② 별표 12의3)에 따라 실시 ; 〈검사항목〉 필수검사항목과 선택검사항목으로 구분되며, 유해인자별 세부검사항목이 따로 명시됨(산안칙 §100④ 별표13).

4) 〈검사항목〉 특수건강진단과 동일.

5) 특수건강진단대상업무로 인하여 해당유해인자에 의한 작업성천식·피부염 기타 건강장해를 의심케 하는 증상을 보이거나 의학적소견이 있는 근로자에 대한 건강진단 ; 〈검사항목〉 특수건강진단과 동일.

(나) **진단방법**

사업주는 일반건강진단을 건강진단기관(특수건강검진기관기본법,§3ii)에서, 특수건강진단 · 배치전건강진단 · 수시건강진단을 특수건강진단기관(산안법§135①)에서 실시해야 하며(산안법§130④), 그 시기 · 주기 · 항목 · 방법 · 비용 등은 고용부령으로 정해진다(산안법§130⑤).

(다) **특수건강진단 기관**

의료기관(의료법§3)이 특수건강진단 · 배치전건강진단 · 수시건강진단을 수행하려는 경우에는 '소정(대통령령)의 요건'을 갖추어 고용장관에게 신청하여, 건강진단을 할 수 있는 특수건강진단기관[1]으로 지정받아야 한다(산안법§135①②). 고용장관은 특수건강진단기관의 진단 · 분석결과의 정확성 · 정밀도를 확보하기 위해, 그 진단 · 분석결과 능력을 확인하고(고용장관고시), 지도 · 교육하며(산안법§135③), 평가하고(고용노동부령) 결과(진단·분석능력확인결과(§135③)포함)를 공개할 수 있다(산안법§135④). 지정취소와 업무정지에 대해서는 '안전관리전문기관 또는 보건관리전문기관'에 관한 조항(산안법§21④⑤. 같은장같은절,2·나,(3),②,(바),(사))이 준용된다(산안법§100④).

(라) **특수건강진단 연구**

고용장관은 작업장의 유해인자에 관한 전문연구를 촉진하기 위해 유해인자별 특수건강진단전문연구기관을 지정하여(고용장관고시) 예산범위에서 지원할 수 있다(산안법§136①).

③ **임시건강진단 등**

고용장관은 같은 유해인자에 노출되는 근로자들에게 유사질병증상이 발생한 경우 등 '소정(고용노동부령)의 경우'[2]에는 근로자건강을 보호하기 위해, 사업주에게 특정 근로자에 대한 임시건강진단의 실시(산안법§131②항목등고용노동부령에따름)나 작업전환, 그 밖에 필요한 조치를 명할 수 있다(산안법§131①, §169.명령미이행.3년징역·3천만원벌금).

(2) 관련자의 의무

① **사업주**

(가) **근로자참여**

사업주는 건강진단(산안법§129~§131)을 실시하는 경우에 근로자대표가 요구하면 그를

---

1) 특수건강진단기관의 의사에 관한 인력기준을 '산업의학과 전문의'로 한정하는 시행규칙은 합헌(헌재 2010.6.24, 2008헌마271) ; 특수건강진단기관의 지정취소 · 업무정지사유를 하위 법령에 위임하는 것은 합헌이며, 건강진단실시결과의 허위판정과 건강진단개인표의 허위작성을 이유로 한 지정취소는 재량권일탈 · 남용이 아니다(대판 2009.7.9, 2007누15391).

2) 납 · 4알킬납 · 유기용제 및 특정화학물질 등에 의한 중독우려가 있는 근로자 또는 해당물질취급과 관련된 질병에 걸린 근로자가 많이 발생한 경우 그 근로자 및 해당물질을 취급하는 다른 근로자에 대하여 중독여부, 질병이환여부 또는 질병원인 등을 발견하기 위하여, 고용장관명령에 따라 사업주가 실시하는 건강진단 ; 〈검사항목〉 특수건강진단검사항목 전부 또는 일부와 건강진단담당의사가 인정하는 항목.

참석시켜야 하고(산안법§132①,§175⑤ 5백만원과태료), 산업안전보건위원회 또는 근로자대표가 요구하면 직접 또는 '건강진단을 한 건강진단기관'에 건강진단결과에 대해 설명하도록 하여야 하며, 개별근로자의 건강진단결과를 본인의 동의없이 공개해서는 안된다(산안법§132②,§175⑤ 5백만원과태료).

㈏ **진단결과 조치**

사업주는 법정(산안법 §129~§131)건강진단의 결과를 근로자의 건강보호·유지외의 목적으로 사용해서는 안된다(산안법§132③,§175⑥ 3백만원과태료). 사업주는 건강진단규정(산안법 §129~§131) 또는 다른 법령에 따른 건강진단의 결과로 근로자건강을 유지하기 위해 필요하면 작업장소변경, 작업전환, 근로시간단축, 야간근로제한, '작업환경측정 또는 시설·설비의 설치·개선' 등 '소정(고용노동부령)의 조치'를 해야 한다(산안법§132④,§171 1천만원벌금). 조치대상사업주중 '소정(고용노동부령)의 사업주'는 그 조치결과를 고용장관에게 제출(고용노동부령)하여야 한다(산안법§132⑤,§175⑥ 3백만원과태료).

② **근로자**

근로자는 '건강진단규정(산안법 §129~§131)'에 따라 사업주가 실시하는 건강진단을 받아야 하며(산안법§133,§175⑥ 3백만원과태료), '사업주가 지정하지 않은 건강진단기관으로부터 이에 상응하는 건강진단을 받아 그 결과를 증명하는 서류를 제출하는 경우'에는 사업주가 실시하는 건강진단을 받은 것으로 본다(산안법 §133).

③ **건강진단기관의 의무**

건강진단기관은 '건강진단규정(산안법 §129~§131)'에 따라 실시한 건강진단결과를 '고용노동부령에 따라' 근로자와 사업주에게 통보하고 고용장관에게 보고[1]해야 한다(산안법§134①,§175⑥.미보고 거짓보고,3백만원과태료). '일반건강진단으로 간주되는 건강진단(산안법 §129①)'을 실시한 기관은 사업주가 근로자의 건강보호를 위하여 그 결과를 요청하는 경우, 그 결과를 사업주에게 통보(고용노동부령)하여야 한다(산안법§134②,§175⑥.미통보 거짓통보,3백만원과태료).

7·다. 근로자건강 관리·보호

(1) 건강관리카드

고용장관은 '소정(고용노동부령)의 건강장해발생우려업무'에 종사하였거나 종사하고 있는 사람 중 '소정요건(고용노동부령)을 갖춘 사람'[2]의 직업병조기발견 및 지속적건강관

---

1) 일반건강진단의 경우에는 지방고용노동관서장이 요구하는 경우에만 보고하면 된다.
2) 건강관리카드발급대상업무(석면제조·취급업무등)와 대상근로자에 대해 별도 명시(산안칙 §214 별표 25).

리를 위하여 건강관리카드(양도대여금지(산안법§137③) 5백만원과태료(§175⑤))를 발급(고용노동부령)하여야 한다(산안법 §137①).

건강관리카드를 발급받은 사람이 요양급여(산재법 §41)를 신청하는 경우에는 건강관리카드를 제출함으로써 해당재해에 관한 의학적소견을 적은 서류의 제출을 대신할 수 있다(산안법 §137②). '건강관리카드를 발급받은 사람(산안법 §137①)'중에서 '건강관리카드를 발급받은 업무에 종사하지 않는 사람'은 특수건강진단에 준하는 건강진단을 받을 수 있다(고용노동부령)(산안법 §137④).

(2) 역학조사

고용장관은 직업성질환의 진단 · 예방 · 발생원인규명을 위하여 필요하다고 인정할 때에는 근로자질환과 작업장유해요인의 상관관계에 관한 역학조사를 할 수 있으며(고용노동부령), 사업주 · 근로자대표 또는 '소정(고용노동부령)의 사람'이 요구할 때에는 역학조사에 참석(고용노동부령)하게 할 수 있다. 사업주 및 근로자는 고용장관의 역학조사에 적극 협조해야 하며, 정당한 사유없이 역학조사를 거부 · 방해 · 기피해서는 안된다(산안법§141②,§175③ 1천5백만원과태료). 누구든지 '역학조사참석이 허용된 사람(산안법 §141①후단)'의 역학조사참석을 거부 · 방해해서는 안되며(산안법§141③,§175③ 1천5백만원과태료), '역학조사참석이 허용된 사람'은 참석과정에서 알게 된 비밀을 누설하거나 도용해서는 안된다(산안법§141④,§170 1년징역·1천만원벌금). 고용장관은 역학조사를 위해 '필요한 자료'를[1] 관련기관에 요청할 수 있으며, 요청받은 기관은 특별한 사유가 없으면 이에 따라야 한다(산안법 §141⑤).

(3) 취업 및 근로시간 제한

① 질병자 근로금지 · 제한

사업주는 감염병 · 정신질환 또는 '근로로 인하여 병세가 크게 악화될 우려가 있는 질병'으로서 고용부령으로 정하는 질병에 걸린 사람에게는 의사(의료법 §2)의 진단에 따라 근로를 금지하거나 제한해야 하고, 근로자가 건강을 회복하였을 때에는 지체없이 근로를 할 수 있도록 하여야 한다(산안법§138,§171 1천만원벌금).

② 무자격자 근로제한

사업주는 유해 · 위험작업으로서 상당한 지식이나 숙련도가 요구되는 '고용노동부령으로 정하는 작업'의 경우, '필요한 자격 · 면허 · 경험 · 기능(산안법§140③ 고용노동부령으로정함)을 가진 근로자'가 아닌 사람에게 그 작업을 하게 해서는 안된다(산안법§140,§169 3년징역·3천만원벌금). 고

---

1) 법정(산안법 §129~§131)건강진단결과, 「국민건강보험법」에 따른 요양급여기록 및 건강검진 결과, 「고용보험법」에 따른 고용정보, 「암관리법」에 따른 질병정보 및 사망원인 정보 등.

용장관은 자격·면허(산안법 §140①)취득 또는 근로자기능습득을 위하여 교육기관을 지정(고용노동부령)할 수 있다(산안법 §140②). 기관취소·업무정지에 대해서는 안전관리·보건관리전문기관조항(산안법 §21④⑤. 같은장 같은절, 2·나, (3), ②, ㈏, ㈐)이 준용된다(산안법 §140④).

③ **유해·위험작업 근로시간제한**

사업주는 유해·위험작업으로서 '높은 기압(잠함·잠수 작업등)'에서 하는 작업 등 소정(대통령령)의 작업'에 종사하는 근로자에게는 1일6시간, 1주34시간을 초과하여 근로하게 해서는 안된다(산안법 §139①, §169 3년징역·3천만원벌금)(제5장 제1절, 2·나). 사업주는 소정(대통령령)의 유해·위험작업에 종사하는 근로자에게 필요한 안전보건조치 외에 작업과 휴식의 적정한 배분 및 근로시간과 관련된 근로조건개선을 통하여 건강보호조치를 하여야 한다(산안법 §139②).

8. 산업안전보건규정의 이행

8·가. 산업안전지도사 및 산업보건지도사

(1) 자격과 직무

고용장관이 시행하는 지도사시험에 합격하여 자격을 획득한 후에 '고용노동부령으로 정하는 연수교육(1년 범위)(산안법 §146)'을 받고 결격사유(산안법 §145③)가 없어 고용장관에게 등록(5년마다갱신등록(산안법 §145④), 갱신은고용노동부령이 정하는지도실적 or 보수교육필요(산안법 §145⑤))한 산업안전지도사와 산업보건지도사는 개인사무소 또는 법인(등록지도사. 조직적·전문적직무수행을 위해법인설립가능(산안법 §145②))(상법중합명회사규정 적용(산안법 §145⑥))의 형태로 직무를 수행할 수 있다(산안법 §145①, §175⑤. 미등록 업무수행. 5백만원과태료). 고용장관은 '소정의 경우'에 지도사등록을 취소해야 하고, '다른 소정의 경우'에는 등록을 취소하거나 2년이내기간을 정하여 업무정지를 명할 수 있다(산안법 §154). 등록(산안법 §145①)한 지도사가 아닌 사람은 산업안전지도사·산업보건지도사 또는 유사명칭을 사용해서는 안되고(산안법 §149, §175⑥ 3백만원이하과태료), 지도사는 다른 사람에게 자기의 성명이나 사무소명칭을 사용하여 지도사직무를 수행하게 하거나 자격증·등록증을 대여할 수 없고, 누구든지 자격을 취득치 않고 지도사성명이나 사무소명칭을 사용하여 지도사직무를 수행하거나 자격증·등록증을 대여받거나 알선할 수 없다(산안법 §153, §171 1년징역1천만원벌금).

(2) 업무수행

① **업무내용**

지도사업무는 산업안전지도사업무(산안법 §142①)[1]와 산업보건지도사업무(산안법 §142②)[2]로 구분

1) ㉠ "공정상의 안전" 및 "유해·위험의 방지대책"에 관한 평가·지도, ㉡ 관련 계획서 및 보고서의 작성, ㉢

되며, 업무영역별 종류 · 업무범위, 필요사항은 대통령령으로 정한다(산안법 §142③).

② **수행방법**

지도사는 사업주에게 장부 및 서류의 열람을 신청할 수 있으며, 사업주는 정당한 사유없이 이를 거부해서는 안된다(산안법 §152). 지도사는 직무와 관련하여 작성 · 확인한 서류에 기명 · 날인하거나 서명해야 한다(산안법 §150).

(3) 권한과 의무

지도사는 직무수행과 관련하여 고의 또는 과실로 의뢰인에게 입힌 손해를 배상해야 하고, 이를 위해 등록지도사는 보증보험에 가입하거나 필요조치를 하여야 한다(산안법 §148). 지도사에게는 법령에 위배되는 '소정의 행위'가 금지된다(산안법 §151). 고용장관은 공단으로 하여금 '지도사와 관련된 업무'를 하게 할 수 있다(산안법 §147).

8·나. 안전보건법령의 집행 · 벌칙

(1) 근로감독

① **근로감독관의 임무**

근로감독관은 산안법령시행을 위해 사업장 · 사무소 · 석면해체제거업자사무소 · 지도사사무소 등에 출입하여 질문하고(산안법§155①,§175⑥ 불응.3백만원과태료), 장부 · 서류 · 물건의 검사 및 안전 · 보건점검을 하며 관계서류제출을 요구하고(산안법§155①,§175④.거부 방해기피자.1천만원과태료), '기계 · 설비 등의 검사'와 '제품 · 원재료 · 기구의 무상수거'를 할 수 있으며(산안법§155②,§175④.거부 방해기피자.1천만원과태료)(사업주등에 결과서면통보), 관계인의 보고 · 출석을 명할 수 있다(산안법§155③§175⑤. 불응.5백만원과태료).

② **신 고**

근로자는 산안법령위반사실을 고용장관 또는 근로감독관에게 신고할 수 있으며(산안법 §157①), 사업주는 신고를 이유로 해당근로자에 대해 해고나 그 밖의 불리한 처우를 하면 안되고(산안법§157③,§168 5년징역·5천만원벌금), 의사 · 치과의사 · 한의사(의료법 §2)'는 3일이상의 입원치료가 필요한 부상 · 질병이 환자업무와 관련성이 있다고 판단되면 치료과정에서 알게 된 정보를 고용장관에게 신고(의료법 §19①불구)할 수 있다(산안법 §157②).

③ **명예산업안전감독관**(같은장,같은절 2·가, (2),④)

그 밖에 대통령령으로 정하는 사항(§142①).

2) ㉠ 작업환경의 평가 및 개선 지도. 관련 계획서 및 보고서의 작성, ㉡ 근로자 건강진단에 따른 사후관리 지도, ㉢ 직업성 질병진단(「의료법」에 따른 의사인 산업보건지도사만 해당) 및 예방지도, ㉣ 산업보건에 관한 조사 · 연구. ㉤ 그 밖에 대통령령으로 정하는 사항(§142②). ↘ 563쪽

(2) 벌칙규정[1)]

① 벌칙과 가중

산안법(제12장 §167 ~ §175)은 실효성확보를 위해 '징역 또는 벌금', 벌금 및 과태료 규정을 두고 있다. '중대사망사고인 경우(산안법 §167①)'에는 형이 확정된 후에 5년이내에 다시 같은 죄를 범하면 그 형의 1/2이 가중되는 가중규정을 두고 있다(산안법 §167②).

사업주책임은 해당사업과 관련하여 지배할 수 있는 범위의 위험에 한정되고, 근로자가 사업장내에서 위험작업을 하던 중에 산업재해를 입은 것만으로 사업주에 대해 '산안법상 안전조치의무위반'으로 단정·추정하여 형사책임을 지울 수 없다.[2)] 산안법위반책임을 묻기 위해서는 행위자의 고의가 필요하다.[3)]

② 양벌규정

산안법(§173)은 법인의 대표자나 '법인 또는 개인'의 대리인·사용인 그리고 그 밖의 종업원이 그 법인 또는 개인의 업무에 관하여 벌금이상의 벌칙(§167 ~ §172)에 해당하는 위반행위를 하면, 법인 또는 개인이 그 위반행위를 방지하기 위하여 해당업무에 관하여 상당한 주의와 감독을 게을리한 경우[4)]가 아니라면, 그 행위자를 벌하는 외에 그 법인 또는 개인에게 벌금을 부과[5)]하는 양벌규정을 두고 있다. '법인의 중대사망사고인 경우(산안법 §167①)'에는 10억원이 부과되고, '법인의 다른 사고'나 '개인의 경우'에는 해당조문의 벌금형이 과해진다.

---

1) 헌재 2017.10.26. 2017헌바166. 형사처벌조항과 양벌규정조항 합헌.

2) 대판 2007.3.29, 2006도8874.

3) 대판 2007.3.29, 2006도8874. 자동차정비공장공장장이 용접작업을 임의로 의뢰받아 안전조치를 취하지 않은 사건에 대한 사업주 책임. [부정] 고의가 인정되기 위해서는 산안법상 안전조치가 필요하다는 점을 사업주가 인식하여야 하며, 근로자가 안전조치를 하지 않은 채 작업하는 것을 사업주가 지시하거나 적어도 용인하려는 의사가 있어야 한다 ; 헌재 2012.7.25, 2012헌마598. 형사처벌을 하기 위해서는 사업주가 안전조치가 취해지지 않은 상태에서 위험성 있는 작업이 이루어진다는 사정을 미필적으로라도 인식할 것을 필요로 한다 ; 산안법위반죄는 행위자가 그 사업장에서 위험성이 있는 작업을 안전조치없이 하도록 지시하거나, 그러한 작업사실을 알면서도 방치하는 등 위반행위가 행위자에 의하여 이루어졌다고 인정되어야 하고, 단지 위험성이 있는 작업이 필요한 안전조치가 취해지지 않고 이루어졌다는 사실만으로 성립하는 것은 아니다(대판 2007.7.26, 2006도379 ; 대판 2008.8.11, 2007도7987 ; 대판 2010.11.25, 2009도1906) ; 산업재해와 관련하여 사업주의 안전조치의무가 규칙에 구체적으로 규정되어 있지 않다면 산안법위반의 책임을 물을 수 없다(대판 2014.8.28, 2013도3242 등).

4) 입법취지, 처벌조항위반으로 예상되는 침해 정도, 양벌규정 취지, 위반행위의 모습과 그로 인하여 야기된 피해 정도, 법인의 영업규모 및 행위자에 대한 지휘감독관계, 법인이 위반행위방지를 위하여 실제 행한 조치 등을 종합하여 판단 (대판 2010.2.25, 2009도5824 ; 대판 2010.9.9, 2008도7834).

5) 대판 2010.9.9, 2008도7834. 행위자나 사업자 쌍방을 모두 처벌하려는 데에 목적이 있으므로, 사업자가 아닌 행위자도 벌칙규정의 적용대상이다.

③ **수강명령 병과**

법원은 안전조치(산안법 §38①②③) · 보건조치(산안법 §39①) · 도급인안전보건조치(산안법 §63)를 위반하여 근로자를 사망에 이르게 한 사람에게 유죄판결(선고유예 제외)을 선고하거나 약식명령을 고지하는 경우, 특별사정이 있는 경우가 아니면, 200시간의 범위에서 산업재해예방에 필요한 교육의 수강명령(산안법 §174③)을 병과할 수 있다(산안법 §174①).

④ **상상적 경합관계**

산업재해에 대해 산안법위반죄와 형법상 업무상과실치사상죄(형법§268,5년 금고,2천만원벌금)가 성립될 수 있다. 안전보건규칙에 규정된 안전조치의무를 위반하면, 두 개의 죄가 동시에 성립하며 1개의 행위가 복수의 죄에 해당하는 상상적경합관계에 있게 된다. 상상적경합관계 아래에서는 가장 중한 죄의 형벌이 적용된다.[1] 산안법규에 규정되어 있지 않은 안전보건조치를 소홀히 하면 업무상과실치사상죄가 성립한다.

8·다. 행정처분 · 행정관리

(1) 행정처분

① **영업정지**

고용장관은 '소정의 산업재해'에 대해 '관계행정기관장에게 관계법령에 따라 해당사업의 영업정지나 그 밖의 제재를 할 것을, 공공기관장(공공기관의운영에관한법률§4)에게 그 기관이 시행하는 사업을 발주할 때에 필요한 제한을 해당사업자에게 할 것을 각각 요청(정당한이유가없으면따르고 조치결과통보. 산안법 §159②)할 수 있다(산안법 §159①).

② **영업정지의 과징금대체**

고용장관은 업무정지(산안법 §24④,§74④,§88⑤ §96⑤,§126⑤,§135⑥)에 해당하더라도 이용자에게 심한 불편을 주거나 공익을 해칠 우려가 있다고 인정되면, 업무정지처분을 대신하여 10억원이하의 과징금을 부과(산안법§111 별표33)할 수 있다(산안법 §160①)(미납시,고용장관,국세체납 처분예에따라징수§160③).

③ **도급사업 과징금**

고용장관은 사업주가 유해위험도급금지(산안법 §58①)와 유해위험도급승인(산안법 §58②,§59①)을 위반하여 도급하거나 '승인받은 도급작업 재하도급금지(산안법 §60)'를 위반하면 '소정의 사정을 고려하여(산안법 §161②)' 10억원이하과징금을 부과 · 징수할 수 있다(산안법 §161①).

---

1) 대판 1991.12.10, 91도2642.

(2) 행정관리

① 공단직원의 조사

고용장관은 공단이 위탁(산안법 §165②)받은 업무를 수행하기 위해 필요하면 공단소속 직원에게 사업장에 출입하여 산업재해예방에 필요한 검사·지도 등을 하게 하거나, 역학조사를 위하여 필요한 경우에는 관계자에게 질문하거나 필요한 서류의 제출을 요구하게 할 수 있다(산안법 §156①,§175⑥ 불응, 3백만원과태료).

② 산재예방 보조·지원

정부는 사업주, 사업주단체, 근로자단체, 산업재해예방관련 전문단체, 연구기관 등이 하는 산업재해예방사업 중에서 '소정(대통령령)의 사업'에 드는 '경비의 전부 또는 일부를 예산의 범위에서 보조하거나 그 밖에 필요한 지원(보조·지원)'을 하고, 고용장관은 목적에 맞게 효율적으로 사용되도록 관리·감독해야 한다(산안법 §158①).

③ 사무처리

㈎ 비밀유지

산업안전보건관련자는 업무상 알게 된 비밀을 누설하거나 도용하면 안된다(산안법 §162,§170 1년징역·1천만원벌금).

㈏ 서류보존

산안법(§164,§175⑥ 3백만원과태료)은 사업주로 하여금 2년·3년·5년·30년 등의 기간동안 또는 작업종료때까지 보존해야 할 서류를 열거하고 보존기간연장·전산입력자료 대체보존을 규정하고 있다.

㈐ 위임·위탁

고용장관권한의 일부는 지방고용노동관서장에게 위임(대통령령)될 수 있다(산안법 §165①). 고용장관은 산안법업무중 일부(41개 업무열거)를 공단 또는 '소정(대통령령)의 비영리법인 또는 관계전문기관'에 위탁할 수 있으며(대통령령)(산안법 §165②), 위탁받은 비영리법인 또는 관계전문기관의 임직원은 「형법(§129~§132)」을 적용할 때에는 공무원으로 본다(산안법 §165③).

㈑ 수수료

산안법(§166①)은 '수수료를 내야 하는(고용노동부령)' 사람을 업무수행유형별(14개)로 구분하여 명시하고 있다(일부내용 2021.1.16시행). 공단은 고용장관승인을 받아 공단업무수행으로 인한 수익자로 하여금 업무수행비용의 전부 또는 일부를 부담하게 할 수 있다(산안법 §166②).

제2절 산업재해보상

1. 총 괄

1·가. 산업재해보상제도의 의의

(1) 무과실책임원칙과 근로기준법

근대시민법은 산업재해(산재)에 대해 개인적책임이론의 테두리에서 과실책임원칙을 바탕으로 손해를 배상하는 체계를 취해 왔다. 이러한 체계 아래에서는 재해근로자가 사용자의 과실을 입증해야 하고, 직장을 잃은 상태에서 비용과 시간이 많이 든다. 노동법은 시민법원리를 수정해 산업재해에 대해 무과실책임원칙을 받아들임으로써 이 문제를 해결하고 있다. 근기법은 업무와 재해의 인과관계를 기초로 사용자가 근로자의 재해에 대해 보상토록 함으로써 무과실책임제도를 마련하고 있다.[1]

근기법의 재해보상에 관한 규정은 강행규정이다. 재해보상청구권을 행사하지 않기로 하는 합의나 계약은 무효이다.

(2) 위험분산과 산업재해보상보험법

무과실책임원칙에 입각한 사용자의 직접보상제도에도 불구하고 사용자가 재원을 마련치 못하거나, 손해배상청구를 포기하도록 유도하면 신속하고 공정한 보상이 보장되지 않는다. 이러한 문제점을 해결하기 위해 국가가 평소에 사용자로부터 돈을 받아 기금을 조성해 재해보상을 하는 사회보험제도가 도입되었다.[2] 우리나라에서는 1963년에 「산업재해보상보험법」이 제정되었다.

(3) 산업재해보상보험제도의 발전

산업재해보상보험제도(산재보험제도)는 우리나라 최초의 사회보험제도로서 산업재해를 입은 근로자에 대한 치료와 생활보장기능을 수행해왔다.[3]

---

1) 1871년에 독일의 「제국배상책임법」과 1880년에 영국의 「사용자책임법」이 사용자의 과실과 상관없이 업무상 재해를 보상하는 무과실책임원칙을 도입되고, 1897년에 영국의 「근로자보상법」을 통해 무과실책임원칙 정착.

2) 1884년에 독일이 「사회보험법」을 제정, 1946년에 영국이 「국민보험법」을 제정, 1964년에 ILO가 「산업재해의 경우에 있어서의 급부에 관한 협약(제121호)」을 채택. 그후 사회보험제도 일반화.

산재법은 근기법의 재해보상제도를 기초로 하여 보험급여를 통한 재해보상제도를 꾸준히 발전시켜 왔다. 그 결과 급여수가가 인상되고, 장해연금선급금제도가 신설되었으며, 장해연금과 유족연금이 의무화되었고, 간병급여제도가 도입되는 등 급여범위를 넓히고 수준을 높여 왔다.[1] 2007년에는 산재법이 전면개정되어 요양·재활, 보험급여, 사업관리, 재정, 비정규직보호 등에 대해 구조적인 개선이 있었다. 2018년에는 출퇴근재해인정기준이 크게 바뀌었다. 2022년에는 태아의 건강손상에 대한 업무상재해를 인정하고, 종래 특수고용형태근로종사자에 대한 특례를 삭제하고 노무제공자에 대한 특례를 신설하여 산재법의 적용범위를 확대하였다. 2023년에는 손자녀의 유족보상연금 수급자격연령을 19세미만에서 25세미만으로 높혔다.

(4) 산업재해보상보험의 목적과 성격

① 목 적

산재법은 산재보험사업을 시행하여 근로자의 업무상재해에 대해 신속하고 공정하게 보상하며, 재해근로자의 재활 및 사회복귀를 촉진하기 위하여 보험시설을 설치·운영하고, 재해예방과 그 밖에 근로자복지증진을 위한 사업을 시행하여 근로자보호에 이바지하는 것을 목적으로 한다(산재법 §1).

② 성 격

㈎ 생활보장

산재보험제도는 근기법상의 재해보상책임을 이행할 수 있도록 담보하기 위한 사업주책임보험의 성격을 갖는다. 산재보험제도는 사용자가 근기법에 의해 보상할 업무상재해손해를 국가가 보험자입장에서 근로자에게 직접 보전하는 성질을 가지고 있는 것으로서, 생활보장적인 성격을 가진다.[2]

㈏ 무과실책임

산재법에 의한 급여지급책임에는 과실책임원칙이나 과실상계이론이 적용되지 않는다. 따라서 손해배상사건에 있어 과실상계법리를 유추적용하여 손해확대 등에 기여한 기왕증을 참작하는 법리는 적용되지 않는다.[3]

---

3) 제도를 도입할 때에는 상시근로자가 500인이상인 광업과 제조업(64개 사업장, 8만여명)에 적용, 적용대상이 계속 확대되어 1992년에는 5인이상, 2000.년에는 1인이상을 고용하고 있는 모든 사업장으로 확대. ↘ 568쪽

1) 1989년에는 휴업급여가 평균임금의 60%에서 70%로 인상되고, 장해일시금은 10%, 장해연금은 5%씩 각각 인상되었다. 1999년에는 간병급여제도가 도입되었다.

2) 대판 1994.5.24, 93다38826 ; 대판 2010.8.19, 2010두5141 등.

3) 대판 2010.8.19, 2010두5141.

1·나. 재해보상제도간의 관계

(1) 근로기준법과 산업재해보상보험법

① 공 통

산재법에서의 근로자, 임금, 사용자, 통상임금 및 평균임금에 대해 근기법의 개념을 사용한다(산재법 §5). 양법의 업무상재해에 대한 판단기준은 원칙적으로 같다.

② 경 합

㈎ 법적근거

보상을 받게 될 사람이 동일한 사유에 대해 민법이나 그 밖의 법령에 따라 이 법에 따른 재해보상에 상당한 금품을 받으면 그 가액의 한도에서 사용자는 보상책임을 면한다(근기법 §87). 수급권자가 산재법에 따라 보험급여를 받았거나 받을 수 있으면 보험가입자는 동일사유에 대해 근기법의 재해보상책임이 면제된다(산재법 §80①).[1] 동일한 사유에 대하여 산재법에 따른 보험급여액이 근기법에 따른 재해보상액보다 적은 경우에도 보험가입자의 재해보상책임이 전부 면제되는 것으로 해석[2]된다.

㈏ 적 용

근로자가 재해를 당하게 되면 산재법에 의해 보상을 받는 것이 더 편리하고 보상수준도 근기법보다 높다. 사업주가 산재법상 보험관계의무를 이행하지 않더라도 보상을 받는 것이 가능하므로 산재보험을 이용하는 것이 통상적이다. 재해보상선택은 '근로자가 몰라서 또는 의도적으로 사업주책임을 추궁하는 경우', '업무상재해로 인정되지 못하여 산재급여지급을 거절당한 경우', '3일이하재해인 경우'에 발생할 수 있다. 2개의 보상이 경합될 때에 어느 배상을 받느냐에 대해 산재보험청구권발생설과 병존적경합설로 나뉜다.

㉮ 산재보험청구권발생설

산재보험은 사용자의 재해보상책임을 대위하며, 근기법의 보상보다 그 보상수준이 높고, 업무상재해인정기준이 서로 같으며,[3] 두 법이 '책임을 면한다'고 규정하고 있어 산재보험적용사업장의 근로자에게는 근기법의 관련규정이 적용되지 않는다는 견해이다.

---

1) 대판 2013.8.22, 2013다25118. 산재보험의 보험급여가 지급되는 경우라면 근기법의 재해보상책임을 면함.
2) 법제처 13-0460, 2013.10.25.
3) 대판 1981.10.13, 80다2928.

산재보험급여부지급처분이 확정된 뒤에 사용자를 상대로 재해보상을 청구한 사안에 대해 수급권자는 사용자에 대하여 근기법상재해보상금을 다시 청구할 수 없다[1]고 본 하급심판례가 상급심[2]에서 배척되었다.[3]

㈏ **병존적경합설**

과거의 산재법(1995.12.17전)에는 사용자의 면책조건이 '수급권자에 의하여 보험급여를 받은 때'이므로 실제로 보상을 받지 못하면 근기법상 재해보상청구권이 존재하는 것으로 해석될 수 있다.[4] 이 경우 산재법에 의한 보상이 확정되기 전에 양법의 청구권이 서로 경합하게 되어 근로자가 근기법상청구권을 행사하면 사용자가 재해보상책임을 지게 되므로 산재보험제도의 강제적용근거가 상실되는 결과를 가져온다.

㈐ **평 가**

"산재법상보험급여를 받을 수 있는 경우"가 근기법상 면책조건에 포함됨에 따라 보험급여가 지급되지 않는 "3일이하요양을 요하는 재해"를 제외하고는, 보험급여미지급이전까지는 사용자에게 근기법에 의한 재해보상책임을 물을 수 없다. 산재법상보험급여미지급이 확정되더라도 '법문의 표현이 받을 수 있는 경우라는 표현된 점, 양자의 업무상재해기준이 다를 수 없는 점 등을 감안할 때에 사용자는 근기법상보상책임을 면한다고 보는 것이 타당하다.[5]

(2) 징수관련법

산재보험제도중에서 보험료와 보험관계는 「고용보험및산업재해보상보험의보험료징수등에관한법률(징수법)」의 규율을 받는다(산재법 §4,§7).

(3) 민사법과의 관계

① 타법의 책임면제

㈎ **근로기준법상 책임면제**

보상을 받을 사람이 동일사유에 대해 민법이나 그 밖의 법령에 따라 재해보상에 상당한 금품을 받으면 그 한도에서 사용자는 보상책임을 면한다(근기법 §87).

---

1) 대구고판 1983.7.26, 83나414.

2) 대판 1986.8.19, 83다카1670.

3) 노재(勞災)보험법상 유족보상일시금이 「노동기준법」상 그것보다 적었던 때가 있었는데 수급권자가 그 차액을 청구한 사안에 대하여 이를 받아들이지 않은 최고재판소 판례(일본 최고재판소 1974.3.28)가 있다.

4) 대판 1970.11.24, 70다2144 ; 대판 1986.8.19, 83다카1670. 관련조항은 보험가입자로 하여금 이중보상책임을 면하게 하는데 취지가 있는 것으로 산재법에 의해 보험급여를 못 받는 것으로 확정되더라도 근기법상 재해보상금을 다시 청구할 수 있다고 해석됨.

5) 대판 1977.4.12, 76다2920. 근기법상보상요건을 충족시키기 어렵다고 보았다.

㈏ 민법 등의 책임면제

수급권자가 동일한 사유에 대해 산재법에 따른 보험급여를 받으면 보험가입자는 그 금액의 한도안에서 민법이나 그 밖의 법령에 따른 손해배상책임[1]이 면제되며, 이 경우 장해보상연금 또는 유족보상연금을 받으면 장해보상일시금 또는 유족보상일시금을 받은 것으로[2] 본다(산재법 §80②). '동일사유'라 함은 산재보험급여손해와 근기법이나 민법 그리고 그 밖의 법령에 따라 보전되는 손해가 같은 성질을 띠는 것이어서 산재보험급여와 손해배상 또는 손실보상이 상호보완관계에 있는 경우를 의미한다.[3] 수급권자가 동일한 사유로 민법 등에 따라 산재법의 보험급여상당금품을 받으면 공단은 환산금액한도안에서 보험급여를 지급하지 않는다. 다만, 수급권자가 지급받은 것으로 보게 되는 장해보상일시금 또는 유족보상일시금에 해당하는 연금액에 대하여는 그렇지 않다(산재법 §80③).

② 제3자에 의한 재해

㈎ 사업장내 다른 근로자

업무상재해가 사업장내 다른 근로자의 고의나 과실로 발생하면, 사용자는 재해보상책임외에 민법(§756)상 책임을 지고, 다른 근로자는 불법행위책임(민법 §750)을 진다. 다른 근로자와 사용자의 손해배상책임은 부진정연대책임의 관계를 갖는다.[4]

㈏ 사업장외 제3자의 범위

㉮ 외부인

재해가 사업장의 근로자가 아닌 제3자에 의해 발생하면, 사용자는 재해보상책

---

1) 근로계약이 체결되면 사용자는 안전배려의무를 부담하게 된다. 사용자가 과실 또는 고의로 의무를 이행치 못하면 민법상 손해배상책임을 진다. 손해배상책임은 소극적손해, 적극적손해와 위자료를 포함한다.

2) 연금은 본질적으로 장래의 불확정성과 가변성을 그 특징으로 한다. 그럼에도 불구하고 산재법이 연금과 일시금의 등가성을 규범화하고 있는 것은 수급권자, 손해배상 의무자인 보험가입자와 제3자 및 공단 사이의 법률관계를 신속하고 명료하게 확정하기 위함이다. ; 대판 2018.10.4, 2016다41869, 원심파기. 장해보상연금을 지급받고 있는 경우, 공제할 장해보상일시금액은 연금기간이나 지급된 연금액과 관계없이, 수급권자가 장해보상연금 대신 지급을 구하였더라면 지급되었을 장해보상일시금(산재법 §57② 별표2) 상당액이다. 이러한 법리는 수급권자가 장해보상연금을 지급받고 있던 중에 평균임금증감이 있는 경우(산재법 §36③)에도 마찬가지이므로, 수급권자가 장해보상연금을 지급받고 있던 중에 평균임금의 증감이 있는 경우에 손해배상액에서 공제할 장해보상일시금 상당액 산정의 기준이 되는 평균임금은 장해보상연금 지급결정 당시에 적용된 평균임금이다(대판 2018.10.4, 2015다253184 · 65381 · 253191).

3) 대판 2015.1.25, 2014두724. 사용자가 가입한 자기신체사고보험에 따라 근로자가 지급받은 보험금은 사용자의 손해배상의무의 이행으로 지급받은 것이 아니므로 산재보험급여에서 제외될 수 없다. ; 휴업급여금이나 장해급여금이 법원에서 인정된 소극적 손해액을 초과하더라도 그 초과부분을 기간과 성질을 달리하는 손해배상액에서 공제할 것은 아니며, 휴업급여는 휴업기간 중의 일실수입에 대응하는 것이므로 그것이 지급된 휴업기간 중의 일실수입 상당의 손해액에서만 공제되어야 한다(대판 1991.7.23, 90다11776 ; 대판 1995.4.25, 93다61703 ; 대판 2012.6.14, 2010다77293 ; 대판 2020.6.25, 2020다216240 등).

4) 임종률, 『노동법』, 제21판, 479쪽 ; 다른 근로자는 사용자의 이행보조자의 지위에 있어 그 근로자의 고의 과실은 사용자의 고의 과실이 되어 사용자가 채무불이행에 따른 손해배상책임을 진다.

임을 지고, 제3자는 불법행위책임을 진다.[1] 수급권자 및 보험가입자는 제3자의 행위로 재해가 발생하면 지체없이 공단에 신고해야 한다(산재법 §87③). 수급권자가 제3자로부터 동일사유로 산재법의 보험급여에 상당하는 손해배상을 받으면 공단은 그 배상액을 대통령령으로 정하는 방법에 따라 환산한 금액의 한도안에서 보험급여를 지급하지 않는다(산재법 §87②). 근기법에 규정이 없으나 사용자의 재해보상책임도 마찬가지이다.

제3자는 재해보상 또는 산재보험금액의 범위에서 손해배상책임을 면한다.

㈏ 하도급

하수급인에게 고용된 근로자가 하수급인의 행위로 업무상재해를 입은 경우, 하수급인은 '보험가입자인 원수급인과 함께 직·간접적으로 재해근로자와 산업재해보상보험관계를 가지는 사람'으로서 '제3자'(산재법 §87①)에서 제외된다.[2]

㈐ **제3자에 대한 권리의 대위와 구상**

㉮ 대 위

공단은 제3자[3]의 행위에 따른 재해로 보험급여를 지급하면 급여액의 한도안에서 '급여를 받은 사람의 제3자에 대한 손해배상청구권'[4]을 대위한다(산재법 §87①).[5] 대위범위는 제3자의 손해배상액을 한도로 하여 보험급여중에서 재해근로자의 과실비율을 제외하고 제3자의 책임비율에 해당하는 금액으로 제한된다.[6] 산재보험가입사업주와 제3자의 공동불법행위로 발생한 재해도 같다.

㉯ 구 상

제3자의 행위에 따른 재해로 보험급여를 지급한 공단은 제3자에 대해 구상권

---

1) 김형배, 『노동법』, 제20판, 523쪽 ; 수급권자가 제3자로부터 동일한 사유로 받은 금품만큼 사용자는 보상책임을 면한다(근기 68207-1044, 2000.4.6).

2) 대판 2016.5.26, 2014다204666.

3) 피보험자·보험가입자 및 해당 수급권자가 아닌 자로서, 피해근로자에 대해 불법행위책임 내지 「자동차손해배상보장법」, 민법 또는 「국가배상법」의 규정에 따라 손해배상책임을 지는 자를 말한다(대판 1988.3.8, 85다카2285 ; 대판 2004.12.24, 2003다33691 ; 대판 2008.4.10, 2006다32910 등).

4) 대판 2017.10.12, 2017다231119. '급여를 받은 자의 제3자에 대한 손해배상청구권'은 근로복지공단이 지급한 보험급여와 동일한 성질의 것으로서 상호보완관계에 있는 것에 한한다. 자동차손해배상보장법의 배상책임대상이 되는 위자료는 산재법이 규정한 보험급여에 의하여 전보되지 않는 손해로서 대위대상이 아니다.

5) 대판 1966.10.18, 66다1727. 근기법에 규정이 없으나 사용자의 대위권 인정 ; 대판 1979.12.26, 79다1668 ; 보험가입자인 2 이상의 사업주가 같은 장소에서 하나의 사업을 분할해 각각 행하다가 사업주를 달리하는 근로자의 행위로 재해가 발생하면 그렇지 않다(산재법 §87①단서) ; 대판 2024.5.9, 2022다290648. 자동차책임보험약관에 기명피보험자의 승낙을 얻어 자동차를 사용·관리중인 자 등을 승낙피보험자로 정하고 있으면, 승낙피보험자에 대해 대위 부정 ; 공단은 「자동차손해배상보장법」에 따른 보험회사등 과 구상금협의조정기구를 구성하여 운영할 수 있다.

6) 대판 2022.3.24, 2021다241618. '공제후 과실상계' 방식으로 손해배상액이 산정된다.

을 행사할 수 있다.[1] 산업재해구상권행사의 상대방인 제3자는 재해근로자와 산업재해보상보험관계가 없는 사람으로서 재해근로자에 대하여 불법행위 등으로 손해배상책임을 지는 사람을 말한다.

다른 근로자의 업무상재해를 유발한 동료근로자의 가해행위는 사업장이 갖는 하나의 위험으로서, 그 위험이 현실화하여 발생한 업무상재해에 대해 공단이 궁극적인 보상책임을 져야 한다. 이 때 동료근로자는 보험가입자인 사업주와 함께 직·간접적으로 재해근로자와 산재보험관계를 가지는 사람으로서 가해행위의 고의·고실과 관계없이 '제3자'에서 제외된다.[2]

(4) 자동차보험과 일반보험

① 자동차보험

보유자를 알 수 없는 차량에 의한 사고에 대하여 정부가 책임보험금의 한도 내에서 그가 입은 손해를 보상함에 있어 국가배상법, 산재법, 근기법, 「국민건강보험법」, 「국민연금법」 등에 의해 배상 또는 보상을 받은 범위에서 보상책임을 면한다(자동차손해배상 보장법 §36). 보유자를 알 수 있는 자동차에 의한 사고와의 경합관계에 대해서는 규정이 없다. 다만, 보험업계의 약관을 보면 '근기법 등에 의한 재해보상을 받을 수 있는 경우에는 대인배상을 하지 않는다'는 내용의 조항을 두고 있다.[3] 이에 대해 판례는 유효설[4]에서 부분적무효설[5]로 전환되어 '산재법의 보상범위를 넘어서는 손해'에 대해서는 자동차보험이 배상을 하도록 하고 있다. 그러나 이는 피해자의 선택권을 박탈한 것으로서 법적근거가 없다.[6]

② 일반보험

피재자가 가입한 생명보험, 손해보험, 화재보험, 공제조합법에 의한 유족연금, 실업보험금 등의 급여는 이미 불입한 보험료에 대한 대가의 성질을 가지며,

---

1) 〈참고〉 대판 2024.4.25, 2020다271650. 공단이 사고를 업무상재해로 인정하여 피해자에게 휴업급여 등을 지급한 후, 사고의 원인이 된 크레인의 보험자를 상대로 구상금의 지급을 청구한 사안에서 도시 일용근로자의 월 가동일수(월평균 근무일수)에 대해 20일을 초과하여 인정하기는 어렵다고 봄.

2) 대판 2004.12.24, 2003다33691 ; 대판 2022.8.19, 2021다263748.

3) 〈참고, 건강보험 관련〉 대판 2018.11.15, 2016다258209. 자동차보험에 의해 치료를 받았다가 자동차보험회사에 치료비 등 보험금을 반환하고 요양비지급을 구한데 대해, 국민건강보험법에서 정한 절차와 방법에 따라 요양기관에 건강보험증을 제출하는 등으로 신청이 없어, 요양급여를 해 주어야 할 의무가 없다고 판단.

4) 대판 1989.11.14, 88다카29177 ; 대판 1990.4.27, 89다카24070 ; 대판 1990.12.11, 90다카26553 ; 대판 1991.5.14, 91다6634 ; 대판 1992.1.21, 90다카25499.

5) 대판(전) 2005.3.27, 2003다2802.

6) 일본은 '보험급부의 원인이 된 사고가 제3자의 행위에 의하여 생긴 경우에는 그 급부가액의 한도 내에서 정부가 손해배상청구권을 취득(「노동재해보상보험법」 §12의4)하도록'하여 자동차보험의 지불을 선행하고, 피해자가 희망할 경우에 노동재해보험급부를 먼저 하도록 하고 있으며, 후자의 경우 정부가 구상권행사가능.

이익이 보험계약이라는 별도의 원인에서 기인한다는 점에서 산재법에 의해 보상을 할 때에 이를 공제하는 것은 타당치 않다.[1)]

근로자재해보상보험에서 산재법에 의한 보상분을 초과하는 부분만 보상하도록 약관으로 정해져 있다면, 산재법에 의한 보상분은 공단이 부담하고 이를 근로자재해보상보험이 부담하였다면 공단에 구상을 청구할 수 있다.[2)]

1·다. 산업재해보상보험법 적용범위

(1) 당연가입

① 피보험자

산재법은 모든 사업(장)에 적용되나, 사업의 위험률, 규모 및 장소 등을 고려해 대통령령(산재령 §2)으로 정한 사업[3)]에 적용되지 않을 수 있다(산재법 §6).[4)]

산재법은 모든 사업(장)[5)]에 적용되며 일부부서에 대하여만 적용되지는 않는다.[6)] 적용대상사업은 의무적으로 산재보험에 가입해야 한다(징수법 §5③). 당연가입사업장의 요건에 해당하는 날 즉, 사업이 시작된 날에 보험관계가 성립한다(징수법 §7ii). 그 날 이후에 재해를 당한 근로자는, 사용자의 보험관계성립신고여부와 관계없이, 산재법에 따라 산재보상을 받을 수 있다. 산재보험적용사업변경처분은 행소법상 항고소송대상이 되는 행정처분이 아니다.[7)]

② 근로자

산업재해보상을 받는 대상은 산재법적용대상사업(장)의 근로자이다. 근로자란 근기법상 근로자를 의미한다.

---

1) 대판 2015.1.15, 2014두724. 사용자가 가입한 자기신체사고보험에 의해 근로자가 지급받은 보험금은 산재보험급여에서 공제 불가.

2) 대판 2020.7.23, 2016다271455.

3) 적용제외사업.

•「공무원재해보상법」 또는 「군인연금법」에 따라 재해보상이 되는 사업
•「선원법」, 「어선원및어선재해보상보험법」 또는 「사립학교교직원연금법」에 따라 재해보상이 되는 사업
•가구내 고용활동
•농업, 임업(벌목업 제외), 어업 및 수렵업 중 법인아닌 자의 사업으로서 상시근로자수가 5명미만인 사업

4) 헌재 2003.7.24, 2002헌바51 합헌 ; 헌재(전) 2018.1.25, 2016헌바466. 합헌, 대통령령 위임 관련.

5) 대판 2015.3.12, 2012두5176. 일정장소를 바탕으로 유기적으로 단일하게 조직되어 계속적으로 행하는 경제활동단위, 장소적 분리여부는 독립된 사업(장)에 해당하는지 판단하는 우선적인 기준, 장소적으로 분리된 복수의 경제적활동단위를 동일사업주가 운영하는 경우에는 각 조직의 규모, 업무내용 및 처리방식 등을 종합하여 각단위별 경제활동내용이 보험가입자의 최종사업목적을 위하여 유기적으로 결합되어 있는지, 장소적분리가 독립된 별개의 '사업(장)'을 두어야 할 업무상 필요성에서 기인한 것인지, 각 경제적활동단위가 전체적으로 재해발생의 위험도를 공유한다고 볼 수 있는지 등을 추가로 고려하여 판단.

6) 징수 1458.4-9812, 1981.3.24.

7) 대판 1995.7.28, 94누8853.

(2) 특례적용

① 근로자의 태아

임신근로자가 업무수행과정에서 업무상사고, 출퇴근재해 또는 대통령령으로 정하는 유해인자의 취급이나 노출로 인하여 출산한 자녀에게 부상, 질병 또는 장해가 발생하거나 그 자녀가 사망한 경우는 업무상재해로 본다(산재법 §91의12). 건강손상자녀에 대한 장해등급판정은 18세이후에 한다.

임신근로자에게 업무에 기인하여 모체의 일부인 태아의 건강이 손상되는 업무상재해가 발생하여 요양급여수급관계가 성립되면, 이후에 출산으로 모체와 단일체를 이루던 태아가 분리되더라도 그 관계가 소멸되지 않는다.[1)]

② 노무제공자

㈎ 의 의

㉮ 배 경

특수형태근로종사자에게 산재보험을 적용함에 있어 특정사업전속을 요구하면, 배달앱처럼 온라인플랫폼 등을 통해 복수의 사업에 노무를 제공하는 사람은 수혜를 받지 못한다. 이러한 이유로 '2022.6.10 개정 산재법'은 전속성요건을 삭제하고 특수형태근로종사자, 온라인플랫폼종사자 등을 포괄하는 개념으로 노무제공자의 개념을 신설하여 산재법의 적용을 받을 수 있도록 하고, 이들의 특성에 맞는 보험 적용 · 징수체계와 급여 · 보상제도를 마련하였다.

㉯ 개 념

노무제공자란 자신이 아닌 다른 사람의 사업을 위하여, 사업주로부터 직접 노무제공을 요청받거나 사업주로부터 노무제공을 중개 · 알선하기 위한 전자적 정보처리시스템인 온라인플랫폼을 통해 노무제공을 요청받는 방법에 따라, 자신이 직접 노무를 제공하고 그 대가를 지급받는 사람으로서 업무상재해로부터의 보호필요성, 노무제공형태 등을 고려하여 대통령령(산재령 §83의5)으로 정하는 직종[2)]에 종사하는 사람을 말한다(산재법 §91의15 i).

---

1) 대판 2020.4.29, 2016두41071, 임신근로자는 출산이후에도 모체에서 분리되어 태어난 출산아의 선천성질병 등에 관하여 요양급여수급권을 상실하지 않는다.

2) 보험설계사 · 새마을금고공제모집인 · 신용협동조합공제모집인 · 우체국보험모집인, 건설기계운전자, 학습지교사 및 교육교구방문강사, 골프장캐디, 택배원, 퀵서비스원, 대출모집인, 신용카드회원 모집인, 대리운전자 · 탁송업자 · 대리주차업자, 방문판매원 · 후원방문판매원, 대여제품방문점검원, 가전제품설치 · 수리원, 특수용도형화물자동차(살수차류 · 카고크레인류 · 고소작업자동차류)운전자, 일부화물차주겸운전자 · 시멘트운송자 · 철강재운송자 · 위험물질운송자, 소프트웨어기술자, 유치원방과후과정강사, 초중등학교방과후과정강사, 어린이집특별활동프로그램강사, 관광안내자, 어린이통학버스운전자 등.

㈏ 적 용

산재법의 '근로자 등'에 대한 정의규정(§5 2호)과 적용범위규정(§6)에도 불구하고 노무제공자와 '노무제공자의 노무를 제공받는 사업'은 각각 산재법의 적용을 받는 '근로자와 사업'으로 본다(산재법 §91의16).

㈐ 보험급여 산정

노무제공자에 대해 "임금"은 "보수"[1]로 그리고 "평균임금"은 "평균보수"[2]로 보고 보험급여규정(산재법 제3장 제3장의2)을 적용하며, 평균보수산정사유발생일은 대통령령으로 정한다(산재법 §91의17①②). '노무제공자의 최저휴업급여'[3]와 '재요양을 받는 노무제공자의 최저휴업급여',[4] '이 두 최저휴업급여를 받는 노무제공자의 취업에 대해 감액하는 부분휴업급여'[5] 그리고 '장해보상연금을 지급받는 노무제공자의 재요양에 대한 휴업급여'[6]에 대한 보험급여산정특례는 근로자와 다르게 적용된다.

㈑ 업무상재해 인정기준

노무제공자에 대한 업무상재해의 인정기준에 대해서는 근로자에 대한 인정기준(산재법 §37①~④)이 적용된다(산재법 §91의18).

---

1) 노무제공자가 산재법적용을 받는 사업에서 노무제공대가로 지급받은 사업소득 및 기타소득에서 대통령령으로 정하는 금품을 뺀 금액을 말한다. 다만, 노무제공의 특성에 따라 소득확인이 어렵다고 대통령령으로 정하는 직종의 보수는 고용장관이 고시하는 금액으로 한다(산재법 §91의15ⅴ).

2) 산정사유발생일이 속하는 달의 전전달 말일부터 이전 3개월동안 노무제공자가 재해발생사업에서 지급받은 보수와 같은 기간동안 해당사업외의 사업에서 지급받은 보수를 합한 금액을 해당기간의 총일수로 나눈 금액을 말한다[다만, 노무제공특성에 따라 소득확인이 어렵거나 소득의 종류나 내용에 따라 평균보수를 산정하기 곤란하다고 인정되면 고용장관고시금액으로 한다(산재법 §91의15ⅵ) ; 업무상재해를 입은 노무제공자가 평균보수산정기간동안 근로자(대통령령으로 정하는 일용근로자 제외)로서 지급받은 임금이 있으면 그 기간의 보수와 임금을 합한 금액을 해당기간의 총일수로 나누어 평균보수를 산정한다(산재법 §91의17③) ; 평균임금조정규정(산재법 §36③)에도 불구하고 노무제공자보험급여를 산정함에 있어, 해당노무제공자의 평균보수를 산정사유발생일부터 1년이 지난 이후에는 매년 소비자물가변동률에 따라 평균보수를 증감한다(산재법 §91의17④) ; 해당근로자의 근로형태가 특이하거나(산재법 §36⑤)과 진폐 등(산재법 §36⑥)에 대해 대통령령으로 평균임금을 정하는 규정은 노무제공자에게는 적용되지 않는다(산재법 §91의17⑤).

3) 노무제공자에 대해서는 '저소득근로자의 휴업급여'규정(산재법 §54)에도 불구하고 1일휴업급여지급액(산재법 §52)이 대통령령으로 정하는 최저휴업급여보장액보다 적으면 최저휴업급여보장액을 1일휴업급여 지급액으로 한다(산재법 §91의19③).

4) 재요양을 받는 노무제공자에 대해서는 '최저임금이상의 휴업급여지급'규정(산재법 §55②)에도 불구하고 1일휴업급여지급액(산재법 §56①)이 최저휴업급여보장액보다 적거나 재요양당시 평균보수산정의 대상이 되는 보수가 없으면 최저휴업급여 보장액을 1일휴업급여지급액으로 한다(산재법 §19의19②).

5) 요양기간중 일정기간 또는 단시간취업을 하는 경우, '최저임금액을 휴업급여지급액으로 보는 근로자에 대한 부분휴업급여'규정(산재법 §53①단서)에도 불구하고 최저휴업급여보장액(별표1 제2호에 따라 감액하는 경우에는 그 금액)에서 취업한 날에 대한 보수를 뺀 금액을 부분휴업급여로 지급할 수 있다(산재법 §91의19④).

6) 장해보상연금을 지급받는 노무제공자가 재요양하는 경우에는 '장해보상연금수급자가 재요양하는 경우의 휴업급여산정'에 관한 규정(산재법 §56③)에도 불구하고, 1일장해보상연금액과 '재요양을 받는 노무제공자의 최저휴업급여'(산재법 §91의19②) 또는 1일휴업급여지급액(산재법 §56①)을 합한 금액이 장해보상연금산정에 적용되는 평균보수의 70/100을 초과하면 그 초과하는 금액중 휴업급여해당금액은 지급하지 않는다(산재법 §91의19③).

㈒ 보험급여 지급

노무제공자의 보험급여는 징수법에 따라 근로복지공단(공단)에 신고[1]된 해당노무제공자의 보수를 기준으로 산정된 평균보수에 따라 지급[2]한다(산재법 §91의20).

㈓ 플랫폼운영자 자료제공

공단은 플랫폼종사자[3]에 관한 보험사무처리를 위하여 플랫폼운영자[4]에게 해당온라인플랫폼의 이용 및 보험관계의 확인에 필요한 자료·정보[5]의 제공을 요청할 수 있으며, 요청을 받은 플랫폼운영자는 정당한 사유가 없으면 그 요청에 따라야 한다(산재법§91의21, §129① 300만원과태료).

플랫폼종사자는 노무제공내용, 노무대가·시간에 관한 자료 또는 이와 관련된 정보의 제공을 플랫폼운영자에게 요청할 수 있으며, 플랫폼운영자는 특별한 사유가 없으면 이를 제공하여야 한다(산재법 §116④).

③ 국외사업과 해외파견

㈎ 공단승인 관련

국외근무기간에 발생한 근로자재해에 대해서는 보험회사[6]가 자기계산으로 「보험업법」을 근거로 한 사업방법[7]에 따라 보험사업[8]을 영위[9]할 수 있다(산재법 §121①②).

보험가입자(징수법 §5③④)가 해외근로자[10]에 대하여 공단에 보험가입신청을 하여 승인을 받으면 산재법을 적용할 수 있다(산재법 §122①). 해외파견자의 보험급여기초임금액은

---

1) 수급권자는 신고누락 등으로 평균보수가 실제평균보수와 다르게 산정된 경우에는 징수법에 따라 보수에 대한 정정신고를 거쳐 산재법에 따른 평균보수 및 보험급여의 정정청구를 할 수 있다.
2) 노무제공자에 대한 보험급여의 지급 등에 필요한 사항은 고용노동부령으로 정한다.
3) 온라인플랫폼을 통해 노무를 제공하는 노무제공자(산재법 §91의15 ii).
4) 온라인플랫폼을 이용하여 플랫폼종사자의 노무제공을 중개·알선하는 사람(산재법 §91의15iii).
5) ⓐ 플랫폼이용사업자[플랫폼종사자로부터 노무를 제공받아 사업을 영위하는 사람. 다만, 플랫폼운영자가 플랫폼종사자의 노무를 직접 제공받아 사업을 영위하는 경우 플랫폼운영자를 플랫폼 이용사업자로 봄(산재법 §91의15iv) 및 플랫폼종사자의 온라인플랫폼이용 개시일 또는 종료일, ⓑ 플랫폼이용사업자의 보험관계와 관련된 사항으로서 사업장의 명칭·주소 등 대통령령으로 정하는 정보, ⓒ 플랫폼종사자의 보험관계 및 보험급여의 결정과 지급 등과 관련된 사항으로서 플랫폼종사자의 이름·직종·보수·노무제공내용 등 대통령령으로 정하는 자료 또는 정보.
6) 우리나라가 당사국이 된 사회보장에 관한 조약이나 협정 또는 산재령으로 정하는 국가나 지역에서의 사업에 대하여는 고용장관이 금융위원회와 협의하여 지정하는 사람.
7) 보험회사는 보험사업을 영위할 때에 산재법에 따른 공단의 권한을 행사할 수 있다(산재법 §121⑤). 그러나 '보험관장과 보험연도(§2), 국고부담(§3①), '적용범위 중 적용제외관련부분(§6단서)', 산업재해보상보험심의위원회(§8), '보험급여 14일내 지급(§82①)', '산업재해보상보험및예방기금(제5장)' 및 '심사청구와 재심사청구(제6장)'가 적용되지 않는다(§121④).
8) 보험회사의 보험급여는 산재법에 따른 보험급여보다 근로자에게 불이익하면 안된다(산재법 §121②).
9) 보험회사는 산재법과 사회보장조약의 정부책임을 성실히 이행해야 한다(산재법 §121③).
10) 대한민국밖의 지역(고용노동부령으로 정하는 지역 제외)에서 하는 사업에 근로시키기 위해 파견하는 자. 해외파견자를 보험가입자의 대한민국영역 안의 사업(2개 이상의 사업은 주된 사업)에 사용하는 근로자로 봄.

그 사업에 사용되는 같은 직종의 근로자에 대해 적용되는 임금액 및 그 밖의 사정을 고려하여 고용장관이 정하여 고시하는 금액으로 한다(산재법 §122②).[1)]

(나) 공단승인 무관

공단의 승인(산재법 §122)을 받지 않은 해외근로자의 산업재해에 대해 산재법이 적용되기 어렵다. 그러나, 국내사업주와 산재보험관계가 성립된 근로자가 해외에 파견되어도, 근로장소가 국외일 뿐이고, 실제로는 국내사업에 소속되어 사용자지시에 따라 근로하면 기존의 국내산재보험관계가 여전히 유지된다. 이 경우, 구체적인 판단기준은 업무지휘감독, 급여, 인사관리, 산재보험료납부, 국내사업복귀예정·기간 등의 제반요소를 종합적으로 고려하여 판단한다.[2)]

④ 현장실습생

산재법이 적용되는 사업에서 현장실습을 하고 있는 학생 및 직업훈련생중에서 고용장관이 정하는 현장실습생은 근로자로 보며, 실습관련재해는 업무상재해로 보아 보험급여(산재법 §36①)[3)]를 지급한다(산재법 §123①②).[4)]

⑤ 학생연구자

「연구실 안전환경 조성에 관한 법률」 제2조제1호에 따른 대학·연구기관 등은 산재법적용사업으로 보며, 그 연구개발과제에 참여하는 학생연구자는 그 사업의 근로자이다(산재법 §123의2① 산재령 §123의2②). 학생연구자에 대한 보험급여의 산정기준이 되는 평균임금은 고용장관고시금액으로 하며, 업무상재해인정기준은 대통령령으로 정한다.

⑥ 자활급여수급자

근로자(산재법§5ii 근기법§2①i)가 아닌 사람으로서 자활급여수급자(국민기초생활 보장법§15)중에서 고용장관이 정하여 고시하는 소정(고용장 관고시)사업에 종사하는 사람은 산재법을 적용받는 근로자로 본다(산재법 §126①).[5)] 자활급여수급자의 보험료산정 및 보험급여기초가 되는 임금액은 자활급여수급자가 해당자활급여사업에 참여하여 받는 자활급여로 한다(산재법 §126②).

---

1) 해외파견자보험급여지급 필요사항은 고용노동부령으로 정함(산재법 §122③). 해외파견자 보험료산정, 보험가입신청·승인, 보험료신고·납부, 보험관계소멸, 그 밖에 필요사항은 징수법으로 정함(산재법 §122④).

2) 서울행판 2009.11.13, 2009구단6417.

3) 보험급여 등(산재령 §21~§85), 심사청구 등(산재령 §96~§98, §101~§105), 보칙 등(산재령 §113~§120)을 준용(산재령 §121).

4) 현장실습생에 대한 보험급여의 기초가 되는 임금액은 현장실습생이 지급받는 훈련수당 등 모든 금품으로 하되, 이를 적용하는 것이 현장실습생의 재해보상에 적절하지 않다고 인정되면 고용장관이 정하여 고시하는 금액으로 할 수 있다(산재법 §123③). 보험급여의 지급 등에 필요한 사항은 대통령령으로 정하고(산재법 §123④), 보험료의 산정·신고·납부 등에 관한 사항은 징수법에 따른다(산재법 §123⑤).

5) 「국민기초생활보장법」상의 자활급여수급자는 자활근로사업에 의무적으로 참여하는 등 근로자성이 인정되지 않고 있으나, 근로자와 유사성이 강하여 산재보험보호가 필요하므로 2007.12.14 개정 산재법에 반영되었다.

(3) 임의가입

① 개 요

당연가입사업이 아니라도 공단의 승인을 받아 보험에 가입하거나 해지할 수 있다(징수법 §5④⑤). 임의가입대상사업장도 당연가입사업장과 똑같이 산재법이 적용된다. 보험관계성립일은 가입신청서를 제출한 날의 다음날이 된다. 해지는 보험관계가 성립한 보험년도가 종료되어야 가능하다.

② 중소기업의 사업주 및 친족

보험가입자로서 300명미만의 근로자를 사용하는 중소기업사업주(근로자를 사용하지 아니하는 자 포함)는 공단승인을 받아 자기 또는 유족을 보험급여를 받을 수 있는 사람으로 하여 보험에 가입할 수 있다(산재법 §124① 산재령 §122①). 중 · 소기업사업주의 배우자(사실상혼인 관계포함) 또는 4촌 이내의 친족으로서 해당사업에 노무를 제공하는 사람은 공단승인을 받아 보험에 가입할 수 있으며 산재법을 적용함에 있어 근로자로 본다(산재법 §124②③). 이들에 대한 업무상재해인정기준에 대해서는 근로자에 대한 인정기준(산재령§27 ~ §28 §30 ~ §36)이 준용되고(산재법§124④ 산재령§123), 평균임금은 고용부장관이 고시하는 금액이며, 보험료체납기간에 대해서는 보험급여의 전부 또는 일부가 지급되지 않을 수 있다(산재법 §124⑥).

1·라. 산재보상제도 관장 · 관리

(1) 정 부

산재보험사업(보험사업)은 고용장관이 관장하며, 보험사업보험연도는 정부의 회계연도에 따른다(산재법 §2). 고용장관은 근로자복지증진사업(산재법 §92), 장해급여자고용촉진사업(산재법 §94), 조사 · 연구사업(산재법 §9) 등을 위탁 등의 방법으로 수행할 수 있다.

산재보험 및 산재예방에 관한 중요사항을 심의하게 하기 위해 고용부에 각각 동수의 노사공대표로 구성되는 산재보험및예방심의위원회(위원회)를 둔다(산재법 §8).

(2) 근로복지공단

근로복지공단(공단)은 고용장관위탁을 받아 '소정의 사업'[1]을 수행하는 법인이다(산재법§10 ~ §12 §14,§15). 공단이 아니면 근로복지공단이나 비슷한 명칭을 사용하지 못한다

---

1) ⓐ 보험가입자와 수급권자 기록 관리 · 유지, ⓑ 보험료와 징수금 징수, ⓒ 보험급여의 결정과 지급, ⓓ 보험급여결정에 관한 심사 청구의 심리 · 결정, ⓔ 산재보험시설 설치 · 운영, ⓕ 진료 · 요양 및 재활, ⓖ 재활보조기구의 연구개발 · 검정 및 보급, ⓗ 보험급여 결정 및 지급을 위한 업무상질병 연구, ⓘ 건강진단 등 예방 사업, ⓙ 근로자 복지증진 사업, ⓚ 정부로부터 위탁받은 사업.

(산재법 §34). 공단은 의료·연구기관을 설치·운영할 수 있으며 보험급여자문위원회를 둘 수 있다(산재법 §11). 산재법은 공단의 조직, 임원, 재정, 운영, 사업장조사권한 등에 관하여 자세히 규정하고 있다.

2. 업무상재해의 인정기준과 판단

근기법상 재해보상은 부상·질병·장해·사망 등의 재해가 업무상사유로 발생한 경우에 지급되며, 산재법의 보험급여는 업무상재해에 대해 지급된다.

2·가. 업무상재해의 요건

(1) 업무관련

"업무상재해라 함은 업무상사유에 따른 근로자의 부상·질병·장해 또는 사망을 말한다"(산재법 §5 i). 근기법과 산재법은 업무상사유를 업무상재해의 요건으로 하고 있다.

업무는 근로계약에 따른 업무뿐아니라 부속업무,[1] 교육, 대기,[2] 행사,[3] 출장, 거래처접대[4] 등 업무와 직·간접적으로 관련이 있는 주변업무(제5장 제3절,4)도 포함한다. 자유롭게 이용할 수 있는 휴게처럼 명백히 업무에 해당되지 않더라도 '사업주의 지배·관리'가 인정되면 업무상사유가 인정된다(산재법 §37① i 마).[5]

여러 사업장을 옮겨 다니며 근무한 근로자가 작업중에 질병에 걸린 경우, 그 사업장이 모두 산재법적용대상이라면 해당질병이 업무상재해인지 판단할 때에 복수의 사용자 아래서 경험한 모든 업무를 포함시켜 판단자료로 삼아야 한다.[6]

(2) 상당인과관계

① 법적근거

업무상사유가 인정되기 위해서와 업무와 재해 사이에 상당인과관계'가 있어

---

1) 〈사례〉 작업장소로의 이동(보상 1458.7-75916, 1981.8.26), 작업도구 점검(대판 1996.10.11, 96누9034) 등 작업준비행위, 작업완료후 퇴근전의 목욕(근기 1455-8799, 1973.8.23), 일·숙직 근로(보상 32546-19989, 1987.12.19 여름철에 숙직근무 중 모기향 불로 인한 재해 ; 보상 1455.6-1856, 1973.2.22. 숙직실의 온돌과 열방지로 인한 재해, 자의적·사적 원인이 없었음), 사고수습을 위해 근로시간외의 이동 행위(대판 1993.11.9, 93다2585) 등.

2) 사로-400, 1954.10.2. 지배·관리의 범위에 있는 대기시간에 일어난 사고는 대기장소 등에 대해 사용자지시를 어기지 않는 한 업무상 사고로 인정. 작업장내외에 대기장소를 설치하였다면 대기장소에서 사고발생시 "업무상"으로 인정하고 대기장소를 설치하지 않았다면 작업장 전체가 대기장소.

3) 현실적으로 업무에 종사하지 않더라도 업무에 해당한다고 해석(임종률, 『노동법』, 제9판, 450쪽)하기도 함.

4) 대판 2004.11.11, 2004두6709.

5) 임종률, 『노동법』, 제9판, 450쪽. 사업장안에서 통상적으로 할 수 있는 행위라는 점을 이유로 듦.

6) 대판 2017.4.28, 2016두56134. 건설공사 관련.

야 한다(산재법 §37①단서).[1] '1963년 제정된 산재법'은 '업무상재해라 함은 업무수행중에 그 업무에 기인하여 발생한 재해를 말한다'고 규정했다. 학설과 판례[2]는 업무수행성과 업무기인성을 중심으로 업무상사유를 판단하면서 그 개념을 넓혀왔다.[3] 그러나 업무수행성과 업무기인성은 그 포함범위를 판단하는 것이 쉽지 않고 어느 한쪽을 중요하게 여기거나 다른 한 쪽을 배제하는 것은 타당치 않았다. '2007년 개정 산재법'은 업무상재해범위를 탄력적으로 인정하고자 업무상사유와 상당인과관계를 업무상재해인정의 핵심개념으로 규정하였다.

② 구성내용

상당인과관계는 업무수행성과 업무기인성을 보다 넓게 인정한다. 업무수행성은 사용자의 '지배 또는 관리'[4] 아래 업무를 수행하는 것을 중시한다. 출장처럼 지배 아래 있지만 관리를 받지 않는 행위,[5] 업무수행과 혼합되어 이루어지는 개인행위[6]도 업무수행성이 인정된다. 업무수행성이 인정되면 업무상사유가 인정되나 업무수행성이 없다 해서 업무상사유가 부정되는 것은 아니다. 업무수행성을 인정받지 못해도 업무기인성이 있으면 업무상사유로 볼 수 있다.

업무기인성이라 함은 재해가 업무에 기인하여 발생하는 것을 말한다. 업무기인성은 업무수행중에 일어난 것으로 한정되지 않으며, 근로자과실이 있더라도 중과실이 아니면 인정될 수 있다. 직업병이나 과로사는 사업장밖이나 업무시간외라는 사실에 구애받지 않으며[7] '퇴사후의 치료과정에서 질병이 악화된 경우'[8]나 '입사전의 질병이 입사후에 악화된 경우'[9]에도 인정된다. 업무수행중에 일어난 재해라도 그 사유가 분명치 않으면 업무기인성을 추정할 수 없다.[10]

---

1) '업무와 재해 사이에 인과관계가 있는 것으로, 상당인과관계로 해석됨(임종률, 『노동법』, 제9판, 451쪽)', '업무상의 행동, 작업조건 또는 작업환경과 재해 사이에 상당적인과관계가 인정되는 것(김형배, 『노동법』, 제20판, 495쪽)', 상당인과관계(대판 1991.11.8, 91누3307 ; 대판 1992.5.12, 91누10466 ; 대판 2001.7.27, 2000두4538 ; 대판 2007.4.12, 2006두4912) 등으로 해석되다가 '2007년 개정 산재법'에서 명문화.

2) 대판 2010.11.11, 2010두10181. 업무상재해라 함은 근로자와 사업주 사이의 근로계약에 터 잡아 사업주의 지배·관리아래 해당근로업무의 수행 또는 업무준비·마무리행위 등 업무에 수반되는 통상적인 활동을 하는 과정에서 이러한 업무에 기인하여 발생한 재해를 말한다.

3) 김형배, 『노동법』, 제20판, 496~497쪽. 근로자 사이의 우발적으로 발생한 사건까지 개념을 확대.

4) 임종률, 『노동법』, 제9판, 450쪽.

5) 용무내용, 수행방법 등 과정 전반에 결쳐 포괄적으로 책임을 지는 사용자지배성만으로 업무상재해가 인정된다(대판 1993.11.9, 93다23107 ; 대판 1992.11.24, 92누11046).

6) 대판 1991.11.8, 91누3314.

7) 대판 1994.12.2, 94누10122.

8) 대판 1999.3.9, 98두18206.

9) 대판 1998.12.8, 98두12642 ; 대판 2007.4.15, 2006두4912.

10) 대판 1998.12.8, 98두13287.

③ **판단방법**

판례법리는, 반대견해가 있기는 하나,[1] 상당인과관계에 대해 이를 주장하는 측에게 입증책임을 부과하고 입증책임전환을 인정하지 않는다.[2]

상당인과관계법리에 따르면 해당업무에 종사하지 않았다면 재해가 발생하지 않았을 것이라고 인정되거나, 해당업무에 종사하면 그러한 재해가 발생할 수 있다고 인정되면 업무상재해가 인정될 수 있다.

(3) 배척요건

근로자의 고의행위·자해행위·범죄행위[3] 또는 그것이 원인이 되어 발생한 부상·질병·장해 또는 사망은 업무상재해로 보지 않는다(산재법 §37②본문).

자해행위가 정상적인식능력 등이 뚜렷하게 저하된 상태에서 한 행위로 발생한 경우로서 "업무상사유로 발생한 정신질환으로 치료를 받았거나 받고 있는 사람이 정신이상상태에서 자해행위를 한 경우(산재령 §36 i)", "업무상재해로 요양중인 사람이 그 업무상재해로 인한 정신이상인 상태에서 자해행위를 한 경우(산재령 §36 ii)" 또는 "그 밖에 업무상사유로 인한 정신이상상태에서 자해행위를 하였다는 것이 의학적으로 인정되는 경우(산재령 §36 iii)"에는 업무상재해로 본다(산재법 §37②단서).

2·나. 인정기준

(1) 업무상사고

① **업무수행중 사고**

㈎ **근로계약에 따른 업무나 행위**

㉮ **원 칙**

근로자가 근로계약에 따른 업무나 그에 따르는 행위를 하던 중에 발생한 사

---

1) 김형배, 『노동법』, 제21판, 508쪽. 반증사유에 대해 사용자가 입증책임을 진다.

2) 대판 1989.7.25, 88누10947 ; 대판 1998.4.24, 98두3303 ; 대판 2001.7.27, 2000두4538 ; 대판 2007.4.12, 2006두4912 ; 대판 2010.8.19, 2010두5141 ; 대판 2021.9.9, 2017두45933(증명책임전환 부정. 박리성 대동맥류 파열에 의한 심장탐포네이드와 업무의 상당인과관계 부정) 등 ; 반대의견, 김형배, 『노동법』, 제21판, 508쪽. 반증사유에 대해 사용자가 입증책임을 진다. ; 헌재 2015.6.25, 2014헌바269. 〈합헌〉 업무와 재해 의 상당인과관계에 대한 입증책임을 근로자 또는 그 유족에게 부담시키는 산재법 제37조제1항제2호.

3) 대판 2022.5.26, 2022두30072. [인정] 출장을 마치고 업무용차량을 운전하여 근무지로 복귀하던 중에 중앙선침범으로 사고가 발생하여 사망한 사건. 해당사고가 업무수행을 위한 운전과정에서 통상 수반되는 위험의 범위에 있는 것으로 볼 수 있다면, 중앙선침범이라는 사정만으로 업무상재해를 부정하면 안되고, 사고발생경위·양상, 운전능력 등과 같은 사고발생당시의 상황을 종합적으로 고려하여 판단하여야 한다. 해당근로자가 중앙선을 침범하였으나, 이유가 규명되지 않은 점, 음주사실은 확인되지 않은 점, 수사기관은 사고원인을 졸음운전으로 추정한 점, 교통법규이나 사고전력이 없는 점 등을 고려하면, 범죄행위가 원인이 되어 발생한 것이 아님.

고(산재법 §37① i 가)는 '업무수행중의 사고'로서 업무상재해로 본다. 산재령은 첫째, 근로계약에 따른 업무수행행위(산재령 §27① i), 둘째, 업무수행과정의 용변 등 생리적필요행위(산재령 §27①ii), 셋째, 업무준비·마무리행위와 그 밖의 필요적부수행위(산재령 §27①iii),[1] 넷째, 천재지변·화재 등 사업장내에서 발생한 돌발사고에 따른 긴급피난·구조행위 등 사회통념상 예견되는 행위(산재령 §27①iv)를 업무상사고에 포함하고 있다.

㉯ 예 외

(a) 예외 사유

근로시간중이라도 '음주행위와 같은 업무이탈행위', 자해행위, '회사설비 임의사용',[2] '사용자지시가 없는 임의근무[3] 또는 대리근무'[4], '본인의 개인업무' 또는 '타인의 개인업무지원행위',[5] 업무중간에 개인목적으로 한 행위[6] 등은 불가피한 사유가 없는 한 업무상사고로 인정되지 않는다.

근로시간외라면 사업주가 제공한 장소에서 일어난 사고라 하더라도, 업무관련성이 없으면 업무상재해로 인정되지 않는다.[7]

(b) 탄력적 해석

업무이탈 또는 자의적행위·사적행위라도 필요적·합리적인 행위로 인정되면 업무상재해가 된다.[8] 음주 등 비위행위가 있어도 재해가 업무와 상당인과관계가 있고 업무수행과정에서 통상적으로 수반되는 위험범위에서 발생한 것이라면 업무상재해로 인정될 수 있다.[9] 그러나 차량운행이 불가능할 정도의 음주로 인해 발생한 재해는 사업주의 지배·관리아래서 업무를 수행하거나 그에 수반한 통상적인 활동과정에서 발생한 업무상재해로 보지 않는다.[10]

---

1) 대판 2009.10.15, 2009두10246. 인정] 육체노동종사자가 근무시간전에 체력단련을 하다 사망 ; 대판 2009.5.14, 2009두157. 인정] 토목공사현장에서 작업전에 몸을 녹이다 불이 몸에 옮겨붙어 사망.

2) 보상 1458.7-8073, 1983.3.29. 작업종료 후 차량을 회사의 차고에 보관하여야 함에도 집으로 가져간 사례.

3) 보상 01254-2819, 1985.2.13. 사업주의 지시 없이 야간경비를 한 사례.

4) 보상 1458.7-23447, 1984.12.5. 운전기사가 승객(친구)에게 대리로 운전시킨 사례.

5) 보상 1455.6-14430, 1977.7.26. 사용자의 지시 없이 다른 법인체대표의 개인업무를 보조한 사례.

6) 재보 68607-40, 1994.1.12. [부정] 시내버스 운행도중 담배를 사러 갔다 오다가 당한 교통사고.

7) 대판 2015.4.23, 2014두46218. [부정] 휴일에 사적으로 술을 마시고 사업주가 제공한 숙소에서 잠을 자다 원인불명의 화재로 사망.

8) 노직산 848, 1966.2.28. [인정] 정비공이 운전사의뢰로 고장차를 정비한 후 완전한 수리를 위해 필요한 장소까지 무면허운전을 한 행위. 〈근거〉정비작업에 어느 정도의 비영업적운전행위 불가피 ; 보상 1458.7-28628, 1982.10.19. [인정] 미싱반장이 미싱보조공에게 약을 사오라고 심부름을 보낸 사례. 사업주가 반장에게 보조공관리를 위임한 점, 약을 사러가는 행위는 반장의 업무수행을 위해 필요적·합리적행위라는 점 등을 지적. 〈근거〉 지휘·감독권을 완전히 위임받은 상사의 개인적 심부름으로 관례상 근로자의 거부가 곤란하고 그 명령이 불법적이거나 심히 부당하지 않은 경우 ; 보상 1458.7-17752, 1982.6.26. [인정] 업무관련 충돌로 석유통에 빠져 옷에 묻은 석유를 소각장에게 말리다 발생한 사고. 〈근거〉 업무관련충돌사고로서 지배·관리인정 등.

9) 대판 2001.7.27, 2000두5562. 농장에서 음주운전한 사건 관련.

㈏ 사업장밖 업무수행

㉮ 원 칙

근로자가 사업주의 지시를 받아 사업장밖에서 업무를 수행하던 중에 발생한 사고는 업무상사고로 본다(산재령 §27②).[1)]

거래처담당자를 만나 업무협의와 접대를 위한 회식을 하고 거래처담당자의 대리운전기사를 기다리던 중에 당한 사업장밖사고를 업무상재해로 인정한 판결[2)]이 발견된다. 근로시간외에 이루어진 업무수행이라도 사업주의 지배·관리성이 있으면 업무상재해로 인정된다.

㉯ 예 외

사업주의 구체적지시를 위반하는 행위,[3)] 근로자의 사적행위 또는 정상출장경로를 벗어난 사고[4)]는 업무상사고로 보지 않는다(산재령 §27②).[5)]

㉰ 수행장소가 정해져 있지 않은 업무

업무의 성질상 수행장소가 정해져 있지 않은 근로자가 최초로 업무수행장소에 도착하여 업무를 시작한 때부터 최후로 업무를 완수한 후에 퇴근[6)]하기 전까지 업무와 관련하여 발생한 사고는 업무상사고로 본다(산재령 §27③).

사업장밖업무라도 출장[7)]처럼 출·퇴근개념이 아니고 업무완성이나 수행방법에 있어 포괄적으로 사업주가 책임을 지면 전체과정이 사업주지배아래에 있으므로 업무수행중사고로 인정된다.[8)]

자기집에서 회사업무를 수행하는 것처럼 작업장밖에서 업무관련으로 이루어진

---

10) 산재보험과-2508, 2005.6.7. ↘ 584쪽

1) 대판 1986.9.23, 86누176. 사업장밖재해는 작업장내에서 발생한 재해와 비교할 때 업무기인성과 업무수행성이 약하나 사업주의 지배·관리 아래에 있는 등 상당인과관계가 인정될 때는 업무수행상 사고.

2) 대판 2017.3.30, 2016두31272. [인정] 업무총괄이사관련. 사용자의 지배·관리상태, 모임의 정상경로유지.

3) 〈반대사례〉보상 1458.7-12819, 1983.5.19. [인정] 출장중에 여관 등에서 연탄가스 사고, 사적행위나 자의적행위로 볼 수 없거나 사업주가 지정한 숙소를 피함으로써 발생하였다는 사정이 없음.

4) 보상 1458.7-17830, 1982.6.23. [인정]. 피재자의 자가용승용차를 이용하여 일반출장업무를 수행한 것을 사업주가 묵시적·명시적으로 인정한 것이고 합리적순로를 이탈하지 않음 ; 서울행판 2006.6.14, 2006구합7058. [인정]. 순로를 이탈하였더라도 이탈전행위에 대해 업무상재해로 인정.

5) 대판 1986.12.24, 84누403 ; 대판 2002.9.4, 2002두5290 ; [부정] 출장중행위가 출장에 당연히 또는 통상적으로 수반하는 범위의 행위가 아닌 자의적행위나 사적행위일 경우 ; '2007.12.14. 산재법' 전 산재칙 제36조는 사업주의 출장지시를 받아 업무를 수행하고 있더라도 ⓐ 출장도중 정상경로를 벗어나 발생한 사고로 인한 근로자의 사상, ⓑ 근로자의 사적행위, 자해행위, 범죄행위 또는 그것이 원인이 되어 발생한 사상(대판 1992.11.24, 92누11046. [부정] 업무와 관계없이 여자들을 태우고 놀러가다가 당한 사고), ⓒ 사업주의 구체적인 지시를 위반한 행위로 인한 근로자의 사상의 경우에는 업무상재해로 보지 않았다.

6) 서울행판 2009.6.1, 2008구단16677. [부정] 퇴근하여 자신의 단독주택마당으로 들어와 발생한 사고.

7) 자가용출장을 사업주가 묵시적·명시적으로 인정한 사례(보상 1458.7-17830, 1982.6.23).

8) 대판 1993.11.9, 93다23107 ; 대판 1992.11.24, 92누11046.

작업은 업무상인지 사용자지시가 있었는지, 그러한 지시를 수행하던 중에 발생한 재해인지에 대한 객관적입증자료가 있어야 업무상재해로 인정된다.[1)]

㈐ **휴식과 휴무**

㉮ **원 칙**

휴게시간중에 사업주의 지배·관리 아래에 있다고 볼 수 있는 행위로 발생한 사고(산재법 §37① i 마)는 업무상재해로 본다. "사업주의 지배관리하에 있다"라 함은 사업주의 지시에 따른 행위임을 말한다.

㉯ **예 외**

자의적행위 등은 업무상재해로 인정될 수 없다.[2)] 점심시간중에 사용자의 지시·감독이 없는 운동경기,[3)] 사적으로 싸운 경우,[4)] 만취해서 넘어진 경우[5)] 등은 업무상재해로 인정되지 않는다.

자의적행위라도 휴식시설미비[6)] 등 사업장내시설물의 흠에 의해 발생한 사고는 업무상재해로 인정될 수도 있다. 이 때 자의적인 행위로는 '사업장내에서 휴게시간을 이용한 행위', '업무시간외에 사업장내시설을 이용한 행위' 및 '사업장내에서 출·퇴근하고 있거나 출퇴근중에 잠시 머무른 행위'를 들 수 있다.

선원이 항해를 마친 후에 선원숙소에서 휴식을 취하고 있던 다른 사람을 도와주다 입은 부상은 임박한 항해중이었다는 등의 특별한 사정이 없는 한 직무상부상(선원법 §94①)에 해당되지 않는 판결[7)]이 발견된다.

㉰ **휴무일 · 휴일근로 재해**

휴무일근로가 사용자의 지시에 의했거나, 지시가 없더라도 정상업무 또는 관행으로 행해지거나,[8)] 다음 작업의 준비[9)] 또는 잔무처리처럼 사적행위[10)]가 아닌

---

1) 보상 1458.7-6265, 1982.3.3. [부정] 자택작업, 업무수행중이라는 입증자료가 없고 사업주의 지배영역이 아님.

2) 재보 32546-7344, 1988.5.18.

3) 보상 1455.6-8525, 1976.5.18 ; 재보 32546-7344, 1988.5.18 ; 대판 1993.3.12, 92누17471 [인정] 점심시간에 운동을 하다가 관상동맥경화로 사망한데 대해 그 무렵의 과중한 업무를 고려 ; 대판 1996.8.23, 95누14633. [부정] 점심시간에 축구를 하다 발생한 사건, 사용자지시 없었음.

4) 재보 01254-10436, 1988.7.12.

5) 대판 2003.3.25, 2002두12311.

6) 보상 1458.7-23441, 1984.11.26. [인정] 근무시간중에 휴식을 위해 골재통에 들어가 있다가 동료근로자인 페이로다 운전기사의 과실로 발생한 재해에 대해 자해행위 부정.

7) 대판 2011.5.26, 2011다14282. [부정] 같은 숙소에 거주자의 부탁으로 건물 옆 컨테이너 위에서 사다리를 잡아주다가 부상을 입은 사안. 숙소는 피재자의 생활근거지가 되는 거소로 볼 수 있는데, 피재자가 당시 숙소에서 항해를 위해 대기 중에 사고를 당했다고 인정할 증거가 부족하고, 휴식을 취하고 있던 중 발생한 사고.

8) 보상 1458.7-1770, 1983.7.13. [인정] 격일제택시운행에서 휴무일인 다음날 새벽까지 차량을 입고하는 것이 관행적으로 인정되어 왔다면 배차시간과 실운행시간 등을 조사하여 "업무상" 인정 가능.

것이 명확하다면 업무상재해로 인정될 수 있다.

② **시설물 등의 결함**

㈎ **원 칙**

㉮ 법 리

사업주가 제공한 시설물 등을 이용하던 중에 그 시설물 등의 결함이나 관리소홀로 발생한 사고(산재법 §37① i 나)는 업무상재해로 본다. 사업주가 제공한 시설물, 장비 또는 차량 등의 결함이나 사업주의 관리소홀로 발생한 사고는 업무상사고로 본다(산재령 §28①).

㉯ 적 용

생산시설은 물론이고 구내도로,[1] 구내식당내,[2] 구내식당이동,[3] 구내식당서 근무처로 이동,[4] 기숙사 또는 기업내숙소,[5] 기업외숙소[6] 등 부대시설도 사업주의 관리대상이라면 시설물로 본다. 이용시설에 흠이 있는 경우여야 업무상재해가 인정될 수 있다.[7]

㈏ **예 외**

'사업주가 제공한 시설물등을 사업주의 구체적인 지시를 위반하여 이용한 행위로 발생한 사고(산재령 §28②)'[8]는 업무상사고로 보지 않는다. 업무이탈행위, 자해행위, 사적행위는 지시위반행위로 볼 수 있다. 다만, 사적행위로 재해가 발생하더라도 시설물의 설치·관리의 잘못이라는 흠과 경합이 될 때에는 업무상재해로 인정될 수도 있다.[9]

'시설물등의 관리 또는 이용권이 근로자의 전속적인 권한에 속하는 경우에 그

---

9) 보상 01254-61416, 1985.4.2. [인정] 청소원이 휴무일에 다음날의 청소작업을 위해 고장난 쓰레기리어카를 옮기다가 당한 재해.

10) 보상 01254-12514, 1987.8.5. [부정] 휴무일에 회사시설 이용, 상사의 개인적물품을 만들다 발생한 재해.

↘ 586쪽

1) 보상 1458.7-2384, 1984.1.27. [인정] 자전거·오토바이로 통근중 구내도로에서 재해발생, 사적행위부정.

2) 노직산 4089, 1965.12.14. [인정] 회사가 관리하는 식당에서 식사중 다른 근로자의 부주의에 의한 재해.

3) 보상 1458.7-31102, 1982.11.27. [인정] 구내식당으로 가는 행위, 업무에 수반한 필요적 행위.

4) 보상 1458.7-11159, 1987.7.11. [인정] 구내식당에서 식사후 근무장소로 가던 중 졸도.

5) 보상 1458.7-395, 1982.12.24. [인정] 사업주가 제공·관리하는 기숙사에서 출근하다 당한 재해.

6) 서울행판 2009.11.24, 2009구단7458. [인정] 회사가 임차하여 제공한 숙소에서 잠을 자던 중 입은 화상.

7) 대판 1996.8.23, 95누14633.

8) 보상 1254-16604, 1985.9.10. [부정] 경비원이 사업장내에서 오토바이를 타지 못하게 되어 있음에도 상사의 지휘·명령이나 업무와 관계없이 오토바이를 빌려 타다 입은 재해.

9) 재보 01254-8288, 1986.5.22 ; 재보 32546-5116, 1988.4.6. [인정] 정박중인 포설선에서 작업완료후 음주를 하고 취침하러 가던 중에 갑판위에서 소변을 보다 선체유동으로 실족·실종된 사건에 대해 배에 화장실이 없어 갑판위에서 소변을 보는 것이 통상적, 사업주의 실족방지시설소홀 인정.

관리 또는 이용중에 발생한 사고(산재령 §28②)"[1]는 업무상사고로 보지 않는다.

③ 행사재해

㈎ 법 리

사업주가 주관하거나 사업주의 지시에 따라 참여한 행사나 행사준비중에 발생한 사고(산재법 §37① i 라)는 업무상재해로 본다.

사용자의 지배·관리는 행사에 근로자가 참가하는 것이 노무관리 또는 사업운영상 필요한지에 따라 판단된다.[2] 구체적으로는 첫째, 행사참가시간을 근무시간으로 인정하는 경우(산재령 §30 i),[3] 둘째, 행사에 참가하도록 지시한 경우(산재령 §30 ii), 셋째, 사업주승인을 받아 행사에 참가한 경우(산재령 §30iii), 넷째, 앞의 3가지의 규정에 준하는 경우[4]로서 사업주가 행사참가를 통상적·관례적으로 인정한 경우(산재령 §30iv)에 업무상사고로 본다. 행사참가를 위한 준비·연습중에 발생한 사고에 대하여도 이러한 기준을 준용한다(산재령 §30).[5]

㈏ 적 용

운동경기,[6] 야유회,[7] 등산대회, 회식,[8] 위탁교육,[9] 사원훈련,[10] 동호인활동[11]

---

1) 보상 32546-19989, 1987.12.19. [부정] 회사가 제공한 사택의 관리책임이 근로자에게 있는 경우.

2) 대판 1995.5.26, 94다60509. 사용자가 주재하던 정례회식 관련. 행사나 모임의 주최자, 목적, 내용, 참가인원, 강제성여부, 운영방법, 비용부담 등의 사정 고려 필요.

3) 보상-11584, 1973.11.2. [인정] 민방공훈련관련법에 의해 훈련실시 중 경보기를 게양하다가 감전·사망한 사례 ; 출근한 것으로 처리하는 경우도 이에 해당(2007.12.14 개정된 산재법 이전 산재칙(§37)).

4) 단협·취업규칙·법령 등에 회사에서 의무화되어 있거나 사용자지시로 행사를 수행하다가 발생한 재해는 업무상재해로 인정될 수 있다. 그러나 이러한 경우에도 3가지 경우에 준하여야 한다.

5) 보상 1455.6-10412, 1977.6.1. 향토예비군훈련, 민방위훈련 등과 같이 국가가 주관하는 훈련과정에서 발생한 재해는 관련법에 의해 보상을 한다. 훈련과 관련이 있더라도 직접적인 훈련과정이 아닌 경우에는 업무상으로 볼 수 없는 것이 원칙이나 훈련과 밀접한 관계가 있으면 예외 인정. 예를 들어 사업주가 노무관리상 필요에 의해 훈련장까지 이송하다가 재해가 발생하면 업무상재해로 인정될 수 있다. 이 경우 훈련과정과 직접관계가 있는지는 관련 법규정(향토예비군설치법시행령 §13)에 따라 소집통지내용, 응소시간도래여부, 훈련장집결방법, 자동차제공조건 등을 고려하여 판단(보상 1455.6-10412, 1977.6.1).

6) 재보 32540-11417, 1988.7.28 ; 보상 01254-8702, 1985.5.10. 노조가 주관하고 강제성이 없어 "업무상" 부정 ; 근로복지공단 요양부-7073, 2010.12.13. 점심시간에 노동조합주관의 노조원을 대상으로 한 체육행사 중 사고는 휴게시간중의 사고에 해당하지 않는다.

7) 보상 32540-16759, 1986.10.17 ; 보상 14556-12311, 1976.7.16. 인정. 사업장외 야유회에 대해 사용자의 노무관리상 필요, 의무적참가, 사용자가 지정 또는 용인한 범위의 놀이 등.

8) 사용자의 지휘·명령 아래서 행하여져야 업무상재해로 본다. ; 대판 1996.4.14, 96누3555. [부정] 자신이 팀장으로 있는 인사이동에 따른 회식을 2차까지 마친후 야간근로자의 작업상태확인을 위해 귀사도중에 일어난 사고 ; 서울행판 2009.6.24, 2009구합1303. [인정] 회식중의 음주로 인한 재해.

9) 재보 32546-11063, 1988.7.22. 인정, 임금이 지급되고 교육비를 사업주가 부담하는 새마을연수원 입교 교육중 체육시간에 배구경기를 하다 발생한 재해.

10) 근로자의 집단훈련에 대해 불참자를 결근 처리하는 등 강제성이 있으면 "업무상"으로 인정.

11) 대판 1997.8.29, 97누7271.

등 각종행사(행사)에 참가하여 발생한 행사재해가 업무상재해로 인정되려면 주최자·모임의 목적과 내용·참가인원·강제성여부·운영방법·비용부담 등의 사정에 비추어 사회통념상 전반적으로 사용자의 지배·관리가 인정되어야 하고,[1] 행사·모임의 순리적경로를 일탈하면 지배·관리에서도 일탈한 것으로 본다.[2] 사용자의 지배·관리가 없는 행사는 업무상사고로 볼 수 없다.[3]

④ 출·퇴근재해

㈎ 원 칙

업무상재해로 인정되는 출퇴근재해에는 "사업주가 제공한 교통수단이나 그에 준하는 교통수단을 이용하는 등 사업주의 지배관리하에서 출퇴근하는 중에 발생한 사고(산재법 §37①iii가)"[4]뿐아니라 "그 밖에 통상적경로·방법으로 출퇴근하는 중에 발생한 사고(산재법 §37①iii나)"까지 포함된다.

근로자가 출퇴근하던 중에 발생한 사고가 "사업주가 출퇴근용으로 제공한 교통수단이나 사업주가 제공한 것으로 볼 수 있는 교통수단을 이용하던 중에 발생"하고 "출퇴근용으로 이용한 교통수단의 관리 또는 이용권이 근로자측의 전속

---

1) 대판 1992.10.9, 92누11107. 회식관련 ; 대판 1995.5.26, 94다60509 ; 대판 2008.10.9, 2008두9812. 사업주 지배·관리하의 회식과정에서 근로자가 주량을 초과하여 음주를 하여 정상적인 거동에 장애가 있는 상태에 이르렀고 그것이 주된 원인이 되어 부상·질병·신체장해 또는 사망 등의 재해를 입게 되면, 사업주의 만류 또는 제지에도 불구하고 근로자 독자적인 결단에 의하여 이루어졌다거나 다른 비정상적인 경로를 거쳐 재해가 발생하였다고 하는 등의 특별한 사정이 없는 한 업무상재해로 인정.

2) 대판 2020.3.26, 2018두35391. 사업주의 지배나 관리를 받는 상태에 있는 회식과정에서 근로자가 주량을 초과하여 음주를 한 것이 주된 원인이 되어 부상·질병·신체장해 또는 사망 등의 재해를 입은 경우, 이러한 재해는 상당인과관계가 인정되는 한 업무상재해로 볼 수 있다. 이때 상당인과관계는 사업주가 과음행위를 만류하거나 제지하였는데도 근로자 스스로 독자적이고 자발적으로 과음을 한 것인지, 업무와 관련된 회식 과정에서 통상적으로 따르는 위험의 범위에서 재해가 발생하였다고 볼 수 있는지 아니면 과음으로 인한 심신장애와 무관한 다른 비정상경로를 거쳐 재해가 발생하였는지 등 여러 사정을 고려하여 판단하여야 한다. [긍정] 자신이 안전관리업무를 총괄한 품평회를 마치고 사업주가 마련한 회식에서 술을 마시고 퇴근하던 중 발생한 교통사고로 사망한 것.

3) 대판 1995.5.26, 94다60509. [부정] 사용자가 자리를 뜬 후 근로자끼리 별도의 2차모임을 갖다가 발생한 사고는 회사차량을 이용하더라도 순리적경로를 이탈한 것임 ; 보상 1458.7-212, 1985.1.8. 일과시간이후에 자유의사로 참가하는 그룹활동 관련.

4) 대판(전) 2007.9.28, 2005두12572 등 수 많은 판례. '사업주가 특정한 교통편을 지정하는 것' 처럼 통근과정이 '사업주의 지배·관리 아래에 있다'고 볼 수 있다면 '업무수행 중의 사고'로 본다. ; 출·퇴근재해를 이처럼 제한하는 관련 산재법 조항에 대해 평등원칙에 위반되지 않는다는 이유로 합헌(헌재 2013.9.26, 2011헌바271 ; 헌재 2013.9.26, 2012헌가16)으로 인정되다가 위헌(헌재 2016.9.29, 2014헌바254. 도보나 자기 소유 교통수단 또는 대중교통수단 등을 이용하여 출퇴근하는 산재보험가입 비혜택근로자는 사업주가 제공하거나 그에 준하는 교통수단을 이용하여 출퇴근하는 산재보험가입 혜택근로자와 같은 근로자인데도 사업주의 지배관리 아래 있다고 볼 수 없는 통상적인 경로와 방법으로 출퇴근하던 중에 발생한 '통상의 출퇴근 재해'를 업무상재해로 인정받지 못한다는 점에서 차별취급이 존재한다. ; **한국노동법학회, 『노동판례백선』 제2판,** 272쪽. 주요판례로 다룸)으로 번복되어 법률 제14933호(2017.10.24 개정, 2018.1.1 시행)로 개정되었다. 이와 배치되는 종전의 판례나 해석은 앞으로 효력이 없다.

권한"에 속하지 않으면 출퇴근재해로 본다(산재령 §35①).

(나) **예 외**

㉮ 일탈행위

"그 밖에 통상적인 경로와 방법으로 출퇴근하는 중에 발생한 사고"중에서 출퇴근경로의 일탈·중단중[1]의 사고 및 그 후의 이동중의 사고에 대하여는 출퇴근재해로 인정하지 않되, 일탈·중단이 일상생활에 필요한 행위로서 대통령령으로 정하는 사유(산재령 §35②)[2]가 있는 경우에는 출퇴근재해로 본다(산재령 §37③).

출퇴근경로와 방법이 일정하지 않은 직종으로 대통령령으로 정하는 경우(산재령 §35의2)[3]에는 "그 밖에 통상적인 경로와 방법으로 출퇴근하는 중에 발생한 사고"에 따른 출퇴근재해를 적용하지 않는다(산재령 §37④).

㉯ 범죄행위

오로지 또는 주로 근로자의 고의 또는 중대과실로 인한 범죄행위가 원인이 되어 발생한 부상 등은 업무상재해에 해당되지 않는다. '중대한 과실'은 엄격히 해석·적용되어야 한다. 무면허운전 등 교통범죄행위(교통사고처리 특례법§3②각호)의 어느 하나에 해당하는 행위를 하다가 교통사고를 야기했다는 사정만으로 바로 업무상재해성이 부정되면 안되고 사고발생경위·양상, 운전능력, 교통사고방지노력 등 사고발생당시의 상황을 종합적으로 고려하여 판단되어야 한다.[4]

⑤ **그 밖의 업무상사고**

산재법은 그 밖에 업무와 관련하여 발생한 사고(산재법 §37① i 바)를 업무상재해로 본다.

(가) **돌발사태재해**

사회통념상 근로자가 사업장내에서 할 수 있다고 인정되는 행위를 하던 중에

---

1) 대판 2004.11.11, 2004두6709. [부정] 고객접대후 자신의 아파트주차장에 차를 세워 놓고 자다가 사망.

2) ⓐ 일상생활에 필요한 용품 구입, ⓑ 학교(「고등교육법」 §2) 또는 직업교육훈련기관(「직업교육훈련촉진법」 §2)에서 직업능력개발향상에 기여할 수 있는 교육·훈련 등 이수, ⓒ 선거권·국민투표권 행사, ⓓ 근로자가 사실상 보호하고 있는 아동·장애인을 보육기관· 교육기관에 등·하교, ⓔ 의료기관·보건소에서 질병의 치료·예방을 목적으로 진료, ⓕ 근로자의 돌봄이 필요한 가족으로서 의료기관 등에서 요양중인 가족 돌봄 ⓖ 이들에 준하는 행위로서 고용장관이 일상생활에 필요한 행위라고 인정하는 행위.

3) 아래의 직종에 종사하는 사람(산재법 124조에 따라 자기 또는 유족을 보험급여를 받을 수 있는 사람으로 하여 보험에 가입한 사람으로서 근로자를 사용하지 않는 사람)이 본인의 주거지에 업무에 사용하는 자동차 등의 차고지를 보유하고 있는 경우를 말한다.

ⓐ 수요응답형 여객자동차운송사업(「여객자동차운수사업법」 §3①iii)
ⓑ 개인택시운송사업(「여객자동차운수사업법」 §3①ii 라)
ⓒ 퀵서비스업[소화물의 집화·수송과정 없이 배송만을 업무로 하는 사업]

4) 울산지판 2021.7.15, 2020구합6833.

태풍·홍수·지진·눈사태 등의 천재지변이나 돌발사태로 발생한 사고는 사적행위, 업무이탈 등 업무와 관계없는 행위를 하던 중인 것이 명백한 경우를 제외하고는 업무상사고로 본다(산재령 §31).

㈏ **요양중 사고**

업무상부상·질병으로 요양급여를 받고 있는 근로자에게 "요양급여와 관련하여 발생한 의료사고(산재령 §32 i)", "요양중인 산재보험의료기관에서[1] 업무상부상·질병의 요양과 관련하여 발생한 사고(산재령 §32 ii)"와 "업무상 부상 또는 질병의 치료를 위하여 거주지 또는 근무지에서 요양중인 산재보험의료기관으로 통원하는 과정에서 발생한 사고" 등의 요양중사고는 업무상사고로 본다.[2]

㈐ **제3자가해행위**

㉮ 사고 재해

제3자행위로 근로자에게 사고재해가 발생한 경우, 그 근로자가 담당한 업무가 사회통념상 제3자가해행위를 유발할 수 있는 성질의 업무라고 인정되면 업무상사고로 본다(산재령 §33).[3]

동료근로자의 업무수행부주의로 인한 재해는 고의가 없는 한 노무관리·안전관리소홀에서 기인한 것으로 업무수행중사고로 인정된다.[4]

㉯ 폭력 재해

타인의 폭력에 의한 재해가 업무상재해인지는 '사업장안의 인간관계' 또는 '직무에 내재하거나 통상적으로 수반하는 위험'이 현실화되어 발생한 것으로서, 업무와 상당인과관계가 있는지, 폭력재해가 사적관계에서 기인하거나 직무한도를 넘어 상대방을 자극·도발함으로써[5] 발생했는지 등을 고려하여 판단한다.[6]

---

1) 산재보험의료기관이 아닌 의료기관에서 응급진료 등을 받는 경우에는 그 의료기관을 말한다.

2) 대전지판 2011.4.21, 2009구판1773. [인정] 요양중에 치매증상이 업무상재해로 인한 것으로 발현된 근로자가 식탐을 조절치 못하고 추석에 송편을 급히 삼키다가 기도가 막혀 사망한 사건은 최초재해와 상당인과관계가 있음.

3) 타인의 고의에 의한 것이므로 업무상재해로 인정되지 않음이 원칙임에도 업무상사고로 인정 ; 재해를 당한 사람이 작업은 물론이고 용변 등 생리적 필요행위, 작업준비·마무리행위 등 작업에 수반되는 부수적 행위를 하고 있던 중에 사상한 경우도 마찬가지 ; 보상 1458.7-4463, 1982.2.16. [인정] 차주와 사용종속관계가 없는 자를 운전기사가 임의로 동승시키고 대리 운전케 하여 발생한 사고.

4) 노직산-5912, 1966.11.23.

5) 대판 1995.1.24, 94누8587 ; 대판 2011.7.28, 2008다12408. [인정] 하도급받은 자의 피용자로부터 폭행, 공사현장에서 작업의 진행 식·순서에 관한 의사소통부족으로 야기된 다툼 ; 대판 2017.4.27, 2016두55919. [인정] 근로자의 폭행으로 자극을 받은 제3자가 그 근로자를 공격하여 발생한 사망.

6) 대판 1995.1.24, 94누858 ; 대판 2008.2.14, 2006두9696. [부정] 회장 아들 결혼식 답례 회식에서 총무부장이 직원에게 행한 구타 ; 대판 2008.8.21, 2008두7953 ; 대판 2016.5.12, 2016두31036. [인정] 공무사이에

동료근로자는 보험가입자인 사업주와 함께 직 · 간접적으로 재해근로자와 산재보험관계를 가지는 사람으로서 산재법에 규정된 제3자에서 제외되므로, 사업주에 대한 공단의 구상권은 부인되며 사업주를 달리하는 하나의 사업장의 경우에도 마찬가지이다.[1]

㈑ **자살 및 우울증**

업무로 인해 질병 또는 사고가 발생하거나[2] '업무상 과로나 스트레스'[3]가 그 질병의 주된 발생원인에 겹쳐서 질병이 유발 또는 악화되는 상황으로 인해 '심신상실 · 정신착란상태', '정상적인식능력이나 행위선택능력 상실' 또는 정신적억제력이 현저히 저하된 정신장애 상태에 빠져 자살에 이른 것이라고 추단할 수 있으면 업무와 사망 사이에 상당인과관계가 인정된다.[4]

상당인과관계는 자살자의 질병 내지 후유증상정도, 질병의 일반증상, 요양기간, 회복가능성, 연령, 신체적 · 심리적상황, 자살자를 에워싸고 있는 주위상황, 자살경위 등을 종합적으로 고려하여 판단된다.[5]

상당인과관계유무는 평균인이 아니라 해당근로자의 건강과 신체조건을 기준으로 하여 판단하므로 내성적이고 소심한 성격 등 개인적취약성이 우울증에 영향을 미쳤더라도, 업무상과로 · 스트레스가 겹쳐서 우울증이 유발 또는 악화되었다면 상당인과관계가 인정된다.[6] 업무와 자살간 상당인과관계판단기준은 사회

상당인과관계가 인정되면 업무상재해에 해당된다.

1) 대판 2011.7.28, 2008다12408. [인정] '회사로부터 공사를 하도급받은 자에 의해 고용된 자'가 행한 폭행에 대해 도급회사가 보험가입자의 지위에 있는 사업자라는 점을 지적.

2) 대판 2015.1.29, 2013두16760. [인정] 업무상사고로 시력이 손상된 공무원이 우울증으로 자살.

3) 대판 2015.1.15, 2013두7230. [긍정] 해외파견근무를 위한 영어실력부족에 대한 극심한 업무스트레스 및 정신적고통으로 우울증세가 급격히 유발되어 자살 ; 대판 2015.1.15, 2013두7230. [긍정] 실적부진에 대한 질책과 권고사직의 두려움에 의한 자살 ; 대판 2015.5.28, 2013두21328. [긍정] 생산 · 가공 업무만을 수행하다 관리직을 맡은 뒤 급격한 업무스트레스로 인한 불면증과 우울증에 시달리다 자살 ; 대판 2016.1.28, 2014두47327. [긍정] 교사의 학교폭력예방업무 관련. 평소에 대인관계 원만, 우울증세 없음 ; 대판 2016.6.11, 2011두32898. [긍정] 예비군동대장으로부터 상위직급인 지역대장으로 확대된 업무수행, 그로 인한 과로 · 스트레스 · 수면장애 등의 증상을 호소하며 입원하여 중증의 우울성 에피소드 등의 진단 아래 치료를 받다가 자살 ; 대판 2019.5.10, 2016두59010. [긍정] 업무상 과오에 대해 징계 · 승진누락 · 구상권청구 등의 불이익을 받게 될지도 모른다는 생각에 극심한 스트레스를 받던 중 자살 ; 대판 2021.10.14, 2021두34275, [긍정] 업무중의 추락사고로 하반신마비, 그로 인한 욕창으로 고통받고 있는 가운데 우울증이 급격히 유발 · 악화되어 자살.

4) 대판 2017.5.31, 2016두58840. [인정] 환각 · 망상 · 언행 등 정신병적 증상을 보이지 않더라도 그러함 ; 대판 2017.8.23, 2017두42675.

5) 대판 2017.8.23, 2017두42675. [인정] 강한 책임감, 3교대에 따른 불규칙한 근무시간 · 초과근무, 특히 복귀 6개월만에 다른 분야 전임교수로 전보되고 강의시간 또한 급격히 증가하여 부담감으로 심각한 정신적 고통, 전보직후 자살을 시도한 점에 비추어 보면 업무스트레스와 부담감은 견디기 어려울 정도로 인정됨. 이에 따라 본격적으로 발현된 우울증세는 이후 상담 · 약물치료에도 불구하고 업무복귀압박감 때문에 더욱 악화 ; 대판 2021.10.14, 2021두34275, 인정.

6) 대판 2011.6.9, 2011두3944.

평균인입장에서 개별근로자입장을 중시하는 방향으로 변화하고 있다.[1]

㈒ **조합활동 · 쟁의행위 재해**

노조전임업무는 사업주의 노조관리업무를 대신하는 성격을 갖는다. 따라서 상급단체행사에 참여하는 것도 통상적조합활동이므로 업무상재해로 인정된다.[2] 다만, 노조전임자에 대한 급여가 노동조합에 의해 지급되어야 하므로 이러한 해석은 비판의 여지를 안고 있다.

노사분규중에 발생한 근로자충돌,[3] 현수막설치[4] 등과 같이 사업주의 지배 · 관리를 떠난 업무일탈행위로 인한 재해는 업무상재해로 인정되지 않는다.

(2) 업무상질병

① 일반적기준

㈎ **개 요**

산재법(§37①ii)은 ⓐ 업무수행과정에서 물리적인자 · 화학물질 · 분진 · 병원체 · 신체에 부담을 주는 업무 등 근로자의 건강에 장해를 일으킬 수 있는 요인을 취급하거나 그에 노출되어 발생한 질병, ⓑ 업무상부상이 원인이 되어 발생한 질병, ⓒ 직장내괴롭힘(근기법 §76의2) · 고객폭언 등으로 인한 업무상 정신적 스트레스가 원인이 되어 발생한 질병, ⓓ 그 밖에 업무와 관련하여 발생한 질병을 업무상질병으로 명시하고 있다.

㈏ **유해 · 위험 요인**

근로자가 근기법상 업무상질병(근기령 §44①[별표])의 범위에 속하는 질병에 걸린 경우, 일정요건에 모두 해당되면 업무상질병으로 본다. 첫째, 근로자가 업무수행과정에서 유해 · 위험요인을 취급하거나 유해 · 위험요인에 노출된 경력이 있어야 한다(산재령 §34①ⅰ). 둘째, 유해 · 위험요인을 취급하거나 유해 · 위험요인에 노출되는 업무시간, 업무종사기간 및 업무환경 등에 비추어 볼 때에 근로자질병을 유발할 수 있다고 인정되어야 한다(산재령 §34①ii). 셋째, 근로자가 유해 · 위험요인에 노출되거나 유해 · 위험요인을 취급한 것이 원인이 되어 질병이 발생하였다고 의학적으로

---

1) 대판 2012.3.15, 2011두24644 ; 대판 2017.5.31, 2016두58840(**한국노동법학회, 『노동판례백선』 제2판**, 269쪽. 대상판결은 업무상스트레스와 정신적인 고통으로 우울증세가 악화되어 합리적판단을 기대할 수 없을 정도의 상황에 처하여 자살한 경우에도 업무상재해로 인정한 사례로 사회평균인 기준이 아닌 근로자 개인을 기준으로 판단하고 있음).

2) 대판 1998.12.8, 98두14006.

3) 보상 1553.6-15536, 1987.9.24.

4) 보상 32540-15262, 1987.9.19.

인정되어야 한다(산재령 §34①iii).

㈐ **인과관계 판단**

업무상재해로 인정되려면 의학적인과관계가 입증되어야 한다(같은장,같은절 2·나,(2)).

인과관계는 의학적·자연과학적으로 명백히 입증해야 하는 것은 아니고 규범적인 관점에서 따지며, 취업당시의 건강상태, 작업장에 발병물질존재유무, 근무기간, 다른 근로자에 대한 이환여부 등 제반사정을 종합적으로 고려하여 업무와 질병의 사이에 상당인과관계가 있다고 추단되면 입증이 있는 것으로 본다.[1]

업무상재해가 업무와 직접 관련이 없는 기존질병이더라도 '업무상과로·스트레스'[2] 또는 '업무상사고'가 질병의 주된 발생원인에 겹쳐서 질병을 발현·유발·악화시켰다면 업무상재해인과관계가 인정된다.

결핵·늑막염,[3] 당뇨,[4] 우울장애,[5] 퇴행성,[6] 간염[7] 등 평소에 정상근무가 가능한 기초질병·기존질병이 직무과중 등이 원인이 되어 자연진행속도이상으로 급격하게 악화된 때에도 입증이 있으면 상당인과관계가 인정될 수 있다.[8]

1차재해가 업무와 상당인과관계 있는 업무상재해에 해당한다면, 그 후에 발

---

1) 대판 1992.5.12, 92누1002 ; 대판 1993.10.12, 93누9408 ; 대판 2017.4.28, 2016두56134 ; 대판 2017.5.31, 2016두58840 ; 대판 2018.5.15, 2018두32125 ; 대판 2018.6.19, 2017두35097 등 많은 판결.

2) 대판 2018.6.19, 2017두35097. 연례적 겨울철산행행사에서 발생한 급성심장사망 의증 관련, 본래업무에서 비롯된 것뿐만 아니라 사업주의 주관·지시에 따라 참여한 행사나 행사준비에서 비롯된 과로나 스트레스도 포함. 추운 날씨에 개최된 산행행사에 참여함으로써 평소에 정상근무가 가능한 기초질병이나 기존질병이 자연적 진행속도 이상으로 급하게 악화되어 급성심장질환으로 발현, 사망에 이름.

3) 대판 1997.7.29, 96구37482. 취업 전에 결핵균에 감염된 자가 면역기능약화로 악화된 사례.

4) 대판 2010.12.9, 2010두15803. 인정, 당뇨병을 앓고 있던 근로자가 충분한 휴식 없이 수시로 연장근로, 과로와 스트레스·무더운날씨라는 열악한 작업환경에서 보호복을 착용하고 근로하던 중 발생한 탈수·탈진 등의 요인이 복합적으로 작용해 자연적인 진행경과 이상으로 가속.

5) 서울행판 2002.8.14, 2000구34224. 집단따돌림에서 비롯된 우울장애 악화 ; 대판 2017.8.23, 2017두42675. 과중한 업무 및 그와 관련된 심한 스트레스로 인하여 우울증이 유발되었고, 이러한 우울증이 새로운 업무에 대한 부담감으로 더욱 악화되어 자살에 이른 것은 공무상재해에 해당한다.

6) 대판 2010.10.28, 2010두12941. 인정, 인과관계는 평균인이 아니라 해당자의의 건강과 신체조건을 기준으로 판단 필요. 퇴행성질환이 있었지만 증세가 없었는데, 목부위에 부담을 주는 업무를 장시간 계속적으로 수행함은 물론 1.8미터나 되는 사다리에서 떨어지는 사고로 목부위에 엄청난 충격을 받아 급격하게 질환 악화.

7) [긍정] 대판 1997.5.28, 97누10. [인정] B형간염 바이러스에 감염된 사람이 일상적으로 음주를 할 필요가 있는 업무에 종사하다가 간암으로 진행 ; 대판 2001.7.27, 2000두4538. [긍정] B형간염에 감염이 업무와 관련 없어도 근무로 인한 과로와 스트레스로 악화 ; 대판 2009.1.15, 2007두23439. [부정] B형간염이 과로나 스트레스를 악화시킨다는 의학적 근거가 없음, 임상경과 및 예후를 악화시킨다는 예외적 사정이 인정되어야 업무상재해에 해당 ; 대판 2002.10.25, 2002두5566. [부정] 과로로 인하여 간질환이 악화된다는 점을 인정하기 어렵다는 의학적소견과 다르게 인과관계를 추단하기 위해서는 과로로 인해 더 악화되었다는 입증을 설득력있게 할 필요 ; 대판 2004.4.16, 2003두13878. [부정].

8) 대판 1991.11.8, 91누5433 ; 대판 1992.4.14, 91누10015 ; 대판 1993.2.9, 92누16492 ; 대판 1999.4.23, 97누16495 ; 대판 1999.1.26, 98두10103 ; 대판 2001.7.27, 2000두4538 ; 대판 2018.5.15, 2018두32125 ; 대판 2018.6.19, 2017두35097 ; 대판 2020.5.28, 2019두62604 ; 대판 2023.4.13, 2022두47391.

생한 2차재해는 1차재해가 자연발생적으로 악화되어 발생될 가능성이 많다.[1)]

업무와 질병 또는 사망과의 인과관계유무는 평균인이 아니라 해당근로자의 건강·신체조건을 기준으로 판단한다.[2)]

여러 개의 사업장을 옮겨 다니며 근무하다가 질병에 걸린 경우, 복수의 사용자 아래에서 경험한 모든 업무를 포함시켜 판단의 자료로 삼는다.[3)]

㈑ **업무상부상과의 관계**

업무상부상을 입은 근로자에게 발생한 질병이 '부상과 질병 사이의 인과관계가 의학적으로 인정[4)]되고(산재령 §34② i)', '기초질환·기존질병이 자연발생적으로 나타난 증상이 아니면(산재령 §34② ii)' 업무상질병으로 본다.[5)]

㈒ **상병 악화 행동**

근로자가 사적행동으로 상병을 악화시키는 행동을 하면 상당인과관계가 부정될 수 있다.[6)]

② **판단방법**

㈎ **개 요**

업무상질병은 독성·소음·가스 등의 유해작용이 서서히 이루어짐으로써 업무와 상당인과관계가 있는지를 정확히 파악하기가 곤란하다. 이러한 이유로 업무상재해인정기준을 법령에 규정하고, 판정기관을 통해 판정토록 하고 있다.

㈏ **판단근거**

산재법(§38)은 업무상질병인정여부를 심의하기 위하여 공단소속기관으로 업무상질병판정위원회를 두도록 하고 '심의에서 제외되는 질병',[7)] 심의절차, '구성과 운

---

1) 대판 1996.1.26, 95누14282 ; 대판 2020.5.28, 2019두62604.

2) 대판 1998.12.8, 98두12642. [부인] 단순하고 가벼운 육체노동에 해당하는 경비업무, 격일제로 24시간 근무하는 것이 생체리듬을 역행하는 면이 있지만, 근무일다음날 하루종일 휴식을 취할 수 있고, 근무일이나 야간에는 수시로 쉴 수도 있으며, 동일한 근무형태의 업무를 계속해 오는 동안 자연스럽게 적응 가능 ; 대판 2001.4.13, 2000두9922 ; 대판 2003.11.14, 2003두5501 ; 대판 2004.3.26, 2003두12844. [인정] 고혈압·심근경색의증 등의 기존질환을 가진 상태에서 사망이전 3, 4개월부터 업무의 현저한 증가로 지속적인 육체적 과로 및 정신적스트레스 누적, 기존질환이 통상의 자연적경과이상으로 급격히 악화 ; 대판 2004.9.3, 2003두12912. [긍정] 8년4개월동안 매월 46시간 연장근로, 매월 2일씩 휴일근로, 당시에 불량률증가에 따른 질책으로 잡담금지 및 화장실출입통제, 장시간 상당한 집중을 요하는 업무 등을 이유로 들었다. ; 대판 2010.12.9, 2010두15803 ; 대판 2012.2.9, 2011두25661. 악화부분이 악화전상태로 회복하기까지 또는 '악화전상태로 되지 않고 증상이 고정된다면 그 증상이 고정되기까지'를 업무상재해로서 취급함이 상당하다.

3) 대판 2010.1.28, 2009두5794 ; 대판 2017.4.28, 2016두56134 ; 대판 2023.4.13, 2022두47391.

4) 개별적상황고려는 앞의 판단방법(대판 2011.4.14, 2010두23088 ; 대판 1993.10.12, 93누9408)과 같음.

5) 부산지판 2010.11.3, 2009구단4603. [인정] PC방에서 게임을 한 것이 심부정맥혈전증을 유발할 정도는 아님. 선박임가공업체에서 작업중 좌측 하퇴부 타박상으로 발생한 심부정맥혈전이 혈류를 따라 이동하다가 양쪽 폐동맥을 막는 바람에 폐동맥의 혈전색전증으로 사망한 사안.

6) 청주지판 2010.4.1, 2009구합2165. 상병위험인자 보유, 고령에 흡연, 상병과 업무 사이에 인과관계 부정.

영'에 필요한 사항을 고용부령[1]에 위임하고 있다.[2]

㈐ **판단요소**

공단은 업무상질병 또는 '업무상질병에 따른 사망'의 인정여부를 판정할 때에는 성별 · 연령 · 건강정도 및 체질 등을 고려해야 한다(산재령 §34④).[3] 질병의 존재에 관해 서로 다른 복수의 감정결과가 있는 경우, 감정인들의 의학판단, 감정대상질병의 세부내용, 그러한 질병이 발생할 수 있는 일반적개연성, 근로자연령 · 직업성질, 업무상재해발생경위 등 여러 사정을 참작하여 논리와 경험의 법칙에 따라 판단한다. 감정결과에서 구체적근거로 제시되었던 증상들이 질병진단과 관련하여 일반적으로 통용되는 의학지식이나 진단기준에 부합하지 않는다면 특별사정이 없는 한 그러한 감정결과를 토대로 질병의 존재를 인정하기는 어렵다.[4]

㈑ **희귀질환**

첨단산업현장에서 새롭게 발생하는 유형의 이른바 희귀질환에 해당하고 그에 관한 연구결과가 충분하지 않아 발병원인으로 의심되는 요소들과 근로자질병 사이에 인과관계를 명확하게 규명하는 것이 현재의 의학 · 자연과학수준에서 곤란하더라도 그것만으로 인과관계를 쉽사리 부정할 수 없다.[5]

---

7) 〈예〉 유해물질에의 폭로에 의해 발생한 질병 등 인과관계가 명백한 업무상질병. ↘ 595쪽

1) 판정위원회 위원의 자격, 임기, 위원 수 및 위원 구성 등 규정. 판정위원회를 공단 각 지역본부(6개소) 단위로 설치하고, 운영규정 제정 · 운영.

2) 업무상질병에 대한 요양신청 → 판정위원회에 심의 의뢰 → 판정위원회의 심의 → 해당 사건 소속기관 통보 → 업무상재해 여부 결정 통지 절차를 거침.

3) 대판 2017.9.21, 2017두47878. 수십년간 화재진압 업무를 수행하면서 화재현장의 유해화학물질에 노출된 소방관의 소뇌 위축과 공무수행 사이에는 상당인과관계가 있다.

4) 대판 2011.4.14, 2010두23088. 교통사고로 추간판탈출증 · 뇌진탕 · 요추부염좌 등으로 요양승인을 받은 후, 인지력저하와 기억력감퇴 등에 대해 '외상 후 스트레스 장애 및 뇌손상에 의한 인지장애'라는 병명으로 신청한 추가상병 승인이 거부된 데 대해. 주된 증상이 뇌진탕 후 증후군에 따른 것은 아닌지 등에 대해 좀 더 심리한 다음 외상 후 스트레스 장애가 발생한 것인지 여부를 판단하지 않은 승인 거부는 부당 ; 대판 1993.10.12, 93누9408. 인과관계는 의학 · 자연과학적으로 명백히 입증되어야만 하는 것이 아니고, 취업 당시의 건강상태, 작업장에서의 근무기간, 같은 작업장에서 근무한 다른 근로자의 동종질병에의 이환여부, 질병의 일반적 증상의 특징 등 제반사정을 고려하여 상당인과관계가 있다고 추정.

5) 대판 2017.11.14, 2016두1066. [인정] 반도체사업장에서 근무하다 퇴직후 7년이 지난 다음 뇌종양진단을 받은 점만으로 업무와 발병 사이에 관련성이 없다고 단정할 수 없음. 희귀질환의 평균발병률이나 연령별평균발병률보다 '특정산업종사자군에의 질환발병률' 또는 '일정연령대의 발병률'이 높거나, 사업주협조거부 또는 행정청조사지연 등으로 '유해요소 종류 · 노출정도'를 구체적으로 '특정할 수 없었다는 등의 '사정이 근로자에게 유리한 간접사실로 고려. 작업환경에 여러 유해물질이나 유해요소가 특정질환의 발병 · 악화에 복합적 · 누적적으로 작용할 가능성도 고려 ; 대판 2017.8.29, 2015두3867. [인정] 입사전 건강이상이나 다발성경화증과 관련된 유전적소인 · 병력 · 가족력이 없음. LCD공장에서 상당기간 근무하던 도중에 평균발병연령(38세)보다 훨씬 이른 시점인 만 21세 무렵에 다발성경화증이 발병. 다발성경화증의 직접발병촉발요인으로 거론되는 유기용제노출, 주 · 야간교대근무, 업무상스트레스, 햇빛노출 부족에 따른 비타민D 결핍 등의 사정이 중첩될 경우 발병 · 악화에 복합적으로 기여할 가능성이 있음. 역학조사방식에 한계가 있고 사업주와 행정청이 정보공개를 거부함으로써 유해화학물질의 종류 · 노출정도를 증명하는 것이 곤란해진 사정 고려(**한국노동**

③ **구체적 판단**

㈎ **법적근거**

산재령(§34③ [별표3])은 각종질병에 대해 업무상질병해당요건·내용을 구체적으로 제시하고 있다. 뇌혈관질환 또는 심장질환, 물리적요인으로 인한 질병,[1] 이상기압으로 인한 질병, 소음성난청,[2] 근골격계질병,[3] 진동증상, 화학물질중독·속발증, 염화비닐증상·속발증, 타르중독·속발증, 망간 또는 그 화합물 중독·속발증, 납·납합금 또는 그 화합물 중독·속발증, 수은·아말감 또는 그 화합물 중독·속발증, 크롬 또는 그 화합물 중독·속발증, 카드뮴 또는 그 화합물 중독·속발증, 벤젠중독·속발증,[4] 탄화수소·방향족화합물중 유기용제중독·속발증, 트리클로로에틸렌중독·속발증, 디이소시아네이트중독·속발증, 이황화탄소중독·속발증, 석면질병, 세균·바이러스등병원체질병, 직업성피부질환, 간질환이 그렇다. 이러한 제시는 예시이며 다른 기준을 배제하는 규정으로 보지 않는다.[5]

㈏ **주요 질병별 판단**

㉮ **뇌·심혈관계**

「뇌혈관 질병 또는 심장 질병 및 근골격계 질병의 업무상질병인정여부결정에 필요한 사항」(고용노동부 고시)은 뇌·심혈관계에 대해 판단기준을 제시하고 있다. 이 고시는 행정규칙의 성격을 가지므로 법원을 구속하지는 못한다.

뇌실질내출혈·뇌동맥류파열[6]·지주막하출혈·뇌경색[7]·심근경색증[8]·해리

법학회, 『노동판례백선』 제2판, 276쪽. 대상판결은 직접적인 업무관련성뿐아니라 간접적인 업무관련성까지 널리 파악함으로써 업무상질병에 대한 피고의 증명책임범위를 확대한 최초의 판례로서 의의가 있음).

1) 대판 2001.3.9, 2000두8806. 부인, 전자파노출이 백혈병발병에 나쁜 영향을 미친다는 의학적 근거 불분명.

2) 서울행판 2010.10.19, 2009구단13064. [인정] 1970년경 발파공으로 근무. 화약발파작업을 하다가 손바닥 위의 다이너마이트가 폭발하는 업무상재해를 당하여 '우측 전박부 절단상, 무안구증 등으로 요양·재요양을 하다가 2006.11.30경 치료를 종결하고 장해등급 3급으로 결정. 다른 중한 상병을 우선적으로 치료받아야 하는 상황에서 2008년경에 감각신경성난청 진단. 재해직후부터 고막파열에 의한 청력장애가 지속. 사건의 후유증으로 상병이 발생하였거나 자연경과 이상으로 증상이 악화되었다고 추단.

3) 2008 개정시행령에 반영, 개정전에는 신체에 과도한 부담을 주는 작업으로 인한 질병과 요통.

4) 대판 2004.4.9, 2003두12530. 오랫동안 벤젠에 노출되었다면 노출정도가 허용기준을 초과치 않더라도 백혈병유발인자로 인정 가능 ; 대판 2014.6.12, 2012두24214. 골수이형성증후군과 벤젠취급업무의 상당인과관계 인정.

5) 대판 2014.6.12. 2012두24214.

6) 대판 2014.9.25, 2014두7893. 재해 4개월전부터 새벽·야간근무 3시간씩 증가, 주당근무시간이 73.5시간, 달력배송업무추가. 기존질환근로자에게 통상적업무과정에서 발생할 수 있는 정도를 초과하는 과로·스트레스 인정. 뇌동맥류는 순간적인 혈압상승이나 혈류량증가가 있을 때 파열. 수행업무정도로 볼 때 뇌동맥류파열이 업무상과로로 인한 것임(의학적소견). 장기간 흡연을 하였지만 건강검진결과 이상 없음.

7) 대판 2015.10.29, 2013두24860. 지방지사발령, 장기별거스트레스, 잦은 출장과 초과근무, 고혈압·당뇨악화 ; 대판 2022.2.11, 2021두45633. 학교야간경비원사건. 학교상주 1일13시간근로, 당뇨 등 병력 없음. 고령 외 위험요인 확인 없음. 만성폐쇄성폐질환을 진단받기는 하였으나 상당인과관계 확인 안됨.

성대동맥류가, 자연발생적으로 악화되어 발병한 경우가 아니라면, 다음의 요건 중 하나를 충족하면 업무상질병으로 본다.[1] 첫째, 업무와 관련한 '돌발적[2]이고 예측이 곤란한 정도'[3]의 '긴장 · 흥분 · 공포 · 놀람 등'[4]과 급격한 업무환경의 변화로 뚜렷한 생리적인 변화가 그렇다(§34③ [별표3]).[5] 발병전 24시간이내에 이러한 변화로 인해 뇌 · 심혈관계병변이 자연경과를 넘어 급격하게 악화된 경우를 그 기준으로 들 수 있다(고용노동부고시 제2017－117호).[6] 둘째, 업무의 양 · 시간 · 강도 · 책임 및 환경변화[7] 등으로 발병전에 단기간동안 업무상부담이 증가하여 뇌 · 심혈관기능에 뚜렷한 영향을 줄 수 있는 육체적 · 정신적과로를 유발한 경우가 그렇다(§34③ [별표3]). 발병전 1주일이내의 업무량이나 업무시간이 이전 12주(발병 전 1주일 제외)간의 1주평균보다 30%이상이

---

8) 관상동맥혈류가 감소 · 차단되어 심근의 허혈 · 괴사를 일으킬 때 나타나며, 발병소인으로는 죽상동맥경화증 발생의 위험인자인 고지혈증 · 고혈압 · 당뇨병 · 비만증 · 흡연 등을 들 수 있고, 저산소성뇌증 · 미세뇌경색은 뇌혈류감소 · 차단 또는 저산소증으로 뇌조직에 충분한 산소를 공급치 못하는 상황에서 초래 가능. 급성심근경색증 발병후 6개월이상 경과하면 진구성심근경색증. 심근경색증의 발병원인은 대부분 관상동맥폐색이나 그 외에 대동맥동맥류 · 결핵 · 선천성기형 등 다양한 원인이 있으며, 관상동맥경화는 발병 10년 내지 30년 전부터 진행되어 오다 40대 내지 60대에 이르러 최초의 증상과 발병을 야기시키며, 기존의 관상동맥경화증이 있는 경우 이를 갑자기 악화시킬 수 있는 요인으로는 과로 · 스트레스 · 흡연 · 고혈압 등이 있으나 원인미상도 있음(대판 2001.11.9, 2000두9823 ; 대판 2001.7.2, 2001두3082) ; 대판 2002.2.27, 2001두9578. **급성심장사**란 심장의 해부학적인 병변유무와 관계없이 사망시간 · 양상을 전혀 예상하지 못한 상태에서 급성증상이 발생하여 1시간내에 의식소실과 함께 외부원인없이 심장이상으로 사망한 경우를 말함. 원인질환으로는 급성심근경색증 등 관상동맥질환, 비후성심근증 등 심장근육질환, 대동맥판막협착증 등 심장판막질환, 심실세동 등이 있고, 이들 질환에 일시적인 심근허혈 및 재관류, 혈역학장애, 혈액전해질이상 및 대사이상, 자율신경이상 등의 촉진인자가 심화될 경우 급성심장사가 유발될 수 있으며 과로나 급격한 정신적 스트레스도 교감신경계의 활동을 과도하게 자극하여 급성심장사를 유발할 수 있는 촉진인자가 됨. ↘ 597쪽

1) 상병명 · 발병시기 · 업무상부담 확인, 상병명이 업무상질병인정기준 대상 상병인지 확인, 업무연관성판단을 위해 증상출현시점을 확인, 오심 · 구토 · 두통 등 전구증상이 의심되는 증상 확인, 연령 · 성별 · 계절 · 기존질병유무 · 인간관계 · 가족관계 등 업무외위험요인 확인, 야간근무 · 교대근무 등 업무관련위험인자 확인 ; 대판 1996.9.10, 96누6806. [인정] 휴일 · 연장근무를 반복하여 온 근로자가 지게차를 운전하다가 심한 관상동맥경화에 의한 급성심근경색으로 사망 ; 대판 1993.6.17, 92구8893. [인정] 상사질책관련.

2) 돌발상황은 재해자의 정신적 · 육체적 부하를 가져온 경우로서 질병 발생(객관적으로 확인되는 전조증상 포함)으로의 경과상 개연성 필요.

3) 〈예〉 ⓐ 돌발적이고 예측 곤란한 비일상 사건, ⓑ 작업환경(온도, 환경, 작업도구 등)의 급격한 변화, ⓒ 업무 관련 중대사고에 직접 관여하거나 인접하여 목격, ⓓ (교통)사고가 발생할 상황으로 극도의 긴장 · 흥분 · 공포 · 놀람 등으로 강도의 정신적 부하를 일으킨 상태, ⓔ 상사 · 동료 · 고객과 과도한 말다툼 · 폭행 등 갑작스런 공포감을 유발하는 상황 발생.

4) 뇌혈관 · 심장의 정상기능에 뚜렷한 영향을 줄 수 있는 정도의 정신부담 또는 급격한 신체부담.

5) 대판 2003.11.14, 2003두5501. [인정] 평소보다 업무가 늘어나 과로에 시달리던 중 통근버스를 따라 잡기 위해 질주하다 급성심부전증으로 사망 ; 대판 2017.4.27, 2016두55919. [인정] 비대성심근병증을 앓고 있는 상태에서 후배 직원과 다투다 기력을 잃고 쓰러진 직후 심부전으로 인한 사망.

6) 업무관련 중대사고에 직접 관여하거나 인접하여 목격, 운전기사에게 사고상황발생으로 극도의 긴장 · 흥분 · 공포 · 놀람 등으로 강도의 정신적 부하를 일으킨 상태, 업무와 관련하여 상사 · 동료 · 고객과 과도한 말다툼 또는 폭행 등, 갑작스런 공포감을 유발하는 사건 발생, 작업환경변화로 신체부담 정상유지 곤란 등.

7) 대판 2018.5.15, 2018두32125. [인정] 고혈압, 불안정협심증 등의 기존 질환을 가진 상태에서 체감온도가 급격히 저하된 공사현장에서 근무하다 그 질환 악화로 심근경색 사망.

증가되거나 업무의 강도·책임·환경 등이 일반인이 적응하기 어려운 정도로 바뀐 경우를 기준으로 들 수 있다(고용노동부고시 제2017-117호). 셋째, 업무의 양·시간·강도·책임 및 환경변화 등에 따른 '만성적이고 과중한 업무'로 뇌·심혈관기능에 뚜렷한 영향을 줄 수 있는 육체적·정신적과로를 유발한 경우가 그렇다(§34③ [별표3]).[1] 고용부고시는 발병전 3개월이상 연속적으로 일상업무에 비해 과중한 육체적·정신적부담을 발생시켰다고 인정되는 업무요인이 객관적으로 확인되는 상태[2]를 기준으로 들고 있다(고용노동부고시 제2017-117호).[3] 둘째와 셋째에 따른 '단기간의 업무상부담' 및 '만성적으로 과중한 업무'[4]는 평소의 업무시간·강도, 고정야간근무·순환교대업무·장시간운전근무 등 특수근무형태, 근로자 스스로 업무조절·적응기간·수면시간확보가능 여부, 발병전건강·신체조건에 대한 변화여부 등과 종합적으로[5] 고려하여 판단한다.

이러한 요건이 기존의 해당질병을 악화시켜도 인과관계가 인정될 수 있다.[6]

㉯ 근골격계

근골격계질환은 특정신체부위에 부담을 주는 업무 때문에 그 업무와 관련이

---

1) 3개월이상 전보다 객관적 자료(출근카드, 작업일지 등)에 의해 업무과중이 인정된 경우, 부가적으로 고려. 노동밀도나 신체적·정신적 긴장도가 낮은 업무인 경우(단속·감시, 파트타임 등)에는 장시간 근무외의 부담요인까지 충분히 검토. 평가기간내 과중업무는 끊임없이 계속된 경우외에 수행일의 연속성 고려.

2) 대판 2015.12.10, 2015두49122. [부정] 4주전부터 휴무일 없이 근무, 보통 20시 이전 퇴근·휴식.

3) 대판 2002.2.27, 2001두9578. [부정] 실근무시간이 보통근로자에 비해 더 많지 않음, 근무형태가 생체리듬에 역행하나 2년여에 걸쳐 적응 가능, 사망직전 상가에서 밤을 새운 것은 개인사유 ; 대판 2001.7.2, 2001두3082. [부정] 수술전 관상동맥조영술 결과, 여러 혈관에 무증상의 죽상관상동맥증이 진행되어 혈관이 갑자기 폐쇄되어 심근경색을 유발할 수 있는 병변이 이미 있다고 추정 ; 대판 2001.11.9, 2000두9823. [부정] 스트레스의 원인인 기술수당삭감사실을 안 때로부터 1개월 가까이 지난 점, 작업환경변화로부터 약 2개월여 경과한 점 강조 ; 대판 2019.4.11, 2018두40515. [긍정] 전세버스운전기사가 19일동안 휴무없이 계속 근무후에 잠시 눈을 붙이고 출근하여 세차중에 쓰러져 급성심금경색으로 사망.

4) 업무의 양·시간·강도·책임, 휴일·휴가 등 휴무시간, 교대제 및 야간근로 등 근무형태, 정신적 긴장의 정도, 수면시간, 작업 환경, 그 밖에 그 근로자의 연령, 성별 등을 종합하여 판단된다 (대판 2020.12.24, 2020두39297 ; 대판 2022.2.11, 2021두45633 ; 대판 2023.4.13, 2022두47391. [인정] 콜센터 상담원의 '뇌기저핵출혈'.

5) 업무시간변화(휴일근무 등), 업무난이도 증가(주로 정신적 부분), 비일상적업무를 한시적으로 취급에 따른 스트레스변화, 업무강도변화(비육체적업무수행자가 한시적으로 힘든 육체노동 수행, 난이도변화 또는 업무책임변화에 따른 부담정도), 업무상 책임·의무·권한의 변화(일시적책임·특별업무로 인한 책임·의무에 따른 변화), 작업환경변화(온도, 압력의 변화 등에 따른 육체적부적응 또는 생리적변화)를 판단 ; 대판 2020.12.24, 2020두39297. 주·야간 교대근무가 취침시간의 불규칙, 수면부족, 생활·생체리듬의 혼란으로 피로와 스트레스를 유발하여, 질병을 촉발하거나 누적된 피로와 스트레스가 신체의 면역력을 저하시켜 질병의 발병·악화에 부정적영향을 미칠 수 있다는 점은 널리 알려져 있으며, 주·야간 교대근무의 일정·주기가 불규칙적이라면, 부정적 영향이 더욱 클 것이라는 점은 쉽게 추단할 수 있다.

6) 대판 2004.3.26, 2003두12844, [인정] 심근경색의증 등의 기존질환 보유. 업무의 현저한 증가. 자연경과 이상으로 악화. 심근경색·심장마비 유발 ; 대판 2021.9.9, 2021두37687. [인정] 심혈관질환 보유상태. 추운 날씨에 실외에서 과도한 업무수행. 사망.

있는 근육 · 인대 · 힘줄 · 추간판 · 연골 · 뼈 또는 관련신경 · 혈관에 미세한 손상이 누적되어 통증이나 기능저하가 초래되는 급 · 만성질환을 말한다. 근골격계질환은 팔[1] · 다리[2] · 허리[3] 부분으로 구분한다. 근골격계질환은 증상, 의학소견, 검사소견, 진단명 등을 확인하여 판단한다(고용노동부고시 제2017－117호). 신체부담업무로서[4] 반복동작이 많은 업무, 무리한 힘을 가해야 하는 업무, 부적절한 자세 유지업무, 진동작업, 그 밖에 신체부위에 부담이 되는 상태에서 하는 업무중에서 어느 하나에 종사한 경력이 있는 근로자에게 팔 · 다리 · 허리부근의 근골격계질환이 발생 · 악화된 경우에는 업무상질병으로 보며, 업무와 관련이 없는 다른 원인으로 인한 발병은 업무상질병으로 보지 않는다(§34③ [별표3]). 신체부담업무수행과정에서 일시적이고 급격한 힘의 작용으로 발병하면 업무상질병으로 본다(§34③ [별표3]). 신체부담업무작업력이 있는 근로자의 업무수행중발생사고[5]에 따른 근골격계질환은 업무상질병판단절차에 따르되, 신체에 가해진 외력의 정도와 그에 따른 신체손상(골절,인대손상,열상 연부조직손상,타박상등)이 작업력과 관계없이 사고로 발생하였다고 의학적으로 인정되면 업무상사고판단절차에 따른다(고용노동부고시 제2017－117호). 신체부담업무업무관련성은 신체부담정도,[6] 직업력, 간헐성, 비고정작업성, 종사기간, 질병상태 등을 종합적으로 고려한다(고용노동부고시 제2017－117호).

㉰ 진폐증

진폐란 분진을 흡입하여 폐에 생기는 섬유증식성변화를 주된 증상으로 하는 질병을 말한다(산재법 §5vii). 근로자가 진폐에 걸릴 우려가 있는 작업으로서 암석 · 금속 · 유리 · 섬유취급작업 등의 분진작업에 종사하여 진폐에 걸리면 업무상질병(산재법 §37① ii 가)으로 본다(산재법 §91의2). 진폐판정 · 보험급여지급여부결정에 필요한 진폐병형, 심폐기능정도판정, 진폐장해등급, 합병증 등에 따른 요양대상인정기준은 산재령(§83의2① 별표11의2)에 규정되어 있다. 진폐증퇴직자가 중증요양상태로 사망하거나,[7] 진폐

---

1) 목 · 어깨 · 등 · 위팔 · 아래팔 · 팔꿈치 · 손목 · 손 · 손가락 부위를 말하며, 경추염좌 · 경추간판탈출증 · 회전근개건염 · 팔꿈치내(외)상과염 · 수부건염 · 수부건초염 · 수근관증후군 등.

2) 둔부 · 대퇴부 · 무릎 · 다리 · 발목 · 발가락 부위를 말하며 무릎의 반월상연골손상, 슬개대퇴부 통증증후군, 발바닥의 근막염, 발과 발목의 건염 등.

3) 요추 및 주변부위를 말하며 요부염좌, 요추간판탈출증 등.

4) 업무의 종사기간 · 시간, 양 · 강도, 수행자세 · 속도, 수행장소 구조 등.

5) 업무수행중에 통상의 동작이나 다른 동작에 의해 관절부위에 급격한 힘이 돌발적으로 가해져 발생한 경우(신체부담업무와 급격한 힘의 작용에 따른 신체의 영향을 종합적으로 고려해 업무관련성 판단).

6) 재해조사내용을 토대로 인간공학전문가, 산업위생전문가, 산업의학전문의 등의 의견을 들어 평가하되 필요한 경우 이들과 함께 재해조사 시행.

7) 대판 1993.4.13, 92누13202. 1999.10.7부터 진폐환자에게서 발생한 폐암을 업무상질병으로 인정.

증때문에 신체면역기능이 저하됨으로써 이미 발생한 간경변이 자연경과이상으로 악화되어 사망한 경우[1]와 장기투병생활중에 자살한 경우[2]도 업무상재해로 인정된다.

㉱ 우울증(같은장, 같은절 2·나, (1), ⑤, (라))

정상적인 업무수행중에 경험한 노사·노노 갈등과 부당한 경제적압박과 강화된 감시·통제가 더해져 비롯된 우울증은 업무상재해에 해당한다.[3]

3. 재해보상 · 보험급여의 내용

3·가. 총 괄

(1) 일반재해자

근기법상 재해보상인 요양보상, 휴업보상, 장해보상, 유족보상 및 장례비는 근로자청구에 따라 사업주가 지급한다. 산재보험의 보험급여인 요양급여, 휴업급여, 장해급여, 간병급여, 유족급여, 상병(傷病)보상연금, 장례비 및 직업재활급여는 수급권자(산재법 §40, §52~§57, §60~§62 §66~§69, §71~§72, §91의3~§91의34)의 청구[4]에 따라 공단이 지급한다(산재법 §36①②). 재해보상 또는 보험급여는 평균임금을 기초로 하여 산정된다.

(2) 진폐재해자

진폐근로자는 별도의 재해보상체계[5]를 적용받는다. 진폐재해자에 대해 일반재해자의 보험급여(산재법 §36①)중에서 요양급여·간병급여·장례비·직업재활급여가 적용되고, 진폐보상연금(산재법 §91의3)[6] 및 진폐유족연금(산재법 §91의4)[7]은 따로 적용된다(산재법 §36①단서).

---

1) 대판 2001.10.12, 2000두8462.

2) 대판 1993.5.20, 92구33963.

3) 대판 2018.11.29, 2018두52808.

4) 휴업급여, 장해보상일시·연금(산재법 §57⑤의 일시금 포함), 간병급여, 유족보상일시금 또는 유족보상연금(산재법 §62④의 일시금 포함), 상병보상연금, 장례비, 직업재활급여, 진폐보상연금·유족연금을 받으려는 사람은 공단에 신청해야 하며(산재령 §21①), 공단은 보험급여지급여부·내용을 청구인에게 알리고(산재령 §21②), 장해보상·유족보상·진폐보상·진폐유족연금의 경우 수급권자에게 연금증서를 발급해야 한다(산재령 §21③).

5) 진폐판정절차를 급여청구, 진폐진단, 진폐심사회의심사, 진폐판정, 보험급여결정으로 단순화하고, 진폐판정기준, 요양대상인정기준, 진폐장해등급기준 등을 대통령령으로 정한다(산재법 §91의5~8) ; 고용장관은 진폐요양의료기관에 대해 입원·통원처리기준 및 표준진료기준을 고시하고, 진폐요양의료기관을 등급화하여 등급별요양대상환자를 정하며, 진폐요양의료기관평가를 위해 공단에 진폐요양의료기관평가위원회를 둔다(산재법 §91의9) ; 산재보험급여·진료비·약제비부당지급신고자에게 포상금을 지급할 수 있다(산재법 §119의2).

6) 일부진폐근로자는 합병증치료를 이유로 장기간 요양하면서 휴업급여와 상병보상연금도 지급받고 사후에는 진폐로 인한 사망으로 쉽게 인정되어 유족급여도 받음으로써, 요양을 받지 않고 장해급여만 받는 진폐근로자와 형평이 맞지 않았다. 개정법은 진폐근로자에게 휴업급여와 상병보상연금을 지급치 않고 요양여부와 관계없이 기초연금(기초연금은 최저임금의 60/100에 365를 곱한 금액, 폐장해연금은 진폐장해등급에 따라 3단계로 차등한 금액)을 포함한 진폐보상연금을 지급하여 보상의 형평성을 높이고 생활안정에 기여했다.

(3) 복수사업장

복수사업(장)근로의 경우, 보험급여적용사업장판단기준은 첫째, 전문기관심의 의뢰결과 질병발생과 가장 상당관계가 높은 사업장이 확인된 경우 둘째, 근무기간 · 작업환경 · 유해요인노출정도 등을 고려하여 질병발생의 주된 사업장이 명확히 판단되는 경우 셋째, 발병일시 · 증악시점에 근무하고 있던 유해(분진등)사업장 순으로 판단한다. 여기에 해당되지 않아 재해자가 근무했던 유해사업장중에서 하나의 사업장을 질병발생의 주된 사업장으로 명확히 판단하기 어려우면 마지막으로 유해요인에 폭로된 사업(장)을 적용사업(장)으로 한다.[1]

3·나. 요양보상과 요양급여

(1) 개 요

근로자가 업무상부상 · 질병에 걸리면 사용자는 그 비용으로 필요한 요양을 하거나 필요한 요양비를 부담해야 한다(근기법 §78). 요양급여는 근로자가 업무상의 사유로 부상을 당하거나 질병에 걸린 경우에 그 근로자에게 지급된다(산재법 §40①).

(2) 요양급여의 내용

① 본원적 요양

산재법의 요양급여는 요양비전액이다. 요양급여는 산재보험의료기관(산재법 §43①)에서 요양하는 방법으로 지급된다(산재법 §40②). 필요한 요양범위는 '진찰 및 검사', '약제 또는 진료재료와 의지(義肢) 그 밖의 보조기의 지급', '처치 · 수술 · 그 밖의 치료', 재활치료, 입원, 간호 · 간병,[2] 이송, '그 밖에 고용노동부령으로 정하는 사항'이다(산재법 §40④). 부득이한 경우, 요양을 갈음하여 요양비를 지급할 수 있다(산재법 §40②단서, 산재령 §38①).[3]

② 부수적 요양

한방치료 및 온천치료,[4] 격리병실,[5] 당뇨병,[6] 요양중 골절상,[7] 추가상병,[8]

---

7) 진폐유족급여일시금을 폐지하여 연금으로 일원화하고, 진폐유족연금을 사망 당시 진폐근로자에게 지급하거나 하기로 결정된 진폐보상연금과 같은 금액으로 하되, 유족보상연금을 초과할 수 없다(산재법 §91의4②). ↘ 601쪽

1) 법무-8523, 1965.6.9 ; 보상 6602-31, 2001.1.6 ; 보상 6602-222, 2002.1.24 등.

2) 재보 32550-14784, 1988.9.28. 환자가 자기 힘으로 병상생활을 할 수 없는 경우, 주치의사의 진단에 따라 재해근로자 등이 신청한 간병은 요양급여대상이다. 중환자실 및 회복실에 있는 기간은 간병기간에서 제외된다. 환자가족이 간병을 위해 퇴직해도 간병료만이 지급되고, 별도보상은 인정되지 않는다.

3) 첫째로, 산재보험의료기관(산재법 §43①)이 아닌 의료기관에서 응급진료 등 긴급하게 요양을 받은 경우의 요양비이다. 둘째로, 산재보험의료기관에서 제공되지 않는 경우로서 '의지나 그 밖의 보조기(산재법 §40④ii)' · '간병(산재법 §40④vi)' 및 '이송(산재법 §40④vii)'에 드는 비용이다. 공단은 긴급하거나 그 밖에 부득이한 사유가 있을 때는 해당근로자의 청구를 받아 이송에 드는 비용을 미리 지급할 수 있다(산재령 §38③). 셋째로, 그 밖에 공단이 정당한 사유가 있다고 인정하는 요양비이다.

다른 상병의 속발증,[1] 합병증성형수술, 안경사용,[2] 가발비,[3] 치과보철,[4] 의족[5] 등도 요양으로 인정될 수 있다.

(3) 요양급여의 지급방법

① 지급시기

요양보상(급여)은 매월 1회이상 지급되어야 한다(근기령 §46).

② 요양기관

근기법은 요양기관을 별도로 정하고 있지 않다. 따라서 요양기관은 사용자가 정하는 것이 원칙이나 사회통념상 "필요한 요양(근기법 §78)"이 불가능한 요양기관에 요양토록 하는 것은 요양보상의무에 위반된다. 산재법상요양은 공단이 총괄적으로 관리[6]하는 산재보험의료기관(산재법 §43②)[7]에서 한다.

③ 요양신청

㈎ 주체 및 절차

요양 및 재요양신청권자는 재해근로자가 되며, 요양신청은 사업주에게 한다.

산재법상요양급여(산재법 §40①)(진폐 제외)를 받으려는 사람은 소속사업장, 재해발생경위, 그

---

4) 보상 1455.6-17331, 1978.8.14. 한방치료는 요양보상대상으로 인정, 온천치료는 부인.

5) 재보 32540-18634, 1987.11.24. 상병상태가 다른 사람에게 혐오감을 주거나 전염우려가 있을 때 인정.

6) 보상 3553-2727, 1985.2.9. 업무상재해로 요양하는 환자가 이미 가지고 있는 당뇨병이 악화된 경우도 요양대상이다. 다만, 3개월간 치료하여도 상태가 호전되지 않으면 기존상태로 인정하여 치료종결이 가능하다.

7) 보상 1455.6-2066, 1979.1.27. 요양중에 당한 골절상과 같은 부상도 원래의 상병과 상당인과관계가 있다는 의학적 소견이 있으면 요양대상이 된다.

8) 업무상재해 요양근로자는 '이미 발생한 부상·질병이 추가로 발견'되거나 '이미 발생한 부상·질병이 원인이 되어 새 질병이 발생'하여 요양이 필요한 경우에는 요양급여 신청 가능(산재법 §49). '요양 중의 사고(산재령 §32)'와 '업무상부상에 따른 질병(산재령 §34②)'은 추가상병으로 봄 ; 보상 1458.7-16561, 1984.7.31. 요양 중에 간염·영양불량 등의 상병이 추가되어 이를 치료하지 않고는 당초의 상병의 치료효과를 기대할 수 없다면 그 치료가 기대되고 치유가 예상되는 범위에서 같이 치료하여야 하므로 요양대상임. ↘ 602쪽

1) 노직산-3389, 1965.8.28. 다른 상병의 속발증, 합병증인 때에는 그 자체가 업무상재해로 인정되는 경우가 많은데 당초의 상병을 치료하는데 명백히 필요한 경우에는 요양급여대상.

2) 노직산-1571, 1965.4.17. 신체장해정도가 완화될 것으로 인정되면 요양급여대상.

3) 보상 6413, 1972.6.16.

4) 보상 1458.7-25594, 1980.9.30.

5) 대판 2014.7.10, 2012두20991. 신체보조기구가 아니라 신체의 일부인 다리를 기능적·물리적·실질적으로 대체하는 장치로서, 업무상 사유로 근로자가 장착한 의족이 파손된 경우는 요양급여 대상인 부상에 포함.

6) 공단은 산재보험의료기관에게 진료비 및 약제비를 지급(산재법 §45, §46)하고, 진료제한조치 및 개선명령(산재법 §43③, 허위진단 또는 증명, 진료비 부당 또는 과다 청구, 진료계획미제출 등의 경우에 취해진다)·과징금징수(산재법 §44, 진료제한이 환자에게 불편을 초래하는 경우에 취해지는 조치)·'진료계획제출요구(산재법 §47, 2007.12.14 도입)'·'전원요양조치(산재법 §48, 2007.12.14 도입, 생활근거지이전외에 상급종합병원에서 전문치료후 옮기는 것도 포함)'·평가(산재법 §50) 등 총괄적인 관리업무를 수행.

7) 공단소속의료기관과 '「의료법」(§3의4)의 상급종합병원은 당연지정기관이다. 한편, 「의료법」(§3)의 의료기관과 「지역보건법」(§7)에 따른 보건소에 대해서는 공단이 지정하거나 지정을 취소한다. ; 헌재 2011.6.30, 2008헌마595. 종합전문요양기관은 당연히 산재보험의료기관으로 되도록 규정 합헌.

재해에 대한 의학적소견, 그 밖에 고용부령으로 정하는 사항을 적은 서류를 첨부하여 공단에 요양급여신청을 하여야 한다(산재법 §41①). 산재보험의료기관은 환자인 근로자의 재해가 업무상재해로 판단되면 근로자동의를 받아 요양급여신청을 대행할 수 있다(산재법 §41②). 요양받는 의료기관을 변경한 경우에도 같다.

㈏ **요양급여의 정산**

요양급여결정전에는 국민건강보험에서 요양급여(국민건강보험법 §41) 또는 의료급여(의료급여법 §7)를 받을 수 있다(산재법 §42①). 이후 업무상재해로 결정되면 건강보험공단이 요양급여에 해당하는 금액을 공단에 직접 청구할 수 있다(산재법 §90②).[1)]

건강보험요양급여 등을 받은 사람이 본인의 일부부담금을 산재보험의료기관에 납부한 후에 산재법상 요양급여수급권자로 결정된 경우, 납부한 본인의 일부부담금중에서 산재법상의 요양급여해당액을 공단에 청구할 수 있다(산재법 §42②).

④ **요양기간**

요양환자의 상병이 완치되었거나, 계속하여 치료해도 의학적효과를 기대할 수 없게 되고, 증상이 고정상태에 이르렀다는 의학적소견이 있으면 치료를 종결할 수 있다. 요양급여를 받은 사람이 치유후에 요양대상이 되었던 업무상부상 · 질병이 재발하거나 치유당시보다 악화[2)]되어 이를 치유하기 위한 적극치료가 필요하다는 의학적소견이 있으면 대통령령으로 정한 요건[3)]과 절차에 따라 재요양을 받을 수 있다(산재법 §51). 재요양신청시의 의학적소견은 처음 요양한 의료기관이 아니어도 된다.[4)] 다만, 자가요양중에 사적행위로 상병상태가 악화된 경우에는 재요양대상이 될 수 없다.[5)] 요양기간연장이 필요한 경우, 의료기관장은 상병근로자에 대한 최초진단시부터 요양종결시까지의 소견서를 공단에 제출해

1) 지급결정취소의 경우, 공단은 건강보험요양급여해당금액을 국민건강보험공단에 청구 가능(산재법 §90②).

2) 서울행판 2009.05.14, 2008구단702. 재해근로자의 성격이나 유전적 · 생물학적요인중에 공황장애발병원인이 내재되어 있었던 것으로 추정할 수 있고, 재해근로자가 기관사로 전직된 이후에 겪었을 육체적과로와 정신적스트레스가 상병의 직접적발병원인은 아니라도, 자연적경과이상으로 악화됐다고 추단할 수 있다면 요양불승인처분은 위법하다.

3) 첫째, 치유된 업무상 부상 또는 질병과 재요양의 대상이 되는 부상 또는 질병 사이에 상당인과관계가 있을 것, 둘째, 재요양의 대상이 되는 부상 또는 질병의 상태가 치유 당시보다 악화된 경우로서 나이나 그 밖에 업무 외의 사유로 악화된 경우가 아닐 것, 셋째, 재요양의 대상이 되는 부상 또는 질병 상태의 호전을 위하여 수술(신체내고정물의 제거수술 또는 의지장착을 위한 절단 부위의 재수술을 포함한다) 등 적극적인 치료가 필요하다고 인정될 것, 넷째, 재요양의 대상이 되는 부상 또는 질병의 상태가 재요양으로 치료효과를 기대할 수 있다고 인정될 것이 이에 해당한다(산재령 §48①).

4) 보상 1458.7, 1983.6.22.

5) 보상 1455.6-22623, 1976.12.8.

야 한다. 의료기관진료외에 치료를 위한 투약기간도 요양기간에 포함된다.[1)]

⑤ **요양급여 한계 및 공제금지**

부상 또는 질병이 3일이내요양으로 치유될 수 있으면 요양급여가 지급되지 않는다(산재법 §40③). 이 경우 근기법에 따라 사용자가 요양보상을 한다. 피재근로자가 요양중에 임의로 다른 의료기관에서 특별진찰을 받은 경우, 특별진찰결과의 소견에 관계없이 요양급여범위에서 제외된다.[2)] 최초요양신청서의 치료예상기간이 4일이상인 경우 환자의 사적사유로 치료를 중단하더라도 나머지 일수의 치료는 요양급여대상이 된다.[3)] 근로자에게 과실이 있다는 이유로 요양보상을 공제하여 일부만 지급할 수 없으며 전액이 지급되어야 한다.[4)]

3·다. 휴업보상과 휴업급여

(1) 휴업보상

사용자는 요양중인 근로자에게 평균임금의 60%의 휴업보상을 하여야 한다(근기법 §79①). 휴업보상을 받을 기간에 보상을 받을 사람이 임금의 일부를 지급받은 경우에는 사용자는 평균임금에서 그 지급받은 금액을 뺀 금액의 60%의 휴업보상을 하여야 한다(근기법 §79②). 휴업보상은 매월 1회이상 지급하여야 한다(근기령 §46).

(2) 휴업급여

① **내 용**

㈎ **원 칙**

휴업급여는 업무상사유로 부상을 당하거나 질병에 걸린 근로자에게 요양으로 취업하지 못한 기간에 대하여 지급하되, 1일지급액은 평균임금의 70%에 상당하는 금액으로 하되 취업하지 못한 기간이 3일이내이면 지급하지 않는다(산재법 §52).

㈏ **부분휴업급여**

가벼운 부상 등에 대해서는 취업과 요양을 병행할 수 있도록 일정요건을 전제로 하여 부분휴업급여제도가 도입되어 있다.[5)] 요양·재요양 근로자가 요양기

---

1) 보상 1458.7-890, 1984.1.14.
2) 보상 01254-14119, 1985.8.1.
3) 보상 1458.7-20346, 1984.10.5.
4) 대판 1994.12.27, 94다40543 ; 대판 1981.10.13, 81다카351.
5) 요양중의 취업사업과 종사업무 및 근로시간이 정해져 있어야 하고, 그 근로자의 부상·질병 상태가 취업을 하더라도 치유시기가 지연되거나 악화되지 않을 것이라는 의사의 소견이 있어야 한다(산재령 §49). 부분휴업급여를 받으려는 사람은 고용노동부령으로 정하는 서류를 첨부하여 공단에 청구하여야 한다(산재령 §50).

간중에서 일정기간 또는 단시간 취업하면 해당일에 대해 평균임금에서 취업일 일금을 뺀 금액의 80/100 상당금액을 지급할 수 있다. 다만, 최저임금액을 1일 휴업급여지급액으로 하는 경우(산재법 §54②,§56②)에는 최저임금액에서 취업일 또는 취업 시간에 대한 임금을 뺀 금액을 지급할 수 있다(산재법 §53①).

(다) **특 례**

㉮ **저소득층 휴업급여**

1일휴업급여지급액(산재법 §52)이 최저보상기준금액의 80/100보다 적거나 같으면 그 근로자에 대하여는 평균임금의 90/100에 상당하는 금액을 1일당 휴업급여지급액으로 한다. 다만, 평균임금의 90/100에 상당하는 금액이 최저보상기준금액의 80/100보다 많은 경우에는 최저보상기준금액의 80/100에 상당하는 금액을 1일 휴업급여지급액으로 한다(산재법 §54①). 1일휴업급여지급액이 최저임금액[1]보다 적으면 그 최저임금액을 그 근로자의 1일휴업급여지급액으로 한다(산재법 §54②).

㉯ **고령자 휴업급여**

휴업급여를 받는 근로자가 61세가 되면 이후의 휴업급여는 따로 산정(산재법 §55 [별표1])한 금액을 지급한다. 다만, '61세이후에 취업중인 사람이 업무상재해로 요양'하거나 '61세전에 업무상질병으로 장해급여를 받은 사람이 61세이후에 그 업무상질병으로 최초로 요양'하는 경우에는 2년(산재령 §51)간에 대해 따로 산정한 금액을 적용하지 않는다(산재법 §55).

㉰ **재요양기간 휴업급여**

재요양을 받는 사람에 대하여는 재요양당시[2]의 임금을 기준으로 산정한 평균임금의 70/100에 상당하는 금액을 1일휴업급여지급액으로 한다(산재법 §56①). 이 때 1일 휴업급여지급액이 최저임금액보다 적거나 재요양당시 평균임금산정대상이 되는 임금이 없으면 최저임금액을 1일휴업급여지급액으로 한다(산재법 §56②). 장해보상연금을 지급받는 사람이 재요양하는 경우, 1일장해보상연금액과 산정된 1일휴업급여지급액을 합한 금액이 장해보상연금산정에 적용되는 평균임금의 70/100을 초과하

1) 최임법상 시간급최저임금액에 8을 곱한 금액.

2) 산정사유발생일은 다음 두 가지 중에 하나로 한다(산재령 §52). 첫째, 재요양대상이 되는 부상 또는 질병에 대해 재요양이 필요하다고 진단을 받은 날로 한다. 다만, 재요양대상이 되는 부상 또는 질병에 대한 진단전의 검사·치료가 재요양대상을 인정하는 진단과 시간적·의학적 연속성이 있는 경우에는 그 검사·치료를 시작한 날이 된다. 둘째, 해당 질병의 특성으로 재요양 대상에 해당하는지를 고용부령으로 정하는 절차에 따라 판정해야 하는 질병은 그 판정 신청을 할 당시에 발급된 진단서나 소견서의 발급일이 된다.

면 초과금액중에서 휴업급여해당금액은 지급되지 않는다(산재법 §56③). 재요양기간중의 휴업급여를 산정할 때에는 저소득근로자휴업급여(산재법 §54)를 적용하지 않는다(산재법 §56④).

② **대 상**

의수장착물리치료기간,[1] 가정요양필요기간,[2] 요양불승인취소기간,[3] 요양결정통지전기간[4] 등은 휴업급여지급대상기간이다. 반면에 간염치료기간,[5] 요양중지기간[6] 등은 대상기간이 아니다.

③ **지 급**

㈎ **요 건**

휴업급여는 요양으로 인하여 취업할 수 없다는 의학적소견이 있으면 해당기간에 대해 지급하는 급여이며, 재요양이 필요하다는 의학적소견이 있더라도 실제로 재요양을 개시한 날로부터 휴업급여가 지급된다.[7]

㈏ **청구절차**

휴업급여를 받으려는 사람은 사업주, 의료기관, 청구인이 확인·날인한 신청서를 관할공단에 제출한다. 2회분청구부터는 사업주확인이 생략될 수 있다.[8]

㈐ **다른 금품**

적법한 휴업급여청구가 있는 상태에서 사업주가 휴업급여청구서에 재해보상을 지급한다는 의사표시없이 근로자에게 금품을 지급한 경우에는 이를 부조적인 지원으로 보아야 하며 휴업급여에 영향을 미치지 않는 것이 원칙이다. 다만, 임금이 지급되는 취업치료기간에 대하여는 휴업급여가 지급되지 않는다.[9]

④ **통원치료와 업무수행**

통원치료기간중에 자신의 사업에 필요한 업무를 수행하면 사업소득발생유무를 불문하고 보험급여액의 2배해당액을 부당이득금으로 징수해야 한다.[10]

---

1) 보상 10197, 1973.9.26. 주치의진단에 따라 치료종결 후 일정기간의 산업재활원입원기간은 휴업급여대상.
2) 보상 8931, 1968.9.20 ; 대판 1993.5.11, 93누1039. 집에서 요양하고 취업 못한 기간도 휴업급여 대상.
3) 보상 1458.7-30561, 1982.11.10. 요양불승인취소판정이 난 경우 심사청구, 재심청구, 행정소송 등을 거쳐 그 기간 중에 다른 일에 종사해도 그 일이 질병을 악화시킨 명백한 증거가 없다면 휴업급여 지급.
4) 노법무 4490, 1975.3.27. 요양결정통지 전이라도 휴업급여대상일부터 계산하여 휴업급여 지급.
5) 보상 32540-13423, 1987.8.4. 취업치료 가능.
6) 보상 1458.7-2012, 1984.1.24. 담당의사 소견에 따른 경우.
7) 보상 1458.7-30339, 1983.12.9.
8) 재보 32550-14784, 1988.9.28.
9) 재보 32540-12692, 1988.8.19.
10) 보상부-208, 2011.1.7.

3·라. 장해보상과 장해급여

(1) 장해의 의미

장해라 함은 치유, 즉 부상 또는 질병이 존재해 치료에 의해서 더 이상의 효과를 거둘 수 없는 상태에서 남아 있는 정신적 · 육체적인 훼손상태를 말한다.

(2) 보상내용

① 장해보상

근로자가 업무상부상 · 질병에 걸리고, 완치된 후에 신체장해가 있으면 사용자는 장해정도에 따라 평균임금에 따로 정한 일수를 곱해 얻은 금액의 근기법상 장해보상을 지체없이 행해야 한다(근기법 §80① [별표]).[1]

② 장해급여

장해급여는 근로자가 업무상부상 · 질병이 치유된 후에 신체 등에 장해가 있는 경우에 그 근로자에게 지급된다(산재법 §57①). 장해급여는 장해등급(산재법 §57② [별표2])에 따라 장해보상연금 또는 장해보상일시금으로 한다. 장해등급기준(산재령 §53① [별표6])[2]은 따로 정한다(산재법 §57②). 장해급여청구를 받은 공단이 결정할 사항인 "장해급여의 지급여부와 내용 등"(산재령 §21①)에는 '장해등급결정'도 포함된다.[3]

㈎ 장해보상연금

장해보상연금은 장애등급이 7급 이상인 근로자가 공단에 청구할 수 있다(산재법 §57② [별표2]). '노동력을 완전히 상실한 장해등급(산재령 §53⑤)'[4]의 근로자에게는 장해보상연금만 지급된다(산재법 §57③). 장해보상연금은 수급권자가 신청하면 그 연금의 최초 1년분 또는 2년분, 제3급이상장해근로자는 '최초 1년분부터 4년분'의 1/2에 상당하는 금액을 미리 지급할 수 있다(산재법 §57④).[5] 장해보상연금 또는 진폐보상연금의 수급권자가 '사망한

---

1) 근기법은 별표로 '신체장해등급과 재해보상표'를 두어 신체장해의 등급을 14등급으로 나누고 있으며, 그 등급에 해당하는 장해의 구체적인 내용과 함께 그 등급에 따라 제1급 즉, 평균임금의 1,340일분에서부터 제14급 즉, 평균임금의 50일분의 일시금을 장해보상으로 지급하도록 규정하고 있다. ; 장해보상을 하여야 하는 신체장해등급의 결정기준과 장해보상시기는 대통령령으로 정한다(근기법 §80③).

2) 신체부위별장해등급판정에 관한 세부기준 등은 고용부령으로 정한다(산재령 §53①). [별표6]의 장해등급 기준에 규정되지 않은 장해가 있을 때에는 같은 표중에서 그 장해와 비슷한 장해에 해당하는 장해등급으로 결정한다(산재령 §53③).

3) 대판 2016.9.28, 2014두14297. 진폐원인 장해급여청구거부 사건. 등급결정후 급여지급여부결정이 타당.

4) 제1급부터 제3급까지의 장해등급(산재령 §53① [별표6]).

5) 미리 지급하는 금액에 대하여는 5/100 범위에서 평균임금증감률 등을 고려하여 정한 이자율(2% 적용, 산재령 §54)의 이자를 공제할 수 있다. 선급금에 대하여는 평균임금증감을 적용하지 않으므로 연금수급자와 형평을 맞추기 위해서 2007.12.14에 도입된 제도이다.

경우', '대한민국국민이었던 수급권자가 국적을 상실하고 외국에 거주하고 있거나 거주하기 위하여 출국하는 경우', '대한민국국민이 아닌 수급권자가 외국에서 거주하기 위하여 출국하는 경우' 및 '장해등급이 변경되어 장해보상연금지급대상에서 제외되는 경우'에 소멸한다(산재법 §58). 장해보상연금은 같은 기간에 받은 휴업급여를 공제하고 지급된다.[1]

㈏ 장해보상일시금

장해보상일시금수급권자는 '장해등급이 7급에서 4급으로서 일시금을 선택한 사람', '장해등급이 7급이하인 사람(산재법 §57② [별표2])', '장해급여청구사유가 발생할 당시에 대한민국국민이 아닌 외국거주자(산재법 §57③)'이다.

장해보상연금수급권이 소멸(산재법 §58)하면, '이미 지급된 연금액'을 '지급당시의 각각의 평균임금'으로 나눈 '일수의 합계'가 장해보상일시금일수(산재법 §57② [별표2])에 못 미치면 그 '못 미치는 일수'에 '수급권소멸당시의 평균임금을 곱하여 산정'한 금액을 유족 또는 그 근로자에게 일시금으로 지급한다(산재법 §57⑤). 일시금을 지급받으려는 수급권자는 공단에 청구해야 한다.

(3) 장해판정

① 장해중복

㈎ 복수장해

하나의 재해로 인한 장해로서 장해등급기준(산재령 §53①[별표6] 근기령 §47①[별표6])에 해당하는 장해가 2이상 있는 경우에는 그중에서 심한 장해에 해당하는 장해등급을 그 근로자의 장해등급으로 하되, 제13급이상의 장해가 2이상 있는 경우에는 '조정된 장해등급'[2]을 그 근로자의 장해등급으로 한다(산재령 §53② 근기령 §47②).[3]

서로 다른 재해로 인해 2개이상의 장해가 서로 다른 원인에 따라 발생한 경우에는 별도로 장해보상을 실시해야 한다.[4] 장해등급은 재해근로자의 연령과 관계없이 노동능력상실정도에 따라 장해등급기준에 의해 결정한다.[5]

---

1) 대판 2020.12.10, 2020두39228.

2) 조정된 장해등급은 다음과 같다. ⓐ 제5급 이상에 해당하는 신체장해가 2 이상 있는 경우에는 3개 등급 상향조정, ⓑ 제8급 이상에 해당하는 신체장해가 2 이상 있는 경우에는 2개 등급 상향조정, ⓒ 제13급 이상에 해당하는 신체장해가 2 이상 있는 경우에는 1개 등급 상향조정.

3) 조정의 결과 산술적으로 제1급을 초과하게 되는 경우에는 제1급을 그 근로자의 장해등급으로 하고, 그 장해의 정도가 조정된 등급에 규정된 다른 장해의 정도에 비하여 명백히 낮다고 인정되는 경우에는 조정된 등급보다 1개등급 낮은 등급을 그 근로자의 장해등급으로 한다(산재령 §53②).

4) 노직산 6343, 1966.12.14.

5) 보상 1455.6-14386, 1978.7.10.

㈏ 같은 부위 가중

㉮ 장해보상

근기법상으로는 신체장해가 있는 사람이 부상 또는 질병으로 인해 같은 부위에 장해가 더 심해진 경우, 장해보상은 심해진 장해등급에 해당하는 장해보상일수에서 기존의 장해등급에 해당하는 장해보상일수를 뺀 일수에 보상청구사유가 발생할 당시의 평균임금을 곱하여 산정한 금액으로 한다(근기법 §80②).

㉯ 장해급여

산재법상으로 "이미 장해가 있던 사람"[1]이 업무상부상 · 질병으로 같은 부위에 장해정도가 심해진 경우의 보상은 2가지로 나뉜다(산재령 §53④).

장해보상일시금으로 지급하는 경우에는 '심해진 장해에 해당하는 장해보상일시금지급일수'에서 '기존장해에 해당하는 장해보상일시금지급일수'를 뺀 일수[2]에 '급여청구사유가 발생할 당시의 평균임금'을 곱하여 산정된 금액으로 한다.

장해보상연금으로 지급하는 경우에는 '심해진 장해에 해당하는 장해보상연금지급일수'에서 '기존장해에 해당하는 장해보상연금지급일수'[3]를 뺀 일수에 '연금지급당시의 평균임금'을 곱하여 산정한 금액으로 한다.

② 장해등급 재판정

공단은 장해보상연금 또는 진폐보상연금 수급권자중에서 장해상태가 호전 또는 악화[4]되어 기존의 장해등급 또는 진폐장해등급이 변경될 가능성이 있는 사람에 대해 수급권자신청 또는 직권으로 장해등급 등을 재판정할 수 있다(산재법 §59①)[5].

③ 재요양 장해급여

장해보상연금수급권자가 재요양을 받는 경우에도 그 연금지급은 정지되지 않는다(산재법 §60①). 재요양을 받고 치유된 후에 장해상태가 호전되거나 악화되면 그에 해당하는 장해등급에 따라 산정(산재령 §58)[6]된 장해급여를 지급한다(산재법 §60②).

---

1) 대판 2011.10.27, 2011두15640. 산재법령개정에도 불구, 종전규정의 "업무상재해여부를 불문한다"는 부분은 유효.

2) 대판 2012.11.15, 2010두13012. 기존 장해에 대한 위로금을 지급받았는지와 상관이 없다.

3) 기존의 장해가 8급~14급까지의 장해 중 어느 하나에 해당하면 그 장해에 해당하는 장해보상일시금지급일수에 222/1,0002를 곱한 일수이다.

4) 종전의 장해등급에 따른 장해급여를 청구하지 않다가, 변경된 장해등급에 따라 장해보상일시금을 청구한 경우, 변경된 장해등급에 따라 전체일수에 해당하는 금액을 지급(대판 2024.7.11, 2023두56712. 진폐 / 대판 〈전합〉 2015.4.16, 2012두26142. 종전의 장해등급청구권 시효소멸도 같음).

5) 장해등급 등의 재판정결과 장해등급 등이 변경되면 그 변경된 장해등급 등에 따라 장해급여 또는 진폐보상연금을 지급한다(산재법 §59②). 재판정은 1회 실시하되 그 대상자 · 시기 및 재판정 결과에 따른 장해급여 또는 진폐보상연금의 지급방법은 산재령(§55~§57)으로 정한다(산재법 §59③)

(4) 장해특별급여

산재법상으로, 보험가입자의 고의 또는 과실로 발생한 업무상재해로 근로자가 '제1급~제3급(산재령 §73①)'으로 정하는 장해등급 또는 진폐장해등급에 해당하는 장해를 입으면, 근로자와 보험가입자의 합의에 따라, 수급권자가 민법에 따른 손해배상청구를 갈음하여 장해특별급여를 청구하면 장해급여(산재법 §57) 또는 진폐보상연금(산재법 §91의3)외에 장해특별급여(산재령 §73②)[1]를 지급할 수 있다(산재법 §78①). 수급권자는 동일사유에 대하여 보험가입자에게 민법이나 그 밖의 법령에 따른 손해배상을 청구할 수 없으며(산재법 §78②), 공단은 급여액 모두를 보험가입자로부터 징수한다(산재법 §78③).[2]

(5) 일시금과 연금전환

장해보상일시금을 받다가 장해보상연금으로 전환하는 것은 인정되지 않는다.[3] 일시금을 받더라도 심사·소송 등의 결과로 장해등급이 다시 연금에 해당될 경우에는 연금으로 지급하는 것이 인정된다. 장해보상연금을 받다가 도중에 전환한 장해보상일시금은 「연금차액일시금규정」을 준용하여 지급될 수 있다.[4]

3·마. 간병급여

간병급여는 요양급여수령자(산재법 §40)중에서 간병급여지급대상자(산재령 §59①)[5]로서 치유후에 의학적으로 상시 또는 수시로 간병이 필요하여 실제로 간병을 받는 사람에게 '그 날에 대해(산재령 §59②)' 지급된다(산재법 §61 산재령 §59⑥).

간병급여는 상병상태에 따라 상시간병급여와 수시간병급여로 구분되며, 상시간병급여는 간병(산재법 §40④vi)과 관련하여 고용장관고시금액을, 수시간병급여는 상시간병급여의 2/3에 해당하는 금액으로 한다(산재령 §59③[별표7] 간병급여지급대상).[6]

---

6) 장해보상연금을 받던 사람이 장해보상연금을 청구한 경우, 장해보상연금을 받던 사람이 장해보상일시금을 청구한 경우(악화된 경우와 호전된 경우로 구분), 장해보상일시금을 받은 사람이 장해상태가 악화된 경우(장해보상연금과 장해보상일시금으로 구분)로 나누어 산정방법을 규정하고 평균임금은 종전에 적용된 평균임금을 조정(산재령 §22)한 평균임금으로 하도록 규정하고 있다. ; 대판 2024다210783, 2024.6.13. 근로자가 장해보상일시금을 지급받은 후에 완치시점을 기준으로 한 장해등급이 변경되어 장해보상연금을 수령하게 된 경우, 구상금산정시 완치시점의 평균임금 적용. ↘ 610쪽

1) 평균임금의 30일분에 '장해등급 또는 진폐장해등급별 노동력상실률(산재령 §73② [별표 9])'과 '취업가능기간에 대응하는 라이프니츠계수(산재령 §73②, §74 [별표 11])'를 곱하여 산정한 금액에서 장해보상일시금(산재법 §57)을 공제한 금액을 말한다. 취업가능기간은 장해등급등이 판정된 날부터 단체협약·취업규칙에서 정하는 취업정년까지로 하되, 따로 정하고 있지 않으면 60세를 취업정년으로 본다(산재령 §73③).

2) 장해특별급여액 또는 유족특별급여액은 1년에 걸쳐 4회로 분할납부 가능(산재령 §75①).

3) 보상 01254-8700, 1985.5.10.

4) 산재 68607-627, 1998.7.7.

5) 장해 1, 2급의 중증장해자가 대상자임(지급대상 및 지급기준은 산재령 제59조제1항 [별표7]참조).

간병급여수급권자가 재요양(산재법 §51)을 받는 경우, 그 재요양기간중에 간병급여를 지급하지 않는다(산재령 §59⑤).

3·바. 유족보상과 유족급여

(1) 내 용

① 유족보상

근로자가 업무상 사망하거나 '사망한 것으로 추정'[1] 되면 사용자는 '근로자가 사망한 후에 지체없이(근기령 §51②)' 그 유족에 대해 평균임금의 1,000일분을 유족보상으로 지급해야 한다(근기법 §82①).

② 유족급여

유족급여는 근로자가 업무상사유로 사망하면 유족에게 지급된다(산재법 §62①).

유족급여는 '유족보상연금이나 유족보상일시금(산재법 §62② [별표3])'으로 하되, 유족보상일시금(평균임금의 1,300일분)은 근로자가 사망할 당시에 유족보상연금(산재법 §63①)을 받을 수 있는 자격이 있는 사람이 없는 경우에 지급한다(산재법 §62②).[2]

유족급여는 연금지급을 원칙으로 하나, 수급권자가 원하면 유족보상일시금(산재법 §62② [별표3])의 50%에 상당하는 금액을 일시금으로 지급하고 유족보상연금은 50%를 감액한다(산재법 §62③). 연금수급자격자가 없거나 외국에 거주하는 등 연금지급이 곤란하면 전체를 일시금으로 지급한다.[3]

(2) 수급권자

① 원 칙

(가) 유족보상

유족의 제1순위는 근로자가 사망할 때에 그가 부양하고 있던 배우자(사실혼 관계에 있는 자를 포함) · 자녀 · 부모 · 손 및 조부모이고, 제2순위는 제1순위에 해당하지 않는 배우자 · 자녀 · 부모 · 손 및 조부모이며, 제3순위는 근로자가 사망할 때에 그가 부양하고

---

6) 간병급여대상자가 무료요양소 등에 들어가 간병비용을 지출하지 않거나, 제3항에 따른 지급기준보다 적은 금액을 지출한 경우에는 실제로 지출한 금액을 지급한다(산재령 §59④ [별표7] 간병급여 지급대상). ↘ 611쪽

1) 선박이나 항공기가 침몰 · 전복 · 멸실 또는 행방불명되는 사고가 발생한 경우에 그 선박 또는 항공기에 타고 있던 근로자의 생사가 그 사고 발생일부터 3개월간 밝혀지지 않은 경우에 사망으로 추정되는 사람은 그 사고가 발생한 날 또는 행방불명된 날에 사망한 것으로 추정한다(산재법 §39①, 산재령 §37①②).

2) 유족보상연금의 지급기준 및 방법, 그 밖에 필요한 사항은 대통령령으로 정한다(산재법 §62⑤).

3) 유족보상연금을 받던 자가 수급자격을 잃고 다른 수급자격자가 없으며 지급된 연금액을 지급당시의 각각의 평균임금으로 나누어 산정한 일수의 합계가 1,300일에 못 미치면 못 미치는 일수에 수급자격상실당시의 평균임금을 곱하여 산정한 금액을 수급자격상실당시의 유족에게 일시금으로 지급한다(산재법 §62④).

있던 형제자매이며, 제4순위는 제3순위에 해당하지 않는 형제자매이다(근기법 §82② 근기령 §48).

(나) **유족급여**

㉮ 연 금

(a) 수급자격

유족보상연금수급자격자는 근로자가 사망할 때에 '생계를 같이'[1]하고 있던 유족[2]중에서 첫째, 배우자, 둘째, 부모 또는 조부모로서 각각 60세이상자, 셋째, 자녀로서 25세미만자, 넷째, 손자녀로서 25세미만자(2024.2.9 전은19세), 다섯째, 형제자매로서 19세미만자・60세이상자, 여섯째, 앞의 경우에 해당하지 않는 자녀・부모・손자녀・조부모・형제자매로서 제2급[3]이상에 해당하는 장애인(장애인복지법 §2)이다(산재법 §63①).[4] '근로자가 사망할 당시 태아였던 자녀'가 출생한 경우에는 출생한 때부터 장래에 향하여 '근로자가 사망할 당시에 그 근로자와 생계를 같이 하고 있던 유족'으로 본다(산재법 §63②). 유족보상연금수급자격자중에서 유족보상연금을 받을 권리의 순위는 배우자・자녀・부모・손자녀・조부모 및 형제자매의 순서로 한다(산재법 §63③).

(b) 자격상실

수급자격자에게 일정한 조건[5]이 발생하면 그 자격을 잃는다(산재법 §64①). 유족보상연금수급권자가 3개월이상 행방불명이면 연금지급을 정지하고, 같은 순위자가 있으면 같은 순위자에게, 같은 순위자가 없으면 다음 순위자에게 유족보상연금을 지급한다(산재법 §64③).

㉯ 일시금

'장해보상연금수급권소멸에 따라 일시금을 받을 유족(산재법 §57⑤)', '유족보상연금수급자격이 없어 일시금을 받을 유족(산재법 §62②)' 및 '유족보상연금수급자격을 잃어서

---

1) 첫째, 근로자와 가족관계등록부상의 세대를 같이 하고, 동거하던 유족으로서 근로자의 소득으로 생계의 전부 또는 상당부분을 유지하고 있던 자, 둘째, 근로자의 소득으로 생계의 전부 또는 상당부분을 유지하고 있던 유족으로서 학업・취업・요양 그 밖에 주거상의 형편 등으로 가족관계등록을 달리하였거나 동거하지 않았던 자, 셋째, 이 외의 유족으로서 근로자가 정기적으로 지급하는 금품이나 경제적지원으로 생계의 전부 또는 대부분을 유지하고 있던 사람중의 하나를 말한다(산재령 §61).

2) 그 근로자가 사망할 당시에 대한민국국민이 아닌 사람으로서 외국에서 거주하고 있던 유족은 제외한다.

3) 고용노동부령으로 정해져 있다. 시각장애인의 경우 제3급에 포함된다.

4) 유족보상연금수급권자가 2명이상일 때에는 그 중의 1명을 유족보상연금의 청구와 수령에 관한 대표자로 선임할 수 있으며, 선임하거나 그 선임된 대표자를 해임한 경우에는 지체없이 그 선임 또는 해임을 증명할 수 있는 서류를 첨부하여 공단에 신고하여야 한다(산재령 §60).

5) ① 사망, ② 재혼(사망근로자배우자만 해당, 사실상혼인관계 포함), ③ 사망근로자와의 친족관계 종료, ④ 자녀・손자녀(2024.2.9전은 19세)의 25세도달 및 형제자매의 19세도달, ⑤ 장애상태해소, ⑥ 근로자사망 당시에 대한민국국민이었던 유족보상연금 수급자격자가 국적을 상실하고 외국에서 거주하고 있거나 외국에서 거주하기 위하여 출국, ⑦ 대한민국국민이 아닌 유족보상연금수급자격자가 외국에서 거주하기 위하여 출국하는 경우.

일시금을 받게 될 유족(산재법 §62④)'에게 적용될 수급권순위는 3가지로 설명될 수 있다(산재법 §65①). 먼저, 제1순위자는 근로자가 사망할 당시에 생계를 같이 하고 있던 배우자 · 자녀 · 부모 · 손자녀 및 조부모의 순서이다. 다음으로, 제2순위자는 근로자가 사망할 당시에 그 근로자와 생계를 같이 하고 있지 않던 배우자 · 자녀 · 부모 · 손자녀 및 조부모 또는 근로자가 사망할 당시에 근로자와 생계를 같이 하고 있던 형제자매순이다. 셋째로, 제3순위자는 그 밖의 형제자매이다.

산재법의 적용대상이 아닌 '유족보상일시금 상당의 재해위로금[1] 수급권'은 민법의 상속규정에 따른 상속인이 상속한다.[2]

산재법에 의한 유족급여를 수급권자에게 지급하더라도, 수급권자가 아닌 공동상속인들이 상속한 손해배상채권과 그 유족급여수급권은 그 귀속주체가 서로 달라 상호보완관계를 인정되지 않으므로, 다른 공동상속인들에 대한 보험가입자의 손해배상책임까지 소멸된다고 할 수 없다.[3]

② 양부모와 친부모

양부모를 선순위로 하고, 실부모를 후순위로 한다. 조부모는 양부모의 부모를 선순위로 하고, 실부모의 부모를 후순위로 하되, 부모의 양부모를 선순위로 하고 부모의 실부모를 후순위로 한다(근기령 §48② 산재법 §65②).

③ 유언, 동순위자 및 유족사망

재해근로자가 유언 또는 '사용자에 대한 예고'로서 유족을 지정하였을 경우에는 이에 따른다(근기령 §48③ 산재법 §65④). 같은 순위의 사람이 2명이상일 때에는 그 인원수에 따라 보상 또는 급여를 똑같이 나눈다(근기령 §49 산재법 §65①후단). 유족이 사망한 경우에는 같은 순위자가 있으면 그 사람에게 지급하고 같은 순위자가 없으면 다음 순위자에게 지급한다(근기령 §50 산재법 §65③). 유족보상연금수급자격자가 그 자격을 잃은 경우에 유족보상연금을 받을 권리는 같은 순위자가 있으면 같은 순위자에게, 같은 순위자가 없으면 다음 순위자에게 이전된다(산재법 §64②).

---

1) 진폐로 업무상재해를 입은 근로자가 산재법에 따라 진폐보상연금을 받았더라도 구석탄산업법시행령에 따른 재해위로금 지급대상에 해당한다.

2) 폐광대책비의 일환으로 지급된 재해위로금 관련(대판 2020.9.24, 2020두31699 ; 대판 2020.10.15, 2019두60523 ; 대판 2020.10.15, 2019두60523 ; 대판 2020.10.29, 2019두31426).

3) 대판 2009.5.21, 2008다13104. 업무상재해로 사망함에 따라 발생하는 재해근로자의 일실수입상당손해배상채권은 그 공동상속인들에게 상속분비율에 따라 공동으로 상속된다. 공단이 산재법에 의해 수급권자에게 지급하는 유족급여는 해당수급권자가 상속한 일실수입상당 손해배상채권을 한도로 하여 그 손해배상채권에서만 공제하는 것으로 해석되며, 재해근로자의 일실수입상당 손해배상채권에서 유족급여를 먼저 공제한 후에 나머지 손해배상채권을 공동상속인들이 각자의 상속분비율에 따라 공동상속하는 것으로 해석되지 않는다.

(3) 장해보상과 유족보상 중복

장해보상을 받은 후에 같은 재해가 원인이 되어 사망했을 때에도 유족보상은 장해보상과 목적을 달리하므로 전액이 지급되어야 한다.[1] 장해보상연금을 받다가 같은 재해가 원인이 되어 사망하면 유족은 장해보상일시금과 이미 받은 장해보상연금차액뿐아니라 유족급여를 받을 수 있으며, 장해보상일시금을 받은 경우라도 같은 재해가 원인이 되어 사망하면 유족은 유족급여를 받을 수 있다.

(4) 유족특별급여

보험가입자의 고의 또는 과실로 발생한 업무상의 재해로 근로자가 사망한 경우에 수급권자가 민법에 따른 손해배상청구를 갈음하여 유족특별급여를 청구하면 유족급여(산재법 §62) 또는 진폐유족연금(산재법 §91의4)외에 유족특별급여(산재령 §74①)[2]를 지급할 수 있다(산재법 §79①). 특별급여를 받은 수급권자는 보험가입자에게 민법이나 그 밖의 법령의 규정에 의한 손해배상청구를 할 수 없으며, 공단은 그 급여액의 모두를 보험가입자로부터 징수한다(산재법 §79②).

(5) 유족보상연금의 개정

공단은 '근로자의 사망당시에 태아였던 자녀가 출생한 경우', '유족보상연금수급자격자가 자격을 잃은 경우(산재법 §64①)', '지급정지[3]가 해제된 경우(산재법 §62③)', 및 '유족보상연금 수급자격자가 행방불명이 된 경우'에 유족보상연금수급권자의 청구에 의하거나 직권으로 사유가 발생한 달분부터 유족보상연금금액을 조정한다(산재령 §63).

(6) 사망과 치료 · 간병

재해근로자사망이 업무상재해로 인정되어도 사망전치료비 · 간병료 등은 치료받은 상병과 당초의 업무상재해와 상당인과관계가 있는지를 판단해 지급된다.[4]

---

1) 법무 810-7616, 1982.4.10.

2) 평균임금의 30일분에서 사망자본인의 생활비(평균임금의 30일분에 산재령 [별표 10]에 따른 사망자 본인의 생활비비율을 곱하여 산정한 금액)를 뺀 후 산재령 [별표 11]에 따른 취업가능개월수에 대응하는 라이프니츠계수를 곱하여 산정한 금액에서 유족보상일시금(산재법 §62)을 뺀 금액을 말한다.

3) 유족보상연금을 받을 권리가 이전된 경우(산재법 §64②)에 유족보상연금을 새로 지급받으려는 자는 공단에 유족보상연금 수급권자 변경신청을 하여야 한다(산재령 §62①). 유족보상연금 수급권자가 3개월이상 행방불명(산재법 §64③)이면 같은 순위자(같은 순위자가 없는 경우에는 다음 순위자)의 신청에 따라 행방불명된 달의 다음 달 분부터 그 행방불명기간 동안 그 행방불명된 사람에 대한 유족보상연금의 지급을 정지한다(산재령 §62②). 유족보상연금의 지급이 정지되면 같은 순위자(같은 순위자가 없는 경우에는 다음 순위자)의 신청에 따라 따로 산정한 금액(산재법 §62②[별표3])을 유족보상연금으로 지급한다. 이 경우 행방불명된 종전의 유족보상연금수급권자는 가산금액이 적용되는 유족보상연금수급자격자로 보지 않는다(산재령 §62②).

4) 근로복지공단 요양부-5682, 2013.7.12.

3·사. 상병보상연금

(1) 지급요건

요양급여수령자가 요양 · 재요양을 시작한지 2년이 지난 날 이후에 부상 · 질병이 치유되지 않은 상태에서, 부상 · 질병에 따른 중증요양상태의 정도[1]가 일정 중증요양상태등급기준(산재령 §65① [별표8])에 해당하고 요양으로 인해 취업하지 못하는 상태가 계속되면 휴업급여대신 중증요양상태등급에 따른 상병보상연금[2]을 근로자청구[3]에 따라 지급한다(산재법 §66).

공단은 상병보상연금을 받고 있는 근로자의 중증요양상태등급이 변동되면 수급권자청구에 의하거나 또는 직권으로 변동된 날부터 새로운 중증요양상태등급에 따른 상병보상연금을 지급한다(산재령 §64②).

(2) 저소득 상병보상연금

상병보상연금을 산정할 때에 그 근로자의 평균임금이 최저임금액에 100/70을 곱한 금액보다 적으면 최저임금액의 100/70에 해당하는 금액을 그 근로자의 평균임금으로 보아 산정한다(산재법 §67①). 산정된 상병보상연금액을 365로 나눈 1일당상병보상연금지급액(산재법 §54)이 1일당휴업급여지급액보다 적으면 그 금액을 1일당상병보상연금지급액으로 한다(산재법 §67②).

(3) 고령자 상병보상연금

상병보상연금수령자가 61세가 되면 그 이후의 상병보상연금은 '고령자의 1일 상병보상연금지급기준(산재법 §68 [별표5])에 따라 산정한 금액으로 지급된다(산재법 §68).

(4) 사망자 상병보상연금

사망한 산재근로자가 생존했을 때에 중증요양상태정도가 중증요양상태등급기준에 해당하고 중증요양상태의 발생 · 변동일을 사후에라도 명백히 알 수 있으며, 상병보상연금기준에 충족되면 사망전에 보험급여를 청구하지 않아도 유족의 청구에 따라 상병보상연금이 미지급보험급여로 지급되어야 한다.[4]

---

1) 중증요양상태가 복수인 경우의 등급조정에 관하여는 '장해급여의 등급기준(산재령 §53②)'을 준용한다(산재령 §65②). 이 경우 '장해등급'은 '중증요양상태등급'으로 보고 '장해'는 '중증요양상태'로 본다.

2) ⓐ 제1급일 경우 평균임금의 329일분을, ⓑ 제2급일 경우 평균임금의 291일분을, ⓒ 제3급일 경우 평균임금의 257일분을 지급한다(산재법 §66② [별표4]).

3) 중증요양상태등급변동 상병보상연금의 경우, 그 변동을 증명할 수 있는 의사진단서 첨부(산재령 §64③).

4) 근로복지공단 보상부-5536, 2011.8.26.

(5) 재요양과 상병보상연금

재요양에 대해서도 상병보상연금이 적용된다(산재법 §69).[1]

3·아. 장례비

근기법(§83)에 따르면, 근로자가 업무상으로 사망하면 사용자는 지체없이(근기령 §51②) 평균임금의 90일분의 장례비를 지급해야 한다. 산재법에 따르면 근로자가 업무상으로 사망하면 평균임금의 120일분에 상당하는 금액이 장제(葬祭)를 지낸 유족에게 장례비로 지급된다(산재법 §71①).[2] 고용장관은 장례비의 최고금액 또는 최저금액을 매년 고시한다(산재법 §71②).[3]

3·자. 직업재활급여

산재법은 산재근로자가 노동력을 회복하여 재활할 수 있도록 산재보험급여종류에 직업재활급여를 포함시키고(산재법 §36①viii), 직업재활지원[4]에 대해 규정하고 있다. 직업재활급여는 2가지로 구성되어 있다(산재법 §72①). 첫째, 장해급여자(받을것이명백 한사람포함) 또는 진폐보상연금수급권자로서 직업재활급여대상자(< 요건 > 산재령§68①)인 사람중에서 취업을 위한 훈련대상자(< 요건 > 산재령§68①)에 대하여 직업훈련비용(산재법 §73) 및 직업훈련수당(산재법 §74)을 지급한다. 둘째, 업무상재해가 발생할 당시의 사업장에 복귀한 장해급여자(< 요건 > 산재령§68④)에 대해 고용을 유지하거나 직장적응훈련 또는 재활운동을 실시하는 사업주에게

---

1) 재요양을 시작한지 2년이 지난 후에 부상·질병상태가 '요양의 상병보상연금 지급요건'에 해당하는 사람에게는 휴업급여 대신 요양과 같은 중증요양상태등급에 따라 상병보상연금을 지급한다, 이 경우 상병보상연금을 산정할 때에는 재요양기간중의 휴업급여산정에 적용되는 평균임금을 적용하되, 그 평균임금이 최저임금액에 70/100을 곱한 금액보다 적거나 재요양 당시 평균임금 산정의 대상이 되는 임금이 없을 때에는 최저임금액의 70/100에 해당하는 금액을 그 근로자의 평균임금으로 보아 산정한다(산재법 §69①). 장해보상연금을 받고 있으면 '중증요양상태등급별 상병보상연금의 지급일수(산재법 §66② [별표4])'에서 '장해등급별 장해보상연금의 지급일수[별표2]'를 뺀 일수에 평균임금을 곱하여 산정한 금액을 그 근로자의 상병보상연금으로 한다(산재법 §69②). '노동력을 완전히 상실하여 연금을 받거나, 외국 거주로 일시금 받은 근로자(산재법 §57③)'가 재요양하는 경우에는, 재요양 중에 중증요양상태등급이 높아지지 않았다면(산재법 §69④단서), 상병보상연금을 지급하지 않는다(산재법 §69④). 재요양기간중 상병보상연금을 산정할 때에는 '저소득 근로자의 상병보상연금(산재법 §67)'을 적용하지 않는다(산재법 §69⑤).

2) 장제를 지낼 유족이 없거나 그 밖에 부득이한 사유로 유족이 아닌 자가 장제를 지낸 경우에는 평균임금의 120일분에 상당하는 금액의 범위에서 실제 드는 비용을 그 장제를 지낸 자에게 지급한다.

3) 전년도 장례비수급권자 1인당평균장례비 90일분을 기준으로 하여, 최고금액의 경우에는 최고보상기준금액의 30일분을 합하여 산정하고, 최저금액의 경우에는 최저보상기준금액의 30일분을 합하여 산정한다(산재령 §66①). 10원미만은 버리고 다음연도 1.1부터 12.31까지 적용한다(산재령 §66②③).

4) 〈직업재활지원〉 업무상재해를 입은 사람의 직업재활을 위하여 그 근로자가 요양을 받는 기간이나 요양종결 후에 심리상담, 직업재활에 필요한 정보의 제공, 그 근로자의 직업욕구나 직업능력 등을 고려한 직업평가, 직업복귀 계획 수립이나 그 밖에 필요한 지원이 여기에 해당하며, 공단은 업무상재해를 입은 사람에게 직업재활의 지원이 필요하면 상담·평가 또는 그밖의 협조를 요청할 수 있다(산재령 §67).

직장복귀지원금(산재법§75② 산재령§70①), 직장적응훈련 · 재활운동비용(산재법§75③ 산재령§70②)을 지급한다.[1]

3·차. 진폐보험급여 특례

(1) 재해인정

진폐에 걸릴 우려가 있는 작업으로서 암석, 금속이나 유리섬유 등을 취급하는 작업의 분진작업에 종사해 진폐에 걸리면 업무상질병(산재법 §37①ii다)으로 본다(산재법 §91의2).

(2) 진폐연금

진폐보상연금은 업무상질병인 진폐에 걸린 진폐근로자에게 지급하고(산재법 §91의3), 진폐유족연금은 진폐근로자가 진폐로 사망한 경우에 유족에게 지급한다(산재법 §91의4).

진폐보상연금은 종전의 법령에 따라 진폐로 인해 장해보상일시금을 받은 사람에 대하여도 적용된다.[2]

(3) 요양급여청구

분진작업에 종사하고 있거나 종사했던 근로자가 업무상질병인 진폐로 요양급여 또는 진폐보상연금을 받으려면 공단에 청구해야 한다(산재법 §91의5).

(4) 진폐진단

공단은 건강진단기관(진폐근로자 보호법§15)에 진폐판정진단을 의뢰하고, 건강진단기관은 진단결과를 공단에 제출해야 하며, 공단은 그 비용을 지급한다(산재법 §91의6, §91의7).

(5) 진폐판정 및 급여결정

공단은 진단결과를 받으면 진폐심사회의(산재법 §91의7)의 심사를 거쳐 진폐병형, 합병증유무 · 종류, 심폐기능정도 등을 판정해야 하고 판정결과에 따라 요양급여지급여부, 진폐장해등급과 진폐보상연금지급여부 등을 결정해야 한다(산재법 §91의8).

(6) 요양급여 지급

공단은 요양급여를 지급키로 결정된 진폐근로자에 대해 진폐요양의료기관에서 요양하게 하고, 고용장관은 진폐요양의료기관이 활용할 수 있도록 전문가자문 등을 거쳐 입원 · 통원처리기준, 표준진료기준 등을 고시할 수 있다(산재법 §91의9).

---

1) '고보법(§23, §27, §32), 장고법(§30), 직능법(§20①)의 지원을 받은 경우', '고용의무가 있는 장애인을 고용한 경우(장고법 §28)', '직장복귀지원금을 받을 목적으로 다른 장해급여자 또는 장애인을 퇴직하게 한 경우' 및 '법령에 따라 직장복귀지원금 · 직장적응훈련비 · 재활운동비해당금액을 받은 경우'에 지급제한(산재령 §71).

2) 근로복지공단 보상부-5968, 2012.7.13. 기초연금만 지급된다.

(7) 사망인정 및 사망원인확인

공단은 분진작업에 종사하거나 종사했던 근로자가 진폐, 합병증이나 그 밖에 진폐와 관련된 사유로 사망했다고 인정되면 업무상재해로 본다(산재법 §91의10, §91의11).

4. 산재보상급여의 지급

4·가. 보험급여의 계산

(1) 지급기준 임금

재해보상 또는 보험급여가 금품으로 지급될 경우, 평균임금이 기준임금으로 활용된다. 재해보상 또는 보험급여는 긴 기간에 걸쳐 지급되기도 한다. 이 경우, 최초에 산정된 평균임금은 근로자의 최근수입을 대변하지 못한다. 이러한 이유로 근기법과 산재법은 평균임금조정에 관한 규정을 두고 있다.

(2) 근기법상 조정과 특례

① 조 정(제4장 제2절, 2·바)

재해근로자가 소속사업(장)에서 같은 직종의 근로자에게 지급된 통상임금의 1명당 1개월평균액이 그 부상 또는 질병이 발생한 달에 지급된 평균액보다 5/100 이상 변동된 경우에는, 그 변동비율에 따라 인상·인하된 금액을 평균임금으로 하고, 변동사유가 발생한 달의 다음달부터 이를 적용하되, 두번째 조정부터는 직전회의 변동사유가 발생한 달의 평균액을 산정기준으로 한다(근기령 §5①).

평균임금조정은 재해보상금뿐아니라 재해근로자의 퇴직금을 산정할 때에도 사용한다. 재해근로자가 소속한 사업(장)이 폐지된 때에는 업무상부상·질병발생 당시에 그 사업과 같은 종류, 같은 규모의 사업(장)을 기준으로 하고(근기령 §5②), 같은 직종의 근로자가 없으면 유사직종의 근로자를 기준으로 한다(근기령 §5③).

② 특 례(제4장 제2절, 2·마)

(3) 산재법상 조정과 특례

① 개 요

산재법의 근로자·임금·평균임금·통상임금이란 근기법의 개념을 따른다. 다만, 근기법에 따라 임금 또는 평균임금을 결정하기 어렵다고 인정되면 고용장관이 정하여 고시하는 금액을 해당 임금 또는 평균임금으로 한다(산재법 §5ii). 평균임금의 조정은 근기법상 조정법리를 따른다.

② 특 례

㈎ 평균임금증감

보험급여를 산정하는 경우, 해당근로자에 대해 평균임금산정사유가 발생한 날부터 1년이 지난 이후에는 매년 '전체근로자의 임금평균액'[1]의 증감률에 따라 평균임금을 증감하되,[2] 그 근로자의 연금수급연령[3]에 도달한 이후에는 소비자물가변동률에 따라 평균임금을 증감한다(산재법 §36③).[4] 장애일시금은 지급사유가 발생하면 바로 지급신청이 이루어지므로 진단일부터 지급결정일까지의 조정이 필요하지 않으나, 공단이 정당한 이유없이 거부처분을 하는 등 지급이 지연되면 조정대상이 된다.[5] 평균임금증감은 보험급여수급권자의 신청이나 공단직권으로 할 수 있다(산재령 §22②).

㈏ 최고보상과 최저보상

보험급여(장례비 제외)를 산정할 때에 평균임금이 '전체근로자의 임금평균액'의 1.8배(최고보상기준금액)를 초과하거나, 1/2(최저보상기준금액)보다 적으면 그 최고보상기준금액이나 최저보상기준금액(시간급최저임금에 8을 곱한 금액보다 적으면 그 최저임금액)을 그 근로자의 평균임금으로[6] 하되.[7] 휴업급여 및 상병보상연금을 산정할 때에는 최저보상기준금액을 적용하지 않는다(산재법 §36⑦,§67①). 최고보상기준금액은 휴업급여 · 장해급여 · 유족급여 및 상병보상연금에 적용하고, 최저보상기준금액은 장해급여 및 유족급여에 적용한다. 휴업급여와 상병보상연금은 최저보상기준금액을 적용하지 않고(산재법 §36⑦) 최저임금기준으로 산정한다(산재법 §54②).

㈐ 특이한 근로형태에 대한 특례

보험급여(진폐보상연금과 진폐유족연금제외)를 산정할 때 근로형태가 특이하여 평균임금을 적용하는 것이 적당하지 않다고 인정되는 경우로서 '대통령령으로 정하는 경우'에는 소정

---

1) 「통계법」에 따라 고용장관이 작성하는 사업체노동력조사에 따른 전전 보험연도의 7.1부터 직전 보험연도의 6.30까지의 전체근로자를 대상으로 산정한 근로자 1명당 월별 월평균임금총액의 합계를 365(산정기간에 속한 2월이 29일까지 있는 경우에는 366)로 나눈 금액으로 한다(산재령 §26①).

2) 법제처 13-0196, 2013.7.5. 산정사유가 발생한 날부터 1년이 경과한 날에 평균임금을 증감하되, 그 다음 연도부터는 전체 근로자의 임금 평균액의 증감률이 고시되는 매년 초일에 평균임금을 증감하는 것이 아니고 평균임금 산정사유가 발생한 날부터 1년이 경과할 때마다 평균임금을 증감한다는 의미이다.

3) 2013년부터 매 5년마다 1세씩 추가하여 2033년 이후 65세가 기준이다(산재법 부칙 §2).

4) '임금평균액의 증감률 및 소비자물가변동률의 산정기준과 방법'은 산재령(§22① [별표 2])에 명시되어 있고, 산정된 증감률 및 변동률은 매년 고용장관이 고시한다(산재법 §36④).

5) 대판 2024.4.16, 2019두45616.

6) 최저보상기준금액이 시간급최저임금액에 8을 곱한 금액보다 적으면 그 최저임금액이 최저보상기준금액임.

7) 매년 고용장관이 고시하며(산재법 §36⑧), 적용기간은 해당보험연도 1.1부터 12.31까지로 하며, 1원미만은 버린다(산재령 §26). 최고보상기준금액이나 최저보상기준금액의 산정방법 및 적용기간은 대통령령으로 정한다. 이 경우 산정된 최고 보상기준 금액 또는 최저보상기준금액은 매년 고용장관이 고시한다(산재법 §36⑧).

(대통령령)의 산정방법에 따라 산정한 금액'을 평균임금으로 한다(산재법 §36⑤).

㉮ 일용근로

'1일단위로 고용되거나 근로일에 따라 일당[1]형식의 임금을 지급받는 일용근로자의 평균임금은 일당에 통상근로계수(고용장관고시, 일용근로자의 1개월간실제근로일수등고려)를 곱하여 산정된다(산재령 §23 i, §24 i). 평균임금산정사유발생일당시 해당사업에서 1개월이상 근로한 일용근로자에 대해 이러한 방법으로 평균임금으로 산정하는 것이 실제임금·근로일수에 비추어 적절하지 않으면 실제의 임금 또는 근로일수를 증명하는 서류를 첨부하여 공단에 이러한 산정방법의 적용제외를 신청할 수 있다(산재령 §24②).[2]

'근로관계가 3개월이상 계속되는 경우' 및 '근로자 및 같은 사업에서 같은 직종에 종사하는 다른 일용근로자의 근로조건·근로계약형식·구체적고용실태 등을 종합적으로 고려할 때, 근로형태가 상용근로자와 비슷하다고 인정되는 경우'에는 일용근로자로 보지 않는다(산재령 §23 i).

㉯ 단시간근로

복수사업(징수법§5③④, §5②③ 산재보험가입자가운영하는사업)에서 근로하는 단시간근로자(근기법§2viii 일용근로제외)의 평균임금은 '평균임금산정기간동안 해당단시간근로자가 재해발생사업에서 지급받은 임금'과 '같은 기간 동안 해당사업외의 사업에서 지급받은 임금'을 합산한 금액을 해당기간의 총일수로 나눈 금액이다(산재령 §23ii, §24ii).

단시간근로자가 보험급여를 청구할 때에는 재해발생사업외의 사업에 취업한 사실, 근로시간 및 임금을 증명하는 서류를 공단에 제출해야 한다.

㉱ **진폐 등 직업병 근로자에 대한 특례**

보험급여를 산정할 때, 진폐 등 '대통령령(산재령 §25①)으로 정하는 직업병'으로 보험급여를 받게 되는 근로자에게 그 평균임금을 적용하는 것이 근로자보호에 적당하지 않다고 인정되면 '대통령령으로 정하는 산정방법(산재령§25 ②③⑤⑥)'에 따라 산정한 금액을 그 근로자의 평균임금으로 한다(산재법 §36⑥).[3]

---

1) 미리 정하여진 1일동안의 근로시간에 대하여 근로하는 대가로 지급되는 임금을 말한다.

2) 대판 2010.3.25, 2009두19274. [적용제외 부정] 일용근로용접공 관련. 노임단가와 통상근로계수 적용.

3) 대판 2019.11.24, 2016두54640. 곧 바로 특례규정을 적용할 것이 아니라 근로자의 통상생활임금을 사실대로 산정할 수 있는 합리적 평균임금산정방법이 있는지를 먼저 찾아 보아야 하고, 그러한 방법에 의하는 것이 근로자보호에 부적당한 경우에 한하여 비로소 평균임금산정특례규정을 적용할 수 있다. 근로복지공단은 평균임금을 결정할 때에 특례고시 제5조 각호사항을 고려하여 최대한 근로자의 통상생활임금에 가까운 합리적인 평균임금을 산정하여 평균임금산정특례규정에 따라 산정된 금액과 비교하여야 한다. ; 대판 2024.6.13, 2019두54719. 특례를 고려함에 있어 모든 요소가 반영된 값을 도출해야 하는 것은 아니다.

4·나. 지급 주체 및 객체

(1) 일반사업장

보험급여는 수급권자의 청구에 따라 지급된다(산재법 §36②). 재해보상 또는 보험급여를 받게 되는 사람은 근기법상 근로자와 유족(산재법 §5iii)이 된다.

근기법상으로는 해당사업의 사용자, 그중에서 사업주가 보상책임을 진다.

산재법상으로는 국가가 보험급여지급책임을 지고, 해당사업의 사업주는 보험가입에 따른 보험료납부 등의 책임을 진다. 따라서 재해보상에 있어 사업주의 권리 · 의무가 제한되기도 한다.[1]

(2) 도급과 보상책임

근기법은 도급사업에 있어 사용자개념에 대해 특례를 두고 있다. 사업이 여러 차례의 도급에 따라 행해지는 경우의 재해보상에 대하여는 그 원수급인을 사용자로 본다(근기법 §90①). 사업이 여러 차례에 걸쳐 도급이 주어진 상태에서 근로자에게 재해가 발생한 경우, 보상능력이 약한 하수급인이 보상을 하지 못하는 위험을 방지하고자 원수급인이 근로계약체결당사자가 아니더라도 재해보상책임을 지게 하는 것이다. 원수급인보상책임의 범위는 하수급인이 고용한 사람이며 하수급인은 포함되지 않는다.[2]

원수급인이 서면계약으로 하수급인에게 보상을 담당하게 하면 그 하수급인 또한 사용자이다. 다만, 2명이상의 하수급인에게 똑같은 사업에 대해 중복하여 보상을 담당하게 하지 못한다(근기법 §90②). 따라서 제1하수급인이 보상을 담당한 경우에는 제2하수급인은 보상책임을 지지 않는다. 원수급인이 보상청구를 받으면 보상담당하수급인에 대해 우선 최고할 것을 청구할 수 있다. 다만, 그 하수급인이 파산선고를 받거나 행방불명이 된 경우에는 그렇지 않다(근기법 §90③).

4·다. 보험급여 지급시기

(1) 원 칙

근기법상으로는, 사용자는 재해보상을 지체없이 해야 한다. 사용자는 지급능력이 있는 것을 증명하고, 보상받을 사람의 동의를 얻은 경우에는 장해보상

---

1) 대판 2016.7.14. 2014두47426. 사업주를 하청업체로 변경해달라고 신청한 사건. [항고소송대상 부정]. 업무상재해발생 당시에 재해근로자의 사용자가 자신이 아님을 이유로 제기한 사업주변경신청에 대해 관련 규정이 없다는 이유로 신청권을 부인. 신청을 거부한 공단의 통지는 신청인의 권리나 법익에 어떤 영향을 미치지 않으므로 행정처분대상이 아님.

2) 근기 01254-1263, 1993.6.16.

(근기법 §80), 유족보상(근기법 §82) 또는 일시보상(근기법 §84)의 규정에 의한 보상금을 1년에 걸쳐 분할보상(근기법 §85)할 수 있다. 산재법상으로, 보험급여는 지급결정일로부터 14일이내에 지급되어야 하며(산재법 §82) 분할보상이 인정되지 않는다.

(2) 일시지급

① 재해보상

요양보상을 받는 근로자가 요양개시후 2년을 경과하여도 부상·질병이 완치되지 않으면 사용자는 그 근로자에게 평균임금 1,340일분의 일시보상을 행하여 그 후의 모든 근기법에 의한 보상책임을 면할 수 있다(근기법 §84).

요양을 시작한 후부터 3년이 지난 날 이후에 상병보상연금을 받고 있다면 근기법상 일시보상을 한 것으로 본다(산재법 §80④).

② 보험급여

대한민국국민이 아닌 근로자가 업무상재해에 따른 부상·질병으로 요양중에 치유되기 전에 출국하기 위하여 보험급여일시지급을 신청하는 경우에는 출국하기 위해 요양을 중단하는 날 이후에 청구사유가 발생할 것으로 예상되는 보험급여를 한꺼번에 지급할 수 있다(산재법 §76).

(3) 연금지급

장해보상연금이나 유족보상연금의 지급은 그 지급사유가 발생한 달의 다음 달 초일부터 시작되며, 지급받을 권리가 소멸한 달의 말일에 끝난다(산재법 §70①). 지급을 정지할 사유가 발생한 때에는 사유가 발생한 달의 다음 달 초일부터 사유가 소멸한 달의 말일까지 지급하지 않는다(산재법 §70②). 연금은 매년 이를 12등분하여 매달 25일에 그 달 치의 금액을 지급하되, 지급일이 토요일이거나 공휴일이면 그 전날에 지급하며(산재법 §70③), 권리가 소멸하면 지급일전이라도 지급할 수 있다(산재법 §70④).

4·라. 미지급보험급여 지급

수급권자가 사망한 경우에 지급되어야 할 보험급여로서 지급되지 않은 부분이나, 수급권자가 사망전에 보험급여를 청구치 않은 부분은 유족(유족급여는그급여를 받을수있는다른유족) 청구에 따라 지급된다(산재법 §81).

4·마. 보험급여 지급제한

(1) 근기법

근로자가 중대과실로 인하여 업무상부상·질병에 걸리고 또한 사용자가 그 과실에 대하여 노동위원회인정을 받으면 휴업보상이나 장해보상을 하지 않아도 무방하다(근기법 §81). 중대과실이라 함은 고의에 가까울 정도로 무거운 과실을 말하는 것으로 근로자가 조금만 주의를 하면 재해발생을 미리 인식할 수 있음에도 불구하고 현저히 주의를 태만히 하여 재해발생을 인식할 수 없는 경우를 말한다. 중대과실과 업무상재해간에는 상당인과관계가 있어야 하며, 중대과실여부는 법령 · 취업규칙 등의 위반여부에 따르나 구체적상황을 종합적으로 감안하여 판단된다. 제한되는 보상은 휴업보상과 장해보상에 한한다. 따라서 요양보상 · 유족보상 · 장례비의 지급책임은 면제되지 않는다.

사용자가 휴업보상과 장해보상의 책임을 면하기 위해서는 근로자의 중대과실을 증명하는 서면을 첨부하여 노동위원회인정을 받아야 한다.

(2) 산재법

공단은 근로자가 소정사유[1]에 해당되면 보험급여의 전부 또는 일부를 지급하지 않을 수 있으며, 이러한 결정을 지체없이 관계보험가입자와 근로자에게 알려야 한다(산재법 §83). 공단이 근로자의 고의나 과실을 이유로 보험급여의 전부 또는 일부를 지급하지 않을 수 있는 사유는 2가지가 명시되어 있다(산재법 §83①).

첫째, '요양중인 근로자가 정당한 사유없이 요양지시를 위반하여 부상 · 질병 또는 장해의 상태를 악화시키거나 치유를 방해한 경우'가 그렇다(산재법 §83① i). 지급을 제한하기로 결정한 날 이후에 지급사유가 발생하는 휴업급여 또는 상병보상연금의 20일분(지급사유가 발생한 기간이 20일 미만이면 그 기간 해당분)에 상당하는 금액을 지급하지 않는다(산재령 §78①).

둘째, '장해보상연금 또는 진폐보상연금 수급권자가 장해등급 또는 진폐장해등급재판정(산재법 §59)전에 자해 등 고의로 장해상태를 악화시킨 경우(산재법 §83① ii)'가 명시되어 있다. 이러한 사유로 장해상태가 종전의 장해등급보다 심해진 경우에도 종전의 장해등급에 해당하는 장해보상연금을 지급(산재령 §78② i)하고, 장해상태가 종전의 장해등급보다 호전되었음이 의학적소견 등으로 확인되는 경우로서 재판정전에 장해상태를 악화시킨 경우에는 그 호전된 장해등급에 해당하는 장해급여를 지급한다(산재령 §78② ii). 공단은 보험급여를 지급하지 않기로 결정하면 지체없이 이를 관계보험가입자와 근로자에게 알려야 한다(산재법 §83②).

---

1) ⓐ 요양중인 근로자가 정당한 사유없이 요양에 관한 지시를 위반해 부상 · 질병 또는 장해 상태를 악화시키거나 치유를 방해한 경우, ⓑ 장해보상연금 또는 진폐보상연금 수급권자가 제59조에 따른 장해등급 또는 진폐장해등급 재판정 전에 자해 등 고의로 장해 상태를 악화시킨 경우.

4·바. 보험급여 일시중지

공단은 보험급여를 받고자 하는 사람이 소정사유[1]에 해당되면 보험급여지급을 일시중지할 수 있다(산재법 §120).

4·사. 보험급여 부정수급

(1) 부당이득 징수

① 징수금액

㈎ 보험급여 수급자

공단은 보험급여를 받은 사람이 '거짓·부정한 방법으로 받은 경우'에는 급여액의 2배를, '신고의무미이행'과 '잘못 지급'에 따라 받은 경우에는 급여해당액을 징수하여야 한다(산재법 §84①).[2] 부당급여지급이 보험가입자[3]·산재보험의료기관 또는 직업훈련기관의 거짓된 신고, 진단 또는 증명으로 인한 것이면 해당주체는 연대책임을 진다(산재법 §84②).

㈏ 산재보험의료기관 및 약국

공단은 산재보험의료기관이나 약국(산재법 §46①)이 거짓이나 부정한 방법으로 진료비나 약제비를 지급받은 경우에는 2배(산재법 §44①의 과징금 부과시 그 진료비 해당금액)에 해당하는 금액을, '요양급여의 산정기준(산재법 §40⑤ §91의9③) 또는 '합병증 등 예방관리조치비용산정기준(산재법 §77)을 위반하여 부당하게 진료비나 약제비를 지급받으면 해당금액을 징수한다(산재법 §84③).

② 부당이득의 징수방법

㈎ 자진신고

'보험급여를 받은 사람과 연대책임자' 또는 '산재보험의료기관이나 약국'이, 부정수급조사가 시작되기 전에 부정수급사실을 자진신고하면 그 보험급여액·진료비·약제비 해당금액초과부분은 징수를 면제받을 수 있다(산재법 §84③).

㈏ 소멸시효

부당이득징수권의 소멸시효는 공단이 그러한 권한을 알았는지에 관계없이 보험급여를 지급한 날부터 3년간이다.[4]

---

1) ⓐ 요양중인 근로자가 공단의 전원요양지시를 정당한 사유없이 따르지 않는 경우, ⓑ 공단이 직권으로 실시하는 장해등급 또는 진폐장해등급 재판정 요구에 응하지 않는 경우, ⓒ 보고·서류제출 또는 신고를 하지 않는 경우, ⓓ 질문이나 조사에 응하지 않는 경우, ⓔ 진찰 요구에 따르지 않는 경우.

2) 배액을 부당이득으로 징수함에 있어 근로복지공단이 국민건강보험공단에 청구하였다면 받을 수 있었던 건강보험요양급여액을 공제할 것은 아니다(대판 2017.8.29, 2017두44718).

3) 스스로 사업주행세를 하면서 재해발생경위를 확인해준 사람 포함(대판 2016.7.22, 2016두36079).

(다) **절 차**

공단은 부당이득(산재법 §84)을 징수하기로 결정하면 지체없이 납부책임자에게 그 금액을 알려야 하며, 통지를 받은 사람은 그 날부터 30일이내에 그 금액을 내야 한다(산재령 §79).

③ 보험급여 충당

공단은 부당이득을 받은 사람(산재법 §84①③), 연대책임이 있는 보험가입자 또는 산재보험 의료기관(산재법 §84②)에 지급할 보험급여 · 진료비 또는 약제비가 있으면 이를 부당이득에 따라 징수할 금액에 충당할 수 있다(산재법 §86).

(2) 부정수급 처벌

목격자 허위진술 등 부정한 방법의 요양신청으로 보험급여를 지급받는 행위는, 사회통념상 권리행사수단으로 용인될 수 없으며, 사기죄를 구성한다.[1]

산재법(§127)은 '산재보험의료기관이나 약국의 종사자로서 거짓 · 부정한 방법으로 진료비나 약제비를 지급받은 사람'(3년징역 3천만원벌금), '거짓 · 부정한 방법으로 보험급여를 받은 사람'(2년징역 2천만원벌금) 및 '거짓 · 부정한 방법으로 보험급여를 받도록 시키거나 도와준 사람'(2년징역 2천만원벌금)에 대하여는 벌칙을 부과하고 있다.

(3) 명단공개

산재법(§84의2)은 부정수급자에 대해 일정요건에 해당되면 명단을 공개할 수 있도록 하고, 이와 관련하여 예외 · 이의신청 · 소명기회 등에 대해 규정하고 있다.

5. 권리보호와 제도관리

5·가. 산재보상 권리보호

(1) 수급권의 보호 · 대위

① 수급권 보호

(가) **양도 · 압류 금지**

㉮ 근기법

보상을 받을 권리는 퇴직해도 변경되지 않고, 양도 · 압류대상이 아니다(근기법 §86). 퇴직은 임의퇴직, 해고 또는 근로계약기간종료 등 근로관계가 소멸되는 경우를

4) 대판 2009.5.14, 2009두3880. ↘ 625쪽

1) 대판 2003.6.13, 2002도6410.

모두 포함하며, 변경되지 않는 보상청구권에는 유족보상 및 장례비는 제외되는 것이 원칙이나 다른 보상은 모두 포함된다. 해고된 후에 상병이 재발하면 종전의 사용자가 보상책임을 지게 된다. 이 경우 재발로 인해 근로자가 사망한 경우에는 유족보상, 장례비 등이 지급된다. 보상받을 권리의 양도 또는 압류를 목적으로 한 계약 기타 법률행위는 무효이며 상계도 금지된다.

㈏ 산재법

근로자의 보험급여를 받을 권리는 퇴직하여도 소멸되지 않고 양도·압류[1]하거나 담보로 제공될 수 없으며, 보험급여수급계좌의 예금중에서 대통령령으로 정하는 액수이하의 금액에 관한 채권은 압류될 수 없다(산재법 §88).

보험가입자나 하수급인이 보험급여수급권자의 수급권을 대위하여 보험급여를 지급받으려는 경우, 법에 따른 보험급여지급사유와 같은 사유로 보험급여상당금품을 수급권자에게 지급한 사실을 증명하는 서류를 첨부하여 공단에 청구해야 한다(산재령 §82①). 공단은 보험가입자가 보험급여수급권을 대위하여 청구하면 그 보험급여수급권자가 해당보험급여상당금품을 받았는지를 확인해야 한다(산재령 §82②).

보험가입자가 보험급여수급권자에게 장해급여·유족급여상당금품을 지급한 경우에는 장해보상일시금·유족보상일시금상당금품을 지급한 것으로 본다(산재령 §82③).

㈏ **공과금면제**

보험급여로서 지급된 금품에 대해서는 국가나 지자체의 공과금이 부과되지 않는다(산재법 §91).

㈐ **소멸시효**(근기법 §92 산재법 §112)

'근기법상 재해보상' 및 '산재법상 권리'[2]는 3년간 행사하지 않으면 시효로 소멸한다.[3] 산재보험급여수급권중에서 장해급여[4]·유족급여·장례비·진폐보상연금·진폐유족연금을 받을 권리는 5년간 행사치 않으면 시효완성으로 소멸한다.

재해보상 및 보험급여의 청구권소멸시효중단사유에 대해서는 관련법에 규정된 것 외에는 민법에 따른다. 그럼에도 불구하고 보험급여청구에 대하여, 최고의

---

1) 대판 2017.8.18, 2017도6229. 휴업급여수령권(산재법 §52)은 압류금지채권으로서 강제집행면탈죄객체에 해당하지 않으므로, 휴업급여수령계좌를 압류된 예금계좌에서 다른 예금계좌로 변경하여 수령 가능.

2) ⓐ 보험급여수급권, ⓑ 산재보험의료기관권리, ⓒ 약국권리, ⓓ 보험가입자권리, ⓔ 국민건강보험공단권리.

3) 대판 2014.11.27, 2014다44376. 요양급여비용정산청구권은 산재요양승인결정때부터 소멸시효진행; 대판 2019.7.25, 2018두42634. 산재법의 보험급여권리소멸시효는 재해근로자의 업무상재해가 산재보험법령이 규정한 보험급여지급요건에 해당하여 공단에 보험급여를 청구할 수 있는 때부터 진행.

4) 대판 2020.6.4, 2020두31774. 선행상병에 관한 장해급여청구권의 소멸시효는 완치일 다음날부터 진행되나 재요양 후의 장해급여청구권'을 새로 취득하면 이 때부터 소멸시효는 다시 진행한다.

시효중단효력에 관한 민법 제174조까지 적용 내지 준용되는 것으로 해석하여, 수급권자의 보험급여를 받을 권리를 제한할 수 없다.[1)]

근기법상 고용장관의 심사·중재는 재판상청구로 보게 되므로(근기법 §88⑤) 소멸시효 중단사유가 된다. 근기법상 노동위원회의 심사·중재에 대해서는 별도의 규정이 없으나 고용장관의 심사·중재와 같이 해석된다.[2)]

보험급여청구권소멸시효는 보험급여청구권자의 청구(산재법 §36②)로 중단된다. 청구에 따른 시효중단은, 그 효력이 보험급여결정에 대한 불복절차인 심사청구 등에 의한 시효중단효력과 별도로 인정되며, 공단의 결정이 있은 때에 중단사유가 종료되어 새로이 3년의 시효기간이 진행된다.[3)] 청구가 업무상재해(산재법 §5 i) 여부의 판단을 필요로 하는 최초의 청구인 경우에는 그 청구로 인한 시효중단효력은 다른 보험급여(산재법 §36①)에도[4)] 미친다(산재법 §113).

㈑ **서류보존**

사용자는 재해보상에 관한 중요한 서류를 재해보상이 끝나지 않거나 재해보상청구권이 시효로 소멸(근기법 §92)되기 전에 폐기하면 안된다(근기법 §91).

㈒ **불이익처우 금지**

사업주는 근로자가 보험급여를 신청한 것을 이유로 근로자를 해고하거나 그 밖에 근로자에게 불이익한 처우를 하여서는 안된다(산재법 §111의2, §127 2년징역·2천만원벌금).

② 산재보상수급권 대위

보험가입자(보험료징수법 §2⑤의 하수급인포함)가 업무상재해에 관하여 산재법에 따른 보험급여의 지급사유와 동일한 사유로 민법이나 그 밖의 법령에 따라 보험급여에 상당하는 금품을 수급권자에게 미리 지급한 경우로서, 그 금품이 보험급여에 대체하여 지급된 것이면, 보험가입자의 보험급여수급권대위가 인정된다(산재법 §89).

(2) 도급과 사업주책임

사업이 여러 차례의 도급에 따라 행해지는 경우의 재해보상에 대해서는 그 원수급인을 사용자로 본다(근기법 §90①). 원수급인이 보상책임을 지는 범위는 하수급인

1) 대판 2018.6.15, 2017두49119. 부지급결정을 받은 때로부터 90일 내에 부지급결정취소를 구하는 소를 제기하지 않다가 3년내 다시 보험급여를 청구한 사건. 보험급여의 청구가 최고에 해당된다는 전제를 부정했다.

2) 김형배, 『노동법』, 제20판, 515쪽.

3) 대판 2019.4.25, 2015두39897.

4) 최초요양신청이 불승인되어 소송이 제기되면 요양급여청구권의 소멸시효는 중단되나, 휴업급여 등 다른 보험급여의 소멸시효는 진행되는 문제를 해결하기 위해 2007.12.14의 개정 산재법에 반영하였다.

이 고용한 사람이며 하수급인은 포함되지 않는다.[1)]

(3) 산재보상 이의제기

① 근기법

㈎ 고용장관의 심사 · 중재

업무상질병 · 부상 또는 사망인정, 요양방법, 보상금액결정, 그 밖에 보상실시에 관해 이의가 있는 사람은 고용장관에게 심사나 사건의 중재를 청구할 수 있다. 고용장관은 필요에 의해 직권으로 심사 또는 사건의 중재를 할 수 있다. 고용장관은 1개월이내에 심사나 중재를 하여야 한다.

㈏ 노동위원회의 심사 · 중재

고용장관이 1개월이내에 심사나 중재를 하지 않거나, 고용장관의 심사와 중재에 대하여 보상청구자가 불복하는 경우에는 노동위원회에 심사나 중재를 청구할 수 있다. 노동위원회는 1개월이내에 심사 · 중재를 하여야 한다(근기법 §89).

㈐ 심사 · 중재의 효과

고용장관과 노동위원회의 심사 · 중재는 법적구속력이 없고, 권고적성격을 가지며 행정처분이 아니라고 해석된다.[2)]

심사 · 중재청구가 진행중이더라도 근로자는 권리구제를 요구하는 진정, 고소, 고발 등을 제기할 수 있다.[3)]

심사 · 중재의 청구 · 중재개시는 소멸시효중단사유인 재판상청구로 본다(근기법 §88).

② 산재법

㈎ 심사청구

㉮ 청 구

'보험급여결정 등'[4)]에 대해 불복하는 사람은 해당결정 등을 한 공단의 소속기관을 거쳐 공단에 심사청구를 제기해야 하며, 심사청구는 보험급여결정 등이 있음을 안 날로부터 90일이내에 해야 한다(산재법 §103①②③).

㉯ 심사기관

심사청구를 심의하기 위해 공단에 관계전문가 등으로 구성되는 산재보험심사위원회(심사위원회)를 두며(< 구성·운영 > 산재령§99), 위원의 제척 · 기피 · 회피에 관해서는 산재보험

---

1) 근기 01254-1263, 1993.6.16.

2) 김형배, 「근로기준법」, 421쪽 ; 대판 1982.12.14, 82누448 ; 대판 1966.6.21, 66누52.

3) 근기 68207-425, 1994.3.12.

4) 보험급여(제3장) 및 진폐보험급여특례(제3장의2), 진료비(§45, §91의6④), 약제비(§46), 진료계획변경조치 등(§47②), 보험급여일시지급(§76), 합병증 등 예방관리조치(§77), 부당이득징수(§84) 및 수급권대위(§89).

재심사위원회에 관한 규정(산재법 §108)을 준용한다(산재법 §104).

㉰ 심리 · 결정

심사청구서를 받은 공단의 소속기관은 5일이내에 의견서를 첨부해 공단에 보내야 한다(산재법 §103④). 공단은 심사청구서를 받은 날부터 60일이내에(1차에한해 20일연장가능)[1] 심사위원회의 심리를 포함한 심의를 거쳐 결정을 해야 한다(산재법§105 ①③④⑤).

심사청구기간이 지난 후에 제기된 심사청구 등 대통령령으로 정하는 사유에 해당하면 심사위원회의 심의를 거치지 않을 수 있다(산재법 §105②).

㉱ 심사결과

공단의 '보험급여결정 등'에 대하여는 「행정심판법」에 따른 행정심판을 제기할 수 없으며(산재법 §103⑤), 재심사청구를 할 수 있다(산재법 §103⑤).

㈏ 재심사청구

㉮ 의 의

심사청구에 대해 심사위원회를 거친(업무상질병판정위원회의 급여결정불복은직접가능) 결정에 불복하는 사람은 재심사청구를 할 수 있다(산재법 §106①). 업무상질병판정위원회(산재법 §38)의 심의를 거친 보험급여결정에 불복하는 사람은 심사청구(산재법 §103)없이 재심사청구를 할 수 있다.

㉯ 심사기관

재심사청구를 심리 · 재결하기 위해 고용부에 '같은 수의 근로자대표 및 사용자대표를 포함해', 결격사유가 없으면서, '소정의 자격'을 갖춘 90명이내의 위원으로 구성되는 산재보험재심사위원회(재심사 위원회)를 둔다(산재법 §107).

위원(관련직원 에게준용)은 '소정의 사유'[2]중에서 어느 하나에 해당하는 경우에는 그 사건의 심리 · 재결에서 제척되고, 당사자는 위원에게 심리 · 재결의 공정을 기대하기 어려운 사정이 있는 경우에는 기피신청을 할 수 있으며, 위원은 두 사유에 해당되면 스스로 그 사건의 심리 · 재결을 회피할 수 있다(산재법 §108).

㉰ 재심사청구

재심사청구는 심사청구결정이 있음을(심사청구를 거치지 않고 재심사청구를 하는 경우에는 보험급여결정이 있음을) 안 날로부터 90일 이내에 공단의 소속기관을 거쳐 산재보험재심사위원회에 제기해야 한다(산재법 §109②③).

---

1) 결정기간을 연장할 때에는 최초의 결정기간이 끝나기 7일전까지 심사청구인 및 보험급여 결정 등을 한 공단의 소속기관에 알려야 한다(산재법 §105①).

2) ⓐ 위원 또는 그 배우자나 배우자였던 자가 그 사건의 당사자가 되거나 그 사건에 관해 공동권리자 또는 의무자의 관계에 있는 경우, ⓑ 위원이 그 사건의 당사자와 민법 제777조에 따른 친족이거나 친족이었던 경우, ⓒ 위원이 그 사건에 관해 증언이나 감정을 한 경우, ⓓ 위원이 그 사건에 관해 당사자의 대리인으로서 관여하거나 관여했던 경우, ⓕ 위원이 그 사건의 대상이 된 보험급여 결정 등에 관여한 경우.

㉣ 심리 · 결정

재심사청구에 대한 심리 · 재결에 관해서는 심사청구심리 · 결정에 관한 규정(산재법 §105①③④⑤ 청구기간경과시 미심의조항 제외)을 준용하며, 재심사위원회재결은 공단을 기속한다(산재법 §109).

㈐ 지위승계

심사청구인 또는 재심사청구인이 사망한 경우, 그 심사청구인이 보험급여의 수급권자이면 유족(산재법 §62① 또는 §81)이, 그 외의 사람인 때에는 상속인 또는 심사청구대상인 원처분 등에 관계되는 권리 또는 이익을 승계한 사람이 각각 심사청구인 지위를 승계한다(산재법 §111).

㈑ 효 과

심사청구(산재법 §103) 및 재심사청구(산재법 §106)의 제기는 시효중단에 관해 재판상청구(민법 §168)로 보고(산재법 §111①), 재심사청구에 대한 재결은 「행정소송법」 제18조를 적용할 때에 행정심판에 대한 재결로 보고(산재법 §111②), 심사청구 및 재심사청구에 관해 산재법에서 정하고 있지 않은 사항에 대해서는 「행정심판법」에 따른다(산재법 §111③).

심사청구도 행정소송의 대상이 되는 행정처분이다.[1)]

재해근로자 또는 그 유족은 근기법과 산재법에 의해 보상을 받는 것과는 별개로 민사소송을 제기할 수 있다.[2)]

5·나. 산재보상 재정

(1) 비용부담

① 개 요

산업재해보상보험에 있어 보험료나 그 밖의 징수금, 보험관계의 성립 · 소멸 등에 관해서는 「고용보험및산업재해보상보험의보험료징수등에관한법률」(징수법)에 따른다(산재법 §4,§7). 국가는 회계연도마다 예산범위에서 보험사업사무집행비용을 일반회계에서 부담해야 하며, 보험사업비용일부를 지원할 수 있다(산재법 §3).

② 보험료

근로자는 산재보험료를 부담하지 않는다. 사업주가 부담해야 하는 산재보험료는 그 소속근로자의 개인별보수총액에 '같은 종류의 사업에 적용되는 산재보

---

1) 대판 2010.12.9, 2010두15803. 뇌경색, 우측편마비, 구음장애, 당뇨병에 대한 요양불승인처분의 취소를 구한 데 대하여, 각 상병에 대해 구분없이 요양불승인처분 전부를 취소하였는바, 당뇨병은 기존질환으로 치료를 받아오던 질병이어서 요양의 대상이 될 수 없으므로 취소될 수 없다. 산재법에 의한 요양승인신청에는 상병부위 및 상병명을 기재하도록 되어 있고, 요양승인여부도 그에 따라 이루어지기 때문이다.

2) 대판 1971.8.31, 71다1194 ; 대판 1970.9.29, 70다1590.

험료율'(징수법 §14)을 곱한 금액을 합한 금액으로 한다.

㈎ **보수총액**

보수총액은 1년간 받은 보수의 합계이다.[1]

"보수"란 근로소득(소득세법 §20)에서 대통령령으로 정하는 금품을 뺀 금액을 말한다(징수법 §2iii본문). 고용보험료를 징수하는 경우(징수법 §13①), 근로자가 휴직이나 비슷한 상태에 있는 기간중에 사업주외의 사람으로부터 받는 금품중에서 고용장관이 고시하는 금품은 보수로 본다(징수법 §2iii단서). 사업의 폐업 · 도산 등으로 보수를 산정 · 확인하기 곤란하거나 대통령령으로 정하는 사유[2]에 해당하면 고용장관이 고시하는 금액을 기준보수로 할 수 있다(징수법 §3①).

㈏ **보험요율**

산재보험요율은 매년 6월30일 현재 과거 3년동안의 보수총액에 대한 산재보험급여총액의 비율을 기초로 하고 산재보험급여에 드는 금액, 재해예방 및 재해근로자의 복지증진에 드는 비용 등을 고려하여 사업의 종류별로[3] 구분해 고용노동부령으로 정한다(징수법 §14③④).[4] 다만, 출퇴근재해중에서 '그 밖의 통상적인 경로와 방법으로 출퇴근하는 중 발생한 사고에 따른 업무상의 재해를 이유로 지급된 보험급여액은 산재보험급여총액에 포함시키지 않는다(징수법 §14③). 고용장관은 특정사업의 산재보험료율이 전체사업의 평균산재보험료율의 20배를 초과하지 않도록 해야 하며(징수법 §14⑤), 특정사업의 산재보험료율이 인상되거나 인하되는 경우에는 직전 보험연도 산재보험료율의 30/100 범위에서 조정해야 한다(징수법 §14⑥).

(2) 산재보험 및 예방기금

고용장관은 보험사업, 산업재해예방사업에 필요한 재원을 확보하고, 보험급여에 충당하기 위해 산재보험및예방기금(기금)을 설치한다(산재법 §95①).

기금은 보험료, 기금운용수익금, 적립금, 결산상잉여금, 출연금 · 기부금, 차입

---

1) 건설업 등에 있어 개산보험료의 근거가 되는 보수총액추정액(징수법§17①)이나 확정보험료의 근거가 되는 보수총액(징수법 §17①)을 결정하기 곤란하면, 고용장관이 고시하는 노무비율을 사용해서 보수총액추정액 또는 보수총액이 결정될 수 있다(징수법 §13⑥).

2) ⓐ 보수관련자료가 없거나 명확치 않은 경우, ⓑ 사업(장)이전 등으로 소재지를 파악하기 곤란한 경우.

3) 〈사례〉 기계장치의 수리에 대해서는 제조업 또는 건설업 적용이 모두 검토될 수 있으나, 제조업으로 분류함이 타당하며, 타 사업장 내에서 수행한 컨베이어벨트 교체작업은 기계장치 수리 행위로 보아 해당 제조업으로 흡수 적용함이 타당하다(보험가입부-2063, 2015.5.29).

4) 산재보험관계가 성립한 후 3년이 지나지 않은 사업에 대한 산재보험료율은 산재보험및예방심의위원회의 심의를 거쳐 고용장관이 사업의 종류별로 따로 정한다.

금, 그 밖의 수입금을 재원으로 하여 조성된다(산재법 §95②).

5·다. 산재보상 사무관리

(1) 보고 및 신고

① 일반보고

공단은 필요하다고 인정하면 산재법적용을 받는 사업의 사업주 또는 근로자 보험사무대행기관(징수법 §33)에게 보고 또는 서류제출을 요구할 수 있다(산재법 §114①). 장해보상연금·유족보상연금·진폐보상연금·진폐유족연금을 받을 권리가 있는 사람은 보험급여지급에 필요한 사항을 공단에 신고해야 한다(산재법114② 산재령§114).

수급권자 및 수급권이 있었던 사람은 수급권변동사항을 공단에 신고해야 한다(산재법114③ 산재령§114). 수급권자가 사망하면 「가족관계의 등록 등에 관한 법률」 제85조에 따른 신고의무자는 1개월이내에 그 사망사실을 공단에 신고해야 한다(산재법 §114④).

② 출국신고

대한민국국민인 장해보상연금수급권자, 유족보상연금수급권자, 진폐보상연금수급권자, 진폐유족연금수급권자 또는 유족보상연금·진폐유족연금 수급자격자가 외국에서 거주하기 위해 출국하는 경우에는 이를 공단에 신고해야 한다(산재법 §115①). 이들이 국외거주기간에 장해보상연금, 유족보상연금, 진폐보상연금 또는 진폐유족연금을 받는 경우, 수급권 또는 수급자격과 관련된 사항을 매년 1회이상 공단에 신고해야 한다(산재법 §115②).

(2) 사업주조력

보험급여를 받을 사람이 사고로 보험급여청구 등의 절차를 행하기 곤란하면 사업주는 이를 도와야 한다(산재법 §116①). 사업주는 보험급여를 받을 사람이 보험급여를 받는 데에 필요한 증명을 요구하면 그 증명을 해야 하나, 사업주의 행방불명이나 부득이한 사유로 불가능하면 그 증명을 생략할 수 있다(산재법 §116②③).

(3) 조 사

공단은 소속직원에게 산재법을 적용받는 사업의 사무소 또는 사업장과 보험사무대행기관의 사무소에 출입해 질문하게 하거나 관계서류를 조사하게 할 수 있다(산재법 §117). 공단은 산재보험의료기관(의사 포함)에 대해 해당진료에 관한 보고·서류제출·물건제출을 요구하거나 소속직원을 통해 질문·조사할 수 있다(산재법 §118).

(4) 진찰요구 및 포상금

공단은 보험급여를 받거나 받으려는 사람에게 산재보험의료기관에서 진찰을 받을 것을 요구할 수 있으며(산재법 §119), 부당하게 지급받은 사람을 신고한 사람에게 예산의 범위에서 포상금을 지급할 수 있다(산재법 §119의2).

5·라. 복지사업

(1) 복지증진사업

고용장관은 근로자복지증진을 위해 의료재활 · 직업재활 등 '소정의 사업'을 할 수 있으며, 공단 또는 재해근로자의 복지증진을 위해 설립된 법인중에서 고용장관지정을 받은 법인(지정법인)에게 이러한 사업을 하게 하거나 보험시설운영을 위탁하거나 일부비용을 지원할 수 있다(산재법 §92).

(2) 건강보험부담금 대부

공단은 업무상질병(산재법 §37①ii)에 대해 요양신청을 한 경우로서 요양급여결정기간 등을 고려해 대통령령으로 정하는 사람에 대해 건강보험중에서 요양급여비용의 본인일부부담금(건보법 §44)에 대한 대부사업을 할 수 있다(산재법 §93).

(3) 장애급여자 고용촉진

고용장관은 보험가입자에 대해 장해급여 또는 진폐보상연금을 받은 사람을 그 적성에 맞는 업무에 고용하도록 권고할 수 있다(산재법 §94).

제3절 근 로 복 지

1. 총 괄

1·가. 근로복지제도의 의의

근로복지라 함은 "근로자 및 그 가족의 생활을 안정시키고 향상시키기 위해 국가 · 기업 및 노동조합이 행하는 기본적인 근로조건을 제외한 부가적인 근로조건(복지법 §3)'이나 부조활동을 말한다. 따라서 퇴직급여제도, 성과배분제도, 사회보험제도, 근로소득세제, 근로자주택, 근로자저축제도, 종업원지주제도 등이 포함되나, 여기서는 「근로복지기본법」을 중심으로 근로복지제도를 다룬다.

1·나. 근로복지관련법의 정비

우리나라는 성과배분제도, 근로자주택제도, 근로자저축제도, 종업원지주제도, 근로자복지시설제도 등의 근로복지제도를 정부정책사업 또는 행정지도사업으로 추진해왔다. 근로복지제도체계는 사내근로복지제도에서 비롯된다.

정부는 1984년에 「근로의욕향상을위한사내근로복지기금설치운영준칙」을 제정하여 노사협의회가 자율적인 합의에 의하여 기금을 설치·운영하도록 권장하고, 사업주의 기금출연금, 근로자에게 지급하는 지원·보조금에 대해 세제상의 혜택을 주어 왔다. 이 준칙을 기초로 해서 1991년에 제정된 「사내근로복지기금법」이 여러 번의 개정을 거치면서 시행되어 왔다. 그 후 2001년에 「근로자복지기본법」이 제정되어 지속적으로 개정을 거치면서 시행되어 왔다. 「근로자복지기본법」은 2010년에 「사내근로복지기금법」을 흡수하고 복지제도의 내용을 보완하면서 「근로복지기본법(복지법)」으로 이름을 바꾸게 되었다.

1·다. 근로복지기본법의 목적

복지법은 근로복지정책수립 및 복지사업수행에 필요한 사항을 규정함으로써 근로자의 삶의 질을 향상시키고 국민경제의 균형있는 발전에 이바지함을 목적으로 한다(§1).

1·라. 근로복지기본법의 구조

복지법은 모두 6장으로 구성되어 있다.

제1장은 총칙으로 근로자와 사용자의 개념을 근기법과 같이 규정하는 등 정의규정을 두고 있으며(§2) 근로복지정책에 대해 규정하고 있다. 제2장은 공공근로복지를 근로자주거안정(제1절), '근로자의 생활안정 및 재산형성(제2절)', 근로자신용보증지원(제3절)과 '근로복지시설 등에 대한 지원(제4절)'으로 나누어 규정하고 있다. 제3장은 기업근로복지를 우리사주제도(제1절), 사내근로복지기금제도(제2절)와 '선택적 복지제도 및 근로자지원프로그램 등(제3절)'으로 나누어 규정하고 있다. 제4장은 근로복지진흥기금에 대해 규정하고 있다. 제5장은 보칙, 제6장은 벌칙을 규정하고 있다.

2. 근로복지정책

2·가. 주 체

국가 또는 지방자치단체는 근로복지정책을 수립 · 시행하는 경우 예산 · 기금 · 세제 · 금융지원을 하여 근로자복지증진이 이루어질 수 있도록 노력해야 한다(복지법 §4). 지방자치단체나 국가보조비영리법인은 근로복지사업을 추진함에 있어 고용부장관과 협의해야 하나, 지방자치단체가 관할구역안에서 해당지방자치단체의 예산으로만 근로복지사업을 추진하면 그렇지 않다(복지법 §11). 사업주(근로자를사용하여 사업을행하는자)는 소속근로자의 복지증진을 위해 노력하고 근로복지정책에 협력해야 한다(복지법 §5①). 노동조합 및 근로자는 근로의욕증진을 통해 생산성향상에 노력하고 근로복지정책에 협력해야 한다(복지법 §5②).

2·나. 원 칙

근로복지정책은 근로자지위향상, 차별금지 및 취약근로자우대를 기본원칙으로 한다. 근로복지정책은 근로자의 경제 · 사회활동의 참여기회확대, 근로의욕증진 및 삶의질향상을 목적으로 해야 한다(복지법 §3①). 근로복지정책을 수립 · 시행할 때에는 근로자가 성별, 나이, 신체조건, 고용형태, 신앙 또는 사회적신분 등에 따른 차별을 받지 않도록 배려하고 지원해야 한다(복지법 §3②). 근로자의 복지향상을 위한 지원을 할 때에는 중소 · 영세기업근로자, 기간제근로자(기단법 §2 i), 단시간근로자(근기법 §2①viii), 파견근로자(파견법 §2 v), '하수급인(징수법 §2 v)이 고용하는 근로자', 저소득근로자 및 장기근속근로자를 우대해야 한다(복지법 §3③).

2·다. 추진체계 및 방법

고용장관은 중앙행정기관장과 협의하여 '근로복지증진기본계획(기본계획)'을 5년마다 수립해야 한다(복지법 §9). 기본계획, 근로복지사업재원조성 등에 대해서는 고용정책심의회(고정법 §10)심의를 거쳐야 한다(복지법 §8). 고용장관은 국가기관, 지방자치단체 및 관련 기관 · 단체에 자료제공 및 관계전산망의 이용을 요청할 수 있다(복지법 §10). 고용장관은 근로복지종합정보시스템을 구축하여 근로자지원프로그램 및 선택적복지제도의 운영을 지원할 수 있다(복지법 §14).

국가 또는 지방자치단체는 '금융회사 등(융자업무 취급기관)'로 하여금 복지법에 따른 융자

업무를 취급하게 할 수 있으며, 근로자를 우대하는 융자업무취급기관에 대해 복지법에 따른 융자업무등을 우선하게 할 수 있다(복지법 §12). 국가 또는 지방자치단체는 이 법에 따른 주거안정·생활안정·재산형성, 근로복지시설 및 근로복지진흥기금의 설치·운영, 우리사주제도 및 사내근로복지기금제도의 활성화 등 근로자복지증진을 위하여 조세에 관한 법률에서 정하는 바에 따라 세제지원을 할 수 있다(복지법 §13). 누구든지 국가 또는 지방자치단체가 근로자의 주거안정, 생활안정 및 재산형성 등 근로복지를 위해 이 법에 따라 보조 또는 융자한 자금을 그 목적사업에만 사용해야 한다(복지법 §6).

2·라. 재 원

국가 또는 지방자치단체는 근로복지사업에 필요한 재원의 조성에 적극 노력해야 하며, 조성된 재원을 근로복지진흥기금에 출연하거나 융자할 수 있다(복지법 §7). 고용장관은 근로복지사업에 필요한 재원을 확보하기 위하여 '국가·지방자치단체출연금 등'으로 조성(복지법 §88)되는 근로복지진흥기금을 설치한다(복지법 §87).

근로복지공단(공단)은 국가의 회계연도에 따라(복지법 §89) 독립회계(복지법 §90)로 근로복지진흥기금을 관리·운용하며, 주택구입·생활안정자금융자 등 복지법(§91)이 정한 용도에 이 기금을 사용한다.

3. 공공근로복지

근로자를 위해 복지법이 도입하고 있는 공공근로복지사업(제2장)은 주거안정, 생활안정·재산형성, 신용보증지원과 근로복지시설지원으로 구분된다.

주거안정사업(제1절)으로는 근로자주택공급사업(§15), 근로자주택자금융자사업(§16), 주택구입자금융자사업(§17) 및 근로자이주지원사업(§18)이 있다.

생활안정·재산형성사업(제2절)으로는 생활안정자금지원사업(§19), 학자금지원사업(§20) 및 근로자우대저축(§21)이 있다.

신용보증지원사업(제3절)은 공단이 실업자나 업무상재해근로자처럼 담보능력이 약한 근로자가 금융회사 등에서 생활안정자금·학자금 등의 융자를 받음으로써 부담하는 금전채무에 대하여 해당금융회사 등과의 계약에 따라 그 금전채무를 보증하는 사업이다.

근로복지시설지원사업(제4절)과 관련해서 국가 또는 지방자치단체는 근로복지시설의 설치 · 운영을 위하여 노력해야 하고, 고용장관은 사업의 종류 및 사업장의 근로자수 등을 고려하여 근로복지시설설치기준을 정하고 사업주에게 설치를 권장할 수 있으며, 국가 또는 지방자치단체는 사업주(사업주단체 포함) · 노동조합(지부·분회 포함) · 공단 또는 비영리법인에 대해 근로복지시설의 설치 · 운영비용의 일부 등을 예산의 범위에서 지원할 수 있다.

4. 기업근로복지

4·가. 우리사주제도

(1) 의 의

① 개 념

우리사주제도란 회사가 경영방침으로 특별한 편의를 제공하여 근로자로 하여금 자기회사의 주식(우리사주)을 취득하게 하고 이를 장기간 보유하게 하는 제도이다. 이 제도는 근로자로 하여금 우리사주조합을 통하여 그 회사의 주식을 취득 · 보유하게 함으로써 근로자의 경제 · 사회적인 지위향상과 노사협력증진을 도모함을 목적으로 한다(복지법 §32).

② 연 혁

우리사주제도의 효시는 1958년에 ㈜유한양행이 종업원의 복지향상과 노사협조를 목적으로 종업원에게 자사주를 지급한 것에서 찾을 수 있다. 다른 기업들이 이 제도를 모방하여 오던 중, 1968년에는 「자본시장육성에관한법률」이 '상장법인이 유상증자를 할 때 신규발행주식의 10%를 종업원에게 우선배정'하도록 규정함으로써 우리사주제도가 공적으로 출발하는 기반을 마련하였다. 1974년에 발표된 종업원지주제도확대실시방안은 10%우선배정허용원칙을 비공개법인에게까지 확대하고, 종업원의 취득주식을 관리하는 우리사주조합제도를 도입하며, 종업원의 취득주식을 의무적으로 예탁하게 하고, 자사주취득금액의 5%를 세액공제하는 세제지원제도를 마련하였다. 1987년에 발표된 종업원지주제도확충방안은 자사주우선배정비율을 20%로 확대하고, 취득자금세액공제도 15%로 확대하였다. 그 후 우리사주제도는 증권시장과 국민경제상황에 따라 의무예탁기간과 세제혜택 등을 수시로 조정하여 왔다. 2001년에 우리사주제도의 근거법률인 「근로자복지기본법」이 제정 · 공포된 후, 부분적개정과정을 거쳤으며, 2010년에 「근로복지기본법」으로 이름을 바꾸면서 보완이 있었다.

③ 유사개념

우리사주제도는 기업이 근로자에 대해 우리사주의 보유를 지원한다는 점에서 미국의 ESOP(Employee Stock Ownership Plan)제도와 유사하다. 그러나 성과급형태로 운영된다는 점에서 확정갹출형기업연금제도의 일종인 ESOP제도와는 구분된다. 스톡옵션제도는 자사주를 통해 근로자복지를 증진한다는 점에서 우리사주제도와 유사하다. 그러나 특정임직원을 대상으로 장래의 일정시점에 일정한 가격으로 우리사주를 매입할 수 있는 권리를 부여하는 제도라는 점에서 근로자들이 자사주를 보유하는 우리사주제도와 구분된다.

(2) 우리사주조합의 설립과 운영

① 성 격

우리사주조합(조합)의 설립은 임의사항으로 근로자가 사업주와 협의하여 자율적으로 우리사주조합을 설립할 수 있다. 조합의 단체적성격은 비법인사단으로 복지법이 규정한 것을 제외하고는 민법상 사단법인에 관한 규정을 준용한다(복지법 §33②).

② 조합설립

근로자는 '우리사주제도실시회사, 지배관계회사, 수급관계회사 등의 조합가입자격이 있는 근로자(복지법 §34)' 2명이상의 동의를 얻어 설립준비위원회를 구성한 후에 조합을 설립(복지령 §8)[1]할 수 있다(복지법 §33①). 설립준비위원수에 관하여는 별도의 규정이 없다. 근로자의 조합가입은 권리이지 의무가 아니다. 우리사주조합원(조합원)은 자유로이 조합에서 탈퇴하거나 그 지위가 변동(복지법 §34④)될 수 있다. 탈퇴한 조합원에 대하여는 2년을 초과하지 않는 범위에서 규약(복지법 §35② i)에서 정하는 기간동안 재가입을 제한할 수 있다(복지법 §34③).

③ 조합운영

㈎ 의결기관

조합은 전체조합원의 의사를 반영하여 민주적으로 운영되어야 한다(복지법 §35①). 조합의 최고의사결정기구는 조합원총회(총회)이다. 규약제정·변경, 우리사주조합기

---

1) 설립준비위원회가 조합을 설립하는 과정은 다음과 같다. ⓐ 조합규약(안) 작성, ⓑ 근로자에게 제도를 설명하고 조합원 모집, ⓒ 사업주지원조건·운영위원회설치 등 사업주와 조합설립 등 협의, ⓓ 조합가입자격이 있는 근로자의 과반수참석으로 조합규약을 확정하고 직접·비밀·무기명 투표의 방식에 의하여 조합대표자(이사 겸임), 이사 및 감사를 선임하여 창립총회 소집, ⓔ 창립총회개최후 3주이내에 한국증권금융과 우리사주관리위탁계약 체결, ⓕ 우리사주관리위탁계약을 체결한 후 3주이내에 지방고용노동관서장에게 신고.

금조성, 예산 · 결산, 임원선출 및 '그 밖에 조합운영에 관한 중요사항'은 총회의결을 거쳐야 한다(복지법 §35②). 조합은 규약으로 총회를 갈음할 대의원회를 둘 수 있으나 규약제정 · 변경은 총회의결을 거쳐야 한다(복지법 §35③). 조합대표자는 총회 또는 대의원회를 개최하여야 한다(복지법 §35④). 조합대표자 등 임원과 대의원은 조합원의 직접 · 비밀 · 무기명투표로 선출한다(복지법 §35⑤).

㈏ **운영기관**

회사와 조합은 조합에 대한 지원내용, 지원조건 등을 협의하기 위하여 각각을 대표하는 같은 수의 위원으로 구성되는 우리사주운영위원회를 둘 수 있다(복지법 §35⑥). 조합대표자는 조합원이 열람할 수 있도록 조합원명부 · 규약 등의 장부와 서류를 작성(전자문서가능)하여 그 주된 사무소에 갖추어 두고, 이를 10년간 보존하여야 한다(복지법 §35⑦).

㈐ **가입자격**

조합원은 우리사주제도 실시회사의 소속근로자는 물론이고 일정요건을 충족한 수급회사근로자도 포함한다(복지법 §34①).[1]

'우리사주제도실시회사 · 지배관계회사 · 수급관계회사'에서 '주주총회를 통해 선임된 임원'과 '소속근로자인 주주(소액주주제외)'는 조합원자격이 없다(복지법 §34②). '지배관계회사 · 수급관계회사의 근로자가 우리사주제도실시회사의 우리사주조합에 가입한 후 소속회사에 우리사주조합을 설립하게 되는 경우의 지배관계회사 · 수급관계회사근로자'와 그 밖에 대통령령으로 정한 사람도 그렇다.

④ **조합 해산**

조합은 우리사주제도실시회사의 파산 등 일정사유가 발생하면 해산하며, 청산인은 해산사유를 명시하여 고용장관에게 보고하여야 하고, 조합채무를 청산하고 남은 재산은 규약에 따라 조합원에게 귀속된다(복지법 §47).

(3) 우리사주조합의 기금

조합은 자사주취득을 위하여 우리사주조합기금(조합기금)을 조성할 수 있다. 조합기금의 재원은 회사나 주주가 출연한 금전과 물품, 조합원이 출연한 금전, 차입금(복지법 §42①), 조합계정보유주식의 배당금(복지법 §37), 조합기금에서 발생하는 수익금이다(복지법 §36①).[2]

---

1) 근로복지과-162, 2012.4.27. 근기법상 근로자이므로 계약직 및 임시직 등 계약형태를 불문한다. 근거와 구체적인 내용은 정관에서 정하여 근속년수 등 합리적인 기준에 따라 수혜조건의 차등을 둘 수 있다.

2) 조합은 회사 · 지배관계회사 · 수급관계회사, 그 회사의 주주 및 대통령령으로 정하는 금융회사 등으로부터

조합은 조합기금을 금융회사 등에 보관 또는 예치하는 방법으로 관리하여야 한다(복지법 §36②). 조합기금은 우리사주취득[1]과 '차입금(복지법 §42①)상환, 이자지급'[2] 및 손실보전거래(복지법 §43의2)에 사용되어야 한다(복지법 §36③).

(4) 우리사주 취득과 관리

① 취 득

주권상장(코스닥 제외)법인 또는 상장예정법인이 주권을 모집·매출하는 경우에 조합원은 그 주식총수의 20/100의 범위에서 우선배정권을 가지며, 법인이 모집·매출·유상증자를 하는 경우에 그 주식총수의 20/100의 범위에서 조합원[3]에게 우선 배정[4]할 수 있다(복지법 §38).[5] 우리사주제도 실시회사(지배관계회사 수급관계회사포함) 사용자는 조합원의 의사에 반해 우리사주의 취득·보유를 강요할 수 없다.[6]

회사는 정관[7]에 따라 주주총회결의[8]로 우선매수선택권제공기간[9] 이내에 '미리 정한 가격(행사가격)'으로 신주를 인수하거나 회사보유주식을 매수할 수 있는 권리(우리사주 매수선택권)를 부여[10]하거나(복지법 §39),[11] 취소(복지법 §40)[12]할 수 있다.

우리사주 취득자금을 차입하여 우리사주를 취득할 수 있으며, 이들은 차입금상환을 위하여 금전과 물품을 출연할 것을 해당조합과 약정할 수 있고, 조합은 이들에게 우리사주를 담보(차입금상환액에 해당하는 우리사주에 대하여는 상환 즉시 담보권을 해지할 것을 조건으로 하여야 함)로 제공할 수 있다(복지법 §42).

1) 조합은 '회사나 주주가 출연한 금전과 물품'과 차입금(복지법 §42①)으로 취득한 해당우리사주를 회사 소속 근로자인 조합원에게 배정되도록 운영하여야 한다(복지법 §36④).

2) '회사나 주주가 출연한 금전과 물품' 및 '조합계정보유주식의 배당금'은 약정에 의해 상환하기로 되어 있는 차입금(복지법 §42①)의 상환에만 사용하여야 한다.

3) 근로복지과-594, 2012.2.22. 우리사주조합이 없으면 미적용.

4) 근로복지과-2917, 2011.11.23. 우리사주는 「자본시장과금융투자업에관한법률 시행령」 제176조의9제1항제1호에 의하여 해당법인으로부터 청약일전 12개월간 지급받은 급여총액을 한도로 청약을 할 수 있다. 무급 노조전임자는 우리사주조합원이나 청약직전 12개월간 지급받은 급여가 없을 경우에는 우선배정주식을 배정받을 수 없다. 육아휴직자도 마찬가지이다.

5) '조합이 관리하고 있는 회사주식, 신규발행우선배정주식 및 우리사주매수선택권을 행사할 때에 취득할 회사주식을 합산한 주식수'가 '회사가 신규로 발행하는 주식 및 우리사주 매수선택권을 행사할 때에 취득할 회사주식과 이미 발행한 주식을 합산한 주식 총수'의 20/100을 넘을 수 없다(복지법 §41).

6) 취득을 지시하는 행위, 할당하는 행위, 불리한 처우를 하는 행위, 우리사주제도의 목적에 어긋나는 행위로서 대통령령으로 정하는 행위가 금지되며 위반 사실을 신고하거나 그에 관한 증언을 하거나 증거를 제출하였다는 이유로 불리한 처우를 할 수 없다.

7) '조합원에게 우리사주매수선택권을 부여할 수 있다는 내용', '우리사주매수선택권의 행사에 따라 발행하거나 양도할 주식의 종류와 수', '이미 부여한 우리사주매수선택권을 이사회의 결의를 통하여 취소할 수 있다는 내용 및 취소사유', '우리사주매수선택권 부여를 위한 이사회 및 주주총회의 결의요건'을 정하여야 한다.

8) 발행주식총수의 100분의 10의 범위에서 우리사주매수선택권을 부여하는 경우에는 정관으로 정하는 바에 따라 이사회 결의로 우리사주매수선택권을 부여할 수 있다. ; 우리사주매수선택권의 부여방법, 행사가격과 조정, 제공기간 및 행사기간, 발행·양도 주식의 종류와 수를 결의하여야 한다.

9) 우리사주매수선택권 부여일부터 6개월이상 2년이하의 기간이다. ; 회사는 제공기간 중 또는 제공기간 종료 후 별도로 행사기간을 정하여 우리사주매수선택권을 행사하게 할 수 있으며, 제공기간종료후로 정한 경우에는 제공기간을 연장한 것으로 본다.

② **관 리**

조합은 회사주식의 직접매입 또는 신주배정 등을 통하여 취득한 우리사주를 조합원계정과 조합계정으로 구분하여 배정하고, 재원별계정처리방법에 따라 관리해야 한다(복지법 §37). 조합은 취득한 우리사주를 일정기간동안[1] 수탁기관에 예탁해야 하며, 조합 또는 조합원은 특별한 사유[2]가 없으면 예탁된 우리사주를 양도하거나 담보로 제공할 수 없다(복지법 §43).

③ **인출과 처분**

예탁기간중이라도 조합이 해산되거나 조합원이 사망한 경우 등의 사유가 발생하면 우리사주인출이 가능하며,[3] 규약에 따라 조합, 다른 조합원의 순서로 우선하여 매입하도록 할 수 있다(복지법 §44). 비상장법인의 조합원이 우리사주를 불가피하게 처분하려는 경우, 국가는 환금을 보장하기 위하여 주식거래 등에 관하여 필요한 조치를 하도록 노력하여야 하며, 회사는 조합원 또는 퇴직하는 조합원의 우리사주를 자기계산으로 취득하여 제한된 방법[4]으로 처분할 수 있다(복지법 §45).[5] 조합대표자는 조합원의 의사표시에 대하여 주주총회의안에 대한 의결권을 행사하여야 하며, 조합원이 의결권행사위임을 요청하면 해당조합원의 주식보유분에

---

10) 회사는 3년의 범위에서 대통령령으로 정하는 근속기간미만인 조합원에게는 우리사주매수선택권을 부여하지 않을 수 있다. ; 우리사주매수선택권은 타인에게 양도할 수 없으며, 우리사주매수선택권을 부여받은 사람이 사망하면 상속인이 이를 부여받은 것으로 본다.

11) 회사는 조합원에게 교부할 목적으로 자기의 주식을 취득할 수 있고, 취득금액은 이익배당이 가능한 한도이내여야 하며, 이를 초과하여 자기의 주식을 취득하는 경우에는 대통령령으로 정하는 기간내에 자기의 주식을 처분하여야 한다.

12) '파산 · 해산 등으로 우리사주매수선택권의 행사에 응할 수 없는 경우'에 취소할 수 있으며, '조합원이 고의 또는 과실로 해당 우리사주제도 실시회사에 중대한 손해를 끼친 경우'와 '우리사주매수선택권 부여계약서에서 정한 취소사유가 발생한 경우'에는 정관에 근거하여 이사회의결로 취소할 수 있다. ↘ 641쪽

1) '회사 또는 그 주주 등이 출연한 금전과 물품 등으로 취득한 경우는 8년', '조합원의 출연금으로 취득한 경우는 1년(조합원출연에 협력하여 회사가 대통령령으로 정하는 금액이상을 출연하는 경우는 5년), 그 밖의 금전재원으로 취득한 경우에는 금전의 출연주체 및 차입대상자를 기준으로 우리사주를 나누어 앞의 두 경우에 준하는 기간으로 한다.

2) 금융 · 경제생활에 필요한 경우로서 대통령령으로 정하는 경우에는 예외가 인정되나, 담보로 제공받은 권리자는 예탁기간 중에 권리를 행사할 수 없다.

3) 임금복지과-286, 2011.1.21. 조합원이 퇴직하는 경우 남은 예탁기간이 1년 이하인 우리사주에 대하여는 인출할 수 있다. 우리사주조합원 당시 배정받은 우리사주에 대하여 우리사주조합원으로 3년을 보유하고 회사의 등기임원으로 선임되어 임기 2년간 재직 후 임기만료로 퇴직하는 경우 우리사주의 남은 예탁기간이 1년을 초과하는 경우 임기만료에 따라 더 이상 근무할 수 없고 퇴직하여야 하는 비자발적인 사유라면 같은 복지령 제25조제2항단서 및 복지칙 제17조제2항제1호에 따라 기존에 배정 받은 우리사주를 인출할 수 있다.

4) 조합에의 출연, 「상법」 제342조의 예에 따른 처분, 주주총회 결의에 의하여 주주에게 배당할 이익으로 소각이 이에 해당한다.

5) 조합설립 3년 이내에 회사주식이 증권시장에 상장되지 않으면, 비상장법인인 회사는 조합원계정의 우리사주를 매수하기 위하여 준비금을 적립할 수 있다.

대한 의결권행사를 위임하여야 한다(복지법 §46).

(5) 국가의 지원

국가는 우리사주제도의 활성화를 위하여 조합원의 우리사주보유, 회사 등의 조합에 대한 지원, 비상장법인의 우리사주에 대한 환금성보장 등에 필요한 지원을 할 수 있다(복지법 §48).

국가는 회사도산 등으로 인하여 근로자가 조합을 통하여 회사를 인수할 경우에 주식취득필요자금 등을 지원할 수 있다(복지법 §49).

4·나. 사내근로복지기금제도

(1) 의 의

사내근로복지기금제도란 기업내 기업근로복지제도의 일종으로서 임금 기타 근로조건에 부가하여 근로자의 실질소득을 증대시키고 근로의욕과 노사공동체의식을 고취시키기 위하여 기업이익의 일부를 기금으로 출연하여 근로자복지에 사용하게 함으로써 '근로자의 생활안정과 복지증진에 이바지하게 하는 제도(복지법 §50)'이다. 사용자는 사내근로복지기금(기금)의 설립 및 출연을 이유로 근로조건을 저하시킬 수 없다(복지법 §51).

(2) 기금의 성격

사내근로복지기금제도는 이윤분배성, 독립성, 영속성, 점증성 및 유동성의 성격을 갖는다. 첫째, 사내근로복지기금제도는 기업의 이익을 대상으로 노사가 협의하여 결정한 금액으로 기금을 조성함으로써 근로복지제도이면서 간접적인 이윤분배제도 또는 일종의 근로자이윤참가제도로 볼 수 있다. 둘째, 사내근로복지기금제도는 기업의 경영조직이 아닌 별도의 운영기구에 의해 관리되고, 조성된 기금은 영업재산과 별개로 운용되는 독립성을 가지고 있다. 셋째, 기금은 합병 또는 분할·분할합병으로만 해산되며, 일반법인의 해산사유인 '고유목적의 달성 또는 달성불능', '인가관청의 설립허가취소' 등을 이유로 해산할 수 없어 상대적으로 영속성을 갖는다. 넷째, 기금은 그 수익금으로 복지사업을 실시함을 원칙으로 하면서 기금원금의 사용을 제한하고, 원금을 해치거나 손실을 가져올 우려가 있는 증식방법을 지양하는 점증성을 갖는다. 다섯째, 기금은 부동산소유를 제한하고 금융기관에 예입·예탁 등을 원칙으로 하면서 필요한 용도에 따라 시의적절하고 원활히 활용할 수 있는 유동성을 갖는다.

(3) 기금의 설치

① 임의설치

기금설치는 강제사항이 아니므로, 설치를 원하는 사업(장)이 설치대상이다.[1] 하나의 사업에 여러 사업장이 있더라도 기금을 통합하여 운영하는 것이 원칙이나, 지역 · 업종 등을 달리하고 손익계산 등 결산서의 별도작성이 가능할 경우에는 별개의 기금을 설치할 수 있다.[2] 기금을 설치하는 사업장 및 근로자에 대하여는 세제상의 혜택을 주고, 기금의 운영 · 관리를 효율적으로 할 수 있도록 법이 지원하고 있다. 기금은 사업(장)단위로 설치하게 되므로 계열사처럼 2개이상의 기업을 포괄하는 기금은 인정되지 않는다.[3]

② 설치방법

기금은 법인(기금법인)으로 설립된다(복지법 §52①). 기금법인에 관하여 이 법에 규정한 것을 제외하고는 민법중에서 재단법인에 관한 규정을 준용한다(복지법 §80).

기금법인을 설립하려는 사업(장)의 사업주는 기금법인설립준비위원회(준비위원회)를 구성하여 설립사무와 '설립당시의 이사 · 감사선임사무'를 담당하게 해야한다(복지법 §52①②). 준비위원회구성방법은 근로복지기금협의회(복지법 §55)를 준용한다(복지법 §52③).

준비위원회는 대통령령에 따라 기금법인정관을 작성하여 고용장관의 설립인가를 받아야 한다(복지법 §52④). 고용장관은 정관기재사항을 빠트린 경우, 제도목적에 위반한 경우(복지법 §50), 근로조건을 저하하는 경우(복지법 §51) 및 이사 등의 신분에 결격이 있는 경우(복지법 §62)를 제외하고는 설립인가를 하여야 한다. 준비위원회가 설립인가증을 받은 날부터 3주이내에 기금법인의 주된 사무소의 소재지에서 기금법인의 설립등기를 하여야 하며 기금법인은 설립등기를 함으로써 성립한다(복지법 §52⑦).

준비위원회는 법인이 성립됨과 동시에 최초로 구성된 사내근로복지기금협의회(복지법 §55)로 보며, 준비위원회는 기금법인의 설립등기를 한 후에 지체없이 기금법인의 이사에게 사무를 인계하여야 한다(복지법 §52⑩). 기금법인의 정관을 변경하려는 때에는 고용장관인가를 받아야 한다(복지법 §53).

---

1) 정부투자기관, 공단, 공사 같은 특수법인(복지 68233-141, 2002.5.8. 예산편성지침에 따라 출연금액에 제한을 받을 수 있다), 국내의 외국인 사업(복지 68233-40, 2001.3.21), 대학교(임금 68207-378, 1995.11.25), 비영리법인(노사협력복지팀-2559, 2007.9.14) 등도 설치대상이 된다.

2) 임금 32240-446, 1992.6.11.

3) 복지 68233-165, 2003.7.4. 다만, 각 기금협의회를 공동으로 소집하여 안건을 일괄적으로 처리하는 방식으로 협의 · 의결할 수는 있다.

(4) 기금의 기관

기금은 기관으로 사내근로복지기금협의회(협의회), 이사, 감사 등의 조직을 둔다(복지법 §54). 협의회의 위원, 이사 및 감사는 직무수행과 관련하여 알게 된 비밀을 누설해서는 안되며, 기금사업과 관련하여 겸직이나 자기거래를 할 수 없다(복지법 §78).

① 사내근로복지기금협의회

㈎ 구 성

협의회는 근로자가 선출하는 근로자위원과 사업의 대표자와 그 대표자가 위촉하는 사용자위원을 동수로 하여, 각 2명이상 10명이하의 위원으로 구성한다(복지법 §55①②③). 노사협의회가 구성되어 있는 사업[1]의 경우에는 그 노사협의회의 위원이 협의회위원이 될 수 있다(복지법 §55④).

㈏ 권 한

협의회는 기금의 운영·관리에 관한 최고의사결정기관으로 기금운영을 위하여 법령에 위배되지 않는 범위에서 필요한 사항을 정할 수 있다.

㈐ 기 능

협의회의 기능은 기금조성을 위한 출연금액결정, 이사 및 감사의 선임과 해임, 사업계획서 및 감사보고서승인, 정관변경, 회사의 다른 근로복지제도와 통합운영여부결정, 기금의 합병 및 분할·분할합병 등이며 운영사항은 대통령령으로 정한다(복지법 §56). 기금법인은 협의회회의록을 작성하여 출석위원전원의 서명 또는 날인을 받아야 하며, 작성일로부터 10년간 보관(전자문서가능)해야 한다(복지법 §57).

② 이사 및 감사

기금법인에 근로자와 사용자를 대표하는 같은 수의 각 3명이내의 이사와 각 1명의 감사를 둔다(복지법 §58①). 이사는 정관에 따라 기금법인을 대표하며 기금법인의 사무집행을 과반수로 결정하고(복지법 §58②③), 감사는 기금법인의 사무 및 회계에 관한 감사를 한다(복지법 §58④). 협의회의 위원·이사 및 감사는 비상근·무보수로 하되 기금법인의 업무수행에 필요한 시간에 대하여는 근로한 것으로 보며, 사용자는 기금법인에 관한 직무수행을 이유로 불이익한 처우를 하면 안된다(복지법 §60).

---

1) 임금 68207-123, 1993.3.9. 하나의 사업의 각사업장마다 노조 또는 노사협의회가 구성되어 있는 경우, 근로자위원수는 근로자수에 따라 균등하게 배분되어야 한다. 노사협의회가 설치되고 노조가 없는 사업장의 경우에는 노사협의회의 근로자위원 가운데서 선임하거나 해당사업장 소속근로자들이 노사협의회법시행령 제11조에 따라 선출한 사람으로 선임하여야 한다. 노조와 노사협의회가 모두 있는 사업장의 경우. 노조대표 및 노조가 위촉하는 사람으로 선임하거나 노사협의회의 근로자위원 가운데서 선임해야 한다.

(5) 기금조성 · 관리

① 조 성

사업주는 직전 사업연도의 법인세 또는 소득세차감전 순이익[1]의 50/100[2]를 기준으로 협의회가 협의 · 결정하는 금액을 기금재원으로 출연할 수 있다(복지법 §61①). 출연금액결정을 비롯한 기금법인의 운영은 기금협의회의 협의 · 결정사항이지 단체교섭사항은 아니다.[3] 사업주 또는 '사업주 외의 사람'[4]은 순이익기준출연외에 유가증권, 현금, 그 밖에 대통령령으로 정하는 재산을 출연할 수 있다(복지법 §61②). 이러한 출연은 기금협의회협의대상이 아니다.

② 운 용

기금법인은 기금을 '금융회사 등에의 예입 및 금전신탁', '투자신탁 등의 수익증권매입', '국가 · 지방자치단체 또는 금융회사 등이 직접 발행하거나 채무이행을 보증하는 유가증권매입', '기금이 그 회사주식을 출연받아 보유하게 된 경우에 대통령령으로 정하는 한도내에서 그 보유주식수에 따라 그 회사주식의 유상증자참여' 및 '그 밖에 사내근로복지기금운용을 위하여 대통령령으로 정하는 사업'을 행하는 방법으로 운용한다(복지법 §63). 기금법인은 업무수행상 필요한 경우[5]를 제외하고는 부동산을 소유할 수 없다(복지법 §67).

③ 관 리

기금의 회계년도는, 정관으로 달리 정한 경우를 제외하고는, 사업주의 회계년도에 따른다(복지법 §64①). 기금법인은 자금차입을 할 수 없으며(복지법 §64②), 매회계년도의 결산에 따라 기금의 손실금이 발생하면 다음 회계년도로 이월하며, 잉여금이 발생하면 이월손실금을 보전한 후에 기금에 전입하고(복지법 §64③), 그 밖에 필요한 사항은 대통령령으로 정한다(복지법 §64④). 기금법인은 사업보고서 · 대차대조표 · 손익계산서 · 감사보고서를 작성하여 작성일로부터 5년간 이를 보관(전자문서로 작성·보관가능)하여야 하

1) 세전순이익이라 함은 법인의 경우에는 기업회계기준상의 결산재무제표(임금 68207-57, 1993.2.3), 법인이 아닌 경우에는 소득세법에 의한 확정신고서 등 결산을 위한 계산서류에 나타난 세전순이익을 기준으로 하는 것이 원칙이나 직전연도의 결산이 늦어지는 경우 가결산서상의 이익을 기준으로 할 수 있다.

2) 5/100의 기준은 출연금의 적정선을 의미하므로 협의회의 협의 · 결정에 따라 기업의 형편을 고려하여 이를 저하(임금 68207-57, 1993.2.3. 기업이윤이 없더라도 사업주 또는 제3자가 임의로 출연할 수는 있다)하거나 초과할 수 있으며 초과하는 경우에 그 초과부분의 출연금도 세법상 손비로 인정된다.

3) 임금 68207-123, 1993.3.9.

4) 임금 68207-237, 1997.4.23 ; 복지 68233-40, 2001.3.21 ; 사업주의 기금설립 이후에 가능하다.

5) '기금의 운영 및 관리에 필요한 사무실과 그 부속시설', 사내구판장, 근로자복지시설 및 '기금에 기부 또는 출연된 부동산'을 소유할 수 있다.

고(복지법 §65), 이러한 서류 및 협의회회의록을 공개하여 항상 근로자가 열람할 수 있게 해야 한다(복지법 §66).[1] 고용장관은 사용자 또는 기금법인이 '협의회위원·이사·감사에 대한 불이익처우(복지법 §60②)', 회계(복지법 §64) 및 '서류 및 회의록 공개(복지법 §66)'을 위반하면 상당기간을 정하여 시정을 명할 수 있다(복지법 §69).

(6) 기금사업

① 기금사업의 내용

기금사업은 근로자주택구입자금보조, '우리사주주식구입자금지원 등 근로자재산형성', '장학금·재난구호금의 지급 그 밖에 근로자의 생활보조', '모성보호 및 일과 가정생활의 양립을 위하여 필요한 비용지원', '기금법인운영을 위한 경비지급', '고용노동부령이 정하는 근로자복지시설에 대한 출자·출연 또는 구입·설치·운영', '해당사업으로부터 직접 도급받는 업체의 소속근로자 및 해당사업에의 파견근로자의 복리후생증진', '사용자가 임금 및 그 밖의 법령에 따라 근로자에게 지급할 의무가 있는 것 외에 대통령령으로 정하는 사업'이다(복지법 §62①).

② 기금사업의 재원

기금법인의 사업은 '출연재산(복지법 §61) 및 협의회가 출연재산으로 편입할 것을 의결한 재산(복지법§61 기본재산)'으로 행하는 사업과 증식된 수익금으로 행하는 사업으로 나누어 설명할 수 있다. 기금법인은 기금사업을 수익금으로 대통령령에 따라 시행할 수 있다(복지법 §62①). 기금법인은 기본재산중에서 소정(복지령 §46)의 금액을 근로자재산형성·생활원조 등 기금사업에 사용할 수 있으며 선택적복지제도(복지법 §82③), '도급 및 파견근로자 복리후생증진' 및 '중소기업(중소기업기본법 §2①)의 사내근로복지기금사업인 경우에는 대통령령에 따라 정관으로 그 산정금액을 높일 수 있다(복지법 §62②). 근로자의 생활안정 및 재산형성지원을 위하여 필요하다고 인정되면, 근로자에게 필요한 자금을 기본재산중에서 대부할 수 있다(복지법 §62③).

③ 다른 복지제도와의 관계

사용자는 기금법인설치를 이유로 이미 운영하고 있는 근로복지제도·시설의 운영을 중단·감축할 수 없고, 다른 법률에 따라 설치·운영할 의무가 있는 것[2]을 제외하고는 협의회의 협의·결정에 의해 기금법인에 이를 통합하여 운

---

1) 전자문서로 작성·보관하는 서류는 정보통신망을 이용하는 등 전자적방법으로 공개·열람하게 할 수 있음.
2) 사업주가 부담해야 하는 건강보험료, 퇴직금, 산재보험료, 의료보험료 등과 같이 다른 법령의 규정에 의하여 설치·운영할 의무가 있는 근로복지제도·시설은 기금에 통합하여 운영할 수 없다.

영할 수 있다(복지법 §68).

(7) 세제지원

기업에 대해서는 '출연기금의 전액손비인정(법인세법 §55①)', 이자소득세면제[1] 및 증여세면제[2]의 혜택이 있고, 근로자에 대하여는 '장학금에 대한 소득세비과세',[3] '주택취득 또는 임차자금보조시 증여세비과세'[4] 및 '소액부조금에 대한 증여세비과세'[5]의 혜택이 있다.

기금은 일반적으로 법인세법상 비영리법인의 과세가 적용된다. 그러므로 「법인세법」 제3조제4항단서 및 「법인세법시행령」 제2조에서 명시하는 수익사업 또는 수입에서 생긴 소득에 대하여서만 법인세납세의무가 있으며, 기금설립에 따라 수익사업을 개시한 때에는 개시일로부터 2월이내에 「법인세법」 제110조의 규정에 따라 수익사업개시신고를 해야 한다.

(8) 기금법인의 변동

기금법인은 '해당회사 사업폐지', 기금법인합병(복지법 §72), 기금법인분할·분할합병(복지법 §75)의 사유로 해산한다(복지법 §70).

① 사업폐지

사업폐지로 해산한 기금법인의 재산은 첫째로, 사업주가 해당사업을 경영할 때에 근로자에게 지급하지 않은 임금·퇴직금·'그 밖에 근로자에게 지급할 의무가 있는 금품'을 지급하는 데에 우선 사용하여야 하고, 다음으로, 50/100을

---

1) 기금이 금융기관 등에 예입·예탁하여 받은 이자소득을 기금의 고유목적사업을 위한 지급준비금으로 설정할 경우 손금으로 인정되므로 이자소득세면제효과가 있다(법인세법 §29①, 법인세법시행령 §56). 이 때에 지급준비금을 손금에 산입한 후 그 사업연도 종료일로부터 5년이 되는 날까지 고유목적사업에 지출하여야 하며 만약 지출하지 아니한 금액이 있는 경우에는 이를 차감한 금액만 손금인정이 된다(법인세법 §29④iv).

2) 근로자의 복지증진을 위하여 기금에 증여 또는 유증된 금품에 대하여는 증여세 등을 부과하지 않는다(상속세및증여세법 §46iv, 상속세및증여세법시행령 §35③).

3) 사업주가 근로자에게 지급하는 학자금은 근로소득으로 산정되고, 근로자자녀의 중·고 학자금은 소득공제되고, 유아원아인 경우는 1인당 일정금액을 한도로 소득공제 된다(소득세법 §52③). 근로자의 자녀에게 지급하는 장학금은 근로소득에 포함되지 않으므로 면세의 효과가 있으며 증여세도 과세되지 않는다(상속세및증여세법 §46ⅴ, 시행령 §35④ii).

4) 이재구호금품, 치료비, 교육비로서 사회통념상 인정되는 금품, 학자금 또는 장학금 기타 이와 유사한 금품, 기념품·축의금·부의금 기타 이와 유사한 금품으로서 통상 필요하다고 인정되는 금품과 무주택근로자가 건물의 총면적이 85m² 이하 주택(주택에 부수되는 토지로서 건물연면적 5배이내 토지포함)을 취득 또는 임차하기 위하여 사내근로복지기금으로부터 증여받은 주택취득보조금중 주택취득가액의 5/100이하의 것과 주택임차보조금 중 전세가액의 10/100이하의 것에 대하여는 증여세가 비과세된다(상속세및증여세법 §46ⅴ~vi, 시행령 §35④vi).

5) 기금으로부터 받은 일정금액 미만의 이재구제금품, 기념품·축하금·부의금 기타 이에 유사한 금품은 증여세가 부과되지 아니한다(상속세및증여세법시행령 §35④iii).

초과하지 않는 범위에서 정관에서 정하는 바에 따라 소속근로자의 생활안정자금으로 지원할 수 있으며, 셋째로, 잔여재산은 정관에서 지정한 사람에게 귀속하고, 그런 사람이 없으면 근로복지진흥기금(복지법 §87)에 귀속한다(복지법 §71).

② 합병 · 분할 · 분할합병

기금법인은 사업양수 등에 따라 합병될 수 있으며, 합병을 위해서는 일정한 내용이 포함된 합병계약서를 작성하여 협의회의결을 거쳐야 한다(복지법 §72). 기금법인은 사업의 분할 · 분할합병 등에 따라 '분할 또는 분할합병(분할 등)'을 할 수 있으며, 이를 위해서는 분할계획서 또는 분할합병계획서를 작성하여 협의회의결을 거쳐야 한다(복지법 §75).[1)]

기금법인의 합병 · 분할 등으로 인하여 기금법인을 설립하는 경우에는 설립사업주가 준비위원회를 구성하여 기금법인설립절차(복지법 §52)를 거쳐야 하고, 존속하는 기금법인은 변경등기를, 소멸하는 기금법인은 해산등기를 하여야 한다(복지법 §73, §76). 기금법인의 합병 · 분할 등은 설립되는 기금법인의 설립등기 또는 존속하는 기금법인의 변경등기를 함으로써 그 효력(복지법 §74)이 생기며, 설립되거나 존속하는 기금법인은 소멸(분할등의경우는 "분할")되는 기금법인의 권리 · 의무를 승계(분할등의경우는 "계약서에따라")한다(복지법 §74, §77).[2)]

4·다. 근로자복지지원사업

국가 또는 지방자치단체는 선택적복지제도, 근로자지원프로그램, 성과 배분, 발명 · 제안 등에 대한 보상을 활성화하기 위해 필요한 지원을 할 수 있다(복지법 §86).

(1) 선택적복지제도

① 법적근거

사업주는 근로자가 여러가지 복지항목중에서 자신의 선호와 필요에 따라 자율적으로 선택하여 복지혜택을 받는 제도(선택적 복지제도)를 설정하여 실시할 수 있다(복지법 §81①).

② 수혜수준

사업주는 선택적복지제도를 실시할 때에 해당사업내의 모든 근로자가 공평하게 복지혜택을 받을 수 있도록 하되 근로자의 직급 · 근속년수 · 부양가족 등을 고려하여 합리적기준에 따라 수혜수준을 달리할 수 있다(복지법 §81②).

---

1) 근로복지과-673, 2011.4.22. 재산배분을 할 때에는 원칙적으로 근로자수를 기준으로 배분하되, 분할전 사업별 사내근로복지기금 조성의 기여도 등을 고려하여 배분할 수 있다.

2) 근로복지과-724, 2011.4.28. 합병으로 소멸하는 기금재산은 합병후 존속하는 기금에 통합되고 생활안정자금으로 지원될 수 없다.

③ **선택항목**

사업주는 선택적복지제도를 설계함에 있어 근로자의 사망 · 장해 · 질병 등에 관한 기본적인 생활보장항목과 건전한 여가 · 문화 · 체육활동 등을 지원할 수 있는 개인별 추가선택항목을 균형있게 반영할 수 있도록 노력해야 한다(복지법 §82①).

④ **사무관리**

사업주는 근로자가 선택적복지제도의 복지항목을 선택하고 사용하는데 불편이 없도록 전산관리서비스를 직접 제공하거나 제3자에게 위탁하여 제공될 수 있도록 노력해야 한다(복지법 §82②).

⑤ **활용범위**

선택적복지제도는 사내근로복지기금사업을 하는데 활용할 수 있으며(복지법 §82③), 제도의 설계 및 운영에 필요한 구체적사항은 고용부령으로 정한다(복지법 §82④).

(2) 근로자지원프로그램

사업주는 근로자의 업무수행 또는 일상생활에서 발생하는 스트레스, 개인의 고충 등 업무저해요인의 해결을 지원하여 근로자를 보호하고, 생산성향상을 위한 전문가상담 등 일련의 서비스를 제공하는 근로자지원프로그램을 시행하도록 노력하여야 하며, 이 경우 대통령령이 정하는 경우를 제외하고는 근로자의 비밀이 침해받지 않도록 익명성을 보장해야 한다(복지법 §83).

(3) 성과배분

사업주는 해당사업의 근로자와 협의하여 정한 해당연도이익 등의 경영목표가 초과달성된 경우, 그 초과된 성과를 근로자에게 지급하거나 근로자복지증진을 위하여 사용하도록 노력해야 한다(복지법 §84).

(4) 발명 · 제안 보상

사업주는 해당사업의 근로자가 직무와 관련하여 발명 또는 제안하거나 새로운 지식 · 정보 · 기술을 개발하여 회사의 생산성 · 매출액 등의 증가에 이바지한 경우 이에 따라 적절한 보상을 하도록 노력해야 하며, 구체적보상기준은 노사협의회(근참법) 등을 통해 정한다(복지법 §85).

제4절 직업능력개발

1. 직업능력훈련제도

1·가. 의 의

(1) 법적근거

기능습득과 직업능력개발에 관해서는 근기법 제7장과 「국민평생직업능력개발법」(직능법)이 규정하고 있다. 사용자는 양성공, 수습, 그 밖의 명칭을 불문하고 기능습득을 목적으로 하는 근로자를 혹사하거나 가사, 그 밖의 기능습득에 관계없는 업무에 종사시키지 못한다(근기법§77, §114 i 5백만원벌금).

(2) 직업능력개발훈련 개념

직업능력개발훈련이라 함은 근로자로 하여금 직업에 필요한 직무수행능력을 습득·향상하게 하기 위하여 실시하는 훈련이다. 여기서 근로자라 함은 사업주에게 고용된 사람과 취업할 의사가 있는 사람을 말한다(직능법 §2iv). 직업능력개발훈련은 15세이상인 사람에게 실시하되 훈련대상자의 연령범위를 따로 정하거나 필요한 학력, 경력 또는 자격을 정할 수 있다(직능령 §4).

1·나. 훈련지원

(1) 의 의

사업주는 근로자의 직업능력개발의 향상을 위해 노력해야 하며 고용보험료를 납부해야 한다. 국가는 일반회계와 고용보험기금을 활용하여(직능법 §11의3) 훈련지원사업을 한다.

(2) 사업주 단체지원

고용장관은 사업주나 사업주단체·근로자단체 또는 그 연합체에게 '근로자대상 직업능력개발훈련·자격검정사업', '훈련시설 및 장비의 구비', '직업능력개발조사·연구, 훈련과정 보매체의 개발·보급' 등에 필요한 비용을 지원하거나 또는 융자할 수 있다(직능법 §20①).

(3) 근로자지원

고용장관은 근로자의 자율적인 직업능력개발을 지원하기 위해 '고용장관의 인정을 받은 직업능력개발훈련과정', '전문대학이상의 교육과정의 수업료 및 납부금' 등을 근로자에게 지원하거나 융자할 수 있다(직능법 §17①).

(4) 직업능력개발단체지원

고용장관은 다른 법률에 따라 설립된 직업능력개발사업과 관련된 조사 · 연구를 수행하는 기관', '국가나 지방자치단체가 출연한 비영리법인중에서 고용장관이 정하는 비영리법인', '학교(고등교육법)' 등이 실시하는 직업능력개발사업에 필요한 비용을 지원 · 융자할 수 있다(직능법§23① 직능령§21①).

1·다. 훈련관리

(1) 훈련과정

사업주, '사업주단체 등' 및 직업능력개발단체가 지원을 받고자 하면 훈련과정에 대하여 고용장관으로부터 인정을 받아야 한다(직능법 §24①).[1]

(2) 훈련시설 · 법인

국가 또는 지방자치단체가 공공직업훈련시설(직능법 §27)을 설치하고자 하면 고용장관과 협의해야 하고, 공공단체가 이를 설치하려면 고용장관승인을 받아야 한다.

(3) 훈련교사 기준

직업능력개발훈련교사(직능법 §33)는 '국가 · 지방자치단체 · 공공단체 또는 고용장관이 고시하는 훈련교사양성단체'의 훈련규정(직능법 §36)을 수료하는 등의 기준을 갖추어 고용장관으로부터 직업능력개발훈련교사자격증을 발급받아야 한다(직능법 §33②).

고용장관은 훈련의 목표, 교과내용 · 시설 · 장비와 교사 등에 관한 훈련기준(직능법 §38)을 정할 수 있으며, 훈련시설에 대해 평가(직능법 §53)하고, 각종훈련에 대한 지도 · 감독(직능법 §58)을 실시할 수 있다.

1·라. 훈련계약과 근로조건

(1) 훈련비지급

직업능력개발훈련실시자는 직업능력개발훈련생에게 훈련수당을 지급할 수 있

---

1) 대판 2019.1.31, 2016두52019, 훈련과정에 관한 인정제한처분이 소송을 통하여 취소된 경우, 별도의 인정신청이 없었다는 등의 이유만으로 해당기간의 교육훈련비 지급을 거부한 처분은 위법하다.

다(직능법 §10).

(2) 훈련계약 체결

사업주와 직업능력개발훈련을 받고자 하는 근로자는 직업능력개발훈련에 따른 권리의무 등에 관해 훈련계약을 체결할 수 있다(직능법 §9①).

사업주는 훈련을 받는 사람에 대해 훈련이수후 5년범위에서 훈련기간의 3배의 기간을 한도로 사업주가 지정하는 업무에 일정기간동안 종사하도록 할 수 있다(직능법 §9②). 근로시간인정여부, 임금지급·훈련보상 등의 권리·의무에 대해서는 훈련계약에 따른다.

(3) 훈련계약 미체결

훈련계약을 체결하지 않은 고용근로자가 받은 직업능력개발훈련은 근로제공(직능법 §9③)으로서 해당시간은 근로시간에 포함되며, 사업주는 직업능력개발훈련을 법정기준근로시간내에 실시하되, 해당근로자와 합의를 거친 경우에는 법정기준근로시간외의 시간에 직업능력개발훈련을 실시할 수 있다(직능법 §9④).

법정기준근로시간외의 훈련시간에 대해서는 생산시설을 이용하거나 근무장소에서 실시하는 직업능력개발훈련을 제외하고는 연장근로와 야간근로에 해당하는 임금 또는 가산임금을 지급하지 않을 수 있다(직능법 §9⑤).

(4) 재해위로금

직업능력개발훈련 실시자 또는 위탁자는 해당훈련시설에서 훈련을 받는 근로자로서 산재법의 적용을 받지 않는 사람의 재해에 대해 재해위로금을 지급해야 한다. 다만 훈련시설의 흠에 의해 재해가 발생하면 수탁자가 지급한다.

재해위로금지급의 기준 및 절차에 관하여 필요한 사항은 대통령령으로 정한다(직능법 §11)

2. 일·학습병행 지원

2·가. 개 요

(1) 법적근거

사업주가 실시하는 직업교육훈련인 일학습병행의 내용과 방법 및 일학습병행에 참여하는 학습근로자의 근로조건의 보호 등에 관한 사항을 정하고, 일학습병행과 자격을 연계하여 학습근로자의 고용촉진 및 사회적·경제적인 지위의 향상을 도모함으로써 국민경제의 발전에 이바지함을 목적으로 「산업현장 일학습병행 지원에 관한 법률」(일학습병행법)이 마련되어 있다.[1)]

(2) 개 념

일학습병행이란 사업주가 근로자를 고용하여 직무를 수행하도록 하면서 도제식현장교육훈련[2)]과 사업장외교육훈련[3)]을 모두 제공하고, 근로자는 교육훈련평가에 따라 자격을 인정받도록 하는 직업교육훈련을 말한다(일학습병행법§3ⅰ). 일학습병행과정(일학습병행법§15①)에 따라 일학습병행을 실시하면서 고용장관지정(일학습병행법§13)을 받은 기업을 학습기업이라 한다(일학습병행법§3ⅱ). 학습기업사업주에게 일학습병행을 제공받는 근로자를 학습근로자라고 한다(일학습병행법§3ⅲ).

2·나. 학습근로계약 체결

학습근로계약이란 학습근로자는 근로를 제공하면서 일학습병행과정에 따라 교육훈련을 받고, 학습기업의 사업주는 학습근로자에게 임금을 지급하면서 일학습병행과정을 개설하여 교육훈련을 제공하는 것을 목적으로 학습근로자와 학습기업의 사업주가 체결한 계약을 말한다(일학습병행법§3ⅳ).

일학습병행과정을 실시하려는 학습기업사업주는 학습근로자와 근로조건명시사항(근기법§17①)과 그 밖의[4)] 내용을 포함하여 2년이내의 학습근로계약을 체결하여야 한다(학위취득과정예외)(일학습병행법§21①②). 학습기업사업주는 체결 또는 변경한 학습근로계약을 학습근로자에게 서면으로 교부하고 고용장관에게 통보해야 한다(일학습병행법§21③ §42②.5백만원과태료).

학습기업사업주는 학습근로계약으로 정한 일학습병행기간을 단축 · 연장하려면 학습근로자동의와 고용장관승인을 받아야 한다(일학습병행법§21④).

2·다. 학습근로자 처우

(1) 근로조건

학습근로자지위는 근기법상 근로자이다. 학습근로시간은 사업장에서의 근로시간과 도제식현장교육훈련 및 사업장외교육훈련의 시간을 합하여 산정된다

1) 학습근로자의 교육훈련에 관하여 이 외에 직능법 및 직업교육훈련촉진법이 적용된다.
2) 해당기업의 생산시설 · 장비를 활용하여 사업장내의 전문적인 기술 · 지식이 있는 사람 등이 해당근로자의 직무수행에 필요한 지식, 기술 및 소양 등을 전수하는 교육훈련.
3) 해당기업의 근로장소 또는 생산시설과 분리된 직업능력개발시설이나 교육훈련기관에서 실시되는 교육훈련.
4) 일학습병행의 목표 · 방법 · 기간, 일일학습근로시간, 그 밖에 일학습병행과정에서 학습근로자에게 적용되는 교육훈련조건으로서 고용장관이 정하는 사항.

(일학습병행법§27①).[1] 야간 또는 휴일의 도제식현장교육은 금지되며,[2] 미성년자인 학습근로자의 학습근로시간은 근기법을 준용하여 1일7시간, 1주35시간을 넘지 못한다(일학습병행법§27②③, §40① 2년징역·2천만원벌금).

학습기업사업주는 학습근로자의 업무상재해를 예방하기 위하여 산업안전보건상 필요한 조치를 하여야 한다(일학습병행법§25⑥).

(2) 차별금지

학습기업사업주는 학습근로자에 대해 해당사업(장)에서 동종 또는 유사한 업무에 종사하는 다른 근로자에 비해 합리적인 이유가 없이 차별적처우를 하면 안 된다(일학습병행법§28①).

차별적처우를 받은 근로자는 노동위원회에 그 시정을 신청할 수 있으며, 고용장관은 그 시정을 요구할 수 있다(준용. 기단법§9~§15 §15의2,§16(1호4호제외), §24)(일학습병행법§28②③④).

(3) 이수증명과 국가자격

학습기업사업주는 '일학습병행과정이수증명서' 또는 '학습근로자가 요청한 중도해지전이수증명서'를 발급하여야 한다(일학습병행법§29,§40.대여자·대여받은자·알선자,1년징역·1천만원벌금). 고용장관은 일학습병행과정을 이수하고 '내부평가(사업주실시 또는위탁)와 외부평가(고용장관실시)'(일학습병행법§30)의 결과를 종합하여 합격자로 결정한 학습근로자에 대해 일학습병행자격증을 발급한다(일학습병행법§31).

2·라. 학습근로계약 종료

(1) 종료와 연장

학습근로계약은 '학습근로계약기간만료' 또는 '기간만료전 외부평가(일학습병행법§30②)합격'으로 종료된다(일학습병행법§22①). 학습기업사업주는 학습근로계약기간이 만료될 때까지 '외부평가에 합격하지 못한 학습근로자'의 희망에 따라 2회까지 학습근로계약기간을 연장하여야 하며, 연장기간을 합한 기간은 1년을 넘지 못한다(일학습병행법§22③).

(2) 해지 제한

학습기업사업주는 학습근로계약기간 동안에는 대통령령으로 정하는 정당한 이유없이 학습근로자와 체결한 학습근로계약을 해지할 수 없으며, 정당한 이유로 해지할 때에는 해지사유 및 해지시기를 적은 서면으로 하여야 한다(일학습병행법§23).

---

1) 대통령령으로 정하는 사업장외교육훈련시간은 학습근로시간에 포함하지 않을 수 있다.

2) 일시적으로 교육훈련 목적달성을 위하여 부득이한 사정이 있는 경우로서 대통령령으로 정하는 경우 예외.

(3) 계속고용

학습기업사업주는 외부평가에 합격한 학습근로자에 대해 기간의 정함이 없는 근로자로 전환하고(일학습병행법 §24①, §42① 3천만원과태료), 동등 · 유사수준의 자격 취득자 또는 경력자와 동등한 처우를 하여야 한다(일학습병행법 §24②).

제8장

취약근로의 보호

노동관계법은 고용과 근로조건이 취약한 근로자를 특별히 보호하는 제도를 마련하고 있다. 첫째, 근기법은 연소근로자의 교육과 성장을 위해 근로조건을 보호하고 사용을 제한하는 규정을 두고 있다. 둘째, 연령법은 고령자고용증진제도와 연령차별금지제도를 마련하고 있다. 셋째, 장고법은 장애인고용증진제도를, 장차법은 장애인차별금지제도를 설계하고 있다. 넷째, 비정규직관련법은 비정규직근로의 고용안정과 차별금지를 규정하고 있다. 다섯째, 외고법은 외국인 근로자의 고용과 근로조건보호를 목적으로 한다.

제1절 취약연령 근로

1. 연소자

1·가. 의 의

근기법 제5장은 헌법(§32⑤)의 연소근로자의 근로에 대한 특별보호'를 구체화하고 있다.[1] 연소자는 성인근로자에 비해 정신적·신체적으로 약한 성장단계에 있으므로 교육기회를 보장해 주기 위함이다. 연령에 따른 보호는 15세미만의무교육대상자, 18세미만연소자와 19세미만미성년자를 기준으로 규정되고 있다.

1·나. 근로관계

(1) 근로계약 체결

만19세에 달하지 않은 미성년자(민법 §4)는 친권자나 후견인의 동의를 얻어 직접 근로계약을 체결해야 한다. 근로계약에 있어 친권자, 후견인 등의 대리행위는 인정되지 않는다.

(2) 근로조건 명시

사용자는 '18세미만 근로자'(연소 근로자)와 근로계약을 체결할 때에 임금, 소정근로시간, 휴일, 연차유급휴가 등의 근로조건(근기법§17에따른 근로조건명시사항)을 서면(전자문서포함)으로 명시해서

1) 독일은 「연소자노동보호법」과 같은 단행법률을 두고 있으나 미국, 일본 등은 우리나라와 같이 근로기준관련법에 여성과 연소자에 대한 특별보호규정을 두고 있다(김형배, 『노동법』, 제20판, 477쪽).

교부해야 한다(근기법 §67③, §114 i 5백만원벌금)(제3장, 제1절 2·라.(2),④).

1·다. 취업제한

(1) 취업금지와 인허

① 제한연령

'15세미만자' 및 '18세미만 중학생'[1]을 근로자로 사용할 수 없다(근기령 §64①).[2]

② 제한취지

취학아동의 보호를 위해 최저취업연령을 정하는 것은 ILO나 외국의 경우에도 일반적이나, 연령수준은 사회적·문화적·경제적인 사정에 따라 차이가 있으며 대체로 의무교육연령과 같다.[3]

③ 제한예외

15세미만자(18세미만 중학생포함)라도 고용장관이 발급한 취직인허증을 지닌 사람은 근로자로 사용될 수 있다(근기법 §64). 취직인허증을 받을 수 있는 사람은 13세이상 15세미만자이며 예술공연참가를 위한 경우에는 13세미만자도 취직인허증을 받을 수 있다(근기령 §35①). 취직인허증은 본인신청에 따라 의무교육에 지장이 없는 한도안에서 직종을 지정하여 신청한 근로자와 사용자가 될 사람에게 내주어야 한다(근기법 §64 근기령 §36①).[4] 18세미만연소근로자사용금지직종(근기령 §40)에 대해 취직인허증을 발급할 수 없다(근기령 §37).

④ 취업인허 재교부

사용자 또는 15세미만자는 취직인허증이 못쓰게 되거나 잃어버리면 지체없이 재교부신청을 해야 한다(근기령 §39 근기칙 §11②).

⑤ 취업인허 제한

고용장관은 거짓·부정한 방법으로 취직인허증을 발급받은 사람에 대해 그 인허를 취소해야 한다(근기법 §64③, §110 2년징역·2천만원벌금).

---

1) 「초·중등교육법」에 따른 중학교에 재학중인 사람을 말한다.

2) 중학교 의무교육이 실시됨에 따라 '1997년 제정 근기법'에서 과거의 '13세미만자'를 '15세미만자'로 상향 조정하였다. 아울러 '2005년 개정 근기법'에서 '18세 미만 중학생'이 포함되었다.

3) 〈ILO〉 15세미만, 노사단체협의로 14세 가능, 13~15세는 경미한 노동 가능, 「취업의 최저연령에 관한 협약」(제138호, 1973) ; 미국 14세 미만(공정노동기준법) ; 일본 15세미만(노동기준법) ; 싱가포르 14세미만(고용법) ; 중국 16세미만(노동법).

4) 취직인허증을 받고자 하는 사람은 학교장(의무교육대상자 및 재학자에 한함) 및 친권자 또는 후견인의 서명을 받아 사용자가 될 자와 연명으로 근기칙 제11조 [별지 9호 서식]인 「15세미만인 자의 취직인허증 교부신청서」를 작성하여 관할지방고용노동관서장에게 제출한다.

(2) 유해·위험작업 사용금지

사용자는 18세미만자를 도덕상 또는 보건상 유해·위험한 사업에 사용하지 못한다(근기법§65, §109① 3년징역·3천만원벌금). ILO가 1973년에 채택한 「취업의 최저연령에 관한 협약(제138호)」 제3조는 "작업환경상 연소자의 건강·안전, 도덕의 저해를 감안해서 노동에서의 고용최저연령이 18세보다 낮아서는 안된다"고 규정하고 있다.[1] ILO의 이러한 기준은 일반적으로 받아들여지고 있으며,[2] 우리나라도 연소자사용금지직종(근기령§40 [별표4])[3]에 18세미만자를 고용하지 못하도록 하고 있다.

(3) 갱내근로금지

사용자는 여성과 연소근로자를 갱내에서 근로시키지 못한다(근기법 §72, §109① 3년징역·3천만원벌금). 다만, 보건·의료·보도·취재 등의 업무(근기령 §42)[4]에 대해서는 일시적으로 갱내에서 근로시킬 수 있다.[5] 갱내의 범위에 대해 일반적으로 다음과 같이 설명할 수 있다.[6] 터널 등에 대해서도 이러한 기준에 준하여 판단한다.

ⓐ 광산은 보통 지하에 있는 광물을 채굴하는 장소와 땅속에 있는 통로를 말한다. ⓑ 땅 표면에서부터 시작하는 통로로서 공도(公道)와 같은 정도로 안전·위생이 보장되고, 갱내근로자 이외의 자도 통행할 수 있는 지하통로는 갱내로 볼 수 없다. ⓒ 지하통로가 우연히 땅 표면으로 나오더라도 ⓑ에 해당되지 않는 한 갱내로 본다.

작업장소가 갱내인 직·간접적인 업무, 사무직의 업무 등 모든 업무가 갱내근로에 포함되며, 예외로 인정된 경우를 제외하고는 본인의 희망이 있어도 갱내근로가 금지된다.[7]

---

1) 노사단체와 협의 후 특별교육이나 훈련을 전제로 그러한 노동에 16세 이상의 청소년을 고용할 수는 있다.

2) 미국, 일본, 싱가포르, 중국 등 대부분의 국가가 18세 미만을 기준으로 하고 있다.

3) ⓐ 고압·잠수작업(「산업보건기준에관한규칙」 §69ⅱ, ⅲ), ⓑ 「건설기계관리법」, 「도로교통법」 등에서 18세 미만인 자에 대하여 운전·조종면허 취득을 제한하고 있는 직종 또는 업종의 운전·조종업무, ⓒ 「청소년보호법」 등 다른 법률에서 18세 미만 청소년의 고용이나 출입을 금지하고 있는 직종이나 업종, ⓓ 교도소 또는 정신병원에서의 업무, ⓔ 소각 또는 도살의 업무, ⓕ 유류를 취급하는 업무(주유업무는 제외한다), ⓖ 2-브로모프로판을 취급하거나 노출될 수 있는 업무, ⓗ 그 밖에 고용장관이 산업재해보상보험 및 예방심의위원회의 심의를 거쳐 지정하여 고시하는 업무이다.

4) ⓐ 보건, 의료 또는 복지 업무, ⓑ 신문·출판·방송프로그램 제작 등을 위한 보도·취재업무, ⓒ 학술연구를 위한 조사 업무, ⓓ 관리·감독 업무, ⓔ ⓐ부터 ⓓ까지의 업무와 관련된 분야에서 하는 실습업무이다.

5) ILO가 1935년도에 채택한 「광산의 갱내작업에 있어서 여성의 고용에 관한 협약(제45호)」. 〈갱내출입허용〉 ⓐ 근육노동을 하지 않는 관리적지위 ⓑ 보건·복지업무 ⓒ 실습훈련 ⓓ 비근육적직업을 위해 수시로 행하는 갱내출입업무 ; 〈일본, 갱내출입허용〉 노동기준법 제64조의2에서 '임시적필요에 의해 갱내에서 행하는 업무로서 후생노동성령으로 정하는 업무. 여성노동기준규칙은 ⓐ 의사업무 ⓑ 간호사업무 ⓒ 신문·출판취재 ⓓ 방송프로그램제작취재 ⓔ고도의 과학적지식을 요하는 자연과학관련업무 등을 명시.

6) 일본 노동성, 기발 제732호, 1950.8.11.

7) 〈일본 판례〉 '여성근로자가 매일 2~3회 공기를 빼기 위해 또는 1주일에 1회 기름을 넣기 위해 5미터 지하

1·라. 근로조건

연소근로자의 법정기준근로시간(제4장 제1절,2·나)은 1일7시간과 '1주35시간'이며, 연장근로(제4장,제4절 1·가,(1))는 1일1시간과 '1주5시간'을 초과할 수 없다(근기법 §69). 이 기준은 고용장관의 취직인허증을 가지고 취업한 15세미만자에게도 적용된다.[1] 연소자에 대한 근로시간제한은 상시5인미만사업(장)에도 적용된다. 사용자는 본인동의와 고용장관인가를 얻은 경우를 제외하고는 연소근로자에 대해 '야간근로와 휴일근로(제4장,제4절,2·나,(2) 제4장,제6절,2·라,(2),②)'에 종사시키지 못한다(근기법 §70). 미성년자는 독자적으로 임금을 청구할 수 있으며, 대리행위는 부인된다(근기법 §68).

1·마. 근로계약해지

미성년자의 근로계약해지권자도 미성년자 자신이다. 친권자, 후견인 또는 고용장관은 근로계약이 미성년자에게 불리하다고 인정하는 경우 이를 해지할 수 있다(근기법 §67② 제3장,제1절,2·나,(3)). 해지권자의 해지권행사는 미성년자보호를 위해 인정되는 것이므로 미성년자의사를 묻지 않는다.[2]

1·바. 서류비치

사용자는 연소근로자에 대하여 연령을 증명하는 가족관계증명서와 친권자 또는 후견인의 동의서를 사업장에 갖추어 두어야 한다(근기법 §66, §116①ii 5백만원 과태료). 15세미만자를 사용하는 사용자가, 취직인허증을 갖추어 두면, 그러한 증명서와 동의서를 갖추어 둔 것으로 본다(근기령 §36②). 서류비치의무는 반사적의무로서 연소근로자의 연령을 확인할 의무를 포함한다.[3]

2. 고령자

2·가. 의 의

(1) 법적근거

고령화사회(*Aging Society*)[4]를 맞아 고령자들의 경험과 능력을 적절하게 활용하고 자

에 들어가는 작업'(히로시마고등재판소 1949.10.17) ; 결근자의 업무를 보충하기 위한 것으로서 18세미만자가 스스로 행한 갱목운반작업(니가타지방재판소 1950.3.16).

1) 김유성, 『노동법 I』, 147쪽 ; 임종률, 『노동법』, 제9판, 400쪽.

2) 김형배, 『노동법』, 제20판, 252~253쪽.

3) 일본 노동성, 기수 제52호 1952.2.14.

4) UN은 65세 이상의 인구비율이 7% 이상이면 고령화사회, 14% 이상이면 고령사회, 20% 이상이면 초고령사

아실현기회를 넓힘으로써 사회적효율을 극대화시킬 목적으로 1991년12월31일에 「고용자고용촉진법」이 제정되었다. 2008년3월21일에는 「고용자고용촉진법」이 「고용상연령차별금지및고령자고용촉진에관한법률(연령법)」로 명칭이 변경되었다.

(2) 개 념

고령자는 55세이상인 사람으로, 준고령자는 '50세이상 55세미만인 사람'으로 정의된다(연령법§2 연령령§2).

2·나. 고용권장

일정한 수(연령령§10 300명)이상의 근로자를 사용하는 사업주는 기준고용률(고용장관고시)[1]이상의 고령자를 고용하도록 노력하여야 한다(연령법§12). 사업주는 매년 고령자고용현황을 고용장관에게 제출(고용노동부령)하여야 한다(연령법§13①). 고용장관은 이러한 사업주로서 상시 고용하는 고령자의 비율이 기준고용률에 미달하는 사업주에 대하여 고령자의 고용촉진 및 안정을 위하여 필요한 조치의 시행을 권고할 수 있다(연령법§13②). 고용장관은 권고에 따른 조치를 시행하는 사업주에게 상담, 자문, 그 밖에 필요한 협조와 지원을 할 수 있다(연령법§13③). 고령자기준고용률을 초과하여 고령자를 추가로 고용하면 「조세특례제한법」에 따라 조세가 감면되며, 예산의 범위에서 일정기간동안 대통령령이 정한 기준에 따라 고용지원금이 지급될 수 있다(연령법§14).

2·다. 정년보호

연령법은 정년을 60세이상으로 제한하는 법정정년제도를 도입하고 있다(제10장 제4절,2).

2·라. 취업지원

(1) 취업지원의무

정부는 고령자고용촉진을 위해 고령자적합직종(우선 고용직종)을 선정하여 취업을 지원하고(연령법§15~§17), 직업능력개발훈련을 실시하고(연령법§6), 고령자고용정보센터를 운영하는 등 고령자취업을 지원할 의무가 있다.

(2) 재취업지원서비스

사업주는 정년퇴직 등의 사유로 이직예정인 근로자에게 경력·적성 등의 진단

회로 본다. ; 우리나라의 65세이상인구비율은 2000년도에는 7.2%이고 2018년도에는 14.3%였으며, 2026년도에는 20.8%로 전망된다(통계청, 「장래인구추계」, 2005).

1) 기준고용률은 제조업 2%, 운수업, 부동산 및 임대업 6%, 기타 3%이다(연령령 §3).

및 진로설계·취업알선·창업교육 등 재취업에 필요한 재취업지원서비스를 제공하도록 노력하여야 한다(연령법 §21의3①). 일정규모이상인 사업의 사업주는 정년 등 비자발적인 사유로 이직예정인 준고령자 및 고령자에게 재취업지원서비스를 제공하여야 하며(연령법 §21의3②), 사업주는 재취업지원서비스를 단체 또는 기관에 위탁하여 실시할 수 있다(연령법 §21의3③). 고용장관은 소속근로자에게 재취업지원서비스를 제공하는 사업주에게 예산의 범위에서 필요한 지원을 할 수 있다(연령법 §21의3④).

3. 연령차별금지제도

3·가. 의 의

연령차별은 헌법(§11)이 보장하는 평등권에 반하며, 능력에 기초한 합리적인사관리 및 기업문화형성에 장애가 되고, 장기적으로는 기업에 대한 충성도와 생산성을 저하시키며, 특정연령의 고용기회를 줄임으로써 인적자원의 다양한 활용을 방해하고, 국민의 경제활동기회를 좁혀 경제발전의 걸림돌이 될 수도 있다.

이에 따라 연령을 이유로 고용과 근로조건을 차별하지 못하게 법으로 보장하는 것이 일반적이다.[1]

3·나. 법적근거

(1) 고용정책기본법

고정법은 제7조에서 모집과 채용에 있어 합리적인 이유없이 차별이 금지되는 사유에 연령을 포함시키고 있다(2003.12.31 개정법 도입). 그러나 이는 선언적인 조항이다. 벌칙, 구제수단, 감독기관 등에 대해 규정을 두고 있지 않기 때문이다.

(2) 국가인권위원회법

인권위법은 제2조에서 모집, 채용, 교육, 임금, 해고 등 고용에 있어 특정한 사람을 우대, 배제 및 구별하거나 불리하게 대우하는 행위를 '평등권침해의 차별행위'의 하나로 구분하면서 다양하게 열거하고 있는 차별사유에 나이를 포함

---

1) 주로 영미계국가들이 그렇다 ; 미국의 「고용상 연령차별금지법(ADEA)」은 '채용, 해고, 보수, 고용조건, 고용기간, 고용상의 이익과 관련한 차별', '고용기회를 박탈하거나 지위에 부정적영향을 미치는 방식으로 근로자를 제한·격리·분류하는 행위', 'ADEA의 준수를 이유로 임금액을 삭감하는 행위', 'ADEA 위반과 관련한 구제신청·소송제기·증언 등을 이유로 한 차별', '연령차별에 해당하는 내용을 담은 인쇄물이나 광고를 제작·발간하는 행위' 등을 금지하고 있다 ; 영국의 「고용평등규칙(EEAR)」은 '보복(victimismation)에 의한 차별, 차별의 지시, 연령에 의한 괴롭힘, 승진, 전보, 훈련, 또는 기타의 혜택을 위한 기회, 해고 등에서 연령을 이유로 한 차별행위'를 금지하고 있다 ; 호주의 「연령차별금지법(ADA)」은 '사용자가 근로자에게 연령을 이유로 하여 고용의 조건, 승진·전보, 훈련기회, 해고 등에 있어 차별'을 금지하고 있다.

시키고 있다(2005.7.29 개정법 도입). 차별을 당한 사람은 국가인권위원회에 조사를 요구할 수 있다. 국가인권위원회는 차별행위라고 판단하면, 시정을 권고하거나 의견을 제시할 수 있다. 이 역시 벌칙이나 이행강제가 수반되지 않는 권고적조치이다.

(3) 고용상연령차별금지및고령자고용촉진에관한법률

① 입법배경

실효성이 없는 고정법과 인권위법의 한계를 극복하고자, 모집·채용·해고에 있어서 고령자에 대한 차별을 선언적으로 금지하는 규정만을 두고 있던 「고령자고용촉진법」이 「고용상연령차별금지및고령자고용촉진에관한법률(연령법)」로 개정되어 차별금지제도를 강화하였다.

② 적용범위 및 포함내용

연령법은 근로자를 1명이상 사용하려 하거나 사용하는 사업(장)에 적용되며, 취업이 가능한 모든 연령층을 대상으로 한다.

연령법은 근기법의 근로자개념과 사업주개념을 사용한다.

연령법은 차별금지행위 및 예외사유, 시정명령, 과태료 등 연령차별전반에 걸친 사항을 규정하고 법률의 명칭 및 목적에 연령차별을 명시하고 있다.

3·다. 연령차별금지제도의 내용

(1) 차별의 개념

연령차별은 유사한 상황에서 특정인이나 그가 속한 연령집단을 다른 연령의 사람이나 집단보다도 불이익하게 취급하는 것을 말한다. 따라서 차별의 존재여부는 유사한 상황에 있는 '나이가 다른 개인이나 집단' 즉, 비교대상자 또는 비교대상집단 사이의 비교를 통해 판단한다.

나이를 달리하는 집단이 다양하고, 나이는 시간이 지남에 따라 변하므로, 연령차별판단을 위해서는 구체적상황을 고려하여 비교대상자 또는 비교대상집단을 합리적으로 선택해야 한다. 차별은 경제적불이익에 국한되지 않으므로 비경제적불이익을 포함하고, 과거와 현재의 불이익뿐아니라 미래의 불이익 즉, 불이익하게 취급하려는 것도 포함한다.

(2) 차별사유

차별이 금지되는 사유는 모든 연령이다. 따라서 고령자, 청소년 등이 모두 차별금지대상이다.

(3) 차별판단 기준

① 합리적 이유

합리적이유가 없는 연령차별은 금지된다. 차별이 허용되는 판단기준으로서의 합리적이유는 엄격하게 해석되어야 한다. 즉, 연령에 근거한 차별이 합리성을 갖기 위해서는 '목적의 정당성'과 '수단의 불가피성'이 있어야 하며, 이 둘 사이에 비례원칙이 적용되어야 한다. 비례원칙에 의하면 '차별목적'과 '차별수단으로 채택된 연령기준의 정도 및 그에 따른 불이익의 정도' 사이에 비례성이 있어야 하며 차별정도가 적정해야 한다.[1]

합리적이유란 연령에 따라 근로자를 다르게 처우할 필요성이 인정되고, 달리 처우함에 있어 그 방법·정도 등이 적정한 경우를 말한다.[2]

② 직접차별

'연령을 이유로(연령법 §4의4①)' 한 직접차별은 금지된다. 사업주가 합리적인 이유가 없이 연령을 이유로 차별하는 행위는 직접차별에 해당한다. '연령을 이유로 한다'는 것은 차별원인이 특정인이나 특정집단의 생물학적인 나이임을 의미하며, 특정연령도달·특정연령그룹해당·연령차이 등을 차별기준으로 삼는 것을 말한다.

③ 간접차별

합리적인 이유가 없이 연령외의 기준을 적용하여 특정한 연령집단에 특히 불리한 결과를 초래하는 경우에는 연령차별로 본다(연령법 §4의4②).

이 규정은 간접차별금지의 근거가 된다.[3] 간접차별은 연령외의 기준 즉, 중립적기준을 사용함으로써 표면상으로는 차별이 없어 보이나, 실제로는 특정연령집단의 구성원이 상대적으로 불리한 상황에 처하게 되는 '결과적 불이익'이 존재하며, 중립적기준의 적용이 정당하지 않는 경우에 성립한다. 판단절차를 설명하면 다음과 같다.

---

1) 헌재 1999.12.23, 98헌마363. '제대군인 공무원채용시험 가산제도 사건'에서 평등권 심사기준으로 입법목적의 정당성, 수단의 불가피성 및 차별취급의 비례성 등 3가지를 제시하고 있다.

2) 대판 2022.5.26, 2017다292343 ; 대판 2023.6.29, 2019두53396.

3) 간접차별의 일반적인 개념에 대해서는 '제2장, 제2절, 3·나, (1), ②'에서 설명하였다. 연령법 외에, 고평법(제2장, 제2절, 3·나, (1), ②), 장차법(같은장, 제3절, 6·마, (1), ②), 인권위법 등이 간접차별을 규정하고 있다 ; 〈EU의 「고용·직업평등대우지침」〉 '외관상 중립적 규정, 기준 또는 행위에 의해 특정연령자 등이 불이익에 처하게 되는 경우로서, 합법적인 목적달성을 위한 적정·불가결한 수단에 해당하는 경우는 제외 ; 〈영국의 「고용평등연령규칙」〉 '외관상 중립적인 조항·기준·관행이 특정연령계층의 사람들을 타인과 비교하여 특별히 불리한 상황에 처하게 하고, 그 기준 등에 대해 객관적인 정당화요건이 존재치 않는 경우' ; 〈호주의 「연령차별금지법」〉 '차별행위자가 어떤 조건·요구·행위를 강제하려고 하고 이러한 조건 등이 해당상황에서 합리적이지 않으며, 차별피해자와 나이가 같은 사람에게 불이익한 영향을 주는 경우.

(가) **중립적기준**

중립적기준은 연령외에 차별중립적인 규정·조건·관행 또는 행위 등을 의미하며, 현실적으로는 재직기간·지식·경력·숙련·자격 등 '연령과 관련이 있는 요소'로 나타날 수 있다.

(나) **특정집단 소외**

중립적기준에 해당하는 집단과 그렇지 못한 집단의 존재가 간접차별의 판단기준이 된다.

(다) **결과적불이익**

결과적불이익은 중립적기준이 서로 다른 연령집단의 구성원들에게 다른 영향을 미치는 정도로 판단할 수 있다. 비교대상자 또는 비교대상집단 사이에 불이익의 차이가 현저해야 하는 것은 아니며 어느 한 쪽이 상대적으로 더 큰 불이익이 초래되는 것으로 족하다는 견해가 있다.[1]

불이익의 정도가 크지 않다면 차별로 보는 것은 무리이며, 불이익의 정도가 상당한 정도에 이르러야 위법으로 보는 것이 타당하다. 구체적으로는 통계적판단을 고려할 수 있다.[2]

(라) **정당성**

결과적불이익이 있더라도 사용자가 정당성을 입증하면 위법으로 볼 수 없다. 정당성여부는 목적과 수단의 측면에서 판단하여야 하고, 합리적이유의 판단기준이 적용된다. 구체적으로는 직무관련성, 사업상필요 등이 판단의 준거가 된다.[3]

---

1) 노동부, 「고용상 연령차별금지 및 고령자고용촉진에 관한 개정법령」시행지침(이하 '연령차별금지지침'이라 한다), 2009.3, 9쪽. '한 쪽에게만 일정한 불이익을 발생시키거나 상대적으로 많이 발생시킨다면 간접차별을 추정할 수 있다'는 설명을 부가하고 있다.

2) '제2장, 제2절, 1·나, (3), ①'에서 미국 고용평등위원회의 '5분의 4'규칙을 소개하였다. ; 고용노동부, 「연령차별금지지침」, 2012.11, 9쪽. 미국 연방항소법원의 예를 소개하고 있다. Transco사는 근로자들의 능력제고를 위해서 업무시간을 분할하고 그 시간내에 일정한 업적을 달성하게 하는 프로그램을 만들어 48주 후 이를 종료하면서 52명의 대상자중에서 11명을 해고하였는데 그 중에서 10명이 40세이상이었다. 이에 대해 25명의 젊은 근로자중 1명이 해고된 데 반해 27명의 나이 많은 근로자중에서 10명이 해고된 사실 즉 약 10대1의 차이를 '결과적 불이익'으로 인정하였다. 아울러 프로그램이 경영상의 필요에 의한 것이라는 회사측의 주장은 과도하게 높은 평가기준이 경영상 필요와 관련이 없다는 이유로 법(ADEA)위반으로 결정하였다.

3) 고용노동부, 「연령차별금지제도 안내」, 2012.11, 10쪽. 〈미국의 '고용기회평등위원회'(EEOC) 해석규칙이 제시한 가상사례〉 X사의 경영권을 인수한 A는, 유일한 생산품이 손뜨개질로 생산해내는 수제품이어서 컴퓨터가 크게 유용하지 않지만, 전산화에 막대한 자금을 투자하고 컴퓨터분야의 학위소지자가 아니면 채용하지 않는다는 방침을 발표하였다. 이에 따라 편물에 관한 풍부한 경험과 실적을 쌓은 50세의 여성인 근로자 B가 그 업무에서 최고의 적격자임에도 해당직무와 관련이 없는 '컴퓨터소양부족'을 이유로 직공장선발에서 탈락한데 대해, 관련 연구결과에 따르면 40세 이하 사람들중 컴퓨터관련학사학위 소지자는 20%, 40세이상은 1%라는 점을 지적하면서 간접차별로 인한 연령차별로 보았다. 이 경우 사용자는 직무관련성이 없는 요구를 내세워 최적격자를 탈락시킨 결과를 초래한 셈이므로 정당성을 인정받지 못한다. 그러나 근로자 B가 컴퓨터관련업무의 관리직에 응시한 경우라면 정당성이라는 차원에서 그 결과가 달라질 수 있다.

(4) 차별금지 예외

차별여부를 둘러싸고 발생할 수 있는 다툼을 명확히 하기 위해 연령법(§4의5)은 진정직업능력, 근속기간, 정년 그리고 적극적조치를 차별에 해당하지 않는 사유로 명시하고 있다.

① 진정직업자격

연령법은 '연극·영화 등에서 청년의 역할'이나 '노인단체의 임원'[1]처럼 "직무의 성격에 비추어 특정 연령기준이 불가피하게 요구되는 경우"를 진정직업자격[2]으로 보고 차별로 보지 않는다. 직업자격이 특정한 업무에 있어서 "진정한"(*bona fide*) 것이고 "일정한 사업의 정상운영에 있어서 합리적으로 불가결한" 것인지는 개별상황을 둘러싼 모든 사실들에 기초하여 결정되어야 하며, 이러한 진정직업자격의 개념은 예외적이고 제한적으로 적용되어야 한다.[3]

② 근속기간

연령법은 연공급처럼 "근속기간의 차이를 고려하여 임금·임금외금품 및 복리후생에서 합리적차등을 두는 경우"는 차별로 보지 않는다. 근속기간의 존중은 '경험·기술기능·숙련과 같은 직무능력의 반영', '직무책임도·성과의 차이 반영', 장기근속촉진 등 정당한 경영상필요에서 비롯된 것으로 합리적이유를 인정받을 수 있다.[4] 근속기간을 기초로 하는 연공급을 연령차별로 보지 않는다는 입법은 일반적인 것으로 보인다.[5]

---

1) 고용노동부, 「연령차별금지제도 안내」, 2012.11, 8쪽. 「영국 고용평등(연령)규칙에 관한 ACAS 가이드라인」.
2) 고용노동부, 「연령차별금지제도 안내」, 2012.11, 8쪽. 〈미국 ADEA 관련 EEOC 해석규칙(29 C.F.R. §1625.6)〉 진정직업자격이라고 항변하는 사용자는 '연령제한이 사업의 본질에 비추어 합리적으로 불가결하다는 점' 과 '관련된 해당업무로부터 배제된 사람 전부 혹은 대부분이 사실상 무자격자라는 점'을 같이 입증하거나 '배제된 사람들중 일부가 무자격임을 확인할 수 있는 특질이 연령외에는 없다는 점'을 입증하여야 한다. 진정직업자격을 주장하는 사용자의 목적이 공공안전인 경우에는 사용자는 문제된 행위가 그 목적을 실제로 달성하고, 보다 낮거나 덜 차별적인 효과를 갖는 수용가능한 다른 대안이 없음을 입증하여야 한다.
3) 국가인권위 2006.11.6, 2005진차662. [부정] 연령제한이 항공사승무원의 진정직업자격에 해당하기 위해서는, 그 연령을 초과하는 거의 모든 사람이 해당업무를 효율적으로 수행할 수 없거나, 직무를 수행할 수 있는 수준에 이르기까지 훈련시키는데 소요되는 비용과 시간이 상대적으로 지나쳐서 입직연령을 제한할 합리적인 필요성이 인정되어야 한다.
4) 고용노동부, 「연령차별금지제도 안내」, 2012.11, 9쪽. 〈아일랜드사례[Morrissey v Dun Laoghairgoe-Rathdown County Council (DEC-E 2003-39]〉 근속기간에 근거한 임금차이는 연령차별에 해당하지 않는다는 고용평등법 제34조제7항 규정을 이유로 들어 연령차별을 부정한 사건.
5) 고용노동부, 「연령차별금지제도 안내」, 2012.11, 9쪽. 〈영국 예 인용〉 임금 기타 이익의 제공에서 재직기간(예 : 5년)을 기준으로 삼는 것이 '경영상필요'를 충족시키기 위해 합리적인 경우에는 연령차별이 아님. 〈미국 예 인용〉 '진정한 연공제도'의 요건을 준수하기 위한 경우는 차별예외사유, 상대적 장기근속자를 위한 이익의 제공은 법 회피를 의도한 것이 아닌 한, 연령차별에 해당되지 않음.

③ **정 년**

연령법은 "연령법 또는 다른 법률에 따라 근로계약, 취업규칙, 단체협약 등에서 정년을 설정하는 경우"에는 차별로 보지 않는다.[1]

연령법에 위반된 정년은 차별금지의 예외로 인정되지 않는다(제10장, 제4절 2·라,(7)).

④ **적극적조치**

현존하는 연령차별을 시정하거나 '고용을 보호하기 위해'[2] 법령 등에 규정하여 취하는 적극적우대조치때문에 발생한 차이는 연령차별에 해당하지 않는다. 연령법은 "연령법 또는 다른 법률에 따라 특정 연령집단의 고용유지·촉진을 위한 지원조치를 하는 경우"는 차별로 보지 않는다. '고용유지·촉진을 위한 지원조치'로는 법정정년이상으로 정년을 연장하면서 임금피크제를 도입하거나, 정년이후에 재고용하는데 대한 특례를 들 수 있다.

(5) 차별영역

연령법은 고용의 전체단계에서 차별을 금지하고 있다. 사업주는 모집·채용, 임금, '임금외의 금품지급 및 복리후생', 교육·훈련, 배치·전보·승진 및 퇴직·해고의 분야에서 합리적이유없이 연령을 이유로 근로자 또는 근로자가 되려는 사람을 차별하여서는 안된다(연령법 §4의4①).

① **모집·채용**

최고연령처럼 지원자의 나이를 제한하거나 특정한 연령층을 선호하면 차별이 될 수 있다.[3] '연령분포의 적정한 유지', '사업운영이나 업무연속성', '신·구근로

---

1) 〈미국〉 정년제를 연령차별로 간주하여 원칙적으로 인정하지 않음 ; 〈영국·프랑스〉 정년을 연금수급개시연령이상으로 설정하면 연령차별예외로 인정 ; 〈일본〉 고령자의 고용이 확보될 수 있도록 사용자에게 근로자에 대하여 연금수급개시연령에 도달할 때까지 정년을 연장하는 등의 조치를 취할 의무 부과 ; 노동부, 「연령차별금지지침」, 2009.3, 12쪽. 〈아일랜드사례 {Perry v Garda Commissioner (DEC-E2001-29)}〉 직군에 따라 다른 정년을 설정하는 것은 법에 의해 허용되므로, 소방사(firefighter)의 정년55세와 소방관리(fire officer)의 정년65세는 연령차별이 아니다.

2) 고용노동부, 「연령차별금지제도 안내」, 2012.11, 10쪽. 〈「영국의 고용평등(연령)규칙에 관한 ACAS의 가이드라인」〉 컴퓨터교육훈련의 기회를 거의 가져보지 못한 60세이상의 고령자들만을 컴퓨터수강대상자를 제한하는 것은 적극적조치에 해당.

3) 〈차별인정 사례〉 '14개 국립대학교의 교원지원연령을 만40세이하, 45세이하 등으로 제한(국가인권위원회, 2002.11.18, 2002진차1)', '국공립학교교사의 신규채용공개전형응시연령을 40세이하로 제한(국가인권위원회, 2004.6.28, 2003진차119. 차별인정에 따라 2005년에 교육공무원임용령이 개정되어 연령제한 폐지)', '9급 지방공무원제한경쟁특별임용시험응시연령을 18세이상 28세까지로 제한(국가인권위원회, 2005.10.15, 2005진차62)', '사서직지방공무원에 대하여 응시연령을 18세이상 28세까지로 제한(국가인권위원회, 2005.10.15, 2005진차141)', '교원임용고사 동점자중 연장자를 합격처리하는 교육청 지침(국가인권위원회, 2006.4.10, 2006진차59)', '청원경찰을 채용할 때에 20세미만과 30세이상의 응시자격 제한(국가인권위원회, 2006.7.11, 2005진차935)', '항공사여자승무원 응시연령을 23~25세이하로 제한(국가인권위원회, 2006.11.6, 2005진차662)'.

자간의 적절한 균형과 조화',[1] '인력운영의 효율성 유지',[2] '인력구조의 원활한 순환구조유지' 등은 사업·조직의 주된 목적에 해당하지 않는 부차적목적이면 정당성이 인정되지 않을 수 있다. '모집과 채용에 따른 비용상승 및 절차지연으로 인한 인적자원활용저해',[3] '과다지원에 따른 채용일정·인력수급계획차질'[4] 등 경제·사회적인 비효율성을 방지하기 위한 목적도 정당성을 인정받기 어렵다. 졸업년도를 기준으로 모집·채용을 제한하는 것은 연령을 직접적이유로 한 것은 아니다. 그러나 통상적으로 졸업년도는 연령과 밀접하게 연결되어 간접차별이 될 가능성이 크므로 정당성을 입증하지 못하면 위법이 될 수 있다.[5]

② 임금·임금외금품·복리후생

연령을 이유로 임금이나 기타 금품, 복리후생에서 불이익을 주는 행위는, 정당성을 인정받지 못하면, 연령차별에 해당된다. 연령법(§4의5 ii)은 연공급처럼 근속기간을 기준으로 "근속기간차이를 고려하여 임금·임금외금품과 복리후생에서 합리적인 차등을 두는 경우"를 차별로 보지 않는다. 임금피크제의 연령차별금지 해당성은 앞(제5장 제3장,7·라)에 설명되어 있다.

③ 교육·훈련

해외연수[6] 등 교육·훈련은 직무능력개발의 중요한 수단이자 인사 및 보상에서의 이익과 밀접히 연관되어 있기 때문에 연령에 따른 차별이 없이 평등한 기회가 보장되어야 한다. 대상자선발에 있어 객관적이고 합리적기준에 의하지 않고 연령을 이유로 차별하는 것은 불합리하다. 장기교육에 있어 일정근무기간확

---

1) 국가인권위원회, 2002.11.18, 2002진차1. 연구·교육·봉사가 대학의 1차적 목표이고, 조직의 건전성은 부차적 목표로서 연령차별의 합리적인 이유가 되지 못한다.

2) 국가인권위원회, 2006.11.6, 2005진차662. 승무원인력에 대한 투자비용을 회수하거나, 근속년수를 높이는 것은 경영적차원에서 검토할 일이지, 그 자체가 해당직무의 본질적기능을 수행할 수 있는 자격과 능력의 존재 여부를 판단하는 근거가 되기 어렵고, 응시기회자체를 원천봉쇄할 만한 합리적사유가 못된다.

3) 국가인권위원회, 2004.6.28, 2003진차119. 교원임용시험응시여부는 개인적선택의 문제이고, 교원자격증을 취득하여 교원으로 양성된 자를 연령을 기준으로 교육분야에 종사하지 못하도록 임용기회에서 배제하는 것은 국가인적자원개발 및 활용이라는 입법목적에 역행한다.

4) 국가인권위원회, 2006.11.6, 2005진차662. 경쟁이 치열해지고 그에 따라 탈락자가 많으면 자연스럽게 비용대비 효과의 평가가 이루어져 응시자가 줄어들게 되는 시장경쟁의 원리에 맡겨야 할 일이지 연령차별의 합리적근거가 될 수 없다.

5) 노동부, 「연령차별금지지침」, 2009.3, 8쪽. 〈아일랜드 사례〉 기업이 상업분야에서의 경험이 2~3년을 초과하지 않는 대학졸업자를 구한다는 신문광고를 낸 상태에서, '관련된 직업에 대한 경험 및 교육의 경험'을 가진 51세의 구직자가 지원하였으나 면접대상에서 배제된데 대해, 평등조사관청은 광고의 기준은 고령자에게 상대적으로 불리하게 작용하는 것으로, 해당기업이 연령과 무관한 객관적인 업적기준에 관한 증거를 제시하지 못한다면 간접차별이다.

6) 국가인권위원회, 2005.11.21, 2005진차651. 공무원장기국외훈련을 선발할 때에 45세이하로 연령을 제한하는 「공무원국외훈련업무처리지침」을 불합리한 차별로 보았다.

보[1)]나 '어학능력·시험준비에 따른 업무소홀우려'[2)] 등은 연령차별을 정당화하는 근거가 되지 못한다.

④ **배치·전보·승진**

전보, 전직, 파견[3)] 및 승진에 있어 직무능력, 조직효율성, 인화력, 책임감, 업무실적 등 여러 요소를 고려하는 사용자의 선택권은 존중되어야 한다. 그러나 나이를 이유로 한 배치전환에 대해 합리적이유가 인정되기 위해서는 나이가 해당직무의 진정직업자격이어야 한다. 다시 말해서 나이가 해당직무의 정상적인 운영을 위한 필수적인 요소라는 점, 기준연령이상인 사람은 모두 혹은 상당수가 해당직무를 수행할 수 없거나 적절치 않다는 점 등을 입증하여야 하며, 나이가 많은 근로자는 생산성이 더 낮을 것이라는 가정은 진정직업자격이 될 수 없다.[4)] 다른 합리적이유없이 연령만을 이유로 차별하는 것은 연령법위반이다. 구체적으로는 '특정한 연령집단에게 기회를 부여하지 않거나[5)] 상대적으로 불리한 조건을 적용하는 경우', '특정 연령집단을 근로조건이 불리한 직무에 일괄적으로 배치하거나 전보시키는 경우', '자격이나 조건에 관계없이 나이가 적은 사람을 우대하는 경우' 등은 부당한 차별이 될 수 있다. 해외파견 등에 있어 나이를 기준으로 하면서 소요경비 등의 요인이 정당성의 근거로 인정되기 위해서는 타당성이 검증되어야 하고 그러한 기준과 우대정도에 있어 적절한 균형이

---

1) 국가인권위원회, 2005.11.21, 2005진차651. 막대한 예산이 소요되는 장기국외훈련의 성격상 귀국후 일정한 근무기간의 확보가 필요하더라도 나이를 근무가능기간을 판단하는 기준으로 할 경우 그 효과를 가늠하기 어려우며, 정년퇴직나이까지 남은 기간이 곧 실제 근무할 기간이라고 볼 수 없고, 나이가 낮을수록 이직가능성이 높아 연수후에 실제근무기간이 짧아질 수도 있으며, 이미 시행하고 있는 '연수 후 의무 복무제도'가 목적 달성을 위해 보다 직접적 수단이다.

2) 국가인권위원회, 2005.11.21, 2005진차651. 나이와 어학능력의 상관관계를 객관적으로 판단할 수 있는 근거가 없을뿐 아니라, 국외훈련의 자격요건으로 어학능력이 요구된다면 어학능력자체를 평가해야 할 것이며, 국외훈련의 효과를 높이기 위해서는 직무수행능력, 외국어능력, 수학능력, 훈련계획 등을 직접 평가하고 그 평가에 근거하여 유자격자를 선발한 후, 훈련이후에 결과물에 대한 평가를 강화하는 것이 보다 타당한 방법이다. 아울러, 해당훈련의 주대상이 4~5급인 상황에서 하위직급부터 승진한 공무원은 그러한 직위에 도달했을 때에 국외훈련의 제한연령인 45세를 넘을 수 있다는 점도 고려할 필요가 있다.

3) 국가인권위원회, 2004.7.26, 2003진기78. 교육공무원을 해외에 파견함에 있어 교장 58세, 교감 56세, 교사는 46세이하인 자로 제한한 「해외파견교육공무원인사관리규칙 별표1」을 국제규약(시민적·정치적 권리에 관한 국제규약 제26조)의 차별근절정신과 「헌법」 제11조에 보장된 평등권에 위배되는 것으로 보았다.

4) 국가인권위원회, 2006.2.27, 2004진차307. 〈은행에서 정년전 일정기한부터 실적에 따라 역직위 인사발령을 할 수 있도록 한 제도에 관한 사례〉 경영개선이나 구조조정을 위한 직급·직위하향조정은 업무성과나 공헌정도 등이 기준이 되는 것으로서 나이가 많을수록 생산성이 낮을 것이라는 전제는 성립하지 않는다. 일정연령을 기준으로 해서 성과에 따라 직급·직위를 하향시킬 수 있는 제도를 적법절차를 거쳐 취업규칙 등에 규정했다면, 그 요건이 충실히 준수되어야 한다.

5) 노동부, 「연령차별금지지침」, 2009.3, 12쪽. 〈아일랜드사례 {Mcgarr v Department of Fincance(DEC-E2003-36)}〉 3년간 다른 연령대를 승진시키면서 50세이상자를 한 명도 승진시키지 않은 사건. 능력과 경험에 근거한 것으로 볼 수 없고 반증도 제시하지 못한다면서 금전보상과 제도개선 결정.

인정되어야 한다.[1]

⑤ **퇴직 · 해고**

경영해고에 있어 연령을 기준으로 대상자를 선정하는 것은 연령법위반이다. 근속기간, 고임금 등을 기준으로 하는 것은 직접적인 연령차별로 볼 수는 없다. 연공급체계 아래에서는 연령과 근속기간 · 임금이 밀접한 관계를 맺고 있으므로 간접차별인지가 판단되어야 한다. 이 경우 특정연령대에 결과적으로 불이익해도, 근속기간 · 임금을 해고기준으로 삼는 것이 타당하고, 대안을 제시하기 어려운 것처럼 합리적이유가 있다면 정당성이 인정된다. 퇴직보상금을 연령대에 따라 현저하게 다르게 하면 불합리한 차별이 될 수 있으나[2] 정년까지 남은 기간에 대해 비례적으로 지급하도록 설계하면 정당성을 인정받을 것이다.

(6) 차별금지위반의 효과와 구제

① **의 의**

연령법은 차별구제제도를 두고 있다. 아울러 모집 · 채용을 이유로 한 차별금지를 위반하면 차별구제제도를 적용하는 한편, 벌칙이 부과될 수 있다.

② **진정 · 권고**

연령차별을 당한 피해자는 인권위법 제30조에 따라 국가인권위원회[3]에 그 내용을 진정할 수 있다(연령법 §4의6①). 진정은 원인이 된 사실이 발생한 날로부터 1년 이내에 해야 하며(인권위법 §32①), 제척기간을 충족하지 못한 진정은 각하된다. 진정권자는 연령차별의 피해자이다. 국가인권위원회는 진정을 조사한 후에 연령차별이 있다고 판단하여 피진정인, 소속기관 · 단체 또는 '감독기관의 장'에게 구제조치 등을 권고할 경우에 그 권고내용을 고용장관에게도 통보해야 한다(연령법 §4의6②).

③ **시정명령**

고용장관[4]은 사업주가 정당한 사유가 없이 국가인권위원회의 권고를 이행하

---

1) 국가인권위원회, 2004.7.26, 2003진기78. 교사를 해외에 파견함에 있어 학부모와 학생이 젊은 교사를 원한다 하나, 이는 여러 고려사항 중 하나일 뿐, 나이를 46세로 제한할 만큼 절대적이라 볼 수 없다. 경력과 나이가 많은 교사를 파견하면 인건비가 증가한다 하나 자녀가 있는 젊은 교사가 나이든 교사보다 많은 인건비를 받을 수 있으므로 타당성이 없다.

2) 노동부, 「연령차별금지지침」, 2009.3, 6쪽. 〈아일랜드사례 {Perry v Garda Commissioner (DEC-E2001-29)}〉 60세 이상자와 미만자에 대한 조기퇴직보상금지급기준을 달리한 사건. 가상적 비교대상자를 설정하여 상호비교하는 방식(근속기간 · 임금수준이 동일하다고 전제하고 연령이 60세+1일인 경우와 60세-1일인 경우 가상하여 조기퇴직금액을 계산 · 비교)을 택한 결과, 불합리한 차별(6천파운드의 차이 발생, 이는 2일의 차이에 대한 장래소득상실의 보상으로서 비례적이지 않음)이 나타났고 연령외의 요소에 의해 불이익이 상쇄되지 않으며, 법이 규정하는 차별예외사유에 관한 증거도 없으므로 연령차별에 해당한다.

3) 기단법 및 파견법의 차별판단주체는 노동위원회이다. 연령차별도 고용차별임에도 그 주체를 달리하고 있다.

지 않고 피해정도가 심각하다고 인정되면, 피해자신청 또는 직권으로 시정명령을 할 수 있다.[1] 피해자신청에 따라 시정명령은 신청일로부터 3개월이내에 하여야 한다(연령법 §4의7③). '피해정도가 심각하다'함은 다수(2인 이상)피해자차별행위, 반복적(3년이 내재발)차별행위, 고의적권고불이행 그리고 '피해내용 · 규모 등을 고려하여 고용부령으로 정하는 경우'를 말한다(연령법 §4의7①). 연령차별피해자인 신청권자는 국가인권위원회가 구제조치 등을 권고한 날부터 제척기간인 6개월이내에 피해자신청을 하여야 한다(연령령§4② 인권위법§32①). 시정명령에는 연령차별행위중지, 원상회복, 재발방지조치 그리고 '고용부령으로 정한 조치'가 포함된다(연령법 §4의7②). 고용장관은 시정명령이유, 시정명령내용, 시정기한 그리고 시정명령불복절차를 명시한 서면을 사업주와 피해자에게 각각 내주어야 한다(연령법 §4의7④). 시정기간은 60일이내이고 이행하지 않으면 과태료가 부과된다. 지방고용노동청장의 시정명령 · 기각 결정에 대하여 불복이 있는 관계당사자는 그 명령서 또는 기각결정서의 송달을 받은 날부터 90일이내에 해당지방고용노동청에 행정심판을 제기하거나, 관할법원에 행정소송을 제기할 수 있다(행정심판법 §27).

④ **행정관리**

고용장관은 연령차별행위를 한 사업주에게 시정명령이행상황을 제출할 것을 요구할 수 있다(연령법 §4의8①). 시정명령이행상황제출요구기간은 14일이내이고 불응하면 과태료가 부과된다. 피해자는 연령차별행위를 한 사업주가 시정명령을 이행하지 않으면 고용장관에게 신고할 수 있다(연령법 §4의8②).

⑤ **과태료**

시정명령을 정당한 사유가 없이 이행하지 않는 사람에게는 3천만원이하의 과태료(연령법 §24①)를, 시정명령이행상황에 대한 제출요구에 정당한 이유없이 불응한 사람에게는 5백만원이하의 과태료(연령법 §24② i)를 부과한다. 과태료는 대통령령(연령령 §16)으로 정하는 바에 따라 고용장관이 부과 · 징수한다(연령법 §24③).

(7) 모집 · 채용 위반의 특례

모집 · 채용에서의 연령차별에 대해서는 구제제도외에 벌칙(연령법§23의3② 5백만원벌금, 양벌규정)이

---

4) 시정명령권한은 지방고용노동청장에게 시정명령이행상황의 제출요구 및 과태료부과 등의 처리권한은 지방고용노동관서장에게 위임되어 있다(연령령 §15). ↘ 672쪽

1) 국가인권위원회는 옴부즈맨방식(구속력을 갖지 않는 권고 · 조정 등)으로 운영되어 고용부가 법적구속력이 있는 시정명령을 하도록 설계되었다.

적용된다. 근로관계가 성립하기 전단계에서의 차별은 보통의 시정절차로는 구제되기 어려우므로 예방을 중시하여 형사처벌규정을 둔 것으로 보인다. 피해자가 명시적으로 구제를 원하지 않고 처벌만을 원할 경우에는 근로감독관의 조사와 검사의 기소를 거치는 사법처리절차가 진행된다.

(8) 불리한 처우의 금지와 벌칙

사업주는 근로자가 연령차별행위에 대한 진정, 자료제출, 답변·증언, 소송, 신고 등을 하였다는 이유로 근로자에게 해고, 전보, 징계, 그 밖의 불리한 처우를 하여서는 안된다(연령법 §4의9, §23의3① 2년 징역·1천만원 벌금, 양벌규정).[1] 사업주의 보복적불이익조치를 방지함으로써 예방적효과를 통해 법의 실효성을 확보하기 위한 규정이다.

(9) 정부와 사업주의 책무

정부는 고용에서 연령을 이유로 차별하는 관행을 해소하기 위하여 연령차별금지정책을 수립·시행하여야 하며(연령법 §3), "사업장을 지도·감독할 때 사업주에게 연령을 사유로 한 고용차별을 해소하도록 노력할 의무가 있음을 주지"[2] 시켜야 하고, 사업주는 연령을 이유로 하는 고용차별을 해소하도록 노력하여야 한다(연령법 §4).

제2절 장 애 인

1. 개 요

1·가. 법적 근거

UN총회는 1975년도에 "장애자의 권리선언"을 채택하고, 1976년도에 "1981년을 세계장애자의 해"로 결의했다. 우리나라는 장애인의 고용촉진·직업재활 및 직업안정을 도모하고자 1990년에 「장애인고용촉진등에관한법률」을 제정하였다. 이 법은 2000년에 「장애인고용촉진및직업재활법」(장고법)으로 명칭을 변경하여 여러

1) 근기법(§104), 기단법(§16), EU 고용·직업 평등대우지침, 영국 EEAR, 미국 ADEA, 호주 ADA 등에 비슷한 규정이 있다.
2) 노동부, 「연령차별금지지침」, 2009.3, 4쪽.

차례의 개정을 거쳐 시행되고 있다. 그리고 2007년에 「장애인차별금지및권리구제등에관한법률」이 따로 제정되어 시행되고 있다.

1·나. 장애인의 개념

장애인은 신체 또는 정신상의 장애로 장기간에 걸쳐 직업생활에 상당한 제약을 받는 사람으로서 대통령령으로 정하는 기준[1]에 해당하는 사람(장고법 §2 i)이다.

1·다. 장애인보호 조치

(1) 고용과 근로조건

사업주는 정부의 장애인고용시책에 협조하여야 하고, 장애인의 능력을 정당하게 평가하여 고용기회를 제공하고 적정하게 고용관리를 하여야 한다(장고법 §5①).

장애인에게도 법정근로조건이 비장애인근로자과 동일하게 적용된다. 장애인을 고용할 때에 장애등급이나 장애인연령에 따라 채용을 제한하거나 특정직종으로 근무를 제한하는 것은 장고법의 목적에 저촉된다. 장애인이라는 이유로 채용・승진・전보 및 교육훈련 등 인사관리상의 차별을 할 수 없다(장고법 §5②).

(2) 인식개선 교육

사업주는 장애인에 대한 직장내편견을 제거함으로써 장애인근로자의 안정적인 근무여건을 조성하고 장애인채용이 확대될 수 있도록 직접 또는 교육강사가 1명이상 배치된 장애인인식개선교육기관에 위탁(장고법 §5의3)하여 장애인인식개선교육을 실시하여야 하며(장고법§5의2 §86②. 3백만원벌금), 사업주와 근로자는 인식교육을 받아야 한다.

(3) 자료제공 및 실태조사

고용장관은 장애인을 고용하거나 고용하려는 사업주에게 장애인의 신체적・정신적 조건, 직업능력정보, 그 밖의 자료를 제공하여야 한다(장고법 §25).

고용장관은 장애인의 고용촉진 및 직업재활을 위하여 매년 1회이상 장애인의 취업직종・근로형태・근속기간・임금수준 등 고용현황 및 장애인근로자의 산업재해현황에 대해 전국적실태조사를 실시해야 한다(장고법 §26).

(4) 우대조치

고용장관은 장애인의 고용에 모범이 되는 사업주를 장애인고용우수사업주로

---

1) 「장애인복지법시행령」 제2조에 따른 장애인 기준에 해당하는 사람과 「국가유공자등예우및지원에관한법률시행령」 제14조제3항에 따른 상이등급기준에 해당하는 사람이다(장고령 §3①).

선정하여 사업을 지원하는 등의 조치를 할 수 있다(장고법 §24①).

국가, 지방자치단체 또는 공공기관(공공기관의운영에관한법률§4)은 공사·물품·용역 등의 계약을 체결하는 경우에는 장애인고용우수사업주를 우대할 수 있다(장고법 §24②).

2. 장애인고용의무제도

2·가. 국가·지방자치단체

국가 및 지방자치단체장은 소속공무원정원의 3%이상에 대해 장애인을 고용하여야 하며 장애인공무원의 채용계획과 실시상황을 고용장관에게 제출하여야 한다(장고법 §27①⑥). 각 시험실시기관장은 장애인이 신규채용인원의 3%이상 채용되도록 시험을 실시하여야 한다(장고법 §27②).[1] 임용권을 위임받은 기관의 장이 공개채용을 하지 않고 공무원을 모집하는 경우에도 공개채용비율관련규정이 준용된다(장고법 §27③). 공안직[2] 및 군인 등에 대해서는 공개채용비율을 적용되지 않으나, 국가 및 지방자치단체장은 장애인이 고용될 수 있도록 노력하여야 한다(장고법 §27④).

2·나. 민간기업

(1) 적용대상

장애인고용의무제도의 적용대상은 상시 50명이상의 근로자를 고용하는 사업주이다(장고법 §28①). 건설업(운전사가 딸린 건설장비임대업을 제외)에 대해서는 매년 고용장관이 기준이 되는 공사금액을 고시한다. 상시라 함은 근로계약형태와 관계없이 매월근로일수가 산정일 현재 16일이상인 근로자를 말한다. 구체적으로는 1년동안 '매월16일이상고용[3]한 근로자수'를 조업개월수(조업일이16일미만인 달은 뺀다)로 나누어 산정한다(장고령 §24③).[4]

(2) 장애인 의무고용률

상시로 50명이상의[5] 근로자를 고용하는 사업주는 근로자총수의 5/100의 범위에서 소정(장고령 §25)의 비율(의무고용률 31/1,000)이상에 해당(소숫점이하버림)하는 장애인을 고용하여야 한다(장고법 §28①). 사용자에게 고용의무가 있다 해서 장애인개인의 개별적고용청구권

---

1) 교육공무원법에 의한 교사를 신규로 채용할 때 장애인응시인원 또는 장애인합격자수가 장애인채용예정인원에 미달하면 그 미달하는 인원을 장애인이 아닌 사람으로 채용할 수 있다.

2) 공안직군 공무원, 검사, 경찰·소방·경호공무원을 말한다.

3) 임금지급의 기초가 되는 날이 16일 이상인 경우를 말한다.

4) 「주택법」에 따른 공동주택관리사업은 사업장별로 '상시 고용하는 근로자수'를 산정한다(장고령 §24③ 단서).

5) 근로자수를 확인하기 곤란한 건설업은 공사실적액이 고용장관의 고시금액 이상인 경우이다.

이 인정되는 것은 아니다. 안마사 등 특정장애인의 능력에 적합하다고 인정되는 직종에 대하여는 고용비율을 대통령령(장고령 §26)으로 따로 정할 수 있다. 다만, 이 비율은 의무고용비율이 아니다.

3. 장애인고용부담금

3·가. 부담금 납부의무

의무고용률에 미달하는 장애인을 고용하는 사업주(상시100명 미만 고용사업주제외)는 매년 고용장관에게 장애인고용부담금을 납부하여야 한다(장고법 §33①). 장애인고용의무대상사업주는 매년 다음연도 1월31까지(연도중에 사업을 폐지 또는 종료한 경우에는 그 날로부터 60일 이내) 매월 상시근로자수, 고용한 장애인근로자수 및 부담금액수 등(장고령 §36)을 고용장관(지방고용노동관서)에게 신고하고 해당년도의 부담금을 납부하여야 한다(장고법§33⑤, §86③ 미신고시 2백만원과태로).[1] 고용장관은 사업주가 기간안에 신고를 하지 않거나 부담금을 납부하지 않았을 때에는 이를 조사하여 부담금을 징수할 수 있고 사실조사에 따라 그 차액을 추징하거나 환급하여야 한다(장고법 §33⑥⑦). 이 경우에 부담금액에 10%의 가산금이 추가로 징수된다(장고법 §35①).

사업주가 납부금을 지체하면 고용장관은 36개월을 초과하지 않는 범위에서 「은행(은행법 §2)의 연체이자율(장고법 §35②, §37③) 등을 고려하여 대통령령(장고령 §40)에 따라 월단위로 연체금을 징수하며, 독촉에도 불구하고 징수금을 납부치 않으면 국세체납처분의 예에 따라 징수할 수 있다(장고법 §35②, §37③).

3·나. 고용부담금산정

부담금은 의무고용률에 따라 고용해야 할 장애인총수에서 매월 상시 고용하고 있는 장애인수를 뺀 수에 부담기초액을 곱한 금액의 연간합계액이다(장고법 §33②).

부담금 총액 = {(월별장애인 고용의무 인원의 연간합계) − (월별장애인 고용 인원의 연간합계)} × 부담기초액

부담기초액은 고용정책심의회의 심의를 거쳐 최임법에 따라 월단위로 환산한 최저임금액의 60/100이상의 범위에서 고용장관이 정하여 고시하되 장애인고용률에 따라 부담기초액의 1/2이내의 범위에서 가산할 수 있으며, 장애인을 상시1명이상 고용하지 않은 달이 있으면 그 달에 대한 사업주의 부담기초액은 최임

1) 기간내에 부담금을 분할납부하지 않고 전액을 납부하면 5%범위에서 공제받을 수 있다.

법에 따라 월단위로 환산한 최저임금액으로 한다(장고법 §33③).

4. 장애인고용장려금

고용장관은 고용의무적용대상이 아닌 사업주를 포함해서 기준고용률을 초과하여 장애인을 고용한 사업주에게 초과한 장애인의 수에 비례하여 산정한 장애인고용장려금을 지급할 수 있으며(장고법 §30①), 지급단가·시기 및 절차 등을 정한다. 지급단가는 월단위로 환산한 최저임금액의 범위여야 하며, 중증·여성장애인을 우대하여 정해진다(장고법 §30③).

5. 장애인고용촉진업무

고용장관은 자영업을 원하는 장애인에게 자금을 융자하거나 영업장소를 임대할 수 있다. 장고법은 한국장애인고용공단을 통해 취업확대대책, 능력개발, 인력수급정책을 시행토록 하고 직업지도, 자료제공, 고용지도 등을 하도록 정부에게 의무화하고 있다.

구체적으로는 사업주부담금 등의 재원으로 장애인고용촉진및직업재활기금을 조성하여, 지원금·장려금제도 등 사업주고용촉진제도, 장애인근로자의 직업생활안정을 위한 출근차량구입자금, 직업안정자금·자영업창업자금·자영업영업장소임대자금융자 등 장애인고용촉진사업이 시행되고 있다.

6. 장애인차별금지제도

6·가. 의 의

장애인을 위한 평등권(헌법 §11)은 「장애인차별금지및권리구제등에관한법률」(장차법)(2007.4.10 제정 2008.4.11 시행)을 통해 실현된다. 장애를 사유로 한 차별금지 및 권리구제에 관하여 장차법에서 규정한 것외에는 「국가인권위원회법」(인권위법)으로 정하는 바에 따른다(장차법 §9). 장차법은 모든 생활영역에서 장애를 이유로 한 차별을 금지하고 장애를 이유로 차별받는 사람의 권익을 구제함으로써 장애인의 완전한 사회참여와 평등권실현을 통하여 인간으로서의 존엄과 가치를 구현함을 목적으로 한다(장차법 §1).

6·나. 차별사유

장차법에서 금지하는 차별행위의 사유가 되는 장애라 함은 신체적·정신적 손상 또는 기능상실이 장기간에 걸쳐 개인의 일상 또는 사회생활에 상당한 제약을 초래하는 상태를 말하며(장차법 §2①), 장애인이라 함은 장애가 있는 사람을 말한다(장차법 §2②). 장차법(제3장 §33~§37)은 장애인에 대한 일반적인 차별금지규정과는 별도로 장애여성, 장애아동과 정신적장애자에 대한 차별금지와 국가 및 지방자치단체의 의무를 특별히 규정하고 있다.

6·다. 차별주체와 객체

누구든지 장애 또는 과거의 장애경력 또는 장애가 있다고 추측됨을 이유로 차별을 하여서는 안된다(장차법 §6). 장차법에서 사용자라 함은 근기법(§2① ii)의 사용자를 말한다(장차법 §3 v). 차별객체는 장애인과 과거의 장애경력 또는 장애가 있다고 추측되는 사람이다. 장애인은 자신의 생활전반에 관하여 자신의 의사에 따라 스스로 선택하고 결정하는 '자기결정권 및 선택권'을 가지며, 장애가 아닌 사람과 동등한 선택권을 보장받기 위하여 필요한 서비스와 정보를 제공받을 권리를 가진다(장차법 §7). 장애인을 돕기 위한 목적에서 장애인을 대리·동행하거나 장애아동의 보호자 또는 후견인 그 밖에 장애인을 돕기 위한 사람임이 통상적으로 인정되는 장애인관련자는 차별의 객체와 주체 모두가 될 수 있다(장차법 §4① v).

6·라. 차별영역

(1) 고 용

사용자는 모집·채용,[1] 임금 및 복리후생, 교육·배치·승진·전보, 정년·퇴직·해고에 있어 장애인을 차별하여서는 안된다(장차법 §10①). 노동조합(노조법 §2iv)은 장애인 근로자의 조합가입을 거부하거나 조합원의 권리 및 활동에 차별을 두어서는 안된다(장차법 §10②). 사용자는 장애인이 해당직무를 수행함에 있어서 장애인이 아닌 사람과 동등한 근로조건에서 일할 수 있도록 편의[2]를 제공하여야 하고, 정당한 사유 없이 장애를 이유로 장애인의사에 반하여 다른 직무에 배치하여서는 안된다(장차법 §11).

사용자는 채용이전에 장애인여부를 조사하기 위한 의학검사를 실시하면 안되며, 채용이후에 직무의 본질상 요구되거나 직무배치 등을 위하여 의학검사실시 비용을 부담하고, 이 과정에서 취득한 장애인건강상태나 장애 또는 과거장애경

---

1) 대판 2023.12.28, 2023두50127. [차별인정] 면접시험에서 직무와 무관한 장애에 관해 질문한 행위.

2) ⓐ 시설·장비의 설치 또는 개조, ⓑ 재활, 기능평가, 치료 등을 위한 근무시간의 변경 또는 조정, ⓒ 훈련 제공 또는 훈련에 있어 편의제공, ⓓ 지도매뉴얼 또는 참고자료의 변경, ⓔ 시험 또는 평가과정의 개선, ⓕ 화면낭독·확대 프로그램, 무지점자단말기, 확대 독서기, 인쇄물음성변환출력기 등 장애인보조기구의 설치·운영과 낭독자, 수화 통역자 등의 보조인 배치이다. ; 구체적내용 및 적용대상사업장의 단계적범위 등에 관하여는 대통령령으로 정한다(장차법 §11①③).

력 등에 관한 개인정보를 누설하면 안된다(장차법 §12).

(2) 기 타

장차법은 고용외에도 교육, '재화와 용역의 제공 및 이용', '사법·행정절차 및 서비스와 참정권', '임신·출산·양육 등 모·부성권', '가족·가정·복지시설·건강권' 등에서의 차별을 금지하고 있다.

6·마. 차별의 판단

(1) 차별의 범위

① 직접차별

정당한 사유가 없이 장애인이나 장애인관련자를 제한·배제·분리·거부 등에 의하여 불리하게 대하거나(장차법 §4① i), 이를 표시·조장하는 광고[1]를 직접 행하거나 그러한 광고를 허용·조장하는 경우(장차법 §4①iv)는 직접적 차별행위가 된다.

보조견 또는 장애인보조기구 등의 정당한 사용을 방해하거나 보조견 및 장애인보조기구 등을 대상으로 이루어지는 차별광고도 차별행위가 된다(장차법 §4①vi).

② 간접차별

장차법은 간접차별의 개념을 인정하고 있다.[2] 형식상으로는 불리하게 대하지 않지만 정당한 사유가 없이 장애를 고려하지 않은 기준을 적용함으로써 장애인에게 불리한 결과를 초래하면 차별행위가 된다(장차법 §4①ii).

③ 편의제공거부

정당한 사유가 없이 장애인에 대하여 '정당한 편의의 제공'[3]을 거부하는 경우에도 차별행위가 된다(장차법 §4①iii).

(2) 차별로 보지 않는 행위

'금지된 차별행위를 하지 않음에 있어서 과도한 부담이나 현저히 곤란한 사정 등이 있는 경우'와 '특정직무나 사업수행의 성질상 불가피한 경우'는 정당한 사유로 인정하여 차별로 보지 않는다(장차법 §4③). 장애인의 실질적인 평등권을 실현하고 장애인에 대한 차별을 시정하기 위하여 이 법 또는 다른 법령 등에서 취하는 적극

---

1) 통상적으로 불리한 대우를 조장하는 광고효과가 있는 것으로 인정되는 행위 포함(장차법 §4①iv후단).

2) 간접차별의 일반적인 개념은 '제2장, 제2절, 3·나, (1), ②'에서 설명하였다. 장차법 외에, 고평법(제2장, 제2절, 3·나, (1), ②), 연령법(같은장, 제2절, 3·다, (3), ③), 인권위법 등이 간접차별을 규정하고 있다.

3) 장애인이 장애가 없는 사람과 동등하게 같은 활동에 참여할 수 있도록 성별, 장애의 유형 및 정도, 특성 등을 고려한 편의시설·설비·도구·서비스 등 인적·물적 제반 수단과 조치를 말한다(장차법 §4②).

적 조치는 장차법에 따른 차별로 보지 않는다(장차법 §4④).

(3) 판단방법

2가지이상의 차별원인중에서 주된 원인이 장애라고 인정되는 경우, 해당행위는 장차법에 따른 차별로 본다(장차법 §5①). 차별여부를 판단할 때에는 장애인의 성별, 장애의 유형·정도·특성 등을 충분히 고려하여야 한다(장차법 §5②).

6·바. 실효성 확보

(1) 진 정

장차법에서 금지하는 차별행위로 인한 피해자 또는 그 사실을 알고 있는 사람이나 단체는 국가인권위원회(위원회)에 진정할 수 있다(장차법 §38). 위원회는 진정이 없는 경우에도 장차법에서 금지하는 차별행위가 있다고 믿을 만한 상당한 근거가 있고 그 내용이 중대하다고 인정할 때에는 이를 직권으로 조사할 수 있다(장차법 §39).

(2) 시정명령

위원회는 권고(인권위법 §44)내용을 법무부장관에게 통보하여야 한다(장차법 §42). 법무부장관은 위원회의 권고를 받은 사람이 정당한 사유없이 권고를 이행하지 않는 행위중의 일부행위[1]에 대해 그 피해의 정도가 심각하고 공익에 미치는 영향이 중대하다고 인정되면 피해자신청 또는 직권으로 시정명령[2]을 할 수 있다(장차법 §43①).

법무부장관의 시정명령에 대하여 불복하는 관계당사자는 그 명령서를 송달받은 날부터 30일이내에 행정소송을 제기할 수 있으며, 기간이내에 행정소송을 제기하지 않은 때에는 그 시정명령은 확정된다(장차법 §44). 법무부장관은 확정된 시정명령에 대하여 차별행위자에게 그 이행상황을 제출할 것을 요구할 수 있으며, 피해자는 차별행위자가 확정된 시정명령을 이행하지 않은 경우에 이를 법무부장관에게 신고할 수 있다(장차법 §45). 법무부장관은 확정된 시정명령을 정당한 사유가 없이 이행하지 않은 사람에 대해 3천만원이하의 과태료에 처할 수 있다(장차법 §50①②).

(3) 손해배상

장차법의 규정을 위반하여 타인에게 고의 또는 과실로 손해를 가한 사람은

---

1) ⓐ 피해자가 다수인인 차별행위에 대한 권고 불이행, ⓑ 반복적차별행위에 대한 권고 불이행, ⓒ 피해자에게 불이익을 주기 위한 고의적 불이행, ⓓ 그 밖에 시정명령이 필요한 경우가 이에 해당한다.

2) ⓐ 차별행위중지, ⓑ 피해원상회복, ⓒ 차별행위의 재발방지조치, ⓓ 그 밖에 차별시정을 위하여 필요한 조치(장차법 §43②). 법무부장관은 ⓐ 및 ⓑ에 따른 시정명령을 서면으로 그 이유를 구체적으로 명시하여 차별행위자와 피해자에게 각각 교부해야 한다(장차법 §43③).

피해자에 대하여 손해배상책임[1]을 진다(장차법 §46①).

(4) 입증책임

장차법은 입증책임을 피해자와 가해자에게 배분하고 있다.

장차법과 관련한 분쟁해결에 있어서 차별행위가 있었다는 사실은 차별행위를 당하였다고 주장하는 사람이 입증하여야 한다(장차법 §47①). 장차법에 따른 차별행위가 장애를 이유로 한 차별이 아니라거나 정당한 사유가 있었다는 점은 차별행위를 당하였다고 주장하는 사람의 상대방이 입증하여야 한다(장차법 §47②).

(5) 형사처벌과 양벌주의

차별행위가 악의적이면,[2] 법원은 차별주체에 대해 3년이하징역 또는 3천만원 이하벌금에 처할 수 있다(장차법 §49①).[3] 법인대표자나 법인 또는 대리인·사용인, 그 밖의 종업원이 그 법인 또는 개인의 업무에 관하여 악의적차별행위를 한 때에는 행위자를 벌하는 외에 그 법인 또는 개인에 대하여도 벌금형을 과한다(장차법 §49③).

법인 또는 개인이 그 위반행위를 방지하기 위하여 해당업무에 관하여 상당한 주의와 감독을 게을리 하면 그렇지 않다(장차법 §49③단서).

(6) 법원의 구제조치

법원은 소송제기전 또는 소송제기중에 피해자신청으로 피해자에 대한 차별이 소명되는 경우에는 본안판결전까지 차별행위중지 등 그 밖의 적절한 임시조치를 명할 수 있으며, 피해자청구에 따라 차별적행위의 중지, 임금 등 근로조건 개선, 시정을 위한 적극적조치 등의 판결을 할 수 있다(장차법 §48①②).[4]

---

1) 장차법위반행위로 인하여 손해가 발생한 것은 인정되나 차별행위피해자가 재산상손해를 입증할 수 없을 경우에는 차별행위를 한 사람의 재산상이익을 피해자의 재산상손해로 추정한다(장차법 §46②). 법원은 피해자가 입은 재산상손해액을 입증하기 위하여 필요한 사실을 입증하는 것이 해당사실의 성질상 곤란하면 변론전체의 취지와 증거조사결과에 기초하여 상당한 손해액을 인정할 수 있다(장차법 §46③).

2) ⓐ 차별의 고의성, ⓑ 차별의 지속성 및 반복성, ⓒ 차별피해자에 대한 보복성, ⓓ 차별피해의 내용 및 규모를 전부 고려하여 판단하여야 한다(장차법 §49②).

3) 장차법에서 정하지 않은 벌칙은 인권위법의 규정을 준용한다(장차법 §49④).

4) 법원은 차별행위의 중지 및 차별시정을 위한 적극적 조치가 필요하다고 판단하는 경우에 그 이행기간을 밝히고, 이를 이행하지 않는 때에는 늦어진 기간에 따라 일정한 배상을 하도록 명할 수 있다. 이 경우 민집법 제261조를 준용한다(장차법 §48③).

제3절 비정규직 근로

1. 개 요

1·가. 비정규직근로의 개념

비정규직근로는 법정용어가 아니며, 통계적인 용어로 쓰이며 활용목적에 따라 그 개념이 달라질 수 있다.

OECD는 유기계약근로자(temporary worker), 단시간근로자(part-time worker) 및 파견근로자(temporary agency worker) 정도를 비정규직으로 파악한다.[1]

우리나라에서는 통계적인 차원에서 고용형태를 고용계약기간을 기준으로 상용직, 임시직과 일용직으로 구분해왔다. 비정규직근로가 사회문제로 대두되자, 이러한 구분을 기초로 정책적인 차원에서 개념과 범주를 마련하려는 시도가 있었다.[2]

이에 따르면 비정규직근로는 한시적근로자, 시간제근로자 및 비전형근로자로 구분된다. 한시적근로자는 기간제근로자를 의미한다. 비전형근로자는 다시 파견근로, 용역근로, 특수고용형태근로, 가정내근로 및 일일근로로 나뉜다.

1·나. 고용형태와 노동법적용

(1) 상용근로

일정기간동안[3] 또는 기간의 정함이 없이 고용이 보장되는 근로형태를 상용근

---

1) EU는 1997년에 단시간근로지침, 1999년에 기간제근로지침 그리고 2008년에 파견근로지침을 제정하였다.

2) 노사정위원회는 2001년에 비정규직근로범위를 정하고 경제활동인구조사부가조사를 통해 비정규직통계를 작성하기로 합의했다. 경제활동인구조사는 2유형으로 나뉜다. 첫째, 매월 실시하는 본조사는 고용계약기간이 1년 이상이면 상용직, 1월이상1년미만이면 임시직, 1월미만이면 일용직으로 분류한다. 그러나 고용기간을 정하지 않은 경우에는 퇴직금, 상여금 등을 지급받고 회사의 인사규정에 의해 채용되는 경우에만 상용직으로 분류하고 나머지는 임시·일용직으로 분류한다. 둘째, 매년 1회 실시하다가 2회로 늘어난 부가조사는 비정규직근로를 고용형태에 따라 한시적근로자, 시간제근로자, 비전형근로자로 분류한다. 한시적근로자는 근로계약기간을 정한 자 또는 정하지 않았으나 비자발적사유로 계속근무를 기대할 수 없는 자이다. 단시간근로자는 근로시간이 짧은 자이다. 비전형근로자는 다시 파견근로자, 용역근로자, 특수고용 종사자, 가정내근로자 및 일일근로자로 구분된다. 파견근로는 임금을 지급하고 고용관계를 유지하는 고용자와 업무지시를 하는 사용자가 일치하지 않는다. 용역근로는 청소·경비 등 용역업체에 고용되어 그 지휘 아래서 용역계약을 맺은 다른 업체에서 근무하는 근로이다. 특수고용형태근로는 독자적인 사무실·점포·작업장을 보유치 않은 상태에서 비독립적 형태로 업무를 수행하면서 근로제공방법, 근로시간 등은 독자적으로 결정하고, 고객을 찾아 상품이나 서비스를 제공하며 일한만큼 소득을 얻는 근무형태이다. 가정내근로는 재택근무, 가내하청 등 가정 내에서 이루어지는 근무형태이다. 일일근로자는 근로계약을 정하지 않고, 일거리가 있을 대 며칠 또는 몇 주씩 일하는 근로자이다.

로라고 한다. 상용근로는 고용기간이 정해져 있는지에 따라 기간제근로와 '기간의 정함이 없는 근로'로 구분된다. 소정근로시간의 길이에 따라 통상근로자와 단시간근로자로 구분된다.

(2) 일용근로 · 일일근로

① 양자를 구분하는 접근

일용근로자와 일일근로자를 구분하는 접근이 발견된다.

일용근로자는 고용계약기간이 1월미만인 근로자이며, 일일근로자는 근로계약을 정하지 않고, 일거리가 있을 때 며칠 또는 몇 주씩 일하는 근로자이다. 이러한 개념은 통계청의 경제활동인구조사에서 사용되고 있다.

고보법(§2 vi)은 "1개월미만동안 고용되는 사람"을 일용근로자로 규정하고 있다. 임금의 산정 · 지급이 일일단위로 이루어져도 이러한 기준을 초과하지 않으면 일용근로자로 볼 수 없으며, 근로계약기간이 1월이상이거나 기간의 정함이 없으면 1월미만으로 근로를 제공하고 이직해도 일용근로자로 볼 수 없다.[1]

「국민건강보험법」(§6② i)도 "1월미만의 기간동안 고용되는 일용근로자"를 직장가입자에서 제외시키고 있다.

② 양자를 같이 보는 접근

㈎ 개 념

근기법은 일용근로자에 대해 정의규정을 두고 있지 않다. 해석론으로 보면 일용근로자라 함은 "그때 그때의 필요에 의해 사용하는 근로자"[2]로서 소정근로시간이나 소정근로일을 정하지 않은 채 "근로계약을 1일단위로 체결하고 그 날의 근로가 끝나면 사용종속관계도 끝나고 계속고용이 보장되지 않는 사람"[3]이다. 건설현장의 근로자를 예로 들 수 있다.

산재보험에서는 "1일단위로 고용되거나 근로일에 따라 일당형식의 임금을 지급받는 근로자"를 일용근로자 본다(산재령 §23). 산재보험에서는 일용근로관계가 3개월이상 계속되거나, 같은 사업에서 같은 직종에 종사하는 다른 일용근로자의 근로조건, 근로계약형식, 구체적고용실태 등을 종합적으로 고려할 때 근로형태가 상용근로자와 비슷하다고 인정되면 일용근로자로 보지 않는다.

---

3) 통계적으로는 고용계약기간이 1년이상인 근로자이나, 법적으로는 그러한 제한이 없다. ↘ 683쪽

1) 노동부, 「일용근로자 고용보험 업무편람」, 2004, 2쪽).

2) 대판 1987.4.14, 87도153.

3) 근기 1451-12200, 1983.5.12.

㈏ 지 위

형식적으로 일용근로자라도 출근을 하지 않으면 불이익을 받는 등 근무태도 관리에 대해 사용자지시를 받으면 상용근로자이다.

일용근로자라도 계약기간이 정해져 있다면 그 기간중에 업무특수성때문에 근로를 제공하지 못한 날이 있더라도 근로자신분을 유지할 수 있다.[1)]

형식적으로 일용근로자로 되어 있더라도 일용관계가 중단되지 않고 계속되면 상용근로자로 보게 되며 그에 상응하여 근기법이 적용된다.[2)] 상용근로자로 간주되는지는 '근로계약형식과 구체적고용실태',[3)] 계속근로기간, 업무지시내용·방법, 사업시행기간, 출근관리방법, 계속근로기대권, 임금계산방법 등 여러 사정을 살펴 사회통념상 합리성에 따라 판단된다.

'상용근로자로 간주된다'는 고용이 보장됨을 의미하는 것이 아니고, 근로조건의 적용에 있어 상용근로자에 준해서 해석함을 의미한다.

㈐ 대 우

㉮ 법적 근거

고용장관은 일용근로자평균임금을 사업이나 직업에 따라 정하고(근기령 §3), 사용기간이 30일미만인 일용근로자에 대해서는 근로자명부작성(근기령 §21)과 임금대장기재(근기령 §27②)의 예외가 인정된다.

㉯ 해고·휴업수당

순수한 일용근로자에 대해서는 부당해고금지나 휴업수당과 관련된 조항이 원칙적으로 적용되지 않는다. 일용관계가 중단되지 않고 계속되어 상용근로자로 간주되는 일용근로자는 일용근로계속기대권이 있는지에 따라 부당해고금지조항을 적용받을 수 있다. 다만, 계속근로기대권이 인정되더라도 소정근로일이 정해져 있지 않다면 휴업수당규정은 적용되지 않는다. 계약기간이 정해진 일용근로관계도 그 기간동안 그때그때 필요할 때 1일단위로 근로관계를 맺겠다는 의미이므로 마찬가지로 해석될 수 있다.

---

1) 대판 2009.5.14, 2009두157.

2) 대판 1976.9.14, 76다1812. 퇴직금 ; 대판 1986.8.19, 83다카657. 퇴직금 관련 ; 대판(전) 1995.7.11, 93다26168 ; 대판 2006.4.28, 2004다66995·67004. 퇴직금 관련 ; 대판 2006.4.28, 282004다66995·67004 ; 대판 2002.7.26, 2000다27671 ; 일용근로관계가 1주일 이상 계속되면 주휴일이 발생하고, 1년 이상 계속 근로하면 연차유급휴가와 퇴직금 관련 규정이 적용되며, 산전·후휴가(여원 68240-508, 2001.11.16)나 생리휴가 등의 관련조항도 적용된다.

3) 근기 68207-1631, 1996.12.11.

㉰ 퇴직금

퇴직금은 근로계약기간이 1년이상인 경우가 아니라 계속근로기간이 1년이상인 경우에 지급되는 것이므로 일용근로자가 당연히 적용에서 배제되는 것은 아니다. 퇴직금은 근로관계의 연속성과 계속성을 전제로 한다. 일용근로관계는 그 성격상 퇴직금지급요건인 '1년이상의 계속근로기간'을 충족하기 어렵다. 이러한 이유로 퇴직금과 관련하여 건설일용근로자에 대한 건설근로자퇴직공제제도(제11장 제4절,3)가 도입되어 있다.

일용근로관계에 대해서도 계속성과 연속성이 인정되면 퇴직금이 지급되어야 한다. 계속성은 일용근로관계가 1년이상 계속되었는지로 판단한다. 계속성과 관련하여 월평균 25일이상 근무하여야만 되는 것이 아니고 여러 해 동안 최소한 1개월에 4~5일에서 15일정도까지 계속해서 근무하였다면 요건을 충족한다고 본 판결[1]과 '매월 상당기간'이라고 표현하면서 5일·10일·15일 등을 예시한 행정해석[2]이 발견된다.[3]

연속성은 단절기간의 성격이 감안되어야 한다. 일용직근로관계가 공사진행에 따라 중단·재개되는 등 연속성이 떨어지는 것은 상근직이 아닌 특수성에 기인한다.[4] 따라서 공사중단·재개나 계절적요인에 따른 공백기간은 제외하고 연속성이 판단되어야 한다. '기간제근로관계에 있어 단절기간에 관한 법리(같은장,같은절 3·라,(2),②)'가 퇴직금에도 원용될 수 있을 것이다.

㉱ 휴일 · 휴가

별도로 정해져 있지 않다면 일용근로자에게 상용근로자의 약정휴일은 적용되지 않는다. 일용근로자에게도 근기법이 적용되므로 법정휴일의 적용은 배제되지 않는다. 다만, 법정휴일을 적용함에 있어 일용근로관계의 특수성이 고려되어야 하고, 보장적휴일인지 보상적휴일인지에 따라 적용방법이 다를 수 있다.

㈀ 보장적 휴일 · 휴가

근로자의날이나 공휴일(제4장,제6절,2·나 (2),②,㈐,㉮,(b))과 같은 보장적휴일은 일용근로자에게도 적용된다. 따라서 그 날 근로하게 되면 휴일근로가 된다.

보장적유급휴일에 근로를 제공하지 않은 일용근로자에게 유급휴일수당이 지

1) 대판 1979.1.30, 78다2089 ; 대판(전) 1995.7.11, 93다26168).

2) 법무 811-16173, 1979.7.6.

3) 대판 1982.7.13, 81다카571. 11년 동안 공사가 있으면 일하고 없으면 해고하는 형식을 되풀이 하다가 15개월정도 공백이 있다면 계속근로 단절.

4) 대판 2009.5.14, 2009두157.

급되어야 할지는 그 날이 계속근로예정상태에 있는 날인지에 따라 판단된다. 계속근로예정상태는 근로관계가 정지되어 있지 않은 상태이면서 '근로제공이 예정되어 있는 상태'이다(같은장, 같은절 2·나,(2),①,(나)). 단시간근로자 등의 휴무일은 소정근로일이 아니므로 계속근로예정상태에 있지 않아서, 근로가 제공되지 않아도 지급되는 유급휴일수당이 발생하지 않는다. 일용직근로에 대해서는 소정근로일이 정해져 있지 않으므로 그 날에 대해 근로제공이 기대되는지로 판단될 수 있다. 법정휴일의 전날에 근로관계가 종료되고 근로가 계속 이어지지 않는다면 법정휴일이 적용되지 않는다는 해석이 발견된다.[1] 이 해석에 따르면 법정휴일의 전날과 다음날에 근로를 제공한 일용직근로자에 대해서는 그 날 근로하지 않더라도 유급휴일수당이 지급되어야 한다.

(ㄴ) 보상적 휴일·휴가

주휴일이나 '월단위 또는 년단위의 연차유급휴가'는 근로의무가 있는 즉 장래의 근로를 예정하는 소정근로일을 전제로 성립하므로 그 성격상 적용되기 어렵다. 그러나 근로를 제공한 결과를 볼 때에 1주나 1월을 개근하였거나 '1년간 8할이상'을 근로하였다면 해당휴일·휴가의 발생을 부정할 수 없다. 이 때 개근이나 출근율을 판단하는 기준은 '해당기간동안에 법정휴일을 제외한 전체 일수'[2]와 '비교대상인 상용근로자의 소정근로일'[3]이 제시될 수 있다. 구체적으로는 일용근로자에 대해 별도로 정함이 있다면 그에 따르고, 정함이 없다면 후자가 적용되며, 정함이 없는 상태에서 '순수하게 일용근로자로만 구성된 사업(장)'이거나 '업무성격이 달라 상용근로자에게만 약정휴일이 적용되어 상용근로자의 소정근로일이 아닌 날에도 근로를 하는 등' 후자를 적용하기 어려운 상황이라면 전자가 적용되는 것이 타당하다.

㈒ 포괄임금

일용근로자에 대해 근로자동의가 있고 불이익이 없으며 제반사정에 비추어

1) 근로기준팀-8048, 2007.11.29. '건설일용근로자 보호지침'.

2) 기준 1455.9-3268, 1969.3.24. 주휴일은 원칙적으로 1주일에 6일이 되고, 연차휴가는 1년중 사업(장)의 통상근로자 휴일을 제외한 날이 된다. 이 당시는 1주48시간제인 상황임 ; 근기 1455-1697, 1983.1.21 ; 근기 1455-9231, 1982.4.2. 일용근로자 계속 근로하였다면 당연히 주휴수당을 지급하여야 한다. ; 근기 68207-424, 1997.4.2. 실근로일수를 기준으로 하여 1주일에 6일을 개근하였으면 주휴일을 부여하여야 하며 이 경우 주휴수당이 별도로 지급되어야 함 ; 근로기준팀-8048, 2007.11.29. '건설일용근로자 보호지침'. 6일간을 계속 근로한 경우에는 주휴일을 유급으로 주어야 함(다만, 1주5일근무제를 채택한 사업장의 경우에 건설일용근로자가 1주5일을 계속 근로한 경우에는 1일의 유급휴일과 1일의 무급휴무일을 부여하면 된다고 해석하여 어느 입장인지 분명치 않음) ; 근로개선정책과-3091, 2014.5.28. 소정근로일이 적은 단시간근로자에 대해서도 주의 전부를 출근할 것을 요건으로 보고 있는데 타당해 보이지 않는다.

3) 근로개선정책과-1870, 2012.3.20. 별도의 정함이 없는 경우에 적용.

정당할 것을 전제로 포괄임금약정의 적용을 인정하면서 포괄임금포함임금을 일용근로관계유형에 따라 다음과 같이 달리 설명하는 해석[1]이 발견된다.

먼저 '매일매일 근로관계가 단절되어 계속고용이 보장되지 않는 순수일용근로'에게는 1일을 넘겨서 근로해야 발생하는 수당은 포괄임금에 포함될 수 없다.[2] 이러한 견해는 일용근로자라도 사후적으로 1주일을 개근하면 주휴일이 부여되므로 유급휴일수당이 발생한다는 해석에 배치된다. 다음으로, '일정기간이 상사용이 예정되어 있는 일당제일용근로자'에 대하여는 예정되어 있는 근로기간 동안 근로할 경우에 지급요건을 충족하는 수당은 포괄임금에 포함되나 그렇지 않은 수당은 포괄임금에 포함될 수 없다.

(3) 임시근로자

임시근로자는 짧은 기간[3]의 근로계약기간을 정하여 일하는 근로자이다. 임시근로자는 일반적으로 업무가 한시적이거나, 다른 근로자가 휴가를 사용하는 등의 이유로 인해 일시적으로 생긴 업무공백을 메우기 위해 고용된 사람으로 소정근로시간과 소정근로일이 정해져 있다.

임시근로자에게도 근기법이 모두 적용되고 계약기간 동안 고용이 보장된다. 임시근로는 기간제근로이다.

(4) 아르바이트근로자

아르바이트근로자는, 학생이 학비를 마련하기 위하여 부업을 갖는 것처럼, 자신의 여가시간을 활용키 위해 취업하는 사람으로 이해할 수 있으며, 근기법상 근로자로 해석된다.[4]

계약형태에 따라 일용근로자, 임시근로자, 상용근로자(통상근로자
단시간근로자)가 될 수 있으며 그에 따라 법정근로조건의 적용방법이 달라진다.

(5) 인턴사원

인턴은 훈련형과 전환용 또는 채용형으로 구분된다. 인턴사원이더라도 순수한 훈련이 아니고 실질적으로 근로를 제공한다면 근로자로 인정된다.

인턴후에 정식채용이 예정되어 있으면 과도기적근로관계법리의 적용을 받고,

---

1) 근로기준팀 2011.8.8. '건설일용근로자 포괄임금 업무처리 지침'(〈관련해석〉 근로기준과-506, 2010.1.28) ; 근로기준과-3118 ; 2004.6.23 ; 근기 68207-1844. 2000.6.16).

2) 〈포함가능〉 연장·야간근로수당 ; 〈포함불가〉 유급주휴수당, 휴일근로수당, 연차유급휴가수당, 연차유급휴가미사용수당.

3) 통계적으로는 1개월이상 1년미만이다.

4) 근기 1451-19712, 1984.9.22.

정식채용이 예정되어 있지 않거나 '노력한다'는 것처럼 임의절차로 규정되어 있다면 해당기간동안 기간제근로법리의 적용[1]을 받는다.

1·다. 법적보호실태와 과제

(1) 배 경

1995년에 WTO체제가 구축되면서 세계화가 새로운 패러다임으로 자리를 잡게 되었다. 세계화는 노동시장에 효율성과 유연성을 요구한다.

우리나라에서는 세계화의 요구와 1997년에 외환위기로 크게 늘어난 비정규직근로를 입법적으로 보호할 필요성이 제기되었다.

(2) 특별법적 보호영역

파견근로자와 기간제근로자 및 단시간근로자를 대상으로 하는 비정규직보호관련법은 2006년에 제(기단 법)·개(파견 법)정되었다. 제·개정법은 단시간근로의 근로조건보장기준을 제시하며, 기간제근로사용기간을 제한하고, 파견근로사용을 제한하면서 이들을 위한 차별금지제도를 마련하였다. 이로써 단시간근로·기간제근로·파견근로는 특별법의 보호영역에 편입되었다. 단시간근로·기간제근로·파견근로는 중복해 적용될 수 있는 개념이다.

(3) 일반법적 보호영역

비정규직근로중에서 단시간근로, 기간제근로 및 파견근로를 제외한 근로는 비정규직보호관련법이 아닌 노동법이나 민법의 보호영역에 속한다.

일일근로와 일용근로는 불완전하게나마 노동법의 보호영역에 포함되나(같은장, 제3절 1·나,(2)), 고용상 특수성으로 인해 특별법의 설계도 요청된다.

도급과 용역은 민법의 영역에 맡겨져 있으나, 노무제공실태에 따라서는 노동법의 보호대상이 되며(같은장, 제3절 4·나,①), 사내하청을 포함한 유사도급은 그 실체가 무엇인지에 따라 도급인이 수급인근로자에 대해 직접고용관계로서 사용자가 되거나 파견에 있어 사용사업주가 된다(같은장 제3절,4·다).

가정내근로중에서 가사서비스제공기관에 고용된 가사근로자에 대해서는 특별법의 보호를 받으나 그 보호수준이 노동법과 거의 비슷한 수준이며, 다른 가사사용인은 법적보호에서 소외되어 있다(제1장 제4절,1·바). 가정내근로는 돌봄노동을 중심으로 양적으로 크게 늘어나고 있어 개념의 설정부터 보호제도의 설계를 어떻게

---

1) 서울고판 2016.9.28, 2015누54706.

하느냐는 숙제를 안고 있다.

특수고용형태근로는 근로자와 자영인의 중간인이라는 지위때문에 어느쪽으로 해석되느냐에 따라서 노동법의 보호가 결정되는데, 현재에는 산재보험과 고용보험이 적용되고 있다(같은장 제3절,6·나).

2. 단시간근로

2·가. 의 의

단시간근로자의 근로조건은 근기법과 기단법에 나누어 규정되어 있다.[1]

근기법은 단시간근로에 대하여 개념을 규정하고, 근로시간비례원칙에 따라 근로조건을 정하도록 하고, 근로조건의 기준이 되는 사항을 대통령령으로 정하게 하는 한편, 근로시간이 현저히 짧은 단시간근로에 대해서는 법정근로조건의 일부를 적용치 않도록 규정하고 있다.[2]

기단법은 기간제근로자 및 단시간근로자에 대한 불합리한 차별을 시정하고 기간제근로자 및 단시간근로자의 근로조건보호를 강화함으로써 노동시장의 건전한 발전에 이바지함을 목적으로 한다(기단법 §1). 기단법은 단시간근로에 대해 '초과근로의 요건과 한도', 차별금지 등을 규정하고 있다(같은장,같은절 2·다,(3),③ 및 5).

근 기 법	기 단 법
• 개념과 유형 • 적용이 제외되는 근로조건 • 근로시간비례원칙 • 근로조건 결정 기준(근기령 위임)	• 초과근로의 요건과 한도 • 차별금지

단시간근로에 대해 근로계약기간을 정하면 동시에 기간제근로가 된다.[3]

2·나. 개념 및 유형

(1) 단시간근로

'1주소정근로시간이 그 사업장에서 같은 종류의 업무에 종사하는 통상근로자

---

1) 이원화되어 있는 것은 입법적불비이며, 기단법으로 통일하자는 견해(한국노동법학회장, 「근로기준법제의 중장기적 과제」, 노동부, 2007.11, 163쪽)가 있다.

2) 1997년재제정법에 처음으로 규정. 그 전에 노동부는 「시간제근로자의 근로조건보장에 관한 지침(근기 32003-2, 1992.1.4)」을 마련하였고, 이를 발전시켜 「단시간근로자에 대한 근로기준법 적용방법(근기 68201-861, 2000.3.23)」을 지방고용노동관서에 시달하였는데 현행 근기법의 내용과 유사하다. 이 지침들은 단시간근로자의 법정근로조건을 근로시간에 비례하여 보장토록 하였으나 법적근거가 없었다.

3) 사용기간이 2년을 초과한 시점부터 기간의 정함이 없는 근로계약(단시간 근로계약)을 체결한 것으로 간주된다(비정규직대책팀-1370, 2007.4.25).

의 1주소정근로시간에 비하여 짧은 근로자'(근기법 §2①ix)를 말한다.[1)]

(2) 초단시간근로

① 법적근거

소정근로시간이 통상근로자보다 뚜렷이 짧은 단시간근로자 즉 '4주동안을 평균하여 1주동안의 소정근로시간이 15시간미만인 근로'에 대해서는 법적용특례를 인정하여 이 법의 일부규정을 적용치 않는다(근기법 §18③). 여기서는 이러한 근로를 초단시간근로라고 부른다.

② 4주미만의 근로기간

근로기간이 4주미만인 경우에는 그 주간을 평균하여 1주소정근로시간을 계산한다. 근로기간이 3주5일 등과 같이 몇주몇일이라면, 이 조항이 주단위로 평균소정근로시간을 산정하는 개념을 사용한다는 점을 고려할 때, 몇일은 계산대상에서 제외하고 몇주만을 대상으로 평균을 산정하는 것이 타당하다. 학교회계직직원처럼 하나의 사용자에 속하는 여러 사업장에서 근로한 경우에는 그 시간을 모두 합하여 초단시간근로를 판단한다.[2)]

③ 1년단위로 결정되는 근로조건

1년이상의 기간을 대상으로 하여 결정되는 근로조건에 대해서는 초단시간근로에 대한 정의규정을 적용하기 어렵다. 퇴직급여처럼 근로조건이 퇴직할 때에 청구권으로 발생하는 경우에는 초단시간근로에 대한 정의규정을 그대로 적용하고 이에 해당하는 기간을 모아서 근로조건을 결정할 수 있다. 그러나 연차휴가제도처럼 1년단위로 근로조건의 성립여부가 바로 결정되어 종료되는 경우에는 초단시간근로에 대한 법적개념을 사용하기 어려우므로 4주가 아닌 1년을 기준으로 평균 1주소정근로시간이 계산되어야 할 것이다.

2·다. 단시간근로자의 근로조건

(1) 근로조건 명시

사용자는 단시간근로자와 근로계약을 체결할 때에 근로계약기간, 근로시간·

---

1) ILO 제48차 총회 제출보고서(「변화하는 사회의 부인노동자」, 1964). 단시간근로의 개념을 "통상근로자의 소정근로시간보다 짧은 시간을 1일 또는 1주의 단위로 취업하고 이러한 취업이 규칙적인 것을 말한다"고 규정하고 있다. 통계조사를 할 때에는 주당 35시간이하를 불완전취로자로 분류한다(1982.10, ILO 제13차 국제노동전문가대회). 한국도 경제활동인구조사에서 18시간미만과 36시간미만의 취업을 따로 조사한다.

2) 근로기준정책과-3430, 2016.5.30. 학생들의 체육수업보조를 위해 2~3개의 학교장과 근로계약을 체결한 스포츠강사의 사용자는 해당지방자치단체, 즉 교육감이므로 각학교별 근로시간을 합산하여 판단한다.

휴게, 임금의 구성항목·계산방법 및 지불방법, 휴일·휴가, 취업장소·종사업무과 '근로일 및 근로일별근로시간'[1]을 서면으로 명시해야 한다(기단법 §17및 §24② ii 5백만원과태료).

(2) 근로조건 결정 원칙

단시간근로자의 근로조건은 그 사업장의 같은 종류의 업무에 종사하는 통상근로자의 근로시간을 기준으로 산정한 비율에 따라 결정되어야 한다(근기법 §18①). 이를 비례보호원칙이라 한다. 인권보장, 해고 등과 같이 비례원칙을 적용하기 어려운 근로조건에 대해서는 통상근로자와 차별없이 관련법규가 적용되어야 한다.

(3) 근로조건 적용 기준(근기령 §9① [별표2])

① 취업규칙의 작성·변경

사용자는 단시간근로자에게 적용되는 취업규칙을 통상근로자에게 적용되는 취업규칙과 별도로 작성하거나, 통상근로자와 공동으로 적용되는 취업규칙에 단시간근로자에 대한 별도규정을 둘 수 있다. 단시간근로자에게 적용될 별도의 취업규칙이 작성되지 않은 경우에는 통상근로자에게 적용되는 취업규칙이 적용된다. 다만, 취업규칙에서 단시간근로자에 대하여 적용이 배제되는 규정을 두거나 달리 적용한다는 규정을 둔 경우에는 이에 따른다. 단시간근로자에 대한 별도의 취업규칙이나 취업규칙상 별도규정을 작성·변경할 때에는 비례보호원칙(근기법 §18①)의 취지에 반하는 내용을 포함할 수 없다.

② 임금 및 소정근로시간수

단시간근로자의 임금산정단위는 시간급을 원칙으로 하며, 시간급임금을 일급통상임금으로 산정할 경우에는 1일소정근로시간수에 시간급임금을 곱하여 산정한다. 단시간근로자의 1일소정근로시간수는 4주간의 소정근로시간을 그 기간에 해당하는 통상근로자의 총소정근로일수로 나눈 시간수로 한다(근기령 [별표2]). 일급통상임금은 유급휴일 등에 있어 유급임금의 지급기준이 되며, 퇴직급여계산 등을 위한 평균임금산정시 1일평균임금과의 비교기준이 된다.

단시간근로자의 임금은 동종의 통상근로자와의 비례원칙에 따라 결정되어야 한다. 가족수당·교통수당 등 근로의 질이나 양과 관련이 없는 수당이 통상임금 등과 연계된 정률급이 아니고 정액급으로 지급되는 경우에도 취업규칙 등에

---

1) 근로기준정책과-1724, 2015.4.28. 근로일 및 근로시간을 사업주가 정한 스케줄표에 따른다는 합의를 하였음을 이유로 사업주가 근로자와 사전협의없이 매주 스케줄표를 단독으로 정한 사건. 근로일별근로시간을 정함이 없이 1일 3~6시간 등으로 소정근로시간을 범위로 정하는 것은 허용되지 않는다. 또한, 사용자와 근로자의 합의에 의해 소정근로시간을 변경하는 것은 가능하나, 사용자가 임의로 조정할 수 없다.

규정하여 비례원칙을 적용할 수 있으나 취업규칙 등에 통상근로자에 대한 규정만 있고 단시간근로자에 대한 규정이 없다면 통상근로자와 같은 기준으로 지급되어야 한다. 상여금·각종복지혜택에 있어서도 원칙적으로 비례원칙을 준용해야 하며 합리적인 이유가 없이 차별할 수 없다.

③ **초과근로**

단시간근로자에 대한 초과근로요건은 통상근로자보다 엄격하다. 단시간근로자가 통상근로자에 비해 상대적으로 불안정한 지위에 있다는 점을 감안하여 사용자가 자의로 근로조건을 낮추는 것을 막기 위한 조치이다. 사용자가 단시간근로자에 대해 소정근로일이 아닌 날에 근로시키거나 소정근로시간을 초과하여 근로시키려면 취업규칙 등에 내용 및 정도를 명시해야 한다(근기령 §9①).

단시간근로자에 대해 소정근로시간을 초과하여 근로하게 하려면 그 근로자의 동의를 받아야 하고, 휴일근로시간을 포함해서 '1주일에 12시간을 초과하여'[1] 근로하게 할 수 없다(기단법 §6①, §22 1천만원 벌금). 근로자는 동의를 받지 않은 초과근로 명령을 거부할 수 있으며(기단법 §6②), 사용자는 이에 대해 불리한 처우를 하지 못한다(기단법 §16, §21 2년 징역·1천만원 벌금). 사용자는 단시간근로자가 소정근로시간을 초과하여 근로하면 통상임금의 50%이상을 가산하여 지급해야 한다(기단법 §6③)(제4장, 제4절 1·가, (5), ①, ㈐).

④ **휴일·휴가**

㈎ **주휴일**

사용자는 소정근로시간을 개근한 단시간근로자에 대해서도 유급주휴일(근기법 §55)을 주어야 한다. 주휴수당은 연장근로를 제외한 소정근로시간을 기준으로 계산된다. 유급임금은 일급통상임금이 된다. 단시간근로자의 일급통상임금은 시간급에 4주평균 1일소정근로시간을 곱한 금액으로 한다. 이 경우 4주평균1일소정근로시간은 4주간의 소정근로시간을 4주간의 총일수로 나눈 것을 말하며, 4주간의 총일수란 해당사업장의 통상근로자의 4주간의 총소정근로일수를 의미한다(근기령 [별표2]).[2] 기타 주휴일부여방법 등은 통상근로자와 같다.

㈏ **연차유급휴가**

사용자는 단시간근로자에 대하여도 연차유급휴가(근기법 §60)를 주어야 한다. 유급휴가는 다음방식(근기령§9① [별표 2])으로 계산하여 시간단위로 부여되며, 1시간미만은 1시간

1) 고용차별개선과-347, 2024.2.1. 1일 연장근로시간은 별도의 제한이 없다.
2) 근로기준과-4552, 2004.8.30.「단시간근로에 대한 근로기준법 적용지침」.

으로 본다.

$$\begin{matrix}\text{통상근로자의} \\ \text{연차휴가일수}\end{matrix} \times \frac{\text{단시간근로자의 소정근로시간}}{\text{통상근로자의 소정근로시간}} \times 8\text{시간}$$

위 식에서 소정근로시간은 1주소정근로시간을 기준으로 하며, 비교대상이 되는 통상근로자가 없으면 '근기법에 따른 연차휴가일수'를 기준으로[1] 한다.

연차유급휴가수당은 시간급을 기준으로 하여야 하며, 시간단위로 산정되는 연차유급휴가를 적치하여 사용될 수 있다. 연차유급휴가는 소정근로일에 사용할 수 있도록 해야 한다. 휴가의 부여방법·사용방법은 통상근로자와 같다.

초단시간근로에 대해서는 연차휴가제도가 적용되지 않는다. 4주기준으로 해당기간과 해당되지 않는 기간이 혼재해 있으면 견해가 나뉠 수 있다. 첫째, 4주를 기준으로 하여 해당기간에 대해서만 연차유급휴가를 부여하고,[2] 휴가기간을 비례하는 방법이 있다. 둘째, 1년을 기준으로 1주평균 15시간미만인지를 따져 초단시간근로자를 판단하는 방법이 있다. 이와 관련하여 1년을 기준으로 1주평균 15시간이상이고 총소정근로일에 대한 출근율이 80%이상이면 15일의 연차휴가가 시간비례에 의해 부여되어야 하나, 80%미만이라면 4주를 기준으로 1주평균 15시간이상인 기간을 개근한 기간에 대해서만 비례하여 산정한다는 행정해석[3]이 발견된다.

㈐ **생리휴가**

사용자는 여성인 단시간근로자가 청구하면 월 1일의 생리휴가를 주어야 한다(근기법 §73). 생리휴가는 일(日)단위로 부여되며 생리현상이 있는 날 중에서 근로자가 신청한 1일이 된다(제6장 제2절, 4). 부여방법, 입증책임 등은 통상근로자와 같다.

㈑ **출산휴가**

사용자는 임신여성에 대하여 출산휴가를 주어야 한다(근기법 §74). 휴가는 일단위로 부여되며 휴가기간 90일의 산정은 달력에 의해 산정하되 90일중에 들어 있는 소정근로일이 실제유급휴일대상이 된다. 유급임금은 출산전후휴가일수에 일급통상임금을 곱한 금액이다. 휴가부여방법 등은 통상근로자와 같다.

(4) 기타 근로조건

근기령 제9조제1항 [별표2]에 기준이 제시되지 않은 근로조건도 원칙적으로

1) 임금근로시간과-2754, 2021.12.3.
2) 근로조건지도과-4262, 2008.10.6 ; 근로기준정책과-4361, 2015.9.10.
3) 근로기준정책과-927, 2018.2.5 ; 근로기준정책과-7315, 2017.11.22.

비례원칙에 의해 보장되어야 한다. 통상근로자에게 적용하는 근로조건을 그대로 적용하였음에도 단시간근로자가 소정근로일 또는 소정근로시간수가 적어 이를 향유치 못하는 경우에는 이를 법위반으로 볼 수 없다.[1)]

(5) 초단시간근로 특례

① 적용 배제

초단시간근로자에게는 퇴직급여(근퇴법 §4① 단서), 법정휴일(근기법 §55)[2)]과 연차유급휴가(근기법 §60)가 적용되지 않는다(근기법 §18③). 이러한 특례를 인정하는 것은 초단시간근로자의 근로시간이 매우 짧아 긴시간근로에 대한 보상의 성격을 갖는 휴일・휴가나, 공로보상성격을 갖는 퇴직금을 적용할 필요성이 상대적으로 적기 때문이다.

② 소정근로시간 기준

적용배제판단기준은 소정근로시간이므로, 초과근로 등으로 실근로시간이 4주간을 평균하여 주15시간이상이더라도 그 기간중에 주당평균소정근로시간이 15시간미만이면 적용배제대상이다. 반면에 주당평균소정근로시간이 15시간이상이면 휴일・휴가 등으로 주당평균실근로시간이 15시간미만이더라도 적용배제대상이 아니다.[3)]

③ 작업준비시간 고려

강의를 하는 근로자의 경우, 매주 "평균 15시간 이상인지'를 판단함에 있어, 강의수반업무시간이 고려되어야 한다는 판결[4)]이 발견된다.

④ 단시간근로와 초단시간근로 혼재

1주소정근로시간이 15시간의 이상과 미만을 반복하는 사업(장)의 경우, 전체 재직기간중에서 1주소정근로시간이 15시간미만인 기간을 제외하고 남은 기간이 1년 이상이면 퇴직금지급사유가 된다.[5)]

단시간과 초단시간이 혼재되어 있더라도 1주당평균소정근로시간이 15시간이상인 달에는 월단위연차유급휴가가 적용될 수 있다.[6)]

---

1) 전체근로자에게 유급경조휴가를 주도록 규정되어 있으나 단시간근로자가 비근무일에 경조사가 있어 적용되지 않거나, 비근로시간에 공의 직무수행이 실제로 가능하여 별도의 수행시간을 부여받지 못해도 적법.

2) 근로자의 날을 비롯한 다른 휴일은 적용됨(근로기준정책과-4361, 2015.9.10).

3) 근기 68207-2562, 2002.7.22 ; 근로복지과-2484, 2013.7.17.

4) 대판 2024.7.11, 2023다217312. 교육부가 강의시간의 3배를 소정근로시간으로 보고 퇴직금을 산정하였음을 언급하면서 이를 기준으로 사용할 수 있다고 봄. 원심(서울고판 2023.1.27, 2022나2011720) 파기. 1심 및 다른 하급심(의정부지판 2013.5.16, 2012나14426 / 서울중앙지판 2016.6.7, 2015가합522427) 지지.

5) 임금 68207-735, 2001.10.26 ; 근로복지과-2484, 2013.7.17.

6) 근로조건지도과-4262, 2008.10.6 ; 근로기준정책과-4361, 2015.9.10.

3. 기간제근로

3·가. 근거법률

(1) 제정배경

기간제근로자란 임시직, 위촉직·위임계약직,[1] 촉탁직, 기능직, 계약직 등 그 명칭에 관계없이 '기간의 정함이 있는 근로계약' 즉, 기간제근로계약을 체결한 근로자를 말한다. 2007년6월까지는 근로계약기간이 1년으로 제한되어 있었다. 그럼에도 불구하고 판례[2]가 '1년을 초과하는 근로계약'의 체결을 일반적으로 인정하면서, 반복적근로계약갱신을 제한하는 기준을 제시하지 못함으로써 1년초과금지조항의 의미가 없어지게 되었다. 이에 따라 늘어나는 기간제근로를 제한하고 불합리한 차별을 개선하고자 2006년에 「기간제및단시간근로자보호등에관한 법률(기단법)」이 제정·공포되었다.

(2) 적용범위

기단법은 상시근로자가 5명이상인 사업(장)에 적용되며, 상시근로자가 5명미만인 사업(장)에 대하여는 일부규정이 적용된다(기단령§2 [별표1]).[3] 상시근로자수를 산정함에 있어 기간제근로자가 아닌 사람과 기간제근로자를 합하여 판단한다.[4]

(3) 적용대상

근로자개념, 사용자개념 및 적용대상은 근기법과 같다.[5] 따라서 '공무원법의 적용을 받는 계약직공무원', '교육공무원법의 적용을 받는 교원[6]·조교[7]'에게

---

1) 비정규직대책팀-2416, 2007.6.26.

2) 근로계약기간은 근로계약존속기간일뿐 근로조건에 해당하지 않으므로 근로계약당사자는 이를 임의로 정할 수 있다[대판(전) 1996.8.29, 95다5783(**한국노동법학회, 『노동판례백선』 제1판**, 48쪽. 주요판례로 다룸)].

3) 〈**적용**〉 목적(§1), 정의(§2), '기간의 정함이 없는 근로자로의 전환 노력(§5)', '단시간근로자에 대한 통상근로자로의 전환 노력(§7)', 감독기관에 대한 통고에 따른 불리한 처우금지(§16ⅳ), 근로조건서면명시사항(§17)[제1호(근로계약기간)·제2호(휴게한정)·제3호(임금구성항목/계산방법/지불방법)·제4호(휴일한정)·제5호(취업장소/종사업무). 감독기관에 대한 통고(§18), 권한위임(§19), 취업촉진노력(§20), 벌칙(§21), 양벌규정(§23) '서면명시의무위반과태료부과(기단법 §24②ⅱ, §24③~⑥)' 등 ; 〈**비적용**〉 근로조건서면명시사항(§17)[제2호(근로시간), 제4호(휴가), 제6호(근로일별근로시간). **근로계약기간제한, 차별금지** 등.

4) 비정규정책팀-3086, 2007.7.31. 대학의 전임 및 비전임교원(겸임, 초빙, 시간강사 등)을 합산.

5) 외국인근로자(비정규직대책팀-2618, 2007.7.2)나 해외현지법인에 파견한 근로자(비정규직대책팀-1122, 2007.4.9)도 적용대상이다. ; 자활사업에 참여하는 '조건부수급자' 및 '차상위계층'이 지급받은 급여는 근로의 대가로 지급하는 금품이 아니므로 근로자로 볼 수 없어[자활근로사업 참여자 중 「차상위계층의 근로자성 여부에 관한 변경 지침」(노동부 근로기준팀-3664, 2007.5.8) 및 법제처 행정해석(법령해석지원팀-868, 2006.5.26) 참조] 적용대상에서도 제외된다(고용차별개선정책과-687, 2009.7.14).

6) 「사립학교법」이 적용되는 사립학교교사는 적용대상이다(비정규직대책팀-1057, 2007.4.4) ; 〈사례〉 법제처 15-0129, 2015.6.2. 「사립학교법」 및 「교육공무원법」에 따른 기간제교원은 해당법에 따른 연장가능기간을 포함

는 기단법이 적용되지 않는다. 국가 및 지방자치단체의 기관도 근로자수와 관계없이 적용대상이다(기단법 §3③). 이러한 기관에 고용된 사람으로서 공무원관계법이 적용되지 않는 전문위원·연구위원[1]·일용잡급 등에 대해서는 기단법이 적용된다.[2] 근로계약기간을 정하면 단시간근로자도 기간제근로자이다.[3]

3·나. 기간제근로 사용제한

(1) 내 용

① 법적 근거

사용자는 2년을 초과하지 않는 범위에서 기간제근로자를 사용할 수 있다(기단법 §4①본문).[4]

② 법적성격

2년초과사용금지조항은 강행규정이므로 근로자가 명시적으로 반대해도 적용된다.[5] 계속근로기대권(같은장 같은절,3·라)이 인정되는 상황에서, 2년초과사용에 따른 무기계약전환을 피하기 위해, 부당하게 근로계약갱신을 거절하는 행위는 부당해고에 해당한다.[6]

③ 기간합산

기간제근로계약이 반복하여 체결되거나 갱신되어 공백없이 계속되면, 전체기간이 '계속 근로한 총기간'에 포함된다. 다만, 업무성격, 반복·갱신과 관련한 당사자의 의사, 업무내용·장소와 근로조건의 유사성, 기간제근로계약의 종료·반복·갱신의 절차·경위 등을 종합적으로 고려할 때에 새근로관계가 형성되었다고 평가할 수 있으면 그렇지 않다.[7]

하여 4년의 기간 동안 근무하다가 임용기간이 만료된 후에 계약을 연장하는 방식으로 재임용된 경우에는 신규채용절차를 거치든 그렇지 않든 간에 기간의 정함이 없는 근로계약으로 전환되지 않는다.

7) 대판 2019.11.14, 2015두52531. 교육공무원 내지 특정직공무원의 신분보장을 받는 대신 근무기간이 1년으로 법정된 조교에 대하여는 기간제법이 그대로 적용된다고 볼 수 없다. ↘ 696쪽

1) 비정규직대책팀-1970, 2007.4.25.

2) 「국가공무원법」 제2조제4항 및 「법원계약직공무원규칙」 제6조제1항에서 법원계약직공무원의 채용기간은 5년의 범위에서 해당사업수행에 필요한 기간으로 하도록 규정하고 있으므로, 법원의 공무원인 계약직속기사는 기단법제4조의 적용이 배제된다(비정규직대책팀-495, 2007.2.13).

3) 비정규직대책팀-591, 2007.2.22 ; 비정규직대책팀-1582, 2007.5.7. 무기계약자로 전환되더라도 단시간근로의 고용형태는 그대로 유지된다.

4) 헌재 2013.10.24. 2010헌마219·2010헌마265(병합). **〈합헌〉** 동일한 사용자와는 2년을 초과하여 기간제근로계약을 체결할 수 없도록 한 것은 기간제근로자들의 계약의 자유를 침해하지 않는다.

5) 비정규직대책팀-1248, 2007.4.17 ; 고용차별개선과-24, 2011.3.3.

6) 대판 1995.11.19, 93다26168.

7) 대판 2020.8.20, 2018두51201. **영어회화전문강사** 관련.

근로계약이 2년을 초과했는지를 따짐에 있어 수습기간, 갱신기간[1] 등의 '근로계약이 존속한 기간'은 합산된다. 한 근로자에 대해 계속하여 2년을 사용하지 않은 경우,[2] 같은 사업장일지라도 명백하게 사용자가 바뀐 경우,[3] 사용자책임이 다른 경우,[4] 사업의 위·수탁계약에 따라 사용자가 변경되는 경우[5]에는 무기계약전환, 퇴직금계산 등에 있어 근로계약기간을 다른 근로계약기간과 합산하지 않는다. 근로계약이 갱신되더라도 선발절차를 거쳐 상당한 인원이 교체되는 등 합리성이 인정되면 근로계약기간이 단절된 것으로 본다.[6] 기간제 또는 파견 근로자의 육아휴직기간은 사용기간(기단법§4 파견법§6)에 산입되지 않는다(고평법 §19⑤).[7]

④ 2년초과의 효과

기단법은 2년기간제한을 위반한 기간제근로에 대해 고용의제를 규정하고 있다. 2년을 초과한 기간의 근로계약을 체결하거나 반복적으로 계약을 체결하여

---

1) 대판 2014.2.27, 2011두17745.

2) 비정규직대책팀-1248, 2007.4.17. 노동부, "비정규직(법) 관련, 오해와 진실-법 해석·적용과 관련한 사항", 2009.6, 4쪽. 유사업종업체끼리 "사용기간 2년"이 도래한 기간제근로자를 서로 소개시켜 주고 교환하여 일하게 하더라도 고용종료된 근로자가 사업주소개로 다른 업체에 취업하는 것으로 위법이 아니다.

3) 노동부, "비정규직(법) 관련, 오해와 진실 -법 해석·적용과 관련한 사항", 2009.6, 10쪽. 기간제근로에서 용역업체가 소개로 파견 또는 도급으로 바뀐 사례. 다만, 파견이나 도급의 형식을 취해도 실제로는 사업의 실체가 없거나 사용업체가 직접 고용했다고 판단할 수 있을 만큼 노무관리가 직접 이루어지면 두 기간을 합산한다. 특히, 기간제근로에서 파견으로 전환하는 경우에는 직접고용의무를 피하기 위한 탈법행위일 가능성이 높다. 따라서 전환후에 같은 근로자를 쓰게 된 사유, 계약의 진정성 등을 살펴 객관적으로 합리성이 인정되어야 합산되지 않을 수 있다(노동부, "비정규직(법) 관련, 오해와 진실 -법 해석·적용과 관련한 사항", 2009.6, 9쪽) ; 파견근로에서 기간제근로로 전환은 '같은장, 같은절, 4·라, (4)'에서 설명한다. ; 〈사례〉 고용차별개선과-45, 2012.3.5. 동일재단에 학교법인과 평생교육원(별도 사업자등록)이 있으며 재단이사장이 평생교육원장을 겸임하고 학교법인에 인사권을 위임한 경우, 사용자는 재단이사장으로 동일하다고 보아 기간제근로자의 계속근로기간을 학교법인과 평생교육원을 합산하여 산정하여야 할 것이나, 동일재단의 기관들이 실질적으로는 인사노무 재정 및 회계가 서로 분리되어 독자적으로 사업이 이루어져 다른 기관에서 근무하는 기간제근로자에 대한 인사노무관리의 가능성이 없다면 사용자가 달라 각 기관별로 계속근로기간을 산정할 수 있을 것이므로 사용자가 동일한지 여부에 따라 계속근로기간 산정여부를 판단한다.

4) 비정규직대책팀-4582, 2007.12.31. 기간제근로자가 동일한 중앙부처내에서 부서를 달리하여 근로한 경우, 채용권유무에 따라 판단된다. 중앙부처장의 위임이 있는 것으로 볼 수 있다면 근로계약의 효력은 중앙부처장에게 귀속된다. 그러나 개별부서가 독립적으로 기간제근로자를 채용하고 징계·보수 등 노무관리에 대해 전권을 행사하면 개별부서장을 사용자로 본다. 2개 보건소에서 근로를 제공한 경우에 마찬가지로 해석한 사례(차별개선과-1867, 2008.10.9)가 있다 ; 고용평등정책과-871, 2010.10.26. 산불감시원 등의 업무를 구청을 달리하여 수행한 근로계약기간은 각각 별개로 계산한다.

5) 고용차별개선정책과-1381, 2009.9.22. 위·수탁계약을 체결해 관공서시설일부를 공단에 맡김에 따라, 관공서에서 근무하던 기간제근로자들이 퇴사절차를 거쳐 공단과 근로계약을 체결하면 근무기간은 새로 기산된다 ; 대판 1991.8.9, 91다15225 위·수탁계약이 사업의 양도·양수에 해당하면, 근로관계는 승계된다.

6) 차별개선과-4163, 2007.11.21. 〈동일한 근로자에 대해 수년간 산불감시원재계약을 체결한 사건〉 매번 20% 정도의 인원이 교체되어 왔고, 지원자가 많아 일정부분 선발절차가 이루어진 점에 비추어 보면, 인근지리에 밝은 지역주민을 대상으로 모집·채용한 결과일 뿐 계속근로로 보기 어렵다.

7) 고용차별개선과-1737, 2012.8.3. 입사일로부터 2년이 도래하기 전에 육아휴직을 사용하는 경우 동 육아휴직기간을 제외하고 사용기간을 산정하여 무기계약직으로 전환되는 시점을 판단하여야 한다. ↘ 700쪽

계속근로기간[1]이 2년을 초과하면, 그 기간제근로자를 '기간의 정함이 없는 근로계약'을 체결한 근로자로 본다(기단법 §4②).[2] 고용의제는 고용의무와 달리 근로자지위확인 또는 해고무효확인의 청구대상이다.[3] 사용자는 이러한 근로자에 대해 정당한 인사권의 범위에서는 직무변경을 할 수 있다.[4] 이러한 근로자가 사직서를 제출하고 퇴직금을 지급받은 후에 다시 기간제근로계약을 체결해도, 근로자의사가 아니라 사용자의 일방적결정에 따른 것이라면, 그러한 사직은 해고에 해당한다.[5] 근로조건에 대해서는 뒤(같은장.같은절 3·마,(2))에서 설명한다.

(2) 기간제한과 사유제한

기간제근로자를 보호하는데 어떠한 방식을 택할 것인가는 입법정책적인 문제이다.[6] ILO는 경영해고를 함에 있어 해고회피의 일환으로 단기고용계약갱신에 대해 충분한 보호조치가 취해져야 한다는 규정[7]을 둔 외에는 기간제근로에 대한 제한을 두지 않고 있다. 유럽연합(EU)[8]은 기간제근로계약의 남용을 규제하기 위해 '계약연장을 위한 객관적 사유제한',[9] '기간제근로의 총기간제한'[10] 및 '갱신횟수제한'[11]중에서 하나이상의 조치를 국내법으로 정하도록 규정하고 있다.

우리나라는 기간제한을 주로 하면서 사유제한을 가미하고 있다.

(3) 기간제한 예외

① 개 요

㈎ 법적근거

기간제근로자를 2년이상 사용해도 그 근로자를 '기간의 정함이 없는 근로계

1) 대판 1995.7.11, 93다26168. 근로계약을 체결하여 해지될 때까지의 기간을 말하며, 갱신기간을 합산한다.

2) 고용차별개선정책과-523, 2009.6.29. 유기계약단시간근로도 2년초과시점부터 무기계약으로 간주되며, 통상근로자에서 단시간근로로 전환하거나 무기계약단시간근로에서 유기계약으로 전환해도 마찬가지이다.

3) 박수근, "파견근로자의 직접고용에 대한 평가와 해석과제", 「법학논총」 24권(제2호), 2007, 444쪽.

4) 고용차별개선과-761, 2011.6.1.

5) 대판 2017.2.3, 2016다255910.

6) R106 Termination of Empioyment Recomendation, 1982. 미국과 일본은 기간제근로제한법이 없음.

7) 제158호, 「사용자 주도에 의한 고용종료에 의한 협약」, 1982년.

8) Directive 1999/70/EC Concerning the framework agreement on fixed-term work.

9) 프랑스(「기한부고용에관한법률」, 1979)에서는 근로자대체, 일시적업무증가 및 '일시적 성격 업무'(계절적 업무, 기간제 고용이 관행화되어 있는 접객업, 문화산업 등)에서 24개월을 한도로 기간제근로를 사용 가능.

10) 영국(「기간제근로자차별금지법」, 2002)은 정당한 사유가 없는 기간제근로계약은 4년이내에서만 유효하며, 4년을 초과하여 기간제근로계약을 갱신한 경우에는 정규직으로 간주한다. 독일(「기간제및단시간근로자보호법」, 2001년)은 계약기간 또는 '최장 3회에 걸쳐 연장된 계약기간의 합'이 2년을 초과하지 않으면 유효하다("아젠다 2010" 개혁입법(2003)에 의해 신규창업시에는 4년까지 허용). 다만, 2년을 초과한 기간제근로계약은 정당한 사유가 있는 경우에만 유효하며, '기간의 정함'이 무효로 된 경우에는 무기계약으로 간주된다.

11) 중국 「노동계약법」(2008시행)은 기간과 관계없이 3회갱신부터 무기계약 전환(총기간 10년이상 예외).

약'을 체결한 근로자로 보지 않는 예외가 있다(기단법 §4① 단서).

'사업완료나 특정한 업무완성에 필요한 기간을 정한 경우', '휴직·파견 등 결원근로자의 업무복귀때까지 대신하는 근로자', 학업·직업훈련이수자, 고령자(55세이상 연령법§2 i), '전문적 지식·기술의 활용이 필요한 경우', 정부의 복지정책·실업대책 등에 따라 일자리를 제공하는 경우로서 대통령령이 정하는 경우'와 '그 밖에 합리적사유가 있는 경우로서 대통령령이 정하는 경우'가 그렇다.

예외사유가 없거나 소멸되었음에도 불구하고 2년을 초과하여 기간제근로자를 사용하면 그 근로자에 대해 기간의 정함이 없는 근로계약을 체결한 것으로 본다(기단법 §4②).

㈏ 예외인정기간

사업 또는 특정업무를 대상으로 기간제한예외가 적용되는 경우, 기간제근로자의 근로계약기간은 해당사업 또는 특정업무가 지속되는 기간까지 유지된다.[1] "고령자"처럼 사업 또는 특정업무를 대상으로 하지 않는 경우에는 당사자가 자율적으로 근로계약기간을 정할 수 있다.

㈐ 예외인정기간과 일반기간제계약 반복

예외인정기간과 기간제근로기간을 반복하는 경우, 기간제근로기간만을 대상으로 2년초과여부를 따진다.[2]

② 사업완료, 업무완성(기단법 §4① i)

㈎ 취지 및 내용

'사업완료 또는 업무완성에 필요한 기간을 정한 경우'란 건설공사,[3] 연구프로젝트,[4] 특정프로그램[5] 등 일정기간후에 종료될 것이 명백한[6] 사업에 관하여

---

1) 고용차별개선과-570, 2011.5.9 ; 고용차별개선과-644, 2011.5.18. 기간제근로자의 근로기간은 특별한 사유가 없는 한 해당위·수탁사업이 종료되는 때까지 유지된다.

2) 비정규직대책팀-3018, 2007.7.26. '업무완성에 필요한 기간을 정한 업무'에 바로 이어 일반기간제계약을 체결하는 경우 그날부터 2년이 초과하는 시점에 무기계약근로자로 전환되며, 공백기간을 둔 경우에는 근로계약체결시점으로부터 2년이 초과하는 시점부터 무기계약근로자로 전환된다 ; 〈비교되는 해석〉 비정규직대책팀-2742, 2007.7.9. 기간제근로자를 먼저 고용한 후에 유기사업이나 프로젝트에 순환배치하면 통산해서 2년여부를 따진다. ; 차별개선과-1484, 2008.8.27 ; 고용차별개선정책과-2303, 2009.12.22. 예외가 인정되는 업무전체에 대해 이러한 견해를 피력하고 있다 ; 〈사례〉고용차별개선정책과-38, 2010.1.6. 휴직업무대체와 일반기간제근로를 반복할 경우 공개채용 등 특별한 사정이 없는 한 일반기간제근로기간만을 합산하여 기간제한을 초과하였는지 판단한다. ; 〈사례〉 고용차별개선정책과-113, 2011.1.13. 한시조직의 사무보조원으로 채용되었다가 정식조직의 일반부서로 이동한 경우, 한시조직에서의 근로는 사업완성을 위한 기간이므로 일반부서에서 근무하여 2년을 초과한 때는 무기계약근로자로 간주될 수 있다. ; 〈사례〉 고용평등정책과-1642, 2010.12.30. 공공근로와 일반 기간제근로를 반복한 사례.

3) 비정규직대책팀-558, 2007.2.21.

종료예상시점까지로 계약기간을 정한 경우를 말한다.[1] 한시적·1회성사업의 특성을 갖는 용역, 위탁 등의 사업도 이에 해당한다.[2] 반면에 정책사업이라도 한시성이 결여된 사업은 이에 해당되지 않는다.[3] 실적평가를 통해 사업의 퇴출 또는 지속이 결정되는 경우는 종기가 아니고 갱신기간을 정한 것으로서 한시성이 부정된다.[4] '임원임기와 연동하여 채용된 비서·운전기사'처럼 명백히 한시적·1회적으로 고용된 근로자도 기간제한예외가 인정되며,[5] 임원임기가 연장되

4) 비정규직대책팀-2422, 2007.6.26 ; 비정규직대책팀-2428, 2007.6.26 ; 비정규직대책팀-2966, 2007.7.23 ; 비정규직대책팀-3018, 2007.7.26 ; 특정프로젝트가 본사와 현장에서 함께 작업이 이루어져 본사팀과 작업을 같이 하더라도 마찬가지임.

5) 대판 2014.4.10, 2011두19390. 특정 프로그램의 제작 및 방송을 위한 기간제의 근로계약은 프로그램이 종영된 때에 그 근로관계도 종료한다.

6) 고용차별개선과-1950, 2012.8.24. [부정] 종기가 불명확한 '기존주택 전세·매입 임대사업' ; 고용차별개선과-1070, 2012.5.30. [부정] 요양보호사근로계약기간을 "입사일부터 케어대상자의 임종시까지"로 체결한 사례.
↘ 700쪽

1) 대판 2017.2.3, 2016다255910(**한국노동법학회, 『노동판례백선』 제2판**, 244쪽. 대상판결은 기간제근로자 사용기간 제한 예외사유에 해당하는지 여부를 판단함에 있어 기단법의 목적 등에 비추어 단순히 근로계약의 체결 형식만이 아닌 실질적인 근로관계 전반의 사정을 종합적으로 판단하여야 한다는 기준을 제시했다는 점에서 의의가 있음).

2) 교육복지투자우선지역의 **지역사회교육전문가**(비정규직대책팀-2784, 2007.7.10) ; 보건복지부의 학교사회복지시범사업(비정규직대책팀-931, 2007.3.26. 3년기한사업) ; 통계조사기간 동안의 **임시조사원**(비정규직대책팀-2111, 2007.6.8) ; 발주자와 계약을 맺은 **하수종말처리업무근로자**(비정규직대책팀-1768, 2007.5.14) ; 한시적으로 수행되는 **위·수탁계약업무**(비정규직대책팀-1795, 2007.5.15. 「정신보건법」 제13조에 따라 수행되는 보건복지부의 정신보건사업 운영·관리업무관련) ; 발주자와 계약을 맺은 **시설관리업무**(비정규직대책팀-2418, 2007.6.26. 시설물유지관리업 및 부동산임대업을 주된 사업으로 하는 회사가 국방시설물에 대해 국방부와 매년 1년단위 용역도급계약을 체결. 특별한 사유가 없는 한 각각의 용역계약에 따른 사업 또는 특정업무가 지속되는 용역계약기간까지 유지되도록 근로계약 체결 필요) ; 발주자와 맺은 **도급계약업무**(비정규직대책팀-1796, 2007.5.15) ; 일제강점하 **강제동원피해진상조사사업**[비정규직대책팀-395, 2008.2.25. 「일제강점하 강제동원피해 진상규명 등에 관한 특별법」에 따라 한시적으로 운영되는 사업] ; **반환미군기지환경오염정화사업**(차별개선과-855, 2008.6.17. 협약에 명시된 '지자체의 환경오염정화에 대한 이행완료승인시 근로계약이 종료됨'을 명확히 해야 함) ; 사립대학교산학협력단에서 지자체로부터 위탁받은 **방문보건센터업무**(차별개선과-1264, 2008.8.4) ; 사회복지법인이 위탁받아 운영중인 3년단위의 **구립어린이집운영사업**(차별개선과-1676, 2008.9.17) ; 교육지원5개년계획에 따라 5년간 한시적으로 지원받는 **도서관운영보조금사업**(차별개선과-1975, 2008.10.21) ; 3년임기 비상근회장비서업무(비정규직대책팀-3017, 2007.7.26) ; **의료급여텔레케어시범사업**(고용차별개선정책과-1427, 2009.9.25. 보건복지가족부가 지자체를 대상으로 시행하는 시범사업으로 폐지된다면 업무완성사업으로 인정되나 계속 시행한다면 부정) ; 고용차별개선과-1335, 2011.8.22. [긍정] 3년간 시행되는 **학교안전통합시스템시범사업** ; 고용차별개선과-1485, 2011.9.15. [긍정] 특정기관과 협약기간을 정하여 추진하는 공익사업 ; 고용차별개선과-476, 2012.3.9. [긍정] 2015년 **세계산불컨퍼런스 개최준비 및 후속조치** 사업을 2012.3월~2015.12월 기간 동안 추진하면서 사용한 영문에디터 ; 고용차별개선과-1590, 2013.8.12. [긍정] **테크노파크** 관련, 지자체로부터 사업을 수탁받아 3년의 기간을 정하여 한시적으로 수행하면서, 사업지속을 예측하기 어려운 경우.

3) 고용차별개선과-531, 2012.3.15. [부정] 대학**취업지원관** ; 고용차별개선과-880, 2012.5.1. [부정] 국고지원**입학사정관** ; 고용차별개선과-2240, 2013.11.19. [부정] **결핵환자관리지원 민간공공협력사업**. 1년단위로 예산이 지원되는 정책사업이나 대부분 반복적으로 지원대상에 재선정 ; 고용차별개선과-41, 2013.1.7. [부정] 보건복지부(질병관리본부)에서 주관하는 의료기관감염인상담사업 및 의료관련**감염표본감시사업**.

4) 〈사례〉 고용평등정책과-1058, 2010.11.12. [부정] 여성새로일하기센타 사건 ; 〈사례〉 고용평등정책과-1058, 2010.11.12. [부정] 여성새로일하기센타 사건.

더라도 전체기간이 업무완성기간으로 인정된다.

(나) **사업완료일 불확정**

사업완료기간을 명시하여 사업의 종기가 정해진 것으로 볼 수 있다면, 기간제근로자사용기간제한의 예외로 보는 긍정적요건이 된다.[1)]

날씨에 좌우되어 공사완료일을 예정하기 어려운 사업에 있어서는 사회통념상 상당한 기간을 전제로 하면서 '본 공사가 완료될 때까지의 기간을 고용한다'는 내용의 계약을 체결할 수 있다.[2)] 단순하게 '회사가 필요로 하는 동안만 근무'하기로 한 계약처럼 존속기간의 시간측정이 객관적으로 명백하지 않고, 만료가 회사의 주관적사정에 의존하는 계약은 '존속기간약정이 있는 근로계약'이라고 볼 수 없다.[3)] 공사현장에서 1년단위예산책정 등을 이유로 1년단위근로계약을 반복적으로 체결해도 이를 '업무완성을 위한 계약'으로 볼 수 없다.[4)]

(다) **근로관계종료**

'사업완료나 업무완성에 필요한 기간을 정한 근로계약'은 근로계약기간이 완료되면 해고예고 등 별도의 조치가 없이 자동적으로 근로관계가 종료된다. 근로계약기간중의 근로관계종료에 대해서는 '기간의 정함이 있는 근로계약'의 법리에 따른다(같은장, 같은절 3·다, (2)). 하나의 사업중에서 세부사업의 기간이 다른 사업의 기간과 다르면 그 세부사업기간으로 판단한다.[5)]

(라) **반복계약 · 중복계약**

㉮ 업무완성계약기간 반복

계절적사업, 국고보조사업[6)] 등이라도, 한시적 · 1회성인 계약을 반복적으로

---

5) 고용차별개선과-159, 2013.1.25. 한국○○공단사건. "기관장의 임기동안만 일하는 것"이라는 명시적조건 없이 근로계약을 체결하고 해당업무만 수행하여야 함 ; 중노위 2018부해804, 2018.10.11. 근로계약기간이 감사의 임기에 맞추어 고용된 감사차량운전원은 2년을 초과하여 계속 근로하더라도 기간의 정함이 없는 근로자로 전환되지 않고, 근로계약 갱신기대권이 인정되지 않아 계약기간 만료로 근로관계가 종료됨. ↘ 701쪽

1) 고용평등정책과-1669, 2010.12.30. ○○광역시립시민도서관 평생교육정보센터 관련.

2) 고용평등정책과-586, 2010.6.4. '기간제한예외규정에 해당하지 않는 한 무기계약으로 간주된다는 애매한 해석(비정규직대책팀-2917, 2007.7.18)'을 수정. 공사가 지연되어도 공사기간에 관련업무를 수행할 목적으로 채용된 기간제근로자는 예외 대상 ; 일본 노동성, 「노동기준법」, 193쪽 ; '특정프로젝트 종료시'를 부정한 행정해석(비정규직대책팀-3018, 2007.7.26)이 있으나 프로젝트의 기일이 구체적이어서 예측가능한 상태에서 그러한 규정을 두면 기간제한예외 인정.

3) 서울민지판 1990.2.21, 88가합21171.

4) 비정규직대책팀-3018, 2007.7.26. 완료기간을 계약으로 체결하고 예산책정이 되지 않으면 경영해고사유.

5) 총공사기간은 3년이나 철근공정은 2년으로 종료되는 경우, 당해 철근공정을 수행하는 근로자와 근로계약 체결시 계약기간을 '공사의 완료 또는 수행하던 공정의 종료로 근로계약이 종료됨'으로 정하였다면, 당해 근로계약은 2년의 철근공정 종료와 함께 종료된다(비정규직대책팀-4450, 2007.12.14).

6) 비정규직대책팀-162, 2008.1.21.국고보조사업이라도, 한시성, 1회성 등 요건 충족 필요.

갱신하는 근로계약은, 공개모집처럼 근로관계단절이 인정되는 사정이 없다면,[1] 기간제근로사용예외가 인정되지 않을 수 있다.[2] 반복계약이 계속 체결되거나 무기계약간주조항(기단법 §4②)을 회피하기 위한 것이면 더욱 그렇다.[3] 계속성이 인정되지 않고 1회성·한시성을 갖는 단순한 연장이라면 전체를 업무완성계약기간이라고 볼 수 있다. 프로젝트를 바꾸어가면서 공백없이 반복적으로 계약을 체결하더라도 발주자와 체결한 개별도급계약기간을 전제로 한 근로계약이라면 각각을 업무완성을 위해 필요한 기간으로 볼 수 있다.[4] 이 경우에 수 개의 사업이 연이어 진행되더라도 마찬가지이다.[5] '사업완료에 필요한 기간을 정한 업무'를 수행하는 근로자는 해당사업관련업무를 수행하여야 한다. 그렇지 않은 업무에 배치하거나 다른 업무를 수행하면 해당사업에서 인건비 등을 지원하는 특수성이 있어도 '사업완료에 필요한 기간을 정한 업무'로 인정되지 않는다.[6]

㉯ 업무완성계약기간 중복

기간제근로자가 2개의 프로젝트를 중복하여 수행해도 근로기간을 해당프로젝트의 완성까지로 정한 경우라면 사용기간제한예외인정을 받을 수 있다.[7]

---

1) 고용평등정책과-871, 2010.10.26. 산불감시원, 산불예방전문대 등 매년 봄·가을철에 한정하여 기간제근로자를 반복 사용하는 것은 한시적이거나 1회성으로 볼 수 없다. 다만, 매년 기간제근로자 채용공고를 내고, 서류전형, 면접 등 실질적 공개모집절차를 거쳐 채용하면 근로관계단절로 볼 여지가 있다.

2) 공기업이 2년마다 지자체와 협약에 따라 동일한 사업을 수행하면서 사실상 반복갱신을 계속한 사업(고용평등정책과-336, 2010.8.23); 남극세종과학기지 준공이후 매년 공개채용절차를 거쳐 1년정도의 기간으로 근로계약을 체결하고, 해당계약기간이 종료되면 전원을 귀국조치하여 해마다 새로운 인원이 투입되는 월동연구대책업무(차별개선과-1263, 2008.8.4. 이 경우 월동연구대책사업은 계속적사업임); 기간제를 연중 계속 사용하는 공원녹지업무(차별개선과-1561, 2008.9.4); 상수도사업소의 계량기교체업무에 매년 일정기간동안 반복하여 채용(고용평등정책과-60, 2010.3.24); 대학의 입학사정관제(고용평등정책과-958, 2010.6.4. 입학사정관제는 입시제도의 정착을 목표로 지속적으로 추진되고 있어 사업완료에 필요한 기간을 정한 경우로 보기 어려움. 입학사정관의 사용기간에 대해 기단법과 달리 정하도록 다른 법령에서 정하고 있지도 않음); 대학산학협력단 창업보육센터(고용평등정책과-917, 2010.5.28. 〈근거〉국고보조지원사업을 수행하면서 사실상 반복갱신을 계속하고 있다면 한시적이거나 1회성의 사업으로 보기 어려우며, 종기가 예정된 경우로 볼 수 없음); 국고보조사업으로 매년 실적평가를 받아 미흡기관을 퇴출하는 경우(고용평등정책과-1058, 2010.11.12. 〈근거〉 실적평가결과에 따라 사업의 계속여부가 결정되는 것은 사업의 객관적종기가 예정된 것이 아니라 갱신기간을 정한 것임); 자회사설립 등에 의해 반복적으로 위수탁계약이 이루어지는 경우(고용차별개선정책과-1809, 2009.11.6); 건설회사가 발전소의 건설부문 유지보수업무를 20년간 담당하기로 한 계약(고용차별개선정책과-183, 2009.5.25. 반복사업으로 봄. 그러나 해당기간인 20년간을 근로계약으로 체결한다면 예외로 인정할 수 있다고 생각됨); 시공완료후의 품질보증기간(고용평등정책과-1212, 2010.11.29. 하자담보책임에 관한 사항은 공사완료기간이 아님).

3) 대판 2017.2.3, 2016다255910. 반복갱신하여 체결된 동기와 경위, 각 근로계약의 내용, 담당업무의 유사성, 공백기간의 길이와 발생이유, 공백기간동안의 업무대체방식 등을 종합적으로 고려.

4) 일반적으로 건설공사현장은 기단법 제4조제1항단서제1호에 따른 예외규정에 해당하는 별도사업으로 봄(비정규직대책팀-558, 2007.2.21); 고용차별개선과-260, 2012.2.7. 종료시점이 정해진 A프로젝트의 품질검사원, 안전관리자로 종사하던 근로자가 A프로젝트가 종료된 후, 종료시점이 정해진 B프로젝트에 종사하는 경우 기간제한예외에 해당.

5) 차별개선과-59, 2008.3.10. 프로젝트 사이에 독립성이 있어야 하며, 사업의 독립여부는 고려치 않음.

6) 고용평등정책과-1640, 2010.12.30.

㈑ 용역 · 파견근로

용역업체가 청소 · 시설관리 등 '기간의 정함이 있는 업무'에 해당업무만을 목적으로 기간제근로자를 고용하는 것은 기간제근로자사용의 예외사유에 해당된다. 용역업체나 파견업체가 상용형태로 근로자를 고용하여 사업장을 바꾸면서 근로하게 한다면 근로계약기간이 2년으로 제한될 수 있다. 파견업체가 파견업을 등록 · 모집형으로 영위하면서 파견기간 2년이 만료된 파견근로자에 대해 다른 사용사업주를 찾을 때까지 등록상태를 유지해도 2년초과판단에 있어 그 기간을 합산하지 않는다.

③ 휴직, 파견 공백(기단법 §4①ii)

휴직, 자회사임시파견[1] 등 결원근로자가 업무를 복귀할 때까지 대신하는 근로자에 대해 그 기간동안 기간제한이 적용되지 않는다. 공무원정원의 결원으로 사용하는 행정대체인력은 예외대상이 아니다.[2] 각각 다른 근로자에 대한 휴직대체근로는 모두 기간제한예외로 인정된다.[3] 일반기간제근로계약기간이 만료된 후에 휴직업무대체에 사용되면, 양기간은 분리해서 판단된다.[4]

④ 학업 · 교육 · 직업훈련 공백(기단법 §4①iii)

학업, 직업훈련 등의 이수에 필요한 기간에 대해서는 기간제한이 적용되지 않는다.[5] 해외연수나 유학을 가거나 국내에서 장기간의 직업훈련 또는 교육을 받기 때문에 생긴 공백기간동안의 고용에 대해 기간제한을 적용하는 것은 적절치 않기 때문이다. 학업이수의 경우 그 기간은 당사자가 합리적으로 정한다.[6]

---

7) 고용차별개선과-475, 2012.3.9. ↘ 703쪽

1) 고용차별개선정책과-1715, 2009.10.29. 한국산재의료원사건. 병원에서 상급기관인 본부에 정규직직원을 2년간 파견함에 따른 공백을 채우기 위해 2년간 고용한 후에 퇴직한 기간제근로자를 바로 임용하더라도 그 공백기간은 사용기간제한의 예외에 해당되므로 계속근로기간에 있어 산입되지 않는다.

2) 고용차별개선정책과-2299, 2009.12.22.

3) 고용평등정책과-1672, 2010.12.30. 동일한 기간제근로자가 복수의 출산휴가대체근무를 하는 경우, 각각의 출산휴직기간동안 업무를 대체한 것이라면 사용기간제한예외에 해당한다.

4) 고용차별개선정책과-1802, 2011.10.20. 2년의 근로계약기간을 정한 기간제근로자와 근로계약기간이 종료되어 근로관계를 단절한 후에 해당근로자를 출산휴가결원에 대체할 목적으로 당사자합의를 통해 기간제근로계약을 체결하였다면 해당기간동안 기간제근로자로 사용할 수 있다.

5) 〈사례〉 고용차별개선정책과-210, 2012.2.6. 초등학교 특수보조원으로 2년을 근로한 기간제근로자가 연장근로계약 체결시, 석사학위 이수기간을 근로계약기간으로 정한 경우 기간제한 예외적용을 받을 수 있다. ; 〈사례〉 고용차별개선정책과-438, 2011.2.23. [긍정] 대학의 기간제근로자와 사용자가 합의하여 산업체위탁교육전형으로 그 대학에 입학한 경우.

6) 고용차별개선정책과-1990, 2009.11.30. '이수에 필요한 기간'은 당사자합의로 정하며, 이를 "수료기간까지"나 "진학한 시점부터'처럼 한정할 필요는 없다. 따라서 석사 또는 박사 학위취득에 필요한 기간도 당사자가 합의하여 정할 수 있다. 학위취득에 필요한 기간을 당사자가 불합리하게 길게 정한 것이 아니라면, 그 정한 기간보다 빨리 학위를 취득하여도 남은 기간이 기간제한예외대상이 될 수 있다. 다만, 제도의 취지상 소급

교육이나 직업훈련에 따른 예외가 인정되려면 내부규정 또는 '근로계약'[1]에 따른 것이거나, 업무와 관련이 있거나, 근로제공이 축소되는 것처럼 혜택이 주어져야 하며 이러한 사정과 관계없이 개인적으로 학업을 병행하는 것에 대해서는 예외가 인정되지 않는다.[2] 근로를 제공하는 '인턴이나 수습'에 대해서는 예외가 인정되지 않으며 기간제한이 적용된다.[3] 학업이나 직업훈련을 병행할 수 있는 업무를 수행하더라도 기간제한예외는 인정된다.[4]

⑤ **고령자**(기단법 §4①iv)

고령자(연령법§2 i 55세이상)에 대해서는 기간제한의 예외가 인정된다. 근로계약당시에는 55세미만이라도 2년을 사용함에 따라 무기계약근로자로 전환될 시점에 55세이상이면 기간제한예외에 해당된다는 해석[5]이 있었으나, '근로계약의 최초 또는 갱신 체결시점'을 기준으로 하는 취지의 판결과 후속해석에 의해 배척[6]되었다.

⑥ **전문지식 · 기술**(기단법 §4① v)

'박사학위를 받은 사람'과 의사 · 변호사[7] · 기술사 · 건축사 · 공인노무사 · 공인회계사 · 변호사 등 직업능력이 높은 전문직종으로서 해당분야에 종사하는 사람에 대하여는 기간제한을 통해 보호할 필요성과 당위성이 상대적으로 낮으므로 예외가 인정된다. 구체적인 예외대상은 대통령령(기단령 §3①)[8]으로 정한다.[9]

적용은 인정되지 않는다. 아울러 중간에 휴학을 하더라도 예외인정이 가능하며 야간이나 주말에 학교를 다니더라도 예외인정이 가능하다. 학업이수필요기간을 어떤 방식으로 설정하느냐에 따라 휴학기간의 포함여부가 달라질 수 있다. 예를 들어, 취업규칙 등에서 학업이수에 필요한 전체기간의 상한을 두고 그 기간동안 학업을 이수하도록 하면 휴학여부는 문제되지 않는 반면에 사용자가 당사자간에 일정 학기단위로 학업과 병행할 수 있도록 허용하면 휴학기간은 학업을 이수함에 필요한 기간에서 제외된다.

1) 고용차별개선정책과-2223, 2009.12.15.

2) 고용차별개선정책과-457, 2009.6.19. 기간제근로자가 재직중에 회사의 학위과정이수허용방침과는 별개로 대학원에 진학한 것이라면 사용기간제한의 예외에 해당되지 않는다 ; 고용차별개선정책과-1807, 2009.11.6. 대학원진학 관련 ; 고용차별개선정책과-1990, 2009.11.30. 2년기간제한의 예외기간에 해당한다고 볼 수 있으려면 그 기간의 기산전에 미리 취업규칙, 근로계약서 등으로 정해야 하며, 2년의 기간이 지난 시점에서 그 동안의 근무기간을 학업이수필요기간을 정한 것으로 소급하여 예외기간으로 해석할 수 없다.

3) 비정규직대책팀-2912, 2007.7.18.

4) 비정규직대책팀-334, 2008.2.18. 연구원 소속 기간제근로자가 대학원 박사학위 과정(주간)에 진학하게 되어, 동 근로자를 내부규정에 따라 학생연구원으로 다시 채용하면서 그 사용기간을 학위이수에 필요한 기간으로 정한 경우에는 예외가 인정될 수 있다.

5) 〈폐지된 해석〉 고용차별개선정책과-904, 2009.7.28.

6) 고용차별개선과-1482, 2013.7.25. 배치되는 해석 폐지 ; 대판 2013.5.23, 2012두18967.

7) 해외변호사가 외국에서 변호사자격을 취득하고 국내에서 변호사업무(법률사건의 당사자 또는 기타 관계인의 위임 등에 의하여 법정에서 사건을 변론하고 법적인 권리와 의무에 관하여 조언하는 법률사무)를 수행하면 대분류2의 "변호사(26120)"에 해당됨(고용차별개선과-2154, 2012.9.21).

8) ⓐ 박사학위(외국 박사학위 포함), ⓑ 관련법에 따른 기술사등급의 국가기술자격, ⓒ 별표2의 관련법에 따른 전문자격(건축사, 공인노무사, 공인회계사, 관세사, 변리사, 변호사, 보험회계처리사, 손해사정사, 감정평

'박사학위를 받은 사람'[1]은 대학의 시간강사뿐아니라[2] 일반회사의 경우[3]에도 적용되며 박사과정수료자[4]나 석사[5]는 해당되지 않는다.

해당분야에 종사한다고 볼 수 있으려면 직무내용, 전문성 및 업무난이도 등을 고려하여 그 필요성이 있다고 보아 해당사항을 채용조건으로 하거나 또는 수행직무에 해당되는 전문지식을 활용하는 경우를 말한다.[6]

⑦ **정부의 복지·실업대책 등**(기단법 §4① v)

취로사업·자활사업·공공근로사업 등 정부시책사업은 참여자들의 생활안정·취업기회제공 등이 주된 목적이고 국가예산으로 시행되므로 성격상 사업기간에 맞추어 기간제로 사용할 수 있도록 하고 있다. 정부로부터 위탁을 받아 수행하는 업무의 근로자는 여기에 해당되지 않는다.[7]

공공서비스를 위해 제공된 일자리가 기간제한예외에 해당하는지는 "사업시행배경·목적·성격, 사업의 한시성이나 지속가능성 등 여러 사정을 종합적으로 고려하여 판단한다"는 판결[8]과 "상시·지속적업무인 전형적공공행정서비스는 해당되지 않는다"는 해석[9]이 있다.

대통령령(기단령 §3②)은 첫째 고정법·고보법 등 다른 법령에 따라 국민의 직업능력

가사, 수의사, 세무사, 약사, 한약사, 한약업사, 한약조제사, 의사, 치과의사, 한의사, 경영지도사, 기술지도사, 사업용조종사, 운송용조종사, 항공교통관제사, 항공기관사, 항공사)을 가지고 해당분야에 종사하는 경우.

9) 비정규직대책팀-2848, 2007.7.13. 간호사·영양사·물리치료사는 해당되지 않으며, 일정소득이상이면 고소득자의 자격으로 기간제한예외규정 적용 가능 ; 비정규직대책팀-395, 2008.2.25. 사회복지사·유치원교사 등은 「국가기술자격법」상 기술사등급의 국가기술자격이나 다른 전문자격에 해당되지 않음. ↘ 705쪽

1) 재직기간중에 개인적사유로 박사학위를 취득해도, 박사학위를 채용조건으로 하지 않았고, 해당직무종사자 대다수가 석사학위소지자이면 미해당(고용차별개선과-2469, 2015.12.9 ; 고용차별개선과-851, 2013.5.7) ; 외국에서 박사학위를 받은 사람은 교육과학기술부장관에게 그 사실을 신고하는데(고등교육법 §27①) 기단법은 신고여부를 요건으로 하고 있지는 않으나, 진위여부를 확인하기 위해 해당부처의 박사학위정보시스템을 활용하는 것이 바람직함(고용차별개선과-2154, 2012.9.21).

2) 고용차별개선과-850, 2012.4.27. [긍정] 교육학박사학위소지자가 해당학위분야의 전문적지식과 기술을 활용하여 **입학사정관 업무**에 종사하는 경우.

3) 비정규직대책팀-1460, 2007.5.2.

4) 비정규직대책팀-2415, 2007.6.26.

5) 비정규직대책팀-2947, 2007.7.22 ; 비정규직대책팀-2808, 2007.7.11. 시간강사관련 ; 고용차별개선과-568, 2013.4.2. 언어학원에서 같은 업무인 강의를 하더라도 석사는 미해당 ; 고용차별개선과-1217, 2013.6.25. 연구소의 선임연구원 관련.

6) 고용차별개선과-2469, 2015.12.9 ; 〈사례〉 고용평등정책과-314. 2011.2.11. [부정] 의학전문기자로 종사하는 의사자격 소지자.

7) 비정규직대책팀-1856, 2007.5.21.

8) 대판 2012.12.26, 2012두18585. 지방정부가 국고보조로 실시하는 '공공도서관 개관시간연장사업'에 대해 시민의 문화수준을 높이기 위한 사회서비스 확충을 목적으로 하면서 일자리창출사업의 일환으로 추진된 점, 감사원으로부터 일자리창출사업 추진실태에 대한 감사를 받은 점, 국고보조금지원을 전제로 하고 있어 지원이 중단될 경우 지속될 수 없는 점 등을 들어 기간제한의 예외를 인정했다.

9) 고용차별개선과-90, 2012.5.3.

개발, 취업촉진 및 사회적으로 필요한 서비스를 위하여 일자리를 제공하는 경우(기단령 §3② i),[1] 둘째 '「제대군인지원에관한법률」 제3조에 따라 제대군인의 고용증진 및

---

1) 고용차별개선정책과-2303, 2009.12.2. [긍정] **임산부·영유아 영양플러스사업**, 지역사회중심재활사업, 맞춤형방문건강관리사업, 노인이나 장애인 구강보건사업 등 ; 비정규직대책팀-66, 2008.1.8. [긍정] '**독거노인생활 지원을 위한 가정봉사원 파견사업**' 및 '**독거노인생활지도사 파견사업**'(국가 및 지방자치단체가 홀로 사는 노인에 대해 방문요양서비스 등의 서비스와 안전확인 등의 보호조치를 취하는 사업) ; 비정규직대책팀-415, 2008.2.26. [긍정] 보건복지가족부가 취약계층의 지역주민을 대상으로 실시중인 '**맞춤형 방문건강관리사업**' ; 차별개선과-1382, 2008.8.13. [긍정] 서울시의 **노숙인일자리갖기사업** ; 차별개선과-1675, 2008.9.17. [긍정] 보건복지가족부 위탁사업인 '**아동복지교사 지원사업**'(위탁운영계약기간은 업무완성에 필요한 기간으로도 봄) ; 차별개선과-1863, 2008.10.9. [긍정] '보건소에 설치된 정신보건센터에서 근무중인 정신보건임상심리사, 정신보건간호사, 정신보건사회복지사 등 **정신보건전문요원의 업무**'(다만 근로계약이 수차례 반복되고 해당요건이 충족되면 무기계약으로 간주) ; 차별개선과-2206, 2008.11.21. [부정] 「건강가정기본법」 제35조의 규정에 의거 전국 시·군·구에 설치된 **건강가정지원센터운영지원업무**(국가 및 지방자치단체의 책임하에 의무적으로 건강가정지원사업을 수행토록 하고 있는 근거법령의 입법태도 및 사업수행방식, 전 국민을 수혜대상으로 하고 있는 점, 민간서비스공급을 사실상 기대하기 어려운 점 등을 종합하여 볼 때 전형적인 공공행정서비스로 판단되므로 국민의 직업능력개발, 취업촉진, 사회적서비스제공 등을 위하여 일자리를 제공하는 경우에 해당된다고 보기 어렵다. 위탁의 경우에는 업무완성을 위해 필요한 기간임) ; 차별개선과-3323, 2008.11.26. [긍정] '「장애인복지법」 제21조에 근거한 '**장애인주민센터도우미지원사업**' ; 고용차별개선정책과-291, 2010.2.2. [긍정] 빈곤아동에 대하여 사례관리 및 보건·복지·보육 등 필요한 서비스를 통합적으로 제공하는 '**드림스타트사업**' ; 고용차별개선정책과-50, 2010.1.7. [긍정] **희망근로·공공근로·행정인턴제도** ; 고용평등정책과-713, 2010.5.7. [부정] **가정폭력 피해자 보호시설에서 근무**하는 기간제근로자(전형적인 공공행정서비스이고, 일시적·한시적으로 이루어지는 사업이 아니라 상시적으로 수행되어야 할 업무) ; 고용평등정책과-36, 2010.7.9. [긍정] 여성가족부의 **다문화가족지원센터 방문교육지도사** ; 고용평등정책과-298, 2010.8.17. [부정] **의료급여사례관리사업**은 의료급여법 등 다른 법령에 근거가 없으며 의료급여수급권자에 대한 의료급여제도안내·상담, 합리적의료이용 도모, 수급권자에게 필요한 보건·의료·복지서비스자원연계 등을 주요내용으로 하고 있어 일자리제공과 직접 관련이 없음 ; 고용평등정책과-1326, 2010.12.3. [부정] 학교사회복지사가 사업 위탁기관인 △△대학교(산학협력단)와 근로계약을 체결한 경우 ; 고용평등정책과-1643, 2010.12.30. [부정] **청소년방과후아카데미** 사업운영 ; 고용평등정책과-1671, 2010.12.30. [부정] 국민건강증진법에 근거한 **지역특화건강행태사업** ; 고용평등정책과-224, 2011.1.30. [부정] 질병관리본부에서 실시하는 예방접종등록센터 운영사업 ; [부정] 노인복지법에 의한 치매연구 및 치매관리사업성격의 **치매예방관리사업**(고용평등정책과-1188, 2011.8.2) 또는 **치매관리비지원**(고용평등정책과-641 2011.5.18) ; 고용평등정책과-1716, 2011.10.12. [부정] 의료급여법에 의한 **의료급여사업**은 전형적인 공공행정서비스의 영역임 ; 고용차별개선과-1503, 2011.9.16. [부정] 국민건강증진법에 따른 **건강증진사업** ; 고용차별개선과-480, 2012.3.9. [부정] 노인보건복지사업중 "경로당 운영혁신사업"을 위한 **경로당순회프로그램관리**는 복지정책·실업대책 등에 의해 일자리제공을 주된 목적으로 한 일자리사업으로 보기 어려움 ; 고용차별개선과-481, 2012.3.9. [긍정] 교육과학기술부가 주관하고 한국연구재단과 대학(교)가 함께 수행한 "미취업대졸생의 취업을 위한 경력형성 및 취업능력제고를 목적으로 인턴조교 등 학교내채용을 지원하는 **미취업대졸생인턴채용 지원사업** ; 고용차별개선과-2782, 2012.12.4. [부정] 복지부의 **난임부부지원사업** 및 예방접종사업. 전형적인 공공행정서비스로 봄 ; 고용차별개선과-2783, 2012.12.4. [긍정] 복지부의 **다문화가정지원센타사업**. 정부의 재정지원을 통해 제공되는 사회적으로 필요한 서비스제공으로 봄 ; 고용차별개선과-2952, 2012.12.21. [부정] 보건복지부의 '**지역사회 통합건강증진사업**(금연·치매 등)'. 포괄적건강증진사업으로 일반공공행정서비스로 봄 ; 고용차별개선과-3001, 2012.12.27. **청소년상담복지센터**에서 근무하는 **청소년상담사** 및 프로그램운영종사자. 일반공공행정서비스로 봄 ; 고용차별개선과-483, 2013.3.21. [부정] **국가보훈대상자 등이** '**의무채용**, 보훈특별고용, 가점취업 등'의 취업지원을 받아 국가 또는 민간기업등에 기간제근로자로 취업한 경우 ; 고용차별개선과-515, 2013.3.26. [부정] 보건복지부소관 지역사회 **통합건강증진사업(영양플러스사업)** ; 고용차별개선과-484, 2013.3.21. [긍정] 지자체의 '**공공일자리 나누미사업**' ; 고용차별개선과-553, 2013.4.1. [부정] 여성발전기본법에 따른 **직업능력향상프로그램운영지원인력** ; 고용차별개선과-1181, 2013.6.20. [부정] **사회적기업지원센터운영인력** ; 고용차별개선과-1403, 2013.7.16. [긍정] 「식생활안전관리특별법」에 따른 **어린이급식관리지원센터**의 위탁운영사업 ; 고용차별개선과-2339, 2015.11.26. [부정] '**건강생활지원센터**'는 보건소의 업무중에서 생애주기별 건강행태 개선을 위한 건강생활실천사업으로서 포괄적인 건강증진사업임 ; 고용차별개선과-2340, 2015.11.26. [긍정] '**자원봉사코디네이터지원사업**'은 재정지원일

생활안정을 위하여 군에서 일자리를 제공하는 경우'(기단령 §3②ii),[1] 셋째 '「국가보훈기본법」 제19조제2항에 따라 국가보훈대상자에 대한 복지증진 및 생활안정을 위하여 보훈도우미 등 복지지원인력을 운영하는 경우'(기단령 §3②iii)를 열거하고 있다.[2] 정부의 복지·실업대책에 이어 일반기간제근로자로 채용되면 일반기간제근로기간만으로 기간제한을 따진다.[3]

⑧ 그 밖에 대통령령(기단령 §3③)으로 정한 사항(기단법 §4①vi)

㈎ 다른 법령에서 사용기간을 별도로 정하는 경우(기단령 §3③ i)

'고용허가제적용 외국인근로자',[4] '「출입국관리법」에 체류기간이 정해진 외국인근로자',[5] '법원의 계약직 속기사'[6] 등 다른 법령에서 사용기간이 정해진 근로자에게는 기간제한이 적용되지 않는다.[7] 기간제교사에 대해서는 「교육공무원법」

자리 사업으로서 국지예산지원이 중단되만 지속할 수 없는 사업임 ; 고용차별개선과-2341, 2015.11.26. [부정] '**종합사회복지관 사업**'은 모든 지역주민을 사업대상으로 하고 있으므로 이는 일반적인 공공행정서비스임 ; 고용차별개선정책과-1883, 2009.11.17. [부정] **노인일자리사업전담업무**는 대부분 일반행정서비스 영역임 ; 고용차별개선과-40, 2013.1.7. [부정] 여성가족부의 **청소년방과후아카데미사업** 전담인력. 지속적사업으로 봄 ; **드림스타트사업.** [긍정] (고용차별개선정책과-291, 2010.2.2 ; 고용차별개선과-1435, 2013.7.2) ; 고용차별개선과-904, 2012.5.3. [긍정] 우정사업본부에서 위탁받아 수행하고 있는 **무의탁환자 무료야간간병사업** ; 고용차별개선과-2310, 2013.11.28. [긍정] **공공도서관 개관시간 연장지원사업**, 사회적으로 필요한 서비스, 신규일자리제공, 국고보조금지원 전제 ; 고용차별개선과-2375, 2013.12.4. [긍정] **국립공원지킴이** ; 고용차별개선과-2350, 2015.11.27. [부정] '**학교밖청소년지원사업**'은 「학교밖청소년지원에관한법률」에서 국가와 지방자치단체에 부여한 책무를 실현하기 위해 상시적으로 추진하는 일반공공행정서비스임 ; 고용차별개선과-2351, 2015.11.27. [긍정] '**지역공동체 일자리 사업**'은 고용정책기본법 제6조(국가와 지방자치단체의 시책)에 근거를 두고 지역주도형 일자리 제공을 목적으로 추진되는 사업으로 볼 수 있고, '**공공산림가꾸기 사업**'은 「산림기본법」에 근거하여 시행하는 사업으로 볼 수 있어 각각 법령에 근거하여 정부재정지원을 통해 취업취약계층에게 일자리를 제공하는 것이므로 예외가 인정됨 ; 대판 2016.8.18, 2014다211053. [긍정] **교육과학기술부의 방과후학교학부모코디네이터**(전담보조인력)사업.

1) 고용차별개선정책과-252, 2010.1.27. [긍정] '해군복지시설내 제대군인취업직위'에 장기복무제대군인 채용.

2) 차별개선과-4117, 2007.11.16. [긍정] '찾아가는 이동보훈복지 서비스'.

3) 청년인턴제도에 따른 인턴사용기간이 종료되어 예외인정사유가 소멸되면 소멸시점 이후에 채용공고에 따른 공개채용절차를 거쳐 동일한 근로자와 근로계약을 다시 체결하면, 근로계약체결시점부터 2년초과 여부를 따진다(고용차별개선정책과-49, 2010.1.7 ; 고용차별개선과-937, 2012.5.9).

4) 비정규직대책팀-2618, 2007.7.2. 외고법에 따라 취업기간이 입국한 날로부터 3년으로 제한된다. ; 고용평등정책과-205, 2011.1.26.

5) 고용차별개선과-1156, 2011.7.28(같은취지, 고용차별개선과-446, 2012.3.5). 거주(F-2)·재외동포(F4) 예외 인정, 「출입국관리법」은 외국인의 체류기간을 제한하는 것일 뿐 고용기간을 제한하는 것은 아니나, 체류기간이 제한됨에 따라 고용기간 역시 제한받게 되므로 "다른 법령에서 달리 정하거나 별도의 기간을 정하여 근로계약을 체결할 수 있도록 한 경우"에 해당한다. ; 비정규직대책팀-4311, 2007.12.5. 대학교의 외국인특별교원 예외 인정. 차별개선과-861, 2008.6.17 ; 고용차별개선정책과-2390, 2009.12.30. 영주(F-5)인 경우와 외국인근로자의 배우자가 한국국적을 취득하고 있는 경우에는 취업활동을 목적으로 체류자격을 부여 받는 것이 아니며, 취업여부에 따라 체류기간 연장이 결정되는 것은 아니므로 예외 대상에 해당되지 않는다. ; 고용차별개선과-853, 2013.5.7. 결혼이민자 체류자격(F-6). 예외 인정 ; 고용차별개선과-2586, 2013.12.23. 회화지도(E-2) 또는 결혼이민(현F-6, 구 F-2) 체류자격 예외 인정.

6) 비정규직대책팀-495, 2007.2.13 ; 다만, 「국가공무원법」 제2조제4항 및 「법원계약직공무원규칙」 제6조제1항을 근거로 삼고 있어 기단법 적용대상이 아니라고 보는 것이 더 타당하다.

·「사립학교법」·「사립학교교직원연금법」 등의 법령이 사용기간을 기단법과 달리 정하고 있다.[1] 예외기간과 일반기간제근로기간이 혼합된 경우에는 후자만으로 기간을 산정한다.[2] 다른 법률이 직접 명시하거나[3] 위임[4]을 할 때에는 포괄적이 아닌 구체적인 내용이어야 한다. 특별법지위에 있지 않으면 예외가 인정되지 않으므로[5] 다른 요건을 충족하는지 살펴야 한다.[6]

㈏ '군사적 전문지식 종사 · 강의' 및 '국가안전보장 · 국방 · 외교 · 통일 업무'

국방부장관이 인정하는 군사적전문지식·기술을 가지고 관련직업에 종사하거나 「고등교육법」 제2조제1호에 따른 대학에서 '안보 및 군사학 과목'을 강의하는 경우는 예외로 인정된다(기단령 §3③ii).[7] 특수경력을 갖추고 국가안전보장, 국방·외교·통일과 관련된 업무에 종사하는 경우에도 예외가 인정된다(기단령 §3③iii).[8] 그러나

---

7) 특별법이라도 포괄적으로 기단법을 적용하지 않거나 근로계약기간 등에 대해 따로 정하지 않고 있다면 기단법이 적용(차별개선과-231, 2008.4.1. 「선원법」 또는 다른 법령에서 기간제근로자인 선원의 사용기간을 기간제법 제4조제1항과 달리 정하거나 별도의 기간을 정하여 근로계약을 체결할 수 있도록 한 경우가 아니라면, 기간제근로자인 선원의 경우도 기간제법 적용). ↘ 708쪽

1) 비정규직대책팀-270, 2007.1.25 ; 비정규직대책팀-2838, 2007.7.13 ; 차별개선과-1974, 2008.10.21 ; 「교육공무원법」은 "기간제교원에 대하여는 임용기간이 끝나면 당연히 퇴직한다"라고 규정하고 있으며, 「사립학교법」은 "기간제교원의 임용기간은 1년이내로 하되 필요한 경우 3년의 범위에서 그 기간을 연장할 수 있다"고 규정 ; 대판 2020.8.20, 2018두51201. **영어회화전문강사** 관련, 초·중등교육법시행령은 기간을 정하여 임용할 때 기간은 1년이내로 하되, 4년범위에서 연장할 수 있도록 규정. 계약이 반복·갱신되어 총기간이 4년을 초과하면 기간의 정함이 없는 근로계약으로 간주. 반복·갱신이 일정한 공백기간없이 계속되면, 특별한 사정이 없는 한 최초계약에서부터 최종계약에 이르기까지 기간전체가 사용기간임. 다만 업무성격, 반복·갱신과 관련한 당사자의사, 반복·갱신을 전후한 기간제근로자의 업무내용·장소와 근로조건유사성, 반복·갱신 과정에서 이루어진 절차·경위 등을 종합적으로 고려할 때 새근로관계가 형성되었다고 평가할 수 있으면 근로관계단절. 사업주는 학교를 설치·운영하는 지자체이므로 학교를 옮기더라도 기간을 합산.

2) 「병역법」에 의한 전문연구요원을 3년간 사용한 후에 기간제근로자로 2년을 사용할하면 의무복무기간동안은 사용기간제한예외에 해당한다(차별개선과-59, 2008.3.10).

3) 차별개선과-1560, 2008.9.4. 「산업교육진흥 및 산학협력촉진에 관한 법률」 제34조제2항의 "제1항에 따른 연구원과 직원을 채용하는 경우에는 근무기간, 급여, 근무조건 등의 계약조건을 정하여야 한다"라는 규정은 예외사유에 해당하지 않는다. 이 규정은 연구원과 직원 채용시 "근무기간, 급여, 근무조건 등"의 계약조건을 정하도록 규정하고 있을 뿐이다.

4) 초빙교원의 임용 및 복무 등에 관하여 기능대학법령의 위임을 받아 정한 대학의 자체내규인 "인사규정시행규칙"은 예외사유에 해당하지 않는다(차별개선과-156, 2008.3.25). ; 게임산업진흥에관한법률 제18조제3항에서 '운영에 관하여 필요한 사항은 등급위원회규정으로 정한다'라고 위임한 것만으로는 그 전문위원이 예외대상이라 볼 수 없다(고용평등정책과-132, 2010.3.12).

5) 〈사례〉 고용차별개선과-1735, 2013.9.4. [부정] 법원행정처 자문기관인 "송무제도개선위원회" 조사위원.

6) 〈사례〉 법제처 14-0194. 2014.5.12. 「학교체육진흥법」 제2조제6호에 따른 학교운동부지도자. 제6호의 체육지도자에 해당되는지를 살핀다(. 고용차별개선과-2507, 2013.12.10. 중등교원 자격증을 가지고 있어도 마찬가지이며, 국민체육진흥법에 따른 "경기지도자" 자격를 부여 받은 사람은 예외가 인정된다.

7) 군관련 민간인력직위는 전투력을 창출하는 고도의 전문직위로서 군경력 및 군사적지식보유가 필수적이므로 인정됨 ; 〈적용 예〉 군전임교수, BCTP(전투지휘훈련) 교관, 일반 및 전문대학의 안보학 및 부사관학과 교수, 학군단교관·행정관(고용차별개선과-2688, 2012.11.28.), 직장예비군중대장(차별개선과-925, 2008.6.26 ; 고용평등정책과-771, 2010.10.14) ; 고용차별개선과-2174, 2013.11.12. [긍정] 특수한 이력(전문성·경험 등)을 채용 또는 재계약의 전제 조건으로 하고, 북한정세분석 및 통일정책 수립 등에 활용될 참고자료의 작성 및 자료화(DB구축) 등의 업무.

워딩·편집, 사무지원 등 단순행정보조업무는 여기에 해당되지 않는다.[1]

㈐ **대학조교 및 비전임교원**

「고등교육법」 제2조에 따른 학교와 같은법 제30조에 따른 대학원대학에서 「고등교육법」 제14조에 따른 조교[2]의 업무와 「고등교육법시행령」 제7조에 따른 겸임교원·명예교수·시간강사[3]·초빙교원 등 비전임교원의 업무에 대해서는 예외가 인정된다(기단령 §3③iv).

㈑ **고소득자**

한국표준직업분류(통계법 §22)의 대분류 1(전문가)[4]과 2(전문가 관련종사자)[5]의 직업[6]에 종사하는 사람중에서 최근 2년간의 연간평균근로소득(소득세법 20①)이 최근에 조사된 임금구조기본통계로 볼 때에 '한국표준직업분류 대분류2'의 '상위 25%이상'에 해당하면[7] 기간제한예외가 인정된다(기단령 §3③v). 해당직업은 과거의 경력이 아닌 현재의 수행업무를 토대로 판단된다.[8] 근로소득은 근로계약기간동안에 청구권이 발생한 금품을 말한다. 근로계약기간종료전의 사유로 종료후에 발생한 연차유급휴가미사용수

---

8) 고용차별개선과-681, 2012.4.4. [부정] 한국국제협력단 해외봉사단관리요원. ↘ 709쪽

1) 〈사례〉 고용차별개선과-337, 2011.4.6. [부정] 국방과학연구소 홍보담당 전문계약직 ; 고용차별개선과-2174, 2013.11.12.

2) 비정규직대책팀-2769, 2007.7.10, 명칭만으로 판단할 수 없음. 고등교육법 제14조제4항은 "각종 학교에는 제1항 내지 제3항의 규정에 준하여 필요한 교원, 직원 및 조교(이하 "교직원"이라 한다)를 둔다"고 규정하여 직원과 조교를 구분하고 있으며, 제15조제4항은 "조교는 교육·연구 및 학사에 관한 사무를 보조한다"고 규정하고 있다. ; 조교를 예외로 규정한 취지는 조교업무종사자들이 일정기간 학 과정을 이수하고 있는 경우가 많고, 학술·연구조교의 경우 2년을 초과하여 근무하는 경우가 적지 않은 점을 고려한 것이다(고용평등정책과-58, 2010.3.4) ; 고용평등정책과-1670, 2010.12.30. [부정] 한국○○영재학교 조교 ; 고용차별개선과-557, 2012.3.21. 〈출연연구기관학위과정의 조교업무종사자〉 그 기관이 고등교육법 제2조에 따른 학교의 범위에 포함되고, 해당조교가 고등교육법제14조에 따른 조교업무에 종사하는지로 판단된다.

3) 고등교육법 제17조 및 같은법시행령 제7조에 따른 시간강사 ; 〈사례〉 고용차별개선과-1059, 2011.7.10. [부정] 교내외수강생 모두를 대상으로 하는 대학부설어학당 시간강사 ; 〈사례〉 고용차별개선과-510, 2011.4.27. [부정] ○○과학기술원 시간강사업무 종사자.

4) 〈사례〉 고용차별개선과-2354, 2012.10.18. [긍정] ○○교향악단 사무국장. 한국표준직업분류상 "12. 행정 및 경영지원 관리직"에 해당 ; 〈사례〉 대판 2014.11.13, 2014두40142. [긍정]. 〈교역지원실 남북교육상담센터 팀장〉 '1. 관리자', '12. 행정 및 경영지원 관리직', '1202. 경영지원관리자'에 해당 ; 통계청 통계기준과-3651, 2017.12.19. 지휘·조정 등의 관리업무와 현업을 병행하는 경우에는 주된 업무비중의 80%이상 관리업무를 하는 경우만 관리자로 분류.

5) 고용차별개선과-296 2012.2.13. [긍정] 통역사.

6) 〈한국표준직업분류의 개요〉 직업(Occupation)은 '유사한 직무의 집합'으로서 유사성을 갖는 직무를 계속하여 수행하는 것을 말한다고 정의하고 있음. 직무(Job)는 '자영업을 포함하여 특정한 고용주를 위하여 개별종사자들이 수행하거나 또는 수행해야할 일련의 업무와 과업임.

7) 고용장관이 매년 금액 공고.

8) 〈사례〉 고용차별개선과-1170, 2013.6.19. 보험사 영업담당차장이 '마케팅 전문가(27312)' 또는 '보험상품개발자(27231)'로 분류될 수 있다면 '대분류 2'에 해당 ; 〈사례〉 고용차별개선과-1053, 2013.6.4. '투자권유대행인'은 '자산 운용가(2722)' 또는 '그 외 자산 운용가(27229)'가 아닌 '간접 투자증권 판매인(51033)'에 해당되며, '보험 설계사(51032)'는 적용제외대상이 아님.

당을 근로소득에 포함되지 않는다고 본 해석[1]이 발견된다. 고소득전문직에서 일반직으로 전환되면 일반직기간만 가지고 기간제한여부를 판단한다.[2]

(마) 초단시간근로자

산정사유발생일이전 4주동안(4주미만근로의 경우에는 그기간)을 평균하여 1주소정근로시간[3]이 15시간미만인 초단시간근로자(근기법 §18③)에 대하여는 기간제한이 적용되지 않는다(기단령 §3③vi).[4]

(바) 기타 전문적 업무종사자

체육지도자업무(기단령 §3③vii)[5]에 대해서는 기간제한예외가 인정된다. '소정[6]의 연구기관(기단령 §3③viii)[7]에서 '연구업무에 직접 종사'하거나 '실험·조사를 수행하는 등 연구업무에 직접[8] 관여하는 지원업무에 종사'하는 경우에 대해서도 기간제한예외가

---

1) 고용차별개선과-1352, 2013.7.11. 이 해석은 이러한 경우라도 근로계약에 의해 청구권이 제한되지 않으면서 선지급된 것이라면 근로소득에 포함된다는 견해를 밝히고 있는데, 이러한 견해는 포괄임금약정을 염두에 둔 것으로 추정되나 휴가매수의 소지가 있어 타당해보이지 않는다.

2) 고용차별개선정책과-1428, 2009.9.25.

3) 대판 2014.11.27, 2013다2672. 초단시간근로자로 일한 후에 기간제통상근로자로 전환된 경우, 후자의 기간만으로 판단한다.; 동일한 시간강사가 대학교총장과 근로계약을 체결하고, 부설교육원원장과 별개의 근로계약을 체결하는 경우에, 각 사업장의 인사관리·재정·회계 등이 명확하게 구분되어 독자적으로 운영된다면 각각의 근로계약은 별개로 인정되어 시간강사의 소정근로시간산정시 합산되지 않지만, 원장이 총장의 위임을 받아 시간강사와 근로계약을 체결한 것이라면 합산된다(차별개선과-1266, 2008.8.4; 고용차별개선정책과-330, 2009.2.17). 강의준비시간이 근로시간에 포함될지 등 논란이 많았으나 2010.7 시행령시행으로 대학의 시간강사에게는 그 자체로 기간제한의 예외가 인정된다.

4) 〈사례〉고용평등정책과-314. 2011.2.11. [미적용 긍정] 주당 14시간미만 학원 시간강사.

5) 「국민체육진흥법」에 규정된 선수와 체육지도자의 업무에 종사하는 경우를 말한다.; 청소년수련관내 수영강사가 「국민체육진흥법」에 따른 체육지도자라면 예외대상이다 (차별개선과-3996, 2007.11.5); 법제처 14-0194, 2014.5.12. [부정] 「학교체육진흥법」에 따른 학교운동부지도자이지만 「국민체육진흥법」에 따른 경기지도자자격증을 소지하고 있지 않은 자; 고용차별개선과-425, 2011.4.15. [부정] 생활체육지도자 자격증이 없는 인명구조원; 대판 2017.11.9, 2015두57611. [긍정] 중·고등학교 운동부 코치. 해당 근로자가 학교·직장·지역사회 또는 체육단체 등에서 체육을 지도하는 업무에 종사하는 경우에 해당.

6) 국공립연구기관, 관련법에 따라 설립된 정부출연연구기관·특정연구기관·지방자치단체출연연구원·공공기관부설연구기관, 기업·대학의 부설연구기관, 민법 등에 따른 법인인 연구기관을 말한다.; 고용평등정책과-121, 2010.7.23. [부정] 〈의료원임상시험센터〉 학칙을 기준으로 보면 부설연구소가 아닌 임상연구관리실의 하위부서로 되어 있어 특정 연구목적을 수행하기 위한 부설연구기관으로 인정하기에는 부족; 〈사례〉 고용차별개선과-437, 2011.2.23. [긍정] 대학부설기관인 입학사정전형연구소; 〈사례〉 고용차별개선과-1988, 2011.11.14. [긍정] 가축위생시험소; 〈사례〉 고용차별개선과-259. 2012.2.7. [긍정] 공립박물관; 〈사례〉 고용차별개선과-80, 2013.1.11. [긍정] ○○도 행정기구설치조례에 따른 ○○도 수산자원연구원.

7) "전문적인 연구업무를 주된 목적으로 독립된 연구시설이나 조직체계를 갖춰 설립된 기관으로서, 해당 기관의 설치 목적, 사업 내용 등을 전체적으로 살펴보아 전문적인 연구업무가 주된 목적인지 여부, 독립된 연구시설이나 조직체계를 갖추어 설립된 기관인지 여부를 파악하여 판단하며, 일부 다른 업무를 병행하는 경우에는 주된 업무가 전문적인 연구업무이면서 독립된 연구시설이나 조직체계를 갖추어 설립된 기관에 해당하는 경우를 말함(고용차별개선과-291, 2013.2.14).

8) 행정보조등 단순지원업무는 미해당(고용평등정책과-984, 2010.6.9; 고용차별개선과-1947, 2013.10.8.); 고용평등정책과-425, 2010.4.6. [긍정] 연구부서에서 참고자료번역·통역, 연구자료수집·정리업무. [부정] 통계처리, 전산업무, 사서업무, 보고서워딩·편집, 행정지원 등 연구보조업무; 〈사례〉 고용차별개선과-1056, 2011.7.8. [부정] 연구소에서 신뢰성보증업무에 종사하는 기간제근로자 및 시험운영업무·실험기기교정업무·QC업무(실험결과보고서 교정 및 검증)에 종사하는 사람.

인정된다.[1] 연구부서에서 사무부서로 이동하거나 반대로 사무부서에서 연구부서로 이동하더라도, 사무부서에서 근무한 기간이 2년을 초과할 경우에 무기계약자로 전환된다.[2]

3·다. 근로관계 종료

(1) 중도해지

계속계약은 당사자의 신뢰관계를 기초로 한다. 당사자의 한 쪽이 계약상의 의무를 위반함으로써 신뢰관계가 파괴되어 계약관계를 유지하기 어려운 정도에 이르면 다른 한쪽은 계약을 해지할 수 있다.[3] 근로계약기간중에 사용자가 정당한 이유없이 일방적으로 계약을 해지하면 부당해고(근기법 §23)가 되며 근로자가 일방적으로 근로계약을 해지하면 계약불이행으로 손해배상책임(민법 §661)을 질 수 있다.[4]

근로계약기간제한예외에 해당되어 장기계약을 체결하면, 계약기간이 만료되기 전이라 하더라도 근로자는 3년이 경과한 후에 손해배상책임의 부담이 없이 근로계약해지의 통고를 할 수 있으나, 사용자는 근기법의 해고제한법리의 적용을 받는다. 근로자가 계약해지를 통고한 경우, 계약해지효력시점은 당사자합의에 따른다. 따로 정함이 없다면, 해지통고후에 3월이 경과함으로써 계약해지효력이 발생한다(민법 §659).[5]

근로계약기간을 이유로 근로제공을 강요하는 행위는 강제근로금지(근기법 §7)에 위반될 수 있다(제2장 제3절,1).

(2) 기간만료

근로계약기간은 이를 정한 근로계약서가 갖는 처분문서의 성격,[6] 근로조건자율결정원칙(근기법 §4) 등을 감안하여 근로계약의 존속기간으로 해석된다. 처분문

---

1) 고용평등정책과-984, 2010.6.9. [긍정] 도의 농업기술원(조례에 연구업무 수행을 목적으로 명시), [유보] 시군별로 설치된 농업기술센터는 조례·규정, 운영 현황 등 관련 자료를 확인하여 판단해야 함.

2) 고용평등정책과-425, 2010.4.6.

3) 대판 2002.11.26, 2002두5948 ; 대판 2010.8.19, 2010두4971. 〈국립대병원 감사의 특정업무비 유용 사건〉 해고 부인, 양정과다.

4) 노동부, "비정규직(법) 관련, 오해와 진실-법 해석·적용과 관련한 사항", 2009.6, 8쪽. 기간제근로자에 대해 2년경과 후 기간의 정함이 없는 근로계약으로 간주될 것을 우려하여 미리 고용관계를 종료하면 다른 합리적인 이유가 없는 한 부당해고로 보았다.

5) 근기 68201-3311, 1998.12.5.

6) 행정처분서, 판결문, 유가증권, 차용증서 등 법률상의 행위가 그 자체로 이루어지는 문서를 말한다(대판 1997.5.30, 97다2986) ; 단체협약과 같은 처분문서를 해석함에 있어서는 그 명문의 규정을 근로자에게 불리하게 변형 해석할 수 없다(대판 2011.10.13, 2009다102452).

서는 명백한 반증이 없으면 그 존재와 내용이 인정된다.[1] 근로관계는 해고의사표시[2]나 해고예고[3]와 같은 별도의 조치없이 근로계약기간만료로 당연히 종료되는 것[4]이 원칙이다.[5] '업무상재해기간 또는 출산전후휴가기간과 그 후 30일'이나 육아휴직기간처럼 해고금지기간이거나, 부당노동행위에 해당되어도[6] 마찬가지이다. 육아휴직기간은, 당사자합의가 없는 한, 기간제사용제한기간(기단법 §4) 또는 근로자파견제한기간(파견법 §6)에 산입되지 않는다(고평법 §19⑤). 업무상재해기간과 및 출산전후휴가기간에 대해서는 이러한 제한이 없다.

3·라. 계속근로기대법리

(1) 법리의 형성

근로계약기간이 만료되더라도, 근로자가 근로관계종료를 부인하면서 계속근로를 기대하는 여러 유형의 분쟁이 발생할 수 있다. 계속근로기대법리는 기간제근로계약성립부정법리,[7] 단절기간부정법리,[8] 자동갱신법리,[9] 갱신기대권법리[10] 및 형식적근로계약기간법리[11]로 나눌 수 있다.

계속근로기대법리가 인정되지 않는 근로계약기간만료는 당연한 근로관계종료

---

1) 대판 2014.9.26, 2014다29667.

2) 대판 2005.2.17, 2004두13295 등.

3) 대판 1997.7.25, 96누10331 등.

4) 계약기간만료에 대해, 근로자의사에 반하여 근로관계를 종료시키는 해고로 보는 견해(노상헌, "기간의 정함이 있는 근로계약과 해고법리", 「노동법학」 제16호, 한국노동법학회, 2003.6, 22쪽 ; 박수근, "기간제근로분쟁에서의 쟁점과 법해석의 기준 및 과제", 「노동법연구」 제18호, 서울대학교 노동법 연구회, 2005 상반기, 207쪽 ; 박제성, "기간제 근로계약의 갱신 기대권", 「노동리뷰」 통권 제42호, 한국노동연구원, 2008.6, 66~67쪽 ; 조임영, "기간제 고용에 관한 현행법제의 문제점과 입법적 과제", 「중앙법학」 제6권 제3호, 중앙법학회, 2004, 415쪽. 해고제한규정이 다름에도 불구하고 일본의 예를 답습한 것이라고 비판하고 있다)나 합리성을 기준으로 근로관계종료인지 해고인지를 구분하는 견해(강성태, 『비전형근로와 노동법』, 대구대학교출판부, 2000, 15쪽)가 있다. 특히 기단법시행후에도 '해고문제로 보아야 한다'는 논리를 지지하는 견해(도재형, "기간제 근로계약 갱신 거절권의 제한", 「노동법연구」 제24호, 서울대학교 노동법연구회, 2008 상반기, 180~182쪽)가 발견되는데, 기단법(§4)이 기간제근로계약에 대해 독자영역을 인정하면서 반복갱신을 명시하고 있는 점을 감안할 때, 해석론으로는 받아들이기 어렵다.

5) 임종률, 『노동법』, 제9판, 575쪽 ; 김형배, 『노동법』, 제20판, 1160쪽 ; 菅野和夫, 『労働法』 第七版補正二版, 403頁 ; 대판 1989.6.27, 88누9680 ; 대판 1991.6.25, 91다1134 ; 대판 1992.10.27, 92누9722 ; 대판 1995.6.30, 95누528 ; 대판 1995.7.12, 95다9280 ; 대판 1997.7.25, 96누10331 ; 대판 1998.1.23, 97다42489 ; 대판 2006.2.24, 2005두5673 ; 근기 68201-3311, 1998.12.5 등.

6) 서울행판 2002.7.30, 2001구46392.

7) 유기계약인지 무기계약인지 명확하지 않은 근로계약을 대상으로 그 실체 규명.

8) 복수의 기간제근로계약 사이의 단절기간이 합리적인지 규명.

9) 근로계약기간이 종료되었음에도 불구하고 실제로 계속근로가 이루어지고 있는 근로계약을 대상으로, 계약갱신을 부정할만한 합리적인 이유가 있는지 규명.

10) 하나의 기간제근로계약이 만료된 후 갱신여부에 대하여, 합리적인 이유가 있는지 규명.

11) 반복갱신된 기간제근로계약을 대상으로, '기간의 정함'이 형식화되어 무의미해졌는지를 규명.

사유이며 경영해고에도 해당되지 않는다.[1)]

(2) 내 용

① 기간제근로계약성립부정법리

㈎ 근로계약서에 명시된 경우

기간제근로계약성립여부는, 특별한 사정이 없는 한, 근로계약서에 근로계약기간이 정해져 있는지에 따라 판단한다.[2)] 연봉계약서·임금인상계약서 등의 적용기간은, 다른 자료나 증거에 의해 명백히 입증되지 않는 한, 근로계약기간으로 볼 수 없다.[3)] 근로계약서해석은 의사표시해석원칙(같은장, 제5절 2·가,(3))에 따른다.

㈏ 명시되지 않거나 명확치 않은 경우

근로계약서에 직접 명시되어 있지 않거나 명시여부가 분명치 않은 경우[4)]에는, 여러 사정을 종합하여 판단한다.[5)] 종합적판단의 근거는 '구두계약·관행', 취업규칙 및 단체협약으로 정리할 수 있다.

첫째 구두계약, 관행 등은 종합적판단의 근거가 된다. 근기법 제17조는 근로계약을 체결하면서 근로조건을 명시토록 하고 있다. 근로계약기간은 근로조건의 존속기간이지 근로조건은 아니라는 견해[6)]도 발견된다. 그러나 근로계약기간 만료는 근로관계종료로 연결된다는 점에서 중요한 근로조건이다. 기간제근로계약을 체결하려면 근로계약기간이 명시되어야 한다. 근기법 제17조는 근로계약기간을 서면명시사항에 포함하지 않고 있다. 반면에 기단법 제17조는 '근로계약기간에 관한 사항'을 서면명시사항으로 규정하고 있다. 그러나 이 조항을 위반해도 과태료에 처해질 수 있는 점(기단법§24②ii 5백만원과태료)은 별론으로 하고, 기간제근로계약의 성립에 영향을 미치지 못한다. 따라서 근기법이나 기단법 모두 구두로 약정된

---

1) 대판 2012.2.9, 2010두22290.
2) 도재형, "기간제 근로계약 갱신 거절권의 제한", 「노동법연구」 제24호, 서울대학교 노동법연구회, 2008 상반기, 159쪽. 〈근거〉 근로계약서가 갖는 처분문서성.
3) 임금인상을 이유로 기존의 근로계약서를 변경해도 이는 근로계약갱신보다는 '변경된 임금 등 근로조건'에 대한 권리의무관계를 명확히 하기 위해 근로계약서를 변경·작성한 것이다(차별개선과-496, 2008.5.6).
4) 차별개선과-1251, 2008.8.1. [기간의 정함이 없는 근로계약 체결 인정] 근로계약을 체결하면서 근로개시일만 정하고 근로종료일이나 근무기간은 공란으로 처리하였고, 구두로도 계약기간에 대해 아무런 얘기가 없어 당연히 계속근로할 것으로 믿고 있었으며, 최초계약이후에 계약갱신 등도 없었던 점을 고려.
5) 서울행판 2008.1.18, 2007구합19638. [1년단위 기간제근로계약체결 인정] 근로계약서에 근로계약기간이 명시되지 않았지만 '근로계약기간사항'에 대해 취업규칙을 따르기로 한 점, 취업규칙에 기간명시가 있는 것을 제외하고는 근로계약은 1년을 원칙으로 하되 필요에 따라 변경할 수 있도록 규정한 점, '근로계약이 만료하여 계약갱신이 되지 않을 때'를 취업규칙의 퇴직사유로 규정한 점, 해당근로자가 입사하기 이전에는 상당기간 그러한 업무를 행하는 근로자가 없었던 점 등을 고려.
6) 대판(전) 1996.8.29, 95다5783.

근로계약기간의 효력을 부정할 근거를 가지고 있지 않다. 그러므로 관행으로 인정된 근로계약기간도 근로조건을 명시한 것으로 인정된다.[1] 모집공고는 청약에 지나지 않으므로 공고내용은 그 자체만으로는 절대적인 판단기준이 되지 못한다.[2] 그렇더라도 공고내용에 포함된 근로계약기간에 관한 정보는 다른 자료나 정황과 함께 참고될 수 있다.

둘째, 묵시적계약도 기간제근로의 근거로 인정될 것인지에 대해 의문이 있을 수 있다. 근로계약기간은 근로자에게 중요한 사항으로서 명시적합의가 있어야 한다는 하급심판결[3]이 발견된다. 기단법 제17조가 근로계약기간에 대해 서면명시까지 요구하는 점을 감안할 때, 묵시적계약이 있었다는 주장만으로는 기간제근로의 존재가 인정되기 어렵다.

셋째, 취업규칙도 기간제근로의 성립여부를 판단하는 근거중의 하나이다. 근기령 제8조(근기법 §17위임) '근기법 제93조는 근로계약기간을 취업규칙기재사항으로 명시하지 않고 있다. 그러나 기간제근로자를 사용하는 사용자는 "그 밖에 해당사업(장)의 근로자전체에 적용될 사항"을 취업규칙기재사항으로 명시하고 있는 근기법 규정(§93 제12호)에 따라 근로계약기간을 취업규칙에 기재해야 한다. 사용자가 이러한 의무를 이행하지 않는 것은, 과태료에 처해질 수 있는 점(근기법§116①ii 5백만원과태료)은 별론으로 하고, 기간제근로계약성립을 위한 효력요건으로 볼 수는 없다.[4] 취업규칙에 근로계약기간이 규정되어 있지 않아도 다른 정황으로 기간제근로계약인지를 판단할 수 있다.[5] 반면에, 취업규칙에 근로계약기간을 규정해도 바로 기간제근로계약이 성립하지는 않으며, 취업규칙규정과 기간제근로자사용사실이 상관관계에 있어야 한다.[6] 취업규칙에 근로계약기간이 명시되더라도 그 내용이 적용되는 근로자와 그렇지 않은 근로자가 있다. 근로계약을 체결할 때, 사용자는 근로자에게 취업규칙의 근로계약기간사항에 대해 주지시키면서 '해당근로자의 근로계약이 기간제임'을 설명하여야 기간제근로계약이 유효하게 성립된다.[7]

---

1) 대판 2006.12.7, 2006도300 ; 근기 1451-4133, 1984.5.9.

2) 서울행판 2011.11.10, 2011구합21324.

3) 서울행판 2009.12.11, 2009구합12815. 근무도중에 근로계약을 1년으로 하는 회사방침을 알고도 이의를 제기하지 않았다는 사실만으로는 근로계약을 1년으로 정하는 내용의 구두합의가 성립되었다고 볼 수 없다.

4) 김유성, 『노동법 I』, 203쪽.

5) 근기 01254-8855, 1991.6.21. 법령, 단체협약, 근로계약 등으로 판단한다.

6) 대판(전) 1996.8.29, 95다5783. '별정직원의 고용기간을 3년으로 한다'는 사용자방침이 그 후 지침으로 확정되고, 근로자가 이를 인식한 후에 각서를 제출했다면, 각서에 고용기간이 명시되어 있지 않았고 근로자가 추후에 이의를 제기하더라도 기간제근로계약이 성립한다.

7) 전윤구, "근로계약의 갱신거절이 무효인 경우에 임금손해의 산정", 「경영법률」 Vol.15 No.2, 한국경영법률

취업규칙에 기재된 근로계약기간사항은 기간제근로의 존재를 입증하는데 긍정적인 역할을 한다.

넷째, 단체협약규정도 기간제근로성립을 판단하는 근거중의 하나로 작용한다. 근로계약기간을 근로조건으로 볼 수 없다는 의견이 배척된다면, 근로계약기간에 관한 단체협약규정은 규범적효력을 갖기 때문이다. 단체협약의 기간제관련규정과 기간제근로자고용사실이 상관관계가 있어야 기간제근로계약성립이 인정된다. 다만, 이 정도에 미치지 못하더라도 단체협약에 기재된 근로계약기간관련사항은 기간제근로의 존재를 입증하는데 긍정적인 역할을 한다.

다섯째, 근로계약기간에 대해 서면근로계약은 물론이고 취업규칙 등에도 규정이 없다면 사회통념상합리성을 판단근거로 삼을 수 있다. 예를 들어 무기근로계약을 체결한 상태에서 예산, 정부사업입찰 등을 이유로 일정기간마다 근로계약을 갱신해도 이를 기간제근로로 인정하기 어렵다.[1]

근로계약·취업규칙 등은 물론이고 관행[2]마저도 없다면 사회통념상합리성을 판단하는 것이 쉽지 않으며, 취업규칙·단체협약규정과 기간제근로자사용사실의 상관관계를 확인하기 어렵고, 판단에 있어 주관적요소가 개입될 수밖에 없는 것은 해석론의 한계이다.[3]

② 단절기간부정법리

㈎ 원 칙

계약기간만료, '자의에 의한 사직원제출', '퇴직금 및 4대보험 정산'[4] 등을 거쳐 유효하게 근로관계가 단절된 후에 신규입사절차를 거쳐 새로운 기간제근로계약을 체결하고 근무하면 각각 별도의 근로계약에 의한 근무기간으로 보아야 하는 것이 원칙[5]이나 단절기간의 성격에 따라 계속근로가 인정될 수 있다.

학회, 2005.4, 452~453쪽. 「약관의규제에관한법률」의 적용대상은 아니지만, 그 기본관념에 따라 '취업규칙 내용이 계약으로 편입되는 통제'가 이루어져야 한다.

1) 노동부, "비정규직(법) 관련, 오해와 진실-법 해석·적용과 관련한 사항", 2009.6, 12쪽. 무기근로계약을 체결하거나 그리 전환한 후, 1년단위로 근로계약을 갱신하더라도, 이는 연봉제와 유사한 것으로서, 계약기간만을 이유로 근로자를 해고할 수 없다.

2) 서울행판 2009.6.3, 2008구합45603. 유통원 공동배달센터 계약사원관련 사례. 근로자의 일기장, 은행통장 사본 등은 근거가 되지 못함.

3) 단속규정인 '근로계약기간의 서면명시의무(기단법 §17)'를 효력규정화하여 명시하지 않으면 무기계약으로 간주하는 입법적 접근을 고려할만하다. 단속규정을 효력요건으로 하는 예로는 '해고사유 등의 서면통지제도(근기법 §27)'이 있다.

4) 실업급여를 신청하여 수령한 경우에는 달리 볼 사정이 없다면 근로관계가 유효하게 단절된 것으로 볼 수 있다(고용평등정책과-406, 2010.4.5). 다만, 관련해석은, 기단법상 계속근로 산정시와 퇴직금지급을 위한 계속근로산정시, 실업급여산정과 관련된 기간은 제외되어야 한다고 함으로써 모순된 논리를 전개하고 있다.

5) 고용차별개선정책과-682, 2009.7.14.

㈏ **판단방법**

기간제근로계약의 근로계약기간이 만료된 후에 단절기간을 두고 다시 근로계약을 체결하는 경우, 단절기간을 둔 합리적인 이유가 없다면 계속근로기대관계가 성립할 수 있다. 단절기간합산여부에 대해 판단기준과 관련하여 판례법리가 형성되어 있다. 기단법시행전의 판례법리는 "근로계약의 동기·경위, 기간을 정한 목적, 당사자의 진정한 의사, 계절적·임시적인 고용 여부, 근무기간의 장단 및 갱신회수, 동일사업(장)에서의 근무여부단절정도, 단절전·후에 있어 계약의 동질성, 재계약기대가능성, 고용관행, '갱신 또는 재계약의 효력'[1] 등"을 종합적으로 고려해야 할 기준으로 제시하고 있다."[2] 기단법의 규정형식·내용·입법취지를 고려한 판례법리는 "공백기간길이, 공백기간이 총사용기간에서 차지하는 비중, 공백기간발생경위, 공백기간을 전후한 업무내용·근로조건유사성, 공백기간 동안 기간제근로자에 대한 조치와 업무대체방식, 공백기간에 대한 당사자의 의도·인식, 다른 기간제근로자들에 대한 반복·갱신 관행 등"을 종합적으로 고려해야 할 기준으로 제시하고 있다.[3]

반복적으로 체결된 근로계약사이의 공백기간이 전체근로계약기간에 비하여 길지 않고, 계절적요인[4]이나 방학기간 등 해당업무의 성격에 기인하거나 대기기간·재충전을 위한 휴식기간 등의 사정이 있다면 계속근로로 볼 수 있다.[5]

㈐ **세부기준 분석**

㉮ **공개채용**

근로계약을 체결할 때마다 신규채용형식으로 공개채용절차를 거쳤고,[6] 그

---

1) 노동부, "비정규직(법)관련, 오해와 진실–법 해석·적용과 관련한 사항", 2009.6, 3쪽.

2) 대판 2006.12.7, 2004다29736.

3) 대판 2018.6.19, 2017두54975 ; 대판 2019.10.17, 2016두63705 ; 대판 2019.10.18, 2016두60508.

4) 대판 2011.4.14, 2009다35040. 1년중 몇 주는 단절되었으나 겨울철에 경륜경기를 열수 없는 사정에서 비롯된 것이며 단절기간은 휴업기간 또는 대기기간으로 볼 여지가 많음 ; 근로복지과–191, 2012.1.6. [합산긍정] 작물재배업무를 수행하는 계절업무(매년 8~10개월근무)관련. 공개채용 병행.

5) 대판 2006.12.7, 2004다29736. 학원강사에 대해 2월부터 11월까지의 근로계약을 반복적으로 체결한 데 대해 단절기간이 부수업무수행과 재충전과 강의능력제고를 위한 연구기간이라면서 계속근로로 보았다.

6) 근기 1451–14868, 1984.7.4. 일용직기간과 '공개경쟁채용과정을 거쳐 정규사원이 된 기간에 대해, 근로관계단절 인정. 일용직 등만을 대상으로 하는 특별채용과정을 거치는 것만으로는 부족 ; (고용평등정책과–406, 2010.4.5. [단절 부인] 공개경쟁채용절차가 형식에 불과하여 대부분 다시 채용되어 계속고용기대 형성 ; 차별개선과–497, 2008.5.6. 통계조사원 관련. [단절 인정] 통계조사시마다 채용공고, 서류전형·면접 등 공개채용절차를 거치고 있어 재계약에 대한 기대가능성이 낮고, 근로기간보다 공백기간이 오히려 더 김 ; 차별개선과–1561, 2008.9.4. [단절 인정] 계약기간을 8~9개월로 정하면서, 형식적이라고 볼 수 없는 공개채용절차를 거쳐 동일근로자가 다시 선발된 사건 ; 대판 2020.8.20, 2017두52153(**한국노동법학회, 『노동판례백선』 제2판**, 241쪽. 실질적인 공개채용절차만 거치면 경우에 따라 동일한 기간제근로자를 계속하여 장기간 사용할 수 있게 되는데, 이는 기간제근로남용방지라는 기단법입법취지에도 부합하지 않음).

과정에서 계약기간단절이 있으며, 근로내용·근로부서·직군·근로형태가 달라져서 근로계약동일성 및 계속근로·재계약기대가능성이 인정될 여지가 없다면, 일률적으로 판단하기는 어렵지만[1] 단절전·후의 근로계약을 별개로 보아야 한다. 그러나 별다른 흠이 없는 한 재계약되는 등 형식적인 공개모집절차에 따라 반복적으로 근로계약을 체결하면 계속성이 인정될 수 있다.[2] 같은 근로자라도 실질적으로[3] 공개채용과정을 거치면 단절되는 것으로 볼 수 있으나,[4] 종전근로자 대부분이 다시 채용되는 등 형식적인[5] 경우에는 단절효과가 부정된다.[6] 공개채용과정을 거쳤어도 제반사정에 비추어 기간제법취지를 잠탈하는 탈법행위에 해당하면 계속성이 인정된다는 취지의 판결[7]이 발견된다. 단절기간전후의 담당업무와 근로조건이 같은 것은 단절여부를 판단함에 있어서 부정적영향을 미친다.

㉯ 갱신관행

재계약을 체결하는 것이 관행이고, 당사자가 그렇게 기대하면서 반복적으로 재계약을 체결하며, 단절전·후에 같은 업무를 수행하고 근로조건도 같다면 근로계약기간은 합산된다.[8] 이때 단절기간은 동일업무에 계속 근로하기 위한 대기상태로 근로관계가 일시적으로 정지 또는 중지된 것으로 볼 수 있다.

㉰ 단절기간

단절을 전후한 기간제근로계약을 하나의 계약으로 볼지 아니면 독립된 복수의 근로계약으로 볼지를 판단함에 있어, 단절기간은 중요한 기준이다. 그러나 단절기간은 계속근로여부를 판단하는 여러 요소중의 하나에 불과하다. 바로 재고용하여 같은 업무를 계속하면 계속근로로 인정될 소지가 많고, 단절기간이

1) 노동부, "비정규직(법)관련, 오해와 진실-법 해석·적용과 관련한 사항", 2009.6, 2쪽. 고용종료 후에 다른 업무나 다른 직군에 채용한 사정만으로 계속근로가 부정되지 않음. 고용종료후에 기간제인 단시간제로 고용하면, 이는 기간제근로계약의 갱신에 불과하므로 갱신전후를 합산함.

2) 퇴직연금복지과-3814, 2015.11.4.

3) 계약기간만료통보, '퇴직금 및 4대보험 정산' 등을 거쳐 유효하게 근로관계가 종료된 후에 새로운 채용공고·서류전형·면접 등을 거쳐 채용한 경우.

4) 고용평등정책과-212, 2011.1.27 ; 고용차별개선과-2457, 2013.12.6 ; 고용차별개선과-2377, 2013.12.4. 유효하게 근로관계가 종료되고, 공백기간에 법인격을 달리하는 다른 사업장에서 근로한 사례.

5) 관행상 이전에 근무한 대부분의 근로자가 동일 업무에 다시 채용되어 재계약 또는 계속고용의 기대가 형성되어 있고, 공개모집절차가 법회피목적으로 이루어진 것에 불과한 경우.

6) 〈사례〉 근로복지과-191, 2012.1.6. 계절적업무(매년 8~10개월 근무)인 작물재배 관련 ; 고용차별개선과-2873, 2016.12.27. 근로계약체결 동기 및 경위, 기간을 정한 목적과 당사자의 진정한 의사, 동종업무의 근로계약체결방식관행, 근로자보호법규 등을 종합적으로 고려하여 판단.

7) 대전고판 2015.11.19, 2015누11965 ; 대전고판 2016.10.28, 2016누11641.

8) 고용평등정책과-60, 2010.3.24 ; 고용평등정책과-406, 2010.4.5. 실업급여를 신청·수령한 경우, 근로관계가 유효하게 단절됨 ; 근로복지과-191, 2012.1.6. [부정] 작물재배업무를 수행하는 계절적업무(매년 8~10개월 근무) 관련. 공개채용 병행.

길수록 계속근로가 부정될 소지가 크다.[1] 판례나 행정해석은 합리적인 단절기간이 어느 정도인지에 대하여 일관된 견해를 보여주지 못하고 있다.[2]

㉣ 계절요인

계절적요인에 의해 발생한 단절기간은 기간의 길고 짧음에 관계없이 기간제근로기간단절의 효과에 영향을 미치지 못한다. 동일한 기간제근로자를 계절적요인으로 1년중에서 특정시기에 한정하여 반복적으로 사용하는 경우, 합산사용기간이 2년을 넘으면 무기근로계약으로 본다는 해석[3]이 발견된다.

㈑ 단절부정효과

계속근로기간인정법리에 따라 2개의 근로계약이 계속근로기간으로 인정되면, 각각은 독립성이 부정되고 하나의 근로계약을 형성한다. 따라서 단절기간전의 근로계약기간이 만료되었다는 이유로 근로관계를 종료하는 것은 해고제한법리(근기법 §23)의 적용을 받는다. 단절기간처리방법은 단절기간을 합산기간에서 제외하는 것과 대기기간으로 보아 합산기간에 포함하는 것이 있을 수 있다. 계절적사업처럼 단절의 필요성이 업무성격에서 기인하지 않는 한 후자가 타당하다.

③ 자동갱신법리

㈎ 자동갱신의 내용

근로계약기간이 종료되었음에도 상당기간동안 근로자가 계속하여 근로를 제공하고, 사용자가 묵시적으로 동의하거나 이의를 제기하지 않으면 근로계약이 자동적으로 갱신된 것으로 간주된다(민법 §662 ①본문). 이 때 상당기간은 사무처리착오, 계절산업관행[4] 등 이의를 제기하지 않은 이유와 '사용자의 근로제공수령태도'를 살펴 사회통념상합리성이 있다고 인정되는 기간이어야 한다.[5] 자동갱신의

---

1) 노동부, "비정규직(법)관련, 오해와 진실-법 해석·적용과 관련한 사항", 2009.6, 1쪽.

2) 〈사례〉 ⓐ 1개월초과, 계속근로부정(대판 1979.11.13, 79다1397 ; 대판 1982.4.13, 81다카137 ; 법무 811-29015, 1980.11.7. 촉탁직관련) ⓑ 15일~2개월, 계속근로부정 (법무 811-4913, 1980.2.29) ⓒ 서류상 2개월마다 2~3일씩 해고후 재채용, 계속근로긍정 (대판 1975.6.24, 74다1625·1626) ⓓ 잡급직원규정때문에 임명·해임되풀이, 계속근로인정(대판 1979.4.10, 78다1753 ; 근기 01254-12346, 1988.8.13 ; 근기 01254-11634, 1987.7.20 ; 근기 01254-3946, 1986.3.7 ; 법무 811-13326, 1980.6.3 ; 기준 1455-3098, 1963.2.22), ⓔ 2.5~4개월, 계속근로부정 (대판 2006.4.28, 2004다66995·67004) ⓕ 15일이내, 계속근로인정 (대판 2002.7.26, 2000다27671). ⓖ 3개월, 계속근로부정 (대판 2019.10.17, 2016두63705).

3) 비정규직대책팀-1248, 2007.4.17 ; 비정규직대책팀-701, 2007.3.5. 원료잎담배가공작업 관련 ; 비정규직대책팀-2872, 2007.7.18. 종묘생산·판매업체의 종묘재배작업 관련 ; 퇴직연금복지과-2895, 2015.8.27. 홍게 가공 식품제조업에서 매년 9.1부터 다음해 7.20까지의 계약을 반복한 사례(직접 판단치 않고 일반론 제시).

4) 계절산업의 특성때문에 종료시기를 다소 초과하여 근로하면 그만큼 계약이 연장된 것으로 보며 계약갱신 또는 무기계약전환이 아님(구시로지방재판소 1964.3.31).

5) 노동부, "비정규직(법)관련, 오해와 진실-법 해석·적용과 관련한 사항", 2009.6, 6쪽. 기간제근로에 있어 2년이 되는 날이 계약만료일임에도 불구하고 몇일 후에 근로관계의 종료를 통보한 경우, 관련상황을 종합적

효과에 대해서는 무기계약근로로 전환된 것이라는 견해[1]를 발견할 수 있다. 민법 제662조제1항은 '전(前)고용과 동일한 조건'으로 다시 고용된 것으로 보고 있다. 따라서 근로조건과 근로계약기간은 갱신전의 근로계약과 같은 것으로 해석[2]하여야 하고, 근로계약이 자동적으로 갱신된 것을 부정하거나 자동갱신된 새로운 근로계약기간이 종전보다 짧다고 주장하는 경우, 이를 주장하는 사람에게 입증책임이 있다.[3] 계속근로에 대해 사용자의 명시적 또는 묵시적 동의가 있었다면 구체적인 기간이나 내용이 제시되지 않더라도 자동갱신이 인정된다.[4] 다만, 기간제근로계약에서 계속근무기간의 상한을 정하더라도 그 기간내에 계약기간이 만료하는 경우, 근로계약이 자동적으로 갱신된다고 보지는 않는다.[5]

㈏ **자동갱신의 한계**

자동갱신이 되더라도 당사자는 '기간의 약정이 없는 고용의 해지통고조항(민법 §660)'의 적용을 받아 어제든지 계약해지통고를 할 수 있으며, 해지통고의 받은 날로부터 1월이 경과됨으로써 또는 기간으로 보수를 정한 경우에는 해지통고를 받은 해당기간후의 한 기간이 경과됨으로써 해지효력이 발생한다(민법§662 ①,단서).

④ **갱신기대권법리**

㈎ **의 의**

㉮ **배 경**

기단법은 기간제근로의 남용을 방지하기 위한 수단으로 반복갱신을 포함한 총사용기간을 제한하면서 부분적으로 사유제한의 성격을 갖는 예외를 인정하고 계약갱신에 대해서는 별도의 제한을 두고 있지 않다. 따라서 근로계약기간갱신이 사용자재량에 맡겨져 있는지, 2년을 초과하게 되어 무기계약이 된다는 이유로 사용자가 갱신을 거절할 수 있는지 등이 쟁점이다. 일본은[6] 행정지침으로,

---

으로 고려하여 묵시적동의인지 아니면 근로수령거부준비기간인지 살핌. 계약만료후에 근로한 기간과 그 동안 사용자가 근로제공을 수령한 태도가 판단기준.

1) 日本 札幌高裁 1981.7.16, 旭川大學事件. 계약기간만료후에 근로자가 계속하여 근로를 제공하고 사용자가 이의를 제기하지 않는 경우에는 일본 민법 제629조제1항에 따라 묵시적갱신이 행하여져서 무기근로계약으로 계속된다고 보았다. 다만, 일본 민법 제629조제1항은 우리 민법과 같은 형식으로 규정하고 있어, 같은 조건으로 갱신된 것으로 추정된다는 견해(菅野和夫, 『勞働法』 第七版補正二版, 170頁)가 일반적이다.

2) 菅野和夫, 『勞働法』 第七版補正二版, 170頁.

3) 대판 1986.2.25, 85다카2096.

4) 노동부, "비정규직(법)관련, 오해와 진실 - 법 해석·적용과 관련한 사항", 2009.6, 5쪽. 계약기간만료자에게 "당분간 출근하라"고 한 경우, 이는 근로계약갱신으로 간주되며, 총기간이 2년이 초과되면 무기근로계약임.

5) 서울행판 2010.1.21, 2009구합41646.

6) **일본** 행정지침(厚生勞働省告示 第357号, 2008.1.23. 厚生勞働省勞働基準局編, 「勞働基準法解釋總攬」, 改訂13版, 勞働調查會, 2009.2, 148頁). **계약해지예고제도**. 기간제근로계약에 갱신유무와 판단기준 명시, 3회 이

독일은[1] 법으로 근로계약기간갱신기준을 제시하고 있다.

㈏ 갱신기대권법리의 형성

근로계약기간만료로 근로관계가 종료된다는 원칙론에도 불구하고, 일정요건을 충족하면 갱신기대권이 형성되며, 합리적이유가 있어야 근로계약갱신을 거부할 수 있다는 취지의 판례법리가 형성되어 발전되고 있다. 갱신기대권법리는 일본의 판례법리[2]에서 비롯된 것으로 보인다. 우리나라에서는 교원재임용제도에 인정되다가,[3] 일반근로관계로 확대되면서[4] 규정이 없는 경우에도 적용하는 등[5] 논리를 보강하고,[6] 무기계약전환에까지 인정되는[7] 모습을 보여주고 있다.

㈐ 갱신기대권법리의 적용

갱신기대권법리는 기간제근로에 대해 적용된다. '단시간근로인 기간제근로인 경우', '고령자처럼 기단법에 따라 기간제한의 예외가 되는 경우',[8] '선원법이 적용되는 선원'[9] 등의 기간제근로에 대해서도 갱신기대권법리가 적용된다.

㈑ 무기계약전환기대권과의 관계

근로계약갱신으로 근로계약기간이 2년을 초과하게 되면 갱신기대권은 무기계

상 갱신이나 고용일로부터 1년 초과근로의 기간만료 30일전에 계약해지 예고, 근로자가 청구하면 갱신거부 이유서 교부, 1회 이상 갱신 또는 계속근로 1년 초과의 경우에는 계약실태와 근로자 희망을 고려하여 갱신기간을 가능한 한 길게 하도록 노력.

1) **독일** 「단기근로법」의 **사전통지제도**(권혁, "기간제근로계약관계에 대한 노동법적 통제", 「산업관계연구」, Vol.16 No2, 한국노사관계학회, 2006.12, 202쪽. 「단기근로법(§15)」. 기간제근로계약에 대해 근로관계종료 2주전까지 계약기간만료를 근로자에게 통지해야 하고, 사용자가 기간제근로 사용목적의 달성을 인식하고도 통지하지 않거나 이의제기 없이 계속 근로하면 무기계약 변경 간주.

2) 最高裁 1986.12.4. 1221号, 日立メディコ事件, 勞働判例 486号, 6頁). 최초로 고용관계계속에 대한 노동자 기대가 법적보호를 받을 가치가 있다고 인정.

3) 대학교수의 '재임용기대권'을 중심으로 발전되어 왔다. 헌법재판소가 사립학교법 교수재임용제한 조항에 대해 헌법불합치결정(헌재 2003.2.27, 2000헌바26)을 내리자, 대법원은 '국·공립학교 교수의 재임용여부는 행정소송의 대상이 아니다(대판 1997.6.25, 96누4305)'는 견해를 변경[대판(전) 2004.4.22, 2000두7735]하여 기대권이라는 개념으로 재임용의 정당성 여부를 다루었다.

4) 대판 2005.7.8, 2002두8640. 한국문화정책개발원사건.

5) 대판 2011.4.14, 2007두1729. 서울특별시시설관리공단사건. **한국노동법학회, 『노동판례백선』 제2판**, 233쪽. 대상판결은 첫번째 갱신시점에 갱신을 거절한 사안으로 이전에 반복갱신을 해 온 사실이 없더라도 갱신기대권을 인정할 수 있다는 점을 밝혔고, 기간만료후의 근로관계는 종전근로계약이 갱신된 것과 동일하다고 하여 부당한 갱신거절에 대해 손해배상청구만 가능하다는 것이 아니라 복직되어야 한다는 점을 명확히 함.

6) 대판 2011.7.28, 2009두2665 ; 대판 2011.7.28, 2009두5374 ; 대판 2011.10.27, 2010두17205 ; 대판 2011.11.10, 2010두7628 ; 대판 2014.2.13, 2011두12528 ; 대판 2011.4.14, 2007두1729 ; 대판 2016.11.10, 2014두45765 ; 대판 2017.10.12, 2015두44493 등.

7) 대판 2016.11.10, 2014두45765 ; 대판 2017.10.12, 2015두44493 등.

8) 대판 2017.2.3, 2016두50563. 골프장 단순노무직 관련. 정년을 경과한 상태에서 기간제근로계약을 체결한 경우에도 갱신기대권 법리 적용(**한국노동법학회, 『노동판례백선』 제2판**, 237쪽. 대상판결은 정년 후 촉탁직 근로자에 대한 갱신기대권을 인정함으로써 촉탁직근로자의 권리를 보호하고 무엇보다 기단법상 사용기한제한의 예외인 고령자에 대한 갱신기대권 인정 여부를 명확히 하였다는데 의의가 있음).

9) 대판 2019.10.31, 2019두45647.

약전환기대권이 된다. 무기계약전환에 대해서도 갱신기대권법리가 적용된다.

㈑ 정년연장기대권(제10장, 제4절 2·라,(5),④)과의 관계

정년을 맞는 근로자에 대해서도 갱신기대권법리가 적용되며, 해석상 특수성이 인정된다(제10장, 제4절 2·라,(5),④). 정년자와 고령자에 대해서도 정년연장·재고용기대권이 인정될 수 있으나 그 요건이 엄격하고 사용자의 재량이 상대적으로 넓게 인정된다. 정년자와 고령자의 기간제근로에 대해서도 갱신기대권이 인정되나 고려될 요소가 많고, 무기계약전환기대권을 인정받기는 상대적으로 어렵다.

㈏ 갱신기대권 성립요건

판례법리는 갱신기대권의 성립요건에 대해 '규정이 있는 경우'와 '규정이 없는 경우로 나누어 그 해석을 달리한다.[1]

갱신횟수가 많고 적음을 갱신기대권의 요건으로 보는 판결[2]이 발견된다. 그러나 1회의 갱신이라도,[3] 요건을 충족한다면, 갱신기대권을 인정받을 수 있으며,[4] 같은 취지의 외국판례[5]도 발견된다. 갱신기대권에 관한 규정은 근로계약의 갱신·지속의 취지를 내용으로 하여야 한다.[6]

무기계약전환은 유기계약갱신에 비해, 근로자신분유지에 미치는 영향이 더 크다.[7] 이러한 이유로 무기계약전환기대권은 갱신기대권보다 엄격하게 해석되

---

1) 대판 2011.4.14, 2007두1729. 서울시시설관리공단사건, 장애인콜택시사업관련. 근거규정 없음; '대판 2011.9.8, 2009두9765 및 대판 2011.9.8, 2009두9789'. 자동차손해사정회사사건. 근거규정 없음. 사용자재량에 따라 갱신여부결정; 대판 2011.7.28, 2009두2665. 농업협동조합사건. 근거규정 있음. 총기간 5년한도 제한사건. 단체협약 실효 상태; 대판 2011.7.28, 2009두5374; 대판 2011.10.27, 2010두17205. 아파트관리소장 관련. 근거규정 없음. 갱신기대권 부정; 대판 2011.11.10, 2010두7628. 운수주식회사사건. 〈무기계약전환관련〉 근거규정 없음; 대판 2016.11.10, 2014두45765. 함께일하는재단 사건. 근거규정 있음, 2년초과 무기계약전환; 대판 2014.12.24, 2012다17035. 신규채용절차적용; 대판 2017.10.12, 2015두44493. 시립예술단사건. 신규채용절차적용.

2) 서울고판 2006.5.10, 2005누19322. 갱신횟수가 1회에 지나지 않았다는 이유로 갱신기대관계 부정. 형식적근로계약기간법리에 적용되는 법리임.

3) 日本 最高裁 1986.12.4. 1221号, 日立メディコ事件, 労働判例 486号, 6頁.

4) 취업규칙 등에 근거를 정해놓고, 객관적이고 합리적인 판단기준을 정하여, 이를 공평하게 적용하면 각각의 갱신에 대해 정당성의 판단을 받은 것이 된다. 따라서 최종갱신분에 대해서만 정당성을 판단하는 것이 타당하며 과거의 갱신횟수를 판단근거로 삼는 것은 이중판단의 소지가 있다.

5) 독일 판례의 경우, 반복적으로 근로계약기간을 설정하는 연쇄근로계약관계(Kettenarbeitsvertrag)에 대해 1985년에 전체계약심의설에서 최종계약심의설로 전환되었다(권혁, "기간제 근로계약관계에 대한 노동법적 통제", 「산업관계연구」 Vol.16 No.2, 한국노사관계학회, 2006.12, 205쪽. 독일의 「단기근로법(§14 Abs.2 TzBfG)」은 2년 기간제한 외에 갱신횟수를 3회로 제한).

6) 〈사례〉 서울고판 2013.10.25, 2013누19310. 〈무기계약전환 관련〉. 기간제근로자에게 정규직채용시 우선권을 부여한다는 단협규정은 무기계약전환의무규정으로 해석할 수 없어 무기계약 전환기대권 성립 부정. ↘ 724쪽

7) 〈비슷한 의견〉 서울고판 2012.9.5, 2012누1282. 〈무기계약전환 관련〉. 사용자는 갱신기준보다는 무기계약전환기준에서 보다 넓은 재량권을 가진다. 기간제근로자를 무기계약근로자로 전환시키는 것은 단순히 기간제 근로계약을 갱신하는 것과 달리 근로관계에서 더 큰 질적 차이를 주므로 사용자가 무기계약 전환기준을 정하는 데 상당한 재량권을 가진다.

는 경향이 있으며, 근거규정이 없으면 부정되는 것이 일반적이다.[1)]

㈏ 규정이 있는 경우

(ㄱ) 총 괄

판례법리는 법령[2)]·단체협약[3)]·취업규칙·근로계약 등의 근거규정을 갱신기대권성립요건중의 하나로 제시하고 있다. 채용공고·구인안내 등은 취업을 유인하는 청약의 의미를 가지므로 그 자체로 근거규정이 될 수 없다.

'규정이 있는 경우'에도 일정요건을 설정한 경우와 그렇지 않은 경우에 따라 해석이 달라질 수도 있다.

(ㄴ) 일정요건 설정

판례법리는 갱신기대권을 인정함에 있어 규정과 관련하여 '일정요건이 충족되면 갱신한다'는 취지가 명시될 것을 요구한다.[4)] 이러한 갱신기대권은 당사자 합의에 의해 발생하는 것으로 해석될 수 있다. '일정요건'으로서 계약갱신의 절차와 사유를 들 수 있다.[5)] 절차와 사유중에서 어느 하나만 규정되어 있어도 갱신기대권은 인정될 수 있다. 갱신심사제도나 근무평정제도는 절차와 사유 모두를 충족한 것으로 인정될 수 있다.[6)] 일정요건충족을 요구하는 이유는 계약갱신근거가 규정되어야 하기 때문이다. 근무평정규정을 두고 있더라도, 근로계약

---

1) 대판 2005.7.8, 2002두8640. 한국문화정책개발원 사건. 〈무기계약전환 관련〉. 인정. 〈근거〉 법령, 계약 등에서 재임용의무를 지우거나 재임용절차 및 요건 등에 관한 근거규정을 두고 있음. 부당해고 효력을 다툴 법률상 이익이 있음 ; 대판 2011.11.10, 2010두7628. 〈무기계약전환관련〉. 근거규정 없음. 부정. 〈근거〉 무기계약을 체결할 의사나 기대가 있다고 보기 어려움, 임시근로계약서·단협·취업규칙에도 일정요건이 충족되면 갱신된다는 취지 미규정, 상당수가 계약기간이 만료됨를 이유로 퇴직 등 ; 대판 2013.4.11, 2012두28193. 〈무기계약전환관련〉. 부정. 〈근거〉 1년의 계약기간이 종료된 근로자들 중 90% 이상을 정규직으로 채용하였더라도 기간제근로자의 정규직채용여부는 고유한 인사권한 ; 대판 2013.10.25, 2013두13556. 〈무기계약전환관련〉. 부정. 심리불속행(서울고판 2013.6.14, 2012누39331) ; 서울고판 2016.9.28, 2015나2062553. 〈무기계약전환관련〉. '실적우수자는 무기계약직으로 전환한다'는 채용공고에 대해 근로계약 내용에 편입되었거나 당사자들 사이에 위와 같은 합의가 있었다고 보고 갱신기대권 인정.

2) 사립학교법(§53의2④~⑧)은 교원의 재임용심의신청권, 재임용거부사실·사유의 사전통지의무 및 객관적기준에 의한 심의, 의견진술, 불복방법 등 규정, 임용기간이 만료된 교원은 교육·연구·학생지도에 대한 평가 등 학칙과 법정절차에 따라 재임용여부심사에 대한 법률상 신청권 보유(대판 2006.7.6, 2005다1604). 관련규정은 강행규정으로 재임용심사절차를 포기하기로 한 계약과 규정은 무효(대판 2012.4.12, 2011두22686).

3) 대판 2011.7.28, 2009두2665. 단협이 실효되어도 근로조건은 근로계약으로 체화.

4) 대판 2011.4.14, 2007두1729 ; 대판 2016.11.10, 2014두45765. 함께일하는재단 사건 등. 성립요건을 2가지로 분류하여 성립요건을 제시하는 대부분 판례.

5) 대판 2005.7.8, 2002두8640. 〈무기계약전환 관련〉 절차 및 요건 등 근거규정 있음 ; 대판 2011.7.28, 2009두5374. 기대권인정. 단협과 계약직사원관리지침에 근거를 두고 근무성적평가를 실시하되, 세부내용은 사용자에게 위임한 사례 ; 서울고판 2009.9.25, 2009누1183 ; 서울행판 2008.4.25, 2007구합36138.

6) 대판 2011.4.14, 2007두1729. 서울시시설관리공단사건, 장애인콜택시사업관련. 근거규정 없음. 심사기준이 1일 콜횟수, 교통법규위반 등 주관적판단의 개입여지가 없는 점에서 갱신에 대해 신뢰관계 형성 ; 대판 2016.11.10, 2014두45765. 근거규정 있음. 2년초과 무기계약전환. 인사평가제도 있음.

의 갱신·지속과 관련이 없다면, 갱신기대권이 부정될 수 있다.[1)]

갱신근거규정에 일정요건을 명시하고 있으면 갱신기대권이 인정될 여지가 크다. 이러한 이유로 해당규정에 대해 갱신기대권의무규정이라는 표현을 쓰는 판결[2)]이 발견된다. 일정요건이 규정되어 있더라도, 충족여부에 관계없이 사용자에게 갱신의무가 부과되는 것은 아니다.

갱신기대권은 사용자가 부여하는 것이 아니며 그 것만으로 사용자에게 갱신의무가 발생하거나 근로관계가 확정하는 것도 아니다. 따라서 의무규정이라는 표현은 적절치 않다.

㈐ 일정요건 미설정

'일정한 요건'은 갱신기대권의 충분요건이나, 규정되어 있지 않더라도 갱신기대권은 발생될 수 있으므로, 배타적이고 절대적인 요건은 아니다.

'근로계약을 갱신할 수 있다'는 규정만 있고 일정요건이 규정되어 있지 않은 경우[3)]에 대해, '근거규정이 없는 경우'에 적용되는 종합적판단을 거쳐, 갱신기대권성립을 부정한 판결[4)]이 많이 발견된다.

갱신기대권의 존재와 갱신여부는 별개의 문제이다. '근로계약을 갱신할 수 있다'는 규정만 있더라도, 근로자는 갱신을 기대할 수 있으므로, 종합적판단을 거칠 필요가 없이 그 자체로 갱신기대권이 성립한다고 보는 것이 타당해 보인다. 다만, 일정요건 즉 사유나 절차가 정해져 있지 않다면 갱신거절의 정당성을 인정하는 범위가 넓어질 수 있다.

㈁ 규정이 없는 경우

㈀ 총 괄

갱신기대권의 성립은 '규정을 두지 않은 경우'에 보다 엄격히 해석된다.[5)]

계약갱신규정이 없어도 근로계약의 내용·동기·경위, 갱신기준 즉 요건·절차의 설정여부 및 그 실태, 수행업무내용 등 근로관계의 여러 사정을 고려할

---

1) 서울고판 2006.5.10, 2005누19322. 기간제근로자에 대해 근무성적평정제도를 적용하더라도 갱신요건으로 명시되어 있지 않다면, 갱신전례가 있어도 갱신기대권의 요건 미충족.

2) 대판 2013.4.11, 2012두28193 등.

3) '기간만료자를 재채용할 수 있다(서울중앙지판 2008.1.17, 2006가합111313)'거나 '정당한 이유가 없는 한 근로관계를 존속시킨다(서울행판 2007.11.2, 2007구합12927)' 식으로 규정된다.

4) 대판 2011.9.8, 2009두9765. ○○자동차손해사정 주식회사 사건. [부정] 근거규정 없음. 재량으로 갱신 판단 ; 대판 2011.11.10, 2010두7628. ○○운수주식회사 사건, 근거규정 없음. 〈무기계약전환 관련〉 ; 대판 2012.2.9, 2010두22290. ○○은행 사건. 〈무기계약전환 관련〉. 형식적근로계약법리 해당사항 ; 대판 2013.4.11, 2012두28193 등.

5) 대판 2011.4.14, 2009두3354 등.

때 갱신에 대한 신뢰관계가 형성되면 갱신기대권이 인정된다.[1)]

㈁ 구성요소 판단

㉠ 근로계약 내용·동기·경위

'근로계약의 내용·동기·경위'는 당사자의 진정한 의사를 추정하기 위한[2)] 판단요소로서 중요한 판단기준이다. 무기계약전환과 관련해서는 뒤에서 설명하는 형식적근로계약법리도 여기에 해당된다.

㉡ 갱신기준 설정·실태

'갱신기준 즉 요건·절차의 설정여부 및 그 실태'는 갱신근거규정이 없는 상태에서 이를 추정할 수 있는 근거가 있는지를 따지게 되고,[3)] 일정요건이 충족되면 갱신된다는 신뢰가 형성될 정도의 정황을 말하며,[4)] 다른 근로자들의 계약갱신사례와 같은 관행도 판단기준이 된다.[5)] 갱신기준의 주관성·재량성이 강할수록 갱신기대권의 성립가능성은 약해진다.[6)]

㉢ 수행업무 내용

수행업무내용은 해당업무의 상시성판단이 그 핵심이다.[7)]

'업무특성상 계속적인 필요성이 있는 경우', '사용자가 해고제한규정을 잠탈하기 위한 목적으로 우월한 지위를 이용하여 기간제근로계약을 체결하는 경우' 등을 요건으로 하는 판례[8)]도 발견된다. 공무원, 교육직, 전문직 등의 경우에는 갱신기대권의 형성을 엄격하게 보는 견해[9)]를 발견할 수 있다.

위·수탁사업도, 위탁계약기간갱신을 통해 지속될 수 있으므로, 한시적·일시적인 사업이라고 볼 수 없으면, 갱신기대권법리가 적용될 수 있다.[10)]

---

1) 대판 2011.4.14, 2007두1729 ; 대판 2015.1.15, 2007두1729. ○○생명보험 사건 ; 대판 2016.11.10, 2014두45765. 함께일하는재단 사건 ; 대판 2017.10.12, 2015두44493.

2) 대판 2011.11.10, 2010두7628. 〈무기계약전환관련〉. 부정. 〈근거〉 노조요청에 따라 2년기간제근로 도입, 임시근로계약서에 계약기간을 2년으로 명시, 근로자가 임시근로계약서를 작성하면서 무기계약을 체결할 의사나 기대가 있다고 보기 어려움, 상당수가 계약기간만료로 퇴직.

3) 대판 2011.7.28, 2009두5374 ; 대판 2011.9.8, 2009두9789.

4) 대판 2012.6.14, 2010두8225 ; 대판 2014.2.13, 2012두1402 ; 대판 2014.2.13, 2011두19550.

5) 서울행판 2008.6.20, 2007구합39595. 기대권인정. 간병사들 대부분이 근로계약 갱신 ; 대판 2011.7.28, 2009두2665. 기대권인정. 〈근거〉 근무성적평점이 기준에 달하면 특별한 사정이 없는 이상 재계약 체결.

6) 대판 2011.4.14, 2007두1729. [긍정] 심사기준이 1일콜횟수, 교통법규위반 등 객관적이라는 이유로 갱신기대권 긍정 ; 대판 2011.9.8, 2009두9765. [부정] 인력수요·근무태도에 관한 재량판단으로 계약갱신결정.

7) 대판 2012.6.14, 2010두8225 ; 대판 2014.2.13, 2012두1402 등.

8) 서울행판 2008.4.17, 2007구합40625.

9) 대판 2015.1.26, 2012두9031. 교육공무원 관련.

10) 대판 2011.4.14, 2007두1729. 서울시시설관리공단사건(장애인콜택시사업관련). 갱신기대권인정·갱신거절 정당성 판단기준에 관한 선도적·핵심적 판결. 근거규정 없음.

㈂ 구성요건 적용

판례법리의 구성요건은 종합적으로 고려할 사항이다. 해당요건중에서 어느 하나가 충족되었다고 해서 바로 갱신기대권이 성립하는 것은 아니다.[1)]

㈐ 갱신거절의 정당성

㉮ 의의

㈀ 갱신기대권과 갱신거절

취업규칙 등에 갱신기대권의 요건이 규정되어 있어도, 사용자에게 계약갱신의무가 바로 발생하지는 않는다.[2)] 갱신기대권이 인정되면 갱신여부를 사용자가 결정한다. 사용자의 갱신거절결정은 재량권남용금지, 사회통념상 합리성·타당성, 공정성·객관성 등을 내용으로 하는 정당성법리의 적용을 받는다.[3)] 정당성법리는 일반적갱신거절뿐아니라 무기계약전환거절에 대해서도 적용된다.

㈁ 갱신규정의 유형

근거규정이 사용자에게 재량권을 많이 주면 갱신의무는 덜 엄격하게 적용될 수 있다. 근거규정이 사용자의 결정권을 제약하는 형식을 취하고 있으면 이에 구속된다. 예컨대 '정당한 이유가 없는 한 계약갱신이 이루어진 것으로 본다'는 취지로 규정되어 있다면 갱신의무가 강하게 요구된다.

㈂ 갱신거절의 성격

㉠ 이론적 접근

근로계약기간의 갱신거절행위에 대해 해고로 보는 견해와 '재채용· 재고용거절'로 보는 견해가 있을 수 있다. 해석론으로만 보면, 규정내용에 따라 결과가 달라질 수 있다. 먼저, '근로계약이 갱신·계속된 것으로 본다'처럼 별도처분이 없이 효력이 발생하는 간주조항의 형식을 취한다면 갱신거절행위를 해고로 볼 수 있다. 다음으로, '근로계약을 갱신할 수 있다'처럼 사용자가 처분하는 형식을 취하면, 근로계약을 체결하는 처분행위가 필요하다. 이러한 처분행위는 '재고용 또는 재채용'으로 보아야 할 것이므로, 갱신거절은 근로계약존속기간중에

---

1) 대판 1998.5.29, 98두625. 먼저 채용된 근로자의 갱신사실이 있더라도 갱신기대권 부정 ; 대판 2011.9.8. 2010두17205 ; 대판 2011.10.27, 2010두17205. 아파트관리소장 관련. 근거규정 없음. 갱신기대권 부정. 계약기간만료를 이유로 퇴직한 직원이 없음에도 아파트주민 과반수가 반대하여 재계약 미체결.

2) 갱신기대에 대한 사유가 있더라도 합리적기준에 의한 공정한 심사를 요구할 권리가 있을 뿐, 그와 같은 심사에 의해 재임용되지 않은 이상 그 임용기간 만료로 신분은 상실된다(대판 2010.7.29, 2007다42433 ; 대판 2011.6.24, 2009다58364. ○○자동차대학 교원의 재임용관련).

3) 〈해석 예〉 서울행판 2009.12.16, 2009구합27442. 대학교수의 재임용여부는 임용권자가 판단할 자유재량범위에 속한다. 그러나 합리적기준에 의한 공정한 심사를 거치지 않는 등 사회통념상 현저히 타당성을 잃었다고 볼 사정이 있으면 재량권남용이다.

사용자가 일방적으로 근로관계를 종료시키는 해고로 보기 어렵다.[1]

㉡ 실무적 적용

노동위원회 및 행정소송은 갱신거절행위를 '부당해고에 준하는 것' 또는 '해고제한법리가 유추적용되어 신의칙에 위배되는 것'으로 보면서[2] 부당해고구제법리로 접근하고 있다.[3] 이러한 접근은 "정당한 이유 없이 해고, … 그 밖의 징벌을 하지 못한다"는 근기법 제23조를 근거로 삼는다. 그러나 근로계약에 대한 갱신거절을 '그 밖의 징벌'에 포함시켜 징벌의 개념으로 접근하는 것은 자연스럽지 못하다. 그렇다 하더라도 현실적으로 갱신기대권을 보호하기 위해서는 해고법리의 적용이 불가피해 보인다.

㈃ 갱신거절의 효력

계약갱신에 관한 정당한 기대권이 인정될 경우, 사용자가 부당하게 근로계약의 갱신을 거절하는 것은 부당해고와 마찬가지로 효력이 없다.[4]

㈏ 정당성 판단기준

㈀ 총괄적 기준

갱신거절의 정당성은 사업의 목적·성격, 사업장여건, 근로자의 지위·직무내용, 근로계약체결경위, 갱신요건·절차의 설정여부·운용실태, 근로자귀책사유 등 근로관계를 둘러싼 여러 사정을 종합하여 요건·절차가 사회통념에 비추어 볼 때 합리적이고 타당한 기준으로 설정되어야 하며 이러한 기준을 객관적이고 공정하게 적용하여 평가되었는지로 판단된다.[5] 정당성구성요건중에서 합리성·타당성은 주로 기준설정에 요구되고, 객관성·공정성은 주로 기준적용에 요구된다. 다만 이러한 구분은 절대적이지 않고 사안에 따라 종합적으로 고려하여 판단할 문제이다. 요건·절차의 내용이 모호하여 사용자의 주관에 좌우된다면 정당성을 인정받기 어렵다. '노동조합추천 고려',[6] 당사자합의,[7] 사용자요청[8] 등

1) 이러한 처분행위가 해고로 인정된다면 두 근로관계가 하나의 근로관계로 연속되어 있다는 의미로 이해될 수 있다. 비록 두 기간이 퇴직급여나 연차유급휴가를 판단함에 있어 계속근로기간으로 간주되어도, 계약갱신을 전후로 한 근로계약을 하나의 근로계약으로 보는 데는 이론이 제기될 수 있다. ; 근로조건을 조정하면서 근로계약을 갱신한다는 관점에서 보면 해고법리를 적용하는 것이 자연스럽지 않다. 갱신기대권법리를 처음으로 전개한 판결[대판(전) 2004.4.22, 2000두773]도, 사건의 성격이 '교수재임용거부처분취소 사건'이다.

2) 日本 最高裁 1986.12.4. 1221号, 日立メディコ事件, 勞働判例 486号, 6頁 ; 대판 2005.7.8, 2002두8640 ; 서울행판 2008.4.25, 2007구합36138 ; 서울행판 2008.6.20, 2007구합39595.

3) 서울행판 2008.12.23, 2008구합20741. 부당해고구제재심판정취소사건 등 다수.

4) 대판 2011.4.14, 2007두1729. 서울시시설관리공단사건(장애인콜택시사업관련). 갱신기대권인정. 갱신거절정당성 판단기준에 관한 선도적·핵심적 판결.

5) 대판 2014.12.24, 2012다17035. 신규채용절차 적용 ; 대판 2017.10.12, 2015두44493. 신규채용절차 적용.

6) 서울행판 2006.6.22, 2005구합24339. 운수회사관련.

주관적이고 불명확한 요건은 타당성이 부인될 수 있다.

㈏ 갱신거절사유의 정당성

㉠ 의 의

근로계약의 갱신사유는 근로계약, 취업규칙, 단체협약 등에 따라 자율적으로 결정된다. 구체적으로는 해고사유를 갱신거절사유로 규정하는 등 해고법리가 원용될 수 있다.

㉡ 해고법리 적용 원칙

'갱신거절의 정당한 사유'는 '해고의 정당한 사유(근기법 §23)'보다 완화된 기준이 적용되어 정당성의 범위가 상대적으로 넓다고 해석되며,[1] 이러한 해석은 기단법의 차별금지조항에 저촉되지 않는다. 해고의 정당성에 대한 판단기준은 "사회통념상 근로관계를 유지할 수 없을 정도로 근로자에게 귀책사유가 있는지"이다. 갱신거절의 정당성에 대한 판단기준은 "사회통념상 기간제근로계약을 갱신할 수 없을 정도의 타당성·합리성·객관성·공정성이 있는지"이다.

갱신거절의 합리적인 이유는 성격에 있어 '해고의 정당한 이유'와 비슷하다. 따라서 징계해고·통상해고·경영해고의 사유는, 취업규칙[2] 등에 근거를 두고 있다면, 갱신거부사유로 활용될 수 있다.

㉢ 징계해고사유 원용

징계해고사유로 인정되는 인격적격성판단기준은 갱신거부사유로도 활용될 수 있다. 징계해고사유는 계약기간이 만료되기 전에 해고과정에서 사용되기 때문에 계약갱신과 직접 관련되지는 않는다. 그렇더라도 징계전력·기록 등이 객관적으로 사실이라면 갱신여부판단기준으로 작용될 수 있다. '갱신조건으로 규정되어 있는 당사자합의이행여부'는 갱신거부의 정당성판단기준이 될 수 있다.[3] '갱신기대권이 내부규정의 취지에 반한다'는 추상적주장이나,[4] '재판청구권처럼 정당한 권리를 행사한 것'을 이유로 한 갱신거절은 정당성을 인정받지 못한다.[5]

---

7) 서울행판 2009.12.16, 2009구합27442. 교원신분보장과 직결되는 재임용기준 등의 사항에 관해 학칙에 마련된 객관적 기준과 다르게 또는 객관적 기준 없이 합의로 정할 수 없다.

8) 〈예〉 '기간이 만료되기 일정한 기간 전에 회사가 요청하고 근로자가 승낙하면 재계약을 체결한다'는 규정.

↘ 727쪽

1) 대판 2005.7.8, 2002두8640 ; 서울행판 2008.6.20, 2007구합39595 등.

2) 서울행판 2008.6.20, 2007구합39595 ; 서울남부지판 2011.1.28, 20120가합2771 ; 서울행판 2009.6.18, 2008구합41670. 서약서관련 ; 서울고판 2010.9.30, 2009누36233.

3) 서울행판 2009.6.18, 2008구합41670. 근로계약시마다 제출한 서약서 위반, 갱신거절 정당.

4) 서울행판 2009.1.23, 2008구합28264. 계속적근로관계 인정이 내부규정에 위배된다거나, 다른 기간제근로자들까지 정규직화하는 부담을 초래한다는 주장은 부당.

5) 서울고판 2008.12.11, 2008누11787. 〈부당〉 원청에 대한 근로자지위확인의소 취하불응 이유로 갱신거절.

㉣ 통상해고사유 원용

(a) 의 의

ⓐ 업무적격과 근무평정

통상해고사유는, 업무적격성을 판단하는 기준으로서, 갱신거절사유로 활용될 수 있다. 갱신거절사유로 직무수행의 능력·자세가 많이 활용되기 때문이다. 갱신거절에 있어, 근무평정은 중요한 역할을 하며, 통상해고법리(제10장, 제2절, 3·마 (2), (3), (4))가 원용될 수 있다.

ⓑ 근무평정의 성격

근무평정은 인사권자의 권한에 속하므로 업무상 필요한 범위에서는 상당한 재량이 인정되나, 위법하거나 부당하게 시행되면, 사법심사대상이 되어 효력이 부인될 수 있다.[1]

ⓒ 근무평정의 적용과 유형

근무평정은 사전에 설정된 기준에 따라 행해지는 제도적근무평정과 사전에 설정된 기준이 없이 행해지는 임의적근무평가로 구분될 수 있다.

통상해고의 경우, 임의적근무평가는 그 자체로 해고의 정당성이 부인되며, 제도적근무평정만 해고의 정당성 여부를 판단하는 대상이 된다. 대학교원재임용과 관련하여 평가기준이 사전에 설정되어 있지 않다는 이유로 합리성을 부정한 판결[2]이 발견된다. 그러나 근로계약갱신에 있어서는, 제도적근무평정과 임의적근무평가가 모두 갱신거절의 수단으로 활용될 수 있다고 보아야 한다. 근로계약갱신에 대한 '근거규정이 없는 경우'에는 사전에 기준이 설정되지 않으므로 임의적근무평가에 의존할 수밖에 없다. 근로계약갱신에 대한 '근거규정이 있는 경우', 사전에 기준이 설정되어 있으면 제도적근무평정에 의존하게 되나, 설정되어 있지 않으면 임의적근무평가에 의존한다.

ⓓ 근무평정유형과 정당성인정범위

근무평정·평가의 정당성은 내용설정의 합리성·타당성과 내용적용의 객관성·공정성으로 판단된다. 제도적근무평정의 경우, 평정내용의 합리성·타당성은 '설정되어 있는 평정기준'에 따라 판단된다. 평가기준은 취업규칙 등으로 정해지며 세부적내용은 사용자에게 위임될 수 있다.[3] '설정되어 있는 평가기준'은,

---

1) 대판 2015.6.24, 2012두9031, 2013다22195.

2) 대판 2021.2.10, 2015다254231. 평가기준이 그 자체로는 합리적으로 보이더라도, 사전에 내용이나 원칙을 전혀 정하지 않은 채 사후적인 것이라면 합리성이 부정될 수 있다.

3) 대판 2011.7.28, 2009두5374. 갱신거절 부인. 단협과 계약직사원관리지침에 근거를 두고 근무성적평가 실

현저히 타당성을 결여하지 않으면, 그 적용에 대해 당사자합의 또는 신뢰관계가 형성된 것으로 볼 수 있다. 따라서 평가내용설정의 합리성·타당성에 대한 판단의 여지는 좁아지고, 평가내용적용의 객관성·공정성에 대한 판단의 여지가 넓다. 임의적근무평가의 경우, '설정되어 있는 평가기준'이 없기 때문에, 평정내용설정의 합리성·타당성이 정당성 판단의 중요한 판단기준이 된다. 평가내용적용의 객관성·공정성[1]은 '평가내용선정의 합리성·타당성'이 인정되는 경우에 판단기준으로 작용한다.

(b) 제도적근무평정의 정당성

ⓐ 평가내용의 설계

근무평정에 있어 평가의 내용과 방법에 대해서는 사용자의 재량이 넓게 인정된다. 계량적인 평가뿐아니라 주관적평가,[2] 단계평가[3]·다면평가[4], 절대평가[5] 등 다양하게 인정된다. 근무평정내용의 정당성과 관련하여, 통상해고법리(제10장, 제2절, 3·마 (2), (3), (4))에서 소개된 내용들이 근로계약갱신이나 무기계약전환에 원용될 수 있다. 다만, 근무성적평가결과 하위일정비율을 고용에서 배제하는 상대평가에 대해서는 차이를 보인다.

통상해고의 경우, 상대평가는 정당성을 인정받지 못한다. 근로계약갱신 특히 무기계약전환의 경우, 부정판결[6]과 긍정판결[7]이 혼재되는 모습을 보여주나,

---

시, 세부사항은 사장이 정하기로 규정.

1) 대판 2021.2.10, 2015다254231. 대학교원재임용 관련. 심사기준을 엄격하게 설정하여 많은 사람이 저성과자에 포함되도록 한 다음에 자의적인 기준으로 통상해고를 결정하는 것은 타당하지 않다.

2) 근로의 양과 질에 대한 평가에는 수치로 계량되는 객관적실적뿐만 아니라 기업조직융화처럼 계량할 수 없는 부분에 대한 주관적평가도 포함되므로 일부항목에 관해 객관적판단기준이 마련되어 있지 않아 주관적평가에 좌우될 우려가 있다는 사정만으로 평정기준이 부당하다고 보기 어려움[대판 2012.7.12, 2012다31949 ; 대판 2008.11.27, 2008두17066(서울고판 2008.9.5, 2008누10975. 심리불속행기각)] ; 대판 2011.7.28, 2009두5374. 실적을 반영한 정량적평가와 조직활성화기여도 등을 반영한 정성적평가도 적용하는 기준 인정.

3) 대판 2016.11.10, 2014두45765. 함께일하는재단사건. 근거규정있음. 무기계약전환. 갱신거절부정. 1차평가는 총괄팀장(60%)이, 2차평가는 사무국장(40%)이, 최종평가는 상임이사가 하는 평가기준 인정.

4) 최종평점이 75점이상일 경우 재계약을 해왔는데, 기간제법시행이후 무기계약으로 전환해야 할 상황을 회피하고자 하는 계약갱신거절은 부당(대판 2014.2.13, 2011두12528 ; 대판 2014.2.13, 2011두19611).

5) 대판 2008.11.27, 2008두17066(서울고판 2008.9.5, 2008누10975. 심리불속행기각). 갱신거절 인정. 근무평정이 최하위로서 60점미만 갱신거절. 〈추가적 이유〉 무성의한 치료 및 불친절한 태도로 환자 등으로부터 수차례 민원 야기, 전공의·상사·동료들과 갈등 관계, 정규직전환요청이 거절되자 갈등 심화, 공채시험에 합격하여 일용직에서 계약직으로 변경된 것이 계약갱신을 보장하지 않음.

6) 서울고판 2009.9.25, 2009누1183. 상대평가 방식으로 하여 C등급은 20%, D등급은 10%로 강제할당하고, 개별근로자의 근무능력·근무태도 등에 관계없이 무조건 일정비율의 기간제 근로자를 계약갱신대상에서 제외하는 것은 부당.

7) 대판 2011.7.28, 2009두5374. 갱신거절부인. 하위5% 해당자 제외규정은 인정 ; 서울고판 2013.3.13, 2012누22173. 수업관리규정에 따라 강의평가결과 하위 10%이내에 해당하는 강사에 대한 계약갱신거절에 대해 정당성 인정.

긍정적견해가 타당하다. 갱신거절이 해고에 비해 사용자재량이 넓게 인정되기 때문이다. 평정내용변경은 취업규칙변경법리의 적용을 받는다.

ⓑ 평가내용의 적용

근무평정결과가 갱신기준에 미달된다는 증거가 없으면 갱신거절의 정당성이 부인된다.[1] 근무평정이 합리적이고 객관적이고 공평하게 적용되면 갱신의 정당성이 인정되나, 그렇지 않으면 부정된다. 평가내용을 자의적으로 적용하거나,[2] 일부근로자 또는 특정근로자에게 달리 적용하는 것은 정당성을 인정받기 어렵다.[3] 평가내용에 어긋난 적용은 정당성을 인정받지 못한다. 평가내용의 기준을 충족했음에도 다른 이유로 갱신을 거절하거나,[4] 적용에 있어 흠이 있거나,[5] 임의로 규정과 다른 기준을 적용하거나,[6] 주요기준으로 명시된 평가내용 대신 중요성이 떨어지는 다른 사유를 적용하거나,[7] 평정결과가 현저한 차이를 보이는 등 근무평정자들의 역할이 공정하지 않으면[8] 갱신거절의 정당성이 부정된다.

(c) 임의적근무평가의 정당성

근무평정자체가 없거나 근무평정조항만 두고 세부기준을 두지 않아도 사용자의 평가가 갱신거절의 정당성을 인정하는 근거로 작용할 수 있다. 근무일지·정황 등을 통해 직무수행능력부족·직무수행태만 등이 증명되는 경우가 그렇다.[9]

1) 서울행판 2008.12.5, 2008구합16681.
2) 대판 2011.4.14, 2007두1729 ; 서울고판 2009.11.20, 2009누11524 등.
3) 대판 2016.11.10, 2014두45765. 〈무기계약전환 관련〉 정당성부인. 일부근로자에 대해서는 인사평가실시 없이 인사위원회만을 거치도록 하고, 다른 근로자에게는 인사평가를 실시하고 인사위원회의 심의없이 거절 ; 서울고판 2009.11.26, 2009누11531. 계약갱신을 결정하는 근무평정기준이 있었음에도 노조간부 2명에게만 중과실감점이 포함된 다른 심사항목기준을 적용한 근무평정은 부당.
4) 최종평점이 75점이상일 경우 재계약을 해온 경우, 조건충족에도 불구하고 무기계약전환을 회피하기 위해 행한 계약갱신거절은 부당(대판 2014.2.13, 2011두12528 ; 대판 2014.2.13, 2011두19611 등).
5) 대판 2015.1.15, 2012두18868. 부서장, 담당임원, 대표이사로 이어지는 3단계평가절차를 거치게 되어 있음에도 담당임원이 아무런 기재나 표시를 하지 않은 채 서명만 한 평가는 부당.
6) 서울고판 2009.9.25, 2009누1183. 취업규칙에 규정된 절대평가 대신 임의로 상대평가를 적용하면 부당.
7) 서울행판 2008.12.23, 2008구합20741. 갱신거절부정. 근무성적평가가 재임용기준임에도, '고객으로부터 불만족 접수'를 적용 ; 서울행판 2008.10.30, 2008구합23658. 갱신거절부정. 규정에 명시된 정기평정결과 대신 공개경쟁신규채용시험 합격을 재임용조건으로 적용 ; 서울행판 2009.4.2, 2008구합34955 등. 갱신거절부정. 1일 평균운행횟수라는 중요하고 객관적인 항목 대신 '기타 계약서위반'이라는 모호하고 주관적인 기준 적용.
8) 대판 2005.7.8, 2002두8640. 한국문화정책개발원 사건. 〈무기계약전환 관련〉. 근거규정 있음. 갱신거절부정. 연구실적의 질적 평가에서 3명의 평가위원 중 1명이 이례적으로 다른 평가위원의 평가에 비해 극히 낮은 점수 부여 ; 서울고판 2009.6.5, 2008구합14616. 1차평가에서 위원 전원이 최고로 평가한 자에 대해, 확인·조정 권한을 갖는 2차평가자가 중간 이하로 평가했다면 평가차이가 지나쳐 합리성·객관성 결여 ; 대판 2011.7.28, 2009두4180. 접근도가 높은 1,2차 평정자들은 70점 이상의 점수를 부여하고, 접근도가 낮은 3,4차 평정자들은 낮은 점수를 부여하고, 특히 4차평정자인 조합장의 점수는 1,2차 평정자들의 점수에 비해 현저히 낮아 전체 평균이 하락하는 요인으로 작용. 기록상 평정자들 간의 점수에 큰 폭의 편차가 발생할만한 사정을 발견할 수 없는 점, 지금까지의 근무성적평점은 문제가 없었는데 이번에 특히 낮은 점수를 받을 만큼 업무수행능력·태도가 저하되었음을 인정할 만한 자료가 없음.

㉤ 경영해고사유의 원용

(a) 경영해고와 기간제근로

경영해고과정에서 해고대상자를 선정함에 있어, 기간제근로자가 우선 선정되는 것은 합리성을 인정받을 수 있다. '다만, 기간제근로업무가 유지될 필요가 있거나 계속 유지된다면 합리적이유가 부인될 수 있다.[1]

(b) 갱신거부와 경영해고법리

근로계약기간만료에 의한 해고는 경영해고에 해당되지 않으므로,[2] 갱신거절의 경우에도 경영해고법리가 적용되지 않으나 사안에 따라서는 부분적으로 원용될 수는 있다. '계약갱신을 통해 기간제근로를 사용할지와 그 규모' 그리고 무기계약이나 파견처럼 다른 근로형태를 사용할지의 결정은 경영권에 속한다.[3] 그러나 기간제근로자를 감축함에 있어 대상자선정에 대해, 근로계약기간이 종료되지 않은 근로자를 대상으로 하는 경우는 물론이고, 복수의 근로계약기간종료자를 대상으로 하는 경우에도 경영해고법리가 원용될 수 있다. 근로계약의 종료자와 미종료자가 대상인 경우에는 종료자가 우선적인 대상자가 된다.

(c) 경영해고사유의 원용

경영해고사유가 갱신거부를 위한 합리적이유로 활용될 수 있다.[4]

기간제근로자를 고용하는 목적이나 계기가 상실된 경우,[5] 해당업무가 폐지[6] 되거나 업무량이나[7] 수요[8]가 감소한 경우 등은 계약갱신이나 무기계약전환거절

---

9) 서울고판 2009.5.12, 2008누24523·24530. 갱신거절인정. 현장출동직원관련, 부재환자점검·피해물품확인·경찰서수사기록확인 등 부가업무실적이 1년간 2건에 불과, 출동요청거부율이 가장 높음, 경업금지원칙 위반; 서울행판 2009.4.24, 2008구합38360; 서울행판 2009.3.27, 2008구합45252. ↘ 731쪽

1) 서울행판 2009.4.10, 2008구합36388. 〈정당성 부정〉 의사가 없어 물리치료실을 운영 못한다는 이유로 갱신거절, 물리치료실 운영을 임의로 중지할 수 없고 실제로 의사를 재고용하여 계속 운영, 물리치료사 2명이 더 필요한 상황에서 근무성적이 1위인 자에 대한 갱신거절; 기간제근로자 비율을 줄인다는 목적으로 정규직근로형태로 전환하기 위해 갱신을 거부하는 것은 인정.

2) 대판 2012.2.9, 2010두22290.

3) 서울고판 2008.12.10, 2008누18771. 환자의 감소경향이 뚜렷하여, 간병사의 정원을 축소하는 것은 경영권에 속하며, 이 때문에 기간제 간병사의 계약갱신을 거절하더라도 합리성을 부정할 수 없다.

4) 서울고판 2008.12.10, 2008누18771; 대판 2017.10.12, 2015두44493. 시립교향악단 단원 관련. 갱신기대권이 인정됨에도 인원감축을 이유로 재위촉을 거부한 행위는 무효; 대판 2011.7.28, 2009두2665. 〈갱신거절 부정〉 인력관리의 유연성 등의 이유로 전체직원중 기간제근로자의 구성비율을 일정하게 유지하고 있으며, 재계약거절당시에 인원감축필요가 인정되지 않음; 대판 2011.7.28, 2009두2665. ○○농업협동조합 사건. 근거규정 있음. 평가규정 있음. 인력관리의 유연성제고 및 생산성향상 등의 이유로 계약직직원 및 시간제업무보조원 등 기간제 근로자를 채용하면서 전체 직원중 기간제근로자의 구성비율을 일정정도로 유지하여 왔고, 재계약거절당시에 특별히 인원을 감축할 필요가 있었던 것은 아님.

5) 서울고판 2012.4.19, 2011누33244. 〈정당성 인정〉 기간제약무보조원을 채용하게 된 계기인 산전휴가·육아휴직자의 복귀가 예정되어 있고, 약무실의 업무부담이 감소한 점 등을 이유로 계약갱신 거절.

6) 대판 2014.2.13, 2012두1402. 〈정당성 인정〉 신인사제도실시에 따른 외부용역관련업무의 처리를 위해 채용된 기간제근로자에 대해 신인사제도관련업무가 폐지되어 갱신 거절.

의 정당한 사유가 될 수 있다.

(d) 신규채용형식의 제한과 인정

ⓐ 개별적 적용

갱신기대권을 보유한 기간제근로자들에 대해 사전동의를 받거나 가점을 부여하는 등의 별도기준이 정해져 있지 않은 상태에서, 재계약절차가 아닌 공개채용절차를 고집하면서 갱신을 거부하는 것은 갱신기대권을 전면적으로 배제하는 것으로서 부당해고에 해당된다는 판결[1]이 발견된다.

ⓑ 집단적 적용

경영상이유로 복수의 계약기간종료자에 대해 공개경쟁을 통한 신규채용형식으로 일부만 갱신하려는 경우, 이는 원칙적으로 인정되지 않으며 경영해고법리가 원용될 수 있다. 복수의 계약기간종료자를 대상으로 하는 공개경쟁채용의 정당성은 경영상·사업운영상필요, 근거규정, '거절범위 최소화 노력', '합리적이고 공정한 대상자 선정절차', 차별적대우 등을 종합적으로 살펴 판단해야 한다는 판결[2]이 발견된다.

(ㄷ) 갱신절차의 정당성

㉠ 갱신조항의 절차

'근무성적평가·인사위원회심의',[3] '평정결과통보·이의제기·갱신거절사유명시'[4] 등 갱신조항에 규정된 절차는 효력요건이다.[5]

㉡ 사전통고나 신청

사용자로 하여금 일정기간전에 계약갱신여부를 통고하도록 하거나,[6] 근로자로 하여금 계약기간종료이전에 계약갱신을 신청토록 한[7] 절차규정은 갱신관계를

---

7) 서울고판 2007.4.19, 2006누6446. 〈정당성 인정〉 은행의 공과금 수납업무를 위해 기간제근로자를 채용했으나 자동이체 및 인터넷지로 등 은행창구를 통하지 않는 공과금납부비율의 증가로 공과금수납 업무량자체가 현저히 감소함에 따라 공과금전담직원에 대해 계약갱신 거절.

8) 서울고판 2008.12.10, 2008누18771. 〈정당성 인정〉 간병사수요감소를 이유로 한 계약갱신 거절. ↘ 732쪽

1) 대판 2012.6.14, 2010두8225. 〈정당성 부정〉; 대판 2014.12.24, 2012다17035. 〈정당성 부정〉; 대판 2017.10.12, 2015두44493. 시립교향악단 사건. 〈정당성 부정〉.

2) 갱신기대권을 가지는 기간제 시립교향악단 단원들에 대해 재위촉전형을 하지 않고 신규전형을 통해 단원을 선발할 목적으로 일제히 공개전형을 실시한 것은 부당(대판 2014.12.24, 2012다17035. 〈정당성 부정〉; 대판 2017.10.12, 2015두44493. 시립교향악단 사건. 〈정당성 부정〉).

3) 서울고판 2014.11.6, 2013누53679. 무기계약전환관련, 규정과 달리 인사평가·인사위원회심의절차 미이행.

4) 서울고판 2013.5.2, 2012누36356. 평정점수통보와 이의신청절차를 위반한 것이 중대한 절차상하자에 해당하여 갱신거절 무효; 대판 2005.7.8, 2001두8640. 계약기간만료 1개월전에 평정결과에 따라 재임용여부를 결정하여 이를 통보하도록 인사관리규정에 정해져 있음에도 계약기간만료 하루전에 인사위원회를 열어 계약기간만료당일에 재임용제외사실을 통보하면서 갱신거절사유조차 설명해주지 않으면 부당한 갱신거절.

5) 서울고판 2009.9.25, 2009누1183. 재임용기대권이 인정되는 경우, 절차를 위반한 재임용제외는 무효.

6) 대판 1991.12.7, 91다3596.

명확히 하기 위한 편의규정으로서 갱신여부에 대한 효력규정이 아니며 그 자체만으로는 갱신기대권에 영향을 미치지 않는다.

㈐ 정당성 판단방법

(ㄱ) 판단시점

갱신기대권인정여부와 갱신거절의 정당성판단시점은 사용자의 갱신거절당시, 즉 기간제근로계약종료당시를 기준으로 한다. 특히 갱신기대권인정여부를 판단함에 있어서는 근로계약종료시점을 기준으로 그 당시까지 존재하는 여러 사정들을 종합하여 판단한다.[1]

(ㄴ) 입증책임

갱신기대권의 존재에 대한 입증책임은 근로자에게 있다. 갱신거부의 정당성에 대한 입증책임은 사용자가 부담한다.[2]

㈑ 갱신기대권의 효과

㉮ 일반적 효과

갱신거절의 정당성이 부인되면, 무기근로계약으로 전환되는 것이 아니고, 종전의 근로계약이 갱신된다.[3]

근로계약기간이 만료될 때마다 갱신기대권이 반복적으로 발생하지만, 총기간이 2년을 초과하지 않으면, 당연히 무기계약으로 전환되거나 다음 갱신이 예정되는 것이 아니다.

갱신거절이 정당하지 않다면 신규채용형식 등이 아닌 해당규정 또는 통상적 방법에 따라 합리적으로 근로계약이 갱신되어야 한다.

위법한 재임용거부결정에 따른 손해배상청구권의 단기소멸시효는 그 재임용거부결정시부터 진행한다.[4]

㉯ 무기계약 전환 법리

(ㄱ) 무기계약전환기대권

㉠ 갱신기대권법리 적용

근로계약기간이 종료되어도 갱신기대권과 마찬가지로 무기계약전환기대권이 인정될 수 있다. 무기계약전환기대법리에 대해서는 갱신기대권법리가 적용되나,

---

7) 대판 1994.1.11, 93다17843. 대학교부설 언어연구원 한국어교육부 시간강사 관련. ↘ 733쪽

1) 대판 2017.1.18, 2016두57830.

2) 대판 2017.10.12, 2015두44493. 시립교향악단 사건.

3) 日本 最高裁 1986.12.4. 1221号, 日立メディコ事件, 労働判例 486号, 6頁 ; 서울고판 2012.11.29, 2012누22463.

4) 서울동부지판 2009.11.26, 2007가합12430. 사립대 교수 관련.

단체협약 등의 규정이 없는 경우에는 소극적이고 엄격하게 판단된다.

㉡ 갱신조항과 무기계약전환 분리 규정

계약기간갱신과 무기계약전환이 별개의 절차와 내용으로 존재한다면, 무기계약전환전의 기간제근로자에 대해 근로계약을 갱신할 의무는 없으나, 전환심사를 받을 정당한 기대와 신뢰가 존재하므로, 전환심사를 받을 때까지 근로계약관계는 유지된다.[1]

㈁ 2년초과갱신 무기계약전환

㉠ 견해대립과 전환인정

갱신기대권으로 인해 근로계약기간이 2년을 초과하면 무기계약으로 전환되는 효과를 가져오는지에 대해 견해가 나뉜다. 부정설에 따르면, 기간제근로계약 자체만으로는 근로자에게 총사용기간이 2년을 초과하는 재계약이 체결되리라는 기대권이 인정될 수 없다.[2] 긍정설에 따르면, 기간제근로계약의 남용을 방지하여 근로자지위를 보장하려는 데에 목적이 있는 근로계약기간제한규정을 이유로 정당한 갱신기대권형성이 제한되지 않는다.[3]

근로계약갱신은 근로계약기간이 2년을 초과하면 무기계약화된다는 사실을 사용자가 인식한 상태에서 이루어진다. 따라서 긍정설이 타당해 보인다. 사용자의 부당한 갱신거절로 인해 근로자가 실제로 근로를 제공하지 못한 기간도 사용제한기간에 포함되어 무기계약으로 전환될 수 있다.[4]

㉡ 무기계약전환의 예외

갱신규정에 총갱신기간에 대해 '2년 이내'처럼 한도를 설정할 수 있으나, 적용에 있어 일률성과 공정성이 요구되며, 2년초과기간을 한도로 정한 경우에는 무기계약으로 전환된다.[5] 사회통념상 명확히 무기계약전환이 부정될만한 사정이 있는 경우에는 그러한 예외가 인정될 수 있다.[6]

---

1) 서울행판 2010.1.8, 2009구합23150.

2) 대판 2011.11.24, 2011두23061(서울고판 2011.8.18, 2011누9821. 심리불속행) ; 대판 2017.1.18, 2016두57830. 정부의 복지정책 등에 의한 일자리(방문건강관리사) 사업.

3) 2년을 초과해서 사용하면서 무기계약전환을 회피할 목적으로 한 갱신거절은 부당(대판 2014.2.13, 2011두12528. 최초인정판결 ; 대판 2014.2.13, 2011두19611. 최초인정판결) ; 대판 2016.11.10, 2014두45765. 함께일하는재단사건 ; 대판 2017.10.12, 2015두59907. 갱신거절의 효력을 다투는 소의 이익 인정.

4) 대판 2018.6.19, 2013다85523.

5) 대판 2011.7.28, 2009두2665. ○○농업협동조합 사건. 기대권인정. 〈근거〉 계속근로기간 한도규정의 적용을 배제하여 근무성적평정에 의해 재계약할 수 있다는 단협조항을 두고는 있으나 총계속근로기간을 5년으로 한정한 조항은 이에 미달되는 근로조건을 정한 것이어서 무효.

6) 서울고판 2011.8.18, 2011누9821. 동일한 성격의 전문자문위원을 채용하면서 무기계약전환대상자는 아님을 공고, 고용에 있어 법령과 예산의 엄격한 제한, 무기한고용을 부담하는 것을 기대하기 곤란함.

⑤ 형식적근로계약기간법리

㈎ 의 의

기간제근로계약이 반복적으로 갱신됨으로써 '기간의 정함'이 형식에 지나지 않는다면 사실상 무기근로계약으로 전환된다는 형식적근로계약법리가 판례를 중심으로 형성되어 왔다.[1] 형식적근로계약기간법리가 적용되어 무기근로계약으로 전환될 경우, 갱신거부에 대해 해고제한법리가 적용되어,[2] 갱신거절이 아닌 해고에 적용되는 정도의 정당한 이유가 있어야 한다.[3]

㈏ 성 격

형식적근로계약법리는 기간제근로계약을 체결하였으나 실제로는 무기계약으로 본다는 논리를 형성하고 있어 기간제근로성립부정법리에 가깝다.

이 법리를 갱신기대권법리의 한 유형으로서 '법리형성단계'에 이르기 전에 '사실인정단계'로 전개된 것이라는 견해[4]도 있다. 그러나 이 법리는 갱신기대권법리와 확연히 다르고, 특히 기간제한예외사유에 해당하는 기간제근로에 대해 적용될 수 있는 여지가 커서, 독자적인 법리로 존재한다.

㈐ 판단기준

㉮ 종합 고려

반복적갱신을 이유로 무기근로계약으로 전환되었다고 인정되려면 '유기계약의 목적·필요성', 근로기간장단, 계약갱신횟수,[5] 당사자의사, '근로자가 갱신에 대해 갖는 합리적이고 상당한 기대', '근로계약체결의 동기 및 경위', 유사근로자 채용관행, 근로자보호법규 등이 종합적으로 고려되어야 한다.

㉯ 구성요건 판단

(a) 갱신횟수

갱신횟수가 많더라도 반드시 무기근로계약으로 간주되는 것은 아니다.[6]

---

1) 일본판례(最高裁 1974.7.22, 東芝柳町工場事件, 民集28卷 5号, 927頁. 2개월단위계약이 5~23회 갱신된 사례)에서 비롯 ; 대판 1994.1.11, 93다17843. 최초 판례 ; 대판 2014.9.25. 2013다47583 ; 대판 1995.7.11, 93다26168 ; 대판 1995.7.11, 95다9280 ; 대판 2006.2.24, 2005두5673 ; 대판 2022.1.13, 2019다218837. 교원임용과 취업규칙적용 관계 ; 2005두5673 ; 근기 01254-1028, 1993.5.24 ; 管野和夫, 『勞働法』, 第七版補正二版, 183頁.

2) 대판 1994.1.11, 93다17843.

3) 管野和夫, 『勞働法』, 第七版補正二版, 183頁. 해고제한법리가 유추 적용됨.

4) 재계약기대권인정으로 분류한 견해(管野和夫, 『勞働法』, 第七版補正二版, 182~185頁 ; 도재형, "기간제근로계약갱신거절권 제한", 「노동법연구」 제24호, 서울대학교노동법연구회, 2008 상반기, 157~172쪽)가 일반적.

5) 대판 2003.11.28, 2003두9336. 시간강사에게 1학기이상 강의를 부여한 점을 기대권형성요건으로 보았다.

6) 도재형, "기간제 근로계약 갱신 거절권의 제한", 「노동법연구」 제24호, 서울대학교 노동법연구회, 2008 상반기, 161쪽 ; 대판 2006.2.24, 2005두5673 등 다수.

기단법 제4조제1항본문은 "사용자는 2년을 초과하지 않는 범위에서(기간제근로계약 근로한 총기간이 의 반복갱신 등의 경우에는 그 계속 2년을 초과하지 않은 범위 안에서) 기간제근로자를 사용할 수 있다"고 규정하고 있다. 이 규정은 무기계약간주의 조건을 '갱신횟수와 관계없이 2년초과'라고 명시하고 있다. 따라서 형식적근로계약법리에 있어서도 종합고려요인으로 제시되는 '갱신횟수'는 그 의미를 잃은 것으로 보인다.

(b) 당사자의사 등 기타 요소

'근로기간장단'은 기단법시행으로 2년을 초과하지 않는 범위에서 검토되어야 하므로 그 실익이 크게 감소되었다. 기간제근로계약을 체결할 필요성·목적 및 '당사자의사'도 근로계약기간을 2년이내로 제한한 기단법의 취지를 감안하면 역시 따질 실익이 크지 않다.

㈑ **판단실태**

판례는 계약갱신이 관례화되거나,[1] 별다른 흠이 없는 이상 계속 근무하거나,[2] 해마다 별다른 문제없이 근로계약 갱신을 하거나,[3] 재계약을 거부당한 근로자가 없는 경우[4]에 이를 인정하는 정도로 엄격한 태도[5]를 취하고 있다.[6]

㈒ **평 가**

형식적근로계약법리의 판단기준은 기단법시행으로 반복갱신, 관례적갱신 및 2년초과라는 기준으로 대체될 수 있다. 따라서 이 법리는 갱신기대권법리로 흡수된 것으로 볼 수 있다. 다만, 형식적근로계약법리는 근로계약기간제한의 예외로 규정되어 있는 사업완료·업무완성, 고령자 등에 대해, 대체된 기준에 따라, 무기계약으로 전환되는지를 판단함에 있어 여전히 독자적인 법리로 작용된다.

3·마. 근로조건

(1) 명 시

사용자는 기간제근로자와 근로계약을 체결할 때에 근로계약기간,[7] 근로시간

---

1) 대판 1994.1.11, 93다17843 ; 대판 2011.4.14, 2009다35040.
2) 대판 2003.11.29, 2003두9336.
3) 대판 2006.2.24, 2005두5673.
4) 대판 2007.9.7, 2005두16901.
5) 도재형, "기간제 근로계약 갱신 거절권의 제한", 「노동법연구」 제24호, 서울대학교 노동법연구회, 2008 상반기, 158쪽. 문헌(전국불안정노동철폐연대, 「비정규직 노동자를 위한 노동법해설」, 도서출판 잉걸, 2004, 4쪽)을 인용하면서 대법원판례는 2004년까지 2건에 지나지 않았음을 지적하고 있다.
6) 최근에는 형식적근로계약기간법리 자체를 다룬 판례를 발견하기 어렵다.
7) 종료시점을 "상급기관의 인건비 예산의 지원시점까지"로 정하는 것은 효력의 발생이나 존속(소멸)이 불안한 상태에 놓여지므로 근로자보호법규인 기단법의 취지에 반한다(차별개선과-922, 2008.6.25).

·휴게, '임금의 구성항목·계산방법·지불방법,[1] 휴일·휴가 및 '취업장소와 종사업무'를 서면으로 명시해야 한다(기단법 §17, §24② ii 5백만원과태료).[2] 서면명시의무에 교부나 설명의 의무가 포함되어 있는지에 대해 긍정적인 견해[3]와 부정적인 견해[4]가 있는데 벌칙이 적용되므로 확대해석을 지양한다는 관점에서 후자가 타당하다. 기간제근로에 대해서도 근기법, 고보법[5] 등 노동관계법이 적용된다.

(2) 무기계약간주시 근로조건

2년이 경과하여 무기계약으로 간주되면 근로조건은 단체협약·취업규칙·근로계약에 따르게 되나 기존의 근로조건을 저하시킬 수는 없다.[6] 무기계약전환근로자에게 해당사업(장)내의 동종·유사업무에 종사하는 무기계약근로자에게 적용되는 취업규칙 등이 동일하게 적용된다는 판결[7]이 발견된다. 취업규칙 등에 규정된 내용중에서 직급이나 직종을 한정해서 적용되는 근로조건은 무기계약전환근로자가 그러한 직급이나 직종에 해당되면 적용된다. '전체직급이나 전체직종'에게 적용되는 근로조건은 무기계약전환근로자에게도 적용되며, 해당직급이 없으면 최저수준이 보장되어야 한다. 파견과 관련하여 '동종 또는 유사업무를 수행하는 근로자에게 적용되는 취업규칙 등에서 정한 근로조건과 동일하다'고 판단한 과거의 고용의제규정에 대한 판례법리[8](같은장, 같은절 4·라, (4), ④)가 기간제근로에도 적용될 수 있다.

3·바. 무기계약전환 노력

사용자는 기간의 정함이 없는 근로계약을 체결함에 있어, 해당사업(장)의 동종·유사업무에 종사하는 기간제근로자를 우선 고용토록 노력해야 한다(기단법 §5 벌칙없음).

3·사. 기간제근로자 차별금지(같은장 같은절, 5)

1) 의료급여관리사의 임금수준이 매년 보건복지가족부에서 결정되고, 인건비재원전액이 상급기관의 지원에 따라 지급되는 현실을 감안하여, 임금액을 현 단가로 명시하되 단가조정시 임금을 다시 조정하여 그 차액분을 소급(인상될 경우에 한함)하여 지급한다고 명시하는 것은 가능하다(차별개선과-922, 2008.6.25).
2) 단시간근로는 이외에도 '근로일 및 근로일별 근로시간'도 명시하여야 한다(같은장, 같은절, 2·다, (1)).
3) 임종률, 『노동법』 제15판, 607쪽.
4) 김형배, 『노동법』 제24판, 1275쪽 ; 비정규직대책팀-2419, 2007.6.26.
5) 노동부, "비정규직(법) 관련, 오해와 진실 -법 해석·적용과 관련한 사항", 2009.6, 13쪽. 기간제근로자가 계약기간만료로 고용이 종료되면 고용보험에 가입되어 있지 않아도 실업급여를 받을 수 있다.
6) 비정규직대책팀-2917, 2007.7.18. 정규직과 차별을 유지해도 자체로 위법은 아니다.
7) 대판 2019.12.24, 2015다254873. 〈적용사항〉 기본급, 상여금, 근속수당, 자가운전보조금, 호봉승급 등. 〈근거〉계약기간만 무효라거나 기존근로조건이 유효하다는 규정 없음. 차별금지규정취지와 공평관념 고려.
8) 대판 2016.1.14, 2013다74592 ; 대판 2016.3.10, 2012두9758 ; 대판 2016.6.23, 2012다108139.

4. 다면관계와 근로자파견

4·가. 의 의

근로계약은 근로제공자와 근로수령자가 체결하는 쌍무계약이다. 산업구조가 복잡해지면서, 노무관리효율화·경영합리화 또는 근기법적용회피를 위해서 도급, 위임, 파견 등 근로자와 사용자의 사이에 제3자가 개입되는 다면관계의 계약형태가 늘고 있다. 이러한 고용형태는 근로관계가 쌍무계약의 성격을 넘어서서 제3자가 간접고용의 역할을 수행할 여지를 남긴다. 다시 말해서 하수급인이 독립적으로 사업을 운영하지 못하고 도급인이 실질적으로 그들의 근로자를 지휘하고 명령함으로써 그 실체가 도급관계인지, 파견관계인지, 아니면 도급회사의 직접고용관계인지를 둘러싸고 혼란이 제기되고 있다. 근로자를 둘러싼 계약이 복합적으로 성립하게 되면 근로수령자와 임금지급자가 달라지게 되고, 근로계약책임을 둘러싸고 갈등이 발생할 수 있다.

4·나. 다면관계의 양태

(1) 고용관계가 있는 다면관계

① 도급·위임

도급은 당사자중에서 일방이 어느 일을 완성할 것을 약속하고 상대방이 그 일의 결과에 대하여 보수를 지급할 것을 내용으로 하는 계약(민법 §664)으로서 '도급인과 수급인의 도급계약'과 '수급인과 근로자의 고용관계'로 구성된다.[1] 도급은 일방이 '일의 완성'을 약정하고 상대방이 보수를 지급할 것을 약정함으로써 효력이 생긴다. 위임은 당사자의 일방이 상대방에 대해 사무처리를 위탁하고 상대방이 이를 승낙함으로써 성립하는 계약이다(민법 §680). 위임은 일방이 사무처리를 위탁하고 상대방이 이를 승낙함으로써 효력이 생긴다. 용역은 거래대상이 상품이 아닌 서비스이며, 용역업체에 일정한 업무[2]를 맡겨 수행토록 하는 형태를 취한다. 용역은 계약내용에 따라 민법상 도급이나 위임에 해당될 수 있다.

도급·위임·용역의 대상이 되는 업무는 포장작업,[3] 운반작업, 청소업무 등

1) 이를 그림으로 나타내면 다음과 같다.

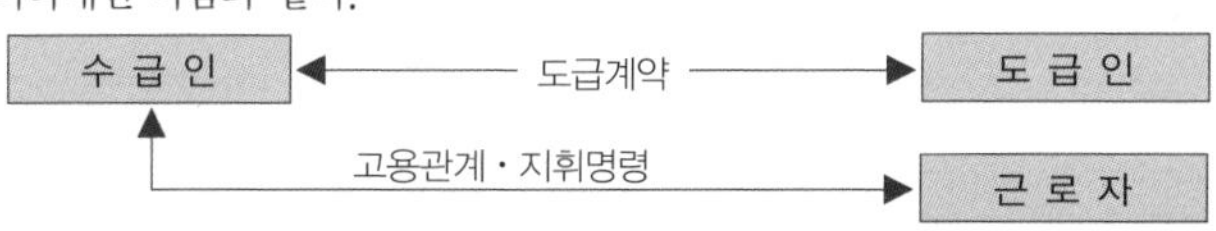

2) 경비용역사업(경비업법), 청소용역사업(공중위생관리법), 기술용역사업(엔지니어링산업진흥법) 등

'독립된 업무'로 분리될 수 있는 한 제한이 없다.[1] 순수한 도급·위임·용역은 도급인 또는 위임인이 수급인 또는 수임인의 근로자에 대해 사용자책임을 지지 않는다.[2] 그러나 도급인과 수급인 사이에 지시·감독하는 관계에 있거나 도급인이 수급인의 근로자에 대해 지휘명령관계를 가지면, 이는 뒤에서 설명하는 유사도급의 문제로 귀착된다.

계약형태가 도급 또는 위임의 형식을 빌리거나 노무제공자의 명칭이 수급인 또는 수임인이더라도 자주성, 독립성, 재량성이 없이 사용종속관계에서 노무를 제공하면 노무제공자는 근기법상의 근로자이다.[3]

순수도급이라도 임금지급에 있어서는 귀책여부를 따져 공동책임을 질 수 있다. 특히 건설공사에 있어서는 귀책사유와 관계없이 임금미지급에 대해 연대책임 또는 직접책임을 질 수 있으며(제5장 제5절,3), 재해보상에 관해서는 수차례에 걸쳐 도급이 이루어져도 원수급인이 책임을 지는 것이 원칙이다(제7장, 제2절 5·가,(2)). 노무도급도 도급계약처럼 해석되나 유사도급으로 인정될 소지가 상대적으로 강하다.[4]

② 근로자파견

(가) 개념구성

근로자파견이라 함은 자기가 고용하고 있는 근로자를 다른 기업에 파견하여 그의 지휘·명령을 받아 근로하게 하는 제도로서 파견사업주, 사용사업주와 근로자의 3자관계를 기초로 성립한다. 이를 구체적으로 설명하면 다음과 같다.[5]

첫째, 파견사업주와 근로자의 관계는 고용관계이다.

둘째, 파견사업주와 사용사업주 사이에는 근로자파견계약이 체결되고 이 계

---

3) 비정규직대책팀-3714, 2007.8.7. ↘ 739쪽

1) 비정규직을 비정규직근로자에 대한 차별금지, 정규직전환 등의 의무를 회피할 목적으로 외주화하는 것은 바람직하지 않으며(비정규직대책팀-2909, 2007.7.18), 도급관계가 부정될 수 있다.

2) 법무 811-9942, 1976.6.8. 도급계약에 있어 수급인이 독립적으로 근로자임면권을 가지며, 근로시간조정을 포함한 공사집행계획을 수립하여 독립된 판단하에 공사집행을 하고, 자재와 경비를 부담하며, 자기책임하에 임금수준을 결정하고 나머지 잉여금을 자기이윤으로 취득하고 있으면 수급인근로자에 대해 도급인을 사용자로 볼 수 없다 ; 대판 1984.12.26, 84도2534. 도급을 준 자의 공장에서 같은 방법으로 작업을 해도 수급인이 독자적계획에 따라 작업을 하여 제품을 만들어 납품 후 보수를 받으면 근기법적용대상이 아니다.

3) 같은취지, 대판 1987.5.26, 87도604. 특정한 노무제공만을 목적으로 하여 능률급, 성과급을 받기로 한 사례 ; 대판 1991.10.25, 91도1685 ; 근기 68207-1606, 1996.12.6.

4) 대판 1979.7.10, 78다1530. 노무도급형식을 빌어 광업권자와 광부 사이에 수급인을 게재시키더라도 광업권자의 강력한 지휘·감독과 통제 아래 채탄작업이 행해지면, 광업권자가 사용자책임을 진다.

5) 이를 그림으로 나타내면 다음과 같다.

약을 토대로 파견사업주가 사용사업주에게 근로자를 파견한다.

셋째, 사용사업주는 근로자파견계약에 따라 파견사업주로부터 위탁받은 권한에 따라 파견근로자를 지휘·명령한다.

㈏ **파견유형**

근로자파견은 상용형·모집형·등록형으로 구분된다. 상용형은 파견사업주가 근로자를 계속 고용하면서 사용사업주에게 파견하는 유형이다. 모집형은 파견사업주가 사용사업주요청이 있을 때에 근로희망자를 모집하여 파견하는 유형이다. 등록형은 미리 등록을 받아둔 근로희망자를 사용사업주에게 파견하는 유형이다. 한국의 법체계는 유형을 구별하지 않고 있다.

(2) 고용관계가 없는 다면관계

① 직업소개

㈎ **개 념**

㉮ 직업소개

직업소개는 구직자와 구인자를 연결하는 서비스를 제공하고 수수료를 받는 관계이다. 직업소개자는 구인자와의 사이에서 구인신청과 소개 그리고 구직자와의 사이에서 구직신청과 소개라는 관계를 가지며, 구직자와 구인자는 고용계약관계를 갖는다. 직업소개는 직업소개자와 구직자 사이에 고용관계가 없으므로 파견근로와 구분된다.[1]

㉯ 직업소개사업

직업소개사업이란 계속적인 의사를 가지고 반복하여 직업소개를 행하는 것으로, 현실적으로 여러 차례 반복해서 행하는 것을 요하지는 않고 1회적인 행위라도 반복·계속하여 행할 의도아래에서 행해진 것이라면 이에 해당한다.[2]

㈏ **무료 직업소개**

㉮ 신 고

무료직업소개사업은 소개대상이 되는 근로자가 취업하려는 장소를 기준으로 하여 국내무료직업소개사업과 국외무료직업소개사업으로 구분된다.

---

1) 이를 그림으로 나타내면 다음과 같다.

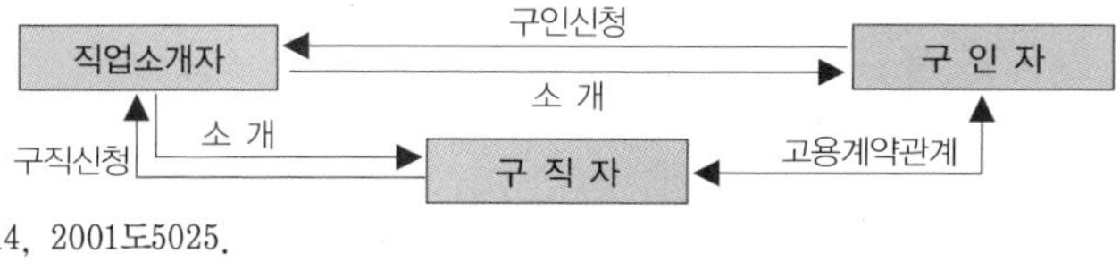

2) 대판 2001.12.14, 2001도5025.

전자는 주된 사업소의 소재지를 관할하는 특별자치도지사 · 시장 · 군수 및 구청장(자치구의 구청장에 한한다. 이하 직업소개사업의 설명에서는 같다)에게, 후자는 고용장관에게 각각 신고(직안령 §14)해야 한다(직안법 §18①전문). 신고사항을 변경할 때도 같다(직안법 §18①후문).[1] 일부무료직업소개는 신고가 면제된다(직안법 §18④).[2] 무료직업소개업자는 비영리법인나 공익단체이어야 한다(직안법§18② 직안령§14③).

㉯ 운 용

무료직업소개업자 및 그 종사자는 근기법(§43의2)에 따라 명단이 공개중인 체불사업주인 구인자에게 직업소개를 할 수 없다(직안법 §18⑤). 고용장관은 무료직업소개사업 경비의 전부 또는 일부를 보조할 수 있다(직안법 §45).

㈐ **유료 직업소개**

㉮ 등 록

국내유료직업소개사업은 주된 사업소의 소재지를 관할하는 특별자치도지사 · 시장 · 군수 · 구청장에게, 국외유료직업소개사업은 고용장관에게 각각 등록(등록변경동일 모두수수료대상)[3]하여야 한다(직안법 §19①).

유료직업소개사업자는 공급한 근로자에 대해 사용자지위를 갖지 않는다.[4]

㉯ 조 직

유료직업소개사업자는 원칙적으로 둘이상의 사업소를 둘 수 없다(직안법 §19②). 다만, 사업소별로 '직업소개 · 직업상담에 관한 경력 · 자격 · 소양이 있는 사람(직안령 §14)'을 1명이상 고용하면 그렇지 않다. 유료직업소개사업자는 사업소별로 직업상담원(<자격> 고용노동부령)을 1명이상 고용해야 한다(직안법 §22②본문).[5] 직업상담원이 아닌 사람은 직업소개사무를 담당하면 안된다(직안법 §22③). 유료직업소개사업자는 미성년자 · 파산선고자 등 무자격자(직안법§38 i, ii, iv, vi)를 고용해서는 안된다(직안법 §22①).

㉰ 운 용

유료직업소개사업자는 고용장관이 결정(고용정책심의 위원회심의) · 고시한 요금[6]을 초과하지

---

1) 고용서비스정책과-2901, 2010.5.6. 직안법 제26조(겸업금지) 및 제38조(결격사유)에 따라 검토한다.

2) 〈예외〉 한국산업인력공단, 한국장애인고용공단, 교육관계법에 따른 각급학교의 장 등(직안법 §18④).

3) 유료직업소개사업의 등록기준이 되는 인적 · 물적요건과 그 밖에 유료직업소개사업에 관한 사항은 대통령령(직안령 §14)으로 정하며(직안법 §19⑤), 등록 · 등록사항변경에 대해 수수료가 부과된다(직안법 §43).

4) 대판 2021.11.11, 2021다255051.

5) 동거가족이 직업상담원자격을 갖추고 특정사업소에서 상시로 근무하는 경우에 해당사업소에 직업상담원을 고용한 것으로 보며, 유료직업소개사업자가 직업상담원자격을 갖추고 특정사업소에서 상시로 근무하면 해당사업소에 직업상담원을 고용하지 않을 수 있다(직안법 §22②단서).

6) 〈예시〉 노동부 고시 제2010-8호. 임금의 20/100(건설일용 10/100이하).

않는 금품을 구직자의 근로계약이 체결된 후(직안령 §25vi)에 받을 수 있으며, 고급·전문인력(<지정> 고용노동부령)을 소개하는 경우에는 '근로계약체결전이라도'[1] 당사자가 정한 요금을 받을 수 있다(직안법 §19③④).

㉱ 의무·금지

유료직업소개사업자는 구인자가 구인신청을 할 당시에 근기법에 따라 명단이 공개되고 있는 체불사업주라면 구직자에게 그 사실을 고지하고, 구인자의 사업이 행정관청의 허가·신고·등록 등을 필요로 하는 사업이면 그 요건충족여부를 확인해야 하며, 대통령령(직안법 §25)을 준수해야 한다(직안법 §19⑥).

유료직업소개사업자는 타인에게 자기의 성명·상호를 사용해 사업을 하게 하거나 등록증을 대여하면 안된다(직안법§21, §47.5년징역 5천만원벌금, 상대방포함). 유료직업소개사업자 및 종사자는 구직자에게 제공하기 위해 구인자로부터 선급금을 받으면 안된다(직안법 §21의2).[2]

㈑ 직업소개 공통행정사항

직업소개사업자와 종사자(직업소개 사업자등)는 연소자에 대해 직업소개를 함에 있어 몇 가지 의무를 진다(직안법 §21의3).[3] 결혼중개업(결혼중개업법 §2ii)·식품접객업(식품위생법 §36①iii)·숙박업(공중위생 관리법 §2①ii) 경영자는 직안법상직업소개사업을 할 수 없다(직안법 §26). 직안법상직업소개업에 대해서도 직안법의 제8조(구인 신청), 제9조(구직 신청), 제10조(근로조건 명시등), 제11조(직업소 개원칙)와 제12조(광역직 업소개)의 규정이 적용된다(직안법 §27).

② 근로자공급

㈎ 개 념

근로자공급사업은 공급사업자와 사용사업주[4]의 공급계약, 공급사업자와 근로자의 '계약상·사실상 지배관계',[5] 사용사업주와 근로자의 지휘·명령관계로 성

1) 고용서비스정책과-4313, 2010.6.28.

2) 〈사례〉 고용서비스정책과-3535, 2015.7.24. 〈선급금수령금지 위반〉 구인자(유흥주점업주)가 구직자로부터 현금차용증을 받고 일정금전 대여, 구인자가 해당현금 유료직업소개사업자계좌로 선지급. 직업소개업자는 구직자에 대한 기존채권과 상계 명목으로 착복; 고용서비스정책과-4313, 2010.6.28. 〈선급금수령금지 위반〉 개인장비·기숙사배정경비 등 구인업체지원, 직업소개업자가 소개비명목으로 선급금 수령.

3) ⓐ 구직자연령확인, 18세미만자소개는 친권자·후견인취업동의서수령, ⓑ 18세미만자, 사용금지직종에 소개금지, ⓒ 청소년을 청소년유해업소(청소년보호법 §2v)에 소개 금지.

4) 고용서비스정책과-5292, 2015.11.25. 사용자는 공급사업자와 공급계약을 체결하여 근로자를 공급받아 사용할 수 있다. 사용사업주가 근로자를 직접 고용하거나, 공급사업자가 조합원외의 사람을 고용할 수도 있다.

5) 대판 2012.7.5, 2011도13346. 유료직업소개업자가 구직자정보를 인터넷사이트에 게시, 유흥주점업주가 선택, 여종업원을 대신하여 유흥주점업주로부터 대가를 수령.하면, 유료직업소개계약을 가장한 계약상 또는 사실상 지배관계임; 고용서비스정책과-5054, 2015.11.11. 〈근로자공급사업 인정〉 유흥업소를 상대로 협동조합을 결성하여 도우미를 공급한 사건, 〈근거〉 협동조합이 접대부들에게 사실적지배관계를 형성.

립한다.[1] 근로자공급사업이라 함은 공급계약에 따라 근로자를 타인에게 사용하게 하는 사업을 말한다(직안법 §2의2vii). 근로자공급사업과 직업소개사업 그리고 파견사업은 계약체결형태와 지휘·명령관계가 서로 다르다.[2]

(나) **허 가**

국외근로자공급사업자는(<허가절차> 직안칙§33⑥) 고용장관의 허가(유효기간3년, 연장허가3년반복 <허가기준> 직안령§31①)를 받아야 한다(직안법§33①②⑤§47) 5년벌금5천만원벌금).[3]

근로자공급사업은 공급대상근로자의 취업장소를 기준으로 국내사업과 국외사업으로 구분되어, 각각의 허가대상과 고려사항이 정해진다(직안법 §33③④).

구 분	대 상	종합고려사항
국 내[4]	노조법에 따른 노동조합	노동조합의 업무범위와 해당지역별·직종별인력수급상황 및 고용관계안정유지 등
국 외[5]	국내에서 제조업·건설업·용역업, 서비스업 종사, 연예인송출은 비영리법인	해당직종별 인력수급상황, 고용관계안정유지 및 근로자취업질서 등

③ **직업소개와 근로자공급의 관리**

(가) **광고제한**

유·무료직업소개사업자, 근로자공급사업자, 근로자모집사업자 등(직안법§18,§19 §28,§30,§33)'은 거짓으로 구인광고(직안령 §34)를 하거나 거짓으로 구인조건을 제시하면 안된다(직안법§34,§47 5년징역·5천만원벌금).[6]

(나) **손해배상**

유료직업소개사업자(직안법 §19①)와 국외근로자공급사업자(직안법 §33①)가 고의 또는 과실로 근로자 또는 '소개·공급을 받은 사람'에게 손해를 입히면 그 손해를 배상해야

---

1) 이를 그림으로 나타내면 다음과 같다.

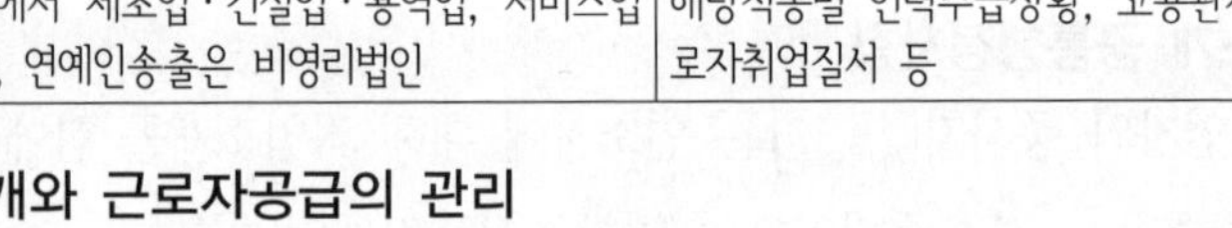

2) 1998년전에는 근로자파견사업이 근로자공급사업의 한 유형으로 해석되었으나 파견법제정으로 독립되었다.

3) 울산지판 2015.4.22, 2014나5760·2014나5777, 강행법규; 울산지판 2016.5.12, 2015구합6143, 다른 노조에 대한 허가의 취소를 구하는 경업자소송 관련, [긍정] 배타적·독점적 권리형성이 목적이 아님.

4) 〈허가 예〉 항운노조, 조합원을 상시고용으로 전환하면 효력상실(「항만인력공급체계개편지원특별법」 §4)).

5) 근로자공급사업허가의 기준·허가신청·허가절차, 국외공급연예인의 심사·선발, 국외근로자공급사업의 자산·시설기준(직안령 §33③)(1억이상 자본금, 국내의 2인이상 상담가능 독립사무실)·보호·관리 등은 고용노동부령으로 정한다(직안법 §33⑥).

6) 대판 2017.9.7, 2016도7586 (**한국노동법학회, 『노동판례백선』 제2판**, 23~24쪽. 보호대상을 근기법상의 근로자와 그 의미가 같다고 판시하여, 제한적으로 해석).

하며,[1] 보증보험 또는 공제(직안법 §33③)[2]에 가입하거나 예치금을 금융기관에 예치해야 한다(직안법 §34의2①②).

㈐ **신고 · 등록 · 허가 취소**

미성년 · 파산선고 등 '결격사유가 있는 사람'은 직업소개사업의 신고 · 등록을 하거나 근로자공급사업의 허가를 받을 수 없으며(직안법 §38), '소정의 사유'에 해당하면 사업정지나 등록 · 허가취소의 처분을 받을 수 있다.[3]

㈑ **폐업 및 폐쇄**

직안법은 유 · 무료직업소개사업, 직업정보공개사업자 또는 근로자공급사업자(직안법 §18 §19, §23, §33)의 폐업에 대해 그 날부터 7일이내에 '고용장관 또는 특별자치도지사 · 시장 · 군수 · 구청장'에게 신고토록 하고(직안법 §35), 재신고 · 등록 · 허가의 요건과 효력을 중심으로 폐업[4]과 폐쇄[5]를 규정하고 있다.

㈒ **사업자 의무**

직업소개, 직업정보제공사업, 근로자모집 · 근로자공급사업에 관여했거나 관여하고 있는 사람은 비밀누설의무를 지며(직안법 §42), 유로직업소개사업자와 근로자공급사업자는 장부 · 대장 · 서류를 작성 · 보관(전자문서가능)할 의무를 진다(직안법 §39단서).

㈒ **실효성 확보**

'고용장관 또는 특별자치도지사 · 시장 · 군수 · 구청장'은 직업소개사업자 및

---

1) 고용서비스정책과-708, 2010.8.2. 〈근로계약파기와 직업소개자의 손해배상책임〉 고용계약이 체결되면 직업소개계약에 따른 의무는 이행된 것이 되나, 근로계약이 파기되어도 그 사유가 직업소개사업자의 고의나 과실에 의한 소개행위이면 배상책임이 발생한다.

2) 유 · 무료직업소개사업자, 근로자공급사업자, 직업정보공개사업자는 사업자협회를 설립할 수 있다(직안법 §45의2). 사업자협회는 손해배상책임을 분담하기 위해, 범위 · 내용 등 '소정의 내용'이 포함된 공제규정을 제정 · 변경해서 고용장관승인을 받아 공제사업을 할 수 있다(직안법 §34의2③,④,⑤) ; 사업자협회는 법인으로 하고, 직안법에 규정이 있는 것을 제외하고 민법중에서 사단법인규정을 준용한다(직안법 §45의2②,③).

3) '고용장관 또는 특별자치도지사 · 시장 · 군수 · 구청장'은 유 · 무료직업소개사업자, 직업정보공개사업자, 근로자공급사업자가 공익을 해칠 우려가 있는 경우로서 '거짓 · 부정한 신고 · 등록 · 허가', '결격사유(직안법 §38) 해당' 및 '직안법 또는 그에 관련명령 위반한 경우'에는, 6개월이내의기간을 정해 사업을 정지하게 하거나 등록 · 허가를 취소할 수 있다(직안법 §36①본문,③). 다만, "결격사유(직안법 §38)의 어느 하나에 해당할 때' 에는 등록 · 허가를 취소해야 한다(직안법 §36①단서). '결격사유해당임원이 있는 법인(직안법 §38ⅶ)'이어서 등록 · 허가를 취소해야 할 때에는 해당임원을 바꾸어 임명할 기간을 1개월이상 주어야 한다(직안법 §36②).

4) 폐업신고자(직안법 §35, 미신고폐업자 포함)가 신고 · 등록하거나 허가를 받으면(직안법 §18, §19, §23, §33), 폐업신고전의 사업자지위를 승계한다(직안법 §36의2①). 이 경우 기준에 해당되지 않으면, 폐업신고전의 위반행위를 사유로 '사업정지, 등록 · 허가취소(직안법 §36①)'의 행정처분을 받을 수 있다(직안법 §36의2②). 행정처분을 함에 있어서는 폐업기간 · 사유 및 행정처분사유가 된 위반행위의 존속여부 등이 고려된다(직안법 §36의2③).

5) '고용장관 또는 특별자치도지사 · 시장 · 군수 · 구청장'은 '신고 또는 등록을 하지 않거나 허가를 받지 않고 사업을 하거나, 사업정지 또는 등록 · 허가취소의 명령을 받고도 사업을 계속하는 경우에는 관계공무원(증표제시)으로 '필요한 조치'를 하게 할 수 있다(직안법 §37①).

그 종사자에 대해 교육훈련의무를 지고(직안법 §40의2), 유·무료직업소개사업자와 직업정보공개사업자 또는 근로자공급사업자'에 대해 자료제출·보고권(직안법 §41①)과 서류·장부·물건조사권(직안법 §41②)을 가지며, 관계되는 행정기관장의 장에 대해 자료협조를 요청할 수 있고(직안법 §41의2), 거짓구인광고·부당직업소개·성매매업무직업소개를 신고·고발한 사람에게 포상금을 지급할 수 있다(직안법 §45의3).

고용장관의 일부권한은 직업안정기관장이나 특별자치도지사·시장·군수·구청장에게 위임할 수 있다(직안법 §44).

(3) 전 출

전출은 근로자파견과 구분된다. 그러나 겉모습만 보면, 전출 또는 사외파견은 근로자파견과 유사하다.

전출은 전출사업주와 사용사업주간의 전출계약, 전출사업주와 근로자의 고용관계, 사용사업주와 근로자의 고용관계에 기초를 둔다.[1]

영리목적이 아닌 기술지도 등을 위해 근로자를 계열회사 등에서 업무상의 지시·명령을 받아 근무하도록 하였다면 이는 전출에 해당한다. 근로자파견사업은 반복·계속성과 영업성을 요건으로 한다(같은장, 같은절 4·라, (3)). 전출도 영리를 목적으로 반복해서 행해지면 근로자파견으로 인정될 수 있다.[2]

근로자파견사업을 주된 목적으로 하는 사업적파견과 파견법이 적용되지 않는 비사업적파견을 구분하는 해석[3]에 있어서, 후자는 전출로 본다.

4·다. 유사도급과 사용자책임

(1) 의 의

도급, 위임 등이 진성계약이라면 도급인이나 위임인에게 사용자책임의 문제가 발생치 않는다. 그러나 겉으로는 도급 또는 위임의 형식을 빌리면서 수급인 또는 수임인의 근로자에 대해 실질적으로 지휘·명령권을 행사하는 일이 있다. 이렇게 변형된 관계를 유사도급 또는 위장도급이라고도 한다.

---

1) 이를 그림으로 나타내면 다음과 같다.

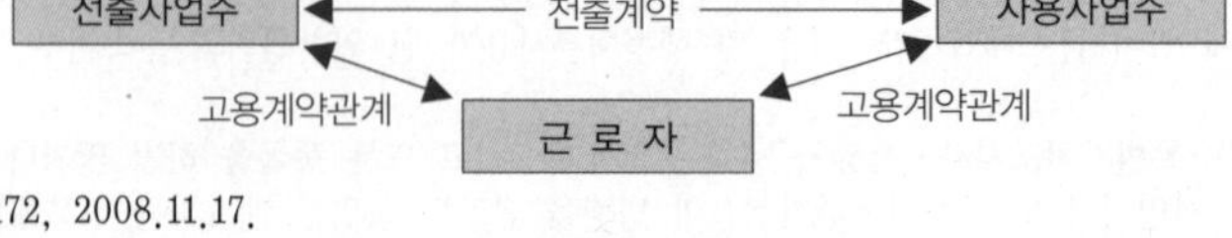

2) 차별개선과-2172, 2008.11.17.

3) 차별개선과-2172, 2008.11.17 ; 대판 2022.7.14, 2019다가합299393.

(2) 유사도급의 실질관계

① 유형 판단기준

유사도급의 실질관계는 수급인에게 사업실체성과 노무관리독립성이 있는지로 판단한다. 첫째, 수급인이 사업실체성과 노무관리독립성을 모두 가지고 있다면 이는 순수도급 또는 진성도급에 해당된다. 둘째, 수급인이 사업실체성을 가지고 있지 않다면 수급인·소속근로자와 도급인의 사이에 직접고용관계가 성립한다. 셋째, 수급인이 사업실체성을 가지고 있으나 실체성의 정도가 고용관계에 이르지 않으면 직업소개·근로자공급이 될 수 있다. 넷째, 수급인이 갖는 사업실체성이 고용관계에 이르면 노무관리독립성을 판단한다. 이 경우 독립성이 인정되면 순수도급이 되고 인정되지 않으면 근로자파견[1]이 된다.

② 실질관계의 유형 판단

㈎ 직접고용

㉮ 묵시적근로계약관계

수급인이 사업주로서의 실체가 없으면 도급인과 '수급인이행보조자인 수급인 근로자'의 근로관계로 보는 법리가 판례[2]와 행정해석[3]을 중심으로 형성되고

---

1) 대판 1999.11.12, 97누19946. 아파트입주자회의에 대한 사용자성 관련. [부정] 파견관련 판결은 아니나 묵시적근로계약관계법리 적용 ; 대판 2010.7.22, 2008두4367. 현대자동차사건(노무관리권을 이유로 파견근로관계를 인정하고 종전법에 의해 불법파견이지만 2년이 경과했으므로 직접 근로관계가 성립하였다면서 하급법원에 파기 환송) 환송판결에 대해 전원합의체판결이 아닌 위법과 사내합력회사가 해당근로자를 해고한데 대해 정당성을 판단하지 않은 심리미진 등을 이유로 상고하였으나 '대판 2012.2.23, 2011두7076'로 기각). 사내협력업체근로자들이 도급업체의 컨베이어벨트생산라인의 좌우에서 도급업체 정규직근로자와 혼재하여 배치되어 도급업체의 시설·부품·소모품 등을 사용하여 미리 작성된 작업지시서에 의해 단순·반복적인 업무를 수행하였으며, 사내협력업체의 고유기술이나 자본이 업무에 투입되지 않았다. 도급업체는 사내협력업체 근로자에 대해 일반적인 작업배치권과 변경결정권을 가지고 있고 직영근로자와 마찬가지로 사내협력업체 근로자들의 작업량·작업방법·작업순서 등을 결정하였다. 도급업체는 사내협력업체 근로자들을 직접 지휘하거나 또는 사내협력업체 소속 현장관리인 등을 통해 구체적인 작업지시를 하였는데 현장관리인의 지시는 **도급업체의 결정사항을 전달한** 것에 불과하다. 도급업체는 사내협력업체 근로자와 직영근로자에 대해 시업·종업시각, 휴게시간, 연장·야간근로, 교대제, 작업속도 등을 결정하고 정규직근로자의 산재·휴직의 경우 사내협력근로자로 결원을 대체하는 등 근태상황·인원현황을 파악·관리하였다.

2) 대판 1979.7.10, 78다1530. 광산덕대계약. 직고인정 ; 대판 1999.7.12, 99마628. 아파트관리소직원과 입주자대표회의의 묵시적근로관계부정 ; 대판 1999.11.12, 97누19946. 묵시적근로관계부정 ; 대판 2002.11.26, 2002도649. 경기화학소사장사건. 묵시적근로관계인정 ; 대판 2003.9.23, 2003두3420. SK-인사이트코리아사건. 묵시적근로계약관계인정 ; 대판 2008.7.10, 2005다75088. 현대미포조선사건(**한국노동법학회, 『노동판례백선』 제2판**, 44쪽. 묵시적근로계약법리를 최초로 대규모공장의 사내하도급관계에 적용). 묵시적근로계약관계 인정 ; 대판 2024.7.11, 2021다251295. 묵시적근로관계 인정.

3) 근기 68207-1131, 2000.4.29. 사내하도급 또는 소사장 관련. 판단기준은 ① 작업내용에 대해 개별적·구체적으로 지시가 있는지 아니면 단순한 물건의 주문 또는 판매처나 원료공급처의 소개 등 편의제공차원의 지원에 한하는지, ② 원래사업의 사용자가 특정근로자를 파견하거나 근로자교체를 요구하는지와 분화된 사업의 사용자가 이를 거부할 수 있는지, ③ 원래사업의 사용자가 근무표 등에 의하여 특별한 지시를 하는지, ④ 분화된 사업이 원래사업의 기업조직에 편입되어 있는지와 노무관리상 지배하에 있는지 등을 들 수 있다.

있다. '원고용주인 수급인'에게 고용되어 '제3자인 도급인'의 사업장에서 근로를 제공하는 사람을 제3자의 근로자라고 할 수 있으려면, 원고용주가 사업주로서의 독립성이 없어 제3자의 노무대행기관과 동일시 할 수 있는 등 그 존재가 형식적·명목적인 것에 지나지 않고, 사실상 그 피고용인이 제3자와 종속적관계에 있으며, 실질적으로 임금을 지급하는 사람도 제3자이고, 또 근로제공상대방도 제3자이어서 해당근로자와 제3자간에 묵시적근로계약관계가 성립되어 있다고 평가될 수 있어야 한다.

㉯ 직접고용의 내용

유사도급에서 수급인이 사업으로서의 실체가 없으면 도급인의 중간관리자, 사업부서 또는 노무대행기관에 해당할 수 있다.[1] 이 경우 수급인과 수급인근로자는 도급인의 근로자가 되고 도급인이 노동관계법상 책임을 진다.[2]

자회사가 개발·운영하는 플랫폼을 기반으로 하는 플랫폼서비스이용사업자인 자동차대여사업자가 그 앱의 이용자에게 차량을 대여하면서 대리운전업자인 협력업체'와 운전용역제공계약을 체결하여 프리랜서인 '차량호출서비스 운전기사를 공급받아 운전서비스까지 제공하는 관계에서, 그 운전기사의 근로자성을 인정(제1장,제4절 2·가.(4),㈐,㉯)하면서 그 자동차대사업자를 사용자로 본 판결[3]이 발견된다.

근로자지위확인소송을 진행하는 중에 수급인근로자의 연령이 도급인사업장의 정년을 초과하면 확인의 이익이 없게 된다.[4]

㉰ 직접고용인정과 근로조건

묵시적근로계약관계가 인정되는 경우, 승급·승진 등이 자동적으로 이루어진 것으로 보지 않으며, 해당직군·직종에 있어 승격심사내용, 승격현황 등을 고려하여 합리적으로 판단되어야 한다.[5]

㈏ 직업소개·근로자공급

유사도급에서 수급인이 사업으로서의 실체를 갖추고 있으나 그 역할이 근로자공급사업이나 직업소개사업의 수준에 머무를 수도 있다. 도급인이 해당근로자에

---

1) 대판 1999.11.12, 97누19946 ; 대판 2008.7.10, 2005다75088. 현대미포조선사건.

2) 대판 1978.1.17, 77다1239. 하수급인회사에 현장소장을 상주시켜 공사를 지도·감독한 사례 ; 대판 1983.11.22, 83다카1153 ; 대판 1986.8.19, 83다카657. 도급인이 수급인근로자를 산재보험에 가입시키고, 임금을 지급하며, 장비 및 시설을 제공하고, 수급인을 통해 작업을 지휘·감독하면 고용관계이다.

3) 대판 2024.7.25, 2024두32973. 타다 서비스 관련,

4) 대판 2022.7.28, 2016다40439 ; 대판 2022.7.28, 2021다221638. 포스코코홀딩스사건. '확인의 이익'이란 당사자의 권리 또는 법률상 지위에 현존하는 불안·위험이 있고, 이를 제거함에 확인판결을 받는 것이 가장 유효적절한 수단일 때 인정된다(대판 1991.10.11. 91다1264 판결 등).

5) 대판 2024.7.11, 2021다251295.

대하여 실질적으로 지휘명령권을 가지면 사용자가 된다.

수급인의 지위는 도급인에 대해 직접고용관계에 있다고 보기 어려우며 직업소개사업자 또는 근로자공급사업자로서 허가, 등록 등의 요건충족여부에 따라 직안법에 저촉될 수 있다.

㈐ **근로자파견**

수급인의 실체가 있으며, 노무관리상 소속근로자에 대해 고용관계를 인정받을 수 있는 정도이면서, 도급인이 해당근로자에 대해 사용사업주에 상당하는 지휘·명령권을 행사하는 등 그 실질이 근로자파견(파견법 §2 i)에 해당하면 계약의 명칭 또는 형식에 관계없이 파견근로관계로 본다.[1]

㈑ **순수도급**

수급인의 실체가 있으며, 소속근로자에 대해 고용관계를 인정받을 수 있으면서, 도급인이 해당근로자에 대해 지휘·명령권을 행사하지 않는 것으로 인정되면 순수도급관계가 된다. 이 경우, 수급인만이 사용자지위를 가진다.

(3) 파견과 도급 구분

① 판례법리

㈎ **형성**

제3자가 원고용주와의 관계가 유사도급의 모습을 띄는 경우, 원고용주의 근로자의 실질적인 지위에 대해 판례는 변화되는 모습을 보여준다. 판례는 묵시적근로계약관계를 부정하거나[2] 따지지 않고[3] 여러 기준을 활용하여 파견으로 판단해 왔다. 그러다가 계약의 명칭이나 형식에 구애되지 않아야 된다는 실질판단원칙을 밝히면서, 다음과 같은 지표를 '종합적으로 고려하여' 도급인지 파견인지를 판단한다는 종합고려원칙으로 구성되는 파견·도급판단기준에 관한

---

1) 비정규직대책팀-3174, 2007.8.7.

2) 묵시적근로계약관계인정 ; 대판 2008.10.23, 2006두5700. SK와이번스사건, 묵시적근로관계부정, 파견인정 ; 대판 2010.7.22, 2008두4367. 현대자동차사건, 묵시적근로관계부정, 파견인정(**한국노동법학회, 『노동판례백선』 제1판**, 216쪽. 파견이 원칙적으로 금지된 제조업직접생산공정 업무에 종사한 사내협력업체 근로자를 원청회사의 근로자로 인정하는 길을 개척).

3) 대판 2016.7.22, 2014다222794. 모니터링관련 〈파견인정〉 등

지자체의 교통관제센터에 파견되어 근무시간 10분전까지 출근하여 근무지시를 받고 매일 근무상황을 보고하며 인원조정이나 자리배치요구에 응해야 함, 요원간 업무인계·인수사항에 관해 관제센터장의 결재를 받고 상황이나 차량번호기재방법을 구체적으로 지시, 용역업체는 지자체의 요원교체요구에 응해야 함, 요원은 관제센터장에게 휴가·병가보고를 하였고 처음 업무교육도 관제센터장에게 받음, 요원이외에 관제센터에 상주하는 용역업체직원은 없음, 용역업체는 모니터링결과를 보고받지 않았고 근무편성에 관여하거나 근무태도를 평가하지 않음, 용역업체가 매년 변경되면 소속만 바꾸어가면서 동일업무 수행

판례법리가 형성되었다.[1)]

업무상 **상당한 지휘·명령**	제3자가 해당근로자에게 **직·간접적**으로 업무수행 자체에 관한 **구속력 있는 지시**를 하는 등
제3자사업에의 **실질적 편입**	해당근로자가 제3자소속 근로자와 **하나의 작업집단**으로 구성돼 직접 **공동작업** 수행[2)]
인사·노무 결정권한	작업투입근로자선발, 근로자수, 교육·훈련, 작업·휴게시간, 휴가, 근무태도점검 **독자 결정**
계약목적의 한정업무이행성	계약목적이 **범위가 한정된 업무** 이행으로 확정
업무구별성 및 **전문성·기술성**	맡은 업무가 **제3자소속 근로자의 업무와 구별**, 업무에 **전문성·기술성**
계약목적달성을 위한 **조직·설비 보유**	원고용주가 계약목적달성에 필요한 **독립적 기업조직·설비** 구비

㈏ **적 용**

판단지표들은 하나하나가 독자적인 결정요인이라기보다는 종합적·전체적인 판단을 함에 있어 긍정 또는 부정의 요인으로 작용한다.

판단지표중에서 '상당한 지휘·명령'이 필수적인 요소이고, '제3자사업 실질편입'은 지휘·명령의 주체가 사용사업주자격인지 도급인자격인지를 구분하는 주요 징표이며, 나머지는 보완·부수적인 요소라고 본 판결[3)]이 발견된다.

㈐ **정 착**

유사도급의 실질관계를 판단함에 있어 판례법리는 판단기준으로 정착되고 있다. 수급인근로자의 업무가 도급인근로자의 업무와 분리·독립되어 있어도 두 업무가 기능적으로 밀접하게 연계되어 있으면 도급인사업장의 공동작업으로 보며, 혼재되어 근무하던 장소에 단순히 벽을 설치하거나 이를 독립하여 분리시키더라도 혼재업무로 봄으로써 판례법리가 제시하는 실질적편입의 내용이 구체적으로 적용되고 있다.[4)] 이 밖에도 판례법리를 적용하여 파견관계를 인정[5)]하

---

1) 대판 2015.2.26, 2010다93707, 남해화학사건(**한국노동법학회, 『노동판례백선』 제2판**, 253쪽. 대상판결은 다섯가지 판단징표를 통해 근로자파견의 판단기준을 구체적으로 제시했다는 점에서 큰 의의가 있음), 파견인정 ; 대판2015.2.26, 2010다106436, 현대자동차사건, 파견인정 ; 대판 2015.2.26, 2011다78316, 한국철도공사 KTX여승무원사건, 파견부정 ; 대판 2015.2.26, 2012다96922, 한국철도공사 KTX여승무원사건, 파견부정

2) 제조업의 간접생산공정에서 원청근로자들과 사내도급협력업체근로자들이 한시적으로 일부분 혼재되어 근무했더라도 협력업체가 업무수행 및 노무관리를 독자적으로 했다면 파견 부정 (대판 2017.1.25, 2014다211619).

3) 대구고판 2022.7.13, 2019나24804·24811(〈상급심, 상고가각 인정〉 대판 2024.7.11, 2022다265635·265642, 파견인정, 수급회사현장관리자들이 도급회사관리자로부터 구두작업지시를 수령해서 전달, 수급회사가 담당하는 공정은 도급회사가 담당하는 공정과 컨베이어벨트로 이어져 있고 단절된 공정도 도급회사공정에서 나온 물품의 결함을 시정하는 공정으로서 상호 연계, 수급회사는 도급회사업무만 수행하고 사무실 등 무상 제공).

4) 대판 2017.12.22, 2015다32905, 금호타이어사건, 〈파견인정〉.

거나 부정[1]하는 판결들이 많이 발견된다.

㈑ **확 산**

판례법리는 유사도급의 실체를 파악함에 있어 직접공정업무를 대상으로 인정[2]해 오다가 점점 더 넓게 파견으로 인정하는 모습을 보여주고 있다. 첫째, 혼재근무인 제1공장뿐아니라 일괄도급된 사외하청형태인 제2공장까지 파견을 인정함으로써 혼재근무를 필수요건으로 보지 않은 판결[3]이 발견된다. 둘째, 사내물류 등 간접공정업무에 대해서도 인정하고,[4] 사내협력업체가 따로 수행하는 간접공정인 생산관련지원업무[5]나 일반지원업무[6]까지 인정하기도 하며, 간접공정에 대해 전반적으로 파견을 인정하면서도[7] 같은 기준을 적용하여 일부에 대

5) 대판 2020.3.26, 2017다217724, 217731. 자동차연구소에서의 신차 도장업무 ; 대판 2024.7.11. 2023도3915, 직접생산공정업무 ; 대판 2024.10.31, 2020다219492. 직접생산공정(의장・도장). ↘ 750쪽

1) 대판 2020.4.9, 2017다17955. 〈파견부정〉 원자력발전소에서 보건물리실 출입・작업관리업무 수행.

2) 대판 2020.3.26, 2017다217724, 217731 ; 대판 2024.7.11. 2023도3915 ; 대판 2024.9.12, 2021다201849 ; 대판 2024.10.31, 2020다219492.

3) 대판 2021.7.8, 2018다243935・243942. 판단근거는 다음과 같다.

- 작업표준서로 사내협력근로자들의 작업에 관해 구속력 있는 지시
- 제3자가 계획한 전체 엔진생산일정 등에 연동하여 작업 진행
- 공정별투입인원에 관한 작업배치권, 휴일근로지시권 등을 제3자가 행.
- 사내협력업체 근로자들은 엔진조립업무이외에도 가공업무 등 다양한 업무를 수행하였고 이에 대해 별도도급비 지급 등, 도급계약의 목적 또는 대상이 구체적으로 범위가 한정되지 않음
- 사내협력업체는 공장, 기계 설비 등을 제3자로부터 무상임차, 고유기술・자본을 투입하거나 다른 업체를 상대로 사업을 영위하지 않음

4) 대판 2024.9.12. 선고 2021다2018.

5) 대판 2022.7.28, 2016다40439 ; 대판 2022.7.28, 2021다221638. 포스코코홀딩스사건. 〈파견인정〉 사내협력업체근로자가 크레인이나 지게차를 이용해 코일・롤 등을 운반(정년경과에 대해 직접고용의무 부정).

- 업표준서, 생산과정관리 전산관리시스템에 따라 작업수행
- 공정에 필수적인 크레인코일 운반외에도 다양한 업무에서 도급인소속근로자들과 협업
- 협력작업평가는 작업량이 아니라, 도급인업무 저해가 기준
- 작업표준에 따라 단순반복적으로 행해지고, 고도의 전문성이 필요치 않으며, 협력업체지급대가는 작업성과・물량이 아니라, 투입인원수와 근무시간이 기준
- 전산관리시스템은 도급인 소유, 협력업체는 대부분의 매출을 도급인과의 거래로 달성

대판 2024.3.12, 2019다29013・29020・29037・29044. 〈파견인정〉 현대제철 사건. 지원공정업무나 차량경량화제품생산공정 업무.

6) 대판 2024.7.25, 2021다203357. 〈파견인정〉 부속연구소에서 시험용 자동차제작에 필요한 차체 및 부품 운반・정리 업무 ; 대판 2024.7.25, 2019다222096・222102・222126・222119. 〈파견인정〉 직접생산공정, 생산관리, 내수출고 PDI 업무 ; 대판 2024.7.25, 2020다273298・273304. 〈파견인정〉 생산관리와 KD(부품 포장) 업무.

7) 작업표준 등을 고려하여 전반적으로 파견인정.

- 상세한 내용의 작업표준 등을 작성하여 사내협력업체에 교부, 그 작업방법・순서・내용・속도・장소 위반 불가
- 도급회사의 생산과정흐름과 연동, 작업진행・업무시간・휴게시간 동일, 사실상 하나의 작업집단
- 사내협력근로자들의 인사・근태에 상당한 영향력, 업무배치권 실질행사

해서는 부정[1]하기도 하다가,[2] 간접공정을 포함한 전공정에 대해 광범위하게 파견을 인정[3]하고 있다. 셋째, 생산공정과 분리된 독립공정에 대해 부정[4]과 인정[5]이 혼재되어 있는 가운데 부정에서 인정으로 전환[6]하는 모습을 보여주기도 하는데 업무주체가 도급회사인지 아니면 협력업체인지를 기준으로 파견여부를 판단[7]하고 있다. 넷째, 다른 협력업체의 사업장에 배치된 근로까지 파견으로 인정[8]하는 판결이 발견된다. 다섯째, '2차협력업체의 업무'에 대해 파견을 부정하다가[9] 인정하는[10] 모습을 보이고 있다. 여섯째, 판단기준에 관한 판례법리가 형성될 때부터 부정적이었고 이후에도 소극적이던[11] '제조업외의 업무'에 대해

---

1) 일부 부인 ; 기계정비업무 등

생산공정연동업무가 아니고, 도급회사가 정비계획을 수립하고 정비작업은 사내협력업체가 담당하여 업무구분 / 작업표준서 결정·통제 불분명

2) 대판 2024.3.12. 2019다28966·28973·28980·28997·29006, 현대제철의 사내하청 근로자 관련.

3) 대판 2022.10.27., 2017다14581·14598. H차사건. 전공정에 대해 파견을 인정한 최초의 대법원판결 ; 대판 2022.10.27, 2017다9732·9749·9756 등. K차사건. 전체공정에 대해 파견인정 ; 대판 2023.9.14, 2023다248927(서울고판 2023.6.2. 2021나2040257) 〈파견인정〉. 일일작업완료보고 수행 ; 대판 2024.7.25. 2020다244894·244900. 〈파견인정〉 물류, 방청, KD(부품 포장) 업무에 종사한 사내협력업체 근로자. 사내협력업체들이 담당할 공정에 관하여 자동차생산계획에 맞추어 생산량, 시간당 생산 대수, 작업 일정 등을 계획. 작업표준서, 작업사양서 등을 통하여 작업방식 지시.

4) 대판 2023.7.13, 2022다275885 협력업체가 완성차출고전애 사전점검업무 수행 ; 대판 2024.4.4, 2020다299306 등. 수출차 콘테이너야적장 운송업무 ; 대판 2024.5.30, 2022다224290·224306. 수출차부두수송업무.

5) 〈본업무와 관련성이 많은 사례〉 대판 2024.5.30, 2022다224290·224306. 생산관리·보전·수출차출고

6) 〈본업무와 관련성이 많은 사례〉 대판 2024.6.17, 279344. 현대차 남양연구소사건. 자동차연구·개발에 필요한 시험장비를 운영하는 사업장에서 장비를 예방·보전하는 업무를 위탁받은 협력업체의 근로자는 도급인으로부터 제공받은 예방점검표에 따라 점검결과를 표시하고 측정 데이터 등을 기재해 도급인직원으로부터 확인을 받는 방식으로 보전업무 수행(2022.4 대법원은 현대차 남양연구소 시설관리 협력업체 소속 근로자가 불법파견이 아니라며 근로자측 상고를 심리불속행 기각).

7) 대판 2024.6.17, 2021다242208. 현대차사건. 〈파견인정〉 소방업무를 담당하는 협력업체근로자가 도급인근로자들과 전체적으로 하나의 작업집단으로서 필수·상시업무를 수행함으로써 도급인사업에 실질편입.

• 도급인이 조별근무시간 지정, 협력업체근로자들이 근무편성표를 작성하여 도급인회사 직원이 결재 • 도급인이 작성한 체크리스트·유의사항에 따라 점검업무를 수행 / 도급인이 지정한 코스에 따라 순찰 / 업무일지를 도급인회사가 결재

대판 2024.8.23, 2022다218936. 현대차사건. 협력업체소속근로자가 도급인회사에서 협력업체의 지시에 따라 소방업무를 수행하면 파견부정, 도급인회사가 총괄하는 소방업무를 수행하면 파견인정.

8) 대판 2024.6.17, 2021다226558. 현대모비스 사건. 장소가 도급인이 아닌 제3의 협력업체 공장에서 도급인근로자 및 다른 협력업체근로자와 혼재되어 수행한 품질관리업무 파견인정.

9) 대판 2023.6.29, 2022다275892 차량점검·운송업무 관련 ; 대판 2023.10.26, 2023다215842·215859, 현대차사건 ; 대판 2024.5.30, 2022다224290·224306. 물류회사관련 ; 대판 2024.7.25, 2024다203891·203921·203914·203907.

10) 대판 2024.7.25. 2020다244894·244900.

11) 대판 2022.4.28, 2021다290160. 〈파견부정〉 자산관리위탁협력업체 관련 ; 대판 2022.5.26, 2021다210102 ; 대판 2022.5.26, 2021다210621. 〈파견부정〉 자동차의 대리점주와 자동차판매용역계약을 체결하고 업무를 수행한 카마스터관련. 직접고용과 파견관계 모두 부정. 공동사용자법리를 부정한 원심판단 인정.

파견으로 인정[1)]하는 모습이 발견되고 있다. 판례법리를 확산시키는 이러한 판결들은 통합생산관리체제 · 작업표준 · 협력작업 · 공정연동 · 예방점검 · 업무표준 등을 활용하여 하나의 작업집단으로서 제3자의 사업에 실질적으로 편입되는가와 업무상 상당한 지휘 · 명령을 중요한 판단기준으로 본다.

② **행정지침**[2)]

㈎ **판단원칙**

근로자파견에 해당하는지를 판단함에 있어 판례법리의 실질판단원칙[3)]과 종합고려원칙이 적용된다.

㈏ **판단체계**

외부인력을 활용하여 업무를 수행하는 관계가 근로자파견에 해당되는지는 2단계로 판단한다. 먼저, 수급인에 대해 사업주로서의 독자성 · 독립성 즉 실체성을 판단한다. 수급인이 사업주로서 실체가 인정되지 않으면 수급인소속근로자와 도급인의 사이에 묵시적근로계약관계가 성립된 것으로 본다. 다음으로, 수급인이 사업주로서 실체가 인정되면 소속근로자와 고용관계가 인정된다. 따라서 도급인이 수급인소속근로자를 실제로 지휘 · 명령하여 종속관계아래에서 사용하는지를 검토하여 그 실질관계가 근로자파견에 해당하는지를 판단한다.

㈐ **판단기준**

㉮ 수급인의 사업주 실체성

ⓐ 채용 · 해고 등의 결정권

수급인소속근로자의 '근로조건과 인사 · 노무관련사항'[4)]을 결정하는지는 실체

---

1) 대판 2019.8.29, 2017다219072. 한국도로공사외주사업체(통행료수납업무용역계약체결)사건. 파견인정.

- 공사와 외주업체직원은 유기적인 보고와 지시 · 협조를 통해 업무를 수행하였고, 공사는 업무범위를 지정하는 것을 넘어 규정 · 지침 등을 통하여 지시 · 관리 · 감독
- 외주업체직원과 공사의 영업소관리자는 하나의 작업집단으로서 필수 · 상시적 업무를 수행하였고, 외주업체직원은 공사의 사업에 실질적으로 편입
- 외주사업체가 근무태도점검 · 휴가 등을 결정한다고 보기 어렵고 기본적인 교육 · 훈련은 공사의 지역본부의 주관 아래 실시
- 공사는 각종지침을 통하여 외주업체직원의 업무를 구체적으로 특정하여 비전형적업무를 수행하도록 하는 등 용역계약의 목적 · 대상이 한정된 업무가 아님
- 외주사업체는 용역계약체결 직전까지 공사직원이었던 사람들에 의해 운영되고, 통행료수납업무 외주화 과정을 통해 비로소 형성되어 공사만을 상대로 사업을 영위하였으며, 별도의 조직체계를 갖추고 있지 않고, 공사영업소운영을 위하여 자본을 투자하지 않으며, 특별한 사업경영상의 위험 미부담

대판 2023.4.13, 2021다310484. 〈파견인정〉 외주사업체에 고용되어 민자고속도로영업소에서 통행료수납업무를 수행한 근로자.

2) 고용노동부, 「'근로자파견'의 판단기준에 관한 지침」, 2019.12.30.

3) 도급인등과 수급인등 사이의 계약의 유무, 명칭, 형식 등과 관계없이 **실질적으로 수급인등 소속 근로자가 도급인등의 지휘 · 명령**을 받아 도급인등을 위한 근로에 종사하면 근로자파견에 해당할 수 있다.

성판단기준이다.

(b) 소요자금 조달 및 지급에 대한 책임

수급인이 사업체설립비용, 주금(株金) 납입비용, 사무실임대비용, 운영비용 등 사업을 영위하기 위해 필요한 자금을 스스로 마련하는지, 이와 관련된 지급능력·책임을 가지고 있는지는 실체성판단기준이다.

(c) 법령상 사업주로서의 책임

수급인이 세금·공과금납부, 임금·수당지급 및 근로소득세원천징수·연말정산, 4대보험가입·납부·상실신고, 별도회계·결산, 취업규칙과 같은 독자적인 내부규정의 마련·시행, 단체교섭 등 법령상의 사업주책임을 이행하는지는 실체성의 판단기준이다.

(d) 기계, 설비, 기자재의 자기 책임과 부담

수급인이 독자적으로 사업을 영위하기 위해 필요한 기계, 설비, 기자재 등을 소유하거나 유상으로 임차하는 등 자신의 책임과 부담 아래에서 확보하고 있는지는 실체성판단기준이다.

(e) 전문적 기술·경험과 관련된 기획 책임과 권한

수급인이 사업영위에 필요한 전문기술·경험을 가지고 독자적으로 사업을 기획하고 경영상의 의사결정권을 행사하는지는 실체성판단기준이다.

㉯ 근로자파견 해당성

(a) 업무상 상당한 지휘·명령

도급인이 수급인소속근로자에 대해 직·간접적으로 '업무수행을 위한 구체적 사항'[1]에 관해 구속력 있는 지시를 하고, 수급인소속근로자가 이에 구속되는지 등 상당한 지휘·명령이 인정되는지가 파견여부의 판단기준이다.

근로자파견에서의 지휘·명령은 주로 근로제공에 대한 지배를 의미하는 것이므로 근로자의 노무제공방식에 대한 지시가 아니라 도급계약(민법 §664)상 일의 완성에 필요한 지시는 그것만으로 근로자파견징표에 해당된다고 보기 어렵다.[2] 근로자파견징표로서 업무상으로 상당한 지휘·명령에 해당하는지는 업무성격, 과

---

4) 채용·배치·승진·징계·해고·임금·근로시간·휴가·조퇴·교육 등. ↘ 753쪽

1) 작업배치·변경, 작업량, 작업방법, 작업순서, 작업내용, 작업속도, 작업장소 등.

2) 수급인의 현장책임자, 현장대리인 등이 수급인등 소속 근로자에게 구체적지휘·명령을 하였다고 하여도 도급인이 결정한 사항을 전달하는 것에 불과한 경우에는 근로자파견의 징표에 해당. 다만, ⓐ 도급인은 도급작업범위특정 등 권한에 속하는 정도의 지시만 할 뿐이고, 구체적 작업내용·방법은 수급인의 현장책임자·대리인 등이 결정하여 지시하는 경우, ⓑ 도급인이 수급인소속근로자에게 상시적으로 지시하는 것이 아니라 긴급상황이나 위험상황 등에서 문제 해결을 위해 일시적으로만 지시하는 경우, ⓒ 산안법 제63조(2020.1.16. 시행)에 따라 도급인의 안전조치 및 보건조치를 해야 하는 경우는 근로자파견징표에 해당되지 않음.

업지시서, 업무시스템 등을 고려하여 판단한다.

도급인이 수급인 또는 수급인소속근로자에 대한 산안법상의 의무[1]를 이행하는 것은, 근로관계에 관한 다른 책임까지 부담시키려는 취지는 포함되어 있지 않으므로, 파견적요소로 볼 수는 없다.[2] 법정사항이 아닌 안전보건활동도 마찬가지로 해석된다.[3]

ⓑ 도급인등의 제3자 사업에의 실질적 편입

수급인소속근로자가 도급인소속근로자와 하나의 작업집단으로 구성되어 공동작업을 하거나, 도급인이 수급인소속근로자에게 계약외의 업무도 수행토록 하거나, 도급인소속근로자의 결원을 수급인소속근로자로 대체하도록 하는 등 도급인이 수급인소속근로자를 자신의 근로자와 마찬가지로 자신의 사업에 편입함으로써 종속적으로 지배한다고 볼 수 있는지는 파견여부의 판단기준이다.

수급인소속근로자가 도급인소속근로자와 같은 공간에서 같은 업무를 공동작업을 통해 수행하면 근로자파견에 해당할 개연성이 높다. 다만, 같은 공간에서 근무하는지만으로 실질편입인정여부를 판단할 수 없으며,[4] 같은 공간에서 근무하지 않는다는 이유만으로 근로자파견에 해당치 않는다고 단정할 수 없다.

ⓒ 인사노무관련 결정·관리권한 행사

수급인업무에 투입될 근로자의 선발·교체, 교육·훈련, 작업·휴게, 휴가, 근무태도점검, 승진·징계·해고 등 인사노무관련사항의 결정·관리권한을 독자적으로 행사하는지는 파견여부의 판단기준이다. 즉, 도급인이 인사노무와 관련된 결정사항에 대해 수급인소속근로자가 종속되면, 업무특성을 고려하여, 근로자파견의 징표로 판단될 수 있다.

ⓓ 계약목적의 업무확정, 업무구별, 전문성·기술성

수급인소속근로자가 수행업무의 내용·범위·기한 등이 구체적으로 확정되어 있는지, 도급인소속근로자의 업무와 구별되고 전문성·기술성이 있는지 등을 고려하여 수급인과 도급인의 계약목적이 특정한 일의 완성이나 사무처리에 있는지는 파견여부판단기준이다.

ⓔ 계약목적 달성을 위한 기업조직·설비 보유

수급인이 도급계약 등의 당사자로서 계약목적을 달성키 위해 필요한 독립적인

1) 안전보건협의체 구성 및 운영, 안전보건관리, 안전보건교육지원, 안전보건점검 등.
2) 서울행판 2006.5.16, 2005구합12237 ; 서울행판 2006.5.18, 2005구합11951 등.
3) 고용차별개선과-2270, 2012.10.11.
4) 근무장소가 같더라도 개별근로자들이 소속된 수급인의 계약목적에 따른 업무를 각자 독립적으로 수행하는 경우에는 도급인사업에 편입되었다고 보기 어려움.

기업조직・설비・장비・전문성 등을 갖추고 있는지는 파견여부판단기준이다.[1)]

4·라. 근로자파견

(1) 의 의

「파견근로자보호등에관한법률」(파견법)[2)]은 국내의 모든 사업(장)에 적용되며 해외의 현지법인에는 적용되지 않는 것[3)]이 원칙이다(제1장, 제4절, 1·나, (2), ⑤, (나)). 다만, 국내파견회사가 해외현지법인에 국내근로자를 파견하거나 현지에서 채용한 한국인근로자에 대한 인사 및 노무관리를 관장하고 있다면 파견법적용대상이다.[4)]

(2) 근로자파견제도 운용

① **파견요건**

㈎ **파견대상업무**

㉮ 원 칙

근로자파견대상업무를 정하는 방법은 전체적으로 파견을 허용하면서 그 성격에 맞지 않는 업종이나 업무를 제외하는 금지업무열거방식(*Negative list*)과 전체적으로 파견을 허용하지 않으면서 업무성격을 감안하여 예외적으로 허용하는 대상업무열거방식(*Positive list*)이 있다. 이중에서 어느 것을 택하느냐는 노동시장유연성과 근로자보호라는 2가지 가치를 고려하여 판단할 입법정책적문제이다.[5)]

---

1) 수급인의 실체성 판단에서는 수급인이 독립된 사업주로서 사업을 독자적으로 영위할 수 있는 최소한의 실체가 있는지를 확인하는 것이고, 근로자파견여부판단 에서는 수급인이 사업주로서 실체자체는 인정되지만 스스로의 책임하에 특정된 일을 완성하거나 업무를 처리하기 위해 필요한 능력을 갖추고 있는지를 검토하여 도급이나 위임계약 등의 당사자로서의 적격여부를 확인하는 것임.

2) 파견근로는 1920년대에 미국에서 시작된 이후, 경제환경・기술・산업구조 등의 변화에 따라 1980년대 이후에 여러 나라에서 활용되고 있다. 우리나라는 1990년대부터 노동시장의 유연화차원에서 서비스업종, 전문직종 등을 중심으로 파견근로가 확산되기 시작하였다. 파견근로를 합법적으로 활용하기를 기대하는 경영계를 중심으로 관련법제정의 필요성이 제기되었다. 노동계는 중간착취우려가 있고, 고용을 불안전하게 하며, 노조를 무력화한다는 이유로 반대하였다. 정부는 사용자책임, 허용업무 등 파견업의 요건을 정할 목적으로 1993년7월30일에 「근로자파견에관한법률(안)」을 국회에 제출하였으나 심의가 유보되다가 1998년2월6일에 노사정위원회가 사회적합의의 한 항목으로 관계법제정을 결정함에 따라 국회를 거쳐 1998년에 공포되었다.

3) 비정규직대책팀-572, 2007.2.21.

4) 비정규직대책팀-394, 2008.2.25. 국내파견업체가 외국인을 채용하여 국내법인과 파견계약을 체결하고, 그 외국인근로자는 국내제조업체 지휘・명령을 받아 근로에 종사하게 했다면, 국내파견업체는 파견사업주로서, 제조업체는 사용사업주로서 파견법이 적용된다. 국내파견업체가 국내제조업체의 외국현지법인과 근로자파견계약을 체결하고 동 현지법인에 외국인근로자를 파견하면, 국내파견업체에 대해서는 파견사업주로서 파견법이 적용되나, 국내제조업체의 해외현지법인에 대해서는 속지주의원칙에 따라 파견법을 적용하기 어렵다.

5) 금지업무열거방식을 채택하는 예를 발견하기 어렵다. 먼저, ILO(제181호, 「민간고용업체협약」, 1997년)는 대상업무나 기간에 대해 제한을 두고 있지 않으며, 유럽연합은 파견근로지침을 제정하려했으나 회원국의 여건이 크게 달라 합의를 도출하지 못하고 있다. 따라서 국제기구는 파견근로를 전반적으로 허용하면서 일정한 요건을 정하여 파견업체를 포함한 민간고용업체의 활동을 금지하고 있다. 다음으로, 영국, 미국, 호주 등 영미계 국가들은 파견대상이나 파견기간에 대해 제한을 두지 않는다. 셋째로, 독일은 파견근로를 금지하다가,

파견법은 근로자파견대상업무를 '제조업의 직접생산공정업무를 제외하고[1] 전문지식·기술·경험 또는 업무성질[2] 등을 고려하여 적합하다고 판단되는 업무로서 대통령령으로 정하는 업무[3](파견법§5①, 파견령§2[별표1])'로 규정함으로써 대상업무열거방식을 택하고 있다. 대상업무는 정규근로자의 고용불안을 해치지 않도록 고용대체효과가 크지 않은 범위에서 노동시장유연성을 고려하여 지정되어 있다.

㈏ 대상업무의 중복

파견대상업무를 법령에 명시하고 있는 이유는 근로자파견을 엄격히 제한하기 위함이다. 따라서 한 파견근로자가 대상업무와 대상이 아닌 업무를 같이 수행하면 파견법위반이 될 수 있다.[4]

㈐ 개별대상업무 판단

사무직업무는 일반사무업무를 모두 포함하지 않고 '사무지원종사자'(317) 즉, '일반 사무직원을 보좌하여 문서정리수발, 워드프로세싱, 자료집계·조사 등의 일을 수행하는 사람'에 한정된다.[5] '계수사무종사자'(315)는 '회계, 금융, 보험, 통

위헌판결에 따라 1972년에 파견법을 제정하여 상용형만 허용하면서 파견기간을 제한하였으나, 2003년에 법을 개정하여 파견근로자차별금지규정을 도입하는 대신 대부분의 규제를 폐지함으로써 건설업을 제외하고는 파견대상에 제한을 두지 않고 있다. 넷째로, 프랑스는 파견대상업무에 제한을 두고 있으나 기간제근로에서와 마찬가지로 일시적으로 고용할 필요성이 있는 사유가 있을 때 등록·모집형 파견만 허용하고 있다. 마지막으로 일본은 26개 업무만 허용하던 대상업무열거방식에서 1999년에 금지업무열거방식으로 변경하였다. 다만, 우리나라처럼 건설·항만운송·경비·의료업 등에 대해서는 파견을 금지하고 있다. 참고로 파견기간은 3년으로 제한하되, 제조업에 대해서는 파견기간을 1년으로 제한하고, 프로그램설계, 통역, 방송프로그램연출, 청소 등 26개 허용직종에 대해서는 기간의 제한이 없다. 파견기간이 제한되어 있는 경우에는 행정해석에 의해 3개월의 휴지(休止)기간이 지나야 다시 파견근로를 쓸 수 있다(2006년의 비정규직관련법 제·개정과정에서 정부입법안에 금지업무열거방식을 도입하고 파견기간을 3년으로 제한하면서 휴지기간제도를 도입하려고 하였으나 국회심의과정에서 수정되었다).

1) 헌재 2017.1.28, 2016헌바346 합헌. 근로자파견역무를 제공받는 사업주의 직업수행자유를 침해하지 않음.

2) 1998년에 지정된 파견업종을 현실에 맞게 조정하고 대상업종을 실질적으로 확대하려는 의도에서 2006.12의 개정파견법에 '업무성질'이 추가되었다.

3) 〈한국표준직업분류(통계청고시 제2000-2호) 기준〉 컴퓨터관련전문가(120) ; 행정·경영·재정전문가[16. 행정전문가(161)제외] ; 특허전문가(17131) ; 기록보관원·사서·관련전문가[181. 사서(18120)제외] ; 번역가·통역가(1822) ; 창작·공연예술가(183) ; 영화·연극·방송관련전문가(184) ; 컴퓨터관련준전문가(220) ; 기타 전기공학기술공(23219) ; 통신기술공(23221) ; 제도기술종사자·캐드포함(234) ; 광학·전자장비기술종사자보조[235. 임상병리사(23531)·방사선사(23532)·기타의료장비기사(23539)제외] ; 정규교육외교육준전문가(252), 기타교육준전문가(253) ; 예술·연예·경기준전문가(28) ; 관리준전문가(291), 사무지원종사자(317) ; 도서·우편·관련 사무종사자(318) ; 수금·관련사무종사자(3213) ; 전화교환·번호안내사무종사자(3222, 해당사업 핵심업무인 경우 제외) ; 고객관련사무종사자(323) ; 개인보호·관련종사자(411) ; 음식조리종사자(421, 관광진흥법 §3의 경우 제외) ; 여행안내종사자(432) ; 주유원(51206) ; 기타 소매업체판매원(51209) ; 전화통신판매종사자(521) ; 자동차운전종사자(842) ; 건물청소종사자(9112) ; 수위·경비원(91221, 경비업법 §2 i 의 경우 제외 ; 주차장관리원(91225) ; 배달·운반·검침관련 종사자(913).

4) 비정규직대책팀-2066, 2007.6.5 ; '사무지원종사자(317)'가 '계수사무종사자(315)'의 업무를 같이 수행.

5) 비정규직대책팀-2739, 2007.7.9 ; 비정규직대책팀-2066, 2007.6.5. 세분류인 '일반사무지원종사자'(3171), '자료입력사무종사자'(3172), '비서'(3173) 등을 포함한다.

계 및 기타 계수자료를 작성하고 사업에 부수된 현금거래를 담당하는 사람'이다. 조리사(421) 업무에는 명칭·자격증과 관계없이 조리업무종사자가 해당된다.[1] 소매업체판매원(512) 중에서 주유원(51206), 기타 소매업체판매원(51209)은 파견이 허용된다. 종합소매판매원(51201), 음식료및담배소매판매원(51202), 의복·신발관련제품소매판매원(51203), 가정용기기·가구및장비소매판매원(51204), 서적·문구및사무정밀기기소매판매원 등에 대해서는 파견이 허용되지 않는다. 대형할인마트·백화점의 물품판매원중에서 직영매장은 종합소매판매원(51201)에 해당되어 파견이 허용되지 않는다. 백화점 등의 특정업체가 하는 특정매입매장이나, 임차영업주의 책임아래에서 이루어지는 임대매장은 파견이 허용될 수 있다.[2] 자재사무종사자, 자재창고관리보조업무, 창고관리사무원(3161), 화물운반원(94214), 수동포장 및 상표부착종사자(9302) 등도 32개허용업무에 들어가지 않는다.[3] 그 밖의 포함여부는 업무성격에 따라 판단한다.[4]

(나) 특별한 사유

제조업생산공정을 포함하여[5] 파견대상업무가 아니라도 '출산·질병·부상 등으로 결원이 생긴 경우'와 '일시적·간헐적으로 인력을 확보할 필요가 있는 경우'는 특별한 사유로 인정되어 파견근로가 허용된다(파견법 §5②).[6] 이 경우에 사용사

---

1) 비정규직대책팀-2929, 2007.7.23 ; 비정규직대책팀-2929, 2007.7.19. 다만, 「관광진흥법」 제3조에 따른 호텔업, 휴양 콘도미니엄업 등 관광숙박업의 조리사업무는 제외한다.

2) 비정규직대책팀-3048, 2007.7.30.

3) 비정규직대책팀-3421, 2007.8.31.

4) 〈사례〉 고용평등정책과-1061, 2010.11.12. 한국표준직업분류상 "고객관련사무종사자(323)의 업무"는 고객의 각종 문의사항 및 상품에 대한 불만 등에 대해 필요한 조치를 취하고 안내장 등의 발송 업무를 수행하는 업무이며 "사무 지원 종사자(317)의 업무"는 일반사무직원을 보조하여 문서정리 및 수발, 워드프로세싱, 자료집계, 자료복사 등의 일을 수행하는 업무임. '고객과의 전화응대', '고객의 지점 방문시 고객응대 및 영업활동'의 경우에는 그 업무의 주된 내용이 '고객과 관련한 각종 문의사항 등에 대한 상담 등'을 하는 경우라면 "고객관련사무종사자(323)의 업무"로서 근로자파견대상업무에 해당되나 '지점의 예산·비용 관리', '현금 수납관리', '요금청구업무'를 하는 경우라면 "경리사무원(31510)의 업무"로서 근로자파견대상업무에 해당하지 않음 ; 〈사례〉 고용평등정책과-1061, 2010.11.12. [긍정] "음향·영상기기 운영 및 강의 동영상 편집·송출"은 "광학 및 전자장비 기술 종사자(235)"로 파견대상 업무에 해당. [부정] "포토샵, 나모웹 등을 이용한 교육자료 제작 및 편집"의 경우, '직업훈련기관, 직업관련 연수기관 등에서 학생들에게 특정 직업에 필요한 직업훈련 및 교육을 실시(강의안·교재작성, 교육운영기법개선·개발 포함)하는 등의 업무를 수행'하는 것이라면 "직업교육 관련 전문가(1561)"로서 파견대상업무에 해당하지 않음. [부정] "기계실·전기실운영(보일러 운전, 기계실부품교체 및 정기점검 등)"의 경우, '주기관 및 보조기관에 증기를 공급하는 보일러를 조작하는 자와 이와 유사한 직무'를 수행하는 것이라면 "보일러 조작원(81620)"이고, '건물 또는 건축과 관련된 전기배선조직 및 관련 비를 설치, 유지 및 수리하는 직무'를 수행하는 것이라면 "건축 및 관련 전기 종사자(7136)"로서 모두 파견대상업무에 해당하지 않음.

5) 비정규직대책팀-2928, 2007.7.19.

6) 고용평등정책과-835, 2010.10.2. 연차휴가, 교육·훈련, 장기출장, 노조전임 등에 따른 업무공백은 사전에 예측이 가능하고 기존직원의 업무대행이 가능한 통상적인 인력운용이므로 두 가지 모두에 해당되지 않는다.

업주는 근로자대표(제2장,제1절 2·다,(2),①,㈐)와 사전에 협의해야 한다(파견법 §5④).[1]

㈐ **절대금지업무**

건설현장업무,[2] 근로자공급사업허가(직안법 §33)를 받은 하역업무,[3] 선원업무(선원법 §2 i)와 '대통령령으로 정하는 업무'[4]는 근로자보호, 공익보호, 제도남용방지 등을 위하여 근로자파견과 파견근로자사용이 절대적으로 금지된다(파견법 §③). 출산·질병 등 결원에 따른 파견근로이거나 일시적·간헐적인 업무라도 마찬가지이다.

파견법은 '소정의 보건·위생관련업무'[5]에 취업시킬 목적으로 근로자파견을 한 사람에 대해 중벌을 부과하고 있다(파견법§42① 5년징역·5천만원벌금).

② **파견기간**

㈎ **원 칙**

근로자의 고용불안을 방지하면서 기업의 일시적인 인력수요에 대처하기 위하여, 파견기간은 원칙적으로 1년이내로 제한되어 있으며(파견법 §6①), 파견근로자, 사용사업주 및 파견사업주간의 합의가 있는 경우에는 파견기간을 연장할 수 있다.[6] 1회를 연장할 때에는 1년을 초과하지 못하며, 연장기간을 포함한 총파견기간은 2년을 초과하지 못한다(파견법 §6②).[7] 연장횟수에 대하여는 제한이 없다. 결원보충파

---

1) 협의를 하지 않으면 이러한 파견역무를 제공받지 못하고(같은조 제5항), 이를 위반한 파견역무를 제공받으면 3년이하징역 또는 3천만원이하벌금(같은법 제43조제1호)에 처해질 수 있으며, 직접고용의무(같은법 제6조의2)가 발생할 수 있다.; 협의기간이나 기한은 정해져 있지 않으므로 사회통념상 합리성 여부로 판단해야 할 것이다. 다만, 협의이므로 근로자대표의견에 구속될 필요는 없다.

2) 토목·건축·산업설비·조경 등 시설물을 설치·유지·보수하는 공사, 기계설비 기타 구조물의 설치·해체 공사 등의 현장에서 직접 이들 작업에 종사하는 업무. 운전업무나 비서·타자원과 같이 건설공사와 관련된 업무라도 작업에 직접 종사하지 않으면 해당 없음(고관 68460-312, 2002.4.12; 비정규직대책팀-1154, 2004.6.28). 현장사무실에서 제도기술(캐드포함) 등의 업무를 수행하는 것도 해당 없음(차별개선과-1434, 2008.8.19).

3) 항만운송사업법(§3 i), 한국철도공사법(§9① i), 농수산물유통및가격안정에관한법률(§40), 물류정책기본법(§9① i)의 하역(荷役)업무.

4) 분진작업(진폐의예방과진폐근로자의보호등에관한법률 §2iii), 건강관리수첩(산안법 §44)교부대상, 간호조무사(의료법 §80), 의료기사(의료기사등에관한법률 §3), 운전업무(여객자동차운수사업법 §2iii), 화물자동차운송사업의 운전업무(화물자동차운수사업법 §2iii).

5) 성매매행위·부정식품제조·의약품제조·유독물제조·의료행위·위해식품판매·병든동물고기판매 그 밖에 이들과 관련된 업무중에서 대통령령으로 정한 업무.

6) 비정규직대책팀-557, 2007.2.211년이 경과하였음에도 의사표시없이 노무를 수령하면 같은 기간·조건으로 자동갱신 간주.

7) 비정규직대책팀-1195, 2007.4.1. 파견기간 사이에 단절이 있을 경우, '파견기간을 면탈 내지 회피하려는 목적이 있는지' 또는 '직접고용의무를 회피하기 위한 수단으로 재파견이 반복되고 있는지'에 대해서는 파견근로자의 구직활동내역, 다른 회사의 근무경력, 사용업체의 새로운 파견근로사유발생여부, 단절기간 등을 종합적으로 고려하여 직접고용의무가 발생되는지에 대하여 종합적으로 검토한다.; 파견근로기간으로 판단하며 중간에 육아휴직 등이 있더라도 이를 제외하지 않는다(차별개선과-248, 2008.4.2).; 계열사라 하더라도 법인이 다르거나 사업주가 다르면 파견기간을 합산하지 않는다(차별개선과-865, 2008.6.18).; 기업합병의 경우 승계되는 근로관계에 파견기간도 포함된다(차별개선과-373, 2009.2.24).; 파견근로자로 2년간 일한 후 기간

견근로는 사유해소에 필요한 기간이 파견기간이 된다(파견법 §6④ i).[1] 각기 다른 근로자의 출산·질병·부상 등으로 결원이 발생하고 이에 따라 연속적 또는 단절적으로 이루어지는 파견은 각각 독립적으로 계산된다. '일시적·간헐적파견근로'의 파견기간은 3개월이내이며, 파견근로자·사용사업주·파견사업주가 합의하면 1회에 한해 3개월의 범위에서 연장될 수 있다(파견법 §6④ ii). 한 파견근로자에 대해 연속적 또는 단속적으로 복수의 파견근로가 이루어지면 파견업무가 같거나 유사하다면 그 기간을 합산하여 일시적·간헐적필요성이 있는 기간인지를 따진다. 그러나 서로 다른 업무라면 일시적·간헐적필요성을 각각의 업무별로 따질 수 있으나, 파견근로자가 서로 다른 업무를 수행할 정도의 특수성을 가지고 있지 않다면 이를 인정하기 어렵다.

㈏ **예 외**

만55세이상인 고령자에 대해서는 2년을 초과하여 근로자파견기간을 연장할 수 있으며(파견법 §6③), 파견사업주·사용사업주·파견근로자가 합의하면 연장횟수 및 총파견기간에 대한 제한이 없이 파견기간을 연장할 수 있다. 고령화사회를 맞아 재취업이 어려운 고령층이 노동시장에서 퇴출되는 것을 최소화하기 위한 입법정책적인 고려이다. 다만, 파견근로계약의 단위기간은 1년을 초과하지 못한다. 육아휴직기간은, 사용자와 근로자가 합의한 경우가 아니라면, 근로자파견기간(파견법 §6)에 산입되지 않는다(고평법 §19⑤).

③ 派견제한

파견사업주는 쟁의행위중인 사업장에 쟁의행위로 중단된 업무의 수행을 위하여 근로자를 파견하여서는 안되고, 경영해고후 2년이 경과하기 전에는 해당업무에 파견근로자를 사용하여서는 안되며 근로자대표(경영해고등에서와동일)의 동의가 있는 때에는 그 기간을 6월을 경과하기 전으로 한다(파견법 §16).

(3) 파견사업의 영위

① 허 가

근로자파견사업을 하고자 하는 사람은 고용장관허가[2]를 받아야 한다(파견법 §7).

제근로자로 직접 채용되어 일하다가 퇴사하여 개인운전기사로 상당기간(약 6개월 정도)을 근무하다가 다시 파견근로자로 취업한다면 단절기간이 인정된다(고용차별개선정책과-46, 2009.5.10).

1) 고용평등정책과-835, 2010.10.21. 연차, 교육·훈련, 장기출장, 노조전임기간 등은 업무공백이 발생하더라도 사전에 충분히 예측이 가능하고 기존직원의 업무대행이 가능하므로 "출산·질병·부상 등으로 결원이 생긴 경우"나 "일시적·간헐적으로 인력을 확보할 필요가 있는 경우"에 해당되지 않음.

근로자파견이 일정한 요건아래에서 이루어지도록 하여 파견사업이 중간착취, 인신구속 또는 반사회적인 목적으로 운영되는 것을 방지하고 파견근로자권리를 보호하기 위함이다. 허가대상은 '근로자파견을 업으로 하는[1] 사람'이다.[2] 이에 해당하는지는 근로자파견행위의 반복·계속성과 영업성, 원고용주의 사업목적, 근로계약체결목적, '근로자파견의 목적과 규모·횟수·기간·태양' 등 여러 사정을 종합적으로 고려하여 사회통념에 따라 판단한다.[3] 근로자파견사업과 전출(같은장,같은절 4·나,(5))은 이 기준에 의해 구분된다.

허가를 받기 위해서는 인적요건(파견법 §8)[4]이 결격사유에 해당되지 않아야 하고, 물적요건(파견령 §3)[5]으로 해당사업을 적정하게 수행할 수 있는 자산·시설 등을 갖추어야 하며, 특정소수의 사용사업주를 대상으로 근로자파견을 행하는 것이 아니어야 할 뿐아니라(파견법 §9),[6] 식품접객업·숙박업·결혼상담업·중매업을 겸업하지 않아야 한다(파견법 §14).[7] 사용사업주는 허가를 받지 않은 파견사업주로부터 근로자파

---

2) 허가받은 사항을 변경하는 경우에도 마찬가지임 ; 지방고용관서에 허가를 신청하며, 사업소가 2 이상이면 주된 사업소 소재 지방고용노동관서에 신청하고 다른 지방고용관서에 전용면적 확인서류 제출. ↘ 760쪽

1) 대판 2022.7.14, 2019다299393. SK텔레콤사건. 계열사전출에 대해 파견 부정.

2) 대판 2001.12.14, 2001도5025. 계속적의사를 가지고 반복하여 직업소개를 행하는 것으로, 현실적으로 여러 차례 반복해서 행하는 것을 요하지는 않고 1회적인 행위라도 반복·계속하여 행할 의도아래에서 행해진 것 ; 차별개선과-2039, 2008.10.28).

3) '업으로 한다'란 일정한 목적을 가지고 동종행위를 계속 반복적으로 수행하는 것을 말한다. 따라서 지점·지사합병과정에서 일시적으로 상대방의 근로자를 지휘·명령하는 것이 파견형태를 취하더라도 이를 파견사업으로 보기는 어렵다(비정규직대책팀-3370, 2007.8.24.) ; 외형상 근로자파견과 유사한 사외파견(전출)은, 고용조정·기술지도·경력개발 목적으로 자기 근로자를 고용관계를 유지하면서 협력회사·계열회사에서 일정기간 근무케 하는 것으로, 사업으로 행하는 근로자파견과는 다르나, 영리를 목적으로 반복해서 파견하면 근로자파견임(차별개선과-2172, 2008.11.17

4) ⓐ 미성년자·피성년후견인·피한정후견인 또는 파산선고를 받고 복권되지 않은 사람, ⓑ 금고이상의 형(집행유예제외)의 선고를 받고 집행이 종료되거나 집행을 받지않기로 확정된 후 2년이 경과되지 않은 사람, ⓒ 파견법, 직안법, 근기법 제7조(강제근로금지)·제9조(중간착취배제)·제20조(위약예정금지)부터 제22조(강제저금금지)·제36조(금품청산)·제43조(임금지급)부터 제46조(휴업수당)·제56조(연장, 야간 및 휴일근로) 및 제64조(최저연령과 취직인허증), 최임법 제6조(최저임금의 효력), 「선원법」 제110조(선원공급사업의 금지)를 위반하여 벌금이상의 형(집행유예제외)의 선고를 받고 그 집행이 종료되거나 집행을 받지 아니하기로 확정된 후에 3년이 경과되지 않은 사람, ⓓ 금고이상의 형의 집행유예선고를 받고 그 유예기간중에 있는 사람, ⓔ 파견법 제12조의 규정(허가취소 등)에 의한 사업허가가 취소된 후에 3년이 경과되지 않은 사람, ⓕ 법인으로서 그 임원중에서 ⓐ 내지 ⓔ에 해당하는 사람이 있는 법인.

5) ⓐ 상시5인이상근로자(파견근로자 제외)를 사용하는 사업(장)으로서 고용보험·국민연금·산업재해보상보험 및 국민건강보험 가입, ⓑ 1억원이상의 자본금(개인→자산평가액), ⓒ 전용면적 20㎡ 이상의 사무실.

6) 사업목적과 사업운영의 실태를 고려하여 판단. ⓐ 정관·등기부등본 등에 사업목적이 오로지 근로자파견의 노무를 특정한 자에게 제공하는 취지로 기재되어 있는 경우, ⓑ 사용사업주 확보를 위한 선전·광고 등 사용사업주의 확보를 위한 노력이 객관적으로 인정되지 않는 경우, ⓒ 근로자파견의 노무제공을 받으려는 자로부터 근로자파견 의뢰를 받은 데 대해 특정인만 요구하는 경우가 이에 해당.

7) 숙식을 제공하면서 파견근로를 시키게 되어 근로조건저하, 신체의 자유가 제한되는 것을 방지하고, 결혼 또는 중매의 목적으로 근로자파견이 이루어지는 것을 막기 위함이다. ; 고용평등정책과-1113, 2010.11.17. 근

견역무를 제공받을 수 없다(파견법§43 3년징역·3천만원벌금). 근로자파견사업허가의 유효기간은 3년으로 한다. 파견사업주는 자기명의로 타인에게 근로자파견사업을 행하게 하면 안된다.

② 근로자파견계약

㈎ 체 결

파견근로자의 근로조건은 주로 파견사업주와 사용사업주의 근로자파견계약에 의해 결정된다. 이러한 이유로 파견계약은 서면으로 체결해야 한다. 계약서의 이름에 용역이나 도급이라는 용어를 사용해도 사실상의 내용이 근로자파견계약이면 파견법이 적용된다. 근로자파견계약에는 파견근로자수,[1] 파견근로자종사업무,[2] 파견사유(파견법 §5②),[3] '사업장명칭·소재지 및 근로장소',[4] '파견근로중인 파견근로자를 직접 지휘·명령할 사람', 근로자파견기간·파견근로개시일,[5] '시업·종업시각과 휴게시간', 휴일·휴가, 연장·야간·휴일근로,[6] 안전보건, 근로자파견대가,[7] 파견사업관리책임자·사용사업관리책임자의 소속·직위·성명(파견칙 §11②)'을 명시하여야 한다(파견법 §20). 근로자파견계약에는 근로관계와 사용사업주의 책임을 명확히 하기 위한 사항들을 명시해 두는 것이 바람직하다.[8] 근로자파견계약당사자는 파견근로자별로 계약서를 작성하되, 계약내용이 동일하면 하나의 계약서로 작성할 수 있다(파견칙 §11①). 사용사업주는 근로자파견계약을 체결할 때 대통령령에 따라서 균등처우의무를 준수하기 위해 필요한 정보를 제공해야 한다(같은장 같은절,5).

㈏ 해 지

사용사업주는 파견근로자의 성별·종교·사회적신분이나 파견근로자의 정당한 노동조합활동 등을 이유로 근로자파견계약을 해지하여서는 안되며, 파견사업

로자파견사업을 행하는 법인의 임원이 별도로 설립되어 운영되는 결혼중개업을 행하는 법인의 임원을 겸직하고 있어도 각 사업의 주체가 각각 별개의 법인으로 설립되어 독립적으로 운영되면 겸업금지위반이 아니며, 사실상 하나의 사업으로 운영되면 위반의 소지가 있다.

1) 2명이 교대로 오전과 오후를 분담하여 근로를 제공하는 경우라도 한 사람으로 본다.
2) 업무에 필요한 능력을 명시하는 등 구체적으로 기술 필요(〈예〉 '일본인 관광객을 위한 안내 업무'라면 어느 정도의 일본어 구사능력을 필요로 하고, 운전면허를 필요로 하는지 등).
3) '출산·질병·부상 등 결원 파견' 또는 '일시적·간헐적 업무 파견'의 경우에는 파견사유 명시 필요.
4) '파견근로자가 근로할 부서 명칭·전화번호'와 '파견사업주가 파견근로자와 연락할 방법' 등.
5) 근로자파견개시·완료의 년·월·일 등과 일주일에서중 근로하는 요일 또는 날짜.
6) 파견근로일대체도 명시대상. 지시근거를 명시하고, 파견대가지급방법 등 기재 필요.
7) 파견근로자에 대한 급여·수당 등의 인건비와 사회보험료가 포함되어야 한다.
8) 〈예시〉 '사용사업주의 취업관리', '근로장소에서의 규율 및 질서유지', 작업표준·작업지침준수, 대체요원 파견, 비밀유지의무, 작업능률유지와 저능률자처리', 손해배상, '계약해지' 및 '파견계약의 변경'.

주는 사용사업주가 파견근로에 관하여 기단법령·근기법령·산안법령에 위반하는 경우에 근로자파견을 정지하거나 근로자파견계약을 해지할 수 있다(파견법 §22).

③ **파견사업주 의무**

파견법은 파견근로자권익을 보호하고 향상시키며 행정관청으로 하여금 이를 관리·감독할 수 있도록 파견사업주에게 여러 의무를 부과하고 있다. 첫째, 파견사업주는 파견근로자를 고용하거나 전환하고자 할 때에는 해당근로자에게 그 취지를 알려주어야 하며(파견법§24 벌칙없음), 전환의 경우에는 그 근로자의 동의를 얻어야 한다(파견법§24, 동의를 받지 않으면 파견 명령무효, 파견사업주가 직접고용의 책임). 둘째, 파견사업주가 근로자파견을 하려면 미리 해당파견근로자에게 사용사업주와 체결한 근로자파견계약내용을 서면으로 알려주어야 한다(파견법 §26①,§46③ 1천만원과태료). 파견사업주의 과도한 중간공제를 예방하고, 파견사업의 투명성을 확보하기 위해서이다. 셋째, 파견근로자는 '근로자파견계약에 명시된 근로자파견대가(파견법 §20①xi)'[1]에 관하여 내역을 제시하도록 요구할 수 있고, 파견사업주는 지체없이 그 내역을 서면으로 제시하여야 한다(파견법§26③, §46⑤2의2 3백만원과태료). 넷째, 파견사업주는 파견근로자의 희망과 능력에 적합한 취업 및 교육훈련기회확보, 근로조건향상과 고용안정을 위하여 필요한 조치를 강구함으로써 파견근로자복지증진에 노력해야 한다(파견법 §23). 다섯째, 파견사업주는 파견근로자의 적정한 고용관리를 위해 사업소별로 1명이상의 파견사업관리책임자를 선임해야 하고 파견사업관리대장을 작성하여 근로자파견종료일부터 3년간 보존해야 한다.[2]

④ **사용사업주 의무**

파견법은 사용사업주에 대해 파견근로를 남용하지 않고, 사용하고 있는 파견근로자를 보호할 수 있도록 여러 의무를 부과하고 있다. 사용사업주는 근로자파견계약에 위반되지 않도록 필요한 조치를 강구해야 하고(파견법§30 벌칙없음), 파견근로자의 고충을 파견사업주에게 통지하여 신속하고 적절하게 처리되도록 해야 하며(파견법§31 벌칙없음), 파견근로자의 적절한 파견근로를 위해 사용사업관리책임자를 사업소별로 1인이상 선임해야 하고(파견법§32①, 파견칙§16① 벌칙없음), 사용사업관리대장을 작성한 후에 근로자파견종료일부터 3년간 보존해야 한다(파견법§33,§46⑤iii 3백만원과태료)(파견칙§17에 기재사항규정). 사용사업주

---

1) 통상적으로 파견사업주는 근로자파견계약에 따라 사용사업주로부터 근로자파견대가를 받아 일부를 법정부담금 및 이익금 등으로 공제하고, 나머지는 근로계약에 따라 파견근로자의 임금으로 지급하며 근로자의 임금, 퇴직금, 4대보험료 등 기타 관리비용이 포함된다.

2) 파견법 제28조 및 제29조 ; 파견사업 관리책임자의 임무와 관리대장기재사항에 대해서는 파견칙 제14조 및 제15조에 규정되어 있다. ; 관리대장작성·보존의무위반은 300만원이하의 과태료(파견법 §46⑤iii).

는 근로자파견계약을 체결할 때에 차별금지(파견법 §21①)를 준수하기 위해 필요한 정보를 파견사업주에게 서면으로 제공하여야 하며, '제공하여야 하는 정보의 범위 및 제공방법 등에 관한 사항'은 대통령령[1]으로 정한다(파견법 §20②).

⑤ **의무불이행에 대한 제재**

각종 보고, 신고, 통지, 송부, 명령위반과 검사기피에 대해서는 3백만원이하의 과태료가 유형과 불이행횟수에 따라 차등하여 부과된다(파견법§46⑤ 파견령§7).

(4) 불법파견과 직접고용

① **법적 근거**

사용사업주가 파견법을 위반하여 파견근로자를 사용하면, 그 유형에 따라 각각의 벌칙을 적용받는 한편, 자신의 사업(장)에 그 근로자를 직접 고용할 의무를 진다(파견법§6의2<미이행> §46②.3천만원 과태료).[2]

파견근로자는 직접고용의무를 이행하지 않은 사용사업주를 상대로 고용의사표시를 갈음하는 판결을 구할 사법상의 권리가 있고, 그 판결이 확정되면 직접고용관계가 성립한다.[3]

고용의제와 달리 고용의무에 대해서는 근로자지위확인 또는 해고무효확인의 청구대상이 아니며 해당규정에 기초하여 사용사업주에 대해 그 이행을 구할 수 있을 뿐이다.[4] 고용의무에 관한 파견근로자의 권한은 고용의 의사표시를 구할 수 있는 사법상의 청구권이지 일방적인 의사표시에 의해 근로계약관계가 성립되는 형성권이 아니다.[5]

② **직접고용의무 유형**

직접고용의무는 불법파견의 유형에 따라 '즉시 발생하는 경우'와 '계속고용기간이 2년을 초과해야 발생하는 경우'로 나누어 볼 수 있다.

---

1) 파견령 제4조의2 ; 사용사업주의 사업내의 같은 종류 또는 유사한 업무를 수행하는 근로자에 대한 ⓐ 근로자 유무 및 근로자의 수, ⓑ 임금 및 임금의 구성항목, ⓒ 시업·종업시각과 휴게시간, ⓓ 휴일·휴가, ⓔ 연장·야간·휴일근무, ⓕ 안전·보건, ⓖ 복리후생시설이용, ⓗ 그 밖에 법 제2조제7호에 따른 차별적처우의 대상이 되는 근로조건중에서 위 각 호에 포함되지 않은 사항 명시.

2) 2006.12.12 개정전 파견법(제6조제3항본문)은 고용의제규정을 두었다. '고용의제규정은 당사자의사와는 관계없이 법률에 의해 고용관계를 직접 규정하는 방식으로, 고용이 의제될 경우 구체적인 근로조건이 불명확하고, 당사자의사가 없는데도 바로 근로계약관계를 형성하는데 무리가 있으며, 사용사업주가 고용하지 않을 경우 근로자는 종업원지위확인소송 등 민사소송을 제기해야 하나 시간·비용부담이 크다'는 이유로 고용의무제도가 도입되었으며 적용범위가 모든 불법파견으로 확대되었다.

3) 대판 2015.11.26, 2013다14965 등.

4) 박수근, "파견근로자의 직접고용에 대한 평가와 해석과제", 「법학논총」 24권(제2호), 2007, 444쪽.

5) 서울중앙지판 2014.9.18, 2010가합112481 판결(병합).

㈎ **즉시발생**

즉시 직접고용의무를 발생시키는 불법파견은 4가지 유형이 있다. 첫째, 건설공사현장업무, 선원업무 등 절대적금지업무(파견법§5③; 같은장 같은절,4·라,(2),①,㈐)에 파견근로자를 사용하는 경우(파견법 §6의2①ii), 둘째, 파견대상업무(파견법 §5①; 같은장 같은절,4·라,(2),①,㈎)에 해당하지 않는 업무로서, 출산·질병·부상 등 결원이나 일시적·간헐적인 인력확보를 위한 '특별한 사유'(파견법§5②; 같은장 같은절,4·라,(2),①,㈏)가 없는 경우에 파견근로자를 사용하는 경우(파견법 §6의2① i),[1] 셋째, 파견대상업무(파견법§5①; 같은장 같은절,4·라,(2),①,㈎)외의 업무로서 출산·질병·부상 등 결원이나 일시적·간헐적인력확보를 위한 파견(파견법§5② ; 같은장 같은절, 4·라,(2),①,㈏)의 기간제한(파견법 §6④)을 위반하여 파견근로자를 사용하는 경우(파견법 §6의2①iv), 넷째, 고용장관허가(파견법 §7③)없이 파견사업주로부터 근로자파견역무를 제공받은 경우가 그렇다(파견법 §6의2① v).

㈏ **계속고용기간 2년초과 발생**

파견대상업무(파견법§5①; 같은장 같은절,4·라,(2),①,㈎)로서 파견기간(파견법§6②; 같은장 같은절,4·라,(2),②,㈎)을 초과하여 파견근로자를 사용하는 경우에는 2년을 초과하여 계속적으로 파견근로자를 사용할 때에 직접고용의무가 발생한다(파견법 §6의2①iii). 따라서 파견대상업무로서 1회의 파견기간이나 파견연장기간이 1년을 초과해도, 벌칙은 적용되나 직접고용의무는 발생치 않는다. 동일근로자에 대해 동일사업(장)에서 파견기간을 단절시키면서 계속 파견근로를 시키는 경우, 파견기간을 면탈 내지 회피하려는 목적이 인정되면 직접고용의무가 발생할 수 있다는 것이 행정해석[2]의 태도이다. 구체적으로는 단절기간의 길이, 파견근로자의 구직활동내역, 다른 회사 근로여부, 사용업체의 새로운 파견사유유무 등을 종합적으로 검토하여 회피여부를 판단한다. 파견근로와 도급·기간제근로 등이 혼합되어 있으면 파견근로기간만 대상으로 2년이하인지를 따진다.[3] 육아휴직기간은 사용자와 근로자가 합의하는 경우가 아니라면 근로자파견기간(파견법 §6)에 산입하지 않는다(고평법 §19⑤).

③ **직접고용 방법**

㈎ **고용시기**

파견법의 규정에 의해 직접고용의무가 바로 발생되며, '행정관청의 적발'이나 '근로자의 소송제기'처럼 별도의 행동이나 조치가 있어야 하는 것은 아니다.

---

1) 대판 2015.2.26, 2010다93707. 남해화학사건. 제조업의 직접생산공정업무 사용금지위반에도 직접고용간주 규정(구규정) 적용.

2) 비정규직대책팀-1195, 2007.4.13.

3) 고용차별개선정책과-1866, 2009.11.16.

(나) 고용형태

직접고용의 형태에 관하여 '기간의 정함이 없는 근로계약'이 원칙[1]이며 '파견근로자가 희망한 경우', '동종 또는 유사한 업무를 수행하는 근로자가 대부분 기간제근로계약을 체결하고 있어 '기간의 정함이 없는 근로계약'의 체결을 기대하기 어려웠던 경우' 등 직접고용의무규정의 입법취지 및 목적을 훼손한다고 보기 어려운 특별한 사정이 있어야 기간제근로계약이 인정된다면서 '종래의 행정해석'[2]을 부정한 판결[3]이 발견된다.[4]

(다) 근로조건

직접고용에 있어 사용사업주는 자신의 근로자중에서 해당파견근로자와 '동종 또는 유사 업무'를 수행하는 근로자[5]가 있으면, 그 근로자에게 적용되는 취업규칙 등에서 정한 근로조건으로 해당파견근로자의 근로조건을 정해야 한다(파견법 §6의2③).[6] 이 조항은 직접고용의무위반에 따른 손해배상금을 산정하거나 직접고용계약의 내용이 되는 근로조건을 정할 때에 적용된다.

직접고용간주시점이후에 배치전환 등으로 동종 또는 유사업무를 수행하는 사용사업주의 근로자가 없게 된 경우에도 해당근로조건은 직접고용근로자에게 적용된다. 동종 또는 유사업무를 수행하는 근로자가 없으면, 해당파견근로자의 기존근로조건의 수준보다 저하되도록 근로조건을 정할 수 없다(파견법 §6의2③).[7] 이 경우 취업규칙 등에 정해진 최저기준이 해당파견근로자의 기존근로조건보다 높으면

---

1) 과거에 고용간주규정이었을 때에 '특별한 사정이 없는 한 원칙적으로 기간의 정함이 없는 근로자가 된다'는 견해[박수근, '비정규직법의 해석과 과제', 「노동법연구(제22호)」, 서울대노동법연구회, 2007, 78쪽]와 판결[대판(전) 2008.9.18, 2007두22320]이 있었다.

2) 법에 명시되어 있지 않다는 이유로 기간제근로계약을 일반적으로 인정하였다(비정규직대책팀-1504, 2007.5.3; 비정규직대책팀-1952, 2007.5.28; 비정규직대책팀-2424, 2007.6.26).

3) 대판 2022.1.27, 2018다207847. 특별한 사정이 없다는 이유로 기간을 정한 부분을 무효로 보았다.

4) 기간제에서 파견으로의 전환에 대해서는 '같은장, 같은절, 3·나, (1)'을 참조.

5) 대판 2024.9.12, 2022다270989. 초등학교 방과후 돌봄교사. 다만, 무기계약직의 조건을 적용한 원심을 파기하고 단시간교육공무직을 비교대상으로 보았다.

6) 고용의제에 있어서의 판례 [대판 2016.1.14, 2013다74592; 대판 2016.6.23, 2012다108139. 노동조합 등 제3자와 행한 이에 반하는 합의는 무효라는 해석 가미]가 입법화되었다.

7) 대판 2024.3.12, 2019다22282·222836. 도로공사사건. 직접고용의무를 이유로 한 손해배상과 관련하여 대상회사 조무원의 근로조건을 적용한 원심 파기. 사용사업주의 직접고용의무부인 등으로 자치적인 근로조건이 형성되지 못했으면 법원이 판단하되, 입법목적·공평관념·다른사례 등이 판단기준이 되며 이러한 기준으로 판단이 어려우면 기존근로조건 적용; 대판 2024.3.12, 2019다223303·223310. 도로공사사건. 근로조건 법원판단원칙 확인. 사용사업주의 직접고용의무불이행에 따른 손해배상금에서 파견사업주지급임금을 항목별이 아닌 전액으로 공제함. 손해배상청구의 전제로서 근로미제공이 사용사업주의 책임있는 사유 즉 직접고용의무불이행때문임을 증명되어야 하며, 이 과정에서 근로제공이 이루어지지 않은 구체적인 사유와 경위, 그 사유에 관한 파견근로자와 사용사업주의 태도 등을 고려하여야 함. 사직근로에 대해 사용사업주책임을 부정함.

이를 적용해야 하며,[1] 그 기준일은 채용일이 아니고 파견만료일이다.[2]

㈑ **직접고용신청 시효**

불법파견에 따른 직접고용신청의 시효를 10년으로 본다.[3] 직접고용의무가 최초로 발생한 이후에 파견근로자를 계속 사용하면 불법파견상태가 지속되어 직접고용의무가 계속적으로 발생하고, 직접고용청구권의 시효완성시기도 이에 따라 산정된다.[4] 실효원칙(제1장, 제5절 2·가,(2),③)을 판단함에 있어 여러가지 요인과 함께 직접고용신청시효기간을 같이 고려한 판결[5]들이 발견된다.

④ **직접고용의무 효과**

㈎ **효력 범위**

직접고용의무규정은 사용사업주와 파견근로자의 사이에 발생하는 법률관계와 법적효과를 설정하는 것으로서 그 내용이 파견사업주와는 직접 관련이 없다. 직접고용의무의 법률관계가 성립하거나 법적효과가 발생한 후에는 파견사업주와 파견근로자의 근로관계는 효력존속요건으로 요구되지 않는다. 따라서 '파견사업주와의 관계에서 파견근로자의 사직·해고'[6]나 '파견기간중의 파견사업주 변경'[7]은 원칙적으로 사용사업주와의 관계인 직접고용의무의 법률관계에 영향을 미치지 않는다.

직접고용의무가 발생했더라도, 근로자가 사용사업주의 단체협약 등에서 정하여진 정년을 경과한 상태에 있으면, 그 의무는 소멸된다.[8] 다만, 정년이 넘도록 사용사업주에게 파견근로를 제공하였거나[9] 정년이 지나서 입사하여 파견근로

---

1) 구 파견법에 따라 2년경과 후 고용의제된 경우 고용의제일로부터 정규직 1호봉을 주어야 한다는 판결(광주지판 2012.6.29, 2011가합15294)이 발견된다.

2) 대판 2016.6.23, 2012다108139. 동일시점의 채용근로자와 호봉이 원칙적으로 같아야 한다.

3) 대판 2024.7.11, 2021다274069 ; 대판 2024.7.11, 2024다211908·211915·211922.

4) 대판 2024.7.25, 2024다203891·203921·203914·203907.

5) 대판 2023.4.13, 2021다310484. 〈파견인정〉 외주사업체에 고용되어 민자고속도로 영업소에서 통행료수납 업무 등을 수행한 근무자 관련, 10년을 시효로 이야기하면서 그 전의 기간에 대해 실효원칙 부정 ; 대판 2024.11.20, 2024다269143. 다른 요건과 함께 직접고용신청시효인 10년이 지난 사실을 들어 실효 인정.

6) 대판 2019.8.29, 2017다219072 ; 대판 2022.10.27, 2017다14581·14598 등. 구파견법에 따른 직접고용간주의 효과가 발생하였음에도 파견근로자를 현실적으로 고용하지 않고 있던 중에 파견근로자가 파견사업주와의 근로관계가 종료됨에 따라 근로를 제공하지 못하였다면 그 근로제공중단은 사용사업주의 책임 있는 사정으로 말미암은 것으로 볼 수 있음. 다만 사용사업주가 현실적으로 파견근로자를 직접 고용하였더라도 파견근로자가 근로를 제공하지 않았을 것이라고 평가할 수 있는 예외적인 경우에는 그렇지 않다. 이러한 법리는 직접고용의무에까지 확대하여 적용되기는 어려움.

7) 대판 2015.11.26, 2013다14965 (**한국노동법학회, 『노동판례백선』 제2판**, 257쪽. 대상판결도 파견근로자의 총 파견기간은 파견사업주의 변경과 무관하게 사용사업주를 기준으로 산정해야 하고 직접고용의무를 위반한 경우의 사법상의 효과가 무엇인지에 대해 명확한 법리를 제시함).

8) 대판 2022.10.27, 2017다9732·9749·9756 등.

를 제공하였다면[1] 직접고용의무가 있고 이에 따른 손해배상이 성립할 수 있다.

㈏ 효력 내용

사용사업주에게는 직접고용의무발생이전기간에 대해서 차별이 있었다면 그 손해를 배상할 의무가 있고(같은장 같은절,5·바), 직접고용의무발생이후기간에 대해서는 원칙적으로 직접고용의무불이행으로 인한 손해를 배상할 의무가 있다.[2]

직접고용간주의 효과나 직접고용의무가 발생한 파견근로자는 사용사업주에게 직접고용되었다면 지급받았을 임금뿐아니라 사용사업주가 소속근로자에게 지급하는 복지포인트, 상품권과 같은 금품 등에 대하여도 지급을 구할 수 있다.[3]

'직접고용으로 간주된 이후에 근로자가 파견사업주와 근로관계가 단절되어 사용사업주에 대해 근로제공을 중단한 기간이 사용사업주의 책임있는 사정때문에 발생한다면 파견근로자는 사용사업주를 상대로 그 기간에 대한 임금상당액을 청구할 수 있다'는 판결[4]이 직접고용의무에 대해서도 원용될 수 있다.

㈐ 의무불이행의 효과

직접고용의무를 이행하지 않은 사용사업주에 대해서는 3천만원이하의 범위에서 미이행횟수에 따라 차등하여 과태료가 부과될 수 있다(파견법§46② 파견령§7).

㈑ 사용자책임 경합

직접고용의무에 따른 사용자의 임금지급의무와 파견사업주가 부담하는 임금지급의무는 부진정연대채무의 관계에 있다.[5]

사용사업주가 직접고용의무를 이행하지 않은데 대한 손해배상금을 산정함에 있어 손익상계로 파견근로자가 파견사업주로부터 지급받은 임금 등은 공제된다.[6] 손익상계는 손해배상책임의 원인이 되는 행위로 인하여 파견근로자가 새로운 이득을 얻고, 그 이득은 사용사업주가 배상하여야 할 손해의 범위에 대응하는 것이어야 인정된다.[7] 퇴직금은 후불임금외에도 사회보장·공로보상의 성격을 가지며, 발생시점과 산정방법도 임금과 다르므로 그러한 손해의 범위포함되

---

9) 대판 2023.4.27, 2021다229588. ↘ 767쪽

1) 대판 2023.4.27, 2021다229601.

2) 대판 2020.5.14, 2016다239024.

3) 대판 2024.7.25, 2019다222096·222102·222126·222119 ; 대판 2024.10.31, 2020다219492.

4) 대판 2022.10.27, 2017다14581·14598 등.

5) 대판 2024.3.12, 2019다29013·29020·29037·29044. 고용간주 관련 유추. 사용사업주의 직접고용의무가 성립하더라도 파견견사업주와의 근로관계가 자동소멸되는 것이 아니고 양자의 관계가 공존한다 ; 대판 2024.7.25, 2020다287921.

6) 대판 2017.3.22, 2015다232859.

7) 대판 2007.11.16, 2005다3229 ; 2011.4.28, 2009다98652 등.

지 않고, 향후 사용사업주에게 퇴직금 또는 그 상당의 손해배상을 구할 때에 비로소 공제할 수 있다.[1)]

㈑ **직접고용 노력의무**

사용사업주는 파견근로자를 사용하고 있는 업무에 근로자를 직접 고용하려면 해당파견근로자를 우선 고용하도록 노력해야 한다(파견법 §6의2④ 벌칙없음).[2)]

⑤ **직접고용의무 예외**

파견근로자가 명시적반대의사를 표시하면 사용사업주의 직접고용의무가 발생하지 않으나(파견법 §6의2②), 벌칙까지 면제되지는 않는다.[3)] 고용의무부과는 파견근로자를 보호하기 위한 것이므로 해당파견근로자가 거부하는 경우까지 포함하는 것은 불합리하기 때문이다. 또한 파견근로자를 직접 고용하는 것이 불가능하거나 실효성이 없는 경우(파견법 §6의2② 파견령 §2의2)에는 사용사업주가 직접고용의무를 지지 않는다. 이에 대한 구체적인 기준은 대통령령으로 정한다.[4)]

(5) 파견근로에 대한 노동법책임

① **의 의**

㈎ **법적 근거**

파견사업주는 원칙적으로 파견근로자에 대해 사용자책임을 진다. 그러나 근로자파견은 고용과 사용의 분리라는 특수성으로 인해 파견사업주에게 사용자책임을 물을 수 없는 경우가 있고, 파견근로자보호의 실효를 거두기 위하여 사용사업주에게도 공동책임을 부담시키는 것이 적절한 경우가 있다. 파견법(제4절)은 "근기법 등의 적용에 관한 특례"를 규정하고 있다.

㈏ **특례적용근로자**

'근기법(파견법 §34) 및 산안법(파견법 §35)의 적용에 관한 특례'의 적용을 받는 근로자는 '파견업체에 고용되어 사용업체에 파견중인 근로자'를 말한다. 파견근로자라 할

---

1) 대판 2024.7.25, 2024다211908 · 211915 · 211922 ; 대판 2024.7.25. 2020다287921. 고용간주 관련.

2) 기간제 · 단시간 근로자의 정규직전환노력의무(기단법 §5, §7)처럼 권장차원에서 규정하고 있다.

3) 비정규직대책팀-2828, 2007.7.12 ; 법제처 17-0175, 2017.5.25. 파견법 제6조의2제1항의 규정을 적용하지 않는다는 같은조제2항의 의미는 직접고용의무가 없다는 것일 뿐, 사용사업주가 법정총파견기간을 초과하여 직접 고용하지 않고도 해당 파견근로자를 계속 사용할 수 있다는 것은 아니다.

4) 회생법에 따른 파산, 회생 그리고 '고용장관이 도산등사실인정절차에 따라 미지급임금지급능력이 없다고 판단한 경우와 '천재 · 사변 그 밖의 부득이한 사유로 사업계속이 불가능한 경우'를 제시하고 있다. ; 사용사업주에 대한 회생절차개시결정이 있은 후에는 직접고용청구권은 발생하지 않고, 회생절차개시결정전에 직접고용청구권이 발생한 경우에도 회생절차개시결정으로 인하여 직접고용청구권이 소멸하는 것으로 봄이 타당하다. 다만, 사용사업주의 회생절차가 종결되면 파견근로자는 그때부터 새로 발생한 직접고용청구권을 행사할 수 있다(대판 2023.4.27, 2021다213477 / 대판 2023.4.27, 2021다229601).

지라도 파견근로중이 아닌 즉, '파견업체에 등록만 하고 있는 사람(파견업체의 근로자가 아님)', '파견업체에 고용되었으나 아직 파견근로를 하지 않는 사람' 및 '파견업체에 상시 고용되어 파견업체에서 근로하고 있는 사람'에게는 특례가 적용되지 않는다.

② **근로기준법 책임**

㈎ **사용자책임**

㉮ 개 요

파견법(§34①)은, 파견근로자에 대해 파견사업주와 사용사업주가 공동으로 근기법에 대한 사용자책임을 진다는 원칙아래에서 '파견사업주만을 사용자로 보는 경우'와 '사용사업주만을 사용자로 보는 경우'를 따로 규정하고 있다.

㉯ 파견사업주

파견사업주는 파견근로자를 고용하는 사람이므로 근기법의 대부분의 조항에 대하여 사용자책임을 진다. 즉, 근기법 제2장(근로계약), 제3장(임금), 제4장(근로시간 및 휴식) 중 임금과 관련된 부분, 제5장(여성과 소년) 중 근로계약 및 임금에 관한 부분, 제8장(재해보상)에 대하여는 파견사업주만을 사용자로 본다(파견법 §34①).[1] 다른 휴일·휴가와는 달리 연차유급휴가에 대해서는 파견사업주가 책임을 진다.

㉰ 사용사업주

출퇴근시간, 휴게, 연장근로, 휴일근로 등에 관하여 파견근로자를 지휘·명령하는 자는 사용사업주이다. 이런 취지에서 근기법 제4장의 '근로시간과 휴식'중에서 제50조(근로시간)부터 제55조(휴일), 제58조(근로시간 계산의 특례), 제59조(근로시간 및 휴게시간의 특례), 제62조(유급휴가의 대체), 제63조(적용의 제외), 그리고 제5장의 '여성과 소년'중에서 제69조(근로시간), 제70조(야업금지), 제71조(시간외 근로), 제72조(갱내근로 금지), 제73조(생리휴가), 제74조(출산전후 휴가), 제74조의2(태아검진), 제75조(육아시간)

---

1) 제15조(법위반근로계약), 제16조(계약기간), 제17조(근로조건명시), 제18조(단시간근로), 제19조(근로조건위반), 제20조(위약예정금지), 제21조(전차금상계금지), 제22조(강제저금금지), 제23조(해고 등의 제한), 제24조(경영상이유에 의한 해고), 제25조(우선재고용 등), 제26조(해고예고), 제27조(해고사유 등 서면통지), 제28조(해고의 구제신청), 제29조부터 제33조(부당해고조사, 구제명령등의 내용·확정·효력, 이행강제금), 제34조(퇴직금), 제36조(금품청산), 제39조(사용증명), 제41조(근로자명부), 제42조(계약서류보존), 제43조(임금지급), 제43조의2(체불자명단공개), 제43조의3(제불자료제공), 제44조(도급사업임금지급), 제44조의2(건설업임금연대책임), 제44조의3(건설공사도급임금특례), 제45조(비상시지급), 제46조(휴업수당), 제47조(도급근로자), 제48조(임금대장), 제56조(연장·야간·휴일근로 ; 가산수당은 파견사업주책임, 근로를 시키는 것은 사용사업주책임), 제60조(연차유급휴가 ; 파견기간은 1년을 초과할 수 없으므로 파견사업주 책임), 제64조(최저연령취직인허증), 제66조(연소자증명), 제67조(근로계약), 제68조(임금청구), 제78조(요양보상), 제79조(휴업보상), 제80조(장해보상), 제81조(휴업보상, 장해보상 예외), 제82조(유족보상), 제83조(장례비), 제84조(일시보상), 제85조(분할보상), 제86조(보상청구권), 제87조(다른 손해배상과의 관계), 제88조(고용장관의 심사·중재), 제89조(노동위원회의 심사·중재), 제90조(도급사업예외), 제91조(서류보존), 제92조(시효).

에 대하여는 사용사업주를 사용자로 본다(파견법 §34①). 다만 제55조(휴일), 제73조(생리휴가), 제74조(출산전후휴가) 등에 대한 유급임금지급책임은 파견사업주에게 있다(파견법 §34③). 이 중에서 생리휴가는 무급이어서 적절한 열거로 보이지 않는다. 생리휴가가 별도로 유급으로 약정되어 있는 경우에 적용될 수 있을 것이다. 그 밖에 유급으로 지급되어야 하거나 지급키로 한 휴일이나 휴가로서 사용사업주에게 책임이 있는 경우라 하더라도 유급임금지급책임은 파견사업주에게 있다.[1]

㉣ 사용사업주 귀책사유와 임금지급 공동책임

정당한 사유없이 근로자파견계약을 해지하거나 근로자파견대가를 지급하지 않는 '사용사업주귀책사유'(파견령 §5)로 인하여 파견사업주가 근로자의 임금을 지급하지 못한 때에는 양자가 연대하여 책임을 진다(파견법 §34②,본문).

공동책임조항과 관련하여 근기법의 임금지급(§43)과 미성년자임금청구(§43)를 적용함에 있어 파견사업주와 사용사업주를 사용자로 본다(파견법 §34②,단서). 공동책임에 있어 파견근로자가 갖는 사용사업주에 대한 임금채권에 대해서도 근기법의 최우선변제권(§38②)이 인정되며, 근로복지공단이 최우선변제권이 인정되는 임금에 대해 대지급금을 지급한 후 임채법에 따라 취득하는 대위권에도 최우선변제가 인정된다. 공동책임의무는 적법한 근로자파견이 아닌 경우에도 적용된다.[2]

㉤ 파견 · 사용사업주

근기법이 파견사업주 또는 사용사업주의 의무로 명시하고 있지 않은 사항에 대해서는 파견사업주와 사용사업주가 같이 책임을 진다. 근기법 제1장(총칙)중에서 균등처우, 강제근로금지, 폭행금지, 중간착취배제, 공민권행사보장, 보고출석의무 등과 직장내괴롭힘(제6장의2), 기능습득(제7장), 취업규칙(제9장), 기숙사(제10장), 근로감독관(제11장) 및 벌칙규정(제12장) 등에 관하여는 파견사업주 및 사용사업주를 사용자로 본다(파견법 §34①).

'직장내괴롭힘금지'에 있어, 파견사업주와 사용사업주 모두가 의무이행주체가 됨은 당연하다.

㈏ 근로기준법위반과 파견계약

파견사업주와 사용사업주가 근기법을 위반하여 근로자파견계약을 체결하고 이에 따라 근로가 제공된 경우에는 파견사업주와 사용사업주 모두가 해당벌칙

---

1) 사용사업주가 주40시간범위에서 해당파견근로자에 대해 토요일을 유급휴일로 정하고 있다면, 해당파견근로자의 토요일은 유급휴일로 처리되어야 하며 유급임금지급주체는 파견사업주(차별개선과-212, 2008.3.28).

2) 대판 2022.12.1, 2018다300586.

의 적용을 받는다(파견법 §34④). 근로자파견계약자체는 근기법에 위반되지 않으나 사용사업주가 근기법에 위반하여 파견근로자를 사용하면, 파견사업주는 근로자파견을 정지하거나 근로자파견계약을 해지할 수 있다.

③ 산업안전보건법 책임

사용사업주는 파견근로자에 대해 산안법상 사업주책임을 진다(파견법 §35①).[1] 산안법 중 제5조(사업주등 의무), 제132조 제2항단서(개별근로자의 건강진단결과공개)와 제4항(작업장소의 변경, 작업의 전환 및 근로시간단축의 경우에 한한다), 제157조제3항(신고를 이유로 한 불리한 처우금지)의 적용에 있어서는 파견사업주 및 사용사업주 모두에게 사업주책임이 있다(파견법 §35②).

사용사업주는 파견중인 근로자에 대하여 건강진단(산안법 §129 ~ §131)을 실시하였을 때에는 그 결과를 설명(산안법 §132②)하여야 하며, 그 건강진단결과를 지체없이 파견사업주에게 보내야 한다(파견법 §35③). 정기건강진단인 일반건강진단(산안법 §129)과 특수건강진단(산안법 §130) 중 고용노동부령으로 정하는 건강진단인 전자에 대해서는 파견사업주를 사업주로 보며, 파견사업주는 그 결과를 설명(산안법 §132②)하여야 하고(파견법 §35④), 그 건강진단결과를 지체없이 사용사업주에게 보내야 한다(파견법 §35⑤).

파견사업주와 사용사업주가 산안법을 위반하는 내용을 포함한 근로자파견계약을 체결하고 그 계약에 따라 파견근로자를 근로하게 함으로써 산안법을 위반하게 된 경우에는 파견사업주와 사용사업주 모두가 해당벌칙의 적용을 받는다(파견법 §34⑥).

④ 사회보험료 부담

고용보험, 국민건강보험, 국민연금, 산재보험 등 사회보험비용부담은 원칙적으로 파견사업주가 책임진다. 고용보험에는 단일한 보험료율이 적용되나, 산재보험에는 사업장단위로 다른 보험료율이 적용된다.

⑤ 배상 · 불법행위 책임

파견근로자가 업무와 관련하여 제3자에게 손해를 끼친 경우나 불법행위를 한 경우에 파견사업주와 사용사업주중에서 누가 책임을 지는지의 문제가 발생한다. 파견근로자는 사용사업주의 지시 · 감독을 받아 근로를 제공하지만 고용관계가 존재하지 않는다. 반면에 파견사업주는 파견근로자의 근로계약상 사용자로서 임금지급의무를 부담하고 사용사업주가 행사하는 지휘 · 명령권을 제외한

---

1) 대판 2013.11.28, 2011다60247(**한국노동법학회, 『노동판례백선』 제2판**, 263쪽. 근로자파견(불법파견)관계에서 사용사업주는 파견근로자에 대해 안전배려의무를 부담하므로, 사용사업주의 안전배려의무위반에 대한 채무불이행 손해배상책임을 인정함) ; 파견사업주책임이었던 채용시건강진단제도는 2006년에 폐지.

파견명령권·징계권 등 근로계약상의 권한을 행사할 수 있으므로 파견근로자를 일반적으로 지휘·감독해야 할 지위에 있다. 파견사업주는 민법[1]에 따라 파견근로자의 파견업무에 관련한 법률행위에 대하여 사용자로서의 책임을 져야 한다. 다만, 파견근로자가 사용사업주의 지휘·감독을 받아 사용사업주의 업무를 행하다가 불법행위를 한 경우, 파견사업주가 파견근로자의 선발 및 일반적인 지휘·감독권의 행사에 있어서 주의를 다하였다고 인정되는 때에는, 사용사업주에게 책임이 있다.[2]

5. 비정규직근로자 차별금지

5·가. 의 의

(1) 배 경

기단법과 파견법은 기간제근로자, 단시간근로자 및 파견근로자에 대한 차별금지제도를 규정하고 있다. 정규직근로자와 비정규직근로자의 사이에 근로조건을 차별(일반이론에 대해서는 '제2장, 제2절' 참조)하지 못하게 하는 것은 두 가지 의미를 갖는다. 첫째, 불합리한 차별을 해소하여 사회적정의를 실현함과 동시에 비정규직의 근로조건을 적정한 수준으로 보장할 수 있다. 둘째, 비용절약만을 이유로 비정규직근로자를 사용하려는 유인을 최소화하여 남용을 막을 수 있다.[3]

(2) 법적근거

① 관련 법

사용자는 비정규직근로자임을 이유로 사업(장)에서, 동종 또는 유사한 업무에 종사하는 정규직근로자에 비하여, 차별적처우를 하지 못한다(기단법 §8 파견법 §21①).

② 다른 법

이른바 중규직을 근기법에 규정된 균등처우규정의 사회적신분으로 보거나(제2장, 제2절 2·라,(4),③5), 시간강사에 대해 균등처우규정을 직접 적용하여 '합리적이유가 없는 차별적처우'에 해당되며 고평법의 동일가치노동동일임금규정을 직접 적용하여

1) 민법 제756조(사용자의 배상책임) ① 타인을 사용하여 사무에 종사하게 한 사람은 피용자가 사무집행에 관해 제3자에게 가한 손해를 배상할 책임이 있다. 사용자가 피용자의 선임 및 사무감독에 상당한 주의를 한 때 또는 상당한 주의를 해도 손해가 있을 경우에는 그렇지 않다. ② 사용자에 가름하여 그 사무를 감독하는 자도 전항의 책임이 있다. ③ 전2항의 경우 사용자 또는 감독자는 피용자에 대해 구상권을 행사할 수 있다.

2) 대판 2003.10.9, 2001다24655.

3) EU 회원국들은 경쟁력강화, 실업문제해결 등을 위해 노동시장유연화정책을 추진하면서 차별처우금지를 통해 보호와 남용방지를 조화시키고 있다.

위법하다고 본 판결[1]이 발견되나 법적근거가 약해 무리한 법리로 판단된다.

5·나. 적용 범위

(1) 적용 사업

비정규직차별금지제도는 상시근로자가 5명이상인 사업(장)에 적용된다.[2] 다만, 동거친족만을 사용하는 사업(장)과 가사사용인에 대해서는 적용되지 않는다(제1장 제4절,1·마). 5명이상인지는 기간제근로자와 단시간근로자를 포함해서 판단한다. 파견근로자(파견법 §2 v)는 상시근로자수에 제외(근기법§11③ 근기령§7의2①)되나, 개인적으로는 찬성하지 않는다(제1장,제4절 1·다,(3),②). 기간제근로와 단시간근로의 경우, 국가 및 지방자치단체는 상시사용근로자수에 관계없이 차별금지제도의 적용을 받는다(기단법 §3③). 파견법에는 이러한 규정이 없으나, 파견근로를 달리 취급할 이유가 없어 보인다.

(2) 적용 근로자

비정규직근로자임을 이유로 차별하는 것이 금지된다. 비정규직근로자가 아닌 자에게는 비정규직관련법의 차별금지제도가 적용되지 않는다. 기간제근로자, 단시간근로자 및 파견근로자에 해당되는 한 수습·일용·임시 등 명칭이나 근로형태와 관계없이 차별금지제도가 적용된다. 무허가·불법사업[3]이더라도 비정규직차별금지제도가 적용된다. 근로계약을 반복하여 갱신해도 계속근로기간이 2년을 초과하지 않은 근로자는 신청권자가 된다.[4] 파견근로자라 함은 계약형식을 따지지 않으며 실질적으로 파견근로에 종사하는 사람을 말한다.[5] 불법파견 즉, 대상업무가 아니거나, 금지업무이거나, 파견허용기간이 지나거나,[6] 무허가 파견이더라도 차별금지제도가 적용된다.[7] 비정규직차별금지제도는 공무원관계법의 적용을 받는 공무원에게는 적용되지 않으나, 국가 및 지방자치단체가 고용하고 있는 민간근로자에 대해서는 상시고용인원수와 관계없이 적용된다. '무

---

1) 대판 2019.3.14, 2015두46321. 국립대학교에서의 전업과 비전업 시간강사 강사료 차등 관련 사건.
2) 파견법 제21조제4항은 상시 4명 이하의 근로자를 사용하는 경우에 차별금지제도를 적용하지 않는다는 점을 명시. 기단법 제3조는 법 전체를 상시5명이상의 근로자를 사용하는 사업(장)에 적용하면서 4명이하의 경우에는 대통령령에 따라 일부규정을 적용할 수 있다고 규정하고 있는데 차별 미포함.
3) 도굴, 매춘, 폭력조직 등 범죄를 목적으로 하는 행위는 업(業)으로 볼 수 없어 사업으로 인정되지 않음.
4) 서울행판 2010.2.18, 2009구합26234.
5) 서울행판 2009.12.11, 2009구합22164 ; 위장도급임을 주장하는 수급인의 근로자는 그 실체가 사용사업주와 직접고용관계인지 아니면 파견관계인지를 따진 다음에 후자에 해당하면 차별금지제도가 적용된다.
6) 벌칙에 처해지거나 직접고용의무를 진다는 이유로 차별금지제도의 적용을 배제하는 것은 타당치 않다. 불법파견이 과거처럼 직접고용의제인 경우에는 해당근로자는 신청권자가 되지 못한다.
7) 노동부 근로기준국 차별개선과, 「기간제·단시간·파견근로자 차별시정제도를 알려드립니다」, 2009.3, 40쪽.

기계약전환자'에게는 비정규직차별금지가 적용되지 않는다.

(3) 적용 사용자

① 기간제 · 단시간

차별금지의무주체는 근기법상 사용자이다. 차별금지의무주체는 차별처우금지 주체와 '차별시정피신청인 및 시정명령이행의무자'로 구분된다. 전자는 근기법상 사용자 모두를 포함하며, 후자는 원칙적으로 사업주에 한정된다. 시정명령을 받는 사람 또는 이행하지 않은데 대해 과태료를 납부하는 사람은 사업주이고, 사업주외의 사용자는 사업주의사를 실현하는 행위자이기 때문이다. 부서장 또는 조직부문장 등 사업주외의 사용자가 자신의 이름으로 근로계약을 체결해도 사업주의 위임을 받은 것이면 사업주가 근로계약상의무를 진다. 노동위원회시정명령은 행정처분에 해당되어 국민의 권리와 의무에 영향을 미치므로 소송법상 당사자능력이 있는 사람이 그 상대방이 될 수 있다. 국가산하의 행정관청 등과 근로계약을 체결한 경우에는 근로계약관계의 권리와 의무는 행정주체인 국가에 귀속되므로,[1] 차별시정주체로서의 사용자는 해당기관 · 단체의 장이 아닌 대한민국이 된다.[2]

② 파견근로

파견근로자에 대해서도 기간제 및 단시간근로의 법리가 적용된다. 다만, 파견근로는 고용관계와 사용관계가 분리되는 특징을 가지고 있다.

파견법은 파견사업주와 사용사업주를 차별금지의무의 주체로 명시하고 있다. 그러나 관련법은 이들중에서 누가 어떠한 책임을 지는지에 대해 밝히지 않고 있다. 파견법은 파견사업주와 사용사업주의 노동법상책임을 다르게 규정하고 있다. 이에 대해 관련규정은 노동관계법적용에 관한 특례일 뿐이지 차별시정의 책임소재를 나타내는 것은 아니라는 의견[3]이 제시되고 있다. 그러나 법문에 "공동" 또는 "선택적"이라는 표현이 포함되어 있지 않고, 관련법의 전체적인 규정체계속에서 해석되어야 하며, 공동책임을 인정하게 되면 책임소재가 모호하고, 차별금지효과는 관련법정근로조건의 준수로 귀결되며, 구제명령의 이행주체를 명확히 할 필요가 있다. 따라서 파견사업주와 사용사업주는 각각의 사용자책임

---

1) 대판 2008.9.11, 2006다40935.

2) 박은정, "비정규직차별시정례(중노위 · 법원) 검토(III)", 「노동법학」 제35호, 한국노동법학회, 2010, 242쪽.

3) 박종희, 「비정규직차별금지 판단기준 및 운영에 관한 연구」, 중앙노동위원회, 2006.11, 226~227쪽 ; 중노위 2015.6.30, 2015차별3-11 병합. 손해액의 2배에 해당하는 금전배상금 지급관련 ; 서울행판 2016.11.18, 2015구합70416.

과 연관되는 분야(같은장,같은절 4·라,(5))에 대해 차별금지의무를 지는 것이 타당하다.[1)]

5·다. 비교 방법 · 대상

(1) 비교대상근로자

① 원 칙

비정규직근로자가 차별적처우를 받는지를 판단하려면 비교대상근로자가 있어야 한다. 비교대상이 없다면 차별적처우를 판단할 수 없다. 퇴직이나 배치전환으로 비교대상근로자가 존재하지 않아도 차별적처우가 있었던 당시에 비교대상근로자가 존재하였다면 차별시정신청이 가능하다. 동일한 직군내에 비교대상근로자가 없더라도, 해당사업(장)의 다른 직군내에 동종 또는 유사업무에 종사하는 정규직근로자가 비교대상근로자가 될 수 있다. 비교대상근로자는 비정규직유형에 따라 다르다(기단법§8 파견법§21①). 첫째, 기간제근로자는 무기계약근로자와 비교한다. 이때 기간제근로는 고령자처럼 2년기간제한을 적용받지 않는 근로도 포함한다.[2)] "가장 낮은 처우를 받는 기간의 정함이 없는 근로자를 비교대상근로자로 선정하는 것이 적절하다."는 하급심판결[3)]이 발견된다. 이미 무기계약자로 전환된 근로자에 대하여는 근기법(§6)의 차별금지조항은 적용되나, 기단법의 차별금지조항은 적용되지 않는다.[4)] 둘째, 단시간근로자는 통상근로자와 각각 비교한다. 셋째, 파견근로자는 '사용사업주의 근로자'와 비교한다.[5)] 이 때 '사용사업주의 근로자'에는 정규직근로자뿐 아니라 기간제근로자나 단시간근로자도 포함된다.

차별시정신청자는 차별적처우의 내용을 구체적으로 명시하여야 하며(기단법 §9②), 차별적처우의 내용을 명시할 수 있도록 비교대상자를 선정해야 한다. 노동위원회는 비교대상근로자를 직권으로 선정하지 않으며, 근로자가 선정한 비교대상의 적정성을 판단한다.[6)] 노동위원회는 신청인이 주장한 비교대상근로자와 동일성이 인정되는 범위에서 조사·심리를 거쳐 적합한 근로자를 비교대상근로자로 선정할 수 있다.[7)]

---

1) 중노위 2009.4.27, 2009차별2. 임금관련.

2) 비정규직대책팀-586, 2007.2.22.

3) 서울행판 2012.1.12, 2011구합8857.

4) 비정규직대책팀-2713, 2007.7.6.

5) 독일은 '파견사업주로 하여금 중요한 근로조건에 있어서 파견근로자를 사용사업주의 통상근로자와 동등하게 처우'하도록 하고 있으나, 단협으로 달리 정할 수 있도록 하고 있다.

6) 대판 2014.12.24, 2013두2525.

7) 대판 2023.11.30, 2019두53952. 참가인이 주장한 비교대상근로자와 동일성이 인정되는 한도내에서 정규직 보조원의 업무전반에 관한 조사, 심리를 거친 다음, 그 중 '중앙공급실 소속 기능직 3등급 3호봉의 정규직 보

② **국가 · 지방자치단체**

공무원에게는 봉사성과 책임성이 요구된다(헌법 §7①). 그 업무도 이에 기초하여 결정되며, 공무원관련법에 의해 임용이나 근로조건이 정해진다. 그러나 이러한 이유만으로 공무원이 아닌 비정규직근로자를 공무원과 차별대우하는 것을 인정하기는 어렵다. 그러므로 기간제법이 비교대상근로자로 들고 있는 '기간의 정함이 없는 근로계약을 체결한 근로자'를 '사법상 근로계약을 체결한 근로자'로 한정할 수 없다.[1] 따라서 양자를 비교대상으로 보는 것[2]이 타당하다. 이 경우, 책임의 정도[3]까지 포함하여 비교대상을 선정해야 한다.[4]

③ **사업 · 사업장**

㈎ **원 칙**

비정규직근로자와 비교대상이 되는 정규직근로자는 해당사업(장)안의 근로자로 한정된다. 다시 말해서 동일사용자에 의해 고용되고 동일한 사업(장)에서 일하는 정규직근로자와 비정규직근로자를 비교한다. 하나의 사업에 여러 사업부문 또는 사업장이 있으면, 해당사업장이 노무관리나 회계 등을 분리하여 취급할 만큼 독립적이라면 그 사업장에서 비교대상을 찾는다(제1장, 제4절 1·나,(3)). 그러나 독립성이 없다면 사업전체에서 비교대상을 찾는다.

해당사업(장)안에서 비교대상을 찾는다 함은 비교대상근로자가 해당사업(장)안에서 실제로 근로를 하고 있어야 하는 것을 의미하지 않으므로 직제에 존재하는 근로자를 비교대상근로자로 볼 수 있으나, 가상직제를 만들어 적용함으로써 직제에 존재하지 않는 근로자를 비교대상근로자로 삼을 수는 없다.[5]

㈏ **파견근로 특수성**

파견법은 기간제근로나 단시간근로에서와는 달리 비교대상을 찾는 범위를 사용사업주의 사업으로 규정하고 있다.[6] 이러한 제한은 두 가지 의미를 갖는다.

조원'을 비교대상 근로자로 삼은 사건.

1) 대판 2014.11.27, 2011두5391. 조리직렬기능군무원과 민간조리원 비정규직 관련.

2) 박종희, 「비정규직차별금지 판단기준 및 운영에 관한 연구」, 중앙노동위원회, 2006.11, 124~125쪽. '직제에 반영된 인력으로서 기간의 정함이 없는 공무원'과 '공무원 아닌 비정규직 인력'을 비교대상으로 본다.

3) 유사업무처럼 보여도 공무원은 회계, '권리 · 의무 관련 업무' 등 책임성과 봉사성이 더 요구됨.

4) 대판 2020.11.26, 2019다262193. 공립학교에 근무하는 공무원과 공무직근로자의 임금차이를 합리적 이유 없는 차별 또는 동일가치노동동일임금원칙 위반으로 볼 수 없다.

5) 대판 2019.9.26, 2016두47857. 카지노에서 정규직딜러로 채용되기 위해서는 인턴 등으로 2년정도 근무해야 하는 점을 고려해, 비교대상근로자를 외부근무경력이 2년이면 사원 1호봉의 정규직 딜러, 외부 근무경력이 1년인 근로자의 경우에 사원 1호봉보다 1단계 낮은 마이너스 1호봉의 정규직 딜러, 외부 근무경력이 없는 근로자의 경우 마이너스 2호봉의 정규직 딜러라고 봤으나 원고회사 직제상 마이너스 호봉의 근로자는 존재하지 않는다는 이유로 합리성을 인정하지 않음 ; 대판 2023.11.30, 2019두53952.

첫째, 파견사업주가 여러 사업장에 근로자를 파견해도 비교대상은 해당사용사업주의 사업으로 한정되고 파견사업주와 관련이 있는 다른 사업으로 확대할 수 없다. 둘째, 비교대상이 사업장으로 한정되지 않으며 사업을 대상으로 해야 한다. 사용사업주에게 속하는 하나의 사업장에 여러 사업부문이 있다면 해당사업부문안에서 비교대상을 구해야 한다.

(2) 동종 · 유사 업무

① 원 칙

비교대상이 되는 정규직근로자의 범위는 동종 · 유사업무에 종사하는 사람이다.[1] 동종업무라 함은 원칙적으로 직종[2]을 기준으로 하고 그 직종내에서 직무나 작업내용이 같은 업무를 말한다.[3] 다만, 여기서 직무 또는 작업내용이라 함은 고평법의 동일가치노동동일임금원칙에서 요구하는 정도 즉, 직무분석의 대상처럼 엄격하게 해석할 것이 아니고 사회통념에 따라 합리적으로 판단한다. 유사업무라 함은 직종이 다르더라도 먼저, 비교대상의 업무가 성격이 동일하거나 비슷하고, 둘째로, 업무조건의 차이가 있더라도 규칙적이거나 일관된 것이 아니며, 셋째로, 양쪽의 근로자를 서로 교체해가면서 수행을 하거나 할 수 있는 업무이다.[4]

동종 · 유사업무수행근로자가 없으면 비정규직관련법에서 말하는 불합리한 차별은 존재하지 않는 것[5]으로 본다.[6]

② 판단방법

비정규직근로와 정규직근로가 동종 · 유사업무인지는 취업규칙이나 근로계약

---

6) 사용사업주는 파견근로자의 고용계약당사자가 아니고, 파견근로자의 근무장소와 업무내용은 근로자파견계약이나 파견근로자의 근로계약에 미리 정해져 원칙적으로 배치전환이 곤란하다는 점을 고려하여 파견근로자에 대해서는 비교대상선정기준을 상대적으로 좁게 해석하는 것이 타당. ↘ 777쪽

1) 서울행판 2009.2.6, 2008구합22747. 핵심지표라고 지적.

2) 연봉이 다른 기간제청원경찰과 정규직청원경찰은 차별처우여부를 판단함에 있어 비교대상에 해당하며, 연봉을 차등지급하는 것이 차별처우에 해당하는지는 업무의 경중, 책임의 정도, 근속년수, 생산성 등을 종합적으로 고려하여 판단할 사항이다.

3) 동종이란 근로자의 지위나 종류, 고용기간, 근로계약상의 명칭에 관계없이 사업장에서 일하는 같은 직종의 근로자 전부를 의미한다(대판 1992.12.22, 92누13189).

4) 취업규칙, 근로계약 등을 통해 사전적이거나 논리적으로 판단하되, 그러한 방법으로 판단이 어려우면 사업의 관행을 고려할 수 있다.

5) 특정직군에 비정규직만을 근로케 하는 이른바 코스별관리를 하더라도 비정규직 관련법이 간접차별의 개념을 도입하지 않은 상태에서는 법문으로 볼 때 차별을 인정하기 어렵다.

6) 비정규직대책팀-2411, 2007.6.26. 노동위원회의 기각 또는 각하사유로 보고 있다. ; 반대의견, 박종희, 「비정규직차별금지 판단기준 및 운영에 관한 연구」, 중앙노동위원회, 2006.11, 194~197쪽. 차별의 내용이 무엇인가에 따라 유연하게 판단해야 한다는 견해를 밝히고 있다. 예컨대 해고나 복리후생은 동종 유사여부를 중대하게 다룰 필요가 없고, 임금차별은 중대한 요소로 본다.

등에 명시된 형식적업무분장이 아니고 실제수행업무를 기준으로 판단한다.[1] 구체적으로는 '업무의 기능적분류'와 업무명칭뿐아니라 주된[2] 업무의 성질·종류·내용[3]·수행방법,[4] 업무수행과정에서의 권한과 책임의 정도, 상호대체가능성, 작업조건, 업무난이도, 근로자경력 등이 종합적으로 고려되어야 한다.[5] 동종 또는 유사업무는 부서 또는 직군이 아니고 사업(장) 전체를 고려하여 파악한다.[6] 채용절차·업무범위·난이도·부수적성격[7]·책임·권한 등을 감안할 때, 주된 업무내용·작업조건 등 핵심요소에 있어서 본질적인 차이가 없다면, 업무와 직접 관련된 자격요건을 갖춘 것처럼 현저한 질적차이를 인정할 만한 사정이 없는 한, 동종·유사업무로 해석된다.[8] 비교대상근로자의 업무사이에 존재하는 "현저하지 않은 질적차이"는 합리적이유가 있음을 뒷받침하는 사정이 될 수 있을 뿐이다.[9] 취업규칙이나 근로계약 등에서 주된 업무로 분류된 업무를 거의 하지 않고 이를 중요하게 여기지 않으면 주된 업무의 기준은 실제로 행한 일을 기준으로 판단한다.[10]

---

1) 대판 2014.11.27, 2011두5391.

2) 대판 1996.7.30, 95다12840. 주된 업무내용이 같고 실제로 수행하는 직무내용이 대체로 같다면 비록 일부 직무내용이 다르더라도 동종 또는 유사한 업무로 볼 수 있다.

3) 서울행판 2009.6.3, 2008구합24743 ; 서울행판 2009.2.6, 2008구합22747. 강의와 연구를 주된 업무로 하는 전임강사업무는 강의를 주된 업무로 하는 시간강사업무와 다르다. 강의전담교수 또는 강의초빙교수는 강의가 주된 임무인 교수이므로, 강의시간외의 시간에 연구업무에 종사하더라도 이는 강의준비를 위해 부수적인 것이므로 시간강사의 비교대상근로자이다. 다만, 비정규교수 공동연구실을 배정하기 위하여 노력하고, 공동연구에 필요한 기자재 제공과 상근 조교 2명의 배정 문제를 논의하기로 약정하였고, 또한 별도의 임금협약안으로 임금액을 합의하였므로 합리적인 이유없이 불리하게 처우하고 있는 것으로 볼 수 없다.

4) 서울행판 2010.1.22, 2009구합28155. 같은 사업장의 중형버스 운전과 대형버스 운전은 주된 업무가 '버스를 운행'하는 것이라는 점에서 본질적인 차이가 없고, 업무내용·운행노선 등 근로조건에서 차이가 있으나 이는 차별적 처우에 있어 합리적인 이유를 판단하는 기준으로 삼으면 족하므로, 동종 또는 유사 업무이다.

5) 대판 1996.7.30, 95다12840. '청원경찰의 보수가 해당사업장에서 동종·유사직무근로자에게 지급하는 임금보다 적어서는 안된다'고 규정한 「청원경찰법」 제6조 관련 사건. 한 사업장의 근로자라도 업무내용·성격·난이도, 근로자경력 기타 사정을 고려하여 그 직급과 직책을 나누어 상응하는 보수를 책정하는 것은 원칙적으로 사용자권한이라고 밝힘 ; 서울행판 2009.2.6, 2008구합22747. 대학교 관련 ; 서울행판 2010.4.29, 2009구합36651. 은행의 영업마케팅 및 내부통제점검자 관련 ; 서울행판 2010.6.4, 2009구합47385. 은행의 영업마케팅 및 내부통제점검자 관련 ; 서울행판 2010.8.19, 2010구합17861. 은행의 영업마케팅 및 내부통제점검자 관련 ; 서울고판 2010.11.11, 2010누15577. 은행의 영업마케팅 및 내부통제점검자 관련.

6) 비정규직대책팀-2786, 2007.7.10.

7) 대판 2014.11.27, 2011두5391. 조리직렬기능군무원이 부분적으로 수행하는 행정업무와 교육·훈련참가는 부수적이고 주된 업무의 내용에 본질적 차이가 없어 민간조리원 비정규직과 동종·유사 업무이다.

8) 대판 2012.10.25, 2011두7045.

9) 서울행판 2008.10.24, 2008구합6622.

10) 서울행판 2010.4.29, 2009구합36651. 은행에서 내부통제점검자의 비교대상인 임금피크제근로자에 대해 영업마케팅업무를 주요업무로 내부통제점검업무를 부수업무로 부여했으나 관리·감독이 이루어지지 않아 영업실적으로 나타나지 않는 등 실제로 수행하지 않은 것으로 보이고, 고과에서도 중요요소로 삼지 않은 점을 이유로 들었다.

(3) 비교대상 판단례

전임자의 휴직기간동안 동일업무를 수행하기 위해 대체인력으로 채용된 기간제근로자는 전임자와 비교대상근로자로서 동종·유사업무를 수행한 사람으로 인정된다.[1] '무기계약전환대상자'와 '당초의 정규직근로자'는 비교대상이 아니라는 판결[2]이 발견된다.

5·라. 차별적처우의 판단

(1) 개 념

금지되는 차별적처우라 함은 임금, 정기적으로 지급되는 상여금(정기상여금, 명절상여금 등), 경영성과에 따른 성과금, 그 밖에 근로조건 및 복리후생 등에 관한 사항에 있어서 합리적인 이유가 없이 불리하게 처우하는 것을 말한다(기단법 §2iii, 파견법 §2vii).

불리한 처우가 정규직근로자와 비교하여 비정규직근로자만이 가질 수 있는 속성을 원인으로 하면 차별적처우에 해당하고, 모두가 아닌 일부만이 불리한 처우를 받더라도 마찬가지이다.[3]

(2) 차별판단방법

차별여부는 단체협약, 취업규칙,[4] 근로계약 및 관행[5]을 중심으로 정규직근로자와 비정규직근로자의 근로조건이 어떻게 달리 적용되는가를 판단한다. 파견근로자의 경우에는 파견사업주와 사용사업주가 맺은 근로자파견계약과 파견사업주와 파견근로자가 맺은 고용계약을 같이 판단한다.

이러한 규범이나 계약에서 차별적요소를 명시하고 있으면 상위규범인 법령을 위반할 수 없으므로 차별금지 위반이다. 제도나 계약에는 차별적요소가 없는 경우, 비정규직근로자에게만 이를 이행치 않으면 근로조건불이행법리와 함께 차별금지법리가 적용된다.[6]

---

1) 서울행판 2016.7.15, 2016구합351450. 전임자의 육아휴직근로에 대한 대체근로 관련.
2) 대판 2015.10.29, 2013다1051.
3) 대판 2023.6.29, 2019두55262. 〈차별인정〉 비교대상근로자들과 달리 근로계약기간이 1년미만인 기간제근로자에게 처우개선수당을 지급하지 않은 행위. 다만, 무기계약근로자중 계속근로기간이 1년미만인 사람도 처우개선수당을 받지 못한다면 구 부분은 불리한 처우'에 해당하지 않을 여지가 있음.
4) 비정규직대책팀-2527, 2007.6.28. 취업규칙 등에 지급조건이 규정되어 있으면 차별적처우가 금지되는 근로조건의 범위에 포함된다. 자녀학자금·카페테리아 등 취업규칙 등에 명시된 복리후생제도가 동종 유사업무를 수행하는 비교대상근로자 중 비정규직근로자에게만 지급하지 않으면 차별적 처우이다.
5) 비정규직대책팀-2417, 2007.6.26. 전 근로자에게 관례적으로 지급하여 사회통념상 근로자가 당연히 지급받을 수 있는 기대를 갖게 되는 지급관행이 정립되면 근로조건으로 형성된 것으로 본다.
6) 제24판에서 견해를 수정하였다. ; 비정규직대책팀-2527, 2007.6.28. 자녀학자금, 카페테리아 등 복리후생

(3) 차별금지영역

① 비정규근로 공통

㈎ 원칙

차별금지영역은 '임금, 정기적으로 지급되는 상여금(정기상여금, 명절상여금 등), 경영성과에 따른 성과금, 그 밖에 근로조건 및 복리후생 등에 관한 사항에서 불리하게 처우하는 것'이다(기단법§2iii, 파견법§2vii). 불리한 처우란 다르게 처우함으로써 기간제근로자에게 발생하는 불이익전반을 의미한다.[1] 따라서 임금, 정기상여금, 명절상여금, 경영성과금, 가족수당, 중식비·통근비,[2] 근로시간, 휴일, 휴가, 병가,[3] '맞춤형 복지포인트 또는 선택적복지제도'[4] 등의 근로조건 및 복리후생은 명확히 그 대상이 된다. 다만, 교육, 배치전환, 퇴직, 해고 등은 비정규직을 고용한 목적과 계약의 내용을 고려하여 제한적으로 대상이 될 수 있다. 한편, 고평법과는 달리 모집과 채용은 그 대상이 되지 않는다.

㈏ 성과상여금

성과상여금에 대해 '명칭과 달리 임금성질을 가지는 경우'[5]는 물론이고, 지급근거가 없고 지급사유발생이 불확정적이며 일시적으로 지급되어 임금으로 볼 수 없어도 '그 밖의 근로조건'에 해당되므로 차별금지영역이라고 보는 판결[6]이 발견된다. 교육공무원의 성과상여금과 관련하여 기간제교사도 공무원이므로 정규교사와 차별적처우를 할 수 없다는 하급심판결[7]이 발견된다. 그러나 근로계약기간이 1년이내인 것처럼 성과상여금을 적용하는 것이 적절치 않은 경우에는

제도가 취업규칙 등에 명시되어 있고, 그 지급조건을 충족하는 동종 유사업무를 수행하는 비교대상근로자 중 비정규직근로자에게만 지급하지 않으면 차별적 처우가 될 수 있다.

1) 대판 2012.3.29, 2011두2132 ; 서울행판 2012.1.12, 2011구합8734. 근로관계에 기인하여 근로자에게 지급되는 모든 급부 포괄. 성과급·경조금·위로금 등 이름이 어떠하든 간에 지급규정 없이 특별한 시기·사정에 따라 임의적으로 근로자 전체에게 일률적으로 정액·정률로 지급하더라도 임금이 아니라는 이유만으로 차별적 지급이 허용되지 않음. 사업양도전적위로금, 실비보전적 차원에서 지급된 현금출납수당도 같음.

2) 은행의 내부통제점검자 및 자점검사전담자와 기간제근로자의 차별 사건(대판 2012.3.29, 2011두2132 ; 대판 2012.10.25, 2011두7045 ; 대판 2012.11.15, 2011두11792) 근로자들에게 정규직인 비교대상 근로자보다 불리하게 차별 지급한 통근비와 중식대는 실비변상적인 것으로서 업무범위·난이도, 업무량 등에 따라 차등지급할 성질의 것이 아닌 점, 장기근속유도와 직접 연관시키기 어려운 점, 정규직 직원들에 대한 장기근속 유도 목적은 다른 제도로 달성할 수 있는 점 등을 종합하여 볼 때, 차별적처우에 합리적이유가 없다.

3) 고용차별개선정책과-1792, 2009.11.6.

4) 대판 2024.2.29, 2020두49355. 단기간근로미지급은 부당차별. 해당연도말일을 종료일로 하는 '계속되는 차별적 처우'에 해당하여 그 종료일부터 차별시정신청의 제척기간(6개월) 기산.

5) 서울행판 2008.10.24, 2008구합6622. 내부규정에 보수로 명시되어 있고 실제근로일수에 비례하여 20년동안 매년 반복하여 지급되는 등 임의적 또는 은혜적인 성격의 금품으로 볼 수 없다.

6) 서울고판 2010.2.3, 2009누17614.

7) 서울중앙지판 2012.6.25, 2011가단170494.

차별이 있더라도 합리성이 인정된다.[1)]

1년을 초과하는 것처럼 성과를 측정할 기간이 있는 경우에 '정규직은 근무성과를 평가해 지급하고 비정규직은 일률적으로 지급'하는 등 차별을 두면 그 합리성을 인정받기 어려울 수 있다.[2)]

경영성과금에 대해서는 '2013년 개정 파견법'이 차별금지영역임을 분명히 하고 있어 논란의 여지를 없앴다.

㈐ 명예퇴직금 · 학자금

명예퇴직금, 자녀학자금지원 등에 대해 계속고용기대권을 인정할 수 없는 기간제근로자에게 적용되지 않는 것이라는 이유로 차별금지영역에서 제외하는 판결[3)]이 발견된다. 그러나 그러한 금품들이 근로조건이나 복리후생이라는 점을 부인하기는 어렵다.[4)] 이러한 금품에 대해 차별금지영역에서 제외할 것이 아니라 차별에 합리성이 있는지로 접근할 수 있다.

② 파견근로

파견근로는 고용관계와 사용관계가 분리된다. 따라서 사용사업주가 책임을 지는 차별의 영역은 사업장에 편입되어 근로를 제공하는데 따른 근로조건이 차별적처우의 영역이 된다.

(4) 차별적처우와 합리적이유

① 판단기준

차별적처우의 판단은 '불리한 처우의 존재'와 '합리적이유의 유무'라는 두 단계로 이루어진다.

㈎ 불리한 처우

차별이 성립하려면 비교대상을 구별하고 배제하는 제도나 행위가 있어야 한다. "불리한 처우"란 비교대상근로자와 다르게 처우함으로써 발생하는 불이익 전반을 의미하며,[5)] 불이익 그 자체라는 객관적인 사실관계로서 차별적처우와는 달리 합리성에 대한 판단이 개입되지 않은 개념이다.[6)]

---

1) 대판 2017.2.9, 2013다205778. 기간제교원관련. 광범위한 형성의 재량 인정, 교육부지침으로 제외 가능.
2) 대판 2021.11.25, 2021두47387.
3) 서울행판 2010.2.18, 2009구합26234.
4) 박은정, "비정규직차별시정례(중노위 · 법원)에 대한 검토(Ⅲ)", 「노동법학」제35호, 한국노동법학회, 2010, 262쪽.
5) 대판 2012.10.25, 2011두7045.
6) 박종희외 「차별시정제도차별금지규정의 요건, 제재수단 및 구제절차 개선방안」, 고용노동부, 2011, 86쪽.

㈏ 합리적 이유

㉮ 판단방법

불리한 처우중에서 합리적이유가 없는 경우가 비정규직관련법에서 금지하는 차별적처우이다.

합리적이유가 없는 경우란 기간제근로자를 다르게 처우할 필요성이 인정되지 않거나 다르게 처우할 필요성이 인정되는 경우에도 그 방법・정도 등이 적정하지 않은 경우를 의미한다. 그리고 합리적이유가 있는지는 개별사안에서 문제된 불리한 처우의 내용과 사용자가 불리한 처우의 사유로 삼은 사정을 기준으로 기간제근로자의 고용형태, 업무내용・범위, 권한・책임, 임금・정기상여・기타근로조건・복리후생의 결정요소, 정년초과[1] 등을 종합적으로 고려하여 판단된다.[2] 합리적이유판단은 차별적처우판단의 최종단계에서 이루어진다.[3]

㉯ 차별의사

'비정규직근로자라는 사실'과 차별의 사이에 인과관계가 있으면 되고, 사용자에게 주관적인 차별의사가 있어야 하는 것은 아니다. 객관적으로 보아 기술, 능력 등이 아닌 비정규직근로자라는 이유로 차별이 있다면 '합리적 이유없이 불리하게 처우'한 것이 된다.[4] 즉, 객관적인과관계면 충분하다.

㉰ 간접차별

비정규직차별금지제도관련법은 간접차별 규정을 두고 있지 않다.

② 차별적제도 설계

비정규직근로자를 사용하는 목적은 다양하다. 임시적이거나 한시적인 업무를 위해서나 정규직근로자와 대우를 달리하면서 전문가를 영입하기 위해서 사용될 수 있다. 따라서 정규직에게는 연공급제도를 적용하면서 비정규직에 대해 연봉

---

1) 대판 2023.4.27, 2021다229588. 정년초과는 차별금지의 합리적이유를 판단함에 있어 고려요소이고, 손해배상액은 정년경과근로자를 채용하였더라면 받을 수 있는 임금상당액, 정년이 경과한 파견근로자가 수행한 업무의 내용과 범위・책임, 동종사업장 관행, 동종유사업무가 아니라도 다른 종류의 업무영역에서 사용사업주가 일시적으로 고용한 정년퇴직근로자여게 지급한 임금과 퇴직전에 지급한 임금의 차이와 비율 등을 종합 고려.

2) 대판 2012.3.29, 2011두2132(**한국노동법학회, 『노동판례백선』 제1판**, 223쪽. 주요판례로 다룸) ; 고용차별개선정책과-2432, 2009.12.30. 합리적이유가 있는지는 직무, 능력, 기술, 자격, 경력, 근속년수, 업적, 실적 등 근로제공과 관련된 객관적인 요소를 고려하여 종합적으로 판단한다. ; 서울고판 2010.11.11, 2010누15577. 합리적이유해당부는 기간제근로자의 근속기간, 단기고용이라는 특성, 채용조건・기준・방법・절차, 업무의 범위・권한・책임, 노동시장의 수급상황 및 시장가치, 사용목적(수습・시용・직업훈련・인턴 등), 임금 및 근로조건의 결정요소(직무, 능력, 기능, 기술, 자격, 경력, 학력, 근속연수, 책임, 업적, 실적 등) 등을 고려하여 개별사안별로 판단한다.

3) 노동법실무연구회, 「근로기준법 주해 Ⅰ」박영사, 2020, 635쪽.

4) 차별시정과정에서 사용자에게 입증책임을 부과한 이유도 여기서 찾을 수 있다.

제나 직무급제를 적용하는 것처럼, 임금의 구조나 체계[1]를 달리하는 것은 위법하다고 보기 어렵다.[2] 비정규직근로자와 정규직근로자의 사이에 채용, 업무 등에 있어서 실질적차이가 있더라도, 현저한 질적차이가 없다면 비록 그 비교대상이 공무원일지라도[3] 차별의 합리성이 부인될 수 있다. 비정규직근로자의 업무가 정규직근로자의 부수적이거나 일시적업무가 아니라 본질적이고 상시적업무라면 비정규직근로자에게만 제도 자체를 설정하지 않으면 합리성이 부정되며, 차별적처우에 해당된다.[4] 비정규직근로자에게 정규직근로자가 적용받는 제도를 설정하였지만, 그 기준이나 내용에 있어 차별적이라면 사용자가 그 합리성을 입증하지 못하면 불합리한 차별이 될 수 있다. 단체협약에 규정된 근로조건이 비조합원인 비정규직에 대해 적용되지 않더라도, 비판적인 견해[5]가 있기는 하나, 단체협약의 효력이 확장되는 경우가 아닌 한, 불합리한 차별로 볼 수는 없다.[6]

③ 통일적기준 설정

근로조건을 정함에 있어 통일적인 기준을 설정하였음에도 비정규직근로자가 이를 충족하지 못해 그 수혜를 받지 못하면, 합리성이 인정된다. 기준을 설정함에 있어서도 객관적으로 나타난 요건을 중심으로 판단한다.[7] 비정규직근로자를 채용함에 있어 자격, 조건, 방법, 절차 등을 달리함에 따라 근로조건이 다르다면 합리성을 부인하기 어렵다. 그러나 이처럼 달리 설계된 업무가 동종·유사업무라면 불합리한 차별이 될 수 있다. 또 그 자격기준이 업무수행과 관련성이 없거나 '채용형식이 공개인지 아닌지'인 것처럼 수행업무의 내용과 관련이

---

1) 대판 2021.11.25, 2021두47387. 〈합리성 인정〉 기본급체계 달리 적용.

2) 고용차별개선과-2070, 2013.10.28. 채용조건(경력·자격증 등)이 임금결정요소이거나 업무수행과 관련이 있고, 근거로 작용한 경우라면 그 범위에서 불리한 처우는 합리적이유가 인정됨.

3) 서울행판 2010.6.17, 2009구합56488. '공무원수당규정'이 적용된다는 이유로 합리성이 보강되지 않음.

4) 서울행판 2008.10.24, 2008구합6622. 성과상여금과 관련하여 "채용, 업무 등에 있어서 실질적인 차이를 고려하여 그 액수를 각기 달리 하여 성과상여금을 지급하는 것"에 합리적인 이유는 별론으로 하고, "기간제근로자라는 이유만으로 성과상여금을 전혀 지급하지 않는 것"은 합리적인 이유가 없다.

5) 박은정, "비정규직차별시정례(중노위·법원)에 대한 검토(Ⅲ)", 「노동법학」 제35호, 한국노동법학회, 2010, 259쪽. 강행법규인 차별금지규정과 규범성이 부여되고 있는 단체협약의 효력관계를 혼동한 것이라고 비판.

6) 고용차별개선과-1172, 2013.6.19 ; 중노위, 「차별시정업무매뉴얼」, 2009, 37쪽.

7) 근속수당산정, 퇴직금누진율적용, 호봉산정, 승진소요기간 등의 기준을 2년을 초과하는 단위로 정하는 경우를 생각할 수 있다. 2년을 초과하는 단위로 정한 것이 타당한지에 대한 판단은 사용자의 주관적인 의도까지 고려한 것으로 비정규직차별금지판단의 영역을 벗어난 것으로 보인다. 2년 단위로 정함으로써 결과적으로 사용기간이 2년이하로 제한되는 비정규직근로자가 차별을 받는 것은 일종의 간접차별로 볼 수 있다. 비정규직차별금지제도가 간접차별제도를 도입하지 않고 있어 불합리한 차별로 볼 수는 없다. ; 정규직과 비정규직간에 같은 업무를 수행한다고 하더라도 1년미만계약직을 제외한 전체직원(정규직, 1년 이상 계약직)에 대한 급여인상의 이유가 1년이상 장기근속한 사람의 근속년수 또는 생산성 등의 차이에 기인하여 인상율을 달리하면, 그 범위에서 차별적처우에 대한 합리적이유가 인정될 수도 있다(차별개선과-2118, 2008.11.7).

없는 기준이 차별의 원인이라면 불합리할 수 있다.

④ 구체적판단 방법

㈎ 업무 범위·책임·능력

동종 또는 유사한 업무라도 정규직근로자의 업무범위에 비정규직근로자가 수행하지 않는 업무가 포함되어 있다거나 별도로 책임을 부여한다면 불합리한 차별로 보기 어렵다. 다만, 추가되어 있는 업무와 책임을 분리해낼 수 있고 이에 대한 대가를 구분하여 산정할 수 있다면 그러한 부분을 제외하고 차별이 있는지를 판단하여야 한다. 채용조건·기준, 책임·권한, 직무, 업무강도 등도 같은 방법을 적용한다.[1] 다만, 이 경우에도 기준과 관련이 없는 근로조건 예컨대 근속수당차별은 합리성을 인정받지 못한다. 동종·유사업무에 종사함에도 채용절차가 다르다는 이유로 행한 차별은 합리성이 인정되지 않는다.[2] 비교대상근로자의 업무범위가 비정규직근로자의 업무범위보다 넓고, 직급보조비, 가계지원비 등 처우차이가 업무범위차이를 감안할 때 크지 않다면 차별의 합리성을 강화시켜 준다.[3] 노동생산성을 이유로 차별하려고 하는 경우에는 선험적추론·평가가 아닌 결과를 기준으로 해야 한다. 비정규직은 노동생산성이 낮을 것이라는 전제로 동종·유사업무에 종사하는 정규직보다 임금을 낮게 설정하는 것은 불합리한 차별이다. 사후평가결과를 기준으로 한 차별은 인정되나 평가기준이 동일해야 한다. 성과상여금이 차별금지영역에 포함되지만, 정규직근로자에 대해 업무수행능력을 향상시키기 위해 연봉을 삭감할 수 있도록 설계하였다면, 비정규직근로자에게 이 제도를 설정하지 않아도 불합리하다고 단정할 수 없다.[4]

㈏ 채용 방법·절차

채용의 방법이나 절차가 다르더라도 비교대상근로자와 동일한 조건 및 내용

---

1) 비정규직대책팀-2736, 2007.7.9 ; 서울행판 2010.1.22, 2009구합28155. 대형버스는 중형버스에 비해 크고, 복잡한 노선을 운행하며, 운행시간이 길고 배차간격이 짧으며 평균 수송인원이 약 2배 정도 이고, 사고위험이 더 높으며, 격일제근로를 하는 중형버스와 달리 하루 2교대로 근무하는 점 등을 종합할 때, 통상시급, 상여금, 무사고수당 등의 차이는 합리적이다. 다만 근속수당의 경우, 대형버스와 달리 기간제근로자에 대해 전혀 지급하지 않은 것은 차별적처우이다.

2) 서울고판 2012.3.28, 2009누32576, 비정규직과 정규직이 직제규정상 같은 직명으로 근무하면서 어느 한 쪽이 교육·휴가 등으로 근무가 불가능할 경우에는 서로 업무를 대신 수행한 점, 이들이 사업장에 따라서는 같은 작업조에 동등하게 소속되어 업무를 수행하기도 한 점 등을 볼 때 상호대체가 가능하고 업무의 성격과 가치도 유사하다. 다른 공공기관과 임금격차해소를 목적으로 마련한 돈으로 성과상여금을 지급하거나 비정규계약직에게는 성과상여금을 지급할 예산상 근거가 없다는 사정 등은 합리적이유가 되지 못한다.

3) 서울행판 2010.6.18, 2009구합55553.

4) 서울행판 2010.4.29, 2009구합36583 ; 서울행판 2010.6.4, 2009구합47385. 은행의 자점검사담당자와 임금피크제근로자 관련.

의 근로를 제공하면 불리한 처우에 대해 합리적이유를 인정하기 어렵다. 서로 다른 업무수행능력을 반영하여 채용방법·절차를 달리한 것이라면 해당업무가 서로 수행능력에 있어 차이가 있음을 사용자가 입증해야 한다.

㈐ **비례보호원칙**

근로계약기간이나 근로시간이 정규직근로자와 달라서 발생하는 차별은 합리성이 인정된다.[1] 다만, 이 경우에 분할이 가능한 근로조건에 대해 비례보호원칙이 적용된다(같은장, 같은절 2·다,(2)).

㈑ **법정근로조건**

법정근로조건은 동일하게 적용하는 것이 원칙이다. 특히 법정수당산정방식에 있어 차이를 두려면 합리적인 이유가 있어야 한다. 법정근로조건이 아닌 급부의 경우에는 그 내용과 목적을 확인한 후 목적을 실현하기 위한 객관적기준에 따라 이루어지는지로 차별적처우여부를 판단할 수 있다.

㈒ **속인적요소**

비교대상이 되는 두 근로자의 사이에 취업기간·근속년수, 학력, 연령, 기술, 자격증의 취득, 능력 등 속인적요소로 결정되는 근로조건이 있을 수 있다. 만약 정규직 및 비정규직근로자가 모두 속인적요소를 임금이나 다른 근로조건에 반영하고 있다면 그 기준을 각각 다르게 적용할 수는 없다. 자격요건의 현저한 차이는 차별의 합리성을 정당화시키는 요인이 된다.[2] 장기근속을 전제로 하는 근로조건의 차별은 합리성을 인정받을 수 있다. 예컨대 중식대나 교통비처럼 장기근속유도와 관련이 없는 실비변상적근로조건의 차별은 상대적으로 합리성을 인정받기 어렵다.[3] 반면에 정근수당·정근수당가산금[4]·장기근속수당[5] 또는 '자녀학자금·개인연금신탁지원금'[6]은 장기근속을 전제로 하므로 기간제근로자

---

1) 비정규직대책팀-2966, 2007.7.23.
2) 서울행판 2009.2.6, 2008구합22747. 강의초빙교수와 시간강사는 자격요건이 달라 다른 기준에 의해 임금을 결정해도 차별로 단정할 수 없다.
3) 서울행판 2010.4.29, 2009구합36651.
4) 서울행판 2010.6.18, 2009구합55553.
5) 대판 2014.9.24, 2012두2207. 장기근속대가로 지급되는 외에 장기근속 장려목적에서 지급되는 것으로 볼 수 있는 점, 기간제근로형태와 비교대상 근로자들의 정규직근로형태가 채용목적, 근로범위나 권한 등이 다름 ; 동일한 근속에 대해 차별하는 것은 합리성을 인정받지 못함 (서울행판 2019.8.30, 2018구합78640. 근속수당지급의 취지는 근로자들의 업무내용보다 근무기간이나 복지제공의 필요성 등과 관련이 있으므로 단시간근로자와 비교대상근로자 사이에 일부 업무수행형태의 차이가 있더라도 전일제 돌봄전담사에 비하여 단시간 돌봄전담사에게 근속수당 지급에 관하여 불리하게 처우한 것에 대한 합리적이유가 없다.)
6) 서울행판 2010.4.29, 2009구합36583. 은행의 임금피크제근로자와 기간제 내부통제점검자 관련. 개인연금신탁지원금은 노후생활대비 목적임을 강조하고 있다.

에게 지급되지 않더라도 합리성을 인정받을 수 있는 가능성이 높아진다. 이 경우 그러한 취지를 미리 규정하면 장기근속목적을 확인하는데 도움이 된다.

(5) 차별금지영역별 판단 기준 · 방법

① 임 금

㈎ 원 칙

불리한 처우가 존재하는지는 기간제근로자가 불리한 처우라고 주장하는 임금의 세부항목별로 비교하여 판단되어야 한다. 그러나 임금이 서로 다른 항목으로 구성되거나, 특정항목은 불리한 대신 다른 항목은 유리해서 항목별로 비교하는 것이 적절하지 않을 수 있다. 이에 대해서는 다양한 판단이 발견된다. 첫째, 임금총액을 기준으로 본다는 판결[1]이 발견된다. 이러한 판단은 해당임금의 지급근거나 성격, 산정기준 등을 고려하지 못한다. 둘째, 소정근로를 제공한 것 자체만으로 지급요건이 충족되는 임금항목에 대해서는 총액을 기준으로 보고 특정조건에 해당해야만 지급요건이 충족되는 임금항목에 대해서는 항목별로 따진 판결[2]이 발견된다. 이러한 판단은 통상임금이 아닌 임금이나 임금이 아닌 순수복지성금품은 이를 고려하여 기본급을 책정하더라도 항목별비교가 요청된다. 셋째, 관련항목들을 범주별로 구분하고 비교하여 판단되어야 한다는 판결[3]이 있다. 세부항목이 어떤 범주에 속하는지는 항목별 임금지급의 근거 · 대상 · 성격, 세부항목의 구성 · 산정기준, 특정항목의 임금이 지급되지 않거나 적게 지급된 이유 · 경위, 임금지급관행 등을 종합하여 합리적 · 객관적으로 판단되어야 한다. 이 판단이 타당해 보인다.

㈏ 같은 임금구조 · 체계

㉮ 연공급제

비정규직근로자와 비교대상근로자의 임금구조가 모두 지급항목별로 나열되어 있다면 세부항목별로 비교할 수 있다. 이중에서 비교대상근로자에게는 설정되

---

1) 서울고판 2012.6.14, 2012누50001.

2) 서울고판 2013.10.30, 2013누12012.

3) 대판 2019.9.26, 2016두47857(**한국노동법학회, 『노동판례백선』 제2판**, 261쪽. 대상판결은 불리한처우가 존재하는지 범주별로 판단했다면, 합리적이유 판단도 범주별로 이루어져야 한다고 봄) ; 대판 2019.9.26, 2016두51078. 카지노 정규직딜러가 받는 특별상여금과 호텔봉사료를 기간제딜러가 받지 못한 사건. 특별상여금은 비교대상근로자의 재직기간이 길고 심층교육을 받아 업무숙련도가 높으며 고유의 특수업무가 있으므로 차별이 합리적임, 호텔봉사료는 다른 지급항목과 달리 급여규정에 근거가 없고 비교대상근로자가 적용받는 임금체계와 무관하게 '호켈봉사료지급기준'에 따라 기간제딜러를 제외한 전직원에게 균등하게 지급되고 있으며, 매월 고객들로부터 징수된 돈을 재원으로 하고 다른 지급항목과 달리 매월 금액이 일정하지 않으므로 기간제딜러의 기본급여가 호텔봉사료까지 고려해 정해졌다고 보기 어려워 달리 처우할 필요성이 인정되지 않음.

어 있는 항목이 비정규직근로자에게는 설정되어 있지 않거나 다른 기준을 사용하고 있다면 차별적처우가 존재하는 것이 되며 합리성을 인정받아야 한다. 기본급의 호봉,[1] 근속수당, 오지・벽지수당, 위험수당, 자격수당,[2] 출근수당, 만근수당, 가족수당, 실비성격의 식비, 직책수당,[3] 명절보너스,[4] 고정적상여금, 성과급적상여금[5] 등이 그렇다.[6] 차별금지의무의 주체는 비정규직근로자에게 적용을 배제하거나 지급기준을 달리하는 합리적이유를 입증해야 한다. 다만, 비정규직근로자에게 일부수당의 적용을 배제하거나 지급기준을 낮게 해도 기본급, 고정적상여금 등을 더 많이 지급함으로써 범주별로 비교하여 비교대상근로자보다 적지 않으면 합리성이 인정될 수 있다.

㉯ 직무급제 · 직능급제 · 연봉제

비교대상에 대해 모두 직무급제나 직능급제를 택하고 있다면 직무급제에 해당하는 임금총액을 서로 비교한다. 직무급제임금은 사용자가 직무수행에 요구하는 기술・노력・책임・작업조건 등을 감안하여 정해진다(고평법 §8②).[7] 직능급제 역시 사용자가 기술수준에 대해 기준을 정하고 등급화하여 관리하면서 이에 상응하는 임금을 지급하게 된다. 따라서 이러한 기준이 비교대상에게 공통으로 적용함으로써 발생하는 차별에 대해서는 합리성을 부정하기 어렵다. 사용자가 이러한 기준을 구체적으로 정하지 않았다면 사회통념에 따라 그러한 요소에 비추어서 차별이 합리적인지를 판단한다. 비교대상이 모두 연봉제를 택하고 있다면 연봉에 해당하는 임금총액을 서로 비교한다. 연봉의 구성이나 결정기준이 공통적으로 적용되면 여기서 발생하는 차별에 대해 합리성을 부정하기 어렵다.

㉰ 포괄임금약정

비교대상 모두에게 포괄임금약정이 적용되면 총액을 비교한다. 동종・유사업

---

1) 직원의 직급과 호봉을 조정하는 과정에서 학력을 조건으로 하지 않았던 기존의 비공개 채용 근로자와 달리 학력을 조건으로 하여 공개채용한 신규입사자에게 학력, 호봉을 따로 가산하지 않은데 대해 합리성을 인정한 판례가 있다(대판 1997.7.8, 96다56269).

2) 비정규직대책팀-582, 2007.2.22. 자격증 수당 관련.

3) 단시간근로자, 파견근로자 및 2년으로 제한되어 있는 기간제근로자에게 직책이 주어지기는 어렵지만, 직책을 부여하면서 정규직과 달리 직책수당을 지급하지 않으면 불합리한 차별이 될 수도 있다.

4) 고용평등정책과-59, 2010.3.4.

5) 비정규직대책팀-582, 2007.2.22. 경영평가성과급 관련; 서울고판 2010.1.13, 2009누17614. 비교대상근로자인 정규직영양사에 비하여 성과상여금을 적게 지급한 것은 차별적처우에 해당한다.

6) 대판 2014.11.27, 2011두5391. 정액급식비, 교통보조비, 가족수당은 업무와 관계없이 실비변상적으로 또는 부양가족이 있는지에 따라 지급되고 장기근속을 유도한다고 보기 어려우므로 차별금지대상이다.

7) 비교대상업무의 기술, 노력, 책임 및 작업조건이 같은 수준인지를 비교하게 된다. 비정규직차별금지제도는 제시된 기준에 명문규정이 없어 고평법의 동일가치노동동일임금원칙만큼 엄격하게 갖출 것을 요구한다고 보기는 어렵다. 그러나 사용자가 직무분석을 과학적으로 자세히 하여 그런 기준을 제시한다면 그에 기속된다.

무임에도 불구하고 총액이 다르면 합리성을 의심받을 수 있다. 합리성을 판단하기 위해서는 포괄산정의 구성요소를 구분해낸 후에 그 요소별로 비교한다.

㉣ 혼합형임금구조

사용자가 임금구조를 직무급제, 직능급제, 연봉제 또는 포괄임금약정으로 관리하면서, 부가적으로 연공급요소나 다른 수당체계를 가지고 있다면 이러한 부분을 각각 분리하여 비교한다.

㈐ **다른 임금구조·체계**

㉮ 원 칙

비교대상중에서 한쪽은 직무급제, 직능급제를 택하고 다른 한쪽은 연공급제 또는 포괄임금약정을 택하고 있다면 그 부분에 대해서는 임금총액을 비교할 수밖에 없다. 이 때 같거나 유사한 업무에 대해 임금구조를 달리하고 있는 점과 차별을 하고 있는 점에 대해서는 사용자가 합리성에 대해 입증해야 한다. 한쪽은 연공급제를, 다른 한쪽은 포괄임금약정을 택하고 있다면 우선 임금총액을 비교하고, 임금총액에서의 차별에 대하여 합리적인 이유를 발견할 수 없으면 포괄임금약정의 구성요소를 분리하여 요소별로 각각 비교한다.

㉯ 혼합형

비교대상중에서 한쪽에 대해서는 직무급제, 직능급제 또는 연봉제를 원칙으로 하면서 연공급제를 혼합하고 있고 다른 한 쪽에 대해서는 연봉제를 택하고 있다면 상응하는 지급항목에 대해서는 그 항목의 배제여부, 임금산정기준 등을 비교하여 차별여부를 판단하고 주된 부분에 대해서는 임금총액을 비교한다.

㉰ 법정수당·금품과 퇴직금

직무급, 직능급 또는 연봉제를 택하더라도 법정수당은 지급되어야 한다. 따라서 동종 또는 유사한 업무를 수행하고 있는 비교대상에 대해 연장근로수당 및 가산수당, 휴일근로수당 및 가산수당, 야간근로 가산수당, 연차휴가수당 및 미사용휴가수당, 출산전후휴가수당, 휴업수당, 재해보상 등에 대해 지급률 또는 '지급률을 적용할 대상 임금'처럼 그 기준을 달리하는 차별은 합리성을 인정받기 어렵다. 퇴직급여제도를 설정함에 있어 하나의 사업에서 급여·부담금산정방법의 적용에 관하여 차등을 두어서는 안된다(근퇴법 §4②). 따라서 차별에 대해 합리성이 있는지를 따질 필요도 없이 그 자체로 위법이다. 한편, 같은 기준을 적용함에 따라 발생한 퇴직급여액의 차별에 대해서는 합리성을 부인할 수 없다. 파견근로의 경우는 퇴직급여에 대해 파견사업주가 책임을 진다. 따라서 파견근로자는 퇴직급여제도를 운용함에 있어 사용사업주에 속해 있는 '하나의 사업'에 포함되지 않는 것으로 보아야 한다. 퇴직급여제도에 관련해서는 파견근로자가 파견사업주와 고용계약을 체결할 때에 그 기준을 정하게 되고, 이 때에 차등이 금지되는 '하나의 사업'은 파견사업주의 사업을 의미한다. 따라서 사용사업주와 직접 고용계약을 맺은 근로자와 파견근로자의 퇴직급여지급기준이 다르더라도 이를 불합리한 차별로 보기는 어렵다.

② 그 밖의 근로조건

㈎ 해고 · 징계

비교대상이 되는 근로자간에 '징계의 사유 및 절차', 징계양정, '해고예고기간 및 수당산정기준' 등을 달리 정하면 원칙적으로 불합리한 차별이 된다. 비정규직의 속성에서 비롯한 차별은 합리성이 인정될 수 있다. 먼저, 경영해고를 하면서 비정규직근로자를 우선대상자로 삼는 것은 부당하지 않다.[1] 다음으로, 근로계약기간이나 정년제도를 감안하여 앞으로 남은 기간을 기준으로 명예퇴직수당을 산정해도 합리성을 부정할 수 없다. 사용사업주가 파견근로자에 대해 파견취소조치를 취할 때, 자신이 직접 고용한 근로자의 해고에 비해 더 불리한 기준을 적용하면 불합리한 차별이 될 수 있다.[2]

㈏ 근로시간 · 휴일 · 휴가

비교대상근로자간에 소정근로시간이나 소정근로일을 달리 운영해도 이를 불합리하다고 볼 수 없다. 계약을 체결하면서부터 비정규직근로자에게만 야간근로를 하기로 하였다면 이 자체를 불합리한 차별로 보기는 어렵다. 그러나 처음부터 야간근로의 목적으로 고용한 것이 아님에도 불구하고 교대제를 운용함에 있어 비정규직근로자만 야간근로시간대에 배치하는 것은 불합리한 차별이다. 연차유급휴가, 주휴일, 약정휴일이나 경조휴가 등에 있어서 비정규직을 이유로 해서 차별하기 위해서는 합리적이유가 제시되어야 한다.[3]

㈐ 교육훈련

교육훈련이 2년이상장기고용을 전제로 하여 실시되면 기간제근로자를 배제하

---

1) 다른 의견, 박종희, 「비정규직차별금지 판단기준 및 운영에 관한 연구」, 중앙노동위원회, 2006.11, 187쪽. 비정규직이라는 이유만으로 경영해고의 우선선정대상이 되려면 합리적이유가 있어야 된다(다만, 공기업에서 정부의 경영혁신계획이나 기획예산처지시도 합리적이유가 될 수 있다고 봄으로써 범위를 넓게 본다).

2) 파견근로자가 더 보호받아야 하는 경우도 발생한다. 파견근로자에 대한 사용사업주의 지휘 · 명령권은 파견사업주와 체결한 근로자파견계약의 내용에 따라 제약을 받을 수 있다. 따라서 이를 벗어난 지휘 · 명령을 거부하더라도 이를 이유로 한 불이익한 처분은 근로자파견계약 위반이 된다.

3) 단시간근로자에 대해서도 비례원칙을 적용하여 부여하여야 하나 초단시간근로에 대해서는 주휴일과 연차유급휴가규정이 적용되지 않는다(같은장, 같은절, 2·다, (3), ④).

더라도 합리성을 부인하기는 어렵다. 단시간근로자라도 기간의 정함이 없거나, 2년이상계약대상자라면 근로시간을 감안하여 적절한 교육훈련기회가 주어져야 한다. 현재의 업무처리능력을 키우는 훈련이나 소양교육 등에 대해서는 기간제근로자라는 이유로 기회를 박탈할 수는 없다.

사용사업주는 일정한 자격이나 능력을 가진 사람을 파견사업주로부터 공급받아 사업을 운용한다. 따라서 사용사업주가 파견근로자에 대해 업무와관련된 교육훈련기회까지 직접사용근로자와 같이 부여할 의무는 없다. 다만, 꽃꽂이, 미술감상 등 직접사용근로자에게 복지차원에서 주어지는 취미교육을 파견근로자에게 제공하지 않으면 불합리한 차별이 될 수 있다.

㈑ **복 지**

차별적처우가 금지되는 영역은 단체협약,[1] 취업규칙, 근로계약 또는 관행에 의해 주어지는 근로조건이다. 이러한 조건을 충족하는 한 교통비, 식대[2]·식당이용, 직장인단체보험, 경조사비, 건강진단비, 학자금지원, 맞춤형복지제도[3] 등도 차별금지영역으로 해석된다.[4] 이 경우 기간비례원칙이나 시간비례원칙이 적용될 수 있으며 그 특성상 합리적이유가 있다면 복리후생혜택을 배제할 수 있다.

사내복지기금도 근로조건·복리후생'에 해당되므로 기간제근로나 단시간근로를 수혜대상에서 제외하면 차별에 해당된다. 파견근로에 대해서는 '사용종속관계성립을 전제로 지급되는지' 또는 '파견근로자가 사용사업주의 사업장편입에 따라 수혜가 가능한지', '사용사업주와 파견사업주가 맺은 근로자파견계약의 내용 등 구체적인 사실관계' 등을 종합적으로 고려하여 판단한다.[5]

복지에 대해 통일적기준을 정해서 공평하게 적용함에도, 비정규직근로자가 그 기준을 충족하지 못하여 그 수혜를 받지 못하면 불합리한 차별로 볼 수 없다. 아울러 교육비지원과 같은 복지제도를 만들면서 '장래의 공헌 가능성'을 전제로 해도 불합리하지 않다.

㈒ **승 진**

차별금지는 임금 등 그 밖의 근로조건을 대상으로 하며, "그 밖의 근로조건"

---

1) 조합원자격이 있는 비정규직근로자의 경우를 대상으로 한다.

2) 서울행판 2010.4.29, 2009구합36651. 통근비와 중식대 관련. 실비변상 내지 복리후생적 목적을 근거로 삼음 ; 시간비례원칙과 무관하게 판단될 수 있으므로, 통상근로자와 동일하게 업무시간 중에 식사시간이 있어 업무를 계속하기 위해 식사를 할 필요가 있다면 식대를 지급하지 않거나 차등지급하는 것은 합리적이지 않음(대판 2012.11.15, 2011두11792. 고용차별개선과-439, 2018.3.6 ; 고용차별개선과-1527, 2014.8.7).

3) 차별개선과-1802, 2008.10.1.

4) 비정규직대책팀-2966, 2007.7.23 ; 비정규직대책팀-2527, 2007.6.28.

5) 비정규직대책팀-2425, 2007.6.26.

에는 취업규칙에 의무적으로 기재할 사항(근기법 §93)이 포함되므로 승진제도도 근로조건에 해당된다. 기간제근로자에게 승진제도를 적용하는 것이 원칙이며, 적용치 않으려면 합리적이유를 제시해야 한다. 다만, 승진소요기간을 2년이상으로 함으로써 기간제근로자가 제외되면 이를 차별로 볼 수 없다. 단시간근로자와 파견근로자에 대해서는 그 성격상 승진제도를 정규직근로자와 같게 적용하기 어렵다.

③ 다른 법과의 관계

정년퇴직자를 재고용함에 있어 당사자합의에 의하여 계속근로기간산정 및 임금결정을 달리할 수 있으며(연령법 §21②), 이 범위에서 임금은 기단법적용이 배제될 수 있으나,[1] 다른 근로조건 및 복지는 차별영역에 포함된다.

5·마. 차별구제

(1) 개 요

차별적처우에 대해서는 노동위원회를 통한 구제제도를 마련하고 있다(기단법 §9~§15의2). 행정절차 또는 준사법절차를 택한 이유는 근로자가 비용부담이 없이 빠르게 권리를 구제받을 수 있도록 하기 위해서이다. 차별시정의 신청, 조사, 조정, 중재에 대한 절차, 방법 등에 관하여 필요한 사항은 중노위가 정한다.

(2) 신청주체

① 원 칙

비정규직차별구제의 주체는 기간제근로자, 단시간근로자[2] 및 파견근로자이다(기단법 §9①). 이러한 근로자는 불법으로 파견된 경우에도 구제를 신청할 자격이 주어진다. 차별적처우에 대한 시정신청은 동일사업(장)의 근로자와 비교하여 불합리한 처우가 있을 때 가능하므로 수급인의 근로자가 도급인의 근로자를 비교대상으로 하여 신청할 수는 없으나, 사내하도급의 형식을 띈 사실상의 불법파견이라면 가능하다. 이 경우 노동위원회는 파견여부를 먼저 판단하게 된다.

② 행정관청의 시정지도

㈎ 기단법

고용장관은 차별적처우(기단법 §8)를 한 사용자에게 그 시정을 요구할 수 있다(기단법 §15의2①). 사용자가 시정요구에 응하지 않으면, 고용장관은 차별적처우의 내용을 구체적

---

1) 비정규직대책팀-932, 2007.3.26.

2) 초단시간근로자도 포함 ; 연장근로 등으로 실제근로가 통상근로자보다 짧지 않은 단시간근로계약자 포함[서울행판, 2012.1.12, 2011구합8734 판결(확정)].

으로 명시하여 노동위원회에 통보해야 하고, 그 사실을 해당되는 사용자 및 근로자에게 알려야 한다(기단법 §15의2②). 노동위원회는 통보를 받은 후에 지체없이 차별적 처우여부를 심리해야 하며, 이 때 해당되는 사용자 및 근로자에게 의견을 진술할 수 있는 기회를 부여해야 한다(기단법 §15의2③).

노동위원회의 심리 및 시정절차에 관하여는 기단법 제9조제4항 및 제11조부터 제15조까지의 규정을 준용하고(기단법 §15의2④), 확정된 시정명령불이행 등에 대한 과태료부과조항인 제24조제1항을 적용한다. 그 밖에 심리 등에 관한 사항은 중노위가 정한다(기단법 §15의2⑤).

(나) **파견법**

고용장관은 파견·사용사업주가 차별적처우(기단법 §21①)를 한 경우 그 시정을 요구할 수 있으며, 사용자가 이에 응하지 않을 경우에 차별적처우의 내용을 구체적으로 명시하여 노동위원회에 통보하고, 노동위원회는 지체없이 차별적처우여부를 심리하여야 한다(파견법 §21의2 ①②③).

고용장관은 노동위원회에 통보한 사실을 파견·사용사업주 및 근로자에게 통지해야 하며, 노동위원회는 심리과정에서 파견·사용사업주 및 근로자에게 의견을 진술할 수 있는 기회를 부여하여야 한다. 노동위원회의 심리 및 시정절차 등에 관해서는 기단법 제15조의2제4항에 따라 준용되는 규정(§9④, §11~§15의 규정) 및 제15조의2제5항을 준용하고(파견법 §21의2④), 확정된 시정명령불이행 등에 대한 과태료부과조항인 제46조제1항을 적용한다.

(3) 신청상대

구제신청의 상대방은 각각의 비정규직을 고용하는 사업주가 되며 파견근로의 경우에는 파견사업주 또는 사용사업주가 된다.

(4) 신청시기

① 제척기간

노동위원회에 차별시정은 차별적처우가 있은 날(계속되는 차별적 처우는 그 종료일)부터 6개월이내에 신청할 수 있다(기단법 §9①).[1] 이 규정은 6개월을 제척기간으로 설정한 것으로서 그 기간이 지나면 구제신청은 각하된다. 제척기간을 판단하는 기준인 '처우가 있은

1) 차별사건은 부당해고와 달라 사실파악에 시간이 많이 걸리므로 기산점을 사건발생시점인 '차별이 있었던 날'이 아닌 '차별이 있었음을 안 날'로 하였어야 한다는 주장(박종희, 「비정규직차별금지 판단기준 및 운영에 관한 연구」, 중앙노동위원회, 2006.11, 249쪽)이 있다.

날'은 차별적계약체결일, 근로제공일 및 청구권발생일을 생각할 수 있는데 청구권발생일로 보는 것이 타당해 보인다.[1)]

② **계속되는 차별적처우**

계속되는 차별적처우에 대해서는 그 종료일로부터 6개월이내에 신청할 수 있다.[2)] 계속되는 차별적처우라 함은 개별적이고 구체적인 차별행위가 계속되는 것을 의미한다. 다시 말해서 "계속되는 차별적처우"의 판단은 계속적·정기적으로 적용되는 근로조건을 대상으로 하며, 지급사유발생이 불확정이고 일시적인 근로조건은 이에 해당하지 않는다.[3)]

계속되는 근로제공에 대해 차별적으로 규정을 적용하여 임금을 지급해 왔다면 "계속되는 차별적처우"로 보는 것이 타당하다.[4)] 이 경우 임금지급일은 계속 발생하는 임금을 정산하는 날에 불과하며, 차별시정대상은 차별적처우전체가 된다. "계속되는"에는 전후의 동질성이 인정되면 단절이 있는 경우도 포함될 수도 있다. 교통비와 식비를 계속되는 차별적처우로 본 사례[5)]가 발견된다.

(5) 입증책임

차별금지분쟁에 있어서 입증책임은 사용자가 부담한다(기단법 §9④). 사용자가 근로자보다 정보를 많이 가지고 있음을 고려한 입법이다. 입증책임이 사용자에게 있어도 근로자는 신청할 때 차별적처우의 내용을 구체적으로 명시해야 하며(기단법 §9②) 쟁송과정에서 자신의 주장을 뒷받침할 증거자료를 충실히 제시할 필요가 있다.[6)] 입증의 정도는 판단주체인 노동위원회로 하여금 합리적인 의심을 배제할

---

1) 성과상여금과 관련하여 기단법을 적용함에 있어 차별적처우가 법 시행일 이후에 발생한 것인지에 관해, 판례는 동일회사에 관한 사건임에도 불구하고 근로제공시점(서울고판 2009.7.9, 2008누33923. 법 적용과 관련하여서 근로에 대한 평가에 따라 지급된 것이므로 그 세부적인 지급기준의 확정이나 지급을 기준으로 보지 않았다), 지급기준시점(서울행판 2008.10.24, 2008구합6622), 평가편람작성시점(서울행판 2009.9.25, 2008구합22877. 계산 및 지급은 차별적처우의 후속절차로 보았다)으로 나뉘는 다양함을 보여주고 있다.

2) 차별적인 임금구조가 계속 적용되어 왔다면 최근의 임금지급일이 기산점이다.; 여러 개의 차별적 처우에 대해서는 원칙적으로 개별적으로 접근하되 관련된 근로조건은 하나의 기산점을 인정하는 것이 타당하다.

3) 서울행판 2010.6.18, 2009구합55553. 조리직렬군무원의 성과상여금에 따라 매년 일정기준에 따라 심사위원회를 거쳐 지급되는 것으로 계속적·정기적으로 지급되지 않아 임금이 아니라는 이유를 들고 있다.

4) 대판 2011.12.22, 2010두3237. 성과상여금에 대해 부정한 원심 파기. 기간제근로자운영지침에 규정을 두어 적용하였다.; 박은정, "비정규직차별시정제도 시행 이후 노동위원회 차별시정판정례 검토 Ⅱ-중노위를 중심으로(2008.7.1~2009.8.30)-", 「노동법학」 제32호, 한국노동법학회, 2009, 463쪽; 기본급, 정기상여금, 조정수당, 효도휴가비, 장기근속수당 등 임금에 해당하는 금품에 대해 같이 해석할 수 있다.

5) 서울행판 2010.8.19, 2010구합17861. 계속적·정기적으로 지급되고 지급액이 확정되어 있는 것으로 근로의 대가인 임금의 성질을 갖고 있음을 이유로 삼았다.; 서울행판 2011.11.17, 2010구합32822. 중식비 관련.

6) 명시대상은 비교대상과 차별적 처우의 내용이면 충분하고 합리적인 이유까지 밝힐 필요는 없다. 또한 신청서 접수는 실질심사보다는 형식심사여야 하며 심사과정에서 부족한 부분은 보정토록 할 필요(박종희, 「비정

수 있는 고도의 개연성에 대한 확신에 이를 정도가 되어야 한다.[1)]

(6) 구제절차

① 조사·심문

노동위원회는 구제신청을 받으면 지체없이 조사와 심문을 해야 한다. 심문할 때에는 관계당사자의 신청 또는 직권으로 증인을 출석하게 하여 필요한 사항을 질문할 수 있으며, 관계당사자에게 증거의 제출과 증인에 대한 반대심문을 할 수 있는 충분한 기회를 주어야 한다. 차별시정과 관련된 사무에 대해 전문적인 조사와 연구업무를 수행하기 위해 노동위원회에 전문위원[2)]을 둘 수 있다.

② 조정과 중재

㈎ 절 차

노동위원회는 심문과정에서 관계당사자의 쌍방 또는 일방이 신청하거나 직권에 의하여 조정절차를 개시할 수 있다. 당사자가 사전합의에 근거하여 신청하면, 중재를 할 수 있다.

조정 또는 중재의 신청은 시정을 신청한 날로부터 14일이내에 하여야 하며,[3)] 노동위원회는 조정이나 중재의 신청을 받은 날로부터 60일이내에 조정안을 제시하거나 중재결정을 해야 한다.

㈏ 효 력

당사자쌍방이 조정안을 수락하면 조정조서를, 중재결정을 하면 중재결정서를 작성하여 각각 관여한 위원이 서명·날인을 하여야 한다. 이 때 조정결과와 중재결정은 재판상화해와 동일한 효력을 갖는다.[4)]

③ 시정명령

㈎ 개 요

노동위원회는 조사와 심문을 거친 후에 차별적처우에 해당된다고 판정한 때에는 사용자에게 시정명령을 발하여야 하고, 차별적처우에 해당하지 않는다고

규직차별금지 판단기준 및 운영에 관한 연구」, 중앙노동위원회, 2006.11, 24쪽)가 있다. 자세한 내용은 중노위가 정하도록 위임되어 있다(기단법 §9③).

1) 대판 2003.3.14, 2002도3883.

2) 중노위위원장이 10명이내에서 법학·경영학·경제학 등 노동문제와 관련된 학문분야의 박사학위소지자, 변호사·공인회계사·공인노무사 등 관련자격증소지자중에서 임명하고, 보수에 관한 사항은 「공무원보수규정」 [별표 34] 일반계약직 공무원의 연봉등급기준표를 준용하여 중앙노동위원회가 따로 정한다(기단령 §4).

3) 노동위원회의 승낙이 있으면 14일이후에도 가능하다.

4) 재판상화해는 확정판결과 같은 효력을 가지므로(민소법 §220) 향후 소송에서 이에 저촉되는 내용으로 다툴 수 없고(기판력), 관할법원에서 집행문을 부여받아 부동산압류, 동산인도 등 강제집행이 가능함(집행력).

판정한 때에는 그 시정신청을 기각하는 결정을 하여야 한다.

노동위원회의 판정, 시정명령 및 기각결정은 서면으로 하고 그 이유를 구체적으로 명시하여 관계당사자에게 각각 교부하여야 한다. 특히 시정명령을 발하는 때에는 시정명령의 내용 및 이행기한 등을 구체적으로 기재해야 한다(기단법 §12②).

㈏ 조정 · 중재 또는 시정명령

㉮ 내 용

차별의 유형이나 내용은 개별적인 사안별로 다를 수 있다. 따라서 조정·중재·차별시정명령은 그에 맞게 다양한 방법으로 이루어져야 한다. 이러한 이유로 노동위원회의 조정·중재 또는 시정명령의 내용에는 차별적행위중지, 임금·근로조건개선(취업규칙, 단체협약 등의 제도개선 명령을 포함) 및 적절배상 등이 포함될 수 있다(기단법 §13① 파견법 §21③).

㉯ 징벌적 금전배상명령제도

노동위원회는 기간제·단시간·파견근로자에 대한 명백한 고의가 인정되거나 반복되는 차별적처우에 대하여, 해당손해금액의 3배이내에서 금전배상을 명할 수 있다(기단법 §13② 파견법 §21③). 징벌적금전배상명령제도는 차별적처우예방·억제 및 차별시정제도활성화를 위해 도입되었다. 벌적금전배상명령제도가 차별적처우에 대한 제재로서 독자적인 성격을 가지는지에 대해 긍정설[1]과 부정설[2]로 견해가 나뉜다. 개인적으로는 긍정설에 찬성한다. 긍정설에 따르면 사용자가 근로자에게 차별적처우로 인해 발생한 손해액을 모두 지급하였더라도 그 밖의 시정명령을 구하는 차별시정신청의 구제이익이 소멸한다고 보기 어렵다.

㈐ 이의제기와 시정명령 확정

노동위원회의 결정이나 명령에 대한 이의제기 및 확정절차는 부당노동행위 및 부당해고구제신청과 같은 방법으로 법령에 규정되어 있다(기단법 §14). 지방노동위원회의 시정명령 또는 기각결정에 대해 불복하는 당사자는 시정명령서 또는 기각결정서를 송달받은 날부터 10일이내에 중노위에 재심을 신청할 수 있다.

중앙노동위원회의 재심결정에 대하여 불복이 있는 관계당사자는 재심결정서의 송달을 받은 날부터 15일이내에 행정소송을 제기할 수 있다. 재심신청기간 또는 행정소송제기기간내에 재심이나 행정소송을 제기하지 않으면 시정명령·기각결정 또는 재심결정은 확정된다.

---

1) 김형배·박지순, 『노동법강의』 제9판, 신조사, 2020. 395쪽.
2) 변성영, "비정규직차별시정제도의 실무상 쟁점들", 「비교법학」 제30권, 부산외국어대학교 비교법연구소, 2019.2, 133쪽.

㈑ 시정명령의 실현

시정을 신청한 근로자는 사용자가 확정된 시정명령을 이행하지 않은 경우, 이를 고용장관에게 신고할 수 있으며, 고용장관은 확정된 시정명령에 대하여 사용자에게 이행상황을 제출할 것을 요구할 수 있다(기단법 §15①, §24② i 불응시 5백만원 과태료).

고용장관은 확정된 시정명령을 정당한 이유없이 이행하지 않은 사용자에게 해당근로자1인당 1억원이하의 과태료를 대통령령으로 정하는 기준에 따라 부과할 수 있다. 과태료는 시정명령유형에 따라 달라질 수 있다(기단령 §6 [별표3]).

㈒ 확정된 차별시정명령의 효력 확대

고용장관은 확정된 차별시정명령의 효력이 미치는 근로자외의 기간제·단시간·파견근로자에 대해 차별적처우여부 등을 조사하고 그 시정을 요구할 수 있다(기단법§15의3 파견법§21의3).

㈓ 근로계약기간만료와 시정이익

기단법에 규정된 시정절차관련규정의 내용과 입법목적, 시정절차기능, 시정명령내용 등을 종합해서 판단해 볼 때, 시정신청당시에 혹은 시정절차진행도중에 근로계약기간이 종료되었다는 이유만으로 기간제근로자가 차별적처우시정을 구할 시정이익이 소멸하지는 않는다.[1]

5·바. 손해배상책임

부당한 비정규직차별은 불법행위책임(민법 §750)에 해당될 수 있다. 피해자나 법정대리인은 그 손해 및 가해자를 안 날로부터 3년내에, 불법행위를 한 날로부터 10년내에 손해배상을 청구할 수 있다(민법 §766).[2]

5·사. 불리한 처우금지

기간제 및 단시간근로자가 권리를 실현하기 위하여 합법적인 행위를 한데 대해 사용자는 불리한 처우를 하지 못한다(기단법§16, §21 2년징역·1천만원벌금). 이 규정은 벌칙과 함께 파견근로자에게 준용된다(파견법§21 §21, §43의2). 불리한 처분의 금지대상은 다음과 같다.

---

1) 대판 2016.12.1, 2014두43288. 차별시정절차는 사용자의 차별적처우로 말미암아 발생한 불이익을 해소하여 차별적처우가 없었더라면 존재하였을 상태로 개선함으로써 기간제근로자에 대한 불합리한 차별을 바로잡고 근로조건보호를 강화하려는 데에 그 주된 목적이 있으며, 기간제근로자지위를 회복하거나 근로계약기간 자체를 보장하기 위한 것은 아니므로, 근로계약기간의 만료여부는 차별적처우의 시정과는 직접 관련이 없고, 금전보상명령은 과거에 있었던 차별적처우의 결과로 남아 있는 불이익을 금전적으로 보전하기 위한 것이다.

2) 대판 2020.5.14, 2016다239024 등.

- 사용자의 부당한 초과근로요구에 대한 단시간근로자의 거부(기단법 §6②)
- 차별적처우에 대한 시정신청과 노동위원회의 조사 및 심문(기단법 §9~§10)
- 노동위원회 결정 및 명령에 대한 재심신청 또는 행정소송 제기(기단법 §14)
- 노동위원회의 시정명령을 이행하지 않은 사용자에 대한 신고(기단법 §15②)
- 고용장관이나 근로감독관에게 사용자의 법령위반사실 통고(기단법 §18)[1]

6. 특수고용형태근로

6·가. 개 념

노동시장에서는 산업구조가 변함에 따라 '전통적 종속근로자' 개념에서 벗어나서 근로자와 자영업자의 중간에 해당하는 노무제공영역이 넓어지고 있다. 이러한 노무에 대해 경제적종속이 인정되지 않거나, 인정되더라도 인적종속성이 부인되면, 해당노동자는 근기법상의 근로자로 인정받지 못한다(제1장,제4절 2·가,(4)). 이러한 유형의 노무제공자를 ILO는 종속적위임자(*dependant contractor*) 또는 유사근로자(*employee asimilated worker*), EU는 경제적종속근로자(*economically dependent worker*), 독일은 유사근로자(*arbeitnehmer-ähnliche Personen*), 영국은 노무제공자(*wor-ker*)로 부르고 있으며 프랑스는 특별한 명칭이 없이 특수형태직군을 지정하여 개별법으로 보호하고 있다. 우리나라에서도 이들이 유사근로자, 준근로자 등의 이름으로 불리기도 하나 여기서는 과거의 노사정위원회에서 합의된 개념인 특수고용형태근로종사자[2]라는 이름을 쓴다.

6·나. 법적보호방안

(1) 현행제도

산재법은 특수고용형태근로종사자를 노무제공자의 범주에 넣어서 적용대상으로 인정하면서 보험금부담, 보상기준, 징수방법 등에 대해 특례를 규정하고 있다(제7장 제2절,1·다). 자영업자에게도 고용보험의 임의가입이 인정된다.

(2) 보호방안

① 경제법적 보호

특수고용형태근로종사자는 경제적종속 아래에서 노무를 제공하고 있으나 사업자등록을 하고 사업소득세를 납부하는 등 원칙적으로 자영인신분도 가지고

1) 근로자는 법위반사실을 고용장관이나 근로감독관에게 통보할 수 있으며, 사용자는 이를 이유로 해고나 그 밖에 불리한 처우를 하지 못한다(근기법 §104).

2) 산안법, 산재법 및 고보법이 개념에 대해 정의규정을 두고 있는 '특수형태근로종사자'보다 넓은 개념이다.

있다. 이들이 근로자로 인정된다면 노동관계법이 적용되지만 그렇지 않다면 「독점규제및공정거래에관한법률」, 「약관의규제에관한법률」 등 경제법에 의해 보호될 수 있다. 특수고용형태근로종사자에게 경제법이 원칙적으로 적용되지만 그 특수성을 감안하여 보다 구체적으로 명시하여 보호되도록 할 수 있다.

② 근로자개념 확대

㈎ 의 의

근로자개념을 확대하여 특수고용형태근로종사자가 근기법과 노조법의 적용을 받도록 제도가 설계될 수 있다. 이 견해는 특수고용형태근로종사자가 근로자신분임에도 불구하고, 변형된 계약형태로 노무를 제공하다 보니 근로자로 인정되지 않아 노동관계법의 보호에서 배제되고 있다는 현실진단에서 출발한다. 노동관계법의 근로자개념이 더 넓게 해석될 수 있도록 확대하여 이들에게 노동관계법을 적용하자는 입장이다.

근로자개념확대는 두 가지 방법으로 나뉜다. 첫째, 기존의 근로자개념을 바꾸되 하나의 개념을 통일적으로 유지하는 방법이 있다. 이 경우 특수고용형태근로종사자에 대해 노동관계법의 일부만 적용하는 차별적인 접근은 어렵다. 둘째, 기존의 개념은 놔두고 추가개념을 두어 두 종류의 근로자개념을 갖추는 방법이 있다. 이 방법은 특수고용형태근로종사자에게 차별적으로 노동관계법을 적용하는 것이 가능하다. 구체적으로는 '노동관계법에 개념을 설정하고 적용되는 조문을 명시하는 방법', '특별법에 개념을 설정함과 동시에 적용대상이 되는 노동관계법의 해당조문을 명시하는 방법'과 '특별법에 개념을 설정하면서 노동관계법의 내용을 고려하여 보호내용을 독자적으로 규정하는 방법'이 있다.

③ 중간영역 인정

㈎ 배 경

특수고용형태근로종사자를 근로자도 자영업자도 아닌 유사근로자, 준근로자 등 제3의 지위로 보고 이들에 대한 개념과 보호할 내용이 따로 설정될 수 있다.

㈏ 개념설정

노무제공형태가 근로자와 유사하여, 인적종속성은 약하더라도 경제적종속성이 강해 사회적으로 보호의 필요성이 인정되어야 한다는 전제 아래에서 특수고용형태근로종사자에 대한 개념을 다음과 같이 정리할 수 있다.

첫째, 계약형식에 관계가 없다. 특수고용형태근로종사자는 일반적으로 근로계약이나 고용계약을 체결하지 않고 있으며 민법상 도급 또는 위임계약을 체결하고 있으며 계약자체가 존재하지 않는 경우도 있다.[1] 따라서 근기법의 규정처럼 '사업(장)에 근로를 제공'한다는 개념보다는 '사업(장)에 대해 그 운영에 필요한 노무를 제공'한다는 개념이 타당하다.

둘째, 특정한 사업(장)에서 노무를 제공하여야 한다. 근기법의 근로자개념이 요구하는 정도는 아닐지라도 사업자에 대한 전속성을 요구한다는 말이다. 이를 위해 사용되는 요건으로는 '수입의 상당한 부분[2]을 특정사업(장)에 노무를 제공한 대가로 받는 보수에 의존할 것'을 들 수 있다.

셋째, 노무를 직접[3] 제공할 것을 요건으로 함으로써 대체성을 기준으로 설정할 수 있다. 대체성이 큰 경우에는 자영인으로 보아야 하기 때문이다.

넷째, 사회적보호필요성이 있어야 한다. 이를 위해서 종속적지위에서 노무를 제공하여야 한다는 요건이나 '노무제공형태가 근로자와 유사함에도 노동관계법이 적용되지 않는'이라는 조건을 설정할 수 있다. 한편, 특수고용형태근로종사자라도 높은 소득을 올린다면 근로자에 준하여 보호할 사회적필요성이 적어진다. 따라서 보수가 일정금액이상인 사람을 제외할 수도 있다.

다섯째, 상시적인 노무제공이 필요하다. 일시적으로 필요한 업무를 위임 또는 도급의 형식으로 수행하는 것까지 따로 보호할 필요는 없기 때문이다.

이를 정리하면 특수고용형태근로종사자개념은 '특정한 사업(장)에 대하여 운영에 필요한 노무를 종속적지위에서 제공하는 등 노무제공형태가 근로자와 유사함에도 불구하고 근기법 등 노동관계법이 적용되지 않음으로써 보호의 필요성이 있는 사람'으로서 '노무를 제공함에 있어 타인을 사용하지 않는 사람'로 정의될 수 있다.

---

1) 골프장경기보조원에 대해 사업자와 어떠한 계약도 체결하지 않고 있으며 내장객과 계약관계에 있다는 주장(대판 1996.7.30, 95누13432, 양주CC사건)도 있다.

2) 독일은 50/100이상을 요구한다. 교차모집제도가 도입된 보험모집인에 대해 중요한 기준이 될 수 있다.

3) '화물자차 기사'가 조수에게 급여를 주면서 교대로 일하는 경우를 감안해서 "주로 직접…"이라는 표현을 쓸 수도 있다. 그러나 타인을 고용하는 것이 임시적이거나 일시적이지 않고 상시적이라면 자영인 사업자로 보는 것이 타당하다고 생각한다.

제4절 외국인근로자

1. 의 의

1·가. 배 경

1960~70년대에는 독일이나 중동지역에 노동력을 수출하던 우리나라는 1992년도부터 외국인산업연수제도를 시행해오다가 편법운영에 따른 인권침해문제를 해결하고 인력활용의 효율을 높이고자 2003년에 「외국인근로자의고용등에관한법률(외고법)」이 제정되어 시행됨으로써 고용허가제가 도입되었다.

1·나. 법적근거

외고법은 외국인근로자를 체계적으로 도입·관리함으로써 원활한 인력수급 및 국민경제의 균형있는 발전을 도모하는 것을 목적으로 한다(외고법 §1).[1]

외국인근로는 고용허가제외에도 「출입국관리법(출관법)」에 근거를 둔 전문기술외국인고용제도[2]와 '기타 취업가능체류자격제도'[3]를 두고 있다.

외국인근로자의 입국·체류 및 출국 등에 관하여 외고법이 규정하지 않은 사항에 대하여는 출관법에 따른다(외고법 §3).

1·다. 외국인근로자의 개념

외국인근로자란 대한민국국적을 가지지 않은 사람으로서 국내에 소재하고 있는 사업(장)에서 임금을 목적으로 근로를 제공하고 있거나 제공하려는 사람을 말한다(외고법 §2본문). 취업활동을 할 수 있는 체류자격(출관법 §18①)의 외국인중에서 취업분야 또는 체류기간 등을 고려하여 대통령령[4]으로 정하는 사람은 제외된다(외고법 §2단서).

---

1) 「선원법」의 적용을 받는 사업에는 외고법이 적용되지 않는다.

2) 1963년의 출입국관리법 제정 당시부터 도입이 허용되어 왔다. 취업활동의 내용에 따라 교수(E-1), 회화지도(E-2), 연구(E-3), 기술지도(E-4), 전문직업(E-5), 예술흥행(E-6), 특정활동(E-7) 체류자격이 부여된다. 주무부처가 신청을 받아 심의를 거쳐 허가하며, 법무부가 해당 사증을 발급한다. 도입규모에 제한이 없으나 내국인근로자로 충원이 가능한 분야나 활동에 대해서는 체류자격이 부여되지 않는다. 2000.11에는 복수사증발급, 장기체류기간부여 등을 내용을 하는 골드카드제를 도입되었다.

3) 단순기능외국인력 활용제도, 전문기술외국인고용제도 외에 국내에서 취업활동을 할 수 있는 체류자격으로 단기취업(C-4), 재외동포(F-4), 영주(F-5), 관광취업(H-1), 거주(F-2), 유학(D-2)이 여기에 해당된다.

1·라. 외국인고용 정책결정

외국인근로자에 대한 기본계획, 도입업종·전체 및 기업별 도입규모, '송출국가 지정 및 지정취소, '외국인근로자 취업활동기간연장' 등을 심의·의결하기 위해 외국인력정책위원회(정책위원회, 20명이내 국무조정실장이위원장)를 둔다(외고법 §4).

외국인근로자에 대한 고용·체류지원은 고용부, 법무부 등 국가기관, 송출국가의 국가기관, 고용장관이 지정하는 위탁·대행기관,[1] 비영리외국인근로자지원단체 등이 연계하여 이루어진다. 고용허가제의 관장부서는 고용부이다.

1·마. 외국인고용 관리체계

고용장관은 권한의 일부를 지방고용노동관서장, 한국산업인력공단(공단) 또는 대통령령으로 정하는 비영리법인(다른 위탁기관)에게 위임 또는 위탁할 수 있다(외고법 §28본문). "외국인근로자의 출입국지원업무"는 공단에게만 위탁할 수 있다(외고법 §28단서), 사용자 또는 외국인근로자는 내국인구인신청(외고법 §6①,25②), 재고용허가요청(외고법 §18의2)', 사업장변경신청(외고법 §25①) 등의 업무를 고용장관이 지정하는 기관에게 대행하게 할 수 있다(외고법 §27의2).

2. 외국인력 고용절차

2·가. 일반외국인근로자

(1) 외국인구직자 명부

고용장관은 지정된 송출국가[2]의 노동행정을 관장하는 정부기관(없을경우 가장 가까운 기능을 가진 부서)의 장과 협의하여, 한국어능력시험과 가능자격요건이 반영된 해당자를 대상으로 외국인구직자명부를 작성하여야 한다(외고법 §7①). 외국인구직자명부는 공단에 통보되어 선발기준으로 활용된다.

(2) 사용자의 고용

① 내국인구인노력

외국인을 고용하려는 사용자는 직업안정기관(직안법 §2의2 i)에 내국인구인신청을 해야

---

4) "취업활동을 할 수 있는 체류자격(출관령 §23①) 중 '9.단기취업(C-4)', '19.교수(E-1)'부터 '25.특정활동(E-7)'까지의 체류자격에 해당하는 사람", "체류자격구분에 따른 활동제한을 받지 않는 사람(출관령 §23②,③,④)", "'30.관광취업(H-1)'의 체류자격(출관령 §23⑤)으로서 취업활동을 하는 사람"을 말한다(외고령 §2). ↘ 801쪽

1) 한국산업인력공단(전업종), 중소기업협동조합중앙회 및 국제노동재단(제조업, 재생용재료수집판매업), 농업협동조합중앙회(농축산업), 수산업협동조합중앙회(어업, 냉동창고업), 건설협회 등 비영리단체 지정.

2) 정부간 양해각서(MOU)를 통해 외국인근로자를 도입할 수 있는 대상국가가 지정되어 있다.

한다(외고법 §6①).

② **외국인고용허가신청**

내국인구인노력과 직업안정기관의 직업소개를 받고도 원하는 인력의 전부 또는 일부를 채용하지 못한 사용자는 내국인구인노력기간(14일)이 경과한 후 3개월 이내에 외국인고용허가를 직업안정기관장에게 신청할 수 있다(외고법 §8①).

③ **고용허가서발급**

직업안정기관장은 '대통령령(외고령 §13의4)으로 정하는 요건'[1]을 갖춘 사용자에게 외국인구직자명부에 등록된 사람중에서 적격자를 추천(외고칙§5②, 3배수이상 적격자가3배수 미만이면 예외)해야 한다(외고법 §8③). 직업안정기관장은 추천된 적격자를 선정한 사용자에게 지체없이 고용허가를 하고, 선정된 외국인근로자의 성명 등을 적은 외국인근로자고용허가서 발급하여야 한다(외고법 §8④).[2]

④ **근로계약체결**

사용자는 선정된 외국인구직자와 표준근로계약서의 형식에 따라 고용허가서 발급일부터 3개월이내(외고령 §14①)에 근로계약을 체결해야 하며, 공단으로 하여금 대행하게 할 수 있다(외고법 §9①②).[3] 근로계약의 효력은 입국한 날로부터 발생한다(외고령 §17①).

⑤ **사증 및 입국**

근로계약이 체결되면 사용자는 직접 또는 위탁·대행기관을 통해 법무부에 고용허가서·표준근로계약서 등을 제출하고 사증발급인정서를 발급받아 공단에 송부한다. 공단은 송출국가의 송출기관을 통하여 사증발급인정서를 외국인구직자에게 전달한다. 외국인구직자는 재외공관에서 비전문취업사증(E9)을 발급받아 입국하여 15일이내에 외국인취업교육기관(외고법§11 및11의3)에서 실시하는 취업교육과 건강검진을 받은 후에 사업주에게 인계된다.

(3) 직장이동과 고용종료

① **사업장변경**

고용허가를 받은 외국인근로자는 근로를 개시한 사업장에서 계속 근무하는

---

1) 도입업종 충족, 고용조정이나 임금미지급이 없을 것 등

2) 고용허가를 최초로 받은 사용자는 노동관계법령·인권 등의 교육을 받아야 한다(외고법 §11의2).

3) 근로계약서 2부를 작성하고 그 중 1부를 외국인근로자에게 내주어야 한다(외고령 §16). 외국인근로자가 입국한 날로부터 3년의 범위에서' 당사자합의에 따라 근로계약을 체결하거나 갱신할 수 있다(외고법 §9③). 근로계약을 갱신한 사용자는 직업안정기관장에게 외국인근로자 고용허가기간연장허가를 받아야 한다(외고법 §17②).

것이 원칙이나, 근로관계가 지속되기 어려운 사유가 있으면(외고법 §25①) 고용부의 직업안정기관에 사업장변경신청을 할 수 있다. '사업장변경사유중 근로계약해지·갱신거절(외고법 §25① i)'과 '상해 등으로 해당사업장에서 근무가 부적합하나 다른 사업장에서 가능한 경우(외고법 §25①iii)'에 대해서는 취업활동가능기간(외고법 §18)내에서 3회까지 그리고 취업활동연장기간(외고법 §18의2①)내에서 2회까지 사용자동의와 관계없이 '사업(장)변경'이 제한된다(외고법 §25①④).[1)]

② **취업활동 종료**

외국인근로자는 입국한 날부터 3년의 범위에서 취업활동을 할 수 있다(외고법 §18). 고용허가를 받은 사용자에게 고용되어 국내에 취업한 외국인근로자는 출국한 날부터 6개월이 지나지 않으면 다시 취업할 수 없는 것이 원칙이다.

③ **취업활동기간 연장**

㈎ **사용자신청 연장**

취업활동기간인 3년이 만료됨에 따라 사용자가 고용장관에게 재고용허가를 요청한 외국인근로자는 1회에 한하여 2년미만의 범위에서 취업활동기간을 연장받을 수 있다(외고법 §18의2①).

㈏ **고용부장관 연장**

고용장관은 감염병확산, 천재지변 등의 사유로 외국인근로자의 입국과 출국이 어렵다고 인정되는 경우에는 정책위원회의 심의·의결을 거쳐 1년의 범위에서 취업활동기간을 연장할 수 있다(외고법 §18의2②).

④ **재입국 취업활동**

취업활동기간연장제도에도 불구하고 숙련된 외국인근로자에 대한 기업의 수요가 높아짐에 따라, 재입국취업활동제도가 마련되어 있다.[2)] 사용자는 해당외국인근로자가 연장된 취업활동기간이 만료되어 출국하기 전에 미리 신청하고, 출국일부터 1개월이 지나면 동일사업장에 다시 취업하도록 할 수 있다(외고법 §18의4①).[3)]

---

1) 사업장변경사유중에서 휴·폐업, 고용허가취소(외고법 §19①), 고용제한(외고법 §20①), '사용자의 근로조건위반·부당처우' 등 외국인근로자책임이 아닌 사유로 인하여 사회통념상 그 사업(장) 근로를 계속할 수 없게 되었다고 인정하여 고용장관이 고시한 경우에는 사업(장)변경횟수제한이 없다(외고법 §25④단서) ; 사업장변경신청일부터 3개월이내에 근무처변경허가를 받지 못하거나 근로계약종료일부터 1개월이내에 사업장변경을 신청하지 않은 외국인근로자는 출국하여야 한다(외고법 §25③본문).

2) 재입국취업활동은 성실근무, 인력부족사업, 장기계약 등의 요건을 충족하는 외국인근로자에게 적용된다. .

3) 내국인구인노력, 한국어능력시험, 외국인취업교육이 적용되지 않고(외고법 §18의4②), 근로계약체결, 취업활동기간, 취업활동기간연장 및 사업장변경에 관한 규정이 준용된다(외고법 §18의4③).

2·나. 외국국적동포 특례고용

(1) 의 의

① 취 지

외고법은 외국국적동포에 대해 입국을 허용한 후에 일정기간동안 구직활동을 하도록 하고, 구직이 이루어지면 일정기간동안 취업을 허용하되 구직이 이루어지지 않으면 출국토록 하는 특례를 인정한다. 부분적으로 노동허가제의 성격을 갖는 외국국적동포고용은 입국과 취업활동이 상대적으로 자유롭다.

② 대상사업 · 근로자

외국국적동포특례고용은 국내노동시장사정을 고려하여 건설업 · 서비스업 · 제조업 · 농업 · 어업에 대해 허용된다(외고법 §12①).

(2) 입국 및 구직준비

① 사증발급 및 입국

요건을 갖춘 동포가 재외공관에 신청하면 방문취업(H-2) 사증을 발급한다. 사증을 발급받은 동포구직자는 입국일 90일이내에 법무부에 외국인등록을 신청하여야 한다. 고용장관은 외국인이 특례고용에 따른 취업을 희망하는 경우에는 입국전에 고용정보를 제공할 수 있다(외고법 §12⑧).

② 취업교육과 구직신청

합법적으로 입국한 외국국적동포는 국내에서 취업을 위해 고용부가 지정한 취업교육기관(공단만 지정)에서 교육을 이수하고, 직업안정기관에 구직신청을 한 후, 자율구직 또는 직업안정기관의 소개를 통하여 취업할 수 있다. 고용장관은 외국인구직자명부를 작성 · 관리해야 한다(외고법 §12②).

외국인근로자가 근로를 시작하면 직업안정기관장에게 신고해야 한다(외고법 §12④).

(3) 사용자의 고용

① 특례고용가능확인

외국국적동포를 고용하려는 사용자는 직업안정기관에 내국인구인신청(외고법 §6①)하고, 직업안정기관장의 직업소개(외고법 §6②)를 받고도 인력을 채용하지 못하면, 특례고용가능확인을 신청할 수 있다(외고법 §12③). 특례고용가능확인서(외고법 §12③후단,⑥)의 발급요건에 대하여는 고용허가서발급요건(외고령 §13의4)이 준용된다. 직업안정기관장은, 발급요건이 충족되면, 특례고용가능확인서를 발급해야 한다(외고법§12⑥ 외고령§20). 특례고용가능확인의 유효기간은 3년으로 하며, 건설업에 해당하는 사업(장)으로서 공사기간이 3년보다 짧은 경우에는 그 기간으로 한다(외고법 §12⑤).

② **외국국적동포 선정**

사용자는 특례고용가능확인서에 기재된 사업장별 고용허용인원범위에서 외국인구직자명부에 등록된 사람에 대해(외고법 §12④) 직업안정기관의 외국국적동포를 소개받거나 스스로 고용할 수 있다.

③ **근로계약체결**

사용자는 적법절차를 거쳐 선정한 특례고용대상구직자를 선정하면, 표준근로계약서(외고법 §9)를 작성하여 근로계약을 체결한 후에 고용한다.

④ **근로개시신고**

근로계약을 체결한 사용자는 특례외국인근로자가 근로를 시작한 날로부터 10일이내에 직업안정기관장에게 근로개시의 신고를 해야 한다(외고법 §12④ 외고칙 §12의3).

특례외국인근로자는 근로를 개시한 날로부터 14일이내에 법무부에 취업개시 또는 근무처변경의 신고를 해야 한다.

(4) 직장이동

외국국적동포의 경우에는 자유롭게 직장이동을 할 수 있다.

3. 외국인고용제도 관리

3·가. 외국인고용 허가취소 · 제한

직업안정기관장은 '거짓이나 부정' 등 사용자에게 중대한 귀책사유가 있으면 고용허가 또는 특례고용가능확인을 문서로 취소할 수 있다(외고법 §19①).[1]

직업안정기관장은 '소정의 사람'[2]에 대해 3년간 외국인근로자의 고용을 제한할 수 있다(외고법 §20).

3·나. 외국인근로자 고용변동 등 신고

사용자는 외국인근로자의 근무중에 인적사항이 변동되면(외고령 §23) 직업안정기관

1) 취소일부터 15일이내에 외국인근로자와의 근로계약을 종료해야 한다(외고법 §19②, §29iii. 1년징역 · 1천만원벌금).

2) 고용허가, 특례고용가능확인을 받지 않고 외국인근로자를 고용한 사람, 고용허가 또는 특례고용가능확인이 취소된 사람, 외고법 또는 출관법을 위반하여 처벌을 받은 사람, 외국인근로자 사망으로 산안법의 처벌을 받은 사람 및 그 밖의 사유(외고령 §25)에 해당하는 사람.

에 해당사항을 신고해야 한다(외고법§17①, §32①iv 1백만원 과태료). 고용장관은 외국인근로자고용사업장을 지도·점검하고, 그 과정에서 알게 된 출관법위반사항을 소관행정기관에 통지해야 한다(외고법§17② 외고령§23②③).

3·다. 귀국에 필요한 조치

사용자는 외국인근로자가 근로관계종료, 체류기간만료 등으로 귀국하는 경우, 귀국하기 전에 임금 등 금품관계를 청산하는 등 필요한 조치를 해야 한다(외고법 §16).

3·라. 불법체류외국인 고용금지

취업활동을 할 수 있는 체류자격을 받지 않은 외국인을 '고용한 사람'에게는 3년이하징역이나 2천만원이하벌금이 부과(출관법 §94)되고, 외국인을 합법적으로 고용할 기회를 3년간 제한받는다(외고법 §20①).

3·마. 보고·조사

고용장관은 사용자·외국인근로자 또는 '지원(외고법 §24①)을 받는 외국인관련단체'에 대해 보고·서류제출 등의 명령을 할 수 있으며, 소속공무원으로 하여금 질문하거나 장부·서류 등을 조사하거나 검사하게 할 수 있다(외고법 §26).

4. 외국인근로자 보호

4·가. 법적 보호

(1) 헌법의 기본권조항 적용

외국인이 헌법의 기본권을 향유할 수 있는 주체인지에 대해 기본권의 주체가 "모든 국민"으로 표현되어 있다는 문언해석을 근거로 하는 부정설[1]이 있으나, 기본권중에서 인권의 성격을 갖는 기본권은 적용되어야 한다는 인권해석을 근거로 드는 긍정설[2]이 유력하다.

(2) 노동관계법 적용

① 적법체류

근기법의 효력은 국적을 불문하고 우리나라 영토내의 모든 사업(장)에 미친

---

1) 김남진, "외국인근로자 인권보장을 위한 사업장변경의 자유", 「법학연구」 제16권 제2호(통권 제62호), 한국법학회, 2016. 51쪽.

2) 김철수, 『헌법학개론』, 박영사, 2011, 382쪽 ; 헌재 1994.12.29. 93헌마120 ; 헌재 2001.11.29. 99헌마494 ; 헌재 2014.4.24. 2001헌마 474 ; 헌재 2011.9.29. 2007헌마1083 ; 헌재 2011.9.29. 2007헌마1083.

다.[1] 따라서 국내사업장에 적법하게 취업하고 있는 외국인근로자에게도 근기법이 적용되며 상시근로자수에 외국인근로자도 포함된다(제1장, 제4절 1·다,(3),②).[2]

② **불법체류**

출관법(§17)에 어긋나게 취업하고 있는 불법체류외국인근로자에게도 근기법과 노조법이 적용[3]된다.[4]

③ **외국인산업연수생**

외국인산업연수생도 순수하게 연수 즉, 기술·기능·지식의 습득만을 목적으로 한다면 실습생 등과 마찬가지로 근로자로 볼 수 없다. 과거의 행정해석은 이러한 이유로 외국인산업연수생에 대해 일률적으로 근로자성을 부인하거나[5] 행정지도형식으로 일부조항만[6] 적용했으나, 일부조항만 적용하는 노동부예규가 위헌[7]으로 결정되고, 사용자의 지휘명령에 따라 근로를 제공하고 그 대가로 임금을 받는다는 이유로[8] 판례[9]와 행정해석[10]에 의해 근로자로 인정받게 되었다.

---

1) 서울고판 2006.7.6, 2005누16668. 다른 나라 법률에 의해 설립된 유한회사의 한국사무실책임자라 하더라도 회사의 종속적관계에서 근로를 제공한 것이라면 「국제사법」 제28조의 규정에 의하여 노동관계법령이 적용되고 우리나라에 관할권이 있다.

2) 근기 68207-1090, 1994.7.7.

3) 〈근거〉 불법체류외국인근로자도 "임금을 목적으로 근로를 제공하는 자(근기법 §2② i)"라는 점, 국적을 이유로 한 차별이 금지되고(근기법 §6), 출관법은 단속법규로서 그 법을 위반하더라도 근로를 제공한 법률행위에 영향을 주기 어렵고, 상시근로자 산정시에는 근로자로 포함된다는 점(근기 68208-948, 1994.6.13) 등; 〈근거〉 출관법의 취지가 '취업자격이 없는 외국인의 고용'이라는 사실행위자체를 금지하는 것에 지나지 않으므로 취업자격이 없다는 이유로 고용계약이 당연히 무효로 되는 것이 아니고, 대등한 관계에서 근로자단체를 결성하는 것까지 금지하려는 규정이 아님

4) 근기 68201-2652, 1998.10.10; 대판 1997.8.26, 97다18875. 퇴직금관련; 대판 2015.6.25, 2007두4995. 다만, 불법체류취업은 근기법상 해고의 정당한 사유로 봄.

5) 재보 68650-535, 1994.5.24; 근기 68207-1676, 1994.10.25; 근기 68207-723, 1995.4.28; 근기 68207-11435, 1997.10.22. 해외투자기업연수생 관련.

6) 노동부예규 제369호, 「외국인산업기술연수생의 보호 및 관리에 관한 지침」, 1998.2.23; 근기 68207-348, 「외국인연수생에 대한 근로기준법 등 위반사건 처리기준」, 1995.2.23; 근기법 중 제7조(강제근로의 금지), 제8조(폭행의 금지), 제36조(금품청산), 제43조(임금지급), 제50조(근로시간), 제54조(휴게), 제55조(휴일), 제56조(연장·야간·휴일근로)의 8개 조항과 최임법, 산안법, 산재법이 대상이다.

7) 헌재 2007.8.30, 2004헌마670.

8) 일본의 외국인연수생제도는 이론교육을 1/3이상 받아야 하고 연장·휴일·야간연수가 금지되며, 송출국 기업의 근로자를 연수생으로 받아들여서 연수가 끝나면 그 기업에 복직하도록 되어 있어 우리 제도와는 비교가 된다(하갑래, 「외국인고용과 근로관계」, 321쪽).

9) 대판 1994.12.9, 94다22859; 대판 1995.6.30, 94도2122; 대판 2000.1.28, 98두9219; 대판 1997.10.10, 97누10352; 대판 1997.3.28, 96도694. 이 사례의 경우 연수자가 사용자의 지시에 의해 소정시간근로를 제공하고 그 대가로 일정 금품을 지급받으며 시간외근로에 대해서는 따로 수당을 지급받고 있어 더욱 근로자성을 부인하기 힘들다고 볼 수 있다.; 대판 2005.11.10, 2005다50034. 계약의 내용이 연수에 그치는 것이 아니고 대상업체의 지시를 받아 소정근로시간을 근로하며 더욱이 소정시간 외에 근로에 대해서는 시간외근로수당을 지급받고 수당명목의 금품을 수령하였다면 근로자에 해당한다.; 대판 2006.12.7, 2006다53627. 해외투자기업연수생의 최저임금 및 퇴직금 적용 관련.

4·나. 외국인근로자 근로조건

(1) 원 칙

사용자는 외국인근로자라는 이유로 부당하게 차별하여 처우하여서는 안된다(외고법 §22). 외국인근로자에 대해서도 근기법, 산안법, 최임법 등 노동법이 적용된다.

(2) 내 용

① 임 금

외국인근로자에 대한 임금수준은 생산성, 경력 등에 따라 차등이 있을 수 있으므로 내국인근로자의 그 것과 다를 수 있다. 외국인근로자의 임금수준은 최저임금이상이어야 한다.

② 복 지

사용자는 외국인근로자의 원활한 고용과 정착을 위하여 별도로 숙식을 제공할 수 있으며, 표준근로계약서에도 그러한 내용을 기재토록 하고 있다. 그러나 어떠한 경우라도 외국인근로자의 동의없이 경비를 부담시킬 수 없다.

임금에서 숙식비를 미리 공제하면 임금전액지급원칙에 위배될 수 있으므로 근로자동의가 있더라도 임금을 지급한 후에 숙식비를 납부토록 해야 한다.

③ 근로계약기간

외국인근로자는 취업활동기간 또는 연장된 취업활동기간의 범위에서 근로계약기간을 당사자합의로 결정하거나 갱신할 수 있다(외고법 §9③).

근로계약기간이 2년을 초과하더라도 '기간의 정함이 없는 근로계약'으로 간주되지 않는다.

④ 일시출국

외국인근로자가 개인사정때문에 일시적으로 출국하려면 출입국관리사무소에 외국인근로자의 재입국허가신청서와 사업주동의서(확인서)를 첨부하여 제출하여야 한다.

⑤ 산재기간동안 추가체류

외국인근로자가 산업재해 등으로 취업활동을 할 수 없으면, 체류자격(E-9)을 G-1(기타)으로 변경하여 치료기간만큼 국내에 체류할 수 있다.

⑥ 정착지원

외국인근로자 고용, 진정 및 고충처리, 정착지원 등을 위해 여러 기관에 통

---

10) 근로기준팀-8930, 2007.12.26. ↘ 808쪽

역서비스체제가 구축되어 있다.

⑦ **권리구제**

외국인근로자도 근기법위반 등의 문제가 발생하면 고용부에 진정을 제출하거나 근로감독관 또는 검사에게 고소·고발을 할 수 있다.

4·다. 외국인근로자 보험

(1) 4대사회보험

외국인근로자에게도 건강보험(외고법 §14) 및 산재보험(산재법 §6)은 내국인근로자와 동일하게 적용된다. 국민연금은 상호주의원칙에 따라 적용여부가 결정된다. 고용보험은 사용자가 임의로 가입할 수 있으며, 고용안정사업지원금·근로자능력개발훈련비용이 지원된다.

(2) 외국인근로자 전용보험

① **출국만기보험**

사용자는 외국인근로자에 대한 퇴직금을 확보하기 위하여 근로계약효력발생일로부터 15일이내(외고령 §21②)에 의무적으로 출국만기보험[1]에 가입[2]해야 한다(외고법 §13①).[3] 일정한 요건(외고령 §21②)을 모두 갖춘 출국만기보험에 가입하면 근퇴법에 따른 퇴직금제도를 설정한 것으로 본다(외고법 §13②).[4]

1년이상 근무한 외국인근로자가 출국(일시적 출국은 제외)·사망하거나 외국인근로자의 체류자격이 변경된 경우, 수령권자는 해당출국만기보험 등을 취급하는 금융기관에 대하여 적립금액을 일시금으로 청구할 수 있다. 근무기간이 1년미만인 경우, 일시금은 사용자에게 귀속된다(외고령 §21②).

출국만기보험금액이 퇴직금에 미달될 경우에는 차액을 외국인근로자에게 지급해야 한다(외고령 §21③). 출국만기보험지급시기는, 보험금지급에 관한 상법규정이 적용되지 않으며, 출국한 때(체류자격변경·사망 출국후신청은신청일)부터[5] 14일이내이다(외고법 §13③).[6]

피보험자가 받을 보험금 등에 대한 청구권소멸시효는 지급사유가 발생한 날

---

1) 외국인근로자의 월 임금의 8.3%를 매월 외국인근로자전용보험사업자에게 납부해야 한다.
2) 사용자가 직접 가입하거나 공단 또는 다른 취업교육기관을 통해 가입할 수 있다.
3) 보험료 또는 신탁금은 매월 납부하거나 위탁해야 한다(외고법 §13①단서).
4) 근퇴법상 퇴직금에 미달될 경우에는 차액을 외국인근로자에게 지급해야 한다(외고령 §21③).
5) 헌재 2016.3.31, 2014헌마367, 출국후 지급 합헌 결정. 〈논리적근거〉 우리 국민과 동일한 수준의 직장 선택의 자유가 보장되는 것은 아니다(헌재 2011.9.29. 2007헌마1083)'.
6) 근로복지과-3281, 2012.9.21.

부터 3년이며, 금융기간은 소멸시효가 완성된 보험금 등을 1개월내에 공단에 이전해야 한다(외고법 §13④).

② **임금지급보증보험**

사용자[1]는 외국인근로자에 대한 임금미지급에 대비하여 근로계약효력발생일부터 15일이내(외고령 §27②)에 일정요건(외고령 §27②)을 모두 갖춘 임금지급보증보험에 의무적으로 가입[2]해야 한다(외고법 §23①). 임금미지급이 발생하면, 외국인근로자는 보증보험에서 일정액을 보상받을 수 있다. 보험기간중에 임금미지급이 아닌 사유로 근로계약이 해지되면 사용자는 보험료의 일부를 환급받을 수 있다.

③ **귀국비용보험**

외국인근로자[3]는 귀국비용을 확보하기 위하여 근로계약효력발생일로부터 80일이내에 일정요건을 모두 갖춘 귀국비용보험에 가입[4]해서 고용장관이 국가별로 고시하는 금액을 납부해야 한다(외고법 §15, 외고령 §22). 외국인근로자는, 지급사유[5]가 발생한 경우에, 귀국비용보험일시금의 지급을 신청할 수 있다(외고령 §22②).

④ **상해보험**

외국인근로자는 업무상재해외의 상해 또는 질병사고 등에 대비하여 근로계약효력발생일부터 15일이내(외고령 §28②)에 일정요건을 모두 갖춘 상해보험에 가입해야 한다(외고법 §23②).

---

1) 임채법이 적용되지 않거나 상시 300인 미만의 근로자를 사용하는 사업(장)의 사용자가 가입대상이다. 외국국적동포만을 고용한 건설업 사업장(외고법 §12①ⅰ)에는 적용되지 않는다(외고령 §27①).
2) 외국인근로자 취업교육기관 또는 서울보증보험주식회사 전국 지점을 통해 가입이 가능하다.
3) 일반외국인근로자 뿐만 아니라 외국국적동포도 가입해야 한다.
4) 취업교육기관에서 보험약정을 체결하고 보험료를 현금으로 납입한다.
5) '체류기간이 만료되어 출국하려는 경우', '개인사정으로 체류기간만료 전에 출국(일시적출국제외)하고자 하는 경우', '사업(장)에서 이탈하였던 외국인근로자가 자진출국하려고 하거나 강제로 퇴거되는 경우'이다.

제 9 장

근로관계의 이전

근로관계는 성립하여 전개되면서 근로자의 신분을 변동시킨다. '근로관계의 이동과 이전'은 출장・파견・배치전환・전근・전보・전직・전적・전출・근로자공급・도급 등 그 이름과 형태가 다양하나 크게는 인사이동과 '사업의 합병・분할 및 양도・양수'로 정리된다. '근로관계의 이동과 이전'을 다루는 실익은 근기법과의 관계에서 찾아볼 수 있다. 사업주가 인사이동명령을 내릴 수 있는지, 그러한 명령에 근로자가 복종하지 않으면 그 효과가 어떤지가 문제이다. 나아가서 계속근로인정, 근로조건조정, 사용종속관계변동, 근로관계승계 등이 관심사항이다.

제1절 인 사 이 동

1. 의 의

1·가. 경영권과 인사권

(1) 경영권

기업경영과 관련하여 사용자에게 귀속되는 일체의 권한을 인사・경영권이라 한다. 경영권이란 조직의 변경・폐지,[1] 사업의 확장・축소, 경영진임면, 합병・분할・양도, 사업장이전, 하도급・용역전환, 휴・폐업, 신기술도입・업무자동화, 생산계획결정 등 기업경영에 필요하여 사업주가 행사할 수 있는 권리를 말한다. 경영권은 '헌법에 규정된 재산권보장(§23)[2]이나 직업선택자유(§15)[3]에 기초하여 사용자에게 귀속되는 권리'이다.[4] 경영권은 실정법상의 권리가 아니고, 관념적인 개념을 갖는 기업경영의 한 작용으로서 근로계약을 매개로 할 때에 구체적인 효과를 갖는다.

---

1) 대판 1994.3.25, 93다30242. 시설사업관리부폐지관련 ; 대판 1999.6.25, 99다8377. 지점폐지 관련.

2) 기업도 재산권을 갖는다. 기업재산권은 물적생산시설과 인적조직이 유기적으로 결합된 종합체로서의 사업을 포함한다. 재산권보장은 재산의 자유로운 이용・수익과 처분・상속을 의미한다.

3) 기업의 설립과 경영에 있어서의 자유, 즉 기업자유를 포함한다.

4) 대판 2003.7.22, 2002도7225. 기업활동측면에서 보면, 기업은 그가 선택한 사업・영업을 자유롭게 경영하고 필요한 의사를 결정할 자유를 가지며, 사업을 변경 즉 확장・축소・전환하거나 처분 즉 폐지・양도할 수 있는 자유를 가지는데 이를 경영권이라고 부른다.

(2) 인사권

사용자는 경영권에 기초하여 인사권과 노무지휘권을 행사하게 되며 근로자는 이에 복종할 의무를 갖게 된다. 이를 근거로 사용자는 근로자의 인사이동을 가져오는 업무명령을 내릴 수 있다. 인사권이란 사용자가 근로자를 채용하여 직무를 부여하고 노무제공을 명령하며, 이동배치·승진 등 지위변동이나 정직·해고 등의 인사조치를 할 수 있는 권한을 말한다. 인사권의 행사는 채용, 전보·교육,[1] 배치, 인사고과·근무평정, 승진·승급, 해고 등 징계, 휴직 등의 모습으로 나타나며, 기업경영 또는 근로계약의 본질상 사용자에게 인정되는 권한이다.[2]

1·나. 인사이동의 분류

인사이동은 기업내와 기업간으로 분류할 수 있다. 기업내인사이동은 노동력의 적절한 배치를 통한 생산력증대, 근로자능력개발, 근로의욕증대, 업무협조증진, 기술혁신·자동화, 조직변경 등이 주요한 원인이다. 기업간인사이동은 산업화의 진전에 따라 경영형태가 다양해지면서 활발하게 나타나고 있다. 즉, 경영위험을 분산하기 위해서 소사장·자회사·분사 등의 이름으로 사업부문을 분리·독립시켜 기업의 횡적계열화를 촉진하거나, 그룹계열사차원에서 우수인력의 확보·배치를 통해 산하기업의 노동력의 질을 높이고자 기업간인사이동이 활용되고 있다.

근기법(§23)은 정당한 이유없이 전직할 수 없다고 규정함으로써 인사이동의 개념을 전직 하나로 제시하고 있다. 이는 기업안이든 기업간이든 징계의 의미를 갖는 인사이동이나 부당해고 또는 부당노동행위의 회피수단으로 사용되는 인사이동으로부터 근로자를 보호하기 위한 규정이다.

2. 기업내인사이동

2·가. 유 형

기업내인사이동은 같은 기업안에서 근로자의 직종, 직무내용, 직급, 근로장소 등을 변경하는 행위이다. 직종을 바꾸는지에 따라 전직과 전보로 구분될 수 있다. 이사를 가야 하거나 출·퇴근에 긴 시간이 걸리게 될 정도로 근로장소를 변경하는 전근과 그렇지 않은 배치전환으로 구분될 수도 있다. 이 밖에 다른 근로

---

1) 대판 1998.4.28, 97누19953.

2) 대판 1994.9.30, 94다21337. 인사권은 사용자의 고유권한으로 그 범위에 속하는 징계권 역시 기업운영 또는 근로계약의 본질상 당연히 사용자에게 인정되는 권한이기 때문에 징계규정의 내용이 강행법규나 단체협약의 내용에 반하지 않는 한 사용자는 그 내용을 자유롭게 정할 수 있음.

장소에 일시적으로 파견하여 일을 시키는 출장, 작업지원 등도 기간이 길어지면 전근 등과 같이 취급되고 다른 기업을 대상으로 이루어지면 기업간인사이동이 될 수도 있다.

2·나. 인사이동명령의 정당성

(1) 성 격

① 자유재량행위설, 사실행위설, 경영권설

인사권행사는 경영권 또는 소유권에서 유래하는 사실행위로 유효·무효를 따질 수 없다는 설이다. 이 설에 따르면 사용자의 인사명령조치는 근로의 내용을 지정 또는 변경하는 것으로 해석되며, 사용자의 재량에 속하는 행위로서 법적판단의 대상이 되지 않는다.[1] 오늘날에는 이러한 주장을 거의 찾아볼 수 없다.

② 근로계약설

근로의 종류, 형태 및 장소에 대한 근로계약상 합의를 기초로 인사이동명령이 법적구속력을 가지며 근로계약상 합의로 볼 수 있는 내용이 없다면 이는 계약내용의 신청에 불과하므로 근로자가 별도로 동의해야 효력이 생긴다는 설이다.

③ 포괄적합의설

근로계약은 노동력의 사용을 포괄적으로 사용자에게 위임한 것이다. 그러므로 사용자는 근로의 종류, 형태, 장소 등에 대해 근로자와 따로 합의하지 않은 사항을 결정할 수 있는 노무지휘권을 가지며 그러한 결정은 사용자의 일방적의사에 따라 효과를 발생시키는 형성행위라는 설이다. 다만, 이러한 결정을 함에 있어 권리남용은 허용되지 않는다. 이 설은 인사이동명령을 법률행위로서 민사소송의 대상으로 보고 권리남용법리를 요건으로 하고 있다.[2] 이 설이 타당하다.

(2) 관련규정

근로의 종류, 형태 및 장소는 근로자의 생활에 있어 중요한 의의를 가지고 있다. 이러한 이유로 근기법(근기법§17 근기령§8)은 근로조건대등결정원칙(근기법 §4)에 입각하여 사용자로 하여금 근로계약을 체결할 때에 이러한 것들을 명시토록 하고 있다. 근기법(근기법 §23)은 정당한 이유가 있어야 전직할 수 있다고 함으로써 인사이동명령의 발동에 있어 신의성실원칙 또는 권리남용금지원칙을 입법으로 해결하고 있다.

---

1) 도쿄지방재판소 1952.2.7.

2) 백현기, "업무명령권의 근거와 한계"(앞의 글), 186~195쪽.

(3) 재량과 정당성

기업내인사이동은 원칙적으로 사용자권한에 속해 업무상 필요한 범위에서 상당한 재량이 인정되나, 근로의 종류·내용·장소 등에 변경을 가져옴으로써 근로자에게 불리하게 작용하므로 정당성이 요구된다.

2·다. 기업내인사이동의 한계

(1) 규범적 제한

① 근로계약

㈎ 근로조건명시

사용자는 근로자를 채용할 때에 종사업무와 근로장소를 명시(근기법§17 근기령§8① i)해야 한다. 따라서 이를 특정하면, 인사이동에 대해 근로자의 동의가 요청된다.[1] 다만, 근로장소가 특정되어도 사업장소멸[2]처럼 사회통념상 불가피성이 인정되면 동의를 받지 않을 수 있다.

㈏ 업무내용

근로계약에 업무내용을 명백히 밝힌 경우[3]나 의사·간호원·타자수·보일러공·기사·전화교환원[4] 등과 같이 특수기능·기술자로 고용되면 업무범위를 넘어선 인사이동에 대해 근로자의 동의가 필요하다. 기술직·영업직·사무직·기술직 등 직종이 특정되어 있어도 그렇다. 특정여부는 '입사할 때에 요구되던 자격', 경력, 인사이동코스관리, 사업내용, 관행 등을 종합하여 판단한다(같은장, 같은절 2·다,(2)).

㈐ 근로장소

근로계약 등에 근로장소를 특정한 경우에는 인사이동에 대해 근로자동의를 얻어야 한다.[5] 근로계약에 근로장소를 명시하지 않더라도 특정지역채용, 주부의 단시간근로, 학생아르바이트, 농공단지의 유휴농민고용 등 생활근거와 작업장소를 미리 상정한 것으로 인정되면 특정성이 있다. 장소나 직종이 특정되었다고 볼 사정이 없다면 "필요한 경우 인사이동을 시킬 수 있다"는 식의 포괄적동의조항만 있으면 되고 매인사이동마다 동의를 얻지 않아도 되는 것이 원칙이다.[6]

---

1) 근기 68207-649, 1997.5.19 ; 대판 1992.1.21, 91누5204 ; 대판 1993.9.28, 93누3837 ; 대판 1997.7.22, 97다18172.

2) 대판 1997.7.22, 97다18172. 사업부문이 다른 회사로 통합된 자동차정비요원 관련. 다만 서울서 17년근무사실만으로 장소특정 부인.

3) 서울행판 2013.9.13, 2013구합52346. 〈동의필요〉 근로계약은 주차지도업무로 한정, 주차사업업무로 전보명령.

4) 대판 1994.2.8, 92다893. 〈동의 필요〉 8년경력의 전화교환원을 객실부 하우스키핑내 오더테이커로 전보.

5) 대판 1992.1.21, 91누5204 ; 대판 1992.5.22, 91다22100 ; 대판 2013.2.28, 2010다52041.

동의조항이 없더라도 전국을 대상으로 채용한 근로자처럼 채용과정을 볼 때에 포괄적동의가 내재되어 있으면 인사이동에 넓은 재량이 인정되나, 생활상불리함과 업무상필요성을 비교형량하여 합리적인지를 따져 정당성을 판단한다.

② **법 령**

취업금지직종이나 균등처우와 관련된 규정을 위반하거나 부당노동행위로 인정되는 인사이동은 효력이 없다. 그러나 정당한 전직·전보·승진에 대해 노조간부 또는 노동조합활동을 이유로 불응하면 징계사유가 된다.[1)]

③ **단체협약·취업규칙**

단체협약·취업규칙에 인사이동의 기준 및 절차를 정하거나, 노동조합과의 동의나 협의를 하게 되어 있으면 사용자는 이에 따라야 한다.[2)] 아울러 노동조합의 동의나 협의가 있더라도, 이는 절차조항이므로 인사이동의 실체적이유가 정당해야 한다. 인사이동의 실체적이유가 정당함에도 노동조합이 동의 또는 협의에 응하지 않는 경우에는 권리남용이 될 수도 있다(제10장 제3절,5).

(2) 인사이동의 정당한 사유

① **총 설**

근기법 제23조는 정당한 이유가 없이 전직할 수 없다고 규정하고 있다. 기업내 인사이동은 근기법 제23조 또는 민법 제103조에 위반하거나 권리남용에 해당하는 등 특별한 사정이 없는 한 당연히 무효라고 할 수 없으며, 정당한 인사권 행사인지는 업무상필요성과 생활상불리함의 비교형량, 노동조합과 협의[3)] 등 신의칙상 요구되는 절차를 거쳤는지에 따라 결정된다.[4)]

업무상필요성이 인정되는 인사이동이 초래한 생활상불이익이 근로자가 통상적으로 감수하여야 할 정도를 현저하게 벗어난 것이 아니라면, 이는 정당한 인사

---

6) 백현기, "업무명령권의 근거와 한계"(앞의 글), 198쪽. ↘ 818쪽

1) 대판 1986.7.8, 85누170.

2) 대판 1995.8.11, 95다10778.

3) 노조가 없으면 당사자가 대상 ; 효력요건 부정(대판 1995.10.13, 94다52928 ; 대판 1997.7.22, 97다18165).

4) 대판 1989.2.28, 86다카2567 ; 대판 1991.2.22, 90다카27389 ; 대판 1991.9.24, 90다12366 ; 대판 1991.10.25, 90다20428 ; 대판 1991.7.12, 91다12752 ; 대판 1994.5.10, 93다47677. 인정 ; 대판 1995.8.11, 95다10778 ; 대판 1997.7.22, 97다18165·18172. 인정 ; 대판 1997.12.12, 97다36316. 부인 ; 대판 2000.4.11, 99두2963. 부인 ; 대판 2005.2.18, 2003다63029 ; 대판 2006.8.25, 2006두5151 ; 대판 2007.10.11, 2007두11566 ; 대판 2009.3.26, 2007다54498·54504. 인정 ; 대판 2009.4.23, 2007두20157. 은행이 노조와 합의하여 연공서열중심의 고연령·고비용 인력구조를 개선하기 위해 직급별근속년수를 기준으로 한 후선발령 인정 ; 대판 2023.7.13, 2020다253744. 은행부점장급 업무추진역전보발령 후선배치. 직급변동없이 지점장에서 업무추진역으로 변경. 기본급이 아닌 직무수당 감소, 생활근거지 근무.

권의 범위에 속하는 것으로서 권리남용에 해당하지 않는다.[1] 반면에 업무상필요성에 비해 근로자의 불이익이 통상적으로 감수해야 할 정도를 벗어나 현저하거나 부당한 동기나 목적으로 이루어진 인사이동은 정당하지 않다.

유효한 전직·전보명령에 불응한 무단결근은 정당한 징계사유가 될 수 있다.

② 실체적 판단기준

㈎ 업무상 필요성

업무상필요성과 그 정도는 사용자의 주관적판단에 의하지 않고 인원배치필요성, 질서유지·회복, 근로자인화, 노동력적정배치·능률증진·업무운영원활·근로의욕고취 등 '합리적인 기업운영에 기여 정도', 업무동일성정도[2] 등에 관한 객관적기준에 따라 판단한다.[3] 보복목적으로 이루어지는 인사이동은 업무상필요성을 인정받지 못하고 권리남용으로 정당성이 없다.[4]

㈏ 생활상 불리함

생활상불리함은 물질적·시간적인 요소로 판단된다.[5] 부부별거, 환자·노인간호 등의 생활상불리함은 그 자체로 인사명령행위를 무효로 하지는 않는다. 생활상불리함이 어느 정도일 때에 인사이동명령이 무효로 되는가는 업무상필요성과 비교형량하여 사회통념에 따라 판단한다. 대체인사가 가능했던 인사이동이더라도 생활근거를 빼앗는 정도의 희생이 아니면 권리남용으로 보기 어렵다.[6]

---

1) 대판 2007.10.11, 2007두11566 등 다수.

2) 서울동부지판 1990.11.4, 90가합842. 〈업무필요성 인정〉 의료보험미수금심사청구업무에 8년째 근로하면서 노조간부로 활동하던 근로자를 매점근무로 전직발령. 두 업무가 동일계통의 일반사무직 ; 서울행판 2009.4.15, 2008구합4954. 인사규정에 따른 정명령으로서 업무상필요성이 인정되고, 전보전후로 직위에 차이가 없고, 업무내용도 크게 달라진 것이 아니며, 급여는 수당에 있어 일부 차이가 있을 뿐이고, 생활근거지부터의 출퇴근도 차이가 없는 등 생활상불이익도 거의 없음.

3) 대판 2006.1.27, 2005두16772 ; 대판 2018.10.25, 2016두44162(**한국노동법학회, 『노동판례백선』 제2판**, 127쪽. 전직의 정당성판단기준에서 업무상필요를 인원배치변경필요성과 인원선택합리성으로 세분화하고, 업무상필요에는 업무능률증진, 직장질서유지, 근로자간인화 등의 사정도 판단된다고 하여 전직의 정당성 판단법리를 구체화·세분화 함) ; 대판 2009.4.23, 2007두20157. 〈업무상필요 인정, 은행의 후선배치 관련〉 노조와 합의하여 연공서열중심의 고연령·고비용 인력구조를 개선코자 직급별근속년수를 기준으로 후선베치 발령 ; 대판 2023.7.13. 2020다253744. 〈업무상필요 인정, 은행의 후선배치 관련〉.

4) 대판 1991.5.28, 90다8046. 〈정당성부인〉 조합활동에 적극적인 생산직근로자를 다른 지역의 애프터서비스센터로 이동시킨데 대해 장소와 업무가 생소하고 생활여건이 현저히 불편한 점을 들어 보복인사로 봄 ; 대판 1997.12.12, 97다36316. 〈정당성부인〉 소음방지를 위해 이어폰착용후에 교신하라는 지시에 대해 안전운전이유로 불응한 항공회사운전원 관련. 협의없이 제주지점으로 전보발령하여 생활상불이익을 초래하며, 제주지점이 운전원을 필요로 하는 구체적사정을 사용자가 입증하지 못하고, 제주지점운전원은 현지채용원칙을 적용한 점을 지적 ; 대판 1995.2.17, 94누7959. 〈정당성부인〉 근로자들의 방송인터뷰 및 평소노조활동 등에 따른 좋지 않은 감정을 한 요인으로 지적 ; 대판 2023.9.21, 2022다286755. 〈정당성인정〉 공무원만 할 수 있는 주·정차단속업무를 수행하는 공무직근로자를 다른 부서로 전보.

5) 대판 2006.1.27, 2005두16772.

6) 도쿄지방재판소 1978.2.15.

직급은 같은 상태에서 직무가 변경되어 직무수당이 감소한 데 대해 불이익을 부정한 판결[1]이 발견된다.

통근차량배치나 교통비지급처럼 생활상불리함을 해소하기 위한 노력은 권리남용인지를 판단함에 있어 고려사항이 된다.[2]

㈐ **대상자선정과 대체가능성**

인사관리면에서 전보대상자선정의 적절성도 인사이동의 정당성판단기준이 된다.[3] '다른 사람으로 대체가능성'을 기준을 생각할 수 있으나, 이는 절대적이지 않으며, 인사이동적격자선택에는 사용자의 재량을 배제할 수는 없으므로 최종적으로는 차별의사가 있는지를 살펴야 한다. 대체인사가능성이 있어도 생활근거를 빼앗는 정도가 아니면 정당성이 인정될 수도 있다.[4]

③ **절차적 판단기준**

취업규칙 등에 규정된 인사발령절차는 준수되어야 한다.[5] '노동조합 또는 근로자와의 협의'를 신의칙상의 절차로 보고 지방으로의 인사이동계획을 한 달전부터 대상자에게 알리고 필요성을 역설한 것을 정당한 이유의 하나로 인정한 판결[6]이 있다. 다만, 그러한 절차를 거치지 않은 사정만으로 인사이동이 권리남용으로 무효라고는 볼 수 없다.[7]

노동조합과 합의하거나 노동조합의 요구에 따른 것이면 정당성이 강화된다.[8]

④ **신의성실원칙**

인사이동명령은 생활상의 불리함을 가져다주므로 그것을 해소하기 위한 노력의 정도, 가정생활사정을 고려한 정도, 절차와 방법에 있어서의 타당성, 실행의 시기와 방법, 근로자를 설득하기 위한 노력과 정도, 다른 근로자와의 형평성 등에 대해 상대적인 관점에서 사회통념에 따라 종합적으로 검토되어야 한다.[9]

---

1) 대판 2023.7.13. 2020다253744. 〈은행의 후선배치 관련〉 연차가 낮은 팀장의 지휘를 받고 급여가 감소되었으나 직무변동에 따른 결과라는 점과 생활근거지 현엽복귀기회부여 등도 고려하여 수인범위로 판단.

2) 대판 1991.7.12, 91다12752. 통근차량배치, 통근비, 벽지수당 등의 지급 등을 감안하여 정당성 인정.

3) 대판 1995.2.17, 94누7959.

4) 도쿄지판 1978.2.15.

5) 서울고판 2012.4.26, 2011누38744. 승무직사원징계규정에 따른 절차를 거치지 않은 예비기사인사발령은 무효이며, 절차를 전부 거칠 필요까지는 없더라도, 징계로서의 성격이 있거나 불이익처분에 해당되면 징계절차에 준하여 인사발령사유에 대한 근로자의 의견을 묻는 절차 필요.

6) 대판 1991.7.12, 91다12752.

7) 대판 1995.10.13, 94다52928(**한국노동법학회, 『노동판례백선』 제1판**, 107쪽. 주요판례로 소개) ; 대판 1997.7.22, 97다18165 ; 대판 2005.2.18, 2003다63029 ; 대판 2009.3.2, 2007다18165. 서울시장의 감축운행지시에 따른 전보발령. 업무상필요 인정.

8) 대판 2009.3.26, 2007다54498 · 54504.은행 업무추진역 전직.

(3) 부당노동행위와 인사이동

사용자가 정당한 조합활동을 실질적인 이유로 삼으면서 표면적으로는 업무상필요성을 들어 전보명령한 것으로 인정되는 경우에는 부당노동행위로 간주될 수 있다.

전보로 인해 노조활동이 제약을 받더라도 그 자체가 당연히 부당한 인사이동이 되지는 않고, 비교형량법리와 부당노동행위법리가 적용될 수 있다.[1]

전보명령이 부당노동행위에 해당되는지는 전보명령의 동기와 목적, 전보명령에 관한 업무상필요성이나 합리성, 전보에 따른 근로자의 생활상불리함과 비교형량, 전보명령시기, 사용자와 노동조합의 관계, 그 밖에 전보명령 당시의 외형적이고 객관적인 사정에 의하여 추정되는 부당노동행위의사의 존재유무 등을 종합적으로 검토하여 판단한다.[2]

3. 기업간인사이동

3·가. 구 분

(1) 개 요

기업간인사이동은 근로자가 원래기업에서 그 신분을 유지하면서 다른 기업의 지휘·감독을 받아 근로를 제공하는 전출(轉出)과 원래기업과의 고용관계를 끊고 새로운 기업에 고용되는 전적(轉籍)이 있다.

(2) 전 출

① 유 형

전출은 출향(出向)이라고도 불리는데 법적인 관점에서 다음의 3가지 유형으로 나누어 볼 수 있다.[3] 첫째, 원래의 기업과는 신분을 유지하면서 휴직으로 하고 다른 기업에서 근로하는 전형적인 형태가 있다. 둘째, 장기출장 또는 파견이라는 이름으로 이동명령이 내려지는 형태가 있다.[4] 셋째, 배치전환형식을 취하기도 하는데, 실질에 있어 일체관계에 있는 모·자회사의 사이에서 흔한 형태이다.

---

9) 대판 2006.1.27, 2005두16772. ↘ 821쪽

1) 대판 2004.2.12, 2003두13250. 〈정당성 인정〉 본사 종합사령실로 전보.

2) 대판 1995.11.7, 95누9792. 〈부노 인정〉 노조가 조합활동이 활발한 근로자에 대해 회사에 전임인정요청을 한 며칠후에 갑자기 지방공장으로 전보발령한 행위 ; 〈부노 인정〉 대판 2003.2.20, 2001두868. 조합원자격이 없는 사람을 전임자로 발령해 달라는 요구를 거부하고 시행한 전보발령.

3) 백현기, "업무명령권의 근거와 한계"(앞의 글), 208쪽.

4) 출장은 단기간이며 원래의 회사로부터 지휘·감독을 받는다는 점에서 기업간인사이동으로 보기 어렵지만, 근로자의 거부감을 희석하기 위해 장기출장명목으로 이루어지는 기업간인사이동이다.

② 성립요건

전출은 근로자와 원래기업, 그리고 원래기업과 전출대상기업 사이의 두 가지 계약으로 성립한다. 아울러 근로자를 중심으로 보면 근로자와 원래기업의 사이에 근로의무면제(휴직)의 합의가 있어야 하고 전출상대기업과의 사이에는 소정의 조건으로 근로를 제공한다는 근로계약이 있어야 전출이 성립한다.

(3) 전 적

전적은 '원래기업과의 고용관계가 종료된다'는 점에서 다른 인사이동과 구분되며 전속(轉屬)이라고도 불린다. 전적도 명시·묵시적인 재고용약속이 있다면 전출에 가깝고, 전출도 정년까지 유지된다면 전적에 가깝다.

전적을 위해서는 원래기업과 근로자의 근로계약종료, 전적대상기업과 근로자의 근로계약체결, 원래기업과 전적대상기업의 전적계약·합의가 있어야 한다.

원래기업과 근로자의 관계는 전적대상기업과의 근로계약체결을 정지조건으로 하는 근로계약합의해지로 볼 수 있으므로, 전적대상기업이 해당근로자의 고용을 거부하면 원래기업과의 근로계약은 종료되지 않는다.

3·나. 기업간인사이동의 요건

(1) 공 통

사용자는 "근로계약을 체결할 때에 근로조건을 명시해야 하고(근기법§17 근기령§8①)", "노무자의 동의가 없이 권리를 제3자에게 양도하지 못한다(민법 §657①)"고 규정하고 있다.

전출이든 전적이든 별개의 법인격을 가진 기업간인사이동은 비록 두 기업의 경영자가 같더라도, 근로자와의 합의가 없는 한 인정될 수 없으며, 사용자에게 인사이동명령권이 없다.[1] 근로자의 동의 또는 합의는 진의에 의한 것이어야 하며, 근로자에게 현저히 불리한 것처럼 특별한 경우에는 진의가 부정될 수 있다.

(2) 전 적

① 당사자합의

전적은 원래기업과의 근로관계를 합의해지하고 전적대상기업과 새로운 근로계약을 체결하는 것으로서 업무지휘권의 주체가 변경되어 근로자가 불이익을 받을 수 있기 때문에 전출보다 더 확실하고 강력한 동의가 요청된다.[2]

---

1) 대판 1993.1.26, 92누8200 ; 대판 1984.6.26, 84다카90.

2) 대판 1996.5.10, 95다42270 ; 대판 1996.12.23, 95다29970 ; 대판 1997.7.8, 96다38438 ; 대판 2000.12.22, 99다21806 ; 대판 2003.10.23, 2003다38597.

② **근거규정**

단체협약·취업규칙에 '사용자가 기업간인사이동을 할 수 있다'는 취지를 규정해 놓아도, 이를 근거로 근로자의 개별적동의를 받지 않고 사용자가 일방적으로 기업간인사이동명령을 내릴 수 없는 것이 원칙이다.[1)]

③ **포괄동의**

개별적동의를 받더라도 사전에 회사의 '인사이동명령에 따른다'는 서약서를 제출하는 것처럼 포괄적인 사전동의라면 그 추상성, 근로자만 제출하는 편무성, 회사의 양식에 서명·날인하는 획일성, 입사시에 제출하는 시기적제한성 등을 감안하여 효력이 부정된다.[2)]

④ **관 행**

전적을 위해서는 관행·규정이 있는 것만으로는 부족하며 해당근로자의 명백한 동의가 있어야 한다. 관행적으로 이루어진 계열기업간 인사이동이더라도 사업주가 명백히 다르며, 근기법위반책임을 그룹회장에게 물을 수가 없고, 인사·노무관리방식이 서로 달라 일반화하기 힘들며, 그룹단위로 인사관리를 해도 전적명령권외의 업무명령권은 기업별로 이루어진다. 따라서 근로자동의가 없는 전적은 정당화될 수 없다.[3)]

근로자동의를 받지 않고 전적시키는 관행이 기업내에서 일반적으로 받아들여져 사실상의 제도로 확립되는 등 근로계약내용을 이루면 인정된다는 판례[4)]가 있으나 받아들이기 어렵다.

⑤ **구조조정과 전적**

자동차회사정비부문이 같은 그룹의 다른 자동차회사로 통합되어 그 사업장이 없어졌음에도 불구하고 전적을 반대하는 근로자에 대해 ,'자동차회사정비부문에 오기전의 소속되어 있던 사업장인 조선소'로 전직시킨데 대해, 근로자의 동의가 필요 없다는 판결[5)]이 발견된다. 그러나 이는 경영해고과정에서 해고회피노력의

---

1) 대판 1993.1.26, 92다11695 ; 대판 1996.4.26, 95누1972.

2) 대판 1993.1.26, 92다11695(**한국노동법학회, 『노동판례백선』 제2판**, 140~141쪽. 구체적 동의방법으로서 전적기업의 특정및 근로조건명시라는 요건은 근로조건명시원칙(근기법 §17)에 따라 사전적·포괄적인 동의의 범위를 일정부분 제한하는 최소한의 안전장치임).

3) 대판 1993.1.26, 92다11695. 20년간 그룹계열사간전적이 있어 왔고 관리사원의 30%이상이 전적경력을 가졌음에도 전적관행이 사실상의 제도로 명백히 승인된 것은 아니라고 보았다. ; 대판 2006.1.12, 2005두9873. 관행이 법인체들 내에서 근로관계를 규율하는 규범적인 사실로서 명확히 승인되거나, 그 구성원이 이의도 제기하지 않은 채 당연한 것으로 받아들여 기업내에서 사실상 제도로 확립되는 정도에 이르지 못했다.

4) 대판 1996.12.23, 95다29970 ; 대판 1996.5.10, 95다42270 ; 대판 1993.1.26, 92누8200.

5) 대판 1996.4.12, 95누7130.

일환으로 행해진 전적으로서 근로자의 동의가 요청되는 것으로 보인다(같은장, 같은절 3·나,(2),①).

(3) 전 출

전출에 대해서도 근로동의가 요청된다. 전출은 근로계약유지를 전제로 한다. 따라서 동의와 관련하여 완화된 해석이 제시되기도 한다. 대상기업·기간·조건·방법 등을 취업규칙 등에 규정한 후에 객관적이고 합리적인 기준에 따라 내린 전출명령은 근로조건의 저하가 없으며 신의성실원칙에 합당하고 권리남용이 아니면 무효로 볼 수 없다는 해석[1]이 발견된다.

3·다. 기업간인사이동후 근로관계

(1) 전 출

전출·출향 등은 원래기업과 근로관계를 유지하고 있는 상태에서 실질적으로는 전출대상기업의 지휘·명령을 받아 근로를 제공하므로 근로자파견으로 볼 수 있다. 따라서 사용자책임의 범위 등에 대해서는 근로자파견법리를 따른다. 파견법이 적용되지 않는 비사업적파견은 전출로 해석된다(제8장, 제3절 4·나,(3)).[2]

(2) 전 적

전적을 하면 원래기업과 근로관계가 종료되고, 전적대상기업과 새 근로계약관계가 시작된다. 각종근로조건에 대해서는 근로자와 전적대상기업이 합의한 내용에 따르며, 합의가 없는 경우에는 근로관계가 단절된다.[3]

계속근로관계는 '원래회사와 전적대상회사', '근로자와 전적대상회사' 및 '근로자와 원래회사'의 계약에 따라 결정된다.[4] 당사자합의가 분명치 않으면, 자발적인 퇴직금수령여부가 계속근로단절여부를 판단하는 기준이 될 수 있다.[5]

복귀가 예정되고 원래기업이 계속하여 임금차액을 보전하며 계속근로기간도 통산되는 특별한 전적의 경우, 원래기업이 사용자책임을 질 수도 있다.

---

1) 근기 68207-1549, 2000.5.20.

2) 차별개선과-2172, 2008.11.17 ; 대판 2022.7.14, 2019다299393.

3) 고용차별개선과-2585, 2013.12.23. 기존 기업에서 퇴직절차를 거친 후에 동일그룹내 다른 기업으로 입사한 경우, 새로 입사한 기업의 근로계약체결시점부터 계속근로기간은 새로 기산된다.

4) 근기 1455-14802, 1982.5.28 ; 근기 1455-26502, 1982.9.23 ; 대판 1996.5.10, 95다42270 ; 대판 1996.12.23, 95다29970 ; 대판 1997.7.8, 96다38438 ; 대판 2000.12.22, 99다21806 ; 대판 2003.10.23, 2003다38597.

5) 대판 1984.6.26, 84다카90 ; 근기 68207-773, 1994.5.11. 사표제출 후 일정기간 이의를 제기하지 않은데 대해 근로자가 전적처분을 동의하여 계속근로가 단절되는 것으로 보고 있다.

제2절 양도 · 합병 · 분할

1. 의 의

1·가. 경제적 배경

세계화에 따른 무한경쟁에 대응하여 경쟁력을 갖추기 위해 합병, 양도·양수가 M&A라는 이름으로 이루어진다. M&A는 Merger와 Acquisition의 약칭으로서, 법적인 개념이 아니다. 이는 기업의 경영지배권획득을 목적으로 행해지는 매매행위를 지칭하며 주식매매, 영업양도·양수 등을 그 수단으로 한다. 경쟁력강화를 위한 경영합리화는 M&A뿐아니라 분사화(分社化), 소사장제 등 사업의 분리·독립의 형태로 나타날 수도 있다.

1·나. 노동법적 관심

사업의 합병, 양도·양수, 분리·독립에 있어서 가장 문제가 되는 것은 고용승계와 경영해고이다.

2. 사업의 양도 · 양수

2·가. 개 념

(1) 판례법리에 따른 개념

판례[1]는 사업양도를 "일정한 영업목적에 의하여 조직화된 총체 즉, 인적·물적 조직의 동일성을 유지하면서 일체로서 이전되는 것"으로 정의한다.

(2) 개념을 구성하는 요소

① 물적조직의 동일성

'물적조직의 동일성'은 영업양도 또는 사업양도의 개념을 구성하는 요소가 된다. 영업이란 '유기적일체로서의 기능적재산' 즉 영업을 구성하는 유·무형의 재

1) 대판 1991.8.9, 91다15225 ; 대판 1994.6.28, 93다33173 ; 대판 1994.11.18, 93다18938 ; 대판 1995.7.25, 95다7987 ; 대판 2002.3.26, 2000다3347 ; 대판 2002.3.29, 2000두8448 ; 대판 2003.5.30, 2002다23826 ; 대판 2005.6.9, 2002다70822.

산과 경제적가치를 갖는 사실관계가 유기적으로 결합하여 수익의 원천으로서의 기능적재산이 하나의 재화처럼 거래객체가 되는 것을 말한다.[1] "물적조직의 동일성"과 관련하여, 영업목적 또는 사업목적의 동일성이 사업양도의 인정기준인지에 대해 판례는 통일된 모습을 보여주지 못하고 있으나 부정적인 견해가 지배적이다.[2] 따라서 '사업목적의 동일성'이 아닌, '객관적인 계속운영가능성'이 있어도 영업양도가 인정될 수 있다.[3]

② **인적조직의 동일성**

사업은 인적구성에서 자유로울 수가 없다. 인적조직동일성은 사업양도개념을 구성하는 요소이다. 그러나 인적조직동일성의 세부적인 판단요소인 '인수되는 근로자의 규모'[4], '근로관계의 인수 형식'[5] 등에 대해서까지 통일적인 판례법리가 형성되어 있지는 않다. 궁극적으로는 전체적인 사업동일성의 차원에서 검토되어야 하겠지만, 양수되는 사업이 자체적으로 운영될 수 없을 정도로 일부근로자만을 승계했다면 사업양도가 부인될 수 있다.

2·나. 양도 · 양수와 근로관계

사업은 자본 · 노동 등이 서로 결합하여 하나의 유기체적조직체를 이루고 있고, 근로관계도 이를 중심으로 계속적 · 집단적으로 형성되어 나간다. 따라서 근로관계에서 비롯된 사용자와 근로자의 인적관계는 사용자개인보다는 기업자체와 근로자의 관계로 바뀌게 된다. 사업의 양도 · 양수에 따른 사용자측의 변경은 근로자의 신분, 근로조건 등에 커다란 변화를 가져올 수 있으며 나아가서 직장을 잃을 수 있다. 이를 감안하여 소유권절대원칙이나 계약자유원칙이라는 민사법적인 관점에서 규정(민법 §657①)되어 있는 "근로자의 동의가 없이 행해진 근로자에 대한 권리의 양도금지"의 원칙은 노동법적인 차원에서 다른 해석이 모색되어 왔다.

---

1) 대판 1997.11.25, 97다35085 ; 대판 1998.4.14, 96다8826.

2) "대판 1991.8.9, 91다15225. 주식회사동진사건"과 "대판 1991.3.22, 90다6545. 강원산업사건"은 이를 영업양도의 인정근거로 제시한다 ; "대판 1995.7.14, 94다20198. 삼표산업주식회사사건", "대판 1994.11.18, 93다18938. 롯데칠성음료주식회사사건. 영업양도부정", "대판 1991.5.28, 90다16801", "대판 1991.11.12, 91다12806", "대판 1992.7.14, 91다40276" 등은 이를 적극적인정기준으로 받아들이지 않았다.

3) 하경효 · 박종희, 『기업의 구조조정과 노동법적 과제』, 1998.12, 한국노동연구원, 51쪽.

4) 전체 근로관계가 인수되는 경우에만 인정하는 판결례(대판 1994.11.18, 93다18938)가 있다. 이 견해는 근로관계 이전에서 제외된 자의 근로관계이전을 다루는데 전체 근로관계인수를 전제로 하는 모순을 안고 있다. ; 800명중 400명인수로 충분치 않다는 판결례(대판 1995.7.14, 94다20198), 200명 중 거의 전부가 인수된 경우에는 인적동일성을 인정하는 판결(대판 1991.8.9, 91다15225) 등도 발견된다.

5) 근로관계인수형식에 대해서도 인정요소로 제시하는 판결례(대판 1991.3.22, 90다6545. 영업양도인정 ; 대판 1994.11.18, 93다18938. 영업양도부정)가 있는 반면에 영업양도인정과 무관한 요소로 보는 판결례(대판 1995.7.14, 94다20198. 영업양도부정)도 발견된다.

2·다. 근로관계승계원칙 정립

사업의 양도·양수에 따라 근로관계가 이전되는가에 대한 논란은 독일에서 활발하게 전개되었는데 당초에는 관계당사자(양도인, 양수인, 근로자)의 특별한 의사표시가 있어야 한다는 것이 지배적인 견해였다. 이러한 견해는 사업양도에 의해 양수인은 근로관계에 편입되는 것이기 때문에 특약이 없더라도 기존의 근로관계가 당연히 양수인에게 이전된다는 근로관계자동인수설에 의해 대체되어 갔다. 독일은 1972년에 개정된 「사업장조직법」과 민법 제613조의2에 이 설을 반영하였다.

2·라. 근로관계승계의 논지

우리나라에서는 '사업의 양도·양수에 따른 근로관계이전'이 법에 규정되어 있지 않아서 해석에 의존하고 있다.

(1) 당연승계설

사업을 양도할 때에도 합병의 경우와 마찬가지로 양도·양수당사자의 약정에 관계없이 종래의 근로관계가 전체로서 법률상 당연히 양수인에게 포괄적으로 승계된다는 견해이다.[1] 사업양도는 실질적으로는 합병과 다르지 않다는 점, 기업의 사회적책임론, 근로자의 인수를 부인하는 것은 실질적으로는 해고와 같다는 점 등이 논리적인 근거이다.

(2) 특약필요설

근로관계승계를 위해서는 양도·양수당사자가 명시적·묵시적으로 합의해야 한다는 견해이다.[2] 사적자치원칙 및 영업자유, 근로관계가 이전될 법적근거가 없는 점, 양도인이나 일부 근로자가 인수를 희망하지 않으면 이러한 의사가 반영될 수 없는 점 등이 논리적인 근거이다.

(3) 원칙승계설

사업양도의 합의속에는 원칙적으로 근로관계를 포괄적으로 승계하기로 하는 합의가 포함된 것으로 추정되고, 특약을 통해 승계를 배제하려면 합리적이유가 있어야 한다는 견해이다.[3] 근로관계가 기업이나 사업과 결합하여 객관화되어 있기 때문에 사업주가 변경되어도 기능유지와 존립을 위해 근로관계도 계속 유지

1) 임종률, 『노동법』, 제9판, 491쪽 ; 다수의 노동법학자들이 지지.
2) 일부 상법학자들이 지지.
3) 김형배, 『노동법』, 제20판, 577쪽 ; 판례의 기본입장으로 일부 노동법학자들이 지지.

되도록 할 필요가 있는 점, 근로자 승계배제특약은 해고문제로 귀착되므로 해고제한법리에 비추어 제한되어야 한다는 점 등이 논리적인 근거이다.

(4) 소 결

사업은 인적·물적조직의 유기적인 일체로 파악되는 점, 사업자체가 동일성을 유지하고 포괄적으로 승계되면 조직적일체성이 인정되는 점, 인적유기체인 근로자들의 실직을 예방해야 하는 점을 감안할 때, 원칙승계설이 타당하다.

2·마. 근로관계승계 절차

(1) 승계 약정

원칙승계설에 따르면, 사업을 양수할 때에 승계약정이 있으면 물론이고, 그러한 약정이 없어도 근로관계가 승계되는 것으로 해석[1]된다. 근로관계승계에 있어 양수인이 개인이냐 법인이냐, 단수냐 복수냐 등을 따지지 않으며 채권단이 사업을 인수해도 그 동일성이 유지되면 원칙적으로 승계가 인정된다.[2]

(2) 근로자 동의

근로자의 동의, 양수인과 양도인의 합의 등은 근로관계승계 요건이 아니다.

양도·양수인간에 근로자일부를 승계치 않기로 명시적으로 약정한 경우, 이는 실질적해고에 해당하므로 해고의 정당성을 판단하여 고용승계여부가 결정된다.[3]

2·바. 근로관계승계 요건

(1) 인 정

① 판단기준

사업양도로 인정되면 근로관계가 승계된다. 사업양도의 인정은 사업의 동일성 여부에 따라 판단된다. 양도계약관계가 사업양도로 인정되느냐는 사업재산이 어느 정도로 이전되었는지가 아니고 종래의 사업조직이 유지되어 전부 또는 중요한 일부로 기능하는지에 따라 결정된다. 근로관계승계는 '유기체적인 기능관련성'을 가지는 물적·인적조직통일체가 계속하여 운영될 수 있는지에 따라 판단되며, 사업전체가 양도되는 것을 요구하지 않는다. 유기체적기능관련성은 '해당

---

1) 대판 1991.8.9, 91다15225 ; 대판 2002.3.29, 2000두8448 ; 법무 811-27236, 1978.8.11 ; 기준 1455.9-2891, 1969.3.17.

2) 기준 1455.9-1225, 1968.2.17.

3) 대판 1994.6.28, 93다33173 ; 대판 1995.9.29, 94다54245 ; 대판 2002.3.29, 2000두8455. 한국오므론전장주식회사사건(**한국노동법학회, 『노동판례백선』 제2판**, 223쪽) ; 법무 810-787, 1969.1.24.

사업수단이 양도되는 경우에 사업이 기능능력을 가지는지' 즉 '사업의 계속운영에 본질적인지'에 따라 판단된다. '본질적인지'는 개별사업별로 다를 수 있다. 예컨대 제조업에서는 물적수단이 중시되지만, 서비스업[1]에서는 부수적일 수 있다.

② **일부양도**

사업의 양도·양수는 일종의 채권계약으로 합병과는 달리 부채·채권 등에 대한 선별적인 인수·인계가 가능하다. 사업재산의 일부를 유보한 채로 시설을 양도했어도 양도된 부분만으로도 종래의 조직이 유지된다면 사업양도이다.[2] 사업재산의 전부를 양도해도 그 조직을 해체하여 양도하면 사업양도가 되지 않는 반면에, 일부를 유보하고 양도해도 양도부분만으로 종래의 조직이 유지된다면 사업양도이다.[3] 사업이 전부 양도된 경우뿐아니라 일부가 양도되더라도 사업의 동질성이 인정되는 한, 근로관계는 당사자의 의사와 관계없이 양수인에게 이전되는 것이 원칙이다.[4] 전체양도와 일부양도는 질적인 면에서 본질적인 차이가 없고 양적인 면에서 구분된다.[5]

③ **승계범위**

승계범위는 '동일성을 유지하고 포괄적으로 승계된다고 인정되는 부분'이 된다. 조직적일체성을 유지하지 못하는 한도안에서는 해당근로관계가 이전되지 않으며,[6] 일부양도에 따라 발생되는 근로관계가 승계범위이다.

(2) 부 인

① **물적시설만 양도**

물적시설양도는 사업일부양도와 '유기체적 기능 관련성'이라는 질적인 면에서

---

1) 대판 1997.11.25, 97다35085. 소매사업의 판매시설과 재고상품 인수, 재고상품공급처와의 관계, 진열상품종류, 고객관계, 고객평가, 위치상의 이점 등을 동일성판단의 근거로 삼음으로써 비물질사업수단이 중시된다.

2) 대판 2003.5.30, 2002다23826.

3) 대판 1989.12.26, 88다카10128 ; 대판 1997.11.25, 97다35085 ; 대판 1998.4.14, 96다8826 ; 대판 2001.7.27, 99두2680 ; 대판 1995.7.25, 95다7987 ; 대판 2002.3.26, 2000다3347 ; 대판 2002.3.29, 2000두8448. 사업부문을 영업목적으로 하여 일체화된 물적·인적 조직을 그 동일성을 유지한 채 포괄적으로 이전받음으로써 영업을 양수한 이상, 자산만을 인수할 뿐 인적조직을 인수하지 않을 것을 명시적으로 밝혔고, 직원을 채용함에 있어 사직 및 신규채용의 절차를 밟았으며, 채권의 전부와 채무의 일부를 인수하지 않았고, 조직일부가 영업양도후에 달라진 사실이 있어도 영업양도의 효력은 발생한다. ; 대판 2003.5.30, 2002다23826 ; 대판 2005.6.9, 2002다70822.

4) 대판 1991.8.9, 91다15225 ; 대판 1991.5.28, 90다16801 ; 대판 1991.11.12, 91다12806 ; 대판 1992.7.14, 91다40276 ; 대판 1994.11.18, 93다18938 ; 대판 2002.3.26, 2000다3347 ; 대판 2005.6.9, 2002다70822 ; 법무 811-17236, 1978.8.11.

5) 하경효·박종희, 『기업의 구조조정과 노동법적 과제』, 1998.12, 한국노동연구원, 52쪽.

6) 김형배, 『노동법』, 제20판, 581쪽 ; 근기 68207-1471, 1994.9.16 ; 대판 1997,4.25. 96누19314. 김천여객사건. 버스 23대 중 3대를 양수인에게 양도.

다르다.[1] 사업운영에 필요한 물적시설만을 매입할 경우, 이는 사업양도라고 할 수 없으므로 고용승계의무는 발생하지 않는 것이 원칙이다.[2] 인정사례와 부인사례를 다음과 같이 소개한다.

구분	내용	판례
인정	사무실 · 영업시설물 인수, 사업내용 동일성 인정, 근로자의 거의 대부분 인수, 근로조건 동일성 유지	대판 1991.8.9, 91다15225.
	물적시설일체 · 면허권 · 종업원 등 운영조직일체 인수	대판 1996.4.26, 95누1972.
	재입사에 따른 입사시험을 치르는 등 실질적인 입사절차를 거치지 않고 퇴직금지급률 및 근로조건이 동일	대판 1991.3.22, 90다6545.
부인	양도회사가 임금 · 퇴직금 등 채무를 청산하기로 하고 운수사업면허 및 물적시설만 양도	대판 1995.7.25, 95다7987.
	양도회사의 판매망과 생산시설을 바탕으로 같은 생산품을 생산 · 판매하고 있으나 양도회사의 일부근로자를 신규입사형식으로 채용하고 다른 근로자 잔류	대판 1994.11.8, 93다18938. 대판 2003.3.14, 2002두10094. (삼미특수강사건)
	사업재산 전부를 양도, 조직을 해체하여 일부 직원을 신규채용 양수자 조직에 배치	대판 2001.7.27, 99두2680. 대판 2003.6.10,2001다17596. (국민은행사건)
	운송사업면허권을 양도받았으나 사무실 등 부대시설을 양수하지 않았고 일부 운전자와 정비공을 사정에 따라 고용	대판 2005.6.9, 2002다70822.
	부실금융기관 우량자산만 다른 금융기관에게 이전시킨 구 금융산업의구조개선에관한법률에 의한 계약 이전 결정	대판 2003.5.30, 2002다23826.

② 자산인수 등

근로관계승계가 인정되는지는 사업재산을 이전하는 자산인수의 정도가 아니고, 종래의 사업조직이 전부 또는 일부로서 동일성을 유지하며 기능하는지로 결정된다.[3] 양도 · 양수대상이 사업인수인지, 자산인수 즉 "자산만의 매입"[4]인지에 따라 고용승계에 대한 의견이 달라진다. 이 양자를 구분하는 것이 쉽지는 않으나, 계약서 등과 같이 밖으로 드러난 현상만 보고 판단해서는 안된다. 공장의 자산만을 인수하면 사업양도로 인정되지 않는다.[5] 폐업한 사업체의 자산을 개별적으로 매입하고 종전의 근로자를 채용해도 사업의 동질성이 인정되지 않으면 근로관계가 승계되지 않는다.[6] 승계형식을 취해도 양사업간에 독립성이 인정되면 근로관계 또한 독립적으로 운용된다.[7]

1) 하경효 · 박종희, 『기업의 구조조정과 노동법적 과제』, 1998.12, 한국노동연구원, 53쪽.
2) 대판 1996.4.12, 95누7130.
3) 대판 1989.12.26, 88다카10128.
4) 대판 2001.7.27, 99두2680 ; 대판 2003.3.14, 2002두10094. 삼미특수강사건.
5) 대판 2003.3.14, 2002두10094.
6) 법무 811-21760, 1979.9.12 ; 비슷한 취지, 대판 2001.7.27, 99두2680.

2·사. 근로관계승계의 효과

(1) 양수인과 양도인 관계

새 경영자가 사업을 승계하여 경영하는 것은 소유자 내지 경영자가 교체되는 것으로, 재산문제는 옛 사용자와 새 사용자의 민사관계이다.

(2) 양수인 의무

① 권리 · 의무 인수

양수인은 양도 · 양수당시의 근로관계에서 발생하는 양도인의 권리 · 의무를 인수한다. 따라서 청구권이 발생한 미지급임금채무와 아직 청구권이 발생치 않은 퇴직금이나 연차유급휴가미사용수당의 지급의무도 승계된다.[1] 이미 발생한 임금미지급책임승계는 민사책임[2]에 한정되며 형사책임은 이전되지 않는다.[3] 정당한 이유없이 해고된 사람과의 근로관계도 승계된다.[4]

② 승계원칙 적용예외

근기법적용제외자[5]에 대해서는 승계가 인정되지 않는다. '해고의 효력을 다투는 사람'과의 근로관계에 대해서도 승계가 부정된다는 판결[6]이 있다. 법적으로 승계의무가 없는 상태에서 고용승계관행이 있더라도, 무단결근이 많은 등 근무태도가 불성실하여 채용을 거부한 것은 위법하지 않다는 해석[7]이 발견된다.

(3) 양도인 의무

근로관계승계가 이루어지더라도 채권자 즉, 근로자의 동의가 없는 채무인수의 효력은 부인되므로(민법 §453, §454) 양도 · 양수당시에 이미 발생한 근로자의 임금채권 등에 대한 양도인의무는 그대로 존속된다.

(4) 근로자의 해지 및 이의제기

근로관계이전을 원치 않는 근로자는 근로계약을 해지하거나, 양도인과 근로관

---

7) 근기 01254-103, 1993.1.19. ↘ 831쪽

1) 근로개선정책과-2397, 2013.4.18.

2) 대판 2020.12.10, 2020다245958.

3) 근기 01254-390, 1993.3.15.

4) 대판 2020.11.5, 2018두54705. 영업전부의 양도가 이루어진 경우, 정당한 이유없이 해고된 근로자를 승계대상에서 제외하는 특약은 실질적으로 또 다른 해고이므로, 근기법에 따른 정당한 이유가 있어야 한다.

5) 동거친족, 가사사용인 등 [임종률, 「사업주 변경과 근로자의 법적 지위」, 민법학논총(곽윤직교수 화갑기념문집), 1985, 536쪽].

6) 대판 1993.5.25, 91다41750. 근로관계가 종료된 것이므로 이러한 관계까지 승계받는다고 볼 수 없다.

7) 서울행판 2013.8.27, 2012구합41905. 외주용역업체 사이의 승계 관행 사례.

계를 유지할 수 있다. 또한 양도인의 근로자는 양수기업취업을 희망하는 의사표시를 승계취업이 확정되기 전에 철회할 수 있다.[1] 양도인은 경영해고요건에 해당되면 잔류를 희망한 근로자를 해고할 수 있다.[2]

(5) 근로조건의 적용

① 근로조건 승계

(가) 노동조합 및 자치규범

근로관계가 승계되면 노동조합[3] · 단체협약 · 취업규칙 · 근로계약 등도 승계되므로 양도전사업장의 근로조건이 유지[4]되며, 양수인이 일방적으로 근로조건을 근로자에게 불리하도록 변경할 수 없으며,[5] 그러한 부분은 무효이다.[6]

(나) 근로조건 조정

근로관계가 승계되어 종전의 취업규칙이 적용되어도 합병후에 노동조합과의 단체협약을 통해 근로조건을 단일화하기로 변경 · 조정하는 합의가 있으면 새로운 단체협약이 유효하다.[7]

(다) 승계의 예외

사업일부양도의 경우, 단체협약은 체결당사자가 존속하므로 승계되지 않는다. 다만, 단체협약중에서 "근로조건 기타 근로자대우에 관한 규정" 즉 규범적부분에 대해서는 노조법(§33)을 원용하여 근로계약내용으로 효력을 유지한다.[8]

② 퇴직급여

(가) 불리변경 금지

퇴직급여는 취업규칙기재사항이다. 근로자집단의 적법한 동의없이 퇴직급여규정을 근로자에게 불리하게 변경하면 변경된 퇴직금규정은 종전의 근로자에 대해

---

1) 대판 2002.3.29, 2000두8455. 한국오므론전장주식회사사건.

2) 대판 2000.10.13, 98다11437.

3) 대판 2002.3.26, 2000다3347. 영업양도를 하더라도 노조사무실의 명도청구는 민법상 사용대차에 해당되어 그 반환을 허용할 특별한 사정이 없다.

4) 대판 1994.8.26, 93다58714. 전파법개정으로 종전협회해산후 설립. 취업규칙 관련.

5) 대판 1977.7.26, 77다355. 근로자동의가 있으면 호봉책정 등 임금결정이 별개로 이루어질 수 있다.; 근기 01254-1911, 1992.11.26; 대판 1995.12.26, 95다41659. 승계한 취업규칙을 불리하게 변경하려면 집단적동의를 받아야 한다(**한국노동법학회, 『노동판례백선』 제1판**, 184쪽. 기업변동의 결과로 다른 퇴직금제도가 병존하게 된 것은 퇴직금을 설정한 것에 해당되지 않으며, 퇴직금차등제도의 설정금지원칙에 위반되지 않는다); 근로개선정책과-5757, 2014.10.20. 합병 관련, 합병전회사와의 근로조건에 따라 정년이 차이나는 것을 차별이라고 할 수는 없다.

6) 대판 1994.8.26, 93다58714. 한국○○○관리사업단사건. 약 7년간 명시적인 반대의사를 표시한 바 없었다는 것만으로 근로자들의 묵시적동의나 추인이 있었다고 단정할 수 없다.

7) 대판 2001.10.30, 2001다24051.

8) 노조 01254-62, 2000.1.21.

효력이 없으며,[1] 이에 따라 존재하는 복수의 퇴직금규정은 퇴직급여차등금지제도에 위반되지 않는다.[2]

㈏ **계속근로 인정**

계속근로기간산정에 있어 양도전후기간은 통산된다. 근로자의 일부를 받아들이지 않는 것은 해고로 처리되어 근기법(§23, §24)이 요구하는 정당성이 있어야 한다.

㈐ **중간정산 배제**

사업양도는 퇴직금중간정산사유(근퇴령 §3)에 해당되지 않는다. 근로자는 자발적의사로 근로관계를 단절하여 퇴직금을 수령하거나[3] 근로관계승계로 퇴직금을 중간정산하지 않고 근로관계를 유지할 수 있다.[4] 사업양도의 경우, 원칙적으로 근로관계가 양수인에게 승계된다. 사용자가 일방적으로 퇴직금을 지급해도 근로자동의가 없으면 근로관계가 단절되었다고 보기 어려우며,[5] 사용자의 퇴직금지급은 위법한 중간정산이 된다. 포괄승계를 합의하면서 기존의 퇴직금산정기간을 근속연수에 산입하지 않기로 해도 위법이다.[6]

3. 사업의 합병 · 흡수

3·가. 의 의

사업합병은 2개이상의 회사가 계약에 의해 청산절차를 거치지 않고 상법상의 특별규정에 따라 합해져 1개의 회사로 되는 것이 일반적인 형태이다. 합병되면 새로운 회사 또는 존속회사는 소멸회사의 권리 · 의무를 포괄적으로 승계한다.[7]

---

1) 대판 1994.1.25, 92다23834 ; 대판 1991.9.24, 91다17542 ; 대판 1994.8.26, 93다58714 ; 대판 1995.12.26, 95다41659.

2) 대판(전) 1992.12.22, 91다45165.

3) 대판 1992.7.14, 91다40276. 근로자의 의사가 아니라 양도 · 양수기업들의 경영방침에 따라 일방적으로 퇴직과 재입사의 형식을 거친 것이라면 퇴직금을 지급받았더라도 근로관계단절의사가 없으므로, 최종양수기업은 합산한 계속근로연수에 상응하는 퇴직금에서 이미 지급된 퇴직금을 공제한 나머지를 지급해야 한다.

4) 사업을 양도 · 양수함에 있어 퇴직금수령(퇴직금중간정산)과 근속기간통산중에 근로자에게 자유로운 선택권이 주어진 상태에서 퇴직금을 수령하게 되면 계속근로관계는 단절된다는 법리(대판 1991.12.10, 91다12035 ; 대판 1991.5.28, 90다16801. 중간정산여부에 대해 설문지를 돌려 근로자가 선택케 한 사례)가 형성되어 왔다. 그러나 2012년에 퇴직금중간정산사유가 제한되어 법리변경이 불가피하다.

5) 대판 2001.11.13, 2000다18608. 영업양도시 퇴직금수령사실만으로 전회사와의 근로관계가 종료되고 새 회사와 근로관계가 시작된다고 볼 것은 아니다. 다만, 근로자가 자의에 의하여 사직서를 제출하고 퇴직금을 지급받으면 계속근로의 단절에 동의한 것으로 볼 여지가 있지만, 경영방침에 따른 일방적결정으로 퇴직 및 재입사의 형식을 거치면 퇴직금을 지급받아도 계속근로관계는 단절되지 않는다.

6) 동의가 있으면 유효하다는 법리(대판 1991.11.12, 91다12806)는 법개정으로 퇴직금중간정산사유가 제한됨에 따라 타당하지 않게 되었음.

7) 「상법」 제235조, 제530조제2항, 제603조 ; 근기 68207-1752, 2000.6.9.

3·나. 근로관계승계

(1) 승계원칙과 배제특약

2개이상의 사업이 동일성을 유지하면서 하나의 사업으로 합병되면 근로관계가 승계됨이 원칙이다.

근로자의 전부 또는 일부를 승계치 않기로 하는 합의는 무효이다. 합병자체만으로는 '기존근로자의 해고'가 정당화 될 수 없기 때문이다. 기존의 근로조건중에서 일부 또는 전부를 승계치 않는 합의도 효력이 없다.[1]

사회통념이나 신의성실원칙에 반하지 않으며 근로자에게 불리하게 할 목적이 없고, 근로자동의가 있다면, 근로관계단절이 가능하다는 판결[2]이 발견된다.

(2) 합병과정에서의 근로자보호

합병으로 불이익을 받는 채권자는 이의진술기회를 가지며,[3] 합병무효의 소를 제기할 수 있다.[4] 근로자도 기존회사에 대한 임금채권의 권한행사가 가능하지만, 그 외에는 근로자가 합병에 관여할 제도적장치가 없다.

3·다. 근로조건조정

계속근로로 인정된 상태에서 흡수·통합하는 경우에는, 회사의 합병에 의하여 근로관계가 승계되는 경우에는 종전의 근로계약상의 지위가 그대로 포괄적으로 승계되는 것이므로, 합병전기업의 근로조건이 합병후기업에 승계되는 것이 원칙[5]이나 합병후에 적법하게 단체협약을 변경하거나 취업규칙을 개정하면 효력이 있다.[6] 다만, 새 규칙제정 등을 통해 근로조건을 일원화하기전까지 특약이 없는 한 원래의 소속기업에서 적용되던 근로조건이 그대로 적용된다.[7]

3·라. 승계효과[8]

---

1) 대판 1991.11.12, 91다12806.
2) 대판 1991.12.10, 91다12035. 통정한 허위의 의사표시가 아니라고 판시하고 있다.
3) 「상법」 제232조, 제530조제2항, 제603조.
4) 「상법」 제236조, 제529조, 제603조.
5) 대판 1994.3.8, 93다1589. 합병전근로조건이 더 불리해도 마찬가지 ; 대판 2001.4.24. 99다9370, 퇴직금관련 ; 근기 68207-1876, 1993.8.26 ; 서울민지판 1990.10.30, 89가합22614. 합병이 경영합리화를 목적으로 한 것이고, 근로자동의를 받아 근로관계를 종료한 후, 새기업입사형식을 취한다면 근로조건하향조정도 가능.
6) 대판 1993.10.12, 93다18365.
7) 근기 68207-3230, 2000.10.19.
8) 양도·양수에 따른 고용승계의 효과를 준용(같은장, 같은절, 2·라).

4. 사업의 분리 · 독립

4·가. 의 의

(1) 개 념

사업의 특정부문을 떼어내서 독립시키는 것을 사업분리 · 독립, 사업분할 또는 자회사설립이라고 한다. '사업의 분리 · 독립'의 방법은 여러 가지가 있으나 상법상의 분할 또는 분할합병이 일반적이다(상법 §530의2).

(2) 성 격

상법상의 분할은 합병이나 영업양도와 다른 성격을 가진다. 분할은 그 법적 효과가 분할계획서 등에 기재한 내용에 한정하여 부분적으로 포괄승계되는 법적 성격을 갖는다. 포괄승계가 되는 점에서는 합병과 분할이 유사하다. 영업양도가 특정승계임에 비하여 분할은 부분적인 포괄승계이다.[1)]

상법은 분할에 따른 근로관계승계에 대해 규정하지 않고 있다. 따라서 분할이나 분리는 노동법적인 관점에서 다루어진다.

4·나. 근로관계승계의 요건

분할계획서에 근로관계승계가 기재되어 있는 경우, 근로자의 의사에 관계없이, 근로관계가 분할회사로 승계되는 것인지에 대해 견해가 나뉜다.

(1) 동의권설

근로관계가 승계되기 위해서는 개별근로자의 수권이나 동의가 필요하다는 견해[2)]가 있다. 일방적인 근로관계승계는 스스로 선택하지 않은 사용자와 근로관계를 맺음으로써 자기결정원칙에 반하고 인간의 존엄성을 해치며 직업선택자유를 해치고 강제근로위험이 있다는 점이 논리적근거이다. 이 견해는 근로자동의 없이 근로관계가 승계되는 관행이 근로계약내용을 이루고 있다는 등의 특별한 사정이 있다면 이는 동의를 받은 것으로 본다.[3)]

(2) 거부권설

근로관계가 승계되기 위해서는 개별근로자의 수권이나 동의가 필요없지만 근로자에게 승계거부권이 있다는 견해[4)]가 있다. 이 견해는 근로관계존속보호와 자

---

1) 이세리, "회사분할과 근로관계의 승계", 「노동법포럼」 제6호, 노동법이론실무학회, 2011.4, 212면.
2) 이승욱, "기업변동에 따른 경영상 해고의 정당성", 「노동법학」 8호, 1998, 411면.
3) 서울고판 2006.9.22, 2006나33021(대판 2007.1.25, 2006다66968 심리불속행).

기결정원칙의 조화를 근로자에게 거부권을 인정하는 방법으로 해결[1]한다. 이 견해에 따르면 기업의 일부가 분리・독립되어도 인적・물적조직이 서로 동일하면, 법인의 권리의무가 포괄적으로 승계되지 않더라도, 이의제기여부와 상관없이, 근로관계가 포괄적으로 이전된다.[2]

분할하는 회사가 분할계획서에 대한 주주총회승인을 얻기 전에 노동조합과 근로자들에게 '회사분할의 배경・목적・시기, 근로관계승계의 범위・내용, 신설회사의 개요・업무 내용' 등을 설명하고 협력을 구하는 절차를 거치면 '동의를 받지 못한 근로자'의 근로관계도 신설회사에 승계된다는 판결[3]이 발견된다.

(3) 검 토

분할은, 근로자동의를 요건으로 하게 되면, 실질적으로 실현되기 어렵다. 따라서 분할이라는 경영행위를 인정하고 근로자에게 근로관계에 대한 자기결정권을 보장한다는 두 개의 목적을 달성하기 위해서는 거부권설이 타당하다. 거부권이 근로자의 동의없이 고용관계가 타인에게 양도될 수 없다는 규정의 취지를 훼손한다고 보기 어렵다. 다만 사업분리에 따른 근로관계승계와 관련하여, 판례도 거부권설을 지지하고 있는 것으로 보이나 이견이 해소되었다고 보기 어렵고 가치와 이념이 서로 다른 상법과 노동법의 특성때문에 쟁점으로 남아 있다.

분할에 있어 재취업약정은 재고용근로계약을 체결한 것으로 간주된다.[4]

4·다. 근로관계승계의 효과

(1) 계속근로기간 합산

① 원 칙

근로관계가 승계되면 계속근로기간산정에 있어 양기간은 합산되며, 새 회사는 해당근로자를 정당한 이유가 없이 해고하지 못한다.

---

4) 권혁, 임상훈, 강대섭, 『기업조직재편 등 노동시장 환경변화에 따른 노사관계법적 정책과제 연구』, 고용노동부 연구용역, 부산대학교 산학협력단, 2012, 72쪽. ↘ 836쪽

1) 〈근거〉 인사권에 대한 사용자의 재량권, 경영해고절차를 거치지 않고 특정사업부을 폐지하는 분할의 효과, 모회사의 사용자가 신설회사의 사용자가 되는 경우 사용자변경의 차이가 적어 전속성 존재,

2) 대판 1987.2.24, 84다카1409. ○○방직주식회사 퇴직금사건 ; 대판 1991.9.27, 91나4300 ; 대판 2009.9.24, 2009두9796(심리불속행). 대우자동차판매주식회사 부당전직사건 ; 대판 2013.12.12, 2011두4282. 현대에이치앤에스 법인사업부문 분할사건 ; 근기 68207-3051, 2000.10.4 ; 권혁, 임상훈, 강대섭, 앞의 연구용역, 72쪽.

3) 대판 2013.12.12, 2011두4282. 법인사업부문 분할사건(**한국노동법학회, 『노동판례백선』 제2판**, 227쪽).

4) 대판 1994.9.30, 94다9092(**한국노동법학회, 『노동판례백선』 제2판**, 15~16쪽, 주요판례로 소개). 신설회사가 조업이 불가능하여 고용을 유지하지 못하게 될 때에는 공사가 그 근로자들을 모두 재취업시키기로 하는 내용의 재취업약정은 전적하게 되는 근로자들이 장래에 신설회사측의 경영사정으로 부득이 근로관계를 유지하지 못하는 경우가 생기면 모두 재고용한다는 내용을 담은 근로계약을 미리 체결한 것으로 본다.

② **근로관계승계 유보약정**

노동조합이 "분할회사가 해당근로자를 계속 고용치 못할 사정이 발생하면 별도의 근로계약체결없이 바로 원래회사에 고용된다"는 약정을 원래회사와 체결하면, 이는 단체협약이 아니라 단순한 사법상계약이다. 이 경우, 3기간(분할전원래회사에서 근로한기간, 복귀하여 근로한기간, 분할후새회사에서 원래회사에서 근로한기간) 모두가 계속근로로 합산된다. 사업이 분리될 때에 기업의 인적·물적조직이 일부라도 동일성을 유지하면 그 범위에서 고용승계가 인정되어야 하나, 그렇지 않으면 고용승계 역시 부인될 수 있다.[1)]

(2) 계속근로기간 단절

사업을 분리하면서 근로자에게 자유의사로 근로관계단절여부를 선택할 수 있는 기회를 준 상태에서, 퇴직금을 받고 다시 입사하는 형식을 취하면 임금에 관한 권리·의무 등 옛 회사의 근로관계가 새 회사로 포괄승계되지 않는다.[2)]

(3) 근로관계승계 부정

① **근로관계 이전 거부**

기업의 일부가 분리·독립되더라도 그 동일성이 유지되면 모회사의 해당사업부문에 종사하고 있던 근로자의 근로관계는 자회사가 인수하게 되나 근로자가 거부하면 근로관계는 이전되지 않고 모회사와의 사이에 남는다.

② **형식적 분리·독립**

자회사의 대표기관 등이 모회사의 지휘·명령을 받고 있어 독립성이 인정되지 않으면 자회사는 모회사의 한 사업부문으로서 독립된 사업으로 볼 수 없으므로 근로관계이전의 문제는 처음부터 발생치 않는다. 모회사가 일부근로자를 해고하거나 차별대우할 목적으로 자회사를 설립한 경우에도 자회사의 법인격은 부인될 수 있으며 모회사와 근로자 사이에 직접적인 근로관계가 존재한다.

4·라. 소사장제 및 외부용역

(1) 소사장제

소사장제 또는 분사제는 생산성향상 등 경쟁력회복을 위해 동일사업내에서 공정일부에 대해 독립경영체제를 형성케 하는 소규모경영방식이다.

소사장이 독자적으로 사업자등록·산업재해보상보험가입·소속근로자채용·임

---

1) 근기 68207-2437, 1993.11.23.

2) 대판 1991.12.13, 91다32657. 상당수의 근로자가 종전의 근로관계를 승계하면서 새 회사의 직원이 되는 방법을 택했음에도 근로관계단절을 선택한 근로자에 대해 계속근로관계를 부인하고 있다.

금결정·업무수행·지도감독·징계 등의 인사·노무관리를 행하면 소속근로자의 사용자이다. 모기업이 소사장소속근로자의 인사·노무관리전반에 대해 지휘·감독권을 행사하고 모기업과 소사장의 사이에도 사실상의 근로관계가 존속하면 모기업의 대표자가 사용자책임을 진다.[1] 독립적인 소사장제 등의 근로관계승계에 관해서는 사업의 분리·독립에서의 설명을 준용한다.

(2) 외부용역

① 근로관계승계 판단

㈎ 직접운영에서 위탁운용으로 전환

식당·경비 등 일부업무부서를 폐지하고 외부용역화하는 경우, 이는 단순한 특정업무이전으로서 경제적동일체로서 이전되는 영업양도와 구분된다. 따라서 고용이 승계되는 것은 아니며, 기존인력의 재고용여부·근로조건 등은 당사자가 협의해서 결정된다. 용역업체로 재고용되지 못한 인력은 원래의 회사에 남게 되고, 해고를 하면 경영해고법리가 적용된다. 도급인이 수급인의 근로자에 대해 실질적인 지휘·감독권을 행사하면 사용자의 지위를 가진다.

㈏ 위탁운영에서 직접운용으로 전환

업무의 동질성이 유지되면서 관리형태를 위탁운영에서 직영운영으로 변경하면 영업의 양도·양수로 보아 고용이 승계되며,[2] 이는 근로계약당사자의 변경에 불과하므로 기존의 단체협약이나 취업규칙 등에서 정한 근로조건은 유지된다는 해석[3]이 발견된다.

㈐ 수탁주체 변경

용역업체와 같은 수급업체의 변경은, 그 변경이 형식적인 것으로서 탈법적 수단으로 인정되거나 별도의 약정이 없는 한, 당연히 고용승계가 되지는 않는다.[4]

② 근로관계승계기대권

㈎ 사업체의 위탁계약

용역업체변경에 대해 고용승계기대권 또는 근로관계승계기대권을 인정하는 판례법리가 형성되고 있다.[5] 옛 용역업체의 계약이 만료되고 새 용역업체가 해당

---

1) 대판 2002.11.26, 2002도649.

2) 근로기준정책과-3657, 2017.6.13. 복지서비스 전달체계 개편을 목적으로 「사회복지사업법」에 근거하여 도 및 시·군에 설치된 돌봄센터를 위탁하여 운영한 사건.

3) 근로개선정책과-1763, 2011.6.21. 당사자가 변경되었으므로 근로계약은 새롭게 작성되어야 함.

4) 근로조건지도과-4378, 2008.10.9 ; 근로개선정책과-3838, 2011.10.31.

5) 대판 2016.11.10, 2014두45765 ; 대판 2021.4.29, 2016두57045 ; 대판 2021.6.3, 2020두45308 ; 대판 2023.6.15, 2021두39034. 〈기존 용역계약 종료후, 자회사를 설립하여 위탁〉 자회사설립의 경위 및 목적, 정규직전

업무를 위탁받은 경우, 고용을 승계하여 새로운 근로관계가 성립될 것이라는 신뢰관계가 형성되었다면, 새로운 용역업체로 고용이 승계되리라는 기대권이 인정된다. 고용승계기대권이 인정되면, 합리적인 이유없이 근로자의사에 반하여 고용승계를 거절하는 것은 부당해고에 해당된다.

고용승계기대권이 있는지는 고용승계조항를 포함한 구체적인 계약내용, 해당용역계약을 체결하게된 동기와 경위, 같은 업종에서의 고용승계관련관행, 위탁대상으로서 근로자가 수행하는 업무내용, 새 용역업체와 근로자들의 인식 등 근로관계 및 해당용역계약을 둘러싼 여러 사정을 종합적으로 고려하여 판단되어야 한다. 고용승계기대권은 기간제근로자의 갱신기대권보다 엄격히 해석된다. 따라서 그 요건인 승계약정이나 관행이 결여되면 인정받기 어렵다.

㈏ 개인의 위탁계약

개인의 위·수탁계약에 대해 기간제근로갱신기대권법리를 적용하여 근로관계 승계기대권을 인정하는 판결[1]이 발견된다.

5. 그 밖의 기업변경

5·가. 단순한 명칭 · 조직변경

신설회사가 종전회사와 실체에 있어서는 동일하고, 경영상필요에 의하여 회사의 명칭과 조직이 변경된 경우에 불과하며, 근로자가 신규입사하는 형식적인 절차를 밟더라도 계속하여 근로를 제공하면 근로관계는 승계된다.[2] 회사가 동일한 법인격을 유지하면서 다른 종류의 회사로 조직을 변경하는[3] 조직변경의 경우에도 사업이 동일하므로 근로관계가 그대로 유지된다.

5·나. 경매처분 · 공개입찰

물적기반인 기업시설전체가 법원에 의해 경매로 타인에게 양도되면, 사용자가 폐업처분이나 해고처분을 하지 않아도 근로관계는 종료[4]되며, 양수자에게 승계

환채용협의의 진행경과 및 내용, 정규직전환채용요건·절차설정여부, 고용승계관련관행, 수행업무내용, 자회사와 근로자의 인식 등 해당근로관계·용역계약을 둘러싼 여러 사정을 종합적으로 고려하여 판단. 계속근로기대권과 정규직전환기대권을 인정하면서 단속근로승인을 받기 위한 근로자합의서를 제출치 않은 이유로 전환을 거부한 것을 해고로 보았음.

1) 대판 2011.4.14, 2007두1729. 서울특별시시설관리공단이, 계약기간을 1년으로 정하여 장애인콜택시운전자에 관한 위·수탁계약갱신 대상자 선정을 위한 심사에서 탈락한 사람에 대해 인정. 〈근거〉 '장애인콜택시 운영계획'에 계약을 갱신하도록 하는 취지가 부적격자의 교체에 있음을 명시하고 있고, 장애인콜택시 사업을 한시적·일시적 사업이라고 볼 수 없고 위·수탁계약에서 위탁기간연장규정을 두고 있는 점 등을 종합.

2) 서울민지판 1991.2.21, 90가합56543.

3) 「상법」 제242조, 제269조, 제604조, 제607조.

되지 않는다. 양도·양수에 있어 공개입찰방법을 취하면, 고용승계가 입찰조건이 아닌 한, 업무내용이 동일하다는 점만으로 고용승계가 인정되지 않는다.[1]

5·다. 법령에 따른 사업주체변경

법률의 제·개정에 따라 새 단체가 설립되어 옛 단체의 기능을 흡수하는 경우, 별도의 규정이 없다면 옛 단체의 근로관계가 새 단체에 당연히 승계되지는 않는다.[2] 법령에 의해 사업주체가 변동되는 경우, 사업의 성격에 따라 근로관계 승계여부가 결정될 수도 있다. 아파트관리[3]와 지방자치관할조정[4]이 그렇다.

5·라. 계열회사간 사업이관

일부사업이 인적조직과 물적시설이 해체됨이 없이 계열회사에 이관되면, 상법상의 영업양도요건을 갖추지 못해도, 고용관계가 승계된다.[5]

5·마. 주식매매

인수회사가 상대회사의 주식을 획득하는 주식매매의 경우, 기존회사의 독립적

---

4) 대판 1988.2.9, 87도2509. ↘ 840쪽

1) 대판 2000.3.10, 98두4146.

2) 대판 1998.10.23, 98다33932 ; 대판 2018.9.28, 2018다207588. ○○문화원사건. 근로관계승계미규정, 재산과 권리·의무승계규정만 두고 있음. 종전단체의 재산과 권리의무가 승계되므로 해산일까지 발생한 임금 등은 승계 : 헌재 2002.11.28, 2002헌바50. 한국보건산업진흥원법 부칙 제3조(재산승계만 규정, 근로관계승계미규정) 합헌.

3) 관리형태 및 '관리형태별 사용자'에 대해서는 '제1장, 제4절, 2·나, (3), ②' 참조 ; 아파트관리업무가 의무관리에서 자치관리·위탁관리로 이관되는 경우, 관리업무동질성이 변경되었다고 볼 수 없고 사업주변경에 불과해도 근로관계는 승계되지 않는다(대판 2000.3.10, 98두4146). 의무관리에서 자치관리로 변경하는데 대해, 동질성을 유지한 채 사업주체변경에 불과하면 입주자대표회의가 고용을 승계한다는 견해(근로조건지도과-4129, 2008.9.26)가 있다. '자치관리에서 위탁관리(근기 68207-343, 1999.10.16)로 또는 위탁관리에서 자치관리(근기 68207-147, 1999.9.28)로 변경되는 경우, 업무동질성이 유지되고 배제특약이 없는 한 근로관계가 승계된다'는 견해(근기 68206-564, 1999.11.9)는 법령에 의한 사업주체변경이 아니므로 타당하다. 위탁관리업체변경에 관해서는 판례와 행정해석 입장이 다르다. 첫째, 판례(서울고판 1998.1.9, 97구32774)는 신·구위탁업체사이에 영업양도계약이 없으면 고용승계의무는 부정되고, '종전근로자를 우선 재고용한다'는 아파트입주자대표회의의 입찰조건을 수락해도 고용관계의 포괄적승계를 부인한다(서울고판 2003.5.1, 2002누8406 ; '계속근로희망자는 면담후 고용계약을 체결한다'는 취지를 명시했다면, 주민편의범위에서 입찰조건을 수락한 것이므로, 면담절차를 따르지 않은 채 계속근무의 의사표시만 하면 근로관계는 승계되지 않음). 둘째, 행정해석(근기 68207-576, 1997.5.3)도 위탁업체간에 양도·양수관계가 성립하지 않는다는 이유로 근로관계의 의무적승계를 원칙적으로 부인했다. 이러한 해석은 수탁받은 주택관리업자가 입주자대표회의로부터 독립하여 인사노무관리 전권을 행사하는 것을 전제로 한다. 주택관리업자가 근로계약체결 등 형식적 권한만 가질 뿐, 입주자대표회의가 인사노무관리에 직접 관여하거나 근로조건결정에 최종결재권을 행사하는 등 근로관계를 개별적·구체적으로 규율하면, 근로관계가 승계되고(근기 68207-1872, 1998.8.6), 고용은 유지된다(근기 68206-564, 1999.11.9). 판례(대판 2001.1.5, 2000두2686. 은마아파트사건)는 행정해석을 부정한다.

4) 대판 1993.4.27, 92나22915. 「지방자치법」은 지자체분할이 있는 때에 새로이 지역을 관할하게 된 지자체가 종전지자체의 사무와 재산을 승계한다고 규정하고 있다. 일용직고용원의 근로관계는 승계되고 분할시점에 발생한 채권은 분할전 지자체가 부담하나 퇴직금처럼 청구권이 발생치 않은 채무는 새 지자체가 부담한다.

5) 대판 1997.6.27, 96다49674.

인 법인격 및 권리의무관계는 그대로 유지되며, 주주만 변동된다.[1] 주식매매의 경우, 법인자체에는 변동이 없으므로 회사와 근로자의 관계도 변동이 없다. 대주주변동은 경영진교체로 이어지고 새 경영진은 경영방식변경을 모색하므로써 근로자의 고용조정이 뒤따라 이루어질 수 있는데 이 경우 그 요건과 절차는 경영해고와 같다.

5·바. 임대 · 위탁변경

휴게소, 아파트관리 등과 같이 소유자가 별도로 있는 가운데 임대차계약의 변경이나 위탁관리자변경이 있다면 특약이 없는 한 새로운 임차인이나 위탁관리자에게 전(前)임차인 등의 소속근로자에 대한 고용승계의무가 발생하지 않는다.[2]

다만, 단순히 관리형태를 위탁에서 직영으로 변경하는 경우라면 업무의 동질성이 유지되고 근로자의 인수를 배제하는 특약이 없는 한 영업의 양도 · 양수로 보아 고용이 승계된다는 해석[3]이 있으나, 아파트의 경비업무를 자치관리방식에서 위탁관리방식으로 변경하기로 한 후에 수탁업체로의 고용승계를 거부한 근로자를 해고한 것은 정당하다고 본 판결[4]이 발견된다.

5·사. 법인신설

법인신설의 경우에는 근로관계가 포괄적으로 승계되지는 않으며, 관련법령 또는 정관규정에 따라 부분적으로 승계될 수 있다.[5]

---

1) 경영권이전은 주주총회를 통해 인수회사 지명자들이 상대회사이사회의 과반수를 차지함으로써 달성됨.

2) 근기 68207-1405, 2000.5.9 ; 근기 68207-3153, 2000.10.12 ; 근기 68207-2807, 2000.8.14 ; 근로조건지도과-4378, 2008.10.9 ; 근로개선정책과-3838, 2011.10.31 ; 퇴직연금복지과-666, 2015.3.16. 지자체가 청소년수련관 운영 주체를 시설관리공단에서 다른 법인으로 변경 ; 고용차별개선과-1396, 2013.7.15. 수탁업체가 교체되는 경우, 일정한 영업목적에 의하여 조직화된 업체 즉, 인적 · 물적 조직을 그 동일성을 유지하면서 일체로서 이전하는 영업양도에 해당하지 않고, 승계하기로 하는 약정도 없는 경우라면 기존 근로자들을 승계할 의무는 없다. ; 〈사례〉 근로복지과-3842, 2012.11.9. 민간업체에서 공기업으로 수탁업체가 바뀐 사례. 별도약정이 없는 민간업체가 자기 회사에서 근로한 기간에 대한 퇴직금지급의무를 지며, 민법상 이해관계가 없는 자는 채무자의사에 반하여 채무를 인수할 수 없으며(민법 §453②) 채무자의사에 반하여 변제하더라도 효력이 없으므로(민법 §469②), 민간업체와 이해관계가 없는 새 수탁업체인 공기업이 일방적으로 퇴직금채무를 인수할 수는 없으며 퇴직금명목으로 지급하더라도 민간업체의 퇴직금채무를 소멸시키는 효력은 발생하지 않는다 .

3) 근로개선정책과-1064, 2011.5.2.

4) 대판 2024.5.30, 2020두47908.

5) 대판 2018.9.28, 2018다207588. 법률개정으로 특수법인이 설립되어 다른 단체의 동일기능을 흡수하면서 권리의무를 승계하도록 하는 경우, 종전단체 소속직원들과의 근로관계승계에 대해 별도규정을 두지 않은 채 모든 재산과 권리 · 의무를 승계한다는 경과규정을 둔 것은 종전단체의 해산 및 청산절차를 규율하기 위한 것으로서, 해산단체직원들의 근로관계가 당연히 승계되는 효과를 가져오지는 않는다. 다만, 재산과 권리 · 의무 포괄승계규정에 따라, 종전단체의 해산시까지 발생한 임금 · 퇴직금채무도 새로운 특수법인에 승계된다.

제 10 장

근로관계종료와 징벌

제1절 총 괄

1. 법적근거

근기법(§23 ①)은 정당한 이유가 없는 '징계 및 해고'(이하 제11장까지 본문에 '징벌'이라는 표현 같이 씀)를 금지하고 있다. 근기법이 명시하고 있는 "정당한 이유"가 주관적이고 추상적이라는 비판에 대해 헌법재판소는 법적자문을 통한 예견가능성이 있고 집행자의 자의가 배제될 정도로 의미가 확립되어 있어 헌법상 명확성원칙에 반하지 않는다고 본다.[1)]

2. 근로관계종료의 내용과 구조

2·가. 근로관계종료 유형

근로관계는 의사표시와 관계없이 이루어지는 자동소멸, 근로자측의 의사표시나 합의된 조건에 따라 행해지는 퇴직 그리고 사용자측의사표시에 따라 행해지는 해고로 종료된다.[2)] 근기법(§93)은 '퇴직에 관한 사항'을 취업규칙기재사항으로 명시함으로써, 해고외의 근로관계종료사유를 사용자와 근로자의 결정에 맡기고 있다. 근로관계자동소멸과 퇴직에 대해서는 원칙적으로 민법법리가 적용되나, 근로자가 노동위원회나 법원에 이의를 제기하면 근기법의 '부당해고 등 금지 규정(§23)'을 적용받아 심판이나 소송의 대상이 될 수 있다.

2·나. 자동소멸

근로관계자동소멸은 근로자나 사용자의 의사와 관계없이 이루어지는 근로관계종료[3)]로서, 근로계약이 당사자의사표시나 사전에 정해진 조건과 관계없이 자동적으로 해지되는 근로관계종료의 유형이다. 근로자사망, 사업장소멸 등이 그렇다.

2·다. 퇴직의 개념과 유형화

퇴직이라 함은 근로자의 의사나 동의에 의해 이루어지는 근로관계종료이다.[4)]

---

1) 헌재 2005.3.31, 2003헌바12.
2) 대판 2011.3.24, 2010다92148.
3) 대판 2011.3.24, 2010다92148.
4) 대판 2011.3.24, 2010다92148.

퇴직은 당사자가 근로계약 등에서 정한 사유의 완성에 따라 근로관계가 종료되는 사유완성형퇴직과 쌍방의 의사합치나 근로자의사표시에 따라 근로관계가 종료되는 의사표시형퇴직으로 구분될 수 있다.

(1) 사유완성형 퇴직

사유완성형퇴직으로는 근로계약에 근로관계존속기한을 정하는 근로계약기간만료·정년퇴직과 근로관계존속사유를 정한 당연면직이 있다. 그 날의 근로가 종료되면 근로계약이 해지되는 일용직근로계약을 체결한 근로자에게 출근하지 말라고 통보한 것은 근로관계존속기간을 정한 당연퇴직의 하나로 볼 수 있다.[1]

(2) 의사표시형 퇴직

근로자의 의사표시를 사용자가 수리하거나, 수리됨이 없이 법정기간이 지나면 근로관계는 종료된다. 의사표시형퇴직은 의원사직, 자진사퇴, 일괄사퇴, 합의해지, 명예퇴직, 자발적사직, 비자발적사직, 조건부사직 등 다양한 모습으로 나타난다. 근로자의 의사표시를 사용자가 수리하면 합의퇴직으로 분류되고 그렇지 못하면 임의퇴직으로 분류된다. 양자는 요건, 법적효과 등을 달리 한다.

2·라. 해고의 개념과 유형화

해고는 명칭이나 절차와 관계없이 근로자의사에 반하여 이루어지는 근로관계 종료를 말한다.[2] 근로계약관계가 해고로 종료하였다는 사실에 관한 입증책임은 이를 주장하는 사람에게 있다.[3] 근로관계종료원인을 둘러싸고 근로자는 해고라고 주장하고, 사용자는 사직이나 합의해지라고 주장하면 사용자가 사직이나 합의해지라는 점에 대한 입증책임이 있다.[4] 해고는 그 원인이 누구에게 있는지에 따라 근로자귀책으로 인한 일반해고와 사용자귀책으로 인한 경영해고로 나뉜다.

(1) 경영해고와 일반해고

해고는 사용자측원인에서 비롯된 해고와 근로자측원인에서 바롯된 해고로 나뉜다. 전자에 대해서는 경영해고라는 용어를 사용할 수 있다.[5] 경영해고는 경영상이유를 요건으로 집단적으로 이루어진다. 후자에 대해 일반해고라는 용어를 사용하는 것이,[6] 다른 의미로 쓰이는 경우도 발견되지만,[7] 타당해 보인다.[8]

---

1) 서울행판 2013.9.5, 2013구합52612.
2) 대판 1993.10.26, 92다54210. 당연퇴직관련 ; 대판 1996.5.31, 95다33238 ; 대판 2011.3.24, 2010다92148.
3) 서울고판 2013.10.16, 2012누34756(대판 2014.2.28, 2013두23904. 심리불속행 기각).
4) 서울고판 2014.7.18, 2014누41857 (대판 2014.11.6, 2014두39890. 심리불속행).
5) 일본에서 사용되는 정리해고(菅野和夫, 『労働法』, 第10版, 566頁)는 부정적이고 과격한 의미 내포.

(2) 일반해고의 분류

근로자의 귀책사유를 일신상사유와 행태상사유로 나누고, 이에 따라 해고를 유형화하려는 접근이 시도되고 있다.[1)]

① 징계해고와 통상해고

일반해고는 과거의 비위행위나 기업질서위반행위에 대한 제재인 징계해고와 근로계약의무를 이행하지 못한 채무불이행상태로 인해 장래에도 근로관계를 계속 유지하는 것이 가능하지 않아 행해지는 통상해고[2)]로 구분[3)]된다. '채용내정·시용에 있어서 약정된 유보해지권의 행사'도 통상해고로 분류될 수 있다.

② 근로자귀책사유의 구분

근로자귀책사유는 고의·과실이 전제되지 않는 일신상사유와, 고의·과실이 전제되는 행태상사유로 구분된다.[4)] 일신상사유는 직무능력부족, 질병, 수감·복역, 기밀누설, 음주, 고령, 고용허가미취득, 경향사업 등 근로자가 근로계약의 주된 의무인 근로제공을 함에 있어 장애가 되는 사유를 말한다. 행태상사유는 무단결근, 근무태만, 임무소홀, 직장규율문란, 불법집단행동, 회사명예실추, 비밀누설, 횡령 등 근로계약의무를 위반하거나 사업장질서를 파괴하는 사유를 말한다.

③ 근로자귀책사유의 적용

㈎ 일신상사유와 통상해고

쌍무계약인 근로계약의 이행책임은 근로자와 사용자 모두에게 있다. 그런데 그 중의 한쪽인 근로자의 일신상사유를 이유로 근로관계를 바로 종료하는 것은 근로계약법리에 충실하지 않다. 근로자가 일신상사유를 개선하거나 해소함으로써 근로계약을 이행할 수 있도록 할 배려의무가 사용자에게 있기 때문이다. 배려의무를 다하였음에도 불구하고 일신상사유가 해소되지 않아 근로제공의무를

---

6) 강희원, "해고법의 체계를 위하여", 한국노동법학회, 「노동법학」, 제10호, , 2000.8, 25쪽.

7) 임종률, 『노동법』, 제13판, 524쪽.

8) 여러 학자들이 사용하는 용어드이 가능한 한 충돌이 적도록 하면서 해고제도를 체계화하기 위함이다. ↘ 846쪽

1) 김형배, 『노동법』, 제23판, 581~594쪽, 681~688쪽.

2) 일반해고라는 용어를 쓰는 학자(임종률, 『노동법』, 제13판, 524쪽)도 있음 ; 일본에서는 보통해고(管野和夫, 『労働法』, 第10版, 564~565頁)라는 용어가 사용됨 ; 징계절차(대판 1994.10.25, 94다25889 등)나 해고예고를 적용하지 않는 해고의 의미로 사용되기도 하나, 이 경우 즉시해고라는 용어가 더 적절함.

3) 권혁, "해고 유형론에 소고", 「법학연구」, 제51권 제1호, 부산대 법학연구소, 2010.2, 719쪽 ; 박종희, "현행 해고보호제도의 체계적 이해와 해석에 관한 연구", 「안암법학」, 제144호, 안암법학회, 2014.5, 460쪽.

4) 박종희, 앞의 논문, 448쪽 ; 독일의 해고제한법(§1②). 해고를 일신상사유해고, 행태상사유해고 및 경영해고로 구분해 그 효과를 달리하도록 규정하고 있다. 일신상사유해고는 고의·과실·의도가 없을 것을 요구하면서 해고효과를 다른 유형의 해고와 달리한다. 행태상사유는 근로자의 고의·과실·의도가 개입되어 근로계약상의 의무를 위반하는 것으로서, 일신상사유와 명백히 구분된다.

이행할 수 없는 상태에 이르게 되면, 사용자는 이익형량에 따라 근로자에게 상응하는 불이익을 줄 수 있으며, 최후수단으로 근로관계를 종료할 수 있다. 이러한 형태의 근로관계종료는 징벌의 성격을 갖지 않는다는 점에서 통상해고라 불린다.

㈏ **행태상사유와 징계해고**

행태상사유는 근로자에게 책임있는 위반행위이므로 근로계약이행을 위한 배려의무의 적용여지가 상대적으로 적다. 따라서 위반행위에 상응하는 처분으로 근로관계를 종료를 할 수 있으며, 이러한 처분은 징벌의 성격을 가지므로 징계해고라고 불린다.

㈐ **적용에 있어 원칙과 예외**

일신상사유는 통상해고사유가 되고 행태상사유는 징계해고의 사유가 되는 것이 원칙이다. 일신상사유는 징계해고사유가 되기 어려우나 행태상사유는 통상해고사유가 된다. 근무태만 등의 행태상사유가 업무저성과로 이어지면, 그런 업무저성과는 통상해고사유가 될 수 있다.

㈑ **적용에 있어 효과와 한계**

징계해고와 통상해고는 법리에 있어서 차이가 있다. 따라서 양자에 모두 해당되는 사유에 대해 어느 하나를 적용하는 것은 사용자의 권한이나 중복하여 적용하거나 가중하여 징계양정을 정하는 것은 타당치 않다(같은장, 제2절 3·나,(2)).

근기법은 해고를 통상해고와 징계해고로 나누거나, 근로자귀책을 일신상사유와 행태상사유로 나눌 수 있는 근거를 마련하지 않고, 모두에 대해 정당성을 효력요건으로 제시하고 있다. 일신상사유와 행태상사유중에서 어느 것에 속하는지 애매한 경우도 있고, 두 사유의 구분기준이 통일적이고 체계적으로 정립되어 있지도 않다. 따라서 통상해고와 징계해고의 구분법리는 정당성판단에 있어 보완역할을 하거나 보조지표로 사용될 수 있을 것이다.

④ **통상해고의 분류**

통상해고는 일신상사유해고와 행태상사유해고로 구분될 수 있다. 일신상사유해고는 근로제공의무를 수행할 적격성이 부족하고 장래에도 개선될 여지가 없다는 점에 주목하면서 적격성판단의 합리성과 근로자의 급부의무를 이행할 수 있도록 하는 배려조치를 요구한다. 구체적으로는 업무저성과를 예로 들 수 있다. 행태상사유해고는 근로계약을 위반하거나 경영질서를 깨트린 과거의 비리에 주목하면서 위반행위에 상응하는 상당성과 합리성을 전제로 한다.

2·마. 근로관계종료제도의 구조

근로관계종료의 유형은 다음과 같은 표로 정리될 수 있다.

<table>
<tr><td rowspan="8">근로
관계
종료</td><td colspan="4">자 동 소 멸</td><td>근로자사망, 사업장소멸</td></tr>
<tr><td rowspan="3">퇴 직</td><td rowspan="2">의사표시형</td><td colspan="2">임 의</td><td>사직원미수리</td></tr>
<tr><td colspan="2" rowspan="2">합 의</td><td>사직원수리</td></tr>
<tr><td>사유충족형</td><td>계약기간만료, 정년, 당연퇴직</td></tr>
<tr><td rowspan="4">해 고</td><td colspan="3">경 영</td><td>경영사정, 집단해고</td></tr>
<tr><td rowspan="3">일 반</td><td>징 계</td><td rowspan="2">행 태</td><td>질서위반비리</td></tr>
<tr><td rowspan="2">통 상</td><td>근무태만</td></tr>
<tr><td>일 신</td><td>업무저성과</td></tr>
</table>

3. 근로관계종료와 징벌의 규정체계

3·가. 실체적 제한

(1) 해고와 징계의 정합성

근기법(§23①)은 "사용자는 근로자에게 정당한 이유없이 해고, 휴직, 정직, 전직, 감봉, 그 밖의 징벌(이하 "부당해고등" 이라한다)을 하지 못한다"고 규정함으로써 징계와 해고를 징벌이라는 개념에 포함시키고 있다. 해고는 근로관계종료이나 다른 징벌은 근로관계유지가 전제된 불이익이다. 두 유형에 대해 정당성이 인정되는 사유, 절차, 구제 등을 적용함에 있어 다르게 취급될 필요성이 인정된다.

(2) 징계유형의 정합성

근기법(§23①)이 해고이외의 징벌로 제시하고 있는 사용자의 처분중에서 정직과 감봉은 징계의 수단임이 명백하다. 그러나 휴직이나 전직은 노무관리나 경영필요에 따른 인력배치수단이면서 징계수단이기도 한다. 인력배치수단으로 활용되면 일신상사유가 고려되고 징계수단으로 활용되면 행태상사유가 고려될 수 있다.

3·나. 절차적 제한

근기법(§23②)과 고평법(§19③)은 출산, 육아 및 업무상재해에 대해 시기적으로 해고를 제한하고 있다. 근기법은 해고예고제도(§26 §35)와 해고의 서면통지제도(§27)를 마련하고 있다. 해고와 그 밖의 징벌에 대해 취업규칙 등의 자치규범에 의한 절차규정이 판례법리로 인정되고 있다. 징계위원회와 소명기회를 내용으로 하는 징계절차규정, 해고·징벌자체를 제한하는 해고합의조항·고용안정협약 등이 그렇다.

3·다. 권리구제

해고와 그 밖의 징벌이 정당성을 갖추지 못하면 그러한 처분은 효력을 갖지 못한다. 부당한 처분에 대해서는, 근기법이 행정관청의 감독제도와 노동위원회의 구제명령제도가 마련하고 있으며 그 밖에 사법적인 구제가 보장되고 있다.

제2절 해고와 징벌의 실체적 제한

1. 해고와 징벌에 관한 일반적 법리

1·가. 해고 및 징벌의 제한

자본주의체제 아래에서는 사용자는 경영을 위하여 근로계약을 자유롭게 체결하고 해지할 수 있는 것이 원칙이다. 근로계약해지의 자유는 근로자와 그 가족의 생존을 위협하고, 사회와 체제의 안정을 해친다. 아울러 다른 징벌도 근로자의 신분을 불안정하게 한다. 따라서 해고와 징계는 법적규제를 받는다.

1·나. 해고 및 징벌의 요건

(1) 정당한 이유

해고제한과 관련하여 법적규정을 두지 않았던 일본을 중심으로 해고자유설, 정당사유설, 해고권남용설 등 여러 이론이 제기되어 왔다.[1] 근기법 제23조는 "정당한 이유"가 없이 해고 등의 징계를 할 수 없다고 명백히 규정함으로써 이러한 논의를 불식하고 있다. "정당한 이유"라 함은 사회통념상 근로관계를 계속할 수 없을 정도로 근로자에게 책임이 있는 사유가 있다든가 부득이한 경영상의 필요가 있는 경우를 말한다.[2] 취업규칙 등에 규정한 해고·징계사유는 근기법에 위배되지 않고 사회통념상합리성이 있으면 정당한 이유로 인정된다.[3]

1) 판례법리로 정립된 해고남용설이 '2003년 개정 노동기준법'에 반영되었고, 그 후 '2007년 제정 노동계약법'에 "해고는 객관적으로 합리적인 이유를 결여하고 사회통념상 상당하다고 인정되지 않는 경우에는 그 권리를 남용한 것으로 무효이다"라고 규정하기에 이르렀다.

2) 대판 2002.6.14, 2000두8349 ; 대판 2002.12.27, 2002두9063 ; 대판 2003.5.27, 2001두8926 ; 대판 2003.7.8, 2001두8018 ; 대판 2023.3.30, 2021다226886.

(2) 정당성 판단방법

해고는 사회통념상 고용관계를 계속할 수 없을 정도로 근로자에게 책임있는 사유가 있어야 정당하다. 그러한 사유가 있는지는 징계목적, 사업목적·성격·종류, 사업장여건, 근로자지위·직종, 업무내용·특성,[1] 비위행위동기·경위·내용·성격, 위계질서문란을 포함한 기업질서에 미칠 영향, 과거근무태도 등 여러 사정을 종합적으로 검토하여 판단된다.[2]

1·다. 해고 및 징벌의 제한

(1) 최후수단

해고는, 생존권을 위협할 수 있으므로, 불가피한 상황에서 행해져야 하는 최후수단이어야 한다. '근로관계를 계속 유지할 수 없을 정도'는 최후수단의 다른 설명이다.

(2) 비교형량

"근로관계를 계속 유지할 수 없을 정도의 사유"와 "최후수단"은 근로자가 직장을 상실함으로써 받게 되는 손해와 근로관계를 종료시킴으로써 얻게 되는 사용자이익에 대한 신중하고 포괄적인 비교형량에 의해 판단된다.[3] 비교형량원칙은 '합리성의 원칙'으로서 해고와 다른 징벌에도 적용된다.

(3) 입증책임

근기법 제23조제1항은 강행법규로서 이에 위반한 해고 기타 사용자의 처분은 무효(벌칙없음. 구제방법은 같은장, 제5절)이므로 사용자가 징계의 정당성과 적정성, 절차의 구비, 징계절차의 적법성에 관한 입증책임을 져야 한다. 근로자는 해고제한에 요구되는 요건의 부존재 즉, 징계사유의 부존재에 관하여 입증책임이 있다.[4]

---

3) 대판 1987.1.14, 86다카1875 ; 대판 1989.9.26, 89다카5475 ; 대판 1990.4.27, 89다카5451 ; 대판 1990.11.23, 90다카21589 ; 대판 1992.4.24, 91다17931. ↘ 850쪽

1) 근기 1451-24180, 1984.12.10. 미싱바늘 절도사건, 행위자가 미싱사인지 경비인지에 따라 징계가 달라짐.

2) 헌재 2005.3.31, 2003헌바12 ; 대판 1996.9.20, 95누15742 ; 대판 1998.11.10, 97누18189 ; 대판 2000.10.13, 98두8858 ; 대판 2002.5.28, 2001두10455 ; 대판 2003.7.8, 2001두8018 ; 대판 2004.1.15, 2003두11247 ; 대판 2006.11.23, 2006다48069; 대판 2011.3.24, 2010다21962 ; 대판 2013.11.28, 2013다63912 ; 대판 2014.11.27, 2011다41420 ; 대판 2023.3.30, 2021다226886.

3) 헌재 2005.3.31, 2003헌바12. **〈사용자측 고려요인〉** 사업기능유지, 재산손해·위험발생 방지, 위신추락, 다른 근로자보호 등. **〈근로자측 고려요인〉** 의무위반종류·중요성·빈도, 종래행태와 관련성, 사용자의 공동과실책임, 근무연한, 연령, 부양의무범위, 해직시점에서 노동시장상황, 전직가능성 등.

4) 김소영, "해고사유에 관한 연구", 고려대 박사학위논문, 1991, 173쪽.

1·라. 해고 및 징벌의 효력

해고효력은 서면통지에 명시된 기일에 발생한다. 기일이 명시되지 않은 해고 통지는 효력이 없다. 징계의 효력발생에 대해 별도로 기일을 정하지 않으면 통지가 근로자에게 도달했을 때에 발생하며, 구두의 경우에는 즉시 발생한다.

2. 징계해고와 징벌

2·가. 의 의

(1) 법적근거

근기법은 사용자에 대해 "부당해고 등" 즉, '정당한 이유' 없는 '징벌 및 징계해고'를 금지(근기법 §23①)하고, 감급제재를 제한(근기법 §95)하며, 취업규칙에 제재에 관한 사항(근기법 §93xi)을 규정토록 하고 있다. 징계의 목적은 경영목적을 달성하기 위하여 기업질서를 정립하는데 있다.

(2) 개 념

징계라 함은 "근로자의 근무규율이나 그 밖의 직장질서위반행위에 대한 제재로서 근로자에게 근로관계상의 불이익을 주는 조치"[1]이다.

(3) 해당조치

근기법(§23①)은 "해고, 휴직, 전직, 정직, 그 밖의 징벌"을 "부당해고 등"의 대상으로 규정하고 있다. "부당해고 등"의 범위에 대해 견해가 나뉠 수 있다.

① 열거설

"부당해고 등"은 사용자가 근로자에게 과거의 잘못에 대한 제재로서 가하는 불이익조치를 의미하는 것으로 해석되고, 근로계약관계에서 일반적으로 일어날 수 있는 모든 불이익한 처분 또는 결과·상태까지를 포함하는 것이 아니라는 해석[2]이 발견된다. 이 해석은 근기법이 구제신청대상으로 삼는 "부당해고 등"을 열거적이고 한정적으로 보면서 호봉승급누락[3]이나 인사고과를 구제대상으로 보지 않았다. '무단결근처리'가 취업규칙에 징계의 종류로 규정되더라도, 그 자체만으로는 '그 밖의 징벌'에 해당되지 않으므로, 노동위원회의 구제명령대상이 아니라는 판결[4]이 발견된다.

---

1) 임종률, 『노동법』, 제12판, 502쪽.
2) 대판 2010.2.11, 2009두20977. 심리불속행기각. 부당호봉승급누락구제재심판정취소.
3) 대판 2012.8.17, 2012두10116. 심리불속행기각. 부당인사고과평가재심판정취소취소.

② 예시설

"부당해고 등"을 예시적규정으로 보는 해석이 있다. 승진·승급이 제한되고 임금이 삭감되는 직위해제가 해고조치에 의해 구제를 받을 수 없게 되더라도, 해고효력에 대한 다툼이 정당한 해고로 확정되지 않았다면, 불이익을 제거하기 위하여 구제이익이 인정된다고 본 판결[1]이 발견된다. 근속승진누락에 대해 기대임금이 낮아져서 감봉과 비슷한 징벌적효과를 가지므로 취업규칙에 정해진 징벌인 견책보다 가혹하다는 이유로 '그 밖의 징벌'로 인정한 판결[2]도 발견된다.

③ 검 토

근기법(§23 ①)은 "해고, 휴직, 전직, 정직" 열거하면서 "그 밖의 징벌"이라는 개방조항을 두고 있다. 열거설은 "그 밖의 징벌"을 한정적으로 보아야 한다면서 "과거의 잘못에 대한 제재로서 가하는 불이익한 조치"여야 한다고 본다. 예시설도 "불이익한 조치"를 그 대상으로 한다. 그렇다면 양자의 차이는 "제재"인가의 문제만 남는다. 근기법(§23 ①)은 제재여부를 따지지 않은 채로 "휴직, 전직"을 "부당해고 등"으로 열거하고 있다. 그러한 이유로 전보나 전직도 "부당해고 등"의 대상으로서 구제이익이 인정된다. 이러한 규정형식은 "부당해고 등"이 반드시 징계에 한정되지 않고 사용자의 인사명령조치까지 포괄하는 것으로 이해하게 한다.

"불이익"에 해당하는 범위도 넓다. 예컨대 해당조항이 열거하지 않고 있는 감봉은 물론이고 경고, 견책, 주의, 시말서제출 등을 징계의 종류로 정하는 것이 인정된다. 따라서 근속승진누락, 무단결근처리 등의 처분이 근로자에게 불이익한 인사처분이라면 '그 밖의 징벌'에 해당된다고 볼 수밖에 없다. 연장근로제한은 근기법이 그 제한을 원칙으로 하고 있어 불이익한 처분이 아니어서 '그 밖의 징벌'에 해당되지 않으며,[3] 구제명령대상으로 볼 수 없다.

2·나. 징계권의 법적성격

징계는 사업장질서를 정립하고 유지할 목적으로 그 위반자에 대해 가해지는 질서벌의 성격을 가지며, 신분제재의 형태로 나타난다. 따라서 이러한 권리(징계권)의 행사는 법률에 의하여 부여되거나 정당화될만한 특별한 관계가 전제되어야 한다.[4] 징계권의 법적성격에 대해서는 의견이 나뉜다.

---

4) 서울고판 2000.3.9, 99누10802. ↘ 852쪽

1) 대판 2010.7.29, 2007두18046. 부당해고구제재심판정취소중직위해제부분취소 ; 대판 2018.5.30, 2014다9632.

2) 서울행판 2009.7.1, 2008구합47494.

3) 서울행판 2013.12.5, 2013구합54786.

(1) 고유권설

고유권설[1]은 징계권의 근거를 경영권에 둔다. 이 설은 기업질서의 형성과 유지 및 그 위반에 대한 제재를 사용자의 고유한 권한으로 본다. 사용자는 취업규칙이나 단체협약에 근거나 규정이 없어도 징계권을 행사할 수 있다는 것이다. 근로권이 사회권적기본권으로 보장되는 오늘날에는 수용되기 어려운 견해이다.

(2) 계약설

계약설은 징계권의 근거를 노사합의에서 구한다. 노사합의는 취업규칙이나 근로계약으로 실현된다.[2] 취업규칙의 징계관련 규정에 사유와 요건이 구체적으로 규정되어 있는 경우, 그 범위에서 징계가 가능하다. 계약설은 종속적인 지위를 갖는 근로자에게 불리한 결과를 초래하고, 사적제재에 대해 국가가 강하게 개입하는 현실을 설명하는데 한계가 있다.

(3) 법규범설

법규범설[3]은 근로관계를 규율하는 법규범에서 징계권의 근거를 구한다. 근기법은 취업규칙의 법규범성을 인정한다. 따라서 징계를 하기 위해서는 취업규칙에 징계규정이 있어야 하나, 노사합의를 매개로 하지 않는다. 이 설은 취업규칙의 편무(片務)성에 따라 징계권이 자의적으로 행사될 수 있다는 한계를 가진다.

(4) 공동규범설

공동규범설은 징계권의 근거를 기업의 공동질서위반에 대한 제재를 규정한 노사공동규범에서 구한다.[4] 징계제도는 단체협약과 같은 노사공동참여제도에 의해 설정되어야 하고, 이러한 설정은 구성원들의 행위를 규율한다.

독일의 경영협정(사업장조직법 §87①)은, 법률과 단체협약에 반하지 않는 한, 사업장의 모든 종업원에 대해 규범적효력을 가진다.

우리나라의 경우에는 노사협의회를 통한 노사협정이 규범적효력을 가지지 못

---

4) 김형배, 『노동법』, 제23판, 584쪽. ↘ 853쪽

1) 日本 東京地決 1951.7.18 ; 日本 金澤地判 1960.3.6 ; 이상윤, 『노동법』 제13판, 425쪽, 다만, 징계권의 경영권에 속한다고 하나, 그 행사는 법령·근로계약·취업규칙·단체협약 그리고 권리남용금지원칙 및 신의칙 등에 의하여 제한을 받는다고 하기 때문에 일본의 초기 고유권설과는 차이가 있다.

2) 菅野和夫, 『労働法』 第九版, 419頁 ; 김성진, “사용자의 징계권에 관한 연구”, 고려대박사학위논문, 2014, 79쪽.

3) 박홍규, 『고용법·근로기준법』, 제2판, 302쪽 ; 임종률, “근로자 징계의 법리”, 「법학논총」 제5집, 숭실대 법학연구소, 1989.12, 160쪽.

4) 김형배, 『노동법』 제23판, 586쪽 ; 박지순, “징계제도의 법적 구조 및 개별 쟁점의 재검토”, 「노동법포럼」 제1권 제1호, 노동법이론실무학회, 2008.10, 238~241쪽.

하며, 단체협약은 일반적구속력확장의 요건을 갖추지 못하면 조합원들만 구속하기 때문에 공동규범설이 적용되기 어렵다.

(5) 소 결

근기법은 취업규칙의 기재사항으로 "제재에 관한 규정"을 명시토록 하고 있다. 근기법은 "부당해고 등"에 해당하는 징벌을 나열하고 정당성을 효력요건으로 제시하고 있다. 징계에 대해, 근기법이 그 기준을 제시하면서 법규범성을 가진 취업규칙에 기재토록 하고 있는 것이다.

근기법의 징벌규정은 특정한 설에 근거를 두고 사용자의 재량사항으로 본다거나, 취업규칙이나 다른 집단적자치규범에 근거가 없으면 징계를 할 수 없다는 식의 경직적인 접근을 하지 않는다. 오히려 여러 설들의 기초가 되는 요소를 수용하면서 사회통념상합리성을 기초로 법원에게 그 판단을 맡기고 있다.

판례법리는 징계권의 근거를 "기업질서정립 및 유지권한"에 두고, 사용자에게 독자적인 작성권을 행사하는 취업규칙에 의하여 징계규정이 구체화된다고 본다.[1] 판례법리가 '취업규칙에 규정이 없다면 징계를 할 수 없다'는 취지로 이해되지는 않는다. 취업규칙작성의무가 없는 사업장도 있고, 불완전한 작성이 있을 수 있기 때문이다.

2·다. 징벌의 종류와 내용

(1) 의 의

해고와 전직·휴직·정직·감봉 그 밖의 징벌은 정당한 이유가 있어야 한다(근기법 §23①). 근로자귀책이 크면 해고대상이고 작으면 다른 징계의 대상이다. 그 정도가 같더라도 근로자업무, 생활보호필요, 과거의 성실성, 반복성 등이 종합적으로 고려되어 징벌의 양정이 결정될 수 있다. 징계의 종류·내용·요건 등은 단체협약·취업규칙 등으로 정해지나 법령에 위반되지 않아야 하고 사회통념에 비추어 볼 때 합리적이어야 한다.

징벌은 근로관계가 종료되는 해고, 근로를 제공하고 임금도 지급되나 근로장소나 업무내용을 바꾸는 전보·전직, 근로를 제공치 않으며 임금도 지급되지 않는 휴직·정직, 근로를 제공하되 임금일부를 지급치 않는 감봉·감급(減給)으로 구분된다.

---

1) 대판 1994.6.14, 93다26151 ; 대판 1999.3.26, 98두4672 ; 대판 2000.9.29, 99두10902 등.

(2) 징계해고

해고는 전형적인 징벌이다. 징계해고는 해고라는 점에서 사용자의 의사표시에 의한 근로관계종료이다. 징계해고는 의사표시가 전제되지 않는 근로관계자동소멸과 다르고, 근로자의사표시나 사전에 정해진 조건에 따라 근로관계가 종료되는 퇴직과 다르며, 근로자귀책을 이유로 한 일반해고라는 점에서 사용자귀책을 이유로 하는 경영해고와 다르고, 행태상사유를 이유로 한다는 점에서 일신상사유를 원칙으로 하고 행태상사유가 부분적으로 인정되는 통상해고와 다르다.

(3) 전보 · 전직

① 의 의

전보・전직은 업무나 보직을 바꾸면서 직급・호봉・직위 등을 낮추지 않는 '협의의 전보・전직'과, 종전의 업무를 면하게 하고 새 업무나 새 보직 또는 징계를 기다리는 대기발령, 새 보직으로 바꾸면서 직급・호봉 등을 낮추거나 올리지 않는 강등・강위・승급(승호)정지 등이 있다. 전보・전직은 근로를 제공하고 임금도 지급되나 근로의 장소나 업무내용을 바꾼다는 점에서 다른 징계와 구분된다.

② 협의의 전보 · 전직

전보・전직은 그 사유를 기준으로 할 때, '업무능률향상 또는 인력관리의 효율성을 위한 전보・전직'과 '징계를 목적으로 한 전보・전직'으로 나눌 수 있다. 후자의 경우에는 징계절차에 관한 법리가 적용된다.[1] 전보・전직이 정당하기 위해서는 업무상필요성 또는 징계의 정당성이 인정되어야 하고, 근로자의 생활보호와 비교형량이 있어야 한다(제9장, 제1절 2·나, (3)).

③ 직위해제와 대기발령

(가) 개 념

직위해제와 대기발령은 인사배치나 징계의 앞 단계에 해당하는 과도기적인 인사명령이다. 직위해제는 업무장애를 예방하기 위하여 일시적으로 직위를 부여하지 않음으로써 직무에 종사하지 못하도록 하는 잠정조치로서 보직해제를 의미한다.[2] 대기발령은 근로계약이 유지되는 가운데 일시적으로 '업무의 전체 또는 일부로부터' 근로자를 격리하는 조치이다.

---

1) 대판 2021.1.14, 2020두48017. 결근을 이유로 행한 전보인사 관련. 과거 비위행위에 대한 제재로서 하는 불이익처분이 징계규정에 징계절차를 밟아야 하는 징계의 일종으로 규정되어 있다면, 징계절차를 밟아야 한다.
2) 대판 1996.10.29, 95누15926.

직위해제와 대기발령은 법적개념이 아니므로 사업(장)의 규정에 따라 내용과 성격을 달리하며, 기업내인사이동법리의 적용을 받는다(제9장 제1절,2·나).[1)]

㈏ **활용 유형**

직위해제나 대기발령은 인사관리권의 행사로서 인사배치전에 대기와 교육·능력개발을 목적으로 하는 인사관리형, 징계전업무격리를 목적으로 하는 징벌형, 통상해고에 있어 개선기회부여를 목적으로 하는 절충형으로 구분될 수 있다.

㈐ **근로관계상 지위**

직위해제와 대기발령은 사용자가 집에서 대기할 것을 명하는 등의 특별한 지시가 없다면 근로자는 출근의무를 지나,[2)] 징벌형의 경우에는 업무로부터 격리되는 것이 일반적이다. 직위해제나 대기발령이 근로를 제공하는 채로 이루어진다면 상응하는 임금이 지급되어야 한다. 근로로부터 격리되는 직위해제나 대기발령은 사용자귀책에 따른 휴직(근기법 §23①)에 상당하므로, 휴업수당이 지급될 수도 있다.[3)]

㈑ **징벌적 성격**

과도기적인사명령인 업무격리로서의 직위해제나 대기발령은, 직권면직으로 이어지더라도, 직위해제나 대기발령 그 자체가 징계가 아니며 사용자의 인사권행사로 해석된다.[4)] 이러한 해석은 직위해제와 대기발령에 대해 사용자의 재량을 넓게 본다. 직위해제와 대기발령을 하더라도 임금을 포함한 근로조건의 저하가 없는 경우라면 그러한 해석을 받아들일 수 있을 것이다. 그러나 직위해제와 대기발령의 경우, 일반적으로 임금수준이 휴업수당으로까지 저하될 수 있다. 따라서 이를 "그 밖의 징벌"이 아니라고 보기 어렵다. '대기발령자체가 징계가 아닌 것으로 보는 해석'은 취업규칙 등에 규정된 징계절차의 적용을 제외하는 데서부터 비롯되었다. 따라서 직위해제와 대기발령에 대해 그 실체적인 정당성을 묻지 않아도 될 정도의 재량이 사용자에게 주어진다고 보기 어렵다. 이러한 관점에서 직위해제와 대기발령에 대해서도 권리남용금지법리에 기초하여 '정당한 사유'의 입증을 요구하는 법리가 형성되고 있다.

㈒ **인사명령의 정당성**

대기발령과 직위해제는 그 유형에 따라 정당성의 판단기준에 차이가 있다.

---

1) 대판 2005.2.28, 2003다63029 ; 대판 2005.11.25, 2003두8210 ; 대판 2006.8.25, 2006두5151.
2) 대판 2003.5.16, 2002두8138.
3) 대판 2013.10.11, 2012다12870.
4) 대판 2005.11.25, 2003두8210.

㉮ 공통 기준

(a) 실체적정당성

ⓐ 근거규정 준수

직위해제 및 대기발령의 정당성은 인사규정에 사유가 명시되어 있으면 그 사유에 따라 판단되어야 하고, 이와는 별개의 사유까지 고려되지는 않는다.[1] 그러한 규정이 없다면 사유를 명시하지 않더라도, 직위해제 및 대기발령이 당연히 무효로 되지는 않는다.[2]

ⓑ 원칙적 효력

대기발령을 포함한 인사명령은 원칙적으로 인사권자인 사용자의 고유권한에 속하고 이러한 인사명령에 대하여는 업무상 필요한 범위에서 사용자에게 상당한 재량이 인정된다.

대기발령은 근기법 등에 위반되거나 권리남용에 해당하는 등의 특별한 사정이 없는 한 위법하다고 할 수 없고,[3] 별도의 규정이 없는 한 직권면직으로 이어지더라도 대기발령자체가 징계로 해석되지 않아[4] 징계절차를 거치지 않으며,[5] 근로자와의 협의절차를 거치지 않아도 무효로 볼 수 없다고[6] 해석되는 것이 원칙이다.

ⓒ 정당한 사유

직위해제·대기발령도 그 자체에 대해 정당성이 확보되어야 한다.

정당성은 권리남용여부로 결정된다.[7] 구체적으로는 인사관리필요성, 전제가 되는 징벌사유·내용의 합리성, 징벌전업무격리필요성, 통상해고전기회제공의 전제가 되는 업무저성과 등의 존재가 입증되어야 한다.[8]

기업내인사이동법리도 정당성판단방법에 해당되므로 업무상필요와 근로자생활불이익의 비교형량, 근로자와의 협의 등 신의칙상 요구되는 절차를 거쳤는지도

1) 서울고판 2012.2.9, 2011누29498.
2) 대판 2002.12.26, 2000두8011. 신동방사건.
3) 대판 2011.7.28, 2009두2665 ; 대판 2007.11.30, 2005두13247. 권리남용 등 특별한 사정이 없을 것을 전제 ; 대판 2006.8.25, 2006두5151 ; 대판 2002.12.26, 2000두8011. 인사규정에 대기발령사유를 규정하면서, 그 형식 및 절차를 정하지 않더라도 이는 유효하며, 사전협의를 거치지 않은 절차상 흠을 물을 수 없음 ; 대판 2022.9.15, 2018다251486.
4) 대판 2005.11.25, 2003두8210.
5) 대판 2002.7.26, 2000두9113 ; 대판 1995.3.10, 94누11880.
6) 대판 2002.12.26, 2000두8011. 20개월 이상 지속된 장기간의 대기발령 관련.
7) 대판 2007.2.23, 2005다3991(**한국노동법학회, 『노동판례백선』 제2판**, 133쪽. 인사권의 영역에 대해 사용자에게 상당한 수준의 재량이 있다는 인식에서 벗어나 최소한 일정한 한계가 있음을 구체적으로 확인).
8) 서울행판 1999.11.2, 99구10178.

기준으로 작용한다(제9장 제1절, 2·다).[1] 다만, 별도규정이 없다면 근로자협의를 거치지 않은 이유만으로 무효로 되지는 않는다.[2]

ⓓ 적절한 기간

직위해제나 대기발령의 기간과 정도는 적절해야 한다. 직위해제·대기발령기간은 관련규정의 목적과 기능, 대기발령의 합리성, 근로자가 받게 될 신분상의 불리함 등의 구체적사정을 모두 참작하여 합리적으로 결정되어야 한다.

근로를 제공할 수 없거나, 근로를 제공함이 부적당한 경우가 아닌데도 부당하게 긴 기간동안 잠정적인 상태로 유지된 대기발령은 '합리성이 없을 정도로 부당하다고 볼 만한 시점'부터 무효이다.[3]

(b) 절차적 정당성

취업규칙 등에 대기발령과 직위해제를 다른 징계사유와 구분하여 규정하고 이에 대해 징계절차규정을 적용하지 않도록 하는 것은 인정된다.[4]

㉯ 인사관리형

'인사관리형 대기발령·직위해제'는 조직개편·파견복귀 등 인사관리과정에서 적절한 보직을 부여하기 위한 임시적인 인사명령이다.

인사배치를 위한 대기발령·직위해제처분은 과거의 잘못에 대하여 기업질서를 유지할 목적으로 행하여지는 징계와는 그 성질이 다르다. 인사관리형의 경우, '업무상필요성과 근로자생활상 불리함'과의 비교형량, '근로자와의 협의' 등 기업내인사이동에 대한 정당성판단기준이 적용될 여지가 징계형보다 더 넓다. 업무상필요성은 후속인사조치의 사유로 판단된다.[5] 생활상불리함은 근로조건저하가 있었는지로 판단된다. '근로자와의 협의'는 정당성을 강화시켜주는 요소이다.

경영개선차원의 대기발령·직위해제도 경영악화와 유휴인력발생, 근무성적저조나 징계처분전력만으로는 정당성을 인정받기 어렵고, 기업내인사이동법리에 따라 정당성을 인정받아야 한다. 경영악화에 따른 일시휴직은 단체협약 등의 집단합의만으로는 효력이 없으며, 개별합의가 동반되어야 한다.

---

1) 대판 2022.9.15, 2018다251486.
2) 대판 2011.7.28, 2009두2665 ; 대판 2002.12.26, 2000두8011. 20개월이상 지속된 장기 대기발령 관련.
3) 대판 2007.2.23, 2005다3991. 1년10개월간 대기. 해당규정의 설정 목적과 기능, 대기발령유지의 합리성 및 신분·경제상 불이익 등 구체적사정을 참작하여 합리적 기간내에서 이루어져야 함 ; 대판 2013.5.9, 2012다64833 ; 대판 2024.9.12, 2024다250873. 별도지시가 있을 때까지 대기.
4) 대판 2002.7.26, 2000두9113 ; 대판 1995.3.10, 94누11880 등.
5) 대판 1996.10.29, 95누15926 ; 대판 2004.10.28, 2003두6635 ; 대판 2005.11.25, 2003두8210. 〈대기발령의 원인인 명예훼손행위를 기간중에 여러 번 반복한 사례〉, 직무수행능력회복이나 근무태도개선 등 대기발령 해제사유가 소멸되었고 직위를 부여하여야 할 만한 사정도 없다.

㉰ 징계형

(a) 징계목적

대기발령·직위해제는 근로자가 근로를 제공할 의사를 가지고 있는 상태에서 이루어지는 조치이므로, 임금 또는 휴업수당이 지급되지 않는 등 근로조건이 저하된다면 그 자체로 정직으로서의 징계성격을 갖는다. 이 경우 근로자의 비리가 징계사유에 해당되는 것으로 인정되어야 정당성을 가진다. 대기발령·직위해제가 징계에 해당하는 경우, 징계의 정당성에 대한 법리가 적용된다.[1]

(b) 징계이전단계

대기발령·직위해제는 징계사유로 열거되어 있지 않더라도, 횡령·성희롱 등 현재의 업무를 수행하면서 징계절차를 진행하기 어려운 징계사유를 처리하기 위해, 징계의 전단계 또는 잠정조치로서 업무와 격리시키는 인사명령으로 행해질 수 있다.[2]

징계절차진행·형사사건기소·[3]소송진행·[4]경영해고진행'[5] 등에 따른 업무수행곤란을 이유로 잠정조치[6]로서의 대기발령·직위해제조치가 행해질 수 있다. 징계위원회회부기간중에 위험발생, 업무수행지장 등을 우려하여 징계처분이 이루어질 때까지의 대기명령도 그렇다.

잠정조치로서의 대기발령·직위해제는 기업질서유지를 목적으로 하는 징벌적제재로서의 징계와는 그 성질이 다르므로,[7] 이어지는 징계와 이중징계의 관계를 갖지 않는다.

---

1) 서울행판 2011.11.25, 2011구합24378. 장래의 직무수행에서 배제할 업무상 필요성이 의심스럽고, 대기발령기간이 3개월이상의 장기간이고, 근로자가 대기발령기간의 승진최저소요기간 불산입 등 인사상 불이익을 받았고, 대기기간중 기본급의 90%만 지급받는 등 경제적불이익을 받았음에도 정당성을 찾기 어려움.

2) 대판 1997.11.25, 96누13231. 승무정지관련 ; 대판 2002.12.26, 2000두8011. 신동방사건 ; 대판 2011.7.28, 2009두2665. 규정위반 대출로 인하여 부실채권이 발생하는 등 실질적으로 손해가 발생하여 직무정지 및 대기발령한 것은 인사권남용이 아님 ; 대판 2006.11.23, 2006두11644. 승무정지관련.

3) 서울행판 2009.12.18, 2009구합8199. 수사가 개시된 후에 공소제기에 의해 상당한 근거가 확인되었고, 수사진행은 형사소송에 준하는 것이며, 수사과정에서 노사는 첨예한 이해관계대립을 보였고, 직무를 수행하게 하면 문서반출조작 등 증거인멸우려가 있으며, 대기발령후에 노사간에 금전지급청구소송 등의 민사소송이 예상되고, 여신금융업무를 취급하는 업무성격상 상호신뢰형성이 중요하며, 대기발령기간동안에 기본급을 지급받는 점 등에 비추어 보면, 대기발령이 장기간이고 그 동안 성과급을 지급받지 못해도 인정됨.

4) 분쟁을 법률적으로 해결·조정하기 위해 당사자를 관여시켜 심판하는 절차(민사소송) 또는 형벌법규를 위반한 사람에게 형벌을 부과하기 위한 공판절차(형사소송)를 의미함. 형사소송의 경우 원칙적으로 공소제기 후의 공판절차를 말함. '소송이 진행 중인 경우 대기발령할 수 있다'는 인사규정은 이해관계가 대립되어 계속업무를 부여하는 것이 적절하지 않은 점을 고려하여 일단 그 업무에서 배제하기 위한 것임.

5) 서울행판 2006.9.5, 2006구합4646.

6) 대판 1996.10.29, 95누15926.

7) 대판 1984.2.28, 83누489.

(c) 업무능력 개선기회 부여

업무저성과, '직무수행능력·근무성적·근무태도 회복' 등 통상해고사유를 해소하거나 반성기회를 준 후에, 이를 충족시키지 못하면, 대기발령의 결과로서 징계절차없이 퇴직토록 하는 당연퇴직규정이 인정된다.[1] 통상해고에 있어 해고회피를 위한 개선기회부여교육의 경우에도 대기발령이 인정된다(같은장 같은절,3).

(바) 다른 근로조건과의 관계

㉮ 임금지급

인사관리형대기발령에 대해 직책수당이 지급되지 않을 수는 있지만, 근로가 제공되면 다른 임금은 지급되어야 한다. 임금이 지급되지 않은 인사관리형대기발령은 사용자의 귀책사유에서 비롯된 것이므로, 휴업수당지급사유에 해당될 수 있다. 징계형대기발령도 마찬가지이다. 징계가 확정되지 않은 상태인 점, 대기발령이 사용자의 필요에 의해 행사된 점 등이 사용자귀책사유로 인정될 수 있기 때문이다. 임금 또는 휴업수당이 지급되지 않는다면 대기발령자체가 정직의 성격을 갖는 것으로서 근기법 23조의 적용대상이 된다.

㉯ 근로관계종료와의 관계

직위해제나 대기발령이 통상해고(같은장 같은절,3)나 당연퇴직(같은장 제4절,3)으로 이어질 경우에는 통상해고나 당연퇴직의 사유가 정당해야 한다. 정당한 사유가 없는 대기발령에 따른 퇴직처분은 무효이다.[2] 해고전조치로서 취해지는 대기발령이나 직위해제는 해고사유에 준하는 정당성을 인정받아야 하며, 그러한 조치를 취한 사유가 정당하지 못하다면 해고에 해당하는 당연퇴직 역시 정당성이 없다.[3]

근무성적이나 근무능력의 부진에 따른 대기발령을 받은 후에 일정기간이 경과하도록 보직을 부여받지 못하는 경우에는 사회통념상 고용관계를 계속할 수 없을 정도의 통상해고요건이 충족되어야 한다.[4] 대기발령후에 일정기간이 경과하였음에도 보직을 부여받지 못해 자동해임된 것은 해고에 해당한다.

㉰ 취업규칙과의 관계

직위해제사유를 새롭게 추가하는 것은 근로조건불이익변경에 해당한다.[5]

---

1) 대판 1989.7.25, 88다카25595 ; 대판 1995.12.5, 94다43351 ; 대판 2005.11.25, 2003두8210 ; 서울행판 2000.12.15, 2000구21853. 미수금회수가 부진한 영업사원을 대기발령. 보류미수액을 감해주고 회수를 독려. 대기기간중에 실적이 없고 현실적으로 근무능력개선 교육 곤란.

2) 서울서부지판 2013.5.31, 2012가합8642.

3) 법무 811-10692, 1991.4.7.

4) 대판 2022.9.15, 2018다251486.

5) 서울중앙지판 2015.6.17, 2014가합106391.

㉣ 구제이익(같은장 제5절, 2·나)

㉤ 직위해제 · 대기발령과 출근율 계산(제3장, 제3절 2·다, (3), ②)[1)]

④ 강등 · 강위 · 승급정지

'강위(降位)', 강등, 강임, 승급정지'는 직위 · 직급 · 호봉이 낮아지는 전보 · 전직으로서 근로조건에 큰 영향을 미치는 중징계이다. 이러한 처분을 하려면, 취업규칙 등에 근거가 있어야 하고, 해고에 준하는 정도의 사유가 있어 근로관계를 현재 수준으로 유지하는 것이 타당치 않다는 점이 사회통념상 인정되어야 한다.

(4) 휴 직

① 의 의

㈎ 개 념

휴직은 근로자가 질병 등으로 인해 근로를 제공할 수 없을 때에 취업규칙 등에 따라 근로계약을 유지한 상태에서 일정기간동안 근로제공의무를 면제받는 것을 말한다. 사용자의 귀책사유에 해당하는 경영상필요에 따라 실시한 휴업은 불이익처분으로서의 휴직에 해당한다.[2)]

㈏ 성 격

휴직기간중에는 근로관계가 일시적으로 정지된다. 파업기간중에도 근로관계가 정지되나, 휴직과는 취지나 목적이 다르다.[3)]

② 휴직처분 등의 정당성

㈎ 법적 규정

사용자는 근로자를 정당한 이유없이 휴직시키지 못한다(근기법 §23①).

㈏ 근로자의 요청

㉮ 원 칙

근로자가 휴직을 요청하고 사용자가 허용하면 정당성문제가 발생하지 않으나, 취업규칙 등에 반하여 허용치 않으면 사용자의 의무불이행이 성립된다.

㉯ 휴직원미제출

근로자가 정당하거나 불가피한 이유없이 취업규칙 등에 규정된 절차에 따라

---

1) 〈사례〉 근로개선정책과-2672, 2011.8.23. 재택대기자 연차유급휴가. 연간소정근로일수에서 재택대기기간의 소정근로일수를 뺀 나머지 소정근로일수의 출근여부로 부여. 휴가일수는 비례 산정.
2) 대판 2009.9.10, 2007두10440.
3) 대판 2014.2.13, 2011다86287. 지급일 당시에 휴직중인 근로자를 제외한 재직근로자에게 하기휴가비를 지급하기로 단체협약을 맺은 경우, 파업참가자는 휴직근로자에 해당하지 않는다.

휴직원을 제출하지 않고 출근하지 않으면 무단결근으로 처리될 수 있다.

㉰ 휴직요청과 무단결근

정당한 휴직요청이 받아들여지지 않아 불가피하게 무단으로 결근하면 이에 대한 해고의 정당성이 부인될 수 있다(같은장, 같은절 2·마, (1), ②).

㈐ **사용자의 명령**

㉮ 정당성 판단기준

사용자는 취업규칙 등의 규정에 따라 혹은 규정이 없더라도 사회통념상 합리적인 사유에 따라 휴직명령을 내릴 수 있는 휴직명령권을 가진다. 휴직명령이 정당하기 위해서는 '취업규칙 등의 문언', '휴직규정의 설정목적과 실제기능', '휴직명령권발동의 합리성', '근로자가 받게 될 신분·경제상의 불리함', '기타 신의성실 및 권리남용금지의 원칙' 등 구체적인 사정을 고려하여 근로자가 상당기간 동안 근로를 제공할 수 없거나 근로제공이 부적당하다고 인정되어야 한다.[1] 휴직기간은 그 사유가 되는 기간을 초과할 수 없다.[2]

휴직명령의 정당성에 대한 입증책임은 사용자에게 있다.[3]

㉯ 사전조치로서의 전직

행정해석[4]은 질병휴직에 대해 "건강진단결과 고혈압 등으로 인해 일정기간 치료를 요한다는 진단을 받은 것처럼 의학적으로 업무수행이 그 자체로 곤란하거나 병세를 악화시킬 우려가 있으면 더 쉬운 업무로 전환토록 하고 그러한 업무를 찾지 못하면 취업규칙 등의 규정에 따라 휴직조치"할 것을 권장하고 있다.

업무상재해회복기간 동안 생산직근로자를 환경미화업무로 전직시킨 사건에 대해, 초과근로수당을 받지 못하는 경제적불이익을 입게 되더라도 새로운 보직이 임시적으로 부여된 업무로 보이는 점 등에 비추어 볼 때, 전직필요성과 비교하여 감수할 정도로서 권리남용에 해당하지 않는다고 본 판결[5]이 발견된다.

③ **휴직의 부여와 임금**

휴직의 부여여부, 부여방법과 임금지급여부는 취업규칙 등의 규정에 따른다.[6]

---

1) 대판 1992.11.13, 92다16690. 단순한 만성활동성 B형간염보균자에게 6개월범위에서 치료종결시까지 휴직명령을 내린 사건에 대해 전염예방 등이 가능하다는 이유를 들어 무효로 판결 ; 대판 2005.2.18, 2003다63029.

2) 대판 2005.2.18, 2003다63029. '형사사건으로 구속 또는 기소되었을 때에는 판결확정 후 1개월까지 명령휴직을 할 수 있다'는 규정을 근거로 석방에도 불구하고 계속 휴직을 시킨 사례.

3) 서울행판 2010.1.14, 2009구합40193.

4) 기준 1455.9-10291, 1969.9.25.

5) 서울행판 2013.5.14, 2012구합41325.

6) 대판 1992.3.31, 90다8763 ; 법제처 23-0575, 2023.9.15. 국가공무원법관련. 종전의 질병휴직기간에 이어서

휴직이 사용자의 고의·과실에서 비롯된 것이면 임금전액이 지급되어야 한다.[1]

④ **복직과 근로관계종료**(같은장, 같은절 3·바, (4))

(5) 감봉·감급

① **의 의**

사용자는 근로자에 대하여 정당한 사유가 있으면 감봉·감급을 할 수 있다(근기법 §23①). 감봉·감급은 근로가 제공되었음에도 임금을 감액하는 것이다. 따라서 감봉·감급은 임금전액지급원칙에 반하나, 근기법에 의해 특별히 제한을 받으므로, 예외로서 '법령에 특별한 규정이 있는 경우'에 해당된다.

② **감급제재제한**

근기법(§95, §114 i 5백만원 벌금)은 "취업규칙에서 근로자에 대해 감급제재를 정할 경우에 그 감액은 1회의 금액이 평균임금의 1일분의 1/2분을, 임금총액이 1임금지급기의 임금총액의 1/10을 초과하지 못한다"고 규정함으로써 감급의 최고한도액을 설정하고 있다. 근로자는 법정기준을 초과한 감급액에 대해 임금지급청구권을 갖는다. 금지되는 감급을 정리하면 다음과 같다.[2]

ⓐ 1회의 사범이 1일분의 반액을 초과하는 경우
ⓑ 1회의 사범이 1임금지급기에 있어서의 임금총액의 1/10을 초과하는 경우
ⓒ 여러 번의 사범이 1임금지급기에 발생한 경우로서 각각의 사범에 대한 감급의 합계액이 1임금지급기에 있어서의 임금총액의 1/10을 초과하는 경우
ⓓ 1회의 사범에 대하여 여러 개월에 걸쳐 나누어 감급을 하더라도 그 금액을 모두 합한 금액이 1일분의 반액이나 1임금지급기에 있어서의 임금총액의 1/10을 초과하는 경우

③ **감급대상임금**

㈎ **평균임금 기준**

감급제재(근기법 §95)가 제한되는 임금은 평균임금이다. 감급제재한도를 넘었는지 판단할 때는 특정한 임금항목만을 대상으로 하지 않고 여러 항목을 모두 합하여 평균임금을 산정한 후에 이를 기준으로 한다.

㈏ **상여금과 감급**

변동적상여금이라면 감급제재규정이 적용되지 않지만 고정적상여금에 대하여

다른 질병을 사유로 질병휴직을 명하는 경우, 휴직기간상한을 판단함에 있어 두 기간을 각각 계산한다.

1) 대판 2005.2.18, 2003다63029.

2) 근기 1451-12310, 1984.5.28 ; 기준 1455.9-2492, 1970.3 ; 법무 811-32609, 1980.12.12 ; 근기 1455-11716, 1981.4.26 ; 근기 01254-1833, 1988.2.5.

는 적용된다는 견해[1]가 있다. 상여금은 경영실적, 근무성적이나 근무태도 등에 따라 차등하여 지급할 수 있다. 결근이나 징계 등을 기준으로 차등해서 지급되는 차등폭은 감급제재한도를 넘어설 수 있다.[2]

㈐ **퇴직금과 감급**

퇴직금도 후불임금으로 볼 수 있으나 일반적인 임금과는 그 성격이 달라 평균임금에 포함되지 않는다. 따라서 퇴직금은 감급제한을 받는 대상임금이 아니다.[3] 따라서 징계해고사유별로 누진율을 달리 하는 퇴직금제도는 전체근로자에게 일률적으로 적용되고 법정퇴직금보다 낮지 않다면 위법이 아니다.[4]

④ **결근 · 지각 · 조퇴와 감급제재**

감급의 제재를 할 수 있는 근로자귀책사유는 취업규칙 등으로 정해진다. 이 경우 그 기준이 사회통념상 합리적이고 공정하다면 무효가 되지 않는다.

결근 · 지각 · 조퇴와 감급제재의 관계는 다음과 같다.

㈎ **순수한 월급제**

결근 · 지각, · 조퇴의 경우에 임금을 깎지 않는 것이 원칙인 순수한 월급제 또는 일급제가 시행되고 있어도, 무단으로 이루어지는 결근 · 지각 · 조퇴는 징계사유에 해당될 수 있으며 감급제재규정의 제한을 받는다.[5]

㈏ **근로미제공에 대한 임금삭감**

시간급 또는 시간급적인 일급 · 월급에 있어서 결근 · 지각 · 조퇴에 상응하는 임금을 삭감하는 것은 근로를 제공하지 않은 결과에 따른 것으로 삭감액이 법정감급한도액을 넘더라도 이를 감급제한규정의 위반으로 볼 수 없다.

㈐ **결근으로 간주키로 한 지각 · 조퇴**

여러 번의 지각 · 조퇴를 1일의 결근으로 보는 결근간주규정은 법정근로조건을 적용함에 있어서는 적용되지 않으며 결근에 해당하는 임금이 공제되지 않는다. 그러나 지각 · 조퇴에 상응하는 해당임금을 삭감하거나, 징계로서의 감급을 하거나 승급 · 상여금지급 등에 영향을 주는 제도를 채택할 수는 있다.[6] 결근일수에 따라 상여금 등을 삭감하는 비율은 합리적이어야 하며. 이 경우에 결근간주규정

1) 법무 811-1871, 1979.1.25 ; 근로기준팀-1394, 2006.3.29.
2) 임금 32240-20781, 1989.12.14 ; 근기 1455-25867, 1981.8.25 ; 근기 01254-19532, 1987.12.10.
3) 근기 01254-13746, 1987.8.26.
4) 대판 1994.4.12, 92다20309. 금고 이상의 형에 대해 감액규정이 있다면 형을 받은 사유는 따지지 않는다.
5) 법무 811-21010, 1978.9.26.
6) 근기 1451-3247, 1983.12.30.

이 결근일수에 포함되지 않는다.

⑤ **감급제재와 다른 징계**

㈎ **출근정지 · 휴직 · 정직**

근로자가 자신의 귀책사유때문에 출근정지 · 휴직 · 정직 등의 징계를 받음으로써 출근하지 못하여 임금을 지급받지 못하면 이는 징계의 결과로 근로를 제공치 못한데 따른 것으로서 근기법제95조위반은 아니다.[1)]

㈏ **강위 · 강임 · 강등**

직급 · 직위 · 호봉 등의 강등에 대한 근기법 제95조의 적용여부는 종전직무를 그대로 맡고 있는지에 따라 판단된다. 강등 · 강위 · 강임이 종전업무를 계속 유지하면서 임금만 깎는 취지라면 근기법제95조위반이다. 그러나 직무를 바꾸는 취지라면 임금삭감이 직무변경에 수반하는 결과로서 감급제재규정에 위반되지는 않는다.[2)] 다만, 변경된 직무가 책임 · 의무 등에 있어 종전직무와 동일가치노동이라면 감급제재규정의 적용을 받게 된다.

⑥ **적용제외**

근기법의 적용을 받지 않는 사람은 물론이고 근기법의 적용을 받더라도 사립학교교원과 같이[3)] 특별법에 규정이 있으면 감급제재규정의 적용이 배제된다.

(6) 승진 · 승급 탈락

근로자의 비위행위에 대해 승진이나 승급을 제한하는 것도 불이익의 일종이므로 징계로 볼 수 있다.

근로자가 무효인 승진발령이 유효함을 전제로 승진된 직급에 따라 계속 근무하여 온 경우에 부당이득반환은 두 측면에서 설명될 수 있다. 첫째, 승진전후에 각각의 직급에 따라 수행하는 업무에 차이가 있어 승진된 직급에 따른 업무를 수행하고 그 대가로 지급된 임금은 부당이득이 아니다. 둘째, 승진전후에 수행하는 업무에 차이가 없이 직급상승만을 이유로 추가로 받은 임금은 부당이득으로 해석될 수 있어서 사용자에게 반환되어야 한다. 승진전후에 제공된 근로의 가치 사이에 실질적인 차이가 있는지는 근로형태, 수행업무, 보직차이, '직급에 따른 권한과 책임의 정도' 등 여러 사정을 종합적 · 객관적으로 평가하여 판단된다.[4)]

---

1) 노정근 1455, 1966.7.14 ; 근기 68207-798, 1999.12.4.
2) 노정근 1455, 1966.7.14 ; 근기 01254-467, 1993.3.26 ; 근로개선정책과-3035, 2011.9.19.
3) 근기 01254-9246, 1991.6.27 ; 근기 68207-397, 1996.3.18 ; 「사립학교법」 제61조(징계의 사유 및 종류) ⑤ 감봉은 1개월이상 3개월이하의 기간동안 보수의 1/3을 감한다.
4) 대판 2022.8.19, 2017다292718 ; 대판 2022.8.19, 2017다292725 ; 대판 2024.4.16, 2023다315391.

승급·승급정지는 이미 발생한 임금의 삭감이라고 볼 수 없을 뿐아니라, 같은 직급의 업무를 계속 담당하면서 같은 임금을 받게 되는 것이므로 감급제재규정에 위반되지 않는다고 해석된다.[1]

2·라. 정당성판단의 세부기준

(1) 일반기준

① 정당한 이유

징계 특히 징계해고의 "정당한 이유"는 개별사안에 대해 구체적으로 판단되어야 한다. 해고의 정당성에 대해서는 학설·판례·행정해석 등을 통해 '정당한 이유'에 대해 "생산성에 기여하지 않거나 유기적조직체로서의 경영질서를 문란하게 하는 등 사회통념상 근로관계를 계속 유지할 수 없을 정도로 근로자에게 책임있는 사유"[2]라는 기준이 정립되어 있다. 징계사유는 근로자의 영역에 속하는 사정에서 기인되어야 하나,[3] 정당성판단에 있어서는 비교형량원칙이 적용되어 근로자측사정과 사용자측사정이 균형있게 고려되어야 한다.[4] 고용관계를 유지하는 것이 현저히 부당하거나 불공평하다고 인정될 정도에 이르러야 해고의 정당성이 인정된다.[5] 징계는 비위행의의 정도가 이보다 낮은 정도이더라도 정당성을 인정받을 수 있다.

② 과도적근로관계(제3장 제1절,4·다)

시용·수습·채용내정후의 정식채용거부는 유보된 해약권행사로서 해고에 해당하므로 사회통념상 합리적인 이유가 있어야 하나, 합리적인 이유의 범위는 정상근로자보다 넓다.

(2) 근거규정

① 원 칙

취업규칙 등에 규정된 해고·징계사유는 신의칙위반·권리남용에 해당되지 않아 사회통념상합리성을 가지고 있고 근기법에 위배되지 않으면 정당성판단기준이 된다.[6] 취업규칙은 법규범의 성격을 가지므로 명확한 증거가 없는 한 그 문

---

1) 근기 01254-1508, 1993.7.9.
2) 근기 1451-24180, 1984.12.10.
3) 김유성, 『노동법 I』, 법문사, 2005, 277~278쪽.
4) 헌재 2005.3.31, 2003헌바12.
5) 대판 1992.5.12, 91다27518.
6) 대판 1989.9.26, 89다카5475 ; 대판 1991.10.11, 91다20713 ; 대판 1992.3.13, 91다39559 ; 대판 2000.9.29, 99두10902.

언의 객관적의미를 벗어난 사실인정이나 해석은 신중하고 엄격해야 한다.[1] 단체협약이 효력을 잃더라도 규범적부분은 근로계약으로 체화되어 개별근로자의 근로조건이 되며, 해고·징계사유에 대하여도 이러한 법리가 적용된다.[2]

② 열거주의

취업규칙 등에 해고·징계사유가 제한적으로 열거되어 있으면 그 밖의 사유로 해고 및 징계를 할 수 없는 것이 원칙이다.[3] 사실관계를 미리 예상하여 모두 열거하는 것은 어려우므로 취업규칙 등에 규정이 없어도, 사회통념상 근로관계를 유지할 수 없다고 인정되는 해고사유가 있다. 열거되지 않은 해고사유가 타당성을 인정받으려면 사용자의 자의적처분이 아니어야 하고, 근로자에게 예기치 못한 불리함을 주지 말아야 하며, 징계의 일반원리에 어긋나지 말아야 한다. 열거되지 않은 '징계의 종류나 사유'를 적용하여 유리하게 해주는 것은 타당하다.[4]

③ 규범간의 관계

취업규칙과 단체협약이 경합하면 단체협약이 우선한다.[5] 단체협약에 없는 사항을 규정하거나, 사회통념상 합리성이 있는 내용을 규정한 취업규칙은 유효하다.

단체협약에 의해서만 해고·징계를 할 수 있다는 배타적배제규정이 있다면, 취업규칙에만 규정된 사유를 적용하여 해고·징계할 수 없는 것이 원칙이다.[6] 단체협약에 규정되지 않은 해고사유를 취업규칙에 정하거나 단체협약의 추상적 규정을 구체화하여 취업규칙에 자세히 규정해도 그 내용이 사회통념상 합리성을 가지고 있으면 이를 단체협약보다 불리한 것으로 보거나 당연히 무효로 볼 수는 없다.[7] 취업규칙에 없는 단체협약의 해고·징계사유는 당연히 유효하다.[8]

---

1) 대판 2021.11.25, 2019두30270. 회사방침에 반한 노조주도성과급재분배를 이유로 노조위원장을 파면한 사건. 〈정당성 부인〉 취업규칙 등의 규정이 재분배를 금지한 취지를 담고 있다고 보기 어려움.

2) 대판 2007.12.27, 2007다51758.

3) 대판 1993.1.15, 92누13035 ; 대판 1993.4.27, 92다48697 ; 대판 1993.11.9, 93다37915 ; 대판 1994.6.14, 93다26151 ; 대판 1994.6.14, 93다62126 ; 대판 1995.2.14, 94누5069.

4) 근기-5273, 2004.10.4. '정상참작사유가 있으면 인사위원회의결로 처분경감 가능' 규정 적용. 권고사직처분 대신 취업규칙에 열거되지 않은 강임처분은 유효.

5) 대판 2002.12.27, 2000두9063. 취업규칙과 단협 모두 징계해고요건을 무단결근 7일이상으로 규정하다가 단협만 무단결근 5일이상으로 완화한 경우 단협이 우선 ; 서울행판 2011.5.27, 2011구합3517. 취업규칙에 교통사고가 징계사유로 규정되고, 단협에 '사고로 인해 약식기소된 자에 대해 인사조치할 수 없다'고 규정되어 있으면 약식기소가 되지 않은 이상 피해정도에 상관없이 고의 또는 중과실의 있는 사고의 경우에 징계.

6) 대판 1993.1.15, 92누13035 ; 대판 1993.4.27, 92다48697 ; 대판 1993.11.9, 93다37915 ; 대판 1994.6.14, 93다26151 ; 대판 1994.6.14, 93다62126 ; 대판 1995.2.14, 94누5069.

7) 대판 1993.1.15, 92누13035 ; 대판 1993.2.23, 92다40297. 취업규칙에는 "금고이상의 형 확정'으로, 단협에는 "업무이외의 사건으로 구속되어 금고이상의 형 확정"으로 규정되어 있어도 '업무관련으로 금고이상의 형 확정'이 해고사유가 된다 ; 대판 1993.4.27, 92다48697 ; 대판 1995.4.7, 94다30249 ; 대판 1999.3.26, 98누16132 ; 근기 68207-2750, 2000.9.9 ; 단협에 "본 협약은 다른 규칙에 우선하며 이 협약에 저하되는 부분은 무효로 한

④ 징계사유 판단범위

비위행위가 징계사유에 해당되는지는 징계의결서나 징계처분서에 기재된 징계규정의 징계근거뿐아니라,[1] 구체적인 자료를 통해 징계위원회에서 징계사유로 삼았는지에 따라 결정되며,[2] 비위행위가 징계통보서에 쓰인 용어의 개념에 해당되는지 여부만이 아니라 징계규정에서 정하고 있는 징계사유의 의미와 내용을 기준으로[3] 판단된다.

⑤ 채용조건과 해고사유

채용과 퇴직으로 인해 근로자가 잃는 이익이 다르므로 채용조건과 해고사유를 동일하게 취급하는 것은 타당치 않다.[4]

(3) 징벌사유 경합

해고처분이 적정한지는 여러 사유를 하나씩 떼어서 판단할 것이 아니라, 전체를 살펴서 사회통념상 근로관계를 유지할 수 없을 정도로 근로자에게 책임이 있는지로 판단한다.[5] 일부사유가 부당해도 나머지 사유가 근로관계를 유지할 수 없는 정도라면 그에 따른 해고는 효력이 있다.[6]

(4) 징벌양정

① 적정수준 결정

㈎ 의 의

징계양정은 사회통념상 타당해야 한다.[7] 징계처분이 위법하다고 하기 위하여서는 징계권자가 재량권을 행사하여 한 징계처분이 사회통념상 현저하게 타당성

다"는 규정을 두어도 이는 법령의 취지를 확인한 것이지 취업규칙 등이 독자적인 징계규정을 둘 수 없다는 취지로 보기 어렵다.

8) 서울행판 2009.11.5, 2009구합16787. ↘ 868쪽

1) 대판 2009.4.9, 2008두22211.

2) 대판 1996.9.20, 95누15742 ; 대판 1997.3.14, 95누16684 ; 대판 2008.9.11, 2007두10174.

3) 대판 2021.4.29, 2020다270770.

4) 헌재 2002.8.29, 2001헌마788・2002헌마173. 공무원채용자격이 인정되지 않아도 해당자가 잃는 이익은 크지 않지만, 채용된 공무원을 퇴직시키는 것은 장기간 쌓은 지위를 박탈하여 잃는 이익이 대단히 크다.

5) 대판 1991.11.22, 91다6740 ; 대판 1996.9.20, 95누15742. 3개월간 59회의 무단외출과 7일의 지각을 이유로 해고한 사례 ; 대판 1997.12.9, 97누9161 ; 대판 2011.3.24, 2010다21962 ; 대판 2020.6.25, 2016두56042. 다른 근로자의 개인 USB에 대한 수회에 걸친 무단 접근, 사적 비밀 및 정보 불법 취득, 침해 및 유출, 허위 사생활 소문 유포, 집단 괴롭힘, 왕따, 월권행위 등을 이유로 해임처분을 하였으나, 중노위가 일부징계사유를 배척하면서 양정을 이유로 부당해고라고 판단 한데 대해, 회사의 윤리강령규정을 위배한 것이 해고사유이며 나열된 사유는 이를 특정하는 과정에서 그리 된 거이므로 윤리강령위반의 사유인지로 봐야 한다고 판시.

6) 대판 1992.4.24, 91다17931 ; 대판 2002.9.24, 2002두6620 ; 대판 2004.6.25, 2002다51555 ; 대판 2004.11.12, 2002두11813 ; 대판 2014.11.27, 2011다41420.

7) 대판 1992.7.14, 91다32329 ; 대판 2002.9.24, 2002두4860 등 다수.

을 잃어 징계권자에게 맡겨진 재량권을 남용한 것이라고 인정되어야 한다.

㈏ **판단 원칙**

징계처분을 함에 있어, 취업규칙 등에 여러 등급으로 규정된 징계처분중에서 어떠한 처분을 할 것인가는 원칙적으로 징계권자의 재량에 맡겨져 있다.[1] 다만, 이러한 재량은 징계권자의 자의적이고 편의적인 처분을 의미하지 않으며, 징계사유와 징계처분 사이에 사회통념상 상당하다고 인정되는 균형이 요구된다.[2] 징계양정의 적정성은 징계사유에 상응하는 징계유형이 규정되어 있고 이에 따라 징계의 수위나 내용이 증감할 수 있다는 전제 아래, 징계사유와 징계처분의 사이에 사회통념상 상당한 균형이 있는지를 판단하여 결정된다.

㈐ **판단 방법**

사회통념상 현저하게 타당성을 잃은 처분이라고 하려면 해당근로자의 지위, 수행직무의 내용과 특성, 비위행위의 동기・경위, 비위사실의 내용・성질・정도,[3] 사업의 목적과 성격, 징계로 달성하려는 목적과 그에 수반하는 제반사정, 징계처분전후에 저지른 비위행위 사실,[4] 징계양정기준[5] 등 여러 사정을 참작하여 객관적으로 명백히 부당해야 한다.[6] 실무에서는 이러한 기준을 행위관련요소,[7] 행위자관련요소[8] 및 사업주관련요소[9]로 구분하는 접근[10]이 발견된다.

징계양정항목을 정함에 있어 다소 추상적인 표현이 들어 있다고 하여 징계양정기준이 합리성이 없어 무효라 할 수 없다는 하급심판결[11]이 발견된다.

---

1) 대판 1991.10.25, 90다20428 ; 대판 1991.12.13, 90다18999 ; 대판 1993.3.12, 92누12933 ; 대판 1999.9.3, 97누2528・2535 ; 대판 2005.3.11, 2004두13332 ; 대판 2008.1.31, 2005두8269.

2) 대판 1991.1.11, 90다카21176 ; 대판 1991.10.25, 90다20428 ; 대판 1991.12.13, 90다18999 ; 대판 1993.3.12, 92누12933 ; 대판 2008.1.31, 2005두8269. 한국마사회가 조교사 또는 기수의 면허를 부여하거나 취소하는 것을 행정처분이 아닌 징계문제로 접근.

3) 대판 2016,11,24, 2015두54759.

4) 징계사유로 삼지는 않았지만 징계사유 발생 이후에 저지른 비위행위.

5) 취업규칙 등에 규정된 '징계사유에 상응하는 징계유형'을 위반한 징계는 무효이다.

6) 대판 1997.11.25, 97누14637 ; 대판 1998.10.9, 97누1198 ; 대판 1999.10.8, 99두6101 ; 대판 2000.10.13, 98두8858 ; 대판 2001.8.24, 2000두7704. 이외에도 평소의 소행과 직무성적, 그 비행이 행정조직 및 국민에게 끼치는 영향의 정도, 징계처분으로 인한 불이익의 정도를 기준으로 제시 ; 대판 2002.8.23, 2000다60890 ; 대판 2002.9.24, 2002두4860 ; 대판 2006.12.21, 2006두16247 ; 대판 2007.12.28, 2006다33999 ; 대판 2013.10.31, 2013두13198 ; 대판 2014.6.26, 2014두35799 ; 대판 2014.11.27, 2011다41420.

7) 징계사유의 내용과 성질, 비위행위의 동기와 경위, 경영질서가 문란하게 될 위험성의 정도.

8) 피징계자의 평소 소행, 근무성적외의 과거행적, 징계사유발생이후의 태도, 해당근로자의 담당직무 내용.

9) 사업의 목적・성격, 사업장여건・기업규모, 징계로 이루고자 하는 목적, 재심징계위원회를 통한 감경 여부.

10) 중앙노동위원회, "부당해고에 대한 최근 판례의 동향", 조사관연찬회자료집, 2008.9.10, 20~21쪽.

11) 서울행판 2008.10.17, 2008구합5254. 정적인 법률관계와는 달리 동적인 근로관계 및 징계재량권의 본질상 징계양정항목을 정함에 있어 어느정도 추상적인 표현이 불가피.

② **양정 결정방법**

㈎ **기준 적용**

징계양정기준을 적용하는 과정에 잘못이 있다면 재량권의 한계를 벗어난 위법한 처분이 된다.[1] 지침이나 지시는 공평하게 적용되어야 한다.[2] 징계사유가 같아도 잘못의 정도에 따라 징계양정이 달라질 수 있다. 징계사유와 잘못의 정도가 같음에도 합리적인 이유가 없이 징계양정에 차등을 두는 것은 타당치 않다.[3]

㈏ **기준 차등**

근로관계가 종료되는 해고와 근로관계가 유지되는 다른 징벌에 대해 다른 기준을 적용하여 양정의 적정성을 판단한 하급심판결[4]이 발견된다.

③ **근무태도와 양정**

㈎ **의 의**

피징계자의 공적이나 징계전력 즉 평소소행과 근무성적, 징계사유전후에 저지른 비위행위 사실, '징계사유로 삼지는 않았지만 징계사유발생이후에 저지른 비위행위' 등 근무태도는 징계양정에 영향을 미칠 수 있다.

㈏ **양정감경사유**

㉮ 성실한 근로

성실근로가 징계부인·징계양정감경의 요인으로 인용된다. '징계처분을 받은 적이 없이'[5] 또는 '비위행위가 없이'[6] 성실히 근무하여 왔다는 사정이 그렇다.

㉯ 과거의 공적

취업규칙 등의 규정에 따라 표창이나 수상의 경력이 있으면 징계양정이 경감될 수 있다. 그러한 규정이 없거나 사용자의 재량사항으로 규정되어 있다면 근

---

1) 서울고판 2009.7.15, 2008누26369.

2) 서울행판 2009.6.3, 2008구합40585. 다른 택시운전근로자들에 대하여는 1일12시간까지 임의로 차량을 사용하여 추가운행수입을 얻도록 허용하면서 특정근로자에 대하여만 근무시간을 단협에 규정된 1일 8시간20분으로 통제한 것은 부당한 차별대우이므로, 이러한 지시위반을 징계사유로 한 것 역시 부당.

3) 서울고판 2010.2.2, 2009누18273. 사립학교일반직원의 업무방해 및 감금의 비위행위에 대해 벌금 300만원을 선고받은 노조지부장과 벌금 200만원을 선고받은 총무부장은 각 정직 3개월, 벌금 100만원을 선고받은 부지부장은 정직 2개월, 벌금 70만원을 선고받은 교육부장과 벌금 50만원을 선고받은 조합발전위원장은 각 정직 1개월의 징계를 받았을 뿐인데 벌금 300만원을 선고받은 일반조합원에 대한 해고는 징계권 남용.

4) 서울중앙지판 2009.11.13, 2008가합101129. 해고에 대해 '행위동기'와 '그 밖의 제반사정 등'만으로 판단. 정직·감봉에 대해 징계기간, 불이익정도, 징계대상행위의 수단·결과, 대상근로자들간의 징계양정사유의 차이 등으로 판단.

5) 서울행판 2002.6.7, 2002구합837. 쟁의행위기간중 과격행동을 이유로 한 징계. 입사이후 징계를 받지 않은 사실 지적 ; 서울행판 2011.4.21, 2010구합47749. 19년간 징계를 받지 않은 사실 지적.

6) 서울행판 2008. 2.14. 2007구합26896. 입사이후 비위행위가 없었음.

로자가 이를 권리로 주장할 수 없다.

규정내용이 사용자에게 의무를 부과한 강행규정이라면 이를 위반한 징계는 원칙적으로 무효이고, 사용자에게 재량을 부여한 임의규정이라면 양정이 경감되지 않을 수 있으며, 과거의 공적을 포함하여 전체적으로 보았을 때에 사회통념상합리성이 있는지에 따라 양정의 정당성이 판단되고, 다른 근로자의 사례를 감안한 형평성이 요청된다. 성실근로 등을 징계규정에서 요구하고 있다면 감경규정을 고려할 필요성이 커진다.

경감의 효력이 미치는 횟수는 따로 규정이 없다면 1회에 한정된다.

㉰ 실제 피해발생

근로자가 근로제공의무를 위반하여 사용자에 대해 발생시킨 손해의 규모를 징계양정에 참작할 수는 있으나[1] 징계양정의 적정성판단에 직접적으로 영향을 미치는 중요한 기준에는 해당되지 않을 것이다.[2]

㈐ 양정가중사유

㉮ 원칙과 예외

징계전력이 있으면 징계양정이 가중되는 규정을 무효라고 할 수는 없다. '정직 3회는 해고'처럼 '과거의 징계전력'이나, '하위양정에 속하는 복수의 비위행위'는 징계양정을 가중하는 근거가 될 수 있으며 이는 과잉징계가 아니다.[3] 징계양정 가중조항은 불법쟁의행위면책조항이 있더라도 적용된다(같은장 제3절,5·마). 가중규정은 가중정도, 가중기간, 가중대상징계 등이 사회통념상 현저하게 타당성을 잃으면 효력이 부정된다.[4] 취업규칙 등의 가중규정은 절대적인 강제력을 가지지는 않으며 다른 판단기준을 종합적으로 고려하여 규범성을 인정받을 수 있다.[5]

---

1) 대판 1991.10.25, 90다20428. 휴무중에 근무를 자원한 근로자가 근무지를 장시간 이탈하였음을 이유로 취해진 징계면직조치에 대해 '근무이탈중에 아무런 사고가 발생하지 않은 점' 등을 주된 근거로 하여 정당성 부인(업무내용, 휴무근로 자원동기, 근무경력 함께 고려) ; 서울행판 2004.8.19, 2004구합237. 업무관리소홀이 고의성이 없고 손해도 발생하지 않았음에도 해고를 한 것은 양정과중.

2) 김경태, "징계양정의 적정성 판단기준에 대한 검토" (앞의 논문), 328쪽.

3) 대판 1992.11.24, 92다7061. 인쇄물무단배포, 횡령, 구타, 근무거부, 무단결근 등 취업규칙상 정직요건이 시간을 가지고 발생한데 대해 면직처분을 한 사례 ; 대판 2005.9.28, 2005두7969 ; 서울행판 2010.7.23, 2010구합2807. 업무지시거부에 대해, 견책을 거쳐, 제1·2차 감봉을 하였고, 태도가 시정되지 않아 해고한 사건.

4) 대판 2014.2.13, 2013두19714 ; 서울고판 2004.4.29, 2003누12754. 징계규칙상 가중사유인 '가벼운 비행 재발'과 관련하여, 징계규칙에 따라 2단계를 가중하여 중징계인 강등(사무관 → 6급)에 처한 것은 두 비리행위가 성격이 다르고, 행위에 비해 과중한 징계종류를 택함으로써 비례원칙에 위배되어 사회통념상 현저하게 타당성을 잃어 재량권 남용에 해당.

5) 대판 2014.2.13, 2013두19714. 기타의 참작사유를 이유로 해당규정을 적용한 징계조치의 적정성 부인 ; 대전지판 2014.11.6, 2014구합101322. 단협으로 엄격한 해고기준을 마련하여 시행하는 점 등을 고려하여 해당규정의 법적의미를 부인할 것은 아니나, 지나치게 강력한 의미를 부여할 것도 아님.

㈏ 적용기간

가중이 적용되는 기간을 노사가 협의하여 명시하는 것이 일반적이다. 명시하지 않아도 가중조항의 효력이 부인되지 않지만, 사회통념상 지나치게 긴 기간에 대해 실효의 법리를 적용하는 하급심판결[1]이 발견된다.

㈑ **징계사유로 삼지 않은 비위행위**

피징계자가 해당징계처분사유를 전후에서 저지른 다른 비위행위로서 징계사유로 삼지 않은 비위행위를 징계양정에서의 참고자료로 삼을 수 있다"는 판례법리[2]가 형성되어 있다. 이 판례법리는 징계처분은 징계위원회에서 징계사유로 삼은 비위행위를 대상으로 한다거나[3] 재심절차에서 추가된 징계사유를 부정하는[4] 판례법리와 모순되는 결과를 가져오며, 이러한 이유로 비판[5]을 받을 수 있다.

징계사유로 삼지 않은 비위행위에 대한 고려는 징계위원회의 재심과정에서 발생할 수 있다. '초심후 재심전'에 발생한 사정은, 양자가 하나의 면직절차를 이루므로, 재심신청의 당부를 판단할 때에 참작할 수 있으며 그러한 사정을 고려하지 않고 재심신청을 기각하고 해고처분을 유지했다면 징계권남용으로 무효라는 판결[6]이 발견된다. 이 판결은 해당기간동안에 발생한 추가비리도 재심에서 징계사유로 인정될 수 있다는 반대논리를 가능하게 하고, 그 결과로 피징계자를 위한 재심위원회가 징계양정을 높힐 수도 있게 된다.

㈒ **근로자의 주관적 인식**

고의·과실 등 근로자개인의 주관적인식이 징계양정에 미칠 수 있다. "새 직장에서 안정을 찾지 못한 점을 고려하지 않은 점"을 지적한 판결[7]이 그렇다. 인사규정에 따른 징계사유에 있어 고의·과실의 개념이 개입될 여지가 없다는 이유로 이를 따지지 않고 양정을 결정한 징계처분을 인정한 판결[8]도 발견된다.

---

1) 서울고판 2000.10.19, 2000누6024. 피로를 이유로 1회 승무를 거부한데 대해 8년전에 받은 2회의 징계를 징계양정의 판단자료로 삼아 해고한 것은 징계권 남용이다(50세를 초과한 근로자로 하여금 피로가 누적된 상태에서 야간운전을 행하게 하는 것은 과중하다는 점도 고려).

2) 대판 1991.2.12, 90누5627 ; 대판 1996.4.23, 96다2378 ; 대판 1997.2.14, 96누4244 ; 대판 1998.5.22, 98다2365 ; 대판 1999.9.3, 97누2528·2535 ; 대판 2002.5.28, 2001두10455 ; 대판 2003.7.8, 2001두8018 ; 대판 2004.6.25, 2002다51555 ; 대판 2005.11.25, 2005두9019 ; 대판 2011.3.24, 2010다21962 ; 대판 2014.11.27, 2011다41420 등.

3) 대판 1998.12.13, 86다204·86다카1035.

4) 대판 1998.5.22, 98다2365.

5) 이승욱, "징계처분의 범위와 한계", 『1997 노동판례비평』, 민주사회를 위한 변호사 모임, 1998, 129~130쪽. 징계처분당시에 고려하거나 인식하고 있지도 않았던 사정은 징계처분의 정당성판단에 고려될 수 없다.

6) 대판 2014.2.13, 2013두19714.

7) 대판 1991.11.26, 90다4914.

8) 대판 1997.4.25, 96누5421.

'근로자의 개전의 정'도 양정판단의 일반기준으로 제시되지는 않더라도 개별사건에서 판단요소로 작용한다.[1] '개전의 정'의 존재여부는 반성 또는 사과의 의사표시, 같은 행위의 반복, 피해발생에 대한 배상 등을 통해 판단될 수 있다.[2]

④ 양정과다의 효력

㈎ 무 효

근로자의 비위행위가 징계사유에는 해당되나 해고사유에까지는 이르지 않는다면 해고조치는 무효이다.[3]

㈏ 재징계

징계양정이 지나쳐 무효가 된 징계에 대해 정당한 절차를 거쳐 상응하는 징계를 다시 취할 수 있다.[4] 재징계의 효과는 소급되지 않는다.

(5) 징벌시기

① 징벌시기 제한

㈎ 징계포기 기대

징계여부·시기는 징계사유의 성질·경중, 근로자근무태도 등을 종합하여 사용자가 결정할 수 있다.[5] 잘못이 발생한 때에 징계를 할 수 있음에도 불구하고 조치가 취해지지 않으면, 근로자는 징계권을 행사하지 않으리라는 기대를 갖는다. 징계권자가 알거나 알 수 있었던 때로부터 시간이 많이 흐른 다음에 이루어진 징계는 신의칙에서 벗어나므로 정당성이 부정될 수 있다.[6]

㈏ 징계시효 규정

㉮ 의 의

취업규칙 등에 '징계의결요구는 사유발생일로부터 일정한 기간이 지나면 행하

---

1) 대판 2002.5.28, 2001두10455. 해고인정. 노동조합장인 근로자가 징계사유외에도 해고를 전후한 각종 비위행위를 통하여, 방법 및 절차의 적법성과 직장질서를 외면하고 조합활동을 빙자하여 개인감정을 가지고 사회통념상 회사와의 신뢰관계를 반복적으로 훼손 ; 서울행판 2003.6.10, 2002구합20947. 승무정지 3개월 인정. 운송수입금횡령에 대해 경고를 받고도 계속하여 횡령.

2) 서울행판 2011.4.21, 2010구합47749 ; 서울행판 2010.1.14, 2009구합37722. 폭력행사를 먼저 한 사람과 나중에 한 사람의 징계양정이 같더라도, 후자가 근무시간중에 음주상태에서 소란을 피운 점, 잘못을 뉘우치지 않는 점 등을 고려할 때 정당하다고 봄.

3) 대판 1991.1.11, 90다카21176 ; 대판 1991.10.25, 90다20428 ; 대판 1991.12.13, 90다18999 ; 대판 1992.5.12, 91다27528 ; 대판 1992.7.14, 91다32329 ; 대판 1993.3.12, 92누12933 ; 대판 1998.11.10, 97누18189 ; 대판 1999.9.3, 97누2528·2535 ; 대판 2002.8.23, 2000다60890·60906 ; 대판 2005.11.25, 2005두9019 ; 대판 2008.1.31, 2005두8269 ; 대판 2011.3.24, 2010다21962.

4) 근기 01254-10526, 1991.7.23.

5) 서울행판 2010.9.17, 2010구합8287.

6) 대판 2003.9.26, 2003두6634. 8개월전의 경미한 징계사유와 6개월이상 경과된 동료직원 폭행 사건 ; 서울중앙지판 2006.5.19, 2005가합69408. 회사에 알려진지 2년9개월이 지난 비위행위 ; 서울고판 2005.4.7, 2004누11826. 유죄판결을 받고 1년이 경과하는 시점에서 인사규정의 자동면직사유를 적용한 직권면직.

지 못한다'는 등의 내용으로 징계시효가 규정될 수 있다. 징계시효규정은 해당기간을 사유로 삼아 징계권행사에 제한을 가하는 규정이다. 징계시효규정에 대해서는 판례법리[1]가 형성되어 있다.

㉯ 기산점

징계사유로 삼을 수 있는 기간을 정해 놓으면 그 기간이 징계시효가 되며, 기산점은 정해진 기일이 되나 정하지 않으면 징계사유가 발생한 때이다.[2] 반복된 비위행위가 포괄적인 하나의 비위행위로 볼 수 있으면, 최종비위행위가 종료되는 때부터 징계시효가 진행된다.[3]

비위행위에 대한 징계시효가 완성된 후에 수사나 언론보도 등이 있더라도 기산점이 바뀌지 않으며[4], 수사를 이유로 한 징계는 그 사유가 비위행위가 아니고 형벌이어야 한다. 채용과정에서의 비위행위를 징계사유로 삼고 있어도, 징계시효의 기산점은 채용일이다.[5]

사업장밖행위에 대해서는 '행위를 한 날 또는 사용자가 알 수 있었던 날'로부터 기산하고, 사업장안행위에 대해서는 '사용자가 안 날'로부터 기산해야 한다는 견해[6]도 발견되는데 사정에 따라 기산점이 달라질 수 있다는 접근은 고려할만하다.

근로자가 의도적으로 징계사유인 형사사건유죄확정판결사실을 숨겼다면 징계시효기산점은 회사가 확정판결사실을 안 날이라고 본 판결[7]이 있다.

㉰ 징계시효중단 또는 징계시효기간가산

징계대상자・징계사유의 조사・확정에 상당기간이 소요되어 규정을 준수하기 어렵다는 등의 부득이한 사정[8]이 있거나, '쟁의기간중의 징계금지'와 같이 징계를 하는 것이 불가능한 사정이 있으면 대상기간을 제외하고 시효가 완성되었는지가 판단되거나 징계시효기간이 그 기간만큼 연장된다.[9]

---

1) 대판 1995.3.10, 94다14650. 허위경력서제출 관련；대판 2008.7.10, 2008두2484. 2년이내로 설정；대판 2013.2.15, 2010두20362. 15일로 설정 등
2) 대판 2008.7.10, 2008두2484. 지방공기업관련. 원심은 비위행위가 언론에 보도된 시점을 기산점으로 봄.
3) 대판 1995.11.14, 95다21587. 허위경력증명서제출로 임금을 부당하게 받아 온 비위행위 관련.
4) 대판 2019.10.18, 2019두40338.
5) 대판 1996.3.8, 95누18536. 사립학교 교원 임원 관련.
6) 방현우, "사용자의 징계권 행사에 관한 연구 -형사법적 적용 가능성을 중심으로-", 「노동법포럼」 제1호, 노동법이론실무학회, 2008. 10, 112쪽.
7) 대판 2022.3.11, 2019두59103.
8) 대판 2017.3.15, 2013두26750. 근로자가 횡령을 부인하고 경찰이 불기소의견에 대해 검찰의 재수사지휘로 다시 기소의견으로 송치한 사건. 〈원심이 제시한 부득이한 사정의 판단 기준〉 징계권행사를 위한 노력, 재판결과확인의 어려움, 재판결과확인후 징계권자의 조치,
9) 대판 2013.2.15, 2010두20362.

㈑ 징계시효의 기간

징계시효의 기간은 취업규칙 등으로 정해진다. 다만. 그 기간이 징계포기의 기대를 가질 정도이면 그 효력이 부정될 수 있다.

㈐ **징벌시기제한의 효과**

징계포기기대가 인정되거나 징계시효규정을 위반하여 개최된 징계위원회의 결정은 무효이다.

② **일사부재리**

㈎ **원 칙**

하나의 사유에 대해 2번이상의 징계처분을 하는 것은 이중징계로서 무효이다.[1] 후행처분에서 새로이 추가된 징계사유가 합리성을 인정받지 못하거나 선행처분의 징계양정에 영향을 미치지 못할 정도이면 이를 근거로 한 징계는 이중징계가 될 수 있다.[2]

㈏ **요 건**

이중징계에 해당하려면 선행처분과 후행처분이 모두 징계처분이어야 하고,[3] 선행처분이 취소됨이 없이 유효하게 확정되어야 하며, 선행처분과 후행처분의 징계혐의사실이 동일해야 한다.[4]

㈐ **단계적 징계**

형사고발조치를 받은 근로자에 대해서는 일단 대기발령·직위해제를 한 후에 혐의사실이 확인되는 대로 다시 징계할 수 있다. 이와 같은 단계적처리는 사회통념상 타당하며 이중징계로 보기 어렵다.

㈑ **재징계**

㉮ 자발적 재징계

사용자는 노동위원회판정이나 법원판결을 기다리지 않고 스스로 소급하여 취소한 후에 새로운 사유를 추가하여 징계절차를 다시 밟거나, 절차를 갖추거나, 징계양정을 조정하여 다시 징계할 수 있다.[5]

---

1) 근기 68207-1005, 1994.6.20.
2) 서울행판 2012.5.4, 2012구합270.
3) 대판 2011.7.28, 2008두11693. 〈부정〉 경위서제출, 과거불상사는 없는 것으로 하자는 부사장취임사.
4) 대판 2000.9.29, 99두10902. 〈부정〉 징계해고처분상의 징계혐의 사실과 무관한 교통사고 11건, 무단조퇴 2건, 동료기사폭행 2건 등의 징계사유.
5) 대판 1994.9.30, 93다26496 ; 서울행판 2010.9.17, 2010구합8287. 과거에 발견하지 못한 징계사유를 추가한데 대해 상당한 시일이 경과했음을 이유로 일사부재리원칙이나 신의칙에 위반되지 않는다고 판결함.

㉯ 징계진행과 추가비위

징계절차가 진행되는 사이에 원래의 징계사유와 관련된 추가적인 비위사실이 밝혀지면 이는 징계양정을 다시 정하는 근거가 될 수 있다. 추가적인 비위사실이 새로운 징계사유에 해당하면 재징계사유가 된다.[1] 재징계와 원징계의 사유가 대부분 같다는 이유만으로는 일사부재리원칙 또는 신의칙에 위배되지 않는다.[2]

㉰ 판정 · 판결 후 재징계

노동위원회판정 · 법원판결후의 재징계가 정당한지는 그 사유에 따라 다르게 판단할 수 있다.

먼저 절차위반이나 양정과다인 경우에는 이를 보완하여 재징계하더라도 일사부재리원칙에 위배되지 않는다.[3]

다음으로 '다른 사유가 추가'되거나 '같은 사유라도 추가적비위행위'가 있어야 하고,[4] 추가된 해고사유나 비위행위가 이전의 해고사유나 비위행위와 본질적으로 다르고 중대한 경우에 한하여[5] 허용된다. 이 경우 기존의 비위행위나 징계사유도 추가요건과 함께 징계양정을 결정하는데 고려될 수 있다.[6]

③ **과거의 비리와 양정가중**

근로자가 해당비위행위를 저지르기 5년전에 저지른 비위사실도 징계양정에서의 참고자료가 될 수 있다고 본 판결[7]이 발견된다. 이 판결의 타당성에 대해서는 비판이 제기될 수 있다. 과거의 비위행위를 방치하다가 후에 발생한 비위행위에 대한 징계처분과정에서 양정가중사유로 삼는 것은 타당해 보이지 않는다. 다만, 과거의 비위행위에 대해 징계를 하지 않는 대신에 추후에 양정가중을 하겠다는 의사표시가 있다면 그렇지 않을 수도 있으나, 이 경우에도 그 기간이 사회통념상 지나치게 길지 않아야 한다. 따라서 '징계시기 자의성 금지 원칙'은 양정가중에도 적용되어야 한다.

---

1) 대판 1996.4.23, 96다2378.

2) 서울고판 2009.3.20, 2008누20088.

3) 대판 1981.5.26, 80다2945.

4) 구제신청일은 새로운 해고처분일부터 진행(서울행판 2012.4.19, 2011구합30809). 양정과다의 경우도 같음.

5) 서울고판 2013.12.5, 2013누18430. 〈해고무효〉 해고당시의 세분화된 징계사유들은 부당해고로 판단한 당시의 징계사유인 '법인카드 부당사용'의 세부항목에 불과. 경비부당사용이라는 측면에서 본질적으로 동일.

6) 서울고판 2007.10.10, 2006누9285. 〈해고인정〉 직장내에서 수차례 성희롱을 하고 조직력을 저해하였다는 이유로 징계해고되었다가 양정과다를 이유로 한 구제명령으로 복직된 후에, 새로이 상벌위원회를 열어 1차해고사유와 같은 사유에다가 해고의 양정을 높이는 사유를 추가로 보완하여 행한 2차해고는 일사부재리원칙에 위배되지 않으며, 사회통념상 현저하게 타당성을 잃거나 재량권을 남용한 것이 아님.

7) 대판 2014.3.27, 2013두24402.

(6) 형평원칙

① 징계대상

사용자가 정한 징계양정기준은 '특정근로자를 해고하기 위한 방편'[1]이라는 사정이 없는 한 원칙적으로 형평원칙을 위반한 것으로 평가되지 않는다.[2]

형평원칙은 동일한 판단기준이 적용될 수 있음에도 불리한 처분을 받은데 적용하고 유리한 처분을 받은 근로자가 그 징계처분까지 면하기 위해 원용되지는 않는다는 취지의 판결[3]이 발견된다.

② 직무특성

같은 직무에 있어 같은 행위에 대한 차등도 형평원칙위반의 요인이 될 수 있다. 다만, 다른 직무에 대해서는 직무특성에 대한 양정가중이 인정될 수 있다.[4]

③ 징계관행

합리적사유가 없이 같은 정도의 비행에 대해 일반적으로 적용하여 온 기준과 어긋나는 징계처분을 선택하는 것은 형평원칙에 위반된다.[5] 징계위원회가 소집될 때마다 새 양정기준을 작성한다면 형평원칙에 위반할 소지가 커진다.[6]

(7) 판단수단

① 입증책임

해고의 존재에 대해서는 근로자에게 입증책임이 있고, 정당성에 대해서는 사용자에게 입증책임이 있다.

② 녹음 · 녹취

공개되지 않은 타인간의 대화를 녹음한 녹음테이프나 녹취록을 재판이나 징계절차에서 증거로 사용할 수 없고(통신비밀보호법 §4, §14②), 녹음 또는 청취는 그 자체가 금지된

---

1) 대판 1998.11.10, 97누18189. 〈해고무효〉 1일간 집단결근을 한 간호사들중에서 일반간호사들에게는 정직 10일, 지휘감독지위에 있지 않은 주임간호조무사 1인에 대하여만 해고처분 ; 서울행판 2002.3.8, 2001구45566. 〈해고무효〉 대졸학력을 숨기거나 주민등록번호까지 허위로 기재하고 입사한 근로자들에 대해 징계를 취하지 않다가 입사이후 6년간 문제를 야기함이 없이 성실히 근무해온 근로자에 대해서만 학력허위기재를 이유로 해고한 사건 ; 서울행판 2002.7.12, 2002구합6170. 〈해고무효〉 한명에게는 상급감독기관이 요구한 정직3월의 징계조치를 취하고 다른 사람에게는 자체적인 징계사유를 추가한 후에 해고처분.

2) 대판 2007.10.12, 2007두7093.

3) 대판 2007.10.12, 2007두7093.

4) 대판 1999.10.8, 99두6101. 〈해임인정〉 교통사고후에 도주한 경찰관 관련. 수행직무의 본분 고려 ; 대판 2005.9.28, 2005두7969. 〈해임인정〉 시내버스운전자의 무단결근. 대중교통수단이 가지는 공공성 고려.

5) 대판 2014.2.13, 2013두19714 ; 대판 1999.11.26, 98두6951 ; 서울고판 2013.1.10, 2012누21002. 징계양정이 종전보다 과중한 점'을 들어 파면처분을 무효로 판단 ; 서울행판 2013.8.13, 2012구합41493. 피징계자가 후속조치로 전보처분까지 받는 관행이 있다고 보기 어렵다는 점을 들어 당해 전보처분의 정당성 부인.

6) 김경태, "징계양정의 적정성 판단기준에 대한 검토" (앞의 논문), 327쪽.

다(통신비밀보호법 §3①, §14①). 원래부터 대화에 참여하지 않은 제3자가 그 대화를 하는 타인들의 발언을 녹음 또는 청취하면 안된다.[1] 불법으로 녹음하거나 청취를 하더라도 다른 적법한 방법으로 근로자의 비리가 확인되거나, 불법녹음·청취와 관련이 없는 사유가 고용관계를 계속할 수 없는 중대한 사유에 해당한다면 해고의 정당성이 인정될 수 있다.[2]

③ **판단기초**

해고의 정당성은 근로자에게 서면으로 통지(같은장, 제3절 2·라, (1))된 사유만으로 판단한다. 징계규정을 확대하여 해석하는 것은 금지된다.[3]

2·마. 징벌사유별 정당성

징벌대상이 되는 근로자귀책사유에 대하여는 근무태도불량, 범법행위, 2중취업행위, 학력·경력사칭 및 불법집단행위로 크게 나누어 설명할 수 있다.

(1) 근무태도불량

① **원 칙**

근무태도불량은 근로계약을 충실히 이행치 않거나 생산성향상에 기여하지 않거나 직장규율을 문란케 하거나 그 밖에 노·사관계의 신뢰를 상실케 하는 행위를 말한다. 무단결근, 지각·조퇴, 근무성적불량, 직장이탈 등에 대해 근로제공의무위반의 채무불이행이므로 징계사유가 아니라는 견해[4]가 있으나, 다른 근로자의 근무태도에 영향을 주는 등 직장질서에 반할 수 있으므로 징계사유가 된다.[5]

무단결근, 전직·전보명령거부, 업무명령거부, 근무태만·직무해태, 직장규율문란, 회사명예실추, 근로계약상의 성실의무위반 등으로 나누어 설명한다.

② **무단결근**

㈎ **의 의**

정당한 이유와 사용자의 승인이 없이 오랫동안 무단결근하거나, 출근독촉에 따르지 않거나, 출·결근이 일정치 않는 등 출근성적이 불량한 것은 근로제공의

1) 대판 2007.12.27, 2007도9053 ; 대판 2023.9.27, 2023도10284. 〈징역형 인정〉 상사와 방문자 대화 녹음.
2) 대판 2008.6.26, 2007두22344.
3) 대판 2005.2.17, 2004두12582. 징계절차를 피하기 위해 당연해고 적용. 단협에 '유죄판결을 받으면 당연히 해고된 것으로 본다'고 규정하면서, 단서를 달아 회사밖조합활동을 예외로 규정, 조합원이 상급단체의 입법투쟁에 참여하여 폭력을 행사한 이유로 유죄판결, 회사는 정치투쟁과 폭력행위는 정당한 쟁의행위가 아니므로 '회사밖조합활동'으로 인정할 수 없다면서 당연해고조항 적용. 단협규정에 대해 회사밖조합활동이 있었는지만 따지면 되지, 유죄판결이유까지 따진 것은 확대해석.
4) 김형배, 『노동법』, 제20판, 554쪽.
5) 임종률, 『노동법』, 제9판, 482쪽.

무를 이행하지 않음으로써 노·사간의 신뢰관계를 깨는 대표적행위이다. 무단결근여부는 사전신고·허가 또는 사후승인이 있었는지로 판단된다.[1] 관리자에게 병가사실을 구두로 통지하는 등 그 의사가 전달되었더라도 절차이행의 요구나 권유를 받았다면 이는 이행되어야 한다.[2] 규정에 반해 결근계를 제출치 않으면, 불가피한 사정이 없는 한, 무단결근이다.[3] 조합활동을 이유로 한 일방적인 결근,[4] 부당한 휴가사용[5] 등도 무단결근이다.

㈏ 결근일수

해고사유가 되는 무단결근일수는 취업규칙 등으로 정할 사항이다. 3일이상의 무단결근,[6] 일정기간동안 상당한 횟수의 무단결근,[7] 업무에 심각한 영향을 미친 1회의 무단결근[8] 등의 사례가 발견된다. 결근한 첫날과 마지막 날의 사이에 휴일 등이 있어도 계속결근일수는 결근한 날만으로 따진다.[9] 출근통지서, 무단결근금지통보서 등에 응하지 않은 사실은 해고의 정당성을 강화시킨다.[10]

㈐ 구체적 사정

무단결근을 이유로 해고할 때는 결근행위의 시기·양태·원인·결과·관행[11] 등 구체적인 사정을 고려하여야 한다.[12] 형사사건으로 인한 구속이나 교통사고로 입원한 경우처럼 회사가 사정을 잘 알고 있거나, 결근사실을 통보할 상황이 되지 못하는 것이 객관적으로 인정되면 무단결근을 이유로 해고할 수 없다. 형사사건으로 수배를 받아 도피중이어서 출근명령에 응할 수 없는 경우에는 무단결

1) 대판 1990.4.27, 89다카5451.
2) 대판 2016.2.18, 2015두57673 심리불속행 판결.
3) 대판 1989.9.29, 88다카19804. 갑자기 부상을 당해 부득이하게 결근계를 제출치 못했고 회사가 이 상황을 알고 있어도, 충분한 시간이 있음에도 결근계를 제출치 않은 것은 정당한 해고사유 ; 대판 1990.4.27, 89다카5451. 취업규칙에 부득이한 사유로 출근치 못하면 전화, 구두로 신고하여 사전승낙을 받고 출근후 바로 사유서를 첨부한 결근계를 제출토록 규정되었음에도 사후에 결근계를 제출치 않은 행위는 무단결근.
4) 대판 1992.2.11, 91다5976.
5) 대판 1991.3.27, 90다15631.
6) 대판 1991.3.27, 90다15631.
7) 대판 1990.4.27, 89다카5451. 7개월간 3회에 걸쳐 약 10일간 무단결근한 사례 ; 서울고판 2003.7.25, 2003누5008. 월간 누계 7일 무단결근 해고인정.
8) 대판 1994.9.13, 94누576. 정시운행이 요구되는 고속여객자동차운송업무의 특수성 및 공익성을 고려 필요, 정당한 이유없이 배차지시를 거부함으로써 여객운송중단사태초래 및 운송질서문란, 중대한 근로계약 위반행위, 배차지시를 받고서도 동기회모임을 이유로 1일 결근하여 예정노선 1회 결행, 2회 대리운행, 해고인정.
9) 대판 1989.3.14, 87누980.
10) 서울고판 2003.7.11, 2002누8499.
11) 대판 2009.1.15, 2008두16094. 운수회사에서 기사가 휴무를 신청하는 경우 대기기사가 대체승무를 하도록 준비되어 있어 관행적으로 구두로 배차업무를 담당하던 직원에게 휴무계획을 알리고 휴무를 한 관행을 들어 무단결근 부정. 이 밖에도 업무에 지장이 없었던 점, 노조활동과 관련된 점 등 고려.
12) 서울동부지판 1990.2.2, 88가합26100 ; 대판 1989.3.14, 87누980.

근으로 처리할 수 있으며,[1] 범법행위나 명령불복종을 이유로 징계할 수 있다.

무단결근의 원인이 '사용자가 근로수령을 부당하게 거절'한 데서 비롯되거나,[2] '사용자의 부당행위[3] · 계약위반 · 무효행위'[4]이거나, '정당한 휴직신청에 대해 사용자가 거부한 행위'[5]라면 그러한 사정을 감안하여 징계여부 · 정도를 판단하여야 한다. 건강을 이유로 한 무단결근이 정당하게 인정되려면 객관적인 해명자료를 제시하고 사전 또는 사후의 승인을 받아야 한다.[6]

㈑ **노조간부와 무단결근**

노조전임자라도 휴직 등 회사의 인사명령이 나지 않은 상태에서 출근치 않으면 무단결근이 될 수 있다.[7]

노조전임자와 사용자의 기본적근로관계가 유지되고 그 업무가 사용자의 노무관리업무와 밀접한 관련이 있어, 취업규칙적용이 전면적으로 배제되는 것이 아니므로,[8] '통상적으로 조합업무가 수행되는 노조사무실로의 출근'해야 한다는 판결[9]이 발견된다. 그러나 노조전임자를 두는 합의는 근로제공의무면제가 본질이어서 출 · 퇴근의무가 발생하지 않는다.[10]

노조전임자가 노조사무실에 출근하지 않은 것은 노동조합내부의 문제이다.[11] 전임해제발령에도 불구하고 현업에 복귀하지 않은 행위는 무단결근에 해당된다.[12] 부분전임자는 근로의무이행부분에 대해 사용자의 지시에 따라야 한다.[13]

---

1) 서울민지판 1991.4.4, 90가합52208. 노동운동으로 수배되어 취업규칙에 정한 기준일수이상을 무단결근한데 대해 동규칙에 규정된 "노조와의 합의"없이 해고.

2) 대판 1991.3.22, 90다18944 ; 대판 2000.9.5, 99두10650. '근로자가 신청하였으나 사용자로부터 배차지시를 못받은 경우'와 '관행에 따라 배차실에 휴가자로 기재한 다음 휴무한 경우'를 무단결근으로 처리.

3) 서울민지판 1991.5.23, 90가합3839. 부당제명된 노조간부가 원직복귀명령을 거부하고 무단결근한 사건.

4) 서울고판 1983.12.7, 82나303. 3년간성실근로, 부당정직항의, 8일결근, 항의에 대한 설득없는 해고 부당.

5) 대판 1997.7.22, 95다53096. 동료 등으로부터 폭행 · 협박 등이 있어 고소까지 제기된 상태에서 휴직을 신청한데 대해 사용자가 거부한 사례 ; 서울행판 2006.6.15, 2005구합40799. 임신초'라는 사정을 밝혔음에도 출퇴근이 5시간정도 소요되는 근무지로 전보되었고 이러한 이유로 휴직을 신청하였으나 받아들이지 않은 사건.

6) 대판 1992.4.24, 91다17931.

7) 대판 1997.4.25, 97다6926.

8) 대판 1993.8.24, 92다34926 ; 대판 1995.4.11, 94다58087 ; 대판 1997.3.11, 95다46715 ; 대판 2000.7.28, 2000다23297 ; 대판 2005.10.13, 2005두5093.

9) 대판 1995.4.11, 94다58087 ; 대판 1997.3.11, 95다46715. 노조전임자가 범죄후, 사전통고없이 10일간 도피, 무단결근 인정.

10) 김홍영, "노조전임자에게 출 · 퇴근에 관한 취업규칙이 적용되는지 여부", 「월간 노동법률」, 통권 제175호, ㈜중앙경제, 2005.12, 38~42쪽.

11) 서울행판 2003.11.13, 2003구합3277.

12) 서울행판 2001.10.23, 2001구1375. 서울지하철공사사건 ; 서울고판 2004.4.29, 2003누12754. 통원치료가 가능한데도 입원치료를 하면서 진단서 제출 등을 지연시킨 사례.

13) 대판 2006.6.15, 2003두5600. 50일간을 업무에 임하지 않고 3번의 복귀지시 불이행, 해고정당성.

③ 업무명령거부

㈎ 의 의

사용자의 업무지시에 대해 정당한 이유가 없이 불복하여 직장규율을 문란케 함으로써 노·사관계의 신뢰를 상실케 하는 것은 해고의 정당한 이유에 해당된다. 승무직근로자에 대한 배차지시[1]처럼 통상적업무수행명령을 정당한 이유가 없이 이행하지 않는 행위가 그러하다.

㈏ 전근거부·근무이탈

사용자의 정당한 전직·전근명령에 따르지 않는 경우에는 해고 등 징계사유가 될 수 있다. 사용자의 허락없이 근로장소를 이탈하는 행위는 업무명령거부이다. 적법한 절차나 요건을 충족하지 못한 상태에서 휴가를 사용하면 사업장이탈이 되어 해고 또는 기타 징계의 정당한 이유가 될 수 있다.[2]

㈐ 소지품검사·몸수색

소지품검사나 몸수색은 그 성질상 인권침해의 위험성이 있으므로 위법의 가능성이 높다. 다만, 취업규칙 등으로 제도화되어 있고 그 방법이나 정도가 사회통념상 합리적이라면, 거절행위는 해고사유가 된다.[3] 방법이나 정도가 사회통념상 합리성이 없거나 취업규칙 등에 규정이 없으면 이를 행할 수 없다.[4]

㈑ 안전보건 위반

사용자가 산안법에 따라 안전보건조치를 다하고 정당한 작업지시를 하였음에도, 근로자가 지시를 위반하여 중대재해를 일으켜서 기업경영에 지장을 초래한 행위는 징벌사유이다.

㈒ 시말서

반복적인 시말서제출은 해고사유가 될 수 있다.[5] 시말서제출거부행위는 징계사유이며,[6] 반복적인 거부나 중대한 비리와 관련된 시말서거부는 해고사유이다.[7] 시말서가 사건의 경위를 보고하는 데 그치지 않고 근로관계에서 발생한 사고 등에 관하여 자신의 잘못을 반성하고 사죄한다는 내용이 포함된 사죄문 또는 반성

1) 대판 1997.11.28, 97다33119.
2) 대판 1986.7.8, 85다카159.
3) 일본 최고재판소 1968.8.2 ; 노정근 1455.9-3828, 1968.8.8.
4) 버스안내양 몸수색 사례.
5) 서울행판 2006.8.29, 2005구합15219.
6) 대판 1991.12.24, 90다12991 ; 대판 1995.3.3, 94누11767. 견책피처분자의 시말서제출규정위반, 징계긍정 해고부정.
7) 대판 2006.2.24, 2005두11630. 시말서요구 3번 거부. 유인물제작, 기물파괴 등의 비리.

문을 의미하는 것이라면, 헌법(§19)이 보장하는 '양심의 자유'를 침해하는 것으로 인정될 수 있다. 따라서 해당취업규칙의 규정은 헌법에 위반되어 효력이 없고, 그에 근거한 사용자의 시말서제출명령은 정당하지 않다.[1]

(바) **연장근로 거부**

근로자가 관행상 계속 행해지는 연장근로를 거부하는 행위는 당사자합의라는 요건에 기초하여 정당하게 행사되는 권리로서 그 자체로는 징계사유가 되지 않을 수 있다.

(사) **품행 · 복장**

사용자는 헌법상 '영업의 자유'에 근거하여 고객의 신뢰획득과 만족도향상, 직원들의 책임의식고취와 근무기강확립 등 업무상의 필요가 인정되면 합리적인 범위에서 취업규칙을 통하여 소속직원들을 상대로 용모와 복장을 제한할 수도 있다. 병원, 경비 등의 제복처럼 업무상필요성이 인정되는 경우에 이를 거부하는 행위는 징계사유이다.

취업규칙의 '임직원 근무복장 및 용모규정'으로 소속직원들이 수염기르기를 전면 금지하는 것은 근로자의 일반적행동자유권을 침해하는 것으로 해석[2]된다.

(아) **고객서비스 미흡**

고객을 맞이하거나 민원서비스를 다루기 위해 당번을 정하여 점심시간에 근무케 하고 따로 휴게시간을 부여하고 있음에도 근무지시를 이행치 않거나 그렇게 하도록 선동하는 행위는 해고사유가 될 수 있다.[3] 서비스업무가 본질인 근로에 있어서는 고객과의 마찰 등은 해고사유가 될 수 있다.[4]

④ **근무태만 · 직무해태**

(가) **의 의**

근무태만 · 직무해태는 행태상사유에 해당된다. 행태상사유에 해당하는 근로자 귀책도 업무저성과문제로 귀결되어 통상해고법리의 적용을 받을 수 있다(같은장 제3절,3). 근무태만 · 직무해태가 업무저성과문제로 접근되지 않는다면 업무명령 · 질서위반의 비리로서 징계해고법리[5]를 적용받는다. 징계사유로서의 근무태만 · 직무해태

---

1) 대판 2010.1.14, 2009두6605(**한국노동법학회, 『노동판례백선』 제2판**, 144쪽). 무분별한 시말서 제출요구의 관행, 잘못된 시말서 관련 규정 내용이나 의식을 바로 잡는 계기를 마련해준 의미있는 판결).

2) 대판 2018.9.13, 2017두38560. 항공기 기장 관련 사건.

3) 서울행판 2006.9.8, 2006구합1982. 공단의 노동조합원 관련 사건.

4) 서울행판 2009.6.18, 2008구합41670. 아파트관리소장이 민원사항 불친절, 고압적 응대, 해임투표가 진행되고, 주민여론조사에서도 224세대 중 약 210세대의 주민들이 갱신거절에 찬성, 근로계약갱신거절 정당 ; 서울행판 2009.11.13, 2009구합5978. 승객을 암행감시원으로 의심 폭언, 교통사고유발위협발언, 해고정당.

는 불성실행위, 임무소홀, 지휘통솔책임미이행 등으로 나타난다.

㈏ **불성실근로**

작업을 성실하게 수행하지 않는 근로자에 대해서는 객관적합리성이 인정되는 한 취업규칙 등의 규정에 따라 적절한 징계를 할 수 있다. 불성실근로가 사람을 다치게 하거나 재산상 큰 피해를 가져올 수 있는 위험이 있으며, 업무지침이나 사용자의 지시에 반하여 이루어지면 해고의 정당한 사유가 될 수 있다.[1] 근무태만이 회사에 큰 손실을 입히거나 행정처분·공익침해 등의 결과를 가져오면 징계양정이 높아질 수 있다.[2] 불성실한 작업태도를 보이더라도 업무성질, '회사에 공헌도', '금품유용여부 및 상급자지시',[3] '객관적인 해명자료의 유무'[4] 등 구체적인 사정을 감안하여 징계양정을 정한다.[5]

㈐ **임무소홀**

합리적인 이유가 없이 담당하고 있는 업무와 배반[6]되는 행동을 하거나 필요한 조치를 취하지 않은 것이 객관적으로 인정되고, 그러한 행위가 사용자의 재산손해 또는 사업운영지장을 초래하면, 사용자는 그 근로자에 대하여 정당하게 징계[7] 또는 해고를 할 수 있다. 다만, 업무배반행위가 불가항력이거나 근로자가

---

5) 대판 2016.11.24, 2015두54759. 방호·경비업무(물품반출통제 또는 차량 검문·검색 의무 해태)관련. 현장상황과 근무여건, 반출사고를 적발하지 못한 횟수, 마지막 반출사고당시상황 등에 비추어 각자의 근무시간에 반출사고적발과 덤프트럭검문·검색을 소홀히 한 것이 고의 또는 극심한 비위로 보기 어렵고 각 직무내용, 직무태만정도가 기업질서에 미칠 영향, 과거근무태도 등을 종합해도 근로관계를 더 이상 계속할 수 없을 정도의 귀책이 있다고 보기 어려우므로, 징계면직처분은 양정과다. ↘ 883쪽

1) 대판 1977.3.22, 74다1403. 베어링 제조회사 사건. 작은 부주의도 큰 손해를 입힐 수 있는 고도의 정밀성작업에서, 중요한 임무를 맡은 근로자가 야간근무중 졸다가 적발되어 재발방지를 다짐하였음에도 다시 감독의 눈을 피해 다른 방에서 졸았다면 해고처분 정당; 서울행판 2009.6.10, 2008구합25166. 명확한 업무지침과 손실발생입증자료가 없는 파면처분은 위법.

2) 서울행판 2001.11.2, 2001구12641. 버스무단결행은 직접 운송수입금 손실과 과징금처분 등 여객자동차운수사업법에 의해 행정처분으로 이어지며 시민들에게 큰 피해를 야기, 엄격히 제재할 필요가 있어 해고 정당(근로자가 시말서 6회 제출, 무단결행 5회로 그 비위가 큰 사건).

3) 서울고판 2005.1.12, 2004누8899. 〈해고양정과다〉 행사비 및 공사비의 부당집행, 물품의 고가 구입, 계약규정 위반 등의 비리가 있더라도 금품을 유용하지 않았고, 상급자지시에 의한 점이 있음.

4) 대판 1992.4.24, 91다17931. 반복되는 근무태만, 무단결근 등 성실치 못한 근로태도가 있으면 해고가 가능하나 질병, 부상 등 객관적인 해명자료를 제시하여 사용자의 사후 또는 사전 인정을 받으면 책임 경감.

5) 대판 1991.10.25, 90다20428. 〈해고양정과다〉 16년간 성실근무자가 명절 연휴기간에 자원하여 숙직을 서다가 교대시간을 얼마 남기지 않은 상황에서 공장밖에서 음주하고 들어와 잠든 행위.

6) 대판 1968.11.5, 68다1619. 〈해고인정〉 대학의 총무과장이 학생들의 불법집회를 저지하지 못하고 주동학생에게 강당열쇠를 내준 행위; 서울행판 2003.9.4, 2003구합5143. 〈해고인정〉 경비회사의 노무관리직원이 집회참석목적을 밝힌 직원들의 연차휴가·조퇴신청을 상사지시에 반해 승인한 지시위반 및 업무소홀.

7) 서울고판 2010.9.8, 2010누5402. 〈감봉인정〉 대출에 대한 관리소홀로 손해를 발생시킨 지점장; 대판 2017.11.9, 2017두47472. 〈정직인정〉 해상교통관제센터에 설치된 CCTV의 영상자료 원본파일을 삭제한 행위는 징계사유에 해당하고, 정직3월은 재량권을 일탈·남용한 것이 아님.

최선의 노력을 다하면 그렇지 않다.[1] 업무수행과정에서 발생한 임무소홀이 징계사유가 되려면, 그 기준이 합리적이어야 한다.[2]

㈑ **지휘통솔책임**

지휘통솔책임자는 직원의 범법·부당행위에 대해, 책임의 밖에서 이루어진 점이 객관적으로 인정되지 않으면, 취업규칙 등에 따라 징계책임을 질 수 있다.[3] 구체적판단기준으로는 검사·감독권한유무,[4] 제도상한계유무,[5] '중대한 사고 여부',[6] '그 밖에 취업규칙 등의 규정내용' 등을 들 수 있다.

⑤ **직장규율문란**

㈎ **사업장 이탈**

임의로 사업장을 이탈하는 등의 직장규율문란행위는 징계사유가 되며, 업무성격이나 회사평판을 고려하여 해고사유[7]가 되나, 산안법에 따른 작업중지권행사는 그렇지 않다.[8]

㈏ **출근부부정기입**

출근부부정기입행위는 노·사간의 중요한 신뢰관계를 깬 것으로 징계사유가 됨은 물론 사용자의 주의가 있었는데도 그러한 행위를 반복하는 등 그 정도가 심한 경우에는 의뢰한 사람과 의뢰받은 사람 모두에 대하여 해고의 정당성이 인

---

1) 서울고판 2004.10.21, 2003누16398. 〈해고양정과다〉경비회사의 근로자가 불가피하게 열쇠를 내준 사건에 대해 업무공백시간이 길지 않았고, 야간근무자로 하여금 대리근무를 시켰으며, 자신도 사무실을 지키고 대기하였고, 집회참가자에게 휴대폰을 열어놓으라고 당부하는 등 만일의 사태에 대비했으며 실제로 별다른 상황이 일어나지 않았다는 점을 들어 해고는 징계양정이라고 판단.

2) 서울고판 1994.2.4, 93구10790. 〈해고양정과다〉 회사의 무리한 판매목표를 달성키 위해 현금거래준수방침을 어기면서 받은 당좌수표가 부도가 났더라도 근로관계를 계속할 수 없는 정도의 근로자귀책은 아님.

3) 대판 1989.1.17, 87다카1999 ; 대판 2002.11.26, 2002두5948. 〈해고인정〉 소속공무원에 대한 지휘·감독을 소홀히 하여 국방일보에 '피바다' 관련 기사가 게재된데 대하여, 국방홍보원장의 고용계약해지 사례.

4) 대판 1986.9.23, 86다카679. 〈해고부당〉 식품회사영업소의 판매원이 판매대금을 횡령했더라도 그 부정을 적발 또는 감시하는 것이 본사 업무과 및 영업부의 담당업무로 되어 있고 영업소장에게는 감독·사고발생의 보고책임이 없다면 지휘·통솔책임을 물을 수 없음.

5) 대판 1971.8.31, 71다1400. 〈징계부인〉 기말결산에서 계정의 금액을 맞추어 보기 전에는 결재자로서 부하직원의 부정행위를 밝혀낼 수 없다면 이를 근무태만으로 볼 수 없음.

6) 대판 1993.11.9, 93다37915.〈해고부당〉 "근로자가 중대한 사고를 일으켜 회사에 손해를 끼친 경우"라는 징계사유는 그 요건은 규정내용을 충실히 따져 판단해야 하고, "고의로 일으킨 중대한 사고"라고 규정했다면 손해가 크더라도 "고의"가 없는 근로자 ; 서울행판 2010.4.30, 2009구합29653. 〈해고양정과다〉 부하직원의 잦은 지각을 관리·감독하지 못했다는 사유로 한 해고처분.

7) 서울행판 2009.12.11, 2009구합17100. 〈해고인정〉 병원을 이탈하여 다른 병원에서 진료한 것이 1회라도, 4시간정도로 그 시간이 짧지 않고, 발생할 수 있는 응급상황에 적절히 대처하지 못할 위험이 큰 점, 두 병원이 약 5분거리에 있어 환자를 이송받아 진료행위를 할 수 있었던 점, 소속병원의사들이 다른 병원의 환자를 진료하러 다니는 등 진료에 전념하지 않는다는 평가를 받을 수 있어 명예가 실추된 점 등을 종합 고려.

8) 대판 2023.11.9, 2018다288662. 인근 공장에서 발생한 화학물질누출 사고에 따른 피해를 우려해 작업중지권을 행사한 것을 두고 무단이탈이라 하여 정직처분을 한 것은 부당.

정될 수 있다.[1] 식사대장부정기입행위에 대해 장기간 반복해서 이루어진 것을 이유로 정당한 해고사유라고 본 사례도 발견된다.[2]

㈐ **음주 · 도박 · 흡연**

직장안이나 기숙사 등에서 이루어지거나 업무수행과 관련된 음주·도박 등은 징계사유이다. 그러한 행위로 인해 기업경영에 있어 중대한 지장, 재산손해 또는 인명피해가 발생하였거나 발생할 우려가 있는 경우에는 해고사유가 될 수 있다. '고속버스운전사의 음주·도박',[3] '택시운전사의 음주권장행위',[4] '폭발물취급지역에서의 흡연',[5] '음주운전 및 무면허운전으로 형사처벌'[6] 등과 같이 업무수행 자질을 의심케 하거나 위험을 수반하는 행위를 예로 들 수 있다. 해고사유에 대하여는 비위행위가담정도, 각자의 근무에 미치는 영향, 근로자들 사이의 형평성 등을 감안해야 한다. 따라서 '업무에 지장이 없는 일시적·우발적인 행위', '업무수행과 관련이 없는 가벼운 잘못'[7] 등에 대해서는 징계양정이 감안되어야 한다.

㈑ **욕설 · 폭언 · 위협 · 협박 · 녹음**

욕설·폭언·위협·협박·녹음 등이 반복되거나 직장규율을 해칠 정도로 심한 경우[8]에는 해고사유가 될 수 있다.

전화로 폭언을 한 데 대해 협박이나 경범죄위반은 별론으로 하고 정보통신망법위반은 아니라고 함으로써 정보통신망법위반요건을 제시한 판결[9]이 발견된다.

상사와 방문자의 대화를 녹음한 행위에 대해 「통신비밀보호법」 위반(같은장, 같은절 2·라,(7),②)

---

1) 일본 최고재판소 1967.3.2. 〈해고인정〉 총무부장명의로 "출근부 부정기입 행위자 및 의뢰자 모두를 해고한다"고 지시했음에도 그러한 행위를 반복한 사례.

2) 서울행판 2009.8.14, 2009구합5503. 〈해고인정〉 13개월동안 총159회에 걸쳐 식사대장에 허위로 서명.

3) 대판 1983.11.22, 83다카1243. 〈해고인정〉 고속버스업무의 특수성, 정부의 강력한 교통안전대책, 교통사고의 빈발과 대형화 추세에 대비한 회사측의 교양·교육강화 및 상벌규정 등을 들어 운전사들이 기숙사에서 음주·도박 등으로 늦게 취침한 이상, 충실히 근무해 왔고 이튿날 무사히 운행 완료.

4) 일본 최고재판소 1978.11.30. 〈해고인정〉 사고운전사에게 음주를 권하고, 같은 택시에 동승한 자에 대해 취업규칙의 '술에 취한 채 자동차를 운전한 때'라는 규정을 유추 석용.

5) 대판 1991.8.27, 91다20418. 〈해고인정〉 화약류를 취급하는 공장의 근로자가 폭발의 위험성이 높은 장소로부터 가까이 있는 금연구역에서 흡연.

6) 서울고판 2010.9.16, 2010누10404. 〈해고인정〉 단기간에 고의로 반복하여, 징역형의 집행유예판결선고.

7) 대판 1985.3.26, 84누711. 〈해고양정과다〉 교사들이 전근 축하회에서 우연히 도박에 가담하여 술기운에 차츰 액수가 커진 사건. 교사로서의 직무집행과는 직접 관련이 없는 비위이고 단 한 번에 그침.

8) 서울행판 2001.2.2, 2000구25152. 〈해고인정〉 다른 직원들 앞에서 4차례에 걸쳐 직장상사에게 행한 욕설·폭언이 상사의 부당한 조치에 대해 항의하는 과정에서 이루어진 것이라도 정상절차를 통해 처리하려 하지 않고 감정적으로 대응 ; 대판 2011.3.24, 2010다21962. 〈해고인정〉 승진탈락에 불만을 품고 상급자를 대상으로 대표이사에게 투서하겠다고 압력을 행사하면서, 상급자들 대화를 녹음하고, 대표이사 등 15명의 상사와 동료를 고소하며, 집회금지가처분결정에 반해 주총개최를 방해하면서 질서유지인에게 상해를 입힌 사건.

9) 대판 2008.8.21, 2008도4351 ; 대판 2009.4.23, 2008도11595 ; 대판 2010.9.9. 2010도5914; 대판 2023.9.14. 2023도5814.

으로 징역형을 인정한 판결도 있다.

㈑ **직장내성희롱**(제2장 제4절,2·다)

성희롱행위는 취업규칙 등의 규정과 관계없이 징계사유가 되며, 그 행위가 일정기간에 걸쳐 반복적으로 이루어지고 우발적이지 않으며 위반정도가 크거나 고의성이 인정되면 해고사유이다.[1] 성희롱을 예방하고 감독할 지위에 있는 사람이 성희롱을 하면 징계의 정당성이 쉽게 인정[2]되거나 징계양정이 더 높아진다.[3]

⑥ 고소 · 고발과 정보침해

㈎ **개 요**

근로자는 사용자가 법령을 위반하면 사법기관에 고소·고발·진정·구제신청 등을 할 수 있다. 그러나 이러한 권리를 남용하는 것은 직장규율을 문란케 하는 행위가 된다. 근로자는 관련법령에 따라 국가기관 등에 보고·출석·자료제공 등을 할 수 있다. 사업장규정이 법령을 위반한 것이 아니라면 준수되어야 한다.

㈏ **고소 · 고발 · 진정**

㉮ **원 칙**

근로자가 근거없이 허위사실을 기재하거나 왜곡하여 대표자, 관리자, 동료 등을 수사기관 등에 고소·고발·진정하는 행위는 징계사유가 될 수 있다. 다만, 범죄에 해당한다고 의심할 만한 행위에 대해 처벌을 구하고자 고소·고발·진정 등을 하는 것은, 합리적인 근거가 있는 한, 수사기관이 불기소처분을 하였다는 이유만으로 징계사유에 해당하지 않는다. 고소·고발 등이 징계사유에 해당하는지는 고소·고발 등의 내용과 진위, 고소·고발 등에 이르게 된 경위와 목적, 횟수 등에 따라 신중하게 판단해야 한다.[4]

㉯ **권리행사**

근로자가 업무와 관련하여 의혹이나 문제점에 대해 상사에게 사실을 가려 주라고 하면서 개선을 요구하거나, 수사기관 등에 고소·고발·진정 등을 하는 것은 당연한 일이며 적법한 권리행사이다. 따라서 근로자의 권익을 위한 것으로서

---

1) 대판 2008.7.10, 2007두22498. 보험회사사건 ; 서울행판 2009.4.23, 2008구합23009. 〈해고인정〉 사업장이 대부분 여성으로 구성된 점, 성희롱피해자가 사직한 점, 내용이 심하고 횟수도 많은 점, 여성근로자가 복직을 반대한 점 등을 해고의 정당한 사유로 봄.

2) 서울행판 2011.3.25, 2010구합7055. 노무관리책임자로 입사한지 얼마 안 되어 성희롱을 한 사건.

3) 서울행판 2003.6.10, 2003구합1196.

4) 대판 2020.8.20, 2018두34480. 사용자를 수사기관 등에 고소·고발·진정한 내용에 과장되거나 왜곡된 부분이 있더라도, 대체로 사실에 기초하고 있고 단결권침해를 방지하거나 근로조건에 관한 법령을 준수하도록 할 목적이라면 정당한 활동범위에 속함.

인격비난이 없고,[1] 진정서제출의 동기와 경위가 적절하다면, 고의로 직장질서를 문란케 한 것이라고 볼 수 없다.

㉰ 권리남용

상습적인 진정을 근거없이 남발하여 직장화합을 해친다거나 뚜렷한 자료도 없이 사용자를 고소·고발한다면 징계사유가 될 수 있다.[2] 객관적인 사실관계에 기초하여 허위가능성을 인식하면서 행한 주장까지 용인되지는 않는다.[3] 명백히 사실과 다르거나[4] 뚜렷한 자료가 없거나,[5] 명확한 근거나 확신이 없는 상태이거나,[6] 인사권행사 또는 고도의 경영정책적인 판단인 경우에는 징계사유가 될 수 있다.[7] 노사합의·본인묵인이 있었던 사안[8]에 대해, 비록 행정지도·절차 등에 위반하는 경우일지라도, 회사내부에서 해결하려는 노력이 없이 사용자를 고소·고발하거나 진정서를 제출하는 행위도 그렇다. 다만, 이러한 행위가 해고에까지 해당되려면, 빈도·내용 등이 고용관계를 유지하기 어려운 수준이어야 한다. 고소·고발내용의 사실여부, 인격비난여부, 근로자권익관련성 등이 징계양정을 정하는 요인이 된다.[9]

㈐ **정보침해**

㉮ 자료도용

직원들의 이메일계정에 불법으로 접속하고 그곳에 저장되어 있던 문서파일을 무단으로 열람하고 다운로드하는 행위는 해고사유가 될 수 있다.[10]

임의로 다른 근로자의 컴퓨터에 접근하여 필요한 정보를 동의없이 자신의 컴퓨터로 변환하여 저장하려고 한 전산책임자의 행위,[11] 업무목적외의 개인정보열람,[12] 자료도용 등은 해고사유에 해당한다.

---

1) 서울행판 2001.10.25, 2001구10355.
2) 대판 1995.3.3, 94누11767 ; 서울고판 2004.10.1, 2004나4330.
3) 대판 2000.7.4, 2000도1908.
4) 서울행판 2003.9.30, 2003구합8494. 사납금을 인상함에 있어 노조와 합의하였음에도 불구하고 사용자가 일방적으로 근로자의 궁박을 이용하였다고 고발한 사건.
5) 대판 1995.3.3, 94누11767.
6) 서울행판 2003.11.6, 2003구합12578. 임금산정방식의 잘못을 이유로 문제를 제기한 사건.
7) 서울행판 2001.2.2, 2000구14466. 〈정당해고〉. 제3자에 대한 정당한 인사권 행사 또는 고도의 경영정책적 판단사항임에도 구체적 근거 없이 대기발령의 부당성을 지적하는 수준을 넘어서서 노동부 등에 탄원.
8) 서울행판 2001.2.9, 2000구18451. 운송수입전액관리제 사건.
9) 서울행판 2001.10.25, 2001구10355. 운수회사사건. 이 3가지를 들어 부당해고로 판정.
10) 대판 2016.9.15, 2015다24409.
11) 서울행판 2009.11.5, 2008구합22396.
12) 대판 1994.12.23, 93누23275. 〈징계요건〉 사업활동에 직접 관련, 기업의 사회적평가 훼손우려가 있을 때.

㉯ 자료제공 · 유출

사업장내부정보를 정당한 권한이 없는 상태에서 외부로 유출하면 해고사유가 될 수 있다.[1] 자료유출대상이 국가기관 등이더라도, 업무절차를 준수하지 않고 장기간 지속하여 사업장자료를 무단으로 제공하는 행위는 해고사유이다.[2]

㈑ **내부사정 공표**

㉮ 근로자 의무

근로자는 사용자이익을 배려해야 할 근로계약상의 성실의무를 지고 있다. 따라서 직장내부사실을 외부에 공표하여 사용자의 비밀, 명예, 신용 등을 훼손하는 것은 징계사유가 된다. 이때 징계의 정당성은 공표된 내용과 그 진위, 그 행위에 이르게 된 경위와 목적, 공표방법 등을 고려하여 판단한다.[3]

㉯ 권리남용

노사협의회, 감독기관, 고충처리위원회 등 제도적인 개선방법을 거치지 않고 바로 언론 등에 회사의 잘못을 공표하면 징계사유가 될 수 있다.[4] 공표내용이 진실한 것이거나 상당한 근거가 있다면, 해고는 양정과다로 부당해질 수 있다. 공공사업은 우선적으로 법령을 지켜야 하고, 더 강한 내·외부의 감시나 견제가 요구되므로 근로자의 외부공표권이 상대적으로 쉽게 인정될 수 있다.[5]

⑦ **명예훼손**

㈎ **원 칙**

명예훼손은 범법행위에 한정되지 않으며 회사존립과 사업운영에 있어 법률상으로 보호받아야 할 사회적평가를 현저히 해치면 성립한다.

명예훼손행위가 공공의 이해에 관한 사항으로서 그 목적이 공공의 이익을 위한 것인 때에는 진실한 사실이라는 증명이 있거나,[6] 그 증명이 없더라도 '행위자가 진실이라고 믿을만한 상당한 이유가 있으면'[7] 위법성이 없다.[8] 징계여부

1) 서울행판 2012.3.8, 2011구합26855. 〈정당해고〉 뉴스시스템 관리담당자 관련. 보도국장 등 간부들만 열람할 수 있는 내부정보를 외부에 유출하고, 동료였던 외부인에게 1년4개월동안 수시로 뉴스시스템에 접속할 수 있도록 ID와 비밀번호까지 알려주고, 감사과정에서 관련된 증거를 은폐하고 정당한 자료제출 요구에 불응.

2) 서울행판 2012.3.23, 2011구합37787.

3) 대판 1999.9.3, 97누2528. 고도의 공공성을 갖는 공법인은 업무수행에 있어 법령 및 제규정을 준수할 것이 요구되고, 위법행위가 내·외부로부터 감시·견제될 필요가 있으므로, 사기업과 동일하게 평가될 수 없다. 다만, 사업수행을 위하여 규율과 질서를 유지할 필요가 있으므로, 공익성에는 영향을 미치지 않는 사항으로서 주로 사익적인 목적이나 동기에서 행하여진 공표행위는 허용되지 않는다.

4) 서울행판 2005.1.27, 2004구합15147.

5) 대판 1999.12.21, 98두7787 ; 대판 1995.3.3, 97누11767.

6) 대판 2021.8.26, 2021도6416. 〈부정. 원심파기〉 징계절차에 회부된 사실을 회사 게시판에 게시한 행위.

7) 대판 2015.7.9, 2014다76434.

와 정도는 업무관련성, 빈도 등으로 판단되며 '징계에 따른 근로자의 불이익'과 '회사에 대한 명예훼손의 정도'가 균형을 이루는지에 따라 판단된다.

㈏ 비 방

'사람을 비방할 목적'(정보통신망법,§70)이란 가해의 의사와 목적을 필요로 하며 드러낸 사실의 내용·성질, 사실공표가 이루어진 상대방의 범위, 표현방법 등을 감안함과 동시에 훼손되는 명예의 침해정도 등을 비교·형량하여 판단되어야 한다. 드러낸 사실이 '공공이익'[1]에 관한 것인 경우에는 특별한 사정이 없는 한 비방목적이 부정될 수 있다.[2] '사실과 다르거나 과장된 내용으로 공개석상에서 회사를 비방한 행위',[3] '개인적분쟁에 따른 인사조치를 노조탄압이라고 외부단체에 왜곡·진정하는 행위',[4] 'TV프로그램에 출연하여 수은중독환자에 대해 회사조치와 다른 내용을 진술하고 결탁·위협·협박 등의 과장된 표현으로 회사를 비난한 행위',[5] '노조대회에서 회사와 노조상부단체의 사이에 부정한 금전관계가 있다고 한 허위발언',[6] '개인목적으로 행한 상급자 뒷조사',[7] '회사홈페이지에 상당기간 경영진을 비방하는 글을 올리고 중단명령에 응하지 않는 행위,'[8] 등에 대해 해고를 인정하고 있다. '회사와 직접 관련이 없으면서 잘못의 정도가 약한 경우', '객관적사실의 내용증명'[9] 등에 대해서는 해고의 정당성이 부인될 수 있다.[10]

---

8) 적시된 사실의 내용, 진실이라고 믿게 된 근거나 자료의 확실성과 신빙성, 사실확인의 용이성, 피해자의 피해정도 등 여러사정을 종합하여, 행위자가 적시내용의 진위여부를 확인하기 위해 적절하고 충분한 조사를 다하였는지, 그 진실성이 객관적이고도 합리적인 자료나 근거에 의하여 뒷받침되는지를 참작하여 판단한다. ↘ 889쪽

1) 객관적으로 공공이익내용을 주관적으로 공공이익을 위하여 드러낸 행위여야 한다. 국가·사회의 일반다수인의 이익뿐아니라 특정사회집단·구성원전체의 관심·이익도 포함되며 명예훼손피해자가 공인인지, 객관적으로 공공성·사회성을 갖춘 공적관심사안으로 여론형성·공개토론에 기여하는 것인지 아니면 순수한 사적영역에 속하는 것인지, 피해자가 명예훼손적표현의 위험을 자초한 것인지, 훼손되는 명예의 성격과 침해정도, 표현방법·동기 등을 고려해 판단된다. 주요한 동기와 목적이 공공의 이익을 위한 것이라면 부수적으로 다른 사익적 목적이나 동기가 포함되어 있더라도 비방할 목적이 부정된다.

2) 대판 2022.1.23, 2017도19516. 〈명예훼손 부정〉. 직장내성희롱피해자가 퇴사하면서, 피해내용을 회사원들에게 이메일로 보낸 행위.

3) 대판 1995.3.3, 94누11767 ; 이 기준은 사용자에게도 적용. 회사가 '근로자들의 연봉이 5천만원이 넘는데도 노조가 파업을 유도한다'고 언론에 밝힌 데 대해, 사실과 다르다는 이유로 노조에 대한 명예훼손을 인정하고 사용자로 하여금 노동조합에게 위자료를 지불케 한 사례(서울고판 2005.10.18, 2004나84063)가 있음.

4) 서울민지판 1991.1.31, 90가합23354.

5) 도쿄지방재판소 1974.7.30.

6) 나고야지방재판소 1974.12.11.

7) 서울행판 2003.6.10, 2003구합1196.

8) 서울행판 2006.9.8, 2006구합1982. 8차례에 걸쳐 비방의 글을 올린 공단의 노동조합원 관련 사건.

9) 서울행판 2011.3.25, 2010구합27561. 예비군지휘관을 정규직으로 전환하도록 협조해 달라는 부대장의 공문을 내용증명으로 보낸 사건.

10) 서울행판 2003.6.3, 2003구합41876. 술김에 회사동료를 모욕하여 약식기소된 후에 가벼운 형사처벌을 받은 이유로 해고된 사건. 비위정도가 약하고 근로관계유지가 어려운 정도로 볼 수 없어 재량권 남용.

'어용', '앞잡이' 등으로 표현한 현수막·피켓 등을 오랫동안 큰 길가 등에 게시한 행위를 모욕행위로 보고 사회상규에 어긋난다는 이유로 유죄를 선고한 판결[1]과, 정당하게 행해진 해고에 대한 지나친 비방이 명예훼손죄에 해당될 수 있다고 본 판결[2]이 발견된다.

㈐ **파산·민사**

근로자가 당사자로서 또는 보증인으로서 민사책임을 지거나 민사관계법에 의해 회사가 제3채무자가 되어 채권압류 등이 행해지는 경우[3] 등은, 그 자체만으로 회사명예실추로 보기 어려우며 징계사유가 되지 않는 것이 원칙이다. 누구든지 회생·파산절차중이라는 이유로 정당한 사유없이 취업제한, 해고 등 불이익한 처우를 받지 않는다(회생법 §32의2).[4] 다만, 임금채권압류금액이 크며, 근로자의 채권자가 수시로 회사를 찾아오거나 문의를 함으로써 정상적인 근로를 저해할 정도에 이르고, 근로자가 이에 대해 납득할만한 해명을 하지 못하면 징계대상이 될 수 있다. 직무와 관련된 사람으로부터 금전을 차용한 행위가 징계사유에 해당하더라도 여러 사정을 종합하여 징계양정을 정해야 한다.[5]

㈑ **직업윤리**

부동산투기행위 등과 같이 사생활비행에 해당하더라도 공공성을 추구하는 기업평판을 훼손할 우려가 있으면 해고·징계사유가 될 수도 있다.[6]
직업윤리에 반하는 행위는 징계사유가 된다.[7]

⑧ 집회·유인물

㈎ **집회참가**

근로자가 근로관계와 관련이 없는 집회에 참가해도 언론자유가 보장되므로 이

---

1) 대판 2021.9.9, 2016도88.
2) 대판 2019.4.25, 2019도1162. 〈명예훼손 인정〉 노동위와 하급심에서 정당하다고 인정된 해고에 대해 근로자가 회사대표 등이 부당해고를 했다고 비방하는 내용의 현수막을 게시한 행위.
3) 서울민지판 1984.4.12, 83가합6546. 업무와 관련하여 사용자가 근로자의 채권자에 대해 제3채무자가 되는 것은 민소법상 당연.
4) 서울지판 2006.7.14, 2006가합17954. 회생법시행(2004.6) 전에 파산선고를 받은 자에 대해 같이 해석.
5) 서울행판 2013.5.14, 2012구합41547. 등록금마련을 위한 급박한 사정, 직무와 관련한 부당압력이나 부정청탁으로 볼 만한 자료가 없는 점, 바로 차용금 일부를 변제한데 이어 나머지 차용금도 모두 변제한 점 등을 종합하여 볼 때, 과거의 징계전력을 고려하더라도 사회통념상 고용관계를 계속할 수 없을 정도로 보기 어려움.
6) 대판 1994.12.13, 93누23275. 서민의 주거생활과 복지향상에 이바지할 목적으로 지방공기업법에 의해 지자체가 전액을 출자해 설립된 공사의 직원이 행한 부동산투기는 인사규정상 "공익저해 중대행위"에 해당.
7) 서울행판 2009.7.10, 2009구합6964. 〈해고인정〉 딸에게 타인이 작사한 곡의 저작권을 이전받도록 하고 협회회원으로 가입시킨 후, 저작권료를 부당하게 지급받도록 한 사실은 계획적비위행위로서 저작권료 배분업무가 조사 없이 이뤄지는 관행을 감안해도 부당.

를 이유로 징계할 수 없는 것이 원칙이다. 그러나 회사의 허가가 없이 근로시간을 이용하거나 형벌법규위반행위로 유죄판결을 받은 것[1]처럼 업무명령위반, 근로제공의무미이행, 노동력배치곤란 등을 초래하면 징계·해고가 가능하다.

㈏ 유인물배포

유인물배포행위의 정당성은 허가여부만이 아니고 내용, 배포방법 등 제반사정을 고려하여 판단한다. 예컨대 휴게시간중에 유인물을 배포하면 다른 근로자에게 나쁜 영향을 미치거나, 휴게시간의 자유로운 이용을 방해하거나, 직장질서를 문란하게 하는 것이 아니면 허가를 얻지 않은 이유만으로 징계사유가 되지 않는다.[2] 유인물이 허위사실[3]이나 회사를 비방하는 내용을 담고 있으면 징계사유가 된다.[4] 유인물내용이 전체적으로 보아 진실되고 허위사실이나 과장정도가 적을 뿐아니라, 배포목적이 타인의 권리나 이익을 침해하려는 것이 아니고 근로자복지를 위한 것이면 징계의 정당성이 부인되거나 징계양정이 과도한 것으로 판단될 수 있다.[5] 유인물배포는 내용뿐아니라 수단, 장소[6] 등 방법에 있어서도 정당성이 있어야 한다. 유인물배포행위의 정당성은 유인물매수, 배포시기·대상, 배포방법·시설관리권침해여부,[7] 업무에의 영향 등을 기준으로 판단한다.[8] 배포방법의 정당성은 취업규칙 등의 표현에 따라 판단한다.[9]

⑨ 성실의무위반

㈎ 원 칙

신의칙상의 성실의무를 이행하지 않는 것이 노사관계에 있어 신뢰를 크게 해친 것으로 인정될 때에는 징계의 정당한 사유가 될 수 있다.

---

1) 대판 1993.2.29, 92다22206.
2) 대판 1991.11.12, 91누4164.
3) 대판 1996.9.10, 95누16738. 〈해고인정〉 임금인상 잠정합의가 적법하게 이루어졌음에도 노조관계자와 야합하여 위법하게 합의되었다는 허위의 유인물 배포 사례 ; 서울행판 2003.9.26, 2003구합4669. 해고인정. 사회복지법인사건. '곰팡이가 낀 빵을 씻어 먹이고, 친인척 잘못으로 환자가 죽었는데 시말서만 받았다'는 등의 사실 유포.
4) 대판 1992.6.23, 92누4253. 시설관리권을 침해하고 직장질서를 문란케 할 구체적인 위험성 지적.
5) 대판 1997.12.23, 96누11778 ; 서울행판 2003.5.2, 2002구합39453.
6) 대판 1991.4.12, 90다8084. 회사정문 앞에서 출근자들을 상대로 구호를 외치고 유인물을 배포한 행위. 취업규칙 등이 "회사 허가없이 사내에서 집회, 연설 또는 유인물을 배포하였을 때"를 징계사유로 규정하고 있는 경우, 질서유지목적에 비추어 볼 때 사내에서의 행위인지의 여부는 장소적인 면만으로 판단할 것이 아니라 회사의 노무지휘권이 미치는 범위인지에 따라 판단 필요.
7) 대판 1992.6.23, 92누4253. 유인물을 공식적으로 전달하지 않고 몰래 뿌린다거나 시설관리권을 침해하고 직장질서를 문란시킬 구체적 위험성이 있는 행위는, 그 시기가 노조대의원선거운동기간이더라도 부당.
8) 대판 1997.12.23, 96누11778 ; 서울행판 2003.5.2, 2992구합39453.
9) 대판 1993.10.12, 93다1957. 배포·게시 금지만 단협에 규정했다면 소지, 운반, 작성 등 준비행위 미포함.

㈏ 비밀누설

영업비밀(제3장, 제1절 5·가, (1), ②, ㈏)을 누설하는 행위는 징계사유이다. '노동조합의 지위향상을 목적으로 업무수행중에 알게 된 회사기밀을 누설한 행위'[1] 및 '전신전화공사 직원이 업무상 청취한 통화내용을 누설한 행위'[2]를 해고사유로 인정한 예가 있다. 관계법에 따라서 또는 행정관청, 노동위원회, 법원 등의 지시에 의해 자료를 제출한 것은 그 동기를 회사가 제공한 것이므로 비밀누설로 볼 수 없다.[3]

(2) 범법행위

① 개 요

기업과 근로자의 관계는 노동력처분을 매개로 하여 맺어지는 관계이지, 순수하게 인격적인 결합관계는 아니다. 즉, 사용자는 근로계약상 노동력의 처분권자로서의 지휘·명령권을 가질 뿐이다. 근로자도 기업밖 또는 근로시간외에는 시민으로서 사생활자유를 누릴 수 있다. 따라서 사회적으로 비난받고 범법행위를 하더라도 사용자가 근로자에 대해 책임을 추궁할 수 없는 것이 원칙이다. 다만, 그러한 행위가 근로제공을 불가능케 하는 행위, 노동력평가와 관계있는 행위,[4] 기업존속을 직접적으로 손상케 하는 행위, 노동력배치 등 작업질서에 직접적인 영향을 미치는 행위,[5] 회사의 명예·신용을 실추시키거나 거래관계에 나쁜 영향을 미친 행위[6] 등과 같이 업무관련성이 있는 행위라면 사용자는 징계권을 행사할 수 있다.[7] 이러한 행위가 기업밖 또는 취업시간외에 이루어지더라도 같이 해석된다.[8] 범법행위로는 사법기관의 판결이나 소추외에 폭행, 횡령, 교통사고, 풍기문란, 사회질서위반 등을 예로 들 수 있다.

② 유죄판결과 혐의해고

㈎ 유죄판결

㉮ 의 의

범죄행위에 대한 법적조치 예컨대 '금고이상의 형을 받은 경우' 등을 취업규칙

---

1) 도쿄고등재판소 1980.2.18.
2) 오사카고등재판소 1967.12.25.
3) 서울행판 2001.10.19, 2001구20017. 지노위에 자신의 영업실적이 부진하지 않다는 입증서류를 제출해서 복직한데 대해, 회사가 관련서류제출이 기밀서류유출이라고 주장.
4) 〈예〉 은행원이 절도죄를 범한 경우처럼 업무수행 상 기대되는 근로의 질에 관계있는 행위.
5) 〈예〉 동료 직원과의 정교관계나 그 밖의 반도덕적행위.
6) 근기 01254-1182, 1987.1.26.
7) 대판 2016.10.13, 2016두44834.
8) 권혁재, "판례를 통하여 본 해고사례", 「근로관계 소송상의 제문제(상)」, 법원행정처, 1987, 289쪽 ; 서울행판 2001.2.16, 2000구28939.

등에 해고 또는 당연면직사유로 규정하는 경우는 흔히 발견되며, 판례도 그 정당성을 인정하고 있다.[1]

㉯ 정당성의 근거

유죄판결을 정당한 해고사유로 인정하는 이유는 근로제공의무를 이행할 수 없는 상태가 장기화되어 근로계약목적이 달성될 수 없게 되거나, 회사의 명예·신용이 크게 실추되거나, 거래관계에 나쁜 영향을 끼치거나, 사용자와 근로자의 신뢰관계가 상실됨으로써 근로관계유지가 기대될 수 없기 때문이다.[2]

㉰ 규정형식과 정당성

해고사유가 되는 유죄판결의 범위·시기 등은 취업규칙 등의 정함에 따른다.

(a) 유죄확정판결

유죄확정을 해고요건으로 규정하면 항소심진행중에는 그 요건을 갖추지 못한 것으로 해석된다.[3] 유죄판결이라고만 규정된 단순한 표현은, 취업규칙 등이 미확정유죄판결도 해고사유로 삼고 있음이 분명한 경우를 제외하고는, 유죄의 확정판결을 받은 사람만을 의미하는 것으로 해석되어야 한다.[4]

(b) 하급심 유죄판결

'1심에서의 유죄판결'을 해고요건으로 하면 유죄판결이 확정되지 않더라도 해고할 수 있다. 이 때 '상급심에서 무죄판결을 받으면 복직한다'라는 단서가 있더라도 1심판결결과에 따른 해고는 효력이 있으나[5] 상급심의 무죄판결이 있으면 해당근로자를 복직시켜야 한다. 상급심과의 관계에 대해 특별한 규정을 두지 않은 상태에서 하급심에서 유죄판결을 받은 후에, 최종심에서 증거부족으로 파기환송처분을 받으면 비록 사용자에게 증거판단을 그르친 중대한 흠이 있더라도 해당징계가 취소대상은 될지언정 당연무효는 아니다.[6]

(c) 유죄판결을 받은 때

'유죄판결을 받은 때'라는 규정을 '실형을 받을 때'로 제한하여 해석할 이유는 없다.[7] 집행유예나 선고유예도 유죄의 범위에 포함된다.[8] 취업규칙 등에 '유죄

---

1) 대판 1993.5.11, 92다20712 ; 대판 1997.7.25, 97다7066 ; 대판 1997.9.26, 97누1600 ; 대판 1999.9.3, 98두18848.

2) 대판 1997.7.25, 97다7066 ; 대판 1997.9.26, 97누1600.

3) 인천지판 1990.6.14, 88가합10165. 판결이 추후에 확정되더라도 항소심진행중의 해고는 무효.

4) 대판 1997.7.25, 97다7066. 동일한 징계사유에 관하여 취업규칙은 단협에 저촉될 수 없으므로 취업규칙에 형의 선고를 받았을 때와 형사상 소추를 받은 사람을 해고사유로 규정하고 있어도 이를 근거로 단협상의 유죄판결을 미확정유죄판결도 포함하는 것으로 해석할 수는 없음.

5) 대판 1993.2.29, 92다22206.

6) 대판 1992.5.22, 91누12196 ; 대판 2003.6.13, 2003두1042.

판결을 받을 때'라고만 정하면 관례·관행 등에 따르는 것이 타당하나 관행도 없다면 취업규칙 등이 유죄판결을 해고사유에 포함시킨 이유에 따라 달라진다.

먼저, '근로를 제공할 수 없으므로'라는 표현이 있거나, 유죄의 판결범위에 실형만을 포함시키는 등 유죄판결을 해고사유로 규정한 이유가 주로 근로제공을 할 수 없다는 데에 있다면 1심판결이 유죄판결시기가 된다.[1]

다음으로, 유죄판결을 해고사유로 삼은 이유가 근로미제공이 아니고 범죄사실 자체 때문이라면 '형사피고인이 유죄판결이 확정될 때까지 무죄로 추정된다'는 무죄추정원칙에 따라 '유죄판결이 확정될 때'를 '유죄판결을 받은 때'로 보아야 한다. 이 때 확정전까지는 휴직처리가 가능하다. 유죄판결에 이르게 된 행위가 기업질서를 문란케 하는 등 근로관계를 유지하기 어려운 것이면 확정판결과 관계없이 직장규율문란 등 다른 징계사유를 들어 적절한 징계를 할 수 있다.

㉣ 범죄의 성격과 정당성

가벼운 벌에 대해서는 유죄판결이라는 사실보다는 '그러한 죄의 구체적인 내용을 고려할 때에, 근로관계를 계속 유지하는 것이 어렵다'고 인정될 정도인지에 따라 해고의 정당성여부가 판단된다. 짧은 기간의 구류처분을 이유로 해고되지 않으며, 구류처분을 받은 범죄사실의 내용을 기준으로 해고사유가 판단된다.[2]

㉤ 고용관계 지속 가능성

집행유예처럼 근로제공이 가능한 유죄판결에 대해서는 사회통념상 고용관계를 지속시킬 수 없을 정도로 근로자에게 책임있는 사유가 있어야 당연퇴직 또는 해고사유에 해당된다(제10장 제4절,3·라).[3] 「특정경제범죄 가중처벌 등에 관한 법률」에 따라 집행유예를 포함하여 유죄판결을 받은 사람은 그 범죄행위와 밀접한 관련이 있는 기업체에 취업할 수 없다.[4]

---

7) 대판 1994.1.25, 93다39270.

8) 헌재 2002.8.29, 2001헌마788. 금고 이상의 형의 선고유예를 받은 공무원의 당연퇴직을 규정한 「지방공무원법」 제61조 및 제31조제5호는 기본권을 과도하게 제한한 것으로 위헌. ↘ 894쪽

1) 대판 1992.11.13, 92누6082 ; 대판 1993.5.11, 92다20712.

2) 대판 1957.12.9, 4290민상495. 10일의 구류선고를 받은 사건.

3) 서울고판 2009.6.25, 2008누29801(대판 2009.9.24, 2009두12693. 심리불속행 기각) 〈당연퇴직 부정〉 ; 서울고판 2011.9.29, 2008누37826. 〈직권면직 인정〉 노조사무국장으로 활동하면서 약 5개월동안 지속적으로 위법한 쟁의행위를 주도하여 업무방해죄로 집행유예확정판결(징역4월 집행유예2년)은 장기간의 위법한 쟁의행위로 회사가 명예와 신용에 심각한 훼손을 입고 거래관계에서도 악영향을 받았을 것이라는 것은 경험칙상 분명하고 계속 근무하면, 직장내질서를 원만하게 유지할 수 없음 ; 서울고판 2008.11.27, 2008누19330(대판 2009.4.23, 2008두23948. 심리불속행 기각). 〈당연퇴직 인정〉 맥주병으로 머리를 친 폭력행위, 동료노조원이 총파업철회성명서를 발표했던 것에 대하여 좋지 않은 감정을 가지고 욕설을 하는 등 시비를 유발하고, 먼저 폭행, 공기업직원은 사기업보다 더 높은 도덕성이 요구되며 공사의 명예·신용과 관계됨.

4) 대판 2022.10.27, 2022두44354.

㉳ 외국법원의 판결

해외에서 계류된 소송에 대해 외국법원의 확정판결이 있는 경우, 형사범이라면 사실관계에 따라 해고사유가 될 수 있으나 민사범의 경우라면 그 판결이 민소법 제217조에 따라 확정판결로서의 일정한 조건을 구비하여야 한다.[1)]

㉴ 유죄판결과 '다른 징계사유'의 경합

같은 비리에 대해 유죄판결이 아닌 다른 징계사유를 적용하여 징계를 할 수 있다. 비위행위가 유죄에 이르지는 않더라도 근로관계를 유지하지 못할 정도라면 그 자체로 해고사유가 될 수 있다. 재판중에 이러한 징계가 이루어져도 무죄추정원칙에 관한 헌법 제27조제4항이나 형소법 제275조의2에 저촉되지 않으며 무죄입증기회를 박탈한 것으로 보지 않는다.[2)] 업무상횡령 등 비위사건에 대해 일부변상을 하는 등 사후처리를 해도 비위사실이 사회통념상 근로계약을 존속시킬 수 없는 정도라면 해고가 가능하다.[3)]

㉵ 유죄판결과 당연퇴직규정(같은장, 제3절 4·나, (2), ①)

㈏ 혐의해고

㉮ 의 의

범법사실에 대해 사법적으로 확인되지 않고, 수사나 재판의 과정에서 혐의를 받고 있는 사실만으로 근로관계를 종료하는 혐의해고는 해고자보호원칙과 계약자유원칙의 합리적인 조화라는 큰 틀에서 판단되어야 한다.[4)]

㉯ 판례의 태도

혐의해고에 대한 부정적견해를 피력하는 판결이 발견된다. 형사소추때문에 생산활동에 지장을 가져 왔으며 회사명예가 실추되어도, 이는 형사사법권의 발동에 따른 반사적결과로서 해고사유가 될 수 없으며,[5)] 휴직 등으로 처리하는 것이 타당하다[6)]는 것이다. 다만, 이러한 견해는 법리상 이론의 여지가 있다.

㉰ 독일의 혐의해고 법리

혐의해고법리는 독일에서 '해고사유의 적격성', '정당성에 대한 사법적인 판단시점'과 '무혐의가 확정된 해고대상자의 보호'를 중심으로 형성되고 있다. 독일의

1) 근기 68207-313, 1994.2.17.
2) 대판 1986.6.10, 85누407 ; 대판 2003.6.13, 2003두1042.
3) 대판 2000.2.22, 99두6934.
4) 권혁, "범죄 혐의를 이유로 한 해고의 정당성 -독일에서의 논의를 중심으로-", 「노동법학」 제44호, 한국노동법학회, 2012.12, 71쪽.
5) 대판 1991.5.14, 91다2663.
6) 대판 2005.2.18, 2004다63029.

연방노동법원은 고도의 범법행위혐의에 대해 해고사유의 정당성을 일관되게 인정하고 있다. 범법혐의만으로도 당사자간의 신뢰가 훼손되어 근로계약관계를 인정하는 것을 기대하기 어렵다는 것이 논리적배경이다. 혐의가 객관적사실성을 갖추지 않았다고 해서 근로계약관계를 지속하도록 하는 것은 계약자유의 본질을 침해하기 때문이다. 독일도 해고의 정당성을 판단하는 시점은 해고의 의사표시가 도달한 시점으로 본다. 혐의해고를 해고사유로 인정하더라도 직장보장의 필요성이 요청되기 때문에,[1] 해석에 있어서는 엄격성이 요구된다. 구체적으로는 혐의사실이 고도의 개연성을 가져야 하고, 사법적판단에 이를 때까지 해고통지를 유예하는 것이 사실상 어려운 경우여야 한다. 이를 감안할 때에 혐의해고보장시점은 가능하면 뒤로 연기될 것이 요청된다. 이러한 요청에 따라 독일에서는 혐의해고에 대한 정당성판단시점에 대해 해지기간도과시점설과 사실심최후변론시점설이 제시되고 있는데 후자가 독일연방노동법원의 지지를 받고 있다.

사법적으로 혐의해고의 정당성을 인정받은 후, 무혐의나 무죄로 판명되면 해고의 유효성판단과 직장보장의 필요성이 상충된다. 혐의해고유효설은 해고의 정당성이 인정되는 한 법적안정성이 존중되어야 하며 무혐의사실은 법윤리적 또는 법감정적인 차원에서 고려될지언정 법적인 고려대상이 아니라고 본다. 혐의해고무효설은 해고의 정당성을 사후적으로 소급해서 무효로 본다. 독일 법원은 전자의 견해를 취하면서 해당근로자에게 재고용청구권을 인정하고 있다.[2]

③ **폭 행**

복무질서를 교란시키거나, 동료사원간의 융화단결을 해치거나, 회사의 명예와 신용을 해친 행위로 인정된다면 폭행자를 징계처분할 수 있으며 그러한 폭행은 해고의 정당한 사유가 될 수 있다.[3] 폭행이 회사의 복무질서를 파괴한 것으로 인정된다면 화해가 이루어져도 해고사유가 될 수 있다.[4] 폭행을 이유로 징계를 함에 있어 동기·경위,[5] '폭행의 대상·정도',[6] '업무의 자질·능력을 부인할 정

1) 유성재, "독일 노동법상의 혐의해고", 「노동법논총」 제20집, 한국비교노동법학회, 2010.12, 12쪽.

2) '권혁, 앞의 논문, 83~88쪽 참조', 한국의 근기법이 규정하고 있는 우선재고용제도가 반드시 경영해고에 국한된 것으로 해석할 필요가 없음.

3) 서울고판 1986.4.4, 85나3265. 〈해고인정〉 상명하복관계에 있지 않은 여직원이 심부름을 즉시 하지 않는다고 행한 폭행사건. 진단서가 위조되었더라도 그 여직원이 수치심과 모욕감을 못 이겨 사직. 폭행동기가 자신의 보직변경.

4) 도쿄지방재판소 1961.11.14.

5) 대판 1992.2.11, 91다25109. 〈해고부당〉상사가 먼저 근로자를 폭행한 점과 해당근로자는 약 4주간, 상사는 약 10일간의 상해를 입은 점 및 그 후의 수습과정 등에 비추어 징계권을 남용한 것이어서 무효.

6) 대판 1992.3.13, 91다39559. 〈해고인정〉 자기보다 16세나 연상이고 근무경력이 10년이나 많은 노조위원장의

도인지[11] 등을 감안하여 징계양정이 적정수준을 넘지 않아야 한다. 업무성격, 회사성격[2] 등을 종합적으로 고려할 때에 회사밖에서 이루어진 폭행이라도 회사의 품위를 손상하고 신용을 실추시킨 행위라고 인정되면 해고사유가 될 수 있다.

④ **횡령 · 배임 · 뇌물수령 · 공금유용**

업무와 관련하여 회사재산을 가로채거나, 뇌물 · 사례금을 받거나, 공사대금허위기재[3] 등을 통해 부당이득을 취하면 업무성격 · 업무관련정도 · 부당이득성격 등을 고려하여 해고사유가 될 수 있다.

운수업의 요금횡령행위[4]는 횟수 · 금액 · 규모가 어떠하든 신뢰에 치명적인 손상을 주므로 해고사유가 된다.[5] 금융업무[6]나 카지노영업[7]에 대해서도 비슷한 예가 발견된다. 부양가족을 부정하게 신고하여 원천징수회피 등 경제이득을 얻는 행위도 횡령에 해당다.[8] 횡령, 뇌물수령 등에 따른 돈의 일부를 회사를 위해 사용하거나 배상해도 징계책임이 해소되지 않는다.[9] 뇌물수령의 청탁이 없었다거나 명목이 식사대금 · 전별금 등이라는 이유로 고의성이 부인되지 않는다.[10]

⑤ **교통사고**

㈎ **무거운 사고**

운전직근로자가 중대한 과실 또는 고의로 일으킨 교통사고는 징계사유에 해당되며, 인명 또는 재산상의 피해[11]로 그 규모가 크거나 반복되면 해고사유에 해

얼굴을 때리는 등 폭행을 가하여 약 3주간의 치료를 요하는 상해를 입히고 형사처벌까지 받은 사건 ; 대판 1992.5.22, 91누5884. 〈면직부당〉 직원들과 술집에서 단합대회를 하다가 술기운에 상사의 멱살을 잡아당기다가 옷이 찢어지게 하는 등의 폭행을 가한 근로자에 대한 면직처분이 징계권일탈이라고 판결.

1) 대판 1991.7.12, 90다9353. 〈해고인정〉 간호사가 노사분규를 말리는 환자에게 상해를 입힌 사례 ; 서울행판 2006.4.28, 2005구합5086. 〈해고인정〉 사회복지법인에서 생활지도원이 노인환자에게 행한 상해행위.

2) 센다이지방재판소 1979.4.23. 〈해고인정〉 공기업근로자가 기업밖에서 흉기사용, 공무집행방해 유죄판결.

3) 대판 2018.11.29, 2018두48601. 공무원관련. 공사대금을 허위로 부풀려 사적용도로 사용한 행위는 '공금의 횡령 · 유용'에 해당.

4) 택시나 버스 회사처럼 영업수익의 대부분을 차지하는 요금을 근로자가 받고, 이에 대한 감시가 제한적으로 밖에 이루어질 수 없는 특수성이 있음.

5) 서울행판 2002.11.21, 2002구합18074. 횡령액이 2,600원인 사건 ; 서울행판 2003. 10.9, 2003구합9206. 횡령액이 8,200원인 사건 ; 서울고판 2009.8.21, 2008누34179. 운송수입금중 일부를 횡령하고도 회사의 입금요구를 거부한 시용근로자 사건 ; 서울행판 2011.12.2, 구합25876. 소액이라도 횡령경위 · 노사신뢰관계 · 단협내용 · 횡령횟수 · 입사서약내용 등 고려 인정.

6) 대판 2015.11.26, 2015두46550. 〈해고인정〉 금융관련 업무를 총괄하면서 금융기관의 자산건전성을 확보하기 위한 최소한의 내부심사규정조차 지키지 않고 배임으로 평가될 수 있는 행위를 반복.

7) 서울행판 2003.5.30, 2002구합32476. 〈해고인정〉 특성상 청렴성, 법규준수 등이 요구된다는 이유로 사내복지기금을 유용하여 게임에 참여.

8) 나고야고등재판소 1970.10.29.

9) 대판 1990.11.23, 90다카21589. 우유협동조합 지방영업소 관련.

10) 서울고판 2004.1.30, 2003누9772.

당될 수도 있다. 사고로 인해 운전면허정지, 자동차운전관련법규에 의한 승무금지조치를 받은 경우 이는 특별한 사정이 없는 한 무거운 사고로 인정된다.[1)]

㈏ **가벼운 사고**

운전직근로자의 가벼운 교통사고는 직업의 성격상 있을 수 있는 일이므로 징계사유이기는 하나 해고사유까지는 되지 않는다.[2)] 운전 등과 관련하여 행정조치를 받더라도 그 사안이 중대하지 않으면 가벼운 사고에 준하여 판단한다.[3)] 가벼운 사고라도 상습적이어서 업무능력부족자나 근로계약의무이행곤란자로 인정되면 해고도 가능하다. 상습적인지는 회사관례, 운수업특수성, 동료근로자와의 형평, 사고가 일어난 경위와 배경 등을 종합적으로 고려하여 판단한다. 가벼운 사고라도 특히 안전업무에 대해서는 정당성의 범위가 넓을 수 있다.[4)] 운수회사에서 사고로 이어지지는 않더라도 '고의로 반복하여 음주·무면허 운전을 하였다는 이유로 집행유예를 받은 경우'[5)]처럼 사고개연성을 갖는 경우에는 해고와 같은 중징계가 가능하다. "약식기소된 사고를 이유로 인사조치를 할 수 없다"는 규정이 있어도 다른 교통사고, 다른 불성실한 근로[6)] 등이 보태지거나, 사고원인을 따져볼 때에 근로관계질서를 해친 것이면 그 정도에 따른 징계를 할 수 있다.[7)]

⑥ **풍기문란**

풍기문란행위는 친고죄에 해당되지만 인력의 적절한 배치, 기업경영질서위반, 회사명예실추, 사업목적달성과 관계된다는 점이 인정되면 징계 또는 해고의 사유가 될 수 있다.[8)]

---

11) 서울행판 2006.8.22, 2006구합15578. 〈해고인정〉 졸음운전과 과속으로 '피해액 500만원 이상인 사고'. ↘ 898쪽

1) 법무 811-10759, 1981.4.8. 연 3회 이상의 인명사고 유발로 자동차운전사업법의 처분규정과 교통부훈령에 따라 승무금지조치 대상이 된 사례.

2) 대구고판 1983.3.29, 82나1287. 〈해고부당〉 1년간 4번의 교통사고를 일으킨 버스운전사를 취업규칙에 규정된 교통사고다발자라는 이유로 해고, 그 피해가 20만원미만인 가벼운 사고; 서울행판 2001.10.25, 2001구10355. 〈해고부당〉 보험처리되지 않은 경미한 사고에 대해 근로자가 합의금을 부담한 사건.

3) 서울고판 1991.1.23, 90구10977. 〈해고부당〉 택시기사가 적성검사미필로 면허정지처분을 받은데 대해 자격상실이 단기간에 회복될 수 있고 근로자가 면허재발급을 위해 휴직을 통보하고 4일만에 재발급받은 사례.

4) 대판 1993.7.13, 92다56933. 〈해고인정〉 취업규칙에 "1년에 3회이상 교통사고를 일으키면 해고한다"고 규정한 고속버스회사와 관련하여 고속버스는 순간적인 실수로 커다란 인명피해가 나기 쉬워 운전자에게 높은 주의력과 조심성이 요청됨.

5) 대판 2007.11.15, 2005두4120.

6) 대판 1993.11.23, 93다25264. 〈해고인정〉 여러 차례에 걸쳐 가벼운 교통사고를 일으켜 회사에 손해를 끼쳤음에도 시말서제출거부, 고의적인 배차지시불응, 운행지연 등 회사의 정상업무 방해.

7) 대판 1992.2.11, 91다5976.

8) 대판 1987.5.26, 86구765. 친고죄인 강간죄고소기간 경과. 동일직장내미성년자인 여성안내원 강간; 대판 1993.10.22, 93누14240. 결혼한 여자중학교교사가 불륜관계를 맺다 이혼하는 등 물의.

⑦ **사회질서 · 공익 · 법령위반**

사회질서관련법규를 위반한 사안이 가벼운 것으로서 법령착오 등에서 비롯된 것이라면 징계사유는 되나 해고까지 할 수는 없을 것이다.[1] 실업급여부정수급[2] 등 사회질서나 공익과 관련된 법령을 위반한 범죄라도 해당근로자의 노동력을 판단하는 기초가 되거나, 회사의 사회적평가에 나쁜 영향을 미치는 행위라면 해고의 사유가 된다.[3]

⑧ **임금채권압류 등 민사사건**(같은장, 같은절 2·마,(1),⑦,㈐)

(3) 2중취업

① **개 요**

2중취업행위는 직업선택자유와 기업질서유지가 조화를 이룰 수 있는 범위에서 허용된다.

② **타회사 응모**

'다른 회사 응모' 또는 '합격통지서를 받은 사실'은 근로계약상의 근로제공의무를 불능 또는 곤란케 한 것도 아니고, 이러한 행위를 금지하는 것은 전직의 자유를 제한하는 것이다. 따라서 해고의 정당성이 인정되기 위해서는 그러한 행위로 인해 작업능률저하, 회사규율문란, 비밀누설 등 경영에 큰 영향을 미친다는 점이 입증되어야 한다.[4]

③ **겸 업**

취업규칙 등에 제한이 없는 한, 근로자는 자유로이 근로시간외의 시간을 활용할 수 있으므로 겸업을 전면적으로 금지하는 것은 특별한 경우를 제외하고는 합리성을 인정받기 어렵다.[5] 그러나 겸업은 피로가 쌓이게 하여 다음의 근로에 영향을 미치거나, 기업의 경영질서를 해치거나, 기업의 대외적인 신용·체면을 손상하는 경우도 있으므로 회사의 승낙을 얻도록 취업규칙에 정하는 것이 부당하다고 할 수 없다.[6] 2중취업의 해당여부는 외형적으로만 볼 것이 아니고 구체

---

1) 대판 1971.12.14, 71다1688. 법령해석착오로 소정기간내에 직장예비군신고를 하지 않아 받은 징계에 대해 이를 고의적인 예비군편성기피행위로 볼 수 없다는 이유로 징계권남용 인정.

2) 서울행판 2012.4.26, 2011구합31529.

3) 대판 1994.12.13, 93누23275. 서울시가 「지방공기업법」 제49조에 따라 전액출자한 공기업의 직원에 대해 부동산투기행위를 인사규정의 징계사유인 '공익을 저해하는 중대한 행위를 하였을 때'에 해당한다고 본 사건; 근기 1455-810, 1971.1.26. 경리부장이 부정수표단속법 위반 혐의로 구속되고 죄상이 명확한 사례.

4) 노정근 1455-2636, 1966.6.9.

5) 김소영, 「해고사유에 관한 연구」, 고려대 박사학위논문, 1991, 152쪽.

6) 도쿄지방재판소 1982.11.19. 〈해고인정〉 회사의 승낙없이 퇴근후에 카바레에 취업한 데 대해 기업질서를 저

적 사정을 고려하여 판단해야 한다.[1] 취업규칙상 겸업금지조항은 있으나 징계사유로 기재되어 있지 않은 경우에도 징계가 가능하다고 해석[2]된다.

(4) 경력 · 학력 · 전과 · 자격 은폐

① 개 요

학력이나 경력을 기재한 이력서는 근로자의 능력 · 지식 · 상식 · 경험 · 기능 · 교육 등 노동력평가의 자료일뿐아니라, 기업의 질서 · 규범에 정착하고 적응할 수 있는 정직성 · 협조성 등 인격을 판단하는 자료로서 노사간에 신뢰를 형성한다.[3] 학력 · 경력허위기재를 징계해고사유로 규정하는 취업규칙 등은 사회통념상 현저히 부당하다는 등의 특별한 사정이 없는 한 유효하다.[4] 채용되지 않을 것을 우려하여 학력이나 경력을 은폐하거나 허위로 기재하는 행위는 정당화될 수 없고, 이러한 행위를 징계사유로 삼는 것은 근로자의 생존권을 박탈하는 것이 아니다.[5] 타인명의로 허위의 학력과 경력을 기재하거나 서류를 제출하는 것처럼 위계행위가 수반되면 업무방해죄가 성립한다는 견해[6]까지 있다.

② 사용자의 통지 · 확인

사용자는 구직자에게 미리 '장래에 해고문제로까지 발전할 수 있는 조건'을 알려 줄 의무가 있다. 그러나 사용자는 통상적으로 근로자가 이력서 등에 기재한 경력 등을 진실한 것으로 신뢰하는 것이므로, 달리 특별한 사정이 없는 한, 이력서기재내용의 진실여부를 확인해야 할 일반적인 의무를 지지 않는다.[7]

③ 징계 가능 기간

경력은폐가 징계사유로 규정되어 있으면 시용기간이 지난 후에도 징계사유로 삼을 수 있다. 근로자가 채용당시부터 채용여부 등에 중요한 영향을 미칠 경력을 허위로 기재한 것은 신의칙상의 의무를 위반하여 근로계약을 체결한 것이다. 따라서 사용자의 잘못이 없이 은폐사실을 알지 못한 상태에서 징계시효기간이

해하여 사용자와의 신뢰관계를 파괴하고 성실한 노무제공에 지장을 초래할 개연성이 높음.

1) 요코하마지방재판소 1966.8.29. 〈해고부당〉 노조측의 방해로 취로가 어려워 대기상태에 있게 되어 생계에 곤란을 겪는 근로자의 2중취업.
2) 근로개선정책과-2820, 2014.5.14.
3) 대판 1990.12.7, 90다카23912 ; 대판 1985.4.9, 83다카2202. 경력사칭관련 ; 대판 1988.2.9, 87누818 ; 대판 1988.12.13, 86다204 ; 대판 1989.1.31, 87다카2410 ; 대판 1989.3.14, 87다카3196 ; 대판 1955.3.10, 94다14650 ; 대판 2012.7.5, 2009두16763.
4) 대판 2012.7.5, 2009두16763 등.
5) 대판 1995.3.10, 94다14650.
6) 대판 1992.6.9, 91도2221. 〈해고인정〉 노동현장에 취업코자 대학학력과 국가보안법위반처벌전력 은폐.
7) 대판 1995.3.10, 94다14650.

지나도 징벌사유로 해석된다.[1)]

④ 판단기준

학력이나 경력을 허위로 기재한 것이 해고사유에 해당하는지는 노사간 및 근로자상호간 신뢰관계의 유지와 안정적인 기업경영과 질서유지에 영향을 미치는지에 따라 판단한다. 구체적으로는 '가정적인과관계가 있는지'와 '고용후 해고를 할 때까지 근로자 및 사용자의 태도'가 고려요인이다.[2)]

㈎ 가정적 인과관계

여러 사정을 종합적으로 검토하여 미리 알았다면 채용치 않거나[3)] 같은 조건으로 계약을 체결치 않았을 가정적인과관계가 인정되면 해고사유가 된다.[4)]

- 허위기재로 취업한 경위 · 목적 · 의도[5)]	- 사업장 및 업무의 종류나 성격[6)]
- 허위 · 사칭의 정도[7)] 및 착오기재여부[8)]	- 근로계약체결당시의 상황[9)]
- 허위기재 또는 은폐한 내용이 전체경력에서 차지하는 비중이나 중요성[10)]	

1) 대판 1995.3.10, 94다14650.

2) 대판 2013.9.12, 2013두11031. 〈해고부당〉 이력서 등에 주요사항을 누락 또는 허위로 기재한 것이 해고사유로 규정되어 있으나 채용공고당시에 '경력조건 : 관계없음', '학력조건 : 무관'이라고 명시했던 점, 창고관리원업무수행과 최종학력 및 경력사이에 별다른 관련성이 없는 점, 허위기재사실을 알게 되었음에도 급여에 대한 불만을 표출한 소란행위가 있기 전까지 아무런 조치를 취하지 않은 점, 해고사유에는 소란행위가 포함되어 있지 않은 점, 근무태도불성실이나 신뢰관계유지저해로 볼 만한 사정이 없는 점 등 종합고려.

3) 대판 1988.2.9, 87누818.

4) 대판 1986.10.28, 85누851 ; 대판 1985.4.9, 83다카2202. 경력사칭관련 ; 대판 1992.10.27, 92다31095 ; 대판 1993.10.8, 93다30921 ; 대판 1999.12.21, 99다53685 ; 대판 2004.2.27, 2003두14338 ; 은폐사실을 사전에 알았다면 적어도 같은 조건으로 근로계약을 체결하지 않을 것으로 인정되는 경우, 그 동안 문제없이 성실하게 근로하였더라도 해고사유가 될 수 있다(대판 1992.10.27, 92다31095 ; 대판 2004.1.16, 2003두5198) ; 대판 2012.7.5, 2009두16763.

5) 대판 2012.7.5, 2009두16763.

6) 서울고판 1987.7.6, 86구798. 〈해고인정〉 정직성이 특히 요구되는 금융업에 취업하면서 특수강도혐의로 형사입건되어 고교에서 중퇴된 사실을 은폐하고 고졸로 이력서를 허위기재한 사례 ; 대판 1991.4.9, 90다카27402. 여성근로자가 많은 회사에 입사하면서 강간치상죄로 형사처벌을 받은 사실을 은폐한 사례.

7) 대판 1989.5.9, 88다카4918 ; 대판 1986.10.28, 85누851. 〈해고부당〉 학력을 중요하게 여기지 않아 채용시에 이력서와 사진 및 주민등록등본만을 제출받았을 뿐이고 졸업증명서는 받지 않았으며 입사이래 해고시까지성실하게 직무를 수행하여 학력미달로 인한 능력부족 등의 결함이 없음.

8) 허위기재나 사칭이 가볍거나, 노동력판단에 영향을 미치지 않거나, 미리 알았어도 같은 조건으로 계약을 맺을 것으로 인정되면 정당한 해고사유 부인(대판 1990.12.7, 90다카23912 ; 대판 1997.5.28, 95다45903 ; 대판 1999.3.26, 98두4672 ; 대판 2000.6.23, 98다54960 ; 대판 2003.5.16, 2002다25525).

9) 후쿠오카고등재판소 1980.1.17. 〈징계부당〉 내부적으로 고졸이하를 채용키로 했더라도 구인광고에 학력을 채용조건으로 명시하지 않은 점, 면접시에 묻지 않은 점, 최종학력에 관한 별도조사가 없었던 점, 채용후에 근로성적이나 업무태도도 나쁘지 않은 점에 비추어 대졸을 고졸로 허위고지한 것은 징계사유미해당.

10) 대판 1994.8.12, 93누21521. 〈해고인정〉 이력서에 학력 및 경력 등을 고의 누락, 경력중에서 차지하는 중요성 고려 ; 전인격적판단을 그르칠 정도가 아닌 경미한 전과를 숨기더라도 상당기간 문제없이 근로를 제공하거나(도쿄지방재판소 1958.10.31. 〈해고부당〉 입사 20년전에 폭력행위처벌법위반으로 징역2월, 집행유예3년의 전과를 숨긴 사례), 노동력판단에 지장이 없다면(오사카지방재판소 1960.4.8. 7년전의 식량관리법위반전과는

- 모집·공고 또는 면접시 학력·경력을 채용 요건으로 하였는지
  - 이력서외에 각서[1)]나 증명서[2)] 등을 첨부토록 하였는지
  - 같은 업무를 담당하는 다른 근로자의 학력 및 허위기재사실 여부[3)]

(나) 고용 이후 사정

허위기재가 해고사유에 해당하려면 가정적인과관계가 있어야 할뿐아니라 고용된 이후에 근로자가 제공한 근로의 내용이나 사용자가 행한 조치를 종합적으로 고려하여 사회통념상 현저히 부당하지 않아야 한다.[4)]

<판단요소로서의 노사태도>

- 사용자가 허위기재사실을 알게 된 경위
  - 알고 난 이후의 근로자태도 및 사용자 조치
- 추인으로 볼 수 있는 사용자의 행위가 있었는지[5)]
  - 같은 업무를 담당하는 다른 근로자의 학력 및 허위기재사실 여부
  - 해고에 이르기까지의 근로 내용과 기간
- 허위사실이 근로의 정상적 제공에 지장을 초래하였는지
  - 징계시기 및 다른 징계사유 등
  - 허위사실이 드러남으로써 노사간 또는 근로자상호간 관계와 기업환경에 미친 영향[6)]

⑤ 허위기재 유형

(가) 학 력

저학력을 고학력으로 사칭하는 것은 학력은폐이다. 고학력을 저학력으로 사칭하는 것은 업무수행에 지장이 없을 수 있다. 그러나 저학력이면 충분한 업무에 고학력자를 고용하면 인내심이 적어 작업능률을 기대할 수 없거나 이직률이 높다는 경험칙은 학력하향사칭금지의 논리적근거가 될 수 있다.[7)]

맡은 업무와 관련하여 노동력판단이나 전인격판단에 있어 경미함을 지적).

1) 대판 2003.5.16, 2002다25525. 〈해고인정〉 채용시 생산직을 고졸이하로 제한. 입사시 처벌감수각서제출, 사범대학 3학년까지 수학후에 제적되었음에도 고졸로 기재한 것은 이를 알았다면 고용하지 않았을 것으로 봄.

2) 대판 1989.3.14, 87다카3196. 〈해고인정〉 고등공민학교졸업증명서위조. 중졸로 허의기재, 8년간 은폐.

3) 대판 2004.2.27, 2003두14338. 〈해고부당〉 고졸을 채용함에도 대학중퇴와 다른 택시회사 근무경력을 누락시켰으나, 5명의 대졸근로자가 같은 조건으로 근로하고 있고, 동료들과도 위화감조성이 없었고, 경력은폐여부가 근로계약의 거부요인이 되지 않은 것으로 판단.

4) 대판 2012.7.5, 2009두16763(**한국노동법학회, 『노동판례백선』 제2판,** 181쪽. 대상판결은 가정적인과관계에 더 나아가 고용이후 해고시점까지의 전과정을 참조하여 그 해고가 사회통념상 현저히 부당한 것이 아닐 것을 요구하며 부당성을 판단하는 요소를 구체적으로 제시하고 있다는데 큰 의의가 있음) 등.

5) 학력·경력은폐 등을 알고도 계속 고용한 사실이 인정되거나, 각서를 받은 후에 계속 근로하게 하면 은폐사실을 추인한 것이므로 징계사유로 삼을 수 없다(대판 1988.12.13, 86다204 ; 대판 1994.1.28, 92다45230. 학력은폐사실을 알고도 합리적인 이유가 없이 회사가 근로자에게 보완을 명하는 것처럼 특별한 사유가 없었다면 1년3개월이나 지나서야 해고하는 것은 부당).

6) 대판 2012.7.5, 2009두16763.

㈏ **전과 · 징계**

회사의 요구에도 불구하고 전과사실을 이력서에 기재하지 않은 것은 전인격평가의 중대한 기준이 되는 사실을 은폐한 것이다. 헌법상 보장되는 양심의 자유 등에 비추어 볼 때, 정치적인 사상이나 신념에 관계있는 사항을 숨겼다는 이유로 근로자에게 불리한 처분을 할 수 없으므로 학생운동경력을 숨기더라도 사칭에 해당하지 않는다.[1] 다만, 이력서에 상벌사항을 기재토록 함에 따라 기록대상이 되는 '학생운동의 결과로 받은 제적처분'의 누락은 허위기재에 해당한다.[2]

㈐ **전직 · 경력**

경력사칭은 채용후의 근무규율이나 직장질서에 위반한 행위가 아니므로 징계 · 해고의 대상은 될 수 없고 착오나 사기에 따른 의사표시로서 근로계약의 무효 또는 취소를 야기하거나 신의칙상의 진실고지의무위반으로서 일반해고를 할 수 있을 뿐이라고 보는 견해[3]가 있다. 그러나 경력사칭은 징계 · 해고의 대상이 될 수 있다고 보는 견해[4]가 타당해 보인다. 사용자가 경험칙상 과거의 일이 현재의 일을 수행하는데 필요하다고 생각하여 고용조건으로 전직자료를 요구할 수 있기 때문이다. 전직은폐는 해고사유가 될 수 있다. 구체적으로는 '입사의 전제조건이 되는 전직은폐',[5] 근속기간은폐,[6] '노사분규사업장 근무사실은폐',[7] '비위발각을 우려한 전직은폐'[8] 등을 예로 들 수 있다.

현재업무, 근로자배치 등에 영향을 미치지 않는 등 '전직은폐사실이 있으면 고용되지 않으리라는 점'이 인정되지 않으면 정당성이 부인된다. 구체적으로는

---

7) 대판 1989.1.31, 87다카2410. 〈해고인정〉 공고 및 공업전문대 2년 중퇴 학력을 숨기고 중졸로 허위 기재 ; 대판 2004.1.16, 2003두5198. 〈해고인정〉 채용후 6년경과. 신규채용대상을 중 · 고졸로 한정하고, 생산직에 응모한 대졸학력자들이 모두 불합격처리되고, 학력허위기재자를 징계해고한 사실이 있는 점을 고려. ↘ 903쪽

1) 도쿄지방재판소 1953.3.18.

2) 대판 1992.6.23, 92다8873. 〈해고인정〉 휴학 · 자퇴한 학력과 지명수배되었다가 특별사면조치로 해제된 경력은폐 ; 대판 2003.5.16, 2002다25525. 〈해고인정〉 대학 3학년까지 다니다가 학생운동으로 제적되었는데 고등학교졸업만을 기재. 처벌감수각서 제출.

3) 김형배, 『노동법』, 제20판, 560쪽.

4) 임종률, 『노동법』, 제9판, 485쪽 ; 대판 1985.4.9, 83다카2202 ; 대판 1986.10.28, 85누851 ; 대판 1989.1.31, 87다카2410 ; 대판 1990.10.30, 89다카30846 등.

5) 서울고판 1984.10.11, 84나83. 〈해고인정〉 다른 고속버스회사에 근무하다 퇴직한 사람을 채용하지 않는다고 정해놓은 상태에서 다른 고속버스 회사의 근무경력을 허위로 기재한 사건.

6) 서울고판 1984.10.11, 84나83. 〈해고인정〉 시외버스운전경력 약 5개월을 약 5년간으로 은폐. 대판 1990.12.7, 90다카23912. 〈해고인정〉 철도청공작창근무 1년4개월을 약 4년간으로 허위 기재.

7) 대판 1985.4.9, 85다카2202. 〈해고인정〉 노사분규로 인하여 폐쇄된 사업장에 근무한 사실이 밝혀지면 고용되지 않을지도 모른다는 염려에서 그 기간중에 다른 회사에 근무한 것처럼 이력서에 허위로 기재.

8) 대판 1990.10.30, 89다카30846. 〈해고인정〉 이력서를 제출함에 있어 전에 근무하던 회사에서 근무성적불량으로 해고당한 사실과 주거침입혐의로 지명수배된 사실 등이 알려질 것을 우려하여 전에 근무한 경력을 은폐하고 다른 회사에서 근무한 것처럼 허위로 경력 사칭.

'현직무와 무관한 임의퇴직은폐',[1] '대학강사채용시 고교교사의 경력은폐',[2] '단순노무직에 있어 단기간의 전직은폐'[3] 등을 예로 들 수 있다. 은폐된 경력과 현재업무의 상관관계가 밀접하지 않고 오랫동안 표창, 승진 등을 거듭해 오는 등 그 성실성을 인정할 수 있다면 경력은폐가 징계 특히 해고의 정당한 사유로 되지 않을 것이다.[4]

㈑ **자격 · 논문**

채용당시에 요구되어 제출된 자격이나 논문이 위법 또는 부당하게 취득된 것이라면 이는 은폐에 해당되어 해고의 정당한 사유가 된다.[5]

(5) 집단행동 및 법적제한사유

① 불법집단행위

조정 · 중재기간중의 쟁의행위, 폭력 · 파괴, 불법유인물살포 및 불법농성, 정당한 임금협상의 방해행위, 타사업장쟁의행위에의 불법개입 등 불법쟁의나 법외노조활동[6]이 직장질서를 파괴하여 회사운영에 중대한 지장을 주면 징계사유가 되며, 정도에 따라 해고사유에 해당된다.[7] 위법쟁의행위,[8] Wild Cat Strike,[9] '무단점거 · 파괴행위',[10] 연차휴가집단사용,[11] '통상적휴일근로의 집단적거부',[12] '기체결임금협정에 반대하는 농성,'[13] '고충처리를 위한 농성',[14] 유인물배포행위(같은장, 같은절 2·마,(1),⑧,㈏), '쟁의행위와 무관한 투쟁복착용'[15] 등이 그러한 예이다.

---

1) 요코하마지방재판소 1968.8.19.〈해고부인〉 유리공장에 약 3년 8개월간 근무하다가 일이 성격에 맞지 않아 임의로 퇴직한 사실을 숨기고, 그 기간 동안 농업에 종사한 것으로 허위사실 고지.

2) 가고시마지방재판소 1973.5.14.〈해고 부당〉 대학강사로 채용됨에 있어 5개월간의 고교교사 경력 누락.

3) 후쿠시마지방재판소 1984.3.31.〈주요경력 인정〉 경력을 은폐한 3개회사에서의 재직기간이 모두 2개월 내지 6개월인 단기간이나 하역직원으로서의 자질, 능력의 평가에 관한 중요한 경력임.

4) 대판 1993.10.8, 93다30921.〈주요경력 인정〉 업무상배임죄로 인한 파면의 경력을 숨긴 후에 식음료부에서 13년간 성실히 근무하여 표창도 받고 승진도 계속해 온 사건.

5) 대판 2016.10.27, 2015다5170.〈해고인정〉 국책연구기관부연구원이 채용때에 제출한 박사학위논문 표절.

6) 대판 1984.12.26, 84누135.〈해고인정〉 노조활동 구실로 정상적인 근무를 해태, 노조대표가 사임하자 노조규약과 별도로 자신이 주동하여 수습대책위원회를 구성하여 근로시간중에 노조활동.

7) 대판 1993.11.9, 92다46943.

8) 대판 1994.3.25, 93다30242.〈해고인정〉 적법 노조와 별개의 단체를 조직, 위법쟁의행위 주도.

9) 대판 1993.4.13, 92나50580.〈해고인정〉 불법파업선동, 폭언, 승차지시위반.

10) 서울고판 89구11123.〈해고인정〉 회사가 비노조원들로 하여금 조합원들을 해산시키기 위해 폭력을 사용한 사건. 승인 없이 회사 내에서 노조결성보고대회를 열고, 회사시설을 무단 점거한 채 바로 농성에 들어가 폭력을 행사하여 조합원이 화상을 입고 회사기물 파손.

11) 대판 1992.12.22, 92다43272.〈해고인정〉 연차휴가의 집단청구(사견 : 사용자의 시기변경권 고려 필요).

12) 대판 1994.2.22, 92누11176.〈해고인정〉(사견 : 근로의무면제일로서 근로자동의가 필요한 점 고려 필요).

13) 대판 1990.11.9, 90누621.〈해고인정〉 사임금협약을 마무리지었으나 계속 농성하며 정상근무 거부.

14) 대판 1992.9.25, 92다18542 〈해고인정〉 사내고충처리를 위해 행한 농성. 작업에 지장초래, 재산적 손실.

15) 서울행판 2006.9.8, 2006구합1982.〈징계 · 해고인정〉 적법한 쟁의행위기간이 아님에도 투쟁복을 착용하고

우발적으로 일어난 집단행동의 경우에는 행위의 양태 및 정도가 노사간 신뢰관계를 깰 정도에 이르는지 여부가 해고의 정당성을 판단하는 기준이 된다.[1]

② **부당노동행위와 정당해고 경합**

해고요건이 명백하여 표면상의 구실에 불과하다고 볼 수 없다면 그 해고는 적법하다.[2] 조합활동을 못마땅하게 여긴 흔적이 있거나 반노동조합의사가 추정되어도 그 사유만으로 부당노동행위에 해당되지 않는다.[3] 해고사유가 표면적인 것에 지나지 않거나, 인사권행사라기보다는 부당노동행위의 성격이 뚜렷하다면 징계효력이 부정될 수도 있다.[4]

불이익취급에 있어서 객관적인과관계 및 사용자의 부당노동행위의사를 추정할 만한 사정이 있는 반면에 근무태도불량 등 처분에 대한 정당성도 있을 때[5] 즉, 노・사의 주장 모두가 원인이 될 때에 사용자처분이 효력을 갖는지에 대해 의견이 나뉜다.

긍정설은 처분의 정당성이 있어도 부당노동행위의 성립요건인 인과관계가 인정되면 부당노동행위로 본다. 노동3권보장을 그 정도로 절대적으로 보아야 하는지가 의문이다.

부정설은 조합활동이 있어도 처분의 정당성이 있으면 부당노동행위성립을 부인한다. 사용자가 정당한 사유로 근로자를 해고하거나 불이익을 준 경우에 조합활동을 못마땅하게 여긴 흔적이 있거나 사용자에게 반노동조합의사가 추정되어도 해고사유가 표면상구실에 불과하다고 볼 수 없으므로 부당노동행위가 되지 않는다는 판례법리[6]가 형성되어 있다. 부당노동행위제도의 목적이 노동3권의

시정이나 금지명령 미이행(징계), 선동하거나 주동한 행위(해고).

1) 서울행판 2003.3.2, 2002구합31336. 〈해고부인〉 수간호사라는 지위때문에 전면에 나서 중재의 모습으로 집단행동지도.

2) 대판 1989.3.14, 87다카3196 ; 대판 1996.7.30, 96누587 ; 대판 1997.7.8, 96누6431 ; 대판 1999.3.26, 98두4672.

3) 대판 1994.12.23, 94누3001 ; 대판 2000.6.23, 98다54960.

4) 대판 1993.1.12, 91누5426. 〈부당해고〉 노조가입후 짧은 기간 동안 경영상이유를 핑계 삼아 3번에 걸쳐 전보발령한 데 대해 근로자가 출근치 않고 부당노동행위구제신청을 하자 해고한 사건. 사용자귀책이 더 크다는 이유를 제시 ; [긍정] 대판 1996.2.9, 94누9771 ; [부정] 대판 1992.3.13, 91누5020.

5) 대판 1993.1.15, 92누13035. 단협의 징계절차위반이 부당노동행위의사를 판단하는 하나의 자료가 되나, 해고무효사유가 되는지는 별론으로 하고, 부당노동행위의 성립에 당연히 영향을 미치는 결정적요소는 아니다.

6) '조합활동을 못마땅하게 여긴 흔적이 있다는 사유만으로 징계해고가 징계권남용에 의한 부당노동행위에 해당한다고 단정할 것도 아니다'라고 판시한 판례들을 부정설로 분류 ; 대판 1989.3.14, 87다카3196 ; 대판 1994.12.23, 94누3001 ; 대판 1995.3.14, 94누5496 ; 대판 1996.4.23, 95누6151. 병원위생복에 구호부착관련 ; 대판 1996.7.30, 96누587 ; 대판 1997.3.28, 96누4220 ; 대판 1997.7.8, 96누6431. 버스요금거스름돈횡령관련 ; 대판 1997.12.26, 97누11126. 학력・경력사칭관련 ; 대판 1999.3.26, 98두4672(부정). 학력사칭관련 ; 대판 1999.7.9, 97다36224. 무면허운전・사고관련 ; 대판 2000.6.23, 98다54960. 학력사칭관련 ; 대판 2004.6.10, 2004두2882.

실질적보장에 있다는 점을 반영하지 못하고 있다.

결정적원인설[1]은 조합활동과 처분정당성 중에서 어느 것이 불이익취급에 결정적원인이 되는지에 따라 부당노동행위인지를 판단한다. 조합활동이 처분의 정당성보다 덜 결정적이더라도 보호가치를 완전히 부인할 수는 없다. 다수설인 상당인과관계설[2]은 조합활동이 없더라면 불이익취급이 없을 것이라고 판단되면 부당노동행위의 성립을 인정한다. 개인적으로는 상당인과관계설을 지지한다. 조합활동이 없다면 사용자가 그러한 처분을 내리지 않을 것으로 인정되면, 처분과 부당노동행위간의 인과관계를 인정할 수 있기 때문이다.

판례는 부정설과 결정적원인설이 주류를 이루지만 경미한 징계사유에도 불구하고 부당노동행위의사가 명백하다면 부당노동행위로 인정될 수 있다는 견해[3]도 발견된다. 노동위원회로부터 부당노동행위라는 이유로 해고조치가 취소되어 복직되거나, 부당노동행위여부에 대해 심의중이더라도 새로운 징계사유가 발생하면 징계가 가능하다.[4] '조합비횡령, 노동조합기금부당지출 등 노동조합의 내부문제를 이유로 해고할 수 없다'는 견해[5]가 있으나, 그러한 행위가 인격과 업무수행능력을 의심할 수 있을 정도면 해고사유가 된다.

③ 법적 제한사유

균등처우·차별금지에 위반한 해고는 금지되며(제2장 제2절, 3·바), 고용장관이나 근로감독관에게 신고·통보를 한 것을 이유로 근로자에게 해고나 그 밖에 불리한 처우를 하지 못한다(제1장, 제5절, 5 근기법§104).[6] 불리한 처우가 감독기관에 위법사실을 통보한 것

1) 대판 1989.11.10, 89누2530 ; 대판 1990.8.10, 89누8217. 표면상 해고사유와는 달리 실질적으로는 노조업무를 위해 정당한 행위를 한 것을 이유로 해고한 것으로 인정되는 경우에는 부당노동행위이고(대판 1977.8.23, 77다220 ; 대판 1989.5.23, 88누4508 ; 대판 1989.10.24, 89누4659 ; 대판 1990.1.12, 89누1193), 실질적해고 이유유무는 해고사유와 조합활동내용, 징계해고시기, 회사와 노조의 관계, 기타 부당노동행위의사의 존재를 추정할 수 있는 제반사정을 비교 검토하여 종합적으로 판단한다. ; 대판 1990.10.23, 89누2837 ; 대판 1991.2.22, 90누6132. 임종률(『노동법』, 제9판, 270쪽)은 이 판례의 태도를 결정적원인설로 보지 않음 ; 대판 1991.4.23, 90누7685. 바칠라캐빈사건 ; 대판 1994.5.10, 93누13544. 유인물배포 등 집단행동관련 ; 대판 1995.3.14, 94누5496. 경인실업사건.

2) 김유성, 『노동법Ⅱ』, 335쪽 ; 김형배, 『노동법』, 제20판, 1056쪽 ; 임종률, 『노동법』, 제9판, 270쪽 ; 이상윤, 『노동법』, 제6판, 869~870쪽.

3) 대판 1996.2.9, 94누9771. 이력서에 최종학력을 기재치 않고 타회사근무기간을 실제보다 길게 기재한 것이 취업규칙상 해고사유에 해당해도, 회사가 노조해산을 종용하고 압력수단으로 조업중단·휴업선언·기숙사폐쇄를 단행한 점, 교섭요구 등과 관련하여 노조간부들의 뒷조사를 하여 이력서 허위기재의 허물을 찾아내어 바로 징계위원회에 회부한 점, 사무직으로의 전환의사를 타진하였다가 노조활동이 가능한 사무직이면 이에 응하겠다고 한 요청을 회사가 거절하고 해고에 이르게 된 점 등에 비추어 볼 때에 부당노동행위에 해당.

4) 근기 1455.9-2476, 1972.3.8.

5) 대판 1996.2.9, 94누9771.

6) 대판 1991.3.22, 90다18944 ; 서울행판 2009.10.23, 2009구합1822. 국가청렴위원회에 신고·이의신청.

때문인지는 그러한 처우를 하게 된 경위·시기, 사용자가 내세우는 사유가 명목에 불과한지, 보복적으로 이루어졌는지 등을 종합적으로 고려하여 판단한다.[1)]

3. 통상해고

3·가. 개 념

통상해고는 근로계약을 이행하지 못하는 채무불이행상태가 존재하고, 이로 인해 장래에도 근로관계를 계속 유지하는 것이 가능하지 않아 행해지는 해고이다.

3·나. 성 격

(1) 징계해고와의 차이

통상해고는 사용자의 일방적인 의사표시로 이루어지는 근로관계종료인 해고 중에서 근로자측의 귀책사유로 인한 일반해고에 해당된다. 통상해고는 사용자측의 귀책사유로 인한 경영해고나 과거의 비위행위나 기업질서위반행위에 대한 제재에 대해 이루어지는 징계해고와 그 성격이 다르다.

(2) 징계해고와의 경합

행태상사유를 해고사유로 삼음에 있어 징계해고와 통상해고중에서 어느 법리를 따를 것인지가 고려되어야 하며 양자를 가중하는 접근은 합리적이지 못하다. 예컨대 근무태만의 경우, 그 자체로 기업질서를 위반한 것이라면 징계해고법리를 적용하고, 그에 따라 업무성적이 낮은 것이라면 통상해고로 갈 뿐이지 양자를 가중해서 양정을 정하는 것은 합리적이지 않다.

징계해고사유가 통상해고사유에도 해당되거나 징계해고사유에는 해당되나 통상해고사유에는 해당되지 않더라도 근로자에게 보다 유리한 통상해고처분을 택할 수 있으나, 변명의 기회가 부여되지 않더라도 해고가 당연시될 정도라는 등의 특별한 사유가 없는 한 징계해고절차는 부가적으로 요구된다(같은장, 제3절 4·나,(2),⑤).[2)]

3·다. 통상해고 사유

(1) 일신상사유

통상해고를 징계해고와 구분하여 법리를 형성하려는 이유는 고의·과실이 전제되지 않은 근로자귀책에서 비롯되는 근로관계종료를 제한하려는데 있다. 따라

---

1) 대판 2012.10.25, 2012도8694. 택시의 콜기계장착비를 임금에서 공제했다고 지방노동관서에 신고한 이유로 콜기계를 제거했다는 주장에 대해 전제조건인 택시기사의 자기부담거부 때문이라면서 보복성 부정.

2) 대판 1994.10.25, 94다25889. 대판 2023.12.28, 2021두33470.

서 통상해고는 일신상사유를 대상으로 하는 것이 원칙이다. 일신상사유는 그 자체로 해고사유를 삼기 어려우므로, 해당사유의 결과로 나타나는 업무저성과를 대상으로 해고의 문제가 다루어지는 것이 일반적이다.

(2) 행태상사유

행태상사유는 고의·과실이 전제된 근로자귀책사유로서 그 행태가 기업질서를 해치면 징계사유가 될 수 있다. 다만, 징계대상이 될 정도는 아니지만 근로계약 이행에 지장을 줄 정도의 행태상사유가 있을 수 있다. 이 경우에도 해당사유의 결과로 나타나는 업무저성과를 대상으로 해고의 문제가 다루어질 수 있다.

3·라. 통상해고의 근거와 요건

(1) 근 거

근기법 제23조에 규정된 '정당한 이유'에 관한 법리는 통상해고를 포함한 모든 해고에 대해 적용된다. 민법[1]이나 근기법[2]의 법리는 일신상사유 특히 업무저성과를 이유로 해고할 수 있는지에 대해서 의문을 갖게 한다. 그럼에도 불구하고 업무저성과를 해고사유로 삼을 수 있는 근거는 계약의 본질에서 찾아질 수 있다. 고용계약과 근로계약은 각각 노무와 근로의 제공을 채무의 내용으로 한다. 따라서 제공되는 근로가, 계약관계를 더 이상 유지할 수 없을 정도로, 불완전하게 제공된다면 채무불이행이 성립한다. 업무저성과를 비롯한 일신상사유나 '행태상사유의 일부'는 원칙적으로 해고사유가 되기 어려우나, 예외적으로 그 정도가 심할 경우에 해고사유가 될 수 있다. 기간제근로계약의 갱신조건도 근무성적을 기준으로 할 수 있으나,[3] 객관적이고 공평한 기준이 설정되어 있는 것으로 충분하므로, 통상해고법리보다 완화된 기준이 적용된다.

(2) 요 건

근무성적이나 근무능력을 이유로 취업규칙 등에 따라 해고를 하려면, 그 성적

---

1) 민법 제658조 제2항은 약정한 노무가 특수한 기능을 요하는 경우에 노무자가 그 기능이 없는 때에는 사용자가 그 계약을 해지할 수 있도록 규정하고 있다. 민법은 특수한 기능을 요구하지 않은 노무에 있어 계약을 해지할 수 있는 사유에 대해 특별규정을 두고 있지 않다. 노무자는 고용계약에 따라 노무를 제공할 채무를 진다. 고용은 노무제공 그 자체가 목적이며 일의 완성을 요구하지 않는다. 일의 완성을 요구하지 않는다면 저성과를 비롯한 일신상사유를 고용계약해지의 사유로 삼기 어렵다는 결론에 도달할 수 있다.

2) 근기법의 해고제한법리는 징벌을 전제로 하고 있다. 뿐만아니라 근기법상 근로계약은 민법상 고용계약보다 강한 사용종속성을 기반으로 한다. 이러한 관계는 근기법이 해고에 있어 근로자의 약한 지위를 상대적으로 더 보호하는 근거가 된다. 그렇다면 근로계약에 있어서는 저성과를 비롯한 일신상사유가 해고사유인지에 대해 더욱 의문을 품게 한다.

3) 서울고판 2006.7.28, 2005누29947.

· 능력이 불량하다고 판단한 근거가 되는 평가가 공정하고 객관적인 기준에 따라 이루어진 것이어야 하고, 불량정도가 다른 근로자에 비해 상대적으로 낮은 정도를 넘어 상당기간동안 일반적으로 기대되는 최소한에도 미치지 못하고 향후에도 개선될 가능성을 인정하기 어렵다는 등 사회통념상 고용관계를 계속할 수 없을 정도여야 한다. 사회통념상 고용관계를 계속할 수 없을 정도인지는 근로자의 지위와 담당업무의 내용, 그에 따라 요구되는 성과나 전문성의 정도, 근로자의 근무성적이나 근무능력이 부진한 정도와 기간, 사용자가 교육과 전환배치 등 근무성적이나 근무능력의 개선을 위한 기회의 부여여부, 개선기회가 부여된 이후에 근로자의 근무성적이나 근무능력의 개선여부, 근로자태도, 사업장여건 등 여러 사정을 종합적으로 고려하여 합리적으로 판단한다.[1)]

3·마. 실체적요건으로서의 업무저성과

(1) 의 의

통상해고의 정당성은 업무저성과 등의 사유가 근로계약을 이행하지 못하게 될 정도인지를 판단하는데서 출발한다. 통상해고의 정당성을 인정받으려면, 원인이 된 사유가 존재하여야 하고, 사유에 대해 평가가 있어야 한다. 평가는 평가제도, 평가대상업무, 평가기준, 평가수행, 평가결과활용, 관리대상자선정 등에 있어 '정당한 이유'에 인정될 정도의 사회통념상 합리성을 갖추어야 한다.

(2) 평가제도

① 제도적장치

통상해고의 사유가 인정되기 위해서는 해당자의 업무수행결과에 대한 근무평가 또는 인사평가가 선행되어야 한다. 이러한 평가는 제도적으로 마련되어 있을 때에 정당성이 강화된다. 다시 말해서 취업규칙 등에 평가의 기준과 방법, 평가결과의 처리 등이 포함된 근무평정제도가 규정되어 있을 필요가 있다. 업무저성과는 그 상태가 지속적이어서 장래에 근로관계를 유지할 수 없는 정도이어야 해고사유로 인정받을 수 있다. 지속성을 인정받으려면 상당한 정도의 평가기간이 필요하므로, 사전에 설계되어 있는 평가제도가 있어야 한다. '업무저성과를 이유

---

1) 대판 2021.2.25. 2018다253680, 〈정당해고〉 2010년부터 2016년까지 실시한 인사평가결과, 전체사무연구직 과장이상 직원 3,859명중에서 A는 3,857위, B는 3,859위의 저조한 업무수행실적을 보였고, A는 2014년부터 2016년까지 3회, B는 2013년부터 2016년까지 4회의 직무경고를 받음. 두 사람 모두 10개월 동안 교육을 받고 직무가 재배치되었으나, 2016년상반기의 다면평가에서 업무역량부족, 업무상잘못 등의 지적을 받음 ; 대판 2023.12.28, 2021두33470. 〈정당해고〉 3년간 인사평가 11,229명중 11,222위로 최하위, 교육 7회 실시, 배치전환면담후 기본부서 계속근무를 허용했음에도 업무능력 · 업무성과 미개선.

로 해고할 수 있다'는 단순한 내용만을 규정하고 있는 취업규칙 등의 규정을 근거로 하여 업무저성과자를 결정하는 것은 공정성, 객관성, 합리성 등을 인정받기 어렵다. 이러한 결정은 자의적이거나 즉흥적으로 이루어진 평가에 의존하는 것으로서, 정당성을 충족시키지 못할 수 있다. 단체협약에 서로 저촉되는 규정이 없는 한, 취업규칙의 통상해고규정은 인정된다.[1]

② 인사고과 목적

인사고과는 원칙적으로 인사권자인 권한에 속하므로 업무상 필요한 범위에서는 사용자의 상당한 재량에 맡겨져 있으나, 사용자는 근로자의 근무실적이나 업무능력 등을 중심으로 객관적이고 공정한 평정기준에 따라 이루어지도록 노력하여야 하고 해고에 관한 법적규제를 회피하고 퇴직을 종용하는 수단으로 악용되는 등의 동기로 남용되면 안된다.[2]

(3) 평가대상업무

근무성적이 나빠도 해당근로자에게 정당한 사유가 있으면 징계의 정당성을 인정받기 어렵다.[3] 인사평가 또는 근무평가는 대상근로자의 일신상 또는 행태상의 사유와 관련이 있는 업무에 대해 행해져야 한다. 대상근로자로부터 비롯된 사유인지를 판단하는 기준으로 채용당시의 계약에 규정된 업무, 외부요인배제, 집단평가와 개인평가의 조화 등이 고려되어야 한다.

① 계약으로 정한 업무

평가는 근로계약에 부과된 근로자의 근로제공의무를 대상으로 해야 한다. 채용당시에 특별한 능력, 자격, 기술 등을 조건으로 하였다면 그러한 조건을 충족하였는지가 평가대상이 될 수 있다. 반면에 그러한 조건을 전제로 하지 않은 채용이라면 일반적인 근로자로서의 업무수행정도가 평가대상이다.[4]

② 외부적 요인의 배제

통상해고사유를 판단함에 있어, 대상근로자의 사정에서 비롯된 부분만으로 판단하고 외부적요인이 배제되어야 한다. 외부적요인은 사용자측요인, 근로자측요인, 법·제도적요인 그리고 기업외적요인으로 구분된다. 첫째, 업무저성과의 원인 중에서 경영실적, 조직개편, 업무배치, 인사적체 등 사용자측요인에서 비롯된

1) 부산지판 2017.1.19, 2015가합49630. 취업규칙은 단협에 반할 수 없다는 일반조항만 규정.
2) 대판 2015.6.24, 2013다22195.
3) 대판 1991.11.26, 90다4914.
4) 東京高判, 1984.3.30. フォード自動車사건, 勞民集35卷2号, 140頁. 인사본부장으로 채용한 데 대해 일반종업원이 아니라, 인사본부장이라는 지위에 요구되는 업무의 수행능력을 평가 기준으로 봄.

부분은 업무저성과평가의 정당성을 약화시키는 요인이다. 인사관리제도의 결함을 이유로 정당성을 부인한 일본판결이 발견된다.[1] 둘째, 업무성과를 평가함에 있어 근로자측요인에서 비롯된 부분이 고려되어야 한다. 따돌림과 같은 불화에 대해 다른 근로자들의 태도 등 원인을 규명하지 않은 채로 업무저성과로 판단한 것은 불합리하다.[2] 셋째, 법・제도적 요인이 업무성과에 영향을 미칠 수 있다. 육아휴직이나 노조전임자 등 법이나 제도에 의해 보장된 공백기간은, 업무저성과를 평가함에 있어, 소극적으로 판단하게 될 요인이 된다. 넷째, 업무저성과는 대상근로자에게 귀책사유가 없는 경제상황의 변화에서 비롯될 수도 있다. 이 같은 기업외적요인은 평가에서 배제되어야 한다.

③ 근로조건 고려

업무저성과를 판단함에 있어서는 근로조건이나 그 밖의 대우가 고려되어야 한다. 다시 말해서 업무저성과를 판단하는 업무실적이나 능력에 대한 기준이 지급되는 임금과 다른 근로조건에 비해 타당한지가 판단되어야 한다. 아울러 성과에 따라 임금이 차등지급되는 부분을 제외하고, 성과에 관계없이 임금이 지급되는 부분을 대상으로 업무저성과가 판단되어야 한다.

④ 집단평가와 개별평가

업무저성과는 소속부서성과와 개인성과로 구분될 수 있다. 업무저성과자를 판단함에 있어서는 개인성과를 대상으로 하는 개별평가가 원칙이며 일반적이다. 집단평가의 경우 비교대상이 되는 다른 집단 역시 구성원의 협력을 전제로 성과가 평가되는 경우일 것이 요구된다. 개별근로자에게 집단평가만을 대상으로 하게 되면 그에 따른 해고는 통상해고영역을 벗어나 경영해고법리나 차별금지법리[3]를 적용받게 된다. 부서성과에 대한 집단평가를 개별근로자에게 적용하는 경우는 두 가지로 구분될 수 있다. 첫째, 부서단위업무성과를 책임지고 관리・감독하는 근로자에 대해 집단평과결과가 직접 적용될 수 있다.[4] 둘째, 부서구성원 협력을 전제로 하는 성과를 평가함에 있어서 관리・감독지위에 있지 않는 개별

---

1) 大判地決 1994.11.30. 新日本通信사건, 勞判670号, 30頁. 신설부서에 해당근로자 1인만을 배치하여 고립시킨 사정을 합리성부인의 이유로 듬.

2) 중노위 2008.2.20, 2007부해947.

3) 대판 2015.6.24, 2013다22195. 특정집단에 대한 인사고과는 특정집단과 나머지 일반근로자집단 사이의 인사고과가 통계적으로 유의미한 격차가 있었는지, 인사고과에서의 그러한 격차가 특정집단을 퇴출하기 위한 사용자의 의사에서 기인한 것인지에 개개인의 인사고과가 아니고 집단퇴출을 목적으로 한 집단차별로 추정될 수 있다. 이에 대하여 사용자는 특정 집단에 속한 근로자 개개인에 대한 개별적인 인사고과의 평가 결과가 객관적이고 공정한 평정의 기준에 따른 것이라는 점을 증명하여 그 추정을 면할 수 있음.

4) 대판 2007.11.30, 2005두13247. 은행 지점장의 후선 배치 인정.

근로자에 대해서는 개별평가를 원칙으로 하면서 보완적으로 집단평가가 적용될 수 있다. 업무에 있어 서로 연계되어 있지 않은 개별근로자들을 평가대상집단으로 설정하여, 개별근로자에게 집단평가를 적용하면 합리성이 인정되기 어렵다.[1)]

(4) 평가기준

평가제도는 평가항목, 평가방법 등이 포함된 평가기준을 갖추어야 한다. 업무저성과가 해고사유로 인정받기 위해서는 평가기준이 합리적으로 설계되어야 한다. 평가대상의 합리성은 객관성과 주관성, 구체성과 추상성, 명확성과 모호성, 절대성과 상대성, 공정성과 편파성, 사전성과 사후성, 적정성과 엄격성의 관점에서 검토될 수 있다.

① 객관성

평가는 기준의 설정 및 적용에 있어 객관적이어야 하며, 주관적·편파적이면 정당성이 약화된다.[2)] 특히 평가항목의 설계나 적용은 더욱 높은 객관성이 요구된다. 특정한 근로자를 겨냥한 자의적인 평가항목은 정당성을 인정받기 어렵다.

평가항목을 적용함에 있어, 생산량이나 생산고의 평가가 가능한 업무에 대해서는 평가기준이 계량적이고 정량적이어야 한다. 계량적이고 정량적인 평가기준을 설계하는 것이 가능함에도 불구하고 비계량적이고 정성적인 방법을 사용하고 있다면 그 정당성이 약화된다.[3)]

근무부적응, 근무능력부족 등 다의적이고 추상적인 개념으로서 전직이나 징계를 함에 있어 객관적평가기준을 적용하는데 한계가 있다.[4)] 업무저성과의 원인인 생산량이나 생산고의 평가가 가능하지 않은 업무에 대해서는 비계량적이거나 정성적인 평가기준을 사용할 수밖에 없다. 평가자가 근무성적표나 평정의견서에 따라 단계화된 점수를 부여하는 근무평정제도는 평가항목자체의 객관성을 확보하고 있지만, 평가항목판단기준이 주관적인 경우가 많다. 그렇더라도 이러한 근무평정제도는 일반적으로 인정되며,[5)] 판단기준의 객관성을 확보하면 정당성의

---

1) 박종희, “저성과자에 대한 합리적인 인사관리방안과 관련한 법률상 쟁점 검토-전략적·체계적 관리방안의 수용가능성 검토를 중심으로-”, 「고려법학」 제75호, 고려대 법학연구원, 2014.12, 333쪽.

2) 서울행판 2008.10.17, 2007구합414997.

3) 서울행판 2008.6.26, 2007구합43426. 근무성적평정에 있어 근태상황외에 모두가 정성적인 평가항목을 기초로 한 근무성적평정에 대하여 정당을 부인.

4) 서울행판 2009.11.5, 2009구합18271.

5) 대판 2013.1.24, 2012두21710 등 다수 ; 서울행판 2009.10.29, 2008구합46477. 평가자의 주관적판단으로 최하위등급을 받은 의심의 여지는 있지만 비계량평가는 주관적판단에 기초할 수밖에 없는 점, 이전 인사고과에서 다른 직상급자도 해당자에게 비계량항목에서 낮은 점수를 준 점, 인사고과에 대한 이의절차에 따라 이의를 제기하여 기각된 점 등을 감안할 때, 5차례의 경고처분과 최하위의 인사고과에 따른 근속승진누락은 정당.

범위가 더 넓어진다.

② **구체성**

평가기준이 구체적이면 정당성이 강화된다. 다만, 평가기준은 다소 추상성을 띨 수밖에 없고, 평가자의 주관적인 의견이 반영되기 마련이며, 점수부여방식으로 충분하므로 세세한 기준이나 점수부여이유까지 기재하지 않아도 된다는 판례가 발견된다.[1] 평가기준의 구체성은 절대적기준으로 분류되지는 않으나 구체성은 합리성을 판단하는 중요한 요소이며, 객관성의 확보를 위해서도 필요하다.

③ **명확성**

평가기준은 근무성적평정표나 평정의견서만으로 업무수행능력의 부족정도와 업무수행의 차질정도를 파악할 수 있도록 명확해야 한다.[2] 업무능력과 직접 관련이 없는 평가요소만으로 구성되어 있거나,[3] 그 비중이 부당하게 크게 반영된[4] 평가기준은 불합리하다.[5]

④ **상대성**

하위등급에 일정비율·인원을 할당한 상태에서, 상대평가에 의해 하위등급에 연속적으로 포함되더라도 이를 저성과자로 볼 수 없다.[6] 따라서 상대평가뿐아니라 절대평가를 활용하는 것이 평가의 정당성을 높인다.[7]

상위등급에는 일정비율을 할당하였지만 가장 낮은 등급에 대해 절대평가에 따른 임의분포방식을 취하면 평가의 정당성이 인정된다.[8]

---

1) 대판 2013.1.24, 2012두21710.
2) 대판 2006.2.24, 2002다62432.
3) 서울남부지판 2010.5.14, 2009가합21769. 정부출연연구기관의 연구원에게 경영설명회 불참 내지 국민의례 거부 등을 근무실적평가기준으로 삼은 것은 부당.
4) 서울행판 2006.1.27, 2005구합23879. 영업직원에 대한 평가에 있어, 영업실적이 19%에 불과하고, 다면평가 40%, 인사평점 40%를 반영한 것은 불합리.
5) 서울행판 2006.1.27, 2005구합23879. 감리업무의 특성상 발생할 수밖에 없는 시공사와의 의견 충돌 및 업무상 마찰은 독선적이고 비협조적인 성격에서 비롯된 것으로 보이나, 이를 업무미숙, 근무태만, 기타 비위행위로 인정할 수는 없다. ; 한국경영자총협회, 「저성과자 관리와 법률적 쟁점」, 한국경영자총협회, 2014, 19쪽. 업무실적을 평가하면서 인간관계, 업무상 마찰 등을 주요기준으로 하거나 업무수행능력을 평가하면서 연차휴가·병가 사용을 기준으로 삼는 것은 불합리.
6) 서울행판 2006.1.27, 2005구합23879. 업무평가등급을 S(상위 10%)·A·B·C·D(하위 10%)의 5개로 분류하여 상대평가에 따라 최하등급(D)에 일정 비율의 인원을 할당한 경우, 4회 연속 최하등급(D)을 받았다는 것만으로 저성과자라고 볼 수는 없다. ; 대판 2006.2.24, 2002다62432. 은행 시용근로 관련. 지점별로 하위등급 해당자 수를 할당한 점을 들어 본채용거부의 정당성 부인.
7) 한국경영자총협회, 앞의 보고서, 18쪽.
8) 서울행판 2004.12.28, 2003구합39306. 최하위등급을 받은 근로자가 거의 없는 상황에서 대상자가 연속 2년 최하위등급을 받은 이유로 행한 해고인정.

⑤ 공정성

평가기준은 공정해야 하며 편파적이면 정당성이 부인된다.[1] 평가의 다양성은 공정성판단에 긍정적인 요소로 작용한다. 다면평가, 상급자평가 등 평가수단을 다양화한 경우, 평가의 정당성이 강화된다.[2] 피평가자의 업무와 관계가 밀접한 평가자의 의견이 많이 반영되어야 하고, 관계가 적은 일부평가자에 의해 결과가 좌우되면 권한남용이 되어 정당성을 상실한다.[3] 평가기준은 직무별로 다를 수 있으며, 직무의 중요도, 난이도 등 특성이 고려되어야 한다.[4]

⑥ 사전성

평가기준이 그 자체로는 합리적으로 보이더라도, 사전에 내용이나 원칙을 정하지 않고 사후적으로 만들어진 것이라면 합리성이 부정된다.[5]

⑦ 적정성

심사기준을 엄격하게 설정하여 많은 사람이 저성과자에 포함되도록 한 다음에 자의적인 기준으로 통상해고를 결정하는 것은 타당하지 않다.[6]

(5) 평가수행과 평가결과 활용

평가가 정당하기 위해서는 근무성적평정규정이 준수되어야 한다. 이미 제출한 평가를 합리적인 이유가 없이 다시 작성토록 한다거나, 평정자와 확인자를 달리 하도록 한 규정을 어기고 혼자서 평정표를 작성하는 등 규정을 위반하여 수행한 평가는 정당성을 인정받기 어렵다.[7] 평가결과는 활용에 있어 공평성을 갖추어야 한다. 특정근로자들에게 불이익하게 평가결과를 사용하면 정당성을 잃는다.[8]

(6) 관리대상자 선정

① 고용관계유지 곤란 수준

평가를 통해 업무저성과자로 판단되더라도, 저성과의 수준이 고용관계를 유지할 수 없을 정도여야 해고에까지 연계되는 관리대상자로 인정될 수 있다.[9]

---

1) 서울행판 2008.10.17, 2007구합414997.

2) 서울행판 2006.5.4, 2005구합36271. 공기업조직의 활성화와 경쟁력을 향상시키기 위한 일환으로, 동료직원들의 다면평가와 팀장급간부사원평가에서 한계인력 1순위로 선정된 저성과자전보조치는 정당.

3) 대판 2011.7.28, 2009두2665. 대상자와 접근도가 높은 평가자는 높게 평가하고 접근도가 낮은 평가자는 낮게 평가한 것을 이유로 정당성 부인.

4) 한국경영자총협회, 앞의 보고서, 19쪽.

5) 대판 2021.2.10, 2015다254231.

6) 대판 2021.2.10, 2015다254231. 대학교원재임용 관련. 통상해고에 응용될 수 있을 것임.

7) 대판 2006.2.24, 2002다62432.

8) 서울지판 2004.4.22, 2003가합30710. 개인 고객을 대상으로 하는 '영업팀 평가기준'은 징계에 반영되는데 비해 '법인 영업팀' 평가기준은 승진·교육에만 활용되도록 한 인사규정의 효력을 부정.

업무의 전체 또는 중요한 부분이 개인별로 계량적·정량적으로 평가될 수 있는 업무에 있어 실적이 없거나 극히 낮으면 해고에 해당하는 업무저성과가 될 수 있다. 독일 연방노동법원의 판결은 업무저성과를 판단함에 있어 상대적기준을 인정한다. 이 판결은 업무저성과판단을 위한 상대적기준으로 '업무성적이 평균근로자의 1/3에 미치지 못하는 경우'[1]를 제시하고 있다. 이 때 상대적기준이라 함은 근로자의 일정비율을 업무저성과관리프로그램에 포함시키는 것을 의미하지 않는다. 업무저성과라는 사실을 절대적으로 판단함에 있어, 저성과해당여부를 결정하는 기준이 다른 근로자의 업무성과의 일정비율로 정해진다는 의미이다. 독일판례의 접근방법은 계량적평가에 있어 검토대안이 될 수 있다.

비계량적업무의 경우에는 업무저성과가 정성적으로 이루어진다. 전형적인 방법으로는 근무성적평정제도에 의한 평가를 들 수 있다. 과오나 실수의 횟수, 흠있는 업무수행결과 등도 해고에까지 이를 수 있는 업무저성과가 될 수 있다.

② **저성과 정도와 지속성**

해고에까지 이르는 업무저성과로 인정받으려면 저성과정도뿐아니라 지속성이 수반되어야 한다. 즉, 고용관계유지가 곤란한 수준의 업무저성과가 일시적[2]·돌발적·우연적이 아니라 상당기간 지속적으로 나타나야 한다.[3] 이 때 상당기간은 저성과유형, 기업여건, 근로자지위, 업무성격 등 제반사정들을 고려하여 개별사건별로 달리 판단된다. 판례를 중심으로 살피면 해고에까지 이르는 업무저성과에 있어 지속성으로 요구되는 상당한 기간은 다양한 모습을 보여주고 있다. 첫째, 1년간 미수금회수실적이 없고, 다음해에도 동종업무 직원의 10%에도 미달한데 대해 업무저성과를 이유로 한 통상해고를 인정한 사례[4]가 발견된다. 이 사례는 지속성에 대해 2년이라는 매우 짧은 기간을 인정하고 있다. 다만 해당근로자가 주된 업무에서 극단적인 저성과를 보여주고 있는 것이 특징이다. 둘째, 근무성적평정에서 연속하여 3년간 최하위등급을 받은 근로자에 대해 통상해고를 인정한 사례[5]가 있다. 최하위등급이라는 저성과가 연속적으로 이루어진 점에 주목할 필요가 있다. 셋째, 근무성적평정결과, 4년간 6,300명중에서 최하위평정

9) 중노위 2008.2.20, 2007부해947. ↘ 915쪽

1) BAG Urteil vom 11. 12. 2003-2 AZR 667/02, NZA 2004, 784.

2) 서울민지판 1974.5.13, 73가합4840. 근무성적평가결과가 45명 중 43위이나 일시적이고, 이외에 업무처리능력이 현저히 부족하다는 객관적증거가 없으므로 해고의 정당성을 인정할 수 없음.

3) 〈비슷한 취지〉 대판 1991.11.26, 90다4914. 근무성적이 나빠도 일시적이면 징계의 정당성 부인.

4) 대판 1987.4.14, 86다카1875. 거래처개척·계약서관리·미수금관리업무담당, 경고 3번, 대기발령중 근태불량.

5) 중노위 2005.6.9, 2004부해844 ; 서울민지판 1990.4.12, 89가합33263. 근무성적이 여러 차례 평균이하로 평가되어 승급에서 누락(7번 승급제한, 연3년 근무평정최하위).

을 받은 업무저성과에 대해 통상해고를 인정한 사례[1]가 있다. 극단적으로 근무평정이 낮은 경우이다. 넷째, 협조성부족, 직무수행능력 부족 등 불량한 근무태도가 4년동안 지속된 업무저성과에 대해 통상해고를 인정한 사례가 있다.[2] 이 사례는 일신상사유가 아닌 행태상사유를 업무저성과로 하고 있다. 다섯째, 6년동안 인사고과가 하락하고, 수차례에 걸쳐 평가점수가 최하위이면서, 단순업무에서 동일한 실수를 반복하는 업무저성과에 대해 통상해고를 인정한 사례가 있다.[3] 이 사례는 인사고과가 최하위가 아님에도 불구하고 지속적으로 저하된다는 점과 다소 명확하지 않은 사유인 동일한 실수의 반복을 업무저성과로 인정하고 있다.

저성과에 대한 여러 사례는 낮은 근무평정, 과오나 실수, 흠 있는 업무수행결과에 대해 그 강도와 지속성을 같이 고려하고 있다. 양자사이의 관계는 정확하게 비례하는 것은 아니지만 강도가 세면 지속성요구가 약하고 반대로 강도가 약하면 지속성요구가 강한 것으로 판단된다. 한 번의 행위라도 고용관계를 유지할 수 없을 정도로 인정받는 경우가 있을 수 있으며, 여러 번의 실수라도 근로관계에 심각한 부담을 주지 않으면 사용자가 수인해야 한다.[4]

③ 절대평가와 할당방식

관리대상이 되는 업무저성과에 대해, 판례는 "같은 지위에 있는 근로자에게 요구되는 최저한의 실적에도 미치지 못하는 정도"[5]를 기준으로 제시하고 있다. 즉, 상대평가방법을 부정하고 있는 것이다. 관리대상이 되는 저성과자수를 정함에 있어 상대적평가방법을 부정하는 판례의 태도는 업무저성과판단이 해고로까지 이어질 수 있으므로 신중하게 판단해야 하는 점을 고려한 것으로 보인다.

④ 관리대상자선정의 정당성 강화 요소

평가과정을 거쳐 업무저성과자로 판정이 되더라도 해고에까지 이르는 관리대상자로 결정함에 있어서는 신중한 접근이 요청된다. 신중한 접근은 공정성과 투명성의 확보를 통해 실현될 수 있다. 공정성확보를 위해서는, 평정을 통해 확인된 업무저성과자를 저성과관리대상자로 선정하는 과정이 필요하다. 심사주체를

---

1) 서울행판 2009.2.3, 2008구합38551.
2) 서울행판 1999.11.2, 99구10178.
3) 서울행판 2003.1.24, 2002구합16306.
4) BAG Urteil vom 1.17.2008-2 AZR 536/06, NZA 2008, 693. 실수율이 다른 근로자들의 3배에 해당한 사례에서 실수율은 근로계약의무에 대한 근거가 되지 못하고 실수의 횟수, 실수의 종류, 해당근로자의 불완전한 노무의 중대성과 그 결과 등을 고려하여 이를 입증하여야 한다고 봄.
5) 대판 1991.3.27, 90다카25420. 보험료입금실적에 대해 높지 않은 목표치를 설정했음에도 1년5개월 동안 달성율이 22%에 그치고 보다 낮은 직급인 과장급직원의 평균 6%에 그친 사례.

달리하는 2회이상의 다단계심사방법을 택하면 공정성이 강화된다.[1)]

투명성확보를 위해서는, 업무저성과평정에서부터 업무저성과개선관리와 해고에 이르기까지의 일련의 과정이 객관성, 공정성 및 합리성이 확보된 제도적절차에 따라 보장되어야 한다. 구체적으로는 업무저성과개선프로그램, 역량향상프로그램 등 취업규칙성격을 갖는 업무저성과관리제도가 미리 마련되어 있고, 그러한 제도가 공정하게 집행되어야 한다. 근로자집단과 협의를 하도록 하는 등 근로자 참여를 보장하는 것은 정당성을 강화하는 요인이 된다.[2)] 취업규칙의 해고조항이 있으면 업무저성과관리제도의 신설은 해고규정의 절차와 내용을 세부화하는 것이기 때문에 불이익변경이 아니므로 근로자집단의 동의를 거치지 않고 의견청취로도 가능하다는 판결[3)]이 발견된다. 이처럼 업무저성과관리제도의 신설이 협의사항이라고 판단하더라도 합의를 한다면 정당성이 더욱 강화될 것이다. 구체적으로는 노사협의회와 같은 공식과정을 거쳐 합의를 하는 것이 바람직할 것이다. 노동조합과 또는 노사협의회에서 합의된 프로그램의 내용은 준수되어야 하며, 일방적으로 이를 변경하거나 이행하지 않으면 정당성이 부인될 수 있다.[4)]

신설된 업무저성과관리제도는 취업규칙에 해당된다. 따라서 기존제도를 근로자에게 불리하게 변경하는 경우에는 근로자집단의 동의가 필요하다.[5)] 근로자참여는 제도설정뿐아니라 제도운용에 있어서도 정당성을 강화하는 요인이 된다. 해당근로자에 대한 평가결과의 설명·협의,[6)] 전체과정에서 노동조합에 대한 설명·협의[7)] 등은 정당성판단에 영향을 미친다.

3·바. 절차적요건으로서의 고용유지노력

(1) 배 경

① 근로계약이행과 배려의무

관리대상자가 공정한 평가를 거쳐 선정되었더라도, 이들을 바로 해고하는 것

---

1) 대판 2012.5.29, 2011두4760. 역량향상프로그램 관련, ① 1차심사로 업무실적평가가 최하위인 대상자 선정(91명) ② 2차심사로 3개월동안 소속부서장심사 ③ 3차심사로 검증위원회에서 교육대상자 선발(52명).
2) 서울행판 2004.12.24, 2004구합18047 ; 서울행판 2011.9.9, 2010구합41673 등.
3) 대판 2012.5.29, 2011두4760.
4) 서울고판 2002.12.13, 2001누13074. 고용유지훈련을 통한 직무전환 합의 관련.
5) 대판 2016.8.17, 2016두38280. 부실 근로자 관리방안을 일방적으로 변경하여 업무 저성과자를 대상으로 실시하는 직무평가의 횟수와 기간을 줄인 것(2단계 프로그램에서 6개월을 단위로 한 1, 2차 평가에서 3개월의 1차 평가만으로 바로 직권면직할 수 있도록 변경)은 효력이 없고, 이에 따라 이루어진 직권면직도 무효이다.
6) 대판 2011.7.28, 2009두2665. 근로자본인과의 성실한 협의는 인사권행사의 정당성 강화.
7) 대판 2009.4.23, 2007두20157. 은행이 노동조합과 합의하여 근로자를 선정하고 인사 발령한 것은 그 선정기준이 합리성과 공정성을 결여한 것으로 볼 수 없으므로 적법.

은 정당성을 충족하지 못할 수 있다.

업무저성과를 이유로 하는 통상해고 특히 일신상사유해고는 과거의 비리나 규율위반을 이유로 하는 징계와는 달리 현재는 물론이고 장래에도 근로계약의무를 이행하지 못할 정도의 흠을 요건으로 한다. 업무저성과를 이유로 하는 해고는 최후수단이어야 하는 점, 사회통념상 상당성이 있고 권리남용이 없어야 하는 점, 업무저성과가 근로자의 과실이나 고의에서 비롯되는 것이 아닌 점 등을 고려하여 신의칙상의 배려의무를 충족해야 한다. 이러한 배려의무는 기업으로 하여금 업무저성과를 관리하는 목적을 근로자의 업무능력을 배양하고 인력을 효율적으로 배치하는데 둘 것을 요구한다.

업무저성과에 대한 관리는 근로자를 퇴출하기 위해서가 아니고 고용을 유지하기 위해서 행해지는 조치여야 한다.

② 고용유지조치의 진정성

고용유지조치에 대한 사용자의 진정성은 업무저성과관리의 정당성을 판단하는 기준이 된다. 고용유지조치도 제도의 설정·운용과정에서 객관성, 명확성, 합리성 및 공정성을 확보해야 한다. 근로자참여의 질과 양은 정당성판단에 영향을 미칠 것이다.[1] 고용유지조치는 개선기회부여와 해고회피노력으로 구분된다.

(2) 업무저성과 개선기회 부여

업무저성과자에 대한 개선기회는 경고와 지도, 교육과 능력개발 그리고 이를 위한 대기발령의 형태를 통해 부여될 수 있다.

① 자율적 개선기회로서의 지시·주의·경고

업무저성과자에 대해 행해지는 면담·지시[2]·주의·경고[3] 등의 선행조치는 기본조치로서[4] 업무저성과관리의 정당성을 강화해준다.[5] 근로자가 합리적인 이유없이 이러한 조치에 불성실하게 임하는 것은 업무명령위반이다.

---

1) 대판 1987.4.14, 86다카1875. 대기발령 받은 후 5일간만 출근하고, 그 후 3~4일은 전화연락만 하고 결근한 사실을 정당성판단의 한 요건으로 봄.

2) 서울행판 2003.1.24, 2002구합16306. 매년 인사고과에서 업무수행능력 및 지식을 향상시키라는 지시를 받은 것을 정당성 판단의 요소로 보았음; 서울행판 2011.9.9, 2010구합41673. 평가단계에서 업무수행능력 향상 지시를 받았고, 임원이 대상자와 면담하여 부족부분을 지적하고 보완할 것을 독려하여 개선기회를 부여받은 점을 이유로 정당성을 인정.

3) 대판 1987.4.14, 86다카1875. 3번의 경고를 정당성판단요건으로 봄.

4) 大判地決 1992.3.23. 井上達明建設事務所사건, 勞判623号 65頁.

5) 입증자료로 남기고, 인사위원회와 같은 정식절차를 통해 조치를 취함으로써 분쟁소지 감축(한국경영자총협회, 앞의 보고서, 21쪽); 박종희(2014.12), 앞의 논문, 325쪽.

② 타율적개선기회로서의 교육 · 능력개발

㈎ 필요성

업무저성과관리제도가 정당성을 확보하기 위해서는 대상자로 선정되기 전과 후에 행해지는 지시 · 주의 · 경고만으로는 부족하다. 특히 저성과의 정도와 지속성이 강해 관리대상자로 선정된 업무저성과자에 대해서는 교육이나 능력개발기회가 제공되어야 해고의 정당성이 강화된다. 다만, 교육제공의무가 있는지를 판단함에 있어서는 기업규모, 채용조건, 업무성격 등이 종합적으로 고려되어야 한다.

㈏ 내용과 방법

제공된 교육의 타당성은 지원제도구축여부, 실제지원여부, 지원기간, 지원내용 등을 종합적으로 고려하여 판단된다. 교육내용은 대상근로자의 취약한 능력을 향상시키는 것으로 업무 또는 저성과사유와 연관되어야 하며 이와 무관한 과제를 부여하는 것은 부당하다.[1] 교육이나 과제해결을 위한 기간은 합리적이고 충분해야 진정성을 인정받을 수 있다.[2] 근로자에게 제공되는 개선기회프로그램이 특정근로자퇴출을 목적으로 운용되면, 정당성이 부정된다. 감당할 수 없는 과제를 부여하거나, 엄격한 근태관리를 통해 해고를 유도하면, 정당성이 부인될 수 있다.[3] 개선기회프로그램은 설계에서부터 대상자퇴출에 이르기까지 저성과개선에 의한 업무복귀라는 목적에 맞게 운영되어야 하고, 프로그램운영과정이 지속적으로 피드백되면 정당성이 강화된다.[4]

㈐ 교육평가

교육결과평가는 교육이수내용평가와 업무부여후근무성적평가로 가능하다. 교육이수내용평가에 대한 정당성은 근로자참여의 적극성, 목표설정과 목표달성평가의 적정성 등으로 판단된다. 업무부여후근무성적평가는 원칙적으로 관리대상자로 선정되기 전의 평가기준 · 방법을 적용하여 이루어져야 한다. 개선기회를 부여했는지 판단함에 있어 교육이수내용평가도 인정된다.[5]

---

1) 서울고판 2011.11.9, 2011누8538. 10년 넘게 수도사업관리소 시설관리과에서 근무한 근로자에게, 5개월이 안 되는 기간을 부여하여, 실근무분야와 무관한 소방설비기사자격증을 취득하도록 하고, 실패를 이유로 직권면직한 것은 부당.

2) 한국경영자총협회, 앞의 보고서, 29쪽. 7개월 정도의 기간에 걸쳐 최소 3단계 이상의 프로그램을 정하여 운영하는 방식을 제시하고 있다. ; 서울고판 2011.11.9, 2011누8538. 근무분야와 무관한 자격증을 따기 위해 5개월을 부여한데 대해 정당성 부인.

3) 청주지판 2013.1.8, 2011나3412. 114 안내원에게 기술직업무를 수행케 하고, 업무수행실적이나 연차휴가 등을 지나치게 엄격히 관리해 지시위반을 일으키도록 유발하여 파면한 것은 인사권 및 징계권의 남용.

4) 서울행판 1987.4.14, 86다카1875 ; 서울행판 2011.9.9, 2010구합41673. 상사와의 면담을 통해 보완할 점을 지적하고, 개선을 독려하는 등의 조치를 긍정적인 요소로 인정.

㈑ **진정성**

관리대상자중에서 개선가능성이 확인된 인원을 복귀[1]시킨 실적이 상당해야,[2] 개선기회제공프로그램의 진정성이 인정될 수 있다. 이를 위해서는 부여된 목표가 어렵지 않아야 한다. 근로자가 저성과개선프로그램에 참여를 거부하거나 불성실하게 참여하면 업무명령위반법리가 적용될 수 있다.[3]

㈒ **인사명령**

㉮ 직위해제 · 대기발령

교육이나 업무능력개발은 직위해제나 대기발령을 수반할 수 있다. 직위해제나 대기발령은 사용자의 재량이 상대적으로 넓게 인정되나, 정당한 이유가 요구되므로, 직무수행능력부족 · 업근무태도불량의 존재가 객관적자료에 의해 입증되어야 하며, 합리성이 없는 장기간의 대기발령은 무효이다(같은장, 같은절 2·다,(3),③).

㉯ 중간절차로서의 개선기회

특별과제의 수행실적평가 등이 포함된 업무저성과관리프로그램을 적용하고 그 결과를 평가한 대기발령에 대해 정당성을 인정한 사례[4]가 발견된다. 사용자는 대기발령기간중에 근로자가 실적이나 역량을 향상시킬 수 있도록 지원을 소홀히 한 해고에 대해 부당하다고 본 하급심판결[5]이 있다. 대기발령후일정기간경과만을 이류로 삼아 당연퇴직토록 하는 것은 개선기회부여라는 중간절차가 생략되어 있으므로 그 자체로 효력이 없으며, 이 경우 대기발령사유가 해고의 정당성을 충족[6]시켜야 한다.[7] 정당하게 이루어진 대기발령기간중에 개선기회를 주었음에도 그 사유가 소멸되지 않아 행한 당연퇴직이나 면직처분은 정당하다.[8] 대기발령근거만 마련되어 있는 상태에서 세부기준을 만드는 것은 업무저성과자관리지

---

5) 대판 2012.5.29, 2011두4760. 무단불참에 대해 행한 정직처분, 업무수행보고서 제출 미이행을 해고사유로 고려한데 대해 이를 인정. ↘ 920쪽

1) 서울행판 2003.11.13, 2003구합16105. 원직복직을 의미하지 않음. 법인 사무국의 2급 사무국장, 대기발령한 후, 복직과정에서 3급 무보직으로 복직시켰다가 해당 근로자의 요청으로 2급 무보직으로 다시 발령, 봉급도 같은 기준으로 지급한 데 대해 정당성을 인정하고 있다.

2) 서울행판 2011.9.9, 2010구합41673. 29명 중 8명은 복귀, 나머지는 희망퇴직 등을 한 데 대해 정당성 인정.

3) 대판 2012.5.29, 2011두476 ; 서울고판 2015.12.11, 2015나2022593. 역량향상교육미수료로 견책을 받고도 시말서제출을 거부하여 감급처분을 한 것은 사죄문이나 반성문이 아니고 양심의 자유를 침해한 것이 아님.

4) 중노위 2005.6.9, 2004부해844. 연속 3년 최하위 등급.

5) 서울행판 2004.9.17, 2003구합23769. 영업실적을 제대로 달성할 여건을 조성해 주지 않고, 영업현장에서 차단된 채 7개월간 아무 연락이 없다가 실적부진을 이유로 해고한 것은 부당.

6) 대판 2007.5.31, 2007두1460. 대기발령당시에 이미 사회통념상 해당근로자와의 고용관계를 계속할 수 없을 정도의 사유가 존재하였거나, 대기발령 기간 중 그와 같은 해고사유 확정 필요.

7) 대판 2007.9.21, 2006다25240.

8) 대판 2005.11.25, 2003두8210 ; 대판 2006.8.25, 2006두5151.

침의 형식을 취하더라도 이를 취업규칙의 불이익변경으로 보지 않는다.[1)]

㈐ 인사명령과 업무상 필요성

업무상 필요성이 거의 없음에도, 새로운 부서를 만들어 실적이 저조하거나 근속기간이 긴 직원들을 당사자들과 사전협의도 없이 인사발령한 것은 인사재량권 남용에 해당하여 무효이다.[2)]

(3) 해고회피조치

개선기회를 부여받고도 해소되지 않은 업무저성과는 통상해고사유이다. 다만, 통상해고는 징계해고에 비해 보다 더 최후수단으로 이루어질 것이 요청된다. 따라서 통상해고에 앞서 배치전환, 전보·전직, 휴직 등을 통해 해고를 피하려는 노력이 필요하다. 통상해고회피조치의 내용은 기업의 사정에 따라 달라질 수 있다. 조직실태나 인사관리에 있어 해고회피조치를 취할 수단이 있음에도 불구하고, 이를 시행하지 않고 행한 통상해고는 정당성을 인정받기 어렵다.[3)] 대기발령과 관련하여 근로자가 문제를 인식하고 합리적이고 적절한 전보를 요구하면 사용자는 이를 수용하여야 하며, 이를 위반한 해고를 무효론 본 판결[4)]이 있다. 해고회피수단으로 활용되는 인사조치는 공정해야 한다. 업무저성과관리대상자들에 대해 인사고과등급비율을 일반직원들과 다르게 설정하여 임금을 삭감하는 것은 차별적인 의도에서 비롯된 것으로 평등원칙(헌법 §11)에 위반된다.[5)]

(4) 업무저성과사유별 고용유지조치

업무저성과관리대상자에 대해 취해져야 할 고용유지조치의 내용은 그 사유에 따라 달라진다.

① **채용조건**

능력이나 자격이 부족한 경우에는 채용조건에 따라 달라질 수 있다. 특별히 업무를 한정하지 않고 채용된 경우에는 개선기회부여와 해고회피조치가 상대적으로

---

1) 서울행판 2004.9.17, 2003구합23769. 〈통상해고 부당, 인사규정 유효〉 포괄적·추상적으로 규정되어 있던 인사관리지침에 대해 인사에 반영되는 영업실적기준(고객유치시 실적반영비율 등)을 세부적으로 명시한 사례.

2) 서울고판 2016.7.13, 2015나2046698.

3) 대판 2016.4.24, 2015두45113. 재직 중 장애를 입은 지방공무원이 직권면직사유인 '직무를 감당할 수 없을 때'에 해당하는지 여부는, 기존 업무외에 그가 수행할 수 있는 다른 업무가 존재하는지 여부 및 공무원의 수와 업무분장에 비추어 다른 업무로의 조정이 용이한지 여부 등을 포함한 제반 사정을 종합적으로 고려하여 합리적으로 판단해야 하는데 해당자는 보조기구를 이용하면 소방공무원의 업무 중 내근 업무를 수행하는 데 지장이 없고 인력현황상 내근 업무만을 담당하도록 하는 것이 가능해 보임.

4) 서울행판 2006.1.27, 2005구합23879 ; 東京高判 1979.3.31. 上野學園사건, 勞民集31卷2号324頁. 근무성적불량에 있어 현재 수행하는 일에 한정되지 않고 전직 가능한 다른 업무를 포함해서 적격성을 판단.

5) 대판 2015.6.24, 2013다22195. ○○금융투자 주식회사 사건.

넓게 적용될 수 있다. 이러한 채용은 근로계약체결당시에 특별히 요청되는 업무수행능력이 명시되어 있지 않고, 직무교육과 인사이동 등을 통해 습득하도록 예정되어 있다고 볼 수 있기 때문이다. 특별히 업무를 한정해서 채용했다면 해당업무내에서 배치전환을 고려하게 되는 등 해고회피조치의 적용여지가 좁다. 이러한 경우에도 특별히 기술·자격 등을 지정하지 않고 채용된 경우에는 개선기회가 상대적으로 넓게 부여될 수 있다. 그러나 특별히 기술·자격 등을 지정해서 채용된 경우에는 개선기회가 부여될 여지가 좁아진다. 특히 자격을 완전히 상실한 경우에는 해고회피조치가 적용될 여지가 없다. 다만, 자격을 일시적으로 상실했다면 여러 사정을 종합적으로 고려하여,[1] 휴직·정직 등의 해고회피조치가 적용될 수 있는지를 판단할 수 있다.

② 근무태도

협조성이 부족한 것처럼 근무태도에 문제가 있다면, 개선기회부여와 해고회피조치가 모두 적용될 수 있다. 이 경우에 해고회피는 팀원들의 협력을 전제로 하는 업무에서 혼자 하는 업무로 전환하여 배치하는 형태로 나타날 수 있다.

③ 휴직과 근로관계종료

㈎ 복직거부

㉮ 복직원미제출

취업규칙 등에 정해진 휴직기간이 종료된 후에 복직원을 제출하지 않으면 당연퇴직(같은장 제4절,3) 또는 해고한다는 규정을 두고 있다면 그 효력은 원칙적으로 인정된다.[2] 그러나 이 경우에도 복직원을 제출하지 못할 특별한 사유가 있는지를 살펴야 한다. 구체적으로는 사용자귀책사유여부, 휴직기간적정성, 경영사정, 복직가능여부, 휴직기간연장규정유무, 휴직기간연장불가피성 등을 종합적으로 따져 신의성실원칙에 적합하고, 권리남용이 아니라는 점이 인정되어야 한다. 근로자의 복직신청에 대해서는 취업규칙 등에 정한 사유를 기계적으로 해석하지 말고, 규정의 취지 등을 감안하여 합리적으로 판단해야 한다. 사용자의 묵시적인 동의가 있었음에도 명시적인 복직신청이 없다는 점을 당연퇴직사유로 삼는 것은 부당하다.[3]

---

1) 서울고판 1991.1.23, 90구10997. 운전면허기한부정지 관련. 면허정지기간·사유, 근무기간, 업무내용 등을 종합하여 근로관계를 계속 유지할 수 없을 정도로 중대한 사유인지, 정직이나 휴직 등 다른 징계나 제도에 의하여 해고를 회피할 수 있는지를 판단.

2) 대판 1996.10.29, 96다21065. 휴직기간만료후에 근거없이 내용증명우편으로 휴직기간연장을 요청하고 복직원을 제출치 않은 점을 정당해고의 한 이유로 듦 ; 근로개선정책과-2251, 2011.7.19.

3) 대판 2009.6.11, 2009두3583. 회사가 휴직기간연장이나 복직절차준수에 대해 언급 없이 건강상태에 문제가 없다면 복직이 가능하다 하였으므로 묵시적으로나마 휴직연장합의가 인정됨에도, 의사소견서에서 건강을 확인

㉯ 일방적 연장 요청

병원진단, '회사업무에 초래하는 지장의 정도' 및 '기타 사회통념'에 비추어 볼 때 휴직기간이 적정해야 한다. 적정하게 정해진 휴직기간이 종료했음에도 불구하고 휴직연장을 요구하면서 출근치 않으면 해고의 정당성이 인정된다.[1]

㈏ 업무수행능력 저하

㉮ 원 칙

휴직기간이 지나도 질병이 낫지 않는 등 휴직사유가 해소되지 않아 계속근로가 곤란하거나 노동력배치에 커다란 영향을 미칠 경우에는 해고사유가 될 수 있다. 휴직원인이 회사의 귀책사유라면 취업규칙 등에 근거가 있더라도 휴직기간 만료만을 이유로 해고할 수 없으며,[2] 제반사정을 종합적으로 고려하여 합리적으로 판단해야 한다. 업무상재해인 경우에는 근기법 제23조제2항에 규정된 해고제한요건에 해당되지 않아야 해고가 가능하다.

㉯ 일반적 기준

신체·정신장해에 따른 업무성적미흡으로 행하는 해고·자동퇴직은 통상해고에 해당될 수 있다. 이러한 이유로 근로관계를 종료하려면 신체장애경위, 사용자귀책사유·업무상사유해당성,[3] 치료기간, '치료종결후 노동능력상실정도',[4] '사고당시 담당업무의 성격과 내용',[5] '잔존노동력으로 감당가능한 업무유무·내용', '직장복귀를 위한 담당업무조정 등의 배려', '사용자의 배려에 대한 근로자의 적응노력' 등 제반사정이 종합적으로 고려되어야 한다.[6]

할 수 있는 상황에서 '택시운전업무를 해도 된다'고 명시되지 않은 이유로 퇴직처리한 것은 타당치 않음.

1) 대판 1996.10.29, 96다21065. 버스운수회사의 단협에 기간연장규정없이 휴직기간을 45일로 규정, 3배에 해당하는 기간의 휴직연장을 신청하고 원래의 휴직기간 만료 후 출근치 않은 사안, 해고인정. 다만 이 판례도 단협의 형식적요건충족(휴직기간 45일 초과)만으로는 정당성판단에 미흡하다고 하면서 휴직기간연장의 당위성, 복직원미제출, 휴직원제출지연 등 여려 요인을 종합적으로 판단.

2) 대판 1991.10.11, 91다19883.

3) 서울행판 2006.3.28, 2005구합30709. 업무외사건이라는 점이 정당성판단근거로 작용 ; 서울행판 2006.1.20, 2005구합14158. 업무와 무관한 폭력사건 관련 ; 서울행판 2007.10.2, 2007구합9467. 지병인 당뇨에도 불구하고 흡연, 음주 등 건강관리에 소홀히 하여 발생한 합병증이 원인이 된 서건.

4) 서울행판 2007.8.31, 2006구합17918. 중량물취급이 어렵고 수행가능업무가 제한적인 단기간작업에 국한된 점, 척추중증장애로 노동에 현저한 제한을 가할 필요가 있는 경우로 인정되어 국민연금법상 3급 장애등급을 받은 점을 해고사유로 보았다. ; 서울행판 2006.3.28, 2005구합30709. 치료기간이 8개월여에 달한 점을 해고사유로 봄 ; 서울고판 2007.6.21, 2006누13529. 뇌경색으로 50여일 치료를 받은 점을 해고사유로 봄 ; [부정] 대판 1997.8.26, 96누14593. 소음성난청에 따른 작업전환이 필요하다는 소견에 따라 적절한 보직변경을 행하여 근무하던 중 장해보상을 받게 되자 취업규칙의 규정을 근거로 직권면직한데 대해 장해의 정도가 변경된 보직을 수행하는데 지장이 있을 정도가 아니고 실제로 근무능력이 떨어지지 않는다는 이유로 정당성 부인.

5) 서울고판 2007.6.21, 2006누13529. 운전기사는 정신적·육체적소모를 감당하며 순발력을 위해 상·하지 근력이 필요하다는 점을 고려.

6) 대판 1992.11.13, 92누6082 ; 대판 1993.7.13, 93다3721 ; 대판 1995.7.14, 95다1767 ; 대판 1996.12.6, 95다

㉰ **해고사유 해당성**

사고[1]나 질병[2]으로 입원한 근로자에 대해 취업규칙 등에 규정된 휴직기간을 초과하여도 사실상 근로가 불가능하거나[3] 신체장해가 있어 업무수행능력이 현저히 떨어지는 경우[4]에는 취업규칙 등에 따라 해고의 정당성이 인정될 수 있다.

휴직기간만료후에 계속되는 치료로 업무에 막대한 지장을 초래하는 경우,[5] 휴직기간의 연장이나 복직에 관해 조치를 취하지 않은 경우,[6] '휴직기간을 초과한 장기휴직으로 업무에 지장을 초래하는 경우',[7] '요건에 미달하는 진단서를 제출한 경우'[8] 등이 정당한 해고사유로 인정되고 있다. 사용자가 근로자에게 '근무적합성판단을 위한 의학적소견'을 제출할 것을 요구할 수 있으며 합리적인 이유 없이 이러한 요구에 응하지 않으면 면직 또는 해고사유가 될 수 있다.[9]

㉱ **해고회피노력**

부상이나 질병이 근로제공의무를 고의로 게을리한 결과는 아니므로, 상실한 직무수행능력의 정도에 따라 장래의 일실이익에 관한 손해배상문제는 별론으로 하고, 개선기회를 제공하고 해고회피조치를 취하여야 통상해고의 정당성이 강화된다. 가벼운 업무로 전보한 상태에서 추가적인 배치전환여력이 없다면 해고의 정당성이 인정될 수 있다.[10] 반면에 업무를 계속 담당할 경우에 장해부위가 악화될 가능성 등이 객관적으로 인정되는 경우에는 해고회피노력이 요구되지 않을 수 있다.[11] 근로자가 일방적으로 연장을 신청하고 결근한 경우처럼 업무성과외에 다른 사유가 있거나,[12] 배치전환 등 적절한 수단이 없거나,[13] 근로자가 배치전환 등

45934. 업무상재해로 인한 장해근로자에 대해 업무조정을 통해 전환배치노력을 하였으나 직무수행이 여전히 곤란하여 정년에 이르기까지의 노동력상실에 대한 배상을 마친 후에 행한 퇴직조치를 인정한 사례.

1) 대판 1996.10.29, 96다21065.
2) 대판 2007.5.10, 2007두2961. 유급병가기간 후, 무급휴직제도를 사용하고 바로 복직을 요구한 사례.
3) 대판 1993.11.9, 93다7464.
4) 대판 1993.7.13, 93다3721. 업무외부상으로 36%의 노동력을 잃은 택시운전사에 대해 정당해고를 인정.
5) 서울행판 2006.1.20, 2005구합14158.
6) 서울행판 2006.3.28, 2005구합30709.
7) 서울행판 2006.3.28, 2005구합30709. 운전직관련 ; 서울행판 2006.1.20, 2005구합14158. 운전직관련.
8) 서울행판 2007.8.31, 2006구합17918.
9) 서울행판 2006.3.28, 2005구합30709.
10) 대판 1996.12.6, 95다459345. 〈해고인정〉 신체장애로 직무를 담당하기 어려운 경우를 퇴직사유로 정한 상태에서, 경미한 업무로 조정하였음에도 업무를 수행할 수 없고, 인력감량계획을 시행하고 있어 추가적인 배치전환의 가능성이 없으며, 노동력상실에 따른 손해를 배상한 상태라는 점을 근거로 삼아 직권면직.
11) 대판 1996.11.12, 95누15728. 채탄기계수리공 사례. 업무상재해요양이 종결된 후 신체장애가 남아 종전의 업무를 수행할 수 없거나 부적합하게 된 장해를 이유로 한 직권면직은 해고금지기간이 아닌 한 정당하고, 일정기간의 유예기간을 두고 배치전환 등을 하면서 관찰해야 하는 것은 아님.
12) 대판 1996.10.29, 96다21065. 단협에 규정된 휴직기간 45일 만료후 3배의 기간에 해당하는 기간연장의 요

을 거절하면[1] 해고회피노력과 관계없이 정당성이 인정될 수 있다.

3·사. 통상해고 결정

업무성적평가를 거쳐 선정된 업무저성과관리대상자에 대해 적절한 개선기회를 제공하였음에도 불구하고 가까운 장래에 개선될 가능성이 없고, 통상해고회피조치의 가능성이 없거나 근로자가 이를 받아들이지 않는 경우에는 통상해고가 인정될 수 있다. 다만, 이 경우에도 해고의 일반법리는 적용된다.

먼저, 해고결정은 비교형량원칙에 적합해야 한다. 해고는 노사의 이해관계 즉 근로관계유지와 경영사정을 비교하여 해고의 필요성이 더 크다고 인정되어야 한다. 아울러 다른 근로자에 대한 사례와 형평이 맞아야 한다.

다음으로, 해고에 관한 법령이나 자치규범이 준수되어야 한다. 서면통지 · 해고예고 등의 법정절차와 해고동의 · 협의조항 등 약정절차가 그러한 예이다. 출산전후휴가기간과 그 후 30일, 업무상재해요양기간과 그 후 30일, 육아휴직기간동안 해고를 금지하고 있는 법적제한도 마찬가지이다.

마지막으로 해고대상으로 결정된 사람에 대해서는 자발적인 희망퇴직,[2] 전직지원컨설팅서비스, 대출금상환일정조정 등의 배려가 수반된다면 업무저성과관리프로그램에 의한 해고의 정당성이 보강될 수 있다.

4. 경영해고

4·가. 개 요

(1) 의 의

① 개 념

경영해고[3]는 "경영상필요에 의해, 기업의 유지와 존속을 전제로, 일정요건아래, 근로자들중의 일부를 해고하는 것"이라고 정의할 수 있다.[4] 경영해고제한제도는 '해고의 사유 · 절차' 및 우선재고용제도로 구성되어 있다.

경영해고는 기업의 유지 · 존속을 전제로 한다. 회사소멸[5]이나 '사업폐지를 위

구에 대한 거부를 업무공백을 이유로 인정.

13) 서울고판 2007.6.21, 2006누13529. ↘ 925쪽

1) 서울행판 2007.8.31, 2006구합17918.

2) 서울행판 2011.9.9, 2010구합41673. 〈해고인정〉 탈락자중 17명이 희망퇴직신청, 이를 거부한 1명 해고.

3) 정리해고는 일본에서 도입된 용어로 법정용어가 아니며, 고용조정은 근로자수를 조정하는 외에 근로시간조정, 기존노동력 활용방법 변경, 임금조정 등을 포괄하는 개념이다. ; 경영해고는 고용조정방법중의 하나이다.

4) 대판 2001.11.13, 2001다27975 ; 대판 2003.4.25, 2003다7005.

한 청산'에 따른 해고'는 기업의 유지·존속을 전제로 하지 않거나, 기업경영의 자유에 속하는 것이어서,[1] 경영해고에 해당되지 않는다.[2] '사업폐지를 위한 청산'이라 함은 파산을 의미하므로, 회생절차는 이에 해당되지 않는다.

② **취 지**

자본주의경제체제에서 기업유지는 국민생활을 보장해 주는 기본적인 조건이다. 기업경영이 어려움에 직면할 때에 기업의 인적·물적규모를 효율적으로 조정하는 것은 경제원리 또는 법원리에 비추어 정당하다. 기업운영에 필요한 인력규모는 상당한 합리성이 인정되는 한, 경영판단의 문제이다.[3]

③ **성 격**

경영해고는 근로자측사정이 아닌 비귀책성, 해고대상자가 특정되지 않는 불특정성, 해고자가 복수인 집단성의 특징을 가진다.[4] 이러한 특징때문에 경영해고 남용은 근로자생활을 크게 위협하고 사회문제화할 위험이 크다.

(2) 연 혁

경영해고규정은 '1996년 제정 근기법'에 신설되었다. 그러나 이법은 입법추진과정에서 발생한 사회적물의가 이른바 노동법파동으로 발전하여 시행되지 않은 채 폐기되었다. '1997년 제정 근기법'은 폐기된 법중에서 해고사유부분과 노동조합사전통지기간을 수정하여 '경영상이유에 의한 해고' 규정을 신설하였다.

'1998년 개정 근기법'은 폐기된 법규정중에서 '양도·인수·합병을 긴박한 경영상 필요로 보는 내용'과 '60일전 사전통보'를 부활시키고, '대량해고에 대한 신고의무'를 신설하였다. 2007년에는 사전통보기간이 60일에서 50일로 단축되었다.

'1998년 개정 근기법'은 폐기된 '1996년 제정 근기법'의 본질적인 내용을 훼손하지 않으면서 표현을 수정하는 방법으로 우선재고용제도를 신설하고 정부의 고용안정책무를 규정했다. 이후 2007년에는 우선고용을 노력사항에서 의무사항으로 변경하고, 대상기간을 2년이내에서 3년이내로 늘리는 대신 재고용대상을 '종전의 업무와 동일한 업무'로 한정했다.

경영해고제도의 입법목적은 해고의 예측가능성을 높이고 해고회피를 위한 노

---

5) 대판 2004.3.12, 2003다44363. ↘ 926쪽

1) 대판 1993.6.11, 93다7457 ; 대판 1995.10.12, 94다52768.

2) 대판 2001.11.13, 2001다27957 ; 대판 2003.4.25, 2003다7005 ; 대판 2004.2.27, 2003두902(**한국노동법학회, 『노동판례백선』 제2판**, 182쪽. 주요판례로 소개).

3) 대판 2014.11.13, 2014다20875.

4) 노동부, 「경영해고제도 해설」, 1999, 2쪽.

사의 사전노력을 통해 부당해고를 예방하는 등 법적용의 투명성을 높여 근로자 보호를 강화하면서 구조조정을 원활하게 하기 위함이다.

(3) 정당성판단기준

경영해고가 정당하기 위해서는 '긴박한 경영상필요성', 해고회피노력, '해고대상자선정에 있어 합리적이고 공정한 기준', '근로자측에 50일전 통보 및 성실한 협의'가 있어야 한다. 이 요건은 학설, 판례, 행정해석을 통해 정립되어 우리나라와 일본에서 일반적으로 받아들여지다[1]가 근기법에 반영되었다.[2] '경영해고 4가지 요건'의 구체적내용은 확정적·고정적이지 않다. 해고요건을 갖추었는지는 개별사정과[3] 당시의 경제·사회상황 등을 종합적으로 고려하여 판단해야 한다.[4] 노동조합과 합의하여 설정한 기준은 합리성이 인정되는 것이 원칙이다.[5]

4·나. 긴박한 경영상 필요성

(1) 의 의

① 판단근거

사용자가 경영해고를 하려면 긴박한 경영상의 필요성이 있어야 한다(근기법 §24①). 근기법은 '긴박한 경영상 필요성'에 대해 '사업의 양도·인수·합병'만을 직접 명시하고 있다. 이외에도 판례는 '고도의 경영위기'를 기준으로 제시하면서 도산에 이를 정도의 긴박성을 요구하다가 그 요건을 차츰 완화하여, '인원삭감의 객관적 합리성'이 있으면 '긴박한 경영상 필요성'을 인정하고 있다.

---

1) 김형배, 『노동법』, 제20판, 650쪽 ; 김유성, "정리해고의 법리", 「노사관계」 제1권 제1호, 한국노사발전연구원, 1990, 231~238쪽 ; 대판 1990.3.13, 89다카24445 ; 대판 1989.5.23, 87다카2132.

2) ILO의 「고용종료권고」(R166, Termination of Employment of Recomendation, 1982)는 경영상해고의 정당성 요건으로 '근로자대표와의 사전협의, 해고의 방지 또는 최소화 조치, 해고대상자 선정기준, 재고용의 우선권, 해고효과의 경감' 등을 규정하고 있다.

3) 대판 2011.1.27, 2008두13972. 5년간 매년 20억원이상 적자 발생, 지속적 매출감소, 업계평균을 상회한 부채비율, 인건비비중증대 등에 비추어 긴박한 경영상의 필요가 있다. 임원진의 임금반납, 비품처분, 무급휴직·희망퇴직실시, 부동산매각추진 등 비용절감조치, 계열사에 해고대상직원의 우선채용 협조요청, 해고대상예정인원을 36명에서 17명으로 감축 등을 종합하면, 해고회피노력도 인정된다. 해고대상자선정기준은 구성항목과 항목별 배점배정이 기업경영상 이해관계와 근로자들의 개인적 사정을 적절히 고려한 것으로 보이고 자의적·주관적 요소를 배제하는 등 전체적으로 합리적이고 공정하다. 또한 노와 수회에 걸쳐 노사협의회를 개최하여 협의 및 의견제시를 요청함으로써 근로자대표와의 성실한 협의를 거쳤으므로, 요건을 모두 갖추었다.

4) 대판 2002.8.27, 2000두3061. (주)하이닉스반도체사건 ; 대판 2002.7.9, 2000두9373 ; 대판 2002.7.9, 2001다29452 ; 대판 2003.11.13, 2003두4119 ; 대판 2006.1.26, 2003다69393 ; 대판 2011.1.27, 2008두13972.

5) 대판 2002.7.9, 2000두9373. 예술의전당사건. IMF 관리체제하에서 정부의 보조금삭감조치와 인원감축요구를 감안할 때에 인원감축의 합리성이 인정됨. 해고회피노력인 임금삭감이나 무급휴직조치를 노조가 반대하였고, 대상자선정에 대해 노조와 합의하여 직제개편위원회를 구성한 후에 결정했다면 해고자선발이 위원회개최 하루 전에 이루어졌어도 합리성이 인정됨 ; 대판 2002.7.9, 2001다29452 ; 대판 2003.11.13, 2003두4119.

② **판단범위**

'긴박한 경영상 필요'는 법인별로 판단되어야 하나, 법인의 한 사업부문이 다른 사업부문과 인적·물적·장소적으로 분리·독립되어 있고 재무와 회계도 분리되어 있으며 노동조합도 따로 조직되어 있고 경영여건이 서로 다르다면 하나의 사업부문을 따로 떼어 판단될 수 있다.[1]

(2) 고도의 경영위기

① **의 의**

근로자를 해고하지 않으면 도산할 위기에 있거나, 경영악화로 사업을 계속할 수 없거나, 기업재정상 곤란한 처지에 놓일 개연성이 있는 등 고도의 경영위기[2]가 있으면 '긴박한 경영상 필요성'이 인정된다.[3] 수주감소 등 일시적인 경영상태는 '고도의 경영위기'에는 포함되지 않는다.[4] 파업으로 인해 일시적으로 정상적인 경영이 어렵더라도 '긴박한 경영상 필요성'이 있다고 보기 어렵다.[5]

② **허가취소·사업완료**

대형화재와 같은 재해, 허가취소, 사업완료, 생산의 중단·축소[6] 등[7] 불가피한 사유 때문에 일부 작업부서를 폐쇄한다면 '긴박한 경영상 필요성'이 인정된다. 하나의 사업에 속하는 특정사업단위를 폐지하더라도 이는 업무축소로서 그 사업단위에 속한 근로자만을 대상으로 해고할 수 없다.[8]

---

1) 대판 2006.9.22, 2005다30580.

2) 경영위기를 판단하는 자료로는 총자본수익률, 고정자본구성비율, 재무제표, 과거와 현재의 영업실적, 채무금상황 등을 들 수 있다. 그러나 이러한 자료를 통해 경영분석을 하는 데는 현실적으로 어려움이 있으므로 인건비 변동상태, 시간외근무 증대여부, 적자부문의 계속영업(대판 1992.5.12, 90누9421. 자본금이 8억원인 회사가 계속적인 노사분규로 1년동안 4억원의 적자가 발생하고 경영사정이 호전될 전망이 보이지 않는다는 이유로 고도의 경영위기 인정)여부, 주식배당, 외부자금지원중단(대판 1995.12.5, 95누15783. 외부자금지원이 없으면 급료마저 지급할 수 없는 상황에서 자금지원 중단 통고를 받은 사례) 등을 판단근거로 활용할 수 있다(김유성, "정리해고의 법리", 「노사관계」 제1권 제11호, 한국노사관계발전연구원, 1990, 232쪽).

3) 대판 1989.5.23, 87다카2132 ; 대판 1990.1.12, 88다카34094 등.

4) 대판 1990.3.13, 89다카24445 ; 대판 1989.5.23, 87다카2132. 대폭적자를 예상하여 정리해고한데 대해 손실액이 예상보다 25%가 적은 점과, 수출지속·원료가격인하·금융건호전 등을 감안하여, 인원정리의 필요성을 인정치 않고 있다. ; 다만 전적으로 하청에 의존하는 회사가 원청회사의 화재 등으로 수주가 중단되어 정상가동이 불가능해진 사안에 대해 경영해고를 인정한 예(중노위 1991.5.14, 91부해23)가 있다.

5) 대판 1993.1.26, 92누3076.

6) 대판 1990.1.12, 88다카34094. 한강재개발사업 완료로 한강구역내에서 골재생산을 중단, 축소조절할 수밖에 없어 일정 공구사업소를 폐지한 예.

7) 서울민지판 1976.7.13, 75카9957. 경영상태가 악화되고 쉽게 회복될 전망이 보이지 않아 일부기구(심의실, 기획부, 출판부)를 폐지한 경우 ; 대판 1987.12.22, 87다카2011. 경영상의 이유로 대학병원의 산업보건과를 연구소 산하로 이관하는 과정에서 불응자에 대해 해고한 경우.

8) 대판 1992.5.12, 90누9421. 경영위기를 판단함에 있어 독립채산제형식으로 운용되는 사업소 등 일부부서에서 적자가 계속된 것이면 그 부서만을 대상으로 할 수 있다는 하급심판례를 배격했다.

③ **사업 폐지 · 축소**

사업장중에서 1개의 공장을 폐쇄[1]하거나 경영상의 이유로 일부전문사업을 폐지[2] · 전환하여 잉여인력을 감축하는 경우에도 긴박한 경영상의 필요가 인정된다. 그러나 사업주가 동일법인격체인 사업을 2개이상의 인적 · 물적설비로 독립시켜 이 중에서 한 사업단위를 폐지하는 것은 사업폐지가 아닌 사업축소로서, 이에 따른 해고는 통상해고에 해당되고, 사업 전체의 폐지 또는 폐업과 같다고 볼 만한 특별한 사정이 있어야 '긴박한 경영상필요성'이 인정된다.[3] 일부사업장을 폐쇄해도 다른 사업장에서 사업을 계속하면 사업의 폐지가 아닌 축소이므로 폐쇄된 사업장에 종사하는 모든 근로자를 해고할 수는 없다.[4]

④ **하도급 · 위탁**

건설공사의 협력작업부문처럼 외부와 관련된 사업부문이 계속하여 적자를 내거나 수주가 떨어지는 등 경영상태가 악화되어 하도급제를 실시[5]하거나 위탁을 통해 운영하는 것은 긴박한 경영상필요성이 인정될 수 있다. 그러나 경영사정과 관계없이 도급화과정에서 도급업체로의 고용승계나 전환배치를 거부한 근로자들을 해고한 것 자체만으로는 단순한 인건비절감 또는 노무관리편의를 위한 것으로 인정될 수 있다.[6]

(3) 객관적 합리성

① **의 의**

도산위험이나 고도의 경영상위기가 없더라도 사회통념상 현재의 인원을 그대로 유지하지 못할 만한 객관적이고 합리적인 이유가 있거나, 장래에 올 수도 있는 위기에 미리 대처하기 위한 경우[7]라면 적정인원에 대한 사용자의 판단을 존

---

1) 근기 68207-3214, 2000.10.17 ; 서울고판 2002.3.8, 2000누15318. 만성적자부서를 폐지한 예.

2) 대판 1987.12.12, 87다카2011 ; 대판 1997.9.5, 96누8031.

3) 대판 1992.5.12, 90누9421 ; 대판 2021.7.29, 2016두64876 ; 〈사례〉 근로기준과-475, 2011.1.27. [부정] 조례 개정에 따른 조직의 명칭만 변경되고, 기능과 역할이 그대로 유지되는 경우.

4) 대판 1993.1.26, 92누3076.

5) 대판 1995.12.22, 94다52119.

6) 대판 2015.5.28, 2012두25873. 경영사정이 양호하고 도급부문이 필수업무로서 사업부문자체가 폐지된 된 것으로 보기 어렵고, 신규인력도 채용했다는 이유를 제시하고 있다(**한국노동법학회, 『노동판례백선』 제2판**, 163쪽. 대상판결은 긴박한 경영상 필요를 판단하는 단위는 원칙적으로 일부의 사업부문 · 사업소가 아니라 법인 전체임을 재확인함).

7) 대판 2002.7.9, 2001다29452. 우리은행사건. 2년간 공적자금을 지원받았고 일시적인 흑자가 있었으나 부실요인이 반영되지 않은 가결산이었으며 부서통폐합 등 인원과잉현상을 감안하면 긴박한 경영상 필요성 인정(**한국노동법학회, 『노동판례백선』 제2판**, 161쪽. 경영상해고에 대한 전반적인 판례의 경향은 경영상해고의 요건, 특히 경영상필요에 대한 판단기준을 완화하는 한편, 다른 요건들을 점차 구체화한다고 말할 수 있음) ; 대판

중하여 '긴박한 경영상 필요성'이 인정될 수 있다.[1)]

② **생산성향상 · 신기술도입**

인원삭감조치가 영업성적악화라는 기업의 경제적인 이유뿐아니라,[2)] 생산성향상과 경쟁력회복을 위한 작업형태변경 또는 신기술도입 등 기술적인 이유가 있거나, 기술혁신에 따라 산업의 구조적인 변화가 요청되어 인원삭감이 실제로 이루어지고 있고 또한 그럴 필요성이 인정되며,[3)] 객관적으로 보아 합리성이 있으면 '긴박한 경영상의 필요성'이 인정될 수 있다.[4)] 사회통념상합리성이 인정되기 위해서는 경영합리화, 생산성향상, 신기술도입, 자동화 등이 인원삭감과 연관이 있어야 하며, 그러한 계획이 종합적이고 체계적으로 미리 세워져 있어야 하며, 계획단계가 아닌 시행단계에서의 인원삭감이어야 한다.

③ **직제개편 · 하도급 · 위탁 · 정부방침**

경영상 부득이한 직제개편은, 불가피성이 있고 형식적인 구실이 아니라면, '긴박한 경영상의 필요성'이 인정받을 수 있다.[5)] 계속하여 적자를 내거나 효율이

2003.11.13, 2003두4119 ; 대판 2003.9.26, 2001두10776 및 10783 병합. 자산이 부채를 초과하고 장부상 영업이익과 당기순이익을 내고 있어도 사업부문변화로 고용을 유지하는 경우 적자가 발생할 것으로 예상되는 경우까지 인정하고 있다. ; 대판 2012.2.23, 2010다2735. 기업이 전체 경영실적이 흑자를 기록하고 있더라도 일부 사업부문이 경영악화를 겪고 있으며, 경영악화가 구조적문제에서 기인한 것으로 쉽게 개선될 가능성이 없고 해당 사업부문을 그대로 유지할 경우 기업 전체의 경영상황이 악화될 우려가 있는 등 장래 위기에 대처할 필요가 있다면, 잉여인력감축이 객관적으로 보아 불합리하지 않다.

1) 대판 1991.12.10, 91다8647 ; 대판 1993.1.26, 92누3076 ; 대판 1995.12.5, 94누15783 ; 대판 1995.12.12, 94다52119 ; 대판 2022.6.9, 2017두71604. 경영해고대상자가 3명이더라도 경영상위기가 인정될 수 있음.

2) 대판 1992.5.12, 90누9421 "노사분규로 1년동안 자본금의 반에 해당하는 적자가 발생하고, 그 사정이 호전될 전망이 보이지 않아 파업 때문에 일시적으로 매출액이 줄어드는 임시적인 곤경으로 볼 수 없다"는 이유로 경영해고를 인정함으로써 현재의 경영악화와 연계하여 객관적합리성을 판단했다.

3) 대판 2013.6.13, 2011다60193. 적정인원이 몇 명인지에 대해서는 상당한 합리성이 인정되는 한 경영자 판단이 존중되어야 한다. ; '대판 2014.11.13, 2012다14517' 및 대판 2014.11.13, 2014다20875. ○○자동차사건, 상당기간 신규 설비 및 기술 개발에 투자하지 못한 데서 비롯된 계속적 · 구조적인 경영위기로 인한 정리해고는 긴박한 경영상의 필요에 의한 것으로 봄이 타당하다.

4) 대판 2002.7.9, 2001다29452 ; 대판 2003.9.26, 2001두10776 · 10783 ; 대판 2004.1.15, 2003두11339 ; 대판 2012.2.23, 2009두15401. 다만, 6년간 처음 손실이 발생한 점, 재무구조가 안전한 점, 해고를 전후하여 임금을 인상한 점, 해고 이후에 남아 있는 직원들로 하여금 연장근로 및 휴일근로를 하도록 한 점, 정년퇴직에 의한 자연스러운 인력감축으로 해고범위를 일부 피할 수 있었던 점 등을 종합하여 경영상 필요를 부정했다. ; 대판 2012.2.23, 2010다3629. 경영실적이 흑자라도 일부부문의 경영악화가 구조적 문제에 기인하여 쉽게 개선될 가능성이 없고 해당 사업부문을 그대로 유지하면 전체의 경영상황이 악화될 우려가 있는 등 장래 위기에 대처할 필요가 인정되면, 해당사업부문을 축소 또는 폐지하고 잉여인력을 감축할 수 있다.

5) 대판 1989.2.28, 88다카11145. 사업경영합리화를 도모하기 위해 경비원직제 같은 일부직제를 폐지한 경우 ; 대판 1991.1.29, 90누4433. 일부 임원직 및 전속배치된 운전사직을 폐지한 경우 ; 대판 1992.3.10, 91다2733. 일부업무를 전문용역업체 등에 위탁하여 직제가 폐지된 경우 ; 대판 1994.6.14, 93다48823. '민영화과정에서 비료가격 자유경쟁체제로의 전환에 대비하여 직제를 축소개편한 경우 ; 대판 1996.8.23, 96다19796. 국정감사의 지적으로 연구기관의 효율성을 제고하라는 정부지시를 받은 국가출연기관이 경비와 식당운영분야를 외부에 용역을 주게 되어 해당부분의 근로자를 모두 해고한 예.

낮은 사업부문을 위탁을 통해 운영하는 것[1]은 경영상필요성이 인정된다. 공기업선진화정책과 같은 정부시책만으로는 '긴박한 경영상 필요성'이 부정된다.[2]

(4) 법정기준으로서의 양도 · 인수 · 합병

경영악화를 방지하기 위한 사업의 양도·인수·합병(제9장 제3절)은 긴박한 경영상의 필요가 있는 것으로 본다(근기법§24①후단 1998.2.20신설). "경영악화를 방지하기 위한 것"인가는 "현재의 경영이 나빠질 조짐이 보여 미리 사업양도 등을 통해 구조조정을 하는 경우도 해당된다"고 넓게 해석하는 견해와 "기업조직변동외에는 현재의 경영난을 해소할 수 없어 불가피하게 합병 등 구조조정을 한 경우만 해당된다"고 좁게 해석하는 견해가 있다. 객관적합리성설을 받아들이면, 경영악화를 방지하기 위한 양도·인수·합병도 해고회피노력 등 다른 요건을 충족해야 정당성이 인정된다는 점 등을 고려하여 넓게 해석하는 견해가 타당하다.

(5) 경영해고 규모와 해고 필요성

사회통념상합리성의 관점에서 볼 때, 적정규모를 초과한 해고는 '긴박한 경영상 필요성'을 인정받지 못할 수 있다. 경영해고당시에 이미 희망퇴직 등으로 예정인원을 초과한 해고에 대해 '긴박한 경영상 필요성'을 부정한 판결[3]이 발견된다.

4·다. 해고회피노력

(1) 원 칙

경영해고의 첫번째 요건인 긴박한 경영상의 필요성이 인정되더라도 상당기간동안 '경영해고회피노력(근기법 §24②)'을 한 후에 해고는 최후수단으로 이루어져야 한다.

사용자는 해고범위를 최소화하기 위하여 해고회피수단중에서 가능한 모든 조치를 취하여야 한다.

(2) 해고회피수단

해고회피노력으로 인정될 수 있는 행위에 대해서는 회사사정에 따라 각각 다르고 일반화시키기는 어려우나 다음과 같이 몇 가지 유형으로 정리될 수 있다.[4]

---

1) 대판 1999.5.11, 99두1809. 경영상 필요가 도산회피에 한정되지 않고 인원삭감이 객관적인 합리성이 있는 때에도 인정된다고 전제하면서 이같이 판단하고 있다.

2) 서울고판 2012.3.28, 2011누25922.

3) 대판 2017.6.29, 2016두52194. 적자누적, 자기자본이익률 악화, 1인당 생산성과 비용생산성이 타사에 비해 낮은 수준으로 인건비 절감이 절실한 상태, 자본총계감소, 영업용순자본비율이 타사에 비해 낮은 편임을 들어 긴박한 경영상 필요성을 부정한 하급심에 대해 노사협의회를 통해 정한 감원목표를 초과했다는 이유로 배척.

4) 대판 2014.11.13, 2014다20875. ○○자동차사건. 부분휴업, 임금동결, 순환휴직, 사내협력업체 인원축소, 희망퇴직 등을 시행하다가 무급휴직까지 시행한 점을 들어 회피노력을 인정.

- 경영방침개선,[1] 작업방식과학화・합리화, 경영진교체 등 경영애로타개 노력
- 사무실규모축소・임원임금동결, 일반관리비용감축 등[2] 경비절감을 통한 경영개선노력과, 교육비・주택지원비・여가활동지원비・임금・상여금 등 복지나 근로조건을 낮추려는 시도[3]
- 직제신설・신규채용중지[4]나 '임시직・유기계약자재계약정지'[5]와 같은 자연감원과 파견근로자복귀나 하도급해약 등 외부노동력의존도 감축 노력(인원삭감조치결정후 대체가능성이 없는 분야[6]이거나 불가피한 경우에는 예외)
- 연장[7]・휴일근로축소, 근로시간단축, 집단적인 조기휴가사용 등 인력사용축소
- 교육・훈련・전근・전직[8]・배치전환[9]・사외파견,・전직훈련・직종전환・일시휴업[10]・휴직[11] 등 인력적재적소배치, 능력개발, 인력활용중단[12]
- 계열사・수급회사・합작기업사[13]・외부용역업체[14] 등에 파견・전적・취업알선[15]
- 근로자에게 선택의 여지를 주는 희망퇴직・명예퇴직[16](명예퇴직불응을 해고대상자선정기준이나 불이익사유로 삼을 수 없음)[17]

---

1) 대판 1993.11.23, 92다12285 ; 대판 2004.1.15, 2003두11339. 〈해고회피노력 부정〉 경영해고당시에 당기이익이 전년동기대비 239억원이 증가하였고, 다음연도에도 250억원의 흑자목표 설정.

2) 대판 1995.11.24, 94누10931. 〈해고회피노력 부정〉 접대비 등의 삭감이 없음 ; 중노위 1994.4.6, 93부해310. 〈해고회피노력 부정〉 법정관리업체 관련, 전화・텔렉스・임원차량 반납, 통근버스운행축소 등의 조치.

3) 임금삭감 등은 임금변동의 법리(제4장 제4절) 적용.

4) 대판 1993.12.28, 92다34858 ; 대판 1969.3.31, 69다135 ; 대판 1992.12.22, 92다14779 ; 대판 1987.4.28, 86다카1873. 정리해고 후 정원이 2명이 많고 해고자대신 동일자격자 2명을 비슷한 조건으로 다시 신규채용한 사례 ; 대판 1997.9.5, 96누8031. 신규채용중단을 해고회피노력으로 인정 ; 중노위 1997.6.12, 97부해21. 만성적자로 경영해고 후 사업규모 확대를 위해 신규직원 모집공고를 낸 사례.

5) 대판 2012.2.9, 2010두22290 ; 중노위 1996.12.17, 96부해174. 〈해고회피노력 인정〉 기간만료된 촉탁・일용직 8명에 대해 재임용을 중단하는 등 지속적으로 최소인력을 보유코자한 노력.

6) 서울행판 2005.11.22, 2005구합15694. 불가피한 사정에 의해 전문기술인력에 한하여 신규 채용한 사례.

7) 대판 1990.3.13, 89다카24445.

8) 대판 1990.3.13, 89다카24445 ; 대판 1992.12.22, 92다14779 ; 대판 1991.9.24, 91다13533. 〈해고인정〉 폐지된 직책의 근로자에게 직급・보수가 비슷한 직책으로 전직・전보코자 했으나 원래 직책복귀만을 고집.

9) 대판 1997.9.5, 96누8031 ; 대판 2017.1.12, 〈해고부당〉 대학구조조정 신입생급감 일부학과폐지, 타학과재배치가능성과 그 의사표기가 있음에도 불구하고 학문적관련성을 검토하지 않았고 재교육기회를 주지 않았으며 협의도 하지 않은 채로 다른 학과의 교수확보율이나 다른 학과의 동의가 없다는 이유로 한 해고.

10) 대판 1992.12.22, 92다14779.

11) 경영상이유에 의한 휴직은 사용자귀책사유로 인한 휴업으로 간주되어 휴업수당법리가 적용된다. 해고회피노력의 일환으로 노동조합이 일시휴직을 선언해도 실제휴직은 근로자 개인의 신청에 의한 동의형식을 취해야 하고 불응하는 근로자를 불리하게 할 수 없다.

12) 대판 1992.12.22, 92다14779. 공장들이 각각 다른 직장으로 취급되고, 근로의 성격과 임금체계가 다르므로 배치전환이 없는 것만으로 회피노력이 부정되지 않음 ; 서울행판 2005.11.22, 2005구합15694. 양 업무간에 기술이나 경험 등이 달리 요구된다면 배치전환이 없는 것만으로 회피노력이 부정되지 않음.

13) 대판 1996.10.29, 96다22198. 〈해고 인정〉 사업부문폐지로 합작기업으로의 전적을 권유하였으나 불응.

14) 대판 1996.8.23, 96다19796. 구조조정과정에서 외부용역을 추진하면서 불가피성을 설명하고 용역회사에 취업을 알선한 사례 ; 대판 1992.3.10, 91다27334. 빌딩관리업무를 용역업체에 위탁키로 하고 폐지된 직제에서 근로하는 자에 대해 용역업체로의 전직을 물은 후 불응자를 해고한데 대해 정당성을 인정한 사례.

15) 서울행판 2001.10.18, 2001구18489. 세탁실 직원을 용역회사로 알선한 사건.

16) 대판 1992.12.22, 92다14779.

17) 대판 2004.1.15, 2003두11339.

(3) 해고회피방법

해고회피수단을 활용함에 있어 근로자이익이 적게 침해되는 조치를 먼저하고 다음 단계의 조치가 모색되어야 한다는 단계적용론을 주장하는 견해[1]가 있다. 그러나 해고회피수단이 정형화되어 있지 않고, 근로자에 따라 해고회피수단이 자기이익에 미치는 영향이 다르므로 단계적용은 경영해고의 효력을 결정할 만큼 본질적인 기준이 되지 못한다. 해고회피노력으로 인정되는 방법과 내용은 확정적·고정적인 것이 아니라 경영위기정도, 경영해고실시이유, 사업내용·규모, 직급별인원상황 등을 고려하여 종합적으로[2] 판단된다.[3]

해고회피방법에 대해 근로자측과 협의하여 합의에 도달하면 해고회피노력을 인정받을 수 있다.

(4) 해고회피와 근로조건저하

근로조건을 저하시키는 해고회피방안은 근로자측의 동의를 필요로 한다. 이 경우 동의를 구하기 위해 노력한 정도가 해고회피노력의 판단기준이 될 수 있다.

4·라. 합리적이고 공정한 대상자 선정

(1) 원 칙

해고대상자선정은 합리적이고 공정한 기준에 따라 이루어져야 하고, 남녀의 성을 이유로 차별하면 안된다(근기법 §24②). 취업규칙 등에 따른 해고대상자선정기준은,

1) 김형배, 『노동법』, 제20판, 661쪽. 비용절감(접대비 절감, 사무실 축소 등)과 수입증대(새로운 판로의 개척 등)노력이 우선하여야 하고, 그 이후에 근로조건변경을 수반하는 수단이 모색되어야 한다. 나아가서 근로조건을 변경하여 계속 고용할 가능성이 있고, 당해근로자가 이에 동의하면 해고할 수 없다(이 경우 근로자가 동의하지 않으면 해고할 수 있다. 대판 1991.9.24, 91다13533). ; 이흥재, "경영해고의 판례 경향", 「노동법연구」 제10호, 서울대학교 노동법연구회, 2001.5, 117쪽 ; 조용만, "경영해고회피법리의 현재와 미래", 「노동법연구」 제13호, 서울대학교 노동법연구회, 2002 하반기, 112쪽.

2) 대판 2017.6.29; 2016두52194. 적자누적, 자기자본이익률 악화, 1인당 생산성과 비용생산성이 타사에 비해 낮은 수준으로 인건비 절감이 절실한 상태, 자본총계감소, 영업용순자본비율이 타사에 비해 낮은 편임을 들어 긴박한 경영상 필요성을 부정한 하급심 배척(**한국노동법학회, 『노동판례백선』 제2판**, 167쪽. 대상판결은 경영상해고전 감원목표를 달성했음에도 불구하고 경영상해고로 나간 경우 해고회피노력을 다한 경우에 해당한다고 보기 어렵다고 판단하여 해고회피노력의 의미와 충족여부에 대한 판단기준을 제시하였음).

3) 대판 2002.7.9, 2001다29452. 인원과잉상태를 감안할 때 하급심이 지적하는 하향배치전환 또는 전적 가능성이 낮다면서 희망퇴직과 일부직원 재취업알선만 시행한 해고회피노력인정 ; 대판 2003.9.26, 2001두10776 및 10783 병합 ; 대판 2003.11.13, 2003두4119 ; 대판 2004.1.15, 2003두11339. 명예퇴직자수가 인력구조조정 전체 목표치를 상회한 점, 경영상태도 호전되고 있던 점, 명예퇴직 직후에 승진인사가 있었고 신규채용을 통해 정리대상직급을 보충한 점 등을 종합해서 정당성 부인 ; 대판 2014.11.13, 2012다14517. ○○자동차 사건 등 ; 대판 2017.6.29, 2016두52194. [해고회피노력 불충분] 〈근거〉 경영해고전후로 정규직55명, 계약직59명, 임원6명을 신규로 채용하고 승진인사를 단행하고, 경영성과금의 대부분을 일부부서의 직원에게 성과급으로 지급하고, 교육비예산을 유지하여 직원1인당지출규모를 증가시킨 조치.

사회통념상합리성이 인정되는 한 인정된다. 해고대상자선정기준도 확정적·고정적이지 않고 경영위기의 강도, 경영상이유의 내용, 정리대상사업부문의 내용과 근로자구성, 사회경제상황 등에 따라 달라질 수 있다.[1] 경영해고를 위해서는 객관적합리성과 사회적상당성을 가진 구체적기준이 마련되어야 하고, 그 기준을 실질적으로 공정하게 적용하여 해고대상자선정이 정당하게 이루어져야 한다.[2]

(2) 합리적기준 판단 원칙

① 생활보호와 기업이익

해고대상자선정에 대해 일률적인 기준을 제시하는 것은 곤란하나 근속기간·가족상황[3]·건강·장애 등 근로자생활보호와 근로능력·자질·능률성·적응성 등 기업이익[4]을 적절히 조화시켜야 한다.[5] 근무성적, 업무능력, 근무태도 및 입사시기 등을 종합적으로 고려한 것이라면 합리적이고 공정한 해고기준으로 인정된다는 판결[6]도 발견된다. 합리적기준을 판단함에 있어 이익조정대상은 노사당사자가 우선이고 사회의 일반이익은 부차적이다.[7] 생활보호를 중시할 것인지 아니면 기업이익을 중시할 것인지와 개개의 판단지표에 대해 가중치를 어떻게 줄

---

1) 대판 2002.7.9, 2000두9373. 예술의 전당사건. 다소 애매한 기준에 따른 무기명투표결과를 반영하여 선발했지만 제반사정에 비추어 비합리적인 것은 아님 ; 대판 2012.5.24, 2011두11310 ; 대판 2014.12.24, 2014다13556. ○○자동차 사건 등.

2) 대판 2002.7.9, 2001다29452. 고령직원, 장기재직자, 근평이 나쁜 직원을 해고대상으로 한 후에 앞의 두 기준에 해당해도 근무성적상위자를 제외한데 대해 노조와의 합의가 있었고 공적자금을 위해 금감위와 합의한 점을 지적하면서 인정 ; 대판 2003.9.26, 2001두10776 및 10783 병합 ; 대판 2003.11.13, 2003두4119 ; 대판 2012.5.24, 2011두11310 ; 대판 2012.12.13, 2012두18530. 경영해고 후 회사와 노조가 '취업규칙 등 준수확약서'를 작성하면 동 해고를 철회하기로 합의하고 거부자에 대해 해고를 유지한 데 대해 해고성격이 경영해고에서 징계해고로 변경된 것으로 볼 여지가 있어 경영해고 자체가 정당화될 수 없음 ; 대판 2014.12.24, 2014다13556. ○○자동차 사건 등.

3) 대판 2011.9.8, 2009두14682. 표창·자격, '보훈가족 및 장애인' 등에 일정한 점수를 가점하고, 징계사실·취업규칙위반·재취업가능·고과·개별생활능력을 감점하는 방법에 대해 사회통념상 합리성 인정. 실제로 부양을 받는지 판단할 객관적자료가 없어 연말정산신고서류상의 부양가족을 기준으로 점수를 부여한 것은 타당.

4) 대판 2013.6.13, 2011다60193 ; 대판 1987.5.12, 85누690. 평소근무성적, 상벌관계, 경력, 기능의 숙련도 등의 기준에 따라 해당자를 선정한데 대해 정당성 인정.

5) 서울고판 2010.11.24 ; ILO의 「고용종료권고」는 경영해고대상자를 판단하는데 있어 근로자와 사용자 양측의 이익을 고려하여야 한다고 규정.

근로자 생활보호	기업이익
• 근로자의 연령 • 근속연한 • 가족부양의무 • 재산소유상태 • 다른 가족 소득 • 근로자의 건강상태 및 건강악화 원인 • 산업재해 또는 업무로 인한 직업병 • 질병 등	• 평소 근무성적(결근, 지각, 명령위반, 상벌관계 등) • 경 력 • 기능의 숙련도 • 전직의 가능성 • 기업에의 불이익 유무 • 근로능력, 경험기능 및 직업적 자격, 자질 • 기업귀속성 정도(비정규근로자와 정규근로자)

6) 대판 2002.7.26, 2000두4910.

7) 박수근, "경영상 해고에서 합리적이고 공정한 선정기준", 「노동법연구」 제15호, 서울대학교 노동법연구회, 2003.12, 209쪽.

것인지는 궁극적으로 노사협의에 의해 결정된다. 해고기준을 정함에 있어 사회적보호를 덜 필요로 하는 근로자부터 해고해야 하고 근무성적, 업무능력 등 사용자측의 이해관계와 관련된 사정들은 부차적으로 고려되어야 한다는 견해[1]가 있다. 이 견해는 경영상이유를 들어 해고권이 남용되는 것을 방지하고자 하는 것으로, 생활보호측면이 기업이익측면에 비해 현격하게 소홀히 다루어진 경우에 해고의 정당성이 부인될 수 있다는 의미로 받아들일 수 있다.

"기업이 잘되고 새로운 투자가 일어나면 근로자지위향상과 고용창출로 기업과 근로자가 함께 승자가 될 것이다"면서 이익조정에서 기업입장을 우선적으로 고려해야 한다는 판결[2]이 있다. 이에 대해 그러한 거시적인 관점보다는 경영해고 시점에 고용관계를 맺고 있는 사람을 이익조정의 대상으로 해서 판단되어야 한다는 비판[3]이 있다. 합리적기준을 판단함에 있어 어느 하나를 우선하기보다는 적절한 균형과 조화가 요청된다.

② 업무기준과 해고대상

해고대상을 해당사업단위로만 한정하면 정당성을 인정받기 어렵다. 해고대상자를 선정함에 있어 경영해고원인이 된 경영합리화조치로 폐지되는 직무·직종과 동일하거나 유사한 직무·직종에 종사하고 있는 근로자들을 대상으로 해야 한다.[4] 다만, 폐지되는 업무와 관계가 없는 근로자를 대상으로 하는 것은 정당성을 인정받기 어렵다.[5] 직무의 동일 또는 유사를 판단함에 있어 직급이나 직책의 성질, 임금수준을 감안할 때에 상호대체가 가능한지를 고려해야 한다. 직무의 동일성 또는 유사성이 인정된다면 무보직자라는 이유만으로 해고대상자로 삼을 수 없으며, 고임금자라는 이유도 인정되지 않는다.[6]

③ 평가대상기간 통일

해고대상자선정을 위한 평가에 있어 평가대상기간을 달리하는 경우에는 정당성을 인정받기 어렵다.[7]

---

1) '서울지판 1995.12.15, 94가합10586' 및 '중노위 1997.6.12, 97부해21' 이러한 요소 미고려, 정당성 부인.
2) 대판 2003.7.22, 2002도7225.
3) 박수근, 앞의 논문, 206쪽.
4) 서울지판 1995.12.15, 94가합10586.
5) 대판 1994.5.10, 93다4892. 노동조합이 따로 조직되어 있는 사업장 관련 사례.
6) 서울고판 2011.5.12, 2010누32800. 전체근로자·관리직근로자 등을 대상으로 하고 연령·근속기간·건강상태·업무능력 등을 감안해야 한다고 하면서 무보직자·고임금자 기준에 대해 합리성 부정.
7) 서울행판 2000.12.8, 99구31779. 승무원과 관리직이 경영해고대상인데 그 평가기간을 달리하고 있는 사건.

(3) 합리적기준 판단 요소

① 일용 · 단시간 근로자

일용근로자를 대상으로 삼은 것에 대해서는, 특별한 사유가 없는 한, 합리성과 공평성이 인정된다.[1] 단시간근로자를 그 대상으로 하고 그 후에 통상근로자를 대상으로 하는 것은 합리성이 인정되나, 그 역은 원칙적으로 허용되지 않는다. 단시간근로자라도 필요한 한도를 넘어서 해고하면 해고권남용이 된다.[2]

② 근속연수 · 연령

입사연도가 늦은 사람 또는 단기근속자[3]를 먼저 해고하는 기준은 장래의 공헌도가 높은 저임금근로자를 대상자로 하는 것으로서, 기업측으로서는 경영위기타개라는 인원정리의 목적에 반한다. 그럼에도 불구하고 현재의 공헌도가 낮은 점, 재취업기회가 상대적으로 높은 점 등을 우선적으로 고려함으로써 공정성을 갖는다.[4]

장기근속자일수록 전문성이 있으므로 고임금을 이유로 장기근속자를 우선대상으로 삼는 것은 합리성을 약화시킨다.[5] 다만, 합병에 있어 '부실에 책임있는 직원 퇴직'이 합병조건이라면 근무경력이 길어 부실운영에 관여도가 높은 장기근속자를 우선대상으로 고려한 것을 합리적으로 본 판결[6]이 있다. 저연령 또는 고연령을 기준으로 삼는 것은 연령차별에 해당될 수 있다(제8장 제2절,3).

③ 질서문란자, 업무소홀자, 명령불복종자

질서문란자, 소극적업무수행자, 명령불복종자, 협조성결여자, 작업성적불량자 등의 기준은 그 자체로는 부당하지 않지만[7] 그 기준이 객관적이고 합리적이어야 한다. 기준을 적용함에 있어 그 평가항목이 없거나 협조 · 조화 · 성실과 같이 추상적 · 주관적이면 무효로 될 수 있다.[8]

④ 업무수행능력 · 태도

업무성격상 외국인과 접촉이 빈번한 회사에서의 외국어구사능력,[9] 형평성 ·

---

1) 대판 1966.4.6, 66도204. 적자요인이 되는 일용직을 정리한다는 본사방침에 따른 운송회사 지점 관련 사례.
2) 도쿄지방재판소 1967.12.19.
3) 대판 1993.12.28, 92다34858. 장기근속 우선 대상, 정당성 부정 ; 서울고판 1996.5.9, 95구19784. 단기근속자 기준, 정당성 인정 ; 중노위 1996.8.24, 96부해117. 정년에 가까운 사람 기준, 정당성 부정.
4) 대판 1987.4.28, 86다카1873.
5) 대판 1993.12.28, 92다34858 ; 임종률, 『노동법』, 제9판, 508쪽. 미국에서는 노조요구에 따라 고령자 · 고참이 더 보호받도록 연소자나 단기근속기간자부터 해고한다는 규정을 단협에 규정하고 있는 경우가 많다.
6) 서울고판 2010.4.13, 2009누25776.
7) 대판 2001.12.11, 2000두5708. 운전기사 자질 평가요소로 교통사고 및 징계전력. 합리성 인정.
8) 히로시마지방재판소 1978.6.29.
9) 대판 1995.12.5, 94누15783. 어학능력이 필수적인 단체. 영어구사능력을 기준으로 활용, 합리성 인정.

공정성 등이 인정되는 인사고과,[1] 노・사가 정한 기준에 따른 특별평점점수,[2] 수치로 평가되는 업무능력 및 실적평가[3] 등 업무수행능력을 기준으로 하는 것은 합리성이 인정된다. 출퇴근성적 등 업무태도도 평가에 있어 객관적인 공정성이 인정된다면 합리적인 기준이다. 장기결근자, 병약자 등을 기준으로 함에 있어 업무상부상・질병을 기준에 포함시킬 수 없다. 신체장애를 기준에 포함시키는 것은 타당치 못하며 오히려 다른 업무능력 판단기준을 활용해야 한다. 인건비가 높은 직원이라는 이유만으로 대상자로 선발하면 정당성을 인정받기 어렵다.[4]

⑤ 잉여인원, 전직・전근곤란, 원거리통근

생산축소에 따른 잉여인원, 전직・전근곤란자 등의 기준은 추상적기준으로 배치전환의 가능성이 있는지[5]를 검토해야 인정될 수 있는 사후적개념이 된다. 통근거리가 먼 사람을 선정기준으로 하는 것은 합리적기준이 아니다.

⑥ 희망퇴직

퇴직금외에 별도의 퇴직・해고수당을 지급하는 방법으로 희망퇴직자를 먼저 퇴직시키는 것은 공평성을 인정받을 수 있는 기준이다.[6] 그러나 퇴직권유불응자를 우선하여 선정할 수는 없다.

⑦ 위법한 기준

균등처우나 성차별금지에 위반되는 기준은 위법이다.[7] 조합활동을 이유로 해고한 것으로 인정되면 부당노동행위로서 해고의 정당성을 인정받을 수 없다. 부부사원중에서 1명을 대상자로 선정하는 것은 합리성을 인정받기 어렵다(제2장, 제2절 3・바, (4), ②).

⑧ 특정업무・보직여부・고임금자

경영해고대상근로자를 선정하기 위해서는 생활보호요소와 기업이익요소를 종합적으로 고려하여야 하나, 경영상의 필요에 따라 특정근로자 또는 특정업무종사자의 계속근무가 절실히 요청되는 경우에는 그들을 해고대상자에서 제외할 수

---

1) 서울행판 2000.12.8, 99구31779. 평가기준이 없다가 경영해고에 임하여 실시한 인사고과는 정당성 부인.
2) 서울행판 2001.12.8, 99구30721.
3) 서울행판 2006.9.5, 2006구합4646. 최근 1년6개월간 근무성적, 근로자에 대한 주관적평가 등을 기준으로 하여 항목별로 가중치를 부여한 후에 하위 30%를 대상으로 한 데대해 장기근속자가 불리하다는 주장 배척.
4) 서울행판 2010.8.27, 2009구합36217.
5) ⓐ 현재상태에서 다른 보직을 주는 것이 가능한 경우, ⓑ 근로자가 직급을 낮추어서라도 근로를 계속하고자 하는 것(대판 1987.4.28, 86다카1873)처럼 변경된 근로조건 아래서 근로하는 것이 가능하고 근로자가 이를 원하는 경우, ⓒ 회사의 능력범위내에서 재교육 또는 보충교육을 시키는 것이 가능하고 그러한 교육을 통해 계속취업이 가능한 경우에는 전직・전근의 대상이 되며 이를 고려하지 않은 해고는 무효로 될 수 있다.
6) 서울민지판 1990.10.18, 89가합56525.
7) 1998.2.20 개정근기법 제31조제2항에 "남녀의 성을 이유로 차별해서는 아니된다"고 직접 명시하고 있다.

있다. 이러한 대상자는 '사업의 정상운영 및 수익성제고를 위하여 현저하게 중요한 경우'에 허용되어야 하므로, '우연히 해고대상자선정당시에 특정업무를 담당하고 있었다는 사정'이나 '특정근로자의 계속근무가 사업에 상대적으로 유용하다는 정도'만으로는 허용되지 않는다.[1]

4·마. 근로자측과 성실한 협의

(1) 의 의

① 법적근거

근기법은 경영해고를 함에 있어 사용자가 근로자집단과 협의하도록 하는 규정을 두고 있다. 사용자(제1장 제4절,2·나)는 근로자대표(제2장,제1절 2·다,(2),①,(다))와 해고를 하려는 날의 50일전까지 통보[2]하고 성실하게 협의해야 한다(근기법 §24③).

② 취 지

근기법이 경영해고협의의무조항을 둔 취지는 경영해고에 대해 실질적요건의 충족을 담보하고, 불가피한 경영해고라도 협의과정을 통해 쌍방의 이해속에서 실시되는 것이 바람직하다고 보기 때문이다.[3]

③ 적용대상 해고

협의의무조항은 모든 경영해고에 적용된다. 대상자가 1인이라도, 협의를 하지 않으면 절차적정당성이 부정된다.[4]

(2) 협의대상

근로자대표는 사업(장)에 근로자의 과반수로 조직된 노동조합이 있는 경우에는 그 노동조합, 근로자의 과반수로 조직된 노동조합이 없는 경우에는 근로자의 과반수를 대표하는 사람(제2장,제1절 2·다,(2),①,(다))을 말한다. 근로자대표와 성실한 협의를 하면 개별근로자들과 별도의 협의를 하지 않더라도 해고가 무효로 되지는 않는다.[5] 아울러 협의의 권한이 있는 노동조합지부가 본노동조합의 지시에 반해 합의한 경우에도 이는 유효하다.[6] '각 직원의 의견을 취합하여 인력감축의 방법 및 기준

---

1) 서울고판 2010.7.21, 2009누33807.

2) 「유럽연합 1975년 지침」·스페인·아일랜드는 30일로, 그리스는 20일로 규정하고 있으며, 독일·일본·스웨덴은 명시된 기간은 없다. 영국은 해고규모가 20~99인이면 30일, 100인이상이면 90일전에 통보해야 한다 (한국노동법학회, 「근로기준법제의 중장기적 방향」, 2007.11, 103쪽).

3) 대판 2002.7.9, 2001다29452 ; 대판 2006.1.26, 2003다69393.

4) 대판 2001.8.1, 2000두116. 협의대상을 "당사자 또는 근로자대표"라고 표현하고 있어, 불분명하지만 근로자대표와의 협의가 필요하다고 생각된다.

5) 대판 1992.8.14, 92다16973.

을 마련하고, 그 방안에 대하여 각 직원의 동의를 구하는 절차를 거치면 요건을 충족한 것으로 보는 판결[1]이 발견된다.

(3) 협의의무 내용

① 통 보

㈎ 기간과 내용

통보는 서면이 바람직하다. 50일전까지라 함은 해고하고자 하는 날을 포함하지 않고 그 전날부터 역산하여 50일째 되는 날의 전일까지이다.[2] 통보내용에 대해 근기법은 해고회피방법, 해고기준 등으로 명시하고 있는데, 이 밖에 경영해고의 필요성이 포함되어야 한다.

㈏ 해고예고와의 관계

근로자대표에 대한 50일전통보조항과 개별근로자에 대한 30일전해고예고는 별개사안이다. 경영해고를 할 때에 해당근로자에게 적어도 해고일 30일전까지 해고예고를 하거나 30일분이상의 통상임금이 해고예고수당으로 지급되어야 한다.[3] 해고예고는 경영해고전 50일간의 협의기간중에 할 수 있다. 50일전에 근로자대표에게 해고계획을 통보한 후에 해고예고수당을 주고 바로 해고하는 것은 성실협의의무위반이다.

② 성실협의

성실협의에 대한 판단은 협의자리마련, 경영·회계자료제시, 근로자측이 검토하기 위한 시간적여건, 필요성·규모·시기·재고용 등에 대한 협의, 근로자측이 제시한 합리적인 해고회피조치의 수용 정도, 협의횟수, 협의태도 등을 종합적으로 고려해야 한다.[4]

사용자측이 근로자대표에게 경영해고계획을 통보해도 해고회피방법,[5] 해고대상자선발기준, 경영해고이유 등[6]에 대해 충분히 설명하지 않든지, 근로자대표가

---

6) 서울고판 1996.5.9, 95구19784. ↘ 939쪽

1) 대판 2002.7.12, 2002다21233.

2) 노동부, 「경영해고제도 해설」, 1999, 97쪽. 50일에서 1일이라도 모자라면 해고의 효력이 부인될 수 있다.

3) 경영해고라는 하나의 행위에 대해 '50일전 통보(근기법 §24)', '해고예고(근기법 §26)', '해고사유의 서면통지(근기법 §27)'의 비슷한 3조치가 독자적인 법조문아래에서 연계없이 배치되어 있다. 이러한 이유로 경영해고에 대해 해고예정일에 보상금을 주고 해고예고와'해고사유서면통지의 적용을 배제하자는 견해(한국노동법학회장, 「근로기준법제의 중장기적 개선방안」, 노동부, 2007.11, 106쪽)가 제시된다.

4) 이병태, 『최신노동법』, 제9판, 639쪽.

5) 업무를 축소하면서 관련회사에 취업을 알선하는 등의 노력을 하였음에도 근로자대표가 이를 응하지 않은 사례에 대해 협의의무 이행을 인정한 판례(대판 1992.3.10, 91다27334)가 있다.

6) 노동부, 「경영해고제도해설」, 1999, 92~93쪽. 협의의 대상으로 ⓐ 경영해고에 이르게 된 경위, ⓑ 기업의 경영상황, ⓒ 해고회피노력의 방법, ⓓ 해고대상자 선정기준, ⓔ 해고의 사유 또는 그 필요성, ⓕ 해고 예정

협의요구에 응하지 않든지, 일방적으로 회사안을 제시하고 협의를 무산시키는 성의없는 태도에 대해서는 해고의 정당성이 인정되지 않는다. 성실협의의무는 근로자측에도 요구된다. 근로자대표가 계속되는 사용자측의 협의요청에 대해 합리적인 이유가 없이 일방적주장만 되풀이하면서 협의를 피하면 스스로 권리를 포기한 것이므로 사용자에 대하여 협의의무미이행책임을 물을 수 없다.[1)]

(4) 협의 효과

① 협의조항 효력

경영해고요건이 법제화되기 전에는 사전협의에 대해 많은 판례[2)]가 효력요건임을 부인하고 있지만, 인정하는 판결[3)]도 발견된다. 그런데 오히려 법제화가 된 후에 판례는 사전통보기간미준수와[4)] 과반수미충족[5)]은 물론이고 협의자체[6)]를 효력요건으로 보지 않는 경향을 보여준다. 근기법 제24조제3항이 "근로자측에 사전통보" 및 "성실한 협의"를 직접 명시하고 있는 점,[7)] 근로자귀책사유로 해고하는 경우에도 정해진 절차를 따르지 않으면 정당성을 인정받지 못하는 점(같은장 제3절,4), 경영해고는 비귀책성 · 불특정성 · 집단성의 성격(같은장,같은절 4·가,(1),③)이 있어 징계해고보다 보호의 필요성이 크다는 점 등을 감안할 때에 받아들이기 어려운 견해이다.[8)]

근로자대표와 합의하면 50일이 지나지 않아도 해고가 가능하다. 미조직근로자를 대상으로 하는 경영해고에서 과반수노조의 사전협의를 인정한 판결[9)]이 발견된다.

인원, ⓖ 해고 후 2년이내 해고자의 우선 재고용노력의무에 대한 사항, ⓗ 해고의 일정, ⓘ 이직 · 퇴직 · 해고의 조건(해고예고제, 해고에 대한 보상, 재고용의 특권)등을 열거하고 있다.

1) 노동부, 「경영해고제도 해설」, 1999, 92쪽 ; 서울행판 2007.11.23, 2007구합19843.

2) 대판 1992.8.14, 92다16973 ; 대판 1992.11.10, 91다19463 ; 대판 1994.5.10, 93다4892 등.

3) 대판 1993.1.26, 92누376.

4) 대판 2003.11.13, 2003두4119. "50일(당시에는 60일) 이전"의 규정취지는 근로자대표가 성실하게 협의할 수 있는 시간 등이 모자라지 않게 하기 위해서 통용될 수 있는 시간을 제시한 것이다. 따라서 통보후 소요시간으로 부족하다는 등의 특별한 사정이 없으며 그 밖의 요건이 충족되면 경영해고는 유효하다. ; 대판 2004.10.15, 2001두1154 · 1161 · 1178.

5) 대판 2006.1.26, 2003다69393 ; 서울행판 2012.3.22, 2011구합25647. 근로자대표가 아닌 관리직협의회와 협의한 사례.

6) 대판 2002.6.28, 2000두4606. 감량경영이 충분히 예상될 수 있고 해고 외는 마땅한 대안이 없는 상태에서 다른 요건들을 충족시키고 있으며 협의를 거치더라도 별다른 효과를 기대할 수 없는 상황이라면 협의를 거치지 않은 사유만으로 경영해고를 당연히 위법시 할 수 없다.

7) 이러한 판례는 "성실한 협의"가 법에 명시되기 전의 판례들을 그대로 답습한 것으로 보인다. 법이 "성실한 협의"를 명시한 것은 불가피한 경영해고를 함에 있어 긴박한 경영상 필요성, 해고회피노력, 해고자선정기준 등이 사전협의와 일련의 절차를 이루어 근로자의견을 최대한 반영하려는 데 목적이 있으므로 해고의 정당성을 따지는 효력기준으로 보아야 할 것이다.

8) 협의사항을 효력요건이라고 법에 명시하자는 견해(한국노동법학회장, 「근로기준법제의 중장기적 개선방안」, 노동부, 2007.11, 101쪽)가 제시되고 있다.

9) 대판 2002.7.9, 2001다29452.

② 해고합의규정

고용조정에 대해 노동조합과의 동의 또는 합의를 요구하는 취업규칙 등의 규정이 있다면, 이에 따르지 않은 인사처분은 원칙적으로 무효이다.[1] 다만, 회사가 사전합의를 위해 성실하고 진지한 노력을 다해도 노동조합측이 합리적인 근거나 이유없이 해고에 반대하면 합의거부권을 남용한 것이 되어 합의없는 해고도 유효할 수 있다(같은장 제3절,5·다).

단체협약에 해고합의규정이 있어도 경영권의 일부포기나 중대한 제한을 바로 인정해서는 안되고, 단체협약의 체결경위 및 내용을 종합적으로 검토하여 합의의 의미를 해석해야 한다. 노동조합이 경영책임까지 분담하고 있지 않다면 합의라는 표현이 있어도 협의의 의미로 본다는 취지의 판결[2]도 있다. 경영권과 근로조건의 조화라는 차원에서 볼 때에 합의규정의 효력을 인정하되 남용금지법리로 경영권을 보호하는 것이 타당하다.

③ 고용안정협약

경영해고를 하지 않는다거나 인위적·일방적인 인원감축을 하지 않는다는 내용의 고용안정협약[3]이 체결된 상태에서 불가피하게 행해지는 경영해고의 효력에 대해 의견이 나뉘는데, 개인적으로는 제한적신의칙설을 지지한다.

긍정설	경영해고는 긴급피난이론에 근거한 것이므로 법률상의 요건에합치되면 가능
부정설	고용안정협약의 규정을 존중해야 하므로 경영해고 불가능
신의칙설[4]	'긴박한 경영상 필요'가 명백하게 존재하고 법률상으로 요구되는 요건을 충족하기 위한 노력을 기울이면 경영해고 가능
제한적 신의칙설[5]	고용안정협약이 체결되면 그 내용이 준수되어야 하나, 협약체결당시에 예상하지 못한 사정변경이 있고, 이러한 변경이 '긴박한 경영상 필요'로 인정될만하면 경영해고가 가능

---

1) 서울고판 2010.11.26, 2010누22797. 노조간부 관련. 인사명령을 하기 전에 상당기간전에 직원을 상대로 조직개편의 필요성에 관해 교육하고 개별면담을 했으며, 노조에게 조직개편안을 보내어 의견을 구한 사정만으로는, 노조가 거부의사를 분명히 한 이상, 의견합치가 있었다고 보기 어렵다.

2) 대판 2002.2.26, 99도5380. 한국조폐공사사건. '경영해고가 쟁의행위대상이 안된다'는 것도 논리로 삼고 있다 ; 대판 2003.2.20, 2000도4169 ; 같대판 2003.7.22, 2002도7225.

3) "인위적인 인원감축을 실시하지 않는다", "회사는 3자인수, 분할, 매각, 합병과 같은 중대한 경영상의 결정사항이 있을 때에 고용승계 및 단협승계를 보장한다" 등.

4) 같은장, 제3절, 5·다, (3) ; 징계절차에 있어서 노조동의 혹은 노조합의가 전제되어 있는 상황에서, 징계사유가 명백하고 "회사측이 동의 혹은 합의를 도출하기 위하여 진지하고 성실한 노력을 최대한 기울였음에도 근로자측에서 합의를 해주지 않을 경우"에는 동의나 합의없이도 징계가 가능하다는 판결을 유추적용한다.

5) 대판 2014.3.27, 2011두20406. (**한국노동법학회, 『판례백선』 제2판**, 338쪽. 긍정설에 가까운 것으로 정리) 경영해고를 제한하기로 하는 내용의 단체협약을 체결했다면 특별한 사정이 없는 한 그 단체협약이 강행법규나 사회질서에 위배된다고 볼 수 없고, 그에 반하여 이루어지는 경영해고는 원칙적으로 정당하다고 볼 수 없다.

4·바. 대량해고와 신고 · 허가

사용자는 '1개월동안에 일정규모이상의 인원'[1]을 해고하려면 최초로 해고하려는 날의 30일전까지 고용장관에게 신고해야 한다(근기법§24④ 근기령§10①).[2] 대량해고신고는 해고사유, 해고예정인원, 근로자대표와의 협의내용, 해고일정 등의 사항을 포함해야 한다(근기령 §10②). 신고의무는 대량해고에 대해 행정적으로 지도 · 감독하고 고용안정을 지원하기 위한 것이다. 대량해고신고는 경영해고의 효력요건이 아니다.[3]

4·사. 우선재고용

(1) 사용자의 의무

경영해고는 근로자귀책이 없이 경영상의 어려움을 이유로 이루어진다. 따라서 경영사정이 호전되면 해당근로자를 다시 고용하는 것이 합리적이다.

근기법 제25조는 경영해고를 한 사용자로 하여금 "해고한 날부터 3년이내에 해고된 근로자가 해고당시에 담당하던 업무와 같은 업무를 할 근로자를 채용하려고 할 경우에 해고된 근로자가 원하면 그 근로자를 우선적으로 고용해야 한다"고 규정함으로써 우선재고용제도를 도입하고 있다. '2007년 개정 근기법'은 우선재고용제도를 노력조항에서 의무조항으로 바꾸었으나[4] 벌칙규정은 없다.

(2) 의무위반과 구제

사용자가 해고근로자의 고용계약체결의사를 확인하지 않고 제3자를 채용한 행위는, 해고근로자가 고용계약체결을 원치 않았을 것이라거나 고용계약체결을 기대하기 어려운 객관적인 사유가 있다는 등의 특별한 사정이 없는 한, 우선재고용의무위반이다.[5] 해당근로자는 이 규정에 따라 발생한 취업청구권을 근거로 고용의무확인 또는 이행의 소를 제기할 수 있으며, 사용자가 재고용의무를 게을리 하면 채무불이행책임을 부담할 수 있다.[6] 우선재고용의무의 대상이 되는 '해

다만, 사정이 현저히 변경되어 사용자에게 그 같은 단체협약의 이행을 강요하면 객관적으로 명백하게 부당한 결과에 이르는 경우에는 제한에서 벗어나 경영해고를 할 수 있을 것이다.

1) ⓐ 상시근로자수가 99명이하인 사업(장) : 10명 이상, ⓑ 100명이상 999명이하인 사업(장) : 상시근로자수의 10% 이상, ⓒ 1000명이상 사업(장) : 100명 이상.

2) 벌칙이 없다. 고정법 제33조(대량고용변동신고 등)는 "사업주는 생산설비의 자동화 · 신설 · 증설이나 사업규모축소 · 조정 등으로 인한 고용량의 변동이 대통령령으로 정하는 기준에 해당하는 경우에는 그 고용량의 변동에 관한 사항을 직업안정기관장에게 신고하도록 하되, 근기법 제24조제4항에 따른 신고를 한 경우에는 신고의무를 면제하고, 이행하지 않으면 300만원의 과태료를 부과할 수 있도록 하고 있다.

3) 임종률, 『노동법』, 제9판, 511쪽.

4) 우선재고용의무를 규정한 외국의 입법례는 발견하기 어려우며, 미국에서는 일반적으로 단협에 lay off 규정.

5) 대판 2006.1.26, 2016다13437.

고당시에 담당했던 업무와 동일한 업무'에 대해서는 업무성격, 직책, 근로장소, 직종 등을 종합적으로 고려하여 사회통념에 따라 판단한다.

제3절 해고와 징벌의 절차적 제한

1. 해고예고

1·가. 의 의

(1) 법적근거

사용자는 근로자를 해고(경영해고 포함)하려면 적어도 30일전에 예고해야 하고, 30일전에 예고하지 않으면, 30일분이상의 통상임금을 지급해야 한다(근기법 §26). 2가지 의무(해고예고와 해고예고수당)는 선택적이다.[1] 해고예고제도는 근로자가 갑자기 직장을 잃게 되어 생활이 곤란해지는 것을 예방하기 위한 제도이다.[2]

(2) 연 혁

해고예고관련규정은 해고예고와 해고예고예외로 구성되어 있다.

해고예고규정은 '1961년 개정 근기법'에 신설되었다. 이 규정은 해고예고를 하지 않아도 되는 근로자귀책사유에 대해 '1989년 개정 근기법'이 요건을 노동위원회인정에서 노동부장관승인으로 바꾼 후에 다시 '노동부령으로 정하는 것'으로 변경한 것외에는 표현을 정리한 정도로서 신설될 당시의 골격을 유지하고 있다.

'1953년 제정 근기법'은 퇴직금제도의 전신인 '해고자에 대한 지급'을 규정하면서 그 예외규정을 두었다. '1961년 개정 근기법'이 해고예고규정을 신설하자, '해고자에 대한 지급의 예외' 규정의 내용은 같은법에 해고예고예외규정으로 전환되었다. '2019년 개정 근기법'은 해고예고예외제도를 즉시해고제도에 흡수시켰다.

---

6) 김형배, 『노동법』, 22판, 700쪽 ; 대판 2006.1.26, 2016다13437. ↘ 943쪽

1) 법무 810-20213, 1967.12.4

2) ILO(「사용자의 발의에 의한 고용의 종료에 관한 권고(제119호)」 제7조, 1963 ; 「고용종료에 관한 협약(제158호)」 제11조, 1982)가 '고용이 종료되는 근로자는 합리적인 예고기간과 이에 갈음하는 보상금을 받을 권리가 있다'고 선언하고 있다.

(3) 취 지

해고예고제도의 취지는 근로자가 갑작스런 해고로부터 생활의 위협을 줄이고자 최소한의 시간적인 여유를 부여하거나 그렇지 않으면 그 기간동안의 생계비를 보장하여 근로자의 경제적인 어려움을 완화코자 하는 데에 있다.[1]

1·나. 해고예고의 적용

(1) 근로관계종료 유형별 적용

① 해 고

해고예고는 근로자의사에 반하여 근로관계가 종료되는 해고와 관련된 제도이다. 해고예고제도는 근로자에게 생계유지를 하면서 새 직장을 구할 최소한의 시간을 부여하는 데 목적이 있다.

② 퇴 직

해고예고제도는 정년퇴직[2] · 임의퇴직 · 합의퇴직 등에 적용되지 않는다.

일정기간을 정하여 채용되고, 그 근로계약기간이 종료되어 자동으로 퇴직하는 경우라면, 해고예고의 문제는 발생하지 않는다.[3] 다만, 사업완료에 필요한 기간을 정한 계약에 있어 건설공사 등이 일찍 끝나서 근로계약이 해지되는 경우[4]나 사업완료시기가 공사완성처럼 불확실한 경우에는 해고예고가 필요하다. 계약기간이 끝난 후에 계속하여 사용하는 경우에도 그렇다.[5]

③ 사업양도

사업이 양도되어도 고용관계가 승계되므로 사용자의 해고예고의무는 없다.[6] 근로자가 스스로 퇴직하는 경우에도 마찬가지이다.

기업시설전체가 경매로 양도되는 것처럼 근로관계승계가 이루어지지 않는 사업양도에 대해서는 해고예고제도가 적용된다.[7]

④ 자동소멸(같은장 제4절, 4)

근로자의 사망처럼 사용자의 의도와 관계없이 근로관계가 자동적으로 소멸되

1) 헌재 2001.7.19, 99헌마663.
2) 근기 01254-2297, 1987.2.13.
3) 대판 1965.11.30, 65다1593. 천일염제조 일용인부 ; 법무 811-5077, 1981.2.18.
4) 해지 125-15405, 1984.7.12. 해외공사 관련.
5) 근기 1455-13386, 1982.5.15.
6) 기준 14559-2981, 1969.3.17.
7) 대판 1988.2.9, 87도2509.

면 원칙적으로 해고예고가 필요하지 않다.[1] 근로자가 장기간동안 결근하여 소식이 없는 경우 등을 취업규칙에 자동소멸사유를 정하더라도 사용자의 의도가 개입되어 있으므로 그 효과는 인정되지 않으며 궁극적으로 해고의 정당성 문제로 귀착되어 해고예고가 필요하게 된다. 법인해산, 폐업 등에 대해서는 자동소멸이라 하더라도 사용자의 의도가 개입되어 있으므로 해고예고가 필요하다.[2]

(2) 해고예고 대상

해고예고는 적용이 제외되거나 예외로 인정되지 않는 한, 근속기간과 관계없이 적용된다.[3] 해고예고는 정당해고뿐아니라 부당해고에도 적용된다.[4] 부당해고와 관계없이 해고예고(수당)의 이행책임이 성립되며, 사건처리에 있어서도 별개로 진행된다.[5]

노동위원회로부터 부당해고로 인정받아도 해고예고를 하지 않은 행위는 해고의 정당성 여부와는 별도로 위법행위가 된다.[6]

1·다. 해고예고 방법

(1) 해고시기특정

해고예고는 해고할 날을 역일로 명시하는 것처럼 특정하거나 근로자가 알 수 있는 방법으로 하여야 한다. '건설공사준공예정일 등과 같이 불확정기한이나 조건',[7] '후임발령자와의 인수인계를 위한 상당한 시간'[8] 등의 해고예고는 효력이 없다.[9] "불특정다수인에게 불가피한 이유를 들어 감원을 주지시킨 것만으로 해고예고가 될 수 없으며 개별근로자에게 구체적으로 해고예고를 해야 한다.[10]

---

1) 대판 1995.4.11, 94다4011 ; 대판 2007.10.25, 2007두2067 ; 대판 2008.2.29, 2007다85997.

2) 경영악화에 따른 폐업에 대해 행정해석은 부정설(근기 68207-2319, 2000.8.2. 부득이한 사유로 사업계속이 불가능한 경우에 해당)에서 긍정설(근기 68207-914, 2003.7.21. '부득이한 사유'라 함은 중요한 건물, 설비, 기재 등의 소실과 같이 천재·사변에 준하는 정도의 돌발적이고 불가항력적인 경우로서 사용자에게 그 책임을 물을 수 없는 경우를 말하며, 단순히 불황이나 경영난은 이에 포함되지 않음).

3) 근기 68207-1346, 2003.12.20.

4) 대판 2018.9.13, 2017다16778.

5) 노동부, 「근로감독관 업무처리요령」, Ⅱ-해-6-1…5 ; 근로기준정책과-5950, 2015.11.18 ; 부당해고구제는 노동위원회가, 해고예고위반은 근로감독관과 검사가 다룬다.

6) 근로기준정책과-5950, 2015.11.18 ; 해고예고가 해고의 정당성에 대한 판단이 끝난 후에 논의된다면 제도의 취지를 살릴 수 없다. 근기법은 부당해고구제신청에 대해서는 "정당한 이유 없이 해고 … 한 때"라고 표현하고 있는 반면에 해고예고에 대해서는 그러한 표현이 없고 부당해고와 별도로 벌칙을 규정하고 있다.

7) 법무 811-14939, 1979.6.22.

8) 대판 2010.4.15, 2009도13833.

9) 법무 811-14939, 1979.6.22.

10) 근기 01254-13736, 1988.9.7.

(2) 서면여부

해고예고는 특별형식을 요구하지 않으므로 구두도 가능하며,[1] 해당근로자가 주지할 수 있는 적절한 방법이면 된다고 해석된다.[2] 이 경우, 해고의 효력발생은 별론으로 하고 해고예고의 의무는 이행된 것으로 볼 수 있다. 해고사유와 해고시기를 명시하여 서면으로 행한 해고예고는 해고서면통지로 인정된다(근기법§27③ 2014.3.24신설).

(3) 기간계산

해고예고기간은 예고가 상대방에게 도달한 날 즉 예고당일의 다음날부터 근로일이 아닌 역일로 계산하여 30일만에 만료되며 휴일·휴무일이 있더라도 연장되지 않는다.[3]

(4) 해고예고수당

① 수당선택

사용자는 해고예고 대신 30일분의 해고예고수당을 지급할 수 있다. 양자에 대한 선택권은 사용자에게 맡겨져 있다. 근로자에게 해고예고와 해고예고수당을 선택할 권리는 없다.

② 법적성격

해고예고수당은 근로에 대한 대가가 아니므로 근기법상 임금이나 민법상 보수가 아니고,[4] 일자리를 알아보는 동안 최소한의 생계보장을 위해 즉시해고를 허용해주는 의미를 갖으며,[5] 근로자에게 청구권이 부여되는 금품이 아니다. 해고예고수당은 금품청산규정(근기법 §36)의 적용대상이 아니며, 해고예고의무이행수단이다. 해고예고가 없이 해고예고수당도 지급되지 않으면, 벌칙이 적용된다.

③ 지급액

해고예고수당은 30일분이상의 통상임금으로 지급되어야 한다.

사용자는 해고예고수당에 대해 다른 채권과 상계할 수 없다.

④ 지급시기

해고예고수당은 임금의 성격을 갖지 않지만, 임금지급원칙(근기법 §43)을 유추·적용하여, 직접·통화로 전액이 해고와 동시에 지급되어야 한다. 해고예고수당에 대

1) 근로기준팀-8048, 2007.11.29. 「해고예고 관련 민원 처리지침」; 근로개선정책과-5318, 2013.9.10.
2) 법무 811-14939, 1979.6.22.
3) 근기 01254-2186, 1987.2.11; 근기 68207-1346, 2003.10.20.
4) 사법연수원, 『해고와 임금』, 98쪽.
5) 헌재 2001.7.19, 99헌마663.

해, 해고예고위반에 따른 벌칙의 적용과 관련하여 "사전에 해고예고를 하지 못한 사람에게 해고예고수당을 법정기일내에 지급할 의무를 위반한 사용자도 범죄자로 처벌된다"라고 함으로써, 금품청산규정이 적용되는 것처럼 판단한 판결[1]이 있다. 금품청산규정(근기법 §36)에 따라 14일이내에 지급할 수 있는 것으로 해석하면, 그 14일동안은 해고예고나 해고예고수당지급대상에서 제외되므로, 해고예고의무를 이행하지 않은데 대한 벌칙(근기법 §110)이 아닌 금품청산위반의 벌칙(근기법 §109)이 적용된다는 해석도 가능하게 된다. 이러한 해석은 즉시해고에 대해 근로자의 생활상 곤란을 완화할 것을 목적으로 하여 그 지급을 벌칙으로 강제하고자 하는 해고예고제도의 취지에 반하므로, 해고예고수당은 즉시해고와 동시에 지급되어야 한다.[2]

⑤ 부당해고와 해고예고수당

㈎ 부당해고전 지급과 반납

부당해고전에 해고예고수당이 지급된 후에 부당해고로 판정·판결된 경우, 해당해고예고수당이 반납되어야 하는지에 대해 견해가 나뉜다. 긍정설[3]에 따르면 사용자가 해고당시에 지급한 해고예고수당을 반납받을 수 있으며, 궁극적으로는 민사적인 판단에 따른다. 부정설[4]에 따르면 해고예고수당은 해고가 적법한지나 유효한지와 관계없이 지급되어야 하며, 부당해고가 무효가 되더라도 반납의무는 없다. 해고예고수당은 특정된 법률상원인을 이유로 지급되는 돈이라는 점을 감안하여 부정설을 지지한다.

㈏ 부당해고후 지급 여부

해고예고나 해고예고수당지급이 없이 이루어진 해고에 대해, 노동위원회의 구제명령에 따라 원직복직 또는 금전보상이 이루어졌다면, 벌칙의 적용은 별론으로 하고, 해고를 둘러싼 금전의 문제는 해소된 것으로서, 사용자가 근로자에게 해고예고수당을 지급할 의무는 없다.[5]

(5) 예고기간과 예고수당의 관계

해고예고기간의 일부는 해고예고로 나머지는 해고예고수당으로 처리하는 접근

---

1) 대판 1988.2.9, 87도2509.
2) 사법연수원, 『해고와 임금』, 사법연수원, 98쪽.
3) 근로기준정책과-5950, 2015.11.18.
4) 대판 2018.9.13, 2017다16778(**한국노동법학회, 『노동판례백선』 제2판**, 171쪽. 대상판결은 근기법 제26조의 해고예고제도는 해고의 효력과 관계없이 적용되는 규정임을 명확히 함).
5) 고용노동부, 2016.11.7. 「해고예고 미이행에 따른 진정사건 처리지침」. 정상적인 해고예고를 하면 해고일이 30일 뒤가 되므로 임금상당액 또는 금전보상에 해고예고수당이 포함되었다고 볼 여지가 있다.

은 인정된다.[1] 따라서 사용자가 이러한 조치를 취한 기간이 30일이상이라면 해고예고의무를 이행한 것이다. 두 가지 조치를 취하거나 어느 한 조치를 취함에 있어 30일에 미달한다면 해고예고의무를 이행하지 못한 것이 된다.

해고예고기간이 30일에서 일부라도 부족하면, 30일전에 예고를 하지 않은 것이어서, 30일분이상의 통상임금이 지급되어야 한다는 행정해석[2]이 발견된다. 이 해석중에서 예고기간이 30일에서 하루라도 부족하면 '30일분 이상'이 지급되어야 한다고 보는 부분은 경직된 해석으로 여겨진다. 30일에서 부족한 해고예고일수에 해당하는 해고예고수당을 지급하면 해고예고의무를 다한 것이 되고, 그 지급을 거절하면 해고예고의무위반이 되어 벌칙의 적용대상이 된다고 해석함이 사회적통념에 맞는다.

1·라. 해고예고 철회

해고예고는 사용자가 일방적으로 행하는 근로계약해제의 의사표시이므로 철회가 인정되지 않는다(민법 §543). 그러나 근로자동의를 얻은 철회는 근로자의 법률상지위를 불안정하게 하는 것을 예방함으로써 철회금지취지에 어긋나지 않으므로 허용된다. 사용자가 행한 해고의 의사표시에 따른 해고시기에 도달하기 전에 해고시기를 연장하는 취지로 해고의 의사표시를 한 경우, 새로운 의사표시로 본다.[3]

1·마. 즉시해고

(1) 취 지

도저히 근로관계를 유지할 수 없는 이유가 있음에도 해고예고를 하는 것은 사회통념상 타당치 않다. ILO도 1982년도의 「고용종료에 관한 협약」에 근로자의 '심각한 잘못'을 해고예고의 예외사유로 명시하고 있다.[4]

근기법(§26 단서)은 해고예고의 예외로서 즉시해고사유를 규정하고 있다. 개정(2019.1.15 개정 2019.7.16 시행) 근기법은 '종전의 해고예고제도 적용제외제도'[5]를 폐지하고 해당내용을 '계속근로

---

1) 같은 의견, 민주사회를 위한 변호사모임 노동위원회, 『변호사가 풀어 주는 노동법Ⅰ』, 제3판, 2006, 263쪽.

2) 근기 68207-1346, 2003.10.20.

3) 서울지판 2007.5.29, 2007노209.

4) ILO 제158호협약 제11조. 고용이 종료되는 근로자는 고용주가 통고기간 중에도 그 근로자를 계속 고용하는 것이 타당하지 않을 정도의 잘못을 하지 않는 한 합리적인 통고기간을 가질 권리를 갖는다.

5) 〈당시 근기법 §35 / 당시 근기령 §16〉 일용근로자로서 3개월을 계속 근무하지 않은 자(헌재 2017.5.25, 2016헌마640. 해고예고제도의 구체적 내용인 적용대상 근로자의 범위, 예고기간의 장단 등에 대해 입법형성 재량 인정), 2개월 이내의 기간을 정하여 사용된 자, 계절적업무에 6개월이내기간을 정하여 사용된 자, 수습사용한 날부터 3개월 이내인 수습근로자를 '해고예고제도 적용제외 사유'로 인정하고 있다. '월급근로자로서 6개월이 되지 못한 자'는 위헌으로 결정되었다(헌재 2015.12.23, 2014헌바3).

기간 3개월미만'으로 통합하여 즉시해고제도로 흡수하고 있다.

(2) 요 건

① 근로기간

'근로자가 계속하여 근로한 기간이 3개월미만인 경우'에는 해고예고제도가 적용되지 않는다(근기법 §26 i). 기간이 일·주·월·년으로 정해진 때에는 기간말일의 종료로 기간이 만료하고(민법 §159) 주·월·년으로 정해진 때에는 역(曆)에 의하여 계산된다(민법 §160①).[1] 계속근로기간법리는 앞(제3장 제3절,1)에서 설명하였다.

② 천재·사변 기타 부득이한 사유

불가항력적인 상황에서까지 사용자에게 해고예고를 강요하는 것은 형평에 어긋나므로 천재·사변 기타 부득이한 사유로 사업계속이 불가능한 경우에는 해고예고의 예외사유가 된다(근기법 §26 ii).

'부득이한 사유'란 중요한 건물, 설비, 기재 등의 소실과 같은 돌발적이고 불가항력적인 경우를 말하며 불황이나 경영난을 포함하지 않는다.

'사업을 계속하는 것이 불가능한 경우'라 함은 기업의 부도·도산[2] 등을 예로 들 수 있다. 그 밖에 사업의 전부 또는 대부분을 계속하는 것이 불가능한 경우로 사회통념상 사용자로서 취할 수 있는 조치를 다한 경우가 이에 해당되는데 입증책임은 사용자에게 있다.[3]

양자에 대한 1차적인 판단은 사용자에게 맡겨지고, 근로자가 불복하는 경우에는 사법(司法)적인 판단에 맡겨진다.[4]

③ 근로자귀책사유

근로계약을 유지하기 어려울 정도로 근로자에게 귀책사유가 있는 경우까지 사용자에게 해고예고의무를 강요하는 것은 형평에 어긋난다. 근로자가 고의로 사업에 막대한 지장을 초래하거나 재산상의 손해를 끼친 경우로서 고용노동부령(근기칙 §4)[5]이 정하는 사유에 해당하면 해고예고를 하지 않을 수 있다(근기법 §26iii).

---

1) 〈사례〉 법제처 21-0320, 2021.9.8. 2020.1.1부터 2020.3.31까지 수습으로 근무한 근로자에게 수습기간 종료일인 2020.3.31의 근로를 마친 후에 해고통보를 하였다면, 해고예고규정이 적용된다.

2) 근기 68207-2320, 2000.8.2.

3) 대판 1970.2.24, 69다1568.

4) 대판 1970.2.24, 69다1568.

5) ⓐ 납품업체로부터 금품·향응을 제공받고 불량품납품·생산, ⓑ 영업용차량을 임의로 타인에게 대리운전·교통사고, ⓒ 사업의 기밀·정보를 경쟁관계에 있는 다른 사업자 등에게 제공·사업지장, ⓓ 허위사실을 날조유포하거나 불법집단행동을 주도하여 사업에 막대한 지장 초래, ⓔ 영업용차량 운송수입금을 부당하게 착복

근로자귀책사유는 해고정당성의 근거가 되는 귀책사유보다 더 무거운 것이어야 한다.[1] 근로자귀책사유는 근로자의 고의를 요건으로 한다. 고의에 대한 입증책임은 해고예고예외를 주장하는 사용자에게 있다.

1·바. 해고예고 위반 효력

(1) 형사책임

사용자가 해고예고의무(근기법 §26)를 이행하지 않은 경우, 2년이하징역 또는 2천만원이하벌금에 처해질 수 있다(근기법 §110 i). 벌칙을 적용받은 사용자에게 추가로 해고예고수당을 자급할 의무까지는 없다.

(2) 해고정당성과의 관계

해고예고를 하거나 해고예고수당을 지급해도 부당해고가 정당해지지 않는다.[2] 해고예고의무를 위반한 정당해고의 효력에 대해 의견이 나뉜다.

유효설에 따르면 해고예고는 단속규정에 해당되어 이에 위반하더라도 벌칙적용은 별론으로 하고 해고에 대한 사법상(私法上)의 효력은 인정된다. 판례 및 행정해석의 입장[3]이다.

무효설에 따르면 해고예고는 강행규정에 해당되므로 이에 위반된 해고의 효력은 부정된다.[4] 선택권설에 따르면 예고도 없고 해고예고수당의 지급도 없이 한 해고통지에 대하여 근로자가 무효임을 주장하거나 유효임을 전제로 해고예고수당의 지급을 청구할 수 있다.[5] 사용자에게 해고예고의무를 부과한 취지가 해고된 근로자에게 재취직을 위한 시간적 또는 경제적인 여유를 주려는데 있다는 점이 논리적근거이다. 이 경우, 근로자가 상당기간내에 선택권을 행사하지 않으면 무효임을 주장할 수 없게 된다. 상대적무효설에 따르면 해고예고가 없는 해고는

하는 등 직책을 이용하여 공금을 착복·장기유용·횡령 또는 배임, ⓕ 제품 또는 원료 등을 몰래 훔치거나 불법반출, ⓖ 인사·경리·회계담당 직원이 근로자의 근무상황실적을 조작하거나 허위서류 등을 작성하여 사업에 손해, ⓗ 사업장의 기물을 고의로 파손하여 생산에 막대한 지장, ⓘ 그 밖에 사회통념상 고의로 사업에 막대한 지장을 가져오거나 재산상 손해 초래(포괄적인 성격을 갖는 것으로서 일차적으로는 사용자가 해당여부를 판단하게 되나 최종적으로는 사법기관이 판단) ; 1999.2.8 법개정(법률 제5885호)으로 '승인요건' 폐지.

1) 대판 1993.9.24, 93누4199. '단순한 폭언·폭행', 업무지시불이행 등은 해고사유가 될 수는 있으나 즉시해고사유로는 인정되지 않는다. ; 서울서부지판 2010.9.16, 2007가합12807. 업무상배임행위 즉시해고 인정.

2) 대판 1990.10.24, 89다카166 ; 대판 1971.8.31, 71다1400 ; 대판 1992.3.31, 91누6184.

3) 대판 1970.3.31, 69누75 ; 대판 1980.12.9, 80다1616 ; 대판 1993.9.24, 93누4199 ; 대판 1993.12.17, 93다39492 ; 대판 1994.6.14, 93누20115 ; 대판 1996.12.17, 93다39492 ; 법무법 810-807, 1963.11.13 ; 김유성, 『노동법Ⅰ』, 315~316쪽 ; 이상윤, 『노동법』, 제6판, 440쪽.

4) 김형배, 『노동법』, 제20판, 635쪽.

5) 임종률, 『노동법』, 제9판, 515~516쪽.

무효이지만 해고통지 후에 해고예고기간이 지나거나 해고예고수당을 지급하면 효력이 발생한다.[1)]

해고예고는 효력요건으로 규정되어 있지 않으며, 절차규정으로 해고의 서면통보조항이 별도로 있음을 고려할 때에 유효설이 타당하다.

(3) 해고예고기간중의 근로관계

해고예고기간중에도 근로관계는 존속되므로 근로자는 근로제공의무를 갖는다. 그러나 해고예고제도의 취지를 생각할 때, 법적명시사항은 아니지만 새 직장을 구하기 위해 작업장을 떠나는 시간에 대해 임금이 지급되어야 한다.[2)]

사용자는 해고예고보다는 해고예고수당을 지급함으로써 근로자에게 직장을 구할 수 있는 시간을 충분히 부여토록 하는 것이 바람직하다.

2. 해고의 의사표시와 서면통지

2·가. 의 의

(1) 해고의 의사표시와 성립

해고는 명시적이거나 묵시적인 의사표시로 이루어질 수 있다. 묵시적의사표시에 의한 해고가 성립하는지는 노무수령거부의 경위와 방법, 노무수령거부에 대해 근로자가 보인 태도 등 여러 사정을 종합적으로 고려하여 사용자가 근로관계를 일방적으로 종료할 의사를 확정적으로 표시한 것인지로 판단된다.[3)]

(2) 해고의 서면통지 의무[4)]

해고는 사유와 시기가 서면으로 통지되어야 효력이 발생한다(근기법 §27).[5)] 서면통

---

1) 하경효, "해고예고규정 위반 및 노조와 합의없이 행한 징계면직의 효력 −대판 1994.3.22, 93다28553. 해고무효확정 등−", 「경영계」 제198호, 한국경영자총협회, 1994.7, 56쪽 ; 서울고판 1990.5.4, 89나35884 ; 일본 최고재판소 1960.3.11.

2) ILO, 「사용자의 발의에 의한 고용의 종료에 관한 권고(제119호)」 제7조제2항, 실행이 가능한 범위에서 근로자는 예고기간중 다른 직장을 구하기 위해 임금을 삭감하지 않고 근로를 제공하지 않는 합리적인 시간을 부여받을 권리를 갖는다. ; 김형배, 『노동법』, 제20판, 631쪽.

3) 대판 2023.2.2, 2022두57695. 〈해고 존재 인정〉 전세버스운송회사의 관리팀장 등이 통근버스운행담당근로자의 무단결행을 지적하는 과정에서 버스키의 회수를 요구하며 말다툼을 하다가 '사표를 쓰라'고 하고, 근로자가 해고인지 물은데 대해 '응'이라고 답변을 듣고 출근하지 않았으며 회사는 지노위에 부당해고구제신청이 접수된 후에야 정상근무를 요구한 사건 ; 대판 2021.3.25, 2020두57608. 〈해고 존재 부정〉 현장소장의 노무관리권한에 해고까지 포함되어 있다고 보기 어렵고, '절이 싫으면 중이 떠나야 한다'는 발언을 해고·퇴출의 의사표시라 보기 어려움.

4) 프랑스는 사용자가 해고사유를 제시하고 해고전에 근로자의견을 묻도록 하고 있다. 일본은 해고사유에 대해 근로자가 사후에 증명서를 청구할 수 있다. 영국은 근속기간이 2년이상인 경우에, 덴마크는 근속기간이 9개월이상인 경우에, 오스트리아는 해고에 대한 제소절차가 개시된 경우에 각각 해고사유에 대해 근로자의 서면제시요구권을 인정하고 있다.

지제도의 목적은 사용자가 해고를 신중하게 결정하도록 하고, 해고의 존재여부·시기·사유 등을 명확히 하여 분쟁의 해결을 쉽게 하며, 근로자의 방어권을 보장[1]하려는데 있다. 서면통지제도는 해고가 아닌 징계에 대해 적용되지 않는다. 취업규칙 등에 징계에 대해 통지제도를 두고 있다면 이는 효력요건이다.[2]

(3) 의사표시와 서면통지의 관계

해고서면통지의무는 해고의 효력여부를 판단하는 요건이지 해고의 의사표시존부를 판단하는 요건은 아니다.

2·나. 서면통지의무의 적용범위

(1) 적용대상 해고

서면통지제도는 징계해고, 경영해고 및 통상해고를 가리지 않고 해고전체에 적용된다. 서면통지제도는 시용근로에도 적용된다.[3] 시용계약에 본채용요건이 규정되어 있더라도 시용근로자가 그 요건에 해당되는지가 통보되어야 한다. 효력이 부정되는 퇴직, 해고로 평가되는 당연퇴직, 징계절차를 거치지 않도록 규정되어 있는 직권해직[4] 등에도 서면통지의무가 부여된다. 폐업을 이유로 전체근로자를 해고하였다면 공장을 점거하고 있는 근로자들도 노동조합이나 해고통지서를 통해 해고의 사유와 시기를 잘 알 수 있었으므로 서면통지가 된 것으로 본 판결[5]이 있다. 기간제근로계약의 갱신거절은 서면통지제도의 대상이 아니며,[6] 정년퇴직도 그렇다.

(2) 해고예고와의 관계

해고사유와 해고시기를 명시하여 서면으로 한 해고예고는 서면통지의무가 이행된 것으로 본다(근기법 §27③). 해고예고수당지급만 지급한 행위는 서면통지의무이행으로 인정되지 않는다. 경영해고에 있어 근로자대표와 협의를 해도 서면통지는 별도로 요청된다.

---

5) 서울행판 2010.7.23, 2010구합12040. 아파트관리사무소 출입을 저지하여 노무수령을 거절했다면 이는 해고이고, 다음 임기의 입주자대표회의에서도 복직시키지 않고 이 상태를 유지하면 서면통지가 없는 부당해고임. ↘ 952쪽

1) 대판 2011.10.27, 2011다42324 ; 대판 2015.9.20, 2015두41401 ; 대판 2015.11.27, 2015두48136.

2) 대판 2020.6.25, 2016두56042.

3) 대판 2015.11.27, 2015두48136.

4) 서울행판 2008.12.4, 2008구합19628.

5) 서울행판 2011.6.16, 2010구합45972.

6) 대판 2021.10.28, 2021두45114.

2·다. 서면통지의 형식

(1) 서면통지 주체

서면통지는 해고를 결정할 지위에 있는 사람에 의해,[1] 해고의 의사표시와 함께 이루어져야 한다.

서면은 사용자의 서명 또는 날인이 있어야 유효하다는 견해[2]가 있으나, 해고의 시기와 사유가 명시된 인사명령서처럼 해고권자의 결정임이 객관적으로 명확하면 그 효력이 인정될 것이다.

(2) 서면통지방법

인사명령문서를 시달한 경우에는 사유와 시기를 명시한 서면으로 본인에게 도달하였다는 점을 사용자가 입증해야 한다.

① 종이문서

서면통지형식은 사용자의 기명 또는 날인이 포함된 종이문서를 직접 또는 등기우편으로 송부하는 것이 원칙이다.[3] 그러나 그 이름이 '해고통지서'여야 하는 것은 아니며 징계위원회를 거쳐 징계가 확정되는 경우에 있어 징계위원회결과통보서, 해고사유가 무엇인지 구체적으로 알 수 있도록 작성되어 해당근로자의 확인·서명을 받아 교부된 회의록[4] 등도 서면통지로 인정된다.

② 전자문서

휴대폰문자메세지[5], 전송·복사[6], 등은 서면으로 인정되지 않는 것이 원칙이다. '이메일 같은 단순한 전자문서'는 인정되지 않는다는 판결[7]이 발견되나, 「전자문서 및 전자거래 기본법」에 의한 전자문서(제3장, 제1절 2·라, (2), ④, ㈏, ㈐)는 인정[8]된다.

전자결재체계가 완비되어 업무의 기안·결재·시행 과정이 관리되는 전자문서,[9]

---

1) 서울행판 2010.10.15, 2010구합1965. 직원중의 일부가 출근하지 말라는 취지로 말해도 해고된 것이 아니다.
2) 김형배, 『노동법』, 제20판, 632쪽.
3) 서울행판 2010.6.18, 2010구합11269.
4) 대판 2021.7.29, 2021두36103.
5) 서울행판 2010.4.16, 2009구합31878. 〈근거〉 서명·날인 등이 존재하지 않아 진정한 의사 확인 곤란.
6) 대판 2011.10.27, 2011다42324.
7) 서울행판 2010.6.18, 2010구합11269 ; 서울행판 2012.10.11, 2012구합14446.
8) 대판 2015.9.10, 2015두41401. 〈인정〉 대리인인 노무사의 이메일로 사용자의 인감이 날인된 징계결과통보서를 복사한 파일을 첨부하였고, 근로자가 그 이메일을 수신 ; 대전고판 2021.6.10, 2020누11853. 〈인정〉 무단결근에 대해 인사위원회출석을 요구하고 소명기회를 부여한 후에 인사발령문결재문서를 카카오톡 메시지로 보낸 사건.
9) 근로기준팀-8048, 2007.11.29. 해고의 서면통지 관련 업무처리지침 ; 서울행판 2010.6.18, 2010구합11269 ; 근로기준과-1983, 2010.11.16 ; 서울행판, 2013.9.12, 2012구합36941. 정당성 부인 사례.

원거리에 있어 장소적·기술적으로 다른 연락수단이 없어 사용된 이메일,[1] 원본이 합리적인 수단과 기간에 의해 근로자에게 도달될 것을 전제로 한 팩스[2] 등을 서면통지로 인정한 견해들이 발견된다.

2·라. 서면통지의 내용

(1) 해고사유

① 일반해고

해고사유는 해고의 동기 또는 원인을 말하며, 진정한[3] 해고사유가 기재되어야 한다. 해고사유에 대해 어느 정도 구체적으로 명시해야 하는지에 대해서는 규정이 없다.

② 해고사유 기재 정도

㈎ 일반해고

㉮ 원칙으로서의 엄격성

해고의 서면통지는 근로자의 처지에서 해고사유가 무엇인지를 구체적으로 알 수 있는 정도여야 한다. 징계대상자가 징계위원회에 참석했기 때문에 징계사유에 대해 잘 알아도 징계과정에서 사유가 추가될 수 있고 해고통보전의 사정을 고려하여 해석을 완화하는 것은 강행법규성을 약화시키기 때문이다.[4]

해고의 실질사유가 되는 구체적인 사실 또는 비위내용이 기재되어야 하며 징계대상자가 위반한 단체협약이나 취업규칙의 조문만 나열하는 것으로는 충분하지 않다.[5] 어떤 행위가 사규에 위반되는지 기재되지 않은 서면통지의 효력은 인정받기 어렵다.[6]

시용에 대해 기간만료로 해고한다는 취지만으로는 효력이 없고 구체적이고 실질적인 거부사유가 통보되어야 한다.[7]

---

1) 서울중앙지판 2009.9.11, 2008가합42794. 인사위원회의결통보서를 첨부하여 발송. 근로자는 종전과 같이 이를 정상적으로 수신·확인.

2) 김형배, 『노동법』, 제22판, 636쪽.

3) 서울행판 2010.6.3, 2009구합52844. 업무상횡령을 경영악화로 허위지재한 서면통지는 위법.

4) 구체적인 비위내용을 기재해야 하며 취업규칙의 조문만 나열하는 것으로는 불충분.

5) 대판 2011.10.27, 2011다42324 (**한국노동법학회, 『노동판례백선』 제2판**, 175쪽. 해고의 서면통지의무에 관한 기본적 판례로 취급). '징계위원회 출석요구통보서, 근로자참여없이 실시한 심의결과통보서, 해고통보서 어디에서도 어떠한 행위가 해고사유인지를 밝히지 않고 있다'고 지적하고 있어 출석요구서 등에 구체적으로 기재되어 있다면 해고통보서에 간단히 기재되어 있더라도 서면통지로 인정할 수 있다는 해석 가능.

6) 대판 2015.12.10, 2015다4210260.

7) 대판 2015.11.27, 2015두48136. 우림맨테크사건.

㉯ 예외로서의 완화성

근로자가 해고사유를 구체적으로 알 수 있고 방어권행사에 아무런 장애가 없다면 '축약하여 상세하지 않게 기재하거나[1]', 추상적으로 기재하거나, 근거규정만 기재하거나 심지어 기재하지 않더라도 서면통지위반으로 보지 않는다. 해고사유는 소명하거나 정당성을 다투면서 확정되는 것이 일반적이다.

해고대상자가 해고사유를 구체적으로 알고 있고 충분히 대응할 수 있는 상황이었다면 해고통지서에 해고사유를 축약기재하더라도 위법으로 보기 어렵다.[2]

해고대상자가 직접 인사위원회에 출석해 징계사유에 대해 구체적인 의견을 진술였다는 이유로, 취업규칙조문만 나열한 서면통지를 적법하게 받아들인 판결[3]이 있다. 나아가서 해고통보서에 해고사유를 기재하지 않았더라도 근로자가 해고통보서를 수령하였고 해고존부 및 해고사유 등 해고와 관련된 분쟁사항을 명확히 알고 있어 방어권행사에 아무런 장애가 없었다면 이 역시 위법으로 보기 어렵다는 판결[4]이 발견된다. 특히 징계위원회 결과통보서는 감사과정, 사용자면담, 출석요구, 징계위원회, 소명 등을 거친다는 점이 강조된다.[5]

해고대상자가 해고사유가 무엇인지 알고 있다는 이유로 해고사유를 전혀 기재하지 않으면 서면통지의무위반이다.[6]

㉰ 검 토

근로자방어권은 사업장의 해고절차뿐아니라 노동위원회나 법원에서도 보호받아야 하고, 분쟁해결을 위해 해고사유의 확정성이 요청되며, 해고처분서에 기재되지 않은 징계사유도 징계위원회서 실질적으로 거론되었다면 징계사유가 될 수 있고,[7] 징계위원회서 일부의 징계사유만 인정될 수 있다는 점을 고려할 때에 원

---

1) 대판 2022.1.14, 2021두50642. 〈사유 통지내용〉 학생들에 대한 부적절한 신체접촉 및 발언으로 많은 학생들이 불쾌감이나 수치심을 느낌.

2) 대판 2014.12.24, 2012다81609, 부적격산업체와 협약을 체결하거나 산업체재직자가 아닌 사람을 계약학부 학생으로 등록시키는 등이 법령위반으로 해고사유임을 충분히 알수 있음.

3) 대판 2015.7.9. 2014다76434.

4) 서울고판 2009.3.27, 2008누28013 ; 서울행판 2009.5.28. 2008구합48716.

5) 서울고판 2010.2.10, 2009누16932. 징계해임으로만 기재 ; 서울행판 2012.2.16, 2011구합2491. 해고사유기재가 없었으나 징계위개최통보서에 징계사유가 구체적으로 적시되었고, 근로자가 소명하였으며, 해고통보서에 개최일자가 특정된 징계위원회 심의결과가 인용되어 있음을 지적 ; 서울행판 2012.3.8, 2011구합21102. B새마을금고사건. 징계처분사유 설명서에 파면이유를 징계의결서 사본에 의한다고 하면서 사본에도 인사규정위반으로만 기재된데 대해 소명후에 사실확인서를 작성하였고 이사회에서 징계사유를 시인하는 취지로 입장표명을 한 사건 ; 서울행판 2012.6.29, 2012구합6933. D드림주식회사사건, 무단결근·회사불신임, 업무방해, 직원간 불화 등으로 기재되어 있으나 사용자면담을 통해 그 사유를 알 수 있었음을 지적 ; 서울행판 2012.9.25, 2012구합15814. E교통주식회사 허위학력기재 해고사건.

6) 대판 2021.2.25, 2017다226605, 계약종료통지서에 해고사유를 전혀 기재하지 않았다면 이는 위법한 해고통지에 해당한다.

칙적으로는 해고사유의 기재는 엄격히 해석되는 것이 타당해 보인다.

그 엄격성은 '해고사유가 무엇인지를 구체적으로 알 수 있고 방어권행사에 장애가 있는지'로 판단되어야 한다. 따라서 무단결근, 폭력, 회사명예실추, 지휘·명령불이행 등과 같이 넓게 명시된 사유도 이러한 기준을 충족한다면 인정받을 수 있다. 특히 징계위원회에서 거론된 내용을 징계사유로 삼은 경우에는 그 내용으로 인식될 수 있을 정도로 해고사유를 명시하면 정당성이 인정된다. 징계위원회에서 거론되지 않은 징계사유는 서면통보여부를 불문하고 정당성이 인정되지 않는다.

㈏ 경영해고사유

경영해고에 대해서는 긴박한 경영상 필요성, 해고회피노력, 해고대상자 선정기준을 기재하여야 하며 근로자대표와의 협의는 경영해고에 있어 실체성이 아닌 절차성과 관계가 있으므로 기재대상으로 보기 어렵다.

(2) 해고시기

해고시기는 해고효력을 발생시키고자 하는 시기로서, 구체적[1]인 날짜로 서면에 기재되어야 하며, 기재되어 있지 않거나 구체적이지 못하면 효력이 인정되지 않는다.

구체적인 날짜인지는 통보서의 내용을 기초로 판단하되, 해고통보서나 '징계위원회 개최결과 통보서'에 '징계해고의 확정'과 해고사유만 기재되어 있고 해고시기의 기재되지 않은 경우에 대해 문서작성일자를 해고시기로 보는 견해[2]와 그렇지 않은 견해[3]가 혼재되어 있는데, 개인적으로는 전자를 지지한다. 해고의 의사표시는 확정적이어야 하며 조건부해고통지는 인정되지 않는 것이 원칙이나, 일정기간경과나 일정요건충족을 전제로 한 당연면직처분서의 서면통지를 인정한 판결[4]이 발견된다.

---

7) 대판 2002.5.28, 2001두10455. ↘ 956쪽

1) 대판 2011.10.27, 2011다42434.

2) 서울행판 2009.9.3, 2009구합13708. P여객사건. 2008.9.26에 상벌위원회를 개최하여 해고를 의결하고 같은 날 해고시기를 기재하지 않았으나 해고사유가 기재된 징계처분장을 발송하여 같은달 29일에 수령한 사건에서 징계처분장에 기재된 2008.9.26을 해고시기로 인정 ; 대판 2012.1.27, 2011두27843. 심리불속행 판결 ; 대판 2012.9.13, 2012두13092. 심리불속행 판결. N학원사건 ; 서울행판 2012.3.8, 구합21102 ; 서울행판 2012.6.28, 2011구합23313. 징계위서 2010.11.19.에 징계해고를 의결하고 같은달 11.26에 개최결과서를 통보하였는데 그 날 즉, 통보일을 해고시기로 보아 서면통지규정 준수 인정.

3) 서울고판 2012.7.13, 2011누33275. 〈해고부정〉 직위해제후 작성일(2010.11.23.)이 기재된 해고통보서에 대해 그날을 해고시기로 본 원심에 대해, 이 날짜는 내부결정일이지 해고시기가 아니라면서 해임결정일자(2010.11.23)의 기재만 가지고 해고시기를 서면으로 통지한 것으로 인정할 수 없음.

4) 서울행판 2012.2.16, 2011구합2491.

2·마. 서면통지의 방법과 시기

(1) 서면통지수단

서면통지방법에는 제한이 없다. 따라서 직접 또는 우편으로 전달할 수 있으나 근로자에게 도달해야 한다. 도달이라 함은 사회통념상 상대방이 통지내용을 알 수 있는 객관적인 상태에 놓인 것을 말한다. 따라서 근로자가 상당한 사유가 없이 수령을 거절한 경우, 근로자가 통지내용을 알 수 있는 객관적인 상태에 놓여 있으면, 서면통지가 있는 것으로 본다.[1)]

(2) 서면통지시기

서면통지는 따로 정해져 있지 않으므로 해고일이나 그 전에 할 수 있다.

서면에 기재된 시기보다 늦게 통지가 도달하면 기재된 시기에 효력이 발생된다는 판결[2)]이 발견된다. 그러나 해고는 상대방이 있는 단독행위이므로 의사표시가 상대방에게 도달한 때에 효력이 발생한다(민법 §111)는 점, 노동위원회의 구제신청에 대해 제척기간이 설정되어 있어 근로자의 방어권을 보호해야 한다는 점 등을 고려하여 도달시점에 효력이 발생한다고 봄이 타당하다.[3)]

(3) 방법 · 시기의 흠 치유

① 재심절차에서의 치유

초심징계절차상의 흠은 재심징계절차를 통해 치유가 가능하다.[4)] 따라서 초심징계위원회가 징계해고를 의결한 후에 해고의 서면통지를 함에 있어서 해고일자를 누락시켰더라도 재심에서 다시 징계해고를 의결하고 서면통지를 했다면 흠은 치유된 것으로 본다.[5)]

---

1) 대판 2012.6.28, 2012두6957. 심리불속행 판결. 〈서면통지 인정〉 징계위원회 출석통보서, 해고통보서 등 징계서류만 고의적으로 수령을 거부했으나 징계위 개최사실과 징계사유를 알고 있었고 실업급여 신청 ; 대판 2012.8.13, 2012두11126. 심리불속행 판결. 〈서면통지 인정〉 근로자요청에 따라 사내게시판에 징계처분장을 공고하였고 사용자가 징계처분장을 교부하려 하자 게시판에서 확인하였다며 수령 거절 ; 서울행판 2013.8.29, 2013구합9427. 〈서면통지 인정〉해고사유 및 해고시기를 기재한 문서를 책상에 놓아두었으나 보지도 않고 고의로 찢어버린 행위 ; 서울행판 2013.7.16, 2012구합2931. 〈서면통지 인정〉 출동한 경찰관 앞에서 해고통지서 전달, 수령거부.

2) 대판 2012.1.27, 2011두17843. 심리불속행 판결. 〈서면통지 인정〉 징계위서 2009.6.3에 해임의결하고 같은달 27일에 징계처분사유서와 징계의결서를 첨부하여 인사발령통지를 발송하고 근로자가 7.1에 수령하였는데 인사발령통지서에 기재된 2009.6.27을 해고시기로 봄.

3) 〈같은 의견〉 서울행판 2020.4.23, 2019구합74898.

4) 대판 1993.10.26, 93다29358.

5) 대판 2012.9.13, 2012두12266. 심리불속행 판결. 〈서면통지 인정〉 2010.7.13. 징계위를 개최하여 해고를 의결하고, 같은달 19일 해고사유가 기재된 징계처분통지서를 발송하여, 같은달 20일에 수령되었는데 징계처분서에 기재된 2010.7.19를 해고시기로 봄.

② **구두 해고처분과 추후 서면통지**

구두로 해고를 통지했으나 신의칙상 상당한 기간내에 해고의 서면통지를 하면 흠이 치유된다는 판결[1]과 기간이 길 경우에 이를 부정하는 판결[2]이 발견된다. 이에 반해 해고일에 구두로 통지하고 그 후에 해고시기로 소급하여 서면통지를 했다면 해고효력은 서면통지일에 발생한다는 견해[3]가 있다. 노동위원회의 구제신청에 대해 설정된 제척기간을 충족시키는데 도움이 되는 등 근로자의 방어권 보호차원에서 후자의 견해가 더 적절해 보인다.

2·바. 서면통지의 효과

(1) 효 과

해고의 서면통지규정은 강행규정으로서, 이에 위반된 해고는 사유나 절차를 살펴볼 필요가 없이 위법으로 무효이다.[4] 다만, 위반에 대한 벌칙은 규정되어 있지 않다. 사용자가 해고라고 생각하지 않아 서면통지를 하지 않았으나 사후적 그리고 법률적으로 해고로 판명된 경우에도 서면통지위반에 해당된다.

서면통지에 명시되지 않은 사유는 해고의 정당성을 주장할 수 있는 근거가 되지 못한다. 서면통지에 의하지 않은 해고를 철회하지 않은 채로 해고시기를 소급하여 해고사유 등의 서면통지를 하더라도 앞선 해고의 흠이 치유되지 않는다.[5] 해고효력은 서면통지에 명시된 기일에 발생하며, 다른 징계의 효력은 처분의 의사표시가 근로자에게 도달한 때에 발생한다.[6]

(2) 구 제

구두통보는 원칙적으로 해고의 확정적효력을 갖지 못한다.[7] 구두해고는 해고

---

1) 서울고판 2012.7.13, 2011누33275. 〈서면통지 인정〉 해고처분당시에 근로자가 사무실을 나가는 바람에 해고통보서를 전달받지 못하였으나 9일 후 근로자에게 직접 해고통보서를 전달, 서면통지 효력 인정.

2) 서울고판 2012.6.15, 2011누45339. 직권면직일부터 한달 경과한 후 한 서면통지에 대해 해고시기의 효력을 부정하였다. ; 서울행판 2010.10.14, 2010구합8546. 〈해고시기 기재부정〉 해고일부터 20일이 경과된 후에 근로자가 회사를 방문하여 받아간 징계처분통보서.

3) 임종률, 『노동법』, 제11판, 532쪽.

4) 서울행판 2013.7.3, 2013구합1966 ; 서울행판 2013.6.11, 2012구합42120.

5) 서울행판 2013.7.17, 2013구합284.

6) 근로개선정책과-5687, 2014.10.16. 노위칙 제40조에도 해고 이외의 징벌은 근로자가 징벌이 있었음을 안 날, 구술통지를 받은 경우 그 통지를 받은 날부터 3개월 이내 구제신청을 하도록 하고 있다.

7) 서울행판 2009.7.16, 2008구합50049. 계약방식변경에 따른 의사불일치로 언쟁을 하던 중 '당장 그만두고 나가'라고 소리친 것만으로는 확정적인 해고의 의사표시로 보기 어려움. 그러나 스스로 출근하지 않으면서, 이의제기가 없었고, 미용도구를 모두 챙겨간 다음 다른 미용실에서 근무하였으며, 정산된 급여를 수령하였고, 2개월반이 지나서야 구제신청을 한 점 등을 들어 사직 인정 ; 서울행판 2010.10.14, 2010구합8546. 징계사유에 관하여 소명기회를 충분히 부여받았고 실제로 상당 부분 소명이 이루어졌더라도 서면통지가 없으면 해고효력부인.

의 실체를 가지나 무효인 것으로 해석된다.

노동위원회는 서면으로 통지하지 않았다는 이유만으로도 원직복직과 임금상당액지급의 구제명령을 해야 한다.[1] 이 경우, 사용자는 다시 서면통지를 함으로써 해고의 정당성을 다툴 수 있어 분쟁이 길어질 수 있다.

3. 특정사유에 있어 해고시기제한

3·가. 법적근거

사용자는 '근로자가 업무상부상·질병의 요양을 위해 휴업한 기간과 그 후 30일 동안'과 '출산전후의 여성이 이 법에 따라 휴업한 기간과 그 후 30일 동안' 해고하지 못한다(근기법 §23②, §107 5년 징역·5천만원 벌금).

사업주는 육아휴직동안 그 근로자를 해고하지 못한다(고평법 §19③, §37②iii 3년 징역·3천만원 벌금).

3·나. 내 용

(1) 출산전후휴가기간 및 육아휴직기간

'출산전후휴가기간과 그 후 30일간' 및 '육아휴직기간 중'의 해고[2]는 근로자의 사후승인이 있어도 무효이다.[3] 다만, 그러한 기간중에 근로계약기간이 종료하는 등 근로관계자동소멸사유가 발생하면 해당휴가와 근로관계는 종료된다.[4]

육아휴직기간은, 당사자가 따로 합의하지 않는 한, 기간제 또는 파견의 사용기간에 포함되지 않는다(제8장, 제3절 3·다,(2)).

(2) 업무상재해요양휴업기간

① 의 의

'업무상부상·질병의 요양을 위한 휴업기간과 그 후 30일동안' 해고를 금지하는 이유는 노동력회복기간 동안 근로자가 실직위협으로부터 벗어나 재기할 수 있도록 해주기 위해서이다.

② 판단방법

휴업에는 출근할 수 없는 전체휴업뿐아니라, 요양을 계속하면서 부분적으로 근로를 제공하는 부분휴업도 포함된다. 요양을 위하여 휴업이 필요한지는 업무상부

---

1) 서울고판 2009.7.29, 2009누1619 ; 서울고판 2010.1.28, 2009누19764 ; 임종률, 『노동법』, 제11판, 532쪽.
2) 통상해고·경영해고포함(근로기준팀-51, 2008.1.3) ; 시용근로자 본채용거절 포함(대판 2021.4.29, 2018두4395).
3) 대판 1984.4.10, 84도387.
4) 평정 68240-116, 2003.3.31.

상 등의 정도, 치료과정·방법, 업무의 내용·강도, 근로자의 용태 등 객관적인 사정을 종합하여 판단한다.[1)]

③ **적용요건**

'정상출근' 또는 '요양을 위한 휴업의 필요성이 인정되지 않는 경우'에는 해고시기제한이 적용되지 않는다.[2)] 이 경우, 출근하여 근무하는 것으로는 부족하고 정상적인 노동력으로 근로를 제공하는 경우여야 예외가 인정되므로, 객관적으로 요양휴업이 필요함에도 사용자요구 등 다른 사정으로 출근하는 것은 예외에 해당되지 않는다.

④ **요양종결과 해고**(같은장, 제2절 2·다, (4), ②, ㈐, ㉯)

3·다. 예 외

㈎ **사업계속 불가능**

'업무상부상·질병기간과 그 후 30일동안', '출산전후휴가기간과 그 후 30일동안' 및 '육아휴직기간'이더라도 '사업을 계속할 수 없는 경우'[3)]에는 해고할 수 있다(근기법 §23② 단서, 고평법 §19③ 단서). 일시휴업, 경영악화 등 경영상의 이유가 '사업을 계속할 수 없는 경우'에 해당되는지는 업무상부상·질병, 출산전후휴가 등의 보호취지와 비교하여 종합적으로 판단해야 하나 원칙적으로 부정된다.

㈏ **일시보상**

업무상부상·질병기간이더라도 일시보상(근기법 §84)[4)](산재법 §80④)[5)]을 한 경우에는 정당한 사유가 있으면 해고할 수 있다(근기법 §23② 단서).

---

1) 대판 2011.11.10, 2009다63205. 〈부정〉 1회통원치료, 감정의의 사실조회회보에도 '한 달에 1번이상 외래 방문하여 약물치료 등이 필요하고 병가 및 입원치료가 필요한 상태는 아니다'는 취지로 기재된 점을 감안 ; 서울행판 2010.10.22, 2009구합53540. 경영해고관련 〈부정〉 요통치료가 물리치료정도의 보존적치료이고 매년 2~3회에 불과, 장거리를 이동하여 파업 참여, 2달정도 진료를 받지 않다가 경영해고일에 수술 등 감안 ; 대판 2021.4.29, 2018두43958.

2) 대판 1991.8.27, 91누3321

3) 근로기준과-509, 2010.1.28. 사업을 상당한 기간 동안 중지할 수밖에 없게 된 경우, 즉 전체적인 사업을 계속 수행하는 것이 상당기간 동안 불가능한 경우를 말한다. ; 노동부장관인정을 요건으로 하던 구법(1998.2.20, 제정)의 근기칙(1998.6.11) 제4조. ⓐ 풍수해, 화재, 전쟁사태 등 예측할 수 없는 돌발적사태로 사업의 주된 건물, 설비, 시설 등의 전부 또는 일부가 소실되어 사업계속불가능, ⓑ 법령개폐 등으로 경과조치없이 행정관청으로부터 사업폐지명령, ⓒ 사회통념상 천재지변에 준할 정도의 불가항력적 돌발사태로 사업계속 불가능.

4) 요양보상수령근로자가 요양을 시작한지 2년[요양시작일부터 만2년을 경과한 경우로서 요양을 받아야 할 사람이 중도에 중단하였다가 다시 받은 경우에는 중단기간을 제외하고 계산한다(근기 01254-268, 1993.2.22 ; 근기 68207-829, 2003.7.4 ; 근기 68207-2507, 2001.8.6)]이 지나도 부상·질병이 완치되지 않으면 사용자는 평균임금 1,340일분의 일시보상 [근로자동의가 필요하다는 견해(해지 125-1009, 1984.4.23)가 있으나 근거가 없다(근기 01254-14005, 1990.10.8)]을 하여 그 후의 근기법상 보상책임을 면한다.

5) 요양급여수령근로자가 요양시작후에 3년이 지나 상병보상연금을 지급받으면 일시보상지급으로 본다.

3·라. 해고예고와의 관계

해고금지기간중에는 해고예고도 금지된다는 견해[1]가 있으나, 이에 찬성하지 않는다.[2] 해고예고기간중에 해고금지사유가 발생하면 예고기간이 진행되는지에 대해 해고예고기간이 진행되지 않고 해고금지기간이 지난 후에 나머지 예고기간이 진행된다는 부정설[3]과 해고예고기간은 진행되나 예고기간이 지나더라도 해고금지기간이 지난 후에 해고의 효과가 발생한다는 긍정설[4]이 있는데 후자가 타당해 보인다. 해고금지기간은 해고를 금지하는 것이지 그 예고를 금지하는 것은 아니기 때문이다.

3·마. 해고외 근로관계종료와의 관계

절대적해고금지기간 중에는 해고가 금지되는 것이므로 근로계약기간이 종료되거나 정년에 도달하여 근로관계가 종료되는 것까지를 부정하는 것은 아니다.

4. 자치규범에 따른 징벌절차

4·가. 의 의

근기법은 징계위원회구성, 혐의자출석, 변명기회부여 등의 절차에 대해 정하고 있지 않다. 절차적요건에 대하여는 취업규칙 등의 규정에 따른다. 징계절차는 징계요건 등을 심의·의결하는 절차로서, 징계내용을 정해놓고 가부를 정하는 절차가 아니다.[5] 징계절차규정은 징계권의 공정한 행사를 확보하고 징계제도의 합리적운영을 도모하기 위한 것으로서, 이에 위반된 징계권의 행사는 징계사유의 정당성과 관계없이 절차적정의에 위반되어 무효이다.[6]

4·나. 징계절차의 적용과 배제

(1) 징계절차 적용

① 적용대상 사유

징계절차를 거칠 사유에 대해서는 취업규칙 등에 따른다.[7]

---

1) 김형배, 『노동법』, 제20판, 630쪽.
2) 이상윤, 『노동법』, 제6판, 433쪽 ; 임종률, 『노동법』, 제9판, 513쪽. 근기법이 해고와 해고예고를 명확히 구분하고 있고, '그 후 30일동안'도 해고금지기간으로 규정하고 있는 점을 지적했다. ; 근기 01254-5080, 1987.3.30 ; 근기-5784, 2004.8.18 ; 근로기준팀-51, 2008.1.3. 육아휴직관련.
3) 노정근 1455-18121, 1963.2.23.
4) 근기 01254-5080, 1987.3.30.
5) 서울행판 2008.1.29, 2007구합8935.
6) 대판 1991.7.9, 1990다8077.

인사고과성적불량[1]과 같이 애매하고 추상적인 사유에 대하여는 변명기회를 주는 것이 해고의 정당성을 강화시켜 준다.

② 적용대상 절차

㈎ 유리한 관행

노사당사자가 징계절차를 취업규칙 등에 정해진 징계절차보다 근로자에게 유리한 방식으로 운영하기로 합의하였고, 근로자들의 이의제기가 없으면, 그 효력이 부인되지 않는다.[2]

㈏ 취업규칙 변경

행위발생시점과 징계처분시점의 사이에 취업규칙이 변경된 경우, 경과규정이 없으면 새 취업규칙이 적용된다. 해고의사표시는 의사표시시점의 규정을 따르면 족하기 때문이다.[3] 행위발생시점의 취업규칙에서 정한 징계시효가 완성된 경우는 징계처분시점에서도 그 취업규칙이 적용된다.[4]

징계사유가 되는 행위나 법률관계가 새 취업규칙이 시행되기 전에 종결된 것이 아니라면, 새 취업규칙의 징계시효연장규정이 불소급의 원칙에 위반되지 않는다. 종전취업규칙의 존속에 대한 근로자신뢰가 새 취업규칙적용에 관한 공익상의 요구보다 더 보호받을 가치가 있다고 인정되는 예외적인 경우에 한해, 새 취업규칙의 적용이 제한될 수 있다.[5]

(2) 징계절차 배제

① 원 칙

징계절차의 적용·배제요건은 취업규칙 등으로 정해진다. 명시된 요건은 공정하고 합리적이어야 하며 포괄적·추상적인 요건을 정해 놓고 사용자가 자의로 해석하는 것은 무효이다.[6] 징계절차적용제외대상으로 당연퇴직, 징계면직과 직권면직을 규정한 단체협약 등은 유효하다.[7]

---

7) 대판 2021.12.10, 2020두44213. 인사발령사유가 징계사유에도 해당되고, 취업규칙에 '전직'을 징계의 종류로 규정하고 있으므로, 징계절차를 거쳐야 한다. ↘ 962쪽

1) 서울고판 1989.7.7, 88나39247.

2) 대판 1995.2.14, 94다21818.

3) 대판 1994.12.13, 94다27960 ; 대판 2005.11.25, 2003두8210. 재심청구시점과 개최시점 사이에 취업규칙변경.

4) 서울행판 2013.5.30, 2012구합27862. 〈이유〉 징계시효는 의사표시가 아님, 행위시점이 적용대상시기임.

5) 대판 2014.6.12, 2014두4931. 교통안전공단 사건.

6) 대판 1990.12.7, 90다6095. 취업규칙에 "본인의 변명이 회의진행을 저해하는 경우나 특별한 사항에 대해 변명기회를 주지 않을 수 있다"고 규정하고 근로자의 징계혐의 사실 부인, 좌경불순혐의로 수사당국이 조사하는 사실을 이 규정에 적용하여 징계절차를 거치지 않은 사례.

7) 대판 2009.3.26, 2008다62724.

② **당연퇴직**

근로자사망·사업폐지 등과 같은 근로관계자동소멸이나 정년·근로계약기간만료를 포함한 합의퇴직은 그 성격상 당연퇴직사유로서 징계절차의 적용대상이 아니다.[1] 이외에도 사용자는 취업규칙 등에 당연퇴직사유를 규정하여 해당사유에 대해 징계절차를 적용치 않을 수 있다.[2]

③ **직권면직**

취업규칙 등에 직권면직사유에 대해 징계처분과 구분하여 규정해 놓고, 징계절차를 거치지 않도록 규정하거나 직권면직절차를 따로 규정하고 있지 않으면,[3] 징계절차를 거치지 않을 수 있다. 이 경우, 직권면직사유가 실질적으로 징계사유로 보여도 마찬가지이다.[4] 직권면직사유가 징계처분과 구분되어 따로 규정되어 있지 않고, 징계의 한 종류로 규정되어 있으면 그러한 면직은 징계해고에 불과하다[5] 직권면직사유와 징계사유가 각각 규정되어 있으나, 양자가 실질적으로 동일하면, 인사규정상의 징계절차를 따라한다는 판결[6]이 있다.

④ **대기발령과 직위해제**(같은장,같은절 2·다,(3),③)

취업규칙 등에 대기발령·직위해제기간을 두고 일정한 평가기준을 정하여 비위사실을 해소시킬 수 있는 기회를 준 후, 이를 충족시키지 못하면, 징계절차없이 당연히 퇴직토록 하는 규정은 인정된다.[7] 나아가서 취업규칙 등에 대기발령이나 직위해제의 규정이 없더라도 비위에 해당하는 징계와 별도로 징계절차와 관계없이 업무명령의 소극적인 양태로의 대기발령과 직위해제가 가능하다.[8]

⑤ **통상해고**

취업규칙 등으로 통상해고에 대해 징계절차의 예외를 규정할 수 있다. 이 경우 통상해고사유에는 해당되지만 징계해고사유에 해당되지 않으면 징계절차를 거칠 필요가 없다.[9] 그러나 비위행위가 징계해고 및 통상해고의 사유에 모두 해당하

---

1) 대판 1995.3.24, 94다42082 ; 서울고판 2005.10.25, 2005누13676.
2) 대판 1995.3.24, 94다42082. "형사범죄로 유죄판결을 받았을 때"를 당연퇴직사유로 정해 놓은 상태에서 실형판결을 받아 오랫동안 근로를 못하면 퇴직된다. ; 대판 1994.1.25, 93다52006 ; 대판 2000.6.23, 99두4235.
3) 대판 1995.6.30, 94다42082 ; 대판 1995.7.14, 95다1767 ; 대판 2009.10.15, 2009두12952.
4) 대판 2000.6.23, 99두4235. 직무수행능력이 부족하면 직권면직할 수 있다고 규정 ; 서울행판 2006.8.22, 2006구합3770. 정년이나 의원면직과 함께 경력허위기재를 징계사유가 아닌 퇴직사유로 규정.
5) 서울고판 2011.9.20, 2007누8203.
6) 대판 1995.6.30, 94다42082 ; 서울고판 2011.9.7, 2011누14038 ; 서울행판 2014.10.15, 95다1767.
7) 서울행판 2000.12.15, 2000구21853. 미수금회수가 부진한 영업사원을 대기발령한 후에 보류미수액을 감해주고 회수를 독려하였으나 대기기간중에 실적이 없고 현실적으로 근무능력개선교육이 어려운 사건.
8) '대판 1997.11.25, 96누13231' 및 '대판 2006.11.23, 2006두11644'. 운수회사의 승무정지명령 관련.

면, 사용자가 통상해고의 방법을 취해도 징계절차를 생략할 수 없다.[1]

⑥ **수 습**

수습근로자에 대해서는 징계절차를 적용하지 않도록 규정할 수 있다.[2]

4·다. 징계절차 내용

(1) 징계위원회 구성

① **원 칙**

징계위원회를 비롯한 징계절차는 취업규칙 등으로 정해진다. 징계위원회의 구성과 운용에 관한 규정을 위반한 징계처분은 원칙적으로 무효이다.[3]

② **위 원**

㈎ **구성 방법**

㉮ 원 칙

징계위원회위원의 자격은 취업규칙 등으로 정한다. 취업규칙 등으로 징계위원을 사용자측위원만으로 구성하거나 외부인사를 위원으로 위촉해도 효력이 있다. 규정이 없는 상태에서 징계위원회를 구성할 때에도 마찬가지이다.[4]

㉯ 복수노조

복수의 노동조합과 각각 체결한 단체협약에 근로자측징계위원을 두도록 규정하고 있다면, 해당사건에 대한 징계위원회의 근로자측징계위원은 징계대상자가 소속된 노동조합의 조합원으로 구성되어야 한다.[5]

복수의 노동조합이 있음에도 하나의 단체협약이 있고 그 단체협약에 근로자측 징계위원을 참여시키도록 규정되어 있다면, 근로자측징계위원은 교섭대표노조가 지명하며, 소수노조에 소속된 근로자에 대해 그 노동조합의 조합원이 근로자측 징계위원으로 지명되지 않아 근로자에게 불이익이 초래되었다면 공정대표의무법리가 적용될 수 있다.

---

9) 서울행판 2006.1.5, 2005구합15700. ↘ 964쪽

1) 대판 1994.10.25, 94다25889.

2) 서울행판 2005.11.8, 2005구합10569.

3) 대판 1996.6.28, 94다53716 ; 대판 1997.3.25, 96다43416. 단협과 달리 노조대표를 징계위원회에 미포함 ; 대판 2020.11.26, 2017두70793. 〈무효〉 인사위원회규정을 위반하여 해당회사의 업무를 담당하는 다른 법인 소속의 총괄임원을 제외한 채로 재심위원회 구성.

4) 서울행판 2007.2.2, 2006구합16311. 상벌위원회를 거치도록만 규정하고 구성과 절차에 대해 규정이 없는 사례 ; 서울행판 2006.5.16, 2005구합31696. 소규모업체로서 사용자수가 적어 징계위원을 임명할 수 없어 동종업계의 다른 사업장소속 간부를 사용자측징계위원으로 선정, 위법 아님.

5) 노사관계법제과-2626, 2012.9.13.

㉰ 근로자측위원 자격 미규정

ⓐ 근로자의견 대변

취업규칙 등에 징계위원회를 노·사동수로 구성키로 하면서 근로자위원의 자격이나 선임절차에 대한 규정이 없더라도, 징계절차규정의 취지(같은장 같은절,4·가)를 감안할 때, 이전부터 근로자들의 의견을 대변할 사람을 고르거나 근로자들의 의견을 반영하는 절차가 필요하며 임의로 근로자위원을 위촉하는 것은 타당치 않다.[1]

ⓑ 기업별노조의 위원

기업단위로 적용되는 단체협약에 징계위원회를 노사위원으로 구성하기로 정하면서 근로자측징계위원의 자격에 관하여 규정을 두지 않은 경우, 그 징계위원은 해당기업에 소속된 근로자로 한정된다.[2]

㈏ **규정 효과**

㉮ 원 칙

취업규칙 등에 징계위원을 노사로 구성하기로 규정하면, 징계위원회에 근로자위원을 참여시키지 않은 징계처분[3]이나 '기준에 맞지 않은 징계위원회 구성'[4]은 절차위반으로 무효이다. 징계위원회를 노사로 구성한다는 명시적규정이 없다면 노동조합대표를 반드시 참여시켜야 하는 것은 아니다.[5] 임원이라도 자격없는 사람이 구성원이 되거나, 권한이 없이 심의에 관여하면 절차위반이다.[6]

㉯ 노측의 위촉 포기·거부

징계위원회를 노사위원으로 구성한다는 규정이 있으면, 근로자측이 징계위원의 선정을 포기 또는 거부하지 않는 한, 근로자측징계위원이 참석하지 않은 징계위원회의결은 무효이다.[7] 근로자측징계위원을 위촉해달라는 사용자의 요구에 대해 노동조합이 이유없이 불응하면 다른 노동조합의 간부를 징계위원으로 삼거나,[8]

---

1) 대판 2006.11.23, 2006다48069. 원심판결을 파기한 택시회사 관련 사건.

2) 대판 2015.5.28, 2013두3351. 산업별노조의 지부 또는 분회로 조직이 변경된 후, 새로운 단협이 체결되지 않은 경우도 같음.

3) 대판 1994.4.12, 94다3612 ; 대판 1996.6.28, 94다53716. 상벌위원회를 노사 4인씩으로 구성토록 규정되어 있음에도, 노조측위원 2명과 자격이 없는 상조회소속근로자 2명으로 근로자위원을 위촉하면 무효.

4) 대판 1996.6.28, 94다53716. 노사위원 각 4명, 노측위원은 조합원으로 구성되도록 규정되어 있는데 2명을 상조회위원으로 구성한 사건. 그 2명을 제외해도 의결정족수를 충족할지라도 징계위원회는 무효.

5) 대판 1993.11.9, 93다35384.

6) 서울고판 2003.5.2, 2002누20536 ; 서울행판 2010.8.27, 2009구합36217. 취업규칙에 정한 부서장이 아닌 감사가 징계위원으로 구성된 징계해고는 중대한 절차위반.

7) 대판 1999.3.26, 98두4672 ; 대판 2009.3.12, 2008두2088 ; 대판 2011.7.28, 2008두11693.

8) 대판 2011.7.28, 2008두11693. 복수노조 아래서 다른 노조의 대표이면서 노사협의회와 관련하여 사용자로 분류되는 과장급직원이 징계위원으로 지명.

노동조합원이 아닌 다른 근로자를 징계위원으로 삼거나,[1] 사용자측위원만 참석한[2] 징계위원회의 의결도 유효하다.

㈐ **제척규정**

징계사유관련자[3] 또는 이해관계자[4]인 위원은 징계의결에 참석하지 못한다는 제척규정이 있는 경우, 이를 위반하면 절차상 중대한 흠이 된다. 제척규정이 없다고 해도 제척위원이 징계의결에 참석하는 것은 합리적인 징계가 보장되지 않을 우려가 있으므로, 징계위원회의 구성에 중대한 흠이 된다는 하급심판결[5]이 있으나, 그러한 규정이 없다면 효력을 부정하지 않는 것이 일반적인 판례법리이다.[6] 제척규정이 있건 없건 간에, 제척위원을 대신할 사람을 위원으로 참여시키는 것은 '공정성을 확보하거나 공정성에 영향을 미치지 않는 것'[7]이라면 위법으로 볼 수 없다.[8]

㈑ **위원 기피**

징계위원기피규정이 있으면 이는 준수되어야 한다. 기피신청을 징계위원회에서 처리하면서, 해당위원이 기피결정에 참여할 수 없도록 하는 규정이 있다면 이 역시 지켜져야 한다. 그러나 징계위원의 전원 또는 대부분에 대하여 동시에 기피신청을 함으로써 징계위원회를 구성할 수 없게 하는 것처럼 권리남용에 해당되면 그렇지 않다.[9]

③ **위원장**

위원장의 선임에 대하여는 취업규칙 등의 규정에 따른다. 위원장을 노사가 교대로 하도록 규정되어 있으면서, 근로자측은 징계위원회횟수별로 교대를 원하고 사용자측은 안건별로 교대를 원하는 상황에서, 노동위원회에 해석을 요청하지 않고 사용자측위원장후보가 일방적으로 주재하면 위법이다.[10]

---

1) 서울행판 2001.9.18, 2000구24395. 제일택시사건 ; 서울행판 2008.1.29, 2007구합8935.

2) 대판 1997.5.16, 96다47074. 사용자가 3차례에 걸쳐 징계위원의 선정을 요구하였음에도 불응한 사건.

3) 대판 1995.4.28, 94다59882.

4) 대판 1994.8.23, 94다7553.

5) 서울고판 1993.10.21, 92나67041.

6) 대판 1995.5.23, 94다24763 ; 대판 2011.7.28, 2008두11693.

7) 서울행판 2005.3.10, 2004구합10500. 당연직 징계위원인 병원장이 '징계사유와 관계있는 자'이어서 부원장에게 징계권을 위임한 것은 적법하다.

8) 대판 1997.12.12, 97누3637. 위원 3인중 당연직위원인 사무국장이 징계사유관계자여서 이사1인을 인사위원으로 대신한 사건. 징계사유관계자를 제외하면 2인만 남아 가부동수인 경우 위원장의 의사에 좌우되는 사태를 고려한 판결. 이 판결은 일반화할 수 없으며 근로자위원이 참여하는지와 그 비율을 감안하여 공정성을 확보하기 위한 경우에 인정되고 그렇지 않으면 징계사유관계자를 제외하고 판단해야 함.

9) 대판 2015.11.26, 2004두12902. 대학 교직원 관련.

④ **노사협의회 대체**

취업규칙 등에 규정된 징계위원회구성이 노사협의회구성과 같고, 통상적으로 노사협의회에서 징계사항과 노사협의사항을 함께 처리해 왔다면, 서류상으로 노사협의회를 소집하여 해당근로자를 징계한 것으로 기재되어 있어도 징계위원회와 노사협의회가 같이 열렸거나 징계위원회성격의 노사협의회가 열렸다고 본다.[1]

(2) 징계위원 권한

① **심의사항**

징계위원회는 징계의결요구서에서 제시된 징계사유를 근거로 징계를 결정해야 하며, 이를 근본적으로 수정하거나 징계사유를 추가[2]하여 징계의결할 수 없다.[3]

② **징계권자와의 관계**

징계권자는 징계위원회가 의결한 징계사유중에서 일부 또는 전부를 채택하여 징계를 결정할 수 있다. 징계권자가 선택한 징계사유는 징계위원회가 징계과정에서 거론한 징계사유여야 한다.[4] 징계과정에서 거론되었는지는 징계처분통고서 또는 징계의결서에 기재된 징계사유를 대상으로 하여 판단된다.[5]

징계사유를 판단함에 있어 기재되어 있는 징계규정뿐아니라 '징계위원회가 실질적으로 징계사유로 삼았는지'를 고려한다는 견해[6]가 있다. 징계의결서 등에 '징계규정의 징계사유'가 기재되어 있다면, 징계위원회가 그러한 사유를 실실석으로 징계사유로 삼은 것으로 볼 수 있다. 실제로 그러한 사유에 대해 근로자에게 소명기회가 주어지지 않는 등 심의가 제대로 이루어지지 않았다면 해고사유에 있어 정당성을 인정받지 못할 수도 있다.

③ **서면통지와의 관계**

사용자가 해고사유와 해고시기에 대해 서면으로 통보해야 해고의 효력이 발생한다. 따라서 해고의 정당성에 대한 판단은 서면에 기재된 해고사유를 대상으로 하며, 기재되지 않은 사유를 이유로 해고할 수 없는 것이 원칙이다. 징계위원회

---

10) 서울행판 2007.11.15, 2007구합2302. ↘ 967쪽

1) 대판 1993.7.13, 92다42774.

2) 대판 2019.6.13, 2015다65561. 징계사유에 명시되지 않은 '업무복귀시기'의 배점을 35점으로 한 것은 실질적으로 중대한 징계사유를 추가하는 것과 다르지 않으므로 무효.

3) 대판 2012.1.27, 2010다100919.

4) 대판 1988.12.13, 86다카1035 ; 대판 1993.7.13, 93다21125 ; 대판 1998.3.27, 96누8994. 인사위원회에서 거론 안 된 허위학력기재 관련 사례.

5) 서울고판 1988.7.13, 87나1898.

6) 대판 1992.6.9, 91다11537 ; 대판 1996.9.20, 95누15742.

가 의결한 징계사유중에서 징계권자가 선택한 징계사유 그리고 그 중에서도 서면으로 통지된 징계사유만이 해고의 정당성을 따지는데 있어 검토대상이 된다.

④ 구제심사 및 소송과정과의 관계

부당해고에 대한 구제신청 및 소송의 과정에서 해고당시에 주장되지 않은 사유까지 포함해서 정당성을 주장하더라도, 해고자체가 당연히 무효가 되는 것은 아니며, 해고당시에 주장한 해고사유만으로 정당성이 있는지를 판단한다.[1]

피징계자의 평소의 소행과 근무성적, 해당징계처분사유가 발생한 이후에 저지른 비위행위 등 징계절차에서 징계사유로 삼지 않은 사정도 징계양정에 있어서 참고자료로 삼을 수는 있다고 해석된다.[2]

(3) 징계위원회 운용

① 징계위원회 자격

징계위원회는 해당근로자와 관련이 있어야 한다.[3] 인사위원회가 징계를 심의토록 되어 있다면 이사회, 운영위원회 등이 이를 대신할 수 없다.[4]

징계위원 모두가 참석하지 않더라도 특별히 명시해놓지 않았다면 절차위반으로 볼 수 없으며,[5] 징계위원회는 정족수에 관한 규정에 맞게 개최되어야 한다.

② 출석통보 및 출석불응

㈎ 통보시간

출석통보는 특별한 규정이 없더라도, 변명자료를 준비하기 위해 사회통념상 합리적이고 타당한 시간을 가지고 행해져야 한다. 변명과 소명자료를 제출할 수 있는 기회를 부여함에 있어, 준비를 위한 시간적여유를 주지 않고 촉박하게 이루어진 통보는 실질적으로 변명과 소명자료제출의 기회를 박탈하는 것과 다르지 않아 부당하다.[6] 취업규칙 등에 정해진 사전통보기간을 지키지 않으면 절차위반이다.[7] 정함이 없다면 근로장소와 회의장소의 거리, 징계내용, 요구되는 자료의

---

1) 대판 1993.11.9, 92다46943.

2) 대판 1997.2.14, 96누4244 ; 대판 1991.2.12, 90누5627 ; 대판 1996.4.23, 96다2378.

3) 대판 2010.5.27, 2010두1743. 징계규정은 징계대상자가 중앙본부 1급직원 및 지역본부장인 경우 고등위원회가 관할하도록 하고 지역본부직원은 보통위원회에서 관할하도록 하되, "동일사고에 관련된 다수징계대상자의 관할이 다르면 최상급인사위원회에서 심의·의결한다"고 명시. '다수징계대상자가 동일사고에 관련되어 있는 경우'란 징계절차에서 하나의 사고로서 취급되는 사건과 서로 관련되어 있는 경우를 의미하는 것이지 징계사유의 사실관계가 동일한 경우만을 의미하는 것은 아니므로 고등위원회에서 진행한 것은 정당 ; 대판 2001.4.10, 2000두7605. 교원징계위원회에서 행한 일반직원에 대한 징계는 절차위반.

4) 서울행판 2005.5.3, 2004구합19002.

5) 서울행판 2009.12.11, 2009구합17100.

6) 대판 2004.6.25, 2003두15317(**한국노동법학회, 『노동판례백선』 제2판**, 148쪽) ; 대판 2019.6.13, 2015다65561.

7) 대판 1991.11.26, 91다22070. 단협에 징계위원회개최 5일전에 통보토록 규정되었음에도 2일전에 통보.

질, 근로자의 사전예측가능성 등을 종합적으로 고려해야 한다.[1] 취업규칙 등에 사전통보기간을 정할 경우에도 마찬가지이다.

㈏ **통보방법**

징계위원회에의 출석통지는 서면으로 할 필요는 없으며 구두, 전언 등의 방법도 가능하다. 출석통지는 본인에게 직접 전달되는 것이 바람직하나, 어떠한 방법이든 징계혐의자에게 전달되었다는 사실을 입증할 수 있으면 된다. 취업규칙 등에 서면으로 통보하도록 규정되어 있더라도 구두, 전화, 전언 등의 방법으로 전달되면 절차위반으로 보기 어렵다는 견해[2]도 있다.

㈐ **통보내용**

통보내용에 대해서는 완화해석론이 일반적으로 수용되어 왔다.

사용자는, 따로 정함이 없다면, 장소와 시간을 통보하면 되고 징계혐의사실을 고지할 의무까지 지지 않는다. 징계사유를 질서문란처럼 추상적이거나[3] 무단결근, 회사자산손상, 폭행, 협박 및 불법점거처럼 축약적으로 밝혀도[4] 효력이 있다. 사용자가 통보를 함에 있어 기본적인 징계사유만 적시하고 비위행위의 구체적인 사실을 적시하지 않더라도, 피징계자가 징계위원회에 출석하여 비위행위에 대한 충분한 해명기회를 부여받으면, 절차위반이 아니다.[5]

징계위원회출석통지서에 징계사유가 지나치게 포괄적이고 추상적으로 기재되어 있어, 징계대상자이 징계사유를 알 수 있을 정도의 구체성이 부족하다는 점을 징계무효의 한 사유로 제시한 대법원판결[6]이 발견된다. 그러나 징계절차규정이 없다면 절차를 거치지 않아도 된다는 점을 감안하면, 해당판결은 타당해 보이지 않는다. 징계규정에 '징계사유를 구체적으로 명시'토록 하는 규정이 있을 때에 그 타당성이 인정될 수 있다.

㈑ **출석불응**

㉮ 사 유

징계규정에 특별히 정해져 있지 않으면, 근로자의 개인적사유는 출석불응의

---

1) 〈무효〉 회의개최 30분전(대판 1991.7.9, 90다8077), 1시간 50분전(대판 1991.7.23, 91다13731), 개최 당일 개최통보서 도착(대판 2004.6.25, 2003두15317) ; 〈유효〉 1일전(대판 1992.6.26, 91다42982 ; 대판 2006.6.15, 2003두5600. 전화통보에 대해 근로자가 이의를 제기하지 않은 점도 고려), 2일전(대판 1992.5.12, 91다27518).

2) 대판 1985.10.8, 84누251 ; 대판 1992.7.14, 91누9961.

3) 같은의견, 대판 2004.1.29, 2001다6800.

4) 서울고판 2007.11.1, 2007누13751.

5) 서울행판 2013.9.3, 2012구합38886.

6) 대판 2019.6.13, 2015다65561.

정당한 이유가 되지 않는다.[1)]

㈏ **효 과**

근로자가 징계위원회에 참여하지 않은 이유만으로 해고가 정당시되지는 않는다. 그러나 폭행 등과 같이 사유나 경위에 대해 의견이 대립되는 경우에 징계위원회에 불참하는 것은 변명기회를 포기함으로써 근로자에게 불리해질 수 있다.[2)]

㈐ **심의연기**

피징계자가 출석하지 않을 때에는 심의를 연기하도록 하는 규정을 둘 수 있다. 이러한 규정의 취지는 비위사실을 정확하게 파악하고, 혐의자에게 변명기회를 보장하려는데 있다. 따라서 이러한 규정이 있는데도, 다시 출석요구를 하지 않고 한 징계처분은 위법・무효이다.[3)]

㈑ **절차위반**

징계위원회가 혐의자에게 출석통지서를 송부하여 충분한 진술기회를 부여하려고 했음에도 징계혐의자가 진술권을 포기하거나 출석통지서수령을 거부하면 다시 통지할 필요없이 서면심사만으로 징계를 의결할 수 있다.[4)]

근로자가 변명기회를 포기하였다는 것이 실질적으로 인정될 수 있으면 사용자의 절차이행책임이 완화될 수 있다.[5)] 피징계자가 징계사유 등을 통보받지 못하여 공정성을 기대하기 어렵다는 우려와 결석의사를 담은 답변서를 제출한 후에 징계위원회에 출석하지 않으면 방어권포기로 볼 수 없다.[6)]

㈒ **통보도달**

소집통지서의 도달여부를 확인하지 않고 혐의자가 참석하지 않은 상태에서 징계위원회를 개최한 것은 절차상 흠이 된다.[7)] 반송되어 온 출석통보의 효력은 구체적사실관계에 따라 달라질 수 있다. 사용자에게 더 많은 노력이 요구될 여지가 있다면, 추가적인 노력없이 행한 징계는 절차위반이다.[8)]

---

1) 서울행판 2010.10.1, 2009구합56532. 숙부상이라는 개인사정으로 인한 불출석, 절차상의 흠 인정 곤란.

2) 서울행판 2001.10.26, 2001구9379. 한국피자헛주식회사 사건. 상사폭행이라는 비위사실외에 근로자가 5차례의 상벌위원회나 재심위원회에 불참한 것도 해고의 정당한 사유로 열거.

3) 대판 1982.10.26, 82다카298.

4) 대판 1991.7.9, 90다8077 ; 대판 1992.7.28, 92다14786 ; 대판 1993.5.25, 92누8699 ; 대판 1993.12.14, 93누14851.

5) 대판 1977.6.28, 77누96. 징계위원회가 구두로 징계혐의자에게 출석통지를 한 후에 징계위원회 아닌 다른 기관에 의하여 출석포기서를 받아 행한 징계 인정.

6) 대판 1994.1.28, 92다45230.

7) 서울행판 2006.10.31, 2006구합5120.

8) 서울고판 1991.7.5, 90나36968. 사용자가 징계절차규정에 따라 근로자에게 인사기록카드에 적힌 주소로 출석통보서를 발송했으나 피징계자와 가족이 주소를 옮긴 탓으로 주소불명으로 반송되어 온 사례.

범법행위 등으로 인해 장기간 도피중이어서 해고사유가 명확한 경우처럼 불가피한 사정이 있거나 사용자가 상당한 노력을 하였음에도 주소를 파악하기 어렵다고 인정되면 당사자의 출석이 없는 상태에서 한 징계도 유효하다.[1)]

㈒ **절차위반 치유**

사용자가 통보시간 등의 절차규정을 위반해도 근로자가 징계위원회에 출석하여 변명기회를 가지거나,[2)] 징계위원회에 참석하지 않더라도 실질적으로 충분한 변명기회가 주어졌다고 인정될 정도로 의사를 개진했고 이러한 의사가 징계위원회에 전달되면,[3)] 절차위반의 흠이 치유될 수 있다. 그러나 변명기회가 부여되더라도[4)] 징계위원회의 구성처럼 중대한 절차위반이 있다면 흠이 치유되지 않는다.

㈓ **형사구금과 의견진술**

형사구금 등으로 징계위원회에 출석치 못한 경우, 서면 또는 대리인을 통해 변명을 하고 소명자료를 제출하면 당사자에게 이익이 있다. 따라서 이러한 경우라도 규정에 따른 사전통지를 하지 않으면 절차위반이 될 수 있다.[5)]

㈔ **징계위원회 연기**

합리적인 사전통보가 있으면, 특별한 규정이 없는 한,[6)] 피징계자의 회의연기 요청에 응하지 않더라도 징계의 효력에는 영향을 미치지 않는다.[7)]

③ **회의 및 의결**

㈎ **변명기회와 의견개진**

㉮ 원 칙

취업규칙 등에 규정된 변명기회를 주지 않은 징계는 사유가 정당하더라도 원

---

1) 대판 1994.1.25, 93다39270. 휴직상태의 피징계자에 대해 회사에 제출한 자인서와 노동위원회에 제출한 구제신청서의 주소로 발송한 출석통지서가 반송되자 피징계자가 출석치 않은 채 열린 상벌위원회 인정.

2) 근로자가 스스로 징계를 결정하는 기구나 책임있는 구성원 모두에게 출두하여 절차에 대해 이의를 제기함이 없이 충분한 변명을 함으로써 의견진술기회를 가졌다면 흠 치유 (대판 1992.11.13, 92다11220 ; 대판 1993.7.16, 92다55251 ; 대판 1993.5.11, 92다27089 ; 대판 1995.3.3, 94누11767) ; 3일전통보규정에도 불구하고 2일전에 통보한 데 대해 근로자가 징계위원회에 출석하여 의사를 개진했다면 흠 치유 (대판 1995.10.13, 95누6434 ; 대판 1991.2.8, 90다15884 ; 대판 2016.11.24, 2015두54759) ; 대판 1995.3.3, 94누11767. 5일전통보규정을 지키지 않았음에도 근로자가 이견을 제시하지 않고 징계위원회에 출석하여 변명기회를 가진 사례 ; 서울고판 2006.11.9, 2005누28120. 1일전에 유선으로 통지받고 당일 30분전에 출석통지서를 교부받은 흠이 있으나 초심과 재심 모두 출석하여 변명 ; 서울행판 2006.8.10, 2006구합2343. 5일전 서면통지규정에도 불구하고 4일전에 전화로 통보받은 사건.

3) 대판 1991.12.24, 90다14393. 징계의결전에 사장, 상무이사, 노무과장 등을 찾아가 징계사유에 관해 변명하거나 경위를 진술하면서 징계가 이루어질 것을 알았다면, 출석요구없이 행한 징계절차는 적법.

4) 대판 2008.8.21, 2008두7724. 사립학교법 및 학교정관의 규정에 반해 서면결의방식을 취한 사건.

5) 대판 1996.9.6, 95다16400.

6) 서울행판 2009.7.16, 2008구합48626. 병가기간을 이유로 한 연기신청은 변명기회포기로 보기 어려움.

7) 대판 1995.5.23, 94다24763.

칙적으로 무효이나,[1] 규정되어 있지 않다면 변명기회를 주지 않거나[2] 징계혐의 사실을 고지하지 않아도[3] 절차위반은 아니다. '변명기회를 줄 수 있다'는 임의규정이 있는 경우에는, 변명기회를 주지 않더라도 징계가 무효로 되지는 않는다.[4]

㈏ 방 법

변명기회를 주는 방법에 대해서는 취업규칙 등으로 정한다.[5] '변명기회를 준다' 함은 징계위원회에서 징계혐의사실을 징계대상자에게 고지하고 그에 대해 진술기회를 부여하면 족하며, 피징계자의 귀책이 있음에도 불구하고 반드시 변명이 이루어져야 하는 것은 아니고, 혐의사항에 대해 빠짐없이 진술하도록 조치되어야 하는 것은 아니다.[6]

취업규칙 등에 징계대상자에게 징계혐의사실을 통지하여야 한다는 규정이 있으면 이 절차를 거치지 않은 징계처분을 무효이나, 해고가 아니라면 그러한 규정이 없는 경우까지 반드시 그 사실을 통지하여 줄 의무가 있는 것은 아니다.[7]

징계위원회에서 진술기회를 주었다면, 명시적규정이 없는 한, 재심절차에서 진술기회를 다시 부여해야 되는 것은 아니다.[8] 노동위원회결정에 따라 징계양정만 다시 정하기 위해 징계위원회를 개최하는 경우, 변명기회를 주지 않을 수 있다.[9]

㈐ 효 력

노동조합의 의견을 개진토록 하는 규정을 어겨도 징계의 효력에 직접 영향을 주지 않는 것으로 해석된다.[10]

㈑ 증 인

취업규칙 등에 규정된 증인신청은 효력요건이므로 신청한 증인의 일부라도 채택되지 않으면 징계의 정당성이 부인될 수 있다.[11] 다만, 사회통념상합리성을 벗

---

1) 대판 1992.9.22, 91다36123 ; 대판 1981.6.9, 80다1769.
2) 대판 1992.4.14, 91다4775 ; 대판 1998.11.27, 97누14132.
3) 대판 2004.1.29, 2001다6800. 징계사유에 관하여 단지 '직장질서문란'이라고만 고지하고, 미리 근로자의 징계혐의사실을 구체적으로 밝히지 않은 사건.
4) 대판 1995.3.10, 94다14650 ; 대판 1993.7.13, 92다43579. 문답식으로 진술조서를 작성하여 회부토록 한 규정은 혐의사실에 관해 의견을 진술할 수 있다는 의미이고 징계대상자의 변명권을 인정한 것은 아님.
5) 대판 1993.7.13, 92다50263. 심사대상조합원 또는 동료조합원에게 사실소명의 기회를 준다는 규정을 둘 중 하나에게만 인정한 것을 부정적으로 본 원심 배척.
6) 대판 1995.7.14, 94누11491 ; 대판 2002.12.26, 2002다57201 ; 대판 2020.6.25, 2016두56042.
7) 대판 2020.6.25, 2016두56042.
8) 대판 1995.7.14, 94누11491.
9) 서울행판 2006.10.13, 2006구합4653.
10) 서울고판 2008.12.3, 2008누10500. 사용자는 단협위반의 채무적책임을 짐.
11) 대판 2008.9.11, 2007두10174. 신속한 절차진행의 필요성, 소명 및 불복기회보장 등을 이유로 단협위반이 중대한 흠이 아니라고 한 하급심 파기.

어난 증인신청은 인정되지 않는다.

㈐ **심의기간**

징계요구일로부터 일정기한내에 징계를 의결토록 하는 규정은 징계혐의자의 불안정한 신분관계를 조속히 확정함으로써 징계혐의자를 보호하기 위하여 의결처리를 지연하는 것을 방지하기 위한 훈시규정이다. 따라서 취업규칙 등에 규정된 심의기간을 지키지 못하더라도 상당기간내에 심의가 이루어지면 재심결정을 무효로 볼 수 없으며,[1] 징계위원회나 징계권자가 징계대상자에 대해 비행사실을 문제삼지 않겠다는 의사를 명시적으로 표시한 정도의 특별한 사정이 없는 한, 그 효력에는 영향을 미치지 않는다.[2]

㈑ **가부동수**

징계의결결과가 가부동수인 경우, 위원장이 결정한다는 규정이 있으면 이에 따르나, 규정이 없으면 부결됨이 원칙이다.[3] 이 밖에도 규정의 취지와 다르게 위원장이 결정하는 것은 인정되지 않는다.[4]

㈒ **권한남용**

징계위원회의 구성이 근로자측에 유리하게 되어 있어 명백한 징계사유가 있음에도 불구하고 부당징계 또는 경징계로 의결되는 등 권한남용이 있으면, 근로자측징계위원을 배제한 채로 다시 징계하거나 징계권자가 다른 결정을 하더라도 정당성이 인정된다는 판결[5]이 있다.

㈓ **징계의결서**

징계의결서에 징계사실에 관한 증거판단과 적용법령을 명시하지 않더라도, 징계사유로 된 사실관계와 의무위반의 내용을 인식할 수 있다면 효력이 있다.[6]

㈔ **징계시효**

취업규칙 등에 규정된 '징계의결요구는 사유발생일로부터 일정한 기간이 지나면 행하지 못한다'는 내용은 징계시효를 규정한 것으로 인정된다. 그 기산점은

---

1) 대판 2005.11.25, 2003두8210. 학교법인사건.
2) 서울고판 2000.1.26, 99누11761. 요구서접수일로부터 60일이내에 징계의결을 하도록 되어 있고, 1차에 한하여 30일을 연장할 수 있도록 규정된 사건 ; 서울행판 2006.12.12, 2006구합28123. 취업규칙 등에 '징계의결은 신청일로부터 3개월이내에 한다'고 규정되어 있는 사건.
3) 서울행판 2005.4.28, 2004구합31002. 징계위원회의구성이 2대2인 상황에서 회사대표가 결정한 사건.
4) 서울고판 2006.7.6, 2005누25600. 징계위원회표결이 3가지이상으로 나뉘고 어느 하나도 과반수에 미치지 못하면 재표결을 한 후 징계위원장이 결정하게 되어 있는데 재표결없이 바로 결정한 사건.
5) 서울행판 2007.5.22, 2006구합46282. 징계위원회는 사측4인 노측2인으로 구성되나 해고는 전원찬성 기타 징계는 과반수의결로 되어 있는 사건.
6) 대판 1993.9.10, 93누5741.

원칙적으로[1] 징계사유가 발생한 때이고, 징계대상자·징계사유의 조사·확정에 상당기간이 소요되어 규정을 준수하기 어렵다는 등의 부득이한 사정이 없는 한, 해당규정을 위반하여 개최된 징계위원회의 결정은 무효이다.[2]

④ **재 심**

㈎ **원 칙**

취업규칙 등에 규정된 재심절차는 준수되어야 한다.[3]

㈏ **근로자 참석**

재심징계위원회의 경우, 따로 규정이 없으면, 진술기회가 부여되지 않을 수 있다.[4] 다만, 초심과 재심을 같은 인사위원회에서 담당한다면 진술기회를 부여한다는 규정은 재심절차에도 적용된다.[5] 재심의 목적이 법리해석[6] 등 진술이 필요치 않은 사실이 명확히 규정되어 있다면 진술기회가 부여되지 않을 수 있다.

㈐ **징계위원회 구성**

재심절차의 목적은 징계사유 또는 징계양정에 관해 다시 판단할 기회를 제공하는데 있다. 따라서 별도규정이 없다면, 재판절차와는 달리 재심위원회가 초심위원회의 위원이 아닌 사람으로 구성되어야 하는 것은 아니다.[7]

노동조합대표자가 징계위원으로 참석하도록 규정되어 있는 상황에서, 재심징계위원회의 구성에 대해 예외를 인정하는 조항이 없다면, 재심절차에도 그대로 적용된다.[8]

㈑ **재심대상**

재심에는 초심에서 논의한 사유만 대상으로 해야 하고 추가된 징계사유는 초심부터 다시 심의해야 한다.[9]

---

1) 대판 2022.3.11, 2019두59103. 근로자가 의도적으로 징계사유인 형사사건유죄확정판결 사실을 숨겼다면 징계시효기산점은 회사가 확정판결사실을 안 날이다.

2) 대판 1995.3.10, 94다14650 ; 대판 2008.7.10, 2008두2484. 2년 이내로 설정 ; 대판 2013.2.15, 2010두20362. 15일로 설정.

3) 대판 1994.1.14, 93다968 ; 대판 1997.9.30, 97다10956·10963 ; 대판 1998.12.8, 98다31172 ; 대판 2010.5.27, 2010두1743 등,

4) 대판 1995.7.14, 94누11491.

5) 대판 2006.12.22, 2004두12902·2015두36126.

6) 서울고판 2009.6.16, 2008누29290. 1차징계위에서 소명기회 부여. 2차징계위는 과반수기준의 충족여부에 대한 해석을 위해 개최.

7) 서울행판 2009.6.10, 2008구합14630.

8) 서울고판 2007.10.19, 2007누12295. 단협에 노조대표자참석을 요건으로 하고 있는 상황에서, '징계결정에 이의가 제기되면 해당조합원 및 관할대의원이 참석한 가운데 징계위원회를 열어야 한다'는 취지의 재심규정이 있더라도 노조대표자 참석이 필요.

9) 대판 1996.6.14, 95누6410.

(마) **재심개최 기한**

취업규칙 등에 정해진 재심청구나 재심개최의 기한은 징계절차를 빨리 확정함으로써 근로자의 불안정한 신분상태를 해소하려는데 목적이 있다. 따라서 이는 단순한 훈시규정에 그친다고 할 수는 없지만, 강행규정이 아니므로 상당한 기간 안에 심의가 이루어지면 심의기간경과만을 이유로 재심결정이 무효로 되는 것은 아니다.[1] 다만, 그 기간을 현저히 초과한 경우에는 합리적인 이유가 없으면 절차적인 정의에 반하여 징계처분이 무효가 될 수 있다.[2] 징계위원회를 소집할 수 없는 객관적인 사유가 있거나, 징계대상자의 이익을 고려하거나, 근로자귀책사유가 있다면 지연하여 소집하더라도 절차위반으로 볼 수 없다.[3]

(바) **재심절차 효과**

재심절차는 초심절차와 연계되어 하나의 절차를 이루는 것으로[4] 그 정당성도 징계과정전부를 대상으로 판단되어야 한다.[5] 따라서 취업규칙 등에 규정된 재심절차를 이행하지 않거나 재심절차에 흠이 있는 징계처분은 절차적정의에 반하므로 무효이다.[6] 아울러 초심절차에 흠이 있어도 재심절차에서 보완되면 절차위반의 흠은 치유된 것으로 본다.[7] 징계기관의 구성이 다른 별개의 법인 사이에, 두 절차가 하나의 절차로 연결되어도 마찬가지이다.[8]

4·라. 징계절차 효력

(1) 징계의 정당성과의 관계

① 효력요건

취업규칙 등에 규정된 징계절차는, 징계권의 공정한 행사를 확보하고 징계제도를 합리적으로 운영하기 위한 것으로서, 규정취지에 따라 법률상의 지위를 판

---

1) 대판 2005.11.25, 2003두8210.
2) 대판 1994.1.14, 93다968. 단협의 재심결정기한은 7일인데 6~7개월이 지나 재심위원회를 개최한 사건.
3) 대판 1994.1.14, 93다968 ; 서울행판 2006.9.8, 2006구합1982. 재심요구가 있을 때에는 접수한 날로부터 15일 이내에 심의하여 결과를 징계의결요구권자 및 청구자에게 통지토록 규정하고 있음에도 60일이 지난 후에 재심의결을 한 사건. 근로자가 재심청구에 이어 바로 지노위에 구제신청을 제기함으로써 이에 대응해야 했고 재심청구사건이 50여건을 초과하여 재심청구건에 대한 처리가 전체적으로 지연되고 있었던 점을 이유로 듦.
4) 대판 1981.6.9, 80다1769.
5) 대판 1995.1.24, 93다29662 ; 대판 2006.12.12, 2004두12902 ; 대판 2009.2.12, 2008다70336.
6) 대판 1994.1.14, 93다968 ; 대판 1997.9.30, 97다10956·10963 ; 대판 1998.12.8, 98다31172 ; 대판 2002.12.26, 2002다57201 ; 대판 2010.5.27 등.
7) 대판 1981.6.9, 80다1769 ; 대판 1992.9.22, 91다36123 ; 대판 1993.10.26, 93다29358 ; 대판 1993.7.16, 92다55251 ; 대판 1997.11.11, 96다23627 ; 대판 1999.3.26, 98두4672 ; 대판 2002.12.26, 2002다57201 ; 대판 2009.2.12, 2008다70336.
8) 대판 1994.8.23, 94다7553. 지역건강보험조합 인사위원회와 건강보험연합회의 소원심사위원회의 관계.

단해야[1] 하나 원칙적으로 징계의 효력요건이다.[2] 모든 근로자가 징계해고에 찬성해도 징계위원회를 대신할 수 없다.[3] 징계절차에 대해서도 단체협약과 취업규칙 사이의 효력관계가 적용된다.[4] 징계의 정당성이 인정되지 않음에도 징계위원회의결만을 이유로 징계가 정당화되지 않는다.[5] 절차규정이 없으면, 절차를 밟지 않은 징계도 그 사유가 정당하면 그 효력이 있다.

② 절차적 정당성 입증책임

해고무효확인소송에서 해고절차의 적법성에 관한 주장의 입증책임은 사용자가 부담한다. 법원이 절차의 적법성에 대한 사용자주장을 증거에 의해 배척하면서 근로자가 주장하지 않은 절차상의 흠을 인정해도 변론주의에 반하는 위법으로 보지 않는다.[6]

(2) 절차위반과 재징계

절차를 위반하여 무효로 된 징계에 대해 다시 정당하게 절차를 거치는 것은 가능하며 징계양정이 과다하여 무효가 된 경우에는 적절한 재징계가 가능하다.[7]

사용자가 징계절차, 징계양정, 징계사유인정에 잘못이 있음을 인식하면 노동위원회의 구제명령이나 '법원의 무효확인판결'을 기다릴 것이 없이 스스로 징계처분을 취소할 수 있고, 새로이 적법한 징계처분을 하는 것도 가능하다.[8]

1차징계처분의 효력을 다투고 있는 상태에서 그 1차징계처분을 취소함이 없이 절차를 보완하여 행하여진 2차징계처분에 대해, 그것이 1차징계처분의 효력이 없을 것에 대비하여 행하여진 징계처분이라는 것만으로 당연히 무효라고 할 수 없으며,[9] 2차징계처분에서 들고 있는 징계사유·징계양정 등이 타당하다면 효력을 인정받을 수 있다.[10] 재징계나 2차징계의 효력은 소급되지 않는다.

---

1) 대판 2011.7.28, 2008두11693.
2) 대판 1986.7.8, 85다375 ; 대판 1991.7.9, 90다8077 ; 대판 1994.4.12, 94다3612 ; 대판 2012.1.27, 2010다100919. 규정된 소명기회를 부여하지 않은 해고는 무효.
3) 대판 1996.2.9, 95누12613.
4) 대판 2006.11.23, 2006두11644. 단협의 징계위원규정이 노사각 2명이라면, 사측만으로 구성할 수 있도록 규정한 취업규칙은 무효.
5) 대판 1991.7.9, 90다8077.
6) 대판 1991.7.12, 90다9353.
7) 근기 01254-10526, 1991.7.23 ; 대판 1995.12.5, 95다36138.
8) 대판 1994.12.27, 94누11132 ; 대판 2010.6.10, 2009다97611.
9) 대판 1996.4.23, 95다53102.
10) 대판 2003.10.9, 2002다10202. 1차징계처분확인판결중에 1차처분의 오류를 바로 잡고 2차징계처분 가능.

5. 해고 · 징계의 합의 · 면책 조항

5·가. 원 칙

노동조합이나 노사협의회[1]와의 인사협의(합의)조항은 인사권을 제한하는 규정이다. 따라서 노동조합측이 이를 포기하는 등 특별한 사정이 없는 한 따르는 것이 원칙[2]이며, 그 효력은 문구에 따라 달라진다.

5·나. 협의조항

징계해고협의조항은 승인 · 동의조항과 달리, 인사처분의 신중과 공정을 기할 수 있도록 의견제시기회를 주는 것에 지나지 않으므로, 효력규정이 아니다.[3] '노조의견참작'[4]이나 '노조의견개진의무'(같은장, 같은절 4·다, (3), ③, (개))도 그렇다.

5·다. 합의조항

(1) 원 칙

합의 · 승인 · 동의 조항을 거치지 않은 해고는 원칙적으로 무효[5]이다. 노사동수로 구성된 징계위원회의 심의를 거치면 합의조항을 이행한 것으로 인정된다.[6]

해고합의조항은 근로자에 대한 부당한 징계권행사를 제한하는 것이지 사용자의 본질적인 권한에 속하는 징계권행사을 부정하지는 않는다.[7] 따라서 노동조합의 적극적인 찬성이 아니고 명시적이든 묵시적이든 합의가 이루어지면 족하다.[8] 노동조합의 사전합의권은 신의성실원칙에 입각하여 합리적으로 행사되어야 한다.

피징계자의 징계사유가 명백하고,[9] 사용자가 성실하고 진지한 노력을 다했는

---

1) 대판 1993.7.27, 92다53316.

2) 대판 1992.12.8, 92다32074 ; 대판 1993.9.28, 91다30620.

3) 대판 1992.6.9, 91다41477 ; 대판 1992.4.14, 91다4775 ; 대판 1992.12.22, 92다43272 ; 대판 1993.7.13, 92다45735 ; 대판 1993.4.23, 92다34940 ; 대판 1993.1.12, 92다45728 ; 대판 1992.9.22, 92다13400 ; 대판 1994.9.13, 93다50017 ; 대판 1992.9.25, 92다18542 ; 대판 1993.8.24, 92다34926 ; 대판 1994.6.14, 93다29167 ; 대판 1995.1.24, 94다24596 ; 대판 1995.7.14, 95다1767 ; 대판 2011.7.28, 2008두11693.

4) 대판 1992.4.14, 91다4775.

5) 대판 1993.8.24, 92다34926 ; 대판 1993.7.13, 92다45735 ; 대판 1993.7.13, 92다50263 ; 대판 1994.9.13, 93다50017 ; 대판 1997.4.25, 97다6926 ; 대판 2003.6.10, 2001두3136. 대우자동차판매사건 ; 대판 2007.9.6, 2005두8788(**한국노동법학회, 『노동판례백선』 제2판**, 335쪽, 주요판결로 소개) ; 대판 2010.7.15, 2007두15797 ; 대판 2012.6.28, 2010다38007. 경영해고에 대해 단협에 조합원은 협의로 조합간부는 합의로 규정되어 있다면 간부에 대해 협의를 더 신중히 하라는 의미로 볼 수 없으며 합의 필요.

6) 대판 1993.1.12, 92다45728.

7) 대판 1994.3.22, 93다28553 ; 대판 1993.7.13, 92다50263 ; 대판 1993.9.28, 91다30620 ; 대판 1995.3.10, 94다14650 ; 대판 2003.6.10, 2001두3136 ; 대판 2005.7.28, 2005두3608.

8) 대판 1995.3.10, 94다14650. 노조위원장과 간부1명이 인사위원회에 참석하여 이의를 제기하지 않은 사건.

데도 노동조합이 합리적인 이유없이 합의에 응하지 않은 행위는 권리남용이나 사전동의권포기가 된다.[1]

이러한 논리는 "노조측의 합의권 남용금지"와 "사용자의 징계권에 대한 본질적 침해금지"에 근거를 두고 있다.

징계가 불가피한 상황에서 절차를 거쳐도 합의가능성이 없다는 것이 객관적으로 명확하면, 합의없는 해고도 가능하다는 판결[2]이 있다. 다만, 객관성을 입증하기 위해 징계위원회 등을 소집하여 의견을 청취하려는 노력 등은 필요하다.

(2) 당연퇴직(같은장 제4절, 3)과 합의

일정한 사유가 있으면 근로관계가 종료되는 당연퇴직은, 취업규칙 등에 명시하여 제한을 가하고 있지 않는 한, 합의조항의 적용을 받지 않는 것[3]이 원칙이다.

그러나 계약기간종료·사망 등과 같이 근로관계가 자동적으로 소멸되는 사유가 아니고, 일반적인 징계사유를 당연퇴직요건으로 정해놓은 경우로서 그 요건이 '형의 확정' 등과 같이 현저히 불공정하다고 객관적으로 인정되는 사유가 아니면 일반해고처럼 합의조항의 적용을 받을 수 있다.

(3) 노조간부에 대한 합의

노동조합간부의 인사에 대하여 노동조합의 동의를 얻어야 한다고 규정되어 있더라도, 승급·승호·전보 등 통상적인 인사권행사에만 적용될 뿐, 단체협약에 따른 징계사유를 근거로 징계하는 경우에까지 적용되지 않는다는 해석[4]이 있는데 징계도 인사조치사항인 만큼 인사에 해당된다.[5]

해고합의(협의)조항을 명시해 놓았다면 해고합의에 대한 일반원칙에 따른다.[6] 따라서 중대한 징계사유가 있는데도 노조간부라는 이유만으로 사전합의를 거부하

---

9) 〈예〉 노조측에 중대한 배신행위가 있고 이로 인해 사측이 절차를 지키지 않은 경우나, 피징계자가 사용자에 대해 중대한 위법행위를 하여 막대한 손해를 입힌 비위사실 등 ; 대판 1993.7.13, 92다50263 ; 대판 1993.8.24, 92다34926. 노조부위원장으로서 장기간 불법파업을 주도하여 막대한 재산손해를 입히는 징계사유에 해당하여 합의를 시도했으나 노조가 근거없이 반대하여 합의없이 행한 징계 유효 ; 대판 1993.9.28, 91다30620 ; 대판 2003.6.10, 2001두3136 ; 대판 2007.9.6, 2005두8788 ; 대판 2010.7.15, 2007두15797. ↘ 978쪽

1) 대판 1993.7.13, 92다50263 ; 대판 1993.7.13, 92다45735 ; 대판 2003.6.10, 2001두3136 ; 대판 2004.3.11, 2003두10978 ; 대판 2007.9.6, 2005두8788 ; 대판 2010.7.15, 2007두15797.

2) 대판 1995.7.14, 95나1767.

3) 대판 1995.7.14, 95나1767.

4) 서울고판 1991.7.5, 90나36968.

5) 대판 1992.5.22, 92다22100.

6) 대판 2012.6.28, 2010다38007. 사측노력에도 불구, 노조가 합리적 이유없이 경영해고 자체를 반대하고 불법쟁의행위로 한 사례.

는 것은 거부권남용이 된다.[1)]

"노동조합의 간부 및 대의원에 대한 인사는 조합과 사전에 합의(협의)하여 결정한다"고 규정한 경우, 노동조합간부인지는 인사조치사유발생시점이 아니라 인사조치시점을 기준으로 삼아야 한다.[2)]

내부절차와 다른 방법으로 이루어진 노동조합의 합의의사표시도 유효하다.

5·라. 징계 · 해고금지조항

"쟁의기간중에는 조합원에 대해 어떠한 사유에 의해서도 징계, 부서이동 등 제반 인사조치를 할 수 없다"라는 징계금지조항을 위반한 징계해고는 무효이고, 징계처분의 효력발생시기를 쟁의기간이후로 정해도 마찬가지라는 판결[3)]이 있다. 그러나 단체행동권의 보장목적에 비추어 볼 때, 근로관계를 유지할 수 없는 사정이 사회통념상 인정된다면 해고가 가능하다.

5·마. 면책 · 징계경감 조항

쟁의행위기간중의 불법행위에 대해 '민 · 형사를 포함한 모든 책임을 묻지 않는다'는 면책조항이나 '징계양정이 감경될 수 있도록 노력한다'는 징계경감조항을 둘 수 있다. 면책합의는, 특별한 규정이 없는 한, 그 합의전의 비위행위에 대해 별도로 징계를 하지 않는다는 의미를 갖는다.[4)]

징계면책조항이나 징계경감조항에 반하는 징계는 무효가 될 수 있으며, 쟁의행위와 일체관계에 있는 준비행위 및 유발행위도 면책이나 경감의 대상에 포함된다.[5)] 면책조항에도 불구하고 해당비위행위를 이유로 징계양정을 가중하는 것은 인정된다.[6)]

6. 해고와 정부승인조항

취업규칙에 "해고를 할 경우, 고용부의 승인을 받는다"고 규정되어 있더라도 이는 노 · 사가 사실확인 또는 자문을 받는다는 의미로 받아들여야 하며, 승인과

1) 서울행판 2003.4.25, 2002구합29524.

2) 대판 1992.5.22, 92다22100.

3) 대판 2009.2.12, 2008다70336. 이 규정은 인사조치에 의해 조합활동이 위축되는 것을 방지함으로써 단체행동권을 보장하기 위한 것으로서, 쟁의행위의 목적과 절차가 정당하면, 쟁의 과정에서 징계 사유가 발생해도 쟁의가 계속되고 있는 한 징계절차의 진행을 포함한 인사조치를 할 수 없음을 선언한 것임.

4) 서울행판 2012.4.5, 2011구합38223.

5) 대판 1991.1.11, 90다카21176.

6) 대판 1995.9.5, 94다52294 ; 대판 2003.10.24, 2002다69822. 징계전력이 있고, 가중징계기간 내에 불법쟁의 행위가 있어서 가중된 징계인 해고조치를 취한 경우, 면책조항이나 징계경감조항에도 불구하고 정당.

정을 거치지 않거나 승인이 되지 않더라도 그 자체만으로 노·사의 사법적권리관계에 변동을 일으키는 효력은 없다.[1] 이러한 해석은 당사자가 노동위원회의 인정을 요건으로 설정해도 마찬가지이다.[2]

제4절 해고외의 근로관계종료 법리

해고외의 근로관계종료로는 퇴직과 근로관계자동소멸이 있다. 퇴직으로는 사직, 정년, 당연퇴직 등이 있다.

1. 사 직

1·가. 의 의

사직은 근로자가 주도하여 근로관계를 종료시키는 법률행위이다. 사직에 대해서는 근기법에 규정이 없다. 사직은 해고와 달리 근로자의 의사나 동의에 의해 이루어진다는 점에서 퇴직으로 분류될 수 있다. 퇴직도, 부당한 근로관계종료라는 이유로 정당성을 다투게 되면, 해고로 다루어진다.

1·나. 주 체

사직의 의사표시는 본인이 하는 것이 원칙이므로 제3자의 의사표시는 효력이 없다. 이러한 의사표시를 본인이 전달한 것으로 볼 수 있으면 그렇지 않다.[3]

1·다. 요 건

(1) 자발적 사직

사용자가 근로자의 사직의사표시를 수락하면 근로계약관계는 합의해지에 의하

---

1) 대판 1991.9.24, 90다18463.

2) 대판 1994.1.11, 93다49192 ; 대판 1994.12.27, 94누11132.

3) 서울행판 2009.8.20, 2009구합1075. 사직서 작성이 자발적의사로 이루어진 것이며, 본인의 동의로 형이 사직서를 대신 제출하고 노무팀장에게서 사직서가 제출됐다는 연락을 받고도 반환 등의 적극적조치를 취하지 않았고, 사직서가 수리된 후 다른 일자리를 알아보면서 퇴직한 것으로 기재된 이력서를 작성하고 다른 회사에 입사하여 근무한 사실이 있으며, 퇴직금을 이의없이 수령했고, 몇 차례에 걸쳐 노조사무실을 방문하고 내용증명우편으로 독촉한 끝에 전별금을 수령한 점 등을 종합하면, 근로계약관계는 합의해지로 종료.

여 종료되는 것이므로 사용자의 의원면직처분을 해고로 볼 수 없다.[1)]

사직의 의사표시는 자발적인 의사에 따라 이루어져야 한다. 사직원이 자발적으로 제출되면 정당한 퇴직사유가 되며,[2)] 해고로 볼 수 없다.[3)] 근로자가 수용한 해고에 대해 사직원을 제출하면 사직으로 처리하는 경우, 취업규칙 등에 제출기간에 관한 규정이 없어도 상당한 정도의 시간적인 여유를 주어야 한다.[4)]

(2) 부당한 사직

사직의사가 없는 근로자로 하여금 사직서를 작성 제출하게 한 경우에는 실질적으로 사용자의 의사에 의하여 근로계약관계를 종료시키는 것이어서 해고에 해당하고, 정당성이 없으면 부당해고이다.[5)]

1·라. 방 법

사직의 의사표시는 서면으로 하는 것이 일반적이지만 구두로 하여도 유효하다.[6)] 날짜를 지정하여 사직의 의사표시를 해도 인정되며, 승낙의 의사표시가 있으면 그 날짜에 근로계약이 해지된다.[7)] 이 경우, 근로자는 지정된 사직일전까지 출근의무를 진다. 지정된 사직일 전에 사용자가 임금을 지급하면서 퇴직조치하고 근로자가 그 임금을 수령하였다면 합의퇴직으로 해석[8)]된다.

1·마. 유 형

사직의 의사표시는 사용자승낙을 전제로 근로관계를 종료시키고자 하는 의사표시와 일방적으로 근로관계종료를 통보하는 의사표시로 구분할 수 있다.

서면으로 하는 경우 사용자승낙을 전제로 하는 것이라면 합의해지의 의사표시 즉, 사직원이 되고, 일방적으로 근로관계종료를 통보하는 것이라면 임의해지의 통지 즉, 사직서가 된다.[9)]

---

1) 대판 2003.4.11, 2002다60528.
2) 대판 1991.2.12, 90다9513. 경비원이 회사의 일괄사표요구에 따라 사직서를 제출한 후 이의없이 퇴직금을 수령했다가 약 20일 후 재입사하여 계속 근무하였고, 당시에 사직서를 제출하지 않고 계속 근무하다 퇴직한 다른 경비원이 있다면 처음 사직원은 의사에 반한 것이 아님.
3) 대판 1995.11.14, 95누1422.
4) 대판 1997.8.29, 97다12006 ; 대판 1996.7.30, 95누7765 ; 대판 2000.4.25, 99다34475.
5) 대판 1982.9.14, 82다174 · 82다카390 ; 대판 1985.5.14, 83다카2069. 한국○○공사 사건 ; 대판 1988.4.25, 87다카1280 ; 대판 1993.1.26, 91다38686 ; 대판 1993.5.25, 92다18603 ; 대판 2001.1.19, 2000다51919 · 51926 ; 대판 2002.6.14, 2001두11076 ; 대판 2001.9.7, 2000두9977.
6) 서울행판 2002.8.8, 2002구합2338. 전화 또는 구두로 사직의 의사표시를 해도 이를 철회하기 전에 사용자가 승낙의 의사표시를 하면 근로계약은 합의에 의해 해지.
7) 서울고판 2003.8.22, 2002누14104.
8) 근로개선정책과-2266, 2011.7.19,
9) 사직원은 "…사직코자 하니 수리하여 주기 바랍니다"라는 형식을 취하고 사직서는 "…사직합니다" 또는 "…사

1·바. 철회와 취소

(1) 철 회

① 합의해지 의사표시

합의해지의 의사표시 즉 사직원이 수리되면, 사용자의 동의가 없는 한 이를 철회할 수 없다. 당사자가 근로계약을 해지키로 합의했다면 근로계약해지의 청약의 의사표시에 대하여 사용자의 승낙의사가 확정적으로 형성·표시되어 해지의사의 합치가 있는 것이므로 일방이 임의로 철회할 수 없으며, 합의를 함에 있어 일정기간이 경과된 후에 근로관계가 종료되는 것으로 약정하여도 마찬가지이다.[1] 다만, 사용자의 승낙의 의사표시가 근로자에게 도달[2]되어 확정적으로 근로계약종료의 효과가 발생하기 전에는, 사용자에게 예측할 수 없는 손해를 주는 등 신의칙에 반하면, 근로자는 사직의사표시를 철회할 수 있다.[3]

사직원철회가 정당하면, 사용자는 철회이전에 제출한 사직원에 터잡아 근로자를 의원면직시킬 수 없다.[4] 철회가능원칙은 명예퇴직에도 적용된다.[5] 철회의 의사표시는 본인이 하는 것이 원칙이다.[6] 일정조건충족여부를 이유로 사직한다는 철회권유보부사직도 인정되나, 그 유효성은 사실관계에 따라 판단한다.[7]

② 임의해지 통지

사직의 의사표시가 합의해지의 청약이 아니고 일방적인 해지통고라면, 그러한 의사표시 즉, 사직서가 사용자에게 도달한 후에는 사용자의 동의가 없이 철회할 수 없다고 해석된다.[8]

직을 통보합니다"라는 형식을 취하는데, 표현형식에도 불구하고 표의자의 진의가 판단기준이 된다.

1) 대판 1994.8.9, 94다14629.

2) 승낙의사형성으로는 근로계약종료의 효과 미발생(대판 2000.9.5, 99두8657).

3) 대판 1992.4.10, 91다43138 ; 대판 1994.8.9, 94다14629 ; 대판 2000.9.5, 99두8657 ; 대판 2002.8.23, 2000다60890. 희망퇴직 또는 명예퇴직의 예정일전에 중대한 비리가 발견되면 철회후에 징계해고 가능.

4) 대판 1992.4.10, 91다43138 ; 대판 1992.12.8, 91다43015.

5) 대판 2003.4.22, 2002다11458.

6) 서울고판 2000.11.16, 2000누5694. 배우자가 한 철회의 의사표시를 인정하지 않음. 배우자가 탄원서를 송부한 후에 근로자가 송별회에 참석한 적이 있는 사건.

7) 서울행판 2000.9.1, 2011구합334. 사직의사표시에 '일정기간까지 조합간 이동을 추진하여 전출하되 여의치 않을 경우 퇴직'한다고 규정되어 있으나, 근로자가 징계 및 변상금 부과를 피하기 위해 사직한 점, 부과가 사직의 의사표시가 이루어진 다음에 결정된 점을 들어 그 효력을 부인.

8) 김형배, 『노동법』, 제20판, 612쪽 ; 대판 2000.9.5, 99두8657. 사직서철회의 의사표시가 사직서의 기재내용, 사직서작성·제출의 동기 및 경위, 사직 의사표시 철회의 동기 등을 볼 때 근로계약을 종료시키는 취지의 해약고지이므로, 근로계약의 해지를 통고하는 사직의 의사표시가 사용자에게 도달한 이상 근로자로서는 사용자의 동의가 없이는 비록 민법 제660조제3항의 소정기간이 경과되기 전이라도 철회 불가.

(2) 취 소

사용자의 사기·강박이나, 제3자의 사기·강박으로서 사용자가 그 사실을 알았거나 알 수 있었을 경우에 한하여 사직의 의사표시를 취소할 수 있다(민법 §110①②). 그러나 현실적으로는 사기·강박의 사실[1]과 사직의 인과관계를 입증하는 것은 쉽지 않으므로 '진의 아닌 의사표시' 및 해고의 문제로 귀착될 수 있다.

1·사. 효 력

(1) 진의의 의사표시

① 원 칙

사직의 의사표시는, 단순한 농담만을 기재한 것으로 인정되는 등의 특별한 사정이 없는 한, 근로계약관계를 해지하고자 하는 의사표시가 된다.[2]

의사표시는 표의자가 진의아님을 알고 해도 효력이 있으나, '상대방이 진의아님을 알았거나 알 수 있었을 경우'[3]에는 무효이다(민법 §107). 진의의 의사표시인지의 여부는 효과의사에 대응하는 내심의사가 있는지에 따라 결정된다.

② 판단기준

'진의아닌 사직의 의사표시'에 있어서 진의라 함은 '사직원을 내는 행위'에 대한 진의면 충분하고 '진정으로 퇴직을 원하는지'에 대한 진의까지 의미하지 않는다. 마음속으로 바라지는 않았으나 그 상황에서 최선이라고 판단하여 의사표시를 하면 진의라고 본다.[4] 다만, 무효의 효과는 근로자의 주장이 있을 때에 해고의 문제로 현실화되며, 신의성실원칙에 따라 제한을 받을 수 있다.[5]

요건을 충족하지 못한 상태에서 사용자가 일방적으로 사직처리하면 해고가 된

---

1) 〈강박의 예〉 사직서를 제출하지 않으면 '사생활의 비리를 폭로하겠다'거나, '형사고발하겠다'는 경우 등 ; 〈사기의 예〉 '사직의 조건으로 별도의 퇴직위로금을 지급하겠다고 하고는 이행하지 않는 경우'나 '직장분위기 쇄신을 위해 경고적 의미라고 하고는 사직서를 수리한 경우.

2) 대판 1996.7.30, 95누7765 ; 대판 2003.4.25, 2001두6081.

3) 서울행판 2009.10.16, 2009구합15111. 임금미지급에 대한 불만의 표시로 더 이상 힘들어서 회사를 다닐 수 없다고 한 말을 빌미로 해고한 것은 부당해고 ; 대판 2010.1.14, 2009두15951. 품질경영팀 직원 전원이 품질불량문제에 대해 근신하고 책임지는 모습을 보이기 위해 형식상으로 제출한 사직의 의사표시는 '진의 아닌 의사표시'에 해당하고, 검토지시 및 보고경위, 사업장규모 등에 비추어 진의가 아님을 알았거나 알 수 있었음.

4) 대판 1996.12.20, 95누16059 ; 대판 2000.4.25, 99다34475 ; 대판 2001.1.19, 2000다51919·51926 ; 대판 2003.4.25, 2002다11458 ; 대판 2005.9.9, 2005다34407. 국내경제상황, 구조조정계획, 희망퇴직조건, '퇴직과 계속근무에 있어서의 이해득실 등을 종합적으로 고려하여 심사숙고한 결과, 당시의 상황으로는 희망퇴직을 하는 것이 최선이라고 판단하여 본인의사로 희망퇴직신청원을 제출한 것이라고 봄이 상당하므로, 유효하게 합의해지되었다. ; 대판 2015.8.27, 2015다211630 ; 대판 2017.2.3, 2005다34407.

5) 대판 1993.1.26, 91다38686. 사직의의사표시가 진의 아님을 알면서 의원면직하면 해고에 해당되나, 퇴직금 등을 수령하면서 이의 또는 유보가 없으면 오랜 기간이 지난 후에 효력을 다투는 것은 금반언원칙에 위배.

다. 이 과정에서 근로자의 적극적인 이의제기가 판단기준이 될 수 있다.[1)]

③ **의원면직**

㈎ **원 칙**

㉮ 개념 및 효과

사용자가 사직서제출에 따른 사직의 의사표시를 수락함으로써 사용자와 근로자의 근로계약관계는 합의해지에 의하여 종료된다.

㉯ 형태 및 효과

강요나 폭행에 의한 사직의사표시,[2)] 일괄적인 사직의사표시 종용[3)] 등 사직의사가 없는 근로자에 대해 어쩔 수가 없이 사직원을 작성·제출하게 하여 일방적으로 의원면직으로 처리한 것은 해고로서 정당한 이유가 없거나 정당한 절차를 거치지 않으면 무효이다.[4)]

㉰ 해고 해당 요건

의원면직이 실질적으로 해고에 해당하는지는 사직서제출경위, 사직서기재내용, 회사관행, 퇴직권유·종용의 방법·강도·횟수, 사직서를 제출하지 않을 경우에 예상되는 불이익정도, 사직서제출에 따른 경제적이익제공여부, 사직서제출전후의 근로자태도 등을 종합적으로 고려하여 판단한다.

㈏ **형식적 사직**

회사의 경영방침에 따라 사직서를 제출하고 퇴직한 후에 즉시 재입사하는 형식을 취함으로써 근로자가 그 퇴직전후에 걸쳐 실질적근로관계의 단절없이 계속 근무하는 것처럼,[5)] 사직서 또는 사직원의 제출이 사무처리과정상 형식적으로 이루어진 것이면[6)] 해고의 추인이나 부당해고에 대한 불복의 포기로 볼 수 없어

1) 서울행판 2009.7.10, 2008구합50568. 사용자의 사직권고에 대해 일방적의사에 의하여 해고되었다기보다는 근로자가 사직권고를 받아들이면 근로계약종료의사가 합치되어 퇴직.

2) 대판 1992.3.13, 91누10046.

3) 대판 1992.7.10, 92다3809.

4) 대판 1991.7.12, 90다11554 ; 대판 1992.5.26, 92다3670 ; 대판 1992.9.1, 92다26260 ; 대판 1993.1.26, 91다38686 ; 대판 2001.1.19, 2000다51919·51926. 사직의사없는 근로자로부터 사직서수령, 의원면직 ; 대판 2002.6.14, 2001두11076 ; 대판 2003.10.10, 2001다76229 ; 대판 2005.9.9, 2005다34407. [해고 부정] 희망퇴직관련 ; 대판 2010.1.14, 2009두15951 ; 대판 2019.10.31, 2019다24679. 형식적으로는 자진 사직, 실질적으로는 사용자의 일방적의사에 의하여 사직의사가 없는 근로자로 하여금 사직케 하여, 해고. 〈근거〉 ⓐ 문자메시지와 함께 근로를 하더라도 월급을 받지 못할 수도 있다는 취지의 말을 한 사용자 행위. ⓑ 해고할 사람을 특정하지 않고 근로자들의 선택에 맡기는 형식을 취하면서 4인 모두에게 자진 사직 유도. ⓒ '5일이면 새로운 직장을 찾기에 충분한 시간이고, 이후에는 계속 가게에 일을 하더라도 월급을 주지 못할 수 있으며, 이후로는 손님과 문제가 발생하면 즉시 해고할 것이다.'라는 취지로 한 사용자의 말은 해고의 의사표시.

5) 대판 1989.8.8, 88다카15413 ; 대판 2005.4.29, 2004두14090.

6) 대판 1990.3.13, 89다카24445. 퇴직금·해고수당 등을 수령해도 근로자가 경영해고가 유효한 경우를 전제로

이를 이유로 한 해고는 무효이다.

㈐ **강요 · 폭행 · 강박**

강요 · 폭행 · 강박에 의한 사직의사표시는 효력을 인정받지 못할 수 있다.[1)]

㉮ 강박에 의한 사직원

강박에 의한 법률행위가 흠있는 의사표시로서 취소되는 것에 그치지 않고 무효로 되기 위하여는, 강박의 정도가 단순하게 불법적인 해악을 고지함으로써 상대방으로 하여금 공포를 느끼도록 하는 정도가 아니고, 의사결정을 할 수 있는 여지를 박탈한 상태에서 의사표시가 이루어져 법률행위의 외형만이 만들어진 것에 불과한 정도이어야 한다.[2)]

㉯ 사직원과 조건부징계해고

'일정한 기간내에 사직원을 제출하지 않으면 징계해고한다'는 조건부징계해고처분자체를 부당하다고 보기는 어렵다. 그러나 이러한 처분이 실체적이유 또는 상당한 시간적여유를 부여하지 않아서 절차적이유로 무효라면 그에 따라 제출한 사직원을 근거로 행한 의원면직처분도 특별한 사정이 없는 한 무효이다.[3)]

취업규칙 등에 규정이 없더라도 촉박하게 사직원제출기간을 정하여 행한 조건부징계면직통지는 부적법하므로, 기간내에 사직원을 제출하지 않더라도 징계면직처분의 효력이 발생하는 것은 아니며, 근로자가 상당기간내에 사직원을 제출하면 조건부징계면직처분에 기초한 사직원제출로 본다.[4)] 다만, 이와 관련하여 근로자가 사직원을 제출하여 의원면직된 상황에서, 사직원제출을 전제로 하는 조건부징계면직처분이 사직을 강요하는 것으로서 무효임을 확인해 달라는 소의 이익을 부정한 판결[5)]이 발견된다.

㈑ **명예퇴직 · 희망퇴직**

㉮ 명예퇴직의 효력

명예퇴직은 희망퇴직으로서 근로자의 신청 · 청약과 사용자의 승인 · 승낙이라는 합의에 의하여 근로관계를 종료시키는 법률행위이다. 이러한 합의가 있은 후

하여 사무처리과정의 하나로 사표를 제출하면 경영해고와 무관하게 사직의사표시를 한 것으로 볼 수 없음.

1) 대판 1992.3.13, 91누10046.

2) 대판 1998.2.27, 97다38152.

3) 대판 1982.9.14, 82다174 · 82다카390 ; 대판 1985.5.14, 83다카2069. ○○공사 사건 ; 대판 1988.4.25, 87다카1280.

4) 대판 1995.11.14, 95누1422.

5) 대판 1988.4.25, 87다카1280. 과거의 법률관계는 현재의 법률관계의 존부에 영향을 미치더라도 현재의 분쟁을 해결하는 전제에 불과한 것이므로 현재의 법률관계에 관한 존부에 대하여 확인의 소를 인정하는 것외에 과거의 법률관계존부에 대하여서까지 확인의 소를 인정할 필요는 없다(대판 1966.2.15, 65다2442 참조).

에는 당사자의 일방이 임의로 의사표시를 철회할 수 없으며, 명예퇴직예정일이 도래하면 근로자는 당연히 퇴직하고 사용자는 명예퇴직금을 지급할 의무를 부담한다.[1] 합의에 다른 명예퇴직[2]은 진의의 의사표시에 따른 것으로 인정된다.[3]

본인이 경영해고대상자에 선정될 수 있다거나, 퇴직을 거부하면 징계해고에 회부될 수 있는 등의 불리함을 감안하여 퇴직금을 우대해주는 명예퇴직으로 처리되기를 희망하여 제출한 사직원은 강요에 의한 사직원으로 볼 수 없으며 유효한 근로계약의 해지로 본다.[4] 명예퇴직·희망퇴직을 실시하는 과정에서 회사의 어려운 상황을 다소 과장하거나 퇴직권유에 응하지 않으면 불이익을 입을 수 있다는 취지의 설명만으로는 강박행위로 인정되지 않는다.[5]

㉯ 명예퇴직의 보호

명예퇴직규정은 근로자의 권리로 작용할 수 있다.[6] 명예퇴직을 신청한 근로자가 명예퇴직예정일전에 사망한 것처럼 책임없는 사유로 근로관계가 종료되더라도 명예퇴직수당을 지급해야 한다.[7] 일정한 요건을 정하여 퇴직으로 처리되면 보조금이 지급되는 등 특혜가 주어지더라도, 이러한 제도가 근로자에게 퇴직 또는 전직의 사유를 고지할 의무를 부과하는 것은 아니다.[8] 명예퇴직제도의 적용에 대해서는 그 취지를 고려하여 해석된다.[9]

감사기관이나 수사기관의 조사·수사를 받고 있다는 잠정적인 사유로 명예퇴직을 취소하려면, 대상자가 명예퇴직직전의 상태에 있어야 한다.[10]

'퇴직후 3년내에 동종경쟁업체에 취업하면 명예퇴직금을 반납한다'는 약정에

1) 대판 2003.6.27, 2003다1632.
2) 법정용어는 아니다. 일종의 합의퇴직으로서 조기퇴직, 희망퇴직이라는 표현도 많이 쓴다.
3) 대판 2003.4.22, 2002다11458.
4) 대판 2000.4.25, 99다34475(**한국노동법학회, 『노동판례백선』 제2판**, 189쪽. 진의의사표시와 비진의의사표시의 경계를 긋는 구체적기준이 마련되어야 함을 지적) ; 2001.1.19, 2000다51919·51926 ; 대판 2001.9.7, 2000두9977. 한국산업은행사건 ; 대판 2003.4.22, 2002다65066 ; 대판 2003.4.25, 2002다11458 ; 대판 2005.9.9, 2005다34407.
5) 대판 2001.1.19, 2000다51919·51926 ; 대판 2001.9.7, 2000두9977.
6) 대구지판 2009.11.11, 2009가합5623. 명예퇴직은 합의퇴직이어서 사용자에게 심사·결정 권한이 유보되어 있으나, 이 권한은 제도도입경위, 형평성 등을 고려하여 합리적범위에서 제한적으로 행사되어야 하며 객관적인 자격을 갖춘 명예퇴직신청에 대해 취업규칙 등에 반하여 부당하게 수리를 거부하면 안된다. 단협상 관련규정의 문언(1년에 3명범위에서 실시하고, 인사위원회심의를 거치되 특별한 흠이 없는 한 허가하는 것으로 규정)은 심사·결정권한의 재량을 최소한 1년에 3명범위로 제한되므로 신청이 있으면 중대·명백한 흠이 없는 한 허가 필요.
7) 서울행판 2009.4.10, 2008구합42185.
8) 대판 2011.10.27, 2011도7456.
9) 대판 2016.9.28, 2013다204119. 〈명퇴자격 부인〉 좋은 실적을 올리면서 왕성하게 일하고 있는 직원이 경쟁업체에서 일하기 위해 회사의 만류에도 불구하고 사직.
10) 대판 2019.7.25, 2016두54862.

대해 그 취업이 '경업금지법리(제3장, 제1절 5·가,(1),②,(다),㉰)를 충족하지 못하면 효력이 없다'고 본 판결[1]이 발견된다.

㈒ **일괄사표**

근로자가 사용자지시로 일괄하여 제출한 사직서때문에 의원면직처리될지 모른다는 점을 인식한 것만으로 내심에 사직의사가 있는 것이라고 할 수 없다.[2] 일괄사표가 모두 당연히 무효로 취급되는 것은 아니다. 의원면직이 실질적으로 해고에 해당하는지는 '진의의 의사표시 법리'에 따라 판단된다. 제출당시에 임용권자에 의하여 수리 또는 반려중에서 어느 하나의 방법으로 처리되리라는 예측이 가능한 상태에서 이루어진 일괄사표를 근거로 하여 선별적으로 수리된 의원면직의 타당성을 인정한 판결[3]이 발견된다.

㈓ **탈법행위**

사용기간이 2년을 경과한 기간제근로자를 무기계약근로자로 전환하면서 사직일자를 특정하여 미리 사직원을 받은 목적이 기단법을 회피하기 위한 것이라면 그 사직원의 효력은 인정하기 어렵다.[4]

(2) 근로관계종료효력의 발생

① 사용자 수락

㈎ **원 칙**

사직의사표시가 '합의해지의 의사표시'이건 '일방적인 해지통보'이건 간에 사용자가 승낙한다는 의사표시가 근로자에게 도달한 때에 근로관계가 종료된다. 근로자의 이익을 고려하여 '일방적 해지통보'인 경우에는 바로 근로관계가 종료된다는 주장이 있을 수 있다. 그러나 근로계약이 당사자의사가 합치되어야 성립하는 것처럼 종료에도 의사합치가 효력요건이므로 승낙의 의사표시가 도달될 때 효력이 발생하는 것으로 보는 것이 타당하다.

㈏ **승낙의사 표시방법**

승낙의 의사표시는 서면뿐아니라 구두로도 가능하다. 사업장에서는 일반적으로 인사명령의 형식을 취할 수 있다. 그러나 이러한 인사명령은 근로자가 공람을 하였거나, 근로자에게 도달하였다는 것을 사용자가 입증해야 효력이 있다.

---

1) 대판 2021.9.9, 2021다234924.
2) 대판 1991.7.12, 90다11554 ; 대판 1992.7.10, 92다3809.
3) 대판 2001.8.24, 99두9971. 공무원 관련.
4) 고용차별개선과-1071, 2011.7.12.

㈐ **퇴직일지정 사직의사표시**

근로자가 퇴직일을 지정해서 사직의 의사표시를 한 경우, 사용자는 그 퇴직일을 근로관계종료일로 지정해서 사전에 승낙의 의사표시를 할 수 있다. 사용자는 그 퇴직일까지의 임금을 지급하고, 그 퇴직일전을 근로종료일로 하여 승낙의 의사표시를 할 수 있다. 이 경우 사용자는 퇴직금 등에 있어서도 근로자에게 불이익하지 않게 하여야 할 것이다. 이 경우 해당임금을 지급하지 않더라도 근로자가 퇴직금품을 수령하면 퇴직효력이 발생한다는 해석[1]이 있다.

② **합의해지**

합의해지는 계약의 효력을 장래에 향하여 소멸시킬 것을 내용으로 하는 새로운 계약으로서, 그러한 내용의 청약과 승낙이라는 서로 대립하는 의사표시가 합치될 것을 그 요건으로 하며, 합의가 성립하기 위하여는 당사자의 표시행위에 나타난 의사의 내용이 서로 객관적으로 일치하여야 한다.[2]

사용자가 사직의 의사표시를 승낙하면 합의해지가 된다. 합의해지의 효력은 사용자가 사직의 의사표시를 승낙한 때부터 발생한다. 정년전에 근로자의 희망에 따라 특별보상을 한 후 퇴직케 하는 명예퇴직은 대표적인 합의해지이다.

합의해지는 명시적인 경우뿐아니라 묵시적으로도 이루어질 수 있으므로, 계약 실현의사의 결여 또는 포기가 당사자의 표시행위에 나타난 의사의 내용에 의하여 객관적으로 일치하는 경우, 그 계약은 계약을 실현하지 않을 당사자의사가 일치됨으로써 묵시적으로 해지되었다고 해석된다.[3]

③ **임의해지**

사용자가 사직의 의사표시를 승낙하지 않은 상태에서 근로자가 근로를 제공하지 않으면 임의해지가 된다. 민법은 사용자가 승낙하지 않은 사직의 의사표시에 대해 '기간의 정함이 없는 근로계약'(제3장 제1절,3·나)인지 아니면 '기간의 정함이 있는 계약인지'(제8장 제3절,3)에 따라 근로관계종료의 효력을 달리 규정하고 있다.

(3) 퇴직금수령과 사직

① **원 칙**

근로자가 퇴직금, 해고예고수당 등을 직접 또는 공탁을 통해 받더라도 해고의 정당성에 대하여 다투고 있거나, 이의를 제기한 상태라면 해고를 수용한 것으로

---

1) 대판 1995.6.30, 94다17994.
2) 대판 2000.3.10, 99다70884 ; 대판 2003.1.24, 2000다5336·5343.
3) 대판 1998.1.20, 1997다43499.

볼 수 없다.[1] 그러나 근로자가 퇴직금·보상금 등을 받으면서 이의를 제기하지 않거나, 해고의 효력을 다투고 있지 않거나, 이의유보라고 볼 만한 사정이 없으면 해고처분에 승복한 것이다. 특히, 각서·영수증 등을 제출하거나 공탁금을 조건없이 청구하여 수령하면 퇴직의 효력이 인정된다.[2]

② **이의유보 판단기준**

근로자가 이의를 유보함이 없이 퇴직금 등을 수령한 후에 별다른 사유가 없이 상당기간이 지난 뒤에 해고무효확인청구소송을 제기하는 것은 신의성실원칙이나 금반언원칙(실효의 원칙)상 허용되지 않는다.[3]

'상당한 기간'은 사회통념상 근로자가 이의를 제기할 수 있었던 충분한 기간이거나 사용자가 근로자의 권리행사가 없으리라고 기대할 만한 기간[4]이다. 다시 말해서 징계사유, 해고처분이 무효인 사유, 근로자가 그 처분이 무효인 것을 알게 된 경위, 근로자가 그 처분의 효력을 다투지 않을 것으로 사용자가 신뢰할 만한 사정,[5] 사용자가 다른 근로자를 대신 채용하는 등 새로운 생산체계를 구축하여 경영하고 있는지 등을 종합적으로 고려하여 새삼스럽게 처분의 효력을 다투는 것이 신의성실원칙에 위반하는지를 살펴야 한다.[6]

퇴직금 등을 수령하면서 해고예고수당과 같은 일부금품을 수령치 않은 사실만 가지고 이의유보로 보기는 어렵다.[7]

---

1) 대판 1989.5.23, 87다카2132. 해고예고수당사례 ; 대판 1991.1.25, 90누4952 ; 대판 1991.5.14, 91다2656. 퇴직금수령 사례 ; 대판 1991.5.14, 91다2663. 공탁물을 수령한 후 2년이 지나 이의를 제기한 사례 ; 대판 1992.3.13, 91누10046 ; 대판 1992.3.31, 90다8763 ; 대판 1992.12.8, 91다43015 ; 대판 1992.4.14, 92다1478. 해고직후 퇴직금이나 해고수당을 이의없이 수령해도 해고효력을 다툰다는 객관적사정 또는 상당한 이유가 있는 상태에서 수령한 경우에는 해고효력 미발생. 또 해고무효확인청구소송 제기가 늦어진 것이 부당노동행위구제신청을 하거나 복귀교섭결과를 기다리거나 사용자의 복귀약속을 믿고 기다리는 등 상당한 이유가 있으면 신의성실원칙에 합치.

2) 대판 1991.4.26, 91다카4799 ; 대판 1989.9.29, 88다카19804 ; 대판 1990.11.23, 90다카25512 ; 대판 1991.5.14, 91다2663. 공탁물수령 후 2년이 지나 이의를 제기한 사례 ; 대판 1991.5.28, 90나52366 ; 대판 2000.4.25, 99다34475.

3) 대판 1991.10.25, 90다20428 ; 대판 1991.4.12, 90다8084 ; 대판 1992.3.13, 91다39085 ; 대판 1992.4.14, 92다1478 ; 대판 1996.3.8, 95다51847.

4) 대판 1993.12.28, 92다34858.

5) 해고된 후 곧 다른 직장을 얻어 근무하였다는 등의 사정을 말한다.

6) 〈판례〉 여러 달 경과(대판 1991.10.25, 90다20428), 퇴직관련공탁금을 조건없이 수령한 후에 8개월 경과(대판 1989.9.29, 88다카19804), 해고후 퇴직금을 이의없이 즉시 수령한 후에 1년7개월 경과 (대판 1991.4.12, 90다8084), 이의없이 퇴직금을 수령하고 다른 생업에 종사하다가 2년10개월이 지난후에 이의제기(대판 1996.11.26, 95다49004)', 해고후 3년이 지난 뒤 조건없이 회사의 퇴직관련공탁금 수령(대판 1990.11.23, 90다카25512)', 해고후 9년이 지난 뒤 조건없이 보상금을 수령한 후에 11개월경과 (대판 1993.2.9, 91다36666)'한 해고무효확인소송에 대해 금반언원칙 인정.

7) 대판 1991.4.12, 90다8084.

③ **이의제기의 방법**

이의제기는 행정관청에 고소·고발, 해고무효확인소송제기 등을 의미한다. 퇴직금 등을 수령하기 전에 징계위원회에 불복의 의사를 개진하거나, 사용자가 명시적·묵시적으로 근로자가 이의를 가지고 있음을 알고 있는 상태에서 근로자가 퇴직금을 수령한 후에 바로[1] 고소·고발, 소의 제기 등의 조치를 취하면 유효한 이의제기로 볼 수 있다.[2]

④ **퇴직위로금수령과 다른 사업장 취업**

사직을 권고받은 근로자가 퇴직위로금 또는 퇴직수당을 수령한 것은 이의를 제기하지 않기로 한 약정에 해당될 수 있다.[3] 퇴직위로금까지 받더라도 강박에 의한 것이면 사직의 효력이 부인될 수 있다.[4]

해고된 근로자들이 다른 기업에 취업하여 퇴직금을 수령하거나, 퇴직금을 수령한 후에 다른 업체에 취업해도 고소·고발, 소의 제기 등 이의제기가 있다면 해고처분에 승복한 것이 아니다.[5]

1·아. 입증책임

근로자의 의사나 동의에 의해 근로계약이 종료되었는지에 대한 입증책임은 이를 주장하는 사용자에게 있다. 사용자가 사직을 주장하는데 대해 근로자가 사직이 아니고 해고라고 주장하더라도 마찬가지이다.[6]

2. 정 년

2·가. 법정정년제도 구조

연령법은 의무조항으로 법정정년준수의무와 임금체계개편의무, 효력조항으로 법정정년간주, 지원조항으로 고용지원금과 컨설팅지원을 각각 규정하고 있다.

---

1) 사용자가 근로자의 불복상태를 알고 있었다면, 퇴직금 등을 수령한 후 2년이 경과했어도, 근로자가 해고를 승인하였다고 단정할 수 없다는 본 판결(부산고판 1990.11.29, 89나9302)이 있으나, 그러한 기간동안 '고소·고발, 소의 제기 등을 할 수 없었다는 객관적 사정', '사용자에게 최고' 등 적극적인 의사표시가 있었다는 사실이 인정되어야 유효한 이의제기로 볼 수 있음(퇴직금 등의 수령이후 8개월, 1년7개월후에 이의제기를 한 것을 금반언원칙에 위배된다고 본 판례의 취지를 감안).

2) 대판 1993.3.9, 92다29429. 해고된 후에 3일만에 퇴직금 등을 수령하였으나 수령 1일전에 회사 징계위원회에 부당해고재심신청을 하였고 해고후에 1개월반만에 소를 제기한 사건.

3) 서울민지판 1990.10.18, 89가합56525. 3개월분수당추가지급조건으로 사직서제출, 근로관계종료합의인정.

4) 서울고판 2006.8.18, 2005누23413. 퇴직의사가 없이 강요된 분위기에 위축된 상태에서 제출한 사직서 부인.

5) 대판 1987.4.28, 86다카1873.

6) 대판 2015.11.26, 2015두51088. 해고가 구두로 이루어지면 근로자는 해고사실을 입증할 방법이 마땅치 않은 반면에, 근로자의 사직의사표시가 구두로 이루어지면 사용자는 사직서제출을 요구하면서 거부행위를 징계사유로 삼아 해고할 수 있는 점 등 근로계약에 있어 양 당사자의 지위와 입증의 부담이 다름을 고려.

법정정년준수의무는 "사업주는 근로자의 정년을 60세이상으로 정하여야 한다"는 의무규정(연령법 §19①)과, "사업주가 … 근로자의 정년을 60세미만으로 정한 경우에는 정년을 60세로 정한 것으로 본다"는 효력규정(연령법 §19②)으로 구성되어 있다.

임금체계개편의무는 "… 정년을 연장하는 사업(장)의 사업주와 '근로자의 과반수로 조직된 노동조합(그러한 노동조합이 없는 경우 근로자의 과반수를 대표하는 자)'은 사업(장)의 여건에 따라 임금체계개편 등 필요한 조치를 하여야 한다"는 의무규정(연령법 §19의2①)만을 두고 있다.

고용지원금제도와 컨설팅지원제도는 임금체계개편의무와 관련하여 사업주와 근로자를 지원하는 지원규정(연령법 §19의2②③)을 두고 있다.

2·나. 법정정년제도 성격

법정정년제도는 정년수준을 60세이상으로 강제하고 있으나, 60세를 초과하는 정년에 대해 당사자결정에 맡김으로써 약정정년제도를 인정하는 구조로 설계되어 있다. '60세미만정년'은 당사자가 '60세정년'을 정한 것으로 간주된다. 연령법이 정하지 않은 사항에 대해서는 약정정년제도의 법리가 적용된다.

정년제는 노동력을 합리적으로 활용하는데 제약요인이 되고, 근로의 의욕과 능력이 있음에도 연령을 이유로 근로권이 제한되는 불합리한 차별이라는 비판이 제기될 수 있다.[1] 연령법은 차별금지제도를 도입하면서 정년제를 차별로 보지 않는 예외규정을 두고 있다(연령법 §4의5iii). 비정규직근로자 차별금지에 있어 정년은 차별의 합리적이유로 인정될 수 있다(제8장, 제3절, 5.라 (4), ①, ㈏, ㉮).[2]

2·다. 법정정년제도 적용

정년제도는 전사업장에 적용된다, 사업주가 법정정년준수의무를 이행하지 않으면, 근로자는 근기법과 민법에 의해 보호를 받는다. 5명미만사업(장)에게는 근기법의 부당해고관련조항이 적용되지 않으나, 민법은 적용된다.

2·라. 법정정년 준수의무

(1) 정년 개념

연령법은 정년의 개념에 대해 정의규정을 두고 있지 않다. 정년제도를 정년퇴직제와 정년해고제로 나누는 접근이 학계에서 제시되고 있다.[3] 정년해고제는

---

1) 이상윤, 『노동법』, 제6판, 452~453쪽 ; 김형배, 『근로기준법』, 제8판, 316쪽.
2) 대판 2023.4.27. 2021다229588. 차별에 대한 손해배상액은 정년경과근로자로 채용되었더라면 받을 수 있는 임금상당액.

근로자가 정년에 도달한 것을 이유로 하여 사용자가 해당근로자를 해고함으로써 고용관계를 소멸시키는 제도로서 해고법리를 적용받는다. 정년퇴직제는 근로자가 정년에 도달하게 되면 사용자의 의사표시가 없이 자동적으로 근로계약관계가 종료되는 제도로서 민법의 고용관계종료법리를 적용받는다. 정년을 퇴직사유로 규정하면 정년퇴직제가 되고, 해고사유로 규정하면 정년해고제가 되는데, 규정이 없는 경우에 논란의 여지가 남는다. 학설이나 해석은 정년제도를 '근로자가 일정한 연령에 도달하면 근로자의 의사나 능력에도 불구하고 근로계약관계를 종료시키는 제도'라고 정의함으로써[1] 정년퇴직제의 입장을 취하고 있다.

(2) 정년 수준

① 정년결정

㈎ 정년연령

약정정년제도 아래에서는 '강행법규에 위반되지 않는 한 당사자가 직종, 근로형태, 직무수행능력 등을 참작하여 당사자가 자율적으로 정년을 정한다'[2]는 정년자율결정원칙이 일반적으로 받아들여진다. 법정정년제도에 대해서도 60세를 하한선으로 하는 것외에는 원칙적으로 종전의 약정정년법리가 적용된다.

정년은 명확한 수치로 제시되어야 한다. '정년을 다른 기관과 연동시키는 규정이 있다면, 그 기관의 정년이 변경되면 이에 따른다'는 해석[3]이 발견된다.

㈏ 차등정년 · 직급정년

법정정년제도에도 약정정년제의 차등정년법리가 적용된다. 따라서 직위 · 직종 · 직급 · 직렬[4] 등에 따라 정년에 차등을 두는 것은, 사회통념상 합리성이 인정되는 한, 사업장의 특수성을 고려하여 당사자가 결정할 사항이다.[5] 근로자가 일정기간내에 승진하지 못하면 퇴직케 하는 직급정년은 정년제도가 아닌 해고제도로서 정당한 사유가 없으면 부당해고라고 해석된다.[6] 차등정년이 균등처우규정

---

3) 菅野和夫, 『労働法』, 第十版, 534頁 ; 김형배, 『노동법』, 제22판, 727쪽. ↘ 992쪽

1) 김형배, 『노동법』, 제20판, 700쪽 ; 박상필, 『근로기준법강의』, 143쪽 ; 이상윤, 『노동법』, 제6판, 452쪽 ; 임종률, 『노동법』, 제11판, 539쪽 ; 강희원, "정년제에 대한 법적 재고", 「경희법학」 제47권 제4호, 경희대학교 법학연구소, 2012.12, 687~688쪽 ; 대판 1989.6.27, 88누9680 등 다수 ; 근기 01254-5124, 1990.4.11. 등.

2) 기준 1455.9-9184, 1969.8.26 ; 근지 1455-345, 1971.1.14.

3) 부산지판 2011.12.9, 2010가단142537. 단체협약으로 정년을 국가공무원법과 연동시킨 사례.

4) 대판 1996.8.23, 94누13589.

5) 김형배, 『노동법』, 제20판, 701쪽 ; 대판 1991.4.9, 90나22624. 일용근로자의 가동연한이나 공무원 및 다른 회사 직원의 정년보다 다소 낮아도 법률상 유효.

6) 근기 01254-1565, 1992.9.17 ; 직급정년제도를 규정하고 있어도 연령만을 이유로 근로관계를 종료할 수 없으며, 상위직급으로 승진하지 못한 사유는 해고사유로서 정당성을 인정받아야 한다.

(근기법 §6)이나 성차별금지규정(고평법 §6)을 위반하면 무효이다.[1)]

② **정년신설**

㈎ **정년신설 의무**

"사업주는 근로자의 정년을 60세이상으로 정하여야 한다"는 연령법의 정년규정은 정년이 없는 사업장도 정년을 정해야 하는 것처럼 보이게 한다.

근기법 제3조는 근기법의 기준을 이유로 근로조건을 낮출 수 없다고 규정하고 있다. 따라서 법정정년제도를 이유로 한 정년신설은 연령법이라고 하는 근로자보호법의 기준으로 근로조건을 낮추는 결과를 가져와서 근기법 제3조의 취지에 반한다. 정년을 정하지 않은 사업장에서는 간주조항이 적용되지 않으므로 정년이 없는 상태가 근로조건으로 존재한다.

㈏ **정년신설 요건**

정년이 없는 사업장의 사업주가 근로자집단의 동의없이 정년을 신설할 수 있는지에 대해 의견이 다른 판례들이 공존해 왔다. 먼저, 정년미설정을 정년폐지목적으로 보는 엄격해석론은 정년신설을 불이익변경에 해당된다고 본다.[2)] 다음으로, 정년미설정을 노무관리목적으로 보는 완화해석론은 정년신설에 대해 기득권을 침해하지 않아 '합리성이 인정되면'[3)] 불이익변경이 아니라고 본다.[4)]

정년을 정하지 않으면 '정년이 없는 근로계약'이 성립되어, 연령만을 기준으로 볼 때에 계속 근로할 수 있는 근로자의 권리가 형성되므로, 정년신설은 기득권을 침해하는 불이익변경에 해당된다. 사업주는 판례법리(제3장, 제2절 3·라,(3),②)에 따라 신규입사자에 대해 근로자집단의 동의가 없어도 정년을 신설할 수는 있을 것이다.

③ **정년단축**

㈎ **집단적 동의**

정년단축은 근로조건을 불이익하게 변경하는 것이므로 취업규칙변경 등에 있어

---

1) 부소 01254-12651, 1991.9.2 등.

2) 대판 1997.5.16, 96다2507. 정년규정 신설 이전에는 만 55세를 넘어서 근무할 수 있으나, 신설로 심사에 의하여 일정한 경우에만 만 55세를 넘어서 근무한다면 기득의 권리나 이익을 박탈하는 불리한 근로조건.

3) 합리성은 정년신설 당시에 불이익을 받거나 신설정년에 도달한 근로자가 있는지, 동종업계와 비교할 때 정년이 현격히 낮은지 등이 종합적으로 고려하여 판단된다. 법정정년제도에 대해 이러한 견해를 적용하면 '사회통념상 합리성이 있는 정년'이나 '동종업계와 비교할 때 정년이 현격하게 낮은 정년'이라는 기준은 법정정년인 '60세이상의 정년'으로 대체될 수 있다. 완화해석론을 받아들인다면 사업주는 근로자집단의 동의를 받지 않아도 60세이상의 정년을 신설할 수 있게 된다.

4) 대판 1978.9.12, 78다1046. 정년규정이 없다 해서 무한정으로 근무할 수 있음을 보장한 것으로 볼 수 없으므로 신설정년인 만55세는 사회통념에서 벗어난 불합리한 제도라고 볼 수 없으며 기득권을 침해가 아님 ; 서울행판 2011.9.22, 2011구합6875. 상당수의 전문대학이 조교를 정년없이 한시적으로 임용하고 보장한 경우에도 만 57세를 넘지 않는 것으로 보이므로 만 57세 정년신설은 동의가 없더라도 유효.

근로자집단의 동의가 필요하다.[1] 법정정년이상을 유지해도, 정년단축은 근로조건불이익변경에 해당된다.

㈏ 한시적 단축

특별협약의 형식으로 행한 한시적인 정년단축은 일시적인 조기퇴직의 수단으로 연령차별이어서 무효이다.[2] 이러한 정년단축은 단체협약이나 취업규칙의 변경법리를 충족시켜야 하고,[3] 법정정년을 위반하지 않는 범위에서만 인정된다.

(3) 정년 규정형식

연령법은 "이 법이나 다른 법률에 따라 근로계약, 취업규칙, 단체협약 등에서 정년을 설정하는 경우"에 대해 연령차별금지의 예외를 인정한다(연령법 §4의5iii).

정년은 공통적으로 적용되는 집단성을 가진다. 연령법이 직접 명시하고 있는 정년의 규정형식중에서 집단성을 갖추고 있는 규범은 단체협약과 취업규칙이다.

단체협약은 집단적으로 근로조건을 결정하는 전형적인 규범으로서, 취업규칙 및 근로계약에 대해 규범적효력을 가지므로, 정년제도의 규정형식이다.

취업규칙은 '퇴직에 관한 사항'을 기재사항으로 명시하고 있으므로, 정년제도의 규정형식이다. '5인이상 10인미만 사업(장)'이 취업규칙을 작성하여 정년을 규정하면 준수의무가 부과되며 취업규칙변경법리가 적용된다(제3장 제2절,3).

집단성이 없는 근로계약을 정년의 규정형식으로 명시하고 있는 것은 타당해 보이지 않으며,[4] 단체협약이나 취업규칙을 보완하는 차원에서 인정될수 있을 것이다. 관행(제1장 제3절,2·라)도 사실인 관습으로서 근로계약으로 인정받으면 역시 보완적인 범위에서 정년에 대해 영향을 미칠 수 있다.

근로자대표합의(제2장,제1절 2·나,(3),④,㈎), 노사협의회의결[5] 등만으로 정년을 신설하거나 단축할 수는 없으며, 정년을 연장하더라도 규범적효력이 없으므로 근로계약 등에 반영이 되어야 효력을 인정받을 수 있을 것이다.

---

1) 근로기준과-4310, 2004.8.17.

2) 대판 2011.7.28, 2009두7790.

3) 서울중앙지판 2013.4.4, 2011가합41036. 2008년에 55세 내지 59세에 도달한 특정근로자들만이 이로 인한 불이익을 받게 되므로 이들만이 이에 대한 동의의 주체가 될 수 있음에도, 노조의 동의를 받았을 뿐, 불이익을 받게 될 근로자집단의 과반수동의를 받았음을 인정할 증거가 없어 한시적정년단축조항은 무효.

4) 근로계약으로 정년을 정한다면 정년의 수준·연장·정년·재고용 등을 개인별로 정할 수 있다는 논리가 성립되어 기존의 법리가 도전을 받는다. 정년을 취업규칙이나 단체협약을 통해 정하더라도 직종 또는 직급에 달리 정할 수는 있으나 개인별로 다르게 정할 수는 없다.

5) 노사협의회는 근로조건결정기능을 가지지 않는다. 노사협의회 근로자위원이 취업규칙 변경에 있어 의견수렴주체가 될 수 있는지에 대해서도 다른 견해가 있기는 하나(근기 68207-2144, 1999.9.1) 판례(서울행판 2002.12.13, 2002구합12519)에 의해 부정된다. 노사협의회제도는 정년의 규정형식이 될 수 없다.

(4) 정년제도와 근로관계종료

① 근로관계 자동종료

㈎ 근로관계종료의 성격

정년은 종기 또는 최종기한으로서 근로관계가 종료되는 사유와 시기를 공식적으로 확인해주는 관념의 통지이다. 따라서 정년은 해고처분과 같은 형성적행위가 아니며,[1] 사전예고·해고예고 등 특별한 조치가 없이 정년도달만으로 '정년에 따른 근로관계당연종료'가 성립한다.[2]

㈏ 자동종료시점 판단기준

정년도달에 따라 근로관계가 당연종료되었는지는 당연종료여부가 다투어지는 시점에 유효한 정년을 기준으로 판단된다.[3]

② 연령계산과 근로관계종료시점

㈎ 연령계산

정년이 되는 연령은 '입사서류와 증명서류'에 표기된 생년월일을 기준으로 판단되며 특별한 사유가 없으면 이를 정정할 수 없는 것이 원칙이다. 다만, 정년시점에서 근로자가 정정된 가족관계등록부상의 생년월일을 기준으로 정년보장을 요구하는 것은 신의칙에 반하지 않으며, '정당한 요구가 있을 때 정정할 수 있다'는 취지의 규정은 유효하다.[4] 정년을 입사할 때에 제출한 서류만을 기준으로 산정하고 정정을 인정하지 않는 인사규정의 효력은 부정된다.[5]

㈏ 근로관계종료시점

정년은 1년의 기간을 의미하는데 그 중에서 어느 날을 퇴직일로 볼 것인지에 대해 논란이 있을 수 있다. 당사자가 취업규칙 등으로 '정년에 도달한 달의 말

---

1) 대판 1997.10.24, 97누1686 ; 대판 1997.11.11, 97누1990 ; 대판 2008.2.29, 2007다85997.

2) 대판 1995.4.11, 94다4011 ; 대판 2007.10.25, 2007두2067.

3) 〈사례〉 대판 2024.11.20., 2024두41038. 공공기관관련. 취업규칙에 규정된 정년을 60세에서 64세로 변경하고, 1년6개월이 지난 후에 이사회승인을 받아 취업규칙변경일로 소급하여 효력을 발생시켰는데, 취업규칙변경일과 이사회승인일의 사이에 64세에 도달한 근로자를 근로관계당연종료로 처리한 데 대해, 당연종료처리일 즉 64세도달일에는 64세정년을 규정한 취업규칙이 효력이 없어 해당근로자는 60세정년을 초과하여 계속근로를 하고 있는 지위에 있으므로, 당연무효가 아닌 해고의 정당성문제로 접근되어야 하나 사용자가 정당성을 입증하지 않았으므로 부당해고이고, 이사회의 승인으로 취업규칙이 효력을 발생되는 날에 해당근로자가 이미 64세정년을 초과한 상태가 되므로 이사회승인일이 유효한 당연종료처리일이 된다.

4) 대판 2009.3.26, 2008두21300 ; 근로기준팀-1242, 2005.11.18.

5) 대판 2017.3.9, 2016다249236 ; 대판 2018.11.29, 2018두41082. 법정정년제도가 도입되기 전에는 그러한 규정이 인정될 수 있으나, 법정정년제도가 도입된 후에는 부정된다. ; 〈법정정년제도시행전의 반대취지 하급심〉 서울중앙지판 2013.12.10, 2013가합541493. 법원의 판결 또는 행정관서의 직권으로 생년월일이 정정되더라도 인사기록상의 생년월일과 정년퇴직일을 변경할 수 없다'는 규정이나 합의가 있다면 유효하다.

일', '정년이 종료되는 날' 등가 같이 퇴직일을 정하면 그 날이 근로관계종료일이다.[1] 당사자가 정하지 않았으면 관례나 관행에 따른다. 관례나 관행이 없으면 정년퇴직일에 대하여 다툼이 있을 수 있다. "기간을 일, 주, 월 또는 년으로 정한 때에는 기간말일의 종료로 기간이 만료한다"는 민법 제159조를 원용하여 정년이 종료되는 날이 정년퇴직일이라는 견해가 있으나, 정년은 민법 제159조의 기간으로 볼 수 없으며 종기부기한(終期附期限)으로 보아야 하므로, 정년에 도달된 날이 근로관계종료일이다.[2] 당사자가 정한 퇴직일이 정년에 도달하는 실제의 생년월일보다 빠르면 그 범위에서 무효이다.[3] 정년에 이르기 전의 어느 특정한 날 또는 정년도달전날이 특별휴가 등으로 근로를 제공하지 않더라도 별도규정이 없는 한 정년도달일이 뒤로 미루어지지 않는다.[4]

③ **정년과 근로계약기간만료**

정년은 근로계약기간을 정하지 않은 근로자에게 적용되며 기간제근로자에겐 적용되지 않는 것이 원칙이다.[5] 다만, 기간제근로에 대해서도 정년을 적용한다고 명시되어 있다면, 근로계약기간이 만료되기 전에 정년이 도래한 경우에 근로관계가 종료된다.[6]

④ **정년과 해고금지기간**

업무상재해·출산전후휴가 등 절대적해고금지기간은 정년퇴직에 적용되지 않는다.

(5) 정년초과근로

① **정년형해화**

정년이 형해화되어 지켜지지 않으면 정년이 없는 근로계약을 체결한 것으로 간주되어, 사용자는 정년초과만을 이유로 해고할 수 없다.[7] 정년초과사실을 알고도 근로자를 채용하거나,[8] 사용자의 묵시적인 동의 아래 정년을 초과하여 근로하

1) 정년도달일, 정년도달월말일, 정년도달분기말일, 정년도달반기말일, 정년도달년말일(대판 2003.3.14, 2002두69631), 정년종료일 등으로 정할 수 있다. ;「국가공무원법」 제74조는 정년도달일이 1월에서 6월 사이이면 6.30에, 7월에서 12월 사이이면 12.31에 각각 당연퇴직토록 규정.

2) 대판 1973.6.12, 71다2669 ; 대판 2002.9.27, 2000두4600 ; 근기 01254-17838, 1990.12.26 ; 근기 68207-686, 1994.4.25.

3) 대판 2019.3.14, 2018다269838.

4) 대판 2018.6.28, 2016다48297.

5) 부산지판 2011.9.23, 2011구합229.

6) 근기 68207-1375, 2002.4.2.

7) 대판 2003.12.12, 2002두12809. 정년 후에도 사용자의 동의 아래 기간의 정함이 없이 근로관계를 계속 유지하면, 정년이나 고령만을 이유로 근로관계 해지 불가.

는 경우[1]가 그렇다.[2] 특별한 사정이라 함은 사무착오나[3] 불가피한 사정을 말하며, 입증책임은 사용자에게 있다.

② **정년연장**

정년연장의 기간을 명확해야 한다. 정년을 연장하면서 기간을 정하지 않으면 정년이 없는 근로계약으로 간주될 수도 있다. 정년연장을 위한 취업규칙변경은 근로자과반수가 인사적체 등을 이유로 반대하더라도 불이익변경이 아닌 것으로 인정된다.[4] 정년연장만을 이유로 당사자의 합의없이 근속기간을 단절시키거나 기존의 근로조건을 저하시킬 수 없다.[5]

③ **재고용**

근속기간단절을 부정하고 근로조건저하를 제한하는 법리는 사용자가 정년연장을 기피하는 요인으로 작용한다. 이러한 이유로 정년퇴직후에 현재보다 낮은 근로조건으로 따로 근로계약을 체결할 수 있다는 해석[6]이 나오게 되었고, 입법에도 반영되었다. 연령법 제21조는 정년퇴직자에 대해 적합직종에 재고용할 것을 권장하고 있으며, 정년퇴직자가 근로계약을 다시 체결하여 근로하는 경우에 계속근로기간산정과 임금결정을 별도로 할 수 있도록 규정하고 있다.[7] 나아가서 계속근로기간은, 특별규정이 없는 한, 재고용기간만으로 산정된다는 해석[8]이 발견된다. 재고용의 형태는 기간제계약과[9] 무기계약 모두 가능하다.

④ **계속근로기대권**

㈎ **사용자권한**

정년연장이나 재고용여부는 사용자권한으로서 근로자에게 요구권이 없는 것이 원칙이다.[10] 따라서 근로자에게 가혹하다든가 다른 근로자와 형평에 어긋난다는

---

8) 근기 68207-658, 1994.4.18. ↘ 997쪽
1) 대판 2003.12.12, 2002두12809.
2) 서울행판 2009.12.4, 2009구합19748. 정년도래를 이유로 직접 들지는 않았으나, 사용자가 정년 이후의 근로수령을 거부한 사실이 있다면 정년 이후 근로계약관계 단절 ; 근기 1455.9-6420, 1971.6.18.
3) 서울행판 2015.7.16, 2009구합19748·2015구합4020. 근로자가 정년이 된 사실을 회사가 뒤늦게 알고 정년퇴직을 통보했더라도 퇴직의 효력 발생.
4) 근기 01254-16545, 1991.11.15.
5) 근기 01254-10789, 1987.7.6. 호봉을 낮춘 사례.
6) 근기 01254-10789, 1987.7.6.
7) 근기 01254-5661, 1987.4.7 ; 법무 811-4913, 1980.2.29 ; 1991.12.31 「고령자고용촉진법」에 규정.
8) 근로복지과-399, 2012.2.6.
9) 반복갱신도 인정(서울행판 2006.5.12, 2005구합33074)되나 구체적으로는 기간제근로계약갱신법리'에 따른다. 고령자에 대해서는 '2년이상사용금지의 예외' 대상에 포함되나 갱신거부가 합리성이 없으면 부당해고.
10) 대판 1989.3.28, 88누4812 ; 대판 1994.5.24, 94누873 ; 대판 1997.7.22, 95다6691 ; 대판 1998.2.13, 96다52236.

이유만으로 정년연장 또는 재고용에 대한 사용자의 거부가 정당성을 상실하지는 않으며, 취업규칙 등의 규정이나 취지에 따라 정당성을 판단하게 된다.[1)]

(나) **정년후 재고용 또는 정년연장 기대권**

취업규칙 등에 '정년도달자가 일정요건을 충족하면 재고용된다'는 규정이나 정년연장규정을 두고 있거나, 규정이 없더라도 재고용시행의 경위·기간, 해당직종·직무에서 정년도달자의 재고용비율, 재고용거절사유 등 여러 사정을 종합해 볼 때, 재고용관행이 확립되어 있다고 볼 정도의 신뢰관계가 형성되어 있으면 '정년후의 재고용기대권'이 인정되며, 합리적인 이유없는 재고용거절은 부당해고에 해당된다.[2)] 이 법리는 정년을 이유로 한 기간제근로자의 퇴직에도 적용된다.

(다) **정년후에 체결된 기간제근로 갱신기대권**

정년후에 체결된 기간제근로계약을 갱신함에 있어서도 갱신기대권이 인정되며, 기간제근로의 계속근로기대법리(제8장 제3절, 3·라)의 적용을 받는다.

정년근로자갱신기대권에 대하여는 기간제근로의 갱신기대권에서 요청되는 요건에 더하여 건강악화, 해당직무수행능력과 업무수행적격성, 작업능률저하나 위험성증대정도, 해당사업장의 근무실태 및 계약갱신사례 등이 종합적으로 고려될 수 있다.[3)] 업무수행의 숙련도 및 민첩성, 고객의 신뢰감 등에 대해서는 논란의 여지가 있으나 보조적이고 간접적인 고려요인이 될 수 있다.

갱신거절에 합리적 이유가 있는지는 사용자의 사업목적·성격, 사업장여건, 근로계약체결경위, 갱신제도운용실태, 해당근로자의 지위와 담당직무내용 및 업무수행적격성, 근로자에게 책임이 있는 사유 등을 종합하여 거절의 사유와 절차가 사회통념에 비추어 볼 때에 객관적이고 합리적이며 공정한지를 기준으로 판단되어야 하며 증명책임은 사용자가 부담한다.[4)]

(라) **정년반복연장**

정년반복연장은 형식적인 정년이 되어 정년이 없는 근로계약을 체결한 것으로 간주될 수 있다는 하급심판결[5)]이 발견된다. 정년연장에 적용되는 법리가 정년후

---

1) 대판 1996.10.29, 95누15926 ; 대판 2008.2.29, 2007다85997.

2) 대판 2019.10.31, 2019두45647. 선원관련 ; 대판 2023.6.1, 2018다275925. 인정 ; 대판 2023.6.29, 2018두62492. 〈부정〉 '촉탁직'으로 재고용할 수 있되 건강상태 등의 기준에 따라 그 적부를 심사한 후에 결정한다는 취지의 규정에 대해 재량이 부여되어 있고 일정조건을 전제로 재고용을 보장하는 취지는 아니라고 봄 ; 대판 2023.11.2, 2023두41727. 〈부정〉 요양보호사.

3) 대판 2017.2.3, 2016두50563. 근로계약을 3번 갱신하면서 정년이 지났다고 문제된 적이 없음 ; 대판 2023.6.29, 2018두62492.

4) 대판 2017.10.12, 2015두44493 ; 대판 2019.10.31, 2019두45647 ; 대판 2023.6.29, 2018두62492 〈갱신거절부당〉 34명중 갱신자가 21명으로 기대권이 인정되고 회사가 주장하는 사고내역 등은 갱신거절사유로 부족.

의 기간제근로에 반드시 적용되는 것은 아니다. 정년초과자 또는 고령자에게 갱신기대권이 인정되더라도 무기계약전환권은 인정되지 않는다고 본 판결[1]이 발견된다.

⑤ **정년초과근로의 적용법리**

법정정년준수의무법리, 정년형해화법리나 정년연장법리는 기존의 근로계약이 지속적으로 유지되는지의 문제와 관련이 있으므로 부당해고법리로 귀결될 수 있다. 그러나 재고용은 기존의 근로계약이 종료되고 새롭게 근로계약을 체결하는 것이기 때문에 부당해고와 재채용거부중에 어디에 해당되는지에 대해 기간제근로에서처럼(제8장,제3절 3·라,(2),④,㈑) 논란의 여지를 안고 있다.

(6) 법정정년준수의무 효력

법정정년을 위반한 정년은 강행적효력에 의해 무효이고, 무효로 된 부분은 법정정년간주규정에 의해 보충적효력의 적용을 받는다.

법정정년준수의무와 임금체계개편의무는 독립적인 조항으로 규정되어 있다. 후자는 전자를 전제로 해서 성립하지만 전자는 후자를 전제로 하지 않는다. 그러므로 법정정년준수의무는 임금체계개편의무이행여부와 관계없이 독자적으로 규범적효력을 가진다.

시업주기 근로자측의 반대 등으로 임금체계개편의무를 이행하지 못하더라도 법적정년준수의무를 면제받을 수 없다.

(7) 법정정년위반 구제

근로자는 법정정년위반에 대해 근기법의 부당해고금지법리와 연령법의 연령차별금지법리(제8장 제1절,3·다)에 따라 보호받을 수 있다.

법정정년에 미달하는 정년을 이유로 한 근로관계종료는 근기법의 해고법리의 적용을 받으며, 합리적이유가 없이 연령만을 이유로 행한 퇴직·해고는 연령법(§4의4 ①,5호)이 규정하는 연령차별에 해당한다. 연령법(§4의5 3호)은 적법한 정년을 연령차별의 예외로 인정한다. 연령법은 연령차별구제제도(제8장,제1절 3·다,(6))를 마련하고 있다.

연령차별구제제도는 집단성, 반복성, 고의성, 심각성 등을 요건으로 함으로써 집단적이고 제도적인 보호를 주된 목적으로 한다. 근로자는 양자를 선택적으로 또는 병행하여 활용할 수 있다.

---

5) 서울행판 2006.5.12, 2005구합33074. ↘ 999쪽

1) 대판 2017.2.3, 2016두50563. 정년후에 기간제근로기간이 2년을 초과했으나 갱신기대권 인정.

2·마. 임금체계개편의무

연령법은 법정정년제도를 도입하면서 사용자의 부담을 덜어줄 목적으로 '임금체계개편 등 필요한 조치를 취할 의무'[1)]를 규정하고 있다. 임금체계개편의무조항은 법정정년준수의무조항과는 달리 규범적효력을 인정받지 못하며 선언적규정의 성격을 갖는다.

연령법 제19조의2제1항은 사업주와 근로자대표를 임금체계개편의무의 이행주체로 열거하고 있으나, 임금체계개편방법을 명시하고 있지 않다. 임금체계는 취업규칙기재사항인 '임금의 결정·계산·지급방법'에 포함되는 근로조건으로서 근로조건대등결정원칙(제2장 제1절,2·가)을 적용받는다. 임금체계는 통일적·획일적·공통적으로 적용되는 집단적성격을 가진다. 따라서 임금체계개편은 집단적근로자참여방법으로 이루어져야 한다. 단체협약은 집단적참여방법으로 인정된다. 취업규칙에 대해서는 불이익변경법리(제3장,제2절 3·라,(2),③,(나))가 적용된다. 근로자대표나 노사협의회는 임금체계개편의무이행수단이 되지 못한다. 법정정년이상인 근로자에 대해 정년연장을 전제로 한 임금체계개편은, 기존정년에 퇴직이 보장되므로, 불이익변경으로 볼 수 없다.

2·바. 법정정년제도 정착 지원

(1) 지원제도

법정정년제도는 사후적지원제도로서 고용지원금제도와 사전적지원제도로서 컨설팅지원제도를 마련하고 있다. 연령법은 법정정년제도도입전부터 고령자보호를 위해 임금피크제, 직무재설계, 능력개발 등에 대한 지원제도를 마련하고 있다.

(2) 발전과제

노후생활보장은 정년의 연장·폐지와 충실한 연금제도를 통해 이루어질 수 있다. 국민연금수급연령은 60세를 기본으로 출발하여 2013년부터 5년마다 1세씩

---

1) '임금체계 등'의 개념은 연령법을 포함한 노동관계법에 명시되어 있지 않다. 경영학이나 노동경제학의 관점에서 보면 임금체계는 임금결정방식으로서 연공급, 직능급, 직무급 등을 말하며 이를 좁은 의미의 임금체계라고 볼 수 있다. 그러나 연령법에서 임금체계의 개념을 좁게 제한하여 이해할 근거가 없다. 법정정년위반은 부당해고의 문제로 귀착된다는 점에서 근기법의 규율을 받는다. 근기법 제93조가 취업규칙의 기재사항으로 명시하고 있는 "임금의 결정·계산·지급방법"은 임금체계를 대신할 수 있는 개념이다. 노동법적관점에서 볼 때 임금피크제, 성과급제, 연봉제 등도 임금결정방법으로서 넓은 의미의 임금체계에 해당된다. 연령법은 임금체계개편의무에 대해 "등"이라는 표현을 사용하고 있다. "등"이라는 표현은 직접 임금체계개편으로 볼 수는 없더라도 임금에 영향을 미칠 수 있는 다른 요소들을 포괄적으로 포함한다. 따라서 직무재설계, 교육훈련, 능력개발 등도 임금체계와 관련이 있으면 임금체계개편의무를 이행하는 수단으로 인정된다.

상향조정되어 2033년에는 65세에 도달하게 된다.

60세정년으로는 국민연금수급연령시점까지의 공백을 해결할 수 없다. 이러한 상황은 법정정년을 국민연금수급연령에 맞추어 연장[1]하고,[2] 국민연금수령액이 노후생활보장을 위한 수준이어야 한다는 과제를 제공한다.

3. 당연퇴직

3·가. 의 의

(1) 개 념

당연퇴직은 법적개념이 아니다. 당연퇴직은 사용자나 근로자의 특별한 의사표시없이 취업규칙 등에 정한 사유의 발생만으로 이루어지는 근로관계종료이다.

(2) 법적지위

당연퇴직사유를 규정하여 그 절차를 통상해고나 징계해고와 달리 하더라도 근로자의 의사와 관계없이 사용자측에서 일방적으로 근로관계를 종료시키는 것이면 근기법의 해고제한규정을 적용받는다.[3]

3·나. 유 형

(1) 기간형당연퇴직

'기간을 정한 근로계약'은 정해진 기간의 도래로 근로관계가 자동적으로 종료되며 해고예고가 필요하지 않으나 갱신기대권 등 계속근로기대법리에 따라 해고의 문제가 제기될 수 있다.[4] 정년도 이와 같다.

(2) 사유형당연퇴직

당연퇴직사유는 근로계약기간과 관계없이 설정될 수 있다. 취업규칙 등에 규정된 당연퇴직사유를 충족하면 별도의 처분없이 근로관계가 종료되거나 징계절차가 생략될 수 있다. 사유형당연퇴직은 판례법리가 인정하는 개념이지만 근로자가 이의를 제기하면 해고의 문제로 전환된다.

---

1) 영국, 프랑스, 일본 등 OECD 국가 대부분은 정년을 국민연금 수급연령과 연계를 시키거나 그 이상으로 정하고 있으며, 특히 미국과 영국은 정년을 폐지하고 있다.

2) 경험칙상 일반육체노동가동연한은 65세(대판 2019.2.21, 2018다248909 ; 대판 2019.4.3, 2018다291958).

3) 대판 1993.10.26, 92다54210(**한국노동법학회, 『노동판례백선』 제2판**, 152쪽. 주요판례로 소개). 2023.12.7, 2023도2318.

4) 대판 1995.4.11, 94다4011 ; 대판 2007.10.25, 2007두2067.

3·다. 성 격

(1) 합의퇴직

당연퇴직은 당사자가 일정한 사유를 정해 해고결정과정을 생략하고 근로관계를 종료하기로 한 약정으로서 합의퇴직에 해당한다. 다만, 근로자가 합의사실을 부인하면 부당해고의 문제가 발생된다.

(2) 통상해고(제10장 제2절, 3)와 비교

사유형당연퇴직은 통상해고에 해당되는 사유에 대해서도 인정된다.[1] 양자는 징계절차가 적용되지 않을 수 있다. 통상해고는 일신상사유나 행태상사유로 인해 근로계약을 이행할 수 없는 상황이 지속되고 장래에도 개선될 여지가 없을 때 인정된다. 당연퇴직은 요건이 충족되면 인정된다.

3·라. 정당성

(1) 판단기준으로서의 합리성

당연퇴직규정은, 사회통념상 합리성이 있는 한, 일반적으로 인정된다.[2]

당연퇴직은 합의퇴직이기는 하나, 그 사유가 근로계약기간이나 정년처럼 객관적이고 명백하지 않을 수 있으므로, 그 규정이 처분문서의 성격을 갖지 못한다.

판례도 당연퇴직에 대해, 징계절차배제를 폭넓게 인정하나, 사유에 대해서는 사회통념상합리성을 요구한다.[3]

당연퇴직사유에 대해 당사자가 인정하면 합의퇴직이 되나, 근로자측이 인정하지 않으면 징계해고 또는 통상해고[4]의 정당성문제로 귀착된다. 특히 사유형당연퇴직은 근로관계의 자동소멸사유가 아니라 사용자가 일방적으로 근로관계를 종료시키는 것으로서 그 명칭이나 절차에 관계없이 실질적으로 해고에 해당하므로 근기법의 해고제한규정의 적용을 받을 수 있다.[5]

---

1) 대판 2000.6.23, 99두4235. 직무수행능력이 부족하면 직권면직할 수 있다고 규정한 사례 ; 대판 1995.4.11, 94다401. '휴직기간만료 후 소정기간 내에 휴직사유가 해소되어도 정당한 이유 즉, 불가피한 사유 없이 복직원 또는 휴직연장원을 제출하지 않으면 자동퇴직으로 간주한다'는 단협 규정을 인정.

2) 대판 2005.6.10, 2004두10548. 정관 등에 규정된 당연퇴직사유에 의한 퇴직처리도 근기법의 제한을 받는 해고에 해당하나, 그 정당성의 판단에 있어서는, 당연퇴직사유를 정한 것이 사회통념상 상당성을 인정하기 어렵다는 등의 특별한 사정이 없는 한 그 취지는 존중되어야 한다.

3) 대판 1996.10.29, 96다21065 ; 대판 1995.7.14, 95다1767.

4) 〈대기발령 후 당연퇴직〉 대판 2005.11.25, 2005두9217. 대기발령이 정당해야 하고, 대기발령사유가 일정기간이 지난 후에도 존재하고 있어야 하며, 대기발령이후의 사정을 평가해서 정당성 판단 필요.

5) 대판 1999.9.3, 98두18848 ; 근로기준정책과-4404, 2016.7.14. "금고 이상의 형을 선고받고 그 집행유예 기간이 끝난 날부터 2년이 지나지 아니한 자"에 대해 당연퇴직으로 규정하고, 근로자 귀책으로 교통사고를 발생

집행유예처럼 근로제공이 가능한 유죄판결은, 사회통념상 고용관계를 지속시킬 수 없을 정도의 근로자귀책사유가 있어야, 당연퇴직사유에 해당한다고 해석된다(제10장, 제2절 2·마,(2),②,(가),㉮).

(2) 합리성의 판단요소

① 객관성

사유형당연퇴직은 일신상사유뿐아니라 행태상사유를 근거로 해서도 성립할 수 있다. 당연퇴직사유는 사용자의 주관이 적게 개입되고 객관적요소가 많이 포함될수록 정당성이 강화된다. 해고의 정당성이 명확하게 판단되지 않은 사항을 근로계약서에 퇴직사유의 단서조항으로 명시하는 것은 타당성을 인정받기 어렵다.[1]

② 명확성

사유형당연퇴직사유의 존재는 객관적으로 명확하여야 한다. 예컨대 횡령죄로 일정한 형량의 형벌을 받은 사실을 당연퇴직사유로 규정한 경우, 일정한 형량이 다른 죄와 경합범의 관계에서 선고된 것이라면 이를 분리하여 심리된 결과가 아닌 한 요건을 충족시킨 것으로 볼 수 없다.[2]

3·마. 인사관리와의 관계

(1) 휴직과의 관계

'휴직기간이 만료되었음에도 정당한 이유없이 소정의 기간내에 복직원 또는 휴직연장원을 제출치 않으면 자동퇴직으로 간주한다'는 취업규칙 등의 규정은 인정된다.[3]

'정당한 이유'는 근로자에게 불가피한 사정이 있는지 등 구체적인 사실관계를 고려하여 판단된다.

(2) 대기발령과의 관계

대기발령에 이은 당연퇴직이 정당성을 인정받기 위해서는 선행된 대기발령이 정당성을 인정받고 그 사유가 일정기간이 경과한 후에도 존재하여야 하며, 대기발령이후의 사정이 전체적으로 고려되어야 한다. 이때 정당성의 심사는 대기발령기간중에 발생한 사정만을 기초로 이루어져야 하며 대기발령에서 다루어진 비

시켜 금고 6개월 및 집행유예 2년의 확정판결을 받은 근로자를 당연퇴직시킨 사건.

1) 〈사례〉 고용차별개선과-1120, 2012.6.5. 예산이 책정되지 않을 경우, 계약만료로 본다는 규정 관련.

2) 대판 2016.12.29, 2014두43806. 군무원인사법에 횡령죄로 300만원이상의 벌금형을 받으면 당연퇴직이 되는데, 횡령죄와 폭행죄가 경합범으로 500만원의 벌금형을 받은 것이 이 요건을 충족했다고 볼 수 없음.

3) 대판 1995.4.11, 94다4011 ; 서울행판 2002.7.11, 2001구42864.

위행위에 대해서는 별도로 따로 취급되어야 한다(같은장, 제2절 2·다,(3),③).[1)]

3·바. 징계절차의 적용

당사자는 취업규칙 등에 당연퇴직규정을 두어 해당사유에 대해 징계절차를 적용치 않을 수 있다(같은장, 제3절 4·나,(2),①). 당연퇴직에 절차규정을 두고 있지 않으면, 당연퇴직사유가 동일하게 징계사유로도 규정되어 있는 경우를 제외하고는, 징계절차를 거쳐야 한다고 할 수 없으며, 당연퇴직사유가 실질적으로 징계사유로 보여지는 경우라고 하더라도 마찬가지이다.[2)]

4. 근로관계자동소멸

4·가. 의 의

근로관계자동소멸사유는 해고의 정당한 이유에 해당[3)]된다. 사용자의 의도와 관계없는 사유로 발생하는 근로관계자동소멸에 대해서는 해고예고가 적용되지 않는다(같은장, 제3절 1·나,(1),④).

4·나. 근로자사망 · 사업장소멸

근로관계는 당사자에게 전속되는 성격을 가지므로 근로자가 사망하면 근로관계가 종료되며 상속인에게 승계되지 않는다. 폐업은 사업의 물적요소가 없어지는 것으로서 특별조치를 취함이 없이 근로관계가 자동적으로 소멸된다.[4)] 사업의 폐지나 해산은 기업의 존속 · 유지를 전제로 하는 경영해고와 다르다.[5)] 사업폐지를 위한 청산과정에서의 해고는, 위장폐업[6)]이 아니고 정당한 이유가 있는 한, 경영권행사로서 유효하다.[7)]

---

1) 대판 2005.11.25, 2005두9217.
2) 대판 1993.10,26, 92다54210. ; 대판 1995.7.14, 2004두10548 ; 대판 1998.4.24, 97다58750 ; 대판 2023.12.7, 2023도2318.
3) 대판 1995.4.11, 94다4011 ; 대판 2007.10.25, 2007두2067 ; 대판 2008.2.29, 2007다85997.
4) 서울고판 2002.12.11, 2002누10607. 파산관재인이 직무수행의 일환으로 행하는 근로계약해지는 정당한 해고사유가 된다. ; 근기 01254-17779, 1991.12.10. 폐업으로 기업의 물적기반이 없어진 상태에서 사업주가 도피하였다면 폐업시점 이후의 휴업수당, 임금지급, 계속근로연수산정 등의 문제는 발생하지 않는다.
5) 근로조건지도과-1162, 2008.4.29.
6) 위장폐업이란 기업이 진실한 기업폐지의사 없이, 조합활동을 와해시키기 위한 수단으로 기업을 해산하고 구성원을 해고한 다음 새 기업을 설립하는 등의 방법으로 기업실체가 존속하면서 조합원을 배제한 채 기업활동을 계속하는 경우를 말하는 것으로, 만일 노사분규로 생산성이 급격히 저하되어, 사용자가 경영의욕을 상실하여 실질적으로 폐업하였다면 직업선택자유나 영업자유를 남용한 무효는 아님(대판 1991.12.24, 91누2762).
7) 대판 1963.6.11, 93다7457 ; 대판 2001.11.13, 2001다27975 ; 대판 2004.3.12, 2003다4436 ; 서울행판 2006.4.18, 2005구합34015. 중노위 재심판정을 배척하였다.

4·다. 자격상실

수임군부대장으로부터 해임된 직장예비군중대장처럼 임용자격이 상실되면 사용자와의 근로관계가 자동적으로 소멸되나,[1] 직장예비군중대장이 근로계약, 사용자의 지시 등으로 다른 업무를 맡아 겸직하고 있다면 수임해제만을 이유로 근로관계를 종료할 수 없다. 사용자사망, 법인해산, 영업양도 등은 근로관계이전의 법리(法理)에 따른다(제9장 제2절).

4·라. 근로관계자동소멸 약정

모집형파견계약[2]이나 위탁관리계약[3]이 해지되면, 근로관계가 자동으로 종료된다고 약정하더라도 바로 근로관계의 자동소멸사유로 인정되지는 않는다.

제5절 부당한 근로관계종료와 징벌의 구제

1. 구제제도의 구조

1·가. 이원적구제절차

징계제한제도나 해고제한제도는 형사처벌, 행정적구제 및 민사적구제를 통해 그 실효성이 확보된다.

'2006년 개정 근기법'은 부당징계 및 부당해고에 대해 벌칙을 없애고 노동위원회구제를 강화했다. 이로써 '벌칙을 통한 사법적처벌'과 '노동위원회를 통한 구제'가 동시에 이루어짐으로써 충돌되는 결과가 나오는 문제점이 개선되었다. 그러나 아직도 일부해고금지사유에 대해서는 벌칙이 적용됨에 따라 실효성확보방법이 이원화되어 있어 여전히 처벌과 구제가 충돌될 수 있다. 해고사유는 특정사유와 일반사유로 구분된다.

---

1) 대판 1996.10.25, 95다47794.
2) 대판 2009.2.12, 2007다62840. 주차관리 및 경비요원 파견 관련.
3) 대판 2017.10.31, 2017다22315. 아파트 위탁관리계약 관련. **한국노동법학회, 『노동판례백선』 제2판**, 194쪽.

1·나. 징계 및 해고의 제한 유형

(1) 특정사유 금지

균등처우규정(근기법§6 제2장, 제2절, 2), '해고 등에 있어 남녀고용평등규정(고평법§11 제2장, 제2절, 3)', '출산전후휴가기간 · 육아휴직기간 · 업무상재해요양휴업기간과 관련한 절대적해고금지규정(근기법 §23② 같은장, 제3절, 3·나, (1) 및 (2))'과 '근로감독관에게 신고 또는 통보를 이유로 한 해고금지규정(근기법 §104 제1장, 제5절, 5)'을 위반한 해고나 징계(같은장, 제2절 2·마, (1),⑥,(나))는 '특정한 사유를 이유로 한 징계 및 해고의 금지(특정사유 해고금지)'이다.

근로자는 특정사유해고금지를 위반한 해고나 징벌에 대해 '벌칙을 통한 사법적구제', '노동위원회를 통한 구제' 및 '해고무효확인소송을 통한 민사적인 구제'를 모두 받을 수 있다.

(2) 일반사유 금지

'부당한 징계 · 해고금지(근기법 §23①)'나 '부당한 경영해고금지(근기법 §24)' 등은 일반적인 사유를 이유로 한 해고금지(일반사유 해고금지)이다. 일반사유해고금지를 위반한 해고나 징벌에 대해 '노동위원회를 통한 구제'와 '해고무효확인소송을 통한 민사적인 구제'만이 인정된다. 일반사유해고금지의 위반에 대해 벌칙이 없어 근로감독관이 이를 수사할 권한을 갖지 못하기 때문에 '벌칙을 통한 사법적 구제'가 가능하지 않다.

1·다. 이원적구조의 처리

근로자가 근로감독관에 고소를 함과 동시에 노동위원회에 구제를 신청할 경우 양 기관이 다른 결론을 내면 모순이 발생할 수 있다.

부당해고(근기법 §23①)에 대해 벌칙이 있을 때에는, 행정지침[1]을 통해 이러한 모순을 조정하는 방안이 시행되었다. 현재에는 일반사유해고금지에 대하여 벌칙이 폐지되어 이러한 문제가 해소되었다. 그러나 특정사유해고금지에 대하여는 같은 문제가 여전히 남아 있다.

'출산전후휴가 · 육아휴직 · 업무상재해요양기간중 해고'는 그 사유가 명확하여 양기관간에 다른 판단이 나오기 어렵다. '균등처우나 남녀고용평등에 위반한 해고'의 경우는 판단이 쉽지 않고 근로감독관에게 신고한 것을 이유로 한 해고는 다른 사유와 복합적이기 때문이다.

---

1) 근기 68201-663, 1997.5.20, 「부당해고 등 민원사건 처리지침」.

행정지침의 내용[1]은 지방고용노동관서에 접수된 신고사건,[2] 노동위원회가 송부한 구제명령사건[3]으로 구분되어 있으나 일단, 지방노동위원회에 구제신청을 권유하고 그 결과에 따라 처리하되 근로자가 권유를 받아들이지 않으면 근로감독관이 직접 처리한다는 내용이다. 이러한 지침에도 불구하고 '출산전후휴가·육아휴직·업무상재해요양휴업기간중 해고'처럼 명확한 경우에는 근로감독관이 독자적으로 처리하는 것이 더 바람직하다.

2. 구제이익과 소의 이익

2·가. 개 념

구제이익이란 노동위원회로부터 구제명령을 받기 위한 구체적인 이익을 말하며, '소의 이익'이란 중노위의 재심판정에서 명령이나 처분의 취소를 구할 법률상의 이익을 말한다.

구제이익이 없는 경우, 노동위원회는 구제신청을 각하하여야 한다(노원칙 §60①vi). 객관적으로 보아 구제명령의 실현이 불가능하면, 구제이익이 인정되지 않는다.[4]

2·나. 판단방법

구제이익의 판단시점은 판정시이고,[5] '소의 이익'의 경우에는 사실심변론종결

---

1) ⓐ 고소·고발인이 노동위원회에 구제신청을 하였는지 또는 할 의사가 있는지를 확인하여 구제신청 권유. ⓑ 구제신청을 한 경우, 지노위의 판정시까지 수사를 보류하고 그 뜻을 통지. ⓒ 지노위에서 취하되거나 각하된 경우, ,수사를 재개하여 검찰에 송치. ⓓ 지노위에서 구제신청이 기각된 경우, 판정결과와 그 이유를 참고하여 불기소의견으로 검찰에 송치. ⓔ 지노위의 구제명령이 있는 경우, 판정결과와 그 이유를 참고하여 기소의견으로 검찰에 송치. ⓕ 지노위판정에 불복하여 중노위에 재심을 청구하는 경우, 상기 ⓓ, ⓔ의 예에 따라 처리. ⓖ 노동위에의 구제신청권유를 거부하는 경우, 독자적으로 법위반여부를 수사하여 검찰에 송치.

2) ⓐ, ⓑ 고소·고발로 접수된 경우와 같다. ⓒ 지방노동위원회의 구제신청이 취하되었거나, 기각판정이 난 경우에는 그 취지에 따라 종결 처리하고 이를 신고인에게 통지한다. 신고인이 종결처리에 불만을 표시할 경우에는 고소·고발하도록 안내하고 고소·고발을 제기한 경우는 독자적으로 수사를 재개하며 검찰에 송치한다. ⓓ 노동위원회에서 구제판정이 있는 때에는 지체 없이 7일 이내의 기간을 정하여 시정지시하고, 미시정시는 즉시 입건. 수사한 후 기소의견으로 검찰에 송치한다. ⓔ 신고인이 노동위원회 구제신청을 거부하거나, 구제신청기한이 경과하였거나, 구제신청이 각하된 경우에는 독자적으로 법 위반여부를 조사하여 법 위반사실이 인정될 경우에는 7일 이내에 시정토록 지시하고 기한내 미이행시는 즉시 입건한다. 다만, 시정기한 내 당사자간 합의가 이루어지고 신고인이 피신고인의 처벌을 원치 않는 경우에는 종결처리한다. 법 위반사실이 인정되지 않거나, 조사과정에서 당사자간의 합의 등으로 신고를 철회 또는 취소하는 경우에는 종결처리한다.

3) 지방고용노동관서에는 관련신고가 없이 노동위원회에만 구제신청이 제기되어 구제명령이 내려진 경우 또는 지방고용노동관서에서 지방노동위원회 판정결과에 따라 불기소 송치 또는 종결 처리했으나 그 후 중앙노동위원회에서 부당해고 등 구제명령이 내려진 경우에는 ⓐ 구제명령서가 접수된 즉시 7일 이내의 기간을 정하여 시정지시(구제명령 이행지시)하고, ⓑ 기한내 시정한 경우는 종결처리하며, ⓒ 기한 내 시정하지 않은 경우에는 즉시 입건하여 노동위원회 심문결과·판정이유 등을 참고하여 수사 후 기소의견으로 검찰에 송치한다.

4) 대판 1995.12.5, 95누12347.

5) 대판 1990.2.27, 89누6501.

시이다. 구제이익 등의 판단은 구제이익이 존재함을 적극적으로 밝혀내는 방식이 아니고, 구제이익을 소멸하게 하는 특별한 사유가 없는 한 그 존재를 긍정하는 소극적인 과정을 거쳐 판단한다.

'확인의 소'는 현재의 법률관계에 관한 위험이나 불안을 제거하기 위하여 허용되지만, 자동해임으로 이어진 대기발령처럼 과거의 법률관계도 현재의 법률관계에 대한 위험이나 불안을 제거하기 위하여 확인판결을 받는 것이 유효·적절한 수단이라고 인정될 때에는 구제이익을 인정받을 수 있다.[1)]

2·다. 구제이익 등 소멸

노동위원회구제신청과 '해고무효확인의 소'는 근로계약상의 지위회복을 목적으로 한다. 노동위원회에의 구제신청이 민사소송제소권을 박탈하는 것은 아니다.[2)] 그러나 '노동위원회 심사완료 전', '사실심 변론 당시' 또는 '상고심이 계속되는 때'에 원직복직의 목적이 달성되었거나 그 달성이 가능하지 않은 일정한 사유가 발생하면 구제이익이나 '소의 이익'이 소멸 또는 달성된 것으로 본다.

<구제이익 인정사례와 부인사례>

구분	사례
부인	ⓐ 사직,[3)] ⓑ 대기발령이나 직위해제가 같은 사유로 이어지는 다른 징계에 의해 효력 상실,[4)] ⓒ 실질적폐업[5)] 등 사업체소멸,[6)] ⓓ 권리구제실현(부당해고결과회복[7)]·복직)[8)], ⓔ 권리구제실현방법에 대해 당사자합의,[9)] ⓕ 해당사건과 관련한 별개소송에서 패소판결 확정,[10)] ⓖ 다른 소송을 취하하는 내용의 재판상 화해조서 작성(취하서가 제출되지 않은 상태 포함),[11)] ⓗ 구제신청포기,[12)] ⓘ 근로자가 불이익취급에 동의 또는 승인,[13)] ⓙ 근로자의 복직 거부,[14)] ⓚ 사용자의 근로관계지속 의사에 대해 근로자의 근로관계회복 거부[15)]
인정	ⓐ 위장폐업을 다투는 사업체 소멸,[16)] ⓑ 복직할 직제 폐지,[17)] ⓒ 부당해고와 부당노동행위구제신청중 하나만 인용되고 다른 하나는 기각 또는 각하,[18)] ⓓ 해당사건과 관련한 별개 소송 진행,[19)] ⓔ 계속근로기대권이 인정되는 근로계약기간만료,[20)] ⓕ 근로계약기간만료·정년도달 등 원직복직이 불가능한 경우의 임금상당액 지급과 해고이외의 경우에 있어 원상회복에 준하는 금품 지급

---

1) 대판 2018.5.30, 2014다9632.

2) 대판 1991.7.12, 90다9353(**한국노동법학회,『노동판례백선』제1판,** 169쪽. 개별적권리분쟁에 관한 노동위원회의 심판권과 법원의 민사재판권의 관계에 대한 원칙을 제시하였다).

3) 대판 2009.12.10, 2008두22136. 해고효력을 다투던 중 사직서 제출 ; 중노위 2010부해152, 2010.4.23. 인사명령에 반발하여 사직.

4) 서울행판 2006.2.24, 2005구합27819. 대기발령후 다른 직위로 전보 ; 대전지판 2009.7.24, 2008가합2184. '인사규정에 의해 승진·승급에 제한이 가해지는 등 특별한 사정이 없는 한'이라는 전제를 달고 있음 ; 서울행판 2006.2.24, 2005구합27819. 대기발령 후 다른 직위로 전보.

5) 대판 2012.7.26, 2012두3484 ; 서울행판 2012.10.23, 2012구합10000. 폐업신고전에 한 달간 실질적으로 사업을 영위하지 않음.

6) 대판 1990.2.27, 89누6501 ; 대판 2012.6.28, 2012두4036. 폐업 ; 중노위 2011부해515, 2011.8.16. 파산.

2·라. 구제절차진행중 근로관계자동소멸과 구제이익

(1) 법적근거

노동위원회는 근로계약기간만료, 정년도래 등으로 근로자가 원직복직(해고외의경우 원상회복)이 불가능한 경우에도 '근기법 제30조제1항에 따른 구제명령이나 기각결정'을 하여야 한다(근기법 §30④본문). 노동위원회는 부당해고 등이 성립한다고 판정하면 근로자가 해고기간동안 근로를 제공하였더라면 받을 수 있었던 임금상당액에 해당하는 금품(해고외의경우원상회복에준하는금품)을 사업주가 근로자에게 지급하도록 명할 수 있다(근기법 §30④단서).

(2) 구제이익의 인정과 그 범위

근기법은 근로계약기간만료・정년도래 등으로 원직복직・원상회복이 불가능해도 임금상당액・원상회복상당금품에 대한 구제이익을 인정하고 있다.[1] 노동위원회가 내리게 될 "근기법 제30조제1항에 따른 구제명령이나 기각결정"은 "근기법 제29조에 따른 심문을 끝내고(근기법 §30①)" 내려지는 판정이다. 이를 종합하면 근기법이 해당구제이익을 인정하는 범위는 이미 구제절차가 진행되고 있는 중에 근로계약

---

7) 대판 2002.2.8, 2000두7186.

8) 서울행판 2013.5.21, 2012구합42779. 복직을 명함으로써 해고를 철회 또는 취소하였다고 봄이 타당.

9) 서울고판 2003.10.2, 2002누13637.

10) 대판 1996.4.23, 95누6151 ; 대판 1998.2.27, 96누12498 ; 대판 2000.3.10, 98두11380 ; 대판 2012.5.24, 2010두15964.

11) 대판 1983.3.22, 82누354 ; 대판 2005.6.10, 2005다14861.

12) 대판 1990.2.27, 89누7337. 2회이상 출석통지를 받고 응하지 않거나, 출석통지서가 소재불명으로 2회이상 반송된 경우 신청의사를 포기한 것으로 인정 ; 서울행판 2005.6.3, 2004구합39976.

13) 대판 1998.2.27, 97누18202.

14) 중노위 2011부해385, 2011.7.5. 사용자가 권고사직 철회후 복직을 요구한데 대해 근로자가 출근을 하지 않음 ; 중노위 2010부해169, 2010.4.28. 해고 후 복직명령에 대해 불응하고 구제신청.

15) 중노위 2010부해1494, 2011.3.3.

16) 서울고판 2007.11.27, 2007누6009 ; 서울행판 2006.5.19, 2005구합30181.

17) 서울행판 2007.4.26, 2006구합26158.

18) 대판 1998.5.8, 97누7448.

19) 서울고판 2007.6.22, 2006누31763.

20) 기간제근로에 대해 계속근로기대권을 심리한 후, 구제이익을 따져야 한다. 근로계약 갱신기대권에 있어 기대권이 존재하는 사실만으로도 구제이익을 인정할 것인지에 대해서는 의견이 나뉠 수 있으나 긍정해야 한다. 긍정할 경우 부당해고기간은 계속근로기간 산정에서 제외하고 무기계약화되는지 여부를 판단해야 한다. ↘ 1009쪽

1) 근로계약기간만료, 정년도래 등으로 근로자가 원직복직이 불가능하면 임금상당액지급만으로는 소의 이익이 없다는 판례법리(대판 1995.12.5, 95누12347 / 대판 2015.1.29, 2012두4746 등 수많은 판결)가 오랫동안 유지되어오다가, 대법원전원합의체 판결[대판(전) 2020.2.20, 2019두52386(**한국노동법학회, 『노동판례백선』 제2판**, 206~208쪽, 주요판례로 소개)]에 의해 원직복직이 불가능하게 된 경우라도 '해고기간중의 임금상당액 지급'이나 '금전보상(근기법 §30③)'을 구하는 소의 이익이 있다고 번복되었고, 2021.5.18에 관련 조문이 신설(2021.11.19시행)되면서 '해고이외의 경우에 있어 원상회복에 준하는 금품'이 추가되었다 ; 대판 2022.5.12, 2020두35592. 공동주택위수탁과정에서 고용승계가 거부된 아파트관리소장 관련 사건.

기간이 만료되거나 정년이 도래되는 사건에 한정된다. 따라서 근로계약기간만료·정년도래로 근로관계가 종료된 후에 신청된 사건에는 적용되지 않는다.[1]

부당해고에 대한 금전보상신청에 대하여도 관련조문이 적용되며 구제이익의 대상은 '근로자가 해고기간동안 근로를 제공하였더라면 받을 수 있었던 임금상당액'이다.

2·마. 징벌유형과 구제이익·소의 이익

(1) 근로관계존속중의 구제신청

① 원 칙

부당해고는 물론이고 정직, 직위해제·대기발령, 전직·전보, 감봉·감급 등도 재직중의 신청에 대해 구제이익과 소의이익이 인정될 수 있다.

구제절차가 진행되는 중에 근로계약기간만료·정년도래로 근로관계가 종료되면 구제이익이 임금상당액과 '원상회복에 준하는 금품'으로 바뀐다.

② 정 직

'확인의 소'는 현재의 권리 또는 법률상의 지위에 관한 위험이나 불안을 제거하기 위하여 허용되지만, '임금이 지급되지 않는 정직에 대한 확인의 소'[2]처럼 과거의 법률관계라도 현재의 권리 또는 법률상의 지위에 영향을 미치고 있고 현재의 권리 또는 법률상 지위에 대한 위험이나 불안을 제거하기 위하여 확인판결을 받는 것이 유효한 수단이라면 확인의 이익이 있다.

③ 직위해제 및 대기발령

대기발령이나 직위해제처분은 근로자로서의 지위를 그대로 존속시키면서, 그 업무나 직위를 부여하지 않는 처분이므로, 선행처분인 대기발령이나 직위해제에 이어 동일한 사유로 후행처분인 징계처분을 하면 대기발령이나 직위해제처분은 효력을 상실한다. 대기발령이나 직위해제처분의 효력상실은 소급적으로 소멸하여 처음부터 없던 상태로 되는 것이 아니라 사후적으로 그 효력이 소멸한다는 의미이다.

---

1) 대판 2022.7.14, 2021두46285. 부당정직구제사건, 〈구제이익 부정〉 지노위는 구제이익을 부정하여 각하로 판정하고, 중노위는 근로자측의 재심신청을 기각했는데, 원심이 구제이익을 인정한 데 대해 이를 파기·환송. 부당해고 등의 구제신청을 할 당시에 이미 근로계약기간만료·정년도래 등으로 다툼이 없이 근로자의 지위에서 벗어난 경우에까지 손해를 보상받을 목적으로 행정적 구제절차의 이용을 허용하는 것은 구제명령제도의 본래의 보호범위에 포함되지 않는다.

2) 대판 2010.10.14, 2010다36407. 정직기간이 경과했어도 임금청구권의 존부에 관한 현재의 권리 또는 법률상 지위에 위험이나 불안을 제거할 수 있어 확인의 이익이 있다고 보고 원심을 파기하였다.

대기발령이나 직위해제처분에 따른 효과로 승진·승급에 제한을 가하는 등의 법률상의 불이익을 규정하고 있는 경우에는 직위해제처분을 받은 근로자는 이러한 법률상의 불이익을 제거하기 위하여 실효된 직위해제처분에 대한 구제를 신청할 이익이 있다.[1)]

대기발령후에 일정기간이 경과하였음에도 보직을 부여받지 못해 자동해임된 것은 해고에 해당하고, 자동해임사유와 별개로 대기처분의 무효확인을 구할 법률이익이 인정된다.[2)]

④ 전직 · 전보와 감봉 · 감급

전직·전보는 현재의 권리 또는 법률상의 지위에 관한 위험이나 불안이 확실하며 구제는 원상회복으로 나타난다.

감봉·감급은 과거의 법률관계라도 현재의 권리 또는 법률상의 지위에 미치는 영향이 삭감된 임금으로 명확하다.

(2) 근로관계종료후의 구제신청

전직·전보후에 해고되었더라도 해고효력을 둘러싼 법률적인 다툼이 있어 해고의 정당성여부가 확정되지 않고, 전직·전보명령에 따른 무단결근처럼 전보명령의 적법성여부가 해고사유와 직접 관련이 있다면 그 전보명령은 구제이익이 있다.[3)] 직위해제·대기발령이 해고의 선행단계로 작용하거나 정직·감봉·감급 등이 징계양정의 가중으로 해고에 영향을 미친다면 마찬가지로 해석할 수 있다.

2·바. 명예회복 · 손해배상과 구제이익

명예회복,[4)] 출근인정, 손해배상근거 등은 구제이익으로 인정되지 않는다.[5)] 임금상당액을 넘어서는 위자료 등은 불법행위에 따른 손해배상의 대상이다.[6)]

---

1) 대판 2010.7.29, 2007두18406(**한국노동법학회, 『노동판례백선』 제2판**, 135쪽. 대상판결은 직위해제의 의의와 효과 및 구제이익의 의미를 구체적으로 다루고 있음) ; 대판 2024.9.13, 2024두40493, 개인택시운송조합 사건. 대기발령이 육아휴직으로 실효되었으나 승진소요기간에 산입되지 않는 사례.

2) 대판 2018.5.30, 2014다9632. 자동해임처분은 대기처분과 독립된 별개처분으로서 해고에 해당. 대기처분기간 동안 승진·승급제한, 임금삭감 등 불이익. 대기처분이후 자동해임처분에 따라 해고되었더라도 해고의 효력에 다툼이 있어 확정되지 않았고, 자동해임처분이 대기처분후 6개월동안의 보직미부여를 이유로 삼고 있음.

3) 대판 1995.2.17, 94누7959.

4) 대판 1995.12.5, 95누12347.

5) 서울행판 2010.7.2, 2009구합56624 등.

6) 서울행판 2010.10.15, 2010구합1965 ; 서울행판 2010.7.2, 2010구합3565. 근로계약기간이 종료되었다면 정직기간동안의 임금삭감액을 지급받기 위한 것이라는 등의 사유는 재심판정의 취소를 구할 법률상의 이익에 해당한다고 볼 수 없다. ; 서울행판 2010.7.2, 2009구합56624. 부당해고가 인정된다면 최소한 손해배상이라도 받을 수 있을 것이라는 사정만으로는 재심판정을 다툴 소의 이익이 없다.

3. 노동위원회구제제도

행정적구제절차인 부당해고구제명령제도는 민사소송을 통한 통상적인 권리구제방법에 따른 소송절차의 번잡성, 절차지연, 비용부담 등의 폐해를 지양하고 신속·간이하며 경제적이고 탄력적인 권리구제를 도모하는 데에 그 취지가 있다.[1)]

3·가. 신 청

(1) 대상기관

근로자는 사용자의 부당해고 등에 대해 노동위원회에 구제를 신청할 수 있다(근기법 §28①). 관할노동위원회를 잘못 판단하여 접수된 신청에 대해서는 노위칙의 규정에 따라 이송해야 하며, 신청을 각하하면 위법한 처분이다.[2)]

(2) 신청기한

① 제척기간

구제신청은 부당해고 등이 있었던 날(계속되는행위는 그종료일)부터 3개월이내에 하여야 한다(근기법 §28②).[3)] 이 때 3개월이내는 제척기간이다.[4)] '부당해고 등이 있었던 날'이라 함은 원칙적으로 '해고사유·시기의 서면통지일(근기법 §27)'로 보는 견해와 '실질적으로 출근하지 못하도록 된 날'이라는 견해로 나뉠 수 있다. 사용자가 구두로 해고를 통고한 후에 근로자가 출근하지 못하는 상황을 민사절차에만 맡겨 둘 수 없으므로 후자가 타당하다. 「노동위원회규칙」(§40)은 '해고일. 다만, 해고통지서에 기재된 해고일이 해고통지서를 받은 날보다 이전인 때에는 해고통지서를 받은 날'로 규정하고 있다.[5)] 해고 등의 불이익처분이 일정기간경과후에 효력을 발생하는 경우, 제척기간은 효력발생일부터 기산되어야 한다.[6)] 종전의 해고처분을 취소하고, 추가

---

1) 대판 1997.2.14. 96누5926 ; 대판 2006.11.23, 2006다49901(**한국노동법학회, 『노동판례백선』 제2판**, 203쪽. 노동위원회의 구제명령은 사용자에게 이에 복종하여야 할 공법상 의무를 부담시킬 뿐 직접 노사간의 사법상의 법률관계를 발생 또는 변경시키는 것은 아니라고 판시함).

2) 대판 2012.10.11, 2010두18215.

3) 헌재(전) 2012.2.23, 2011헌마233. 〈합헌〉 3개월의 구제신청기간은 노동위원회에 대한 다른 권리구제신청기간과 비교해 볼 때 재판청구권행사를 현저히 곤란하게 할 정도로 짧은 기간이라 볼 수 없고, 서면으로도 신청이 가능한 점, 형제자매 또는 대리인 등을 통해 신청할 수 있는 점, 구제신청이 각하돼도 민사소송을 통해 권리를 구제받을 수 있는 점 등을 감안하면 입법재량을 현저히 벗어난 것이라 볼 수 없다.

4) 대판 1997.2.14, 96누5926.

5) 「행정심판법」(§27③)은 "처분이 있었던 날부터 180일(정당한 사유가 있는 경우에는 예외)"이라고 규정. 이와 관련하여 행정처분의 통지대상이 아닌 제3자의 경우 처분이 있었음을 알지 못한 것을 '정당한 사유'로 인정하여 "처분이 있었음을 안 날"을 기산일로 본 판결(대판 1995.6.29, 94누13268)이 발견된다.

6) 대판 2002.6.14, 2001두11076.

또는 변경된 사유를 근거로 행한 새로운 해고처분에 대한 구제신청기간은 새로운 해고처분일로부터 진행한다.[1] 양정과다로 재징계하는 경우도 마찬가지이다.

② **해고무효확인소송과 비교**

민사소송은 제소기간제한이 없이 실효원칙(제1장, 제5절 2·가,(1),③)에만 의존하고 있어[2] 법률관계의 불명확성이 장기화되고 법적안정성이 침해될 수 있는 소지를 안고 있다.[3]

(3) 신청 당사자

① **구제명령 신청인**

신청인은 불리한 처분을 받은 해당근로자이고 노동조합은 이에 포함되지 않는다.[4] 노동위원회에 부당해고구제신청을 한 상태에서 사용자가 해고처분을 취소하고 복직을 명하면 근로자는 출근해야 한다.[5]

② **구제명령 수규자**

부당해고 등의 구제명령수규자는 법률상 독립된 권리의무의 주체를 말한다.[6] 부당해고 구제명령의 수규자인 사용자는 근로자에 대해 사용종속관계가 있는 사람, 즉 근로자를 지휘·감독하면서 근로를 제공받고 임금을 지급하는 것을 목적으로 하는 명시적이거나 묵시적인 근로계약관계를 맺고 있는 사람이다.[7]

재심신청이나 재심판정취소소송을 할 수 있는 사용자는 당사자능력이 있는 사업주이다.[8] 부당해고나 부당노동행위를 시정할 주체는 사업주이기 때문이다. 사업주의 업무집행기관에 대한 구제명령은 사업주에 대해 행해진 것으로 본다.[9]

대표이사와 같은 업무집행기관이 아니라도 실질적인 권한을 가진 사람은 구제명령을 이행할 실질적인 권한을 가지며 책임을 진다.[10]

---

1) 서울행판 2012.4.19, 2011구합30809.
2) 대판 1994.9.30, 94다9092(**한국노동법학회, 『노동판례백선』 제2판**, 15~16쪽, 주요판례로 소개). 사업분할에 있어 원기업취업약정에 따라 원직복직을 인정하면서 실효원칙 인용.
3) 독일은 3주, 영국은 3개월, 오스트리아는 1주, 스페인은 20일 등 제소기한의 제한을 두고 있는 예를 많이 발견할 수 있다. '노동위원회 판정이 확정된 때로부터 3개월'을 제소기간으로 설정하자는 견해(한국노동법학회장, 「근로기준법제의 중장기적 개선방안」, 노동부, 2007.11, 89쪽)를 발견할 수 있다.
4) 대판 1992.11.13, 92누11114.
5) 서울행판 2003.9.5, 2003구합5471.
6) 중노위 2011.10.4, 2011부해638,642·부노164 병합. 의료법인이 이사회의결에 따라 운영하는 한방병원의 장이 실질적인 인사권 등을 행사해도 사업기관에 지나지 않으므로, 의료법인에게 당사자적격이 있다.
7) 대판 1995.12.22, 95누3565.
8) 대판 2006.2.24, 2005두5673. 근로계약서의 사업주란에 '복지법인'과 '산하 복지관'으로 되어 있는데 법인자격이 있는 '복지법인'에게만 재심신청자격 인정.
9) 대판 1999.4.9, 97누19731 ; 대판 2006.2.24, 2005두5673.
10) 대판 2024.4.25, 2024도1309. 법인등기사항전부증명서상 대표이사로 기재된 것은 회사를 특정하기 위한 기재일 뿐 구제명령의 이행의무자를 한정한 것은 아님 ; 대판 2002.11.22, 2001도3889 ; 대판 2012.6.14, 2012도1283.

(4) 신청대상

근기법(근기법 §28①)은 노동위원회에 구제신청을 할 수 있는 대상을 "부당해고 등"으로 규정하고 있다.

"부당해고 등"(근기법 §23①)을 구성하는 '해고, 휴직, 정직, 전직, 감봉, 그 밖의 징벌'은 죄형법정주의원칙상 열거적·한정적인 규정으로서 엄격하게 해석된다.[1] 따라서 임금을 못 받았거나 휴가를 가지 못했다거나 하는 불이익은 신청대상이 아니다.

(5) 신청내용

부당해고구제신청의 내용은 원직복직, 임금상당액지급 또는 금전보상이다. 해고외징벌은 원상회복이다.

3·나. 심 사

노동위원회는 구제신청을 받으면 지체없이 필요한 조사를 해야 하며 관계당사자를 심문해야 하고, 심문을 할 때에는 관계당사자의 신청이나 직권으로 증인을 출석하게 하여 필요한 사항을 질문할 수 있으며, 노동위원회는 관계당사자에게 증거제출과 증인에 대한 반대심문을 할 수 있는 충분한 기회를 주어야 하고, 세부심사절차는 중앙노동위원회가 정한다(근기법 §29).

3·다. 구제방법

노동위원회는 심문을 마친 후, 부당해고 등이 성립한다고 판정하면 사용자에게 구제명령을 해야 하며 성립하지 않는다고 판정하면 구제신청을 기각하는 결정을 해야 한다(근기법 §30①). 구제명령과 기각결정은 신청인과 그 사용자에게 각각 서면으로 통지해야 한다(근기법 §30②). 노동위원회는 제척기간을 경과해서 신청했거나, 구제이익(같은장 같은절,2)이 없거나, 같은 당사자가 같은 취지의 구제신청을 거듭 제기하거나, 같은 당사자가 같은 취지의 확정된 판정(노위법제16조의3에 따른화해조서포함)이 있음에도 구제신청을 제기한 경우에는 각하처분을 한다(노위칙 §60①).

3·라. 구제내용

(1) 의 의

근기법(§30 ①)은 '노동위원회는 심문(§ 29)을 끝내고 부당해고 등이 성립한다고 판정하면 사용자에게 구제명령을 하여야 한다.'고 규정하고 구제명령의 내용을 특별

1) 대판 2012.8.17.2012구10116 ; 대판 2010.2.11, 2009두20977.

히 한정하지 않고 있다. 부당해고와 관련하여서는 판례에 의해 원직복직과 임금 상당액지급이라는 법리가 형성되어 있고 근기법(§30 ③)에 금전보상제도가 마련하고 있다. 해고외징벌에 대해서는 원상회복이 구제명령의 내용이 된다.

(2) 원직복직

① 내 용

구제명령제도의 본질상 '부당해고 등'에 대한 구제가 구제명령의 주된 내용이다. 따라서 원직복직은 구제명령의 가장 기본적인 내용이다. 노동위원회구제와 '해고무효확인의 소'는 근로관계의 존속을 확인하고 회복하려는데 목적이 있다. 따라서 반드시 '해고전의 원직'을 회복하고자 하는 소송은 소의 이익이 없는 것으로 해석된다.[1] 해고기간중에 이미 이루어진 인사질서, 경영상필요, 작업환경변화 등을 고려하여 합당한 일을 시키면, 그 일이 종전의 일과 다소 다르더라도, 이는 경영권범위에 속하는 것으로서 정당하게 복직시킨 것으로 간주된다.[2]

② 원직아닌 복직

사용자가 부당하게 해고한 근로자를 원직 또는 원직간주가 아닌 업무에 복직시켜 근로를 제공하게 하였다면 근로자는 사용자에게 원직에서 지급받을 수 있는 임금상당액을 청구할 수 있다. 이 경우 근로자가 복직하여 실제로 근로를 제공한 이상 휴업하였다고 볼 수는 없으므로 근로자가 원직이 아닌 업무를 수행하여 지급받은 임금은 그 전액을 청구액에서 공제하여야 하지, 휴업수당을 초과하는 금액의 범위에서만 공제하는 이른바 중간수입을 공제하는 것은 아니다.

③ 복직을 위한 대기발령

복직에 대하여는 전보·전직법리(제9장)가 적용된다.[3] 대기발령은 그 자체만으로 위법하다고 볼 수는 없고 이미 이루어진 인사질서, 경영상필요, 작업환경변화 등을 고려하여 원직복직에 해당하는 합당한 업무를 부여하기 위한 임시조치로서의 필요성과 상당성이 인정되고 근로자의 생활상의 불이익과 비교형량하고 근로자측과의 협의 등 신의칙상 요구되는 절차를 거쳤는지 등을 종합적으로 고려하여 정당성이 판단된다[4]

---

1) 대판 1991.2.22, 90다카27389.
2) 대판 1994.7.29, 94다4295 ; 대판 1997.5.16, 96다47074 ; 대판 2013.2.28. 2010다52041 ; 대판 2013.7.13, 2010다52041 ; 대판 2024.1.4, 2019두34807.
3) 서울고판 2015.3.13, 2014누45538. 근로계약에 의하여 근무장소가 특정되어 있음에도 근로자의 동의나 협의 없이 근무장소를 변경시킨 복직명령은 위법하다.
4) 대판 2023.7.13, 2020다253744 ; 대판 2024.1.4, 2019두34807. 〈해고인정〉 대기명령에 불응하여 375일간 무

④ **복직과 재징계**

'해고무효확인의 소가 진행 중'이거나 '구제명령이나 승소후의 복직을 위해 대기하고 있는 기간'이거나 '복직된 이후'라도 새로운 징계사유가 발생하거나 발견되면 사용자는 해당근로자를 징계할 수 있다.[1)]

(3) 임금상당액지급

① **임금상당액 지급명령**

구제명령은 원직복직외에 '해고기간중의 임금상당액 지급'을 포함하는 것이 일반적이다. 이행강제금의 부과처분의 전제가 되는 구제명령은 그 내용을 구체적으로 정하는 것이 바람직하다. 그러나 구제명령에 있어 임금상당액을 구체적으로 특정하지 않고 '해고기간동안 정상적으로 근무했다면 받을 수 있었던 임금상당액'으로 정해도 '구제명령이행이 불가능할 정도로 불특정하여 위법·무효'라고 볼 수는 없다.[2)]

② **지급주체**

임금상당액지급주체는 해당근로자가 속한 사업(장)의 사업주이다. 위장폐업으로 부당해고가 성립되면 옛 회사뿐아니라 새 회사도 구제명령이행자이다.[3)]

③ **성 격**

㈎ **명령의 성격**

임금지급명령은 감봉처럼 징벌의 내용이 금전적불이익을 부과하는 경우를 제외하고는 징벌자체에 대한 구제가 아니라 징벌로 인하여 야기된 민사적법률관계를 정리하기 위한 것이므로 그 자체로 독립적인 구제명령이라고 볼 수 없다.[4)]

㈏ **금품의 성격**

구제명령이나 법원의 판단대상인 임금상당액은 임금이 아니며, 근로를 제공하지 못한데 대한 보상이다. 부당해고로 인한 손해배상 또는 보상금액이 임금 등을 기초로 산정되더라도 임금으로 볼 수 없으므로, 평균임금을 산정할 때에 대

단결근한 근로자를 징계해고한데 대해 대기발령예상기간이 3주 정도에 불과 ; 대판 2024.1.4, 2021다169. 〈임금지급의무 부정〉 대기명령을 거부한 결근.

1) 대판 1993.12.21, 93다43866 ; 대판 1998.3.24, 97누13450. 복직후에 운전부적합은폐사실이 발각된 운전기사 관련 사례 ; 대판 1997.5.28, 95다45903. 해고무효확인소송에서 회사가 항소를 취하하고 근로자를 복직시킨 후 새로운 사유를 이유로 다시 해고한 사례.

2) 대판 2010.10.28, 2010두12682.

3) 대판 2011.3.10, 2010다13282.

4) 대판 2019.1.17, 2018두58349. 심리불속행기각. 근로계약기간이 만료된 근로자에 대해 임금상당액의 지급을 명하는 구제명령을 신청할 수 있다고 해석하면, 이는 체불임금에 대한 구제명령을 허용하는 것이 되어 부당해고 등의 구제신청을 인정한 근기법 관련규정에 반한다.

상기간과 임금상당액은 각각 제외된다.[1] 이와 관련된 화해금도 마찬가지이다. 부당해고기간동안의 미지급임금과 퇴직금에서 원천징수세액과 사회보험료를 미리 징수·공제할 수 없다.[2] 이러한 금품은 '위약 또는 해약으로 인하여 받은 위약금, 배상금(소득세법 §21① x)'으로 볼 수 없어 소득세법상 과세대상이 되는 근로소득, 퇴직소득, 기타소득 어느 것에도 해당되지 않으므로 소득세 등을 원천징수할 수 없다는 판결[3]이 발견된다. 반면에 사용자의 부당해고에 대한 노동위원회구제명령으로 원직에 복직되면서 해고기간동안 정상적으로 근무하였더라면 받을 수 있었던 임금상당액을 지급받으면 근로소득(소득세법 §21① i)에 해당된다는 행정해석[4]도 있다.

④ 지급금액

부당해고로 인해 근로를 제공하지 못하여 임금을 받지 못한데 대해, 근로자는 사용자에게 민사상의 손해배상 또는 보상을 청구할 권리를 갖는다. 이 경우, 근로자는 계속 근로했을 경우에 그 반대급부로 받을 수 있는 임금전부의 지급을 청구(민법 §538①)할 수 있다.[5] '임금(근기법 §2① v)의 전부'는 '평균임금(근기법 §2① vi)산정의 기초가 되는 임금의 총액'에 포함될 임금에 해당하는 금액을 의미하며,[6] 개근이나 정근을 요건으로 하는 표창도 포함된다는 판결이 발견된다.[7] 아울러 객관적으로 타당한 구체적인 액수는 최종적으로 민사소송 등을 통해 확정될 수 있다.[8]

해고가 무효인 경우라도 부당해고기간중에 구속 등으로 근로를 제공할 수 없는 상황이었다면 해당기간에 대한 임금상당액을 청구할 수 없다.[9]

⑤ 해고무효확인과 휴업수당

부당해고가 무효로 확인되더라도 휴업수당(근기법 §46)의 지급사유는 되지 않는다.[10]

⑥ 중간수입공제

근로자가 해고기간중에 다른 사업장에 취업하는 등 수입활동을 한 경우에는 임금상당액에서 중간수입을 공제할 수 있다. 부당해고로 인하여 노무를 제공하

---

1) 근로조건지도과-4843, 2008.10.31.
2) 대판 2022.8.19, 2021다279903.
3) 대판 1991.6.14, 90다11813.
4) 법제처 10-0075, 2010.4.23.
5) 대판 1989.5.23, 87다카2132 ; 임금 32210-409, 1991.1.18 ; 근로조건지도과-4843, 2008.10.31.
6) 대판 1993.1.19, 92다30337 ; 대판 1993.12.21, 93다11463 ; 근로개선정책과-6391, 2012.11.29.
7) 대판 2012.2.9, 2011다20034. 단협에 1년개근의 경우 금 1돈을, 정근할 경우 금 반돈을 연말에 교부하여 표창하도록 규정, 계속 근로하였을 경우에 받을 수 있는 임금에 포함된다고 봄.
8) 대판 2010.10.28, 2010두12682.
9) 대판 1995.1.24, 94다40987.
10) 대판 1986.10.14, 86도611.

지 못한 근로자는 사용자에 대하여 임금상당액을 청구할 수 있고, 근로자가 자기채무를 면함으로써 이익을 얻은 때에는 이를 사용자에게 상환하되, 상환할 이익은 채무를 면한 것과 상당인과관계에 있는 것에 한한다(민법 §538). 부당하게 해고된 근로자가 다른 직장에서 근무하여 얻은 이익은 '채무를 면함으로써 얻은 이익'(민법 §538②)이다. 그러므로 사용자가 '해고기간중의 임금상당액'을 지급함에 있어 중간수입공제는 가능하다. 그러나 임금상당액중에서 휴업수당(근기법 §46)을 넘는 부분에 대하여만 공제할 수 있고 임금지급의 대상기간과 시기가 다른 때에 얻은 이익은 공제대상이 아닌 것으로 해석된다.[1)]

근로자가 개인사업을 통해 얻은 수입도 중간수입으로 공제대상에 포함된다.[2)] 공제대상은 노무제공을 면한 것과 상당인과관계에 있는 이익이어야 한다.[3)] 근로자가 해고기간중에 노동조합기금으로부터 지급받은 금원은 그가 노무제공을 면한 것과 상당인과관계에 있는 이익이라고 볼 수 없다.[4)]

⑦ 임금상당액과 지연손해금

해고나 면직이 취소[5)]되었거나 구제명령이나 소송에 의해 무효임이 확인되면 지급되어야 할 임금상당액에는 그동안 받지 못했던 임금과 법정이자[6)]상당액 즉, 지연손해금이 포함되어야 한다.

(4) 금전보상

① 법적근거

근기법은 부당해고등에 대해 금전보상명령제[7)]를 도입하고 있다.

근로자가 원직복직을 원치 않으면 노동위원회가 부당해고에 대해 사용자로 하

---

1) 대판 1991.6.28, 90다카25277(**한국노동법학회, 『노동판례백선』 제1판**, 171쪽. 주요판례로 소개) ; 대판 1991.12.13, 90다18999 ; 대판 1993. 11.9, 93다37915 ; 대판 1996.4.23, 94다446 ; 대판 2022.8.19, 2021다279903.

2) 대판 1996.9.24, 95다21785.

3) 대판 1991.5.14, 91다2656 ; 대판 1993.5.25, 92다31125.

4) 대판 1991.5.14, 91다2656.

5) 대판 2006.6.16, 2005다28990. 「공무원보수규정」에 면직이 무효로 된 경우 원래의 정기승급일을 기준으로 한 정상급여'를 지급토록 되어 있는데 원래 보수지급일부터 정산급여를 받는 날까지의 지연손해금 지급 판시.

6) 재직자의 임금미지급에 대해서도 근기법상의 지연이자(2025.10.23 시행)가 적용되나, 해당금품은 임금이 아닌 임금상당액이어서 직접 적용되기는 어렵다. 민사소송인 경우에는 「소송촉진등에관한특례법」 제3조에 따라 소송제기시점 또는 확정판결시점부터 변제일까지 년 15%의 이자가 부과된다.

7) ILO 협약(「사용자 주도에 의한 고용종료에 관한 협약」, 제158호)은 복직명령과 적절한 보상금 지급 등을 보장토록 하고 있으며, 다른 나라도 금전보상제는 일반화되어 있다. 다만 영국은 원직복직의 실현 가능성과 근로자의 의사를 고려하여 결정토록 하고, 독일은 근로자의 신청이 있거나 사용자가 근로관계의 지속이 부적절한 이유를 제시할 경우에 인정하며, 프랑스는 노사당사자 모두가 원하는 경우에만 원직복직을 인정하고 그밖에는 금전보상제를 활용토록 하고 있으나 우리나라는 근로자가 원하는 경우로 한정하고 있다.

여금 그 근로자에게 '해고기간중의 임금상당액 이상'의 금품을 지급하도록 명할 수 있다(근기법 §30③).

② **보상목적**

금전보상명령제의 입법목적은 부당해고에 대해 근로자가 원직복직을 원하지 않는 경우에 금품으로 대신함으로써 효과적인 구제를 실현하는데 있다.

③ **보상수준**

부당해고에 대해 근로자가 원직복직을 원치 않을 경우, 지급대상금품은 '해고기간중의 임금상당액'과 위로금이 된다. 위로금의 규모에 대해서는 노동위원회의 결정[1]에 맡기고 있는데 '근로자의 귀책사유'나 '해고의 부당성'의 정도에 따라 달라질 수 있으며 노동위원회의 규정으로 그 기준을 만들 수 있다.

④ **보상요건**

부당해고에 대해 근로자가 원직복직을 원치 않을 경우, 노동위원회는 원직복직이 객관적으로 가능한 것을 전제로 근로자의 신청이나 신청취지변경에 의해 원직복직명령에 대신하여 금전보상을 명할 수 있다.

(5) 화 해

노동위원회에서 화해조서를 작성한 경우, 이는 재판상화해로 인정된다. 화해조서에서 '채용하기로 한다'고 표현되어 있다면 원칙적으로 복직시킬 의무를 부담한다는 것으로 해석된다.[2]

3·마. 구제명령 효력

(1) 재 심

지노위의 구제명령이나 기각결정에 불복하는 당사자는 그 명령서나 결정서를 통지받은 날부터 10일이내에 중노위에 재심을 신청할 수 있다(근기법 §31①).

(2) 행정소송

당사자는 중노위의 재심판정에 대하여 판정서를 송달받은 날부터 15일이내에 행소법규정에 따라[3] 소를 제기할 수 있다(근기법 §31②).

---

1) 당사자에게 근로계약서, 임금대장 등 금액산정에 필요한 자료를 제출하도록 명할 수 있는 권한과 보상금액의 산정기간을 해고일로부터 해당사건의 판정일까지 한다는 내용만 정해 놓고 있다(노원칙 §65).

2) 청주지판 2015.6.17, 2014가합2713.

3) 대판 2012.11.29, 2011두30069. 〈상고이유서제출〉 공동소송적보조참가를 한 참가인이 상고이유서제출기간내에 상고이유서를 제출하였다면, 피참가인의 상고이유서제출기간이 도과하였다고 하더라도 그 상고이유서의 제출은 적법하다.

법원은 재심판정에서 행하여진 사실인정이나 법적판단 등에 구속되지 않으며, 재심판정의 적법여부에 대해 당사자가 주장하지 않은 사실이라도 독자적으로 심리・판단할 수 있다.[1] 따라서 노동위원회 재심이 징계사유중에서 일부를 인정하지 않으면서 나머지 징계사유만으로 정당한 해고라고 본 판정에 대해, 법원은 다시 모든 징계사유를 기초로 하여 부당해고여부를 판단할 수 있다.[2]

당사자는 해고의 정당성에 관하여 노동위원회에서 주장하지 않은 사유라도 행정소송에서 주장할 수 있다.[3]

행정청으로 하여금 일정한 행정처분을 하도록 명하는 이행판결을 구하는 소송이나 법원으로 하여금 행정처분을 행한 것과 같은 효과가 있는 행정처분을 직접 행하도록 하는 형성판결을 구하는 소송은 허용되지 않는다.[4]

(3) 효 력

당사자가 재심이나 행정소송을 제척기간내에 제기하지 않으면 구제명령, 기각결정 또는 재심판정은 확정되며(근기법 §31③) 당사자는 이에 따라야 한다. 노동위원회의 구제명령, 기각결정 또는 재심판정은 '중노위 재심신청'이나 행정소송제기에 의해 효력이 정지되지 않는다(근기법 §32). 재심판정이나 행정소송에 의해 구제명령이 번복되면 최초의 해고일까지 소급하여 근로관계를 해지할 수 있다.[5]

구제명령을 이행하지 않으면서 구제명령에 반하는 업무지시를 거부한 행위를 징계사유로 하는 해고는 정당하지 않다.[6]

3·바. 구제명령 이행

(1) 이행강제금

① 의 의

㈎ 법적근거

노동위원회[7]는 구제명령을 받은 후부터 이행기한까지 사용자에 대해 구제명령

---

1) 대판 2010.2.25, 2009두22133 ; 대판 1995.2.14, 94누5069 ; 대판 1992.7.10, 92누3199 ; 대판 1991.11.8, 91누2854 ; 대판 1988.4.27, 87누1182 ; 대판 1967. 7.29, 68누21. 대판 1991.7.12, 90다9353 ; 대판 2021.7.29, 2016두64876.

2) 대판 2010.2.25, 2009두22133.

3) 대판 2021.7.29, 2016두64876.

4) 대판 1997.9.30, 97누3200 ; 서울행판 2010.9.2, 2010구합14220. 중노위로 하여금 근로자측재심신청을 인용한 재심판정문을 발송하도록 명하는 이행판결을 구하는 소송에 대해 재심판정취소의 소로 변경할 의사를 물었는데 원래의 소를 유지하겠다는 입장을 밝히자 각하하였다.

5) 근기 68207-1130, 1994.7.14.

6) 대판 2023.6.15, 2019두40260.

7) 초심과 재심 모두를 포함한다. ; 서울행판 2015.12.4, 2015구합8312. 중노위는 재심판정이 법원의 확정판결

대상인 근로자 1인당 3천만원이하의 이행강제금을 부과한다(근기법 §33①).

㈏ **개 념**

이행강제금은 행정법상의 부작위의무 또는 비대체적작위의무를 이행하지 않은 경우에 '일정한 기한까지 의무를 이행하지 않을 때에는 일정한 금전부담을 과할 뜻'을 미리 '계고'함으로써 의무자에게 심리적압박을 주어 장래를 향하여 의무이행을 확보하려는 간접적·행정적강제집행수단이다.

② **부과금액·방법**

이행강제금은 최초의 구제명령을 한 날을 기준으로 하여 2년동안 매년 2회의 범위에서 구제명령이 이행될 때까지 반복하여 부과·징수할 수 있다(근기법 §33⑤).[1] 따라서 이행강제금은 최대 1억2천만원까지 부과될 수 있다.

노동위원회는 '해고인지 아니면 기타 징벌인지에 따라 근기령의 별표로 정해진 금액의 범위에서 '동기·고의·과실 등 사용자의 귀책정도', '구제명령이행을 위한 노력의 정도', '구제명령을 이행하지 않은 기간' 등을 고려하여 1회의 부과금액을 정한다(근기령§13 [별표3]).

③ **부과절차**

이행강제금부과절차는 다음과 같이 정리된다. 첫째, 노동위원회는 30일이내의 이행기한을 정해 당사자에게 구제명령을 통보한다(근기령 §11). 근로자는 사용자가 그 이행기한까지 구제명령을 이행하지 않은 경우[2]에 이행기한이 경과한 때부터 15일이내에 그 사실을 노동위원회에 통지할 수 있다(근기법 §33⑧). 노동위원회는 이행기한이 지난 후에 구제명령이 이행되었는지를 확인할 수 있다. 둘째, 구제명령이 이행되지 않았으면 노동위원회는 이행강제금을 부과하기 30일전까지 이행강제금을 부과·징수한다는 뜻을 사용자에게 미리 문서로 알려주어야 한다(근기법 §33②). 이 때 노동위원회는 사용자에게 10일이상의 기간을 정하여 구술 또는 서면(전자문서 포함)으로 의견진술기회를 주어야 한다(근기령 §12③). 셋째, 예고기간이 지나면 납부기한을 정하여 이행강제금을 부과한다. 이행강제금을 부과할 때에는 이행강제금액수, 부과사유, 납부기한, 수납기관, 이의제기방법 및 이의제기기관 등을 명시한 문서로 하여야 한다(근기법 §33③). 납부기한은 부과통지를 받은 날부터 15일이내의 기한을 정하여야 한

로 취소되기 전까지는 이행강제금을 부과 가능. 재심판정의 적법여부나, 액수에 관한 소송 진행 무관.

1) 헌재 2014.5.29, 2013헌바171, 합헌.

2) 서울행판 2009.11.12, 2008구합48565. 이행강제금부과처분의 전제가 되는 구제명령에서 지급의무대상이 되는 임금상당액액수를 구체적으로 특정하지 않았다는 사정만으로 구제명령이 무효라고 보기는 어렵다.

다(근기령 §12①). 넷째, 노동위원회는 구제명령을 받은 자가 구제명령을 이행하면 새로운 이행강제금을 부과하지 않되, 구제명령을 이행하기 전에 이미 부과된 이행강제금을 징수하여야 한다(근기법 §33⑥). 다섯째, 납부기한이 지나면 독촉 등 필요한 절차를 거친 후에 압류·매각·청산으로 이루어지는 국세체납처분의 예에 따라 강제징수할 수 있다(근기법 §33⑦).[1] 노동위원회는 재심신청이나 행정소송이 제기되더라도 이행강제금부과절차를 진행할 수 있다.

④ **부과중지·반환**

노동위원회는 중노위의 재심판정이나 법원의 확정판결에 따라 노동위원회의 구제명령이 취소되면 새로운 이행강제금의 부과·징수를 즉시 중지하고 사용자의 신청 또는 직권으로 이미 징수한 이행강제금에 대해 '납부일로부터 환급일까지' 고용노동부령으로 정하는 이율[2]을 곱한 금액을 가산하여 반환해야 한다(근기령 §15).

⑤ **부과유예·연장**

사용자의 이행노력에도 불구하고 근로자가 소재불명이 되거나 천재·사변 그 밖의 부득이한 사유가 발생하여 구제명령을 이행하기 어려운 경우에는 직권 또는 사용자의 신청에 따라 그 사유가 없어진 뒤에 15일의 납부기간을 정하여 이행강제금을 부과할 수 있다(근기령 §14).

⑥ **이행강제금 시효**

법령의 규정에 따라 국가가 행하는 납입의 고지는 시효중단의 효력이 있다(근기법 §33④).[3]

(2) 처 벌

'제척기간동안에 재심신청이나 행정소송을 제기하지 않아 확정된 구제명령' 이나 행정소송을 제기하여 확정된 '구제명령 또는 '구제명령을 내용으로 하는 재심판정'을 이행하지 않은 사람에 대하여는 1년이하징역 또는 1천만원이하벌금에 처한다(근기법 §111). '구제명령을 내용으로 하는 재심판정'이라 함은 초심의 구제명령을 취소하거나 변경하지 않은 재심판정을 말한다.

'구제명령불이행의 죄'는 노동위원회의 고발이 있어야 공소를 제기할 수 있으며, 검사는 위반행위를 노동위원회에 통보하여 고발을 요청할 수 있다(근기법 §112). 이

---

1) 이행강제금의 징수절차는 「국고금관리법시행규칙」을 준용한다(근기칙 §6).

2) 「국세기본법시행규칙」 제19조의3에 따른 국세환급가산금의 이율(29/1,000)을 말한다(근기칙 §7①).

3) 법제처 16-0164, 2016.7.15. 이행강제금이 체납되어 독촉장을 발송하였으나 독촉한 납부기한내에 이행강제금이 납부되지 않아 추가 독촉장을 1차 발송하는 경우, 그 추가 독촉은 시효중단의 효력을 가짐.

러한 구조는 노동위원회가 반복성, 재발가능성 등을 고려하여 처벌필요성을 1차적으로 판단하되, 검사의 소추권을 보장하게 하기 위함이다.

3·사. 해고무효확인의 효과

(1) 해고무효확인과 다른 근로조건

해고가 무효로 확인되더라도 그에 따른 손해배상의 문제는 별론으로 치고 근기법상 제반권리의 청구권이 당연히 발생하지는 않는다. 그러나 출근율처럼 어떠한 근로조건의 요건이 되는 경우, 부당해고기간은 정상출근으로 인정되는 것이 바람직하다. 부당해고기간때문에 출근율이 미달한 경우, 그 해고가 무효로 되더라도 연차유급휴가청구권이 당연히 발생하지는 않는다는 해석이 있으나,[1] 판례에 의해 부정되고 있다.[2] 계속근로년수산정에 있어서는 근로제공을 전제로 하지 않기 때문에 해고무효기간이 포함된다.

(2) 불법행위구성과 위자료

① 사용자

㈎ 불법행위책임

해고가 무효로 되었다는 사유만으로 바로 불법행위를 구성하는 것은 아니며, 고의 또는 과실이라는 요건이 인정되어야 한다.[3] 사용자가 일반적인 사용자를 표준으로 하여 볼 때에 객관적인 주의의무를 갖추지 못하여 해고결정이 정당성을 상실하였다고 인정될 정도에 이른 경우이거나, 징계권남용이 사회통념상 용인될 수 없음이 분명한 경우에는 해고의 효력이 부정되고, 위법하게 상대방에게 정신적인 고통을 가하는 것이어서 불법행위를 구성할 수 있다.[4]

㈏ 위자료지급

해고가 무효로 되고 해고 전의 상태로 돌아가도 임금상당액을 받은 것만으로 불법행위로 인한 정신적인 고통이 치유되지 않으므로 정신적인 손해배상인 위자

---

1) 근기 01254-21648, 1989.12.29.

2) 대판 20114.3.13, 2011다95519. 부당해고기간이 연간 총근로일수 전부를 차지해도 마찬가지이다.

3) 대판 1993.10.12, 92다43586 ; 대판 1996.4.23, 95다6823. 〈부정〉 양정 잘못, 해고로 볼 사정 존재 ; 대판 2023.2.2, 2022다226234 ; 대판 2023.12.14, 2020다282674.

4) 교원재임용과 관련하여 제시된 판단기준들이 발견된다. 재임용거부의 내용 및 성질, 거부사유발생에 있어서 해당 교원의 기여(관여) 정도, 재임용심사절차에서 해당교원의 소명 여부나 정도, 명시된 재임용거부사유 외에 학교법인이 재임용거부판단에 실질적으로 참작한 사유, 재임용심사의 전체적인 진행경과 등 여러 사정을 종합하여 손해배상책임을 대학에게 부담시켜야 할 실질적인 이유가 있는지 여부로 판단된다(대판 2021.2.10, 2015다254231 ; 대판 2023.2.2, 2022다226234 ; 대판 2023.12.14, 2020다282674. 통지의무를 위반함으로써 거부처분이 객관적 정당성을 상실한 정도에 이르렀는지, 적법한 승진임용심사와 정년보장임용심사를 받았더라면 각 임용을 받을 수 있었는지 등을 심리하여 손해배상책임의 존부를 판단함).

료지급의무[1)]가 발생할 수 있다.[2)]

해고가 무효로 확인되더라도 사용자가 당시의 객관적 사정, 근로자비위의 정도, 불이익처분경위 등에 비추어 소정의 적법절차를 거쳤거나 근로자의 비위행위에 대해 불리한 처분사유가 될 수 있다고 믿을만한 객관적인 사정이 있다면 주의의무를 다한 것으로 볼 수 있으므로 위자료지급의 문제는 발생치 않는다.

㈐ **복직거부와 불법행위책임 · 위자료지급**

사용자가 무효로 확정된 해고대상자에 대해 정당한 이유없이 근로의 수령을 계속 거부하는 것은 인격적인 법익을 침해하므로 정신적인 고통에 대한 배상의무를 발생시킨다.[3)]

② **징계위원**

법원에 의해 징계가 무효로 판정이 나더라도 징계위원들에 대해 법령해석을 잘못한 것을 이유로 불법행위책임까지 물을 수 없다.[4)]

(3) 해고무효확인과 재징계

최초의 징계처분이 양정에 있어 징계권남용으로 무효라는 확정판결을 받은 후에 그보다 가벼운 징계처분을 해도 기판력에 저촉되거나 일사부재리원칙에 어긋난다고 할 수 없다(같은장, 제2절 2·라, (5), ②).[5)]

(4) 부당해고 보상약정

부당해고에 대해 법정기준이상으로 보상키로 한 단체협약규정이 경영해고에 적용될지는 규정체계, 약정체결과정, 당사자의 진정한 의사 등 여러 사정을 종합하여 판단된다.[6)] 해고무효확인소송에서 화해권고결정에 따라 회사로부터 받은 돈은 소득세법상 원천징수대상인 기타소득인 '사례금'에 해당되지 않는다.[7)]

---

1) 대판 2023.2.2, 2022다226234. 교원재임용관련. 해고에 적용하여 설명하면 다음과 같이 설명될 수 있다. 정당한 사유가 전혀 없는데도 해당근로자를 몰아내려는 의도 아래 고의로 다른 명목을 내세워 해고하거나, 사유로 제시된 사실이 인사규정 등 심사사유에 해당되지 않거나 해고사유로 삼을 수 없는 것임이 객관적으로 명백하고 또 조금만 주의를 기울이면 이런 사정을 쉽게 알아볼 수 있는데도 그것을 이유로 해고함으로써 재량권 남용이 우리의 건전한 사회통념이나 사회상규상 용인될 수 없음이 분명한 경우이어야 한다.

2) 대판 1993.12.24, 91다36192 ; 대판 1997.9.26, 97다18974 ; 대판 2011.10.13, 2009다86246 등.

3) 대판 1996.4.23, 95다6823 ; 대판 2008.1.31, 2005두8269.

4) 대판 1996.4.23, 95다6823.

5) 대판 1981.5.26, 80다2945.

6) 대판 2017.3.22, 2016다26532. 부정.

7) 대판 2022.3.31, 2018다286390.

제 11 장

근로관계종료후의 관계

제1절 근로관계종료와 재직기준

1. 임금인상의 소급적용

임금교섭이 단체협약만료일후에 마무리되어 임금인상적용시점을 새 협정체결일 전으로 소급[1]하는 경우, 단체협약 등에 특별히 정함이 없다면, 소급효력은 재직근로자에게 한정된다.[2] 그러므로 소급기준일후부터 협상체결일전까지 퇴직한 근로자에게는 특별한 정함이 없다면 소급기준일이 재직기간중이더라도 임금인상소급효가 미치지 않는다.[3]

2. 근로관계종료와 상여금

2·가. 고정적 · 정기적상여금(자세한 내용은 제5장, 제2절 3·다, (2), ②, ㈐, (d), ⓓ, (ㄷ) 참조)

상여금에 대해 어떠한 조건을 붙일 것인지는 노 · 사의 자율적의사결정에 따른다. 고정적 · 정기적 상여금의 지급일이 도래하기 전에 퇴직한 근로자도 이미 근로를 제공한 기간에 해당하는 상여금을 근로의 대가로 청구할 수 있으나, 재직기준을 규정하고 있으면 그렇지 않을 수 있다.

2·나. 성과상여금 · 특별상여금

단체협약 등에 '성과급을 그 지급일에 재직하고 있는 사람에 한하여 지급한다'는 규정이 있으면, 이때의 지급일은 '성과급을 지급할 사유가 발생한 날'이 아니고 단체협약 등에 규정된 현실적인 지급일을 의미하는 것으로 해석된다.[4]

재직지급규정이 없으면 퇴직자에게 성과급을 지급할 사용자의무가 없다. 이 경우, 재직기간중에 이미 완성한 성과가 있고 그 성과를 명백히 계산할 수 있는 경우라면 퇴직근로자의 금품청산청구권이 인정될 수도 있다.

---

1) 이러한 소급은 유효하다고 인정된다. ; 근기 68207-1887, 1994.11.30.

2) 대판 2020.2.16, 2019다223129.

3) 대판 1992.7.24, 91다34073 ; 임금 32240-9468, 1989.6.26 ; 임금 68207-166, 1994.3.4 ; 대판 2000.6.9, 98다13747.

4) 대판 2004.5.14, 2001다76328.

3. 부당해고자와 취업규칙

적법한 변경절차를 거쳐 취업규칙(급여규정)을 변경했고, 취업규칙변경전에 해고된 근로자는 해당사업(장)의 근로자로 볼 수 없으므로, 해고가 무효로 되어 복직해도 해고가 소급적으로 소멸하는 것은 아니다.

취업규칙을 변경할 당시에 해고된 근로자를 제외한 재직근로자를 기준으로 근로자집단의 동의를 받은 불이익변경은 효력을 갖는다. 그러므로 복직된 근로자에게도 변경된 취업규칙의 임금이나 다른 근로조건이 적용된다.[1)]

제2절 근로관계종료후 사후처리

1. 업무정산

근로자는 퇴직·해고 등으로 인해 근로관계가 끝나면 그가 맡고 있던 물건·서류를 사용자에게 돌려주는 등 업무정산의무를 지며, 이를 위반하면 민사상 손해배상책임을 지거나 업무방해죄[2)] 등에 해당될 수도 있다.

근로자는 회사비밀을 누설하지 않는 등의 부작위의무를 진다(제3장, 제1절 5·가, (1), ②).

2. 금품청산

2·가. 의 의

(1) 법적근거

근로자는 근로관계가 끝난 후에도 근로관계로 인해 발생한 권리 즉 임금청구권, 재해보상청구권 등의 권리를 갖는다.[3)] 근로관계가 끝난 후에도 임금 등의 금품이 빨리 지급되지 않으면 근로자는 부당하게 예속되기 쉽고 생활은 위협받는다. 이를 방지하기 위해 근기법은 사용자의 금품청산의무를 규정하고 있다.

---

1) 근로개선지도과-4414, 2011.6.17.
2) 대판 2022.1.14, 2017도16384.
3) 김형배, 『노동법』, 제20판, 704쪽 ; 박상필, 『근로기준법강의』, 184~185쪽.

근로자가 사망 또는 퇴직한 경우, 사용자는 그 지급사유가 발생한 때부터 14일 이내에 임금, 보상금 그 밖에 일체의 금품[1]을 지급하여야 하며 특별한 사정이 있을 경우에는 당사자의 합의하여 기일을 연장할 수 있다(근기법§36, §109 3년징역·3천만원벌금).

(2) 권리포기

퇴직금채권 또는 임금채권이 발생하기 전에 그 전부 또는 일부를 포기하는 것은 강행규정위반으로 무효이다. 다만, 근로자가 퇴직후에 과거의 임금에 대한 채권을 포기하는 것은, 현저하게 불합리하다고 인정되지 않는 한 유효하며, 합리성결여에 대한 입증책임은 근로자에게 있다.[2]

2·나. 청구권자와 청산의무자

금품청산청구권자는 근로자 본인이다. 일반채권자, 노동조합대표[3] 등은 청구권자에 포함되지 않는다. 근로자가 사망하면, 청구권자는 그의 상속인이 되는데 상속인의 범위는 민법의 일반원리에 따르게 된다. 취업규칙 등으로 청구권자의 범위와 순위를 정한 경우에는 그 순위에 따른다. 취업규칙 등으로 정할 때는 재해보상에 있어서의 '유족의 범위(근기령 §48)'를 따르고,[4] 청구권자를 별도로 정하지 않은 경우에는 민법에 규정된 재산상속인의 범위와 순위에 따른다.[5]

금품청산의무자는 사용자 특히 사업주가 되며 실제경영자로 그 책임과 권한을 행사한 것이라면 형식상 대표이사가 아니라는 이유로 그 책임을 면할 수는 없다(제5장, 제5절 4·나,(1)).[6] 정리회사공동관리인 등 정리절차개시후의 사용자도 회사를 위하여 직무를 집행하여 온 사실이 인정되면 사용자(근기법 §2①ii)로서 청산의무자가 된다.[7] 회사가 회생법에 의해 정리절차개시결정을 받으면, 경영관리 · 재산처분권한이 전속된 관리인이, 정리절차개시이후에 퇴직근로자에 대해 금품청산의무를 진다.[8]

---

1) 연말정산환급금도 포함된다(대판 2011.5.26, 2009도2357). ; 근로기준과-537, 2011.1.31. [포함] 연차유급휴가 미사용수당.

2) 청주지판 2013.1.15, 2012나3204.

3) 노정근 1455-1016, 1966.3.7.

4) 노정근 1455-3382, 1965.8.27.

5) 상속순위는 1. 피상속인의 직계비속, 2. 피상속인의 직계존속, 3. 피상속인의 형제자매, 4. 피상속인의 4촌이내의 방계혈족 순이며, 동순위의 상속인이 복수이면 최근친을 선순위로 하고 동친 등의 상속인이 복수이면 공동상속인이 된다(민법 §1000). 피상속인의 배우자는 제1000조제1항제1호와 제2호의 규정에 의한 상속인이 있는 경우에는 상속인과 동순위로 공동상속인이 되고 상속인이 없으면 단독상속인이 된다(민법 §1003).

6) 대판 1989.4.25, 87도2129.

7) 대판 1984.4.10, 83도1850.

8) 대판 1985.6.24, 86도830.

2·다. 청산금품

청산금품은 근로자와 사용자 사이에서 발생하는[1] 임금, 상여금(제5장 제3절,1·나), 퇴직금(같은장,제4절,2·마 (1),②.퇴직금지급참조),[2] 재해보상금,[3] 그 밖의[4] 모든 금품이다. 임금은 이미 제공된 근로의 대가인 임금을 의미한다. 다만, 취업규칙 등에 '그 월의 중도에 퇴직한 경우에도 임금전액을 지급한다'라고 정하여져 있다면 약정에 따른다.

산재법적용을 받는 사업장인 경우에는 국가가 재해보상금지급의 책임을 지나 그렇지 않은 사업장의 경우에는, 해당근로자의 퇴직후에도 사용자에게 퇴직전의 업무상재해에 대한 재해보상책임이 있다.

부당해고구제명령에 따른 금품에 대해서는 금품청산규정이 적용되지 않는다.[5]

2·라. 청산시기

금품은 지급사유발생일부터 14일이내에 청산되어야 한다.[6] 지급사유발생일이라 함은 근로자의 퇴직, 해고,[7] 사망 등 근로관계가 종료된 때를 말한다. 14일의 계산은 근무할 수 있는 날과 관계없이 역일에 따라 계산한다.[8] 특별한 사정이 있으면 당사자합의에 의하여 기일이 연장될 수 있다. 연장기간에 대해서는 제한이 없으나 그 기일을 지키지 못하면 근기법상 벌칙이 적용[9]될 수 있다.

'특별한 사정'이라 함은 천재・사변 기타 이에 준하는 부득이한 사정으로 사용자로서 지급의무이행을 위해 노력을 다하였음에도 그 의무를 이행할 수 없는 사정이라는 판결[10]이 발견된다. 그러나 근기법이 당사자합의만을 요건으로 하고

---

1) 예컨대 기업간 위・수탁 계약에 있어 인건비에 포함된 퇴직급여충당금에 대한 환수여부는 민사적으로 해결해야 한다(근로복지과-568, 2013.2.13 ; 퇴직연금복지과-3623, 2015.10.20).

2) 임금 68207-5, 1994.1.4. 〈포함〉 명예퇴직금 ; 법제처 21-0821, 2022.3.3. 〈포함〉 미지급중간정산퇴직금.

3) 근로개선정책과-112, 2015.1.7. 근기법 제84조의 일시보상금도 포함.

4) 〈사례〉 근로기준정책과-1340, 2015.4.6. 연말정산환급금은 기타금품에 해당하나, 일정금액으로 근로계약을 체결하고 사회보험료 및 각종세금 등을 사용자가 부담하기로 하는 소위 네트(net) 계약을 체결한 경우라면, 환급금 또한 사용자의 회계처리상 과다납부로 발생한 것이므로 기타금품에 해당하지 않는다. ; 근로개선정책과-5759, 2014.10.20. 퇴직기념품의 지급관행이 형성되어 있어서 특별한 사정이 없는 한 대상 근로자가 지급받을 수 있다는 기대를 갖게 되는 경우라면, 사용자에게 지급의무가 있는 '그 밖에 일체의 금품'에 해당.

5) 법제처 21-0020, 2021.4.28.

6) 대판 2001.10.30, 2001다24051(**한국노동법학회, 『노동판례백선』 제2판**, 220쪽. 대상판결은 14일의 의미를 사법상청구권의 장애사유가 아니며 형벌의 발생요건을 위한 구성요건적 성격만 가지는 것으로 해석하고, 그동안 금품청산제도의 관행적으로 잘못 활용되던 법리를 변경하여 확립시킴).

7) 대판 2009.11.12, 2009도7908. 사용자가 근로자를 해고한 후 14일 이내에 퇴직금을 지급하지 않고 있다가 해고처분을 취소한 경우 퇴직금지급의무 위반으로 볼 수 없다.

8) 법제처 24-0211, 2024.6.14. 금융기관영업시간과 관계없이 기간말일의 24시에 만료.

9) 대판 2023.7.13, 2023도188. 〈퇴직금관련〉 처벌대상이 될 수 없다고 본 원심 파기 환송.

10) 대판 1988.2.9, 87도2509.

있는 점을 볼 때, 근로자가 받아들일 수 있는 사용자의 특별한 사정으로 충분해 보인다. 사용자의 자금압박은 특별한 사정이 아니라는 판결[1]이 있으나 당사자합의가 있다면 배제할 이유가 없어 보인다. 합의는 약속어음과 같은 서면으로 이루어지는 것이 바람직하나, 말로 하는 약속도 입증될 수 있으면 효력이 인정된다.[2]

지급사유가 발생한 때로부터 14일이 지난 후에 근로자와 기일연장을 합의하면 이미 근기법위반죄가 성립한 후이므로 정상참작사유에 지나지 않는다.[3]

2·마. 반의사불벌과 지연이자제(제5장 제5절, 4·가)

3. 귀향여비

3·가. 법적근거

사용자는 근로조건이 명시된 근로조건과 달라 근로자가 계약을 해제하는 경우에 취업을 목적으로 거주를 변경하는 근로자에게 귀향여비를 지급하도록 규정하고 있다(근기법 §19).

3·나. 지급요건

(1) 근로조건이 근로계약과 다른 경우(제3장, 제1절 2·라,(3))

(2) 취업목적 거주변경

사용자는 근로자가 취업을 목적으로 거주를 변경할 때에 귀향여비를 지급할 의무를 진다. 거주는 주소(민법 §18)뿐아니라 거소(민법 §19)까지도 포함되는 것으로 해석된다. 기숙사에 입주하거나 근로를 위해 거주지를 옮겼다가 원래의 생활근거지로 돌아가는 경우를 예로 들 수 있다.

3·다. 귀향여비 범위

귀향여비에는 교통비・식비, 숙박비, 가재도구운송비 등 귀향에 필요한 일체의 경비는 물론 동거의 가족이 거주를 옮기게 되면 그 비용까지 포함된다.[4]

3·라. 귀향여비청구권 행사기간

근기법은 근로자가 계약해제후에 언제까지 귀향여비를 청구할 수 있는지에 대

---

1) 대판 1987.5.26, 87도604. 근로자와의 합의가 없는 사건. 근기법 제36조 위반으로 판결.
2) '특별한 사정', '연장기일의 한도' 및 '서면합의'에 대해 법령에 규정하는 것이 바람직하다.
3) 대판 1997.8.29, 97도1091 ; 〈비슷한 취지〉 대판 1995.11.10, 94도1477.
4) 일본 노동성, 기수 제2483호, 1948.7.20.

해 밝히지 않고 있다. 금품청산관련규정을 유추·적용하여 근로계약해제후부터 14일이내로 해석하는 것이 타당해 보인다.[1)]

3·마. 귀향여비 지급시기

귀향여비도 청산되어야 할 금품(근기법 §36)이다.[2)] 지급사유 발생일로부터 14일이내에 지급되어야 하며 당사자가 합의한 경우에는 그 기일을 연장할 수 있다.

귀향여비는 성격상 귀향시점에 바로 지급되지 않으면 근로자가 원하지 않는 체류 때문에 식비·숙박비 등의 비용이 추가로 발생한다.

귀향여비는 근로자의 청구가 있을 때에 바로 지급되어야 하며 바로 지급되지 않아 발생한 추가경비를 사용자가 부담하도록 입법적으로 보완될 필요가 있다.

4. 사용증명서교부와 취업방해금지

4·가. 사용증명서교부

(1) 법적근거

사용자는 근로자가 퇴직한 후라도 사용기간, 업무종류, 직위, 임금, 그 밖에 필요한 사항에 관한 증명서를 청구하면 사실대로 적은 증명서를 즉시 내주어야 한다(근기법 §39①, §116① ii 5백만원 과태료). 사용증명서의 취지는 근로자의 재취업을 지원하기 위함이다.

(2) 청구시기

해고, 퇴직, 정년 등 근로관계종료사유를 불문하고 근로자의 청구가 있으면 사용자는 사용증명서교부의무를 진다. 아울러 "퇴직후라도"라는 표현을 감안할 때에 근로자는 재직중에도 사용증명서를 신청할 수 있다.[3)]

(3) 기재사항

사용증명서의 기재사항은 근로자가 청구하는 사항중에서 사실인 부분이다.[4)]

먼저, 해당기업의 사용기간에 대해 직무·사업장의 변경이 있어도 기업동질성이 유지되면 통산하여 기재한다. 근로자가 기재를 원치 않는 기간은 제외된다.

다음으로, 업무의 종류에 대해서는 가능한 한 자세히 기입한다.

---

1) 일본의 「노동기준법」 제15조는 14일 이내에 귀향하는 경우에 지급의무가 있다고 규정하고 있다.

2) 귀향여비(근기법 §19②)위반에 대해서는 벌칙이 없다. 그러나 귀향여비를 지급하지 않으면 금품청산위반(근기법 §36)으로 벌칙(근기법 §109①)을 받고 근로자에게 사법(私法)적인 청구권이 발생한다.

3) 근기 68207-2459, 2002.7.15 ; 임종률, 『노동법』, 제9판, 325쪽.

4) 근기 1451-10674, 1983.4.26.

셋째로, 지위에 대해서는 직위·직책뿐아니라 책임한도까지 명확히 기입한다.

넷째로, 임금에 대해서는 재직중에 수령한 임금에 관한 사항으로서 급여명세서, 임금대장 등을 포함하는 의미는 아니다.[1] 임금(근기법 §2① v)의 범위에 속하는 것을 모두 기재하되 임금대장에 나타난 명칭에 따라 구분하여 1월간의 총액을 기입하고 상여금 등 1월을 초과하여 지급되는 임금도 기재해야 한다.

마지막으로, 퇴직수당·직장연수·해외파견 등 청구사항을 모두 기입한다.

(4) 기재금지사항

사용증명서는 근로자가 재취업함에 있어서 근로자에게 유리한 자료가 되는 사항을 기재하는데 목적이 있으므로 사용자는 근로자가 요구치 않은 사항을 기재할 수 없다(근기법 §39②). 사실과 다른 내용에 대해서는 사용자의 기재의무가 없다.

사용증명서는 근로자의 재취업자료로 필요한 것으로서 이러한 용도에 사용하지 않는 것이 객관적으로 명백하면 이를 거부할 수 있다. 법적시비를 가리기 위한 확인조회에 해당되는 것까지 교부할 필요는 없다.[2]

(5) 사용증명서 형식

사용증명서는 근로자의 요구사항이 반영되도록 적절한 방법으로 작성하면 된다. 따라서 근로자가 근로계약서, 임금협정서, 임금대장, 납세자보관용원천징수영수증 등의 사본을 요구하더라도 이에 응할 사용자의 법적의무는 없다.[3]

(6) 사용증명청구권 제한

사용증명서를 청구할 수 있는 사람은 계속하여 30일이상근무자로 하되, 청구할 수 있는 기한은 퇴직후 3년이내이다(근기령 §19). 근무기간이 극히 짧은 경우, 사회통념상 그러한 경력이 재취업에 유리하다고 판단하기 어렵다. 근로일수가 30일 미만인 근로자에 대해서는 사용증명서교부의무가 면제된다. 근로계약서, 임금대장, 근로자명부 등 각종 서류의 보존기한은 3년이다(근기법§42 근기령§22).

퇴직후부터 3년이 지나면 증명자료가 없게 되어 현실적으로 사용증명서교부가 곤란하다. 이러한 취지에서 근로자의 사용증명청구권행사기간은 퇴직후 3년으로 제한된다.

---

1) 근로기준팀-6424, 2007.9.10.

2) 근기 01254-3069, 1987.2.25 ; 근기 01254-1870, 1992.11.17. 월별근무상황, 급여명세서, 교통사고기록사본, 시말서사본, 월별결근상황, 원천징수영수증사본, 취업규칙사본 등은 사용증명서에 포함될 내용이 아니다.

3) 근기 01254-6942, 1987.4.30.

(7) 사용증명서 교부시기

사용증명서는 즉시 교부되어야 한다. 즉시라 함은 사무번잡, 자료정리, 기업사항, 사용목적, 근로자요청기한 등을 고려하여 사회통념상 인정될 수 있는 범위에서 가능한 한 빠른 시간을 말한다.

4·나. 취업방해금지

(1) 법적근거

누구든지 근로자의 취업을 방해할 목적으로 비밀기호 또는 명부를 작성·사용하거나 통신을 하여서는 안된다(근기법 §40, §107 5년 징역·5천만원 벌금). 근로자가 사용자 또는 제3자에 의해 조직적으로 취업을 방해받지 않도록 보장하기 위해서이다.

(2) 주 체

취업방해의 주체는 특정한 신분·지위·자격 등에 관계없이 모든 사람이다. 따라서 사용자와 근로자는 물론 공무원을 비롯한 제3자도 포함된다.[1]

(3) 요 건

① 주관적 목적

취업방해금지위반의 죄는 목적범이며 명부의 작성·사용·통신이라는 객관적 구성요건외에 행위자의 주관적인 취업방해목적을 필요로 한다.

이러한 목적이 있었느냐 하는 것은 구체적인 사실관계에 따라 판단되어야 하나, 직접적으로 취업방해의 효과가 나타난 경우뿐아니라 취업방해의 목적이 있음이 객관적으로 입증되는 경우도 포함된다.

② 객관적 구성요건

비밀기호는 타인이 알아보기 어렵도록 표시한 것을 말하고 명부는 1명이상의 성명이 기재된 문서를 의미한다.

비밀기호 또는 명부에 기재될 사항은 근로자의 취업관련사실뿐아니라 사회적 신분, 노동조합활동상황 등에 관한 기록도 해당되며 기재내용허위여부와 관련이 없다. 특정인에 관한 사항을 말로 전달한 경우 이를 비밀기호 또는 명부로 볼 수 있을 것이냐에 대해서는 의문이 있을 수 있다.

비밀기호까지 금하고 있는 법의 취지를 볼 때 전달된 말도 비밀기호 또는 명부의 범주에 넣는 것이 타당하나 객관적인 증명이 어렵다.

---

1) 근기 68207-828, 2003.7.4.

③ 위반행위 존재

㈎ **작 성**

작성이라 함은 비밀기호, 명부를 만드는 행위이며 사용이라 함은 취업방해의 결과가 나타나도록 하는 행위로서 계획적이고 조직적으로 이를 보관하고 있는 상태까지 포함된다.

㈏ **사 용**

관련조항이 "작성·사용"으로 표시되어 있고 해당규정이 취업을 방해하는 것을 금지하므로 작성한 후에 사용까지 한 행위가 있어야 취업방해에 해당된다.

사용자가 비밀기호 또는 명부를 작성하고 그에 기재된 근로자를 채용치 않는 행위는 사용자의 고유권한인 채용권의 행사로 볼 수 있다.[1] 그러나 자신의 채용자료로 사용하는 범위를 넘어서 타인의 채용자료로 제공하는 등 취업방해목적이 인정될 경우에는 법위반이 될 수 있다.[2]

㈐ **통 신**

통신을 하여서는 안된다는 것에 대해서는 통신의 대상이 무엇인지를 둘러싸고 견해가 나뉠 수 있다. 먼저, 통신은 비밀기호 또는 명부를 타인에게 우편, 전신, 전화 등 통신수단으로 주고받는 행위로 한정할 수 있다. 명부를 보내는 행위는 물론이고 배포를 요청하여 전달받은 행위도 이에 해당된다. 다음으로 통신의 대상을 비밀기호나 명부로 한정하지 않고 취업방해를 목적으로 행한 행위의 전체로 이해할 수 있다.[3] 후자의 견해가 타당하다.

1) 근기 68207-1621, 1994.10.11. 직접 채용을 위해 경력을 조회한 행위는 취업방해가 아니라고 보고 있다.

2) 근로개선정책과-2398, 2013.4.19. 취업후 6개월이상 근무하지 않고 퇴직한 근로자를 동종업체에서 다시 채용하지 않을 목적으로 동종업체들간에 재직기간이 명시된 퇴직근로자명단을 작성해 공유하고, 실제로 그 명부에 기재된 근로자를 채용하지 않았다면 '취업방해'에 해당된다.

3) 근로개선정책과-2948, 2011.9.7. 근로자 A가 B의 취업을 방해할 목적으로 채용중인 B의 사업장에 해고를 종용한 것은 근기법 §40에 위반된다.

제3절 근로관계종료후 생활보장

1. 개 요

1·가. 근로관계종료후 생활보장제도의 구조

노동법이나 사회보장법은 근로자가 퇴직한 후에 직장을 다시 구하기까지 생활을 유지하거나, 은퇴후의 생활을 보장하는 제도적장치를 마련하고 있다.

한국의 퇴직후생활보장제도는 일반근로자를 대상으로 하는 제도와 특별법의 적용을 받는 근로자를 위한 제도로 구성되는 다층적인 구조를 가지고 있다.

첫째, 일반근로자를 위한 퇴직후생활보장제도는 「근로자퇴직급여보장법」에 의한 퇴직급여제도, 「국민연금법」에 의한 국민연금제도와 「고용보험법」에 의한 고용보험제도로 구성되어 있다. 퇴직급여제도는 퇴직금제도, 퇴직연금제도 및 건설근로자퇴직공제제도로 나뉜다. 국민연금제도와 고용보험제도는 적용대상과 사업목적이 퇴직급여제도보다 넓다. 국민연금제도는 적용대상에 근로자뿐아니라 자영업자까지 포함하고 있다. 고용보험제도는 퇴직후에 새 직장을 구할 때까지 생활을 보호하고자 하는 구직급여외에도 새 직장을 구하는데 도움을 주는 고용안정사업과 직업능력을 키워주는 능력개발사업을 포함하고 있다.

둘째, 특별법에 의해 퇴직후생활보장제도를 적용받는 특수한 신분의 근로자들에게는 각각 관련법에 의해 설계된 퇴직후생활보장제도의 적용을 받는다. 이들 근로자로는 「선원법」에 의한 선원, 「공무원연금법」에 의한 공무원, 「사립학교교직원연금법」에 의한 사립학교교직원[1] 등이 있다.

1·나. 근로관계종료후 생활보장제도 변천

한국은 1953년에 근기법을 제정할 때 '해고자에 대한 지급 규정'(§28)을 두어 퇴직금제도의 근거를 마련하고, 1961년에 현행제도로 그 틀을 보완한 후에 계속 적용범위를 넓혀왔다.

퇴직금제도는 근로자의 퇴직후 및 노후의 생활을 보장하는데 도움이 되기는

1) 대판 1987.2.24, 86다카1355.

하지만 재원마련을 기업에 의존하고 있어 보장수준이 충분하지 않다. 퇴직금제도는 건국초기에 사회보장 및 사회보험제도를 정비할 수 있을 정도의 경제력이 없다는 점을 감안하여, 기업부담을 전제로 설계된 제도이다.

한국의 사회보험제도는 1980년대후반부터 본격적으로 정비된다. 그 결과 근기법의 법정퇴직금제도를 적용받는 사업장은 1988년부터 「국민연금법」에 의한 국민연금제도의 적용을 받고, 1995년부터 「고용보험법」에 의한 실업급여의 적용을 받게 되었다. 이로써 우리나라의 퇴직후생활보호제도는 3원화되어 있다.

1996년에는 「건설근로자의고용개선등에관한법률」이 제정되었다. 건설근로자는 근로의 성격상 근기법상 퇴직금제도의 혜택을 받기 어렵다. 따라서 이 법률은 취약계층인 중소기업의 건설업일용근로자를 대상으로 하는 건설근로자퇴직공제제도를 도입하였다. 그러나 제도변천에도 불구하고 근로자의 퇴직후생활보장제도가 충분하지 못하다는 지적이 그치지 않았다. 그 결과 2005년에는 퇴직연금제도를 기반으로 하는 「근로자퇴직급여보장법」이 제정되었고, 지속적인 개정을 거치면서 시행되고 있다.

2. 퇴직급여제도

2·가. 도입배경

'1953년 제정 근기법'에 규정된 '해고자에 대한 지급'은, '1954년 제정 근기령'에 따라, 상시30명이상을 고용하는 사업장에 시행되었다.[1] '1961년 개정 근기법'은 해고예고제도를 도입하면서 '해고자에 대한 지급'조항을 퇴직금제도로 변경하였다. 그 후 퇴직금제도의 적용범위가 꾸준히 확대되었으며, 2010년부터 퇴직급여제도에 흡수되어 상시근로자가 4명이하인 사업(장)에도 적용되고 있다.

퇴직금제도는 도입된 이후에 50여년이 지나는 동안 적용범위를 넓혀 오면서 근로자보호에 기여를 해왔다. 그러나 근로자에 대한 사회보장책임을 기업에 의존하고, 다른 사회보험제도와 기능이 중복되며, 지원수준이나 적용범위가 퇴직후 생활보호수단이 되기에 미흡했다. 이러한 한계때문에 퇴직금제도를 사회보험화하려는 노력이 이어진다. 1988년에 국민연금제도가 도입될 때, 퇴직금의 일부를 국민연금으로 전환하는 퇴직전환금제도가 마련되었다. 퇴직금제도를 국민연금제도로 흡수하고자 하는 목적에서였다. 그 후 '1995년 제정 「고용보험법」'은

---

1) 사용자는 해고근로자에게 30일분이상의 평균임금을 지급하되, 2년이상 계속 근로하면 계속근로년수 1년에 대하여 30일분을, 계속근로년수가 10년이상인 때에는 10년을 넘는 1년에 대하여 60일분을 가산토록 하였다.

부칙 제3조에 '노동부장관은 퇴직금제도를 개선하는 방안을 강구하여야 한다'는 규정을 둠으로써 퇴직금제도의 개선을 예고하였다. 이에 따라 1997년에 퇴직연금제도의 준비단계로서 '퇴직보험 및 퇴직일시금신탁제도'가 도입되고 1998년에 퇴직전환금제도가 폐지되었다. 그러나 이 제도도 퇴직후에 생활보장제도를 구축하려는 정책목표를 달성하는데 한계가 있어 2005년에 폐지되고, 퇴직연금제도가 설계되어 있는 「근로자퇴직급여보장법」(근퇴법, 2005.1.27 공포 2005.12.1 시행)이 제정되어, 지속적인 개정을 거치면서 시행되고 있다.

2·나. 법적근거

(1) 근로자퇴직급여법보장법 목적

근퇴법의 목적은 근로자퇴직급여제도의 설정 및 운영에 필요한 사항을 정함으로써 근로자의 안정적인 노후생활의 보장에 이바지하는데 있다(근퇴법 §1).

(2) 근로자퇴직급여보장법 성격

근퇴법은 근기법을 모법으로 하는 특별법의 성격을 갖는다. 근기법(§34)은 "사용자가 퇴직하는 근로자에게 지급하는 퇴직급여제도에 관하여 근퇴법이 정하는 대로 따른다"고 규정하고 있다.

근퇴법(§2)은 근로자, 사용자, 임금 및 평균임금의 개념에 대해 근기법의 개념(§2)을 사용한다. 다만, 근퇴법은 임금지급(근기법 §43), 임금시효(근기법 §49), 임금채권우선변제(근기법 §38) 등에 근기법에 상응하는 규정을 따로 명시함으로써 퇴직금이 임금과 다르다는 점을 명확히 하고 있다. 퇴직급여에 관한 규정은 강행규정이므로 청구권을 사전에 포기하는 약정은 무효이다.[1]

(3) 근로자퇴직급여보장법 적용

① 적용대상

㈎ 원 칙

근퇴법은 규모와 관계없이 근로자를 사용하는 모든 사업(장)에 적용된다(근퇴법 §3).[2] 사업(장)이라 함은 근기법적용사업(장)을 말한다. 근퇴법의 적용대상은 근로자, 사용자 및 퇴직연금사업자(근퇴법 §2)[3]이다.

---

1) 대판 2002.7.26, 2000다27671 ; 근로복지과-2701, 2011.11.8. 퇴직급여삭감서약서는 무효임.
2) 헌재 2012헌바186, 2013.9.26. 〈합헌〉 헌법상 평등원칙에 위반되지 않음.
3) 퇴직연금제도의 운용관리업무 및 자산관리업무를 수행하기 위하여 근퇴법 제26조에 따라 등록한 사람.

㈏ **적용대상으로서의 근로자 · 사용자**

퇴직급여제도가 도입되기 전부터 퇴직금제도적용대상에 대해 수급대상자인 근로자와 지급의무자인 사용자를 판단하는 법리가 근기법상 근로자와 사용자의 개념을 중심으로 형성되어 왔다. 퇴직금제도의 판단법리는 퇴직급여에도 적용된다.

㉮ 지급대상자

(a) 근로자

법정퇴직금제도의 적용대상은 '근기법상 근로자(근기법 §2① i 제1장, 제4절, 2·가)'이다. 임시직 · 잡급직 · 촉탁직,[1] 일용직(제8장, 제3절 1·나,(2)),[2] 도급계약근로자,[3] 수련의 등 전문직,[4] 외국인[5] 등도 적용대상이다. 근기법상 근로자가 아니면 법정퇴직금제도 적용대상이 아니다.[6] 공무원은 근퇴법적용대상이 아니나 공무원연금관련법의 적용을 받지 않는 계약직공무원은 적용대상이 될 수도 있다.[7] 사립학교교직원은 관련법이 근로조건에 관해 정하고 있는 부분에 대해 근기법 등이 적용되지 않는데, 「사립학교교직원연금법」이 적용되므로 근퇴법이 적용되지 않는다.[8]

1) 대판 1973.9.25, 71다1078.

2) 대판 2002.7.26, 2000다27671. 일용관계가 계속되면 상용근로자로 보고 취업규칙상 직원에 준해 계속근로년수로 계산하여 상응하는 퇴직금을 지급해야 하며, 월평균 25일이상 근무해야 상근성, 계속성, 종속성이 인정되는 게 아님 ; 대판 2011.4.14, 2009다35040. 갱신 또는 반복된 근로계약기간을 합산해 계속근로연수가 1년이상이고, 일부공백기간이 전체근로계약기간에 비해 길지 않고 계절적요인(동절기에 일시적으로 근로관계가 중단되었으나 경륜경기일정에 맞춰 계속 근로계약갱신)이나 방학기간 등 업무성격에서 기인하거나 대기기간 · 재충전을 위한 휴식기간 등의 사정이 인정되면 상근성 · 계속성 · 존속성의 요건을 충족함 ; 법무 811-6870, 1979.3.21 ; 임금 68207-383, 1994.6.30. 정부 · 지방자치단체 고용 일용직도 지급대상임.

3) 대판 1991.12.13, 91다24250 ; 대판 1991.10.25, 91도1685.

4) 대판 1991.11.8, 91다27730 ; 임금 68207-194, 1994.4.4.

5) 근기 01254-12062, 1987.7.28 ; 그 나라에 퇴직금제도가 없다는 점을 감안하여 퇴직금이라는 명목의 금품을 지급치 않을 것을 전제로 같은 사업장내근로자보다 높은 임금을 지급하는 계약을 체결하면 임금속에 퇴직금이 이미 포함되어 있다는 견해(서울지판 1997.2.21, 95가합45915)가 있으나 찬성할 수 없다. 다만, 고용허가제에서는 출국만기보험으로 퇴직급여제도를 대체한다(제8장, 제4절, 4·다, (2), ①).

6) 대표이사(대판 1973.9.25, 73다468), 주식회사임원(법무 87-2353, 1981.1.23 ; 근기 68207-2303, 2000.8.1) 등 민법상 위임규정적용자(상법 §382)로서 정관 또는 주주총회결의로 보수가 결정되는 사람(상법 §388)은 법정퇴직금지급대상자가 아니며 이들에게 지급되는 퇴직위로금 등은 근퇴법상퇴직급여로 볼 수 없다(대판 1977.11.22, 77다1742). 민법상 퇴직금의 경우일지라도 회사의 경영진이 경영상황에 부합하지 않는 거액의 퇴직금을 지급하도록 하는 퇴직금지급규정을 제정하여 그들이 장악하고 있는 대주주를 통하여 주주총회를 통과하도록 하더라도 이는 상법상 이사의 충실의무에 위반하는 배임행위에 해당하여 무효이다(대판 2016.1.28, 2014다11888). ; 상법이 적용되지 않는 이사 · 감사 등은 근기법상 근로자인지에 따라 결정되며, 비상근임원(근기 1451-29219, 1983.11.26) · 도급계약자(근기 1455-12525, 1981.4.22) · 공인회계사시보(근기 01254-6627, 1987.4.23) · 지역예비군중대장(대판 1979.4.24, 78다828) 등은 근로자로 보지 않으므로 지급대상이 아니다.

7) 근로복지과-2308, 2013.7.4. 한시계약직공무원(국가공무원법 §26의2). 휴직하거나 30일이상의 휴가를 실시하는 공무원의 업무를 대행하기 위해 1년이내로 통상적근무시간보다 짧게 근무(주당 15시간~35시간 범위 내)하는 계약직 공무원으로서 근퇴법에 따른 퇴직금지급요건에 해당할 경우 퇴직금을 지급토록 하고 있다.

8) 근로복지과-2133, 2013.6.21.

ⓑ 유효한 근로계약

근퇴법이 적용되는 근로자는 적법·유효하게 성립된 근로관계에 따라 근무하다가 퇴직한 근로자여야 한다.[1] 따라서 근로계약관계가 부정되거나,[2] 근로계약이 무효이거나, 소급하여 취소되면 근로를 제공하더라도 퇴직금지급대상이 아니다.[3] 묵시적근로계약이 인정되는 경우에도, 근로관계에 편입되면 퇴직금청구권이 인정된다.

ⓒ 상속인

퇴직근로자가 사망한 경우 민법상 상속인이 수령권자이다.[4]

㉯ 지급의무자

법정퇴직금의 지급의무자는 사용자(근기법§2①ii 제1장, 제4절, 2·나)이며, 금품지급과 관련되는 근로조건의 경우에는 특히 사업주·사업경영담당자 등이 대상자가 됨이 원칙이나 권한의 위임정도에 따라서는 다른 사용자도 대상자가 된다(제5장, 제5절 4·나, (1)). 따라서 '회사를 위하여 직무를 집행하여 온 정리회사의 공동관리인'[5]이나 '노동조합이 운영하는 식당의 노동조합대표'도 사용자로서 지급의무자이다.'[6]

퇴직금을 지급하지 않은 상태에서 법인의 사업경영담당자가 바뀌면 새로운 사업경영담당자에게 퇴직금을 청구할 수 있으나 근기법상 퇴직금미지급의 형사책임은 퇴직당시의 사업경영담당자가 진다.[7] 용역업체와 근로계약을 체결하고 다른 사업장에서 근로를 제공하면, 용역회사가 지급의무자가 된다. 용역업체의 소개를 받아 다른 기업과 근로계약을 체결하면 그 기업이 지급의무자가 된다.[8]

퇴직금제도로 확정급여형퇴직연금제도를 설정해 퇴직연금사업자를 정하여 운영해 왔더라도 퇴직금지급책임은 퇴직연금사업자가 아닌 회사에게 있다.[9]

② 적용제외

근퇴법은 근기법이 적용되지 않는 사업(장)이나, 근기법상 근로자나 사용자가 아닌 사람에게 적용되지 않는다. 근퇴법은 '동거친족만을 사용하는 사업' 및 '가

---

1) 대판 1987.4.14, 86누459.
2) 임금 68207-448, 1994.7.20. 항운노조와 조합원의 근로계약관계 부정.
3) 김지형, 『노동법해설』, 1993, 200쪽.
4) 임금 32240-7947, 1990.6.4.
5) 대판 1984.4.10, 83도1850.
6) 근기 01254-6308, 1987.4.17.
7) 근기 01254-5076, 1987.3.30. 퇴직일로부터 14일이 지난 후 사업경영담당자가 바뀐 경우에는 새 사업경영담당자에게 근퇴법상 책임을 물을 수 없다. 범죄성립일 당시 범죄행위자는 전 사업경영담당자이기 때문이다.
8) 임금 68207-297, 1996.6.20.
9) 대구지판 2013.8.22, 2012나24789.

구내고용활동'[1]에 적용되지 않는다(근퇴법 §3). '계속근로기간 1년미만근로자'와 초단시간근로자(제8장, 제4절 2·나, (2))'[2]에게는 퇴직급여제도설정의무가 면제된다(근퇴법 §4①단서). 퇴직급여와 관련하여 근퇴법규정사항이 아니면 민법 등을 따른다.[3]

2·다. 제도구성

(1) 의 의

퇴직급여제도란 확정급여형퇴직연금제도, 확정기여형퇴직연금제도 및 퇴직금제도(근퇴법 §8)를 말한다(근퇴법 §2vi). 근퇴법(§2 vii)은 확정급여형퇴직연금제도, 확정기여형퇴직연금제도 및 개인형퇴직연금제도를 퇴직연금제도로 명시하고 있다. 퇴직연금제도라 함은 사용자가 매월 또는 매년 퇴직연금사업을 하는 금융기관에 일정금액 이상을 적립하고 근로자는 퇴직한 후에 매월 또는 매년 연금을 받거나, 일시금을 받을 수 있는 제도이다.

(2) 퇴직금제도

① 개 념

퇴직금제도는 사용자가 근로자에게 계속근로를 전제로 하여 일정한 금액을 퇴직후에 지급하는 제도이다.

② 법적성격

㈎ 학 설

㉮ 공로보상설

퇴직금은 계속근로에 대한 보답으로 사용자가 증여하는 것이라는 설[4]이다. 이 설은 사용자측의 입장에서 주장되었던 설로 한국과 같이 법제화된 권리로 인정되는 경우에는 받아들이기 어렵다. 다만, 명예퇴직금, 경영해고보상금, 누진퇴직금 등[5]은 법정퇴직금과 구분되고 그 성격도 임금으로 보기 어려우므로 공로에 대한 보상으로 볼 수 있다.

㉯ 생활보장설

퇴직금은 사회보장이 확립되어 있지 않은 경우에, 퇴직후에 생활보장을 위해

---

1) 헌재 2022.10.27, 2019헌바454·2018헌바42, 적용제외 합헌.
2) 헌재 2021.11.25, 2015헌바334·2018헌바42, 적용제외 합헌.
3) 퇴직연금복지과-959, 2017.2.27. 기업 사이에서 위탁기압이 수탁기업의 용역비에 포함된 퇴직급여충당금을 환수하는 문제 관련.
4) 日經連, 電算退職金問題に對する意見書, 1949.6.18.
5) 대판 1994.7.29, 94다13336.

기업이 사회성을 기반으로 해서 근로자에게 지급하는 급부라는 설[1]이다. 퇴직금지급액이 임금수준·근속기간 등에 따라 다르다는 점에서 퇴직금의 성격을 명확히 밝혀 주는데 미흡하다.

㈐ 임금후불설

퇴직금은 근로자가 재직중에 적립한 임금을 사후에 지급하는 후불임금이라는 설이다.

㈏ **종래해석**

학설[2]과 판례[3]는 퇴직금성격에 대해 임금후불설입장을 취하고 있다. 이 설에 따르면 '퇴직금은 사회보장적성격과 공로보상적성격이 포함되어 있으나 임금적인 성질을 갖는 것'[4]이라고 해석된다. 퇴직금채권은 근로관계존속중에 이미 발생하나 이행시기가 퇴직시점이라는 점에서 임금채권과 다르다.[5] 이러한 특수성 때문에 퇴직금은 통상임금·평균임금의 어느 쪽에도 포함되지 않는다. 다만, 임금지급관련조항은 퇴직금에도 적용되는 것이 원칙이다. 퇴직금성격에 대해 생활보장적성격과 공로보상적성격이 함께 포함되어 있다는 판례[6]도 발견된다.

㈐ **관점변화**

퇴직급여제도는 퇴직금제도를 사회보험화하는 과정에서 탄생했다. 근퇴법은 근로자와 사용자로 하여금 신설사업에 대해 확정급여형퇴직연금제도와 확정기여형퇴직연금제도중에서 하나를 택하도록 하고 있다. 퇴직급여제도를 설정하지 않으면, 퇴직금제도를 설정한 것으로 간주된다. 즉, 퇴직금제도는 퇴직연금제도의 보충적인 제도로 남는다. 이는 퇴직금제도의 법적성격이 임금후불에서 생활보장으로 변하고 있음을 의미한다.

③ **퇴직금제도 특성**

외국에서 발견하기 어려운 특유한 제도인 퇴직금제도는 그 성격이 변하고 있다. 첫째, 퇴직금제도는 설정자체를 의무화하는 방법으로 출발하였으나, 퇴직급여제도의 한 유형으로 편입되었다. 다만, 퇴직급여제도를 설정하지 않으면 퇴직금제도를 설정한 것으로 간주하고, 확정급여형연금제도의 급여결정기준이 됨으

1) 青木, 『労働基準法 講義』 136頁.
2) 김형배, 『노동법』, 제20판, 710쪽 ; 박상필, 『근로기준법강의』, 248쪽.
3) 대판 1969.1.21, 68다2130 ; 대판 1969.3.18, 68다2408 ; 대판 1969.12.30, 69다1977 ; 대판 1973.10.10, 73다278 ; 대판 1975.7.22, 74다1840 ; 대판 1976.9.28, 75다1768.
4) 대판 1969.12.30, 67다1597.
5) 김형배, 『노동법』, 제20판, 711쪽.
6) 대판 1995.12.12, 94다36186(**한국노동법학회, 『노동판례백선』 제1판**, 201쪽. 주요판례로 소개) 등.

로써 퇴직급여제도의 기초가 된다. 둘째, 일정규모이상인 사업(장)에 적용되다가 다른 유형의 퇴직급여제도와 함께 모든 사업(장)에 적용되고 있다. 셋째, 범법행위·형사처벌·중대과실 등으로 인한 징계해고[1]나 사직[2]처럼 퇴직의 종류와 관계없이 적용된다. 넷째, 충당금·적립금 등을 근로자에게 부담시키거나[3] 미지급[4]을 내용으로 하는 약정은 무효이다.

(3) 퇴직연금제도

① 확정급여형퇴직연금

확정급여형퇴직연금는 근로자가 받을 연금급여(산정방식)가 사전에 확정되고, 사용자가 부담(적립)할 금액이 적립금운용결과에 따라 변동될 수 있는 연금제도이다. 이 제도는 다음과 같은 내용으로 구성된다. 첫째, 근로자가 받을 연금급여를 일시금 기준으로 할 때에 법정퇴직금과 같은 금액이 되도록 하며, 연금은 퇴직연금규약에 따라 일시금을 종신 또는 일정기간으로 분할하여 산정한다. 둘째, 사용자는 연금지급에 대비하여 노사가 퇴직연금규약으로 정한 금융기관에 대통령령으로 정한 수준이상의 적립금을 전체근로자의 명의로 적립한다. 사용자는 임금인상률, 퇴직률, 기금운용수익률 등 연금액의 산정기초가 변하면 그에 따른 위험부담과 수급자에 대한 최종지급책임 등 관리부담을 진다. 셋째, 금융기관은 사용자와의 계약에 기초하여 자율적으로 적립금을 운용한다. 확정급여형은 경영이 안정적이고 영속적인 기업, 수급자에 대한 관리능력이 있는 대기업 등에 적합하다.

② 확정기여형퇴직연금

확정기여형퇴직연금은 사용자의 부담금이 사전에 확정되고 근로자가 받을 퇴직급여는 적립금운용실적에 따라 변동되는 연금제도이다. 이 제도는 다음과 같은 내용으로 구성된다. 첫째, 사용자가 연간임금총액의 1/12이상의 금액을 노사가 퇴직연금규약을 통해 선정한 금융기관의 근로자개인별계좌에 적립한다. 둘째, 근로자는 금융기관이 선정·제시하는 운용방법을 선택하여 적립금을 운용한다. 셋째, 금융기관은 근로자의 지시에 따라 적립금을 운용하여 근로자에게 연금 또는 일시금을 지급한다. 적립금은 사용자로부터 독립되어 근로자개인의 명의로 적

---

1) 퇴직금을 지급치 않는다고 정해도 무효이다. ; 근기 1451-22692, 1984.11.4 ; 근기 1451-2926, 1984.2.1 ; 근기 1455-21712, 1981.7.15 ; 근기 1455-14856, 1981.5.4 ; 법무 81110-428, 1981.4.2 ; 법무 810-1033, 1969.1.28.

2) 임금 32240-7481, 1991.5.24. 자진 사직한 사례.

3) 임금 32240-5377, 1990.4.16.

4) 임금 68207-297, 1996.6.20. 근로계약시 퇴직급여가 없는 것으로 한다거나 임금지급시 퇴직금액이 포함되어 미리 지급된 것으로 하더라도 이는 무효이다.

립되므로 기업이 도산해도 수급권의 100%가 보장되며, 직장을 옮겨도 연결이나 통산이 쉬우나, 투자결과에 따라 연금액이 달라질 수 있다. 따라서 수익성의 기회를 보장하면서도 투자위험을 최소화하기 위해 원리금보장상품의 제시의무화, 주식 등 위험자산투자비율제한, 운용방법별로 이익·손실가능성제시 등의 안전장치를 설계한다. 확정기여형은 기업수명이 짧거나 경영이 불안정하거나 임금삭감이 우려되는 기업, 자체적으로 퇴직연금제도를 설계하기 어려운 중소기업, 직장이동이 빈번한 근로자 등에게 적합하다.

③ **개인형퇴직연금제도**

개인형퇴직연금제도란 가입자의 선택에 따라 가입자가 납입한 일시금이나 사용자 또는 가입자가 납입한 부담금을 적립·운용하기 위하여 설정한 퇴직연금제도이다. 이 제도는 급여나 부담금의 수준을 확정하지 않는다. 이 제도는 근로자의 직장이동이나 법정급여이상[1]의 급여를 보장하기 위한 제도로서 자영업자도 임의적용대상이다. 개인형퇴직연금제도는 다른 퇴직연금제도를 보완한다.

(4) 중소기업퇴직연금기금제도

복수의 30인이하영세사업(장)이 사용자와 근로자가 납입한 부담금 등으로 공동기금을 조성·운영하면서 근로자에게 퇴직급여를 지급하고, 재정지원을 통해 연금가입을 유도하며, 합리적인 공적자산운용 및 교육서비스 등을 제공하는 중소기업퇴직연금기금제도가 도입되어 있다(근퇴법§2 xiv).

2·라. 제도설정

(1) 설정·변경 내용

① 퇴직급여제도 설정

㈎ 설정의무

사용자는 퇴직근로자에게 급여를 지급하기 위해 퇴직급여제도중에서 하나이상의 제도를 설정해야 한다(근퇴법 §4①본문). 확정급여형퇴직연금제도와 확정기여형퇴직연금

1) 퇴직연금복지과-221, 2016.1.14. 명예퇴직금, 퇴직위로금 등 법정외명목으로 지급되는 금품은 지급대상·지급요건·산정방법 등이 다양하여 한 가지 성격으로 규정되지 않으며, 퇴직급여제도운영실태와 명예퇴직금 등의 규정을 설정하게 된 시기·경과·산출방법 등 여러 사정을 종합하여 보아야 한다(대판 2008.7.10, 2006다12527). 명예퇴직금 등의 금품이 퇴직연금규약에 미리 정한 급여가 아니며, 강제퇴출·조기퇴직에 따른 위로금으로 지급되는 것이거나 해고후의 생계보장을 위해 지급되는 보상금의 성격이라면 퇴직급여로 볼 수 없다. 따라서 사용자는 법정퇴직급여만 개인형퇴직연금제도로 지급하고, 명예퇴직금명목의 기타금품은 가입자가 자기부담금으로 납입할 수 있다. 이와 달리 재직중의 근로제공대가로서 미지급임금을 법정수준에 추가하여 지급되는 후불임금의 성격이라면 퇴직급여로 보아(서울고판 2002.4.12, 2001나57961), 금품전액을 사용자가 하나의 개인형퇴직연금제도로 지급할 수 있다.

제도중에서 어느 제도를 택할 것인지는 노사가 합의하여 결정할 사항이며, 근로자의 요구에 의해 중도에 한 제도에서 다른 제도로 전환할 수 있도록 설계할 수 있다. 퇴직급여제도의 선택은 안정성과 수익성중에서 어느 것을 선호하느냐에 따라 달라지며, 이러한 이유로 사용자와 금융기관에게 정보제공 및 교육의무가 부과된다. 퇴직연금사업자가 둘이상의 사용자를 대상으로 하나의 확정기여형퇴직연금제도설정을 제안하려면 고용장관승인을 받아야 한다(근퇴법 §23).

㈏ 신설사업

신설사업의 사용자는 근로자대표의 의견을 들어 사업성립(합병·분할 제외)후부터 1년이내에 확정급여형퇴직연금제도나 확정기여형퇴직연금제도를 설정해야 한다(근퇴법 §5).

㈐ 복수연금제도 설정

사용자가 가입자에 대하여 확정급여형퇴직연금제도 및 확정기여형퇴직연금제도를 함께 설정하는 경우, 확정급여형퇴직연금제도의 급여는 근퇴법(§15)에 따른 급여수준에 확정급여형퇴직연금규약으로 정하는 설정비율을 곱한 금액이 되고, 확정기여형퇴직연금제도의 부담금은 근퇴법(§15)의 부담수준에 확정기여형퇴직연금규약으로 정하는 설정비율을 곱한 금액이다(근퇴법 §6①). 이 때 확정급여형퇴직연금규약으로 정하는 설정비율과 확정기여형퇴직연금규약으로 정하는 설정비율의 합은 1 이상이 되어야 한다(근퇴법 §6②).

㈑ 퇴직금제도 설정

㉮ 법정퇴직금과 법외퇴직금

퇴직금제도를 설정하고자 하는 사용자는 계속근로기간 1년[1]에 대하여 30일분 이상의 평균임금(근기법상 평균임금을 말한다 제5장,제2절,2 참조)을 퇴직금으로 퇴직하는 근로자에게 지급할 수 있는 제도를 설정해야 한다(근퇴법 §8①).[2] 근퇴법 및 근기법에 따라 지급되는 퇴직금을 법정퇴직금 또는 퇴직금단수(單數)제라 한다.

근퇴법은 하한을 정한 것일 뿐이고, 퇴직금규정 등 그 이상의 지급에 대해 노

---

1) 헌재 2011.7.28, 2009헌마4088. 전원일치의견. 계속근로기간 1년 미만인 근로자를 퇴직급여 지급대상에서 제외하는 근퇴법 제4조제1항 단서 중 '계속근로기간이 1년 미만인 근로자'부분과 근퇴법 제8조제1항 중 '계속근로기간 1년'부분은 근로자의 평등권, 근로의 권리 등을 침해하지 않는다.

2) 근퇴법이 제정될 당시의 근기법은 제34조에서 퇴직금제도설정의무위반에 대하여 2년이하징역 또는 1천만원 이하벌금에 처할 수 있도록 하였다. 이러한 입법은 사업장의 퇴직금제도가 무엇인지를 미리 확실히 하고 퇴직금을 미리 적립케 하는 등의 입법목적이 있었다. 그러나 근기법은 근로조건의 최저기준을 정하는 법이라는 점을 감안하여, 제정근퇴법은 벌칙을 삭제하는 대신 퇴직금제도를 설정하지 않은 사업장에게는 법정퇴직금을 설정한 것으로 간주하는 규정을 두었다.

사합의가 있으면 그에 따라 퇴직금을 산정하여 지급해야 한다.[1] 법정퇴직금 또는 퇴직금단수제보다 높은 기준으로 지급되는 퇴직금제도를 퇴직금누진제라고 한다. 퇴직금누진제는 취업규칙 등으로 설정할 수 있다. 평균임금을 기준으로 하지 않거나, 30일분미만으로 책정하거나, 평균임금포함임금범위를 축소[2]하거나, 근속년수기산일을 입사한 날이 아닌 다른 날로 하더라도, 퇴직금누진율 등을 도입함으로써 법정퇴직금을 상회한다면 법위반으로 보지 않는다.[3] 일정한 근속기간까지에 대하여만 누진을 적용하는 부분적퇴직금누진제도도 있을 수 있다.[4] 법정외기준을 설정함에 있어 감액규정을 두더라도 위법하지 않으나[5] 이미 발생한 금액은 보장되어야 하며,[6] 소급해서 감액할 수 없다. 법정외퇴직금을 포함한 모든 퇴직금이 세법의 규정에 따라 과세대상이 되는 퇴직소득이다.[7]

㈏ **퇴직연금제도에 대한 보완적 기능**

퇴직급여설정의무(근퇴법 §4①본문)나 신설사업퇴직연금설정의무(근퇴법 §5)를 이행하지 않거나, 상시근로자10인미만사업(장)이 개인형퇴직연금제도(근퇴법 §25①)를 설정하지 않으면 퇴직금제도(근퇴법 §8①)를 설정한 것으로 본다(근퇴법 §11). 퇴직연금제도가 폐지되거나 운영이 중단된 경우에는 폐지된 이후 또는 중단기간에 대해 법정퇴직금제도(근퇴법 §8①)를 적용한다(근퇴법 §38①).

② 퇴직급여제도 변경

㈎ 의 의

퇴직급여제도는 취업규칙기재사항이다. 따라서 퇴직급여제도의 변경은 취업규칙변경논리(제3장 제2절)의 적용을 받는다. 제도변경은 퇴직금제도, 확정급여형퇴직연금

1) 대판 2018.8.30, 2016다228802. 퇴직시에 산정된 퇴직금과 '평균임금포함급여(가족수당과 상여금)를 제외하여 산정한 중간정산퇴직금 수령액'의 차액을 지급하더라도 중간수령금이 근퇴법의 보장금액을 넘기만 하면(노사합의에 따른 퇴직금지급률을 적용하면 대부분이 보장금액 상회) 적법하다고 본 원심을 파기하고 노사합의에 의한 방법으로 계산해야 한다고 판시.

2) 법정퇴직금액을 상회하는 한 일부임금을 평균임금에서 제외하는 계산방식을 인정하더라도 다른 근로조건 보장에 있어 평균임금의 범위를 축소하는 것은 인정되지 않는다.

3) 임금 32240-6512, 1991.5.8 ; 대판 1991.1.15, 90다6170 ; 대판 1990.11.27, 90다카23868 ; 대판 1971.5.11, 71다485 ; 대판 1973.11.13, 73다1384 ; 대판 1974.12.24, 73다105 ; 대판 1979.2.27, 78다2372 및 79다136 ; 대판 1982.11.23, 80다1340 ; 대판 1987.2.10, 85다카187 ; 대판 1987.2.24, 84다카1409 ; 대판 1992.6.9, 92다6716 ; 대판 1998.1.20, 97다21086 ; 대판 1997.2.28, 95다49233 ; 대판 2003.4.11, 2001다9380 ; 대판 2003.12.11, 2003다40538.

4) 대판 2001.9.25, 2001다18421. 회사합병과정에서 일정근속년수까지는 종전퇴직금지급률을 적용하되 일정 근속년수이후부문에 대해 지급률을 정하지 않은 사건.

5) 대판 1995.10.12, 94다36186 ; 대판 2002.9.6, 2002다29442.

6) 퇴직급여보장팀-325, 2007.1.23.

7) 근로복지과-2350, 2013.7.8.

제도와 확정기여형퇴직연금제도 사이의 변경뿐아니라 법정퇴직금제도와 퇴직금 누진제의 관계처럼 제도내에서 세부사항을 변경하는 것을 포함된다.

㈏ **제도간 변경**

㉮ 퇴직금제도와 퇴직연금제도

(a) 법정퇴직금제도 변경

퇴직금제도를 퇴직연금제도로 변경함에 있어 과거의 근로기간을 처리하는 방법은 2가지로 나눌 수 있다. 첫째, 퇴직할 때에 퇴직금으로 지급하는 방법이 있다. 이 경우 변경시점이후분에 대해서만 퇴직연금제도가 적용되며 결과적으로는 1명의 근로자에게 2개의 퇴직급여제도가 존재하게 된다. 둘째, 종전의 근무기간분에 대한 사용자부담금을 적립하는 방식으로 그 이전의 근로기간까지 소급하여 퇴직연금에 가입된 것으로 할 수 있다.[1] 이 경우 과거의 근무분을 몇년에 걸쳐 적립할 것인지를 설정할 수 있다.

(b) 퇴직금누진제도 변경

퇴직금누진제도를 시행하던 사업장이 퇴직연금제도로 전환하는 경우, 확정기여형의 사용자부담률이나 확정급여형급여액을 연간임금총액의 1/12이상으로 책정하거나 퇴직연금제도시행일이전부터 가입한 것으로 보는 소급적용방법이 있는데, 당사사가 금융기관의 도움을 받아 사업장실정에 맞게 결정할 수 있다.

㉯ 퇴직연금제도간 변경

확정급여형퇴직연금제도와 확정기여형퇴직연금제도를 서로 변경하는 방법은 2가지로 나눌 수 있다. 첫째, 두 제도를 병존시키는 방법이 있다. 변경되는 퇴직급여제도는 변경시점이후에 대해서만 적용된다. 이 역시 결과적으로는 1명의 근로자에게 2개의 퇴직연금제도가 존재하게 된다. 둘째, 어느 하나의 퇴직연금제도로 통합하는 방법이 있다. 이 경우 앞에서 설명한 '복수의 퇴직연금제도설정'의 조건이 충족되어야 할 것이다.

확정기여형에서 확정급여형으로 전환하거나, 혼합형퇴직연금제도를 운용하다가 퇴직시점에서 확정급여형을 확정기여형으로 전환할 수는 없다. 퇴직연금제도의 퇴직급여는 가입근로자가 개설한 개인형퇴직연금제도(*IRP*) 계정으로 지급되어야 하기 때문(근퇴법§17④ §19②)이다.[2]

---

1) 퇴직연금복지과-208, 2015.2.12.

2) 퇴직연금복지과-2319, 2015.7.15. 확정급여형 및 혼합형 퇴직연금제도에서 확정기여형으로 전환하면서 기존 적립금까지 확정기여형계정으로 이전하는 제도로 변경한 것이라면, 퇴직시에 확정기여형퇴직연금제도계정에서 개인형퇴직연금제도계정으로 이전하여 지급하는 것은 가능하다. ; 퇴직연금복지과-319,1,22. 확정기여(DC)형

㈐ **제도내 변경**

확정급여형, 확정기여형 및 퇴직금제도에 대해 제도내에서 급여액, 부담금액, 지급률 등을 변경할 수 있다. 퇴직금누진제에서 퇴직금단수제로 바꾸기 위해 취업규칙을 변경하는 경우에는 근로자의 집단적동의가 필요하며, 퇴직금단수제에서 퇴직금누진제로 바꿀 때에는 의견청취로 충분하다. 2가지 모두 변경과정에서 퇴직금정산이 가능하다고 해석[1]되었으나 2012년부터 퇴직금정산사유가 제한적으로만 인정되어 그러한 해석은 효력이 없다. 퇴직금제도를 누진제에서 단수제로 적법하게 변경하더라도 변경되기 전의 부분에 대해서는 소급에 대한 노사합의가 없는 한 누진제를 적용해야 한다.[2]

(2) 설정 · 변경 요건

① **근로자참여**(제2장 제1절,2·다)

퇴직급여제도를 설정하거나 다른 종류의 퇴직급여제도로 변경하려는 경우에는 근로자의 과반수가 가입한 노동조합(과반수 노조)이 있는 경우에는 그 노동조합, 과반수노조가 없는 경우에는 근로자과반수(근로자 대표)(경영상해고등에서의 "근로자대표"와 다른 개념)의 동의(노사 합의)를 받아야 한다(근퇴법§4③, §46 i 5백만원벌금).[3] 사용자가 하나의 퇴직급여제도에서 그 내용을 변경하려는 경우에는 근로자대표의 의견을 들어야 하며, 근로자에게 불리하게 변경하려는 경우에는 근로자대표의 동의를 받아야 한다(근퇴법§4④, §46 i 5백만원벌금). 확정급여형퇴직연금과 확정기여형퇴직연금중에서 하나를 선택하게 한 경우, 각각 가입대상자가 다르더라도 전체근로자집단을 대상으로 한 노사합의가 있어야 하는 것으로 해석[4]된다.

사용자는 사업장, 사업부서, 직급, 노조가입대상 등 일부근로자집단을 대상으로 하나의 제도를 도입할 수 있다. 이 경우에 반대해석[5]이 있으나 법문표현,

---

퇴직연금제도를 설정한 학교의 근로자가 확정급여(DB)형 퇴직연금제도를 설정한 학교로 전보발령된 경우, 'B' 학교에서 새로운 퇴직연금제도(DC)를 설정할 필요는 없으므로 전보발령이후부터는 근로자가 희망하는 확정급여(DB)형퇴직연금제도에 가입도 가능하다. ; 〈사례〉 임금복지과, 1996.7.9. 회사가 체납한 세금은 회사의 채무이므로, 근로자에게 지급되어야 하는 근로자의 퇴직연금을 압류할 수 없다.

1) 대판 1993.6.25, 92다36816 ; 대판 1992.9.14, 92다18238 ; 대판 1991.6.14, 90다15860 ; 대판 1991.5.24, 90다3222.

2) 대판 1990.11.27, 89다카15939.

3) 퇴직연금제로의 전환은 근로자에게 불리하지 않다. 그럼에도 불구하고 이 조항이 마련된 것은 일방적으로 퇴직연금제도로 전환하는 것을 방지하자는 노동계의 의견을 받아들인 것이다. ; 근퇴법은 동의의 주체를 근로자대표라고 표현하고 있어 경영해고제도와 유연적근로시간제도의 근로자대표와 혼란을 초래하고 있다.

4) 퇴직급여보장팀-1090, 2007.3.15.

5) 퇴직급여보장팀-855, 2007.2.26. 노조가입대상이 아닌 사람에 대해 퇴직연금제도를 도입하려는 경우에는 해당근로자대표의 동의를 받고 과반수대표노조에 대해서는 의견을 들으면 족하다.

단체협약효력확장제도의 취지 등을 감안할 때, 적용하고자 하는 근로자집단을 모집단으로 하여 선정된 근로자대표(근퇴법 §4③)(경영해고등에서의 "근로자대표"와 다른 개념)의 동의가 필요하다고 생각한다(제2장, 제1절 2·다,(2)). 다만, 적용대상근로자집단만을 모집단으로 한 근로자대표를 인정하려면 근로자집단별로 적용되는 근로조건이나 취업규칙이 달라 노무관리가 별개로 이루어지는 경우여야 할 것이다.[1] 신규근로자에 대해 하나의 제도로 한정하는 것은 취업규칙변경법리를 원용하여 노사합의가 필요치 않다고 해석된다.[2]

② **퇴직급여제도 차등금지**

㈎ **총 괄**

㉮ 차등금지원칙

퇴직급여제도를 설정함에 있어 하나의 사업에서 급여·부담금산정방법의 적용 등에 관해 차등을 두어서는 안된다(근퇴법 §4②, §45 i 2년 징역2천만원 벌금). 하나의 사업장의 근로자를 나누어 퇴직금제도, 확정기여형퇴직연금제도 및 확정급여형퇴직연금제도를 동시에 시행해도 근로자에게 선택기회만 주어지면 퇴직급여제도차등으로 볼 수 없다. '사용자가 이 중에서 하나이상의 제도를 설정해야 한다(근퇴법 §4①)'는 의미는 3가지제도가 근로자에게 같은 가치를 가지고 있음을 의미하기 때문이다.

㉯ 차등제도 개선

퇴직금차등제도를 개선함으로써 유리해지는 경우, 유리해진 조건은 근속기간 전부에 대해 적용된다.[3]

㈏ **퇴직연금제도**

확정급여형퇴직연금제도나 확정기여형퇴직급여제도 모두 각각 그 제도의 특성에 따라 제시하는 여러개의 상품중에서 하나를 선택할 수 있도록 하는 것은 차등제도설정이 아니고(같은장, 같은절 2·다,(3)), 노사합의에 따라 근로자별로 각각 다른 상품을 선택하는 제도가 설정될 수 있다. 다만, 확정급여형퇴직연금제도의 급여나 확정기여형퇴직연금제도의 부담금에 대해 차등을 둘 수 없다. 일정연령, 근속연수에 도달하면 해당사업(장)의 모든 근로자에게 임금피크제를 적용하고, 퇴직급여가 감소하는 근로자에게 확정기여형퇴직연금제도를 적용하는 것은 차등금지를 위반한 것으로 볼 수 없다.[4] 다만, 임금피크제실시 등으로 급여액이 감소하는 경우, 사

---

1) 근로기준과-1118, 2009.4.24. 취업규칙 관련.
2) 퇴직급여보장팀-971, 2007.3.8.
3) 대판 1996.10.11, 95다42485. 별정직직원 퇴직금규정을 일반직직원규정으로 유리하게 개선한 사례.
4) 퇴직연금복지과-4868, 2016.12.20.

용자는 퇴직급여수령액이 감소됨을 알리고 근로자대표와 확정기여형퇴직연금제도의 도입, 별도의 급여산정기준마련 등 필요한 방법을 협의하여야 한다(근퇴령 §31 i).

㈐ **퇴직금제도**

㉮ 일반원칙

근퇴법의 퇴직급여제도차등금지조항(근퇴법§4②, §45 i 2년징역·2천만원벌금)은 퇴직금제도내에서 적용된다. 퇴직금제도내에서 '근속기간차이에 따른 지급률·지급액차이' 등은 차등제도가 아니다.[1)]

㉯ 차등이 되는 제도

하나의 사업내에서 직위, 직종,[2)] 직류,[3)] 직급, 정년연장,[4)] 입사시기[5)] 근무장소[6)] 등 근로자특성을 이유로 누진율을 달리하거나 일정연한을 더해 주는 것처럼 퇴직금지급조건을 달리하는 것은 금지된다.[7)] 하나의 사업에 포함되는 공장·지점·출장소·본사가 서로 지급조건을 달리할 수 없다.[8)]

㉰ 차등이 아닌 제도

(a) 차등금지요건에 해당되지 않는 차이

ⓐ 동일하게 적용되는 조건·부관

퇴직금누진제도는, 합리적인 제한사유를 정해서 누진율을 낮추는 공통조건이 부가되더라도, 그 조건을 포함하여 하나의 퇴직금제도를 형성한다.[9)] 따라서 조건충족여부에 따라 지급률이 달라도, 이는 퇴직금차등이 아니다.[10)] 이 경우, 조건이 합리적이어야 하고 조건을 충족하지 못해도 법정퇴직금이상이 지급되어야 한다.[11)]

---

1) 임금 68207-707, 1993.11.17.
2) 근기 01254-3887, 1987.3.10 ; 대판 1993.2.12, 91다19265. TV시청료 위탁징수원에 대한 사례.
3) 대판 1992.4.14, 91다34530. 사원과 노무원의 차등에 관한 사례.
4) 근기 01254-9416, 1987.6.10.
5) 대판 2002.6.28, 2001다77970. 집단적동의가 없더라도 신규입사자에게는 불리하게 변경된 취업규칙이 적용된다는 법리가 적용되는 경우에는 위법이 아니다. 처음부터 기존직원과 신규직원을 차등하는 것은 차별이다.
6) 대판 1997.11.28, 97다24511. 퇴직금지급에 관하여 누진제를 적용하도록 규정한 국내직원에 대한 취업규칙과 달리 해외기능공에 대해 개별근로계약에 의해 단수제를 적용한 경우, 퇴직금차등제도금지규정 위반.
7) 대판 1999.8.20, 98다765 등.
8) 근기 01254-2547, 1989.2.14.
9) 〈예〉 징계처분을 받거나 고의 또는 중대한 과실로 회사재산에 막대한 손해를 입히거나 형사처벌을 받은 경우(대판 1995.10.12, 94다36186 ; 대판 2002.9.6, 2002다29442 ; 임금 68207-305, 2000.8.7 ; 임금 68207-669, 2002.9.5 ; 근기 68207-2342, 1993.11.8).
10) 퇴직금차등지급이 합리적인 이유가 있으면 차등제도설정금지원칙에 위배되지 않는다는 견해(김지형, 『노동법해설』, 196쪽)가 있는데 강행법규위반사항이 합리성을 이유로 흠이 치유될 수 없다고 생각한다.
11) 근기 68207-2342, 1993.11.8.

ⓑ 명예퇴직자

명예퇴직자 또는 자진퇴사자에 대한 퇴직가산금은 퇴직금제도로 볼 수 없으므로 차등금지제도에 위반되지 않는다.[1)]

(b) 적법한 제도 변경

ⓐ 불리변경과 기득권보호

적법절차에 따라 퇴직금제도를 변경(예 : 누진제 →단수제)한 후에 시행일전의 기간에 대해 기득권[2)]을 인정하고 시행일부터는 전근로자에게 일률적으로 변경된 퇴직금제도를 적용하는 것은 차등제도로 볼 수 없다.[3)] 취업규칙의 부칙에 이러한 취지의 경과규정을 두면 더욱 확실해지나, 중간에 급여체계가 변경되어 새 제도가 해당근로자에게 유리해지더라도 부칙규정에 따라 옛 규정이 그대로 적용된다.[4)]

근로자집단의 동의가 없어 신규입사자에게만 효력이 있는 경우에는 퇴직금차등제도를 설정한 것이 아니다.[5)] 신규입사자에게 일률적으로 달리 적용하는 것이 아니고, 입사시기에 따라 각각 퇴직금지급율을 달리 하는 것은 복수의 퇴직금제도를 설정한 것으로서 위법이다.[6)]

ⓑ 유리변경과 미소급

취업규칙 등으로 단수제에서 누진제로 바꾸면서 소급규정이 없으면, 개정일후의 근속기간에 대해 누진제가 적용되며,[7)] 개정일전의 근속기간에 대해 단수제를 적용하는 것은 퇴직금제도차등이 아니다.

(c) 적용법규가 다른 근로자

근로자가 아닌 사람의 퇴직금제도와 근로자의 퇴직금제도의 차등을 두는 것은 가능하다.[8)] 단체협약적용대상자와 비조직근로자와의 차별은 가능하나,[9)] 조합원

---

1) 근기 01254-9416, 1987.6.10.

2) 대판 1990.11.27, 89다카15939 ; 근기 01254-9416, 1987.6.10. 시행일 이전 기간에 대해 기득권을 인정하여야 한다고 본다.

3) 근기 01254-7073, 1987.5.1 ; 근기 01254-8642, 1987.5.29 ; 근기 1451-30556, 1983.12.21.

4) 대판(전) 2003.12.18, 2002다2843. 퇴직금제도를 불리하게 변경하여 일률적으로 적용하면서, 기존근로자의 기득이익보호를 위하여 경과규정을 둔 것은 차등퇴직금제도금지원칙에 위배되지 않는다[본문의 적용이 기존근로자에게 유리한 경우에는 부칙의 경과규정이 적용되지 않는다는 판결(대판 1999.12.28, 99다33823)을 같은 취지로 변경].

5) 대판 1996.10.15, 95다53188.

6) 대판 2002.6.28, 2001다77970.

7) 법무 811-16474, 1979.7.10.

8) 근기 1451-15973, 1983.6.23.

9) 대판 1987.4.28, 86다카2507 ; 임금복지과 832, 2010.5.4. 누진제 관련 ; 노사관계법제과-1267, 2012.4.9. 〈사례〉 복수노조사업(장)에서 퇴직연금제도입에 합의한 노동조합의 조합원에게만 퇴직연금제를 시행하더라도 차별이나 부당노동행위에 해당한다고 보기 어렵다.

간의 차별은 인정되지 않는다.[1] 단체협약규정은 일반적구속력(노조법 §35)과 지역적구속력(노조법 §36)을 가진다. 복수의 단체협약에서 비롯되는 퇴직금제도차등은 인정된다.[2]

(d) 구분된 사업 또는 사업장

ⓐ 다른 사업(장)

퇴직금차등제도설정금지원칙은 "하나의 사업(장)의 근로자들 사이"에 적용되므로 사업(장)을 달리하는 근로자들 사이의 차등은 법에 위반되지 않는다.

ⓑ 기업합병

기업이 합병되어 근로관계가 승계되어도 합병의 효력은 소급되지 않는다.

취업규칙 등으로 피합병회사에서의 근로자에 대해 합병후의 근로기간을 대상으로 합병회사의 누진제를 적용하면서 합병전의 근로기간에 대해서는 피합병회사의 법정퇴직금제를 적용할 수 있다.[3]

적법하게 취업규칙 등으로 피합병회사의 근로자에 대해 합병전의 근로기간에 대해서는 기존의 퇴직금누진제를 적용하면서 합병후의 근로기간에 대해서만 퇴직금단수제를 적용하더라도 이를 퇴직금차등제도로 보지 않는다.[4]

2·마. 제도운영

(1) 퇴직금제도

① 퇴직금의 산정

㈎ 법적근거

퇴직금은 계속근로기간 1년에 대하여 30일분이상의 평균임금이상이어야 한다. 계속근로기간중에 신분이 바뀌거나 임금체계가 바뀌어도 퇴직금지급기간 및 평균임금은 퇴직당시를 기준으로 산정함이 원칙이다.[5]

사용자가 근로자의 동의를 받아 근로자명의로 퇴직금적립통장에 매월 퇴직금에 해당하는 금액을 적립하더라도 퇴직당시를 기준으로 산정한 법정퇴직금에 미달하면 정산후차액이 지급되어야 한다.[6]

㈏ 산정기초 임금

퇴직금은 근기법상 평균임금을 기초로 계산된다. 평균임금에 포함되는 임금을

1) 〈사례〉 퇴직연금복지과-1925, 2015.6.17. 정규직인 조합원에게는 단협으로 누진제를, 비정규직인 조합원과 '정규직으로 전환한 조합원'에게는 취업규칙의 법정퇴직금을 적용한 사건.
2) 임금 68207-458, 1994.7.23. 교섭창구단일화제도가 도입된 후에는 개별교섭의 경우에 적용된다.
3) 서울고판 1992.1.21, 91나42335. 계속근로기간은 합산된다. ; 비슷한취지, 근기 68207-855, 1997.7.1.
4) 대판 1993.10.12, 93다18365.
5) 대판 2004.1.16, 2003다49276.
6) 근로복지과-2367, 2011.10.11 ; 확정급여형퇴직연금제도를 도입하는 것이 타당.

평균임금에서 제외하더라도 지급일수를 많이 책정함으로써 법정퇴직금보다 많은 퇴직금을 지급받도록 하는 합의는 효력이 있다.[1)]

㈐ 산정기초 단위기간

근퇴법은 퇴직금산정단위기간은 1년으로 명시하고 있다.[2)] 따라서 근로기간이 1년미만인 근로자에게는 퇴직급여제도가 적용되지 않는다. '근로년수 1년미만'이라 함은 총근속기간이 1년미만임을 의미한다. 따라서 전체적으로 1년이상 근로한 경우 1년에 미치지 못하는 몇월·몇일에 대하여는 그 기간에 비례하여 퇴직금이 지급되어야 한다.[3)] 중간정산후 남은 기간이 1년미만이어도 마찬가지이다.[4)]

㈑ 계속근로기간 판단

계속근로기간은 원칙적으로 근로계약을 체결하여 해지될 때까지의 기간을 말하며, 그 산정방법과 관련하여 해석이 다양하다. 구체적인 내용은 '계속근로기간과 출근율(제3장, 제3절 1 및 2)'에서 설명하였다.[5)]

② 퇴직금 지급

㈎ 지급 시기 · 내용

㉮ 퇴직금 지급의무

퇴직금청구권은, 적법한 중간정산(같은장, 같은절 2·마,(1),②,㈏)이 없는 한, 퇴직일부터 발생한다. 사용자는 퇴직금을 퇴직사유발생일로부터 14일이내에 근로자가 지정한, '개인형퇴직연금제도의 계정(지정하지않으면근로자 명의의개인퇴직연금계정)' 또는 '중소기업퇴직연금기금제도 가입자 부담금 계정(근퇴법 §23의8)'으로 이전하는 방법으로(< 예외 > 55세이후수령등 근퇴령이정하는경우)(근로자가지정하지않으면 근로자명의관련계정)' 지급해야 한다(근퇴법 §9, §44 i 3년징역·3천만원벌금).[6)] 특별한 사정이 있으면 당사자가 합의하여 지급기일을 연장할 수 있고 그 기일을 지키지 못하면 근퇴법상 벌칙이 적용[7)]될 수 있다. 퇴직금지급에 대해서는 금품청산법리(같은장 제3절,(2))가 적용된다.

퇴직금청구권을 포기하거나,[8)] 퇴직금과 관련하여 민사소송제기를 포기하는 부제

---

1) 대판 1991.12.13, 91다32657 ; 대판 1987.2.10, 85다카187 ; 임금 32240-6512, 1991.5.8.

2) 4대보험가입 기간이 1년 미만이어도 실제 계속근로기간으로 판단한다(근로복지과-3580, 2013.10.24).

3) 대판 1987.9.22, 86다카1651 ; 고용노동부예규 제602호, "근로자퇴직급여보장법 제4조제1항 단서 해석기준".

4) 근로복지과-3162, 2012.9.12.

5) 근로계약을 체결하여 해지될 때까지의 기간을 의미하는 것으로서 동일한 사용자와 사용종속관계 아래에서 근로를 제공한 기간만 계속근로기간에 포함되는 것이 원칙(퇴직연금복지과-4192, 2015.11.30).

6) 근기법의 금품청산(제11장, 제3절, 2) 관련조항을 따른 것이다. ; 대판 2009.11.12, 2009도7908. 해고 후 14일 이내에 퇴직금을 지급치 않고 있다가 해고처분을 취소한 경우 법 위반으로 볼 수 없다.

7) 대판 2023.7.13, 2023도188. 〈연장된 기일까지 지급치 않으면 근퇴법 제9조 위반으로 처벌〉 연장합의를 한 이상 기일을 지키지 않은 경우까지 처벌대상이 될 수 없다고 본 원심 파기 환송.

8) 퇴직연금복지과-2118, 2015.7.1. 계약직 교수 관련.

소특약은 강행법규인 근퇴법에 위반되어 무효이다.[1] 퇴직금대신 원천징수세액대납[2]과 같은 다른 이익을 제공해도 퇴직금지급의무가 면제되지 않는다.

㉯ 퇴직시점과 임금인상

퇴직전에 임금인상률이 결정되고 퇴직이후에 개별근로자에 대한 소급인상금액이 산출되면 그 퇴직근로자에 대하여 소급인상임금액을 지급해야 하고 인상된 임금으로 산정한 퇴직금을 지급해야 된다. 그러나 퇴직일후에 임금인상액이 정해지고 퇴직일이전으로 소급하기로 하더라도 임금인상결정전에 퇴직한 사람에 대해서는 특별한 정함이 없으면 인상된 조건이 적용되지 않는다.[3]

㉰ 임금지급방법 원용

근퇴법은 금품청산외에도 임금제도에 대해 근기법을 원용하여, '퇴직금을 받을 권리의 시효'를 3년으로 규정하고(근퇴법 §10), '임금채권우선변제조항과 최우선변제조항(근기법 §38)' 중에서 퇴직금부분을 가져와서 규정하고 있다(근퇴법 §12). 이 밖에도 퇴직금제도에 대해 위약예정금지(근기법 §20), 전차금상계(근기법 §21), 임금채권압류제한 등에 대한 근기법규정이 적용될 수 있다.

㉱ 퇴직급미지급 책임(제5장 제5절,4)

(나) 퇴직금 중간정산

㉮ 의 의

'1997년 제정 근기법'은 해석[4]에 맡겨졌던 퇴직금중간정산제도를 직접 명시하였다. 이 제도는 근퇴법으로 자리를 옮겨 시행되고 있다.

㉯ 요 건

(a) 실체적요건

사용자는 대통령령으로 정하는 사유로 근로자[5]가 요구하면 근로자가 퇴직하기 전에 해당근로자의 계속근로기간에 대한 퇴직금을 정산하여 미리 지급할 수 있다(근퇴법 §8②).[6] 근퇴령(§3①)은 주택구입・전세금・보증금,[7] 요양,[8] 파산선고・회생절

---

1) 대판 2002.8.23, 2001다41568. 한국선크로전자주식회사사건.
2) 서울동부지판 2010.8.18, 2009가합16801.
3) 대판 1992.7.24, 91다34073.
4) 민법의 일반원칙을 원용하여 근로자의 자유의사에 의하여 사표를 제출한 후 퇴직금을 수령한 경우에는 퇴직금 정산에 의한 계속근로기간단절 인정(대판 1992.11.24, 91다31753 ; 대판 1992.9.14, 92다17754 ; 대판 1996.9.10, 96다6141. 해외근무를 희망하여 사직서를 제출하고 재입사한 사례).
5) 근로자가 아닌 임원에 대해서는 근퇴법 조항 미적용 ; 대판 2019.7.4, 2017다17436. 임원이 퇴직금 중간정산금을 지급받기 위하여는 정관 또는 주주총회 결의 필요.
6) 중간정산사유가 근퇴법에 규정되어 있지 않아 연봉계약 등을 이유로 정산이 자유롭게 이루어져 근로자의 퇴

차개시결정,[1] 임금피크제,[2] 소정근로시간변경,[3] '법정근로시간단축(2018 3.20)에 따른 퇴직금감소' 및 기타[4] 사항을 중간정산사유로 명시하고 있다. 중간정산사유에 관한 근기법규정은 강행규정이므로 단체협약 등으로 달리 정할 수 없다.[5] 연봉계약,[6] 퇴직급여제도 변경(같은장, 같은절 2·라,(1),②), 기간제근로계약종료[7] 등은 중간정산사유가 아니며, 직업[8]이나 근로형태와 관계없이 법정사유가 충족되어야 한다. 단체협약에 근거하여 대출금을 퇴직할 때에 퇴직금에서 공제한데 대해 중간정산법리로 접근한 해석이 발견된다(제5장, 제5절 1·다,(1),① 각주).

(b) 절차적요건

사용자는 일방적으로 퇴직금을 중간정산할 수 없으며,[9] 근로자의 진의[10]에 의한 요구가 필요하다. 사용자는 근로자의 요구를 들어줄 의무를 지지는 않으며,[11] 승낙여부를 결정할 수 있다.[12] 퇴직금을 정산하여 미리 지급한 경우, 근로자가 퇴직한 후부터 5년이 되는 날까지 관련 증명서류를 보존해야 한다(근퇴령 §3②). 다만, 이 조항은 효력규정이 아니다.

㈐ 내 용

(a) 단위기간과 빈도

중간정산의 단위기간이나 빈도는, 법적제한이 없어,[13] 당사자결정사항이다.

직 후 생활이 위협받는 점을 개선하기 위해 2011.7.25에 근퇴법 개정.

7) ⓐ 무주택자근로자가 본인명의로 주택구입, ⓑ 무주택근로자가 주거목적으로 전세금(민법 §303)·보증금(「주택임대차보호법」 §3의2) 부담(하나의 사업 또는 사업장에 근로하는 동안 1회로 한정).

8) 6개월이상의 요양이 필요한 '근로자 본인·배우자·부양가족'의 질병·부상 요양비용을 근로자가 부담하는 경우 ; 〈사례〉 퇴직연금복지과-2894, 2015.8.27. 근로자(배우자포함)의 직계존속인 친할머니가 60세이상이고, 질병·부상으로 6개월이상 요양을 하는 경우, 입증자료(가족관계증명서 등)를 제출하면 정산대상. ↘ 1056쪽

1) 퇴직금중간정산신청일부터 역산하여 5년이내에 근로자가 '파산선고'나 '개인회생절차개시 결정을 받은 경우'.

2) 정년연장·보장 조건으로 단협·취업규칙 등을 통해 나이·근속시점·임금액을 기준으로 임금감액 시행.

3) 사용자가 근로자와의 합의에 따라 소정근로시간을 1일 1시간 또는 1주 5시간 이상 변경하여 그 변경된 소정근로시간에 따라 근로자가 3개월이상 계속 근로하기로 한 경우.

4) 천재지변 등으로 피해를 입는 등 고용장관이 정하여 고시하는 사유와 요건에 해당하는 경우.

5) 근로복지과-3316, 2011.12.16.

6) 근로복지과-2446, 2011.10.18 ; 고용노동부, "보도자료", 2012.7.17, 2쪽. 퇴직연금제도가입을 결정하고 이전 근무기간에 대한 퇴직금중간정산, 퇴직금누진제를 단수제로 변경하기 위한 중간정산 등은 허용되지 않는다.

7) 근로복지과-3760, 2012.11.5. 2년계약기간후 정규직 전환 사례 ; 근로복지과-3697, 2012.10.31. 환경미화원이 기간제근로에서 특별채용을 통해 무기계약직으로 전환된 사례.

8) 〈사례〉 근로복지과-109, 2013.1.9. [부정] 원어민강사 관련, 근로계약을 반복하면서 매 근로계약을 종료할 때 퇴직금을 지급한 사례.

9) 대판 1997.6.27, 96다49674.

10) 근로복지과-189 2011.3.16.

11) 근로복지과-529, 2013.2.7.

12) 대판 2012.10.25, 2012다41045.

13) 임금 68220-179, 1997.3.28 ; 근기 68207-649, 1997.5.19 ; 퇴직급여보장팀-161, 2006.1.23 ; 근로복지과

(b) 규 모

근로자가 정산을 요구하는 시점을 기준으로 하여 이미 근로를 제공한 기간에 해당하는[1] 퇴직금의 전액이나 일부[2]가 정산대상이다. 사용자가 수용하면 일부 정산분은 중간정산시점에 퇴직금청구권이 발생하고 소멸시효도 이때부터 기산되나, 나머지 부분은 퇴직시점에 청구권이 발생한다.[3] 사용자는 근로자가 요구한 기간 모두에 대해 정산해주어야 하는 것은 아니며 그 중에서 일부만 정산하기로 근로자와 명시적·묵시적으로 합의[4]할 수 있다.

(c) 중간정산 및 평균임금 산정시점

중간정산시점은 당사자가 합의한 날이다. 별도합의가 없었다면, 중간정산퇴직금의 계산을 위한 평균임금산정시점은 사용자의 승낙시점이 아닌 근로자의 요구시점이 된다.[5]

㉣ 효 과

(a) 계속근로년수 기산

계속근로기간은, 특약이 없는 한, 정산시점부터 새로 계산한다(근퇴법 §8②).[6] 다만, 법정근로조건은 최저기준이므로 당사자가 합의하여 계속근로기간을 합산하면서 퇴직금을 정산해도 위법으로 보기 어렵다.[7] 퇴직금을 정산함에 있어 퇴직금누진제를 택하고 있는 경우, 계속근로년수를 다시 기산할지 아니면 계속근로년수를 그대로 두고 정산분만 미리 지급한 것으로 할지는 당사자가 결정할 사항이다.

(b) 퇴직금정산과 다른 근속기간

근로자의 자유의사에 따라 퇴직금을 정산하더라도 연차유급휴가가산이나 승진, 승급, 호봉, 상여금 등 근로년수와 관계가 있는 다른 근로조건의 계속근로기간이 단절되지 않는다.[8]

(c) 임금인상소급과 중간정산금

임금인상결정일전에 퇴직금중간정산이 이루어지고, 임금인상률이 퇴직금정산

-529, 2013.2.7. 횟수제한은 없으며 당사자가 미리 정해두는 것이 바람직함.

1) 근로복지과-3282, 2012.9.21. 장래의 근무기간분은 해당되지 않는다.

2) 서울지판 2002.5.8, 2002가소1707 ; 임금 68207-649, 1997.5.19.

3) 대판 2012.10.25, 2012다41045.

4) 대판 2008.2.1, 2006다20542.

5) 근로복지과-3282, 2012.9.21 ; 근로복지과-4051, 2012.11.23.

6) 대판 2001.9.18, 2000다60630 ; 퇴직급여보장팀-489, 2006.2.17 ; 근로복지과-189, 2011.3.16 ; 대판 2012.10.25, 2012다41045 ; 퇴직연금복지과-671, 2015.3.16.

7) 〈같은 의견〉 법제처 21-0702, 2021.12.23.

8) 근로기준과-802, 2010.2.16. 다만, 퇴직금을 지급한 것이 근로자의 진의에 의한 흠없는 퇴직의사표시에 의한 것이었다면 퇴직의 효과가 발생한다 ; 퇴직연금복지과-671, 2015.3.16.

일전까지 소급되더라도, 특약이 없는 한, 중간정산금액[1]을 소급된 인상률로 다시 계산할 사용자의 의무는 없다.[2]

(d) 무효인 정산과 퇴직금지급

ⓐ 퇴직금분할약정

월급이나 일급에 퇴직금을 포함시켜 지급받기로 하는 약정은 퇴직할 때에 발생하는 퇴직금청구권을 사전에 포기하는 것으로서 강행법규에 위반되어 무효이다.[3]

퇴직금지급청구권은 근로관계종료를 요건으로 하여 발생하고, 근로계약이 존속하면 발생하지 않기 때문이다.[4]

'연봉에 장래의 퇴직금을 포함'하거나 '장래의 퇴직금을 연봉액에 포함해서 분할하여 지급'하는 연봉제계약은 퇴직금중간정산사유를 충족하지 못하므로 무효이고,[5] 임금에 퇴직금명목을 포함하여 시간급을 높히더라도 마찬가지라고 해석되어 왔다.[6]

중간정산사유가 엄격히 제한된 '2012년7월 시행 개정근퇴법'전의 근로관계에 대해, 일정요건[7]을 전제로 임금과 구별하여 추가로 퇴직금명목의 일정한 금원을 실질적으로 지급할 것을 내용으로 하는 퇴직금분할약정을 인정한 판례법리[8]가 형성되어 있다.

ⓑ 부당중간정산과 부당이득

부당한 중간정산은 퇴직금의 선지급으로서 퇴직시점에 재정산되어야 한다.[9]

---

1) 「소득세법시행규칙」 제17조제7호에 의해 근로소득이 아닌 공제혜택이 많은 퇴직소득으로 분류된다.

2) 임금 68207-422, 2000.9.18 ; 임금복지과-931, 2010.5.14.

3) 대판 1998.3.24, 96다24699 ; 대판 2002.7.12, 2002도2211 ; 대판 2002.7.26, 2000다27671 ; 대판 2005.3.11, 2005도467 ; 대판 2006.9.22, 2006도3898 ; 대판 2007.4.12, 2007도1186 ; 대판 2007.8.23, 2007도4171 ; 대판 2007.11.16, 2007도3725.

4) 대판 1991.6.28, 90다14560 ; 대판 1996.5.14, 95다19256.

5) 대판 2002.3.15, 2002다2348 ; 대판 2001.10.30, 2001다54854 ; 대판 2002.7.12, 2002도2211 ; 대판 2005.3.11, 2005도467 등) ; 장래에 근로할 기간에 대해 퇴직금을 미리 지급하는 것은 적법한 퇴직금중간정산으로 인정되지 않는다는 논리에 기초를 두었다. 이에 따라 행정해석[퇴직급여보장팀-1276, 2005.12.26. 기존 행정해석(임금 68207-187, 1997.5.21)이 일정한 요건을 설정하여 분할지급을 인정하기도 하였다. 이런 논란을 제거하기 위해 '2012년7월 시행 개정근퇴법'은 중간정산사유를 제한하게 되었다.

6) 임금복지과-1619, 2010.6.30.

7) 월급·일당에 퇴직금을 포함시키고, 퇴직할 때에 따로 지급치 않는다는 합의가 존재하고, 임금과 구별되는 퇴직금액수가 특정되고, 퇴직금액수를 제외한 임금액을 고려할 때 분할약정의 내용이 종전의 근로계약이나 근기법에 비추어 근로자에게 불이익하지 않을 것. 실질이 임금임에도 퇴직금지급을 면탈하기 위해 분할약정형식을 취한 경우에는 적용되지 않음.

8) 대판 2010.5.27, 2008다9150 ; 대판 2012.10.11, 2010다95147 ; 대판 2012.12.13, 2012다77006 ; 대판 2022.3.17, 2018다244877. '2012년7월 시행 개정근퇴법' 전인 2008년부터 근로관계가 시작된 사건.

9) 정당한 중간정산절차가 없다면 퇴직시점의 평균임금과 근속기간을 기준으로 산정한 퇴직금에서 미리 지급된 퇴직금합계를 뺀 차액이 추가로 지급되어야 한다(임금 68207-482, 1994.8.1 ; 김지형, 『노동법해설』, 213쪽 ;

'2012년7월 시행 개정근퇴법' 전의 근로관계로서 퇴직금분할약정을 인정받지 못한 부당한 중간정산 또는 분할지급은, 사용자가 유효하다고 여긴 전제 아래 이루어진 것이므로, 임금이 아닌 부당이득으로서 사용자에게 반환되어야 한다고 해석된다.[1] 이러한 해석은 중간정산사유가 엄격히 제한된 '2012년7월 시행 개정근퇴법' 후의 근로관계에 대해서는 적용되지 않으며 부당한 중간정산에 따라 지급된 퇴직금은 임금이라고 보아야 한다.[2]

ⓒ 계산착오 · 무효인 중간정산과 추가지급

계산착오 · 무효인 중간정산의 경우, 전자는 중간정산시점을 그리고 후자는 퇴직일을 기준으로 하여 산정된 평균임금을 기초로 지급액을 산정하며, 지급되지 않은 퇴직금의 일부 또는 전부에 대한 소멸시효는 퇴직일로부터 기산된다.[3]

㈐ 퇴직금청구권 반납

퇴직금에 대해서도 임금반납법리(제5장 제4절,2·나)가 적용된다. 퇴직금청구권을 미리 포기하는 것은 위법이나, 근로계약이 종료된 상황에서 퇴직할 때에 발생한 퇴직금청구권을 나중에 포기하는 것은 허용된다.[4]

(2) 퇴직연금제도

① 퇴직연금규약 작성

확정급여형퇴직연금제도 또는 확정기여형퇴직연금제도를 설정하고자 하는 사용자는 근로자대표의 동의를 얻거나(근퇴법§4③, 퇴직급여제도설정·변경), 의견을 들어(근퇴법§5, 신설사업 퇴직급여제도설정) 각각 확정급여형퇴직연금규약 또는 확정기여형퇴직연금규약을 작성하여 고용장관에게 신고해야 한다(근퇴법 §13,§19).

규약에 포함되어야 할 공통사항으로는 퇴직연금사업자선정, 가입자(근퇴법§2xi 퇴직연금가입자),[5]

임금 68207-9, 1994.1.5) ; 분할하여 지급한 퇴직금은 '퇴직금의 선지급'으로서 근로자가 사용자에게 이를 반환할 의무가 없고, 퇴직시점에 정산하여야 하나, 법정이자 상당액만큼 공제되지 않는다(대판 1993.1.15, 92다37673 ; 대판 1991.8.13, 91다6856 ; 대판 1992.5.26, 91다38705).

1) 대판(전) 2010.5.20, 2007다90760(**한국노동법학회, 『노동판례백선』 제2판**, 214~215쪽. 주요판례로 소개) ; 퇴직연금복지과-2156, 2015.7.6.

2) 〈부당이득으로 본 전원합의체판결의 소수의견〉 무효인 부분은 "퇴직금으로 지급한다"는 부분이고 "매월 일정한 금원을 지급한다는 약정"은 유효하므로 해당금원은 임금.

3) 근로복지과-2881, 2011.11.22 ; 근로복지과-401, 2013.1.30.

4) 대판 2018.7.12, 2018다21821 · 2018다25502. 10년간 근무하다가 퇴직후 약 10개월에 걸쳐 밀린 급여와 퇴직금 등 명목으로 1,180만원을 지급받으면서 '귀사에 밀린 급료(퇴직금 포함)를 모두 정리하였으므로 더 이상의 추가금액을 요구하지 않을 것을 약속한다.'는 내용으로 작성한 각서는, 퇴직후 수개월이 지나 작성되었으며, 작성경위와 문언을 볼 때, 퇴직금청구권을 사후에 포기한 것이므로 유효하다.

5) 가입자격, 가입시기, 가입방법 등을 정하도록 하기 위해서이다.

가입기간, 부담금산정 · 납입(같은장,같은절 2·마,(2),④), 급여종류 · 수급요건(같은장,같은절 2·마,(2),⑥), 운용관리업무(근퇴법 §28) · 자산관리업무(근퇴법 §29)의 위탁계약해지사유 · 절차와 해지에 따른 계약이전,[1] 운용현황통지(같은장,같은절 2·마,(2),⑤), 지급사유 · 지급절차, 제도폐지 · 중단이 있다.

확정급여형은 추가로 급여수준(같은장,같은절 2·마,(2),⑥), 급여지급능력확보(같은장,같은절 2·마,(2),④) 등(근퇴령 §4)을 포함해야 한다.

확정기여형은 추가로 부담금부담, 적립금운용, 적립금운용방법 · 정보제공, 적립금중도인출 등(근퇴령 §10)을 포함해야 한다.

퇴직연금사업자가 2이상의 사용자를 대상으로 하나의 확정기여형퇴직연금제도 설정을 제안하려면 '확정기여형퇴직연금규약의 기재사항 및 그 밖에 대통령령(근퇴령 §15)으로 정하는 사항이 포함된 표준규약'과 '운용관리업무 및 자산관리업무에 관한 표준계약서'에 대해 고용장관승인을 받아야 한다(근퇴법 §23). 법정사항이외 또는 법정수준상회수준은 노사가 임의로 자유로이 정할 수 있다.

② 퇴직연금사업자 선정 · 취소

㈎ 선 정

퇴직연금규약이 작성되어 도입방향이 결정되면 퇴직연금제도를 맡아서 운영해줄 퇴직연금사업자[2]를 선정[3]해야 한다. 퇴직연금사업자는 일정요건을 갖춘 퇴직연금제도모집인에게 퇴직연금제도를 설정하거나 가입자를 모집하는 업무(근퇴령 §27 ~ §28)를 위탁할 수 있다(근퇴법 §31).

㈏ 취소 · 이전

고용장관은 퇴직연금사업자가 '해산한 경우', '거짓 그 밖의 부정한 방법으로 등록(근퇴법 §26)한 경우', '등록요건(근퇴법 §26)을 갖추지 못하게 된 경우'와 '고용장관 또는 금융위원회의 명령(근퇴법 §36)에 따르지 않은 경우'에는 시정을 명하거나 등록을 취소할 수 있다(근퇴법 §27①).

고용장관은 등록취소[4]의 처분을 함에 있어 근로자의 수급권보호를 위하여 필

1) 위탁계약의 해지와 관련된 마찰을 사전에 예방하기 위한 것이다.

2) 은행, 보험사, 투자매매업자 · 투자중개업자 또는 집합투자업자, 신용협동조합중앙회, 새마을금고중앙회, 근로복지공단(30명 이하 사업)과 그 밖에 대통령령으로 정하는 자(근퇴령 §20)가 될 수 있다(근퇴법 §26).

3) 재무건전성, 인적 · 물적요건 등 일정요건(근퇴령 §20)을 갖추어 고용장관에게 등록해야 한다.

4) 취소된 날부터 3년간 등록할 수 없다(근퇴법 §27②). ; 퇴직연금제도 관련 업무를 중단하려는 퇴직연금사업자는 고용장관에게 등록의 말소를 신청하여야 하며 등록이 말소된 퇴직연금사업자는 말소된 날부터 2년간 퇴직연금사업자 등록을 할 수 없다(근퇴법 §27③). ; 등록취소 처분을 받거나 등록말소를 신청한 퇴직연금사업자는 설정된 퇴직연금제도의 이전에 필요한 조치 등 대통령령으로 정하는 가입자보호조치를 하여야 한다(근퇴법

요하다고 인정되는 경우에는 등록이 취소되는 퇴직연금사업자로 하여금 그 업무의 전부 또는 일부를 다른 퇴직연금사업자에게 그의 동의를 받아 이전할 것을 명할 수 있다(근퇴법 §27⑤). 등록취소와 이전명령을 위해서는 청문을 하여야 한다(근퇴법 §41).

③ **퇴직연금관리계약**

㈎ **법적 근거**

퇴직연금제도를 안전하게 운용하기 위해 사용자 또는 가입자는 퇴직연금규약에서 정한 퇴직연금사업자와 운용관리업무계약(근퇴법 §28)과 자산관리업무계약(근퇴법 §29)을 체결하여야 한다. 이 두 가지 업무를 한 사업자와 계약할 수도 있고 각기 다른 사업자와 계약할 수도 있다. 퇴직연금사업자는 선량한 관리자로서의 주의의무를 다하여야 한다(근퇴법 §30①).

㈏ **운용관리업무**

운용관리업무는 '사용자 또는 가입자에 대한 적립금 운용방법 및 운용방법별 정보의 제공',[1] '적립금운용현황의 기록·보관·통지', '사용자 또는 가입자가 선정한 운용방법을 자산관리업무를 수행하는 퇴직연금사업자에게 전달하는 업무' 등(근퇴령 §20)이다. 확정급여형퇴직연금은 이 외에도 '연금제도설계 및 연금계리업무'를 포함한다. 퇴직연금사업자는 운영관리업무중에서 일부업무를 요건을 갖춘 다른 사람이 처리하게 할 수 있다(근퇴법 §28②).

㈐ **자산관리업무**

자산관리업무는 계좌설정·관리, 부담금수령, 적립금보관·관리, 급여지급, '운용관리업무를 수행하는 퇴직연금사업자가 전달하는 적립금의 운용지시의 이행' 및 '대통령령(근퇴령 §24)으로 정한 업무'이다(근퇴법 §29①).

자산관리업무는 수급권을 확보하기 위해 적립금이 근로자에게 지급되는 보험회사의 보험계약이나 은행, 농협중앙회 등의 신탁계약방식으로 위탁되어야 한다(근퇴법 §29②). 이러한 계약형식을 취하면, 사용자가 도산해도 근로자가 수익자 또는 피보험자로 관리자의 보호를 받는다. 아울러 금융기관이 도산하더라도 신탁계약은 적립금이 수익자명의로 보관·관리되므로 근로자는 보호된다. 보험계약의 경우에

§27④, §44iii, 3년징역·3천만원 벌금).

1) 퇴직연금사업자는 적립금 운용방법을 제시함에 있어 ⓐ 운용방법에 관한 정보의 취득과 이해가 쉽고, ⓑ 운용방법간 변경이 쉽고, ⓒ 적립금운용결과의 평가방법과 절차가 투명하고, ⓓ 확정기여형퇴직연금과 개인형퇴직연금제도의 경우에는 대통령령이 정하는 원리금보장운용방법이 하나이상 포함되고, ⓔ 적립금의 중장기안정운용을 위해 분산투자 등 대통령령이 정하는 운용방법 및 기준 등에 따를 것이 요구된다(근퇴법 §30②).

는, 적립금이 특별계정으로서 우선취득권이 부여되므로 근로자가 보호를 받는다.

④ **부담금 납부**

관리업무계약이 체결되어 연금관리제도가 작동되면, 사용자는 퇴직연금부담금을 매년 1회이상 정기적으로 납부해야 한다.

㈎ **확정급여형**

사용자는 지급능력을 확보하기 위해 기준책임준비금[1]에 일정비율(근퇴령 §5①)을 곱한 최소적립금[2]이상의 금액을 의무적립금으로 퇴직연금사업자에게 납부해서 적립해야 한다(근퇴법 §16①).[3] 퇴직연금사업자는 매년 1회이상 적립금액 및 운용수익률 등을 가입자에게 알려야 한다(근퇴법 §18). 300명이상사업(장)의 사용자는 적립금의 합리적인 운용을 위하여 적립금운용위원회를 구성하여 하고, 이 위원회의 심의를 거친 적립금운용계획서(매년1회 이상작성)[4]에 따라 적립금을 운용하여야 한다(근퇴법 §18의2).

㈏ **확정기여형**

㉮ **원 칙**

사용자는 가입자의 연간임금총액[5]의 1/12이상[6]에 해당하는 부담금을 가입자의 확정기여형퇴직연금제도 계정에 현금으로 납입[7]해야[8] 한다(근퇴법 §20①).[9] 이에 따르

---

1) 다음 중 더 큰 금액을 말한다. ⓐ 매 사업연도 말일 현재를 기준으로 산정한 가입자의 예상 퇴직시점까지의 가입기간에 대한 급여에 드는 비용 예상액의 현재가치에서 장래 근무기간분에 대하여 발생하는 부담금 수입 예상액의 현재가치를 뺀 금액으로서 고용노동부령으로 정하는 방법에 따라 산정한 금액, ⓑ 가입자와 가입자였던 사람의 해당 사업연도 말일까지의 가입기간에 대한 급여에 드는 비용 예상액을 고용노동부령으로 정하는 방법에 따라 산정한 금액.

2) 법제처 13-0082, 2013.4.30. 적립금을 경영사업비로 사용한 것은 최소적립금적립의무에 위반되지 않는다.

3) 해당퇴직연금제도 설정전에 해당사업에서 근로한 기간을 가입기간에 포함시키는 경우(근퇴법 §14②), 별도비율(근퇴령 §5②)이 적용된다(근퇴법 §16①단서) ; 〈재정검증〉 확정급여형퇴직연금제도의 운용관리업무를 수행하는 퇴직연금사업자는 매사업연도종료후 6개월이내에 고용노동부령에 따라 산정된 적립금이 최소적립금을 상회하고 있는지를 확인하여 그 결과를 대통령령(근퇴령 §6)에 따라 사용자에게 알려야 한다. 다만, 최소적립금보다 적은 경우에는 그 확인결과를 근로자대표에게도 알려야 한다(근퇴법 §16②). ; 사용자는 근퇴법 제16조제2항에 따른 확인 결과 적립금이 대통령령이 정하는 수준에 미치지 못하면 대통령령(근퇴령 §7)이 정하는 바에 따라 적립금부족을 해소하여야 한다(근퇴법 §16③) ; 근퇴법 제16조제2항에 따른 확인 결과 매 사업연도말 적립금이 기준책임준비금을 초과하면 사용자는 그 초과분을 향후 납입할 부담금에서 상계할 수 있으며, 매 사업연도말의 적립금이 기준책임준비금의 150/100을 초과하고 사용자가 반환을 요구하는 경우 퇴직연금사업자는 그 초과분을 사용자에게 반환할 수 있다(근퇴법 §16④). ; 회계년도중간에 확정급여형퇴직연금제도를 설정한 사업장이 제도의 사업년도와 회계년도를 일치시키는 과정에서 첫 사업연도의 기간이 1년미만이고 사용자가 이미 부담금을 납부하여 적립한 경우에는 다음사업연도 이후부터 재정건전성여부를 확인하여도 무방하다(퇴직급여보장팀-951, 2007.3.7).

4) 적립금 운용 목적 및 방법, 목표수익률, 운용성과 평가 등 대통령령으로 정하는 내용 포함.

5) 연차유급휴가미사용수당의 경우 전전년도에 발생한 연차유급휴가해당분뿐아니라 퇴직으로 인해 지급사유가 발생한 경우도 임금이므로 확정기여형퇴직연금제도의 부담금산정시 산입됨(퇴직연금복지과-87, 2008.4.1).

6) 법제처 21-0367 2021.8.25. 확정기여형퇴직연금제도를 설정하면서 이전근로기간도 포함시키려는 경우(근퇴법§19), 부담금은 계속근로기간 1년에 대해 제도설정시점을 기준으로 산정한 30일분이상의 평균임금액이다.

면 근로자는 매월 임금의 1/12만큼 사외에 적립하는 효과가 있고, 사용자는 기여금만 납입하면 퇴직금제도관리의 부담에서 면제된다. 사용자가 부담금납입의무를 이행치 않으면 지연이자가 발생한다. 가입자는 사용자부담금외에 스스로 부담하는 추가부담금을 가입자의 확정기여형퇴직연금계정에 납입할 수 있다(근퇴법 §20②).[1] 사용자는, 가입자의 요청이 있으면, 퇴직할 때에 받을 급여를 갈음하여 그 운용중인 자산을 가입자가 설정한 개인형퇴직연금제도의 계정으로 이전해야 하며, 이 경우에는 급여가 지급된 것으로 본다(근퇴법 §20⑥⑦).

㉯ 휴 업

휴업으로 연간임금총액이 낮아지면 휴업사유에 따라 부담금납부가 달리 적용된다.[2] 첫째, 수습사용기간, 업무상부상·질병, 출산전후휴가기간, 육아휴직기간, 사업주귀책사유로 인한 휴업, 적법한 쟁의행위기간, 병역의무이행기간, 업무외부상·질병기간 및 그 밖의 사유로 인하여 사용자승인을 얻어 휴업한 기간에 대해서는 '해당기간임금을 제외한 연간임금총액'을 '해당기간을 제외한 기간'으로 나눈 금액[3]을 부담금으로 납부하여야 한다. 둘째, 근로자귀책사유로 인한 휴업

---

7) 〈사례〉 근로복지과-2447, 2011.10.18. 임금인상이 DC형 퇴직연금가입시점 이전으로 소급 적용되는 경우, 근로자의 신청에 따라 DC형퇴직연금제도로의 전환이 이루어 졌다면 시용자가 퇴직연금부담금을 추가 납부할 의무는 없으나, 당사자가 부담금을 다시 산정하기로 정하였다면 부담금 차액을 추가 납부하여야 한다.

8) 사용자는 매년 1회이상 정기적으로 부담금을 가입자의 확정기여형퇴직연금제도계정에 납입해야 하며, 정해진 기일(연장기일)까지 부담금을 납입하지 않으면 다음날부터 부담금을 납입한 날까지 지연일수에 대해 연 40/100 이내에서 「은행법」에 따른 은행이 적용하는 연체금리, 경제적여건 등을 고려하여 대통령령(근퇴령 §11. 기일내 10%, 기일후 20%)으로 정하는 이율에 따른 지연이자를 납입해야 한다(근퇴법 §20③, §44. 3년징역·2천만원벌금). 다만, 천재지변, 그 밖에 근퇴령제12조에서 정하는 사유가 존속하는 기간에 대하여는 그렇지 않다(근퇴법 §20④). 사용자는 확정기여형퇴직연금제도에 있어 퇴직 등 근퇴령제13조에서 정하는 사유가 발생한 때에 가입자에 대한 부담금을 미납한 경우에는 사유발생일부터 14일이내에 부담금 및 지연이자를 해당 가입자의 확정기여형퇴직연금제도 계정에 납입해야 한다. 다만, 특별한 사정이 있는 경우에는 당사자합의에 따라 납입기일을 연장할 수 있다(근퇴법 §20⑤, §44. 3년징역·3천만원벌금).

9) 대판 2022.3.17, 2018다244877. 이에 미치지 못하는 경우, 근로자는 퇴직일로부터 14일후에 사용자에게 부담금액의 차액분과 근퇴법에서 정한 지연이자의 지급을 청구할 수 있다. 사용자가 부담금상당을 임금에서 공제해도 제도설정이나 부담금납입행위가 무효는 아니며, 근로자가 공제금액상당의 미지급임금과 지연손해금을 청구할 수 있다. 두 경우 모두 평균임금재산정방식으로 추가퇴직금의 지급을 청구할 수는 없다. ↘ 1063쪽

1) 사용자로부터 부담금이 납부되기 전에도 근로자의 추가납부가 가능하며, 이를 위해 사용자는 퇴직연금사업자와 관련계약을 체결하여야 한다(퇴직급여보장팀-970, 2007.3.8) ; 〈사례〉 상여금의 일부를 사용자의 정기부담금 외의 부담금으로 납입하려는 경우, 퇴직연금규약으로 가입 근로자 모두가 동일한 비율로 납입하는 등 사전에 구체적인 납입 기준을 정한 이후 정기적으로 납입해야 한다(퇴직연금복지과-1754, 2015.6.17).

2) 퇴직급여보장팀-1090, 2007.3.15.

3) 다음 산식으로 정리할 수 있다.

$$\frac{\text{휴업기간 중 지급된 임금을 제외한 임금총액}}{\text{12개월} - \text{휴업기간}}$$

※ 휴업기간은 월수로 계산(30일인 달에서 15일 휴업하면 0.5개월)

인 경우에는 유·무급을 불문하고 연간 지급된 임금총액의 1/12의 금액을 부담금으로 납부해야 한다.

㉰ 탈 퇴

사용자는 가입자가 탈퇴할 때에 미납된 부담금을 탈퇴일로부터 14일이내에 납부해야 한다.

㈐ **제도전환과 소급임금**

확정급여형과 확정기여형을 서로 전환하는 경우, 전환일후에 임금협약이 타결되면서 임금인상을 소급하여 적용하기로 해도 당사자간에 특약이 있을 때만 퇴직연금부담금을 추가로 납부하는 것으로 해석[1]된다.

⑤ **적립금 관리·운용**

퇴직연금사업자는 적립금을 받으면 선량한 관리자의 주의의무를 다하여야 한다. 퇴직연금사업자는 매년 1회이상 적립금액 및 운용수익률 등을 고용부령에 따라 가입자에게 알려야 한다(근퇴법 §18).[2]

㈎ **확정급여형**

퇴직연금사업자는 퇴직연금제도적립금을 운용하기에 적합한 운용상품을 선정하여 사용자에게 제시해야 한다. 사용자는 퇴직연금사업자에게 운용상품을 선택하여 운용을 지시하고, 퇴직연금사업자가 사용자의 지시대로 상품을 구입한다.

㈏ **확정기여형**

㉮ 퇴직연금사업자의 의무

확정기여형은 적립금운용에 따라 수익이 달라지므로 운용과정에 근로자가 참여할 기회를 넓게 부여한다. 가입자는 적립금운용방법을 선택할 수 있고, 반기마다 1회이상 적립금운용방법을 변경할 수 있다(근퇴법 §21①). 퇴직연금사업자는 위험과 수익구조가 다른 3가지이상의 적립금운용방법을 반기마다 1회이상 제시[3]해야 하며, 운용방법별 이익·손실가능성 등 선정에 필요한 정보를 제공해야 한다(근퇴법 §21②③). '확정기여형 및 개인형퇴직연금제도에 있어 적립금에 대한 원리금보장운용방법'과 '적립금의 안정적운용을 위한 운용방법 및 기준'은 대통령령(근퇴령 §25~§26)에 규정되

---

1) 근로복지과-2447, 2011.10.18.

2) 임금복지과-1620, 2010.6.30. 퇴직연금규약에 따라 선정된 퇴직연금사업자의 부담금액배분, 적립금액배분 등은 회사가 정하며, 적립금으로 이전할 때 근로자대표의 동의를 얻어야 하는 것은 아니다. 퇴직연금사업자를 퇴직연금규약에서 삭제(제외)하려고 할 때는 근로자대표의 의견청취(불이익 변경이라면 동의)가 필요하다.

3) 퇴직연금사업자는 근로자가 투자선호에 따라 상품을 선택하고 금융시장상황에 따라 변경할 수 있도록 운용방법별 이익 및 손실의 가능성에 대한 정보 등 적립금 운용방법을 선정하는데 필요한 정보를 제공해야 한다.

어 있다.

㉯ 사전지정운용제도

사전지정운용제도란, 가입자가 적립금의 운용방법을 스스로 선정하지 않은 경우에, 사전에 지정되어 있는 운용방법으로 적립금을 운용하는 제도를 말한다(근퇴법 §2 x v).

운용관리업무를 수행하는 퇴직연금사업자는 위험과 수익을 고려하여 법문에 명시(근퇴법 §21의2①)된 운용유형이 포함된 사전지정운용방법을 작성하여 심의위원회를 거쳐 고용장관승인(변경도같음 근퇴법§21의3⑤)을 받아 사용자에게 제시하고, 사용자는 사업(장)단위로 사전지정운용방법을 설정하여 근로자대표의 동의를 받아 확정기여형퇴직연금규약에 반영하여야 한다(근퇴법 §21의2).

퇴직연금사업자는 가입자에게 관련정보를 제공하여야 하고, 정보를 제공받은 사전지정운용방법중에서 하나를 본인이 적용받을 사전지정운용방법으로 선정하여야 한다(근퇴법 §21의3①②).

퇴직연금사업자는 가입자가 "확정기여형퇴직연금제도에 가입하였을 때" 또는 "가입자가 스스로 선정한 적립금 운용방법의 기간만료일부터 4주가 지났을 때"에 운용방법을 스스로 선정하지 않으면 가입자에게 사전지정운용방법에 따라 적립금이 운용됨을 통지하여야 하며(근퇴법 §21의3③), 가입자가 통지를 받은 후부터 2주이내에 운용방법을 스스로 선정하지 않으면 가입자의 적립금을 사전지정운용방법으로 운용[1]하되(근퇴법 §21의3④), 가입자는 언제든지 적립금의 운용방법을 스스로 선정(근퇴법 §21의3⑤)할 수 있다.

⑥ **퇴직연금급여 지급**

㈎ **요 건**

확정급여형 및 확정기여형의 급여는 연금 또는 일시금이다(근퇴법 §19②). 연금은 55세 이상인 10년이상가입자에게 지급하고, 퇴직연금지급기간은 5년이상이어야 한다. 일시금은 연금수급요건을 갖추지 못하거나 일시금수급을 원하는 가입자에게 지급된다(근퇴법 §17①).

㈏ **가입기간과 급여액**

㉮ 가입기간

퇴직급여가입기간은 퇴직연금제도를 설정한 이후에 해당사업에서 근로를 제공하는 기간으로 하고, 해당직연금제도설정전에 해당사업에서 제공한 근로기간에

---

1) 가입자가 스스로 운용방법을 사전지정운용방법으로 선정한 것으로 봄.

대하여도 가입기간으로 할 수 있으며 이 경우 '퇴직금을 미리 정산한 기간(근퇴법 §8②)'은 제외한다(근퇴법 §14).

㉯ 급여액

(a) 급여액의 결정

퇴직연금급여액은 연금종류에 따라 다르다.

확정급여형의 경우, 일시금은 '근속년수×30일분의 평균임금 이상(근퇴법 §15)'이어야 하며, 연금은 일시금을 분할하여 5년이상의 기간 즉, 10년·종신 등 규약에 정하여진 기간동안 지급받을 수 있다. 퇴직연금사업자는 매사업년도 종료후부터 6개월이내에 사업장적립금수준이 '기준책임준비금 대비 최소적립금'을 상회하고 있는지를 확인하기 위하여 재정검증을 실시하여야 한다(근퇴법 §16).[1]

확정기여형의 경우, 일시금은 근로자별로 매년 임금총액의 1/12이상을 적립하여 운용한 결과에 따라 다르며, 임금총액산정이 잘못 되었더라도 평균임금을 조정하는 것이 아니라 금품청산법리에 따르고,[2] 연금은 확정급여형과 같은 방법으로 계산한다. 급여를 간단히 표로 정리하면 다음과 같다.

확정급여	일시금	근속년수×30일분 평균임금 이상(근퇴법 §15)	사용자에게 퇴직급여 청산의무 부과
	연금	일시금을 분할해 규약으로 정한 기간 지급	
확정기여	일시금	근로자별로 적립해 운용한 결과로 결정	부담금납부로 사용자의 급여지급책임 완성
	연금	일시금을 분할해 규약으로 정한 기간 지급	

(b) 급여액의 변동

퇴직금제도 및 확정급여형퇴직연금제도에 있어 임금피크제실시, 임금삭감, 소정근로시간축소 등으로 급여액에 영향을 미칠 수 있는 경우, 사용자는 가입자에게 퇴직급여수령액이 감소될 수 있음을 알려주고, 근로자대표와 '확정기여형으로의 전환', '별도의 급여산정기준 마련' 등 필요한 방법을 협의하여야 한다(근퇴법§32① 근퇴령§31).[3]

---

1) 재정검증에 있어 퇴직연금제도설정전에 제공한 과거근로기간을 확정급여형퇴직연금제도의 가입기간으로 포함시키는 경우(근퇴법 §14②)에는 고용노동부고시(제2015-31호)에서 정하는 차수별 최소적립비율을 적용하며, 가입자의 퇴직 등으로 DB형퇴직연금제도 설정시점의 평균 과거근로기간이 변경되는 경우에도 근로자의 퇴직급여수급권이 보호될 수 있도록 최근의 데이터를 반영한 재정검증당시의 가입자명부를 기준으로 전체 최소적립비율을 산출하여야 한다(퇴직연금복지과-1328, 2016.4.7) ; 해당사업연도에 대한 재정검증의 결과는 다음 사업연도에 대한 재정검증의 결과가 통보될 때까지 유효하다(퇴직연금복지과-1594, 2015.5.22).

2) 대판 2021.1.14, 2020다207444, 매년 납입한 부담금이 연간임금총액의 1/12에 미치지 못하는 경우, 퇴직일로부터 14일이 지난 후에는 정당한 부담금액과 납입부담금액의 차액 및 퇴직급여법에서 정한 지연이자를 지급할 것을 청구할 수 있을 뿐, 평균임금의 재산정을 통해 추가 퇴직금의 지급을 청구할 수는 없다.

3) 특정직급전보 등으로 임금이 감소되어 퇴직급여액이 감소되는 근로자를 대상으로 과거근로기간을 소급하는 것뿐아니라, 가입자별 자유의사에 따라 소급기간을 달리 적용하는 것도 가능하고(퇴직급여보장팀-805, 2006.

(c) 기업합병

합병회사가 근로자고용을 승계하여 계속근로기간을 인정하는 경우, 합병회사가 퇴직연금규약을 변경신고하고 적립금을 이전하여 근로자가 최종으로 퇴직할 때 퇴직급여를 지급하여야 한다.[1)]

(다) **신분변화**

직원이 근기법적용대상이 아닌 신분으로 변하면 퇴직절차에 따라 급여를 수령할 수 있다.[2)] 퇴직연금수급자가 사망하면 잔여급여처리문제는 민법의 일반원칙에 따르되 노사가 규약에서 별도로 정하면 상속인이 연금을 수령할 수 있다.

(라) **지급시기**

확정급여형은 사용자에게 퇴직급여청산의무를 부과한다. 사용자는 가입자의 퇴직 등 급여지급사유[3)]가 발생한 날(근퇴법 §17①)부터 14일이내에 퇴직연금사업자로 하여금 적립금범위에서 지급의무가 있는 급여전액[4)]을 지급하도록 하여야 한다(근퇴법 §17②). 다만, 퇴직연금제도적립금으로 투자된 운용자산매각이 단기간에 이루어지지 않는 등 특별한 사정이 있는 경우에는 사용자, 가입자 및 퇴직연금사업자의 합의에 따라 지급기일이 연장될 수 있다(근퇴법 §17②).

퇴직연금사업자의 지급이 근퇴법의 정한 수준에 미달할 경우, 사용자가 근로

3.14), 과거기간에 대한 일괄 또는 순차적인 소급, 과거기간의 전체 또는 일부에 대한 소급여부 등은 사용자의 재정부담 등을 감안하여 노사합의에 따라 퇴직연금규약으로 정하여 시행할 수 있으며, 퇴직금제도의 과거근로기간 또는 확정급여형퇴직연금제도의 가입기간을 확정기여형의 가입기간으로 소급하는 경우에 과거소급분에 대한 부담금 산정은 소급하기로 결정한 날 이전 1년간 가입자가 지급받은 임금총액을 기준으로 산정하며, 과거 소급기간 1년에 대하여 가입자의 연간임금총액의 1/12이상 또는 평균임금의 30일분이상이 되어야 한다(퇴직연금복지과-3625, 2015.10.20).

1) 계약을 이전하여 적립금을 이체하는 것은 퇴직급여의 지급에 해당하지 않는다. 다만, 고용승계를 하지 않고 합병 전 회사에서 퇴사하는 경우라면 최소적립비율에 미달하는 회사는 적립 비율만큼, 최소적립비율을 초과하는 회사는 전액 지급되어야 한다. 합병과정에서 적립금을 통산하는 쪽으로 규약을 통합하는 경우, 또한, 근로자에게 불리한 변경인지 여부는 적립금통산에 따른 적립율, 급여지급 등 제반사정을 종합적으로 판단하여야 할 사항이며, 최소적립비율에 미달하는 A회사는 상대적으로 적립비율이 높은 B회사와의 적립금통산으로 적립비율이 높아지고 합병회사의 적립비율이 최소적립비율을 상회한다면 합병으로 인한 불리한 변경으로 보기 어렵다(퇴직연금복지과-2624, 2015.8.7).

2) 퇴직급여보장팀-1005, 2007.3.12.

3) 근로자의 '계열사간 전출입에 따라 계약을 이전하는 것'은 퇴직연금 가입자의 퇴직으로 급여를 지급하는 경우가 아니라 해당가입자의 적립금을 이전하는 것이다(근로복지과 509, 2013.2.6.) ; 다만, 전입기업이 종전계속근로기간을 승계하지 않는 전출입계약 등 특약을 정해 기업이동에 따른 계속근로기간을 단절시키고, 전출기업의 사용자가 해당근로자에게 퇴직급여를 지급하는 경우에는 사용자의 지급의무가 있는 금액에 적립비율을 곱한 금액 또는 전액이 지급되어야 한다(퇴직연금복지과-1949, 2015.6.18).

4) 사업도산 등 대통령령으로 정하는 경우에는 "가입자와 가입자였던 사람의 해당사업연도 말일까지의 가입기간에 대한 급여에 드는 비용예상액을 고용노동부령으로 정하는 방법에 따라 산정한 금액(근퇴법 §16①ii)"에 대한 적립금의 비율에 해당하는 금액을 말한다.

자에게 14일이내에 차액을 지급할 의무를 부담한다. 다만, 특별한 사정이 있으면 당사자합의에 따라 지급기일이 연장될 수 있다(근퇴법§17③, §44ii 3년징역·3천만원벌금). 퇴직급여청산법리는 금품청산법리(같은장 제3절,2)를 따른다.

확정기여형의 경우, 부담금납부로 사용자의 급여지급책임이 완성된다.

㈒ **지급방법**

㉮ 급여청산

확정급여형과 확정기여형의 급여지급방법은 같다(근퇴법 §19②). 퇴직급여청산에 따른 급여지급은 가입자가 지정한 개인형퇴직연금제도의 계정 등으로 이전하는 방법으로 한다. 다만, 가입자가 55세이후에 퇴직하여 급여를 받는 경우 등(근퇴령 §8)의 사유가 있는 경우에는 그렇지 않다(근퇴법 §17④). 가입자가 개인형퇴직연금제도계정 등을 지정하지 않으면 가입자명의의 개인형퇴직연금제도의 계정으로 이전하며,[1] 이 경우에 가입자가 해당퇴직연금사업자에게 개인형퇴직연금제도를 설정한 것으로 본다(근퇴법 §17⑤).

㉯ 지급지시

확정급여형은 사용자가 근로자에게 미리 약정한 퇴직급여를 지급하기로 하고 사용자의 책임하에 운영된다. 따라서 복수의 퇴직연금사업자에게 적립금이전 및 급여지급을 지시하는 것은 사용자의 전속적인 권한으로서 근로자대표 또는 근로자의 동의를 필요로 하지 않다.[2]

㈓ **퇴직급여 우선변제**

"퇴직급여 등(근퇴법 §15)"[3]은 사용자총재산에 대하여 질권 또는 저당권에 의하여 담보된 채권을 제외하고는 조세·공과금 및 다른 채권에 우선하여 변제되어야 한다.

---

1) 단순히 계좌개설거부·연락두절 등의 사유로 IRP계정이전외의 방법으로 퇴직급여를 지급하는 것은 타당하지 않으나, 사용자가 법정기한이 도래할 때까지 주소지방문·내용증명 등 의무이행노력을 다 하였음에도 불구하고 근로자가 IRP계좌개설을 거부하여 퇴직급여를 지급할 수 없는 경우에는 일반계좌이전 또는 법원공탁 등과 같은 다른 방법으로 퇴직급여를 지급할 수 있으며, 지연지급원인이 근로자에게 있다면 사용자에게 퇴직급여 미지급 고의성이 있다고 보기 어려워 범죄구성요건을 충족하기 어렵다(퇴직연금복지과-1201, 2017.3.14).

2) 〈사례〉 퇴직연금복지과-1949, 2015.6.18. 복수의 퇴직연금사업자(A, B, C)에 대해 사용자가 B 또는 C로 하여금 A에게 적립비율만큼 가입자의 해당적립금이전을 통해 A로 하여금 전액 지급토록 한 사건.

3) 퇴직금, 확정급여형퇴직연금제도급여(근퇴법 §15), '확정기여형퇴직연금제도(근퇴법 §20③)·중소기업퇴직연금기금제도(근퇴법 §23의7①)·개인형퇴직연금제도(근퇴법 §25②iv)의 부담금중 미납입부담금 및 그에 대한 지연이자'; 퇴직금과 확정급여형퇴직연금제도급여(근퇴법 §15)는 계속근로기간 1년에 대하여 30일분의 평균임금으로 계산한 금액으로 한다(근퇴법 §12③).; 확정기여형퇴직연금제도부담금(근퇴법 §20③)·중소기업퇴직연금기금제도(근퇴법 §23의7①)·개인형퇴직연금제도부담금(근퇴법 §25②iv)은 가입자의 연간임금총액의 12분의 1에 해당하는 금액으로 계산한 금액으로 한다(근퇴법 §12④).

다만, 질권 또는 저당권에 우선하는 조세·공과금에 대하여는 그렇지 않다(근퇴법 §12①). 최종 3년간의 "퇴직급여 등"은 사용자총재산에 대하여 질권 또는 저당권에 의하여 담보된 채권, 조세·공과금 및 다른 채권에 우선하여 변제되어야 한다(근퇴법 §12②). "퇴직급여 등"에 대한 우선변제법리는 임금채권우선변제법리(제5장 제6절,1)를 따른다.

(사) 중도인출·제도중단

㉮ 중도인출

확정기여형의 적용을 받는 근로자가 연금수급자격을 갖추지 못하고 중도에 퇴직한 경우에는 탈퇴일시금을 받을 수 있다.

확정기여형에 있어서는 '무주택자인 가입자의 본인명의주택[1]구입[2] 또는 전세보증금', '본인·배우자·부양가족의 6개월이상요양비용 부담', '파산·개인회생절차개시선고'[3] 등(근퇴령§14 근퇴령§2①)의 사유가 발생하면 적립금중도인출이 가능하다(근퇴법 §22).[4] 무효인 사직서제출에 따른 퇴직급여지급도 사실상 중도인출에 해당된다.[5]

확정급여형은 그 성격상 개인의 중도인출이 금지된다.

㉯ 퇴직연금제도 폐지·중단

퇴직연금제도가 폐지되거나 운영이 중단된 경우에는 폐지된 후의 기간 또는 중단된 기간에 대해 퇴직금제도(근퇴법 §8①)를 적용한다(근퇴법 §38①).

사용자는 퇴직연금제도가 폐지된 경우, 지체없이 대통령령(근퇴령 §38)에 따라 '근로자대표동의', '폐지사유·폐지일', '적립금·부담금'이 기재된 폐지신고서를 고용장관에게 제출하여야 한다(근퇴법 §38②).[6] 사용자는 퇴직연금폐지일로부터 14일이내에

---

1) 거래부동산의 건축물대장, 건물등기부등본, 전세계약서 등 주거목적임을 객관적으로 확인할 수 있는 서류를 증빙하여 신청할 수 있다(퇴직연금복지과-724, 2016.2.23) ; 퇴직연금복지과-2726, 2015.8.13. 무주택자가 제3자로 하여금 주택공사를 하게 하는 경우에는 공사계약서로 증빙할 수 있으며, 본인이 건축하는 경우에는 건축설계서, 건축허가서, 착공신고필증 등 건축물의 용도가 주택임을 증빙할 수 있는 서류로 중도인출이 가능하다. 본인명의의 주택을 구입하는 경우 매매계약서, 계약금영수증, 건축허가서 및 착공신고필증 등 건축물의 명칭과 주용도를 확인하여 객관적으로 매매하는 대상이 주택임을 입증할 경우에 신청할 수 있다.

2) 중간정산신청시기는 "주택매매계약 체결일부터 소유권이전등기후 1개월이내"인데(고용노동부, 「퇴직금 중간정산제도 업무처리지침」), 그 기산일은 등기접수일이다(퇴직연금복지과-716, 2016.2.23).

3) 퇴직연금복지과-3845, 2015.11.8. 근퇴령 제2조에 따라 중도인출신청일부터 역산하여 5년이내에 근로자가 개인회생절차개시결정을 받으면 중도인출을 할 수 있다. 개인회생절차의 폐지 및 면책결정이 없는 경우에 중도인출이 가능하나, 개인회생절차폐지결정에 대해 즉시 항고하여 미납변제금을 납입함으로써 개인회생절차개시결정을 회복시키려는 경우에는 가능하다. 다만, 신청자는 즉시항고여부와 미납변제금납입을 위한 중도인출임을 소명하고 납입사실을 사후에 증명하여야 한다.

4) 국내에 거주하며 근로를 제공하고 퇴직연금제도에 가입한 외국인근로자의 경우에도 동일하게 적용된다(퇴직연금복지과-780, 2016.2.25).

5) 근로복지과-2350, 2013.7.8.

6) 퇴직연금복지과-2511, 2015.7.29.

미납부담금을 납입하고 퇴직연금사업자가 급여를 지급토록 한다(근퇴령 §38).

사용자와 퇴직연금사업자는[1] 퇴직연금제도가 폐지되어 가입자에게 급여를 지급하는 경우, 가입자가 지정한 개인형퇴직연금제도의 계정으로 이전하는 방법으로 지급한다. 가입자가 개인형퇴직연금제도의 계정을 설정하지 않은 경우에는 해당퇴직연금사업자가 운영하는 계정으로 이전하고, 이는 가입자가 해당퇴직연금사업자에게 개인형퇴직연금제도를 설정한 것으로 본다(근퇴법 §17⑤준용)(근퇴법 §38④).

가입자가 '개인형퇴직연금제도의 계정으로 이전하는 방식 등(근퇴법 §38④)에 따라 급여를 받은 경우에는 중간정산(근퇴법 §8②)된 것으로 보며 중간정산대상기간의 산정 등에 필요한 사항은 대통령령(근퇴령 §40)으로 정한다(근퇴법 §38⑤).

(아) 퇴직연금수급권 양도 · 담보 · 압류

퇴직연금제도의 급여를 받을 권리는 양도 · 압류하거나 담보로 제공할 수 없다(근퇴법 §7①). 다만, 주택구입 등의 사유와 요건(근퇴령 §8)을 갖추면 일정한도(근퇴령 §2)안에서[2] 담보로 제공할 수 있으며, 퇴직연금사업자(중소기업퇴직연금기금제도는근로복지공단)는 제공된 급여를 담보로 한 대출[3]이 이루어지도록 협조해야 한다(근퇴법 §7).

법률에 의해 양도가 금지된 채권은 압류대상적격이 없어 압류명령은 무효이며 전액에 대해 압류가 금지된다.[4] 양도가 금지된 퇴직연금급여채권은 피압류적격이 없어 그 전액이 압류금지대상이다.[5]

(자) 연금제도변경과 급여지급

사업(장)에 복수의 퇴직연금제도를 설정하고 규약에 따라 제도를 전환하는 경우, 확정기여형에서 확정급여형으로 전환할 때에 적립금을 확정급여로 이전하는 것은 근로자가 직접 운영하던 적립금을 사용자적립금으로 변경하는 것이므로 허용되지 않는다. 다만, 확정기여형에서 확정급여형전환이전기간은 확정기여형으로 적립금을 운영하고, 확정급여형전환이후기간은 확정급여형으로 적립금을 운영하여 퇴직할 때에 제도별로 급여를 각각 산정하여 지급하는 것은 가능하다.[6]

---

1) 사용자와 퇴직연금사업자는 근퇴법 위반 등의 사유(근퇴법 §35②)로 퇴직연금제도가 중단된 경우에 적립금 운용에 필요한 업무 등 근퇴령 제39조로 정하는 기본적인 업무를 유지하여야 한다(근퇴법 §38③).

2) 무주택 · 요양 · 회생절차개시결정 · 파산선고는 가입자별 적립금의 50/100, 천재 · 지변 등은 고용장관이 별도로 정하여 고시하는 한도이다.

3) 이른바 퇴직연금담보대출을 말한다(퇴직급여보장팀-970, 2007.3.8).

4) 대판 2014.1.23, 2013다71180.

5) 퇴직연금복지과-2999, 2015.9.7. 확정급여형의 미적립부담금 및 개인형퇴직연금제도로 지급하는 급여도 압류가 금지된다 ; 퇴직연금복지과-306, 2015.2.23. 개인형퇴직연금(IRP) 계정으로 입금도 양도 및 압류금지.

6) 퇴직연금복지과-586, 2016.2.12.

⑦ 퇴직연금제도 관리

㈎ 사업주체의 책무

㉮ 사용자

퇴직연금제도(개인형퇴직 연금제제외)를 설정한 사용자는 매년 1회이상 가입자에게 해당사업의 퇴직연금제도운영상황 등(근퇴령 §32)에 관한 교육을 실시해야 한다. 사용자는 퇴직연금사업자에게 교육실시를 위탁할 수 있다(근퇴법§32②, §48① i 1천만과태료). 퇴직연금제도를 설정한 사용자가 자기 또는 제3자의 이익을 도모할 목적으로 운용관리업무·자산관리업무수행계약을 체결하는 행위(2년이하징역 2천만원벌금) 등(근퇴령 §33)의 행위(1천만원 과태료)는 금지된다(근퇴법§32③ §45,§48).

㉯ 퇴직연금사업자

퇴직연금사업자는 운용관리업무·자산관리업무의 수행계약체결거부행위, 특정퇴직연금사업자와 계약을 체결할 것을 강요하는 행위, 사용자 또는 가입자의 이익을 침해할 우려가 있는 행위(근퇴령 §34)를 하면 안된다(근퇴법§33③, §44iv 3년징역·3천만원벌금).

운용관리업무를 수행하는 퇴직연금사업자는 '손실의 일부·전부부담약속', '특별한 이익 제공 약속', '가입자 성명·주소 등의 개인정보를 업무수행범위를 벗어나서 사용하는 행위', '자기 또는 제3자이익을 도모할 목적으로 특정운용방법을 제시하는 행위'를 하면 안된다(근퇴법§33④, §44iv 3년징역·3천만원벌금).

개인형퇴직연금제도를 운영하는 퇴직연금사업자는 해당사업의 퇴직연금제도운영상황 등(근퇴령 §36)에 대해 매년 1회이상 가입자에게 교육을 실시해야 한다(근퇴법 §33⑤).

퇴직연금사업자는 매사업년도 종료후 3월이내에 퇴직연금·개인퇴직계좌의 취급실적을 사용자[1]·고용장관 및 금융감독원장에게 제출(고용노 동부령)해야 한다(근퇴법 §33⑥).

퇴직연금사업자는 계약체결과 관련된 약관·표준계약서를 제정·변경하려면 미리 금융감독원장에게 보고해야 한다(근퇴법 §33⑦). 퇴직연금사업자는 매년말 적립금운용수익률 및 수수료 등을 공시해야 한다(근퇴법 §33⑧).

㉰ 정 부

정부는 퇴직연금의 근로자의 수급권보호를 위해 노력해야 하며(근퇴법 §34②③), '사용자 및 퇴직연금사업자에 대한 감독권'과 '금융거래정보·자료요청권'을 갖는다(근퇴법§35~§37, 5년징역· 금융정보누설등 5천만원벌금).

고용장관은 '금융위원회 등에 대해 자료제출요청권(근퇴법 §39)'과 '사용자·퇴직연금

---

1) 퇴직연금취급실적에 한한다.

사업자에 대한 보고·서류제출·관계인출석요구권 및 질문·조사권'을 갖는다(근퇴법 §40).[1)]

㈏ **양벌규정**

퇴직연금제도의 관리에 관한 사항을 위반하여 벌칙을 받을 때에는 양벌주의(<개념참고> 제1장, 제5절, 2·나(2))가 적용된다.

(3) 중소기업퇴직연금기금제도

① **운 영**

근로복지공단(공단)은 중소기업퇴직연금기금제도운영위원회(운영위원회)를 통해 주요 사항을 심의·의결하고(근퇴법 §23의2), 중소기업퇴직연금기금을 다른 회계와 분리하여 관리·운용하며(근퇴법 §23의3), 사무수행을 위하여 징수법과 「근로복지기본법」에 따라 수집된 자료를 활용할 수 있다(근퇴법 §23의4).

② **표준계약서**

공단은 고용장관승인을 받아 다음사항이 기재된 중소기업퇴직연금기금표준계약서(표준계약서)를 작성·변경할 수 있으며. 고용장관은 이를 변경할 수 있다(근퇴법 §23의5).

- 확정급여형퇴직연금 가입자·가입기간, 급여종류 및 수급요건, 운영현황과 통지, 급여지급 사유 및 지급방법, 퇴직연금제도 폐지·중단(근퇴법 §13①2,3,6,8~10)
- 확정기여형퇴직연금 부담금 부담·산정·납입, 적립금 운용·정보제공, 사전지정운용제도, 적립금중도인출(근퇴법 §19①1~3,5)
- 중소기업퇴직연금기금의 관리·운용 업무(근퇴법 §23의3)
- 적립금 운용현황의 기록·보관·통지 업무
- 계좌의 설정 및 관리, 부담금의 수령, 적립금의 보관 및 관리, 급여의 지급 업무
- 그 밖에 대통령령으로 정하는 사항

③ **제도설정**

중소기업의 사용자는 표준계약서에서 정하고 있는 사항에 관하여 근로자대표의 동의(근퇴법 §4③)를 얻거나 의견(근퇴법 §5)을 들어 공단과 계약을 체결함으로써 중소기업퇴직연금기금제도를 설정할 수 있으며, 일부업무(근퇴법§2의5① i ~ iii 및 v, §23의15①)에 대해서는 수수료가 사용자 및 가입자에게 부과될 수 있다(근퇴법 §23의6).

---

1) 대통령령에 따라 고용장관의 권한은 그 일부를 금융위원회 또는 금융감독원장에게 위탁하거나 지방고용노동관서의 장에게 위임할 수 있으며, 금융위원회의 권한은 그 일부를 금융감독원장에게 위탁(근퇴령 §41)할 수 있다(근퇴법 §42).

④ **부담금**

중소기업퇴직연금기금제도를 설정한 사용자는 매년 1회이상 정기적으로 가입자의 연간임금총액의 1/12이상에 해당하는 사용자부담금을 현금으로 가입자의 기금제도사용자부담금계정에 납입하여야 한다(근퇴법 §23의7).[1] 급여를 일시금으로 수령하려는 사람과 자기부담으로 추가부담금을 납입하려는 사람은 사용자부담금계정과 구분하여 관리하는 기금제도가입자부담금계정을 설정할 수 있다(근퇴법 §23의8).

⑤ **연금가입**

퇴직연금기금의 가입기간과 가입자별운용현황통지는 확정급여형(근퇴법 §14,18)을 준용한다(근퇴법§23의9 §23의11). 공단은 중소기업퇴직연금기금 운용에 따라 발생하는 이익·손실 가능성 등의 정보를 제공하여야 한다(근퇴법 §23의10).

⑥ **급여종류 및 수급요건**

급여종류와 수급요건에 대하여는 기금제도사용자부담금계정의 경우에 확정급여형(근퇴법 §17①)을 준용하고, 기금제도가입자부담금계정의 수급요건에 대해서는 대통령령(근퇴령 §16의14)으로 정하되 급여지급은 가입자가 지정한 개인형퇴직연금제도의 계정 등(지정하지 않으면 가입자명의)으로 이전하는 방법으로 한다(근퇴법 §23의12).

⑦ **중도인출**

중도인출과 관련하여 사용자부담금계정에 대하여는 확정기여형(근퇴법 §22)이, 가입자부담금계정에 대하여는 개인형퇴직연금(근퇴법 §24⑤)이 준용된다(근퇴법 §23의13).

⑧ **행정사항**

국가는 사용자부담금, 가입자부담금 또는 중소기업퇴직연금기금제도의 운영에 따른 비용일부 등을 예산범위에서 지원할 수 있다(근퇴법 §23의14).

공단은 가입자를 대상으로 운영상황 등에 대하여 매년 1회이상 교육을 실시하여야 하며, 매년 취급실적·운용현황·수익률 등을 공시하여야 하고, 사용자 및 가입자에게 표준계약서의 변경사항을 통보하여야 하며, 퇴직연금사업자책무에 관한 일부규정(근퇴법 §34①~④)을 준용받는다(근퇴법 §23의15).

고용장관은 공단이 관련업무를 보고하게 하고, 장부·서류 또는 그 밖의 물건

---

1) 사용자가 정하여진 기일(기금표준계약서에서 납입기일을 연장할 수 있도록 한 경우에는 그 연장된 기일)까지 부담금을 납입하지 않으면 그 다음 날부터 부담금을 납입한 날까지 지연일수에 대하여 제20조제3항 후단에 따라 대통령령으로 정하는 이율(근퇴법 §20③)에 따른 지연이자를 납입하여야 한다.

을 검사하며, 시정을 명할 수 있다(근퇴법 §23의16).

(4) 개인형퇴직연금제도

① 설정 원칙

퇴직연금사업자는 가입자의 선택에 따라 가입자가 납입한 일시금이나 사용자 또는 가입자가 납입한 부담금을 적립·운용하기 위하여 설정한 퇴직연금제도로서 급여나 부담금의 수준이 확정되지 않은 개인형퇴직연금제도를 운용할 수 있다(근퇴법 §24①). 퇴직연금사업자는 개인형퇴직연금제도의 운영주체가 된다.

② 설정 자격

개인형퇴직연금을 설정할 수 있는 사람은 '퇴직급여제도의 일시금을 수령한 사람', '확정급여형퇴직연금제도·확정기여형퇴직연금제도·중소기업퇴직연금기금제도의 가입자로서 자기부담으로 개인형퇴직연금제도를 추가로 설정하려는 사람', '자영업자 등이다(근퇴법 §24②).

개인형퇴직연금제도는 퇴직일시금을 받은 근로자가 원하면 개인퇴직계좌[1]에 가입하여, 연금 또는 일시금으로 받을 때까지 세금을 유예받으면서 적립금을 운용할 수 있도록 하는데서 출발하였다. 직장을 자주 옮기는 근로자들이 퇴직일시금을 계속 적립했다가 은퇴후에 쓸 수 있도록 하기 위함이다.

③ 제도 운용

개인형퇴직연금제도는 퇴직연금사업자와 개인형퇴직연금제도설정자(설정자)의 위탁계약으로 이루어진다. 설정자는 자기부담으로 개인형퇴직연금제도의 부담금을 납입하되(근퇴법 §24③), 대통령령(근퇴령 §17)[2]으로 정하는 한도를 초과하여 부담금을 납부할 수 없다. 개인형퇴직연금제도의 적립금운용방법 및 운용정보제공은 확정기여형퇴직연금(근퇴법 §21)을 준용한다(근퇴법 §24④). 개인퇴직계좌의 급여종류별수급요건, 중도인출은 대통령령(근퇴령 §18)[3]으로 정한다(근퇴법 §24⑤).

---

1) 2012.7.26 전에도 직장을 이동할 때에 퇴직급여일시금을 계속 모을 수 있도록 개인퇴직계좌[(IRA, Individual Retirement Accounts, 퇴직급여제도의 일시금을 수령한 자 등이 그 수령액을 적립·운용하기 위하여 퇴직연금사업자에게 설정한 저축계정(근퇴법 §2ix)]을 운영할 수 있었는데 개인형퇴직연금제로 흡수되고 그 기능이 확대되었다.

2) 이전사업에서 받은 퇴직급여제도의 일시금 등을 제외한 금액으로 연간 1천200만원(개인형퇴직연금제도의 계정이 여러 개인 경우에는 부담금의 합계액)을 말한다.

3) 연금은 55세이상인 가입자에게 지급하고 연금지급기간은 5년이상이어야 한다. 일시금은 55세이상으로서 원하는 가입자에게 지급된다. 확정기여형퇴직연금제도와 같은 사유가 있으면 적립금을 중도인출할 수 있다.

④ 10명미만 사업 특례

(가) 퇴직급여제도 설정 간주

10명미만사업의 사용자가 근로자개인의 동의 또는 요구에 따라 개인형퇴직연금제도를 설정하면 해당근로자에 대해 퇴직급여제도가 설정된 것으로 본다(근퇴법 §25①).

(나) 개인형퇴직연금제도 설정 · 운용

사용자가 퇴직연금사업자를 선정하는 경우에는 해당근로자 동의를 받아야 하며, 해당근로자가 스스로 퇴직연금사업자를 선정할 수 있다(근퇴법 §25② i). 사용자는 가입자별로 매년 1회이상 정기적으로 연간임금총액의 1/12이상에 해당하는 부담금을 현금으로 가입자의 개인형퇴직연금제도계정에 납입해야 하며, 납입지연부담금의 지연이자납입에 관하여는 확정기여형퇴직연금제도에 대한 규정(근퇴법 §20③④)을 준용한다(근퇴법 §25② ii, iv). 가입자는 사용자부담금외에 추가부담금을 납입할 수 있다(근퇴법 §25② iii). 사용자는 급여수급권의 안정적인 보호를 위한 사항(근퇴령 §19)[1]을 준수해야 한다(근퇴법 §25② v). 사용자는 해당가입자가 퇴직할 때에 미납부담금이 있으면, 사유발생일부터 14일이내에 '부담금과 지연이자(근퇴법 §25② ii, iv)'를 해당가입자의 개인형퇴직연금제도의 계정에 납입해야 하며, 특별한 사정이 있으면 당사자합의에 따라 납입기일을 연장할 수 있다.

3. 건설근로자퇴직공제제도

3·가. 의 의

(1) 법적근거

건설일용근로자은 계속근로여부판단때문에 법정퇴직금제도를 적용받기 어렵다. 이러한 이유로 1996년에 「건설근로자의고용개선등에관한법률(건고법)」이 제정되었다.

건고법은 건설근로자의 고용안정과 직업능력개발 · 향상을 지원 · 촉진하고 건설근로자에게 퇴직공제금을 지급하는 등의 복지사업을 실시하여 고용개선과 복지증진을 도모하고 건설산업발전에 이바지하는 것을 목적으로 한다(건고법 §1).

(2) 퇴직공제제도 개요

건고법에 따라 1998년부터 건설근로자퇴직공제제도가 시행되고 있다. 건설근로자퇴직공제제도는 건설업에 종사하는 일용근로자가 건설업에서 퇴직하게 되는

---

1) 급여종류별 수급요건은 확정급여형퇴직연금수급요건(근퇴법 §17①)과 같다. 사용자가 납입하는 부담금에 대한 수수료는 사용자가 부담하고, 가입자가 추가로 납입하는 추가 부담금에 대한 수수료는 가입자가 부담한다.

경우, 사업주가 납부한 공제부금에 월단위복리로 산정한 이자를 합산하여 해당 근로자에게 퇴직공제금을 지급하는 것을 내용으로 하는 제도이다.

3·나. 퇴직공제사업

대통령령으로 정하는[1] 건설업의 공제조합·사업주는, 일정기준에 해당하면, 건설근로자퇴직공제사업(공제사업)을 공동으로 실시해야 한다(건고법 §8, 건고령 §5). 공제사업실시자는 사업수행을 위하여[2] 고용장관인가를 받아 민법의 재단법인규정이 준용되는 법인형태의 건설근로자공제회(공제회)[3]를 설립해야 한다(건고법 §9). 공제회는 사업계획심의 등을 위하여 이사회를 둔다.

3·다. 퇴직공제가입

건고법제10조·건고령제6조 및 건산법제87조·건산령제83조는 자동적으로 퇴직공제가입자가 되는 공사를[4] 명시하고 있다. 의무가입대상공사이외의 모든 건설공사로서 새로이 발주되어 계약이 체결되는 공사는 물론 시공중인 공사도 임의가입대상이 될 수 있다. 공제제도가입대상사업주는 '건설관계법령에 의하여 면허·허가·등록 등을 받은 사람'[5]이다.[6] 공제제도에 가입하여 혜택을 받은 수 있는 근로자는 '1일소정근로시간이 4시간미만이고 1주소정근로시간이 15시간미만인 근로자', '기간의 정함이 없이 고용된 상용근로자'와 '1년이상의 기간을 정하

---

1) ① 건산법 제50조에 따라 설립된 건설업자단체, ② 건산법 제54조에 따라 설립된 공제조합, ③ 「주택법」 제81조에 따라 설립된 주택사업자단체, ④ 그 밖에 다른 법률에 따라 허가 또는 인가 등을 받아 설립된 건설업 관련 공제조합 및 사업주단체로서 고용장관이 소관행정기관장과 협의해 지정한 공제조합 및 사업주단체.

2) ⓐ 사업주·피공제자기록관리, ⓑ 공제부금수납·퇴직공제금지급, ⓒ 신고포상금지급, ⓓ 자금대부, ⓔ 공제부금증식, ⓕ 복지증진사업, ⓖ 고용안정·직업능력개발·취업지원, ⓗ 정부위탁사업, ⓘ 기타수익사업.

3) 당초에는 '건설근로자퇴직공제회'였으나 2003.7.1부터 건설근로자공제회로 명칭을 변경하였다.

4) ⓐ 국가 또는 지방자치단체 발주공사로서 공사예정금액이 3억원이상, ⓑ 국가 또는 지자체가 출자 또는 출연한 법인이 발주하는 공사로서 공사예정금액이 3억원이상, ⓒ ⓑ에 따른 법인이 납입자본금의 50% 이상을 출자한 법인이 발주하는 공사로서 공사예정금액이 3억원이상, ⓓ 「주택법」 제16조제1항의 규정에 의한 사업계획의 승인을 얻어 건설하는 200호이상인 공동주택의 건설공사, ⓔ 「사회기반시설에대한민간투자법」에 의한 민간투자사업으로 시행되는 공사로서 공사예정금액이 3억원이상, ⓕ 200호이상의 공동주택과 주거용외의 용도가 복합된 건축물의 건설공사, ⓖ 「건축법시행령」에 따른 일반업무시설 중 200실이상인 오피스텔의 건설공사, ⓗ 「전기공사업법」에 따른 전기공사, 「정보통신공사업법」에 따른 정보통신공사, 「소방시설공사업법」에 따른 소방시설공사, 「문화재수리등에관한법률」에 따른 문화재수리공사로서 '국가나 지방자치단체가 발주하는 공사로서 공사예정금액이 3억원이상인 공사'와 '국가나 지방자치단체가 출자 또는 출연한 법인이 발주하는 공사로서 공사예정금액이 3억원이상인 공사', ⓘ 공사예정금액이 100억원이상인 건설공사.

5) 공제제도가입대상 "건설업"의 범위는 한국표준산업분류표에 의한 건설업이므로 「건설산업기본법」에 따른 건설업자, 「전기공사업법」에 따른 공사업자, 「정보통신공사업법」에 따른 정보통신공사업자, 「소방시설공사업법」에 따른 소방시설공사업자, 「문화재수리등에관한법률」에 따른 문화재수리업자 등도 포함된다.

6) 사업이 수차의 도급에 의해 행해지는 경우에는 원칙적으로 원수급인이 가입자가 되나, 원수급인이 '하수급인사업주인정승인신청서'를 제출하여 공제회의 승인을 얻은 때에는 그 하수급인을 사업주로 본다.

여 고용된 근로자'를 제외한 건설업종사근로자이다. 의무가입대상공사는 건설공사의 사업개시일부터 당연히 퇴직공제가입대상이 된다. 임의가입대상공사는 퇴직공제제도의 수시가입대상이다. 공제회는 건설근로자가 신청하는 경우에는 근로이력을 확인하여 경력증명서를 발급할 수 있으며, 이를 위해 관련기관에게 자료의 조회를 요구할 수 있다(건고법 §9의3).

3·라. 공제제도 운영

사업주가 공제회의 가입대상이 되면, 매월 15일까지 해당근로자의 근로내역을 공제회에 신고하고, 그 근로내역[1]만큼의 공제부금을 공제회에 납부[2]해야 한다. 공제부금금액은 '1일 1천원이상 5천원이하'의 범위에서 공제회가 고용장관승인을 얻어 정한다.[3] 건설업에서 1년(252근로일)이상 근로한 피공제자가 퇴직할 때에 퇴직공제금지급사유가 발생한다. 퇴직이란 피공제자가 건설업을 떠나는 것으로 고용관계가 종료되는 것을 의미하는 것이 아니다.[4] 거짓·부정한 방법으로 퇴직공제금을 지급받은 사람과 거짓보고나 거짓증명으로 퇴직공제금을 지급받게 한 사람은 1년이하징역 또는 300만원이하벌금에 처해질 수 있다(건고법 §24).

1) 근로일수는 고용기간중에 실제로 근로한 날을 근로일수로 산정하는 것을 원칙으로 하되, 당사자가 약정한 유급휴일이 있으면 약정내용에 따라 피공제자의 근로일수에 산입할 수 있으며(건퇴칙 §⑤ii). 약정이 없다면 산입할 의무가 없다(법제처 24-0605, 2024.9.13).

2) 사업주가 공제부금을 납부한다. 의무가입대상공사중에서 공공건설공사는 공사원가에, 공동주택공사는 분양원가에 공제부금이 반영되므로 궁극적으로는 발주자 또는 입주자가 공제부금을 부담한다. 임의가입대상공사에 대해서는 발주자의 재량에 따라 공제부금의 공사원가에 반영하거나 사업자가 부담한다.

3) 지급절차를 그림으로 설명하면 다음과 같다.

「건설근로자퇴직공제」 가입 ⇩	•사업주는 건설공사의 개시일(실제 착공일)로부터 14일 이내에 "건설근로자 퇴직공제 가입신청서"를 공제회에 제출
「공제부금」 납부 ⇩	•사업주는 일용근로자들의 근로일수에 따라 산정한 매월의 공제부금을 공제회에 다음달 15일까지 납부(인터넷 지로납부 또는 금융기관 방문납부)
「피공제자별 근로일수 및 공제부금 납부 신고」 ⇩	•사업주는 일용근로자들의 성명, 주민등록번호, 근로일수 등을 기재한 매월의 "피공제자별 근로일수 및 공제부금납부 신고서" 1부를 공제회에 다음달 15일까지 신고
「퇴직공제금 적립내역서」 근로자 본인에게 교부 ⇩	•사업주는 공제회에서 교부(또는 사업주가 공제회 홈페이지에서 조회·출력) 받은 근로자별 "퇴직공제금 적립내역서"를 해당 근로자에게 교부
「퇴직공제금」 지급	•일용근로자가 자영업, 정규직 전환, 다른 업종 이직 등으로 퇴직하게 되는 때에는 퇴직공제금을 공제회 본부 또는 지부에 청구(방문, 우편)

4) 〈지급을 청구할 수 있는 사유〉 ⓐ 독립하여 새 사업 시작, ⓑ 건설업외의 사업에 고용 ⓒ 기간의 정함이 없는 상용근로자로 고용, ⓓ 부상 또는 질병으로 건설업에 종사 불가, ⓔ 사망, ⓕ 60세 도달, ⓖ 기타 건설업에 종사할 수 없는 사유가 있거나 종사할 의사가 없음을 입증하는 경우.

3·마. 퇴직공제 탈퇴

임의가입사업주는 피공제자의 3/4이상의 동의를 얻거나 공제부금을 계속납부하는 것이 곤란한 경우로서(건고법 §18) 회생법에 따른 파산선고를 받은 경우, 회생법에 따른 회생절차개시결정이 있는 경우, 공제부금을 계속 납부하는 것이 현저하게 곤란하여 고용장관승인을 받은 경우에는 퇴직공제에서 탈퇴할 수 있다.

3·바. 건설근로자 고용개선사업

(1) 정부 책무

고용장관은 건설근로자고용개선기본계획[1]을 5년마다 수립하여 국회의 소관상임위원회에 보고해야 하고(건고법 §3), 기본계획을 원활히 수립하기 위하여 사업주나 사업주단체에게 권고[2]할 수 있으며(건고법 §4), 직접 또는 위탁으로 필요한 사업(건설일용 근로자우선배려)을 실시[3](건고법 §7)할 수 있다.

(2) 사업주 책무

사업주[4]는 사업장별로 업무처리[5]를 위한 고용관리책임자를 지정하여 고용장관에게 신고하고(20억미만 공사제외), 그 성명 등을 건설근로자에게 알려야 하며, 원수급고용관리책임자는 하수급고용관리책임자의 업무처리를 지도·지원하여야 한다(건고법 §5).

사업주는 건설근로자를 고용한 때에는 소정의 서류를[6] 해당자에게 내주어야 하고(건고법 §6), 건설공사(공사예정금액 1억원이상)현장에 화장실·식당·탈의실 등의 시설을 설치하거나 이용할 수 있도록 조치해야 한다(건고법 §7의2).

4. 실업보험제도

4·가. 의 의

(1) 개 념

실업보험제도는 보험형태로 실업자를 지원하는 제도로 보험료납부의무를 전제로 소득수준과 관계없이 지급된다. 임의적인 실업보험제도는 노동조합이나 민간

---

1) ⓐ 직전 기본계획평가, ⓑ 고용동향, ⓒ 고용구조개선, ⓓ 건설기능인력양성 등 직업능력개발향상, ⓔ 복지증진, ⓕ 임금 근로시간 등 근기법준수, ⓖ 동절기 건설근로자 고용안정.

2) ⓐ 고용관리개선, ⓑ 고용안정, ⓒ 직업능력개발향상, ⓓ 복지증진.

3) ⓐ 직업훈련, ⓑ 취업지원시설설치운영, ⓒ 고용개선프로그램시행, ⓓ 고용관리책임자교육, ⓔ 기타고용안정 등.

4) 근로자를 고용하여 대통령령으로 정하는 건설업 종사자로서 관계법령에 따라 면허·허가·등록 등을 받은 자.

5) ⓐ 모집고용배치, ⓑ 교육훈련, ⓒ 편의시설설치운영, ⓓ 고용보험사무, ⓔ 퇴직공제, ⓕ 기타 대통령령사항.

6) ⓐ 사업주성명, ⓑ 사업장명칭·소재지, ⓒ 근로시간·임금·고용기간, ⓓ 업무내용, ⓔ 기타.

보험회사가 정부와 계약을 체결해 운영하는 제도로서 임의적인 실업공제기금으로부터 유래되었으며 임의가입에 의존한다. 강제적인 실업보험제도는 국가가 주관하고 가입이 강제되므로 사회연대원칙이 효과적으로 적용되며, 다른 고용정책수단과 연계가 쉽다. 실업보험제도는 실업부조제도와 다르다.[1]

(2) 법적 근거

1967년도에 제정된 「직업안정및고용촉진에관한법률」 제2조는 정부로 하여금 실업보험업무를 행하도록 하는 규정을 두었다. 1990년대에 들어서면서 고용보험제도도입에 대한 공식논의가 다양하게 이루어지다가 1993년에 이르러 「고용보험법(고보법)」이 제정·공포된 후에 지속적으로 개정되어 시행되고 있다.

4·나. 실업보험의 재원

(1) 고용보험기금

고용장관은 고용보험사업에 필요한 재원에 충당하기 위하여 고용보험기금(기금)을 설치한다(고보법 §78①). 기금은 보험료와 고보법에 따른 징수금·적립금·기금운용수익금과 그 밖의 수입으로 조성한다(고보법 §78②).

기금은 "고용안정·직업능력개발사업에 필요한 경비와 사업의 수행에 딸린 경비", "실업급여지급과 사업수행에 딸린 경비", "국민연금보험료 지원", "육아휴직 급여 및 출산전후휴가급여 등의 지급", "보험료반환", "일시차입금 상환금과 이자", "이 법과 징수법에 따른 업무를 대행하거나 위탁받은 사람에 대한 출연금", "그 밖에 이 법의 시행을 위하여 필요한 경비(대통령령)"에 사용되어야 한다(고보법 §80).

(2) 고용보험료

고용보험료의 징수는 「고용보험및산업재해보상보험의보험료징수등에관한법률」(징수법)에 따른다

① 근로자부담

고용보험가입자인 근로자가 부담해야 하는 고용보험료는 자기보수총액에 실업급여보험료율(징수법 §14①)의 1/2을 곱한 금액으로 한다(징수법 §13②본문). 보수(징수법 §2iii본문)'를 지급받지 않는 근로자는 '보수로 보는 금품(징수법 §2iii단서)'의 총액에 실업급여보험료율을 곱한 금액을 부담해야 한다(징수법 §13②단서). '휴직이나 비슷한 상태에 있는 기간중(징수법 §2iii단서)'에 사

1) 실업부조제도는 국가가 예산으로 실업수당을 지급하는 제도로서 생활능력을 기준으로 하므로 소득·자산 등의 조사를 통해 검증을 거치며, 실업보험제도의 혜택을 받지 못하는 사람들을 보호하는 보완역할을 한다.

업주로부터 보수를 지급받는 근로자(고용장관 해당사유고시)는 그 기간에 지급받는 보수총액에 실업급여보험료율을 곱한 금액을 부담해야 한다(징수법 §13②단서).

② **사업주부담**

사업주가 부담해야 하는 고용보험료는 고용보험가입자인 근로자의 개인별보수총액(보수로보는금품과 휴직중보수총액제외)에 '고용안정·직업능력개발사업의 보험료율(징수법 §14①)'과 '실업급여의 보험료율의 1/2'을 각각 곱한 금액을 합한 금액으로 한다(징수법 §13④).

(3) 보수총액 및 보험요율

① **보수총액**

보수총액의 계산방법은 산재보험에서의 그 것(제7장, 제2절 5·나, (2), ②, ㈎)과 같다.

② **보험요율**

고용보험료율은 보험수지의 동향과 경제상황 등을 고려해 30/1,000의 범위에서 고용안정·직업능력개발사업의 보험료율 및 실업급여의 보험료율로 구분해 고용보험위원회의 심의를 거쳐 대통령령으로 정하거나 변경한다(징수법 §14①②).[1)]

4·다. 고용보험사업

고용보험법에 의한 고용보험사업은 고용안정·직업능력개발사업, 실업급여사업, 모성보호사업으로 구분된다.

고용안정사업은 근로자를 해고시키지 않고 고용을 유지하거나 구조조정으로 인한 실직자를 채용하여 고용을 늘리는 사업주에게 소요비용을 지원함으로써 고용안정을 유지할 수 있도록 해주는 사업이다.[2)]

직업능력개발사업은 근로자의 직업능력개발을 위하여 훈련을 실시하는 사업주 또는 근로자에게 그 비용을 지원해주는 사업이다.[3)]

---

1) 사업별 보험료율(징수령 §12)

사업명	보험료율	부담주체	비 고
실업급여	1.6%	노·사 각 0.8%	피보험자인 근로자 임금총액을 기준으로 요율 적용
고용안정·직업능력개발사업	•150명미만 0.25% •150명이상이거나 우선지원대상기업 0.45% •150명이상, 우선지원대상기업이 아닌 기업 0.65% •1,000명이상 0.85%	사 업 주	

2) ⓐ 고용창출지원사업(고보법 §20, 고보령 §17) ⓑ 고용조정지원사업(고보법 §21①, 고보령 §19, §22) ⓒ 고용촉진지원사업[(고용촉진장려금(고보법 §23, 고보령 §26), 지역고용촉진(고보법 §22, 고보령 §24), 고령자고용촉진(고보령 §28의3), 임금체계·정년연장지원(고보령 §28), 임신·출산여성고용안정지원(고보령 §29), 건설근로자고용안정지원(고보법 §24①), 피보험자대부(고보법 §25①), 어린이집지원(고보법 §26)) 등.

3) ⓐ 사업주지원 [〈일반사업〉 훈련비지원(고보법 §28, 고보령 §41②③, §42), 〈건설사업〉 훈련비·훈련수당보

모성보호사업은 육아보호급여(제6장,제2절 5·다,(8))와 출산전후휴가급여(제6장 제1절,2·바)처럼 모성보호와 일·가정을 양립할 수 있도록 국가가 필요한 정책과 그에 수반하는 재정적인 지원을 하는 사업이다.

실업급여사업은 산업구조조정, 조직 및 기구 축소 등 기업사정으로 인해 불가피하게 실직하는 근로자에게 생활안정 및 재취직을 지원해준다.

4·라. 실업급여사업

(1) 총 괄

① 실업급여 목적

실업급여는 비자발적이유로 실업상태에 있는 근로자가 생계를 유지하면서 자신의 적성과 능력에 맞는 직장을 구하여 빠른 시간 안에 다시 취업할 수 있도록 지원하는데 목적이 있다.

② 실업급여사업 종류(고보법 §37)

실업급여는 구직급여와 취업촉진수당으로 구분된다. 구직급여는 기본구직급여와 연장급여로 구분될 수 있다. 취업촉진수당은 조기재취업수당, 직업능력개발수당, 광역구직활동비 및 이주비로 구분된다.

③ 실업급여수급계좌

직업안정기관장은 '수급자격자의 신청이 있는 경우(고보법 §43)'에 실업급여를 수급자격자명의로 지정된 계좌(실업급여 수급계좌)에 입금해야 하며, 실업급여수급계좌의 해당금융기관은 고보법에 따른 실업급여만이 실업급여수급계좌에 입금되도록 관리해야 한다(고보법 §37의2).

④ 실업급여수급권 보호

실업급여수급권은 양도·압류되거나 담보로 제공될 수 없으며, 실업급여수급계좌예금중에서 일정액수이하의 금액에 관한 채권은 압류되지 않는다(고보법 §38).

조(고보법 §32, 고보령 §54)] 등. ⓑ 근로자지원(고보법 §29①) [근로자수강지원금지원(고보령 §43), 능력개발비용대부·지원(고보령 §45, §46), 실업자취업훈련지원·수당(고보법 §29, 고보령 §47), 직업능력개발훈련생계비대부(고보법 §29③, 고보령 §47의2)] 등. ⓒ 훈련시설지원(고보법 §30) [직업능력개발훈련시설설치 및 장비구입비용 대부(고보령 §48)·지원(고보령 §49)] 등. ⓓ 직업능력개발촉진사업(고보법 §31) [직업능력 개발·향상을 촉진하기 위하여 '직업능력개발사업 기술지원 및 평가', '자격검정 및 숙련기술장려' 등의 비용지원(고보령 §49)·위탁(고보령 §53). ⓔ 직업능력개발촉진사업 관리 [고용장관의 고용정보제공, 직업지도, 직업소개, 고용안정·직업능력개발 기반 구축(고보법 §33). ⓕ 지방자치등지원 [고용장관, 지자체 또는 비영리법인·단체에게 그 지역의 고용안정·고용촉진 및 직업능력개발 지원(고보법 §34).

(2) 구직급여

① 의 의

구직급여(求職給與)는 실업상태에 있는 피보험자로 일정한 자격이 있는 사람이 직장을 구하는 기간중에 일부기간에 대해 지원을 하는데 목적을 두고 있으므로, 비자발적인 이직자가 구직활동을 하는 것을 전제로 지급된다. 구직급여는 기본적 구직급여와 연장구직급여로 구분된다.

② 기본적 구직급여

(개) 구직급여 수급자격

㉮ 실체적 요건

(a) 기본요건(고보법 §40)

구직급여는 이직한 피보험자가 일정한 요건을 모두 갖춘 경우에 지급된다. 첫째, 이직이전 18개월간(기준기간)·가산기간[1] 또는 24개월간(초단시 시간근로),[2] 피보험단위기간(고보법 §41)[3]이 통산하여 180일이상이어야 한다. 둘째, 근로의 의사와 능력이 있음에도 불구하고 취업[4]하지 못한 상태에 있어야 한다. 셋째, 이직사유가 수급자격제한사유(고보법 §58)에 해당하지 않아야 한다.[5] 넷째, 재취업을 위한 노력을 적극적으로 하여야 한다.

이직당시에 일용근로자였던 사람은 추가로 첫째, 수급자격인정신청일(고보법 §43)이 속한 달의 직전달 초일부터 수급자인정신청일까지의 근로일수가 1/3미만이거나 건설일용근로자로서 수급자격인정신청일이전 14일간 연속하여 근로내역이 없어야 하고, 둘째, 최종 이직당시의 기준기간동안의 피보험단위기간중에 다른 사업에서 수급자격제한사유(고보법 §58)에 해당하는 사유로 이직한 사실이 있는 경우에는 그 피보험단위기간중 90일이상을 일용근로자로 근로하였어야 한다.

---

1) 피보험자가 이직일 이전 18개월 동안 질병, 부상, 사업장휴업, 임신·출산·육아휴직, '휴직이나 그 밖에 유사한 상태로서 고용장관이 고시하는 사유'로 30일이상 보수지급을 받을 수 없었던 경우에는 18개월에 그 기간을 가산한 기간을 기준기간으로 하되, 기준기간은 3년 초과 불가(고보법 §40②, 고보령 §60).

2) '이직당시' 및 '이직일 이전 24개월 동안의 피보험단위기간중 90일이상' 1주소정근로시간이 15시간 미만이고 1주소정근로일수가 2일 이하인 근로자로 근로한 경우.

3) 피보험기간중 보수지급기초일을 합해 계산하며, 최후로 피보험자격을 취득일이전에 구직급여를 받은 사실이 있는 경우에는 그 구직급여와 관련된 피보험자격상실일 이전의 피보험단위기간은 넣지 않는다(고보법 §41).

4) 영리를 목적으로 사업을 영위하는 경우 포함.

5) 〈사례〉 고용지원실업급여과-353, 2010.7.30. 단협·취업규칙 등에 정해진 요건·절차 및 기준에 따라 관례적·일상적으로 이루어지는 명예퇴직의 경우에는 '기타 개인사정에 의한 이직'에 해당, 회사의 고용조정계획 등 경영상필요에 의한 인원감축을 위하여 사업주권유에 의한 명예퇴직은 '기타 회사사정에 의한 퇴직'에 해당.

ⓑ 피보험 단위기간

피보험단위기간은 피보험기간중에 보수지급기초가 된 날을 합해 계산하되, 자영업자인 피보험자의 경우에는 '수급자격과 관련된 폐업당시의 적용사업에의 보험가입기간중에서 실제로 납부한 고용보험료에 해당하는 기간'(고보법 §50③단서,④)이 피보험기간이다(고보법 §41①). 피보험단위기간을 계산할 때에는 최후로 피보험자격을 취득한 날전에 구직급여를 받은 사실이 있으면 그 구직급여와 관련된 피보험자격상실일 이전의 피보험단위기간은 넣지 않는다(고보법 §41②).

㉯ 절차적 요건

ⓐ 실업신고

구직급여를 지급받으려는 사람은 이직후에 지체없이 직업안정기관에 실업을 신고해야 한다(고보법 §42①). 실업신고는 구직신청과 수급자격인정신청(고보법 §43)을 포함한다(고보법 §42② 고보령 §61). 구직급여를 지급받기 위하여 실업을 신고하려는 사람은 이직하기 전에 근로하던 사업의 사업주에게 '피보험단위기간, '이직전 1일소정근로시간' 등을 확인할 수 있는 자료(이직 확인서)발급을 요청할 수 있다. 요청을 받은 사업주는 고용노동부령에 따라 이직확인서를 발급하여 주어야 한다(고보법 §42③).

ⓑ 수급자격 인정

직업안정기관장은 구직급여를 지급받으려는 사람으로부터 '구직급여의 실체적 수급요건(고보법 §40① i, ii, iii, v, vi)을 갖추었다는 사실(수급자격)'의 인정신청을 받으면, '소정의 요건''[1]을 모두 갖춘 경우에 마지막에 이직한 사업을 기준으로,[2] 인정여부를 결정해 신청인에게 그 결과를 알려야 한다(고보법 §43①②③ 고보령 §62).[3] 직업안정기관장은 필요하면 신청인이 이직하기 전에 근로하던 사업의 사업주에게 이직확인서제출(고용노동부령)을 요청할 수 있으며, 사업주는 이에 응해야(고용노동부령) 한다(고보법 §43④). "수급자격자"(고보법 §43②)가 고보법의 '기본수급기간(§48) 및 연장급여수급기간(§54①)'에 따른 기간에 대해 새로이 수급자격인정을 받으면 새 수급자격을 기준으로 구직급여를 지급한다(고보법 §43⑤).

ⓒ 실업인정

구직급여는 수급자격자가 실업한 상태에 있는 날중에서 직업안정기관장으로부

---

1) ⓐ 피보험자로서 마지막에 이직한 사업에 고용되기 전에 피보험자로서 이직한 사실이 있을 것, ⓑ 마지막 이직 이전의 이직과 관련해 구직급여를 받은 사실이 없을 것.

2) 다만, 마지막 이직 당시 일용근로자로서 피보험 단위기간이 1개월 미만인 자가 수급자격을 갖추지 못한 경우에는 일용근로자가 아닌 근로자로서 마지막으로 이직한 사업을 기준으로 결정.

3) 수급자격자가 수급기간(고보법 §48, §54①)에 새로 수급자격의 인정을 받은 경우에는 새로 인정받은 수급자격을 기준으로 구직급여 지급(고보법 §43④).

터 실업인정[1]을 받은 날에 대해 지급된다(고보법 §44①). 실업인정을 받으려는 수급자격자는 실업신고일(고보법 §42)부터 계산하기 시작하여 1주부터 4주의 범위에서 직업안정기관장이 지정한 날(실업 인정일)에 불가피한 사유[2]가 없는 한 출석하여 재취업을 위한 노력을 했음을 신고해야 한다. 직업안정기관장은 직전 실업인정일의 다음날부터 그 실업인정일까지의 각각의 날에 대해 실업을 인정하되(고보법 §44②본문), '소정의 사람'[3]에 해당하는 경우에는 일정기준(고용노동부령)에 따라 실업을 인정한다(고보법 §44②단서).[4] '소정의 사유'[5]에 해당하는 경우에는 직업안정기관에 출석할 수 없었던 사유를 적은 증명서를 제출해 실업인정을 받을 수 있다(고보법 §44③). 직업안정기관장은 실업을 인정할 때에 수급자격자의 취업을 촉진하기 위하여 재취업활동에 관한 계획의 수립지원, 직업소개 등의 조치를 하여야 하며 수급자격자는 정당한 사유가 없으면 해당조치에 따라야 한다(고평법 §44④). 수급자격자는 실업인정대상기간중에 근로를 제공한 경우에는 그 사실을 직업안정기관장에게 신고하여야 하며, 직업안정기관장은 실업인정대상기간중의 근로제공사실에 대하여 조사할 수 있다.

(나) 구직급여 금액산정

구직급여지급액은 구직급여일액(求職給與日額)에 소정급여일수를 곱하여 결정된다. 일정한 요건을 갖출 경우 소정급여일수를 초과하여 연장급여를 지급할 수 있다.

㉮ 구직급여일액

구직급여일액은 기초일액 또는 그 조정액의 일정비율로 정해진다.

(a) 평균임금 기초일액

구직급여일액은 급여기초임금일액(기초일액)을 기초로 산정한다. 기초일액은 이직당

---

1) 직업안정기관장은 실업을 인정할 때 수급자격자의 취업을 촉진하기 위하여 재취업 활동에 관한 계획의 수립지원, 직업소개 등 대통령령(고보령 §67)으로 정하는 조치를 하여야 하며 수급자격자는 정당한 사유가 없으면 직업안정기관장의 조치에 따라야 한다(고보법 §44④, 고보령 §67).

2) "7일미만의 질병이나 부상", "직업안정기관의 직업소개에 따른 구인자와의 면접 등", "직업안정기관장이 지시한 직업능력개발훈련 등을 받기 위한 경우", "천재지변이나 그 밖의 부득이한 사유가 있는 경우"에는 사유를 적은 증명서를 제출하여 실업인정을 받을 수 있다(고보법 §44③, 고보령 §66).

3) ⓐ 직업능력개발훈련 등을 받는 수급자격자, ⓑ 천재지변, 대량실업발생 등 대통령령으로 정하는 사유가 발생한 경우의 수급자격자, ⓒ 그 밖에 대통령령으로 정하는 수급자격자.

4) '직업능력개발훈련 등을 받는 수급자격자', '천재지변, 대량실업발생 등 대통령령으로 정하는 사유[고노법 §64, 월간 수급자격인정신청자수를 매월 말일의 피보험자수로 나누어 얻은 수급자격신청률이 연속하여 2개월간 100분의1을 초과하거나 특별연장급여(고보령 §53) 지급]가 발생한 경우의 수급자격자' 및 '그 밖에 대통령령으로 정하는 수급자격자(고보령 §65)'에 대해서는 고용노동부령으로 정함.

5) 직업안정기관장은 실업을 인정할 때 수급자격자의 취업을 촉진하기 위해 재취업활동에 관한 계획수립지원, 직업소개 등 대통령령으로 정하는 조치를 해야 하며 수급자격자는 정당한 사유가 없으면 직업안정기관장의 조치에 따라야 한다(고보법 §44④).

시를 기준으로 해당근로자의 평균임금[1]이다(고보법 §45①).

(b) 통상임금 기초일액

평균임금기준기초일액이 근기법에 따른 그 근로자의 통상임금보다 적을 경우에는 그 통상임금액을 기초일액으로 하되, 마지막 사업에서 이직당시에 일용근로자였던 사람의 경우에는 그렇지 않다(고보법 §45②).

(c) 기준보수 기초일액

평균임금으로 "기초일액산정이 곤란한 경우"와 "보험료를 기준보수(징수법 §3) 기준으로 낸 경우"에는 기준보수를 기초일액으로 한다(기초일액이기준보수보다많은경우는예외)(고보법 §45③).

(d) 하한과 상한으로 조정된 기초일액

산정된 기초일액이 수급자격자의 '이직전 1일소정근로시간'(고보칙 §91의2)에 시간단위최저임금액을 곱한 금액(최저기초일액)보다 낮은 경우에는 최저기초일액을 기초일액으로 하고, 보험취지 및 일반근로자임금수준 등을 고려해 일정금액을 초과하면 소정금액(대통령령)[2]을 기초일액으로 한다(고보법 §45④⑤).

(e) 구직급여일액의 계산

하한조정기초일액의 경우에는 그 기초일액에 80/100을 곱한 금액이 구직급여일액(최저구직급여일액)이고, 평균임금기초일액 · 통상임금기초일액 · 기준보수기초일액 · 상한조정기초일액의 경우에는 그 기초일액에 각각 60/100분 곱한 금액이 구직급여일액이다(고보법 §46①). 구직급여일액이 최저구직급여일액보다 낮은 경우에는 최저구직급여일액을 수급자격자의 구직급여일액으로 한다(고보법 §46②).

㈏ 소정급여일수

하나의 수급자격에 따라 구직급여를 지급받을 수 있는 날수를 소정급여일수라 한다. 소정급여일수는 대기기간이 끝난 다음날부터 계산하기 시작해 피보험기간[3]과 이직일현재의 연령에 따라 정해진 일수[4]이다(고보법 §50①, 별표1). 수급자격자가 소

---

1) 마지막 이직일이전 3개월 이내에 피보험자격취득사실이 2회이상인 경우에는 마지막 이직일이전 3개월간(일용근로자는 마지막 이직일이전 4개월중에서 최종1개월을 제외한 기간)에 그 근로자에게 지급된 임금총액을 산정기준이 되는 3개월의 총일수로 나눈 금액을 기초일액으로 한다.

2) 고용장관이 물가상승률, 경기변동, 임금상승률 등을 참작하여 결정.

3) 수급자격과 관련된 이직당시의 적용사업에 고용된 기간(고보법 제10조 각호의 어느 하나에 해당하는 근로자로 고용된 기간은 제외)으로 한다. 다만, 자영업자인 피보험자의 경우에는 그 수급자격과 관련된 폐업당시의 적용사업에의 보험가입기간중에서 실제로 납부한 고용보험료에 해당하는 기간으로 한다(고보법 §50③). 피보험기간을 계산할 때에 종전적용사업에서 피보험자격을 상실한 사실이 있고 그 상실한 날부터 3년이내에 현재 적용사업에서 피보험자격을 취득한 경우에는 종전적용사업에서의 피보험기간을 합산한다. 자영업자인 피보험자가 종전에 근로자로서 고용되었다가 피보험자격을 상실한 날부터 3년이내에 자영업자로서 피보험자격을 다시 취득한 경우에는 종전적용사업에서의 피보험기간을 합산하지 않되, 본인이 종전피보험기간을 합산하여 줄

정급여일수내에 임신·출산·육아, 그 밖의 사유로 수급기간을 연장한 경우에는 그 기간만큼 구직급여를 유예하여 지급한다(고보법 §50②).

㈐ **구직급여 수급기간**

구직급여는 고보법에 따로 규정이 있는 경우외에는 그 구직급여의 수급자격과 관련된 이직일의 다음날부터 계산하기 시작해 12개월내에 소정급여일수(고보법 §50①)를 한도로 하여 지급된다(고보법 §48①). '12개월의 기간중에 임신·출산·육아 등으로 취업할 수 없는 사람이 그 사실을 수급기간중에 직업안정기관에 신고한 경우(고보령 §71)[1]'와 '최초요양일에 신고를 한 것으로 간주되는 소정[2]의 경우'에는 '12개월에 취업할 수 없는 기간을 가산한 기간(4년초과시 4년)'내에 소정급여일수를 한도로 하여 구직급여를 지급하되, 그 총기간이 4년을 넘으면 4년으로 본다(고보법 §48②). 실업신고일(고보법 §42)부터 7일간은 대기기간으로서 구직급여가 지급되지 않는다[3](고보법 §49).

㈑ **구직급여 지급방법**

㉮ **지급일**

구직급여는 실업인정일수만큼을 지급하며(고보법 §56①), 직업안정기관장은 각수급자격자에 대한 구직급여지급일을 정해 당사자에게 알려야 한다(고보법 §56②).

㉯ **미지급 구직급여**

수급자격자가 사망한 경우, 지급되지 않은 구직급여에 대해서는 수급자격자의 배우자(사실상혼인 관계포함)·자녀·부모·손자녀·조부모 또는 형제자매로서 수급자격자와

것을 원하는 때에 한정하여 합산한다. 다만, 종전적용사업의 피보험자격상실로 인하여 구직급여를 지급받은 사실이 있는 경우에는 그 종전적용사업에서의 피보험기간은 제외한다(고보법 §50④) ; 하나의 피보험기간에 피보험자로 된 날이 피보험자격취득이 확인된 날(고보법 §17)부터 소급하여 3년이 되는 해의 1월1일전이면 그 확인된 날부터 소급하여 3년이 되는 날에 속하는 보험연도의 첫날에 그 피보험자격을 취득한 것으로 보아 피보험기간을 계산한다(고보법 §50⑤).

4) 구직급여의 소정급여일수는 다음과 같다(2019.8.27 개정). ↘ 1086쪽

가입기간 / 연령	1년 미만	1년 이상 ~3년 미만	3년 이상 ~5년 미만	5년 이상 ~10년 미만	10년 이상
50세미만	120일	150	180	210	240
50세이상 및 장애인	120일	180	210	240	270

1) '요양급여를 받는 경우(산재법 §40)' 또는 '질병 또는 부상으로 3개월 이상 요양이 필요하여 이직하였고, 이직기간 동안 취업활동이 곤란하였던 사실이 요양기간과 상병상태를 밝힌 주치의사의 소견과 요양을 위하여 이직하였다는 사업주의 의견을 통해 확인된 경우'에는 최초요양일에 신고를 한 것으로 본다(고보법 §48③). ; 수급기간연기신청서에 수급자격증을 첨부하여 신청지 관할직업안정기관의 장에게 제출해야 한다(고보령 §71).

2) ⓐ 산재법제40조에 따른 요양급여를 받는 경우, ⓑ 질병 또는 부상으로 3개월 이상의 요양이 필요해 이직했고, 이직기간 동안 취업활동이 곤란했던 사실이 요양기간과 상병상태를 구체적으로 밝힌 주치의사의 소견과 요양을 위해 이직했다는 사업주의견을 통해 확인된 경우.

3) 최종이직당시에 건설일용근로자였던 사람에 대해서는 실업신고일(고보법 §42)부터 계산하여 구직급여 지급.

생계를 같이하고 있던 사람의 순으로[1] 청구에 따라 지급된다(고보법 §57①③). 실업인정을 받지 않는 상태라면 이러한 청구권자들이 실업인정을 신고할 수 있다(고보법 §57②).[2]

㉰ 지급제한

ⓐ 이직사유

해고 또는 권고이직된 사람으로서, 중대한 귀책사유로서 금고이상의 형을 선고받거나 사업에 막대한 지장 또는 재산손해를 끼쳤거나 장기간 무단결근을 한 경우와, 자기사정으로 인한 이직사유로서 전직 또는 자영업을 하기 위해 이직했거나 그 밖에 사유(고보칙 101)에 해당하면 수급자격이 없는 것으로 본다(고보법 §58).

ⓑ 취직·훈련·직업지도 거부

수급자격자가 '정당한 사유 없이'[3] 직업안정기관장이 소개하는 취직이나 훈련 등을 거부하거나, 직업안정기관장이 실시하는 재취업촉진을 위한 직업지도를 거부하면, '소정의 사유'[4]가 있는 경우를 제외하고는 1개월범위에서 고용장관이 고시한 기간동안 구직급여지급이 정지된다(고보법 §60).

㉱ 상병급여

ⓐ 지급액

수급자격자가 '실업 신고'(고보법 §42)를 한 이후에 질병·부상 또는 출산으로 취업이 불가능해 실업인정을 받지 못한 날에 대해서는, '훈련거부·직업지도거부로 인한 급여제한(고보법 §63①②)'으로 구직급여지급이 정지된 기간이 아니면, 청구에 따라 기본구직급여의 '구직급여일액(고보법 §46) 해당금액(상병급여)'이 상병급여로 지급될 수 있다(고보법 §63①).

ⓑ 지급일수

상병급여일수는 그 수급자격자에 대한 구직급여소정급여일수에서 이미 지급된 구직급여일수를 뺀 일수를 한도로 하며, 상병급여수급자에 대해 고보법의 규정(§61.부정행위급여제한 §62.반환명령제외)을 적용할 때에는 상병급여지급일수에 상당하는 일수분의 구직급여가 지급된 것으로 본다(고보법 §63②).

---

1) 같은 순위자가 2명이상이면 그 중 1명이 한 청구를 전원(全員)을 위해 한 것으로 보며, 그 1명에게 한 지급은 전원에 대한 지급으로 본다.

2) 이 경우 수급자격자가 '실업 중 근로제공이나 창업(고보법 §47①)에 해당하면 미지급 구직급여를 청구자가 직업안정기관장에게 신고해야 한다.

3) 정당한 사유의 유무에 대한 인정은 고용장관이 정하는 기준에 따라 직업안정기관장이 행한다.

4) ⓐ 소개된 직업 또는 직업능력개발훈련 등을 받도록 지시된 직종이 수급자격자의 능력에 맞지 않는 경우, ⓑ 취직하거나 직업능력개발훈련 등을 받기 위해 주거의 이전이 필요하나 그 이전이 곤란한 경우, ⓒ 소개된 직업의 임금수준이 같은 지역의 같은 종류의 업무 또는 같은 정도의 기능에 대한 통상의 임금수준에 비해 20/100이상 낮은 경우 등 고용장관이 정하는 기준에 해당하는 경우, ⓓ 그 밖에 정당한 사유가 있는 경우.

(c) 지급시기

상병급여는 그 취업할 수 없는 사유가 없어진 이후에 최초로 구직급여를 지급하는 날[1]에 지급된다(고보법 §63③).[2]

(d) 지급제한

수급자격자가 근기법의 휴업보상, 산재법의 휴업급여, 그 밖에 이에 해당하는 급여 또는 보상으로서 대통령령으로 정하는 보상 또는 급여를 지급받을 수 있는 경우에는 상병급여를 지급하지 않는다(고보법 §63④).

(e) 준 용

상병급여지급에 관해서는 '실업인정대상기간중에 근로 등 신고'(고보법 §47),[3] '대기기간중 급여미지급'(고보법 §49), '미지급구직급여'(고보법 §57), '부정행위급여제한'(고보법 §61①②③) 및 '반환명령'(고보법 §62) 규정을 준용한다(고보법 §63⑤).

③ 연장구직급여

㈎ 유 형

연장구직급여로는 훈련연장급여, 개별연장급여와 특별연장급여가 있다.

㉮ 훈련연장급여

직업안정기관장은, 연령·경력 등을 고려할 때에 재취업에 필요하면, 수급자격자에게 직업능력개발훈련 등을 받도록 지시할 수 있다(고보법 §51①③).

직업안정기관장은 훈련 등을 받는 기간중에서 실업인정을 받은 날에 대해서는 소정급여일수를 초과해서 구직급여를 연장하여 지급(훈련연장급여)할 수 있으며 훈련연장급여지급기간은 대통령령으로 정하는 기간을 한도로 한다(고보법 §51②).[4]

㉯ 개별연장급여

직업안정기관장은 취업이 특히 곤란하고 생활이 어려운 수급자격자로서 대통령령으로 정하는 사람[5]에게는 그가 실업인정을 받은 날에 대해 소정급여일수를

---

1) 구직급여를 지급하는 날이 없는 경우에는 직업안정기관장이 정하는 날.

2) 다만, 필요하다고 인정하면 고용장관이 따로 정하는 바에 따라 지급할 수 있다.

3) "실업인정대상기간"은 "실업의 인정을 받지 못한 날"로 본다.

4) 훈련연장급여는 직업안정기관장이 수급자격자의 연령, 경력 등을 고려하여 재취업을 위하여 직업능력개발훈련이 필요하다고 인정하여 훈련지시를 한 사람에 대하여 훈련기간 동안 구직급여를 최대 2년까지 연장하여 준다(고보법 §51, 고보령 §72)

5) 실업신고일(고보법 §42①)부터 구직급여의 지급이 끝날 때까지 직업안정기관장의 직업소개(심층상담·집단상담)에 3회이상 응하였으나 취업되지 않은 자로서 부양가족(18세미만이나 65세이상, 장애인, 1개월이상요양, 소득이 없는 배우자, 학업중인 사람으로서 고용장관이 정하여 고시하는 사람)이 있는 사람이거나, 급여기초임금일액과 본인과 배우자의 재산합계액이 각각 고용장관고시기준이하인 사람을 말한다(고보령 §73).

초과해 구직급여를 연장하여 지급(개별연장급여)할 수 있으며, 개별연장급여는 60일범위에서 지급된다(고보법§52 고보령§73).

㉰ **특별연장급여**

고용장관은 실업급증 등 고용상황이 악화된 경우로서 일정사유(대통령령)가 발생한 경우[1]에는 60일범위에서 '기간을 정해' 수급자격자가 실업인정을 받은 날에 대해 소정급여일수를 초과해 구직급여를 연장해 지급(특별연장급여)할 수 있다(고보법 §53)[2].

㈏ **지급금액**

연장구직급여(고보법 §51~§53)를 지급하는 경우에 수급기간은 기본구직급여수급기간(고보법 §48)에 연장구직급여일수를 더한 기간으로 한다. 훈련연장급여일액은 해당수급자격자 구직급여일액의 100/100으로 하고, 개별연장급여일액 또는 특별연장급여일액은 해당수급자격자구직급여일액의 70/100으로 하되 산정금액이 최저구직급여일액(고보법 §46②)보다 낮으면 최저구직급여일액이 수급자격자구직급여일액이다(고보법 §54).

㈐ **지급시기**

연장구직급여(고보법 §51~§53)는 기본구직급여(고보법 §48)의 지급이 끝난 후에 지급된다(고보법 §55①).

㈑ **중복지급**

훈련연장급여수급자격자에게는 그 급여지급이 끝난 후가 아니면 개별연장급여 및 특별연장급여가 지급되지 않는다(고보법 §55②). 개별연장급여 또는 특별연장급여는 그 수급자격자가 훈련연장급여를 지급받게 되면 지급되지 않는다(고보법 §55③).

특별연장급여수급자격자에게는 그 급여지급이 끝난 후가 아니면 개별연장급여가 지급되지 않고, 개별연장급여수급자격자에게는 그 급여지급이 끝난 후가 아니면 특별연장급여가 지급되지 않는다(고보법 §55④).

(3) 취업촉진수당

① 개 요

실업급여에는 구직급여뿐아니라 수급자격자에게 부가적으로 지급되는 취업촉

1) 매월 구직급여수급자 수(연장급여수급자수 제외)를 해당 월말 피보험자수로 나누어 얻은 비율이 연속하여 3개월 동안 각각 3/100을 초과하고 이 상황이 계속될 것으로 예상되는 경우, 매월의 수급자격신청률이 연속하여 3개월동안 1/100을 초과하고 이 상황이 계속될 것으로 예상되는 경우, 매월의 실업률이 연속하여 3개월동안 6/100을 초과하고 이 상황이 계속될 것으로 예상되는 경우, 실업급증 등 고용사정의 급격한 악화로 고용정책심의회에서 특별연장급여(고보법 §53)의 지급이 필요하다고 의결한 경우를 말한다.

2) 이직후의 생활안정을 위한 일정기준이상의 소득이 있는 수급자격자 등 고용노동부령으로 정하는 수급자격자에 대해서는 적용되지 않는다.

진수당(고보법 제4장, 제3절)이 있다. 취업촉진수당은 조기재취업수당, 직업능력개발수당, 광역구직활동비 및 이주비가 있다.

② **조기재취업수당**

조기재취업수당은 수급자격자(외고법§2의 외국인제외)가 재취업일기준으로 소정급여일수를 1/2 이상 남기고, 12개월이상 계속하여 고용되거나[1] 사업을 영위[2]한 수급자격자에게 지급하되 2년이내에 그 수당을 지급받은 사실이 있으면 그렇지 않다(고보법§64 고보령§84).

조기재취업수당의 금액은 구직급여소정급여일수중에서 미지급일수비율에 따라 즉 수급자격자구직급여일액에 미지급일수의 1/2(고령자 장애인2/3)을 곱한 금액으로 한다(고보법§64③ 고보령§85).

조기재취업수당수급자에 대해 고보법의 규정(§61(부정행위지급제한) 및§62(반환명령)은 제외)을 적용할 때에는 조기재취업수당금액을 구직급여일액(고보법 §46)으로 나눈 일수분에 해당하는 구직급여가 지급된 것으로 본다(고보법 §64④).

수급자격자를 조기에 재취업시켜 구직급여지급기간이 단축되도록 한 사람에게는 재취업활동촉진장려금을 지급할 수 있다(고보법 §64⑤).

③ **직업능력개발수당**

직업능력개발수당은 수급자격자가 직업안정기관장이 지시한 직업능력개발훈련 등을 받는 수급자격자에게 그 기간(고보법§60①②의 지급정지기간제외)에 대하여 대통령령[3]에 따라 지급한다(고보법 §65).

④ **광역구직활동비·이주비**

광역구직활동비는 광역구직활동비는 수급자격자가 직업안정기관의 소개에 따라 광범위한 지역(50km이상 떨어진사업장)에 걸쳐 구직활동을 하는 경우로서 대통령령으로 정하는 기준에 따라 직업안정기관장이 필요하다고 인정하면 지급할 수 있으며, 금액(고보칙 §111)은 구직활동에 통상 드는 비용으로 한다(고보법 §66). 이주비는 수급자격자가

1) "수급자격자가 최후에 이직한 사업의 사업주나 그와 관련된 사업주로서 고용노동부령으로 정하는 사업주에게 재고용되거나 실업신고(고보법 §42)전에 채용을 약속한 사업주에게 고용된 경우", "국가나 지방자치단체의 복지정책·실업대책 등에 따라 실시하는 1년 이하의 단기간 일자리 제공 사업에 고용된 경우"는 제외.

2) 수급자격자가 수급기간(고보법 §44②) 중에 해당사업의 준비활동을 재취업활동으로 신고하여 실업으로 인정받았을 때로 한정.

3) 수급자격자가 직업안정기관장이 지시한 직업훈련 등을 받은 날로서 구직급여의 지급대상이 되는 날에 대하여 교통비, 식대 등 직업훈련 등의 수강에 필요한 비용을 고려하여 고용장관이 결정하여 고시하는 금액으로 한다(고보령 §88①②).

취업하거나 직업안정기관장이 지시한 직업능력개발훈련 등을 받기 위해 주거를 이전하는 경우로서 대통령령으로 정하는 기준에 따라 직업안정기관장이 필요하다고 인정하면 지급될 수 있으며, 금액(고보칙 §113)은 수급자격자 및 그 수급자격자에 의존해 생계를 유지하는 동거친족의 이주에 일반적으로 드는 비용으로 한다(고보법 §67).

⑤ **준 용**

취업촉진수당에 관해서는 '미지급구직급여수급권자'(고보법 §57①③)와 '부정행위급여반환명령'(고보법 §62) 규정을 준용한다(고보법 §69).

(4) 자영업자 실업급여

① **개 요**

자영업자인 피보험자의 실업급여종류는 일반실업급여(고보법 §37)에 따르되 연장급여(고보법 §51~§55)와 조기재취업수당(고보법 §64)에 관한 규정은 적용되지 않는다(고보법 §69의2).

② **구직급여 수급요건**

구직급여는 폐업한 자영업자인 피보험자가 소정요건[1]을 모두 갖추면 지급된다(고보법 §69의3).

③ **구직급여 기초일액**

㈎ **기초일액 계산**

자영업피보험자이었던 수급자격자에 대한 기초일액은 '소정의 구분'[2]에 따른 기간동안 본인이 납부한 보험료의 산정기초가 되는 '고시된 보수액(징수법 §49의2③)'을 전부 합산한 후에 그 기간의 총일수로 나눈 금액으로 한다(고보법 §69의4①).

㈏ **피보험기간 합산**

자영업피보험자이었던 수급자격자가 '피보험기간을 합산(고보법 §50④)'하게 됨에 따라 소정급여일수(고보법 §69의6)가 추가로 늘어나는 경우에는 그 늘어난 일수에 대한 기초일액은 자영업수급자격자기초일액(고보법 §69의4①)으로 하되, 그 기초일액이 소정금액'[3]에 해당하면 각각 그에 따른 금액으로 한다(고보법 §69의4②).

---

1) ⓐ 폐업일 이전 24개월간 '자영업자인 피보험자(고보법 §41①단서)'로서 갖춘 피보험 단위기간이 통산해 1년 이상일 것, ⓑ 근로의 의사와 능력이 있음에도 불구하고 취업을 하지 못한 상태에 있을 것, ⓒ 폐업사유가 '수급자격의 제한 사유(고보법 §69의7)'에 해당하지 않을 것, ⓓ 재취업을 위한 노력을 적극적으로 할 것.

2) ⓐ 수급자격과 관련된 피보험기간이 3년 이상인 경우 : 마지막 폐업일 이전 3년의 피보험기간, ⓑ 수급자격과 관련된 피보험기간이 3년미만인 경우 : 수급자격과 관련된 그 피보험기간.

3) ⓐ 기초일액이 최저기초일액에 미치지 못하는 경우에는 최저기초일액, ⓑ 기초일액이 '대통령령으로 정하는 금액(고보법 §45⑤)'을 초과하는 경우에는 그 대통령령으로 정하는 금액.

④ **구직급여일액**

자영업피보험자로서 폐업한 수급자격자에 대한 구직급여일액은 그 수급자격자의 기초일액에 60/100을 곱한 금액으로 한다(고보법 §69의5).

⑤ **소정급여일수**

자영업피보험자로서 폐업한 수급자격자에 대한 소정급여일수는 대기기간(고보법 §49)이 끝난 다음날부터 계산하기 시작해 피보험기간에 따라 별도로 정한(고보법 별표2) 정한 일수가 되는 날까지로 한다(고보법 §69의6).

⑥ **수급자격 · 급여지급 제한**

폐업한 자영업피보험자가 '소정의 경우'[1]중에서 어느 하나에 해당한다고 직업안정기관장이 인정하면, 수급자격이 없는 것으로 보며(고보법 §69의7), 보험료를 체납한 사람에게는 실업급여를 지급하지 않을 수 있다(고보법 §69의8).

---

1) ⓐ 법령을 위반해 허가 취소를 받거나 영업 정지를 받음에 따라 폐업한 경우, ⓑ 방화(放火) 등 피보험자 본인의 중대한 귀책사유로서 고용노동부령으로 정하는 사유로 폐업한 경우, ⓒ 매출액 등이 급격하게 감소하는 등 고용노동부령으로 정하는 사유가 아닌 경우로서 전직 또는 자영업을 다시 하기 위해 폐업한 경우, ⓓ 그 밖에 고용노동부령으로 정하는 정당한 사유에 해당하지 않는 사유로 폐업한 경우.

찾아보기

〈ㅅ〉

〈ㅇ〉

〈ㅈ〉

〈 ㅊ 〉

저자 소개

〈학 력〉

- 성균관대학교 졸업(경제학사)
- 서울대학교 행정대학원 졸업(행정학석사)
- 동국대학교 대학원(법학박사)

〈경 력〉

- 노동부 근로기준국장, 고용정책심의관 등 역임(제23회 행정고등고시)
- 공인노무사시험 및 변호사자격시험 출제위원 역임
- 단국대학교 법과대학 학장(前)
- 산업재해보상보험재심사위원회 위원(前)
- 중앙노동위원회 공익위원(前)
- 단국대학교 법과대학 교수(前)
- 단국대학교 행정법무대학원장(前)
- 법무법인 수안 고문(現)
- 단국대학교 행정법무대학원 초빙교수(現)

〈주요 저서〉

- 『노동법』, (주)중앙경제
- 『집단적노동관계법』, (주)중앙경제
- 『외국인고용과 근로관계』, (주)중앙경제
- 『노동기본권과 노사관계법』, 단국대학교 출판부

근로기준법

1992년 12월 8일 초판 발행
2025년 2월 7일 전정 제37판 발행

저 자 하 갑 래
발행인 김 남 진
발행처 중앙경제
http://www.elabor.co.kr
서울시 중구 다산로 11길 19(신당동)
등 록 80.6.21 제2-66호
전 화 (02) 2231-7293 (代)

ISBN 978-89-7017-566-9 (13320)

정가 80,000원